W. W. Rand

Diccionario de La Santa Biblia

Leo Ponciano

editorial caribe

IMPRESO EN COLOMBIA
BUENA SEMILLA
Apartado 29724
Bogotá, Colombia

Prologo al Diccionario de La Santa Biblia

El **avance** extraordinario del Evangelio en los últimos años en el Continente Americano ha promovido un interés creciente en el conocimiento de la Biblia y en su estudio, de tal suerte que el clamor por obras alusivas excede en vastas proporciones la existencia de tales.

Uno de los libros de mayor utilidad e imprescindible auxilio para el estudiante de la Biblia es el Diccionario Bíblico por W. W. Rand. Atendiendo la urgente demanda del público evangélico por esta obra, Editorial Caribe se complace en ofrecer una nueva impresión del Diccionario, antes editado por la Sociedad Americana de Tratados, cuyas nobles tradiciones de empeño en el desarrollo de una literatura evangélica Editorial Caribe se ha propuesto perpetuar.

Existen, además, varios tomos que se suman al total de una colección bastante amplia ya, impresos en Español, y obtenibles de Editorial Caribe. Entre estas figuran la **Concordancia de las Santas Escrituras, Manual Bíblico, Como Estudiar la Biblia, Nuevo Testamento con Notas, Vida de Jesucristo, Vida de San Pablo,** y los **Comentarios** del Obispo Ryle y del Dr. Pratt.

Al darlo a la estampa, lo hacemos recomendándole con instancia al que lo lea, que sólo se sirva de él para ayudarse en el estudio de la Biblia misma, consultando todos los pasajes a que se haga referencia, y examinándolos, con el esencial propósito de explorar a fondo las Escrituras para descubrir a Aquél de quien principalmente dan ellas testimonio, Aquél que es único como "el Camino, la Verdad, y la Vida."

Explicación

EN esta obra se ha adoptado la cronología de Ussher, generalmente aceptada. Si bien es cierto que hay incertidumbre no pequeña en cuanto á algunas épocas antiguas, también lo es que las especulaciones científicas que pretenden aumentar en muchos miles de años las edades primitivas de la humanidad sobre la tierra, no han sido de ningún modo confirmadas por las investigaciones ulteriores.

El significado de los nombres bíblicos de personas y lugares se ha impreso en letra bastardilla siempre que ha podido precisarse; pero debe advertirse que en muchos casos se ha conjeturado de una derivación algo incierta.

Como la letra *ch* que en el castellano antiguo iba seguida de *r* ó de *a, o, u*, se ha sustituido en el moderno por *c*, y por *qu* cuando precede á las vocales *e, i*, se ha seguido las más veces en la traducción española esta innovación que tiende á hacer más lógica y concisa la escritura. Búsquense de consiguiente, en el lugar que les corresponda en la letra *C*, las palabras que en la Biblia comienzan con *chr*, ó *cha, che, chi, cho, chu*, ó con *k*, que no se hallen en su lugar respectivo. Igualmente se ha sustituido la *k* por la *c* ó la *qu* en sus casos, excepto cuando la etimología de una palabra exige la conservación de aquella letra. En las demás letras y en la acentuación, á la vez que el traductor ha seguido hasta donde es posible la ortografía que en la escritura de nombres propios adoptó la versión española de Cipriano Valera, impresa en Madrid en 1880, no ha descuidado por eso de conformarse á las últimas prescripciones dadas á ese respecto por la Academia Española.

Al hacerse referencia á algún pasaje bíblico, se menciona primero el libro con la abreviación acostumbrada, después el capítulo, seguido de dos puntos (:); los versículos se separan uno de otro por medio de una coma (,), y de otra referencia, con un punto y coma (;). Con un guión (—) se indica que se hace referencia á todos los versículos comprendidos entre los marcados en los extremos del guión.

SIGNIFICADO DE LAS PALABRAS ÁRABES QUE OCURREN CON FRECUENCIA EN EL DICCIONARIO.

Abu, *padre.*	Khan, *posada.*
Ain, *fuente.*	Kh, ó khurbet, *ruinas.*
Bab, *puerta.*	Kubbet, *cúpula.*
Bahr, *mar.*	Kulah, *castillo.*
Beit, *casa.*	Kuryet, *población.*
Benat, *hijas.*	Merj, *prado.*
Beni, *hijos.*	Nahr, *rio.*
Bir, *pozo.*	Neby, *profeta.*
Deir, *convento.*	Ras, *cabeza.*
Ghor, *un valle largo.*	Tell, *mole ó cerro*
Humman, *baño.*	Tûr, *montaña.*
Jebel, *montaña.*	Um, *madre.*
Jisr, *puente.*	Wady, *cañada.*
Kefr, *ciudad.*	Wely, *santo.*

El artículo definido arábigo *el* cambia á menudo su consonante final según la palabra á que se adhiere, como ed-Deir, *el castillo*; er-Ram *Ramah*; esh-Sheikh, *el anciano.*

Diccionario de La Santa Biblia

A, la primera letra en casi todos los alfabetos. En hebreo se llama *aleph:* en griego, *alpha,* siendo *omega* la última en el alfabeto de este idioma. Tanto los hebreos como los griegos usaban sus respectivas letras como números; y de aquí es que A (aleph ó alpha), denotaba *uno* ó *primero.* Por eso nuestro Señor dice, "Yo soy el Alpha y la Omega, el principio y el fin, el primero y el último;" declarando así su eternidad, y que es la causa y el fin de todas las cosas, y que lo que ha sido y ha hecho es una prenda de lo que siempre será y hará. Apoc. 1:8, 11; 21:6; 22:13. Compárese Isai. 44:6; 48:12; Col. 1:15-18.

AARON, *maestro* ó *excelso,* hijo de Amram y Jochebed, ambos de la tribu de Leví, y hermano de Moisés y de María, Exod. 6:20. Nació por el año 2430 A. M. ó sea 1574 A. C. Era menor que María y tres años mayor que Moisés, Exod. 7:7; y fué el que hablaba por éste, y le auxilió en sacar de Egipto al pueblo de Israel, Exod. 4:16,30; 7:19. Su esposa era Elisabet, hija de Aminadab; y sus hijos fueron Nadab, Abiú, Eleazar é Itamar, Exod. 6:23. Tenía 83 años de edad cuando Dios le mandó que se uniese á Moisés en el desierto que se halla cerca de Horeb. Prestándole su cooperación á su hermano en la salida de Egipto, Exod. 4:16, le tuvo levantada una de sus manos durante la batalla dada á los Amalecitas, Exod. 17:9; y se acercó con él al monte Sinaí para ver la gloria de Dios, Exod. 24:1, 2, 9-11, aunque sólo Moisés subió hasta la cima.

La principal distinción de Aarón consistió en la elección que de él y de su descendencia masculina se hizo para el sacerdocio. Fué consagrado como primer sumo-sacerdote, por disposición de Dios, Exod. 28, 29; Lev. 8; Salm. 106:16; y fué después confirmado en su cargo por la destrucción de Coré y sus secuaces, por la cesación de la plaga, debido á su intercesión, y por el hecho de haber echado flor su vara, Núm. 16, 17. Fué fiel y abnegado en el desempeño de las obligaciones anexas á su cargo, y humildemente "calló" cuando fueron muertos sus hijos Nadab y Abiú, Lev. 10:1-3. Con todo, incurrió, algunas veces, en pecados graves: hizo el becerro de oro en el Sinaí, como imagen de Jehová, para que el pueblo lo adorase, Exod. 32; se unió á María en sedición contra Moisés, pretendiendo el uno como sumo-sacerdote y la otra como profetisa, asumir una autoridad igual á la suya, Núm. 12; y con Moisés desobedeció á Dios en Cadés, Núm. 20:8-12. Dios, por eso, no le permitió que entrara á la tierra prometida, sino que murió en el monte Hor, en Edom, cerca de Moserá, Deut. 10:6, en el cuadragésimo año después de la salida de Egipto, y de cerca de 123 años de edad, siendo sepultado por Moisés y Eleazar, que fué quien le sucedió como sumo-sacerdote, Núm. 20:22-29; 33:39. Los Árabes pretenden mostrar su sepulcro en el monte que lleva su nombre todavía, y lo tienen en gran veneración. En su cargo de sumo-sacerdote Aarón fué un eminente tipo de Cristo: por haber sido "llamado por Dios" y ungido; por haber ofrecido sacrificios; por haber llevado el nombre de las tribus en el pecho; por haber comunicado la voluntad de Dios por el Urim y Tumim; por haber entrado en el santuario ó Lugar Santísimo en el día de expiación, "no sin sangre," y por haber intercedido por el pueblo de Dios y bendecídolo, Heb. 6:20. Véanse las palabras Abiatar, Eleazar, Hor, Sacerdote.

AARONITAS, los descendientes de Aarón el sumo-sacerdote son llamados así en 1 Crón. 12:27; 27:17. Trece ciudades les fueron asignadas en Judá y Benjamín, Jos. 21:13-19; 1 Crón. 6:57-60.

AB, I., *padre,* se halla en muchos nombres propios compuestos del hebreo, tales como Abner, *padre ó poseedor de la luz;* Absalom, *padre de la paz.*

II. El quinto mes del año sagrado, y el undécimo del año civil entre los Judíos. Comenzaba, según las últimas autoridades, con la luna nueva de fines de Julio ó de principios de Agosto. Era un mes triste en el calendario judío. En su primer día se observaba un ayuno por la muerte de Aarón, Núm. 33:38, y en su noveno día se tenía otro en memoria de los edictos divinos que prohibían á tantos de los que salieron de Egipto, de entrar á la tierra prometida; y en memoria también de la destrucción del primero y del segundo templo. Véase MES.

ABADDON, ó APOLYON. El primer nombre es hebreo y el segundo griego, y ambos significan el *destructor,* Job 31:12; Apoc. 9:11. Se le llama el "ángel del abismo," esto es, el ángel de la muerte, ó el ángel destructor, Salm. 78:49. Se encuentra á menudo la palabra abaddon en el hebreo, y se traduce por *destrucción,* que con frecuencia significa *el mundo de los muertos,* Job 26:6; 28:22; Salm. 88:11; Prov. 15:11.

ABAGTA, *dispensador de fortuna,* funcionario de la corte de Asuero, Ester 1:10.

RIO ABANA, ACTUALMENTE BARADA, Y DAMASCO.

ABANA, *perenne,* y FARFAR, *veloz,* ríos de Damasco, 2 Reyes 5:12. El Abana (ó Amana) era indudablemente el actual Barada, que es el Chrysorrhoas de los griegos. Es una gran corriente clara, fría y rápida, que baja del Antilíbano al N. E. de Hermón, que atraviesa una llanura de 23 millas en el S. E., se precipita por una garganta dos millas al N. O. de Damasco, se dirige después hacia el E., baña el muro septentrional de la ciudad, y termina 20 millas al E. en dos ó tres grandes lagos. Es un río perenne y tan copioso, que aun cuando surgen de él no menos de diez brazos ó canales para regar los llanos y abastecer de agua á la ciudad y pueblos circunvecinos, la corriente es no obstante considerable hasta el fin.

El único otro río independiente de alguna importancia que hay en el territorio de Damasco, es el Awaj, que nace en las faldas que se hallan en la parte S. E. del Hermón, cruza la llanura 8 millas ó más al S. de Damasco, y entra en el lago que está más al S. de los tres antes referidos. Este río se supone que es el mismo Farfar de la Biblia. Como estos ríos de Damasco nunca han estado secos, sino que siempre han hecho la región que han regado tan fértil y tan hermosa como el jardín del Edén, bien pudo por esto Naamán ponerlos en contraste con el Jordán—cuyas aguas son á menudo cenagosas—y con la mayor parte de "las aguas de Israel," que se secan bajo el sol del verano. Véase AMANA.

ABARIM, montañas *de más allá*, ó *de los vados*, al E. del Mar Muerto y del bajo Jordán, "á la vista de Jericó," dentro del territorio de Moab y de la tribu de Rubén. Es impossible definir exactamente su extensión. Los montes Nebo, Pisga y Peor, estaban en el Abarim, Num. 27:12; 33:47, 48; Deut. 32:49; 34:1. Ije-Abarim, Núm. 21:11; 33:44, parece denotar la parte meridional de la misma cadena. Una palabra hebrea, aparentemente de la misma derivación, designa todo el país de más allá del Jordán.

ABBA, palabra siriaca que significa *padre*, de pronunciación fácil para los niños pequeños, y que expresa la peculiar ternura, familiaridad y confianza del amor que liga á los padres con los hijos, Mar. 14:36; Rom. 8:15; Gal. 4:6. Lutero tradujo la expresión Abba, Pater, por "Abba, querido Padre." En el Antiguo Testamento, Dios buscaba el amor filial y la confianza de su pueblo, Jer. 3:4; pero sólo por medio de Cristo es que recibimos el verdadero espíritu de adopción, y aprendemos á llamar á Dios "Padre Nuestro," Luc. 11:2; Juan 17:1, 21; 20:17.

ABDENEGO, *siervo de Nego;* nombre caldeo dado á Azarías, uno de los tres jóvenes principales cautivos de Judá, 604 A. C., que fueron compañeros de Daniel en la corte del rey de Babilonia, Dan. 1:7. La virtud, la sabiduría y la piedad que los distinguían, les aseguraron su promoción á la corte, Dan. 1:3-19; 2:17, 49; y su firmeza en dar testimonio de Dios entre los idólatras, y su preservación del fuego del horno por el Ángel-Jehová, condujeron á muchos al conocimiento del verdadero Dios, é hicieron á estos piadosos jóvenes siempre ilustres, como monumentos de la excelencia de la fé en Él y de la salvación que así se obtiene, Dan. 3; Heb. 11:34. Véase DANIEL, HORNO.

ABDÍAS, hebreo OBADYAH, *siervo de Jehová*, I. el oficial principal de la casa del rey Achâb, que salvó la vida á 100 profetas en la persecución que les hacía Jezabel, ocultándolos en dos cuevas, y proporcionándoles alimento, 1 Reyes 18:4. Tenía la confianza de Achâb, y en una época de carestía dividió con el rey la pesquisa hecha en Israel para buscar abastos de agua, no para la gente, sino para las bestias del tirano; y estando ocupado en ella, encontró al profeta Elías, quien lo envió á que diera al rey parte de su llegada, 1 Reyes 18:13-16. La verdadera piedad puede existir aun en medio de las circunstancías más desfavorables, 1 Cor. 10:13.

II. El 4º de "los Profetas Menores," que se supone profetizó por el año 587 A. C. No puede en verdad decidirse con certeza cuándo vivió, pero es probable que haya sido contemporáneo de Jeremías y Ezequiel, que denunciaron los mismos juicios terribles sobre los Iduméos—como el castigo de su orgullo y de su violencia, y de los crueles insultos que hicieron á los Judíos después de la destrucción de su ciudad—y predijeron el triunfo final de Sión como él lo hace en vers. 17-21. Esta profecía, según Josefo, recibió su cumplimiento inicial unos cinco años después de la destrucción de Jerusalem.

Otros diez de este nombre se mencionan en 1 Crón. 3:21; 7:3; 8:38; 9:16, 44; 12:9; 27:19; 2 Crón. 17:7; 34:12; Esdras 8:9; Neh. 10:5.

ABEJA. Las abejas se mencionan en Jueces 14:8; Salm. 118:12; Isai. 7:18, etc. La Palestina abundaba en "leche y miel." Muchos viajeros hablan de incontables enjambres, no sólo domesticados sino silvestres, Mat. 3:4, llenando estos últimos á menudo grandes cavidades en los costados de las rocas; de manera que muchos naturales de allí ganan la vida vendiendo esta miel de la peña, Deut. 32:13; Salm. 81:16; Ezeq. 27:17. En Isai. 7:18 véase SILBIDO.

ABEL, en hebreo Hebel, *vapor;* el segundo hijo de Adam y Eva. Su nombre fué un reconocimiento hecho al principio de la brevedad de la vida humana, Sant. 4:14. Se hizo pastor, y ofreció á Dios en sacrificio una oveja tomada de sus rebaños, al mismo tiempo que Cain su hermano ofrecía frutos de la tierra. Dios recibió el sacrificio de Abel, y nó el de Caín; de aquí es que Caín encolerizado mató á Abel, Gen. 4, que fué el primer mártir, Mat. 23:35. Véase SACRIFICIO. Fué por "la fé" que Abel ofreció un sacrificio más aceptable que el de Caín; esto es, su corazón era recto para con Dios, á quien adoró obedeciendo confiadamente los divinos mandatos. Su ofrenda hecha por el derramamiento de sangre, fué la de un pecador arrepentido que confiaba en la expiación ordenada por Dios; y fué aceptada, "dando Dios testimonio á sus dones." probablemente por el fuego de los cielos; "alcanzando por su fé testimonio de que era justo," esto es, justificado, Heb. 11:4. Su vida fué corta, pero no por eso infructuosa, porque su brillante y temprano ejemplo de fé en una expiación divina por los pecadores, ha sido un fanal luminoso para todas las generaciones que se han sucedido desde entonces, que guía á los hombres hacia Cristo.

El primero en morir de la raza humana, fué también el primero en entrar al cielo, y una prenda y primicias de una cosecha que nadie puede enumerar. " La sangre de Abel " clamó venganza desde la tierra, Gen. 4:10; pero la de Cristo trae el perdón y la salvación para su pueblo, Heb. 12:24; 1 Juan 1:7. Véase PECADO.

ABEL es también un prefijo de nombres de varias poblaciones. En tales casos significa un *herbazal ó prado.*

ABEL-BETH-MAACA, *prado de la casa de Maaca,* ciudad de la tribu de Neftalí, al N. del lago de Merom, y que probablemente es ahora Abil-el-Karub, situada en la región superior del Jordán, en la latitud de Tiro. Fué un lugar de alguna importancia, y fué sitiado en la rebelión de Seba, 2 Sam. 20:13-22. Ochenta años después fué tomada por Benadad, 1 Reyes 15:20; y de nuevo lo fué pasados otros 200 años, por Tiglath-pileser, 2 Reyes 15:29. Se le da el nombre de Abel-maim en 2 Crón. 16:4. Compárese 1 Reyes 15:20. También se llama simplemente Abel, 2 Sam. 20:18.

ABEL-CARMAIM, ó KERAMIM, *prado de viñedos;* ciudad de los Ammonitas, seis millas distante de Rabbath-Ammón; en la historia de Jefté se le llama "la vega de las viñas," Jueces 11:33.

ABEL-MEHOLA, *prado del baile,* ó ABETH-MEHULA, ó ABEL-MEA, pueblo de Issachar, cerca del Jordán, diez millas al S. de Beth-San. No lejos de este lugar, Gedeón derrotó á los Madianitas, Jueces 7:22; y en él también nació Eliseo, 1 Reyes 19:16.

ABEL-MIZRAIM, *prado* (ó, acentuado de otra manera, *lamento) de los Egipcios;* llamado así por los siete días de lamentos de José y sus compañeros, al conducir el cuerpo de Jacob de Egipto al lugar en que iba á ser sepultado, Gen. 50:10, 11. Se hallaba en el llano de Jericó, entre esta ciudad y el Jordán. Jerónimo lo sitúa en Beth-Hoglah.

ABEL-SETIM, *valle de las acacias,* en los llanos de Moab, al E. del Jordán, y cerca del Monte Peor. Fué uno de los últimos campamentos de Israel antes de la muerte de Moisés, Núm. 33:49; se le llama también Sittim, Jos. 2:1. Allí los Israelitas fueron inducidos á la impureza

y á la idolatría de Baal-peor, por las mujeres de Moab y de Madián, y perecieron en aquella mortandad 24,000, Núm. 25.

ABÍAS, *el Señor es mi padre,* I., segundo hijo de Samuel, que los nombró á él y á su hermano jueces de Israel. Su corrupción é injusticia fueron el pretexto de que el pueblo se valió para pedir un rey, 1 Sam. 8:1-5.

II., llamado en Lucas 1:5, Abía; fundador de una familia entre la descendencia de Aarón y de Eleazar. Cuando David dividió á _ ιs sacerdotes en 24 clases para desempeñar el servicio del templo por turno, la octava clase llevaba el mismo nombre que él, 1 Crón. 24:10, es decir, Abía. A esta clase pertenecía Zacarías.

III. Hijo de Jeroboam, primer rey de Israel. Murió jóven y muy querido y llorado. 1 Reyes 14:1-18.

IV. Hijo de Roboam, primer rey de Judá, Mat. 1:7, llamado en 1 Reyes 15:1. Abíam. Subió al trono en 958 A. C. en el 18º año de Jeroboam I., y reinó solamente 3 años. En guerra con Jeroboam ganó una memorable victoria, 2 Crón. 13; sin embargo, siguió el mal ejemplo de su padre, 1 Reyes 14:23, 24.

Hay alguna razón para creer que los números en 2 Crón. 13:3, 17, deberían ser, como Josefo y algunas ediciones de la vulgata los dán, 40,000, 80,000 y 50,000. Su madre Maachâ ó Micháia fué probablemente la nieta de Absalom é hija de Uriel. 1 Reyes 15:2; 2 Crón. 11:20; 13:2.

V. La madre del rey Ezechías, 2 Crón. 29:1, llamada Abía en 2 Reyes 18:2.

ABIATAR, *padre de la abundancia,* hijo de Ahimelec y el cuarto sumo-sacerdote de los Judíos después de Eli. Cuando Saúl envió sus emisarios á Nob, Salm. 52, á destruir allí á todos los sacerdotes, Abiatar, que era joven, huyó á reunirse á David en el desierto, 1 Sam. 22:11-23, permaneciendo con el carácter de sacerdote, 1 Sam. 23:9; 30:7. Habiendo sido confirmado en el sumo-sacerdocio en el advenimiento de David al trono, ayudó á llevar el arca á Jerusalem, 1 Crón. 15:11, 12, y se adhirió á David durante la rebelión de Absalom, 2 Sam. 15:35; 1 Crón. 27:34; pero después fué inducido á seguir á Adonías, traicionando así de un modo extraño, á su regio y ya anciano amigo. Salomón, que era el sucesor del trono, lo degradó del sacerdocio, y le envió á Anatot, 1 Reyes 2:26, 27, cumpliéndose así la predicción hecha á Eli 150 años antes, 1 Sam. 2:27-36; 3:11-14. Saúl parece que

10

había transferido la dignidad del sumosacerdocio de la línea de Itamar, á la que Elí pertenecía, á la de Eleazar, confiriendo este cargo á Sadoc. Había pues así, al mismo tiempo, dos sumos-sacerdotes en Israel: Abiatar con David y Sadoc con Saúl. Este doble sumo-sacerdocio continuó desde la muerte de Ahimelec hasta el reinado de Salomón, después del cual este cargo fué desempeñado por Sadoc y su descendencia solamente. Véase ELEAZAR.

Nace una dificultad de la circunstancia de que en 1 Reyes 2:27 se dice que Abiatar fué privado del sacerdocio por Salomón; mientras que en 2 Sam. 8:17; 1 Crón. 18:16; 24:3, 6, 31, Ahimelec el hijo de Abiatar, se dice que fué sumosacerdote en compañía de Sadoc. La solución más probable es que tanto el padre como el hijo llevaban los dos nombres de Ahimelec y Abiatar, lo cual no era nada raro entre los Judíos. Véase ABIGAIL. De esta manera también podemos allanar la dificultad que se presenta en Marcos 2:26, donde se dice que Abiatar dió á David el pan de proposición, en alusión á 1 Sam. 21:1-6, en donde se dice que lo hizo Ahimelec.

ABIB, el primer mes del año eclesiástico de los Hebreos; llamado después Nisán. Correspondía casi á nuestro Abril. Abib significa *espigas verdes*, de grano ó frutos frescos. Se llama así, porque el grano, particularmente la cebada, espigaba en ese tiempo. Los primeros frutos de cebada tenían que ofrecerse el día 15 de Abib; y la cosecha de cebada se verifica ahora en la última parte de Abril. Véase MES. El día 10 de este mes, se comenzaba á preparar la pascua; se mataba la víctima el día 14, hacia la puesta del sol, y era comida la misma noche después de haber comenzado el día 15. Los 7 días transcurridos del 15 al 21 inclusive "eran la fiesta del pan sin levadura" concluyendo con una solemne convocación, Exod. 12:13.

ABIEL, *padre de la fuerza*, I. el padre de Cis y de Ner, y abuelo de Saúl y de Abner, 1 Sam. 9:1; 14:51.

II. Uno de los 30 valientes de David, 1 Crón. 11:32; Abi-albón, 2 Sam. 23:31.

ABIEZER, *padre del socorro*, bisnieto de Manasés, Núm. 26:29, 30; 1 Crón. 7:14-18, y fundador de la familia á que pertenecía Gedeón, Jos. 17:2; Jueces 6:34; 8:2. En este último versículo "la vendimia de Abiezer" significa la primera derrota de los Madianitas por los 300, cuya mayor parte era de Abiezeritas; y "el rebusco de las uvas de Efraim" significa la captura de Oreb y Zeeb, y otros frutos de la victoria recogidos por los Efraimitas.

ABIGAIL, *padre de la alegría*, I., antiguamente la esposa de Nabal el del Carmelo, y después de David. El fruto de este matrimonio fué, como suponen algunos críticos, dos hijos, Chileab y Daniel, 2 Sam. 3:3; 1 Crón. 3:1; pero probablemente estos nombres eran llevados por una sola persona.

II. Una hermana de David y madre de Amasa, 2 Sam. 17:25; 1 Crón. 2:16, 17.

ABIHAIL, *padre del poder*, la esposa de Roboam, rey de Judá, 2 Crón. 11:18; la "hija" aquí significa la descendiente de Eliab, hermano de David.

ABILINIA, un distrito en la pendiente oriental del Anti-Líbano de 12 á 20 millas al N. O. de Damasco, llamada así de la ciudad de Abila situada en una garganta sobre el río Abana ó Barada, y llamada también Abilinia de Lisanias, para distinguirla de otras. En el 15º año de Tiberio, Abilinia era una tetrarquía gobernada por Lisanias, Luc. 3:1.

ABIMELEC, *padre rey*, I., rey de Gerar de los Filistéos, que llevó á Sara á su harem, compárese Gen. 12:15; Ester 2:3; pero reprimido por Dios en un sueño, la devolvió á Abraham, y le dió 1,000 piezas de plata como una venda de los ojos para Sara, esto es, como un presente de expiación y como un testimonio de su inocencia á los ojos de todos, ó como algunos creen para un velo con que ocultar su belleza, y "así fué ella reprendida" por no haber llevado uno. Después hizo liga con Abraham, Gen. 20:21.

II. Otro rey de Gerar, probablemente hijo del anterior y contemporáneo de Isaac. Reprendió á Isaac por su disimulo con relación á Rebeca y después hizo nueva liga con él, en Beerseba, Gen. 26.

III. Un hijo de Gedeón y de su concubina, Jueces 8:31; se hizo él mismo rey de Sichém después de la muerte de su padre, y mató á 70 hijos de éste, exceptuando solo á Joatán el más joven de ellos, 1233 A. C. Joatán vituperó á los Sichemitas en su célebre fábula de los árboles. Tres años después se levantaron contra Abimelec, y él los derrotó; pero pereció ignominiosamente al atacar á Thebes, Jueces 9; 2 Sam. 11:21.

ABINADAB, *padre de la nobleza*, lo mismo que Aminadab, por cambiarse con frecuencia la ♭ por la *m* en el Hebreo. I.

Un levita de Chiriath-jearim, en cuya casa permaneció 70 años el arca de Dios, cuando fué devuelta por los Filistéos, 1 Sam 7:1; 1 Crón. 13:7.

II. El 2° hijo de Isaí, uno de los tres que habían seguido á Saúl en la guerra contra los Filistéos, 1 Sam. 16:8; 17:13.

III. Un hijo de Saúl, muerto en la batalla de Gilboa, 1 Sam. 31:2; 1 Crón. 8:33; 10:2.

ABIRAM, *sumo padre*, I., un príncipe de Rubén, quien con Coré, Dathán, etc., conspiró para destruir la autoridad de Moisés y de Aarón en el desierto, Núm. 16. Véase Coré.

II. 1 Reyes 16:34, un hijo de Hihel que pereció prematuramente á causa de la presunción de su padre, de reedificar á Jericó. Véase á Hiel.

ABISAG, *padre del error*, una hermosa virgen de Sunam en Issachar, escogida para ser miembro de la casa de David en su vejez y cuidarle. Después de la muerte de éste, Adonías solicitó su mano para promover sus traidoras aspiraciones, y fué castigado con la muerte, 1 Reyes 1, 2.

ABISAI, *padre de un dón*, el hijo mayor de Sarvia hermana de David, hermano de Joab y de Asael, uno de los más bravos caballeros de la "orden caballeresca" de David, llamada de los "valientes," 1 Crón. 2:16, siempre fiel á su regio tío, y por lo regular uno de los que le acompañaban. Este solo fué con él á la tienda de Saúl, 1 Sam. 26:5-12, y fué uno de los jefes en la guerra contra Isboset, 2 Sam. 2:18, 24; en la guerra con los Iduméos, 1 Crón. 18:12, 13; y con los Siros y Ammonitas, 2 Sam. 10:10, 14. En una batalla con los Filistéos, él libertó á David y mató al gigante Isbi-benob, 2 Sam. 21:16, 17. El salió de entre su hueste en las cercanías de Betlehem y levantó su lanza contra 300 y los mató, 2 Sam. 23:14-18; y estuvo con David en los conflictos promovidos por Semei, Absalom, y Seba, 2 Sam. 16:9; 18:2; 19:21; 20:6, 7.

ABISMO. Esta palabra significa en la Escritura el infierno, el lugar de castigo, la hondura sin fondo, Luc. 8:31; compárese Apoc. 9:1; 11:7; 20:1; el mundo de abajo, Salm. 69:15; 107:86; el caos en el principio del mundo, Gen. 1:2. Véase Infierno.

ABISUA, *padre del bienestar*, hijo de Fineas y 4° sumo-sacerdote, 1 Crón. 6:4, 5, 50; fué probablemente contemporáneo de Eglón y de Aod, Jueces 3.

ABIÚ. El (Dios) *es mi padre*, el 2° hijo de Aarón y de Elisabet, Exod. 6:23; Núm.

3:2, honrado con su hermano Nadab, Exod. 24:1; consagrado al sacerdocio con sus tres hermanos, Exod. 28:41; pero poco después muerto por un rayo del Señor con Nadab, por haber quemado incienso con fuego común, en lugar del fuego sagrado que se conservaba ardiendo perpetuamente en el altar de los holocaustos, Levit. 6:9, 12; 10:1, 2; 16:12; Núm. 16:46. Como á esto se siguió immediatamente la prohibición del vino á los sacerdotes, cuando ministraban en el tabernáculo, no es inverosimil que Nadab y Abiú hayan estado ébrios cuando pecaron así. Su muerte es una solemne amonestación para no presumir que se rinde culto á Dios si no es con el incienso que se quema en el único altar que Cristo ha santificado y hecho aceptable con su sangre, Heb. 10:10-14. Es una cosa peligrosa al servir Dios, desviarnos de sus propias instituciones. Tratamos con un Dios que es sabio para prescribir su propio culto, justo para exigir lo que ha prescrito, y poderoso para castigar lo que no ha prescrito, Col. 2:20-23.

ABNER, *padre de la luz*, hijo de Ner, primo de Saúl y general de sus ejércitos, 1 Sam. 14:50. El conoció á David, y ayudó á Saúl en su persecución, 1 Sam. 17:57; 26:3-14. Por 7 años después de la muerte de Saúl, auxilió á Isboset; pero habiendo sido reprendido por él, por su conducta con Resfa, emprendió unir todo el reino bajo David. Fué sin embargo matado traidoramente por Joab, ya sea por vengar la muerte de Asael, hermano de éste, á quien Abner había matado antes, ó más probablemente por celos. David execró este acto pérfido, y compuso una elegía sobre su muerte, 2 Sam. 2:8; 3:6-39; él también encargó á Salomón que castigase el crímen de Joab con la muerte, 1 Reyes 2:5, 6. Véase Joab.

ABOGADO, ó paracleto, el que defiende la causa de otro. En su sentido técnico, este cargo les fué desconocido á los Judíos hasta que vinieron á estar sujetos á los Romanos. Véase Tertullus. Se aplica á Cristo como nuestro intercesor, 1 Juan 2:1 (compárense Rom. 8:34; Heb. 7:25); y en el griego al Espíritu Santo, como nuestro maestro y consolador, Juan 14:16; 15:26.

ABOMINACIÓN, término aplicado en las Escrituras á los objetos muy detestables. Los ídolos y su culto eran llamados así, porque defraudaban á Dios su honra, á la vez que los ritos mismos eran impuros y crueles, Deut. 7:25, 26; 12:31. Este término era usado refiriéndose á los Hebreos en Egipto, Gén. 43:32; Exod. 8:26, sea porque comían y sacrificaban animales tenidos como sagrados por los Egipcios, ó porque no observaban al comer las ceremonias que hacían parte de la religión de Egipto; y en Gén. 46:34, porque ellos eran "pastores errantes," raza de los que habían oprimido en otro tiempo á Egipto.

La "abominación desoladora" predicha por Daniel, 9:27; 11:31; 12:11, denota probablemente la imagen de Júpiter, erigida en el templo de Jerusalem por mandato de Antíoco Epifanio, 170 A. C., 2 Mac. 6:2; 1 Mac. 6:7. Pero por "abominación desoladora" de que habló nuestro Señor, Mat. 24:15; Mar. 13, 14, y predicha como que había de verse en Jerusalem durante el último sitio de aquella ciudad por los Romanos, bajo Tito, se entiende comunmente que es el ejército Romano,

cuyos estandartes tenían las imagenes de sus dioses y emperadores, y eran adorados en la jurisdicción del templo cuando este y la ciudad fueron tomados. Sin embargo, acaso se refiere á alguna iniquidad de los Judiós fanáticos casi al principio del sitio, Luc. 21:20. Véase ARMADURA. Las iniciales S P Q R son por *Senatus Populusque Romanus*, el Senado y el Pueblo de Roma.

ABORRECIMIENTO, un disgusto profundo, que en algunos casos no es pecado, pues Dios aborrece todos los pensamientos y caminos pecaminosos y el carácter de los pecadores, Jer. 44:4; Salm. 5;5, 6, á la vez que ardientemente les desea su salvación, Ezeq. 18:23, 32; Juan 3:16. Y lo mismo les pasa á todos los santos seres. Pero el aborrecimiento en el hombre es comunmente una pasión malévola, "una obra de la carne," Gal. 5:20. No puede aborrecer sin pecar nadie que no sea perfecto en el amor. Debemos aborrecer el pecado, pero amar y bendecir aun á nuestros enemigos, Mat. 5:44. El aborrecimiento á menudo denota en las Escrituras apenas un grado menor de amor, Gén. 29:30, 31; Deut. 21:15; Prov. 13:24; Mal. 1:2, 3; Luc. 14:26; Rom. 9:13.

ABRAM, *sumo padre,* llamado después ABRAHAM, *padre de una multitud,* Gén. 17:4, 5. Véase NOMBRES. El gran fundador de la nación Judaica, así como también de los Ismaelitas y otras tribus Árabes, Gén. 25. Fué hijo de Tharé, descendiente de Sem, y hermano de Nachór y Harán; nació en Ur, ciudad Caldea, 2008 A. M., 1996 A. C., Gén. 11:27, 28. Allí vivió 70 años, cuando al llamamiento de Dios abandonó su idólatra parentela, Jos. 24:2, 14, y se trasladó á Charán en la Mesopotamia, Hech. 7:2-4, acompañado de su padre, de su esposa Sarai, de su hermano Nachór, y de su sobrino Lot. Pocos años después habiendo sepultado á su padre, se trasladó otra vez, por llamamiento de Dios, con su esposa y su sobrino, á la tierra de promisión como pastor nómade ó errante, Heb. 11:8. Permaneciendo por algún tiempo en Sichém, edificó allí, como era su costumbre, un altar al Señor, quien se le apareció, y le prometió aquella tierra para su generación. Cambiándose de un lugar á otro consultando la conveniencia del agua y de los pastos, se vió al fin obligado por el hambre á ir á Egipto, donde incurrió en la ficción de llamar hermana á su esposa, Gén. 12. Volviendo á Canaán rico en hatos y rebaños, él dejó generosamente á Lot que permaneciese en el fértil valle del bajo Jordán y plantó sus propias tiendas en Mamre, Gén. 13. Pocos años después libertó á Lot y á sus amigos de la cautividad, y recibió la bendición de Melchisedec, Gén. 14.

Dios se le apareció de nuevo, y le prometió que su generación sería tan numerosa como las estrellas; le predijo la opresión de esta en Egipto por 400 años, y que volvería á poseer la tierra prometida, Gén. 15. Pero estando aún por cumplirse la promesa de un hijo, Sarai le dió á Agar su esclava como esposa secundaria, y de ésta nació Ismael, Gén. 16; y es digno de notarse que, aun que fué á petición de su esposa que Abraham tomó á Agar, como Adam comió el fruto prohibido, Gén. 3:17, se originaron de ahí grandes disgustos domésticos. Después de 13 años, Dios se le apareció otra vez, y le aseguró que el heredero de la promesa nacería, todavía, de su esposa, cuyo nombre fué entonces cambiado por el de Sara, y estableció también la alianza de circuncisión, Gén. 17; allí también se efectuó la visita de los tres ángeles y la memorable intercesión con el Ángel-Jehová, en favor de los habitantes de Sodoma, Gén. 18. Después de esto, Abraham viajó al S., hacia Gerar, donde otra vez llamó hermana á Sara. En esta región nació Isaac, cuando Abraham tenía cerca de 100 años de edad, Rom. 4:19, 22; y poco después Agar é Ismael fueron despedidos para que buscasen nuevo domicilio, Gén. 21.

Cerca de 25 años después, Dios puso á prueba la fé de Abraham, ordenándole que sacrificara á Isaac su hijo y heredero de la promesa, sobre el Monte de Moría, Gén. 22. Después de 12 años, Sara murió, y la cueva de Macpela fué comprada para cementerio, Gén. 23. Abraham envió á su mayordomo y obtuvo una esposa para su hijo, de la piadosa parentela que tenía en Mesopotamia, Gén. 24. El también se casó con Cetura, y tuvo 6 hijos, cada uno fundador de un pueblo distinto en la Arabia. Á la edad de 175 años, ya muy anciano y cargado de honores, murió y fué sepultado por sus hijos Isaac é Ismael en la misma tumba de Sara, Gén. 25. Véase MACPELA.

El carácter de Abraham fué uno de los más notables de las Escrituras. Fué un verdadero patriarca oriental, de costumbres libres y sencillas, un príncipe en la tierra; sus propiedades eran grandes, su comitiva muy numerosa, é inspiró respeto á sus vecinos; sin embargo, él no era verdaderamente sino un extranjero y peregrino; la única tierra que poseía era el cementerio que había comprado. Se distingue por su integridad, su generosidad y su hospitalidad; él fué sobre todo notable por su sencilla é inquebrantable fé, siendo ésta tal, que obedecía sin vacilar y sin dilación y no cejaba ante la más terrible prueba á que puede someterse un hombre; de modo que es justamente titulado "el padre de los fieles," esto es, de los creyentes. Repetidas veces se distingue por el honorable título de "el amigo de Dios," 2 Crón. 20:7; Isaí. 41:8, Sant. 2:23, y el nombre de El-Khulil, *el amigo*, se le dá aún por los Árabes, tanto á él como á Hebrón, su domicilio. Ningún hombre de la historia es tan venerado por una porción tan considerable

de la raza humana, tanto de Mahometanos, como de Judíos y de Cristianos. Entendió la promesa, regocijándose en ella, de que en su divino descendiente, el Mesías, todas las naciones serían benditas, Juan 8:56; y como á antecesor de Cristo y al padre de todos los creyentes, el pacto se le ha cumplido ámpliamente; su progenie espiritual es tan numerosa como las estrellas, y con ella heredará la celestial Canaán.

El "Seno de Abraham," en Luc. 16:22, es el estado de gloria del Paraiso de que gozaba el padre de los fieles. Este se representa con frecuencia como una fiesta ó banquete, Mat. 8:11; Luc. 13:29; reclinarse sobre el seno de uno, se refiere al modo oriental de reclinarse al comer, Juan 13:23. Véase COMIDA.

ABRONA, Núm. 33:34, 35, un lugar de descanso de los Israelitas, cerca de Esion-Gaber, en el golfo de Akaba.

ABSALÓM, *padre de la paz*, único hijo de David y de Maacá, 2 Sam. 3:3; nació por el año de 1033 A. C. Fué notable por su belleza y por su hermosa cabellera, 2 Sam. 14:25; habiéndosela cortado cuando le molestaba, pesaba 200 siclos, peso extraordinario que parece haber sido un error del copista, á no ser que se haya incluido alguna pesada corona ú otro adorno de cabeza que usara. Á Amnón, otro de los hijos del rey, por haber violado á su hermana Tamar, Absalóm le hizo dar la muerte y entonces huyó á Gessur, de donde era rey Talmai, su abuelo. Después de 3 años, por intercesión de Joab, David le permitió volver á Jerusalem, y al fin lo recibió otra vez bajo su patrocinio, 2 Sam. 14. Absalóm, sin embargo, abusó en gran manera de la bondad de su padre; valiéndose de muchos artificios "se robó los corazones del pueblo," y se proclamó él mismo rey en Hebrón. Habiéndose David retirado de Jerusalem, Absalóm le siguió después de una fatal demora providencial, y en la batalla que libró, fué derrotado y habiéndosele enredado la cabellera en un arbol, fué encontrado y muerto por Joab y enterrado con deshonra, 2 Sam. 18:17,18; Jos. 7:26. David se afectó mucho por su muerte y profirió amargas lamentaciones sobre él, 2 Sam. 18:33. Véase también Salmo 3.

Su historia ofrece instructivas lecciones á los jóvenes, contra los pecados á los cuales se sienten inclinados, particularmente la vanidad, la ambición, las pasiones desordenadas y la filial desobediencia.

La "Tumba de Absalóm," como se le llama, en el valle oriental de Jerusalem, es de fecha comparativamente moderna, y de desconocido origen y designio. Talvez

señala el sitio del monumento mencionado en 2 Sam. 18:18.

TUMBA DE ABSALÓM.

ABUBILLA, hebreo, *de doble cresta*, Lev. 11:19; Deut. 14:18; una hermosa ave migratoria, de costumbres sucias y voz chillona, declarada inmunda por Moisés. Es

como del tamaño de un tordo; su pico es largo, negro, delgado y un poco encorvado, y sus piernas grises y cortas. Según Jerónimo es el frailecillo dorado que se halla

en Palestina y se alimenta á lo largo de las orillas de los ríos y de los lagos. Según Tristram es la garza de largo pico y de largas patas que se encuentra también en Palestina.

ACAYA, *molestia*, usado en el Nuevo Testamento para toda la región de Grecia al S. de Macedonia, incluyendo el Peloponeso ó Moreo, y algún territorio al N. del Golfo de Corinto, Hech. 18:12; 19:21; 2 Cor. 11:10. Era una provincia Romana en tiempo de Pablo, y estaba gobernada por un proconsul, Hech. 18:12. La Acaya propia, sin embargo, abrazaba solamente la parte N. O. del Peloponeso. Véase GRECIA.

ACCAD, *banda ó fortaleza*, una de las cuatro ciudades edificadas en la llanura de Sinar, por Nimrod, fundador del imperio Asirio, Gen. 10:10. Su situación se identifica por algunos viajeros con Nisibis, en la parte norte de Mesopotamia; por otros, con las ruinas llamadas Akker-Kuf que se encuentran de 6 á 9 millas al O. de Bagdad. Hay allí una estructura ruinosa llamada Tell-nimrúd, *Collado de Nimrod*, que consiste en una masa de enladrillado de 400 piés de circunferencia en la base, y 125 piés de altura, hallándose sobre un montón de escombros.

ACCIÓN DE GRACIAS, la debida mani-

15

festación de gratitud á Dios por todos sus favores y mercedes temporales y eternos, materiales y espirituales. Implica un justo aprecio de todas sus bondades y de cuán indignos somos de ellas, recordándolas, amándolo por ellas, reconociéndolas públicamente, correspondiendo con obediencia y rindiéndole el culto debido. La ingratitud es evidencia de la degradación y de la disposición del corazón humano á alejarse de Dios. Durante la dispensación antigua se ofrecían acciones de gracias en ocasiones fijas y especiales, Lev. 7:12, 15; Salm. 107:22-31; 116:17; con la voz de regocijo y alabanza, Neh. 11:17; Isai. 51:3; Apoc. 7:12; y con oración, Neh. 11:17; Fil. 4:6; 1 Tim. 2:1-3. Véase OFRENDA.

ACEITE, símbolo de alegría, Salmo 45:7; Isai. 61:3; Joel 2:19, se empleaba desde los períodos más antiguos en el Oriente, no solamente para la consagración de los sacerdotes y reyes, Lev. 8:12; 1 Sam. 10:1; 16:1, sino para ungirse la cabeza, la barba y todo el cuerpo en la vida diaria, Gen. 28:18; Deut. 28:40; Rut 3:3; Salm. 92:10. Véase UNCIÓN. Era empleado por los médicos, Isai. 1:6; Mar. 6:13; Luc. 10:34; Sant. 5:14; era casi la única luz artificial, Exod. 25:6; 27:20, 21; 35:8; Lev. 24:2; 1 Sam. 3:3; y era universalmente usado como alimento, 1 Reyes 5:11; 2 Crón. 2:10, 15; Ezeq. 16:13, 19. El aceite de olivo fresco y dulce era en gran manera preferido á la manteca y á la grasa animal como sazón para el alimento; y aun en la actualidad en Siria casi toda clase de alimento se condimenta con aceite. Se contaba también entre las ofrendas y presentes que se hacían en el templo, usándose mezclado con la harina de la oblación, Lev. 5:11; 6:21. Para las lámparas también el aceite puro de olivo era considerado como el mejor, y se usaba para iluminar el tabernáculo, Exod. 35:14; 39:37; Núm. 4:16. Estos varios usos del aceite hacían un cultivo del olivo un negocio extenso y lucrativo, 1 Crón. 27:28; Ezeq. 27:17; Oseas 12:1. El aceite estaba sujeto al diezmo por la ley de Moisés, Núm. 18:12; Deut. 12:17; Neh. 13:12; y era, como el grano y el vino, artículo de acopio y de tráfico, 1 Crón. 27:28; 2 Crón. 32:28; Esdras 3:7. El mejor aceite se obtenía del fruto aún verde en Noviembre, por medio de un ligero machacamiento ó presión, Exod. 27:20; 29:40, y echándolo en artesas inclinadas, para que el primer zumo corriese á unos receptáculos. El fruto maduro de Diciembre á Febrero pro-

ducía aceite más abundante, pero menos estimable. Las aceitunas eran exprimidas por cilindros de piedra, ó sometiéndolos á presión en el molino de aceite, llamado en hebreo *gath-shemen*. Las aceitunas no se trillan ahora con los piés. Esto, sin embargo, parece haberse practicado entre los Hebreos, al menos hasta cierto punto, cuando las aceitunas se ablandaban por tenerse guardadas, Miqueas 6:15. Getsemaní, esto es, *prensa de aceite*, probablemente tomó su nombre en un principio de algunas prensas de aceite establecidas en sus cercanías. Véase OLIVO.

ACÉLDAMA, *campo de sangre*, pequeño campo al S. de Jerusalem, que los sacerdotes compraron con las 30 piezas de plata que Judas había recibido como precio de la sangre de nuestro Salvador, Mat. 27:8; Hechos 1:19; el "Campo del Alfarero," para ser un cementerio en que podrían ser sepultados los extranjeros. Se dice que Judas, Hechos 1:8, compró el campo, porque fué adquirido con su dinero. Véase JUDAS. La tradición señala este campo en el empinado collado del "Mal Consejo," que lleva su pendiente al valle de Hinnom en el S. Parece haberse empleado después del tiempo de los Cruzados como sepulcro para los peregrinos, y lo Cruzados se llevaron grandes cantidades de su tierra para los cementerios de Roma, de Pisa y otros.

ACEPTAR, recibir con favor, Luc. 4:24. Así, el penitente y el creyente son bien recibidos por Dios, por amor de Cristo, "aceptados en el Amado," Efes. 1:6.

ACERO. Donde este término "acero" aparece en la Biblia, 2 Sam. 22:35; Job 20:24; Salm. 18:34, la verdadera traducción del hebreo es "cobre" ó "bronce," como se halla en Jer. 15:12 y en todos los otros pasajes en que se habla de ese metal. El hecho de que los Egipcios de otros tiempos conocían el acero se infiere de representaciones de armas que se ven en las tumbas antiguas, algunas de las cuales tienen un color azul como el acero, y otras coloradas como el bronce. Véase HIERRO. En Nah. 2:4 la expresión "brillarán como hachas encendidas" aplicada á los carros, se refiere probablemente á los adornos de acero de éstos, ó quizá á las guadañas que brillaban en los carros formados en batalla contra Nínive. Véase NÍNIVE.

ACHÁB, tto, I., el 7° rey de Israel, sucedió á su padre Omri en 918 A. C. y reinó 22 años. Ningún rey de los Judíos ha dejado una historia más triste. Su

16

mujer fué Jezebel, hija de Eth-baal, rey de Tiro, ambiciosa y apasionada idólatra, por medio de cuya influencia fué introducido en Israel el culto de Baal y Astoret. Acháb erigió en Samaria una casa á Baal y colocó imágenes de Baal y Astoret; la idolatría y la maldad llegaron á prevalecer espantosamente, los profetas de Dios fueron muertos, su culto prohibido, y el rey hizo más para provocar al Señor á la ira que todos los reyes anteriores á él. En medio de esta grande apostasía, Dios visitó la tierra con tres años de sequía y hambre; y entonces en el Monte Carmelo reprobó la idolatría con fuego del cielo, destruyendo 450 profetas de Baal y 400 de Astarte. Como seis años después, Benadad, rey de Siria, invadió á Israel con un gran ejército, pero fué ignominiosamente derrotado, y todavía más desastrosamente el año siguiente en que Acháb lo hizo cautivo, pero pronto lo puso en libertad, y así incurrió en la indignación de Dios. Á pesar de las amonestaciones y clemencia de la Providencia, Acháb perseveró en el pecado, y al fin, después del asesinato de Nabot cerca de su palacio en Jezreel, sus crímenes é idolatrías fueron tales, que Dios envió á Elías á denunciar sus juicios sobre él y su descendencia. Estos fueron en parte diferidos, sin embargo, por su aparente humillación. Poco después, habiendo ido con Josafat, rey de Judá, á recobrar á Ramot de Galaad de los Sirios, y unídose á ellos en la batalla, desobedeciendo así á Jehová, fué muerto, y los perros lamieron su sangre en la cisterna de Samaria, 1 Reyes 16:29 á 22:40.

II. Un falso profeta, que sedujo á los Israelitas en Babilonia, y fué denunciado por Jeremías y quemado por Nabucodonosor, Jer. 29:21, 22.

ACHÁN, *perturbador,* hijo de Carmí, de la tribu de Judá; violó el divino anatema, y desobedeció el estricto precepto del Señor, robándose algunos despojos de Jericó que estaban destinados á la destrucción. Esto atrajo una maldición y una derrota sobre el pueblo. Fué descubierto por suerte, y apedreado con toda su familia, probablemente cómplice de él, en el valle de Achór, al N. de Jericó, Jos. 6:18; 7:1-26. Se llama Achár en 1 Crón. 2:7. Véase ACHOR.

ACHÁZ, *poseedor,* hijo de Jotam, y 11° rey de Judá. Ascendió al trono á los 20, ó como algunos textos antiguos dicen, en los 25 años de edad, y reinó 16 años, 2 Reyes 16:1, 2, 20, 741-725 A. C. Se distinguió por

su idolatría y desprecio al verdadero Dios; y contra él se dirigen muchas de las profecías de Isaías, Isai. 7, 8, 9. Hizo pasar á sus propios hijos por el fuego, consagrándolos á los ídolos, é introdujo los dioses Sirios á Jerusalem, alteró el templo según el modelo Sirio, y aun lo cerró enteramente. Habiendo perdido así el auxilio de Jehová, sufrió varias derrotas en la guerra con Peka y Resin; los Edomitas se rebelaron, y los Filistéos devastaron sus fronteras. Se desvió más de Dios en sus reveses, y solicitó el auxilio de Pul, rey de Asiria. Este fatal paso lo hizo tributario de Pul y de Tiglat-pileser, su sucesor. Acház fué reducido á grandes extremidades al rescatarse de los Asirios; pero se sumergió más en la idolatría, 2 Reyes 23:11, 12, y muriendo en su impiedad á la edad de 36 años, le fué rehusado un sepulcro con los reyes sus antecesores, 2 Crón. 28.

ACHÍAS, *hermano del Señor,* hijo de Achítob y sumo-sacerdote en el reinado de Saúl, 1 Sam. 14:3, 18. Fué probablemente el hermano de su sucesor Ahimelec, muerto por Saúl, 1 Sam. 22:9.

ACHIS, *colérico,* rey de Gath, ciudad de los Filistéos, y á quien David huyó dos veces buscando protección contra Saúl. En la primera ocasión, siendo reconocido y pensando que su vida estaba en peligro, fingió estar loco, y así se escapó, 1 Sam. 21:10. Varios años después, volvió con una banda de 600 hombres, y fué bienacogido por Achís como enemigo de Saúl y de Israel. Achís le dió por residencia á Ziglag, y habiendo sido engañado en cuanto á las miras y operaciones de David, esperaba su auxilio en una guerra con Israel; pero fué persuadido por sus oficiales de que debía enviarlo á su residencia en Ziglag, 1 Sam. 29.

ACHITOB, *hermano de la bondad,* I., nieto de Elí é hijo de Finees, cuyo lugar ocupó ascendiendo al sumo-sacerdocio al morir Elí, por haber perecido Finees en la batalla 1141 A. C., 1 Sam. 4:11.

II. Hijo de Amarías y padre de Sadoc, 2 Sam. 8:17; 1 Crón. 6:8.

ACHÍTOFEL, *hermano de la locura,* natural de Gilón en Judá, al principio uno de los más íntimos y apreciados amigos y consejeros de David, Salm. 41:9; 2 Sam. 16:23; pero en la defección y rebelión de Absalóm, abrazó la causa de este príncipe, y se hizo uno de los enemigos más irreconciliables de David. Contrariado porque Absalóm no siguió su sagaz consejo, y previendo el fracaso de la rebelión, él

17

mismo se ahorcó, 2 Sam. 15:12; Cap. 17; Salm. 55:12-14. Achítofel parece haber sido el abuelo de Batseba ó Bersabée, 2 Sam. 23:24, compárese con 11:3, y la pérdida de su amistad puede haber sido una de las penas que David tuvo por haber agraviado á Batseba.

ACHMETA, Esdras 6:2, se supone que significa Ecbatana, la ciudad principal de la Media, no siendo inferior á ninguna en el E., fuera de Babilonia y Nínive. Había dos ciudades de este nombre; la ciudad septentrional, capital de Ciro, ahora Takht-i-Suleiman, estaba circunvalada por siete murallas de diferentes alturas y colores. La ciudad meridional y más grande, era en verano la residencia de los reyes Persas después de Darío. Los viajeros la identifican con la moderna Hamadán, en la que muchos Judíos residen todavía, y donde creen señalar la tumba de Mardoquéo y Ester.

HAMADÁN.

ACHÓ, *calentado por el sol*, puerto de mar de la tribu de Aser, Jueces 1:31. En el Nuevo Testamento á Achó se le llama Tolemaida, Hechos 21:7, de uno de los Ptoloméos que la engrandeció y la hermoseó. Los Cruzados le dieron el nombre de Acre ó San Juan de Acre. Se le llama aún Akka por los Turcos. Achó y toda la costa de más allá hacia el N. era considerada por los Judíos como un país medio pagano.

ACHOR, *molestia*, valle al N. de Jericó, según Jerónimo; llamado así quizás por las molestias ocasionadas por el pecado de Achán, que fué allí condenado á muerte, Jos. 7:26. Los profetas aluden á él con promesas de esperanza y alegría en la era evangélica, Isai. 65:10; Oseas 2:15. El límite septentrional de Judá llegaba allí, Jos. 15:7, infiriéndose de esto que se encontraba al S. de Jericó, que quedaba en Benjamín.

ACHSAF, *fascinación*, ciudad real de los Cananéos, Jos. 11:1, conquistada por Josué, y asignada á la tribu de Aser, Jos. 12:20; 19:25. El Doctor Robinson encontró sus ruinas, llamadas ahora Kesaf, un poco al S. O. de la curva del Orontes, más de la mitad del camino de Tiro al alto Jordán.

ACHZIB, *mentira*, I., ciudad de Aser, de la cual los Judíos fueron impotentes para expulsar á los Cananéos, Jueces 1:31. Fué llamada después por los Griegos Ecdippa, y ahora se llama Zib y se extiende en la costa, 10 millas al N. de Acre.

II. Probablemente llamada Chezib en Gen. 38:5, población que está en la llanura de Judá, cerca de Lachis y de Gath, Jos. 15:44. Véase también Micheas 1:14, en que la palabra traducida por *mentira*, es también *achzib*.

ACRABBIM, (subida de) *subida de escorpiones*, I., Núm. 34:4; Josué 15:3; Jueces 1:36. Trumbull la identifica con el paso de Yemen, 30 millas al S. O. del Mar Muerto y 6 millas al O. del paso es-Sufáh.

II. Un punto en la linea fronteriza al sur de Judá, Jueces 1:36, y una región infestada de serpientes y escorpiones, Deut. 8:15. Robinson la identifica con una linea de rocas escarpadas que corren al través del valle El-Ghor, á unas 8 millas al S. del Mar Muerto; tiene de 50 á 150 piés de altura y 7 millas de largo. En Jos. 15:3 se le llama Maaleh-acrabim, el ascenso de Acrabim.

ACUSACIÓN escrita, título ó causa: exposición del crimen por el cual uno era ejecutado, Juan 19:19.

ACUSADOR, enemigo ó adversario, especialmente en el tribunal, Mat. 5:25; Luc. 18:3. Así Satán es el acusador del pueblo de Dios, Job 1:6; Zac. 3:1; Apoc. 12:10.

ADAD, un rey de Edom, en Avit, Gen. 36:35; 1 Crón. 1:46.

ADADEZER, *auxiliado por Adad*, un rey poderoso de Siria que reinaba en Seba y en el país circunvecino hasta el Eufrates, 1 Reyes 11:23. Allí fué derrotado tres veces y su poder destruido por David, 2 Sam. 8:3, 4; 10:6-14, 16-19; 1 Crón. 18:3; 19:6. El Salmo 60 fué escrito después de la primera victoria de David sobre los Sirios y los Iduméos, 2 Sam. 8:13, 14.

ADADRIMÓN, nombrada así de dos deidades sirias, una ciudad en el valle de Megiddo, teatro de una lamentación general por la muerte de Josías en la batalla con Faraón-Necao, 2 Reyes 23:29; 2 Crón. 35:20-25; Zac. 12:11. Después, según Jerónimo, fué llamada Maximianópolis.

ADAM, I., el progenitor y cabeza representante de nuestra raza; formado del polvo de la tierra, al cual (su color rojo) se refiere su nombre; y hecho una alma viviente por el aliento del Creador. La relación de la creación, etc., en Génesis, parece estar dividida en tres partes: la 1ª, cap. 1:1 á 2:3, que es general y preliminar; la segunda, cap. 2:4 á 4:26, se refiere al Paraiso, á la caída y á la familia de Adam: y la 3ª, cap. 5:1 á 9:29, da la historia de los patriarcas hasta Noé. Véase CREACIÓN.

Adam fué de todos los seres de la tierra el único hecho "á la imagen y semejanza de Dios," con razón, con conciencia, y con la facultad de conocer, de amar y de comunicarse con Dios, etc., y fué la mayor y última obra de la creación y recibió dominio sobre todo lo que la tierra contenía. Para que no estuviese solo, Dios le dió á Eva como compañera, y esta llegó á ser su esposa. El matrimonio es, pues, una divina institución, ya en orden de tiempo, como de importancia y bendición al género humano. Adam fué hecho hombre perfecto—completo en todas las dotes físicas, mentales y espirituales, y colocado en el jardin del Edén para someterlo á prueba—santo y feliz, pero expuesto á pecar. De este estado cayó por haber quebrantado el expreso mandamiento de Dios, por las tentaciones de Satanás y las instancias de Eva; y de este modo incurrió en la maldición de él mismo y de toda su posteridad. La soberana gracia se interpuso, un Salvador fué revelado, y se suspendió el completo cumplimento de la maldición; pero Adam fué desterrado del Edén y de su árbol de vida, y reducido á una vida de penosos trabajos. Su felicidad se amargó luego, presenciando en su posteridad los frutos de su caída. Caín, su hijo primogénito, y su segundo hijo Abel, nacidos á imagen de sus caídos padres, no tardaron mucho en perderse para ellos, por haber sido el uno asesinado y andar el otro fugitivo. Ellos tuvieron otros muchos hijos é hijas; pero solo del nombre de Seth hace mención la Biblia. Adam vivió hasta la edad de 930 años, y vió la tierra rápidamente poblada por sus descendientes; pero "la maldad del hombre fué grande sobre la tierra." Cuando murió, Lamec, el padre de Noé, tenía 56 años de edad, y estando en la linea de los que andaban con Dios, había oido probablemente la historia primitiva de la raza humana, de los labios del penitente Adam.

La maldición pronunciada sobre el hombre incluye no solamente los trabajos físicos y penosos en una tierra estéril y espinosa, y la disolución física del cuerpo; sino también el exponer á muerte eterna la parte más noble, el alma. En aquel mismo día Adam perdió la imagen moral de su Hacedor, y quedó sujeto, no solamente á la muerte física, sino también á la eterna ira y maldición de Dios, que es la muerte en el más alto sentido de la palabra, y es la sentencia que ha caido sobre toda la humanidad. Tal es el concepto del apóstol Pablo, quien en todas partes establece el contraste entre la *muerte* introducida en el mundo por Adam, con la vida que se procura á los redimidos por Jesu-Cristo, Rom. 5. Esta vida es espiritual; y la muerte en su más alto sentido, es también espiritual. Siendo la pena temporal y física, nadie está ni puede estar exento de ella: pero para hacer desaparecer el castigo espiritual y eterno Cristo murió, y el que se llega á él con espíritu de penitencia y de fé, evitará la muerte pronosticada, y entrará á la vida eterna tanto del cuerpo como del alma.

El Redentor se llama el Segundo Adam, 1 Cor. 15:45, por ser la cabeza de su progenie espiritual, y la fuente de justicia y de vida para todos los creyentes, así como el primer Adam fué origen del pecado y de la muerte para toda su progenie.

II. Una ciudad cerca del Jordán hacia el mar de Tiberiades, cerca del cual las aguas del Jordán comenzaron á acumularse para abrir un paso seco á los Judíos, Jos. 3:16.

ADAR, I., el 12° mes del año eclesiástico de los Hebreos, y el 6° del año civil. En los dias 14 y 15 de este mes tenía lugar la célebre fiesta del Purim, Ester 3:7; 8:12; 9:21. Corresponde casi á nuestro Marzo. Como el año lunar, que los Judíos siguen, es 11 días más corto que el solar, y con ellos al cabo de tres años se completa casi otro mes, ellos por esa razón insertan un 13° mes, que llaman *Ve-Adar*, ó segundo Adar. Véase MES.

II. Rey de Edom en Pau, Gen. 36:39; 1 Crón. 1:50, 51, talvez contemporáneo de Moisés.

III. Otro Idumeo de la familia real que huyó á Egipto cuando era joven, con motivo de la conquista de Edom emprendida por David, 2 Sam. 8:14; fué bien recibido y se casó con la hermana de la reina. Después de la muerte de David y de Joab volvió á Edom, é hizo un esfuerzo infructuoso para sacudir el yugo de Salomón, 1 Reyes 11:14-22, 25.

Adar fué también el nombre del dios-sol de Siria, y es una parte del nombre de varios reyes sirios.

ADIVINACIÓN. La gente Oriental era muy afecta á la mágica, y al pretendido arte de interpretar sueños y de conocer el futuro. Cuando Moisés publicó la ley, para corregir la inclinación que los Israelitas tenían á consultar á los adivinos, brujos, decidores de la buena ventura, é intérpretes de sueños, se les prohibió esto bajo penas muy severas, y se les prometió el verdadero espíritu de profecía como infinitamente superior, Exod. 22:18; Lev. 19:26, 31; 20:27. Cuando esta prescripción fué infringida por la desobediencia, y se empleó la brujería en su lugar, como lo hizo el rey Saúl, no estaba la ruina muy distante, 1 Sam. 28. Véase Hechos 8; 13; 16; 19. Debían ser apedreados los que

pretendían tener un "espíritu familiar," ó "el espíritu de adivinación," Deut. 18:9-12; y las profecías están llenas de reconvenciones contra los Israelitas que consultaban á esa clase de gente, así como contra los falsos profetas que seducían al pueblo, Isai. 8:19; 47:11-14; Ezeq. 13:6-9. Se dió nuevo impulso á estas supersticiones por el trato tenido con los últimos reyes de Judá y las cautividades de Babilonia, 2 Reyes 21:6; 2 Crón. 33:6. Véase MÁGICOS, HECHICERA.

La adivinación era de varias clases: por el agua, el fuego, la tierra, y el aire; por el vuelo de los pájaros y por su canto; por suertes, sueños, flechas, nubes, entrañas de los animales sacrificados, por pretendida comunicación con los espíritus, etc., Ezeq. 21:21. El arte de la adivinación no era más que una engañosa truhanería, no teniendo otra base que la credulidad y temores supersticiosos de los tontos, y haciendo uso con destreza de alguna secreta maquinaria, ó de algunos hechos científicos desconocidos al vulgo. Estaba generalmente en manos de la casta sacerdotal, Gén. 41:8; Isai. 47:13; Dan. 2:2; y les daba gran poder político y social. Al hacer referencia á su copa, José hablaba como un supuesto Egipcio, Gén. 44:5.

ADIVINO, ó agorero, *el que dice la verdad*, el que pretende pronosticar los acontecimientos futuros; traducción Bíblica de varias palabras hebreas; en Dan. 2:27, por adivinos se entienden los que pretendían conocer el secreto de las cosas futuras por medio de la disección de las entrañas de los animales; comp. Ezeq. 21:21. En Isai. 2:6, en donde se reprocha al pueblo de Israel de estar henchido de costumbres del Oriente, y de ser agorero como los Filistéos, esta palabra puede comprender á los observadores de las nubes, ó á los que ejercen artes secretas. Esto mismo se ve en Miq. 5:12. Muchos modos de adivinación se practicaban. Véase ADIVINACIÓN, MAGIA, HECHICERA.

ADMA, *terrestre*, una de las cuatro ciudades de la llanura de Sidim destruidas por el fuego de los cielos; generalmente se cree que está cubierta por el Mar Muerto, Gén. 10:19; 14:2; 19:24, 25; Deut. 29:23; Oseas 11:8.

ADOBE, ó TEJA, un ladrillo ancho y delgado, por lo general fabricado de barro fino y endurecido al fuego. Esta clase de ladrillo era muy común en las regiones del Eufrates y el Tigris (véase BABILONIA), y ofrecieron al profeta desterrado Ezequiel los medios más obvios y naturales para describir el sitio de Jerusalem, Ezeq. 4:1. Un gran número de bosquejos semejantes de lugares y de animales y hombres se encuentran en tejas recientemente desenterradas de los terraplenes de Asiria y Babilonia, entremezclados con las inscripciones en forma de cuña, con las que un lado de la teja está generalmente cubierto. Layard encontró en Nínive un aposento grande lleno de tejas con inscripciones, como una colección de archivos históricos, Esdras 6:1. Usualmente son de un pié cuadrado y de 3 pulgadas de espesor. Las inscripciones deben haber sido hechas con un estilete con filo, estando el barro aún blando y en el molde; después la teja era cocida y algunas veces vidriada. Además de las tejas, se han encontrado muchos cilindros de barro con inscripciones semejantes, depositados en los rincones de edificios reales, y están legibles después de dos ó tres mil años. Véase LADRILLO.

ADONÍAS, *Jehová es mi Señor*, cuarto hijo de David y de Haggit, 2 Sam. 3:4. Después de la muerte de Amnón y de Absalom, y probablemente de Chileab, aspiró al trono, aun cuando le estaba providencialmente prometido á Salomón su hermano menor. Habiendo comprometido en su favor á Joab y Abiatar y á otros partidarios, al fin se rebeló abiertamente y pretendió la corona estando David vivo todavía. Habiéndosele llevado al rey la noticia de esta rebelión, hizo que Salomón fuese coronado rey en el acto. Con este motivo los amigos de Adonías se dispersaron, y él se refugió en los cuernos del altar. Salomón lo despidió con solo una reprensión, hecho magnánimo que difería de la costumbre que prevalecía en el Oriente. Pero poco después de la muerte de David, solicitó la mano de Abisag, renovando así sus pretensiones al trono, por lo cual fué condenado á muerte, 1 Reyes 1, 2.

ADONIBEZEC, *señor de Bezec*, título de un Cananéo tirano de Bezec, al E. de Sichém. Habiendo cogido á 70 de los jefes circunvecinos de menor cuantía, los inutilizó para la guerra cortándoles los dedos pulgares de los piés y de las manos, y les daba de comer como á perros. El mismo tratamiento bárbaro se le dió merecidamente cuando fué derrotado á la cabeza de un ejército de Cananéos y Fereséos por Judá y Simeón, Jueces 1:4-7.

ADONIRAM, *señor de la altura*, un colector de tributos en los reinados de David y Salomón, y director de los 30,000 hombres enviados á cortar madera al Líbano, 1 Reyes 4:6; 5:14. La misma persona se llama también por contracción Adoram, 2 Sam. 20:24; 1 Reyes 12:18; 1 Cron. 10:18. Sucumbió lapidado por las diez tribus rebeldes, habiendo sido enviado á ellas por Roboam ya para inducirlas á volver, ya para ponerlas á prueba recogiendo los impuestos

ADONISEDEC, *señor de justicia*, el título oficial de un Amorita, rey de Jerusalem, que hizo una alianza con otros cuatro reyes contra Josué. En Gabaón se libró una gran batalla, en la cual el Señor prestó á Israel el auxilio de una espantosa granizada, y de una milagrosa prolongación del día. Los quinto reyes fueron completamente derrotados, y se ocultaron en una cueva en Maceda; pero fueron capturados por Josué y condenados á muerte, Jos. 10.

ADOPCIÓN, es un acto por el cual una persona acoje á un extranjero como miembro de su familia, reconociéndole como su hijo, y constituyéndolo heredero de sus bienes. Como costumbre nacional, era más común entre los Romanos que entre los Judíos, por oponerse á ella entre éstos las leyes de Moisés relativas á tribus, familias y herencias. La adopción que hizo Jacob de sus nietos Efraim y Manasés, Gén. 48:5, fué una especie de sustitución, por la cual él se propuso que estos dos nietos suyos tuviesen cada uno su parte en Israel, como si hubiesen sido sus hijos. Como él no dió herencia á José, el padre de ellos, el efecto de esta adopción fué simplemente duplicarles su herencia.

Pero las Escrituras suministran ejemplos de otra clase de adopción, tal como el de un padre que teniendo una hija solamente adopta á los hijos de ésta. Así vemos en 1 Crón. 2:21, que Machír, nieto de José y padre de Galaad, Núm. 26:29, dió su hija á Hezrón, y su posteridad es reconocida como hijos de Machír, padre de Galaad. Más aún aparece en Núm. 32:41, que á Jair, que fué en realidad hijo de Segub, hijo de Hezrón, hijo de Judá, se le llama expresamente "Jair, hijo de Manasés," porque su bisabuelo materno era Machír, hijo de Manasés. Del mismo modo leemos que Mardoquéo adoptó á Ester, su prima, tomándola como hija suya, Ester 2:7. Así la hija de Faraón adoptó á Moisés, y éste vino á ser su hijo, Exod. 2:10. Del mismo modo leemos, Rut 4:17, que Noemí tuvo un hijo, siendo así que era hijo de Rut.

En la actualidad, la adopción no es cosa

21

rara en el Oriente, donde se hace ante una autoridad con fórmulas legales.

En el Nuevo Testamento, la adopción denota un acto de libre gracia de Dios, por el cual justificándonos por la fé, somos recibidos en la familia de Dios, y constituidos herederos del patrimonio celestial. Es en Cristo y mediante sus méritos expiatorios, que los creyentes reciben la adopción "de hijos," Gál. 4:4, 5. Algunos de los privilegios de este estado son: el especial amor y cuidado de nuestro Padre Celestial; la semejanza á su imagen; una filial confianza en él; libre acceso á él en todo tiempo; el testimonio del Espíritu Santo, por el cual exclamamos, "Abba, Padre," y un título á nuestro hogar celestial, Rom. 8:14-17; 9:4; Efes. 1:4, 5.

ADORAIM, *dos baluartes*, población en el S. de Judá, fortificada por Roboam, 2 Crón. 11:9. Hoy Dura, gran población 5 millas al S. O. de Hebrón.

ADORAM, 2 Crón. 10:8, contracción de Adoniram.

ADRÁMELEC, *esplendor del rey*, I., hijo de Senaqueríb, rey de Asiria, Isai. 37:38; 2 Reyes 19:37; 2 Crón. 32:21, quien al volver á Nínive después de su fatal expedición contra Ezechías, fué muerto por sus dos hijos Adrámelec y Saresar, por temor, según una tradición Judaica, de ser sacrificados á su ídolo Nisroc. Ellos entonces huyeron á los montes de Armenia, A. C. 711.

II. Uno de los dioses adorados por los habitantes de Sepharvaim, que se establecieron en Samaria, en lugar de aquellos Israelitas que fueron llevados más allá del Éufrates. Ellos hicieron pasar á sus hijos por el fuego, en honor de esa falsa deidad, y de otra llamada Anámelec, 2 Reyes 17:31. Algunos creen que Adrámelec representaba al sol y Anámelec á la luna.

ADRAMITTINA, gran población marítima, de Misia, en el Asia Menor, en frente de la isla de Lesbos, Hechos 27:2. Pablo, sin duda, la visitó en sus viajes por el Asia Menor, Hechos 16:8; 27:2. Ahora se llama Adramyti.

ADRIÁTICO, Hechos 27:27, es el mar que se halla entre Italia y Grecia, y se extiende al S. de Creta hasta Sicilia; en él está la isla de Malta ó Melita, según Ptoloméo y Strabo.

ADRIEL, *rebaño de Dios*, hijo de Berzelai, casado con Merab, hija de Saúl, que había sido prometida á David, 1 Sam. 18: 19. Adriel tuvo cinco hijos de ella, quienes fueron entregados á los Gabaonitas para

recibir la muerte en presencia del Señor, en venganza de la crueldad de su abuelo Saúl con los Gabaonitas. Según 2 Sam. 21:8 parece que Michál. esposa de David, había adoptado á los hijos de su hermana Merab.

ADULLAM, *justicia del pueblo*, antigua ciudad en la "llanura de Judá," al S. O. de Jerusalem, probablemente no lejos de Eleutherópolis, Gén. 38:1; Jos. 15:35. Su rey fué muerto por Josué, Jos. 12:15. Fué una de las ciudades reedificadas y fortificadas por Roboam, 2 Crón. 11:7; Mich. 1:15, y reocupada por los Judíos después de la cautividad, Neh. 11:30.

Cuando David se retiro de Get, se refugió en la "cueva de Adullam," 1 Sam. 22:1. La situación de esta cueva, sin embargo, es incierta. La tradición la coloca en el país sinuoso que queda como 6 millas al S. E. de Betlehem, ciudad de David; grande y hermosa cueva en Khureitún, visitada por muchos viajeros. Es capaz de contener miles de hombres. Su inmediación á Betlehem, de donde los tres guerreros obtuvieron agua para David, concuerda con esta situación de la cueva, 2 Sam. 23:13, 14. El teniente Conder coloca la cueva á 13 millas de Betlehem, en el valle de Elah, cerca de Adullam, donde está una hilera de pequeñas cuevas que se emplean todavía como refugio.

ADULTERIO, es una unión criminal entre una persona casada y otra que no sea su cónyuge legal, y de este modo es más grave que el delito de fornicación, que es unión idéntica entre personas célibes. Siendo el mayor pecado de su especie, incluyendo á todos los otros de la carne, se prohibe en el 7° mandamiento. En donde la poligamia era permitida, como entre los antiguos Judíos, la unión ilícita entre un hombre casado y una mujer que no estaba casada, ni desposada, no constituía adulterio, sino fornicación.

La fornicación puede quedar en cierto sentido cubierta por un casamiento subsecuente de los culpables; pero el adulterio no puede remediarse así. De ahí es que Dios mismo se compara con frecuencia con un marido celoso de su honra, Jer. 31:32, y de ahí que el abandono del verdadero Dios se compara con la fornicación y con el adulterio de la clase más difamante, Jer. 3:9; Ezeq. 23:36-49.

Por las leyes de Moisés, tanto el hombre como la mujer que hubiesen cometido adulterio, eran castigados con la pena de muerte, lapidados, Lev. 20:10; Deut. 22:

22–24; Juan 8:5, ó quemados, Lev. 21:9. Véase Gén. 38:24. Una mujer de quien se sospechara este crímen podía para purificarse "tomar el agua de los celos," como está prescrito en Núm. 5. Nuestro Salvador hacía que solo el adulterio fuera causa suficiente de divorcio, Mat. 19:9.

ADUMÍN, población limítrofe entre Benjamín y Judá, á corta distancia de Jericó, en el camino para Jerusalem. Esta eminencia en medio de una región desolada y rocallosa, Jos. 15:7; 18:17, proporcionaba muchas guaridas á los ladrones, y fué el teatro de la parábola de nuestro Salvador sobre "El buen Samaritano," Luc. 10.

ÁGABO, *langosta*, "un profeta" de la iglesia primitiva, quizás uno de los 70 discípulos de Cristo, Luc. 10:1; predijo el hambre de que Suetonio y otros hablan en los días de Claudio, 44 A. D. Esta fué muy severa en Judea, y se mandó auxilio de Antioquía á la iglesia de Jerusalem, Hechos 11:27–29. Muchos años después, en Cesarea, Agabo predijo los sufrimientos de Pablo á manos de los Judíos, Hechos 21:10.

AGAG, *llama*, nombre general de los reyes Amalecitas, como Faraón lo era de los Egipcios, Núm. 24:7; 1 Sam. 15:8. El último que se menciona en las Escrituras fué "destrozado" por Samuel, en presencia del Señor. Él parece haber incurrido en un castigo especial por ínfames crueldades, 1 Sam. 15:33.

Agageo, en Ester 3:1–10; 8:3, 5, se emplea para señalar la nación de donde salió Amán, y para explicar su odio á los Judíos. Josefo explica la palabra por Amalecita.

AGAR, *extranjera*, una esclava egipcia de la casa de Sara, Gén. 12:16, quien siendo estéril se la dió á Abraham como mujer secundaria, para que por medio de ella, siendo sustituta suya, pudiese tener hijos, según las costumbres del Oriente en aquella época. La historia de Agar se da en Gén. 16; 17; 21. En una alegoría, Pablo hace que Agar represente á la iglesia judía, que estaba esclavizada por la ley ceremonial; mientras que Sara representa á la verdadera iglesia de Cristo, libre de tal esclavitud, Gál. 4:24. Su nombre es muy honrado entre los Árabes que pretenden ser descendientes de ella.

AGARENOS, 1 Crón. 5:10, 18–22, descendientes de Agar y de Ismael. En Salm. 83:6 parece haberse dado este nombre á una porción determinada de los Ismaelitas. Un Agareno fué encargado de los rebaños de David, 1 Crón. 27:31.

ÁGATA, piedra preciosa; parece que toma su nombre del río Achates en Sicilia, donde abundaba. Las ágatas son semitrasparentes, y á veces bellamente veteadas y abigarradas, y presentan en miniatura la pintura de muchos objetos naturales. La ágata era la segunda piedra en la tercera fila del pectoral de los sumos sacerdotes, Exod. 28:19; 39:12. En Isai. 54:12 y Ezeq. 27:16, una palabra hebrea diferente se usa para denotar talvez el rubí.

AGOREROS, hebreo, *meonemim*, "observadores de tiempos," Deut. 18:10, 14; 2 Reyes 21:6; Mich. 5:12. Elon-Meonemim "encina de los brujos," era un famoso árbol cerca de Sichém, Jueces 9:37; talvez el árbol mencionado en Gén. 12:6; 35:4 Jos. 24:26; Jue. 9:6; Lev. 19:26; 2 Crón 33:6; Gal. 4:10. Los agoreros eran hombres supersticiosos, que designaban como venturosos ó siniestros ciertos días según lo determinaba la astrología. Estos están condenados en las Escrituras. Véase ADIVINACIÓN. En nuestros días muchos tienen una debilidad semejante temiéndole al día viernes por haber sido el en que murió nuestro Señor, no obstante que él entonces hizo desaparecer el principal motivo que el hombre tiene para temer.

AGRICULTURA. En los tiempos primitivos los hombres llevaban una vida pastoral, y el cambio á una vida agrícola entre los Judíos tuvo lugar cuando se establecieron en la tierra de promisión, donde cada familia recibió una herencia inajenable, Lev. 25:8-16, 23-35. El suelo de Palestina recompensaba ámpliamente la labor y los cuidados de que era objeto, exigiendo especialmente terrados é irrigación artificial. Véase CANAÁN. Se hacen frecuentes alusiones en la Biblia al arado, las siembras, el riego, los actos de trillar, entrojar, etc. Se acostumbraba estar vigilando la cosecha madura; los primeros frutos se le consagraban al Señor, así como los diezmos de todos, y los pobres eran socorridos por la ley divina, Lev. 19:9; 23:22; Deut. 24:19-21; Rut 2:2, 7-9. Véase ARAR, TRILLAR, LLUVIA, AÑO-SABÁTICO.

AGUAS CALIENTES, un lugar en el Canaán septentrional hasta el cual persiguió Josué al ejército de Jabín, Jos. 11:8; 13:6.

AGUAS. Véase CISTERNAS y POZOS. En Isai. 35:7 la palabra hebrea traducida "tierra tostada" ó "lugar seco"—que se convierte en estanques de aguas vertientes—es equivalente á la arábiga con que se

23

designa el terreno que produce el fenómeno denominado "mirage" ó espejismo. Las bendiciones del evangelio no son vanas ilusiones, sino aguas reales de vida eterna, Isaí. 55:1; Juan 4:14; Apoc. 22:1. Compárese Isaí. 29:8; Jer. 15:18. Véase LUGAR SECO. Los arroyos de aguas de que se habla en Salmo 1:3 pueden significar los conductos artificiales por los cuales se conducía el agua por entre los parques y jardines, Ezeq. 31:4. El hecho de "regar con el pié," á que se alude en Deut. 11:10 como una costumbre peculiar á Egipto, puede referirse á la vuelta que se daba á estos pequeños canales al cerrar un conducto y abrir otro con el pié, 2 Reyes 19:24; Prov. 21:1, ó al uso que se hacía de los piés cuando se empleaba una especie de malacato, por cuyo medio se hacía subir el agua para el riego, dando vuelta á varios cubos, desde el río donde se tomaba á un nivel más alto, como en el shadúf egipcio.

El agua se usaba por los Hebreos para simbolizar la purificación espiritual, Juan 3:5, y se usaba mucho en las ceremonias del templo y en la vida privada, Mar. 7:3; Juan 2:6. Véase PURIFICACIÓN. En la fiesta de los Tabernáculos el agua se sacaba de la cisterna de Siloé y se derramaba en presencia del Señor. Compárese 1 Sam. 7:6; Isaí. 12:3; Juan 7:2, 37; Apoc. 22:17.

"Aguas" es una expresión que denota lágrimas en Jer. 9:1, y penalidades en Salmo 69:1; Lam. 3:54. "Aguas hurtadas," Prov. 9:17, son placeres adúlteros.

AGUAS AMARGAS, Núm. 5:11-31, una prueba permitida en el caso de una mujer de quien se sospechaba hubiese incurrido en adulterio. Siendo presentada sin velo ante el altar por su marido, quien llevaba una ofrenda de cebada, un puñado de la cual era arrojado sobre carbones encendidos, ella bebía el agua en que se había echado polvo del suelo, y respondía "Amen" á la amenaza de enfermedad y muerte que le hacía el sacerdote, para el caso de ser culpable. El agua no podía dañar sino "por la visitación de Dios," y la dilación que se aseguraba de ese modo impediría un arrebato ó injusta violencia por parte del marido. Algunas tribus paganas emplean en la actualidad bebidas fatalmente venenosas en casos semejantes.

AGUA, MANGAS DE, ó BOMBAS MARINAS, son fenómenos bien conocidos en el Levante, y se supone que son producidos por los torbellinos. Se ve una nube densa, negra, en forma de embudo, suspendida en el aire, y á veces moviéndose rápidamente sobre el mar, del cual suele suceder que un cono semejante ascienda hasta reunirse con el superior. En el lugar en donde se unen, la columna puede tener de tres á cuatro piés de espesor, y cuando se rompen, desciende el agua á torrentes. La palabra hebrea ocurre en Salmo 42:7, pero haciendo alusión probablemente á las cataratas de agua.

AGUIJÓN, las puntas ó picas que tenían las garrochas para bueyes, que al cocearlas un animal ariseo producían el efecto de lastimarlo más. De ahí el proverbio griego y latino y también hebreo, aplicado á los que resisten la autoridad legal ó el poder de Dios, Hechos 9:5; 26:14. Compárese Job 15:25, 26. Véase ARADO. La aguijada ó aguijón era una vara de seis ú ocho piés de largo, con uno de sus extremos puntiagudo para aguijonear y guiar á los bueyes, Jueces 3:31; Eccl. 12:11, y con una especie de escoplo de hierro en el otro, para limpiar la reja del arado, cortar raices, etc. Véase SAMGAR; y compárese Jueces 5:8; 1 Sam. 13:19–22.

ÁGUILA, Job 39:27–30, una ave de rapiña grande y muy poderosa, llamada por esta razón el rey de las aves. Se han observado cuatro especies de águilas en Palestina. "El Águila de oro" mide ocho piés cuatro pulgadas de ala á ala; y desde la punta de la cola hasta la del pico, estan-

do muerta, cuatro piés siete pulgadas. En algunos pasajes se hace probablemente referencia al buitre Griffón.

De todas las aves conocidas el águila vuela no solo más alto, Prov. 23:5; Jer. 49:16; Abdías 4, sino también con mayor rapidez. Á esta circunstancia se deben las alusiones tan expresivas que hay en 2 Sam. 1:23; Job 9:26; Lam. 4:19. Entre los males con que se amenazó á los Israelitas por su desobediencia, se contaba el de los enemigos que "volarían con la velocidad del águila," Deut. 28:49; Jer. 4:13, 48:40; 49:22; Oseas 8:1. Esta ave era un emblema nacional en las banderas Persas, Asirias, y Romanas, como ahora lo es en las monedas de los Estados Unidos y de México.

El águila vive hasta una edad avanzada, y como otras aves de rapiña muda de plumas en la primavera, y asume así un aspecto de joven, Salm. 103:5; Isai. 40:31. El afanoso empeño con que el águila enseña á sus polluelos á volar, ejemplifica bellamente el cuidado providencial de Dios sobre el pueblo de Israel, Exod. 19:4; Deut. 32:11, 12.

El águila es notable por la perspicacia de su vista y la delicadeza de su olfato, Job 39:29; construye su nido en peñascos elevados, Prov. 23:5; Jer. 49:16; y á menudo prefiere robar á otras aves su presa, á cazar para sí misma, Job 9:26. El buitre se alimenta de cuerpos muertos, y es el mejor barrendero del Oriente, Job 39:30; Mat. 24:28. Su carne, así como la de todos las aves de rapiña, era inmunda para los Judíos, y nunca se comía si no era en casos de necesidad, Luc. 17:37.

AGUJA, Mat. 19:24 Véase CAMELLO.

AGUR, segador, un inspirado Hebreo, autor del cap. 30 de los Proverbios, incorporado en los de Salomón.

AHAVA, agua, ciudad de Caldea; y un arroyo en cuyas márjenes reunieron los Judíos deportados su segunda caravana bajo la dirección de Esdras, cuando volvieron á Jerusalem, Esdras 8:15, 21, 31. Puede ser el moderno Hit, sobre el Éufrates, á una latitud aproximada á las de Damasco y Bagdad.

AHÍAS, hermano del Señor, profeta y cronista de los tiempos de Salomón y Jeroboam, 1 Reyes 11:29; 2 Crón. 9:29. Se cree que es la persona que habló en nombre de Dios á Salomón, cuando éste construía el templo, 1 Reyes 6:11; y luego también cuando cayó en pecado, 1 Reyes 11:11. Notificó á Jeroboam la separación de Israel de Judá, y la fundación de su casa, cuya ruina predijo después, 1 Reyes 14:1–14. Fué intrépido y fiel.

AHICAM, hermano que está de piê, mandado por Josías á donde Hulda la profetiza, cuando se encontró en el templo el libro de la ley, 2 Reyes 22:12. Él y su hijo Gedalías, gobernador después de Jerusalem, favorecieron noblemente al profeta Jeremías, Jer. 26:24; 39:14.

AHIMAAS, *hermano del enojo*, hijo y sucesor de Sadoc, quien probablemente vino á ser sumo-sacerdote en el reinado de Salomón. Durante el reinado de David, le reveló las tramas de Absalom y de sus consejeros en rebelión, 2 Sam. 17:15, 21, y le llevó la noticia de la derrota y muerte de Absalom, 2 Sam. 18.

AHÍMELEC, *hermano del rey*, I., hijo de Achítob y hermano de Achías, á quien sucedió en el sumo-sacerdocio. Algunos creen, sin embargo, que ambos nombres pertenecen á la misma persona. Durante su sacerdocio, el tabernáculo estuvo en Nob, donde Ahímelec residía, con muchos sacerdotes. Allí recibió á David cuando éste iba huyendo de Saúl; y le dió el pan de la proposición y la espada de Goliat. Este acto, según lo refirió Doeg el Iduméo, Saúl lo tuvo como traidor; y por la mano de este extranjero idólatra y maligno mandó matar á Ahímelec y á otros 85 sacerdotes de Jehová, 1 Sam. 22—crimen suficiente en sí para hacerle perder el trono y el favor de Dios.

II. Llamado también Ahímelec, 1 Crón. 18:16, probablemente el mismo que Abiatar, nombre que puede verse.

AHINOAM, *hermano de gracia*, I., hija de Ahimaas y mujer de Saúl, 1 Sam. 14:50.

II. Mujer de Jezreel, esposa de David y madre de Amnón, 1 Sam. 25:43; 27:3. Fué hecha cautiva por los Amalecitas, en Sicelag, 1 Sam. 30:5; pero David la rescató y ella lo acompañó á Hebrón, 2 Sam. 2:2; 3:2.

AHÍO, *fraternal*, hijo de Abínadab, quien desde la casa de su padre fué delante del arca de Dios en vía para Jerusalem; librándose así de correr la suerte de Uzza su hermano, 2 Sam. 6:3, 7; 1 Crón. 13:7.

AHIÓN, *ruinas*, ciudad de Nephtali, herida por Benadad, 1 Reyes 15:20; 2 Crón. 16:4, y por Tiglat-pileser, 2 Reyes 15:29. Está situada en el cerro cubierto de ruinas Tell Dibbin, sobre la llanura Merj Ayún, no lejos del río Leontes.

AHOGADOS (ANIMALES), por no ser desangrados propiamente, eran prohibidos como artículo de alimento, tanto bajo el pacto universal de Noé, Gén. 9:16, como por la ley de Moisés dada á Israel, Lev. 3:17. Les fueron igualmente prohibidos por los apóstoles y hermanos en el Concilio de Jerusalem, á los gentiles convertidos,

Hechos 15:20. Se asegura que en las grandes carnicerías de la ciudad de Nueva York, se degüellan ahora los animales siguiendo el método judío, de manera que sus cuerpos quedan perfectamente desangrados; después de haberse secado la sangre hasta reducirse á polvo, se emplea como abono, siendo así su último destino— cosa bien singular—el de ser "derramada y cubierta con tierra," Lev. 17:13.

AHOLA, *la tienda de ella*, y AHOLIBA, *mi tabernáculo en ella*, dos nombres simbólicos adoptados por Ezequiel, 23:4, para denotar los dos reinos, de Samaria y de Judá; ambos son representados como hermanos y de extracción Egipcia. Esta alegoría es una historia de la iglesia judía.

AHOLIBAMA, *mi tabernáculo está en alto*, también se llama Judit, Gén. 26:34, mujer hethea del Monte Hor, y una de las tres esposas de Esaú. Sus tres hijos fueron jefes de familias ó tribus en Edom, Gén. 36:18.

AHORCADURA. Entre los Judíos había la práctica de ahorcar ó colgar los cadáveres de los criminales, en señal de ignominia, Núm. 25:4; Jos. 10:26, y en este caso debían ser retirados de la horca antes de anochecer, Deut. 21:22, 23. Compárese Juan 19:31; Hechos 5:30; Gál. 3:13, en donde se habla de la crucifixión de Cristo.

AI, *ruinas*, llamada también Hai, Gén. 12:8; Aia, Neh. 11:31; y Ajad, Isai. 10:28. Ciudad real de los Cananéos, al E. de Bethel, cerca de la cual Abraham residió una vez y edificó un altar, Gén. 12:8; 13:3. Es memorable por la derrota que sufrió Josué por causa de Achán, y su subsecuente victoria, Jos. 7:2–5; 8:1–29. Fué reconstruida é Isaías hace mención de ella.

AIN, *ojo ó fuente*, es el nombre de una ciudad de Judá asignada después á Simeón, Jos. 15:32; 1 Crón. 4:32. Fué dada á los sacerdotes, Jos. 21:16; y se llama Asán en 1 Crón. 6:59.

También se daba este nombre á un lugar en el N. de Canaán al O. de Ribla, Núm. 34:11.

AIRE. El aire ó atmósfera que rodea la tierra se denota á menudo por la palabra cielo; así "las aves del cielo" significa "los pájaros del aire." "Batir el aire" y "hablar al aire," 1 Crón. 9:26; 14:9, significan hablar ú obrar sin juicio ó sin objeto. "Las potestades del aire," Efes. 2:2, probablemente significan espíritus malignos, porque muchos Judíos y también paganos consideraban la parte más

26

baja de la atmósfera como la mansión de los espíritus, especialmente de los malos; sin embargo, Pablo no dice que esta sea su creencia.

AJALÓN, ó Aijalón, *lugar de gacelas*, I. Ciudad en la tribu de Dan, asignada á los Levitas, hijos de Coat, Jos. 19:42; 21:24; Jueces 1:35, y ciudad de refugio. No quedaba lejos de Thimna y le fué tomada á Acház por los Filistéos, 2 Crón. 28:18. Se halla en la parte sur de un hermoso valle, no lejos del de Gabaón, y es reconocida en la moderna población de Yalo cerca del camino que conduce á Jaffa, como á 14 millas de Jerusalem. El valle es el sitio donde Josué mandó al sol y á la luna que se parasen, y le obedecieron, Jos. 10:12. Véase también 1 Sam. 14:31.

II. Población en Benjamín, como á tres millas al E. de Bethel. Fué fortificada por Roboam, 2 Crón. 11:10. Algunos consideran ésta como el mismo lugar de que antes se habló, y que fué poseída por diversas tribus en distintas épocas, 1 Crón. 6:66, 69.

III. En la tribu de Zabulón, el lugar del sepulcro de Elón, Jueces 12:12.

AJELET-SAHAR, *cierva de la mañana*, en el título del Salmo 22, se conjetura que denota la melodía con que se cantaba el Salmo.

AJENJO, Oseas 10:4; Amós 6:12, en hebreo, ROSH, palabra traducida comunmente por amargura ó hiel, Deut. 32:32, la cual se menciona en conexión con el ajenjo, Deut. 29:18; Jer. 9:15; 23:15; Lam. 3:19. Indica una planta silvestre, amarga y nociva, que es difícil determinar. Según algunos es la venenosa cicuta, mientras que otros juzgan que es la adormidera ó el euforbio, con el zumo acre que vierte.

AJO, un vegetal bulboso, de olor y sabor picante, muy estimado en el Oriente. Los Judíos adquirieron gusto por él en Egipto, Núm. 11:5. Heródoto lo menciona como una parte del alimento que se daba á los constructores de las pirámides. Cierta especie de ajos, llamada eschalot ó shalot, procedente de Ascalón, fué introducida en Europa, y de allí le vino su nombre.

ALABASTRO, de Alabastrón en Egipto, una especie de piedra de textura fina, y que es ya el yeso blanco, sulfato de cal, ó el onix-alabastrino, carbonato de cal duro, que tiene el color de la uña humana, y casi se confunde con el mármol. Por ser este material generalmente muy usado para fabricar vasijas en qué guardar ungüentos y líquidos perfumados, se les

llamaban á varias de estas por tal razón alabastros, aunque hechas de diferente sustancia, como oro, plata, vidrio, etc. En Mat. 26:6, 7, leemos que María, hermana de Lázaro, Juan 12:3, vació un vaso de

BOTELLAS EGIPCIAS.

alabastro con precioso ungüento sobre la cabeza de Cristo. Marcos dice "ella rompió el vaso," ó el cuello del frasco, lo que puede indicar su ansiedad por honrar á Jesús, ó que el sello que impedía que el perfume se evaporase nunca se había quitado, y en esta ocasión se abrió por la primera vez. Véase BOTIJA, NARDO.

ÁLAMO, Gén. 30:37; Oseas 4:13, probablemente el álamo blanco llamado así por la blancura que tienen las hojas en su parte inferior. Es un hermoso árbol que dá buena sombra, común en Palestina y sus cercanías. Según algunos, se dá á entender que es el estoraque; éste sin embargo, siendo sólo un arbusto de 9 á 12 piés de alto, no parece ser el descrito en el pasaje citado en Oseas. Véase ESTACTE.

ALAMOT, *vírgenes*, término musical, que indica probablemente música para voces femeninas, Salm. 46, título, 1 Crón. 15:20.

ALAS, término usado figuradamente hablándose de los vientos, Salm. 18:10, y de los rayos del sol, Mal. 4:2. Son un símbolo de protección divina, Salm. 17:8; 36:7; Mat. 23:37, y de la extensión de un ejército invasor, Isai. 8:8. El solícito cuidado que Dios tiene de su pueblo se ejemplifica prácticamente con el de una águila para con sus polluelos, Exod. 19:4; Deut. 32:11.

ALCORNOQUE, un valle en que David dió muerte á Goliat, 1 Sam. 17:2, 3, 19; 21:9. Quedaba probablemente como á 16 millas al S. O. de Jerusalem, cerca de Socoh y Gebeah, y ahora se llama Wady Sumt

27

ALCUZA, en 2 Reyes 9:1, 3, significa frasco ó redoma.

ALDEA, villa, ó caserío, reunión de habitaciones menos grande y regular que una ciudad ó pueblo, 1 Sam. 6:18; Neh. 6:2; Luc. 8:1; ó residencia temporal de pastores, formada de tiendas ó chozas y cerrada en círculo por una cerca ó cosa por el estilo, y una puerta, Josué 13:23, 28; 15:32; á veces también, los suburbios de una ciudad amurallada, Lev. 25:31; Mar. 6:56; 8:27.

ALEGORÍA, un modo figurado de hablar en que se emplean términos que literalmente pertenecen á una cosa, para expresar otra. Es como una metáfora continuada. Tales son las alocuciones que Nathán dirige á David, 2 Sam. 12:1-14, Salm. 80, y la parábola de nuestro Señor sobre el sembrador, Luc. 8:5-15. "Las cuales cosas son una alegoría," Gál. 4:24; significa que estos acontecimientos de la vida de Isaac y de Ismael han sido alegóricamente aplicados.

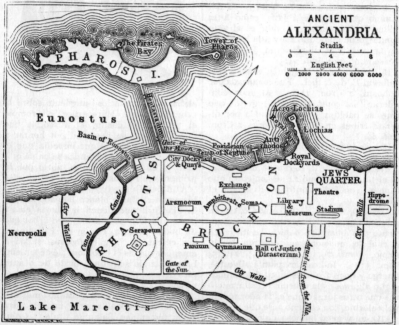

ALEJANDRÍA, Hechos 6:9, ciudad célebre en el Bajo Egipto; entre el Mediterráneo y el lago Mareotis, á 12 millas de la boca más oriental del Nilo. Fué fundada por Alejandro el Grande 332 A. C., y poblada por colonias griegas y judías; fué la primitiva mansión de Apolo, Hechos 8:24. Alejandría prosperó rápidamente de tal modo que llegó á ser el centro del tráfico comercial entre el E. y el O., Hechos 27:6; 28:11, y con el tiempo tanto en grandeza como en riquezas, sólo fué inferior á la misma Roma. La antigua ciudad tenía cerca de 15 millas de circunferencia, poblada por 300,000 cindadanos libres y otros tantos esclavos. Desde la

entrada del mar corría una calle magnífica, de 2,000 piés de ancho, á lo largo de la ciudad, hasta la entrada del Canopo, presentando una vista del movimiento de embarcaciones del puerto, ya al N. en el Mediterráneo, ya al Sur en la magnífica cuenca del lago Mareótico unido con el Mediterráneo por dos canales. Otra calle de igual anchura entrecortaba á ésta en ángulos rectos, en un cuadrado de media legua de perímetro. Un magnífico fanal, una de "las siete maravillas del mundo," estaba frente á la ciudad en una isla llamada Faros.

Después de la muerte de Alejandro. cuyo cuerpo fué depositado en esta nueva ciudad, Alejandría llegó á ser la capital de Egipto bajo los Ptoloméos, y llegó á su más alto esplendor en el reinado de los tres primeros príncipes de este nombre. Los más célebres filósofos del Oriente así como de Grecia y Roma, acudían allí á recibir instrucción; y dentro de sus muros se encontraban hombres eminentes en toda clase de conocimientos. Ptoloméo Soter, el primero de aquella linea de reyes, formó el muséo, la biblioteca de 700,000 tomos, y otras varias obras espléndidas. Clemente y Orígenes nacieron allí. Á la muerte de Cleopatra, 26 A. C., Alejandría pasó á poder de los Romanos; y fué tomada en 640 A. D. por los Sarracenos al mando del Califa Omar, y su biblioteca fué destruida.

La actual Alejandría, llamada Skandería, ocupa solamente cerca de la octava parte del lugar de la antigua ciudad. Los espléndidos templos han sido cambiados por despreciables mezquitas y miserables iglesias, y los magníficos palacios por ruines y mal construidos edificios. Pero últimamente se ha hecho un gran emporio comercial, y adelanta rápidamente. Las calles son tan estrechas que los habitantes pueden poner esteras de cañas de un tejado á otro de la calle, para protegerse del sol abrasador. La población de 240,000 habitantes se compone de Turcos, Árabes, Coptos, Judíos, y Armenios. Muchos Européos tienen sus casas de negocios allí, y cambian mercancias européas por orientales. Uno de los famosos obeliscos que estuvieron por largo tiempo en sus suburbios fué llevado á Londres en 1877, y el otro á Nueva York en 1880.

La versión griega ó alejandrina de las Escrituras se hizo allí por sabios Judíos en número de 72, conforme á la dudosa historia de Josefo, y de ahí es que él se le llame Septuaginta, ó versión de los 70. Los Judíos se establecieron en gran número en esta ciudad, muy poco después de su fundación. Josefo dice que el mismo Alejandro les asignó un barrio especial de la ciudad, y les concedió iguales derechos que á los Griegos. Filo que vivió allí en el tiempo de Cristo, afirma que de las 5 partes de la ciudad los Judíos habitan dos. Los Judíos de Alejandría tenían una sinagoga en Jerusalem, Hechos 6:9.

ALEJANDRO, *auxiliador de hombres,* I., el Grande, el famoso hijo y sucesor de Felipe, rey de Macedonia. Se alude á él en Dan. 7:6; 8:4–7, bajo las figuras de un leopardo con cuatro alas, y un macho cabrío cornudo, para representar la ligereza y extensión de sus conquistas y su gran poder. Fué elegido por Dios para destruir el imperio persa y sustituir el griego. En la estatua vista por Nabucodonosor en su sueño, Dan. 2:39, el vientre de bronce era el emblema de Alejandro, y las piernas de hierro el del imperio romano. Véase DARIO III. Sucedió á su padre en 336 A.

C. y en 12 años subyugó la Siria, la Palestina y el Egipto, fundó á Alejandría, venció á los Persas, y penetró muy al interior de las Indias. Se refiere por Josefo que visitó á Jerusalem, y fué apaciguado por el sumo-sacerdote Juddua, Neh. 12:11, 22, quien se le había aparecido en una visión; y que ofreció sacrificios en el templo, oyó las profecías de Daniel concernientes á él, y confirió favores á los Judíos en Judéa y en Babilonia. Murió en Babilonia á la edad de 32 años de efectos de su intemperancia, y dejó su vasto imperio para que fuese dividido entre sus cuatro generales. Las conquistas de Alejandro, por haberles dado á la lengua y á la civilización griegas tal ascendencia en Palestina y en las comarcas circunvecinas, prepararon admirablemente el camino para la difusión del evangelio. La versión de los 70, del Antiguo Testamento, 200 años antes de Cristo, era de uso general entre los Judíos Helenistas; y los escritores del Nuevo Testamento hallaron en esta lengua el mejor medio de dar á conocer al mundo la nueva revelación. Véase ALEJANDRIA, TALENTO.

II. Miembro del consejo que condenó á Pedro y á Juan, Hechos 4:6.

III. Hijo de Simón el Cirenéo, Mar. 15:21, al parecer uno de los más prominentes entre los primitivos Cristianos.

IV. Judío de Éfeso, que intentó en vano apaciguar la conmoción popular con relación á Pablo, Hechos 19:33.

V. Calderero y apóstata del cristianismo, 1 Tim. 1:20; 2 Tim. 4:14.

ALELUYA, *alabad á Jehová.* Esta palabra se halla al principio y al fin de muchos Salmos. Se cantaba también en los días solemnes de regocijo, como expresión de alegría y alabanza, y como tal ha sido adoptada en la iglesia cristiana, y se usa todavía en la salmodía devocional, Apoc. 19:1, 3, 4, 6. Los Judíos daban el nombre de Alel á los salmos desde el 113 hasta el 118, y los cantaban en sus días festivos, como se supone que Cristo y sus discípulos lo hicieron en la cena del Señor, Mat. 26:30.

ALFA, Apoc. 1:8. Véase A.

ALFARERO, el que trabaja el barro, Gén. 24:14, 15; Jue. 7:16, 19; Salm. 2:9. Las pinturas egipcias antiguas representan al alfarero torneando y dándole forma en su pequeña y sencilla rueda construida para girar rápidamente con el pié, al trozo de barro que había amasado préviamente con los piés. Se halla á su lado una vasija con agua, con la cual conserva húmedo el

barro. Luego que se le había dado forma y belleza al cuerpo de la vasija, se le fijaba la orejera labrada caprichosamente, y después de haberla vidriado, se llevaba al horno para cocerla. El dominio del alfarero sobre el barro ejemplifica la soberanía de Dios, que nos hizo de barro y nos forma y dispone de nosotros como mejor le parece, Jer. 18:1-6; Rom. 9:20, 21. La facilidad con que las vasijas de barro se quiebran proporciona ejemplos del poder de Dios, Isai. 30:14; Apoc. 2:27.

ALFEO, *cambiante*. I., padre del apóstol Santiago el Menor, Mat. 10:3; Luc. 6:15, y marido de María la que se consideraba por muchos como hermana de la madre de Cristo, Juan 19:25. Véase MARIA I. y III. Comparando á Juan 19:25 con Luc. 24:18 y Mat. 10:3, parece probable que Alfeo sea

el mismo Cleofas: siendo Alfeo su nombre griego y Cleofas ó Clopas su nombre hebreo ó sirio.

II. Padre de Mateo ó Levi el evangelista, Mar. 2:14.

ALFILERES, la palabra hebrea traducida así en Isai. 3:22, y por la de "sacos" en 2 Reyes 5:23, significa propiamente los ridículos que llevan en el brazo las señoras.

ALGARROBAS, Luc. 15:16, el fruto del algarrobo, Ceratonia Siliquia, hermoso y siempre verde, común en los países que confinan con el Mediterráneo. Llega á una altura de 20 ó 30 piés, y tiene racimos de botones de flores de un colorado oscuro, que maduran convirtiéndose en vainas achatadas y oscuras de 6 á 10 pulgadas de largo y de una ó más de ancho. Se parecen á las vainas que produce la acacia de América que es de la misma familia. De la forma curva que tienen les vino su nombre griego de *keratia*, "pequeños cuernos." Las vainas contienen cierto número de semillitas aplastadas, envueltas en una pulpa dulce y nutritiva. En sus tierras nativas, constituyen el alimento principal del ganado, y se consumen mucho por la gente pobre. Por la errónea idea de que sus frutas eran las llamadas "langostas" de que San Juan Bautista subsistía, se les da á menudo el nombre de "Pan de San Juan."

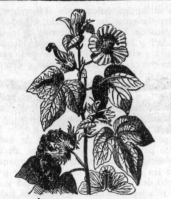

ALGODÓN, producto natural de la India y quizás del Egipto, y se ha supuesto que á éste se hace alusión en algunos pasajes Bíblicos en que la versión inglesa de esta palabra es "lino fino." Pero el escrupuloso examen que se ha hecho de las telas en que estaban envueltas las momias egipcias, parece establecer el hecho de que el lino, á veces de una finura extraordinária, era el único material que se usaba para esto.   Véase SEDA, y LINO.

ALGUACILES, ó MACEROS, Hechos 16: 35, 38, propiamente lictores romanos, servidores públicos que llevaban delante de los magistrados de las ciudades y de las colonias, como insignia del cargo que ejercían, un mazo de varillas algunas veces con una hacha en el centro, y que ejecutaban las sentencias que esas autoridades pronunciaban.

ALIANZA. Le era estrictamente prohibida al pueblo propio de Dios la alianza con los paganos, bien fuera por intimidad de familia ó social, ó bien por estrechos lazos políticos, Esdr. 9:2; Neh. 13:23, 27, y en un grado especial, tratándose de los antiguos Cananéos, Deut. 7:3-6; Jueces 2:2, 3. Los Hebreos, sin embargo, algunas veces se casaban con los convertidos del paganismo, como se deja ver con claridad en los casos de Rahab y de Rut, y esos enlaces tenían por objeto mantener pacíficas y amistosas relaciones con otras naciones. Pero siempre que se traspasaba este límite, resultaban como consecuencia la idolatría, la corrupción y el desorden, como sucedió con las alianzas de Salomón con Egipto, 1 Reyes 10:28, 29; 11:1-11. Véase también 2 Reyes 16:8-10; 17:4-18. Véase PACTO.

ALIMENTO. En los tiempos antiguos el alimento de un pueblo consistía más que ahora en las producciones de su propio país. La Palestina estaba favorecida con abundancia de alimento animal, de granos y de legumbres. Pero en todo el Oriente, el alimento vegetal se usa más que el animal. El pan era el principal. Granos de varias clases, fríjoles, lentejas, cebollas, uvas, higos, y dátiles, juntamente con aceite de olivo, miel y leche de cabras y de vacas, constituían las comidas ordinarias. Los Árabes errantes viven casi siempre de un pan bazo negro. Es manjar muy común en Siria el arroz mezclado con pequeños pedazos de carne, legumbres, aceite de olivo, etc. Un manjar semejante hecho de fríjoles, lentejas, y varias clases de verduras, era de uso muy frecuente en los tiempos más antiguos, Gén. 25:29-34; 2 Reyes 4:38-41. El pescado era artículo de alimentación común cuando se le podía coger, y se usaba muchísimo en Egipto. Este país era también famoso por sus pepinos, melones, puerros, cebollas, y ajos, Núm. 11:5. Tal es aún el alimento de los Epipcios. Véase LIMPIO, COMIDA, GRANO, y CARNE.

La alimentación animal se usaba siempre en los festejos; y los hospitalarios patriarcas perdían muy poco tiempo en preparar para sus huéspedes un humeante platillo, aderezando carneros ó cabritos de sus rebaños, becerros de sus ganados, ó pichones de sus palomares, Gén. 18:7; Luc. 15:23. Los ricos tenían alimentos animales más frecuentemente, y engordaban en establos el ganado destinado para la mesa, 1 Sam. 16:20; 1 Reyes 4:23; Neh. 5:18; Isai. 1:11; 11:6; Mal. 4:2. Le eran llevados á David por Abigail, 1 Sam. 25:18, y por otros en Mahanaim, 2 Sam. 17:28, 29, por ser el alimento animal bien recibido por los soldados. Entre los pobres, las langostas eran un medio común de subsistencia, secadas al sol, ó tostadas sobre ascuas ó en láminas de hierro. Comían también varias plantas silvestres, Job 30:4. Eran muy usados condimentos tales como la sal, la mostaza, etc.. Isai. 28:25; Mat. 23:23.

En el Oriente "la manteca" (leche cuajada) y la miel, se guardan en tinajas, Job 20:17. Eran alimento ordinario de los niños, Isai. 7:15, y podían obtenerse aun cuando la tierra estuviera asolada por la guerra, ver. 22.

El agua era la bebida más común y más antigua. El vino de cualidades embriagantes fué conocido desde hace mucho tiempo, Gén. 9:20; 14:18; 40:1. El vino de dátiles y otros brevajes semejantes eran comunes; y el pueblo en general usaba una especie de vino agrio, llamado en Rut, vinagre, 2:14; Mat. 27:48.

ALJABA, una caja de flechas, Gén. 27:3; Isai. 49:2; Lam 3:13. La destrucción causada por los Caldéos invasores de Judá se expresa figuradamente en Jer. 5:16. Los Asirios tenían sus aljabas suspendidas entre los hombros, ó al lado del carro de la guerra. El arquero egipcio se colgaba el aljaba casi horizontalmente á su costado.

ALLON-BACHUT, *encina de llanto*, el sitio donde la nodriza de Rebeca fué sepultada, Gén. 35:8. Véase REBECA.

ALMA. Con excepción de la palabra *nedibah* de la Biblia hebrea, traducida "alma" en Job 30:15, y que con más propiedad debería haberse traducido "honor," y de la palabra *neshamah*, traducida del mismo modo en Isaí. 57:16, y cuyo significado es aliento ó espíritu, "alma" es el término equivalente á la palabra hebrea *nephesh*, y á la griega *psuche*, las cuales ambas significan en su origen "aliento," como está traducido *nephesh* en Job 41:21. Por esto es que esas expresiones denotan el espíritu ó principio vital, y ambas se traducen á menudo "vida," Gén. 9:4; Exod. 4:19; 1 Sam. 25:29; Mat. 2:20; 6:25, de la cual están poseídos tanto los hombres como los animales, Gén. 1:20, 30; 2:7; Job 12:10. Esta vida animal está, según las Escrituras, y según también los descubrimientos de la ciencia moderna, ligada estrechamente con la sangre, que es "la vida de la carne," Gén. 9:4, 5; Lev. 17:11-14. Compárese Isaí. 53:7-12; Juan 19:34. Según los revisores americanos, "vida" es la traducción mejor y más clara de la palabra hebrea dada en Salm. 49:8, en donde, como el contexto lo muestra, se hace referencia á la imposibilidad de comprar la prolongación de una existencia corporal. Compárese Job 33:22-30.

Pero junto con este principio de vida que es común á los hombres y á los animales, y que en estos últimos perece con el cuerpo, hay en el hombre una alma espiritual, racional é inmortal, donde residen nuestros pensamientos, nuestros afectos, y nuestros razonamientos, la cual nos distingue de los seres irracionales, y en la cual consiste principalmente nuestra semejanza con Dios, Gén. 1:26. Debe ser espiritual porque piensa, y debe ser inmortal porque es espiritual. Las Escrituras atribuyen únicamente al hombre el entendimiento, la conciencia, el conocimiento de Dios, la sabiduría, la inmortalidad y la esperanza de una felicidad futura y eterna. Sólo al hombre lo amenaza con castigo en la otra vida, y con las penas del infierno.

Al alma del hombre, criada á imagen de Dios, Gén. 1:26, se le atribuye un poder peculiar, exigiéndosele una peculiar actividad, que consiste en "que busque al Señor," Deut. 4:29; 11:18; 30:2, 6, 10, incluyendo el ejercicio hacia él de todos estos pensamientos, sentimientos, afectos y voliciones, con las acciones resultantes que les son propias, que deben ser producto del carácter de la Divinidad y de las relaciones de esta con el hombre, Salm. 41:4; 42:103. En correspondencia con esta necesidad del alma humana, existe su privilegio de tener á Jehová por su parte, Lam. 3:24, 25, y de hallar descanso en Cristo, Mat. 11:29. Compárese Salm. 107:9.

En algunos pasajes la Biblia parece distinguir el alma del espíritu, 1 Tes. 5:23; Heb. 4:12; el órgano de nuestras sensaciones, apetitos y pasiones, aliado al cuerpo, de la porción más noble de nuestra naturaleza que más pone al hombre en relación con Dios. Con todo, tenemos que concebir el alma y el espíritu como un solo sér indivisible y espiritual, llamado también entendimiento y corazón, y el cual se denomina de diversos modos según se le considere como vida, como sentimiento, como entendimiento, como razón, como voluntad, etc. Se le designa usualmente como "el alma."

La inmortalidad del alma humana es una verdad fundamental de la religión revelada, y una doctrina prominente del cristianismo. Está comprendida en el hecho de titularse Dios á sí mismo el Dios de Abraham, de Isaac y de Jacob, mucho después de terminada la vida terrenal de estos, Exod. 3:6; Mat. 22:32. En el Antiguo Testamento se hace á menudo una distinción entre los destinos respectivos del cuerpo y del alma, al morir; se habla del mismo individuo como "reunido á su pueblo"—es decir, trasferido á alguna morada populosa ya, de sus aún vivientes antepasados—y como que hubiera sido sepultado, á veces en un sepulcro aparentemente solitario, como lo fué Aarón en el Monte Hor, Gén. 25:8-10; 35:29; 49:20; Núm. 20:24; 1 Reyes 2:10. Esta distinción se hace además en la Biblia hebrea empleando un término específico, *"sheol,"* para designar el lugar donde habitan las almas que se han separado del cuerpo, tanto de los buenos como de los malos. El verdadero sentido de la palabra *sheol* se ha hecho poco inteligible á veces en la Biblia española, traduciéndola, á falta de otra expresión técnica, "el sepulcro," "el abismo," ó "el infierno;" pero se ha restablecido ya en la Biblia inglesa revisada, si nó siempre en el texto, por lo menos en el margen. Los que comprendan el inglés pueden consultar en aquella, Gén. 37:33, 35; Salm. 9:17; 30:3; 31:17; Isai. 14:9-20. Compárese 1 Sam. 28:8-19. Y aun que el paso á aquel mundo invisible tiene cierto tinte de tristeza, aun para el alma de los hombres piadosos, Job 7:9; Salm. 6:5; 89:48; Isai. 38:10, 18, hay constancia de promesas divinas hechas, de librar los cristianos de la muerte, y de procurarles los correspondientes goces anticipados, Salm. 16:10; 49:15; 73:23-26; Oseas 13:14. La fé y la obediencia de los antiguos siervos de Dios atestiguan su esperanza de otra vida, Heb. 11:10, 13-40. Sin embargo, le estaba reservado á Cristo el revelar más extensamente la inmortalidad y valor del alma y la felicidad de los que mueren en el Señor, Mat. 10:28; 16:26; Juan 11:25, 26; Heb. 12:22, 23; Apoc. 14:13. Véase INMORTALIDAD. Para salvar las almas de los hombres, él espontáneamente se entregó á la muerte; y cuán debido es que su pueblo redimido se consagre á promover la grande obra por la cual el Redentor sufrió y murió!

En las Escrituras, las palabras traducidas "alma" se usan en concreto para denotar un sér viviente, con especialidad un sér humano, Gén. 12:5; Lev. 5; Jos. 10:28, etc.; Hechos 2:43; Apoc. 16:3; como un objeto de tráfico, un esclavo, Apoc. 18:13. La misma palabra hebrea se usa también para denotar lo que ha tenido vida, un cadaver, Núm. 9:6, 7, 10. Con los pronombres posesivos "alma" equivale á veces á "uno mismo," Jer 37:9. Á Dios se le atribuye una alma, Lev. 26:11, 30; Jueces 10:16, usando la misma figura de locución que le atribuye un "brazo" ú "ojos."

ALMENAS, Mat. 4:5; Luc. 4:9, literalmente *el ala* del templo, comprendiendo esta palabra templo todos los edificios y recintos sagrados. El lugar indicado puede haber sido la azotea, accesible por escaleras, del columnario oriental, llamado el pórtico de Salomón, el cual dominaba el profundo valle del Cedrón, hallándose á una altura de 600 piés, según Josefo; ó el ángulo S. E. del elevado columnario meridional, "pórtico real" de Herodes, del cual Josefo dice, que si uno mirase desde la cima de las almenas, hacia abajo, al valle del Cedrón, le daría vértigos.

ALMENDRO, Gén. 43:11. Este árbol se parece al melocotón, pero es más grande. En Palestina florece en Enero, y en Marzo dá fruto; sus flores son de un color blanco-rojizo. Su nombre hebreo significa *velar* y *apresurarse*, y hay una alusión á esto en Jer. 1:11, 12. La vara de Aarón era de almendro, Núm. 17:8. En Ecl. 12:5, la cabeza encanecida se com-

ALMENDRO.

para admirablemente con el almendro, sea á causa de su blancura, su belleza y su florescencia de invierno, ó del *apresuramiento* ó rapidez con que degenera. Las copas de oro de los candeleros sagrados se construían "en forma de almendros, con sus botones y sus flores," Exod. 25:33, 34. Véase p. 34.

ALMOHADA, I., 1 Sam. 19:13, 16, probablemente un ruedo ó colchón de pelo de cabra, enrollado. Esta palabra en Mar. 4:38, está traducido "cabezal" ó "cojin." Los antiguos Egipcios usaban una armadura baja de madera en que apoyaban la cabeza para dormir, como hacen los Japoneses. Compárese Gén. 28:11, 18.

II. Las "almohadas" que las falsas profetizas de paz de Jerusalem adherían con costura á sus codos, y á los de las personas que las consultaban, Ezeq. 13:17-20,

HOJA, FLOR, Y FRUTO DEL ALMENDRO.

eran accesorios de comodidad física y emblemas de la falsa seguridad producida por predicciones de prosperidad; ó como algunos creen, amuletos ó cuentas que llevaban en el brazo; una práctica semejante prevalece entre los Egipcios modernos y los Nubios.

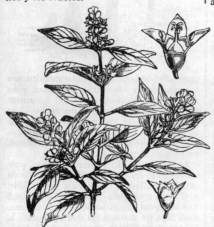

ALMUG, Ó MADERA DE SÁNDALO.

ALMON-DIBLATHAIM, *cubierta de dos bollos*, uno de los últimos campa-
34

mentos de los Israelitas, en su camino del Monte Hor á las llanuras de Moab, punto contiguo á las montañas llamadas Abarim, Núm. 33:46.

ALMUG, ó ALGUMMIM, una especie de madera que Hiram trajo de Ophir para que Salomón la empleara en la construcción de las columnas para el templo y para su propia casa, y también instrumentos musicales, 1 Reyes 10:11; 2 Crón. 2:8; 9:10, 11. Talvez la que comunmente se llama hoy palo del Brazil, que también es natural de las Indias Orientales, de Siam, de las islas Molucas y del Japón, y hay de ella varias especies. Su madera es muy duradera y se usa en las obras de ebanistería fina.

ALÓES, ó mas propiamente, ALÓE, un árbol del Asia tropical que da un rico perfume, Núm. 24:6; Salm. 45:8; Prov. 7:17; Cant. 4:14. Se llamaba por los Griegos Agallochón, y se conoce por los modernos con los nombres de linalóe, madera del paraiso, madera del águila, etc. Los botánicos distinguen varias clases de ella: una crece en Cochin-China, en Siam, y en China, y otra en la India Septentrional. Representan el árbol grande, con un tronco derecho y ramas levantadas. La madera de alóe, dice Heródoto, se usaba por los Egipcios para embalsamar los cadáveres, y Nicodemo la llevó mezclada con mirra para embalsamar el cuerpo de nuestro Señor, Juan 19:39. Este perfume no es el alóe de los boticarios.

ALTAR, una especie de mesa en la cual se ofrecían los sacrificios y el incienso, construida de varios materiales, generalmente de piedra; algunas veces de bronce, etc. Mucho tiempo antes del diluvio ya se ofrecían sacrificios, Gén. 4:3, 4; pero la primera mención que de un altar se hace en las Escrituras es cuando Noé abandonó el arca, Gén. 8:20. Abraham, Isaac, Jacob, y Moisés erijieron altares. Este último construyó un altar de tierra, Exod. 20:24. Si se empleaba piedra, debía ser áspera y sin pulir, probablemente para que no fuera el ejercicio de la escultura el que los indujera á violar el segundo mandamiento. No debían construírsele gradas, Deut. 27:2-6. Desde un principio el altar parece haber sido el centro alrededor del cual se agrupaban para la celebración de los oficios religiosos, aun antes de que el ritual judío rigiese.

Los altares del tabernáculo judío y en el templo de Jerusalem eran los siguientes:

1. El altar de los holocaustos. 2. El altar del incienso. 3. La mesa de los panes de la proposición, para la cual, véase PAN.

1. El altar de los holocaustos era una especie de cofre hueco de madera de sitim, cubierto con planchas de bronce como de siete piés seis pulgadas en cuadro y de cuatro piés seis pulgadas de altura, y no tenía gradas, Exod. 20:26. En las cuatro esquinas había 4 cuernos ó prominencias, Salm. 118:27. Era portatil y tenía anillos y varas adaptadas para conducirlo, Exod. 27 y 38. Fué colocado en el atrio delante del tabernáculo, hacia el E. Sus accesorios eran de bronce, y consistían en un platillo para las cenizas que se cirniesen de la parrilla, palas, tazones para la sangre, con que se regaba el altar, y horquillas para voltear y retirar ó remover los pedazos de carne sobre las ascuas; también ganchos é incensarios. El fuego era perpetuo; se encendía milagrosamente y se alimentaba con atento cuidado, Lev. 6:12, 13; 9:24. Sobre este altar se ofrecía el cordero del sacrificio de cada mañana y cada tarde, y los demás establecidos, así como los voluntarios de sangre y las ofrendas de carne y de bebidas. Á ciertos fugitivos se les permitía huir y encontrar refugio en él, Exod. 21:13, 14; 1 Reyes 1:50. El altar del templo de Salomón era más grande, siendo por lo menos de 30 piés en cuadro, y de 15 piés de alto, 2 Crón. 4:1. Se dice que estaba cubierto con gruesas planchas de bronce y lleno de piedras, con una eminencia en el costado oriental. Se llama frecuentemente "el altar de bronce," Exod. 38:30.

2. El altar del incienso, ó altar de oro, Exod. 39:38, era una pequeña mesa de madera de sitim, cubierta con planchas de oro; tenía 18 pulgadas en cuadro y 3 piés de alto, Exod. 30; 37:25, etc. En sus cuatro esquinas tenía cuatro cuernos, y al

rededor de su tapa superficial un pequeño filete ó corona. En cada lado tenía dos anillos en los cuales se introducían unas varas para conducirlo. Estaba en el lugar santo; no en el santísimo, sino antes de él, entre el candelero de oro y la mesa del pan de la proposición, y los sacerdotes quemaban incienso sobre él á mañana y tarde. Así lo hizo Zacarías, Luc. 1:9, 11. Ningún otro sacrificio era permitido, Exod. 30:9, excepto uno anual en la fiesta de la Expiación, Lev. 16:18, 19. Véase TEMPLO.

En cuanto al altar de Atenas dedicado "Al Dios Desconocido," Hechos 17:23, podemos decir que, tanto según la aserción de Pablo como según lo atestiguan los escritores griegos, Pausanias y Philóstrato, es cierto que existían en Atenas altares á un dios ó á varios dioses desconocidos. Diógenes Laertius refiere que durante los horrores de una plaga, dejaban andar sueltas las ovejas en la calle, y se las sacrificaban en el altar inmediato á donde se echaban. Si alguna de ellas se detenía en donde no había ningún altar contiguo, el pueblo las ofrecía para aplacar al "dios desconocido" que habitaba en aquel lugar, y cuyo poder esperaban ellos alcanzaría lo que el de sus dioses conocidos no podría alcanzar. Muchas cosas revelan la convicción íntima que sabemos que ellos deben haber tenido de la necesidad de algún dios á quien adorar y en quien confiar, que tuviera más vastos y más nobles atributos que los de que podía vanagloriarse el paganismo.

AL-TÁSCHIT, no destruyas, se supone que son las primeras palabras de algún refrán familiar que debían cantarse en los Salmos 57, 58, 59, y 75.

AMA, mujer que cria, ó nodriza. En hebreo esta palabra es ya del género masculino, ya del femenino, Exod. 2:7;

Núm. 11:12; Rut 4:16. La Biblia contiene varias alusiones á las relaciones tiernas é íntimas que existían antiguamente entre una ama de leche ó nodriza y los niños á quienes había criado, Isaí. 49:22, 23; 60:4; 1 Tes. 2:7. Véase también la historia de Rebeca, servida durante toda su vida por su fiel y digna Débora, habiendo recibido la encina bajo la cual fué sepultada el nombre de Allón-Bachut, esto es, "la encina del llanto," Gén. 24:59; 35:8. Todavía prevalece esta costumbre entre las mejores familias de la Siria y de la India. Roberts dice en sus "Ilustraciones Orientales," "Cuán á menudo escenas semejantes á éstas han transportado mi imaginación á la época patriarcal. La hija está al dejar por primera vez el techo paterno; los criados todos se hallan en confusión; cada uno se refiere á cosas pasadas de épocas anteriores, cada uno desea hacer algo para llamar la atención de su joven ama. Una dice, 'Ah, no olvides á aquel que te dió de comer cuando eras niña;' otro, 'Cuántas veces te traje yo la hermosa flor de loto de la cisterna lejana. ¿No ocultó siempre tus faltas?' Como Rebeca tenía su nodriza que le acompañara, así en nuestros días el *aya* que ha criado desde la infancia á la novia, va con ella á la nueva escena. Ella es su consejera, su auxiliar, y su amiga, y á ella le comunicará todas sus esperanzas y todos sus temores."

AMALEC, *pueblo que devora,* hijo de Elifaz, nieto de Esaú, y uno de los príncipes de Edom, Gén. 36:12, 16. No es cierto que en la Biblia se haya hecho mención alguna distinta de su posteridad, habiendo existido mucho tiempo antes el pueblo llamado Amalecitas, Gén. 14:7; Núm. 24:20. Á un remanente de éste puede hacerse referencia en 1 Crón. 4:43.

AMALECITAS, pueblo poderoso que residía en la Arabia Petrea, entre el Mar Muerto y el Mar Rojo, Núm. 13:29, y no aparece que haya poseído muchas ciudades, aun que se hace mención de una en 1 Sam. 15:5. Estaba generalmente distribuido en tribus nómadas viviendo en cuevas ó tiendas como los Árabes Beduinos del día, Jueces 6:5. Apenas habían pasado los Israelitas el Mar Rojo cuando los Amalecitas los atacaron en el desierto de Refidim, y por esta infundada agresión al pueblo de Dios les fué decretado el exterminio, Exod. 17:8-16. Entraron de nuevo en conflicto con una parte de los Israelitas sobre el límite de la tierra prometida, Núm. 14:45, y en la época de Aod y Gedeón, Jueces 3:13; 6:3; y después de 400 años Saúl los atacó y los destruyó por mandato del Señor, 1 Sam. 15. Algunos de ellos, sin embargo, se escaparon y subsistieron después; David los derrotó varias veces, 1 Sam. 27:8; 30:1; 2 Sam. 8:12; y fueron finalmente aniquilados en cumplimiento de la predicción de Balaam, Núm. 24:20. Hamán, el último de esta raza mencionado en las Escrituras, pereció como sus padres en un conflicto con los Judíos. Véase AGAG y el libro de ESTER.

AMÁN, *magnífico,* un favorito de Assuero, rey de Persia. Para vengarse de Mardoquéo el Judío, tramó el exterminio de todos los Judíos del reino; pero en la providencia de Dios se encontró con el obstáculo de Ester, cayó en desgracia con el rey, y se proporcionó su propia ruina y el engrandecimiento de los Judíos. Se le llama Agageo, y como Agag era un nombre común de los reyes Amalecitas, los Judíos creen que era de esa raza. Esto ayudaría á explicar su encono contra los Judíos. Véase AMALECITAS. Grandes matanzas semejantes á ésta se traman todavía en el Asia, y toda esa narración se confirma y comprueba por las descripciones que hacen los viajeros modernos, de la vida oriental, al hablar de esa región. La muerte de Amán acaeció por el año 473 A. C. Su singular historia manifiesta que el orgullo precede á la destrucción; que la providencia de Dios lo dirige todo; que su pueblo está á salvo en medio de los peligros, y que sus enemigos deben perecer.

AMANA, *confirmación,* la parte sur ó el extremo superior del Anti-Líbano, adyacente á Hermón por el norte, de donde el río Amana ó Abana corría hacia Damasco, Cant. 4:8.

AMARÍAS, *el Señor lo dice,* I., hijo de Meraioth, descendiente de Aarón en la línea de Eleazar. Fué el padre de Achitob (II.), y abuelo de Sadoc, en cuya persona le fué restaurado el sumo-sacerdocio á aquella línea, 1 Crón. 6:7, 52.

II. Sumo-sacerdote en un período posterior, hijo de Azarías y padre de otro Achitob, 1 Crón. 6:11. Hay también en la misma lista tres personas llamadas Azarías.

AMASA, *una carga,* I., sobrino de David, hijo de Abigail, hermana de David, y Jeter, Ismaelita. Su parentezco podía haber inducido á David á manifestarle menos favor que á sus otros sobrinos, y quizás esto inclinó á Amasa á tomar parte en la rebelión de Absalom. Fué el general del ejército de este príncipe, y fué derrotado por su primo Joab, 2 Sam. 17:18. David le ofreció luego el perdón y el mando de sus tropas en lugar de Joab, cuya insoportable conducta no podía sufrir por más tiempo, 2 Sam. 19:13. Pero en la confusión de la rebelión de Seba, Amasa fué traidoramente asesinado por su poderoso rival, 2 Sam. 20:4-10. 1022 A. C.

II. Jefe de Ephraim que se opuso á que se retuvieran como esclavos á los que de Judá fueron cautivos en la guerra con Peca rey de Israel, 2 Crón. 28:12.

AMASAI, *pesado*, levita, padre de Mahat y predecesor de Samuel y de Ethan el cantor, 1 Crón. 6:25, 35, que se unió á David con 30 valientes cuando en el desierto huía de Saúl, 1 Crón. 12:16-18.

AMASÍAS, *la fuerza del Señor*, I. Noveno rey de Juda, hijo de Joas, comenzó á reinar en 837 A. C. á la edad de 25 años, y reinó 29 años en Jerusalem. Se condujo bien á los ojos del Señor, pero no con corazón perfecto. Habiéndose establecido en el trono, y hecho dar muerte á los asesinos de su padre, levantó un ejército de 300,000 hombres de Judá, y contrató á 100,000 de Israel para hacer la guerra á Edom. Con repugnancia licenció esas fuerzas asalariadas obedeciendo al mandato de Dios, quien le dió la victoria sin necesitar el auxilio de ellas. Pero esto no le impidió llevar consigo á Jerusalem á los ídolos de Edom, y erijirlos en dioses. Por esta ofensa hecha á Jehová, fué amenazado de destrucción por un profeta del Señor; y poco después entró temerariamente en guerra con Joas, rey de Israel, en la cual fué derrotado y humillado, habiéndosele conducido cautivo á su propia capital, y habiéndosele obligado á conseguir su rescate mediante tesoros y rehenes. Quince años después fué muerto por unos conspiradores, después de haber huído á Láchis con la mira de salvarse de ellos, 2 Reyes 14:1-20; 2 Crón. 25.

II. Sacerdote del becerro de oro en Bethel, que denunció el profeta Amós á Jeroboam II., y trató de hacerlo desterrar á Judá por su fidelidad, Amós 7:10-17.

ÁMBAR. La palabra Hebrea *chashmal* se traduce por la Septuaginta y la Vulgata, *electrum*, ámbar, y puede denotar, ya el mismo ámbar, ó un metal muy brillante que se le parece, compuesto de una parte de plata y cuatro partes de oro, que era muy apreciado en la antigüedad, Ezeq. 1:4, 27; 8:2. Otros, como Bochart, designan bajo este nombre una mezcla de oro y bronce dotado de un alto grado de brillantez. Probablemente algo semejante á esto era también el "metal limpio muy bueno," de que se habla en Esdr. 8:27, y el "latón fino" mencionado en Apoc. 1:15.

AMÉN, *firme, fiel, y verdadero*. Esta palabra se usa como adjetivo, adverbio y sustantivo. Dios es llamado "el Dios de Amén," ó de verdad, en Isai. 65:16. Así en Apoc. 3:14 nuestro Señor se llama "el Amén, el Testigo fiel y verdadero," explicando estas últimas palabras la precedente denominación. Véase 2 Cor. 1:20. Empleado como adverbio significa ciertamente, verdaderamente, seguramente. Se usa con frecuencia al principio de una oración, para darle énfasis, por nuestro Salvador, y se traduce verdaderamente. Sólo en el Evangelio de San Juan se usa muchas veces duplicándolo así: ' En verdad, en verdad.'' Al concluir una sentencia, se usa con frecuencia, sola ó repetida, especialmente al fin de los himnos y oraciones; como "Amén y Amén," Salm. 41:13; 72:19; 89:52. Esta era la costumbre de los Judíos en lo privado, y de los primitivos Cristianos, Mat. 6:13; 1 Cor. 14:16. El propio significado que esa expresión tiene aquí es confirmar las palabras que preceden, afirmar su sinceridad, é invocar su cumplimiento, "Así es," "Así sea," "Que así se haga." De ahí proviene que en los juramentos, después de que el sacerdote ha repetido las palabras del pacto ó imprecación, todos aquellos que pronuncian el Amén quedan obligados por juramento, Núm. 5:22; Deut. 27:15; Neh. 5:13; 8:6; 1 Crón. 16:36. Compárese Salm. 106:48.

AMATISTA, piedra preciosa de un color violeta azul, tirando á púrpura. Raras veces es uniforme en color, y este se vé generalmente opaco y manchado con rayas en zigzag. Es altamente apreciado, Exod. 28:19; Apoc. 21:20.

AMIGO. Á Abraham se le honra con distinción llamándolo "el amigo de Dios," Isai. 41:8; Sant. 2:23. Cristo les otorgó honor y bendición semejantes á sus discípulos, Juan 15:15. La que empleó para dirigirse á Judas fué otra distinta palabra griega, Mat. 26:50; la palabra traducida por "amigo" en ese pasaje significa simplemente compañero, y parece haberse usado como término de conversación que no implica amistad. La misma palabra ocurre en Mat. 20:13; 22:12.

AMINADAB, *mi pueblo es liberal*. I.

37

Hijo de Aram, príncipe de la tribu de Judá y padre de Naasón. Fué uno de los antecesores de Cristo, y su hija Elisabet fué la esposa de Aarón, Exod. 6:23; Rut 4:20; Mat. 1:4.

II. Hijo de Coath, 1 Crón. 6:22. "Los carros de Aminadab," Cant. 6:12, eran muy ligeros y veloces, y aquí se alude quizá á algún cochero distinguido de aquel tiempo.

AMMI, *mi pueblo*, y RUHAMA, *habiendo obtenido misericordia*, eran nombres figurados para designar al pueblo aliado de Dios. El prefija Lo, *no*, les da á estas palabras el significado opuesto, Ose. 2:1.

AMMONITAS, los descendientes de Ammón, ó Ben-Ammi, hijo de Lot, Gén. 19:38. Su historia toda está enlazada con la de sus hermanos los Moabitas. Destruyeron una raza antigua de gigantes llamados Zomzommeos, y se apoderaron del país de estos, que se hallaba al E. de Judea, Deut. 2:19-21. Su territorio se extendía desde el Arnón hasta el Jaboc, y desde el Jordán un trecho considerable internándose en la Arabia. Su ciudad capital era Rabbah, llamada también Rabbath Ammón, y después Filadelfia, que quedaba en el Jaboc; sin embargo, en tiempo de Moisés ya habían sido arrojados de esta región, hacia el E., por los Ammorrheos, Núm. 21:21-35; 32:33. Á Moisés le fué prohibido atacarlos, Deut. 2:19. Eran groseros idólatras, siendo Moloch su ídolo principal, 1 Reyes 11:5-7; 2 Reyes 23:13. Formaban una raza rapaz, feroz y cruel, 1 Sam. 11:2; Amós 1:13; y fueron desde un principio enemigos de los Israelitas, á quienes oprimieron en tiempo de Jefté, siendo derrotados por él, matándoles mucha gente, Deut. 23:3-6; Jueces 11; y después por Saúl, 1 Sam. 11:11; 14:47; y por David, etc., 2 Sam. 10-12; 2 Crón. 20:1-25. Los hijos de Ammón molestaron después en varias ocasiones á los Israelitas, por lo cual los profetas los amenazaron con juicios divinos, Jer. 49:1-6; Ezeq. 25:2-10, y fueron al fin totalmente subyugados por Judas Macabeo, 1 Mac. 5:6-44.

AMNÓN, *fiel*, el hijo mayor de David y de Ahinoam Jezreelita, 2 Sam. 3:2. Es conocido solamente por el delito de haber violado á su media hermana Tamar; por lo cual Absalom, dos años después, lo hizo asesinar, 2 Sam. 13. desembarazándose así también de un hermano mayor que le servía de obstáculo para llegar al trono.

AMÓN, *constructor*, el 14° rey de Judá,

hijo de Manasés. Subió al trono por el año de 642 A. C., á la edad de 22 años, y reinó solamente dos años en Jerusalem. El obró mal á los ojos del Señor, como lo había hecho su padre Manasés, abandonando á Jehová, y adorando ídolos. Véase Soph. 1:4; 3:3-11. Sus siervos conspiraron contra él y lo asesinaron en su propia casa; pero el pueblo mató á todos los conspiradores, y estableció á su hijo Josías en el trono. Fué sepultado en el jardín de Uzza, 2 Reyes 21:18-26; 2 Crón. 33:21-25.

AMÓN, ó NO-AMÓN, ó No, ciudad del antiguo Egipto, residencia del dios egipcio Amón, llamado en Tebas, Amen-Ra. Su nombre griego, Dióspolis, *ciudad de Júpiter-Amón*, se le asemeja. En Ezeq. 30:14, 15, 16, se llama simplemente No; y también en Nah. 3:8, y en Jer. 46:25. Este nombre designa sin duda razonable á la ciudad de Tebas, la antigua y renombrada capital del Alto Egipto.

Las inmensas ruinas de los templos de Luxor y de Carnac proclaman la grandeza y magnificencia con que se celebraba el culto de Júpiter-Amón. Las ruinas de la antigua ciudad de Tebas que cubren de 30 á 40 millas cuadradas, en que se hallan templos y palacios destruidos, enormes estatuas, avenidas de esfinges, etc., son la admiración y el encanto de los viajeros modernos, por su extensión, su importancia, y su triste y solitaria grandeza. Están cubiertas de jeroglíficos antiguos y de esculturas históricas, entre las cuales se cree que se registra una escena interesante de las hazañas de Sisac contra Jerusalem, en el quinto año de ROBOAM, 1 Reyes 14:25. Véase Wilkinson, Robinson, y Olin, y las palabras EGIPTO y SISAC.

AMOR. "Dios es amor, y el que vive en amor vive en Dios, y Dios en él," 1 Juan 4:16. El amor es el atributo principal de Jehová, cuya longitud, anchura, altura y profundidad están fuera de nuestra comprensión, porque son infinitas, Efes. 3:18, 19. Entre las tres personas de la Divinidad, el amor es indeciblemente grande, perfecto y glorioso; el amor de Dios hacia los ángeles benditos y hacia los cristianos, es una complacencia y un afecto infinitos paternales; hacia los pecadores es una compasión inmensurable. Se manifiesta en todas sus acciones y en todas sus obras, y dictando su santa ley; pero más señaladamente se demuestra en el evangelio. Juan 3:16. "Aquí está el amor." Véase LEY.

El amor santo en el hombre haría que

38

todo su corazón y su alma cifrasen su supremo deleite en Dios y en la obediencia á él, y en amar cordial y prácticamente á todos los seres según su carácter, á los malos con benevolencia cristiana—abste-

niéndose de todo lo que pudiera perjudicarles, y haciendo todo lo que podemos hacer por su bien sin perspectiva de recompensa. Un amor semejante satisfaría y llenaría todos los fines de la ley, Mat.

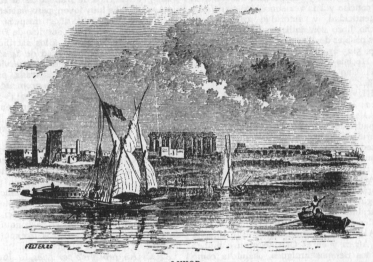

LUXOR.

22:37-40; Rom. 13:8-10. Sin él nadie puede entrar al cielo; y como los afectos de todo corazón que no se ha regenerado están confundidos con el pecado, estando entregados á objetos prohibidos, ó bien á los no prohibidos pero con miras egoistas ó indebidas, debemos "nacer de nuevo" para poder ver á Dios, Juan 3:3; 1 Juan 4:7, 19; 5:4.

AMORRHEOS, *montañeses*, un pueblo guerrero descendiente de Emer, el cuarto hijo de Canaán, Gén. 10:16. Pobló primero las montañas que se hallan al O. del Mar Muerto, Gén. 14:7, con dirección á Hebrón, Gén. 14:13, y más al sur, Deut. 1:7, 19, 20, 44; pero después extendió sus límites y tomó posesión de las provincias más hermosas de Moab y Ammón, al E. entre los arroyos Jaboc y Arnón, Núm. 13:29; 21:21-31; Jos. 5:1; Jueces 11:13. Moisés le tomó este país á su rey Sehon cuando éste se opuso al paso pacífico de los Hebreos á la tierra de promisión, Jue. 11:19-22. Las tierras que los Amorrheos poseían al O. del Jordán se le dieron á la tribu de Judá, y las trasjordánicas á las tribus de Rubén y Gad. El nombre Amorrheo se toma con frecuencia en las

Escrituras por el de Cananeo en general, Gén. 15:16; Núm. 14:45 con Deut. 1:44; Amós 2:9. Véase CANANEO.

En Ezeq. 16:3, Dios recuerda á los Judíos que ellos no eran naturalmente más dignos de su favor que los Cananeos gentiles.

AMÓS, *una carga*, I., el tercero de los profetas menores, fué pastor de Tecoa, pequeña ciudad de Judá, como 12 millas al S. de Jerusalem. Profetizó sin embargo respecto de Israel, en Bethel, en tiempo de Uzzías rey de Judá, y de Jeroboam II. rey de Israel, por el año de 800 á 787 A. C. y así fué contemporáneo de Oseas y de Joel. Fué pastor y no "hijo de los profetas." Los dos primeros capítulos de Amós contienen predicciones contra las naciones circunvecinas, enemigas del pueblo de Dios. Pero las diez tribus de Israel fueron el principal objeto de sus profecías. Su prosperidad temporal bajo Jeroboam los condujo á una grosera idolatría, á la injusticia, la opresión y la corrupción, pecados por los cuales el profeta anuncia los veredictos de Dios contra ellos, pero termina con gratas palabras de consuelo. Su santa energía para reprobar e

39

pecado le atrajo la ira de los sacerdotes, quienes trabajaron por conseguir su destierro, Amós 7:10-17. En cuanto á estilo, Amós ocupa un alto rango entre los profetas. Su libro está lleno de imagenes tomadas de objetos y ocupaciones campestres; es conciso y á la vez sencillo y claro. La autenticidad y autoridad canónica de dicho libro son indisputables. Se citan dos pasajes de él en el Nuevo Testamento: cap. 5:25-27 en Hechos 7:42; y cap. 9:11 en Hechos 15:16.

II. Uno de los antecesores de nuestro Señor, Luc. 3:25.

III. *robusto*, el padre de Isaías, 2 Reyes 19:2; Isai. 1:1.

AMRAM, *pueblo exaltado*, hijo de Coat y padre de Aarón, de María y de Moisés. Murió en Egipto á la edad de 137 años, Exod. 6:18, 20; Núm. 3:27. Su mujer se llamaba Jocabéd, y su fé se recomienda en Heb. 11:23.

AMRAFEL, rey de Shinar en tiempo de Abraham. Con otros tres reyezuelos, hizo la guerra á las tribus que había á inmediaciones del Mar Muerto, y á las ciudades de la llanura, Gén. 14:1.

AMULETOS, que tanto se usan todavía en Áfr.ca y en el Oriente, eran comunes en los tiempos antiguos, usándose como zarcillos, Gén. 35:4; Jueces 8:34; Isai. 3:20; Ose. 2:13; y como collares, y las piedras preciosas estaban frecuentemente

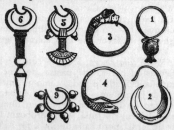

revestidas de un poder supersticioso. Se asociaban palabras sagradas arregladas cabalísticamente, y otras muchas bagatelas, con influencias diabólicas, y se llevaban consigo como salva-guardias.

AMUTAL, *pariente del rocio*, 2 Reyes 23:31; 24:18; Jer. 52:1.

ANÁ, *fiador ó caucionero*, I., del Monte Hor, padre de Aholibama, una de las esposas de Esaú. Mientras apacentaba los asnos de su padre en el desierto, se dice que encontró los "mulos," Gén. 36:24, más bien "manantiales calientes;" y tales manantiales se encuentran todavía en la

costa oriental del Mar Muerto, llamadas Callirrhoë. Hengstenberg sugiere que Aná tomó de las fuentes que encontró su otro nombre Beeri, *de los pozos*, Gén. 26:34.

II., *graciosa*, hija de Fanuel de la tribu de Aser, casada muy ioven, pero habiendo quedado viuda siete años después, se dedicó desde entonces al servicio de Dios. Fué constante en asistir á los sacrificios en el templo; y allí, á la edad de 84 años fué bendecida, permitiéndosele que viera al infante Salvador; é inspirada para anunciar la venida del Mesías prometido á muchos que deseaban verlo, Luc. 2:36-38.

ANAB, *ciudad de uvas*, se encuentra todavía bajo su antiguo nombre en las montañas de Judá, al S. S. O. de Hebrón, Jos. 11:21; 15:50.

ANAC, plural ANACEOS, *de cuello largo*, gigantes famosos de Palestina, descendientes de Arba, fundador de la ciudad de Hebrón, Jos. 21:11. Se extendieron por la parte sur de Judá, por el país montañoso, y por varias ciudades de los Filisteos. Los espías hebreos se aterrorizaron al verlos, Núm. 13:33; pero en la conquista de Canaán fueron destruidos ó expulsados, Jos. 11:22; 15:14; Jueces 1:20.

ANANÍAS, *protegido por Dios*, I. Judío de Jerusalem, marido de Safira, que intentó unirse á los Cristianos, y aparentó darles el precio entero de sus tierras; pero murió instantáneamente, al ser convicto por Pedro de falsedad, Hechos 5:1-10, oportuno ejemplo para los primitivos Cristianos y para nosotros.

II. Cristiano de Damasco, que devolvió la vista á Pablo, después de su visión del Salvador, Hechos 9:10-17; 22:12.

III. Sumo-sacerdote de los Judíos, hijo de Nebedeus 48 A. D. Él fué ante quien, con el Sanhedrín, requirieron á Pablo durante el gobierno de Felix, y quien ordenó á un criado que le diera un golpe en la boca á dicho apóstol. La amenaza profética con que contestó Pablo parece haberse cumplido cuando, según Josefo refiere, al principiar el sitio de Jerusalem, los asesinos quemaron la casa de Ananías, y después descubrieron en un acueducto el lugar de su refugio, y lo mataron, Hechos 23:2; 24:1.

ANÁS, *fiador ó caucionero*, sumo-sacerdote de los Judíos, Luc. 3:2; Juan 18:13, 24; Hechos 4:6, juntamente con Caifás su yerno. Fué primero nombrado para ese cargo por Cyrenio ó Quirino, proconsul de Siria, hacia los años 7 ú 8 A. D., pero después fué despojado de él. Después de varios cambios, ese cargo fué dado á José, llamado también Caifás, yerno de Anás, por el año 25 A. D., continuando en él hasta 36 ó 37 A. D. Pero siendo su suegro Anás, quien tenía gran influencia y autoridad, consiguió con facilidad que se le nombrase de nuevo sumo-sacerdote junto con Caifás. Fué la primera persona ante quien Cristo fué conducido la noche de su aprehensión. Asistió también como presidente al Concejo ó Sanhedrín que juzgó á Pedro y á Juan, Hechos 4:6.

ANATEMA, *algo puesto aparte y consagrado irrevocablemente á Dios*, unas veces en obediencia á su mandato, otras por voto espontáneo, Exod. 22:20; Núm. 21:2; Jueces 11:31. Se entiende que denota la irrevocable y completa separación de una persona de la comunión de los fieles, ó del número de los vivientes, ó de los privilegios de la sociedad, Esdr. 10:8; ó el destinar algún hombre, algún animal, alguna ciudad ú otra cosa á ser extirpado y destruido, Lev. 27. Así Jericó, Jos. 6:17:21; y Achan fueron anatematizados, Jos. 7. La palabra anatema se usa varias veces en el Nuevo Testamento en este sentido de execración, Mat. 26:74; Hechos 23:12, 14, 21; 1 Cor. 12:3; Gál. 1:8, 9. Pablo recordando talvez que Cristo fué objeto de anatema por bien nuestro, dice que podría él mismo sufrir del mismo modo, si eso fuera propio y útil para alcanzar la salvación de sus compatriotas, Rom. 9:3. Otra clase de anatema, muy peculiarmente expresado, ocurre en 1 Cor. 16:22, "Si hay hombre que no ama al Señor Jesu-Cristo, será Anatema, Maranatha;" la última palabra parece hecha de dos voces sirias que significan "Nuestro Señor viene," esto es, el Señor seguramente vendrá y cumplirá esta maldición, condenando á los que no lo amen. Al mismo tiempo, queda comprendido lo opuesto, esto es, el Señor viene también á premiar á los que lo amen. Véase EXCOMUNIÓN.

ANATOT, *respuestas (á oraciones)*, una de las ciudades que se les dieron á los sacerdotes en Benjamín, identificada por Robinson en Anata, aldea á 4 millas al N. E. de Jerusalem, Jos. 21:18; 1 Cron. 6:60; Esdr. 2:23. Fué el lugar donde nació el profeta Jeremías, Jer. 1:1; 32:7. Su pueblo, sin embargo, rechazó sus palabras é intentó asesinarle, Jer. 11:21.

ANCIANIDAD. Los ancianos debían ser tratados con reverencia, y con todo el cuidado necesario, Job 12:12; 15:10, po-

niéndose en pié los jovenes al acercárseles, Lev. 19:32, y cualquiera falta de respeto hacia ellos se condenaba severamente, Deut. 28:50; Lam. 5:12. Ellos tenían deberes recíprocos para con los jovenes. La sabiduría enseñada por la experiencia es inapreciable. Comp. 1 Reyes 12:1-16; Job 32:7; y las responsabilidades de la Iglesia y del Estado, tanto en los tiempos del Antiguo como del Nuevo Testamento, se confiaban á los "ancianos."

ANCIANOS, Hechos 5:21, probablemente el cuerpo de ancianos que constituía uno de los tres elementos del consejo ó tribunal judío, siendo los otros dos los príncipes de los sacerdotes y los escribas. Véase CONSEJO.

ANCIANOS DE ISRAEL, los jefes de las tribus, quienes antes del establecimiento de la República hebrea, tenían gobierno y autoridad sobre sus propias familias y sobre el pueblo, á semejanza del moderno sheikh, *el viejo*. Moisés y Aarón trataron á los ancianos como representantes de la nación, Exod. 3:16; 4:29; 12:21. Cuando se dió la ley, Dios mandó á Moisés que tomara á los setenta ancianos, así como á Aarón y á Nadab y Abiú, sus hijos, para que fuesen testigos, Exod. 24:1, 9. Por algún tiempo después hallamos este número de 70, ó más bien de 72 ancianos, seis de cada tribu; pero no tenemos informes exactos de cuanto tiempo continuó aquello así. Hubo siempre, sin embargo, ancianos en cada tribu y ciudad. Para ejemplos de sus actos y de su poder, véanse Jue. 9:18; Jueces 2:7; Rut 4:2-11; 1 Sam. 4:3; 8:4; 30:26; 1 Reyes 8:1, 3; 20:7; 2 Reyes 23:1. En los tiempos del Nuevo Testamento había "ancianos de los Judíos," al parecer distintos del Sanhedrín, pero cooperadores de él, Mat. 16:21; 21:23; 26:59; Luc. 22:66; Hechos 22:5. Á imitación de los ancianos judíos, los pastores ordinarios ó maestros de la iglesia cristiana se llaman ancianos ó presbíteros, Hechos 20:17, 28; Tito 1:5, 7; 1 Ped. 5:1; 2 Juan 1. "Los más viejos" y "los postreros" en Juan 8:9, quiere decir, los más elevados y los inferiores en rango social. En Mat. 15:2, la palabra "ancianos," y en Heb. 11:2, la de "antiguos," significa los hombres de tiempos primitivos.

ANDAR. Este verbo se usa con frecuencia en sentido figurado para denotar la manera de vivir el hombre, ó su carácter espiritual, su trato social, y sus relaciones, Ezeq. 11:20. Puede andar conforme á la carne ó conforme al espíritu, Rom. 8:1;

con Dios ó en la ignorancia y el pecado, Gén. 5:24; 1 Juan 1:6, 7; en el fuego de la aflicción, Isaí. 43:2, ó en la luz, pureza y alegría del favor de Cristo, aquí y en el cielo, Salm. 89:15; Apoc. 5:4.

ANDRÉS, *varonil*, uno de los doce apóstoles, era de Betsaida y hermano de Pedro, Juan 1:40, 44. Siendo discípulo de Juan el Bautista, entendió las intimaciones de su Maestro relativas al "Cordero de Dios," y fué el primero de los apóstoles que le siguió, Juan 1:35-44, y vino al conocimiento del Mesías. Compárese Sant. 4:8. Su primer paso fué llevar á donde el Señor á su hermano Simón, ejemplo dado á todos los recien-convertidos. Después fué llamado como apóstol á la ribera del mar de Galilea, Mat. 4:18, y desde entonces siguió á Cristo hasta el fin, Marcos 13:3; Juan 6:8; 12:22. De la historia de la última parte de su vida nada se conoce con certeza. Hay una tradición dudosa, de que después de predicar el evangelio en Grecia, y quizás en Tracia y Sitia, sufrió la crucifixión en Patrae, Achaia, en una cruz de forma peculiar (X) conocida por esto comunmente por la "cruz de San Andrés."

ANDRÓNICO, *conquistador de hombres*, Judío cristiano residente en Roma, compañero de prisión y pariente de Pablo, Rom. 16:7.

ANER, *muchacho*, I. de Hebrón, uno de los aliados de Abraham en la persecución de Chedorlaomer y en la expedición para rescatar á Lot. Gen. 14:13, 24.

II. Ciudad levítica en Manasés, 1 Crón. 6:70.

ANFÍPOLIS, *en ambos lados de la ciudad*, ciudad de Macedonia, no lejos de la embocadura del Strymón, que corría al rededor de la ciudad. Fué visitada por Pablo y Silas, Hechos 17:1. La población que ahora ocupa su lugar es Neo Khorio, *ciudad nueva*.

ÁNGEL. La palabra original, tanto en hebreo como en griego, significa mensajero, y así se traduce en Mat. 11:10; Luc. 7:24, etc. Se aplica con frequencia á un mensajero ordinario, Job 1:14; 1 Sam. 11:3; Luc. 9:52; á profetas, Isaí. 42:19; Hag. 1:13; á sacerdotes, Eccl. 5:6; Mal. 2:7, y aun á objetos inanimados, Salm. 78:49; 104:4; 2 Cor. 12:7. Bajo el sentido general de mensajero, tal término se aplica también á Cristo, como el Gran Ángel ó Mensajero del pacto, Mal. 3:1; y á los ministros de su evangelio, por ser los vigilantes ó ángeles de las iglesias, Apoc. 2:1, 8, etc. En 1 Cor. 11:10. los mejores intérpretes comprenden por el término "ángeles," los santos ángeles que estaban presentes en un sentido especial en las congregaciones cristianas, y por reverencia á ellos era conveniente que las mujeres tuviesen velos en la cabeza, en señal de que estaban sometidas á un poder superior. Véase VELO. Pero generalmente en la Biblia esta palabra se aplica á una raza de seres inteligentes, de un rango superior al hombre, que rodean á la deidad, y á quienes ella emplea como mensajeros ó agentes suyos para administrar los asuntos del mundo y para promover el bien estar así individual como de toda la especie humana, Mat. 1:20; 22:30; Hechos 7:30, etc. Ya sean espíritus puros ó cuerpos espirituales, no tienen organización corporal como nosotros, y no tienen la distinción en sexos, Mat. 22:30, si bien siempre que se han aparecido á los hombres, ha sido bajo una forma semejante á la de ellos, á veces más ó menos glorificada, Gen. 18:19; Luc. 24:4. Fueron creados, sin duda, mucho antes de la creación del mundo que habitamos, Job 38:7. La Biblia los representa como extraordinariamente numerosos, Dan. 7:10; Mat. 26:53; Luc. 2:13; Heb. 12:22, 23; como notables por su fuerza, Salm. 103:20; 2 Ped. 2:11; Apoc. 5:2; 18:21; 19:17; y por su actividad, Jueces 13:20; Isaí. 6:2-6; Dan. 9:21-23; Mat. 13:49; 26:53; Hechos 27:23; Apoc. 8:13. Parece que son de diversas categorías, Isaí. 6:2-6; Ezeq. 10:1; Col. 1:16; Apoc. 12:7. Véanse QUERUBÍN, SERAFÍN. Tenemos sólo una vaga idea de como son ellos en el cielo, 1 Reyes 22:19; Dan. 7:0, 10; Apoc. 5:11-14. Su nombre indica su intervención en las dispensaciones divinas otorgadas al hombre, y la Biblia abunda en narraciones de acontecimientos en los cuales han tenido una participación visible, Dan. 4:13; 10:10; 13-21, Zac. 1:4, etc. Sin embargo, en este empleo, obran como simples instrumentos de Dios, y en cumplimiento de sus mandatos, Salm. 91:11; 103:20; Heb. 1:14. No estamos por esto obligados á poner nuestra confianza en ellos, á tributarles adoración, ó á pedir en su nombre, Apoc. 19:10; 22:8, 9. Aunque las Escrituras no nos autorizan para afirmar que cada individuo tiene su ángel de guarda particular, sí enseña muy explícitamente que los ángeles auxilian á todo cristiano, Mat. 18:10; Luc. 16:22; Hechos 12:15; Heb. 1:14. Están profundamente interesados en la salvación de los hombres, Luc. 2:10-12; 15:7, 10; 1 Ped. 1:12; y compartirán con los santos la felicidad eterna del cielo, Heb. 12:22. Aquellos ángeles que no conservaron su primitivo estado, sino que cayeron y se rebelaron contra Dios, se llaman ángeles de Satanás ó del diablo, Mat. 25:41; Apoc. 12:9. Se representan como arrojados al infierno y retenidos para ser juzgados, 2 Ped. 2:4. Véanse SINAGOGA, ARCÁNGEL, SATANÁS.

ÁNGEL DEL SEÑOR, ó ÁNGEL JEHOVÁ, título usual de Cristo en el Antiguo Testamento. Compárense Gen. 16:7-13; 22:11-18; 31:11-13; 32:24-30, con Oseas 12:3-5; Gen. 48:15, 16; Exod. 3:2-6, 14; 23:20, 21; Jueces 2; 13:16-22; Hechos 7:30-38. A menudo se apareció en forma de hombre, como á Abraham, Gen. 18:2, 22; á Lot, Gen. 19:1; y á Josué, Jos. 5:13, 15. Cristo así aparece en la dispensación Patriarcal, Mosáica y Cristiana, como el mismo Jehová, el verbo ó "Palabra" de Dios revelando el Padre á los hombres, y llevando adelante el mismo gran plan de la redención de su pueblo, Isai. 63:9.

ANILLOS, adornos para las orejas, nariz, piernas, brazos ó dedos. La antigüedad de los anillos aparece de las Escrituras

BRAZOS.

y de los autores profanos. Judá dejó su anillo á Tamar, Gen. 38:18. Cuando Fa-

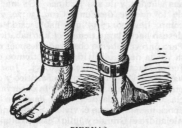

PIERNAS.

raon encomendó el gobierno de Egipto á José, le dió el anillo de su dedo, Gen. 41:42. Después de la victoria de los Israelitas

BUSTO DE MUJER CON ARETES.

sobre los Madianitas, ofrecieron al Señor los anillos, los brazaletes y los collares de oro tomados al enemigo, Núm. 51:50, y

MUJER CON ARGOLLA EN LA NARIZ.

como estos adornos eran de oro y mucho más grandes que los nuestros, eran muy estimados, Job 42:11. Las mujeres Israelitas usaban anillos ó argollas, no solamente en los dedos, sino también en la ternilla de la nariz, en las orejas y en los tobillos. Véanse BRAZALETE, AMULETOS. Santiago distingue á un hombre de riqueza y dignidad por el anillo de oro de su dedo, Sant. 2:2. Al regreso del "hijo pródigo," su padre mandó que le pusiesen un anillo en el dedo, Luc. 15:22. El anillo se usaba principalmente como sello para sellar, y las Escrituras generalmente la asignan á los príncipes y grandes personajes, como el Rey de Egipto, José, Acháb, Jezebel, el rey Assuero, su favorito Amán, Mardoqueo, el rey Dario, etc., 1 Reyes 21:8; Ester 3:10; Jer. 22:24; Dan. 6:17. Las patentes y órdenes de estos príncipes eran selladas con sus anillos ó los sellos de estos, siendo la impresión de ellos una confirmación. De ahí es que el anillo fuera una prenda y símbolo de autoridad. Véase SELLO.

ANNA, gracia, favor, la piadosa esposa de un levita de Ramataim-Zofim, llamado Elcana, y madre de Samuel, 1171 A. C. Habían pedido este hijo encarecidamente

43

al Señor, y libremente se lo consagró á su servicio según el voto hecho por la madre. Fué después bendecida Anna con otros tres hijos y dos hijas, 1 Sam. 1:1, á 2, 21. Comp. Luc. 1:46-55.

AÑO. Los Hebreos siempre tenían años de doce meses. Pero al principio, según algunos suponen, eran años solares de 12 meses, cada uno de los cuales tenía 30 días, excepto el duodécimo que tenía 35. Se supone que tenían un mes intercalar al fin de cada 120 años, en que el principio del año quedaría con 30 dias completos de diferencia del lugar que le correspondia. Sin embargo, y en la historia toda de los Judíos el año era lunar, teniendo alternativamente un mes completo de 30 días, y uno incompleto de solo 29, completando así su año con 354 días. Para acomodar este año lunar al solar, que comprende 365 días, 5 horas, 48 minutos y 48.7 segundos—tiempo que dura el período de la revolución de la tierra al rededor del sol—y hacer que las estaciones coincidieran con sus fechas, añadían un mes entero después de Adar, como 7 veces en 19 años. Este mes intercalar se llamaba ve-Adar. Véase MES. De varios pasajes aparece que el año era reputado algunas veces como compuesto de 360 días, ó de 12 meses de 30 días cada uno. Bien puede haber sido eso una manera común de expresarse con la mira de no emplear sino números redondos, y como tal tenido por Daniel 7:25; 12:7, en donde la palabra "un tiempo" denota evidentemente un año; y "tiempo, tiempos, y medio tiempo," términos que significan tres y medio años proféticos, es decir, 1260 días proféticos ó años naturales. Compárense los 42 meses y los 1260 días de Apoc. 11:2, 3; 12:6.

El año Hebreo comenzaba con la luna nueva del mes Abib ó Nisán, muy cerca del equinoxio de otoño, comunmente antes de él, y nunca mucho tiempo después, porque las primicias de la cosecha de cebada tenían que ofrecerse el día 16º de ese mes. Los antiguos Hebreos parece que no tenían una era formal y establecida, sino que referían sus fechas á los acontecimientos más memorables de su historia; tales como el éxodo de Egipto, Exod. 19:1; Núm. 33:38; 1 Reyes 6:1; la erección del templo de Salomón, 1 Reyes 8:1; 9:10; y la cautividad de Babilonia, Ezeq. 33:21; 40:1. Véanse AÑO SABÁTICO y JUBILEO.

La frase "de edad de dos años y de menos," Mat. 2:16, esto es, de un niño menor de dos años, se cree por algunos que incluía á todos los niños varones que no habían alcanzado su segundo año; y por otros, que comprendía á todos los que estaban próximos al comienzo de su segundo año, teniendo algunos meses más ó menos de esa edad. Los números cardinales y ordenales se usaban con frecuencia indiferentemente. Así en Gén. 7:6, 11, Noé en la Biblia hebrea se dice que es de 600 años de edad; y poco después, que está en su seiscentésimo año; Cristo resucitó de entre los muertos "á los tres días," Mat. 27:63, ó "el tercer día," Mat. 16:21; la circuncisión tenía lugar cuando el niño había cumplido ocho días de edad, Gén. 17:12, ó al "octavo día,' Lev. 12:3. Compárense Luc. 1:59; 2:21. A esto deben atribuirse muchas ligeras diferencias que se ven en la Cronología.

AÑO SABÁTICO, ó "*año de remisión*," Deut. 15:9; 31:10-13, tenía que celebrarse entre los Israelitas una vez cada 7 años; la tierra tenía que descansar y se dejaba sin cultura, las deudas de los Hebreos que habían tomado préstamos debían perdonarse, y debía leérsele la Ley al pueblo congregado en la fiesta de los Tabernáculos, Exod. 23:10, 11; Lev. 25:1-7; Deut. 15:1-11; 31:10-15. Para el año séptimo podían almacenarse provisiones de lo que sobraba en las cosechas precedentes, Lev. 25:20-22. La fertilidad del suelo se aumentaría dejándolo en barbecho. Dios señaló la observancia del año sabático para conservar el recuerdo de la creación del mundo, para dar fuerza al reconocimiento de su autoridad soberana sobre todas las cosas, particularmente sobre la tierra de Canaán, que El les había dado á los Hebreos, y para inculcar humanidad á su pueblo mandándole que cediese á los siervos, á los pobres, á los extranjeros y á los brutos el producto de sus campos, de sus viñedos, y de sus jardines. Se infiere de lo que se dice en 2 Cron. 36:20, 21; comp. Lev. 26:33-35, que había caido en desuso hacía largo tiempo el año sabático. Pero parece haberse observado después de la vuelta de la cautividad en el tiempo de Judas Macabeo, 1 Mac. 6:49, 53. Josefo hace mención del mismo año Sabático y de otros dos, y hace comprender la observancia acostumbrada de esa ley hasta en la época misma en que él vivió. Se dice que Alejandro el Grande y Julio César exhimieron á los Judíos del pago de todo tributo en el año Sabático. Véase JUBILEO.

ANTI-CRISTO (á menudo erróneamente escrito ANTE-CRISTO), *opuesto á Cristo.*

44

Juan dice que ya había en su tiempo muchos que tenían el espíritu de anti-Cristos, incrédulos, herejes y perseguidores, 1 Juan 2:18; 4:3. Los caracterizaba la negación que hacían del Padre y del Hijo, y de la venida de Cristo en la carne, 1 Juan 2:22; 4:3; 2 Juan 7. Pero los apóstoles y primitivos cristianos parece que veían en tiempos futuros algún gran anti-Cristo que precedería á la segunda venida de nuestro Señor, teniendo alguna relación con el "pequeño cuerno" de Daniel 7, y la "bestia" de Apoc. 13; 19:11–21, y á quien Pablo llama "el hombre de pecado, el hijo de perdición," 2 Tes. 2:3. A este pasaje alude Juan, 1 Juan 2:18. El anti-Cristo tenía qué venir después de la remoción de un obstáculo que lo "detenía," y que generalmente se cree que era el antiguo Imperio Romano; y después de cierta decadencia, tenía que hacerse notable por su iniquidad y abierta oposición á Dios, pretendiendo tener sus atributos, haciendo falsos milagros, y teniendo gran poder para engañar á los hombres y ganar admiración y culto, espíritu que ya estaba en obra en los tiempos apostólicos. Parece denotar un cuerpo de hombres organizados, y una política corruptora, perpetuada de siglo en siglo, opuesta á Cristo, quien la destruirá, Apoc. 11:13, 17.

ANTIGUO, *viejo, anciano.* Antes que se inventara la imprenta y cuando eran escasos los libros, los viejos eran los depositarios de la historia y de toda clase de instrucción y sabiduría, Job 12:12. "Anciano de gran edad" es un título dado al eterno Jehová, Dan. 7:9.

ANTIOQUÍA EN EL ORONTES.

ANTIOQUÍA, *un antagonista.* I. Ciudad sobre el río Orontes, á 20 millas, ó sea á 40 de su embocadura si se sigue el curso de él, en el punto de concurso de las grandes cordilleras del Líbano y del Tauro, y metrópoli de toda la Siria. Fué fundada por Seleucus Nicator, por el año 300 A. C. y llamada por él así, en memoria de su padre Antíoco. Esta ciudad es celebrada por Cicerón por su opulencia, y su abundancia de hombres de gusto y de literatos. Fué en un tiempo un lugar de gran riqueza y refinamiento, así como de lujo y vicios, y considerado como la tercera ciudad del Imperio Romano, inferior sólo á Roma y á Alejandría. Fué también un lugar de gran concurso de los Judíos y luego de los Cristianos. Fué sometida al gobierno Romano el año 64 A. C. Allí se formó la primera iglesia entre los gentiles, Hechos 11:20, 21. El nombre distintivo de "Cristianos" fué aplicado primeramente allí á los discípulos de Jesús, Hechos 11:19, 26; 13:1; Gál. 2:11. Es especialmente famosa como el teatro de los primeros trabajos sistemáticos de Pablo en el evangelio, Hechos 11:22–26, y como el lugar de donde partió y al cual volvió de sus excursiones de propaganda cristiana, Hechos 13:1–3; 14:26; 15:36; 18:22, 23. Tres concilios generales se celebraron en esa ciudad en el siglo III.; y en el año 347 A. D. allí

45

nació Crisóstomo. Pocas ciudades han sufrido mayores desastres que esta. Muchas veces ha sido casi arruinada por terremotos, uno de los cuales en 1822 destruyó la cuarta parte de su población que entonces era de cerca de 20,000 habitantes. Hoy es un pueblo de consideración llamado Antakia.

II. Otra ciudad, fundada también por Seleucus Nicator, se llamaba Antioquía de Pisidia, porque se le anexó á aquella provincia, á pesar de estar situada en Frigia. Es memorable por las visitas que le hizo Pablo, y los sufrimientos que allí tuvo en su primera y segunda excursiones de misionero, Hechos 13:14; 14:19, 21; 2 Tim. 3:11. Ahora se llama Yalobatch.

ÁNTIPAS, I. Véase Herodes Ántipas.

II. Mártir en Pérgamo, Apoc. 2:13.

ANTÍPATRIS, *ciudad de Antipatro*, ciudad de Palestina, situada á 7 ú 8 millas de la costa, en una llanura fértil y bien regada, entre Cesarea y Jerusalem, en el sitio de la anterior ciudad de Cafarsaba. Fué fundada por Herodes el Grande, y la llamó Antípatris en honor de su padre Antípatro. Este lugar fué visitado por Pablo, Hechos 23:31. Los ingenieros ingleses la sitúan en Ras-el-ain, 5 millas al sur de Kefr-Saba.

ANTONIA. Fortaleza cuadrada en la parte oriental de Jerusalem, al N. del área del templo, con el cual tenía comunicación secreta. Tenía una torre en cada esquina, y estaba aislada por altas murallas y fosos. Fué reconstruida por Herodes el Grande, y se nombró por Marco Antonio. Josefo habla á menudo de ella. Fué el castillo del cual salieron soldados al templo, á rescatar á Pablo de los Judíos, y desde las escaleras de aquél habló á la multitud, Hechos 21:31-40.

ANZUELO, *caña de pescar*, Job 41:1, 2; Isai. 19:8; Hab. 1:15. Se usa en la Biblia como traducción de varias palabras hebreas de diferentes sentidos. I. Anzuelo para pescar, Job 41:1; Amós 4:2. II. Probablemente una argolla que se les ponía en las narices á los leones y á otros animales, para conducirlos por ese medio, 2 Reyes 19:28; Ezeq. 29:4; 38:4. Los cautivos eran á veces conducidos así, según lo manifiestan las esculturas asirias, 2 Cron. 33:11. Los peces grandes se sacaban vivos del agua con el anzuelo, Job 41:2, y se ataban con una cuerda á una estaca.

APAREJADORES, 1 Reyes 5:18, según algunos intérpretes modernos, "Gebalitas," esto es, los hombres de Gebal. Véase

Gebal II. Su destreza se atestigua por las grandes piedras que existen en las ruinas de la antigua ciudadela, y las cuales en tamaño y labor se parecen á las de los muros del templo de Jerusalem.

APAREJO. En Isaí 33:23, las cuerdas de los mástiles de un buque; Hechos 29:19, las berlingas, jarcias, cadenas, etc., del tren ó equipo de un navío.

APEDREAMIENTO, fué prescrito por la ley de Moisés como medio de castigar la mayor parte de los delitos que se consideraba que merecían la pena de muerte, y era el que probablemente se daba á entender cuando no se especificaba otro modo de ejecución, como en Lev. 20:10; comp. Juan 8:5. Los delitos que se castigaban con el apedreamiento ó la lapidación eran la idolatría, Lev. 20:2; Deut. 17:2-5; la blasfemia, Lev. 24:10-16; en un caso, el quebrantar el Sábado, Núm. 15:32-36; la hechicería, Lev. 20:27; el falso ejercicio de la misión profética, y la incitación á la idolatría, Deut. 13:1-11; la apropiación de un objeto consagrado, Job 6:17-19; 7:1, 11-25; comp. Lev. 27:28; la desobediencia obstinada á los padres, Deut. 21:18-21; y varias clases de impureza. El lugar de la ejecución estaba en las afueras del campamento ó de la ciudad, Lev. 24:14; 1 Reyes 21:9-13; Hechos 7:58. Al criminal, según los escritores rabínicos, se le exhortaba á confesar su delito; comp. Jos. 7:19; en seguida uno de los testigos le dejaba caer una piedra grande sobre el pecho, y si este golpe no era suficiente para darle la muerte, los demás testigos, y si necesario era, los simples espectadores, completaban la ejecución. Deut. 17:7, desembarazándose de su vestido exterior para tener más libertad en sus movimientos, Hechos 7:58. Algunas veces al delincuente se le precipitaba primero desde una altura por uno de los testigos. El apedreamiento era recurso á que á menudo apelaba el populacho irritado de cualquiera nacionalidad, Exod. 8:26; 17:4; 1 Sam. 30:6; 2 Crón. 24:31; Luc. 20:6; Juan 8:59; 10:31; Hechos 5:26; 14:5, 19; 2 Cor. 11:25. Cristo habría sido condenado á muerte por apedreamiento, con motivo de la falsa imputación que se le hacía de blasfemia, Mat. 26:57-66, si el Sanhedrin judío no hubiera estado privado por los Romanos del derecho de condenar á muerte; véase Sanhedrin; pero como la blasfemia contra Jehová era un cargo á que el gobernador romano no le daba importancia, comp. Hechos 18:14-16, se hizo necesario susti-

46

tuir ante el tribunal romano este cargo, por el igualmente falso de insurrección y traición, Mat. 27:11-24; Luc. 23:1-5, 13-15, 20-22; Juan 18:28-32, de este modo por la cobardía de Pilato compulsado por el populacho judío, se aseguró para el Justo la muerte por medio de la crucifixión pronosticada, Mat. 20:19; Juan 12:32, 33.

APELACIONES, eran reconocidas en la ley de Moisés, Deut. 17:8, 9, y se les permitían á los acusados en el período de los Jueces y de los Reyes, mucho más que en las menos favorecidas naciones gentiles de los tiempos antiguos y modernos, Jueces 4:5; 2 Crón. 19:8, 10. Pablo, como ciudadano romano, aunque no fué sentenciado, apeló solicitando que se le juzgase ante el Emperador, considerándose como ya condenado si se le dejaba al alcance de los Judíos, Hechos 25:1-12.

APHARSAQUEOS. etc., Esd. 4:9; 5:6. Se nombran entre los vasallos paganos del rey de Asiria, trasplantados á Samaria después de la cautividad de las diez tribus, 721 A. C. Los Afarsitas, citados también en Esdr. 4:9, son considerados por Gesenio como Persas.

APHECCA, *fuerza*, I., ciudad en el Líbano, asignada á la tribu de Aser, Jos. 13:4; 19:30, pero no subyugada, Jueces 1:31. El lugar de su fundación puede hallarse todavía en la falda N. O. del Monte Líbano, llamada Afca.

II. Lugar célebre en las guerras con los Filisteos, 1 Sam. 4:1; 29:1. Quizá se habla de dos lugares, uno en donde acamparon los Filisteos antes de la muerte de Elí, al parecer á corta distancia al N. O. de Jerusalem, y el otro más al N. hacia Jezreel y Shunem, ciudad real de los Cananeos, Jos. 12:18.

III. Ciudad á 6 millas al E. del Mar de Galiléa, cuyos muros cayeron sobre 27,000 Sirios subordinados á Benadad, después de su derrota por los Israelitas, 1 Reyes 20:26-34. Hoy es llamada FIK.

APOCALIPSIS, significa *revelación*, pero se refiere particularmente á las revelaciones que Juan tuvo en la isla Patmos adonde fué desterrado per Domiciano. De ahí es que el libro de la Revelación toma ese otro nombre. Este libro pertenece á los escritos proféticos, y está en relación íntima con las profecías del Antiguo Testamento, especialmente con los escritos de los últimos profetas, como Ezequiel, Zacarías y particularmente con las de Daniel, por ser casi enteramente simbólico. Esta circunstancia ha presentado para su in-

terpretación dificultades que hasta hoy no ha podido vencer del todo ningún traductor. Por lo que hace al autor, casi todo el peso testimonial está en favor de Juan, el amado apóstol; y esto se desprende incontestablemente de la relación que el escritor hace de sí mismo, Apoc. 1:4, 9; con 1 Juan 1:1-3, y de la armonía que existe entre el espíritu de éste y sus demás escritos. La mayor parte de los comentadores suponen que fué escrito en la isla de Patmos, después de la destrucción de Jerusalem, por el año 96 A. D. Las razones que hay para asignarl una fecha anterior tienen muy poco fundamento. Es una ilustración desarrollada de la primera gran promesa. "La simiente de la mujer quebrantará la cabeza de la serpiente." Las figuras y los símbolos que emplea están llenos de majestad y causan sensación. Reboza en él la grandeza profética, y en sus tipos, sus sombras, y sus símbolos místicos es imponente. La ruptura de siete sellos; el toque de siete trompetas; el derrame de siete redomas; las fuerzas hostiles y antagonistas rebozando en malignidad contra el cristianismo, al cual lograron oprimir por algún tiempo, para ser al fin derrotadas y aniquiladas; el cielo oscurecido, el mar tempestuoso, la tierra convulsa, combatiendo contra ellos, mientras que el resultado de tan largo combate es el reinado de la paz universal, de la verdad y de la rectitud—toda esta escena estaba realizada á intervalos por entusiastas coros de alabanza á Dios el Criador, y á Cristo el Redentor y Gobernador. Presentado así, su designio en general es inteligible para todos los lectores, mientras que de otro modo no infundiría esperanza ni consuelo. También está empapado en las doctrinas de Cristo. Exhibe su gloria como Redentor y Gobernador, y describe aquel homenaje profundo y alabanza universal que está siempre recibiendo ante el trono el "Cordero que fué sacrificado." Cristo es Dios, ó de no serlo, los santos y los ángeles serían idólatras. La interpretación histórica de sus detalles es muy difícil, si bien algunos de sus partes más importantes exponen claramente el falso y tiránico poder papal en alianza estrecha con Satanás. Véanse capítulos 13 y 17. "Explicar este libro perfectamente," dice el Obispo Newton, "no es obra de un hombre ó de un siglo; probablemente nunca se entenderá claramente hasta que todo se haya cumplido."

APÓCRIFO, ó APÓCRYPHO, *oculto.*

47

Aplicado este término á libros, significa los que se apropian el derecho á un carácter sagrado, pero que realmente no son inspirados y no han sido admitidos en el canon. Estos son de dos clases, á saber: I. Los que existían en tiempo de Cristo, pero que no fueron admitidos por los Judíos en el canon del Antiguo Testamento, porque no tenían ningún original hebreo, y no eran considerados como inspirados por Dios. Los más importantes de éstos están coleccionados con frecuencia en el cuerpo de la Biblia, aunque sin buena razón; pero en la Septuaginta y la Vulgata están como canónicos. Estos escritos apócrifos son 14, á saber: los dos libros de Esdras, el de Tobías, Judit, adiciones á Ester, la Sabiduría de Salomón, el Eclesiástico ó Jesús el hijo de Siraco, Baruc, el Cántico de los Tres Niños, la Historia de Susana, Bel y el Dragón, la Oración de Manassés y los dos libros de los Macabeos. Su estilo prueba que eran una parte de la literatura Greco-Judaica de Alejandría, en los tres últimos siglos anteriores á Cristo; y como la Septuaginta versión griega de la Biblia hebrea reconoció el mismo origen, iba á menudo acompañada de estos escritos griegos que no eran inspirados, adquiriendo éstos así una circulación general. Josefo y Filo, del siglo 1º, los excluyeron del canon; en el Talmúd no se halla vestigio de ellos; y de las varias listas del Antiguo Testamento hechas en los primeros siglos, se infiere claramente que ni entonces ni ahora formaron parte del canon hebreo.

Ni Cristo ni los apóstoles los citan ni les han dado su sanción; no tienen ningún elemento profético; no fueron reconocidos por los padres cristianos; y su propio contenido los condena por abundar en errores y en absurdos. Algunos de ellos, sin embargo, son de valor por los informes históricos que suministran, por tratar de asuntos acaecidos en un período de medio siglo antes de Cristo; por sus máximas morales y de prudencia y por las ilustraciones que dan de la vida antigua.

II. Hay también algunos libros que carecen de autoridad, escritos después del tiempo de Cristo, y que no fueron admitidos por las iglesias en el canon del Nuevo Testamento, por no ser de inspiración divina. Estos son las más de las veces de un carácter legendario, con relaciones vulgares y absurdas, y pretendidos milagros. Los principales de ellos son "El Pastor" de Hermas y las Epístolas de Clemente é Ignacio. Han sido coleccionados por Fabricio en su código de los libros apócrifos del Nuevo Testamento, y Tischendorf ha editado 22 fragmentos de evangelios y 13 epístolas.

APOLONIA, ciudad de Macedonia, entre Amphípolis y Tesalónica á una jornada larga de á pié, es decir, á 30 millas de la primera de estas ciudades, Hechos 17:1. Sus ruinas llevan el nombre de Polina.

APOLOS, Judío de Alejandría, hombre sabio y elocuente, quien por medio de las Escrituras y el ministerio de Juan el Bautista, se convirtió al cristianismo. Visitó á Éfeso por el año 54 A. D. y proclamó su fé en Cristo públicamente; después de lo cual fué instruido más á fondo en la verdad del evangelio por Áquila y Priscila. Pasando de allí á Achaya, predicó con grande energía y éxito, especialmente entre los Judíos, Hechos 18:24-28. En Corinto regó por algún tiempo lo que Pablo había plantado, Hechos 19:1; 1 Cor. 1:12; 3:6; y estaba con él en Éfeso cuando se escribió la primera epístola á los Corintios, 16:12. Su carácter no era diferente del Pablo; mortificaban como á él las disensiones de los Corintios y las parcialidades personales que hicieron que muchos se alejasen de Cristo, 1 Cor, 3:4-22; 16:12; y cooperaron hasta el fin, sirviéndole, Tito 3:13. Jerónimo opina que Apolos volvió luego de Creta á Corinto.

APOSENTO, SUPERIOR ó ALTO, en hebreo Alyyah, pieza construida en el techo de una casa, que algunas veces sobresalía del pórtico, con el cual estaba comunicada por medio de una escalera privada. Esta expresión se traduce "sala de verano" ó de "recibo," en Jueces 3:20-24; y "cámara," ó "desvan" en 1 Reyes 17:19, 23. Eran á menudo las salas de verano las piezas más cómodas de la casa, 2 Reyes 23:12, y un profeta fué honrado alojándosele allí, 1 Reyes 17:19; 2 Reyes 4:10, 11. Véase CASA, también Marc. 14:15; Hechos 1:13; 9:37; 20:8.

APÓSTOL, *mensajero ó enviado.* Este término se aplica á Jesu-Cristo que fué enviado de Dios para salvar el mundo, Heb. 3:1; aunque más comunmente se da tal título á las personas que fueron enviadas en comisión por el mismo Salvador. Es el término traducido "mensajeros" en 2 Cor. 8:23; y que denota delegados de las iglesias en una misión caritativa, vers. 1-6; 16-19; es usado en Fil. 2:25, al hablar de Epafrodito; y en el mismo sentido de enviados es quizá que se aplica á Bernabé y á Pablo en Hechos 14:4, 14.

48

En el sentido específico y usual de la palabra en el Nuevo Testamento, los apóstoles de Jesu-Cristo fueron sus principales discípulos, testigos oculares de su gloria, Luc. 22:28. 1 Cor. 9:1; á quienes él invistió de autoridad, los empapó en su Espíritu, los instruyó particularmente con sus doctrinas y servicios, y los comisionó para levantar el edificio espiritual de su iglesia. Por su naturaleza misma, el cargo de estos testigos de la vida de Cristo terminó con ellos, y no pudo trasmitirse á sucesores, Hechos 1:21, 22. Fueron en número de 12, correspondiendo á las doce tribus, Mat. 19:28, y eran hombres sencillos, sin instrucción, iletrados, escogidos de entre el pueblo común. Después de su llamamiento y de asumir su cargo, Mat. 10:5-42, sirvieron y acompañaron á su Señor, atestiguando sus obras, penetrándose de su espíritu, y aprendiendo gradualmente los hechos y doctrinas del Evangelio. Durante su ministerio, él los envió de dos en dos á hacer viajes preparatorios á Judea solamente, Mat. 10; Luc. 9:1-6; y después de su resurrección los envió á todo el mundo, comisionados para predicar, bautizar, hacer milagros, etc. Véanse Juan 15:27; 1 Cor. 9:1; 15:8; 2 Cor. 12:22; 1 Tes. 2:13. Los nombres de los doce apóstoles son; Simón Pedro; Andres, su hermano; Santiago el hijo de Zebedeo, "llamado también el mayor;" y Juan, su hermano; Felipe; Bartolomé; Tomás; Mateo ó Leví; Simón el Fanático; Lebeo, apellidado Tadeo, llamado también Judas; Santiago "el menor," el hijo de Alfeo; y Judas Iscariote, Mat. 10:2-4; Mar. 3:16; Luc. 6:14. Este último traicionó á su Maestro y después se ahorcó, y fué escojido Matías en su lugar, Hechos 1:15-26. Los apóstoles estaban bajo un pié de entera igualdad; ninguno pretendía tener la menor autoridad ó primacía sobre los demás, y ninguno de los doce fué tan eminente en dotes y servicios como Pablo, 2 Cor. 11:5, 23-28. Avanzaban lentamente en su comprensión de la misión de Cristo, Luc. 24:25; Juan 16:12, hasta que se les infundió el Espíritu Santo, Luc. 24:49; Hechos 1:8. En los Hechos Apostólicos se hallan consignados los penosos y abnegados sacrificios y sufrimientos de estos hombres, que á semejanza de Cristo hicieron lo que era recto á los ojos de Dios, por amor á su Señor; y se entregaron enteramente á su obra con tal celo, tal amor, y tal fé, que Cristo se complació en honrarlos, enseñándonos que sólo las gracias apostólicas pueden asegurar éxitos apostólicos. Véanse PABLO y los nombres respectivas de los Doce.

El "Credo de los Apóstoles," así llamado, no fué escrito por ellos, si bien es un admirable compendio de las creencias de la iglesia primitiva.

APIO, PLAZA DE, mercado de Apio, población ó villa de mercado, fundada por Apio Claudio, en el camino real (via Apia), que él construyó de Roma á Capua. Sus restos probablemente se encuentran cerca de la actual Triponti, situada á 43 millas de Roma, en el límite de los pantanos Pontinos, en donde existen ruinas de una antigua ciudad. "Tres Tabernas" era el nombre de una población contigua á Cisterna, como diez millas más cerca de Roma, Hechos 28:15.

ÁQUILA, *águila*, Judío nacido en el Ponto, de oficio fabricante de tiendas, quien con su esposa Priscila se unió á la iglesia cristiana en Roma. Cuando los Judíos fueron expulsados de aquella ciudad, por el emperador Claudio, Aquila y su esposa se retiraron á Corinto. Después vinieron á ser compañeros de Pablo en sus trabajos, y éste les menciona y los recomienda en alto grado, habiéndose hallado ambos tanto en Éfeso como en Roma Hechos 18:2, 3, 24-26; Rom. 16:3, 4; 1 Cor. 16:19; 2 Tim. 4:19.

AQUIM, hebreo, *Jachin*, abreviación de Johoiachin, el nombre de un predecesor de nuestro Señor en el registro genealógico. cinco grados anteriores á Josefo, Mat. 1: 14.

AR, *ciudad*, llamada también Rabbata y Rabbata - Moab, capital de Moab, Núm. 21:28; Deut. 2; Isai. 15:1. El lugar en que se supone que estaba situada, llamado actualmente Rabbah, se encuentra en una colina á cosa de 17 millas al E. del Mar Muerto, y 10 al S. del Arnon, á la mitad del camino entre éste y Kir-Moab.

ARA, *país montañoso*, 1 Crón. 5:26, lugar en la Asiria occidental. al parecer sobre el Khabúr ó cerca de él, identificado por muchos con Haran.

ÁRABAH, *desierto*, después traducido "el llano," denota el valle del Jordán al N. del Mar Muerto, Jos. 18:18; y en algunos pasajes el que está al S. del mismo, Deut. 1:1; 2:8, en dirección al Mar Rojo. Véase CANAÁN. Se hace á menudo referencia al Arabah en el Antiguo Testamento, en conexión con el Mar Muerto y el Mar de Galilea, Deut. 3:17; 4:49; Jos. 3:16; 11:2, 16; 12:1, 3, 8; y con Gilgal y Jericó, Deut. 11:30; Jos. 8:14; 2 Reyes

4

49

25:4. Se hace mención de este lugar en la Biblia hebrea en la historia de David, 2 Sam. 2:29; 5:7; y en la huida de Zede-

cías, Jer. 39:4; 52:7. Para la historia y descripción de este valle, y para la parte sur del Mar Muerto. véase JORDÁN.

UNA ESCENA EN ARABIA.

ARABIA, es un país del Asia occidental, situado al S. y al E. de Judea. Se extiende 1,600 millas de N. á S., y 1,400 de E. á O. Por el N. está limitado por una parte de la Siria; al E. por el Golfo Pérsico y el Éufrates; al S. por el Mar Arábigo y los Estrechos de Babelmandel, y al O. por el Mar Rojo, Egipto y la Palestina. La Arabia se divide por los geógrafos en tres partes: la Desierta, la Petrea, y la Feliz.

ARABIA DESIERTA, *el desierto*, una vasta, extensa llanura elevada, de arena, con pocas eminencias y escasa vegetación. Tiene las montañas de Galaad al O. y el río Éufrates al E., y se extiende bastante al S. Comprendía el país de los Itureos, el de los Ismaelitas, el pueblo de Kedar y otros que llevan una vida errante, no teniendo ciudades, ni casas ó habitaciones fijas, sino solamente tiendas; en el moderno Arabe ó lengua arábiga, á esta clase de individuos se les llama Bedawín ó Bedui-

nos. Cuando Pablo dice que él fué á la Arabia y volvió otra vez á Damasco, quiso significar sin duda la parte septentrional de la Arabia Desierta, que estaba adyacente á los territorios de Damasco, Gál. 1:17.

ARABIA PETREA, *la rocallosa*, se halla al S. de la Tierra Santa, y tenía por capital á Petra. Véase SELA. Esta región contenía á los Idumeos del sur, á los Amalecitas, etc., cuyos sucesores se conocen por lo común bajo el nombre general de Árabes. En este país estaban Cades-barnea, Gerar, Beer-seba, Paran, Arad, Hasmona, Oboth, Dedan, ete., y también la península del Monte Sinaí, y la tierra de Madián. Esta parte de Arabia, aunque más pequeña que las otras, es rica en asociaciones históricas. Al patriarca Job le era familiar su perspectiva. En Horeb, Moisés vió la zarza ardiente y Elías oyó "la apacible voz." Los Hebreos pasaron sus cuarenta años de peregrinación en este grande y terrible desierto, desde el monte Sinaí hasta la tierra prometida.

ARABIA FELÍZ, se extiende aun más allá hacia el S. y el E., hallándose limitada al E. por el Golfo Pérsico, al S. por el océano que está entre el África y la India, y al O. por el Mar Rojo. Como esta región no colinda con la Tierra Santa, no se menciona con tanta frecuencia como las anteriores. La reina de Seba, que hizo una visita á Salomón, 1 Reyes 10:1, era probablemente reina de parte de la Arabia Felíz; y los reyes judíos enviaban allí por oro y por rebaños, 1 Reyes 10:15; 2 Crón. 17:11. Este país abunda en riquezas, y particularmente en especias, y comprende las provincias llamadas ahora Hedjaz, Yemen, Hadramant, etc. Es muy célebre en los tiempos modernos por estar situadas en él las ciudades de la Meca y de Medina. Hay según los historiadores nativos de allí, dos razas de Árabes, los que derivan su descendencia de los primitivos habitantes del país, Joctán, etc., y los que pretenden tener á Ismael como antecesor. La Arabia meridional fué poblada en parte por Cush y sus hijos, descendientes de Chám, quienes también poblaron la costa inmediata de África, y en parte por los descendientes de Sem, particularmente de Joctán, Gén. 10:25, 26. Ismael, Gén. 25:13-15, y los seis hijos de Abraham y de Cetura, Gén. 25:2, juntamente con los descendientes de Esaú y de Lot, ocuparon primero la parte de Arabia contigua á Judea, y con el tiempo se extendieron sobre casi todo el país. Los cambios que se efectuaron en 40 siglos hacen imposible distinguir quiénes sean los descendientes de los primeros pobladores expresados, entre las numerosas tribus de Árabes. Estas tribus tienen tradiciones y peculiaridades que les son propias, é incesantes feudos; sin embargo, en su totalidad no forman más que un pueblo distinto de todos los demás. La única división general es la que existe entre los que habitan en ciudades, como en la Arabia meridional, y los que viven en los campos y desiertos. Los últimos son nómadas, habitan en tiendas, se trasladan de un puesto á otro según lo exige la conveniencia del agua y de los pastos, y son muchas veces ladrones. Cada tribu está dividida en pequeñas comunidades, de las cuales es cabeza un sheikh ó patriarca. Tales son los Bedawín ó Beduinos. En los tiempos antiguos, los Árabes eran idólatras y le rendían culto á los astros. Cierta

forma de cristianismo hizo muchos progresos entre ellos en el siglo III.; ahora son nominalmente Mahometanos; pero son débiles en ellos los fundamentos de su religión. Aislados de las otras naciones, y con pocas excepciones libres de todo dominio extranjero, conservan sus antiguas costumbres con singular fidelidad, y el estudio de éstas arroja mucha luz en las narraciones de la Biblia. Su lengua también se habla aún con gran pureza; y como es de la familia del Hebreo, es valioso auxiliar en el estudio del Antiguo Testamento. Respecto de las producciones y particularidades de la Arabia, véanse DESIERTO, LUGAR SECO, SELA, SINAÍ, VIENTOS, etc.

ARACÉOS, descendientes de Canaán, de la rama sidoniana, que fundaron una ciudad llamada Arca, al pié N. O. del monte Líbano, Gén. 10:16; 1 Crón. 1:15. Las ruinas de Arca fueron halladas por Burckhardt y otros como 14 millas al N. E. de Trípolis.

ARAD, *asno silvestre*, ciudad Cananea en el extremo sur de Judea, cuyos habitantes rechazaron á los Hebreos cuando intentaron entrar á la Tierra prometida, al salir de Cades, Núm. 21:1; fué después sometida, Jos. 10:41; 12:14; Jueces 1:16. Robinson encontró el sitio en que yacía sobre una colina como 18 millas al S. de Hebrón.

ARADA, un término antiguo de agricultura, usado en vez de labranza, Gén. 45:6; Exod. 34:21.

ARADO, ligero é ineficaz instrumento del Oriente, pero usado desde los tiempos más antiguos, Gén. 45:6; Deut. 22:10; Job 1:14. Véase el grabado en la palabra MEROM. El arado que ahora se usa generalmente en Siria, consiste en sustancia sólo de tres partes: la lanza ó el timón que se ata al yugo; la reja del arado, y la man-

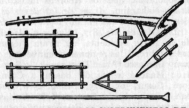

UN ARADO Y OTROS INSTRUMENTOS DE LABRANZA.

cera. Las dos últimas partes, y aun todas tres, suelen estar formadas de la rama de un árbol, con dos miembros que siguen direcciones opuestas. La reja del arado se halla algunas veces guarnecida por una punta de hierro, Isaí. 2:4; Joel 3:10. Como la mancera se formaba de una sola pieza, y teniendo cuidado podía manejarse con una sola mano, Luc. 9:62, el arador empuñaba en la otra mano una formidable garrocha de 6 á 9 piés de largo, armada en la punta con una pica ó gorguz, y en el extremo más pesado, que tenía dos pulgadas de grueso, llevaba una pequeña azada de hierro para quitarle á la reja el barro que se le adhería, Jueces 3:31; 1 Sam. 13:21; Hechos 9:5. Los arados eran tirados por bueyes, asnos y novillas, Deut. 22:10; Jueces 14:18; en la actualidad se emplean también al efecto en Palestina las

LABRANZA Y SIEMBRA, COPIADO DE UNA ANTIGUA PINTURA EGIPCIA.

vacas y los camellos. El arado de ls tierra comenzaba poco después de las lluvias del otoño, hacia fines de Octubre. Los Árabes de Palestina á menudo aran juntándose muchos á la vez, como en otros tiempos, 1 Reyes 19:19.

ARAM, *alto*, I., nombre de tres hombres mencionados en la Biblia: un hijo de Sem, Gén. 10:22; un nieto de Nachór, Gen. 22:21; y un antepasado de nuestro Señor, Rut. 4:19; 1 Crón. 2:10; Mat. 1:3; Luc. 3:33.

II. Casi sinónimo de Síria, el nombre hebreo de toda la región al N. E. de Palestina que se extiende desde el Tigris al E. hasta cerca del Mediterráneo al O., y hasta la cordillera del Tauro al N. Se llamó así de Aram, el hijo de Sem. Limitada de este modo, incluye también la Mesopotamia, que los Hebreos llamaron Aram - Naharaim, *Aram de los dos ríos*, ¡én. 24:10, ó Padan-aram, *la llanura de Aram*, Gén. 25:20; 48:7. Varias ciudades de la parte occidental de Aram dieron sus nombres á las regiones circunvecinas; como Damasco (Aram Dammesek), 2 Sam. 8:6; Maachá, cerca de Basan, 1 Crón. 19:6, Gesur, Jos. 12:5; 2 Sam. 15:8; Zobah, y Beth-rehob, 2 Sam. 10:6, 8. Varias de estas regiones fueron Estados poderosos y con frecuencia le hicieron la guerra á Israel. David los sometió y los hizo tributarios, y Salomón conservó esta supremacía. Después de él ésta se perdió, excepto acaso mientras reinó Jeroboam II. Véanse SIRIA, PADAN-ARAM. La lengua arameana, muy semejante á la hebrea, gradualmente suplantó á esta última como lengua viva, y se usaba en Judea en tiempo de Cristo. Aún la emplean los cristianos Sirios en las cercanías de Musul.

ARAN, I., levita Gersoniten del tiempo de David, 1 Crón. 23:9.

II. *tostado*, hijo de Caleb, el hijo de Hesron, 1 Crón. 2:18, 46.

III. Antigua ciudad llamada en el Nuevo Testamento Charran, en la parte N. O. de Mesopotamia, esto es, Padan-aram, Gén. 25:20. Abraham la habitó después de dejar á Ur, hasta que su padre Tharé murió; allí recibió su segundo llamamiento, Gén. 12:1; Hechos 7:2; en ella permaneció Nachór, y envió á Isaac á este antiguo país de sus antepasados en busca de mujer. Allí también se refugió Jacob huyendo de la ira de Esaú, Gén. 11:31, 32; 12:5, 24; 27:43; 28:10; 29:4. Haran fué invadido por los predecesores del rey asirio Sennacherib, 2 Reyes 19:12; Isaí. 37:12. Comerciaba con Tiro, Ezeq. 27:23. Creso, el general romano, fué derrotado y muerto allí por los Parthos. Harran, como ahora se le llama, está sobre el Belik, uno de los brazos del Éufrates, á los 36° 52' de latitud N., y 39° 5' de longitud E., en un terreno plano y arenoso, y está poblado solamente por unos cuantos árabes errantes que han escogido este punto por la deliciosa agua que hay en él. Dista 20 millas de Orfah. Véase UR. Todavía se señala allí el sepulcro tradicional de Tharé.

ARAÑA, animalejo bien conocido, perteneciente á una familia del orden de los aragnoides, de la cual se hallan muchas clases en Palestina. La mayor parte de ellas urden una especie de red ó tela llamada telaraña, que les sirve de casa bastante fuerte para atrapar y retener su presa, sumamente frágil, sin embargo. Este tejido sutil lo compara Bildad con la esperanza del impío, Job 8:14. El hilo de la araña se forma por la unión de miles de hilos de seda muy delgados imperceptibles, que resultan de las funciones de las hileras naturales en ese insecto, y que pronto toman consistencia en el aire. La araña muestra un ingenio maravilloso en la formación de su tela, gran astucia en asegurar su presa, y ferocidad apoderándose de ella, envenenándola y devorándola. Isaías manifiesta á los hombres de Judá que los rasgos de su carácter y sus trabajos semejantes á los de la araña, no servirán de nada para protegerlos ó ponerlos á cubierto de los juicios de Dios, Isai. 59:5, 6. En Prov. 30:28 se usa una palabra hebrea diferente para denotar, según la Septuaginta y la Vulgata, la lagartija, tal vez la llamada *gecko*, de la cual hay varias especies que son comunes en las ruinas de Palestina y Egipto. Con los dedos de sus piés extendidos en forma de abanico pueden subir por las paredes perpendiculares, y aun adherirse á los cielos rasos. Algunos intérpretes, sin embargo, de acuerdo con la Biblia, consideran todavía la araña casera como la á que se refiere el pasaje citado.

ARAÑOS, véase pág. 34.

MONTE ARARAT.

ARARAT, *terreno santo*, una provincia en el centro de Armenia, entre el río Araxes y los lagos Van y Ooroomías, 2 Reyes 19:37; Isai. 37:38. Se emplea algunas veces para denotar todo el país, Jer. 51:27. En las montañas del Ararat se quedó el arca, Gén. 8:4; y desde esta región salieron los hombres con dirección al E., Gén. 11:2, ё

53

la tierra de Shinar. El noble monte—llamado por los Armenios Masis, por los Turcos Agri-Dagh ó Monte Escarpado, por los Persas Kuh-y-Nuh, ó Monte de Noé, y por los Europeos generalmente Ararat—consta de dos picos, uno 4,000 piés más alto que el otro, unidos por medio de una cadena de montañas que corre al N. O. y al O., y la cual no disminuye en nada la solitaria majestad de esta estupenda masa. Su cima, cubierta de nieves perpétuas, se levanta á la altura de 16,915 piés sobre el nivel del mar, y es un volcan que ha estado en erupción hasta el año de 1840. El arca probablemente posó, nó en el pico del Ararat, sino en alguna otra parte de la elevada altiplanicie de aquella región.

ARAÑOS, y SEÑALES, hechos en el cuerpo para los muertos. Parece que esto se practicaba en los tiempos antiguos, Jer. 16:5, 7; 41:5; pero á los Judíos les estaba prohibida por lo menos cierta clase de arañaños, Lev. 19:28; 21:5, ya sea como costumbre bárbara ó idólatra, 1 Reyes 18:28. Tal prohibición podría también aplicarse al pintarrajeo, que todavía se practica en la Arabia y la India, y á esto puede hacerse alusión en Ezeq. 9:4; Apoc. 13:16; 19:20, etc.

ARAUNA, un Jebuseo que residía en el monte Moría, después de que los Jebuseos fueron arrojados de allí por David, 2 Sam. 5:6; 24:18. En 1 Crón. 21:18, se le llama Ornán. La elección providencial que Dios hizo del terreno de éste para la construcción de su templo, 2 Crón. 3:1, y la buena voluntad que lo animó para cederlo gratuitamente con ese objeto, sugieren la probabilidad de que Arauna había sido convertido á la verdadera religión. Parece que David compró la era y los bueyes por 50 siclos de plata y todo el cerro por 600 siclos de oro.

ARBA, antecesor de los Anakim, y fundador de Hebrón, al cual le dió su antiguo nombre, Jos. 15:13; Gén. 35:27.

ÁRBOLES, se empleaban frecuentemente como emblemas de reyes y de hombres de riqueza y de poder, Salm. 37:35; Isai. 2:13; Dan. 4:10-26; Zac. 11:1, 2. Se prohibía á los Hebreos el cortar los árboles frutales del enemigo en tiempo de guerra, Deut. 20:19, 20. "El árbol de la ciencia del bien y del mal" daba el fruto prohibido, del cual, al comer Adam de él, aumentó tan fatalmente su conocimiento—del bien por su pérdida, y del pecado y el infortunio por su propia experiencia, Gén. 2:9, 17. El "árbol de la vida" puede haber

sido á la vez que la certidumbre de la vida eterna, el medio de impartirla, y también el sello de eterna santidad y bienaventuranza para el hombre si no hubiese pecado. Comp. Rev. 22:2. En Hechos 5:30; Gál. 3:13, "árbol" literalmente es una viga de madera.

ARCA DE NOÉ, el navío en que la familia de Noé fué preservado durante el diluvio, cuando todo el resto de nuestra especie pereció en castigo de sus pecados. Podemos considerarla como una casa grande, oblonga y flotante, con un techo plano ó ligeramente inclinado, compuesta de tres pisos, y con una puerta en el costado. Tenía ventanas por la parte de arriba, probablemente en el techo, de la altura de un codo, Gén. 6:16; 8:13.

Las dimensiones del arca, considerando el codo de 18 pulgadas de longitud, eran 450 piés de longitud, 75 á lo ancho, y 45 de alto. Fué construida de madera ligera de Gopher y se le hizo impermeable con brea, siendo sin duda bastante extensa para contener á las ocho personas de la familia de Noé, y los animales que debían salvarse en ella, á saber, siete pares, macho y hembra, de toda clase de aves y de todo animal aseado; y un par, macho y hembra también, de todo animal inmundo. Se han hecho mil preguntas y discutídose hasta el cansancio, por los escépticos y otros, acerca de la forma y dimensiones del arca, del número de animales salvados en ella, de si estaban incluidas todas las especies que entonces existían en el mundo—excepto las que viven en el agua, ó se mantienen sin movimiento—ó solamente las especies que vivían en las partes del mundo pobladas en aquella época por el hombre; y acerca también de la posibilidad de que todos fuesen alojados en el arca, y mantenidos en ella durante un año entero. Á algunas de estas cuestiones la Biblia da solución con toda claridad; y por lo que hace á otras, es vana la discusión puesto que no tenemos medios para decidirlas. Lo que hay de cierto es, que á la vez que la Biblia encomia la fé y la obediencia de Noé, manifiesta que su salvación fué debida á un milagro de la Providencia. Fué en efecto un milagro el que á Noé se le hubiese prevenido anticipadamente para que se preparase para el diluvio, y fuese dirigido con tal fin; y el mismo poder milagroso llevó á efecto todo lo que no estaba en aptitud de hacer Noé, en cuanto á idear, construir y llenar el arca, y conservarla y guiarla durante el diluvio. Se ha supuesto comunmente que esas prevenciones se le hicieron á Noé 120 años antes del diluvio. Compárese Gén. 5:32, con 7:6; y Gén. 6:3, con 1 Ped. 3:20. Se hallan tradiciones del arca en casi todas las naciones del globo. Véase DILUVIO y NOÉ.

ARCA DE LA ALIANZA, el arca ó cofre sagrado en que estaban depositadas las tablas de la ley escritas por el dedo de Dios, y dando testimonio de la alianza que había celebrado con su pueblo, Exod. 25:22; 34:29. Era de madera de Sittim, y estaba cubierta por dentro y por fuera con láminas de oro de cerca de cuatro piés de longitud y de dos piés tres pulgadas de ancho, y otro tanto de alto. Al rededor de su parte superior tenía una especie de corona ó cornisa del mismo rico metal. Tenía cuatro anillos de oro también, dos en cada lado, para introducir en ellos unas varas con que se llevaba en peso el arca cuando era necesario. Estas estaban así mismo doradas con oro del más fino, y no debían quitarse de los anillos, Exod. 25:10-22. La tapa del arca, toda de oro, se llamaba el propiciatorio; y en sus extremos opuestos había dos querubines de oro, frente á frente y mirando hacia el propiciatorio que cubrían con sus alas extendidas, Exod. 37:1-9. Allí era especialmente la morada del Señor, 2 Reyes 19:15; 1 Crón. 13:6, y allí acaso se exhibía su grandeza por medio de manifestaciones sensibles, Lev. 16:2; Salm. 80:1. Era su escabel, 1 Crón. 28:2; Salm. 99:5. Allí recibía el homenaje de su pueblo y dispensaba sus oráculos vivos. Núm. 7:89.

El gran sacrificio de expiación anual se ofrecía allí por el sumo-sacerdote, Heb. 9:7, en el Santo de los Santos, en donde á nadie más le era permitido entrar. De ahí el que no hubiera ningún objeto que más venerasen los Judíos que el arca de Dios. Durante los viajes de estos por el desierto, era llevada con gran reverencia por los sacerdotes, bajo un dosél de púrpura, ante las huestes de Israel, Núm. 4:5, 6; 10:33-36. Ante ella se dividieron las aguas del Jordán, y después de su paso es volvieron á juntar para seguir su curso natural, Jos. 6:4-12. Después de esto el arca permaneció por algún tiempo en Gilgal, lugar del cual fué trasladada á Silo, Jos. 4:19; 10:43; 18:1. De este último punto los Israelitas la llevaron á su campamento; pero cuando libraron una batalla contra los Filisteos, fué capturada por el enemigo, 1 Sam. 4. Los Filisteos, oprimidos por la mano de Dios, devolvieron el arca, que quedó entonces estacionada en Chíriat-jearim, 1 Sam. 7:1. Después, en el reinado de Saúl, estuvo en Nob. David la condujo de Chíriat-jearim á la casa de Obed edom y de allí á su palacio de Sión, 2 Sam. 6; y por último, Salomón la llevó al templo de Jerusalem, 2 Crón. 5:2. Véase Salm. 24, 47, 105, 132. Permaneció en el templo con todo el respeto debido, hasta los tiempos de los últimos reyes de Judá, que profanaron el Santo de los Santos con sus ídolos, y en que parece que los sacerdotes la sacaron del templo. Por último Josías mandó que la volvieran á llevar al Santuario y prohibió que estuviesen trasladándola de uno á otro punto acá y allá, como lo habían hecho hasta entonces, 2 Crón. 33:7; 35:3. Parece que el arca fué destruida durante la cautividad, ó quizá fué ocultada por piadosos Judíos en algún escondite no descubierto después, puesto que nada más se nos ha referido acerca de ella, y la falta de esta hizo el segundo templo menos glorioso que el primero.

Además de las tablas de la alianza colocadas por Moisés en este sagrado cofre, Dios mandó que la vara floreciente de Aarón fuese guardada allí, Núm. 17:10; Heb. 9:4; un vaso de oro con maná recogido en el desierto, Exod. 16:33, 34, y una copia del libro de la ley, Deut. 31:26.

En tiempos posteriores, parece que esos últimos objetos fueron sacados del arca, por lo menos temporalmente, 1 Reyes 8:9.

ARCÁNGEL, *ángel principal*, nombre empleado solamente dos veces en la Biblia, 1 Tes. 4:16; Judas 9. En este último pasaje se aplica á Miguel, á quien en Daniel 10:13, 21; 12:1, se le describe como "uno de los principales príncipes," que tenía á su especial cargo la nación judía, y en Apoc. 12:7-9, como el caudillo de un ejército angelical.

ARCO. Arma muy usada en los tiempos antiguos, tanto para la caza como para la guerra. Era de madera, cuerno ó acero, Gén. 27:3; Salm. 18:34; y algunas veces para encorvarlo se hacía uso del pié. Cuando no se tenía en uso, se llevaba en una caja, Hab. 3:9. Los Benjamitas eran célebres por su destreza en el manejo de esta arma, 1 Crón. 12:2; 2 Crón. 14:8; 17:17. Véase ARMAS. La frase "un arco engañoso," al que el pueblo de Israel se compara, Salm. 78; 57; Oseas 7:16, significa un arco torcido ó mal hecho que no arroja la flecha á donde se apunta. El uso del arco en la guerra había sido común por mucho tiempo entre los Judíos, Gén. 48:22; y "enseñarles el arco" se supone por algunos que quiere decir enseñarles el cántico sobre Saúl y Jonatán que sigue, así llamada de la mención que de esta arma se hace en el vers. 22, así como toman su título en hebreo los primeros cinco libros de la Biblia de alguna de las primeras palabras de cada uno de ellos. Véase SAETA.

ARCO-IRIS, Gén. 9:13-17; Isai. 54:9, 10. Este hermoso fenómeno se debe á la refracción de los rayos del sol que pasan al través de las gotas de agua cuando llueve; los rayos se separan en los colores prismáticos, y entonces son reflejados por la nube que se halla en frente del sol y del espectador. No debemos suponer que el arco-iris era desconocido antes del diluvio; sino que Dios se propuso presentarlo como el sello consolador de su pacto con la tierra, sello tan estable como las leyes naturales que producen el arco-iris. Este simboliza la misericordia y la fidelidad de Dios, Apoc. 4:3; 10:1.

ARCTURO, *la cola del oso*, la constelación Osa Mayor. Los "hijos de Arcturo" son probablemente las estrellas que están en el cuerpo y la cola de la expresada constelación, Job 9:9; 38:32.

ARENA. El término hebreo correspondiente á esta palabra se deriva de una raíz que denota el movimiento de algo que se desliza ó que rueda. En Palestina se encuentra raras veces la arena sino es á lo largo de la playa del mar, Jer. 5:22, y las tierras desiertas del E. y del S. se componen casi en su totalidad de arena gruesa ó cascajo. En Egipto abunda la arena; el valle del Nilo está constantemente amenazado por las arenas del gran desierto que se levantan en el O, y muchos monumentos de la antigüedad han sido á causa de eso sepultados total ó parcialmente. La arena proporciona un medio fácil de ocultarse uno sin dejar huellas de haber sido removida, Exod. 2:12. Sirve para simbolizar la multitud, Gén. 32:12; el peso, Job 6:3; Prov. 27:3; y la inseguridad, Mat. 7:26.

AREÓPAGO, *cerro de Marte*, la residencia de la antigua y venerable Suprema Corte de Atenas, llamada los Areopagitas, Hechos 17:19-34. Esta se componía en su totalidad de individuos que habían ejercido cargos públicos, de carácter grave é irreprensible, y sus sabias y justas decisiones hicieron famoso este tribunal mucho más allá de los límites de la Grecia. Los arcontes ó magistrados principales de la ciudad en ejercicio durante el año, tenían asiento en el Areópago. Su número y

RUINAS DEL AREÓPAGO Y DEL ACRÓPOLIS.

autoridad variaban de tiempo en tiempo. Allí se reunió una vez una multitud para oir predicar á Pablo. Los asientos de piedra del Areópago estaban al aire libre. En el atrio se hallaban los epicureos, los estóicos, etc.; á su rededor se extendía la ciudad llena de idólatras y de sus templos; y un poco al S. E. se levantaba la escarpada altura del Acrópolis, en cuya cima plana existían estructuras idólatras en mayor número y más ricas que en ninguna otra porción de igual extensión en el mundo entero. En medio de esta escena Pablo habló sobre el pecado y sobre lo torpe del culto idólatra, con tal energía y llevando á tal punto la convicción, que nadie pudo refutarle, y varios de entre ellos se convirtieron. Véase ATENAS.

ÁRETAS, un rey del N. O. de la Arabia, que dió su hija en matrimonio á Herodes Antipas; pero habiendo sido ésta repudiada por dicho rey, Aretas le hizo la guerra y le destruyó su ejército. A consecuencia de esto, el emperador ordenó á Vitelio, entonces proconsul de Siria, que hiciera la guerra al rey árabe, y lo llevaran vivo ó muerto á Roma. Pero mientras Vitelio estaba haciendo sus preparativos para la guerra, recibió la noticia de la muerte de Tiberio, 37 A. D., por lo cual mandó que regresaran sus tropas, y abandonó luego aquella provincia. Aretas, ya sea aprovechándose de esta negligencia, ó favorecido por el nuevo emperador Calígula, parece haber adquirido la posesión de Damasco, en donde estableció un gobernador ó etnarca, quien, á instigación de los Judíos, intentó en 39 A. D. poner á Pablo en prisión, 2 Cor. 11:32. Comp. Hechos 9:24. 25.

ARGOB, *pedregoso*, una ciudad en Basán y Manassés al E. del Jordán; también la región que la rodeaba, llamada posteriormente Trachonitis. Esta era muy fértil, y hubo época de contener 60 ciudades amuralladas, las cuales fueron tomadas por Jair, hijo de Manassés, cuyo nombre se les dió, Deut. 3:4, 13, 14; 1 Reyes 4:13. Exploradores recientes de esta región, conocida como "la Lejatí," al S. de Damasco y al E. del Mar de Galilea, la consideran como un extenso valle abundante en rocas basálticas, y en el cual existen los restos de muchas ciudades romanas, en un estado notable de conservación.

ARIEL, *el león de Dios*, uno de los hombres principales de Esdras, Esdr. 8:16. Esta palabra se usa en la Biblia hebrea en 2 Sam. 23:20; 1 Crón. 11:22, como nombre descriptivo ó quizá de familia, de dos hombres de Moab, "fuertes como un león." En otro sentido Ezequiel la aplica al altar de Dios, Ezeq. 43:15, é Isaías á Jerusalem como el lugar donde se quemaban tanto los holocaustos como los enemigos de Dios, Isai. 29:1, 2, 7. Véase tambien Gén. 49:9.

ARIETE, máquina militar para derribar murallas, 2 Sam. 20:15. Una viga larga y sólida armada en una de sus extremidades

con una cabeza metálica de carnero, estaba suspendida por el medio, y se columpiaba violenta y repetidamente contra los muros de una ciudad ó castillo, hasta abrirle brecha. Algunas veces se hallaba en la

ARIETE Y TORRE.

parte inferior de una torre de madera construida sobre ruedas, forrada con pieles; y la manejaban más de cien hombres, mientras que la parte superior de la misma torre estaba llena de arqueros y honderos, Ezeq. 4:2; 21:22; 26:9. Véase GUERRA.

ARIMATEA ó RAMAH, dual Ramataim, *alturas dobles*, ciudad de donde salió Josefo el consejero, en cuya nueva tumba fué puesto el cuerpo de Jesús, Mat. 27:57; Juan 19:38. Sabemos por Eusebio y por Jerónimo, que esta ciudad estaba cerca de Lidda, población que queda 24 millas al N. O. de Jerusalem. Se le ha considerado generalmente situada en el lugar que ocupa la moderna Ramleh, ciudad á inmediaciones de Lidda, de 3,000 habitantes, donde el camino de Egipto á Siria se cruza con el de Jerusalem á Joppa. Pero más bien debe buscársele á unas cuantas millas al E. de Lidda en las llanuras que circundan la planicie de Sharon. El primer libro de los Macabeos 11:34, habla de ella como trasferida, juntamente con Lidda, de Samaria á Judea, lo cual puede explicar la razón porqué Lucas la llama "ciudad de la Judea," Luc. 23:51. Se ha supuesto también que es el mismo Ramah del monte Ephraím lugar del nacimiento y residencia de Samuel. Ha sido llamada también Ramataim-Sofim, 1 Sam. 1:1, 19, nombre del cual puede fácilmente derivarse la palabra Arimatea.

ARIOC, *venerable*, I., rey de Elasar, y aliado de Chedorlaomer, Gén. 14:1.

II. Capitán de la guardia de Nabucodonosor, Dan. 2:14.

ARISTÁRCO. *el mejor príncipe*, natural de Tesalónica y fiel compañero de Pablo en sus trabajos, Hechos 20:4; 27:2; File. 24. Su vida estuvo en peligro en el tumulto de Éfeso promovido por los plateros, Hechos 19:29; pero habiéndose escapado, continuó con Pablo y estuvo con él prisionero en Roma, Col. 4:10.

ARISTÓBULO, *excelente consejero*, un residente de Roma, cuya familia fué saludada por Pablo, Rom. 16:10.

ARMAGEDON, *montaña de Megiddo*, Apoc. 16:16. Megiddo es una ciudad en el gran valle que se extiende al pié del Monte Carmelo, que había sido el teatro de terribles matanzas, Jueces 4:5, 7; 1 Sam. 31:8; 2 Reyes 23:29, 30. De aquí es que se hace referencia á Armagedon en el Apocalipsis, como al lugar en que Dios reunirá á todos sus enemigos para destruirlos. Compárese el nombre figurativo " valle de Jósafat " sugerido por la gran victoria de ese rey, 2 Crón. 20:26; Jeal 3:2, 12; Zac. 14:2. 4.

ARMAS y ARMADURA. Los Hebreos usaban en la guerra armas ofensivas de la misma clase que las empleadas por otros pueblos orientales de su época, es decir, espadas, lanzas, arpones, saetas, javelinas, arcos, flechas y hondas. Como armadura defensiva usaban yelmos, corazas, adargas,

UN HOMBRE CON ARMADURA, ESCUDO Y ESPADA.

armaduras para los muslos, etc. Véanse GUERRA, ESCUDO.
58

En los grabados intercalados en el texto se representan muestras de las varias armas usadas antiguamente, así como también las varias partes de las armaduras defensivas, y el modo como las llevaban, 1. LA CORAZA ó defensa del cuerpo, llamada en la Escritura cota de malla, coraza y

VARIAS PIEZAS DE UNA ARMADURA.

peto; parece que era hecha de cuero ó de algún material flexible, cubierta algunas veces de escamas metálicas, y que podía adaptarse á la forma de los miémbros del cuerpo que cubría; 2. EL YELMO, hecho generalmente de piel correosa ó metal, con su ondeante crestón; 3. EL ESCUDO, rodela ó aldarga, de madera forrada de piel correosa, ó de metal; 4. LAS PIEZAS DE LAS PIERNAS, ó sea las grevas, de cuero grueso ó de metal, véase Efes. 6:11-17. Las armas

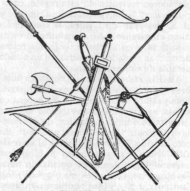

VARIAS ARMAS.

ofensivas son: el arco y la flecha; el hacha de armas; el arpón, la saeta y la lanza cor ta ó javelina; la honda, y la espada con su vaina, siendo la espada antigua, corta, recta y de doble filo. Cada tribu judía tenía su propia bandera. En la palabra ABOMINACIÓN se verá un grabado que representa las banderas de las legiones romanas, que los Judíos consideraban como idólatras, no solamente porque habían sido consagradas á los ídolos, y por sacerdotes paganos, sino porque tenían en ellas imágenes, y eran objeto de adoración, Exod. 20:4.

ARNÓN, *rugiente*, río que nace en las montañas que se levantan al E. del Mar Muerto, hacia el cual corre, Deut. 2:24. Ahora se le llama Wady-Modjeb, y antiguamente dividía los territorios de los Moabitas, de los de los Amonitas, Amorrheos, y Rubenitas, Núm. 21:13; Jos. 13:16. Corre por una hondonada profunda y agreste del mismo nombre. Burckhardt empleó 35 minutos en bajar hasta el lecho del río. En esa región el calor que se experimenta á mediados del verano es extremo, y el río llega á secarse casí totalmente; pero en la estación de las lluvias forma un torrente impetuoso.

AROER, *desnudo*, I., Antigua ciudad sobre la margen norte del Arnón, en la frontera meridional de la tribu de Ruben, Deut. 2:36; 4:48; Jos. 13:9, á 12 millas del Mar Muerto. Quedaba en el territorio de los Amorrheos, Jos. 12:2, pero parece que cayó posteriormente en manos de Moab, Jer. 48:19.

II. Ciudad en la tribu de Gad, probablemente al E. de Rabbat-Ammón, Jos. 13:25, y quizá sobre el Jaboc, 2 Sam. 24:5. Se menciona en Jueces 11:33.

III. Ciudad de Judá, á la cual David le envió presentes, 1 Sam. 30:28; 1 Crón. 11:44. Robinson halló vestigios de ella como á las 12 millas al S. E. de Beer-seba.

AROMAS, Heb. *Nekoth*, Gén. 37:25; 43:11, pueden haber sido, ya el *storax*, goma olorosa, estimada como incienso y por sus propiedades medicinales, que se destila de las incisiones hechas en ol storax officinalis, árbol pequeño que hay en Siria, Palestina, el Asia Menor y Grecia; ó ya como algunos piensan, el tragacanto, goma extraída del Astragalus tragacantha; que crece todavía en Palestina. El arbusto es pequeño y de ancha copa, con pequeñas hojas y muchas espinas largas y fuertes. La goma es inodora y de un sabor algo dulce, y ha sido siempre estimada en el Oriente, mezclándosele con miel para usos

medicinales. Disuelta en agua forma un buen mucílago.

ARPA, Heb. *Kinnor*, inventada por Jubal, Gén. 4:21. Se usaba en ocasiones de regocijo sagradas ó seglares y era el instrumento de música nacional de los Hebreos, Gén. 31:27; 1 Crón. 16:5; 25:1-5; Salm. 81:2. Comp. Salm. 137:2. David fué muy hábil arpista, 1 Sam. 16:16, 23; 18:10. Las arpas eran de varias formas y tamaños,, siendo algunas bastante pequeñas para poderlas tocar andando, 1 Sam. 10:5. Josefo dice que tenían 10 cuerdas

ANTIGUAS ARPAS Y LIRAS.

como el instrumento llamado *nebel* en hebreo, traducido salterio, Salm. 33:2; 57:8; 144:9. Se tocaba con la mano, 1 Sam. 16:23, ó con un plectro ó pequeña varilla de hierro. Véase MÚSICA.

ARPAD, *sostén*, una ciudad Síria unida á Amath, 2 Reyes 18:34; 19; Isaí 10:9; 36:19, y á Damasco, Jer. 49:23. El sitio que ocupaba es desconocido.

ARPHAXAD, hijo de Sem, nacido dos años después del diluvio, Gén. 10:22; 11:10; Luc. 3:36. Siete generaciones le sucedieron antes de Abraham, y con todo, vivió hasta después del establecimiento de este patriarca en la tierra de promisión. Murió el año 2096 A. M. á la edad de 438 años.

ARQUELAO, *príncipe del pueblo*, hijo de Herodes el Grande, y de su mujer la Samaritana Maltacia. Fué educado con su hermano Ántipas en Roma, y después de la muerte de su padre, fué colocado como gobernante de Judea, de Idumea y de Samaria, con el título de etnarca, ó tetrarca; por esto se dice que reinaba, Mat. 2:22. Este pasaje implica que él heredó la tiránica y cruel disposición de su padre; y la historia nos informa que después de haber gozado del poder por diez años, fué acusado ante el emperador por sus crueldades, y desterrado á Viena sobre el Ródano, donde murió.

ARREPENTIMIENTO, un cambio de

ánimo, acompañado de pesar y tristeza por algo que se ha hecho, y un sincero deseo de deshacerlo, 2 Cor. 7:8, 10. Tal fué el arrepentimiento de Judas, Mat. 27:3, y así se dice que Esaú no halló lugar de arrepentimiento en su padre Isaac, aunque lo buscó con lágrimas, Heb. 12:7; esto es, Isaac no quiso cambiar lo hecho, ni revocar la bendición dada á Jacob, Gén. 27. Se dice que Dios se ha arrepentido á veces de algo que ha hecho, Gén. 6:6; Jonás 3:9, 10; esto no quiere decir que deseara deshacerlo, sino que en su providencia se efectuó un cambio en el curso de los acontecimientos, del mismo modo como se habría atribuido á los hombres un cambio de ideas. Pero el verdadero arrepentimiento evangélico, ó "el arrepentimiento de por vida" es el dolor por el pecado, el pesar de haberlo cometido, y el abandonarlo con horror, acompañándolo con sinceros esfuerzos, y con fé en la gracia de Dios y en las influencias del Espíritu Santo, para vivir en humilde y santa obediencia á los preceptos y á la voluntad de Dios. Este es siempre el arrepentimiento que acompaña á la verdadera fé, y por el cual se promete el gratuito perdón del pecado por los méritos de Jesu-Cristo, Mat. 4:17; Hechos 3:19; 11:18; 20:21; 26:20. No es una exigencia arbitraria de Dios, pero es esencial en la naturaleza de las cosas. El camino de la santidad es el único que conduce á la paz y á la seguridad, y no puede irle bien al que se ha extraviado mientras no vuelva á él. La aprobación de Dios y de la conciencia es el primer requisito de la felicidad, y sólo la verdadera contrición puede restituírsela al transgresor.

ARTAJERJES, *gran rey*, nombre ó título de varios reyes de Persia. I. En Esdras 4:7-24, Smerdis el mágico que se usurpó el trono después de la muerte de Cambyses, 522 A. C. pretendiendo ser Smerdis el hijo de Ciro, á quien Cambyses había mandado dar muerte. Á instigaciones de Rehun y otros, suspendió la reedificación del templo. Fué asesinado después de un reinado de ocho meses; fué su sucesor Darío, hijo de Hystaspes.

II. En Esdras 7, probablemente Artajerjes Longimanus, el hijo y sucesor de Jerjes, que ascendió al trono en 466 A. C. y murió en 427 A. C. después de un ruinado benigno de 39 años. En el séptimo año de su reinado, 459 A. C. Esdras condujo una segunda compañía de Judíos desterrados de nuevo á Jerusalem. En el año vigésimo,

466 A. C. Nehemías fué enviado á Jerusalem como gobernador, Neh. 2:1; 5:14, etc.

ARTEMAS, *el don de Diana*, un fiel ministro cooperador de Pablo, Tito 3:12.

ARTESA, Exod. 8:3, traducción de una palabra que en 12:34, se ha traducido "masas" y en Deut. 28:5, 17, "sobras," para enseñar que no hay en la vida diaria del hombre acontecimiento alguno que por demasiado trivial no merezca que de él tome nota para aprobarlo ó condenarlo Aquel que vela tanto sobre las naciones como sobre los individuos. Comp. Mat. 10:29.

ARTÍFICE, en Exod. 38:23, un grabador en madera, piedras ó joyas. Esto se da á entender en Zac. 3:9, y se implica en Gén. 38:18; 41:42; Exod. 28:11, 21, 36. El arte les era familiar á todas las naciones antiguas.

ARQUIPPO, *adestrador de caballos*, ministro cristiano estrechamente asociado con Filemón y Appia, saludado por Pablo como su compañero en la milicia, File. 2, y exhortado para que desempeñase su ministerio en Colose, Col. 4:17.

ARVAD, *correría*, ciudad fenicia edificada sobre un islote rocalloso al N. de la desembocadura del río Eleutherus, 22 millas al N. de Trípolis, llamada actualmente Ruad, en un estado ruinoso. Estaba á 2 ó 3 millas de la playa, con murallas formadas de grandes piedras labradas en ángulos sesgados, y era más fuerte que Tiro. Los Arvaditas ocupaban también la costa adyacente, eran descendientes de Canaán, Gén. 10:18; 1 Crón. 1:16, y marinos de fama, Ezeq. 27:8, 11.

ASA, *curación*. El tercer rey de Judá después de Salomón, hijo y sucesor de Abías, 1 Reyes 15:8. Comenzó á reinar en 956 A. C. y reinó 41 años en Jerusalem. La primera parte de su reinado fué relativamente pacífica y próspera. Restableció el culto puro de Dios; expelió á los que se prostituían en honor de sus falsos dioses; purificó á Jerusalem de las infames prácticas que acompañaban al culto de los ídolos, y privó á su madre de su cargo y dignidad de reina, por haber erigido un ídolo á Astarot. En el año undécimo de su reinado, Dios le dió la victoria sobre el numeroso ejército del rey etiope Zera, y el profeta Azarías lo estimuló á proseguir su obra de reforma. Convocó á la nación y renovó su pacto con Jehová. Y sin embargo, cuando Baasa rey de Israel se opuso á esta reforma, solicitó el auxilio, no de Dios, sino de la Siria pagana. En la última parte de su vida, se enfermó de los piés, y la Escritura le reprocha que haya recurrido á los médicos, más bien que al Señor, 2 Crón. 16:12. A pesar de todo, su reinado fué en lo general uno de los más felices de que disfrutó Judá, y la misma Biblia muy á menudo recomienda su piedad poniéndola como ejemplo, 1 Reyes 22:43; 2 Crón. 20:32; 21:12. Sus funerales fueron celebrados con especial magnificencia. Hubo animosidad y guerra entre Asa y Baasa todos los días de su vida, así como entre Roboam y Jeroboam, 1 Reyes 15:6-16.

ASAEL, *obra de Dios*, hijo de Sarvia la hermana de David, y hermano de Joab y de Abisai; uno de los 30 héroes de David, y sumamente ligero para correr. Fué muerto en Gabaón por Abner, muy á pesar de éste, 2 Sam. 2:18, 23. Otros tres de este nombre se mencionan en 2 Crón. 17:8; 31:13; Esdras 10:15.

ASAFRÁN, Cant. 4:14, el Crocus sativus ó saffron Crocus, planta que abunda en Palestina y en los países adyacentes, y muy cultivada en Europa. La flor tiene tres pistilos, que secados después de cortarlos, forman un valioso artículo de comercio. Son como hilo, de un color anaranjado, de un olor aromático y de un sabor ligeramente amargo. El asafrán era en otro tiempo estimado como perfume, y se empleaba mucho para sazonar los alimentos, y como medicina estimulante, para lo cual es todavía muy apreciado en el Oriente. Sus pistilos producen también una tintura anaranjada.

ASAPH, *el que se junta*, I., célebre músico del tiempo de David, levita, y uno de los directores de la música del templo, 1 Crón. 6:39; 15:17; 16:5; 25:1, 2. Este cargo parece que era hereditario en su familia, Neh. 7:44; 11:22. Se le llama también profeta en 2 Crón. 29:30; y su nombre se halla prefijo en 12 Salmos (50, 73-83), escritos tal vez para que él ó su familia los cantaran. Véase MÚSICA.

II. Canciller del rey Ezechías, 2 Reyes 18:18; Isai. 36:3.

III. Guarda-bosques del rey bajo el reinado de Artajerjes, aunque por su nombre parece haber sido Judío, Neh. 2:8.

ASAR-GADDA, *ciudad de fortuna*, Jos. 15:27, ahora el-Ghurra, nueve millas al este de Beer-seba.

ASCALÓN, *emigración*, ciudad bien fortificada de los Filisteos, entre Asdod y Gaza, en el Mediterráneo. Después de la muerte de Josué, la tribu de Judá tomó á Ascalón, pero en tiempos posteriores llegó á ser uno de los cinco gobiernos que pertenecían á los Filisteos. Jueces 1:18; 1 Sam. 6:17. Samsón bajó allí con el fin de dar muerte á 30 hombres y apoderarse de sus despojos, Jueces 14:20. Los cristianos fueron cruelmente perseguidos en esa ciudad en tiempo de Juliano, y fué ocupada por el rey Ricardo durante las Cruzadas. Ahora no presenta más que una escena de desolación, Soph. 2:4; Zac. 9:5.

ASCENSIÓN, el ascenso visible de Cristo al cielo. Cuando nuestro Salvador hubo conversado repetidas veces con sus discípulos durante 40 días después de su resurrección, y dádoles infalibles pruebas de su realidad, los condujo al monte de los Olivos, y estando en ese lugar, se elevó al cielo en presencia de ellos, para permanecer allí hasta que de nuevo vuelva el último día á juzgar á los vivos y á los muertos, Hechos 1:9, 11. La ascensión fué demostrada por el descendimiento del Espíritu Santo, según se había prometido, Juan 16:7-14; Hechos 2. Fué realmente la naturaleza humana de Cristo la que ascendió; y así triunfó gloriosamente de la muerte y del infierno, como Cabeza de su cuerpo la Iglesia. Estando bendiciendo á sus discípulos partió alejándose de ellos, dándoles con tal acto una última prenda de su perpetua bendición; multitud de huestes angélicas le acompañaron y dieron la bienvenida, Salm. 24:9; 68:17. Las consecuencias de su ascensión son las siguientes: el cumplimiento de los símbolos y profecías relacionadas con ella; su aparición como el Sumo-Sacerdote en presencia de Dios por nosotros; la más manifiesta y completa asunción de su dignidad real; su recepción de dones para los hombres; el haber abierto el camino del cielo á su pueblo, Hechos 10:19, 20; y el dar á sus santos la seguridad de que ascenderían al cielo después de la resurrección, Juan 14:1, 2.

ASDOD, *baluarte*, una de las cinco ciudades principales de los Filisteos, asignada á la tribu de Judá, pero no conquistada por ellos, Jos. 13:3; 15:47; 1 Sam. 5:1; 6:17; Neh. 4:7. Allí estaba el templo de Dagón, y allí se llevó el arca después de la batalla de Ebenezer, 1 Sam. 5:1. Fué sitiada por el general asirio Tartan, Isa. 20:1, y luego lo fué durante 29 años por Psammético, Jer. 25:20. Se le daba por los Griegos el nombre de Azotus, y pertenecía á Judea en tiempo de Cristo. Allí predicó Felipe el evangelio, Hechos 8:40. Era una ciudad bien fortificada sobre una eminencia, á mitad del camino de Gaza á Joppa, y á tres millas del Mediterráneo. Ahora es una población miserable llamada Esdud.

ASDOT-PISGA, *manantiales de Pisga*, sobre la costa oriental del Mar Muerto, Deut. 3:17; 4:49; Jos. 12:3; 13:20.

ASENAT, *sierva de Nath*, hija de Potiferah, sacerdote ó príncipe de On, dada en matrimonio por Pharaón á José, para darle más honor y fuerza á su alta dignidad. Era la madre de Ephraim y Manassés, Gén. 41:45; 46:20, 1715 A. C.

ASER, *feliz*, el octavo hijo de Jacob y el segundo de Zilpa, Gén. 30:13; 35:26; hermano carnal de Gad. Tuvo cuatro hijos y una hija, Núm. 26:44-47. Al entrar á Canaán, su tribu era la quinta en número, pues que contaba 53.400 individuos. La porción de Aser se hallaba á lo largo de la costa del mar, teniendo al Líbano y á Sidón al N.; al Monte Carmelo y la tribu de Issacár al S., incluyendo á Dor; y á Zabulón y Neftali al E. Era fértil en granos, vino, aceite y minerales, Gén. 49:20; Deut. 33:24, 25. Parte de la costa de Fenicia estaba también incluida, Jos. 19:25, 28; pero los Aseritas no pudieron echar de allí á los Cananeos y vivían con ellos, Jueces 1:31, 32, con grave perjuicio de su piedad y de su patriotismo, Jueces 5:17, 18. Se hace honrosa mención de ellos en la historia de David, 1 Crón. 12:36, y de Ezechías, 2 Cron. 30:11. Ana, la profetiza, pertenecía á esta tribu, Luc. 2:36.

ASIA. Asia menor es la península que se halla entre el Mar Negro ó Euxino y la parte oriental del Mediterráneo, y que antiguamente incluía las provincias de Frigia, Cilicia, Pamfilia, Caria, Lycia, Lidia, Misia, Bitinia, Paflagonia, Capadocia, Galacia, Lycaonia y Pisidia. Muchos Judíos se hallaban diseminados sobre estas regiones según aparece de la historia consignada en Hechos, y de lo expuesto por Josefo. Los escritores del Nuevo Testamento comprenden bajo el nombre de Asia, quizá (1) toda el Asia Menor, Hechos 19:26, 27; pero comunmente (2) sólo la parte occidental de ese país, la región de Icnia, Eolis y Doris, cuya capital era Éfeso, y la región llamada por Strabo también Asia, Hechos 2:9; 6:0; 16:6; 19:10, 22. Cicerón habla del Asia Proconsular, comprendiendo las provincias de Frigia, Misia, Caria y Lidia.

ASKENAZ, hijo de Gomer, y nieto de Jafat, Gén. 10:3; 1 Crón 1:6. Sus descendientes se mencionan en Jer. 51:27, con Minni y Ararat, provincias de Armenia.

Su tierra queda á inmediaciones del Mar Negro, y las colonias enviadas de Europa dieron quizá origen al nombre de Escandinavia.

ASIENTOS, ó sillas. Los Epigcios y Asirios ricos tenían sillas y taburetes de elegante hechura, como no hay duda que tenían los Hebreos ricos, 1 Reyes 2:19; 10:5; 2 Reyes 4:10. Vé. SILLA ó TRONO. Diferentes grados de rango y dignidad había antiguamente, como los hay ahora en el Oriente, indicados por el estilo y posición del asiento, Esth. 1:14; 3:1; Job 29:7; Mat. 23:6. Véase TRONO. Los taburetes bajos en que se sentaba el común de la gente, con los piés en el suelo, se usaban, como lo muestran las esculturas asirias, por la masa de aquel pueblo. Un canapé lujoso era un artículo favorito de adorno entre los Persas, quienes se reclinaban aun á la hora de las comidas, Esth. 1:6; 7:8. En los tiempos antiguos, los Hebreos, así como los Egipcios, se sentaban á la hora de comer, Gén. 43:33; 1 Sam. 20:5, 18, 25. Posteriormente se reclinaban al sentarse á la mesa, en canapés, Ezeq. 23:41; Amós 6:4; Mat. 9:10. Véase COMIDA. El sentarse ó echarse en el suelo, era una señal de duelo, 2 Sam. 12·16; 13:31; Job 2:8, 13; Isai. 3:26; 47:1, 8; Lam. 2:10; Ezeq. 26:16; Luc. 10:13. En las casas orientales modernas, la gente se sienta en una postura medio-arrodillada, con las piernas dobladas y cruzadas por debajo, sobre esteras ó alfombras tendidas en el suelo. En las casas de los ricos hay cojines y divanes bajos rellenos de algodón en los cuales se sientan de la misma manera. Es probable que costumbres semejantes prevalecieran en los tiempos antiguos, Mar. 3:19, 20, 32, 34; Luc. 10:39; Sant. 2:3. En el Oriente, antiguamente como ahora, no solamente los maestros y discípulos ú oyentes se sentaban, Mat. 26:55; Luc. 2:46; 5:17; Hechos 22:3, sino también los consejeros, Hechos 6:15, y los jueces, Juan 19:13; Hechos 23:3; 25:6, los colectores de contribuciones, Mat. 9:9, los comerciantes y cambiadores, Mat. 21:12; Juan 2:14, y los limosneros, Mat. 20:30. El Dr. Guillermo M. Thompson dice: "En Palestina la gente se sienta para toda clase de trabajo," y especifica á los carpinteros, lavanderas y tenderos; y Canon H. B. Tristram vió á albañiles, empedradores y segadores que trabajaban sentados. En Apoc. 4:44, se usa la misma palabra griega traducida "sillas." Comp. 2 Tim. 2:12.

ÁSIMA, una deidad adorada por los

hombres de Hamat establecidos en Samaria, 2 Reyes 17:30.

ASIRIA. País é Imperio célebre; tomó su nombre de Assur, el segundo hijo de Sem, que salió de Babilonia y se estableció en esa región, Gén. 10:11, 22, y aparece de los monumentos recientemente descubiertos, que fué deificado por los Asirios en una época posterior. Asiria la antigua, y propiamente llamada así, se hallaba al E. del Tigris, entre Armenia, Susiana y Media. Ptolomeo la dividió en seis provincias que casi cubrían la región del Kurdistán moderno, y el bajalato de Mosul. De estas provincias, Adiabene era la más fértil é importante; en ella estaba situada Nínive la capital; y el término Asiria parece que á veces significaba sólo esta provincia. Sin embargo, esta palabra se aplica generalmente al reino de Asiria, incluyendo á Babilonia y á la Mesopotamia, y extendiéndose hasta el Éufrates, el cual llamándole simplemente río, es por lo mismo usado por Isaías como una imagen de este Imperio, Isai. 7:20; 8:7. En el apogeo de su poder, ejercía dominio sobre una gran parte del Asia Occidental. Después de la caída de la nación Asiria, continuó aplicándose ese nombre á aquellos países que habían estado antiguamente bajo su dominio, tales como Babilonia, 2 Reyes 23:29; Jer. 2:18; y Persia, Esdras 6:22, endonde á Darío se le llama también rey de Asiria.

La historia de los primeros tiempos de Asiria está envuelta en la oscuridad. Las más antiguas de las ruinas Asirias, recientemente descubiertas, están en Kileh-Shergat, 60 millas al S. de Nínive, sobre el Tigris. Estas formaban en otros tiempos la ciudad de Assur, que fué el primer asiento del gobierno, probablemente de 1273 á 930 A. C. Los más famosos de los primeros reyes, no mencionados en la Biblia, fueron Tiglat-Pileser I., en el tiempo de Samuel, y Sardanapalo, cuyo hijo Salmanasar I. estuvo en lucha con Benadad, Hazael y Jehú. Nosotros sabemos por la Biblia, que Asiria era una nación poderosa, y durante el gobierno de los reyes judíos era un objeto de perpetuo temor. Pul, rey de Asiria, invadió á Israel durante el reinado de Manahem, por el año 769 A. C., 2 Reyes 15:19, 20. Tiglat-Pileser II. auxilió á Achâz contra un ejército confederado formado de las fuerzas sirias ligadas con las de las diez tribus, 2 Reyes 16:1-10. Salmanasar II. invadió á Israel, venció á Oseas, y le hizo vasallo, obligado á pagarle un tributo anual. Oseas, deseando sin embargo sacudir ese yugo, intentó formar una liga con Egipto, y rehusó pagar dicho tributo. Al tener conocimiento de este designio del príncipe israelita, los Asirios invadieron de nuevo á Israel, redujeron á la Samaria, cargaron á su rey de cadenas, y trasportaron á sus habitantes á Media, poniendo así término al reino separado de las diez tribus, 2 Reyes 17:5; 18:9, 721 A. C. Las tres tribus establecidas al E. del Jordán habían sido yá exportadas á la Media por Tiglat-Pileser cuando éste devastó á Israel para librar á Achâz y al reino de Judá. Sargón intervino entre Salmanasar II. y Sennachêrib, y este último rey fué á Judea con un poderoso ejército en el reinado de Ezechías, pero fué milagrosamente derrotado, 2 Reyes 18:13; 19:35. Esarhadon, su hijo y sucesor, asoló á Judá en tiempo de Manassés, y llevó al soberano vencido cargado de cadenas, á Babilonia. Después de este período el Imperio de Asiria que había subsistido ya más de mil años, y florecido extraordinariamente durante unos quinientos, comenzó á decaer. Uno de sus últimos monarcas, fué Sardanapálo, el Assur-bani-pal que se vé en las inscripciones sobre piedras recientemente descubiertas; y él mismo fué, ó quizá su hijo Saracus, quien en la víspera de su captura reunió á sus mujeres y sus tesoros en su palacio, y prendiéndole fuego al edificio, pereció en las llamas. El reino cayó 625 A. C. en manos de los Medos, y fué dividido entre ellos y los Babilonios, habiendo caido en olvido desde entonces el nombre de Asiria, Núm. 24:24; Isaías 10:5-19; Nah. 3:19; Soph. 2:13-15, Su capital, en un tiempo la más poderosa y afamada ciudad del mundo Oriental, y sus otras ciudades, murieron para la historia; pero sus restos desenterrados de las enormes moles que los han protegido, dan muy notable testimonio de la verdad de los anales de la Biblia. Véanse Nínive, Calah. Estas reliquias esculpidas concurren con la Biblia á describir una raza poderosa, rígida y guerrera, familiarizada con muchas de las artes de la vida civilizada, pero á la vez bárbara, sensual, idólatra y cruel.

ASNAPPAR, *jefe,* el sátrapa asirio por quien fué poblado el territorio de las diez tribus con emigrantes de más allá del Éufrates, Esdras 4:10. Esdras lo califica de "grande y glorioso," pero no ha quedado ninguna otra huella suya.

ASNO, un animal bien conocido para los usos domésticos, y mencionado con frecuencia en las Escrituras. Estos mansos cuadrúpedos se empleaban no sólo como bestias de carga, Gén. 49:14, y para arar, etc., sino que aun gente del más alto rango montaba en ellos en Palestina. Débora describe á los nobles como gente que cabalgaba en asnos blancos, Jueces 5:10. Comp. 10:4; 12:14. De esta manera entró nuestro Señor cabalgando en triunfo regio á Jerusalem, Zac. 9:9; Mat. 21:2. Los asnos orientales comparados con los de los países septentrionales, son mucho más gallardos, activos y briosos. Eran á la verdad altamente apreciados y preferidos para cabalgar, especialmente las hembras, á causa de su pisada firme. De aquí es que tan á menudo vemos que se hace mención tan sólo de las hembras. El asno doméstico era un siervo fiel, Isai. 1:3; un auxilio importante con que contaban muchas familias pobres, Job 24:4, y una valiosa propiedad de los ricos, Gén. 49:11; Job 1:3.

UN ASNO SILVESTRE.

El asno silvestre es un animal oriental bien conocido, mencionado á menudo en las Escrituras, Gén. 16:12; Job 39:5; Oseas 8:9, y es mucho más hermoso y de instintos más nobles que el asno común. Estos cuadrúpedos se hallaban antiguamente en Palestina, Siria, la Arabia Desierta, Mesopotamia, Frigia y Lacaonia, pero muy rara vez se ven ahora en esas regiones, y parece que se han desterrado casi enteramente á la Tartaria ó á algunos lugares de la Persia y de la India, y al África. En sus hábitos tienen mucho de parecido con el caballo silvestre. Se reunen en manadas bajo la dirección de un guía ó centinela, y son extremadamente astutos y vigilantes. Véase ISMAEL.

ASÓN, puerto de mar en Misia, en el

Golfo de Adramittium, en frente de la isla de Lesbos, de la cual dista siete millas al N., hallándose á las 20 al S. de Troas, aunque á mucha mayor distancia por mar. Allí se embarcó Pablo para Mitilene, Hech. 20:13, 14. Ahora es una población pobre, llamada Beiram.

ASOR, I., Jos. 15:23, en el S. de Judá. II. Otra ciudad en el S. de Judá, Asor-hadata, Jos. 15:25, ahora el-Hudhera. III. Mencionada también en Jos. 15:25, en que se dice que es Asor y se identifica con Kurretein.

ASPENAZ, jefe de los eunucos del rey Nabucodonosor, que tenía á su cargo á Daniel y á sus jovenes compañeros, y se sintió movido á favorecerlos asumiendo el riesgo consiguiente, Dan. 1:3-18.

ÁSPID, llamado en hebreo *pethen*, una serpiente cuya ponzoña mata casi en el instante en que penetra. Se menciona en Deut. 32:33; Job 20:14, 16; Salm. 58:4; 91:13; Isai. 11:8; Jer. 8:17; Rom. 3:13. Viajero en el desierto que se halla al S. de Judá, dice, "Un día vimos en nuestro camino un áspid de un pié de largo, enredado en actitud de saltar. Nuestros Árabes lo mataron diciendo que era extraordinariamente ponzoñoso." No hay razón para suponer que estas serpientes son literalmente sordas, pero obrarían como si lo fueran, rehusando acudir al llamamiento y á la música del domador de serpientes, como lo hace el cobra en Egipto. La palabra hebrea *pethen* significa dilatación, y ahora se emplea generalmente para designar el *haje*, ó serpiente egipcia encapuzada, que á semejanza de la india llamada cobra-di-capello, infla el cuello cuando está excitada, y se levanta sobre la cola para herir. Se halla con frecuencia en las antiguas esculturas egipcias bajo el nombre de Knep. Véase SERPIENTE.

ASSUERO, *león rey*, título regio, que es común á varios reyes Medos y Persas nombrados en las Escrituras.

I. El padre de Darío el Medo, Dan. 9:1, 634 A. C. La opinión más probable es, que este nombre aquí designa á Astyages, el último rey independiente de los Medos, padre de Darío, que es el Cyaxares 2º de Jenofonte, y cuya hija Mandana fué la madre del famoso Ciro. Véanse CÍRO y DARÍO I.

II. Mencionado en Esdr. 4:6, probablemente Cambyses, hijo y sucesor de Ciro, que reinó 9 ó 10 años, desde 529 A. C. Fué un déspota sin escrúpulos, y asesino de su propio hermano y de su hermana. Conquistó a Egipto; pero no tuvo éxito en sus tentativas sobre Etiopia y Cartago. Sus crímenes provocaron una rebelión, en la cual el falso-Smerdis se aseguró el trono. Véase ARTAJERJES I.

III. El marido de Ester, probablemente Jerjes, segundo hijo de Darío Hystaspis, y padre de Artajerjes Longimano. Es famoso por su invasión en Grecia á la cabeza de un millón de hombres, y su derrota en las Termópilas y Salamina, de donde volvió en el 7º año de su reinado á buscar consuelo en su harem, y á reparar los gastos de la guerra con un impuesto general, Ester 10:1. La palabra hebrea Assuero está formada del nombre de Jerjes; y la fiesta de su tercer año y del aumento de su harem, Ester 1:3; 2:1-4, está conforme con los hechos expuestos por Herodoto respecto de Jerjes. Véase ESTER.

ASTAROT, *imágenes de Astarte*, ciudad de Og en Basan, al E. del Jordán, comprendida en la media tribu de Manassés, Jos. 13:31, y ciudad levítica, 1 Crón. 6:71.

ASTEROT-CARNAIM, *Astarte con dos cuernos*, Gén. 14:5, antigua ciudad de los Rephaim, que se supone haberse encontrado en la población moderna de Mezareib, en el Haj ó camino de los peregrinos para la Meca, como 5 millas al S. Ó. de Damasco.

ASTORET.

ASTORET, llamada por los Griegos Astarte, una diosa de los Fenicios, 2 Reyes 23:13, cuyo culto fué también introducido entre los Israelitas y Filisteos, 1 Reyes 11:5, 33; 1 Sam. 7:3; 31:10; siendo muy antiguo y vastamente propagado, Gén. 14:5. Comunmente se le nombra en conexión con Baal, Jueces 2:13; 10:6; 1 Sam. 7:4; 12:10. Otro nombre hebreo dado á la misma diosa, es Asherah, *la feliz*, la afortunada, ó más simplemente, *fortuna*. Esta palabra comunmente se traduce en la Biblia por "bosques," pero los dos nombres hebreos de Astarte significan á menudo imágenes de madera ó estatuas de Astarte, que se dice fueron levantadas, derribadas, destruidas, etc. En conexión con su culto había mucho libertinaje. Véanse 2 Reyes 21:7; 23:6. Comp. Lev. 19:29; Deut. 23:18. Véase BAAL. Comp. Jueces 3:7; 6:25; 1 Reyes 18:19; Jer. 7:18; 8:2; 11:13; 44:17, 18; Ezeq. 16.

ASTRÓLOGOS, hombres que pretendían predecir los acontecimientos futuros por medio de observaciones astronómicas, Isaí. 47:13. Se imaginaba que las estrellas y los planetas ejercían influencia para bien ó para mal en los asuntos humanos, y que ciertos aspectos y posiciones relativas de los cuerpos celestes estaban llenas de significación para aquellos que tenían la habilidad de interpretarlas, Dan. 2:2; 4:7; 5:7, 11. 25. Tales supersticiones predominaban entre los Caldeos, Asirios, Egipcios, Fenicios y Árabes, y se relacionaban íntimamente con el culto del sol, de la luna, y de las estrellas, Deut. 4:19; 17:3; 2 Reyes 23:5, 12; Jer. 19:13; Ezeq. 8:16; Soph. 1:5. Los astrólogos eran por tanto idólatras en su espíritu, defraudaban á Dios su gloria, eran á sus ojos altamente ofensivos, Deut. 18:10. Véase MAGOS.

ASTRONOMÍA, la ciencia de los cuerpos celestes; era muy estudiada en Asia en los tiempos antiguos. Los Caldeos sobresalían en ella. Los Hebreos no parece que se hayan distinguido mucho como astrónomos, por más que su clima y su modo de vivir los hayan invitado á la contemplación de los cielos. La Revelación les había enseñado quién era el Criador y Regulador de todos los mundos, Gén. 1, y la infinita presencia del único, vivo y verdadero Dios, llenaba el universo, á su entender, con una gloria desconocida á los demás, Salm. 19, Isai. 40:26; Amós 5:8. La Biblia no tiene por objeto enseñar la ciencia de la astronomía, sino que habla del sol, de la luna y las estrellas, en el lenguaje familiar del género humano de todos los tiempos. Se hace alusión en las Escrituras particularmente á los cuerpos celestes que en seguida se expresan: A Venus como estrella matutina, Isai. 14:12; Apoc. 2:28; á Orión y las Pléyades, Job 9:9; 38:31; Amós 5:8; á la Osa Mayor llamada "Arcturus," Job 9:9; 38:32; al Dragón, "la serpiente tortuosa," Job 26:13, á "Castor y Polux" ó la Constelación de Géminis, 2 Reyes 23:5; Hechos 28:11. Los planetas Júpiter y Venus eran adorados bajo varios nombres, tales como Baal y Astoret, Gad y Meni, Isai. 65:11. A

Mercurio se le llama Nebo en Isai. 46:1; á Saturno, Chiun, en Amós 5:26; y á Marte, Nergal, en 2 Reyes 17:30. Véanse Idolatría y Estrellas.

ATAD, *espina*, Cananeo en cuya era se llevó solemne luto durante una semana, sobre los restos de Jacob, en viaje de Egipto á Hebrón. Gén. 50:10, 11. Véase Abel-Mizraim.

ATADURAS, de los gobernalles, Hechos 27:40, cuerdas por medio de las cuales se suspendían y ataban los dos grandes remos ó paletas que se hallaban cerca de la popa de los buques antiguos, para separarlas del resto de sus aparejos, cuando éstos se anclaban, véase Buque.

ATALÍA, un puerto de Panfilia, en la desembocadura del río Catarrhactes, visitado por Pablo y Bernabé en su camino de Perge á Antioquía, Hechos 14:25. Hay todavía una población considerable allí, Satalia ó Adalia, con extensas ruinas en sus cercanías.

ATAROT, *coronas*. Varios lugares de este nombre ocurren en las Escrituras; uno ó dos en Ephraím, Jos. 16:2, 5, 7; 18:13; y uno ó dos en Gad, Núm. 32:3, 34, 35. Robinson halla vestigios de uno de ellos en Ephraím, en una colina como 6 millas al N. O. de Bethel.

ATAUD, en Gén. 30:26, un sarcófago ó nicho de momias, excavado en la piedra ó hecho de madera de sicomoro. Los ataudes de esta clase se usaban para enterrar á personas de distinción, pero esto se hacía pocas veces aun entre los Judíos. Véase Sepultura.

ATEISMO, es en su origen un pecado del corazón, más bien que un error de entendimiento. Todos los hombres están por su menguada naturaleza "sin Dios (literalmente *ateistas ó ateos*) en el mundo," Efes. 2:12. Cuando el espíritu que no se ha renovado llega á concebir la idea de un Dios justo, santo y todo poderoso, y tiene la conciencia de su culpa, expontaneamente exclama, "Apártate de nosotros, que no queremos conocer tus senderos," Job 21:14. "El necio ha dicho en su corazón, No hay Dios," Salm. 14:1. Este ateismo del corazón conciente ó inconcientemente es el origen de casi todo el ateismo práctico tan universalmente manifestado por los que profesan creer en Dios, pero que obran bajo muchos respectos como si no existiera. En el uso común del mundo, son ateos todos aquellos que niegan la existencia de un Espíritu infinito, personal y conciente de sí mismo, Criador y Regu-

lador del universo. Dicho término comprende á los Panteistas y Materialistas, que no buscan á Dios, sino que se fijan en la materia y sus fuerzas, así como á los filósofos que afirman que no hay Dios cuya existencia pueda ser conocida y probada á la razón humana, y por último, á los que dicen que él existe sólo en el pensamiento de los hombres. La Biblia no arguye sobre la existencia de Dios; la presume y la declara. Los que la niegan "carecen de excusa," Rom. 1:20.

ATENAS, *ciudad de Minerva*, la ciudad principal de Ática en Grecia, que se dice fué fundada por Cecrops en 1556 A. C. ó quince años después del nacimiento de Moisés. Estaba situada en el Golfo Sarónico, 46 millas al E. de Corinto, y como á cinco millas de la costa. La ciudad estaba en una llanura que se extendía al S. O. hasta el mar, en donde tenía tres puertos, siendo Pireus el principal, y cuyo acceso estaba defendido por largas y anchas murallas. Varias colinas rocallosas se levantaban en la llanura, la mayor de las cuales era la ciudadela ó Acrópolis, de una altura de 150 piés; y de ésta los edificios de la ciudad se extendían hacia el mar. La cima de esa colina era casi plana, como de 800 piés de largo y 400 de ancho. El único camino para el Acrópolis pasaba por la Propylea, magnífica puerta situada en el extremo occidental, hasta la cumbre de la colina, en donde se levantaba á la izquierda el templo de Pallas Atena (Minerva), la protectora de la ciudad. Bajo el mismo techo estaba el templo de Neptuno. En el área, en un alto pedestal, se hallaba una estatua de bronce de Minerva, de 70 piés de altura. A la derecha se levantaba el Parthenón, la gloria de Atenas, el más noble triunfo de la arquitectura griega. Sus ruinas sublimes aun en su decadencia, son el primer objeto que atrae las miradas del viajero. Era del orden de arquitectura dórico, construido con hermoso mármol blanco, y tenía como 100 piés de ancho, 226 de profundidad y 70 de altura. Dentro del templo estaba una estatua de Minerva, obra de Fidias, célebre por su exquisita belleza. Estaba hecha de oro y marfil y tenía cerca de 40 piés de altura. Entre el Acrópolis y la colina se encontraba un pequeño valle al N. O., en el cual celebraba sus sesiones el Alto Consejo. Separaba también al Areópago del Pnyx al O. ó al S. O., el cual era una pequeña colina rocallosa en donde se celebraban las reuniones generales del pueblo. Todavía se

ACRÓPOLIS, ATENAS.

ndica allí el sitio desde el cual eminentes oradores arengaban al pueblo. Esta tribuna está tallada en la roca natural. Contigua á este punto estaba también el *agora* ó plaza de mercado, Hechos 17:17, al S. del Acrópolis, con las alturas del Areópago y el Pnyx al E. y N. O. y una cuarta colina, la del Museo, al S. Era una plaza abierta rodeada de hermosos edificios, en cada uno de cuyos costados se veían altares, relicarios y templos, algunos de una magnificencia extraordinaria. Esta hermosa ciudad era también célebre por los talentos militares, la erudición, elocuencia y cortesanía de sus habitantes. Era el lugar de donde fluía la civilización antigua: sus escuelas de filosofía eran las más ilustres del mundo, y sus pintores, escultores y arquitectos nunca han tenido rivales. Sin embargo, no había ninguna otra ciudad tan completamente entregada á la idolatría como lo estaba Atenas. En los tiempos del Nuevo Testamento desde 140 A. C. era una ciudad romana. El apóstol Pablo la visitó por el año 52 A. D. y entre sus orgullosos filósofos predicó á Jesús y la resurrección con fidelidad y buen éxito, Hechos 17:15-34. Véase AREÓPAGO. En la actualidad Atenas cuenta con una población de cerca de 48,000 habitantes, los más, partidarios fervientes de la Iglesia Griega, y es la capital del nuevo reino de Grecia.

ATHALÍA, *afligida por el Señor*, nieta de Omri, 2 Crón. 22:2, é hija de Acháb y de Jezebel, 2 Reyes 11:1. No podemos explicarnos porqué fué elegida como esposa de Joram, hijo del piadoso Jósafat, rey de Judá. Su perniciosa influencia indujo á la idolatría y al crimen, tanto á su marido como á su hijo Ochozías, 2 Crón. 21:6; 22:3. Después de la prematura muerte de éstos, usurpó el trono y trató de sostenerse en él ella misma, haciendo dar muerte á toda la progenie real de la casa de Judá. Sólo Joas su nieto, que entonces era niño, fué salvado por su tía Josaba. Seis años después fué sacado del lugar de su refugio y coronado por el valeroso y fiel sumosacerdote Joiada, quien al mismo tiempo hizo matar á Atalía, la reina manchada con sangre, 2 Reyes 11; 2 Crón. 23; 884-878 A. C.

ATORMENTADORES, hombres que tenían á su cargo los instrumentos con que se torturaba á testigos que se negaban á testificar, Hechos 22:24, práctica que el humanitario código de Moisés no autorizó. Esos mismos hombres eran carceleros, y es probable que en Mat. 18:34 se haga uso de la palabra refiriéndose únicamente á este último oficio.

AUGUSTO, *venerable*, título agregado por el senado Romano al de César ó Emperador, y dado en 27 A. C. á C. J. C. Octaviano, el primer emperador de Roma que fué reconocido pacíficamente. Esto sucedió cuatro años después de haber él adquirido el poder imperial con la batalla naval decisiva de Actium. Augusto fué el emperador que decretó el alistamiento, Luc. 2:1, que obligó á José y á la Virgen á ir á Betlehem el lugar en que el Mesías

67

debía nacer. Él cerró también el templo de Jano, como para recordar el raro acontecimiento de una paz universal, celebrando así, aunque inconcientemente, la venida del Príncipe de la paz. Murió en 14 A. D. habiendo admitido dos años antes á Tiberio para compartir con él el gobierno del Imperio.

En Hechos 25:21, 25, se hace referencia á Neron.

AUXILIOS. Véase AYUDAS.

AVA, un lugar del cual fué enviada gente asiria á colonizar á Samaria, en cambio de los Judíos deportados de esta ciudad, 2 Reyes 12:24, 31. Al parecer Ivah y Ahava son el mismo lugar.

ÁVARO, Isai. 32:5, 7, más bien un *engañador.*

AVELLANO, Gén. 30:37, probablemente el almendro silvestre.

AVEN, *nada,* ó *cosa sin valor,* ó On, en Amós 1:5 Bicat-Aven, parece denotar la región que circunda á Baalbek, en donde había un famoso templo idólatra para el culto del sol. Véase HELIÓPOLIS II. En Oseas 10:8, Aven es lo mismo que Bethaven ó Bethel. En Ezeq. 30:17, es Heliópolis de Egipto, que véase.

AVENA, la palabra así traducida significa una especie de arveja silvestre. Otra palabra hebrea se traduce del mismo modo; pero una de ellas significa probablemente una especie de trigo llamado escanda ó espelta, Ezeq. 4:9; y la otra, una planta parecida al hinojo y muy picante, Isai. 28:25. La semilla es negra y aromática, y se usa para sazonar los alimentos y como medicina. Fácilmente se le quita á ésta la cáscara, mientras que los granos de espelta están firmemente adheridos á su hollejo. Dios ejerce su juicio en el trato que tiene con su pueblo, no machacándolo con una rueda cuando basta que lo maje con un palo, vers. 27–29.

AVES, como los otros animales, Moisés dividió estas en limpias é inmundas; las primeras se podían comer, y las otros nó. La regla general para distinguirlas, era que las que se alimentaban de granos ó semillas, eran limpias; mientras que las que devoraban la carne, el pescado ó la carroña, eran inmundas. Las tórtolas, los pichones y quizá alguna otra clase de aves, fueron prescritas en la ley de Moisés como holocaustos, Lev. 5:7–10; 14:4-7; Luc. 2:24. Es muy difícil determinar exactamente las diferentes especies de aves prohibidas en Lev. 11:13-19; Deut. 14:11-20, y cuál es la versión propia de los nombres

hebreos. Los informes que tenemos respecto de ellas puedan hallarse consultando los nombres por los cuales han sido traducidos en nuestra Biblia.

Moisés, para inculcar sentimientos humanitarios en los Israelitas, les ordenó que si encontraban el nido de un ave, no tomaran la madre con los polluelos, sino que dejaran que aquella huyera, y sólo cojieran éstos, Deut. 22:6, 7; y en Salm. 84:3, hay una tierna alusion á la seguridad y felicidad de las aves que formaban sus nidos dentro de los patios del templo, poniéndose así bajo la protección de Dios.

Se hace alusion á jaulas para pájaros cantores en Jer. 5:27; á sus trampas ó celadas en Prov. 7:23; Eccl. 9:12; y á sus viajes migratorios en Jer. 8:7. Las aves de presa son emblema de huestes destructoras, Isai. 46:11; Jer. 12:9; Ezeq. 32:4; Apoc. 19:17-19; y el Señor viene á la defensa de su pueblo con la velocidad del águila, Gén. 31:5.

Se usa este nombre *aves,* hablando de las de rapiña en Gén. 15:11; Job 28:7; Isai. 18:6; de las caseras en Neh. 5:18; 1 Reyes 4:23; y de los pájaros en general, en Luc. 12:24.

EL AVESTRUZ, STRUTHIO CAMELUS.

AVESTRUZ. La más grande de las aves; forma una especie de eslabón entre éstas y los cuadrúpedos, llamada por los Persas, los Árabes y los Griegos, el "pájaro-camello." Es natural de las regiones secas y torridas del África y del Asia occidental. El avestruz pardo tiene siete piés de altura, y su cuello es de tres piés de largo; pesa unas 80 libras y tiene bastante fuerza para cargar dos hombres. Una de las especies que tiene las alas negras y lustrosas y la cola blanca, suele ser de 10 piés de alto. Esas hermosas plumas que tanta estimación tienen, son de las alas, en número de unas veinte en cada ala; las de la cola se encuentran comunmente rotas y maltratadas. En los muslos y debajo de las alas no tiene plumas, y el cuello lo tiene apenas cubierto de pelos delgados y blancuzcos. El peso de su cuerpo y el tamaño y la estructura de sus alas, dejan ver que el animal está formada para correr y nó para volar.

El avestruz está descrito en Job 39:13-18, y en varios pasajes en donde se le designa como "buho," ó "hija del buho," Isai. 13:21; Job 30:29. En estos y otros pasajes figura como ave del desierto. Tímido y medroso por carácter, se ve algunas veces instigado por el hambre á visitar y á asolar los campos cultivados, pero se halla por lo general sólo en el corazón del desierto en bandadas ó en pequeños grupos, ó mezclándose familiarmente con las manadas de asnos monteses, ó de otros cuadrúpedos propios de esa región. Era inmundo según la ley de Moisés, Lev. 11:16; Deut. 14:15. Su alimentación, generalmente escasa y pobre, se compone de plantas del desierto "marchitas antes de crecer;" y también de caracoles ó moluscos de insectos y de varias clases de reptiles, pues teniendo un apetito voraz, se traga sin distinción las sustancias más ordinarias y las más duras. Job habla particularmente de la ligereza del avestruz, diciendo que mira con desdén al caballo y su ginete. También Jenofonte el biógrafo de Ciro, dice, tratando de los avestruces de la Arabia, que nadie podía alcanzarlos, volviendo pronto de la caza los ginetes con su empresa frustrada. La hembra excava un nido circular en la arena y pone un gran número de huevos, algunos de los cuales deja fuera del nido con la mira aparente de que sirvan de alimento á sus polluelos. Luego, con el auxilio del sol en los trópicos, y el de su compañero en las noches frías, practica la incubación; pero su timidez es tal, que huye de su nido á la aproximación del peligro, y, como observa el Dr. Shaw, "abandona sus huevos ó sus polluelos para no volver á donde ellos acaso, ó si vuelve, puede ser demasiado tarde para devolverles la vida á los unos, ó conservársela á los otros. Los Árabes

suelen encontrar nidos de estos huevos, enteros y en órden, frescos y buenos unos, y otros pasados y hueros. Á veces encuentran también uno que otro polluelo del tamaño, apenas de los pollos bien crecidos, hambrientos, vagando dispersos por acá y por allá y dejando escapar lamentos de huérfanos abandonados por su madre. De este modo puede decirse que el avestruz está empedernido contra sus polluelos, como si éstos no fueran suyos; por resultar hasta cierto punto inútil su trabajo en empollar los huevos y cuidar de la cría, no se inquieta por lo que después pueda acontecerles. Esta falta de afecto se halla también consignada en Lam. 4:3, 'La hija de mi pueblo se ha hecho cruel como las avestruces en el desierto,' esto es, abandonando según toda apariencia á sus propios hijos, y recibiendo otros en cambio."

Cuando se provoca al avestruz hembra, lanza á veces chillidos de arrebato y de cólera, con la garganta inflada y el pico abierto; otras veces da un grito dolorido y de queja; y en la noche, el macho ahuyenta á los enemigos de rapiña dando un rugido corto que en ocasiones se toma por el de un león, Miq. 1:8.

AVISPA. Este formidable insecto sirvió para hacer que los Cananeos huyeran de la presencia de Israel, Exod. 23:28; Deut. 7:20; Jos. 24:11. Algunos eruditos consideran este término como empleado en sentido figurado para denotar á lo vivo la consternación que predijo Dios en los enemigos de Israel, Exod. 23:27; Deut. 1:44: 2:25; Jos. 2:11. Pero las avispas reales bien pudieron haber hecho lo que de ellas se dice. Se sabe que enjambres de estos insectos han hecho inhabitables algunos lugares. Son todavía numerosas en algunas partes de Palestina, y el Capitan Warren dice que "atacan á los séres humanos con la mayor furia. Puedo concebir fácilmente la derrota de un ejército ocasionada por ellas." Véase ZOREAH.

AY, se usa frecuentemente en la Biblia en un sentido más ó menos imprecatorio ó expresivo. ¡Ay de tal persona! es una imprecación ó amenaza de alguna calamidad natural ó judicial, que debe sobrevenir, pero no siempre tiene esa significación. Hallamos la expresión, "¡Ay de mí!" esto és, ¡Ay de mis sufrimientos! "¡Ay de la mujer con hijo, y de aquellas que están criando!" esto és, ¡Ay de sus duplicados sufrimientos en tiempos de carestía! Sin embargo, en el lenguaje amenazador de Cristo, si leyésemos "¡Ay de tí, Corazín!

¡Ay de tí, Betsaida!" no quitaríamos por eso su expresión á los sentimientos generales expresados en el pasaje. Con todo, en muchos casos la exclamación ¡Ay! se usa en un sentido más lato y terrible, expresando una amenaza inspirada, y pronosticando la ira de Dios sobre los pecadores, como cuando leemos: "Ay del que edifica una ciudad con sangre, y del que funda una villa con iniquidad," etc., en numerosos pasajes, especialmente del Antiguo Testamento, Hab. 2:6, 9, 12, 15, 19; Nah. 3:1; Soph. 3:1.

AYER y HOY, en Heb. 13:8, son palabras que se usan en un sentido general, por tiempo pasado y presente. Cristo es eternamente el mismo. La vida y la ciencia del hombre son comparativamente sólo de ayer, Job 8:9.

AYO, 1 Cor. 4:15; Gál. 3:24, 25, Pedagogo, *conductor de un niño;* entre los griegos, un sirviente que se hacía cargo de los niños pequeños; les enseñaba los rudimentos de la ciencia, y cuando alcanzaban la edad conveniente, los llevaba á la escuela y los traía á la casa. Así, la ley era el pedagogo de Israel, que velaba sobre la niñez de la nación, y al fin la condujo por sus símbolos y profecías á donde Cristo. Cuando un Judío llegaba por medio de la fé al conocimiento de Cristo, cesaba éste oficio de la ley.

AYUDAS, ó SOCORROS, sólo en 1 Cor. 12:28. Esta forma de trabajo divinamente reconocida en la iglesia primitiva, se cree por muchos que incluía la ingerencia de los diáconos y diaconesas en los cuidados á los pobres y los enfermos. Se han dado, sin embargo, otras interpretaciones, y no podemos determinar con certeza la exacta naturaleza de los auxilios de que aquí se trata. Su sentido sugiere que significa todos los actos bondadosos por cuyo medio la caridad cristiana alivia las dolencias de la humanidad. Todos tienen su orígen en Cristo, son inspirados por él y conducen á él.

AYUN-EL-DARA, una fuente que se halla en medio del Anti-Líbano.

AYUNO, ha sido practicado en todos los siglos y entre todas las naciones en tiempos de pena y aflicción, Jonas 3:5. Puede ser considerado como un precepto de la naturaleza que bajo tales circunstancias rehusa el alimento, se hace insensible al aguijón del hambre, y sugiere la abstinencia bajo otros respectos. En la Biblia no se presenta ningún ejemplo de ayuno propiamente dicho, antes de Moisés. Su ayu-

no de cuarenta días, así como el de Elías y el de nuestro Señor, fué milagroso, Deut. 9:9; 1 Reyes 19:8; Mat. 4:2. Los Judíos recurrían con frecuencia á esta práctica cuando tenían qué humillarse ante Dios, qué confesar sus pecados, y qué aplacar su enojo, Jueces 20:26; 1 Sam. 7:6; 2 Sam. 12:16; Neh. 9:1; Jer. 36:9. Especialmente en tiempos de calamidad pública señalaban ayunos extraordinarios y hacían que ayunaran aun los niños de pecho, Joel 2:16; pero véase Daniel 10:2, 3. Comenzaban la observancia de sus ayunos á la puesta del sol, y se estaban sin comer hasta la misma hora del siguiente día. El gran Día de Expiación era probablemente el único de ayuno anual y nacional observado entre ellos, Hechos 27:9; si bien tenían varios ayunos parciales en memoria de la destrucción de Jerusalem, etc., Jer. 39:2; 52: 12-14; Zac. 7:3-5.

En el Nuevo Testamento los Judíos estrictos ayunaban dos veces á la semana, el segundo y el quinto día, Luc. 18:12. No aparece ni por su propia práctica, ni por sus mandatos, que nuestro Señor instituyese algún ayuno especial. En una ocasión dió á entender que sus discípulos debían ayunar después de su muerte, Luc. 5:34, 35. En tal virtud la vida de los apóstoles y de los primeros creyentes era de abnegación, de sufrimientos y de ayunos, 2 Cor. 5:7; 11:27. Nuestro Salvador reconoció esa costumbre, y los apóstoles la practicaron cuando la ocasión lo exigía, Mat. 6:16-18; Hechos 13:3; con todo, no la preceptuaron como obligatoria, Rom. 14:1-3; 1 Tim. 4:3, 4. Debemos siempre recordar que la abstinencia ó el ayuno absoluto no tienen virtud de por sí, siendo estimables sólo como un auxilio para la penitencia y la santidad, Isai. 58:4-7. Es señal de la gran apostasía "mandar abstenerse de las viandas," 1 Tim. 4:3.

AZADA ó AZADON, Isai. 7:25, un pico con una sola cabeza, y de punta ancha. En 1 Sam. 13:20, 21, significa una reja de arado.

AZARÍAS, *á quien el Señor sostiene,* un rey de Judá, 2 Reyes 15:1-7; en 2 Crón. 26 y en otros pasajes se le da el nombre de Uzzías. Comenzó á reinar á los 16 años de edad, 806 A. C. La primera parte de su reinado fué próspera y feliz, pero después, atreviéndose á ofrecer incienso en el templo, fué herido de lepra, y continuó leproso hasta su muerte, 2 Crón. 26:16-23.

Este nombre era muy común entre los Judíos, y lo llevaban muchos de quienes se hace una breve mención en las Escrituras. Tres de ellos fueron sumo-sacerdotes 1 Crón. 6:9, 10; 2 Crón. 26:17-20; 31:10-13, y uno profeta, 2 Crón. 15:1. Véase también ABDE-NEGO.

AZECA, una ciudad en la tribu de Judá, como 15 millas al S. O. de Jerusalem, mencionada en las narraciones de Josué y de Saúl, Jos. 10:10; 1 Sam. 17:1, tomada por Nabucodonosor, Jer. 34:7; pero después la volvieron á poblar los Judíos, Neh. 11:30.

AZOTE, 1 Reyes 12:11-14. Véase Escorpión. Azotar ó dar de palos era un castigo muy común entre los antiguos. En Egipto, Exod. 5:14, 16, á menudo se administraba con un palo aplicado á las plantas de los piés, como las palizas modernas. Moisés prescribió á los Israelitas los azotes por ciertas ofensas, limitando el número de golpes á cuarenta, Deut. 25:1-3. Se usaban para esto varas ó mimbres, Prov. 10:13; 26:3. Para no quebrantar esta ley, los Judíos después de la cautividad, si nó antes, usaban un látigo de tres pajuelas de cuerda ó de cuero, trece azotes de los cuales equivalían á treinta y nueve golpes, 2 Cor. 11:24. Los azotes se infligían por los consejos ó tribunales menores en las sinagogas, Mat. 10:17; Hechos 22:19, y por el tribunal mayor, Hech. 3:40. Véase CONSEJO. Pegar con garrote era un castigo capital entre los Griegos, y fué infligido á algunos de los Judíos fiéles por el rey Greco-Sirio Antíoco Epífanes, 170-167 A. C., y otros sufrieron castigos preliminares de azotes; comp. Heb. 12:35. Los azotes eran también castigo romano, Luc. 23:16, y se usaban á menudo para arrancar una confesión, Hechos 22:24, y á veces aun por los Judíos. Los Romanos usaban varas y látigos, cuyas correas á veces llevaban aguijones de metal, que laceraban terriblemente al reo y frecuentemente le ocasionaban la muerte, siendo el número de golpes ilimitado. Bajo su ley, los azotes comunmente precedieron á la crucifixión, Mat. 27:26. Entre los Hebreos, el reo era azotado y se le tendía con la cara contra el suelo, Deut. 25:2. Por una ley romana, 300 A. C., los ciudadanos de Roma estaban exceptuados de la pena de azotes, quedando esta reservada solamente para los esclavos y extranjeros, Hechos 22:24-29. Cristo predijo que sería azotado por los Romanos, Mat. 20:19; Mar. 10:34; Luc. 18:33, y se sometió á este sufrimiento como parte del castigo que se le impuso como á sustituto de los pecadores, Mat. 27:26; Mar. 15:15; Juan 19:1. Comp. Isaí. 53:5;

1 Ped. 2:24. Pablo fué azotado cinco veces por los Judíos, 2 Cor. 11:24; una de las tres palizas de que habla en el vers. 25, fué recibida por él por orden de los magistrados romanos de Filipos, Hechos 16:22, 23-29, y además de los azotes que le fueron dados por orden de los jueces, fué apaleado ilegalmente en un tumulto de los Judíos, Hechos 21:27-32. Los juicios divinos se simbolizan por los azotes, Isaí. 10:26; 28:15, 18. El uso de la vara por parte de los padres, recomendado por la palabra de inspiración, Prov. 13:24, es una figura de la sabia y amorosa corrección de Dios, Heb. 12:5-11.

AZUFRE, una sustancia mineral altamente inflamable, y que al arder produce un olor sofocante. Sodoma y las otras ciudades de la llanura fueron destruidas "con azufre y fuego," Gén. 19:24; Deut. 29:23; y esta terrible catástrofe se usa á menudo en las Escrituras como un emblema de los juicios temporales y eternos de Dios sobre los malos, Job 18:15; Salm. 11:6; Isaí. 30:33; 34:9; Apoc. 21:8. El azufre crudo lo encuentran los Árabes y viajeros, arrojado por las aguas en las playas del Mar Muerto, en pedazos que á veces son del tamaño de una manzana.

AXA, *argolla usada en los tobillos*, hija de Caleb, dada en matrimonio con un gran dote á su sobrino Otniel, como premio por haber tomado la ciudad de Deber, Jos. 15:15-19; Jueces 1:13.

B.

BAAL, *señor*, I., en el Antiguo Testamento denota un ídolo de los Fenicios, y particularmente de los Tirios, cuyo culto fué también introducido con grandes solemnidades entre los Hebreos, y especialmente en Samaria, junto con el de Astarte. Jueces 6:25-32; 2 Reyes 10:18, 28. Véase Asteroth. El plural Baales significa imágenes ó estatuas de Baal, Jueces 2:11; 10:10, y algunas veces el mismo dios en otros lugares y con otros títulos. El culto de Baal era muy antiguo, y estaba muy propagado; lo hallamos entre los Moabitas en el tiempo de Moisés, Núm. 22:41; 25:3. De su prevalencia entre los Egipcios y Cartagineses tenemos una prueba en los nombres propios de personas; entre los primeros, como en Etbaal, Jerubaal; y entre los segundos, Aníbal, Asdrubal, etc. Entre los Babilonios el mismo ídolo era adorado bajo el nombre de Bel, Isaí. 46:1; Jer. 50:2; 51:44. Se han hallado en los tiempos modernos vestigios del culto

71

de Baal en la Europa septentrional y en las Islas Británicas, en los nombres de los lugares y en ciertas prácticas supersticiosas.

CABEZA DE BAAL, DE UNA MEDALLA TIRIA.

La idolatría y la astrología iban asociadas en las religiones del Oriente. Baal y Astarte son considerados por algunos escritores como representantes del sol y de la luna; por otros, como de Júpiter y de Venus, estrellas de buena fortuna; y se consideraban también como símbolos del macho y la hembra, como fuerzas reproductivas de la naturaleza. El sol bajo este mismo nombre, era un objeto de culto en dichas naciones, como se vé en 2 Reyes 23:11.

Los templos y altares de Baal quedaban situados generalmente sobre eminencias. Manassés levantó en los dos atrios del templo de Jerusalem altares á todo el ejército celestial, y en particular á Astarte, 2 Reyes 21:5, 7. Jeremías amenaza á los Judíos que habían sacrificado á Baal en las azotéas de las casas, Jer. 32:29; y Josías destruyó los altares que Acház había erigido sobre la azotéa de su palacio, 2 Reyes 23:12.

Se le ofrecían á Baal víctimas humanas, así como también al sol, Jer. 19:5. Véase MOLÓCH.

Los hijos de Israel estaban dispuestos á servir á Baal. Véanse Núm. 25:3; Jueces 2:13; 3:7.

Bajo Samuel abandonaron sus ídolos, 1 Sam. 7:4, y lo mismo hicieron bajo David y Salomón; pero bajo Acháb, cuya esposa Jezabel era hija del rey Sidonio Etbaal, el culto de Baal fué restablecido con gran pompa, 1 Reyes 16:31; 2 Reyes 11:18.

Unida con otras palabras, la de Baal significa ídolos locales. Baal-Berit, "el Señor del pacto," era un dios de los Sichemitas, Jueces 8:33; 9:4, 46. Baal-Peor, el "Señor de Peor," era un ídolo inmundo de los Moabitas, Núm. 25:3, 5; Oseas 9:10. Baal-zebub, "Señor de las moscas," era un dios de los Filisteos en Accarón. Véase BELZEBUB.

II. La palabra BAAL ocurre también en muchos nombres compuestos de lugares y personas, refiriéndose en lo general al ídolo.

BAÁLA, *señora*, ciudad de la tribu de Simeón, Jos. 15:29; 19:3; 1 Crón. 13:6. Es la misma Cariat-Jarim.

BAALAT, ciudad de la tribu de Dan, Jos. 19:44. á corta distancia de Bethoron. Acaso sea la de Baalat reedificada por Salomón, 1 Reyes 9:18; 2 Crón. 8:6.

BAAL-GAD, ciudad en la llanura del Líbano, al pié del Hermón, el punto más septentrional á que llegaron las conquistas de Josué, Jos. 11:17; 12:7; 13:5. Era quizá la misma Baal-hermón, cerca del Monte Hermón, ó parte de éste. Según Schwartz y Robinson, fué el lugar llamado después Banías. Véase CESAREA DE FILIPO.

BAAL-HAZOR, donde Absalom tenía sus rebaños, 2 Sam. 13:23, quedaba cerca de Efraim, como á ocho millas al este de Jerusalem.

BAALI, Oseas 2:16, 17, significa *mi Señor*, es decir, mi marido, así como también *mi Baal;* y su uso en el primer sentido tenía qué evitarse, para que no sugiriera el segundo. Expresaba también más temor y menos amor y confianza que el nombre Ishi, *mi hombre*, esto es, *mi marido.*

BAALIS, *orgulloso señor*, rey de los Amonitas en el tiempo de la cautividad. Él causó el asesinato de Godolías, gobernador entonces de Judá, Jer. 40:14; 41:1-10, A. C. 588.

BAAL-MEON, en Rubén más allá del Jordán, cerca de Nebo, Núm. 32:38; 1 Crón. 5:8; llamada también Bet-Meon, Jer. 48:23, y Bet-baal-meon, Jos. 13:17. Sus ruinas están dos millas al sudeste de Hesbon. Ezequiel 25:9, habla de ella como de una ciudad Moabita entónces.

BAAL-PERASIM, *lugar de brechas*, nombre dado por David al teatro de una batalla con los Filisteos, 2 Sam. 5:20; 1 Crón. 14:11; Isaí. 28:21. Estaba en el valle de Refaim, á corta distancia al sudoeste de Jerusalem.

BAAL-SEFON, ciudad de Egipto, probablemente cerca de la moderna Sues, y su localidad es incierta, Exod. 14:2; Núm. 33:7.

BAANA, *hijo de la aflicción*, y RECHAB, hijos de Rimmón, al servicio de Isboset el hijo de Saúl. Pensando obtener una recompensa de David, asesinaron secretamente á su amo, mientras éste descansaba al medio día, y le llevaron su cabeza á David, en Hebrón. Sufrieron, sin embargo, el castigo que les conviene á los que "son ligeros de pié para derramar sangre," 2 Sam. 4:1-12.

BAASA, *disipador*, hijo de un cierto Ahías, y comandante de los ejércitos de Nadab, rey de Israel. Mató á su amo traidoramente en el sitio de Gibbetón, y se usurpó el reino, A. C. 953, el cual poseyó por un periodo de 24 años. Exterminó toda la descendencia de Jeroboam, conforme á predicción, 1 Reyes 14:7-14; pero por su mala conducta y su idolatría incurrió en la indignación de Dios, 1 Reyes 15; 16:1-7, 12. Como á mediados de su reinado hizo la guerra á Asa, pero fué derrotado por el auxilio que á éste le dió Benadad I. de Damasco, 2 Crón. 16. Dios le previno por boca del profeta Jehú, lo que se cumplió con el exterminio de su familia, dos años después de su muerte.

RUINAS EN BIRS-NIMRUD.

BABÉL, *confusión*, nombre de una ciudad fundada por Nimrod, en la llanura de Sinar. Véase BABILONIA. Fué también el de una alta torre comenzada por los descendientes de Noé, entre los cuales Nimrod era uno de los jefes, por el año 120 después del diluvio, y llamada así porque Dios estableció allí la confusión en la lengua de los que se habían empleado en esa empresa, Gén. 10:10; 11:9. Su objeto era concentrar la población y el dominio en ese sitio; más como esto era contrario al propósito divino de repletar la tierra de habitantes, y revelaba una disposición impía y quizá idólatra, Dios frustró sus designios dando milagrosamente á diferentes porciones del pueblo idiomas diversos, ó diferentes modos de pronunciar y dialectos divergentes del lenguaje primitivo del hombre, haciendo así que se dispersaran en el globo. Compárese Hechos 2:1-11.

La torre se dejó aparentemente incompleta; pero en sus alrededores se levantó después la célebre ciudad de Babilonia. Se ha supuesto que la torre de Babél se concluyó más tarde, y que se le llamó la torre de Belus, dentro de la ciudad de Babilonia. Heródoto visitó esta torre y según la descripción que de ella hace, era una pirámide cuadrada que medía en la base una circunferencia de media milla y de la cual se elevaba la torre en ocho pisos, uno sobre el otro, y decreciendo gradualmente hasta la cima, á la cual se llegaba por un camino que iba rodeándola por la parte de afuera. Esta torre se usaba para objetos astronómicos, pero estaba dedicada especialmente al culto de Bel, cuyo templo contenía inmensos tesoros, incluyendo varias estatuas de oro maciso, una de las cuales medía cuarenta piés de altura. Allí fueron probablemente de-

73

positados los vasos sagrados llevados de Jerusalem, 2 Crón. 36:7; Jer. 51:44. Se suponía generalmente que sus ruinas son la actual Birs-Nimrud, seis millas al sudoeste de Hilleh, la moderna Babilonia.

A ésta, sin embargo, muchos la consideran como la antigua Borsippa; y su distancia de las otras grandes ruinas, diez millas, parece que la pone más allá de los límites de Babilonia propiamente dicha. Es, con todo, una ruina majestuosa, y su estructura puede ser estudiada como un tipo de otros muchos edificios del mismo país y de la misma época. Esta torre, templo, ó pirámide, es ahora una inmensa mole de ladrillos secados al sol, unidos con betún y formando siete pisos en orden decreciente, el más bajo de los cuales tiene 272 piés por cada lado, y una altura de 26; el segundo mide 230 piés por lado, y 26 también de altura, etc., alcanzando todos una total de 153 piés. Comprende una circunferencia de más de 2,000 piés, y es un acumulamiento de ruinas, destrozadas por la violencia de los elementos, surcado por las tempestades, y cubierto de fragmentos de ladrillo, loza, etc., fundidos y vitrificados por un calor muy intenso. En la cima se levanta una torre irregular de noventa piés de circunferencia, y treinta y cinco de altura, fabricada de ladrillo fino, con el cual parece que fué formada toda la fachada de esa mole. La torre ha sido partida en varias porciones, mutilada en la cima y destruida como por un rayo, siendo un monumento, como muchos creen, de la justa ira de Dios. Véase NABUCODONOSOR.

BABILONIA, I., célebre ciudad situada en el Éufrates, cuya fundación primitiva se describe bajo la palabra Babél, capital del reino Caldeo. Se halla en la extensa y fértil llanura de Sinár, regada por el Éufrates, que corría á través de la ciudad. Se dice que sus muros tenían cincuenta millas de circunferencia, trescientos piés de altura, y setenta y cinco de ancho, Jer. 51:44-58. Un profundo foso corría paralelo á estos muros. En cada uno de los cuatro lados había veinte y cinco puertas de bronce, desde las cuales cruzaban caminos hasta las opuestas. En los cuadrados así formados se habían hecho innumerables casas y jardines muy extensos. El templo de Belus se describe bajo la palabra BABÉL. El palacio de Nabucodonosor estaba dentro de un cercado de seis millas de circunferencia. Dentro de éste se hallaban también los "jardines colgan-

tes," inmenso baluarte artificial de setenta y cinco piés de altura, sostenido por arcos construidos unos sobre otros, y cuyo terrado estaba cubierto de árboles y flores que se regaban con agua que se sacaba del río por medio de una maquinaria oculta en el baluarte mismo, Dan. 4:29, 30.

Según Beroso, hubo once reyes Caldeos en 224 años, terminando en el de 1976 A. C., en que cayó bajo los reyes Elamitas por un periodo de 458 años, hasta 1518 A. C. Entonces siguieron reyes árabes, y un largo período de gobierno de Asirios ó de rivalidades entre ellos, 2 Crón. 33:11, hasta 747 A. C. Desde esta fecha, cuando Nobonassar era rey, el geógrafo Ptoloméo da una lista completa de reyes, y del tiempo de su reinado, cuyos nombres y fechas concuerdan bien con los datos compilados por Rawlinson y Smith sacados de 3,000 hojas comerciales recientemente exhumadas. El quinto rey de su lista, Nardocempalus, 721 A. C., se identifica con Merodac-Baladan. Babilonia estaba sujeta á Senacherib, rey de Asiria, 702 A. C.; y el nombre de Esar-haddon su hijo aparece en la lista como Asaridanus, 680 A. C. Nabopolassar, rey independiente de Babilonia, aparece en 625 A. C., y Nabucodonosor, su hijo, 604 A. C. La invasión egipcia bajo Necho, en 608 A. C., fué repelida por Nabucodonosor, quien después invadió todo el país hasta el Mediterráneo, y asoló el Egipto mismo. Fué grande, tanto en la paz como en la guerra, y sobresalió como constructor de templos y palacios. A Evil-Merodac su hijo Ptolemeo le da la fecha 561 A. C., y á Neriglissar su hermano, 559 A. C. A éste le sucedió su hijo Laborosoarchod, á quien en el año de 555 A. C. le sucedió Nabonnedus padre de Belsasar.

Bajo Nabucodonosor Babilonia llegó á la cima de su grandeza y esplendor. Era afamada por su sabiduría, especialmente en astronomía, Isai. 47:10; Dan. 1:4, y por el talento de sus habitantes para varias artes, como la fabricación de alfombras, paños, perfumes, joyería, etc. Su situación contribuyó mucho á darle la supremacía del comercio hecho en el Éufrates, y por caravanas entre el Asia central la Arabia y el Egipto. Era "una ciudad de comerciantes," Isai. 43:14; Ezeq. 17:4; y en su seno corría, bien fuera por conquista ó por comercio, la riqueza de casi todas las tierras conocidas, Hab. 1:6-10. Con justicia, por tanto, la llaman los profetas "la grande," Dan. 4:20; "la admiración de toda la tierra," Jer. 51:41; "la belleza de la exce lencia de los Caldeos," Isai. 13:19; la Señora de los reinos," Isai, 47:5; aunque también "la tierna y delicada" y "la dada á los placeres," Isai. 47:1, 8. La corrupción, la licencia y la inmoralidad en las costumbres se llevaron á extremos espantosos. A Bel, Nebo, Nergal, Merodac, Succot-benot, y otros ídolos, se les rendía culto con ritos cuya impureza era asunto de religión. Bien podíamos esperar que Jehová le impusiese un castigo por sus crímenes. Á la verdad las calamidades pronosticadas para Babilonia por los profetas 170 años antes, constituyen algunas de las más terriblemente espléndidas y sublimes páginas de la Biblia, Isai. 13:1–22; 14:22; 21:9; 47; Jer. 25; 50; 51, etc.

La ciudad no permaneció siendo por mucho tiempo capital del mundo. Bajo el reinado del nieto de Nabucodonosor, Nabonnedus, y su hijo, el Belsasar de las Escrituras, fué sitiada y tomada por Ciro. La narración de los historiadores griegos concuerda en este punto con la de la Biblia. Dicen, en efecto, que Ciro dió el asalto que tan buen éxito tuvo, en una noche en que toda la ciudad, confiando en la fuerza de las murallas, se había entregado al desorden y al libertenaje en una gran fiesta pública, á la vez que el rey y su nobleza se encontraban entregados á ruidosas y espléndidas bacanales. Ciro hizo que á un canal que corría al oeste de la ciudad, y llevaba el agua supérflua del Éufrates al lago de Nitocris, se le desembarazase de los obstáculos que impedían que el río corriera por el cauce de aquel, con lo cual disminuyó á tal punto la profundidad de dicho río, que sus soldados pudieron atravesarlo para entrar á la ciudad, Dan. 5, 538 A. C. Desde esta época decayó su importancia, porque Ciro hizo á Susa la capital de su reino. Se rebeló contra Dario Hystaspis, quien la sometió de nuevo, derribó todas sus puertas, y redujo sus murallas á una altura de cincuenta codos. Según Strabo, Jerjes destruyó la torre de Belus. Bajo los Persas, y bajo los sucesores de Alejandro, Babilonia continuó decayendo, especialmente después de que Seleucus Nicator fundó á Seleucia, y la hizo su residencia. Una gran parte de los habitantes de Babilonia se trasladaron allá; y en el tiempo de Strabo, ó sea bajo Augusto, Babilonia había llegado á quedar tan desolada, que bien podría habérsela llamado un vasto desierto, Jer. 50; 51. Hubo hasta el siglo cuarto una población en el sitio que ocupaba antes, y muchos Judíos vivieron allí, 1 Ped. 5:13. Pero desde ese tiempo en adelante, casi ni volvió á hacerse mención de Babilonia, y sus ruinas apenas fueron descubiertas en los dos siglos últimos. Es en el presente

cuando esas mismas ruinas han sido estudiadas y descritas. Éstas consisten en numerosas moles formadas generalmente de ladrillo, profundamente surcadas y derruidas por el tiempo, cubiertas de fragmentos de ladrillo, betún, loza, etc.

Una de éstas se ha descrito antes, bajo la palabra BABEL. Otra, cuatro millas al noroeste de Hilleh, y llamado por los nativos Kasr, *el palacio*, se supone que son así ruinas del famoso palacio de Nabucodonosor. Es un cuadrilátero irregular, que tiene 8,000 piés de perímetro; no puede trazarse plano ninguno del palacio, pero aún subsisten porciones de las paredes hechas de ladrillos cocidos, de hermoso color amarillo, y unidos con argamasa de cal. No lejos de ésta, al norte, se halla la gran mole llamada Mujellibeh, ó por los nativos Babil, de 600 piés de largo, 400 de ancho, y 140 de alto. Fué probablemente un edificio de varios pisos, cuya fachada debió estar construida de ladrillos cocidos unidos con cemento; y se cree por George Smith que es el sitio del antiguo templo de Belus, reedificado por Nabucodonosor. De estas moles se han sacado miles de ladrillos en que se hallan grabadas inscripciones de caracteres cuneiformes que datan del tiempo de Nabucodonosor, cuyo nombre aparece en ellos muy frecuentemente

VISTA DE BABIL DESDE EL OESTE, CON EL KASR.

y que contienen un registro completo de los reyes de Babilonia hasta la muerte de Dario Hystaspis. Al sur del Kasr se vé otra enorme mole todavía más antigua, y que tiene un perímetro de más de 10,000 piés. Se le llama el torreón de Amram; sus ladrillos son inferiores á los de las otras dos, y los nombres que tienen inscritos son anteriores á Nabucodonosor. Muchas otras moles pequeñas, ruinas informes, etc., se ven diseminadas por los llanos de los contornos. El aspecto de toda la región es triste, y de extremo desamparo. Está infestada de animales ponzoñosos, y quizá no hay un lugar bajo el cielo en que el contraste entre la antigua magnifiencia y la desolación actual sea tan marcado como allí. La terrible profecía de Isaías proferida más de un siglo antes, se cumplió del modo más literal, Isai. 13; 14.

El nombre de Babilonia se usa simbólicamente en el Apocalipsis 14:8; 16:17; 18, para designar la idolatría, la superstición, la disolución, la lujuria, y la persecución hecha al pueblo de Dios, que caracterizaban á la Roma pagana y al moderno Anticristo. Únicamente Roma puede tener la significación de esa gran ciudad que impera sobre los reyes de la tierra," que está sentada sobre sus "siete colinas," embriagada con la sangre de los mártires de Jesús." Algunos interpretan así lo que se dice en 1 Pedro 5:13; pero esto no pasa de ser una conjetura imaginaria. Usar un nombre tan enigmático en este caso, en lugar del de la familiar Roma, no habría sido natural; y no hay razón para dudar que se hacía referencia á la antigua Babilonia, pues sabemos que los Judíos vivían allí en tiempo de Cristo. Véase PEDRO.

II. Había también en Egipto, á corta distancia de Heliópolis, un fuerte llamado Babilonia. Hay quienes supongan, pero sin razón, que esta es la Babilonia mencionada en 1 Ped. 5:13.

III. Babilonia, provincia cuya capital era la ciudad del mismo nombre, y es ahora el Irak Babilónico ó Árabe, que constituye el bajalato de Bagdad. Esta célebre provincia incluía la zona de tierra que se halla sobre el río Éufrates limitado al N. por la Mesopotamia y la Siria, y al S. por el Golfo Pérsico, golfo que era á la verdad su único límite definido y natural; porque hacia el Norte, hacia el E. en la dirección de Persia, y hacia el O. ó desierto de Arabia, los límites eran enteramente indefinidos. Tanto en los tiempos antiguos como en los modernos, se reconocían como pertenecientes á Babilonia ó Irak-el-Arab, importantes porciones de terreno situadas en las margenes orientales del Tigris, en las occidentales del Éufrates, y aún más en ambas margenes de sus corrientes unidas.

El nombre más antiguo del país es Sinar, Gén. 10:10; Dan. 1:2. Después Babel y Babilonia vinieron á ser el nombre común del país, y en periodo posterior, se usaron los de Caldea ó Tierra de los Caldeos como sinónimos de aquellos, cuando todo él estuvo en posesión de este pueblo. Babilonia es una vasta llanura que se extiende como 400 millas al N. O. y al S. O., á lo largo de los dos ríos, y que tiene como cien millas de anchura, no interrumpida por ningún cerro ni montaña, y compuesta de un suelo craso y pardusco, sujeto á las inundaciones del Tigris y del Éufrates, y más especialmente de este último, cuyas margenes son más bajas que las del Tigris. El Éufrates comunmente sube como doce piés sobre su nivel ordinario, y continúa crecido á este grado desde fines de Abril hasta Junio. Para proveer los medios de sacar el agua sobrante, y de distribuirla en aquellos terrenos menos regados, se dividió toda aquella tierra por medio de una multitud de canales de mayor ó menor consideración, que parecen ser los "ríos de Babilonia" de que se habla en Salm. 137:1. Babilonia contiene también varios grandes lagos formados algunos por el arte y otros por las inundaciones de los dos ríos. Era por tanto una tierra que abundaba en agua, y de la cual Jeremías pudo muy bien decir que "yacía sobre muchas aguas." Su suelo exhibe, cuando se le cultiva bien, una fertilidad extraordinaria; pero ahora alternan las tierras áridas y desiertas con los pantanos más desolados aún, Isai. 14:23; Jer. 51:13, 37, 42. Los Babilonios pertenecían á la rama semítica de los descendientes de Noé, y su lengua tenía afinidades con el árabe y con el hebreo, pareciéndose mucho á lo que ahora se llama caldeo. Con todo, el Imperio Babilónico fué según apariencias fundado por Nimrod, cushita descendiente de Noé, veinte siglos antes de Cristo, y después comprendió las ciudades de Babil, Erec, Ur, Accad y Calneh, Gén. 10:10. Véase NIMROD. Después de la construcción de Nínive por Ninus, 1237 A. C., esa ciudad llegó á ser el asiento del poder, y continuó así hasta hacia el año 606 A. C. en que el Imperio Asirio cedió su puesto al Caldeo, y Babilonia llegó á su más alto punto de fama y poderío. Cuando los Judíos regresaron de la cautividad, muchos se quedaron todavía en Babilonia, y á la posteridad de éstos se les llevó el evangelio desde luego. Pedro escribió allí su primera epístola, 1 Ped. 5:13. Los Judíos tenían sinagogas florecientes en Babilonia, y uno de sus Talmudes fué compuesto en esa ciudad. Véase CALDEO.

BABOSA, una especie de comadreja, Lev. 11:30. La palabra griega significa más bien una especie de lagarto que Moisés prohibe como inmundo.

BACA, *lágrimas ó llanto*, Salm. 84:6. No hay qué entender aquí que había realmente un valle de ese nombre, así como tampoco que lo era el que se cita en el Salm. 23:4, pues así se podría llamar cualquier valle lúgubre de Judea. Los que tienen permiso de hacer su acostumbrada peregrinación á Jerusalem para adorar á Jehová en el templo, son afectos á los caminos que conducen allá, por ásperos y tristes que sean. Un valle de lágrimas es para ellos como un país bien regado.

BAHURIM, *jovenes*, ciudad de Benjamín, cerca de Jerusalem, en el camino que conduce al Jordán. Se menciona varias veces en la historia de David, 2 Sam. 3:16; 16:5; 17:18.

BAILE, la palabra hebrea significaba "saltar de alegría," Salm. 30:11; y los movimientos del cojo curado por Pedro y Juan, Hechos 3:8, se asemejaban al baile hebreo, que los pasos artísticos y mesurados de los tiempos modernos. Los bailes judíos eran comunmente expresiones extemporáneas de alegría religiosa y de gratitud. Algunas veces se hacían en honor de un conquistador, como en el caso de David, 1 Sam. 18:6, 7; cuando dió muerte al gigante filisteo, "las mujeres salieron de todas las ciudades de Israel cantando y bailando;" y algunas veces con ocasión de regocijos domésticos, como en la vuelta del hijo pródigo. En el baile religioso se usaba el pandero ó tamboril para ordenar la ceremonia, y quien la dirigía era seguido por los demás, con paso mesurado y cánticos piadosos; así Miriam guió á las mujeres de Israel, Exod. 15:20, 21, y el rey David á los hombres, 2 Sam. 6:14, 21. Véanse también Jueces 21:19-23; 1 Crón. 13:8; 15:29. Varias importantes conclusiones se han sacado de la cuidadosa comparación de aquellas partes de las Escrituras en que se hace alusión al baile. Era comunmente religioso en su carácter; se practicaba exclusivamente con motivo de ciertos regocijos; sólo por uno de los dos sexos; generalmente durante el día y al aire libre; no hay constancia alguna de caso en que los hombres y las mujeres hayan bailado unidos; y no se practicaba por diversión.

Las excepciones de esta última aserción son los "mozos vanos" á que alude Michál, 2 Sam. 6:20; las ricas familias impías á que se refiere Job 21:11, y la hija de Herodias, Mar. 6:22. Hay otros pasajes en que se condena el baile por su relación con el

culto idolátra, y con el libertinaje, como en Exod. 32:19, 25; Isai. 3:16; 1 Cor. 10:7, y con la embriaguez y la orgía, 1 Sam. 30:16. El baile promiscuo se condena de un modo inequívoco, tanto por las Escrituras como por los mejores hombres de todos los tiempos. Es un estímulo poderoso para relajación de los costumbres y del pudor. Sus más inocentes formas son inseparables de las indecorosas, y tienden á prescindir totalmente de decoro. Los amantes del baile buscan los placeres en el borde de un remolino en cuyo abismo de muerte moral y espiritual muchos de ellos se perderán con toda seguridad. Entre los Griegos y los Romanos el baile era un pasatiempo común, á que se recurría para darles animación á las fiestas, y también en ocasiones de regocijos públicos. Con todo, Cicerón dice, "Nadie baila á no ser que esté borracho ó loco," y estas palabras expresan la opinión dominante en cuanto á la impropiedad de que la gente respetable tomara parte en esa diversión. De aquí es que los círculos alegres de Roma, como sucede en el Oriente en la actualidad, iban á divertirse en bailes de bailarinas de profesión. Estas eran mujeres de mala reputación, y sus bailes, como los que tenían lugar en los tiempos paganos, eran á menudo deshonestos é indecentes, Isai. 23:16.

BALAAM, *señor del pueblo*, un célebre adivino, de la ciudad de Pethor, sobre el Éufrates, Núm. 22:5. Balac, rey de Moab, habiendo visto á las multitudes de Israel, y temiendo que lo oprimiesen como acababan de hacerlo con los Amoritas, envió por Balaam, que era famoso por las facultades sobrenaturales que se le suponían, para que fuese á maldecirlos. Balaam, aunque codicioso, se sintió movido á pedir consejo á Dios, que le prohibió que fuera. Balac envió después á otros comisionados, á

quienes Balaam acabó por acompañar sin la aprobación de Dios, que mandó á un ángel á que se saliese al encuentro, y le amonestase en el camino. Allí aconteció el milagro de la asna de Balaam, de que se habla en la Biblia como de un hecho real, y no de una mera visión, Núm. 22:22, 35; 2 Ped. 2:16. Pero en lugar de maldecir, Balaam se vió constreñido por el Espíritu de Dios á bendecir á los hijos de Israel, con expresiones poéticas de suma belleza y energía. Ésto mismo lo hizo por segunda y tercera vez, con extremo desagrado de Balac, quien lo despidió encolerizado. Balaam después predijo lo que Israel les haría en tiempos futuros, á las naciones circunvecinas; y después de haber aconsejado á Balac que indujera á Israel á la idolatría y á la prostitución, para que ofendiesen á Dios y fuesen abandonados por él, regresó á su propia tierra. Este mal consejo fué puesto en práctica; las jovenes de Moab sedujeron á los Hebreos atrayéndolos al impuro é idólatra culto de Baal-Peor, por lo cual se les dió la muerte á 24,000 Israelitas, Núm. 25:1-9; 31:16. Balaam fué probablemente descendiente de Sem, y poseía muchas ideas exactas del verdadero Dios. Él lo llama "el Señor mi Dios," Núm. 22:18; pero con todo, parece haber sido sólo un hechicero y falso profeta, como había muchos en tiempo de los reyes de Israel, hasta que tuvo qué ponerse en lucha con el pueblo de Dios. En esta transacción se le hizo portador, contra su voluntad, de los sublimes mensajes de Jehová; con todo, su corazón no cambió, y no murió "la muerte del justo," Núm. 31:8, sino combatiendo contra Israel, Jos. 13:22. La suerte desastrosa que le cupo nos sirve de lección para que nunca nos hagamos sordos al dictamen de la conciencia, ni queramos especular por medios que Dios reprueba, 2 Ped. 2:25; Jude 11; Apoc. 2:14.

BALAC, *desolado*, rey de Moab cuando los Israelitas iban aproximándose á la tierra prometida. Lleno de terror, al pensar que podrían atacarlo y destruirlo como lo habían hecho con Sihón y Og, formó alianza con los Madianitas para hacerles la guerra á aquellos, é imploró á Balaam, el adivino, para que fuese á maldecirlos. Sus temores y sus planes fueron inútiles, Deut. 2:9; Jueces 11:23. Véase BALAAM. Encontró que nada tenía qué temer de Israel, si conservaba la paz con ese pueblo, y que nada podía esperar de la guerra con él, Apoc. 2:14.

BALANZA, ó *romana*, palabra dual en hebreo. Las balanzas se usaban hacía mucho tiempo para pesar el dinero, antes de empezar á acuñarlo, Gén. 23:16; 43:21; Job 31:6. Se pueden ver en los monumentos egipcios. Hace mucho tiempo que también empezaron á sustituirse las piedras con pesas de plomo, que se llevaban en una bolsa, Deut. 25:13; y Dios hizo asunto de religión que se tuviesen justas é iguales, Lev. 19:36; Prov. 20:10. El pan vendido por peso era un símbolo del hambre, Lev. 26:26; Apoc. 6:5.

BALLENA. El más grande habitante del mar conocido hasta hoy. La palabra hebrea incluye todos los mónstruos del mar, como en Gén. 1:21; Job 7:12. En Ezeq. 32:2, refiriéndose á Egipto y al Nilo, la palabra homogenea Tannim significa indudablemente el cocodrilo; también en Salm. 74:13; Isai. 27:1; 51:9; Ezeq. 29:3, etc., donde está traducida dragón. Véase DRAGÓN. No se sabe con certeza el nombre del gran pez que se tragó á Jonás, siendo también difícil de determinar la palabra griega según Mat. 12:40. Encuéntranse sin embargo ballenas en el Mediterráneo, y tiburones del mayor tamaño, como el Carcharias vulgaris, muy capaz de tragarse un hombre entero.

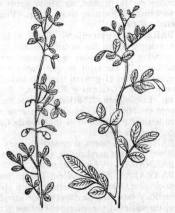

BÁLSAMO, la goma del árbol de ese nombre, ó el opobalsamum, antiguamente se hallaba en Judea y particularmente en Galaad, Jer. 8:22; 46:11. Se consideraba de mucha estimación para la curación de las heridas externas. El verdadero árbol de bálsamo pertenece al género de las siempre-vivas, es natural de la Arabia Meridional y de Abisinia, y tiene como catorce piés de altura. Debe extraérsele la goma en muy pequeñas cantidades. En la actualidad se recoge principalmente en la Arabia, entre la Meca y Medina, y por eso se le llama algunas veces bálsamo de la Meca. Su olor es penetrante y de exquisita fragancia. Es muy costoso, y se le tiene aún en grande estima entre los Turcos y otras naciones orientales, como medicina, y como cosmético, Gén. 57:25; Jer. 51:8; Ezeq. 27:17.

BALUARTE. Véase ARIETE.

BAMAH, plural BAMOTH, *lugares altos,* Ezeq. 20:29. Bamoth-baal era una estación de los Hebreos, cerca del Arnón, en la frontera de Moab, Núm. 21:20; 22:41; después se asignó á la tribu de Rubén, Jos. 13:17. Baal fué adorado allí, y quizá se hace referencia á ese lugar en Isai. 15:2. Véase LUGARES ALTOS.

BANCO DE LOS PÚBLICOS TRIBUTOS ú OFICINA DE LA ADUANA, Mar. 2:14; Luc. 5:27, un lugar en que se pagó el peaje. Véase PUBLICANO.

BANDERA, Núm. 1:52. En sus peregrinaciones por el desierto, las doce tribus se agrupaban en cuatro campos de tres tribus cada uno, teniendo cada campo su bandera propia, Núm. 2:2, 3, 10, 17, 18, 25, 34. Además de estas banderas de grandes divisiones, otras "enseñas" marcaban las divisiones menores de las tribus, y quizá secciones de tribus, ver. 2. Las antiguas banderas constaban comunmente de largas astas coronadas por figuras de símbolos de varias clases; una áquila coronaba la bandera de una legión romana. Véase ABOMINACIÓN. Una de las palabras hebreas traducidas "bandera" como en Jer. 4:6, 21, se traduce también "insignia" con frecuencia y denota una enseña ó señal de reunión de las tropas; éstas se fijaban en algún lugar conspicuo, tal como un cerro desnudo, Isai. 13:2; 30:17. El poder atractivo de la predicación del evangelio se significa en la predicción de Isaías, diciéndose que "la raiz de Isaí, puesta por enseña ó pendón de los pueblos, será buscada por las naciones," Isai. 11:10; 5:16; 11:12; 49:22; Apoc. 5:9. En Isai. 59:19, la última cláusula se lee por algunos como sigue: "porque él vendrá como corriente impetuosa impelida por el aliento del Señor." En Isai. 10:18, la frase "un abanderado desfallece," se lee por algunos, "un enfermo languidece." Las palabras usadas en Núm. 21:8, 9; Isai. 13:2; 30:17; Ezeq. 27:7, denotan una señal ó faro en la cima de un terreno elevado.

BARAC, *relámpago*, hijo de Ahinoam de Cedes, de la tribu de Neftalí. Dios le ordenó por medio de Débora la profetisa, que librase á Israel del yugo de Jabín, rey del Norte de Canaán. Habiéndose asegurado primero del auxilio de la profetisa, reunió 10,000 hombres, y los estacionó en el monte Tabór, quizá para evitar los 900 carros do hierro del enemigo, Jueces 4:3. Dios peleó por Israel en la batalla que entonces se libró, y el canto de Débora y de Barac historia la victoria que alcanzaron, Jueces 5. Leyendo esa inspirada narración sobre el campo, se siente uno vivamente poseído de la exactitud en la verdad de la interpretación hallándose rodeado de los mismos lugares, con los mismos nombres, y en el orden que requiere la historia. Barac se cuenta entre los hombres que se han hecho célebres por la fé, Heb. 11:32. Véase CISÓN.

BARBA. Los Hebreos miraban una barba delgada y rala como una gran deformidad; á la vez que la larga, tupida y rizada, era estimada como el mejor adorno de la belleza personal. El honor de un

CABEZAS ORIENTALES CON BARBAS.

hombre se depositaba, por decirlo así, en su barba. Insultarla con palabras ó hechos era la más grosera indignidad; to-

BARBAS DE ALGUNAS PINTURAS EGIPCIAS.

marla respetuosamente en la mano derecha y besarla, era la manera de manifestar

80

alta estimación y aprecio, y esto se permitía únicamente á los amigos más íntimos. Era cuidada con el mayor esmero, Salm. 133:2; Dan, 10:3. Descuidarla, arrancarla ó cortarla, indicaba el más profundo pesar, Esdr. 9:3; Isai. 15:2; Jer. 41:5; 48:37; á la vez que ser privado de ella era una señal de servilismo y de infamia. Muchos habrían preferido la muerte á tal mutilación. Estos hechos explican muchos pasajes de la Biblia, tales como el grosero insulto hecho á los embajadores de David, 2 Sam. 10:4-14; la vehemente indignación de Nehemías, Neh. 13:25; el modo con que David expresó su fingida locura, 1 Sam. 21:13; la aflicción de Mefíboset, 2 Sam. 19:24; la traición de Joab, 2 Sam. 20:9; y quizás de Judas. Explica también varios pasajes de los profetas, Isai. 7:20; 50:6; Ezeq. 5:1-5. Los monumentos asirios nos representan á todos sus reyes, guerreros, sacerdotes, etc., con barbas tupidas, aliñadas casi siempre con laborioso cuidado; mientras que á los eunucos se les pinta sin barbas. En Egipto, por el contrario, solamente los cautivos y otros extranjeros están representados por lo común con barbas; y Herodoto dice que los Egipcios se las dejaban crecer únicamente como señal de duelo; de aquí es que José, cuando fué librado de la prisión, se afeitó antes de presentarse á Faraón, Gén. 41:14. Véase RAER EL PELO.

BÁRBARO, ó extranjero. Según el idioma griego, todas las otras naciones, por instruidas y civilizadas que fuesen, eran "bárbaras." De aquí es que Pablo comprende á todo el género humano bajo los nombres de "Griegos y Bárbaros," Rom. 1:14. Lucas llama "bárbaros" á los habitantes de Malta, no obstante que eran de raza fenicia y hablaban el dialecto de Cartago, Hechos 28:2, 4.

BARBECHO, tierra á propósito para el cultivo, pero sin sembrados, Oseas 10:12.

BARNABAS. Véase BERNABÉ.

BARRABÁS, *hijo de Abba*, ladrón bien conocido en tiempo de Cristo, que fué aprisionado, y esperaba la muerte por sus delitos de sedición y asesinato, Hechos 3:14. Era costumbre entre los Romanos, en obsequio de conciliarse la voluntad de los Judíos, soltar al judío preso que ellos elegían, el día de la Pascua anual. Pilato deseaba soltar así á Jesús; pero los Judíos pidieron á Barrabás, Mat. 27:16-26; Luc. 16:23-25. Vemos en esto, que los hombres pueden preferir entre un rufián y el Señor de la gloria, á aquel; y á un destructor de vidas, entre éste y Aquel que cura nuestras enfermedades y salva nuestras almas dando su propia vida por nosotros.

BARRO. Este nombre se da en Exod. 1:14; Lev. 14:41, 42, y el de "lodo suelto" en Ezeq. 13:10, á una especie de mezcla usada para adherir entre sí los ladrillos y las piedras, y para enyesar ó revocar los muros. Se hacía comunmente de barro y paja picada en pedacitos y bien amasado; algunas veces se hacía de arena, ceniza y cal. El betún se usaba también como se ve ahora en las ruinas de Babilonia. Se usaba por los Hebreos para formar una capa en las piedras en que habían, ó tenían qué hacerse luego inscripciones, Deut. 27:2, 4; Jos. 8:32. Las tejas de la antigua Babilonia estaban esmaltadas con estuco. Se usaba también para elaborar diversos trastes; se pisaba con los piés para mezclarlo bien, Isai. 41:25, se amoldaba en una rueda, y despúes se cocía en un horno, Jer. 18:3; 43:9. Al arte del alfarero se hace alusión en las Escrituras, para significar la dependencia que el hombre tiene de Dios, Isai. 64:8; Rom. 9:21. Véase ALFARERO. El barro parece que también se usó para sellar, como se usa el lacre entre nosotros, Job 38:14. Los ladrillos de Babilonia se han hallado marcados con un gran sello; y los viajeros modernos encuentran las cerraduras y las puertas de las posadas orientales, de los graneros, y de los sepulcros de momias, selladas exteriormente con barro.

BÁRSABAS, *hijo de Saba*, I., José Bársabas, apellidado EL JUSTO, fué uno de los primeros discípulos de Cristo, y probablemente se contaba entre los setenta. Fué uno de los dos candidatos para ocupar la vacante que dejó Judas Iscariote en el apostolado, Hechos 1.

II. Judas Bársabas fué "profeta," ó predicador del Evangelio, y miembro distinguido de la iglesia de Jerusalem. Fué comisionado con Silas para acompañar á Pablo y á Bernabé en una misión de importancia cerca de los gentiles convertidos de las iglesias de Siria, Hechos 15:22-33.

BARTIMEO, *hijo de Timeo*, ciego á quien Cristo le dió la vista. á un lado del camino cerca de Jericó, Mat. 20:29-34; Mar. 10:46-52; Luc. 18:35-43. Hubo dos curados según Mateo, aunque Marcos y Lucas hacen mención sólo de Bartimeo. En cuanto á la época de esta ocurrencia, podemos suponer que Bartimeo supo la aproximación de Cristo, Luc. 18:35; sabía también desde el primer día quien era él;

6

y animado por la misericordia que el Salvador había tenido con Zaqueo, y habiéndosele juntado otro ciego, aclamó á Jesús pidiéndole socorro cuando pasó de nuevo por aquel camino de regreso á Jerusalem. La conmovedora narración que se hace de su inquebrantable fé, y de la pronta compasión de Jesús, debería animar á todos á dirigirse confiadamente al misericordioso Salvador.

BARTOLOMÉ, *hijo de Talmai*, uno de los doce apóstoles, Mat. 10:3; Mar. 3:18; Luc. 6:14; Hechos 1:13. Se menciona en conexión con Felipe, y parece que es la misma persona á quien Juan llama Natanael, Juan 1:45-51; y enumera entre los otros apóstoles, Juan 21:2. Véanse APÓSTOL y NATANAEL.

BARUC, *bendito*, hijo de Nería, de una distinguida familia de la tribu de Judá. Fué el fiel amigo de Jeremías. Por el año 605 A. C. él escribió, oyéndolos de los labios de Jeremías, todos los mensajes divinos recibidos por ese profeta, y en seguida los leyó al pueblo en general, y en particular á ciertos príncipes. Estos tomaron el libro é hicieron luego que su contenido fuera conocido por el rey Joacim quien impíamente lo destruyó. Baruc lo escribió por segunda vez como antes, con algunas adiciones, Jer. 56. Se supone por algunos que acompañó á su hermano Seraías á Babilonia, con las predicciones de Jeremías relativas á esa ciudad, Jer. 51:59-64. Después participó de las persecuciones sufridas por el profeta, fué aprisionado con él, y obligado á ir á Egipto con los Judíos rebeldes, Jer. 43. Un libro apócrifo se le atribuye á él. Otro Baruc se menciona en Neh. 11:5; y otro tercero entre los amigos de Nehemías, Neh. 3:20; 10:6.

BARZILLAI, *de fierro*, I., Molatita de Simeón; padre de Adriel, que se casó con Merab, la hija de Saúl, 1 Sam. 18:19; 2 Sam. 21:8.

II. Anciano y rico Galaadita, amigo de David cuando estuvo en el destierro, durante la rebelión de Absalom. Envió un buen surtido de provisiones, camas y otras cosas necesarias para el uso de los que formaban la comitiva del rey, 2 Sam. 17:27; 19:32. En el regreso de David, Barzillai le acompañó hasta el Jordán; pero rehusó, á consecuencia de su avanzada edad, continuar hasta Jerusalem á recibir los favores que el rey se proponía dispensarle. Véase CHIMHAM. Entre las últimas recomendaciones que David le hizo á Salomón, se halla la de que tratase bondadosamente á la familia de Barzillai, é hiciese á los que la componían miembros de la casa real, 1 Reyes 2:7.

III. Sacerdote que se casó con una hija del anterior, Esdras 2:61; Neh. 7:63.

BASAN, *suelo tenue*, Núm. 21:33, un rico distrito montañoso que se halla al E. del Jordán y entre las montañas del Líbano al Norte y las de Galaad al Sur, Jos. 12:3-5. Se componía en general del mismo territorio de las que más tarde fueron estas provincias romanas: Gaulonitis, ahora Jaulan, que se extiende á lo largo del alto Jordán hacia Hermón; Trachonitis, ahora el Lejah, que ocupa el terreno pedregoso hacia el E.: Batanea, ahora *Bathonyeh*, al S. E.; y Auranitis, ahora *Haurán*, al sur. Basán es célebre en las Escrituras por sus corpulentos alcornoques, Isai. 2:13, su hermosa cría de ganados, y sus ricos pastos, "carneros y corderos de Basán," Deut. 32:14; "carneros, toros, machos cabríos, engordados todos, en Basán," Ezeq. 39:18. Los viajeros describen el interior de esa tierra como abundante todavía en prados verdes y fértiles; en valles cruzados por refrescantes riachuelos; en cerros coronados de florestas, y en pastos que ofrecen alimento abundante á los rebaños. La llanura de Haurán se halla aún profusamente cubierta de ruinas de ciudades y poblados fundados sobre las rocas, ó construidos con este material. Muchos de estos caseríos, aunque abandonados como morada de los hombres desde hace siglos, están bien conservados; y su número confirma el dicho Bíblico de que en el tiempo de Josué, Argob, uno de sus principales distritos, contenía sesenta pueblos amurallados, Deut. 3:4, 5; Jos. 20:8; 21:27. Basán fué asignada después de la conquista de Óg y su pueblo, á la media tribu de Manassés, Jos. 12:4; 13:29-31. Salomón sacaba bastimentos de esta región, 1 Reyes 4:13. Fué conquistada por Hazael, pero Joas la recuperó, 2 Reyes 10:33; 13:25.

BASEMAT, *fragrante*, hija de Ismael, y tercera esposa de Esaú, madre de Reuel y de cuatro tribus edomitas, Gén. 36:2-4. Se le llama también Mahalet en Gén. 28:9. Puede ser que haya dejado este nombre y tomado el otro después de la muerte de Basemat ó Adah, hija de Elón, y la primera de las esposas de Esaú, Gén. 6:34.

BASILISCO, animal fabuloso de los antiguos. Por esta expresión se traduce en la Biblia la palabra hebrea Tzefa ó Tsifoni que se emplea para designar una serpiente sumamente ponzoñosa, Prov. 23:32; Isai. 11:8; 14:29; 59:5; Jer. 8:17. Véase SERPIENTE.

BASMAT, hija de Salomón y esposa de Ahimaas, 1 Reyes 4:15.

BASTO, 2 Cor. 11:6, sin arte ni pulimento.

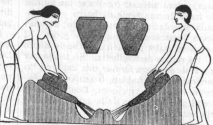

BATANEROS EGIPCIOS.

BATANERO, blanqueador ó desgrasador de telas, probablemente majándolas ó machacándolas en el agua mezclada con sustancias alcalinas. El procedimiento que se seguía puede haber sido dañoso, y la "heredad del batanero" quedaba en los afueras de Jerusalem, 2 Reyes 18:17, así como la Fuente del Batanero. Véase EN-ROGEL. Se nos habla también del "jabón del batanero," Mal. 3:2. Las vestiduras de Cristo en la transfiguración eran blancas "tanto que ningún batanero de la tierra puede blanquearlas," Mar. 9:3. Comp. Dan. 7:9. Él le quita los vestidos sucios á su pueblo, Zac. 3:4, y le da los vestidos blancos de su justificación, Apoc. 3:18.

BAT-SEBA, BERSABE ó BETSABEÉ. *hija del juramento*, esposa de Urías, y probablemente nieta de Achitofel (véase esta palabra). En 1 Crón. 3:5, se le llama Bet-Sua. David cometió primero adulterio con ella, hizo luego matar á su esposo, y después la tomó por esposa suya. Estos pecados ofendieron mucho á Jehová, quien envió al profeta Natán á que refiriera á David la parábola de la oveja. David, aunque angustiosamente arrepentido, fué castigado, 2 Sam. 11:12. Bat-seba fué la madre de Salomón, cuya sucesión al trono se empeñó en asegurar, 1 Reyes 1:15; y de otros tres hijos, 1 Crón. 3:5. Después se hace mención de ella en la historia de Adonías, 1 Reyes 2:13, en el título del Salmo 51, y entre los antecesores de Cristo, Mat. 1:6.

BATO, medida hebrea para líquidos, que contenía siete ú ocho galones; y también medida para áridos de tres ó cuatro modios ó celemines, 1 Reyes 7:26, 38, Isai.

5:10. Véanse las tablas al fin de este libro.

BAUTISMO. El sacramento ó la santa formalidad mediante la cual son admitidos como tales los miembros de la comunidad cristiana. Se administra en el nombre del Padre, y del Hijo, y del Espíritu Santo; y es una profesión visible y pública de la fé en Cristo y su salvación; de nuestra unión vital con él; de la obligación de vivir nueva vida según sus preceptos y sirviéndole bién, y de la esperanza de participar de su gloriosa y celestial inmortalidad. No debe considerarse por ningún motivo como formalidad regeneradora, aunque sea signo de regeneración. Fué establecida en la Iglesia cristiana por Cristo y sus apóstoles, como uno de los dos únicos sacramentos, Mat. 28:19; Juan 3:22, 26; 4:1, 2; Hechos 8.12, 36; 16:33, y es obligatoria á sus adeptos hasta el fin de los tiempos, Mar. 16:16. El uso del agua en este precepto ó ceremonia se funda en parte en sus cualidades como gran elemento de purificación, Salm. 26:6; 51:2, 7; Isai. 1:18; Zac. 13:1; Hechos 22:16, y en los ritos de la antigua dispensación, en los cuales "el agua y la sangre" eran los símbolos de renovación moral y de expiación, establecidos por la Divinidad, Lev. 16:4, 16, 24.

Los sujetos propios del bautismo, son los verdaderos creyentes, y según los Pedobautistas, los hijos de estos, cosa que los Bautistas niegan; siendo el modo, en la creencia de éstos, sólo la inmersión, mientras que los Pedobautistas creen que es igualmente válido aunque se practique con aspersión ó derramando el agua. El bautismo "con el Espíritu Santo y con fuego," Mat. 3:11; Luc. 3:16, se explica mejor tal vez refiriéndose á Hechos 1:5; 2:3, 4; 10:45; 11:13. El bautismo de Juan, Mat. 3:11, requería arrepentimiento, y fé en el amor de Dios que perdona; pero á éste se seguía la profusión de los dones especiales del Espíritu, y el mandato de bautizarse en el nombre de la Trinidad, Hechos 18:25, 26; 19:1-6.

La pregunta que se hace en 1 Cor. 15:29 puede en otras palabras formularse asi: ¿Porqué, cuando muchos sufren la muerte por amor de Cristo, otros se adelantan á confesar á Cristo públicamente, ocupando de ese modo el lugar de los muertos?

BAYTH, casa, el sitio de un templo idólatra de Moab, en donde el rey hacía vanas súplicas en contra de los Asirios, Isai. 5:2; 16:12.

BECERRA, símbolo de rusticidad reto-zona, especialmente cuando está bien alimentada, Jer. 50:11; Oseas 4:16. Una becerra colorada era sacrificada fuera de la puerta, Heb. 13:12, según se describe en Núm. 19, porque todo contacto con la muerte, que es la pena del pecado, era contaminoso; con eso se ejemplifica la superioridad del poder purificador que tiene la sangre de Cristo para las almas mancilladas pero penitentes, Heb. 9:13, 14; 10:22.

BECERRO, el hijuelo de la vaca, animal limpio muy empleado en los sacrificios; de aquí es que la expresión, "Así daremos los becerros de nuestros labios," Oseas 14:2, equivale á "ofrecemos como sacrificios las oraciones y alabanzas de nuestros labios," Heb. 13:15. Los becerros engordados en el establo eran considerados como los animales que mejor alimento proporcionaban. A éstos se hace referencia en Gén. 18:7; 1 Sam. 28:24; Amós 6:4; Luc. 15:25. En Jer. 34:18, "dividieron en dos partes el becerro y pasaron por el medio de estas," se hace alusión á un antiguo modo de ratificar una alianza, significando así las partes contrayentes su voluntad de ser destrozadas en caso de ser infieles, Gén. 15:9-18.

EL BECERRO DE ORO adorado por los Hebreos en el Monte Sinaí, mientras Moisés estuvo ausente, fué fundido por Aarón, tomando como material los aretes del pueblo. Fué hecho probablemente á imitación del ídolo Mnevis venerado en On, Egipto, como becerro dorado. Era quizá una figura hueca, ó tal vez hecha de madera con una capa de oro. Pretendieron que este becerro fuese un símbolo de Jehová, Exod. 32:5, y su historia nos sirve de significativa exhortación á que adoremos á Dios en espíritu, y nos abstengamos de toda clase de formas materiales y "auxilios de devoción" por plausibles que sean. Su culto estaba acompañado de obscenidades degradantes, y fué castigado con la muerte de tres mil hombres.

Los becerros de Jeroboam fueron eregidos por él, uno en cada extremo de su reino, para impedir que las diez tribus acudiesen á Jerusalem á celebrar el culto, y se coligasen así con la gente de Judá. 1 Reyes 12:26-29. De ese modo el pueblo olvidó á Dios su Salvador, y se sumergió en la más grosera idolatría. Jeroboam acaso no pretendiera instituir una nueva religión, sino adaptar la antigua á sus exigencias políticas, haciendo á los becerros como símbolos de Jehová, cuyos sacerdotes tenían todavía la pretensión de ser sus profetas, 1 Reyes 22:6. Sin embargo, muy rara vez se hace mención de Jeroboam en la Biblia sin tildársele con la nota de "que hizo pecar á Israel," 2 Reyes 17:21. El profeta Oseas frecuentemente alude al becerro de Betel, á la tontería y culpa de sus adoradores, y al día en que tanto el ídolo como el pueblo debían ser despedazados por los Asirios.

BEELZEBUB, "el príncipe de los demonios," Mat. 10:25; 12:24; Mar. 3:22. Este nombre se deriva de Baal-zebub, una deidad idólatra entre los Ecronitas, y cuyo nombre significa "señor de las moscas," como si tratara de proteger á sus adoradores del tormento que causaban las picaduras de las diversas clases de mosquitos que infestaban aquella región, 2 Reyes 1:2, 3, 16. Algunas veces se escribe Beel-zebul, que significa probablemente el *dios de estiércol*. Los Judíos parece que aplicaron este dictado á Satanás, por ser el autor de todas las profanaciones y abominaciones de la idolatría, y Cristo lo usa como otro nombre de Satanás, Mat. 12:24–30; Mar. 3:22–30; Luc. 11:14-20.

BEER, *un pozo*, I., estación de los Hebreos en Moab, en donde Dios les dió agua, Núm. 21:16-18; Isai. 15:8.

II. Ciudad de Judá, situada según Eusebio y Jerónimo, á pocas millas al O. de Jerusalem, cerca de Bet-semes. Joatam buscó allí refugio huyendo de su hermano Abimelec, Jueces 9:21.

BEER-LAHAI-ROI, *pozo de quien vive y me vé*, fuente situada en el límite S. E. de Canaán, en donde Agar fué visitada por un ángel, y cerca de la cual vivió Isaac por largo tiempo, Gén. 16:7, 14; 24:62; 25:11.

BEEROTH, *pozos*, ciudad de Benjamín cerca de Gabaón, Jos. 9:17; 2 Sam. 4:2, 3. Ahora es El-Bireh, población de 700 habitantes, en un risco que se halla diez millas al N. de Jerusalem. Es el lugar en que generalmente se alojan los viajeros la primera noche del día en que salen de Jerusalem con dirección al N., y se pretende que allí fué en donde los padres de Jesús le echaron menos, según se refiere en Luc. 2:43-45, y de donde regresaron á Jerusalem.

ANTIGUO POZO DE BEER-SEBA, DE DOCE PIÉS DE DIÁMETRO.

BEER-SEBA, *pozo del juramento*, Gén. 21:31; 26:31, 33. ciudad situada 28 millas al S. O. de Hebrón, y en la extremidad meridional de la Tierra Santa; quedando Dan en la septentrional, Jueces 20:1. En Beer-seba residieron con frecuencia Abraham, Isaac y Jacob, Gén. 21:31; 22:19; 26:23; 28:10; 46:1. La ciudad que se levantó allí se asignó primero á Judá, y después á Simeón, Jos. 15:28; 19:2.

Allí estableció Samuel á sus hijos como jueces, 1 Sam. 8:2. Allí descansó Elías yendo para Oreb, 1 Reyes 19:3. Fué asiento de la idolatría en tiempo de Ozías, Amós 5:5; 8:14. Después de la cautividad, volvieron á poblarla los Judíos, Neh. 11:27, 30, y continuó siendo una población grande por muchos siglos después de la venida de Cristo. El Doctor Robinson la encontró situada en Bir-es-Seba, en el límite del gran desierto al S. de Canaán, donde se vén las ruinas de una pequeña ciudad diseminada, y dos pozos de piedra profundos, con excelente agua, rodeados de piletas, todo con señales de gran antigüedad, pues aun los brocales de piedra tienen profundas cavidades, como si el roce de sogas durante muchos siglos los hubiese acanalado.

HIPOPÓTAMO Ó BEHEMOT.

BEHEMOT, *bestias*, palabra traducida así en algunos pasajes, pero conservada del hebreo para aplicarla al corpulento anfibio descrito en Job 40:15-24. Los comentadores ahora están generalmente de acuerdo en que es el hipopótamo ó caballo de río, que se halla actualmente sólo en el Nilo y en otros grandes rios del África. Éste es un animal muy corpulento, fuerte y pesado, que vive en el agua, pero sale á las riberas á comer pasto, grano, yerbas verdes y ramas de árboles. El aspecto del hipopótamo en tierra es muy singular, por ser en extremo corpulento, achatado, de formas redondeadas, con una cabeza proporcionalmente grande y con piernas cortas. La longitud del macho se ha visto que es de 17 piés; la altura de 7, y la circunferencia de 15; la cabeza tiene tres piés y medio, y su vientre nueve. Su boca tiene como dos piés de ancho. Su color general es pardusco; orejas pequeñas y puntiagudas; ojos pequeños y negros; labios gruesos y anchos, y las ventanas de la nariz pequeñas. La armadura dental de su boca es verdaderamente formidable, particularmente los colmillos de

la mandíbula inferior, que son encorvados, y.tienen á veces dos piés de largo, y pesan seis libras cada uno. Su cola es corta y gruesa, y todo el cuerpo lo tiene protegido por un cuero grueso y duro, impenetrable aun por las espadas y los dardos.

BEL, el ídolo principal de los Babilonios. Véase BAAL.

BELA, Gén. 14. Véase ZOAR.

BELIAL, *lo despreciable*. Ser hombre ó hijo de Belial, es ser malo, disoluto, incorregible, Jueces 19:22; 1 Sam. 2:12. No es nombre propio del Antiguo Testamento, sino abstracto, y con frecuencia se traduce por perverso, como en Deut. 15:9; Salm. 101:3. En 2 Cor. 6:15, se tiene á Belial como señor del mal, como Satanás.

BELSASAR, *príncipe de Bel*, el último rey de los Caldeos en Babilonia, que reinaba en compañía de su padre Nabonnedus en la época en que la ciudad fué sitiada por Ciro, 558 A. C. Nabonnedus fué estrechamente encerrado en Borsippa, ciudad vecina, al tiempo que en la misma Babilonia Belsasar celebraba una fiesta impía, en la cual tanto él como sus cortesanos bebían en los vasos sagrados que su abuelo Nabucodonosor se había llevado del templo de Jerusalem. Allí se llenó de terror por la aparición de la mano que escribió en la pared, y esa misma noche fué asesinado, y la ciudad fué tomada por los Medos y Persas, al mando de Darío y de Ciro, Dan. 5. Las inscripciones de algunos antiguos cilindros que se encontraron en las ruinas de Mughier, confirman y explican notablemente la narración bíblica. De este modo también podemos comprender la razón porqué Daniel fué hecho "tercero," y nó segundo gobernante del reino, Dan. 5:29. Véanse BABILONIA, DANIEL, MENE.

BELTSASAR, *príncipe de Bel*, el nombre caldeo dado á Daniel en la corte de Nabucodonosor, Dan. 1:7; 4:8. Véase DANIEL.

BEN, se encuentra en muchos nombres hebreos, y significa HIJO.

BEN-ADAD, *hijo de Adad*. I., rey de la Siria Damasquina, contratado por Asa, rey de Judá, para hacer la guerra á Baasa, rey de Israel, 1 Reyes 15:18-22. Asoló á una gran parte de Neftalí. De 1 Reyes 20:54 consta que también adquirió algunas ventajas en una guerra hecha á Omri, el padre de Acháb.

II. Hijo y sucesor del precedente. En dos años sucesivos levantó grandes ejércitos, é hizo la guerra á Acháb rey de Israel

85

Fué completamente derrotado, mediante el auxilio que en su contra prestó Jehová, Dios de los cerros y de las llanuras también, 1 Reyes 20. Acháb le perdonó apesar de contrarios mandatos de Dios, y le impuso condiciones de paz. Parece que éstas no fueron cumplidas, porque tres años después Acháb volvió á hacer la guerra, y en ella murió, 1 Reyes 22. Después de nueve años, Ben-adad invadió de nuevo á Israel, y el profeta Eliseo sirvió de instrumento para frustrar sus planes, 2 Reyes 6:8–23. Pero renovando la guerra una vez más, puso sitio á Samaria, y la redujo á las mayores extremidades por hambre. Dios hizo producir un pánico repentino en su ejército durante la noche, y éste huyó precipitadamente, 2 Reyes 6:27; 7:6; Prov. 28:1. Poco antes de su muerte, estando enfermo Ben-adad, envió á Hazael á que le preguntara al profeta Eliseo, que entonces estaba en Damasco, cuales serían las consecuencias de su enfermedad. El profeta le contestó que no era mortal, pero que sin embargo, era seguro que moriría: paradoja á que Hazael le dió solución ahogando á su amo en su cama con la aplicación de un paño empapado en agua, 2 Reyes 8:7–15. 890 A. C. Véase HAZAEL.

III. Hijo de este Hazael que acaba de mencionarse. Su padre había afligido y oprimido sobremanera á Israel; pero él perdió todo lo que su padre había ganado, habiendo sido derrotado tres veces por el rey Joás, 2 Reyes 13; Amós 1:4.

BENAÍAS, *edificado por el Señor*, hijo del sumo sacerdote Joiada, 1 Crón. 27:5, y comandante del cuerpo de guardias de David. Se refieren varios casos de su extraordinario valor en 2 Sam. 8:18; 23:20–23. Se adhirió á Salomón cuando algunos favorecieron las pretensiones de Adonías; dió muerte á Joab por mandato de Salomón, y fué hecho general del ejército en su lugar, 1 Reyes 1:36; 2:29–35.

Otros once Benaías se mencionan en el Antiguo Testamento, no siendo conocido ninguno de ellos sinó por uno ó dos versículos en que se hace referencia á ellos.

BENAMMI, *hijo de mi pueblo*, hijo de Lot y padre de los Ammonitas, Gén. 19: 36–38.

BENDICIÓN. Cuando Dios bendice, concede la virtud que hace su bendición eficaz. Sus bendiciones son ó temporales ó espirituales, corporales ó mentales; pero en todo llevan consigo el bien que significan, Núm. 6:23–27. Las bendiciones de unos hombres á otros, á no ser que sean profecías inspiradas, como en Gén. 32:49; Deut. 33, ó bendiciones oficiales, Núm. 6:23–27; Deut. 21:5, no pasan de ser buenos deseos, ó algo á manera de ruegos hechos al Autor de todo bien, por la felicidad de aquellos á quienes se dedican. La bendición de parte del hombre hacia Dios es un acto de alabanza reverente, ó una acción de gracias por todas sus misericordias, Salm. 103:1, ó por alguna misericordia especial, como por el alimento ó por cualquier otro bien, por los cuales se dan gracias á Dios, Salm. 116:13; 1 Cor. 10:16. Véase SALUTACIÓN.

BENJAMÍN, *hijo de la mano derecha*, el hijo menor de Jacob y de Rachél, Gén. 35:6–18. Rachél murió inmediatamente después de que éste nació, cerca de Betlehem, por el año 1730 A. C., y al exhalar el último aliento le puso por nombre Benoní, *hijo de mi dolor;* pero Jacob lo llamó Benjamín. Fué un gran consuelo para su padre, quien veía en él á la amada esposa á quien había sepultado, y á José, cuya pérdida lamentaba. Apenas pudo persuadírsele á que lo dejara ír con sus hermanos á Egipto, Gén. 42:43. La tribu de Benjamín era al principio pequeña, y fué casi exterminada en tiempo de los jueces, Jueces 20; pero después creció sobre manera, 2 Crón. 14:8; 17:17. Fué valiente, Gén. 49:27, y "amado del Señor," viviendo en seguridad cerca de Él, Deut. 33:12; porque su territorio lindaba con Judá y la ciudad santa por el lado del Sur, teniendo por límite E. el Jordán, á Efraim por el N., y á Dan por el O. Betel, Gabaón, Ramah y Jericó, eran algunas de las ciudades principales, y Jerusalem quedaba dentro de los límites que se le habían asignado, que abrazaban una extensión como de 250 millas cuadradas. En la rebelión de las diez tribus, Benjamín se unió á Judá, y las dos tribus estuvieron siempre estrechamente ligadas, 1 Reyes 11:13; 12:20; Esdras 4:1; 10:9. El rey Saúl y Saúl de Tarso eran ámbos Benjamitas, Fil. 3:5.

BERA, rey de Sodoma en tiempo de Abraham, Gén. 14, 1913 A. C.

BERACAH, *bendición*, hermoso valle entre Tekoa y Etam, en donde Jósafat y todo Judá celebraron culto de acción de gracias por la milagrosa victoria que alcanzaron sobre los Moabitas y Ammonitas, 2 Crón. 20:16. Todavía hoy día se le llama BEREIKUT.

BEREA, ciudad de Macedonia, á corta distancia de Pella, hacia el S. O., y cerca del Monte Bermius. Después fué llamada frenópolis, y ahora los Turcos le dan el nombre de Boor, y otros la llaman Cara Vería. Pablo predicó el evangelio allí con buen éxito en su primera visita á Europa; los Bereanos examinaron ingénuamente la doctrina de éste, con arreglo á las Escrituras del Antiguo Testamento, y muchos creyeron en ella, Hechos 17:10, 14; 20:4. Allí vivió Sopater.

BERILO, el nombre de una piedra preciosa de color verde mar, que se hallaba principalmente en la India, Exod. 28:20; Dan. 10:6; Apoc. 21:20. Sin embargo, la piedra á que se hace referencia en este pasaje es más bien el topacio amarillo.

BERMELLÓN, color rojo subido, parecido al escarlata. Estaba asociado con la idolatría, Jer. 23:14; Ezeq. 23:14, y aún se encuentran rastros del barmellón en las paredes de Khorsabad, y en el mármol de Nimrud que hoy se vé en el Museo Británico. El bermellón que hoy se usa es un sulfuro de mercurio.

BERNABÉ. *hijo de la exhortacion*, Barnabas ó José, levita de la isla de Cipro, que vendió toda su heredad, y depositó el precio de ella á los piés de los apóstoles, Hechos 4:36, 37. Cuando Pablo fué á Jerusalem tres años después de su conversión, Bernabé lo introdujo á los otros apóstoles, Hechos 9:26, 27. Cinco años después, habiéndose informado la iglesia de Jerusalem de los progresos que hacía el evangelio en Antioquía, envió á Bernabé allí, y éste vió lleno de contento las maravillas de la gracia de Dios, Hechos 11:20-24. Fué después á Tarso á buscar á Pablo, para llevarlo á Antioquía, en donde vivieron juntos dos años, y muchos se convirtieron. Dejaron á Antioquía 45 A. D. para llevar limosnas de esta iglesia á la de Jerusalem, y regresaron pronto, trayendo consigo á Juan Marcos, Hechos 11:28-30; 12:25. Mientras estaban en Antioquía, 45 A. D., el Espíritu Santo mandó que se separaran para aquellos trabajos que él les había señalado, es decir, para la implantación de nuevas iglesias entre los gentiles. Y así fué que desde temprano se instituyó en la Iglesia Cristiana la causa de las misiones, imponiéndoles el Espíritu Santo á los creyentes el deber de escoger de su gremio de algunos que se consagrarían á llevar el evangelio á los paganos, de proveer lo necesario para esta obra, y de velar por sus progresos. Visitaron á Cipro y algunas ciudades del Asia Menor, Hechos 13:2-14, y después de tres años volvieron á Antioquía, congregaron la iglesia y dieron cuenta de todo lo que Dios había hecho por conducto de ellos. En 50 A. D. él y Pablo fueron comisionados por las iglesias sirias para ir á consultar á los apóstoles y ancianos de Jerusalem, respecto de ciertas cuestiones suscitadas por los Judíos fanáticos; y habiendo obtenido el juicio de los hermanos de Jerusalem, volvieron á noticiarlo acompañados de Silas y de Barsabas. En Antioquía, Pedro lo indujo á la hipocresía, y por esto fué reprendido por Pablo. Estando preparándose para una segunda excursión misionera, Pablo y Bernabé tuvieron una disputa relativa á Marcos, sobrino de éste, y con ese motivo se separaron, yéndose Pablo para Asia, y Bernabé con Marcos para Cipro, Hechos 13-15; Gál. 2:13. Nada se sabe de su historia posterior.

Hay un evangelio apócrifo, en árabe, que se le atribuye á él, pero fué escrito por algún cristiano hereje; también otra obra apócrifa, probablemente del siglo quinto, que pretende hacer la narración de sus trabajos en Cipro, y de su muerte allí; y una epístola que trata principalmente de la conexión entre la dispensación Mosaica y el evangelio, pero escrita evidentemente por alguna otra mano, aunque en una fecha temprana, probablemente hacia principios del siglo II. El Doctor Tischendorf encontró una copia completa del original griego, que se puso como apéndice del Manuscrito Sinaítico del Nuevo Testamento. Su valor es el de un testigo antiguo, nó el de una autoridad inspirada. Su lenguaje concuerda constantemente con el del Nuevo Testamento. No se dice en ella nada respecto de Papas, tradiciones, sacerdotes, misas, penitencias, confesión ó purgatorio; ni una palabra tampoco sobre las oraciones á los ángeles, á los santos ó á María. Reconoce distintamente el día de descanso cristiano, diciendo: "Por lo cual debemos regocijarnos el octavo día, en el cual también Jesús se levantó de entre los muertos, y habiéndose hecho visible, subió á los cielos."

BERNICE ó BERENICE, *que trae la victoria*, hija mayor del rey Herodes Agripa I., y hermana del Agripa más joven, Hechos 25:13, 23; 26:30. Fué casada primero con su tío Herodes, rey de Chalcis; y después de la muerte de éste, para evitar la merecida sospecha de incesto con su hermano Agripa, vino á ser la esposa de Polemón, rey de Cilicia. Habiéndose disuelto á poco esta unión, volvió al lado de su hermano, y después fué la amante de Vespasiano y de Tito.

BEROTH, una ciudad de Siria conquistada por David, 2 Sam. 8:8; llamada Chún en 1 Crón. 18:8. Acaso es la misma Berotah que Furst y Mislin encuentran en la moderna Beyrout; pero aparte del nombre. las indicaciones señalan uno ó dos sitios interiores, más inmediatos á Hamat y á Damasco, Eseq. 47:16.

BESO. Este saludo se acostumbraba en el Oriente para expresar miramiento y reverencia, así como afecto, Gén. 29:13; Rut 1:14; Cant. 1:2; Hechos 20:37. Algunas veces se besaba la barba, 2 Sam. 20:9; y en prueba de humilde afecto, los piés, Luc. 7:38, y aun el suelo que pisaban, Isaí. 49:23. Se hace mención de esta práctica entre los padres y los hijos, Gén. 27:26; 31:28, 55; Luc. 15:20; entre los recien casados ó los novios, Cant. 8:1; entre los parientes cercanos y los amigos, Gén. 33:4; 45:15; 1 Sam. 20:41, ó conocidos de igual rango, 2 Sam. 20:9; Salm. 85:10; Luc. 22: 48; Hechos 20:37; por parte de los superiores complacientes, 2 Sam. 15:5; 19:39, y de sus inferiores, Luc. 7:45. Las imágenes y los cuerpos celestiales éran adorados besándose uno la mano delante de ellos, 1 Reyes 19:18; Job 31:27; Oseas 13:2. La expresión, "Besad al Hijo," Salm. 2:12, puede ilustrarse por 1 Sám. 10:1, en donde el rey Saúl recibe el beso de la alianza de Samuel. Este saludo acostumbrado en aquella época, de hombre á hombre, se usó en la primitiva iglesia como una prenda de paz cristiana y de caridad, Rom. 16:16; 1 Cor. 16:20; 2 Cor. 13:12; 1 Tes. 5:26; 1 Ped. 5:14; y esta costumbre se conservó más ó menos por muchos siglos sólo entre las personas del mismo sexo, y desapareció en el siglo de las persecuciones.

BESOR, fresco, arroyo que corre al Mediterráneo cinco millas al S. de Gaza, pasando por Aroer y Beer-seba, 1 Sam. 30:9-21. En la primavera está seco.

BESTIAS. Esta palabra usada como distinción de hombre, denota toda clase de animales, Salm. 36:6; algunas veces se aplica á los cuadrúpedos, y nó á los reptiles, Lev. 11:2-7; y algunas otras á los animales domésticos distinguiéndolos de los salvajes, Gén. 1:25; 45:17. Todos fueron llevados ante Adam para darles nombre. No se mencionan en la Biblia sino los que vivían en Palestina y en las comarcas adyacentes. Las bestias sufren con el hombre bajo las penas de la caída, Gén. 3:14; Exod. 9:6; 13:15; Ezeq. 38:20; Oseas 4:3. Con todo, la ley judaica contiene varias disposiciones humanitarias en favor de ellas, Exod. 20:10; 23:11, 12; Lev. 22:28; 25:7; Deut. 22:4, 6, 7; 25:4. Los animales se clasificaron por la ley como limpios é inmundos, refiriéndose á la preferencia en los sacrificios de animales, Gén. 7:2; Lev. 11. Véase LIMPIO.

La palabra "bestias" se usa figuradamente para simbolizar varios reyes y naciones, Salm. 74:14; Isaí. 27:1; Ezeq. 29:3; Dan. 7:8; Apoc. 12:13. Describe también el carácter de los hombres violentos y brutales, Salm. 22:12, 16; 1 Cor. 15:32; 2 Ped. 2:12. Una palabra hebrea que comunmente se traduce por bestias, significa criaturas vivientes. En la vision de Ezequiel, Ezeq. 1, se aplica á los seres humanos ó á su símbolo. En el libro del Apocalipsis se emplean simbólicamente dos palabras distintas, traduciéndose ambas por "bestia" en nuestra versión. La una se aplica á poderes de persecución sobre la tierra, Apoc. 11:7; 13:1, etc., y la otra á los seres sobrehumanos ó á sus símbolos, Apoc. 4:6, etc. Esta última podría haberse traducido con propiedad por "criatura viviente," como está en Ezequiel la palabra que le corresponde en hebreo.

BETA, confianza, ó Tibat, una ciudad de Siria-Zobah, tomada por David, 2 Sam. 8:8; 1 Crón. 18:8; quizás es el moderno Taibeh, entre Alepo y Tadmor.

BETÁBARA, lugar del vado, en la margen oriental del Jordán, en donde Juan bautizaba, Juan 1:28. Era talvez lo mismo que Bet-bara, en donde se tomó un vado para interceptar el paso á los Madianitas derrotados por Gedeón, Jueces 7:24. Ésta, sin embargo, quedaba probablemente en la región de Bet-sean; mientras que Betábara era más accesible á "Jerusalem y á toda Judea," tal vez frente á la extremidad septentrional del valle de Jericó. Muchos de los mejores manuscritos griegos, y la Versión Revisada, tienen á Betania, también desconocida, en lugar de Betábara.

BETANIA, lugar de dátiles, un pueblito hermosamente situado en la falda oriental del Monte Olivete, como á dos millas al Este-Sudeste de Jerusalem, en el camino del Jericó. Fué con frecuencia visitado por Cristo, Mat. 21:17; Mar. 11:1, 12; Luc. 19:29. Allí habitaban Marta y María, y Lázaro fué resucitado de entre los muertos, Juan 11; fué ungido el Señor allí para el día de su entierro, Juan 12; de allí salió para hacer su entrada triunfal á la ciudad santa; allí pasó varias noches de la memorable semana de su muerte; y de en medio de sus discípulos, cerca de este pueblo

88

al cual amaba, ascendió á los cielos, Luc. 24:50. Apenas había otro lugar en aquella tierra que haya presenciado tantas escenas de tierno interés para los cristianos. Su nombre moderno de Aziriyeh se deriva de Lázaro. Es una pobre población de veinte familias.

BET, ó BETH, *casa*. Esta expresión se halla en muchos nombres de lugares. Algunas veces donota *el lugar ó habitación*, y otras *el templo*. En el árabe moderno se ha cambiado en BEIT.

BET-ARBEL, llamada después probablemente Arbela, y ahora Irbid. Una Arbela se hallaba á 25 millas al S. E. del Mar de Galilea; y la otra, ahora Irbid, estaba en Galilea cerca de Magdala. Allí había algunas grandes y casi inaccesibles cavernas fortificadas, en los costados de los precipicios, que servían en tiempo de Herodes de escondite á ladrones, que sólo podían cojerlos haciendo que los soldados bajaran á ellas en grandes cajas suspendidas por cadenas de hierro. Josefo después las fortificó contra los Romanos. Salmán parece haber tomado este lugar en su guerra contra Oseas, Oseas 10:14.

BET-AVEN, *casa de vanidad, ó ídolos*, lugar y desierto situados cerca de Betel al E., Jos. 7:2; 18:12; 1 Sam. 13:5; 14:23; éste nombre se usa también á veces en tono de desprecio en lugar del mismo Betel, *la casa de Dios*, después de haberse establecido allí los becerros de oro, Oseas 41:5; 10:5.

BET-CAR, *casa del cordero*, en Dan al O. de Mispa, conocido por la derrota de los Filisteos, y por la piedra Eben-ezer puesta allí por Samuel, 1 Sam. 7:11.

BETEL, ó BETHEL, *casa de Dios*, ciudad al O. de Aí, en los confines de las tribus de Ephraím y Benjamín, Gén. 12:8; 28:10-22, en el sitio en que Jacob se durmió y tuvo su memorable sueño, sustituyendo el nombre que él entonces le dió, por el de Luz que antes tenía, Jueces 1:23. Treinta años después, Jacob volvió á plantar su tienda allí, y consagró de nuevo el sitio, en cumplimiento de su voto, levantando un altar y una columna, y recibiendo de Dios la renovación de las promesas del pacto, Gén. 35:1-15; Oseas 12:4, 5. Allí también sepultó á Débora. Fué capturada por Josué, y dada á Benjamín, Jos. 12:9; 18:22. Los Ephraimitas, sin embargo, expulsaron á los Cananeos, Jueces 1:22-26. Allí permanecieron largo tiempo el arca de la alianza, y probablemente el tabernáculo, Jueces 20:26; 1 Sam. 10:3. Samuel juzgaba allí por turno, 1 Sam. 7:16. Después de Salomón, vino á ser el asiento de una grosera idolatría, por haberla escogido Jeroboam para colocar en ella uno de sus becerros de oro, ya por ei carácter sagrado que con anterioridad se le había dado, y ya por estar bien situada para interceptar el paso á aquellos que quisiesen ir á celebrar el culto en Jerusalem, 1 Reyes 12:20. A los profetas se les encomendaron mensajes contra Betel, 1 Reyes 13:1, 2; Jer. 48:13; Amós 3:14; 7:10. El primero de éstos fué cumplido por Josías, 2 Reyes 23:15; y los otros en la posterior desolación de Betel, en donde no puede hallarse ahora otra cosa que ruinas. Su situación fué identificada por el Dr. Robinson, en el lugar llamado actualmente Beitín. Está á doce millas al N. de Jerusalem, en la falda meridional de un cerro, con un valle fértil y estrecho al E., y un camino muy transitado al O. En el pié del cerro se ven las ruinas de un vasto estanque de piedra de la remota época de los Hebreos. Véase BET-AVEN.

BET-ESDA, *casa de misericordia*. Estanque cerca del templo de Jerusalem, con un edificio abierto sobre él, ó cerca de él, para los enfermos que fuesen á probar su eficacia curativa, Juan 5:2. La tradición coloca este estanque en lo que ahora es un gran depósito seco, construido para contener agua, y que tiene 360 piés de largo, 130 de ancho, y más de 75 de profundidad, á lo largo de la parte exterior del muro septentrional del area del templo. Robinson, sin embargo, demuestra la probabilidad de que éste no sea otra cosa que una porción del foso que separaba el Monte Moría del cerro adyacente que se halla al N. Sugiere que el verdadero Bet-esda puede muy bien ser "La Fuente de la Virgen" en la parte baja del valle de Jósafat, á 850 piés al S. del area del templo. Este estanque es de una grande antigüedad, y se llena con el agua de otros depósitos también muy antiguos construidos debajo del templo. Dos escaleras con un número respectivamente de 16 y 13 escalones y entre las cuales se halla una plataforma de 12 piés, conducen al estanque: éste tiene 15 piés de largo, y 5 ó 6 de ancho. Sus aguas se levantan y caen á intervalos inciertos, y corren al estanque de Siloam por un canal subterráneo. Se supone que es "el estanque del rey" de que se habla en Neh. 2:14. Bet-esda—aun cuando nos fuere conocido, y tuviésemos acceso á él—ha perdido su poder curativo; pero la fuente que

Cristo ha abierto para el pecado, la culpa, y la muerte, está cerca de todos, y tiene una virtud que nunca falta. El pasaje, Juan 5:4, que atribuye la agitación del agua á un ángel, se ha omitido en la Versión Revisada inglesa, por juzgarlo como una añadidura ó interpolación.

BET-FAGE, *lugar de higos*, pequeña población en la falda oriental del Monte Olivete, cerca de Betania, Mat. 21:1; Mar. 11:1; Luc. 19:29.

BET-HACEREM, *casa del viñedo*, y que se conjetura que es el Monte Franco, situado entre Tekoa y Betlehem, altura sobre la cual debía colocarse un fanal al acer-

carse los Babilonios, Neh. 3:14; Jer. 6:1. Este es un cerro cónico, solitario, en que los Cruzados tenían una buena fortaleza.

BET-HOGLA, *casa de perdices*, ciudad de Benjamín, en el límite de Judá, Jos. 15:6; 18:19, 21; ahora es Ain-hajla, á tres millas de la embocadura del Jordán, en el camino para Jericó. Véase ABEL-MIZRAIM.

BET-JESIMOT, *lugar de desiertos*, ciudad de Rubén tomada á los Moabitas, Núm. 33:49; Jos. 12:3; 13:20, pero recobrada por éstos después de la cautividad, Ezeq. 25:9. Se hallaba á corta distancia al E. de la embocadura del Jordán.

BETLEHEM COMO SE VE AHORA.

BET-LEHEM, *casa de pan*, I., ciudad muy antigua y célebre, lugar del nacimiento de David y de Cristo. Quedaba en la tribu de Judá, cinco millas al S. E. de Jerusalem, en una región fértil. Esta circunstancia le dió también el nombre antiguo que tenía de Ephrat, *fructífero*, Gen. 35: 16; 48:7; Rut 1:2; Mic. 5:2. Quedaba hermosamente situada en el extremo oriental de una loma de figura oblonga de una milla de largo, que corre de E. á O. y cuya elevación de 2,700 piés sobre el nivel del mar, proporciona una bella vista en todas direcciones. Las colinas que se vén á su rededor estaban terraplenadas, y cubiertas de viñedos, higueras, y almendros; y los valles producían ricas cosechas de

granos. Fué fortificada por Roboam, 2 Crón. 11:6, pero era comparativamente un lugar de poca importancia, Mic. 5:1, y no se menciona ni por Josué ni por Nehemías entre las ciudades de Judá. Su recuerdo se relaciona de una manera deliciosa con los nombres de Booz y de Rut; es célebre por ser la ciudad de David, y donde él nació, 1 Sam. 17:12, 15; 20:6; 2 Sam. 25:14-17, aunque se habla poco de ella durante su reinado, y rara vez se menciona en la historia subsecuente del Antiguo Testamento, 2 Crón. 11:6; Esdr. 2:21; Neh. 7:26. Pero sobre todo, se le reverencia como el lugar en donde nació el Redentor. Sobre ese sitio simpático fué donde estuvo como suspendida la estrella que sirvió de guía á los sabios del Oriente; allí adoraron éstos al Rey de los reyes, y allí era donde David cuidaba su rebaño, alababa á Dios, y se hicieron oir los cánticos angélicos de los coros celestiales la noche del nacimiento del Salvador, Luc. 2:8. Bet-lehem ahora se llama Beit-lahm, y contiene como tres mil habitantes, casi exclusivamente de la iglesia griega. En los suburbios del E. queda la "Iglesia de la Natividad," contigua al Convento Latino y la cual se dice fué construida por el emperador Justiniano, en el mismo sitio en que se hallaba la iglesia primera é inferior de Constantino. Veinte piés abajo está la cueva cubierta ahora de mármol italiano, en donde los monjes pretenden mostrar el punto mismo en donde Cristo nació, y donde estaba el pesebre. Pero la tradición tiene muy poco fundamento. La cueva es una bóveda subterránea escarpada y profunda, demasiado distante de la población. La "cisterna de Bet-lehem" que David tanto deseaba, 2 Sam. 23:15, está junto á la puerta de entrada, del lado del S. y es de agua dulce. Media milla al N. señala la tradición el sitio en donde está la tumba de Rachél, Gén. 35:16-20; y como dos millas al S. O. están los grandes depósitos descritos en este libro bajo el mote ESTANQUES DE SALOMÓN.

II. Lugar en Zabulon, Jos. 19:15; Jueces 20:10, del cual se distinguía la ciudad de David, frecuentemente llamándola Betlehem de Judá. Ahora es una miserable población seis millas al O. de Nazaret.

BET-NIMRA, *casa de agua dulce*, Núm. 32:3, 36; Jos. 13:27, y NIMRIM, Isai. 15:6; Jer. 48:34; ciudad fortificada en Gad, un poco al E. del Jordán, en una corriente de agua que se dirige, desde cerca de Ramot-Galaad, siguiendo el S. O. hasta ese río, arriba de Jericó. La posición que ocupaba podría muy bien corresponder á Betábara.

BET-ORON, *casa de lo hueco*, ahora Beitúr, nombre común á dos ciudades, en el ángulo N. O. de Benjamín, distinguidas todavía con los nombres de Alta y Baja, Jos. 10:10, 11; 16:3, 5; 21:22; 1 Crón. 7:24. Estas se hallaban en dos lomas con valles de uno y otro lado; estando separada la Baja Bet-oron de la Alta por un pequeño valle, y un desfiladero rocalloso y áspero que sube á la eminencia en que estaba la alta Bet-oron, como á doce millas de Jerusalem, y en el camino usual que conducía á la costa. Por este desfiladero fué que Josué hizo huir á los Amorrheos, y por él también pasó Pablo de noche yendo para Antípatris, Jueces 10:1-11; Hechos 23:31, 32.

BET-PEOR, *templo de Peor*, ciudad de Moob, al E. del Jordán, frente de Jericó, en los límites asignados á Rubén y conquistada á los Amorrheos, Jos. 13:20. Era infame por el culto que en ella se daba á Baal-Peor. En el valle adyacente Moisés le repitió el texto de su ley á Israel, y allí fué sepultado, Deut. 4:44-46; 34:6.

BET-SAIDA, *lugar de pesca*, I., ciudad en Galilea, en la playa occidental del Mar de Tiberias, un poco al N. de Capernaum; fué el lugar de nacimiento de los apóstoles Felipe, Andrés y Pedro, Juan 1:44; 12:21; y fué con frecuencia visitada por Nuestro Señor, Mat. 11:21; Mar. 6:45; 8:22. Robinson la sitúa junto á una fuente copiosa, á menos de una milla al N. de Khan-Minyeh, en una población llamada Ain-Et-Tabighah.

II. Ciudad en Galaonitis, al N. del mismo lago y al E. del Jordán. Cerca de este lago Cristo dió de comer á 5,000, Juan 6:3, 10. Estaba en una hermosa colina cerca del Jordán, separada del Mar de Galilea por una llanura que tiene tres millas de ancho, de extraordinaria fertilidad, Luc. 9:10. Comp. Mat. 14:13-22; Mar. 6:31-45; 8:22. Esta ciudad fué ensanchada por Filipo, tetrarca de aquella región, Luc. 3:1, y llamada Julia en honor de Julia, hija de Augusto. Ahora está casi completamente arruinada.

BET-SAN, *casa de descanso*, después Scythópolis; estaba situada en el camino de Jerusalem á Damasco, cuatro millas al O. del Jordán, en la extremidad del valle de Jezreel, ramal de la grande llanura de Esdraelon, que bajando de este punto se dirige al valle del Jordán, siguiendo el rumbo del S. O. Estaba precisamente en la ceja de donde el primer valle desciende formando una pendiente algo escabrosa, hasta ponerse al nivel del segundo. Por allí cerca corre un arroyo que sale de la fuente de Jezreel, y al cual se hace alusión en 1 Sam. 29:1. Bet-san asignada á Manassés, aunque no fué inmediatamente subyugada, Jos. 17:11, 16; Jueces 1:27. El cadáver de Saúl fué colgado en sus muros por los Filisteos, 1 Sam. 31:10, 12; 2 Sam. 21:12; 1 Reyes 4:12. Ahora se llama Beisán y está como á 24 millas al S. de Tiberias. Contiene 70 ú 80 casas. Las ruinas de la ciudad antigua demuestran que ésta tenía cerca de tres millas de circuito.

BET-SEMES, *casa de sol*, I., ciudad de Judá, dada á los sacerdotes, Jos. 21:16;

1 Sam. 6:15; 1 Crón. 6:59. Estaba á 15 millas al O. de Jerusalem cerca del límite de Dan y de los Filisteos, Jos. 15:10; 1 Sam. 6:12; 2 Crón. 28:18. Es probablemente la misma Ir-semes de que se habla en Jos. 19:41. Es memorable por una batalla que tuvo lugar entre Judá é Israel, en la cual Amazías fué derrotado, 2 Reyes 14:12-14; y por la vuelta del arca traida de Ecrón por los Filisteos, y el castigo de los que la profanaron, 1 Sam. 6. Algunos comentadores suponen que los números del versículo 19 deben traducirse por " setenta hombres, es decir, cincuenta por mil," ó uno por cada veinte de los hombres que había en la ciudad. Se ha identificado el sitio que ocupaba, y ahora se llama Ain-Shems.

II. Ciudad célebre de Egipto. Jer. 43:13. Véase HELIÓPOLIS.

Hubo también otras dos poblaciones de este nombre, en Isachar y Neftalí, Jos. 19:22, 38, que sugieren la extensión dada por los Cananeos al culto del sol.

BET-SITTA, *hogar de la acacia*, cerca del Jordán; el sitio donde existió no se ha identificado, Jueces 7:22.

BET-SUR, *casa de roca*, ciudad en el país montuoso de Judá, cerca de Hebrón, Jer. 15:58. Fué fortificada por Roboam, 2 Crón. 11:7, y contribuyó á la reedificación de Jerusalem, Neh. 3:16. Fué famosa en las guerras de los Macabeos. Josefo la llama una de las mejores fortalezas de Judéa, y el lugar donde existió ha sido identificado por Robinson en Beit-súr, altura que domina el camino de Hebrón y la comarca del S. hacia Jerusalem.

BET-TÁPPUA, *lugar de manzanas*, en Judea, cerca de Hebrón, Jos. 16:53; 1 Crón. 2:43. Ahora es Teffúh, cinco millas al O. de Hebrón.

BETUEL, *hombre de Dios*, hijo de Nachór hermano de Abraham, y padre de Labán y de Rebeca, Gen. 22:22, 23; 24:50.

BETÚN, Gén. 6:14; 11:3; 14:10; Exod. 2:3, ó asfalto, se encontraba antiguamente en el Mar Muerto ó cerca de allí, por lo cual se le dió el nombre de lago Asfaltites. Abundaba en los alrededores de Babilonia, y se usaba como combustible. y como bréa ó pez. El arca de Noé y la de Moisés se hicieron impermeables con betún; y fué con él que se cimentaron entre sí los ladrillos de la torre de Babel. Se halla comunmente en un estado sólido, de color negro reluciente, y es quebradiza; pero una vez liquidada por medio del calor, y empleada como mezcla, se endurece tanto como las piedras que cimenta. Todavía

la arrojan los tamblores desde el fondo del Mar Muerto, y va flotando hasta la playa algunas veces en masas considerables. Véase MAR, III.

BEULAH, *casado*, término aplicado al Israel de Dios en Isaí. 62:4, para significar su unión íntima y vital con aquel pueblo.

BEZALEEL, *en la sombra de Dios*, artífice dotado por Dios con especial habilidad para construir y adornar el tabernáculo, Exod. 31:2; 35:30. Aholiab empleado bajo su dirección era especialmente diestro en toda clase de obras textiles, así como Bezaleel lo era en las de metales, madera y piedra, Exod. 37:1-38:23.

BEZEC, *relámpago*, ciudad de los Cananeos de la cual Adonibezec era rey. La relación de su captura por Judá se vé en Jueces 1:1-8. Allí pasó Saúl revista á sus fuerzas antes de ir á levantar el sitio de Jabes de Galaad, 1 Sam. 11:8; aunque el modo natural de entender esta narración implicaría la existencia de otra Bezec, más inmediata á Jabes de Galaad.

BEZER, *mineral de oro*, ciudad de refugio en la tierra plana de Rubén, más allá del Jordán. Se ignora cuál era su situación con exactitud, Deut. 4:43; Jos. 20:8; 21:36.

BIBLIA, *el Libro*, por vía de distinción: El libro de todos los libros. Se llama también la Escritura, ó las Escrituras, esto es, los escritos, Hechos 8:32; 2 Tim. 3:16. Comprende el Antiguo y el Nuevo Testamento, ó mas propiamente Pacto, Exod. 24:7; Mat. 26:28. El primero fué escrito casi todo en hebreo, y era la Biblia de la antigua Iglesia de los Judíos; sólo algunos capítulos de Daniel y de Esdras fueron escritos en caldeo. El segundo fué escrito en su totalidad en griego, que era la lengua que más generalmente entendían en Judea y en los países adyacentes que primero visitó el evangelio. La Biblia entera es la regla de fé para todos los cristianos, y nó únicamente el Nuevo Testamento, aunque éste es de un valor especial, por desarrollar la historia y las doctrinas de nuestro Divino Redentor, y sus santas instituciones. El hecho de que Dios dió los escritos inspirados á los hombres en las lenguas que le eran más familiares á la masa del pueblo que los recibió, prueba que se propuso que fuesen leídos no solamente por los hombres eruditos, sino por todo el pueblo, y en la lengua propia que ellos hablaban.

El Antiguo Testamento contiene 39 libros. Josefo y los padres de la iglesia mencionan una división del mismo en 22 libros, que corresponden á las 22 letras del alfabeto hebreo; pero no tenemos evidencia suficiente de que tal división haya prevalecido ni aun entre los mismos Judíos. Estos arreglaron los libros del Antiguo Testamento en tres divisiones, llamadas la Ley, los Profetas, y los Salmos ó Escritos, esto es, los Santos Escritos, Mat. 11:13; Luc. 24:44. La Ley abraza los cinco libros de Moisés. Estos están divididos en secciones convenientes, para ser leídos todos una vez al año en sus sinagogas. La segunda división, los Profetas, está dividida en los *primeros* profetas, es á saber, los libros históricos de Josué, Jueces, Samuel y Reyes; y los *últimos*, esto es, los profetas propiamente dichos, con excepción del libro de Daniel. Estos profetas últimos están distribuidos una vez más en *los mayores*, que son Isaías, Jeremías (no incluyendo las Lamentaciones) y Ezequiel; y *los doce menores*. Porciones escogidas tanto de los primeros profetas, como de los últimos, se leen en las sinagogas, juntamente con otras de la Ley; pero éstas no abrazan á todos los profetas, y el arreglo que de ellas se hace varía entre las diferentes divisiones de los Judíos. Los Santos Escritos (Hagiografía) abrazan todos los restantes libros del Antiguo Testamento, á saber (según el arreglo Masorético), Salmos, Proverbios, Job, Cantares de Salomón, Rut, Lamentaciones, Eclesiastés, Ester, Daniel, Esdras, Nehemías y Crónicas. En el arreglo de los libros del Antiguo Testamento que ahora prevalece, los libros históricos ocupan el primer lugar, después los de devoción y los didácticos, y por último, los proféticos. Los Judíos atribuyen á Esdras el honor de haber arreglado y completado el canon de los libros del Antiguo Testamento, siendo inspirado en esta obra por el Espíritu de Dios, y auxiliado por Nehemías y otros piadosos y eruditos Judíos de su época. Los escritos del Nuevo Testamento en número de 27, fueron recibidos, cada uno de por sí, de las manos de los apóstoles, y fueron, como obras inspiradas de ellos, reunidas gradualmente en un volumen, con exclusión de todas las demás.

La división en capítulos y en versículos no se hizo sino en tiempos comparativamente modernos, aunque parece que la separación en pequeñas secciones ó párrafos ha sido costumbre muy antigua. Los capítulos que ahora se usan fueron arreglados probablemente por el Cardenal Hugo, por el año de 1240. La división en versículos fué hecha en el Antiguo Testamento en 1450, y reconocida en la concordancia hebrea del Rabí Nathán. El arreglo de los versículos del Nuevo Testamento, como ahora los tenemos, fué perfeccionado en la Vulgata Latina, y á ésta en la Vulgata Latina, una edición de la cual, con versículos, fué publicada en 1551 por Roberto Stephens, hábil impresor francés. Él también modificó y completó en 1555 la división del Antiguo Testamento en versículos, en una edición de toda la Biblia, la Vulgata. Esta división en versículos, y aun en capítulos, que tiene por objeto más bien la comodidad al hacer referencias, que el declarar el significado, no debe tenerse en cuenta las más de las veces en su lectura, para sacar el verdadero sentido.

La originalidad, autenticidad y divino origen de las Escrituras, son asuntos que no pueden ser discutidos aquí. Remitimos al lector entre otras obras á las tituladas, "La Inspiración del Nuevo Testamento," y la "Divina Autoridad del Nuevo Testamento," publicadas en español por la Sociedad Americana de Tratados, y á los escritos de Gregory, Keith, McIlvaine, Nelson, Spring, Garbett, Barrows, Christlieb, Tischendorf, etc., publicadas en inglés por la misma Sociedad.

La primera traducción inglesa bien conocida del Nuevo Testamento, fué la de Wickliffe, hecha por el año de 1370, antes de la invención de la imprenta, si bien otras, ó por lo menos algunas partes de la Biblia lo habían sido ya en idioma sajón, desde el tiempo del rey Alfredo. En la época de Eduardo I. se necesitaba el sueldo que un obrero devengaba durante quince años para comprar un ejemplar manuscrito de la Biblia entera. Ahora un ejemplar impreso puede obtenerse por lo que él mismo gana en unas cuantas horas. El primer Testamento impreso en inglés fué el de Tyndale en 1526. Este fué seguido por la traducción que él mismo hizo del Pentateuco. La primera Biblia inglesa completa fué la de Miles Coverdale, en 1535, impresa probablemente en Antwerp. La Biblia de Mateo, llamada así, pero que se supone que fué la obra ó compilación principalmente de Juan Rogers el mártir, apareció en 1537. Wittingham y algunos otros prelados que residían en Génova, durante el sangriento reinado de María, publicaron allí otra edición en 1560, y por lo cual se llamó Biblia Genovesa. En el advenimiento de la reina Isabel al trono, se hizo una nueva revisión que apareció en 1568, y se llama la "Biblia de los Obispos." Esta continuó en uso hasta que en 1611 se publicó por órden de Jacobo I la versión inglesa que se usa actualmente. El primer ejemplar de ésta fué hecho por 47 sabios de los más distinguidos de Inglaterra, divididos en seis secciones. Este ejemplar fué entonces revisado por una comisión de 12 miembros, ó por dos de cada una de las seis secciones, y en seguida por otros dos de las mismas. La obra de traducción y revisión ocupó de cuatro á cinco años; y asegurada así la fidelidad, claridad y vigor de la Biblia modelo inglesa, se tiene ésta como un monumento duradero de la ilustración, la sabiduría y la fidelidad de los traductores.

El celo de los Protestantes en circular Biblias en inglés, estimuló á los Romanistas á tener por su parte algo qué enseñar; y publicaron en Rheims en 1582, una versión del Nuevo Testamento y otra del Antiguo Testamento en Douay, en 1609. La Biblia actual de ellos, tomando por base la versión de Douay, adopta en gran parte el lenguaje de la Biblia del rey Jacobo; pero en su mayor parte es reproducción de la Vulgata Latina. La nueva versión revisada anglo-americana fué obra de una comisión de eminentes sabios británicos de la Iglesia de Inglaterra, nombrada por la Convocación de Canterbury en Mayo de 1870, á la cual se asoció una comisión de sabios americanos, organizada en 1871. Había cosa de 80 miembros activos por todo. El objeto no fué hacer una nueva traducción, sino mejorar la Versión Autorizada, expurgándola de errores y solecismos, é incorporándole los mejores resultados de todos los estudios Bíblicos hechos desde 1611, y las comprobaciones del original hebreo y de los textos griegos que ahora se aproximan tanto á la perfección. El Nuevo Testamento apareció en 1881, y fué recibido con entusiasmo por todas las clases de la Cristiandad. Está reconocido por los sabios como un gran adelanto hecho hacia la versión perfecta de la Palabra de Dios. Una gran parte de sus cambios fueron hechos anteriormente por hombres eruditos, y muchos otros han recibido una aprobación completa, si bien no son pocos los defectos que le quedan. Sería todavía prematuro juzgar si en la forma que tiene actualmente aventaja á la familiar y amada Versión Autorizada, en el bien que ésta lleva al corazón y á los hogares del pueblo. La versión revisada

del Antiguo Testamento fué publicada en 1885.

La primera versión española de la Biblia fué la hecha por orden de Alfonso el Sabio en 1280, y luego Casiodoro de Reina tradujo y publicó las Sagradas Escrituras en el año de 1570, en Basilea. Pocos años después, Cipriano de Valera, natural de Sevilla, y uno de los Reformadores del Siglo XVI, mejoró la traducción de Casiodoro, y publicó en Amsterdam, Holanda, la Biblia en español. En 1530, los Judíos que habían sido expulsados de España, y se refugiaron en Holanda, publicaron una traducción del Antiguo Testamento, en un español muy literal, y que está impreso en dos columnas, una con el texto hebreo, y la otra con la versión española. Últimamente se han publicado en España otras dos versiones hechas directamente de la *Vulgata latina*, una por D. Feliz Torres Amat, y la otra, que es la más conocida, por el Padre Felipe Scío de San Miguel, Obispo de Segovia.

No es posible dar aquí una noticia exacta de todas las versiones que se han hecho en lenguas modernas; bástenos decir que uno de los más notables movimientos de los tiempos en que vivimos, y que ofrece las mejores esperanzas para los triunfos futuros del reinado del Redentor, y para el bienestar tanto temporal como espiritual de las generaciones venideras, es el poderoso esfuerzo que se está haciendo para hacer circular las Santas Escrituras en diversos idiomas, no sólo en los países cristianos, sino también en los paganos. En el año de 1804 se formó la Sociedad Bíblica Británica y Extranjera; y el éxito que han alcanzado sus trabajos ha excedido con mucho á las más ardientes esperanzas de sus fundadores y sostenedores. "Su voz ha recorrido toda la tierra, y sus palabras han llegado al fin del mundo." Durante los 80 primeros años de esta Sociedad, imprimió ó contribuyó á la impresión de las Escrituras en 240 idiomas ó dialectos, en muchos de los cuales nunca habían sido antes impresas, y publicó más de 100,000,000 de ejemplares de todas ó parte de las Sagradas Escrituras. Otras asociaciones semejantes, han seguido noblemente este glorioso ejemplo, y de éstas ninguna ha trabajado con mayor empeño que la Sociedad Bíblica Americana, la cual fué formada en 1816, y ha publicado hasta 1884 más de 44,000,000 de Biblias, Nuevos Testamentos y Fragmentos Bíblicos. En todos los idiomas y por todas las Sociedades Bíblicas organizadas, se han publicado desde 1804, más de 190,000,000 de ejemplares Bíblicos.

BIENES ó RIQUEZAS, á menudo significa bienestar ó prosperidad, Esdr. 9:12; Ester 10:3; Salm. 112:3; Eccl. 5:19; 6:2; Hechos 19:25; 1 Cor. 10:24.

BIENHECHOR, Luc. 22:25; en griego Euergetes, título honorífico dado á varios reyes, como á Vespasiano y á dos de los Ptolomeos.

BIGTAN, *dado por la fortuna*, eunuco ó camarero de la corte del rey Assuero, cuya conspiración contra éste fué frustrada por la vigilancia de Mardoqueo, Ester 2:21; 6:2. Por el año 455 A. C.

BILDAD, *hijo de la lucha*. descendiente de Abraham por Cetura, Gén. 25:1, 2. Suha y sus hermanos se establecieron en la Arabia Petrea, y así Bildad Suhita era vecino y amigo de Job, y fué á condolerse de él en su aflicción, Job 2:11; 8; 18; 25. Sus principales temas son lo repentino, lo violento y lo terrible de la ira de Dios sobre los hipócritas y los opresores.

BILHA, *vacilación*, sierva de Rachél, quien la dió á su marido Jacob cuando ella no tenía hijos, á fin de hacerse madre por medio de ella. Bilha fué la madre de Dan y de Neftalí, Gén. 30:1-8. Véase RUBÉN.

BITIA, *hija del Señor*, hija de Pharaón, casada con Mered, de la tribu de Judá, 1 Crón. 4:18.

BITINIA, 1 Ped. 1:1, provincia en la parte septentrional del Asia Menor, en la playa del Mar Negro, que tiene á Paflagonia al E., á Frygia y á Galacia al S., y á Misia al S. O. Estaba directamente en frente de Constantinopla. Es famosa por ser una de las provincias á las que el apóstol Pedro dirigió su primera epístola; también por haber estado bajo el gobierno de Plinio, quien en una carta al emperador Trajano le hace una mención honrosa del número, carácter y costumbres de los cristianos perseguidos allí, por el año 106 A. D.; y también por haber tenido allí el más célebre concilio de la Iglesia cristiana, en la ciudad de Nicea, su metrópoli, por el año 325 A. D. Cuando Pablo pretendió ir á Bitinia, el Espíritu no le permitió hacerlo, Hechos 16:7.

BITRÓN, *barranca*, la región que se halla entre Mahanaim y el Jordán, con un valle estrecho que baja á un vado, 2 Sam. 2:29.

BLANCO, símbolo de pureza, gozo y victoria, 2 Crón. 5:12: Ester 8:15; Eccl.

9:8; Apoc. 3:4, 5, 18; 7:9, 13. Blanco en Apoc. 15:6; 19:8, significa "resplandeciente."

BLASFEMIA. Un hombre es culpable de blasfemia cuando habla de Dios ó de sus atributos de una manera injuriosa; cuando calumniosamente le atribuye cualidades que no le corresponden, ó le defrauda aquellas que le son propias, Salm. 74:18; Isai. 52:5; Rom. 2:24. La ley sentenciaba á los blasfemos á muerte por lapidación, Lev. 24:12-16; y haciéndoles este cargo, tanto Cristo como Esteban fueron condenados. En un sentido menos lato se dice que se blasfema de un hombre, cuando se le ofende con palabras injuriosas y oprobiosas, 1 Reyes 21:10; Hechos 6:11.

BLASFEMIA CONTRA EL ESPÍRITU SANTO, Mat. 12:31, 32; Mar. 3:28; Luc. 12:10. Este pecado lo cometían los Fariseos cuando en violación de sus propias convicciones, voluntaria y maliciosamente atribuían al diablo los milagros del Hijo de Dios, y la obra del Espíritu Santo. A menudo se pregunta si éste era "el pecado de muerte," de que se habla en 1 Juan 5:16, y si se comete en estos días. Sea cual fuere la contestación que se dé á estas preguntas, lo cierto es que cuando uno puede ridiculizar la religión y sus ordenanzas, cuando puede burlarse de la obra del Espíritu Santo en el corazón humano, cuando puede persistir en una voluntaria incredulidad del evangelio, y atraer el desprecio sobre el cristianismo y "el ministerio del Espíritu," en este caso lleva la culpa hasta un espantoso extremo, y provoca el alejamiento final de la divina gracia; mientras que por otra parte, el más vil blasfemo que siente el arrepentimiento de sus pecados, movido por un dolor piadoso, y por el deseo de confesarlos á los piés del Salvador, puede estar seguro de que adquirirá una prueba de la verdad de la palabra de Cristo, que dijo, "Al que viniere á mí, por ningún motivo lo desecharé."

BLASTO, *retoño*, camarero de Herodes Agripa, sobornado para favorecer á los hombres de Tiro y Sidón, Hechos 12:20.

BOANERGES, *hijos del trueno*, nombre dado por nuestro Salvador á Jacobo y á Juan, hijos de Zebedeo, Mar. 3:17, con motivo de su talento como predicadores, ó de sus rasgos característicos, como los representa Mat. 20:20-23; Luc. 7:53, 54.

BOAZ, fué el nombre de uno de los dos pilares de bronce que Salomón erigió en el pórtico del templo, siendo Jachín el nombre del otro. Estas columnas con sus capiteles tenían como 35 piés de altura, 1 Reyes 7:15, 16, 21.

BOCADO, Juan 13:26, un pequeño pedazo de pan metido en la salza, el vino, ó algún otro líquido en la mesa, Rut. 2:14. Los utensilios de las mesas modernas eran desconocidos ó poco usados por los antiguos. El alimento se llevaba á la boca tomándolo con el pulgar y los demás dedos, y á menudo se ofrecía de ese modo un bocado escogido á un convidado á quien se le quería favorecer con una atención fina. Todavía prevalecen costumbres semejantes en Palestina y otros países orientales. Jowett dice, "Se pusieron en la mesa dos ó tres platos de carne estofada, verduras y leche agria. A mí se me concedió el privilegio de un cuchillo, una cuchara y un plato; pero los demás se servían directamente de la bandeja, en que podían verse metidos á la vez cinco dedos árabes. Su pan, que es sumamente delgado, de poder partirse y doblarse como una hoja de papel, se usaba para envolver un gran bocado y mojarlo en el líquido y las verduras. Cuando el amo de la casa hallaba en un plato algún bocado que le parecía exquisito, lo tomaba con los dedos y me lo ponía en la boca."

BOCINA, un instrumento de música de viento de forma curva, 1 Crón. 15:28; Dan. 3:5, 7. Véase MÚSICA.

BOCHÍM, lloros, un lugar cerca de Gilgal en donde el ángel del Señor reprendió á Israel por sus negligencias. Jueces 2:1-5.

BOJ, árbol hermoso y bien conocido, siempre verde, que crece en muchas partes de Europa y de Asia. Su madera es altamente estimada por los grabadores. La palabra hebrea se traduce así en Isai. 60:13, y probablemente denota este árbol, aunque muchos creen que es una especie de cedro. Se usa como emblema de la estabilidad de la gracia, y de la prosperidad de la iglesia de Dios.

BOFETADA, ó MOJICÓN, golpe dado con el puño, 1 Ped. 2:20; Mat. 26:67.

BOLSA, Deut. 25:13; Luc. 12:33. La moneda oriental se guardaba por lo común en bolsas que se sellaban, y que contenían cierta suma por lo cual se recibían las bolsas mientras los sellos no se hubieran roto, 2 Reyes 12:10. Los discípulos tenían una bolsa común para los pobres, Juan 12:6. Además del saco usado para llevar dinero, y del que los comerciantes usaban para guardar las pesas, Deut. 25:13; Prov. 1:14; Isai. 46:6; Mic. 6:11; Luc. 10:4; 12:33; 22:35, 36, el cinturón se empleaba

antiguamente en el Oriente como bolsa, lo mismo que ahora suele usarse, Mat. 10:9; Mar. 6:8, estando provisto de dos dobleces entre los cuales había una abertura cerrada con una tapa ó correa.

BOOZ, buen humor, Rut. 2:1, Betlehemita, descendiente de Judá, y que figura en la sucesión regular de los reyes judíos, Mat. 1:5. Su conducta en el caso de Rut prueba que fué un hombre de buen espíritu y de estricta integridad. Habiendo admitido el derecho que Rut tenía sobre él como pariente cercano, se casó bajo la ley levítica con la pobre espigadora, y así vino á ser uno de los antecesores de David, y también del Hijo y Señor de éste. Fué el padre de Obed; Obed lo fué de Isaí, ó Isaí de David. Toda la narración es una hermosa pintura de la sencillez de aquellos tiempos en que las cortesías artificiales no le habían usurpado el lugar á las naturales y sinceras expresiones de amor.

BORDADO, y "costura" en Exod. 26; 27:36-39, se distinguen en hebreo de "labor artística," denotando ambos probablemente las labores de telar, teniendo el primero varios dibujos y colores, y el segundo, querubines y otras figuras de hilo de oro.

BORDÓN, Heb. 11:21. La exposición que aquí se halla relativa á Jacob se cita de la traducción que en la Septuaginta se hizo de Gén. 47:31, en donde el traductor griego equivocó la palabra hebrea que denota "cama," mittah, la cual ocurre también en Gén. 48:2; 49:33, con otra que le es parecida, matteh, y que denota bordón. El significado de ese pasaje es simplemente que Jacob asumió una postura reverencial; comp. 1 Reyes 1:47. Véase CITAS. En Oseas 4:12, con la palabra "palo" se alude á algún uso que se hacía del bordón en la adivinación. En Isai. 30:32, la primera cláusula debe leerse "todo golpe ó paso del bordón consagrado."

BORRACHERA. Se hace referencia á ella en la Biblia, considerándola, ya en casos especiales, ó bien como un hábito. La locura de este vicio está ilustrada á menudo, Salm. 107:27; Isai. 19:14; 24:20; 28:7, 8; se denuncia como delito, Isai. 5:22, se recalca sobre los males que de ella resultan, 1 Sam. 25:36; 1 Reyes 16:9; 20:16, y se demuestra la ruina que de ella debe esperarse, 1 Cor. 6:9, 10. La producen el vino, Gén. 9:21; 19:33; Jer. 23:9; Efes. 5:18, y la sidra y los licores alcohólicos en general, 1 Sam. 1:13-15; Isai. 5:11. De aquí es que el uso de ellos les estaba prohibido á los sacerdotes en el altar, Lev. 10:9; y á todos se les recomienda que los eviten, Prov. 20:1; 23:30. Incitar á otros á la borrachera es un pecado execrado por Dios, 2 Sam. 11: 13; Hab. 2:15, 16. Su prevalencia en una comunidad es inseparable del uso habitual de algún licor embriagante. De ahí los esfuerzos de la gente sensata y buena para conseguir la abstinencia de toda bebida embriagante, 1 Cor. 8:13. Véase VINO.

BOSQUE, Hebreo *Asherah*, significa una imagen de madera de Astoret, y debe tomarse en este sentido, excepto en Gén. 21:33, en donde se usa otra palabra hebrea que significa árbol, como en 1 Sam. 22:6; 31:13. A los Israelitas se les había mandado que destruyesen los Asherim, Exod. 34:13; Deut. 16:21; pero á menudo desobedecieron, Jueces 3:7; 6:25, 26; 1 Reyes 15:13; 2 Reyes 17:10; 21:3, 7; 23:6; Isai. 17:8. Los bosques estuvieron desde un principio asociados con el culto del verdadero Dios, Gén. 12:6, 7; 13:18, y parecen naturalmente á propósito para ese objeto. Los paganos y judíos prevaricadores recurrían á ellos para sus ritos idólatras, escogiendo al efecto, por lo general, algún sitio elevado, Jer. 17:2; Ezeq. 20:28; Oseas 4:13. Véanse LUGARES ALTOS, MAMRE, ENCINA.

BOSRA, I., ciudad levítica en Manassés, más allá del Jordán, Jos. 21:27. Se le llama también Astarot, 1 Crón. 6:71, y es probablemente una contracción de Bet-Astarot, *casa de Astarte*.

II. *Cercado*, Gén. 36:33, ciudad de Edom, Isai. 34:6; 63:1, y la región que la rodea, Jer. 49:13, 22. Está asociada con Temán y con el Mar Rojo, Jer. 49:20-22; Amós 1:12. Se le sitúa en la población moderna de El-Busaireh, á la mitad del camino entre Kir-Moab y el Monte Hor, al S. E. del Mar Muerto. Es una población como de cincuenta casas, en un cerro coronado por un pequeño castillo. Las ruinas son las de una ciudad de consideración.

III. Bosra de Moab, Jer. 48:24, puede ser el mismo lugar que Bezer. Se halla por Porter en Buzrah, 60 millas al S. de Damasco, que es hoy un pueblito entre vastas ruinas de templos, torres y casas, del tiempo de los Romanos los más; aunque algunos parecen ser de épocas anteriores á Josué.

BOTIJA Ó REDOMA, vaso pequeño para agua y otros líquidos, 1 Sam. 26:11; 1 Reyes 17:12. El grabado que aquí se ve, representa varias vasijas antiguas, frascos de

viaje y redomas, como las que todavía se usan en el Oriente.

BRAZALETE, un adorno de forma circular, usado en la muñeca ó en el brazo arriba del codo; pero una de las palabras hebreas traducidas así significa un adorno usado en la pierna, Núm. 31:50; Isai. 3:16, 19. Los brazaletes los usaban aun los hombres, y algunas veces eran divisa de dignidad real, 2 Sam. 1:10. En las esculturas nínives usan los reyes asirios están representados con armaduras en los brazos y brazaletes en las muñecas, de formas elegantes, y al parecer adornados con joyas. Los brazaletes eran de una gran variedad de materiales y formas, generalmente grandes, y muchos de ellos de gran valor, Gén. 24:22. Las mujeres de Asiria y de Arabia todavía usan en los tobillos argollas, de las cuales cuelgan otras pequeñas en forma de anillos, que producen al caminar las que las llevan, un retintín como de campanillas, Isai. 3:16. Estas argollas son de oro, plata, cobre, vidrio y aun de loza, según la condicion de la persona que las usa. Las princesas usan grandes argollas de oro huecas dentro de las cuales hay piedrecitas que causan retintines. Las señoras Hindús modernas usan gran profusión de brazaletes de los más costosos materiales. Véase ANILLO.

BRAZO, símbolo de poder, Job 38:15; Sal. 10:15; 89:13; Isa. 52:10: Ezeq. 30:21.

BUENOS-PUERTOS. Véase p. 99.

BUEY, ó TORO, el macho del ganado bovino cuando está crecido. Pero la palabra toro se usa algunas veces en un sentido general como "ganado," haciéndole extensivo á los bueyes y á las vacas. Los animales de la raza bovina eran limpios según la ley levítica, Deut. 14:4, y se usaban mucho como alimento, 1 Reyes 1:9

4:23; 19:21. En los viajes por el desierto se comían sin embargo, sólo aquellos que antes habían sido ofrecidos en sacrificio, Lev. 17:1-6. Producían leche, mantequilla y queso, Deut. 32:14; 2 Sam. 17:29; Isai. 7:22; eran empleados como bestias de carga, 1 Crón. 12:40; de tiro, Núm. 7:3; 1 Sam. 6:7; 2 Sam. 6:6; para arar, Deut. 22:10; 1 Sam. 14:14; 1 Reyes 19:19, y para trillar, etc., Deut. 25:4; Salm. 144:14; Oseas 10:11, durante lo cual no debía ponérseles bozal, 1 Cor. 9:9, sino que debía alimentárseles bien, Isai. 30:24; y también debía dárseles el descanso del sábado, Exod. 23:12; Deut. 5:14. Algunas veces se les engordaba en establos, 1 Reyes 4:23; Prov. 15:17; Luc. 15:27, y el grano que generalmente se les daba era cebada. Constituían no pequeña parte de la riqueza de los Hebreos en su vida pastoril, Gén. 24:35; Exod. 12:32, 38; 2 Sam. 12:2; 1 Crón. 27:29; Job 1:14; 42:12. Cientos de ellos eran ofrecidos en sacrificio cada año, Exod. 20 24. y éstos tenían que ser los mejores

EL TORO DE SIRIA.

de su clase, Mal. 1:14. La región al E. del Jordán era una comarca famosa por sus pastos, y se jactaba de tener los toros más fuertes y los ganados más hermosos. Los que andaban vagando en libertad solían ser peligrosos y acostumbraban reunirse con intenciones siniestras al rededor de cualquier objeto que excitase su desconfianza, como actualmente tiene el hábito de hacerlo el ganado medio montés, Salm. 22:12. Véanse BASÁN, MANTEQUILLAS, LECHE. Los bueyes eran arreados con aguijones, Jueces 3:31; Hechos 9:5. Un hombre que se robaba un buey estaba obligado á dar cinco en cambio, y en ciertos casos sólo dos; un buey extraviado tenía que ser devuelto cuidadosamente á su dueño, Exod. 22:1, 4; 23:4. El ganado cerril debía tenerse asegurado, pues el dueño era responsable de los perjuicios que causara, Exod. 21:28-36. siendo éste uno de los muchos preceptos de la ley judaica de equidad universal. y de muy amplia aplicación en nuestros tiempos. La acción de probar una nueva yunta de bueyes es todavía asunto de grande importancia en el Oriente, como lo era en la antigüedad, Luc. 14:19. Un pasaje en los viajes de Campbell por la África Meridional ejemplifica bien la expresión proverbial de "como buey no hecho al yugo," Jer. 31:18. "Cuando la elección recaía sobre un toro que yo había recibido como regalo de algún rey africano, por supuesto sin haberse habituado jamás al yugo, generalmente emprendía una valiente lucha por recobrar la libertad, quebrando repetidas veces el yugo y procurando escaparse. En otras ocasiones, esa clase de toros se echaban ó se acostaban, y permanecian así sin hacer caso de los Hotentotes, aunque dos ó tres de ellos los estuviesen azotando con sus pesados látigos. Algunas veces teniendo lástima del animal, me interponía yo y les rogaba que fuesen menos crueles. '¡Crueles!' contestaban, 'lo hacemos por clemencia, porque si no lo domamos ahora, habría qué apalearlo toda su vida."

El búfalo no es raro que se encuentre en la Palestina moderna, y se junta con el ganado al rededor del lago Húleh, aunque es animal feo y mal geniado. Véanse TOROS DE BASÁN y UNICORNIO.

El "buey salvaje," ó toro, mencionado en Deut. 14:5; Isai. 51:20, se supone haber sido el oryx, especie de ciervo ó antílope grande y poderoso.

BUITRE.

BUITRE, ave grande de rapiña, perteneciente al género de los *falcones*, y que incluye muchas especies. Moisés la declara inmunda, Lev. 11:14; Deut. 14:13. Véase AVES.—— La palabra es usada en la Biblia para traducir tres términos hebreos, *ayyah, daah,* y *dayyah.* El *ayyah,* traducido *milano* en Lev. 11:14; Deut. 14:13, se cree que denota el Milvus regalis, muy numeroso en Palestina durante el invierno, que vaga por los campos y las poblaciones en busca de desechos, y reuniéndose en grupos en las ramas de los árboles durante las tempestades, revoloteando por lo alto, en los aires, cuando hace buen tiempo, asechando astutamente en el suelo su presa de carne corrompida, ratas, ratones, ranas ó pajaritos. Su color es rojizo, tiene 27 pulgadas de largo y cola larga ahorquillada. Es llamado "buitre" en Job 28:7. La palabra *dayyah,* Deut. 14:13; Isai. 34:15, y tal vez la *daah,* Lev. 11:14, traducidas buitre y milano, probablemente significan el milano negro, Milvus migrans, ave que tiene 21 pulgadas de largo, muy común en Palestina, excepto en invierno; forma sus nidos negligentemente sobre las peñas ó en los árboles, y se alimenta con desechos. Se parece al Milvus Egiptius. Véase MILANO. El término hebreo *nesher,* traducido "águila" en las Escrituras, significa el grifo ó buitre grande, animal mucho más grande y fuerte que nuestra águila. Los buitres egipcios, variedad de menor significación, se llaman generalmente en Egipto "gallinas de Faraón." El buitre tiene la cabeza desnuda ó vellosa con pico largo y encorvado sólo en la punta, pescuezo sin plumas, y alas largas. Es repugnante á los sentidos, especialmente al olfato. Es un ave que se alimenta de carne corrompida, aunque no exclusivamente de esta, y tiene una vista extraordinaria. Apenas cae un dromedario de viaje, exhausto, próximo á morir, cuando un gran número de estos inmundos barrenderos acuden apresuradamente de una gran distancia á aquel punto, Job 28:7; 9:30; Mat. 24:28. Esta ave se llama "pelicano" en Lev. 11:18; Deut. 14:17.

BUENOS-PUERTOS, rada ó pequeña bahía cerca de la ciudad de Lasea, como á la mitad de la costa meridional de Creta, en donde Pablo quería invernar en su viaje á Roma, Hechos 27:8. Este puerto se halla cuatro ó cinco millas al E. del Cabo Matala, donde la costa vuelve hacia el N.; y al pasar allí el buque de Pablo tendría qué volver á encontrar el viento N. O. Los marineros prefirieron á Fenicia como más seguro, y á consecuencia de eso naufragaron. Buenos-Puertos conserva todavía su nombre antiguo griego que corresponde á esas palabras castellanas.

BUL, en 1 Reyes 6:38, el octavo mes, comunmente llamado Marcheshvan, palabra que puede verse. El templo de Salomón fué acabado en Bul.

BUZ, *despreciado,* segundo hijo de Nachor y Milca, y antecesor de los Buzitas que vivían en Mesopotamia ó Ram, y después quizá en la Arabia Desierta, Gén. 22:21; Job 32:2; Jer. 25:23.

C

CABALLOS, antiguamente se usaban principalmente en la guerra, Prov. 21:31; Jer. 8:16, y no figuran entre las adquisiciones que Abraham hizo en Egipto, aunque dos siglos más tarde sus descendientes los dieron á los Egipcios, es decir, á José, en pago de trigo, Gén. 12:16; 47:17. Una fuerza de carros de guerra, cada uno con dos caballos y un "capitán," además del conductor, y tal vez un escudero, acompañó á Faraón en la persecución á Israel, y se hundió en las aguas del Mar Rojo, Exod. 14:6-9, 23-28; 15. Algunos eruditos hebreos piensan que la expresión "gente de á caballo" usada en los pasajes citados, se refiere á los que andaban en carros; y los monumentos egipcios nunca representan á los soldados egipcios montados á caballo. Parece que los Árabes de la antigüedad no tenían caballos, Núm. 31:28, 30, 32-34; Jueces 6:3-5; 1 Crón. 5:20-22 Los Cananeos y los Filisteos sí los tenían, Jos. 11:4; 1 Sam. 13:5. A Israel le estaba prohibido temerle á la caballería enemiga, conservar los caballos de los vencidos, ó multiplicar los caballos, Deut. 17:16; 20:1; Jos. 11:6, 9; tenían qué confiar sólo en Dios, Isai. 31:1-6. El formidable aspecto, valor y fuerza del caballo de guerra se describe vivamente en Job 39:19-25. Véanse las predicciones de Samuel relativas al rey que el pueblo deseaba, 1 Sam. 8:11. David conservó unos caballos del rey derrotado de Soba, 2 Sam. 8:4, y Salomón los importaba, los recibía como tributo de otros países, y estableció una gran fuerza de caballería y de carros, 1 Reyes 4:26; 10:25-29; 2 Crón. 1:14, 16, 17; 9:24, 25, 28; y los reyes que le sucedieron hicieron lo mismo, 1 Reyes 22:4; Isai. 2:7. La caballería de Israel disminuyó bajo el reinado de Joacház, y la de Judá todavía más bajo el de Ezequías, 2 Reyes 13:7; 18:23. Sedecías se procuró caballería egipcia para que le ayudara en su rebelión contra Nabucodonosor. 2 Crón. 36:13; Ezeq. 17:15. Los reyes idólatras de Judá le consagraron al sol caballos vivos para que tomaran parte en las procesiones hechas en honor de Baal, ó bien estatuas al frente de sus templos. Josías los quitó, 2 Reyes 23:11. Los Judíos volvieron á traer consigo caballos de Babilonia, Neh. 7:68. Las tropas montadas de los Asirios eran muy formidables, Ezeq. 23:6; Nah. 3:3; Hab. 1:8; éstos empleaban también los caballos para la cacería, etc. Como todavía no usaban herraduras, los de cascos duros eran muy valiosos, Isaí. 5:28. No se habla de sillas, ni se ven representadas de modo alguno, pero sí se usaban campanillas, Zac. 14.20. El hebreo hace distinción de caballos de conformación pesada ó ligera. Tiro obtenía de Armenia "caballos de tiro y de silla," Ezeq. 27:14. En Joel 2:4, léase "como caballos de silla . . corren." En Isaí. 21:7, léase "una tropa de hombres de á caballo marchando de dos en dos," al describirse la marcha ordenada de la caballería persa, vers. 2, "de dos en dos" como Jenofante nos dice. En 1 Reyes 4:26, léase "4,000 caballos de tiro y 12,000 de silla;" habiendo probablemente error del copista al decir 40,000. Comp. 2 Crón. 9:25. Se habla de bestias de carga en 1 Reyes 4:28, refiriéndose probablemente al dromedario de que se trata en Ester 8:10, y en Mic. 1:13, en que se les atribuye ligereza. En los trabajos de agricultura aparece el caballo en Isaí. 28:28, diciéndose que el trigo y la cebada se trillaban haciendo andar los caballos por sobre el trigo. Se menciona el uso de los caballos en la locomoción, Isaí. 66:20; Jer. 17:25; 22:4, empleándose ordinariamente sólo por príncipes y hombres grandes, Eccl. 10:7. Los caballos simbolizan las potestades angélicas, 2 Reyes 2:11· 6:15-17, y bajo diferentes colores, diferentes dispensaciones de Dios, Zac. 1:8-11; 6:2-8; Apoc. 6:2-8. Un caballo blanco indicaba victoria, Apoc. 6:2; 19:11, 14. Actualmente se usan los caballos en Palestina, en los viajes, pero nó en la agricultura.

CABAÑA, abrigo ó asilo, hecho generalmente de palos clavados en el suelo, y cubiertos con ramas de árboles, Gén. 33: 18; Job 27:18. La gran fiesta de los Tabernáculos ó las cabañas, traía su nombre de la circunstancia de que á los Judíos se les ordenaba por la ley, que habitasen en cabañas durante los siete días de esta fiesta, Lev. 23:40-42; Neh. 8:14. Véanse TABERNÁCULO y JARDIN.

CABO, una medida hebrea equivalente á la sexta parte de un seah y á la décima-

octava parte de un efa. Un cabo contenía como un cuartillo y dos pintas, medida de líquidos, y un cuartillo y cinco sextos de una pinta, medida de áridos.

CABRAS, formaban una parte importante de la riqueza pastoral del Oriente, Gén. 15:9; 27:9; 30; 31; 32:14; 37:31; y eran criadas por los Israelitas en Canaán y en Egipto, Exod. 12:5; 1 Sam. 25:2; y por las tribus nómades de sus cercanías, 2 Crón. 17:11; Ezeq. 27:21. Eran conside-

CABRA SIRIACA: CAPRA MÁMBRICA.

radas como limpias para los sacrificios, Exod. 12:13; Lev. 3:12; Núm. 15:27; y su leche y los cabritos se usaban mucho como alimento, Deut. 14:4; Jueces 6:19; Prov. 27:27; Luc. 15:29. Los botellones de cuero se construían de piel de cabra. También se usaban para paños de los amasadores, Exod. 12:34; y para vestidos comunes de los pobres, ascéticos, llorones, y profetas, 1 Reyes 21:27; Isaí. 20:2; Heb. 11:37; Apoc. 6:12, y su pelo se tejía para hacer vestidos exteriores, y la tela común con que se cubría las tiendas, Exod. 26:7; 35:6; Cant. 1:8, siendo especialmente fina la usada para cubrir el tabernáculo, Exod. 25:4; 35:26. Varias clases de cabras se criaban en Palestina; unas tenían el pelo largo y sedoso, como las de Angora, Cant. 4:1; 6:5, y otras se distinguían por sus orejas largas y anchas. A estas últimas se hace probablemente referencia en Amós 3:12, y son todavía las cabras comunes de Palestina. En muchos sacrificios las cabras y los cabritos eran tan aceptables como las ovejas y los corderos. Para uno de los sacrificios en el Día de la Expiación, tenían qué usarse exclusivamente cabras, Lev. 16:5-28. Véase EXPIACIÓN. Un cabrito era la ofrenda que por el pecado se presentaba en muchas ocasiones, Núm.

CABEZA DE UNA CABRA SIRIACA.

28:11-31; 29:1-38. El macho cabrío, guía del rebaño, Prov. 30:31; Jer. 50:8, significa guía en la maldad, Isaí. 14:9; Zac. 10:3. Comp. Ezeq. 34:17; Mat. 25:32, 33. *Sa'ir*, el cabro velludo para el sacrificio por los pecados, Lev. 9:15; Ezeq. 43:25, se traduce "velloso" en Gén. 27:11, 23; "demonios" en Lev. 17:7; 2 Crón. 11:15; "peludos" en Isaí. 13:21; 34:14. Un macho cabrío con un cuerno era símbolo reconocido del Imperio de Macedonia, Dan. 8:5. Véase CABRAS MONTÉSES.

EL IBEX.

CABRAS MONTÉSES, se mencionan en 1 Sam. 24:2; Salm. 104:18. Esta es, sin duda, el Ibex árabe, animal grande y vigoroso que se halla todavía en las montañas de la península del Sinaí y al E. y al S. del Mar Muerto. Estas cabras son muy parecidas á las gamuzas de los Alpes. Andan paciendo en manadas de veinte á cuarenta, con una de ellas que hace de centinela. Á la menor alarma se ponen en movimiento en el instante, precipitándose sin temor sobre las rocas, y dejándose caer sobre los cuernos desde grande altura, sin lastimarse. Sus cuernos tienen dos ó tres piés de largo, y se usan como botellas por los Árabes, quienes los venden también para mangos de cuchillos, etc.

Para CHIVO DE ESCAPE, véase EXPIACIÓN.

CABRITO, la cría de la cabra, Núm. 15:11; 1 Reyes 20:27; Cant. 1:8, es todavía un manjar favorito de los Árabes, lo mismo que antiguamente lo era entre los Judíos, Luc. 15:29, y se usaba en los sacrificios. Núm. 7:16, etc.; Lev. 4:23, 28; 9:3; 16:5; 23:19, etc. Véase CABRAS.

CABSEEL, *recogido por Dios*, una ciudad de Simeón hacia Edom y el Mar Muerto, Josué 15:21, en donde nació Benaías, 2 Sam. 23:30; después de la cautividad, Jecabseel, Neh. 11:25. Robinson halla un sitio para ella en un manantial de Wady el-Kuseib, que corre dirigiéndose al N. al Arabah, varias millas al S. del Mar Muerto.

CABUL, probablemente *desagradable*, I., nombre dado por Hiram rey de Tiro, á un distrito que estaba en la parte Noroeste de Galilea, y que contenía veinte ciudades que Salomón le dió por su cooperación en la construcción del templo, 1 Reyes 9:13; implicando este nombre lo descontento que quedó con este dón.

II. Una ciudad de Aser, ocho ó nueve millas al E. de Akka ó Acre, Jos. 19:27.

CADEMOTH, *principios*, ciudad levítica y terreno de pasto, Deut. 2:25, en Rubén, Jos. 13:18; 21:37; 1 Crón. 6:79. Quedaba al Norte de Arnón en la frontera de Sihón rey de Hesbón, á quien Moisés envió una embajada de paz.

CADENAS, de hierro ó de cobre, eran grillos ó esposas, Jueces 16:21; 2 Sam. 3:34; 2 Reyes 25:7; Hechos 12:6, 7. Las cadenas de oro se usaban por las mujeres como adorno, Cant. 1:10; 4:9; y también por los hombres, Núm. 31:50; Prov. 1:9; pero especialmente como divisas oficiales honoríficas, Gén. 41:42; Dan. 5:16; Ezeq. 16:11. Formaban parte del mueblaje del templo y del vestido sacerdotal, Exod. 28; 2 Crón. 3.

CADES, *santo*, ó CADES-BARNEA, llamada también En-mishpat, Gén. 14:7; Ezeq. 47:19, el nombre de una fuente, una ciudad y el desierto que la rodea, Salm. 29:8, en el límite meriodional de la tierra prometida, Jos. 15:3, 23. Se dice en Núm. 20:16 que se hallaba "en el extremo de los confines de Edom," y se cree generalmente que estaba situada cerca del gran valle el-Arabah, al sur del Mar Muerto. El Dr. Robinson halló un lugar de baños, "Ain el Weibeh," que en su concepto correspondía bien á las indicaciones de las Escrituras, en la frontera occidental de el-Arabah, como á 27 millas del Mar Muerto. Algunos viajeros más modernos, sin embargo, le dan á Edom hacia el Oeste una extensión que incluye "el monte de los Amorrheos," Deut. 1:19, y encuentran á Cades en "Ain el Kadeis" unas sesenta millas al Sudoeste del Mar Muerto y al Sudeste del Mediterráneo. Estaba en la frontera del desierto de Parán y en la de Zin, Núm. 13:26; 32:8; Jos. 15:1-3. La Escritura menciona dos periodos en que Cades fué visitada por los Israelitas en sus peregrinaciones: una vez en el año siguiente al en que dejaron al Monte Sinaí, y otra 37 años después. En la primera visita tuvo lugar la misión y el regreso de las doce espías, la rebelión del pueblo, y un esfuerzo temerario para entrar á Canaán por el paso de Safat inmediamente al Norte de Cades, Núm. 13, 14. Puede haber sido su cuartel general durante los 37 años que permanecieron en el desierto. En su segunda visita ocurrió la muerte de Miriam ó María, las quejas del pueblo por el agua, la milagrosa provisión de ella, el pecado de Aarón y de Moisés golpeando la roca, y la infructuosa petición de pasaje al traves de Edom, Núm. 20:1-22. El límite meridional de Judá llegaba hasta Cades-Barnea, Jos. 12:22; 15:3.

CADMIEL, *ante Dios*, levita que volvió á Jerusalem con Zorobabel y tomó parte en la reedificación, confesión y alianza, Esdr. 2:40; 3:9; Neh. 7:43; 9:4, 5; 10:9; 12:8.

CAFTORIM, descendientes de Mizraim, de la familia de los Casluhim, cerca de los cuales tuvieron origen, probablemente en la costa N. E. del África. Estos dos pueblos se mencionan como antepasados de los Filisteos, Gén. 10:14; Deut. 2:23; Amós 9:7; y es probable que una colonia formada de ambos haya expulsado á los Avim del país que queda en la costa Sudeste del Mediterráneo, y la haya ocupado bajo el nombre de Filisteos, que generalmente se conviene en que significa extranjeros. Allí estaban en el tiempo de Abraham : pero no hay acuerdo respecto de la opinión de si fué de Egipto, de Chipre, de Creta ó de Capadocia de donde vinieron directamente.

CAIFÁS, *depresión*, sumo-pontífice de los Judíos, 25 á 35 A. D. Era Saduceo y enemigo encarnizado de Cristo. En su palacio se congregaron los sacerdotes, etc., después de la resurrección de Lázaro, para tramar la muerte del Salvador, temiendo que todo el pueblo creyese en él. En una de estas reuniones, Juan 11:47-54, Caifás aconsejó la muerte de Cristo como conveniente para la salvación política de la nación; y sus palabras fueron, sin que él lo supiera, una inspirada predicción de la salvación del mundo perdido. Estos complots contra Cristo, Mat. 26:1-5; Mar. 14:1; Luc. 22:2, dieron por resultado su captura, y fué conducido primero ante Anás, anteriormente Sumo-Pontífice, y éste lo envió á donde su yerno Caifás. Véase ANÁS. Caifás examinó á Cristo antes de reunirse el Sanhedrin, después de lo cual continuó el juicio, y Cristo fué condenado, escarnecido y traspasado á Pilato para pronunciar su sentencia y ejecutarla, Mat. 26:57-68; Mar. 14:53-72; Luc. 22:54-71; Juan 18:13-27. No contentos con conseguir la muerte del Salvador, Caifás y sus amigos persiguieron violentamente á sus discípulos, Hechos 4:1-6; 5:17, 33. Pero algunos años después de la ascensión de Cristo, y poco después de la degradación de Pilato, Caifás también fué depuesto de su cargo por el Proconsul Romano Vitelio. Como Balaam en el Antiguo Testamento, Caifás presenta un triste ejemplo de resistencia á la luz, de abuso de sus privilegios, de su posición y de las oportunidades que se le presentaban, y de palabras proféticas relativas á Cristo, unido todo á una vida de infidelidad y de crimenes, y á una muerte espantosa.

CAÍN, *posesión*, el primogénito de la raza humana, Gén. 4:1, agricultor y primer homicida. Véase ABEL. Su crimen fué cometido contra las amonestaciones de Dios, y despreció el llamamiento que Dios le hizo para que lo confesase y lo purgara con la penitencia, Gén. 4:6-9. Su castigo comprendió el aumento de necesidades físicas y de penalidades, intranquilidad de la conciencia, desprecio y segregación de la sociedad, y pérdida de la presencia y del favor manifiestos de Dios, Gén. 4:16. Pero Dios mezcló la misericordia con el juicio, y le dió á Caín signos que significaban la seguridad de que no sufriría la pena de muerte en que había incurrido, á manos de los hombres, porque solamente Dios era su juez. Él se retiró á la tierra de Nod, al E. de Edén, y edificó una morada fija que llamó Henoch, nombre de uno de sus hijos. Heb. 11:4; 1 Juan 3:12; Judas 11.

CAINÁN, ó KENÁN, *poseedor*, I., hijo de Enos y padre de Mahalaleel, Gén. 5:9; 1 Crón. 1:2. Vivió hasta la edad de 910 años.

II. Hijo de Arpaxad y padre de Sala, Luc. 3:36. No se menciona en las tres genealogías del Antiguo Testamento, Gén. 10:24; 11:12; 1 Crón. 1:24, ni en la mayor parte de las versiones antiguas; pero en la Septuaginta se encuentra en los dos pasajes citados del Génesis, y fué tal vez copiado de allí por Lucas.

CAL, era bien conocida en los tiempos bíblicos, Lev. 14:42, 45, y se quemaba en un horno con espinas para hacer yeso, Isaí. 33:12. El rey de Moab hizo lo mismo con los huesos del rey de Edom, Amós 2:1. Todavía se encuentran en Egipto después de 3,000 años, claras y frescas inscripciones hechas sobre las rocas, con cal, Deut. 27: 2-4, ó sobre las mismas rocas enyesadas y pintadas luego.

LA PLANTA DEL ACEITE DE CASTOR.

CALABACERA. Se ha supuesto que la calabacera de Jonás era el Ricinus Communis, ó planta de castor. Crece en el Oriente con gran rapidez, alcanzando una altura de 8 á 12 piés, y hay una especie de esta planta que crece aun mucho más. Sus hojas son grandes, y tienen seis ó siete divisiones, como de una mano con los dedos extendidos, de donde le ha venido el nombre de Palma Christi. Desde que se sabe, sin embargo, que en las cercanías de la antigua Nínive se hace extender una planta de la especie de la calabacera sobre las construcciones de barro y ramas para formar chozas en que los jardineros puedan ponerse á cubierto de los terribles rayos del sol asiático, se ha palpado en cierto modo que esta planta llamada en árabe *ker'a* es la verdadera calabacera de Jonás. Si á la expresión que "nació en una noche," Jonás 4:10, debiera dársele un sentido literal, indicaría que Dios "preparó" la calabacera, ver. 6, apresurando milagrosamente su natural crecimiento. La calabacera oriental crece rápidamente, forma una densa sombra, florece mejor en un calor excesivo, y pronto se marchita si se le maltrata.

La CALABAZA SILVESTRE es una planta venenosa que se conjetura significa la Coloquíntida, la cual tiene una forma parecida á la del pepino, con varias ramas, y da un fruto del tamaño y del color de una naranja, de cáscara dura y leñosa, dentro de la cual se halla la carne ó pulpa blanca, sumamente amarga y violentamente purgante, 2 Reyes 4:39. Era agradable á la vista, y se tomó como modelo para los adornos realzados, fundidos y entallados del templo de Salomón, 1 Reyes 6:18; 7:24.

CALAH, *ancianidad*, ciudad muy antigua de Asiria, edificada por Assur ó por Nimrod, Gén. 10:11, 12. Quedaba situada á alguna distancia de Nínive, y Resen se hallaba entre ésta y aquella. Se cree por Porter y Kalisch que es el lugar llamado actualmente Kaleh-Sherghat, en la margen occidental del Tigris, sesenta millas al S. de Nínive. Allí han sido desenterrados algunos de los monumentos asirios más antiguos descubiertos hasta el presente, y el nombre de Assur figura entre las inscripciones. Fué la capital del reino de Asiria durante muchos años, antes de que Nínive lo fuera.

CALAMÓN, ave inmunda, Lev. 11:18; Deut. 14:17, el buitre egipcio que todavía se encuentra en las antiguas tierras bíblicas, como del tamaño de un cuervo, sucio en sus costumbres y desagradable á la vista y al olfato, pero muy útil como ave

103

de rapiña devoradora de inmundicias, y por eso en Egipto está libre de persecuciones y se le ha consagrado á Isis. Véase BUITRE.

CALCEDONIA, piedra preciosa parecida á la ágata; de varios colores, pero principalmente de un pardo claro ó azul, Apoc. 21:19. Ha recibido su nombre de Calcedón, población de Bitinia que se halla frente á Constantinopla; y se usa mucho para hacer copas, vasos, y otros artículos de gusto.

CALDEA, país del Asia cuya capital en su sentido más amplio era Babilonia. Era en un principio de pequeña extensión; pero habiéndose ensanchado lluego mucho el Imperio, se toma el nombre en general en un sentido más extenso, é incluye á todo el país de Babilonia, palabra que debe verse en este libro.

CALDEOS. Este nombre se ha tomado, 1. del pueblo de Caldea, y en general de los súbditos de ese Imperio. 2. Se aplica á los filósofos, naturalistas ó agoreros que se empleaban principalmente en el estudio de las matemáticas y de la astrología, con que pretendían predecir el destino de los hombres nacidos bajo ciertas constelaciones.

Los Caldeos eran primitivamente un pueblo belicoso, de origen y de lengua cusita, que habitaba en la parte sur de la llanura de Shinar, Job 1:17. Como los monarcas asirios extendieron sus conquistas hacia el Oeste, los Caldeos llegaron también á estar bajo su dominio. El profeta Habacuc, que probablemente vivió hacia la época en que los guerreros caldeos hicieron sus primeras incursiones en Palestina ó las regiones adyacentes, hace de ellos una descripción gráfica, muy al vivo, Hab. 1:6-11. En el reinado del rey Ezechías 713 A. C., se menciona un rey de Babilonia, el primero de quien se nos habla después de Nimrod y de Amrafel. Después de un transcurso de 100 años, encontramos á los Caldeos en posesión del reino de Babilonia. El primer soberano de esta nueva línea que aparece en la historia, fué Nabopolassar. Su hijo Nabucodonosor invadió á Palestina, según lo habían predicho Jeremías y Habacuc, Esdr. 3:12; Jer. 39:5. Le sucedió su hijo Evil-Merodac, 2 Reyes 25:27; Jer. 52:31 Después de él vinieron en sucesión rápida Neriglissar, Laborosoarchod y Nabonnedus con Belshazzar, bajo cuyo gobierno este Imperio fué absorbido por el Medo-Persa. La dinastía Caldeo-Babilónica continuó probablemente por un período que no alcanzó á 200 años. Véase BABILONIA.

Los antiguos Caldeos parece que conservaron su antigua lengua cusita para asuntos científicos, y cuando se refundieron con los Babilonios y los Asirios formaron la clase docta y sacerdotal. Como tales se habla de ellos en Dan. 1:4; 2:1-12.

CALEB, *perro*, I., hijo de Jefone, de la tribu de Judá, que fué enviado con un hombre de cada una de las otras tribus, á reconocer la tierra prometida, Núm. 13; 14. 1491 A. C. De entre los doce, sólo Caleb y Josué se condujeron como hombres verídicos y fieles, y sólo á ellos, con exclusión de los demás guerreros de Israel, se les permitió entrar á Canaán, Núm. 14: 6-24, 38; 26:65. Fué uno de los príncipes designados para dividir el territorio conquistado entre las tribus, Núm. 34:19. Hebrón le fué dada como recompensa por su fidelidad, según la promesa de Dios, Deut. 1:36; Jos. 14. Aunque tenía 85 años de edad, conservaba todavía su vigor, y arrojó en breve á los Anaqueos de su heredad. Dió una parte también de ella, juntamente con su hija Axa, á su sobrino Otniel que había ganado esta recompensa por su valor en la captura de Debir, Jos. 15:13-19; 21:12. A esta región se le dió por algún tiempo el nombre de Caleb, 1 Sam. 30:14, y estaba entre Hebrón y el Carmelo, en la parte sur de Judá.

II. Hijo de Hur, cuyos hijos poblaron el país que queda á inmediaciones de Betlehem, etc.. 1 Crón. 2:50-55.

CALLES y CALLEJUELAS. Una palabra hebrea y otra griega, traducidas "calle" en Luc. 14:21; Mat. 6:5; Lam. 2:19; Mic. 7:10; Hechos 12:10; y "plaza" en Gén. 19:2; Jueces 19:15; 2 Sam. 21:12; Luc. 13:26; Deut. 13:16; Esdr. 10:9; Neh. 8:1, 3, 16; Ester 4:6; Job 29:7; Jer. 5:1, y Apoc. 21:21; y "camino" en 1 Sam. 4:13, denotan, como se deduce de los pasajes citados, una vía pública, ancha, y en ocasiones un ancho espacio abierto cerca de la puerta de una ciudad, ó al frente de un edificio público. En ellas, eligiendo de preferencia los puntos prominentes y las esquinas, la gente, á estilo de los Turcos de ahora, se recreaba tendiendo sus tapetes ó pedazos de alfombra para sentarse; y allí á la hora de la oración se entregaban á sus ejercicios devotos. Pero la mayor parte de las calles en las mejores ciudades orientales son ahora, como en los tiempos antiguos, angostas, para dar sombra que proteja contra los rayos abrasadores del sol;

desparejas con motivo de lo sinuoso de su suelo y el poco uso de los carruajes; y sombrías por no usarse el alumbrado de ellas por la noche, y porque las paredes de las casas carecen casi por completo de ventanas por el lado que da á la calle. Josefo dice que las calles de Jerusalem estaban empedradas, como las de la Jeru-

UNA CALLE DEL CAIRO.

salem profética. Las calles tenían algunas veces nombres como las nuestras, y algunas de ellas se parecían á los Bazares de las ciudades orientales modernas, hallándose en la misma calle las tiendas de un mismo negocio, que les daba su nombre, Neh. 3:31, 32, como la "calle de los panaderos," Jer. 37:21, y "el valle de los queseros;" y se hicieron calles para los comerciantes, 1 Reyes 20:34. En las ciudades modernas, las calles tienen puertas que se cierran y se resguardan por la noche como en los tiempos antiguos, Cant. 3:3. La calle de Damasco llamada "la Recta," Hechos 9:11, parece que era angosta en los tiempos antiguos, como lo es ahora, pero en la época de los Romanos era ancha y estaba dividida por columnatas en tres

avenidas de una milla de largo, que atravesaban la ciudad. Véase CASA.

CALNEH, llamada también Calno, Isai. 10:9, y Canneh, Ezeq. 27:23, una de las ciudades de Nimrod, Gén. 10:10, llamada después Ctesifón; se hallaba en la margen oriental del Tigris, frente á Seleucia, y veinte millas abajo de Bagdad. Ctesifón era residencia de invierno de los reyes partos. No quedan ahora más que las ruinas de un palacio, y montones de escombros. Rawlinson, sin embargo, sitúa á Calneh en Niffer, en la margen oriental del Éufrates, sesenta millas al S. E. de Babilonia, punto donde existió alguna población importante.

CALVARIO, Luc. 23:33, en Hebreo GÓLGOTA, *lugar de una calavera*, sitio en que nuestro Salvador fué crucificado, cerca de Jerusalem, Juan 19:20, pero afuera de sus murallas, Mat. 27:33; Mar. 15.22; Juan 19:17; Heb. 13:12. En el mismo lugar había un jardín privado y un sepulcro en que estuvo tendido el cuerpo de Jesu-Cristo hasta su resurrección, Juan 19:41, 42. La expresión "Monte Calvario," no tiene razón de peso que la apoye, si nó es la que se implica en el nombre Gólgota, que bien pudo haberse dado á una ligera elevación con la forma de la parte superior de un cráneo, y la probabilidad de que tal lugar haya sido elegido para la crucifixión. Es muy dudoso que las verdaderas localidades del Calvario y del sepulcro sean las cubiertas por la actual "Iglesia del Santo Sepulcro," que es un vasto edificio hecho al N. del Monte Zión, dentro de la ciudad moderna, construido en el sitio que se fijó 335 A. D. por la Emperatriz Elena, siguiendo en esto la tradición y atendiendo á un pretendido milagro. Algunos geógrafos bíblicos se adhieren á esta opinión respecto de la localidad; pero Robinson y otros muchos se oponen abiertamente á ella por ser débil el fundamento de la tradición, y por ser difícil suponer que este lugar haya estado fuera de las murallas antiguas. Véase JERUSALEM. El Dr. Fisk, cuando visitó este lugar con el deseo natural de establecer la identidad del teatro de estos sacratísimos acontecimientos, juzgó que estaba en lo posible, y eso fué todo, que el punto que se le mostró fuese el sitio real de la crucifixión; que la roca que se le señaló fuese una parte de la roca partida por el terremoto; que la columna de piedra que vió medio oculta por un enrejado de hierro, fuese aquella en que nuestro Señor estuvo atado cuando lo azotaron; que e.

pequeño fragmento de piedra tosca, visto á la luz de un pequeño cirio al través de una especie de filigrana de hierro, fuese la piedra en que se sentó cuando lo coronaron con espinas; que el sitio colmado de lámparas, y cubierto con un sarcófago de mármol blanco, con una estructura en forma de cúpula en el centro, fuese el del sepulcro y la resurrección de nuestro Señor; pero cuando vió la inmediata juxtaposición de todas estas cosas, y conoció que para facilitar la construcción de la iglesia el lugar tuvo que ser cortado y nivelado; cuando reflexionó que allí mismo se levantaba un templo pagano hasta que la emperatriz Elena lo quitó de allí para hacerle lugar á esta iglesia; y más que todo, cuando consideró el designio supersticioso á que todas estas cosas iban á servir, y el espíritu de la iglesia que de tal modo hacía alarde de estos objetos de curiosidad, no pudo adquirir la persuasión de que eran realmente lo que pretendían. Vivamos reconocidos siquiera por el hecho de que aunque el lugar exacto de la muerte de Cristo nos es ahora desconocido, no queda duda alguna en cuanto al hecho; "Él murió y fué sepultado, y al tercer día resucitó de entre los muertos, según las Escrituras," 1 Cor. 15:3, 4. Entonces pasó el rito antiguo, Satanás fué despojado, el hombre redimido, Dios reconciliado, y el cielo abierto á todos los creyentes. Véase RESURRECCIÓN.

CALVICIE. Era costumbre cortarse el pelo ó rasurarse la cabeza, en manifestación de duelo por muerte de un pariente, Job 1:20; Jer. 16:6. Esto se prohibió á los Israelitas por ser costumbre pagana, Deut. 14:1; con todo, continuó marcando el término del voto de un Nazareo, Núm. 6:2, 18; Hechos 21:24. La calvicie era tratada con desprecio, porque exponía al hombre calvo á ser sospechado de leproso. El grito de los muchachos de Betel que iban tras de Eliseo, diciéndole, "¡Sube calvo, sube salvo!" 2 Reyes 2:23, indicaba gran desprecio hacia él como profeta del Señor, y al mismo tiempo una mofa hecha al milagro de la ascensión de Elías.

DIVÁN ORIENTAL.

CAMA, en el Oriente es, y era antiguamente, un diván, ó un peldaño ancho y bajo formado al rededor de una pieza, á manera de un sofá de poca altura, que servía de canapé para reclinarse durante el día, y de cama para dormir por la noche, Exod. 8:3; Dan. 4:5-7. Estaba provista de almohadas, 1 Sam. 19:13. Algunas veces quedaba á algunos piés de elevación sobre el suelo, 2 Reyes 1:4; Salm. 132:3. Se le cubría de diversos modos y con más ó menos adornos, según la categoría del propietario de la casa. Los pobres tenían solamente un simple colchón ó zalea, ó una capa ó frazada, que también les servía para abrigarse durante el día, Exod. 22:27; Deut. 24:13. Es así que les era fácil á las personas á quienes Jesús curaba, tomar sus camas y andar con ellas, Mar. 4:21. Los catres ó armazones de cama no eran sin embargo desconocidos, aunque diferían de los de los tiempos modernos. Véanse

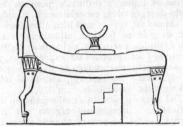

CAMA EGIPCIA CON RECLINATORIO PARA LA CABEZA.

Deut. 3:11; 1 Sam. 19:15; Ester 1:6; 7:8; Amós 6:4. Los Judíos se quitaban las sandalias y la ropa exterior sólo para dormir. Los dormitorios para las mujeres eran las piezas más retiradas de la casa, Exod. 8:3; 2 Reyes 6:12.

UN CAMALEÓN.

CAMALEÓN, llamado en Luc. 11:30, lagarto, es una especie de lagartija, de una piel como la del tiburón. Su cuerpo es de unas seis pulgadas de largo; cada pata tiene cinco dedos, dispuestos como dos pulgares al frente de los otros tres dedos. Sus ojos se mueven hacia atrás ó hacia adelante, independientes el uno del otro. Se alimenta de moscas que atrapa lanzando sobre ellas como dardo su lengua larga y viscosa. Tiene la facultad de inflarse de aire cuando quiere, cambiando así su color, desde el gris que le es ordinario, hasta el verde, púrpura, y aun negro cuando se encoleriza.

CÁMARA ó APOSENTO, véase Casa. La palabra aposento denota algunas veces las constelaciones ó regiones del cielo, Salm. 104:3, 13. Para comprender el sentido de "cámaras pintadas," Ezeq. 8:12, véase Nínive.

CAMARERO, 2 Reyes 23:11, empleado encargado de los aposentos del rey, y de su guarda-ropa. En las cortes orientales los eunucos eran los que generalmente desempeñaban este cargo, Ester 1:10, 12, 15. En Hechos 12:20, se aplica á un empleado que gozaba de la mayor confianza del rey.

EL CAMELLO LIGERO Ó DROMEDARIO.

CAMELLO, *portador*, bestia de carga muy común en el Oriente, en donde se le llama "buque de tierra," y "portador del desierto." Tiene de seis á siete piés de altura, y es extraordinariamente fuerte, vigoroso y resistente para el trabajo. Tiene las patas provistas de una suela elástica y correosa, que impide que el animal se sumerja en la arena, y en toda clase de terrenos pisa con mucha firmeza. La especie propia de la Arabia, á la que más comunmente se hace referencia en la Escritura, no tiene más que una joroba en la espalda, mientras que el camello Bactriano, que se halla en el Asia Central, tiene dos. Cuando el animal está bien alimentado, estas jorobas crecen con la gordura que en ellas se acumula, gordura que va absorbiéndose gradualmente cuando el animal cóme mal y trabaja mucho supliendo de ese modo la falta de alimento.

El dromedario es de una familia más veloz y ligera, única cosa que lo distingue del camello común, Isai. 60:6; Jer. 2:23. No puede caminar más de ocho ó nueve millas por hora, pero puede sostener ese paso durante muchas horas consecutivas.

107

Dentro de la cavidad del estómago del camello hay una especie de panza, provista de vejigas membranosas para contener una provisión suplementaria de agua; la cantidad con que ésta se llena puede durarle para muchos días mientras atraviesa el desierto. Su alimento se compone de hojas ásperas, retoños de árboles y cardos silvestres, que prefiere á la yerba más tierna, y con el cual lleva á cabo las más largas expediciones; pero generalmente, de viaje con una libra de dátiles, frijoles ó cebada, tiene para 24 horas. El camello se hinca para recibir su carga, que varia de 500 á 1,000 ó 1,2000 libras. Mientras tanto acostumbra lanzar agudos gritos ó gruñidos de cólera é impaciencia. Aunque generalmente dócil, á menudo es obstinado y estúpido, y á veces feroz; los camellos jóvenes son tan lerdos y sin gracia como los viejos. El camino que por término medio hace un camello ordinario, es como de dos millas y tercia por hora; y trotea con monótona pertinacia hora tras hora, sin fatigarse, pareciendo tan fresco en la noche como en la mañana. Ningún otro animal podría soportar los severos y continuos trabajos del camello, el mal trato que se l da, y un alimento tan escaso y ordinario. Los Árabes dicen con razón de él, "La bestia de Job es un monumento de la misericordia de Dios."

Este útil animal ha sido muy usado en el Oriente desde la época más remota, Gén. 12:16; Exod. 9:3. Los comerciantes de aquellos climas calurosos han hallado que es el único medio con que cuentan para cambiar los productos de diferentes tierras, y desde tiempo inmemorial grandes caravanas han atravesado año tras año los desiertos casi intransitables, Gén. 37:25. El número de camellos que poseía uno era señal de su riqueza. Job tenía 3,000, y los de los Madianitas eran como la arena del mar, Jueces 7:12; 1 Crón. 5:21; Job 1:3. Rebeca hizo el viaje á la casa de Isaac en camello, Gén. 24:64; la reina de Seba le llevó á Salomón, y Hazael á Eliseo, camellos cargados de los más escogidos presentes, 1 Reyes 10:2; 2 Reyes 8:9. Los Cusitas etiopes los tenían en abundancia, 2 Crón. 14:15, y se utilizaban aun en la guerra, 1 Sam. 30:17. El camello era para los Hebreos un animal inmundo porque "no tiene pezuña hendida," Lev. 11:4; con todo, su leche ha sido siempre para los Árabes un importante artículo de alimentación, y es altamente apreciada como bebida fresca y saludable. A la verdad, nin-

gún animal les es más útil á los Árabes, no sólo vivo, sino aun después de muerto. Su carne es áspera y ordinaria, pero no del todo desagradable, especialmente cuando el animal es joven y está bien alimentado. De su pelo se fabrican alfombras, telas para tiendas, y sacos para el grano. De su cuero se hacen grandes odres para agua, y costales, así como también sandalias, sogas y coyundas. Su estiércol, secado al sol, les sirve de combustible.

Del pelo de camello se tejía paño en el Oriente, distinguiéndose alguno por su finura y suavidad, pero resultando generalmente burdo y áspero, usado para los vestidos de los pastores y de los arrieros, y para cubrir las tiendas. Este era el que Juan el Bautista usaba y nó "vestidos delicados," Mat. 3:4: 11:8. Los derviches modernos usan trajes de esta especie, y parece que á esto es á lo que se hace alusión en 2 Reyes 1:8; Zac. 13:4.

La expresión "es más fácil que un camello pase por el ojo de una aguja," etc., Mat. 19:24, era un refrán para describir un imposible. La misma frase se encuentra en el Corán; y una semejante en el Talmud, respecto de que un elefante pase por el ojo de una aguja. Véase también el refrán que está en Mat. 23:24, el cual ejemplifica la hipocresía de los Fariseos, refiriéndose á la costumbre de pasar el vino por una coladera.

CAMINO, ó JORNADA, DE DIA DOMINGO, entre los Judíos, parece haberse considerado como de siete estadios, ó casi una milla, Mat. 24:20; Hechos 1:12. La jornada que se hace en un día ordinario es de 15 á 20 millas, descansando un poco á la mitad del día. Las personas que emprenden un viaje en el Oriente generalmente hacen á corta distancia su primera parada, para poder más facilmente enviar al punto de donde salieron por algo que puedan haber olvidado, ó por provisiones. Esto puede aplicarse tal vez á la "jornada de un día" de los padres de Jesús, mencionada en Luc. 2:44.

Para los viajes de los Israelitas, véase EXODO y PEREGRINACIONES.

"Andar" muchas veces significa el modo ó forma de la vida religiosa, como la de los gentiles, Jer. 10:2; Amós 8:14, ó la que Dios manda que llevemos, Salm. 67:2; Jer. 5:5. En el Nuevo Testamento, á menudo significa el nuevo sistema de fé y práctica enseñado por Cristo, Hechos 9:2; 19:9, 23; 22:4; 24:14, 22. "Andad," Luc. 10:3. Comp. Gén. 19:2; Juan 11:46; Sant. 1:24.

CAMINOS REALES. Antiguamente Palestina debe haber tenido caminos practicables para vehículos, puesto que se usaban carretas y carros, Gén. 46:5; Jos. 17:16; Jueces 4:13; 2 Reyes 10:16; Hechos 8:28. Todavía quedan vestigios de los caminos romanos; pero actualmente aun las rutas más importantes son apenas veredas sinuosas para el paso de las bestias de carga, que comunmente caminan desfilando una á una. Vé VALLADO. En Mat. 22:9, léase "las encrucijadas de los caminos reales."

CAMPANAS. Las direcciones dadas en Exod. 28:33-35, recordaban tanto al Sumo-Sacerdote como á todos los presentes, que debían poner todo su corazón y toda su alma en el culto rendido á Dios. Las campanillas, castañuelas, etc., se usaban mucho, y aún se usan en el Oriente. En los últimos tiempos todas las posesiones y los placeres del hombre tendrán qué conformarse con la voluntad de Dios, Zac. 14:20.

CAMPO, CAMPAMENTO. El primero de estos términos significa á menudo terreno cultivado, pero nó cercado, puesto en contraste con el desierto, Gén. 33:19; 36:35, y con un viñedo, Núm. 22:23, 24, ó una ciudad, Deut. 28:3, 16. Sus límites se señalaban con piedras, y quitarlas era un gran crimen, Deut. 27:17. Los campos eran á menudo atravesados por caminos públicos, Luc. 6:1, y estaban muy expuestos á la invasión de ellos por ganado extraviado, por lo cual se necesitaba constante vigilancia, Exod. 22:5.

Los términos *campo* y *campamento* se refieren usualmente á los movimientos de los Israelitas entre Egipto y Canaán; y varios pasajes de la ley levítica tratan de las cosas hechas "dentro" ó "fuera del campo," Lev. 10:4, 5; 14:3; 24:14. Comp. Juan 19:17, 20; Heb. 15:11-13. La masa del pueblo se componía de 600,000 hombres aguerridos, además de las mujeres y los niños, Núm. 1:2; y estaba dispuesta en cuatro grandes batallones arreglados de manera que fuera el tabernáculo encerrado en un cuadro, y cada uno de los batallones bajo una bandera general. En el tabernáculo estaba el arca, con su columna superior de nube y fuego, y á su rededor las tiendas de los sacerdotes, Núm. 2; 3. El modo como iba dispuesta esta gran masa de gente en un órden, un aséo y una subordinación lo más perfecto, debe causar sorpresa general. Balaam, de pié sobre las alturas de Moab, contempló ese imponente espectáculo con admiración y respeto. "¡Cuán hermosas son tus tiendas, oh Jacob! El Señor su Dios está con él," Núm. 23; 24.

El orden designado para que se movieran las huestes de Israel de un campamento á otro, se detalla en Núm. 9; 10. Los nombres de 41 campamentos se dan en Núm. 33; desde el primero establecido en Rameses, en el mes de Abril, 1491 A. C. hasta el último á orillas del Jordán, 40 años después. Véanse ÉXODO y PEREGRINACIONES.

Los viajeros del desierto escogen un sitio en un terreno elevado, y cerca de una fuente de agua, si es posible, y tenían la costumbre de armar sus tiendas en el centro de un círculo formado por sus camellos y sus cargas, los cuales servían como de barrera contra un asalto. Los ejércitos y las grandes caravanas acampaban del mismo modo, 1 Sam. 17:20; 26:5.

CANÁ, el lugar de nacimiento de Natanael, y la ciudad en que nuestro Señor obró su primer milagro, y desde la cual poco tiempo después le envió una curación milagrosa al hijo del noble en Capernaum, á 18 millas de allí, Juan 2:1-11; 4:46-54; 21:2. Fué llamada Caná de Galilea, ahora Kana-el-Jelil, y quedaba 8 millas al N. de Nazaret. Ésta es la opinión de Robinson. La situación que comunmente se le da es Kefr Kenna, á más corta distancia de Nazaret. Caná está ahora en ruinas.

CANA, *lleno de cañas*, I., Josué 16:8; 17:9, arroyo que separaba á Efraím al Sur, de Manassés al Norte. La moderna Wady Kanah, brazo del Nahr-el-Aujeh, parece demasiado lejos al Sur. La Wady Falaik ó Khassal, *llena de cañas*, es muy pequeña y queda al Oeste de Sichem. Al Norte de este se hallan Nahr Iskanderúneh y Nahr Mefjir, y un brazo de cualquiera de ellos en parte de su extensión, podría bien ser el mismo de que se trata.

II. Ciudad en el límite Noroeste de Aser, Jos. 19:24, 28. Un pueblo llamado Cana se halla todavía 7 ú 8 millas al Sudeste de Tiro, con ruinas antiguas á una milla al Norte.

CANAÁN, *bajo*, I., el cuarto hijo de Cam, y nieto de Noé, Gén. 9:18. Su numerosa posteridad parece que ocupó á Sidón primero, y de allí se extendió á la Siria y á Canaán, Gén. 10:15-19; 1 Crón. 1:13-16. Los Judíos creen que estaba implicado con su padre en la deshonra causada á Noé, Gén. 9:20-27, que fué lo que motivó la maldición que hizo sufrir á él y á su posteridad, Ios. 9:23, 27; 2 Crón. 8:7, 8.

II. La tierra poblada por Canaán y por su posteridad, y que después se le dió á los Hebreos. Varios nombres se le han dado á este país en diferentes periodos, ya tomándolos de sus habitantes, ó ya de algunas circunstancias relacionadas con su historia. (1.) "La tierra de Canaán," viene de Canaán, el hijo de Cam, que la dividió entre sus once hijos, cada uno de los cuales llegó á ser cabeza de una numerosa tribu, y posteriormente de un distinto pueblo, Gén. 10:15-20; 11:31. Esta no incluía al principio tierra ninguna al E. del Jordán, Núm. 32:26-32. (2.) "La tierra de Promisión," Heb. 11:9, de la promesa hecha á Abraham de que su posteridad la poseería, Gén. 12:7; 13:15. Habiéndose llamado Hebreos éstos, la región en que moraban se llamó (3.) "La tierra de los Hebreos," Gén. 40:15; y (4.) "La tierra de Israel," de los Israelitas ó de la posteridad de Jacob, que se establecieron allí. Este nombre ocurre con frecuencia en el Antiguo Testamento. Comprende toda la faja de terreno que se halla á uno y otro lado del río Jordán, y que Dios dió por herencia á los Hebreos. En un periodo posterior, este término solió restringirse al territorio ocupado por las diez tribus, Ezeq. 27:17. (5.) "La tierra de Judá." Ésta al principio comprendía solamente la región que le tocó en suerte á la tribu de Judá. Después de la separación de las diez tribus, las tierras que pertenecían á Judá y á Benjamín, que formaron un reino separado, se distinguieron con el nombre de "La tierra de Judá," ó Judea, conservando este último nombre toda ese territorio durante la existencia del segundo templo y bajo el dominio de los Romanos. (6.) "La Tierra Santa." Este nombre parece que fué el que los Hebreos le daban después de la cautividad de Babilonia, Zac. 2:13. (7.) "Palestina," Exod. 15:14, nombre derivado de los Filisteos que emigraron de Egipto, y habiendo expulsado á los primitivos habitantes, se establecieron en las costas del Mediterráneo. Su nombre le fué dado luego á todo el país, aun cuando de hecho sólo poseían una pequeña parte de él. Los escritores paganos han llamado la Tierra Santa indistintamente á Palestina, Siria y Fenicia. Su población en el tiempo de su mayor prosperidad, era de 4 á 5 millones; ahora es sólo de millon y medio. Canaán estaba limitada al O. por el Mar Mediterráneo; al N. por el Monte Líbano y por Siria; al E. por la Arabia Desierta, y al S. por Edom, el desierto de Zin y Parán. Su

mayor longitud era de cosa de 180 millas, y su anchura, por término medio, cosa de 60; así contenía 10,000 millas cuadradas, poco más ó menos, en diferentes periodos. Su forma general y sus dimensiones las ha comparado con acierto Coleman con las del Estado de New Hampshire en los E. E. U. U. del Norte. En la época de David, vastas regiones tributarias estuvieron por algún tiempo anexas á la Tierra Santa. Estas incluían las naciones limítrofes del E., ya muy en el interior de la Arabia Desierta; de allí al N. hasta Tifsah, en el Éufrates, con toda la Siria entre el Líbano y este río. Por el S. incluía á Edom, y llegaba al Mar Rojo en Ezion-geber.

La tierra de Canaán ha sido dividida de varias maneras. Bajo el gobierno de Josué se repartió entre las doce tribus; bajo el de Roboam fué fraccionada en dos reinos de Israel y de Judá. Después cayó en poder de los Babilonios, de los Griegos, de los Sirios y de los Romanos. En el tiempo de nuestro Salvador estaba bajo el dominio de los últimos, y fué dividida en cinco provincias: Galilea, Samaria, Judea, Perea, é Idumea. Perea fué á su vez dividida en siete cantones: Abilene, Trachonitis, Iturea, Gaulonitis, Batanea, Perea y Decápolis. En la actualidad, Palestina está sujeta al Sultan de Turquía, bajo el cual los bajás de Acre y de Gaza gobiernan la costa, y el bajá de Damasco el interior del país.

La superficie de la tierra de Canaán está hermosamente accidentada por montañas y por llanuras, por valles y por ríos. Las montañas principales son las del Líbano, Carmelo, Tabor, Galaad, Hermón, el Monte de los Olivos, etc. Las llanuras del Mediterráneo, de Esdraelon y de Jericó, son célebres como teatros de los más importantes acontecimientos. Los principales ríos son el Jordán, el Leontes, el Arnón, el Sihor, el Jabbok y el Kishón. Los lagos son el Asfaltites ó Mar Muerto, el lago de Tiberiades, ó Mar de Galilea, y el lago de Merom. La descripción de éstos se hace en otra parte, y se encontrará en el lugar que les corresponde respectivamente.

Describirémos aquí brevemente los rasgos generales de este país. Por el N. confina con las elevadas montañas del Líbano y de Hermón, algunos de cuyos picos miden una altura de 9,000 piés. En los alrededores de la base del Monte Hermón quedan las diversas fuentes del Jordán. Este río, después de pasar por el lago Merom y el Mar de Galilea, corre dirigiéndose al S. y dando innumerables vueltas, hasta desembocar en el Mar Muerto. Su lecho es muy profundo, y desde su nacimiento hasta su desembocadura, tiene una diferencia de nivel de 2,000 piés. Véanse ÁRABAH y JORDÁN. El país que se halla entre el valle del Jordán y el Mar Mediterráneo, es en general una elevada meseta, interrumpida por muchos cerros, y por numerosos y profundos valles, al través de los cuales corren los torrentes que se forman en invierno, y que van á precipitarse en el Jordán ó en el mar. La meseta de Galilea puede quedar entre 900 á 1,000 piés sobre el nivel del Mediterráneo. En la Baja Galilea se ve la grande y hermosa llanura de Esdraelon, que se extiende desde el Monte Carmelo y Acre al O., hasta Tabor y Gilboa, con ramales al E. que ván al Jordán. Desde esta llanura el terreno comienza de nuevo á elevarse hacia el S. estando el Monte Gerizím á 2,849 piés sobre el nivel del mar, Jerusalem á 2,593, y Hebrón á 3,040. En la costa del mar se encuentra, abajo del Monte Carmelo, una llanura fértil; hacia el S. va aumentando gradualmente en anchura, y llega por fin á unirse al gran desierto de Parán. Desde la llanura de la costa del mar, el ascenso á la altiplanicie del interior se hace por una sucesión de terrados naturales, mientras que el descenso al Jordán, al Mar Muerto y á Edom, es muy pendiente y quebrado. El país de más allá del Jordán es montañoso, y contiene terrenos de excelentes pastos, y valles muy amenos. Más allá todavía al E. se halla la elevada y solitaria altiplanicie da la Arabia Desierta.

El suelo y el clima de Canaán eran altamente favorables. El calor no era excesivo, con excepción del que se hacía sentir en los lechos profundos de los ríos y en las costas del mar, siendo el temperamento en lo general benigno y saludable. Las variaciones del sol, de las nubes y de las lluvias se hacen notar en Palestina, como en México, principalmente en el invierno y en la estación de las aguas. Las lluvias otoñales comienzan generalmente en los últimos días del mes de Octubre, y muy poco después de los primeros aguaceros se siembran el trigo y la cebada. Llueve con más fuerza en Diciembre, y continúan las aguas, aunque menos frecuentes, hasta Abril. De Mayo á Octubre no llueve. El frío del invierno no es severo, y el terreno no se hiela. Algunas veces en invierno sube la nieve un pié ó más, y hay frecuentes tempestades de granizo. La cosecha de cebada se hace como quince días antes de la de trigo, y ambas tienen lugar en las llanuras más temprano que en las tierras elevadas; toda la cosecha de los granos dura desde Abril hasta Junio. Las primeras uvas maduran en Julio, pero la vendimia no concluye sino hasta Setiembre. En este mes y en Octubre el calor es grande; el suelo se seca y se tuesta; la verdura ha desaparecido mucho tiempo antes; los aljibes y las cisternas comienzan á agotarse, y toda la naturaleza, animada é inanimada, parece ansiar la vuelta de la estación de las lluvias.

El suelo de Canaán era altamente productivo. Las piedras predominantes son gredosas y calizas, y abundan en las cuevas. Prontamente formaban una tierra rica de la cual se cubrían, capaz de producir en las varias elevaciones y climas, tan notablemente combinadas en aquella pequeña región del mundo, una variedad de frutos sin igual. Los olivos, las higueras, las parras, y los granados crecían en abundancia; los cerros estaban poblados de hatos y rebaños, y los valles cubiertos de diversos granos. Era cosa corriente describir la tierra de promisión "manando de ella leche y miel." Con todo, la brillante descripción que hace Moisés, Deut. 8:7-9, y lo que enseña la historia en cuanto á la vasta población que en otro tiempo la ocupaba, forman un marcado contraste con su aspecto actual de esterilidad y desolación. Véase CENSO. La maldición que se atrajo la incredulidad de los Judíos todavía esteriliza su tierra desgraciada. Largos siglos de guerras y de malos gobiernos la han despojado y despoblado. Las colinas, en otro tiempo terraplenadas hasta la cima, y cubiertas de exuberantes granos, de viñas, de olivos y de higueras, ahora son rocas desnudas. Sus primeras y últimas lluvias en un tiempo conservadas en Jepósitos, y conducidas por medio de serpenteantes canales para regar los terrenos en la estación de la seca, ahora corren al mar desapercibidas. La tierra, despojada de sus bosques, yace abierta á un sol abrasador que ahora quema lo que antes fertilizaba. Y sin embargo, algunas partes de Palestina muestran todavía la asombrosa fertilidad; y en donde quiera que el suelo se cultiva, produce un ciento por uno. El maiz crece allí á una altura de once piés, y se dan uvas que casi rivalizan los racimos de Escol. Los viajeros inteligentes están de acuerdo en confirmar las narraciones de las Escrituras en cuanto á la antigua fertilidad de ese país. Véanse HEBREOS, JUDEA, CONQUISTA DE CANAÁN. Varios argumentos se han aducido para justificar la conquista de Canaán y el exterminio de sus habitantes por los Israelitas; tales como que la tierra había tocado en suerte á Sem y á sus hijos después del diluvio, y que los hijos de Cam eran usurpadores; que ellos atacaron primero á los Judíos; que Abraham había tomado posesión de la tierra siglos antes; que los Cananeos eran de la familia de los Egipcios y estaban implicados en la culpa de éstos y en el castigo que merecían como opresores de los Hebreos. Sea cual fuere la justicia que pueda haber en estas razones, ninguna de ellas es la que la Biblia dá. El único derecho verdadero que asistía á los Judíos era el especial mandato del Señor de todo. A ellos se les había enseñado de un modo persuasivo, que la maldad de esas naciones era la razón del castigo que se les iba á imponer, castigo diferido por la tolerancia de Dios, y que tenía por objeto prevenirlos tanto á ellos como á todo el género humano, contra la idolatría y los pecados que de ella se originan. Estos pecados eran de los que los Judíos debían huir y exterminar, teniendo qué obrar como agentes de la justicia de Dios, y nó para satisfacer su propia avaricia, rencor ó codicia, entregando en muchos casos los despojos á la destrucción. Fueron conducidos á Canaán por un milagro; por otro milagro fué capturada la primera ciudad que encontraron en su camino, y la mano de Dios se vió á menudo dándoles auxilio. La narración de la conquista se hace en Deut. 1-4; Josué, y Jueces 1.

Los Cananeos no fueron enteramente destruidos. Muchos de ellos se escaparon yéndose á otras tierras; y en Judea quedaron fragmentos de casi todas las naciones sometidas á los Israelitas, como cepos para los piés y espinas para los costados. Debe observarse también que con anticipación se les dió aviso terminante de que abandonasen las posesiones á que no tenían derecho; un solemne decreto de expropiación había sido expedido por el gran Propietario, y si se resistían á obedecerlo, tendrían que soportar las consecuencias.

CANANEOS, Gén. 10:18, 19, los descendientes de Canaán. Eran descendientes de Cam, mientras que Abraham y su parentela eran Semitas; con todo, la lengua de los unos parece que era entendida por los otros. Su primera habitación fué en la

tierra de Canaán, en donde se multiplicaron extraordinariamente, y por medio del comercio y de la guerra adquirieron grandes riquezas y enviaron colonias á todas las islas y costas del Mediterráneo. Cuando llegó á su colmo la medida de sus idolatrías y abominaciones, Dios entregó su país á manos de los Israelitas que la conquistaron bajo el mando de Josué. Véase CANAÁN. Las siguientes tribus son las principales que se mencionan.

1. LOS HEVEOS moraban en la parte septentrional del país al pié del Monte Hermón ó Anti-Líbano, según Jos. 11:3, en donde se refiere que éstos, así como las fuerzas unidas del N. de Canaán, fueron derrotados por Josué. No fueron, sin embargo, expulsados enteramente de sus posesiones, Jueces 3:3; 2 Sam. 24:7; 1 Reyes 9:20. Había también Heveos en la Palestina Central, Gén. 34:2; Jos. 9:1, 7; 11:19. Véase HEVEOS.

2. LOS CANANEOS, en un sentido limitado, habitaban el valle del Jordán, las llanuras occidentales del mismo río, y la costa del Mar Mediterráneo, Núm. 13:29; Jos. 11:3; 13:2, 3.

3. LOS GERGESEOS habitaban entre los Cananeos y los Jebuseos; como puede inferirse del orden en que se mencionan en Jos. 24:11.

4. LOS JEBUSEOS poseían el país montuoso que rodeaba á Jerusalem, y también esa misma ciudad, cuyo antiguo nombre era Jebus, Jos. 15:8, 63; 18:28. Los Benjamitas á quienes tocó en suerte esta región, no expulsaron á los Jebuseos, Jueces 1:21. David fué el primero que tomó la ciudadela de Jebus, 2 Sam. 5:6.

5. LOS AMORREOS habitaban en tiempo de Abraham la región que está al S. de Jerusalem, hacia el lado occidental del Mar Muerto, Gén. 14:7. En un periodo posterior, se extendieron sobre todo el país montañoso que forma la parte Sudeste de Canaán, y de ellos recibió el nombre de "la montaña de los Amorreos" y después el de "Montaña de Judá," Deut. 1:19, 20; Núm. 13:29; Jos. 11:3. En el lado oriental del Jordán, antes del tiempo de Moisés, habían fundado también dos reinos, el de Basán en el N., y otro limitado al principio por el Jabboc, en el Sur. Pero bajo el mando de Sihón, cruzaron el Jabboc y tomaron de los Ammonitas y Moabitas todo el país que se halla entre el Jabboc y el Arnón; de manera que este último río vino á ser el límite meridional de los Amorreos. Núm. 21:13, 14, 26; 32:33, 39; Deut.

4:46, 47; 31:4. Los Israelitas tomaron posesión de esta última parte de esa comarca, después de su victoria sobre Sihón. Véase AMORREOS.

6. Los HETEOS, ó hijos de Heteo, según la relación de los exploradores, Núm. 13: 29, habitaban entre los Amorreos en el distrito montañoso del S. llamado después la "montaña de Judá." En tiempo de Abraham, éstos poseían á Hebrón; y el patriarca les compró la cueva de Macpela como sepulcro, Gén. 23; 25:9, 10. Después que los Israelitas entraron á Canaán, parece que los Heteos se movieron hacia el N. El país que está al rededor de Betel, se llamaba "la tierra de los Heteos," Jueces 1:26. Véase HETEOS.

7. Los PEREZEOS se hallaban en varias partes de Canaán. Este nombre significa habitantes de las llanuras, por la primitiva residencia de éstos. Segun Gén. 13:7, habitaban con los Cananeos entre Betel y Hai; y según Gén. 34:30, en las cercanías de Sichem. Véase PEREZEOS.

Además de estas siete tribus, había varias otras de la misma familia, que habitaban al N. de Canaán. Estas eran las de los Arkitas, Arvaditas, Hamatitas, y Zemaritas. Había también otras varias tribus de diverso origen dentro de los límites de Canaán, que fueron destruidas por los Israelitas, tales como la de Anakim, la de los Amalecitas y la de Refaim ó de los gigantes.

CANCILLER, *recordador*, un oficial de alto rango en la corte de David y Salomón, 2 Sam. 8:16; 1 Reyes 4:3, y posterior-mente de los reyes de Judá, 2 Reyes 18:18, 37; 2 Crón. 34:8, 9. Además de desempeñar las funciones de analista, el canciller parece haber sido un consejero del rey; el que se menciona en Isai. 36:3, 22, era un comisionado en tiempo de guerra, y dirigía las reparaciones del templo.

CANDACE, *príncipe de siervos*, reina etíope cuyo principal tesorero, probablemente de nacimiento judío, fué convertido al cristianismo bajo la predicación de Felipe el evangelista, Hechos 8:27, 30, A. D. La Etiopia que ella gobernaba no era Abisinia, sino la región de la alta Nubia llamada por los Griegos Meroé, y se supone que corresponde á la actual provincia de Atbara, que está entre los 13 y 18 grados de latitud N. Las extensas ruinas que se hallan en aquellos contornos y á lo largo del valle superior del Nilo, indican la alta civilización que había entre los antiguos Etíopes. Plinio y Strabo nos informan que por algún tiempo antes y después de la éra cristiana, la Etiopia estuvo gobernada por reinas que tomaban todas el nombre de Candace. Irineo y Eusebio atribuyen al ministro de Candace la conversión de ésta al cristianismo, y la promulgación del evangelio en todo su reino.

CANDELA ó VELA, se usa en el sentido de lámpara en Prov. 31:18. Las velas eran desconocidas en el Oriente. Véase LÁMPARA. La luz que ardía en una casa era emblema de prosperidad, 1 Rey. 11:36; 15:4; Job 21:17, teniéndose encendida á menudo toda la noche, como en el tabernáculo del Señor, Exod. 27:20; Lev. 24:1-4.

DESPOJOS DE JERUSALEM: DEL ARCO DE TITO EN ROMA.

CANDELERO. En el tabernáculo el "candelero de oro," ó más bien dicho, candelabro ó lámpara, estaba á la izquierda de la entrada al Lugar Santo, enfrente de la mesa del pan de la proposición. Consistía en un pedestal, un árbol ó columna, seis brazos, tres de un lado y tres del lado opuesto de la columna, y siete lámparas que sobresalían de dicha columna y de los brazos. Los brazos estaban adornados de tres clases de ornamentos tallados, llamados copas, manzanas y flores. Sus lámpa-

8

ras se alimentaban de aceite puro de olivo, y se encendían todas las noches, Exod. 25:31-40; 30:7, 8; 37:17-24; Lev. 24:1-3; 1 Sam. 3:3; 2 Crón. 13:11. En el primer templo había diez candelabros de puro oro, quedando situados la mitad de ellos en el lado del N. y la otra en el del S., dentro del Lugar Santo, 1 Reyes 7:49, 50; 2 Crón. 4:7; Jer. 52:19. En el segundo templo había solamente uno, parecido al del tabernáculo. Este fué llevado á Roma en la destrucción de Jerusalem; fué colocado en el templo que Vespasiano dedicó á la Paz, y copiado en el arco de triunfo de Tito, donde puede verse todavía su imagen mutilada. Véanse las hermosas y significativas visiones del candelero, tenidas por Zacarías y Juan, Zac. 4:2-12; Apoc. 1:12, 20.

CANELA: LAURUS CINNAMONUM.

CANELA, ingrediente del ceite perfumado con que el tabernáculo y sus vasos eran ungidos, Exod. 50:23; Prov. 7:17; Cant. 4:14. Es la parte interior de la corteza de un árbol de la familia del laurel, que crece hasta una altura como de veinte piés, y siendo mondada esta en tiritas delgadas, se ensortija tal como se encuentra en el mercado. Es de un color colorado oscuro, de un sabor picante, aromático y muy agradable. La de mejor calidad viene de Ceylán, y á los Judíos les llegaba por la vía de Babilonia, Apoc. 18:13.

CÁNTARO, esta expresión se usa en 1 Reyes 18:33, y la de botija á que es equivalente en 17:12.

CÁNTICO GRADUAL, el título prefijado á 15 salmos desde el 120 al 134 inclusive. Acerca de este título los comentadores han propuesto diversas explicaciones. Las más probables son las siguientes: primera, *cánticos del peregrino*, cantados por los

Israelitas cuando iban de camino para Jerusalem á celebrar el culto; compárese Salm. 122; pero solo á unos pocos de estos Salmos les viene bien esta explicación, como por ejemplo, el del 122. Segunda, *cánticos de las gradas*, significando las 15 gradas que conducían al atrio de las mujeres, que se hallaba en el área del templo, al de los hombres, en cada una de las cuales algunos autores judíos dicen que se cantaba uno de estos salmos. Tercera, Gesenius y algunos otros suponen, sin embargo, que dicho título se refiere á una especie de ritmo propio de estos salmos, en virtud del cual el sentido *asciende*, repitiéndose con frecuencia en un miembro ó cláusula las palabras con que termina el miembro precedente. Así en el Salmo 121,

1. Alzaré mis ojos á los montes; de donde vendrá mi *socorro*.

2. Mi *socorro* viene de Jehová, que hizo los cielos y la tierra.

3. No dejará mover tu pié; no se descuidará quien te guarda.

4. Cuidado, que no se descuidará, ni dormirá quien guarda á Israel.

Sin embargo, ni aun esta solución puede aplicarse bien á todos estos salmos.

CANTO, en la antigua iglesia era una parte prescrita del culto divino, 2 Crón. 29:28; Esdr. 3:11; 7:24; Salm. 87:7; 100:2, y en todo tiempo era una manifestación de regocijo, Salm. 126:2; Eccl. 2:8; Isai. 35:2; 44:23; 49:13; Jer. 7:34. Véase MÚSICA. Un viajero moderno dice que en Egipto y Palestina hay una carencia absoluta de música alegre, especialmente de parte de los niños; "desterróse la alegría de la tierra," Isai. 24:11.

CANTO DEL GALLO, la tercera vigilia de la noche en tiempo de Cristo. Véase HORAS.

CAÑA ó CALAMO, DULCE, Cant. 4:14, una caña aromática que se menciona entre las drogas de que se componían los perfumes sagrados, Exod. 30:23. La verdadera caña aromática venía de la India; y los profetas hablan de ella como de un artículo extranjero de gran valor, Isaí. 43:24; Jer. 6:20; Ezeq. 27:19.

Algunas veces esta palabra en la Biblia significa un tallo ó vara de alguna planta, como el hisopo, Mat. 27:48; Juan 19:29. Comunmente, sin embargo, la palabra *caña* denota una especie de carriso que crece en los terrenos pantanosos, Job 40:21; Isai. 19:6, delgada y frágil, y por lo mismo es tomada como un emblema de debilidad.

1 Reyes 14:15; 2 Reyes 18:21; Isai. 36:6; Ezeq. 29:6, y de instabilidad, Mat. 11:7. "Una caña cascada," Isai. 42:3; Mat. 12:20, es un emblema del alma abatida y dispuesta á sumergirse en la desesperación, bajo un sentimiento de su culpa y su perdición. El Señor con su misericordia sostendrá y fortalecerá semejante alma. "La buena caña olorosa," Jer. 6:20, llamada caña aromática en Cant. 4:14; Isai. 43:24; Ezeq. 27:19, puede ser la espadaña dulce de la India, el *Calamus odoratus*, ó el té limón, *Andropogon schoenanthus*, de la Arabia y de la India. El *Arundo donax*, común en Egipto y en Palestina, tiene un tallo delgado, nudoso, de unos doce piés de alto, con un gran racimo de flores en la punta y hojas largas de la forma de las del maíz. Las bestias montaraces hacen sus guaridas en los espesos bosques de estas cañas cerca de los ríos perennes de Palestina. Todavía se construyen instrumentos de música con cañas huecas agujereadas. Estas se usaban también antiguamente como plumas y varas de medir, Ezeq. 40:5; 42:16; 3 Juan 13. La "caña" hebrea se supone que tenía como 11 piés de largo. Véanse MEDIDAS, JUNCO.

CAPADOCIA, la mayor de las provincias antiguas del Asia Menor, teniendo al Ponto al N., el Monte Tauro que la separa de Cilicia y la Siria, al S., Galacia al O., y el Éufrates y Armenia al E. Estaba regada por el río Halys, y era notable por sus buenos pastos y su excelente cría de caballos, asnos y ovejas. Había muchos Judíos residiendo en ella, Hechos 2:9; y el Cristianismo fué desde los primeros tiempos introducido allí, 1 Ped. 1:1, entre una gente cuya incapacidad, su falta de fé y sus vicios, eran proverbiales. Véase CRETA. Varios célebres padres cristianos florecieron en esta provincia, como Basilio y los tres Gregorios; y á sus iglesias puede dárseles una fecha que se remonta hasta el siglo décimo.

CAPERNAUM, *pueblo de Nahum*, ciudad principal de Galilea en tiempo de Cristo, no mencionada antes de la cautividad de Babilonia. Quedaba en la playa N. O. del Mar de Galilea, como á cinco millas del Jordán, y en el camino frecuentado de Damasco al Mediterráneo. Era una "ciudad" con una recaudación de impuestos, Mat. 9:1, 9; 17:24. Esta, más que cualquiera otro lugar, parece que fué la residencia de Cristo durante los tres años de su ministerio. Los hermanos Andrés y Pedro habitaban allí; Cristo con frecuen-

cia enseñó en sus sinagogas, una de las cuales había sido edificada por un centurión romano, Luc. 7:5, y efectuó otras maravillas en ese lugar, tales como la curación del criado del centurión, Mat. 8:5; la del hombre poseído de un espíritu inmundo, y la de la suegra de Pedro, Mar. 1:21-34; la del paralítico, Mar. 2:1, y la del hijo del noble, Juan 4:46; y otros muchos. En sus aguas se verificaron los milagros del tributo del dinero y del apaciguamiento de la tempestad, Mat. 17:27; Juan 6:17-21; y se le llama "su propia ciudad," Mat. 4:12-16; 9:1; Mar. 2:1. Sus habitantes fueron así "exaltados hasta el cielo;" pero su incredulidad é impenitencia los abatió hasta la destrucción, Mat. 11:20-24.

El nombre y el punto exacto donde estaba situada Capernaum se han perdido. El Dr. Robinson lo sitúa en Khan-Minyeh, en la orilla septentrional del hermoso llano de Genesaret, donde quedan aún ruinas de alguna extensión, y una copiosa fuente á corta distancia del mar. El capitán Wilson y otras autoridades la sitúan en Tell-Hûm, tres millas al N. O., donde están los restos de una gran sinagoga judía y otras diversas ruinas; hay también quien la sitúe con menos probabilidades, en la Fuente Redonda, cerca del límite S. del llano, tres millas al S. de Khan-Minyeh, y á milla y media del lago.

CAPITÁN, jefe militar, ó en algunos casos empleado civil; en otros, tribuno militar ó comandante de 1,000 hombres, Juan 18:12; Hechos 21:31. En Gén. 39:1, probablemente se aplica á Pótiphar como jefe de los ejecutores de las órdenes del rey; en Luc. 22:4, 52; Hechos 4:1; 5:24, significa el jefe de los sacerdotes y levitas que hacían la guardia nocturna del templo, así como en 2 Reyes 11:19; 25:18; en Hechos 28:16 era, según parece, el prefecto pretoriano que mandaba el cuerpo de guardia del emperador.

CAPITEL, ó CHAPITEL, la cima ó parte superior de un pilar, Exod. 38:17, ó de una fuente ú otra obra de arte, quizá una voluta, 1 Reyes 7:16-31.

CARACOL. En Salm. 58:8, el caracol común ó babosa, uno y otros de los cuales al moverse depositan una sustancia viscosa espesa en el camino que siguen, y por eso parece que "se deslíen;" aunque la alusión que á ellos se hace en el Salmo bien puede referirse al efecto destructor que el excesivo calor del verano ejerce sobre estos animalejos. En Lev. 11:30, la palabra hebrea traducida caracol denota

probablemente una especie de lagartija que abunda en el Monte Sinaí y en Pales-

tina, y que, como otras especies de la misma, la comen los Árabes.

CARBÓN, se usa generalmente en las Escrituras para denotar el carbón vegetal, ó los rescoldos del fuego de un brasero ó escalfeta, Juan 18:18. El carbón mineral ahora se consigue en el Monte Líbano, á 8 horas de camino de Beirut: pero no tenemos evidencia de que haya sido conocido por los Judíos. Además del pasaje citado, se habla de ascuas en 2 Sam. 14:7, donde la expresión "apagarle á uno el carbón" significaba destruirle su último hijo viviente. En Rom. 12:20 expresa la idea de deshacer al enemigo en bondad. Véase también 2 Sam. 22:13. En 2 Sam. 22:9, y y en Job 41:21, la misma palabra se traduce por *carbón*.

CARBUNCLO, ó CARBÚNCULO, una piedra preciosa, como un gran rubí ó granate, de color rojo oscuro, que según se dice, brilla más en la oscuridad, y es más reluciente que el rubí. Se hace uso de este término para representar dos palabras hebreas diferentes, una de las cuales, Exod. 28:17; Ezeq. 28:13, se cree comunmente que significa esmeralda; y la otra, Isai. 54:12, una especie de rubí brillante.

CARCAÁ, *piso*, ciudad situada á medio camino en la frontera más meridional de Judá, luego de Simeón, Josué 15:3.

CARCHÉMIS, *fuerte de Chemosh*, identificado comunmente con Circesium, ciudad fortificada en la ribera oriental del Éufrates, en donde se le une el río Chaboras. En Isaí. 10:9, parece que fué tomada por alguno de los reyes de Asiria. Fué atacada por Faraón Nechâo, rey de Egipto, hacia la terminación del reinado de Josías, 609 A. C., 2 Crón. 35:20. Tres años después Nechâo fué completamente derrotado por Nabucodonosor, Jer. 46:1–12. En tiempos posteriores se tuvo como puerto fron-

terizo del Imperio Romano en el Oriente. Rawlinson la sitúa en Hierápolis, cerca de Bir, mucho más arriba sobre el río.

CÁRCOR, *fundación*, lugar más allá del Jordán en donde Zeba y Zalmunna se refugiaron en su desastre de Gedeón; pero fueron de nuevo derrotados y capturados, Jueces 8:10. Al parecer se halla al S. de Jabboc y al N. E. de Rabbat-ammón.

CARDOS y ESPINAS. Bajo estos nombres y juntamente con los de zarzas, malezas y ortiga, se incluye un gran número de plantas, las traducciones de 22 términos del griego y el hebreo, muchas de las cuales tienen espinas y prueban la paciencia del agricultor, Gén. 3:18. Eran muy abundantes en Palestina; entre otras el acacia, el acanthus espinosa, el solanum, el tribulus, la urtica, etc. Algunas de éstas tienen espinas que salen de la madera misma del arbusto, y otras sólo de la corteza. Usábanse como leña para hacer fuego, y la llama de un arbusto espinoso y seco es tan pronta para formarse como para extinguirse, Salm. 58:9; 118:12; Eccl. 7:6; Isai. 33:12. Servían para hacer cercas durables é impenetrables, Prov. 15:19; Oseas 2:6; por ser las espinas tan puntiagudas como agujas, Núm. 33:55; Prov. 26:9; 2 Cor. 12:7. Las plantas de esta clase eran símbolos de desolación, Prov. 24:31. Una pequeña é insignificante población en el llano de Jericó se protege en contra de enemigos árabes de á caballo, por una cerca de arbustos espinosos de nubk. Al Dr. Eli Smith, cuando visitó el llano donde Gedeón amenazó en cierta ocasión con que les arrancaría con espinas y abrojos las carnes á los príncipes de Succot, le llamaron la atención plantas de tamaño extraordinario, algunas de ellas de mayor altura que la que él alcanzaba á caballo, Jueces 8:7. Algunos de estos arbustos tienen las espinas curvas como ganchos, como lo significa la palabra hebrea que ocurre en Eccl. 7:6; Isai. 34:13; Oseas 2:6; Nah. 1:10. Muchas de las alturas y ruinas de Palestina están cubiertas de arbustos de espinas que les rasgan los vestidos á los viajeros ó los obligan á desviarse de su camino, Isai. 7:23, 24; 32:13; Oseas 9:6; comp. 2 Sam. 23:6, 7. Tristram hablando del nubk, dice: "Nadie puede acercarse á esta planta impunemente si no está vestido de cuero. A los tres días toda la caravana estaba con sus ropas hechas trizas, por haber pasado al través del ramaje." Pocos de los términos hebreos pueden aplicarse con fijeza hoy á determinadas variedades de estas plantas, de las cuales hay muchas en la Siria.

ARBUSTO ESPINOSO.

Se supone que la planta de que hicieron la corona de espinas del Salvador, con el doble fin de martirizarlo y befarlo, fué la llamada Zizyphus Spina Christi, el nubk ó dhóm de los Árabes, arbusto ó árbol muy común, que tiene de 6 á 30 piés de altura, con hojas oscuras y relucientes, y con muchas espinas afiladas en sus flexibles y redondas ramas, Mat. 27:29; Juan 19:2, 3. "El aguijón de la carne" de que habla Pablo, 2 Cor. 12:7-10, puede haber sido alguna enfermedad penosa y mortificante del cuerpo, que era desfavorable al buen éxito de su ministerio público. Algunos creen que era una afección á los ojos, rezago de la ceguera temporal que padeció en Damasco, Hechos 9:3, 8, 18. Comp. 2 Cor. 10:10; Gál. 4:13, 14; 6:11, 17. Se conjetura que la palabra traducida por "cardo" en Isai. 17:13 y "hojarascas" en Salm. 83:13, significa la alcachofa silvestre, cuyos vástagos de un tamaño uniforme forman un globo de un pié ó más de diametro, y cuando se secan se separan de la planta y á millares ruedan por el suelo impulsados por el viento.

CAREA, 2 Reyes 25:23, el padre de Johanam y Jonatan, partidarios de Gedalías por algún tiempo, Jer. 40:43.

CARGA, un peso sobre el cuerpo ó el alma; palabra que se usa frecuentemente en sentido figurado para denotar aflicciones, defectos, pecados, Salm. 38:4; 55:22; Gál. 6:2; servicios exigidos por la ley, Mat. 23:4; responsabilidades oficiales, Exod. 18:22; Deut. 1:12; y especialmente mensajes proféticos, no siempre de un carácter amenazador, Isai. 19:1. En este último sentido, la palabra hebrea puede ser tradu-

cida por "oráculo," "declaración divina" ó profecía, como en Prov. 30:1; 31:1. Véase Jer. 23:33-40.

CARIDAD, en las Escrituras no significa solamente el acto de dar limosna, ni la indulgencia con que se juzga al prójimo, sino el amar á los demás como nos amamos á nosotros mismos, sentimiento que nace del supremo amor á Dios, y se manifiesta en todas las acciones buenas, 1 Cor. 13. Véase AMOR.

CARMELO, *el parque ó el campo fructífero*, I., ciudad de Judá, en un monte del mismo nombre, nueve millas al S. E. de Hebrón, Jos. 15:55; 2 Crón. 26:10. Saúl, de vuelta de su expedición contra Amalec, erigió allí un trofeo, y allí estuvo viviendo Nabal el Carmelita, marido de Abigail, 1 Sam. 15:12; 25; 27:3. Sus ruinas indican que era un lugar de consideración.

II. Una célebre cordillera de cerros, de doce millas de largo, que corre al Este-Noroeste, por un lado de la llanura de Esdraelon, y termina en el promontorio al Sur de la bahía de Acre, Jos. 19:26. Su mayor altura es como de 1810 piés; en su falda N. E. corre el arroyo Kishón, y un poco más al N. el río Belus. En su cima septentrional se levanta ahora un convento de frailes carmelitas, orden establecida en el siglo XII., y que tiene varias ramas en Europa. El Monte Carmelo es el único promontorio grande que se halla en la costa de Palestina. Su falda del lado del N. se acerca tanto al agua, que visto desde las colinas situadas al N. E. de Acre, el Monte Carmelo hace parecer que "está mojándose los piés en el mar occidental." Siguiendo al Sur se retira más al interior, de manera que entre la cordillera y el mar hay una extensa llanura cubierta de campos y de olivos. Mr. Carne recorrió la cumbre toda, y en recorrerla empleó algunas horas. Dice que "es la montaña más bonita y más hermosa de Palestina, de gran longitud, y cubierta en muchas partes de árboles y flores. Al llegar por último á la cima opuesta, y saliendo de un bosque, se ve abajo la célebre llanura de Esdraelon, con el río Kishón que corre á lo largo de ella; los montes Tabor y Pequeño Hermón quedaban al frente, al E.; y á la derecha, es decir, al S. el paisaje estaba limitado por los cerros de Samaria." Del lado S. E. de esta cadena sale una cordillera de cerros montuosos de poca elevación, que siguiendo rumbo al S. se extiende y levanta en las altiplanicies de Samaria. Los que visitan el Monte Carmelo al fin de

EL MONTE CARMELO Y HAIFA.

la estación de la seca, lo hallan todo tostado y cenizo, especialmente en su límite occidental; pero en otras estaciones su exuberancia de vida vegetal y animal manifiesta cuan justas fueron las alusiones que los escritores antiguos hicieron á su extremada belleza, Isai. 35:2, á su manto de verdura, á la gracia de su configuración, Cant. 7:5, y á sus ricos pastos, Isai. 33:9; Jer. 50:19; Amós 1:2. Las rocas de la montaña son de piedra calcárea dura, y abundan en ellas cuevas naturales, Amós 9:3. Éstas han sido ensanchadas en muchos casos, habitadas para servir de morada á las gentes; y la montaña ha sido en varias épocas residencia favorita de los devotos. Es memorable por las frecuentes visitas que hacían allí los profetas Elías y Eliseo, 2 Reyes 1:9-15; 2:25; 4:25; y especialmente por la destrucción de los sacerdotes de Baal que tuvo lugar allí, 1 Reyes 18. Ésto se verificó en Mar Elyas, extremidad occidental de la cordillera, punto alto y escarpado, de donde se desciende suavemente á la llanura. Hay todavía un pozo en el costado del monte, en un sitio que ahora se llama El Maharrakah, *el incendio;* y el antiguo Kishón actualmente se conoce con el nombre de Nahr-el-Mukatta, *río de matanza.* Corre al mar, al E. del Carmelo y de Haifa.

118

CARNAL, *impuro, profano;* contrasta con lo espiritual y lo santo. Se aplica á todos los hombres que no se han regenerado—nacidos de padres de nuestra raza apóstata, y no renovados por el Espíritu Santo, Rom. 7:14.

CARNE. En la Biblia esta palabra, además de su sentido ordinario, Job 33:25, tiene el de género humano, como raza, Gén. 6:12; Salm. 145:21; Isai. 40:5, 6; el de todas las criaturas vivientes de la tierra, Gén. 6:17, 19; y en Juan 1:14, el de naturaleza humana. Se usa á menudo en oposición á espíritu, como nosotros usamos cuerpo y alma, Job 14:22, y algunas veces significa el cuerpo como animado y sensitivo, Mat. 26:41, y asiento de los apetitos corporales, Prov. 5:11; 2 Cor. 7:1. En el Nuevo Testamento, la palabra "carne" se usa muy á menudo para designar las propensiones y pasiones corporales que apartan al hombre de la sujeción que debe al Señor y á las cosas del Espíritu. La carne ó principio carnal, se opone al espíritu ó principio espiritual, Rom. 8; Gál. 5:17. "Conocer á Cristo según la carne," significaba gloriarse en las relaciones meramente externas que podían tenerse con él, por pertenecer á Israel su nación, ó haberle visto en la carne, en lugar de conocerle espiritualmente por haber sido creado de nuevo en él, sin lo cual todo lo demás es en vano, Mat. 7:22, 23; Luc. 8: 19-21: 2 Cor. 5:16, 17; Fíl. 3:3-10.

CARPINTEROS, y su herramienta y artefactos, se mencionan con frecuencia en la Biblia; se había alcanzando ya desde tiempos muy lejanos un alto grado de habilidad en muchas clases de obras de madera, como se manifiesta en la construcción del arca, del tabernáculo, del templo, de los palacios reales, y aun de los ídolos tallados, Gén. 6; Exod. 27; 2 Cor. 3; 9:11; Isai. 44:13. Este oficio practicado en la vida civilizada fué honrado entre los Judíos, y siempre se le estimará debidamente por todos los cristianos, por el hecho de que nuestro Señor mismo fué carpintero, Mat. 13:55; Mar. 6:3.

CARPO, *fruto*, discípulo y amigo de Pablo en Troas, 2 Tim. 4:13.

CARRETAS, ó CARROS. Los caminos de la Palestina en lo general no se pueden transitar actualmente por vehículos de ruedas; y el uso principal de la carreta tirada por bueyes, 2 Sam. 6:6, se limitaba á ciertos trabajos de la agricultura tales como desgranar las espigas ya maduras, trillar la paja, llevar de una parte á otra el producto de los campos, Isai. 5:18; 28:27,

UNA CARRETA SIRIA MODERNA.

28. Los carros se usaron para llevar á Israel á Egipto, y para la conducción del arca, Gén. 45:27; Núm. 7:3-9. Las carretas iban frecuentemente tiradas por novillas, etc., 1 Sam. 6:7, y eran generalmente bajas, con ruedas sólidas de madera, que tenían á veces llantas de hierro. Carros fueron mandados por José para traer la familia de su padre á Egipto, Gén. 45:19, 21, 27. El mismo vehículo, llamado algunas veces carreta, era usado para transportar algunos de los utensilios sagrados, Núm. 7:3, 6, en dos ocasiones, ilícitamente, el arca misma, 1 Sam. 6:7-14; 2 Sam. 6:3; 1 Crón. 13:8. Véase UZZIAS, también Ezequiel 23:24. Los carros eran tirados por bueyes ó caballos. Probablemente eran de construcción sencilla y de dos ruedas sólidas. Los vehículos de cualquiera clase tienen poco uso en Palestina, pues los viajeros y las mercancías son llevadas casi exclusivamente en camellos, caballos, ó mulas.

La Biblia habla de dos clases de carros tirados por caballos, ambos de dos ruedas. una para el uso de los príncipes y generales, Gén. 41:43; 46:29; 2 Reyes 5:9; Hechos 8:28, ó dedicada á los ídolos, 2 Reyes 23:11; la otra para dispersar los batallones del enemigo, precipitándose entre ellos, siendo de esta clase los "carros herrados," esto es, armados de guadañas ó garfios de hierro que salían de las extremidades del eje. Estos causaban terribles estragos. Los Cananeos á quienes Josué atacó en las aguas de Merom, tenían gente de caballería y multitud de carros, Jos. 11:4; Jueces 1:19. Sísera, general de Jabín, rey de Hazor, tenía 900 carros herrados, Jueces 4:5; y Salomón levantó 1,400, 1 Reyes 10:26, 2 pesar de la prohibición heeha en Deut. 17:16; 1 Sam. 8:11, 12. Los reyes posteriores cultivaron también esta arma de poder militar, Isai. 31:1. Elías fué llamado "el carro y gente de á caballo de Israel," por ser su principal defensor, 2 Reyes 2:12.

CARTA, *una ciudad*, y CATTAH, *pequeño*, Jos. 19:15; 21:34, una ciudad de los Levitas hijos de Merari, en Zabulón, tal vez el Harteh, en el Kishón.

CARTAN, *ciudad doble*, ciudad de refugio levítica en Neftalí, Jos. 21:32; llamada también Cariat-Jarim, 1 Crón. 6:76; tal vez el Catanah al Norte del Lago de Tiberias.

CARTAS. La correspondencia epistolar parece haberse usado poco entre los antiguos Hebreos. Sólo unas cuantas cartas se mencionan en el Antiguo Testamento, 2 Sam. 11:14; Esdr. 4:8. Eran llevadas á su destino por amigos ó viajeros, Jer. 29:3; ó por correos reales. 2 Crón. 30:6; Ester 8:10. La carta tenía generalmente la forma de un rollo, y estaba pegada en la última vuelta. Estaban selladas, 1 Reyes 21:8, y algunas veces envueltas en una cubierta ó en un saco de materiales costosos, y muy lleno de adornos. Enviar

UNA CARTA DE LA ANTIGÜEDAD.

una carta abierta era una manifestación de desprecio, Neh. 6:5. En el Nuevo Testamento tenemos numerosos ejemplos de cartas escritas por los mismos apóstoles.

CASA. La diferencia entre las tiendas y las habitaciones permanentes, aparece desde tiempos muy antiguos en Gén. 4:17, 20, y se había alcanzado ya un alto grado de destreza en las construcciones, antes del tiempo del arca y de la torre de Babel, Gén. 6:14-16; 11:3-5. Abraham y sus descendientes más cercanos moraban en tiendas, Heb. 11:9, pero en la época del Éxodo los Hebreos ocupaban casas, así como los Cananeos á quienes desposeyeron, Exod. 12:7; Deut. 6:10, 11, habiendo vivido largo tiempo en ciudades, como los Asirios y Egipcios, Gén. 10:10-12, 19. El modo de fabricar en el Oriente parece haber sido casi el mismo desde los siglos más remotos, puesto que las casas que se describen en las relaciones egipcias y asirias, son con poca diferencia iguales á las que hoy se usan. Las ruinas de las antiguas ciudades permiten apenas que se vean los edificios públicos principales. Los campesinos pobres viven en chozas hechas de ladrillo ó barro secado al sol, comunmente de un piso, y con un solo departamento, que en algunos casos da cabida al ganado á la vez que á la familia, 1 Sam. 28:24. Las ventanas son pequeñas y altas, y de vez en cuando tienen enrejados de madera; las azoteas, á las cuales se sube por una escalera colocada en la parte de afuera, son planas, hechas de ramas de árboles cubiertas de una torta de barro mezclado con paja, y en ellas se levantan barracas formadas también de ramas, para que sirvan de dormitorios. En algunos lugares de Arabia y de Siria es abundante la piedra, y se usa para las casas de los pobres. Sus habitaciones en la ciudad son parecidas á éstas, aunque algunas veces tienen más de un piso, mejor azotea y un terrado sombreado al frente. Estas chozas son muy frecuentadas por las sabandijas y las serpientes, Amós 5:19, y pueden horadarse con facilidad, Job 24:16; Ezeq. 12:5-7; Mat. 6:19, 20; el aire y la lluvia las desbaratan en breve si se dejan abandonadas, Job 15:28, ejemplificando así la fragilidad de la vida humana, Job 4:19, y lo ilusorio de las doctrinas y esperanzas infundadas, Ezeq. 13:10-16; comp. Mat. 7: 24-27. Véase POSADAS

INTERIOR DE UNA CASA ANTIGUA.

Las casas de mejor clase, de las cuales hay muchas categorías, Jer. 22:14, se construyen generalmente dejándoles en el centro un espacio cuadrado con un patio abierto, 2 Sam. 4:6; Luc. 5:19. Los materiales usados son ladrillos y piedra, y algunas veces mármol, 2 Sam. 12:31; 1 Crón. 29:2; Jer. 43:9; Amós 5:11; Nah. 3:14, empleando madera para los pisos, los cielos rasos y las puertas. Grapas de hierro unían antiguamente los grandes trozos de piedra, y las tejas se adherían entre sí con barro ó con cal. En una casa oriental la pared exterior ó que da sobre la calle, le proporciona á la habitación un aspecto triste é inhospitalario, por tener sólo una puerta y una ó dos ventanas salientes cuyas hojas resguardadas por tupidos enrejados se abren únicamente en ocasiones solemnes, 2 Reyes 9:30-33. Véase CELOCÍA. La puerta cerrada comunmente con cerrojo y cuidada por un portero, Hechos 12:13, conduce al abrirse á un pórtico que contiene bancas para los criados. Pasando por éste se llega al patio que está comunmente enlozado, á veces con un costoso mosaico, y contiene con frecuencia un pozo ó una fuente, 2 Sam. 17:18 con parras ó árboles, Salm. 52:8; 92:13. En los días calurosos puede cubrirse el patio con un toldo. Compárese la descripción de los cielos en Salm. 104:2. Los ricos no economizan gastos para hacer del patio un delicioso lugar de reunión en el verano. Allí reciben los huéspedes, y en una boda ú otro festín, Ester 1:5, se adorna con alfombras, tapetes, divanes, flores, etc. El aspecto que presenta un patio abandonado se describe en Isai. 34:13. Algunos de los discursos de nuestro Salvador fueron pronunciados probablemente en los patios de las casas grandes. Las escaleras que conducen al piso alto, si lo hay, y á la azotea, están abiertas en uno de los rincones del patio, ó en el pórtico. El patio está rodeado de una columnata ó perístilo de una profundidad de varios piés, sobre los cuales en las casas de más de un piso, hay un corredor de las mismas dimensiones, cercado por una balaustrada ó enrejado. Piezas espaciosas comunican con el perístilo por frontispicios abiertos, por arcos ó por puertas, recibiendo en este caso luz y aire del patio por las ventanas. Estas piezas no se comunican entre sí, sino es por la galería ó perístilo. En el piso bajo, dando frente á la entrada que conduce al patio, hay generalmente un aposento ó un "cuarto de huéspedes," Luc. 22:11, en donde el amo de la casa recibe á sus amigos: en ocasiones una parte del piso de éste, está más bajo que el de los demás, baldosado con ladrillo, y por lo común tiene una fuente en el centro. Al rededor de los tres costados interiores de la pieza se levanta una plataforma con divanes que sirven de asiento durante el día y de camas por la noche, no habiendo generalmente dormitorios especiales. El huésped ocupa el asiento de uno de los rincones del diván, como lugar de honor. Los huéspedes se quitan las sandalias antes de subir á la plataforma, Exod. 3:5; Jos. 5:15; Luc. 7:38. El cielo raso está artísticamente enmaderado y pintado, incrustado ó adornado con estuco, Jer. 22:14; Haggeo 1:4, y las paredes están igualmente adornadas, y á veces con colgaduras. Véase MARFIL. Algunas de las otras piezas del piso bajo se usan como bodegas, y otras están destinadas á los criados y huéspedes. Hay

casas que tienen más de un patio, y de éstos se cuentan hasta siete en algunas casas de Damasco. Cuando hay dos, el amo tiene sus habitaciones privadas dando frente al patio interior, en el cual también están abiertas las de las mujeres de la familia, el "harem," 1 Reyes 7:8; Ester 2:3, y al cual ningún otro hombre que no sea el amo puede entrar, si bien en Israel las mujeres disfrutaban de mucha mayor libertad que las modernas orientales. Se erogaban gastos con prodigalidad en estos departamentos, que son quizá á los que se hace referencia bajo el nombre de "palacios," 1 Reyes 16:18; 2 Reyes 15:25; Isai. 34:13. En el patio interior se tiene ordinariamente una fuente y un tazón de agua, 2 Sam. 11:2, Si no hay más que un patio, las mujeres están alojadas en un edificio separado, ó en un piso alto, en donde también hay en las casas elegantes, piezas espaciosas y provistas de esteras, divanes y cortinas, y se consideran como más cómodas que las del piso bajo. También hay con frecuencia un aposento para los huéspedes en el piso alto. Algunas casas tienen tres pisos, Hechos 20:9, y aun más. El piso superior con frecuencia sobresale á los bajos, y fué por la baranda de una ventana que quedaba sobre la calle, que parece que se cayó Ochozias, 2 Reyes 1:2. Un edificio llamado *aleyyah* está á conexión con una casa, frecuentemente sobre el pórtico, comunicando con el corredor de la parte principal de ella, por una puerta, ó con el pórtico por escaleras privadas, y conteniendo solamente una ó dos piezas, dedicadas, ó á los agasajos que se hacían á las visitas, ó al retiro, Mat. 6:6. Su techo estaba separado de la azotea principal. En un edificio semejante pueden haber estado situadas "la sala de verano" de Eglón, Jueces 3:20-23, "la sala de la puerta" de David, 2 Sam. 18:33, "la cámara," de Elías, 1 Reyes 17:19, "la pequeña cámara" de Eliseo, 2 Reyes 4:10, y "la sala" de Acház, 2 Reyes 23:12.

Al techo ó azotea de la casa se llega por escaleras exteriores abiertas en el pórtico ó en el patio, Mat. 24:17; 2 Reyes 9:13. El techo es comunmente plano, si bien las casas modernas tienen á veces bóvedas sobre las piezas superiores para agrandarlas. El modo común de construcción es, tender vigas sobre las paredes, separadas entre sí como tres piés, atravesar sobre ellas pequeñas viguetas ó ramas de matorrales, cubriendo en el todo con una especie de argamasa. En muchos techos se tienen á prevención rodillos de piedra, para tenderlos sobre ellos cuando se les forman grietas ó goteras, Prov. 27:15. La torta con que se cubren puede ser hecha principalmente de tierra endurecida, sobre la cual crece yerba con las lluvias de la primavera, pero que pronto se seca con el sol, Salm. 129:6, 7; Isai. 37:27. En algunos lugares el piso de la azotea es de piedra ó de ladrillo. Un pretil ó parapeto guarda los costados, á menudo tan bajo que una persona puede con facilidad pasar de una casa á otra recorriendo muchas en hilera. La pared que da al patio se levanta sobre la azotea hasta la altura del pecho; pero es solamente á veces una balaustrada ó enrejado, si bien á los Israelitas se les mandaba que las aseguraran con pretiles, Deut. 22:8.

Se iba con mucha frecuencia á ellas con varios objetos, tales como para secar la ropa, el grano, el cáñamo, los higos y las uvas, Jos. 2:6; para platicar, 1 Sam. 9:25, y dormir, vers. 26. Samuel "llamó á Saúl que estaba en el terrado." Las azoteas se usaban para el culto idólatra, 2 Reyes 23:12; Jer. 19:13; 32:29; Soph. 1:5, para lamentarse en tiempo de calamidades públicas, Isai. 15:3; Jer. 48:38, para proclamas públicas, Mat. 10:27, para observar en tiempo de peligro, 2 Sam. 18:24; Isai. 22:1, y para hacer oración, Hechos 10:9. En ellas se levantaban barracas en la fiesta de los Tabernáculos, Neh. 8:16. Las puertas de las casas orientales se colocaban de un modo especial. Véase QUICIALES. Algunas veces hacían fuego en el patio, Luc.

ANTIGUO DEPARTAMENTO CON TECHO DE PIEDRA.

22:55. ó se calentaban las piezas con carbón en un brasero portátil, como el de que habla Jer. 36:22. No se conocían las chimeneas, y el humo se escapaba por agujeros hechos en la pared, Oseas 13:3. La cocina está en el patio interior, cuando hay dos patios, y contiene una plataforma alta de ladrillo, con agujeros para el fuego á semejanza de "las chimeneas hechas abajo" mencionadas en Ezeq. 46:23. En las casas grandes había á veces departamentos especiales para el verano y el invierno, Jer. 36:22; Amós 3:15. En Jerusalem algunas casas no tienen menos de cuatro cisternas, cavadas en la roca caliza, 2 Reyes 18:31; á éstas se lleva el agua llovediza que cae de las azoteas. Se tenía gran cuidado y aún se tiene, en preparar los cimientos de las casas, 1 Reyes 5:17, exca-

vando muchos piés hasta llegar á las rocas sólidas, en donde se levantan arcos hasta llegar á la superficie, Luc. 6:48. De una casa nueva se hacía la dedicación por su dueño, Deut. 20:5.

"Casa" denota algunas veces una familia, Gén. 12:17; Exod. 1:21; propiedades, 1 Reyes 13:8; el cuerpo terrenal y espiritual, Eccl. 12; 2 Cor. 5:1; el sepulcro, Job 30:23; Isai. 14:18; el Tabernáculo. Exod. 23:19; la Iglesia, 1 Tim. 3:15; y el cielo Juan 14:2.

"CASA DE LOS LIBROS," y "casa de los tesoros" significan los lugares respectivamente en donde se depositaban los archivos públicos. Esdr. 6:1; 5:17.

"CASA DE DIOS," Jueces 20:18, 26, 27; 21:2, Betel, en donde el arca de Dios permaneció por algún tiempo. Véase BETEL

CASA DE ESQUILEO, Heb. BETH-EKED HAROIM, 2 Reyes 10:12, 14, un lugar entre Jezreel y Samaria, en donde Jehú mató á 42 miembros de la familia real de Judá. La Septuaginta y Eusebio lo hacen nombre propio, Beth-eked; y el último habla de él como de una población de Samaria, situada en el llano de Jezreel, á 15 millas romanas de Megiddo. Conder sugiere que puede ser Akadah, en el lado occidental de la llanura.

CASA DEL TESORO, denota aquella parte del templo donde eran depositadas las ofrendas del pueblo dedicadas á fines sagrados; había departamentos para los diezmos de harina, vino, aceite, etc., 1 Crón. 9:26; Neh. 10:38; 13:4-9, y cofres para guardar donativos de dinero, los que los Rabinos dicen estaban en el "Atrio de las Mujeres" y eran trece, Mar. 12:41; Luc. 21:1; Juan 8:20. Los reyes tenían sus casas de tesoro, Ester 3:9, y oficiales á cargo de ellas, Esdr. 1:8. Los oficiales de esta clase nombrados por los reyes de Babilonia tenían cierta autoridad; Esdr. 7:21; Dan. 3:2, 3. La nieve, el viento, la lluvia, y el granizo, se dice que proceden de los tesoros de Dios, 2 Crón. 7:13; Job 38:22; Salm. 135:7; Jer. 51:16.

CASIA, la corteza de un árbol oloroso, de la cual se extractaba un ingrediente del óleo santo ó unción. Exod. 30:24; Salm. 45:8; Ezeq. 27:19.

CASIFIA, la habitación de muchos de los Judíos desterrados, estaba probablemente entre Babilonia y el Mar Caspio, Esdr. 8:17.

CASIS, *abrupto,* valle de, una ciudad en la frontera oriental de Benjamín, Jos. 18:21, tal vez en el valle llamado Kaasis, entre Jericó y Betania.

CASLUHIM, descendientes de Mizraim. Véase CAFTORIM.

CASTIGOS. Las penas infligidas en los tiempos antiguos por varios crímenes y delitos, variaban en diferentes naciones y en diferentes épocas. El castigo capital para asesinato fué permanentemente instituido en el origen de la raza humana, y Caín fué librado de él únicamente por una especial interposición de Dios, Gén. 4:14, 15. Fué preceptuado de nuevo, dando razones para ello, después del diluvio, Gén. 9:5, 6, y en el desierto, Núm. 35:9-34, y fué desde hace mucho tiempo y casi en todas partes reconocido por la humanidad entera.

Otros delitos por los cuales la ley de Moisés prescribía la pena de muerte, eran la blasfemia, Lev. 24:14-16, 23; la idolatría, Lev. 20:2; Deut. 13:5-15; el deshonrar al padre, Exod. 21:15, 17; Deut. 21:18-21; el adulterio, Lev. 20:10; Deut. 22:22, 25; el ser robador de hombres, Exod. 21:16; el testimonio falso en casos capitales, Deut. 19:16, 19.

Los modos de aplicar el castigo capital prescritos en la ley de Moisés, eran la lapidación, Exod. 19:13; Deut. 13:10; Juan 8:5, 7, 59; Hechos 7:58, 59; atravesando al reo con una lanza ó con espada, Exod. 19:13; 32:27; Núm. 25:7, 8; 1 Reyes 2:25; la horca, Núm. 25:4; Deut. 21:22; 2 Sam. 21:6-9; la hoguera, Lev. 20:14; 21:9; comp. Gén. 38:24. Algunos creen que la horca y la hoguera se empleaban en raras ocasiones por los Judíos, si nó era hasta después de que otro medio se había infligido por otro medio, como en el caso de Achán, Jos. 7:24, 25. Según la ley de Moisés, la acusación debía ser sustanciada por más de un testigo, y en casos capitales los testigos mismos debían empezar á ejecutar la sentencia de muerte, Deut. 13:9; 17:6, 7; 19:15; Juan 8:7; Hechos 7:58. Los Hebreos practicaban otros diversos medios de infligir la pena capital, ó llegaron á ser conocidos de ellos por su trato con otras naciones, como la decapitación, 2 Reyes 10:6-8; Mat. 14:8-12; el lanzamiento de precipicios, 2 Crón. 25:12; Luc. 4:29; el descuartizamiento, Dan. 2:5; 3:29; Heb. 11:37; el estiramiento del cuerpo en una armadura en forma de rueda, Heb. 11:35; la exposición á las fieras, Dan. 6; 1 Cor. 15:32; el ahogamiento, Mat. 18:6; y la crucifixión, Juan 19:18. Los Egipcios acostumbraban ahorcar, Gén. 40:19, 22, y parece que lapidar, Exod. 8:26. La horca se usaba también entre los Persas, Ester 2:23; 7:10; y la hoguera entre los Babilonios, Jer. 29:21, 22; Dan. 3.

Los castigos secundarios prescritos en la ley eran las represalias á la medida del mal causado, Exod. 21:23-25; Deut. 19:19; véanse también Jueces 1:7; Jer. 52:11; Ezeq. 23:25; compensación por la pérdida de tiempo, de poder, de propiedad ó de honor, Exod. 21:18-36; Lev. 24:18-21; Deut. 19:21; se exigía por hurto la restitución del doble y hasta el quíntuple del objeto robado, Exod. 22; la flagelación, Lev. 19:20; Deut. 22:18, siendo el límite 40 azotes, Deut. 25:3; 2 Cor. 11:24. Como los castigos se ejecutaban inmediatamente, la ley Mosaica no prescribía prisión, pero ésta estuvo en uso en tiempo de los reyes, 2 Crón. 18:26; Jer. 37:15, y después de ellos, Esdr. 7:26; Mat. 4:12. El calabozo se empleó entre los Hebreos, Jer. 20:2, y el cepo entre los Romanos, Hechos 16:24, El destierro entre los Hebreos consistía en algunos casos en el confinamiento á una localidad prescrita, ó en privarlo á uno del acceso al rey, 2 Sam. 14:24; 1 Reyes 2:36. Fué practicado por los Romanos, Apoc. 1:9.

CASTOR y POLUX, hijos gemelos de Júpiter y Leda, y guardianes de los marinos, según la mitología griega y romana. Las embarcaciones tenían frecuentemente sus imágenes en la proa, y llevaban sus nombres, Hechos 28:11.

CÁTEDRA DE MOISÉS, Mat. 23:2, la autoridad de aquel legislador, de la cual participaron los escribas y fariseos, en cuanto á que ellos enseñaron en armonía con él.

CATÓLICO. Este término es griego y significa *universal*. La verdadera Iglesia de Cristo se llama católica, porque se extiende por todo el mundo, y á todos los tiempos. En los tiempos modernos la Iglesia de Roma se ha usurpado este título, aplicándolo sin razón exclusivamente á ella. "Las Epístolas Católicas" son cinco, llamadas así porque fueron dirigidas á la Iglesia *en general* y nó á alguna *particular*. Son una epístola de Santiago, dos de Pedro, tres de Juan y una de Judas.

CAUTIVIDAD. Dios con frecuencia castigaba los pecados de los Judíos por medio de cautividades ó servidumbres, según sus amenazas, Deut. 28. Su primera cautividad, sin embargo, de la cual Moisés los libró, debe considerarse mas bién como un asentimiento de la Providencia, que como castigo de sus pecados. Hubo seis subyugaciones de las doce tribus durante el periodo en que gobernaron los Jueces. Pero las cautividades más notables, ó más bien las expatriaciones de los Hebreos, fueron las de Israel y Judá bajo el gobierno de los reyes. Israel fué llevado cautivo en parte, por el año 740 A. C. por Tiglat-Pileser, 2 Reyes 15:29. Las tribus que estaban al E. del Jordán, con partes de las de Zabulón y Neftalí, 1 Crón. 5:26; Isai. 9:1, fueron las que primero tuvieron que sufrir. Veinte años después Salmanasar se llevó el resto de Israel, 2 Reyes 17:6, y lo colocó en distintas ciudades, muchas de ellas probablemente á corta distancia del Mar Caspio; y el lugar que dejaron fué ocupado por colonias de Babilonia y Persia, 2 Reyes 17:6-24. Haciendo á un lado ciertas profecías, Isai. 11:12, 13;

Jer. 31:7-9, 16-20: 49:2; Ezeq. 37:16; Oseas 11:11; Amós 9:14; Abdías 18; 19, etc., que se interpretan de varias maneras para significar un regreso pasado ó futuro, una restauración física ó espiritual, no hay evidencia alguna de que las diez tribus como cuerpo, hayan vuelto jamás á Palestina.

A Judá se le reconocen generalmente tres cautividades: 1. En el tercer año bajo el gobierno de Joacim, 606 A. C., cuando Daniel y otros fueron deportados á Babilonia. 2 Reyes 24:1, 2; Dan. 1:1. 2. En el último año de Joacim, cuando Nabucodonosor hizo deportar á Babilonia á 3,023 Judíos; ó más bien, bajo el gobierno de Joachin cuando este príncipe fué enviado también á Babilonia; esto es, en los años séptimo y octavo del reinado de Nabucodonosor, 598 A. C., 2 Reyes 24:12; 2 Crón. 36:8, 10; Jer. 52:28. 3. Bajo el gobierno de Sedecías 588 A. C., cuando Jerusalem y el templo fueron destruidos y casi todo lo que era valioso entre el pueblo, incluyendo sus tesoros, fué llevado á Babilonia, 2 Reyes 25; 2 Crón. 36. Esto acaeció 132 años después de la cautividad final de Israel. Los setenta años que tenían que permanecer en la cautividad, Jer. 25:11; 29:10, se cuentan probablemente desde la fecha de la primera cautividad, 606 A. C. Además de las tres ocasiones mencionadas, se hace alusión á otras varias invasiones y cautividades parciales en 2 Reyes 15:19; 17:3-6; 18:13; 25:11.

Mientras estuvieron en Babilonia los Judíos, fueron tratados con benignidad, y como colonos más bién que como esclavos. Tenían jueces y ancianos que los gobernaron, y decidían judicialmente sus asuntos contenciosos, según sus leyes. Los libros de Nehemías y de Daniel nos muestran á Judíos que ocupaban altas posiciones en la corte, y el libro de Ester celebra el número de ellos y su poder en el Imperio persa. Había sacerdotes entre ellos, Jer. 29:1, y conservaron sus registros genealógicos, y muchos de sus ritos y costumbres. Los profetas trabajaron y nó en vano, en mantener viva la antorcha de la religión verdadera.

Por fin los setenta años se cumplieron, y Ciro, en el primer año de su reinado en Babilonia, 536 A. C. expidió una proclama para todo su Imperio, permitiendo que el pueblo de Dios volviera á su propio país y reedificara el templo, Esdr. 1:11. Cerca de 50,000 aceptaron esta invitación, si bien una gran parte prefirieron permanecer donde estaban, Esdr. 2:2; Neh. 7:7. Esta compañía echó los cimientos del segundo templo, que fué terminado en el sexto año de Darío, 516 A. C. Cincuenta y ocho años después, Esdras condujo una pequeña compañía de 7,000 hombres de Babilonia á Judea. Le sucedió como gobernador Nehemías, que trabajó fielmente y con buen éxito en reformar al pueblo, y muchos de los buenos frutos de sus trabajos subsistieron hasta en tiempo de Cristo. El carácter y el idioma de los Judíos sufrieron notables cambios á causa de su larga permanencia entre los extranjeros, Neh. 8:8, y es digno de llamar la atención el hecho de que poco hayamos oído hablar de ídolos ó de idolatría entre ellos después de su cautividad.

Probablemente no hay nadie de la posteridad de Jacob que pueda probar ahora de cuál de los doce hijos de éste es descendiente. Habiendo sido separados tanto Judá como Israel de "la parte de su heredad" en Canaán, y hallándose dispersos entre los extranjeros, las varias tribus han tenido naturalmente qué amalgamarse entre sí, no existiendo ya la envidia que dividía á Juda y á Efraím, y reviviendo la memoria de Abraham, Moisés y David, Esdr. 6:16. 17; 8:35; Ezeq. 37:26–28. Se les llama los "dispersos entre los gentiles," Juan 7:35, y dos de las epístolas inspiradas les fueron escritas á ellos, Sant. 1:1; 1 Ped. 1:1.

La última cautividad de los Judíos, 71 A. D., después que hubieron llenado la medida de su iniquidad rechazando á Cristo y al evangelio, fué terrible. Según Josefo, perecieron 1,100,000 en el sitio puesto

JUDEA CAPTA.

á Jerusalem por Tito, y cerca de 100,000 cautivos fueron diseminados entre las provincias y muertos en espectáculos de gladiadores, condenados á trabajos forzados, como esclavos públicos, ó vendidos como cautivos privados. Este grabado representa la medalla del emperador Vespasiano, 71 A. D., en memoria de la captura de Jerusalem. Bajo el emperador Adriano 133 A. D. sufrieron una opresión igualmente destructora los Judíos que habían vuelto á reunirse en Judea; y hasta hoy se hallan diseminados por todo el mundo, no confundiéndose, sin embargo, con las gentes entre las cuales viven, sufriendo bajo el desastre que la incredulidad atrajo sobre sus padres y sobre ellos mismos, hasta que llegue el tiempo en que Cristo "hará desaparecer la impiedad de Jacob," Rom. 11: 25, 26.

CAUTIVOS, tomados en guerra, parece que antiguamente se veían como justamente merecedores de la pena de muerte, y de consiguiente de cualquier tratamiento menos terrible que esta pena. Se les ponía el pié sobre el cuello, Jos. 10:24, en prueba de sujeción abyecta, lo cual ilustra lo que dice el Salm. 110:1. Eran vendidos para la esclavitud, como José. Eran mutilados como Samsón, Adonizedec ó Sedecías. Eran despojados de todos sus vestidos y llevados en tropél como trofeo del triunfo del vencedor, Isaí. 20:4. Se escogían grandes cantidades de ellos, midiéndolos á menudo con cordel, 2 Sam. 8:2, y los mataban, 2 Crón. 25:12. Esto se hacía á veces con premeditada crueldad, 2 Sam. 12:31; 1 Crón. 20:3. Véase NÍNIVE, también 2 Reyes 8:12; Nah. 3:5, 6; Zac. 14:2, se vendía á veces todo un pueblo como esclavo, ó se le deportaba. Los Romanos solían atar un cautivo vivo á un cadáver, y lo dejaban que así ligado á él pereciera, práctica que puede ilustrar la exclamación del apóstol, "¡Miserable hombre de mí! ¿quién me librará del cuerpo de esta muerte?" Rom. 7:24.

CAZA. La relación que hace la Biblia respecto de los hombres primitivos, nos los presenta nó como meros salvajes, subsistiendo de la caza, sino como que llevaban una vida agrícola y pastoril, morando en ciudades, y expertos en varias artes, Gén. 2:15; 4:2, 17, 20–22; 5:29. No se sabe que se haya hecho uso de alimento alguno animal antes del diluvio, pero á Noé se le permitió echar mano de animales tanto domésticos como silvestres para alimentarse con ellos, á condición de extraerles la sangre, Gén. 9:2-4. Nimrod fué un "vigoroso cazador," Gén. 10:9, también Esaú, Gén. 25:27, 28; 27:3, 4; pero en general parece que los patriarcas pasaron u.ía vida pacífica, agrícola y pastoril, Gén. 9:20; 13:2; 26:12–14; 37:2–7. En Egipto, según se muestra en los monumentos, se cultivaba la caza como diversión, empleándose los perros y los lazos. Cuando los Israelitas conquistaron á Canaán, la expulsión de los paganos tuvo que ser gradual, para precaverse de un indebido aumento de fieras, Exod. 23:27–30. Después se practicaba la caza, tanto de animales que se podían comer, Lev. 17:13; 25:7; Prov. 12:17, como de fieras. Se nos habla de animales de la especie del antílope y del ciervo, Deut. 12:15; 1 Reyes 4:23, y de leones y osos, Jueces 14.5; 1 Sam. 17:34; 2 Reyes 2:24, chacales, Jueces 15:4, y zorras, Cant. 2:15. Los métodos de cazar eran diversos: se usaban arcos y flechas, Gén. 27:3; los animales grandes, como el león, se cogían en fosos que se cavaban con ese objeto, 2 Sam. 23: 20; Ezeq. 19:4–8; á algunos se les azuzaba haciéndolos andar por entre redes que circuían un gran trecho convergiendo y yendo á terminar en un vasto foso. Las trampas que se usaban eran de varias especies; algunas se tendían en el suelo por donde acostumbraba ser el rumbo del animal, para coger á éste enredándole las patas, Job 18:9, 10; Prov. 22:5. Los pájaros se cogían con una red extendida sobre un marco, ó manteniéndola abierta colocada en un palo, de tal modo que tocándole cierto punto quedara encerrado el pájaro en ella, Amós 3:5; con una trampa que los apresara por las patas, Job 18:10; Salm. 140:5, ó con una á donde fueran atraidos por otro pájaro amaestrado al efecto, Jer. 5:26, 27. Los monumentos asirios y babilonios muestran toros monteses y leones cazados por reyes montados á caballo ó en carros. Se habla de la guerra bajo la imagen de la caza, Jer. 16:16.

CEBADA, se sembraba en Palestina entre los meses de Noviembre y Febrero, y se cosechaba en el periodo de la Pascua en adelante. Los Hebreos usaban frecuentemente pan de cebada, 2 Sam. 17:28; 2 Reyes 4:42; Juan 6:9, aun cuando se le consideraba inferior al trigo. Comp. Núm. 5:15; Jueces 7:13; Ezeq. 13:19. Los Árabes modernos ridiculizan á sus enemigos, llamándolos "comedores de pan de cebada." La cebada se usaba mucho también para alimento del ganado, 1 Reyes 4:28.

CEBOLLA, el Allium cepa, una de las legumbres de Egipto que los Hebreos deseaban en el desierto, Núm. 11:5. Hassel-

126

quist dice que las cebollas de Egipto son notablemente dulces, suaves y nutritivas. Juvenal, Plinio y Luciano satirizan la supersticiosa importancia que los Egipcios le dán á este bulbo.

CEDAR, oscuro, el segundo hijo de Ismael, Gén. 25:13, mencionado por Plinio, padre de los Cedarianos ó Cedreos, que moraban en las cercanías de los Nabateanos, en la Arabia Desierta, al E. del Mar Rojo. Era una tribu grande y poderosa y nó de muy buena reputación, Salm. 120:5, y su nombre Cedar se usa á veces para designar toda la Arabia Desierta y sus nómades habitantes, Isai. 21:16, 17; 42:11; Jer. 2:10. Eran ricos en rebaños y camellos, de los cuales hacían comercio con Tiro, Isai. 60:7; Ezeq. 27:21. Fueron despojados por Nabucodonosor, Jer. 49:28, 29. Sus tiendas de pelo negro de camello le dán á un paisage mucho de pintoresco, Cant. 1:5.

CEDES, santuario, I., ciudad en la extremidad Sur de Judá ó Simeón, Jos. 15:23; 19:37, probablemente Cades-barnea.

II. Ciudad levítica en Issacar, 1 Cron. 6:72.

III. Cedes-Neftalí, ciudad levítica fortificada y de refugio en Neftalí, Jos. 19:37; 21:32; 1 Crón. 6:76. Barac, juez de Israel, nació allí, y allí reunió sus fuerzas para darle una batalla decisiva á Sísera, Jueces 4:6, 10. Fué asolada por Tiglat-Pileser, 2 Reyes 15:29. Se supone que se halla en el moderno pueblo de Cades, 4 millas al N. O. del lago el-Huleh, en un cerro que dá sobre la llanura del Jordán. Véase SAANAIM.

CEDMA, hacia el este, el hijo menor de Ismael, Gén. 25:15; 1 Crón. 1:31.

CEDMONEOS, oriental ó antiguo, Gén. 15:19, tribu de Cananeos que habitaba en la tierra prometida al este del Jordán, por el monte Hermón. Algunos se han imaginado que Cadmo, el que se supone inventor del alfabeto griego, y que vino del Oriente, fué Cedmoneo, y que las letras griegas se han derivado de las fenicias y las antiguas hebreas. Entre los Nusairiyeh al Norte de Trípolis, Thompson halló este nombre conservado y una tradición de que sus antepasados habían sido expulsados de Canaán por Josué. Halló también otros fragmentos de este pueblo de aborígenes en los alrededores del monte Hermón.

CEDRO DEL LÍBANO, un árbol majestuoso, siempre verde, muy celebrado en las Escrituras, Salm. 92:12; Ezeq. 31 3–6.

CEDRO DEL LÍBANO: CEDRUS LIBANI.

Estos árboles son notablemente altos y gruesos; algunos tienen troncos de una circunferencia de 35 á 40 piés, y de unos 90 de altura. Del cedro nacen ramas á diez ó doce piés de distancia del suelo, grandes y casi horizontales; sus hojas tienen una pulgada de largo, son delgadas y derechas, y crecen apiñadas. El árbol produce un pequeño cono como el del pino. Este árbol no es peculiar sólo al Líbano, sinó que también crece en los montes Amanus y Taurus en el Asia Menor, y en otras partes del Levante, pero en ninguna alcanza la corpulencia y elevación que tiene en el primero de los montes citados. Ha sido cultivado igualmente en los jardines de Europa; dos se hallan en Chiswick, Inglaterra; uno en el Jardín de Plantas de París, y es posible que haya mayor número de cedros tiernos en Inglaterra que en Palestina. La hermosura del cedro consiste en la proporción y simetría de sus extendidas ramas, y de su copa de forma casi cónica. La goma que se destila tanto del tronco como de los conos ó de la fruta, es suave como el bálsamo, y su fragancia es como la del bálsamo de la Meca. Todo el rededor del árbol tiene un olor balsámico muy pronunciado; y de aquí que el agradable aroma del bosque entero cause positivo placer el recorrerlo, Cant. 4:11; Oseas 14:6. Su madera es en extremo durable, Salm. 92: 12; no está expuesta á podrirse ni á apoli-

llarse; y por eso se usaba mucho para cabríos y para tablas con que se cubrían las casas, y se formaban los pisos y cielos de las piezas. Era de un color rojizo, hermosa, sólida y sin nudos. El palacio de Persépolis, el templo de Jerusalem y el palacio de Salomón, estaban todos en parte construidos con cedro; y "la casa de los bosques del Líbano" tenía este nombre quizá debido á la cantidad de esta madera usada en su construcción, 1 Reyes 7:2; 10:17.

De los bosques de cedro que en un tiempo cubrían el Líbano, han quedado comparativamente pocos, Isai. 2:13; 10:19, si bien hay todavía muchos árboles y bosques diseminados en diversas partes. El Rev. H. H. Jessup, misionero Americano, y el Dr. Post, visitaron once bosques diferentes, en dos de los cuales se contaban miles de cedros. Los árboles más grandes y viejos que antiguamente se creía eran los únicos, se hallan en un bosque que está un poco más allá del camino que atraviesa el Monte Líbano, de Baalbek á Trípoli, 6,400 piés sobre el nivel del mar, y 3,000 piés abajo de la cumbre del monte en el lado occidental, al pié de esta, que es sin duda la más alta de la cordillera del Líbano. Este bosque se compone de unos cuantos árboles muy viejos, quizá del tiempo de Cristo, entremezclados con 400 ó 500 nuevos. Véase Líbano.

Además del verdadero cedro del Líbano, la palabra cedro en la Biblia parece que algunas veces significa el enebro, Lev. 14: 4, 6, 49-52; Núm. 19:6; y algunas veces el pino, Ezeq. 27:5, y talvez 1 Reyes 5; 6; 7 9:11, ó el abeto.

JERUSALEM Y SUS VALLES, VISTOS POR EL S. E.; EL VALLE CEDRÓN SE ABRE Á LA DERECHA, Y EL HINNOM Á LA IZQUIERDA.

CEDRÓN, *turbio, negro*, una corriente de invierno, y el valle por el cual corría al Este de Jerusalem. Este valle comienza una milla y cuarto al N. O. de la ciudad, pasa con dirección al Este cosa de 200 varas al Norte de la actual muralla, lleno de tumbas excavadas, y gira hacia el Sur. Allí está ancho y abierto, con olivos y otros árboles frutales; pero á medida que corre al Sur, entre la ciudad y el monte Olivete, se angosta y profundiza. Frente al monte Moría no es otra cosa que el lecho de un torrente que queda 100 piés abajo del muro de la ciudad y 500 piés más abajo que la cumbre del monte Olivete. Se hunde todavía más profundamente cuando pasa por Siloam, al valle de Hinnom y al pozo de Nehemías, y entonces se dirige serpenteando al S. E. formando una garganta angosta y rápida por el horrible desierto de San Sabas, hacia el Mar Muerto. El Cedrón es ahora más bien una cañada que un arroyo, pues su lecho se mantiene seco la mayor parte del año; aun en la estación de las lluvias no tiene una corriente constante, si bien las lluvias fuertes y continuas forman un torrente impetuoso aunque de corta duración. Si sus aguas fueron "las que corrían por en medio del territorio," las que Ezequías detuvo tapando en su origen "el manantial de arriba

de Gehón," y haciendo volver las aguas á la ciudad, 2 Crón. 32:4, 30, esto explicaría en parte su actual estado de sequedad. Está atravesado por una calzada y un puente de un solo arco, entre la puerta de San Estevan y el huerto de Getsemaní, en donde el valle, casi plano, tiene una anchura de 400 piés. Por este camino probablemente huyó David de Absalóm, 2 Sam. 15:23, 30; y el Salvador lo pasó frecuentemente al ir á Betania, al monte Olivete y á Getsemaní, Luc. 22:39; Juan 18:1, 2.

El segundo puente cruza la barranca 1,000 piés al Sur, y 150 piés abajo del muro de la ciudad. La barranca sigue corriendo por un espacio de 500 yardas más, á "la Fuente de la Virgen" y el pueblo de Siloam; entonces pasa el valle del Tyropeón, sesgando de la derecha hacia abajo, y luego el valle de Hinnom de una anchura de 200 yardas, encontrándose en el extremo de abajo en-Rogel, ó sea hoy Bir Ayub ó el pozo de Job. Esta región es actualmente fértil y está cultivada, siendo antiguamente "el Jardin del Rey," Neh. 3:15. La parte histórica del Cedrón tiene por tanto como 2¾ millas de largo. Sus faldas están llenas de tumbas antiguas y modernas, pues los Judíos fincan cierto anhelo aún en ser sepultados en el monte Olivete, y los musulmanes emplean para sus sepulcros la falda del valle contigua á la ciudad. En la confluencia de este valle y del de Hinnom, los reyes Asa, Josías y Ezequías destruyeron los ídolos y las abominaciones con que Jerusalem estaba contaminada, 1 Reyes 15:13; 2 Reyes 23:4, 6. 12; 2 Crón. 29:16; 30:14. Véanse Hinnom y Jerusalem. Toda su longitud en línea recta sería de 15 millas, y cae al Mar Muerto al Sur de Ras-Feshkhah, por una garganta de una altura de 600 piés, habiendo descendido 3,792 piés. Como á 8 millas de Jerusalem se halla el convento griego, Mar Saba, más allá del cual la hondonada se llama Wady en-Nar, valle de fuego. Véase Mar, III. Una parte de las aguas del antiguo Cedrón venía del templo mismo, bajando por varios canales hasta el profundo lecho del arroyo. El profeta Ezequiel hace uso de este hecho en su hermosa alegoría, prediciendo el río de la divina gracia que al fin renovará el mundo. La corriente que él describe sale del templo, de junto al altar de Dios; corre con un volumen siempre creciente que lleva consigo al espantoso desierto verdura, fertilidad y melodía, y aun endulza las amargas aguas del mismo Mar Muerto, Ezeq. 47:1-12.

CEELATHA, *reunión*, 21ª estación de los Hebreos en sus peregrinaciones, Núm. 33:22, 23.

CEGUERA. Esta desastrosa enfermedad está muy extendida en el Oriente, en donde muchas causas físicas se unen para causarle perjuicio á la vista; el sol es ardiente, y en la atmósfera flota un polvo muy fino que penetrando en los ojos los lastima; los insectos son también muy numerosos, y ya producen, ó ya desarrollan las enfermedades de la vista. Los ejércitos de Francia y de Inglaterra, mientras estuvieron en Egipto, sufrieron mucho de enfermedades oftálmicas. La ceguera se perpetúa como una enfermedad contagiosa por los inmundos hábitos de los nativos. También ocurre con mucha frecuencia en la costa de Siria, pues en Jaffa una décima parte de la población ha perdido uno de sus ojos cuando nó ámbos.

En los tiempos antiguos les sacaban á menudo los ojos á las personas odiadas ó temidas, Jueces 16:21; 1 Sam. 11:2; 2 Rey. 25:7. Algunas veces se infligía la ceguera como castigo, Gén. 19:11; Hechos 13:11; con frecuencia se amenazaba con ella como pena, Deut. 28:28; y había ocasiones en que se enviaba y se quitaba milagrosamente, 2 Reyes 6:18-20; Hechos 9:9-

18. A los Judíos se les prevenía por las leyes humanitarias de Moisés, que mostrasen toda clase de bondades y consideraciones á los ciegos, Lev. 19:14; Deut. 27:18. Ninguno que adoleciera de esta enfermedad podía ejercer las funciones de sacerdote, Lev. 21:18.

Nuestro Salvador curó milagrosamente muchos casos de ceguera, tanto causada por enfermedad como de nacimiento. En estos últimos casos había un doble milagro, porque no sólo se restablecía el órgano de la vista, sino también se daba la facultad de usarlo, cosa que solo se adquiere generalmente con una larga experiencia, Marcos 8:22-25. La unción con barro, Mat. 9:29; Juan 9:6, no puede haber tenido ningún efecto curativo. La curación fué enteramente milagrosa, pues Cristo impartió primero fé en su divino poder y amor, y después puso á las esferas privadas de vista en aptitud de luchar—en su ansiedad por contemplar al Señor—por adquerir la facultad de la visión.

La palabra "ceguera" se usa muchas veces para denotar la ignorancia y el error, especialmente nuestra pecaminosa falta de discernimiento en cuanto á cosas espirituales, Isai. 42:18-20; Mat. 15:4; 2 Cor. 4:4. El abuso de la misericordia de Dios aumenta esta ceguera, Juan 12:40. ¡Benditos son los ojos que recobran la vista en su lucha por contemplar al Redentor!

CEILA, *ciudadela*, I., ciudad fortificada en la llanura de Judá, hacia el Sur, Jos. 15:44; véase Ceila II., á la cual David libertó una vez de un sitio de los Filisteos; pero una parte de sus habitantes, los Baalitas procuraron después entregarlo á Saúl, 1 Sam. 23:1-3. Comp. Salm. 31:6, 8, 21. Dos de sus gobernantes ayudaron á reconstruir á Jerusalem, Neh. 3:17. Puede situarse en Khubbet Kilah, ocho millas al N. O. de Hebrón.

II. Descendiente de Caleb, 1 Crón. 4:15, 19.

CELO. Véase Adulterio. "La imagen del celo," Ezeq. 8:3, 5, es lo mismo que Tammuz en vers. 14. Véase Tammuz

CELOCÍA. Véase pág. 130.

CELOSO, Celador ó Zelotes, *lleno de celo*. En varios pasajes la palabra griega así traducida se emplea en sentido favorable, Tito 2:14, especialmente tratándose de aquellos que eran celosos de la ley Judaica, Hechos 21:21; 22:3; Gál. 1:14. En otras partes denota un fanático que obra apasionadamente y con celo ardiente

Después del tiempo de Cristo la palabra era comunmente aplicada á una sociedad de individuos particulares que sin ley ni autoridad alguna pretendían imponer á los demás sus propias opiniones respecto de lo que era justo y conveniente. A su modo de ver, era un gran crimen pagar tributo á los Romanos, y la rebelión era deber de todo judío patriota. Empezaron con moderación, pero se hicieron más y más violentos; y durante el sitio de Jerusalem por Tito, sus crímenes bajo el pretexto de celo por el Señor, como nos lo describe Josefo, eran espantosos, de manera que adquirieron el justo nombre de sicarios ó asesinos. Como quiera que el germen de esta sociedad existía en tiempo de nuestro Señor, algunos suponen que el apóstol Simón Zelotes era llamado así por haber pertenecido á dicho gremio, Luc. 6:15; Hechos 1:3. Su nombre Cananeo, del Siriaco *kaneán*, tiene el mismo significado que *celoso*, Mat. 10:4; Mar. 3:18. Poco más se sabe respecto de este Simón.

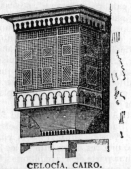

CELOCÍA, CAIRO.

CELOCÍA, Jueces 5:28; 2 Reyes 1:2; Prov. 7:6, una obra de malla hecha para abrir una ventana. Véase CASA.

CENA. Véanse COMIDA, COPA y CENA DEL SEÑOR. Es digno de notarse que en la relación que hace Pablo de la institución de la cena del Señor, 1 Cor. 11:23-29, al pan se le llama tres veces "pan," vers. 26-28, y al vino se le sigue llamando por nuestro Salvador "fruto de la vid," Mat. 26:29, después de que ámbas cosas habían sido bendecidas y dadas á los discípulos. La consagración no había cambiado en nada ninguno de los elementos. Para los detalles de las fiestas de amor que solían acompañar á la celebración de la cena del Señor, véase FIESTAS.

CENA DEL SEÑOR, llamada también "el acto de partir el pan." Hechos 2:42; 20:7, y "la comunión del cuerpo y la sangre de Cristo," 1 Cor. 10:16, es uno de los dos mandatos sencillos de la Iglesia cristiana, instituido por nuestro Señor en las más conmovedoras circunstancias, la noche de la Pascua, cuando fué traicionado, para que se observase por sus discípulos hasta su segunda venida. El pan y el vino, símbolos de su cuerpo partido y de su sangre derramada por nuestra redención, tienen qué ser probados por todo el que comulga, para conservar en la memoria aquel gran sacrificio, el fundamento de todas nuestras esperanzas y el motivo más poderoso para una vida santa y devota, Exod. 24:5-8; Rom. 3:25; 2 Cor. 5:14, 15. En la cena del Señor se renueva el pacto entre Cristo y su pueblo. Es también la muestra visible de hermandad cristiana; y todos los verdaderos creyentes— que se hayan unido á su iglesia, y observan una vida consecuente con los principios que profesan—todos y únicamente ellos tienen derecho á participar de la cena del Señor, 1 Cor. 5:6-8. En este sacramento los cristianos pueden esperar y deben procurar recibir de la plenitud de Cristo, gracia por gracia, 2 Cor. 1:21, 22; Efes. 4:15, 16; mientras que aquellos que participan de él de una manera descuidada se hacen culpables y pueden incurrir en castigo. Abusos de la clase indicada parece que corrompieron este culto en Corinto, ó más bien las fiestas de amor, llamadas *agapae*, que lo acompañaban, 1 Cor. 11:20-34. El dogma de la Iglesia Romana de que el pan se cambia en el verdadero cuerpo y alma de Cristo, que el sacerdote ofrece de nuevo en sacrificio, es contrario á las Escrituras y á todos los sentidos, así como también al sentido común.

CENAZ, *cazador*, I., hijo de Elifaz y nieto de Esaú, Gén. 36:11, 15; 1 Crón. 1:36, cabeza de una tribu de Cenezeos en la Arabia Oriental, hacia el Golfo Pérsico; se supone que se hallan vestigios de ella en los Anezeh, que ahora forman una tribu muy grande y poderosa de los Beduinos orientales.

II. Príncipe Edomita, Gén. 30:42; 1 Crón. 1:53. Véase Jos. 14:14.

III. Hermano menor de Caleb, y padre de Otniel, Jos. 15:17.

IV. Nieto de Caleb, 1 Crón. 4:15.

CENCHREAS, puerto de Corinto llamado actualmente *Kenkries*, en donde Pablo se dió á la vela para Éfeso, Hechos 18:18. Era un lugar de bastante importancia comercial, y donde quedaba situada una d las iglesias más antiguas, Rom. 16:1. Quedaba en el lado oriental del istmo, 8 ó 9 millas al E. de la ciudad, en el Golfo Sarónico. El otro puerto, que estaba en el lado occidental del istmo, era Lechaeum.

CENEZEOS, *cazadores*, un antiguo pueblo de Canaán, cuya tierra prometió Dios á los descendientes de Abraham, Gén. 15:19. Parece que se mezclaron con otros Cananeos y perdieron su nombre distintivo antes del tiempo de Josué.

CENIZAS. Manifestar arrepentimiento poniéndose cilicio y cenizas, ó acostándose sobre éstas, era señal externa de aflicción por el pecado, ó de pesar por alguna desdicha, Salm. 102:9. Esta costumbre la hallamos adoptada por Job, 2:8, por muchos Judíos cuando tenían un gran temor, Ester 4:3; y por el rey de Nínive, Jonás 3:6. Las cenizas de una becerra colorada se usaban en ciertas purificaciones ceremoniales, Núm. 19; Heb. 9:13.

CENSO. Se refieren en la Biblia cuatro cómputos formales hechos de la población hebrea: el primero en el Monte Sinaí, Exod. 38:26, cuando el número de hombres mayores de veinte años ascendió á 603,550; el siguiente en el segundo año después del éxodo, Núm. 1-3; el tercero cuando iban á hacer su entrada á la tierra de Canaán, Núm. 26; y el último en el reinado de David, 2 Sam. 24:1-9; 1 Crón. 21:5; 27:24, cuando los hombres contados llegaron por lo menos á 1,300,000. Comparando con esto los grandes ejércitos levantados por los reyes subsiguientes, 2 Crón. 13:3, 17; 14:8, 9; 17:14-19; 25:5, 6, y triplicando éstos números por las mujeres y los niños, tenemos la constancia de que la población de la Tierra Santa en su apogeo era más densa que la de los países más populosos de nuestros tiempos; y lo que Josefo manifiesta á este respecto es del mismo tenor.

CENTENO, Exod. 9:32; Isai. 28:25, llamado "mijo" en Ezeq. 4:9. Es probable que su verdadero significado sea espelta. El centeno es un grano del Norte, que por rareza se cultiva en el Levante aun ahora, y era probablemente desconocido allí en los tiempos antiguos; pero la espelta, Triticum spelta, ha sido cultivada y apreciada en el Oriente por muchos siglos. Difiere poco del trigo, aunque es inferior, y su harina se mezcla á menudo con la del trigo para hacer pan.

CENTINELAS, ó veladores, han existido desde que hubo ciudades, ladrones y guerras, Exod. 14:24; Jueces 7:19. Jerusalem y otras ciudades tenían guardas de día y de noche, Salm. 127:1; Cant. 3:1-3; 5:7, á cuyos gritos cada hora se refiere Isaías como á una figura de la vigilancia que Dios exige de sus ministros, Isai. 21:8, 11, 12; 62:6. En la actualidad los guardas de Jerusalem "no guardan silencio," "no están callados durante el día ni durante la noche;" especialmente durante la noche y cuando se prevee el peligro, están obligados á pasar el grito cada rato, de manera que el grito dá la vuelta por los muros de la ciudad. Los de Sidón hacen lo mismo. Los veladores tenían siempre su estación en cada garita, y en la torre ó atalaya adjunta, 2 Sam. 18:24-27; 2 Reyes 9:27; también en las cumbres de los cerros desde donde dominaban las viñas y podían ver "ojo á ojo," y "levantar la voz" de amonestación ó de júbilo, Isa. 52:7, 8; y su ocupación de responsabilidades fué figurativo de la de los profetas y ministros, Jer. 6:17; Ezeq. 33:1-9; Heb. 13:17. En 2 Reyes 18:8, la frase "desde las torres de los atalayas," en la viña remota, " hasta la ciudad fortalecida," parece significar todo el país.

CENTURIÓN, oficial romano que mandaba cien soldados, semejante á un "capitán" de los tiempos modernos. Varios centuriones se mencionan con honra en el Nuevo Testamento, Mar. 15:39; Luc. 7:1-10; Hechos 27.1, 3, 43; y el primer fruto para Cristo, de los gentiles, fué el generoso y devoto Cornelio, Hechos 10.

CENTURIONES, 2 Reyes 11:15; 2 Crón. 23.14, filas de soldados.

CEÑIR, acción de pasar un cable por debajo y al rededor de un buque varias veces para apretarlo desde la cubierta, á fin de evitar que se muevan las cuadernas y tablas durante un temporal, Hechos 27:17. Se ha recurrido á él con frecuencia en tiempos modernos.

CEPHAS, *una piedra*. nombre siriaco ó hebreo moderno, dado á Pedro por Cristo, Juan 1.42. El griego *Petros* y el latín *Petrus* tienen el mismo significado. Véase PEDRO.

CEPO. Job 13:27; 33:11, instrumento para sujetar los piés. En Jer. 20:2, 3, se ha traducido con poca propiedad por "calabozo," en que el profeta Jeremías fué encerrado toda una noche. Algunos intérpretes eruditos suponen que la palabra hebrea usada en los pasajes citados significa el cepo común, que consiste en un marco con agujeros para sujetar allí los tobillos; otros suponen que es una picota

ó marco con agujeros para sujetar el cuello
y las muñecas; y otros que se componía
de cinco agujeros en que respectivamente
se metían el cuello, las muñecas y los tobillos, quedando así el cuerpo encorvado.
Se hace mención también de él asociándolo con el calabozo en Jer. 29:26, y en
2 Crón. 16:10, en donde en la Biblia española se ha traducido cárcel. Los cepos
en que estuvieron oprimidos Pablo y Silas,
Hechos 16:24, parecen haberles sujetado
solamente los tobillos, y probablemente se
parecían al instrumento usado en estos
últimos tiempos en Europa y América, y
en el cual la viga superior es movible.
Los cepos y las picotas se colocaban con
frecuencia en lugares públicos para poder
agregar los insultos del populacho á los
sufrimientos de esa mortificante sujeción,

UN HOMBRE METIDO EN EL CEPO.

Jer. 20:2. Otra palabra hebrea es la que
se ha traducido cepo en Jer. 29:26, interpretada por algunos por el término más
general de "grillos." La palabra traducida prisiones en Prov. 7:22, opinan algunos que quedaría mejor traducida por
"grillos," y es la misma traducida "calzados" en Isai. 3:18.

CERASTA, especie de serpiente más
comunmente llamada víbora. La palabra
cerasta se usa cinco veces en la Biblia,
como traducción de cuatro diferentes palabras hebreas, que denotan diferentes serpientes de la especie venenosa. En Gén.
49:17, parece significar la víbora cornuda,
de color de arena y de mordedura mortal;
acostumbraba estar echada en las sinuosi-
dades de la arena, y se lanzaba sobre el

inadvertido viajero. En Salm. 58:4; 91:13,
es probablemente el áspid. En Salm. 140:3,
quizá la tarántula ó alguna serpiente que
brinca hacia atrás. Véanse SERPIENTE,
VÍBORA.

CERETEOS ó CERETIM, I., una porción de los Filisteos que según muchos
suponen, tuvieron origen en Creta, 1 Sam.
30:14; Ezeq. 25:16; Soph. 2:5.

II. Una parte del cuerpo de guardia de
David mencionado siempre con los Peleteos, 2 Sam. 8:18; 15:18; 20:7; 1 Crón.
18:17. Algunos suponen que eran extranjeros á quienes David tomó á su servicio
cuando estaba entre los Filisteos. Los
Geteos mencionados con ellos en 2 Sam.
15:18, no cabe duda de que lo eran. Otros
creen que tenían este nombre por el cargo
que desempeñaban de verdugos ó correos.
Véase PELETEOS.

CEROS, encorvado, entre los Netineos
que volvieron después del cautiverio, Esdr.
2:44; Neh. 7:47.

CERVIZ ó CUELLO. Las frases erguir
la cerviz, Prov. 29:1, y tener el cuello tieso,
como un animal testarudo, ejemplifican la
terca obstinación de los pecadores contra
las instrucciones y mandamientos de Dios.
El yugo del pecado es de hierro, Deut.
28:48; pero el de Cristo es suave, Mat.
11:29. "Poner el cuello" es aventurar la
vida de uno, Rom. 16:4. Los conquistadores de los tiempos antiguos ponían algunas
veces el pié sobre los cuellos postrados de
los príncipes, en prueba de su subyugación, pisándolos en el polvo. Esto se muestra á menudo en los monumentos egipcios
y asirios. Su malignidad se volvía á veces
sobre sus propias cabezas, Jos. 10:24, Salm.
18:40.

CÉSAR, originalmente sobrenombre de
la familia juliana en Roma. Después de
haber sido dignificado en la persona de
Júlio César, se hizo el nombre usual de los
miembros de su familia que subían al trono. El último de éstos fué Nerón, pero
dicha denominación continuó conserván-
dose por sus sucesores, como una especie
de título perteneciente á la dignidad imperial. Los emperadores á los cuales se
alude bajo este título en el Nuevo Testamento, son Augusto, Luc. 2:1; Tiberio,
Luc. 3:1; 20:22; Claudio, Hechos 11:28; y
Nerón, Hechos 25:8; Fil. 4:22. Calígula,
que sucedió á Tiberio, no se menciona.

CESAREA, llamada con frecuencia Cesarea de Palestina, en la costa del Mar
Mediterráneo, á sesenta millas de Jerusalem, entre Joppa y Tiro, Hechos 10:23, 24;

21:8. Era antiguamente un pequeño lugar llamado Torre de Strato, pero fué reedificado con grande esplendor, y sólidamente fortificado por Herodes el Grande, quien formó un puerto construyendo un vasto dique semi-circular, adornó la ciudad con muchos edificios magníficos, y la llamó Cesarea en honor de Augusto. Estaba principalmente habitaba por Griegos, y Herodes estableció en ella juegos cada cinco años, en honor del emperador. Esta ciudad fué la capital de Judea durante el reinado de Herodes el Grande y de Herodes Agripa I., y fué también el asiento del poder romano mientras Judea fué gobernada como provincia del Imperio. Estuvo sujeta á frecuentes conmociones entre los Griegos, los Romanos y los Judíos, de manera que en una ocasión se dice que perecieron 20,000 personas en un día.

Se habla de ella en la historia evangélica, como residencia de Felipe el evangelista, Hechos 8:40; 21:8; y del centurión Cornelio, primicias de los gentiles, Hechos 10; 11:1–18. Allí fué herido Herodes Agripa por el ángel de Dios, Hechos 12:20–23. Pablo la visitó varias veces, Hechos 9:30; 18:22; 21:8, 16. Allí compareció ante Félix, quien tembló bajo sus apelaciones, Hechos 23:23; 24; allí estuvo preso por dos años; y después de haber defendídose ante Festo y Agripa, se hizo á la vela para la imperial Roma, Hechos 25:26; 27:1. Fué el lugar del nacimiento y la residencia de Eusebio, el historiador eclesiástico, á principios del siglo cuarto. Ahora se llama Kaiseriyeh, y es solamente un montón de ruinas ocupadas por serpientes, escorpiones, lagartijas, javalíes y chacales.

CESAREA DE FILIPO, ciudad á tres ó cuatro millas al E. de Dan, cerca del nacimiento oriental del Jordán, llamada antiguamente Paneas, ahora Banías, de una gruta contigua dedicada á Pan, y en la cual brotaba uno de los manantiales del expresado río. Estaba edificada en donde las montañas que se hallan al S. O. de Hermón se juntan á la llanura arriba del Lago Huleh, en una elevada altiplanicie rodeada de hondonadas y corrientes de agua, siendo sus paredes gruesas y fuertes. Fué ensanchada y embellecida por Filipo, tetrarca de Traconitis, y llamada Cesarea en honor de Tiberio César. El nombre de Filipo le fué añadido, para distinguirla de Cesarea la del Mediterráneo. Nuestro Salvador visitó este lugar muy poco antes de su transfiguración, Mat. 16:13–28; Mar. 8:27–38; Luc. 9:18, 27. Des-

pués de la destrucción de Jerusalem, Tito hizo que los judíos cautivos combatiesen allí y se matasen los unos á los otros en espectáculos gladiatorios. En el tiempo de las Cruzadas sufrió muchos cambios, y ahora es una insignificante población que se halla en medio de extensas ruinas, entre las cuales se ve un vasto castillo en una elevación, datando partes de la misma de una época que no es la última del Antiguo Testamento.

CETRO, una "vara" ó bastón adornado, á veces de seis piés de longitud, usado por los reyes, jefes y magistrados como símbolo de autoridad, Gén. 49:10; Núm. 24:17; Ester 4:11; 5:2; Isaí. 14:5; Ezeq. 19:11, 14; Zac. 10:11. Véase VARA. Puede haberse derivado este uso del que hacían los pastores de su cayado. Comp. Núm. 27:15-17. El cetro de Cristo es "vara de justicia," Salm. 45:6, pero fatal á sus enemigos, Salm. 2:9; Dan. 2:44. "No será el cetro de la impiedad el que gobierne la tierra de los justos," Salm. 125:3. En Jueces 5:14, en lugar de "pluma del escritor," léase "cetro del gobernante."

CETURA, *fragancia*, la esposa de Abraham después de la muerte de Sara, Gén. 25:1-6. Aun cuando se le llama concubina, tal vez esto sea para distinguir á sus hijos, así como á Ismael, de Isaac, el hijo de la promesa, Gén. 25:6; 1 Crón. 1:31; Gal. 4:22, 30. Sus hijos llamados Zimram, Jecsán, Madán, Madián, Jesboc y Sue, fueron establecidos por Abraham en la parte Oriental del país, fuera de la residencia de Isaac, y llegaron á ser los antepasados de muchas tribus árabes.

CIELO, *levantado, alto*, ya sea el reino material de las regiones atmosféricas y sidereas, ó la especial mansión de Dios y de los espíritus santos. En ambos casos se usa á menudo el plural en nuestro idioma y siempre en el griego, en las expresiones "Padre Nuestro, que estás en los cielos," "el reino de los cielos," etc.

I. En el primer caso la palabra cielo se pone en contraste con la palabra tierra, significando el cielo y la tierra todo el universo, Gén. 1:1. Se habla de él como de una grande expansión ó "firmamento," Gén. 1:6-8, representado metafóricamente como con puertas y ventanas que se abren ó cierran para dar paso al agua ó detenerla, etc., Deut. 11:17; 28:12; Salm. 78:23; en él se han colocado el sol, la luna y los estrellas, Gén. 1:14-17; Deut. 4:19; Nah. 3:16; en medio de él vuelan las aves, Gén. 1:20; Apoc. 19:17. Tiene qué ser destruido con la tierra, para dar lugar á "un nuevo cielo y á una nueva tierra" al fin de los tiempos, Isai. 51:6; Mat. 24:35; 2 Ped. 3:10; Apoc. 21:1.

2. En el segundo sentido la palabra denota el mundo de santa felicidad, la residencia especial de Dios, 1 Reyes 8.30; Mat. 5:45; el lugar de donde Cristo descendió, Juan 3:13; 1 Cor. 15:47, á donde ascendió, Luc. 24:51; 1 Ped. 3:22, y de donde tiene que venir otra vez, Fil. 3:20. Es la morada de los ángeles, Mat. 22·30; Mar. 13:32. A él pasó Eliseo, 2 Reyes 2.1. Allí Cristo intercede por su pueblo, Heb. 7:25; 8:1; 9:24; y allí le tiene preparado un lugar, Juan 14:2, 3; 1 Ped. 1:4, en donde de todos al fin se reunirán. De él todo pecado y sus amargos frutos están excluidos para siempre. Para darnos idea de su felicidad superior á toda concepción, se han empleado muchas imagenes. Es un reino, una herencia; hay ríos de placer, árboles de vida, luz gloriosa, cánticos arrebatadores, túnicas, coronas, festejos, regocijos, tesoros, triunfos. Dios también nos hace positivas descripciones: los justos viven en la divina presencia; aparecen con Cristo en la gloria. El cielo es vida sempiterna, gloria, un eterno peso de gloria, salvación, reposo, paz, plenitud de alegría, la alegría del Señor. Hay diferentes grados en esa gloria, y un progreso en ella que nunca cesa ni jamás termina. Será un estado social, y su felicidad hasta cierto punto se originará de la comunión y comunicación mútua y de las expresiones y práctica de común benevolencia. Incluirá la perfecta pureza de cada uno de los santos; la deliciosa fraternidad con aquellos á quienes hemos amado aquí en el Señor, Mat. 8:11; 17:3, 4; 1 Tes. 2:19; 4:13-18; la presencia de Cristo y la conciencia de que todo es perfecto y sempiterno, Apoc. 7:9-17. Se nos enseña que tanto el cuerpo como el alma participarán de esta bendición; la consumación de nuestra bendición es subsiguiente á la resurrección del cuerpo; porque ha sido redimido así como el alma, y en la resurrección de los justos tomará una forma semejante á la del glorioso cuerpo de Cristo; quien al haber descendido del cielo, y al ascender de nuevo á él, prueba á las almas que tengan duda la realidad del cielo, y abre las puertas de éste á los culpables con su sacrificio expiatorio; y todos los que son admitidos á él por el mérito de su sangre serán hechos idoneos para ello por su gracia y hallarán su felicidad eterna

en su amor. Véase REINO DE LOS CIELOS.

"El tercer cielo," 2 Cor. 12:2, es probablemente equivalente á "el cielo de los cielos," Deut. 10:14, los más altos cielos, que se creía estaban arriba de los cielos aereos y sidereos.

CIERVA Y CERVATO.

CIERVA, la hembra sin cuernos del ciervo; es activa, Gén. 49:21; comp. Jueces 4:6-10; 5:18; ligera, y pisa con firmeza en los rocas elevadas, 2 Sam. 22:34; Salm. 18:33; Hab. 3:19; cariñosa, Prov. 5:18, 19; Jer. 14:5; fácilmente se agita, Cant. 2:7; 3:5; y es tímida, Salmo 29:9. Véase TRUENO.

CIENCIA. Véase pág. 135.

EL CORZO.

CIERVO, cuadrúpedo montaraz, de tamaño mediano, entre el venado y el corzo.

Sus cuernos los tiene inclinados hacia atrás, y son grandes y planos. El ciervo es muy tímido por naturaleza, y estaba reputado como limpio y bueno para comer, Deut. 14:5; 1 Reyes 4:23. Hay dos especies, conocidas ahora como el ciervo berberisco y el ciervo persa, que tienen una gran semejanza con el corzo, y que les eran sin duda conocidas á los Judíos. Los cerratos se mencionan en los Prov., Cant., é Isaías, como hermosas criaturas y muy ligeras, Prov. 5:19. Véase Corzo.

CIENCIA, 1 Tim. 6:20. El apóstol se refiere á las falsas pretensiones á conocimientos superiores que caracterizaban las sectas gnósticas, las cuales exaltaban sus conceptos místicos sobre el puro evangelio de Cristo y el verdadero camino de la salvación, 1 Cor. 8:1; Col. 2:18–23.

CIGÜEÑA. Ave migratoria bien conocida, que pertenece al orden de los vadeantes, y está clasificada como inmunda en la ley Mosaica, Deut. 14:18, por alimentarse no sólo de culebras, sapos, lagartijas, ratones campestres, etc., sino también de inmundicias y entrañas de animales, de donde resulta que su carne es ordinaria y poco apetitosa. Su nombre hebreo *chasidâh* se deriva de la misma raiz que otro traducido á menudo "piedad" y "misericordia." En todo tiempo ha sido considerada como un tipo de amor paternal y filial; los Romanos la llamaban "avis pius," y su nombre inglés "stork," lo hacen provenir algunos de la palabra griega *storge* que significa "afección natural." En el gran incendio del Delft, Holanda, una cigüeña que vió que sus esfuerzos eran infructuosos para salvar á sus polluelos, pereció voluntariamente con ellos. La antigua creencia popular de que los pájaros padres son cuidados en la decrepitud por sus polluelos, carece probablemente de fundamento. La cigüeña blanca común, Ciconia Alba, tiene cerca de cuatro piés de altura. Su plumaje es blanco, con excepción del de la mitad inferior de las alas, que es negro. Su largo pico y sus zancudas piernas son de un color escarlata, y sus dedos los tiene parcialmente unidos como los palmípedos. Se encuentra en toda la Europa desde Marzo hasta Octubre, tiempo en que emigra en parvadas numerosas al África. Es sumamente regular en el tiempo de su emigración y remonta su vuelo en el aire á grande altura, Jer. 8:7. Sus alas extendidas miden de un extremo á otro cerca de siete piés, y son muy fuertes, lo cual la pone en aptitud de volar con sorprendente rapidez, Zac. 5:9. La cigüeña no tiene órganos vocales, sino que hace un ruido como de castañuelas chocando entre sí la parte superior y la inferior de su pico. La cigüeña blanca busca la sociedad del hombre. En las ciudades hace sus nidos en los techos ó chimeneas de las casas; en medio de las ruinas, en la cima de las columnas, torres y arcos; y fuera de allí, en la de algún árbol alto como el abeto, Salm. 104:17; atando las ramas superiores con varejones, etc., y cubriendo la superficie con paja, musgo y plumas; pone generalmente cuatro huevos. Año tras año aparece el mismo par de cigüeñas, y vuelve á ocupar el mismo nido. En Palestina abundan tanto la cigüeña blanca como la negra más pequeña, llamada Ciconia nigra; éstas se hallan en los distritos pantanosos más recónditos, en grandes parvadas, huyendo de los hombres y fabricando sus nidos en los árboles corpulentos. En las cercanías del Mar de Galilea, la cigüeña anda también en parvadas y anida en los árboles.

UNA CIGÜEÑA.

La cigüeña blanca era protegida por los antiguos á causa de su utilidad, y además por su bien reconocida adhesión á las personas. Vaga sin que nadie la perjudique por las calles de Holanda y Dinamarca, y por los bazares de la Siria y del África Septentrional.

CILICIA, la provincia Sudeste del Asia Menor, limitada al N. por la cordillera del Taurus, que la separaba de Capadocia, Lycaonia é Isauria; al S. por el Mediterráneo; al E. por Siria, y al O. por Panfilia. La parte occidental tenía la denominación de Aspera, mientras que á la oriental se le daba la de Campestre ó plano. Este país era la provincia de Cicerón, cuando este fué proconsul, 52 A. C., y Tarso, su principal ciudad, fué el lugar del nacimiento del apóstol Pablo, Hechos 6:9. Muchos Judíos residían en Cilicia y mantenían frecuentes relaciones con Jerusalem, en donde tenían una sinagoga, y se unieron á los otros Judíos en la oposición que se le hizo al progreso del cristianismo. Pablo mismo puede haber tomado parte en la discusión pública con Esteban, Hechos 6:9; 7:58. Después de su conversión visitó su provincia natal, Hechos 9:30; Gál. 1:21, y estableció iglesias, á las cuales se dirigió en la carta escrita por el Concilio celebrado en Jerusalem, Hechos 15:23. El apóstol hizo después otro viaje misionero entre estas iglesias, deseando ansiosamente su corazón presenciar y aumentar su prosperidad, Hechos 15:36, 41. El cristianismo floreció en Cilicia hasta que fué subyugada por los Turcos en el siglo octavo.

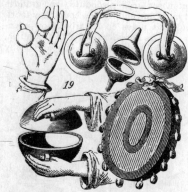

CÍMBALOS DE MANOS Y DE DEDOS, Y TAMBORILES.

CÍMBALO, instrumento de música que consistía en dos platillos anchos de metal, de forma convexa, que al tocarse uno con otro producían un sonido agudo y penetrante. Por lo que se dice en Salmo 150:5, parece que tanto los címbalos de manos como los de dedos ó castañuelas se usaban. Se tocaban en el templo y con ocasión de los regocijos públicos, 1 Crón. 13:8; 16:5, como se hace por los Armenios.

CINA y CINEOS. Véase p. 137.

CINNERET ó CINNEROT, ciudad en la playa occidental del Mar de Galilea, Núm. 34:11; Deut. 3:17; Jos. 11:2; 12:3; 19:35; 1 Reyes 15:20. Fué una ciudad cercada de Neftalí y dió su nombre al lago. Jerónimo supone que Tiberias ocupó después el sitio en que ella yacía.

CINTO ó CINTURÓN. Los Orientales comunmente usaban vestiduras sueltas que les caían hasta los piés; de manera que cuando querían correr ó pelear, ú ocu-

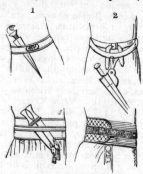

CINTURONES ANTIGUOS.

parse de algo, tenían la necesidad de ceñirse el vestido con un cinto ó cinturón. Véase Juan 13:4, 5, 15. Era por lo mismo un símbolo de fuerza y actividad, 1 Sam. 2:4; Job 12:18; Isaí. 45:5; Jer. 13:11; y "tener ceñidos los lomos," es prepararse para algún servicio, 2 Reyes 4:29; Hechos 12:8; esperar el llamamiento ó la venida de su amo ó señor, Luc. 12:35. Un cinto apretado se creía también que aumentaba el poder de resistencia, y éste símil se usaba en las exhortaciones hechas al valor y á la fortaleza cristiana, Job 38:3; Jer. 1:17; Efes. 6:14; 1 Ped. 1:13. Tener el cinto flojo es estar enervado y sin disposición para ponerse en movimiento, Isaí. 5:27; 11:5. Los cintos de cuero eran usados por la gente común y también por los profetas, 2 Reyes 1:8; Mat. 3:4. Los cintos se hacían también de género de lino, Jer. 13:1; igualmente de seda, y algunas veces bordados, Prov. 31:24; Dan. 10:5; Apoc. 1:13; 15:6; y se usaban como presentes, 1 Sam. 18:4; 2 Sam. 18:11. Eran á menudo anchos y largos; se doblaban á lo largo, y se les daba vuelta varias veces al rededor del cuerpo. El cinto además servía como de bolsa para llevar dinero y otras cosas; véanse Mat. 10:9; Mar. 6:8, en donde la palabra bolsa corresponde á la griega que significa cinturón. Los Árabes y otros orientales usan en la actualidad cinturones análogos á los antiguos; llevan también un cuchillo ó puñal prendido en ellos, como lo hacían los Hebreos, 1 Sam. 25:13; 2 Sam. 20:8. Los escribientes llevaban sus tinteros de cuerno y los carpinteros sus reglas del mismo modo, Ezeq. 9:2. Los cinturones de los sacerdotes eran de un lino extraordinariamente fino, y se los ataban sobre la túnica, dándoles vuelta varias veces al rededor del cuerpo, y dejando que las puntas les colgaran hasta los piés, Exod. 28:4, 39, 40; 39:29; Lev. 16:4; Isai. 22:21. El "cinto primoroso" del sumo sacerdote era una parte del efod mismo, Exod. 28:8; 39:5. Véanse los grabados bajo la palabra VESTIDOS.

CINA, *elegía*, ciudad en la extremidad Sur de Judá, hacia el Mar Muerto, Josué 15:22.

CINEOS, *obreros en hierro*, pueblo aborígene que moraba al Este del Mar Muerto y se extendía muy hacia el interior de la Arabia Petrea, Gén. 15:19; 1 Sam. 15:6. Jetro ó Ragüel, Madianita, Núm. 10:29, era Cineo, y su familia acompañó á los Israelitas y se estableció con otros Cineos en varias partes de la Tierra Santa, Jueces 1:16; 4:11; 1 Sam. 30:29; 1 Crón. 2:55. Eber y los Rechabitas eran sus descendientes, Jueces 5:24. Véanse JONADAB y MADIÁN. Los Cineos de quienes se nos habla parece que conocieron y sirvieron á Jehová, y la tribu toda trató amistosamente á los Hebreos. Saúl los perdonó cuando fué enviado por Samuel á destruir á los Amalecitas entre quienes ellos residían, 1 Sam. 15:6; y David fingió ataque sobre ellos, pero los hizo partícipes de sus despojos, 1 Sam. 27:10; 30:29. Los Cineos mencionados en Núm. 24:21, 22, y Gén. 15:19, parece que fueron una antigua tribu árabe.

CINNERET y CINTO. Véase p. 136.

CIPRO, isla grande del Mediterráneo, situada en la parte N. O. de aquel mar entre Cilicia y Siria, que tiene á la vista los Montes Líbano y Taurus. Tiene como 140 millas de largo y varía de 5 á 50 millas de anchura. Se le dá una importancia especial entre las islas de Kithim, Ezeq. 27:6, etc. Sus habitantes estaban sumergidos en toda clase de voluptuosidad y relajación. Su principal deidad era Venus, que tenía un templo célebre en Pafos. La isla era en extremo fértil, y abundaba en vino, aceite, miel, lana, cobre, ágata y una especie de bello cristal de roca. Había también grandes bosques de árboles de ciprés. De las ciudades de la isla, se menciona en el Nuevo Testamento Pafos, que estaba en la costa occidental, y Salamina en la extremidad opuesta. El evangelio fué predicado allí desde los primeros años del cristianismo, Hechos 11:19, siendo Bernabé y Mnasón y otros cristianos eminentes. naturales de esa isla. Hechos 11:20;

21:16. Los apóstoles Pablo y Bernabé hicieron un viaje de misiones por ella, 46 A. D., Hechos 13:4-13. Véanse también Hechos 15:39; 27:4.

CIPROS. El *cipros* de Scio, y el *alcanfor* de Valera, en los Cánticos de Salomón 4:13, no es la goma de alcanfor que se halla en nuestras boticas, sino la flor de Chipre, como se le llama algunas veces, que es la Alba Lawsonia de los botánicos, la Henna de los Árabes, flor blanquisca y olorosa que cuelga en racimos como las uvas, en un arbusto que tiene de 4 á 6 piés de alto. Las señoras orientales hacen uso de las hojas secas y pulverizadas para darles á sus uñas, á sus piés y á sus manos un tinte anaranjado. Las uñas de las momias egipcias se han hallado teñidas de ese modo. Véase OJO. Las flores de la Henna son fragrantes; y como están dispuestas en racimos, les gusta á las mujeres de Egipto llevarlas en el pecho.

CIRCUNCISIÓN, *una incisión al rededor*, porque en este rito se cortaba el prepucio. Era signo de consagración á Dios, y de purificación. Dios mandó á Abraham que usara la circuncisión como signo de su pacto; y así el patriarca, á la edad de 99 años, fué circuncidado, lo mismo que su hijo Ismael y todos los varones de su casa, Gén. 17:10-12. Dios repitió este precepto á Moisés, y ordenó que todos aquellos que quisiesen participar del sacrificio pascual recibiesen la circuncisión, y que este rito se practicase en los niños en el octavo día de su nacimiento, Exod. 12:44; Lev. 12:3; Juan 7:22; y acompañaba este acto al de darle su nombre, Luc. 1:59; 2:21. En él, como rito religioso del pacto, los varones representaban también á las mujeres de la casa. Los Judíos fueron siempre muy exactos en observar esta ceremonia, y parece que no la descuidaron cuando estuvieron en Egipto, Exod. 4:24-26; Jos. 5:1-9; aunque la suspendieron cuando andaban errantes en el desierto, estando enfadado Dios con ellos. Se les exigía á los esclavos, Gén. 17:12, 13, y á los prosélitos del judaismo, Hechos 16:3, y siendo un rito doloroso, Gén. 34:25, fué una de las cargas de que el evangelio relevó á los Judíos conversos.

Todas las otras naciones que descendían de Abraham, además de los Hebreos, como los Ismaelitas, los Árabes, etc., conservaron también la práctica de la circuncisión. En la actualidad es un rito esencial de la religión mahometana, y aunque no se prescribe en el Korán, prevalece en donde

137

quiera que se halla esta religión. Se practica también en cierta forma entre los Abisinios y en varias tribus de la África meridional, como se hacía por los antiguos Egipcios. Pero no hay constancia de que fuese practicada en los niños, ó de que haya sido una costumbre general, nacional ó religiosa, antes de que Dios la preceptuase á Abraham.

La mayor parte de las naciones que rodeaban á los Judíos, eran incircuncisas, como los Heveos, Gén. 34, y los Filisteos, á quienes con frecuencia se les llama "los incircuncisos," Jueces 14:3; de aquí viene lo que se refiere en 1 Sam. 18:25-27. Los Judíos juzgaban la incircuncisión como una gran impureza; y la mayor ofensa que podían recibir era la de ser llamados "incircuncisos." Pablo frecuentemente hace mención de los gentiles llamándolos así, nó oprobiosamente, Rom. 2:26; 4:9, sino para distinguirlos de los Judíos, á quienes llama "la circuncisión," etc.

Las disputas en cuanto á la observancia de este rito por los convertidos del gentilismo al cristianismo, ocasionaron muchos disgustos en la iglesia primitiva, Hechos 15; y se pasó largo tiempo antes de que se comprendiese bien que "en Cristo-Jesús la circuncisión no vale nada, ni tampoco la incircuncisión, sinó una nueva criatura," Gál. 5:2, 3; 6:15.

La verdadera circuncisión es la del corazón, Rom. 2:29; y son "incircuncisos de corazón y de oídos," Hechos 7:51, los que no quieren obedecer la ley de Dios, ni abrazar el evangelio de Cristo.

CIRENE, una provincia de Libia, al O. de Egipto, entre Gran Syrtis y el Mareotis, llamada ahora Caïroan, en la provincia de Barca. Algunas veces se le llamaba Pentápolis, por las cinco ciudades principales que contenía, y que eran Cirene, Apollonia, Arsinoe, Berenice y Ptolemaís. Cirene, la ciudad, fué colonizada por los Griegos por el año 631 A. C., y cayendo después de la muerte de Alejandro el Grande en manos de los Egipcios, fué después cedida por ellos á los Romanos, 75 A. C. De esta ciudad venía Simón el Cireneo, padre de Alejandro y de Rufo, á quien los soldados romanos hicieron llevar una parte de la cruz de nuestro Salvador, Mat. 27:32; Luc. 23:26. Ahora está en ruinas. Había muchos Judíos en la provincia de Cirene, una gran parte de los cuales abrazaron la religión cristiana, aunque otros se le opusieron con mucha obstinación, Hechos 11:20; 13:1. También Hechos 2:10: 6:9.

CIRENEO, más bién Publius Sulpitius Quirinus, según el nombre latino, gobernador de Siria. Según la historia, Quirinus no fué propiamente gobernador de Siria sino hasta 6 A. D., algunos años después de la fecha dada en Luc. 2:2; y el único censo ó empadronamiento de aquel tiempo mencionado por los historiadores profanos tuvo lugar cuando Cristo tenía de 8 á 10 años de edad. Comp. Hechos 5:37. Sin embargo, las investigaciones críticas recientes, hechas por Zumpt, indican una gran probabilidad de que Quirinus haya sido *dos veces* gobernador de Siria : la primera de 4 á 1 A. C.; y el censo de que habla Luc. 2:2 puede haber sido menos conocido y memorable que el segundo, que parece fué continuación y complemento del primero. Fué un censo romano; pero hecho según lo usaban los Judíos.

TUMBA DE CIRO EN PASARGADAE.

CIRO, *el sol*, hijo de Cambyses, príncipe de Elam. Su madre, ó quizás su madre adoptiva, fué Mandane, hija de Astyages rey de los Medos. Su notable valor y habilidad pronto lo colocaron á la cabeza del ejército persa; y haciéndose jefe de una revolución contra Astyages, lo destronó y se hizo rey de los Medas y los Persas, 559 A. C. Con sus fuerzas unidas comenzó una carrera de conquistas. Con "Darío el Meda," probablemente su tío, Cyaxares, "rey" nominal "de los Medas," conquistó á los Lidios, á los Griegos del Asia Menor y á Susiana; capturó á Babilonia; é invadió el Imperio Asirio. Siria y Palestina cayeron en poder de él; hizo algunas tentativas sobre el Egipto y la India, y murió en una guerra contra los Massagetae, en el río Iaxartes, 529 A. C. El profeta Isaías predijo á Ciro, 44:28; 45:1-7. comlibertador y restaurador de Judá, según pruebas que dió de serlo, 2 Crón. 36:22, 23; Esdr. 1:1-4. El profeta Daniel fué su ministro favorito, Dan. 6:28, y la influencia de estos dos hombres notables fué grande entre los paisanos de ambos. Ciro parece que reverenció á Jehová como al verdadero Dios, Esdr. 1:2, 3; Isai. 41:2; y á éste héroe de la historia persa, á éste conquistador afamado en los anales clásicos, lo hallamos en las Escrituras reconociendo y obedeciendo al Rey del cielo.

CISMA, *rotura ó grieta*, Mat. 9:16, usada generalmente en el Nuevo Testamento para designar una división dentro de la iglesia cristiana por altercados y disgustos, sin separación en cuerpos distintos, 1 Cor. 1:10; 12:25, 26. El pecado puede estar del lado de la mayoría, de la minoría ó de ambos. Es un pecado contra el amor cristiano, y hiere el corazón del cristiano mismo, Juan 17:21; Rom. 12:4-21.

CITAS, en la Biblia las hay de tres clases: 1. Las hechas por los últimos escritores del Antiguo Testamento, referentes á los primeros, siendo de éstas muchas secciones de las Crónicas, y los últimos Salmos de los antiguos. Son principales entre los pasajes paralelos de esta clase, Núm. 26 con Gén. 46; Deut. 5 con Exod. 20; 1 Crón. 17 con 2 Sam. 7; Esdr. 2 con Néh. 7; Salm. 18 con 2 Sam. 22; Isai. 2:1-4 con Mic. 4: 1-3; Isai. 36-39 con 2 Reyes 18-20; Jer. 52 con 2 Reyes 24, 25; Abdías 1:8 con Jer. 4:9; Jonás 2:3 con Salm. 42:7; Jonás 2:5 con Salm. 69:2; Hab. 2:14 con Isai. 11:9.

2. Citas de escritores paganos: Hechos 17:28 de Áratus; 1 Cor. 15:33 de Menandro; Tit. 1:12 de Callímachus ó Epiménides; Gál. 5:23 de Aristóteles. Tal vez también Hechos 14:17 y Sant. 1:17.

3. Citas del Antiguo Testamento en el Nuevo. Éstas son numerosas y se han tomado generalmente de la Septuaginta, la cual debe verse. En el tiempo de Cristo esta versión estaba muy extendida, y era muy usada por los Judíos, especialmente por los que residían fuera de Palestina. La entendía también el mundo gentil que hablaba el griego; y de aquí es que los escritores del Nuevo Testamento, al referirse al Antiguo, citaban, como era natural, la Septuaginta, más bien que la traducción que pudiera hacerse del original hebreo. En los casos en que la traducción Septuaginta varía del hebreo sin diferencias importantes, los escritores del Nuevo Testamento conservan con frecuencia sus variaciones, como en Mat. 15:9; comp. Isai.

29:13. En otros casos en que los errores de la Septuaginta causan discrepancia en el sentido, se han corregido por la hebrea, como en Mat. 21:5; 1 Ped. 4:8. A menudo se cita directamente, como en Mat. 4:15, 16; Juan 19:37. Y en algunos casos la hebrea y la Septuaginta se han combinado, como en Mar. 12:30. Además de las citas directas, los escritores del Nuevo Testamento abundan en referencias y alusiones al Antiguo, á veces señalando alguna profecía ó tipo relativo á Cristo ó á la dispensación espiritual introducida por él; la frase familiar "para que se cumpliese" y otras semejantes, muestran cuán lleno está el Antiguo Testamento de los gérmenes de verdad desarrollados en el Nuevo. Comp. Isai. 49:8 y 2 Cor. 6:2. Las citas y referencias al contenido de las Antiguas Escrituras, hechas en el Nuevo Testamento, se dice que llegan á 804.

CISNE, en hebreo *Tinshemeth*, mencionado como inmundo en Lev. 11:18; Deut. 14:16. El verdadero cisne no se halla en Palestina, y tal vez se alude al sagrado ibis egipcio, ó más probablemente á la gallina purpurina, ó gallineta de un plumaje azul oscuro, pico y patas coloradas, y uñas largas.

CISÓN, *serpenteando*, ahora el Nahr el-Mukatta, Jos. 19:11, arroyo que nace en la llanura de Esdraelon, cerca del pié del Monte Tabor. Después de pasar por la gran llanura y de recibir las aguas de varias corrientes pequeñas, corre hacia el N. O. á lo largo del pié del Monte Carmelo, y desagua en el Mediterráneo á corta distancia al S. de Acre. Las aguas que recibe de la cumbre del Carmelo (véase CARMELO, II.), hacen que sea una corriente perenne en una longitud de cosa de siete millas desde su boca. Toda la parte oriental de su canal, ahora que la gran llanura que recorre está destituida de árboles, permanece seca durante toda la estación del verano; y sin embargo, en el invierno y después de fuertes lluvias, crece hasta formar un torrente rápido y considerable. El hecho de haberse ahogado el ejército de Sísara, Jueces 4:13; 5:21, se compara á una destrucción semejante que sufrieron los Árabes al huir de los Franceses después de la batalla del Monte Tabor, Abril 18, 1799. El Deburieh, afluente del Cisón que le cae del N. E., está seco también en el verano, pero fácilmente forma un torrente fuerte y profundo, cuando crece con las lluvias que caen en las alturas de los contornos. Véase MEGIDDO.

CISTERNAS, ó pozos, y depósitos de agua, eran muy comunes en Palestina, tanto en el campo como en las ciudades. Durante casi la mitad del año no caen lluvias, y las corrientes perennes, así como los manantiales, son á la verdad raras. Una gran parte de la población estaba principalmente atenida al agua que caía en la estación de las lluvias, y se conservaba en cisternas, 2 Sam. 17:18. El Dr. Robinson hace alusión á inmensos depósitos que estaban dentro y debajo del área del templo, abastecidos por el agua llovediza, y por el acueducto que venía de los tanques de Salomón, y dice: "Estos por sí sólos, en caso de sitio, proporcionarían una regular cantidad de agua. Pero además de éstos, casi todas las casas de Jerusalem, de cierta extensión, se entiende que tienen por lo menos una cisterna, cuando nó más, excavada en la blanda piedra calcárea sobre que está edificada la ciudad. La casa del Sr. Lanneau, en que nosotros residíamos, no tenía menos de cuatro cisternas, y como éstas pueden servir de muestra respecto de la manera cómo estaban abastecidas las mejores casas, acompaño aquí las dimensiones.

	LONGITUD.	ANCHURA.	PROFUNDIDAD.
I.	15 piés.	8 piés.	12 piés.
II.	8 "	4 "	15 "
III.	10 "	10 "	15 "
IV.	30 "	30 "	20 "

El agua se conduce á ellas durante la estación de las lluvias, y teniéndose el cuidado debido, se conserva pura y potable durante todo el verano y el otoño." Cuando estaban secas, podían usarse como prisiones, Gén. 37:22; Jer. 38:6, ó como graneros, como se hace actualmente; y beber agua sólo de la cisterna doméstica, quiere decir que uno está contento con los goces legales de su propia casa, Prov. 5:15. De tales cisternas y de otras llamadas más propiamente tanques ó pozos, estaban provistos los campos para la irrigación, así como los caminos á ciertos intervalos, para comodidad de los viajeros, Salm. 84:6, y "cisternas rotas" de gran antigüedad pueden verse todavía de trecho en trecho, á lo largo de los caminos reales antiguos. Depósitos tan inciertos de placeres terrenales se encuentran en contraste con la fuente perenne del amor de Dios, Jer. 2:13. Las mismas causas condujeron á la erección de grandes depósitos abiertos para el uso del público á inmediaciones de todas las ciudades principales. Estos estaban construidos de grandes piedras macisas, y en lugares donde las lluvias del invierno podían ser conducidas con facilidad. Todavía existen muchos depósitos por el estilo, y ruinas de otros varios. Véanse BETESDA, SILOAM, y SALOMÓN.

Se servían de las cisternas secas y de los hoyos como calabozos, Gén. 37:20; Jer. 38:6. Cubriéndolas ligeramente y poniéndoles un cebo, servían de trampas para coger animales monteses, treta que ejemplifica las redes que tienden los hombres y las mujeres de mala intención, Salm. 119: 85; Prov. 22:14; 26:27; Ezeq. 19:4. En Isaí. 51:1, esta palabra traducida por "caverna" parece significar la cantera en donde se labraban piedras grandes y columnas, como la que está abajo de Jerusalem, de la cual se extrajeron algunas de las hermosas piedras del templo. La misma expresión traducida por "sepulcro" se usa también para denotar HADES, el mundo interior de los espíritus, Salm. 28:1; 30:3, 9, y el infierno, prisión de los espíritus malos, Apoc. 20:1; comp. Luc. 8:31, en donde se traduce "abismo."

CITAS. Véase p. 139.

CIUDAD. Las ciudades y las poblaciones de Palestina estaban edificadas comunmente en las alturas, para mayor seguridad contra los ladrones y los invasores. Éstas alturas, rodeadas de muros, formaban algunas veces la ciudad entera. En otros casos la ciudadela sola coronaba la colina, en cuyo rededor y base se construían las casas de la población; y en tiempo de peligro toda ella buscaba refugio en el lugar fortificado. Grandes poblaciones y ciudades estaban á menudo defendidas, no solamente por fuertes murallas exteriores, con torres y puertas, sino por una ciudadela ó castillo que se hallaba dentro de estos límites, y servía de último recurso cuando el resto de la ciudad era tomada, Jueces 9:46, 51. Se hace mención de "las ciudades" desde los tiempos más remotos de la historia del mundo, Gén. 4:17; 10: 10-12, 19; 11:3-9; 19:1-29. Las "ciudades cercadas" de los Judíos, Deut. 3:5, eran de diversos tamaños y grados de fuerza, algunas estaban rodeadas de altos y espesos muros de piedra, y otras de fortificaciones más débiles, hechas de barro ó de ladrillos secados al sol, y algunas veces de materiales combustibles, Isaí. 9:10; Amós 1:7-14. Estaban también provistas de vigilantes, Salm. 127:1; Cant. 5:7. Las calles de las ciudades antiguas eran generalmente estrechas, con espacio apenas suficiente para dar paso á dos camellos en fila cargados; muchas veces no eran empedradas, y casi siempre les faltaba la luz artificial. A veces tenían plazas abiertas, especialmente el forum ó plaza de mercado, y las que se encontraban en las cercanías de las puertas. Algunas ciudades estaban adornadas con extensos parques ó jardines, cosa que pasaba en Babilonia que comprendía un inmenso espacio dentro de sus murallas. Es imposible en la actualidad formar un cálculo fidedigno de la población que tenían las ciudades de Judea. Jerusalem se dice por Josefo que contaba 150,000 habitantes, y que contenía en el tiempo en que la sitiaron los Romanos, más de un millón de personas encerradas dentro del circuito formado por una muralla de cuatro millas. Véanse PUERTA, REFUGIO, CENTINELAS.

CIUDAD DE DAVID, Monte Sión, la sección S. O. de Jerusalem, que David tomó á los Jebuseos y ocupó con un palacio al cual le dió su propio nombre. En Luc. 2:11, significa así á Betlehem, su ciudad natal.

CIUDAD DE DIOS, Deut. 12:5; Salm. 46: 4, y la CIUDAD SANTA, Neh. 11:1, nombres de Jerusalem. Su nombre moderno es El Kuds, *el Santo.*

CIUDADES DE MUNICIONES, 1 Reyes 9:19; 2 Crón. 8:4, 6; 16:4; 17:12, lugares para depositar provisiones y mercancías. Las bodegas en que esto se hacía en Egipto eran construidas por los Israelitas allí esclavizados, Exod. 1:11.

CIUDADANÍA, en el Nuevo Testamento el privilegio de los Romanos nativos, y de los Judíos que lo adquirían por compra, Hechos 22:28; por servicios militares ó de otro género, por manumisión, etc. Aseguraba al que la poseía y á sus hijos, todos los derechos que se les otorgaban por los emperadores romanos; entre otros, el de que no fuesen azotados ó reducidos á prisión sin previo juicio, Hechos 16:37; 22: 24-29, y el de apelar al Emperador, Hech. 25:11.

CLAUDA, pequeña isla cerca de la playa Sudoeste de Creta, á la cual se acercó Pablo en su viaje á Roma, Hechos 27:16. Un viento fuerte del N. E. sopló sobre la embarcación que venía de Creta, y habiendo corrido el sotavento de la isla de Clauda, se pudieron tomar las precauciones que se describen en los versículos 16 y 17. Clauda ahora se llama Gozzo, y está ocupada por unas 30 familias.

CLAUDIA, *coja,* mujer cristiana probablemente convertida por Pablo en Roma, 2 Tim. 4:21.

CLAUDIO CÉSAR, quinto emperador de Roma, sucedió á Cayo Calígula, 41 A. D., y le sucedió Nerón, después de un reinado de trece años. Él le invistió á Agripa de autoridad real sobre Judea, la cual, muerto este último, vino á ser otra vez provincia de Roma, 45 A. D. Probablemente por este tiempo ocurrió el hambre que había predicho Ágabo, Hechos 11:28. Como hacia el año noveno de su reinado, desterró á todos los Judíos de Roma, Hechos 18:2, incluyendo á los judíos cristianos. El historiador romano Suetonio, dice que, "El desterró á los Judíos de Roma, con motivo de los continuos disturbios que causaban instigados por Chresto;" habiendo oido hablar de Cristo y de las disputas suscitadas entre los cristianos y los Judíos, pero no sabiendo nada del mérito que para ello había. En 43-44 A. D. Claudio hizo una expedición militar á Bretaña. Murió á causa del veneno que le dió su mujer y sobrina, Agripina.

CLAVOS, ó espigones fueron usados por los soldados romanos para asegurar al Salvador en la cruz, Juan 20:25; Col. 2:14. El clavo con que Jael mató á Sísara, era más bién una estaca, de las que se clavan en el suelo, para atar las cuerdas de las tiendas de campaña. Exod. 27:19; Jueces 4:21, 22. Algunas veces la palabra hebrea se usa para designar las estacas de madera ó los espigones de hierro embutidos firmemente en las paredes de un edificio, Esdr. 9:8; Ezeq. 15:3. Esta palabra implica fijeza, Isai. 22:23, 25, y un firme apoyo, Zac. 10:4. Otra palabra hebrea describe los clavos de oro y ornamentales del templo, etc., 2 Crón. 3:9; Eccl. 12:11; Isai. 41:7; Jer. 10:4.

CLEMENTE, *benévolo,* cristiano de Filipos mencionado en Fil. 4:3. Se conjetura, aunque sin evidencia, que éste es el mismo Clemente que fué después pastor en Roma, llamado comunmente Clemente el Romano.

CLEOFAS, más bien Clopas, marido de María, Juan 19:25, llamado también Alfeo, nombre que puede verse. El Cleofas mencionado en Luc. 24:18, era probablemente otra persona distinta.

COAT, *asamblea,* el segundo hijo de Leví, Gén. 46:11, nacido en Canaán y muerto en Egipto á la edad de 133 años, Exod. 6:16, 18. Los Coatitas descendientes suyos eran notables entre las tres divisiones de los Levitas, y habían recibido el honroso cargo de llevar el arca, los altares, la mesa del pan de la proposición, etc., durante los viajes de los Israelitas por el desierto, Núm. 3:31, habiendo sido todos préviamente cubiertos por los sacerdotes Nuin. 4:4-15. Véase OZA. Había cuatro familias de sus hijos, 1 Crón. 23:12, en el Éxo o el número de varones de su posteri la ascendía á 8,600, de los cuales 2,750 eran de 30 á 50 años de edad. La posición que ocupaban en el campamento estaba al S. del Tabernáculo, cerca de la de Rubén, Num. 3:19, 20, 27 31, 4 35, 36. Las ciudades estaban en Manasses, Efraím y Dan, Jos. 21:5, 20 20 1 Crón. 6:61-70, y de ellas salieron jueces, tesoreros y cantores, 1 Crón. 26:23-32, 2 Crón. 20:9 Véase SACERDOTES.

COBRE, uno de los metales primitivos, y el más dúctil y maleable después del oro y de la plata. De este metal y del zinc se hace el bronce, que es de invención moderna. Hay poca duda de que se habla del cobre en los pasajes en que la palabra hebrea se ha traducido en la Biblia española por *metal*, y en esta virtud debe haber sido conocido antes del diluvio y trabajado por Tubalcaín, Gén. 4:22 Hiram de Tiro fué un célebre constructor de obras de este material, 1 Reyes 7:14 En Palestina abundaba el cobre Deut 8 9 y David reunió grandes cantidades de él para emplearlas en la edificación del templo, 1 Crón. 22:3, 14. El llamado gran "mar de bronce," fué hecho de cobre, así como los pilares Jachin y Boaz y otros muchos artículos destinados al templo y á su servicio Reyes 7:15-39. En Esdras 8 27 se mencionan "dos vasos de metal limpio muy bueno, preciados como el oro." Este metal debió haber sido probablemente un ompuesto de cobre con oro ó plata, ó con ambas cosas. Era admirado por su belleza, solidéz y rareza, y se le prefería al oro mismo en algunos usos. Comp. 1 Reyes 7:45, Dan 10:6. Algún compuesto de esta clase debe haberse usado para los pequeños espejos de que se habla en Exod. 38:8; Job 37:8 y para "los arcos de acero," Job 20.24; Salm. 18:34. La palabra bronce se usa en Jeremías 15:12, y de este compuesto con que entraba el cobre se habla como de una sustancia más dura que el hierro, como el "hierro del Norte," esto es, como el acero, cuya fabricación fué arte conocida por los antiguos Egipcios y Mexicanos. Véanse METAL, y MAR.

CODICIA, ó *avaricia*, deseo vehemente de adquirir alguna cosa. Puede ser lícito,

como el que se nos recomienda tengamos en 1 Cor. 12:31; ó reprobado, como el que se prohibe en Exod. 20:17. La codicia es una forma grosera del egoismo, muy ofensiva á Dios, Luc. 12:15-21; Col. 3:5; 1 Tim. 6:9, 10.

CODO, medida muy usada entre los Antiguos, que en su origen equivalía á la distancia del codo á la muñeca, según algunos dicen, ó más bien, á la extremidad del dedo del corazón, que es la cuarta parte de la estatura de un hombre. El codo hebreo, en opinión de muchas autoridades, tiene 21¾ pulgadas; pero otros lo fijan en 18. Los Talmudistas observan que el codo hebreo era una cuarta parte más largo que el romano, lo cual tendría que darle una longitud de 22 pulgadas. Este casi correspondía al codo sagrado de los Egipcios, que tenía 21¾ pulgadas, mientras su codo común era sólo de 20¼.

LA CODORNIZ: COTURNIX COMMUNIS.

CODORNICES, abastecieron á los Israelitas de carne en dos ocasiones, en el primero y en el segundo año de sus peregrinaciones por el desierto, Exod. 16:1, 8, 12, 13; Núm. 10:11, 33; 11:4, 10, 18-23, 31-34; Salm. 78:26-28; 105:40; 106.15. La estación en cada uno de estos casos fué la de la primavera en que las codornices, que abundaban en casi todas partes del Antiguo Mundo, emigraban en inmensas parvadas, saliendo del África hácia el Norte. El milagro parece haber consistido en una especial adaptación del orden natural de las cosas á la emergencia que lo motivó. Tienen la costumbre las codornices de volar por la noche y á favor del viento. Llevadas por un viento Sudeste providencial al través del golfo occidental del Mar Rojo, siendo esos pájaros de alas débiles, se sintieron con las fuerzas agotadas al llegar al campamento de los Israelitas y "volando bajo," lo cual se cree es el significado de "dos codos," etc. Núm. 11: 31, podían ser cojidas fácilmente con la

142

mano, como aún sucede con frecuencia. Por la palabra "montones" que se halla en el vers. 32, se entiende un número indefinido más ó menos crecido. Heródoto refiere que los Egipcios conservaban las codornices haciéndolas secar, y esta es todavía costumbre de los Árabes. Las codornices son todavía comunes en el desierto de la Arabia, y cerca del Mar Muerto y el Jordán, se llevan en grandes cantidades al mercado de Jerusalem. Abundan en las costas del Mediterráneo, habiendo sido cogidas 100,000 en un solo día en Nettuno, en la playa occidental de Italia. La codorniz del hemisferio oriental, Cotornix Communis, tiene como 7 pulgadas de largo, y es semejante, aunque nó idéntica, á la Ortyx Virginianus, llamada "Codorniz" en la Nueva Inglaterra, y "perdiz" en los Estados del centro y del Sur de Norte América.

COHOMBROS, vegetal muy abundante en el Oriente, principalmente en Egipto, Núm. 11:5; donde se tienen por cosa delicada, y se usan mucho por las clases bajas del pueblo, con especialidad en los meses calurosos. El cohombro egipcio se describe por Hasselquist como más verde, más suave, más blando y dulce, y de más fácil digestión que el nuestro.

COLOSAS, ó más bien Colosæ, una ciudad de Frigia, en un cerro, cerca de la confluencia del Lycus con el Meander, y no lejos de las ciudades de Hierápolis y Laodicea, Col. 2:1; 4:13, 15. Juntamente con estas ciudades fué destruida aquella por un temblor de tierra en el décimo año del reinado de Nerón, por el año 65 A. D., viviendo Pablo todavía. Poco tiempo después fué reedificada. La iglesia de los cristianos de esta ciudad, á quienes Pablo escribió, parece haber sido formada por Épafras, Col. 1:2. Comp. 1:7, 8, 9, y 4:12, 13. Tanto Filemón y Onésimo como Arquippo residían allí. Sus ruinas están cerca de un lugar llamado Chonas.

COLOSENSES, EPÍSTOLA Á LOS, fué escrita por Pablo desde Roma durante su primera prisión allí, 62 A. D. El motivo de esta carta fué el informe que le llevó Épafras, Col. 1:6-8, respecto del estado interno de la iglesia, la cual según parece, no había sido aún visitada por el apóstol, Col. 2:1, si bien le eran familiares su historia y sus asuntos, Hechos 16:6; 18:23. Algún filósofo judío que profesaba el cristianismo, pero mezclando con él un miramiento supersticioso por la ley, y otros errores, parece que había adquirido un ascendiente peligroso sobre la iglesia. Pablo enseña que toda nuestra esperanza de salvación está en Cristo el único Mediador, en quien reside toda plenitud; pone sobre sí á los Colosenses contra los errores introducidos entre ellos, como opuestos al evangelio, y los excita, valiéndose de los argumentos más persuasivos, á que tengan una índole y un comportamiento dignos de su carácter de cristianos. La Epístola fué escrita al mismo tiempo que la dirigida á los Efesios, y les fué enviada por los mismos portadores. Las dos tienen puntos muy semejantes entre sí y deben estudiarse juntas.

COLUMNA, ó pilar, algunas veces significa una estructura monumental, Gén. 35:20; 2 Sam. 18:18; ó una columna de nube y humo, Exod. 13:21; Jueces 20:40. La soberbia columna que adorna y sostiene el frente de un templo, Jueces 16:25-30; Job 9:6; 26:11, ejemplifica la posición de los profetas, Jer. 1:18; apóstoles, Gál. 2:9; creyentes, Apoc. 3:12, y la iglesia misma, con relación á la verdad, 1 Tim. 3:15. La "llanura del pilar," Jueces 9:6, es propiamente "la encina del pilar." Para "columna de sal" véase SAL.

COMADREJA, animal de la clase de los inmundos, Lev. 11:29. Hay varias clases de comadrejas en Palestina, incluyendo la común y el veso; también el icneumón de piernas cortas.

COMER, MODO DE. Los Hebreos antiguamente se sentaban para hacer sus comidas, Gén. 43:33; 1 Sam. 9:22; 20:25; Salm. 128:3; pero después adoptaron la práctica de reclinarse en canapés ó divanes como los Persas, los Caldeos, los Romanos, etc., Amós 6:4. El grabado, que representa un triclinium romano, tres camas, servirá para aclarar varios puntos oscuros para el lector moderno de la Biblia. En él se verá que hay tres mesas bajas colocadas de manera que forman tres lados de un cuadrado abierto para dar paso á los criados. Al rededor de estas mesas están colocados sin asientos, sino divanes ó camas, uno en cada mesa, formados de colchones mullidos y con frecuencia muy llenos de adornos, Ester 1:6; 7:1, 8. Los comensales se reclinaban teniendo la cabeza en dirección de la mesa; y apoyándose en el codo izquierdo, usaban por lo mismo principalmente la mano derecha para tomar su alimento. Obsérvese también que los piés de las personas que así estaban reclinadas quedaban fácilmente al alcance de alguno que

UN TRICLINIUM ROMANO.

pasara, Luc. 7:36-50; Juan 12:3. No le fué difícil en este concepto á nuestro Salvador, lavarles los piés á sus discípulos en la última cena, Juan 13:5-12, y "enjugárselos con la toalla que para tal efecto llevaba ceñida." Esto también explica la postura de Juan en la mísma cena; porque reclinándose al lado y enfrente del Salvador, tenía qué estar por decirlo así en su seno, Juan 13:23, 25, y podía fácilmente recostar su cabeza en el pecho del Salvador, postura expresiva para indicar intimidad, amistad y amor, Luc. 16:22; Juan 1:18.

No se sabe sin embargo, hasta dónde ó hasta cuando sustituyó esta costumbre al modo primitivo de comer entre los Orientales, que prevalece todavía en la Palestina y sus cercanías. La mesa ordinaria no consistía más que en una piel ó tapete de forma circular que se tendía en el suelo, al rededor del cual se sentaba la familia en el suelo también, ó sobre mantas burdas ó cojines. Algunas veces se colocaba una pequeña mesa en el centro para poner en ella el platillo principal un poco arriba del piso.

Las comidas de los Judíos eran generalmente dos, que se distinguían con los nombres de comida y cena, Luc. 14:12; Juan 21:12. La primera era generalmente frugal, y consistía en leche, queso, pan y frutas, y la hacían á diversas horas desde temprano de la mañana, hasta cerca de las diez. En la historia primitiva de los Hebreos se nos dice que la comida principal, que correspondía á la nuestra, se hacía al mediodía poco más ó menos, Gén. 43:25; I Réyes 20:16. En una época posterior, por lo menos cuando se celebraba alguna fiesta, se tomaba después de que había pasado el calor del día. Esta era la cena. Los Judíos acostumbraban lavarse las manos antes de comer, cosa que se hacía necesaria supuesto su modo de comer, y que vino á ser entre los Fariseos una prueba de piedad, Mar. 7:2, 3; Luc. 11:38. Los Judíos devotos no solamente en sus festividades sagradas, sino aun en sus regocijos diarios en la comida familiar, se manifestaban reconocidos al Dispensador de todo bien, é imploraban su bendición al alimento, I Sam. 9:13; Mat. 14:19; 15:36; 26:26; Luc. 9:16; Juan 6:11; I Tim. 4:3. Algunas familias repetían el Salmo 23 cuando se sentaban á comer. El alimento se componía de carne, pescado ó aves, mantequilla, miel, pan y fruta. Véase ALIMENTO. El alimento animal era á menudo cortado en pequeños pedazos, ó estofado y servido en un platón grande con mantequilla derretida, legumbres, etc. Los cuchillos, tenedores, y cucharas eran desconocidos como utensilios de mesa, y la comida se llevaba á la boca con la mano derecha, Prov. 19 24. Cada persona tomaba una porción del platillo, ya valiéndose de los dedos, ó ya de de un pedacito de pan. Varias manos se metían en ocasiones á un tiempo en el mismo plato,

SIRIOS MODERNOS EN LA MESA.

Juan 13:26. El que hacía de cabeza de la familia acostumbraba enviar una porción doble de alimento á un estraño en señal de honor, y obsequiarlo con mayor variedad de manjares, Gén. 43:31; 1 Sam. 1:4; 9:22-24; y á menudo escogía los mejores bocados y los presentaba á su huesped con sus propios dedos. Comp. Rut 2:14, y Juan 13:26. Todavía se acostumbra hacer esto mismo en el Oriente. Después de la comida se volvían á limpiar las manos derramando agua sobre ellas, 2 Reyes 3:11. Véanse FIESTA, LAVAMIENTO.

COMIDA. Los Judíos se habrían considerado como contaminados al comer con gente de otra religión, ó con los que ceremonialmente fueran impuros ó de mala fama, como con los Samaritanos, Juan 4:9; publicanos, Mat. 9:11, ó gentiles, Hechos 10:28; Gál. 2:12. "Comer y beber," Mat. 11:19, significa entrar libremente en sociedad. El acto de comer juntos era recibido como una manifestación de confianza mútua, como prenda de relaciones amistosas entre las familias, las cuales se esperaba que sus hijos perpetuaran. Los ritos de la hospitalidad se tenían como sagrados; aun en la actualidad entre los Árabes, un fugitivo se pone á salvo si consigue abrigarse en una tienda aunque ésta sea de un enemigo. El abuso de la hospitalidad era un gran crimen, Salm. 41:9.

"Comerse un libro," es apropiarse sus preceptos, sus promesas y su espíritu, Jer. 15:16; Ezeq. 3:1; Juan 4:14; Apoc. 10:9. Del mismo modo, comer la carne de Cristo y beber su sangre, es recibirle como Salvador, y por medio de una fé viva imbuirse

en su verdad, en su espíritu y en su vida celestial, Juan 6:32-58.

Las palabras "comer" y "comida" ó "carnes," *meat*, en la Biblia Anglicana, significan comunmente alimento, no siempre de carne, Gén. 1:29, 30; Mat. 15:37. En este sentido se dice en Luc. 24:41, "¿Tenéis algo de comer?" y en el mismo se usa la palabra "comida" en Rom. 14:20; 1 Cor. 8:13. En Salm. 111:5, por "carne" se dá á entender "presa" ó "despojo." La "oblación de presente" de los Judíos se hacía de harina, grano y aceite de olivo, Lev. 2. Véanse OFRENDAS y SACRIFICIOS. En cuanto al alimento animal usado por los Judíos, véanse las palabras LIMPIO y ALIMENTO.

No consta que los antiguos Hebreos hayan sido muy escrupulosos en cuanto al sazón y condimento de su comida. Hallamos entre ellos carne asada, cocida y guisada, Gén. 27:9; Exod. 16:3; carne de carnero, Amós 6:4; de becerro, Gén. 18:7; de cabritos, Gén. 27:9; de bueyes, Prov. 15:17; de venado y de aves, 1 Reyes 4:23. Moisés les prohibió aderezar un cabrito en la leche de la madre, Exod. 23:19; 34:26, precepto que llevaba por objeto inculcar principios humanitarios, y quizá impedirles que adoptaran una costumbre idólatra de sus vecinos los paganos. A los Judíos también les estaba prohibido matar una vaca y su becerro en el mismo día; ó una borrega ó cabra y su cría al mismo tiempo. No podían cortar una parte de un animal vivo para comérsela, ni cruda, ni aderezada. Si algún animal legítimo ó permitido moría de muerte natural ó estrangulado, y por lo mismo no se desangraba, no les era permitido comer su carne. No comían nada que hubiese sido preparado por otro que no fuera Judío, ni aderezaban nunca sus potajes con los utensilios de cocina de alguien que no perteneciera á su propia nación. La prohibición de comer sangre, ó animales estrangulados, Lev. 3:17; 7:26; 17:10, ha sido siempre observada estrictamente por los Judíos. En la iglesia cristiana se conservó la prohibición por mucho tiempo, habiéndose aprobado por el concilio celebrado en Jerusalem y recomendado á los gentiles conversos, Hechos 15.

Recién establecida, hubo muchas disputas en la iglesia, relativas al uso de los manjares ofrecidos á los ídolos. Algunos cristianos recientemente convertidos, convencidos de que un ídolo nada era, y que la distinción de animales limpios é inmundos había sido abolida por nuestro Salvador, comían indiferentemente de lo que se les servía, aun entre los paganos, sin informarse de si los manjares habían sido ofrecidos á los ídolos. Usaban la misma libertad al comprar carne vendida en el mercado, sin atender á si era pura ó impura según los Judíos, ó si había sido ofrecida á los ídolos ó nó. Pero otros cristianos más débiles, más escrupulosos ó menos instruidos, se ofendían de esta libertad, y creían que comer de la carne que había sido ofrecida á los ídolos era una especie de participación de aquella mala y sacrílega ofrenda. Esta diversidad de opinión entre los discípulos hizo necesario el juicio de la inspiración; y hallamos en varias de las Epístolas de Pablo, direcciones, tanto para los que tenían esa clase de escrúpulos, como para los que estaban libres de ellos. Los primeros, á la vez que obedeciendo á su propia conciencia se abstenían cuidadosamente de los alimentos en cuestión, tenían el encargo de ver con caridad la conducta de aquellos que no participaban de sus escrúpulos. Los segundos podían comprar libremente la carne referida y comerla sin culpa, puesto que la carne como artículo de alimento de ninguna manera se daña por haber sido ofrecida á un ídolo; sin embargo, siempre que otros se escandalizasen de ello, se apenasen, ó incurriesen en pecado por tal motivo, tenían el deber de abstenerse, por las leyes de la caridad cristiana y de la prudencia, Rom. 14:20-23; 1 Cor. 8; 10:19-33; Tito 1:15. Este principio es de general aplicación en casos semejantes; y muchos en nuestros días bien podrían adoptar la generosa determinación del abnegado apóstol, de no permitirse ninguna satisfacción cuestionable, mientras el mundo exista, si eso puede ser ocasión de pecado para otros.

COMINO, una planta aparasolada muy parecida al hinojo. Sus semillas producen un aceite aromático, de naturaleza caliente y estimulante, Isai. 28:25-27. Los Fariseos pagaban escrupulosamente diezmos de yerbabuena, anís y comino, y con todo descuidaban las obras buenas y la obediencia á la ley de Dios, Mat. 23:23.

COMPAÑÍA, Hechos 10:1, una cohorte militar ó regimiento, mandado por un tribuno.

COMÚN, profano, ceremonialmente impuro, Mar. 7:2, 5; Hechos 10:14, 15; Rom. 14:14. Véase LIMPIO.

CONCIENCIA es la facultad común á todos los agentes morales libres, Rom.

2:13-15, en virtud de la cual discernimos entre el bien y el mal, y nos vemos impulsados á elejir el primero, y á rechazar el segundo. Su esfera señalada está en el arreglo—según la voluntad de Dios, revelada en la naturaleza y en la Biblia—de todo nuestro ser y de todas nuestras acciones, en cuanto tengan un carácter moral. La existencia de esta facultad moral prueba que el alma es responsable ante el tribunal de su Criador, y su voz es en un sentido importante la voz de Dios. Sentimos que cuando es pura y está bien ilustrada, es guía infalible de lo que es el deber, y que ni la imperiosa influencia de los afectos falsos, ni aliciente alguno posible pueden justificar el que la desatendamos. Aunque en el hombre existe siempre esta convicción de que debemos hacer lo que es recto, el valor de la conciencia pierde mucho siendo inherente á una alma depravada, cuyas malas tendencias tuercen y pervierten nuestros juicios sobre toda clase de asuntos. Así Saúl creyó sinceramente que debía perseguir á los discípulos de Cristo, Hechos 26:9. Su pecado consistió en el culpable descuido que tuvo de no ilustrar su conciencia por todos los medios que estaban á su alcance, y de no purificarla con la divina gracia. Una terrible série de errores y persecuciones según la conciencia, que han infestado y afligido á la iglesia en todos los siglos, nos señala la necesidad individual que tenemos de luz perfecta y de gracia santificadora. Una conciencia "buena y pura," 1 Tim. 1:5; 3:9, está rociada con la sangre de Cristo, discierne claramente la voluntad de Dios, y nos compele á obedecerla por motivos evangélicos; según sea nuestra obediencia á ella, quedará ella "libre de daño," Hechos 24:16, y su aprobación es uno de los elementos más esenciales de la felicidad. Una conciencia débil, irresoluta y ciega, 1 Cor. 8:9; una conciencia impura, esclava de un corazón corrompido, Tit. 1:15; Heb. 10:22; y una conciencia cauterizada, 1 Tim. 4:2, tan obstinada contra la ley como contra el evangelio, mientras no alcance cambio por la gracia de Dios, llegará al fin á ser una conciencia vengadora, é instrumento de un espantoso y eterno remordimiento. El caso de Judas demuestra su terrible poder. Ninguna tortura corporal puede compararse con la agonía que constituye el castigo de esta obstinación; y aun cuando se adormezca aquí, será después como el gusano que nunca muere, y como el fuego que nunca puede apagarse.

146

CONCUBINA, se llama ahora una mujer que sin ser casada con un hombre, vive con él como esposa; pero en la Biblia la palabra *concubina* significa una esposa legal, aunque de un rango secundario. Difería de la esposa propiamente dicha, en que no era casada por estipulación solemne, sino desposada; no llevaba dote consigo, ni tenía parte en el gobierno de la familia. Estaba expuesta á ser repudiada ó despedida con un presente, Gén. 21:14, y sus hijos podían ser tratados de la misma manera, y no participar de la herencia de sus padres, Gén. 25:6. Una causa de concubinato se señala en la historia de Abraham y Jacob, Gén. 16:30; lo motivó la esterilidad de la esposa legal, y la especial urgencia del deseo de ser favorecido con hijos; y los hijos de concubinas semejantes no cargaban con la mancha de ilegítimos, sino que eran adoptados muchas veces como hijos de la propia mujer, Gén. 30:6. El concubinato, sin embargo, llegó á ser costumbre general, y la ley de Moisés restringió sus abusos, Exod. 21:7-9, Deut. 21:10-14, pero nunca lo sancionó. El Evangelio ha restablecido la ley primitiva del matrimonio, Gén. 2:24; Mat. 19:5; I Cor. 7:2; y el concubinato, considerado siempre como malo, corresponde hoy á la categoría de los delitos de fornicación ó de adulterio.

EL SHAFÁN.

CONEJO. El término hebreo así traducido es *Shafán*, que concuerda con el Ashkoko ó Hyrax Siriaco. Se traduce "conejo" en Lev. 11:5; Deut. 14:7; Salm. 104:18, y Prov. 30:26. Aun cuando todos nuestros lectores conozcan el conejo, por ser este animalito tan común, siendo por demás hacer la descripción de él, es de advertirse que el de que aquí se habla, como se ve en el grabado, no es precisamente el mismo que lleva hoy este **nombre**, sino otro que sólo se le parece en el tamaño y en el color, y también en el cuerpo y en la forma de las patas. Es sin embargo, de estructura mucho más tosca, casi sin cola, y con largos pelos erizados diseminados en la piel. Tiene las patas desnudas en la parte inferior, y las uñas planas y redondeadas, siendo largas y curvas únicamente las de los dedos interiores de las patas traseras. No pueden hacer hoyos, y residen en las grietas de las rocas. Salomón los dá el nombre de "sabios," y de "pueblo débil;" son quietos y acostumbran juntarse en manadas; y son tan tímidos que les causa sobresalto la sombra de un pájaro que pase volando. A España se dice que le dieron su nombre los viajeros fenicios, que al ver las costas occidentales de dicho país cubiertas de animalejos parecidos al Shafán, la llamaron así.

CONGREGACIÓN, la reunión general de los Judíos bajo la teocracia, que incluía á todos los hombres adultos, ó bien á sus representantes por familias y tribus, Jueces 9:15, 18. Eran citados ante "el Tabernáculo del testimonio," por medio de dos trompetas de plata, para comunicarse con Dios, Núm. 10:3; 25:6; para proceder en juicio, declarar la guerra, ó desempeñar cualquier acto nacional de importancia, Jueces 20:1-11; I Sam. 10:17-25; 2 Sam. 5:1. En épocas posteriores, el Sanhedrin representaba á la congregación. La palabra "congregación" en Hechos 7:38, significa la santa reunión de Israelitas en el Sinaí.

CONSAGRAR, dedicar al servicio de Dios ó á objetos sagrados, como lo eran los sacerdotes judíos, el mueblaje del templo y las ofiaciones, Exod. 28:3; 29:31; 2 Crón. 26:18; 31:6.

CONSEJO ó CONCILIO, términos equivalentes en la Biblia española á la forma aramaica SANHEDRIN, griega SUNEDRION. I. La principal institución que se denomina así, se llama en el Mishna "Beth-din," *casa de juicio*, y también "El Gran Sanhedrin." Este supremo tribunal de los Judíos en tiempo de Cristo y antes de él, celebraba sus reuniones en Jerusalem, y estaba compuesto de 71 miembros, supremos sacerdotes, mayores del pueblo y escribas. Sus funcionarios eran un Nasi, *jefe*, ó presidente, que era las más de las veces el sumo-sacerdote; un vice-presidente, llamado Ab-bet-din; y según algunos, un segundo vice-presidente llamado Hakam, *sabio*. Había también secretarios y servidores ú "oficiales," Mar. 14:65; Juan 7:32. La época en que tuvo su origen este consejo está en disputa; la tradición judaica y algunos cristianos eruditos creen hallarlo en el nombramiento que hizo Moisés de 70 mayores; otros en el establecimiento que hizo Jósafat de un tribunal de apelación en Jerusalem, 900 A. C., 2 Crón. 19:8–11; pero más probablemente tuvo principio durante la supremacía de Macedonia en Palestina, en el siglo segundo ó en el tercero A. C. La mención que hace Josefo de él como citando á Herodes para juzgarlo, por el año 47 A. C. indica que era ya entonces una institución antigua y poderosa. El lugar en que se reunía quedaba adyacente al templo por el costado oriental, y más antes por el costado sur. Se reunía diariamente, excepto el sábado y los días festivos. Sus miembros se sentaban formando un semicírculo, ocupando el Nasi su lugar céntrico elevado, entre el Ab-bet-din que quedaba á su derecha y el Hakam á su izquierda. Detrás de estos había tres hileras de gradas ocupadas por los discípulos, de entre los cuales se escogían algunos para llenar las vacantes. El consejo tenía autoridad para interpretar la ley divina, decidir sobre la calificación de los sacerdotes para el culto, velar por la vida religiosa de la nación, y juzgar á los acusados de idolatría, y á los profetas falsos y heréticos. El rey mismo y el Sumo-Sacerdote eran responsables ante ese tribunal; y los asuntos generales, tales como hacer la guerra, nombrar miembros de tribunales provinciales, y arreglar el calendario, le correspondían también. Decidía en las apelaciones de tribunales inferiores, y los Judíos en tierras extranjeras reconocían su autoridad, Hechos 9:2. Infligía castigos corporales, Hechos 5:40, y también la muerte por medio de la lapidación, la hoguera, la decapitación ó extrangulación, hasta que este derecho le fué quitado por los Romanos, unos tres años antes de la crucifixión de Cristo, Juan 18:31, 32. La presencia del acusado era derecho de él, Juan 7:50, 51, y justos y humanitarios reglamentos presidían á todas sus investigaciones judiciales, reglamento que no obstante se echaron á un lado cuando Jesús fué acusado de pretender ser el Mesías y de engañar ó extraviar al pueblo. Tanto los Fariseos como los Saducéos eran admitidos como miembros, Hechos 23:6. Fué sin duda de este tribunal de donde se envió una diputación á que tomara informes á Juan el Bautista, Juan 1:19-28.

Cristo predijo la acción de ellos con relación á él mismo, Mat. 16:21; 20:18, 19. Las tres clases que constituían este tribunal ejercían una inspección hostil sobre el ministerio de Jesús, Luc. 19:47, 48; 20:1-26; Juan 7:32; su arresto fué tramado por ellos, y llevado á cabo por sus emisarios, Mar. 14:43-46; Luc. 22:3-6; Juan 11:47-53, 57; y fué por una sesión irregular del mismo consejo, que él fué ilegalmente juzgado, condenado á muerte por el delito de blasfemia, y entregado al gobernador romano como reo de traición, Mat. 26:57, á 27:2; Luc. 23:1-5, 13, 14. Con todo, aun en el consejo, José de Arimatea y Nicodemo creyeron en él, Luc. 23:50-53; Juan 7:51; 19:38-42. Ante este tribunal, Pedro y Juan fueron examinados dos veces, Hechos 4:5-22; 5:21-41. Esteban fué juzgado y condenado ilegalmente por él, ó ejecutado en un tumulto popular, Hechos 6:12 á 7:60. Pablo compareció ante él, Hechos 22:30 á 23:10; comp. 23:15; 24:20, 21; y según Josefo lo refiere, Santiago, "el hermano del Señor," fué condenado por él mismo á ser lapidado, 62 A. D. Gamaliel, el maestro de Pablo, fué un miembro influyente de este tribunal, Hechos 5:34-40, y el apóstol, antes de su conversión, ocupó algún puesto bajo los 71, Hechos 7:58; 8:1. Después de la destrucción de Jerusalem, ese consejo fué trasferido á Jamnia hasta el año 80 A. D., y finalmente, después de otros cambios, á Tiberias, como por el año 200 A. D. Su constitución sufrió considerables alteraciones; cerca del fin del tercer siglo perdió el título de Sanhedrin tomando el de Bet-ham-Midrash, *casa de interpretación,* y por último, se extinguió en el año 425 A. D.

II. Había un tribunal inferior en cada población, para juzgar asuntos de menor importancia, Deut. 16:18. El número que dan de los miembros que lo componían varía, siendo, según unos 7 y según otros 23, constando el primero de la relación que Josefo hace de las constituciones mosaicas, y el segundo de las exposiciones rabínicas hechas en el Mishna. Según los rabinos, las sesiones se celebraban en el segundo ó quinto día de cada semana, en un cuarto contiguo al local ocupado por la sinagoga, para juzgar tanto los delitos civiles como los capitales; y los azotes cuando se imponían como pena, eran aplicados en la sinagoga por los empleados propios del mismo tribunal. Jerusalem tenía dos tribunales menores de esta clase; probablemente á uno de los mismos se le llama "el juicio" en Mat. 5:21; y á ellos se hace referencia en Mat. 10:17; Mar. 13:9.

III. Un tribunal más pequeño todavía compuesto de tres jueces se hallaba establecido en los distritos de menor importancia, el cual conocía de las deudas, robos é injurias hechas á una persona ó á su reputación. Jerusalem se dice que llegó á tener hasta 390 de estos tribunales.

En Mat. 5:22, diferentes grados de severidad en el único divino castigo de la muerte espiritual, parece que se simbolizan bajo los términos de "el juicio," véase II., "el consejo," I., y "el infierno de fuego." Véase HINNOM.

Se toma á veces esta palabra "consejo" para indicar una junta cualquiera reunida para deliberar sobre algún asunto, Mat. 12:14; en Hechos 25:12, se aplica á los consejeros de Festo el Gobernador romano; en Mat. 5:22; Mar. 13:9, parece que con esta palabra se designan los juzgados menores de los Judíos, de los cuales había uno en cada población, pero más comunmente significa el Sanhedrin. En tiempos posteriores se ha dado este nombre á las convenciones generales, ó á veces parciales, de los representantes oficiales de la iglesia, convocadas para deliberar acerca de asuntos eclesiásticos. Así, la junta que en Jerusalem tuvieron "los apóstoles, los mayores y los hermanos," Hechos 15, para decidir sobre si el yugo de la ley se debería imponer á los gentiles conversos, se reputa comunmente como el primer concilio general de le iglesia cristiana.

CONSOLADOR, en griego PARACLE-TOS, abogado ó maestro. Este título se da á nuestro Salvador, "Abogado (paracletos) tenemos para con el Padre, á Jesu-Cristo el justo," 1 Juan 2:1. Pero más frecuentemente se aplica al Espíritu Santo. Él es el "otro consolador" que tenía qué suceder á Cristo; la gran bendición prometida á la iglesia cristiana, Juan 14:16, 17, 26; 15:26; Luc. 24:49; Hechos 1:4. La palabra española *consolador* no da la definición adecuada del cargo de Paracleto, pues que no sólo tenía qué consolar, sino qué auxiliar y dirigir á la iglesia como Cristo lo había hecho. Los discípulos vieron que la promesa les fué cumplida. El Consolador los auxilió cuando fueron llamados ante los concilios; los guió en el camino de la verdad respecto del plan de salvación, les trajo á la memoria las palabras y hechos de Cristo, y les reveló los acontecimientos futuros. Su presencia iba acompañada de señalados triunfos de la gracia y llenaba en cierto modo el vacío que dejó la ausencia de Cristo. La iglesia está todavía bajo la dispensación del Consolador, y él dá todavía al mundo la convicción "del pecado, de la justicia y del juicio futuro." Véase ESPÍRITU SANTO.

CONTAMINACIÓN. Muchas eran las manchas en las personas ó en su conducta, que bajo la ley ceremonial de los Judíos se tenían como contaminaciones; algunas eran voluntarias, otras involuntarias; y algunas eran inevitables, por ser defectos naturales, y otras por último eran consecuencias de la trasgresión personal. Bajo el evangelio, hay contaminaciones del corazón, del espíritu, del carácter y de la conducta. Las contaminaciones morales son tan numerosas, y están tan imperiosamente prohibidas en el Evangelio como siempre, aunque hayan dejado de existir las ceremoniales, Mat. 15:18; Rom. 1:24. Véase LIMPIO.

CONTRIBUCIONES, son bajo alguna forma esenciales en todo gobierno organizado, para el sostenimiento de las administraciones civil y militar. Durante el período de la peregrinación de los Hebreos, las contribuciones eran en gran parte voluntarias; si bien medio-siclo era exigido como dinero de sacrificio, Exod. 30:13. Al establecerse en Canaán, se dictó un sistema de diezmos y ofrendas en el que predominaba el carácter religioso de la teocracia, y para usos dedicados principalmente al culto. Véase DIEZMOS. Aumentaron en gran manera las contribuciones durante el periodo de los reyes, incluyendo un diezmo sobre los productos de la tierra y los ganados, 1 Sam. 8:15, 17; Amós 7:1, servicio militar, 2 Reyes 9:22; 1 Crór 27:1; regalos forzosos, 1 Sam. 10:27; 16 20; 17:18; derechos sobre efectos importados, 1 Reyes 10:15, y el monopolio de varios departamentos del comercio, 1 Rey. 9:28; 10:28, 29; 22:48. El gravámen de las contribuciones durante el reinado de Roboam causó la separación de Israel, 1 Reyes 12:4, 18. Las naciones extranjeras que sucesivamente conquistaron á los Hebreos, los oprimieron con contribuciones pesadas, como los Persas, los Egipcios, los Sirios y los Romanos. Comp. 2 Reyes 15:20; 17:4; 18:14; 23:35; Neh. 5:1-11, 14, 13; 9:37.

CONVERSACIÓN, en Fil. 1:27 (Valera "proceder"), se aplica á todo el tenor de la vida de uno, en el modo de tratar á sus semejantes.

CONVERSIÓN, la vuelta de un pecador

á la santidad y á Dios. El término es Bíblico, siendo usada al hablar de los gentiles en Hechos 15:3, y en otros pasajes, como en Luc. 1:16; Hechos 26:18. En el caso de los infieles, y de los gentiles, este término denota á veces meramente el haber abandonado la infidelidad é idolatría para abrazar el cristianismo, aunque por lo general implica también su regeneración. En el caso de Pedro, Luc. 22:32, significa el haberse restablecido de una caída para abrazar una fé más segura y vigorosa. En el uso común, esta palabra significa todo el trabajo que ha necesitado un pecador para convertirse en hijo de Dios, incluyendo la operación regeneradora del Espíritu Santo; pero hay una razón válida é importante para hacer la distinción en los términos, entre la obra poderosa y graciosa del Espíritu, por la cual una alma nace de nuevo, y el acto de ésta misma, que influenciada ya así, libre y sinceramente acepta á Cristo y huye del pecado.

COOS, pequeña isla del Archipiélago griego, á corta distancia del extremo Sudoeste del Asia Menor. Pablo pasó por ella en su viaje á Jerusalem, Hechos 21:1. Ahora se le llama Stanchio y tiene una población de 8,000 habitantes, la mayor parte cristianos del rito griego.

COPAS EGIPCIAS (ALABASTRO).

COPA ó CALIZ. Esta palabra se toma en las Escrituras tanto en su sentido propio como figurado. En el primero significa una copa común hecha de cuerno, de barro, ó de algún metal precioso, Gén. 40:11; 44:2; 1 Reyes 7:26, tales como las que se usan para beber en la mesa; ó una copa ceremonial, usada en las comidas solemnes y religiosas, en la de la Pascua, en que el padre de la familia pronunciaba

ciertas bendiciones sobre la copa, y habiendo gustado el vino lo hacía pasar de uno á otro de los circunstantes y de los miembros de su familia, participando todos de él, 1 Cor. 10:16. En sentido figurado, se habla de una copa, como llena de la porción que á cada uno le ha sido dada por la Divina Providencia, Salm. 11:6; 16:5; de las bendiciones de la vida y de la gracia, Salm. 23:5; de acciones de gracias ofrecidas á Dios, Exod. 29:40; Salm. 116:13; de licor usado en las fiestas idólatras, 1 Cor. 10:21; de pociones impuras, Apoc. 17:4; de aflicciones dolorosas, Salm. 75:8; Isai. 51:17; y del trago amargo de la muerte, que á menudo se causaba con una copa de cicuta ó de otro veneno, Salm. 75:8. Véanse Mat. 16:28; Luc. 22:42; Juan 18:11. Véase BOTIJA.

Los que insisten en el significado literal, en vez del sentido real de las palabras de Cristo, "Este es mi cuerpo," deben también convertir en sangre de él "el caliz"— y no el vino que éste contiene: "Este caliz es mi sangre."

COPERO, empleado de la corte á cuyo cargo estaban los vinos, etc., de los monarcas orientales, para que constantemente los vigilara; y tenía la obligación de probar los vinos antes de servirlos, en prueba de que no se le había mezclado veneno alguno; pero generalmente se tenía confianza en él y gozaba de mucha influencia. El principal de los coperos de Faraón en Egipto, Gén. 40:21; Rabshakeh con Sennaquerib, Isai. 36, y Nehemías con Artajerjes, Neh. 1:2, son ejemplos.

CORA, hielo ó calvicie, I., segundo hijo de Esaú y de Aholibama, príncipe de Edom Gén. 36:5, 14, 18.

II. Hijo de Hebrón, tribu de Judá, 1 Crón. 2:43.

III. Levíta coatita que se rebeló contra Moisés y Aarón, y de consiguiente contra Jehová. Era primo de Moisés, porque sus respectivos padres Izhar y Amram eran hermanos, Exod. 6:16-21. Fué celoso de la autoridad civil y de la dignidad sacerdotal conferida por Dios á sus primos Moisés y Aarón, mientras que fué simplemente levíta; y para obtener lo menos una parte de su poder para sí, despertó el espíritu facioso en el pueblo. Demasiado, por desgracia, de lo que puede parecer celo por el honor de Dios, tiene su verdadero carácter desplegado en el orgullo y la ambición de este rebelde levíta. Cora y los 250 levitas á quienes él había incitado á que se le uniesen, fueron destruidos por fuego descendido del cielo; á la vez que Datán y Abiram fueron tragados por milagrosa apertura de la tierra, Núm. 16; Salm. 106:17, 18; Judas 11 Pero los hijos de Cora se libraron, Núm 26 11, y los Coritas ó "hijos de Cora," fueron una familia célebre de porteros, cantores y poetas en el tiempo de David. 1 Crón 9:17-19; 26:1; 2 Crón. 20:19 Á ellos se les atribuyen varios salmos, Salm. 42, 44-49, 84, 85, 87, 88.

CORAL.

CORAL. Producto marino, duro y calcáreo, debido al trabajo de millones de pequeños animales llamados pólipos, y que con frecuencia se parece en su forma al vástago de una planta dividida en ramas. Es de varios colores, negro, blanco y colorado. Este último es el de más valor. Se enumera por Job 28:18, y Ezeq. 27:16, entre las piedras preciosas. Abunda en el Mar Rojo; y las islas de los mares del S. son á menudo arrecifes de coral cubiertos de tierra. La palabra traducida "piedras preciosas" en Prov. 3:15; 8:11; 20:15; 31:10, se cree por muchos que se refiere á adornos hechos de coral colorado.

CORAZA. Véase la próxima columna.

CORAZIN, ciudad de Galilea, cerca de Capernaúm y de Betsaida, en la playa Noroeste del Mar de Galilea. Jerónimo dice que estaba á dos millas de Capernaúm; Robinson la sitúa en la moderna Tell-Húm; el Dr. W. M. Thomson encontró más extensas ruinas llamadas Kherázeh, dos millas al N. O. de Tell-Húm, y este sitio se aprueba por Wilson y otros recientes exploradores. Fué censurada por Cristo á causa de su impenitencia, Mat. 11:21; Luc. 10:14

CORAZA ó CORSELETE, Neh. 4:16; Job 41:26, cote de malla; pieza antigua de

UN CORSELETE.

armadura defensiva, en la forma de saco ó túnica que bajaba desde el cuello hasta la mitad del cuerpo, hecha de cuero áspero ó de muchos dobleces de lienzo acolchado, ó de escamas de metal, sobrepuesta como las de los pescados; ó por último, de pequeños anillos ó mallas de hierro eslabonadas entre sí, Exod. 28:32; 39:23.

CORAZÓN. En la Biblia es el asiento de las afecciones, deseos, esperanzas, motivos y voluntad, Hechos 16:14, también de las percepciones intelectuales, como influenciadas por el carácter moral, Salm. 14:1; Juan 12:40; 1 Cor. 2:9; incluyendo así toda la naturaleza espiritual del hombre, Rom. 1:21; 2 Cor. 4:6. El corazón de la humanidad caída está naturalmente en todas partes alejado de Dios, Gén. 8:21, Eccl. 9:3; Jer. 17:9; es la fuente del pecado y del crimen, Mat. 15:19, y necesita ser renovado por la gracia especial de Dios, Salm. 51:10; Jer. 32:40; Ezeq. 36:26. Es después el asiento de la fé, Rom. 10:10, por cuyo medio Dios lo purifica, Hechos 15:9, comp. Heb. 10:22; la morada de Cristo, Efes. 3:17; del Espíritu Santo, 2 Cor 1:22; y del Padre, Juan 14:23. Su renovación se evidencia en la vida, Mat. 12:35. Dios lo ve, 1 Sam, 16:7; Hechos 8:21, y lo juzga tanto á él como á la vida, Jer. 17:10; Apoc. 2:23. Se nos manda que lo sometamos enteramente á Dios, y que lo mantengamos diligente en su camino, 1 Sam. 7:3; Prov. 3:1, 4; 23:26; Salm. 51: 17; Jer. 4:14; Joel 2:12, 13; Fil. 4:7; 1 Ped. 3:15.

CORBÁN, una dádiva ó presente sagrado, Mat. 23:18, consagrado á Dios ó á su templo. Nuestro Salvador reprocha su crueldad á los Judíos, hacia sus padres necesitados, al hacer un *corbán* de aquello con que ellos pudieran haberse valido. "Ya he consagrado á Dios aquello que me pides," Mar. 7:11; y las enseñanzas tradicionales de los doctores judíos tendían á dar fuerza á esos votos, aunque fuesen contrarios á la naturaleza, á la razón y á la ley de Dios relativa á la honra que se debía á los padres, Mat. 15:3-9; y aunque la propiedad consagrada así nunca fuese trasferida del propietario al servicio de Dios, y ni siquiera se intentase hacerlo. Los Fariseos y los Talmudistas, sus sucesores, permitían aun á los deudores el defraudar á sus acreedores, consagrando su deuda á Dios, como si los bienes fuesen suyos, y nó más bien el derecho de sus acreedores. Dios mismo es el guardián de éstos y de nuestros deudos, y desprecia una ofrenda ó caridad que nos procuramos á costa de los legítimos derechos de ellos.

CORCHETES, gauchos ó agarraderos de oro y de latón que servían para juntar las cortinas del tabernáculo, 50 para cada juego, Exod. 26:6, 11, 33; 36:18; 39:33.

CORDERO. La cría de la oveja, y también la de la cabra, Exod. 12:3-5. Cristo es el Cordero de Dios, Juan 1:29, 36, por ser el sacrificio aceptado para el pecado humano, Hechos 8:32; 1 Ped. 1:19. Los sacrificios del Antiguo Testamento eran una representación ordenada y perpetua, no sólo de su muerte expiatoria, sino de su santidad inmaculada, y de su irresistible mansedumbre, Isaí. 53:4-9. Se le describe en Apoc. 5:6; 12:11, como teniendo la forma de un cordero del sacrificio en el mismo cielo. Véase Pascua, también Sacrificios. En 1 Ped. 1:18, 19, puede aludirse al hecho de que las antiguas monedas llevaban la figura de un cordero.

CORDÓN, *cuerda*, á menudo el cordel usado para medir las tierras, etc., 1 Reyes 7:23; Salm. 78:55; Isaí. 34:17; Amós 7:17; y de aquí es que en Salm. 16:6, se da este nombre al lote ó porción en él medida. En el Salm. 19:4, el "cordón" ó "linea" de los cielos puede denotar los majestuosos movimientos de los cuerpos celestiales, que miden los climas, los meses y las estaciones de la tierra. Otra palabra así traducida en la Biblia española significa *trenzado*, y quiere decir la cinta ó lazo azul que ataba el pectoral del Sumo-Sacerdote al efod, Exod. 28:28, 37; 39:21, 31; Núm. 15:38; llamado también "hilos" en Exod.

39:3; "cuerda" en Jueces 16:9, y "cordel" en Ezeq. 40:3.

CORINTIOS, Epístola I. Esta fué escrita por Pablo en Éfeso por el año 57 A. D., con motivo de haber recibido informes respecto de la iglesia corintia, por conducto de los miembros de la familia de Cloe, cap. 1:11; y por una carta que le envió esa iglesia pidiéndole consejos, cap. 7:1, carta que probablemente llevó Estéfanas, etc., cap. 16:7. Se habían levantado ciertas facciones en la iglesia usando el nombre de Pablo, de Pedro, de Apolos y de Cristo mismo, en amargas contiendas de partido. En la primera parte de esta epístola procura restablecer la armonía entre ellos, reuniéndolos bajo la grande y única Cabeza de la Iglesia. Él en seguida aprovecha la ocasión de ponerlos en guarda contra los maestros de una falsa filosofía, y la tentación de apoyar su fé en la sabiduría de los hombres, más bien que en la sencilla pero poderosa palabra de Dios. Continúa en el cap. 5, improbándoles ciertas torpes inmoralidades toleradas entre ellos, tales como las que antiguamente habían practicado á imitación de los que los rodeaban, las cuales les recomienda que destierren de la iglesia de Cristo. Contesta á las preguntas que le hacen relativas al celibato, al matrimonio, y á la comida de viandas ofrecidas á los ídolos; trata de varios errores y pecados predominantes en la iglesia, dándoles instrucciones oportunas en cuanto á las disputas entre los hermanos; al decoro que debe observarse en las reuniones públicas; á la cena del Señor; á la resurrección de los creyentes; á la verdadera caridad, y al uso propio de los dones espirituales—cosa en que los cristianos corintios se distinguían, pero nó sin alguna mezcla de ostentación y de desorden. Los dirige en cuanto al mejor método que debe seguirse en la beneficencia cristiana, y termina con salutaciones amistosas.

Epístola II. Esta fué motivada por el informe que recibió de Tito, en Filipos Pablo supo la favorable acogida que tuvo su primera epístola, y los buenos efectos que había producido; así como que, no obstante eso, existía cierta facción que se le oponía, acusándolo de veleidad por no haber cumplido la promesa que les hizo de visitarlos; vituperando su severidad hacia la persona incestuosa, y reprochándole una arrogancia y presunción que no convenían á su verdadera autoridad y á su apariencia personal. En el curso de su réplica, contesta á todas estas objeciones; se extiende sobre la excelencia del Nuevo Pacto, sobre los deberes y recompensas de sus ministros, y sobre la obligación en que están los cristianos corintios de hacer colectas para obras de caridad. En seguida defiende sus procedimientos y su dignidad y autoridad como apóstol, contra aquellos que lo combatian. Por sus últimas palabras los invita á la penitencia, á la paz, y al amor fraternal. Esta Epístola parece que fué escrita pocos meses después de la primera. De su autenticidad nunca ha existido cuestión.

LA MODERNA CIUDAD DE CORINTO.

CORINTO, capital de Acaya, en el istmo que separa el Mar Iónico del Egeo, y de aquí es que se llama *bimaris*, "en dos mares." La ciudad misma estaba en una isla pequeña, pero tenía dos puertos, Lecheum al O. y Cencrea al E. Su posición le daba una grande importancia mercantil y militar, porque á la vez que el tráfico del E. y del O. fluía por sus puertos, como sobre el istmo de Darién fluye el comercio de dos océanos, estaba también á la entrada del Peloponeso, y era el camino que había entre la Grecia septentrional y la meridional. Su defensa, además de las murallas de la ciudad, consistía en el Arco-Corinto, nombre de una masa rocallosa que se elevaba á 2,000 piés sobre el nivel del mar, con precipitosos costados, y con espacio en su cima para una ciudad. Debido á esto, Corinto llegó á ser una de las más populosas y ricas ciudades de la Grecia; pero sus riquezas le produjeron orgullo, ostentación, ateminación y todos los vicios que generalmente trae consigo la abundancia. La lascivia, sobre todo, no solo se toleraba, sino que se consagraba allí por el culto de Vénus, y por la notoria prostitución de las numerosas personas dedicadas á su devoción. Corinto fué destruida por los Romanos el año 146 A. C. Un siglo después fué reconstruida por Julio César, que estableció en ella una colonia romana; pero aunque en breve volvió á adquirir su antiguo esplendor, cayó también en su antigua disipación y en la licencia. Pablo llegó á Corinto en 52 A. D., Hechos 18:1, y se alojó en la casa de Áquila y Priscila, quienes, lo mismo que él, eran constructores de tiendas. Manteniéndose por medio de este trabajo, permaneció en Corinto un año y medio predicando el evangelio, primero á los Judíos, y después con mejor suceso á los gentiles, 1 Cor. 12:2. Véase GALLIO. Durante este tiempo escribió las Epístolas á los Tesalonicenses, y en una visita subsecuente, 57 A. D., Hechos 20:2, 3, la dirigida á los Romanos. Algunos suponen que hizo una pequeña visita en el intervalo, que no está narrada en la Biblia. Comp. 2 Cor. 13:1 con 2 Cor. 1:15; 2:1; 12:14, 21; 13:2. Apolos le siguió en sus trabajos en Corinto; y Áquila y Sóstenes se contaban también entre sus ministros más antiguos, Hechos 18:1; 1 Cor. 1:1; 16:19. El sitio que ocupa es ahora malsano y casi desierto, con pocos vestigios de su antigua grandeza.

CORNELIO, centurión romano estacionado en Cesarea en Palestina, que se supone era de una familia distinguida de Roma. Fué el primer gentil convertido por Pedro; y la historia sobre cómo recibió el evangelio, y cómo fué aceptado por parte de los Judíos cristianos, manifiesta por qué medio rompió Dios la pared divisoria entre Judíos y gentiles. Cuando se menciona primero, en Hechos 10:1, había sido evidentemente inducido por el Espíritu Santo á renunciar la idolatría, á dar culto al verdadero Dios, y á llevar en medio del libertinaje una vida devota y benéfica; estaba preparado para recibir al Salvador, y Dios no dejó de revelarse. Cornelio fué milagrosamente inspirado para enviar por Pedro, quien del mismo modo se preparó para atender al llamamiento. Se dirigió á Joppa á Cesarea, andando 35 millas, predicó el evangelio á Cornelio y á sus amigos, y vió con admiración que los dones del Espíritu Santo llovían sobre ellos. La Providencia explicó así la reciente visión que tuvo en su éxtasis; se desprendió con nobleza de sus preocupaciones judáicas, y empezó en el acto su grande obra de apóstol de los gentiles, recibiendo en la iglesia de Cristo á aquellos á quienes el Salvador había aceptado tan manifiestamente, Hechos 10; 11.

CORO, Ezeq. 45:14. Véase la tabla de las medidas en el apéndice.

CORONA. Hay dos clases diferentes de términos hebreos que se traducen por *corona* en la Biblia. La una representa los atavíos de la cabeza, que nosotros designamos con los nombres de corona ducal, marquesal, etc., banda, mitra, tiara ó guirnalda; y la otra los llevados como distintivo por los monarcas. La primera se aplicaba á una simple cinta ó diadema colocada al rededor de la cabeza, adornada de diferentes maneras. Las personas recién casadas, de uno y otro sexo, usaban coronas el día de su boda, Cant. 3:11; Ezeq. 16:12. Las coronas de los reyes eran algunas veces bandas blancas que se ataban al rededor de la frente, y cuyas puntas les caían sobre el cuello, ó estaban hechas de tisú de oro, ó consistían en un cerco de oro también, que servía de base á una obra ornamental de relieve adornada de pedrería. La del Sumo-Sa-

cerdote judío era una plancha de oro fino ó diadema atada con un cordón de jacinto

GUIRNALDAS, DIADEMAS Y CORONAS.

Exod. 28:36; 39:30. En ocasiones, la corona era de oro puro; y la llevaban los reyes en todas las ceremonias oficiales, 2 Crón. 23:11, y aun cuando iban á la guerra, 2 Sam. 1:10; 12:30. También se llevaba por las reinas, Ester 2:17. La corona es un símbolo de honor, poder y vida eterna, Prov. 12:4; Lam. 3:16; 1 Ped. 5:4. Se daban coronas ó guirnaldas á los competidores afortunados de los juegos griegos, y á éstas se hacen frecuentes alusiones en las Epístolas, 2 Tim. 4:7, 8. Estas eran hechas de laurel, perejil, pino y hojas de encina—altamente apreciadas, pero de corta duración, hecho que añade fuerza al contraste que se implica en las palabras de los apóstoles, cuando hablan de la "incorruptible corona de gloria que nunca se marchita," Sant. 1:12; 1 Ped. 3:4; Apoc. 2:10. Véase CARDOS.

CORREA, la tira angosta de cuero con que aseguraban las sandalias en los piés, Luc. 3:16.

CORREOS, en hebreo *corredores*, mensajeros especiales encargados de llevar noticias importantes con velocidad; hombres de esta clase eran empleados en el Oriente desde tiempos muy antiguos, Job 9:25. Un cuerpo de corredores estaba al servicio de Saúl. Se empleaban correos ligeros para llevar mensajes en tiempo de David, 2 Sam. 18:22-27. Tales pueden haber sido los correos de Ezechías, 2 Crón. 30:6, 10, y de Babilonia, Jer. 51:31. Los correos prácticos pueden cansar un caballo y correr más que él en jornadas largas. Los reyes persas apostaban centinelas á distancias convenientes para trasmitir noticias públicas, gritándole el uno al otro. Ciro, sin embargo, estableció un sistema de correos que cabalgaban en caballos, camellos, etc., noche y día, para conducir despachos importantes, estacionando relevos frescos de hombres y de animales á distancias convenientes, Ester 3:13, 15; 8:10, 14. Los Persas y los Romanos reclutaban hombres y bestias para este servicio público, costumbre que detestaban los Judíos; véase Mat. 5:41. Los correos romanos eran notables por su velocidad y regularidad.

CORTADURA ó CONCISIÓN, Fil. 3:2, término de reproche á ciertos maestros que exageraban el valor de la mera circuncisión, y la exigían á los gentiles convertidos: en contraste con la verdadera "circuncisión" que se aplicaba á aquellos "creados de nuevo en Cristo-Jesus, para buenas obras," Efes. 2:10; 4:24.

CORZO.

CORZO, traducción de una palabra hebrea que significa *hermosura*, nombre de un animal limpio según la ley mosaica, Deut. 12:15, 22; 14:4, 5, muy estimado como alimento, 1 Reyes 4:23; objeto favorito de la caza. Prov. 6:5; Isaí. 13:14; y notable por

su agilidad y ligereza, 2 Sam. 2:18; 1 Crón. 12:8; Cant. 2:8, 9, 17   Se cree que el animal á que se refiere sea la gaceta, Antílope dorcas, ó Gacela arábiga, especie de antílope que abunda en Siria, Arabia, Persia, Egipto y Berbería, y muy celebrado en la poesía oriental por su gracia y hermosura. Tiene como dos piés de alto, es de un color rojizo oscuro, con pintas pardas oscuras ó negras y blancas, cuernos negros, que vistos por el frente presentan la forma de una lira, y grandes y brillantes ojos. Anda en manadas, es fácilmente domesticado, aunque muy tímido, y expuesto á morir en la cautividad; su carne es excelente. Frecuenta tanto las llanuras como las montañas de Siria, y se caza algunas veces con halcones ayudados de perros; y también arreando las manadas á grandes cercados, en donde se coge con trampas. Tábita y Dorcas, Hechos 9:36, son las palabras aramaicas y griegas con que se designa la gacela.

En Prov. 5:19, la palabra "corzo" es traducción de una palabra hebrea diferente que denota la cabra montés.

El "ciervo" mencionado solamente como animal limpio, Deut. 14:5. y como manjar servido en la mesa de Salomón, 1 Reyes 4:23, era de la raza de los venados, ya sea el gamo que se halla en el Asia occidental y meridional, ó el bubale que se parece al antílope del África meridional.

En Deut. 14:5, se traduce por "corzo" un término hebreo que significa literalmente rabadilla blanca, y se cree que denotaba una especie del antílope ó ciervo, quizá el Oryx addax, ó el Addra ruficollis de África; este último es un bonito animal como de tres piés y tres pulgadas de alto, y cinco piés cuatro pulgadas de largo, que se ve en manadas en Nubia y en Gondola.

COS, ó HACCOZ, *espina*, 1 Crón. 24:10, cabeza de una línea de sacerdotes en el reinado de David, Esdr. 2:61; Neh. 3:4, 21; 7:65.

COSTILLA, literalmente *costado*, como se traduce á veces la parte tomada de Adam para formar á Eva, Gén. 2:21, 22; Dan. 7:5. En la expresión "la quinta costilla," 2 Sam. 2:23; 3:27; 4:6; 20:10, la palabra costilla está suplida.

CREACIÓN, (1) el acto por el cual Dios llama á la existencia las cosas que antes carecían de ser, ya sean materiales ó espirituales, visibles ó invisibles, Salm. 148:5; Apoc. 4:11; (2) el acto de dar forma ó de reconstruir cosas cuyos elementos ya existían; y (3) las cosas mismas "creadas

155

hechas" de ese modo, 2 Ped. 3.4; Apoc.
3:14; 5.13. En el primer sentido de los
indicados es como debe entenderse la palabra "creó" en Gén. 1:1, y la idea de la
eternidad de la materia debe rechazarse
como contraria á la sana razón, y á las
enseñanzas de las Sagradas Escrituras,
Prov. 8:22-31; Juan 1:1-3; Heb. 11:3.

La creación es exclusivamente obra de
Dios. Se designan al Padre, al Hijo, y al
Espíritu Santo, á cada uno á su turno como autores de la creación, Isa. 40:28; Col.
1:16; Gén. 2:2. Es una obra cuyos misterios no ha podido concebir entendimiento
alguno finito, y con todo, como nos revela
las cosas invisibles de Dios, Rom. 1:20,
podemos y debemos aprender lo que él
revela á este respecto, no sólo en la revelación, sino en sus obras. Estos dos tomos
dimanan de la misma mano divina y no
pueden menos que armonizar entre sí. La
Biblia comienza refiriendo la creación de
una manera indeciblemente sublime y majestuosa. Los seis días de que en ella se
trata, se han tomado generalmente por los
días naturales que tenemos ahora; pero
las investigaciones geológicas han dado
lugar á la idea de que "día" denota en
ese pasaje un periodo mayor. Las diferentes rocas de nuestro globo yacen en
diferentes lechos, cuya edad comparativa
parece que se ha fijado. Sólo en las más
recientes se han encontrado residuos humanos. Los lechos más antiguos presentan á su vez diferentes fósiles, restos de
animales y plantas, muchos de los cuales
se supone que se han extinguido yá. Estos lechos se hallan profundamente introducidos en el suelo que ahora vemos, y
con todo, hay indicios de que fueron formados de materias lavadas en el lecho de
algún primitivo mar, y endurecidas después hasta convertirse en rocas. Bien
puede haber también otras numerosas capas, pero en todas ellas aparece la circunstancia de que han sido depositadas allí
de un modo semejante en el transcurso
lento de los tiempos. Estos lechos han sido
también empujados para arriba y penetrados en todo el mundo, por rocas formadas
en tiempos anteriores y que al parecer se
han hallado alguna vez en estado líquido.

Hay varios modos de armonizar estos
descubrimientos geológicos con las Escrituras: suponiendo, primero, que los seis
días de que se habla en Gén. 1 denotan
seis largas épocas ó periodos de una alternativa formación y revolución verificada
en la superficie de la tierra. Para el Señor
156

"mil años son como un día," Salm. 90:2,
4; 2 Ped. 3:5-10; Apoc. 20.

Segundo, que las largas épocas indicadas en la estructura geológica del globo
tuvieron lugar antes del comienzo de la
narración Bíblica, ó, más bien, en el intervalo que media entre el versículo primero
y segundo de Gén. 1. Según esta interpretación, el versículo segundo describe el
estado de la tierra al fin de la última revolución que experimentó, preparando la
adecuada trasformación que Dios le hizo
efectuar para servirle al hombre de morada, según se describe en los versículos siguientes.

Tercero, que Dios redujo la obra de
aquellas épocas ignoradas á seis días cortos, y creó el mundo, como lo hizo con
Adam, en un estado ya de madurez, incorporando en sus rocas y fósiles esas formas
elementales de vida vegetal y animal que
parecen conducir naturalmente á la existencia de las que ahora vemos.

Según el primero de estos tres modos de
interpretación, la última teoría de la creación puede formularse como sigue: En el
versículo primero se indica la creación original de la materia, en una forma gaseosa difundida universalmente "sin forma y
vacía." En el primer día fué formada la
luz por la reunión química de las partículas gaseosas. En el segundo día, "el firmamento" fué hecho, y condensándose el
gas en incontables esferas de materia nebulosa, el que se hallaba bajo "el firmamento" sirvió para formar la tierra. En
el tercer día vino la condensación de esta
materia nebulosa destinada á la tierra,
trasformándose en una masa mineral líquida, que enfriándose gradualmente en la
superficie, dió ocasión á la separación del
agua de la tierra y al comienzo de la vegetación. En el cuarto día siguió la organización del sistema solar con el día y la
noche y las estaciones, los climas, etc. En
el quinto día vino la creación de las órdenes inferiores de la vida animal, de los
animales acuáticos, de los reptiles y las
aves. En el sexto día, fueron creados los
órdenes superiores de animales, y finalmente el hombre.

Los primeros de estos días geológicos se
supone que han sido épocas de prodigiosa
duración, siendo cada uno más largo que
el que inmediatamente le seguía. El séptimo, en que Dios descansó de la creación,
progresa aún.

La relación bíblica de la creación del
hombre es absolutamente irreconciliable

tanto con la teoría ateísta de una série eterna de razas semejantes, ó una evolución que asciende desde los elementos más simples de la materia primordial, pasando por una série dilatada de animales, hasta llegar al hombre; como también con la moderna de los infieles, relativa á que fueron creadas varias razas distintas de hombres, y nó una sola. La Biblia enseña de una manera inequívoca la *unidad* de la raza humana y el origen que en Adam tuvo, Mal. 2:10; Hechos 17:26; y ninguno que la acepte como la Palabra de Dios puede dudar de esta exposición, que igualmente encuentra apoyo en la más profunda investigación de la ciencia moderna, y se confirma cada vez más con nuevas evidencias. La anatomía practicada en los cuerpos de los hombres, y el análisis de sus facultades mentales y espirituales, prueban su unidad esencial como especie; en sus diversas lenguas se hallan los vestigios de una sola lengua primitiva, y la facultad que tiene de acomodarse á todos los climas conviene también con lo que la Biblia manifiesta. La fecha que ésta dá á la creación del hombre se confirma por las tradiciones de muchas naciones antiguas, por el examen crítico hecho sobre el progreso del mundo en artes, ciencias é idiomas, y por el hecho de que no se encuentran restos ningunos humanos, sino es en depósitos superficiales y recientes.

Las relaciones relativas á la creación, que existen en las tablillas de piedra de las antiguas bibliotecas asirias, que últimamente se han desenterrado, son tradiciones incompletas y oscuras, pero tienden á confirmar la historia bíblica, y nó en modo alguno las teorías de los materialistas.

Las "criaturas" y las "criaturas todas" en Rom. 8:19-22 pueden denotar la creación irracional é inferior que se verá libre de la maldición y tendrá parte en la emancipación gloriosa de los hijos de Dios, Isaí. 11:6; 35:1; 2 Ped. 3:7-13. Los cuerpos de los creyentes, ahora sujetos á la vanidad, están seguros de una libertad completa en la resurrección—"la redención de nuestro cuerpo," Rom. 8:23.

CREENCIA. Véase FÉ.

CRESCENCIO, *crecimiento*, auxiliar del apóstol Pablo, y probablemente uno de los setenta discípulos; se supone que ejerció su ministerio en Galacia, 2 Tim. 4:10.

CRETA, isla grande que tiene 150 millas de largo y de seis á treinta y cinco de ancho, llamada ahora Candia, en el Mediterráneo, poblada primitivamente según es probable, por una rama de los Caftorim. Es escabrosa y montuosa, pero tiene muchas llanuras y valles fértiles, y ha sido celebrada por Homero á causa de sus cien ciudades. Sus habitantes eran excelentes marinos y visitaban todas las costas. Eran también famosos en el ejercicio del arco, ejercicio que practicaban desde su infancia. Creta era una de las Kas contra cuya infidelidad el proverbio griego amonestaba, á saber: Kappadocia, Kilicia y Krete; y esto conviene con el carácter que el apóstol da á los Cretenses diciendo que eran "siempre mentirosos," brutos y glotones, según los pinta el poeta cretense Epiménides, Tit. 1:12, 13. Creta es famosa como el país natal del legislador Minos, y por su conexión con el viaje de Pablo á Roma, Hechos 27. El buque primero se dirigió á Salmón, promontorio oriental de la isla, y tomó abrigo en Buenos Puertos, ancladero que se hallaba en el lado sur, al este del Cabo de Matala. Después de algún tiempo, y contra las observaciones de Pablo, se hizo á la vela para Fenicia, puerto más cómodo en la parte occidental de la isla; pero fué sorprendido por un fuerte viento este-noreste, que lo obligó á estarse á la capa y lo empujó á Malta. Pablo se supone que visitó á Creta después, en relación con una de las expediciones que hizo al Asia Menor, después de la primera prisión que sufrió en Roma, 1 Tim. 1:3; File. 22. Allí estableció las instituciones evangélicas y confirió á Tito su cargo pastoral, Tit. 1:5. Véase también Hech. 2:11.

CRIATURAS VIVIENTES, ó animales, Ezeq. 1; 3:13; 10:15-17, los querubines, palabra traducida "animales" en Apoc. 4:6-9; 5:6-14; 6:1-7, etc. Véase QUERUBINES.

CRIBA ó ZARANDA. Los antiguos escritores hacen mención de cuatro clases de harina que implican tamices de diferentes grados de finura. La alusión que de estos se hace en Isaí. 30:28; Amós 9:8; Luc. 22:31, parece indicar el procedimiento seguido por el labrador al cernir el grano para separar de él el hollejo ó la paja, más bien que á la faena doméstica de cernir la harina para hacer el pan. Comp. Mat. 3:12.

CRISÓLITO. Se supone que es el topacio oriental de los tiempos modernos, piedra preciosa, trasparente, que tiene color de oro con mezcla de verde, y brilla hermoso, Apoc. 21:20.

CRISOPRASO. La décima piedra preciosa de los fundamentos del muro de la Jerusalem celestial, según la visión de Juan. Su color era verde, inclinándose al del oro, como su nombre lo indica, Apoc. 21:20.

CRISPO, rizado, presidente de la sinagoga judía en Corinto, convertido por la predicación de Pablo, Hechos 18:8; y bautizado por él, 1 Cor. 1:14.

CRISTAL, la misma palabra hebrea se traduce en la Biblia por cristal, en Ezeq. 1:22; por helada en Gén. 31:40 y por nieve en Job 6:16. La palabra en su origen denota hielo, y se aplica también al vidrio, y á una joya de una trasparencia perfecta y semejante á la del vidrio, Apoc. 4:6; 21:11.

CRISTIANOS, nombre dado en Antioquía de Siria á todos los que creían que Jesús era el Mesías, 42 A. D., Hechos 11:26. Parece habérsele dado por la gente de Antioquía, como término de conveniencia más bien que de ridículo, para designar la nueva secta más perfectamente de lo que otra cualquiera palabra pudiera hacerlo, y ocurre solamente en otros dos lugares de la Biblia, Hechos 26:28; 1 Ped. 4:16. Ellos entre sí se llamaban generalmente "los hermanos," "los fieles," "los santos," "los creyentes," y por los Judíos se les daba el nombre de Nazarenos y Galileos. Este término se usa ahora algunas veces para distinguir nominalmente á las naciones cristianas ó á los individuos que las componen, de los idólatras, mahometanos ó infieles; y otras veces para denotar los miembros de la Iglesia solamente. Las naciones nominalmente cristianas, incluyendo á los católico-romanos que ascienden á ciento noventa y cinco millones, á los cristianos griegos y orientales que llegan á setenta y seis millones, y á los protestantes que pasan de noventa y siete millones, forman apenas en número las cuatro décimas partes de la gran familia humana; pero en influencia, la Cristiandad, y especialmente el protestantismo, tiene un gran ascendiente sobre todas las demás, incluyendo los idólatras que ascienden á setecientos setenta y seis millones; los Mahometanos á ciento sesenta un millones, y los Judíos á seis millones.

Es tan sólo verdadero cristiano el que de corazón acepta á Cristo como maestro y guía, como origen de su vida más elevada, de su fuerza y alegría; como su único redentor del pecado y del infierno y como su Señor y su Dios. Los que debidamente llevan el nombre de Cristo y participan de su naturaleza, esos solamente participarán al fin de su gloria.

CRISTO, ungido, palabra griega equivalente á la hebrea Mesías, el consagrado, el ungido, y aplicada preeminentemente á nuestro bendito Señor y Salvador. Véanse MESÍAS y JESÚS.

Los antiguos Hebreos aleccionados por los profetas, tenían nociones claras del Mesías; pero estas se pervirtieron gradualmente, de manera que cuando Jesús se apareció en Judea, los Judíos abrigaban una idea falsa del Mesías, esperando un monarca y un conquistador temporal que sacudiese el yugo romano y subyugase al mundo entero. De aquí es que se escandalizaron con la apariencia exterior, la humildad y aparente debilidad de nuestro Salvador. Los modernos Judíos, entregándose á errores mayores todavía, se forman ideas del Mesías enteramente desconocidas por sus antepasados.

Los antiguos profetas habían predicho que el Mesías sería Dios y hombre; alabado y deprimido; Señor y siervo; sacerdote y víctima; príncipe y súbdito; inocente, y sin embargo castigado como un criminal; envuelto en la muerte y con todo vencedor de la muerte; rico y pobre; rey, conquistador, glorioso—hombre de pesares, expuesto á fragilidades, desconocido, poseído de abyección y humillación. Todas estas consideraciones tenían que armonizarse en la persona del Mesías, y en realidad se hallaron en la persona de Jesús.

No consta que Cristo haya recibido jamás unción alguna externa oficial. La unción de que los profetas y los apóstoles hablan es la espiritual é interna de la gracia y del Espíritu Santo, Luc. 4:18; Hech. 10:38, de la cual la externa con que los reyes, sacerdotes y profetas eran ungidos antiguamente, no era sino la figura y símbolo.

El nombre de CRISTO es el título oficial del Redentor, y no debe por lo mismo considerarse como un mero apelativo para distinguir á nuestro Señor de otras cualesquiera personas llamadas Jesús. La fuerza de muchos pasajes de la Escritura se debilita en gran manera si no nos fijamos en esto. Podemos penetrar el verdadero sentido de pasajes semejantes, sustituyendo por "Cristo" el ungido, y en donde se habla á los Judíos, el Mesías. Así en Mat. 2:4, Herodes "les preguntó" á los sacerdotes y escribas "en dónde había de nacer el Cristo, "esto es, el Mesías del

Antiguo Testamento. Pedro confesó: "Tú eres el Mesías," Mat. 16:16. Los demonios hicieron lo mismo, Luc. 4:41. Véanse también Mat. 22:42; Hechos 17:3; 18:5. En tiempos posteriores, el nombre de *Jesús* cayó comparativamente en desuso; y CRISTO, como nombre propio, se usó en lugar de Jesús, como en las Epístolas.

Cuando consideramos la relación de la persona de Cristo como Dios y hombre, con su trabajo oficial como nuestro profeta, sacerdote y rey, y con su estado de humillación y de gloria; cuando consideramos cómo Dios está en él y con él; cómo se explican en él todas las perfecciones de Dios, y cómo se ejemplifican en él todas sus verdades; cuando consideramos sus varias relaciones con los designios, pactos, palabra y ordenanzas de Dios y con los privilegios, deberes, y cultos de los santos en el tiempo y en la eternidad, tenemos una deliciosa opinión de él, como *todo* y *en todo*, Col. 3:11. Y podemos entender la razón porqué "nadie puede decir que Jesús es el Señor," creyendo de corazón en él y aceptándolo como el Mesías descrito en la Biblia "de otro modo que por el Espíritu Santo," 1 Cor. 12:3. Comp. Mat. 16:16, 17; 1 Juan 5:1.

CRISTOS FALSOS. Nuestro Salvador predijo que vendrían muchos pretendidos Mesías, Mat. 24:24, y su palabra se ha cumplido ámpliamente. Veinticuatro hombres diferentes han pretendido cada uno ser el Mesías. Uno de ellos llamado Coziba, conocido generalmente con el nombre de Bar-cocheba, *hijo de la estrella*, vivió en el primer siglo de Cristo, tuvo muchos secuaces, y se dice que ocasionó la muerte de más de medio millón de Judíos. Otros han continuado apareciendo aun en los tiempos modernos, 1682.

CRÓNICAS, el nombre de dos libros históricos del Antiguo Testamento, cuyo autor es desconocido, aunque la opinión general los atribuye á Esdras, 457 A. C., y esta se ha establecido por las pesquisas investigadoras y las discusiones de la crítica moderna. Estos libros originalmente formaban uno sólo. El escritor inspirado hizo uso, no sólo de los primeros libros de las Escrituras, sinó de otros muchos anales públicos, ahora perdidos, 1 Crón. 29:29; 2 Crón. 9:29; 16:11; 20:34; 27:7. El primer libro contiene una recapitulación de la historia sagrada, por genealogías, desde el principio del mundo hasta el tiempo de David, y más extensamente la vida, reinado y muerte de este rey. El segundo libro

contiene la historia de los reyes de Judá, sin los de Israel, desde el princípió del reinado de Salomón solamente, hasta la vuelta del cautiverio de Babilonia. A este respecto difiere de los libros de los Reyes que dan la historia tanto de los de Judá como de los de Israel. En muchos lugares donde se refiere la historia de los mismos reyes, la narración hecha en las Crónicas es casi una copia de la de los Reyes; en otros la una sirve como de suplemento á la otra. En la Septuaginta, estos libros se llaman *Paraleipomena*, esto es, cosas omitidas. Los dos libros de las Crónicas escritos después de la restauración de Babilonia, y durante el reestablecimiento de la Nación y de la Iglesia hebrea, parece que tuvieron por objeto principal servirle de auxilio á esta obra; dan completos registros genealógicos, por los cuales las tierras tenían qué repartirse de nuevo, organizarse el servicio del templo, etc.; se detienen más en los asuntos eclesiásticos que los libros de los Reyes; se extienden sobre las ordenanzas del culto público; y detallan minuciosamente los preparativos de David para la edificación del templo, su erección y dedicación por Salomón; las historias de los otros reyes también son especialmente completas con respecto á su carácter religioso y á sus hechos, 1 Crón. 13:8-11; 2 Crón. 11:13; 19:8-11; 26:16-19, etc. Las Crónicas deben ser leidas en conexión con los libros de Samuel y de los Reyes; tratando de los mismos periodos sirven los unos de comprobación de los otros, con algunas aparentes discrepancias pero de poca importancia, y forman una historia continua é instructiva, poniendo de manifiesto que la religión es la fuente principal de la prosperidad nacional, así como la impiedad lo es de su adversidad, Prov. 14:34. Los detalles dados en estos libros deben ser estudiados con interés, en vista del apoyo que dan á la venida y al reino de nuestro Señor Jesu-Cristo. Todo el periodo comprendido en las Crónicas es como de 3,500 años. Véase NÚMEROS.

CRUZ, una especie de horca hecha de dos piezas de madera, colocadas la una sobre la otra transversalmente en cualquiera de las tres formas que en el grabado se ven. La muerte en la cruz era el castigo impuesto á los esclavos más viles, y era estigma de infamia, Deut. 21:23; Gál. 3:13. Este castigo estaba en práctica en muchas naciones antiguas; pero probablemente no entre los primeros Judíos. Era tan común entre los Romanos, que á las penas, á las afficciones, á las molestias, etc., se les daba por ellos el nombre de "cruces." Nuestro

Salvador dice que sus discípulos deben "tomar su cruz y seguirle." Aun cuando la cruz sea el signo de ignominia y de sufrimiento, es con todo, la divisa y la gloria del Cristianismo. Pablo se glorió en la "cruz" de Cristo, Gál. 6:14, esto es, en el admirable amor que lo indujo á morir para expiar nuestros pecados, y en las gloriosas consecuencias que de allí resultan, 1 Cor. 1:18, 22, 23; 2:2; pero hacer la señal de la cruz con la idea de que hay alguna edificacia en ella, es cosa supersticiosa y pueril, y adorar el crucifijo ó la imagen de Cristo en la cruz, es un acto de idolatría. El modo común de crucificar consistía en fijar al reo con clavos, uno en cada mano y otro en los dos piés juntos ó en cada uno de ellos separadamente. Algunas veces eran atados con cuerdas, cosa que aunque parece menos cruel, en realidad lo era más, porque de ese modo se prolongaban los sufrimientos del paciente. En ocasiones se hacía uso tanto de clavos como de cuerdas para sujetarlo, y cuando esta pasaba no había dificultad en levantar á la víctima juntamente con su cruz, por estar suficientemente sostenida con las cuerdas. Hacia la mitad de la cruz había también una proyección de madera que sostenía parcialmente el cuerpo de la víctima. Antes de clavarla en la cruz, generalmente la azotaban con látigos ó correas de cuero, lo que se consideraba como más severo ó infamante que azotarla con cuerdas. Los azotes dados á Cristo precedieron á su condenación, Luc. 23:22; Juan 19:1. Véase Azote. Los esclavos culpables de grandes crímenes eran atados á una horca ó cruz, y así se les iba apaleándolos por la población. Á Isaac le hicieron cargar la madera que iba á servir para su propio sacrificio, Gén. 22:6. Á nuestro Salvador también le cargaron su cruz, y como flaqueaba bajo su peso, Simón Cirinéo tuvo qué llevarla tras él y con él, Mar. 15:21. Nuestro Señor fué crucificado entre los

ladrones según lo predijo, Isa. 53:12; y tanto sus piés como sus manos fueron clavadas en la cruz, Luc. 24:39, 40; Salm. 22:16.

Después que el réo había sido despojado de todos sus vestidos, y atado ó clavado en la cruz, se le ministraba á veces una bebida narcótica, á fin de hacerlo menos sensible al dolor, Prov. 31:6, lenitivo que nuestro Señor no aceptó, Mat. 27:34; Mar. 15:23; aunque parece que después tomó un poco del brevaje común de los soldados, Mat. 27:48; Juan 19:29.

Enviado por el Padre á llevar la pesada carga del sufrimiento penal, por una raza perdida, sintió que no tenía derecho á los paliativos á que se recurría en los casos ordinarios, y que eran enteramente legales, excepto en el suyo. "¿No he de beberme yo la copa que mi Padre me ha dado?" Juan 18:11. Él la apuró hasta las heces. Habiéndose levantado la cruz bajo un sol abrasador, las heridas que le hicieron los azotes y los clavos le causaron en breve una fiebre general y una séd intolerable. Interrumpida en su circulación regular la sangre, se le aglomeró en varias partes del cuerpo, produciéndole congestiones dolorosas. Cada estremecimiento del paciente, por ligero que fuera, aumentaba sus padecimientos que no se aliviaban sinó con la mortificación final y con la muerte. Aquellos á quienes se ataba en la cruz vivían algunas veces tres y cuatro días; y en casos muy excepcionales, de los que se han consignado, llegaban hasta una semana ó más. Por eso Pilatos se sospendió de que nuestro Señor hubiese muerto tan pronto, porque por razón natural él debía haber vivido más, Mar. 15:44. La muerte de nuestro bendito Redentor se apresuró por la terrible agonía que sufrió préviamente en el huerto, y por la pesada carga del pecado del mundo que abrumaba su alma. La inmediata causa de su muerte se cree que fué una ruptura del corazón; y habiéndosele derramado la sangre en la cavidad que se halla al rededor del corazón, se descompuso en *serum* y *crassamentum* y estos fueron "el agua y la sangre" que vertieron cuando la lanza del soldado penetró en su costado. A los dos ladrones se les quebraron las piernas para apresurarles la muerte, á fin de que sus cuerpos no permaneciesen en la cruz en día sábado, Deut. 21:23; Jos. 8:29; pero los crucificados quedaban generalmente, hasta que caían al suelo ó eran devorados por las fieras ó por las aves de rapiña.

CUADRANTE, instrumento muy usado antes de la invención de los relojes, para

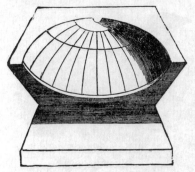

ANTIGUO CUADRANTE SOLAR.

indicar la hora del día por el progreso de la sombra del sol. El cuadrante ó relój de Acáz, 2 Reyes 20:11; Isa. 38:1-9, parece haber sido peculiar en su género, ya sea por su estructura ó por su tamaño, ó fué quizá hecho á imitación de uno que se consiguió en Babilonia ó en Damasco, 2 Reyes 16:10. El cuadrante solar se menciona en las tablas asirias. El término "grados" ó gradas sugiere que su forma probable fué como la de un par de escaleras con un gnomo ó columna que proyectaba su sombra sobre más ó menos gradas según que el sol estuviera más ó menos alto. Compárense los templos de Babél de muchos pisos. El hecho de que la sombra proyectada en él retrocediera diez grados, para dar la seguridad al rey Ezequías de que se aliviaría de su enfermedad, se efectuaba probablemente, no deteniendo la tierra y haciendo que girara en sentido opuesto, sino por una refracción milagrosa de los rayos del sol, observada sólo en Judéa, aunque la fama de ese prodijio llegó hasta Babilonia, 2 Crón. 32:31.

CUAJAR, la panza ó callos de los animales rumiantes, Deut. 18:3.

UN CUARTO (ASSARIÓN),

CUARTO, *número ordinal*. I. Moneda de bronce, Mat. 10:29, traducida *blanca* en Luc. 12:6. Valía centavo y medio.

II. Cristiano residente en Corinto; de origen romano, según su nombre, de quien Pablo envía su saludo á los cristianos de Roma, Rom. 16:23. Nada más de él se sabe, pero no es poca cosa el ser llamado "hermano" por un apóstol.

CUATERNIÓN DE SOLDADOS, destacamento que se componía de cuatro hombres, Hechos 12:4. Los Romanos designaban un cuaternión de cuatro hombres para guardia de una noche, la que dividían en cuatro vigilias ó cuartos, de manera que cada soldado estaba de turno en la guardia tres horas. Véase HORA. Así, cuando Herodes, que adoptó las costumbres romanas, se dice que entregó á Pedro á cuatro cuaterniones de soldados, debe entenderse que estaba custodiado por cuatro hombres á la vez, á saber: dos en la prisión con él, y dos delante de las puertas (comp. vers. 6), y que eran relevados cada tres horas por otros cuatro, haciendo en todo diez y seis hombres.

CUCHILLO. Se usa esta palabra para traducir cuatro diferentes voces hebreas; se aplica á todos los instrumentos cortantes hechos de pedernal, Exod. 4:25; Jos. 5:2, 3, acero, bronce y hierro, y de varios tamaños, desde los usados en el degüello y división de las víctimas ofrecidas en los sacrificios, Gén. 22:6, 10; Esdr. 1:9; Prov; 30:14, ó como podaderas, Isai. 18:5, hasta los usados como lancetas, 1 Reyes 18:28, y para sacarles punta á las plumas de caña, Jer. 36:23. No se usaban por lo general en la mesa.

CUERDAS, se usaban para atar á los prisioneros, Jer. 15:13; Salm. 2:3; Ezeq. 3:25; cuando se asumían voluntariamente era en señal de humilde sumisión, 1 Reyes 20:31, 32.

CUERNOS se usaban como copas y vasijas para líquidos, 1 Sam. 16 1; 1 Reyes 1:39. Véase KEREN-HAPPUCH. También como trompetas ó bocinas, Jos. 6:5, aunque las palabras traducidas "trompetas de cuernos de carnero," vers. 4, 6, 8, 13, deberían traducirse "trompetas de jubiléos," y "cuerno de carnero" en el vers. 5 debería ser "cuerno de jubiléo." No hay duda que algunas veces se quieren dar á entender instrumentos artificiales de una forma semejante al cuerno, cuando se habla de los que se usaban en el culto del templo, 1 Crón. 25:5. Los cuernos del altar eran las elevaciones que tenía en sus cuatro ángulos, Exod. 27:2; 30:2. Como el principal adorno y defensa de muchos animales está en sus cuernos, estos son á menudo símbolo de fuerza, honor, victoria y poder, Deut. 33:17; 1 Sam. 2:1, 10; 1 Rey. 22:11; Salm. 75:10; Hab. 3:4; Apoc. 5:6. Los cuernos á veces denotan reyes y reinos, Dan. 7:20-24; 8:3-9; Zac. 1:18-21; Apoc. 17:7-12. Los reyes asirios en las esculturas de Nínive llevan gorros cónicos con un cuerno, y en algunas monedas de Alejandro el Grande, se representa á este como cornudo. "Un cuerno de salvación," Luc. 1:69, es Uno "que tiene el poder de salvar," Isai. 63:1. Rebajar ó profanar el cuerno, es símbolo de humillación, Job 16:15; y lo es de ruina "cortar el cuerno," Jer. 48:25. El jefe indio que trató con William Penn, dió testimonio de la autoridad que tenía poniéndose primero una corona con un cuerno. Cuernos de plata y aun de oro se usaban antiguamente por las señoras drusas casadas, que vivían en el monte Líba-

no, como en el grabado que aquí se inserta. La otra cabeza que se vé ahí, es la de un jefe Abisinio.

CUERPO, Mat. 26:26. "Esto *representa* mi cuerpo." Véase Gén. 41:26. Cristo no ofreció su cuerpo para que se lo comieran, puesto que estaba vivo todavía. "El cuerpo de esta muerte," Rom. 7:24, puede aludir á la práctica que tenían los antiguos tiranos de atar un cadáver á un criminal, para atormentarlo, infectarlo y consumirlo.

CUERPO ESPIRITUAL, 1 Cor. 15:44, el cuerpo de los santos después de la resurrección, inmortal, incorruptible y glorioso; órgano apropiado para el espíritu perfectamente santificado; comp. vers. 51-53; Fil. 5:21.

CUERVO, Heb. OREB, *negro*, Cant. 5:

162

11, pájaro semejante á la urraca, pero más grande y que no anda en parvadas. **Era**

CUERVO CORAX.

inmundo por la ley levítica, Lev. 11:15, en donde sin duda se incluyen todas las especies de cuervos que se hallan en Palestina y que sin duda pasan de ocho. Se alimenta de carroña y devora primero los ojos de un cadáver, Prov. 30:17; de ahí proviene que sea un oprobio el dejar expuesto al aire libre en el campo un cadáver insepulto.

El cuervo habita lugares desolados, Isa. 34:11 y necesita recorrer á vuelo una vasta extensión para poder satisfacer su voráz apetito y el de sus polluelos, Job 38:41; Salm. 147:9; Luc. 12:24. Construye su nido en los peñascos ó árboles corpulentos, y cuida en él de cuatro á siete crías, hasta que están en aptitud de proveer ellas por sí mismas á sus necesidades. Elías fué milagrosamente alimentado por los cuervos, 1 Reyes 17:4, 6. Se ha discutido sobre si el cuervo no volvió al arca, Gén. 8:7; pero casi todas las versiones y los intérpretes entienden la frase hebrea "yendo y volviendo," como equivalente á "de aquí para allá"—en donde quiera que hallaba un lugar para descansar.

CUEVA. Judea, país de tierra caliza, abunda en cavernas subterráneas de varias dimensiones, de donde á menudo nacen pequeños riachuelos. Estas fueron usadas como habitaciones, como lugares de refugio para la gente y el ganado, y como sepulturas. En una cueva fué donde Lot se alojó después de la destrucción de Sodoma, Gén. 19:30. Petra en Idumea era una ciudad de cuevas, y sus primitivos habitantes expulsados por los Idumeos, eran de una raza troglodita y se llamaban Hori.

tas ó Cineos, Núm. 24:21; Cant. 2:14; Jer. 49:16; Abdias 3. En los alrededores del Hebrón, los pobres viven todavía en cuevas mientras pastorean sus rebaños. Ensanchaban á veces las cavidades naturales y hacían otras artificiales para refugio y defensa, Jueces 6:2; 1 Sam. 13:6; Isai. 2:19; Jer. 41:9. Existen todavía las cuevas de Macpelah, de Adullam, de Engedi, del Carmelo y de Arbela. Véase SEPULCRO.

CULANTRO, semilla redonda y pequeña de una planta aromática; es nativa de China, y ahora se halla extensamente difundida. Su semilla se siembra en Marzo. Se emplea como especia y se estima mucho por los droguistas y confiteros. El maná que caía en el desierto se parecía al culantro, en forma y en color, Exod. 16:31; Núm. 11:7. Véase MANÁ.

HOMENAJE ORIENTAL.

CULTO. Honor rendido á una persona digna de él, ú homenaje tributado á los soberanos por sus súbditos, Jos. 5:14; Mat. 9:18; Luc. 14:10; Hechos 10:25. Se tributaba de varios modos y en diferentes grados, v. g., postrándose sobre el suelo, doblando la rodilla ó la cabeza, ó el cuerpo, besando la mano, el pié, el suelo, ó tocando éste con la frente una ó varias veces, Gén. 33:3; Mat. 18:26. Véase SALUTACIÓN.

CULTO Á DIOS. Reverencia suprema que solamente es debida á Dios, Exod. 20: 3, 4; Juan 4:20–24; Heb. 1:6; Apoc. 21:9; y que se convierte en idolatría cuando se ofrece á otro sér cualquiera, Exod. 34:14; 2 Reyes 10:20–23; Dan. 3:5–28; Hechos 7:43; 2 Tes. 2:4; Apoc. 13:4–15. Incluye adoración, alabanza y acción de gracias, confesión del pecado, imploración de gracia y la consideración de la divina voluntad. El cumplimiento de este servicio habitual y de todo corazón, tanto espiritual como visiblemente, en público y en privado, por individuos, familias y comunidades, es no sólo un deber por sí mismo evidente, sino mandado con frecuencia en la divina Palabra. Véase ORACIÓN. La

reunión de todo el pueblo para unirse en oración el día séptimo en continuación del culto del templo y de la sinagoga, y mandado por Dios y cumplido por Cristo, es un deber muy claro. El mismo nombre Iglesia, que viene de las dos palabras griegas εκ καλεω llamar de, significa una asamblea; y la predicación del evangelio, que es el gran medio de propagar el cristianismo, así lo requiere. Las direcciones de Pablo de que no se olvidasen de reunirse para leer sus epístolas "en todas las iglesias" y tomar parte "en los salmos é himnos y cantos espirituales," y las reglas que estableció para asegurar la mayor edificación espiritual posible cuando se reunían en la iglesia, indican que es una ley del cristianismo establecida.

El culto público se enseña en muchos de los Salmos, tales como Salm. 42; 63; 84; también 27:4; 95:6; 96:8, 9; Joel 2:15–17; Mat. 18:19, 20. En los tiempos del Antiguo Testamento incluía convocaciones santas del Sábado, Lev. 23:3; con la lectura de las Sagradas Escrituras, Hechos 15:21; é instrucción religiosa indudablemente, con cantos de alabanza, Salm. 42:4; 92; 118:24. En el templo se ofrecían sacrificios dobles, Núm. 28:9, 10, los panes de la proposición se renovaban, Lev. 24:8, y los profetas eran consultados, 2 Reyes 4:23. Nuestro Señor mismo lo practicaba habitualmente, Luc. 4:16. El culto de *familia* se deduce de numerosos pasajes, Gén. 12:5, 8; 35:2, 3, 7; Jos. 24:15; 2 Sam. 6:20; Job 1:5; Dan. 6:10; Hechos 1:13, 14; 10:2; Rom. 16:5; 1 Cor. 16:19; Col. 4:15; Fil. 2. Los términos de la oración de Nuestro Señor demuestran que esta era para usarse todos los días y por varias personas reunidas. El culto secreto y privado es esencial para que el creyente tenga vida espiritual y ande con Dios, y está prescrito de muchos modos en la Palabra, Salm. 4:4; 5:3; 55: 17; 141:1, 2; Dan. 6:10; por el expreso mandato de Cristo, Mat. 6:5, 6; lo mismo que por su ejemplo, Mat. 14:23; Mar. 1:35; Luc. 5:16; 6:12; 9:18, 29, y el de los apóstoles, Hechos 10:9. "Culto voluntario," Col. 2:23, es un término que abraza todas las formas de adoración y culto que no están prescritas en la palabra de Dios, y que son ofensivas en su presencia. Tales son las misas y penitencias del papismo.

CULTO RACIONAL, Rom. 12:1, lo mismo que culto espiritual, ó sea conforme á la razón.

CUMPLIDO, el significado ordinario de esta palabra es suficientemente óbvio.

Tendrá en último resultado qué consignarse el hecho de que fueron cumplidas todas las predicciones y promesas de Jehová, puesto que todas habían tenido su exacto cumplimiento en su debido tiempo y lugar, Jos. 23:14; Mat. 2:17; 8:17; 12:17. Hay en el Nuevo Testamento muchos ejemplos de tal cumplimiento, en que los designios de los hombres eran muy diferentes; y los que figuraban en la transacción no pensaban sino en poner en planta algún mal proyecto propio. Así en Juan 19:24, 28, 36, los que tomaron parte en la crucifixión de Cristo no pensaban que estaban cumpliendo los designios de Dios. Algunas veces también la frase "para que cumpliese," significa que el acontecimiento á que se aplica es un cumplimiento secundario, una verificación ó simplemente una ilustración del pasaje profético original— previsto, sin embargo, y preordenado por Dios. Así las palabras de Oseas 11:1, "De Egipto llamé á mi hijo" se refieren directamente al éxodo de Israel de aquella tierra de esclavitud; pero como nos enseña Mat. 2:15, no fueron sugeridas por el Espíritu Santo al profeta sin considerar la prevista aplicación que de ellas tendría que hacerse en el caso de Cristo. Comp. también Mat. 13:14 con Isai. 6:9; Luc. 4:18-21 con Isai. 61:1-3; Hechos 1:16, 20 con Salm. 109:8.

CURTIDOR, Hechos 9:43; 10:6, 32, el oficio de Simón en Joppe, donde aún se encuentran tenerías sobre la costa del sur de la ciudad.

CUSH, *negro*, I., el hijo mayor de Cám, y padre de Seba, Hávila, Sabta, Raama, y Sabtecá, la mayor parte de los cuales se establecieron en la Arabia Feliz, Gén. 10:6-8. Véase NIMROD.

II. Los países poblados por los descendientes de Cush se llaman generalmente, aunque nó siempre, en la Biblia, Etiopía. Pero bajo este nombre parece que se incluyen tres naciones diferentes por lo menos:

1. El Cush oriental que comprende las regiones de Persis, Chusistán y Susiana en Persia. Queda principalmente al N. y al S. del Tigris, Isai. 11:11; Ezeq. 38:5. En estas regiones probablemente se encontraba el río Gihón, Gén. 2:13; Soph. 3:10. Véase EDÉN.

2. Los Hebreos también, según opinión de muchos, usaban los nombres Cush y Cushan, Hab. 3:7, para designar los lugares meridionales de la Arabia y la costa del Mar Bermejo, 2 Crón. 21:16. De este país salió Nimrod para establecerse en la Mesopotamia, Gén. 10:8. La "mujer etiope" también, con quien Moisés se casó durante la marcha de los Israelitas por el desierto, venía probablemente de este Cush, Núm. 12:1. Véase SEFORA.

3. Pero más comunmente Cush significa la Etiopía propiamente dicha, que queda al S. y al S. E. de Egipto, Salm. 68:31, y que ahora se llama Abisinia, Isai. 18:1; 30:3-5; Jer. 13:23; 46:9; Ezeq. 29:10; Dan. 11:43. Véase ETIOPÍA.

CUTITAS, pueblo que habitaba más allá del Éufrates, y fué de allí trasladado á Samaria en lugar de los Israelitas que habían residido antes allí, 2 Reyes 17:24, 30. Cutha, parece que recientemente ha sido descubierta 15 millas al Noroeste de Babilonia, en donde se ha encontrado su nombre en ladrillos exhumados de las ruinas del templo de Nabucodonosor.

CH.

CH. En las palabras derivadas del griego y del hebreo se pronuncia la *ch* generalmente como *k*, es decir: como *c* antes de *a*, de *o*, ó de *u*, ó como *q* antes de *ue* y de *u*. Así las palabras Chaldea, Chloe, Archipo se deben pronunciar Caldea, Cloe, Arquipo. El uso moderno favorece la última adaptación ortográfica—*qu* por *ch*.

CHAM ó CÁM, *caliente, quemado por el sol*, I., hijo de Noé, Gén. 5:32; 7:13; 9:18; 10:1. Su nombre puede referirse proféticamente al ardiente territorio de sus descendientes. Comp. Gén. 5:29. La impiedad revelada en su conducta para con su padre, atrajo sobre él, ó más bien dicho, según la relación bíblica, sobre su hijo Canaán, una maldición profética, Gén. 9:20-27. Chám fué el padre de Cush, Mizraim, Phut y Canaán, esto es, el antecesor de los Cananeos, de los Árabes del sur, de los Etíopes, los Egipcios y los Africanos en general, Gén. 10:6-20. Un Cushita descendiente de Chám se menciona como fundador de Babilonia, Gén. 10:8-10, aserto confirmado por los monumentos babilónicos más antiguos, cuyas inscripciones están en lengua Cushita.

II. Nombre poético dado á Egipto, Salm. 78:51; 106:22, primera habitación civilizada de los Chámitas.

III. 1 Crón. 4:40, probablemente los Filistéos como descendientes de Chám por Mizraim, Gén. 10:14.

CHEBAR, ó COBAR, *longitud*, se cree comunmente que es un río que nace en la parte septentrional de Mesopotamia y corre primero al Sudeste y después al Sur y al Suroeste, hasta juntarse con el Éufrates. Era llamado Chabora por los Griegos, y ahora Khabour. En sus fértiles riberas colocó Nabucodonosor una parte de los Judíos cautivos, y allí tuvieron lugar las sublimes visiones de Ezequiel, Ezeq. 1:3; 3:15; 10:15; 43:3. Rawlinson crée que este queda demasiado al Norte para poder ser el límite de la Caldea, é identifica el Chebar con un gran canal que se halla cerca de Babilonia, excavado por Nabucodonosor.

CHEDORLAOMER, ó CODORLAOMER, *puñado de gavillas*, rey de Elam en Persia, en tiempo de Abraham. Hizo tributarias suyas las ciudades que están en la región del Mar Muerto, y al rebelarse éstas, fué con cuatro reyes aliados é hizo correrías en todo el país que se halla al Sudoeste del Jordán. Lot se encontraba entre los cautivos, pero fué rescatado por Abraham con toda su familia y con sus vecinos, Gén. 14:1-24. Comp. Salmo 110. Su nombre se halla en los ladrillos caldeos recientemente descubiertos.

CHEMARIM, ó CAMOREOS, 2 Reyes 23:5; Osea. 10:5; Soph. 1:4, arúspices ó sacerdotes idólatras.

CHEMOS, ó CAMOS, *subyugador*, el Dios nacional de los Moabitas y de los Ammonitas, adorado también en Jerusalem en el reinado de Salomón, Núm. 21:29; Jueces 11:24; 1 Reyes 11:7; 2 Reyes 23:13; Jer. 48:7. Algunos identifican erróneamonte á Camos con Moloc, otro Dios de los Moabitas.

CHERIT, ó CARIT, *costadura*, pequeño arroyo que corría al Jordán, al cual se retiró Elías una vez, y adonde los cuervos le llevaban provisiones de pan y carne, 1 Rey. 17:3-5. Robinson sugiere que puede ser la cañada Kelt que desagua los cerros que están al Oeste de Jericó y corre cerca de esa población al dirigirse al Jordán. Este arroyo está seco en el verano. Queda en una cañada agreste y profunda, cuyas elevadas paredes están llenas de cuevas, en donde los cuervos y las águilas andan todavía.

CHERIOT, ó CARIOT, *ciudades*, I., probablemente tiene qué identificarse con Asor ó Cheriot-Asor, ciudad doble en la porcion meridional ó simeonita de Judá, Jos. 15:25. Ahora Kureitein, 12 millas al Sur de Hebrón. Véase Judas I.

II. Ciudad fuerte de Moab al Norte de Ammán y al Suroeste de Bozra, tomada por Babilonia, Jer. 48:24, 41; Amós 2:2.

CHERUB, plural CHERUBIM. Véase Querubines.

CHESULLOT, ciudad en los límites de Isachár, que se considera quedar entre Israel y Sunem; pero probablemente es la misma Chislot-Tabor ó límite de Zabulón, como tres millas al Oeste del Monte Tabor; la población llamada Iksal, juntamente con numerosas tumbas excavadas, señala ahora el lugar donde estaba situada, Jos. 19:12, 18, 22 con 1 Crón. 6:72. Véase Daberet.

CHEZIB, Gén. 38:5, véase Achzib II.

CHIMHAM, ó CAMAAM, probablemente un hijo de Berzellai, 2 Sam. 19:37; 1 Reyes 2:7. Puede haber recibido de David el lugar que está cerca de Betlehem llamado Chimham, Jer. 41:17.—1023 A. C.

CHIO, isla en el Archipiélago Iónico entre Lesbos y Samos en la costa del Asia Menor, ahora llamada Scio. Tiene 30 millas de largo y 10 de ancho, y ha sido siempre famosa por su belleza y fertilidad, y en los tiempos modernos por la matanza de sus habitantes hecha por los Turcos en 1822. Pablo pasó por ese camino cuando se hizo á la vela hacia el Sur dirigiéndose de Mitilene á Samos, Hechos 20:15.

CHION, ídolo adorado por los Israelitas en el desierto, Amós 5:26, probablemente representaba al planeta Saturno adorado por las naciones orientales como un espíritu malo que tenía qué ser propiciado por sacrificios. Véase Rempán.

CHÍSION, *dureza*, ciudad levítica Gersonita en Isachár, Jos. 19:20; 21:28.

CHISLEU, ó CASLEU, el mes noveno de los Hebreos que comienza con la nueva luna y que más se aproxima al primero de Diciembre, Neh. 1:1; Zac. 7:1.

CHOZA, tienda rústica ó barraca, hecha á menudo de ramas de árbol, Isa. 1:8; Soph. 2:6. En Isa. 24:20 denota una especie de hamaca ó sillón elevado para el que cuida de un jardín.

CHUB, Ezeq. 30:5, algún pueblo desconocido del Norte de África, aliado del Egipto y derrotado por Nabucodonosor.

CHUN, 1 Crón. 18:8, llamada en otra parte Berothai, palabra que puede verse.

CHUSÁN-RASATAIM, rey de Mesopotamia, probablemente entre el Éufrates y el Chebar, que oprimió á los Israelitas 8 años, 2591-9 A. M., pero fué derrotado por Otniel, sobrino de Caleb, Jueces 3:8-10. Esto tuvo lugar siglos antes del nacimiento del Imperio de los Asirios.

CHUZA, mayordomo de Herodes Antipas, Luc. 8:3.

D.

DABERET, *prado*, ciudad levítica en la frontera de Zabulón y de Isacar, Jos. 19:12; 21:28; 1 Crón. 6:72; probablemente Deburieh, pequeña población al pié del Monte Tabor, al Noroeste.

VISHNU.

DAGÓN, *pescado*, ídolo nacional de los Filisteos con templo en Gaza, Ashdod, etc., 1 Crón. 10:10. El de Gaza fué destruido por Samsón, Jueces 16:21-30. En el de Ashdod, Dagón cayó dos veces milagrosamente antes del arca de Dios; y en la segunda caída se le rompieron la cabeza y las manos, quedándole sólo el cuerpo, que tenía la forma de un gran pescado con cabeza humana, 1 Sam. 5:1-9. Véase Jos. 15:41; 19:27. Había otros ídolos de forma semejante entre los antiguos, particularmente la diosa Derceto ó Atergates; y una forma parecida ó "encarnación" de Vishnu es en la actualidad muy venerada en la India, y, como Dagón, está predestinada á postrarse en el polvo ante el verdadero Dios.

DALMANUTA, población en la playa occidental del Mar de Galilea, al Norte de Tiberias, Mar. 8:10. Comp. Mat. 15:39, probablemente en Ain el-Barideh, en la boca de una cañada, una milla al sur de Magdalá.

DALMACIA, provincia de Europa al Este del Mar Adriático y que formaba parte de Illirico, contigua á Macedonia. Allí fué Tito enviado por Pablo, 2 Tim. 4:10. Véase también Rom. 15:19.

DAMARIS, *novilla*, señora ateniense, distinguida como una de las pocas que abrazaron el cristianismo en Aténas, bajo la predicación de Pablo, Hechos 17:34.

DAMASCO, metrópoli de Siria, mencionada primeramente en Gén. 14:15; 15:2, siendo ahora probablemente la ciudad más antigua del mundo. Está sobre el río Barada, que es el antiguo Chrysorrhoas, en una hermosa y fértil llanura, al Sudeste del Anti-Líbano, como á 140 millas al Noreste de Jerusalem, y á 2300 piés de elevación sobre el Mediterráneo. Véase ABANA. Esta llanura tiene como 70 millas de circunferencia; está abierta al desierto de la Arabia por el Sudeste, y tiene por límite en las otras direcciones, las montañas. La región que circunda á Damasco y la que se halla al Norte, incluyendo el valle que está entre las cordilleras del Líbano y del Anti-Líbano, se llama en las Escrituras, "Siria de Damasco," 2 Sam. 8:5, y Strabo le da el nombre de Cœle-Syria. Esta ciudad que al principio tenía sus reyes propios, fué tomada por David, 2 Sam. 8:5, 6, y por Jeroboam II., 2 Reyes 14:28. Su historia en esa época se halla en las narraciones relativas á Naamán, Benhadad, Hazael y Rezín. Fué subyugada por Tiglat-falasar, 2 Reyes 16:9, y estuvo después sometida á los Asirios, Babilonios, Persas, Selúcidas y Romanos; habiendo sido su historia predicha en parte por Isaías 7:4; 10:9; 17; y también por Jeremías, Ezequiel y Amós. En la época de Pablo parece que fué poseída, durante algún tiempo por lo menos, por Aretas, el rey de Arabia Petréa bajo los Romanos, y suegro de Herodes Antipas, 2 Cor. 11:32, 33.

En ese periodo estaba la ciudad tan llena de Judíos que, según Josefo, fueron 10,000 de estos condenados á muerte y ejecutados á un tiempo, por mandato de Nerón. Es memorable entre los cristianos como el teatro de la milagrosa conversión del muy ilustre "siervo de Nuestro Señor Jesu-Cristo" el apóstol Pablo, Hechos 9:1-27; 22:1-16. Desde 1516 Damasco ha estado en posesión de los Turcos; es la metrópoli de "el Bajalato de Damasco" y tiene una población de cerca de 150,000 habitantes, principalmente mahometanos, y muy fanáticos. En 1860 cosa de 6,000 individuos que llevaban el nombre de cristianos, fueron asesinados en ese lugar y sus alrededores. Los Árabes la llaman Esh-shams. Es todavía célebre, así como el país que se halla en sus contornos, entre todos los viajeros, como una de las regiones más hermosas y exuberantes del mundo. Los mismos orientales la llaman el "Paraíso de la tierra," y se pretende que Mahoma rehusó entrar en ella, por temor de perder

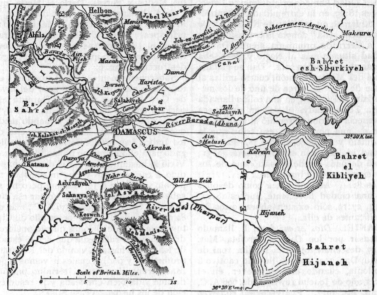

DAMASCO CON LA LLANURA Y LOS LAGOS.

si tal hacía, su paraíso celestial. La llanura que rodea á la ciudad está bien regada y es de exuberante fertilidad, y el viajero se fascina con la perspectiva que presenta; pero un examen hecho más de cerca hace descubrir muchas cosas ofensivas tanto á los sentidos como al espíritu. Es la ciudad oriental que más conserva su origen, de todas las que se mencionan en la Biblia. Sus edificios públicos y bazares son hermosos, y muchas habitaciones privadas, aunque de pobre apariencia exteriormente, están decoradas por dentro con un estilo de costoso lujo. Su posición la ha hecho desde un principio una ciudad comercial, Ezeq. 27:18. El género llamado damasco se supone que tuvo origen allí, y el acero damasquino no tuvo rival por mucho tiempo. Todavía conserva un extenso comercio de telas, tejidos de seda y algodón, ebanistería con bellas ataraceas, de pieles, dulces, frutas, etc. Para este objeto se reunen allí periódicamente grandes caravanas, y atraviesan del mismo modo que antes los caminos desiertos que conducen á remotas ciudades. Hay allí también un lugar principal de reunión de los peregrinos que en romería se dirigen á la Meca. Las gentes de todas las naciones del Oriente concurren á Damasco, hecho que manifiesta su importancia como estación misionera. Se está haciendo por los cristianos ingleses, con buenas esperanzas, la tentativo de evangelizar á Damasco; pues la feroz y fanática íntolerancia de la población musulmana ha comenzado á ceder. Una calle llamada por los guías " Recta," tal vez la misma á que se hace referencia en Hechos 9:11, recorre la ciudad desde la puerta oriental.

DAN, *un juez*, I., hijo de Jacob y de Bilha, Gén. 30:3; 35:25. La tribu de Dan era inferior sólo á la de Judá en cuanto á su número, antes de entrar á Canaán, Núm. 1:39; 26:43, Á Dan se le asignó una porción que se extendía al Sudeste de la costa del mar cercana á Joppa. Lindaba con la tierra de los Filisteos, con quienes la tribu de Dan tuvo mucho qué hacer, Jueces 13-16. Su territorio era fértil, pero pequeño, y los nativos de él eran poderosos. Una parte de esa tribu, por lo mismo, buscó y conquistó otra residencia, Jos. 19; Jue. 18. Su nombre no aparece en las crónicas en 1 Crón. 2-12, ni entre los que fueron sellados por el ángel en la visión de Juan, Apoc. 7:5-7; y la razón puede hallarse quizá en su mudada parcial á Laish del territorio que se les asignó por Dios, y en la idolatría en que cayeron allí.

II. Ciudad llamada originalmente Laish, Jueces 18:29, en la extremidad Septentrional de Israel, en la tribu de Neftalí. "De Dan á Beer-seba" denota la extensión toda de la tierra de promisión, siendo Dan la ciudad situada más al Norte y Beer-seba la más al Sur, Jueces 20:1. Dan se hallaba al pié del Monte Hermón, cuatro millas al Oeste de Paneas, cerca de uno de los manantiales del Jordán, en una colina llamada ahora Tell-el-Kady. Laish en una época pertenecía á Sidón, y recibió el nombre de Dan de una porción de esa tribu que la conquistó y reedificó, Jueces 18. Era una ciudad idólatra aun entonces, vers. 30, 31; y fué después donde se situó uno de los becerros de oro de Jeroboam, 1 Rey. 12:28; Amós 8:14. Aunque antes como después fué una ciudad floreciente, Jueces 18:10; Ezeq. 27:19, sólo existen ahora restos insignificantes de ella.

DANIEL, *Dios es mi juez*, I., llamado Beltsasar por los Caldeos, profeta, Mat. 24:15, descendiente de la familia real de David, Dan. 1:3, que fué llevado cautivo á Babilonia, cuando era muy joven, en el tercer año de Joacim rey de Judá, 606 A. C. Comp. Isa. 39:7. Fué escogido con tres compañeros suyos, Hananías, Mishael y Azarías, para residir en la corte de Nabucodonosor, en donde halló favor como José en Egipto, é hizo grandes progresos en todas las ciencias de los Caldeos, así como en la lengua sagrada; pero rehusó contaminarse comiendo de las provisiones de la mesa del rey, que eran amenudo ceremonialmente impuras para un Judío, ó estaban manchadas por haber estado en contacto con el culto idólatra. Al fin de unos tres años de educación, Daniel y sus compañeros aventajaron á todos los demás, y recibieron buenos empleos en el servicio real. Allí Daniel desplegó en breve sus dones proféticos, interpretando un sueño de Nabucodonosor, por quien fué hecho gobernador de Babilonia y jefe de la clase instruida y sacerdotal. Compárese su historia con la semejante de José. Parece haber estado ausente, quizá en alguna embajada extranjera, cuando sus tres compañeros fueron arrojados en el horno ardiendo. Algún tiempo después interpretó otro sueño de Nabucodonosor, y posteriormente la célebre visión de Belsasar, uno de cuyos últimos actos fué promover á Daniel á un empleo mucho más elevado que el que préviamente había tenido durante su reinado, Dan. 5:29; 8:27. Después de la captura de Babilonia por los Medos y Persas, Darío el Medo, que "tomó el reino" después de Belsasar, le hizo "primer presidente" de unos 120 príncipes. La envidia hizo que formaran el complot para que se le echará á la cueva de los leones, acto que les atrajo su propia destrucción, Dan. 6.

Subsecuentemente Daniel continuó en todos sus altos empleos, y gozó del favor de Ciro hasta su muerte. Durante ese periodo trabajó fervorosamente, con ayunos y oraciones, así como tomando medidas oportunas para asegurar la vuelta de los Judíos á su propia tierra, habiendo llegado para ello el tiempo prometido, Dan. 9. Vivió lo bastante para ver el decreto expedido á ese respecto y que muchos de su pueblo volvieran á Jerusalem; pero no se sabe si alguna vez volvió á visitar esa ciudad, por tener entonces, 536 A. C., más de 80 años de edad. En el tercer año de Ciro tuvo una serie de visiones que le pusieron de manifiesto cuál tenía qué ser el estado de los Judíos hasta la venida del Redentor prometido; y por las cuales le vemos esperando tranquilamente el término pacífico de una vida bien empleada y la resurrección de los justos. Véase SUSAN.

Daniel fué uno de los caracteres más inmaculados de que se hace mención. Tanto su juventud como su vejez fueron igualmente consagradas á Dios. Conservó su honradez en las circunstancias más difíciles, y en medio de las fascinaciones de una corte oriental fué puro y justo. Confesó el nombre de Dios ante los príncipes idólatras, y habría sido mártir, á no ser por el milagro que lo preservó de la muerte. Su historia merece el atento y piadoso estudio de los jovenes, y las lecciones que inculca dan valiosa y sólida instrucción. Véase CIRO.

II. El segundo hijo de David, llamado también Chileab, 1 Crón. 3:1; 2 Sam. 3:3.

III. Descendiente de Itamar, cuarto hijo de Aarón. Fué uno de los jefes que acompañaron á Esdras de Babilonia á Judea, y que después tuvo una parte importante en la reforma del pueblo, Esdr. 8:2; Neh. 10:6.

DANIEL, LIBRO DE. Este libro es una mezcla de historia y profecía. Los seis primeros capítulos son principalmente históricos y los restantes proféticos. Fué concluido hacia el año 534 A. C.

Las maravillas que narra son de un carácter notable y peculiar, y tuvieron por objeto manifestar al pueblo de Dios, que en medio de la degeneración de este, la mano del Señor no se había acortado para esto de proveer á la salvación; y demostrar también á los enemigos del mismo pueblo, que había una diferencia esencial entre Jehová y los ídolos, entre el pueblo de Dios y el mundo. Las profecías contenidas en la última parte del libro se extienden desde la época de Daniel hasta la resurrección universal. Según algunos intérpretes, los cuatro reinos son el Babilónico, el Medo, el Persa, y el Griego; pero el primer cumplimiento de esta visión fué solamente el prelimilar de uno ó más cumplimientos adicionales, en tiempos cristianos posteriores. Según la interpretación general, sin embargo, los Imperios Asirio, Persa, Griego y Romano, están descritos allí con imagenes muy propias. Se predice el tiempo preciso de la venida de Cristo. Se determinan con exactitud el levantamiento y la caida del Anticristo, y la duración de su poder; se señala con claridad la victoria de Cristo sobre sus enemigos, y el predominio universal de su religión. El libro está lleno de los sentimientos más levantados de piedad y devota gratitud. Su estilo está sencillo, claro y conciso, y muchas de las profecías se profieren en un lenguage tan llano y circunstancial, que hay infieles que aseguran haberse escrito despues de haberse verificado los acontecimientos que describen. Sir Isaac Newton considera á Daniel como el más preciso y claro de todos los profetas, y el que con mayor facilidad puede ser entendido; y por lo mismo juzga que en asuntos relativos á los últimos tiempos debe ser tenido como la clave de los otros profetas.

Con respecto á la no adulteración y á la autenticidad del libro, se tiene la mayor evidencia, tanto externa como interna. Tenemos el testimonio de Cristo mismo, Mat. 24:15, de Juan y de Pablo, que han copiado sus profecías; de la iglesia y la nación judías, que han recibido este libro constantemente como canónico; de Josefo que lo recomienda como el principal de los profetas; y de los Targums y Talmudes judíos, que con frecuencia citan esta autoridad. Por lo que hace á la evidencia interna, la dan el estilo, el lenguage y la manera de escribir, que concuerdan perfectamente con su época, y especialmente se prueba que el autor ha sido profeta, por el exacto cumplimiento de sus predicciones. Este libro como el de Isaías fué escrito, parte en Hebreo, y parte en Caldeo, que era la lengua predominante de los Babilonios. Véase ALEJANDRO I.

DARÍO EL MEDO, Dan. 6:1; 9:1; 11:1 fué probablemente Cyxares II, hijo de Astyages, rey de los Medos, y hermano de Mandane, madre de Ciro, y de Amyit, madre de Evil-merodac y abuela de Belsasar; y así fué tío por parte de la madre, de Evil-merodac y de Ciro. La Septuaginta le llama Artajerjes, Jenofonte Cyaxares, y el hebreo, "Darío hijo de Assuero, de la simiente de los Medos." Con Ciro, su sobrino, y siendo "rey nominalmente de los Medos," capturó á Babilonia y dió muerte á Belsasar rey de los Caldeos, teniendo entonces sesenta y dos años de edad, Dan. 5:31. Hizo á Daniel el funcionario más elevado del Imperio; y despues de que los enemigos del profeta ocuparon el lugar de este en la cueva de los leones, expidió un decreto para que todos sus súbditos adorasen al Dios de Daniel, Cap. 6. Su reinado en Babilonia fué corto, terminando con su muerte en el segundo año, en que el gobierno pasó directamente á manos de Ciro.

II. DARÍO HIJO DE HISTASPES, de que se habla en Esdras 4-7, Haggeo y Zacharías, como el rey que renovó el permiso dado á los Judíos por Ciro y revocado despues, para reedificar el templo. Él derribó del poder á Smerdis el usurpador mago del trono persa, al cual Darío, como heredero, tenía legítimo derecho, 521 A. C., y reinó 36 años. Trasladó el asiento del gobierno á Susa, por lo cual Babilonia se rebeló contra él; pero sujetó la rebelión, y derribó las murallas de esta ciudad, según se había predicho, Jer. 51:58.

III. DARÍO CODOMANO, Neh. 12:12, fué uno de los reyes persas más valientes y generosos. Alejandro el Grande lo derrotó varias veces, y al fin destruyó la monarquía persa, 206 años despues de establecida. Darío fué muerto por sus propios generales despues de un corto reinado de seis años. Así se cumplieron las profecías de Daniel, cap. 8.

DATÁN, Rubenita, uno de los rebeldes que acompañaban á Coré, contra la autoridad de Moisés y de Aarón, Núm. 16; 26:9; Sal. 106:17.

DAVID, *amado*, el hijo más joven de Isaí, de la tribu de Judá, nacido en Betlehem, 1085 A. C.; uno de los hombres más notables de la historia tanto sagrada como profana. Su vida ha sido consignada extensamente desde 1 Sam. 16 hasta 1 Reyes 2, y su vida espiritual en los Salmos escritos por su propia pluma. Fué el ungido del Señor, escogido por Dios para ser rey de Israel en lugar de Saúl, y consagrado para ese cargo por el venerable profeta Samuel, mucho antes de que de hecho ascendiera al trono, 1 Sam. 16:1-13, para el cual Dios lo preparó, concediéndole el don de su Espíritu, y una larga carrera de vicisitudes y peligros. En su tan llana vida pastoril se distinguió por su audacia, su lealtad y su fé en Dios; y siendo todavía joven, fué llamado á la corte como diestro en la música, valiente, prudente en su conducta y de hermosa presencia. Consiguió aliviar de tiempo en tiempo el ánimo del rey Saúl, oprimido por cierto espíritu de melancolía y remordimiento, y llegó á ser uno de sus cortesanos favoritos; pero al declarar la guerra á los Filisteos, parece que se le exoneró de todo cargo, y volvió á cuidar el rebaño de su padre. La Providencia lo condujo en breve al campo de batalla, y dió á su noble valor y á su fé la victoria sobre el gigante Goliat. Volvió á la corte coronado de honores, recibió mando en el ejército, y á Micál la hija del rey, por esposa. Se condujo bien en todas ocasiones, y conquistó rápidamente la confianza y el amor del pueblo. El celo de Saúl sin embargo, lo obligó al fin á buscar refugio en el desierto de Judá, en donde á poco tiempo reunió una banda de 600 hombres, á quienes mantuvo en perfecta disciplina, y los empleó solamente contra los enemigos de su país. Fué á pesar de eso perseguido por Saúl con implacable hostilidad; y como no quizo levantar la mano contra su rey, aun cuando á menudo lo tuvo en su poder, juzgó al fin conveniente retirarse á la tierra de los Filisteos. Véase ISAÍ. Allí fué recibido generosamente; pero se encontraba en una posición tan difícil que no podía hacerle frente de una manera honrosa, cuando la muerte de Saúl y de Jonatán le abrió el camino al trono prometido.

Fué en el acto elegido rey sobre la casa de Judá en Hebrón; y después de unos siete años de hostilidades, lo fué unánimemente por todas las tribus de Israel, y se estableció en Jerusalem, siendo el fundador de una familia real que continuó hasta la caída de la nación judía. Su carácter como monarca es notable por su fidelidad para con Dios, y por los grandes fines á que fué llamado al dársele una posición tan llena de responsabilidad.

Condujo el arca de Dios á la ciudad santa con las más grandes demostraciones de honor y regocijo. Las ordenanzas del culto fueron modeladas de nuevo, y arregladas con el mayor cuidado. Administró justicia al pueblo con imparcialidad, y dió un poderoso impulso á la prosperidad general de la nación. Su sabiduría y energía consolidaron el reino judío; la organización que dió al ejército y su destreza militar lo pusieron en aptitud, no sólo de resistir con buen éxito los asaltos de los invasores, sino de extender los límites del reino sobre todo el territorio prometido en la profecía, desde el Mar Bermejo y el Egipto, hasta el Éufrates, Gén. 15:8; Jos. 1:3. Con los despojos que tomó en la guerra enriqueció á su pueblo, é hizo una provisión abundante de materiales para el magnífico templo que se proponía edificar en honor de Jehová; templo que fué á Salomón á quien le cupo el privilegio de erigir.

David no se vió enteramente exento de las influencias desmoralizadoras de la prosperidad y de un poder sin restricción alguna. Sus tentaciones fueron numerosas y fuertes, y aunque en lo general su conducta formaba un marcado contraste con la de los reyes que lo rodeaban, incurrió, sin embargo, en graves faltas. Como otros en aquellas épocas, tenía numerosas esposas, y sus últimos años fueron amargados por los malos resultados de su poligamía. Sus crimenes en el caso de Urías y Batseba fueron espantosos ciertamente; pero al despertar de su sueño de locura, se arrepintió hasta el polvo y las cenizas, sometiéndose humildemente á la reprobación y al castigo que había merecido, y buscó y encontró la misericordia de Dios. De ahí en adelante las frecuentes aflicciones que tuvo le hacían recordar la necesidad en que estaba de ser humilde y desconfiar de sí mismo. Hubo discordias y asesinatos en su propia familia, 2 Sam. 12:10. Las historias de Tamar, Amnón, y Absalóm, manifiestan cuán grande debió ser la angustia que desgarró el corazón de su padre. Las rebeliones de Absalóm, Sheba y Adonías, el hambre y las plagas que afligieron á su pueblo, los crimenes de Joab, etc., lo indujeron á exclamar, "Oh si yo tuviera alas, como una paloma, volaría para ir á descansar." Con todo, sus penalidades produjeron buenos frutos. La firmeza y decisión de su carácter, su humildad, su nobleza y su piedad brillan en sus últimos actos con motivo de la rebelión de Adonías. El encargo que hizo á Salomón de no perdonarles la vida á Joab y á Semei, fué la voz de la justicia y nó de la venganza.

Sus preparativos para la construcción del templo y el servicio público en el cual consagró todo á Jehová, haciendo que el pueblo entero bendijese al Señor Dios de sus padres, coronaron de singular belleza y gloria la vida de este eminente siervo de Dios. Después de un reinado de 40 años, murió á la edad de 71 y fué sepultado en "la ciudad de David," en el Monte Sión, en donde aún se ve su tumba.

Las habilidades mentales y los conocimientos de David eran de un orden elevado; y su conducta general se caracterizaba por la generosidad, la probidad, la fortaleza, la actividad y la perseverancia; la moderación y la fogosidad se combinaban en su temperamento, y su carácter religioso estaba eminentemente adornado por una piedad sincera, ferviente y exaltada. Era hombre de Estado, guerrero y poeta á la vez. En sus salmos pone de manifiesto con franqueza todo su corazón. Sus poemas inspirados, llenos de penitencia y confianza en Dios, y de una deliciosa comunión con Él, contienen muchos pasajes proféticos y están admirablemente adecuados para servir de guía á los actos piadosos del pueblo de Dios, mientras tenga una iglesia en la tierra. Aunque primero fueron cantados por lenguas hebreas en los valles de Betlehem y en las alturas de Sión, resuenan ahora con igual dulzura en idiomas entonces desconocidos, y son caros á los corazones cristianos de toda la redondéz de la tierra. Al introducirlos en el culto del templo, David añadió al ritual anterior un medio importante de instrución y edificación.

En su carácter de rey, David fué un notable tipo de Cristo, y sus conquistas fueron la sombra de las del reino de Cristo. Su descendencia real revivió espiritualmente en la persona del Salvador, que era descendiente de él según la carne, y á quien por lo mismo se le llama "el Hijo de David," y se dice que está sentado sobre su trono.

DEBIR, *santuario ú oráculo*, Jueces 1:11, lugar llamado también Kirjat-Sefer, ciudad de libros; y Kirjat-Sannah, lugar de hojas de palma, Jos. 15:15, 49. A juzgar por estos nombres, parece haber sido algún lugar sagrado entre los Cananeos, y un depósito de sus registros. Fué una ciudad real de Judá, once ó doce millas al Sudoeste de Hebrón, conquistada de los Anakim por Josué; pero capturada de nuevo por los Cananeos y vuelta á subyugar por Otniel y entregada después á los sacerdotes, Jos. 10:38, 39; 15:15-17; 21:15. Sus ruinas se llaman ahora Dháheriyeh.

Había otra Debir en Gad y una tercera en la frontera de Benjamin, Jos. 13:26;

15:7. Para Debir, rey de Eglón, véase Jos. 10:3, 23-26.

DÉBORA, *abeja*, I., la nodriza de Rebeca á quien ella acompañó de Aram á Canaán, Gén. 24:59. En su muerte, cerca de Betel, fué sepultada con marcadas manifestaciones de afecto, bajo la famosa encina á que entonces se dió el nombre de Allon-bacut, *la encina del llanto*, Gén. 35:8, 1732 A. C. Estaba en ese tiempo en la casa de Jacob, habiendo muerto yá Rebeca sin duda alguna, y tenía como 120 años de edad. Hay algo muy hermoso en esta sencilla consignación, que á penas podría hallarse en nuestras grandes historias de reyes, hombres de Estado y guerreros afamados. Estos, en efecto rara vez se toman la molestia de erigir un monumento á una vida digna pero oscura que se ha pasado en el desempeño de servicios humildes.

II. Profetisa, y esposa de Lapidot, que juzgó á los Israelitas y habitó bajo una célebre y acaso solitaria palmera entre Rama y Betel, Jueces 4:4, 5. Cuando los Judíos, especialmente los de las tribus del Norte, sufrían bajo la tiranía de Jabín, 1296 A. C.. como profetisa se empeñó en levantarlos de su abatimiento, y enviando por Barac lo indujo á atacar á Sísara y le prometió la victoria. Barac, sin embargo, rehusó ir á menos que ésta le acompañase, cosa á que Débora accedió; pero le dijo que el éxito de la expedición sería imputado á una mujer y no á él. Después de la victoria compuso un espléndido canto triunfal, que se conserva en Jueces 5.

DECÁLOGO, los diez principales mandamientos, Exod. 20:3-17, de las palabras griegas *deka*, diez, y *logos*, palabra. Los Judíos llaman estos preceptos "las diez palabras." La división usual de los diez mandamientos entre los protestantes, es la que Josefo nos dice que se hacía por los Judíos en su tiempo. Roma hace una división diferente, incluyendo el segundo en el primero, excluyéndolo prácticamente en los catecismos, y haciendo dos del décimo. Los diez mandamientos son un sumario de las obligaciones del hombre para con Dios y para con sus semejantes, dictadas de un modo tan comprensivo, sábio y bueno, que desde luego demuestran su divino origen y causan la admiración del mundo. Cada uno de ellos está basado en la más sana razón, y ambos se adaptan y se refieren á toda la raza humana de todos los épocas del mundo. No son propios de una nación, ni transitorios como los detalles de las leyes ceremoniales y civiles de los Judíos, que han pasado yá; pues su espíritu se halla incluído en el Evangelio: "más fácil es que pasen el cielo y la tierra que el que falte una jota de la ley," Luc. 16:17. El Salvador mismo los ratifica todos; y anular alguno, como hay quienes lo hagan con el cuarto mandamiento, es desafiar la maldición con que se nos amenaza en Apoc. 22:18, 19.

DECÁPOLIS (de la palabra griega, *deka*, diez, y *polis*, ciudad, país en el Norte de Palestina que contenía diez ciudades principales, especialmente en el lado oriental del Jordán, Mat. 4:25; Mar. 5:20; 7:31. Según Plinio eran Scythopolis, Filadelfía, Rafane, Gadara, Hippos, Dios, Pella, Gerasa, Canatha y Damasco. Josefo cuenta á Otopos en lugar de Canatha. No obstante estar situada dentro de los límites de Israel. la comarca de Decápolis estaba habitada por muchos extranjeros y de ahí el que el nombre que llevara fuera extranjero.

Esto puede explicar también por qué se tenían en ella tantos hatos de cerdos, Mat. 8:20; siendo así que esa práctica estaba prohibida por la ley mosaica. Ahora está comparativamente despoblada.

DEDÁN, I., nieto de Cush, Gén. 10:7, y II. el hijo de Joksán, hijo de Abraham y de Cetura, Gén. 25:3. Ambos fueron fundadores de tribus que con frecuencia se mencionan en las Escrituras. Se supone que los descendientes de Dedán Cushita se establecieron en la Arabia Meridional, cerca del Golfo Pérsico, en el cual hay una isla llamada por los Arabes Dadén. Los descendientes de Dedán Abrahamita vivían en las cercanías de Idumea, Jer. 49:8. No se expresa con claridad en todos los casos en que se halla este nombre, á cuál de las dos tribus se hace referencia. La tribu Cushita era la que probablemente se empleaba en el comercio. Las "compañías viajeras" de Dedán se mencionan por Isa. 21:13. Se nombran también juntamente con los comerciantes de Tarsis por Ezeq. 38:13, y eran célebres por su comercio con los Fenicios.

DEDICACIÓN, ceremonia religiosa en virtud de la cual una persona, lugar ó cosa, era consagrado á un santo objeto. Así, el Tabernáculo y el primero y segundo Templo fueron dedicados á Dios, Exod. 40; 1 Reyes 8; Esdr. 6. Los Judíos también practicaban cierta dedicación de paredes, casas, etc., Deut. 20:5; Neh. 12:27. La "fiesta de dedicación," celebrada el día 25 del mes Chisleu, era una conmemoración anual de la purificación y dedicación del templo, después que fué profanado por Antiochus Epífanes 167 A. C., Juan 10:22.

DELILA, *languideciendo*, mujer filistea del Valle de Sorek, á quien Samsón amó, y la que lo traicionó entregándolo á los enemigos de Israel por 5,500 siclos de plata, Jueces 16.

DEMANDAR ó TOMAR PRESTADO. Se dice que los Hebreos "demandaron" de los Egipcios, Exod. 3:22; 12:35. La palabra original denota simplemente "pidieron." Como se sabía que debían irse para siempre de Egipto, es claro que los Egipcios no esperaban que se les devolviesen las cosas que pedían. Las pidieron por disposición divina, y recibieron sin duda mucho menos de lo que era justa compensación por sus muchos años de duro servicio.

DEMAS, compañero de Pablo en sus trabajos evangélicos y en la primera prisión que sufrió en Roma, y quien después de algún tiempo lo abandonó, ya sea desalentado por los contratiempos de la obra, ó ya incitado por el amor al mundo, Col. 4:14; 2 Tim. 4:10; File. 24. Tenemos la esperanza de que el abandono que hizo de Pablo y de Cristo no haya sido una apostasía final; pero la Biblia deja lo que pasó á este respecto cubierto con un velo tenebroso que debe servirnos de sério escarmiento. "Este mundo presente," que nos tienta á no seguir á Cristo, es siempre una maldición, y puede ser nuestra ruina.

DEMETRIO, I., platero de Éfeso que hacía en plata modelos del famoso templo de Diana, y los vendía á los extranjeros, Hechos 19:24-41. Observando los progresos del Evangelio no sólo en Éfeso, sino en todas las regiones circunvecinas, reunió á sus compañeros de profesión y les manifestó que por esta nueva doctrina no sólo sufriría detrimento su oficio, sino que el culto de la gran Diana de Éfeso estaba en peligro de ser enteramente abandonado. Esto produjo en la ciudad un alboroto y un tumulto tales, que la autoridad encargada de conservar el orden pudo con dificultad apaciguarlo, valiéndose de la firmeza y de la persuasión.

II. Discípulo y probablemente ministro de alta reputación, 3 Juan 12. Es posible que sea el mismo que fué antes platero de Éfeso; pero de esto no pueden aducirse pruebas en pró ni en contra.

DENARIO, Mat. 18:28; Marc. 6:37, la moneda principal de los Romanos, equivalente á unos 16 centavos. El dracma griego, "pieza de plata," Luc. 15:8, era poco menos del mismo valor. Una grande hambre se indicaba, Apoc. 6:6. cuando el sala-

rio de todo un día podía comprar únicamente unas dos libras de trigo, que constituía la necesidad de un solo hombre; un denario servía comunmente para comprar una fanega. El denario mostrado á Cristo tenía el retrato y el nombre de Tiberio, Mat. 22:19, 21. Aun el valor nominal del denario se expresaría mejor por el chelín, franco ó peseta, así como su valor real para pagar el trabajo y los efectos. La cantidad pagada por el Samaritano de que se habla en Luc. 10:35 tenía un valor por lo menos como de dos pesos de los nuestros.

DERBE, pequeña población de Licaonia, en el Asia Menor, á donde Pablo y Bernabé partieron, dejando á Listra 41 A. D., Hech. 14:20. Estaba al Norte de las montañas de Tauro, 16 ó 20 millas al Este de Listra y á corta distancia del paso bien conocido llamado "Las Puertas Cilicianas." Los dos misioneros aumentaron mucho el número de sus discípulos allí, y entre ellos Gaio, que trabajó después con Pablo, Hech. 14:21; 20:4. Pablo volvió á visitar á Derbe en su segundo viaje, y acaso también en el tercero, Hech. 16:1-4; 18:23; 19:1.

DESECHADO ó RÉPROBO, no admitido, por no haber resistido la prueba de dignidad, Jer. 6:30. Se habla de algunos hombres á quienes se tienen como réprobos aun en esta vida, por ser obstinados en el pecado y en la incredulidad, Rom. 1:28; 2 Tim. 3:8; Tit. 1:16.

DESIERTO. Las Escrituras designan generalmente bajo la palabra desierto un lugar sin cultivo, estéril por naturaleza, ó una extensión de terreno donde pacen algunos ganados. Algunos desiertos eran enteramente secos y áridos, otros eran bellos y tenían buenos pastos, Joel 2:22. David habla de la belleza del desierto, Salm. 65:12, 13. Las Escrituras mencionan varios desiertos en la Tierra Santa. En Ezeq. 47:8, se llama así al valle del Jordán. Véase ARABAH. Otros desiertos de que particularmente se hace mención, son: "aquel grande y terrible desierto," en Arabia Petrea, al Sur de Canaán, Deut. 8:15, al recorrer el cual, durante cuarenta años,

los Israelitas llevaban consigo rebaños y ganados, Exod. 12:38; Núm. 11:22; 32:1; también la región que está entre Canaán y el Éufrates, Exod. 23:31; Deut. 11:24. Los potreros de estos desiertos están revestidos en el invierno y en la primavera de rico y tierno herbaje; pero el calor del verano pronto lo quema, y los Árabes se ven obligados á ir á buscar pastos en otras partes. Lugares semejantes á estos inhabitados, se hallaban cerca de muchas de las poblaciones de la misma Palestina; tales como "el desierto de Zif," de Main, Gabaón, etc. "El desierto de Judá" era la faja montañosa que estaba al Oeste del Mar Muerto, 1 Sam. 17:28; Mat. 3:3. Véase también Luc. 15:4; Hech. 8:26.

DESJARRETAR, inutilizar á los animales cortándoles los tendones de las piernas, Jos. 11:6, 9; 2 Sam. 8:4.

DESNUDO ó descubierto en el sentido literal, Gén. 2:25; Job 1:21; Ecl. 5:15; así el Hades y todas las cosas secretas se hallan descubiertas ante Dios, Job 26:6; Heb. 4:13. Muchas veces significa solamente "estar medio vestido." Pedro llevaba solamente su túnica ó vestido interior. Véase VESTIDOS. En este sentido debe probablemente entenderse en 1 Sam. 19:24; Isa. 20:2; Miq. 1:8; Hech. 12:16. Algunas veces se da á entender la pobreza ó insuficiencia de vestidos, como en Sant. 2:15 y esto pasa en Isa. 58:7; 2 Cor. 11:27. Una nación se dice que está descubierta cuando está privada de defensas, y desnuda si lo está de riquezas, etc., Gén. 42:9; Exo. 32:25; 2 Crón. 28:19; Jer. 49:10. Por "desnudez" en la Biblia se da á entender, no solo el acto de estar descubierto vergonzosamente sino todo pecado, especialmente, la idolatría, Exod. 32:25; Ezeq. 16:36. "Descubrir la desnudez" significa una unión incestuosa, ilegal, Lev. 20:19.

DESPOJOS, ó PRESA, botín tomado en la guerra. Una décima parte de todo lo que de ese modo se adquiría, era dedicada á Jehová para el uso de sus sacerdotes, desde la época de Abraham, Gén. 14:20; Heb. 7:4. Después de la victoria de Israel sobre los Madianitas, Moisés por mandato de Dios ordenó que el botín de cautivos y ganados fuese dividido por mitad entre los 12,000 guerreros que habían tomado parte en la batalla, y la masa de Israelitas que no combatieron; previniéndose á los primeros, que dedicasen á Dios una quincuagésima parte del décimo de lo que les correspondía, para los sacerdotes, y á los últimos que diesen también la quincugésima de su respectiva porción, para los Levitas, Núm. 31:26-47. Se ofrecía también un donativo voluntario de oro, en acción de gracias al Señor, vers. 48-34. Todo este tuvo por objeto probablemente, establecer un precedente para las ocasiones futuras; comp. 2 Sam. 8:6-12; 1 Crón. 26:26, 27. David dispuso que los guarda-equipajes participasen igualmente del botín con los combatientes, 1 Sam. 30:21-25. Como verbo, "despojar" significa muchas veces "saquear," Gén. 34:27, 29; 1 Sam. 14:36; 2 Reyes 7:16; 2 Crón. 14:14. En Éxodo 3:22; 12:36, la palabra traducida "despojar" y "despojaron," significa recobrar la propiedad que le ha sido tomada á uno por la fuerza; comp. 1 Sam. 30:18, 22. Cristo despojó los principados y las potestades, cuando por su obra expiatoria privó á Satanás y á sus huestes del poder que tenían para dañar á su pueblo, Col. 2:15. Este verbo significa también "desnudar," en el sentido de quitarse uno el vestido ó la armadura; y por lo mismo algunos interpretan el pasaje citado dándole la significacion de que "habiéndose quitado *su cuerpo*" hizo una manifestación de principados, etc. Pablo amonesta á los Cristianos, usando el mismo verbo, para que no permitan que los sectarios de la filosofía y tradición humana los "despojen" ó los cojan por la fuerza, esto es, los lleven cautivos, Col. 2:8. Véase FILOSOFÍA.

DESPOSORIO. el compromiso contraido entre un hombre y una mujer para casarse en tiempo determinado. Los padres antiguamente desposaban á sus hijas sin el consentimiento de ellas, aun de muy tierna edad, como sucede todavía en los países orientales. Algunas veces se firmaba un contrato en el cual el novio se comprometía á dar cierta suma en calidad de dote á su novia. El matrimonio no se llevaba á efecto sino hasta que la novia tenía doce años por lo menos; con todo, los esponsales no podían ser disueltos sino por el divorcio ó la muerte, Mat. 1:18-25; Luc. 1:27. Dios habla de desposarse con su pueblo en afecto tierno y empeña su palabra de que todas las promesas que por su gracia les ha hecho, les serán cumplidas, Jer. 2:2; Oseas 2:19, 20. Los ministros son los instrumentos de esto por medio de la predicación del evangelio. 2 Cor. 11:2.

DEUDOR, el que tiene deudas, ya sean pecuniarias ó morales, Mat. 23:16; Rom. 1:14; Gál. 5:3. Si la casa, el ganado ó los bienes de un Hebreo no eran suficientes para pagar sus deudas, podía el acreedor apropiarse su tierra con ese fin, hasta el año de jubileo, y podía reducirlo á la esclavitud hasta que le pagase con su trabajo lo que le debía, ó hasta el año de jubileo, que en todo caso ponía término á la esclavitud hebrea, Lev. 25:29-41; 2 Reyes 4:1; Neh. 5:3-5. Véanse también las restricciones impuestas al derecho del acreedor en Deut. 24:6, 10-13. En tiempo de Cristo las prisiones por deudas habían venido á convertirse en costumbre, Mat. 18:34.

DEUTERONOMIO, *segunda ley*, ó la repetición de la ley, el quinto libro del Pentateuco, llamado así por los Griegos, porque en él recapitula Moisés lo que había ordenado en los libros precedentes, Deut. 1:1-6; 29:1; 31:1; 33, etc. Este libro contiene la historia de lo que pasó en el desierto desde el principio del undécimo mes hasta el día siete del duodécimo del año cuadragésimo, contado desde el en que los Israelitas salieron de Egipto, comprendiendo por lo menos un espacio como de seis semanas, 1451 A. C. La parte en que se habla de la muerte de Moisés fué añadida después, muy probablemente por Josué.

El libro del Deuteronomio es la sublime y preciosa despedida del inspirado "hombre de Dios," venerable entonces por su edad y su experiencia, y cuando estaba ya casi en la puerta del cielo. Él le da al pueblo de Dios sus consejos y sus bendiciones paternales, y en seguida que al Monte Pisgah sólo, á morir. Refiérese la conducta de Dios para con ellos, caps. 1-4; recapitula sus leyes, caps. 5-26; les patentiza porqué deben amarle y cómo deben servirle, caps. 27-34. Está lleno de tierna solicitud, de sabias enseñanzas, de fieles amonestaciones y del celoso amor que un patriota y un profeta siente por el pueblo de Dios, á quien él había llevado tanto tiempo en el corazón. Se cita con frecuencia por los escritores inspirados que existieron después, y por nuestro Señor, Mat. 4:4, 7, 10.

DÍA. Esta palabra se usa en varios sentidos, denotando ordinariamente una completa revolución de la tierra sobre su eje. El día civil es aquel cuyo principio y fin han sido determinados por la costumbre de alguna nación. Los Hebreos comenzaban su día en la tarde, Lev. 23:32, los Babilonios en la salida del sol, y nosotros lo empezamos á media noche. El día natural es el tiempo que el sol permanece sobre el horizonte, siendo desigual en diferentes latitudes y estaciones, con motivo de la oblicuidad del ecuador. Las Escrituras Sagradas dividen generalmente el día en doce horas. La hora sexta siempre termina al medio día en todo el año; y la duodécima es la úl.ima antes de ponerse el sol. Pero en el verano todas las horas del día eran más largas que en el invierno, mientras que las de la noche eran más cortas. Véase HORA, y TRES.

La palabra día se usa también á menudo para designar un periodo indeterminado. Véase CREACIÓN. Y se aplica al tiempo de la venida de Cristo en la carne y al de su segunda venida al juicio, Isa. 2:12; Ezeq. 13:5; Juan 11:24; 1 Tes. 5:2.

El "día" profético comunmente se ha entendido que es un año; y el año ó "tiempo" profético, es un periodo de 360 años, Ezeq. 4:6. Compárense los tres y medio tiempos de Dan. 7:25 con los 42 meses y 1,260 días del Apoc. 11:2, 3. Véase SÁBADO.

DIABLO, I., ángel caído, y particularmente el jefe de ellos, el diablo ó Satanás. Es el gran caudillo del mal en el mundo, y su gran objetivo es contrarestar el bien que Dios se propone hacer. Se esfuerza especialmente, con sus ángeles, en impedir que las almas de los hombres abracen la salvación que se les ofrece por medio de Jesu-Cristo.

Su nombre, derivado del griego diábolos, significa falso acusador, calumniando á Dios con los hombres, como en Gén. 3, y á los hombres, especialmente á los buenos, con Dios, Job 1:9, 10; Zac. 3:1; Apoc. 12:10; así como el hebreo Satán significa adversario, tanto de Dios como del hombre. Pero las Escrituras le dan otras varias denominaciones descriptivas de su carácter. Se le llama en ellas "el príncipe de este mundo," Juan 12:31, "el príncipe de la potestad del aire," Efes. 2:2; "el dios de este siglo," 2 Cor. 4:4; "el dragón, aquella serpiente antigua," Apoc. 20: 2; "el maligno," 1 Juan 5:18; "un leon bramando," 1 Ped. 5:8; "un homicida." "un mentiroso," Juan 8:44; "Beelzebúb," Mat. 12:24; "Belial," 2 Cor. 6:15. En todas partes se le muestra como lleno de malignidad, crueldad y engaño, aborreciendo á Dios y al hombre. Son incesantes los esfuerzos que hace para destruir las almas, y se sirve de innumerables ardides para acomodar sus tentaciones á la diversidad de carácteres y condiciones de los hombres, induciendo á los malvados y aun á los buenos, así como á los ángeles

que tiene bajo su potestad, á que le secunden en esa obra. Casi todo el mundo ha estado sujeto á ese imperio; pero es un enemigo sentenciado. "Cristo quebrantará la cabeza de la serpiente," le quitará la posesión del mundo como se ha quitado la de los individuos, y por último lo confinará por siempre en el lugar preparado para él y para sus ángeles, Mat. 25:41.

II. La palabra "demonios," en los evangelios, es la traducción de una palabra griega, diferente de la usada para denotar el diablo. Véase ÍDOLOS. La Biblia habla "del diablo y sus ángeles," Mat. 25:41; Apoc. 12:7, 9, y de Satanás como "el príncipe de los demonios," Mar. 3:22–30, representando á los últimos semejante á su jefe en sus acciones y en su naturaleza de ángeles caídos, Luc. 10:17, 18. En los evangelios son espíritus "inmundos," llenos de activa malignidad; creen y tiemblan, Sant. 2:19; confiesan la deidad de Cristo, ceden á su autoriaad y temen su juicio venidero, Mat. 8:29; Luc. 4:41; Hech. 19: 15. Véanse también Efes. 6:12; Apoc. 12:7-9. La palabra demonios se aplica también algunas veces á los ídolos, intimando el interés especial que los espíritus malignos tienen en las "maravillas mentirosas" y en la abominación del culto de los ídolos, Deut. 32:17; 1 Cor. 10:20, 21; Apoc. 9:20.

Hay muchos ejemplos en el Nuevo Testamento, de personas poseídas por demonios, y á estas con frecuencia se les llama "demoniacas" ó "endemoniados." Algunos arguyen que no eran sino víctimas de enfermedades naturales, tales como epilepsia, demencia, etc., y que no estaban poseídos de espíritus malignos; pero á los endemoniados se les distingue con claridad de los que padecían de epilepsia ó de alguna otra enfermedad, Mat. 4:24; Mar. 1:32; 16:17, 18; Luc. 6:17, 18; y nuestro Salvador habla y manda á los demonios que excitaban á los poseídos, los cuales demonios contestaban con conocimiento sobre-humano, reconocían al Hijo de Dios, obedecían sus mandatos, y daban pruebas de su presencia atormentando á aquellos á quienes estaban obligados á abandonar. Cristo alega como prueba de su misión, que los demonios están arrojados fuera; promete á sus apóstoles el mismo poder que había ejercido contra esos espíritus malignos, Mat. 10:1, 8; Luc. 9:1; y sus conversaciones con los Judíos y sus discípulos cuando estaban solos con él, implican la agencia de espíritus malos en los endemoniados, Mat. 12:22-29; 17:18-21. Nadie por lo mismo puede negar este hecho sin negar la inspiración de las Escrituras y la probidad de Cristo.

No se presentan casos de esa naturaleza en la actualidad. Se permitió que ocurriesen en tiempo de Cristo, puesto que él vino á salvar tanto el cuerpo como el alma de los hombres, y "á destruir las obras del diablo," y tenía necesidad de manifestar un poder salvador curando las enfermedades, perdonando los pecados, y espulsando los demonios, Mat. 12:28; Luc. 10:17, 18; 1 Juan 3:8. Los poseídos se habían atraído probablemente los espíritus malos con sus vicios y crímenes, que les habían también acarreado las enfermedades que en tantos casos se hallaron entre los poseídos por los demonios.

En todos los pasajes del Nuevo Testamento en que ocurre "demonios," no se denota Satanás; ni tampoco cuando ocurre la palabra "demonio" en singular, tales como en Mat. 9:31; 11:18; 15:22; 17:18; Mar. 5:15, 16, 18; 7:26, 29, 30; Luc. 4:33, 35; 7:33; 8:29; 9:42; 11:14; Juan 7:20; 8:48, 49, 52; 10:20, 21.

En todos los otros en que ocurre "diablo" en singular, denota en el original, Satanás, *diábolos*, á saber: Mat. 4:1, 5, 8, 11; 13:39; 25:41; Luc. 4:2, 3, 5, 6, 13; 8:12; Juan 6:70; 8:44; 13:2; Hech. 10:38; 13:10; Efes. 4:27; 6:11; 1 Tim. 3:6, 7; 2 Tim. 2:26; Heb. 2:14; Sant. 4:7; 1 Ped. 5:8; 1 Juan 3:8, 10; Judas 9; Apoc. 2:10; 12:9, 12; 20:2, 10.

DIÁCONO, el que asiste, auxilia ó ayuda, traducido algunas veces por *ministro*, como en 2 Cor. 6:4; Efes. 3:7. Los diáconos se mencionan primero como funcionarios de la iglesia cristiana en Hechos 6; sus deberes eran cobrar las limosnas de la iglesia y distribuirlas entre todos aquellos que tuvieran derecho á ellas; visitar á los pobres y á los enfermos, á las viudas, á los huérfanos y á los que sufrían bajo la persecución, y administrarles todos los auxilios y consuelos necesarios y oportunos. De los siete que allí se nombran, Felipe y Estevan se hallan después trabajando como evangelistas. Las cualidades que deben tener los diáconos se especifican en 1 Tim. 3:8-12, y las de los obispos en los versículos precedentes.

DIACONISA. En los primeros tiempos de la iglesia cristiana, si es que nó en los apostólicos, se llamaban diaconisas aquellas mujeres que servían á la iglesia, desempeñando las funciones que no podían

encomendarse con propiedad á los diáconos, tales como cuidar las puertas de aquella parte de la iglesia en donde las mujeres se sentaban, instruir privadamente á las de su sexo, y visitar á las enfermas y á las que sufrían prisiones por la fé. En Rom. 16:1 se dice que Febe era diaconisa de la iglesia de Cencreas. Véase también 1 Tim. 5:9-16.

DIADEMA, en el Nuevo Testamento, la corona de los reyes distintiva de la de los conquistadores, Apoc. 12:3; 13:1; 19:12.

DIAMANTE, la más dura y brillante de las joyas, muy rara y costosa, que se supone no fué conocida por los Judíos. Los diamantes se usan no sólo como adornos, sino para cortar y grabar las sustancias duras, Jer. 17:1. La palabra hebrea *shamir*, usada en este pasaje, se llama "diamante" tambien en Ezeq. 3:9; Zac. 7:12, y puede significar el esmeril. Hay otra palabra hebrea, *vahalom*, traducida igualmente por diamante en Exod. 28:18; 39:11; Ezeq. 28:13, y que por algunos se cree significa topacio.

DIANA: DE LA ESTATUA QUE ESTÁ EN EL MUSEO DE NAPOLES.

DIANA ó ÁRTEMIS, célebre dlosa de los Griegos y los Romanos, y una de sus doce deidades superiores. La Diana de Éfeso era sin embargo una deidad muy diferente de la hermosa y casta cazadora de los Griegos; esta era como la diosa siria Astoret y parece haber sido venerada con ritos impuros y misterios mágicos, Hechos 19:19.

Su imagen desprendida de Júpiter desde el cielo, según la fábula, parece haber sido un trozo cónico de madera desde la cintura hasta los piés, con un busto de mujer en la parte superior, cubierto con muchos pechos, coronada su cabeza con torrecillas y con cada una de sus manos apoyada en un báculo. Era muy antigua y venerada en alto grado. El templo de esta diosa era orgullo y gloria de Éfeso. Tenia 425 piés de largo, y 220 de ancho, y 127 columnas jónicas de graciosa forma, hechas de mármol blanco, y de 60 piés de altura cada una de ellas. Sus tesoros eran de inmenso valor. Se emplearon 220 años en su construcción, y se tenía como una de las siete maravillas del mundo. En el año en que nació Alejandro el Grande, 356 A. C., había sido quemado su templo más antiguo por un tal Heróstrato, que así quizo inmortalizar su nombre; pero fué reconstruido después, como se ha descrito arriba, aun con mayor esplendor. Comp. 1 Cor. 3:9–17, escrita en Éfeso, y Efes. 2:19–22. Los templecillos para Diana hechos por Demetrio y otros, eran probablemente pequeñas copias del templo, para usos domésticos y para venderlos á los viajeros y visitantes. Las antiguas monedas de Éfeso representaban la urna y la estatua de Diana, con una inscripción griega "de los Efesios," Hech. 19:28, 34, 35. Otros llevan las mismas palabras que Lucas emplea, traducidas "proconsul" y "adorador" de Diana; y algunas con el nombre y la cabeza de Nerón, fueron acuñadas quizá cuando Pablo estuvo allí.

DIBÓN, *desfallecimiento*, I., DIMÓN, Isa. 15:9, y DIBÓNGAD, Núm. 33:45, 46, ciudad de Gad, Núm. 32:34, pero después de Rubén, Jos. 13:17. Quedaba situada en una llanura precisamente al Norte del Arnón, y fué el primer campamento de los Israelitas al cruzar ese río. Después la hallamos en manos de los Moabitas, Isa. 15:2; Jer. 48:22. Quedan vestigios de ella en un lugar que ahora se llama Dibán. Véase MESHA.

II. Ciudad en Judá, Neh. 11:25, llamada Dimona en Jos. 15:22.

DICLA, tribu descendiente de Joctán, Gén. 10:27, y que habitaba en la Arabia Meridional, y de quizás cerca de la parte Septentrional del Golfo Pérsico. 1 Crón. 1:21.

DIENTES. La referencia de las Escrituras al "crujir de dientes," expresión de rabia y de angustia, Mat. 8:12; 24:51; Luc. 13:28; "limpieza de dientes" por causa de la falta de alimento, Amós 4:6; y la pérdida de un diente por haber causado la de otro, Lev. 24:20, son de fácil comprensión; así como la relación íntima entre padres é hijos en la culpa y en el castigo, expresada de una manera tan peculiar en Ezeq. 18:2–13.

D'EVEOS, pueblo de más allá del Éufrates, de donde salieron los colonos para Samaria, Esdras 4:9; y que se supone es el de Daha que está al este del mar Caspio, bajo el gobierno persa.

DIEZMOS, *décima parte*, la porción de la renta de un hombre dedicada desde los tiempos más remotos á fines sagrados, Gén. 14:20; 28:22. Diezmos de dos clases se exigían á todos los ciudadanos judíos. El *primero* consistía en la décima parte del producto de sus campos, árboles y ganados, que debía darse á Dios como á soberano dueño de todas las cosas y como á Rey de los Judíos, Lev. 27:30–32; 1 Sam. 8:15, 17. Los productos de esta contribución se dedicaban al sostenimiento de los Levitas en sus ciudades respectivas, Núm. 18:21–24. Se podía pagar dicha contribución en dinero, añadiendo un quinto á su valor estimado. Los Levitas le pagaban á los sacerdotes una décima parte de lo que recibían, Núm. 18:26–28. El *segundo* diezmo exigido de los propietarios de terrenos era la décima parte de las nueve que quedaban después de pagada la primera contribución, para gastarla en el tabernáculo ó el templo, en hospedar á los Levitas, en su propia familia, etc,. cambiándolo primero por dinero, si por razón de la distancia del lugar de su residencia preferían hacerlo así, Deut. 12:17–19, 22–29; 14:22–27. Cada tercer año se hacía provisión especial para los pobres, sea tomándola de este segundo diezmo ó como agregado á él, Deut. 14:28, 29; 26:12–15. Estos diezmos no eran gravosos; por el contrario, el Israelita piadoso se consideraba más rico pagándolos, no obstante que parece que las leyes no obligaban á su pago con ningún castigo. Véanse las promesas hechas á los que obedecían, Deut. 28:1–13. El sistema de diezmos fué renovado antes y después del cautiverio, 2 Crón. 31:5, 6, 12; Neh. 10:37, 38; 12:44; 13:5, 12; mas no eran siempre pagados con regularidad, razón que motivó el retiro de la bendición divina, Mal. 3:8, 12. Durante un periodo posterior, los diezmos parece que han sido divididos en tres partes: una que se daba á los sacerdotes y á los Levitas, otra para las provisiones del templo, y la última para los necesitados de Jerusalem. Pagaban los Fariseos sus diezmos con escrupulosidad ejemplar; pero olvidábanse de los deberes más importantes del amor á Dios y á los hombres, Mat. 23:23.

El principio de los antiguos diezmos, á saber: que los ministros del evangelio y las instituciones de benevolencia deben ser sostenidos por todo el pueblo de Dios, en proporción á sus recursos, está reconocido en las Sagradas Escrituras como aplicable á todos los discípulos de Cristo. Él mandó á sus siervos, de dos en dos, sin provisiones ni alforjas, á fin de que recibieran su sustento del pueblo, pues que "todo trabajo requiere salario," Mat. 10:9-14; Luc. 10:4-8, 16. Pablo también arguye de la misma manera, 1 Cor. 9:13, 14; Gál. 6:6. Aconsejó á los Corintios y virtualmente á todos los Cristianos, que separasen de su renta el primer día de la semana para instituciones de piedad y beneficencia, en proporción á la prosperidad que les hubiere venido del Señor, 1 Cor. 16:2. No cabe duda de que los primitivos Cristianos daban más liberalmente de lo que tenían, que los antiguos Judíos, Hechos 4:34-37; 2 Cor. 8:1-4.

DILUVIO, aquella inundación universal que fué enviada sobre la tierra en tiempo de Noé, y de la cual no se salvaron más que ocho personas. La relación de Moisés sobre este acontecimiento se registra en Gén. 6-8. Véase ARCA DE NOÉ. Los pecados del género humano fueron la causa del diluvio, y la mayor parte de los comentadores lo fijan en 1656 A. M. 2348 A. C. Después que se cerró la puerta del arca sobre los que tenían que salvarse, comenzó el diluvio: llovió durante cuarenta días; "las fuentes del abismo se rompieron y las ventanas del cielo se abrieron." Todos los hombres y todas las criaturas vivientes de la tierra perecieron, excepto Noé y los que estaban con él. Por cinco meses las aguas continuaron creciendo y alcanzaron quince codos sobre las más altas cumbres, á las cuales pudieron huir en busca de refugio: "un oceano sin playas rodaba sobre el mundo." Por último las aguas empezaron á disminuir, el pico más elevado de la tierra apareció, y el arca descansó en el monte Ararat. A los tres meses, los cerros comenzaron á descubrirse. Cuarenta días después Noé investigó cual era el estado de la superficie de la tierra,

enviando un cuervo, y en seguida por tres veces una paloma, con intervalos de una semana. Finalmente quitó la cubierta del arca y halló que el diluvio había desaparecido; salió del arca, levantó un altar y ofreció sacrificios á Dios, que designó el arco-iris como prenda de que no volvería á destruir jamás el género humano con un diluvio. Véase Noé.

Mucho empeño se ha tomado en la investigación de las causas naturales adecuadas á la producción del diluvio; pero debemos precavernos de esforzarnos en explicar por medio de principios naturales aquello que la Biblia representa como *milagroso*. No puede negarse que la ciencia moderna descubre muchas razones para dudar de la universalidad del diluvio, tales como la aparente imposibilidad de hallar espacio y alimento suficiente en el arca para el inmenso número de diferentes animales que ahora se sabe que existen; la aparente certeza de que todos los peces de agua dulce habrían perecido en el oceano, y con ellas las inmensas especies de animales anfibios que no pueden vivir sino es en las riberas de los ríos; así como también la de que el agua del mar habría destruido toda la vida vegetal que hay en la tierra. Y muchos de los amigos sinceros de la Biblia creen que el diluvio cubrió sólo aquella porción del globo ocupada entonces por el hombre. No hay sin embargo prueba de esto; los milagros requeridos para ello, por muchos y grandes que hayan sido, le fueron á Dios fáciles como los que sabe que se efectuaron; y algunos intérpretes excelentes se adhieren al sentido natural de la narración inspirada. En el Nuevo Testamento se habla del diluvio como de una estupenda manifestación del poder divino, como lo fué la creación y lo será el incendio final del mundo. Se aplica á la comprobación de la paciencia de Dios y á la seguridad que se nos da de su juicio del pecado, 2 Ped. 3:5-7, y de la segunda venida de Cristo, Mat. 24:38.

Puesto que todas las familias han descendido de la preservada entonces en el arca, es natural que la memoria de tal acontecimiento se haya perpetuado en varias tradiciones nacionales; lo que en efecto encontramos. Estas tradiciones se han hallado entre los Egipcios, Caldeos, Fenicios, Griegos, Hindus, Chinos, Japoneses, Scitas y Celtas, y en el hemisferio occidental entre los Mexicanos, los Peruanos y los Isleños del mar del Sur.

DINA, *juzgada*, hija de Jacob y de Lea,

Gén. 30:21, su hija única mencionada en las Escrituras. Cuando la familia de Jacob moraba cerca de Salem, Dina inadvertidamente se asoció con las doncellas cananeas y fué víctima de los ardides seductores de Sichem, joven príncipe de aquella tierra; pero fué vengada de una manera pérfida y salvage por Simeón y Leví, hermanos carnales suyos, con gran pesar de Jacob su padre, Gén. 34; 49:5, 7. Su caída nos sirve de uno de tantos miles de ejemplos que deben servir de escarmiento para evitar el asociarnos con gente irreligiosa y disoluta. Parece que ella fué con la familia á Egipto, Gén. 46:15.

DINERO. Véanse MEDIDAS y las Tablas del Apéndice. En los tiempos primitivos y entre las razas no civilizadas, el trueque ó simple cambio de un artículo por otro precedió al uso de algún medio determinado de cambio. Después se usó el ganado como dinero, y también el grano, la sal, el tabaco, etc. Cuando el oro, la plata y el cobre comenzaron á usarse, no eran acuñados, sino pesados, Gén. 13:2; 20:16; Jos. 7:21; Isa. 46:6; y la cantidad contenida era pagada por el peso, Gén. 23:16; 43:21; Exod. 30:24. Posteriormente se dió á este metal por la autoridad pública cierta marca, cierto peso y cierto grado de ley para fijar su valor y evitar á los compradores y vendedores la molestia de examinar y pesar las monedas. Las monedas griegas estaban probablemente en uso en el siglo 8º A. C. Las monedas persas vinieron más tarde, siendo la dracma de oro la primera moneda conocida que se usó por los Judíos, Esdr. 2:69; 8:27; Neh. 7:70–72. La primera acuñación regular hecha entre los Judíos se supone que fué en tiempo de Simón Macabeo, menos de siglo y medio antes de Cristo. Las monedas eran el siclo, el medio siclo, el tercio y el cuarto de siclo. Las monedas

MONEDA DE ABGARUS, DE UR.

judías llevaban grabada una vara de almendro y un vaso de maná, pero no era permitida la imagen de ningún hombre. Comp. Mat. 22:16–22. Muchas monedas griegas y romanas circulaban en Judea en los tiempos del Nuevo Testamento. Véanse las Tablas al fin de esta obra, también MEDIDAS, MARAVEDÍ, DENARIO, SICLO.

Volney dice, "La práctica de pesar el dinero es general en Siria, Egipto y toda la Turquía. Ninguna pieza, por borrada que esté, se rehusa allí; el comerciante saca su balanza y la pesa, como en la época de Abraham, cuando este compró su sepulcro. En los pagos considerables se envía un agente de cambio que cuenta paras por miles, rechaza las piezas de moneda falsa y pesa todos los requies, ya por separado, ya juntamente." Esto puede servir para ilustrar la frase "dinero de buena ley entre mercaderes," Gén. 23:16, y las referencias á "diversas pesas" una grande para pesar el dinero recibido, y una chica para pesar el que se paga, y á "engañosas pesas," Deut. 25:13; Amós 8:5; Miq. 6:11. Nuestro Señor alude á una clase de "cambiadores" que parece tomaron dinero en depósito y lo emplearon de manera que el dueño lo recibiese después con intereses, Mat. 25:27. Había también corredores de dinero que se estacionaban en el atrio exterior del templo, probablemente para cambiar monedas extranjeras por judías, y para servir á los que querían pagar el impuesto de medio siclo anual, Ex. 30:13–15, ó presentar una ofrenda. Fueron expulsados del Templo por el Señor, no sólo por introducir un negocio seglar dentro del templo de la oración, sino también por hacerlo sin probidad, Mat. 21:12, 13; Mar. 11:15–17.

En 1 Tim. 6:10 Pablo habla del amor al dinero, como la raíz de todos los males; censurando, nó el dinero en sí mismo, sino el amor á él, que es una forma dominante del egoismo humano y de la codicia. Esta fatal pasión puede infestar el corazón de un pobre, de la misma manera que el de un rico, porque el uno puede tener tanto amor al dinero como el otro.

DINTEL ó "parte superior de la puerta," el atravesaño que corona las dos partes laterales de una puerta, Exod. 12:7, 22, 23; 1 Rey. 6:31, ó el chapitel saliente de una columna, Amós 9:1; Sof. 2:14. Véase PASCUA.

DIONISIO, *devoto á Baco*, miembro del tribunal del Areópago en Atenas, convertido bajo la predicación de Pablo, Hechos 17:34. Véase AREÓPAGO. La tradición dice que fué eminente por su instrucción, que fué ordenado por Pablo en Atenas, y que después de muchos trabajos y penalidades sufrió el martirio del fuego. Las obras que se le atribuyen son espurias, siendo producciones de algún escritor desconocido del siglo quinto ó sexto.

DIOS. Este nombre, cuya derivación es incierta, se lo damos á ese Sér eterno, perfecto, infinito é incomprensible, creador de todas las cosas, que conserva y gobierna todo con su omnipotencia y sabiduría, y es el único objeto digno de adoración. En nuestras Escrituras, Dios es traducción de varias palabras hebreas y griegas : 1. ÉL, el poderoso, Gén. 14:18; 16:13; 17:1, etc. 2. ELOHÍM, Deut. 32:15; Neh. 9:17 etc., forma plural de la palabra Eloáh (usada en Job y Daniel) que expresa la excelencia y majestad del verdadero Dios. 3. JEHOVÁ, Señor, traducida DIOS en la Biblia, cuando está precedida de otra palabra hebrea que se traduce *Señor*. 4. El griego THEOS. 5. El griego KURIOS, Hechos 19:20, traducido comunmente *Señor*. Todas estas palabras, excepto JEHOVÁ, se aplican en algunos casos tanto á los ídolos como al verdadero Dios. Otros nombres hebreos aplicados á la Deidad, pero que no se traducen Dios, son *Elyon* "el Alto," Gén. 14:22; *Shadai* "el Todopoderoso," Gén. 17:1; *Adonai*, "Señor." El nombre propio hebreo para Dios, es JEHOVÁ, que significa *El es*. Pero los Judíos, por un sentimiento de reverencia, evitaban pronunciar este nombre, sustituyéndolo siempre que se presentaba en el sagrado texto con la palabra ADONAI, Señor ; excepto en la expresión ADONAI JEHOVAH, Señor Jehová, en lugar de la cual ponían Adonai ELOHÍM, Señor Dios. Este uso que no carece de algo de superstición, es muy antiguo, datando su origen de algunos siglos antes de Cristo ; pero no hay buen fundamento para presumir que existió en la época de los escritores inspirados del Antiguo Testamento. La palabra Jehová se halla en el registro de piedra formado por el rey Mesha, la cual prueba que este nombre del Dios de los Hebreos no les era entonces desconocido á los extranjeros. Comp. Jos. 2:9, 10. En Exod. 3:14, Dios contesta á Moisés cuando éste le pregunta su nombre, Yo SOY QUIEN SOY ; lo cual implica la eterna existencia propia de Jehová y su incomprensible naturaleza. La palabra traducida Yo soy, significa lo mismo que JEHOVÁ, usándose la primera persona en lugar de la tercera. Según Delitzsch, el nombre primitivo era JAH ó JAHU, forma que á menudo aparece en ciertos nombres propios compuestos.

La Biblia da por sentado y afirma la

existencia de Dios, "En el principio Dios creó los cielos y la tierra," y es en sí misma la prueba más concluyente de su existencia, así como nuestro principal instructor en cuanto á su naturaleza y voluntad. Pone una voz en los mudos labios de la creación, y no solamente revela á Dios en sus obras, sino que comprueba sus caminos en la providencia, hace patentes las glorias de su carácter, su ley y su gracia, y trae al hombre á la verdadera y salvadora comunión con él. Nos lo revela como un espíritu, como el único Sér que por su naturaleza es sempiterno, independiente ó sin derivación de otra cosa, infinito, perfecto é inmutable en poder, sabiduría, omnisciencia, omnipresencia, justicia, santidad, verdad, bondad y misericordia. Él no es sino un Dios, y sin embargo existe en tres personas; el Padre, el Hijo, y el Espíritu Santo ; y esta distinción de los Tres en Uno existe como uno de sus atributos desde la eternidad. Es el principio, dueño y regulador de todos los séres ; provée y predetermina todos los acontecimientos, y es el juez eterno y árbitro del destino de todo. La verdadera religión tiene una base en el propio conocimiento de Dios, y consiste en amarle y obedecerle fielmente. Véase JESU-CRISTO, ESPÍRITU SANTO, TRINIDAD.

DIOSES. La palabra dios y dioses, en hebreo ELOHÍM, se usa muchas veces en las Escrituras para expresar el poder, cargo ó excelencia de algunos séres creados, como ángeles, magistrados, Éxodo 22:20, 28; Salm. 86:8; 97:7; también á menudo para designar los dioses falsos de los gentiles. Estos eran extraordinariamente numerosos, y se denotan con varios términos que significan vanidad, falsedad, etc. Entre los primeros objetos deificados se contaban el sol, la luna y los principales elementos de la naturaleza. Innumerables animales, hombres muertos, todas las edades, pasiones y condiciones del hombre, y todo aquello que pudiese sugerir temor, sensualidad, malicia, orgullo ó capricho, se había hecho objeto de adoración. Los dioses de la India moderna se cuentan por millones.

DIOS, NO CONOCIDO; UNO, no ÉL, en Hechos 17:23; no Jehová, sino una divinidad supuesta que había protegido á los Atenienses, se aclamaba, en tiempo de sufrimiento general.

DIÓTREFES, *alimentado por júpiter*, un miembro influyente, acaso ministro de alguna de las iglesias primitivas, censurado por Juan con motivo de su celosa ambición y de su violenta repulsa de los mejores cristianos, 3 Juan 9, 10.

DISCÍPULO, *alumno*, Mat. 10:24. En el Nuevo Testamento se aplica principalmente á los que seguían á Cristo; algunas veces á los que seguían á Juan el Bautista, Mat. 9:14, y á los que seguían á los Fariseos, Mat. 22:16. Se usa de un modo especial para designar á los doce, Mat. 10:1; 11:1; 20:17. Un discípulo de Cristo puede ahora definirse diciendo que es aquel que crée en su doctrina, descansa en su sacrificio, se embebe en su espíritu, imita su ejemplo, y vive para servirle.

DISCRECIÓN DE ESPÍRITU, 1 Cor. 12:10, dón milagroso del Espíritu Santo concedido á ciertos miembros de la iglesia primitiva, que les daba la facultad de juzgar acerca del carácter real de aquellos que profesaban amar á Cristo y ser inspirados para enseñar en su nombre, 1 Juan 4:1; 2 Juan 7. Véanse Hechos 5:1-10; 8:21; 13:6-12.

DISPENSACIÓN, el cargo de proclamar el evangelio de Cristo, 1 Cor. 9:17; Efes. 3:2. También el plan de la conducta de Dios para con los hombres. En las dispensaciones patriarcal, mosaica y cristiana, Dios ha comenzado, ensanchado y perfeccionado la revelación de él mismo y de su gracia á este mundo, Efes. 1:10; Col. 1:25. El completo desarrollo de su gran plan ha sido gradual y adaptado en todas sus formas á las circunstancias respectivas en que se hallaba la familia humana.

DIVORCIO, fué tolerado por Moisés cuando era motivado por razones suficientes, Deut. 24:1-4; pero nuestro Señor lo ha limitado al solo caso del adulterio, Mat. 5:31, 32; 19:3-9. Cuando por otras causas ocurre una separación entre marido y mujer, aun cuando vivan lejos el uno del otro, no por esto está en libertad ninguno de los cónyuges de casarse con otra persona. Pablo en 1 Cor. 7:10-17, aplica la ley de Cristo á casos en que un cristiano convertido tenga una esposa aún incrédula; no debe separarse de ella, si ella quiere permanecer á su lado; si desea separarse, él no está obligado á insistir en que permanezca con él; pero no puede casarse con otra.

DOCTOR, *maestro*. UN DOCTOR DE LA LEY puede quizá distinguirse de un escriba, en que enseña oralmente, en lugar de dar opiniones escritas, Luc. 2:46. Designa al que es experto en la *ley divina*. Los doctores de la ley pertenecían en su mayor parte á la secta de los Fariseos; pero se distinguen de ellos en Luc. 5:17, en donde aparece que la novedad de las doctrinas de nuestro Salvador hizo que se reuniese una gran compañía tanto de Fariseos como de doctores de la ley. Véase RABÍ y ESCRIBAS.

DOCTRINA, *enseñanza*, su método y su sustancia, Mat. 7:28; Mar. 4:2.

DOCTRINAR ó enseñar, en Mat. 28:19; Hechos 14:21 "haced discípulos" de todas las naciones. Los que son "enseñados por Dios," Isa. 54:13, habiendo "aprendido del Padre," vienen á Cristo, Juan 6:45; siendo uno de los principales deberes del creyente, el impartir á toda criatura" y hasta donde sea posible este conocimiento salvador de Cristo. Había cierta clase de hombres llamados "doctores," Efes. 4:11, que probablemente se ocupaban de explicar en lo privado las doctrinas y los deberes cristianos, ocupando en la iglesia un lugar equivalente al de los sabios rabinos de la sinagoga, Rom. 12:7.

DODANIM, ó RODANIM, 1 Crón. 1:7, pueblo descendiente de Jafet por la línea de Faraón, Gén. 10:4. Está asociado por el pasage citado y por inferencias etimológicas, aunque no muy claras, con la isla de Rodas.

DOEG, *temeroso*, Edomita, administrador de los rebaños de Saúl En Nob, presenció el auxilio prestado bondadosamente á David, cuando iba huyendo de Saúl, por Ahimelec el Sumo Sacerdote, y llevó una maliciosa y torcida relación de él á su amo. El rey aprovechó con gusto la oportunidad de ejercer su venganza sobre una víctima indefensa; y cuando los Judíos que lo rodeaban rehusaron asesinar á los sacerdotes de Dios, se valió de una manera infame de los servicios que voluntariamente le ofreció para ello este extranjero y pagano. Doeg no sólo les dió la muerte á Ahimelec y á otros ochenta y cuatro sacerdotes, sino que pasó á cuchillo la ciudad en que ellos habitaban, 1 Sam. 21; 22. David pronostica el castigo que por su crimen le esperaba, Salm. 52; 120; 140.

DONES ESPIRITUALES, 1 Cor. 12:1, las cualidades milagrosas conferidas por el Espíritu Santo á los primitivos creyentes en Cristo. Comp. vers. 3-11.

DOR, *habitación*, ciudad real de los Cananeos en el Mediterráneo, entre Cesarea y el monte Carmelo; después de la conquista fué asignada á Manasés, Jos. 11:2; 12:23; 17:11; 1 Rey. 4:11; 1 Crón. 7:29. Ahora hay un pequeño huerto allí y un

181

pueblo con cosa de trescientos habitantes, llamado Tantura.

DORCAS, en griego, lo mismo que TA-BITHA en Siriaco, esto es *gacela*, nombre de una piadosa y caritativa mujer de Joppa, á quien Pedro resucitó, Hechos 9:36-42. Este milagro puso de manifiesto la aprobación especial que Dios da á una vida práctica de piedad abnegada, y fué seguido por muchas conversiones.

DOTÁN, ó DOTAIN, *dos pozos*, el lugar donde José fué vendido á los Ismaelitas, Gén. 37:17, y en donde los Sirios fueron heridos de ceguera por la palabra de Eliseo, 2 Reyes 6:13. Estaba en el camino que seguían las caravanas de Siria á Egipto, como á quince millas al norte de Sichem, y cuatro ó cinco al S. O. de Engannim, ahora Jenim. Sus ruinas llevan todavía su antiguo nombre de Dotaín, aunque inhabitadas, y están en un gran cerro, 2 Rey. 6:15, 17; en el extremo sur de una llanura muy fértil, Gén. 37:16, 17. El Señor Tristram encontró allí una larga caravana de mulas y asnos cargados, en su camino de Damasco á Egipto.

DOTE. En los países orientales, el novio estaba obligado á pagar al padre de su prometida una porción estipulada en moneda ú otros valores, proporcionada al rango y condición de la familia á que pertenecía, y esto era la dote. Jacob compró á sus esposas con los servicios que le prestó al padre de ellas, Gén. 29:18-27; 34:12; Exod. 22:16, 17; 1 Sam. 18:25; Oseas 3:2. Algunas veces el padre le hacía regalos á su hija, Jue. 1:15; 1 Reyes 9:16.

DRACMA, Esdras 2:69; Neh. 7:70; moneda de oro de Persia, de un valor como de cinco pesos.

DRAGÓN, corresponde en la Biblia á la palabra hebrea que significa mónstruo marino, serpiente enorme, etc; en Gén. 1:21, "ballenas." Así en Deut. 32:23; Jer. 51:34; Salm. 91:13, y Apoc. 12, evidentemente designa una serpiente de gran tamaño. En Isa. 27:1; 51:9; Ezeq. 29:3; 32:2 puede significar el cocodrilo ó algún mónstruo marino corpulento. Una palabra hebrea distinta se usa en Job 30:29; Isa. 13:22; 34:13; 43:20; Jer. 9:11; 10:22; 14:6; 49:33; 51:37; Lam. 4:3; Miq. 1:8, y parece referirse á algún animal salvaje del desierto, probablemente al lobo ó al chacál. El animal conocido por los naturalistas modernos bajo el nombre de dragón, es una especie de lagartija inofensiva de Asia y de África. Puede ser que algunos reptiles monstruosos, cuyos restos se desentierran

de tiempo en tiempo, hayan sido conocidos por Adam y sus primeros descendientes. La aplicación de este término á Satanás es una metáfora que fácilmente se entiende.

FUENTE DEL DRAGÓN, Neh. 2:13, probablemente la fuente Gihón en el lado occidental de Jerusalem. Véase GIHÓN.

DROMEDARIO. Véase CAMELLO. La palabra hebrea usada en 1 Reyes 4:28; Est. 8:10, 14; Miq. 1:13, se cree que significa caballos ligeros.

DRUSILA, la hija menor de Herodes Agripa I., y hermana de Agripa el más joven, y de Bernice, célebre por su belleza. Fué dada en matrimonio por su hermano á Azizus, rey de Emessa. Cuando Félix estuvo de gobernador de Judea, la persuadió á que abandonase su marido y su religión y se casase con él. Pablo les dió testimonio de la verdad de la religión cristiana, Hechos 24:24. Ella y Félix tuvieron un hijo llamado Agripa que pereció después en una erupción del Vesuvio.

DUELO. Los Orientales, en la muerte de sus amigos y parientes, hacían notables demostraciones de pesar y duelo. Lloraban, desgarraban sus vestidos, se golpeaban el pecho, se echaban cenizas en la cabeza, Jos. 7:6; se tendían sobre el suelo, andaban descalzos, Isa. 20:2; se arrancaban el pelo y la barba, ó se los cortaban, Esdr. 9:5; Isa. 15:2, y aun se hacían insiciones en el pecho ó se lo desgarraban con las uñas, práctica prohibida por la ley mosaica, Lev. 19:28; 21:5; Deut. 14:1; Jer. 16:6, 7; 41:5; 48:37. La duración del duelo era comunmente de siete días, 1 Sam. 31:11-13; Job 1:20, 21; 2:13; pero se prolongaba ó acortaba según las circunstancias, Zac. 12:10. El duelo por Moisés y Aarón se prolongó hasta 30 días, Núm. 20:29; Deut. 34:8; y el de Jacob hasta 70 días, Gén. 50:3-10. Otras menciones de duelo por los muertos las hay en los casos de Sara, Gén. 23:2; José, Gén. 57:34, 35; los Egipcios, Exod. 12:39; Samuel, 1 Sam. 25:1; Saúl, 1 Sam. 31:13; Abner, 2 Sam. 3:31, 39; Lázaro, Juan 11; y Esteban, Hech, 8:2. Durante el tiempo de un duelo, los parientes cercanos de los muertos permanecían sentados en sus casas, y ayunaban, 2 Sam. 12:16; ó comían en el suelo. El alimento que tomaban se tenía como inmundo y aun ellos mismos se juzgaban impuros. "Los sacrificios serán para ellos como el pan de los enlutados; todos los que comieren de él serán inmundos," Oseas 9:4. Tenían cubierta la cara, y en todo ese tiempo no podían entregarse á ninguna ocupación, ni leer el libro de la ley, ni ofrecer sus acostumbradas oraciones. No se vestían, ni hacían sus camas, ni se descubrían la cabeza, ni se afeitaban, ni se cortaban las uñas, ni iban al baño, ni saludaban á nadie. Ninguno les hablaba á no ser que ellos hablasen primero, Job 2:11-13. Sus amigos iban comunmente á visitarlos y animarlos, Juan 11:19. 39, llevándoles alimento, 2 Sam. 3:31-35; Jer. 16:7. Subían también á la azotea ó á la plataforma de la casa á lamentar sus infortunios: "Ceñiránse silicios en los terrados de sus casas, y en sus calles ahullarán todos, deshaciéndose en llanto." Isa. 15:3; Jer. 48:38. Los Sumos Sacerdotes y también los Nazareos estaban eximidos del duelo acostumbrado, por estar exclusivamente dedicados á Dios y á su servicio, Lev. 10:2-6; 21 10, 11; Núm. 6:7; Ezeq. 24:16-18, y también lo estaban los sacerdotes ordinarios, excepto en la muerte de los parientes más cercanos, Lev. 21:1-4; Ezeq. 44:25.

El vestido de luto entre los Hebreos no se había fijado ni por la ley ni por la costumbre. Únicamente hallamos en las Escrituras, que acostumbraban desgarrar el vestido, costumbre que observan todavía; pero ahora desgarran sólo una pequeña parte de él, y eso por mera fórmula, 2 Sam. 13:19; 2 Crón. 34:27; Esdr. 9:3; Job 2:12; Joel 2:13. Antiguamente, en tiempo de duelo, se vestían de jerga ó de género de cerda, esto es, usaban telas burdas de color pardo oscuro ó negro, 2 Sam. 3:31; 1 Rey. 21:27; Est. 4:1; Salm. 35:13; 69:11.

DUMA, *silencio*, I., cierta tribu y país de los Israelitas en Arabia, Gén. 25:14; 1 Crón. 1:30; Isa. 21:11, sin duda el mismo que se llama todavía por los Árabes, "Durna de las piedras grandes" y el "Durna Sirio," con una fortaleza situada en los confines de la Arabia.

II. Ciudad de Judá, un poco al sudoeste de Hebrón, Jos. 15:52.

DUQUE. En Gén. 36:14-43, hay una larga lista de duques de Edom, Exod. 15: 15; Jos. 13:21, pero la palabra duque, del latín *dux*, significa simplemente un jefe, y nó un orden específico de nobleza, 1 Crón. 1:51.

DURA, la llanura de Babilonia en donde Nabucodonosor levantó su imagen de oro, Dan. 3:1. El Señor Oppert halla este lugar donde está una mole llamada Duair, al sudeste de Babilonia, donde descubrió también algo que tomó por el pedestal de una estatua colosal.

F

EBED-MELEC, *esclavo del rey*, siervo etiope del rey Sedequías, que salvó al profeta Jeremías del peligro en que estaba de morirse de hambre en una mazmorra, y fué por lo mismo librado cuando Jerusalem fué tomada por Nabuzardán, Jer. 38: 7-13; 39:15-18. El Señor conoce á aquellos que son suyos, y socorre á los que socorren á sus santos, Mat. 10:41.

EBEN EZER, *piedra de auxilio*, el monumento que Samuel erigió como recuerdo de gratitud por el auxilio divino dado en contestación á una súplica en una gran batalla con los Filisteos. El mismo lugar había sido antes testigo de la derrota de Israel y de la captura del Arca, 1 Sam. 4:1; 5:1; 7:5-12, aunque entonces bien puede haber sucedido que no haya tenido el nombre de Ebenezer, por haber sido sustituido su nombre original con el nuevo, cuando se escribió el libro. Estaba entre Mizpah y Shen.

ECCLESIASTÉS, *el predicador*, nombre de un libro del Antiguo Testamento atribuido á Salomón, como legado personal que hizo á su hijo Roboam, si bien muchos críticos piensan que fué obra de algún escritor inspirado posterior, que se sirvió de la incomparable experiencia de Salomón y habló en su nombre, Eccl. 1:1; comp. 1 Reyes 3:12 y Eccl. 1:16; 1 Reyes 10:21, 27 y Eccl. 2:4-9; 1 Reyes 11:3, 4 y Eccl. 7:26, 28. Parece que fué escrito por Salomón en su vejez después de haberse librado de los enredos de la idolatría, de la lujuria y de la sensualidad 977 A. C. Es un discurso sobre la verdadura sabiduría, con muchos preceptos aislados, ilustrados por su experiencia única en su especie, y por la observación más sagáz del curso de la vida, demostrando toda la vanidad de todos los bienes terrenales, y manifestando que hay una vida venidera mejor; que los hombres deben disfrutar alegremente de todos les dones de la Providencia, con acciones de amor y caridad y sin deseos extravagantes; y que la única verdadera sabiduría consiste "en el temor de Dios y en guardar sus mandamientos." "Esto, dice, es el fin de todo el discurso," Eccl. 12:15. Al leer este libro, debemos cuidarnos de no deducir opiniones de sentimientos aislados, sino del plan general y de la fuerza combinada de todo él.

ECRÓN, *desarraigado*, la ciudad más septentrional de los Filisteos que le tocó en suerte á Judá en la repartición hecha por Josué, 15:45; pero dada despúes á Dan, Jos. 19:43, aunque parece que los Hebreos nunca la poseyeron tranquilamente. Es memorable por su conexión con la cautividad del arca y su restauración á los Judíos, 1 Sam. 5:10; 6:1–18. El dios de las moscas era adorado allí, 2 Reyes 1:2. Su ruina fué predicha, Amós 1:8; Soph. 2:4; Zac. 9:5, 7. Robinson halló que estaba situada en la población moslem Ákir, unas 12 millas al noreste de Ashdod. No hay ruinas.

ED, *testigo*, Jos. 22:34.

EDAD. La vejez serena y sabia era considerada como una muestra del favor de Dios, Job 5:26; Zac. 8:4. Los hombres de edad eran venerados por su sabiduría, Job 15:10; 32:4, y la ley exigía á los jóvenes, que los honrasen, Lev. 19:32. Véase 1 Reyes 12:6–16; Prov. 16:31; 20:29.

EDÉN, *delicia*, I., provincia del Asia en que estaba el paraíso, Gén. 2:8. Su topografía se describe como sigue: "Salía de Edén un río para regar el huerto, y de allí se repartía en cuatro ramales. El nombre del primero es Pison, etc."

Región semejante existe en las altiplanicies de Armenia, al oeste del Monte Ararat, á una elevación de 5,000 piés sobre el nivel del mar. Allí, dentro de un círculo que tiene pocas millas de diámetro, nacen cuatro grandes ríos: el Éufrates y el Tigris ó Hiddekel, que corren por el sur, al Golfo Pérsico; el Araxes que corre por el noreste al mar Caspio, y el Fasis ó Halys, que corre por el noroeste al Mar Negro. Este cuarto río puede haber sido el Pisón del Edén, y el Araxes puede muy bien ser el Gihón, puesto que ambas palabras significan lo mismo y describen su extrema velocidad. Este país elevado, todavía fértil y hermoso, bien puede haber sido la tierra del Edén; y en su porción escogida hacia el este, puede haber sonreído el jardín alguna vez.

Otra situación del Edén se prefiere ahora por muchos intérpretes, que suponen que estaba cerca del sitio en que el Éufrates y el Tigris se unen después de sus largas correrías, 120 millas al norte del Golfo Pérsico, y en donde el río Ulai desemboca allí viniendo del N. E. En donde quiera que haya estado, el hecho es que no existe yá después de la caída y la maldición. Los primeros capítulos de la Biblia expresan que el Paraíso se perdió de vista para el hombre, y ninguna peregrinación puede descubrirlo en la tierra. Los últimos capítulos de la Biblia devuelven á nuestra vista un Paraíso más glorioso y duradero, asegurado á los creyentes por el segundo Adam. "Bienaventurados los que observan sus mandamientos para poder tener derecho al árbol de la vida."

II. Región, probablemente al noroeste de Mesopotamia, á que se hace referencia como un emporio de Tiro y como devastado por los Asirios, 2 Reyes 19:12; Isa. 37:12; Ezeq. 27:23; Amós 1:5.

III. Dos Levitas que vivían en tiempo de Ezequías, 2 Crón. 29:12; 31:15.

EDOM, *rojo*, nombre de Esaú, hijo mayor de Isaac, que le fué dado con motivo del color de su cutis, ó, según parece, con el del nombre común que tenía el alimento por el cual vendió su primogenitura—"ese mismo rojo," Gén. 25:25, 30. Véanse Esaú é Idumea.

Idumea, Heb. Edom, se extendía en un principio desde la extremidad meridional del Mar Muerto hasta el Golfo de Akaba, y desde el Valle de Arabah al oeste, hasta el desierto de la Arabia al este, teniendo 100 millas de longitud por 20 de latitud. En un periodo posterior, una parte de la Palestina meridional, con las regiones adyacentes de la Arabia Petrea, fué ganada por los Idumeos, Ezeq. 36:5; 1 Maca. 5:65; Mar. 3:8. La primitiva Edom es distrito áspero y montañoso, cuya mayor elevación, que llega á 3,000 piés, es una cadena de rocas calizas al este, que limita la meseta arábiga, á donde va descendiendo gradualmente. Cerros de piedra caliza sirven de límite al valle de Arabah al oeste, y la cadena que forman en su parte media contiene rocas de pórfido, cubiertas de arenisca.

Rocas escarpadas y profundas hondonadas se encuentran en abundancia, y la porción arenosa está veteada da amarillo, color de rosa, azul, púrpura y pardo, predominando el carmín—lo que hizo que el nombre de Edom, que significa rojo, le hubiese sido trasmitido fácilmente á la tierra de que éste tomó posesión. En los valles y en las alturas de alguna extensión crecen con exuberancia el pasto, las flores y los árboles, alimentados por muchos manantiales y por un suelo en extremo fértil, Gén. 27:39; Núm. 20:17; y se producen cosechas de diversos granos por los campesinos semi-beduinos. Las principales ciudades eran Bozra, la antigua capital, Elat, Maón, Ezion geber y la última capital, Sela (véase esta palabra). El país está ahora dividido en dos provincias: la septentrional, llamada Gebal, y la meridional Esh-Sera. Las profecías sobre la destrucción de Edom se cumplieron de un modo muy notable, según lo atestiguan todos los viajeros. Véanse Jer. 49:7-22; Ezeq. 25: 12-14; 35:3-15. Las ruinas de muchas ciudades son visibles, y unas cuantas poblaciones están habitadas por los semi-beduinos que cultivan el terreno, y hordas turbulentas de Beduinos merodéan por toda esa región.

Habitando en "las aberturas de las rocas," allí estaban primero los Horeos, Gén. 14:6, á cuyo antepasado Seir le dió su nombre el monte Seir, *escabroso*, Gén. 36:20-30. Los Horeos eran probablemente *habitantes de cuevas*, y estas habitaciones en las cuevas abundan en Edom meridional. Fueron desposeídos por Esaú, Gén. 32:3; 36:1, 8, 9; Deut. 2:5, 12, 22. Los "duques" de Edom eran probablemente muy semejantes á los Sheikes de los tiempos modernos, y reconocían también la supremacía de un emir ó rey, Gén. 36:41-43; Exod. 15:15; Núm. 20:14. La enemistad de Jacob y de Esaú fué perpetuada en sus descendientes. Al acercarse Israel, viniendo del oeste, los Idumeos le rehusaron que pasara pacíficamente, Neh. 20:14-21, por su país; pero después se le concedió el paso, Deut. 2:28, 29, y á Israel se le mandó que conservase relaciones amistosas con ellos, Deut. 2:4-7; 23:7. Con todo las hostilidades parecían inevitables. Saúl guerreó con ellos, 1 Sam. 14:47; David los subyugó, 2 Sam. 8:14; 1 Reyes 11:15; 1 Crón. 18:11-13, cumpliéndo la profecía de Isaac, Gén. 27:29. Bajo Adad se rebelaron contra Salomón, 1 Rey. 11:14-22, pero auxiliaron á Israel y á Judá contra Moab, 2 Reyes 3. Se unieron á otros enemigos de Judá contra Josafat, 2 Crón. 20:1, 10, 11; Salm. 83:6, pero fueron milagrosamente destruidos, 2 Crón. 20:14-29, y quedaron sujetos á Judá, 1 Rey. 22:47. En el reinado de Joram consiguieron su independencia, 2 Reyes 8:20-22; 2 Crón. 21:8, 10, cumpliendo la segunda profecía de Isaac, Gén. 27:40. Amazías los castigó y tomó á Sela, 2 Reyes 14:7; 2 Crón. 25:10, 12, pero adoptó su idolatría, vers. 14, 20. Alcanzaron buen éxito en contra de Judá en tiempo de Acház, 2 Crón. 28:17, y alentaron á Nabucodonosor en su hostilidad contra Jerusalem, Salm. 137:7. Por su violencia se denunció contra ellos varios veces un castigo, Joel 3:19; Amós 1:11; Jer. 49:17; Ezeq. 25:12-14; 35. Después de la toma de Jerusalem, Nabucodonosor, según Josefo, humilló á todas las comarcas de los alrededores de Judá, aunque no llevó cautivos á sus habitantes, Jer.

27:1-11; Mal. 1:3, 4. Subsecuentemente los Idumeos se apoderaron de la parte meridional de Judá, y fueron sucedidos en sus propios dominios, el monte Seir, por los Nabateos, descendientes de Nabiot, hijo de Ismael, Gén. 25:13. Esto hizo que el país situado entre el Valle del Araba y el Mediterráneo, y desde Elat hasta Eleuterópolis, al N. O. de los Hebreos, se conquistase el nombre de *Idumea*. En Edom propiamente dicho, los Nabateos fundaron el reino de Arabia Petrea, y fueron gobernados por reyes, algunos de los cuales tienen el nombre de Aretas, 2 Cor. 11:32. Los verdaderos Idumeos en el sur de Judá fueron derrotados por Judas Macabeo y subyugados por Juan Hircanus, quien los hizo sus prosélitos por la fuerza, 130 A. C. Antipater, Gobernador de Judea, 47 A. C., y su hijo Herodes el Grande, eran Idumeos. Veinte mil Idumeos fueron invitados para ir á Jerusalem antes del sitio de esta por Títo; pero en vez de defender la ciudad, se entregaron al robo y al asesinato. Después que Edom fué conquistada por los Romanos bajo Trajano, 105 A. D., su comercio y su riqueza aumentaron, se abrieron caminos para dar más extensión á su antiguo comercio con la India, la Persia y el Levante. y los maravillosos templos, los palacios, las tumbas y las escaleras de la ciudad de rocas de Petra fueron talladas ó esculpidas en los sólidos peñascos que allí había. El cristianismo se estableció allí, y Petra tenía su obispo. Antes, y todavía aún después de la conquista de Edom por los Mahometanos, su prosperidad decayó y sus ciudades se arruinaron según estaba predicho. Los cruzados penetraron á Petra, sitio al cual le dieron el nombre de "El Valle de Moisés," nombre que conservan los Árabes, llamándolo la cañada Musa. El primer viajero moderno que atravesó á Idumea fué Burckhardt en 1812; desde entonces lo han seguido otros muchos, aunque los trabajos de exploración se han hecho difíciles por las tribus rivales de belicosos Beduinos, que le exigen todo lo posible al viajero á quien le permiten cruzar sus fronteras.

EDREI, *fuerte*, I., una de las capitales de Basán cerca de la cual fueron destruidas las fuerzas de Og, Núm. 21:33-35; Deut. 1:4; 3:1-3; Jos. 12:4. Después fué comprendida dentro de los límites de Manassés, Jos. 13:31. Sus ruinas, que se hallan en un terreno rocalloso casi inaccesible, cubren un gran espacio. Fué lugar de cierta importancia en los primeros siglos del Cristianismo y en la éra de las cruzadas. Ahora se llama Edra, y está como á 35 millas al este de la desembocadura del mar de Galilea.

II. En Neftalí, cerca de Cedes, Josué 19:37.

EFA, *oscuridad*, medida de capacidad usada entre los Hebreos, y que contenía tres cuartas partes de un bushel ó tres *pintas* (medidas inglesas). El efa era una medida de áridos, como cebada, Rut 2:17; y de harina, Núm. 5:15; Jue. 6:19; y era de la misma capacidad que el *bat* usado para medir líquidos. Véanse BATO y MEDIDAS.

II. El hijo de Madián y nieto de Abraham, Gén. 25:4, que se estableció, dándole su nombre, en una región de la Arabia, región que se supone estaba cerca de Madián, Isa. 60:6.

Otros dos de este nombre se mencionan, 1 Crón. 2:46, 47.

EFER, *ternero*, segundo hijo de Madián, Gén. 25:4; 1 Crón. 1:33. Su locación es desconocida. Otro Efer fué hijo de Esdras, y otro tercero fué cabeza de una familia en Manassés, al este del Jordán, 1 Crón. 4:17; 5:24.

EFESDAMMÍN, *cesación de sangre*, en donde David dió muerte á Goliat, 1 Sam. 17:1; llamado Pasdammín en 1 Cró. 11:13. Véanse ELÁ y SOCHO.

EFESIOS, EPISTOLA Á LOS. Esta epístola fué escrita por Pablo en Roma, Hech. 28:16, probablemente 62 A. D., al mismo tiempo que la dirigida á los Colosenses, á la que se parece mucho, habiendo ambas sido enviadas por conducto de Tíchico. Aunque escrita principalmente para la iglesia que él mismo había fundado y en la cual había trabajado tanto, y de la que se había despedido tan tiernamente, Hech. 18:19; 19:1-20; 20:18-35, esta epístola parece haber tenido también por objeto á todas las iglesias vecinas, y ahora está dirigida y es comprensible á todos los que la estudian. La primera parte de ella es un grato discurso sobre el vasto plan de la divina gracia y las bendiciones que de ella dimanan. La última parte inculca la consistencia y la firmeza cristianas, y un fiel cumplimiento de todos los deberes anexos á estas virtudes. Es una de las epístolas más ricas y valiosas, por tener singular abundancia de asunto, profundidad de doctrina, sublimidad de estilo y emoción ardiente, que la hace preciosa á los cristianos de cualquiera tierra.

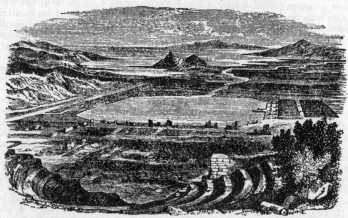

LUGAR DE ÉFESO.

ÉFESO, la capital de Ionia, ciudad célebre del Asia Menor, situada cerca de la desembocadura del Cayster, como 40 millas al sudeste de Esmirna. Es célebre por el culto y el templo de Diana, siendo éste último una de las siete maravillas del mundo. Véase DIANA. "Las letras efesias" ó amuletos, se mencionan con frecuencia por los escritores clásicos, y "las artes mágicas," á que Lucas hace también referencia, habiendo sido quemados por hechiceros penitentes, libros de magia hasta por el valor de $30,000. Pablo visitó primero á Éfeso por el año 54 A. D., Hech. 18:19, 21. Esta primera y breve visita fué seguida de otra más larga hacia el fin del mismo

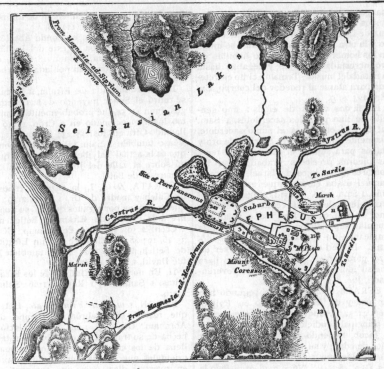

ÉFESO Y SUS ALREDORES.

1. Bosque de Diana. 2. Templo de Diana. 4. Puerto de la ciudad. 5. Gran Gimnasio. 6, 7. Plazas del Mercado. 8. Teatro. 9. Estadio.

año, la cual duró los dos años siguientes, Hech. 19:10; 20:31. La iglesia establecida así desde un principio disfrutó de los trabajos de Áquila y Priscila, de Tíchico y Timoteo. Fué favorecida con una de las mejores epístolas de Pablo: sus ancianos tuvieron una entrevista con él en Mileto, antes de que viese á Roma, y se supone que los visitó después de su primera prisión. Entre sus amigos de allí se contaban Trófimo, Tíchico y Onesíforo, y entre sus enemigos Sceva, Himeneo, y Alejandro, Figelo y Hermógenes. Allí se dice que el apóstol Juan pasó la mayor parte de su vida, y escribió su evangelio y sus epístolas, y que habiendo escrito en la Isla de Patmos el mensaje de Cristo á los Efesios, regresó y murió entre ellos.

Cristo da á la iglesia de Éfeso un alto grado de alabanza, unida á una solemne amonestación, Apoc. 2:1–5, que parece no impidió su extinción final, si bien continuó existiendo por espacio de 600 años. Pero ahora es un hecho que su candelero ha sido removido de su lugar. El asiento de esa grande y opulenta ciudad está desolado. Su antigua morada se ha convertido en un pantano pestilente; el ameno y fértil terreno plano situado al sur del Cayster se halla ahora sin cultivo bajo el gobierno desarreglado de los Turcos, y las alturas que la rodean presentan solo informes ruinas. Contornos de un inmenso teatro, Hech. 19:29, de 660 piés de diámetro subsisten todavía en la roca sólida, y se han desenterrado unos cuantos restos del templo de Diana.

EFFATHA, *que está abierto,* palabra siro-caldea, que nuestro Salvador pronunció cuando curó á un sordo-mudo, Mar. 7:34.

EFOD, una parte ornamental del traje usado por los sacerdotes hebreos. Se llevaba sobre la túnica y el manto; no ten-
187

mangas, y estaba abierto en los brazos por ambos lados, consistiendo en dos piezas, una de las cuales cubría el frente del cuerpo y la otra la espalda, las cuales se unían en los hombros por medio de hebillas de oro incrustadas de joyas, y llegaban hasta la mitad del muslo. Tenía un cinto entretejido para atarse al rededor del cuerpo, Ex. 28:6-12; 29:9.

Había dos clases de efods: uno sencillo de lino para los sacerdotes, 1 Sam. 22:18, y el otro para el sumo sacerdote, ricamente bordado y con broches de oro y anillos para sujetar el racional que tenía las piedras preciosas grabadas con los nombres de los hijos de Israel. El joven Samuel usaba efod aunque era levita y niño, 1 Sam. 2:18. David, al trasportar el arca á Jerusalem, tenía ceñido "un efod de lino," 2 Sam. 6:14. Los Judíos veían con singular superstición esta vestidura, y la empleaban en conexión con el culto idólatra. El efod de Gedeón llegó á ser un lazo para Israel; y Micas hizo uno para que su ídolo fuese debidamente reverenciado, Jue. 8:27; 17:5; 18:17.

EFRAÍM, doble fertilidad, segundo hijo de José y de Asenat, nacido en Egipto, Gén. 41:52. Aunque era el menor, recibió la principal bendición profética de su abuelo Jacob, teniendo á su muerte como 21 años de edad, y su tribu fué siempre más distinguida que la de su hermano Manassés, Gén. 48:8-20; Núm. 2:18-21. Bajo la dirección del noble Josué, que era Efraimita, la tribu adelantó rápidamente en número é influencia. La porción de Efraím era grande y central, y abrazaba algunas de las tierras más fértiles de todo Canaán, Deut. 33:13-17. Se extendía desde el Mediterráneo á través del Jordán, al norte de las porciones de Dan y Benjamín, é incluía á Siloé, Sichem, etc. Una cordillera formada por el terreno montañoso que se extiende por esa porción, entre la llanura de Sarón al oeste y el valle del Jordán al este, ha recibido el nombre de "las montañas de Efraím," ó "Monte de Efraím." Esta cordillera se extiende también más lejos hacia el sur, entrando á la porción de Judá, y allí se le llama "las montañas de Judá." Véase Tribu. Esta tribu ambiciosa se puso á la cabeza de las diez contra Roboam, y formó de hecho el corazón y la fuerza de la nueva nación; Tirzah y Samarias, sus capitales, estaban dentro de sus límites, y el nombre de Efraím fué usado frecuentemente como el de todo el reino de Israel, Isa 11:13; Jer. 31:6; 50:19. Su

188

decadencia y ruina se lamentan de un modo conmovedor en Ose. 11:1-8.

El bosque de Efraím en donde Absalóm perdió la vida, estaba al este del Jordán, cerca de Mahanaím, 2 Sam. 18:6-8, y es todavía una región bien poblada de árboles.

La ciudad llamada de Efraím, á la cual se retiró el Señor huyendo de sus enemigos, Juan 11:54, fué probablemente el mismo lugar mencionado en 2 Crón. 13:19 y llamado Ofra en Jos. 18:23; 1 Sam. 13:17. Véase también 2 Sam. 13:23. Se supone que es la actual Taiyibeh, en un cerro que dá sobre el valle del Jordán, cinco millas al noreste de Betel.

ÉFRATA, fértil, I., la segunda esposa de Caleb y madre de Ur, 1 Crón. 2:19; y que se supone por algunos que dió su nombre á la ciudad de Efrata ó Betlehem, 1 Crón. 2:50, 51; 4:4. Pero comp. Gén. 35:16, 19; 48:7. Elimelec era un Efratita de Betlehem, Rut 1:2; 4:11; también lo fué David, 1 Sam. 17:12.

II. Un nombre de Efraím y de los Efraimitas, 1 Sam. 1:1; 1 Reyes 11:26; Salm. 132:6.

EFRÓN, semejante á un cervato, Heteo que residió en Hebrón en tiempo de Abraham, Gén. 23. La bella relación hecha de su transacción con Abraham, tan llena de los cumplimientos y ceremonias orientales que en esa tierra se usan aun en nuestros días—pero que entonces se hacían con mucho mayor sinceridad—así como la subsecuente mención de su nombre, le señalan como príncipe en aquella tierra.

EGIPTO, país célebre al norte del África y al este del Mar Mediterráneo. Los Hebreos lo llamaban Mizraim, Gén. 10:6, y ahora los Árabes le llaman Mir. También se llama en la Escritura "la tierra de Chám," Salm. 105:23, 27, y "Rahab," Salm. 87:4. Los Griegos y los Romanos le llamaban Egiptus; pero el origen de su nombre es desconocido.

La tierra habitable de Egipto consiste en su mayor parte en un gran valle á través del cual derrama el río Nilo sus aguas, y se extiende en línea recta como unas 450 millas de norte á sur, limitado al este y al oeste por cordilleras de montañas que se aproximan al río ó se retiran de él más ó menos en diferentes partes. En donde este valle termina hacia el norte, el Nilo se divide como á 70 millas de la costa del mar en varios brazos, que circundan el paraje llamado Delta, por tener la forma de la letra griega Δ de este nombre. Los antiguos enumeraban siete brazos y bocas; el oriental era el de Pelusium, ahora Tineh; y el occidental el de Canopus, ahora Aboukir. El profeta Ezequiel describe á Egipto extendiéndose de Migdol, esto es Magdolum, no lejos de la boca del brazo Pelusiano, á Syene, ahora Essuán, es á saber, á la frontera de Etiopia, Ezeq. 29:10; 30:6.

Allí el Nilo sale de las rocas de granito de las cataratas y entra al Egipto propiamente dicho. La longitud del país, por tanto, en línea recta, es como de 500 millas, y su área de 11,000 millas cuadradas. La anchura del valle entre Essuán y el Delta es muy desigual y varía de dos á doce millas, siendo de siete, quizás, por término medio.

En algunos lugares las inundaciones del

ANTIGUAS ESTATUAS DE MEMNÓN, EN LA LLANURA DE TEBAS.

río se extienden hasta el pié de la montaña; en otras partes queda una faja de una milla ó dos de anchura que nunca cubren las aguas y que está por tanto siempre seca y desnuda. Hay ahora como 5,600 millas cuadradas á propósito para el cultivo, á las cuales pueden añadirse cosa de 1,500 haciendo los esfuerzos convenientes. Originalmente el nombre de Egipto designaba solamente el Valle y el Delta; pero en un periodo posterior llegó á incluir también la región que se halla entre éste y el Mar Rojo al este, y una parte del desierto al oeste.

El país que se halla en las cercanías de Syene y de las cataratas, es muy pintoresco; las otras partes de Egipto y especialmente el Delta, son uniformes y monótonas. El aspecto que presentan, sin embargo, es en extremo variado, según la estación del año. Desde la mitad de la primavera en que se han terminado las cosechas, no se vé otra cosa que un terreno parduzco y polvoroso, lleno de hendeduras y de grietas. En el equinoccio de otoño, el país no presenta sino una superficie inconmensurable de agua rojiza ó amarillenta, de la cual se levantan palmeras de dátiles, algunas poblaciones, y angostos diques que sirven como medios de comunicación. Después que las aguas se retiran—y es por corto tiempo que permanecen en lo general á esta altura—no se ve hasta el fin del otoño, otra cosa que lodo negro y pegajoso. Pero en el invierno la naturaleza se ostenta en todo su esplendor. En esta estación, la frescura y el poder de la nueva vegetación, y la variedad y abundancia de producciones vegetales, son superiores á todo lo que á ese respecto se conoce en las partes más célebres del continente europeo; y Egipto es entonces del uno al otro

189

TEMPLO DE ABOO SIMBEL, NUBIA, MEDIO SEPULTADO EN LA ARENA; ESTATUAS DE SESENTA PIÉS DE ALTURA.

extremo del país como un hermoso jardín, un verde prado, un campo sembrado de flores, ó un oceano agitado de granos en espiga, debido todo á las inundaciones anuales del Nilo.   De aquí es que Egipto fué llamado por Heródoto "el don del Nilo." Véase NILO. El cielo no es menos uniforme y monótono que la tierra; forma constantemente una bóveda pura, despejada, de un color y de una luz más bien blanca que azul. La atmósfera tiene un esplendor que la vista apenas puede soportar; y un sol abrasador, cuyo calor no está templado por ninguna sombra, tuesta durante todo el día estas vastas llanuras sin protección. El único árbol es el palmero de dátiles, que abunda bastante; pero siendo su tronco alto y delgado, y teniendo apenas en la punta una copa formada por su follaje, muy poco sirve para obstruir la luz y sólo proyecta sobre la tierra una sombra pálida é incierta. El Egipto, por tal razón, tiene un clima muy cálido; el termómetro en el verano marca comunmente de 80 á 90 grados Fahrenheit; y en el Alto Egipto sube más todavía. El viento abrasador del desierto, Simún ó Khamsim, se hace sentir también de ordinario hacia la época del equinoccio de invierno.

Las provincias y ciudades de Egipto mencionadas en la Biblia pueden clasificarse bajo tres grandes divisiones:

I. BAJO EGIPTO. El límite N. E. de esta región era "el río de Egipto," en la extremidad de Palestina. El desierto que se halla entre este punto, el Mar Rojo, y el Antiguo Pelusium, parece haber sido el Desierto de Sur, Gén. 20:1, llamado ahora El-Djefer. El Sin, "la fuerza (llave) de Egipto," Ezeq. 30:15, era probablemente Pelusium. La tierra de Gosén parece ser la que quedaba entre el Pelusium, la rama pelusiana del Nilo, y el Mar Rojo, limitada al N. E. por el Desierto de Sur, y constituyendo quizá una parte de la provincia de Rameses, Gén. 47:11. En este distrito ó en lugares adyacentes á él, se mencionan también las ciudades de Piton, Raamses, Pi Beset, y On ó Heliópolis. En el mismo Delta se hallaban Tahapanes, esto es, Tafne ó Dafne; Zoan, el Tanis de los Griegos, y Leontópolis á que quizá se alude en Isa. 19:18. Al oeste del Delta estaba Alejandría.

II. EGIPTO DEL MEDIO. Allí se mencionan Mof ó Memfis, y Hanes, el Heracleópolis de los Griegos.

III. ALTO EGIPTO. La parte sur de Egipto parece que fué llamada por los Hebreos Patros, Jer. 44:1, 15. La Biblia menciona allí solamente dos ciudades, á saber: No, ó con más extensión No-Amón, por la cual los Setenta pusieron Dióspolis, nombre griego de Tebas, la más antigua capital del Egipto (véase Amón), y Syene, la ciudad meridional y límite del Egipto.

Las principales producciones agrícolas de Egipto son trigo, maíz grande y pequeño, arroz, cebada, frijoles, pepinos, sandías, puerros y cebollas; también azúcar, lino y algodón. La palma de dátiles y las parras son muy comunes. El pápyrus se halla todavía, aunque en pequeña cantidad. Véanse Libro, Junco. Los animales de Egipto, además de las clases comunes de ganados domésticos, son el buey silvestre ó búfalo, de los cuales había grandes manadas; el asno y el camello, multitud de perros sin dueños, el icnéumon, el cocodrilo y el hipopótamo, existiendo estos dos últimos sólo en el alto Nilo. Los buitres y los gavilanes, así como también los peces y las ranas, y en el desierto serpientes venenosas. No son raras tampoco las parvadas de langostas.

AGRICULTURA EGIPCIA.

Los habitantes modernos de Egipto pueden considerarse como incluídos en tres divisiones: 1. Los Coptos ó descendientes de los antiguos Egipcios. 2. Los fellahs ó labradores, que se supone representan la gente llamada en la Escritura Ful. 3. Los Árabes ó conquistadores del país, incluyendo los Turcos, etc. Los Coptos son nominalmente cristianos, y los empleados y aritméticos del país. Han visto tantas revoluciones entre los gobernantes, que les importa muy poco el buen ó mal éxito de los que aspiran al poder. Los fellahs sufren tanta opresión y se ven tan despreciados por los Beduinos ó Árabes errantes, que muy rara vez adquieren propiedades, y por rareza también las disfrutan tranquilamente; con todo, forman una raza interesante, y son muy apegados á su país nativo y al Nilo. Los Árabes odian á los Turcos; esto no obstante, los Turcos gozan de la mayor parte de los empleos del gobierno, si bien no se hallan muy seguros en esta posición. En estos últimos años se ha agregado un elemento creciente de residentes europeos y americanos, ocupados como misioneros y maestros, é inmiscuidos en la vida mercantil y en los asuntos del Gobierno. La apertura del canal de Suez al comercio del mundo y las innovaciones llevadas por los ferrocarriles y buques de vapor, están llevando la influencia europea á la tierra de los Faraones; y por la derrota del Arabi Pasha en 1881 ha pasado á la condición de dependencia virtual de Inglaterra.

Los monumentos más extraordinarios del antiguo poder é industria de los Egipcios eran las pirámides, que subsisten todavía y que causan el asombro y la admiración del mundo. Ninguna obra del hombre, de las que ahora existen, es tan antigua ó tan vasta como estas estructuras misteriosas. La mayor de ellas cubre una área cuadrada de 13 acres, y tiene todavía una altura de 474 piés. Se cree generalmente que fueron erigidas más de dos mil años antes de Jesu-Cristo, como sepulcros de reyes.

Pero además de estos imperecederos monumentos de reyes hace tanto tiempo olvidados, Egipto abunda en otras construcciones que son casi tan maravillosas como las pirámides, y se hallan en las hermosas islas que están arriba de los cataratas, cerca de Syene, y en otros lugares del Alto Egipto, especialmente en el valle del Nilo cerca de Tebas, incluyendo á Carnac, Luxor, etc. Los templos, estatuas, obeliscos y esfinges que cubren el terreno, asombran al visitante por su colosal altura, su pesada magnitud y su vasta extensión; á la vez que las moradas de los muertos, es decir las tumbas abiertas en las rocas, ocupadas por muchos miles de momias, se extienden á grandes distancias en las montañas adyacentes. En 1881 se hizo el nuevo descubrimiento en Deir-el-Bahri, cerca de Tebas, de una caverna subterránea, en la cual habían sido reunidas cosa de cuarenta momias de reyes y cajas de momias, cuyos nombres han sido identificados, citándose entre ellos reyes y reinas de la 17ª, 18ª, 19ª y 21ª dinastías, incluyendo á Totmes III., y á Rameses II., el más famoso de los monarcas egipcios. Veintinueve de estas momias, con sarcófagos y numerosas reliquias están en el Museo de Boulak.

Las enormes columnas de los templos del Alto Egipto, sus vastas paredes y muchas de las tumbas están cubiertas con esculturas y pinturas que son en extremo valiosas por la luz que arrojan sobre vida pública y doméstica de los antiguos Egipcios. Véase Sisac.— Con estas están

AVENIDA EN EL GRAN SALÓN DE COLUMNAS EN CARNAC, TEBAS.

mezcladas muchos registros por medio de geroglíficos que han comenzado á descubrir su significado, por tanto tiempo oculto,

á las investigacioues de la ciencia moderna. Algunos de estos son meros símbolos que comparativamente es fácil entenderlos. Pero una gran porcion de ellos se ha hallado ahora que están escritos con una especie de alfabeto pictórico, representando cada símbolo el sonido con el cual comienza su propio nombre. Así Osir, el nombre del Dios egipcio Osiris, tendría que representarse por la pintura de una caña, de un niño y de una boca; porque los sonidos iniciales de las palabras coptas para llamar estos tres objetos, á saber: *oke, si* y *ro* componen el nombre de Osiris.

Hay sin embargo gran ambigüedad en la interpretación de estas consignaciones, y en muchos casos las palabras, cuando aparentemente se han descifrado, son con todo ininteligibles, y parece que forman parte de un dialecto sacerdotal comprensible sólo por la gente erudita. Estas formas más antiguas de escritura fueron sustituídas hace muchos años por el alfabeto copto, en que escribieron muchos autores cristianos, y que ahora ha caído en desuso. En la actualidad, la lengua predominante es la árabe.

La historia primitiva del Antiguo Egipto está envuelta en grande oscuridad. Todas las relaciones, sin embargo, y el resultado de todas las investigaciones modernas, representan su cultura y civilización

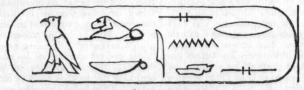

GEROGLÍFICOS EGIPCIOS.

como de una gran antigüedad. El país en los tiempos primitivos fué poseído por varios reyes ó por estados contemporáneos, que al fin se unieron formando un reino poderoso. El historiador Manetho, sacerdote egipcio, 280 años A. C., citado varias veces por Africanus y Eusebio, da una lista de treinta dinastías egipcias; y éstas, en caso de ser sucesivas, tendrían qué retrollevar la primera, es decir, la de Menes, á una muy remota antigüedad. Pero las inscripciones monumentales, según han ido descifrándose gradualmente, y Manetho mismo en cierto pasaje, parecen manifestar que estas dinastías, especialmente las más antiguas, eran algunas veces contemporáneas y nó sucesivas. Por lo que

hace á las últimas dinastías, véase Faraon.

La religión del Antiguo Egipto consistía en el culto tributado á los cuerpos celestes y á los elementos de la naturaleza; los sacerdotes cultivaban al mismo tiempo la astronomía y la astrología, y á estos pertenecían probablemente los sabios mencionados en Exod. 7:11, 22. Eran las castas honradas y poderosas de todas en que el pueblo estaba dividido. Esta sabiduría fué probablemente en la que Moisés se instruyó, Hech. 7:22.

Pero la religión egipcia adoptaba animales vivos como símbolos de los objetos reales de adoración. Muchas especies de animales eran sagrados, y al que los ma-

PLANCHA ESCULPIDA EN UN TEMPLO DEL ALTO EGIPTO.

taba se le imponía la pena de muerte. Había en particular animales que se cuidaban en los templos, y eran adorados con sacrificios como dioses. Véase Exod. 12:12.

Numerosos pasajes de los sagrados "Libros de los muertos," escritos en las envolturas de las momias y recientemente inter-

TORO SAGRADO.

pretados, prueban que por lo menos la mejor clase de los Egipcios conservaba muchas verdades reveladas por Dios al género humano en los primeros siglos: creían en un Dios supremo de atributos infinitos, en la inmortalidad del alma, y

en premios y castigos futuros; y el concepto que tenían de Dios como juez final y protector de los almas fieles, bajo el nombre de Osiris, era semejante al que expresa Job en el cap. 19:25-27.

Esta antigua y notable tierra se menciona á menudo en la Escritura. Un nieto de Noé parece haberle dado su nombre, Gén. 10:6. En la época de Abraham era el granero del mundo, y el mismo patriarca recurrió allí en una hambre, Gén. 12:10. Su esposa tenía una esclava egipcia, Agar, madre de Ismael, quien también buscó esposa en Egipto, Gén. 21:9, 21. Otra hambre en tiempo de Isaac, casi lo llevó á Egipto, Gén. 26:2; y Jacob y toda su casa acabaron sus días allí, Gén. 39-50. Después de que Israel escapó de su penosa esclavitud en Egipto, vemos que hubo poco trato entre ambas naciones, por espacio de muchos años. En tiempo de David y de Salomón se vuelve á hacer mención de Egipto. Salomón se casó con una princesa egipcia, 1 Reyes 3:1; 9:24; 11:1. Pero en el año quinto del reinado de su hijo Roboam, Judá se humilló á los piés de Sisac, rey de Egipto, 2 Crón. 12; y por muchas generaciones después los Judíos fueron alternativamente aliados ó estuvieron en guerra con esa nación, hasta que uno y

193

otro pueblo fueron subyugados por el Imperio Asirio, 2 Reyes 17; 18:21; 23:29; 24; Jer. 25; 37:5; 44; 46.

Egipto fué conquistado por Cambyses y se hizo una provincia del Imperio persa, por el año 525 A. C. Así continuó hasta que fué conquistado por Alejandro, 332 A. C., después de cuya muerte formó juntamente con Siria, Palestina, Libia, etc., el reino de los Ptolomeos. Después de la batalla de Actium, 30 A. C. se hizo de ese país una provincia romana. En tiempo de Cristo había una multitud de Judíos en Alejandría, Leontópolis y otros puntos de Egipto; y nuestro Salvador mismo halló asilo allí en su infancia, Mat. 2:13. Desde aquel tiempo ha dejado de ser Estado independiente, y su historia ha estado incorporada en la de sus diferentes conquistadores y poseedores. En 640 A. D. fué conquistado por los Árabes, y en periodos posteriores ha pasado de manos de los califas al poder de los Turcos, Árabes, Kurdos y Mamelucos; y desde 1517 ha sido gobernado como una provincia del Imperio turco. De esa manera han sido cumplidas las antiguas predicciones consignadas en la Palabra de Dios, Ezeq. 29:14, 15; 30:7, 12, 13; 32:15. Su población actual pasa de 5.000,000.

"El río de Egipto," Núm. 34:5; Jos. 15:4, 47; 1 Reyes 8:65; 2 Reyes 24:7; Isa. 27:12; Ezeq. 47:19; 48:28, se cree generalmente que designa el pequeño y periódico arroyo El-Arish, que desagua en el ángulo S. E. del Mediterráneo en Rhinocolura. En Gén. 15:18 se usa palabra diferente para significar un río permanente, el Nilo.

EGIPCIO. En Hech. 21:38 el jefe de un tumulto popular en tiempo de Felix. Josefo lo menciona como un Egipcio y un juglar, ó la cabeza de una cuadrilla de asesinos, con quienes se unió una hueste mixta de algunos miles sin órden ni energía; parte de estos fueron al parecer muertos ó capturados en el monte de los Olivos, y los que quedaron huyeron al desierto.

EGLA, ternera, una de las esposas de David en Hebrón y madre de Jetream, 2 Sam. 3:5; 1 Crón. 3:3.

EGLAIM, dos lagos pequeños, Isa. 15:8.

EGLÓN, semejante á una ternera, I., rey de Moab que con el auxilio de Ammón y de Amalec, subyugó las tribus de Israel del sur y del este. Hizo á Jericó el asiento de su gobierno, y reinó 18 años; pero fué muerto por Ehud y destruido su pueblo al oeste del Jordán, Jueces 3:12-33.

II. Ciudad en el país bajo de Judá; una

de las cinco que se ligaron contra Gabaón, Jos. 10:3-5; 15:39. Ahora se llama Ajlam y está diez millas distante de Eleutherópolis, y á 14 de Gaza.

EHUD, unión, un Benjamita que libró á Israel de los Moabitas, dando muerte primero á Eglón su rey en Jericó, y levantando después un ejército, y derrotando á su pueblo, 1336 A. C. Jericó estaba en el territorio de su tribu. Juzgó á Israel con honra por muchos años, Jueces 5:12-31; 4:1.

EJÉRCITOS. Así se ha traducido en Rom. 9:29; Sant. 5:4, la palabra que corresponde á la hebrea Tsebaoth, hueste ó ejércitos, como representante en parte del título divino que tan á menudo se halla en el Antiguo Testamento, "Jehová de los ejércitos," 1 Sam. 17:45; Salm. 24:10; Isa. 1:9; Jer. 38:18. Debemos tomar la palabra ejércitos en un sentido más comprensivo, como incluyendo el ejército del cielo, compuesto de los ángeles y ministros del Señor; de las estrellas y planetas, todos los cuales, como un ejército disciplinado y dispuesto para la batalla, obedecen la voluntad de Dios; los ejércitos de la tierra, cuyos conflictos dirige su providencia para el cumplimiento de sus sabios designios los hordas de criaturas inferiores, como las langostas que plagaban á Egipto, las codornices que sirvieron de alimento á Israel, "las orugas y el pulgón, en grande ejército," Joel 2:25, y por último el pueblo del Señor, tanto del Antiguo como del Nuevo Pacto, ejército verdaderamente grande, del cual Dios es el capitán y el comandante, Exod. 7:4; 2 Reyes 23:5; 2 Crón. 18:18; Neh. 9:6; Salm. 148:2; Dan. 8:10, 11.

ELA, hijo y sucesor de Baasa, rey de Israel, 926 A. C. Después de no haber alcanzado á reinar dos años, fué asesinado, estando borracho, por Zimri, uno de sus oficiales, quien le sucedió como rey. Zimri destruyó toda la familia de Baasa según la predicción de Jehú, 1 Reyes 16:6-10.

Se mencionan otros de este nombre en 1 Rey. 4:18; 2 Reyes 15:30; 1 Crón. 1:52; 4:15; 9:8.

ELAM, edad, Gen. 14:1. La región llamada después Persia, Isa. 21:2. Fué llamada Elam por un hijo de Set, de este nombre, Gén. 10:22; 1 Cró. 1:17. Correspondía al Elymais de los escritores griegos y romanos, que comprendía una parte de Susiana, ahora Kusistan, ó que más probablemente incluía toda la Susiana. La ciudad de Susa ó Susán estaba en ella, Dan. 8:2

de allí se extendía al sudeste entre Persia y el Golfo Pérsico. En la época de Abraham fué el asiento de una poderosa monarquía. Largo tiempo conservó sus propios príncipes, pero fué reducida á una simple provincia de Babilonia, y después de Persia.

Por lo que hace á otros Elams é hijos de Elam, véase 1 Crón. 8:24; 26:3; Esd. 2:7, 31; 8:7; 10:2, 26; Neh. 7:12, 34; 10:14; Esd. 4:9; Hech. 2:9.

ELASAR, Gén. 14:1, 9, la residencia del rey Arioc, tal vez el mismo país de Talasar, 2 Reyes 19:12; Isa 37:12. Pero Rawlison la sitúa en Larsa, ahora Senkereh, en la margen occidental del Éufrates, entre Ur y Erec. Sus ruinas demuestran su muy alta antigüedad. La versión arábiga la llama Armenia.

ELAT ó ELOT, *bosque*, ciudad de Idumea situada en la extremidad norte del golfo oriental del Mar Rojo, el golfo elamítico, ahora golfo de Akaba. Ezion-Geber quedaba también allí y muy cerca de Elat, Deut. 2:8; 1 Reyes 9:26. Este golfo, aunque conocido por los antiguos, ha sido casi desconocido por los geógrafos modernos hasta el tiempo de Burckhardt. Este viajero emprendedor lo exploró y dió la primera relación completa de él. El gran valle arenoso llamado El-Arabah, y hacia el norte el-Ghor, corre de este golfo al Mar Muerto. Elat fué anexado á Judá por David, quien estableció allí un extensó

AKABA: ENTRADA AL FUERTE.

comercio, 2 Sam. 8:14. Salomón también construyó buques allí, 2 Crón. 8:17, 18. En el reinado de Joram los Idumeos lo recobraron, pero Azarías la restituyó á Judá, 2 Reyes 8:20; 14:22; y Rezín á Siria,

16:6. Bajo el gobierno de los Romanos, fué una ciudad floreciente, llamada Elana, con las ordenanzas del cristianismo. En 630 A. D. cayó en poder de Mahoma, y ahora está en ruinas. La fortaleza de Akaba cerca de allí, visitada ahora á menudo por los viajeros que van del monte Sinaí á Palestina, sirve para dar abrigo á los peregrinos de la Meca.

ELCANAA, *Dios proveyó*, I., probablemente un nieto de Coré, Núm. 26:11. Comp. Exod. 6:24; 1 Crón. 6:22, 23.

II. Un levita coatita, marido de dos mujeres, y padre de Samuel el profeta; hombre de piedad y de recursos, 1 Sam. 1; 2.

III. Se mencionan otros en 1 Crón. 6:26, 35; 9:16; 12:6; 15:23; 2 Crón. 28:7.

ELDAD, *amado de Dios*, y MEDAD, *amor*, dos de los setenta ancianos nombrados para gobernar el pueblo juntamente con Moisés. Habiendo posado el Espíritu de Dios en ellos, profetizaron en el campo, lejos de Moisés, Núm. 11:24-29.

ELEALE, *la subida de Dios*, ciudad de los Amorreos, cerca de Hesbón su capital, asignada á la tribu de Rubén, Núm. 32:3, 37, y largo tiempo después amenazada come ciudad de Moab, Isa. 15:4; 16:9; Jer. 48:34. Sus ruinas ahora El-A'al, están á una milla ó más al N. E. de Hesbán.

ELEAZAR, *auxilio de Dios*, I., El tercer hijo de Aarón, y sumo sacerdote después de él, Exod. 6:23; Núm. 20:25-28. Su madre Elisheba fué hija de Aminadab de la tribu de Judá. Desempeñó importantes deberes sacerdotales, tanto antes como después de la muerte de Aarón, Núm. 3:32; 26:3; 27:22; 31:21; Jos. 14:1.

El sumo sacerdocio continuó en su familia por siete generaciones, hasta el tiempo de Elí, en que fué transferido á la linea de Itamar. En los reinados de Saúl y de David fué restituida á la linea de Eleazar, y así continuó hasta después del cautiverio.

II. Hijo de Abinadab, honrado con el cargo de cuidar el arca mientras estuvo en la casa de su padre, 1 Sam. 7:1.

III. Uno de los campeones de David, 2 Sam. 23:9; 1 Crón. 11:11-18.

Otros tres ó cuatro se mencionan en

1 Crón. 23:21, 22; Esdras 8:33 Neh. 12:42; Mat. 1:15.

ELHANAM, I., uno de los héroes de David, que mató al hermano de Goliat, 2 Sam. 21:19; 1 Crón. 20:5.

II. El primero que se menciona de los 30 hombres fuertes de David, hijo de Dodo de Betlehem, 1 Sam. 23:24; 1 Crón. 11:26.

ELI, como ELOI, significa *Dios mío*, Mat. 27:46; Marc. 15:34.

ELÍ, *ascensión*, sumo sacerdote de los Judíos el primero en la linea de Itamar, 1 Sam. 2:27-36; 2 Sam. 8:17; 1 Crón. 24:3. Fué también juez de Israel por cuarenta años, y era eminente como hombre útil y piadoso, pero pasaba á ser criminal en su negligencia en todo lo relativo al buen gobierno de su familia. Por esta razón los juicios de Dios cayeron después sobre su casa, 1 Sam. 3:11-18. En una batalla con los Filisteos sus dos hijos fueron muertos, é Israel derrotado; pero la captura del arca de Dios fué lo que le desgarró el corazón, 1 Sam. 4. Tenía 98 años de edad. La divina amenaza fué plenamente cumplida en tiempo de Abiatar, palabra que puede verse.

ELIAB, *mi Dios es mi padre*, el hermano mayor de David, hacia quien su conducta fué apasionada y celosa, confirmando así el juicio de Aquel que ve no sólo las apariencias, sino el corazón, 1 Sam. 16:6, 7; 17:28. Otros cinco se mencionan en Núm. 1:9; 26:8, 9; 1 Crón. 6:27; 12:9; 15:18.

ELIACIM, *levantado por Dios*, I., rey de Judá, 2 Rey. 23:34. Véase JOACIM.

II. Hijo de Helcías, oficial de alta reputación en la corte del rey Ezechías, llamado por Dios "mi siervo Eliacim," Isa. 22:20, 21, y designado con otros para tratar con Rabsaces, general de las fuerzas asirias que entonces sitiaban á Jerusalem, 2 Reyes 18; 19; Isa. 36; 37. Véase SENNAQUERIB. Eliacim es también el nombre de otros tres mencionados en Neh. 12:41; Mat. 1:13; Luc. 3:30.

ELÍAS, *mi Dios es Jehová*, el famoso profeta nacido en Tisbe, en las montañas de Galaad, 1 Reyes 17:1. Se le describe como de pelo largo, alto y toscamente vestido, 2 Reyes 1:8, con un manto y un cinto de cuero, 1 Reyes 18:46; 19:13, y tanto en su aspecto como en su espíritu, tipo verdadero del profeta hebreo. Su descendencia ó historia primitiva son desconocidas. Presentándose repentinamente como austero testigo de Dios, cuando Israel había caído no sólo en la falta de dar culto al becerro de oro como símbolo de Dios,

sino en la grosera idolatría del Baal fenicio, su atrevida lealtad provocó la ira de Acháb y de Jezabel, especialmente cuando le amenazó con varios años de sequía y de hambre como castigo de los pecados nacionales, 908 A. C. Por mandato divino, el profeta se refugió en la margen del arroyo Cherít, en donde fué milagrosamente alimentado por unos cuervos. De allí se trasladó á Sarepta en Fenicia, fuera del alcance de Acháb y de Jezabel, y allí un nuevo milagro lo proveyó de alimento, y otro le devolvió la vida al hijo de la viuda que lo había hospedado. Volviendo al rey Acháb, promovió la gran reunión que tuvo lugar en el Monte Carmelo, en donde Dios "contestó enviando fuego del cielo," y los profetas de Baal en número de 450, y los de Astoret, que eran 400, fueron todos destruidos. Véase CARMELO. Entonces también la larga y terrible sequía se interrumpió y una lluvia abundante descendió á merced de los ruegos del profeta. Viendo que ni aun estas poderosas obras de Dios podían conducir á la nación y á sus gobernantes al arrepentimiento, Elías casi se desespera. Huyó al desierto y fué llevado á Horeb el monte de Dios, donde fué consolado por una visión majestuosa y significativa del poder y de la gracia de Dios. Tres encargos de grande importancia le fueron dados allí; prevenir á Eliseo que fuese su sucesor, y ungir á Jehú como rey de Israel en lugar de Acháb, y á Hazael como rey de Siria en lugar de Ben-hadad. El primero de ellos lo cumplió en el momento, y los otros por conducto de Eliseo, por no haber llegado los interesados en tiempo señalado, sino hasta después de la traslación de Elías. Seis años después de su visita, denuncia á Acháb y á Jezabel por sus crimenes en el asunto de Nabot; y después se le ve de nuevo prediciendo la muerte del rey Ocozías, y llamando fuego del cielo sobre dos bandas de guardias enviadas á arrestarle. Habiéndosele prevenido la aproximación del tiempo en que debía ser trasladado de la tierra, da sus últimas instrucciones á la escuela de los profetas, cruza el Jordán milagrosamente, y es llevado al cielo en un carro de fuego, sin haber pasado por la prueba de la muerte, dejando su manto y su cargo á Eliseo, 1 Reyes 17-19; 2 Reyes 1; 2. Su traslación ocurrió por el año 896 A. C. Se supone que préviamente había escrito la carta que ocho años después anunciaba al rey Joram su próxima enfermedad y su muerte, 2 Crón. 21:12-19. Otros creen que Joram había estado desde hacía tiempo unido con su padre en el trono, 2 Reyes 3:7; 8:16.

Elías fué uno de los profetas hebreos más eminentes y honrados. Fué atrevido, fiel, austero, abnegado y celoso de la honra de Dios. Todo su carácter y su vida llevan el sello de una peculiar grandeza moral. Se presenta repentinamente á nuestra vista sin ningún aviso, y desaparece de ella por un milagro. Tiene la apariencia de un mensajero sobrenatural del cielo, que no tiene más que una obra qué efectuar y cuyo ánimo se consagra por entero á su desempeño. Su historia es una de las más extraordinarias que se han consignado, y está llena de enseñanzas. Fué un alto honor concedido á Moisés y á Elías como representantes de "toda la ley y los profetas," que ellos solos aparecieron en el monte de la transfiguración, muchos siglos después de su entrada al cielo, á dar testimonio de su existencia y á conferenciar con nuestro Salvador respecto de su muerte expiatoria, Luc. 9:28-35.

Juan el Bautista fué predicho bajo el nombre de Elías por su semejanza en carácter y en vida con el antiguo profeta de Israel, Mal. 4:5, 6; Mat. 17:10-13.

ELIASIB, *á quien Dios restituye,* sumo sacerdote en la época de Nehemías, que tomó parte en la reedificación del templo de Jerusalem, Neh. 3:1; Esdras 10:6. La misma persona probablemente fué después censurada por haber profanado el templo, dando el uso de una de sus piezas á un pagano y á un Ammonita pariente suyo, Deut. 23:3, 4; Neh 12:10; 13:1-9, 28.

ELIEZER, *mi Dios es mi auxilio,* I., de Damasco, ó Eliezer Damasceno, el heredero legal de Abraham, en el caso de que este muriese sin hijos, Gén. 15:2. Se supone generalmente que era "el criado más antiguo" que fué enviado 65 años después, á conseguir una esposa para Isaac, Gén. 24. "Mayordomo de mi casa" y "nacido en mi casa," literalmente, hijo de mi casa, Gén. 15:2, 3, pueden significar la misma cosa, es decir: el heredero legal de la familia.

II. El segundo hijo de Moisés y de Zéfora; su nombre fué un recuerdo grato de emancipación, Exod. 18:1-4. Algunos de su posteridad fueron notables, 1 Crón. 23:17; 26:25-28.

III Se mencionan otros varios de este nombre en 1 Cró. 7:8; 15:24; 27:16; 2 Cró. 20:37; Esdras 8:16; 10:18, 23, 31; Lucas 3:29.

ELIFAZ *Dios es mi fuerza,* nativo de Temán y amigo de Job, Job 2:11. Comp. Gén. 36:10; Jer. 49:20. Parece haber sido de más edad que Beldad y Sophar, y fué el primero que dirigió la palabra á Job, caps. 4, 5, 15, 22.

ELIM, *árboles,* estación de los Israelitas en su camino de Egipto al Monte Sinaí, Exod. 15:27; 16:1; Núm. 33:9, tomada generalmente por el lugar llamado ahora hondonada Ghurundel, que es un ancho valle, el primero de cuatro que siguiendo al sudoeste corren al mar, como á cuarenta millas al sudeste de Suez. Allí hay varias fuentes y un arroyo, muchos matorrales y arbustos, y algunos tamarindos y palmeros. Laborde cree que era la hondonada de Useit, la segunda de las cuatro.

ÉLIMAS, *sabio,* nombre arábigo de un judío mago, Bar-Jesús, de la comitiva de Sergio Paulo, el procónsul romano, en Pafo, Cipro. Fué severamente reprendido por Pablo y herido de una instantánea ceguera por haberse opuesto á las preguntas religiosas del procónsul, que estaba abandonando la idolatría y la superstición y abrazando el evangelio, Hechos 13:6-12. Su ceguera tenía qué continuar por algún tiempo, y tal vez lo haya conducido á su iluminación espiritual. A pesar de su oposición el procónsul fué convertido, la isla fué abierta al evangelio, y tanto los Judíos como los gentiles lo recibieron bién. De esa manera, la Cabeza de la iglesia á menudo hace que los obstáculos que halla en su camino sean precisamente los medios de que se vale para darle impulso.

ELIMELEC, *mi Dios es rey,* eminente Betlemita, marido de Noemi, Rut 1:2.

ELKOSH, residencia de Nahum, cap. 1:1; probablemente población de Galilea. Muchos Judíos visitan como peregrinos un lugar llamado Alkush, dos millas al norte de Mosul, en donde está un sepulcro que se dice es de Nahum, y una Sinagoga.

ELISA, hijo mayor de Javan, Gén. 10:4. "Las islas de Elisa," que enviaban telas de púrpura y grano á Tiro, Ezeq. 27:7, se supone que significan á Grecia y sus islas advacentes.

ELISABET, *El juramento de Dios,* I., la esposa de Aarón, Exod. 6:23, y hermana de Naasón, príncipe de Judá, Núm. 2:3; Luc. 1:5.

II. Mujer piadosa "de las hijas de Aarón," mujer de Zacarías, madre de Juan el Bautista, y pariente de María la madre de nuestro Señor, Luc. 1:5-25, 36, 39-80.

ELISEO, *Dios salva ó ve,* discípulo y sucesor de Elías, profeta de Israel durante el reinado de Joram, Jehú, Joacaz y Joás, 903-838 A. C. Era nativo de Abel-mehula, en donde estaba trabajando en arar cuando Elías lo llamó para que fuera profeta, 1 Reyes 19:16, y primero le siguió como su sirviente. Unos siete ú ocho años después fué testigo de la milagrosa ascensión de Elías, separó las aguas del Jordán con su manto, y tomó su lugar á la cabeza de las escuelas de los profetas. Las "dos partes" que él pidió parecen haber significado "la parte del primogénito," para que continuase la sagrada herencia, 2 Reyes 2:9. Durante su largo ministerio tomó una parte activa en los asuntos públicos de Israel. Muchos milagros también obró con su palabra; algunos de estos fueron hacer potables las aguas de Jericó; abastecer de aceite la redoma de la viuda, y de agua á los ejércitos aliados de Judá, Israel y Edom; conseguir que tuviera un hijo una mujer de Sunam, y restituir á este la vida; curar la lepra de Naamán; descubrir la falta cometida por Giezi y castigarlo. Su historia se halla consignada en 2 Reyes 2-9; 13:14-21. Murió lamentado por el rey Joás y por su pueblo; y un año después un cadáver depositado en el mismo sepulcro, resucitó en el momento. En dos milagros, el de curar la lepra y el de multiplicar los panes de cebada, él sólo entre todos los profetas anticipó algunos de los milagros de Cristo, á quien también nos lo hace recordar por la apacibilidad y bondad de su carácter. Hay un marcado contraste entre Elías y Eliseo en el aspecto general de su carácter y de su historia; el primero fué el torbellino y el fuego, y el segundo la apacible suave voz; Elías abrió el terreno áspero, y sembró la semilla, y Eliseo llevó al granero la cosecha.

ELIÚ, *Dios es él*, de la familia ó ciudad de Buz, Gén. 22:21, establecido probablemente en Edom ó cerca de allí, Jer. 25:23. Fué á manifestar á Job la pena que sentía por sus calamidades. Joven, ardiente, sagáz y piadoso, escuchó atentamente la peroración de Job y de sus tres amigos; y al fin los interrumpió enojado, disculpándolos para hacerlos entrar en razón, Job 32. La alocución que dirigió á Job es amistosa y consoladora, á la vez que fiel; lo censura por justificarse á sí mismo más bien que á Dios. Á los adversarios de Job los vitupera por haber condenado á este como hipócrita, en su ignorancia de las maravillas propias de la providencia disciplinaria de Dios. En varias de sus sentencias expresa en bellos términos su fé en que la gra-

cia de Dios perdonará á los pecadores y les restituirá su favor; Job 33:23, 24, 27-30, pasajes que en este casi el antiquísimo libro de la Biblia tienen el mismo espíritu que la parábola del Hijo Pródigo.

Otros del mismo nombre se mencionan en 1 Sam. 1:1; 1 Crón. 12:20; 26:7; 27:18.

ELMODAM, antecesor de Jesús, Luc. 5:28.

ELNATÁN, *Dios ha dado*, I., de Jerusalem, 2 Reyes 24:8, uno de los jefes en el reinado de Joachím. Fué agente en la persecución hecha al profeta Urías; pero protestó contra el acto de quemar la profecía de Jeremías, Jer. 26:20-23; 36:20-25.

ELÓN. I. Gén. 36:2. Véase BASEMAT.

II. Segundo hijo de Zabulón, Gén. 46:14; Núm. 26:26.

III. "El Zabulonita" que juzgó á Israel por diez años, Jueces 12:11, 12.

IV. Ciudad fronteriza de Dan, Jos. 19:43.

ELUL, uno de los meses hebreos; el duodécimo del año civil y el sexto del eclesiástico, Neh. 6:15. Incluía el tiempo comprendido entre la nueva luna más próxima al primero de Septiembre, y la del mes de Octubre.

EMBAJADORES, eran estos personas enviadas por los Judíos á naciones extranjeras, no como representantes permanentes, sino solamente como lo requerían las circunstancias, en paz, 2 Reyes 14:8; 16:7; 18:14, como en guerra, Núm. 20:14; 21:21; 1 Reyes 20:2, 6. Eran generalmente hombres distinguidos, y sus personas se tenían como sagradas, siendo vengados los ultrajes que se les inferían, 2 Sam. 10:1-5; 13:26-31. Los ministros son embajadores de Cristo, 2 Cor. 5:20; Efes. 6:20.

EMBALSAMAMIENTO. El procedimiento de embalsamar los cuerpos de los muertos, entre los Egipcios, era como sigue: Los embalsamadores, á quienes se miraba como empleados sagrados, le extraían al cadáver los sesos por las ventanas de la nariz con un gancho de hierro, y le llenaban el cráneo de drogas astringentes; le sacaban en seguida todas las entrañas, excepto el corazón y los riñones, por un agujero que le hacían en el costado izquierdo; las lavaban con vino de palma y volvían á introducírselas, llenándole los huecos con drogas preservativas y astringentes. El cuerpo era ungido repetidas veces con aceite de cedro, mirra, canela, etc., como por treinta días, y entonces se le ponía en nitro por cosa de otros cuarenta; y debido á este procedimiento se evitaba que se descompusiera, y se conseguía á la vez que conservara cierta apariencia de vida. Cuando Moisés dice que se empleraron 40 días en embalsamar á Jacob, habla probablemente del tiempo que debió permanecer en sal de nitro, no incluyendo los treinta días empleados en las previas ceremonias; de manera que por todo, le hicieron duelo setenta días en Egipto, Gén. 50:2, 3. El cuerpo era después sacado de la sal, lavado, atado con largas vendas de lino, empapado en mirra y envuelto en goma. Entonces se devolvía á los parientes, quienes lo encerraban en un cajón, y ó lo conservaban en su casa, ó lo depositaban en un sepulcro.

DOS MOMIAS.

De este modo fué conservado el cuerpo de José, que fué llevado á la tierra de promisión después de cerca de dos siglos, Gén. 50:26. Se encuentran todavía gran número de momias en Egipto, en las bóvedas subterráneas, en donde fueron depositadas hace dos ó tres mil años. La gente común de ese país era embalsamada por medio del betún, que es una sustancia más barata y de un uso más sencillo. Con ella se untaba el cadáver y sus envolturas, más ó menos cuidadosa y diligentemente. Se han abierto sepulcros en que se han hallado depositados miles de cuerpos en hileras, uno sobre otro, sin cajón, conservados de esa manera.

El embalsamamiento de los Judíos era menos laborioso y eficaz. Consistía principalmente en envolver el cuerpo en un lienzo de muchos dobleces, con una profusión de especies aromáticas, como mirra, aloe, etc. Así el cuerpo del Salvador fué embalsamado por José y Nicodemo, mientras que ignorantes de esto, las dos Marías y sus amigas iban dispuestas á tributarle un honor semejante, cuando pasó el Sábado judío, Juan 19:38-40. Tal práctica, ni aun en esta forma, parece que no prevalecía entre los Judíos. Véase SEPULTURA.

EMITAS ó EMIMEOS, *terrores*, Heb. EMIM, raza de hombres gigantes y belicosos, que en tiempo de Abraham ocupaban el país de más allá del Jordán, poseído después por los Moabitas, Gén. 14:5-7; Deut. 2:10-12.

EMMANUEL. Mat. 1:23, *Dios con nosotros*. Se aplica al Mesías, como del que ha unido la naturaleza divina con la humana, y como quien ha venido á habitar con los hombres, Isa. 7:14; 8:8.

EMMAÚS, *manantiales calientes*, la población en donde nuestro Señor se reveló á dos de sus discípulos, la tarde del día de su resurrección. Estaba á 7½ millas, 60 estadios, al noroeste de Jerusalem, Luc. 24:13-33, y es quizá Rubaibeh. En algunos monumentos, incluso el código sinaítico, se lee 160 estadios, en lugar de 60, y Eusebio y Jerónimo sitúan á Emmaús en la antigua Nicópolis, 20 millas al noroeste de Jerusalem, en donde existe todavía una población llamada Ammas. El Dr. Robinson da la preferencia á esta locación, aunque su distancia de la ciudad parece demasiado grande. Los dos discípulos no hubieran podido regresar á ella en menos de seis ó siete horas, mucho tiempo después de la media noche.

EMPADRONAMIENTO, Luc. 2:1-3, censo ó registro. La misma palabra griega se usa en Heb. 12:23, "alistados en el cielo." Siendo "de la casa y linaje de David," José y María fueron á Betlehem, la ciudad de David, para ser empadronados y pagar la contribución romana, según las costumbres hebreas, lo que demuestra que las leyes de las tribus eran observadas y los registros conservados. Este empadronamiento fué hecho por orden de Augusto y durante la administración de Cyrenius ó de Publius Sulpicius Quirinius, quien parece haber sido gobernador de Siria dos veces. Según Josefo, Quirinio acabó de levantar el censo el año 6 ó 7 de la éra cristiana. Véase CIRENIO. Gamaliel en su discurso menciona un segundo empadronamiento, Hech. 5:37, y estos leemos que eran frecuentes durante la época de Augusto.

ENACCORE, *la fuente de aquel que llamó,* abierta á petición de Sansón, después de su hazaña en Lehí, Jueces 15:19.

ENCANTADOR ó BRUJA, Exod. 7:11; Jer. 27:9; Dan. 2:2, y hechicera, Exod. 22:18, un hombre ó una mujer que ejercían la hechicería, haciendo uso á menudo de encantamientos á que se atribuía un poder sobrenatural. Tal persona, denominada en la Biblia "hechicera," era denunciada por la ley mosaica, Exod. 22:18; Deut. 18:10. Con todo, la hechicería y las artes con ella relacionadas, todas las cuales florecían entre los paganos, eran más ó menos practicadas por los Hebreos; y el haberla alentado fué uno de los pecados de Manassés, rey de Judá, 2 Crón. 33:6. Una de las últimas comunicaciones del Antiguo Testamento se dirige contra los hechiceros, Mal. 3:5. En los tiempos del Nuevo Testamento había muchos que pretendían predecir el destino de los hombres por el aspecto de los planetas y de las estrellas, y curar enfermedades, expeler demonios y obrar otras maravillas, por medio de ciertas drogas, encantamientos, etc. Simón de Samaria, Hech. 13:9-11, y el Judío Bar-Jesús en Pafos, Hech. 13:6-11, y la pitonisa, Hech. 16:16, pertenecían á esta clase, que estaba también abundantemente representada en Éfeso, Hech. 19:13-19. El castigo de los hechiceros se predice en 2 Tes. 2:9-12; Apoc. 21:8; 22:15. Véanse ADIVINACIÓN, ENCANTAMIENTOS, MAGIA, ADIVINOS.

ENCANTADORES. Véase la próxima columna.

ENCANTAMIENTOS, artes falaces, palabras gruñonas y encantos practicados por hombres mal intencionados y las que se clasifican en la Biblia entre las hechicerías, la magia, la adivinación, las brujerías y la nigromancia ó pretendida comunicación con los espíritus de los muertos. Todas estas cosas están expresamente prohibidas y denunciadas en las Escrituras, Exod. 22:18; Lev. 19:26, 31; 20:27; Deut. 18:10, 11. El pretendido poder y habilidad de los encantadores se atribuía á una agencia infernal, y su arte era esencialmente hostil á la verdadera religión. Sus aparentes maravillas se efectuaban comunmente por medio de truhanerías ó fuegos de manos, ó de los misterios de la

ciencia conocida por muy pocos. Los magos del Egipto se dice que hicieron varias cosas "con sus encantamientos," Exod. 7-9; Hech. 19:19. Véase ADIVINACIÓN.

INDIOS ENCANTADORES DE SERPIENTES.

ENCANTADORES, Sal. 58:4, 5; Eccl. 10:11; Jer. 8:17, personas muy comunes en toda la India y el Egipto, que pretenden tener la facultad de coger, domesticar y amaestrar las serpientes, aun las más ponzoñosas.

ENCINA. Seis palabras hebreas se traducen "encina" en la versión española, derivadas todas de una raíz que significa "fuerza," no denotando ninguna de ellas el Quercus robur de nuestros bosques. Se supone sin embargo que significa una encina verdadera, Gén. 35:8; Jos. 24:26; Isa. 1:29; 2:13; 6:13; 44:14; Ezeq. 27:6; Ose. 4:13; Amós 2:9; Zac. 11:2. En algunos pasajes se refiere á algún árbol fuerte y floreciente, Isa. 6:13; 61:3; Ezeq. 31:14; Dan. 4:19-26. En otros al terebinto, Gén. 35:4; Jue. 6:11; 2 Sam. 18:9; 1 Rey. 13:14; 1 Crón. 10:12; Isa. 1:30; Ezeq. 6:13. La encina de Abraham, llamada así por muchos siglos después de Cristo, cerca de Hebrón, era de esta clase, el Quercus pseudo-coccifera, un árbol caldizo aunque ostentando un follage siempre verde.

Este árbol, llamado ahora la encina de Abraham, es una verdadera encina de bellotas sumamente antigua y que tiene 22½ piés de circunferencia. El terebinto, lla-

LA ENCINA DE ABRAHAM CERCA DE HEBRÓN.

mado betún por los Árabes, se traduce "olmo" en Oseas 4:13, é Isa. 6:13, haciéndose también mención de la verdadera encina en el primero de estos pasajes. En algunos otros donde ocurre la palabra "valle" ó "valles," deberíamos probablemente entender que se habla de encinas ó bosques de encinas, Gén. 12:6; 13:18; 14:13; 18:1; Deut. 11:30; Jue. 4:11; 9:6, 37. Tres especies de encina se hallan ahora en las tierras Bíblicas, y en el Líbano algunas son de un gran tamaño, como antiguamente deben haberlo sido en Palestina. El Dr. Robinson vió las crestas y las alturas de la región oriental del Jordán vestidas como en los tiempos antiguos de grandes encinas, Zac. 11:2. La encina es un árbol que vive mucho tiempo, y muchos árboles aislados ó bosques de esta clase eran notables é históricas mojoneras, 1 Sam. 10:3. Véase Gén. 35:4. Bajo la agradable sombra de las encinas y otros grandes árboles se hacían las transacciones de muchos asuntos públicos, se ofrecían sacrificios, se hacían arreglos judiciales y se coronaban los reyes, Jos. 24:26; Jue. 6:11, 19; 9:6. Véase BOSQUE.

ENCRESPAMIENTO del cabello, 1 Ped. 3:3. Los escritores judíos mencionan el modo esmerado de peinar el cabello como un arte especial practicado por las muie-

res; com. Isa. 3:18-22. Las mujeres árabes de nuestros tiempos, en Palestina, emplean á menudo un día entero en tejerse trenzas delgadas en número de 70 á 80 que las dejan caer sobre sus hombros, adornándoselas frecuentemente con oro y pedrerías.

ENDOR, *manantial de la casa*, ciudad de Manassés, Jos. 17:1, cuatro millas al sur del Monte Tabor, cerca de Naín, en el camino de Scythópolis, Salm. 83:9, 10. Allí vivía la pitonisa á quien Saúl consultó, 1 Sam. 28. La pretensión de brujería, por medio de la cual ella podía evocar y hacer que vinieran los espíritus de los muertos desde el lugar de su reposo, era evidentemente falsa. Se llenó en consecuencia de asombro y espanto cuando la forma de Samuel realmente se le apareció, enviada por Dios mismo para avergonzarla y llevar al rey Saúl su última amonestación. Las ruinas de una gran población llamada Endur se encuentra, todavía en la falda norte de Jebel el Duhy, ocho millas al norte de Gilboa. Abundan cuevas en la montaña que está arriba de ella.

ENEBRO. Esta palabra se halla en la Biblia española, 1 Reyes 19:4, 5; Job 30:4; Salm. 120:4. La hebrea correspondiente, sin embargo, significa la planta Genista ó escoba española, que es común en las re-

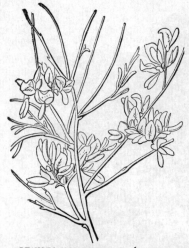

GENISTA MONOSPERMEA Ó RETEM.

giones desiertas de la Arabia, y tiene botones blancos como la nieve, rayados de púrpura, y una raíz amarga. Los Árabes la llaman *retem*. Crece á la altura de ocho ó diez piés, y es altamente apreciada en el desierto como alimento para las ovejas y las cabras, para combustible y para abrigo que contra el sol y el aire buscan en ella los viajeros. Véase RITMA.

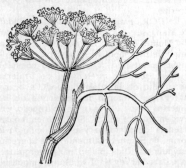

ENELDO, planta anual bien conocida, semejante á la matalechuga ó anís, etc.; pero más fragante. La planta mencionada en Mat. 23:23 era sin duda el eneldo, que crece en Palestina y era diezmado por ciertos Judíos escrupulosos.

ENFERMEDADES, fueron introducidas en el mundo por el pecado, y se promueven con la observancia de costumbres impúdicas, indolentes y voluptuosas. Además de las causas naturales de las enfermedades, los espíritus malignos estaban encargados de producirlas entre los Hebreos, Job 2:7; Marc. 9:17; Luc. 13:16; 2 Cor. 12:7. Los Judíos piadosos reconocían la mano de Dios en mandándoselas, Salm. 39:9-11; y en muchos casos se enviaban enfermedades especiales en castigo de ciertos pecados, como las enviadas á Abimelec, Giesi, Joram, Ozías, María, Herodes, los Filisteos, etc., y á aquellos que participaron indignamente de la cena del Señor, 1 Cor. 11:30. Cristo manifestó su divina bondad y poder curando toda clase de enfermedades; y en estos casos, como el del rey Asa, 2 Crón. 16:12, se manifiesta que toda la habilidad de los médicos es inútil sin la bendición de Dios. Las enfermedades dominantes en las tierras Bíblicas, eran fiebres malignas, enfermedades cutáneas, parálisis, disenteria y oftalmia. Casi todas las enfermedades corporales tienen analogía con las del alma, y el gran Médico de las almas ha demostrado su perfecta habilidad para curarlas todas. Luc. 5:24. Véase DIABLO.

ENGANIM, *fuente de jardines*, I., población en el país bajo de Judá, Jos. 15:34.

III. Ciudad de los Levitas en Issacar, ahora Jenin, 16 millas al sur del Monte Tabor, Jos. 19:21; 21:29. Es la misma que Anem, 1 Crón. 6:73.

ENGASTES, cuencas en que se colocaban las piedras preciosas, Exod. 28:11, 14, 25; 39:6, 13, 16.

ENGEDI, *puente del cabrito*, 1 Sam. 24:1, 2; llamada también Hazezón Tamar, esto es: *la ciudad de las palmeras*, por haber gran número de estos árboles á su rededor. Gén. 14:7; 2 Crón. 20:1, 2, y re baños de cabras monteses. Estaba cerca de la mitad de la playa occidental del Mar Muerto, como 24 millas al sureste de Jerusalem, en la extremidad de la parte más alta del desierto de Judea, en una región llena de rocas y cavernas, 1 Sam. 23:29; Ezeq. 47:10. Véase el grabado que se halla en la palabra MAR, III. Pandillas de merodeadores ahora como entonces, procedente del este, rodean por la extremidad sur del Mar Muerto y suben por una playa occidental á Aín Jidy, y de allí se dirigen á los terrenos elevados. Las alturas en Engedi tienen 1,500 piés de elevación sobre el nivel del mar. Á cuatro cientos piés del mar, un hermoso y abundante manantial, que conserva todavía su antiguo nombre, corre al mar, regando en su curso un fértil valle y un llano que tiene media milla cuadrada, encontrándose en ambos varias ruinas. El costado de la montaña estaba antes terraplenado y todo el sitio era un oasis por su fertilidad, siendo el único lugar de Palestina en donde crece el alcanfor, Cant. 1:14. Véase SIS.

ENGLAIM, *puente de dos terneras*, Ezeq. 47:10, población en la costa del Mar Muerto, al oeste de la desembocadura del Jordán.

ENIGMA. Los orientales han sido siempre afectos á ejercicios de ingenio, tales como los enigmas, en que éste se pone en juego. Ese pasatiempo era practicado por los Egipcios, los Griegos y los Romanos, en los banquetes. La palabra hebrea traducida así en Jue. 14:12-19, indica algo enredado é intrincado, "un dicho oscuro," Prov. 1:6; "parábolas," Hab. 2:6; lo mismo Ezeq. 17:2. Puede haber sido la figura ó enigma que se halla en Núm. 12:8 el pasaje que Pablo tuvo presente cuando escribió en 1 Cor. 13:12, "ahora vemos por espejo en oscuridad."

ENOJO. Una emoción violenta de carácter penoso, algunas veces ocasionada espontáneamente con justo motivo; pero generalmente caracterizada en la Biblia como un gran pecado, Mat. 5:22; Efes. 4:31; Col. 3:8. Aun cuando sea justo nuestro enojo, debe ser mitigado por una consideración debida á las circunstancias de la ofensa y al estado de ánimo del ofensor; á la necedad y malos resultados de esta pasión; á los preceptos del evangelio, y á nuestra necesidad del perdón de los demás, pero especialmente de Dios, Mat. 6:15.

El enojo se atribuye frecuentemente á Dios en las Escrituras, Salm. 7:11; 90:11, no porque él esté sujeto á las emociones violentas que esta pasión produce, sino porque castiga á los malvados con la justa severidad de un superior provocado á la ira.

ENÓN, *manantiales*, el lugar en donde Juan bautizaba, cerca de Salem, en la ribera occidental del Jordán, Juan 1:28; 3:22, 26. Se supone por algunos que estaba ocho ó diez millas al sur de Beth-shean, pero es más bien Aynún al este de Nablus, en la cañada Farah. Véase SALEM.

ENOS, *hombre*, hebreo Enosh, 1 Crón. 1:1, el nieto de Adam. Vivió 905 años, 235-1140 A. M. Adam, Seth y Enoc fueron contemporáneos de él varios siglos, y Noé lo fué 84 años. Gén. 4:26; 5:6-11; Luc. 3:38.

ENSEMES, *fuente del sol*, en el límite de Judá y de Benjamín, Jos. 15:7; 18:17, situada una milla abajo de Betania al este.

ENTRAÑAS, se usa á menudo esta palabra por escritores hebreos para designar al hombre interior, del mismo modo que nosotros usamos con frecuencia la de corazón, como si este fuera el asiento de la misericordia, de la ternura y de la compasión, etc., 1 Reyes 3:26; Isa. 63:15; Jer. 31:20; Col. 3:12; 1 Juan 3:17.

EPAFRAS. Se supone que este fundó la iglesia de Colose; se le llama por Pablo "fiel ministro de Cristo," Col. 1:7; 4:12. Fué por algún tiempo compañero de Pablo en la prisión que sufrió en Roma, Filem. 23, 24.

EPAFRODITO, miembro de la iglesia de Filipos encargado de los donativos de esa iglesia para auxiliar á Pablo, cuando estuvo preso en Roma, Filip. 2:25; 4:18. Este trabajo caritativo le ocasionó una seria enfermedad en Roma, con cuyo motivo vemos cuanto fué estimado y amado por Pablo y por los Filipenses, Fil. 2:25-30. Á su regreso fué portador de la epístola que á estos se les dirigió.

EPENETO, *digno de alabanza*, saludado por Pablo en su Epístola á los Romanos, cap. 16:5, y llamado "las primicias de Acaya;" esto es, uno de sus primeros convertidos allí. En muchas de las mejores versiones y manuscritos se lee Asia en vez de Acaya.

EPICÚREOS, célebre secta de filósofos griegos de la antigüedad. Eran materialistas y virtualmente atéos. Creían que los átomos de la naturaleza existían desde la eternidad, formándose por su unión accidental todas las cosas tanto visibles como invisibles; y que los dioses, entregados á un reposo eterno, nada tienen qué hacer con este mundo. Negaban la existencia de una Providencia Divina y la inmortalidad del hombre, y creían que no había ni futuro, ni alma, á no ser la material semejante al cuerpo, y que tendría qué perecer con él á la muerte. La regla de su vida era la satisfacción de sus deseos y el goce del placer, debidamente reglamentado y dirigido. Las complacencias viciosas eran condenadas sólo en atención á que disminuían la felicidad. Epicuro, su fundador, fué hombre instruido y de buena moral, que murió en Atenas 271 A. C. á la edad de 73 años. Sus secuaces, sin embargo, fácilmente se desentendieron de las restricciones que él había impuesto y corrían tras los placeres sin freno alguno. En tiempo de Pablo habían llegado á ser extraordinariamente corrompidos, y, como era natural, tanto su filosofía como la vida que llevaban, los indujo á oponerse con violencia á las grandes verdades que enseñaba, relativas á Dios, á la resurrección y al juicio final, Hechos 17:16–34.

EPÍSTOLA, carta, término empleado por primera vez en la historia de Urías, 2 Sam. 11:14; y en segunda en la de Jezabel, 1 Reyes 21:8, 9; en la de Elías, Ezequías, Esdras, Nehemías, etc. Véase CARTAS. Pero este término se aplica especialmente á las cartas inspiradas del Nuevo Testamento, escritas por los apóstoles en varias ocasiones, para aprobar, condenar ó dirigir la conducta de las iglesias cristianas. El Espíritu Santo ha previsto así que tengamos las doctrinas más importantes del evangelio verdadero, no sólo establecidas históricamente por los evangelistas, sinó aplicadas familiarmente á las varias emergencias de la vida. No debe suponerse que todas las memorias ó notas escritas personalmente por los apóstoles ó bajo su dirección, fueron divinamente inspiradas ó que tuvieron por objeto ser conservadas hasta en épocas lejanas, comp. 1 Cor. 5:9; Col. 4:6; pues la mano providencial del Señor ha cuidado únicamente de aquellas que en efecto fueron escritas por inspiración, y de las cuales se habían sacado direcciones útiles y podían seguirse sacando en las edades venideras, como de un perpetuo directorio en lo que se relaciona con la fé y la práctica, suponiendo siempre que circunstancias semejantes necesiten las mismas direcciones.

Al leer una epístola sagrada, debemos considerar la causa que la originó, las circunstancias y relaciones que existían entre el escritor y aquellos á quienes la dirigió, el tiempo en que fué escrita, el plan general. y los designios que tuvo, y por último la intención de ciertos argumentos y pasajes particulares. Debemos también observar el estilo del escritor, su modo de expresarse, el efecto especial que se propuso producir en aquellos á quienes escribió. y atender al carácter, costumbres, principios generales y condición guardada por los mismos al serles dirigidos sus argumentos.

De los libros del Nuevo Testamento, 21 son epístolas: 14 de ellas fueron escritas por Pablo, 1 por Santiago, 2 por Pedro, 3 por Juan y 1 por Judas. Habiendo sido puestas en nuestro Canon sin referencia á su orden cronológico, tienen que ser examinadas bajo desventajas considerables, y

sería por lo tanto conveniente que se estudiasen de tiempo en tiempo en conexión con lo que la historia consignada en los Hechos de los Apóstoles refiere respecto de las varias iglesias á que fueron dirigidas. Esto nos daría también aproximativamente su orden de tiempo, que así mismo debe tenerse en consideración juntamente con la situación del escritor, puesto que como es natural, puede inferirse que tales composiciones han tenido qué participar de los sentimientos que al escribirlas afectaban al autor. Las epístolas dirigidas á los Judíos dispersos, por Juan y Santiago, por Pedro y Júdas, son muy diferentes en su estilo y aplicación, de las escritas por Pablo á los gentiles; y las de Pablo contienen sin duda expresiones y aluden á hechos con que tenían más familiaridad los lectores originales, que los de los siglos posteriores. Véase PABLO.

ER, *vigilante*, hijo de Judá y de una Cananea, Gén. 38:3, 7, muerto por el Señor, 1 Crón. 2:3.

ERASTO, *amado*, un amigo cristiano y colaborador de Pablo, Corintio, y receptor de rentas, esto es: despensero ó tesorero de la ciudad. Siguió á Pablo á Éfeso y acompañó á Timoteo en una misión á Macedonia, Hechos 19:22. Estaba en Corinto cuando Pablo escribió á los Romanos, 16:23, y permaneció allí cuando Pablo fué prisionero en Roma, 2 Tim. 4:20.

EREC, *longitud*, una de las ciudades de Nimrod en la llanura de Shinar, Gén. 10:10. Su sitio probable se halla en las moles formadas por las ruinas primitivas llamadas ahora Warka, algunas millas al este del Éufrates á la mitad del camino entre Babilonia y la confluencia del Éufrates y el Tigris.

ERRANTE ó vagabundo, un hombre que anda de una parte á otra; pero nó precisamente inútil ó vicioso, Gén. 4:12; Salm. 109:10; Hechos 19:13.

ESARHADÓN, *vencedor*, hijo de Sennaquerib y sucesor suyo como rey de Asiria, 2 Reyes 19:37; Isa. 37:38, 680–667 A. C. Sólo se dice de él en las Escrituras que envió colonos á Samaria, Esdras 4:2, pero fué de todos los reyes asirios uno de los más poderosos. Las consignaciones hechas sobre piedra manifiestan que edificó un magnífico palacio en Babilonia y la hizo una capital juntamente con Nínive; y nó á ésta, como de otra manera hubiera sido de esperarse de un rey asirio, condujeron sus generales cautivo por algún tiempo á Manassés, rey de Judá, 2 Crón.

33:11; manifiestan igualmente que capturó á Tebas, Nah. 3:8-10, y toda el Asia Occidental.

ESAÚ, *velludo*, hijo de Isaac y hermano gémelo de Jacob, Gén. 25. Fué el mayor de los dos y por lo mismo el heredero legal; pero vendió su derecho de primogenitura á Jacob. Tenemos una relación de sus casamientos mal pensados, Gén. 26:34, de su pérdida de la bendición principal de su padre, y de la ira consiguiente que abrigó contra Jacob, Gen. 27; de su reconciliación posterior, Gén. 32; 33; y de su descendencia, Gén. 36. Se llama también Edom y se estableció en las montañas al sur del Mar Muerto y aun hasta el Golfo de Akaba, en donde llegó á ser muy poderoso. Este país fué llamado en su honra la tierra de Edom, y después en griego, Idumea, palabra que puede verse, así como también la palabra Jacob.

ESBAAL, *hombre de Baal*, 1 Crón. 8:33, el cuarto hijo de Saúl, llamado generalmente Isboset. La palabra Baal, nombre de un ídolo, no se pronunciaba por los Judíos escrupulosos, los cuales sustituían este nombre con el de Boset, *confusión*. En vez de Meribaal, decían Mefiboset, etc. Véase ISBOSET.

ESCALA, Gén. 28:12-17. La consoladora visión de la escala celestial manifestada al fugitivo Jacob, lo aseguró de la providencia omnipotente de Dios y de la comunicación de todo bien que su pueblo necesitase en el desierto de este mundo, Heb. 1:14. Fué también seguridad de que había un camino abierto de la tierra al cielo, así como del cielo á la tierra; y podemos ver en ella una ejemplificación de la naturaleza de Cristo, en la cual se unen los cielos y la tierra, y de su obra, que lleva al hombre á vivir con Dios, Juan 1:51.

ESCOGIDO. Generalmente se aplica en el Nuevo Testamento á los que son no solamente "llamados" para ir á Cristo por el ofrecimiento de un perdón libre, sino que de hecho van á él y se salvan, Mat. 22:14. Fueron "escogidos" en Cristo desde la eternidad, Efes. 1:4, 5, y son amados por Dios como Cristo mismo, Luc. 23:35; 1 Ped. 2:6. La palabra "elección" se usa por Pablo en Rom. 11:7 por "los escogidos." "La señora elegida," en 2 Juan 1, era probablemente alguna mujer eminente por sus virtudes cristianas; pero algunos entienden que estas palabras significan "la Señora Electa;" y otros, alguna iglesia cristiana, personificada. Compárese vers. 13.

ESCOBA. Ante "la escoba de **destrucción**," las huestes de los enemigos de **Dios** serán barridas como el polvo de la tierra, Isa. 14:23.

ESCOL, *racimo*, I., príncipe Amorreo de cerca de Hebrón, que se unió á Abraham en la persecución hecha á la hueste oriental que había asolado á Sodoma y llevádose cautivo á Lot, Gén. 14:13, 14.

II. El pequeño y bien regado valle del cual los espías hebreos tomaron la muestra de uvas que suspendieron de un palo cargado por dos hombres, para llevárselas á Moisés sin que se maltrataran, Núm. 13:22-27; 32:9; Deut. 1:24. Se cree que este valle es uno que está muy contiguo á Hebrón por la parte del norte, y que todavía produce las mejores uvas del país, así como granadas, higos, aceitunas, etc.

ESCORBUTO, Lev. 21:20; 22:22, la misma palabra traducida "sarna' en Deut. 28:27. El escorbuto es ocasionado generalmente por el largo confinamiento en los climas fríos y húmedos, y por el uso de alimentos salados, y se da á conocer por una gran debilidad y una cutis seca y escamosa, con manchas lívidas. Algunas apariencias semejantes pueden notarse en los pasajes arriba citados.

ESCORPIÓN ó ALACRÁN, Luc. 10:19, animal pequeño y ponzoñoso de los climas cálidos, que pertenece, como la araña, á la clase arácnide; pero tan parecido en la forma á la langosta acuática, que los Árabes los llaman "escorpiones de mar." Hay muchas variedades de escorpiones. Los de la Europa Meridional y los de la Palestina tienen de una á tres pulgadas de largo; pero en el África tropical y en la América del Sur llegan á tener una longitud de diez pulgadas.

UN ESCORPIÓN Ó ALACRÁN.

La cola con coyunturas termina en un bulbo venenoso en cuyo extremo tiene un aguijón encorvado y agudo, que inflige una herida en la que es inyectado el veneno por dos aberturas que se hallan cerca de la punta, Apoc. 9:3-10. La herida es muy dolorosa y á veces fatal, variando sus efectos con la especie, edad, etc., del escorpión, y con la susceptibilidad de la víctima. Los escorpiones son invernantes y nocturnos en sus hábitos. Permanecen adormecidos en los meses fríos y húmedos del año, y durante su periodo de actividad pasan el día bajo las piedras, en las cortezas flojas de los árboles ó en las grietas de las paredes, y salen en las noches para alimentarse y pasear. Son útiles para destruir otros arácnides é insectos, y se conocen algunos que se alimentan de sus propias especies. Maupertius vió cien escorpiones reducidos en pocos días á catorce por su mútuo exterminio, y también atestiguó que un escorpión hembra, estando aprisionado, devoró á todos sus hijos menos á uno que se refugió en su lomo y al fin la mató. El escorpión corre con la cola levantada, lo cual, con las garfas de un aspecto formidable con que terminan sus brazos y que usa para agarrar su presa, le da un aire amedrentador. Se ha dicho que rodeándolos de fuego, se aguijonean ellos mismos hasta matarse; pero esta historia puede fundarse en los movimientos convulsivos del animal quemado y en su costumbre de encorvar la cola sobre el lomo. En tiempo del Éxodo abundaban los escorpiones en el desierto del Sinaí, Deut. 8:15, en donde se encuentran todavía. Abundan varias especies en Palestina, en la cordillera del Líbano, las montañas de Judá, y el valle del Jordán. Banias, lugar en que hay muchas ruinas, está infestado de ellos; habitan aún la cordillera baja de peñascos, pocas millas al sur del Mar Muerto, donde estaba el punto llamado antiguamente á causa de ellos, "la subida de Acrabbim" ó de los escorpiones, Núm. 34:4; Jos. 15:3. Los escorpiones de la amenaza de Roboam, 1 Reyes 12:11, 14, pueden haber sido correas armadas de nudos ó pedazos de piedra ó de metal, á menos que la expresión sea enteramente figurada. A los primeros cautivos de Judá en Babilonia, 2 Reyes 24:10-16, entre los que habitó Ezequiel, se les llamaron escorpiones, Ezeq. 1:1, 2; 2:6, metáfora justificada por el mal tratamiento que daba la nación á muchos de sus verdaderos profetas; comp. Jer. 26:7, 11, 21-23. "Un escorpión por un huevo," esto es,

una cosa dañina en lugar de un obsequio benéfico, era acaso proverbio de los Judíos, Luc. 11:12; este otro proverbio semejante, "un escorpión por una pesca," se dice que era muy común entre los Griegos.

ESCRIBAS.

ESCRIBA, *escritor*, como en Salm. 45:1 Ezeq. 9:2, 3, ó *contador*, hombre hábil para escribir y contar. En los monumentos egipcios se ven frecuentemente representados los contadores oficiales tomando nota de los asuntos de la vida pública y privada, y del trabajo ejecutado algunas veces por los Israelitas oprimidos, Exod. 5:6. En Palestina, bajo los reyes, se hace frecuentemente referencia á los escribas, que á veces eran levitas, 1 Crón. 24:6; 27:32; 2 Crón. 34:13. Entre los principales oficiales del reino había uno ó varios escribas, 2 Sam. 8:17; 20:25; 1 Reyes 4:3; Jer. 36:10, 12, 21, encargados probablemente de la preparación de los decretos del rey y del manejo de sus rentas, 2 Reyes 12:10; 22:3, 4, y aun de representarlo en los negocios con algún embajador extranjero ó con un profeta de Jehová, 2 Reyes 18:17-19, etc., 26, 37; 19:2; 22:12-14. Los escribas también estaban unidos con el ejército, 2 Reyes 25:19; 2 Crón. 26:11. En Isa. 33:18 parece referirse á algún oficial del ejército asirio que amenazaba á Jerusalem en tiempo de Ezequías, cuya dispersión está prediciendo Isaías. Comp. 2 Rey. 19:32-36. Así, en las últimas esculturas de Koyunjik, Nimrud y Khorsabad, se ven escribas asirios registrando el número de enemigos muertos, cuyas cabezas les llevan los soldados, y la cantidad del botín capturado. Ezequías empleaba á hombres que transcribieran los registros antiguos, y para escribir las tradiciones orales, Prov. 25:1. Cerca de cien años después, parece que existía una clase que no era solamente de copistas, sino también de maestros de la ley divina y personas que se jactaban de ser sabios, Jer. 8:8. Después de la cautividad, el cargo de expositor de la ley de Dios estaba íntimamente ligado á la profesión de escriba, como en el caso de Esdras, Esdr. 7:6, 10, 12; Neh. 8:1-3, 13. La tradición Judía atribuye á estos guardianes y maestros de la ley, desde Esdras hasta la muerte de Simón el Justo, 458-290 A. C,, la compilación de las Crónicas, y la colección y arreglo de todas las Escrituras hebreas. Se dice que precavían la ley Mosaica de errores al copiarla contando sus letras. De 200 A. C. á 220 A. D. se dice que los escribas formaron en preceptos definidos y orales las interpretaciones y opiniones de sus predecesores, con respecto á los diferentes puntos de la ley. Gradualmente, en su deseo de honrar estas antiguas tradiciones, las ponían sobre las Escrituras haciendo de la transgresión de las primeras un delito mayor; y en su esfuerzo por sacar de la ley preceptos para las circunstancias más insignificantes de la vida, las anulaban frecuentemente con sus glosas, Mat. 15:1-20. Creían que el simple hecho de examinar las Escrituras, aun para sostener sus tontas fantasías, los hacía acreedores á la vida eterna, Juan 5:39. En lo general se refiere al auje de los Fariseos, Saduceos y Esenios, de 200 á 140 A. C. La gran mayoría de los escribas era de Fariseos, con los que estaban constantemente asociados en el Nuevo Testamento; comp. Hechos 23:9. Entre los más célebres de estos maestros de la ley se contaban Hillel y Sammai, presidente y vice-presidente del sinedrio en el reinado de Herodes el Grande. Profesaban diferentes opiniones, y eso dió lugar al nacimiento de escuelas opuestas. Sammai y sus secuaces, que al desarrollarse su secta se convirtieron en zelotes, eran más rígidos, especialmente con respecto á la impureza ceremonial y á la guarda del Sábado; Hillel y su escuela mostraron un espíritu más liberal. Muchas de sus discusiones degeneraban en las más extravagantes y necias cuestiones. La existencia de estos dos partidos entre los escribas y los Fariseos del tiempo de Cristo, explica en parte las diferentes actitudes de los diferentes miembros con respecto á él, pare-

ciendo inclinarse algunos á aceptarlo como verdadero maestro, Mat. 8:19; Mar. 12:28-34, y otros oponiéndosele obstinadamente, Mar. 3:22; 11:18, 27; 14:1, 43, 53; 15:1, 31. Gamaliel, el abogado de la tolerancia con respecto á los apóstoles, Hechos 5:34, era nieto de Hillel. Tanto los escribas como los Fariseos, ocupados en su mayor parte en la letra de la ley, y las fútiles y aun contradictorias tradiciones y discusiones que lo abrumaban, Tit. 1:14; 3:9, engreídos con sus propias concepciones, y poniéndose en favor del pueblo, habían perdido como clase, todo, menos la apariencia, de piedad. De ahí las severas censuras de Cristo, Mat. 5:20; 23:1-36.

Muchos de los escribas eran miembros del sinedrio, y se unieron á sus colegas los príncipes de los sacerdotes y ancianos para perseguir á Cristo y á sus discípulos, por tener ideas pervertidas respecto del Mesías prometido y su reino. A los escribas se les llama también "abogados" y "doctores de la ley," Mat. 22:35; Luc. 5:17; Hechos 5:34; y los ministros de Cristo debían ser escribas "instruidos en el reino del cielo," Mat. 13:52, como "Zenas, el abogado" y Apolos "fuerte en las Escrituras," Tit. 3:13. Las enseñanzas de Cristo presentaban fuertes contrastes con las de los escribas. Él hablaba como con autoridad que tenía origen en él mismo, Mat. 5:22, etc.; 7:28, 29, ó con derivada del Padre, Juan 8:28; 12:49, 50. Exponía sencillamente la ley divina en su fuerza original y en su verdadero espíritu. Viajaba por las ciudades y pueblos, y enseñaba á las multitudes, mientras que los escribas generalmente exponían sus doctrinas en las escuelas, á las clases privilegiadas. Daba enseñanzas claras del reino de Dios y explicaba cuales eran las cualidades espirituales necesarias para ser miembro de él, diciendo que diferían mucho de las concepciones de los escribas, Mat. 18:1-4; comp. 23:6-12. Proclamaba un Mesías que tendría qué sufrir y expiar; mientras que ellos daban una errónea interpretación á las predicciones relativas á él, á su humillación y su exaltación, Juan 13:32-34.

La instrucción práctica especial en las Escrituras y tradiciones, en la escuela de algún rabino notable, era requisito para poner á un joven en aptitud de llegar á escriba. Se comprendían en este curso las cuestiones de ética y teología, y las leyes sobre contratas de propiedad y de evidencia. En tiempo oportuno, probablemente á los treinta años, el discípulo aprovechado era recibido en la asociación, poniendo al efecto el Rabino que presidía las manos sobre él, y declarándolo admitido "á la silla del escriba," dándole tablillas y una llave, Luc. 11:52. Podía permanecer en una oscuridad comparativa, como simple copiante de las Escrituras ó las filacterias, ó como notario que escribe documentos de venta, esponsales ó repudiaciones; ó podía elevarse á la eminencia como maestro ó miembro del Consejo. Los gages que recibía y á menudo el ejercicio de algún arte mecánico, le proporcionaban con qué ayudar á su manutención, así como también los presentes que le hacían los devotos.

Las tradiciones orales, preceptos, etc., de los escribas, fueron escritos y compilados en el siglo segundo, y se conocen como el Mishna, la primera parte del Talmud. Después de la redacción final del Mishna, 220 A. D., continuó la orden sus labores peculiares, añadiendo al Mishna dos cuerpos de comentarios y discusiones sobre ellos, llamados Gemaras, los cuales fueron completados 500 A. D., y constituyen la segunda parte del Talmud.

ESCRITURA. La escritura tiene indudablemente un orígen muy antiguo, y naturalmente debe haber sido al principio *ideográfica*, consistiendo en dibujos toscos de objetos y símbolos naturales y de procedimientos naturales, como números, movimientos y pensamientos; y después *fonética* con letras y sílabas representando el sonido de las palabras orales. Los jeroglíficos egipcios son ejemplos de la transición del primero al segundo método de la escritura; y las 22 letras del alfabeto antiguo hebreo, lo mismo que las del más antiguo aún, de los Fenicios, demuestran su origen pastoril y la antigua transición: ALEF quiere decir *buey;* BETH, *habitación;* GIMEL, *camello*, etc. La primera mención que la Biblia hace de la escritura está en Exod. 17:14, como arte antiguo y bien conocido. Los diez mandamientos fueron escritos en tablas de piedra, y Moisés escribió todas las leyes y estatutos prescritos por Dios, Exod. 24:4, 7,12; 32:32, 33. Se archivaron crónicas escritas, Núm. 21:14; 2 Sam. 1:18. Se exigía de este modo que el pueblo se familiarizase con la ley, Deut. 6:6 9, y se hicieron de de ella muchas copias, Jer. 8:8. La escritura se usaba en las transacciones comerciales y legales, Núm. 5:23; Jos. 18:9, y en la correspondencia, 2 Sam. 11:14; Esdr. 4:8, 11; 5:6; Neh. 6:17; Jer. 29:1, y á

menudo se mencionan á los escribas y cronistas, 2 Sam. 8:17; 20:24, 25; Jer. 36. Las cartas y los libros tenían la forma de rollos cilíndricos, Salm. 40:7; Isa. 34:4; Zac. 5:1, y la escritura sobre papiro, 2 Juan 12, ó pergamino, 2 Tim. 4:13, no tenía ni mayúsculas. ni puntuación, ni espacio alguno entre las palabras ó las sentencias. Se hacían inscripciones sobre plomo, latón, tejas de barro, tablillas de cera, emplasto, piedra y joyas, Exod. 39:14-30; y las letras se formaban con la mano, con la punta de una caña ó una brocha y tinta, el estilete de metal y la herramienta del grabador. Véanse LIBRO, TINTA y PLUMA.

En la "Escritura de Verdad," Dan. 10:21, hay una alusión á los decretos divinos representados como escritos en un libro, Sal. 139:16; Apoc. 5:1.

ESCRITURAS, LAS. Véase BIBLIA. En el Nuevo Testamento, los Libros del Antiguo Testamento son llamados "las Escrituras," Mat. 22:29, "las Santas Escrituras," etc., Rom. 1:2; 16:26; 2 Tim. 3:15. Las Epístolas de Pablo están incluidas en "las Escrituras" en 2 Ped. 3:16. También se hace referencia á pasajes particulares, Mar. 12:10; Hechos 8:35, ó á un libro individual, vers. 32, como "la escritura." La fuerza especial de este término en tiempo de Cristo y sus apóstoles será mejor apreciada si se recuerda que aún no se habían escrito las tradiciones judías. En el Mishna, la expresión usual hebrea de los libros del Antiguo Testamento, es el MIKRA, es decir, *lectura,* como en Neh. 8:8, siendo apropiada la palabra hebrea que significa *escritos* á los libros llamados Hagiógrafa. El término "Santas Escrituras," como comprensivo de los libros del Nuevo Testamento, estuvo en uso en la iglesia desde el siglo segundo. "Toda escritura," esto es, toda porción de la Santa Escritura, "es inspirada" y provechosa, 2 Tim. 3:15, 16. "Ninguna profecía de la Escritura" debe interpretarse *aisladamente;* su cumplimiento mostrará su verdadero lugar entre todas las palabras proféticas del Espíritu Santo, 2 Ped. 1:20, 21. Pero es evidente que los Judíos en tiempo de Cristo estaban familiarizados con las Escrituras del Antiguo Testamento, como aparece de sus propias citas, Juan 6:31; 8:5, y las frecuentes referencias de Cristo con respecto á este hecho, Mat. 12 3, 5; 21:16, 42; Mar. 12:10, 26, 35-37; Luc. 4:13; 10:26; 24:25-27; Juan 5:39; y se esperaba que los cristianos se familiarizaran también con el Nuevo Testamento, Hech. 17:11; Col. 4:16; Apoc. 1:3

ESCUDO, *adarga*, *rodelo*, pieza defensiva de armadura, usada en todo tiempo antes que las armas de fuego la anularan, hecha de diferentes formas y tamaños, y que no se distingue de un modo uniforme en la Escritura. Era esa pieza generalmente redonda ú ovalada. El gran escudo *tsinnah*, I Crón. 12:24, 34, se llevaba al ayudante al guerrero miéntras no se combatía, I Sam. 17:7, 41. Otro más pequeño, llamado *magen* en la Biblia hebrea, en pasajes como Jue. 5:8; I Crón. 5:18, se usaba comunmente, y los dos se mencionan á menudo juntos, como equipos militares, 2 Crón. 14:8; Jer. 46:3; Ezeq. 23:24.

Ambos términos hebreos se aplican á Dios como protector de su pueblo: *magen* se halla empleado así en Gén. 15:1; Deut. 33:29; Sal. 84:9, 11, y *tsinnah*, en Sal. 5:12. A los gobernantes de la tierra también se les llama "escudos," Sal. 47:9. De I Rey. 10:16, 17 aparece que se requería mucho más material para el *tsinnah* ó adarga, que para el *magen* ó escudo. Los escudos se llevaban en el brazo izquierdo sujetos del codo por medio de una correa, y de otra que se agarraba con la mano, ó asiéndolos de una perilla ó manecilla central. Tenían un marco delgado de madera, cubierto de piel correosa, y así podían ser quemados, Ezeq. 7:9, á menudo llevaban clavos ó tachones y se les redondeaba y pulía para desviar los golpes de las armas, Job 15:26. Algunas veces el marco era de hierro, ó de oro, como los escudos hechos por Salomón para las procesiones religiosas ó civiles, I Rey. 10:16, 17, tomados por Sisac, y reemplazados por Jeroboam con otros de bronce, I Rey. 14:25-28. Los escudos que usaban los soldados de Antioco V. eran de metal, I Mac. 6:39. La superficie de los escudos se conservaba en buen estado, aplicándole aceite, Isa. 21:5, y además se resguardaban con una funda cuando no estaban en uso, Isa. 22:6. El escudo de Saúl fué desechado en la batalla, y nó "ungido," 2 Sam. 1:21. Los escudos protegían á los soldados en el sitio de las ciudades, Isa. 37:33; Ezeq. 26:8, y haciendo que sus extremos se tocaran entre sí, formaban un baluarte impenetrable. La palabra traducida "escudo" en I Sam. 17:6, 45, significa lanza ó javelina. Pablo, el prisionero, toma el escudo de su guardia romana como símbolo de la fé cristiana, Efe. 6:16; I Juan 5:4. Comp. 2 Sam. 22:36. Véase ARMAS.

ESCUELA. La palabra griega *schole* significa ocio ó tiempo desocupado, es decir de trabajo manual; de ahí, el empleo de los ratos de ocio en estudios literarios, en una conferencia ó discusión. Comp. Eclus. 38:24-34; y después, como en Hech. 19:9, la pieza en que un maestro se reunía con sus discípulos para instruirlos y debatir con ellos.

ESCUELAS HEBREAS. Nada se sabe de las escuelas nacionales ó elementales de Israel, antes que los Judíos volvieran de la Cautividad. La ley Mosaica mandaba estrictamente á los padres la instrucción personal de sus hijos, Deut. 6:7; 11:19. En adición á esto, los Levitas estaban encargados de enseñar al pueblo, Deut. 33:10. Conocimientos generales de lectura y escritura parece que se exigían implícitamente, por las direcciones relativas á la inscripción de ciertas partes de la ley, Deut. 6:9; 27:3, 3, 8. El rey debía saber leer y escribir, Deut. 17:1.), 19. Con la caída de la nación en la idolatría y su servidumbre bajo los idólatras, la educación decayó indudablemente. En tiempo de Samuel es cuando primero leemos que había asociaciones para educar á los jóvenes para el cargo profético, I Sam. 10:5, 10; 19:20; y continuaron bajo los reyes de Israel, I Rey. 20:35; 2 Rey. 2:3, 5; 4:38; 6:1; Amós 7:14. Además la instrucción parental era muy recomendada, Prov. 1:8. En el reino de Judá, los Levitas se volvieron negligentes, 2 Crón. 15:3. Josafat volvió á darles esta comisión, 2 Crón. 17:7-19; 35:3; cumplieron este cargo bajo Ezequías y Josías, 2 Crón. 30:22; y en tiempo de Esdras, otra vez aparecen como maestros é intérpretes del pueblo que había llegado á perder su familiaridad con el hebreo, Neh. 8:7-9, 13, por su larga residencia en Babilonia y el uso del "Siriaco" ó dialecto Aramaico, Dan. 2:4. Conforme á la tradición judía, Esdras reunió á su derredor á hombres hábiles en la ley, y con su auxilio educó maestros públicos que establecieron sinagogas provistas de medios de instrucción, en Jerusalem y los pueblos de Judea. Estas escuelas en tiempo de Cristo estaban bajo la dirección de los empleados del Sinedrio y de los "escribas" y "doctores." La instrucción en las escuelas superiores era catequística: los maestros sentaban un principio de doctrina, y los discípulos cuestionaban sobre él, Luc. 2:46, ó preguntando el maestro y contestando los discípulos. El método seguido á menudo por Jesu-Cristo se asemejaba á este, Mat. 22:17-22; Mar. 8:27-30; Luc. 20:2-4. La atención floja era animada por cuentos, alegorías, etc. Además de la instrucción en las Escrituras y tradiciones, en hebreo sagrado, en griego, y en las ciencias tal cual se conocían entonces, se enseñaba cuidadosamente la etiqueta en los saludos, etc. Cada joven estaba obligado á adquirir el conocimiento práctico de algún oficio, Hech. 18:3. La independencia de nuestro Señor de estas escuelas superiores excitó la sorpresa de sus doctos antagonistas, Juan 7:15, á quienes él les descubría á menudo el verdadero sentido de ciertos pasajes que habían estudiado sin comprenderlos, Mat. 12:2-5; 19:4; 21:15, 16, 42; Mar. 12.18-26. Sus primeros apóstoles no tenían una educación elevada, Hech. 4:13; pero Pablo había sido discípulo de Gamaliel, Hech. 22:3. Josefo y Filo representan á los padres judíos como extremadamente cuidadosos de la educación de sus hijos en la ley sagrada, y que se les debía enseñar á leerla; se las daba á estudiar en ejemplares cuidadosamente copiados.

Conforme al Talmud, un muchacho comenzaba á estudiar las Escrituras Mosaicas en su casa, á los cinco años de edad; comp. 2 Tim. 3:15, era enviado á la escuela á los seis, y á los diez comenzaba á estudiar la doctrina tradicional, la cual, sin embargo, no fué escrita sino hasta después del tiempo de Cristo. Las personas que no habían recibido una enseñanza rabínica, eran despreciadas como ignorantes, Juan 7:49. Después de la caída de Jerusalem, las escuelas judías elementales y superiores continuaron floreciendo, y en donde quiera que residían los Judíos eran consideradas como de grande importancia. La educación de las niñas era generalmente inferior á la de los muchachos.

ESDRAS ó ESRA, *auxilio*, sacerdote célebre y caudillo de la nación judía. Fué escriba perito en la ley, hombre instruido, apto y fiel, y parece que disfrutó de gran consideración en la corte persa. Durante los 80 años que comprende su narración, pasó la mayor parte del reinado de Ciro, y todo el de Cambyses, Smerdis, Darío Hystaspis, Jerjes, y ocho años del de Artaxerxes Longimanus. De este último rey recibió cartas, dinero y toda clase de auxilios deseables, y se dirigió á Jerusalem á la cabeza de un gran número de los Judíos desterrados que quisieron volver á su patria, 457 A. C. Luego que llegó allí instituyó muchas reformas en la conducta del pueblo, Esd. 7, y en el culto público, estableciendo sinagogas en que se leyera la Biblia y se orara, Esd. 8-10; Neh. 8. Después de esto se cree generalmente que escribió los libros de las Crónicas, Esdras, y una parte del de Nehemías; y que reunió y revisó todos los libros del Antiguo Testamento que forman el actual canon. En su obra fué ayudado por Nehemías y probablemente por Malaquías.

El Libro de Esdras contiene una historia escrita en parte en Caldeo, de la vuelta de los Judíos en tiempo de Ciro, caps. 1-6; en seguida, 60 años después, da una relación de los hechos efectuados en un solo año. caps. 7-10, 456 A. C. Hay dos libros apócrifos que se le atribuyen.

Se hace mención de otros dos individuos de este nombre en 1 Crón. 4:17; Neh. 12:1.

ESIÓN - GEBER, *espinazo de hombre*, ciudad que se hallaba en la extremidad septentrional del brazo elanítico ú oriental del Mar Rojo, y muy cerca de Elat. Los Israelitas descansaron allí en el último año de sus viajes de Egipto á Canaán, Núm. 33:35; Deut. 2:8. En este puerto equipó Salomón una flota para la expedición á Ophir, 1 Rey. 9:26. Otra empresa semejante acometida por Josafat fracasó, 1 Rey. 22:48; 2 Crón. 20:36. Véanse ELAT y ÉXODO.

ESMEREJÓN, *poderoso*, ave de la especie del águila, declarada inmunda por la ley, Lev. 11:13. Se cree que significa águila marina ó águila negra de Egipto. Véase AVES.

ESMERALDA, Apoc. 4:3; 21:19, piedra preciosa de un hermoso color verde, que se hallaba antiguamente en Etiopia, pero en los tiempos modernos sólo se encuentra en la América del Sur, Exod. 28:17; Ezeq. 27:16; 28:13. Josefo y los setenta la consideran como joya semejante á un carbón encendido, de la especie del rubí indio ó del carbunclo.

ESPADA. La palabra hebrea traducida así, tiene un significado más lato, y ha sido por lo mismo interpretada por "cuchillos afilados" ó "agudos" en Jos. 5:2; Ezeq. 5:1, 2. Algunas espadas tenían dos filos, Sal. 149:6; tenían á menudo puños ricamente ornamentados, y se llevaban en vainas, 1 Sam. 17:51; 2 Sam. 20:8, colgando de un cinturón, 1 Sam. 25:13, descansando en el muslo, Jue. 3:16; Sal. 45:3. Ceñírselas era un preludio de hostilidades y un símbolo de guerra, Isa. 34:5; Apoc. 19:17, 21; de poder, Rom. 13:4, y de juicios divinos, Deut. 32:41; Sal. 17:13. Las espadas griegas y romanas tenían comunmente una hoja ancha, recta y de dos filos, y eran algo cortas.

ESPAÑA, Rom. 15:24, 28. La península que se halla al sudoeste de la Europa, de unas 480 millas de ancho y 600 de largo. Los Fenicios tenían establecimientos comerciales en su costa, uno de los cuales, llamado por los Griegos Tartessus, fué probablemente el Tarsis de Hiram y Salomón. Véase TARSIS. Gades, ahora Cadiz, era otro establecimiento fenicio. Los primeros habitantes de esa península, conocidos por los Griegos y los Romanos, fueron los Iberos, residentes en las cercanías del río Ibero, llamado actualmente el Ebro. Estos se mezclaron después en algunos lugares con los invasores celtas, El nombre Iberia se hizo extensivo por los Griegos á todo el país desde la costa occidental, en donde tenían establecimientos. En 238 A. C. los Cartagineses invadieron la Iberia y conquistaron su parte occidental; pero fueron arrojados de allí por los Romanos en la segunda guerra púnica, por el año 206 A. C. Después de su conquista por los Romanos, fué ese país llamado Hispania, nombre cuyo origen traen algunos de la palabra semítica SAFAN, véase CONEJO; y por otros, de la palabra vascuense Ezpaña, el *confin* de la Europa. La España era famosa por sus riquezas minerales de oro, plata, etc. Su conquista por los Romanos no terminó, sino en tiempo de Augusto, 19 A. C., quien la dividió en tres provincias, una de las cuales llamada Lusitania casi correspondía al mismo Portugal. Muchos Romanos se establecieron en España, y su idioma y civilización se extendieron por todo el país, siendo Séneca el mayor natural de allí. Probablemente residían en España muchos Judíos Helenistas, y quizá había cristianos en la fecha en que se escribió la Epistola á los Romanos, 58 A. D., cuando Pablo, estando en Corinto, intentó visitar ese país, Rom. 15:24, 28—proyecto que probablemente efectuó entre su primera y segunda prisión en Roma, 64-66 A. D. Véase PABLO. En la descadencia del Imperio Romano, España tuvo qué sufrir como campo de batalla de las tribus teutónicas. Los Godos establecieron su supremacía en 427 y cambiaron su cristianismo Arriano por la fé católica romana en 587. Por el año de 713 los Árabes mauritanios, ó Moros, conquistaron á España, arrojando á los cristianos al norte de la Península, y conservando su Imperio mahometano en ella, hasta que fueron despojados del último reino que les quedaba, el de Granada, en 1482, por Fernando é Isabel, quienes tam-

bién expulsaron de España á los Judíos. El reino llegó al apogeo de su prosperidad bajo el gobierno del Emperador Cárlos V. (I. de España), nieto de Isabel, y comenzó á decaer bajo el de Felipe III., nieto de Cárlos. Antes de 1868 la enseñanza de las doctrinas protestantes estaba prohibida allí por la ley.

ESPARCIDOS, los Sant. 1:1. Véase CAUTIVIDAD. Los Judíos desterrados se hallaban no solamente en Babilonia, sino en todas las tierras que quedaban más ó ménos distantes de Palestina, Hech. 2:9-11; y proporcionaron muchos conversos al evangelio, que contribuyeron en gran manera á su rápida propagación, Juan 7:35.

ESPECIAS. es la traducción de cuatro palabras hebreas, una de las cuales, *basam*, que se encuentra únicamente en Cánticos 5:1, puede significar acaso el bálsamo precioso que se obtuvo de la goma y la fruta del Amyris opobalsamum, *basham* arábigo. Véase también Cant. 5:13; 6:2. En los otros pasages en donde se mencionan algunas de las palabras ante dichas, Se hace referencia probablemente á las sustancias aromáticas en general, incluyendo no sólo gomas. raíces, maderas y cortezas olorosas, sino también semillas fragantes y perfumes de flores, Cant. 4:14, 16. De algunas de estas sustancias se hacía uso en la composición del incienso sagrado y del aceite de la unción, Exod. 25:6; 30:23-25, 34; 35:8, 28. Algunas eran producidas en Palestina y otras se obtenían en la Arabia, la India, la Persia, el África Oriental, etc. Comp. 1 Rey. 10:2, 10; Ezeq. 27:22. La palabra griega *aromata*, traducida aromas, ó "drogas aromáticas" en Mar. 16:1; Luc. 22:56; 24:1, denota también sustancias aromáticas en general; siendo una goma y una madera olorosa las dos especificadas en Juan 19:39, 40. Josefo hace mención de la asistencia de 500 porta-incensarios á los funerales de Herodes el Grande.

ESPERANZA. Algunas veces en hebreo "ponerse sobre," 2 Reyes 18:5, 19, 20, 21, 24; otras veces "cubrirse debajo," Rut 2:12; Sal. 2:12; 31:1; Nah. 1:7; Sof. 3:12. La esperanza por lo común es el deseo y la perspectiva de alcanzar algún bien, 1 Cor. 9:10, especialmente la perspectiva segura de la salvación y de todas sus bendiciones para esta vida y la venidera, por los méritos de Cristo. Es uno de los tres grandes elementos del carácter y la vida del Cristiano, 1 Cor. 13:13. Su prenda segura se encuentra en la vida espiritual ya implantada en los creyentes, y que debe prolongarse por toda la eternidad, Rom. 8:23-25; 1 Cor. 15:19; Gál. 5:5; 1 Tes. 5:8-10; 2 Tim. 4:8; Tito 3:4-7. El Espíritu Santo la inspira y la conserva, 1 Ped. 1:3-5; Rom. 8:11; 15:13. Los incrédulos están sin esperanza porque están sin Dios, Efe. 2:12; 1 Tes. 4:13. Cristo es la Esperanza de los creyentes, porque ellos hacen depender todo en él, y porque és en la segunda venida de Jesús que se realizará la esperanza de alcanzar la gloria, Col. 1:27; 1 Tim. 1:1; Tit. 2:13. La esperanza los pone en aptitud de soportar las aflicciones del presente, Rom. 8:25; 1 Tes. 1:3; y los estimula á trabajar diligentemente, 1 Cor. 15:51-58, y á luchar para lograr la posible semejanza á Cristo, Heb. 12:14; 1 Juan 3:2, 3.

ESPIRITU, el principio de la vida en el hombre. "Exhalar el espíritu" es morir—entregar el alma á Dios que la dió, Gén. 25:8; Luc. 23:46.

La palabra espíritu corresponde á la hebrea *ruach* y á la griega *pneuma*, traducida según su significación primitiva "viento," en Gén. 8:1; Eccl. 11:4; Juan 3:8; y usada en varios sentidos en la Biblia.

I. Para designar á la Deidad, especialmente al Espíritu Santo, la tercera persona de la Santísima Trinidad, la cual inspiró á los profetas; anima á los hombres buenos, derrama su unción en nuestros corazones, nos imparte vida y consuelo, y en cuyo nombre somos bautizados y bendecidos, así como en el nombre del Padre y del Hijo. Cuando el adjetivo *Santo* se aplica al término Espíritu, siempre debemos entenderlo como se ha explicado aquí; pero hay muchos lugares en que debe también tomarse en este sentido aun cuando el término Santo esté omitido.

II. En el sentido DE ALIENTO, respiración; ó el principio de la vida animal común á los hombres y á los brutos; este lo ha dado Dios, y lo recoge cuando quita la vida, Eccl. 3:21. Véase ALMA.

III. En el de ALMA RACIONAL que nos anima y conserva su sér después de la muerte del cuerpo: la sustancia racional responsable que es capaz de felicidad eterna ó de eterna miseria, Luc. 23:46; Hech. 7:59; 1 Cor. 5:5; Heb. 12:9, 23. Véase ALMA. Algunas veces en el sentido de una alma desprendida del cuerpo, Luc. 24:37, 39. En Mat. 14:26; Mar. 6:49, otra palabra griega, *fantasma*, se usa para expresar la misma idea. "Los espíritus encarcelados," 1 Ped. 3:19, parece según el

vers. 20 denotar las almas de los pecadores antidiluvianos que están en confinamiento reservados para el día del juicio; comp. 2 Ped. 2:4, 9. La predicación ó proclamación que se les hizo por Cristo "en el Espíritu" se entiende generalmente como practicada en los días de su vida terrenal, por conducto de Noé, bajo la influencia del Espíritu Santo, llamado algunas veces "El Espíritu de Cristo" Comp. 2 Ped. 2:5. Así Cristo les predicó á los gentiles y á los Judíos por medio de sus apóstoles, Efes. 2:17; comp. Luc. 24:46, 47. Otros entienden en 1 Ped. 3:19 alguna proclamación hecha por Cristo personalmente cuando al morir bajó á los infiernos en espíritu humano; comp. Hech. 2:31; tal proclamación, sin embargo, no puede entenderse que signifique cambio en la condición de las almas de los que murieron impenitentes; comp. Luc. 16:23-31.

IV. INTELIGENCIA CRIADA, que no es humana, es decir, un ángel, ya sea santo, Heb. 1:14, ó caído y pecador, Mat. 10:1. Los saduceos negaban la existencia de los ángeles y de los espíritus separados del cuerpo, Hech. 23:8.

V. DISPOSICIÓN DEL ÁNIMO. Así vemos que se dice, espíritu de celo, espíritu de fornicación, espíritu de oración, espíritu de sabiduría y entendimiento, espíritu de temor de Dios, Oseas 4:12; Zac. 12:10; Isa. 11:2. En Luc. 13:11 "espíritu de enfermedad" se refiere á alguna condición enfermiza del cuerpo, tal vez producida de algún modo por la agencia permitida de un sér espiritual, Satanás, vers. 16.

VI. NATURALEZA RENOVADA de los verdaderos creyentes, que se produce por el Espíritu Santo y conforma el alma á su semejanza. El espíritu es de este modo lo opuesto á la carne, Juan 3:6. Este espíritu está vitalmente unido con el Espíritu de Cristo y en algunos pasajes á penas podría distinguirse de él, y es quien anima á los verdaderos cristianos, hijos de Dios, y los distingue de los hijos de las tinieblas á quienes anima el espíritu del mundo, Rom. 8:1-16. El Espíritu divino que en nosotros habita es el don de gracia y de adopción, el Espíritu Santo derramado en nuestros corazones, que nos inspira confianza para llamar á Dios, "Abba," es decir, Padre. "Los que están influenciados por este Espíritu "han crucificado la carne con sus afectos y concupiscencias," Gál. 5:16-24.

"La distinción ó percepción de los espíritus" consistía en discriminar si un hombre estaba realmente inspirado por el Espíritu de Dios, ó era falso profeta, impostor, que solamente obraba según el impulso de su propio espíritu ó el de Satanás. Pablo habla 1 Cor. 12:10 de "percepción de los espíritus," contándola entre los dones milagrosos concedidos por Dios á los fieles cuando se estableció el Cristianismo por primera vez.

"Apagar el Espíritu," 1 Tes. 5:19, es una expresión metafórica que fácilmente se entiende. Este Espíritu puede apagarse, obligando, por decirlo así, á este agente divino á apartarse de nosotros por la irregularidad de nuestra vida, por la avaricia, la negligencia, ó por otros pecados contrarios á la caridad, la paz, y sus demás dones é influencias.

Nosotros "contristamos" al Espíritu de Dios, Efes. 4:30, resistiendo sus santas inspiraciones ó los impulsos de su gracia, viviendo de un modo indiferente, ó incauto, menospreciando sus dones ó descuidándolos, abusando de sus favores por vanidad, por curiosidad ó por indiferencia.

Por el contrario, avivamos ó despertamos el don del Espíritu de Dios que está en nosotros, 2 Tim. 1:6, por medio de la práctica de la virtud, de la sumisión á sus inspiraciones, del fervor en su servicio, de la renovación de nuestra gratitud, y por último sirviendo diligentemente á Cristo y haciendo las obras inspiradas por el Espíritu.

ESPÍRITU FAMILIAR, espíritu predilecto de una casa. Véase Adivinación.

ESPÍRITU SANTO. La tercera persona de la Bendita Trinidad. Se dice que procede del Padre y que fué enviado por el Padre y el Hijo sobre los discípulos, Juan 14:26; 15:26; que es el Espíritu del Padre, Mat. 10:20; 1 Cor. 2:11; y el Espíritu de Cristo, Gál. 4:6; Fil. 1:19.

Que es una persona real y no meramente un atributo ó emanación de Dios, se infiere claramente de los mismos pasajes de la Biblia que lo describen como ejerciendo los actos, pensamientos, emociones y voliciones de una persona inteligente ó distinta. Ningún otro sér que no lo fuera, podría satisfacerse, disgustarse ó apenarse; podría hablar, consolar é interceder, ó dividir sus dones para todos, de los diversos modos empleados por él.

Que es una persona divina igual al Padre y al Hijo, se prueba por la asociación que con ambos tiene en una gran variedad de actos puramente divinos, como en la obra de la creación, Gén. 1:2; Sal. 33:6; 104:30.

Es honrado, como ellos lo son, en la forma bautismal, Mat. 28:19, y en la bendición apostólica, 2 Cor. 13:14; Apoc. 1:4, 5. Recibe los nombres de Dios: Jehová; comp. Hech. 18:25 con Isa. 6; Heb. 3:7-9 con Exod. 17:2-7; Jer. 11:31-34 con Heb. 10: 15, 16. Dios; Hech. 5:3, 4. Señor; 2 Cor. 3:17, 18. Ejerce los atributos de Dios, 1 Cor. 2:10, 11; Isa. 40:13, 14; Sal. 139:7-10; Heb. 9:14; y la blasfemia contra él es imperdonable, Mat. 12:31, 32. Véase Blasfemia.

La obra del Espíritu Santo es divina. En los tiempos más antiguos inspiraba á los escritores sagrados y á los maestros, é impartía dones milagrosos. Bajo la dispensación cristiana aplica la salvación de Cristo á los corazones de los hombres, convenciéndolos de pecado, Juan 16:8, 9, manifestándoles "las cosas de Cristo," iluminándolos y regenerándolos, Juan 3:5; 1 Cor. 12:3-11. Es el consolador de la iglesia, Juan 14:16, 17, 26; llama obreros al ministerio y los dirige, Hech. 13:2, 4; 20:28; da testimonio con los creyentes, Rom. 8:15-17; los auxilia en la oración é intercede por ellos, vers. 26, 27; los dirige en el deber, ver. 14 y los santifica para el cielo, Gál. 5:16-26; 1 Ped. 1:2. A todos se les amonesta que no lo "extingan," "lo enojen," "lo resistan," ó "lo contristen." Isa. 63:10; Hech. 7:51; Efes. 4:30; 1 Tes. 5:19, porque sin él no tenemos parte en Cristo, Rom. 8:9.

ESPIRITUAL, lo que pertenece al Espíritu Santo, Rom. 1:11; Efes. 1:3; comunicado por Él, 1 Cor. 10:3, 4; determinado por Él, y hecho bajo su influencia, 1 Cor. 3:1; Gál. 6:1; Efes. 5:19; 1 Ped. 2:5. Véase Espíritu I., VI.

ESPONJA. Una sustancia submarina que abunda en las partes orientales del Mediterráneo, adherida á las rocas y sacada de allí por buzos. Homero, por el año 850 A. C., menciona las esponjas como usadas entre los Griegos para lavar sus personas y para limpiar las mesas después de las comidas. La esponja familiar en el comercio consiste en una especie de malla de fibras menudas circuida por sus membranas, formando una masa sumamente porosa y elástica, á propósito para llevar de beber adonde no puede hacerse uso de una copa, Mat. 27:48; Mar. 15:36; Juan 19:29. La esponja en su estado natural pertenece á la orden ínfima de animales, llamada porífera, por los poros en que esa sustancia abunda, estando esta revestida y formada por una agregación viscosa de cuerpos separados, algunos de los cuales están provistos de largos filamentos. Estos, por medio de constantes vibraciones, mantienen una corriente de agua que entra por los poros de la esponja, y es expelida por las aberturas mayores después de haberse desprendido de aquellas partículas sólidas que pueden combinarse con la masa jelatinosa.

ESTACTE. Uno de los cuatro ingredientes del perfume sagrado ó incienso, Exod. 30:34, 35. Las palabras hebreas *nataf* y la griega *stacte* (Septuaginta) denotan ambas *una gota*, que puede ser de la goma de alguna planta. Los escritores griegos describen dos clases de estacte: uno es la goma del árbol de mirra, que se halla en la Arabia y se designa con el nombre de Bálsamodendron opobalsamum. La mirra, sin embargo, se menciona en las Escrituras, dándole un nombre distinto, *mór*, *derór*, mirra "pura" ó "líquida," como ingrediente del aceite de la santa unción, Exod. 30:23. La otra sustancia llamada *estacte*, era una especie de goma estoraque, trasparente como una lágrima y parecida á la mirra. El árbol estoraque abunda en los cerros más bajos de Galilea, alcanza una altura de quince á veinte piés, tiene hojas ovaladas de un color verde oscuro, blanquiscas por la parte de abajo, y flores parecidas á los azahares, que forman racimos en la punta de las ramas. De la corteza destila una goma resinosa y sumamente fragante. La goma extraida de una planta de la misma familia, en Bornéo, llamada Styrax benzoín, se quema como incienso en los templos del Indostán.

ESTADÍO. Se pone en el Nuevo Testamento por el estadío griego, ó más bién dicho romano, que contenía como 201 yardas. El estadío inglés, que es una octava parte de milla, contiene 220 yardas, y es por lo mismo una doceava parte más largo que el estadío romano. Luc. 24:13.

ESTANQUES, grandes depósitos de aguas primaverales ó llovedizas para beneficio del público, mientras las cisternas eran para el uso privado. Véase CISTERNAS. La falta de provisión de agua en los estanques, era una calamidad irreparable, Jer. 14:3.

Había numerosos estanques en Jerusalem y en sus alrededores, siendo los más notables los siguientes: "El estanque de arriba," 2 Rey. 18:17; Isa. 7:3; 36:2 en la parte occidental de la ciudad, al sur del camino de Jaffa y más de un tercio de milla distante de la puerta de Jerusalem Ahora es el "Birket Mamilla;" se halla á la cabeza del Valle de Gihón y está unido por algunos conductos con (2) el estanque de Ezequías, 2 Rey. 20:20; 2 Crón. 32:30 ahora "Birket el Hammam," á corta distancia de la puerta de Jaffa. (3) La pesquera ó "estanque de abajo," Isa. 22:9, estaba en el Valle al oeste de Sión y ahora se llama "Birket es-Sultan." (4) El estanque de Selah ó Siloe, Neh. 3:15; Juan 9:7, ahora Birket-Silwán, cerca de la abertura del Tiropeón; y (5) el estanque ó "pesquera vieja," Isa. 22:11, un pequeño estanque al sur del anterior, y que recibía agua de él. (6) "El Estanque del rey," Neh. 2:14, ahora la "fuente de la vírgen" en el lado oriental de Ofel, identificado por algunos con los "estanques de Salomón" y con "Betesda," (7) aunque "el estanque Betesda," Juan 5:2, comunmente se ha supuesto que significa Birket es-Serain ó Israel, dentro del muro occidental de la ciudad, y al norte del área del templo. Bajo de esta área también había vastos depósitos cavados en piedra. Véase ESTANQUES DE SALOMÓN.

ESTAÑO, nombre de un metal conocido y usado en siglos anteriores v. g. por los Madianitas, Núm. 31:22, y traído por los Tirios de Tarsis, Ezeq. 27:12. En Isa. 1:25; Ezeq. 22:18, 20, quiere decir la liga del plomo, estaño y otros componentes inferiores, en el metal de la plata, separados de la plata pura por medio de la fundición. Comp. Jer. 6:29, 30. Se usaba para hacer sondas, Zac. 4:10; pero principalmente mezclado con cobre en la manufactura del bronce. No se encontraba en Palestina, pero puede haber sido traído de Madián, de la península española, ó aun de Devonshire, Inglaterra, en buques fenicios.

ESTAOL, *paso*, población situada en el límite occidental de Judá; dada después á Dan, Jos. 15:33; 19:41. Se menciona en la historia de Sansón, Jue. 13:25; 16:31.

ESTEBAN, *corona*, uno de los siete designados por la iglesia de Jerusalem para ayudar á los apóstoles, prestando sus servicios á los pobres, Hech. 6:1-6; de ahí es que se les ha dado el título de Diáconos, en griego *diaconoi*, ministros ó servidores, si bien no se les aplica á ellos directamente en la Biblia. Esteban se distinguía entre los siete como "lleno de fé y del Espíritu Santo." Así como sus asociados, excepto el prosélito Nicolás, parece, en vista de su nombre griego, que fué un Judío helenista. Véase GRECIA.

Sus importantes trabajos excitaron el celo y la hostilidad de los Judíos, especialmente los de las sinagogas helenistas, con quienes probablemente estaba más en contacto, y sus incontestables argumentaciones contribuyeron á hacerlos enemigos más irreconciliables todavía, vers. 8–10. Fué arrestado por imputársele el cargo de blasfemia y herejía, y llevado ante el sinedrio para ser juzgado, cap. 6:11 á 7:1. Su defensa, que incluyó un sumario de la historia de Israel, prueba en contra de los cargos que le hacían los testigos falsos, Hech. 6:11, 13, su reverencia hacia Dios y su respeto por el gran legislador de Israel; pero al mismo tiempo manifiesta que la presencia y la gracia divinas no habían sido estrictamente concretadas á un país ó santuario en particular; que Moisés mismo había enseñado que él iba á tener un sucesor ilustre, que un espíritu rebelde había caracterizado siempre á Israel, y que los que habían dado últimamente muerte á Cristo y se hacían entonces resistencia á su evangelio, eran los legítimos hijos de sus padres, que en todo tiempo se habían opuesto á la verdadera religión. Esteban parece haber hablado reposadamente hasta cerca del fin de su alocución, en que notando la refinada malicia de sus jueces, se tornó en vehemente y justo acusador, Hech. 7:51-53. Entonces, volviéndose de la amenazadora tempestad de las pasiones humanas, levantó los ojos hacia lo alto y habló de lo que veía: los cielos abiertos, la gloria de Dios y á Jesús á su diestra, como si se acabara de levantar su trono para recibir á su siervo, vers. 54-56. La descripción que hizo de la visión que tuvo de la exaltación del Hijo del Hombre, cuya predicción hecha por Cristo mismo había antes encolerizado tanto á una reunión semejante, Mat. 26:64-68; Luc. 22:69-71, excitó á sus jueces más allá de toda pretendida obediencia á los Romanos sus señores, Juan 18:31, y echando inmediatamente fuera de la ciudad á Esteban, le dieron muerte á pedradas, Hech. 7:57-60. Según la ley Mosaica, Deut. 17:7, los testigos tomaron la iniciativa, Hech. 6:13; los vestidos exteriores que se habían quitado por comodidad, los pusieron al cuidado de Saulo, que era probablemente uno de los principales acusadores de Esteban. El fiel cristiano manifestó un espíritu semejante al de su divino Maestro, orando por el perdón de sus asesinos. Fué el primero de los *testigos*, en griego *martures*, de Jesús, Luc. 24:48; Hech. 22:20, á quien se daba muer-

te; de esto provino el sentido eclesiástico de "Martur" que primitivamente denotaba "un testigo," comp. Hech. 6:13; 7:58, que se restringió después para designar especialmente á los que habían dado testimonio de Jesús sometiéndose á la muerte por amor suyo; de esto provino la aplicación del título de proto-mártir dado á Esteban. Véase MÁRTIR. Su muerte fué el preludio de una persecución general en Jerusalem. Este, sin embargo, al esparcir á los cristianos y divulgar el evangelio, Mat. 10:23, aumentó en gran manera el número de los creyentes, Hech. 8:1-4; 11:19-21, llegando á ser así "la sangre de los creyentes" según Tertuliano observa (160-220 A. D.), "la simiente de la iglesia." El cuidador de los vestidos de los testigos (que puede haber sido uno de los de Cilicia que hacían resistencia á Esteban, Hech. 6:9; 22:3), parece que por lo pronto se abandonó á un celo indiscreto llevado á la ferocidad, Hech. 8:3, 9:1 2; y aunque sin duda sintió la fuerza de los argumentos y el testimonio de Esteban, de nada la valió para su conversion, hasta que él mismo vió al Salvador, Hech. 9:4 6. Sin embargo, hay indudablemente algo le verdad en el dicho de Agustín, 354 430 A. D., de que la Iglesia debe la conversión y ministerio de Pablo á la oración de Esteban. Años después, estando Pablo en circunstancias análogas, deploró haber presenciado y consentido en la muerte del mártir, Hech. 22:20—ese triunfo de la fé y del amor cristiano que ha enseñado á tantos mártires y cristianos á morir. Comp. Sal. 109:31. Un argumento poderoso en pró de la divinidad de Cristo se halla en las oraciones dirigidas á él por Esteban, Hech. 7:59, 60; comp. Luc. 23:34, 46.

La muerte de Esteban occurrió probablemente por el año 37 A D. La tradición antigua á este acontecimiento por teatro un lugar al norte de Jerusalem, cerca de la puerta de Damasco, la cual en el siglo XII llevaba el nombre de Puerta San Esteban, tomado de una iglesia vecina edificada en memoria del mártir. Una tradición posterior dió por lugar al martirio la actual puerta de San Esteban, al E. de Jerusalem, precisamente al N. del área de Haram.

Las ligeras discrepancias que se notan entre la defensa de Esteban, y lo que se dice en las Escrituras hebreas, puede atribuirse en parte á la influencia de la versión Septuaginta y en parte quizá al uso que él hizo de adiciones tradicionales, ó tal vez de ciertos detalles que le fueron revelados por el Espíritu Santo. El espíritu de la historia del Antiguo Testamento, si nó conserva siempre la exacta letra, sí se representa por lo menos con fidelidad.

ESTÉFANAS, un cristiano de Corinto, cuya familia (mencionado después, 1 Cor. 16:15, como las primicias ó primera conversión de Acáya y como distinguida por los servicios que prestó á los hermanos cristianos) fué bautizada por Pablo, 52 A. D. Estéfanas visitó á Pablo en Éfeso en la primavera de 59, 1 Cor. 1:16; 16:15-18.

ESTEMO, *obediencia*, ciudad de los sacerdotes de Judá, Jos. 15:50; 21:4; 1 Sam. 30:28; trazada por Robinson en el moderno pueblo de Semua nueve millas al sur de Hebrón.

ESTER, *estrella*, nombre persa de Hadassa, *mirto*, hija de Abihail de la tribu de Benjamín. La familia no había vuelto á Judea después del permiso dado por Ciro, y Ester nació probablemente más allá del Tígris cerca de 500 años A. C. Habiendo muerto sus padres, Mardoqueo, su primo, se hizo cargo de su educación. Véase ADOPCIÓN. Después de que Assuero divorció á Vasti, eligió á Ester como reina, y se casó con ella con magnificencia real, concediendo larguezas y remisiones de tributos á su pueblo. De esa manera ocupó un lugar que la puso cinco años después en aptitud de hacer un señalado favor á su pueblo, muy numeroso entonces en Persia. El libramiento de éste se celebra todavía por los Judíos en la festividad anual llamada Purim, que fué instituida en aquel tiempo. El marido de Ester se supone que fué el Jerjes de la historia profana.

El libro de Ester se ha tenido siempre como canónico tanto por los Judíos como por los Cristianos, aunque ciertas adiciones que se hallan en algunas versiones y manuscritos, son apócrifas. No se sabe con certeza quien fué su autor. Se le ha atribuido á Esdras, á un Sumo Sacerdote llamado Joaquim, y á Mardoqueo. Esta última opinión está apoyada en una evidencia interna, por tener el libro todas las apariencias de haber sido escrito en Persia por un testigo ocular de las escenas en él descritas. Presenta en efecto una pintura gráfica de la corte persa y de sus costumbres, y tiene un espíritu intensamente judaico. El principal valor del libro consiste en que patentiza las obras admirables de la providencia de Dios, el dominio que ejerce sobre las pasiones humanas, la justicia con que juzga á los pecadores, y el

cuidado que tiene del pueblo de su pacto, al cual, no obstante hallarse cautivo en tierra extranjera, puede exaltar sobre todos sus enemigos. Con todo, el nombre de Dios no se menciona ni una vez en él.

ESTERILIDAD, era un defecto peculiarmente lamentado en todo el Oriente, Gén. 16:1; 30:1-23; 1 Sam. 1:6, 19; Isa. 47:9; 49:21; Luc. 1:25, y especialmente por las mujeres judías que recordaban al Mesías prometido, Gén. 3:15, y aspiraban al honor de figurar en su genealogía. La intensidad de este sentimiento se manifiesta por las extraordinarias y á veces injustificables medidas que las hacía adoptar, Gén. 16:2; 19:31; 38:14; Deut. 25:5-10. A los que han hecho profesión de ser cristianos se les imputa el cargo de esterilidad, si están destituidos del fruto del Espíritu, y no abundan en buenas obras, Luc. 13:6-9; 2 Ped. 1:8.

ESTIÉRCOL. En las tierras Bíblicas el estiércol de los animales era usado, y aun lo és todavía, no sólo como abono, sino cuando está seco, como combustible. En los distritos donde la madera es escasa, los habitantes tienen mucho cuidado en recoger el estiércol de los camellos y de los asnos; lo mezclan con paja picada y lo secan. No es raro ver una población entera con porciones de esta materia adheridas á las paredes para secarse; y en el otoño se apila en montones cónicos sobre las azoteas. Se emplea para calentar los hornos y para otros usos semejantes, Ezeq. 4:12-16. Del uso del estiércol como abono se hace referencia en Isa. 25:10. De allí viene la expresión "puerta del muladar," Neh. 2:13. Sentarse sobre un montón de estiércol era una señal de profundo humillación y miseria, 1 Sam. 2:8; Sal. 113:7; Lam. 4:5. Véase también Exod. 29:14; Deut. 23:12; 2 Rey. 10:27; Dan. 2:5.

ESTIÉRCOL DE PALOMA, Se dice en 2 Rey. 6:25 que durante el sitio de Samaria "la cuarta parte de un cabo" (poco más de media pinta) de estiércol de paloma, era vendido por "cinco piezas de plata," cerca de dos pesos y cincuenta centavos. Como el estiércol de paloma no puede servirle de alimento el hombre, ni aun en la más extrema carestía, la opinión general era que se la daba este nombre á una especie de lenteja que tenía una forma muy semejante al estiércol de paloma. Dos ó tres sustancias vegetales son todavía llamadas así por los Árabes.

ESTÓICOS, una secta de filósofos paganos fatalistas, llamada así porque su fundador Zeno, natural de Citium en Chipre, tenía una escuela en Atenas, en el tercer siglo A. C., en un pórtico público ó columnario llamado Stoa Pœcile, *Pórtico pintado*. Los estóicos eran panteistas, que creían que la deidad no era el Creador del Universo, sino su razón y su alma, que penetraba y organizaba toda la materia; que no sólo el hombre sino aun la deidad misma, tenían qué sujetarse á un destino inevitable; y que el universo actual, que es desarollo de Dios mismo, tendría con el tiempo qué resumirse en él y sucederlo á él un nuevo desarrollo. A la vez que los estóicos enseñaban la unidad de Dios, consentían en el politeismo, considerando á los muchos dioses de la mitología pagana como desarrollos menores del gran mundo divino. Consideraban el alma humana como una emanación material de la deidad, que en la muerte debía ser quemada ó reabsorbida en él. Veían con indiferencia el placer y el dolor; hacían consistir la suprema felicidad del hombre en vivir virtuosamente, de acuerdo con la naturaleza y á la razón, y juzgaban al hombre que así vivía como perfecto y como que se bastaba á sí mismo.

Se parecían á los fariseos en su austeridad afectada, en su apatía, y en la indiferencia por las circunstancias externas de que hacían alarde. Sostenían la igualdad natural entre todos los hombres. Reputaban el suicidio como una manera propia de escapar de los males de la vida, cuando llegaban á ser demasiado grandes. De este modo, muchas de las principales doctrinas del estoicismo estaban en directo antagonismo con las del cristianismo, y especialmente con las verdades predicadas por Pablo con respecto al Dios y Salvador personal, á la resurrección y á la necesidad de una fé humilde en Jesús, Hech. 17:18-20. Comp. vers. 22-33.

En el tiempo en que Pablo visitó á Atenas, 51 A. D., y por unos dos siglos después, la filosofía estóica era popular é influente en todo el Imperio romano. Entre los filósofos más célebres de esta escuela figuraban Cleanthes, el inmediato sucesor de Zeno, autor de un himno "al Jupiter de muchos nombres;" los contemporáneos de César, Catón y Bruto; Séneca; el liberto Epícteto, que murió por el año 115 A. D.; y Marco Aurelio, emperador romano.

ESTORNUDO, 2 Rey. 4:35, palabra usada en un sentido natural en Job 41:18 para describir la violenta respiración del encolerizado Leviatán ó cocodrilo

ESTRADO. Se habla de la tierra como del estrado de Dios, Isa. 66:1; Mat. 5:35; lo mismo son sus enemigos, Hech. 2:35, y también el arca del pacto, 1 Crón. 28:2; Sal. 99:5.

ESTRELLA. Bajo el término estrellas, los Hebreos incluían todos los luminares celestes, con excepción del sol y de la luna, es decir los planetas, meteoros, cometas y estrellas, Gén. 1:16. Usan la expresión "las estrellas" y "las arenas de la orilla de la mar" para significar multitudes innumerables, Gén. 15:5; 22:17; 26:4; Deut. 1:10, etc. Para enaltecer el poder y la omnisciencia de Dios, el salmista dice, "Él cuenta el número de las estrellas," Sal. 147:4, como un rey que pasando revista á su ejército sabe el nombre de cada soldado; comp. Isa. 40:26. De un modo semejante, á las estrellas se les llama "la hueste ó ejército de los cielos," y Dios es el "Señor de los ejércitos," Deut. 4:19; 2 Rey. 17:16; Sal. 24:10; 33:6; 148:2, 3. No hay nada en la creación visible que exhiba la gloria del Creador de una manera más expresiva que los cielos estrellados, Sal. 8:3; 19:1. En el Oriente se creía antiguamente, así como ahora, que las estrellas ejercían influencia en el destino de los hombres, Jue. 5:20; á su importancia, como guias del marinero, se hace alusión en Hech. 27:20.

Los Hebreos eran aventajados por los Egipcios, Fenicios y Caldeos, en materia de conocimientos astronómicos; pero la ciencia de estas naciones estaba mezclada con supersticiones é idolatría; comp. Isa. 47:1-13. La belleza y esplendor de las estrellas, que son especialmente brillantes en la atmósfera seca y pura de Egipto, Arabia y Palestina, y los beneficios que se les atribuyen, condujeron desde un principio á concebirlas como poseedoras de vida, inteligencia y poder. Las religiones del Oriente consistían en el culto que en mayor ó menor grado se tributaba á las estrellas. Un horóscopo favorable ó adverso se sacaba de los aspectos de los cuerpos celestes. Los Israelitas fueron amonestados contra semejante idolatría y superstición, Deut. 4:19; 17:3; Jer. 10:2; pero ellos á menudo se desentendieron de esta prohibición, 2 Rey. 17:16; 21:3, 5; 23:4, 5; Jer. 8:2; 19:13; Amós 5:26; Soph. 1:5; Hech. 7:42, 43; comp. Rom. 1:18-21, 25.

El número de estrellas que alcanza á columbrar la simple vista y las incontables miriadas reveladas por el telescopio, no son probablemente sino una pequeña fracción del número total llamado á la existencia por Dios; com. Job 25:3; 26:13, 14.

Se hallan á una distancia tan enorme las estrellas fijas, que los telescopios de mayor alcance las presentan sólo como puntos centellantes. Se ha calculado que la más cercana está por lo menos á 19 trillones de millas de la tierra, y que su luz emplea cerca de cuatro años para llegar hasta nosotros, mientras que la de otros necesita un término de miles de años. La fantasía del hombre las agrupó desde un principio en constelaciones, y las Escrituras aluden á varias de ellas bajo sus nombres semíticos, que en los idiomas modernos se han cambiado por los que les han dado los Griegos, Job 9:9; 38:31, 32; Amós 5:8.

Bajo el término estrellas y luceros, se designan á veces metafóricamente ciertos gobernantes y hombres ilustres de la tierra, Isa. 14:4, 12, 13; Dan. 8:10; también pastores, Apoc. 1:16, 20, probablemente ángeles, Job 38:7; David y su antitipo el Mesías, Núm. 24:17. Tiempos de calamidad pública que envuelven á los gobernantes de las naciones, pueden en parte verse simbolizados en Mat. 24:29; Apoc. 6:13. A los falsos maestros se les denomina "estrellas errantes" ó meteoros, Jud. 13. A Cristo se le llama la estrella resplandeciente y la estrella de la mañana, como que sobrepuja en esplendor en sus revelaciones, á sus siervos los profetas, y como que anuncia el día evangélico, Apoc. 22:16. Comp. 2 Ped. 1:19.

El famoso Judío y falso profeta Bacochebas, *hijo de una estrella*, que en el reinado de Adriano encabezó una insurrección que duró tres años, 132–135 A. D., y que fué destruído con muchos de sus partidarios, asumió su título en alusión á Núm. 24:17.

ESTRELLA DE LOS MAGOS, Mat. 2:1–12, al parecer una estrella ó meteoro sobrenatural, que atrajo la atención de los Magos en su país, situado al este de Palestina, probablemente Caldea ó Persia; y los guió milagrosamente primero á Jerusalem, la capital de Judea, y de allí á Betlehem al sitio en donde nació Jesús. Esta opinión, muy naturalmente deducible de la narración evangélica, armoniza con la verificación de otros milagros en la época portentosa de la encarnación y nacimiento del Hijo de Dios. Otra opinión sugerida primero por Kepler al observar la conjunción de Júpiter, Saturno, y Marte en 1604, y adoptada por muchos intérpretes, especial-

mente de aquellos que procuran eliminar de los Evangelios todo lo que es sobrenatural, explica el fenómeno de la estrella por una conjunción de Júpiter y Saturno, en Mayo 7 A. C., y de nuevo en Diciembre del mismo año, con la adición de Marte. Los Magos pueden haber observado probablemente con profundo interés estas conjunciones, y pueden, como astrólogos, haberlas relacionado con las esperanzas mesiánicas de los Hebreos, con las predicciones hechas por boca misma de Balaam, adivino oriental, Núm. 24:17, y la de Daniel, bien conocido en el Oriente como príncipe de los magos, Dan. 4:9; 5:11; 9:24, 25. Pero estas conjunciones ocurrieron varios años antes de la fecha aceptada del nacimiento de Cristo; los dos planetas no llegaron á estar cerca el uno del otro más que una distancia equivalente al doble del diámetro visible del sol, y no podían ser descritos por los evangelistas como "una estrella;" ni tampoco aparece cómo pudieron guiar á los Magos al oeste hasta Jerusalem, reaparecer en seguida al sur y al sudeste arriba de Betlehem, y permanecer estacionarios sobre el sitio en donde Jesús nació. Sea cual fuere la nota, de consiguiente, que ellos hayan tomado de las conjunciones, fueron probablemente impulsados á su viaje por una influencia divina y guiados por una señal milagrosa.

ETAM, *cubil*, I., ciudad de Judea cerca de Betlehem y Tekoa, visitada frecuentemente por Salomón y fortificada por Roboam, 1 Crón. 4:3; 2 Crón. 11·6. Situada en Urtas ó quizá en Aín Atán, al sur de las cisternas de Salomón. "La roca Etam" á la cual se retiró Samsón, Jue. 15:8–19, puede haber estado en sus cercanías, ó al N. de Estaol en donde se hallan cavernas y túneles rocallosos.

II. Puede haber habido otra Etam en Simeón, citada en 1 Crón. 4:32.

III. Otra palabra hebrea, significando *límite del mar*. Estación de los Israelitas en el camino que siguieron cuando salieron de Egipto, Exod. 13:20; Núm. 33:6. Estaba hacia la cabecera del golfo occidental del Mar Rojo, cerca de Ismalia en el canal de Suez; y al desierto que tenía al este, se daba con frecuencia el mismo nombre.

ETAN, *constante*, I., uno de los cuatro famosos por su sabiduría, aunque aventajados por Salomón, 1 Rey. 4:31; 1 Crón. 2:6. Parece que fué hijo de Zerah ó Esdras, y nieto del patriarca Judá, Sal. 89.

II. Levita, hijo de Chisi y uno de los tres maestros de la música del templo, 1 Crón

6:44; 15:17-19. Según parece, puede haber sido el Jedutún mencionado en 1 Cró. 25:1; 2 Crón. 35:15.

ETANÍM, *corriendo constantemente*, un mes llamado así antes de la cautividad, porque las lluvias otoñales comenzaban entonces á llenar el lecho seco de los ríos. Después fué llamado Tishri, y casi corresponde á nuestro Octubre, incluyendo á menudo parte de Setiembre. Era el principio del año civil. En este mes fué dedicado el templo de Salomón, 1 Rey. 8:2. Véanse TISHRI y EXPIACIÓN.

ETBAAL, *con Baal*, rey de Sidón y usurpador del trono de Tiro, 940-908 A. C. Jezabel fué su hija, 1 Rey. 16:31.

ETIÓPIA, *rostros quemados*, uno de los grandes reinos de África, mencionado á menudo en las Escrituras bajo el nombre de Cush, palabra que puede verse. La Etiópia propiamente dicha estaba al sur de Egipto, sobre el Nilo, limitada al norte por Egipto, en las cataratas cerca de Syene; al este por el Mar Rojo y quizá una parte del Oceano Índico; al sur por las regiones del Nilo Azul y Blanco, y al oeste por Libia y los desiertos. Comprendía las comarcas modernas de Nubia, Sennaar y Abisinia. Su principal ciudad era Meroë en la isla ó faja de terreno del mismo nombre entre el Nilo y el Astaboras, ahora llamado el Tacazzé, no lejos de la moderna Shendi, Isa. 18: Sof. 3:10.

Se dió el nombre de Seba á la parte septentrional de Etiópia, después Meroë, por el hijo mayor de Cush, Gén. 10:7. Este país era en algunas partes montañoso, y en otros arenoso; pero en su mayor parte estaba bien regado, y era fértil. El ébano, el marfil, el oro y las piedras preciosas, se contaban entre sus artículos de comercio. Su historia está muy ligada con la de Egipto, y los dos países se mencionan con frecuencia juntos en la Biblia, Isa. 20:3-6; 43:3; 45:14; Ezeq. 30; Dan. 11:43.

Zera "el Etíope" que invadió á Judá en el reinado de Asa, 944 A. C., 2 Crón. 14:9-15, se cree por algunos que fué rey egipcio de una dinastía etíope; y por otros, que fué rey de Etiópia en ambos lados del Mar Rojo, esto es, tanto del Cush árabe como del africano. Esto explicaría cómo pudo tener acceso á la tierra de Palestina sin pasar por Egipto. Pero todo este asunto está envuelto en incertidumbre. La reina etíope Candace, cuyo tesorero se menciona en Hech. 8:27, era probablemente reina de Meroë, en donde se sucedieron en el reino varias soberanas que llevaban el mismo nombre. Como este cortesano se dice que fué á Jerusalem "á rendir culto," se infiere que era probablemente Judío por religión, si nó por nacimiento. Parece que había muchos Judíos un aquel país. El evangelio se hizo á muchos partidarios entre ellos; y á principios del siglo IV., toda la Biblia fué traducida del griego al antiguo idioma de Etiópia.

La Etiópia de que se habla en Gén. 2:13, no es la Etiópia Africana, sino una de las regiones del Oriente, llamada en Hebreo Cush.

EUBULO, *prudente*, 2 Tim. 4:21.

ÉUFRATES, ó EUPHRATES, *copioso*, río famoso de Arabia, cuyos manantiales se hallan en las montañas de Armenia, uno cerca de Ararat y el otro cerca de Erzeroum, y corre á lo largo de las fronteras de Capadocia, Siria, Arabia Deserta, Caldea, y Mesopotamia, y desemboca en el Golfo Pérsico. Recibe al Tigris en un lugar llamado Kurnah, dándose á la corriente así unida el nombre de Shat-el-Arab. Cinco millas abajo, el Shat-el-Arab recibe por el N. E. al Kerkhah, que tiene un curso de más de 500 millas. Sesenta y dos millas abajo de la desembocadura del Kerkhah, otro gran río, el Kurán, se une á esta corriente por el este. Actualmente entra en el Shat-el-Arabe cuarenta millas arriba de su desembocadura; pero antes corría al Golfo Pérsico por un canal separado, al este de la corriente principal. Con arreglo á la creencia que coloca el jardín del Eden cerca de la confluencia del Tigris con el Éufrates, estos ríos podrían considerarse como los cuatro del paraíso. La Escritura á menudo llama al Éufrates simplemente "el río," Exo. 23:31; Isa. 7:20; 8:7; Jer. 2:18; ó "el gran río" y lo designa como el límite oriental de aquella tierra que Dios prometió á los Hebreos, Deut. 1:7; Jos. 1:4. Se ve rebosar en el verano, estación en que la nieve de las montañas de Armenia comienza á derretirse. Los manantiales más cercanos de éste río y del Tigris distan entre sí muy pocas millas.

El Éufrates es un río de importancia en la geografía bíblica, por ser el límite oriental más lejano del territorio de los Israelitas. Fué en efecto raro que el dominio de los Hebreos llegase á esa distancia; pero parece que aun el Egipto, en el reinado de Faraón Necho, hizo conquistas en las márgenes occidentales del Éufrates. El río tiene como 1,800 millas de largo.

Su corriente general toma la dirección del sudeste; pero en una parte de ella se dirige al oeste y se aproxima al Mediterráneo cerca de Cilicia. Va acompañado del Tigris en su curso general. Hay muchas poblaciones en sus márgenes, que son en general más bien planas que montañosas. El río parece que no es de considerable anchura, la cual varía, sin embargo, de 60 á 600 yardas. Su corriente ordinaria, después de llegar á las llanuras de Mesopotamia, es algo lenta, no pasando de tres y media millas por hora, y en esta parte de su curso fueron abiertos muchos canales para evitar que causase perjuicios, y para sacar provecho de las inundaciones anuales. En Seleucia y Hilleh, la antigua Babilonia, se aproxima mucho al Tigris, y algunas de sus aguas se le sacan por medio de canales para llevarlas á este último río. De nuevo, sin embargo, vuelven á alejarse uno de otro, no uniéndose en el mismo canal sino hasta una distancia de cosa de 120 millas del Golfo Pérsico.

BALSA DE PIELES DE CHIVO.

No es muy á propósito para la navegación; con todo, embarcaciones ligeras lo suben como mil millas, y los modernos botes de vapor que ahora suben desde el Oceano, encuentran la misma clase de balsas de pieles de chivo que surcaban el río hace miles de años.

EUNICE, *buena victoria*, madre de Timoteo é hija de Loida. Siendo judía, aunque su marido era griego, Hech. 16:1; 2 Tim. 1:5; trasmitió á su hijo las lecciones de la verdad que ella misma había recibido de una madre piadosa.

EUNUCO, *cuidador de lechos*, encargado de los departamentos interiores de los palacios orientales, é instrumento á menudo de su amo para toda clase de vicios y de crímenes. Pero esta palabra denota muchas veces simplemente un empleado de la corte. Tales eran Potifar, amo de José, Gén. 39:17, y el tesorero de la reina Candace, Hech. 8:27. Nuestro Salvador habla de algunos que voluntariamente se abstenían del matrimonio para trabajar más eficazmente por el reino de Dios, Mat. 19:12; y el apóstol Pablo recomienda la misma abstinencia en ciertos casos excepcionales, en tiempos de persecución, 1 Cor. 7:26, 27. Véase GAZA.

EUROCLIDÓN, *agitador oriental de las olas*, viento tempestuoso que sopló sobre el buque de Pablo en la costa meridional de Creta y al fin lo hizo naufragar en Malta, Hech. 27, soplando del este-nordeste. Ahora se le llama "viento de Levante."

EÚTICO, *afortunado*, joven que fué muerto en Troas al caer de la ventana del cuarto de un tercer piso, en donde Pablo estaba predicando. Fué restituido milagrosamente á la vida, Hech. 20:6-12.

EVA, *viviente*, la primera madre del género humano, y la causa de nuestra caída. Su historia se halla tan estrechamente enlazada con la de Adam, que las observaciones hechas en el artículo ADAM, se aplican también á ella. Fué hecha, se nos dice en Gén. 2:18-22, *para el hombre, y de él;* subordinada á él mismo y más débil, y con todo, para que la amara como su propio cuerpo. La historia de la mujer en todos tiempos ha sido un notable cumplimiento de las penas especiales pronunciadas contra ella, y de las promesas que se le hicieron, Gén. 3:15, 16. Véanse también 2 Cor. 11:3; 1 Tim. 3:13.

EVANGELIO. significa *buenas nuevas*, y es aquella revelación y dispensación que Dios ha hecho conocida á los hombres culpables por medio de Cristo nuestro Salvador y Redentor. La Escritura habla del "evangelio del reino," Mat. 24:14; del "evangelio de la gracia de Dios," Hech. 20:24; "de Cristo" y "de paz," Rom. 1:16; 10:15. Es el "glorioso" y "eterno" evangelio, 1 Tim. 1:11; Apoc. 14:6, y bién merece los más nobles epítetos que se le pueden dar. La declaración de este evangelio fué hecha por la vida, las enseñanzas, la muerte, resurrección y ascensión de nuestro Señor Jesu-Cristo.

Los escritos que contienen el relato de la vida de nuestro Señor. de sus milagros, muerte, resurrección y doctrina, se llaman EVANGELIOS, porque incluyen las mejores nuevas que pudieron publicarse á la humanidad. Tenemos cuatro Evangelios canónicos, á saber: el de Mateo, el de Marcos, el de Lucas. y el de Juan. Estos no sólo han sido generalmente recibidos desde un principio, sino que lo fueron como estandartes de la historia evangélica y como depositarios de las doctrinas y hechos de Jesús. Se apela á ellos bajo tal carácter, tanto por sus amigos como por sus enemigos; y no hay un escritor de los que impugnan ó defienden el cristianismo, que reconozca algún otro evangelio de autoridad igual ó concomitante, si bien ha habido otros muchos que han pretendido ser memorias auténticas de la vida y obras de Cristo. Algunos de estos evangelios apócrifos existen todavía. Contienen muchos errores y leyendas, pero tienen no obstante un valor indirecto.

Parece que hay objeción válida á la idea abrigada por muchos de que los Evangelistas se copiaron los unos de los otros, ó de un Evangelio más antiguo y extenso. Si Marcos escribió con el Evangelio formado antes de él por Mateo, y Lucas con el de Mateo y Marcos, ó nó, es cosa que no sabemos; pero sí que "hablaron según eran movidos por el Espíritu Santo," al narrar los hechos y dichos de Cristo que ellos habían visto ó sabían que eran verdaderos, valiéndose para ello sin duda de las relaciones más auténticas ya escritas ú orales que existían entre los discípulos. No se han sujetado de ninguna manera á un estricto orden de tiempo y de lugar.

EVANGELIO DE MATEO. La época en que se escribió este Evangelio, es muy incierta. Todos los testimonios antiguos, sin embargo, están acordes en manifestar que fué publicado antes de los otros. Se cree por muchos que fué escrito por el año 38 A. D. y por otros, entre los de 50 y 60. Se ha disputado mucho acerca de si éste Evangelio fué escrito originalmente en hebreo ó en griego. El testimonio unánime de los antiguos escritores está en favor del original hebreo, esto es, en el de que fué escrito en la lengua hablada entonces en Palestina y para el uso de los cristianos hebreos. Pero por otra parte, la precisión y exactitud de este testimonio se han hecho disputables por no haber noticia histórica de una traducción al Griego, y porque el Evangelio en este idioma, que se conoce, lleva muchas señales de ser original. Las circunstancias de esa época también, y la prevalencia del idioma griego en Palestina, parecen dar peso á la hipótesis de que no fué escrito en hebreo. Hay críticos de los más famosos, tanto del un lado como del otro de esta cuestión, así como algunos que creyendo que fué escrito primero en hebreo, piensan que el mismo autor hizo después una versión en griego. Mateo escribe como "Israelita ciertamente," como sincero Judío converso que instruye á sus hermanos. Hace á menudo citas del Antiguo Testamento. Representa al Salvador como el cumplimiento de las esperanzas de Israel, como el Mesías prometido, como Rey del "reino del cielo," expresión que comunmente usa en donde los otros Evangelistas hablan del "reino de Dios."

EVANGELIO DE MARCOS. Los antiguos escritores convienen en la opinión de que no siendo Marcos apóstol, escribió su Evangelio bajo la influencia de Pedro. La misma autoridad tradicional, aunque con menos unanimidad y evidencia, lo hace escrito en Roma, y publicado después de la muerte de Pedro y Pablo. Marcos escribió principalmente para los gentiles, como aparece de las frecuentes explicaciones que hace de las costumbres judaicas, etc. Muestra á Cristo como el profeta divino poderoso en obras y en palabras. Es un verdadero historiador evangélico que refiere hechos más que discursos, en un estilo conciso, sencillo y rápido, con detalles á veces minuciosos y gráficos. Una de sus peculiaridades es el uso que hace de la palabra griega traducida "luego," "inmediatamente," "presto," etc., lo cual ocurre cuarenta veces, más que en los otros tres Evangelios.

EVANGELIO DE LUCAS. Se dice que Lucas escribió su Evangelio bajo la dirección de Pablo, de quien fué compañero en muchos de sus viajes. Sus miras extensas y su católico espíritu se asemejan á las del gran apóstol de los gentiles; y su Evangelio representa á Cristo como el compasivo amigo de los pecadores y el Salvador del mundo. Parece que fué escrito principalmente para Teófilo, algún noble Griego ó Romano, y su fecha se supone generalmente que fué por el año 63 A. D.

EVANGELIO DE JUAN. Todos los antiguos escritores consideran este Evangelio como el último. Fué probablemente escrito en Éfeso, algún tiempo después de la destrucción de Jerusalem. De los treinta y tres milagros de Cristo, consigna siete, uno solo de los cuales se refiere por los otros Evangelistas; y de las treinta parábolas, no consigna ninguna. El Evangelio de Juan revela á Cristo como el Redentor Divino y divinamente designado, y como el Hijo de Dios, manifestado en carne. Es un Evangelio espiritual más bien que histórico, que omite muchas de las cosas que forman la crónica de los otros Evangelistas, y contiene mucho más que los de ellos tocante á la nueva vida en el alma por medio de Cristo, la unión con él, la regeneración, la resurrección, y la obra del Espíritu Santo. El espíritu "del discípulo á quien Cristo amaba" campea en este precioso Evangelio. Fué especialmente adaptado á la refutación de las herejías gnósticas de aquel tiempo; pero igualmente es á propósito para edificar la Iglesia de Cristo en todas las generaciones. Entre sus expresiones características se hallan "habitar" y "dar testimonio," hallándose estas treinta ó cuarenta veces en su Evangelio.

EVANGELISTA. Uno que proclama las buenas nuevas, ya sea predicando ó escribiendo. Había primitivamente evangelistas y predicadorss que sin fijarse en ninguna iglesia, predicaban en donde quiera que eran conducidos por el Espíritu Santo, como lo hacen actualmente algunos misioneros, Efes. 4:11. Tal fué Felipe, Hech. 21:8. A Timoteo también se le exhorta á que haga la obra de un evangelista, 2 Tim. 4:5. Comunmente llamamos á Mateo, Marcos, Lucas y Juan "los Evangelistas," porque fueron los escritores de los cuatro Evangelios que traen á los hombres las alegres nuevas de la salvación eterna.

EVIL-MERODAC, hijo y sucesor de Nabucodonosor, rey de Babilonia, 561 A. C. El trato bondadoso que dió á Joachim, rey cautivo de Judá, sacándolo de la prisión y distinguiéndolo de varias maneras más que á los otros cautivos, se cita para elogiarlo, 2 Rey. 25:27; Jer. 52:31-34. Su reinado y su vida llegaron á su fin debido á una conspiración encabezada por Neriglissar, marido de su hermana, quien le sucedió el año 559 A. C.

EXCOMUNION. Pena eclesiástica en virtud de la cual los que incurrían en la culpa de algún pecado enorme, eran separados de la iglesia y privados de sus beneficios espirituales. Así los Judíos expulsaban de la sinagoga á los que creían indignos, Juan 9:22; 12:42; 16:2. Había varios grados de excomunión entre ellos; una consistía en la temporal y parcial exclusión de los privilegios eclesiásticos y de la sociedad; y la otra en una completa separación del pueblo del pacto divino y de sus numerosos privilegios, y en el abandono á la eterna perdición. Véase ANATEMA.

El derecho y el deber de excomulgar, cuando era necesario, fué reconocido en la iglesia cristiana por Cristo y sus apóstoles, Mat. 18:15-18; 1 Cor. 5:1-13; 16:22; Gál. 5:12; 1 Tim. 1:20; Tit. 3:10. El ofensor que se hallaba culpable é incorregible, tenia qué ser excluido de la cena del Señor y separado del cuerpo de los creyentes. Esta exclusión de la asociación cristiana no le quita á uno la obligación de obedecer la ley de Dios y el evangelio de Cristo; ni lo exime de los deberes que tiene como hombre ó ciudadano. La censura de la iglesia, por otra parte, no debe ir acompañada como entre los Papistas, de enemistad, maldición y persecución. Implica una privación de aquellos deberes de cortesanía y fraternidad que un hombre está en libertad de cumplir ó nó; pero nó de los que indispensablemente prescribe la humanidad por estar fundados en la naturaleza, la ley de las naciones y el espíritu del cristianismo, 2 Tes. 3:6, 15; 2 Juan 10, 11.

ÉXODO, *salida*, el nombre del segundo libro de Moisés y la Biblia, que refiere la partida de los Israelitas de Egipto. Continúa la maravillosa é importante historia comenzada en el Génesis, asumiendo una forma nacional, más bien que personal ó familiar, y narrando los pasos que condujeron al establecimiento de la teocracia hebrea. Fué evidentemente escrito por un testigo ocular, y abraza un periodo de cerca de 145 años, desde la muerte de José hasta la erección del Tabernáculo en el desierto, 2369-2514 A. M. Los varios asuntos del libro pueden clasificarse de la siguiente manera:

(1.) La opresión de los Israelitas bajo el cambio de dinastía verificado después de la muerte de José. (2.) La juventud, educación, patriotismo, y huida de Moisés, caps. 2-6. (3.) La comisión dada á Moisés, la perversidad de Faraón y el castigo de las diez plagas, caps. 7-11. (4.) La institución de la Pascua, la repentina partida de los Israelitas, el paso del Mar Rojo, la acción de gracias de Moisés y el pueblo en la orilla opuesta, después de la destrucción de Faraón y de sus huestes, caps. 12-15. (5.) La narración de varios milagros obrados en favor del pueblo durante su viaje hacia el Sinaí, caps. 15-17. (6.) La promulgación de la ley en el Monte Sinaí. Esto incluye la preparación del pueblo por Moisés, y la promulgación, primero de la ley moral, luego la de la judicial, y subsecuentemente la de la ceremonial; y comprende también las instrucciones para la erección del Tabernáculo, y la conclusión de aquella casa de Dios, caps. 19-40.

El plan del libro es no solamente conservar el conmemorativo de la partida de los Israelitas de Egipto, sino presentar á la consideración humana la iglesia de Dios en sus aflicciones y triunfos; hacer notar el cuidado providencial que Dios ha tenido de ella, y los juicios infligidos sobre sus enemigos. Claramente pone de manifiesto el cumplimiento de las divinas promesas y profecías hechas á Abraham respecto de que su posteridad sería numerosa, Gén. 15:5; 17:4-6; 46:27; Núm. 1:1-3, 46; y de que serían afligidos en una tierra extraña, de la cual saldrían en la cuarta generación con grandes riquezas, Gén. 15:13-16; Exo. 12:40, 41. Su éxodo en muchos detalles es un buen símil del principio, progreso y fin de la salvación del creyente, y de la historia de la iglesia de Cristo en el desierto de este mundo, hasta su llegada á la celestial Canaán. Véase 1 Cor. 10; y también la epístola á los Hebreos. El libro del Éxodo nos presenta muchos y singulares tipos de Cristo; Moisés, Deut. 18:15; Aarón, Heb. 4:14-16; 5:4, 5; el cordero pascual, Exod. 12:46; Juan 19:36; 1 Cor. 5:7, 8; el maná, Exod. 16:15; 1 Cor. 10:3; la roca de Horeb, Exod. 17:6; 1 Cor. 10:4; el propiciatorio, Exod. 37:6; Rom. 3:25; Heb. 4:16; el Tabernáculo, Exod. 40, "El Verbo habitó (ó buscó tabernáculo) entre nosotros," Juan 1:14.

Esta salida de Egipto y los subsecuentes viajes de los hijos de Israel, errando por el desierto, forman una de las grandes épocas de su historia. Fueron constantemente conducidos por Jehová, y la série toda de acontecimientos es una constante sucesión de milagros. Desde que levantaron el campo en Rameses, hasta su llegada á los confines de la tierra prometida, hubo un intervalo de cuarenta años, durante los cuales desapareció una generación entera, y toda la ley mosaica se dió y se sancionó por los truenos y rayos del Sinaí. No existe porción de historia alguna que patentice la interposición de una Providencia que domina las naciones y los individuos del modo como lo hace la que refiere estos viajes de Israel.

Los 430 años á que se hace referencia en Exod. 12:40, datan según la cronología admitida, del tiempo en que se hizo la promesa á Abraham, Gén. 15:13. Desde la llegada de Jacob á Egipto hasta el éxodo de su posteridad, trascurrieron como 215 años. Las setenta y cinco almas que allí llegaron habían ascendido al número de 600.000 sin contar las mujeres, los niños y los ancianos. Al salir llevaron consigo numerosos ganados y un gran botín tomado de los Egipcios. Sólo por la mano poderosa de Dios pudo haberse efectuado su libertad, y cada uno de los milagros que para ello se obraron, significó un juicio pronunciado condenando á los dioses irracionales de aquel pueblo, Exod. 12:12, á la vez también que la muerte del primogénito de cada casa, deben haberla tomado los Egipcios como venganza de la muerte que daban á los niños hebreos, Exod. 12:12.

Después de que se mandó la décima y decisiva plaga, los Israelitas fueron despedidos de Egipto á toda priesa. Se supone que se reunieron en Rameses, ciudad principal de la tierra de Gosén, como cincuenta millas al noroeste de Suez, en el antiguo canal que unía al Nilo con el Mar Rojo. Partieron el día 15 del primer mes, que fué el que siguió á la Pascua, esto es, como á mediados de Abril. Tomaron el rumbo del sudeste hasta llegar á Etam; pero entonces, lejos de continuar directamente hasta el Sinaí, giraron con dirección de sur, Exod. 14:2, sobre la costa occidental del Mar Rojo, á la cual llegaron probablemente cerca de Suez, tres días después de haber partido. Allí por medio de un fuerte viento del este, Dios dividió milagrosamente las aguas del mar de manera que los Israelitas pasaron sobre su lecho seco á pié; mientras que los Egipcios que intentaron seguirlos fueron ahogados por las aguas que volvieron. El brazo de mar que se halla en Suez, tiene ahora sólo tres ó cuatro millas de ancho, y cuando el agua está baja, puede vadearse. Se sabe que en otro tiempo ha tenido mayor anchura y profundidad; pero la arena movediza de los siglos lo ha llenado, y por lo mismo trasformado de una manera notable. El milagro obrado en ese lugar fué sorprendente y reveló la mano de Dios más claramente de lo que lo había hecho cualquiera de las diez plagas. Debe hacerse notar aquí también que algunos geógrafos opinan que este milagro se verificó al sur del Monte Atakah, 8 ó 10 millas al sur de Suez, en donde el mar apénas alcanza una anchura de seis millas. Esta conjetura de

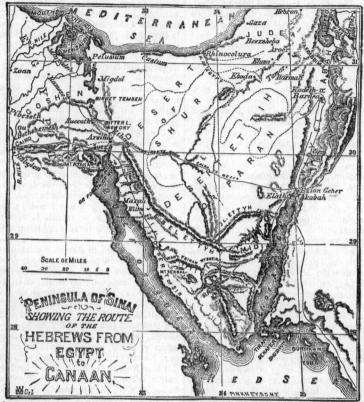

PENÍNSULA DEL SINAÍ QUE SEÑALA EL CAMINO SEGUIDO POR LOS HEBREOS DE EGIPTO Á CANAÁN.

lugar á varias objeciones, si bien no puede probarse que sea falsa. En la actualidad no puede descubrirse la localidad precisa, como lo es el punto de la transición de un alma de la esclavitud de Satanás al reino de Dios; pero en ambos casos la obra es de Dios y la gloria de ella es suya únicamente.

Habiendo ofrecido á Dios gracias por su maravillosa redención, los Israelitas prosiguieron su viaje á lo largo de la playa oriental del Mar Rojo, y atravesando los valles y el desierto llegaron al Monte Sinaí. Esta parte de su camino puede trazarse sin dificultad, y Marah, Elim, y el desierto de Sin han sido identificados con mucha probabilidad. Llegaron al Sinaí el tercer mes, ó probablemente como á principios de Junio, habiéndose dilatado un mes en el camino. Allí se dió la ley, y permanecieron en el mismo lugar durante todas las transacciones consignadas en lo restante del Éxodo, en el Levítico y en los nueve primeros capítulos del Libro de los Números, es decir, hasta el día vigésimo del segundo mes (Mayo) del año siguiente, periodo de cerca de once meses.

Levantando entonces el campo de Sinaí siguieron andando hacia el norte por el desierto de Parán ó quizá á lo largo del brazo oriental del Mar Rojo, y después siguiendo al norte, al oeste de El Arabah, llegaron á Kades-barnea. cerca de la frontera sur de Canaán. Refidim, cerca del Monte Sinaí, Taberah, Kibrot-hattaavah y Hazerot en su viaje en el norte, fueron el teatro de incidentes que pueden hallarse descritos bajo sus respectivos títulos. Desde Kades-barnea fueron enviados espías á explorar la tierra prometida, y volvieron con malos informes, probablemente en Agosto del mismo año. El pueblo murmuró, y en castigo le fué ordenado por Jehová que volviese atrás y que anduviese errante en el desierto hasta que en él quedaran los restos de toda aquella generación, Núm. 14:25. Hiciéronlo así, vagando de una estación á otra en el gran desierto de Parán, que quedaba al sur de Palestina, y también en el gran valle arenoso El-Arabah, que se extiende desde el Mar Muerto hasta el Golfo de Akaba, brazo oriental del Mar Rojo. En donde, y cómo pasaron estos largos años, es cosa que no sabemos, ni por qué caminos atravesaron el desierto, ni cómo se proveyeron de alimento, además del maná. Moisés dice que rodearon el Monte Seir "muchos días." siempre guiados por la columna de fuego y la nube, Núm. 9:22; da también una lista de 17 estaciones, la mayor parte desconocidas, en donde descansaron ó vivieron antes de llegar á Esión-Gaber, Núm. 33:19-35; y entonces hace mención de su regreso á Cades, vers. 36, 37, en el primer mes, Núm. 20:1, después de un intervalo de casi 38 años. Acampados así por segunda vez en Cades, Moisés mandó pedir permiso al rey de Idumea para pasar por sus dominios, esto es, por la cadena de montañas que estaban á lo largo del lado oriental del gran Valle de El-Arabah. Véase IDUMEA. El rey rehusó darlo, é Israel, sintiéndose demasiado débil para penetrar á Palestina por el sur, por frente de las poderosas tribus de Cananeos que habitaban allí, se vió obligado á tomar el paso meridional al rededor de Edom, Núm. 21:4. Volviendo poco después, llegaron al Monte Hor, en donde Aarón murió y fué sepultado, Núm. 20:20-28. Continuando hacia el sur á lo largo del Valle de El-Arabah, hasta Esión-Gaber, situada en la cabecera del Golfo oriental del Mar Rojo, pasaron allí al través de las montañas del este, y en seguida anduvieron dirigiéndose al norte á lo largo del desierto oriental, pasando por el camino que las grandes caravanas de peregrinos sirios, mahometanos, transitan ahora para ir á la Meca. Llegaron por fin al arroyo Zereb, límite meridional de Moab, precisamente á los 40 años de su salida de Egipto. Véase una reseña de los varios campamentos de los Israelitas, en la palabra PEREGRINACIONES.

EXORCISTA, palabra derivada de una griega que significa *conjurar*, es decir,

valerse del nombre de Dios, ó de ciertas ceremonias mágicas con el objeto de expulsar á los demonios de los lugares ó cuerpos de que han tomado posesión. Los apóstoles tenían la facultad de arrojar á los espíritus malos, en nombre de Cristo, Mat. 10:1; Mar. 16:17; Luc. 10:17, y había hombres arteros, tanto antes como después de la muerte del Salvador, que pretendían ejercer el mismo poder, Mat. 12:27; Mar. 9:38; Luc. 9:49, 50; Hech. 19:13-17. Se creía que los exorcistas habían adquirido su poder haciendo estudios secretos acerca de la naturaleza de los demonios y de las virtudes de ciertas yerbas, drogas y piedras, y estaban acostumbrados á usar varias formas de conjuros y hechizos en su arte ilegal; pero todo esto no pasaba de ser una impostura, y estaba estrictamente prohibido. Véase ADIVINACIÓN.

EXPIACIÓN. Un acto por el cual se da satisfacción por un crimen y se cancela la responsabilidad contraída por su comisión. Supone penitencia y fé de parte del pecador. Entre los Judíos, la expiación se efectuaba por un sistema de sacrificios típicos designados por Jehová é indicando todos á Cristo. El Nuevo Testamento lo muestra como la verdadera ofrenda que por el pecado puede presentar la humanidad; por ser "el Cordero de Dios," "nuestra Pascua," que "ofrece su propia sangre" y quita "el pecado por el sacrificio que hace de sí mismo," Juan 1:29; 1 Cor. 5:7; Efe. 1:7; Heb. 9:26.

EL DÍA DE EXPIACIÓN era una solemnidad anual observada con descanso y ayuno el diez de Tisri, cinco días antes de la Fiesta de los Tabernáculos, Lev. 23:27; 25:9; Núm. 29:7. Esta fecha correspondería ahora á los primeros días del mes de Octubre. Las ceremonias de este día importante se describen minuciosamente en Lev. 16. Sólo en este día entraba el Sumo Sacerdote al lugar Santísimo, Heb. 9:7; pero los varios ritos del mismo exigían que lo hiciera varias veces, vestido de blanco: primero con un incensario de oro y una vasija con incienso; en seguida con la sangre del novillo que él había ofrecido por sus pecados y los de todos los sacerdotes, sumergiendo en ella su dedo y rociándola siete veces debajo y una encima del propiciatorio. Hecho esto, dejaba la vasija con la sangre detrás y salía de nuevo. La tercera vez entraba la sangre del carnero que él había ofrecido por los pecados de la Nación, rociando con ella hacia el velo del Tabernáculo ocho veces; y des-

15

225

pués de mezclarla con la sangre del novillo, rociaba de nuevo siete veces hacia los cuernos del altar del incienso, y una vez encima de él hacia el este; después de esto, habiendo salido nuevamente del Santuario, llevándose consigo las vasijas de la sangre, la derramaba toda en el piso del altar de los holocaustos. La cuarta vez entraba á sacar el incensario y la vasija del incienso, y al volver se lavaba las manos y practicaba las otras ceremonias propias del día. Lo relativo al macho cabrío que se escapaba, también se verificaba en dicha solemnidad. Se apartaban dos chivos, uno de los cuales se sacrificaba al Señor, mientras que el otro, designado por la suerte para ser puesto en libertad, era enviado al desierto, cargado con los pecados del pueblo, Núm. 29:7-11. Todos estos ritos solemnes indicaban á Cristo, y en todos los siglos ha habido creyentes que han tenido un discernimiento espiritual de su significado sagrado, Heb. 9-11. Han mirado hacia aquel á quien traspasaron, y han lamentado. Así como este día de expiación era el gran día de ayuno de la iglesia judía, así también un dolor piadoso por el pecado caracteriza la mirada que el cristiano dirige al Cordero de Dios, y el placer que le causa el perdón va mezclado con lágrimas de penitencia.

ÉXTASIS. Cierto estado del sistema humano, diferente del producido por los sueños ó delirios, y durante el cual los sentidos del cuerpo quedan como suspensos en sus funciones y casi separados del espíritu; estando este ocupado á la vez con fantasmas, como en los arrebatamientos producidos por las enfermedades, ó como antiguamente acontecía al recibir las revelaciones de Dios. Numerosos ejemplos se mencionan en la Escritura; como el de Balaám, Núm. 24:3, 16; los de Pedro y Pablo, Hech. 10:10; 11:5; 22:17; 2 Cor. 12:1-4. Compárense también "el sueño profundo" de Adam, Gén. 2:21; y de Abraham, Gén. 15:12-17; la visión de Job, 4:12-17, la experiencia de Saúl, 1 Sam. 19:24, y de algunos de los profetas, Jer. 29:26; Ezeq. 3:15.

EXTRANJERO. La palabra traducida así en algunos pasajes, en otros se ha traducido advenedizo y peregrino. Moisés al dar á su hijo el nombre de Gershom, formado de la palabra hebrea *Ger*, que significa "en una tierra extranjera," y del copto *shom*, lo hizo reconociendo ser peregrino en tierra ajena. Pedro, al dirigirse á los extranjeros esparcidos en Ponto y otros lugares, significaba con esa expresión á los Judíos cristianos residentes fuera de Palestina. La palabra extranjero, advenedizo ó peregrino, se aplica no solamente al que reside fuera de su país nativo, Gén. 23:4, ó en una tierra sobre la cual no tiene derecho permanente, Gén. 15:13. sino á uno que no es de origen Israelita, Exod. 20:10; Isa. 14:1; Luc. 17:18; comp. vers. 16; á uno de una familia ó casa distinta de la mencionada, Exod. 29:33; comp. vers. 32; Núm. 3:10; 16:40; 1 Rey. 3:18; Mat. 17:25, 26, y á uno á quien no se conoce ó por quien no se tiene miramiento, Job 19:15.

Entre los Israelitas, los extranjeros ó peregrinos identificados con Israel de un modo más ó menos permanente, formaban una clase numerosa, para la cual se habían prescrito reglamentos especiales. Esta se componía de la "multitud de diversas clases de gentes" que acompañaron á Israel en su salida de Egipto, Exod. 12:38, y de sus descendientes, y así mismo de los restos subyugados de los pueblos cananeos, 1 Rey. 9:20, 21; 1 Crón. 22:2; 2 Crón. 2:17; de los cautivos de guerra, refugiados, sirvientes, asolariados, comerciantes, etc. Dicha clase se distingue tanto de los Israelitas de nacimiento, Exod. 12:49, como de los que únicamente se tenían como forasteros, vers. 43. La ley Mosaica trataba liberalmente á tales peregrinos en sus disposiciones relativas al estado religioso, político y social de los mismos. Estaban sujetos á las leyes de Israel, Exod. 12:19; 20:10; Lev. 17:10, 15; 18:26; 20:2; 22:18; 24:16, 22; 2 Sam. 1:13, 14. Si eran esclavos, les era obligatoria la circuncisión, Exod. 12:44; comp. Gén. 17:12, 27; si libres, ésta les era opcional; pero sin ella no podían participar de la Pascua ó llegar á ser completos ciudadanos, Exod. 12:48, mientras que con ella eran admitidos á todos los privilegios religiosos, y si eran libres, á la mayor parte de los derechos civiles de los Israelitas por nacimiento, vers. 49; Núm. 9:14; 15:14, 16, 26, 29, 30; 19:10; 35:15; 2 Crón. 30:25. No eran elegibles para el trono, Deut. 17:15, y quizá no podían poseer tierras á perpetuidad, como puede inferirse del privilegio contrario concedido en la visión profética que se halla en Ezeq. 47:22, 23. Los extranjeros incircuncisos tenían menos restricciones en los alimentos que los Israelitas, Lev. 17:14, 15; Deut. 14:21. A los jueces se les amonestaba contra la parcialidad en los asuntos en que los extranjeros estuvieran implicados, Deut. 1:16; 24:17, 18. Á los Israelitas se les prevenía que los trataran como hermanos, recordando su propia condición cuando estaban en Egipto, Lev. 19:34; Deut. 10:19; y se habían dictado muchos acuerdos especiales en su favor, Lev. 19:10; 23:22; Deut. 16.10–14; 14:20, etc. Comp. Jer. 22:3; Zac. 7:10. En el Nuevo Testamento el "prosélito" representa á este respecto al "extranjero" del antiguo testamento.

Hay también en el Antiguo Testamento muchas referencias á "extranjeros" en el diverso sentido de extranjeros no naturalizados, 1 Rey. 8:41, 43; "extraños no reconciliados," Exod. 12:43; Lev. 22:25; Deut. 23:20; 29:22; 1 Rey. 11:1, 8; Esd. 10:2; Ezeq. 44:7, 9; á menudo enemigos declarados de los Israelitas, como en 2 Sam. 22:45; Isa. 1:7; Jer. 2:25; 5:19; Lam. 5:2; Joel 3:17; Abad. 11. La palabra hebrea usada en estos pasajes significa *desconocido, extranjero, ó extraño.* Sin embargo, aun á los llamados así, se les ha hecho el ofrecimiento de aceptación por el Dios de Israel, Isa. 56:3, 6; y se predijo su incorporación en la iglesia del Señor, Isa. 60:10. Los expresados extranjeros están representados en el Nuevo Testamento por los gentiles ó paganos, Efe. 2:11, 12. La Moabita Rut era una extranjera de esa clase, admitida á los privilegios del antiguo Israel, Rut 2:10; comp. 1:16.

Se recomienda y manda en el Nuevo Testamento la hospitalidad hacia los extranjeros ó viajeros necesitados, Mat. 25:35, 43; Heb. 13:2, así como en el Antiguo, Job 31:32. En Efes. 2:12, 19 esa palabra denota extranjeros en oposición á los ciudadanos nativos.

En un sentido importante, no sólo Abraham, Isaac y Jacob en Canaán, Gén. 23:4; Heb. 11:9, 13, y los Israelitas en Egipto, Exod. 22:21; sino las tribus en la tierra prometida, eran "extranjeros" y "peregrinos," como residentes vitalicios en una tierra de la cual Jehová era el absoluto y perfecto propietario, Lev. 25:23; Salm. 39:12; 119:19; y los cristianos tienen qué considerarse de un modo semejante, 1 Ped. 2:11.

EXTRAÑO, Exod. 21:8, expresión traducida "bárbaro" en Sal. 114:1, y "ajena" en Hech. 7:6. José se condujo como extraño hacia sus hermanos, Gén. 42:7. La expresión "mujeres extranjeras" denota mujeres de otros paises, Esd. 10; Neh. 13:27, y en muchos pasajes, rameras, Prov. 2:16; 5:3, 20.

EZEQUIEL, *la fuerza de Dios,* hijo de Buzi y profeta de la familia sacerdotal, fué llevado cautivo á Babilonia por Nabucodonosor, juntamente con Joaquim rey de Judá, 598 A. C., y puesto cerca del río Cobar. Véase NINIVE.

Comenzó su ministerio á la edad de treinta años, según el cómputo general, ó más bien el trigésimo después de la renovación del pacto con Dios en el reinado de Josías, Ezeq. 1:1, el cual corresponde al quinto año de la cautividad de Ezequiel. Los ancianos de Israel acudían á él en busca de consejo, Ezeq. 8:1; 14:1; 20:1; 33:31. Profetizó 22 años, de 595–573 A. C. hasta el año décimo cuarto después de la cautividad final de Jerusalem. Durante los ocho primeros años fué contemporáneo de Jeremías. Daniel vivía también en el mismo tiempo. Ezeq. 14:14, 16; 28:3, si bién la mayor parte de sus predicciones son de fecha posterior. El modo como fueron recibidos sus mensajes se describe en el cap. 33:30–32. En sus escritos hay una maravillosa vehemencia, y profusión de alegorías y símbolos. Fué celoso por la gloria de Dios, y estuvo dispuesto á imponerse cualquier sacrificio en bién de su pueblo, cap. 4:4–6; 24:15–18. Fué uno de los cuatro profetas llamados "mayores," y así como Jeremías fué á la vez profeta y sacerdote.

EL LIBRO DE EZEQUIEL abunda en sublimes visiones de la gloria divina y en terribles denunciaciones contra Israel por su espíritu rebelde contra Dios, y por las abominaciones de su idolatría, caps. 1–24. Contiene también denuncios semejantes contra Tiro y otras naciones hostiles, caps. 25–32. La última parte del libro contiene oráculos respecto de la vuelta y restablecimiento del pueblo de Dios, caps. 33–48, con una descripción simbólica de la Nueva Jerusalem, que no se tuvo en mira tomarla literalmente.

EZEQUÍAS, *á quien Dios fortalece,* piadoso rey de Judá, que sucedió á su padre Acház por el año 726 A. C., y murió por el de 698. Su historia se encuentra en 2 Rey. 18–20; 2 Crón. 29–32. Comp. Isa. 36–38. Su reino es memorable por los fieles esfuerzos que hizo para restablecer el culto de Jehová, haciendo desaparecer "los lugares altos" y destruir la serpiente de bronce; contrástese 2 Crón. 28:22–25; para la deportación final de las diez tribus, 2 Rey. 17; 18:9–12; para su rebelión contra los Asirios; compárese 2 Rey. 16:7, 8; 2 Crón. 28:16–21; para las dos invasiones que ni

227

cieron éstos á Judá, marcada la primera por la captura de las ciudades fortificadas, por un ataque sobre Jerusalem, y el pago por Ezequías de un tributo, 2 Rey. 18:13-16. Los anales Asirios de Senaquerib descubiertos en Nínive están de acuerdo con esta narración. Una segunda invasión parece haberse verificado en el curso de dos años, cuando habiendo Senaquerib fracasado en una tentativa contra Egipto, el aliado de Ezequías, Isa. 30:1-7, se volvió y se portó traidoramente con éste, atacando á Lachis, Isa. 30:1-7; 33:1. Entonces siguieron las cartas amenazadoras que Senaquerib dirigió desde Lachis y Libna, la destrucción sobrenatural de una gran parte de su ejército, y la retirada del resto á Asiria, en contestación á las oraciones de Ezequías. Comp. Isa. 31:8, 9; 37:33-37.

Los otros acontecimientos notables en el reinado de este rey fueron: su enfermedad, su humillación y la prolongación de su vida por quince años en paz, cosa que milagrosamente se le aseguró; la vanidad que manifestó cuando fué visitado por los embajadores de Merodac-Baladan, y la predicción de que Babilonia, entonces débil y amiga, llevaría un día cautivos á los Judíos, Isa. 39; Mic. 4:10. Ezequías coleccionó los proverbios de Salomón, Prov. 25:1. Las profecías de Oseas y de Micas fueron en parte hechas en su reinado, comp. Jer. 26:17-19; y Nahum fué tal vez contemporáneo suyo. Los Salmos 46 y 76 se cree que conmemoran la destrucción de las huestes de Senaquerib. Ezequías fué sucedido por el indigno Manassés.

F.

FÁBULA, en el Nuevo Testamento se da este nombre á una narración insulsa, infundada y sin mérito, como la de las leyendas mitológicas de los paganos, y las vanas tradiciones de los Judíos. Estas eran á menudo no solamente falsas y débiles, sino perniciosas, 1 Tim. 1:4; 4:7; 2 Tim. 4:4; Tito 1:14; 2 Ped. 1:16. En el Antiguo Testamento ocurren dos fábulas en el mejor sentido de la palabra: la de Joatam, Jue. 9:8-15, que es la más antigua de las consignadas; y la de Joas, 2 Rey. 14:9.

FALEC, ó PELEG, *división*, hijo de Heber y padre de Ragau, ascendente del Redentor, Gén. 10:25; 11:16-19; 1 Crón. 1:19-25; Luc. 3:35.

FALTAS, imperfecciones ó deformidades que hacían á los hombres inhábiles

para el sacerdocio, y á los animales para el sacrificio, y las cuales se enumeran en Lev. 21:18-20; 22:20-24. El Gran Sumo-Sacerdote de nuestra profesión se ofreció sin mancha á Dios, Heb. 9:14.

FANUEL, á quien Dios mira, Luc. 2:36.

FARAÓN, el título general de los reyes egipcios. Antiguamente se creía que era una palabra compuesta del artículo egipcio *Pi* ó *Ph* y de *Ra*. el sol, por ser considerado el rey como representante terrestre del Dios-sol; ó del artículo *Ph* y de la palabra copta *ouro*, rey. Pero los modernos egiptologistas traducen esa palabra *la gran casa*, equivalente á la turca, "la sublime puerta." En el estado todavía incierto de la cronología egipcia, y de la Bíblica antes de Salomón, es difícil identificar á los Faraones del Antiguo Testamento con los reyes cuyos nombres propios nos son conocidos por otros conductos. Treinta dinastías reales—que se extienden desde Menés, el primer rey, hasta Nectanebo II, el último de los gobernantes nativos de allí, Ezeq. 30:13, destronado en la segunda conquista de Persia, 343 A. C.—se cuentan por Maneto, un sacerdote ó historiador egipcio, de 300 á 250 A. C. Algunos de ellos eran, sin embargo, reyes contemporáneos de diferentes partes de Egipto. El término Faraón se aplica á todos los reyes egipcios mencionados en la Escritura, con excepción de cuatro.

I. El Faraón de Abraham, cuya visita á Egipto, Gén. 12:15-20. ocurrió durante el periodo de los Hyksos ó reyes pastores, extranjeros semíticos que conquistaron á Egipto y gobernaron por lo menos el Bajo Egipto por varios siglos, incluyendo la 15ª. 16ª y 17ª dinastías. La cronología común dá á esta visita la fecha 1920 A. C.—R. S. Poole. del Museo Británico, le da la de 2080, bajo el reinado de Salatis, el jefe de la 15ª dinastía.

II. El Faraón de José, Gén. 37:36; 39 á 50. José puede haber llegado á Egipto 1728 A. C. bajo un rey anterior al que lo exaltó, 1715 A. C. Eusebio dice que este último fué Apofis; y la fecha de su reinado se fija por algunos en 1876-1850 A. C. H. Brugsch, erudito egiptologista, pretende haber hallado en la tumba de Baba, del tiempo de los reyes pastores, una inequívoca referencia á José y á los siete años de hambre: "Yo reuní grano como si fuera amigo de los dioses de la cosecha . . . . y cuando sobrevino una hambre que duró muchos años, entonces distribuí grano á la ciudad en su necesidad."

228

III. El Faraón de la opresión, en cuyo reinado nació Moisés, Exod. 1:8 á 2:23; Hech. 7:18-20; 11:23, 1571 A. C. Los estudiantes de la Biblia y los Egiptologistas identifican ahora á este rey con Rameses II. cuya fecha Lepsius indica ser 1388-1322 A. C. Él fué el tercer rey de la 19ª dinastía; fué llamado por los Griegos Sesostris, y fué el más célebre de todos los Faraones, conquistador famoso en África, Asia

RAMESES II., EL FARAÓN DE LA OPRESIÓN.
Fotografía de su momia recientemente descubierta.

y Europa, y gran edificador. Sus estatuas y templos se hallan por todo el valle del Nilo desde Zoan hasta Nubia. La momia de Rameses II. con otras muchas de personas regias y sacerdotales, fué descubierta en 1881 en una cámara formada en la roca en la margen occidental del Nilo, en Deir el Bahari, cerca de Tebas, y trasladada al Museo Boulak de Cairo. A él es al que se le pinta matando prisioneros en el grabado correspondiente que se halla en la palabra EGIPTO.

IV. Puede suceder, sin embargo, que el Faraón del destierro de Moisés en Madián, á la edad de 40 años, Exod. 2:11-22, haya sido distinto, tanto del rey bajo cuyo reinado nació, como del Faraón del éxodo, cuando Moisés tenía 80 años; y que este Faraón de Moisés en Madián haya sido Rameses II.

V. El Faraón del éxodo, Exod. 2:23 á 15:19; 2 Rey. 17:7; Neh. 9:10; Sal. 135:9; 136:15; Rom. 9:17; Heb. 11:27, 1491 A. C. Se le identifica generalmente con Menepta I., hijo y sucesor de Rameses II. Su reinado, según los monumentos, no fué glorioso, y murió sin acabar la tumba de su padre. Un monumento de Tanis menciona la pérdida que tuvo de su hijo: la cual el Dr. Brugsch relaciona con la muerte de los primogénitos. Las tumbas formadas de muchas cámaras pintadas, de los Faraones de las 18ª, 19ª y 20ª dinastías, han convertido en catacumba los cerros calizos que se hallan cerca de Tebas. De aquí es que se cree, que las momias recientemente descubiertas fueron removidas á la caverna en donde se encontraron, para ponerlas en seguridad después de la caída de la dinastía de Rameses.

VI. El Faraón cuya hija Bethía llegó á ser esposa de Mered, de la tribu de Judá, 1 Crón. 4:18.

VII. El Faraón del tiempo de David que casó á la hermana de su mujer con Adad el Idumeo, 1 Rey. 11:14-22. Como por 1030 A. C. Véase TAFNES.

VIII. El Faraón cuya hija tomó Salomón por mujer, 1011 A. C., 1 Rey. 3:1, y quien tomó á Gezer de los Cananeos y la presentó á su hija, 1 Rey. 9:16. Este rey, y el de que se habla bajo el núm. VII., pertenecían probablemente á la 21 dinastía, ó sea la Tanita, en el Bajo Egipto.

IX. Sisac, hacia el fin del reinado de Salomón, y durante el de Roboam, 975 A. C. Véase SISAC.

X. Zera, rey de Egipto y de Etiópia en tiempo de Asa, 930 A. C. Véase ZERA.

XI. So, ó Sevecus, contemporáneo de Acáz, 738 A. C., 2 Rey. 17:4. Véase So.

XII. Tiraca, rey de Etiópia y de Egipto en el tiempo de Ezequías, 720 A. C., 2 Rey. 19:9; Isa. 37:9. Véase TIRACA.

XIII. El Faraón en quien el rey Ezequías confió en su guerra con Senaquerib, 2 Rey. 18:21; como por 712 A. C. Este fué probablemente el Setos de Heródoto y el Zet de Maneto, último rey de la 23ª dinastía. Una caña encorvada era el signo jeroglífico del rey del Aito Egipto.

XIV. Faraón Nechao, ó simplemente Nechao, 612-596 A. C. en tiempo del rey Josías, 2 Rey. 23:29, 30; 2 Crón. 35:20-24; Jer. 46. Véase NECAO.

XV. Faraón-Hofra, por el año 590-570 A. C., nieto y segundo sucesor de Nechao, es el Apriés de Heródoto y Diodoro. En los principios de su reinado sometió á la Fenecia, tomando á Zidón, y volvió á Egipto con grandes despojos. Sedequías, el último rey de Judá, solicitó su auxilio al rebelarse en contra de Nabucodonosor, Ezeq. 17:11-17. Su avance hizo que los Babilonios que estaban sitiando á Jerusalem, retirasen sus fuerzas; pero en breve volvieron y capturaron dicha ciudad, 588 A. C. abandonando los Egipcios á sus aliados, Jer. 34:1; 37:5-11; 2 Rey. 25:1-4. Nabucodonosor después invadió con buen éxito á Egipto, Jer. 46:13-26; Ezeq. 30:20-25. Faraón-Hofra fué depuesto por sus súbditos después de una desastrosa expedición contra Cirene. Su sucesor Amasís lo trató al principio bondadosamente, pero

se vió al fin compelido por el sentimiento popular á ordenar que lo mataran, Jer. 44:30. La arrogancia de Hofra, tal como se le pinta por Jeremías, y por Ezequiel, caps. 29-32, se describió también por Heródoto.

UNA PRINCESA EGIPCIA.

FARAÓN, LA HIJA DE. I. La que preservó á Moisés, Exod. 2:5-10; Hech. 7:20-21.

II. Bethía, la esposa de Mered, 1 Crón 4:18.

III. Una de las esposas de Salomón, 1 Rey. 3:1; 7:8; 9:24; 2 Crón. 8:11. Fué tratada con distinción, pero al parecer permaneció en la idolatría.

El grabado que acompaña este artículo fué copiado de un antiguo monumento egipcio, y se cree que representa un retrato verdadero de alguna hija de Faraón, probablemente la de Sisac.

FARES, rotura, hijo de Judá y de Tamar, hermano gemelo de Zara, Gén. 38:29; 46:12, y progenitor de la gran familia de los Faresitas, Núm. 26:20; Rut 4:12, 18; 1 Crón. 9:4. Se le menciona asimismo en Neh. 11:4, 6; y en Mat. 1:3; Luc. 3:33, como ascendente del Salvador.

FARISEOS, separados, un partido numeroso y dominante de los Judíos, en los tiempos del Nuevo Testamento—expositores ortodoxos y defensores de la ley, puestos en contraste con las otras dos sectas, los Saduceos y los Essenes. Los Fariseos estaban de acuerdo en los principales puntos de doctrina y de práctica, pero se hallaban divididos en diferentes escuelas en cuanto á puntos de menor importancia, bajo jefes tales como Hillel y Shammai.

célebres rabinos de la generación anterior á Cristo. Es difícil conocer el origen de los Fariseos; pero fueron probablemente una continuación de los Assideanos—"los piadosos"—partido que existía en la époc en que los Macabeos se levantaron, celosos por la observancia externa de la ley, 1 Mac. 2:42; 7:13; 2 Mac. 14:6, en oposición á la facción helenizadora que favorecía las prácticas paganas, cediendo á sus gobernantes sirios, los cuales procuraban amalgamar así, valiéndose de la persecución si era necesario, las diferentes nacionalidades que estaban bajo su potestad, 1 Mac. 1:41-64. Esta actitud de ortodoxia é intenso nacionalismo era guardada por los Fariseos en el tiempo de Nuestro Señor, si bién lo primero había degenerado en un vacío formalismo, Mat. 23, y lo segundo en un espíritu irracional de rebelión. En la ascensión de Herodes al poder, 6,000 de ellos rehusaron al principio prestar el juramento de sumisión, y después los Fariseos organizaron también la desesperada resistencia hecha á los Romanos, que dió por resultado la destrucción de Jerusalem, y la matanza ó dispersión del pueblo judío. La popularidad é influencia de este partido pueden atribuirse á su actitud política, así como á la santidad de que habían hecho profesión, y á su extremo apegamiento á las formas externas de piedad.

Á la vez que estimaban los libros escritos del Antiguo Testamento, atribuían una autoridad igual á los preceptos tradicionales suplementarios á la ley escrita, pretendiendo que Dios los había comunicado á Moisés por trasmisión oral; véase TRADICIÓN; y finalmente magnificaron estos preceptos, principalmente en cuanto á los ritos externos, haciéndolos superiores á la ley escrita, cuyo espíritu violaban á menudo con la rígida aplicación de su letra y de sus interpretaciones tradicionales y filosóficas, Mat. 12:1-8; 15:1-9. Además de esta creencia en las tradiciones que los Saduceos rechazaban, diferían de éstos en que creían en la inmortalidad del alma y en la resurrección del cuerpo, Hech. 23:8; en la doctrina de recompensas y de castigos futuros, y en la de una Divina Providencia que coopera con el libre albedrío humano, Hech. 5:34-39.

A la vez que los Fariseos daban escrupulosamente las primicias de los más insignificantes productos, desobedecían los preceptos divinos de justicia, misericordia y humildad, Mat. 23:23; comp. Miq. 6:8; mientras que rígidamente ayunaban en los tiempos prefijados, veían con descuido esa abstinencia del egoismo que Dios ordena, Luc. 18:12; Mat. 23:14; comp. Isa. 58:6-10; y mientras que cuidadosamente practicaban las abluciones externas de la persona y de los utensilios, hacían poco caso de la pureza del corazón, Mat. 23:25-28; Mar. 7:4-23. Abrumaban la conciencia del pueblo con cuestiones pueriles, tales como si era legal comerse un huevo puesto en sábado, ó de qué material debía hacerse el pabilo de la lámpara que ardía en el mismo día. Véase Mat. 23:4.

Aunque Cristo reconocía la autoridad de sus enseñanzas Bíblicas, Mat. 23:2, 3, repetidas veces reprendió sus tradiciones anti-Bíblicas, y su orgullo, avaricia, ostentación é hipocresía, Luc. 16:14, 15; y por esa razón incurrió en el odio de ellos, para satisfacer el cual se aliaron á sus opositores políticos y religiosos, los Herodianos y Saduceos, Mat. 22:15-34, y formaron parte del consejo que lo sentenció á muerte, Mat. 26:59-68 con Hech. 23:6.

Por otra parte parece que hubo entre ellos individuos de probidad y aun de sincera piedad, tales como José de Arimatea, Nicodemo y otros, Luc. 23:50-53; Juan 3:1; 7:50, 51. Saulo de Tarso era Fariseo, Hech. 26:5; Gál. 1:14. Los rasgos esenciales del carácter de ellos son todavía comunes en las tierras cristianas, y no son menos odiosos á Cristo de lo que eran antes.

FARSANDATA, *dado por oración*, un hijo de Amán, Est. 9:7.

FARÚA ó PARÚA, *florecimiento*, padre de Josafat en Isacar, 1 Rey. 4:17.

FASEA ó FESE, *cojo*, I., descendiente de Judá, 1 Crón. 4:12.

II. Cabeza de una familia de Netineos en tiempo de Zorobabel, Esd. 2:49; Neh. 3:6; 7:51.

FAVOR, comunmente gracia ó buena voluntad; en varios pasajes significa literalmente presencia ó semblante propicio, Sal. 45:12; 119:58; Prov. 19:6; 29:26. La misma palabra hebrea se traduce *rostro* en Gén. 43:35; Núm. 6:25; Ezeq. 39:29; y *faz* en Job 33:26.

FÉ, es el asenso que el entendimiento presta á alguna verdad. La fé religiosa es el asenso á la verdad de la revelación divina y á los acontecimientos y doctrinas que ella contiene. Esta puede ser meramente histórica, sin producir ningún efecto en nuestra vida interior y exterior. y es en tal caso una fé muerta, tal como la tienen los demonios mismos. Pero una fé viva ó salvadora no sólo cree las grandes doctrinas de la religión como verdaderas, sino que las abraza con el corazón y los afectos, siendo así el origen de una obediencia sincera á la voluntad divina, manifestada en nuestros sentimientos y en nuestras obras. La fé en Cristo es una gracia originada en el corazón por el Espíritu Santo, y en virtud de la cual recibimos á Cristo como á nuestro Salvador, nuestro Profeta, Sacerdote y Rey, y le amamos y obedecemos como á tal. Esta fé viva en Cristo es el medio de salvación, no de un modo meritorio, sino instrumental. Sin ella no puede haber perdón de pecados, ni santidad de vida; y los que son justificados por la fé viven y se mueven por ella, Mar. 16:16; Juan 3:15, 16; Hech. 16:31; 1 Juan 5:10.

La fé verdadera es una gracia esencial, y el móvil principal de la vida cristiana. Por ella el cristiano se sobrepone al mundo, á la carne y al diablo, y recibe la corona de la justicia, 2 Tim. 4:7, 8. En virtud de ella, los hombres dignos de la antigüedad obraban grandes maravillas, Heb. 11; Hech. 14:9; 1 Cor. 13:2, siendo sostenidos por la Omnipotencia al hacer todo aquello que Dios prescribía, Mat. 17:20; Mar. 9:23; 11:23, 24. En Rom. 1:8, la fé se toma por la manifestación que de ella se hace en la práctica de todos los deberes implicados en una profesión de fé.

FEBE, mujer cristiana, al parecer diaconisa de la iglesia en Cencreas, y portadora de la epístola de Pablo á los Romanos, á cuya confianza cristiana y cuidado la recomienda él, así como á su misión, Rom. 16:1, 2. La persona que á semejanza de Febe, auxilia á un siervo fiel de Cristo, puede por ese medio contribuir á que se efectúe un inmenso bién. Véanse CENCREAS y DIACONISA.

FELIPE, *amador de caballos,* I., El tetrarca, Luc. 3:1. Véase HERODES V.

II. El marido de Herodias, Mat. 14:3. Véase HERODES II.

III. El apóstol, nativo de Betsaida, discípulo de Juan el Bautista, y uno de los doce que fueron desde un principio llamados á seguir á Cristo, Mat. 10:3; Juan 1:43–48; Hech. 1:13. Se menciona varias veces en los Evangelios, Juan 6:5-7; 12:21, 22; 14:8-10. La tradición dice que predicó el evangelio en Frigia y que murió en Hierápolis.

IV. El evangelista, uno de los siete primeros diáconos de la iglesia primitiva de Jerusalem, Hech. 6:1-6. Cuando los cristianos, excepto los apóstoles, fueron echados de Jerusalem por la persecución después de la muerte de Esteban, Felipe fué á Samaria, en donde predicó el evangelio con grande éxito y obró muchos milagros "dejando atónito" al mágico Simón, Hech. 8:1-13. De la población de Samaria Felipe fué enviado divinamente á un paraje solitario—á uno de los caminos que hay entre Jerusalem y Gaza, y que conducía á una región entonces comparativamente despoblada. Allí se juntó con un Etíope de alto rango, prosélito del judaismo y estudiante de la Biblia, que iba á su casa de vuelta de una de las festividades judías, y tuvo la fortuna de conducirlo á creer en Cristo, confirmando en el acto el Espíritu Santo su fé haciendo desaparecer milagrosamente á Felipe. Desde Azoto predicó el evangelio en todas las ciudades que había en el camino hasta llegar á Cesarea, en donde 18 ó 19 años más tarde, Pablo y sus compañeros se hospedaron con él por algún tiempo, Hech. 8:26-40; 21:8-10. Tenía cuatro hijas dotadas con el don de la profecía; compárense Hech. 2:17.

FELIX, *feliz,* gobernador romano de Judea, que fué en su origen esclavo; pero manumiso y protegido por Claudio César, de quien recibió el nombre de Claudio. Se describe por el historiador Tácito como cruel, licencioso y bajo, apareciendo haber perjudicado á Judea con su mal manejo. En ese país se casó con Drusila, hermana de Agripa el más joven, habiéndola incitado á que abandonara á su marido Azizus. Enviado Pablo por Lysias á Cesarea, asiento entonces del gobierno, Felix le dió audiencia y quedó convencido de su inocencia. Con todo, lo retuvo como prisionero, aunque aligerándole el peso del cautiverio, con la esperanza de que sus amigos comprasen su libertad dando un valioso rescate. Entretanto su esposa Drusila, que era judía, quiso oir á Pablo esplicar la nueva religión; y habiendo sido llamado el apóstol ante ellos, disertó con su acostumbrado atrevimiento sobre la justicia, la castidad y el juicio final. Felix tembló, pero se dió priesa en mandar á Pablo á su encierro nuevamente, y acalló sus convicciones; triste ejemplo del poder de la incontinencia, y del peligro que hay en la demora. Al rechazar á Pablo, rechazó á Cristo y al cielo, y es de temerse que para siempre. Dos años después fué llamado á Roma, y dejó á Pablo en la prisión para congraciarse con los Judíos. Fué juzgado, sin embargo, por mala administración, declarado culpable, y con trabajo se escapó de la muerte por la intercesión de su hermano Pallas, otro favorito real, Hechos 23:26; 24.

FENICE, ciudad y puerto de Creta. Este nombre es el que en griego se da al palmero de dátiles, árbol indígena de esa isla. La ciudad, situada en la costa S. O., tenía un puerto de invierno abrigado, á donde en vano procuró llegar el buque que conducía á Pablo después de su partida de Buenos Puertos, Hech. 27:8-15. El puerto de Lutro con el cual se ha identificado Fenice, está como 35 millas al N. O. del cabo Matala; tiene buena profundidad y est al abrigo de los vientos del invierno.

FENICIA, Hech. 11:19; 15:3; 21:2, llamada así por los Griegos, ya sea por la abundancia de palmeros que antiguamente había, ó de Fenix, el hermano de Cadmo. Era una faja angosta de terreno situada entre los montes del Líbano y el Mar Mediterráneo. La Fenicia, propiamente dicha, se extendía desde "la Escalera de Tiro," promontorio al S. de Tiro, hasta el río Bostrenus, Nahr-el-Awaly, dos millas al N. de Sidón. La longitud de esta llanura ondulante era como de 30 millas; su anchura, dos millas cerca de Sidón, y cinco cerca de Tiro. Pero sus límites han variado en diferentes tiempos: desde el siglo octavo A. C. se extendía 90 millas más al norte, hasta la ciudad isleña de Arvad ó Aradus, Ezeq. 27:8, 11, teniendo 20 millas la mayor anchura de esta faja septentrional. En un sentido más lato el nombre de Fenicia era aplicado por uno ó dos escritores griegos, como al principio de la éra cristiana, á casi toda la longitud de la costa oriental del Mediterráneo. Estando bien regado por el Leontes, el Bostrenus, el Eleutherus, el Lycus y otros ríos, era generalmente fértil, y las faldas del Líbano producían en abundancia buenos pastos y maderas preciosas. La costa estaba dentada por varios puertos, como en Tiro y Sidón, aunque el de Beirut es ahora el mejor. Las principales ciudades eran Sidón, Tiro, Arvad, Trípolis, y Berytus, ahora Beirut. El nombre nativo de ese país era Chna ó Canaán, esto es, bajío. El nombre griego no se halla en el Antiguo Testamento, pero hay muchas referencias á Tiro y á Sidón.

Fenicia estaba incluida en el territorio prometido á los Israelitas, y tocó en suerte á Aser; pero por falta de fé no fué conquistada por ellos, Jos. 13:4-6; 19:24-29; Jue. 1:31, 32. Proporcionó refugio á Elías, 1 Rey. 17:8-24; Luc. 4:26; envió adeptos á Jesús, Mar. 3:8; Luc. 6:17; y fué visitada por él, Mat. 15:21; Mar. 7:24, y por Pablo, Hech. 21:2-7; 27:3.

En el origen de la historia, los Fenicios aparecen como un pueblo comercial, rico, cultivado y poderoso. Por raza eran Cananeos, Gén. 10:15, 19. Su lengua pertenecía al grupo semítico, y estaba casi relacionada con la hebrea, por medio de la cual los nombres fenicios de personas y lugares, y las inscripciones que se ven en sus monedas y monumentos, pueden entenderse todavía. Su religión era un culto bajo y corrompido, tributado á la naturaleza. Baal y Astoret, sus principales divinidades, eran adoradas con ritos crueles é impuros. Los Fenicios impartían su propria civilización á otras naciones; de ellos recibieron los Griegos las letras del alfabeto, el uso de la astronomía en la navegación, el del vidrio, la púrpura, etc. Además de la multitud de ciudades de su propia costa, los Fenicios tenían estaciones comerciales en el Mar Rojo, y á lo largo del Mediterráneo. Cartago, la antigua rival de Roma, y Cadiz y Tarso en España, eran colonias fenicias. Llegaban á la costa del Atlántico, extendiéndose hasta Britania, y los productos de toda la tierra conocida se cambiaban en sus mercados, Ezeq. 27. Cada gran ciudad con el territorio adyacente era gobernada por su propio rey, y en tiempo de peligro formaban una confederación bajo la jefetura del más poderoso. Los Fenicios sufrieron por los ataques de los reyes de Asiria y Babilonia, y estuvieron sucesivamente sujetos á los Persas, Griegos, y Romanos. La tierra fué tomada por los Sarracenos en el siglo séptimo, posesionándose de ella los cruzados en los siglos 11º y 12º, y desde ese tiempo ha estado sometida á los Turcos.

Los Fenicios se contaban entre los opresores de Israel en el periodo de los Jueces, Jue. 3:3; 10:12. Parece que existieron después relaciones amistosas entre ambas naciones, y que se formaron alianzas entre el rey tirio y David, y más tarde, Salomón, 2 Sam. 5:11; 1 Rey. 5. Palestina era el granero de Fenicia, 1 Rey. 5:11; 2 Crón. 2:10, 15; comp. Hech. 12:20, y Fenicia era el agente comercial de Palestina, Ezeq. 27 19, por no tener buenos puertos los Judíos. En cambio de productos agrícolas, los Fenicios auxiliaron á Salomón con materiales y obreros en la construcción del templo. También se unieron á él para establecer un puerto en Ezión-Geber en el Mar Rojo, y para tripular y navegar los buques mercantes, 1 Rey. 9:26-28; 10:11, 12. Despues de la división del reino, se pusieron del lado de Israel, y rompieron la alianza con Judá, llegando aun á vender Judíos como esclavos á los Idumeos, Joel 3:4-8; Amós 1 : 9, 10; Isa. 23; Ezeq. 28. La idolatría fenicia hizo desde un principio caer á los Israelitas, Jue. 2:13; 10:6; fué protegida por Salomón, 1 Rey. 11:1, 4, 5, 8, 33, y prevaleció más ó menos bajo los reyes de Judá. Floreció en Israel bajo Acáb, cuya esposa, que era Sidonia, fué refrenada temporalmente por Elías, 1 Reyes 16:31-33; 18:4, 18-40; 2 Rey. 3:2, y después por Jehú, 2 Rey. 10:18-28, pero continuó ofendiendo á Dios hasta la cautividad final de Israel, 721 A. C., 2 Rey. 17:16-18. La costa fenicia desde la "Escalera de Tiro" hacia el N., está ahora regada de ruinas. Porter habla del "melancólico y solitario silencio" que reina allí, y á Stanley lo impresionó igualmente su desolación, y la completa destrucción del poder fenicio, pronosticada por los profetas. Dentro de los límites de la antigua Fenicia, sin embargo, se halla situada la ciudad más civilizada, próspera, y de mayores esperanzas de Siria, si no lo es de toda la Turquía, llamada Beirut, cuyas florecientes misiones protestantes, su colegio, su escuela, y sus imprentas, la hacen un centro de influencias cristianizadoras para el Oriente.

FERIAS, aunque no sea este el significado de la palabra hebrea traducida así en Ezeq. 27:13, que más bien significa mercaderías, eran no obstante tan comunes en el Oriente, en los tiempos antiguos, como lo son ahora.

FESTO, PORCIO, sucedió á Felix en el gobierno de Judea, 60 A. D. Para congraciarse con los Judíos, al separarse Felix de su gobierno, dejó á Pablo preso en Cesarea de Palestina, Hech. 24:27; y cuando Festo llegó, le suplicaron los principales Judíos que condenara al apóstol, ó que lo mandara á Jerusalem, por haberse puesto ya de acuerdo para asesinarlo en el camino. Festo, sin embargo, contestó, que no tenían la costumbre los Romanos de condenar á nadie sin oirle; y prometió oir sus acusaciones en Cesarea. Cinco días después, al oir á Pablo y conocer la naturaleza de los cargos que se le hacían, queriendo como Felix congraciarse con los Judíos, le propuso que se prestase á ser juzgado ante el Sanhedrin judío. Pero Pablo apeló

á César, y así se puso á salvo de las persecuciones de los Judíos, y de las intenciones de Festo. El gobernador le dió otra audiencia durante una visita congratulatoria del rey Agripa, con el fin de hacer una manifestación de lo acaecido á este respecto, y enviarla por su conducto á Roma. Encontrándose Festo con que abundaban los robos en Judea, persiguió á los ladrones con el mayor empeño, y puso también á raya á un mágico que hacía que la gente lo siguiera al desierto. Josefo habla bién de su corta administración. Murió en Judea en 62 A. D. y fué sucedido por Albino.

FIADOR, individuo que se hace personalmente responsable de la comparecencia en salvo de otro, Gén. 43:9, y 44:32, 33, ó del pago total de sus deudas, etc., Prov. 22:26. Este compromiso se sellaba á menudo por medio de un apretón de manos, Job 17:3, y era con frecuencia la manifestación de un acto imprudente ó impremeditado, Prov. 6:1; 11:15; 17:18; 20:16; 22:26. Dios es el fiador ó garante perfecto de su pueblo, Sal. 119:122; Isa. 38:14; y Cristo es el "fiador de un testamento mejor;" esto es, en el pacto glorioso y completo de la gracia, él se obliga á satisfacer todas las exigencias de la ley divina contra su pueblo, á fin de que este pueda ser absuelto y enriquecido con todas las bendiciones ofrecidas en él, Heb. 7:22; 9:11-15. De allí provino su obediencia hasta la muerte. Isa. 53:5, 12.

FICOL, al parecer, es el título, más bién que el nombre del jefe del ejército del rey de Gerar en tiempo de Abraham y de Isaac, Gén. 21:22; 26:26.

FIDELIDAD, es un atributo infinito de Jehová, adaptado para hacer perfecta tanto la confianza de los que creen en su palabra y confían en sus promesas, como la desesperación de los que dudan de ella y arrostran sus amenazas, Deut. 28:26; Núm. 23:19; Sal. 89:33, 34; Heb. 10:23.

FIEL, en muchos pasajes de la Biblia, significa "creyente." Así en Gál. 3:9, se dice que los de la fé son benditos con el fiel Abraham," á causa de su preeminente distinción sobre todos los hombres por la firmeza de su fé en Dios. Se da este nombre en las Escrituras á los verdaderos cristianos, para indicar no sólo su fé salvadora en Cristo, sino su carácter cristiano fidedigno consecuente con los principios que profesan, Hech. 16:15; 1 Cor. 4:17; Efes. 6:21; Col. 4:9; 1 Ped. 5:12. "Una palabra fiel" es la que no puede resultar mentirosa, 1 Tim. 1:15; 2 Tim. 2:13.

FIESTAS. :: Dios designó varias festividades ó días de descanso y culto entre los Judíos, para perpetuar la memoria de los grandes acontecimientos. El Sábado conmemoraba la creación del mundo; la Pascua, la salida de Egipto; el Pentecostes, según muchos creen, la ley dada en el Sinaí, etc. En las tres grandes fiestas del año, la de la Pascua, la de Pentecostés y la de los Tabernáculos, todos los varones de la nación estaban obligados á visitar el templo, Exod. 23:14-17; Deut. 16:16, 17; y para defender sus respectivas residencias de una invasión durante su ausencia, se interponía siempre el escudo de una providencia especial, Exod. 34:23, 24. Las otras festividades eran la de los Novilunios, la fiesta de las Trompetas, la del Purim, la de la Dedicación, la del Año Sabático, y la del año de Jubileo. Todas estas se describen en su lugar correspondiente. La observación de estas sagradas fiestas tenía por objeto nó meramente refrescar á los Hebreos el recuerdo de su primitiva historia como nación, sino conservar viva en ellos la influencia de la religión y la expectación del Mesías; hacer más profunda su alegría en Dios, desvanecer las animosidades y los celos: promover la beneficencia, y formar nuevas asociaciones entre las diferentes tribus y familias. Véase también DÍA DE EXPIACIÓN.

En la Iglesia Cristiana no tenemos festividad alguna que aparezca claramente haber sido instituida por nuestro Salvador ó sus apóstoles; pero como conmemoramos su muerte tantas veces cuantas celebramos su cena, parece que con tal motivo instituyó una fiesta perpetua. Los Cristianos han celebrado siempre la memoria de su resurrección, observando el domingo, el cual vemos, en Apoc. 1:10, que en tiempo de Juan era conocido como "el día del Señor." Las fiestas de amor, Judas 12, eran banquetes públicos de un género modesto, instituidos por los primitivos cristianos, y relacionados por ellos con la celebración de la Cena del Señor. Las provisiones eran proporcionadas por los más ricos, y eran comunes á todos los cristianos, ya fuesen ricos ó pobres, que quisiesen tener parte en ellas. Se mandaban también ciertas porciones de manjares á los enfermos y á los miembros ausentes. Estas fiestas de amor eran promovidas como una manifestación de mútuo afecto cristiano; pero habiendo dado lugar á algunos abusos, cayeron después generalmente en desuso, 1 Cor. 11:17-34.

Los Hebreos eran un pueblo hospitalario y muy afecto á dar la bienvenida á sus huéspedes con un festejo, y á despedirse de ellos con otro, Gén. 19:3; 31:27; Jue. 6:19; 2 Sam. 3:20; 2 Rey. 6:23. Cuando volvió el hijo pródigo, fue recibido de esa manera, Luc. 15:23. Muchos acontecimientos domésticos plausibles eran observados con festejos, tales como los nacimientos, etc., Gén. 21:8; 40:20; Job 1:4; Mat. 14:6; los matrimonios, en que los festejos duraban á menudo una semana, Gén. 29:22; Jue. 14:10; Juan 2:1-10; la trasquila de las ovejas y la cosecha, Jue. 9:27; 1 Sam. 25:2, 36; 2 Sam. 13:23. Se solemnizaban también de un modo especial los funerales, 2 Sam. 3:35; Jer. 16:7. Los que llevaban sacrificios y ofrendas al templo eran afectos á hacer con ese motivo un festejo allí, regocijándose y alabando á Dios, Deut. 12:6, 7; 1 Sam. 16:5; 2 Sam. 6:19. Se les había enseñado que invitasen á todos los necesitados á que tomaran parte en esos actos, Deut. 16:11; y aun á hacer fiestas especiales para los pobres, Deut. 12:17-19; 14:28, 29; 26:12-15; costumbre que el Salvador recomendaba especialmente, Luc. 14:12-14. La mayor parte de estas fiestas presentaban, no meramente oportunidades de regocijos sociales, sino ocasiones santificadas por emociones religiosas y por cultos.

La manera de celebrar una fiesta se distinguía antiguamente por su sencillez. Pero en tiempo de Cristo se habían introducido á ellas muchas costumbres romanas. La fiesta ó "cena," generalmente se verificaba á las 5 ó 6 de la tarde, y á menudo continuaba hasta una hora avanzada. Los huéspedes eran invitados con alguna anticipación; y los que aceptaban el convite eran notificados de nuevo por los criados cuando llegaba la hora, Mat. 22:4-8; Luc. 14:16-24. Se impedía la entrada á los que no estaban invitados, y al fin la puerta se cerraba durante el resto del día, por mano del amo de la casa, Mat. 25:10; Luc. 13:25. Algunas veces concurría un número crecido de personas, Est. 1:3, 5; Luc. 14:16-24; y en tales ocasiones se nombraba un "gobernador de la fiesta," cuyas cualidades sociales, tacto, firmeza, y temperancia, lo hiciesen á propósito para presidir, Juan 2:8. Los huéspedes eran acomodados teniendo en cuenta cuidadosamente el derecho que les asistía para exigir más ó menos honores, Gén. 43:33; 1 Sam. 9:22; Prov. 25:6, 7; Mat. 23:6; Luc. 14:7; siendo en este sentido las leyes de a etiqueta escrupulosamente observadas en el Oriente. Algunas veces el amo de la casa proporcionaba vestidos ligeros, ricos y amplios á los convidados, y si era esto así, con rehusar ponerse alguno, se le infería grave ofensa, Ecl. 9:8; Mat. 22:11; Apoc. 3:4, 5. Los huéspedes se reclinaban al rededor de las mesas; se les servía agua y perfumes, Mar. 7:2; Luc. 7:44-46; y después de comer se lavaban otra vez las manos con el agua que un criado les derramaba sobre ellas. Véase el grabado en la palabra CAMA. Durante la comida y después de ella se distraían de diversas maneras, proponiéndose enigmas, Jueces 14:12, y narrándose cuentos orientales; también á veces haciendo que una música tocara, que danzaran balarinas contratadas al efecto, y bebiendo á menudo en exceso, Isa. 5:12; 24:7-9; Amós 6:5. Un misionero que asistió una vez á una boda celebrada en Calcutta, tuvo ocasión de ver un ejemplo en la vida moderna de lo que dice Lucas, 14:8-11. Estando en conversación con el amo de la casa en el corredor reservado á los huéspedes más favorecidos, vió que se hizo salir á un hombre que no tenía derecho de estar allí, y á otro que estaba abajo en el patio, se le invitó á que subiera. Véanse COMIDA, ALIMENTO.

FIGELLO, *fugitivo.* Cierto Cristiano de Asia que abandonó á Pablo en Roma, 2 Tim. 1:15; 4:16.

FILACTERÍAS, eran pequeñas tiras de pergamino, en que estaban escritas ciertas palabras de la ley, y que eran llevadas por los Judíos desde que tenían 13 años de edad, sobre la frente ó sobre el brazo derecho. Esa costumbre se fundaba en una interpretación literal del Exod. 13:9, 16: "Y ha de serte como una señal sobre tu mano, y como un recuerdo delante de tus ojos."

León de Modenas nos informa particularmente acerca de estas tiras. Las llevadas sobre la frente se han descrito bajo el artículo "FRONTALES," palabra que puede verse. Las que tenían que atarse al brazo, eran dos tiras de pergamino escritas con letras cuadradas con una tinta hecha á propósito, y con mucho cuidado. Se enrollaban hasta la punta, y se guardaban en una especie de caja hecha de piel negra de ternera. Se ponían entonces en un pedazo cuadrado del propio cuero, de donde colgaba una correa de lo mismo, como de un dedo de ancho y como de dos piés de largo. Estas tiras eran colocadas en el doblez del brazo izquierdo, y después que con

la correa se había hecho un pequeño nudo en la forma de la letra *Yodh,* se enredaba en el brazo en una linea espiral, que terminaba en la punta del dedo del corazón. Se les llamaba Tephila de la mano.

Las filacterías, palabra derivada de una griega que significa *preservativo,* eran consideradas, no solamente como un recuerdo de la ley de Dios, sino como protección contra los demonios. Fueron introducidas probablemente en uno de los últimos periodos de la historia del Antiguo Testamento, y todavía se conservan. Nuestro Salvador reprocha el orgulo y la hipocresía de los Fariseos, manifestados en hacer sus filacterías anchas, como una señal de su sabiduría y piedad superior, Mat. 23:5. David, por otra parte, dice, "En mi corazón he guardado tus dichos para no pecar contra tí," Sal. 119:11.

FILADELFIA, *amor fraternal,* el asiento de una de las siete iglesias, Apoc. 1:11; 3:7-13, era una ciudad de Lidia en la frontera cercana á Frigia, y como 27 millas al S. E. de Sardis. Estaba en las faldas inferiores del Monte Tmolus, en una región volcánica frecuentemente visitada y desolada por terremotos. Se le dió el nombre de su fundador Attalus Filadelfus, rey de Pérgamo, que murió en 138 A. C. Con el resto de la provincia de Asia, fué cedida á Roma por el último rey de Pérgamo, 133 A. C. Fué tomada por los Turcos bajo Bajazet I, 1392 A. D., después de una valiente y larga resistencia. La iglesia establecida allí fué altamente recomendada por Cristo por su fidelidad; y la conservación de la ciudad, á pesar de los terremotos, y las guerras, es cosa digna de llamar la atención. En el siglo cuarto sus iglesias fueron representadas en los Concilios de Nicea, Laodicea, y Constantinopla. Se escapó de los estragos de Tamerlane, quien destruyó las residencias de las otras seis iglesias, y entonces proporcionó un asilo á los refugiados cristianos de Sardis. La ciudad moderna cubre 4 ó 5 cumbres planas al pié del Monte Tmolus, es mezquina y mal construida, y tiene una población como de 10,000 habitantes, la mayor parte de ellos Turcos, con algunos cristianos griegos. Una de las mezquitas se dice que fué precisamente la iglesia en que celebraron su culto los cristianos á quienes escribió Juan. Las ruinas incluyen como 20 iglesias. Una columna solitaria es uno de los restos más visibles, y hace recordar al que la ve, la promesa consignada en Apoc. 3:12. El nombre moderno de la ciudad es Alah Sher, "hermosa ciudad," el cual le ha sido dado por su pintoresca situación.

FILEMÓN, *cariñoso*, residente de Colosas, al parecer hombre de recursos é influencia, y de un carácter cristiano marcado, de ardientes simpatías y de grande hospitalidad y beneficencia. Fué convertido por medio de Pablo, quien después le escribió cerca del fin de su primera prisión en Roma, 62 ó 63 A. D.

FILEMÓN, EPÍSTOLA Á. El motivo de esta epístola, escrita al mismo tiempo que las dirigidas á los Efesios y á los Colosenses, fué la vuelta á su amo Filemón del arrepentido Onésimo, esclavo escapado, convertido en Roma bajo las enseñanzas de Pablo; y de la bondadosa recepción acordada á dicho esclavo como á hermano en Cristo, habla Pablo como de un favor que á él mismo se le hizo. Comp. Col. 3:23 á 4:1, con Filemón 7-9. Esta epístola que es indudablemente auténtica, es admirable por su cortesía cristiana, su delicadeza y su intrepidez. Véanse ONÉSIMO y COLOSAS.

FILETO, *amado*, individuo contra quien Pablo amonesta á Timoteo, asociándolo con Himeneo como creyente y maestro de errores, 2 Tim. 2:16-18. Véase HIMENEO. Se ha sugerido por Waterland que ellos enseñaban la doctrina de la resurrección como una alegoría, "resolviéndola toda en figuras y metáforas."

FILIPENSES, EPÍSTOLA Á LOS. En ésta elogia Pablo el celo cristiano de ellos y su firmeza bajo la persecución; los informa sobre su propia condición temporal y espiritual, y sobre el progreso del cristianismo en Roma; y reconoce con gratitud el constante afecto que le profesaban, manifestándoles que recibió sus donativos por favor de Epafrodito; los exhorta á la unión, á una vida humilde y abnegada como la de Cristo, Fil. 2:1-5; y los amonesta contra los maestros judaizantes y el ejemplo de los hombres mundanos, 3:1-19. Esta epístola, escrita por Pablo cuando estaba prisionero en Roma, 62 á 63 A. D., es notable por su gozo cristiano y por el ardiente afecto que el apóstol muestra á los Filipenses conversos, 4:1. Contiene

importantes enseñanzas en cuanto á la humillación y exaltación de Cristo, 2:5-11, y á la resurrección de los creyentes, 3:21. Á los cristianos Filipenses se les recuerda que como creyentes en Cristo participan de una dignidad y de privilegios mucho más elevados que los que les correspondían como ciudadanos romanos, Hech. 16:12, y se les exhorta á que vivan de una manera digna de su ciudadanía celestial, Fil. 3:20; 1:27. Véase FILIPOS.

FILIPOS. La ciudad principal de la Macedonia oriental, estaba cerca de la frontera de Tracia, en una llanura fértil, entre dos cordilleras de montañas. Derivaba su nombre de Felipe de Macedonia, quien la tomó á los Tracianos, 358 A. C., la fortificó grandemente y la guarnicionó y continuó el laboreo de las minas de oro que había cerca de allí. La ciudad había sido llamada Datum, y antes de eso, Crenides, *fuentes*, por sus copiosos manantiales. Filipos era la "primera" ciudad á donde se llegaba después de salir del puerto Neápolis, Hech. 16:12, al N. O. de la cual estaba como á 10 millas de distancia, siguiendo la Vía Egnacia, un camino romano empedrado sobre una altura escabrosa llamada Symbolum. En la llanura de Filipos fué librada la batalla en que Bruto y Casio fueron derrotados por Octavio y Antonio, 42 A. C. Posteriormente, cuando Octavio llegó á ser el emperador Augusto, trasportó ciudadanos romanos á Filipos, y la redujo á colonia, á una Roma en miniatura, en donde predominaban las leyes, las costumbres y el idioma romanos; el pueblo era gobernado por sus propios magistrados, y poseían los derechos de ciudadanos romanos. Allí comenzaron los triunfos del evangelio en Europa. La primera persona convertida por la predicación de Pablo y de Silas, enviados divinamente allí desde Troas, 51 A. D., fué la prosélita Lidia. Habiendo excitado los misioneros la oposición de hombres mercenarios por un milagroso exorcismo obrado por Pablo en una muchacha esclava, fueron cruelmente azotados y reducidos á prisión. Comp. 1 Tes. 2:2. Pero sus ataduras les fueron milagrosamente soltadas, su carcelero fué convertido, y los magistrados los pusieron en libertad con honor; ellos prosiguieron hacia el S. O. hasta Anfipolis, Hech. 16:8 á 17:1. Lucas se separó en este lugar de Pablo, pero se volvió á reunir con él allí en la 5ª y última visita que hizo este á Jerusalem, Hech. 20:3-6. Los cristianos de Filipos participaron del espíritu de la generosa y sincera Lidia; en varias ocasiones enviaron donativos para el sostenimento de Pablo, Fil. 2:25; 4:15, 16, 18, con 4:10; 2 Cor. 8:1. Les escribió durante su primera prisión en Roma, 62 ó 63 A. D., cuando él esperaba volverlos á visitar, Fil. 2:23, 24. Ignacio se detuvo en Filipos 107 A. D. en vía de Antioquía á Roma, en donde fué martirizado.

Las ruinas de esta despoblada ciudad, ahora comprendida en Turquía, incluyen la ciudadela en un cerro, vestigios del muro de la ciudad, y parte de la plaza en donde Pablo y Silas fueron azotados. Al oeste de Filipos hay un pequeño río, el Bournabachi, en cuya margen quedaba probablemente el lugar en que los Judíos hacían oración, Hech. 16:13, por haber quizá en la ciudad un número demasiado pequeño de Judíos para sostener una sinagoga.

FILISTIA, *tierra de peregrinos,* Sal. 60:8; 87:4; 108:9; en Sal. 83:7, "Filisteos," y en todos los otros pasajes "Palestina," el país habitado por los Filisteos, los cuales son llamados "Palestinos" por Josefo. Filistia abrazaba la llanura de la costa del mar que se extendía desde Joppa y la llanura del Sarón al N. hasta el valle de Gerar y "el país del Sur," y desde el Mediterráneo hasta el pié de los cerros de Judea. Su longitud era como de 40 millas; su anchura de 10 en el norte y como de 20 en el sur, en donde parece haber llegado á Beer-Seba, Gén. 21:33, 34; 26:1; Exod. 23:21; Jos. 13:2, 3. Warren lo limitaba á la llanura que existía entre Accarón y Gaza, de 32 millas de largo y de 9 á 16 de ancho.

En la playa hay blancos montones de arena que al menor descuido invaden el terreno fértil. Al E. de éstos hay un llano onduloso con un suelo rico y profundo de 50 á 300 piés sobre el mar. En el este de dicho llano se ven sobresaliendo algunos bajos peñascos; y crestones más elevados corren á poca distancia del N. y del S. yendo á dar en el costado este á un valle, más allá del cual se levanta "el país montañoso de Judá." Los torrentes que corren por sus profundos barrancos en la estación de las lluvias, forman pantanos y estanques al llegar á las llanuras de Filistia, y hundiéndose en el suelo, hallan á menudo caminos subterráneos que los llevan al mar. El nombre hebreo de toda esta llanura marítima, era el "Shephelah," palabra traducida "llanos fértiles" en 2 Crón.

26:10; "llanura" en 2 Crón. 28:18; "campiñas" en 1 Crón. 27:28; "campañas" en 2 Crón. 9:27; "campos" en Jer. 17:26, y "llanos" en Jos. 11:16, y Jue. 1:9. Se da á entender con frecuencia que eran fértiles, Gén. 26:1, 2, 12; Jue. 15:5; 2 Rey. 8:2.

Los Filisteos se cree generalmente que fueron descendientes de Cham. Se dice que emigraron á Canaán saliendo de Caftor, que según varias opiniones era Creta, Egipto, Cipro ó Capadocia, Jer. 47:4; Amós 9:7. Son indudablemente los Caftoreos los que suplantaron á los Heveos que habitaban en Haserim, *las poblaciones,* "hasta Azzah" ó Gaza, Deut. 2:23. En su emigración pueden haber pasado por el país de los Casluhim, probablemente el Bajo Egipto, en su camino de Creta á Canaán, Gén. 10:14. En los mo-

numentos egipcios de cosa de 1200 A. C. se pinta á los Filisteos como altos y bien proporcionados, de un color más claro que los Egipcios, y con la cara enteramente afeitada.

Los Filisteos con quienes tanto Abraham como Isaac formaron tratados, parece que eran un pueblo pastoral, que vivían internados en el sur, con un rey ó jefe, y con cierta organización militar, Gén. 20:1, 2, 14, 15; 21:22-34; 26:1, 6, 12-23, 26-31. Fué al parecer después de este periodo cuando ellos, 6 nuevos emigrantes de Caftor, desposeyeron á los Heveos, y se apoderaron de Gaza, que era entonces una ciudad cananea de la frontera, Gén. 10:19. En la época del Éxodo, los Filisteos eran poderosos y guerreros, Exod. 13:17. Su país estaba incluido en la tierra prometida á Israel, Núm. 34:5, 6, y se había asignado á Judá y á Dan, Jos. 15:45, 47; 19:41-46. Formaban una confederación bajo los señores de sus cinco ciudades principales. No se hizo ninguna tentativa para conquistarlos después por Josué, Jos. 13:1-3, pero después de la muerte de éste, Judá tomó á Gaza, Ascalón y Accarón, Jue. 1:18—conquistas sin embargo que no duraron, Jue. 2:1-3, 11-14; 3:1-4. Los Filisteos oprimieron á los

Hebreos durante el periodo de los Jueces, efectuando Samgar y Samsón sólo redenciones temporales, Jue. 3:31; 5:6-8, 11; 10:6, 7; 13 á 16. La resistencia de Israel en los últimos días de Elí fué amortiguada por una victoria que los Filisteos alcanzaron en Afec, en donde el arca fué capturada; pero poco tiempo después fué restituida, 1 Sam. 4-6. Bajo Samuel los Filisteos fueron de nuevo sometidos temporalmente, 1 Sam. 7:3-14; pero volvieron á dominar cuando Saúl ascendió al poder, 1 Sam. 9:16; 13; fueron derrotados en Micmas y echados del territorio central de Saúl, cap. 14:1-7, 52. La victoria de David sobre Goliat en el Valle del Alcornoque inauguró una serie de triunfos hebreos en el tiempo de Saúl, cuyo reinado y vida, sin embargo, terminaron por la victoria que los Filisteos alcanzaron en el monte Gilboa, cap. 17; 18:30; 19:8; 23:1-5; 29:1, 11; 31; 2 Sam. 1. David había buscado dos veces refugio al ser perseguido por Saúl, en Filistia, 1 Sam. 21:10-15; Sal 34, título; 56, título; 1 Sam. 27; 28:1, 2; 29:2-11. Le hicieron la guerra cuando fué rey, pero él pudo someterlos, 2 Sam. 5:17-25; 8:1, 11, 12. Estuvieron sujetos á Salomón, 1 Rey. 2:39, 40; 4:21, 24, y su hijo Roboam fortificó á Gat, 2 Crón. 11:8. Después de la división de Judá é Israel, los Filisteos emprendieron la guerra en varias ocasiones con ambos reinos, y obtuvieron buen éxito sobre Judá en tiempo de Acház, 1 Rey. 16:15; 2 Crón. 21:16, 17; 28:18. Josafat, Uzzías, y Ezequías consiguieron victorias sobre ellos, 2 Crón. 17:10, 11; 26:6, 7; 2 Rey. 18:8. Gat, omitida de las otras ciudades por los denuncios proféticos, parece que desde mucho tiempo antes perdió su poder, 2 Crón. 26:6; Amós 6:2. Estando Filistia en el camino entre Asiria y Egipto, era á menudo invadida en las guerras de estas naciones, y subyugada por cada una de ellas alternativamente. Después del triunfo que los Egipcios obtuvieron en Filistia, Sargón el Asirio tomó á Asdod, 700 A. C. Psammético I. de Egipto sitió á Asdod por 20 años, y finalmente la tomó, por 635 A. C. Casi por el mismo tiempo Ascalón tuvo qué sufrir de una horda de Scitas que volvía de una invasión que hizo á Egipto. Nabucodonosor probablemente redujo á los Filisteos, así como á Fenicia y la Tierra Santa durante el sitio de Tiro, que terminó en 592 A. C. Faraón-Hofra tomó á Gaza, Jer. 47:1. El reino filisteo había disminuido considerablemente antes de la cautividad de Judá.

Ezequiel los denunció por su hostilidad contra Judá en aquel tiempo, Ezeq. 25:15-17. Después del regreso, algunos de los Judíos se casaron con mujeres filisteas, Neh. 13:23, 24. La nación estaba incluida en el imperio persa. Alejandro el Grande destruyó á Gaza, que le hizo resistencia por cinco meses. Esa tierra proporcionó auxilio y refugio á los Sirios opresores de los Judíos, y tuvo qué sufrir de las armas de Judas Macabeo y de su hermano Jonatán, 1 Mac. 3:24, 41; 5:66, 68; 10:69-87. Pompeyo anexó á Filistia á la provincia de Siria, 63 A. C., pero Gaza, Jamnia, Asdod y Ascalón fueron asignadas á Herodes. El país participó de la desolación de las guerras judías y romanas. Las predicciones denunciatorias de Amós, 1:6-8, ó Isaías 14:29-31, en el siglo octavo A. C.; de Sofonías 2:5, y Jeremías, 25:15-20; 47, en el siglo séptimo; de Ezequiel, 25:15-17, y Abdías 19, en el siglo sexto; y de Zacarías, 9:5,6, en el quinto, parece que fueron exactamente cumplidas.

Los Filisteos sobresalían en la guerra, teniendo poderosas fuerzas de carros y de caballería, así como soldados de infantería bien armados, 1 Sam. 17:4-7. Eran también diestros en la agricultura y en otras artes pacíficas, Jue. 15:5; 1 Sam. 13:20; y poseían, como lo muestran los monumentos egipcios, una armada naval que competía con los Fenicios en el comercio por mar, además de sostener un comercio interior por medio de caravanas. Traficaban en esclavos con Edom y la Arabia meridional, Amós 1:6; Joel 3:4-6. Sus principales dioses eran Dagón, Jueces 16:23; 1 Sam. 5:1-5, Astoret, 1 Sam. 31:10, Baalzebub, 2 Rey. 1:2-6, y Derceto ó Atergatis, una divinidad femenina adorada, como Dagón, bajo la forma de un pescado. Eran muy supersticiosos, 1 Sam. 31:9; 2 Sam. 5:21; y sus sacerdotes y mágicos poseían mucha influencia, 1 Sam. 6:2-11; Isa. 2:6.

Las principales ciudades de Filistia, Gaza, Ascalón, Joppa, Asdod, Lachis, Accarón y Gat, existen todavía como lugares despoblados ó sitios conocidos bajo nombres semejantes á sus nombres Bíblicos, y muchas moles bajas muestran el lugar en donde otras existían antes. Mons. Ganneau ha sugerido que los felahenos ó campesinos mahometanos de Palestina, raza diferente de los árabes nómades, son descendientes de los antiguos Cananeos, incluyendo á los Filisteos. La llanura de Filistia, aunque mal cultivada, es todavía excepcionalmente fértil, describiéndose por los viajeros como un vasto compo de trigo; pero poniendo un dique á la movediza arena, desecando los lagos pantanosos, y observando regularidad en las cosechas, podría conseguirse que fuera mucho más abundante en productos.

FILÓLOGO, *amante de las letras*, cristiano de Roma, saludado en la epístola de Pablo á los Romanos, 16:15.

FILOSOFÍA, *amor á la sabiduría*, en el Nuevo Testamento significa las vanas y perniciosas especulaciones de la raza humana, en oposición á la verdad evangélica revelada por Dios; comp. 1 Cor. 1:18-27; 1 Tim. 6:20. En Atenas 51 A. D. Pablo se puso en contacto con la filosofía occidental en su encuentro con algunos filósofos Epicureos y Estóicos, representantes de las dos grandes escuelas de filosofía moral griega, quienes trataban su doctrina con desprecio ó indiferencia, Hech. 17:18-32. Véanse EPICUREOS y ESTÓICOS. En su epístola á los Colosenses diez años después, les exhorta á que tengan la precaución de permitir que nadie les arrebate como despojo por medio de la filosofía, refiriéndose sin duda á algunos de los primeros esfuerzos que hacían los especuladores orientales para disipar los misterios del cristianismo. La filosofía de que él hablaba, era un prototipo del gnosticismo, que después en varias de sus formas llegó á ser un error prominente en la iglesia oriental; á elementos semejantes á estos, encarnados subsecuentemente en diferentes sectas gnósticas, se hace referencia en la Epístola á los Colosenses 2:8, 16-23. Pablo predijo el levantamiento de falsos maestros en Éfeso, Hech. 20:30, y escribiendo á Timoteo, que entonces se hallaba trabajando allí, alude á dos formas de error además del judaismo: "un vano espiritualismo que insiste en las observancias ascéticas, é interpreta la resurrección como un cambio moral," 1 Tim. 1:6; 4:1-7; 6:20; 2 Tim. 2:16-18; y "un materialismo relacionado con la hechicería," 2 Tim. 3:13; comp. Hech. 8:9; 19:19. En otros pasajes de sus Epístolas, 1 Cor. 2; 3:18-20, Pablo opone á la falsa sabiduría de Jesu-Cristo la verdadera religión, que á los filósofos y sofistas les parecía mera necedad, por no estar basada ni en la elocuencia ni en la sutileza de los que la predicaban, sino en el poder de Dios, y en las operaciones del Espíritu Santo en el corazón y en el espíritu de los creyentes; y porque no halagaba y lisonjeaba al hombre, sino que lo declaraba rebelde culpable contra Dios, y con imprescindible necesidad de un Salvador.

Así como se levantaron, bajo la influencia de la filosofía, varias sectas entre los Griegos, como los Académicos, los Peripatéticos, y los Estóicos, así también se levantaron entre los Judíos varias sectas, como los Essenes, los Fariseos, y los Saduceos. Los Fariseos tenían alguna semejanza con los Estóicos, los Saduceos con los Epicureos, y los Essenes con los Académicos. Los Fariseos eran orgullosos, vanos y jactanciosos, como los Estóicos; los Saduceos que negaban la inmortalidad del alma y la existencia de los espíritus, se libraban de una vez, como los Epicureos, de toda solicitud en cuanto á la vida futura; los Essenes eran más moderados, más sencillos y religiosos, y por lo mismo se aproximaban más á los Académicos.

El peligro contra el cual amonestaba Pablo á la iglesia en su época, existe todavía. El orgullo del entendimiento se relaciona naturalmente con el ateismo y con la impenitencia del corazón; rehusa ceder á las pretensiones de la Revelación, y rechaza todo aquello que contraría su gusto, ó es superior á su comprensión. La verdadera sabiduría, por el contrario, es humilde y dócil, Mat. 11:25; Mar. 10:15.

FÍNEES, *expresión*, I., hijo de Eleazar y nieto de Aarón el sumo sacerdote, Exod. 6:25. Su carácter celoso y decidido se manifestó en la violenta ejecución del príncipe libertino de Simeón y de su compañera, una mujer de Madian, en la llanura de Moab, Núm. 25. Por este atrevido y oportuno servicio el sumo sacerdocio fué asegurado á su familia, que también permaneció fiel, y excepto durante un intervalo de Elí á Sadoc, su posteridad estuvo á la cabeza del sacerdocio hasta la destrucción del templo, 1 Crón. 6:4-15; Agg. 1:1.

Fínees acaudilló á las huestes de Israel en las subsecuentes batallas con los Madianitas, Núm. 31:6; Sal. 106:30, 31. Estaba á la cabeza de la diputación enviada con el fin de hacer ver lo mal que habían hecho, á las tribus de más allá del Jordán, en cuanto al altar que habían erigido, Jos. 22-24. Durante la vida de su padre, fué superintendente de los Levitas, Núm. 3:32; comp. 1 Crón. 9:20; y después llegó á ser el sumo sacerdote, Jos. 24:33, y como tal, comunicó la voluntad de Dios en cuanto al castigo de Gabaa, Jue. 20:28.

II. Un hijo de Elí, el sumo sacerdote. Véase OFNI.

III. Un Levita, Esdras 8:33.

FIRMAMENTO, Gén. 1:17, la expansión de los cielos inmediatamente sobre la tierra. Los Hebreos parece que tenían la creencia de que el firmamento era una inmensa bóveda cristalina tachonada de estrellas, y que descansaba en el lejano horizonte que rodeaba al espectador, y separaba las aguas que están encima de nosotros de las que hay en la tierra. La lluvia pasaba, cuando caía, al través de sus ventanas. No es necesario suponer que pensaban que era sólido, Sal. 19:1; Isa. 40:22. Las Escrituras no se proponen hacer una exposición científica de los fenómenos naturales. Enseñando religión, y no astronomía ó física, no anticipan los descubrimientos modernos, sino hablan de los objetos y ocurrencias naturales en el lenguaje común de la gente de todas partes. De ahí le viene en parte el atractivo que en todos los siglos han tenido y tienen como libro para el pueblo.

FLAUTA, el instrumento de viento que usaban principalmente los Hebreos. Consistía en un tubo con agujeros, como la que ahora conocemos, ó el clarinete. Se hacía de caña, cobre ó bronce, y se usaba en todas ocasiones, en el culto religioso, las procesiones, las fiestas, los duelos, 1 Sam. 10:5; 1 Rey. 1:40; Sal. 87:7; Isa. 5:12; 30:29; Jer. 48:36; Mat. 9:23; Luc. 7:32. Las flautas, tanto sencillas como dobles, se usaban en la vida social de los Egipcios, tanto como entre los Hebreos. La flauta doble tenía dos tubos que algunas veces se unían en la boquilla; el tubo que se tocaba con la mano izquierda, tenía pocos agujeros, emitía unos cuantos sonidos graves, y servía como de bajo. El tubo de la mano derecha tenía más agujeros y sonidos más agudos. "La Diputación escocesa de Investigación" refiere que alcanzó entre los cerros de Judea á "un Árabe que tocaba con todas sus fuerzas una flauta de pastor hecha de dos cañas. Esa fué la primera vez," agrega, "que vimos algunas señales de alegría en ese país, porque ciertamente todo gozo se oscureció y se desterró la alegría de la tierra," Isa. 24:11. Véase Música.

FLECOS Ó BORLAS. En los flecos ó borlas que tenían las cuatro puntas del manto exterior hebreo, Deut. 22:12, se hallaba entretejido un hilo ó cinta de color cárdeno para el objeto indicado en Núm. 15:38, 39. De aquí es talvez que la orla de la túnica de Cristo fué tocada por la mujer enferma, Mat. 9:20; 14:36. Los Fariseos alargaban los flecos de sus man-

tos en manifestación de celo especial por honrar la ley, Mat. 23:5. Cuando los Judíos llegaron á ser una raza perseguida, dejaron de usar el manto con borlas, y llevaban estas en una túnica interior. Todavía se usa en la actualidad algunas veces para la oración de la mañana, una túnica con flecos.

FLEGONTE, *ardiente*, un cristiano de Roma, Rom. 16:14.

FLUJO DE SANGRE, Mar. 5:25, enfermedad que requería purificaciones especiales bajo la ley mosaica, Lev. 15:19. 28-30, y símbolo de impureza spiritual.

FORNICACIÓN. Esta palabra se usa en las Escrituras, no solamente para denotar el pecado de impureza entre personas que no son casadas, sino también la idolatría, y toda clase de infidelidades hacia Dios. En Ezeq. 16, la iglesia judía se simboliza en una niña que va creciendo hasta llegar á la pubertad, y entonces se casa con Jehová por medio de un pacto. Cuando quebranta este pacto por irse tras de los ídolos, es justamente reprendida como adúltera y meretriz, Jer. 2:20; 3:8, 9; Ose. 3:1. El adulterio y la fornicación se confunden frecuentemente. Tanto el Antiguo como el Nuevo Testamento condenan toda impureza y fornicación corporal y espiritual, esto es la idolatría, la apostasía, la herejía y la infidelidad. Véase ADULTERIO.

FORTALEZA. Véase la próxima página.

FORTUNATO, 1 Cor. 16:17, fué de Corinto á Éfeso á visitar á Pablo. Pablo habla de Estéfanas, de Fortunato y de Acaico como de las primicias de Acaya, y que estaban dedicados al servicio de la iglesia y de los santos. Ellos llevaron la primera epístola de Pablo á Corinto. Véase ESTÉFANAS.

FORZAR Ó CARGAR, la primera palabra, empleada en Luc. 14:23, significa hacer vivas instancias; y la segunda, que se halla en Mat. 5:41, se refiere á la costumbre que los correos oficiales persas y romanos tenían de exigir con apremio, según las facultades de que estaban investidos, que se les proporcionaran hombres y caballos para el desempeño de su comisión.

FRENTE, Ezeq. 9; Apoc. 7:3; 13:16. Las mujeres inmodestas tienen la frente dura, Ezeq. 3:7-9. Una mujer sin velo indicaba inmodestia, Jer. 3:3. Véase VELO. Los devotos de diferentes ídolos en la India reciben actualmente diferentes marcas en la frente para que se distingan unos de otros. Por un método semejante, se marcaba á veces á los esclavos cuya propiedad era disputada por diversos dueños. Comp. Exod. 28:36–38, con Apoc. 17:5; 22:4.

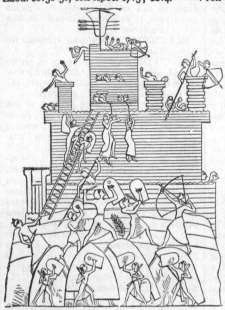

LOS EGIPCIOS ATACANDO UNA FORTALEZA CONSTRUIDA SOBRE UNA ROCA.

FORTALEZA. Los hombres usaban primero cuevas naturales como lugares de refugio, y las fortificaban para defenderse, Jos. 10:16; Jue. 6:2; 1 Sam. 22:1. Pero las fortalezas y los castillos destacados de las murallas de la ciudad ó edificados sobre ellas, y aun dentro de ellas como ciudadelas, se mencionan desde tiempos muy antiguos, Deut. 1:28; 3:5; 2 Reyes 9:17. Se construían de madera ó de piedras, con almenas, fosos, etc., 1 Cró. 27:25; 2 Crón. 27:4; Sal. 107:16. Véase GUERRA. En Hech. 21:34, la palabra "fortaleza" significa la Torre de Antonia, una de los fuertes de Jerusalem. Véase TEMPLO.

FRIGIA, tostada. Distrito central de Asia Menor, cuyos límites variaron mucho en diferentes tiempos; de modo que cuando incluía á Galacia, se dice que confinaba con todas las demás provincias. Esta nación fué fundada desde tiempos muy remotos; los antiguos creían que sus habitantes habían emigrado de Macedonia antes de la

guerra de Troya. Fué después dividida en Frigia Mayor al sur, y Frigia Menor al oeste, llegando hasta el Helesponto. Los Romanos, en cuyas manos cayó, la dividieron en tres distritos. En los tiempos apostólicos, la mayor parte de ella pertenecia á la provincia de Asia, y una fracción á Cilicia. El país era una elevada meseta, fértil en granos y en vinos, pero comprendía algunas montañas desnudas y terrenos pantanosos y salitrosos. De sus ciudades, Laodicea, Hierápolis, Colosas y Antioquía de Pisidia, se mencionan en el Nuevo Testamento. Probablemente contenía muchos Judíos, Hech. 2:10. Antioco el Grande, 223–187 A. C. trasportó á Lidia y Frigia 2,000 familias judías de Mesopotamia. El apóstol Pablo pasó dos veces por ella predicando y "fortaleciendo á los discípulos," Hech. 16:6; 18:23. Sus iglesias estuvieron representadas en los concilios de Nicea y Constantinopla, 325 y 381 A. D.

FRONTALES. El objeto á que se da este nombre se describe así por León de Modena: Los Judíos toman cuatro pedazos de pergamino, y escriben con tinta hecha á propósito, y con letras cuadradas, estos cuatro pasajes, uno en cada pedazo: (1.) "Santifícame todo primogénito," etc., Exo. 13:2–10. (2.) "Y cuando Jehová te hubiera metido en la tierra del Cananeo," etc., vers. 11–16. (3.) "Oye, Israel, Jehová nuestro Dios, Jehová uno es," etc., Deut. 6:4–9. (4.) "Y será que si obedecieres cuidadosamente mis mandamientos," etc., 11:13–21. Esto lo hacen en obediencia á las palabras de Moisés: "Y serte ha como una señal sobre tu mano, y como una memoria delante de tus ojos."

Estos cuatro pedazos están atados juntos, formándose un cuadrado con ellos, en

el cual está escrita la letra hebrea ש Shin; en seguida se le pone encima un cuadrito de cuero duro de becerro, del cual penden dos correas. Este cuadro se coloca en la

mitad de la frente, ciñéndose las correas al rededor de la cabeza, se echan para adelante las puntas y caen sobre el pecho. Se le llama el Tefila, ligadura ú oración de la cabeza. Los más devotos Judíos se la ponían tanto en la oración de la mañana como en la del medio día; pero generalmente se usaba sólo en la primera. Véase FILACTERÍA. El uso de un objeto semejante que estimulaba á la devoción, más necesario entonces que ahora, tenía su aplicación solo á fines espirituales, Prov. 3:3; 4:21; 6:20, 21; 7:3. Pero en muchos casos se convertían todas estas cosas en superstición y mera fórmula—un sustituto sin valor de la gracia que trata de fortalecer.

FRUTOS. El hebreo tiene tres términos genéricos para designar los productos de la tierra: el primero se traduce "grano," é incluye todos los cereales y productos del campo en general; el segundo "vino dulce" ó "vino nuevo," y significa la uva en todas sus edades, verde y madura, *fruto de la vendimia;* el tercero, "aceite," incluyendo éste las aceitunas, los higos, los dátiles, las nueces y todos los *frutos de huerta.* Las primicias y los diezmos de estos se consagraban á Dios, Núm. 18:12; Deut. 14:23. La palabra "fruto" se usa con frecuencia metafóricamente, Pro. 1:31; 11:30; Isa. 10:12; 57:19; Sal. 132:11; Gál. 5:22.

FUEGO, en la Escritura está á menudo relacionado con la presencia de Jehová; como en la zarza ardiente, en la columna de fuego, y sobre el Monte Sinaí, Exod. 3:2; 13:21; 19:18. Se hace referencia al mismo en Sal. 18, y en la oda de Habacuc. La segunda venida de Cristo será "en llama de fuego," 2 Tes. 1:8; Dan. 7:9, 10. En el Nuevo Testamento ejemplifica la iluminadora, consoladora y purificadora agencia

del Espíritu Santo, Mat. 3:11; Hech. 2:3. Al enviar fuego del cielo para consumir los sacrificios, Dios significaba á menudo que los aceptaba, como pasó probablemente en el caso de Abel, Gén. 4:4; de Abraham, Gén. 15:17; de Manoa, Jue. 13:19, 20; de Elías, 1 Rey. 18:38; y en la dedicación del tabernáculo y del templo, Lev. 9:24; 2 Crón. 7:1. De aquí es que según algunos intérpretes, la palabra hebrea traducida por aceptar, significa "convertir en cenizas," Sal. 20:3. El fuego del altar de los holocaustos tenía qué conservarse por los sacerdotes con el mayor cuidado, Lev. 6:12, 13. Nadab y Abiú fueron muertos por haber usado otro fuego en el incensario, Lev. 10:1; 16:12, ó por haber violado en cierto modo el mandamiento divino, Exod. 30:7, 8. El fuego simboliza la santidad de Dios que consume el pecado, el acrisolamiento que hace de su pueblo, y el castigo de la incredulidad, Sal. 66:10; Isa. 31:9; 48:10; Mal. 3:1, 2; Heb. 12:29. En muchas religiones antiguas el fuego era adorado, y á los niños se les hacía pasar por el fuego para ser consagrados á Moloc, 2 Rey. 17:17; Jer. 7:31; Ezeq. 16:21; 23:37. Los Judíos tenían motivo para hacer fuego, no contándose el que usaban en sus cocinas, sólo durante una pequeña parte del año. Además del empleado en sus ordinarios hogares y hornos, calentaban sus habitaciones con "fuego de carbones," hecho en un brasero, Jer. 36:22, 23; Juan 18:18. Les estaba prohibido encender fuego el día Sábado, Exod. 35 3—sólo acaso prohibición de que cocinaran ese día, pero que por muchos Judíos se entendía, y aún se entiende, en el sentido más lato; sin embargo, la eluden empleando al efecto criados gentiles. Otra de las provisiones de la ley mosaica tenía por objeto proteger el grano que estaba en pié en la estación seca del verano, Exod. 22:6. La tierra tiene qué ser destruida por el fuego, 2 Ped. 3:7; la destrucción de Sodoma, y los volcanes y terremotos que tan á menudo indican las conmociones internas del globo, pueden servirnos de amonestación de aquello.

FUENTES, ó manantiales perennes de agua buena, eran de inestimable valor en Palestina, y se ponían en contraste con el desierto y con Egipto, Deut. 8:7; 11:11, y numerosos lugares tomaban su nombre de alguna fuente de sus contornos. Ellas han proporcionado á los escritores sagrados algunas de sus ilustraciones más hermosas sobre cosas espirituales. Así, Dios es la fuente de aguas vivas," Jer. 2:13. La expiación es una fuente preciosa de purificación, de curación y de vida, Joel 3:18; Zac. 13:1. Los consuelos del evangelio y la felicidad del cielo, se describen también por medio de este símil, Sal. 36:7-9; Apoc. 7:17. La gracia que Cristo da al creyente lo satisfará y será inagotable, Juan 4:14. Véase Pozos.

La palabra "fuente" se usa también para indicar una vasija grande y circular fabricada de los espejos pulidos de metal que contribuían las mujeres hebreas, y la que fué colocada entre la puerta del Tabernáculo y el altar de los holocaustos, con agua para las necesarias abluciones sagradas, Exod. 13:18-21; 38:8; 40:7, 30-32. Para el templo de Salomón, además del gran mar de bronce para uso de los sacerdotes (véase MAR), se hicieron diez fuentes purificadoras de los sacrificios, 2 Crón. 4:6. Cada una contenía cerca de 300 galones, y estaba apoyada en una hermosa base esmeradamente trabajada, 1 Rey. 7:27-39. Estaban estacionadas dentro del atrio de los sacerdotes, en frente del templo, cinco en cada lado. La fuente era probablemente el depósito, y su base la vasija en que se lavaban las manos y los piés. Véase TEMPLO.

FUT. Véase PUT.

FUTIEL. Véase PUTIEL.

G.

GAAL, *desprecio*, Jue. 9:26-41, hijo de Obed. Se unió á los Siquemitas cuando se rebelaron contra Abimelec, hijo de Gedeón, enardeció sus ánimos y los condujo á la batalla; pero fué derrotado y proscrito de la ciudad.

GAÁS, *temblor*, un cerro del Monte Efraím, al norte del cual estaba Timnat-sera, célebre por la tumba de Josué, Jos. 24:30. Los arroyos ó valles de Gaás, 2 Sam. 23:30; 1 Crón. 11:32, estaban probablemente al pié del cerro.

GABA, *cerro*, ciudad levítica de Benjamín, Jos. 18:24; 21:17; 1 Crón. 8:6, cerca de Ramá, Neh. 7:30; Isa. 10:29, y no lejos del límite septentrional del reino de Judá, 2 Rey. 23:8; Zac. 14:10. Allí tuvo lugar la hazaña de Jonatán, 1 Sam. 13:3 y cap. 14. Cerca de Gaba derrotó David á los Filisteos, 2 Sam. 5:25. Asa la reedificó con las ruinas de Ramá, 1 Rey. 15:22. Estaba á seis millas de Jerusalem y se hallaba separada de Micmás al norte, por un profundo valle. Véase 1 Sam. 14:4, 5,

en donde se hace referencia á Gaba. La ciudad medio arruinada de Jeba marca bien su sitio, dando frente al pueblo de Mukmas, al través de la gran cañada Suroenit en donde el invasor Sennaquerib dejó sus pesados equipages, Isa. 10:28, 29.

GABAA, *cerro*, I., ciudad de Benjamín, 1 Sam. 13:15, y lugar del nacimiento y residencia de Saúl, rey de Israel, motivo por el cual se le llama con frecuencia Gabaa de Saúl, 1 Sam. 10:26; 11:4; 15:34; 23:19; 26:1; Isa. 10:29; y allí siete de sus hijos fueron sacrificados en retribución de los ofensas que él hizo á los Gabaonitas, 2 Sam. 21:1-14. Gabaa en una época antigua, en que "cada uno hacía como mejor le parecía," fué teatro de un flagrante crimen, cual fué la violencia hecha á la esposa de un joven levita. Ese crimen fué castigado terriblemente con la destrucción de casi toda la tribu de Benjamín, Jue. 19; 20. El Profeta Oseas, 5:8, 9; 9:9; 10:9, se vale de Gabaa para escarmiento; é Israel, infiel, como la mujer lo fué en Gabaa, Jue. 19:2; Ose. 1:2; 9:17; 10:13, fué destruido también. Véase Prov. 1:31. Gabaa de Benjamín es mencionada después en la guerra que Saúl y Jonatán hicieron á los Filisteos, 1 Sam. 13; 14. Sus ruinas se hallan en Tuleil-el-Fúl, como cuatro millas al N. O. de Jerusalem, en el camino que conducía á Er-Ram.

II. Población en el país montañoso de Judá, asociada con Maón, Jos. 15: 57. Véase 1 Crón. 2:49.

III. El lugar donde estuvo el arca por algún tiempo, después que fué devuelta por los Filisteos, 2 Sam. 6:3, 4. En algunos pasajes esta palabra se traduce "el collado," y son numerosos los lugares en que cabe duda si Gabaa en hebreo significa un pueblo de ese nombre, ó simplemente un collado. Así, "el collado" ó Gabaa "de Fínees." en donde Eleazar, el hijo de Aarón, fué sepultado, Jos. 24:33, ahora se le señala en el estrecho valle El-Jib, á la mitad del camino de Jerusalem á Siquem. Véase también Jos. 5:3; Jue. 7:1; 1 Sam. 10:5; 23:19; 2 Sam. 2:24; Jer. 31:39.

GABAAT ó GIBEAT, Jos. 18:28; tal vez Gabaa I.

GABAON, *ciudad de la colina*, una de las ciudades principales de los Heveos, después ciudad levítica en la tribu de Benjamín, Jos. 18:25; 21:17. Estaba cerca de Gaba y de Gabaa al oeste. Sus habitantes Cananeos lograron hacer un tratado con Josué y los ancianos de Israel, valiéndose para ello de una estratagema, y fueron empleados como cortadores de leña para el santuario. Véase Netinim.

Cinco reyes de los contornos se ligaron y los atacaron; pero fueron derrotados por los Israelitas en una gran batalla, durante la cual "el sol se detuvo sobre Gabaón," Jos. 9; 10. Comp. Isa. 28:21. Allí estuvo colocado el tabernáculo por muchos años, si bien el arca estaba en Sión, 1 Crón. 16:39; 21:29; 2 Crón. 1:3, 4; y allí Dios se comunicó por la noche con el joven rey Salomón, 1 Rey. 3:4-15; 1 Cron. 1:3-6. Es también memorable como teatro de dos acontecimientos de la vida de Joab, 2 Sam. 2:12-32. Comp. 3:27; 20:5-10. La matanza que hizo Saúl de los Gabaonitas, 2 Sam. 21:1, no se refiere; pero sí su castigo, como por un gran crimen cometido ante Dios y ante los hombres. Allí fué alcanzado Ismael después de haber asesinado á Godalías, Jer. 41:2. Véase también Neh. 3:7; 7:25, en la vuelta del cautiverio. Su sitio se halla en el pueblo de El-Jib, á seis millas y media de Jerusalem, en un cerro abajo del cual están los restos de una cisterna de 120 piés de largo y 100 de ancho.

Cabe muy bien en lo posible el que el Todopoderoso produjera el fenómeno de la aparente detención del sol, y previniera las consecuencias de tal suspensión de las leyes naturales, Jos. 10. Sin embargo, según el parecer de Maimonides, un piadoso y erudito Judío, la relación quiere decir que Josué suplicó al Señor que le concediese una victoria decisiva antes de que el sol se pusiese, y que Dios accedió á su petición.

GABBATHA, *lugar elevado*, el local situado en frente del palacio de Pilatos, en donde estaba el salón del tribunal, Juan 19:13. Gabbatha es el nombre hebreo: en griego se le llama con una palabra que significa "el pavimento." No era el tribunal ordinario ó pretorio—al que los Judíos no podían entrar entonces, Juan 18:28; 19:4, 9, 13—sino un patio con piso de mosaico en que se había erigido el tribunal de aquel funcionario. Esos pavimentos ornamentales eran comunes en aquel tiempo entre los Romanos ricos.

GABRIEL, *fuerte de Dios*, ángel principal. Fué enviado á explicarle al profeta Daniel las visiones que éste había tenido; también á Zacarías para anunciarle el futuro nacimiento de Juan el Bautista, Dan. 8:16; 9:21; Luc. 1:11, 19. Seis meses después fué enviado á Nazaret á la virgen María, Luc. 1:26-38. Véase ANGEL.

GAD, I., séptimo hijo de Jacob y primogénito de Zilpa, sierva de Lea, Gén. 30:11. Lea le llamó Gad y dijo "vino la buenaventura." Comp. Gén. 49:19. La tribu de Gad ascendía, cuando salió de Egipto, á 46,650 hombres, Gén. 46:16; Núm. 1:24, 25; 2:14. Después de la derrota de los reyes Og y Sihón, Gad y Rubén quisieron que se les diera la porción de tierra que les correspondía al este del Jordán, alegando que tenían un gran número de ganados. Moisés accedió á su petición, bajo la condición de que acompañaran á sus hermanos y les ayudaran á efectuar la conquista de la tierra situada al oeste del Jordán, Núm. 32. La heredad de la tribu de Gad estaba entre Manassés al norte, Rubén al sur, el Jordán al oeste y los Ammonitas al este. El extremo noroeste se extendía hasta el mar de Galilea. Era una hermosa región de pastos, si bien estaba expuesta á las incursiones de los Árabes orientales, cosa que obligaba á los Gaditas á estar alerta y bien armados, Gén. 49:19; Deut. 33:20; 1 Crón. 5:18-22, 25, 26; 12:8-15. Las principales ciudades de Gad se llaman ciudades de Galaad, Jos. 13:25. Gad y Rubén edificaron un altar junto al Jordán, Jos. 22:1-29. La tribu fué llevada cautiva por Teglat-falasar, 2 Rey. 15:29; 1 Crón. 5:26; y los Ammonitas se posesionaron de su tierra, Jer. 49:1. Menciónase á los "hijos de Gad" en la piedra moabita—por allá el año 890 A. C.—como que habitaban en Atarot "desde tiempos antiguos," lo cual confirma lo dicho en Núm. 32:34. Su territorio es elevado y se extiende en ondulantes llanuras, cubiertas de ricos pastos y majestuosos árboles. Al través de él corren el Jabbok y el Yarmuk, por profundas barrancas, al Jordán.

II. Un amigo de David. Siguióle á éste cuando era perseguido por Saúl, y por su conducto le fueron á menudo enviados al prófugo divinos mensajes, 1 Sam. 22:5; 2 Sam. 24:11-19; 1 Crón. 21:9-19; 2 Crón. 29:25. Las Escrituras lo titulan profeta y pronosticador de David. Parece que escribió una historia de la vida de David, que se cita en 1 Crón. 29:29.

III. El Gad citado en Isa. 65:11 y traducido "fortuna" se supone generalmente que es el nombre de un dios pagano de la Fortuna, y quizá del planeta Jupiter, la estrella de la buena fortuna. Comp. Jos. 11:17; 15:37. *Meni* en el mismo versículo traducido "número," se supone por algunos equivale á destino; y por otros, que

245

significa el planeta Venus, la diosa de la buena fortuna.

GADARA, llamada ahora Um-keis, ciudad principal y fortificada de Decápolis, de considerable importancia en tiempo de Cristo, y que tenía muchos habitantes griegos. Estaba al sur del rio Hieromax, siete millas al sudeste del mar de Galilea, sobre la cumbre plana de un escarpado cerro de piedras calizas. En la cima del cerro se encuentran algunas ruinas, en su lado muchas tumbas formadas de excavaciones, ocupadas en parte como viviendas, y en su base manantiales calientes. El país de los Gadarenos se extendía hasta el Jordán y el mar de Galilea; y en la parte de él que confina con el lago, se verificó el milagro que se registra en Mat. 8:28; 9:1. Una legión de demonios fué arrojada de dos hombres y entró en una piara de cerdos, causando su destrucción. Es un pecado fatal y espantoso pedir que el Señor se aparte de nosotros, Deut. 31:17; Job 21:14, 15; Ose. 9:12; Mat. 25:41. Por otra parte, uno de los Gadarenos mencionados por Marcos y Lucas, que había sido curado, suplicó se le permitiera quedarse con Cristo; pero habiéndosele enviado á dar testimonio á sus vecinos que habían rechazado al Salvador, obedeció, portándose como verdadero discípulo de él, aunque ausente, mientras que Judas, estando presente, fué falso. Véase GERGESENOS.

GADARENOS. Véase GUERASENOS.

GALAAD Ó GALED, *montón de testimonio*, nombre dado por Jacob al majano y pilar hecho por él mismo y por Laban, Gén. 31:23, 25, 43-52.

GALAAD, *región dura, rocallosa*, I., una faja montañosa, adyacente al valle del Jordán, en el lado oriental del rio, que se extendía desde Basán al norte hasta Ammón al sur, y descendía hasta la mesa árabe al este. Tiene como sesenta millas de largo v 20 de ancho. Se le llama Galaad, Gén. 37:25; Sal. 60:7; la tierra de Galaad, Núm. 32:1; ó monte de Galaad, Gén. 31:25. En un sentido limitado, este nombre puede haber denotado solamente la cadena de montañas que se halla unas cuantas millas al sur del Jabbok, de cosa de diez millas de largo de este á oeste, llamado todavía *Jebel Jil'ad* y en la cual hay ruinas llamadas Jil'ad. Jacob entró á Galaad por el nordeste, más allá del Jabbok y de Mahanaim, Gén. 31:21-25; y cambiando ligeramente el sonido y el significado de este nombre, le llamó en hebreo Galed, baluarte de testigo, vers. 45-48. En la conquista, Galaad

246

le tocó en suerte á Gad y á la media tribu de Manassés, Deut. 3:12. 13, 16, 17; Jos. 13:24-31. Como tierra fronteriza estaba expuesta á las incursiones de las tribus errantes de la Arabia, y estaba un poco aislada de Israel al oeste del Jordán; pero Jefté y Eliseo eran Galaaditas. Sus montañas proporcionaban un asilo á los que buscaban refugio, 1 Sam. 13:7. Allí estableció Isboset su cuartel general, 2 Sam. 2:8; allí halló David refugio, 2 Sam. 17; y allí probablemente se retiró Cristo dos veces durante su ministerio. Allí, por último, en Pella, hallaron sus discípulos refugio cuando fué sitiada Jerusalem.

El monte de Galaad, como la mayor parte de la tierra que está más allá del Jordán y del Mar Muerto, mirando desde el oeste al través de la extensa hondonada del Jordán, parece un muro gigantesco á lo largo del horizonte, estando Galaad propio á dos ó tres mil piés de elevación sobre el nivel del mar. La superficie de aquella región está interrumpida por muchos collados cubiertos de bosques, el suelo es fértil y el espectáculo que presenta grandioso. Es todavía una tierra á propósito para el ganado, y los Beduinos estiman en mucho sus ricos pastos; pero solo una pequeña parte se cultiva. Era famosa en la antigüedad por sus especias y gomas aromáticas, Gén. 37:25; Jer. 8:22; 46:11. Véase RAMOT GALAAD.

II. Nombre de varios hombres, Núm. 26:29, 30; Jue. 11:1, 2; 1 Crón. 5:14.

GALACIA. Provincia del Asia Menor que estaba al sur y al sudeste de Bitinia y l'aflagonia, al oeste del Ponto, al norte y nordeste de Capadocia, y al norte y nordeste de Licaonia y de Frigia. Tomóse este nombre del los Galos ó Gálatas, varias tribus de los cuales, como los Trocmi, Tolistoboii y Tectosages, emigraron allí por el año 280 A. C., y mezclándose con los antiguos habitantes, fueron todos llamados Galo-grecos. Fueron conquistados por Roma, 189 A. C., y aunque tuvieron qué ser tributarios de ésta, permitióseles gobernarse á sí mismos hasta 26 A. C. en que Augusto convirtió á Galacia en provincia romana, y la puso bajo el gobierno de un pretor. Su idioma era en parte gálico y en parte griego. Estos Galos de Asia conservaron mucho del carácter voluble y violento de la raza gálica. Comp. Gál. 1:6; 4:15; 5:7. Galacia se hizo célebre por la fertilidad de su suelo y el estado floreciente de su comercio. Fué también asiento de colonias de varias naciones, entre las

:uales había muchos Judíos; y de todas ellas parece que Pablo hizo muchos conversos al cristianismo, 1 Cor. 16:1, y fundó varias iglesias. Su primera visita, Hech. 16:6, probablemente la hizo de 51 á 52 A. D., durante su segundo viaje misionario; y la segunda, Hech. 18:23, después de la cual parece que fué escrita su Epístola á los Gálatas, la hizo varios años después. Cuando hizo su primera visita estaba enfermo; con todo, lo recibieron "como un ángel de Dios," y abrazaron muy cordialmente el evangelio. Cuatro ó cinco años más tarde se introdujeron entre ellos maestros judíos que profesaban el cristianismo; y éstos negaron la autoridad apostólica de Pablo, exaltaron las obras de la ley y pervirtieron el verdadero evangelio mezclándole los ritos del judaismo. Al saber Pablo cómo estaban las cosas, probablemente en Corinto, 57 á 58 A. D., escribió su Epístola á los Gálatas, de su propia mano, cap. 6:11, y no por medio de un amanuense como generalmente lo hacía. Reprende en ella con indignación á sus hijos en Cristo por haberse alejado de él y de la verdad; vindica su autoridad y sus enseñanzas como apóstol, manifestando que las recibió de Cristo mismo, y de una manera enérgica presenta la gran doctrina del cristianismo, es á saber: la justificación por la fé, en sus relaciones con la ley, por una parte, y con una vida santa por la otra. Explica claramente en qué consiste la verdadera libertad de los hijos de Dios, y la deslinda del abuso de ella. El estilo que emplea es á la vez severo y tierno. El asunto general de la Epístola es igual al de la que dirigió á los Romanos, y parece que fué escrita por el mismo tiempo que ésta. Las iglesias de Galacia se mencionan en la historia eclesiástica por cosa de 900 años.

GÁLBANO, ingrediente en el incienso quemado en el altar de oro en el tabernáculo del testimonio, Exod. 30:34. Es la resina de una planta umbelífera que crece en el África Oriental y que Plinio llamó stagonitis. Dicha resina es untuosa y pegajosa, de un olor fuerte y desagradable, y es apreciada en la medicina.

GALGAL, GÁLGALA, ó GILGAL, *rueda*, 1. Célebre lugar entre el Jordán y Jericó, en donde los Israelitas acamparon primero, después de pasar ese río; en donde fueron circuncidados y renovaron así su alianza con Dios, cuyos beneficios por su abandono habían perdido, y en donde solemnizaron la primera pascua que tuvieron en Canaán. Ios. 4:19; 5:2-12;

Miq. 6:5. Siguió siendo la residencia central de los Israelitas por varios años, mientras Josué se ocupaba de someter la tierra, Jos. 9:6; 10:6, 15, 43. Después se edificó allí una aldea, Jos. 25:7. Allí estuvo el Tabernáculo hasta su traslación á Silo, Jos:18:1; allí también, según la opinión general, ofreció Samuel sacrificio y tuvo en turno su tribunal, come juez de Israel; allí Saúl fué coronado de nuevo, 1 Sam. 7:16; 10:8; 11:15; 13:7-9; 13:33; y allí finalmente encontraron los hombres de Judá á David, cuando este regresaba á Jerusalem, 2 Sam. 19:15, 40. En la actualidad no se hallan vestigios ningunos de ella. Según la opinión de Josefo, estaba milla y media al este de Jericó.

II. Otra Gilgal estaba cerca de Antipatris, Jos. 12:23.

III. Otra se hallaba en las montañas de Efraím, al norte de Betel, Deut. 11:30; 2 Rey. 2:1-6. Estableciése allí una escuela de profetas, 2 Rey. 4:38, y con todo, parece que después llegó á ser asiento de la idolatría, Ose. 4:15; 9:15; 12:11; Amós 4:4; 5:5. Esta es probablemente la Bet-Gilgal (casa de Gálgala) de Neh. 12:29, ahora representada por Jiljilieh á cinco millas de Betel y á cuatro de Silo.

GALILEA, *círculo*, originariamente un círculo trazado al rededor de Cedés en el monte de Neftalí, y de las veinte ciudades de Hiram, cerca de la frontera septentrional del territorio de Israel, Jos. 20:7; 1 Rey. 9:11. En tiempo de Cristo incluía toda la parte septentrional de la Palestina que estaba al oeste del Jordán y al norte de Samaria. Estaba dividida en la Alta y la Baja Galilea, de las cuales, la primera se hallaba al norte del territorio de la tribu de Zabulón y abundaba en montañas, y la segunda, que incluía la ubérrima llanura de Esdraelón, era más pareja y fértil y muy populosa; las dos juntas abarcaban las cuatro tribus de Isacar, Zabulón, Neftalí y Aser. Se dice que la Baja Galilea contenía doscientas cuarenta poblaciones, de las cuales Josefo menciona á Tiberias, Séforis y Gabara como las principales, aunque Capernaúm y Nazaret son las que con más frecuencia se mencionan en el Nuevo Testamento, Mar. 1:9; Luc. 2:39; Juan 7:52, etc. "Galilea de los Gentiles" se supone que significa la Alta Galilea, ya porque confina con Tiro y con Sidón, ya porque los Fenicios, los Egipcios, los Árabes y otros gentiles eran numerosos entre sus habitantes, por haber sido enviados muchos allí cuando los Israelitas fueron llevados cautivos por Teglat-falasar, 2 Rey. 15:29. Los Galileos tenían fama de valientes é industriosos, aunque la gente de Judea hacía gala de considerarlos no solamente estúpidos y toscos, sino también sediciosos, Luc. 13:1; 23:5; Juan 1:46; 7:52. Usaban un dialecto y una pronunciación peculiar, Marc. 14:70. Muchos de los apóstoles y primeros conversos al cristianismo fueron hombres de Galilea, Hech. 1:11; 2:7, así como también lo fué Cristo mismo, y el epíteto de Galileo se dirigía á menudo como insulto, tanto á él como á sus adeptos. El apóstata emperador Juliano constantemente lo usaba, y en la agonía de su muerte exclamó lleno de rabia: "¡Oh Galileo, tú has vencido!" Nuestro Salvador residió allí desde su infancia hasta que tuvo 30 años de edad, así como también durante una gran parte de su ministerio público, cumpliendo así la profecía, Isa. 9:1, 2; Mat. 4:15, demostrando que los pensamientos de Dios difieren muchas veces de los de los hombres, 1 Cor. 1:27-29. Muchas de sus ciudades incurrieron en amenazas particulares por haber rechazado la luz con que fueron señaladamente favorecidas, Mat. 11:20-24; pero las ciudades de Nazaret, Naín, Caná, Capernaúm, con toda la región del mar de Galilea, son queridas y veneradas por todo el pueblo de Cristo, á causa de las palabras que él habló y de las maravillas que obró en ellas. Unas y otras se han registrado principalmente por los tres primeros evangelistas. Véase MAR, III.

GALIÓN, procónsul de Acaya bajo el Emperador Claudio, en tiempo de Pablo, Hech. 18:12-17. Era el hermano mayor del filósofo Séneca, quien le describe como extraordinariamente amable y recto. Su residencia estaba en Corinto, y cuando los Judíos de esa ciudad arrastraron á Pablo ante su tribunal, Galión rehusó acceder á sus ruidosas é injustas demandas. Según Dion Cassius, sufrió la muerte por orden del tirano Nerón, lo mismo que su hermano Séneca.

GALLINA. El cuidado que tiene una gallina para proteger á sus polluelos contra los gavilanes, etc., ejemplifica el tierno cuidado que tiene el Salvador de su pueblo, cuando lo ve expuesto á caer en las garras del águila romana, y en cualquier otro peligro de ese linaje, Mat. 23:37; 24:22. Las aves domesticadas no se mencionan con frecuencia en las Escrituras, Mar. 13:35; 14:30; Luc. 22:34; pero en la actualidad tanto éstas como sus huevos g-

usan en Siria más que cualquier otro alimento que no sea vegetal.

GAMALIEL, *recompensa de Dios,* I., Núm. 1:10; 2:20; 7:54, 59; 10:23.

II. Hech. 5:33-40, célebre fariseo de la generación siguiente á la de Cristo, doctor de la ley y miembro del Sanhedrín. Poseía gran influencia entre los Judíos, y se dice por algunos que presidió el Sanhedrín durante los reinados de Tiberio, Calígula y Claudio. Los Talmudistas dicen que era el hijo de Rabino Simón y nieto de Hillel, el célebre maestro de la ley, y que con su muerte concluyó la gloria de la misma. Su noble acto cuando intervino entre el Sanhedrín y los apóstoles, salvó á estos de una muerte ignominiosa, y manifiesta que estaba dotado de sabiduría y tolerancia, si no fuertemente inclinado al evangelio. El apóstol Pablo reputaba como un grande honor el haber sido uno de sus discípulos, Hech. 22:3, y sin duda recibió de él, no solamente un fervoroso entusiasmo por la ley judaica, sino muchas lecciones de candor, imparcialidad y liberalidad. El alto renombre que ha gozado entre los judíos rabinos de siglos posteriores, parece incompatible con la tradición de que abrazó el cristianismo.

GANADO y PASTOR. Los ganados y los rebaños formaban la parte principal de la riqueza de Abraham y de sus descendientes cercanos, Gén. 13:2; 26:14; 32:5, y se contaban entre los bienes más valiosos de los Hebreos durante la existencia de estos como nación, Gén. 46:6; Exod. 9:4, 20; 12:38; 2 Crón. 26:10; 32:28, 29; 36:7-9; Eccles. 2:7. Los ganados proporcionaban muchas crías para los sacrificios, Lev. 1:3; 4:3; Sal. 69:31; Isa. 66:3, además de producir leche, mantequilla, queso, carne, cuernos y pieles. Véase BUEY. Las mesas herbosas y arboladas del este del Jordán producían buenos pastos para el ganado, Núm. 32:1-4. Al oeste del Jordán los principales pasturajes eran, Sarón, 1 Crón. 27:29, y el Carmelo, 1 Sam. 25:2. En la estación del calor, cuando el pasto se secaba, se encerraban los ganados en establos, Hab. 3:17; Mal. 4:2, y se mantenían con granos mezclados y paja picada, Gén. 24:25; Job 6:5; Isa. 11:7; 30:24; 65:25. En el tiempo de Salomón, la ganadería fué disminuyendo á medida que el comercio iba aumentando; por eso no se abandonó del todo, Eccles. 2:7. Ozías edificó torres en el "desierto," ó sean las tierras no cultivadas, para proteger los ganados que allí pacían, 2 Crón. 26:10.

Josías parece que también tuvo numerosos ganados. Los antiguos Israelitas consideraban el oficio de pastor como honroso. El rey Saúl cuidó ganado, 1 Sam. 11:5, y Doeg, el pastor, fué uno de sus favoritos, 1 Sam. 21:7. Los mayorales del ganado de David eran contados en el número de sus empleados de mayor categoría, 1 Crón. 27:29; 28:1. Los Egipcios, aun cuando poseían numerosos ganados, Gén. 47:17; Exod. 9:3, abominaban á los pastores, Gén. 46:34, y los monumentos á menudo los representaban como barbudos, enanos ó deformes. Faraón encomendó la vigilancia de sus ganados á los hermanos de José, Gén. 47:6. El profeta Amós era pastor, Amós 1:1; 7:14. Véase Ovejas.

GANANCIA ó LUCRO. Se da el nombre de "torpes ganancias" á las mal adquiridas y viles, 1 Tim. 3:3, 8; Tito 1:7, 11.

GARIZIM. Véase Gerizim.

GAT, ó GET, *prensa de vino*, una de las cinco ciudades principales de los Filisteos, 1 Sam. 5:8; 6:17. Era una ciudad notable, en la frontera más cercana á Jerusalem; pero el sitio que ocupaba ha quedado ignorado desde hace largo tiempo. Era la residencia de Goliat, 1 Sam. 17:4. Comp. Jos. 11:22; 1 Sam. 5:8; 6:17; 1 Crón. 20:8. Allí buscó David refugio de la persecución de Saúl dos veces, 1 Sam. 21:10; 27:2-7. Quedó en poder de aquel, como reino tributario, en el principio de su reinado sobre todo el país de Israel, 1 Rey. 2:39; 1 Crón. 18:1. Roboam lo reedificó ó fortificó, 2 Crón. 11:8. Cayó en manos de Hazael, rey de Siria, 2 Rey. 12:17, pero probablemente volvió á ser en breve una ciudad libre, Amós 6:2; Miq. 1:10. Con motivo de la fuerte posición fronteriza que ocupaba, estaba sujeta á frecuentes ataques y expuesta á ser destruida, y no se hace mención de ella por los últimos profetas, Sof. 2:4; Zac. 9:5, 6. Sus habitantes eran llamados Geteos, Jos. 13:3; é Ittai con seis cientos conciudadanos suyos sirvió fielmente á David, 2 Sam. 15:18-22. Uno de los sitios que de esa ciudad se sugieren es Tell-es-Safieh, que es una colina de 200 piés de altura, situada á la orilla de la llanura de Filistia, diez millas al este de Ashdod.

GAT-RIMMON, *prensa del granado*, I., ciudad levítica en Dan, Jos. 19:45; 21:24; 1 Crón. 6:69 en la llanura de Palestina.

II. Ciudad levítica de Manassés, al oeste del Jordán, Jos. 21:25, quizá Bileam, esto es, Jeblaam, Jos. 17:11; 1 Crón. 6:70.

GAVILÁN ó HALCÓN, un ave de rapiña de alas fuertes, y de la cual hay varias especies migratorias en Siria; era inmunda para los Hebreos, Lev. 11:16; pero sagrada entre los Griegos y Egipcios. En sus emigraciones comprueba la sabia providencia del Creador, Job 39:26.

GAYO, I., un Macedonio que acompañó á Pablo en sus viajes y cuya vida estuvo en peligro en Éfeso, Hech. 19:29.

II. Un Corintio, convertido por medio de Pablo, y que le dió hospitalidad al apóstol cuando este estuvo trabajando en Corinto, 1 Cor. 1:14; Rom. 16:23.

III. De Derbe. Uno de los que acompañaron á Pablo desde Corinto en su último viaje á Jerusalem, Hech. 20:4.

IV. La tercera Epístola de Juan fué dirigida al "muy amado Gayo," hospitalario como el mencionado arriba (II.); con todo, hubo un largo intervalo entre las dos fechas, y este último Gayo parece que fué uno de los que había sido convertidos por medio de Juan, vers. 4. Este nombre era común entre los Romanos.

GAZA ó AZZA, *fuerte, fortificada*, ahora Ghuzzeh, antigua ciudad en el ángulo sudoeste de Canaán, Gén. 10:19, perteneció á los Heveos, Deut. 2:23, y después á los Filisteos. Josué la destinó á la tribu de Judá, pero no la conquistó, Jos. 10:41; 11:21, 22; 13:3; 15:47. Judá parece haber tenido posesión de ella por algún tiempo; pero en la época de los Jueces era independiente y una de las cinco ciudades principales de los Filisteos Jue. 1:18; 3:3; 13:1; 16. Samsón se llevó sus puertas y después pereció bajo las ruinas de su espacioso templo. Cuando los Filisteos devolvieron el arca capturada, Gaza envió una ofrenda de expiación con ella, 1 Sam. 6. Según parece, dicha ciudad fué subyugada por David, 2 Sam. 8:1, y estuvo sugeta á Salomón, 1 Rey. 4:21, 24, con 3, 4; pero más tarde volvió á ser independiente. Fué castigada una vez por Ezequías, 2 Rey. 18:18; 2 Crón. 21:16, 17; 28:18. En épocas posteriores estuvo sucesivamente en poder de los Caldeos, los Persas y los Egipcios, Jer. 47:1; llegó á ser punto importante en el camino que conducía de Egipto á Siria. Por cinco meses hizo resistencia á Alejandro el Grande. Por el año 96 A. C. el rey judío Alejandro Janneo la tomó y destruyó. El general romano Gabinio la reedificó, y no mucho después de la ascensión del Salvador fué establecida allí una iglesia cristiana para luchar contra la idolatría que entonces predominaba. En 634 A. D. cayó bajo el yugo de los mahometanos, y en la

249

GAZA Ó AZZA, LA MODERNA GHUZZEH.

época de las cruzadas se había convertido en ruinas. Fué más tarde reconstruida y fortificada en parte, y ahora es una ciudad sin murallas, de unos 15,000 habitantes, la mayor parte mahometanos; su mezquita más importante era antiguamente una iglesia cristiana. Hay allí unos cuantos cristianos griegos, y tres escuelas protestantes. Los pocos restos de la antigua ciudad cubren una colina extensa pero baja que dista dos ó tres millas del mar. Lo más de la ciudad moderna se halla en la llanura, que es sumamente fértil y abunda en jardines, palmas de dátil y olivos. Había un embarcalero cerca de la antigua Gaza, pero no puede decirse que haya merecido el nombre de "puerto," aun cuando así se llamaba. Los profetas hacen á menudo alusión á ella, Jer. 25:20; 47:5; Amós 1:6, 7: Sof. 2:4; Zac. 9:5. En cuanto al camino meridional de Jerusalem á Gaza, memorable en la historia del Eunuco etíope, se le llama "desierto" en Hech. 8:26, porque pasaba por una región que estaba entonces despoblada.

Es de notarse que, según las versiones de Reina y de Scío, Gaza misma, y nó la vía era la que estaba desierta. Las palabras del original griego son susceptibles de uno y otro significado. No faltan, por lo tanto, comentadores ingleses y alemanes que convengan con dichos traductores españoles.

GAZER ó GEZER, *precipicio*, ciudad real de los Cananeos, Jos. 10:33; 12:12, cuyo rey al ir á auxiliar á Laquis, fué muerto por Josué; situada entre el bajo Betoron y el Mediterráneo, Jos. 16:3; vino á quedar después en la frontera meridional de Efraím, y fué destinada para los Levitas descendientes de Coat, Jos. 16:3; 21:21. Los Cananeos permanecieron en ella largo tiempo como tributarios, Jos. 16:10; Jue. 1:29; y tal vez se hicieron después independientes; pero les fué quitada por un rey de Egipto quien la dió á su hija, la esposa de Salomón, 1 Rey. 9:16. Se la llama Gob en 2 Sam. 21:18; comp. 1 Crón. 20:4, en donde se ve que es el límite á que llevó la persecución que David hizo á los Filisteos. Su sitio se ha hallado en Tel-el-Djezer, cinco millas al sudoeste de Ramleh; y cerca de allí se ve una piedra horizontal con una inscripción en griego y en hebreo, de una antigüedad que se remonta por lo menos á 100 años A. C., que marca "el límite de Gezer," Núm. 35:5. Otras dos inscripciones se hallan no lejos de allí.

GEBAL, *montaña*, I., el Gebalene de los Romanos, era un distrito de Idumea, llamado también Jebal en la actualidad. Es la parte septentrional de la cordillera de montañas que orillan el lado oriental del gran valle llamado El Arabah, el cual se extiende desde el Mar Muerto hasta el

Golfo Elanítico del Mar Rojo, Sal. 83:7.
Véase JORDÁN. Este Salmo se cree por
algunos que fué escrito con motivo del
suceso mencionado en 2 Crón. 20. Comp.
vers. 14.

II. Puerto de mar y distrito de Fenicia,
al norte de Beirut, llamado Byblos por los
Griegos, ahora Jebail, con una población
de 600 almas. Á los habitantes se les daba
el nombre de Geblitas, y á estos se alude
en la palabra hebrea traducida "aparaje-
dores" en 1 Rey. 5:18. Su tierra con todo
el Líbano se asignó á los Israelitas, pero
nunca llegaron á poseerla en su totalidad,
Jos. 13:5. Era un lugar importante, Ezeq.
27:9, y el asiento del culto de Tammuz.

GEBBETÓN, lugar elevado, ciudad de
los Filisteos dentro de los límites de la
tribu de Dan, asignada á los Levitas de
Coat, Jos. 19:44; 21:33. Los Filisteos sin
embargo la volvieron á ganar, tal vez
cuando Jeroboam echó á los Levitas fuera
de Israel, 2 Crón. 11:13, 14; y en tiempo
de Nadab eran dueños de ella, siendo este
muerto por Baasa al estarla sitiando, 1 Rey.
15:27. Omri la sitió 25 años después,
1 Rey. 16:15. Su historia posterior y el
lugar que ocupaba no se conocen.

GEDER. muro, lugar cercado ó fortificado, antigua ciudad Cananea en la llanura de Judá, tomada por Josué, Jos. 12:13;
quizá es la misma Gedera ó Gedor III.

GEDERA, el redil, ciudad en el valle
ú hondonada escabrosa de Judá, en la
orilla de la llanura, Jos. 15:36. Algunos
creen que es la misma Bet-gader, 1 Crón.
2:51. Gederot, corral de ovejas, y Gedero-
taim, dos corrales, Jos. 15:41, 36, estaban
en la misma región.

GEDEÓN, cortador, el que derribó á
Baal. Fué quinto juez de Israel, y su libertador del poder de los Madianitas, 1249 á
1209 A. C. Fué el hijo menor de Joás, de
la familia de Abiezer, de la tribu de Manassés, y vivía en Ofra cerca de Siquem.
Entonces gemía Israel, á causa de sus pecados, bajo el yugo de Madián; y en el
tiempo de la cosecha todo el país fué invadido y despojado por hordas predatorias de
más allá del Jordán. "El Ángel de Jehová" fué quien designó á Gedeón como jefe,
le mandó que destruyese el altar de Baal y
la imagen de Astarot, revistióle del poder
necesario—comp. 1 Crón. 12:18; 2 Crón.
24:20; Isa. 61:10—dióle señales para con-
firmarlo en su fé, y ayudóle en tres batallas
para que emancipase de un todo á su patria del poder de los Madianitas por cuarenta años. Dejó Gedeón 71 hijos, uno de

los cuales causó muchos males á Israel.
Véase ABIMELEC. Con el castigo que impuso á las ciudades rebeldes de Succot y
Penuel y á los fratricidas Zeba y Zalmunna, con haber calmado la envidia de los
Eframitas, y con haber rehusado la corona
que le fué ofrecida por los Israelitas, dió
prueba de poseer las cualidades que deben
caracterizar al gobernante, si ha de ser ín-
tegro y afortunado como él lo fué. En el
asunto del efod de oro, sin embargo, cayó
en pecado y en lazo de maldad; porque
este memorial de las maravillas que Dios
había obrado se convirtió después de cierto tiempo en objeto de veneración idolá-
trica, Jue. 6-8; 1 Sam. 12:11, Sal. 83:11;
Isa. 9:4; 10:26; Heb. 11:32.

GEDOR, muro, I., Jos. 15:58, población
de Judá, probablemente la que hoy se
llama Jedur, pueblo arruinado, á igual distancia de Betlehem y Hebrón, y dos millas
al oeste del camino que comunica estas
dos ciudades. Un nombre de los que figuran entre la posteridad de Judá se conserva de esa manera, 1 Crón. 4:4, 18.

II. Jefe benjamita, antecesor de Saúl,
1 Crón. 8:31; 9:37. Había también una
población en Benjamín que llevaba su
nombre, 1 Crón. 12:7.

III. Otra que se hallaba en el límite sudoeste de Judá, 1 Crón. 4:39.

GEHON. Véase GIHON.

GEMARÍAS, cumplido por el Señor, I.,
el hijo de Safan; príncipe de Judá y escriba del templo en tiempo de Joaquím. En
la cámara de Gemarías Baruc leyó en alta
voz al pueblo las profecías de Jeremías; y
acompañado de otros les dió á éstas una
segunda lectura ante los nobles, en casa
del rey. Fueron después leídas á este, el
cual hizo que fuese quemado el envoltorio
en que estaban escritos, Jer. 36; 606 A. C.

II. El hijo de Helcías enviado á Babilonia por el rey Sedequías con el tributo de
dinero para Nabucodonosor. Fué también
el portador de una carta en que Jeremías
amonestaba á los Judíos cautivos contra
los falsos profetas que les prometían un
pronto regreso, Jer. 29:3, 4, 594 A. C.

GENEALOGÍA, un registro de los antepasados de algún individuo, ya siguiendo
la sucesión natural, ya aquella en que por
la ley se transmitía la herencia, ó finalmente la conservada en los registros públicos. Nunca hubo nación más cuidadosa
que la hebrea para conservar sus genealogías, porque en ellas se fundaban la distinción de las tribus, la propiedad de las
tierras, y el derecho á los más elevados

cargos y privilegios, 1 Crón. 5:1, 17; 9:1; 2 Crón. 12:15; Esd. 2:62. Por tanto, los Judíos guardaban sus tablas públicas de Genealogías donde estuvieran seguras en medio de todas las vicisitudes. Eran un registro en que constaban los derechos heredados, más bien que la mera descendencia natural; y los "hijos" de un patriarca no lo eran necesariamente en virtud de su nacimiento, Gén. 48:5; Num. 26:41. Las genealogías se abreviaban á menudo por medio de la omisión de una ó más generaciones, como en el registro de Leví, Exod. 6:16-20; de David, Rut 4:18-22; y de Esdras, Esd. 7:1-5. Es muy fácil que se cometan errores por los copistas en estas listas. Hallamos en la Biblia un registro hecho por más de 3,500 años, 1 Crón. 1; 3; 6; y así fueron conservadas las pruebas de que Cristo nació, según la profecía, de la simiente de Abraham, y era heredero del trono de su padre David, Luc. 1:32; 2 Tim. 2:8; Heb. 7:14.

GENEALOGÍA DE JESU-CRISTO. La genealogía de Cristo por 4,000 años se registra en los Evangelios. La lista que se halla en Mat. 1 y la de Luc. 3, difieren entre sí, lo cual proviene de que la una es tal vez la genealogía de José, padre putativo del Señor Jesús, en tanto que la otra es la de María, madre de éste. Las dos líneas parten de Salomón y de Natán, hijos de David, se unen en Salatiel y de nuevo en Cristo; José era ante la ley el padre de Cristo y pertenecía á la misma familia con que estaba emparentada María; de manera que el Mesías era descendiente de David tanto según la ley como "según la carne." Otra explicacion puede hacerse de la diferencia entre las dos séries: que ambos Evangelistas nos dan la genealogía de José: pero Mateo, que escribió primeramente para los Hebreos, da la série de la sucesión real, que establece el derecho de Cristo al trono de David; y Lucas, que escribió para los gentiles, traza la ascendencia natural de José y de su hijo adoptivo, remontándola hasta Adam.

Las discrepancias que se notan entre las varias genealogías pueden conciliarse teniendo en cuenta las leyes peculiares de los Judíos, tales como por ejemplo, las relativas al matrimonio prescritas en Deut. 25:5; Núm. 36:8. Si hubiesen sido falsas ó contradictorias, los enemigos de Cristo las habrían refutado con los registros públicos. Estas, que según Josefo fueron escrupulosamente conservadas hasta su época, fueron destruidas con la ruina de los Judíos como nación. Ahora, por consiguiente, sería imposible que cualquiera que pretendiera ser el Mesías, probara su descendencia de David.

Melquisedec "no tenía genealogía," Heb. 7:3, por lo que respecta á la raza judía. Ningún registro sagrado probó que haya tenido derecho á ser contado entre el pueblo de Dios. Su sacerdocio fué de una clase diferente del de Aarón y sus hijos. Comp. Esd. 2:62.

GENERACIÓN. Esta palabra, traducción á veces de una hebrea que significa círculo, y á veces de otra del mismo idioma ó del griego que quiere decir nacimientos sucesivos, se usa á menudo para denotar periodos de duración indefinida; pero generalmente significa el término medio de la duración de la vida humana, que en la actualidad se conviene en que es de treinta años, si bien antiguamente era mucho mayor, Gén. 15::6; Job 42:16; Eccles. 1:4; Mat. 1:17; 11:16; Luc. 1:48. Otra acepción traslaticia que tiene, es la de una raza especial de hombres, Prov. 30:11-14; Isa. 53:8; Mat. 3:7; 16:4; Luc. 16:8; 1 Ped. 2:9. Se usa también esta palabra en la acepción de registro genealógico; en el del origen é historia de una persona, familia ó cosa. En Gén. 5:1 la palabra hebrea ha sido traducida "descendencia," y denota la historia de la creación de Adam y su posteridad, en Mat. 1:1 la genealogía de Jesu-Cristo, la historia de su descendencia y de su vida; en Mat. 24:34, que los que ahora viven alcanzarán á ver el cumplimiento inicial de la predicción; y en Hech. 2:40, "salvaos del castigo que espera á estos hombres perversos."

GÉNESIS. El primer libro del Antiguo Testamento, llamado así por ser este el título que se le tda en la septuaginta, y que significa "el libro de la generación," ó creación de todas las cosas. El título hebreo es Bereshith, tomado de la palabra con que comienza, y que significa "en el principio." Es hecho generalmente admitido que Moisés fué autor de este libro, después de la promulgación de la ley. Su autenticidad está atestiguada por la evidencia más indisputable, y se cita treinta y tres veces como registro inspirado en el transcurso de las Escrituras. La historia referida en él abarca un periodo de 2369 años, según el cómputo más bajo; pero según la opinión del Dr. Hales, abraza un periodo mucho mayor. Comenzando con el anuncio del único Dios viviente y verdadero, contiene en los once capítulos de su primera división principal, el registro de acontecimientos é instituciones pertenecientes á toda la raza humana, es decir, una relación de la creación; el estado primitivo; prueba sufrida por el hombre y su caída; la institución del día del Señor y del matrimonio; la historia de Adam y de sus descendientes, junto con el progreso de la religión y el origen de las artes; las genealogías, edad y muerte de los patriarcas, hasta Noé; la defección general y corrupción del género humano; el diluvio universal y la preservación de Noé y de su familia en el arca; la historia de Noé y de su familia posterior á la época del diluvio; la repoblación y división de la tierra; la construcción de Babel; la confusión de las lenguas; la dispersión del género humano. En lo restante del libro, la historia general cede su lugar á la historia especial de Abraham y de su simiente escogida—esa serie de personas y de acontecimientos que tiene qué ver con el registro de la redención—hasta su mudanza á Egipto. Es una historia religiosa y fué escrita como lo demás de las Escrituras, "por inspiración de Dios," con las inmediatas comunicaciones y direcciones que Él haya juzgado necesarias al efecto. Con todo, muchos de los hechos que en él se registran, deben haber sido bien conocidos entre los Judíos; la relación dada por el mismo Adam bien pudo haber sido transmitida oralmente á Moisés, por el intermedio de siete patriarcas sucesivos, y además pudo este haber tenido también escritos históricos antiguos qué consultar. El libro de Génesis sirve de fundamento á todos los libros subsecuentes de la Biblia. Sus profecías son el germen de todas las predicciones posteriores. Es la más antigua de todas las crónicas humanas, y su valor, en cuanto á la historia de la tierra, del hombre y de la religión, es inestimable.

Del uso alternativo que en dicho libro se hace de los nombres de Dios, Elohim y Jehová, algunos críticos han inferido que para compilar el Génesis se valió el autor de documentos diversos. Pero sea cual fuere el uso que Moisés hiciera de escritos anteriores, que bien pudieran también ser inspirados, el Génesis no es ciertamente una compilación suelta ó hecha con descuido, sino una historia escrupulosamente preparada en que campean la unidad de plan y de fin, y que conduce, ligándose con los otros libros del Pentateuco, al establecimiento de la Teocracia Israelita.

GENEZARET, *jardín del príncipe*, ahora el Ghuweir, el pequeño Ghor. Así se llamaba una llanura que se iba elevando imperceptiblemente en la plaza occidental del Mar de Galilea, como de tres millas de largo, desde Khan Minyeh al norte, hasta Medjel al sur, y de más de una milla de ancho. Está dominada por cerros desnudos y escabrosos, y se halla ahora casi toda cubierta de matorrales; pero en el tiempo de nuestro Señor era una región amena y fértil, que producía diversidad de frutos todo el año. Fué teatro de muchos de los milagros de Cristo, Mat. 14:34; Mar. 6:53, y probablemente de la parábola del sembrador, Mat. 13:1-8. Magdalá estaba en su límite meridional. Véase MAR. IV.

GENTE (ó pueblo) generalmente las naciones extranjeras y á veces la masa del pueblo, Juan 7:20.

GENTILES ó GENTES, *naciones*, Gén. 10:5; 14:1, incluía á veces á los mismos Israelitas, Gén. 12:2; 35:11; Luc. 7:5, pero generalmente significaba otras naciones, á distinción de Israel, implicando á menudo la idea de que eran idólatras y no el pueblo favorecido de Dios, Exod. 4:22; 19:4-6. En el Nuevo Testamento, debido á la prevalencia de la lengua griega, se usa con frecuencia el término "griegos," en vez de gentiles, sustituyéndolo también indistintamente con el de paganos y "gentes," Hech. 14:1; 17:4; Rom. 1:16; 2:9. Á Pablo se le llama comunmente el apóstol de los gentiles, Gál. 2:8; 1 Tim. 2:7, porque les predicaba Cristo principalmente á ellos, Hech. 13:46; mientras que por predicar Pedro generalmente á los Judíos, se le llama por este motivo el apóstol de la circuncisión, Gál. 2:8. Los Judíos no apreciaron debidamente el privilegio de vivir cerca de Dios. Exod. 19:5, 6; Sal 147:19, 20; 148:14; Rom. 3:1, 2, ni el designio que Él tenía de hacerlos el medio por el cual fueran benditas todas las naciones, Rom. 22:18. Fueron por tanto "arrancados" del olivo, para que los gentiles pudieran ser "ingertados," Rom. 11:11-33. Véase también Luc. 21:24.

GENTILES, ATRIO DE LOS. Josefo dice que había en el atrio del Templo una pared ó balaustrada, á la altura del pecho, y con pilares regularmente dispuestos. los cuales tenían inscripciones en griego y en latin para advertir á los extrangeros que les estaba prohibido aproximarse más al altar, Efes. 2:14. Véase TEMPLO.

GENTILES, ISLAS DE LOS, Gén. 10:5, el Asia Menor y toda la Europa, poblada por los descendientes de Jafet.

GERA, *enemistad*, nieto de Benjamín, Gén. 46:21; 1 Crón. 8:3. Tal vez la misma persona mencionada en Jue. 3:15; 2 Sam. 16:5.

GERAR, *círculo*, ciudad principal de los Filisteos en los tiempos de Abraham é Isaac, cerca de Beerseba, Gén. 10:19; 20:1; 26:1, 6, 19, en una región fértil, Gén. 26:12. Se menciona en tiempo de Asa, 2 Crón. 14:13, 14. Conder la identifica con Tel-Jema, un enorme terraplen, con restos de artefactos de alfarería, al sur de Khirbet-el-Gerar. Véase ABIMELEC.

GERASENOS, Reina, GADARENOS, Mar. 5:1; Luc. 8:26. Gerasa era una ciudad que estaba en el límite oriental de Perea. Sus ruinas, llamadas ahora Jeras, son el sitio más hermoso que se halla al este del Jordán. Su nombre y jurisdicción parece que abarcaban 40 millas, hasta el teatro del milagro referido bajo el nombre de Gadara.

GERIZIM, montaña de Efraim, entre la cual y Ebal estaba la ciudad de Siquem, Jue. 9:7. El mundo ha contemplado pocas escenas más terribles y significativas que aquella en que, cuando ya se habían apoderado de Canaán, todos los Israelitas fueron llamados á este lugar, y seis tribus fueron colocadas en el monte Gerizim para responder Amén á las bendiciones pronunciadas sobre todos aquellos que obedeciesen la ley de Dios; y las otras seis en el monte Ebal, para hacerlo respecto de las maldiciones lanzadas sobre los que la quebrantasen, Deut. 11:29; 27:12-26; 28; Jos. 8:30-35. Véase EBAL, SAMARITANOS, SIQUEM. Algunos viajeros americanos se colocaron recientemente, parte en Ebal y parte en Gerizim, y leyeron alternativamente en alta voz las bendiciones y las maldiciones. Las voces de cada grupo fueron oidas claramente en el monte opuesto.

GERSOM, *un forastero allí*, el hijo mayor de los dos que tuvieron Moisés y Séfora en Madian, Exod. 2:22; 18:3. Parece que Moisés no les dió rango ni emolumento superiores á los de simples Levitas, 1 Crón. 23:14, 15. Otro Gersom, descendiente de Fineés, se menciona en Esd. 8:2. 459 A. C.

GERSÓN, *destierro*, el hijo mayor de los tres de Leví, de quien recibieron su nombre las tres ramas de la tribu levítica, Gén. 46:11; Exod. 6:16. Sin embargo, el segundo hijo, Coat, tuvo el honor de ser ascendiente de Moisés, de Aarón y de la línea sacerdotal. Los hijos de Gersón fueron Libni y Simi, Exod. 6:17; 1 Crón.

6:17, 20, 21, 39-43, llamados Leedán y Simi en 1 Crón. 23:7-11. Véase también 2 Cró. 29:12, en la epoca de Ezequías. Asaf, el famoso cantor y profeta, era de su linaje. En el censo hecho en el Sinaí, los varones Gersonitas llegaron á 7,500. Acamparon al oeste del Tabernáculo en el desierto, y llevaron las cortinas y otros enseres de estación á estación, Núm. 3:17, 25; 4:24-28, 38-41, marchando á la retaguardia de las tres primeras tribus, Núm. 10:17. Trece ciudades les fueron repartidas en el norte de Canaán, siendo dos de ellas ciudades de refugio, Jos. 21:6, 27-33; 1 Crón. 6:62, 71-76.

GERZEOS, 1 Sam. 27:8. Tribu en el límite sudeste de Palestina. Algunos sabios hallan vestigios de ella en el nombre del Monte Gerizim. Esta tribu era rica en tesoros árabes, 1 Sam. 27:9.

GESIA, CASSIA ó QUESIA, *cassia*, el nombre fragrante de la segunda hija de Job, Job 42:14.

GESSEM ó GASMU, *cadaver*, un Árabe que se opuso á la obra del Señor, en tiempo de Nehemías, con burlas y asechanzas, Neh. 2:19; 6:1-9; como 445 A. C.

GESSURI, ó GESSUR, *puente*, nombre de una camarca y de una gente de Siria. Gessuri estaba en el lado oriental del Jordán entre Basán y Maaca, y el monte Hermón, y dentre de los límites del territorio hebreo; pero los Israelitas no desalojaron de allí á sus habitantes, Deut. 3:14; Jos. 12:5; 13:13. Parece que fueron hechos tributarios, 1 Crón. 2:23, pero se les permitió tener sus propios reyes. Una de las esposas de David, Maaca, la madre de Absalóm, fué hija de Talmai, rey de Gessur, y allí fué donde Absalóm se refugió después del asesinato de Amnón y permaneció tres años con su abuelo, 2 Sam. 3:3; 13:37; 15:8. La agreste y rocallosa región que ocupaban, llamada Argob, y en el Nuevo Testamento Traconitis, y ahora El Lejah, *refugio*, está ocupada por tribus feroces y semi-independientes, y sirve aún algunas veces de refugio, como en el tiempo de Absalóm. Había también unos habitantes del mismo nombre, tal vez del mismo linaje, en el sur de Palestina, cerca de los Filisteos, Jos. 13:2; 1 Sam. 47:8.

GETSEMANÍ, *prensa de aceite*, huerto ó bosque de olivos en el valle situado al pié del monte de este nombre, en frente de Jerusalem; y al cual nuestro Salvador se retiraba algunas veces, Juan 18:2, y en donde sufrió su agonía y fué entregado por Judas, Mat. 26:36-57. Allí "pisó el lagar

JARDÍN DE GETSEMANÍ Y MONTE DE LOS OLIVOS.

él solo," Isa. 63:3; Apóc. 14:20; separado de sus discípulos, aún de los tres escogidos, tomando en su mano la terrible copa de sustitución por los eternos sufrimientos de aquellos por quienes iba á morir, por más que su naturaleza humana se resintiera ante esa prueba. Isa. 53:4-6; Heb. 5:7-9. Vióse abandonado de la humana compasión, Isa. 53:3; Mat. 26:40, etc., pero fué fortalecido por un ángel, Luc. 22:43. Contempló con serenidad la turba que con linternas y antorchas seguía á Judas desde la puerta de la ciudad hasta el sombrío jardín. Á su simple palabra de "Yo soy," esos hombres "volvieron atrás y cayeron en tierra, Juan 18:6. Comp. Mat. 14:27; Apoc. 1:18. Él devolvió la oreja de Malco y se entregó como "oveja al matadero."

Hase probado que el sudor de sangre que tuvo en el jardín es un fenómeno que en la actualidad se verifica, annque por rareza. Se cree que la angustia que allí sufrió el Redentor le debilitó de tal manera el corazón, que en la cruz hubo de reventársele.

La tradición desde el tiempo en que Elena, la madre de Constantino, visitó aquel lugar, coloca á Getsemaní cerca de la base del Monte Olivete, más allá del arroyo Cedrón. El sitio que ahora se halla cercado por una pared baja de piedra, puede ser sólo una parte del antiguo huerto. Es un cuadro que mide cerca de 52 yardas de lado, y contiene 7 ú 8 olivos muy viejos cuyas raíces que en muchos lugares salen del suelo, están protegidas con montones de piedras. Este es el sitio que el cristiano que visita á Jerusalem busca primero, en donde permanece más tiempo meditando, y el último que deja antes de regresar á su país. Un viajero moderno, el profesor Hackett, al pasar por Getsemaní un día, vió un pastor en el acto de trasquilar una oveja. El animal estaba tendido en el suelo, con los piés atados, tenía la rodilla del hombre fuertemente apoyada sobre su costado y parecía que cada cortada de las tíjeras le laceraba la carne; sin embargo, durante todo el tiempo de esa operación no luchó, ni abrió la boca para lanzar el menor gemido . . . . recuerdo conmovedor del Cordero de Dios, evocado en aquel sagrado sitio, Isa. 53:7.

GIEZI, *valle de vista*, sirviente y confidente de Eliseo. Aparece en la historia de la mujer Sunamita, 2 Rey. 4:14-37 y en la de Naamán el Sirio, de quien obtuvo fraudulentamente una porción del presente que su maestro había rehusado. Su avaricia y falsedades fueron castigadas con una lepra perpétua, 2 Rey. 5:20-27, 885 A. C. Después le encontramos refiriendo al rey Jeroboam los hechos maravillosos de Eliseo en el momento en que la Providencia llevó á la mujer de Sunam ante el rey á pedirle la restitución de sus tierras, 2 Rey. 8:1-6.

GIGANTES. Se supone por muchos

255

que los primeros hombres eran de una estatura y una fuerza superiores á las que el género humano tiene en la actualidad, puesto que una vida larga va generalmente acompañada de un cuerpo vigoroso y bien desarrollado. Sabemos también que había gigantes y familias de gigantes, aun después de que el término medio de la duración de la vida humana se había acortado en gran manera. Sin embargo, estos casos se presentan como excepciones; y á juzgar por las momias de Egipto y por las armaduras y cierta clase de instrumentos de la más remota antigüedad que se han hallado en los sepulcros, ciénagas y ciudades sepultadas, debemos concluir que la humanidad, por término medio, nunca pasó de su actual estatura. Hubo con todo, gigantes antes del diluvio, Gén. 6:4; frutos de la unión de hombres prominentes de la estirpe de Set con mujeres paganas, y eztraordinarios por su estatura, por su poder y por su maldad. Después del diluvio se hace mención de una raza llamada Refaím, Gén. 14:5; 15:20; Jos. 17:15; de los cuales descendían los Emimeos, primeros habitantes de la tierra de Moab, y los Zomzomeos que habitaron en Ammón, Deut. 2:10, 20. Og fué uno de los últimos de esta raza, Deut. 3:11, 13. Al oeste del Mar Muerto, al rededor y al sur del Hebrón, vivían los Enaceos, cuyo aspecto aterrorizó tanto á los espías hebreos, Núm. 13:28, 33; Jos. 11:21, 22. De esta raza eran Goliat y sus parientes, 1 Sam. 17:4; 1 Crón. 20:4-8. Véanse ANAC, GOLIAT, y REFAÍM.

GIHÓN ó GEHON, *manando á borbotones*, I. Uno de los cuatro ríos del Paraíso y, según algunos suponen, el Araxes, Gén. 2:13. Véanse EDEN y ÉUFRATES.

II. Lugar inmediato á Jerusalem, en donde Salomón fué ungido rey, 1 Rey. 1:33, 38, 45, al parecer en un nivel más bajo que dicha ciudad. Comp. 2 Crón. 33:14. Ezequías cegó á los sitiadores las aguas ó manantial de Gihón y las condujo á la ciudad por el lado del occidente, valiéndose sin duda de un canal subterráneo, 2 Crón. 32:3, 4, 30. Comp. 2 Rey. 20:20.

Gihón ha sido comunmente buscada por el lado oeste ó noroeste de Jerusalem, en donde ahora se halla una cisterna llamada Mamilla, con agua que corre por un pequeño conducto á la ciudad. Se ha hallado parte de un antiguo conducto corriendo de oeste á este, 20 piés abajo de la superficie, y bien puede ser una porción del conducto formado por Ezequías. La cisterna Birket-

es-Sultan, en la parte baja de Hinnom, ha sido considerada como la baja Gihón; pero hay algunas razones para colocar ésta en la cisterna de Siloé, al este de la ciudad.

GILBOA, *manantial hirviente*, una cadena de montañas de Isacar, al sudeste de la llanura de Esdraelón, que corre diez millas al nordeste y sudeste, y que tiene en cada lado un valle que une esa gran llanura con el valle del Jordán. El valle al nordeste de Gilboa que se halla entre esta y el collado de More, Jue. 7:1; es Jezreel propiamente dicho; el del sudoeste separa á Gilboa de los cerros de Samaria. En la parte oriental de Gilboa estaba la ciudad á que se le dió su nombre, y que ahora se llama Jelbón. En las cercanías de esta Saúl y Jonatán fueron derrotados per los Filisteos y murieron, 1 Sam. 28:4, 5; 31. Mas ahora es una montaña árida y desnuda, 2 Sam. 1:6, 21. Endor, adonde Saúl fué la víspera de su muerte, estaba 7 ú 8 millas más allá en la falda septentrional de More. Betshean, á donde fué enviado su cuerpo, estaba en la entrada oriental del valle de Jezreel.

GILO. *destierro*, ciudad en las montañas de Judá, Jos. 15:51; 2 Sam. 15:12; 17:23.

GIMEL, *camello*, Sal. 119, la tercera letra del hebreo.

GIMZO, *rico en sicomoros*, ciudad en Dan, tomada por los Filisteos en tiempo de Acház, 2 Crón. 28:18; ahora Jimzu, población que está á una hora de camino de Ludd, siguiendo el que conduce de Joppa á Jerusalem.

GIT-HEFER, Jos. 19:13, es lo mismo que Gat-hefer.

GITTAIM, *dos lagares*, 2 Sam. 4:3, lugar ocupado por los Benjamitas de la cautividad, Neh. 11:33. El sitio se ignora, pero probablemente está al N. O. de Jerusalem.

GITIT, *perteneciente á Gat*. Probablemente denota, ó bien un instrumento de música, ó bien una melodía procedente de Gat, en donde David habitó por algún tiempo, durante la persecución que le hacía Saúl, 1 Sam. 27:1-7. La palabra Gat significa también en hebreo *lagar*. De aquí el que no pocos supongan que el término de que tratamos denota, ya un instrumento, ó ya una melodía usada en la vendimia. Se halla ante-puesto á los Salmos 8, 81 y 84, todos los cuales requieren una música especialmente animada.

GLORIA, la excelencia ó cualidad distintiva de alguna persona ó cosa. La gloria del Líbano era en sus árboles, Isa. 60:13; la gloria del hombre es el alma menudo la lengua, órgano del alma, Sal. 16:9; 30:12; 57:8; 108:1; Hech. 2:26. La gloria de Dios denota sus divinas perfecciones descubiertas á sus criaturas, Exod. 33:18, 19; Sal. 63:2; Hab. 2:14; á menudo con un resplandor visible que demuestra su especial presencia, Exod. 16:7, 10; 24:9, 10, 16, 17; 40:34; 1 Rey. 8:11; Sal. 80:1; Hech. 7:2. La gloria de Dios se revela en todas sus obras de creación y providencia, Sal. 19:1; Isa. 6:3; Ezeq. 28:22; Rom. 1:19, 20, 23; pero sobre todo en Cristo y la redención, Juan 1:14; 2:11; 2 Cor 4:6; Heb. 1:3, en donde la palabra "resplandor" no significa un brillo reflejado, sino el radiante fulgor de la gloria del Padre. El principal fin del cristiano es vivir para la gloria de Dios, 1 Cor. 6:20; 1 Ped. 2:9, manifestando sus alabanzas con la obediencia á su ley, Mat. 5:16. Juan 17:4; 1 Cor. 10:31. Compárese Rom. 1:21. La imprecación de "Dad á Dios la gloria" significa, "confesad la verdad en vista de su omnisciencia, Jos. 7:19; Juan 9:24. La palabra gloria es algunas veces la expresión del estado celestial de Cristo y de los creyentes, 1 Tim. 3:18; 1 Ped. 5:10.

GNIDO, ciudad y península de Doris en Caria, que se avanza del ángulo sudoeste del Asia Menor, entre las islas de Rodas y Cos. Tenía un hermoso puerto y era célebre por el culto de Venus. Pablo paró al frente de ella, en su viaje á Roma, Hech. 27:7.

GOB, hoyo, 2 Sam. 21:18, 19, llamado Gazer en 1 Crón. 20:4; teatro de dos batallas entre los valientes de David y los Filisteos. Algunas copias de la Septuaginta y la Biblia Siriaca tienen Gat en 2 Sam. Compárese 2 Sam. 21:20; 1 Crón. 20:6.

GODOLÍAS ó GADALÍAS, Dios es mi grandeza, hijo de Ahicam, nombrado por Nabucodonosor para gobernar á Judea después de la destrucción del templo y de parte de la ciudad de Jerusalem, 588 A. C. A semejanza de su padre, honró y profesó amistad á Jeremías, Jer. 40:5. Empezó la administración de su gobierno en Mispa, con sabiduría; pero á los dos meses fué traidoramente asesinado por Ismael, 2 Rey. 25:22-26; Jer. 39:14; 40:5 á 41:18. Su muerte fué después solemnizada con ayuno nacional, Zac. 7:5; 8:19, Otros cuatro hombres tuvieron este mismo nombre, 1 Crón. 25:3, 9; Esd. 10:18; Jer. 38:1-4; Sof. 1:1.

GOG y MAGOG. Estos dos nombres se mencionan juntos con frecuencia en la Escritura. En Gén. 10:2 Magog, que parece denotar un país con la gente que lo habita, se cuenta entre los descendientes de Jafet. En Ezeq. 38 y 39, Magog parece que significa también una tierra con sus habitantes, y Gog el rey de ellos, probablemente los Escitas ó las tribus bárbaras del norte del Cáucaso. Reaparecen en las últimas predicciones de Juan como enemigos del pueblo de Dios, que con especialidad tienen qué ser destruidos, Apoc. 20:7-9.

GOLÁN, destierro ó círculo, ciudad de Basán, Deut. 4:43, asignada á Manassés y á los Levitas Gersonitas; una de las tres ciudades de refugio al este del Jordán, Jos. 20:8; 21:27; 1 Crón. 6:71. Su sitio es ahora desconocido. Llegó á ser la cabecera de la provincia que de ellos tomó el nombre de Gaulonitis, ahora Jaulán. Véase BASÁN.

GÓLGOTA, el nombre hebreo del Calvario, palabra que puede verse.

GOLIAT, destierro, gigante célebre de Gat, que desafió á los ejércitos de Israel y fué combatido y muerto por David. Su historia se encuentra en 1 Sam. 17. Su altura era de nueve piés y medio, ó si, como algunos creen, el codo tenía 21 pulgadas, de más de 11 piés. Fué uno de los cinco hijos de un gigante de Gat, Jos. 11:21, 22; véanse ANAC y REFAÍM, 2 Sam. 21:15-22; 1 Crón. 20:4-8. Véase GIGANTES.

GOLONDRINA. En la Biblia este nombre es la traducción de dos palabras hebreas, Deror, velocidad, Sal. 84:3, la cual se cree que significa el vencejo, Cypselus apus, pájaro parecido á la golondrina, muy común en Palestina, y que abunda en los

calles y junto á los edificios sagrados; es un ave pasajera, notable por su vuelo rápido y un chirrido constante y desapacible; y 2 Agur, chirriador, la grulla, Isa.

38:15; Jer. 8:7. Véase GRULLA. En Prov.
26:2 se dice expresivamente, "Como el
gorrión andar vagante, y como la golondrina volar, así la maldición sin causa nunca vendrá." Baiaam y Semei bien podían
maldecir, pero Dios bendecía, Deut. 23:5;
2 Sam. 16:5-12; Sal. 109:28.

GOMER, *remate, cumplimiento,* I., Gén.
10:2, 3; I Crón. 1:5; Ezeq. 38:6, un hijo
de Jafet y padre de Ascenez, Rifat, y To-
gorma. Se cree generalmente que se estableció en las playas septentrionales del
Mar Negro, y dió nombre á los antiguos
Cimmerianos y á la Crimea. Por el año
700 A. C. una parte de su posteridad asoló
el Asia Menor por algún tiempo. Huellas
de su nombre y parentela se hallan también en los Cimbros, Umbros, y Cambros
de quienes nos hablan los historiadores,
en Cymry y Kumeraeg, nombre del pueblo
y del idioma de Gales, entre los Galenses
de Irlanda y de Escocia. Sin embargo,
algunos etnologistas miran esta identificación de los Cimbros con los Cimerianos y
la raza céltica, como cosa que no tiene otro
fundamento que la semejanza de nombres.

II. Una ramera con quien el profeta
Oseas parece haberse casado en visiones
proféticas, como dirigido por Dios, para
que Israel pudiese ser inducido á reflexio-
nar en la culpa de su impureza espiritual y
de su idolatría, Ose. 1.

GOMORRA, *subversión,* una de las ciudades del fértil valle de Siddim, cerca de
la parte meridional del antiguo Mar Muerto, destruida milagrosamente por Dios.
Véase SODOMA.

GOPHER (Reina CEDRO.) La madera
de que fué construida el arca de Noé. Muchos suponen que era el ciprés, que abundaba en Asiria. Otros toman la palabra
gofer como nombre general de los árboles
resinosos, tales como el cedro, el ciprés, el
abeto, y el pino, Gén. 6:14.

GORRIÓN, Sal. 84:3; 102:7; Prov. 26:2,
en hebreo *Tsippór,* término que remeda
en su sonido el chirrido de muchos pajarillos, y es de amplia aplicación. Ocurre
más de cuarenta veces en el Antiguo Testamento, pero se traduce comunmente
"pájaro" ó "ave," como en Gén. 7:14;
15:10; Deut. 4:17, 19; Job 41:5; Eccl. 12:4.
Como el vocablo OPH, *ala,* de uso aun
más frecuente y traducido "ave" en Gén.
1:20; 7:14; 40:17, 19, *tsippor* se usa algunas veces en un sentido muy lato
Deut. 4:17; Sal. 148:10, incluyendo los
carnívoros, Ezeq. 39:17—si bien se usa
un término especial para designar á es-

tos, que es: AYIT, traducido buitre en Job
28:7. En Ezeq. 39:4, *ayit* se halla juntamente con tsippor, aunque estos vocablos se han traducido en la Biblia española por el de "ave" y "cosa que vuela."
Pero la principal aplicación de *tsippor* era
á las avecillas insectívoras y frugívoras.
reputadas como limpias y permitidas como
alimento, Deut. 14:11, y con orden de que
se usaran en la ceremonia de la purificación de un leproso, Lev. 14:4, etc.

Además de los gorriones se incluían
igualmente otros pajarillos tales como los
tordos, los calandrios y otros muchos;
comp. también Gén. 15:10 con vers. 9.
Estaba prohibida la destrucción maligna
é innecesaria de esos pájaros, tal como la
de las madres que estaban criando, Deut.
22:6, 7. Más de cien especies de avecillas
pasajeras ó viandantes semejantes á los
gorriones han sido observadas en Palestina, incluyendo el gorrión común europeo, el doméstico, y otras tres especies
del mismo. El gorrión designado por
los naturalistas con el nombre de *Passer
montanus,* abunda en el Monte de los Olivos, y al rededor de la mezquita que ocupa
el lugar del antiguo Templo, lo que les da
en concepto de los Mahometanos cierto
carácter sagrado, como que están bajo la
protección divina; comp. Sal. 84:3, en
donde, sin embargo, la palabra "altares"
no puede ser tomada en un sentido literal,
y muchos sostienen que por ningún motivo
se les permitía á los pájaros entrar en el
recinto sagrado, y que el Salmista sólo
afirma que así como las aves hallan en
cualquiera parte un nido seguro, así su
alma halló reposo y albergue en Jehová.
En el Sal. 102:7 no se hace referencia al
alegre gorrión que anda en bandadas,
sino al tordo azul, Petrocincla cyanea, que
á menudo se ve parado solo, ó apenas con

otro compañero, en las poblaciones de Palestina, lanzando de tiempo en tiempo sus cantos quejumbrosos y monótonos. Entre los pájaros á cuyo canto se hace alusión en el Sal. 104:12, puede contarse indudablemente el *Bulbul* de Palestina, *Ixus xanthopyglus*, pájaro parecido al tordo, estrechamente relacionado con el ruiseñor de Persia y de India ; frecuenta las comarcas arboladas especialmente las márgenes del Jordán, donde llena el aire en la alborada con cantos esquisitos. No cabe duda de que las pequeñas aves se usaban en la antigüedad como alimento ordinario, Neh. 5:18, y eran tan abundantes en el mercado y tan baratos en tiempo de nuestro Señor, que bien pudieron suministrar una notable ejemplificación del cuidado que Díos tiene de su pueblo, Mat. 10:29-31 ; Luc. 12.6, 7. Largas sartas de gorriones, nevatillas y alondras, se ofrecen hoy en las calles de Jerusalem. El antiguo Testamento contiene muchas alusiones á la captura de los pájaros, efectuada por medio de trampas y lazos de varias clases. Sal. 124:7 ; Prov. 7:23 ; Eccles. 9:12 ; Amós 3:5, algunas veces con el auxilio de un pájaro amaestrado para ese fin, Jer. 5:27. Véase PERDIZ. Los musulmanes les cortan el pescuezo á las aves que cazan, y derraman la sangre en el suelo como Moisés les mandó á los Hebreos que lo hicieran, Lev. 17:13. En Isa. 31:5 el tierno cuidado que Dios tiene de su pueblo se ejemplifica con el de una ave madre que revolotea al rededor ó cerca de sus polluelos para protegerlos en tiempo de peligro. El hábito de vagar que tienen los gorriones, ejemplifica la falta de efecto que una maldición inmerecida, Prov. 26:2 ; comp. Núm. 23:8 ; Deut. 23:5, tiene sobre las personas á quienes se la dirige. El vocablo tsippor (Sephor ó Sefor) ocurre en la Biblia hebraica como nombre del padre de Balac, Núm. 22:2, y el de la esposa Madianita de Moisés, Exod. 2.21.

GOSÉN Ó GOSSÉN, I., la faja de tierra en Egipto, en que habitaron los Israelitas desde el tiempo de Jacob hasta el de Moisés. Era probablemente la faja que estaba al este del brazo pelusiano del Nilo, hacia la Arabia, que es el distrito moderno de Esh-Thukiyeh, incluyendo el valle de Et-Tumeylat. Véase EGIPTO. Parece que llegaba hasta el Nilo, Exod. 1:22 ; 2:3, puesto que los Hebreos comían pescado en abundancia, Núm. 11:5, y practicaban riegos, Deut. 11:10. Estaba cerca de Heliópolis y Rameses y nó lejos de la capital de Egipto. Gén. 45:10 ; 47:11 ; Exod. 8-12.

Era una parte de "lo mejor de la tierra" al menos para los pastores hebreos, Gén. 46:34, y estaba evidentemente mejor regada y era más fértil que ahora. Allí se multiplicaron y prosperaron en gran manera, Gén. 47:27 ; Exod. 1:7, y allí sufrieron grandes penalidades, y sin embargo no fueron olvidados por Dios, Exod. 8:22 ; 9:26. Muchos Egipcios moraban entre ellos y á su rededor, Exod. 11:2 ; 12:12, 13, 22, 23, y los Hebreos adquirieron en mayor ó menor escala las artés de la civilización egipcia, Exod. 31:1-11 ; 35:10, 39-35 ; Hech. 7:22. El ferrocarril que comunica al Cairo con el Suez hace una curva hacia el norte al través de Gosén, y el canal de "Agua Dulce" que corre en la margen occidental del canal de Suez, atraviesa dicha región al ir del Nilo, en el Cairo, á Ismailía. Véase FARAÓN.

II. Comarca en la parte meridional de Palestina, probablemente en el límite de la región montañosa ó quizá adyacente á III.

III. Ciudad en las montañas de Judá. Jos. 15:51 ; que no se ha identificado.

GOZÁN, la comarca, Isa. 37:12, á la cual Teglat Falasar y después Salmanasar y Sargón llevaron á los Israelitas cautivos, 2 Rey. 57:6 ; 1 Cron. 5:26. Por algunos se identifica con el moderno Kizzil-ozan, río que corre de Kurdistán al mar Caspio ; pero por Rawlinson y otros, con Gauzanitis en la Mesopotamia Septentrional y sobre el Habor, ahora Khabur, afluente del Éufrates.

GRACIA, *favor, misericordia*. Gracia divina es el gratuito é inmerecido amor y favor que Dios se dígna tener y ejercer hacia el pecador, y manifestada especialmente en el plan de la redención por medio de Jesu-Cristo, Juan 1.17 ; 3:16 ; Rom. 3:24-26. Es solamente por la libre gracia de Dios, por lo que nosotros abrazamos lós ofrecimientos de misericordia, y nos apropiamos las bendiciones misericordiosamente compradas por la sangre redentora.

La "GRACIA DE DIOS" espontánea, inmerecida, todopoderosa, es el origen de todo el plan de la redención, Rom. 11:6 ; 2 Tim. 1:9. Con ella se unen "la gracia de nuestro Señor Jesu-Cristo," que se dió á sí mismo por los pecadores ; y la del "Espíritu de gracia" por quien únicamente la gracia ofrecida por el Padre y comprada por el Hijo, es aplicada de una manera eficaz. Por manera que GRACIA en el hombre, ó en otros términos, toda verdadera santidad, 2 Ped. 3:18, se remonta á la gracia de Dios como su único origen ; y el Evangelio de Cristo y la obra del Espíritu—ambos á dos, pura gracia—son sus únicos conductos de comunicación. De aquí también es que á todos los frutos y bendiciones del Evangelio se les llama gracias, 2 Cor. 8:7 ; Fil. 1:7, siéndolo no sólo la regeneración, el perdón, la luz espiritual, la santificación, etc., sino los dones milagrosos, clericales y proféticos, los distintivos de carácter cristiano, y la salvación eterna, 1 Ped. 1:13. En Gál. 5:4 "gracia" significa el plan de salvación de Dios por su misericordia, no por nuestras obras.

GRACIOSO, Prov. 11 : 16 ; Jer. 22:23, (trad. por Reina "amada") ; complaciente, que sabe captarse la voluntad.

GRADO, 1 Tim. 3:13. "Un buen grado" es un paso dado hacia adelante en la vida espiritual.

GRAMA. En Prov. 27:25 denota los primeros renuevos del pasto. Los Hebreos no preparaban y almacenaban el heno para usarlo en el invierno, como se acostumbra en los climas fríos ; sino que cortaban el pasto á medida que lo iban necesitando. La palabra traducida paja en Isa. 5:24, significa yerba marchita. Véase SIEGA.

GRANA. Color rojo, encendido, Cant. 4:3, sacado de una oruga pequeña, llamada á menudo por los Hebreos *Tola* (traducido "gusano" en Deut. 28:39) aunque los Griegos y Romanos la consideraban como una excrecencia vegetal, (coccus, *grano*). De este insecto no se usa sino la hembra, y se encuentra abundantemente al oeste de Asia y al sur de Europa. Mantiénese de varias plantas, especialmente de la encina siempre viva, *Quercus coccifera*, á cuyas ramas y retoños vive pegado. Crece del tamaño y forma de un chícharo partido ; es de un color violeta oscuro y está cubierto de un polvo blanquizco. Recógese del árbol y se pone á secar. Luego se obtiene el color por medio de la infusión en el agua, y se hace firme con la adición de un mordiente tal como el alumbre que era el que antiguamente se empleaba. El coccus ilicis se usa aún en la India y la Persia ; pero en los países occidentales se remplaza con el coccus cacti, insecto que se encuentra en México y en Sur América en los nopales ; ésta da la materia colorante no sólo en mayor cantidad sino también, por lo general, de un matiz más brillante, aunque menos permanente. La grana fué conocida en Canaán

desde tiempos muy remotos, Gén. 38:28-30 ; Jos. 2 : 18-21. Contribuyóse para el servicio del tabernáculo con lana teñida de esta manera, y se hicieron con ella cortinas, paños y vestiduras para los sacerdotes, Exod. 25:4 ; 26:1, 31, 36 ; 28:6, 8, 15 ; 35:6, 23, 25 ; Núm. 4:8, y en el ceremonial para la purificación de la lepra, Lev. 14:4, 49-52. La grana era usada por las mujeres, 2 Sam. 1:24 ; por los ricos y lujosos, Lam. 4:5 ; por los guerreros medas, Nah. 2:3 ; y por los funcionarios romanos, Mat. 27 28.

Á lo encendido y firme del color " carmesí " se alude en Isa. 1:18 ; y se considera como símbolo de perversidad y crueldad en Apoc. 17:3, 4 ; comp. Jer. 4:30.

GRANADA, del latín *granatum*, fruto que contiene muchos granos ó semillas. El árbol ó arbusto pertenece á la familia del mirto y es el Punico granatum de Linneo. Raras veces llega á una altura de diez piés, tiene un tallo derecho, una corteza rojisa, muchas ramas extendidas, hojas pequeñas, en forma de lanza y lustrosas, que se conservan verdes durante el invierno, y flores grandes de color escarlata subido ó anaranjado. El fruto, que madura en Agosto ó Septiembre, es del tamaño de una naranja, con una corteza dura y astringente de color rojizo oscuro, empleada en la manufactura del tafilete. Por dentro tiene una pulpa de color encarnado, hermosa y jugosa, Cant. 4:3 ; 6:7, que contiene granos en abundancia, cada uno de los cuales está cubierto por separado de una capa de pulpa. Esta tiene un sabor muy agradable en el árbol cultivado. Algunas especies de este producen un fruto dulce y otras ácido. Del jugo se hacía vino ó sorbetes, Cant. 8:2. El fruto de las granadas silvestres es pequeño, muy ágrio y no sirve para nada. El árbol crece silvestre en Persia, Siria, el sur de Europa y el norte de África. Fué desde tiempos muy antiguos cultivada en Egipto, Núm. 20:5, y abundaba en Palestina, Núm. 13:23; Deut. 8:8; Joel 1:12; Agg. 2:19, en donde " Rimmón," el vocablo hebreo para denotar la granada, era el nombre de varios lugares. La excelencia de su fruto y la belleza de su flor eran motivo de que el arbusto fuese cultivado con esmero en los verjeles, Cant. 4:13; 6:11. Se usaron granadas artificiales como adorno en el vestido del sumo sacerdote, Exod. 28:33, y como adorno arquitectónico en el templo de Salomón, 1 Rey. 7:18, 20, 41, 42. En muchas de las columnas rotas que se hallan en las ruinas de los templos orientales se ven granadas talladas. Véase Rimmón.

GRANERO. De graneros, depósitos y alfolíes se habla con frecuencia en la Biblia, Job 39:12; Sal. 144:13; Mat. 3:12. Eran receptáculos para el grano y otros productos, más bien que para el heno, y muchos de ellos eran subterráneos. En algunas partes del Oriente los animales domésticos eran alojados en el piso bajo de la casa de su propietario y la familia de éste ocupaba los altos.

GRANEROS, TROJES ó CILLEROS, Deut. 28:8; Prov. 3:10. En la actualidad, como sin duda pasaba en la Palestina en los tiempos antiguos, los frutos de la tierra se almacenan á menudo en hoyos profundos, cavados en el suelo, cerrados con argamasa y cubiertos con tierra. Compárese Jer. 41:8. La forma de un antiguo granero egipcio se ve en una pintura hallada en la tumba de un noble en Beni Hassam. Se compone de una doble hilera de unos como hornos: cada cual tiene una abertura en la parte superior y un postigo en el costado. Una escalera conduce arriba, en donde el grano, después de haber sido medido y apuntado por un escribiente, se echaba adentro. Cuando se necesitaba, se sacaba de allí abriendo el postigo de abajo.

GRANO, esta palabra se usa ahora, como se sabe, para designar toda clase de cereales, y lo mismo se usaba en la Biblia aplicándose á los que entonces se conocían. La Palestina era antiguamente muy fértil en granos de todas clases, que producía en grandes cantidades para la manutención de sus habitantes, Gén. 27:28. "El grano, el vino y el aceite de olivo" eran los productos del consumo corriente, y el trigo y la cebada crecen allí todavía con exuberancia cuando se cultivan. Se dan también la escanda, el centeno, el mijo garbanzo y la avena. Los discípulos cernían trigo en el campo, estregando simplemente las espigas maduras en las manos, para separar los granos de sus cáscaras, Deut. 23:25; Mat. 12:1. El trigo tostado formaba parte del alimento ordinario de los Israelitas, como lo forma todavía entre los Árabes, Rut 2:14; 2 Sam. 17:28, 29. El método que aquellos tenían de preparar el grano para la manufactura del pan, era el siguiente: Hacíase la trilla con palos ó con mayal, Isa. 28:27, 28; con las pisadas del ganado, Deut. 25:4; ó con "trillos nuevos llenos de dientes," Isa. 41:15; que tenían á veces la forma de un carro, y se arrastraban sobre el trigo por medio de caballos ó de bueyes. Véase Trilla. Cuando el grano había sido trillado, se le separaba del hollejo y del polvo aventándolo contra el viento con un bieldo, Mat. 3:12; después de lo cual el grano era cernido para limpiarlo de todas las basuras que le hubieran quedado, Amós 9:9; Luc. 22:31. Por esto era que se hacían las eras al aire libre y, si era posible, en lugares altos, como los viajeros las encuentran todavía en uso, Jue. 6:11; 2 Sam. 24:18. El grano obtenido así era algunas veces machacado en un almiréz ó mortero, Núm. 11:8; Apoc. 18:22; pero comunmente se reducía á harina en un molino de mano. Componíase éste de una piedra de molino cuya superficie superior era ligeramente cóncava, y de otra colocada encima de aquella cuyo lado inferior era convexo. Cada una

de estas piedras tenía como dos piés de diá.
metro y medio pié de espesor, y á ambas se

MOLINO DE MANO.

las llamaba "muelas ó ruedas de molino,"
Job 41:24; Jue. 9:53; 2 Sam. 11:21. El
agujero para recibir el grano estaba hecho
en el centro de la piedra superior, y en la
operación de la molienda estaba la inferior
fija, y se hacía girar sobre ella la superior
con velocidad considerable, por medio de
una manija. La harina salía á la orilla y
se recibía en un lienzo tendido en el suelo
debajo del molino. Cada familia poseía
uno y estaba prohibido que se tomara como
prenda, Deut. 24:6; que es un ejemplo entre otros muchos de la benignidad de la
legislación mosaica. Estos molinos están
todavía en uso en el oriente y en algunas
partes de Escocia. El Dr. E. D. Clarke
dice: "En la isla de Chipre observé sobre
el suelo la clase de piedras usadas para
moler trigo, llamadas *querns* en Escocia,
y que son comunes también en Laponia y
en todas partes de la Palestina." El trabajo de moler en estos molinos se desem-
peña sólo por las mujeres, quienes se sientan en el suelo, con el molino delante, y
por eso puede decirse "tras la muela,"
Exod. 11:5, Mat. 24:41. A desempeñar
esta tarea mujeril se puso á Sansom, para
degradarlo, Jue. 16:21. Las mujeres acompañan siempre con su voz el monótono
ruido de las piedras; y cuando diez ó doce
lo hacen á la vez, al amanecer, se oye el
ruido por toda la población. Las Escrituras mencionan la falta de este ruido,
como señal de desolación, Jer. 25:10; Apoc.
18:22.

GRANIZO, gotas de agua congeladas
por el frío en las elevadas regiones de la

atmósfera. El granizo fué una de las plagas de Egipto, Exod. 9:24 y una de las
más terribles debido á que por rareza caía
en aquel país. También empleó Dios el
granizo para derrotar un ejército de Cananeos, Jos. 10:11; y se usa figuradamente
para representar juicios terribles, Isa. 28:2;
Apoc. 16:21.

GRECIA. En el Antiguo Testamento se
usa esta palabra por la hebrea Javán, que
es equivalente á Jonia y parece incluir no
solamente á Grecia, sino al Asia Menor
Occidental y á las islas intermedias, habitadas todas por la raza Jónica, Gén. 10:2.
Es á la Grecia, propiamente dicha, sin embargo, á la que principalmente se hace
alusión. Véase JAVÁN.

En el Nuevo Testamento se habla comunmente de Grecia como Acaya, pero
una vez se la llama Hellas (Reina, Grecia)
nombre que se supone perteneció primero
á una sola ciudad de Tesalónica pero que
acabó por aplicarse á todo el país que está
al sur de Macedonia, incluyendo el Peloponeso, Hech. 20:2. Por el año 146 A. C.
los Romanos conquistaron á Grecia y después organizaron dos grandes provincias,
á saber: Macedonia, incluyendo á Macedonia propiamente dicha, á Tesalia, Epiro y
el Ilírico; y Acaya, incluyendo á toda la
región que está al sur de la primera. Véase ACAYA. La Grecia estaba limitada al
norte por Macedonia y el Ilírico, de los
cuales estaba separada por unas montañas; al sur, por el mar Mediterráneo; al
este, por el mar Egeo, y al oeste, por el
Jónico. Era conocida generalmente bajo
las tres grandes divisiones de: Peloponeso, Hellas y Grecia Septentrional.

El Peloponeso, llamado más antiguamente Pelasgia y Argos, y ahora Morea,
era la península meridional; incluía á las
famosas ciudades de Esparta, Mesenas,
Elis, Corinto, Argos, etc. La división de
Hellas, que ahora constituye una gran
parte de Livadia, incluía las siguientes
ciudades: Atenas, Megara, Platea, Delfos,
Actium. La Grecia Septentrional incluía
á Tesalia y á Epiro, con las ciudades Larissa, Nicópolis, etc. Las grandes islas
de Creta y Eubœa pertenecían á Grecia,
así como también la mayor parte de las
del Archipiélago y de las del oeste.

Las Griegos les compraban á los Tirios
los Judíos cautivos, como esclavos, Joel 3:6
(por el año de 800 A. C.). Comp. Ezeq.
27:13. Daniel predijo la elevación del imperio Greco-Macedonio, Dan. 7:6; 8:5, 21.
Zacarías, 9:13, predijo el triunfo de los

Macabeos sobre sus opresores Greco-Si-ríos; é Isaías, 66:19, habla de los futuros misioneros judíos que irían á Javán. Esta última profecía fué cumplida en las protestas que los Judíos hicieron contra el politeismo y los trabajos de los misioneros judíos evangélicos en el suelo griego. Véase JAVÁN. Parece que los Judíos y los Griegos no tenían entre sí relaciones estrechas hasta que Alejandro el Grande invadió el Egipto, la Siria y el Oriente. Entonces comenzaron á ponerse en contacto en todas partes, porque ambas razas se hallaban muy esparcidas. Los Judíos hicieron extensivo el nombre de Griegos (helenos) á los pueblos conquistados y gobernados por los habitantes de la Grecia, y por eso la palabra Griegos, en el Nuevo Testamento, es á menudo sinónima de gentiles, Mar. 7:26. Hech. 20:21; Rom. 1:16. El término helenista por otra parte se aplica á un Judío de nacimiento ó de religión que hablaba griego. Usábase principalmente de Judíos extranjeros y prosélitos, en contraste con los Hebreos, esto es: aquellos que hablaban el hebreo del país ó siro-caldeo, Hech. 6:1. Los Griegos eran un pueblo vivaz, agudo y cortés, pero superficial, comparado con los Judíos. Sobresalían en todas las artes de la guerra y de la paz, pero daban culto á la belleza y no al deber. El orgullo que sus conocimientos literarios les inspiraban, y la corrupción de costumbres que los distinguía, eran obstáculos casi insuperables para que acogieran el cristianismo, 1 Cor. 1:22, 23. Con todo, en las poblaciones griegas fué en donde Pablo principalmente trabajó y con el mejor éxito. Muchas iglesias florecientes había en los tiempos primitivos establecidas en esa parte del mundo, y no cabe duda de que los Griegos conservaron por mucho tiempo las costumbres apostólicas con el mayor cuidado. Al fin, sin embargo, fluctuaron las opiniones considerablemente sobre puntos de doctrina; los cismas y las herejías dividieron la iglesia, y el rencor, la violencia y la persecución fueron la consecuencia de sus desaciertos. Para atajar estos males se convocaron concilios, y se formaron varios credos. La translación del asiento del gobierno de Roma á Constantinopla, dió preponderancia á los distritos griegos del imperio, y los acuerdos eclesiásticos de la iglesia griega tuvieron una acogida muy general. A mediados del siglo octavo se suscitó una disputa que terminó en permanente cisma entre la iglesia griega y la latina. La iglesia griega de hoy tiene muchos puntos de semejanza con la católica romana y abraza una población que no baja de 70 millones de almas, en Rusia, Grecia, Turquía, Siria, etc. La lengua griega es en la que originalmente fueron escritos todos los libros del Nuevo Testamento, excepto quizá el Evangelio de Mateo; pero los escritores sagrados siguieron, al escribir, el estilo que se usaba por los helenistas ó hebreos griegos, adoptando muchos modismos y giros de locución de las lenguas siriaca y hebrea; muy diferentes del estilo clásico de los escritores griegos, pero parecido al de la Septuaginta. Se vieron también obligados á hacer uso de algunas palabras nuevas, ó de nuevas aplicaciones de las antiguas, para expresar ideas religiosas desconocidas antes á los Griegos, y para las cuales ellos carecían de expresiones propias. Después de Alejandro el Grande, el griego llegó á ser el idioma mejor conocido por todo el Oriente, y era generalmente empleado en el comercio. Como los escritores sagrados tenían en mira no sólo la conversión de los Judíos diseminados entonces por todo el Oriente, sino también la de los gentiles, era natural que escribieran en griego, siendo ese el idioma á que por fuerza tenían estaban acostumbrados. Fué el idioma hablado comunmente por nuestro Señor y sus discípulos, y los Evangelistas nos han dado, sin duda en muchos casos, las mismas palabras que él habló. El hebreo (aramaico) no obstante, era probablemente el preferido y hablado en Jerusalem por los Judíos devotos, Hech. 1:19; 22:2.

GRULLA. Véase abajo.

GUARDA ó GUARDIA. Poner en guarda era poner á una persona bajo de guarda ó en prisión, Gén. 40:3; Lev. 24:12. Guarda significa también la pieza de detención, Neh. 12:25; Isa. 21:8, y los soldados que hacen la guardia, Hech. 12:10, ó cualquiera compañía pequeña de soldados, 1 Crón. 25:8; 26:16.

GUARDIA, Gén. 37:36; 2 Rey. 25:8; Dan. 2:14, literalmente, *carnicero* y por traslación cocinero, y también verdugo— el cuerpo de guardia de los reyes de Egipto y de Babilonia. Véase CORREOS.

GRULLA. En Isa. 38:14 y Jer. 8:7 se mencionan dos aves: la llamada *sus* y la *agur*. A la primera se le da en la Biblia española el nombre de *grulla*, y á la segunda el de golondrina. Bochart dice que la *sus* ó *sís*, es la golondrina, y la *agur*, la grulla. La grulla númide, á la cual se supone que se hace referencia en el pasaje citado, es como de tres piés de largo, de

LA GRULLA NÚMIDE: GRUS VIRGO.

un color gris azulado, teniendo negras las plumas de las mejillas, del pescuezo del pecho, y las puntas de las más grandes de la cola; tiene además, detras de cada ojo un penacho de plumas blancas. "Como la grulla y como la golondrina me quejaba," hay una fuerza y una belleza especiales en la comparación hecha aquí entre el creyente moribundo y los pájaros emigrantes que están para emprender su vuelo á un clima distante, pero más benigno. Prolongan su permanencia en los campos en que han vivido por tantos días, pero el instinto las compele á abandonarlos.

GUARNICIÓN, un puesto militar, 1 Sam. 13: 23; 14: 1-15, ó un cuerpo de tropas, 2 Sam. 8:6, 14. En 2 Cron. 17:2 la palabra hebrea que se traduce guarnición, es la misma que se traduce estatua en la Biblia española en Gén. 19:26 y Ezeq. 26:11; en 1 Sam. 10:5 esa palabra significa tal vez monumento. Comp. Jer. 43:13.

GUERGUESENOS, GERGESENOS ó GADARENOS, Mat. 8:28. Hay unas ruinas llamadas por los Árabes Gerza, como á la mitad de la playa oriental del mar de Galilea, que probablemente señalan el sitio de la antigua Gergesa, y el lugar preciso del milagro. Las ruinas distan sólo cuarenta piés del agua, y detrás de ellas se levanta un cerro alto y escarpado, con se-

pulcros antiguos en su ladera. Véase GADARA.

GUERRA, uno de los malos frutos de la caída y una de las manifestaciones más sorprendentes de la maldad del hombre, Gén. 6:11-13; Ísa. 9:5; Sant. 4:1, algunas veces se hace inevitable con motivo de los ataques de los enemigos, ó es ordenada por Dios para castigo de estos. Véase AMALECITAS y CANAÁN. Por medio de este azote Dios castigó, después de la conquista de Canaán, no solamente á su pueblo rebelde y corrompido, sino también á los idólatras opresores que lo rodeaban. En muchos casos, sin embargo, la lucha era claramente entre el Dios verdadero y los ídolos; como sucedió con los Filisteos, 1 Sam. 17:43-47; los Sirios, 1 Rey. 20:23-30; los Asirios, 2 Rey. 19:10-19, 35, y los Ammonitas, 2 Crón. 20:1-30. Por esto era que frecuentemente Dios proveía campeones para su pueblo, le daba á este consejos en la guerra por medio del Urim y los profetas, y le auxiliaba por medio de milagros en las batallas. Algunas veces Él mismo era su capitán. Ex. 15:1-3; Jos. 5:13, 14; 6:3; comp. Sal. 68.

Antes de la época de los reyes parece que apenas había ejército permanente entre los Hebreos, aunque es cierto que estos salieron de Egipto aprestados para la guerra, Exod. 6:26; 12:37, 41; 13:18, si bien con algunas excepciones, Deut. 20:5-8, todos los que podían llevar armas, debían estar listos para ir al campo de batalla cuando se les necesitase, Núm. 1:3; 26:2; 1 Sam. 11:7; 2 Crón. 25:5. Saúl y David organizaron ejércitos permanentes, 1 Sam. 13:2; 14:47-52; 18:5. Los grandes ejércitos de los reyes de Judá é Israel peleaban por lo general á pié, armados con lanzas, espadas y escudos; tenían grandes compañías de arqueros y honderos, y comparativamente pocos carros y cuerpos de caballerías, Jue. 20:16; 1 Crón. 12:24; 2 Crón. 14:8. Véase ARMAS. Arreglábanse las fuerzas por divisiones convenientes, con oficiales para cada decena, ciento, mil, etc., Jue. 20:10; 1 Crón. 13:1; 2 Cron. 25:5. Igualaban los Judíos á las naciones que los rodeaban en valor, y en el arte de la guerra, pero se les reprimía para que no hiciesen conquistas, y cuando los invasores habían sido rechazados, los soldados se dispersaban á sus casas. Las campañas generalmente principiaban en la primavera y concluían antes del invierno, 2 Sam. 11:1; 1 Rey. 20:22. Á menudo mandaban espías de antemano, Núm 13:17; Jos. 2:1; Jue

7:10; 1 Sam. 26:4. Al acercarse las huestes hebreas á un ejército enemigo, los sacerdotes los animaban con arengas, Deut. 20:2; 1 Sam. 7:9, 13, y con cánticos adecuados, 2 Crón. 20 21. Invocábase el favor de Dios por medio de sacrificios, 1 Sam. 7:9; 13:8-12, y la oración, 2 Crón. 14:11; 20:3-12. Con las trompetas sagradas se daba el toque de ataque, Núm. 10:9, 10; 31:6; 2 Crón. 13:12-15; los arqueros y

EL SITIO DE UNA CIUDAD: CUADRO TOMADO DEL PALACIO DE NIMROD, EN NÍNIVE.

honderos iban á la vanguardia, pero á la larga cedían el puesto á los lanceros armados de punta en blanco, etc., y estos daban la carga, procurando aterrorizar al enemigo antes de llegar á él, por medio de su aspecto y gritos de guerra, Jue. 7:18-20; 1 Sam. 17:52; Job 39:25; Isa. 17:12, 13. Carros de guerra con guadañas se usaban algunas veces y causaban grandes estragos, Jos. 17:16; Jue. 4:3. Valíanse de las emboscadas, los asaltos por la retaguardia y las contra-marchas aparentes, Gén. 14:15; Jos. 8:2, 12; Jue. 20:36-39; 2 Sam. 5:23; 2 Rey. 7:12. Una vez empezada la contienda, bien pronto se podía ver á los combatientes peleando brazo á brazo. Convertíase así la batalla en una serie de duelos; y ganábase la victoria por medio de la bravura obstinada, la destreza, la fuerza y la ligereza de guerreros particulares, 2 Sam. 1:23; 2:18; 1 Cró. 12:8; Sal. 18:32-37. Una batalla general era algunas veces precedida por combates singulares, 1 Sam. 17; 2 Sam. 2 : 14-17. Véanse las exhortaciones de Pablo para tener fortaleza cristiana en medio de los asaltos de los enemigos espirituales, 1 Cor. 16:13; Efes. 6:11-18; 1 Tes. 3:8. Las batallas de los antiguos eran sobremanera sangrientas, 2 Cró. 13:17; 25:12; 28:6; á pocos se les daba cuartel á no ser aquellos á quienes se reservaba para marchar en el cortejo triunfal á guisa de trofeos de

la victoria ó para ser vendidos como esclavos, Jue. 1:6; 9:45; 1 Sam. 11:2; 2 Sam. 12:31, mas el carácter comparativamente indulgente de los Hebreos era conocido, Deut. 20:10-20; 1 Rey. 20:31; 2 Rey. 6:20-23; Isa. 16:5. Un ejército victorioso recibía, al volver, la bien venida de toda la población, con toda clase de manifestaciones de regocijo, 1 Sam. 18:6, 7. Los despojos eran distribuidos después de reservar una parte para oblación al Señor, Núm. 31:50; Jue. 5:30; suspendíanse los trofeos en lugares públicos; pronunciábanse elogios en honor de los guerreros que más se habían distinguido; y había lamentos por los muertos.

Al sitiar una ciudad amurallada, era la

UNA CATAPULTA.

costumbre rodearla con estacadas, trincheras y fortalezas, impidiendo la entrada de

265

los abastos de agua y provisiones, y evitando el escape, Jos. 6:1; 2 Rey. 19:32; Isa. 37:33; se preparaban catapultas para arrojar dardos grandes y balistas para tirar piedras pesadas, 2 Crón. 26:15; se edificaban torres para los arqueros y honderos, 2 Rey. 25:1, y las trincheras y torres se llevaban hasta los muros, para que echando un puente movible de un lado á otro, se lograse la entrada á la ciudad. Empleábase también el ariete para hacer brechas en los muros, 2 Sam. 20:15; Ezeq. 4:2; 21:22, y la barra, que era una vara larga con ganchos de hierro en uno de sus extremos, y cables en el otro para halar las piedras ó los hombres de la parte

UNA BARRA.

superior de los muros. Empleábanse escaleras de mano para escalar, y se recurría al fuego algunas veces, Jue. 9:52. Los sitiados resistían estos y otros ataques tirando flechas, piedras, rocas pesadas, Jue. 9:53; 2 Sam. 11:21, y algunas veces aceite hirviendo; colgando sacos de paja entre el ariete y los muros; con fuertes y repentinas salidas, para tomar y quemar las torres y maquinaria de los sitiadores, después de lo cual efectuaban una pronta retirada dentro de la ciudad, 2 Crón. 29:14, 15. Las invenciones modernas de la pólvora, rifles, metrallas, y la fuerte artillería, han obrado un gran cambio en todo esto. Véase ARIETE.

A medida que el Cristianismo va difundiendo su influjo en el mundo, la guerra se va haciendo cada día menos justificable y más difícil; y tomando por punto de partida las costumbres y espíritu del barbarismo antiguo, se nota el progreso hacia la supremacía universal del Príncipe de la paz, Sal. 46:9; Isa. 2:4; Mic. 4:3.

"GUERRAS DEL SEÑOR," (Reina, "Batallas de Jehová") era probablemente el nombre de un libro no inspirado, que se perdió hace ya mucho tiempo, y que contenía pormenores de los hechos mencionados en Núm. 21:14, 15.

GUSANOS. No los gusanos comunes, sino la oruga ó larva de varios insectos: en Isa. 51:8, la polilla que se alimenta en los géneros de lana; en Deut. 28:39; Jon. 4:7, la oruga de algunos insectos que destruyen las vides; en Exod. 16:20 la oruga de algunas especies que se desarrollan en materia descompuesta ó de los escarabajos en fosas someras en el Oriente, Job 19:26; 21:26;—el Señor habló metafóricamente del gusano que roe para indicar el remordimiento y angustia de los condenados, Mar. 9:44-48;—en Job 25:6; Sal. 22:6; Isa. 41:14; Hech. 12:23, los que crecen en las úlceras del hombre.

H.

HABACUC, abrazo, uno de los "profetas menores", probablemente Levita, y quizá cantor del templo. Compárese 3:19, con 1 Crón. 25:1-5. No sabemos nada de su vida, si no es que parece haber sido contemporáneo de Jeremías, y haber profetizado entre 630 A. C., duodécimo año del reinado de Josías, y 610 A. C., antes de la primera invasión de Judea por Nabucodonosor, 2 Rey. 24:1.

El libro de Habacuc consta de tres capítulos, todos los cuales constituyen un oráculo. En el primer capítulo predice las calamidades que los terribles y rapaces Caldeos harían sufrir en breve á la culpable nación judía; en el segundo, predice la futura humillación de los inicuos conquistadores. El tercero es una oda sublime y hermosa en que el profeta implora el socorro de Jehová, en vista de sus portentosas obras manifestadas en los antiguos tiempos, y expresa tener en él la confianza más segura. Nada, ni aún en la misma poesía hebrea, es más elevado y grandioso que esta oda triunfal que les inspira á los creyentes más afligidos gozo en Dios.

HABAS. Esta legumbre, así como otras varias, se usa todavía mucho en Siria, 2 Sam. 17:28. Florecen en Enero y aún en Marzo. Plinio alude al uso que de ella se hacía mezclándolas con cebada, etc., para hacer pan, como se ve en Ezeq. 4:9.

HABOR, unido, "el río de Gozan." us

río, y probablemente también una comarca, de Asiria, 2 Rey. 17:6; 18:11; 1 Crón. 5:26, identificado con el Khabur, que corre al Éufrates en Karkesia. Tiene como 200 millas de largo, y atravesaba la provincia de Gauzanitis, (véase GOZÁN,) con la cual colindaba Calcitis, antiguamente Halah.

HACHILA, ó HAQUILA, collado en la tierra inculta cerca de Zif, (véase) que daba frente á Jesimón (véase). Sirvió de escondite á David y á sus 600, y allí le fué perdonada la vida á Saúl, 1 Sam. 23:19; 26:1, 3-12. Ahora se halla en Yekin ó Hachin, una ruina en un cerro elevado que está situado entre valles que corren del norte al sur.

HADAR, *fuerte*, hijo de Ismael, Gén. 23:15; 1 Crón. 1:30.

HADID, Esd. 2:33; Neh. 7:37; 11:34, en Dan, aunque pertenecía á Benjamín; es el mismo lugar que ahora se llama El-Haditheh, tres millas al este de Ludd.

HADORAM, *Hadar es exaltado*, I., Gén. 10:27; 1 Crón. 1:21.

II. Hijo de Toi, rey de Hamat, llamado Joram en 2 Sam. 8:10.

HADRAC, tierra de, Zac. 9:1, lugar que no se ha identificado; probablemente era parte de Siria.

HAGABA, uno de los Netineos, Esd. 2:45, 46; Neh. 7:48.

HAGGEO, AGGEO, ó HAGAI, *festivo*, uno de los "profetas menores" que probablemente acompañó á Zorobabel en el primer regreso de los Judíos de Babilonia, 536 A. C. Profetizó durante el segundo año de Darío Hystaspis, 520 A. C., instando á sus paisanos á que prosiguiesen la edificación del templo, que había sido interrumpida por cosa de 14 años, y al fin suspendida, Esd. 4:4, 5, 23, 24. Los Judíos se habían vuelto indiferentes, y rehusaron trabajar en esa obra hasta el fin de los setenta años. Las reconvenciones de Haggeo los despertaron de su indiferencia por algún tiempo, cap. 1:1-11; Esd. 5:1, 2; pero pronto desmayaron de nuevo, y recibió este el encargo de transmitirles otro mensaje á fin de animarlos por segunda vez, cap. 2:1-9. La gloria grandiosa del segundo templo consistiría, según él lo predijo, en que Cristo, "el Deseo de todas las naciones," entraría en él y haría glorioso el lugar donde pusiese sus plantas. Enseñóle Haggeo al pueblo además, que la observancia escrupulosa de los ritos externos no puede expiar la desobediencia para con Dios. Aseguróles que obtendrían la bendición del cielo puesto que

habían comenzado á edificar, cap. 2:10-19. Satisfizo también las preguntas de Zorobabel con respecto á las revoluciones nacionales predichas en el vers. 7, y á la salvación de Judá representada por el mismo Zorobabel, vers. 20-23; Jer. 46:28. El libro sirve aún para amonestar al pueblo de Dios cuando es indiferente y tardio en su servicio, y alienta á los que se esfuerzan en edificar su templo espiritual, 1 Ped. 2:5.

HAGGIT, *regocijo*, una de las esposas de David, madre de Adonías, 2 Sam. 3:4.

HALA, 2 Rey. 17:6; 18:11; 1 Crón. 5:26. Probablemente una provincia de la Mesopotamia, llamada Calcitis por Ptolomeo, sobre el Khabur, al norte de Gauzanitis. Véase GOZÁN y HABOR. Se hallan vestigios de este nombre en el moderno Gla, gran terraplén levantado sobre aquel río.

HALAC, ó HALAK, *liso*, quizá no es un nombre propio, sino epíteto que describe algún cerro desconocido en el límite sudeste de las comarcas conquistadas por Josué hacia el monte Seir, Jos. 11:17; 12:7, tal vez el paso es Sufah.

HAM, un lugar desconocido, perteneciente á los Zuzitas, Gén. 14:5.

HAMAT, ó EMAT, *fortaleza*, ciudad importante y provincia de la Siria superior, fundada por una tribu cananea, Gén. 10:18. La expresión "hasta entrar en Hamat," se refiere probablemente á la parte septentrional del valle á la cual se llegaba yendo de Palestina, entre el Líbano y el Anti-Líbano, lugar mencionado á menudo como el límite septentrional de Israel, Núm. 13:21; Jos. 13:5; Jue. 3:3. La tierra de Hamat, independiente al parecer en tiempo de David, 2 Sam. 8:9, 10, debió venir á quedar con el tiempo bajo el dominio de Salomón, porque él tenía en ella "ciudades de municiones" ó bastimentos, para favorecer el comercio con el norte, 2 Crón. 8:4. Se menciona en las inscripciones asirias de la época de Acáb, como aliada de Damasco; fué recobrada por Jeroboam II., 2 Rey. 14:28; y tomada por los Asirios, 2 Rey. 18:34; 19:13; Amós 6:2, 14. Com. 1 Rey. 8:65. Hamat, ahora Hama, pertenece al imperio turco, está edificada en ambos lados del Orontes, y tiene 30,000 habitantes.

HAMAT-ZOBAH, 2 Crón. 8:3, tal vez Hamat.

HAMBRE. Regístranse en las Escrituras varias hambres sufridas en Palestina y los paises circunvecinos, Gén. 12:10; 26:1; Rut 1:1; 2 Rey. 6:25; Hech. 11:28. La más notable fué la que duró siete años en

Egipto y sus alrededores cuando José era Gobernador de aquel país, Gén. 41. Distinguióse esta por su duración, extensión y severidad—lo que fué más extraño por ser Egipto, á causa de su fertilidad, uno de los paises menos expuestos á calamidades de ese linaje. El hambre es á veces producida por causas naturales, como en Egipto cuando el Nilo no inunda sus riberas, ó en Judea cuando no hay lluvias en la estación lluviosa; ó cuando las orugas, langostas ú otra clase de insectos, destruyen los frutos. Pero todas estas causas naturales están subordinadas á Dios; y Él á menudo las dirige de modo que sirvan para castigar á los rebeldes con carestías, 2 Rey. 8:1, 2; Ezeq. 6:11; Mat. 24:7. La peor hambre es la espiritual, Amós 8:11.

HAMMAT, ó EMAT, *manantiales ó baños calientes*, ciudad fortificada de Neftalí, Jos. 19:35, probablemente la ciudad levítica llamada Hammot-dor, Jos. 21 : 32, y Hammón, 1 Crón. 6:76. Cerca de una milla al sur de Tiberias hay todavía tres ó cuatro *hammam* ó manantiales calientes.

HAMON-GOG, Ezeq. 39:11, 15, nombre profético dado á una cañada situada al este del Mar Muerto, en el camino que seguían los comerciantes que traficaban con la Arabia y el Egipto.

HAMOR, HEMOR, ó CHAMOR, *asno*, Gén. 33:19; 34; Jue. 9:28, príncipe heveo, padre de Siquem. Á sus hijos les compró Jacob cierto terreno por cien piezas de moneda, Gén. 33:19. Se le llama Hemor en Hech. 7:16, en donde se refiere que Esteban, hablando á hombres que conocían bien las Escrituras, reunió sintéticamente en una, dos narraciones del Antiguo Testamento, relativas á dos compras y á dos lugares para inhumaciones, Gén. 50:13.

HANAMEEL, *la gracia de Dios*, hijo de Sallum, pariente de Jeremías, de quien el profeta compró un campo antes de la cautividad, haciendo que la compra se registràse legalmente en prenda de la profecía que había hecho asegurando que su pueblo volvería á disfrutar de la posesión de sus bienes, Jer. 32:6–15, 37, 43, 44. Véase ANATOT. La ley que prohibía la enagenación de las tierras levíticas, Lev. 25:32–34, no impedía, según parece, las ventas entre los miembros de la tribu de Leví.

HANANEEL, la torre de, en el muro N. E. de Jerusalem, entre la puerta de los peces y la de las ovejas, Neh. 3:1; 12:39; Jer. 31:38; Zac. 14:10.

HANANI, *gracioso*, I., músico Levita, y

director bajo el reinado de David, 1 Crón. 25:4, 25. 1014 A. C.

II. Vidente del tiempo de Asa, reducido á prisión á causa de su fidelidad, 941 A. C. Fué también el padre del profeta Jehú, 1 Rey. 16:1–7; 2 Crón. 16:7–10; 19:2; 20:34.

III. Hermano de Nehemías. Él transmitió á Susa una relación del miserable estado en que se encontraban los Judíos que residían entonces en Jerusalem, y tuvo después á su cargo las puertas de la ciudad, Neh. 1:1–3; 7:2, 3; 446 A. C.

IV. Neh. 12:35, 36.

HANANÍAS, *don del Señor*, I., 1 Crón. 25:4, 5, 23.

II. Falso profeta de Gabaón, quien por su impío atrevimiento fué herido de muerte repentina según la palabra de Dios, Jer. 28. Compárese Hech. 5:1–5; Apoc. 21:8; 22:15.

III. 1 Crón. 3:19, identificado por algunos con Joanna, Luc. 3:27.

IV. El nombre hebreo de Sadrac, Dan. 1:3, 6, 7.

V. Un empleado piadoso y fiel, bajo el gobierno de Nehemías, Neh. 7:2.

Otros muchos de este nombre se mencionan también.

HANES, Isa. 30:4, ciudad de Egipto, probablemente Tahapanes.

HANÓN, ó HANÚN, rey de los Ammonitas, cuyo padre Naás había protegido á David en sus antiguos infortunios. Comp. 1 Sam. 11. Con motivo de la muerte de Naás, David envió una embajada para darle el pésame á su hijo. La vergonzosa acogida que tuvieron estos embajadores fué causa de que se les hiciera una guerra destructora á los Ammonitas, 2 Sam. 10; 12:25–31; 1 Crón. 19; 20.

HAQUILA. Véase HACHILA.

HARÁN, ó ARÁN, *fuerte, montañés*, tercer hijo de Taré, hermano de Abraham y de Nacor, y padre de Lot, Milca é Isca. Nació en Ur, y murió antes de su padre, Gén. 11:26–31; 1990 A. C.

HARET, BOSQUE DE, refugio de David, 1 Sam. 22:5. Conder lo identifica con la aldea de Kharas, una milla arriba de Keilah, en donde se hallan muros en ruinas, cisternas y cuevas, en una región llena de valles y de arbustos.

HAROD, *terror*, fuente cerca de Jezreel, en el valle situado entre el Pequeño Hermón y el monte de Gilboa, Jue. 7:1; 2 Sam. 23:25; ahora es Ain Jalud.

HAROSET DE LAS GENTES, llamada así por su población mixta; ciudad en el norte de Canaán, residencia de Sisara, Jue. 4:2, 13, 16. Thomson la sitúa en la base del monte Carmelo, á la entrada del estrecho paso por el cual corre el Cisón de la llanura de Esdraelón á la de Acre. Allí se encuentran una aldea y una gran mole con ruinas, llamadas Harothieh. Stanley y algunos otros sitúan á Haroset cerca del lago Merom.

HASABÍAS, *á quien Dios considera*, nombre de muchos descendientes de Leví, 1 Crón. 26:30; 27:17, etc.

HASOR ó ASOR, *cercado*, I., ciudad principal del norte de Canaán, cerca del lago Merom, cuyo rey Jabin, á la cabeza de una hueste aliada, fué derrotado por Josué, Jos. 11:1-13. Hasor se rehizo, sin embargo, y por algún tiempo oprimió á los Israelitas; pero fué subyugada por Barac, fortificada por Salomón, y permaneció en poder de Israel hasta la invasión de Teglat-falasar, Jos. 19:36; Jue. 4:2; 1 Rey. 9:15; 2 Rey. 15:29. Su sitio sugerido por Wilson y Anderson, miembros de la Sociedad Inglesa para la medición de la Palestina, es Tell Hara, collado que está dos y media millas al sudeste de Cades, en donde se hallan ruinas antiguas.

II. Ciudad en el sur de Judá, Jos. 15:23.

III. Otra ciudad del sur de Judá, Hasor-Hadattah, Jos. 15:25, llamada ahora el-Hudherah.

IV. Otra ciudad tambien mencionada en Jos. 15:25, en cuyo pasaje el canónigo Dr. Cook lee "Cariot-Hesron, que es Hasor," y la identifica con Kurretein.

V. Ciudad de Benjamín, Neh. 11:33.

VI. Región de la Arabia que no se ha identificado, asolada por Nabucodonosor, Jer. 49:28-33.

HAURÁN, *cuevas*, un país al este del Jordán y al sur de Damasco, que limita á la Palestina al nordeste, Ezeq. 47:16, 18; su nombre fué cambiado en Auranitis por los Griegos y los Romanos; pero ahora es el Hauran. Estaba incluido indefinidamente en Basán, el reino de Og, Núm. 21:33-35. Sus límites variaron en diferentes periodos, incluyendo á veces además de la hermosa y fértil región llamada ahora en-Nukra, (el granero de Damasco ocupado por agricultores árabes,) el rocalloso Traconitis al nordeste, ahora el-Lejah, y la cordillera de Haurán que va de norte á sur en el este. Presentan estos cerros y rocas un asombroso número de ciudades y poblaciones arruinadas. Véase BASÁN. Estos edificios, que incluyen iglesias y anfiteatros, los atribuye Wetzstein á los Árabes de Ye-

men, que se establecieron allí y fueron cristianizados, conservando esa tierra hasta que fué conquistada por los Musulmanes en 635 A. D. Cree que en algunas de las moradas subterraneas del monte Haurán se descubren vestigios de los antiguos Rafaitas, Gén. 14:5; Deut. 3:13.

HAVILA, *circuito*, I., Gén. 2:11, según unos, en el límite sudeste del Mar Negro; según otros, en la cabecera del Golfo Pérsico. Véase EDEN.

II. Descendiente de Cam, Gén. 10:7.

III. Descendiente de Sem y Joctán, Gén. 10:29. Algunos suponen que estos dos Havilas dieron el nombre á una región en que hay Cusitas y Joctanitas, y sitúan á aquella en Yemen, en la Arabia Feliz, llamada ahora Khaulan.

IV. Gén. 25:18, frontera de los Ismaelitas, que Kalisch supone haber sido una región situada entro el Golfo Pérsico y el Arábigo.

V. 1 Sam. 15:7; esta se cree que es la región que se halla al rededor del monte Seir.

HAYA. Árbol siempre verde, de hermosa apariencia, cuyo elevado tamaño y denso follaje proporcionan sombra y abrigo espaciosos. La palabra hebrea, según parece, significa á menudo CIPRÉS, nombre que puede verse. Se usaba para construir buques, Ezeq. 27:5; para instrumentos de música, 2 Sam. 6:5; para vigas y cabríos de casas, 1 Rey. 5:8, 10; 9:11; Cant. 1:17. En Nah. 2:3, la palabra "hayas" significa lanzas hechas de ciprés.

HAZAEL, *Dios está viendo*, oficial de Ben-adad rey de Siria. Su futuro advenimiento al trono fué revelado al profeta Elías, 1 Rey. 19:15. Muchos años después fué enviado por Ben-adad á consultar á Eliseo, que estaba entonces en Damasco, á cerca de su restablecimiento de la enfermedad que le aquejaba, y al día siguiente Hazael dió muerte al rey poniéndole en la cara un lienzo mojado en agua, 2 Reyes 8:7-15, 886 A. C. Su confusión ante la presencia del profeta era un indicio de que ya había meditado este crimen. Habiendo usurpado el trono, reinó 46 años; y con la guerra cruel y coronada de buen éxito que hizo á Judá y á Israel, justificó la previsión de Eliseo, 2 Rey. 8:28; 10:32; 12:17; 13:3, 7. Comp. 2 Crón. 22:5; Amós 1:3, 4. Hazael se menciona en los monumentos asirios, como antagonista, y después como tributario. Su hijo Ben-adad perdió las conquistas que él había hecho, 2 Rey. 13:25; 14:25-27; Amós 1:4.

269

HAZAR ó HAZER, plural Hazerim y Hazerot, *cercado, aldea*, se halla en muchos nombres hebreos, y denota un conjunto semi-permanente de habitaciones, como las hechas de paredes de toscas piedras y techadas con lona, que todavía se usan en el Oriente.

HAZAR-ADDAR, HASAR-ADDAR, ó AHAZAR-ADDAR, Núm. 34:4, llamada Addar en Jos. 15:3, situada en el límite meridional de la Palestina, al oeste de Cades, ahora el Kudeirat, en una cordillera que está entre Canaán y el desierto.

HAZAR-ENÁN, *ciudad de manantiales*, en donde se unen los límites norte y este de la tierra prometida, Núm. 34:9, 10; Ezeq. 47:17; 48:1. Quizá sea Ayun-ed-Dara, una fuente que se halla en medio del Ante-Líbano.

HAZAR-HATTICÓN, *aldea de en medio*, en el límite de Haurán, Ezeq. 47:16.

HAZAR-MAVET, *corte de la muerte*, tercer hijo de Joctán, Gén. 10:26; 1 Crón.

1:20, antecesor del pueblo de Hadramaut en el sudoeste de la Arabia, región que abunda en mirra é incienso, pero malsana.

HAZAR-SUAL, *aldea del adive*, en el sur de Judá, Jos. 15:28, otorgada después á Simeón, Jos. 19:3; 1 Crón. 4:28, poblada de nuevo después de la cautividad, Neh. 11:27. Es la Saweh de nuestros días entre Beer-seba y Moladah.

HAZARSUSA y SUSIM, *aldea de caballos*, Jos. 19:5; 1 Crón. 4:31. Ahora Beit-Susin, al sur de Beit-Jibrin.

HAZERIM, *aldeas*, Deut. 2:23, antigua habitación de los Heveos, Jos. 13:3, 4, en la parte más meridional de Canaán.

HAZEROT, *aldeas*, segunda estación de los Israelitas adelante del monte Sinaí, Núm. 10:11, 33; 11:3, 34, 35; 33:17, 18, en donde Aarón y María hablaron contra Moisés, Núm. 12:1-10; probablemente Hudhera, cuarenta millas al nordeste del Sinaí.

HEBAL Á LA DERECHA; GERIZIM Á LA IZQUIERDA; SIQUEM, Y EL MEDITERRÁNEO.

HEBAL ó EBAL, *monte desnudo*, Deut. 27; 28, monte de Efraím en frente del de Garizim. Está separado de este por un valle como de 500 yardas de ancho y tres millas de largo, en el qué está la ciudad de Siquem. Ambos montes son muy semejantes en longitud, altura y forma, y

miden 800 piés de elevación sobre el nivel del valle. Al viajar de Jerusalem hacia el norte, y al dar una vuelta para pasar por el valle al O. N. O. con dirección á Siquem, Hebal se tiene á la derecha y Garizim á la izquierda. Algunos han descrito el monte de maldición como estéril y yermo, y el de

270

Garizim como risueño y fértil, Deut. 11:26-29; pero en la actualidad ambos á dos están igualmente escarpados y desnudos. Dícese, sin embargo, que el monte Garizim tiene terrenos más fértiles, y que está un poco más bajc que el monte Hebal, puesto que este se eleva 3,077 piés, aquél 2849, y Nablus como 2200 sobre el nivel del mar. Ambos están terraplenados, y la base del Hebal está llena de excavaciones sepulcrales. Véase GɅRIZIM, SIQUEM.

HEBER, ó EBER, *alianza*, I., nieto de Aser, Gén. 46:17; Núm. 26:45; 1 Crón. 7:31.

II. Un Cineo de los hijos de Hobab. Residía en el norte de Canaán, y parece haber sido hombre notable. Su mujer Jael dio muerte á Sisara, Jue. 4:11, 17; 5:24.

III. Luc. 3:35. Véase HEBREOS.

IV. Hijo de Sala y padre de Peleg en el linaje patriarcal, 22:81-1817, A. C. El interés especial que tiene, es que los Hebreos pretenden que de él se deriva el nombre que llevan, Gén. 10:21, 24, 25; Luc. 3:35; 1 Crón. 1:19. Véase HEBREOS.

V. 1 Crón. 5:13, jefe entre los hijos de Gad, en Basán

VI. 1 Crón. 8:12, un Benjamita.

VII. 1 Crón. 8:22, jefe en Benjamín, como 600 A. C.

Otros de este nombre se mencionan en 1 Crón. 4:18; 8:17.

HEBREOS. Aquella rama de la posteridad de Abraham cuyo domicilio estaba en la tierra de promisión. Este nombre se aplica primero á Abraham mismo, Gén. 14:13, y. generalmente se supone que se derivó de Heber, Gén. 10:24; 11:14-17, que fué el último de los patriarcas que tuvieron larga vida, y sobrevivió á Abraham mismo. Después de la muerte de este, él fué por muchos años el único antepasado de Isaac y de Jacob que continuó viviendo. Otros derivan este del verbc hebreo ABAR, *pasar sobre*, y suponen que se le aplicó á Abraham por los Çananeos, como el hombre de *más allá* del Éufrates. "Hebreos" según parece iué el nombre dado al puetlc escogido de Dios, y usado por este en sus reiaciones con los extranjeros, Gén. 39:14; 40:15; 41:12; Ex. 2:7; Deut. 15:12; 1 Sam. 4:6; Jonás 1:9. Su nombre nacional, es decir, el nombre que él llevaba dentro de su propio país, era el de "los Hijos de Israel." Comp. Exod. 3:15 y 18. El nombre "Judíos" aplicado primero á los habitantes de Judea solamente, 2 Rey. 16:6, se hizo después más general.

ɩ. *Origen.* Dios escogió á Abraham en Ur de los Caldeos para que fuese el fundador de la nación hebrea, Gén. 11:31; 12:1, 2, por conducto de Isaac y de Jacob, de donde le vienen á aquella los nombres de "simiente de Abraham," y de "hijos de Israel ó de Jacob," Exod. 1:13; Sal. 105:6; Juan 8:37.

2. *Gobierno.* Este fué patriarcal bajo Abraham, Isaac y Jacob. Después de los 430 años que permanecieron en Canaán y en Egipto, durante 215 de los cuales estuvieron sujetos como esclavos á los reyes egipcios, Gén. 15:13; Exod. 1, Dios los sacó de allí, valiéndose para ello de su siervo Moisés, y estableció la teocracia, Exod. 6:7, forma de gobierno en la que Dios es el rey reconocido de Estado, le da sus leyes, y dirige de una manera especial todos los negocios nacionales. Este gobierno fué administrado de diversos modos bajo la dirección del legislador Moisés, de su sucesor Josué, de los Jueces, de los Reyes y de los Sumo-sacerdotes; pero en medio de todos estos cambios y revoluciones, Dios fué considerado como el verdadero monarca de Israel, y servido con más ó menos lealtad. En el tiempo de Moisés, Dios habitó entre los Hebreos como un rey en su palacio ó en medio de su campamento. Él les dió la ley moral, ceremonial, socia', v política, y los amalgamó en una nación homogenea durante los 40 años que vagaron por el desierto. Moró entre ellos ɗe una manera visible, en una columna de nube y fuego, dispuso cuáles habían de ser sus jornadas y campamentos, se mantuvo accesible para que le consultasen; socorrióles en sus emergencias, suministróles milagrosamente cuanto necesitaban, y á la vez castigó sus rebeliones. Aquel fué el tiempo de la teocracia en el sentito estricto de la palabra. Bajo el gobierno de Josué y los Jueces, casi todo continuó del mismo modo: el primero fué designado por Dios, Núm. 27:18-21, y estando poseído del espíritu que animó á Moisés, no emprendió nunca nada sin consultar á Jehová; y los últimos fueron jefes levantados por Dios mismo para librar á los Hebreos y gobernarlos en su nombre. La solicitud que el pueblo hizo pidiendo rey, ocasionó á Samuel, el juez-profeta, gran inquietud, porque él consideraba ese acto como una manifestación de hostilidad al gobierno teocrático, 1 Sam. 8:6, 7. Dios accedió á los deseos del pueblo; pero conservó sin embargo la soberanía de su propia autoridad, y exigió obediencia de parte de todos. Él nombró á Saúl y lo depuso más tarde, 1 Sam. 10:1;

16:1, y eligió á David, 16:12, á Salomón y á sus descendientes, 1 Crón. 28:6, 7.

3. *Religión.* La religion de los Hebreos puede considerarse bajo diferentes puntos de vista, según el estado en que ellos se encontraban como nación. Bajo el gobierno de los patriarcas eran instruidos en la voluntad de Dios por medio de revelación inmediata; su culto se componía de oraciones y sacrificios; se oponían á la idolatría y al ateismo; empleaban la circuncisión como el sello que había sido designado para el pacto hecho por Dios con Abraham, y seguían las leyes que la luz de la gracia y de la fé descubren á los que con sinceridad buscan á Dios, y procuran conocer su justicia y su verdad. Vivían esperando el Mesías, el Deseo de todas las naciones, para realizar las esperanzas y aspiraciones de ellos y para instruirlos y bendecirlos plenamente. Tal fué la religión de Abraham, Isaac, Jacob, Judá, José, etc., quienes conservaron el culto de Dios y las verdaderas tradiciones. Después del tiempo de Moisés, la religión de los Hebreos adquirió mayor fijeza, y se señalaron con grande exactitud las ceremonias, los días de fiesta, las oraciones y los sacrificios. Toda esta dispensación ó sistema prefiguraba solamente aquella más perfecta que se establecería en tiempos posteriores cuando viniese el Mesías, y sacase á la luz en su evangelio la vida y la inmortalidad, é hiciese una completa expiación por los pecados del mundo, Heb. 8:7; 10:1; 1 Ped. 1:10-12. Véase TIPO.

La larga permanencia de los Hebreos en Egipto había creado en ellos una fuerte propensión á la idolatría; y ni los milagros de Moisés, ni las precauciones de que él se valió para apartarlos del culto de los ídolos, ni el rigor de las leyes que les trasmitió, ni las espléndidas señales de la presencia de Dios que se dejaron ver en el campamento israelita, fueron parte á vencer tan perniciosa perversidad. Bien se sabe con cuanta facilidad se prestaron á la adoración del becerro de oro, cuando acababan de ser testigos oculares de tan sublimes maravillas, y más tarde ni aun Saúl y David con todo su poder pudieron reprimir por completo desórdenes tan arraigados. Las supersticiones que ninguno se atrevía á ejercer en público, eran practicadas en secreto. Sacrificaba el pueblo en los lugares altos, y consultaba á los adivinos y á los mágicos. Salomón mismo, á quien Dios había escogido para que le edificara un templo, llegó á ser piedra de tro-

piezo para Israel. Erigió altares á los falsos dioses de los Fenicios, Moabitas y Ammonitas, y no sólo permitió á sus esposas que los adoraran, sino que él mismo, hasta cierto punto, también los adoró, 1 Rey. 11:5-7. La mayor parte de sus sucesores manifestaron una debilidad análoga. Jeroboam introdujo en Israel el culto de los becerros de oro, cosa que echó tan profundas raices que nunca fué extirpada de un todo. Por esto fué que Dios dejó caer á los Hebreos en las manos de sus enemigos, y los castigó con el cautiverio y la dispersión. Véase IDOLATRÍA. Según parece, despues de la cautividad, se vieron los Israelitas enteramente libres del culto de los ídolos; pero todavía eran corrompidos, y estaban lejos de Dios: y habiendo llenado hasta el borde el caliz de sus culpas rechazando y crucificando al Señor de la Gloria, fueron extinguidos como nación, y vinieron á ser extranjeros y peregrinos en toda la tierra.

4. *Historia política.* Puede dividirse en siete periodos, como sigue:

(1.) Desde Abraham hasta el Éxodo. Este periodo abraza la época patriarcal y la de la permanencia en Egipto. Los descendientes de Jacob moraron allí 215 años, y durante ese tiempo los Egipcios los redujeron á esclavitud. Véanse ABRAHAM, ISAAC, JACOB, JOSÉ, etc.

(2.) Desde el Éxodo hasta el establecimiento de la monarquía. Los Hebreos fueron librados de Egipto por Jehová, por medio de Moisés, quién los sacó de allí con grandes señales y maravillas, y los condujo al Sinaí y allí les dió la ley. En seguida, después de 40 años de peregrinación, los llevó á los límites de la tierra prometida. Allí murió Moisés, y fué sucedido por Josué, quien conquistó el país deseado, y lo repartió por suerte entre las tribus. Desde este tiempo fueron gobernados en el nombre de Jehová, por jefes, jueces ó gobernantes patriarcales, hasta el tiempo de Samuel en que se cambió el gobierno estableciéndose la monarquía, y Saul fué elegido rey. Véanse MOISÉS, EXODO, JUECES, SAMUEL.

(3.) Hasta la división del reino. Este periodo, de cerca de 120 años, incluye la época de la mayor prosperidad de Israel, bajo los reinados de David y Salomón. David, joven pastor, pero hombre según el propio corazón de Dios, fué hecho rey en lugar del desobediente y desechado Saúl, y fundó una familia que continuó reinando en Jerusalem hasta la entera subyugación del país por los Caldeos. Durante los reinados de David y Salomón fué cuando más se ensancharon los límites del territorio de Israel, 1 Rey. 4:21–24. Las naciones extranjeras entonces fué cuando más reconocieron la gloria y el poder de ese reino, 1 Rey. 5:1; 10:1. Pero en el reinado de Salomón, que fué el período de la mayor prosperidad, fué también cuando empezaron á advertirse las señales de la decadencia, la que fué motivada con la introducción de la idolatría y el empleo de la opresión, 1 Rey. 11:4–8; 12:4. Véanse SAUL, DAVID, SALOMÓN, TEMPLO.

4. Hasta la vuelta de la cautividad. Muerto Salomón, se le rebelaron diez tribus á su hijo Roboam, y formaron bajo Jeroboam un reino aparte, el de Israel, entre el cual y el de Judá hubo siempre discordias y frecuentes guerras. Ambos pueblos cayeron en la idolatría, y de tiempo en tiempo se les enviaron profetas para reprenderlos, amonestarlos é instruirlos. Enmiendas temporales y parciales respecto de la idolatría, eran seguidas por nuevas caidas. Ambos reinos se pusieron en pugna con las naciones circunvecinas, las que fueron instrumentos de Dios para castigarlos por sus pecados, y tanto el uno como el otro decayeron en poder, hasta que finalmente los habitantes del norte fueron llevados cautivos por los Asirios, 721 A. C., 2 Rev. 17:6–18, y los de el del sur, por los Babiloneos, 588 A. C., 2 Rey. 25:1–21. Entre los años 536 y 457 A. C., dos colonias de Hebreos, principalmente de las tribus de Judá, Benjamín y Leví, volvieron á su patria al mando de Zorobabel y Esdras, Esd. 2:2; 8:1, y después al de Nehemías, en 445, Neh. 2:7–11. Reedificaron el templo, los muros y las casas de Jerusalem, é intentaron restablecer su nación; pero la mayoría de esta prefirió permanecer en las tierras de su cautividad. Véase REYES.

5. Hasta la venida de Cristo. En violación de lo mandado por Dios, Jer. 42:7–22, muchos Judíos después de la conquista efectuada por los Caldeos, fueron á Egipto, Jer. 43:1–7, cayeron allí en la idolatría, Jer. 44:15–19, y fueron llevados cautivos por Nabucodonosor cuando éste invadió á Egipto, 570 A. C., Jer. 46:13–28. Más tarde bajo el régimen de Alejandro el Grande y los Ptolomeos, gran número de Judíos se establecieron en Egipto, en donde disfrutaron muchos privilegios. En Alejandría llegaron á ser extraordinariamente numerosos, y allí bajo el patrocinio de Ptolomeo

Filadelfo, 285 A. C., sus hombres eruditos hicieron la versión Septuaginta del Antiguo Testamento. Por el año 168 A. C., los Judíos erigieron un templo en Leontópolis en el Bajo Egipto, y practicaban su culto según el ritual mosaico. Este templo así como el de Jerusalem, fué destruido en el reinado de Vespasiano. Philo (ó Filo) el célebre filósofo judío, é historiador contemporaneo de Cristo, tenía su residencia en Alejandría.

Después de la vuelta de la cautividad, 536 A. C., los Judíos permanecieron bajo el dominio de Persia hasta el derrocamiento de ese reino por Alejandro el Grande, quien les concedió á ellos muchos favores. Muerto éste y dividido su reino, 323 A. C., la Palestina estuvo por más de un siglo alternativamente sujeta á los Ptolomeos Greco-Egipcios, y á los Seleucidas Greco-Sirios, "reyes del Sur" y "del Norte," quienes con motivo de sus frecuentes guerras, pasaban á menudo por ese país con sus ejércitos. Los Judíos se rebelaron finalmente contra Egipto después de la persecución que les hizo Ptolomeo Filopator, y se unieron á Antíoco el Grande de Siria, 203 A. C., quien los trató bondadosamente; pero su hijo el menor, Antíoco Epífanes, violó el templo y lo dedicó á Júpiter Olímpico, y se empeñó en obligar á los Judíos á que adorasen á las divinidades paganas. De los Judíos, un partido guiado por los renegados Sumo-sacerdotes Jasón y Menelao, abogaba por la adopción de las costumbres griegas; mientras que la masa del pueblo se adhirió á su antigua fé, y muchos sufrieron el martirio y la muerte antes que apartarse de Jehová. Estos fueron acaudillados por la familia sacerdotal y real de los Asmoneos y Macabeos, y despues de una lucha de 30 años, conquistaron su independencia, habiéndose hecho la paz con el rey Sirio Antíoco Sidetes, por Juan Hyrcano, 133 A. C. Su hijo Aristóbulo asumió el título de rey, 133 A. C. Desde ese tiempo hasta 63 A. C., en que Jerusalem fué tomada por Pompeyo, la nación estuvo comprometida en guerras exteriores y en luchas domésticas entre los partidos rivales de los Fariseos y Saduceos. El idumeo Antipater, padre de Herodes, fué hecho procurador de Judea, 47 A. C., y diez años después lo fué Herodes—á quién el Senado Romano le confirió la corona de Judea—y tomó posesión del reino con el auxilio del ejército romano. Véase HERODES.

6. Hasta la destrucción de Jerusalem

Según refieren los evangelios, la nación judía rechazó al Mesías, y despreciando así el grande ofrecimiento de misericordia hecho por Dios, se atrajo á sí misma su completa ruina, Mat. 23:24-37. Los Judíos tuvieron mucho qué sufrir del cruel gobierno romano, después de Pilato, y por último, fueron provocados á una insurrección, la cual dió por resultado la destrucción del templo y de Jerusalem, 70 A. D. El ejército romano al mando de Tito atacó la ciudad á tiempo que la nación se reunía allí para celebrar la pascua. Fueron los Judíos víctimas de espantosos sufrimientos, y perecieron multitud de ellos conforme á las predicciones del Salvador, Mat. 24:2; Luc. 21:20-24.

7. Hasta los tiempos modernos. Después de la caída de Jerusalem, los Judíos fueron esparcidos por todo el Imperio Romano, y gran número de ellos fueron vendidos como esclavos. Muchos volvieron después á las ruinas de Jerusalem. Los Judíos fueron admitidos á la ciudadanía romana por el emperador Claudio, pero fueron tratados con gran severidad por sus sucesores. En el reinado de Adriano, 155 A. D., muchos de ellos se agruparon bajo el estandarte del fanático Bar-cocheba que se proclamó como Mesías; pero los Romanos dieron en breve un fin sangriento á esa insurrección, desolando de nuevo á Judea, volviendo á destruir á Jerusalem, y estableciendo en sus ruinas una colonia romana, á la que dieron el nombre de Elia Capitolina, y prohibieron á los Judíos que entraran en ella. El emperador Juliano, movido por su hostilidad al cristianismo, hizo después una tentativa infructuosa para reedificar el templo, 331-363 A. D.

Desde la caída del Imperio Romano de Occidente, 476 A. D., los Judíos han tenido gran variedad de amos y de fortuna, y han sufrido muchas persecuciones crueles. Diseminados por toda la redondez del mundo, y expuestos en casi todas partes al desprecio y á la opresión, han continuado sin embargo, formando un pueblo distinto, practicando en todo lugar las observancias que les son peculiares, tales como la circuncisión, ejecutada según la ley de sus padres, el gran día de expiación, la guarda del día de descanso que efectúan el sábado, y no el domingo, día cristiano del Señor. Han conservado también la observancia de la pascua, si bien no siempre en la misma forma. Sea cual fuere el país donde estén, consideran á Judea como su patria, y á Jerusalem como su metrópoli.

Por muchas que sean las comodidades de que gocen en el lugar de su residencia, esperan ver revivir á Sión y á Jerusalem de en medio de sus cenizas. El haber seguido existiendo como pueblo distinto de los demás es una prueba constante de la verdad de las Escrituras y de la religión cristiana, así como lo es de la judía. Pone también de manifiesto el providencial cuidado que Dios ejerce para con ellos, y la intención que Él tiene de cumplir las misericordiosas promesas que ha hecho respecto de su porvenir, Rom. 11:26.

Los Hebreos están divididos en varias sectas. Algunos de ellos, á quienes se puede considerar como sucesores de los antiguos Fariseos, están sumamente apegados á las tradiciones de los rabinos, y á las numerosas observancias ceremoniales consignadas en el Talmud. Otros como los Caraítas, rechazan estas, y se adhieren solamente á la Biblia. Los Judíos rabínicos, que son los más numerosos, reciben también el nombre de ortodoxos. Muchos Judíos son meramente deistas, y muchos ateos. Entre estos extremos se hallan los "conservadores" y los reformados ó liberales. El gran teólogo judío Moisés Marmónides, 1135-1204 A. D., redactó una confesión de fé usada todavía por los ortodoxos. Demarca la época moderna el nombre de Moisés Mendelssohn, 1729-1786, cuya traducción del Pentateuco en alemán, con comentarios, fué la obra que sirvió de base á la reforma judaica. En el presente siglo, casi todas las naciones europeas han otorgado á los Judíos libertad política é igualdad civil. En los Estados Unidos también disfrutan ellos de estos privilegios en toda su plenitud. Los Judíos estrictamente ortodoxos ó rabínicos, predominan en Rusia, Polonia y el Oriente; los conservadores, en la Gran Bretaña, Francia y Holanda; y los reformados, en Alemania y América. En estos últimos años ha aumentado en Jerusalem el número de habitantes judíos. Allí se reunen estos todos los viernes donde están los cimientos de los muros del templo, y se lamentan de los pecados de sus antepasados y de la desolación de Jerusalem. Véase MUROS.

Los Judíos se han distinguido en casi todos los oficios y carreras, y muchos grandes hombres de Estado, artistas, literatos y científicos, han salido de entre ellos. Desde hace mucho tiempo han sido los banqueros del mundo. Su número se estima ahora en 6,000,000, de los cuales unos 50.000 residen en la ciudad de **Nueva York.**

Relativamente á la lengua de los Judíos, véase LENGUA.

"HEBREO DE LOS HEBREOS," un individuo de pura descendencia hebrea, tanto por parte del padre como de la madre, Filip. 3:5.

HEBREOS, EPÍSTOLA Á LOS. El objeto de esta epístola, que se cuenta entre los libros más importantes del Nuevo Testamento, fué el probar á los Hebreos cristianos, tomando por base el Antiguo Testamento, la divinidad, humanidad, expiación é intercesión de Cristo, y particularmente la preeminencia de Él respecto de Moisés y los ángeles de Dios; el demostrar la superioridad del evangelio respecto de la ley, y el objeto y designio reales de las instituciones mosaicas; el fortificar el ánimo de los Hebreos convertidos contra la apostasía á que estaban expuestos con motivo de la persecución, y empeñarlos á observar un comportamiento digno de su profesión cristiana. Considerada en este aspecto, la epístola sirve de clave á las Escrituras del Antiguo Testamento, y es altamente valiosa por cuanto suministra una clara elucidación y una demostración inspirada é incontestable de la doctrina del gran sacrificio expiatorio, tal como se expone en dichas Escrituras. El nombre del autor de esta epístola no se menciona en ninguna parte. Muchos la atribuyen al apóstol Pablo, otros á Apolos, á Lucas ó Barnabás. No falta quien sea de opinión que puede haber sido escrita por Pablo en hebreo, y traducida al griego por Lucas ó algún otro discípulo del gran apóstol. Esto explicaría la diferencia de estilo y de unidad de sentimiento que se nota en ella cuando se la compara con los escritos conocidos de Pablo. Se cree que fué escrita en Italia por el año 63 A. D. Véase PABLO.

HEBRÓN: LA GRAN MESQUITA Y PARTE DE LA CIUDAD.

HEBRÓN, *amistad*, I., antigua ciudad de Canaán, y una de las más viejas del mundo, edificada siete años antes que Tanis (Soan), la capital del Bajo Egipto, Núm. 13:22. Antiguamente se la llamaba Kiriat-arba, (Véase ARBA) y Mamré, y fué la residencia favorita de los patriarcas Abraham, Isaac y Jacob. Allí fueron ellos también sepultados, Gén. 13:18; 14:13; 23:2-19; 35:27. Bajo los gobiernos de Josué y Caleb, y cuando dicha ciudad pertenecía á los Cananeos, los Israelitas la conquistaron, y fué después asignada á los sacerdotes y convertida en ciudad levítica de refugio, Jos. 14:13-15; 13:13; Jue. 1:10, 20. Fué la residencia del gobierno de David durante los siete años que ese monarca reinó sobre Judá solamente, 2 Sam. 2:3; 5:5. Allí levantó Absalom el estandarte de la rebelión, 2 Sam. 15:9, 10. Fué fortificada por Roboam, 2 Crón. 11:10, y vuelta á ocupar después de la cautividad, Neh. 11:25. Fué recobrada del poder de los Idumeos par Judas Macabeo, quemada por los Romanos, 69 A. D.; tomada por los Mahometanos en el siglo séptimo, y por los cruzados á principios del siglo doce. Fué la residencia de un "episcopado" hasta

1187, año en que cayó otra vez en manos de los Musulmanes, y así ha permanecido. Es una de las cuatro ciudades santas de estos, y un foco de fanatismo. Es también una de las cuatro ciudades santas de los Judíos. En la actualidad, Hebrón es una ciudad sin murallas, con cerca de 10,000 habitantes, de los cuales 500 son Judíos, y el resto Turcos y Árabes. Se halla en un valle profundo y en la ladera de un cerro inmediato, en el antiguo país montañoso de Judea, como 20 millas al sur de Jerusalem, y 20 al norte de Beer-seba, á una elevación de 3,040 piés sobre el nivel del mar. Su moderno nombre arábigo de el-Khulil, "el amigo," se le ha puesto en honor de Abraham, "el amigo de Dios." En uno de los barrios de la ciudad está el Haram, que es un cercado sagrado que rodea una pequeña mesquita. Generalmente se cree que esta está edificada sobre la venerada cueva de Macpela. El edificio exterior está hecho de piedras grandes, y tiene como 60 piés de altura, 150 de ancho y 200 de largo. Con excepción de sus dos minaretes, es evidentemente de muy grande antigüedad—según Tristram y Stanley, probablemeute de la época de David y Salomón. La parte interior de la mesquita debió de ser una iglesia cristiana en el tiempo de Justiniano. Los Musulmanes impiden escrupulosamente la entrada á ella á los Judíos y á los cristianos, si bien es cierto que se le permitió al Príncipe de Gales, acompañado del Dean Stanley, en 1862, al marqués de Bute en 1866, y al príncipe coronado de Prusia en 1869. La tumba verdadera está debajo del suelo de la mesquita. Véase MACPELA. Otras reliquias de la antigüedad existen en dos estanques de piedra, el mayor de los cuales tiene 133 piés de lado y 21 de profundidad. Todavía se usan diariamente, y uno de ellos es probable que haya sido "el estanque de Hebrón," sobre el cual colgó David á los asesinos de Isboset, 2 Sam. 4:12. La ciudad contiene nueve mesquitas y dos sinagogas. Sus calles son estrechas; las casas son de piedra con azoteas planas coronadas de pequeñas cúpulas. Fabrícanse allí grandes cantitates de lámparas de cristal y de anillos de color; también botas ú odres de cuero, pasas, y *dibs* ó jarabe de uva. Se hace un activo comercio con los Beduinos que truecan su lana y el pelo de sus camellos por los productos de esa ciudad. Sus alrededores son muy fértiles, y en ellos crecen los viñedos más hermosos de Palestina, nume-

rosas plantaciones de olivos y otros árboles frutales, y también excelentes pastos. Véase ESCOL, MAMRÉ. Dos millas al oeste de Hebrón está el árbol venerado como "la encina de Abraham." Su tronco mide 32 piés de circunferencia, y la copa que forman sus ramas, 275. Josefo habla de una grande encina que se halla en ese sitio, y de la tradición de que es tan antigua como el mundo. Véase ENCINA.

II. Ciudad de Aser, Jos. 19:28, tal vez la misma Abdón, Jos. 21:30.

HEBRONITAS, descendientes de Hebrón, hijo de Caat, Núm. 3:19, 27; 26:58.

HECES, los asientos ó sedimentos del vino. Los vinos que se han dejado reposar largo tiempo sobre las heces adquieren un color y olor excelentes; por esto es que se emplean tales vinos como símbolo de bendiciones evangélicas, Isa. 25:6; también como el de una nación ó comunidad que, á causa de un largo periodo de quietud y prosperidad, se ha hecho rica y lujosa, y descansa en carnal seguridad, Jer. 48:11; Sof. 1:12. Beber las heces del cáliz de la ira de Dios, Sal. 75:8; Isa. 51:17, es beberla hasta agotarla, esto es, sufrir la ira de Dios sin mitigación ó fin.

HECHICERA, Exod. 22:18; la forma masculina y plural de esta palabra se ha traducido "encantadores," en Exod. 7:11; Deut. 18:11; 1 Sam. 28:3, 9; 2 Crón. 33:6; Jer. 27:9; Dan. 2:2. Véase también Isa. 47:9, 12; y "adivinos," en Lev. 19:31; 20:6, 27; 2 Rey. 23:24; Isa. 8:19; 19:3. La mejor explicación de estos términos que da la Biblia se halla en la narración de la bruja de Endor. Era esta muy conocida como persona "que tenía un espíritu familiar," ó un demonio que le servía, y pretendía de consiguiente tener la virtud de poder llamar del mundo de los espíritus las almas de los muertos para conversar con ellas. De esto se deduce que el carácter esencial de la brujería ó hechicería era un pretendido *comercio ó comunicación con los demonios y los espíritus de los difuntos*. En este respecto, es idéntica á la hechicería moderna y al espiritismo; y toda la reprobación pronunciada por la Biblia en contra de la brujería, es igualmente aplicable á estos y todos los demás sistemas de pretendida comunicación con los espíritus y los demonios.

Á esta práctica añadían los hechiceros y brujos de la antgüedad el arte de decir la buena ventura y de adivinar, y pretendían tener conocimiento y dominio de las fuerzas secretas de la naturaleza. Á fin de dar cierto aire ó apariencia de misterio á su pretendida comunicación con los espíritus, usaban drogas, sahumerios, artes químicas, encantos, y toda clase de supercherías para amedrentar y embaucar al pueblo supersticioso. Sus artes ilícitas eran semejantes á las prohibidas en Deut. 18:10, 11: " No sea hallado en tí quien haga pasar á su hijo ó su hija por el fuego, ni practicante de adivinaciones, ni agorero, ni sortilegio, ni hechicero, ni fraguador de encantamientos, ni quien pregunte á Piton, ni mágico, ni quien pregunte á los muertos." De este catálogo se desprende que todas las formas de superstición en el Oriente en la época de Moisés existían tanto como ahora. Los que conocen la Siria y la Arabia de los tiempos modernos, nos dicen que tanto los jóvenes como los ancianos de todas las sectas creen en general en el poder del " mal ojo," de los encantamientos, talismanes, amuletas, hechicerías de serpientes y exorcismos, y que estas supersticiones ejercen una poderosa influencia en la vida oriental. Aún el moderno mesmerismo tiene su equivalente en las pretendidas artes mágicas del Oriente, pues estas, como muchas otras supersticiones, fueron practicadas desde muy remotos tiempos. Semejantes necedades y picardías están expresamente prohibidas en la Biblia; y muchas de ellas bajo la dispensación judaica eran castigadas con la muerte. Todas ellas son *idolátricas*, puesto que hacen prescindencia del verdadero Dios y buscan la protección de poderes extraños. Es seguro que prevalecerán en mayor ó menor grado según vayan perdiendo los hombres la confianza tranquila que deben tener en el Todopoderoso, y la obediencia complaciente y bien entendida que están obligados á rendir á su voluntad. El que le teme á Dios no tiene porque temerle á ningun otro sér. En tanto que aquél que, á semejanza del rey Saúl, se separa de Dios, no encuentra consuelo en ninguna parte. Véase ENDOR y ENCANTADOR.

HECHOS ó ACTOS DE LOS APÓSTOLES, el quinto libro canónico del Nuevo Testamento, escrito por Lucas, como continuación de su Evangelio, como historia, si bien no completa, de la primitiva iglesia, desde el año 30 al 63 de la éra cristiana, Luc. 1:1–4; Hech. 1:1. No es, sin embargo, un registro de los hechos de todos los apóstoles, sino principalmente de los de Pedro y Pablo. En su Evangelio Lucas describió la *fundación* del cristianismo, efectuada mediante lo que Cristo obró, enseñó y sufrió; en los Hechos se propuso hacer ver como se había verificado su *difusión*, y con ese fin eligió lo más apropósito para poner de manifiesto el modo como el Espíritu Santo guió y bendijo á los primeros discípulos de Cristo en la edificación de su iglesia. Reanudando la relación en donde la había dejado en el Evangelio, refiere la ascensión del Salvador, y la conducta observada con tal motivo por los discípulos; la efusión del Espíritu Santo, según la promesa de Cristo; la predicación milagrosa de los apóstoles; su éxito sorprendente, y las persecuciones suscitadas contra ellos, con otros acontecimientos importantes de la iglesia de Jerusalem, hasta que fueron diseminados por todas partes.

Él enseña en seguida cómo fué sustituido el judaismo, y cómo fué inducido Pedro á recibir á la comunión cristiana á los convertidos de entre los Gentiles. La segunda parte de la narración trata de la conversión y vocación del apóstol Pablo; de su celo misionero, sus trabajos y sufrimientos, particularmente entre los gentiles, y acaba con los dos años de prisión que tuvo ese apóstol en Roma.

El mismo Lucas presenció la mayor parte de los acontecimientos que narra. Véase Hech. 16:11; 20:6 á 28:31.

El griego que empleó es el más clásico del Nuevo Testamento; y la idea que da del espíritu de la primitiva iglesia, tantos de cuyos miembros habían " estado con el Señor," es inapreciable. El libro fué escrito probablemente por el año de 63 ó 64 A. D., esto es poco tiempo después de que en que la narración termina. El lugar donde fué escrito se ignora; pero tal vez fué Roma. Su autenticidad fué universalmente reconocida por la primitiva iglesia, y se confirma con la investigación crítica hecha en los tiempos modernos.

Para leer los Hechos de los Apóstoles con provecho, es necesario tener un conocimiento suficiente de geografía, así como también de las costumbres, de los tiempos y de los pueblos á que el libro se refiere, y además de los principales sucesos de la historia contemporánea de esa época. Débese así mismo saber algo del poder que ejercían los Romanos, de la naturaleza y los nombres de los cargos públicos que establecieron, y de las distinciones que entre esos cargos se hacían, como también de las tendencias y las opiniones políticas de la inconversa nación judía, las cuales prevalecían en alto grado entre los Hebreos cristianizados.

HELADA, algunas veces cae en los terrenos elevados de Palestina, y una capa delgada de hielo se forma en ocasiones también en los estanques de Jerusalem. Á la belleza tranquila de las formas que el hielo toma, se hace alusión en Job 37:10. En toda aquella región hay á menudo una diferencia más notable en la temperatura del día y de la noche, que en los Estados del Este de la Unión Americana, Méjico y otros países del Nuevo Mundo, pues noches en que caen heladas son con frecuencia seguidas por días de gran calor, Gén. 30:40; Jer. 36:30.

HELBON, *fértil*, Ezeq. 27:18, conocida por su vino de que se abastecía á Tiro por los comerciantes de Damasco. No es, como antes se creía, Aleppo, (Haleb en árabe,) que está como á 180 millas al norte de Damasco, y no produce vino afamado. Es un agreste vallecito y una aldea llamada todavía Helbón, situada muy arriba en la vertiente oriental del Anti-Líbano, como diez millas al norte de Damasco, y célebre por sus viñedos y su lana. Allí se pueden ver muchas ruinas.

HELCAT-ASSURIM, *campo de héroes ó de rocas*, lugar cerca de Gabaón, llamado así por un combate habido á guisa de duelo, antes de una batalla entre los ejércitos de David y de Isboset, 2 Sam. 2:16.

HELCÍAS, ó ELCIAS, *Dios es mi herencia*, I. y II., 1 Crón. 6:45; 26:11.

III. 2 Rey. 18:18; Isa. 22:20; 36:2, 22.

IV. Sumo sacerdote en el reinado de Josías. El halló "el Libro de la ley," la copia sagrada del Pentateuco, en el templo, y ayudó á Josías en las reformas que este hizo, 2 Rey. 22:8 á 23:25; 2 Crón 34:14-33. Fué probablemente progenitor de Esdras, Esd. 7:1.

V. Jer. 1:1.

VI. Jer. 29:3.

VII. Neh. 12:7, 21.

VIII. Neh. 8:4.

HELEF, *cambio*, Jos. 19:33, lugar en el límite de Neftalí, tal vez Beitlif, pero no ha sido identificado con certeza.

LLANURA Y OBELISCO DE HELIÓPOLIS.

HELIÓPOLIS, *ciudad del sol*, I., célebre ciudad de Egipto, llamada en Capto, en Hebreo y en la Biblia española, On, *sol, luz*, Gén. 41:45. Los setenta hacen mención expresamente en Exod. 1:11, de que On es Heliópolis. Jeremías, 43:13, llama á esta ciudad Bet-semés, esto es, casa ó templo del sol. En Ezeq. 30:17, se habla de Heliópolis, que como queda dicho es la misma que On. Los Arabes la llamaban Ain-Shems, fuente del sol. Todos estos nombres le vienen de la circunstancia de que esa ciudad era el antiguo centro del culto que los Egipcios tributaban al sol. Estaba en ruinas en tiempo de Strabo, quien refiere que dos obeliscos habían sido ya llevados de allí á Roma. En la actualidad, su sitio, seis millas al nordeste de Cairo, está señalado solamente por largas hileras de pequeñas terraplenes llenas de escombros, y un obelisco solitario formado de un solo trozo de granito rojo, que se levanta 66 piés sobre la arena, y tiene todos los cuatro lados cubiertos de geroglíficos.

II. A otra Heliópolis se hace alusión en la Escritura bajo el nombre de "Bicataven" ó campo del sol, Amós 1:5. Esta era la Heliópolis de Cœle-Siria, ahora Baalbec. Sus estupendas ruinas han sido el asombro de los siglos pasados, y continuarán siendo el de las generaciones futuras, hasta que la barbarie y los terremotos hayan dado la última mano en su destrucción. Los restos más notables son los de

tres templos, el mayor de los cuales, con sus atrios y pórtico, tiene una extensión de mil piés de este á oeste. Un magnífico pórtico de 180 piés de largo, con doce columnas altas y esmeradamente trabajadas, conduce á un grande atrio exágono. y éste á un vasto cuadrángulo que mide 440 piés de largo y 370 de ancho. En frente de éste se levantan diez columnas del peristilo que rodeaba el templo interior. Había 19 columnas en cada lado, ó 54 por todas, de las cuales 6 solamente subsisten ahora, y tenían 7 piés de diámetro y 62 de altura, además del cornijón de cerca de 14 piés. Este templo descansaba en una inmensa base abovedada, que se levantaba cerca de 50 piés sobre el suelo exterior, y en ésta hay tres piedras de 65 piés de largo y 13 de alto, colocadas 20 piés arriba del suelo. Los templos son de origen romano; y en grandeza de plan, combinada con lo esmerado y primoroso de su ejecución, parecen sobrepujar á todos los del mundo.

RUINAS DE BAALBEC.

"Son como los templos de Atenas en cuanto á la delicadeza de su arquitectura, pero les exceden en extensión: son vastos y macizos como los de Tebas, pero les sobrepujan en cuanto á elegancia y gracia." (Robinson.)

HEMAN, *fiel*, I., hijo de Zara de la tribu de Judá, notable por su sabiduría, 1 Rey. 4:31; 1 Crón. 2:6.

II. Levita del linaje de Coat, hijo de Joel y nieto de Samuel, director de la música del templo en tiempo de David, 1 Cró. 6:33; 15:17, 19; 16:41, 42; 25:1, 4-6; 2 Cró. 5:12; 29:14; 35:15. El Salmo 88 se le atribuye á él. Algunos explican el término "Ezrahita," diciendo que es equivalente á "hijo de Zara," y así identifican al Hemán cantor y vidente con el Hemán I. Si así es, aunque nació Levita, está relacionado con la tribu de Judá y reconocido en ella.

HEMOR. Véase HAMOR.

HEMORROIDES ó ALMORRANAS, ombre como ahora, de una molesta enfermedad ocasionada por ciertos tumores, Sam. 5:12; Deut. 28:27.

HENA ó ANA, se supone que fué una ciudad de Mesopotamia, sobre el Eufrates, como 20 millas arriba de Babilonia, 2 Rey. 18:34; 19:13; Isa. 37:13.

HENOC ó ENOC, *dedicado*, I., hijo de Caín, en honor del cual la primera ciudad mencionada en la Biblia fué llamada Henoc, 4:17.

II. Un individuo de la séptima generación de Adam, hijo de Jared y padre de Matusalem, eminente como patriarca que vivió cerca de Dios por medio de su fé en el futuro Redentor, Heb. 11:5, 13. Dióse testimonio de la rara piedad que practicó en una época impía, trasladándolo como más tarde se trasladó á Elías, sin que viera la muerte. Estos dos ilustres hombres de Dios fueron, pues, honrados con una visible manifestacion de la vida futura. Enoc había vivido solamente 365 años, 622-987 A. M., Gén. 5:18-24. Judas, vers. 14, 15, cita una profecía tradicional de Enoc, que manifiesta la creencia de éste en un juicio venidero. Hay un libro apócrifo que lleva el nombre de Enoc, el cual cita la misma tradición. Fué probablemente escrito por algún devoto creyente en el primer siglo, ó quizá poco tiempo ántes de la venida de Cristo, y tiene sólo valor por la luz que arroja sobre las creencias de aquel tiempo. Nunca ha sido recibido como canónico. Fué probablemente escrito en hebreo, pero el original y la versión griega conocida por los Padres se han perdido. Hase restaurado el texto tomándolo de las versiones etíopes. Pone de manifiesto lo universal de la providencia de Dios.

HÉPSIBA, *mi delicia es en ella*, la esposa de Ezequías y madre de Manassés, 2 Rey. 21:1. Por su nombre y por el carácter de su hijo, podría inferirse que fué escogida como reina por su belleza, más bien que por su piedad.

HEPHZI-BAH ó CHEFZIBAH, nombre aplicado á Jerusalem restaurada, Isa. 62:4. Comp. Isa. 1:1.

HEREJÍA, *elección*. Este término se aplica á la adopción de ideas religiosas y de prácticas nuevas y perniciosas. En el Nuevo Testamento se traduce algunas veces *secta*, al implicar juicio favorable ó adverso en cuanto á sus dogmas, Hech. 5:17; 15:5; 26:5. A veces, sin embargo, implica una censura, Hech. 24:5, por donde se ve que aquellos que llaman á otros heréjes merecen ellos mismos el dictado más bien que los sindicados, Hech. 24:14.

En las epístolas, las herejías y los cismas de la iglesia cristiana se condenan con mucha severidad, 1 Cor. 11:19; Gál. 5:20; Tito 3:10; 2 Ped. 2:1, por habérsele dado á esa palabra desde entonces un sentido que indica apartamiento de las verdades fundamentales del evangelio.

HERENCIA. Las leyes relativas á la herencia entre los Hebreos eran muy sencillas. La tierra podía ser hipotecada, pero no enagenada, Núm. 36:6-9. Véase JUBILEO. El único derecho permanente á la propiedad, lo daba la herencia ó la sucesión de familia. El hijo mayor recibía dos tantos, Deut. 21:15-17. Las mujeres no tenían posesiones territoriales; pero si un hombre no dejaba hijos, sus hijas heredaban, á condición de casarse con algún miembro de una familia de la misma tribu á que pertenecía su padre. Si un hombre no tenía hijos, su tierra pasaba á sus parientes más cercanos, según la ley establecida en Núm. 27:8-11. La ley de Moisés hacía innecesarios los testamentos; éstos fueron introducidos, sin embargo, en un periodo posterior, Gál. 3:15; Heb. 9:17. Los bienes eran algunas veces distribuidos entre los hijos durante la vida del padre; así en la parábola del hijo pródigo, el padre dividió sus bienes entre sus dos hijos, Luc. 15:12. La herencia del creyente en Cristo es la salvación eterna, Heb. 1:14; 9:15, y el reino de Dios, Luc. 12:32; Sant. 2:5. Como hijo de Dios, es heredero, y co-heredero con Cristo, su hermano mayor, Rom. 8:17.

HERES, HEREZ ó HARES, *sol*. El Monte de Heres, en Hebreo Cheres, Jue. 1:35, era probablemente una ciudad idéntica con Bet-semes, ó unida á ella.

La misma palabra se halla en algunos textos hebreos de Isa. 19:18, lo mismo que en la versión de Reina. Este pasaje se cree que se refiere á una de las cinco ciudades de Egipto, habitadas en parte ó en su totalidad por Judíos, quienes eran muy numerosos en ése país en la época de la dominación de los Griegos. La ciudad Judaica Onión fué destruida por Tito.

HERMANA. En el sentido que se le da en la Biblia, este término es tan lato como el de "hermano," "padre," "hijo," etc. Denota no solamente una hermana carnal de padre y madre, sino también una media hermana, ó alguna pariente cercana, Gén.

12:13; 20:12; 26:7; Mat. 13:56. También denota á una con quien se tiene estrecha afinidad de pensamientos é inclinaciones, Ezeq. 16:46; y á una persona de la misma familia espiritual por la fé, Rom. 16:1; 1 Cor. 9:5. Es uno de los términos por los cuales expresa Cristo la estrecha relación en que él recibe misericordiosamente á sus discípulos, Mat. 12:49, 50. En Col. 4:10, la palabra "sobrino" debería traducirse "primo."

HERMANO, significa en la Escritura el hijo del mismo padre ó padres, Mat. 1:2; Luc. 6:14; un pariente cercano, Gén. 13:8; 14:16; uno de la misma estirpe ó país, Mat. 5:47; Hech. 3:22; Heb. 7:5; un prójimo, un igual, Mat. 5:23; 7:3; una persona amada, 2 Sam. 1:26. Se dan entre sí este nombre los cristianos como hijos de Dios, Hech. 9:30; 11:29, y como discípulos de Cristo, Mat. 25:40. Era un modismo muy común entre los Hebreos para expresar alguna semejanza muy notable: Job dice, "He venido á ser hermano de los dragones," Job 30:29. En Mat. 12:46-50; 13:55, 56; Marc. 3:31-35; 6:3; Juan 2:12; 7:3; Hech. 1:14, se mencionan á los hermanos de Cristo de tal modo, en conexión con su madre y hermanas, que casi nos vemos forzados á creer que eran hijos de José y de María, menores que Jesús. Los vecinos de Cristo en Nazaret dicen de él y de su familia: "¿No es éste el hijo del carpintero? ¿No se llama su madre María, y sus hermanos Jacobo, y José, y Simón, y Judas? ¿y no están todas sus hermanas con nosotros?" Mat. 13:55, 56. De las expresiones que se encuentran en Luc. 2:7: "y parió su hijo primogénito;" y en Mat. 1:25, "y no la conoció hasta que parió su hijo primogénito," y del hecho de que José y María vivieron juntos como treinta años, se colige naturalmente que ellos tuvieron después otros hijos. La teoría de que estos *hermanos* de Cristo no eran sino sus *primos*, hijos de María, hermana de la Virgen María, y de Alfeo, presenta muchas dificultades: "los hermanos de Cristo" se les menciona siempre en asocio de la Virgen María y no de la otra mujer; no creyeron en él, sino hasta después de su muerte, Juan 7:5 (comp. Sal. 69:8). Por otra parte, dos de sus primos eran probablemente apóstoles, mientras que á "los hermanos de Cristo," se les distingue con toda claridad de los apóstoles, Hech. 1:13, 14; 1 Cor. 9:5; Judas 17. Además, cuando sus discípulos, inclusos sus primos estaban al rededor de él, su madre y sus herma-

nos fueron á verle, Mat. 12:46-50. Si éstos hubieran sido primos, Cristo debia haber dicho: "¿Quién es mi madre y quiénes son mis primos? Quienquiera que haga la voluntad de mi Padre que está en lo cielos, ese es mi primo, y hermana y madre."

Igualmente absurdo es sustituir *primos* por *hermanos* en el pasaje de Mateo 13 antes citado. Los hermanos de Cristo se mencionan 15 veces, y el término usado en griego es siempre *adelphos*, hermano, y nunca *anepsios*, primo, ni *sungenes*, pariente. Contra estos argumentos, la tradición de los primeros padres, quienes desde un principio comenzaron á mirar el matrimonio como una impureza, es de poco peso; también lo es la de que es extraño que "los hermanos" y los primos llevasen el mismo nombre, pues los nombres eran muy comunes, y nada tenía de particular que los tuvieran idénticos personas de dos familias relacionadas por parentesco. Por último, la objeción de que Cristo en la cruz puso á su madre al cuidado de Juan y nó de sus hermanos, se desvanece cuando se toma en cuenta que aquél debia de ser persona acomodada, y que estos habían sido incrédulos.

HERMAS, un cristiano de Roma, Rom. 16:14, que según algunos suponen fué el escritor de un libro antiguo llamado "El Pastor," mezcla singular de verdad y piedad, de necedades y superstición. Pero se sabe que el tal libro fué escrito en el siglo segundo.

HERMÓGENES y FIGELLO abandonaron á Pablo durante su segundo aprisionamiento en Roma, 2 Tim. 1:15.

HERMÓN, *pico de montaña*, llamada también Sirion ó Senir, *pectoral*, Deut. 3:9; Ezeq. 27:5, en alusión á su cima cubierta de nieve; también Sión, *elevado*, Deut. 4:48. Está en la parte meridional de la cordillera del Anti-Líbano, 40 millas al N. E. del mar de Galileo, y 30 al S. O. de Damasco. Es el monte más elevado de Siria, y hoy dia lleva el nombre de Jebel esh-Sheikh, *monte del anciano*. Tiene tres picos, Sal. 42:6, que forman un triángulo é incluyen una pequeña altiplanicie. El del norte y el del sur tienen cada uno 9,053 piés de elevación sobre el nível del mar, y 11,000 sobre el del valle del Jordán; el pico del oeste, á una distancia de 600 y tantas varas, 100 piés más bajo que los otros. Hermón era el límite septentrional de Israel al este del Jordán, Deut. 3:8; 4:48; Josué 11:3, 17; 12:1; 13:11; 1 Crón. 5:23. Véase también Sal. 89:12 · Cant. 4:8. Parece haber sido un santurio de Baal, y las ruinas de un antiguo templo se hallan en su pico meridional.

Hermón está coronado de nieve ó hielo durante todo el año. En Noviembre comienza á cubrirlo la nieve, y gradualmente se extiende y baja por sus lados hasta 5,000 piés. Derrítese á medida que el verano avanza, y ya por el mes de Septiembre sólo queda un poco en los puntos sombreados; y el hielo que se halla en los hondonadas, al rededor de la cumbre, reluce bajo los rayos del sol en listas plateadas, á semejanza de las quedejas canosas de un anciano, esh-Sheikh. Esta majestuosa montaña puede verse desde todas las alturas de Palestina, y su cima domina una extensa vista de la llanura de Damasco al este, el Mediterraneo al oeste, y la Tierra Santa al sur. A su copioso rocío formado por el aire húmedo y caliente que se precipita por el Ghor y se condensa en sus heladas faldas, se hace referencia en Sal. 133:3, como emblema del rocío espiritual de bendición que se concede en el Monte Sión; los viajeros dicen que es tan abundante que sus tiendas no los protegen de él suficientemente. Frecuentan la montaña osos, lobos, zorros y varias clases de caza; comp. Cant. 4:8. En su base estaba Cesarea de Felipo, llamada ahora Banías, Mat. 16:13, en donde Jesús estuvo poco antes de su transfiguración, la que se cree tuvo lugar en algún sitio retirado de esa montaña, Mat. 17:1-8; Mar. 9:1-8.

El "Pequeño Hermón" de que hablan los viajeros, y que la Biblia no menciona, es una masa informe de cerros, al norte del valle más pequeño de Jezreel; se le llama Jebel ed-Duhy por los Árabes.

HERMOSO, un cutis no quemado ú oscurecido por los rayos del sol, era altamente apreciado, no sólo por su belleza, sino como indicio de rango, Gén. 12:11, 14. Comp. Cant. 1:5, 6, 8.

HERODES, heróico, nombre de varios príncipes de linaje idumeo que gobernaron á Palestina bajo el Imperio Romano, y se moncionan en el Nuevo Testamento. Los Idumeos habían sido subyugados por Juan Hyrcano 130 A. C., y obligados á adoptar el judaismo.

I. Herodes el Grande, Mat. 2; Luc. 1:5, rey de Judea, etc., 40 A. C., fué el segundo hijo de Antípater, Idumeo que fué hecho procurador de Judea por Julio Cesar, 47 A. C. siendo Hyrcano II. sumo sacerdote. Herodes, que era entonces de 25 años de edad, fué nombrado por su padre

gobernador de Galilea; en 41 A. C., él y su hermano Fasael fueron hechos por Antonio tetrarcas de Judea con la misma jurisdicción é idénticas facultades, y el año siguiente fué Herodes declarado rey de Judea por el Senado Romano. En tres años se estableció bien en su reino. Jerusalem fué tomada; Antígono, el sumo sacerdote por aquel tiempo, fué capturado y ejecutado, 37 A. C., y todos los miembros del Sanhedrin condenados á muerte.

Herodes se grangeó la privanza de Octavio, el vencedor y sucesor de Antonio, y la conservó imponiendo grandes contribuciones á sus súbditos, con lo cual perdió la buena voluntad de éstos. Aunque profesaba ser Judío, se servía de la religión solamente para lograr sus ambiciosos designios. Reconstruyó el templo de Jerusalem; pero también edificó uno en el monte Gerizim para los Samaritanos; estableció un culto pagano en Cesarea para los Gentiles, fundó un templo dedicado á Augusto en Paneas, y reedificó el de Apolo en Rodas. Entre las ciudades que él embelleció con edificios costosos, se contaban Cesarea y Sebaste, anteriormente llamada Samaria. En Jerusalem construyó un teatro é instituyó juegos, y procuró disminuir el descontento popular, dando grandes sumas para aliviar una hambre, y edificando la fortaleza Antonia y reconstruyendo el templo. Véase TEMPLO.

Manchó su vida con muchos actos de crueldad. Hizo dar muerte al hermano (por el año 37 A. C.), y al abuelo (Hyrcano) de su mujer Mariamne, á ésta misma (29 A. C.), y á la madre y á los dos hijos de ella, Alejandro y Aristóbulo (7 A. C.), y unos cuantos días antes de su muerte ordenó la ejecución de su propio hijo Antípater, y mandó también que los hombres principales de Judea, á quienes había reunido y encerrado en Jericó, fuesen muertos tan luego como él expirase, para que no le faltaran lágrimas en esa ocasión. Esta orden, sin embargo, no fué cumplida. Debe de haber sido poco antes de su muerte cuando, animado por el deseo de acabar así con Jesús, hizo que los niños de Betlehem fuesen degollados. Este acontecimiento y la muerte de Antípater se refieren por el autor latino Macrobio, 420 A. D. Designó á Arquelao como sucesor suyo "en el reino," mediante la aprobación del emperador, y dividió el territorio entre aquel y sus hermanos Herodes Ántipas y Felipe. Fué un hombre de gran astucia y fuerza de voluntad, pero de pasiones vio lentas, de insaciable ambición, y de una conciencia destituida de toda clase de escrúpulos. La tentativa que hizo para quitar la vida al Mesías le da celebridad entre los enemigos de Dios y de su iglesia.

II. HERODES FELIPE I., Mat. 14:3; Mar. 6:17, llamado Herodes por Josefo, hijo de Herodes el Grande y de la segunda esposa que tuvo con el nombre de Mariamne, hija de Simón el Sumo Sacerdote. Desheredado por su padre á causa de la traición de la madre, retiróse, según parece, á la vida privada. Fué el primer marido de Herodías. Véase HERODÍAS.

III. ARQUELAO, hijo de Herodes el Grande, y hermano mayor de Herodes Ántipas. Véase ARQUELAO. Josefo dice que Arquelao, antes de ir á Roma á obtener la ratificación imperial de su derecho á la corona, sufocó una insurrección dando muerte á 3,000 hombres en el templo, durante la Pascua. Obtuvo la ratificación apetecida, apesar de las protestas del pueblo, pero con el título de etnarca en lugar del de rey.

IV. HERODES ÁNTIPAS, hijo de Herodes el Grande y de Maltace, su mujer samaritana, y hermano carnal de Arquelao, junto con el cual fué educado en Roma. Después de la muerte de su padre fué confirmado por Augusto como tetrarca de Galilea y de Perea (esta última, como se sabe, era la parte meridional de la región situada al este del Jordán), Luc. 3:1. A consecuencia de esto se le dió también el título general de rey, Mar. 6:14 Se casó primero con una hija de Aretas, rey árabe; pero enamorándose después de Herodías, que era esposa de su hermano Herodes Felipe I., y además su propia sobrina, abandonó á su mujer legítima, é indujo á Herodías á dejar á su marido para unirse con él. Este pecado fué para Herodes el origen de sus desgracias, de otros pecados y de mucha humillación. Aretas le hizo la guerra y lo castigó severamente. Juan el Bautista lo reconvino y con ese motivo se atrajo el odio de Herodías, quien indujo á su marido á que redujese á prisión á Juan, y finalmente lo matase, Mat. 14:1-12; Mar. 6:14-29; Luc. 3:13-20. Indulgente consigo mismo, prefirió continuar en el pecado y matar á un hombre que él sabía era "justo y santo," más bien que faltar á un juramento indebido. Si era saduceo—como es de inferirse si se compara á Mat. 16:6 con Mar. 8:15, y si se tiene en cuenta su perplejidad al ver á Jesús como Juan que había resucitado, Luc. 9:7-9,—los temores que su culpa le infundía parecen haber vencido su incredulidad en los espíritus y la resurrección, Mat. 14:2; Mar. 6:14-16. Se hace alusión á su astucia en Luc. 13:32. Cristo, como Galileo, estaba bajo la jurisdicción de Herodes, y el haber conocido esto Pilato cuando estos dos gobernantes estaban en Jerusalem con motivo de la pascua, los hizo amigos, Luc. 23:7-12. Habiendo Cristo rehusado satisfacer la curiosidad de Herodes, fué burlado por este. La liga de coalisión de Herodes y Pilato contra el Salvador había sido predicha, Sal. 2:2; Hech. 4:25-27. Herodes Ántipas, lo mismo que su padre, gastó mucho dinero en obras públicas, incluyendo la ciudad de Tiberias que él edificó y á la cual le dió ese nombre en honor de Tiberio. En el año 38 A. D. fué inducido principalmente por Herodías, á ir á Roma á entablar pleito para obtener el título de rey que Calígula acababa de conferir á Herodes Agripa I.; pero acusado por este, fué expatriado á León, y murió en el destierro.

V. HERODES FELIPE II., hijo de Herodes el Grande y de su quinta mujer Cleopatra, Tetrarca de Iturea, Gaulonitis, Auranitis y Traconitis, desde 4 A. C. hasta 34 A. D., Luc. 3:1. Casóse con Salomé (la bailarina) hija de Herodes Felipe I., y de Herodías. Engrandeció á Paneas y la llamó Cesarea de Filipo, é hizo á Betsaida ciudad, llamándola Julias, en honor de una hija de Augusto. En este último lugar murió sin hijos. Fué justo y templado en su vida y en su gobierno.

VI. HERODES AGRIPA el MAYOR ó I., Hech. 12; 23:35, nieto de Herodes el Grande y de Mariamne I., é hijo de Aristóbulo que fué condenado á muerte con su madre, por orden de su padre. Véase HERODES I. Fué criado en Roma con Drusos, hijo de Tiberio. Al advenimiento de Calígula al trono imperial fué sacado Agripa de la prisión en donde había sido puesto por Tiberio, y recibió del emperador, 37 A. D., el título de rey, juntamente con las tetrarquías que antes eran de su tío Felipe y de Lysanías. Después de la muerte de Herodes Ántipas, Calígula asignó á Agripa, la Galilea y Perea, y en el año 41 A. D. le otorgó á Judea y Samaria, formándole así un reino igual al de su abuelo. Observaba con rigidez el ceremonial judío, y disuadió á Calígula de que se hiciese erigir una estatua en el templo de Jerusalem. Para congraciarse con los Judíos, comenzó una persecución contra los cristianos; pero parece que no pasó de dar muerte á Santiago, y de encarcelar á Pedro, puesto que poco después murió repentina y miserablemente en Cesarea, 44 A. D. Comenzó a fortificar á Jerusalem formándole un tercer muro muy grueso al rededor de la nueva parte del norte, Bezeta; pero desistió con motivo de las sospechas que eso inspiró á Claudio. El muro fué concluido con menos perfección de la proyectada.

VII. HERODES AGRIPA el MENOR ó II., Hech. 25; 26, fué el hijo de Herodes Agripa I., y educado en Roma bajo el cuidado del emperador Claudio. Teniendo sólo 17 años de edad cuando murió su padre, el emperador pensó que era muy joven para sucederle á aquél en el reino, del cual se había hecho otra vez una provincia romana. Después de la muerte de Herodes, tío de Agripa, en 48 A. D., Claudio le dió á este su pequeño reino de Calcis, 50 A. D. En el año de 52 A. D. fué trasferido con el título de rey á las Tetraquías de Felipe y de Lysanias, poseídas antes por su padre, á las cuales Nerón agregó el año de 55 A. D. á Tiberias y Tarichea en Galilea, y á Julias con las regiones adyacentes en Perea. En el año 60 A. D. Agripa y su hermano Berenice escucharon la defensa de Pablo en Cesarea, Hech. 25:13 hasta cap. 26. En 66 A. D. él se esforzó en disuadir á los Judíos de que se aventuraran en una guerra con Roma, y cuando ellos insistieron, se puso del lado de los Romanos. Después de la caída de Jerusalem, se retiró con Berenice á Roma, en donde murió á la edad de 70 años, en el tercero del reinado de Trajano, y el 100 A. D.

HERODIANOS, un partido político judío adicto á los Herodes. Como los príncipes herodianos dependían de Roma, sus partidarios se sometían de buena voluntad al poder romano, y sostenían que era justo pagar tributo á los emperadores, cosa que negaban los Fariseos. Sin embargo, ambos partidos deseaban la continuación de de la religión judía, y se unieron para oponerse al reino espiritual del verdadero Mesías, Mar. 3:6; 12:13; Luke 12:20.

HERODÍAS, nieta de Herodes el Grande y de Mariamne, é hija de Aristóbulo y hermana de Herodes Agripa I. Se casó primero con su tío Herodes Felipe I., pero después se le abandonó para unirse á Herodes Ántipas, hermano de este. Por medio de sus artificios persuadió á Herodes á que hiciese dar muerte á Juan el Bautista, pues estaba encolerizada contra él, con motivo de la severa censura que hizo de la unión adúltera é incestuosa que existía entre ella

y Herodes. Cuando Herodes fué desterrado á Leon, ella lo acompañó, Mat. 14:3, 6; Mar. 6:17; Luc. 3:19. Véase HERODES IV.

HERRERO, metalario ó platero, un acicalador de metales: en la Biblia se hace mención particularmente de los que trabajaban el cobre, el hierro, el oro y la plata. El arte del herrero ó acicalador, como uno de los más esenciales de la civilización, fué practicado desde los primeros tiempos, Gén. 4:22. Sin él se hallaba una nación indefensa en tiempo de guerra. Por eso fué que los Filisteos despojaron á Israel de sus herreros, 1 Sam. 13:19-22; comp. Jue. 5:8; y Nabucodonosor hizo otro tanto, 2 Rey. 24:14, 16; Jer. 24:1; 29:2. En Israel, así como entre los gentiles, se pervertía á menudo este arte en servicio de la idolatría, Jue. 17:4; Isa. 40:19; 41:7; 44:12; Hech. 19:24. Á un artífice de estos, empleado en su trabajo, se le describe en el libro apócrifo del Eclesiástico, cap. 38 ver 28–31.

HESBÓN, inteligencia, ciudad tomada á los Moabitas por Sehon, rey de los Amorrheos, y convertida en capital suya; luego Israel la conquistó y se apoderó de ella, Núm. 21:25-30; Jue. 11:19, 26. Fué asignada á Rubén, puesto que estaba en el límite entre Rubén y Gad, Jos. 13:17, 26; reedificada por Rubén, Núm. 32:37, pero contada como de Gad cuando se la hizo ciudad levítica, Jos. 21:39; 1 Crón. 6:81. En tiempos posteriores Hesbón volvió á quedar en poder de Moab, y fué censurada por los profetas, Isa. 15:4; 16:8, 9; Jer. 48:3, 34, 45; 49:3. En el tiempo de los Macabeos perteneció de nuevo á los Judíos. Sus ruinas, en lo que ahora se llama Hesban, están 15 millas al este de la parte superior del Mar Muerto, en un cerro de 200 piés de altura, cubriendo un circuito de cosa de una milla. Al este de la ciudad se halla una gran cisterna, etc., Cant. 7:4.

HESMÓN, ciudad en el sur de Judá, Jos. 15:27, identificada por Conder con el Meshash, entre Beer-seba y Moladah.

HESRONITAS, una familia de Rubén y otra de Judá, Núm. 26:6, 21.

HET, temor, descendiente de Canaán, y antecesor de los Heteos, Gén. 10:15; 23; 25:10; 27:46. Véase HETEOS.

HETEOS, descendientes de Het, segundo hijo de Canaán, Gén. 10:15; 15:20. En la época de Abraham estaban establecidos al rededor de Hebrón, y á juzgar por la venta que le hicieron de la cueva de Macpela, parece que eran un pueblo traficante y pacífico, Gén. 23; 25:9. Esaú se casó con unas Heteas, Gén. 26:34, 35. Más tarde aparecen en las montañas, Núm. 13:29; Jos. 11:3, formando liga contra Israel, y son vencidos, Jos. 9:1, 2; 11:1-9; 12:7, 8, según Dios lo había prometido á Abraham, Gén. 15:18, 20, y á Moisés, Exod. 3:8. Las relaciones que Israel tuvo con ellos, no obstante el haberles sido prohibidas, fué lo que le indujo á caer en la idolatría, Jue. 3:5-7. Urías era Heteo, 2 Sam. 11:3; 23:39. Salomón subyugó á los Heteos que quedaban independientes, 1 Rey. 9:15-21; 2 Cró. 8:1-8, y tomó mujeres de entre ellos, 1 Rey. 11:1. "Los reyes de los Heteos," antiguo y poderoso reino al norte de Palestina, compraron algunos de los carros que Salomón importó de Egipto, 1 Rey. 10:29; 2 Crón. 1:17; comp. 2 Rey. 7:6; Jos. 11:4. Los Heteos no se extinguieron como pueblo sino hasta después de la cautividad, Esd. 9:1. No se conoce la exacta extensión de su territorio.

Se hace mención de los Heteos en los monumentos egipcios de las dinastías décima nona y vigésima, incluyendo la época de Josué, como enemigos vencidos por Egipto en el valle del Orontes; y también en las inscripciones asirias, dos ó tres siglos después, como que moraban en la misma región. Astoret se nombra en los registros egipcios, como una de sus divinidades. Véase CANANEOS.

HETLÓN, en el límite septentrional de Palestina. Ezeq. 47:15; 48:1, al parecer contigua á la "entrada de Hamat."

HEVEOS, I., ó AVIM, descendientes de Canaán, Gén. 10:17, en la costa de Palestina, de Gaza hacia el río de Egipto, arrojados de allí por los invasores filisteos ó caftoreos, antes del tiempo de Moisés, Deut. 2:23. Sin embargo, permanecían todavía algunos allí en tiempo de Josué, Jos. 13:3. Se conjetura que eran el mismo pueblo que los Heveos II. del cual se hallaron vestigios en varias partes de Canaán, Gén. 34:2; Jos. 9:7; 11:3.

II. Descendientes igualmente de Canaán, Gén. 10:17, establecidos en Siquem en tiempo de Jacob, en cuya época, según aparece, estaban dedicados al comercio y eran de un carácter pacífico, Gén. 33:18 hasta 34:31. En la época de Josué poseían á Gabaón, etc., Jos. 9:3-27; 11:19; y aun cuando se les tenía por gente poderosa, Jos 10:1-5, obtuvieron concesiones de Israel por medio de la astucia y no por medio de la fuerza. Véase GABAONITAS. Algunos de ellos tenían su morada en el monte Líbano, Jos. 11:3; Jue. 3:3, aún

hasta el tiempo de David, 2 Sam. 24:7; y esos fueron derrotados por Israel en las aguas de Merom. Jos. 11:3-8, 17, 19. Israel no exterminó á los Heveos, pero se mezcló con ellos ilícitamente formando alianzas matrimoniales y tomando parte en su idolatría, Jue. 3:5-7. Estos, así como los Heteos, le suministraron esclavos á Salomón para la construcción de sus magníficos edificios, 1 Rey. 9:15-21; 2 Crón. 8:1-8. Compárese 1 Rey. 5:15. Véase CANANEOS.

HIDEKEL, ó HIDEQUEL, *rápido Tigris.* Gén. 2:14; Dan. 10:4. El antiguo nombre zenda era Teger, "corriente;" en las inscripciones asirias Tiggar; el nombre moderno es Dijleh. Este río tiene sus manantiales al oeste y al este, en las montañas de Armenia y de Kurdistan. Los dos brazos que se unen en Telleh, y el río se precipita por una garganta grande y profunda á la llanura asiria. En Mosul tiene yá 300 piés de ancho, y más abajo tiene por término medio, 600. Después de correr 1146 millas, encuentra al Éufrates en Kurnah, y forma el Shat-el-Arab, que sigue corriendo como 120 millas hasta el Golfo Pérsico. El Tigris es navegable por embarcaciones de poco fondo hasta cerca de 600 millas del Golfo Pérsico. Se hace un comercio activo entre Basora y Bagdad por medio de flotillas de botes, y de Mosul bajan muchas balsas. Un antiguo canal une todavía el Tigris, abajo de Bagdad, con el Éufrates. Las márgenes de este río, donde en otro tiempo había populosas ciudades, se hallan ahora cubiertas de moles y de ruinas, con pocas poblaciones estables. El río crece en Abril con el agua producida por la nieve que se derrite en las montañas, y en Noviembre con las lluvias. Véase NÍNIVE.

HIEL, nombre general dado á cualquiera cosa muy amarga. En Job 16:13; 20:14, 25, significa la secreción animal llamada comunmente bilis. En muchos otros pasajes en que la palabra empleada en el original es distinta, se hace alusión á alguna planta amarga y venenosa. En Deut. 29:18; Jer. 9:15; 23:15; Ose. 10:4; Amós 6:12, la palabra hebrea se ha traducido "ajenjo." En Mat. 27:34, se dice que á Jesús le dieron á beber vinagre mezclado con hiel, y en Mar. 15:23, se lee que le dieron vino mezclado con mirra. Dicho brevaje fué probablemente el vino agrio que los soldados romanos acostumbraban tomar, mezclado con mirra y otras sustancias amargas, muy parecidas á las conocidas con el nombre de "amargos" de los tiempos modernos, Sal. 69:21. Las palabras hiel y ajenjo se usan figuradamente para grandes angustias, maldad, depravación, etc., Jer. 8:14; Amós 6:12; Hechos 8:23.

HIEL, ó HIHEL, *Dios vive*, un Betelita que reedificó á Jericó, á pesar de la amenaza hecha 500 años antes, Jos. 6:26. El cumplimiento de la maldición con la muerte de sus hijos, prueba la verdad que denota su nombre, 1 Rey. 16:34.

HIERÁPOLIS, *ciudad sagrada*, llamada así, ya sea por sus manantiales de agua caliente y medicinal, por su carbonato de cal, ó por ser el principal asiento del culto de Astarte; ciudad de Frígia, cinco millas distante de Laodicea, y también cerca de Colosas, hermosamente situada en la confluencia de los ríos Lycus y Meander. Participó en asocio de sus dos vecinas, de los trabajos evangélicos del fiel Epafras, Col. 4:12, 13. En su desolado sitio hay extensas ruinas, entre ellas los restos de tres iglesias. Con motivo de ser blanco el frente de los peñascos situados abajo de ella, se le ha dado su nombre actual de Pambouk-kalessi, ó Castillo de Algodón.

HIERRO, fué conocido y trabajado desde tiempos muy antiguos, Gén. 4:22; Job 28:2. Moisés compara la esclavitud de Egipto á un horno para fundir hierro, Deut. 4:20, y en una de sus alusiones á Canaán dice que allí había ese metal, Deut. 8:9. Se halla ahora en abundancia en la Palestina Septentrional. Antiguamente se hacían muchos y muy variados artículos y utensilios de hierro, Deut. 3:11; 27:5; 1 Sam. 17:7; 2 Sam. 12:31; en cuanto á los carros de guerra, los herraban ó los armaban con puntas y guadañas de hierro, Jos. 17:16. Véase CARROS. Grandes cantidades de hierro fueron provistas para el templo, 1 Cor. 29:2, 7. Por su dureza y pesantéz, el hierro simboliza adecuadamente la sequía, Lev. 26:19; la esclavitud, Deut. 28:48; la fuerza, Job 40:18; Dan. 2:33; Apoc. 2:27; la obstinación, Isa. 48:4; la fortaleza, Jer. 1:18, y en cuanto al procedimiento que se sigue en su laboreo y fundición, el dolor, Ezeq. 22:18, 20. Como los Filisteos restringieron á los Hebreos en el uso del hierro, permitiéndoselo tan sólo en los instrumentos de agricultura, 1 Sam. 13:19–22, así también lo hizo Porsena con los Romanos vencidos. En Jer. 15:12, "el hierro de la parte de aquilón," se supone que denota un hierro de calidad superior, tal como el de Chalybes, en la costa del Mar Euxino, que desde remotos

tiempos había tenido fama. Todavía existen allí minas de hierro. El antiguo modo de fundir el hierro puede haber sido semejante al método rudo y sencillo, pero eficaz, que emplean todavía los naturales de la India. Véase ACERO.

HÍGADO, Lev. 3:4, 10, 15; Prov. 7:23; Lam. 2:11. Este órgano en el hombre era considerado por los antiguos como el asiento de las pasiones. Los idólatras consultaban el hígado de la víctima ofrecida en sacrificio, con el fin de adivinar ó de descifrar el porvenir por medio de él, Ezeq. 21:21.

HIGO. La higuera es común en Palestina y en el Oriente, y florece con la mayor exuberancia en los parajes áridos y pedregosos donde casi ninguna otra cosa puede crecer. Su gran tamaño y la abundancia de sus hojas de cinco lóbulos, hacen de ella un árbol cuya sombra es agradable; y su fruto proporcionaba un alimento sano muy usado en todas las tierras de la Biblia. Era por esto un símbolo de paz y de abundancia, 1 Rey. 4:25; Miq. 4:4; Zac. 3:10; Juan 1:49–51. Los higos son de dos clases: el "boccore" y el "kermouse." El boccore negro y blanco, ó higo temprano, llamado también breva, se produce en Junio, al paso que el kermouse ó higo propiamente dicho, que se conserva haciéndose con él tortas ó pastelillos, rara vez está maduro antes de Agosto. Hay también un kermouse largo y de un color oscuro, que algunas veces cuelga de los árboles todo el invierno.

El fruto de la higuera es uno de los más estimados del Oriente, y de él se habla muy á menudo en las Escrituras. El higo temprano era especialmente apreciado, Isa. 28:4; Jer. 24:2; Nah. 3:12, si bien el veraniego era el que más abundaba, 2 Rey.

20:7; Isa. 38:21. Tiene la higuera la peculiaridad de que su fruto comienza á aparecer antes de las hojas, y sin dar muestras de florecer. Tiene, es cierto, pequeños y ocultos botones; pero el pasaje en Hab. 3:17 debe leerse según el original hebreo: "Aunque la higuera no llevara fruto," en lugar de "porque no florecerá." Sus hojas le nacen tan entrada ya la primavera, que eso justifica las palabras de Cristo: "Sabéis que el verano está cerca," Mat. 24:32; Cant. 2:13. Su fruto fresco tiene la forma de una pera. Los higos secos de Palestina eran probablemente como los que ahora se exportan de aquel país; sin embargo, algunas veces se les seca ensartados en una cuerda. Se nos habla también de "masas de higos," 1 Sam. 25:18; 2 Rey. 20:7; 1 Crón. 12:40. Estas se formaban probablemente prensando el fruto fuertemente en canastos ú otra cosa por el estilo, hasta hacer de él una masa sólida. Todavía se preparan de este modo los dátiles en la Arabia.

La higuera infecunda que al mandato de nuestro Salvador se marchitó, sirviendo así de terrible amonestación á los que han hecho profesión de fé pero no producen fruto, parece haber gastado su existencia en echar tan sólo hojas. Estaba á un lado del camino, accesible á todos, y era un árbol solitario que desde lejos dejaba ver que estaba cubierto de hojas ya crecidas, en tanto que las demás higueras no tenían ningunas. Mar. 11:13. Esta circunstancia daba razón para creer que tenía higos. Con todo no había "nada en ella sino hojas solamente," Mat. 21:19. Las higueras todavía dan sombra al camino del monte de los Olivos, en donde fué pronunciada la parábola que se halla en Mat. 21:21. Sirve de tipo notable de la nación judía cuidada especialmente por Dios, Isa. 5, y llena de hojas, pero no del fruto apetecido.

HIJA, en hebreo BATH, se usa en la Biblia no sólo literalmente, sino, como "hijo," en acepciones traslaticias. Algunas veces denota descendiente, Gén. 28:6, ó natural ó moradora de algún lugar, como "hijas de Sión," ó "hijas de Jerusalem," Isa. 3:16. Tiro se llama "hija de Sidón," esto es, "colonia," Isa. 23:12; y en Gén. 17:17 se llama á Sara, en el hebreo, "la hija de noventa años." Véase HIJO. En los tiempos antiguos, las jóvenes de las familias más ricas, y aun las hijas de las princesas, estaban acostumbradas á los servicios domésticos y á una vida útil y laboriosa.

HIJO, este término se usa en la Escritura en varios sentidos: algunas veces denota un nieto, ó un descendiente aún más lejano, Gén. 29:5; Mat. 1:20; el que tiene con alguno relaciones como de hijo—en virtud de la adopción, Gén. 48:5; de la afinidad, Rut 4:17; de la enseñanza, 1 Sam. 3:6; 1 Rey- 20:35. Comp. Prov. 1:8, etc.; de la conversión, Tito 1:4; de la semejanza, Isa. 57:3; Mat. 5:9, 45; Hech. 13:10. Ampliando esta figura de retórica para expresar el origen real ó aparente, el carácter ó porvenir de las personas, se las llama á estas algunas veces "hijos" de ciertas localidades, cualidades, afectos ó situaciones, como "hijos de Oriente," Jue. 6:3; "hijos de este siglo," "hijos de la luz," Luc. 16:8; "del infierno," Mat. 23:15; "hijos de Belial" ó "de indignidad," Jue. 19:22; "de la desobediencia," Efes. 2:2; "de perdición," Juan 17:12. Aun los objetos inanimados eran llamados en hebreo "hijos" de otros de la misma clase, como productos en cierto sentido de ellos: así una saeta, en sentido figurado, puede decirse que es hijo del arco ó del carcax (véase Job 41:28; Lam. 3:13, en el hebreo); y el grano trillado, de la era (véase Isa. 21:10, en el hebreo).

La palabra hebrea "ben," *hijo*, ocurre en la formación de muchos nombres de personas, tribus, y de lugares, como Benjamín, Gén. 35:18; Bene-berac (ó Bane-Barac), hijos del relámpago, Jos. 19:45.

Bar, término aramaico, como también hebreo en el estilo poético, para designar un hijo, se halla en el Nuevo Testamento como en Bartimeo, Mar. 10:46.

HIJO DE DAVID, 1 Crón. 19:22; Mat. 1:20; Luc. 3:31. Este término llegó á ser, con motivo de las profecías del Antiguo Testamento que anunciaban el dominio firme y glorioso de un descendiente de David, Isa. 9:7; Jer. 23:5; Amós 9:11, una de los dictados más usuales del Mesías, Mat. 12:23; 22:41, 42; Mar. 12:35; Juan 7:42, y como tal se aplica repetidas veces á Jesús, Mat. 1:1; 9:27; 15:22; 20:30, 31; 21:9, 15; comp. Luc. 1:32.

HIJO DE DIOS, I., á Adam, por haber obtenido su origen directamente de Dios, y por haber sido dotado mental y moralmente á semejanza de Él, se le llama así, Luc. 3:38; comp. Gén. 1:26, 27. Esta expresión está empleada primeramente en el plural, Gén. 6:2, 4, en donde, según el concepto de los mejores intérpretes, denota, nó los ángeles, Luc. 20:35, 36, sino los descendientes de Set, de cuyo linaje eran los piadosos patriarcas de que trata Gen. 5; comp. Gén. 4:26, y la expresión "hijas de los hombres," con la cual se designa á las mujeres de la raza de Caín, el maldito, Gén. 4:9–16. El expresado término "hijos de Dios," se aplica también á los ángeles, Job 1:6; 2:1; 38:7; y á los reyes y gobernantes, 1 Crón. 28:6; comp. Sal. 82:6; así como á los adoradores ó pueblo escogido de Dios, además de los Setitas ó sea los descendientes de Set, Gén. 6:2, 4, á Israel, Exod. 4:22, 23; Deut. 14:1; Isa. 45:11; Jer. 3:4; 31:20; Ose 1:10; y especialmente á los creyentes en Cristo, en virtud de haber sido adoptados por su Padre celestial, de haber nacido de nuevo en la familia espiritual de Dios, y de haber recibido una nueva naturaleza, divina por su origen y por su semejanza, Juan 1:12, 13; Rom. 8:14–17; Fil. 2:13–15; Heb. 12:5–7; 2 Ped. 1:4. Véase REGENERACIÓN. Nabucodonosor comparó al ser sobrehumano que vió en el horno ardiente acompañando á Sadrac y sus amigos, á un "hijo de Dios," Dan. 3:25; comp. vers. 28. No es de creerse que el rey pagano tuviera en mira el referirse al "Hijo de Dios," el Mesías.

II. El título de "Hijo de Dios," pertenece en un sentido particular y siempre distinguible del en que se aplica á los hombres ó á los ángeles, á nuestro Señor Jesu-Cristo, y expresa la relacion *sui generis* y eterna que tiene con el Padre, como el "Hijo Unigénito," el Revelador del Padre, su agente en la creación y en la redención, en la providencia y en el juicio, Juan 1:14, 18, 34; 3:16; 5:22, 23; Heb. 1; comp. Sal. 2. Este título se aplica á Cristo más de 40 veces en el Nuevo Testamento, Mat. 3:17; 16:16, 17; 17:5; Apoc. 2:18.

Los Judíos entendían, y con razón, que él se atribuía igualdad con Dios al arrogarse tal título, Juan 5:18; 10:30–36. La verdad de que el Mesías sería esencialmente divino se encierra en declaraciones terminantes de las Escrituras hebreas, Sal. 2; Isa. 7:14; 9:6; Miq. 5:2, las que eran entendidas hasta tal punto que el título "Hijo de Dios," vino á ser uno de los nombres reconocidos del Mesías, Mat. 26:63; Mar. 14:61; Juan 1:49. Pero la gran mayoría de los Judíos, atolondrados por sus conceptos terrenales acerca del Mesías y su misión, no pudieron hacerse cargo del pleno significado de estas Escrituras; se escandalizaron de la pobreza y falta de pompa mundanal de Jesús, y rechazaron como falso su título á ser el Mesías, y como blasfemo su anuncio de que era el Hijo de Dios en el sentido más profundo de este término, Mat. 26:63–66; Juan 5:18; 3:58 59, 19:7. Véase TRINIDAD.

El don que el Padre hizo de su propio Hijo, es por sí mismo la mayor prueba de la enormidad del pecado, de la estricta santidad y justicia de Dios, y del amor que por su gracia profesa á los pecadores, Juan 3:16; Rom. 3:25, 26; 8:3, 32; Heb. 10:28, 29.

HIJO DEL HOMBRE. Esta expresión se usa á menudo en el Antiguo Testamento como equivalente de "hombre;" va unida á alusiones hechas á la debilidad humana, Núm. 23:19; Job 25:6; Sal. 144:3; 146:3, y nos hace recordar que hemos de ser humildes, Ezeq. 2:1, 3, 6, 8; 3:1, etc. Se aplica á Daniel, contemporáneo de Ezequiel, Dan. 8:17. En la visión que tuvo y refirió Daniel de los sucesivos reinos del mundo, después de bosquejar los cuatro prefigurados bajo formas de animales, Dan. 7:3–8, dicho profeta describe al gobernante del reino final, universal y eterno, como un "Hijo de Hombre," vers. 13, 14, de aspecto humano, y con todo, llegándose muy cerca del "Anciano de dias," predicción notable de la unión de lo humano y lo divino en el Mesías. Véase también Dan. 10:16. El título "el Hijo del Hombre" que los Judíos del tiempo de nuestro Señor entendieron que se refería al Mesías, Juan 12:34, es el que Cristo se dió á sí mismo con más frecuencia, alternándolo á veces con el de "Hijo de Dios," Juan 1:49–51; 3:14–18; y aplicándose á sí mismo la profecía de Daniel, Mat. 26:63, 64; comp. Apoc. 1:13; 14:14. Este título según se le da á Cristo más de 80 veces en el Nuevo Testamento, implica no solamente que el Hijo de Dios sufrió humillación, Mat. 8:20, al hacerse verdadero hombre, Rom. 8:3, sino también que él fué el único hombre perfecto, sin pecado, y poseedor de toda clase de virtudes humanas; implica también que fué el hombre típico en lo personal, como elevado sobre las preocupaciones individuales de clases y nacionalidades; y en lo oficial, como el representante de la especie humana en su vida y muerte por el hombre. Según Agustín dice, "el Hijo de Dios se hizo Hijo del Hombre, para que vosotros que erais hijos de los hombres pudierais ser hechos hijos de Dios." El Hijo de Dios es también Hijo del Hombre aún hoy día, en su exaltación á la gloria del Padre, Luc. 22:69; Hech. 7:55, 56, comp. Juan 17:5; y como tal lo liga á los hombres una simpatía perfecta, Heb. 4:15, y ha de juzgar al mundo, Mat. 25:31; Juan 5:26, 27; Apoc. 5:9, 10.

En Hech. 3:13, 26; 4:27, 30, á la palabra "hijo," debe dársele el sentido de siervo. Comp. Isa. 42:1; Mat. 12:18.

HIJOS. Una numerosa descendencia era considerada como una manifestación singular del favor divino, Sal. 127:3-5, y las esposas sin hijos procuraban por varios medios librarse del reproche de esterilidad. Pedíase esto hasta en la bendición dada á una pareja recién casada, Rut 4:11. A los dolores del parto, por ser tan repentinos y agudos, se hace alusión con frecuencia en la Escritura, Sal. 48:6; Isa. 53:11; Jer. 15:21; Juan 16:21. El apóstol Pablo habla de ellos como frutos y pruebas de la caida; pero asegura á aquellas que permanecen en la fé, que en medio de todo el sufrimiento que le hace recordar que la mujer fué la primera que cayó en la transgresión, Gén. 3:16, pueden con todo acudir confiadamente á Cristo, "la simiente de la mujer," para ser aceptados y obtener la salvación, 1 Tim. 2:15.

Un niño recien nacido era lavado, frotado con sal, y envuelto en pañales, Ezeq. 16:4; Luc. 2:7-11. El hijo varón era circuncidado el día octavo, y entonces se le daba nombre. Cuando el niño tenía como tres años se le destetaba, y con ese motivo se hacía con frecuencia una fiesta, Gén. 21:8. Las madres árabes llevan hoy día á sus niños pequeñitos á horcajadas sobre la cadera ó los hombros, como se acostumbraba en tiempo de Isaías, cap. 49:22; 66:12. A la edad de cinco años, los hijos varones pasaban al cuidado especial del padre, para que éste les enseñase las artes y los deberes de la vida. En muchos casos, la nodriza de una niña la acompañaba toda su vida, Gén. 24:59; 35:8. Los hijos tenían qué ser educados con la mayor diligencia y esmero, Deut. 6:20-23. Se les exigía que honrasen y obedeciesen á su padre y á su madre, y que estuviesen sometidos en todo á la dirección de aquel, Gén. 22:21; Núm. 30:5; hasta podian ser vendidos como siervos durante cierto tiempo, para pagar las deudas de su padre, Lev. 25:39-41; 2 Rey. 4:1; Mat. 18:25.

El hijo primogénito recibía, además de otros privilegios (véase PRIMOGENITURA) dos partes de los bienes de su pardre; los otros hijos sólo recibían una cada uno. Los hijos de las concubinas recibían donaciones, y algunas veces una parte igual á la de los otros, Gén. 21:8-21; 25:1-6; 49:1-27; Jue. 11:1-7. Las hijas no recibían

ninguna dote, salvo en los casos prevenidos en Núm. 27:1-11.

Por un modismo hebreo, el término hijo ó hijos se usa para expresar gran variedad de relaciones: á los buenos se les llama hijos de Dios, de la luz, del reino, etc.; y á los malos, hijos del diablo, de la ira, de desobediencia, etc. A un hombre fuerte se le llama hijo de la fuerza; á un impío, hijo de Belial; á un dardo, el hijo de un arco; á un ramo, el hijo de un árbol; la progenie de un hombre es "sus hijos," por muchas generaciones.

HILADOS, HUSO. Las mujeres hebreas empleaban gran parte de su tiempo en hilar, Exod. 35:25, 26; Prov. 31:19; Mat. 6:28. La lana y el cáñamo se hilaban para hacer vestidos, y el pelo de cabra y de camello, para cilicios, siendo este último género usado también para atavíos de luto y ceñidores, y para cubiertas de tiendas de campaña; comp. Zac. 13:4; Mat. 3:4. Las diferentes fibras eran estiradas y torcidas para formar hilo, por medio de una rueca ó huso, Prov. 31:19. En cuanto al procedimiento de hilar con el huso suspendido de una mano, mientras que con la otra se estira el hilo, está representado en las pinturas egipcias, y hoy día puede verse todavía en Palestina.

HIMENEO, *perteneciente al matrimonio*, un miembro de la iglesia, probablemente de Éfeso, que cayó en grandes errores de principio y práctica, 1 Tim. 1:20, y fué "entregado á Satanás" por Pablo. Esta expresión probablemente denota una excomunión eclesiástica, y la imposición por medio de Satanás de alguna enfermedad corporal, que tenía por objeto el provecho espiritual del paciente; comp. Job 1:6-12; Mat. 4:1; 1 Cor. 5:5; 2 Cor. 12:7. Se habla después de Himeneo como pertinaz, siguiendo en el error, negando la resurrección, y corrompiendo la fé de los demás, 2 Tim. 2:17, 18, habiendo tal vez torcido las enseñanzas de Pablo en cuanto á la resurrección del espíritu de la muerte del pecado, Rom. 6:4; Efes. 2:6; Col. 2:12; 2 Ped. 3:10.

HIMNO, un cántico religioso, canto ó salmo, Efes. 5:19; Col. 3:16. Pablo manda á los cristianos que se edifiquen los unos á los otros con "salmos é himnos y cantos espirituales." Mateo dice que Cristo y sus discípulos, después de cenar, cantaron un himno, probablemente una parte de los salmos que los Judíos acostumbraban cantar durante la pascua, y á los cuales llamaban el Hallel, esto es, los salmos de Aleluya. Estos salmos son del 113 al 118, de los cuales se supone que los dos primeros fueron cantados antes de que la pascua se comiese, y los otros después. Pablo y Silas cantaron himnos en la prisión, Hech. 16:25. Plinio refiere que los primitivos cristianos cantaban himnos á Cristo como Dios.

HINNOM, un valle al oeste y al sur de Jerusalem, llamado también el "valle del hijo de Hinnom;" es una cañada profunda de paredes rocallosas, que pasa al sur de la puerta Jaffa, y luégo al este, entre el Monte Sión al norte y el "Cerro del Mal Consejo" al sur, y se une al valle del Cedrón en el este. Era el límite entre Judá y Benjamín, Jos. 15:8; 18:16; Neh. 11:30. Su anchura varía de 50 á 100 yardas; y cerca de su parte más ancha que va á dar al Cedrón, se le llamaba Tofet, Jer. 7:31, 32; 19:2-6; 2 Rey. 23:10. Este fué el paraje en donde Salomón erigió lugares altos á Moloc, 1 Rey. 11:7; y Acház y Manassés hicieron "pasar á sus hijos por el fuego," 2 Rey. 16:3; 2 Crón. 28:3; 33:6; Jer. 32:35. Para poner fin á estas abominaciones, Josías profanó ese sitio con huesos humanos y otras contaminaciones, 2 Rey. 23:10, 13, 14; 2 Crón. 34:4, 5, y fué convertido en albañal en que echadas las inmundicias de la ciudad iban á dar al Cedrón. Por los fuegos de Moloc, y por la profanación de ese valle (comp. Isa. 30:33 ;66:24), si no es por las piras funerarias que se supone ardían allí constantemente, cosa que no está bien autenticada, los Judíos aplicaron posteriormente el nombre de este valle, que en la Septuaginta es Geena, al lugar de eternos sufrimientos destinado á los ángeles rebeldes y á los hombres condenados, y en este sentido se usa en el Nuevo Testamento, Mat. 5:22, 29, 30; 10:28; Mar. 9:43, 45, 47; Luc. 12:5; Sant. 3:6. Véase INFIERNO. Un antiguo acueducto la atraviesa abajo de la puerta occidental, y arriba "del estanque inferior." El "estanque superior" está 700 yardas al nordeste de la puerta. No corre agua ahora en el lecho del valle, que está cultivado en algunas partes, y en Tofet hay jardines regados con el agua del estanque Siloé. El cerro al sur de Hinnom está lleno de tumbas en ruinas; y en la falda sur de Tofet se halla el sitio tradicional del campo del alfarero (véase ACELDAMA), en donde todavía se beneficia por los alfareros una capa de barro.

El valle se llama ahora Wady er-Rabábi. Warren y Stanley opinan que el Hinnom es idéntico con el valle del Cedrón, pero hay pocos que se adhieran á este parecer.

HIPÓCRITA, nombre dado á aquel que á semejanza de los cómicos, finge ser lo que no es. Este epíteto se aplica generalmente á los que tienen la apariencia de virtud y de piedad sin poseerlas en realidad. Nuestro Salvador acusó á los Fariseos de hipocresía, Luc. 12:1. Además de los que á sí mismos se engañan, los escritores distinguen cuatro clases de hipócritas: los "mundanos" que profesan una religión por miras egoístas, Mat. 23:5; los "legales" que obedecen la ley para merecer el cielo, sin tener un corazón renovado, Rom. 10:3; los "evangélicos" que se regocijan con la idea de que Cristo murió por ellos, pero no siguen una vida que manifieste una fé sincera, 2 Ped. 2:20; y los "entusiastas" que confían en sistemas y sentimientos, sin los frutos del Espíritu, 2 Cor. 11:13-15.

HIRAM, hidalgo, I., rey de Tiro, amigo de David, 1 Rey. 5:1, que le proporcionó á éste materiales y obreros para su palacio, 2 Sam. 5:11; 1 Crón. 14:1; y después de Salomón á quien él, ó tal vez su hijo, suministró oro, madera y hombres para la construcción del templo, y probablemente para la de su palacio, 1 Rey. 5; 9:11; 10:11, 12; 2 Crón. 2:3-16; 9:10, 11. Salomón en cambio le enviaba anualmente provisiones de grano, vino y aceite, y además dió á Hiram 20 ciudades de Galilea, 1 Rey. 9:11-13. Véase CABUL. Hiram ayudó á Salomón en sus empresas comerciales por mar, 1 Rey. 9:26-28; 10:11, 22; 2 Crón. 8:17, 18; 9:10. Josefo dice que mejoró grandemente á Tiro, y que reinó 34 años.

II. Un artífice inteligente de Tiro, bajo cuya dirección se hicieron las decoraciones interiores y los utensilios del templo de Salomón, 1 Rey. 7:13-45; 2 Crón. 2:13, 14; 4:11-16.

HISOPO, fué usado en la primera celebración de la Pascua, Exod. 12:22, y en las purificaciones ceremoniales de los Israelitas, Lev. 14:4-7, 49-52; Núm. 19:6, 18, 19; Heb. 9:19-21; comp. Sal. 51:7. Algunas veces crecía en las paredes, 1 Rey. 4:33. Parece que tenía un tallo largo, Juan 19:29, aunque bien pudieron haberse atado á una esponja algunos ramitos de él y luego haberse asegurado todo junto al extremo de una vara ó caña, Mat. 27:48. Era tal vez una especie de mejorana, Origanum maru, planta que tiene un tallo derecho, con pequeñas hojas vellosas, y una flor blanca de olor aromático y de sabor picante, abundante en Siria, y que algunas veces se halla en las paredes de

EL CÁPPARIS SPINOSA Ó ALCAPARRA.

los terrados. Otros han creido que se hace referencia á la alcaparra, que se encuentra en Palestina, crece en las paredes, tiene propiedades detergentes, y puede producir un tallo de tres ó cuatro piés de longitud.

HIVA, 2 Rey. 18:34; 19:13. Rawlinson supone que es Ava (y Ahava). Véase esta palabra.

HOBAB, *favorecido*, príncipe Madianita hijo de Ragüel ó Reuel, Núm. 10:29-32, y probablemente cuñado de Moisés. Se hace mención de él en el registro del segundo año después del Éxodo. Al fin accedió á las instancias de Moisés que deseaba unir su suerte á la de Israel, Jue. 1:16; 4:11. La palabra traducida "cuñado," y aplicada á Jetro así como á Hobab, Exod. 3:1; 4:18; 18:1, tal vez significa en Jue. 4:11 simplemente una relación de parentesco por matrimonio, es decir, uno cuya casa dió esposa á Moisés. Véase JETRO.

HOBAH, lugar dos ó tres millas al norte de Damasco, hasta el cual persiguó Abraham á sus aliados enemigos, Gén. 14:15.

HOJA. Las hojas del olivo, Gén. 8:11, de la encina, Isa. 1:30; 6:13, y de la higuera, Gén. 3:7, Mat. 24:32, se mencionan en la Biblia, y se hacen muy propias y bellas alusiones á las hojas en general, como símbolo de prosperidad y de gracia, Sal. 1:3, Jer. 17:8, ó de adversidad y decadencia, Job 13:25; Isa. 64:6; Mat. 21:19.

Véase también Lev. 26:36, Isa. 34:4; Dan. 4:12, 14, 21; Mar. 13:28; Apoc. 22:1, 2.

HOJALDRE, Exod. 16:31, una torta delgada hecha de flor de harina, sin levadura, y cuyo uso se relaciona con varias ofrendas; untábasele para ese objeto aceite dulce, Exod. 29:2, 23; Lev 2:4; 7:12: 8:26; Núm. 6:15, 19; 1 Crón. 23.29.

HOLDA. *comadreja*, esposa de Sallum, profetiza en el reinado de Josías, habiendo sido consultada respecto de las censuras y amenazas hechas en la copia que se acababa de hallar del libro de la ley, 2 Reyes 22:14-20; 2 Crón. 34:22-28. 623 A. C. Véase PROFETIZA.

HOMBRES DE PIÉ, Exod. 12:37; Núm 11:21, esto es, soldados de infantería cuya ligereza para correr era muy ponderada, 2 Sam. 1:23; 2:18; 1 Crón. 12:8; Jer. 12:5. Otra palabra hebrea traducida así, se aplicaba también á los correos ó acompañantes de los príncipes orientales, enseñados á correr delante de sus carros, y de los cuales se habla en 1 Sam. 8:11, 22:17. De ese modo Elías corrió delante de Acáb, 1 Rey 18:46. La ligereza y resistencia de algunos de estos correos rayaban en lo increible.

HOMBRO. Siendo llevadas comunmente las cargas en los hombros, Núm. 7:9, Sal. 81:6, la expresión "bajar el hombro," denota servidumbre, Gén. 49:15, y "dar hombro rehuidor ó rebelador," denota rebelión, Neh. 9:29; Zac. 7:11.

HOMER ó COR, la medida de mayor capacidad para áridos que usaban los Hebreos, igual á diez batos ó efas, y que contenía cosa de ocho fanegas americanas Ezeq. 45:14. Véase MEDIDAS.

HOMICIDIO, el acto de quitar la vida humana con malicia premidata fué, según el designio original de Dios, un crimen que debía castigarse con la muerte. Cain, el primer homicida, lo reconoció así, Gén. 4:14. El fundamento para imponer la pena de muerte al homicida, es la elevada dignidad y santidad del hombre como criatura de Dios, Gén. 9:5, 6. Aun á un buey que hería con los cuernos á un hombre, se le daba muerte, y á su dueño también si eso se debía al descuido de éste, Exod. 21:25-31. Como el día del Señor y el matrimonio, esa pena es una institución primitiva y universal para el género humano, y todas las naciones lo han reconocido así, Hech. 28:4. El código mosaico lo decretó de nuevo, Ley. 24:17; y á la vez que proveía un refugio seguro para el homicida que había matado sin intención, declara que el homicidio premeditado, **pro-**

bado por dos testigos por lo menos, Núm. 35:19-30; Deut. 19:15, debe ser castigado con la muerte, contra la cual ni la ciudad de refugio, ni el altar de Dios, podía escudar al criminal, Exod. 21:12-14; Núm. 35:9-34; Deut. 19:1-13; 1 Rey. 2:5, 6, 28-34. Dar muerte á un ladrón en el acto de robar no era un crimen, si eso se verificaba por la noche, Exod. 22:2, 3. Véanse VENGADOR DE LA SANGRE, REFUGIO. Infligíase la muerte comunmente por medio de la lapidación, y los mismos reyes á menudo presenciaban la ejecución de la pena capital, 2 Sam. 1:15, 16; 13:39; 14:7-11, 1 Rey. 2:31, 34. Si se hallaba un cadáver al raso en el campo, y no se podía descubrir el asesino, la ciudad más próxima á ese sitio estaba obligada á purificarse por medio de una solemne ceremonia, para no quedar expuesta á los juicios de Dios, Deut. 21:1-9. La Biblia nos pone de manifiesto de varias maneras que Dios aborrece de un modo especial este crimen y hace infalible su castigo, Deut. 32:43; 2 Sam. 21:1; Sal. 9:12; 55:23; Ose. 1:4; Apoc. 22:15. Nuestro Salvador nos enseña que uno puede ser culpable ante la vista de Dios de aquellos homicidios que se conciben en la mente sin que se lleguen á cometer de hecho, Mat. 5:21, 22, 1 Juan 3:15. Nada en particular se dice en la ley respecto del suicidio, y la Biblia relata sólo los cometidos por Saúl, Achítofel y Judas, 1 Sam. 31:4; 2 Sam. 27:23; Hech. 1:18. De todas las muertes que se cometen la del alma es sin comparación la más terrible, Juan 8:44, y hay muchos que hasta arrastran á otros consigo á la segunda muerte.

HON, *fuerza*, I., un Rubenita, hijo de Pelet, comprometido al principio en el motín de Coré, Num. 16:1. Se conjetura que él se separó y se libró de la ruina que sobrevino á los demás sediciosos.

II. Véase HELIÓPOLIS.

HONDA, una arma favorita de los pastores orientales, 1 Sam. 17:40; comp. la metáfora de Abigail, esposa de Nabal el gran propietario de rebaños, 1 Sam. 25:29. Era también muy eficáz en la guerra, Jue. 20:16; 1 Sam. 17:49, 50; 2 Rey. 3:25; 1 Crón. 12:2; y era empleada ordinariamente no sólo por las tropas israelitas, sino también por las sirias, 1 Mac. 9:11, las asirias, Judit 9:7. las egipcias y las persas. Las piedras para la honda eran escogidas por su cisura, 1 Sam. 17:40, y Uzzías tenía depósitos de ellas para sus tropas, 2 Crón. 26:14. La honda suministró á Jeremías la imagen de una muerte ó desaparición violenta, Jer. 10:18. Los viajeros hablan de los pastores beduinos modernos, como diestros en el uso de esta arma. Véase GUERRA.

MONTE HOR, Y SEPULCRO DE AARÓN.

HOR, *montaña*, I., la montaña en que murió Aarón, y le sucedió Eleazar. su hijo, como sumo sacerdote, Núm. 20·22-29 33:38, 39; Deut. 32:50. Estaba en la frontera de Edom, Núm. 33:37, entre Cades y Salmona, vers. 37, 41. Mosera se hallaba al pié, Deut. 10:6. Puede ser el pico más alto y notable de la cordillera de rocas areniscas del monte Seir, la cual se extiende á lo largo del lado oriental del Arabah, desde cerca del Mar Muerto hasta el golfo de Akaba. Esa Hor está á la mitad de dicha cordillera, como á 50 millas de cada una de sus extremidades. Ahora se le llama Jebel Neby Harún, "monte del profeta Aarón." Se eleva 4,800 piés sobre el Mediterráneo, 4,000 sobre el Arabah, y 6,000 sobre el Mar Muerto. "Distínguese desde cerca y desde lejos," dice Stanley, " por su doble cima, que se levanta sobre la parte inferior del monte á guisa de enorme edificio encastellado. En el pico oriental está el "sepulcro de Aarón," nombre dado á una pequeña capilla mahometana construída sobre el supuesto sepulcro con los restos de un edificio más antiguo, y á la cual se hacen peregrinaciones. Véase Sela.

Muchos investigadores, sin embargo, identifican ahora el monte Hor, en donde Aarón murió, con Jebel Madurah, 33 millas al S. O. del Mar Muerto, y en la frontera occidental de Edom, tierra á la cual les estaba prohibido á los Hebreos entrar, Núm. 20:14-21, ó poseer, Deut. 2:5. Madurah es una montaña en forma de ciudadela, alta y aislada, en el punto donde confinan Canaán, Edom y Zin.

II. Una montaña en el límite septentrional de la Tierra Prometida, Núm. 34:7, 8. Según algunos, toda la cordillera del Líbano; pero quizá sólo el pico más alto de ella, Dahar el-Kudib, como á 25 millas de su extremidad septentrional. Véase Líbano.

HORA, algunas veces un tiempo corto, indeterminado, Dan. 3:6; 4:19, 33; Mat. 9:22; Juan 7:30; otras, una ocasión temporada ó época determinada, Luc. 22:53; Juan 2:4; 4:21, 23; y otras, por último, una de las doce partes en que se dividía el día, Hech. 5:7; 19:34. Aunque los Egipcios, desde tiempos muy antiguos, dividieron tanto el día como la noche en doce partes iguales, los Hebreos no lo hicieron así, sino que empleaban tres divisiones generales: "tarde," mañana" y "medio día," Sal. 55:17, y luego dividían el día en fracciones desiguales como los Árabes lo acostumbran ahora. Los Babilonios dividían el día en 12 partes ú horas iguales, y después de ellos los Griegos, y los Judíos durante la cautividad ó antes de ella. Tal era la costumbre en el tiempo de nuestro

Señor, Juan 11:9. Contábanse las horas desde la salida del sol hasta su puesto, de manera que las horas tercera, sexta y nona correspondían casi exactamente á las nueve de la mañana, al medio día y á las tres de la tarde; y éstas, según Josefo, eran las horas señaladas para la oración. Véase Hech. 3:1; 10:9, 30. Por los Romanos, las horas se contaban desde la media noche hasta el medio día, y desde el medio día hasta la media noche; y algunos comentadores piensan que este fué el sistema usado por Juan en su Evangelio, 1:39; 4:6. Esta suposición armonizaría lo dicho por Juan 19:14, de que Jesús fué entregado á los Judíos por Pilato, "como á la hora de sexta," es decir, á las 6 de la mañana, con lo expuesto por los otros evangelistas con respecto á que la crucifixión tuvo lugar á "la hora de tercia," correspondiente según el cómputo de los Judíos, á las 9 de la mañana; y el oscurecimiento del sol desde la hora de sexta á la de nona, es decir, de las doce á las tres de la tarde, Mat. 27:45; Mar. 15:33; Luc. 23:44, concediéndose algún tiempo por el que se gastaría en ir al Calvario, y en erigir y ocupar las otras cruces. Contándose las horas en la Biblia desde la salida hasta la puesta del sol, variaba por supuesto su medida según que era invierno ó verano. La hora astronómica, ó la veinticuatrava parte de un día civil, no llegó á estar en uso general sino hasta fines del siglo cuarto después de Cristo. La hora undécima, por terminar con la puesta del sol, llegó á ser una expresión proverbial de tardanza, Mat. 20:1-10. La noche estaba dividida en vigilias. Véase esta palabra. No se sabe por qué medios determinaban los Judíos la duración de sus horas, pero lo hacían sin duda valiéndose de una especie de cuadrante solar con divisiones hechas cuidadosamente, porque las horas del día ya se señalaban en tiempo de Acház, Isa. 38:8; y probablemente usaban también la clepsidra ó reloj de agua, ú otras invenciones conocidas á los Persas, los Griegos y los Romanos.

HOREOS, ú HORIM, *moradores en cuevas*, una raza de hombres que habitaron en tiempos muy antiguos en el monte Seir, de donde fueron arrojados por los Idumeos, Gén. 14:6; Deut. 2:12, 22. Se supone que habitaban en cuevas como los hombres á que se alude en Job 30:6, y que estaban divididos en tribus, Gén. 36:20-30.

HORMA, *destrucción*, Núm. 21:1-3, llamada también Sefat, ciudad en el extremo

293

sur de Canaán, cerca de la cual fueron derrotados los Hebreos rebeldes, en el año siguiente al de la salida de Egipto, Núm. 14:45; fué después asolada, Jue. 1:16, 17. Los Simeonitas la poblaron de nuevo, Jos. 19:4, y David les envio algunos de los despojos tomados á los Amalecitas, 1 Sam. 30:30. En algunos pasajes parece que se le da este nombre por anticipación. Palmer y Drake la sitúan en Sebaiteh; Robinson en es-Sufá, 30 millas al este. Véase SEFAT.

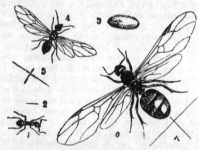

LA HORMIGA ACANELADA: FORMICA BRUNNEA.

1. Arriera. 4. Macho. 6. Hembra. 3. Capullo. 2, 5 y 7, Tamaño natural de 1, 4 y 6.

HORMIGA, pequeño insecto que se distingue por su laboriosidad y economía, por sus hábitos de asociación, y habilidad para construirse morada. Algunas especies fabrican habitaciones verdaderamente inmensas cuando se las compara con el tamaño de ellas mismas, capaces de dar cabida á una docena de hombres. Los hormigueros tienen techos á prueba de lluvia, y contienen muchísimos pisos, corredores, etc. Las hormigas prodigan el mayor cuidado y esmero á sus hijuelos, tanto en el huevo, como en el estado de crisálida. Las *termitas* ú hormigas blancas, son grandes y muy destructoras.

Se sabe que muchas variedades de hormigas prefieren el alimento animal ó el sacarino, y muchos dicen que no se ha visto todavía ninguna especie que almacene grano para el invierno, por que mientras el hielo continúa viven todas adormecidas. La creencia contraria sin embargo era general entre los antiguos, como lo prueban muchos pasajes de escritores judíos, griegos y romanos; y dos especies de hormigas que depositan alimento para el invierno han sido encontradas en Palestina. Salomón, Prov. 6:6, las encomia por trabajar desde tan temprano y durante

todo el tiempo que la estación se lo permite, y nos manda que empleémos con

HABITACIONES DE LAS TERMITAS.

igual diligencia nuestra vida y nuestras oportunidades, Prov. 30:24, 25. Los animales irracionales son en muchos respectos más cuerdos que el hombre pecador, Job 12:7, 8.

HORNO, por esta palabra se han traducido varias hebreas y una griega que denotan: (1) un horno para cocer el pan, Gén. 15:17; Neh. 3:11. Véase PAN. (2.) Uno para fundir, ó una calera Gén. 19:28; Exod. 9:8. (3.) Uno para refinar, Prov. 17:3 (Reina, fragua); Isa. 48:10; Ezeq. 22:18-22. (4.) Un crisol, Sal. 12:6. (6.) Una construcción caldea para el castigo capital, Jer. 29:22; Dan. 3:19-26; Apoc. 1:15; 9:2.

HORONAIM, *dos cavernas*, ciudad de Moab, al parecer en una altura, Isa. 15:5; Jer. 48:3, 5, 34.

HORONITA, Sanballat, Neh 2:10, 19; 13:28, puede haber venido de Horonain, ó de Bet-horon.

HORQUILLAS, 1 Sam. 13:21, eran simplemente grandes garabatos para la carne.

HOSANNA, ¡*salva ahora!* ó *salva, te rogamos*, una exclamación para invocar la bendición de Dios á favor del Mesías, usada por las multitudes que dieron la bienvenida á Cristo cuando entró á Jerusalem, Mat. 21:9, 15. Las dos palabras hebreas que la componen, comienzan el versículo 25 del Salmo 118, y eran pronunciadas en alta vez por las congregaciones en el tem plo, en las alegres fiestas de los Tabernáculos, como respuesta dada á intervalos al cántico del gran Aleluya, Sal. 113-118, entonado por uno de los sacerdotes. La primitiva iglesia cristiana adoptó esta palabra en sus cultos.

HOSPITALIDAD, se da este nombre al acto y á la cualidad del que proporciona alimento y posada de un modo espontaneo y sin remune. ución á un amigo ó á un viajero. Nos traen continuamente á la memoria de este deber las bondades de Dios para con los hombres, que somos peregrinos y transeuntes acá en la tierra, Sal. 23:3; y el hecho de alimentar Cristo á las multitudes proporcionándoles alimento material y espiritual, y de invitarlas al festín celestial, sin dinero y sin precio, Luc. 14:15-24; Apoc. 19:9. Esta era una virtud de gran necesidad y muy practicada en el mundo antiguamente, debido al estado de la sociedad, la carencia de posadas públicas, á lo diseminado de la población, y lo corto de las jornadas. Se ejemplifica de un modo muy hermoso en las historias de Abraham, Lot, Gén. 18; 19, Raguel, Exód. 2:20; Manoa, Jue. 13:15, y el Efraimita de Gabaa, Jue. 19:17. Véase también Job 31:17. Fué ordenada por Dios, Lev. 19:33, 34; Deut. 14:29, y los Benjamitas que tan escandalosamente violaron sus derechos, sufrieron un espantoso castigo, Jue. 19:15, 22 hasta 20:48. Las animosidades nacionales y el fanatismo algunas veces impedían su ejercicio, como en Jue. 19:12; Luc. 9:53; Juan 4:9. Nuestro Señor vino á los suyos, pero ellos no le recibieron. Mandó á sus apóstoles que aceptasen los servicios que se les ofreciesen, Luc. 10:4-8, y encomió tales actos especialmente cuando se ejecutaban por amor á Él, Mat. 10:40-42; 25:34-45; Mar. 9:41; y por otra parte advirtió que los que no recibiesen á sus discípulos serían como si á "él mismo lo rechazasen también." Por medio de sus apóstoles encareció repetidas veces el deber de la hospitalidad, Rom. 12:13; 1 Tim. 3:2; 5:10; Tit. 1:8; Heb. 13:2; 1 Ped. 4:9; 3 Juan 5-8; y los primitivos cristianos la miraban como un deber cardinal y la practicaban en términos que se captaban la admiración de los paganos. Daban buena acogida especialmente á todos los miembros de "la casa de la fé," de cualquier lugar que fueran, y éstos eran comunmente portadores de cartas de recomendación. Se tenía como cosa oprobiosa el que un cristiano se tuviese qué hospedar en una posada cuando vivía otro de su religión en las inmediaciones. Todavía muchos viajeros ven practicada gratuitamente esta virtud en el Oriente.

De la Roque refiere un incidente verificado en la casa de un sacerdote de una población maronita, que le dió hospedaje una noche. Dice así: "Nos dió de cenar bajo los árboles, enfrente de su pequeña habitación. Estando á la mesa, llegó un forastero de turbante blanco, quien después de haber saludado á los concurrentes, se sentó á ella sin cumplimiento ninguno, comió con nosotros durante algún tiempo, y en seguida se fué, repitiendo varias veces el nombre de Dios. El sacerdote nos dijo que ese forastero debía ser algún viajero que teniendo necesidad de refrigerio, había aprovechado la oportunidad de tomarlo, según la costumbre que se tiene en el Oriente de ejercer la hospitalidad en todo tiempo y con toda clase de personas."

Niebuhr dice: "Cuando los Árabes están á la mesa, invitan á los que por casualidad llegan, á que coman con ellos, ya sean cristianos ó mahometanos, gente culta ó sencilla. En las caravanas he visto á menudo con gusto á un arriero de mulas instar á los transeuntes á que participaran de su comida; y aun cuando la mayor parte se excusaran cortesmente, daba con aire de satisfacción á los que aceptaban, una parte de su frugal alimento, el cual se componía de pan y de dátiles; y no me causó sorpresa ver en Turquía á Turcos ricos retirarse á los rincones para no verse en el caso de invitar á los que de otra manera se habrían sentado á la mesa con ellos."

Son de notarse aquí también las obligaciones que se contraen tácitamente con el hecho de comer en la mesa. "Cuando un beduino come pan con algunos forasteros, pueden estos confiar en su lealtad y contar con su protección. El viajero, por lo tanto, siempre hará bien en aprovechar la primera oportunidad que se le presente de asegurarse de la amistad de su guía comiendo junto con él." Esto trae á la memoria la queja que lanzó el Salmista, Sal. 41:9, penetrado de la profunda ingratitud de uno á quien descubre como que había sido su amigo de confianza, "el que de mi pan comía, alzó contra mí el calcañar."

HUCUCA, sajado, en el límite de Neftalí, Jos. 19:34; ahora Yakuk, al oeste del Mar de Galilea, 7 millas al sur de Safed.

HUÉRFANOS. La ley hebrea los protegía de un modo especial, Deut. 14:29; 24:17; Sant. 1:27. En Juan 14:18, "huérfanos" quiere decir sin protector. La misma palabra griega, usada como participio, se traduce en 1 Tes. 2:17, "privados de vosotros."

HUERTOS ó HUERTAS, se mencionan con frecuencia en las Sagradas Escrituras, y eran de distintas especies. En algunos casos se asemejaban á lo que hoy se denomina "verjel," y tenían flores además de plantas útiles. Véase JARDINES. Formábanse, si era posible, junto á un rio ó una fuente, Gén. 13:10; Núm. 24:6. En otros lugares se hacían depósitos ó estanques, de los cuales se sacaba el agua distribuyéndola de varias maneras según se necesitaba, Prov. 21:1; Cant. 4:12-16; Isa. 58:11. Los huertos estaban rodeados de muros ó de setos de rosales, granados silvestres, ú otros arbustos, muchos de los cuales en Palestina tienen grandes punzantes espinas, 2 Sam. 23:6, 7; Job 1:10; Prov. 15:19; Ose. 2:6. A menudo, sin embargo, se dejaban sin cerca, y eran vigilados cuando sus frutos comenzaban á madurar, Isa. 1:8; Jer. 4:16, 17. Todavía se acostumbra en Egipto, Siria, Arabia é Indostan, plantar en un gran pedazo de terreno plano, melones, pepinos, etc., y construir una pequeña cabaña ó enramada en un terraplen que se forma en el centro. En esa casucha se estaciona un solitario vigía, quien permanece allí día y noche hasta que los frutos se recogen, Job 27:18. Una cabaña de esas en ruinas es la imagen misma de la desolación, Isa. 1:8. Los huertos y las arbole-

CHOZA EN UN HUERTO DE BUTAIHA.

das eran provistos, en muchos casos, de cenadores, asientos, etc., y se acudía allí para celebrar banquetas y festines, Isa. 51:3; para buscar retiro y meditar, Juan 18:1; para practicar ejercicios de devoción, Mat. 26:30; Juan 1:48; 18:1, 2, y para entregarse á abominaciones idolátricas, 1 Rey. 14:23; Isa. 1:29; 65:3; 66:17; Jer.

2:20; 3:6. El sepulcro de una familia se preparaba con frecuencia en un jardín, 2 Rey. 21:18, 26; Juan 19:41. Había muchos jardines al rededor de Jerusalem. "Los Jardines de Salomón" estaban en Wady-Urtás, al sur de Betlehem," Eccl 2:5, 6. "Los Huertos del Rey" estaban cerca de la cisterna de Siloam, en donde se juntaban los valles de Hinnom y Josafat, 2 Rey. 25:4; Neh. 3:15; Jer. 39:4. La mención que se hace de 250 términos de botánica en las Escrituras Hebreas prueba lo adicto que los Israelitas eran á la horticultura. En Cant. 4:12-16, Cristo compara su iglesia á un huerto, y llama á los vientos del Espíritu á que soplen sobre ella á fin de que la hagan olorosa y fructífera para la gloria de Dios, Juan 15:8. El huerto del corazón del creyente necesita tanto del aire penetrante del norte, como del viente tibio y suave del sur.

HUESPED, el que daba hospitalidad, Rom. 16:23, ó el encargado de una posada, Luc. 19:35 (Reina, MESONERO).

HULDA. Véase HOLDA.

HUMILDAD, (del latin *humus*, la tierra,) modestia de espíritu; cualidad que debe caracterizar á todos los seres criados, y poseida por todos los santos, ya sea los que no han caido, ó los redimidos, Isa. 6:2, 3; Apoc. 4:8-11; 7:9-12. Como gracia cristiana se produce en el corazón renovado por el Espíritu Santo. Dimana del convencimiento que uno adquiere de su propia debilidad, indignidad y estado pecaminoso, y de la necesidad que tiene de la gracia de Dios para todo lo bueno; y da por resultado el que no se conceptúa uno á sí mismo más favorablemente de lo que debe, Luc. 17:10; Rom. 12:3; Filip. 2:3, 4, sino que, al contrario, dá toda la gloria á Dios, 1 Cor. 4:7; 2 Cor. 3:5, y se somete á su santa voluntad. Siendo como es dicha cualidad una especie de reconocimiento ó confesión de la necesidad que de Dios tenemos, es indispensable que la poseamos para ser aceptados por Él y para crecer en santidad. De aquí el que Dios la exija del hombre, Miq. 6·8; el que se haya prometido la bendición divina á los que la posean, Isa 57:15, 1 Ped. 5:5; el que se encarezca por Cristo de palabra y con su ejemplo como indispensable á sus discípulos, Mat. 18:4; Luc. 18:14; Col. 3·12; Juan 13:4-17; Filip. 2:5-8. Amenázase con castigo á los que tienen el defecto opuesto, el orgullo, que es una abominación á Dios, Isa. 2:11-17; Prov. 16:5. Hay una humildad falsa y afectada, una especie de velo que cubre el orgullo espiritual, y consiste en sujetarse el hombre voluntariamente á cosas no mandadas por Dios, al mismo tiempo que hace poco ó ningún caso de Cristo y de sus preceptos. Respecto de eso se nos amonesta que estemos alerta, Col. 2:18-23.

HUR, *agujero*, uno de los principales entre los Hebreos en el desierto, quien se asoció con Aarón para levantarle las manos á Moisés en Refidim, y para ocupar el lugar de este en tanto que estaba en la cima del Sinaí, Exod. 17:10, 12; 24:14.

Menciónanse otros cuatro hombres de este nombre, Exod. 31:2; Nú. 31:8; 1 Rey. 4:8; Neh. 3:9.

HURTO, Exod. 20:15; Prov. 22:22; castigábase bajo la ley de Moisés exigiendo la restitución completa, la cual se obtenía en caso de necesidad por medio de la venta de los bienes del ladrón ó alquilando los servicios de este hasta que se hubiera recaudado el monto de lo hurtado, Prov. 6:31. Cuando lo robado era un animal, había que indemnizar el doble si se devolvía vivo, Exod. 22:3-8; si el ladrón había vendido el animal ó lo había inutilizado, debía pagar el cuádruplo, si este era oveja ó cabrito; y el quíntuplo si era buey ó res de ganado vacuno, Exod. 22:1; 2 Sam. 12:6; Luc. 19:8. El oro ó la plata habían de ser restituidos con un quinto más. Si el ladrón estaba imposibilitado para hacer la restitución, era vendido temporalmente como esclavo, juntamente con su esposa é hijos, Gén. 44:17; 2 Rey. 4:1. Podía matarse impunemente al ladrón que fuese descubierto de noche en flagrante, y el que hurtaba gentes era castigado con la pena capital, Exod. 21:16; 22:2; Deut. 24:7.

HUS, HUZ ó UZ, *lleno de árboles, fértil*, I., hijo de Aram, (Uz) Gén. 10:23, y nieto de Sem, (Hus) 1 Crón. 1:17.

II. (Huz) Hijo de Nachor y del Milca, Gén. 22:21.

III. (Huz) Un príncipe horeo, Gén. 36:28; 1 Crón. 1:42.

IV. (Hus) La tierra en donde moró Job, Job 1:1. Los setenta la llaman Ausitis. Parece que fué una región de la Arabia Desierta, entre Palestina, Idumea y el Éufrates, al alcance de los Sabeos y Caldeos, Job 1:15, 17, cerca de los Edomitas, Job 30:6, 7; Lam. 4:21, y en un tiempo parte de Idumea. Elifaz, el Temanita, era Idu-

meo. Véase TEMAN. No se sabe con certeza si sus habitantes eran descendientes de Uz el hijo de Aram, de Huz el hijo de Nachor, ó de Huz el Horeo, Gén. 10:23; 22:21; 36:28. Parece que tenían bastante conocimiento del verdadero Dios y de los principios de virtud y de religión.

HUSAI, *priesa*, el Araquita, quizá un ciudadano de Arqui, Jos. 16:2. Véase 2 Sam. 15:32-37; 16:16-19; 17; 1 Rey. 4:16; 1 Crón. 27:33. Era amigo ó compañero de David, y probablemente bien entrado en años, puesto que David sugirió que le serviría de carga al huir de Absalom, comp. 2 Sam. 19:35, pero que podría prestarle un importante servicio como consejero de este príncipe. Dios no sancionó la política engañosa de David y de Husai; mas permitió con todo, que la hipocresía y la traición de Absalom fuesen castigadas por medio de pecados semejantes cometidos por Husai.

I.

IBIS, ó LECHUZA, ave nocturna de presa, inmunda según la ley mosaica. Varias especies se hallan en Palestina y en toda

EL IBIS SAGRADO: IBIS RELIGIOSA.

el Asia Occidental. El ibis inmundo, *otus ascalaphus*, es el que probablemente se denota en Lev. 11:17, y Deut. 14:16, (Reina, *halcón*) y por la palabra buho, en Sal. 102:6.

IBLEAM, ó JEBLAAM, *destructor de gente*, ciudad de Manassés, en el territorio de Issacar ó Aser, Jos. 17:11; Jue. 1:27; 2 Rey. 9:27; 1 Crón. 6:70. Se supone que es Jelama, dos millas al norte de Jenin.

IBZÁN, *ilustre*, el décimo "juez de Israel," nacido en Betlehem de Zabulón. Desempeñó su cargo por siete años, y fué notable por lo numeroso y próspero de su familia, 1182 A. C., Jue. 12:8.

ICHABOD, *¿ donde está la gloria?* un hijo de Fineés y nieto de Elí. Estos así como la madre murieron el día del nacimiento de Ichabod, 1 Sam. 4:19-22; 14:3.

ICONIO, grande y opulenta ciudad del Asia Menor, situada generalmente por algunos escritores antiguos en Licaonia, pero por otros en Frigia ó en Pisidia. Se hallaba al pié de la cordillera del Tauro, rodeada por montañas, excepto por la parte del este, en donde había una llanura grande y fértil. Estando en el camino real de los Romanos que unía á Éfeso con Tarso, Antioquía y el Oriente, y en la intersección de varios caminos importantes, era un centro favorable para la difusión del evangelio, el cual fué predicado allí por Pablo y por Barnabás, 45 A. D., en el primer viaje misionario de aquel, Hech. 13:51. Pablo hizo muchos conversos, tanto Judíos como Griegos; pero los incrédulos no sólo lo expulsaron, sino que lo persiguieron hasta Listra, Hech. 14:1-6, 19; 2 Tim. 3:11. Sin embargo, él volvió á visitar después esa ciudad, Hech. 14:21. En su segunda excursión con Silas, 51 A. D., debió de haber estado de nuevo en Iconio, Hech. 16:1-3, y de haber asociado consigo á Timoteo; lo propio debió de haber hecho en su tercera excursión, Hech. 18:23. La iglesia establecida así floreció hasta que fué extinguida por las persecuciones de los Saracenos, y después por las de los Turcos Seljukianos, cuyos sultanes residieron en Iconio, y la rodearon de fuertes murallas que aún subsisten, y de 108 torres cuadradas. Ahora se la llama Konieh, y es la capital de Caramania, con una población de 30,000 habitantes, compuesta de Turcos, Armenos, Griegos y Judíos.

IDDO, *oportuno*, I., un profeta de Judá, que profetizó contra Jeroboam, y escribió las historias de Roboam y Abías, 2 Crón. 9:29; 12:15; 13:22; identificado por Josefo y otros con el profeta enviado á Jeroboam en Betel, y muerto por un león, 1 Rey. 13; pero esto no pasa de ser una conjetura.

II. Abuelo del profeta Zacarías, Zac. 1:1, 7; comp. Esd. 5:1; 6:14. Volvió de Babilonia con Zorobabel, Neh. 12:4, 16.

III. 1 Rey. 4:14.

IV. Un Levita, 1 Crón. 6:21.

V. IDDO ó JADDO, *desventura*, Esd. 8:17-20: 459 A. C.

VI. IDDO ó Addo, *amable*, 1 Cró. 27:21, 1014 A. C.

IDIDA, ó IDAIA, *amada*, esposa del rey Amón, hija de Adaía de Besecat, y madre del rey Josías, 2 Rey. 22:1, y cuya conducta correspondió altamente á lo que se esperaba de su piadosa educación.

IDITÚN. Véase JEDUTÚN.

ÍDOLO, IDOLATRÍA. La palabra ídolo significa literalmente una representación ó figura. En las Escrituras siempre se emplea en mal sentido, como representación de las deidades del pagansimo de cualquiera naturaleza que fueran. En muchos pasajes, á los ídolos se les llama demonios, Lev. 17:7; Deut. 32:17; 2 Crón. 11:15; Sal. 106:37; 1 Cor. 10:20; Apoc. 9:20.

EL ÍDOLO JUGGERNAUT.

Dios prohibe toda clase de ídolos ó figuras y representaciones de criaturas, hechos ó erigidos con el fin de rendirles un culto supersticioso, Exod. 20:3-5; 34:13; Deut. 4:16-19; 7:25, 26. Prohibe también el que se represente á la Divinidad dándole una forma visible cualquiera que esta sea, Ex. 32:4, 5; Deut. 4:15; Neh. 9:18.

Los paganos tenían ídolos de toda especie en pinturas, bajo-relieves, y una gran variedad de esculturas hechas de materiales diferentes, como oro, plata, bronce, piedra, madera, barro, etc. Las estrellas, los espíritus, los hombres, los animales, los ríos, las plantas, y los elementos, eran los objetos que por su medio querían representar. Casi no hay objeto ó potencia de la naturaleza; casi no hay facultad del alma, virtud, vicio, ó condición de la vida humana, que no haya recibido un culto

idólatra Véase ESTRELLAS. Algunas naciones adoraban piedras en bruto. Tal es la piedra negra de los antiguos Árabes, retenida por Mahoma, y ahora conservada en la Caaba de la Meca.

Es imposible determinar cuál fué la época en que se introdujo el culto de los falsos dioses y de los ídolos. No se hace mención

EL ÍDOLO HINDÚ PULLIAR.

de semejante culto antes del diluvio, si bien del silencio de la Biblia sobre el particular no podemos deducir que no existía. Josefo y muchos de los padres eran de opinión que la idolatría se había generalizado poco después del diluvio; y á la verdad, después del tiempo de Abraham se ve solamente un culto falso por donde quiera que uno dirija la vista. Los antepasados de ese patriarca, y aun él mismo, tomaron parte en la idolatría, como claramente se percibe de las palabras que se encuentran en Jos. 24:2, 14

Los Hebreos no tenían forma especial de idolatría; imitaban las supersticiones de los demás, pero no consta que fueran los inventores de ninguna. Cuando estuvieron en Egipto, muchos de ellos adoraron á las deidades egipcias, Ezeq. 20:8; en el desierto adoraron á las de los Cananeos, Egipcios, Ammonitas y Moabitas. Después de haber conquistado á Canaán, á las de los Fenicios, Sirios, y otros pueblos de los alrededores, Núm. 25; Jue. 10:6; Amós 5:26; Hech. 7:43. Raquel debió de adorar ídolos en la casa de su padre Laban, puesto que se llevó algunos consigo, Gén. 31:19, 30. Jacob después de su regreso de Meso-

potamia, exigió á su gente que desechase á los dioses agenos, así como también los supersticiosos zarcillos que usaban en las orejas, y los cuales ocultó debajo de una encina, cerca de Siquem, Gén. 35:2-4; y durante toda su vida mantuvo á su familia en el culto del verdadero Dios.

Bajo el gobierno de los Jueces, "los hijos de Israel hicieron lo malo á los ojos de Jehová, y sirvieron á los Baales, y dejaron á Jehová el Dios de sus padres, que los había sacado de la tierra de Egipto, y fuéronse tras otros dioses, tras los dioses de los pueblos que estaban en sus alrededores, á los cuales adoraron, y provocaron á ira á Jehová, y dejaron á Jehová, y adoraron a Baal y Astarot," Jue. 2:11-13. Gedeón después de haber sido favorecido por Dios con una liberación milagrosa, hizo un efod, que hizo caer á los Israelitas en un culto ilícito, Jue. 8:27. Los Terafim de Micás fueron también objeto de un culto idolátrico hasta la cautividad de Israel bajo los Filisteos, Jue. 17:5; 18:30, 31, 1 Sam. 4. Véase TERAFIM.

Durante la época de Samuel. 1 Sam. 7:3, 4, Saúl y David, el culto de Dios, según parece, se conservó comparativamente puro en Israel, aunque á juzgar por la presencia de los Terafim en la casa de la hija de Saul y esposa de David, y Sam. 19:13, existía aun entonces cierta veneración por las imágenes. Salomón queriendo complacer á sus esposas extranjeras, hizo que se erigiesen templos en honor de Astoret, diosa de los Fenicios, de Moloc, dios de los Ammonitas, y de Chemosh, dios de los Moabitas. Su hijo y sucesor en Judá, Roboam, continuó el culto de las deidades paganas, 1 Rey. 14:21-24, y Jeroboam, rey de las tribus del norte, levantó becerros de oro en Dan y Betel, é hizo pecar á Israel, 1 Rey. 12:20, 26-33. El pueblo, no estando ya refrenado por la autoridad real, adoraba no sólo dichos becerros, sino otros muchos ídolos, particularmente á Baal y Astoret. Bajo el reinado de Achab, la idolatría llegó á su colmo. La impía Jesabel se esforzó en extinguir el culto del Señor, persiguiendo á sus profetas (que, á guisa de barrera, mantenían todavía á algunos del pueblo en el recinto de la verdadera religión,) hasta que Dios, cansado de la idolatría de Israel, lo abandonó á los reyes de Asiria y de Caldea, quienes lo trasladaron más allá del Éufrates.

Judá llegó casi al mismo estado de corrupción que Israel. Las descripciones hechas por los profetas acerca de sus desvarios é idolatrías, de sus abominaciones y lascivia en los lugares altos y en los bosques consagrados á los ídolos, y de sus sacrificios humanos, nos llenan de desconsuelo, y ponen de manifiesto la espantosa corrupción del corazón humano. Véase MOLOC. La tendencia á la idolatría no fué enteramente destruida por la severa disciplina de la cautividad de Babilonia. Después del regreso, muchos de los Hebreos, aun entre los sacerdotes y Levitas, se casaron con mujeres paganas, y las siguieron en sus abominaciones; sin embargo, se arrepintieron con motivo de las reconvenciones de Esdras, Esd. 9:10. Más tarde, en la época de Antioco Epífanes, 167 A. C., hallamos á algunos de los Judíos apostatando y siguiendo la idolatría griega, ya voluntariamente, ya por la fuerza, si bien muchos permanecieron fieles á su Dios, 1 Macab. 1:2. Aun en el ejército del noble Judas Macabeo se encontraron varios que practicaban la idolatría, 2 Macab. 12:39, 40. Los sufrimientos causados á los Judíos por sus perseguidores paganos, y el conocimiento de las Escrituras adquirido por el estudio que de ellas hacían en las sinagogas todos los sábados, Hech. 15:21, desterraron al fin toda forma de idolatría pagana, y les hicieron apartarse de las imágenes adoradas por sus dominadores, los Romanos.

Como la conservación del culto del único Dios verdadero fué uno de los objetos fundamentales de la política mosaica, vemos por eso que la idolatría, esto es, el culto de otros dioses, ocupa en la ley mosaica el primer lugar en la lista de los crímenes. El único Dios vivo y verdadero era también el legislador civil y gobernante de Israel, y ellos lo aceptaban como su rey; por esto la idolatría era un crimen contra el Estado, y de consiguiente era tan justo que se castigara con la muerte, como la alta traición en los tiempos modernos. Según la ley mosaica, un idólatra debía ser muerto á pedradas, y una ciudad idólatra debía ser destruida enteramente con todo lo que contenía, Deut. 13:12-18; 17:2-5. Otro aspecto en que se presenta la idolatría de Israel, es la del adulterio contra Jehová, pues á Dios se le representaba como marido de su raza escogida, Isa. 54:5; Jer. 3; Ezeq. 16. Por la ley mosaica este crimen era castigado también con la pena de muerte.

De las 19 palabras hebreas traducidas en la Biblia española "ídolo" ó "imagen" muchas expresan, en el original, la necedad de la idolatría, el odio que se le debe tener, la degradación que acompaña á sus ritos y en la cual envuelve á sus adeptos, y los sufrimientos que trae consigo su práctica. La necedad de ella se manifiesta muy á lo vivo en Isa. 40:18-20; 44:9-20; Jer. 10:2-16; y su irracionalidad é inmoralidad por Pablo en Rom. 1:18-32. Juan amonesta á los Cristianos contra cualquiera forma de ella, 1 Juan 5:21, y anuncia la terrible suerte que espera á los idólatras, Apoc. 21:8. En la actualidad, la idolatría predomina en gran parte del mundo, y se practica por cosa de 800,000,000 de almas, ó sea cerca de las dos terceras partes de la raza humana. Es de temerse que la adoración en cualquiera de los crucifijos y pinturas, en algunos países que profesan el cristianismo, no sea mi más ni menos que el culto dado á los ídolos. Pero como la idolatría consiste no meramente en el culto externo de los falsos dioses, sino en la preferencia que se dá, ó la devoción que se consagra á cualquiera cosa que no sea el Altísimo, muchos en los países cristianos deben quedar incluidos en este cargo. Quienquiera que ama á este mundo ó anda á caza de las riquezas, de los honores, de la ambición, ó que busca la satisfacción del egoismo en cualquiera de sus formas, y olvida por eso ó abandona á Dios y á Cristo, ese es un *idólatra* tan verdaderamente como los antiguos Israelitas, y no puede esperar librarse de una terrible condenación, 1 Sam. 15:23; Col. 3:5.

IGLESIA. La palabra ECCLESIA, traducida iglesia, significa generalmente una asamblea civil ó religiosa, y así se traduce algunas veces, como en Hech. 19:32. En el Nuevo Testamento significa por lo regular, una congregación de adoradores religiosos, ya sean Judíos, como en Hech. 7:38, ó cristianos, como en Mat. 18:17; 1 Cor. 6:4. Este último sentido es el en que más comunmente se emplea, y entonces denota:

1. La iglesia cristiana universal: ya sea la iglesia invisible, que se compone de todas las almas redimidas á quienes Dios conoce, pero á quienes nosotros no podemos conocer de un modo infalible, Heb. 12:23; ó la iglesia visible, formada de todos los que han hecho profesión de fé y declarado su intención de seguir á Cristo, Col. 1:24; 1 Tim. 3:5, 15.

2. O una iglesia particular ó congregación de cristianos que han hecho profesión de fé y que se reunen para celebrar el culto en determinado lugar; tales eran las

iglesias de Roma, Corinto, Éfeso, Filipos, etc., á las cuales se dirigió Pablo en sus epístolas

En Mat. 16:18, 19, parece significar algo más que el mero conjunto del pueblo redimido de Cristo, é incluir las doctrinas, dotes, instituciones y esperanzas que él le ha dado, es decir, el evangelio en el pleno desarrollo y cumplimiento de sus designios. La expresión comunmente usada por Cristo mismo, es: "el reino de los Cielos," ó de Dios. Véase REINO.

IJE-ABARIM, *ruinas de Abarim*, Núm. 21:11; 33:44, 45, una estación en la frontera de Moab, cerca de Aineh, en la extremidad meridional de la cordillera de Abarim.

ILÍRICO, un país de Europa que estaba al este del mar Adriático, al norte de Epiro, y al oeste de Macedonia. Estaba dividido antiguamente en Liburnia, ahora Croacia, en el norte, y Dalmacia en el sur, la cual conserva todavía su nombre. Véase DALMACIA. Los límites de Ilírico variaron mucho en diferentes tiempos. Llego allí Pablo predicando el evangelio de Cristo, y probablemente atravesó en parte esa comarca, 57 A. D., Rom. 15:19.

IMAGEN, I., un pilar erigido en honor de una falsa deidad, ó una representación de un dios, pintada, grabada, fundida, etc., Dan. 3. Todo uso de imágenes como objetos del culto religioso, estaba estrictamente prohibido, Exod. 20:4, 5; 23:24; Lev. 26:1; Deut. 16:22, y su adopción original se condena como cosa indisculpable, Rom. 1:18-23. Véase IDOLO. La "imagen del zelo," Ezeq. 8:3, 5, se refiere á Tammuz, á quien se cita en el vers. 14. Las "cámaras pintadas," Ezeq. 8:7-12, tenían sus paredes cubiertas de pinturas idolátricas, tales como las que se hallan en las antiguas paredes de piedra de los templos egipcios y de las ruinas asirias. Véase NÍNIVE.

II. *Semejanza*. La "imagen de Dios" en que fué creado el hombre, Gén. 1:26, 27; 5:1; 9:6, fué una semejanza espiritual, intelectual, y moral respecto del Creador. Las huellas de esta imagen que sobrevivieron á la caida, deben servir como de reprobación de la idolatría, é inducir á los hombres á la caridad y el respeto mútuos, Hech. 17:28, 29; Sant. 3:9, 10; 1 Ped. 2:17. La posteridad de Adam ha nacido á semejanza del estado y condición de él después que cayó, y necesita ser regenerada por el Espíritu Santo á semejanza moral de Dios "en justicia y verdadera santi-

dad, Efes. 4:24; Col. 3:10. Así como todos los hombres llevan por naturaleza la imagen del pecador Adam, así también todos los creyentes son transformados á la semejanza moral del segundo Adam, y aun sus cuerpos son destinados á llevar la semejanza de su cuerpo glorificado, Rom. 8:29; 1 Cor. 15:47-49; 2 Cor. 3.18, Fil. 3:21. Cristo es "la imagen de Dios," 2 Cor. 4:4; Col. 1.15, siendo lo mismo que El en su naturaleza y atributos divinos, y manifestando al "Dios invisible," como la perfecta impresión de un sello muestra cada uno de los rasgos del sello mismo, Heb. 1:3. Comp. Juan 14:9.

El Sal. 73:20, "Tú menos preciarás sus apariencias" (ó imagen), es una frase que denota la falsa y transitoria prosperidad de los malvados, pues Dios se la arrebata con la muerte, vers. 3-19. Comp. Sal. 39:6, en donde la misma palabra ha sido traducida por el vocablo "tiniebla."

Por allá á fines del segundo siglo, el culto de las imagenes pintadas ó talladas fué introducido en las iglesias cristianas, debido al permicioso contagio de las prácticas del paganismo de que estaban rodeadas. Esta innovación fué al principio tenazmente resistida por los sínodos eclesiásticos, pero fué cundiendo de tal manera con el tiempo, que al fin el segundo Concilio de Nicea, 787 A. D., hubo de autorizarla, y á pesar de las muchas protestas y leyes hechas en contra, llegó á generalizarse en toda la iglesia romana después del siglo noveno. El culto de las imágenes fué desechado del todo ó en parte por los Reformadores del siglo XVI. En la iglesia romana, el Concilio de Trento. 1545-1563 A. D., decretó la conservación de las imagenes, y ordenó que se les tributase "la veneración y el honor debidos," teniendo cuidado de hacer una sutil distinción entre esto y la adoración de las personas divinas ó humanas representados por ellas, distinción que no alcanzan á percibir el común de los miembros de esa iglesia, y á veces ni aun sus mismos teólogos. Hoy los Papistas usan universalmente las imagenes, tanto en sus oratorios privados como en sus iglesias, y esto de tal suerte que la mayor parte de ellos quebrantan el segundo mandamiento de una manera escandalosa y los que nó, violan á lo menos, la letra y el espíritu de la Biblia, Exod. 20:4, 5; Deut. 4:15; Juan 4:24; Apoc. 22:8, 9. Para lo que se dice en Gén. 31:19. Véase TERAFIM.

IMPERIO ROMANO   Sucedió al imperio macedonio, en lo de extender su dominio sobre la mayor parte del mundo entonces conocido. Se hace alusión á él en la profecía de Daniel 3:53, 40; 7:7, 19, 23, como á la cuarta potencia del mundo. Cuando se dió término al Canon del Antiguo Testamento, los Romanos no habían estado todavía en contacto con los Judíos. Pero por el año 162 A. C., Judas Macabeo hizo alianza con ellos, 1 Mac. 8, la cual renovaron sus hermanos Jonatan y Simón, 161-135 A. C., 1 Mac. 12:1; 15:17. La toma de Jerusalem por Pompeyo, 63 A. C., y por Sosio, 36 A. C., puso á los Judíos bajo el dominio de Roma, y Judea pasó á formar parte de la provincia Romana de Siria, en el destierro de Arquelao, 6 A. D. El Imperio Romano propiamente dicho surgió de la República de Roma, y duró desde el 31 A. C.—en que como resultado de la batalla de Accio, Octavio, después llamado Augusto, se hizo el primer emperador Romano—hasta la abdicación de Augustulo, 476 A. D. Las referencias del Nuevo Testamento tienen qué ver principalmente con los primeros años del Imperio bajo los emperadores Augusto, Tiberio, Calígula, Claudio, y Nerón. Véase CÉSAR. Su extensión y su poder habían llegado en esa época á su auge. Sus límites eran el Atlántico al oeste; el Éufrates al este; los desiertos de África, las Cataratas del Nilo, y los desiertos de Arabia al sur; el Rhin, el Danubio, y el mar Negro, al norte. Britania fué conquistada también. Partia al este, Germania al norte, eran potencias semi-independientes. La población del Imperio en el reinado de Claudio se estima por Gibbon en 120,000,000 de habitantes. Los países conquistados por Roma eran convertidos en provincias sujetas á ella, las cuales eran regidas por gobernantes mandados generalmente de Roma, aunque algunas veces se les concedía cierto grado de independencia bajo la administracion de gobernantes de entre sus propios hijos. Véase PROVINCIA. Á algunas de las ciudades conquistadas se las llamaba "ciudades libres," puesto que eran gobernadas por sus propios magistrados y estaban exentas de ser ocupadas por una guarnición romana; y otras eran llamadas "colonias," siendo primaria y principalmente comunidades de ciudadanos romanos transportados allá. La destrucción de Jerusalem y del templo predicha por Cristo, Mat. 24:1, 2, 14-22, tuvo lugar en el reinado de Vespasiano, 70 A. D. Supónese que el destierro y la visión profética del apóstol Juan, Apoc. 1·9, 10, ocurrieron en el reinado de Domiciano, que terminó en 96 A. D. La unión, si bien meramente externa, que el imperio romano había traido á las naciones, la construcción de caminos militares, la supresión de los robos y piraterías, la extensión del tráfico y el predominio del latín en el Occidente, como el griego lo tenía ya en el Oriente, facilitaron la propaganda del cristianismo; al paso que el escipticismo de los eruditos, la superstición de los ignorantes, la corrupción universal de la moral, exigían imperativamente un remedio que procediese de Dios. El evangelio debió de haber sido anunciado por todo el Imperio en la época de los apóstoles. Con raras excepciones los emperadores romanos se hicieron notables por sus vicios y crueldades. Bajo su gobierno, los cristianos sufrieron de tiempo en tiempo severas persecuciones hasta que Constantino abrazó el cristianismo, 323 A. D. y lo hizo adoptar como la religión del su imperio.

IMPOTENTE, falto de fuerza, ya sea por enfermedad, ó deformidad natural, Hech. 14:8.

IMPUTAR reconocerle á uno, atribuirle, contarle á su favor alguna cosa, ya le pertenezca personalmente ó nó, Sal. 32:2. Así, la justicia de Cristo se pone á favor ó á cuenta del que cree en él, Rom. 3, 22; 4 (en donde el mismo verbo griego se traduce "imputar" y "contar") y el pecado del creyente se pone en contra de (en el lenguaje de la contabilidad, *se carga á*) Cristo, quien lo ha expiado por medio de su sacrificio, Isa. 53:5; Luc. 22:37; Rom. 5; 10:4; 1 Cor. 1:30; 2 Cor. 5:19-21; 1 Ped. 2:24.

INCENSARIO, 2 Crón. 26:16, 19, vasija en que se llevaba el fuego y el incienso para ciertos usos del culto hebreo. Poco se sabe de su forma. El incensario para las oblaciones diarias, era al principio hecho de cobre, Núm. 16:39. El usado en el

gran día de las expiaciones, era hecho de oro puro, 1 Rey. 7:50; Heb. 9:4. En las oblaciones diarias, el incensario se llenaba de carbones tomados del fuego perpetuo, y se colocaba en el altar del sahumerio, y allí se le regaba el incienso sobre los carbones, y al quemarse este difundía su fragancia por todas partes, Exod. 30:1, 7-10.

En el dia de las expiaciones en el lugar santísimo, el incensario debió de haberse tenido en las manos por el oficiante y probablemente de una asa, Lev. 16:12, 13. Los incensarios de los Egipcios tenían largos asideros, semejantes al brazo y la mano del hombre, y en la palma de esta descansaba la taza del incienso. Los de los griegos y romanos tenían cadenas por medio de las cuales los columpiaban, como los que se usan ahora en el culto de los romanistas.

Los "tazones de oro llenos de perfumes," Apoc. 5:8, eran incensarios ó vasijas llenas de incienso.

INCIENSO, el sagrado perfume ofrecido á Dios en el altar del sahumerio. Las sustancias gomosas que lo componían se mencionan en Exod. 30:34-38. Véase ESTACTE, GÁLBANO. El incienso era ofrecido en el altar del sahumerio, en el lugar santo, todas las mañanas y las tardes, por los sacerdotes, con fuego tomado del altar de los holocaustos, Exod. 30:1, 6-8; Luc. 1:9; y en el día solemne de la expiación el sumo sacerdote quemaba incienso en el lugar santísimo, Lev. 16:12, 13. La ofrenda del incienso correspondía solamente á los sacerdotes, hijos de Aarón; el Levita Coré, con los Rubenitas Datan y Abiram, y sus secuaces, fueron muertos, y el rey Ozías fué severamente castigado, por querer arrogarse las prerogativas sacerdotales, Núm. 16:1-10, 39, 40; 2 Crón. 26:16-19. Mientras el sacerdote que oficiaba ofrecía el incienso, la congregación oraba en silencio, en el atrio exterior, Luc. 1:10, subiendo sus oraciones con la fragancia y el humo del incienso, hasta que el sacerdote aparecía de nuevo y le daba la bendición, Núm. 6:22-27, después de lo cual los Levitas comenzaban á cantar. El incienso es considerado por algunos como el símbolo de la oración, Sal. 141:2; Apoc. 5:8; pero con mas propiedad representa aquello que acompaña á toda oración de fé, y la hace aceptable á Dios, es á saber, los méritos de Cristo hechos eficaces para la aceptación del creyente, por la muerte propiciatoria del Redentor, siendo esta simbolizada por el acto de quemar el incienso con el fuego tomado del altar de los holocaustos. Así en Apoc. 8:3, 4, se dice que se dieron "muchos inciensos para ofrecerlos con las oraciones de todos los santos." Semejantes oraciones habrán de ofrecerse en todo lugar, Mal. 1:11. Israel y Judá fueron reprendidos por los profetas, por ofrecer incienso á los ídolos, Jer. 11:12-17; Ezeq. 8:11.

Los primitivos cristianos dejaron la práctica de ofrecer incienso, con los otros tipos del ritual judaico que cayeron en desuso; y sus defensores alegaban que ellos no "quemaban incienso" como los paganos. Con todo, esa práctica fué adoptada más tarde so pretexto de que había qué purificar el aire malsano de los lugares en que los cristianos perseguidos se reunían para estar en retiro ó ponerse en seguridad. Con otros usos supersticiosos tomados del paganismo, el de quemar incienso se arraigó en la iglesia latina á fines del siglo sexto, y ahora es en ella universal. Úsase el oíbano ó alguna imitación de él.

INCIRCUNCISO, se dice de aquel hombre que no ha pasado por el rito iniciatorio de la sociedad hebraica, un pagano. Úsase el término en sentido figurado, y con referencia á los labios torpes ó pesados en el hablar, Exod. 6:12; 30; á los oídos que oyen con dificultad, Jer. 6:10; á los corazones en que no puede penetrar la verdad del evangelio, Deut. 10:16; Hech. 7:51; y también al primer fruto de un árbol, Lev. 19:23. Véase CIRCUNCISIÓN.

INCREDULIDAD, la, respecto del testimonio de Dios, lo hace á Él mentiroso, y es un pecado de grandísima enormidad. Es el engendro de un corazón pecaminoso y depravado; porque ninguno que esté libre de esta clase de prevenciones podrá rechazar el abundante testimonio que Dios da respecto de la verdad de su palabra, Sal. 14:1; Rom. 1:19-23. La incredulidad respecto del sacrificado Salvador es especialmente un crimen sin nombre, que justamente sella la condenación de aquel que persiste en ella y rehusa así ser salvo, Juan 3:11, 18; 5:38; 1 Juan 5:10.

INDIA, Ester 1-1; 8:9, el límite oriental

del reino de Jerjes; no la península del Hindostan, sino el Punjab ó región que rodeaba el Indo, incluyendo tal vez á Scinda, al N. O. de la India moderna. La gente y las producciones de esta región deben haber sido conocidas á los Judíos, porque se hacía un comercio activo con frecuencia entre la India y el Asia Occidental. Las importaciones que hacían las naves de Salomón eran principalmente de artículos indios, 1 Rey. 10:11, 22.

INFIEL, en Mar. 9:19, significa no falso de corazón, sino incrédulo.

INFIERNO. Esta palabra derivada de la voz latina *infernus*, lugar profundo, es traducción de una palabra hebrea y de dos griegas. I. La hebrea es *sheol*, de una raíz que significa "demanda," ó de otra cuyo sentido es "ahuecar" Se halla en el Antiguo Testamento hebreo 65 veces: y 39 (en la versión de Reina) se ha traducido "sepulcro" ó "sepultura;" 20 "infierno;" 3 "profundo;" y una vez "sima," otra "osario" y otra "huesa." En la Septuagintase ha traducido por medio de la pabra *hades*, "lo invisible," nombre que los Griegos aplicaron primero al *rey* del mundo invisible, y más tarde al *lugar* de los espíritus despojados de sus cuerpos. Este uso de *hades* en vez de *sheol* prueba que las dos palabras estaban acordes, por lo general, en cuanto á las ideas que expresaban. Empero al paso que los Griegos representaban el hades como gobernado por un dios independiente de los dioses del cielo y de la tierra, los Hebreos creían que el sheol era una parte del reino de Jehová, Sal. 139:8; Prov. 15:11. Los gentiles no creían que había salida del hades; pero los piadosos Hebreos, á la vez que miraban el sheol con temor, esperaban salir de allí y creían en la resurrección del cuerpo, Dan. 12:2; Hech. 23:6-8, si bien es cierto que hasta que Cristo "sacó á luz la vida y la inmortalidad," las ideas de los Hebreos relativas al estado futuro eran necesariameute vagas. Háblase del sheol en el Antiguo Testamento como la morada subterranea á donde van todos los espíritus humanos, tanto los buenos como los malos, después de la muerte, Gén. 37:35; Núm. 16:30, 33; Sal. 9:17; 16:10; Isa. 14:4, 9-15. El sitio que servía de receptáculo al *cuerpo* se designaba en hebreo con una palabra muy distinta, Isa. 14:19, 20. Sheol es un lugar de constreñimiento, Job 17:16; Isa. 38:10, de lobreguez, 2 Sam. 22:6; Sal. 6:5, de refugio para el que huye de las aflicciones del mundo, Job 14:23, de des-

canso de las ocupaciones de la tierra, Eccl. 9:10; un paraje del cual hay liberación, Sal. 49:15; Ose. 13:14. Se subentiende que había en él diferentes mansiones paralos justos y para los malvados, Deut. 32:22; Sal. 86:13; Prov. 14:32; Isa. 57:2. Nunca se habla del sheol como morada de Satanás ó de los ángeles caídos.

II. En el Nuevo Testamento la palabra "infierno," es diez veces la traducción de hades. Según las más recientes investigaciones de los manuscritos griegos del Nuevo Testamento la palabra "sepulcro" en 1 Cor. 15:55 debiera traducirse más bien muerte. Del mismo modo que sheol, Job 11:8, se usa hades como antítesis del cielo visible, Mat. 11:23; Luc. 10:15. De él librará Cristo á su iglesia, Mat. 16:18. En hades, el rico, Luc. 16:22-31, estaba en angustias, mientras que al parecer en el mismo reino, aunque muy lejos y arriba, estaba Lázaro consolado. Véanse SENO DE ABRAHAM y PARAISO. Distínguesele del lugar final de tormento, en Apoc. 20:13, 14.

La doctrina del Nuevo Testamento en cuanto á la morada después de la muerte de los espíritus de los redimidos desprendidos de sus cuerpos, difiere mucho de la del Antiguo Testamento. En el Nuevo se dice repetidas veces que ellos parten para estar con Cristo. Véase Juan 14:2, 3; 17:24; Hech. 7:55, 56; 2 Cor. 5:8; Fil. 1:23; Heb. 12:22-24; 1 Ped. 3:22; comp. Hech. 3:21. Para explicar esta diferencia, algunos han sostenido que Cristo al bajar al hades, Hech. 2:27, 31, ó á las partes inferiores de la tierra, Efes. 4:9, proclamó allí las nuevas de haberse consumado la expiación, 1 Ped. 3:18-20, y habiendo preparado un lugar en la casa de su Padre, "llevó cautiva" allá "la cautividad" de los santos que entonces estaban en hades, y desde ese tiempo hades ha sido destinado para morada de los malos solamente.

III. Gehenna (Geëna), otra palabra griega del Nuevo Testamento traducida "infierno," se halla en él 12 veces. Era la forma griega dada al término que significa "el valle de Hinnom," y fué adoptado por los Judíos después de la cautividad, y más tarde por nuestro Señor, para designar el lugar de tormento al que han de ser arrojados el dia del juicio los espíritus malignos y los hombres reprobados. Nuestro Señor alude á él en los términos más solemnes y terribles, Mat. 5:22, 29, 30; 10:28; 18:9; 23:15, 33; Mar. 9:43-48; Luc. 12:5;

Sant. 3:6; comp. Mat. 25:41, 46. El gehenna de los Evangelios y de Santiago parece sinónimo del "infierno" del Antiguo Testamento, Job 26:6; del "horno de fuego" de Mat. 13:42; del "lago de fuego" del Apoc. 19:20; 20:10, 14, 15, y de la "perdición" del mismo 17:8, 11.

El "tártaro" de que trata 2 Ped. 2:4, era, como se sabe, el lugar de castigo en la mitología griega. Comp. Judas 6.

Bajo el gobierno de un Dios infinitamente santo, justo, sabio y amoroso, obligado por su propia naturaleza y por el cuidado que tiene del bienestar de su universo, á expresar el aborrecimiento que le inspira el pecado, y á ponerle un dique á éste como cosa ruinosa y detestable, la existencia de un infierno para el confinamiento y castigo de sus criaturas libres, responsables, pecadoras é impenitentes, que han hecho mal uso del tiempo de prueba que se les ha concedido, y han rechazado la gracia que él les ha ofrecido; tal existencia, lo decimos, es una necesidad que indica la razón, Rom. 6:23; 2 Tes. 1:6-11; Apoc. 20:11-15. El gran deseo que Dios tiene de que los hombres se libren del infierno, se manifiesta en la expiación suficiente hecha por la muerte de Cristo, y en las amonestaciones y exhortaciones que dirige á los pecadores por toda la Biblia.

Las penas del infierno se compondrán de la privación de la presencia y del amor de Dios, de la ausencia de toda causa ó motivo de felicidad, de la perpetuidad del pecado, del remordimiento de conciencia por las pasadas culpas, de las pasiones malévolas, de la convicción íntima de que uno es objeto de la justa ira de Dios, y de todos los otros sufrimientos del cuerpo y del alma, que son los resultados naturales del pecado, ó que la ley de Dios exige como castigos, Mat. 7:21, 23; 22:13; 25:41; 2 Tes. 1:9. El grado de los tormentos será proporcionado al grado de la culpa, Mat. 10:15; 23:14; Luc. 12:47,48. Estos castigos serán eternos como la felicidad del cielo. La ira de Dios nunca dejará de existir sobre las almas perdidas, y siempre será "la ira que ha de venir."

INHUMACIÓN, Véase SEPULTURA.

INIQUIDAD, el acto ó actos de apartarse de la ley de la justicia y de Dios. Llevar la iniquidad, significa tener una culpa puesta á cargo de uno, Lev. 16:22; Núm. 14:34. Los sacerdotes eran así designados para asumir las culpas de la congregación, y "hacer expiación por ella," Lev. 10:17, por medio de los sacrificios prescritos. En esto eran ellos tipos de Cristo, Isa. 53:6, 11; 1 Ped. 2:24. Para simbolizar lo completo del acto típico de asumir los pecados del pueblo, los sacerdotes se comían en algunos casos la víctima del holocausto que por sus pecados presentaba aquel, Lev. 6:25, 26, 30. En cuanto á los sacerdotes mismos, su iniquidad, Núm. 18:1, tenía que expiarse de un modo diferente, Lev. 8:2, 14-17; 9:2, 7; 16:3, 6; Heb. 5:1-3; 9:7. La superioridad del sacerdocio de Cristo se echa de ver en que él, siendo inocente, no necesitó hacer sacrificio por sí mismo, Heb. 4:15; 7:26; 9:14.

INMORTALIDAD, en Dios es primitiva y absoluta; "quien sólo tiene inmortalidad," 1 Tim. 6:16. En las criaturas depende de la voluntad del Criador. La inmortalidad del alma humana se deduce de sus aspiraciones y capacidad sin límites, de su progreso indefinido, de lo incompleto que quedan en esta vida su castigo ó recompensa, etc. Esta doctrina ha sido generalmente profesada entre casi todas las naciones y tribus, y fué enseñada con mayor ó menor grado de certidumbre por algunos de los filósofos más sabios de la antigüedad. Sin embargo, ningunos de los argumentos aducidos á su favor son del todo satisfactorios sin el testimonio de las Escrituras. Algunas veces se alega que el Antiguo Testamento no alude á ella de una manera clara é inequívoca; pero Cristo combatió á los Saduceos que creían que la muerte era el término del hombre en todos respectos, Mat. 22:23; Hech. 23:8, manifestando que, según lo expuesto en el Antiguo Testamento, los patriarcas que habían muerto vivían todavía, Exod. 3:6. Que los antiguos Hebreos creían en la continuación de la existencia del alma después de la muerte, se patentiza en la expresión que con tanta frecuencia ocurre en el Antiguo Testamento, usada por Dios mismo, "y fué unido (ó recogido) á su pueblo," la que evidentemente no se aplica al cuerpo, de cuyo entierro se habla en otros términos, Gén. 25:8, 9; 35:29; 49:29, 33; Núm. 20:24-26; 27:12, 13; Deut. 32:50; 34:5, 6. Otras expresiones ponen también de manifiesto la seguridad que el escritor tenía de que la muerte del cuerpo no termina la vida del alma, Sal. 17:15; 73:24-26; Dan. 12:2, 3. Pero estaba reservado á Cristo, por medio de sus enseñanzas claras y autorizadas, y levantando á los muertos, y resucitando él mismo de entre ellos, "sacar á la luz la vida y la inmortalidad,"

2C

2 Tim. 1:10. En la parábola del rico y de Lázaro Él dió por sentada la inmortalidad del alma, Luc. 16:19-31, y en otros pasajes se deja ver cómo predijo las penas eternas que sufrirían los malvados, y las bendiciones eternas de que serían objeto los justos, Mat. 25:46; Juan 5:28, 29. Sus apóstoles, enseñados por el Espíritu Santo, se expresaron terminantemente en palabras que implican la inmortalidad del alma y la resurrección del cuerpo, Hech. 7:55-60; 10:42; 1 Cor. 15; 2 Cor. 5:1-8; Fil. 1:21-23; 1 Tes. 4:13-18. La bienaventuranza inmortal ó eterna de los redimidos, es el don divino concedido por medio de Cristo, y que aquellos disfrutan con motivo de la unión que con él tienen por la fé, Juan 10:27, 28; 11:25; Rom. 6:23; 1 Juan 5:11-13. Los términos traducidos "inmortal" é "inmortalidad" en 1 Tim. 1:17; Rom. 2:7; 2 Tim. 1:10, serían vertidos con más propiedad por medio de los vocablos "incorruptible" é "incorruptibilidad."

INMUNDO. Véase LIMPIO.

INSPIRACIÓN, aquel influjo sobrenatural ejercido por el Espíritu Santo en la mente de los escritores sagrados, en virtud del cual declaraban ellos, sin cometer error alguno, la voluntad divina. Ya escribieran sobre asuntos de que tenían previo conocimiento, ó trabajaran como en muchos casos debe haber sucedido, por una revelación inmediata del cielo; ya operara el Espíritu en algún caso dado, dictando verbalmente, sugiriendo ó dirigiendo; y por más claramente que podamos distinguir en los escritos de cada uno su carácter peculiar, su estilo, sus facultades mentales y otras circunstancias, la Biblia entera, sin embargo, fué escrita bajo la inerrable guía del Espíritu Santo, 2 Tim. 3:16.

Cristo siempre citó las Escrituras del Antiguo Testamento como infaliblemente verdaderas, y de autoridad divina, por ser la palabra de Dios. Á los escritores del Nuevo Testamento se les prometió la inspiración, Mat. 10:19, 29; Juan 14:26; 16:13; y ellos escribieron y profetizaron con el auxilio de esta, 1 Cor. 2:10-13; 14:37; Gál. 1:12; 2 Ped. 1:21; 3:15; Apoc. 1:1, 10-19.

INTERCESIÓN, el acto de abogar por otros. Como el antitípico Sumo Socerdote, Cristo intercede con Dios por los hombres: de un modo general, Isa. 53:12; Luc. 23:34; y especial, como el abogado de su pueblo creyente, Rom. 8:34; Heb. 7:25; 9:24; 1 Juan 2:1. Su intercesión comenzada en la tierra, Juan 17, continúa en el cielo, en donde él presenta ante el Padre

su obra acabada y aceptada obediencia y sacrificio, y obtiene el don de la salvación, con todo lo que ella incluye de bienes presentes y eternos, para todos los que vienen á Dios por medio de Él que es "el único medianero entre Dios y los hombres," 1 Tim. 2:5. Del Espíritu Santo á quien Cristo llama "el Abogado," ("Consolador"—original *paracletus*) Juan 14:16, 26, también se dice que intercede por los creyentes, Rom. 8:26, 27, morando en las corazones, dándoles deseos y palabras que de otra manera carecerían, los cuales son según la voluntad de Dios, y le son aceptables por Cristo. Los creyentes tienen el privilegio y el deber de interceder por los demás, Gén. 18:23-33; 1 Tim. 2:1.

INTERPRETACIÓN, revelación del verdadero significado de los sueños sobrenaturales, Gén. 11; Dan. 2; 4, ó de lenguas desconocidas, etc., 1 Cor. 12:10, 30; 14:5, 13.

Para la exacta interpretación de la Palabra de Dios, los principales requisitos son, un corazón renovado, anhelante hasta no más de conocer y ejecutar la voluntad de Dios; la impetración del auxilio del Espíritu Santo; una firme convicción de que la Palabra de Dios debe gobernar la razón falible y el corazón del hombre; una comparación diligente de sus diferentes partes, para buscar la luz que las unas arrojan sobre las otras; informes fidedignos en cuanto á la historia, la geografía, las costumbres, las leyes, los idiomas, y la vida pública, doméstica é interior de los tiempos bíblicos. El estudiar así la Biblia por sí mismo es privilegio y deber de todo individuo.

INTESTINOS, Exod. 12:9, las entrañas ó partes interiores de que se habla también en Exod. 29:13, 22; Lev. 1:9, 13; 3:3, 9, 14.

INVIERNO, Cant. 2:11; Mat. 24:20, en Palestina dura desde Noviembre hasta Febrero, y es estación de muchas lluvias y granizo, con vientos del norte algunas veces, y de cuando en cuando heladas y nieve, que permanece por algún tiempo en las cumbres de las montañas, Gén. 8:22; Sal. 74:17; 147:16, 17; Jer. 36:22; Zac. 14:8. Véanse CANAÁN y NIEVE.

INVOCAR EL NOMBRE DEL SEÑOR, significa rogarle como á Dios, Gén. 12:8; Sal. 79:6; 105:1. Este es también el significado cuando se habla de Cristo, que es adorado como Jehová, Hech. 2:21; 7:59; Rom. 10:12; 1 Cor. 1:2.

IRA, se atribuye á Dios metafóricamente, ó hablando según la manera de los hombres; esto es, las acciones providenciales de Dios son tales, que serían ejecutadas por un hombre en estado de ira; de consiguiente, cuando se dice que derrama su ira sobre una persona ó un pueblo, se emplea una expresión figurada para dar á entender que se trata de providencias aflictivas. Pero debemos guardarnos de atribuir debilidades humanas, pasiones, ó malevolencias á Dios.

IRÓN, ó JERÓN, *temeroso de Dios*, Jos. 19:38, ciudad de Neftalí, probablemente la llamada ahora Yarún.

ISAAC, *risa*, Gén. 17 : 17; 18 : 12; 21:6, uno de los patriarcas progenitores de la nación hebrea y de Cristo, hijo de Abraham y de Sara, 1896–1716 A. C. Refiérese su historia en Gén. 21; 24-28; 35:27-29. Es memorable por las circunstancias de su nacimiento, como hijo de la profecía y la promesa, nacido en la ancianidad de sus padres. Aun en su niñez fué víctima de la mala voluntad de su hermano Ismael, hijo de la esclava; y en esto, tipo de todos los hijos de la promesa, Gál. 4:28, 29. Educado siempre en el temor de Dios, cuando llegó á la pubertad manifestó una noble confianza y obediencia en la conducta que observó durante una notable prueba de fé, que estableció á Abraham como "padre de 'os fieles;" y en su dócil sumisión á toda la voluntad de Dios prefiguró al Hijo Unigénito del Padre. A la edad de 40 años se casó con su prima Rebeca, de Mesopotamia. Pasó la mayor parte de su vida en la parte meridional de Canaán, y en sus cercanías. En el entierro de su padre fué acompañado por Ismael, su hermano desechado. De dos hijos de Isaac se hace mención en las Escrituras. La parcialidad ó preferencia que la madre tenía por Jacob, y la del padre por Esaú, dieron lugar á infortunados celos, á discordias, pecados y largas separaciones entre los hermanos, si bien todo fué gobernado de manera que se cumpliesen los designios de Dios. Á la edad de 137 años, Isaac bendijo á Jacob, y le envió á Mesopotamia. Á la de 180 murió, y fué sepultado por sus dos hijos en el sepulcro de Abraham. En cuanto á su carácter natural, Isaac era humilde, pacífico y amante de la meditación; en su piedad devoto, lleno de fé, y señaladamente sumiso á la voluntad de Dios.

ISAÍ, *viviente ó varonil*, llamado también Jessé, un Betlemita de la tribu de Judá, hijo de Obed y padre de David. Fué nieto de Rut la Moabita, y en la patria de esta él y su esposa hallaron asilo cuando David estaba en mayor peligro con motivo de la encarnizada persecución de Saúl, Rut 4:17; I Sam. 16; 17:12 22:3.; Mat. 1:5. Respecto de su esposa, cuyo nombre se ignora, inferimos de lo que se dice en Sal. 86:16; 116:16, que era una mujer piadosa, y que enseñó á David á adorar al Dios de sus padres. Isaí tenia ocho niños, un rebaño numeroso que estos cuidaban por turnos, y bastante riqueza. Que él ocupaba una posición distinguida se colige de la frecuencia con que aparece su nombre, pues á David se le llama muchas veces "el hijo de Isaí," aun en una época tan remota como la de Isaías. Vease, si nó, Isa. 11:1, 10, en donde se menciona á Isaí como uno de los antepasados de nuestro Señor.

ISAÍAS, *salvación de Jehová*, el hijo de Amós (ó más bien Amoz, nombre distinto de el del autor de la profecía) uno de los más distinguidos profetas hebreos. Comenzó á profetizar en Jerusalem hacia el fin del reinado de Ozias, por el año 759 A. C., y ejerció el cargo profético unos 60 años bajo los tres siguientes monarcas, Jotam, Acház y Ezequías, Isa. 1:1. Comp. 2 Rey. 15:20; 2 Crón. 26-32. Los primeros doce capítulos de su profecía se refieren al reino de Judá; después siguen los capítulos desde el 13 hasta el 23, dirigidos contra las naciones extranjeras, excepto el 22 que lo fué contra Jerusalem. En los capítulos comprendidos desde el 24 hasta el 35, que según es de creerse, correspondieron á la época de Ezequías, Isaías parece penetrar el porvenir con sus ojos de profeta y fijar la mirada en los tiempos del destierro y del Mesías. Los capítulos desde el 36 hasta el 39, contienen una reseña histórica de la invasión de Sennaquerib, y del consejo dado por Isaías á Ezequías. Esta relación es semejante á la que se halla en 2 Rey. 15:13 á 20:19; y ciertamente el capítulo 37 de Isaías es casi palabra por palabra igual al de 2 Rey. 19. El resto del Libro de Isaías, capítulos 40 hasta 66, contiene una serie de oráculos con referencia á los tiempos del futuro destierro temporal, y al libramiento de él, y luego el profeta se esplaya en visiones gloriosas del libramiento espiritual que había de obrarse por el Mesías.

Isaías parece haber vivido y profetizado en Jerusalem exclusivamente, y desaparece de la historia después de las relaciones contenidas en el capítulo 39. Una tradición que existe entre los Talmudistas y los Padres, refiere que fué dividido en dos con una sierra durante el reinado de Manassés, Heb. 11:37; y esta tradición se ha hecho constar en un libro apócrifo llamado "la ascensión de Isaías;" pero parece que no se apoya en fundamentos ciertos. El sitio tradicional del valle Cedrón donde se dice que sufrió el martirio, está marcado por una morera.

Algunos comentadores han propuesto que se divida el Libro de Isaías cronológicamente en tres partes, que correspondan á los tres reinados de Jotam, Acház y Ezequías. Pero la conveniencia de hacerlo así sería muy discutible, puesto que no cabe duda de que varios de los capítulos se han transpuesto é insertado fuera del lugar que cronológicamente les corresponde. Pero la división que se hace del libro en dos partes es natural á la vez que lógica: la primera incluye los primeros 39 capítulos, y la segunda lo restante de la profecía, ó sean los capítulos del 40 al 66.

La primera parte está formada de aquellas profecías y narraciones históricas que Isaías escribió durante el periodo de sus trabajos activos, en que se mezclaba en los asuntos públicos de los gobernantes y del pueblo, y obraba como mensajero enviado por Dios á la nación para comunicar la voluntad divina con referencia á las relaciones internas y externas que entonces existían allí. Estas son profecías sueltas, publicadas en diferentes tiempos y en diversas ocasiones. Cierto es que después se reunieron en una colección, pero fueron señaladas como sueltas y distintas entre sí, ya por medio de epígrafes ó rótulos, ya por algún otro método claro y conocido.

La segunda parte, por el contrario, se ocupa exclusivamente del porvenir. Fué al parecer escrita en los últimos años del profeta, durante los cuales, habiéndose retirado él de toda injerencia activa en la teocracia y habiendo dejado esa parte de sus trabajos á cargo de colegas más jóvenes que él, pasó de la contemplación de lo presente á la de lo que había de venir. En esta parte, de consiguiente, que no fué como la primera ocasionada por circunstancias externas, no es tan fácil trazar la linea divisoria entre las diferentes profecías sueltas. El todo parece formar más bien una sola corriente profética.

El profeta consuela primero á su pueblo anunciándole su regreso del destierro de Babilonia que él mismo había predicho, cap. 39:6, 7, hace mención del monarca á quien Jehová ha de enviar á castigar la insolencia de sus opresores, y á volver al pueblo á su país, cap. 44:28; 45:1-5, 13.

Y no se conforma con hablar sólo de esta libertad de segundo orden. Con la perspectiva de que serían librados del destierro de Babilonia, une la de que se verían libres también del pecado y del error por medio del Mesías. Algunas veces ambos objetos parecen íntimamente ligados entre sí; otras, uno de ellos se destaca con particular claridad y prominencia. Nótase especialmente que la mirada del profeta se dirige en ocasiones tan exclusivamente á este último punto, que lleno de la contemplación de la gloria del reino espiritual de Dios y de su ensalzado Fundador, pierde de vista por algún tiempo el futuro más cercano. En la descripción que hace de esta libertad espiritual, no observa la relación de tiempo. Algunas veces el profeta contempla al Dador de esta emancipación en su humillación y sufrimiento; y después, la época más remota del reino del Mesías se le presenta á su extasiada mirada—esa época en que el hombre tan largo tiempo separado de Dios, haya de nuevo vuelto á él; en que todo lo opuesto á Dios haya sido destruido, y prevalezca universalmente una paz tanto como externa; y en que todo el mal introducido en el mundo por el pecado, haya sido por siempre desterrado. Elevado sobre todo tiempo y espacio, el profeta contempla desde la altura en que el Espíritu Santo lo ha colocado todo el desarrollo del reino del Mesías, desde su comienzo hasta su glorioso perfeccionamiento.

Á Isaías se le llama con razón "el profeta evangélico," y los Padres llamaban su libro "el Evangelio según San Isaías." En él la admirable persona y nacimiento de "Emmanuel, Dios con nosotros;" su vida benéfica; su muerte expiatoria, y su reino triunfante y eterno, se predicen minuciosamente, Isa. 7:14-16; 9:6, 7; 11:1-10; 32; 42; 49; 52:13-15; 53; 60; 61:1-3. La sencillez, la pureza, la dulzura y la sublimidad de Isaías, y el perfecto cumplimiento de sus predicciones relativas al Mesías, le dan la preeminencia entre los profetas y los poetas hebreos.

ISACAR, *recompensa*, I., llamado así por su madre, Gén. 30:18, el noveno hijo de Jacob, nacido en 1749 A. C. El carácter de su posteridad fué predicho por Jacob y por Moisés, Gén. 49 14, 15; Deut. 33:18, 19.

LA TRIBU DE ISACAR, que procedió de cuatro familias llamadas Tola, Puva, Job y Simrón, Gén. 46:13, ascendió á 54,000 hombres en el desierto; y al entrar á Canaán era la tercera en cuanto al número de sus miembros, el cual llegaba á 64,300, Núm. 1:28; 26:25. La tierra que le tocó, Jos. 19·17-23, teniendo el Jordán al este, á Manassés al oeste, á Zabulón al norte, y á Efraím al sur, incluía una parte considerable de la hermosa llanura de Esdraelón, la más fértil del país. Sus miembros eran agricultores laboriosos, Gén. 49:14, 15, y se hace honrosa mención de ellos por su bravura y prudente patriotismo, Jue. 5:15; 1 Crón 7:1-5; 12:32. Estuvo con Judá en el monte Garizim, cuando se pronunciaron las bendiciones y las maldiciones, Deut. 27:12. Tola, el juez, fué de esta tribu, Jue. 10:1, y dos de los reyes de Israel, el usurpador Baasa y su hijo Ela, 1 Rey. 15:27; 16:6. Varios miembros de esta tribu asistieron á la gran pascua de Ezequías, 2 Crón. 30:18

ISACAR, un Levita Corita, hijo de Obed-Edom, 1 Crón. 26:5.

ISBI-BENOB, ó JESBI-BENOB, *morador en Nob*, gigante que estuvo á punto de matar á David en una batalla, pero que fué muerto por Abisai, 2 Sam. 21:16, 17.

ISBOSET, *hombre de verguenza*, hijo y sucesor de Saúl. Abner, pariente y general de Saúl, obró de manera que Isboset fué reconocido como rey en Mahanaim, por la mayor parte de Israel, mientras que David reinaba en Hebrón sobre Judá. Tenía 44 años de edad cuando comenzó á reinar, y reinó dos años pacíficamente, después de los cuales fué comprometido en una guerra dilatada y sin éxito contra David. Siendo abandonado por Abner, á quien él había provocado, se debilitó más y más, y fué al fin asesinado, 2 Sam. 2.8-11; 3; 4. Véase ESBAAL.

ISLA. La palabra hebrea significa, en su orígen, tierra habitable, á distinción de mares y ríos, Isa. 42.15; tierra adyacente al mar, ya sea costa de tierra firme, Isa. 20:6; 23:2, 6, ó isla, Est. 10:1; ó tierra separada de Palestina por el mar, Gén. 10:5; Sal. 72:10; Isa. 24:15; 66:19; Jer. 25.22; Ezeq. 27:3 "Las islas de las Gentes," Gén. 10:5, se supone que denota los paises contiguos al mar Mediterráneo, al Negro y al Caspio, Ezeq. 27:15, y á las playas del Golfo Pérsico. Véanse CAFTORIM, CHITTIM, ELISEO. Muchas promesas bíblicas relativas á las "islas," leidas á la luz de las conquistas del evangelio en la Gran Bretaña, Madagascar, Hawaii, Japon, etc., nos animan á que nos esforcemos en extender los triunfos de aquel por todas las tierras habitables, Sal. 97·1; Isa 42·4, 10, 12. Scf 2·11

ISMAEL, I., Gén. 16-21, hijo de Abraham y de Agar, 1911 A. C. Su nombre significa *Dios oye*, Gén. 16:11; 17:21; 21:17. Aunque maltratado por Sara, fué considerado al principio como el "hijo de la promesa," por Abraham, no obstante la predicción, Gén. 16 : 12; pero despues del nacimiento y destete de Isaac, fué echado de la casa á la edad de 17 años, y tomó con la madre el camino de Egipto, patria de Agar Rendido de calor y de sed, y milagrosamente socorrido, permaneció en el desierto de Parán, adoptó la vida de cazador, tomó esposa de Egipto, y llegó á ser el padre de 12 hijos, cabezas de las tribus árabes, Gén. 25:13-16, y de una hija que despues se casó con Esaú, Gén. 28:9. Reunióse con Isaac en el entierro de su padre, Gén. 25:9, y murió á la edad de 137 años, ver. 17. Los Israelitas, descendientes suyos, habitaron desde Havila hasta un punto llamado Sur, que estaba enfrente de Egipto, Gén. 25:18, probablemente en la parte septentrional de Arabia, entre el Mar Rojo y la cabecera del Golfo Pérsico. Véase HAVILA IV. Posteriormente estos con los descendientes de Joctán, cuarta generación de Sem, de Jocsán, un hijo de Abraham y de Cetura, 25:3, y quizá tambien con algunos de los hermanos de Joctán y de Jocsán, además de las tribus cusitas que estaban en el Sur, 10.7, ocuparon toda la península árabe. Véase ARABIA. Los Ismaelitas vinieron á ser muy numerosos y á tener mucho poder, según la promesa de Dios, 17:20 La predicción de que Ismael sería "un hombre fiero," literalmente hombre semejante á un asno montés, 16.12, comp. Job 39.5-8, se ha cumplido en la historia de sus descendientes. "Habitando delante de todos sus hermanos," conservando una vida distinta en medio de pueblos de la misma estirpe; "su mano contra todos, y las manos de todos contra él," en perpetua guerra con unos con otros, han llevado siempre una vida errante, agreste y predatoria Las tribus de Beduinos errantes que pretenden tener á Ismael como progenitor, son en la actualidad, aunque sujetos nominalmente al gobierno Otomano, los indómitos dueños del desierto, contra cuya rapacidad y violencias tienen qué protejerse los viajeros con el auxilio de una escolta compuesta de gente de la propia sangre de aquellos. El término "Ismaelitas" fué aplicado más tarde á los Madianitas descendientes de Abraham y de Cetura, Gén. 37:25, 28; Jue. 8:22, 24, por haberse extendido probablemente el nombre de la tribu mayor, como término general, á todas las nómades de las cercanías.

II. Un príncipe de Judá que huyó á los Ammonitas cuando Jerusalem fué destruida por los Caldeos. Poco después volvió y asesinó traidoramonte á Godolías el gobernador, y á otros muchos Caldeos y Judíos, y atacó á 70 peregrinos que estaban en camino para el templo llevando ofrendas, se dirigió con los prisioneros y los despojos hacia Ammón, pero fué alcanzado por Johanán, privado de su presa, y obligado á huir para salvar su vida, Jer. 40:41. El ayuno del mes séptimo, instituido en memoria de las calamidades que atrajo sobre Judá é Israel, Zac. 7:5; 8:19, se observa todavía por los Judíos el día 3 de Tishri.

ISRAEL, *que prevalece con Dios*, I., nombre dado á Jacob después de haber luchado con el Ángel-Jehová en Penuel, Gén. 32:1, 2, 28, 30: Ose 12:3. Véase JACOB. Bajo el nombre de Israel, se comprende algunas veces toda la posteridad de Israel, la simiente de Jacob, 1 Cor. 10·18; algunas veces á todos los verdaderos creyentes. su simiente espiritual, Rom. 9:6; y otras, el reino de Israel, ó las diez tribus, á distinción del reino de Judá.

ISRAEL, REINO DE, al principio la denominación dada á las doce tribus bajo el gobierno de un solo rey, 1 Sam. 15:28; 24:20, incluyendo el reinado de David en Hebrón sobre una porción de las tribus, 2 Sam. 2:8-11; 1 Crón. 12; pero generalmente, después de la división del reino en tiempo del reinado de Jeroboam, 1 Rey. 12.20-24, se daba este título á la sección septentrional, formada de las diez tribus ó fracciones de tribus á distinción del reino de JUDÁ que era más pequeño. (Véase.) La división, castigo impuesto á la idolatría de Salomón, 1 Rey 11·9-13, fué el resultado lógico de la necedad de Roboam, y de la ambición de Efraím, tribu principal entre las diez Vino á ser prominente á causa de las bendiciones que le otorgaron Jacob y Moisés, de las hazañas de su gran caudillo Josué, de su céntrico y fértil territorio, y de su larga custodia del arca en Siloh. Reducida á una posición secundaria por la elección que Dios hizo de Judá como la tribu real. y de Jerusalem como la ciudad del templo, Sal. 78·67, 68, Efraím con las tribus del norte se emancipó del poder civil de Judá, eligió á Jeroboam como rey, y estableció para el nuevo reino santuarios rivales idólatras, fiestas y sacerdotes, 1 Rey 12·25-33 Véase REYES.

El area del reino de Israel varió en diferentes épocas, 2 Rey 10·32; 13:25; 14:25. Al principio fué estimada en cerca de 9,000 millas cuadradas, (casi como la del Estado de New Hampshire, Estados Unidos de América,) con una población de 3,000,000. La duración del reino fué de 254 años, desde 972 á 721 A C., dándole fin los Asírios 135 años antes de que los Babilonios pusiesen término al de Judá. Sus capitales fueron sucesivamente Siquem, 1 Rey. 12 : 25; Tirsa, 14 : 17, y Samaria, 16 : 24. Jezreel fué también una residencia real favorita, 21:1

Sin contar á Tibni, rival de Omri, 19 reyes de nueve casas diferentes reinaron sobre Israel. De estos, siete usurparon el trono con derramamiento de sangre. Todos fueron impíos, puesto que imitaron al primer rey Jeroboam que instituyó el culto de los becerros de oro El culto de Baal fué establecido por Acháb, el séptimo rey La idolatría y la corrupción de Israel fueron censuradas por una serie de profetas, y castigadas con la espada, el hambre, la anarquía, la cautividad, etc. Elías, Eliseo y otros lograron efectuar algunas reformas parciales y provisionales; pero la idolatría nunca fué desarraigada. Judá é Israel, cuyas relaciones fueron al principio hostiles, 1 Rey. 15:6, 16, se hicieron aliados durante el reinado de la casa de Omrí en Israel, 1 Rey. 22:44, 929-884 A. C., habiéndose casado Atalía, hija de Acháb, con Joram rey de Judá; mas esta alianza introdujo la desmoralización en Judá, 2 Rey 8:18, 26, 27, 884-772 A. C. Bajo Jehú, quien acabó con la casa de Acháb, de conformidad con el mandato divino dado por conducto de Eliseo, 2 Rey. 9:1-10, y exterminó los adoradores de Baal, 10:18-28; y bajo Joacáz, hijo de Jehú, Siria la nación enemiga de Israel desde muy atras, oprimió en gran manera tanto á Israel como á Judá, 2 Rey. 10.32, 33, 13:3, pero fué repelida por Joás, nieto de Jehú, vers. 25, quien tuvo también buen éxito en una guerra contra Judá. 14.8-14. Bajo el reinado del hijo de Joás. Jeroboam II., contemporáneo del profeta Jonás, Israel, compadecido por Dios, y hecho objeto de su misericordia, alcanzó por algún tiempo mayor prosperidad que la que jamás había tenido, 14:23-28. Pronto descendió sin reparo, de esta altura, bajo el reinado de Zacarías, el último monarca del linaje de Jehu, 772-721 A C. El usurpador Sallum fué depuesto por el cruel Manahem, quien recogió de su pueblo el tributo exigido por Pul, el primer invasor asirio, 2 Rey. 15:13-20. Pecaía, hijo de Manahem, fué muerto por el usurpador Peca, cuyo reinado de 20 años se hizo memorable por la deportación de los habitantes de la parte septentrional y trans-jordánica de Israel, y por la alianza de este monarca con el rey sirio Resin contra Judá, reino que oportunamente fué socorrido por Teglat-falasar, 2 Rey. 15:23-29; 16:5-9. Oseas, el siguiente y último usurpador del trono de Israel, fué hecho tributario de Salmanasar rey de Asiria, conspiró con Egipto contra él, y fué castigado con prisión y con la captura de su capital Samaria, después de un sitio de tres años. En seguida, en la final deportación, hecha por Sargon, 721 A. C., del resto del pueblo de Israel á Asiria, fué cumplida la predicción de Ahías, 1 Rey. 14:15, así como las amenazas de los profetas que le precedieron y sucedieron, Deut. 28:58, 63; Jos. 23:15; Ose. 1:4-6; 9:16, 17; Amós 5:27; 7:11; Miq. 1:6.

La tierra de Israel fué después ocupada por paganos de los Estados del rey de Asiria, que unieron una aceptación parcial de Jehová con su propia idolatría, 2 Rey. 17:24-51; Esd. 4:1, 2, 9, 10, y quienes con lo que había quedado de los Israelitas, fueron los progenitores de los Samaritanos del tiempo de nuestro Señor.

El pueblo de Israel nunca volvió de la cautividad como nación, y hace muy largo tiempo que se cuenta como "perdido." No solamente la tribu de Leví, sino muchos miembros piadosos de otras tribus se asociaron desde tiempos muy remotos con Judá y Benjamín, 2 Crón. 11:13, 14, 16, é indudablemente algunos descendientes de los expatriados Israelitas volvieron de la cautividad con Judá, con permiso de los monarcas Persas, Jer. 50:1-5, y en otras épocas también. De la posteridad de todos estos se formó el "Israel," ó "pueblo iudío" del periodo posterior al destierro, y de la época de nuestro Salvador, Esd. 3:1; 5:1; Luc. 2:36; Hech. 26:7; Sant. 1:1.

"Efraím," á causa de la preeminencia de la tribu de ese nombre, es á menudo sinónimo del reino de Israel, Isa. 11:13; Ezeq. 37:16-22.

Hay muchas profecías que indican, según muchos piensan, el regreso de partes de ambas casas de Israel á Palestina; la de Efraím conservada en su destierro, para ser convertida á Cristo, aumentada hasta ser "plenitud de naciones," y por último llamada del norte y el oeste, Gén. 48:19; Jer. 31:6-8; Ose. 11:9-11; Zac. 10:6-10; y

la de Judá, ó sea "los Judíos," unida de nuevo á "Israel," Jer. 3:17, 18, y sirviendo lealmente á su Mesías antes rechazado, Isa. 11:11-13; Ezeq. 37:15-27; Ose. 1:10, 11; Rom. 11.

ISTOB, *hombre de Tob,* algún pequeño reino de Aram ó Siria. Véase TOB. Doce mil hombres de Istob se unieron á los Ammonitas en la guerra contra David, y fueron derrotados, 2 Sam. 10:6, 8.

ITALIA, no se menciona en el Antiguo Testamento si no es en términos generales, como Cittim, Islas del Mar. En el Nuevo Testamento, Hech. 18:2; 27:1, 6; Heb. 13:24, tiene un interés especial á causa de Roma. Véase esta palabra. La compañía italiana, mencionada en Hechos 10:1, era probablemente una cohorte romana de Italia, estacionada en Cesarea, que había sído llamada así para distinguirla de las otras tropas que habían sido sacadas de Siria y de las regiones adyacentes.

ITAMAR, *isla de palmeras,* el hijo cuarto y el menor de Aarón, consagrado al sacerdocio, Exod. 6:23; Núm. 3:2, 3. Su posteridad tuvo á su cargo el tabernáculo en el desierto, Exod. 38:21; Núm. 4:28. Después de la muerte de Nadab y Abiú, Lev. 10:1, 2, sin tener hijos, Núm. 3:4, Eleazar é Itamar fueron designados para reemplazarlos en el sacerdocio, 1 Crón. 24:2; y por algún tiempo varios miembros de la familia de Itamar, á saber, Elí, Aitob, Abimelec y Abiatar, desempeñaron el cargo de Sumos Sacerdotes; pero en el reinado de Salomón ese cargo fué restituido á la familia de Eleazar, 1 Rey. 2:27. Véase ABIATAR, SADOC.

ITTAI, *cerca,* I., un natural de Gad, y por lo tanto extranjero en Judá. Siendo fiel amigo de David, no pudo ser disuadido de seguirle cuando este iba huyendo de Absalom, 2 Sam. 15:19-22; comp. Rut 1:15-18; y fué puesto al mando de una tercera parte del ejército, 2 Sam. 18:2, 5, 12. 1024 A. C.

II. Un Benjamita, uno de los treinta valientes de la guardia de David, 2 Sam. 23:29; llamado Ittai en 1 Crón. 11:31.

ITUREA, una región en la extremidad nordeste de Palestina, que perpetuaba el nombre de Jetur, hijo de Ismael, Gén. 25:15, 16, y perteneciente á la media tribu de Manassés, 1 Crón. 1:31; 5:19. El nombre de Jedur todavía se conserva allí. En tiempo de Cristo, Iturea estaba en la Tetrarquía de Filipo, Luc. 3:1. Estaba entre el mar de Galilea y Damasco, y tenía á

Hermón al oeste, á Traconitis al este, y á Auranitis al sur. Por el año de 20 A. C. pasó á poder de los Romanos, y fué dada á Herodes. Se dice que sus habitantes eran arqueros hábiles y ladrones diestros. Es una tierra escabrosa, excepto en la parte sur, y contiene cosa de 30 poblaciones pequeñas.

J.

JAACÁN, torcedor, hijo de Eser, descendiente de Esaú, 1 Crón. 1:42, antecesor de la tribu Bene-jaacán, cuyo nombre señala una estación del viaje de los Israelitas, Núm. 33:31. Había pozos en esa estación, Deut. 10:6, y parece que fué visitada dos veces.

JAAZANÍAS, ó JEZONÍAS, Jehová oye, I., capitán asociado á Godolías y Johanan, 2 Rey. 25:23, y activo en la persecución de Ismael, yendo después á Egipto, Jer. 40:7-10, 13; 41:11, 16; 42:1; 43:5-7.

II. Un Recabita notable, en tiempo de Jeremías, Jer. 35:3.

III. Uno de los setenta ancianos de Israel que profanaron el templo en la visión de Ezequiel, Ezeq. 8:11. Tal vez el hijo de Azur, contra el cual y sus 24 compañeros se denuncia una calamidad, Ezeq. 11:1.

JABAL, corriente, hijo de Lamec y de Ada, y descendiente de Caín. Se supone que fué el primero que adoptó un modo nómade de vivir—pues Abel fué pastor con residencia fija—y que inventó las tiendas portátiles hechas tal vez de pieles, Gén. 4:2, 20.

JABÉS, seco, I., padre de Sallum, décimo quinto rey de Israel, 2 Rey. 15:10, 13, 14.

II. 1 Sam. 11; 31:11-13; 1 Crón. 10:12, Jabés de Galaad, la principal ciudad en el territorio de la media tribu de Manassés, al este del Jordán, situada dentro de la comarca llamado comunmente Galaad. Eusebio la sitúa á seis millas de Pella, hacia Gerasa. Fué saqueada por los Israelitas por haber rehusado tomar parte en el castigo de los Benjamitas, Jue. 21:8-14. En una época posterior, fué sitiada por los Ammonitas, y socorrida por Saúl, y en gratitud por este servicio los hombres de Jabes-Galaad rescataron los cadáveres de Saúl y de sus hijos de los insultos de los Filisteos, 2 Sam. 2:5. Sus ruinas se hallan en Wady Yabes, al sud-este de Pella.

JABÉS ó JABEZ, triste, descendiente de Judá, cuya alta distinción entre sus hermanos parece haberla debido á lo eficaz de su oración. Esta es un modelo por cuanto pidió en ella y obtuvo aquellas mercedes que Dios sabía le servirían de bendiciones "ciertamente" tanto espirituales como temporales, 1 Crón. 4:9, 10.

II. Una población de Judá, 1 Cron. 2:55.

JABÍN, inteligente, I., un poderoso rey en la época de Josué, en Asor, al norte de Canaán. La liga que organizó para destruir á Josué, le sirvió solamente para hacer su ruina más completa, Jos. 11, 1450 A. C. Josefo piensa que su ejército se componía de 300,000 hombres de á pié, 10,000 de á caballo y 20,000 carros de guerra; véase el vers. 4. La guerra continuó largo tiempo, vers. 18, y Josué "tornóse contra Asor y la quemó," vers. 10, 13.

II. Otro rey de Asor, siglo y medio más tarde, que afligió en gran manera á Israel por espacio de 20 años, hasta que Débora y Barac se levantaron como sus libertadores, Jue. 4; Sal. 83:9.

JABNEEL, lugar en el límite de Neftalí, Jos. 19:33, quizá Jaauneh, al sud-oeste del lago Merom.

JABOC, derramando, ahora el Zerka, corriente perenne que se dirige al Jordán, y después de un curso occidental de unas 60 millas, se le junta en un punto que está como á las dos terceras partes de la distancia que hay del Mar de Galilea al Mar Muerto. Atraviesa primero una región elevada y desierta, y recibe pequeñas corrientes del norte y del sur. Un brazo meridional de este río separaba á los Ammonitas de Israel. La parte oriental del Jaboc está seca en el verano. Hacia el oeste corre por una profunda barranca. Penuel, en donde Jacob luchó con el Ángel, estaba en un vado del Jaboc, Gén. 32:22, que ahora se le señala en Kalaat Zerka, en el camino real de Damasco que pasa por Galaad. Esta corriente dividía el territorio de Og del de Sehón, Jos. 12:2, 5, y atravesaba la región asignada después á la tribu de Gad.

JABÓN, Mal. 3:2, en hebreo Borith, ei limpiador. En Jer. 2:22, se distingue del salitre, vocablo con el cual se denota probablemente al natron. Véase SALITRE. Ciertas plantas y sus jugos ó sus cenizas, se usaban antiguamente como ahora para limpiar y lavar. Tales son las que crecen cerca del agua salada, y que contienen carbonato de soda, sustancia usada tanto en la manufactura del vidrio como en la del jabón, y las cenizas del álamo, y otras plantas de tierra adentro, que contienen carbonato de potasa. Los antiguos combinaban estos álcalis con aceite, y de ese modo hacían un jabón blando, usado para el lavado de las personas y de la ropa. También lo aplicaban para la depuración de los metales; comp. Job 9:30, segunda claúsula, é Isa. 1:25. El jabón duro que ahora se fabrica abundantemente en Palestina, les era desconocido á los Egipcios, y probablemente á los antiguos en general.

JACÁN. Véase JAACÁN.

JACÉ, *piadoso*, el padre de Agur, Prov. 30:1.

JACINTO, flor de un color oscuro de púrpura y de un azul rojizo. Apoc. 9:17; también piedra preciosa de colores semejantes que se hallaba en el cimiento de la Nueva Jerusalem, Apoc. 21:20.

JADDO. Véase IDDO.

JADDUA, hijo de Johanán, y el último sumo sacerdote del Antiguo Testamento mencionado en Neh. 12:11, 12. Si es que fué el Jaddúa de quien refiere la leyenda de Josefo—que á la cabeza de los sacerdotes salió de Jerusalem al encuentro de Alejandro el Grande á ofrecerle el sometimiento de la ciudad—debe haber sido agregado su nombre subsecuentemente á la lista hecha por Esdras.

JADUA, *conociendo*, el que subscribió el pacto de Nehemías, Neh. 10:21.

JAEL, *cabra montés*, esposa de Heber Cineo, la cual dió muerte á Sísara, general del ejército cananeo, quien había huido á su tienda que estaba entonces cerca de Cedes de Neftalí. (Véase.) Jael aprovechó la oportunidad que se le presentaba, y mientras el general estaba durmiendo, metióle una estaca por las sienes, Jue. 4:17-23, cosa que al parecer fué la violación más alevosa de los derechos de la hospitalidad. Pero Sísara les debía la vida indudablemente á los Israelitas por las costumbres de la guerra y la prescripción de Jehová, y probablemente á la sociedad por sus crímenes. Además de esto, la vida ó el honor de Jael bien pudieron haber estado en peligro, ó sus sentimientos de hospitalidad pueden haber sido acallados por un repentino impulso que la haya movido hacia los Israelitas oprimidos, con quienes estaba ligada por la sangre. El canto de Débora celebra esa acción como digna de ser honrada por el patriotismo judío, y como un juicio divino que así como la derrota de las huestes de Sísara, fué tanto más bochornosa para él, cuanto que fué ejecutada por una mujer, Jue. 5:1, 24-27, 31.

JAFET, *engrandecimiento*, el menor de los tres hijos de Noé, Gén. 9:24; 10:21, nació cien años antes del diluvio, y preservado con su mujer en el arca, siendo él y ella dos de las ocho personas que en ella entraron, Gén. 7:7; 1 Ped. 3:20. Él fué quizá el *Japetos* á quien las leyendas griegas representan como progenitor de la raza griega. Sus siete hijos, Gén. 10:2-5; 1 Crón. 1:5, ocuparon con su posteridad el norte del Asia y la mayor parte de la Europa. La comarca donde es probable que se estableció cada uno de los siete, se describe en su respectivo lugar. En tiempos posteriores, los Griegos y los Romanos subyugaron partes considerables del Asia meridional, en conformidad con la predicción de Noé, Gén. 9:27. El "engrandecimiento" y ensanche de Jafet se ha hecho extensivo en los tiempos modernos á la América y la Australia.

JAFÍA, *espléndido*, I., rey de Laquis, uno de los cinco príncipes amorreos que se unieron á Adonisedec para atacar á Gabaón, pero fueron derrotados cerca de Betorón por Josué, que recibió un auxilio milagroso, y muertos en la cueva de Maceda, Jos. 10:3.

II. Un hijo de David, que nació en Jerusalem, 2 Sam. 5:16, y del cual no se habla en ninguna otra parte.

III. Una ciudad fronteriza de Zabulón, hacia el sur, entre Daberet y Get-hefer, Jos. 19:12; ahora Yafa, una aldehuela de 30 casas, milla y media al sudoeste de Nazaret.

JAH ó JAHU, voz empleada en el hebreo antiguo en lugar de Jehová, Sal. 68:4. Ocurre comunmente en pasajes poéticos, y es á menudo traducida, en algunas versiones, SEÑOR, lo mismo que Jehová. En Isa. 12:2, leemos "mi fortaleza y mi canción es Jah-Jehová," Isa. 26:4.

JAHAZ, JAHAZA, y JAHZA, *hollada*, ciudad en la frontera meridional de Ammón y Moab, en donde Moisés derrotó á Sehon, rey de los Amorreos, desalojándolo del oeste del Jordán, lugar de que estaba entonces en posesión, Núm. 21:23, 26. Según parece, estaba situada en la frontera de Ammón, (que quedó incluida en el territorio de la tribu de Ruben) y fué asignada á los Levitas hijos de Merari, Jos. 21:36; 1 Crón. 6:78. Los hijos de Ammón hicieron valer en tiempo de Jefté, el derecho que á ella tenían, Jue. 11:13-20, pero fueron derrotados, vers. 32. En el periodo de la decadencia de Judá, resulta de nuevo en manos de Moab, Is. 15:4; Jer. 48:21, 34.

JAHAZIEL, *mirado por Dios*, un Levita de los hijos de Asaf, cuya certera predicción de la victoria de Josafat sobre las huestes Moabitas, se registra en 2 Crón. 20:14-17. Otros de este nombre se mencionan brevemente en 1 Crón. 12:4; 16:6; 23:19; Esd. 8:5.

JAIR, *él ilustrará*, I., hijo de Segub, de la tribu de Judá, pero reconocido como de la de Manassés. Véase ADOPCIÓN. Tomó parte en la conquista de la región transjordánica, Galaad y Basán, y tomó 23 ciudades en Argob, á las cuales se les dió su nombre, Núm. 32:41; Deut. 3:14; 1 Rey. 4:13; 1 Crón. 2:22.

II. Un Galaadita de Manassés, octavo juez de Israel por 22 años, 1218-1188 A. C. Tuvo treinta hijos, gobernadores de 30 ciudades, Jue. 10:3-5, incluyendo probablemente en ellas las 23 conquistadas por el Jair anterior, que se supone fué su progenitor. Un descendiente suyo se menciona en 2 Sam. 20:26. Véase JAVOT-JAIR.

III. Padre de Mardoqueo, un Benjamita, Est. 2:5.

IV. Padre de Elhanán, el que dió muerte á Lahmi, hermano de Goliat Heteo, 2 Sam. 21:19; 1 Crón. 20:5.

JANNES y JAMBRÉS, eran dos de los principales mágicos egipcios que resistieron á Moisés y á Aarón, procurando imitar los milagros que estos hacían, Exod. 7:11, etc. Estos nombres no se hallan en el Antiguo Testamento, pero se mencionan con frecuencia en los libros rabínicos, y en 2 Tim. 3:8, 9.

JANOA, *descanso*, I., ciudad de Neftalí, entre Abel y Cedes, 2 Rey. 15:29.

II. Jos. 16:6, 7, ciudad en la frontera nordeste de Efraím, ahora Yanún, como 8 millas al sudeste de Nablús.

JAQUÍN, *firme*, I., el nombre de la columna de bronce que estaba á mano derecha, esto es al sur, en el pórtico, ó entrada del templo de Salomón, 1 Rey. 7:21; 2 Rey. 25:17; 2 Crón. 3:15-17; 4:12; Jer. 52:22. Véase BOAZ, TEMPLO.

II. Cuarto hijo de Simeón, Gén. 46:10; Exod. 6:15; llamado Jarib en 1 Crón. 4:24. Sus descendientes se mencionan en Núm. 26:12.

III. Cabeza de una compañía de sacerdotes en el reinado de David. Algunos individuos de su linaje volvieron de la cautividad, 1 Cró. 9:10; 24:17; Neh. 11:10.

JARDINES, se mencionan con frecuencia en la Escritura, aunque en un sentido algo lato; porque en el lenguaje de los Hebreos, á cualquier lugar en que se cultivaban las plantas y los árboles con mayor cuidado que en el campo libre, se le llamaba jardín. Arboles frutales y umbrosos

mezclados con arbustos aromáticos, constituían á veces el jardín, si bien las rosas, los lirios, y varias otras flores se cultivaban con frecuencia; y había jardines destinados solamente al cultivo de las legumbres, Gén. 2:8-10, 15; Eccl. 2:5. Véase HUERTOS. Para los "Jardines Colgantes," véase BABILONIA, NABUCODONOSOR.

JAREB, *vengador*, Ose. 5:13; 10:6, no el nombre de un rey, sino rey "hostil" que se refiere á Ful, cuyo auxilio buscó Efraím, y halló en él un castigo, 2 Rey. 15:19, 20; comp. 2 Rey. 16:7, 8.

JARED, *descendencia*, el cuarto en la línea de los patriarcas después de Set, entre Mahalaleel y Henoc, Gén. 5:15-20; 1 Crón. 1:2; Luc. 3:37.

JARHA ó JERA, un esclavo egipcio, hecho libre por haberse casado con Alai, hija de su amo Sesán, que no tenía hijos, 1 Crón. 2:31-41.

JARMUT ó JARAMOT, ciudad levítica de Isacar, Jos. 21:29; llamada Ramet y Ramot, Jos. 19:21; 1 Crón. 6:73; al parecer en la frontera oriental de la llanura de Jezreel.

JASHER, EL LIBRO DE, *el libro del recto*, del de espíritu noble. Esta obra se menciona en Jos. 10:13 y Sam. 1:18, y parece que fué una colección de cantos nacionales, históricos, triunfales y elegiacos, que existía en tiempo de David, pero de la cual no se sabe nada. El libro publicado bajo este nombre en 1751, es una falsificación escandalosa.

JASOBAM ó JESBAAM, *á quien el pueblo vuelve*, un Corita descendiente de Hacmoní, que se alistó con sus compañeros al mando de David en Sicelea, 1 Crón. 12:6; 27:2, famoso por su gran hazaña de dar muerte á 300 ú 800 enemigos, tal vez con el auxilio de sus compañeros. Se conjetura que es el mismo Adino, 2 Sam. 23:8, y que fué uno de los tres valientes que se abrió camino por entre el campo de los Filisteos para ir á Betlehem á llevarle agua á David, 1 Crón. 11:11, 15-19.

JASÓN, *sanador*, un Judío converso, pariente y huesped de Pablo en Tesalónica. Hizo valer su persona y su hacienda para proteger á Pablo de la plebe en la primera visita que el apóstol hizo allí, 52 A. D., Hech. 17:5-10. Parece que estuvo también con él en Corinto cinco años después, Rom. 16.21.

JASPE, piedra preciosa de varios colores, como verde, púrpura, etc.; en muchos casos tiene sombras de blanco, y hermosas vetas coloradas ó amarillas. Era la

314

primera joya del pectoral del Sumo Sacerdote, Exod. 28:20, y la primera piedra del cimiento de la Nueva Jerusalem, llamada "preciosísima" por Juan, Apoc. 4:3; 21:11. Véase también Ezeq, 28:13.

JAVAN, I., el cuarto hijo de Jafet, Gén. 10:2, 4. Este nombre es el mismo que el griego Ión, de donde viene Ionia, infiriéndose que Javan fué el progenitor de los Griegos. Sus hijos fueron Elisa, Tarsis, Kittim y Dodanim. El vocablo traducido Grecia en Ezeq. 27:19; Dan. 8:21; Zac. 9:13, es Javan en el original hebreo; pero en Ezeq. 27:19 no denota la Grecia misma, sino una ciudad griega en la Arabia meridional.

JAVOT-JAIR ó HAVOT-JAIR, *chozas ó aldeas de Jair*, 23 aldeas tomadas por Jair, hijo de Segur, á las cuales se les dió el nombre de aquél, Núm. 32:41. Aumentóse el número de ellas hasta 30 en tiempo del juez Jair, Jue. 10:4. Estaban en Galaad ó Basán, y se supone que formaban con Kenat y las poblaciones á ella pertenecientes tomadas por Noba, Num. 32:42, las 60 ciudades cercadas de que se trata en Deut. 3:3; 4:14. Otros las distinguen diciendo que unas estaban en Galaad, y las otras en Basán. Véase Rey. 4:7, 13.

JAZER, *auxiliador*, ciudad Amorrea cerca de Galaad, 1 Crón. 26:31, tomada por Israel, situada entre Hesbón y Basán, Num. 21:32, ocupada por Gad, Núm. 32:1, 3, 35; Jos. 13:25; 2 Sam. 24:5, y asignada á los Levitas hijos de Merari, Jos. 21:39. Después fué denunciada como ciudad Moabita, Isa. 16:8, 9; Jer. 48:32. Véase PARRA. Sus ruinas se ven en Es-Szer, al oeste de Ammón, y 13 millas al norte de Hesbán, sobre un riachuelo que corre al Jordán.

JEARIM (*bosques*) MONTE, en el límite septentrional de Judá, Jos. 15:10; al parecer una cordillera cuyo extremo septentrional era Chesalón, ahora Kesla, 7 millas al oeste de Jerusalem.

JEBARAQUÍAS, *á quien el Señor bendecirá*, Isa. 8:2, el padre de un tal Zacarías, testigo de Isaías, en el reinado de Achaz.

JEBLAAM. Véase IBLEAM.

JEBNEEL, *edificio de Dios*, ciudad en la frontera de Judá, no lejos del Mediterráneo, Jos. 15:11, y muy expuesta á los Filisteos. Estos se posesionaron de ella en tiempo de Ozías, mas éste los arrojó de allí v destruyó sus fortificaciones, 2 Crón. 26:6, en donde se le llama Jabnia. En tiempo de nuestro Salvador era una ciudad grande, y ahora es un pueblo llamado Yebna, 12 millas al sur de Jaffa, y 3 distante del mar.

JEBUS, *lugar hollado*, antiguo nombre de Jerusalem, Jue. 19:10, 11; 1 Crón. 11:4, 5. "El Jebuseo," siempre en el singular, en hebreo, denota el tercer hijo de Canaán, cuya posteridad moraba en Canaán entre los Heteos y los Amorreos, Gén. 10:16; 1 Crón. 1:14. Véase CANANEOS. Se hallaron vestigios de ellos 40 años antes de la conquista, Núm. 13:29, en la época de esta, Jos. 10:1, 5, 26; 11:3, y después, no habiendo sido expulsados enteramente por Judá y Benjamín, Jos. 15:8, 63: Jue. 1:21; 19:11. Véase ARAUNA. Jerusalem, que entonces era una fortaleza más fuerte y elevada de lo que fué después, fué tomada por David, 2 Sam. 5:6-9; 1 Crón. 11:4-8. Los Jebuseos sirvieron como vasallos bajo Salomón, 1 Rey. 9:20, 21; 2 Crón. 8:7, 8, y algunos de ellos, "siervos de Salomón," volvieron del destierro de Babilonia, Neh. 7:57. Véase también Esd. 9:1, 2; Zac. 9:7.

JEDIDÍA, *amado de Jehová*, nombre dado á Salomón, en su nacimiento, por Natán el profeta, como prenda especial de que Dios volvía á mirar con favor á su penitente siervo David después de la muerte del primer hijo de Bersabé, 2 Sam. 12:24, 25.

JEDUTUN ó IDITÚN, *quien da alabanza*, levita de los hijos de Merari, director de la música del tabernáculo en tiempo de David, con Heman el Coatita, y Asaf el Gersonita, 1 Crón. 23:6; segun parece es el mismo Etan, 1 Crón. 15:17. Véase ETAN. Su cargo principal era "alzar la voz con címbalos de metal," vers. 19. "Los hijos de Jedutun," "profetizaban con el arpa," 1 Crón. 25:3, 9, etc., y oficiaron como directores de música en la dedicación del templo, 2 Crón. 5:12, en la purificación del templo hecha por Ezequías, 2 Crón. 29:14, en la pascua celebrada por Josías, 2 Crón. 35:15, y después de la cautividad, Neh. 11:17. El nombre de uno de ellos aparece en el título de los Salmos 39, 62 y 77. Véase ASAF.

JEFONE, *que él sea visto*, I., un Cenezeo, padre de Caleb, fiel compañero de Josué, Num. 13:6; 14:6, 30, 38; 32:12; 1 Crón. 6:56. Véase CALEB y KENAZ.

II. Un hijo de Jeter, tribu de Aser, 1 Cró. 7:38.

JEFTÉ, *abridor*, noveno juez de Israel, sucesor de Jair y predecesor de Ibzán. Siendo él hijo de una concubina, los otros hijos de Galaad le cerraron las puertas de su casa, y él reunió una banda de hombres en la región oriental de Galaad; cuando llegó el momento oportuno fué llamado

315

por Dios, y se hizo jefe de los Galaaditas para sacudir el yugo de los Ammonitas; alcanzó una notable victoria sobre ellos, tomó veinte de sus ciudades, castigó á los envidiosos é invasores Efraimitas, y juzgó á Israel más allá del Jordán por seis años, 1188–1182 A. C. Su historia se refiere en Jue. 11 ; 12. Un incidente conmovedor en ella, es la consagración que hizo de su hija como un sacrificio á Dios, á consecuencia de un voto temerario.

Los argumentos aducidos en la cuestión de si la hija de Jefté fué de hecho sacrificada ó nó, no pueden citarse aquí. Que él se propuso hacer realmente un sacrificio, se deduce claramente de lo expuesto en Jue. 11 : 31 ; y parece cierto que obró "conforme á su voto," vers. 39. Sólo la natural repugnancia que la gente más ilustrada siente hacia un voto semejante y su cumplimiento, ha podido conducir á muchos intérpretes á adoptar la menos obvia teoría de que ella fué unicamente condenada á vivir ó á morir virgen. No hay indicios en la Escritura de que Dios aprobara su voto, cualquiera que fuera el linaje de este. Pablo enumera á Jefté entre los santos del Antiguo Testamento distinguidos por su fé, Heb. 11:32.

JEGAR-SAHADUTHA, *montón de testimonio*, nombre caldeo equivalente á Galeed en Hebreo. Denotan ambos el lugar en donde se celebró una alianza entre Jacob y Labán, Gén. 31 : 47. Véase MIZPAH.

JEHOVÁ, el inefable nombre de Dios entre los Hebreos. Nunca lleva el artículo antepuesto, ni se halla en el plural. Los Judíos, movidos por un sentimiento de reverencia, nunca pronunciaban este nombre ; y en donde quiera que ocurría en las Escrituras Hebreas, lo sustituían en la lectura con la palabra ADONAI, Señor, ó ELOHIM, Dios. Véase DIOS. En la Biblia hebrea está siempre escrito con las vocales de una ú otra de estas palabras. Se cree que su antigua pronunciación fué *Yahveh*, ÉL SERÁ, pero esto no es seguro. El significado de la palabra Jehová es ÉL ES; la palabra es la misma que significa Yo SOY, con sólo el cambio de persona. Denota, por lo tanto, la existencia propia, la independencia, la inmortalidad, y la infinita plenitud del Ser Divino, y es una prenda de que Él cumplirá todas sus promesas. Compárense Exod. 3:14, "Yo soy el que soy," cuyo significado véase bajo el artículo DIOS. En Exod. 6:3, Dios dice, "Y me apareció á Abraham, á Isaac y á

Jacob en el nombre de Dios Omnipotente (El Shaddaí) ; mas con mi nombre Jehová no me hice conocer de ellos": con todo, la denominación Jehová parece haberse conocida desde un principio, Gén. 4 : 1 ; Exod. 3:16, y su derivación de una raíz *havah* (*ser*), que se halla solamente en el hebreo más antiguo y ya inusitado en el tiempo de Moisés, manifiesta su grande antigüedad. Tenemos razones para creer que el mismo Dios que llamó *Adam* al hombre, se llamó á sí mismo Jehová ; pero en sus comunicaciones con los patriarcas no se había apropiado ese nombre de un modo peculiar, ni había revelado su profundo significado como lo hizo cuando se apareció á Moisés. Él les había dicho "Yo soy Dios Omnipotente," EL SHADDAÍ, y bajo este nombre y el de Elohim, Dios estaba en el pensamiento y en los labios de su pueblo, como el Creador y Señor del Universo, el Dios de la naturaleza, de la providencia y de la humanidad ; pero Jehová, como nombre propio, denotaba con más propiedad y precisión la persona del Dios que había celebrado un pacto con su pueblo redimido, del Dios de gracia. En Juan 8:58, es digno de notarse que se usan dos verbos griegos diferentes para significar que antes de que Abraham fuese, Dios ya existía.

JEHOVÁ-NISSI, *Jehová mi bandera*, Exod. 17:15, el nombre que Moisés dió al altar que erigió en memoria del triunfo que alcanzó Israel sobre Amalec. El pueblo de Dios, reuniéndose al rededor de esta bandera, se encamina á una segura victoria, Sal. 60:4 ; Prov. 18:10 ; Isa. 11:10.

JEHOVÁ PROVEERÁ (Heb. Jehová-jire), Reina, JEHOVÁ VERÁ, nombre dado por Abraham al lugar en donde estuvo á punto de sacrificar á su hijo Isaac, Gén. 22:14. En él alude á la respuesta que dió á la pregunta que le hizo Isaac, á quien dijo que Dios proveería una víctima para el sacrificio, profetizando así, sin saberlo, al Cordero de Dios. Dicha expresion llegó á ser un proverbio común entre los Hebreos. De esa manera Dios proveerá para su pueblo, en cualquiera emergencia.

JEHOVÁ-SALOM, *Jehová de paz ó prosperidad*, nombre dado por Gedeón á un altar que edificó en Ofra ó Efra, en donde el Ángel de Jehová se le apareció y le saludó diciéndole: "PFZ á tí," Jue. 6:24.

JEHOVÁ-SAMMA, *Jehová está allí*, nombre dado por Ezeq. 48:35, á una santa ciudad del porvenir.

JEHOVÁ, NUESTRA JUSTICIA (Heb. Jehová tsidkenu, nombre dado al Salvador, y por él á su iglesia, Jer. 23:6 ; 33:16.

JEHÚ, *Jehová es él, ó está viviendo*, I., descendiente de Sesan, tribu de Judá, 1 Crón. 2:38.

II. Benjamita belicoso, de Anatot, que se unió á David en Sicelag, 1 Crón. 12:1-3.

III. El hijo de Hananí, profeta enviado con mensajes de Dios á Baasa rey de Israel, y 30 años después á Josafat, rey de Judá, 1 Rey. 16:1-7; 2 Crón. 19:1-3, cuya vida escribió, 2 Crón. 20:34.

IV. El "hijo" de Josafat y nieto de Nimsi (comp. 1 Rey. 19:16 y 2 Rey. 9:2), general del ejército de Joram, quien mató á su superior y usurpó el trono de Israel, 884 A. C. Reinó 28 años. Véase su historia en 1 Rey. 19:16, 17; 2 Rey. 9; 10. Dió muerte á Jezabel, y cumplió el designio divino extirpando la familia del impío Acháb; animado de celo, quitó la vida también á los sacerdotes de Baal, y á los muchos amigos de Acháb. Pero su corazón no era recto para con Dios; el celo que manifestó por el Señor fué realmente un celo por sí mismo; continuó el culto de los becerros de oro, y Jehová comenzó á cercenar á Israel. Los Sirios se posesionaron de la frontera oriental, y su dinastía, la quinta después de Salomón, fué extinguida en la cuarta generación, Ose. 1:4.

V. Distinguido Simeonita en el reinado de Ezequías, 1 Crón. 4:35, 38-41.

JEHUD, ciudad fronteriza de Dan, Jos. 19:45, ahora Yehudiyeh, ocho millas al este de Jaffa.

JEHUDÍ, *Judío*, que llevó al profeta Baruc á que leyese á los príncipes el rollo escrito por el profeta Jeremías, y él mismo se lo leyó al rey Joaquim, Jer. 36:14, 21-23.

JEHUEL, *protegido por Dios*, 1 Crón. 9:6, hijo de Zara.

JEMIMA, *paloma*, hija de Job, la primera de tres que le nacieron después de sus pruebas, Job 42:14.

JERA, *nueva luna*, cuarto hijo de Joctán, fundador de una tribu árabe, Gén 10:26, 30; 1 Crón. 1:20. Su residencia se supone que fué en la Arabia meridional. Véase JAHRA.

JERAMEEL, *misericordia de Dios*, I., hijo mayor de Hesrón, y padre de Ram, que vivía en el sur de Judá, en una mesa al sudeste de Arad, 1 Crón. 2:9-42. Véase 1 Sam. 27:10; 50:29.

II. Levita de los hijos de Merari, hijo de Cis. 1 Crón. 24:29.

III. Hijo de Amelec, enviado por Joaquim á aprehender á Jeremías y á **Baruc**, Jer. 36:26.

JEREMÍAS, *Jehová derriba*, I., hijo de Helcías, el segundo de los cuatro profetas mayores, y uno de los principales videntes del Antiguo Testamento. Profetizó bajo Josías, Joaquim y Sedecías, y también después de la cautividad del último. Nació en Anatot, tierra de Benjamín, de la familia sacerdotal de Abiatar, y fué destinado por Dios para ser profeta, y consagrado á ese objeto antes de su nacimiento, Jer. 1:1, 5. Desde muy joven fué llamado á funcionar como profeta, 628 A. C., en el año décimo tercero del rey Josías, primero en Anatot, en donde sus paisanos y parientes lo persiguieron, Jer. 11:18-21 ; 12:6, y después en Jerusalem. Permaneció soltero por razones proféticas, Jer. 16:2. El piadoso rey Josías cooperó con él en abolir la idolatría, y en promover una reforma general, 2 Rey. 23:1-25; y su muerte 609 A. C., fué lamentada como una sensible pérdida, 2 Crón. 35:20-25; Jer. 22:10, 15, 16. Después del breve reinado de Joacaz, la escena varió en gran manera: la idolatría revivió, y la subsiguiente vida del profeta estuvo llena de aflicciones y persecuciones. En el cuarto año de Joaquim, escribió él su primer rollo de amonestaciones y predicciones, el cual quemó el rey después de haberlo hecho pedazos, y trató de quitarle la vida al profeta, Jer. 35. Escribió sus predicciones por segunda vez, anunciando entre otras cosas la cercana cautividad de Judá en Babilonia por espacio de 70 años, Jer. 25:8-12, y la caida de Babilonia, vers. 13-38. Pero se hizo muy poco caso de sus amonestaciones. Instruyó á Sedecías con mucha benevolencia, y advirtióle de los castigos que vendrían sobre su culpable pueblo, pero sin ningún resultado. La fidelidad del profeta puso con frecuencia su vida en peligro, y estaba en prisión cuando Jerusalem fué tomada por Nabucodonosor. Este monarca lo puso en libertad, y le ofreció darle casa en Babilonia, pero Jeremías prefirió permanecer con los Judíos que allí quedaron, y fué llevado después por ellos á Egipto, 586 A. C., donde siguió aconsejándolos y censurándolos hasta la hora de su muerte. Por espacio de 42 años sostuvo con firmeza la causa de la verdad y de Dios contra su pueblo rebelde.

Aunque naturalmente apacible, sensible y retraido, no había peligro que lo intimidara cuando el deber lo llamaba, no había amenazas que le impusieran silencio, ni ultraje que lo hiciera desistir de su intento. Lleno de tierna compasión hacia sus alucinados compatriotas, participó con ellos de los males que no les pudo hacer prevenir.

El LIBRO DE JEREMÍAS por lo que respecta al orden cronológico de sus varias predicciones y mensajes divinos, es algo difícil de arreglar : pero puede dividirse por un método natural y suficientemente exacto, en cuatro secciones generales, que contengan respectivamente las diversas profecías hechas por él en los reinados de Josías, Joaquim, Sedecías y Godalías. El último capítulo del libro parece haberle sido agregado después, quizá por Esdras; fué tomado casi al pié de la letra de 2 Rey. 24:18-20, y cap. 25. Véase Jer. 51:64, Hay predicciones mesiánicas en Jer. 23 : 1-8; 31:31-40; 33:14-26. Las citas que de él

se hacen en el Nuevo Testamento, se hallan en Mat. 2:17; 16:14, y en Heb. 8:8-12.

Jeremías escribió también el Libro de LAMENTACIONES, en que expresa los más lastimeros y patéticos sentimientos acerca de las calamidades de su pueblo. Véase LAMENTACIONES.

Hay una epístola apócrifa de Jeremías que amonesta á sus compatriotas cautivos respecto de la idolatría de Babilonia. Fué escrita en griego, no en hebreo. y nunca fué incluida en el Canon judío, ni fué aceptada por los Padres primitivos de la iglesia cristiana.

Siete personajes más de este nombre se mencionan en los pasajes siguientes: II. 2 Rey. 24:18. III. 1 Crón. 5:24. IV., V., VI. 1 Crón. 12:4, 10, 13. VII. Neh. 10:2; 12:1, 34. VIII. Jer. 35:3.

LA LLANURA DE JERICÓ DESDE LOS CERROS DEL OESTE.

JERICÓ, *lugar de fragancia*, ciudad rica y fuerte del valle del Jordán, dentro de los límites asignados á la tribu de Benjamín, 15 millas al E. N. E. de Jerusalem, y á 5 del Jordán, Jos. 16:7; 18:21, en frente del lugar que dió paso á Israel, Jos. 3:16.

Se menciona primero en la historia de los espías hebreos y de Racáb, Jos. 2:1-21. Fué la primera ciudad de Canaán tomada por Josué, quien ayudado por la caída milagrosa de sus muros, la destruyó totalmente, no perdonando más que á Racáb y á su casa, y pronunció una maldicion sobre la persona que alguna vez la reedificara—

queriendo tal vez decir, como ciudad amurallada—maldición que fué cumplida más de 500 años después sobre Hiel, Jos. 6:26; 1 Rey. 16:34. Entretanto había sido construida una nueva Jericó en algún sitio de sus cercanías, Jue. 3:13; 2 Sam. 10:5. Jericó fué llamada también "la ciudad de las palmas," Deut. 34:3; Jue. 1:16; y con el tiempo llegó á estar floreciente y á ser la ciudad más importante de Judea después de Jerusalem. Contenía una escuela de profetas, y era la residencia de Eliséo, 2 Rey. 2:4, 5, 18. En frente de ella, del otro lado del Jordán, ascendió Elías al cielo, vers. 1–22, y en su llanura Sedecías fué capturado por los Caldeos, 2 Rey. 25:5; Jer. 39:9. Algunos hombres de Jericó volvieron de la cautividad, y ayudaron á fortificar á Jerusalem, Esd. 2:34; Neh. 3:2; 7:36. Allí curó Cristo á dos ciegos, Mat. 20:29–34, y perdonó á Zaqueo, Luc. 19:1–10.

El sitio de Jericó se ha fijado generalmente en er-Riha, insignificante y deseseado caserío árabe, de cosa de 200 habitantes. Los viajeros modernos sin embargo manifiestan que el paraje probable de Jericó se halla dos millas al oeste de er-Riha, en la boca del arroyo Kelt, y donde el camino de Jerusalem llega á la llanura. La ciudad destruida por Josué puede haber estado cerca de la fuente de Eliseo, que se supone es actualmente Ain es-Sultan, dos millas al N. O. de er-Riha. Al oeste y al norte de Jericó se levantan altos collados de piedra caliza, uno de los cuales, el triste Quarantana, de 1,200 á 1,500 piés de elevación, debe su nombre á la moderna tradición de que ese fué el lugar en donde el Señor ayunó 40 días, y sufrió la tentación. Entre los collados y el Jordán se extiende la llanura de Jericó, Jos. 4:13, enfrente de las llanuras de Moab, que están al este del río. Aquella estaba antiguamente bien regada, y era de una fertilidad sorprendente, y se la podría hacer así de nuevo con mucha facilidad, pero en la actualidad se halla abandonada, debido á lo cual las palmas, el bálsamo y la miel, que en un tiempo la hicieron famosa, han desaparecido.

El camino de Jericó á Jerusalem sube por estrechos y rocallosos desfiladeros, en medio de barrancas y precipicios. Es un camino escabroso y lleno de peligros, y está todavía infestado de ladrones como en el tiempo del buen Samaritano, Lucas 10:30–34.

JERIMOT, *altura*, ciudad de las montañas bajas de Judá, Jos. 15:35. Piram, su rey, era aliado de Adonisedec. Véase JAFIA. Fué poblada de nuevo después de la cautividad, Neh. 11:29. Ahora es Yarmuk, 16 millas al S. O. de Jerusalem.

JEROBAAL, *peleador con Baal*, nombre dado por los hombres de Ofra á Gedeón cuando éste destruyó este el altar de Baal, Jue. 6:31, 32. Véase GEDEÓN.

JEROBOAM, *cuyas gentes son muchas*, I., el primer rey de Israel después de su separación de Judá, Efraimita, hijo de Nabat y de Serua, 1 Rey. 11:26. Durante la última parte del reinado de Salomón. v

siendo uno de sus oficiales, vers. 28, conspiró contra él, y se vió obligado á huir á Egipto, á Sisac, después de una memorable entrevista con Ahías el profeta, quien le descubrió el porvenir, vers. 29 á 40. Á la muerte de Salomón, se le pidió por las diez tribus que volviera y presentase las peticiones de ellas á Roboam; y cuando este rehusó otorgarlas, fué electo rey de las tribus rebeladas, 975 A. C., 1 Rey. 12:1–3, 20. De esta manera fué el ejecutor del juicio divino pronunciado sobre Judá y Salomón, si bien es cierto que movido por una injustificable ambición, prosiguió el mismo impío género de vida que había atraido el castigo sobre Judá. Reinó 22 años. El único hecho notable de su reinado le marca la frente con un sello infamable, como al hombre " que hizo pecar á Israel," y fué que hizo poner ídolos en Betel y Dan en forma de becerros de oro, para que el pueblo celebrara el culto allí y no en Jerusalem. Sostituyó, además, á los hijos de Aarón con sacerdotes escogidos de entre " lo más bajo del pueblo." Esta medida, en andar en oposición con la voluntad divina, si bien eficaz á su modo, y en la cual Jeroboam fué seguido por todos los reyes de Israel, fué una confesión de debilidad, así como de depravación. Ni los milagros ni las amonestaciones, ni la prematura muerte de Abías su hijo, pudieron disuadirle. Grandes desastres le acontecieron durante su vida: estuvo en guerra con Judá todo el tiempo que vivió, 1 Reyes 14:1–20, 30; 2 Crón. 13:1–20, y con el breve reinado de Nadab su hijo, se extinguió su maldecida familia, 1 Rey. 15:25, 28.

II. Jeroboam Segundo, el décimo tercero rey de Israel, hijo y sucesor de Joas, 825 A. C. Fué el cuarto de los cinco reyes de la dinastía de Jehú, que fué la cuarta en el reino del norte, y su reinado fué el más próspero de todos; duró 41 años. Alcanzó el mismo buen éxito que su padre sobre los Sirios, tomó á Hamat y á Damasco y toda la región al oriente del Jordán hasta el Mar Muerto, y elevó hasta su más alto grado de prosperidad á ese reino. Con todo, su largo reinado no hizo más que aumentar en gran manera la culpa de Israel, haciendo mayor el sensualismo, la opresión y el vicio. Después de él decayó rápidamente el reino, y su propia dinastía pereció antes de la conclusión de un año, cumpliéndose así la predicción de Jonás, 2 Rey. 14:23–29; 15:8–12. Véanse también los profetas contemporaneos suyos, especialmente Amós y Oseas.

JERUEL, *fundado por Dios*, pequeño lugar desierto entre el Mar Muerto y Jerusalem, 2 Crón. 20:16, con una atalaya, vers. 24.

JERUSA, *poseída*, hija de Sadoc, mujer de Ozías y madre de Jotam, reyes de Judá, 2 Rey. 15:33; 2 Crón. 27:1; esposa fiel y madre bienaventurada.

JERUSALEM DESDE EL SUR DEL MONTE OLIVETE, EN EL CAMINO DE BETANIA.

JERUSALEM, *fundamento ó posesión de la paz*, la principal ciudad de la Tierra Santa, y para los cristianos la más ilustre del mundo. Está situada á los 31° 46′ 35″ de latitud norte, y los 35° 18′ 30″ de longitud oriental, en un terreno elevado al sur del punto céntrico del país, como á 33 millas del Mediterráneo, y como á 19 del Jordán. Su sitio fué santificado desde tiempos muy remotos por la prueba que Dios hizo de la fé de Abraham, Gén. 22; 2 Crón. 3:1. Estaba en los confines de las tribus de Benjamín y de Judá, más bien dentro de los límites de la primera, pero reconocida como perteneciente á la última por haber sido conquistada por ella, Jos. 15:8; 18:16, 28; Jue. 1:1-8. El nombre más antiguo de la ciudad fué Salem, Gén. 14:18; Sal. 76:2; Heb. 7:2; y después fué llamada Jebus, por pertenecer á los Jebuseos, Jue. 19:10, 11. Diéronsele varios otros nombres: Ariel, Isa. 29:1, 2, 7; la Ciudad del gran Rey, Sal. 48:2; Mat. 5:35; la Ciudad Santa, Neh. 11:1; Mat. 4:5; 27:53; Apoc. 11:2. Siendo una posición muy fuerte, resistió por algún tiempo las tentativas que los Israelitas hicieron para hacerse los dueños absolutos de ella, Jos. 15:63. "La ciudad baja" fué ocupada primero, hasta que al fin su fortaleza fué tomada por David, 2 Sam. 5:6-9. Después de ese acontecimiento, recibió su nombre actual, y fué llamada también "la Ciudad de David." Entonces vino á ser, por disposición divina, el centro religioso y político del reino, 1 Rey. 11:36, y fué considerablemente ensanchada, hermoseada y fortificada. Pero su principal gloria consistió en que en su magnífico templo moró y se reveló "el único Dios vivo y verdadero."

Después de la separación de las diez tribus, Jerusalem siguió siendo la capital del reino de Judá. Como tal fué tomada varias veces y saqueada, y por último fué destruida con motivo de la cautividad de los Judíos en Babilonia, 2 Reyes 14:13; 2 Crón. 12:9; 21:16; 24:23; 25:23; 36:3, 10, 17-20. Después de 70 años, 536 A. C., fué reedificada por los Judíos, á su regreso de la cautividad, quienes hicieron mucho por restituirle su antiguo esplendor. Allá por el año 332 A. C., la ciudad se rindió á Alejandro de Macedonia, y no mucho después de su muerte, Ptolomeo Soter de Egipto la tomó por asalto un sábado, día en que, según se dice, los Judíos tenían escrúpulo de pelear, 320 A. C. En 179 A. C., Jerusalem cayó bajo la tiranía de Antíoco Epífanes, que arrasó sus murallas, levantó una imagen de Júpiter en el templo, y se valió de cuantos medios pudo para obligar al pueblo á que abrazara la idolatría. Empero, bajo el mando de los Macabeos, en 163 A. C., los Judíos recobraron su independencia. Cabalmente un siglo después Jerusalem fué conquistada por los Romanos bajo el mando de Pompeyo. En 54 A. C. fué saqueada por Craso, pero Herodes el Grande gastó cuantiosas sumas en embellecerla, siendo su obra más magna la reedificación del templo comenzada en 19 ó 20 A. C. Á la ciudad y al templo así renovados, fué el siempre bendito Salvador en la plenitud del tiempo é hizo glorioso el sitio de sus piés. Por su repulsa y crucificación, Jerusalem llenó la copa de sus culpas; la ciudad y el templo fueron tomados por Tito, y totalmente destruidos, 70–71 A. D., y la nación judía dejó de existir en la tierra de sus padres. Jerusalem ha sido tomada y saqueada diez y siete veces.

De todos los edificios de Jerusalem no quedaron en pié más que tres torres y una parte del muro occidental. Con todo, como los Judíos comenzaron á volver allí, y manifestaron un espíritu de rebelión, el emperador Adriano estableció allí una colonia romana en 135 A. D., y desterró á los Judíos, prohibiéndoles que volviesen bajo pena de muerte. Cambió el nombre de la ciudad en el de Elia Capitolina, la consagró á las deidades del paganismo para profanarla cuanto fuera dable, é hizo lo más que pudo para borrar todos los vestigios del judaismo y del cristianismo. Desde ese periodo el nombre de Elia llegó á ser tan común, que el de Jerusalem fué conservado solamente entre los Judíos y los cristianos que más conocían la historia. En el tiempo de Constantino, sin embargo, volvió á tomar su antiguo nombre, el cual ha conservado hasta el presente día. Helena la madre de Constantino, edificó dos iglesias en Betlehem y en el monte Olivete, por el año 362 A. D., y Julian, que después de su padre heredó el imperio de su tío Constantino, se esforzó en reedificar el templo; pero su designio y el de los Judíos á quienes patrocinaba, quedó frustrado, según refieren los historiadores de esa época, por un temblor de tierra, y por bolas de fuego que salían de la tierra entre los operarios, 363 A. D.

La historia subsiguiente de Jerusalem puede referirse en pocas palabras: en 614 fué tomada por Chosroes II rey de Persia, quien se dice que pasó á cuchillo á 90,000 hombres, y demolió hasta donde pudo todo aquello que los cristianos habían venerado; en 627 Heraclio derrotó á Chosroes. y Jerusalem fué recobrada por los Griegos. Poco después comenzó la larga y malha da éra del Mahometismo. Por el año 63, .º ciudad fué tomada de manos de los cristianos por el califa Omar, después de un sitio de cuatro meses, y continuó en poder de los califas de Bagdad hasta 868, año en que fué ocupada por Ahmed, turco soberano de Egipto. Durante un espacio de 220 años estuvo sujeta á varios déspotas Turcos y Sarracenos, y en 1099 fué tomada por los Cruzados al mando de Godofredo de Bouillon, quien fué electo rey. Este fué sucedido por su hermano Balduino, quien murió en 1118. En 1187, Saladino, Sultán del Oriente, se apoderó de la ciudad ayudado por la traición de Raymundo conde de Trípoli, el cual fué hallado muerto en su cama, en la mañana del día en que había de entregar la ciudad. Fué restituida en 1242 á los príncipes latinos por Saleh Ismael, emir de Damasco; estos la perdieron en 1291, habiendo sido atacada por los Sultanes de Egipto, quienes la conservaron hasta 1382. Selim el Sultán turco, subyugó á Egipto y á Siria, incluyendo á Jerusalem, en 1517, y su hijo Solimán edificó ó reconstruyó en 1542 las murallas que actualmente tiene dicha ciudad. Desde entonces ha permanecido bajo el dominio de la Turquía, si se exceptúa el corto periodo de 1832 á 1834, en que estuvo en posesión de ella Ibrahtm Pasha, hijo de Mahomet Alí de Egipto. Actualmente esta ciudad está incluida en el Bajalato de Damasco; si bien tiene un gobernador turco residente allí.

Jerusalem está situada en la mesa central de Judea, en la linea de la larga cordillera que forma la vertiente que hay entre el Mediterráneo y el Jordán. La parte principal de la ciudad está á 2593 piés sobre el Mediterráneo, y el monte de los Olivos á 2683. La temperatura media por cinco años, fué en Enero, 49°; en Febrero, 54°; en Marzo, 55°; en Abril, 61°; en Mayo, 73°; en Junio, 75°; en Julio, 79°; en Agosto, 79°; en Septiembre, 77°; en Octubre, 74°; en Noviembre, 63°, y en Diciembre, 64°. Se halla en una pendiente que baja gradualmente hacia el este, y que termina bruscamente por un precipicio desde el borde del cual se domina el valle de Josafat ó del Cedrón. Esta pendiente termina en el sur por el profundo y angosto valle de Hinnom, que constituía el antiguo límite meridional de la ciudad, y el cual asciende en su lado occidental llega hasta el terreno elevado que se halla al nordeste. Véase GIHÓN. Pero en la misma ciudad había también dos cañadas ó estrechos valles que dividían la tierra donde estaban los edificios en tres partes ó colinas principales. Sión, la más alta de estas, se elevaba en el barrio sudoeste de la ciudad, y estaba limitada al sur y al oeste por el profundo valle de Hinnom. En sus lados norte y este estaba el pequeño valle "de los queseros" ó Tiropeon, que al sudoeste iba á dar al valle del Cedrón. El Tiropeon se unía también, cerca del pié nordeste de Sión, con un valle que bajaba del norte. Á Sión se le llamaba también la ciudad de David; y por Josefo, "la ciudad superior." Rodeada antiguamente por murallas así como por profundos valles, era la parte más fuerte de la ciudad, y contenía la ciudadela y el palacio del Rey. El Tiropeon separaba esta parte de la ciudad, de Acra por el lado norte, y de Moría por el nordeste. Acra era menos elevada que Sión, ó que el terreno que había al nordeste más allá de los muros. Josefo la llama "la ciudad baja." Moría, la colina ó monte sagrado, estaba al nordeste de Sión, con la cual se hallaba antiguamente unida en su ángulo más cercano por medio de un puente construido sobre el Tiropeon. Algunas de las piedras del arco oriental de este puente han sido identificadas por el Dr. Robinson, las cuales sobresalían del muro occidental del area sagrada 39 piés contados desde su ángulo sudoeste; y las piedras del estribo que sostenía la extremidad occidental del puente han sido desenterradas no hace mucho de una profundidad de 60 piés, juntamente con algunas otras del piso del camino que tal vez fueron gastadas por las plantas de nuestro Señor y de sus discípulos. El arco tenía 51½ piés de ancho y más de 300 de largo al través del Tiropeon. Moría era al principio una pequeña eminencia, pero su area fué gradualmente ensanchada para hacerle lugar al templo. Era sólo una parte de la cordillera prolongada por el lado oriental de la ciudad, y que mira al profundo valle del Cedrón. Levántase en su lado norte, después de una ligera depresión, hasta llegar al cerro Bezeta, la "nueva ciudad" de Josefo, y avanza hacia el sur hasta confundirse con el cerro Ofel. Al este de Jerusalem y extendiéndose de norte á sur, se halla el monte de los Olivos, que está separado de la ciudad por el valle del Cedrón. Desde dicho monte se domina una hermosa perspectiva de la ciudad y la comarca que la rodea. En frente de Moría ó un poco más

al norte, se ve el jardín de Getsemaní con sus olivos, al pié del monte Olivete. Abajo de la ciudad, en el extremo oriental del valle del Cedrón, está la insignificante aldea de Siloa; más abajo este valle se une con el de Hinnom, en un hermoso sitio que era antiguamente "las huertas del Rey," Neh. 3:15; todavia más abajo se halla el pozo de Nehemías, que era el de En-rogel; y desde ese sitio, el valle unido corre por entre las montañas hacia el sur y este, hasta el Mar Muerto. En la boca del Tiropeon entre Ofel y Sión, está el estanque de Siloe. En el valle que está al oeste y al nordeste de Sión, se hallan los dos estanques de Gehón. El de más abajo está ahora roto y seco. En las rocas que rodean á Jerusalem, y principalmente en los costados del valle del Cedrón y del de Hinnom, en frente de la ciudad, hay muchas cuevas y tumbas subterráneas, pues allí fué siempre el cementerio de la misma. Véase JOSAFAT.

De los MUROS de la antigua Jerusalem, el más antiguo, es decir, el de David y Salomón, rodeaba todo el monte Sión, y se prolongaba al rededor del Moría y del Ofel. La profundidad de los valles al sur y al este de Jerusalem, la hacia comparativamente fácil de ser fortificada y defendida por esos lados. Este muro meridional, en el periodo de los Reyes y de Cristo, atravesaba el borde exterior de esos cerros, incluyendo el estanque de Siloe, el Ofel, y tal vez partes de los valles de Hinnom y del Cedrón, 2 Crón. 33:14; Neh. 2:14; 3:15.

Un segundo muro, construido por Jotam, Ezequías y Manassés, alteró algún tanto la línea meridional, y puso intramuros un gran espacio adicional por el lado del norte. Comenzaba un poco al este de la torre de Híppico en la extremidad N. O. de Sión, incluía á Acra y parte de Bezeta, y se unía con el antiguo muro en el este. Este muro, así como el primero fué destruido en la cautividad, pero ambos fueron después reedificados poco más ó menos donde antes estaban, y estos eran los muros que circuían la ciudad en tiempo de Cristo. La dirección precisa del segundo muro podrá quizá determinarse con seguridad por las futuras excavaciones que se practiquen, pero ahora está más en duda que cualquiera otro punto de la topografía de Jerusalem. Si se localizara con exactitud la puerta "Gennat," en donde comenzaba dicho muro, y si se descubriera la dirección de la línea circunvaladora de éste hasta Antonia, se podría poner de manifiesto si el sitio tradicional del Calvario que se halla lejos de los actuales límites de la ciudad, estaba dentro ó fuera del antiguo muro. Los argumentos basados en la topografía están muy en pugna con la tradición, pues parece que toda esa re-

gión, si no se hallaba dentro del muro, debe por lo menos de haber estado ocupada en aquel tiempo por los suburbios de la ciudad; porque la tercera pared, comenzada por Herodes Agripa sólo diez años después de la crucifixión de Cristo, partía de la torre de Híppico y seguía

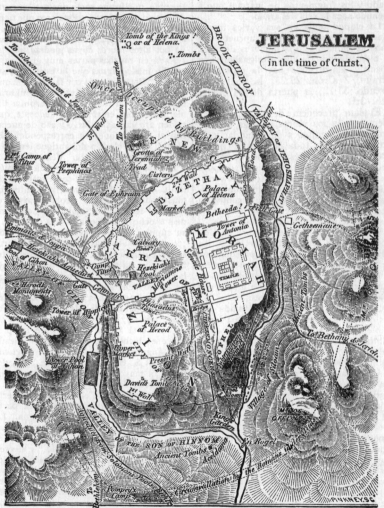

JERUSALEM EN TIEMPO DE CRISTO.

hasta cerca de media milla al noroeste de la torre de Pséfinos, y dando la vuelta á "las tumbas de los Reyes," pasaba por el este de Bezeta, y se unía al antiguo muro oriental.

La circunferencia entera de la ciudad ea

aquel tiempo medía poco más de cuatro
millas. Ahora tiene solamente 2¾ millas,
á lo más; existen pruebas de que el gran
espacio que hay al norte y que se hallaba
dentro del muro de Agripa, estaba poblado
en alguna época. Esas pruebas son las
numerosas cisternas que allí se han encontrado y los fragmentos de mármol que á
menudo saca el arado.

La ciudad tenía en sus varios muros
muchas puertas, lo que se comprueba por
haberse hallado 18 ó 20 nombres de tales,
si bien algunos de ellos designaban una
misma. Entre otros hay la puerta de
Efraím, 2 Crón. 25:23; la puerta del
pescado, 33:12; la puerta de las ovejas,
Neh. 3:1.

El plano precedente de la antigua Jerusalem enseña los muros, puertas, torres y
otros objetos notables de la ciudad y sus
alrededores, con toda la exactitud que es
asequible hoy día después de que han sufrido los estragos de tantos siglos, después
de que ha sido capturada casi veinte veces,
y á menudo arrasada hasta los cimientos.
Bajo sus respectivos títulos se encontrarán
descripciones más extensas de muchas de
las localidades á que se hace referencia.

El agua, según parece, siempre ha sido
abundante en Jerusalem. En los varios
sitios que sostuvo, por atormentados que
se vieran sus moradores con el hambre,
tenían todo el agua que necesitaban, en
tanto que los sitiadores sufrían mucho por
falta de ella. Véase CISTERNAS.

LA JERUSALEM MODERNA, llamada por
los Árabes Él-Kuds, la santa, ocupa indudablemente el sitio de la Jerusalem de la
Biblia. Es todavía hermosa por su posición, y se yergue en sus bien definidas
colinas, como una ciudad que "está bien
unida," Sal. 48:2, 12; 122:3, 4; 125:1, 2.
La vista que á lo lejos ofrece con sus majestuosos muros y numerosas cúpulas y
minaretes, es en extremo imponente. Pero su antigua gloria se ha disipado; las
multitudes que allí acudían á millares, no
existen ya; la desolación reina en las desnudas montañas que la rodean, y las tribus
han dejado de subir á la casa del Señor.
Esta ciudad que en otro tiempo se sentaba
como reina entre ellas, ahora se halla solitaria, "hollada por los gentiles," "privada
de sus hijos, y desamparada en medio de
sus enemigos." "Sión está arada como
un campo" y su suelo está mezclado con
los escombros de los siglos, hasta una profundidad, en algunos lugares, de cuarenta
piés.

El muro moderno, edificado en 1542, varía de 20 á 60 piés de altura, y tiene como
dos millas y media de extensión. En su
lado oriental y más corto sigue una dirección casi recta, y coincide en la mitad
meridional de este lado con el muro del
area sagrada, llamado ahora El-Haram, el
sagrado, que forma como una octava parte
de la ciudad moderna. Esta area que tiene
de 510 á 534 yardas de longitud de norte á
sur, y de 307 á 344 de anchura, está rodeada por altos muros cuyas piedras inferiores son en muchas partes muy grandes, y
mucho más antiguas que la estructura superior. Está ocupada por la gran mezquita octagonal llamada Kubbet es-Sukhrah
ó Cúpula de la Roca, y otra mezquita llamada El-Aksa, en el ángulo sudoeste, que
miden 270 yardas de largo y 200 de ancho,
con el terreno que les corresponde. El
Haram cubre el sitio del antiguo templo y
de la gran torre Antonia. Véase TEMPLO.

La Cúpula de la Roca llamada también
la mezquita de Omar, es con excepción de
la de la Meca la más venerada entre los
musulmanes, y ocupa probablemente el
sitio del templo de Salomón. Cada uno
de sus ocho lados tiene 66 piés de largo, y
su cúpula, que se eleva á una altura de
170, es el objeto más prominente en Jerusalem, cualquiera que sea el punto de vista.
Se dice que la roca sagrada que está bajo
la cúpula, y que mide 57 piés de largo y 43
de ancho, señala el sitio en donde estuvo
una vez el arca de la alianza. En el ángulo S. O. del area del Haram, en donde el
muro tiene 77 piés de altura, el suelo de
su base está á una elevación de 150 piés
sobre el lecho seco del Cedrón. Desde
este ángulo el muro se dirige irregularmente al S. O., cruza el monte Sión, dejando la mayor parte de él á extramuros
por el lado del sur, y en su límite occidental vuelve hacia el norte á la puerta
Jaffa, en donde existe todavía la parte
inferior de una fortaleza muy antigua. La
parte superior de esta torre es menos antigua y menos gruesa. Se conoce con el
nombre de "la Torre de David," y se cree
generalmente que fué el Híppico de Josefo. Allí da vuelta el muro dirigiéndose
irregularmente al ángulo N. E. Está flanqueado á distancias desiguales por torres
cuadradas, y en toda su extensión tiene
almenas con aberturas para las flechas ó
los mosquetes. Actualmente hay en uso
solo cuatro puertas: la puerta de Jaffa ó
de Betlehem al oeste; la puerta de Damasco al norte; la de San Esteban al este, y la

CÚPULA DE LA ROCA Ó MEZQUITA DE OMAR.

de Sión al sur. En el muro oriental del Haram está la puerta de Oro, bloqueada hace largo tiempo; y en la muralla de la ciudad hay dos pequeñas puertas más recientemente cerradas, á saber, la puerta de Herodes al N. E., y la del Estíércol, con el Tiropeon al sur. Véase CEDRÓN.

Intramuros de la ciudad se ven calles estrechas y á menudo cubiertas, de piso desigual, mal empedradas, y en algunos lugares desaseadas, aunque menos de lo que él están en la mayor parte de las ciudades orientales. Las casas son de piedra de cantera, fabricadas á menudo sobre ruinas que tienen muchos piés de profundidad, Jer. 30:18, con pocas ventanas para la calle. Sus azoteas planas están reforzadas y adornadas con muchas cúpulas pequeñas. La parte más hermosa de la ciudad es el area de la gran mezquita—de la cual han sido excluidos rigurosamente por seis siglos hasta hace poco todos los cristianos—con sus prados y cipreces, y una hermosa cúpula que se eleva sobre el muro. En el monte Sión, gran parte del espacio comprendido dentro del muro está ocupada por un gran convento Armenio, y otro Sirio, y la iglesia de Santiago. Véase SIÓN. Más allá del muro y muy al sur, se halla una mezquita mahometana fabricada, según se asegura, sobre la tumba de David. A ella se les impide la entrada á los cristianos más rigurosamente que á la mezquita de Omar. Cerca de allí se encuentra el pequeño cementerio de los misioneros americanos. En el ángulo noroeste de Sión se levanta alta y magnifica, la vieja ciudadela cuadrada á que antes nos referimos. Todavía más al norte se halla el convento latino de San Francisco en la parte más occidental de Jerusalem, y entre él y el centro de la ciudad se ve la iglesia del Santo Sepulcro, sobre el paraje tradicional de la crucifixión, sepultura y resurrección de nuestro Señor. Véase CALVARIO. En varias partes de la ciudad se levantan los minaretes de once mezquitas, en medio de un conjunto de cosa de 2,000 habitaciones, muchas de las cuales están muy deterioradas. Abajo de la ciudad hay grandes excavaciones irregulares, á las que se baja por una angosta abertura de 20 pulgadas hecha cerca de la puerta de Damasco; siguen la dirección del S. E. 600 piés, y tienen 200 de ancho, con muchas rocas que se han dejado intactas para puntales. De allí fueron sacadas muchas de las piedras empleadas en los edificios de la ciudad, y allí se formaron vastas cisternas para despositar el agua.

La actual población de Jerusalem asciende tal vez á 20,000 habitantes, de las cuales dos quintas partes son Judíos, y el resto Musulmanes y Cristianos, casi en el mismo número los unos que los otros. Hay también una guarnición de 800 á 1,000 hombres estacionada allí; y en Abril de cada año muchos miles de peregrinos procedentes de países extranjeros, hacen una corta visita á esos santos lugares. En Jerusalem se habla la lengua arábiga. Los musulmanes residen en el centro de la ciudad, y hacia el norte y el este. El barrio de los Judíos está en el lado N. E. de Sión. Los Cristianos griegos, latinos, armenios, sirios y coptos residen principalmente al rededor de sus respectivos conventos, y sus cementerios están en el monte Sión, así como el de la Misión protestante americana. Los Judíos entierran sus muertos en el monte Olivete, y los Mahometanos en varios lugares, aunque prefieren el frente oriental del Moría. Jerusalem no es más que una pálida sombra de lo que antes era. Los cristianos de nombre que residen allí, se hallan en un estado de sujeción degradante y ciega á los Mahometanos, y sus pequeñas discordias y supersticiones dan lugar á que sufra un reproche el nombre cristiano. Los Judíos. que llegan como á 8,000, están todavía más oprimidos y avasallados. La mayor parte de ellos nacieron en otras tierras, y han ido allí á morir en una ciudad que ya no les pertenece. Descorazonados á causa de las interminables exacciones que sufren, subsisten del socorro que les dan sus hermanos que residen en diversos países. Solo como privilegio que han adquirido con su dinero se les permite acercarse á la base del Monte Sagrado en donde sus padres adoraban al único verdadero Dios. Allí en una pequeña area, cerca de algunas piedras grandes y antiguas en la base del muro occidental del Moría—el Aksa—se reunen los Viernes y otros dias sagrados, y se sientan en el suelo á llorar y á lamentarse, reanudando las conmovedoras lamentaciones de Jeremías; son testigos vivos de la verdad de Dios cumplida en ellos. Véase MURO.

La NUEVA JERUSALEM es un nombre dado, nó á un lugar, sino á una comunidad, es á saber, la Iglesia de Cristo, y se la llama así por sus firmes fundamentos que consisten en el amor, la preferencia, y el pacto de Dios en Cristo, 1 Ped. 2:6; por sus fuertes baluartes, fuentes vivas y hermosos palacios; por sus grandes multitudes, por el Dios que en ella mora, y por su gloria consumada en el cielo, Gál. 2:26; Heb. 12:22; Apoc. 3:12, 21.

JESANA, *vieja*, ciudad tomada á Jeroboam por Abías, con Betel y Efraím, 2 Cró. 13:19.

JESBAAN. Véase JASOBAM.

JESBI-BENOB. Véase ISBI-BENOB.

JESBOC, *dejando atrás*, un hijo de Abraham y de Cetura, Gén. 25:2; 1 Crón. 1:32, progenitor de los Árabes del norte.

JESIMÓN, *desierto*, palabra hallada en el hebreo en Deut. 32:10; Sal. 78:40; 106:14; 107:4; Isa. 43:19, 20. Precedido del artículo denota la árida faja de tierra que se halla al N. O. del mar Muerto, tal vez con las alturas adyacentes, Núm. 21:20; 23:28; 1 Sam. 23:19, 24; 26:1, 3.

JESSÉ. Véase ISAÍ.

JESUA, forma hebrea posterior del nombre Josué; significa *cuya salvación es Jehová*, I., un miembro de la novena compañía de sacerdotes, en tiempo de David, 1 Crón. 24:11; Esdr. 2:36.

II. El hijo de Josadec, Sumo sacerdote de los Judíos en su vuelta de la cautividad. Resistió los artificios de los Samaritanos, y desempeñó bien la parte que le fué encomendada en la restauración de la ciudad, del templo y del culto divino, Esd. 4:3; 5:2. Su nombre se halla en las profecías de aquella época, Hag. 1:1, 12; 2:2; Zac. 3; 6:11-15.

III. Se mencionan varios de este nombre en Esd. 2:40; 8:33; Neh. 3:19; 7:11, 43; 8:7; 9:4, 5; 10:9; 12:8, 24.

IV. Una ciudad de Judá después de la cautividad, Neh. 11:26, probablemente la moderna Yeshua. cerca del sitio entre Betoron y Soco tan memorable en la historia de Josué, Jos. 10:11-14, seis millas al este de Ecron.

JESU-CRISTO, el Hijo de Dios, el Mesías y Salvador del mundo, el primero y principal tema de las profecías. Fué prefigurado y prometido en el Antiguo Testamento, y esperado y deseado por los Patriarcas; es tambien la esperanza y la salvación de los Gentiles, y la gloria, felicidad y consuelo de los Cristianos. El nombre de *Jesús*, en hebreo *Jehoshuah* ó *Joshua* (Josué) significa *Salvador*, ó *Jehová Salva*. Nadie ha llevado este nombre con tanta justicia, ni cumplido tan perfectamente su significado, como Jesu-Cristo, quien salva del pecado y del infierno, y nos ha franqueado el cielo al precio de su sangre. Le fué dado este nombre por designio divino, Mat. 1:21, como propio del Salvador tan largo tiempo deseado, y á quien los incontables miles de redimidos adorarán siempre como á su único y glorioso Redentor. Por lo que toca á las diferentes predicciones del Antiguo Testamento relativas á él, véase PROFETAS.

JESUÉ, un Levita leal en tiempo de Ezequías, 2 Crón. 31:15.

JESURUN, nombre poético de Israel, probablemente derivado de una raíz que significa *ser recto*, y aplicado al pueblo de Dios como objeto de su amor justificador, que no ve iniquidad en Jacob, Deut. 32:15; 33:5. 26; Isa. 44:2

JESÚS, era el nombre del Salvador como hombre, en tanto que el de *Cristo* que significa el *ungido*, el *Mesías*, era la designación que se le dió en virtud de su misión ó ministerio. Ambos nombres se emplean separadamente, tanto en los Evangelios como en las Epístolas; pero el de Jesús solo se halla por lo general en los Evangelios que son las narraciones de su vida terrenal, en tanto que en las Epístolas en que se trata de su naturaleza divina y de su obra redentora, se le llama Cristo, Cristo Jesús, ó el Señor Jesu-Cristo. Véanse CRISTO y TÍTULOS DE CRISTO.

En este lugar, bajo el nombre humano del Redentor, cabe hacer una reseña de los hechos relativos á su naturaleza humana y á la historia de su vida sobre la tierra, lo cual forma con las verdades que de ahí dimanan, el tema de todo el Nuevo Testamento. Como hombre, su naturaleza de tal era completa, pues tanto su alma como su cuerpo eran humanos; y esto se deja ver en toda la historia evangélica. El que es "Dios sobre todas las cosas, bendito

por los siglos," era un Israelita **según la** carne, Rom. 9:5, y tomó sobre sí toda nuestra naturaleza para ser un Salvador perfecto. Su título favorito "Hijo del Hombre," usado 81 veces en los Evangelios al hablar de sí mismo, implica su completa y cordial identificación con la especie humana, así como el carácter de jefe que de ella asumió para llevar á cabo sus designios con respecto á la redención. Como hombre, Jesús fué el rey de los hombres. No hay palabras que puedan describir ese carácter en que se unían formando un conjunto maravillosamente armónico, tanta firmeza y dulzura, tanta dignidad y humildad, tanto entusiasmo y sosiego, tanta sabiduría y sencillez, tanta santidad y caridad, tanta justicia y misericordia, tanta simpatía por el cielo y por la tierra, y tanto amor, en fin, para con Dios y para con el hombre. Nada en él sobraba, nada tampoco le faltaba. El mundo nunca había producido, ni aun concebido, un carácter semejante, y la pintura que de él hacen los Evangelios es una prueba de su divino origen que los infieles no pueden invalidar. Si pudiera juntarse toda la especie humana, de todos los siglos, de todas las razas y lenguas, para ver al Redentor crucificado tal cual es, y comparar con él á los más nobles bienhechores de la tierra, no habría más que una sola voz entre toda esa inmensa muchedumbre.

Toda corona de gloria, y todo tributo de alabanza se le darían á Él como al único sér digno de tales honores por la perfección de su carácter, por su amor á la humanidad, por los sacrificios que hizo, y por los beneficios que ha derramado. Su gloria será por siempre celebrada por cuanto Él ha sido el Amigo del hombre, y el Cordero sacrificado por nosotros.

Pero la perfección absoluta de su naturaleza divina ha sido tan clara y plenamente aseverada y comprobada como la de su naturaleza humana, y esto por sus propias y repetidas declaraciones, sus incontables y estupendos milagros, el testimonio de toda la naturaleza que en el instante obedecía sus mandatos dados en su propio nombre, el de los hombres y demonios que sentían su poder, el de los ángeles que le servían, y el del Padre mismo.

La visita de Jesu-Cristo á la tierra ha hecho á esta por siempre gloriosa entre los mundos menos favorecidos, y forma el más notable acontecimiento que pueda registrarse en sus anales. El tiempo de su

327

nacimiento se conmemora por la éra cristiana, cuyo primer año corresponde aproximadamente al 754 de la fundación de Roma. Concédese generalmente, sin embargo, que el Salvador nació cuatro años antes del comienzo de su éra, y 4,000 después de la creación de Adam. Fué de la tribu de Judá, tanto por parte de José como de María, y del linaje real de David. Su nacimiento precedió á la muerte de Herodes sólo unos cuantos meses. José, según parece, vivió en medianas circunstancias, era carpintero, y Jesús mismo siguió ese humilde oficio. Nuestro Señor comenzó su ministerio público cuando tenía 30 años de edad, y continuó en él según la opinión más admitida, cosa de tres años y medio. Respecto de sus antepasados y familia, véanse las palabras GENEALOGÍA y HERMANO.

De su aspecto personal Él ha preferido no dar descripción alguna; tampoco existe retrato suyo que sea fidedigno. De las indicaciones del evangelio inferimos que, á semejanza de los sacrificios prescritos en el ritual mosaico como tipos de él, el gran Antitipo no tenía ningún defecto corporal, así como tampoco tenía la menor mancha de pecado. Se cree que no tenía ningunas señales particulares en su exterior, que era de una salud vigorosa, puesto que se hallaba exento de los pecados que ocasionan la mayor parte de las enfermedades, y que podía soportar los viajes y trabajos que de él se refieren; y aunque ocultaba sus glorias divinas, excepto cuando de tiempo en tiempo hacía de ellas alguna manifestación parcial, debe de haber habido siempre, sin embargo, algo de divino en ese aspecto tan lleno de nobleza, de sabiduría, de pureza y de benignidad.

La vida del Redentor debe ser estudiada en los cuatro Evangelios, en donde fué relatada bajo la guía de la sabiduría suprema. Se han hecho muchos esfuerzos, con buen éxito por fortuna, para arreglar las narraciones de los evangelistas en el verdadero orden de tiempo. Pero como ninguno de los Evangelios sigue con exactitud el curso cronológico de los acontecimientos, muchos incidentes tienen lugar indefinido, han sido arreglados de diversos modos por los diferentes autores que se han ocupado de la armonística. Ninguno sin embargo ha tenido mejor éxito que el Dr. Robinson, y tomamos de su valiosa "Armonística de los Evangelios," la siguiente tabla formada con el mayor esmero, y que presenta en una forma compendiada los diversos acontecimientos de la vida de Nuestro Señor, y los lugares y periodos en que se verificaron.

PARTE PRIMERA.

ACONTECIMIENTOS RELACIONADOS CON EL NACIMIENTO Y PERIODO DE LA NIÑEZ DE NUESTRO SEÑOR.

TIEMPO *como trece años y medio.*

Un ángel se le aparece á Zacarías—*Jerusalem.*
Un ángel se le aparece á María—*Nazaret.*
María visita á Elizabet—*Juttah.*
Nacimiento de Juan el Bautista—*Juttah.*
Un angel se le aparece á José—*Nazaret.*
Nacimiento de Jesús—*Betlehem.*
Un ángel se le aparece á los pastores—*Cerca de Betlehem.*
La circuncisión de Jesús y su presentación en el templo—*Betlehem; Jerusalem.*
Los Magos—*Jerusalem; Betlehem.*
La huída á Egipto. La crueldad de Herodes y el regreso—*Betlehem; Egipto; Nazaret.*
A los doce años de edad Jesús va á la pascua—*Jerusalem.*
Regresa á su casa—*Nazaret.*

PARTE SEGUNDA.

ANUNCIO Y COMIENZO DEL MINISTERIO PÚBLICO DE NUESTRO SEÑOR.

TIEMPO: *cerca de un año.*

El ministerio de Juan el Bautista—*El desierto; El Jordán.*
El bautismo de Jesús—*El Jordán.*
El ayuno y la tentación—*Desierto de Judea.*
Prefacio del Evangelio de Juan.
Testimonio de Juan el Bautista tocante á Jesús—*Betabara, de la otra parte del Jordan.*
Jesús adquiere dos discípulos—*El Jordán; Galilea.*
Las bodas en Caná de Galilea.

PARTE TERCERA.

PRIMERA PASCUA DE NUESTRO SEÑOR, Y LOS ACONTECIMIENTOS SUBSIGUIENTES HASTA LA SEGUNDA.

TIEMPO: *un año.*

En la Pascua Jesús arroja del templo á los traficantes—*Jerusalem.*
Diálogo de nuestro Señor con Nicodemo—*Jerusalem.*
Jesús permanece en Judea y bautiza. Nuevo testimonio dado por Juan el Bautista.
Jesús se dirige á Galilea después de la prisión de Juan.
Plática de Jesús con la Samaritana. Muchos Samaritanos creen en él—*Siquem.*
Jesús enseña públicamente en *Galilea.*
Jesús va de nuevo á Caná, en donde sana al hijo de un cortesano que yacía enfermo en Capernaúm—*Cana de Galilea.*
Jesús va á *Nazaret:* allí es rechazado, y fija su residencia en *Capernaum.*
El llamamiento de Simón Pedro y de Andrés, de Santiago y de Juan, con la milagrosa pesca que estos hicieron—*Cerca de Capernaum.*
La curación de un endemoniado en la sinagoga—*Capernaum*

La curación de la suegra de Pedro y de otros muchos—*Capernaum.*

Jesús con sus discípulos sale de Capernaúm y recorre á Galilea.

La curación de un leproso—*Galilea.*

La curación de un paralítico—*Capernaum.*

El llamamiento de Mateo—*Capernaum.*

PARTE CUARTA.

SEGUNDA PASCUA DE NUESTRO SEÑOR, Y LOS SUCESOS SUBSIGUIENTES HASTA LA TERCERA.

TIEMPO: *un año*

El estanque de Betesda, la curación del enfermo, y discurso que en seguida pronunció nuestro Señor—*Jerusalem.*

Los discípulos cogen espigas de trigo en día Sábado—*En el camino para Galilea.*

La curación en día Sábado, de un hombre que tenía una mano seca—*Galilea.*

Jesús llega al mar de Tiberias, y es seguido de multitud de gente—*Lago de Galilea.*

Jesús se retira á un monte, y elige á los doce, las multitudes le siguen—*Cerca de Capernaúm.*

El sermón en el monte—*Cerca de Capernaúm.*

Resucita al hijo de una viuda—*Nain.*

Juan el Bautista, hallándose en la prisión, envía algunos de sus discípulos á Jesús—*Galilea—Capernaúm?*

Reflexiones de Jesús al apelar á sus poderosas obras—*Capernaum?*

Estando en la mesa con un Fariseo. Jesús es ungido por una mujer que había sido pecadora—*Capernaúm?*

Jesús con los doce, anda segunda vez por *Galilea.*

Cura á un endemoniado. Blasfemias de los Escribas y Fariseos—*Galilea.*

Los Escribas y Fariseos piden señal del cielo. Reflexiones de nuestro Señor—*Galilea.*

Jesús considera á sus verdaderos discípulos como sus parientes más cercanos—*Galilea.*

Estando Jesús en la mesa de un Fariseo, anuncia las calamidades que sobrevendrían á los Fariseos y á otros—*Galilea*

Discurso de Jesús dirigido á sus discípulos y á la muchedumbre—*Galilea.*

Matanza de algunos Galileos por Pilato. Parábola de la higuera estéril—*Galilea.*

Parábola del sembrador—*Lago de Galilea; Cerca de Capernaum?*

Parábola de la zizaña. Otras parábolas—*Cerca de Capernaum.*

Jesús atraviesa el lago. Sucesos. La tempestad se calma—*Lago de Galilea.*

Los dos endemoniados Gadarenos—*En la costa sudoeste del Lago de Galilea.*

Leví hace una fiesta en su casa—*Capernaum.*

Resucita Jesús á la hija de Jairo. La mujer que padecía de flujo de sangre—*Capernaum.*

Curación de dos ciegos y de un endemoniado mudo—*Capernaum?*

Vá otra vez á Nazaret, y es también rechazado.

Recorre la Galilea por tercera vez. Instruye á los doce y los envía á predicar—*Galilea.*

Toma Herodes á Jesús por Juan el Bautista, á quien acababa de hacer decapitar—*Galilea? Perea.*

Vuelta de los doce discípulos. Jesús se retira con ellos al otro lado del lago. Dá de comer á cinco mil personas—*Capernaum; costa nordoeste del lago de Galilea.*

Anda Jesús sobre las aguas—*Lago de Galilea—Genzaret.*

Discurso de nuestro Señor á la muchedumbre en la sinagoga—*Capernaum.*

PARTE QUINTA.

DESDE LA TERCERA PASCUA DE NUESTRO SEÑOR HASTA SU ÚLTIMA PARTIDA DE GALILEA PARA IR Á LA FIESTA DE LOS TABERNÁCULOS.

TIEMPO: *seis meses.*

Nuestro Señor justifica á sus discípulos de que comieran pan sin lavarse las manos. Tradiciones de los Fariseos—*Capernaum.*

Curación de la hija de una mujer Sirofenisa—*Región de Tiro y de Sidón.*

Curación de un sordo mudo y de varios otros enfermos. Dá de comer milagrosamente á cuatro mil personas—*Decapolis.*

Los Fariseos y Saduceos piden nuevamente una señal—*Cerca de Magdala, en el lado occidental del lago*

Precave á sus discípulos con respecto á la levadura de los Fariseos, etc.—*Costa nordeste del lago de Galilea.*

Cura á un ciego—*Betsaida (Julias)*

Pedro y los demás hacen de nuevo su profesión de fé en Cristo—*Región de Cesarea de Filipos.*

Nuestro Señor declara á sus discípulos su muerte y resurrección, y los trabajos de sus discípulos—*Región de Cesarea de Filipos.*

La transfiguración y subsiguiente coloquio de nuestro Señor con tres de sus discípulos—*Región de Cesarea de Filipos.*

Cura á un endemoniado á quién no pudieron curar sus discípulos—*Región de Cesarea de Filipos.*

Jesús anuncia de nuevo su muerte y resurrección—*Galilea.*

Paga el tributo con una moneda milagrosamente provista—*Capernaum.*

Disputa de los discípulos sobre la supremacía. Jesús los exhorta á la humildad, la indulgencia y el amor fraternal—*Capernaum.*

Instruye y envía á setenta de sus discípulos—*Capernaum.*

Jesús vá á la fiesta de los Tabernáculos. Su última partida de Galilea. Acontecimientos en *Samaria.*

Curación de diez leprosos—*Samaria.*

PARTE SESTA

LA FIESTA DE LOS TABERNÁCULOS Y LOS SUCESOS SUBSIGUIENTES HASTA LA LLEGADA DE NUESTRO SEÑOR Á BETANIA, SEIS DIAS ANTES DE LA CUARTA PASCUA.

TIEMPO: *seis meses menos una semana.*

Jesús en la fiesta de los Tabernáculos. Sus enseñanzas públicas—*Jerusalem.*

La mujer sorprendida en adulterio—*Jerusalem.*

Ulterior enseñanza pública de nuestro Señor. Reprueba la incredulidad de los Judíos y se escapa de sus manos—*Jerusalem.*

Instruye á un Doctor de la ley. Explica el amor al prójimo. Parábola del buen Samaritano—*Cerca de Jerusalem.*

Jesús en casa de Marta y de María—*Betania.*

Enseña otra vez á sus discípulos cómo han de orar—*Cerca de Jerusalem.*

Vuelta de los setenta discípulos—*Jerusalem.*

Cura en Sábado á un ciego de nacimiento. Los discursos posteriores de nuestro Señor—*Jerusalem.*

Jesús en Jerusalem en la fiesta de la dedicación. Retírase al otro lado del Jordán—*Jerusalem; Betania más allá del Jordán.*

Resucita á Lázaro—*Betania.*

El consejo de Caifás tocante á Jesús. Jesús se retira de Jerusalem—*Jerusalem; Efraim.*

Jesús, estando del otro lado del Jordán, es seguido de las muchedumbres. Sana en Sábado á una mujer enferma—*Valle del Jordán, Perea.*

Pasa por varios lugares enseñando y dirigiéndose á Jerusalem. Lo previenen contra Herodes. —*Perea.*

Nuestro Señor come en Sábado en casa de un Fariseo. Otros sucesos—*Perea.*

Lo que se requiere de un verdadero discípulo—*Perea.*

Parábola de la oveja perdida, etc. Parábola del hijo pródigo—*Perea.*

Parábola del mayordomo injusto—*Perea.*

Reprende á los Fariseos. Parábola del rico y Lázaro—*Perea.*

Jesús inculca la tolerancia, la fé y la humildad—*Perea.*

La venida de Cristo será repentina—*Perea.*

Parábolas: la viuda importuna. El Fariseo y el publicano—*Perea.*

Preceptos con respecto al divorcio—*Perca.*

Jesús recibe á los niños y los bendice—*Perea.*

El joven rico Parábola de los trabajadores en la viña—*Perea.*

Por tercera vez anuncia Jesús su muerte y resurrección—*Perea.*

Pretención ambiciosa de Santiago y Juan—*Perea.*

Curación de dos ciegos cerca de *Jericó.*

Visita á Zaqueo. Parábola de los diez talentos—*Jerico*

Jesús llega á Betania seis días antes de la Pascua—*Betania.*

PARTE SÉPTIMA.

ENTRADA PÚBLICA DE NUESTRO SEÑOR Á JERUSALEM, Y SUCESOS SUBSIGUIENTES HASTA LA CUARTA PASCUA

TIEMPO *cinco días*

Entrada pública de nuestro Señor á Jerusalem—*Betania, Jerusalem*

La higuera estéril Purificación del templo—*Betania, Jerusalem*

La higuera estéril se marchita—*Entre Betania y Jerusalem*

Autoridad de Cristo disputada por los Fariseos Parábola de los dos hijos—*Jerusalem.*

Parábola de los labradores malvados—*Jerusalem.*

Parábola de las bodas del hijo del rey—*Jerusalem.*

Pregunta capciosa de los Fariseos tributo al César—*Jerusalem.*

Pregunta capciosa de los Saduceos: la resurrección de los muertos—*Jerusalem.*

Un doctor de la ley hace preguntas á Jesús. Los dos grandes mandamientos—*Jerusalem.*

¿Cómo es Cristo el hijo de David?—*Jerusalem.*

Advertencias con respecto al mal ejemplo de los Escribas y Fariseos—*Jerusalem.*

Prosigue clamando contra los mismos. Lamenta la suerte futura de Jerusalem—*Jerusalem.*

Ofrenda de la pobre viuda—*Jerusalem.*

Ciertos Griegos desean ver á Jesús—*Jerusalem.*

Reflexiones sobre la incredulidad de los Judíos—*Jerusalem.*

Jesús, al dejar por última vez el templo, anuncia la destrucción de este y la persecución de sus discípulos—*Jerusalem; monte de los Olivos.*

Las señales de la venida de Cristo para destruir á Jerusalem y poner fin al estado y á la dispensación de los Judíos—*Monte de los Olivos.*

Transición á la última venida de Cristo el día del Juicio. Exhortación á la vigilancia. Parábolas: las diez vírgenes; los cinco talentos—*Monte de los Olivos.*

Descripciones del Juicio final—*Monte de los Olivos.*

Conspiración de los sacerdotes y príncipes. La cena en Betania. Traición de Judas—*Jerusalem; Betania.*

Preparación para la Pascua—*Betania; Jerusalem.*

PARTE OCTAVA.

LA CUARTA PASCUA: PASIÓN DE NUESTRO SEÑOR Y LOS ACONTECIMIENTOS CON ELLA RELACIONADOS, HASTA EL FIN DEL SÁBADO JUDAICO.

TIEMPO *dos días.*

La cena de la pascua. Disputa entre los doce—*Jerusalem.*

Jesús les lava los piés á sus discípulos—*Jerusalem.*

Jesús indica al traidor. Judas se retira—*Jerusalem.*

Jesús anuncia la caída de Pedro y la dispersión de los doce—*Jerusalem.*

El Señor instituye la Santa Cena—*Jerusalem.*

Jesús consuela á sus discípulos. Promesa del Espíritu Santo—*Jerusalem.*

Cristo es la verdadera vid. Sus discípulos serán odiados por el mundo—*Jerusalem.*

Persecución predicha. Nueva promesa del Espíritu Santo Debe orarse en el nombre de Cristo—*Jerusalem*

Última oración de Cristo con sus discípulos—*Jerusalem.*

Agonía de nuestro Señor en Getsemaní—*Monte de los Olivos.*

Jesús es entregado y hecho prisionero—*Monte de los Olivos.*

Jesús delante de Caifás. Pedro le niega tres veces—*Jerusalem.*

Jesús Ante Caifás y el Sanhedrin. Declara que es el Cristo y es condenado y befado—*Jerusalem.*

El Sanhedrin conduce á Jesús ante Pilato—*Jerusalem.*

Jesús en la presencia de Herodes—*Jerusalem.*

Trata Pilato de librar á Jesús. Los Judíos piden á Barrabás—*Jerusalem.*

Pilato entrega á Jesús á la muerte. Jesús es azotado y befado—*Jerusalem.*

Pilato trata otra vez de soltar á Jesús—*Jerusalem.*

Judas siente remordimiento y se ahorca—*Jerusalem.*

Jesús es conducido para ser crucificado—*Jerusalem.*

La crucifixión—*Jerusalem.*

Los Judíos se mofan de Jesús en la cruz. Perdona al ladrón arrepentido. Encomienda su madre á Juan—*Jerusalem.*

Sobrevienen las tinieblas. Cristo expira en la cruz—*Jerusalem*

El velo del templo se rompe, y los sepulcros se abren. Dictamen del Centurión. Las mujeres en la cruz—*Jerusalem.*

El descendimiento de la cruz. La sepultura—*Jerusalem.*

Se pone una guardia en el sepulcro—*Jerusalem.*

PARTE NOVENA.

LA RESURRECCIÓN DE NUESTRO SEÑOR, SUS APARICIONES POSTERIORES Á ELLA Y SU ASCENSIÓN.

TIEMPO: *cuarenta dias.*

La mañana de la resurrección—*Jerusalem.*

Visita de las mujeres al sepulcro. Vuelta de María Magdalena—*Jerusalem.*

Visión de los ángeles en el sepulcro—*Jerusalem.*

Las mujeres vuelven á la ciudad. Jesús les sale al encuentro—*Jerusalem.*

Pedro y Juan se apresuran á ir al sepulcro—*Jerusalem.*

Nuestro Señor se le aparece á María Magdalena en el sepulcro—*Jerusalem.*

Relación que hace la guardia—*Jerusalem.*

Nuestro Señor se le aparece á Pedro. Después es visto por dos discípulos en el camino de Emmaús—*Jerusalem ; Emmaus.*

Jesús se presenta en medio de los apóstoles, estando ausente Tomás—*Jerusalem.*

Nueva aparición de Jesús entre los apóstoles, estando Tomás presente—*Jerusalem.*

Los apóstoles se dirijen á Galilea. Jesús se les manifiesta á siete de ellos en el mar de Tiberias—*Galilea.*

Jesús se les presenta á los apóstoles y á más de 500 hermanos en una montaña de Galilea—*Galilea.*

Jesús es visto por Santiago, y después por todos los apóstoles—*Jerusalem.*

Ascensión de Jesús al cielo—*Cerca de Betania.*

Si se estudian los Evangelios con el auxilio de la reseña anterior, se puede rastrear con buen grado de exactitud el radiante camino recorrido por nuestro Señor desde su cuna hasta su sepulcro; y se le puede seguir con el pensamiento por los viajes que hizo á pié, asociando con todos los lugares que visitó las palabras de la verdad divina que se le oyeron en ellos, y las maravillas de eficaz misericordia que allí ejecutó. También servirá de auxilio en este estudio lo que se enseña bajo las epígrafes de MILAGROS y PARÁBOLAS. La sabiduría se pone de manifiesto no sólo en lo que se nos ha enseñado respecto de la vida de Jesús, sino en lo que se ha tenido por conveniente callar. La curiosidad por una parte, y por otra el móvil más alto de un afecto entrañable, suscitan numerosas preguntas á las que los Evangelios no dan contestación ; y á medida que el hombre recurre á tradiciones dudosas, vá perdiendo el poderoso influjo de un evangelio puro y espiritual. Pueden verse también

relativamente á Cristo, las palabras MESÍAS, REDENTOR, etc.

JESÚS era un nombre que no dejaba de usarse entre los Judíos. Fué el nombre del padre de Elymas el hechicero, Hech. 13:6, y de Justo, colaborador y amigo de Pablo, Col. 4:11. Es la forma griega del nombre hebreo Joshua ó Josué, llevado por el Sumo sacerdote en tiempo de Esdras, y por el bien conocido jefe de los Judíos que los guió á la tierra de promisión, Hech. 7:45; Heb. 4:8.

JETER, *abundancia*, I., hijo de Judá, 1 Crón. 2:32.

II. Hijo de Ezra de la tribu de Judá, 1 Crón. 4:17.

III. Hijo mayor de Gedeón, que por temor se resistió á matar á los reyes madianitas que habían sido capturados, Zeba y Zalmunna, Jue. 8:20; muerto después con Abimelec con sus 68 hermanos, Jue. 9:5.

IV. Padre de Amasa, general de David, y marido de Abigail, hermana de este rey, 1 Crón. 2:17. En este pasaje la llama Ismaelita, quizá por haber vivido en la tierra de Ismael. En 2 Sam. 17:25, se le llama "Jetra, varón de Israel."

V. Un descendiente de Aser, 1 Crón. 7:38; quiza Jetrán, vers. 37.

JETRO, *excelencia*, pastor, príncipe ó sacerdote de Madián, que recibió hospitalariamente á Moisés cuando éste andaba fugitivo, le encargó el cuidado de sus rebaños, y le dió en matrimonio á su hija Sefora, Exod. 2:16-22; 3:1; 4:18. Tenía también el nombre de Ragüel, y fué el padre de Hobab. Véanse estos nombres. Se hizo adorador del verdadero Dios, y le ofreció sacrificios cuando visitó á Moisés en el Desierto del Sinaí para restituirle á su mujer y á sus hijos. Dió á Moisés juiciosos consejos en cuanto á la administración de justicia, y volvió en paz á su casa, Exod. 18.

JETUR, *cercado ó campo*, hijo de Ismael, Gén. 25:15; 1 Crón. 2:31, padre de los Itureanos, 1 Crón. 5:19; Luc. 3:1.

JEZABEL, *intacta*, hija de Etbaal, rey de Tiro y Sidón, y esposa de Acháb rey de Israel. 1 Rey. 16:31. Hizo grandes esfuerzos, primero en connivencia con su esposo, y más tarde con su eficaz cooperación, para establecer la idolatría en Samaria, y exterminar el culto de Dios y la vida de sus siervos. Abdías salvó á cien de éstos con riesgo de su propia vida. Jezabel misma sostenía cuatrocientos sacerdotes de Astarte. Cuando por mandato de Elías perecieron en el Carmelo los 450 profetas de

Baal que tenía Acháb, ella trató de vengarse de aquel. Después le consiguió á su marido la viña de Nabot, valiéndose para ello de perjurios y del asesinato, y la trágica muerte que sufrió por orden de Jehú, como fin merecido de una vida sanguinaria, tuvo lugar como lo había predicho Elías, cerca del teatro de su crimen, 1 Rey. 18; 19; 21; 2 Rey. 9. La mala influencia que ejerció por medio de Atalía su hija,

difundió el contagio de la idolatría en Judá, y por medio de su hijo Joram, en Israel. Sobrevivió á Acháb 14 años. Su nombre se hizo proverbial, y fué dado por Juan, probablemente como epíteto descriptivo, á una persona de Tiatira, que en su época se distinguía á semejanza de ella, en estragamiento de costumbres, en malevolencia y perversidad, Apoc. 2:20.

JESONIAS. Véase JAAZANÍAS.

JEZREEL, AHORA ZERIN, QUE VE Á LA LLANURA DE ESDRAELÓN.

JEZRAEL. JEZREEL ó IZREEL, *sembrado por Dios*, I., célebre ciudad de Isacar, diez millas al sur de Nazaret, Jos. 19:18, once millas al noroeste de Bet-san, 2 Sam. 4:4. Acháb tenía allí un palacio, 2 Rey. 18:45; 22:39; y esta ciudad se hizo famosa por haber estado en ella la viña de que este despojó á Nabot, 1 Rey. 21, y por la venganza ejecutada en él mismo, 2 Rey. 9:10, 14-37; 10:1-11. El palacio parece haber formado parte del muro oriental que daba hácia la faja de terreno abierto llamada "la heredad de Jezreel;" y el sitio de la atalaya, 2 Rey. 9:17, debe de ser el mismo donde ahora está la gran torre de Zerín. A Jezreel se le llamaba Esdraela en el tiempo de los Macabeos, y ahora la reemplaza una pequeña población árabe en ruinas, llamada Zerín, en el punto noroeste del monte Gilboa. Desde su sitio elevado se obtiene una hermosa vista de la gran llanura de Esdraelón al oeste, y de los cerros que la rodean; y hácia el este domina el extenso y fértil "valle de Jez-

reel," Jos. 17:16; Jue. 6:33; Ose. 1:5, que corre al E. S. E. desde la gran llanura hasta el Jordán, entre Gilboa y el Pequeño Hermón. La "fuente" de Jezreel es un hermoso manantial perenne, que fluye de la base rocallosa de Gilboa á 20 minutos de camino al este de Zerín, y que forma un gran estanque. Allí formó Saúl su campamento antes de la batalla de Gilboa, 1 Sam. 29:1; 31:1-10, y Gedeón antes de la batalla con los Madianitas, Jue. 7:1, 4. Véase HAROD.

II. La gran llanura que se halla entre Jezreel y Acre, se llamaba con motivo de las dos ciudades que hay en sus confines, en una parte, "el valle de Megiddo," 1 Crón. 35:22, y en la parte ó rama occidental," el valle de Jezreel," después Esdraelón, Judit 1:8; ahora Merj Ibn 'Amir. La parte principal de esta hermosa llanura forma un triángulo que se eleva gradualmente desde el Mediterráneo hasta una altura de 400 piés, y que tiene como 13 ó 14 millas de extensión en el lado norte, 17 en el del este, y 20 en el del sudoeste. En la parte occidental es plano, en el este forma algunas ondulaciones, y por último, el monte Gilboa y el Pequeño Hermon lo dividen en tres valles que tienen dos ó tres millas de anchura, y van á confundirse con el valle del Jordán. De éstos, el valle de en medio antes descrito es propiamente el valle de Jezreel. El rio Kishon lo recorre en su parte N. E. Antiguamente estaba este valle bien regado, y era de una asombrosa fertilidad; pero ahora, á causa de la tiranía y la falta de seguridad que reinan en aquellas regiones, está comparativamente abandonado y desierto. Los caminos reales no se transitan, y las aldeas han cesado en Israel, Jue. 5:6. Hay unas cuantos caseríos, particularmente en los terrenos elevados que lo limitan; y las abundantes cosechas que produce, aun con poco cultivo, manifiestan que podría llegar á ser de nuevo el granero de la Siria. Al través de este llano, desde el Carmelo hasta Jezreel, Elías corrió delante del carro de Acháb, 1 Rey. 18:46. Ha sido escogido como campo de batalla por muchos ejércitos, así de los Madianitas como de los Amalecitas, Jue. 6:33; 7:1, etc,, de los Filisteos en Gilboa, 1 Sam. 29; 31; de los Sirios, 1 Rey. 20:26-30. Allí fueron desbaratadas las huestes de Sísara, Jue. 4; y allí cayó Josías combatiendo contra Faraón Necao, 2 Rey. 23:29. Alli se libraron batallas en las postreras épocas de los Romanos y de los cruzados; y en nuestro siglo cerca del monte Tabor, 1,500 Franceses al mando del general Kleber, sostuvieron el asalto de 25,000 Turcos durante medio día, y fueron auxiliados por Napoleón.

III. Ciudad de Judá, al sudoeste de Hebrón, tal vez la Surtut de nuestras días, lugar del nacimiento de Ahinoam. esposa de David, Jos. 15:56, 1 Sam. 25:43; 27:3.

IV. Descendiente de Judá, 1 Crón. 4:3, probablemente el fundador de la ciudad antedicha III.

V. Nombre dado por Oseas á su hijito, para simbolizar la gran matanza que estaba prediciendo. "La sangre de Jezreel" trae á la memoria las batallas dadas antiguamente en aquella llanura, Ose. 1:4, 5. Lo significativo de su nombre se deja ver claramente en la promesa hecha al pueblo de Dios con respecto á su siembra y cosecha en tiempos posteriores, 2:21-23. Comp. Jer. 31:27; Ezeq. 36:9, 10; Zac. 10:9.

JIFTAEL ó JEFTAEL, *Dios abre*, un valle al norte de Zabulón, que lo separa de Aser y Neftalí. El nombre aparece en el moderno Jefat, antiguamente Jotápata, famosa altura que mira al valle, nueve millas al norte de Jerusalem, fortificada y defendida largo tiempo contra los Romanos por Josefo.

JOÁH ó JOHA, *Jehová su hermano*, I., canciller de Ezequias, hijo de Asaf, uno de los tres comisionados á Rabsaces, 2 Rey. 18:18, 26, 37; Isa. 36:3, 11, 12. 712 A. C.

II. Tercer hijo de Obed-edom, portero Corita, 1 Crón. 26:4.

III. Llamado también Etán, 1 Crón. 6:21, 42, un Levita de los hijos de Gersón. 726 A. C. Véase también 2 Crón. 29:12.

IV. Hijo de Joacáz y canciller del rey Josías. Ayudó en la reparación del templo, 2 Crón. 34:8. 623 A. C.

JIM, *ruinas*, ciudad en el sur de Judá, Jos. 15:29.

JOAB, *Jehová su padre*, I., hijo de Sarvia hermana de David, y hermano de Abisai y Asael, jefe del ejército de David durante casi todo el reinado de este, 2 Sam. 2:13, 28; 10:7; 1 Rey. 11:15; 1 Crón. 27:34. Fué valiente guerrero y hábil general, y estadista sagaz, y su grande influencia en los negocios públicos fué á menudo ejercida en bien de la nación, como en la rebelión de Absalom, y en el censo que se mandó formar de Israel, 2 Sam. 18; 19; 24. Pero como hombre, era altanero, vengativo, y sin miramientos, lo cual lo comprueba la muerte que traidoramente dió á su rival Abner y á su primo Amasa, 2 Sam. 3:27; 20:9, 10, su conducta para con David, 2 Sam. 3:39; 19:5, y su connivencia con este en el asunto de Urías; el haber dado muerte á Absalom, y conspirado con Adonías contra el heredero designado por Dios para el trono; motivos por los cuales fué al fin condenado á muerte por Salomón, y ejecutado al lado del altar, 1 Rey. 2. 1013 A. C.

II. Hijo de Seraía, cuyos descendientes fueron artífices, en hebreo *charashim*, en ur valle al norte de Jerusalem, 1 Crón. 4:14; Neh. 11:34.

III. Cabeza de una familia que regresó después de la cautividad, Esd. 2:6; 8:9; Neh. 7:11.

JOACÁZ, *Jehová sostiene*, I., hijo y sucesor de Jehú rey de Israel, 856-840 A. C., reinó 17 años. En castigo de sus pecados y los de su pueblo, Israel fué invadido y acosado por los Sirios bajo el mando de Hazael y Benadad. El rey se humilló ante Dios, y obtuvo socorro por mano de Joas, su hijo, 2 Rey. 13:1-9, 24, 25.

333

II. Llamado también Sallum, 1 Crón. 3:15, tercer hijo y sucesor de Josías rey de Judá, 609 A. C., reinó como tres meses en Jerusalem, y con motivo de su arbitrariedad frustró las esperanzas populares, Ezeq. 19:3. Fué depuesto por Faraón Necao, y murió en Egipto, 2 Rey. 23:30-34; 2 Crón. 36:2-4. Véase también Jer. 22:10-13. Véase SALLUM.

III. Nombre dado una vez, 2 Crón. 21:17, á Ocozías. Véase éste.

JOANNA, *gracioso don de Dios*, antecesor de nuestro Señor, probablemente Hananías, 1 Crón. 3:19; Luc. 3:27.

JOAQUIM, *á quien Jehová levantó*, llamado primero ELIACIM, segundo hijo de Josías, hermano y sucesor de Joacáz ó Sallum, rey de Judá, de quien, con su nuevo nombre, fué puesto de sustituto por él rey de Egipto. Pasó en la molicie, la extorsión y la idolatría los once años que estuvo de rey. Asesinó al fiel Urías y ultrajó su cadáver. En el tercer año de su reinado, Nabucodonosor se llevó á Babilonia parte de sus príncipes y tesoros. Un año después, sus aliados los Egipcios fueron derrotados en el Éufrates; con todo, despreció las amonestaciones de Jeremías, y echó su libro al fuego. Por último, se rebeló contra Nabucodonosor, pero fué derrotado, muerto ignominiosamente y enterrado como un asno, 599 A. C., 2 Rey. 23:34, 36; 24:6; 2 Crón. 36:4-8; Jer. 22; 26; 36.

JOAQUÍN, *establecerá Jehová*, hijo y sucesor de Joaquim, rey de Judá, 509 A. C., reinó tres meses, y fué entonces deportado á Babilonia por Nabucodonosor en persona, para vengar la alianza que su padre había hecho con Egipto contra Babilonia; con él se llevó á toda su familia, á la flor del pueblo, y los tesoros sagrados y reales. En Babilonia Joaquín estuvo prisionero durante 36 años, pasados los cuales fué puesto en libertad y favorecido por Evilmerodac, 2 Rey. 24:6-16; 25:27; 2 Crón. 36:9, 10. En este último pasaje se dice que tenía ocho años de edad cuando comenzó á reinar. Si en el texto no se ha cometido alguna equivocación apuntando ocho en vez de diez y ocho, como está en el primer pasaje, se puede colegir que reinó diez años en unión de su padre. Se le llama también Conías y Jeconías, 1 Crón. 3:16; Jer. 27:20; 37:1. La predicción hecha en Jer. 22:30, significaba que ningún hijo suyo ocuparía el trono, 1 Cron. 3:17, 18; Mat. 1:12. Fué el último del linaje real de Salomón, y fué sucedido por Sala-

tiel, descendiente de David por el lado de Natan, hermano de Salomón. Véase también Jer. 29:2; Ezeq. 17:12; 19:9.

JOAS, *otorgado por Jehová*, I., el padre de Gedeón, de la familia de Abiezer en Manassés. Por largo tiempo fué adorador de Baal; pero cuando su hijo atacó con tanto brío la idolatría, él también se puso al lado del Señor, Jue. 6:11, 25-32. 1249 A. C.

II. Descendiente de Sela, gobernante antiguo de Moab, 1 Crón. 4:22.

III. Bravo Benjamita que se reunió á David en Síceleg, 1 Cron. 12:3.

IV. Hijo de Acháb, nombrado custodio del profeta Miqueas, durante la desastrosa guerra de Acháb con Siria, 1 Rey. 22:26; 2 Crón. 18.

V. El séptimo rey de Judá, 878-838 A. C. Fué el único hijo de Ocozías que no fué muerto por la usurpadora Atalía, su abuela. Habiendo sido librado por Josaba su tía, y habiendo sido escondido por seis años en el templo, fué elevado al trono cuando tenía 7 años de edad, por el fiel cuidado de Joiada; y en vida de este hombre venerable, es decir, por el espacio de 23 años, Joas sirvió á Dios y prosperó. Los ídolos fueron extirpados, y el templo fué reparado. Pero después siguió malos consejos; la idolatría revivió, y cuando Zacarías el sumo sacerdote reprendió al culpable pueblo, el ingrato rey hizo que este siervo de Dios, hijo de su bienhechor, fuese muerto á pedradas, Mat. 23:35. En breve acumuló desgracias sobre su cabeza; fué humillado repetidas veces por los Sirios bajo Hazael, y les dió los tesoros del templo como rescate; una molesta enfermedad le amargó la vida que muy pronto le quitaron sus siervos en una conspiración, y no fué sepultado en el sepulcro de los reyes, 2 Rey. 11; 12; 2 Crón. 23; 24.

VI. Hijo y sucesor de Joacáz, rey de Israel, 840-825 A. C. Hubo mucho en su conducta digno de aplauso. Tuvo grandes miramientos hácia el profeta Eliseo, y le visitó en su lecho de muerte, en donde por un oráculo divino se le aseguró que alcanzaría tres victorias sobre los Sirios. Salió también victorioso cuando se vió obligado á librar una batalla á Amazías rey de Judá, y entonces derribó la muralla septentrional de Jerusalem, y despojó el templo. Murió en el año décimo quinto del reinado de Amazías, y fué uno de los mejores reyes de Israel. El culto de los becerros de oro continuó sin embargo, durante su reinado, 2 Rey. 13:9-25; 14:1-8; 2 Crón. 25.

VII. Jefe de una familia benjamita en el reinado de David, 1 Crón. 7:8.

VIII. Oficial de David, 1 Crón. 27:28.

JOATAM, *Jehová es recto*, el hijo menor de Gedeón, que escapó de la matanza de sus 69 hermanos hecha por Abimelec, y después amenazó osadamente á los Siquemitas desde el monte Gerizim, en la hermosa parábola profética del escaramujo y los otros árboles. Se escapó á Beer, y probablemente vivió lo bastante para ver sus amenazas cumplidas, Jue. 9. Véase ABIMELEC, III.

JOB, *un afligido*, patriarca distinguido por su integridad, su piedad, su riqueza, sus honores, y su felicidad doméstica, á quien Dios permitió, para probar su fé, que fuese privado de sus amigos, de sus bienes y su salud, y sumergido, en suma, en la más profunda aflicción. Vivía en la tierra de Uz, que según se cree generalmente, estaba en la parte oriental de Edom, probablemente no lejos de Bozrah.

EL LIBRO DE JOB ha dado origen á muchas críticas, y todavía sobre muchos puntos con él relacionados existen opiniones muy diversas. Los escépticos han negado que haya sido inspirado, y lo han llamado un simple romance filosófico; pero ninguno que acate la revelación puede aceptar esta opinión, ó dudar de que Job fuese una persona real y verdadera. Los escritores inspirados dan testimonio de ambas cosas. Véase Ezeq. 14:14, 16-20; Santiago 5:11, y compárese 1 Cor. 3:19 con Job 5:13. El libro mismo especifica personas, lugares y circunstancias del mismo modo que una historia verdadera. Además la historia de Job se halla difundida por todo el Oriente; los escritores árabes lo mencionan, y muchas familias mahometanas perpetúan su nombre. Cinco diferentes lugares pretenden estar en posesión de su sepulcro.

No puede decirse á punto fijo en qué época vivió Job; con todo, no puede existir duda en cuanto á su antigüedad patriarcal. El libro parece aludir al diluvio, Job 22:15-17, pero nó á los Israelitas como nación, ni tampoco á la destrucción de Sodoma, al éxodo de Egipto y á la promulgación de la ley. No se hace referencia á ninguna orden sacerdotal, y Job mismo era el sacerdote de su casa á semejanza de Noé y Abraham. Hácese alusión en dicho libro á la forma más antigua de idolatría—el culto de los astros—31:26-28, y al modo más antiguo de escribir, 19:24. La longevidad de Job le coloca también entre los patriarcas. Después de las pruebas á que

fué sometido, vivió 140 años y tenía probablemente 60 ú 80 años antes de que comenzase á sufrirlas, porque sus hijos estaban ya establecidos, teniendo cada uno de ellos casa aparte, Job 1 : 4; 42:16. Debió de haber tenido 200 ó 220 años cuando murió, mientras que Abraham llegó sólo á la edad de 175 años, siendo "un anciano lleno de días." La época de grande longevidad por parte de los hombres no había pasado aún enteramente, 15:10. El cronologista Hales coloca la probación de Job antes del nacimiento de Abraham, y Usher cosa de 30 años antes del éxodo, 1521 A. C.

En cuanto al autor del libro, se han emitido muchas opiniones. Este tiene toda la naturalidad de una composición original, no hallándose en sus páginas señales algunas que indiquen que es una traducción; y siendo esto así, su autor debe de haber sido hebreo, puesto que está escrito en el hebreo más puro. El escritor deja comprender además, que estaba bien familiarizado, tanto con las costumbres egipcias como con las árabes, y su estilo es el más elevado de la poesía oriental. Todas estas circunstancias concuerdan con el parecer de los que consideran el libro como escrito por Moisés en Madián. Sin embargo, hay quienes lo atribuyen al mismo Job y á varias otras personas. Presenta un hermoso bosquejo de la religión patriarcal. Enseña la existencia y las perfecciones de Dios, la creación por Él de todas las cosas, y su gobierno universal; la apostasía y culpabilidad de los espíritus malos y de la humanidad; la soberanía de la providencia divina; la misericordia de Dios sobre la base de un sacrificio, y á condición del arrepentimiento y de la fé, 33:27-30; 42:6, 8; la inmortalidad del alma y la resurrección del cuerpo, 14:7-15; 19:25-27.

El libro es un poema esmeradamente trabajado sobre una base histórica verdadera. Su tema es la prueba severa que sufrió la religiosidad de Job. He aquí la cuestión: ¿Será esta acaso solamente un acendrado egoísmo? y él fué probado, primero, con la pérdida de sus grandes bienes, y con la de sus siervos y de sus hijos; después con la de la salud, con la censura de su mujer y de sus amigos, y con la aparente privación del favor de Dios. Él implora amargamente que se le dé un refugio en el sepulcro, y una vindicación después de la resurrección y del juicio, cap. 14:13, 15. Nótese especialmente lo que dice después de los cargos enormes que por segunda vez le hacen sus tres amigos, cap. 16:18,

19; 17:8, 9; 19:25-27. El principal problema que se discute en el libro, es el de la justicia de Dios que tolera que el justo sea afligido mientras que el malvado prospera. Resuélvese ese problema haciendo ver que á la vez que la mano de la Providencia se manifiesta en el gobierno de los asuntos humanos, Dios como soberano tiene derecho de elegir su propio tiempo y modo de retribuir tanto por lo malo como por lo bueno, y de someter las virtudes de su pueblo á todas las pruebas que él tenga por conveniente. La solución del problema por medio de las recompensas de la vida futura solamente se insinúa, trayéndose más claramente á luz en el evangelio la inmortalidad y el camino de la vida.

La conferencia de Job y de sus amigos puede dividirse en tres partes: en la primera, Elifaz se dirige á Job, y este le contesta; en seguida Bildad y Job, y Zofar y Job, hablan alternativamente. En la segunda parte, se observa el mismo orden y en la tercera también, con excepción de que después de la respuesta que Job dá á Bildad, los tres amigos no tienen ya que alegar, y en lugar de Zofar, un cuarto amigo llamado Elihu toma la palabra, dándose fin á todo con la decisión de Jehová mismo. Los amigos de Job alegan que sus notables penalidades deben haberle sido enviadas en castigo de culpas enormes en extremo, y le exhortan á que confiese sus maldades y se arrepienta. El piadoso patriarca teniendo conciencia de su propia integridad y amor á Dios, y estando por una parte abatido y aturdido por sus terribles castigos, vindica calurosamente su inocencia y manifiesta que los mejores hombres son á veces afligidos con más intensidad; pero olvida que sus pecados internos merecen castigos aun mayores, y si bien repele los asaltos de Satanás, y conserva su fé en Dios, lanza necias acusaciones contra su Creador. Después confiesa humildemente su falta, y es consolado por la sonrisa que nuevamente le concede Dios, mientras que sus amigos son reprendidos por su falta de caridad. Todo el libro está escrito en el estilo más elevado de la poesía hebrea, salvo los dos capítulos introductorios, y una parte del último, que están en prosa. Como poema, está lleno de sentimientos sublimes y valientes, y de expresivas imágenes.

La enfermedad de Job fué, según se cree, la elefantiasis o lepra negra, pues ninguna otra enfermedad conocida corresponde mejor á la descripción hecha en Job 2:7,

8; 7:5, 13, 14; 19:17; 30:17. Véase LEPRA.

JOCABED, *cuya gloria es Jehová*, esposa de Amram, y madre de Moisés, de Aarón y de María, Núm. 26·59. Fué hija de Leví y tía de su propio marido, Exod. 6:20, aunque tales matrimonios fueron después prohibidos, Lev. 18:12.

JOCMEAM, *reunida por el pueblo*, ciudad de los Levitas del linaje de Coat, en Efraím, 1 Crón. 6:68, llamada Kibsaím ó Cisaím en Jos. 21:22 y Jecmaen en 1 Rey. 4:12.

JOCNEAM, ó JECONAM, *poseída por el pueblo*, ciudad de Zabulón, asignada á los Levitas de los hijos de Merari, Jos. 19:11; 21:34. Véase también Jos. 12:22. Ahora es Tell Kaimon, una altura cerca de la extremidad oriental del monte Carmelo.

JOCSAN, *cazador de aves*, el segundo hijo de Abraham y de Cetura, antepasado de los Sabeanos y Dedanitas de la Arabia meridional, Gén. 25:1-3.

JOCTAN, *disminuido*, hijo de Heber, y relacionado por medio de él con los Hebreos y otras familias semitas, Gén. 10:25-30; 1 Crón. 1:19-23. Tuvo 13 hijos, y se cree que es Kahtan ó Yektan, hasta quien los escritores árabes remontan sus más puras y antiguas genealogías en Arabia Feliz.

JOCTEEL, *sometida por Dios*, I., ciudad en el Shefelah ó tierra baja de Judá, ahora Keitulaneh, no lejos de Laquis, Jos. 15:38.

II. Nombre dado á Sela por Amazías, el cual subyugó á Edom por 80 años, 2 Rey. 14:7; 16:6; 2 Crón. 28:17. Véase SELA.

JOEL, *Jehová es Dios*, I., hijo del profeta Samuel. En unión de su hermano menor Abías fue hecho juez por su padre, en la ancianidad de este; pero ambos abusaron vergonzosamente de su cargo, 1 Sam. 8:2-5. Heman el cantor fué su hijo, 1 Crón. 6:33; 15:17. En 1 Crón. 6:28, aparece Vasni, que significa *segundo*, y pertenece á Abías, habiéndose dejado de usar el nombre de Joel.

II. Uno de los doce profetas menores, del cual nada se sabe fuera de las pocas indicaciones que él mismo hace en su corta pero valiosa profecía. Vivió en el reino de Judá, y en un tiempo en que el templo, y el culto que en él se rendía, existían todavía, Joel 1:14; 2:1, 15, 32; 3:1. Diferentes autores atribuyen á su profecía diversas fechas; pero la opinión más general es que fué el primero de los profetas canónicos, excepto Jonás, y que profetizó en el reinado de Ozías, cerca de 800 años A. C.

EL LIBRO DE JOEL comienza con una gráfica y valiente descripción de la devastación causada por enjambres de diversas langostas, acompañada de una terrible sequía. La plaga de las langostas, uno de los más espantosos azotes del Oriente, (véase LANGOSTAS) sugiere á la mente una invasión de legiones hostiles, tales como las que tan á menudo han asolado á Judea; y muchos han entendido que las langostas de que habla Joel eran los Asirios y otros invasores del norte, cap. 1:6; 2:17, 20. El profeta, sin embargo, no se aparta de su metáfora, si acaso lo es; pinta la tierra como privada de su verdor y tostada por la sequía; exhorta al castigado pueblo al ayuno y á la penitencia, y lo anima con la promesa de que se retirarían de él los juicios divinos, y se le devolvería la fertilidad de su suelo. Al describir la restauración de la abundancia y la prosperidad, el profeta fija su vista mucho adelante en un futuro mucho más remoto, y predice la efusión del Espíritu Santo, y las señales y maravillas, y la prosperidad espiritual del reino del Mesías, Joel 2:28. Este pasaje se cita por el apóstol Pedro en Hech. 2:16, en la época en que comenzó su cumplimiento, el cual ha de completarse y cumplirse más tarde. El estilo de Joel es sumamente poético y elegante; sus descripciones son vivas y sublimes, y su profecía se halla colocada entre las joyas de la poesía hebrea. Es á propósito para infundir ánimo á la iglesia militante de todos los siglos.

Otros diez ú once individuos de este nombre se mencionan en 1 Crón. 4:35, 41-43; 5:4, 8, 11, 12; 7:3, 4; 11:38; 15:7, 11; 23:8 y 26:22; 27:20; 2 Crón. 29:12, 15; Esd. 10:19, 43; Neh. 11:3, 4, 9.

JOHANÁN, *don de Jehová*, lo mismo que el moderno Juan. I., un Levita de los hijos de Coré, portero del tabernáculo en tiempo de David. 1 Crón. 26:3 (Reina, JONATÁN).

II. Un jefe bajo el gobierno de Josafat, 2 Crón. 17:15; al mando de 280,000 hombres en los alrededores de Jerusalem, vers. 13, 19. Probablemente aliado de Joiada para elevar al trono á Joás, descendiente de David, 2 Crón. 23:1. Se mencionan otros en Esd. 10:28; Neh. 12:13, 42.

III. Hijo de Azarías, de la línea de Sadoc, sumo sacerdote, probablemente en el reinado de Roboam, 1 Rey. 4:2; 1 Crón. 6:9, 10.

IV. Hijo de Carea, uno de los jefes de los Judíos que buscaron refugio más allá del Jordán, después de que Jerusalem fué destruida por los Caldeos, 588 A. C., y regresando después de la retirada de estos, reconoció la autoridad de Godolías, amonestó á este en vano respecto de la trama de Ismael, y vengó su asesinato; pero después llevó al resto del pueblo á Egipto contra las advertencias de Jeremías, quien no pudiendo reprimir su procedimiento rebelde é idolátrico, predijo los juicios divinos que en su debido tiempo se cumplieron, 2 Rey. 25:23-26; Jer. 40-44.

Otros de este nombre se mencionan en 1 Crón. 3:15, 24; 12:4, 12; 2 Crón. 28:12; Esd. 8:12; Neh. 12:22, 23.

JOÍADA, *Jehová sabe*, I., el padre de Benaía que fué uno de los valientes de David, 2 Sam. 8:18; 1 Rey. 1; 2. Parece haberse unido á David en Hebrón, como príncipe de los sacerdotes, á la cabeza de 3,700 Aaronitas armados, 1 Crón. 12:27. En 1 Crón. 27:34, parece que los nombres han sido transpuestos.

II. Un sumo sacerdote durante la usurpación de Atalía, el cual con su esposa Josaba impidió que se cumpliera la amenaza de extinguir la línea de David, salvando al príncipe niño Joás, y ocultándolo en el templo por seis años. Joiada entonces secretamente se aseguró del auxilio de los amigos de David y de Dios, reunió á los Levitas en Jerusalem, los armó con las picas y los escudos que habían sido de David y que estaban en el templo, y en plena reunión del pueblo sacó al joven príncipe, lo coronó, lo ungió de rey, y le dió el libro de la ley que debía ser su guía, Deut. 17:18-20, é hizo que dieran muerte á Atalía fuera de las puertas del templo. En seguida pactó con el pueblo el abandono del culto de Baal, y el completo restablecimiento del que era debido á Dios. Siguió siendo por largo tiempo el consejero del joven rey, y su sabiduría y su piedad contribuyeron en gran manera á la bendición y prosperidad de la nación, hasta que murió 834 A. C., á la edad de 130 años. Fué sepultado con honores reales; pero en breve tanto el rey como el pueblo se desviaron del camino que les había trazado. Véase JOÁS, ZACARÍAS.

III. Un *sagan* ó segundo sacerdote, ayudante del Sumo Sacerdote bajo el reinado de Sedecías, Jer. 29:25-29, depuesto por haberse adherido á Jeremías.

IV. Uno que dió auxilio en la reconstrucción de los muros de Jerusalem después de la cautividad, Neh. 3:6.

JOIARIB, *Dios un defensor*, 1 Crón. 9:10. Cabeza de la primera de las 24 compañías de sacerdotes de David. Algunos de los hijos de Joiarib volvieron después de la cautividad, Neh. 11:10.

JONADAB, *con quien Dios es liberal*, I., Hijo de Simea, el astuto y malvado sobrino de David, y falso amigo de Amnón, 2 Sam. 13:3-5. Parece que hacía tiempo conocía el designio de Absalom de vengar en Amnón la deshonra de su hermana, y excusó muy friamente el asesinato de su amigo, ver. 32-35.

II. Un Cineo, hijo de Rechab, descendiente de Hobab, cuñado de Moisés. Estaba á la cabeza de los Recabitas en tiempo de Jehú, y mandóles, según parece, que se abstuvieran del vino y de morar en tiendas, 1 Crón. 2:55; Jer.35:6-19. Véase RECABITAS. Jehú lo invitó como hombre de influencia, á que presenciara su "celo por el Señor" en la matanza que hizo de los adoradores de Baal, 2 Rey. 10:15-23.

JONÁN, *dado por Dios*, un antepasado de Cristo, Luc. 3:30.

JONÁS, *paloma*, I., el hijo de Amittai, y el quinto de los profetas menores, era natural de Gat-Hefer en Zabulón, 2 Reyes 14:25. Habiéndole mandado Dios que profetizase en contra de Nínive, probablemente en el reinado de Jeroboam segundo, ó poco antes, el cual comenzó en 825 A. C., procuró evadir este mandato embarcándose en Joppe para Tarsis, con el objeto de huir tan lejos como le fuera posible en la dirección opuesta; com. Gén. 3:8-10; Sal. 139:7-12; Jer. 23:24. Pero siendo alcanzado por una borrasca, á petición suya lo arrojaron al mar; mas siendo tragado por un pez de gran tamaño, se salvó milagrosamente. Véase BALLENA. Varias leyendas griegas y romanas han tomado por tema este suceso. Después de tres días, lo cual es tipo de la permanencia de nuestro Señor en el sepulcro, Lucas 11:29-32; 1 Cor. 15:4. el pescado arrojó á Jonás sobre la playa, tal vez cerca de Zidón; el Señor mandó por segunda vez que se dirigiera á Nínive, y él obedeció. Las alusiones que hace en su narración acerca del gran tamaño y población de esta ciudad, se confirman por otras relaciones antiguas, y por investigaciones modernas. Véase NÍNIVE. La liberación milagrosa de Jonás debió de saberse en Nínive y de haberle preparado el camino para el desempeño de su misión, Luc. 11:30. Á la palabra amonestadora del profeta, el rey proclamó un ayuno rígido, los Ninivitas se arrepentieron y la destrucción con que se les amenazó fué diferida; pero con motivo de los

sentimientos que expresó Jonás al ver que sus predicciones no se cumplían y que los enemigos del pueblo de Dios eran perdonados por algún tiempo, Dios hubo de ejercer nuevamente su tolerancia para con él. Véase CALABAZA. La opinión general de los comentadores es que, en cuanto á tiempo, Jonás fué el primero de los profetas canónicos, y que había profetizado en Israel muchos años antes de haber sido enviado á Nínive.

Que los sucesos tuvieron lugar tal cual han sido narrados es punto bien comprobado por las repetidas citas que nuestro Señor hace de aquella historia, Mat. 12:39-41; 16:4; Luc. 11:29-32. Ella es muy instructiva, por cuanto manifiesta que el gobierno providencial de Dios se extiende á todas las naciones paganas, y que su gracia nunca se ha circunscrito al pueblo del pacto.

II. El padre de Simón Pedro, Mat. 16:17.

JONATÁN, *don de Jehová*, I., un Levita, hijo de Gersón, quien después de la muerte de Josué sirvió impíamente como sacerdote, primero á Micás, y después á los Danitas en Lais ó Dan, en donde su posteridad le sucedió por un largo periodo, Jue. 17:18.

II. El mayor de los cuatro hijos de Saúl, 1 Crón. 8:33, y uno de los carácteres más amables que se hallan en la historia del Antiguo Testamento. La narración de su brillante hazaña en Micmás, 1 Sam. 13 y 14, pone de manifiesto su piadosa fé, su valentía (véase también 1 Sam. 13:3, cuando tenía como 30 años de edad), y el favor que gozaba del pueblo, el cual no permitió que se le condenase á muerte á consecuencia del necio voto de Saúl. Este valiente y generoso príncipe "fuerte como un león y ligero como una águila," 2 Sam. 1:23, amaba á David como á su propia alma, 1 Sam. 18:1-4; 19:2; 20; y estando convencido de que su amigo había sido elegido por Dios para el trono, renunció noblemente á sus propios derechos, y concilió la fidelidad que debía á su padre con la más pura y desinteresada amistad por David, 1 Sam. 23:16-18. Fué tipo de los fieles amigos de Dios, observadores de su pacto, mientras que Saúl lo fué del falso y del apóstata Israel. Pereció con su padre en la batalla dada á los Filisteos en el monte Gilboa, y nada puede sobrepujar la belleza y ternura de la elegía en que David lamenta á su amigo, 2 Sam. 1, á cuyo único hijo Mefiboset buscó y protegió después, 2 Sam. 9.

III. Sobrino de David, hijo de Soma, 2 Sam. 21:21; 1 Crón. 20:7. Tal vez el tio de David, esto es, pariente—aquel á que se hace referencia en 1 Crón. 27:32.

IV. Hijo de Abiatar el sumo sacerdote, veloz y fiel mensajero, 2 Sam. 13:27, 36; 17:15-21; 1 Rey. 1:41-49.

V. Hijo y sucesor de Joíada **el sumo** sacerdote, Neh. 12:11.

Otros ocho del mismo nombre se mencionan en 2 Sam. 23:32 con 1 Crón. 11:34; 1 Crón. 2:32:33; Esd. 8:6; 10:15; Neh. 12:14, 35; Jer. 37:15, 20; 40:8. Compárese 2 Rey. 25:23.

YAFA, LA MODERNA JOPPE, VISTA DESDE EL NORTE.

JOPPE, Hebreo JAPHO, *belleza*, es uno de los más antiguos puertos del mundo. Era una ciudad fronteriza de la tribu de Dan, Jos. 19:46; Jue. 5:17, en la costa del Mediterráneo, 30 millas al sur de Cesarea, y como 35 al N. O. de Jerusalem. Es un puerto de poco fondo y no bien protegido de los vientos; pero á causa de su proximidad á Jerusalem, llegó á ser el principal de Judea, y es todavía el gran desembarcadero de los peregrinos. Allí se desembarcaron los materiales para la construcción del primero y del segundo templo, enviados del Líbano y de Tiro, 2 Crón. 2:16; Esd. 3:7; allí se embarcó Jonás para Tarsis. Allí también resucitó Pedro á Dorcas, y en la casa de Simón el curtidor, junto á la orilla del mar, se le enseñó por medio de una visión celestial, que la salvación era para los Gentiles del mismo modo que para los Judíos, Hech. 9-11. Joppe fué dos veces destruida por los Romanos bajo el gobierno de Cestio y Vespasiano, habiendo llegado á ser una guarida de piratas. Fué el asiento de una iglesia cristiana por algunos siglos después de

Constantino. Durante las cruzadas, cambió varias veces de dueños; y en los tiempos modernos, 1799, fué atacada y saqueada por los Franceses, y 1,200 prisioneros turcos, que se dice faltaron á su palabra, fueron condenados á muerte.

La actual ciudad de Jaffa ó Yafa está situada en un promontorio que se avanza en el mar. Elévase á la altura de cosa de 150 piés, está coronada de una fortaleza, y ofrece por todos lados una perspectiva pintoresca y variada. Hácia el oeste se extiende el mar abierto, y hácia el sur la llanura de Filistia que llega hasta Gaza; por el lado del norte, hasta el Carmelo, se presentan los floridos prados del Sarón; y por el este, los cerros de Efraím y de Judá levantan sus encumbradas cimas. La ciudad está amurallada por la parte del sur y del este hácia la tierra, y parcialmente también por el lado del norte y del oeste hácia el mar. Sus alrededores, más allá de las lomas arenosas de la playa, están llenos de jardines y huertos. Desde el mar la ciudad se ve como un montón de edificios tan apiñados como es dable

339

hacerlo dentro de un espacio dado; y á causa de lo empinado del terreno aquellos en algunos lugares parecen construidos unos sobre otros. Las calles son muy angostas, disparejas y desaseadas, y más bien podrían llamarse callejuelas. Calcúlase que los habitantes ascienden á 13,000. Más de la mitad de estos son Turcos y Árabes. Hay varias mezquitas, y una iglesia latina, otra griega y otra armenia, cada cual con su pequeño convento para la recepción de peregrinos.

JORAM, *exaltado por Jehová*, I., hijo de Acháb rey de Israel y de Jezabel, sucedió á su hermano mayor Ocozías en el trono, 896 A. C., y reinó 12 años. Suspendió el culto de Baal, pero siguió el "pecado de Jeroboam," 2 Rey. 3:2, 3. Durante su reinado, los Moabitas se rebelaron. Joram consiguió el auxilio de Josafat rey de Judá; y después de haber sido librado milagrosamente de una sequía, en obsequio á sus aliados, derrotó á los Moabitas y causóles considerables estragos, 2 Rey. 3:4-27, si bien es cierto que se retiró sin efectuar una conquista permanente. No mucho después se vió empeñado en una guerra con Benadad, rey de Siria, y Hazael su sucesor; y por ese tiempo tuvo lugar la liberación milagrosa de Samaria del sitio y del hambre, así como varios milagros de Eliseo, incluyendo la curación de Naamán, 2 Rey. 4-8. Joram fué herido en una batalla con Hazael, 2 Rey. 8:28, 29, y halló la muerte en los suburbios de Ramot de Galaad, á manos de Jehú su general. Su cuerpo fué arrojado en el campo de Nabot, en Jezreel, y con él pereció la raza de Acháb, 2 Rey. 9:14-26. Comp. 1 Rey. 21:18-29.

II. El hijo y sucesor de Josafat, rey de Judá. Reinó con su padre cuatro años, desde 889 A. C., y otros 4 él solo, ocho por todo. Desgraciadamente se casó con Atalía, hija de Acháb y Jezabel, cuya mala influencia contribuyó mucho á que su reino fuese una maldición para su país. Dió muerte á sus propios hermanos, que eran cinco, y se apoderó de sus bienes. Además introdujo en Judá los ídolos fenicios y su culto. La ira divina anunciada por Elías se manifestó en dejarlo sin auxilio en una rebelión de los Idumeos, y en las repetidas invasiones que le hicieron los Filisteos y los Árabes. Su país, su ciudad y su propia casa fueron saqueados; y su cuerpo fué afligido de una espantosa disentería; fuése sin dejar de sí deseo, y le sepultaron en la ciudad de David, mas no

en los sepulcros de los reyes, 2 Rey. 8:16-24; 2 Crón. 21.

JORDÁN, *el que desciende*, en hebreo siempre se le llama "*el Jordán*" excepto en Job 42:23; Sal. 42:6, el río principal de Palestina, que corre de norte á sur, y dividía la Tierra Santa en dos partes, de las cuales la mayor y más importante se hallaba al oeste. Hay dos pequeñas corrientes, cada una de las cuales se tiene como origen de este rio. Una de ellas, cerca de Banias, antiguamente Cesarea de Filipos, nace de una gran cueva que se halla en el costado rocalloso de una montaña, y corre por distancia de varias millas hácia el sudoeste, en donde se le reune la otra corriente que es mayor y que proviene de un manantial que brota en Tell-el-Kady, tres millas al oeste de Banías. Pero además de éstas, hay varios arroyos en las montañas del oeste, y especialmente una tercera corriente más considerable, la Hasbany, que dimana de más allá del límite septentrional de Palestina, cerca de Hasbeiya, en el costado occidental del monte Hermón, á una elevación de 1,700 piés sobre el Mediterráneo, que corre 24 millas al sur, y se une con las otras corrientes, antes de que entren á "las aguas de Merom," llamado ahora Lago Huleh. Este lago, ó más bién ciénaga, cuando está lleno, tiene como siete millas de largo, y recibe otras varias pero pequeñas corrientes, principalmente del oeste. Véase MEROM. Saliendo del lago Huleh, el Jordán corre como nueve millas hácia el sur, y desciende 690 piés, hasta llegar al Mar de Tiberias, dentro del cual puede notarse su corriente por 12 millas, hasta llegar á la extremidad más baja de dicho mar. De allí prosigue su sinuoso curso hácia el sur, en un trecho de 65 millas en linea recta, hasta que sus aguas puras se pierden en el amargo Mar de Sodoma: tránsito admirable, en un espacio de 140 millas en linea recta, desde las nieves del Hermón hasta el valle de Jericó, uno de los lugares más cálidos del globo, con un descenso de cerca de 3,000 piés.

Entre los dos mares, el de Tiberias y el Muerto, se extiende el gran valle ó llanura del Jordán, 2 Rey. 25:4; 2 Crón. 4:17, llamada por los Árabes el-Ghor, *la hondonada*. Su anchura media es de cosa de 5 millas; pero cerca de Jericó es de 12. Está limitado en ambos lados, en casi toda su longitud, por cerros que bruscamente se levantan en la extremidad occidental, elevándose á una altura de mil ó mil doscientos piés, y más gradualmente por el este, pero con una altura dos veces mayor. Este valle es excesivamente cálido, y excepto donde está regado por manantiales ó riachuelos, es arenoso y está destituido de vegetación. Se halla cubierto en muchas partes por innumerables moles en figura de conos, y algunas veces contiene terrados

más bajos y angostos, de carácter semejante, y quizá de una octava de milla de anchura. Al través de este valle inferior el río emprende su tortuoso curso por un cauce de un nivel de 15 á 50 piés más bajo que el de los terrenos adyacentes. Los bordes de sus margenes están cubiertos de espesas arboledas y matorrales en que

se notan los sauces, los tamariscos y las adelfas; y en muchos lugares retroceden y dejan así mayor espacio á la vegetación. En su parte superior es fértil y está cultivado, mientras que el bajo Jordán está cubierto de numerosos cañaverales. Los bosques adyacentes al río servían antiguamente de retiro á las fieras, las cuales por supuesto eran arrojadas de allí por las inundaciones, dando esto lugar á la figura de: "He aquí que como león subirá de la creciente del Jordán," Jer. 49:19; 50:44. Puede ser que el cauce del río sea hoy día más profundo de lo que era en otros tiempos; pero aun ahora se inundan en la primavera no solo los espacios que hay entre los bordes de sus margenes, sino en muchos lugares también las margenes mismas, 1 Crón. 12:15. El Teniente Lynch de la marina de los Estados Unidos, que atravesó el Jordán en 1848, asegura que aunque la distancia del Mar de Galilea al Mar Muerto es sólo de 65 millas en linea recta, el río mide doscientas en ese espacio, á causa de sus innumerables curvas. Su anchura varía en diferentes puntos de 75 á 200 piés, y su profundidad de tres á doce.

Su volumen de agua difiere extraordinariamente en diferentes estaciones, y de año en año. Su corriente es por lo general veloz é impetuosa; y tiene numerosas caidas y cataratas de las cuales no menos que 27 se mencionan por el Teniente Lynch como peligrosas aun para sus botes metálicos. El Mar de Tiberias se halla 682 piés bajo el nivel del Mediterráneo, y el Muerto á 1,292 piés; por lo tanto el descenso del Jordán entre los dos mares es de 610 piés. Las aguas del Jordán son frescas y suaves, y aunque turbias, abundan como las del Mar de Galilea en peces. Está atravesado por un antiguo puente de piedra abajo del lago Huleh, y existen todavía fragmentos de otro, á corta distancia de la parte meridional del Mar de Tiberias. Varios vados, que podían usarse en las estaciones ordinarias, se mencionan en la Escritura, Jue. 3:28; 12:5; 2 Sam. 17:22-24; uno de ellos estaba en frente de Jericó; otro un poco arriba de la desembocadura del Jabbok, y otro entre Succot y Jerás. Se usaban también barcas de transporte, 2 Sam. 19:17, 18, 39. Véase MAR, IV.

Fué durante "la crecida anual del Jordán," cuando Josué y los Israelitas lo pasaron, Jos. 3:15. Con todo, la corriente veloz y caudalosa detuvo su curso en frente de Jericó, y mientras las aguas que quedaban abajo de la ciudad corrieron al mar, las de la parte de arriba cesaron milagrosamente de correr y dejaron en el lecho del río un paso ámplio para las huestes de Israel. Más tarde Elías y Eliseo pasaron milagrosamente el Jordán, 2 Rey. 2:8, 14. En las aguas de ese río fué curada la lepra de Naamán, y el hierro de una hacha que se había perdido, flotó en ellos por mandato de Eliseo, 2 Rey. 5:14; 6:6. Fué también en el Jordán donde nuestro Señor fué bautizado. Mat. 3:13; y este acontecimiento se conmemora á mediados de Abril de cada año, por miles de peregrinos de varias sectas denominadas cristianas, quienes en un dia dado, y bajo la protección de una fuerte escolta turca, visitan el río sagrado, beben de sus aguas y se bañan en ellas, y después de una hora ó dos vuelven á Jerusalem. Véase ARABAH.

Los principales brazos del Jordán son el Yermak, antiguamente Hieromax, que es muy grande, y el Jabbok en el este. Hay varios riachuelos y muchos arroyos que bajan de las montañas y que se secan más ó menos pronto en el verano. La frase "del otro lado del Jordán," generalmente indica el lado oriental del río; pero antes de la conquista de Josué, significaba por el contrarío el lado occidental.

En la actualidad, el Jordán se pierde en el Mar Muerto; pero muchos han supuesto que en tiempos muy antiguos, antes de la destrucción de las ciudades del valle de Sodoma, el Jordán pasaba por el Mar Muerto y la llanura de Siddim, y continuaba su curso hácia el sur al golfo elanítico del Mar Rojo. Hase descubierto que la extremidad meridional del Mar Muerto está unida con el golfo elanítico ó de Akaba, por el gran valle llamado el Arabah, el cual no es sino una continuación de el-Ghor, el valle del Jordán. Véase el mapa en EXODO. Este valle sigue su curso entre el sur y el sur-sudoeste. Su longitud desde el Mar Muerto hasta Akaba tiene como cien millas en linea recta. Desde la extremidad del Mar Muerto, se extiende una llanura arenosa hácia el sur entre los cerros, y al mismo nivel del mar, por espacio de ocho ó diez millas, en donde queda interrumpida por una cadena de peñascos gredosos, de 60 á 80 piés de altura, que corre casi al través del valle, pero en su extremidad meridional le deja la entrada

á un llano de casi media milla de ancho, que corre por muchas millas hácia el sur, en dirección del ancho y desierto valle el-Arabah; va al fin á salir á éste y conduce sus aguas al Mar Muerto. Los peñascos á que antes nos referimos, tal vez el Akrabim de la Biblia, demarcan el término de el-Ghor, y el principio de el-Arabah, que desde allí se prolonga sin interrupción hasta Akaba. El Arabah está limitado en uno y otro lado por una cadena de montañas; pero en el verano las corrientes que descienden de éstas se pierden en sus lechos cascajosos antes de llegar al valle de abajo; de manera que esta planicie inferior está en el verano enteramente sin agua, que es la única cosa que puede producir verdura en los desiertos árabes y hacerlos habitables. No hay el menor indicio de caminos ó de alguna obra del arte humano en ninguna parte de este valle. La opinión de que el Jordán lo atravesaba antiguamente se ha demostrado ser insostenible por el hecho de que el Mar Muerto se halla casi 1,300 piés más bajo que el golfo de Akaba, y de que la mayor parte de la región intermedia derrama ahora sus corrientes hácia el norte, en el Mar Muerto. Por supuesto que el Jordán debe también haberse detenido allí desde los tiempos más antiguos, como lo hace ahora, á no ser que, según las sorprendentes teorías del Teniente Lynch y de otros, el Mar Muerto, y con él—aunque menos profundamente—todo el valle tanto hácia el norte como hácia el sur, se hayan sumergido desde un nivel más alto hasta la profundidad en que ahora se hallan, tal vez mucho tiempo antes de aquella espantosa catástrofe de que Lot escapó hallando refugio en el "monte," Gén. 19:17-28, 30. Véase MAR, III.

JORNAL, era pagado en género y en plata, Exód. 2:9. Durante la época de Cristo, un jornalero de labranza ganaba un "denario," como 16 cts., al dia, Mat. 20:2-13. Tanto la ley como el evangelio, prescribían el pago oportuno y completo, ó su justo equivalente, por todos los servicios rendidos en conformidad con un arreglo, Lev. 19:13; Deut. 24:14, 15: Jer. 22:13; Mal. 3:5. La retención de jornales devengados es denunciada como cruel injusticia, Sant. 5:4. La muerte eterna es la paga ó justa recompensa del pecado; mientras que por otra parte, la vida eterna no es un premio ganado por la obediencia, sino la dádiva soberana de Dios, Rom. 6:22, 23.

JORNALERO, un obrero empleado por

tiempo limitado, Job 14:6, y cuyo salario debía ser pagado prontamente, Lev. 19:13; Sant. 5:4. "Los años de un mozo de soldada," es una expresión que significa un tiempo medido con exactitud, Isa. 16:14; 21:16. En tiempo de nuestro Señor, el jornal de un obrero era un denario, Mat. 20:1–14. El jornalero tenía menos interés en el trabajo, que el propietario, Juan 10:12, 13.

JOSABA, *juramento de Jehová*, hija de Joram y tía de Joás rey de Judá, y la que le salvó la vida en la niñez, apesar de los designios de Atalía, 2 Rey. 11:1-3. Su marido fué Joiada, el noble sumo sacerdoe, el único de su clase que se sabe que haya sido casado con una mujer de la familia real. Véase Joíada.

JOSACÁR, *recordado por Dios*, Moabita, uno de los asesinos de Joás, que fué muerto por manos extrangeras, por haber dado culto á dioses extrangeros, 2 Reyes 12:21.

JOSADAC, *justificado por Dios*, hijo de Seraías, sumo sacerdote bajo Sedecías, 1 Crón 6:14, 15. Sucedió á su padre, que fué muerto en Ribla, 2 Rey. 25:18-21, pero fué inmediatamente llevado cautivo y murió en el destierro. Véase Josué IV.

JOSADEC, I., sumo sacerdote, padre de Josué, Hag. 1:1.

II. Esdras 3:2, 8; 5:2; 10:18; Neh. 12:26.

VALLE DE JOSAFAT: TUMBAS Y CEMENTERIO JUDAICO.

JOSAFAT, *Dios juzga*, I., el cuarto rey de Judá después de Salomón, el piadoso hijo y sucesor de Asa. Comenzó á reinar á la edad de 35 años, por el año 914 A. C., y reinó 25 años. Su historia se halla en 1 Rey. 15:24; 22; 2 Crón. 17–20. Se distinguió por su celo por la verdadera religión, y su firme confianza en Dios. Él limpió el país enteramente de la idolatría, restableció las ordenanzas divinas, hizo ocupar los puestos más elevados de la iglesia y del estado por los mejores hombres, y fomentó la instrucción religiosa del pueblo. Su gobierno fué sumamente próspero, tanto interior como exteriormente. El mayor error de su vida consistió en haber formado alianza con el impío Acháb, cuya infame hija Atalía comenzó desde un principio á afligir el reino de Judá, del cual fué reina mediante su casamiento con Joram, el hijo mayor de Josafat. Josafat fué comprometido por Acháb en una guerra infortunada con los Asirios, pero en breve volvió á emprender sus trabajos en favor de la religión y la justicia. Habiendo fracasado en una empresa comercial con Ocozías, rehusó hacer una segunda tentativa, 1 Rey. 22:48, 49; pero se unió á Joram, su sucesor, en una guerra con Moab. Esto parece que dió lugar á que fuera atacado por numerosas huestes de Moabitas, Ammonitas, Idumeos y Sirios; pero salió de nuevo victorioso á causa de su fé en Dios, con la que dió ánimo á su pueblo despues de un memorable ayuno y de haber orado en el templo. Murió á la edad de 60 años.

II. Otros cuatro individuos de este nombre se mencionan en 2 Sam. 8:16; 1 Rey 4:3, 17; 2 Rey. 9:2, 14.

Josafat, valle de, ó valle del *Juicio de Dios*, nombre metafórico dado al lugar en donde Dios juzgará á los enemigos y opresores de su pueblo, Joel 3:2, 12. No hay fundamento para aplicarlo á ninguna localidad conocida, ó para relacionarlo, si no es por vía de ejemplificación, con la que fué teatro de la gran batalla de Josafat, descrita en 2 Crón. 20. Desde el tercer siglo, sin embargo, se ha aplicado este nombre al profundo y angosto valle que está al este de Jerusalem, y que corre de norte á sur entre la ciudad y el monte de los Olivos, llamado en la Biblia el arroyo Cedrón. Véase Jerusalem.

JOSÉ ó JOSÉF, I., *remoción y aumento*, implicándose ambos significados en Gén. 30:23, 24, es decir, la cesación de un reproche y la esperanza de otro hijo, Gén. 35:17. Fué hijo de la ancianidad de Jacob y el mayor de los dos que tuvo de su amada Raquel, 37:3, y por estas razones, así como por su admirable índole, era especialmente amado de su padre, quien tal vez se propuso, al hacerle el presente de la túnica nueva, otorgarle los derechos de la primogenitura, como el hijo de su primera mujer, en lugar de Ruben que los había perdido, Gén. 35:22; 1 Crón. 5:1. Nació en Mesopotamia, Gén. 39:22–24, 1747 A. C. Hízose su vida digna de ricordación por la maravillosa providencia de Dios que lo levantó desde la prisión hasta el puesto de gran visir de Egipto, y que lo honró haciéndolo el agente por medio del cual se salvaron innumerables vidas humanas. La historia de la predilección que por él manifestó su padre; de su protesta contra los pecados de sus hermanos; de la envidia y hostilidad de estos; de sus sueños proféticos; de la venta que de él hicieron sus hermanos á los Madianitas, y estos á Potifar en Egipto; del favor divino que desfrutó por su vida pura y prudente; de la prisión que sufrió de tres á doce años á causa de su virtud; de su maravillosa elevación al poder, y del uso sabio que de él hizo en bien de la nación; del tierno y reverente cuidado que tuvo de su padre; de su magnanimidad para con sus hermanos, y de su fé en el porvenir del pueblo escogido de Dios, es una de las más bellas é instructivas de la Biblia, y está referida de un modo inimitable por su naturalidad y sencillez. Es demasiado hermosa para poderse abreviar, y demasiado conocida para su íntegra repetición. Arroja mucha luz sobre el asunto de la vigilante providencia de Dios, que lo abarca todo, así lo grande como lo pequeño, en el perpetuo desenvolvimiento de su plan universal.

ALMACENANDO GRANO EN LOS GRANEROS.

No hay narración en la Biblia que ejemplifique de una manera más notable cuánto protege y eleva el temor de Dios, y qué valor tiene especialmente para la juventud. La contemplación de este sér amable, de piedad filial y de inquebrantable fé, de dominio sobre sí mismo en la juventud y de paciencia en la adversidad, de discreción y de fidelidad en todas las circunstancias de la vida, que andaba serenamente con Dios á todo trance, y que en la muerte puso en sus manos tanto el alma como el cuerpo, Heb. 11:12, puede muy bien inducir al joven lector á exclamar, "¡Oh, que el Dios de José fuera mi Dios!" Gén. 37:39–50. Hay varios puntos de semejanza notable en la historia de José con la de Cristo: José fué especialmente amado de su padre, rechazado por sus hermanos, y se hizo siervo en beneficio de estos; vivió en obediencia á la ley, fué dotado de sabiduría celestial, y tentado por el mundo, el demonio y la carne, pero salió victorioso; fué aprisionado por algún tiempo, como lo fué Cristo en el sepulcro, y sin embargo, fué después ensalzado para proveer el pan de la vida y de la salvación á su pueblo. Tenía 17 años de edad cuando fué vendido, 30 cuando llegó á ser Señor de Egipto, 39 cuando su padre y sus hermanos fueron á morar en Gessem. Murió á la edad de 110, 1637 A. C., y cuando los Israelitas, siglo y medio después, salieron de Egipto, llevaron con ellos sus restos, y por último, lo sepultaron en Siquem, Exod. 13:19; Jos. 24:32. Una tumba mahometana cubre el sitio considerado generalmente, y tal vez con razón, como el lugar de su sepultura. Es un cercado bajo de piedra, y se halla en sosegado aislamiento entre altos árboles, en la entrada oriental del valle de Siquem, á la derecha de la vereda transitada por los viajeros y más cerca del monte Ebal que del monte Garizim.

La historia de José se confirma de una manera notable por los monumentos egipcios, que nos han conservado muchísimos rasgos de la vida nacional de aquella época antigua, tal como se mencionan de paso en la Biblia. José se casó con la princesa Asenat, hija de Potifar, sacerdote de On; y sus dos hijos, Manassés y Efraím, Gén. 41:50, á quienes adoptó Jacob, 48:5, llegaron á ser cabezas de dos de las doce tribus de Israel.

II. Hijo de Helí (véase Luc. 3:23) y marido de María la madre de Cristo. Su genealogía se halla trazada en Mat. 1:1-15, hasta David, Judá y Abraham, y era reconocido como del linaje de David, Mat. 1:20, Luc. 2:4; Juan 1:45. Véase GENEALOGÍA. Tenía su residencia en Nazaret en Galilea, en donde seguía el oficio de carpintero, el cual Cristo practicaba también, Mar. 6:3. Fué hombre piadoso y honorable como aparece de la conducta que observó siempre con María y el hijo de esta, Mat. 1:18-25. Tuvo cuatro manifestaciones distintas de la voluntad de Dios con respecto á él, Mat. 1:20; 2.13, 19, 22, y todas las obedeció con prontitud. Tanto él como María asistieron á la pascua, en Jerusalem cuando Cristo tenía doce años de edad, Luc. 2:41-51; y como no se dice más de él en la narración sagrada, y como Cristo encomendó á María al cuidado de uno de sus discípulos, se supone generalmente

que murió antes de que Cristo comenzase su ministerio público. Parece haber sido bien conocido entre los Judíos. Mar. 6:3; Juan 6:42.

III. Natural de Arimatea, pero en la época de la crucifixión de Cristo residía en Jerusalem. Creía sin duda en el Mesías, y "esperaba el reino de Dios." Era miembro del Sanhedrim judío, y se opuso en vano al acto por el cual condenaron al Salvador, Luc. 23:51. Cuando todo concluyó, se dirigió atrevidamente á Pilato, y le pidió el cuerpo de Jesús.

IV. Justo, un discípulo de Cristo, llamado también Barsabas. Véase BARSABAS.

V. Uno de los hermanos de nuestro Señor, Mat. 13:35; Mar. 6:3. Los hermanos de Cristo no creyeron en él al principio, pero después de su resurrección fueron contados entre sus discípulos, Juan 2:12; 7:5; Heb. 1:14.

VI. Hijo de Cleofas y de María, identificado por algunos con el que queda mencionado, Mat. 27:56. Véase SANTIAGO II y III.

Varios otros de este nombre se mencionan en Núm. 13:7; Esd. 10:42; Neh. 12:14; Luc. 3:24, 26, 30.

JOSÍAS, *á quien Jehová sana*, I., hijo de Amón que tuvo corta vida, y de la piadosa Tedida, y biznieto de Ezequías; fué el 14° rey después de Salomón, y uno de los más nobles de su descendencia. Comenzó á reinar 641 A. C., á la edad de 8 años, y reinó 31, durante los cuales llevó á cabo grandes reformas en el culto del templo, y en el carácter religioso de la nación en general. Ningún rey se dedicó con más empeño á destruir todos los vestigios de la idolatría en la tierra de Judá. Comenzó esta obra cuando tenía sólo 16 años de edad, 2 Crón. 34:3, y á los 20 tomó las medidas más enérgicas, extendiendo su celo econoclasta aun al reino de Israel, en dirección al norte hasta Neftalí, 2 Reyes 23:15-20; 2 Crón. 34:6, profanando los altares de los ídolos de Betel, quemando en ellos los huesos sacados de las tumbas de sus difuntos sacerdotes, según había sido predicho más de tres siglos antes, 1 Rey. 13:2. Desde esta época data Jeremías algunas de sus predicciones, Jer. 25:3. En el año 18 de su reinado Helcías, el Sumo Sacerdote, en tanto que purificaba y mejoraba el templo por mandato suyo, halló allí un ejemplar de los cinco libros de la ley, tal vez el original escrito por la mano misma de Moisés. 2 Crón. 34:14. El libro sagrado estaba descuidado en aquellos días de decadencia, y aun el piadoso Josías parece haberse impresionado con las palabras de los últimos capítulos del Deuteronomio, como si nunca los hubiera leído hasta entonces. Para evitar los juicios con que allí se amenazaba, se humilló ante Dios, y procuró conducir al pueblo al arrepentimiento. Al efecto lo reunió, le leyó parte del libro de la ley, hizo que renovase su pacto con Jehová, y celebró la pascua con una solemnidad semejante á la de su primera institución. Pero el arrepentimiento del pueblo fué superficial, y no apartó de este los juicios divinos. Á Josías, sin embargo, se le libró del mal que, según la predicción de Hulda, había de sobrevenir, 2 Cró. 34:22-28. Encontró él la muerte en una batalla que tuvo con Faraón Necao rey de Egipto, cuyo paso atraves de su territorio para ir á atacar al rey de Asiria, Josías se creyó obligado á resistir sin consultar á Jehová, ni el prudente consejo de Salomón, Prov. 17:14; 26:17. Faraón Necao fué por mar á Acco, y lo amonestó con palabras que procedían "de la boca de Dios;" con todo, Josías le salió al encuentro en el gran campo de batalla de Esdraelón, recibió una herida mortal cerca de Megiddo, y murió poco después estando en camino para Jerusalem. La muerte del sabio y piadoso rey fué profundamente lamentada por el profeta Jeremías y por todo el pueblo. Jeremías compuso una elegía para el uso del pueblo, 2 Crón. 35:25, y el duelo que se observó por él se menciona en Zac. 12:10, 11, como tipo del duelo que Israel penitente observó por el Mesías. Su historia se refiere en 2 Rey. 22; 23; 2 Cró. 34; 35, y probablemente en Jer. 1-12. Su desdichado término, puede servirnos de escarmiento con respecto á la presunción y á la prosecución de cualesquiera fines, aun los más santos, por medios carnales. Durante su reinado, una horda de Escitas invadió el Asia occidental, dejando sus huellas en la ciudad de Bet-Shan, llamada por esa razón Schytopolis. Además, á mediados de su reinado, Nínive fué destruida, y Asiria dividida por los Babilonios y los Medas.

II. Hijo de Sofonías, Zac. 6:9-15. En la casa que él tenía en Jerusalem, Josué el sumo sacerdote fué coronado como tipo del Mesías.

JOSUÉ, I., hijo de Nun, distinguido caudillo de los Hebreos, y sucesor de Moisés. Su nombre era al principio Oseas, *él salva*, Núm. 13:8, y en seguida, vers. 16, Josué, *Jehová salva*. En Hech. 7:45 se le llama *Jesús*, como en el Griego. Véase JESÚS. Josué tenía como 44 años de edad en el Éxodo, y fué poco después mirado como el especial amigo y ayudante de Moisés, y el sucesor que le estaba designado. Aparece por primera vez como jefe del ejército en la batalla dada á los Amalecitas en Refidim, Exod. 17:8-16. Acompañó á Moisés al monte ardiente, cuidó fielmente el tabernáculo cuando Moisés hubo de trasladarlo, y nunca se contaminó con la idolatría del becerro de oro, Exod. 24:9, 13-15; 32:17; 33:11. Prestando sus servicios con fidelidad, aprendió á mandar. Entre los 12 exploradores, solamente él y Caleb aconsejaron á los Hebreos á que desde luego entraran á la tierra prometida, Núm. 14:6-10, 30, 38; 32:11, 12. Comp. Jos. 14:6-9. Escogido por Dios para asumir el cargo que Moisés perdió en Meriba, Núm. 20:11, 12; 27:15-23, fué investido de él solemnemente por Moisés, Deut. 34:9, 10, y también por Jehová, Jos. 1:1-9.

Josué condujo al pueblo al otro lado del Jordán, y en seis años subyugó á Canáan desde Cades-barnea y Gaza, al sur, hasta Sidón y el Monte Líbano, al norte, si bien tal cual comarca quedó todavía en poder de los Cananeos. Con todo, habiendo recorrido el país como conquistador, él y Eleazar lo dividieron casi todo entre las doce tribus, dando á los Levitas 48 ciudades, y designando 6 como lugares de refugio. Cuando pasó el Jordán tenía 84 años de edad; y después empleó como 26 años en el desempeño de la obra que se le había encomendado, y en juzgar á Israel, en su posesión de Timnat-sera; murió en 1426 A. C. Durante la vida de este caudillo, los Hebreos llegaron á ser en un sentido muy elevado el pueblo de Dios, Jos. 11:15; 24:31. La última convocación que hizo de todo Israel en Siquem, y los solemnes discursos que le dirigió al pueblo, amonestándolo con respecto á los ídolos del corazón, y mandándole que hiciese un nuevo pacto con Dios, forman el digno término de una vida que no tiene mancha alguna en los anales sagrados. Parece haber servido á Dios con fidelidad singular. No ha habido nadie que haya presenciado milagros más numerosos ó mayores que él; y en su vida pueden hallarse muchos puntos de semejanza con la del gran Capitán de las huestes del Señor que establece á su pueblo en la verdadera tierra prometida, Heb. 4:8. Moisés el legislador condujo á los Israelitas apenas á la frontera; Josué, el prototipo de Jesús, pasando de allí, los llevó al interior misma de la tierra deseada, y los estableció en ella.

EL LIBRO DE JOSUÉ contiene la narración de todos esos sucesos, y fué escrito por Josué mismo ó bajo su dirección, 1427 A. C. Los primeros doce capítulos refieren la conquista de Canaán; los diez siguientes describen la repartición de la tierra; los dos últimos contienen las exhortaciones que Josué hizo al pueblo por vía de despedida. Lo contenido desde el capítulo 24:27 en adelante, fué añadido, por supuesto, posteriormente por otra mano, pero todo fué hecho por inspiración del Espíritu Santo, 2 Tim. 3:16. A los acontecimientos que relató se hacen frecuentes alusiones, tanto en las Escrituras del Antiguo Testamento, Sal. 44:2-4; 68:13-15; 78:54, 55; 114:1-8; Hab. 3:8, 13, como en las del Nuevo, Hech. 7:45; Heb. 4:8; 11:30-32; Sant. 2:25. Se mencionan otros tres de este nombre en 1 Sam. 6:14; 2 Rey. 23:8; Luc. 3:29.

JOTA, una palabra que viene del nombre de la letra griega *iøta* (ι) y de la hebrea *yod* (ן). Es la letra más pequeña de estos alfabetos, y equivale por tanto á la cosa ó partícula más pequeña, Mat. 5:18. Véase TILDE.

JOTAM, I., el hijo y sucesor de Ozías ó Azarías, y el décimo rey de Judá, 758 A. C. Según parece por algunos años regente antes de la muerte de Ozías, su leproso padre, pero ascendió al trono á la edad de 25 años, y reinó 16 años en el temor de Dios. La historia de su sabio y próspero reinado, la subyugación que volvió á hacer de los Ammonitas, y sus útiles obras públicas, se halla en Rey. 15:5, 7, 32-38; 2 Crón. 26:21-23; 27:1-9.

II. Hijo de Joddai, de la tribu de Judá, 1 Crón 2:47.

JOTBA, *bondad*, 2 Rey. 21:19, residencia de la madre del rey Amón, probablemente et-Taiyibeh, en Benjamín, cuatro millas al E. N. E. de Betel.

JOTBAT, *bondad*, "*tierra de arroyos de aguas*," Deut. 10:7, la 34ª y 41ª estación de los Hébreos en el desierto, Núm. 33:33, 34. Probablemente el ancho Wady el-Adhbeh, al N. O. de Elat.

JOYAS, bajo este nombre pudieran incluirse las cosas designadas por cuatro palabras hebreas, y que denotan (1) anillos, zarcillos ó joyeles de las narices, como en Prov. 11:22; Isa. 3:21; Ezeq. 16:12; pendientes para las orejas, como en Gén. 24:22, 30, 47; 35:4; Exod. 32:2, 3, etc.; (2) collares ó dijes usados por adorno,

Cant. 7:1; (3) vasijas de plata, etc., como en Gén. 24:53; Exod. 3:22; 11:2; 1 Sam. 6:8, 15, ó costosos artículos de ropa, como en Isa. 61:10; Ezeq. 16:7, 39; 23:26: y (4) tesoro, como en Exod, 19:5; Mal. 3:17.

JOZABAD, *dado por Dios*, contracción de Jehozabad. Ocho de este nombre se mencionan en los siguientes pasajes: 1 Crón. 12:4; 12:20, *dos;* 2 Crón. 31:13; 35:9; Esd. 8:33; 10:22; 10:23 con Neh. 8:7.

JUAN, en hebreo Johanan, en griego Ἰωάννης, *gracioso don de Dios*, I., EL BAUTISTA, es decir, *el que bautiza*, noble de carácter y preeminente por su gran misión como precursor de Nuestro Señor Jesucristo. Fué hijo de Zacarías y de Elisabet, ambos del linaje sacerdotal, Luc. 1:5. Fué Juan notablemente piadoso y devoto, y nació como seis meses antes de Cristo, en Jutta, según suponen Reland y Robinson, Jos. 21:16; Luc. 1:39, ciudad como cinco millas al sur de Hebrón; pero según una tradición, como cuatro millas al oeste de Jerusalem. Varias predicciones del Antiguo Testamento hallan su cumplimiento en él. Véase Isa. 40:3, y Mat. 3:3; también Mal. 3:1; 4:5, y Mat. 11:14. Su nacimiento, nombre y cargo, fueron también predichos por el ángel Gabriel á su padre Zacarías, cuando estaba desempeñando sus funciones sacerdotales en el altar del templo. Varios otros sucesos sobrenaturales acompañaron la visita de María á Elisabet, su prima, y el nacimiento, circuncisión y nombre que se le dió, Luc. 1. Paso los primeros años de su vida entre los riscos de la parte oriental de Judea, y cuando ya tenía cerca de 30 años de edad, apareció como un profeta del Señor. Siendo también sacerdote por nacimiento, y austero Nazareo en su aspecto, en su vestido, alimento, Mat. 3:4, y su modo de vivir; fué como una reproducción del Elías de otros tiempos. Comp. 11:22; 2 Rey. 1:8; Sal. 81:16. Multitud de gente acudía de todas partes á oir la palabra de Dios de labios de Juan, que denunciaba los pecados del mundo, y á recibir el bautismo de arrepentimiento por vía de preparación para la plena revelación de la gracia en Cristo. Entre otros, el Salvador se le presentó al fin, y fué bautizado para dar un ejemplo de obediencia á todos los preceptos divinos. Juan conoció en el momento que Jesús era el Mesías, pero no lo supo por indicación de Dios hasta que vió la señal convenida, el descendimiento del Espíritu Santo, Juan 1:31. Entonces se presentó como representante de "toda la ley y los profetas," **

347

llamó la atención del mundo hacia Cristo, no como á un sabio maestro, no como á un perfecto modelo de santidad, sino como á un Salvador expiatorio, y le introdujo así á su ministerio público: "He aquí el Cordero de Dios, que quita el pecado del mundo," Juan 1:29; Gál. 3:24. Como el Elías del Antiguo Testamento, de quien era trasunto, Juan obraba sin temor y con fidelidad al exhortar á sus compatriotas al arrepentimiento, culpando á cada uno respectivamente por aquellos pecados hacia los cuales tenía mayor inclinación, Luc. 3:12-14, y reprendiendo á los jefes con especial severidad, Mat. 3:7. Con todo, disfrutaba en ese tiempo de popular veneración, Mar. 1:5; 11:32; Luc. 3:15. El Sanhedrín envió una comisión para que le hiciera preguntas, Juan 1:19-28; el rey Herodes "hizo muchas cosas y le oyó con satisfacción." Pero su modestia era tan notable como su fidelidad. Aunque había sido honrado con la extraordinaria misión de ser el heraldo del Mesías, no era más que una "voz," y rindió todo lo que tenía á los piés del Salvador, Juan 1:27; 3:28-33. Se nos habla varias veces de sus "discípulos," Mat. 9:14; Luc. 5:33; Juan 3:23-25; 4:1; y hallamos indicios posteriores de la grande extensión de su influencia, Hech. 18:25; 19:3. Tuvo buenas razones sin duda, para continuar por algún tiempo el ejercicio separado de su ministerio, en lugar de acompañar á Cristo. Perseveró, sin embargo, con fidelidad en sus trabajos por la reforma, y éstos fueron motivo de que, pasado más de un año, fuera aprisionado por Herodes Antipas. Véase HERODES, IV. Fué encerrado en el castillo de Machærus, al este de la cabeza del Mar Muerto. Estando él en la prisión fué cuando envió dos de sus discípulos á Cristo á preguntarle: ¿ "Eres tú aquel que había de venir, ó esperaremos á otro?" Mat. 11:3. Puede haber sido movido á enviar este mensaje por algún resto todavía adherido á su mente de las ideas que tenían los Judíos en cuanto á un Mesías con poder temporal que remediaría todas sus faltas nacionales, ó por una duda pasajera al ver que Cristo no hacía saber públicamente su carácter de Mesías, ó por el deseo de transferir sus discípulos á Cristo, para evitar que formasen secta aparte. Comp. Hech. 19:1-7. En esta ocasión fué cuando Cristo le llamó mayor que cualquiera otro profeta; porque de todos los profetas del Mesías, él sólo había visto comenzar su obra á Aquel á quien todos

"deseaban ver;" con todo, era menor que el último en el reino de Dios," por cuanto á que murió sin ver ese reino establecido con la muerte y resurrección de su Señor. Pero su trabajo en la tierra pronto concluyó. Herodes, según Josefo, temía su grande influjo sobre el pueblo, y la implacable Herodías estaba encolerizada por la estricta fidelidad del profeta hacia su marido. La danza de su hija Salomé, y el imprudente voto del insensato rey, suministraron el pretexto. Juan fué decapitado en su prisión; sus discípulos sepultaron sus restos con honor, y "fueron y se lo dijeron á Jesus," Mat. 14:3-12. El milagro que siguió después, vers. 13-21, relatado también en Juan 6:5-14, parece fijar la fecha de su muerte muy poco antes de la pascua, vers. 4, un año antes de la muerte de Cristo.

II. EL APÓSTOL Y EVANGELISTA, hijo de Zebedeo y Salomé, era natural de Betsaida en Galilea. Comp. Luc. 5:10; Juan 1:44. Zebedeo y sus hijos Santiago y Juan, eran pescadores, y parece que estaban en buenas circunstancias, Mar. 1:20; 15:40; Luc. 8:3; 24:1; Juan 18:15; 19:27. En el carácter de Juan se mezclaban admirablemente la dulzura y la energía. La pintura que la Biblia hace de él, tiene un encanto especial, por resaltar en ella tanta paz, humildad, caridad y amor fraternal. Su carácter afectuoso, meditabundo y espiritual, tenía también los elementos de vigor y decisión, Luc. 9:54. Aunque amable, era firme y valeroso. Él y Pedro siguieron á Cristo cuando fué aprehendido por los Judíos, en tanto que los otros discípulos huyeron, y presenció la escena de la crucifixión del Salvador, que él describe como testigo ocular, Juan 19:35. Fué uno de los primeros que acudieron al sepulcro del Redentor, y después de la ascensión de su Señor proclamó osadamente el evangelio en Jerusalem, Hech. 4:13, aunque fué aprehendido, azotado y amenazado con la muerte. Distinguióse por su adhesión á su Maestro, y esto fué quizá, tanto como su ambición, ó la falsa idea que tenía del reino de Cristo, lo que le indujo á solicitar un lugar á su mano derecha, Mat. 20:20-24. Se supone que era el más joven de los apóstoles. Había sido discípulo de Juan el Bautista; pero al ser dirigido á Cristo, se le adhirió en el momento, Juan 1:35-39. Por algún tiempo volvió á su oficio á orillas del mar de Galilea, pero en breve fué llamado á dejarlo todo y á acompañar al Salvador, Luc. 5:5-10. Cristo tenía particular simpatía por este cariñoso y celoso discípulo, Juan 13:23; 19:26; 20:2; 21:7. En la última cena estuvo reclinado cerca de su Maestro. Cuando Jesús estaba próximo á morir encomendó su madre á su cuidado. En unión de Pedro y de Santiago, presenció la resurrección de la hija de Jairo, la transfiguración y la agonía en el jardín. Véase SANTIAGO. En otros acontecimientos también estuvo asociado con Pedro, Juan 20:2-8; 21:7, 20; Hech. 3:1; 4:13; 8:14. Él, con Pedro y Santiago, dieron á Pablo la bienvenida en la iglesia, y le encargaron una comisión, Hech. 9:27-51. Juan tomó parte en el primer concilio de Jerusalem, Hech. 15:6, y por muchos años siguió residiendo en esa ciudad, donde fué reconocido como una de las principales columnas de la iglesia, Gál. 2:9. Con todo, parece que no estaba allí cuando Pablo hizo su última visita, 60 A. D., y ninguna de las epístolas hace mención de él en Éfeso, en donde pasó la mayor parte del último periodo de su vida. Después de la muerte de Pablo, sin embargo, estuvo en Éfeso dirigiendo la difusión del evangelio en el Asia Menor, en donde por muchos años ejerció su gran influencia personal y apostólica. Por el año 95 A. D., fué desterrado, probablemente por Domiciano, á la Isla de Patmos, donde tuvo las visiones descritas en el Apocalipsis. Después regresó á Éfeso, en donde vivió hasta una edad muy avanzada, en términos de que no podía ir á la asamblea de la iglesia sin ser llevado por sus discípulos. No pudiendo entonces pronunciar largos discursos, tenía la costumbre de decir en todas las reuniones, "Hijitos, amaos los unos á los otros;" y cuando se admiraban de su frecuente repetición de esta concisa exhortación, su respuesta era: "Esto es lo que el Señor os manda; y esto, si lo hacéis, es suficiente." Crisóstomo, Clemente y Eusebio refieren, que habiendo visto el anciano apóstol que un joven de esperanzas, á quien él había encomendado al cargo del pastor de un lugar cercano, se había descarriado, y había organizado una cuadrilla de ladrones, le buscó en las guaridas que tenía en las montañas, y bendiciendo Dios su intrepidéz y la fidelidad de su amor, libró su alma de la muerte. Murió en Éfeso en el tercer año del reinado de Trajano, el año 100 A. D., teniendo entonces, según Epifanio, 94 años de edad. Fué sepultado cerca de aquella ciudad, y varios de los padres mencionan el hecho de que allí estaba su sepulcro.

Además del valiosísimo Evangelio y del Apocalipsis que llevan su nombre (véase EVANGELIO y APOCALIPSIS), tenemos tres epístolas de su pluma. La primera es una carta general ó católica, escrita, según parece, para ir con su Evangelio, y refutar ciertos errores de los Gnósticos en cuanto á la persona de Cristo; pero también y principalmente para edificar la iglesia universal en la verdad, en la gracia, y especialmente en el santo amor. La segunda epístola se dirige á la "Señora elegida" ó "la excelente Kuria," que era probablemente alguna mujer cristiana eminente por su piedad y servicios. La tercera se dirige á Gaio, el Caio latino, á quien Juan alaba por su fidelidad y hospitalidad, y lo exhorta á perseverar en todas las buenas obras. Se cree generalmente que Juan escribió su Apocalipsis y sus epístolas en Éfeso, por el año 96 ó 98 A. D. Dichas piezas son los últimos libros del canon del Nuevo Testamento, á establecer el cual, él, como el último apóstol que sobrevivió, contribuyó en gran manera.

III. Apellidado Marcos. Véase MARCOS.

IV. Pariente de Anás, el sumo sacerdote, Hech. 4:6.

JUANA, *don de Dios*, mujer de Chuza, probablemente viuda, una de las mujeres fieles que sirvieron á Cristo durante su vida, y que le llevó especias á su sepulcro. Su marido Chuza había sido procurador de Herodes Antipas, Luc. 8:3; 24:1-10.

JUBAL, *música*, hijo de Lamec y de Ada, descendientes de Caín. Inventó la lira y la flauta de pastor, instrumentos de cuerda el uno y de viento el otro, Gén. 4:21.

JUBILEO, festividad hebrea celebrada cada 50 años, que parece tenía lugar el año que seguía á siete semanas de años, ó siete veces siete años, Lev. 25:10. Su nombre de jubileo que significa *sonido impetuoso ó estruendo*, indicaba el estrépito de trompetas que anunciaba su llegada. Durante ese año (1) níngún Hebreo sembraba ó cosechaba, sino que todos suplían sus necesidades con lo que la tierra y los árboles producían expontáneamente, Lev. 25:11, 12. (2) Cada uno reasumía la posesión de su herencia, ya fuera que ésta hubiese sido vendida, hipotecada ó enagenada de alguna otra manera, 25:13-34; 27:16-24.

Las casas de las ciudades amuralladas, no las de las poblaciones abiertas, estaban exceptuadas: el vendedor podía volverlas á comprar dentro del año que seguía al día de la venta, y si no lo hacía, quedaban definitivamente en poder del comprador.

Los Levitas también podían rescatar sus casas en cualquier tiempo, y tenían derecho á exigir que se les devolviesen sin pagarlas en el año del jubileo. Si un hombre dedicaba un terreno suyo á Jehová, podía rescatarlo antes del año del jubileo en los términos que hubiera estipulado; en caso contrario, el terreno quedaba dedicado para siempre. Y (3) los siervos hebreos de cualquiera especie que fueran, eran puestos en libertad con sus esposas y sus hijos, Lev. 25:39-54. Esta ley se aplicaba, según parece, á los Hebreos reducidos á la esclavitud que no habían servido durante todo su período regular de seis años, Exod. 21:1, 2, y no habían renunciado la manumisión, vers. 5, 6. Los primeros nueve días del año del jubileo se pasaban en fiestas; en ellos nadie trabajaba, y llevaban todos una corona en la cabeza. En el día décimo que era el de la expiación solemne, el Sanhedrín mandaba que se tocaran las trompetas, y en el instante los esclavos eran declarados libres, y las tierras eran devueltas á los que eran sus propietarios por herencia. Esta ley se basaba en un principio de misericordia, y tenía por objeto impedir que los ricos oprimiesen á los pobres y se posesionaran de todas las tierras comprándolas, recibiéndolas en hipoteca ó usurpándolas; é impedir que las deudas se multiplicaran demasiado, y que los esclavos permanecieran con sus esposas y sus hijos en perpetua esclavitud. Servía para conservar cierto grado de igualdad entre las familias hebreas; para perpetuar la división de las tierras en conformidad con la formación primitiva de las tribus, Núm. 36, y para obtener un registro exacto de la genealogía de cada familia. Daba oportunidad para que la tierra descansara, y le proporcionaba á la gente un tiempo especial para que instruyese á la juventud, y se dedicara á la lectura de la ley. Se le hacía recordar también de esta manera, que Jehová era gran Dueño, y Árbitro de todo, y que su pueblo era sólo su administrador. "La tierra es mía, porque vosotros peregrinos y extranjeros sois para conmigo," Lev. 25:23. Y este recuerdo se les presentaba constante y señaladamente; porque cada terreno que cambiaba de dueño se avaluaba según el número de años que faltaban para el Jubileo. Aunque la Biblia no contiene ninguna relación de la observancia ordinaria de dicho año del Jubileo, con todo es indudable que era debidamente guardado, 1 Rey. 21:3; Ezeq. 46:17 (en donde se le llama "el año de

350

libertad "). Véase también las alusiones que á él se hacen en 2 Crón. 36:21; Neh. 5:3-13; Jer. 32:6-12; Ezeq. 7:12, 13. Los Judíos afirman que fué observado hasta "la cautividad." Isaías se refiere con claridad á estas fiestas peculiares é importantes, como pronósticos de la gloriosa dispensación de la gracia evangélica, Isa. 62:1, 2; Luc. 4:17-21.

Véase también la noticia de una institución semejante, en la palabra AÑO SABÁTICO.

JUDÁ, célebre, es lo mismo que Judas. Véase este nombre. I. El cuarto hijo de Jacob y de Lea; Ruben, Simeón y Leví eran mayores que él, é Isacar y Zabulón menores, Gén. 35:23; nacido en Mesopotamia, 1755 A. C., Gén. 29:35. Su nombre ocupa un lugar honroso en la historia de José, Gén. 37:26, 27; 43:3-10; 44:16-34; 46:28; pero deshonroso en la de Tamar, su nuera, Gén. 38. La bendición que le otorgó el moribundo Jacob, predijo el poder superior y la prosperidad de su familia, y su continuación como jefe de la raza judía, hasta el tiempo de Cristo, Gén. 49:8-12. Se hace mención de cinco hijos de Judá, de los cuales Fares y Zara fueron los más distinguidos. Habiendo perdido Ruben su primogenitura, Judá llegó en breve á ser considerado como el jefe de los hijos de Jacob, y su tribu fué la más fuerte y numerosa. Contaba ésta 74,000 adultos en el éxodo de Egipto, cerca de 12,000 más que cualquiera otra tribu. Púsose á la cabeza en la conquista de Canaán, Jue. 1:1, 2, 8-10, 17, 18. Tocóle en suerte la parte meridional de Palestina. Véase JUDEA. En la frontera septentrional de su territorio estaba Jerusalem, el asiento del culto judaico; y de Judá nació David y su descendencia real, á la cual pertenecía el Salvador del Mundo.

Después de la vuelta de la Cautividad, esta tribu incorporó de algún modo en ella á toda la nación hebrea, y desde entonces los individuos de esta se llamaron solamente Judíos, esto es, descendientes de Judá. Judá, cuando se la nombra en distinción de Israel, Efraím, el reino de las diez tribus, ó Samaria, denota el reino de Judá y de la descendencia de David. Véase HEBREOS y REYES. Uno de los principales rasgos que hicieron notable esta tribu, es, que conservó la verdadera religión, y continuó en el templo de Jerusalem el ejercicio público del sacerdocio y las ceremonias prescritas por la ley de Moisés, en tanto que las otras tribus se abandonaron á la idolatría y al culto de los becerros de oro.

II. Varios otros hombres del nombre de Judá se mencionan en Esd. 3:9; Neh. 11:9; 12:8, 34, 36.

III. 2 Crón. 25:28, se supone que era la ciudad de David, en Jerusalem. Véase JERUSALEM.

IV. Ciudad de Neftalí, cerca de Banías, Jos. 19:34.

V. Luc. 3:26, uno de los antepasados de Cristo, quizá Abiud, Mat. 1:13, y Obadías, 1 Crón. 3:21.

VI. Luc. 3:50, probablemente ei Adaías mencionado en 2 Crón. 23:1.

JUDAS, I., ISCARIOTE, ó "hijo de Simón Iscariote," esto es, hombre de Cariot (ó Keriot), ciudad de Judá, Josué 15 : 25. Siendo uno de los doce apóstoles, puesto que nuestro Señor lo había llamado para ser su discípulo, aunque tenía conocimiento de su carácter real, Juan 6:64, 70, Judas según parece, se grangeó la plena confianza de sus compañeros en el apostolado, quienes le encargaron el cuidado de todos los presentes que se les habían hecho, y todos sus medios de subsistencia y de caridad ; y cuando los doce fueron enviados á predicar y á obrar milagros, Judas debió de estar con ellos, y de recibir las mismas facultades. Sin embargo, aun en ese tiempo tenía la costumbre de apropiarse una parte del fondo común para su propio uso, Juan 12:6; y por último, selló su infamia con la entrega que por dinero hizo de nuestro Señor á los Judíos. Por la insignificante suma de quince pesos ($15) se comprometió con el Sanhedrin á conducir por la noche, á quienesquiera que mandasen á un lugar donde pudieran prender á Jesús sin peligro ni tumulto. Pero cuando supo el resultado, se apoderó de él un terrible remordimiento ; y no logrando que los sacerdotes lo dejaran deshacer, en cuanto era posible, su obra fatal, les arrojó el precio de la sangre que había vendido, cruzó el sombrío valle de Hinnom y se ahorcó, 27:3-17. Lucas en Hech. 1:18, agrega que cayó de cabeza y reventó por medio, probablemente por haberse roto la cuerda ó la rama. La escabrosa falda del cerro que se halla al sur del valle de Hinnom fué tal vez el teatro de esa muerte. Véase ACELDAMA. De lo que los Evangelistas relatan se colige que Judas debió de salir del Cenáculo antes de que se instituyese la Cena del Señor, pues de otro modo no habría contado con el tiempo suficiente para llevar á cabo sus traidoras miras.

La profecía en cuanto á las 30 monedas de plata, citada en Mat. 27:9, como de Jeremías, se halla en Zac. 11:12, 13. Tal vez se nombra á Jeremías como si incluyese á todos los profetas, por haber sido colocado á la cabeza de ellos por los Judíos; ó quizá el pasaje de Zacarías se considera como comprendido en anteriores predicciones de Jeremías hechas por el mismo tenor. La confesión llena de remordimientos que hizo Judas, fué un testimonio muy notable de la inocencia sin mancha de Cristo, Mat. 27:4; y el fin espantoso que él tuvo, es una solemne amonestación con respecto á la avaricia, la hipocresía y toda clase de mala fé. Mat. 26:24; Juan 17:12; Hech. 1:25.

II. Mat. 1:2, 3, el patriarca Judas.

III. Uno de los apóstoles, llamado también Lebeo y Tadeo, Mat. 10:3; Mar. 3:18; hijo de Alfeo y de María, y hermano de Santiago el Menor. Véase SANTIAGO II y III. Fué el autor de la epístola que lleva su nombre, Mar. 6:3; Luc. 6:16; Juan 14:22; Hech. 1:13.

IV. Un hermano de nuestro Señor, Mat. 27:56, el cual se supone por muchos, que era solamente su primo, y el mismo Judas II el apóstol. Pero los hermanos de Jesús no creyeron en él sino cuando ya estaba cercano el fin de su ministerio. Véase SANTIAGO III.

Hegesipos refiere que dos nietos de Judas el hermano de nuestro Señor, fueron conducidos ante el emperador Domiciano y examinados. Confesaron que eran de la posteridad de David, pero dijeron que vivían modestamente del cultivo de sus 30 acres de tierra, y que Cristo no era rey terrenal sino espiritual, y el juez del postrero día. Se les dejó ir en paz.

V. Un maestro cristiano, ó "profeta," llamado también Barsabás, enviado de Jerusalem con Pablo, Barnabás y Silas para llevar la decisión del concilio á Antioco, en donde desempeñó fielmente su misión, volviendo después á Jerusalem. Hech. 15:22, 27, 32, 34.

VI, Apellidado "el Galileo," y llamado también el "Gaulonita" por Josefo. Este nació en Gamala, ciudad de Gaulonitis, cerca de la playa sudeste del lago de Tiberias. En compañía de un tal Sadoc, 6 años A. D., intentó promover una rebelión entre los Judíos, pero fué debelado por Quirino, ó Cirenio, que en ese tiempo era procónsul de Siria y de Judea, Hech. 5:37.

VII. Judío de Damasco en cuya casa se alojó Pablo, Hech. 9:11. Véase DAMASCO.

LA EPÍSTOLA DE JUDAS (Véase IV) que por conjeturas se cree que fué escrita por él, 66 A. C., es una férvida y vehemente voz de amonestación para que no se sigan á ciertos falsos maestros en sus errores y corrupciones, haciendose así partícipes de la terrible suerte que á estos les espera. Se asemeja á la segunda epístola de Pedro. En cuanto á la cita que se hace en los vers. 14, 15, véase ENOC II.

JUDEA, la tierra de los Judíos, nombre dado algunas veces á la parte meridional de la Tierra Santa, y en ocasiones, especialmente por los extranjeros, á todo el país. En la división general de Canaán entre las tribus, la parte meridional le tocó en suerte á la tribu de Judá. El territorio original de la tribu era un plano elevado, interrumpido con mucha frecuencia por collados, barrancas y valles, y que iba á perderse en hermosas llanuras y potreros en el oeste y el sur, Zac. 7:7. Era una tierra sana, agradable y fértil. Los valles producían abundantes cosechas de granos; y los cerros cortados, formando terrados, estaban bien regados y cubiertos de viñedos, Gén. 49:11, 12, y producían en abundancia olivas, higos y otros muchos frutos. Véase CANAÁN. Sus límites se especifican detalladamente en Jos. 15:21-63. Extendíase al principio su linea divisoria desde la desembocadura del Jordán, por el camino que sube desde Jericó, atravesaba á Jerusalem al sur del monte Moría, y seguía por el camino de Kirjat-jearim y Betsemes á Jabne en el Mediterráneo; y desde el extremo meridional del Mar Muerto partía hacia el oeste, hasta el-Arish, "el río de Egipto." Esta porción baja, que formaba "el país meridional," fué poco después asignada á la tribu de Simeón, Jos. 19:1-9. La parte más grande y más importante de Judá, conocida con el nombre de "serranía de Judá," Luc. 1:39, 65, se hallaba al sur de Jerusalem, desde las alturas que miraban al Mar Muerto hacia el oeste, hasta el Mediterráneo, comprendiendo á Hebrón, Betlehem y otras 36 ciudades, Jos. 15:48-60. Á la verdad, en casi todas las cimas de los cerros, se ven hoy día los restos de una antigua ciudad. Hacia el oeste, esta región declinaba por una cordillera de collados menos elevados hasta confundirse en las tierras bajas ó Shephelah, llamada en Jos. 15:33 "las campañas," y se extendía hasta el Mediterráneo. Era la prolongación meridional de la fértil llanura de Sarón, y el granero de Judá. Las 42 ciudades, con sus demás poblacio-

nes, nombradas en Jos. 15:33-46, incluían á Filistia (véase esta palabra). "El desierto de Judea" en donde Juan comenzó á predicar. y en donde Cristo fué tentado, estaba según se cree en la parte oriental de Judá, y lo formaba el declive adyacente al Mar Muerto, y que se extendía hacia Jericó, 2 Sam. 15:28. Tenía solamente 6 poblaciones, Jos. 15:61, 62, y es todavía una de las regiones más áridas y yermas de todo el país, Mat. 3:1; 4:1. "La llanura," ó campaña, se refiere generalmente al terreno bajo contiguo al Jordán, 2 Sam. 2:29; 2 Rey. 25:4, 5. El territorio de la tribu tendría por término medio 45 millas de este á oeste, y 25 de norte á sur. Con la ascendencia creciente de esa tribu, el nombre de Judá llegó á aplicarse con el tiempo á un territorio más extenso, 2 Sam. 5:5; y después de la segregación de las diez tribus, el reino de Judá incluía el territorio de las tribus de Judá y Benjamín, con parte del las de Simeón y Dan. Así era que Judá comprendía toda la porción meridional de Palestina, mientras la parte del norte era llamada Galilea, y la de enmedio, Samaria. La población del reino de Judá en sus mejores tiempos, debe de haber sido grande, á juzgar por el número de soldados que tenian sus ejércitos, 1 Crón. 21:5; 2 Crón. 13:3; 14:8; 17:14-19; y su riqueza debió de haber sido considerable, si se tiene en cuenta la suma gastada en el templo, y los despojos tomados sucesivamente por sus conquistadores. Su area era como de 4,000 millas cuadradas. El reino duró desde la ascensión de Roboam al trono, 975 A. C., hasta la Cautividad, 588 A. C., 387 años. Véase REYES. Después de la cautividad, como la mayor parte de los que volvieron eran del reino de Judá, el nombre de Judá ó de Judea, se aplicó generalmente á toda la Palestina, Hag. 1:1, 14; 2:2; y este uso de la palabra nunca ha sido enteramente abolido. Cuando todo el país cayó en poder de los Romanos, la división que anteriormente se había hecho del país en Galilea, Samaria y Judea, fué adoptada de nuevo, Luc. 2:4; Juan 4:3, 4. Josefo describe á la Judea de su tiempo como limitada al norte por Samaria, al este por el Jordán; al oeste por el Mediterráneo, y al sur por el territorio de los Árabes. F los límites incluyen probablemente una parte de Idumea. Judea con los límites que quedan aquí trazados, constituía parte del reino de Herodes el Grande, y después estuvo bajo el gobierno de su hijo Arquelao. Cuando este último fué desterrado á causa de su crueldad, Judea fué reducida á la forma de una provincia romana, anexada al procónsulado de Siria, y gobernada por procuradores, hasta que fué al fin asignada como parte de su reino á Herodes Agripa II. Durante todo ese tiempo, los límites de dicha provincia sufrieron frecuentes variaciones, con motivo de la anexación ó la segregación de diferentes pueblos y ciudades.

JUDÍOS, el pueblo de Judá después de la división del reino, 2 Rey. 16:6; 25:25; Jer. 32:12; 34:9; 38:19, etc., nombre aplicado después de la cautividad á todos los Hebreos, especialmente á los que vivían en Palestina. Era un nombre empleado con frecuencia en los escritos romanos. En el Nuevo Testamento, se le pone en contraste unas veces con los gentiles ó paganos, y otras con los cristianos, Rom. 1:16; 2:9; 3:11. Véase HEBREOS.

JUDIT, *la alabada*, Gén. 26:34, esposa de Esaú. Véase AHOLIBAMA.

JUECES, en hebreo *Shophetim*, eran gobernantes, jefes ó caudillos de Israel, durante la teocracia, desde Josué hasta Saul. Eran diferentes de los administradores ordinarios de justicia entre los Hebreos, y á este respecto, véase JUSTICIA. Su autoridad se parecía á la de los Dictadores romanos, y era á menudo más militar que judicial, si bien Elí y Samuel fueron solamente gobernantes civiles. Los Cartagineses, colonia de los Tirios, tenían así mismo gobernantes á quienes llamaban *Suffetes* ó *Sophetim*, con una autoridad casi igual á la de los reyes.

La dignidad de Juez era vitalicia; pero la sucesión no era constante. Había anarquías, ó interregnos, y durante ese tiempo quedaba acéfala la República. Había también largos intervalos de despotismo y opresión extranjera, y entonces gemían los Hebreos sin tener quien los libara. Aunque Dios llamó á varios de los Jueces, con todo, el pueblo generalmente escogía, pero siempre bajo la dirección divina, al individuo que más apropósito le parecía para que lo librara de la servidumbre. No había á la verdad gobierno central: era demasiado común "que cada uno hiciera lo que mejor le parecía;" y como á menudo sucedía que la opresión que motivaba el que se procediese á elegir un juez, no se hacía sentir sobre todo Israel, el poder del que salía electo se extendía únicamente sobre aquella provincia que él había libertado. Así, por ejemplo la tierra que quedaba al este del Jordán fué la que Aod,

Jefté, Elón y Jair, libertaron y gobernaron; Barac y Tola gobernaron las tribus del norte; Abdón la central, é Ibzán y Samsón las del sur. La autoridad de los Jueces era inferior en muy poco á la de los Reyes; aquellos eran jefes supremos en paz y en guerra; decidían causas con absoluta autoridad; eran guardianes de las leyes, defensores de la religión, y castigadores de los crímenes, particularmente de la idolatría. No gozaban de salario, pompa ni esplendor, ni tenían más guardias, comitiva ó convoy, que los que con sus recursos propios podían proporcionarse.

La órden de Jehová de expulsar ó destruir á todos los Cananeos, no fué sino imperfectamente ejecutada, y los que fueron dejados á salvo, inficionaron á los Hebreos con el veneno de su idolatría y de sus vicios. El asunto de Michás y del Levita, y el crimen de Gabaa que condujo á una guerra de exterminio contra los Benjamitas, aunque se registra al fin del libro de los Jueces, caps. 17-21, tuvo lugar poco tiempo después de la muerte de Josué, y manifiesta cuan pronto comenzó Israel á apartarse de su Creador. Para castigarlo, Dios permitió que el pueblo de Mesopotamia y de Moab, los Cananeos, Madianitas, Ammonitas y Filisteos, oprimiesen alternativamente con sus exacciones á una parte de las tribus, y algunas veces á toda la nación; pero en breve tiempo, compadecido de sus sufrimientos, le deparaba uno de los dictadores militares y civiles de que antes se ha hablado. Quince Jueces se mencionan en la Biblia, comenzando con Otoniel, como veinte años después de Josué, y continuando hasta la coronación de Saúl. La sucesión que se ha registrado de los Jueces, y de los periodos intermedios de opresión, es como sigue:

	AÑOS.
Otoniel por el año 1405 A. C.	40
Bajo Eglón	18
Ehud.	80
Bajo los Filisteos	no se sabe.
Samgar	no se sabe.
Bajo Jabin	20
Débora y Barac	40
Bajo Madián	7
Gedeón	40
Abimelec	3
Tola	23
Jair	22
Bajo los Ammonitas	18
Jefté	6
Ibzán	7
Elón	10
Abdón	8
Bajo los Filisteos	40
Samsón	20

	ANOS.
Elí	40
Bajo los Filisteos	20
Samuel, como	12
Saúl, el primer rey, 1095 A. C.	

El tiempo transcurrido desde Otoniel hasta Saúl, según la tabla anterior, sería de cosa á de 490 años, comp. Hech. 13:20; en tanto que según la cronología recibida es como de 310 años, de los cuales solamente 111 fueron de opresión extranjera. Se supone que algunos de los periodos antes mencionados se cruzaron, esto es, fueron simultaneos, á lo menos en parte; pero los cronologistas no están de acuerdo en cuanto á la manera de conciliar las relaciones hechas en Jueces con otras fechas conocidas, y con 1 Rey. 6:1 y Hech. 13:20, hanse propuesto, es verdad, varios métodos practicables; pero su examen exigiría más espacio que el de que se dispone en esta obra.

El LIBRO DE LOS JUECES, el séptimo según el órden en que se han arreglado los del Antiguo Testamento, contiene los anales de la época en que Israel fué gobernado por Jueces, y á menudo se hace referencia á dicho libro en el Nuevo Testamento, y otras partes de la Biblia. Tiene tres partes: cap. 1 á 3:6, la introductoria; caps. 3:7 á 16, la narración principal, en que se da completa la historia de seis de los Jueces, y abreviada la de los otros; cap. 17–21, el apéndice, que contiene dos narraciones aparte. El libro da cuenta de los pasos en virtud de los cuales el pueblo llegó á rechazar á Dios como su gobernante, y parece haber sido escrito antes de que David tomase á Zión, 1:21, y sin embargo, después de haberse introducido el gobierno monárquico, 17:6; 18:1; 21:25. Se ignora quien fué su autor; pero la mayor parte de los críticos lo atribuyen á Samuel, 1403 A. C. Pone de manifiesto el cuidado que Dios ejerció sobre su pueblo, mezclando su tolerancia con castigos oportunos. En cuatro ocasiones memorables el Ángel de Jehová se apareció para librar á Israel, Jos. 2:1-5; 6:11-21; 10:10-16; 13:3-23. El periodo de los Jueces fué, en lo general, de prosperidad; y á la vez que la providencia de Dios confirmó su palabra, "Si rehusais obedecer y os rebelais, seréis devorados por la espada," les cumplió no menos fielmente la promesa de "Si manifestais buena voluntad y obediencia, comeréis de la grosura de la tierra."

JUEGOS. Hay pocas alusiones en la Escritura á los juegos de los niños y de los jóvenes, que sin duda se practicaban entre los Hebreos, pues en los monumentos se ve que se acostumbraban entre los Egipcios, siendo algunos de ellos inocentes, y otros nó, Exod. 32:6; 2 Sam. 2:14; Sal. 19:5; Ecles. 9:11; Zac. 8:5; Mat. 11:16,17. Los Hebreos, sin embargo, no teníau juegos nacionales, como los famosos de Grecia y de Roma. Estos fueron introducidos en Jerusalem por Jasón por el año 187 A. C.; pero en corto tiempo cayeron en desuso. Herodes el Grande construyó después un teatro y un anfiteatro, y celebraba juegos cada cinco años en Jerusalem y en Cesarea con gran desagrado de todos los Judíos fieles. Con todo, Pablo sacó á menudo de los bien conocidos juegos de Grecia, muy adecuados símiles de la vida cristiana. Véase CORONA. La lucha que él tuvo en Éfeso con las "bestias," 1 Cor. 15:32, fué probablemente con hombres feroces y crueles, porque él era ciudadano romano ilustre y como tal no podía ser arrojado á las bestias. En 1 Cor. 9:26, 27, él dice: "De esta manera peleo, no como quien hiere el aire: antes hiero mi cuerpo y lo pongo en servidumbre, no sea que, habiendo predicado á otros, yo mismo venga á ser reprobado."

JUICIO, véase JUSTICIA. En Hechos 19:38, "audiencias se hacen," quiere decir "hay cortes," y el procónsul con sus subalternos elegidos por el pueblo, administrará justicia.

Juicio es un acto del entendimiento en virtud del cual discernimos y formamos una opinión en cuanto á la naturaleza real de alguna cosa ó hecho, ó al verdadero carácter de alguna persona, Sal. 119:66; Prov. 13:23; Isa. 56:1. Por lo que toca á esta acepción de la palabra, debemos recordar que el juicio que Dios forma de nosotros es infaliblemente verdadero; toda clase de disfraces desaparecen ante su vista, cada alma se le descubre tal cual es, Gén. 18:25; Rom. 2:2; y se nos amonesta á que nos veamos como él nos ve, para que al fin no seamos condenados, 1 Cor. 11:31.

Empléase á menudo en la Escritura la palabra *juicio* para expresar la vindicación que Dios hace de su pueblo, Sal. 37:6; 76:9, y el castigo que impone á sus enemigos, Rom. 1:32; 2:3, 5. Sus "juicios" son sus leyes, las declaraciones de su voluntad, Deut. 7:12; Neh. 9:13; Sal. 119, ó el condigno castigo de los transgresores, Exod 6:6; Prov. 19:29; Ezeq. 25:11; Apoc. 16:7.

La palabra juicio se usa en Mat. 5:21, 22, para designar un juzgado, un tribunal

354

es á saber, el tribunal de los siete jueces, que según Josefo existía en todas las ciudades, y decidía los asuntos de poca importancia. Véase SINAGOGA.

El DÍA DEL JUICIO, para designar el cual se usa á veces la sola palabra "juicio," es aquel gran día al fin del mundo y de los tiempos, en que Cristo se sentará como juez de todo el universo, Hech. 17:31, y en que todos los individuos de la especie humana serán juzgados y recompensados según sus obras, ya sean éstas buenas ó malas. Esta es una verdad de la revelación bien confirmada por la voz secreta de la conciencia, y por el hecho de que en todas partes se advierte gran desigualdad en la retribución que alcanza á los hombres en esta vida. Varios libros seran abiertos: el libro de la conciencia, Rom. 2:15, el de la providencia de Dios, Rom. 2:4, 5; el de la ley, y el del evangelio, Juan 12:48; Rom. 2:12, 15, y el libro de la vida, Luc. 10:20; Apoc. 3:5; 20:12, 15. Solo Dios sabe cuando tendrá lugar y cuanto tiempo durará. Vendrá de súbito y con una majestad gloriosa, pero terrible. Presenciará la perfecta vindicación de todos los actos de Dios. La revelación de la justicia divina, de esa justicia formidable pero sin mancha, llenará al universo de asombro, y al mismo tiempo lo obligará á tributar su aprobación; pero la revelación aun más sorprendente de la bondad divina coronará al Eterno de indecible gloria. El Redentor especialmente recibirá entonces su recompensa, y será glorificado en los redimidos que se levantarán de entre los muertos á semejanza suya. Toda la humanidad será dividida en dos clases: todos los justos formarán la una, y todos los malvados la otra; todos los que aman á Dios, la una, y todos los que le aborrecen, la otra; todos los que con espíritu de penitencia creyeron en Cristo durante sus vidas, la una, y todos los que murieron impenitentes é incrédulos, la otra. Ese juicio y esa separación serán eternos; la primera clase se elevará llena de santidad y gozo, y la segunda se sumergirá en el pecado y en el dolor para siempre, Ecles. 19:9; Dan. 12:2; Mat. 10:15; 12:36; 25:31-46; 26:64; Juan 5:22; Rom. 14:10-12; 2 Tes. 1:7-10; 2 Ped. 2:9; 3:7; 1 Juan 4:17; Apoc. 20:12-15.

JULIA, mujer cristiana de Roma á quien Pablo envió salutaciones. Rom. 16:15.

JULIO, centurión de la cohorte de Augusto, á quien Festo, gobernador de Judea, encargó á Pablo para que lo condujera de Cesarea á Roma. Julio tuvo grandes miramientos por Pablo. Le permitió que desembarcara en Sidón y que visitara á sus amigos; y en Malta, á fin de salvar al apóstol, se opuso á la violencia de los soldados dirigida contra los prisioneros en general, Hech. 27.

JUNCO. Dos palabras hebreas se han traducido así, una de las cuales denota la caña llamada papiro, que es una planta acuática de la familia del esparganio. Esta caña antiguamente crecía en las márgenes del Nilo, y ahora en Palestina en los alrededores del alto Jordán, y en Abysinia en terrenos pantanosos, Job 8:11, hasta una altura de diez á doce piés, Isa. 35:7. Los tallos son flexibles, y se pueden entretejer de una manera tan apretada que no cala el agua, como en la construcción de arquillas, Exod. 2:3, 5, y aun de navíos de grandes dimensiones, Isa. 18:2. Los materiales de dichos barcos eran muy comunes en Egipto. La corteza interior de esa planta, tejida y unida, proporcionaba un material para escribir, y de allí procede nuestra palabra papel. El meollo se usaba á menudo como alimento. Véase LIBRO.

La otra palabra, traducida también "junco" en Isa. 58:5. y "garfio" en Job 41:2. representa una planta diferente parecida á la caña, de la familia de las algas, Isa. 9:14. La expresión proverbial que se halla en Isa. 19:15, denota lo más elevado y lo más bajo del pueblo, es decir, el pueblo todo. Véase CAÑA.

JUNIA, Rom. 16:17, uno de los parientes de Pablo, ó tal vez sólo paisano suyo, Rom. 9:3, residente en Roma, y discípulo de Cristo antes que él.

JUNTAR, en Luc. 12:17, significa poner ó depositar en lugar seguro; y esta idea se expresa por *guardar* en 2 Rey. 5:24.

JÚPITER, el supremo dios de los paganos griegos y romanos, se le llamaba hijo de Saturno y Ops, y se le consideraba como nacido en Creta. El carácter que se lo atribuía en la mitología pagana, era una mezcla de todo lo que es malo, obsceno y bestial en el catálogo de los crímenes humanos, si bien era siempre descrito como de un aspecto y apostura noble y respetable. Por esto fué que después de la curación milagrosa del tullido de Listra, reconociendo el populacho supersticioso que se había ejercido un poder sobrenatural, llamó á Barnabás Júpiter, y á Pablo Mercurio, y trató de adorarlos, Hech. 14:11-13. Los Efesios se imaginaban que la imagen de madera que tenían de Diana les había sido enviada por Júpiter, Hech. 19:35. Antíoco Epífanes profanó el templo de Jerusalem sacrificando cerdos en el altar, y lo convirtió en templo de Júpiter Olímpico. Ese altar idolátrico y esa imagen, se supuso por los Judíos que era la "Abominación de Desolación" de Daniel. Véase ABOMINACIÓN.

JURAMENTAR, poner á uno bajo juramento, obligándole así á hablar ó á obrar, como si estuviera en la presencia de Dios, Jos. 6:26; 1 Sam. 14:24; Mat. 26:63; Mar. 5:7. Véase JURAMENTO.

JURAMENTO. una solemne afirmación ó promesa acompañada de una imprecación dirigida al Ser Supremo, para que castigara al que juraba si sus manifestaciones no eran verdaderas, ó si sus promesas no eran cumplidas, Gén. 26·28; 2 Sam. 21:7; Neh. 10:29, 30. Prestábase á menudo el juramento cuando se hacían declaraciones importantes, 1 Rey. 18:10; se asumía un voto, Lev. 5:4; se hacía una promesa solemne, Gén. 14:22; 24:2-4; 50:25, ó se celebraba un pacto, Gén. 31:53; 1 Crón. 16:15-17. Dios ha prohibido toda clase de juramentos falsos, así como todos aquellos inútiles y que se hacen por costumbre en la conversación ordinaria; pero cuando la necesidad ó la importancia de un asunto requiere un juramento, permite á los hombres que juren por su nombre. Exod. 22:11;

Lev. 5:1. Jurar por un dios falso era un acto de idolatría, Jer. 5:7; 12:16. Entre los Hebreos el juramento se pedía judicialmente no sólo á los testigos, sino también á una persona acusada cuya culpa no podía probarse, para que en vista de una solemne negación, fuese puesta en libertad, Exod. 22:10, 11; Lev. 5:1; 6:2-5; Núm. 5:19-22; 1 Rey. 8:31. El juez se ponía en pié y requería á la persona á que jurara en el nombre de Dios, mencionando también uno ó más de sus atributos infinitos. De esta manera nuestro Señor fué requerido por Caifás, Mat. 26:63. Jesús había permanecido en silencio durante su largo examen; entónces el sumo sacerdote, sabiendo que tenía un modo seguro de obtener una respuesta, se levantó y le dijo: "Te conjuro por el Dios vivo, que nos digas si eres el Cristo." A este conjuro hecho tan solemnemente, Jesús replicó que Él era en verdad el Mesías.

Un juramento es una solemne apelación dirigida á Dios, como sér que todo lo ve, para que nos sirva de testigo de que lo que decimos es verdad, ó como vengador todopoderoso para que nos castigue si lo que decimos fuere falso, Heb. 6:16. Su fuerza depende de la convicción que tengamos de que el Señor es un Dios de infinita justicia; de que él no tendrá por inocente á los que tomaren su nombre en vano; y de que la pérdida de su favor excede inconmensurablemente á todo cuanto pudiera ganarse por medio de un falso testimonio. Es un acto de culto religioso, y por ese motivo Dios exige que sea hecho en su nombre, Deut. 10:20, é indica la manera como debe exigirse, y el deber que contrae la persona que jura, Exod. 22:11; Deut. 6:13; Sal. 15:4; 24:4. De aquí resulta que los ateos, que pretenden negar la existencia de Dios, y las personas que no creen en un estado futuro de recompensa y de castigo, no pueden prestar el juramento, si han de ser consecuentes. De sus labios un juramento no es sin una burla irreverente.

Dios mismo, según nos lo enseña la Biblia, ratificaba sus promesas con el juramento, y se conformaba así con lo que pasa entre los hombres, Gén. 26:3; Sal. 95:11; Hech. 2:30; Heb. 6:13, 16, 17. Los juramentos prohibidos en Mat. 5:34, 35; 28:16-22; Sant. 5:12. deben de referirse á las prácticas impremeditadas, ligeras y frívolas de los Judíos, no á las reverentes apelaciones hechas á Dios en ocasiones propias; de otro modo, Pablo habría obrado

356

contra el mandamiento de Cristo, Rom. 1:9; Gál. 1:20; 2 Cor. 1:23. Está obligada á prestar juramento toda persona cuyo deber le exija que declare la verdad de la manera más solemne y judicial; pero no hay duda que el juramento se exige con harta frecuencia innecesaria é irreverentemente, y se presta sin tener en cuenta la responsabilidad que así se asume. Como estamos obligados á manifestar el mayor grado posible de reverencia hacia Dios, debemos tener sumo cuidado de no jurar precipitada ó irreflexivamente al hacer alguna promesa. Faltar á su cumplimiento es un perjurio, á no ser que la promesa sea contraria á la ley de la naturaleza y de Dios; en este caso no hay juramento que nos obligue: el pecado consiste en haberlo prestado. Véanse CORBÁN y VOTOS.

La siguiente era una de las fórmulas de estilo al prestar un juramento, y tal vez se hacía al tiempo de pronunciarla algún ademán significativo: "El Señor me haga eso y más todavía," esto es, el Señor me mate, como se mataba la víctima del sacrificio en tales ocasiones, Gén. 15:10, 17; Jer. 34:18, "y me castigue aun más si no hablo la verdad," Rut 1:17; 1 Sam. 3:17. Frases en el mismo sentido son las siguientes: "Vive Jehová," Jue. 8:19; "Verdad digo en Cristo, no miento," Rom. 9:1; 1 Tim. 2:7; "Dios me es testigo," Filip. 1:8. Hácese también alusión en la Biblia á varias de las acciones con que se acompañaba el juramento, tales como poner la mano bajo el muslo, Gén. 24:2; 47:29; y levantarla hacia el cielo, Gén. 14:22, 23; Deut. 32:40; Apoc. 10:5. Por esto es que la expresión "levantar la mano," significa en muchos casos "hacer un juramento," Exod. 6:8; Deut. 32:40; Sal. 106:26; Ezeq. 20:5-42.

El perjurio ó el juramento falso, ó toda mención profana que se haga de los nombres de Dios ó de sus atributos, son pecados graves y dignos de severo castigo, Ex. 20:7; Lev. 19:12; 24:10-16; Deut. 19:16-19; Ose. 4:2, 3. En algunos casos habiendo consistido más bien en una desobediencia intencional de la voluntad de Dios que en mero olvido, ha sido seguido de muerte repentina.

JUSTICIA, un sentimiento de rectitud y equidad que gobierna nuestra conducta, y nos hace acatar debidamente todos los derechos de los demás, sus personas, bienes, carácter y todo cuanto les atañe. Tiene que ver no solamente en lo relativo á asuntos pecuniarios, sino en toda clase de relaciones que tengamos con la sociedad. Es una de las cuatro virtudes cardinales, y requiere no sólo que nos abstengamos de proceder mal con los demás, hasta de pensamiento, sino que reconozcamos la fraternidad de todos los hombres, y el consiguiente derecho de estos á nuestra buena voluntad y benévolos oficios. Es *injusto* que no amemos á nuestro prójimo tan verdaderamente como á nosotros mismos. La justicia forma un elemento principal del carácter que aprueba la palabra de Dios; y un hombre verdaderamente justo no tiene más que "amar la misericordia y andar humildemente con Dios," para cumplir todo lo bueno, Luc. 2:25. Por lo que toca á los magistrados, gobernantes y jueces, su justicia ha de estar destituida de temor y ser imparcial, y todas las decisiones de ellos han de ser tales que no sufran censura cuando sean examinadas ante el tribunal del cielo, Deut. 1:16, 17; 2 Sam. 23:3; 2 Crón. 19:6-10. El juicio es la prerogativa privativa de Dios, y todos los tribunales de la tierra se hallan bajo la sombra del "gran trono blanco." Un juicio justo es la voz de Dios; y por lo tanto uno injusto es doblemente aborrecible á sus ojos, Sal. 82.

La palabra "justo" se usa á menudo para denotar no el genio ó la índole natural del hombre, sino el carácter y el estado adquiridos por la gracia, Heb. 12:23. "El justo vivirá por la fé," Rom. 1:17; Gál. 3:11. Véase JUSTIFICACIÓN,

LA JUSTICIA DE DIOS es aquel atributo esencial é infinito en virtud del cual la naturaleza y los actos de Él son la perfecta personificación de la equidad, y la divinidad viene á ser el modelo y el guardián de la equidad por todo el universo, Deut. 32:4; Sal. 89:14; 97:2. La justicia de Dios no podría dejar al mundo sin leyes, ni tampoco podría dejar de vindicarlas no ejecutando las leyes que ellas imponen; y como toda la humanidad constantemente las quebranta, cada alma humana está sujeta á la condenación, y debe perecer, á no ser que sea perdonada en virtud del rescate aceptado por el Padre, la sangre de Cristo.

La administración de justicia entre los Hebreos tenía dos rasgos que la distinguían, es á saber: la sencillez y la prontitud. En los tiempos más antiguos, el patriarca de cada familia era á la vez su juez, Gén. 38:24. Después, á falta de tribunales más en forma, los ancianos de una casa, tribu ó ciudad, eran sus jueces por derecho natural. En el desierto. Moisés organizó

357

para provecho de los Judíos un sistema regular de jueces, algunos de los cuales tenían jurisdicción sobre diez familias; otras sobre 50, 100 ó 1,000. Dichos magistrados debían ser escogidos de entre todo el pueblo, y ser "varones de virtud, temerosos de Dios, varones de verdad que aborrecieran la codicia," Exod. 18:21. Comp. 2 Sam. 23:3; Prov. 21:1. Los casos difíciles se pasaban á Moisés, quien á menudo solicitaba la dirección divina para decidirlos, Exod. 18:13-26; Lev. 24:12. Estos jueces eran tal vez "los príncipes de la congregación," y "los jefes de las familias y tribus" de quienes se nos habla después, Núm. 27:3; 1 Crón. 4:38. Tenían sucesores en la época de Josué, Jos. 24:1. En la tierra de Canaán se nombraban magistrados locales para cada ciudad ó población, y estos eran aleccionados y auxiliados en el desempeño de su encargo por los sacerdotes, por estar todos enteramente bajo la teocracia, el gobierno de Jehová, el supremo juez de Israel, Deut. 16:18; 17:8-10; 19:17; 21:1-6. Sus tribunales comunes los establecían en la puerta de la ciudad, como el lugar más público y conveniente para ello, Deut. 21:9; 22:15; 25:7; y en el mismo sitio se ratificaban los contratos, Rut 4:1, 9; Jer. 32:7-15. Débora, la profetiza, juzgaba á Israel debajo de una palma, Jue. 4:5. Samuel estableció un tribunal de circuito, en el sentido genuino de esta palabra, 1 Sam. 7:16; y entre los reyes, Josafat dictó las providencias conducentes para la recta administración de justicia, 2 Crón. 19.

Los reyes mismos eran jueces supremos, con facultades casi omnímodas, 1 Sam. 22:16; 2 Sam. 4:9, 10; 1 Rey. 22:26. Estaban sin embargo obligados á ver que la justicia se administrase en todas partes, y tenían que ser accesibles á todos los que hubieran sufrido algún agravio. Las Escrituras contienen muchas quejas de la mala administración de los jueces, de cohechos y de perjurios, 1 Sam. 8:3; 1 Rey. 21:8-14; Isa. 1:23; 10:1; Miq. 3:11; 7:3.

No había entre los Judíos un gremio que correspondiese exactamente á nuestros abogados. El acusador y el acusado comparecían lado á lado ante el juez, con sus testigos, y cada uno defendía su propia causa. Al acusador se le llama en varios lugares, Satanás, esto es, el adversario, Sal. 109:6; Zac. 3:1-3. Nadie podía ser condenado sin tener en contra el testimonio de dos testigos por lo menos acordes, Núm. 35:30; y cuando faltaba ese testimonio el acusado estaba obligado á hacer juramento de su inocencia, Exod. 22:11; Heb. 6:16. La sentencia del juez era ejecutada en el momento; y en ciertos casos los testigos lanzaban la primera piedra, Deut. 17:5, 7; 25:2; Jos. 7:24; 1 Sam. 22:18; 1 Rey. 2:24; Prov. 16:14. Esa espantosa celeridad caracteriza todavía la administración de justicia en el Oriente. El empleo de la tortura como medio de obtener pruebas fidedignas, se menciona solamente una vez, y entonces recurrió á él la autoridad de Roma, Hechos 22:24. Véase SANHEDRIN y SINAGOGA.

JUSTIFICACIÓN, el acto de la voluntad divina en virtud del cual el hombre es tratado como si fuera inocente; ó sea la absolución del hombre de las consecuencias de sus culpas ante el tribunal de Dios. Es el acto opuesto á la condenación, y significa absolución y vindicación, Deut. 25:1; Sal. 143:2; Prov. 17:15. Úsase este término en tal sentido 40 veces en el Antiguo Testamento, y á menudo en el Nuevo, como en Luc. 18:14. "La justificación por la fé" significa que una persona, con motivo de una fé viva y verdadera en Cristo, manifestada por medio de las buenas obras, es librada de la condenación que merecía por sus pecados; esto es, que sus pecados le son perdonados, y ella es considerada y tratada como si fuera inocente y santa. Esto, además de la remisión de los pecados y del castigo á ellos consiguiente, incluye la restitución y el eterno goce del favor de Dios.

Nosotros obtenemos la justificación por *la fé en Cristo*. Sin embargo, ni esta, ni otro hecho alguno de los nuestros, como obra, puede servir en manera alguna de fundamento para la justificación. Al absolvernos ante de su tribunal, Dios no tiene en cuenta nuestras obras, en su conjunto ó en parte, sino la obra expiatoria y los méritos de Cristo, Efes. 1:7; Col. 1:14; Apoc. 5:9. El Salvador fué tratado como pecador, para que nosotros pudiésemos ser tratados como justos. "Ahora, pues, ninguna condenación hay para los que están en Cristo Jesús," Rom. 8:1-4; desde el momento en que creemos, nuestra justificación es tan perfecta, como lo es el valer infinito de nuestro Redentor. La validez de aquella no depende del grado de certidumbre de ser salvo tengamos, ni de la inmaculada santidad de nuestra vida. Es cierto que la santificación, ó sea el crecimiento progresivo en la santidad, comienza simultáneamente con la justificación, y debe al fin alcanzar la misma perfección. Con todo, es importante distinguir entre las dos, y observar que, aun cuando la santidad del creyente llegara á ser tan perfecta como la de un ángel, no podría por eso participar de los méritos expiatorios de Cristo en términos que le diera á él el derecho de ser admitido en el cielo.

La verdadera justificación en virtud del gratuito don del Salvador, es el más poderoso incentivo para una vida santa. Va seguida de la adopción, la paz de conciencia, y los frutos del Espíritu Santo en esta vida; y de la santificación final, la absolución en el día del juicio, y la admisión al cielo, Rom. 3 : 20-31; 5; 10 : 4-10; Gál. 2 : 16-21; Efes. 2 : 4-10.

JUSTO, I., sobrenombre de José, que se llamaba Barsabás, Hech. 1 : 23. Véase BARSABÁS.

II. Corintio converso en cuya casa predicó Pablo, Hech. 18 : 7.

III. Judío converso llamado también Jesús, colaborador en Roma de Pablo y de Marcos, Col. 4 : 11.

JUTA, inclinado, ciudad levítica en las montañas de Judá, Jos. 15 : 55; 21 : 16, la moderna Yutta, cinco millas al sur de Hebrón. Se conjetura que esta es la ciudad de Judá, Luc. 1 : 39, en donde María visitó á Elisabet, y donde nació Juan el Bautista.

K.

KELAÍA, despreciado del Señor, y CELITA, un enano, Levita activo en la reforma de Esdras, Esdras 10 : 23; Neh. 8 : 7; 10 : 10.

KEMUEL ó CAMUEL, ayudador, ó asamblea de Dios, tercer hijo de Nacor ó hermano de Abraham, y padre de Betuel, Gen. 22 : 21; 24 : 15.

KENAT, posesión, ciudad de Galaád, tomada por Noba, quien le dió su nombre, Núm. 32 : 42, y Jair, 1 Crón. 2 : 23; en la tribu de Manassés. Ahora Kunawat en el Haurán.

KIBROT-HATTAAVAH, tumbas de los anhelosos, el 14º de los campamentos de Israel en el desierto, en donde quisieron que Dios les diera carne para sustento, por estar, según decían ellos, cansados del maná, Núm. 11 : 34, 35; 33 : 16. Les fueron suministradas codornices en milagrosas cantidades; pero mientras tenían la carne en la boca, Dios hirió de muerte á tan gran número de ellos, que el lugar fué llamado "las tumbas de aquellos que codiciaron," Sal. 78 : 30, 31. y quedo como

monumento para precaver al género humano contra el pecado del descontento, Deut. 9 : 22; 1 Cor. 10 : 6. Estaba cerca de Taberah, Núm. 11 : 3, 4, al N. E. de Sinaí, hacia el brazo oriental del Mar Rojo, Núm. 10 : 33; 11 : 22, 31. Véase CODORNICES.

KIBSAIM, dos montones, ciudad de refugio. levítica y coatita, en Efraím, Jos. 21 : 22, cerca de Kishon y del límite de Zabulón; comp. 1 Crón. 6 : 68, en donde se sustituye por Jocmeam.

KIR, lugar amurallado, I., ciudad fuerte de Moab, tenía una fortaleza, y estaba á 3,000 piés sobre el nivel del Mar Muerto; llamado también Kir-Moab, Kir-Hareset, y Kir-heres, Isa. 15 : 1; 16 : 7, 11; Jer. 48 : 31, 36. Fué una vez casi destruida por Jorám rey de Israel, 2 Rey. 3 : 25. Ahora se llama Kerak, y es una ciudad de 300 familias, en un cerro escarpado, situado en la cabeza de una barranca que se extiende 15 millas en las Montañas de Moab. Tres cuartas partes de sus actuales habitantes se llaman cristianos y sufren mucha opresión á manos de los Árabes mahometanos que los rodean. Véase MESHA.

II. Una región sujeta á Asiria, á la cual Tiglat-Pileser trasportó al pueblo cautivo de Damasco, 2 Rey. 16 : 9. Las inscripciones asirias consignan que esta región había sido conquistada por Esar-haddon. Comp. 2 Rey. 19 : 37, Se menciona con Elam, Isa. 22 : 6, y se cree que estaba en las cercanías del rio Kur ó Cyrus, en el N. E. de la Armenia. El río corre al S. E., se une con el Araxes y desagua en el Mar Caspio.

KIRIAT-JEARIM, ciudad de florestas. Véase KIRIATARIM. Fué asignada á Judá, y tal vez en parte á Benjamín, pues estaba situada en la línea divisoria de estas dos tribus, Jos. 15 : 9, 60; 18 : 14, 15, 28; y fué una de las ciudades gabaonitas que engañaron á Josué, Jos. 9 : 3-17. Véase MANANEH-DAN. Allí fué llevada el arca que devolvieron los Filisteos, 1 Sam. 6 : 21; 7 : 1, 2, y permaneció en la casa de Abinadab cerca de 70 años, hasta que David la trasladó á la casa de Obed-edom, y de allí á Jerusalem, 2 Sam. 6 : 2-12; 1 Crón. 13 : 15; 2 Crón. 1 : 4. Comp, Sal. 132 : 6, " los campos de Jearim." Fué poblada de nuevo después de la cautividad, Esd. 2 : 25; Neh. 7 : 29. Su sitio se halla probablemente en Kuryet el Enab, 8 millas distante de Jerusalem en el camino para Ramleh, en donde hay ruinas bien conservadas de una iglesia gótica erigida por los Cruzados.

KIRIATAIM, dos ciudades, I., la forma

dual de Kiriat, *una ciudad.* Era una antígua ciudad de los Emim, al E. del Jordán; habitada después por los Moabitas, Amorreos é Israelitas alternativamente, Gén. 14:5; Deut. 2:9–11; Jer. 48:1, 23; Ezeq. 25:9. Cayó dentro de los límites de la tribu de Ruben, Núm. 32:37; Jos. 13:19. Se supone que es la moderna Kureyat, 11 millas al sudoeste de Medeba.

II. Ciudad levítica de refugio en Neftalí, 1 Crón. 6:76; llamada Kartan en Josué 21:32.

KIRIAT-ARBA, *la ciudad de Arba,* el hijo de Anak, Gén. 23:2; Jos. 14:15; 15:13, 54; 20:7; 21:11; Jue. 1:10; Neh. 11:25. Véase HEBRÓN.

KIRIATARIM, *ciudad de florestas,* Esd. 2:25; llamada también Kiriat-baal, Jos. 15:60; 18:14; Kiriat, Jos. 18:28; y Baala, Jos. 15:9. Véase KIRIAT-JEARIM, p. 359.

KIRIAT-SANNA, *ciudad de palmas,* Jos. 15:49; y Kiriat-Sefer, *ciudad de libros,* Jos. 10:38, 39; 12:13; 15:15, 49, llamada también Debir. Véase esta palabra.

KITTIM, I., hijo de Javán y nieto de Noé, Gén. 10:4; 1 Crón. 1:7.

II. Descendientes de Javán, hijo de Jafet; y la tierra establecida por ellos, Gén. 10:4. Kittim parece denotar primeramente la isla de Chipre; y que se emplea también en un sentido más amplio para designar otras islas y paises adyacentes al Mediterráneo, Isa. 23:1, 12; Jer. 2:10; Ezeq. 27:6; como por ejemplo Macedonia, Dan. 11:30, y Roma, Núm. 24:24.

L.

LABAN, *blanco,* I., rico ganadero de Mesopotamia, hijo de Betuel, y nieto de Nacor, hermano de Abraham, Gén. 24:28–31. Su carácter se manifiesta en la alegría con que dió á su hermana Rebeca en matrimonio al hijo único de su rico tío Abraham. Gén. 24:30, 50. y en las supercherías y exacciones que empleó para con su sobrino y yerno Jacob, y de las cuales este se defendió valiéndose tanto de la astucia como de la fidelidad. Cuando la envidia del suegro se ensañó contra la felicidad de la familia del yerno en terminos que ya era imposible que los dos vivieran en concordia, Jacob, por mandato de Dios, salió secretamente para irse á Canaán. Labán le persiguió; pero siendo amonestado por Dios para no hacerle mal, volvió á su casa después de celebrar un tratado de paz. Parece haber conocido y adorado á Dios, Gén. 24:50; 30:27; 31:53; pero aquello

del hurto de los dioses ó terafines que Raquel le hizo, Gén. 31:30, 34, deja traslucir que Labán no se hallaba sin alguna mancha de idolatría.

II. Deut. 1:1. Véase LIBNA, I.

LABIO, traducido á menudo "lengua," en el sentido de un dialecto diferente, Isa. 28:11; 1 Cor. 14:21. "El fruto de los labios," Heb. 13:15, es alabanza. "Becerros de nuestros labios," Ose. 14:3, son ofrecimientos de gracias. Cubrirse uno los labios con la punta de su vestidura, como si fueran inmundos, Isa. 6:5, 7, era señal de duelo ó humillación, Ezeq. 24:17, 22; Miq. 3:7.

LABRADOR, cultivador de la tierra, antigua y honrosa ocupación, Gén. 2:15; 9:20. A Dios se le llama así, Juan 15:1; comp. Isa. 5:1–7, metáfora que expresa bien el asiduo cuidado que Él tiene da su pueblo—de los pámpanos de su Vid, la cual es Cristo—y de su terreno cultivado, su labranza, 1 Cor. 3:9.

LADRILLOS, eran generalmente hechos de barro, y se ponían á secar y endurecer al sol, Gén. 11:3, si bien algunas veces se usaban hornos, 2 Sam. 12:31; Isa. 65:3; Jer. 43:9; Nah. 3:14. La torre de Babel fué construida con ladrillos unidos con betún. Los ladrillos ó tejas que se usaban, tenían generalmente un pié cuadrado, y 3½ pulgadas de espesor. Se ha hallado gran cantidad de ellos tanto en Babilonia como en Egipto, marcados con un sello real ó sacerdotal. Véanse BABILONIA, NABUCODONOSOR, EGIPTO, etc.

La construcción de ladrillos fué el trabajo con que más se oprimió á los Israelitas en Egipto. En los monumentos de

Egipto están pintadas las diversas operaciones de esta dura y antigua tarea, es decir, el modo de acarrear, mezclar y amoldar el barro, secar y apilar los ladrillos, hecho todo por extranjeros bajo las órdenes de capataces. Muchos ladrillos

llevan el sello de Totmes III., contemporáneo de los Hebreos en Egipto. Probable-

CONSTRUCCIÓN DE LADRILLOS, BAJO LAS ÓRDENES DE UN CAPATAZ.

mente se le mezclaba paja al barro para que quedara compacto.

LADRÓN, ó más bien "salteador" en Mat. 21:13; 26:55; 27:38, 44; Mar. 11:17; 14:48; 15:27; Luc. 10:30, 36; 19:46; 22:52; 23:39-43. El ladrón penitente manifestó una fé tan extraordinaria como su arrepentimiento, reconociendo á Cristo aun en la cruz, como al Rey divino, como al Salvador del hombre. El acto de tornarse á Cristo, tal vez después de befarlo como el otro ladrón, parece haber sido repentino y haber sido causado por la resignación sobrenatural con que el Redentor sufría, por lo divino de sus miradas y de sus palabras y por las señales y circunstancias extraordinarias de aquel momento supremo.

LAGAR, Prov. 3:10; Isa. 5:2; 632; Hag. 2:16. Los lagares en muchos casos estaban construidos en la falda de algún cerro,

y con dos divisiones: la superior—en la cual se echaban las uvas, y eran trilladas por los piés descalzos de los hombres—y la

inferior, en la cual corría el zumo exprimido. Á ambas se hace referencia en Joel 3:13. Estas lagares eran algunas veces excavadas en la roca ó en el suelo, y cubiertos por dentro con obra de albañilería, Mat. 21:33. Robinson describe uno que vió en Palestina, y dice que su estanque ó receptáculo superior tenía ocho piés de lado y 15 pulgadas de profundidad, y el pequeño, dos piés más abajo, cuatro piés de lado, y tres de profundidad. Los pisadores gritaban y cantaban, Isa. 16:10; Jer. 25:30, y en breve tiempo tenían manchados los vestidos y la cutis, Isa. 63:1-3; Apoc. 19:13-15. En esa clase de prensas los que hoy viajan en Siria ven á menudo en la estación correspondiente uno ó más hombres pisando uvas. Una prensa de la misma especie se usaba para las aceitunas, Miq. 6:15. La palabra hebrea, gath, con que se designa el lagar, está empleada en varios nombres geográficos. Uno de los modos de que los Egipcios se valían en la antigüedad para exprimir el zumo de las uvas, era este: Metíanse las uvas en un saco colocado horizontalmente en un marco, en seguida era retorcido aquel por varios hombres, y se recogía el zumo en una grande vasija que se ponía debajo. Véase VINO.

LAGARTO ó LAGARTIJA, reptil de sangre fría, de mucha semejanza con la serpiente, pero que tiene cuatro piés. Hay en Siria un gran número de reptiles que varían en gran manera en tamaño, apariencia y lugar de habitación; algunos son anfibios, y otros viven en las rocas del desierto ó entre ruinas antiguas. Los lagartos fueron declarados inmundos por la ley levítica, Lev. 11:30. Véanse CAMALEÓN y BABOSA.

LAGO. Véase MEROM y MAR. La descripción tan terrible del infierno, como "un lago de fuego ardiendo en azufre," Apoc. 19:20; 21:8, trae á la memoria el fuego y el mar en que Sodoma fué consumida y tragada.

LÁGRIMAS. Las lágrimas de los dolientes que asistían á los funerales se guardaban, según se supone, en pequeñas urnas ó lacrimatorios de vidrio delgado ó de loza, y estos eran depositados en los sepulcros, de suerte que hoy día se encuentran muchos al abrir las tumbas antiguas. Esta costumbre tal vez sirva para aclarar el sentido de las palabras en Sal. 56:8, según el cual Dios tiene siempre presentes las aflicciones de su pueblo; si bien muchos creen que estos vasos servían para depositar perfumes ó flores y nó lágrimas. En Apoc. 7:17, representa á Dios enjugando tiernamente las lágrimas de los ojos, y quitando todos los pesares para siempre, especialmente la muerte, que es una de las principales fuentes de dolor, Isa. 25·8; Jer. 22:10; 31:15, 16, y la amargura del arrepentimiento, Joel 2.12; Mat. 26:75. Las lamentaciones y llantos públicos durante los funerales y las calamidades nacionales, eran mucho más frecuentes en los tiempos antiguos que en los nuestros, Núm. 14:1; Ecles. 12:5.

LAHMI, *de Betlehem,* 1 Crón. 20:5, al parecer hermano de Goliat; pero véase 2 Sam. 21:19. Tal vez ha de leerse que Elhanan el hijo de Jair, Betlemita, mató á un hermano de Goliat.

LAÍS, *león.* I. Véase DAN, II.

II. Isa. 10:30, ciudad cerca de Anatot, al norte de Jerusalem, por la cual pasaron los Asirios invasores; ahora Adasa.

III. Natural de Gallino, y padre de Palti, 1 Sam. 25:44; 2 Sam. 3:15.

LAMAS, ciudad en la tierra baja de Judá, Jos. 15:40, llamada ahora Tell Hamam, y situada 6 millas al S. E. de Eglon.

LAMEC, *vigoroso,* I., hijo de Matusael, Gén. 4:18–24, descendiente de Cain en la quinta generación, y progenitor de una numerosa posteridad, distinguida por su destreza en la agricultura, la música y varias artes mecánicas. Es el primer polígama de que se hace mención en la historia. La arenga que dirigió á sus dos esposas es la muestra más antigua que existe de poesía, y es un buen ejemplo del paralelismo hebreo. "Y dijo Lamec á sus mujeres:

"Ada y Zilla, oid mi voz;
Mujeres de Lamec, prestad oidos á mi dicho:
Que un varón he matado por haberme herido,
Y un mancebo por haberme golpeado.
Pues si siete veces será vengado Cain,
Entonces Lamec setenta veces siete."
VERSIÓN DE PRATT.

Se han sugerido muchas explicaciones de este intempestivo fragmento. La más satisfactoria quizá es la de que Lamec había dado muerte accidentalmente ó en defensa propia, á un hombre, y estaba expuesto á la venganza del "vengador de la sangre;" pero tranquiliza los temores de sus mujeres diciendo que como Dios había prohibido que se diese muerte á Cain, bajo penas severas, Gén. 4:15, con más razón preservaría la vida de Lamec que era comparativamente inocente.

II. El hijo de Matusalem y padre de Noé; vivió 777 años, y murió sólo 5 antes del diluvio, Gén. 5:25-31; 1 Crón. 1:3; Luc. 3:36.

LAMENTACIONES DE JEREMÍAS, poema elegiaco, compuesto por el profeta con motivo de la destrucción de Jerusalem por Nabucodonosor. Los dos primeros capítulos describen principalmente las calamidades del sitio de Jerusalem; el tercero deplora las persecuciones que Jeremías mismo había sufrido; el cuarto se refiere á la ruina y la desolación de la ciudad y del templo, y á los infortunios de Zedecías; y el quinto es una especie de oración para el uso de los Judíos en su cautividad. Al terminar, el profeta habla de la crueldad de los Idumeos, que habían ultrajado á Jerusalem en su desgracia, y los amenaza con la ira de Dios. 586 A. C.

Los cuatro primeros capítulos de las Lamentaciones están en forma de acróstico. Cada uno de sus versos comienza con una letra del alfabeto hebreo en su orden regular. Los capitulos 1°, 2° y 4° contienen 22 versículos cada uno, en conformidad con las letras del alfabeto; en el capítulo 3° cada letra da principio á tres versículos sucesivos, de suerte que hay por todo 66 versículos. Además de esto, todos los versículos del mismo capítulo tienen casi la misma extensión. El capítulo quinto no es acróstico. Véase LETRA. El estilo de las Lamentaciones de Jeremías es animado, tierno, patético y conmovedor. Dicho profeta tuvo el don de escribir elegías melancólicas y tiernas, 2 Crón. 35:25; y jamás hubo un asunto más digno de lágrimas, ni que haya sido tratado con más ternura y sentimientos más conmovedores. Creeríase que, como se ha dicho con frecuencia, cada letra fué escrita con una lágrima y cada palabra fué el sollozo de un corazón quebrantado. Con todo Jeremías jamás se olvida de que el Dios del pacto reina todavía.

LAMER, modo de beber tomando el agua en el hueco de la mano y echándola sobre la lengua con un movimiento rápido con la cabeza cerca de la corriente, Jue. 7:5, 6.

LÁMPARA. Las lámparas de los antiguos, llamadas algunas veces luces ó candelas en nuestra Biblia, eran tazas y vasijas de muchas formas convenientes y primorosas, y podían ser llevadas en la mano ó tenerse fijas en su aparador. Véase CANDELERO. Dejábanse arder las lámparas toda la noche, y dábaseles pábulo con aceites vejetales, principalmente el olivo y de sebo, cera, etc. Comp. Mat. 8:12; 22:13, "la oscuridad de afuera." Las familias más pobres de algunos lugares del Oriente consideran esto todavía como esencial para la salud y la comodidad. De consiguiente una casa oscura daba á entender de una manera muy enérgica la extinción de sus antiguos moradores, Job 18:5, 6; Prov. 13:9; 20:20; Jer. 25:10, 11; mientras que una luz constante era señal de prosperidad y perpetuidad, 2 Sam. 21:17; 1 Reyes 11:36; 15:4; Sal. 132:17. Las lámparas que se llevaban en la calle; Jue. 7:16, 20; 15:4, ofrecían al aire grandes pabilos, y era necesario llenarlas con frecuencia con una vasija de aceite que se llevaba en la otra mano, Mat. 25:3, 4, 8. Las antorchas y las linternas, Juan 18:3, eran muy necesarias en las ciudades antiguas, cuyas calles no estaban nunca alumbradas.

LANA. Sal. 147:16. Siendo la lana el principal material que se empleaba en la manufactura de géneros, era muy apreciada entre los Hebreos, Lev. 13:47; Job 31:20; Prov. 31:13; Ezeq. 34:3; Ose. 2:5. Fué parte del tributo de Mesa, 2 Rey. 3:4, y uno de los artículos que Tiro compraba de Damasco, Ezeq. 27:18. Se contaba entre las primicias que se daban á los sacerdotes, Deut. 18:4; fué usada en un milagro en tiempos muy antiguos, Jue. 6:37, y la pureza de su blancura simbolizaba la perfección de la misericordia de Dios, Isa. 1:18. Era prohibido á los Hebreos usar lana mezclada con lino, Luc. 19:19; Deut. 22:11, probablemente porque indicaba alguna tendencia á la idolatría.

LANCEROS, Hech. 23:23, probablemente lanceros armados á la ligera, á distinción de los legionarios y los "soldados," que estaban armados con armas pesadas, y de la caballería. Las palabras traducidas "el escuadrón de lanza," en Sal. 68:30, deberían traducirse, según lo han hecho algunos intérpretes, "bestias silvestres de los cañaverales," significando probablemente el cocodrilo, como el símbolo de Egipto; comp. vers. 31; Sal. 74:14; Ezeq. 29:3.

LANGOSTAS, insecto alado voraz, que pertenece al orden conocido entre los naturalistas como la Ortoptera. Bajo la denominación "Langosta" se comprenden varios insectos que se arrastran y brincan, muy parecidos al saltón, y que han sido un gran azote en los países orientales, tanto en los tiempos antiguos como en los modernos. Hay diez nombres diferentes en la Biblia hebrea para los animales de esta clase, pero algunos de estos designan probablemente distintas formas ó periodos de vida de la misma especie. Las especies más destructoras de la Siria y de la Arabia modernas, son la *Œdipoda migratoria*, y el *Acridium peregrinum*.

La Biblia describe sus incontables enjambres, como dirigidos en su vuelo y marcha por Dios, y empleados en el castigo de las naciones culpables, Deut. 28:38-42; 1 Rey. 8:37; 2 Crón. 6:28. Una de las plagas de Egipto fué una multitud de langostas que cubrieron todo el país, de manera que la tierra fué oscurecida, y fué devorada toda la yerba verde que en la misma había, y el fruto de los árboles que el granizo había dejado, Exod. 10:4-19. Pero la descripción más minuciosa de este insecto y de su carrera destructora, que contienen las Sagradas Escrituras, se encuentra en Joel 2:5-10. Esta es una de las más notables y animadas de cuantas descripciones se encuentran en las profecías, y la doble destrucción que produciría la langosta y los enemigos, de los cuales aquella sería la precursora, se pinta con la mayor energía y exactitud. A medida que

leemos, vemos el ejército destructor que se va moviendo, y la desolación que va dejando á su paso. Debe hacerse también mención de que los cuatro insectos especificados en Joel 1:4, es á saber, la oruga, la langosta, el pulgón, y el revoltón, son estrictamente según el hebreo, sólo diferentes formas de langostas, algunas tal vez sin alas, como las que se mencionan á continuación. Véase también Lev. 11:21, 22.

El Dr. Shaw dice á este respecto lo que sigue: "Las que yo ví eran mucho más grandes que nuestros saltones comunes; tenían alas con manchas oscuras, y las piernas y el cuerpo de un amarillo brillante. Su primera aparición fué hacia el fin de Marzo, habiendo soplado por algún tiempo el viento del sur. Á mediados de Abril su cantidad había crecido de un modo tan extraordinario, que en el calor del día, formando bandadas grandes y numerosas, volaron en el aire como una sucesión de nubes, y según el profeta Joel lo expresa, oscurecieron el sol. Cuando el viento sopló fuertemente de manera que á estas bandadas se les apiñaron otras, ó ellas se echaron sobre las demás, tuvimos al presenciarlo una idea viva de la comparación hecha por el salmista, Sal. 109:23, de que era sacudido como langosta. En el mes de Mayo esas bandadas se retiraron gradualmente al Metijiah y á otras llanuras adyacentes, en donde depositaron sus huevos. Apenas salieron las crías de estos en Junio, cuando se reunieron formando un cuerpo compacto de un estadío cuadrado ó más de extensión, y marchando después en línea recta hacia el mar, no dejaron nada se escapara, comiéndose cuanto estaba verde ó jugoso, no sólo la clase de vegetales más delgados, sino también las parras, las higueras, los granados, en suma, todos los árboles del campo, Joel 1:12; al hacer esto conservaban sus filas como los hombres de guerra, saltando á medida que avanzaban, sobre todos los árboles ó muros que estaban á su paso; además entraron á nuestras mismas habitaciones y dormitorios, como ladrones. Los habitantes, para detener su avance, abrieron zanjas al rededor de sus campos y jardines, y las llenaban de agua, ó bien hacían en ellas montones de zarzas, tamo, y otros combustibles por el estilo, á los cuales les prendían fuego al acercarse las langostas. Pero estas precauciones fueron del todo inútiles, porque las zanjas pronto se repletaban, y el fuego se apagaba á causa de los innumerables enjambres que se sucedían los unos á los otros, pues además de que los que iban por delante no se retraían del peligro, los que seguían á estos los impulsaban, de manera que la retirada era al todo imposible. Un día ó dos después que estas crías se ponían en movimiento, otras que acababan de nacer, marchaban relampagueando tras las primeras, royéndose aun las cortezas mismas y las ramas tiernas de los árboles que habían escapado antes con la sola pérdida de sus frutos y follaje. Con cuánta razón, pues, han sido las langostas comparadas por el profeta á un gran ejército, haciendo observar que la tierra es como el jardín del Eden delante de ellas, y detrás desolado desierto."

La langosta era entre los Judíos un animal limpio, Lev. 11:22, y podía usarse como alimento. En Mat. 3:4, se dice de Juan el Bautista, que su alimento era langostas y miel silvestre. Todavía se comen en el Oriente, y se consideran por algunos como una cosa delicada, aunque comunmente se dejan para los más pobres del pueblo. Niebuhr dice: "Las langostas se llevan en sartas á los mercados de todas las ciudades de Arabia, desde Babel-mandel hasta Basora. En el monte Sumara ví á un Árabe que había recogido un saco entero de ellas. Se preparan de diferentes maneras. Un Árabe en Egipto las echó sobre los carbones encendidos, y después que supuso que ya estaban bastante tostadas, las tomaba de las piernas y de la cabeza, y devoraba el resto de un bocado. Cuando los Árabes las tienen en cantidad considerable, las tuestan ó secan en un horno, ó las cuecen y se las comen con sal. Los Árabes del reino de Marruecos hierven las langostas, y luego las secan en los techos de sus casas. Se ven allí grandes canastas llenas de ellas en los mercados."

En Apoc. 9:7-10, hay una terrible descripción de langostas simbólicas en que se las compara á caballos de guerra, y su pelo al de las mujeres, etc. Niebuhr oyó á un Árabe del desierto, y á otro en Bagdad, hacer la misma comparación. De igual manera, los Italianos llaman todavía á las langostas "caballitos," y los Alemanes, "caballos de heno."

LANGOSTÍN, una especie de langosta, y llamada así en 2 Crón. 7:13. Algunas veces se usaba como alimento, Lev. 11:22. Individualmente eran animalejos insignificantes y tímidos, Núm. 13:33, y su insignificancia proporciona una comparación notable en Isa. 40:22; á la vez que la debilidad de la ancianidad se expresa por su incapacidad para soportar tales insectos, Ecles. 12:7. Con todo, cuando sobrevienen en grandes números, destruyen del todo el herbaje, Amós 7:1. Véase LANGOSTA.

LANZA. Menciónanse en la Biblia diferentes clases, y para cada una de estas se emplea en el hebreo una palabra distinta. I. La llamada *chanith* era, según parece, la principal arma de esta especie, 1 Sam. 13:19, 22; una de gran tamaño y peso fué usada por Goliat, 1 Sam. 17:7, 45, y por otros gigantes, 2 Sam. 21:19; 23:21; 1 Cró. 11:23; era la compañera inseparable de Saúl, 1 Sam. 22:6; 26:7-12, 16, 22; 2 Sam. 1:6, y de otros guerreros, 2 Sam. 2:23; 23:18; 1 Crón. 11:11, 20. Fué una lanza, y nó una jabalina, la que Saúl arrojó á David, 1 Sam. 18:10, 11; 19:9, 10, y á Jonatan, 1 Sam. 20:33. Su asta de madera, de cinco á seis piés de largo, tenía en la punta una pieza de metal con filo en los lados y era puntiaguda, 1 Sam. 17:7; el otro extremo lo tenía también calzado de metal algunas veces, para clavarla con facilidad en el suelo, 1 Sam. 26:7, etc., y con esta parte bien podía darse un golpe mortal, 2 Sam. 2:23. Semejante á esta era la lanza romana con la que se abrió á Jesús una grande herida en el costado, Juan 19:34; 20:27.

II. La llamada *kidón*, "jabalina," debió de ser una lanza más ligera. Una arma de esta clase fué la que Josué levantó como señal á su hueste que tenía emboscada, para que diera el asalto á la ciudad de Hai, Jos. 8:18-26. Goliat tenía una de bronce ó acero, llamada escudo en 1 Sam. 17:6, y la llevaba en los hombros cuando no la usaba.

III. Otro término que con frecuencia ocurre es *romach*, traducido lanza y escudo en Núm. 25:7; Jue. 5:8; 2 Crón. 11:12; 14:8; 25:5; Neh. 4:13, 16, 21; "lancetas" en 1 Rey. 18:28; y "pavés" en 1 Crón. 12:8; Ezeq. 39:9.

LAPIDOT, *antorchas*, marido de Débora, Jue. 4:4, 5.

LAQUES ó LACHÍS, *impregnable*, ó *herido*, ciudad real y fuerte de Canaán, cuyo rey Jaña se unió con los reyes vecinos suyos contra Josué, pero fué derrotado y capturado, Jos. 10:1-33. Dicha ciudad estaba en la parte S. O. de Judá, Jos. 10:3, 5, 31; fué fortificada por Roboam, 2 Crón. 11:9, y resultó ser bastante fuerte para resistir por algún tiempo á todo el ejército de Sennaquerib, 2 Rey. 18:17; 19:8; 2 Cró. 32:1, 9, 21; Miq. 1:13. Allí fué en donde el rey Amazías fué muerto, 2 Rey. 14:19; 2 Crón. 25:27. Respecto á una maravillosa confirmación de la verdad de la Escritura, véase SENNAQUERIB. Se cree que el sitio de Laquís es donde ahora está Um Lakis, 25 millas al oeste de Hebrón, en el Shefelah.

LASA, *hendidura*, Gén. 10:19, en la frontera de Canaán; se supone que se refiere á Callirrhoe, con sus manantiales calientes, en la hendidura Zerka Main, al este del Mar Muerto; pero quizá se refiere á Lais, en el ángulo N. E. de Canaán.

LASARON, ciudad cananea, Jos. 12:18, quizá Sarura, siete millas al S. O. de Tiberias.

LASEA, ciudad cerca de Buenos Puertos, á la mitad del lado sur de Creta. Pablo pasó por ella en su viaje á Roma, Hech. 27:8.

LAUREL. El de la África septentrional y la Europa meridional, es un árbol siempre verde. Una rama de laurel ha sido desde tiempo inmemorial la corona simbólica de los poetas y de los guerreros. La palabra traducida por "laurel" en Sal. 37:33, significa simplemente un árbol nativo de allí, verde y vigoroso.

LAVAMIENTO. De las dos palabras principales hebreas traducidas "lavar," una significa un limpiamiento superficial, como el de un plato, y la otra una purificación completa, como la de ropa manchada, Lev. 17:15; el último término es usado en Sal. 51:2, 7; Jer. 2:22. La ley mosaica prescribía varios lavamientos ceremoniales, tanto á los sacerdotes como á los demás, Heb. 9:10. Significaban estos la purificación espiritual por la sangre del Salvador, Tit. 3:5; Rev. 1:5, así como también aquella santidad sin la cual ninguno puede ver á Dios. Aarón recibió una ablución de todo el cuerpo al asumir la dignidad sacerdotal, Exod. 19:10-15; 29:4; Lev. 8:6; 16:4; y todos los sacerdotes se lavaban antes de acercarse al altar, Ex. 30:17-21; Sal. 26:6. Aquellos que se habían hecho ceremonialmente impuros, debían lavarse, Lev. 12-15; 16:26; Núm. 19:7, otro tanto tenían que hacer aquellos que se declaraban inocentes de algún crimen que se les atribuía, Deut. 21:1-9; Mat. 27:24. Á las prescritas por Moisés los Judíos añadieron otras abluciones, Mar. 7:2-4; y era considerado como una impiedad el descuidarlas como tantas veces lo hizo Jesús, quien al mismo tiempo reconvenía á los fanáticos de su época por su olvido de deberes importantes en tanto que atendían con escrupuloso esmero á las formas exteriores, Mat. 15:2-20; Luc. 11:37-44. El lavarse las manos antes y después de comer, lo cual es necesario á causa de la costumbre de comer con los dedos, se practica aún en Siria. (Véase el grabado en el artículo COMIDA.) Cuando hay un criado sirviendo, este pone una vasija grande á manera de aljofaina debajo de las manos de su amo, y vierte agua sobre ellas con una jarra, 2 Rey. 3:11; Sal. 60:8. El lavatorio de los piés de un huésped al entrar á la casa, era una prueba palmaria de hospitalidad, Gén. 18:4, por lo general desempeñada por los criados, 1 Sam. 25:41; pero se consideraba como un honor especial cuando lo hacía el huésped ó amo de la casa, 1 Tim. 5:10. Al ejecutar nuestro Salvador este humilde servicio para con sus discípulos, les enseñó á estos de una manera muy solemne que se prestaran servicios mutua y amorosamente, especialmente en lo que se relaciona con la conservación de la pureza moral, y nos dejó un perpetuo recuerdo de la necesidad que tenemos de ser limpiados por él, Juan 13:4-14; 2 Cor. 7:1; Efes. 5:26, 27; Heb. 10:22, 23. Véase PIÉS y SANDALIA.

LÁZARO, heb. Eleazar, *ayuda de Dios*, I., amigo y discípulo de Cristo, hermano de Marta y de María, con las cuales residía en Betania cerca de Jerusalem. Nuestro Salvador estimaba mucho esa familia, y á menudo la visitaba; y cuando Lázaro cayó gravemente enfermo, le mandaron decir á Cristo, "Señor, he aquí, aquél á quien tú amas está enfermo." El Salvador llegó á Betania á los cuatro días de haber estado Lázaro en el sepulcro, y le restituyó á la vida diciendo, "Lázaro, ven afuera." Este milagro público y estupendo—del cual Spinoza dice, que si estuviera satisfecho de su verdad, haría pedazos todo su sistema y abrazaría el cristianismo—le grangeó tantos discípulos á Cristo, que sus enemigos buscaron la manera de hacerle morir tanto á Él como á Lázaro, Juan 11; 12:1-11, manifestando así la verdad de lo que Cristo dijo en conexión con la historia del otro Lázaro: "Tampoco se persuadirán si alguno se levantare de los muertos," Luc. 16:31. La narración evangélica de este suceso nos presenta á Cristo como un amigo tierno y compasivo, que lloraba por aquellos y con aquellos á quienes amaba, y al mismo tiempo como el príncipe de la vida, que comenzó de esa manera á ganar su triunfo sobre la muerte y el sepulcro. Felices aquellos que en vista de su propia muerte, ó la de sus amigos, pueden conocer que están salvos en Aquel que dice, "Yo soy la resurrección y la vida;" y "porque yo vivo, vosotros viviréis también."

II. La parábola del mendigo desamparado que se hallaba junto á la puerta del rico, es una de las más solemnes é instructivas de cuantas pronunció Cristo. El uno, aunque pobre y dolorosamente afligido, era hijo de Dios; y el otro, á quien se describe como amante del placer más bien que como vicioso ó criminal, vivía sin Dios en el goce de toda clase de lujo terrenal. El estado de cada uno de los dos en esta vida contrastaba en gran manera con su carácter real ante Dios, el cual se reveló con el sorprendente cambio que en la muerte tuvo su situación, Luc. 16:19-31. Véase SENO DE ABRAHAM, y para lo que se dice en el versículo 31, LÁZARO, I. Nuestro Salvador claramente nos enseña en esta parábola, que tanto los amigos como los enemigos de Dios saben su suerte y comienzan á experimentarla inmediatamente después de la muerte; y que en uno y otro caso ella es inmutable y eterna. El nombre de Lázaro ha pasado á muchas lenguas: como al español, *lazareto*, lugar para cuarenta; y los Italianos tienen la palabra *lazzaroni*, mendigos, y *lazzaretto*, hospital para los enfermos, especialmente para los leprosos. Para el cuidado de estos hospitales fué para lo que principalmente se organizó la sociedad de los "Caballeros de San Lázaro" en 1117. Véase SIMÓN.

LEA, *cansada*, la hija mayor de Labán, y la primera esposa de Jacob, aunque menos amada por él que su hermana Raquel. Toda su vida conservó el recuerdo del engaño debido al cual su padre había obt gado á Jacob á aceptarla. Fué madre de siete hijos, entre los cuales se contaban Rubén, primogénito de Jacob, y Judá, el antecesor de la tribu principal entre los Judíos, de la línea real y de Nuestro Señor, Gén. 29:16-35; 30:1-21. Se supone que murió antes de que la familia se trasladase á Egipto, y que fué sepultada en el cementerio que ésta tenía en Hebrón, Gen. 32:22; 33:7; 46:5-7; 49:31.

LEBAOT, *leonas*, ciudad en el S. O. de Judá y de Simeón, Jos. 15:32; 19:6; en 1 Crón. 4:31 llamada Beth-berai; ahora denominada Kh. Beeyúd, cerca de Arad, 15 millas al sur de Hebrón.

LEBLO, *cordial*, Mat. 10:3, uno de los nombres del apóstol Judas. Véase JUDAS, III.

LEBONA, *incienso*, Jue. 21:19, ciudad de Efraím, cerca Silo, entre Betel y Siquem. Su nombre y su sitio se conservan en la actual población de Lubban, 10 millas al sur de Nablous.

LECHE, el alimento natural de la infancia, se pone en contraste con el de los hombres robustos, 1 Cor. 3:2; Heb. 5:12, y se alude á menudo á él en la Biblia como á un símbolo de una verdad pura, sencilla y provechosa, Heb. 5:12, 13; 1 Ped. 2:2; y en conexión con la miel denota fertilidad y abundancia, Gén. 49:12; Exod. 3:8; 13:5; Núm. 16:13; Jos. 5:6. Los Judíos y sus vecinos usaban no solamente la leche de vaca, sino la de camello, la de oveja y la de cabra, Gén. 32:15; Deut. 32:14; Prov. 27:27. Véanse MANTECA y QUESO. Era prohibido hervir un cabrito en la leche de la madre, probablemente porque tales prácticas tenían algo que ver con *ritos idólatras ó mágicos*, Exod. 13:19; 34:26; Deut. 14:21.

LA GARZA: ARDEA NICTICORAX.

LECHUZA, I., Hebreo *yanshuph*, Lev. 11:17; Deut. 14:13; Isa. 34:11, ó bien el Ibis sagrado, véase IBIS; ó más probablemente la garza.

LA LECHUZA: STRIX FLAMMEA.

II. Heb. *bath-haya'anah*, (en la versión de Reina, MOCHUELO), un animal inmundo, Lev. 11:16; Deut. 14:15. Su nombre en hebreo parece indicar voracidad, y muchos creen por lo mismo que designa el buho blanco de Siria, el *Strix Flammea*, que es un pájaro más dañino que la lechuza, sumamente voraz, y que ataca á veces á los niños dormidos.

LEGIÓN. El número de hombres de que se componía una legión romana, varió en diferentes periodos desde 3,000 hasta más del doble de ese número. En el tiempo de Cristo una legión contenía 6,000 hombres además de la caballería. Había diez cohortes en cada legión, cada una de las cuales estaba dividida en tres manípulos ó cuerpos, y éstos en dos centurias de 100 hombres cada una. En la Biblia, una legión significa un número indefinidamente grande. El Salvador curó á un endemoniado que se llamaba á sí mismo "legión," como si estuviera poseído por millares de demonios, Mar. 5:9, La expresión "doce legiones de ángeles," Mat. 26:53, ejemplifica lo inmenso de la hueste celestial, y su celosa adhesión á Cristo.

LEGUMBRES, nombre genérico dado á los guisantes, frijoles y otros frutos ó semillas que tienen vaina; se emplea en Dan. 1:12, 16, como traducción de dos palabras hebreas que significan semillas; se refiere probablemente á toda clase de hortaliza en general. Véase 2 Sam. 17:28, donde se ha intercalado la palabra *garbanzos* antes del participio "tostados." Ese es todavía un alimento muy usado en el Oriente.

LEHI, *quijada*, lugar en Judea, en donde Samson mató á 1,000 Filisteos con la quijada de un asno, y en donde en respuesta á la petición de aquel brotó una fuente para que mitigara su sed, Jue. 15:9-19. A esta fuente la llamó Enhaccore, "la fuente de aquel que oró." Continuó brotando, y puede que aun en el dia de hoy dé testimonio de que Dios oye el clamor de sus hijos, y de una tierra seca puede hacer verter manantiales de agua para su uso, Gén. 21:19; Núm. 20:11. Se ha hallado un sitio para Lehi en Beit Likiyeh, cuatro millas al norte de Bir es-Seba.

LEMUEL, *consagrado á Dios*, el rey á quien fueron dirigidos los consejos en Prov. 31:1-9. Algunos suponen que es un nombre enigmático dado á Salomón.

LENGUA ó HABLA, I., uno de los altos dones que Dios otorgó al hombre, y que es necesario para todo goce elevado, y para todo adelanto en la vida social, El hombre está en el deber de estimarlo en lo que vale y de emplearlo dignamente para la gloria de Dios, y el beneficio de la humanidad. La lengua original no fué el mero desarrollo de una facultad de hablar innatural al hombre, sino una creación especial de Dios para beneficio del género humano. Adam y Eva, cuando fueron creados, sabían conversar entre sí y con el Creador. Que la raza humana fué una en su origen y tenía al principio un solo idioma es una verdad de la Biblia confirmada más y más con los adelantos de la etnología y la filología, Gén. 11:1; Hech. 17:26, y ese idioma se usó por cosa de 2,000 años, y fué preservado por Noé y su familia cien años ó más después del diluvio. Para frustrar las ambiciosas miras de las multitudes que volvieron á poblar la tierra, y que intentaban agruparse en una gran metrópoli, Dios "confundió sus lenguas" apresurando, según parece, de una manera milagrosa el procedimiento por el que, en el curso del tiempo, se forman nuevos dialectos y lenguas en comunidades aisladas; y como quiera que las personas que se entendían mutuamente formaban un solo grupo ó comunidad, y se iban en dirección diferente de los demás, cumplióse así el plan de Dios para poblar la tierra.

Entre las inscripciones de Borsippa de Nabucodonosor, se hace mención de la confusión de lenguas, como sigue: "Un rey antepasado suyo lo edificó (el monumento de Borsippa), pero no completó la cúpula. Desde tiempos muy remotos sus constructores lo abandonaron, por no serles posible explicar sus palabras en orden." Hoy día se hablan en la tierra varios centenares de lenguas y dialectos, y los incrédulos se han valido de ese hecho para poner en duda la doctrina bíblica relativa á la unidad de la raza humana. Sucede, sin embargo, que estas lenguas están distribuidas en varias grandes clases que tienen entre sí notables afinidades ó puntos de semejanza; y á medida que la filología comparativa ensancha sus investigaciones, se van encontrando más y más pruebas de la unidad substancial de la raza humana, y de la verdad de la Escritura. Las antiguas inscripciones de los ladrillos babilónicos, y de las tabletas asirias—hechas en caractéres llamados cuneiformes, esto es, en forma de cuñas, por estar las letras formadas por grupos de pequeñas cuñas dispuestas en distintas posiciones, horizontal, perpendicular y oblicua—contienen fragmentos de la antigua lengua sagrada de Asiria, Babilonia y Persia. Esta se divide en varios dialectos, y está relacionada con las lenguas semíticas, á la vez que suministra pruebas de la existencia de una más antigua todavía, llamada la Acadiana, de la cual se hicieron traducciones á la Asiria. Muchas de sus raíces se hallan en el Sanscrito.

El milagro obrado en Jerusalem el día de Pentecostes, fué á la inversa del de Babel, Hech. 2:1-18, y suministró un bello ejemplo de la tendencia del evangelio á establecer la paz y la armonía en donde el pecado había introducido la discordia, y á reunir á todas las tribus del género humano en una gran confraternidad.

Para el estudiante de la Biblia, uno de los más importantes asuntos es la naturaleza y la historia de las lenguas originales en que fué escrito ese santo libro. Por lo que hace al griego del original del Nuevo Testamento, consúltese lo que decimos en el artículo encabezado con la palabra GRECIA. La versión griega del Antiguo Testamento, la Septuaginta, se cita á menudo en el Nuevo Testamento, aunque á veces se aparta algún tanto del original hebreo. El griego fué la lengua más comunmente usada por nuestro Señor y sus discípulos, y no cabe duda de que las mismísimas palabras que ellos emplearon se han conservado de ese modo en muchos casos. La lengua hebrea en que el Antiguo Testamento fué escrito, no es más que una del grupo de las lenguas cognadas que antiguamente prevalecían en el Asia Occidental, llamadas comunmente lenguas semíticas, por ser particularmente las de los descendientes de Sem. Para saber bien el hebreo se necesita por lo tanto tener también algún conocimiento de los otros dialectos de la misma familia.

Las lenguas semíticas pueden dividirse en tres dialectos principales, á saber: el Arameano ó Aramaico, el Hebreo, y el Árabe. 1. El Arameano, hablado en Siria, Mesopotamia y Babilonia, está subdividido en los dialectos Siriaco y Caldeo, llamados algunas veces también el Arameano Occidental y Oriental respectivamente. 2. El Hebreo ó dialecto canaaneo, Isa. 19:18, fué hablado en Palestina, y probablemente con pequeñas variaciones en Fenicia y las colonias fenicias, como por ejemplo en Cartago y otros lugares. Los restos del dialecto fenicio y el púnico son demasiado pocos, y están demasiado alterados para que podamos juzgar con certeza hasta qué grado estas lenguas eran idénticas al dialecto de Palestina. 3. El Árabe, con el cual el Etiópico tiene una semejanza especial, comprende en los tiempos modernos, como lengua viva, una gran variedad de dialectos, y su uso se ha extendido sobre una región muy extensa; pero de lo poco que se ha podido averiguar de su estado primitivo, parece que más antiguamente estuvo circunscrito principalmente á la Arabia y á la Etiopia.

Estas lenguas se distinguen de las europeas en varios peculiaridades muy notables; todas con excepción de la etiópica se escriben de derecha á izquierda, y sus libros comienzan en la parte que nosotros llamaríamos el fin; el alfabeto, con excepción del etiópico, que es silábico, se compone solamente de consonantes, arriba ó abajo de las cuales se escriben puntos que tienen el sonido de vocales; tienen varias consonantes guturales de una pronunciación muy difícil para los europeos; las raíces de la lengua son por lo general verbos de tres letras, y se pronuncian, según el dialecto á qué pertenezcan, con una ó más vocales; los verbos tienen solamente dos tiempos, el pasado y el futuro; y los pronombres en los casos oblicuos se juntan con el nombre ó verbo con el cual tienen relación, formando con él una misma palabra. Todos estos dialectos componen sustancialmente una lengua, cuya cuna original fué el Asia Occidental. El que todos ellos han procedido de un tronco común, es cosa manifiesta; pero sería muy difícil determinar cual de ellos ha sufrido menos cambios. La lengua de Noé y de su hijo Sem, era sustancialmente la de Adam y la de todos los antediluvianos. Sem y Heber fueron contemporáneos de Abraham, y como existen buenas razones para creerlo, su lengua fué común á la raza de Israel; porque no es de presumirse que en la confusión de Babel ninguna rama de la familia humana conservara la lengua primitiva. No consta que los descendientes de Sem pertenecieran al número de los que construyeron á Babel, Gén. 10:8-10. Las crónicas más antiguas que se conocen fueron hechas en la lengua hebrea. En ella Moisés escribió las revelaciones que recibió de Dios, y la historia de Israel, Exod. 17:14; 24:4; 34:27; Núm. 33:2. El hebreo floreció en su forma más pura en Palestina, entre los Fenicios y los Hebreos, hasta el periodo del destierro en Babilonia, poco después de lo cual decayó; y en 450 A. C. fué sucedido por una especie de dialecto hebreo-aramaico, tal como el que se hablaba entre los Judíos en el tiempo de nuestro Salvador. El aramaico occidental había florecido antes de éste por mucho tiempo en el oriente y el norte de Palestina; pero difundióse después hacia el oeste, y durante el periodo en que florecieron las iglesias cristianas de Siria, se hallaba muy generalizado. Actualmente es casi una lengua muerta, y lo ha sido durante varios siglos. No se conoce traducción alguna del Antiguo Testamento hecha en aramaico en una época anterior á la de Cristo. Puede decirse que el hebreo ha sido lengua muerta, excepto entre un pequeño círculo de literatos, por un espacio como de 2,000 años. Nuestro conocimiento de la literatura arábiga se remonta á un tiempo muy poco anterior al de Mahoma; pero los secuaces de ese pretendido profeta han divulgado el dialecto del Corán en una parte considerable del mundo. El árabe es ahora la lengua vernácula ó patria de la Arabia, la Siria, el Egipto, y en gran parte de Palestina y de toda la costa septentrional del África; á la vez que es leido y entendido en donde quiera que el Corán ha penetrado: en Turquía, la Persia, la India y la Tartaria. Los restos de la antigua lengua hebrea se hallan en el Antiguo Testamento, y en las pocas palabras é inscripciones fenicias y púnicas que han sido descubiertas aquí y allí. Los restos de aramaico existen en gran diversidad de libros. En caldeo tenemos parte de los libros de Daniel y de Esdras, es á saber, Dan. 2:4 á 7:28; Esd. 4:8 á 6:18, y 7:12-26, que son

24

las muestras más antiguas que de ese dialecto existen. Sigue á dichos pasajes en antigüedad, y en pureza de lenguaje, el Targúm de Onkelos, esto es, la traducción del Pentateuco en Caldeo. En Siriaco existen todavía considerable número de libros y manuscritos. La muestra más antigua que tenemos de esa lengua se halla en el Peshito, ó versión siriaca del Antiguo y del Nuevo Testamento, hecha quizá dentro de un siglo después de la época de Cristo. En este dialecto han florecido multitud de escritores, y probablemente muchos de sus escritos existen todavía, si bien muy pocos han sido impresos en Europa. En árabe existe gran variedad de manuscritos y de libros históricos, científicos y literarios. Un conocimiento familiar de éste, y de los otros dialectos congenéricos, arroja mucha luz sobre las Escrituras del Antiguo Testamento.

II. A menudo se emplea esta palabra para expresar lenguaje, como la expresión principal del pensamiento y el carácter, Job 6:30; como "lengua blanda," Prov. 25:15; "un á lengua perversa," Prov. 10:31; "cudrillo agudo," Sal. 57:4; "plata escogida," "medicina," "sana lengua," Prov. 10:20; 12:18; 15:4, "Lengua tartamuda" en Isa. 33:19, era la del que hablaba en lengua extranjera. El poder de la lengua para bien y para mal está bien descrito en Sant. 3.

EL DON DE LENGUAS predicho por Joel 2:28, y por Jesu-Cristo, Mar. 16:17 (com. Mat. 10:19, 20; Mar. 13:11) parece haber sido de dos clases, adecuadas ambas á la iglesia cristiana durante su infancia. El primer don consistía en la facultad de "declarar las maravillas de Dios" en lenguas generalmente desconocidas de los que las hablaban, para provecho de los creyentes extranjeros, Hech. 2:4-11. Sirvió este don para el doble fin de probar el origen divino del evangelio y de promover su difusión, y tal vez fué circunscrito á los días de pentecostes. El otro don de lenguas se cree que era una especie de éxtasis religioso, especialmente de alabanza, y diferente del don de profecía ó de la predicación, y que sólo los que tenían el don de "interpretación," podían entender, Hech. 10:46; 1 Cor. 12:30. Puede haber sido su carácter distintivo la entonación musical, como cuando los hijos de Asaf profetizaron con arpas y salterios. 1 Crón. 25:1. Es preciso confesar, sin embargo, que los comentadores no están de acuerdo respecto de un asunto tan difícil, pues mu-

chos sostienen que no hubo sino un solo don de lenguas; y algunos de ellos refieren al primer don que hemos mencionado cuantos pasajes tratan de la materia, en tanto que los otros refieren al segundo don todos los pasajes.

LENGUA SIRIACA, Dan. 2:4, llamada con más exactitud aramaica. Se daba este nombre al dialecto de la familia de las lenguas semíticas que se hablaba en el Occidente. Era muy parecido en su pronunciación al dialecto hablado en el Oriente el Caldeo, y estaba intimamente relacionado con el Hebreo. Ahora es lengua muerta, pero existe en toda su riqueza en dos versiones del Antiguo Testamento hechas mucho tiempo ha, las cuales son un poderoso auxiliar para la exacta interpretación del Hebreo; una se hizo de éste llamada PESHITO, *correcto ó sencillo;* y la otra del Hexapla Griego, en el siglo VI.

LENTEJAS, especie de legumbre ó pequeñas judías, *ervum lens,* todavía común en Siria y en Egipto con el nombre de *ádas,* 2 Sam. 23:11. Eran tostadas en la lumbre para poder ser llevadas por los viajeros, y Barzillai se las proporcionó á David y á su gente cuando se hallaban hambrientos y fatigados, 2 Sam. 17:28. Empleábanse algunas veces como ingrediente del pan, Ezeq. 4:9. Esaú deseó ansiosamente un guiso de lentejas, Gén. 25:34. "En Berbería," dice el Dr. Shaw, "las lentejas se condimentan de la misma manera que las judías. Disuélvense fácilmente hasta formar una masa, y se hace de ellas un potage color de chocolate.

LEÓN, el bien conocido y noble rey de las fieras del cual se habla con frecuencia en la Escritura, Jer. 25:38; Ezeq. 19:4, 8, 9; Amós 3:12; Apoc. 4:7; comp. Ezeq. 1:10. Tiene á menudo más de 8 piés de largo y 4 de altura; su aspecto majestuoso y osado, su agilidad y fuerza prodigiosas, y su rugido peculiar, conspiran á hacerlo el terror de los bosques. Los leones eran comunes en Palestina, Núm. 23:24; 24:9; 2 Rey. 17:26; Cant. 4:8; el nombre hebreo se halla en el de varios lugares, como Lais, Lebaot, etc. (véase JORDÁN), y los Hebreos les daban á los leones distintos nombres según su edad, condición, etc. Cinco de esos nombres se emplean en Job 4:10, 11. Véase también Nah. 2:11, 12. Hay asimismo una variedad de palabras hebraicas que describen sus movimientos, rugidos y gruñidos. El salmista alude en Sal. 10:9, 10 á la manera cautelosa con que se arrastra el león hasta que puede abalanzarse sobre su presa, y Pedro en su Iª Epístola, cap. 5:8, describe á Satanás el desapiadado destructor, como un león rugiente. El lector de la Biblia recordará las hazañas de Samsón, de David y de Benaías, Jue. 14:5, 6; 1 Sam. 17:34-36; 2 Sam. 23:20; la historia del profeta deso-

bediente muerto por un león, 1 Rey. 13:28, y del leal Daniel, que salió sano y salvo de la cueva de los leones, Dan. 6; también el sublime símile empleado en Isa. 31:4, del cuidado que Jehová tiene por su pueblo.

"El león de la tribu de Judá," Apoc. 5:5, es Jesu-Cristo, que salió de la tribu de Judá y de la raza de David, y venció á la muerte, al mundo y al demonio. Se supone que un león era la divisa de la tribu de Judá; y de ahí viene esta alusión, Gén. 49:9.

LEOPARDO, hebreo *manchado*, fiera montaraz y feroz del género felino, cubierta de hermosas manchas de diversidad de colores; tiene ojos pequeños, mandíbulas anchas, dientes agudos, orejas redondas, cola larga, cinco uñas en las patas delanteras, y cuatro en las traceras. Es ligero, astuto y cruel, ataca al ganado

doméstico, y aún al hombre, Jer. 5:6; 13:23; Ose. 13:7; Hab. 1:8. Su nombre implica que participa de la naturaleza del león y de la pantera. De lo que dice la Escritura se colige que el leopardo no era raro en Palestina. El nombre hebreo fué empleado de un modo significativo en varios nombres de lugares, como Bet-nimra, guarida de leopardos, Núm. 32:36. También en Nimra, Nimrim, y quizá en Nimrod el poderoso cazador. Isaías, al describir el reino feliz del Mesías, dice, cap. 11:6, " Morará el lobo con el cordero, y el tigre (leopardo) con el cabrito se acostará; el becerro y el león, y la bestia doméstica andarán juntos." En los Cantares el esposo, habla de las montañas del tigre (leopardo), Cant. 4:8, tales como las del Líbano y Hermón, en donde ese animal se encuentra todavía. En Dan. 7:6, el tigre (leopardo) simboliza el rápido progreso del reino de Macedonia, y sus cuatro cabezas son los cuatro generales de Alejandro. En Apoc. 13:2, se describe el imperio romano.

LEPROSO, heb. *herido*, persona que padece la lepra. La lepra, conforme existe hoy, es una enfermedad escamosa de la piel, que se presenta en varias formas distintas, y con muchos grados de severidad. Comienza con ligeras erupciones rojizas, seguidas por escamas de un color blanco pardusco, en círculos de una pulgada ó dos de diámetro, y á veces mucho más grandes; en muchos casos ataca solamente las rodillas y los codos, y en otros todo el cuerpo; por lo regular no afecta la salud del organismo en general, pero se considera imposible su curación. Se dice que no es contagiosa, pero se transmite de padre á hijo por varias generaciones, haciéndose por grados menos aparente. Corresponde en lo principal á la enfermedad cuyos síntomas y tratamiento se describen tan extensamente en Lev. 13 y 14. Sin embargo, la antigua lepra, en su forma más grave, debe sin duda considerarse como una plaga ó castigo de Dios, Deut. 24:8. Era especialmente temida entre los Judíos como inmunda y contagiosa, y también como visitación particular de Jehová, como sabemos que lo fué en los casos de María, Núm. 12:10; Giezi, 2 Rey. 5:27, y Ozías, 2 Crón. 26:16–23. No había remedios eficaces para ella. El paciente era recomendado al sacerdote, no al médico, y era separado y privado de muchos de los privilegios de la sociedad. Nótase que los leprosos se asociaban principalmente unos con otros, 2 Rey. 7:8; Luc. 17:12, 13. El término "la plaga de la lepra" se aplica, no solamente á esta enfermedad en los hombres, sino á una infección semejante enviada á veces á las casas y á los vestidos, Lev. 14. No puede asegurarse cuál haya sido la exacta naturaleza de esta última, pero nos inclinamos á creer que era un agravamiento especial por vía de castigo divino, de algún mal que no era desconocido en aquel clima. Ejemplifica el terrible resultado de la corrupción moral en la sociedad, cuando no es refrenada por la gracia de Dios. Esta enfermedad en todas sus formas. es un vivo emblema del pecado : esta enfermedad del alma lo invade también todo, y es inmunda, contagiosa é incurable ; separa.á su víctima de Dios y del cielo ; y su creciente influjo y su término fatal prueban su existencia. Pero el Salvador, curando la lepra con una palabra, ha demostrado que tiene poder de sanar las peores enfermedades del alma, Luc. 17:12–19, y de admitir á los espíritus restablecidos en todos los privilegios de los hijos de Dios.

LETRA, Luc. 23:38. En Gál. 6:11 el apóstol dice, "Mirad en cuán grandes letras os he escrito con mi misma mano," no por la mano de su amanuense. Los Hebreos tienen ciertos poemas acrósticos que comienzan con las letras del alfabeto colocadas en orden. El más considerable de estos es el Sal. 119, que contiene 22 estrofas de 8 versos cada una, todas acrósticas ; esto es, los primeros ocho comienzan con Aleph; los ocho siguientes con Beth, y así sucesivamente. Los Salmos 25 y 34 tienen solamente 22 vers. cada uno, y estos comienzan con las 22 letras del alfabeto hebreo. En otros, como en los Sal. 111 y 112, una mitad del versículo comienza con una letra, y la otra mitad con la siguiente, así: " Bien aventurado el hombre que teme á Jehová,— Y en sus mandamientos se deleita en gran manera." La primera mitad del verso comienza en el hebreo con Aleph, y la segunda con Beth. Los Salmos 37 y 145 son también acrósticos. Las Lamentaciones de Jeremías están así mismo en verso acróstico, así como el capítulo 31° de los Proverbios. desde el versículo octavo hasta el fin. En Juan 7:15, la palabra "letras" significa instrucción ; los Judíos decían de Cristo : " De dónde le vienen á este los títulos para enseñarnos las Escrituras, siendo así que no ha aprendido de los doctores de la ley?"

Pablo habla de la "letra" en distinción del "espíritu," Rom. 2:27, 29; 7:6; 2 Cor. 3:6; poniendo en contraste la mera palabra de la ley y su observancia exterior, con su significado espiritual y cordial obediencia á ella por el Espíritu de Cristo.

LETUSIM, *forjado*, tribu árabe, descendiente de Abraham y de Cetura, Gén. 25:1–3.

LEUMMIM, *pueblos*, parientes de los Letusim.

LEVADURA, es la masa ágria que se conserva de un amasijo para otro, para formar la nueva masa. La levadura les estaba prohibida á los Judíos durante los siete días de la pascua, "los días de pan sin levadura," Luc. 22:1, en memoria de lo que sus antepasados hicieron cuando salieron de Egipto, por haberse visto obligados en aquel tiempo á llevar consigo masa sin levadura, y á hacer el pan de priesa, á causa del apremio que les hacían los Egipcios para que se fueran, Ex. 12:8, 15–20, 39; Jos. 5:11. Tenían los Judíos el mayor cuidado en limpiar sus casas de ella antes de que comenzase la fiesta, 1 Cor. 5:6. Dios prohibió que se quemase en su templo ante él tanto levadura como miel, Lev. 2:11. El hecho de penetrar la levadura en la masa, transformando su naturaleza, se usa como una ejemplificación ó símile de la influencia que ejercen en la sociedad los principios purificadores del evangelio, ó las falsas y perniciosas doctrinas de los hombres, Mat. 13:33; 16:6–12; Luc. 12:1; 1 Cor. 5:6–8; Gál. 5:9.

LEVÍ, *entrelazado*, I., el tercer hijo de Jacob y de Lea, nacido en Mesopotamia ; padre de tres hijos, Gerson, Coat y Merari, y de Jocabed la madre de Moisés, Gén.

29:34; Ex. 6:16-20. Por la parte que tomó en la traidora matanza de los Siquemitas, Gén. 34, su padre, al morir, predijo males á sus descendientes, Gén. 49:5-7; pero como después se pusieron del lado del Señor, Moisés recibió el encargo de bendecirlos, Exod. 32:26-29; Deut. 33.8-11 Tomó parte con sus hermanos en el ultraje que hicieron á José, Gén. 37, fué á Egipto con su familia, Gén. 46:11, y vivió hasta la edad de 137 años. La tribu de Leví fué diseminada por todo Israel conforme lo había predicho Jacob, pues en la destrucción de Canaán no se le dió parte separada sino ciertas ciudades en las porciones que les tocaron á las otras tribus, Jos. 21:1-40. No fué la que quedó peor provista sin embargo, puesto que Dios la escogió para el servicio del templo y del sacerdocio, y le concedió muchos privilegios que no otorgó á las otras tribus. Todos los diezmos, primicias y ofrendas presentadas en el templo, así como varias partes de las víctimas que eran ofrecidas, pasaban de derecho á la tribu de Leví. Véase LEVITAS.

II. El apóstol Mateo era llamado también Leví. Véase MATEO.

III. y IV. Antepasados del Salvador, Luc. 3:24, 29.

LEVIATAN, *un mónstruo con coyunturas*, Sal. 74:14; 104:26, enorme reptil descrito en Job 41. Probablemente el animal denotado es el cocodrilo, el terror del Nilo, así como el Behemot en Job 40 es el hipopótamo del mismo río.

El cocodrilo es natural del Nilo y de otros ríos asiáticos y africanos; algunas

veces llega á 30 piés de longitud; es de enorme voracidad y fuerza, y nada con grande ligereza; ataca al hombre y á los animales más corpulentos con terrible impetuosidad; cuando es atrapado por medio de una red poderosa, derriba á menu-

do los botes que lo rodean; tiene en proporción á su cuerpo una boca más grande que otro mónstruo cualquiera; mueve ambas mandíbulas del mismo modo, y tiene en la superior no menos que 36 dientes, y en la inferior 30, todos agudos, fuertes y gruesos; y está provisto de una cota de malla, tan escamosa y dura, que resiste la fuerza de una bala de fusil en todas las partes del cuerpo, excepto debajo de la barriga. En varios pasajes de la Biblia se nota que al rey de Egipto se le dirige la palabra como leviatan, Isa. 27:1, Ezeq. 29:3; 32:2

LEVITAS. Á todos los descendientes de Leví se les puede comprender bajo este nombre, Exod. 6:16, 25; Jos. 3:3, (véase Leví,) pero principalmente á aquellos que estaban empleados en los servicios inferiores del templo, á distinción de los sacerdotes, que no solo eran de la raza de Leví, sino descendientes de Aarón, y estaban empleados en los oficios más elevados, Núm 3:6-10; 18:2-7; Ezeq. 44:15. Dios escogió á los Levitas para el servicio de su tabernáculo y del templo, en lugar de los hijos primogénitos de todas las familias, que eran á quienes naturalmente incumbían tales deberes, y que ya estaban consagrados á Dios en memoria de la gran emancipación de la servidumbre de Egipto. Exod. 13; Núm. 3:12, 13, 39-51. En el desierto, los Levitas tenían á su cargo el tabernáculo y todas sus dependencias; acampaban al rededor de él como sus obligados guardianes, Núm. 3:23, 29, 35, y lo conducían de un lugar á otro, cada una de las tres familias llevando una parte separada, Núm. 1:51; 4; 1 Crón. 15:2, 27. Después de la construcción del templo se hicieron cargo de las puertas, de los vasos sagrados, de los almacenes para el ganado, la harina, el vino, el aceite y las especias, de la preparación del pan de la proposición y de otras ofrendas, del canto y de los instrumentos de música. 1 Crón. 9; 23; 2 Crón. 29. Llevaban madera, agua, etc., para los sacerdotes; les ayudaban á preparar los sacrificios, y á recaudar y distribuir las contribuciones del pueblo, 2 Crón. 30:16, 17; 35:1. Véase NETINIM. Eran también los guardas del templo, Neh. 13:13, 22; y la salutación y la respuesta del Sal. 134, se cree por el Obispo Lowth, que eran el canto que ellos acostumbraban entonar por la noche. Pero además de sus servicios en el templo, desempeñaban una parte muy importante en la enseñanza del pueblo, 2 Crón. 30:22; Neh. 8:7, entre el cual estaban diseminados, trabajando por la unión de las tribus, y promoviendo la virtud y la piedad. Estudiaban la ley, y eran los jueces ordinarios del país, pero estaban subordinados á los sacerdotes, 2 Crón. 17:9; 19:8-11. Dios proveía á la subsistencia de los Levitas dándoles el diezmo del grano, frutas y ganado, Núm. 18:18-24; pero ellos á su turno traspasaban á los sacerdotes la décima parte de sus diezmos, Neh. 10:37, 38; y como los Levitas no poseían propiedades en la tierra, los diezmos que los sacerdotes recibían de ellos eran considerados como las primicias que ellos tenían qué ofrecer al Señor, Núm. 18.21-32. El pago de los diezmos que se hacía á los Levitas, no era, según parece, estrictamente obligatorio, sino que dependía de la buena voluntad del pueblo; de ahí provenía el encargo especial que hacían á sus hermanos de que no los olvidaran, Deut. 12:12, 18, 19; 14.28; 26.12.

Dios señaló para morada de los Levitas 48 ciudades con campos, dehesas y jardines, Núm. 35, De esas, 13 que estaban situadas en las comarcas de las tribus cercanas á Jerusalem, habían sido dadas á los sacerdotes. Seis de las ciudades levíticas habían sido designadas para ciudades de refugio, Núm. 35:1-8; Jos. 20:21. Cuando los Levitas se hallaban desempeñando sus atribuciones en el templo, se mantenían de las provisiones almacenadas allí, y de las ofrendas diarias. El mismo privilegio se concedía á los voluntarios que acudían á Jerusalem atraídos por el fervor de su amor al servicio de Dios, Deut. 12:18, 19; 18:6-8. La consagración de los Levitas se hacía sin mucha ceremonia. Véase Núm. 8:5-22; 2 Crón. 29:34.

Hasta el tiempo de Agripa los Levitas no usaron vestidos especiales para distinguirse de los otros Israelitas. La innovación á este respecto se menciona por Josefo, quien observa que nunca se dejaron con impunidad las antiguas costumbres del país.

Los Levitas estaban divididos en tres diferentes clases: los Gersonitas, Coatitas y Meraritas, Núm. 3:17-20. Estaban además subdivididos en compañías ó grupos, como los sacerdotes, 1 Crón. 23-26. Empezaban por asumir los deberes de menor importancia cuando tenían 25 años de edad, y entraban al pleno ejercicio de sus obligaciones públicas á los 30, Núm. 4:3; 8:24, 25; pero David fijó la edad para que comenzaran á los 20 años; y á los 50 quedaban eximidos, 1 Crón. 23:24-27. Las diferentes compañías de porteros, cantores, guardas, etc., desempeñaban sus respectivas funciones sucesivamente una semana cada vez, yendo á Jerusalem con ese objeto desde las ciudades en que residían, 1 Crón. 23-26, 2 Crón. 23.4, 8, 31:17; Esd. 3.8-12. Después de la rebelión de las diez tribus, gran parte de los Levitas abandonaron sus ciudades en Israel, y fijaron su residencia en Judá, 2 Cró. 11:12-14; 13:9-11. Después de la cautividad, muchos de ellos volvieron de más allá del Eufrates á Judea, Esd. 2.36-42; Neh. 11:15-19; 12:24-31 En el Nuevo Testamento no se mencionan con frecuencia, Luc. 10:32; Juan 1'19, Hech. 4:36. Supónese sin embargo que los "escribas" y doctores de la ley," pertenecían principalmente á esta clase.

LEVÍTICO, el tercer libro del Pentateuco, llamado Levítico porque contiene principalmente las leyes y reglamentos concernientes á los Levitas, los sacerdotes, las ofrendas y los sacrificios. Los Hebreos lo llaman "la ley de los sacerdotes," En la primera parte se describen minuciosamente los diversos sacrificios cruentos é incruentos, los holocaustos, los sacrificios de la paz, los hechos por los errores cometidos y por las transgresiones; y los pecados por los cuales se habían de ofrecer y la manera de hacerlo en cada caso. La minuciosidad de esos detalles no solo dejó comprender lo importante del culto de Dios, sino que previno toda clase de adiciones y cambios humanos que pudiesen conducir á la idolatría. Ese sistema en conjunto era "una sombra de las buenas cosas futuras," típicas del Cordero, "quien por el eterno Espíritu se ofrecía sin mancha á Dios." Su mejor comentario es la epístola á los Hebreos.

Á una relación circunstanciada de la consagración de Aarón y sus hijos como sacerdotes, se sigue la instructiva narración de Nadab y Abihu. En seguida se hallan las leyes relativas á las purificaciones personales y ceremoniales, recuerdo perpetuo de la contaminación del pecado por una parte, y de la santidad de Dios por otra. Después sigue una descripción del gran día de la expiación; hecha la cual, se amonesta á los Judíos contra las supersticiones, la idolatría, la impureza, etc., de los Cananeos; y se les da al mismo tiempo leyes para que se conserven en la moral, en la salud y en el orden civil. Se les advierte la observancia de las festividades que se les habían designado, y se les dan leyes respecto del sábado y del jubileo, de los votos y de los diezmos. Las amonestaciones y promesas contenidas en la última parte del libro, les llaman la atención al porvenir, y tienden á unir á toda la nación en el servicio de Dios, con quién habían hecho pacto; es una sombra, la substancia de la cual es Cristo y su reino. Repútase el libro generalmente como obra de Moisés, aunque en su compilación fué probablemente ayudado por Aarón. La fecha del Levítico es de 1,490 A. C. Contiene la historia del primer mes del segundo año después de que los Israelitas salieron de Egipto.

LIBACIÓN, pequeña cantidad de vino, parte del cual tenía qué ser derramada en el sacrificio ú holocausto, y la otra parte ser ofrecida á los sacerdotes, Exod. 29:40; Lev. 23:18; Núm. 15:5, 7. Tal vez se ordenó para que sirviese de reconocimiento de que todas las bendiciones de la tierra provienen de Dios, Gén. 35:14. En las libaciones de los paganos se mezclaba algunas veces sangre con el vino al hacer algún voto terrible, Sal. 16:4.

LÍBANO, *blanco*, cadena de montañas en el norte de Palestina, de 100 millas en su mayor longitud, y de 20 millas de anchura, llamada así por las blanquecinas piedras calcareas de que está formada, pero más todavía, como el Monte Blanco, el Himalaya, y los Cerros Blancos, por su blancura nivea en el invierno. Se compone de dos cordilleras principales que corren de N. E. á S. E., casi paralelas entre sí y con las costas del Mediterráneo. Véase la vista en el grabado del artículo SIDÓN. La cordillera occidental era llamada Líbano por los Griegos, y la oriental Anti-Líbano. Entre ellas se halla un valle largo llamado Cæle-Siria, esto es, Siria Ahondada, y el "valle del Líbano," Jos. 11:17, que hoy día se denomina el Bekaa, á 3,000 piés sobre el nivel del mar. Se ensancha hacia el norte, pero es sumamente angosto hacia el sur, en donde el río Litany, antiguamente Leontes, sale del valle, y corre por el oeste al mar, al norte de Tiro. La cordillera occidental es generalmente más alta que la oriental; dícese que su pico más elevado, Dhor el Kudib, al norte del grupo de cedros, tiene 10,051 piés de altura; la elevación de la cordillera, por término medio, es de cerca de 6,000 piés. En la cordillera oriental ahora llamada Jebel esh-Shurky, se yergue el monte Hermón, llamado actualmente Jebel esh-Sheikh, en la región de nieves perpetuas. Véase HERMÓN. Un poeta árabe, hablando del segundo de los picos más elevados del Líbano, dice, "El Sannín lleva el invierno en la cabeza, la primavera en los hombros, y el otoño en el seno, mientras el verano yace durmiendo á sus piés."

El Líbano formaba el límite septentrional de la Tierra Santa, Deut. 1:7; 11:24, y aunque los Hebreos se creían con derecho á él, nunca lo poseyeron, Jos. 13:1-6; Jue. 3::-3. Los escritores hebreos aluden á menudo á esa sublime cordillera de montañas, Isa. 10:34; 35:2, como elevada cual una vasta barrera al norte de ellos, Isa. 37:24. Hablan de su mar de follaje agitado por el zéfiro, Sal. 72:16; de sus majestuosos cedros y otros árboles, Isa. 60:13; Jer. 22:23; de sus innumerables ganados, todo lo cual sin embargo no era parte á expiar un solo pecado, Isa. 40:16; de su excelente vino, Ose. 14:7; de sus corrientes frías como la nieve, Jer. 18:14, y de sus balsámicos perfumes, Ose. 14:5. Sus bosques proporcionaron abundantes materiales para las obras de Salomón, 1 Rey. 5:9-11, y para las de los Asirios, etc., Isa. 37:24; Ezeq. 31:16. Represéntase á los pinos y los cedros del Líbano diciendo al rey de Babilonia, "Desde que tú moriste, no ha subido cortador contra nosotros," Isa. 14:8. Una antigua inscripción hallada en Babilonia, dice que Nabucodonosor empleó para la obra de madera de la Cámara de los Oráculos, los árboles más grandes que sacó del Monte Líbano. Y en 1883 se encontró en un valle agreste de la vertiente oriental del Líbano una nueva confirmación del hecho á que alude Isaías, es á saber, dos inscripciones talladas en rocas situadas en los lados opuestos del valle y que miden 5 yardas de largo y 2½ de alto; en estas se da una relación de los edificios que Nabucodonosor estaba erigiendo por aquel tiempo en Babilonia. Moisés deseaba con ansia entrar á la Tierra Santa para poder ver "aquel buen monte y el Líbano," Deut. 3:24, 25; y Salomón dice del Amado, el tipo de Cristo, "Su aspecto es como el Líbano," Cant. 5:15. "La torre del Líbano que mira hacia Damasco," Cant. 7:4, nos la han hecho recordar las relaciones que hacen los viajeros modernos de las ruinas de antiguos templos fabricados de piedras de gran tamaño. Muchos templos en ruinas han sido descubiertos en diferentes partes del Líbano, varios de ellos en puntos muy visibles, en las alturas de las montañas, en donde el trabajo de erigirlos debe de haber sido stupendo.

En la actualidad el Líbano está habitado por una raza de fuertes y turbulentos montañeses. Su vasta extensión de montañas forma casi un mundo aparte. Especialmente sus vertientes occidentales, que se elevan desde la llanura riberaña formando gradería, están cubiertas de parras, olivos, moreras é higueras; y tachonadas, lo mismo que las valles que se hallan entre las montañas, por innumerables aldeas. El Anti-Líbano no tiene tanta población y está menos cultivado, y la mayor parte de los que lo habitan son Mahometanos. Los principales habitantes del Líbano son Drusos y Maronitas: los primeros son Mahometanos místicos; y los segundos, Romanistas fanáticos. Entre ellos hay alguna mezcla de Griegos y Armenios.

Para "Cedro de Líbano," véase CEDRO.

LIBERTINOS, Hech. 6:9, del latin *libertinus*, liberto, es decir, uno que después de haber sido esclavo, ya sea de nacimiento ó por captura, ha obtenido su libertad; ó el hijo de un liberto. La "sinagoga de los Libertinos" estaba ligada con la de los Cirenianos y Alejandrinos, los cuales eran de origen africano; por esto algunos suponen que los libertinos eran de origen africano también. Es sin embargo más probable que con esta palabra se designara á los Judíos que habían sido prisioneros de guerra por los Romanos, y habiendo sido llevados á Italia, y allí manumitidos, tenían la costumbre de visitar á Jerusalem en número tan crecido que les fué preciso erigir una sinagoga para su uso particular, como sucedía con los Judíos de otras ciudades mencionadas en el contesto. Ellos iniciaron contra Esteban la persecución que dió por resultado su martirio. Véase SINAGOGA.

LIBIA, país en el norte de África, situado sobre el Mediterráneo, entre Egipto y Cartago, y que se extendía hacia atrás internándose algún tanto en el interior del continente. La parte contigua á Egipto era llamada algunas veces Libia Marmárica; y la que rodeaba á Cirene, Cirenaica, tomando este nombre de su ciudad principal, ó Pentapolitana, por sus cinco ciudades, Cirene, Apollonia, Berenice, Arsinoe y Ptolomais. En estas ciudades vivían un gran número de Judíos en el tiempo de Cristo; y estos con sus prosélitos Libios, acudían á Jerusalem á celebrar su culto, Hech. 2:10. Libia recibió su nombre de los Lehabim ó Lubim, Gén. 10:13, un pueblo belicoso que auxilió á Sesac rey de Egipto, y á Zera el Etíope, en sus guerras contra Judá, 2 Cró. 12:3; 14:9; 16:8; Dan.

11:43. Eran también aliados de la antigua Tebas, Nah. 3:9. Comp. Jer. 46:9; Ezeq. 30:5. Véase PUT. Libia cayó al fin en poder de Cartago, y posteriormente en el de los Griegos, en el de los Romanos, en el de los Sarracenos y en el de los Turcos.

LIBNA, *blancura*, I., la quinta estación de los Israelitas después de partir del Sinaí, Núm. 33:20, 21, y después de la derrota de Cades, Deut. 1:44-46; 2:1; probablemente el Labán de Deut. 1:1. Tal vez en Hajr el-Abyad, "la piedra blanca," en el corazón del desierto et-Tih, al norte del Sinaí.

II. Ciudad en el Shefelah, ú hondonada occidental de Judá, probablemente al sudoeste de Gaza. Fué conquistada de los Cananeos por Josué, y asignada á los sacerdotes, Jos. 10:29-32; 12:15; 15:42; 21:13; 1 Cron. 6:57. Amutalla, esposa del rey Josías, nació allí, 2 Rey. 23:31; 24:18. Sus habitantes se rebelaron contra el idólatra y cruel Joram, 2 Crón. 21:10. Era un lugar bien fortificado, y bajo sus muros el ejército asirio fué milagrosamente destruido, 2 Rey. 19:8, 9, 35; Isa. 37:8.

LIBRO, significa primariamente un escrito cualquiera, Isa. 29:11, 12; una carta de divorcio, un documento de acusación ó venta; una carta, registro, ó volumen.

En la antigüedad se usaban varias clases de materiales para hacer libros. Láminas de plomo ó de cobre, cortezas de árboles, ladrillo, piedra y madera, era lo que al principio se usaba para grabar los informes ó documentos que la gente deseaba transmitir á la posteridad, Deut. 27:2, 3; Job 19:23, 24. Las leyes de Dios fueron escritas en tablas de piedra. Los caracteres esculpidos en piedra se llenaban algunas veces de plomo derretido, Job 19:24. Las inscripciones se hacían también en tejas y tadrillos que después se endurecían en el fuego. Muchas de estas se hallan en las ruinas de Babilonia. Véanse BABILONIA y NABUCODONOSOR. Y así, al excavar en Koyunjik, se halló una Biblioteca real; estaba el piso cubierto hasta la profundidad de un pié ó más, con láminas de *terra-cotta*, en ambos lados de las cuales había grabados pequeños caractéres asirios. Todas ellas estaban numeradas, y constituían tratados regulares sobre historia, astronomía, astrología, leyes, religión, lenguas, matemáticas, etc., una completa enciclopedia en fin, "para el uso del pueblo." Al formarse estas Bibliotecas, parece que Asiria siguió el ejemplo y copió los libros de Babilonia, en que se usaba la lengua antigua Acadiana y carácteres cuneiformes, traduciendo los libros con el auxilio de gramáticas y diccionarios, que todavía

ANTIGUOS LIBROS, PLUMAS Y TINTEROS.

existen en parte. Estas Bibliotecas singulares arrojan un torrente de luz sobre la historia, las ciencias y la vida diaria de aquellos tiempos. Contienen leyendas de la creación y del diluvio, aluden á la división del tiempo en semanas, meses y años, hacen mención del día de descanso, y de las fechas de muchos acontecimientos registrados en la Biblia, las cuales confirman de un modo sorprendente la antigüedad y exactitud de esta. Nos dejan comprender, además, que cierto conocimiento de Dios y de las cosas divinas era entonces común entre el género humano. No se ha encontrado en ellas nada todavía que implique un comienzo de la historia auténtica anterior al año de 2,400 A. C. La Divina Providencia se manifiesta de una manera admirable en el uso y la preservación de estos "libros en piedras."

En tiempos posteriores á los ya mencionados, láminas de madera de boj y de marfil eran comunes entre los antiguos: cuando eran de madera solamente, estaban á menudo cubiertas de cera, sobre la cual se escribía con la punta de un estilo ó punzón, ó pluma de hierro, Jer. 17:13; y lo que se había escrito podía después borrarse con la extremidad ancha del punzón, Luc. 1:63. Después se usaron hojas de palma en lugar de láminas de madera, y también las cortezas más finas y delgadas de los árboles; es por esto que la palabra *liber* que denota la parte interior de la corteza de un árbol, significa también libro. Como estas cortezas se arrollaban para poder ser llevadas con facilidad á donde se quisiera, el rollo formado de esa suerte se llamaba *volumen*, nombre que también se aplicó á un rollo de papel ó pergamino. Los antiguos escribían también en lino; pero el material más antiguo y de uso más generalizado para escribir,

parece que fué el *papyrus*, caña muy común en Egipto y en otras comarcas, y que todavía se encuentra en Sicilia y en Caldea. De *papyros* se deriva nuestra palabra *papel*. Algún tiempo después, el *pergamino* hecho de pieles fué inventado en Pérgamo, y allí se usó para formar rollos ó volúmenes, Sal. 40:7; Zac. 5:1; 2 Tim. 4:13; 2 Juan 12. La pluma para escribir sobre estos suaves materiales, era una pequeña brocha, ó una caña hendida en una de sus extremidades, Jer. 36:23. La tinta era preparada con negro de humo,

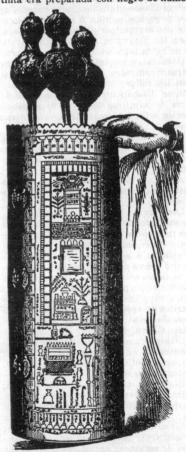

CAJA QUE CONTENÍA LOS ROLLOS DEL PENTATEUCO.

carbón de marfil, varias gomas, etc., y lo escrito se hacía algunas veces permanente con la acción del fuego. Los escribas llevaban sus tinteros de cuerno pendientes del cinturón, Ezeq. 9:2. La manufactura del papel de lino en su forma moderna, fué conocida primero en Europa por el año de 1300 A. D. El arte de la imprenta fué introducido como 150 años después. Véase LENGUA.

Un libro antiguo tenía por lo tanto el aspecto de un grueso rollo, formado de una substancia parecida al papel, Ezeq. 2:9; estaba escrito generalmente en columnas paralelas y tan solo por un lado, y se leía desenrollando gradualmente por medio de dos pequeños rodillos ó cilindros colocados uno al principio y otro al fin del volumen, Isa. 34:4; Luc. 4:17-20. En lo escrito no había separación entre las palabras ó cláusulas, y empleábanse solamente las letras mayúsculas. Algunas veces se sellaban los rollos; atacándolos con un cordón se dejaban caer sobre este gotas de lacre ó cero, que luego se estampaban con un sello, Isa. 29:11; Dan. 12:4; Apoc. 5:1-3.

El que la escritura era practicada desde tiempos muy remotos, puede inferirse de las alusiones á ese arte se hacen en Gén. 5:1; Exod. 17:14; Job 9:25; 19:23; 31:25. Los Egipcios se valieron de ella desde los tiempos más antiguos de que hay memoria.

Los antiguos escritores, en vez de escribir sus libros de su puño y letra, empleaban con frecuencia amanuenses. Pablo hace notar como una circunstancia especial en la epístola á los Gálatas, que él la había escrito con su propia mano, Gál. 6:11. En otras cartas solamente su salutación era lo que él escribía personalmente, 1 Cor. 16:21; Col. 4:18; 2 Tes. 5:17. El amanuense que escribió la epístola á los Romanos hace mención de sí mismo al fin, Rom. 16:22. Véase CARTA, ÉFESO.

LIBRO DE LA GENERACIÓN (ó de las descendencias), se emplea en Gén. 5:1; Mat. 1:1, en el sentido de registro genealógico. Véase GENERACIÓN.

LIBRO DE LAS BATALLAS DE JEHOVÁ, Núm. 21:14, era probablemente una especie de diario militar, formado de odas sueltas.

LIBRO DEL DERECHO, Hebreo *Jasher*, 2 Sam. 1:18, puede haber sido una colección de romances nacionales, que era una de las formas más comunmente usadas en los tiempos antiguos para perpetuar la historia.

LIBROS DE LAS CRÓNICAS DE LOS REYES

DE JUDÁ Y DE ISRAEL, eran, según parece, anales nacionales, 1 Rey. 14:19, 29.

LIBRO DE LA VIDA (ó de los vivientes), Sal. 69:28, se refiere tal vez á la costumbre de los príncipes, de llevar una lista de las personas que estaban á su servicio, etc. Por eso se representa á Dios como si estuviera inscribiendo los nombres en volumenes; y el volumen de los que han sido escogidos para la salvación, es "el libro de la vida," Fil. 4:3.

LICAONIA, pequeña provincia del Asia Menor, limitada al norte por Galacia, al este por Capadocia, al sur por Isauria y al oeste por Frigia. Parece haber estado dentro de las límites de la Frigia Mayor, pero fué convertida en provincia romana por Augusto. El país es plano, pero nó fértil, aunque notablemente adaptado para pasturaje de las ovejas. De sus ciudades, Iconio, Derbe y Listra se mencionan en el Nuevo Testamento, Hech. 4:6. Véase LISTRA. La "lengua licaónica," vers. 11, se supone generalmente que era un dialecto derivado del griego, corrompido con una mezcla considerable de siriaco. En su primer viaje, Pablo recorrió esta provincia de oeste á este, Hech. 14:1-21; 2 Tim. 3:11; en su segundo y tercero, de este á oeste, dirigiéndose á Troas, Hech. 16:1-8, y á Éfeso, 18:23; 19:1. Licaonia ahora forma parte de la provincia turca de Caramania.

LICIA, provincia en el S. O. del Asia Menor, limitada al oeste por Caría, al este por Pamfilia, al norte por Frigia y Pisidia, y al sur por el Mediterráneo. El país es algo montañoso, aunque no estéril. De sus ciudades sólo Pátara y Misa se mencionan en la Biblia, Hech. 21:1, 2; 27:5.

LIDDA, en hebreo Lud ó Lod, en Benjamín, 1 Crón. 8:12; Esd. 2:33, y por los Griegos llamada Dióspolis, era una ciudad 9 millas al este de Joppe, en el camino de Jerusalem. Allí Pedro sanó á Eneas, Hech. 9:33, 34. Fué destruida no mucho tiempo después de Jerusalem; pero fué en breve reedificada, y llegó á ser el asiento de una famosa escuela judía. Una iglesia cristiana fué organizada allí, y existía aun en 518 A. D. Menciónase á Lidda con frecuencia en la historia de las cruzadas. Estaba situada en medio de hermosas y extensas llanuras, de un suelo rico y negro, que se podría hacer extraordinariamente fértil. En la actualidad es sólo un miserable villorio llamado Ludd. Las ruinas de una iglesia majestuosa de la edad media, llamada la iglesia de San Jorge, conservan el nombre de un santo y mártir que se dice nació y fué sepultado allí en el siglo tercero. Los Cruzados ingleses adoptaron su nombre como patrono de Inglaterra, y se cuentan muchas leyendas fabulosas acerca de sus hazañas.

LIDIA, I., mujer de Tiatira, que residía en Filipos de Macedonia, y traficaba en géneros de púrpura. No era judía de nacimiento; pero se había hecho prosélita del judaismo, y "adoraba á Dios." Fué conducida por la gracia de Dios á recibir el evangelio con alegría, y fué ella la primera conversa europea que tuvo Pablo; y habiendo sido bautizada con toda su casa, obligó á Pablo y á sus compañeros de trabajo á que habitasen en su casa durante todo el tiempo que permaneciesen en Filipos, Hech. 16·14, 15, 40. Comp. Fil 4·3. Véase FILIPOS.

II. En Ezeq. 30:5, propiamente Lidem.

LIGAS, á los Hebreos les eran permitidas, para afianzar la paz y tener relaciones amistosas con las naciones poderosas, pero les estaban prohibidas alianzas que les comprometieran, y tener con otras naciones mucha intimidad, 2 Rey. 18.20, 21; 20:12, 13; 2 Crón. 20:35-37, 28.20, 21; Isa. 30:2-7; 3¹:1-3; Ose. 5:13; 12·1. Con los Cananeos, Exod. 23:32, 33; los Amalecitas, Exod. 17:8, 14, y los Moabitas, Deut. 2.9-19, no debían formar jamás ninguna liga. Véase ALIANZA.

LIGURIO (Reina TOPACIO) probablemente es lo mismo que el jacinto, una piedra en el racional del sumo sacerdote, Exod. 39:12, que se dice era de un color rojo brillante, con un tinte de amarillo, y transparente: quizá la *turmalina*.

LA LIEBRE COMÚN DE PALESTINA.

LIEBRE, prohibida á los Israelitas como alimento, Lev. 11:6, Deut. 14.7. La liebre mastica á sus anchas el alimento que ha mordido y que ha conservado en sus mandíbulas, y también impide el crecimiento indebido de sus dientes incisivos chocándolos unos con otros con un constante movimiento, parecido al que hacen al masticar los verdaderos rumiantes, de donde

resulta que generalmente se la clasifica entre éstos. En Palestina hay cinco especies distintas de liebres.

LIENZO (Scio, MANTO). La palabra hebrea significa "manto largo" ó chal. Véase VELO. Así es que según Rut 3:15, Boaz da á Rut seis medidas de celada que ella se lleva en su manto. Véase también Isa. 3.22.

LIMPIO é INMUNDO, términos usados en la Biblia en conexión con la ley ceremonial; se aplican á ciertos animales, y también á los hombres, en casos determinados por la ley de Moisés, Lev 11-15; Núm. 19; Deut 14. Antes del Diluvio existía ya una distinción entre los animales limpios y los inmundos, Gén. 7:2. La ley Mosaica lejos de ser arbitraria estribaba en razones relacionadas con los sacrificios de animales, con la salud, con la separación de los Judíos de las otras naciones, y con la práctica de la pureza moral de parte de estos, Lev. 11:43-45, 20.24-26, Deut. 14 2, 3, 21. El comer con los Gentiles era una de las peores modos de asociarse con ellos, Mat 9·11; Hech. 11·3 La ley ritual se observaba todavía en el tiempo de Cristo, pero quedó anulada con la institución del evangelio, Hech. 10.9-16, Heb. 9.9-14.

Contraíase la impureza ceremonial voluntaria ó involuntariamente, y de varias maneras. Ordinariamente la persona contaminada podía despojarse de ella por medio de baños la noche del mismo día en que la había contraído. En otros casos se requería para ello una semana, y aun 40 ó 50 días, y ofrecer sacrificios.

LINO, I., planta bien conocida, para beneficiarla, la industria de la humanidad se ha puesto en juego con muy buen éxito y utilidad, Jos. 2.6 Prov. 31:13. Moisés habla del lino de Egipto, Exod. 9:31, país que ha sido célebre desde tiempo inmemorial por la producción y manufactura de dicho material, debido á que los ricos depósitos que dejaban las inundaciones del Nilo hacían su suelo muy favorable para ello.

Las "cuerdas" y el lino fino de Egipto que se mencionan por su buena calidad en Prov. 7:16 y en Ezeq. 27:7, respectivamente, eran artículos fabricados de la planta de que hablamos. Su producción en Palestina se menciona en Jos. 2:6, Jue. 16.9, Isa. 1.31; Ose. 2·5, 9. La mayor parte del lino que se halla envuelto al rededor de las momias egipcias, no iguala al que se emplea en nuestros días para hacer sábanas. Pero se han visto muestras de una finura notable: una que contiene 152 hilos en la urdimbre, y 71 en la trama, en cada pulgada cuadrada, y otra, 270 hilos dobles en la urdimbre y 110 en la trama, por pulgada. El cambray moderno rara vez contiene más de 160 en la urdimbre. Véase ALGODÓN.

Los varios procedimientos que se emplean para cambiar las fibras del lino en tela fina y blanca como nieve, ejemplifican la disciplina de Dios al santificar á sus hijos.

El profeta Isaías al hablar de la dulzura del Mesías, usa una expresión proverbial : "No quebrará la caña cascada, ni apagará el pábilo humeante," Isa. 42.3; Mat. 12:20. Aquí el pábilo significa el lino ó cáñamo de que se forma la mecha de una lámpara ó de un cirio. Jesu-Cristo no quebrará una caña ya cascada y fácil de romperse, ni extinguirá una lámpara moribunda, próxima ya á extinguirse, esto es, no oprimirá á sus humildes y penitentes adeptos, sino que alentará los más débiles comienzos de la verdadera gracia.

II. Muchas palabras diferentes en hebreo y en griego se traducen "lino," "lino fino," "lino torcido," y "lienzo," al describirse las vestiduras de los sacerdotes, Exod. 28:39, 42 : 39·28; Ezeq. 44:18, de los príncipes, Gén. 41:42; 2 Sam. 6:14; 1 Crón. 15:27, y de la mujer virtuosa, Prov. 31·13, 22, 24, las colgaduras del tabernáculo, el velo puesto delante del lugar santísimo y su cortina, Exod. 26:1, 31, 36, 2 Crón. 3:14, las túnicas de los ángeles, Ezeq. 9:2, 3, 11, Dan. 10.5, 12:6, y los lienzos en que el cuerpo de Cristo fué envuelto, Juan 19:40. Algunos de estos términos se usan indistintamente, y no es fácil definirlos con precisión, quizá denoten diferentes calidades de lino según su finura, color y origen. El lino fino de una blancura de nieve era altamente apreciado, y era símbolo de la pureza de los ángeles y de la iglesia redimida, Apoc. 19:8. Véase ALGODÓN, LINO I., Y SEDA. En Apoc. 15:6, donde dice "ángeles ceñidos de lino limpio y albo," se podría traducir con más exactitud "ataviados de piedras preciosas puras y brillantes."

LIRIO ó flor de lis. De esta planta regia se hallan varias clases en las flores silvestres de Palestina, y su profusión, hermosura y fragrancia son la delicia de los viajeros. El lirio es una flor primaveral, y aparece temprano en todas partes de la Tierra Santa. Fué empleado en los adornos del templo, 1 Rey. 7:19-26; 2 Crón.

EL MARTAGON ESCARLATA: LILIUM CHALCEDONICUM.

4 5. En los Cantares se menciona á menudo como símbolo de la amabilidad. Más comunmente se aplica á la esposa y á sus diversas cualidades, cap. 2:1, 2, en donde ésta habla, vers. 1; el esposo contesta, vers. 2, y la esposa de nuevo responde, vers. 3. Los labios del esposo se comparan á los lirios en el cap. 5·13, y se le describe alimentándose entre los lirios, cap. 2:16; 6:3, lo cual simboliza á Cristo deleitándose en las gracias de su pueblo. Nuestro Salvador se valió también del lirio para uno de sus más notables símiles. "Aprended de los lirios del campo cómo crecen;" .. "ni un Salomón con todo su gloria fué vestido así como uno de ellos," Mat. 6:28, 29. El lirio de los valles, Cant 2·1, significa simplemente el lirio que crece en los valles, nó nuestro lirio del valle que era desconocido en Palestina.

LISIAS ó Claudio Lisias, comandante que era de la guardia romana en Jerusalem cuando Pablo hizo allí su primera visita. En el honroso desempeño de su deber salvó repetidas veces á Pablo de la maldad de los Judíos, Hech. 21:27-40; 22; 23.

LISTRA, ciudad situada en la parte oriental de Licaonia, cerca de Derbe ó Iconio, y lugar natal de Timoteo. Pablo y Barnabas predicaron el evangelio allí, y habiendo curado á un tullido, se les iba á tributar culto. Poco después, sin embargo, á instigaciones de perseguidores judíos que habían ido de Antioquía é Iconio, Pablo fué apedreado en ese lugar, Hech. 14:6. 19. Timoteo, según parece, presenció ó tuvo noticia de sus sufrimientos, 2 Tim. 3:10, 11, y en la segunda visita de Pablo, estaba dispuesto á entrar en el servicio público de Cristo, Hech. 16:1. Hamilton encontró su sitio en Bin-bir-Kilisseh, al pié de una montaña de origen volcánico, llamado Karadagh, en donde se hallan las ruinas de varias iglesias. La ciudad pretendía tener á Júpiter como su especial patrono, Hech. 14:13.

LITERA, vehículo ligero y cubierto, parecido á una silla de mano ó palanquín, llevado por hombres; en la actualidad es más común en Siria que la lleven dos mulas ó camellos. El tálamo de Salomón, Cant. 3:9, se supone que fué una elegante litera de mulas. La palabra hebrea usada en Isa. 66:20, con otra derivada de un verbo que significa rodar, denota carros cubiertos en Núm. 7:3.

LOAMMÍ, *no pueblo mío*, nombre dado por mandato divino al segundo hijo de Oseas, para significar que Dios recusaría á Israel, y más tarde lo restauraría, Ose. 1:9; 10:2, 23.

LOBO, animal feroz, emblema de la tribu de Benjamín, Gén. 49:27, el *canis lupus* de Lineo; pertenece al género del perro, y es muy semejante á éste. Los lobos no ladran nunca, sino ahullan; son animales crueles, pero cobardes. y huyen del hombre, á no ser que estén acosados por el hambre, y entónces entran de noche en grandes manadas en las aldeas, y despedazan á cualquiera persona que encuen-

LOBO EGIPGIO.

tran á su paso, Jer. 5:6; Ezeq. 22:27; Hab. 1:18. Son muy veloces, tienen suficiente fuerza para llevarse una oveja á carrera abierta, y son más ligeros que los perros. Durante los inviernos crudos, los lobos se reunen en grandes manadas, lanzan terribles ahullidos, y cometen tremendos destrozos, Sof. 3:3. Devoran toda clase de animales domésticos. y son el terror de los pastores, pues la debilidad y miedo peculiar de las ovejas son causa de que éstas sean víctimas sin resistencia, Luc. 10:3; Juan 10:12. Del mismo modo los perseguidores y malos maestros han sido lobos rapaces de la grey de Cristo, Mat. 10:16; Hech. 20:29. El influjo transformativo que el evangelio ejerce en la naturaleza humana es tan grande como el de lo que pudiese al lobo en el compañero de juego del cordero, Isa. 11:6; 65:25. Habita el lobo los continentes de Europa, Asia, África, y América. Desalojado por lo general de las partes pobladas de esos continentes, encuéntrase todavía en los bosques grandes y en las regiones montañosas. El lobo sirio es más grande que el egipcio, y es del color pardo claro del ciervo. En Palestina era antiguamente más común de lo que es hoy día.

LODEBAR, *ningún pasto*, población al este del Jordán, cerca de Mahanaim, en el norte de Dan; la residencia de Maquir, quien dió abrigo á Mefiboset, 2 Sam. 9:4, 5; 17:27.

LOG, hebreo, *un hueco*, la medida más pequeña de líquidos entre los Hebreos, que contenía 1-12 de HIN, ó como 32 centílitros. Lev. 14:10, 12, 15, 21, 24.

LOIDA, piadosa Judía de Listra, cuya fé no fingida advierte Pablo en su hija Eunice y su nieto Timoteo, 2 Tim. 1:5.

LOMOS, la parte inferior de la espalda

381

de un hombre, Jer. 30:6, y los órganos interiores, Gén. 35:11; 1 Rey. 8:19; representados como el asiento de la fuerza, Deut. 33:11; Job 40:16; Sal. 69:23; Isa. 21:3; eran ceñidas con cilicio en los duelos, Gén. 37:34. Véase CINTO, p. 136.

LORIGA, cota de malla, Jer. 46:4; 51:3. Véase ARMAS.

LORUHAMA, *sin obtener misericordia*, nombre dado por Dios á la primera hija de Oseas, como tipo de la pérdida que sufrió Israel del favor divino durante la cautividad, Ose. 1:6; 2:1, 23. Véase OSEAS.

LOT, *cubierta*, el hijo de Harán, hermano de Milca y de Iscah, y sobrino de Abraham, acompañó á su tío desde Ur, y después desde Harán, para establecerse en Canaán. Fueron juntos al sur, al Negeb, y al Egipto durante una carestía, luego regresaron y vivieron juntos cerca de Betel y de Ai, Gén. 11:27-31; 12:4-6; 13:1-4. Abraham le tenía mucho cariño, y cuando no pudieron continuar más tiempo unidos en Canaán, porque ambos tenían grandes rebaños y sus pastores reñían algunas veces, Gén. 13:5-7, aquel patriarca tuvo la generosidad de dejar á Lot la elección de su residencia. Este escogió la llanura de Sodoma, que debió de ser en aquel tiempo la parte más fértil de aquella tierra. Allí continuó morando hasta la destrucción de Sodoma y de las ciudades circunvecinas. Fué un hombre justo aun en Sodoma, 2 Ped. 2:6-9; y un "juez" que condenaba las malas prácticas de los Sodomistas, Gén. 19:9; pero las calamidades consiguientes á la elección que hizo de esta residencia, tales como su captura por los merodeadores orientales, Gén. 14; las molestias que le causaron sus impíos y viciosos vecinos; la pérdida de sus bienes en el incendio de la ciudad; la destrucción de sus yernos y de su mujer, si es que no prueban que él consideraba la comodidad y el lucro de más importancia que el deber, prueban por lo menos que la tierra más hermosa y fértil no es siempre la mejor; la perversidad de sus habitantes puede sumergirla en un abismo de perdición, y poner en peligro á todos los que tengan relaciones con ella, de cualquiera clase que sean. Los bienes raices de Sodoma resultaron ser de ningún valor, como sucede en cualquier otro lugar de esa especie, y las riquezas duraderas, las riquezas dignas de ser tenidas como el bien principal del hombre, no pueden hallarse en ningunas posesiones terrenales: todo al fin tendrá qué ser quemado. La mujer de Lot mirando hacia atrás en desobediencia á la voluntad divina, y detenida en la mitad de su huida á la montaña por el castigo con que se les había amenazado, y luego siendo herida de muerte y quedado incrustada de sal, es una terrible amonestación hecha á todos los que vuelven la cara hacia Zión, pero sienten repugnancia dejarlo todo por Cristo, Gén. 19; Luc. 17:28-32. Lot escapó con sus dos hijas á Zoar, y llegó á ser el padre de Moab y Ammón por medio de ellas, quienes sin duda disculpaban su crimen alegando que no se atrevieron á casarse con ninguno de los paganos entre los cuales vivían. Al Mar Muerto se le llama ahora por los naturales Bahr Lut, el Mar de Lot. Véase SODOMA.

LOTAN, *cubierta*, hijo mayor de Seir, Gén. 36:20, 22, 29; 1 Crón. 1:38.

LUCAS el evangelista, probablemente la misma persona á quien Pablo llamaba "el amado médico," y distinguía de entre los "de la circuncisión," Col. 4:11, 14. Lucas fué el autor del Evangelio que lleva su nombre, y de los Hechos de los Apóstoles, habiendo sido el amigo y el compañero de Pablo en la mayor parte de los viajes bosquejados en este último libro. Así en Hech. 16:11, usa primero la palabra "nosotros," y manifiesta que estuvo con Pablo en Troas, y en su primera expedición por Macedonia. Después de llegar á Filipos, ocurre un intervalo de separación; pero se juntan de nuevo en ese lugar, cuando Pablo se embarca allí para Jerusalem, y desde ese tiempo continúa con el apóstol en sus trabajos, viajes y sufrimientos, hasta el fin de la primera prisión de este en Roma, Hech. 17:1; 20:5, 6, 13-16; 21-28; File. 24; 2 Tim. 4:11. Su historia personal, tanto de la época anterior como de la posterior á su asociacion con Pablo, es desconocida, ó se apoya en tradiciones inciertas. Su propia narración contiene lo menos posible acerca de sí mismo; con todo, no cabe duda de que además de dejar al mundo el inestimable legado de sus escritos, fué muy útil á la iglesia primitiva, por su instrucción, juicio y fidelidad, y aun por su habilidad como médico. Véase HECHOS y EVANGELIO.

LÚCIFER, *portador de luz*, el nombre latino de la estrella matutina, ó "hijo de la mañana." En el lenguaje figurado de las Escrituras, una estrella brillante denotaba un príncipe ilustre, Núm. 24:17. Cristo fué dado á los hombres como "la estrella brillante y matutina," Apoc. 2:28; 22:16. Este nombre (Reina, LUCERO) parece que denota, en Isa. 14:12, el rey de Babilonia; y se le da ahora por lo común, aunque impropiamente, á Satanás el príncipe de las tinieblas.

LUCIO CIRENEO, Hech. 13:1; comp. Hech. 2:10; 11:19, 20, uno de los ministros y maestros de la iglesia cristiana en Antioquía, y probablemente pariente de Pablo, Rom. 16:21. Supónese por algunos que era el evangelista Lucas, pero no hay para ello buenas razones.

LUD, el cuarto hijo de Sem, Gén. 10:22, y antepasado según se cree, de los Lidios del Asia Menor, 1 Crón. 1:17.

LUDIM, descendientes de Mizraim, Gén. 10:13, que habitaban en el África, probablemente cerca de Etiopía; eran famosos tiradores de arco, Isa. 66:19, y se mencionan como soldados juntamente con los Etíopes, Líbanos y Tirios, Jer. 46:9; Ezeq. 27:10; 30:5.

LUEGO, Grie., *eutheos*, Mar. 1:30; 5:13; 10:52. Esta palabra que también podría traducirse, inmediatamente, en el momento, acto continuo, etc., está empleada 40 veces en el Evangelio de Marcos, y es una halagadora sugestión de la prontitud y buena voluntad con que nuestro Señor ejecuta sus actos al tratarse de sanar los cuerpos y de salvar las almas de los hombres, Mar. 5:29, 42; comp. Juan 9:4.

LUGAR, á veces sinónimo de asiento, sentido en el cual se usa en Luc. 14:8-10.

LUGARES ALTOS. De la idea de que el cielo es la mansión de la Divinidad, nació la práctica de rendirle culto en las montañas y los cerros, costumbre observada por los Troyanos, los Griegos, los Persas, y otras muchas naciones. Los Patriarcas erigían altares á Jehová en donde quiera que residían, Gén. 12:7, 8; 26:25; 28:18; algunas veces en las montañas, Gén. 22:2; 31:54. Moisés hizo lo mismo, Exod. 17:10, 15; Núm. 20:25-28, y el primer altar de los Israelitas en Palestina fué edificado por mandato de Dios en el monte Ebal. Los Moabitas, Núm. 21:28; 22:41; Isa. 15:2; Jer. 48:35, y los Cananeos, Núm. 33:52; 33:52; Deut. 12:2, adoraban á sus ídolos en los lugares altos. Mandóseles á los Israelitas que destruyesen estos, y que preparasen para los sacrificios y el culto el lugar que el Señor escogiese, Deut. 12:2-14. Pero ellos no obedecieron estrictamente este mandato, Jue. 2:2, y llegaron hasta adorar á los dioses de los paganos. Antes de la construcción del templo, los sacrificios eran ofrecidos en varios lugares distantes del tabernáculo, con la aprobación del Divino Legislador, Jue. 6:25, 26; 1 Sam. 9:12, 13, 25; 10:8; 11:15; 16:2-5, estado de cosas que tal vez se prevee en Ex. 20:24, 25; Deut. 12:10, 11; 1 Rey. 8:16-20. Estos lugares altos consagrados á Jehová eran probablemente centros locales de religión, 1 Rey. 3:2, 3, como las sinagogas de tiempos posteriores. Pero una vez construido el templo, el uso continuado de los lugares altos se tuvo como transgresión, 2 Crón. 7:12-16; 8:12, 13. Sin embargo, Dios sancionó el acto de Elías en el Monte Carmelo, 1 Reyes 18:30-38. En la última parte del reinado de David, y cuando Salomón ascendió al trono, el "gran lugar alto" estaba en Gabaón, en donde se hallaban el tabernáculo y el altar, 1 Crón. 21:29; 2 Crón. 1:3-6. Salomón, obrando con maldad, revivió el culto de los dioses paganos en los lugares altos, 1 Rey. 11:6-8. Jeroboam instituyó un sistema idólatra en la parte norte del Reino, y ordenó sacerdotes para los lugares altos que había en Dan y Betel, 1 Rey. 12:26-33. Desde ese tiempo se usaron en Israel los lugares altos especialmente para el culto de los ídolos, y Elías se queja de que los altares de Jehová fueron derribados, 1 Rey. 19:10, 14. En Judá también se multiplicaron los lugares altos para los falsos dioses, 1 Reyes 14:22, 23. Aun los reyes piadosos toleraron los lugares altos, aunque solamente, sin duda, para el culto de Jehová: así lo hicieron, en efecto, Asa, Josafat, Joás, Amazías, Ozías y Jotam. Los lugares altos fueron improbados por los profetas, Ose. 10:8; Amós 7:9; Miq. 1:5; y Ezequías se dedicó á quitarlos, 2 Rey. 18:4, 22, y después de haber sido restablecidos bajo los reinados de Manassés y Amón, Josías completó su destrucción, ya fueran idólatras ó consagrados á Jehová, 2 Rey. 22:8-13; 23; 2 Crón. 34:3, 33. Después de Josías no se hace mención del culto de Jehová en los lugares altos, aun cuando su uso para el culto de los ídolos subsistió todavía, Jer. 17:3; 19:5; Ezeq. 6:3, 6.

Los lugares altos eran eminencias naturales, ó moles artificiales, con sus propios sacerdotes, altares y sacrificios, 1 Reyes 12:32; 13:33; 2 Rey. 17:32; 23:9, 15, 20; en muchos casos con capillas ó templos, "casas de los lugares altos," 1 Rey. 12:31; 2 Rey. 23:19.

LUGARES BAJOS (ó profundos) de la tierra, valles, Isa. 44:23; también la morada secreta de los espíritus desprendidos del cuerpo, Sal. 63:9; Efes. 4:9; por esto en el Sal. 139:15 significa el vientre.

LUGAR SECO, en Isa. 35:9, traducido por Lowth "la arena reluciente;" por Henderson, "La ilusión vaporosa," y en alemán "Sand-meer" y "Wasserschein," "mar de arena" y "espectáculo de agua," se refiere al "espejismo," ilusión óptica que se describe por casi todos los que viajan en los desiertos tropicales. Se produce por la refracción desigual de los rayos del sol en las capas inferiores de la atmósfera sobre la arena caliente. El inexperto viajero ve á lo lejos lo que le parece que es un hermoso lago, y su imaginación reviste la orilla más distante de hierba fresca y arbustos, palmeras majestuosas que undulan en la brisa, y edificios, etc.; pero al apresurarse hacia él, nota que esa deliciosa visión retrocede, y por último desaparece, no quedando nada más que el arenal caldeado y seco. En lugar de las engañosas y vanas esperanzas de la tierra, nuestro Salvador nos concede las verdaderas aguas de la vida eterna.

LUHIT, LA SUBIDA DE, un cerro que conducía á un santuario moabita, Isa. 15:5; Jer. 48:5.

LUNA, Heb. amarillo pálido ó blanco, "la lumbrera menor," para que sirviera de señal para el tiempo y las estaciones," Gén. 1:14-16; Sal. 104:19. Esta hermosa y majestuosa reina de la noche, Gén. 1:16, es uno de los principales testigos que tiene la humanidad de la bondad, sabidría y poder del Creador, Deut. 33:14; Sal. 8:3; y por recibir toda su luz del sol, y reflejarla por todas partes, es una imagen notable de la iglesia de Cristo que está iluminada por él y refleja su gloria, Rom. 13:12; 2 Cor. 3:18. En el cielo claro del Oriente la luna resplandece con una brillantez particular. Era especialmente útil á las razas primitivas de los hombres, con motivo de su carencia de luz artificial, y de su vida pastoril al aire libre, Cant. 6:10; y era adorada por la mayor parte de las naciones antiguas, ya directamente, Job 31:26, 27, con tortas de miel, Jer. 7:18; 44:17-25, ó como diosa bajo el nombre de Astoret, Artemis, Diana, Hecate, Meni, Mylitta, Maja, etc. Á los Hebreos se les habían hecho advertencias especiales con respecto á una especie de idolatría, Deut. 4:19; 17:3, y sin embargo, caían en ella, 2 Rey. 21:3; Isa. 65:11; Jer. 8:2; 19.13.

La pérdida de la luz de la luna por un eclipse ó por extinción total, simboliza juicios divinos, Isa. 13:10; Mat. 24:29; Apoc. 8:12. Véanse LUNÁTICO y LUNA NUEVA.

LUNÁTICO, se deriva del latín luna, y corresponde á la palabra del original hebreo que significa "herido por la luna;" este término se aplica á una clase de personas enfermas mental y á menudo corporalmente, quienes, según se creía, sufrían más en el plenilunio. La demencia, la epilepsia y una melancolía mórbida se contaban entre los efectos frecuentes de los poseídos por el demonio; mas con todo, esta posesión existía aparte de esos efectos, y era una calamidad más espantosa. Menciónase á los lunáticos expresamente en distincion de los hombres poseídos por los malos espíritus, Mat. 4:24; 17:15. Véase DIABLO II.

LUNA NUEVA. La luna nueva era el principio de cada uno de los meses hebreos. Véase MES. Los Hebreos tenían una veneración particular por el primer día de cada mes, para el cual designó Moisés sacrificios especiales, Núm. 28:11-15; pero no prescribió que se guardase como día santo, ni puede probarse que los antiguos lo observaran como tal; era una fiesta de devoción, ó puramente voluntaria. Se infiere que en el tiempo de Saúl tenían en ese día una especie de tertulia de familia, puesto que David debía estar entónces á la mesa del rey, y si nó estaba Saúl notaba su ausencia y la tomaba á mal, 1 Sam. 20:5, 18. Moisés dá á entender que además de los sacrificios nacionales ofrecidos entonces, cada persona tenía privadamente sus sacrificios especiales de devoción, Núm. 10:10. El principio del mes era proclamado con toques de trompeta, Sal. 81:3, y con el ofrecimiento de sacrificios solemnes. Pero el novilunio que más se celebraba era el del principio del año civil, ó el primer día del mes Tishri, Lev. 23:24. Esta era una fiesta sagrada en que no se practicaba ningún trabajo servil, Amós 8:5. Véase TROMPETA. Según parece, en el reino de las diez tribus, el pueblo tenía la costumbre de visitar á los profetas en el novilunio, con el objeto de llevarles presentes y de oir sus instrucciones, 2 Rey. 4:23. Ezequiel dice, 45:17, (véase también 1 Cró. 23:31; 2 Cró. 8:13,) que los sacrificios ofrecidos en el día del novilunio, tenían qué proporcionarse á expensas del rey. Suspendióse la observancia de esta festividad poco después del establecimiento del cristianismo, Gal. 4:9, 10; Col. 2:16, si bien los Judíos tienen aún cierta veneración por el novilunio.

LUZ, I., una de las más admirables, alegres y útiles de todas las obras de Dios; creada en el primero de los seis días de la creación, por la palabra divina· "Sea la luz," y la luz fué Ningún otro objeto ejemplifica mejor lo que es puro, glorioso, espiritual, alegre y benéfico. De ahí viene la belleza y fuerza de las expresiones "Dios es luz," 1 Juan 1:5, y "el Padre de las luces," Santiago 1:17. "Cristo es el sol de la justicia," Mal. 4·2, y "la luz del mundo," Juan 1:9, 8:12. Así también la palabra de Dios es "una luz," Sal. 1·9:105; 2 Ped. 1:19; la verdad y los cristianos son luces, Mat. 5:14; Juan 3·19, 12.36; la prosperidad es "luz," Est. 8:16; Isa. 58:8; y el cielo está lleno de luz, Apoc 21·23-25. Lo opuesto á todo esto es la "oscuridad."

II. *Encorvadura* ó *avellano*, sitio al norte de Jerusalem, visitado por Abraham cuando estaba despoblado, Gén 12:8; 13:3, y por Jacob, quien le dió el nombre de Betel, Gén. 28:19, 35:6; 48·3. Una ciudad cananea fué después construida cerca de allí y llamada Luz, y después de la conquista se edificó á Betel, mismo, ó en un lugar contiguo. Véase Betel. Las dos se distinguen una de otra en Jos. 16:2. Hay ahora en ese lugar una aldea llamada Khirbet el Lozeh, 3½ millas al oeste de Beitin.

III. Ciudad desconocida en "la tierra de los Heteos," fundada por un refugiado oriundo de Luz II., quien prestó un importante servicio á los Hebreos, Jue. 1·26.

LL.

LLAVE, Hebreo, *abertura*, Griego, *cerradura*; Jue. 3·23-25. Las llaves antiguas eran más sencillas y construidas con menos arte que las nuestras. Muchas de ellas se componían tan solo de una pieza recta de madera ó de metal, de medio pié á dos piés de largo, encorvada en la punta, y con varios dientes ó picos por medio de los cuales se descorrían los pasadores de la cerradura, Cant. 5:4, 5. Algunas—como las que se usaban para las puertas de una ciudad, palacio ó castillo—eran grandes y pesadas, y su pocesión era símbolo de autoridad, Isa. 22:22; Apoc. 3:7; 9:1, 20:1. Los escribas tenían autoridad para enseñar religión, Luc. 11:52. Cristo, la cabeza de todo lo de su iglesia, dió á Pedro y á los otros apóstoles "las llaves del reino de los cielos," Mat. 16:19, 18.18, mandándoles abrir la iglesia á los gentiles conversos y predicar á todos los hombres el perdón del pecado por la expiación de Cristo, y el establecimiento de su reino, Mat. 19:28; 21:5; Apoc. 11:15. Solo les era permitido

predicar el ministerio de la reconciliación, 2 Cor 5 18-20. De aquí se sigue que el decantado "poder de las llaves," esto es, la autoridad por parte de cualquiera iglesia llamada cristiana para conceder la absolución, y desempeñar así una función que pertenece solamente á Dios, Mar. 2:7 Hech. 5:31, es una usurpación de los derechos divinos, y una intrusión entre el pecador y el Salvador, que para todo le basta.

LLUVIA. En la Escritura se habla de la lluvia temprana y tardía de la Palestina Deut. 11:14; Ose. 6:3. La primera cae en los últimos días de Octubre, que es el tiempo de la siembra en aquel país, y entonces el tiempo continúa variable con más ó menos lluvia todo el invierno, Esd. 10:9; Cant. 2·11, hasta después de las lluvias postreras ó primaveraies que caen en Abril, las cuales son necesarias para madurar con perfección las cosechas, Joel 2:23, Amós 4:7 En el valle del Jordán se recoge la cebada á principios de Mayo, y el trigo algunas semanas después, mientras que los higos, las aceitunas y las uvas no maduran en grandes cantidades sino hasta Agosto y Septiembre. En el Líbano las cosechas son más tardías, y las primeras lluvias más tempranas. La lluvia es sumamente rara durante la cosecha de los granos, 1 Sam. 12:16-19; Prov. 26 1; la tierra se pone en breve seca, la vegetación se destruye, y una estación de calor abrasador y de una sequía no interrumpida continúa desde Julio ó aun desde Mayo, hasta la llegada de las anheladas lluvias de Octubre, que preparan de nuevo la tierra para el cultivo. Nada puede representar más expresivamente las bendiciones espirituales que las copiosas lluvias que caen cuando esa estación de prueba ha terminado, Deut. 32.2; Job 29·23; Isa. 44:3; Ose. 10:12. Véase Cisón.

Por otra parte, las tempestades violentas de lluvia, por los estragos que causan, Prov. 28:3, sirven de símiles de los juicios de Dios, Sal. 11:6; Ezeq. 38:22. Ahora, como antiguamente, la lluvia en Palestina procede casi siempre del oeste al sudoeste, 1 Rey 18:43-45; Luc. 12:54.

El término medio de la lluvia anual en Jerusalem es ahora 61 pulgadas, es decir más de la que cae en los Estados Unidos, que es 45 pulgadas. Es de creerse por lo tanto, que si una porción de esta copiosa lluvia se guardase en depósitos, y se usase en la estación seca para regar el terreno, y que si las faldas de los cerros, que en la

Palestina meridional especialmente están desprovistas de tierra vegetativa, fueran cortadas en forma de gradería y plantadas de árboles—para impedir que la lluvia bajara de los peñascos en torrentes, que arruinan á menudo los sembrados de los valles, y para hacer que el agua se enfiltrase en el terreno de una manera más suave y general—es de creerse, decimos, que en tal caso podría volverse á obtener la antigua verdura y fertilidad de esa comarca, hasta el punto de llegar á ser ella otra vez, la regla general, y nó como sucede hoy día, la excepción que sorprende y deleita á los viajeros.

M.

MAACÁ, *opresión*, I, ciudad y región de Siria ó Aram, 1 Crón. 19:6, 7, en un punto cercano al pié del Monte Hermón y Geshur, quizá la faja rocallosa al E. de Ledja. La parte que tocó á Manassés, más allá del Jordán, llegaba á este país, como la de Og rey de Basán, Deut. 2.13, 14, pero no parece haber estado jamás sujeto á Israel, Jos. 12:4-6; 13:13, excepto durante el reino de David, Salomón y Jeroboam II.

El rey de Maacá, con otros Sirios, se unió á los Ammonitas en una guerra con David, y fueron derrotados y hechos tributarios, 2 Sam. 10:6-8, 19.

II. Esposa de David, y la madre de Absalom. Fué hija de Talmai, rey de Gessur en Siria, 2 Sam. 3:3; 1 Crón. 3:2.

III. La esposa de Roboam y madre de Abías, reyes de Judá. Se la llama la "hija" de Abisalóm ó Absalóm, 1 Rey. 15:2; 2 Crón. 11:20-22. En 2 Crón. 13:2, se la llama Micáia, y se dice que fué hija de Uriel. Parece que ejerció mucho influjo en los miembros de la familia real, pero fué degradada de su alta posición por Asa su nieto, por haber promovido la idolatría, 2 Crón. 15:16.

Otras seis mujeres del mismo nombre se mencionan en Gén. 22:24; 1 Rey. 2:39; 1 Crón. 2:48, 7:16; 8:29; 11:43; 27:16.

MAARAT, *abertura*, ciudad en Judá al N. de Hebrón, Jos. 15:59.

MAASÍAS, *la obra de Dios*, el nombre de muchos lugares mencionados en 1 Crón. 15:18, 20; 2 Crón. 23:1; 26:11; 28:7; 34:8; Esd. 10:18, 21, 22, 30; Neh. 3:23; 8:4, 7; 10:25; 11:5, 7; 12:42; Jer. 21:1; 35:4; 51:59.

MACEDA, *lagar de ganaderos*, ciudad principal de los Cananeos, cerca de la cual cinco reyes aliados fueron derrotados, y luego fueron capturados en la cueva á la cual habían huido, y ejecutados. Se hallaba en la vecindad de Libna, Azeca y Laques, al S. O. de Jerusalem, en la tribu de Judá, Jos. 10:10-28, 12:16, 15.41.

MACEDONIA, país grande que estaba al norte de la Grecia propiamente dicha, limitado al sur por Tesalia y Epiro, al este por Tracia y el Mar Egeo, al oeste por el Adriático é Iliría, y al norte por Dardania y Mesia. Sus principales ríos eran el Strimon y el Axius, que corrían por dos grandes llanos. Sus montes más célebres eran el Olimpo y Atos. El primero era famoso en la mitología pagana como residencia de los dioses, y estaba en los confines de Tesalia, y principalmente dentro de ese Estado; el segundo se hallaba en el extremo de un promontorio que se interna en el Mar Egeo, y es notable en los tiempos modernos por ser asiento de varios monasterios, en que hay muchos manuscritos, que se supone son valiosos. Esta región se cree que fué poblada por Kittim, Gén. 10:4; pero se sabe poco de su historia antigua.

Las noticias históricas que del imperio de Macedonia se tienen nos remontan hasta una época 400 años antes de la del famoso Filipo, bajo cuyo reinado y, especialmente bajo el de su hijo Alejandro el Grande, llegó ella á la cima de su poderío. Alejandro, 336-323 A. C., á la cabeza de los Macedonios y de los Griegos unidos, conquistó gran parte del Asia Occidental y Meridional. Este poder fué predicho por Daniel, 8:3-8, bajo el símbolo de un chibo con un cuerno; y es digno de notarse que existen todavía monedas macedonias que llevan grabado ese símbolo nacional. Muerto Alejandro, el poder de los Macedonios decayó, y ellos fueron al fin conquistados por los Romanos, al mando de Paulo Emilio, 168 A. C., quien dividió el país en cuatro distritos ó secciones. Los Romanos dividieron después toda la Grecia y la Macedonia en dos grandes provincias, á las que dieron el nombre de Macedonia y Acaya, 142 A. C., Rom. 15:26, 2 Cor. 9:2. Véase GRECIA. En el Nuevo Testamento debe tomarse este nombre en el último sentido. De las ciudades de Macedonia propiamente dicha, se mencionan en el Nuevo Testamento Anfípolis, Apolonia, Berea, Neápolis, Filipos y Tesalónica. Este país recibió desde un principio el evangelio, 52 A. D., por habérselo mandado á Pablo en una visión sobrenatural que trabajara allí, Hech. 16:9 á 17:15. Lo visitó 3 ó 4 veces, y estableció iglesias en Tesalónica, Filipos, etc. Se menciona á menudo, como en Hech. 18:5; 19:21; 20:1-6; Rom. 15:26; 2 Cor. 1:16; 19:2; 11:9. Los cristianos que había allí fueron muy encomiados, Hechos 17:11; Fil. 4:10, 14-19; 1 Tes. 1: 3-8; 2:8, 17-20; 3:10, y fué honrada por sus mujeres cristianas, Hech. 16:13, 14; Fil. 4:2, 3. Su fértil suelo está en triste abandono bajo el dominio turco.

MACELOT, *asamblea*, 24ª estación de los Israelitas errantes, Núm. 33:25.

MACBANI, *tapado con manto*, 1 Crón. 12:13.

MACBENA, *manto ó banda*, 1 Crón. 2:48, 49, ciudad de Judá colonizada por los descendientes de Maacá.

MACHO CABRÍO ó chibo emisario, Hebreo, Azazel; se halla únicamente en Lev. 16:8, 10, 26: "la una suerte para Jehová, la otra para Azazel;" "y el macho cabrío sobre el cual cayere la suerte para Azazel;" "y el que hubiere llevado el macho cabrío para Azazel." En el día anual de expiación, dos machos cabrios sin mancha se presentaban al Señor para la expiación, vers. 5; el primero á la suerte para ser ofrecido como sacrificio por el pecado, para purificar el Lugar Santo; y el segundo, para hacer expiación por los pecados del pueblo. El sacerdote se los imponía sobre la cabeza solemnemente y luego lo dejaba ir libre al inhabitado desierto llevando la maldición, vers. 18-28. La

ejemplificación del camino de la salvación, que se hace por este rito simbólico, es muy clara: el Cordero de Dios quita el pecado del mundo, Juan 1:29. Pero el significado preciso de la palabra Azazel es muy disputado. Parece que se deriva de la raíz *azal*, que significa *quitar ó separar;* y ahora se cree por algunos eruditos que denota á Satanás ó un espíritu vengador que vulgarmente se creía habitaba en los lugares solitarios, y á quien el macho cabrío cargado con el pecado era entregado como víctima; comp. 1 Cor. 5:5. Pero al ser Satanás se le llamaría por su propio nombre. Además él frecuenta los lugares concurridos por los hombres, y no los desiertos; comp. Mat. 12:43-45 y no se le debe-

ría introducir, á menos que lo requiriese el pasage, como agente de Dios en la ejecución de la justicia. Por esto es que la mayor parte de los expositores prefieren dar á la palabra simplemente el significado de *separación completa;* y conceptúan que tal acto simboliza la remisión entera de los pecados del pueblo penitente y creyente, y el traspaso de ellos á la víctima; comp. Sal. 103:12; Jer. 50:20. Véase EXPIACIÓN.

MACPELA, *doble*, ó *una porción*, lugar cerca de Hebrón, que contenía el campo y la cueva que compró Abraham á Efrón, para sepulcro de su familia. Sara fué la primera que fué sepultada allí, Gén. 23, y después Abraham, Isaac, Jacob con Rebeca, Lea, etc., Gén. 25:9; 49:30; 50:13. Véase HEBRÓN.

MACTES, *un almirez*, Sof. 1:11, barrío en Jerusalem ó cerca de allí, y habitado por comerciantes; pero no se tienen indicios de su situación.

MADAI, el tercer hijo de Jafet, del cual descendieron los Medos, Gén. 10:2. Véase MEDIA.

MADERA DE SITTIM (Reina, cedro), Exod. 25:5. Empleóse mucho la madera de este árbol, Isa. 41:19, en la construcción del Tabernáculo y sus dependencias: las tablas, barras y columnas del edificio; el arco, la mesa del pan de la proposición y el altar del incienso con sus varas eran de madera de sittim cubierta de oro; el altar de los holocaustos y sus barras eran de la misma madera cubierta de metal, Exod. 25; 26; 27; 30; 36; 37; 38. Dícese que la madera de sittim es la misma acacia, de la cual hay muchas especies que crecen en Egipto. Arabia y Palestina. La acacia llamada *seyal*, es el único árbol de tamaño considerable que crece en los desiertos de la Arabia; se halla diseminado por toda la península sinaítica y en la costa occidental del Mar Muerto, en donde da su nombre á la cañada Seyal, al sur de Ain Jidy o En-gedi. Véase SITTIM. El seyal á lo lejos presenta el aspecto de un manzano. Su madera es de un grano compacto, dura y de color oscuro, siendo á la vez hermosa y sumamente durable. Sus hojas están divididas como las del pino; sus flores de color amarillo forman racimos fibrosos que parecen bolas, y el fruto se asemeja á una vaina de algarrobo. La corteza es amarilla y lisa, y las ramas tienen gran número de espinas largas y filosas. De las hendeduras ó incisiones que se hacen en el seyal y algunas otras acacias, destila la bien conocida goma arábiga

388

que los Árabes recogen y venden, y usan algunas veces como alimento. Mucha madera de dicho árbol es convertida por ellos en carbón. El tronco llega á tener un diámetro de tres á cuatro piés.

MADERA OLOROSA, Apoc. 18:12, la madera del Thyia ó Thuja Articulata de Lineo, un árbol siempre verde y aromático semejante al "arbor-vitæ," (árbol de la vida) que tiene da 15 á 25 piés de altura, y que se encuentra en Libia, cerca del monte Atlas. Se usaba esta madera para quemar incienso, y bajo el nombre de madera de acitrón era muy apreciada por los Romanos para adornos de madera. Produce la resina de sandaraca en que trafican los comerciantes.

MADIANITAS, descendientes de Midián ó Madián, raza nómade de Arabia. numerosa y rica en rebaños, ganados y camellos, Isa. 60:6; y también activa y afortunada en el comercio, Núm. 31:22,50. 52; Jue. 8:21-26. La comarca original y propia de los Madianitas parece haber estado en el lado oriental del brazo elanítico del Mar Rojo, en donde los geógrafos árabes colocan la ciudad de Madián, Hech. 7:29. Pero parece que se extendieron hacia el norte, probablemente á lo largo del desierto al este del monte Seir, hasta quedar cerca de los Moabitas, Gén. 36:35; y en el lado occidental también cubrieron un territorio que se extendía hasta las cercanías del monte Sinaí, en donde el fugitivo Moisés halló refugio cuarenta años, Exod. 2:15; 3:1; 18:1; Núm. 10:29. En Gén. 25:2, 4, (comp. con vers. 12-18,) se distinguen de los descendientes de Ismael, aunque en otra parte hallamos á los dos pueblos tan íntimamente asociados, que ya se les llama por un nombre ó ya por otro. Véase Gén. 37:25, comparado con vers. 36; Jue. 7:12; 8:22, 24. Tal vez se usaron uno y otro término para denotar simplemente comerciantes árabes. Su ciudad capital se llamaba Midián ó Madián, y los restos de esta podían verse en el tiempo de Jerónimo y de Eusebio. Estaba situada sobre el Arnón, al sur de la ciudad de Ar ó Areópolis.

Los Madianitas eran idólatras, y muchas veces extraviaron á Israel induciéndolo á rendir culto á sus dioses. Procuraron con el auxilio de Moab destruir á los Hebreos por medio de las hechicerías de Balaam, instigándolos á la idolatría y á la sensualidad más horrible, y haciéndoles una guerra abierta, Núm. 22:4, 7; 25:1-6, 16-18; 31:1-16. También, y no pocas veces, hicieron tributarios á los Hebreos, y los oprimieron Á menudo, cuando los Israelitas habían sembrado y estaban próximos á recoger su cosecha, los Madianitas y los Amalecitas, hijos del desierto oriental, bajaban como langostas en incontables bandadas, con sus ganados y tiendas y camellos, á devorar y á llevarse los frutos del terreno, y no sólo á robar, sino también á exterminar á sus propietarios. Y con frecuencia los Judíos, careciendo de fuerza ó de fé, ó de un caudillo apto para una resistencia eficaz, buscaban refugio en las madrigueras de las montañas y en las cavernas, hasta que los invasores se retiraban. Gedeón fué libertador en uno de estos periodos de opresión, Jue. 6:7 Comp. Sal. 83:10 á 12, Isa. 9:4, 10·6. Los modernos Ismaelitas siguen todavía esa antigua práctica, y sus incursiones hostiles, sus robos y sus asesinatos, podrían describirse en los mismos términos que se emplearon con referencia á sus padres, por los historiadores de otros tiempos.

MADMEN, *estercolero*, lugar desconocido de Moab, Jer. 48:2.

MADMENA, ó MEDEMA, *estercolero*, I., ciudad asignada primero á Judá y después á Simeón, Jos. 15:31, 1 Crón. 2 49; comp. Bet-Marchabot, Jos. 19:5, no lejos de Jerusalem. Es tal vez Minyai, á 15 millas de Gaza, en el camino que conduce á Egipto.

II. Ciudad de Benjamín, cerca de Jerusalem, ignórase su sitio, Isa. 10:31.

MADÓN, *contienda*, ciudad en el norte de Canaán, cuyo rey Jobab fué derrotado por Josué, Jos. 11:1, 12:19.

MADRE. Las palabras hebreas AB y AM, padre y madre, son sonidos sencillos y fáciles para los labios de un niño pequeño, como mamá y papá en español. Véase ABBA. "Antes de que el niño sepa decir padre mío, madre mía," Isa. 8:4. Á mas del significado ordinario de "madre," AM en la Biblia significa algunas veces "abuela," 1 Rey. 15:10, ó alguna antepasada remota, Gén. 3 20. Empléase á veces para denotar una ciudad principal, 2 Sam. 20:19; una bienhechora, Jue. 5 7; una nación, como en la expresiva frase española "la Madre Patria," Isa. 3.12; 49 23 En las Escrituras se alude á menudo al amor entrañable de madre, y Dios lo ha empleado para ejemplificar el tierno amor que Él tiene por su pueblo, Isa. 49:15.

Hase dotado á las madres de un influjo poderosísimo sobre sus hijos, y la mayor parte de los hombres eminentes en el mundo han reconocido lo mucho que deben á la enseñanza maternal Cuando Bonaparte preguntó á Madama Campan, qué era lo que la nación francesa necesitaba más, ella contestó con una palabra: "Madres." Una de las pruebas del origen divino de la religión hebrea es la posición elevada que le asignó á la mujer en comparación con la de las mujeres paganas de las naciones que rodeaban al pueblo de Israel, Lev. 19.3; Deut. 5.16, 1 Rey 2 19; Prov. 15.20 La iglesia cristiana debe ya mucho, y deberá infinitamente más en el porvenir, al amor, paciencia, celo, y abnegación que desplegan las madres, á fin de criar á sus hijos en la fé cristiana

MAESTRO, ó AMO, Mat. 19 16, Juan 13 13, 14, significa el que enseña, el que manda, lo contrario de discípulo ó alumno, y de sirviente En los Evangelios se aplica á Cristo el dictado de Maestro más de 40 veces

Las Escrituras prescriben principios justos y humanitarios para reglamentar la conducta de los amos y funcionarios hacia aquellos que les sirven. Se les exige que dén á estos puntualmente una recompensa justa, que no los traten con severidad, ni les exijan servicios indebidos, que tomen vivo interés en su felicidad, salud, carácter y conducta moral, así como que les dén alguna instrucción y buen ejemplo de virtud y de piedad, Gén. 18·19. Jos. 24.15. Efes 6:9, que los reconozcan como "prójimos," Luc. 10:36, y quizá también como "hermanos," File. 16 Véase SIERVO.

MAGDALA, *torre*, Mat. 15.39, ahora una pequeña aldea turca llamada el-Mejdel. Estaba cerca de la playa del Mar de Galilea, en su punta más occidental, tres millas al N. O. de Tiberias, en la parte meridional de una pequeña llanura. En esta, al extremo opuesto, se hallaba también Capernaúm, y á inmediaciones de Magdala Dalmanuta, Mat. 15·39, Mar 8 10. María Magdalena nació ó residía en Magdala; y ese lugar fué asiento de una escuela judía después de que Jerusalem fué destruida.

MAGDIEL, *dotado por Dios*, jefe Idumeo, Gén. 36·43.

MAGÍA, significa en la Biblia toda ceremonia supersticiosa de los mágicos, hechiceros, encantadores, nigromantes, espiritistas, exorcistas, astrólogos, adivinos, intérpretes de sueños, decidores de la buena ventura, echadores de suertes, etc., todo lo cual está prohibido por la ley de Dios, ya se practique en daño, ya en beneficio de

389

hombre. Era también prohibido consultar á los mágicos bajo pena de muerte, Lev. 19:31, 20 6, Deut. 18 9-14. Las artes mágicas y sus utensilios se mencionan en Gén. 31 19, 30, 32-35, "los terafim" de Labán, comp. Jue 18:5, 6, 14-20, Ezeq. 21:19 al 22, Zac. 10.2, en la historia del Éxodo, Ex 7 y 8, de Balaam, Núm 22 5-7, 23:23, 24 1, de la pitonisa de Endor, 1 Sam 28, y de los libros efesios, Hechos 19:19 Véase también Isa. 2:6 8.19, 19 3, 29 3, 4, Jer. 14 14; 23:25 hasta el fin, 29 8, 9, Miq. 3 6, 7, 11, Hech. 16 16-18. No hay evidencia de que se ejerciera un poder sobrenatural en ninguno de estos casos, si se exceptúa la aparición de Samuel Véanse ENCANTAMIENTOS y HECHICERA.

MÁGICOS. Véase MAGOS. Esta palabra en hebreo significa escribas sagrados Los mágicos de Egipto eran probablemente sacerdotes.

MAGISTRADOS Término aplicado en las Escrituras á varios gobernantes civiles y militares. En Hech. 16 20, 22, 35, 38 se designa así á los pretores romanos

MAGOG, el segundo hijo de Jafet, Gén. 10 2; 1 Crón. 1 5. Véase GOG. En Ezeq. 38 y 39, y Apoc 20.7-9, se denotan los violentos ataques de los enemigos del cristianismo y su derrota. La descripción hecha por Ezequiel les cuadra bien á los Scitas bárbaros de entre el Mar Negro y el Caspio, que asolaron gran parte del Asia occidental en el siglo séptimo A. C.

MAGOR-MISABIB, *terror por todas partes*, nombre significativo dado por Jeremías al perseguidor Pasur, Jer 20.3, 4. Empléanse las mismas palabras en Sal. 31 13, pero fuera de ahí sólo en Jeremías, Jer. 6:25. 20 10, 46:5; 49:29, Lam 2:22.

MAGOS ó SABIOS, calificativo dado entre los Medas y Persas á una clase de sacerdotes, sabios, filósofos, etc., que se dedicaban al estudio de las ciencias morales y físicas, y cultivaban especialmente la astrología y la medicina. Sólo ellos practicaban los ritos religiosos y pretendían comunicar á los hombres las cosas secretas, los acontecimientos futuros, y la voluntad de los dioses. Véase MEDIA. Como ellos adquirían así grandes honores é influencia, eran introducidos á las cortes de los reyes, y consultados en todas ocasiones. Acompañaban también al ejército en las expediciones guerreras; y se daba tanta importancia á sus consejos y opiniones, que no se hacía nada sin su aprobación. Véanse ARTAXERXES I. y RABMAG. Una clase análoga á esta existió en Babilo-

nía, Egipto, Arabia, etc. El libro de Daniel manifiesta cuán grande era la estimación en que los magos eran tenidos en Babilonia Daniel fué nombrado jefe de ellos, pero la envidia que tenían de su sabiduría, y el odio que profesaban á su religión, así como los términos en que se habla de ellos en Isa 47:13, 14, Dan. 2:9, 27, manifiestan que por lo general estaban destituidos de verdadera sabiduría. Véase SIMÓN MAGO

No así los que vinieron del Oriente á saludar y á adorar al niño Jesús, Mat. 2:1-12 La cautividad de los Judíos más allá del Éufrates había diseminado por el Oriente muchos conocimientos acerca del verdadero Dios, y estos filósofos y astrónomos al buscar la sabiduría han hallado y creído las profecías relativas al Mesías—entre otras la de Balaam que partió del Oriente, Núm. 23:7, y predijo á Cristo como la estrella de Jacob, Núm. 24 17, y la de Daniel, "jefe de los Magos," Dan. 2.48; 5.11, 7 13, 14, 21, 27; 9:25-27—y fueron guiados por Dios á la presencia del niño en Betlehem. Véase ESTRELLA. Por conducto de ellos la ciencia y la filosofía del mundo pagano rendían homenaje ante las plantas del Verbo humano, lo cual dejaba comprender que se abriría el reino de Cristo á los gentiles, y que llegaría el tiempo en que todo el mundo le daría tributo como al verdadero Rey de los hombres. Comp. Sal 72 10, 11; Isa. 60:1-3.

MAHALA, *enfermedad*, I., hija de Molechet, y sobrina de Galaad, 1 Cró. 7:17, 18.

II. Primera de las cinco hijas de Safaad, que se casaron con sus parientes para asegurar su herencia en Manassés, Nú. 26:33; 27:1-11; 36:11, Jos. 17:3.

MAHALALEEL, *alabanza de Dios*, I., cabeza de la cuarta generación de Adam en la línea de Set, Gén. 5:12-17, 1 Crón. 1:2, Luc. 3:37.

II Descendiente de Judá y de Fares, Neh. 11 4.

MAHALAT, *arpa*, I., esposa de Esaú é hija de Ismael. Véase BASEMAT.

II. Nieta de David, prima y esposa de Roboam, 2 Crón. 11:18.

III. En los títulos de los Salmos 53 y 88, se conjetura que se refiere al acompañamiento con que se cantaban, ó como Henstenberg y Alexander sugieren, á la enfermedad espiritual que en ellos se lamenta.

MAHALÍ, *enfermo*, I., hijo de Merari y nieto de Leví, Exod. 6:19, Núm. 3:20, 33; 1 Crón 6:19, 23:21, 24:26, 28.

II. Un sobrino del anterior, I Cró. 23:23; 24:30.

MAHALÓN, *enfermo*, hijo de Elimelec y Noemi, y el primer marido de Rut la Moabita, Rut I; 4:9.

MAHANAIM, *dos huestes*, lugar llamado así, por haber salido allí una hueste de ángeles al encuentro de la de Jacob, cuando este regresaba de Padan-aram, Gén. 32:1, 2. Estaba al norte del Jabboc y cerca de Penuel, y después llegó á ser ciudad levítica en la tribu de Gad, Jos. 13:26; 21:38, 39. Debió de ser ciudad fuerte, porque Isboset residió allí durante su corto reinado, y allí también buscó David refugio durante la rebelión de Absalom, 2 Sam. 2:8; 4:5; 17:24, 27. Salomón sacó provisiones de allí, I Rey. 4:14.

MAHARAI, *apresurado*, I Crón. 11:30; 27:13.

MAHER-SALAL-HASS-BAZ, *date priesa al despojo, apresúrate á la presa*, nombre dado por Isaías á uno de sus hijos, como un profético anuncio de la pronta victoria de los Asirios sobre Siria é Israel, pueblos enemigos de Judá, Isa. 8:1-3.

MALAQUÍAS, *mensajero de Jehová*, el último de los profetas menores y de todos los escritores del Antiguo Testamento, es poco conocido, Hag. 1:13; Mal. 3:1. Es muy probable que Malaquías profetizara por el año 416 A. C., en la última parte de la administración de Nehemías y después de Aggeo y Zacarías, época de gran desorden entre los sacerdotes y el pueblo de Judá, á quienes él reprende. Él clama contra los sacerdotes; reprende al pueblo por haber tomado mujeres extranjeras, por su inhumanidad con sus hermanos, por divorciarse de sus esposas, y por su descuido en el pago de los diezmos y primicias. Parece aludir al pacto que Nehemías renovó con el Señor, juntamente con los sacerdotes y el jefe de la nación. En la última parte de su profecía predice la venida de Juan el Bautista en el espíritu y el poder de Elías, Mal. 3:1; 4:5, 6; Mat. 11:10, 14; 17:10-13; Luc. 1:17. Predice también las dos venidas de Cristo, y las bendiciones de aquellos que le temen y le sirven. Así el Antiguo Testamento concluye con las predicciones relativas al Mesías, y el Nuevo comienza haciendo constar su cumplimiento.

MALCAM, *el rey de ellos*, I. Véase MOLEC.

II. Hijo de Saharaim, I Crón. 8:9.

MALCO, *gobernante ó consejero*, el siervo de Caifás, cuya oreja derecha le fué cortada por Pedro, y milagrosamente restituida por Cristo en Getsemaní, Mat. 26:51. La captura del Salvador inmediatamente después de dos manifestaciones de su Divinidad, Luc. 22:51; Jean 18:6, pone de manifiesto la ceguedad y obstinación del pecador. Nótese que sólo Juan, que era conocido de la familia, menciona su nombre, en tanto que únicamente Lucas, que era médico, alude á la curación de la oreja. "Dejad hasta aquí," parece significar "dejadme libre un momento con este objeto." Las manos tan á menudo extendidas para dar la salud, fueron entonces atadas, y en breve serían clavadas en la cruz.

MALDICIÓN, imprecación colérica lanzada contra un enemigo real ó supuesto, Exod. 21:17; 22:18; Lev. 19:14. En todos los siglos, la gente supersticiosa ha atribuido siempre un terrible poder á las maldiciones de ciertos hombres que se arrogan derechos que no les pertenecen, Núm. 22:6. Pero una maldición divina, como las que fueron lanzadas sobre la serpiente, sobre Caín, ó Canaán, Gén. 3:14; 4:11; 9:25, está exenta de todo sentimiento egoísta, y envuelve la idea de la santidad y la justicia de Dios, y la certeza de su cumplimiento, Deut. 27:15-26. En el hebreo se emplea en este caso una palabra diferente. Las maldiciones pronunciadas por hombres santos en obediencia al mandato de Dios, no eran meros arranques de cólera, sino predicciones, Gén. 49:7; Jos. 6:26. Cristo redime á su pueblo de la maldición de la ley, Gál. 3:10, 13. El discípulo de Cristo tiene qué volver bendiciones por maldiciones, Mat. 5:44; Rom. 12:14. Véase ANATEMA, BLASFEMIA, y JURAMENTO.

MALICIAS ESPIRITUALES, Efes. 6:12, ó más bien "huestes espirituales de la malicia." Véase ESPÍRITU IV.

MALLUC, *gobernante ó consejero*, el nombre de seis hombres, la mayor parte de los cuales vivieron en la era de la cautividad.

MALQUÍAS, *rey de Jehová*, el nombre de diez ó más personas que vivieron en el periodo de la cautividad.

MALVAS, Job 30:4, se supone por Bochart que "Malva" aquí denota la planta llamada Orache, el Atriplex Halimus de Linneo. Crece en los pantanos salados á una altura de cinco piés, y las hojas en que termina las usan los pueblos de Oriente como alimento, ya crudas ya cocidas.

MAMMÓN, una palabra caldea que significa riquezas. Nuestro Salvador dice

391

que no podemos servir á Dios y á Mammón, Mat. 5:24. La riqueza es tan verdaderamente un ídolo para aquellos que fijan su corazón en ella, como Júpiter ó Diana; ningún idólatra puede entrar en el cielo. También nos encarga Jesús con el ejemplo que nos pone del mayordomo injusto, que usemos los bienes de este mundo, los cuales generalmente se buscan y usan pecaminosamente—"las malas riquezas"—de manera que tengamos á Dios, el Juez, como nuestro amigo, y recibamos las verdaderas riquezas en el cielo, Luc. 16:9, 11, 13.

MAMRÉ. *robustez*, I., príncipe amorreo, hermano de Escol y Aner. Todos los tres unieron sus fuerzas para dar auxilio á Abraham cuando iba á rescatar á Lot, Gén. 14.

II. Mamré dió su nombre á la ciudad en donde residía, la cual se llamó después Hebrón, Gén. 35:27, y en cuyos suburbios había un grande alcornoque, ó un bosque (Véase ENCINA) llamado en la Biblia "el alcornocal de Mamré." Allí Abraham y sus descendientes plantaban á menudo sus tiendas de campaña, Gén. 13:18; 18:1. La cueva de Macpela estaba en el declive del valle en frente del bosque de Mamré, Gén. 23:17, 19; 25:9; 49:30; y desde las alturas cercanas Abraham pudo ver la humeante llanura de Sodoma, Gén. 19:27, 28.

MANÁ. El milagroso alimento dado por Dios á los Israelitas durante las peregrinaciones de estos en el desierto. Era como grano menudo, blanco como la escarcha, redondo, y del tamaño de una semilla de culantro, Ex. 16; Núm. 11. Caía todas las mañanas con el rocío por todo el campo de los Israelitas, y en tan grandes cantidades durante todos los cuarenta años de su peregrinación en el desierto, que fué suficiente para servir á la multitud entera en lugar de pan, Exod. 16:35; Deut. 29:5, 6; Jos. 5:12. No se dice en ninguna parte que los Israelitas no tuvieran otro alimento. Por otra parte consta en muchos pasajes que los Israelitas llevaban consigo grandes rebaños de ganado mayor y menor. No hay duda de que se ofrecían sacrificios diarios y otras ofrendas que proporcionaban alimento animal de los cuales los sacerdotes y Levitas subsistían, según las funciones que tenían qué desempeñar. Cuando el maná cayó por primera vez, los Israelitas se decían los unos á los otros, ¿MAN-HU? "¿Qué es esto?" porque no tenían idea de lo que fuese; y de la frecuente repetición de esta pregunta, dimanó

el nombre de MAN ó maná. En los valles de los alrededores del Sinaí, se halla una sustancia llamada maná que cae en el mes de Junio de las ramas de varios árboles, pero principalmente del tamarisco. Se recoge por los Árabes que hacen tortas con ella, y la llaman miel de Beyrouk. Véase Exod. 16:31. La salida de esta goma se ocasiona por un insecto. Además de la expresada sustancia y del maná del comercio, que se usa como medicina laxante, y se produce por los fresnos de la Europa occidental, otros varios productos vegetales de la Arabia, la Persia, etc., de origen y cualidades semejantes, se conocen con el mismo nombre. Es en vano, sin embargo, que se trate de identificar con alguno de estos el maná de los Israelitas, el cual fué evidentemente una provisión especial para ellos, que comenzó y terminó con la necesidad que de él tenían, Deut. 8:3, 16. Se hallaba, nó en los árboles y arbustos, sino en "la superficie del desierto," por donde quiera que fueran, y era diferente en sus cualidades de todos los que ahora se conocen con ese nombre, siendo bastante seco para molerse y hacerse pan como de grano, pero sujeto á agusanarse en el segundo día. Era milagroso por la cantidad en que caía para el abastecimiento de millones, y durante todo el año; por no caer en el sábado; por caer en doble cantidad el día anterior y por permanecer fresco durante el sábado. Por todas estas peculiaridades Dios milagrosamente dió testimonio de la santidad del sábado y que la institución de este día de descanso data desde la creación y no desde el Monte Sinaí. Además guardíase una muestra del maná en un vaso de oro, en el arca de la alianza, en memoria de una substancia que de otra manera habría sido enteramente desconocida á los hombres, Heb. 9:4.

En Sal. 78:24, 25, al maná se le llama "pan de nobles y trigo de los cielos," en testimonio de su excelencia y de que había procedido directamente de la mano de Dios. Esta gran dádiva que hizo Dios á los Israelitas, ofrece también muchas analogías notables al "verdadero pan" que descendió del cielo para el hombre rebelde y moribundo. El maná oculto, Ex. 16:33, 34, es un emblema del pan celestial de vida eterna, Apoc. 2:17. Comp. Juan 6:47-58. Como tipo de alimento espiritual, nótese que el maná era recogido temprano y día por día. Como el maná, Cristo desciende de lo alto á todo el campo de su iglesia, en diarias y abundantes provisiones, para satisfacer las necesidades diarias de los hombres que á él recurren. La gente recogía por término medio, cosa de tres litros para cada hombre. Los que recogían más del que necesitaban, lo daban gratuitamente á otros; no podía ser almacenado; y así como Pablo nos enseña, 2 Cor. 8:13-15, proporciona á todos los hombres una lección para que no atesoren los bienes perecederos de este mundo, que Dios dá, y estimula á que los compartan gratuitamente con los hermanos que estén en necesidad. Cesó de caer tan luego como los Israelitas llegaron á la abundancia de Canaán, Jos. 5:12. El mismo Omnipotente no es pródigo.

MANAEN, *consolador*, I., Judío convertido, hermano de leche de Herodes Ántipas, pero diferente de él en el carácter y miras: Manaen fué ministro de Cristo en Antioquia; Herodes se hizo culpable tanto de la sangre de Cristo como de la de su predicador, Hech. 13:1. "Uno será tomado y el otro dejado."

MANAHAT, *descanso*, I., del monte Seir, hijo de Sabal, arrojado de su residencia por los hijos de Esaú, Gén. 36:23; 1 Cró. 1:40.

II. Lugar al cual se trasladaron ciertos Benjamitas, 1 Crón. 8:7, tal vez en la frontera de Judá, 1 Crón. 2:52-54.

MANAHEM, *consolador*, el 16º rey de Israel, y general que había sido del ejército de Zacarías. Estaba en Tirsa cuando supo el asesinato de su soberano, y marchando inmediatamente contra el usurpador Sallum que se había encerrado en Samaria, lo capturó, le dió la muerte, y ascendió entonces al trono. Reinó en Samaria diez años, 771-760 A. C., y fué un tirano cruel é idólatra, como lo manifiestan las profecías contemporáneas de Oseas y Amós. Véase TIFSA. Pul rey de Asiria, habiendo invadido á Israel durante el reinado de Manahem, lo obligó á pagar un tributo de 1,000 talentos de plata, que Manahem reunió imponiendo á todos sus súbditos ricos una contribución de 50 siclos por cada individuo. Parece que murió de muerte natural; pero su hijo y sucesor Pecaía reinó solamente dos años, y fué el último de esa dinastía, 2 Rey. 15:13-22. Las planchas asirias recientemente descubiertas mencionan la casa de Omri ó Khumri y el hecho de que dió tributo á Pul ó Pallukha, juntamente con Tiro, Damasco, Idumea, etc.; y otra plancha nombra á Manahem y menciona el tributo que él dió á Teglat-Falasar.

MANASSÉS, *que hace olvidar*, I., el hijo mayor de José y de Asenat, nacido en Egipto, Gén. 41:50, 51, y adoptado por Jacob como uno de sus propios hijos y cabeza de una tribu, del mismo modo que lo fué su hermano Efraím, Gén. 48. En la distribución de sus bendiciones Jacob fué sin duda guiado por Dios.

LA TRIBU DE MANASSÉS juntamente con la de Efraím y la de Benjamín, descendientes todos de Raquel, formaron en el desierto el campamento de Efraím, á la izquierda del tabernáculo. En la división de la Tierra Santa, Manassés recibió una porción doble: una parte al este del alto Jordán y del mar de Galilea, y la otra al oeste del Jordán, entre Efraím é Isacar, hasta el Mediterráneo, Núm. 32:33, 39-42; Jos. 16 y 17. Con todo, la parte de Efraím era mejor, y su riqueza y poder mucho mayores, según la predicción de Jacob.

En la historia antigua de Manassés, Maquir, "el padre de (la tierra de) Galaad," y Jair su nieto, se hicieron célebres, Deut. 3:13-15, 1 Crón. 2:21-23. La mitad de la tribu que estaba situada al occidente procedió con lentitud en la obra de desalojar á los Cananeos, Jos. 17:1, 2: Jue. 1:27, 28; pero la tribu tomó parte en la guerra con Jabin, Jue. 5:14, y de ella salieron los jueces Gedeón, Jair y quizás Jefté. Aceptó á Isboset después de la muerte de Saúl, 2 Sam. 2:9, pero se halló entre los que coronaron á David en Hebrón, 1 Crón. 12:19-21, 31, 37, y se la menciona de una manera honorífica por haber tomado parte en los despertamientos religiosos, 2 Crón. 15:9; 30:1-18; 31:4; 34:6-9. Fueron castigados por Hazael, 2 Rey. 10:32, 33, y llevados cautivos por los Asirios, 1 Crón. 5:25, 26. Se hace alusión á su restauración en 2 Crón. 15:9, 30.1-18; 34:6, 9; Ezeq. 48:3-5.

II. El hijo é impío sucesor del buen Ezequías, rey de Judá, y de la piadosa Hepsiba. Comp. Isa. 62:4. Comenzó á reinar á los doce años de edad, 698 A. C., y reinó 55 años. Sus hijos sufrieron un bautismo de fuego habiendo sido dedicados á Moloc, 2 Crón. 33:6, y quizás hasta fueron sacrificados, Ezeq. 23:37, 39. El culto de Baal y de Astarte fué restablecido. Jer. 7:18; en el templo mismo se erigieron imagenes impuras, 2 Rey. 21:7; 23:17, con sacerdotes desautorizados, Sof. 1:4; los altares y el arca de Jehová fueron trasladados á otra parte, 2 Crón. 33:16; 35:3, el sábado fué profanado, Isa. 56:2; 58:13, y los sacerdotes y los profetas cruelmente asesinados,

2 Rey. 21:16; 24:4; Isa. 57:1-4; Jer. 2:30. Isaías y Habacuc profetizaron en el principio de su reinado, y Jeremías y Sofonias hacia el fin. Por su repugnante idolatría, por su tiranía y sus crueldades, Dios permitió que fuese llevado como prisionero á Babilonia, en el año 22º de su reinado, probablemente por Esar-addon rey de Asiria. Allí, sin embargo, se humilló tanto, que Dios movió á los Asirios á que le restituyesen á su trono como tributario; y de entonces en adelante se ocupó en deshacer los males que había hecho. Suprimió los ídolos que él había adorado, y abolió las prácticas de los adivinos á quienes había consultado; llevó á efecto muchas reformas para el bién espiritual y moral de su reino; reparó las fortificaciones de Jerusalem, cercando con un muro un nuevo espacio en el oeste, y á Ofel en el S. E.; y reforzó las ciudades amuralladas de Judá. Después de un reinado más largo que el de cualquiera otro rey de Judá, murió en paz y fué sepultado en Jerusalem, 2 Rey. 21; 2 Crón. 33.

"La oración de Manassés," en los libros apócrifos, no fué admitida al canon, ni aun por el Concilio de Trento, y fué probablemente obra de algun escritor ingenioso, antes de la era cristiana.

III. Abuelo del sacerdote apóstata de Micas, Jue. 18:30.

Dos hombres de este nombre repudiaron á sus esposas paganas en el tiempo de Esdras, Esd. 10:30, 33.

MANDRÁGORAS, Heb. Dudaim, Gén. 30:14-16; Cant. 7:13, planta á la cual se atribuía supersticiosamente la virtud de hacer fecundas á las mujeres estériles. Es la Atropa Mandrágora de Linneo, planta del género de la belladona, con una raíz como la remolacha, con flores blancas y rojizas, y frutas fragrantes y amarillas que maduran de Mayo á Julio. El fuerte olor de su fruto, el cual era del tamaño de una pequeña manzana, le hacía estimado en el Oriente.

MANO, símbolo de destreza, de poder, y de varias acciones, Sal. 24:4; Ezeq. 23:37; también de la venganza de Dios, 1 Sam. 5:6, 7; Sal. 21:8, y de su misericordia, Isa. 65:2. La mano se daba como prenda de fidelidad en un convenio, Prov. 6:1; de sumisión á un amo ó conquistador, 2 Crón. 30:8; Ezeq. 17:18; Lam. 5:6; Jer. 50:15. Se levantaba al tomar un juramento ó al bendecir, Gén. 14:22; Lev. 9:22, también al orar, Job 11.13; Sal. 28 2; 63:4; 1 Tim. 2:8. El que ofrecía un sacrificio daba á entender, colocando la mano sobre la cabeza de la víctima, que su culpa y la pena que por ella merecía eran transferidas á un sustituto designado por Dios, Lev. 1:4; 3:2, 4:15; Isa. 53:6; 2 Cor. 5:21. En el caso del chibo que se dejaba ir libre al desierto, Lev. 16, se simbolizaba el completo levantamiento del pecado perdonado. Comp. Sal. 103:12; Miq. 7·19. La imposición de las manos significaba la consagración á un cargo ó dignidad, y la concesión de una bendición ó de los dones divinos; Gén. 48:14; Núm. 8·10; 27:18; Mar. 10:16. Hech. 6:6; 19:6; 1 Tim. 4:14; Heb. 6:2. El besar las manos era un acto de adoración, Job 31:27; el derramar agua en ellas lo era de servicio, 2 Rey. 3:11; lavárselas en público era una protesta de inocencia, Deut. 21:6, 7, Mat. 27:24. "A la diestra de Dios," está el lugar de honor, poder y felicidad, Sal. 16:11; 45:9; 110:1; Mat. 26:64; Col. 3:1. Al describir la posición de un lugar, "á la mano derecha" significaba el sur, y á la izquierda el norte, por tener los Hebreos la costumbre de hablar como si estuvieran mirando hacia el este, Gén. 14:15; 1 Sam 23:19. En Zac. 13:6, se le pide á un idólatra que dé cuenta de las cicatrices que tenía en las manos; comp. 1 Rey. 18:28. Véase LAVAMIENTO.

La anchura de una mano era el ancho de la palma, esto es, cerca de cuatro pulgadas, Exod. 25.25, 1 Rey. 7:26. Era símbolo de brevedad, Sal. 39:5.

MANO DERECHA, el miembro más útil del cuerpo, Mat. 5:30, y el ejecutor siempre listo de las sugestiones de la voluntad. De ahí resulta que se la empleó como símbolo de poder, especialmente de aquel poder sin límites que es atributo de Dios, Exo. 15:6; Sal. 21:8; 77:10; es también símbolo de honor, Sal. 45:9; Mat. 25 33, 34: Hech.

7:55; de bendición especial, Gén. 48:14; de amistad, Gál. 2:9; y de lealtad, 1 Cor.

29:24. Véase BENJAMÍN. Se levantaba al hacer oración, y también para prestar un juramento, Gén. 14:22; Isa. 62:8 . la mano derecha de un hombre perjuro ó de un amigo falso, era una "diestra de mentira," Sal. 144:8. Á la diestra de un hombre era un lugar conveniente para colocarse quienquiera que tuviera por objeto oponérsele, y presentarle estorbos, Sal. 109:6; Zac. 3:1. "Cerrado de la mano derecha" significa zurdo, Jue. 3:15; 20:16.

En cuanto á los puntos cardinales, véase MANO.

MANO IZQUIERDA, el norte, Gén. 14:15; Job 23:9. Véase MANO.

MANOA, *descanso*, natural de Sora en la tribu de Dan, y padre de Samsón, Jue. 13. Se opuso al matrimonio de su hijo con una mujer filistea, pero al fin dió su aquiescencia y asistió á la boda, Jue. 14:1-10. Según parece, murió antes que su hijo, Jue. 16:31. En la predicción del nacimiento y hazañas de su hijo, vemos al Ángel del pacto que se apareció ó Abraham, á Gedeón, etc., y que nunca cesa de cuidar su pueblo oprimido. Aparecióse del mismo modo á Jacob, y no quiso decirle su nombre misterioso, Gén, 32:29; Jue. 13:18; Isa. 9:6; Luc. 13:34.

MANSEDUMBRE, una serenidad de espíritu pacífica y humilde, en virtud de la cual el hombre no se deja arrebatar fácilmente de la cólera con motivo de las faltas ó el enojo de los demás, Prov. 16:32; Sant. 3:7, 8, 13. Dios mora con un espíritu de ese linaje, y le concede bendiciones especiales, Isa. 57:15; 66:2; Mat. 5:5. La mansedumbre es una gracia cristiana, 1 Tim. 6:11, adquirida aun por muchos espíritus naturalmente fogosos, como Moisés, Exod. 2:12; Núm. 12:3, y Pablo, Hech. 26:10, 11; 1 Cor. 9:19, y debe adquirirse por todos los que quieran ser como Cristo.

MANTA, véase VESTIDURAS. En Jue. 4:18 cubierta de tienda ó sobrecama.

MANTECA. La palabra hebrea traducida generalmente con el vocablo " manteca," denota en su sentido genuino leche cuajada ó agria, Gén. 18:8; Jue. 5:25; Job 20:17, bebida favorita en el Oriente hasta el presente día. Con todo, la mantequilla debe haberles sido conocida á los Hebreos, aunque por lo común es líquida en aquellos ardientes climas. Se usa mucho por los Árabes y Sirios de nuestros tiempos, y se hace echando leche poco á poco, en un odre común de piel de chibo, que se suspende de las varas de la tienda, y se balancea sacudiéndolo, hasta que la operación se completa. Sin embargo, no es seguro que la palabra hebrea que se traduce "manteca," denote siempre ese artículo. Aun en Prov. 30:33, podemos traducir: "El que exprime la leche sacará queso;" y en otros pasajes sería propio traducir la palabra hebrea por cuajada ó leche cuajada; y quizá *crema* sería la traducción mejor.

MANTO, 1 Rey. 19:13, 19; 2 Rey. 2:8, 13, 14, una especie de capa grande hecha de piel de oveja, que era casi la única vestidura del profeta. Comp. Zac. 13:4; Heb. 11:17.

MANZANAS, bolas en forma de granadas, puestas como adorno en los candeleros sagrados, Exod. 25:31-36; 37:17-22. En Amós 9:1, esta palabra se traduce umbral, así como en Sof. 2:14, é indica la forma del capitel de una columna. Otra palabra hebrea describe los ornamentos en forma de calabaza que había en las paredes del templo y el mar de bronce, 1 Rey. 6:18; 7:24.

MANZANOS, quizá membrillos, son mencionados en Cant. 2:3, 5; 8:5; Joel 1:12. Muchos suponen que el cidro es al que en estos pasajes se alude: el rico color, la fragancia y la hermosa apariencia de este árbol, tanto en flor como en fruto, concuerdan bien con los pasajes ya dichos, Cant. 7:8. Los pensamientos de los sabios, bien expresados, son como "manzanos de oro con figuras de plata," esto es,

EL CIDRO.

como frutas maduras color de oro en cestas de plata esmeradamente trabajadas, Prov. 25:11.

MAON, *habitación*, I., una villa y un pasturage á ella adyacente, en la villa de la región montañosa de Judá, Jos. 15:55, cerca de la cual vivía Nabal, y en donde David se refugió cuando Saúl lo persiguía, 1 Sam. 23:24, 25; 25:2. El Dr. Robinson descubrió que es el lugar llamado ahora Main y que está en ruinas, 8 millas al sur de Hebrón.

II. Fundador de Bet-sur, 1 Crón. 2:45.

MAONATI, *mis habitaciones*, hijo de Otoniel, 1 Crón. 4:14.

MAONITAS, llamados Ammonitas en 2 Crón. 26:7, tribu árabe, llamado Madián en la Septuaginta, mencionada con los Amalecitas y otros enemigos de Israel, Jue. 10:12. Su residencia puede haber estado contigua al lugar llamado ahora Maan, casi al este de Petra, en el camino *Haj* de Damasco á la Meca. Ozías los derrotó.

MAQUÍR Ó MAKIR, *vendido*, I., el hijo mayor del patriarca Manassés, Gén. 50:23: 1 Crón. 7:14. Su hijo Galaad y su hija Abía se mencionan en 1 Crón. 2:21, 23. Su posteridad fué activa en la conquista de Galaad, Núm. 32:39; Jos. 17:1. y en la guerra de Jabin y Sísara, Jue. 5:14.

II. Hijo de Amiel, jefe Galaadita que trató amistosamente á Mefiboset, hijo de Jonatán, y después envió auxilios á David, cuando éste huía de Absalom, 2 Sam. 9:4, 5; 17:27–29.

MAR, heb. YAM, palabra aplicada á las aguas terrestres colectivamente, Gén. 1:10, 22, 26, 28; 9:2, y con epítetos distintivos ó sin ellos, á porciones de diferentes dimensiones, de agua salada ó dulce, incluyendo los lagos y grandes ríos; también se dió ese nombre al lavadero del templo de Salomón, 1 Rey. 7:23–26. El uso de la palabra griega del Nuevo Testamento, THALASSA, es casi el mismo. Las siguientes son las principales aplicaciones de esta palabra en las Escrituras.

I. EL MEDITERRÁNEO, llamado "la mar," Jos. 16:3; Hech. 10:6; "la mar grande," Núm. 34:6, "la mar postrera," "la mar occidental"—conforme á la costumbre hebrea de considerar el 'este al frente ádelante al nombrar los puntos cardinales, Deut. 11:24; Zac. 14:8; y por esto cuando la palabra *yam* designa este mar, se pone á menudo por el oeste. Gén. 12:8—"la mar de la Palestina," Exod. 23:31' y "la mar de Joppe," Esd. 3:7.

Este mar, el límite occidental de Palestina. tiene 2,250 millas de longitud, y 1,200 millas en su mayor anchura; su profundidad por término medio es poco más de media milla; cubre por todo una area de 1,000,000 de millas cuadradas. Las mareas lo afectan poco, pero á menudo es agitado por vientos violentos, Jon. 1:4; Hech. 27. Los vientos del sudeste y del sudoeste predominan en la primavera, y los del nordeste y noroeste durante el resto del año. Su agua es caliente y más salada que la del Atlántico. La cantidad de agua que pierde por evaporación excede á la que le sumistran las lluvias y los rios, pero recibe también agua del Atlántico por el estrecho de Gibraltar. En su orilla oriental, las principales poblaciones mencionadas en la Escritura eran Sidón, Tyro, Ptolemaida, Cesarea y Joppe. El mejor puerto es ahora el de Beirút.

II. EL MAR ROJO: llamado "la mar," Exod. 14; "el Mar Bermejo," Exod. 10:19, y "el Mar Egipcio," Isa. 11:15. Los Egipcios lo llamaban "el Mar de Punt," esto es, de Arabia; su nombre arábigo es Bhar el-Hedjaz, tomado de una provincia que se halla en su costa oriental; Bahr el-Ah-mar, Bermejo ó Rojo, ó el Mar "Erythræo," "*rojo*," era el nombre griego y romano y el que se empleó en la Septuaginta y el Nuevo Testamento, Hech. 7:36; Heb. 11:29. El término hebreo SUPH designa una alga marina semejante á la lana, que el mar arroja á sus orillas. El nombre Bermejo ó Rojo tal vez se derivó de Edom, tierra situada al noroeste. ó del color de las montañas que hay en la costa occidental, del color predominante de sus corales y algas, ó de los zoofitos rojos que en determinadas estaciones flotan en masa en su superficie. Este mar, que en realidad es un brazo del Oceano Índico, se halla entre Arabia al este, y Egipto, Nubia y Abisinia al oeste; el estrecho de Bab-el-Mandeb lo une al Océano Índico, y desde 1869 el canal de Suez al Mediterráneo. Tiene 1,450 millas de longitud, con una anchura media de 150 millas, y una profundidad de 1,800 piés. Su area es como de 180,000 millas cuadradas. En la extremidad norte se divide en dos brazos, formando el Golfo de Suez al oeste y el golfo de Acaba al este. El primero, antiguamente llamado golfo de Heroópolis, tiene 150 millas de longitud, y 20 de anchura; el oriental, antes conocido con el nombre de golfo Elanítico, tiene 150 millas de largo y 15 de ancho. Entre estos golfos se halla la península de Sinaí. El gran valle desierto, el-Arabah, se extiende desde el golfo de Akaba hasta el Mar Muerto. Véase JORDÁN. El Golfo de Suez estaba unido antiguamente con el Nilo por un canal construido por los Faraones, y usado desde el siglo XIV. A. C. Este ha sido recientemente reconstruido, y ahora, como Canal de Agua Dulce, abastece de agua potable á las estaciones que hay en el canal de buques, entre el Mediterráneo y Suez. La navegación del Mar Rojo es algo difícil y peligrosa, debido á los arrecifes de coral y á las islas que se hallan debajo de la superficie del agua. No recibe ríos, pero sí muchos torrentes pluviales. La marea sube de tres á siete piés. El agua, excepto cuando está teñida por los zoofitos, es azul, de un color verdoso en las partes más someras. Las costas son principalmente rocallosas, ó arenosas, y generalmente estériles é inhabitadas Suez, en la parte superior del Golfo Occidental, Cosseir el puerto del Alto Egipto, Juakin un puerto de Sudan, Massua un puerto de Abisinia, y Jiddah en la playa Árabe, son las únicas poblaciones importantes que se hallan á lo largo de toda su costa. Las exploraciones hechas en el istmo, que ya miden setenta millas de ancho entre Suez y el Mediterráneo, muestran que la tierra en la parte superior ó norte del golfo ha subido, habiéndose retirado el agua hacia el sur, desde la era cristiana, cumpliéndose de esta manera la profecía de la sequedad de la "lengua de la mar de Egipto," Isa. 11:15. Se cree que en tiempo de Moisés el golfo se extendía cincuenta millas más al norte, incluyendo los actuales lagos Amargo y de los Cocodrilos, y estrechando el istmo hasta reducir su anchura á cosa de 25 millas. Cuál fué el lugar mismo por donde efectuaron los Israelitas su paso milagroso y donde se verificó la destrucción de los Egipcios, Exod. 14:15, es materia sobre la cual se ha disputado mucho; pero la opinión que parece mejor fundada, coloca el teatro de estos acontecimientos en las cercanías de Suez. Habiendo pasado el golfo occidental, los Israelitas se acamparon en su lado oriental, Núm. 33:10, y después de morar y vagar muchos años entre el Sinaí y Canaán, llegaron á Esion-geber, en la parte superior del golfo oriental, vers. 35, 36. Del monte Hor, 60 millas al norte, regresaron otra vez hacia el sur, al Golfo, para rodear á Edom por el este, Núm. 21:4. Esion-gaber y Elat fueron puertos de que se sirvió Salomón, 1 Rey. 9:26; 10:22;

2 Cron. 8:17, 18; comp. 1 Rey. 22:48. En Zac. 10:11, parece que se hace referencia tanto al Mar Rojo como al Nilo.

III. EL MAR MUERTO es llamado en las Escrituras "el Mar Salado" ó de Sal, Gén. 14:3; Jos. 18:19; Deut. 3:17; "la mar de Oriente" ú Oriental, Ezeq. 47:18; Joel 2:20; Zac. 14:8; y una vez simplemente "el mar," Ezeq. 47:8. Los Griegos y los Romanos lo llaman "el Lago Asfáltico" por el asfalto ó betún que se encontraba en él ó cerca de él, y el "Mar Muerto," por la carencia de criaturas vivientes en sus aguas. Los Árabes le llaman Bahr Lut, el mar de Lot, y algunas veces el Mar Muerto. Ocupa la parte más baja de la profunda hondonada de como 250 millas de longitud, que se extiende desde el pié del Monte Hermón hasta el Golfo de Akaba; está situado entre los 31° 6′ y 31° 46′ lat. N., y 35° 24′ y 35° 37′ long. E.; tiene cerca de 46 millas de longitud de norte á sur, y más de diez millas en su mayor anchura, no lejos de Ain Jidy. Su área total es de cerca de 300 millas cuadradas. Está á 16 millas de Jerusalem, y puede verse desde el Monte de los Olivos. Por el norte recibe al Jordán; por el este el Zerka Ma'in (el antiguo Callirrhoe,) el Mojib ó Arnón, el Kerak, y el Siddiyeh ó arroyo Zered; por el sur el Kurahy; y por el oeste el Ain Jidy. Además de estos, recibe numerosos torrentes invernales, entre ellos el Cedrón, llamado ahora el torrente de en-Nar, y los depósitos de muchos manantiales de agua dulce, salada, sulfurosa y caliente, principalmente por su orilla occidental. El llano pantanoso é incrustado de sal, es-Sabkah, (véase SAL, VALLE DE LA) se extiende 10 millas al sur del Mar Muerto, y se inunda en parte después de las lluvias de invierno. Unas cordilleras de montañas desnudas orillan el mar, elevándose al oeste en peñascos de cal gris ó blanca, 1,500 piés; y al este en alturas más escabrosas todavía hasta de 2,000 piés de piedras calisas cubiertas en la parte superior de basalto, y en su base de piedra arenisca roja. Ambas cadenas están hendidas por profundos lechos que han formado los torrentes. Estas cordilleras se aproximan mucho al mar, y en algunos lugares se introducen en medio de las olas en atrevidos promontorios, ó retrocediendo dejan una costa desnuda de anchura variable. La sal forma una costra blanda en la playa, y se deposita por evaporación después de las avenidas. Grandes masas de betún,

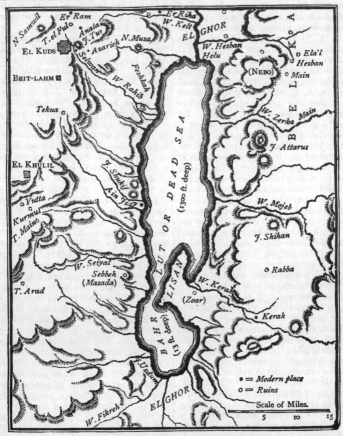

EL MAR MUERTO Y SUS CERCANÍAS.

azufre y *musca*, se encuentran también en las playas; la última substancia, que es un carbonato de cal, es negra y toma un bello pulimento; se hacen con ella objetos que recuerdan el Mar Muerto, y que se venden en Jerusalem; tiene un olor intolerable cuando se raspa, y arde despidiendo un olor sulfuroso cuando se le coloca en las brasas. Sus manantiales de aguas termales son numerosos: uno que se halla cerca de tres millas al norte de Ain Jidy, sulfuroso y con una temperatura de 95°, burbujea por entre el cascajo, á seis pulgadas del mar, y probablemente también debajo del agua, pues esta se calienta aumentando sus 62° ordinarios, á una distancia de 200 yardas de la orilla, y el aire en todo el rededor tiene un fuerte olor sulfuroso. En

la costa del sudoeste la cordillera de sal llamada Jebel ó Khashm Usdum, *montaña ó cordillera de Sodom*, corre paralela con la playa por cerca de tres millas, y se extiende hacia el sur, cuatro millas más allá. Véase SAL, VALLE DE LA. Al este, cerca de siete millas de la playa meridional, un promontorio bajo llamado el-Lisan, *la lengua*, se avanza en el mar hacia el oeste y hacia el norte; tiene diez millas de largo de norte á sur, y 5 ó 6 millas de ancho, y está unido al continente por una garganta baja de arena. La superficie es plana y está compuesta de una marga blanda de yeso, incrustada de sal, y que contiene pedazos de azufre puro. Unas cuantas ruinas de fecha desconocida existen allí. Al norte de Lisan, el mar tiene la forma de óvalo

398

alargado. Sus márgenes están dispuestas en pendientes muy empinadas, y su mayor profundidad es de más de 1,300 piés. Al oeste de la península, el mar se estrecha y baja hasta formar un canal de poco más de dos millas de ancho eu su parte más angosta, y con una profundidad de cosa de trece piés. Al sur de el-Lisan, se ensancha otra vez formando una bahía casi circular, que no tiene más que doce piés de profundidad. Fango azul y arena, con cristales de sal, parecen componer el lecho de la sección principal; el de la bahía del sur, es viscoso, y á veces, particularmente después de los terremotos, como en 1834 y 1837, arroja hacia arriba grandes cantidades de asfalto. La costa nordeste presenta vestigios de la acción volcánica, en las rocas basálticas y las escorias de la cordillera de montañas, y en la lava, pomez y betún incrustados en la arena ó fango de la playa. La superficie del Mar Muerto está á un nivel cerca de 1,392 piés más bajo que el de la superficie del Mediterráneo, y 3,750 piés más bajo que el de Jerusalem. La altura varia de 10 á 15 piés, según la estación. Una série de gradas ó lineas ribereñas de mucha antigüedad muestran que se ha hundido por grados, centenares de piés. Y el fondo tiene trazas de estarse sumergiendo aún: quince ó veinte años há el canal entre Lisan y la ribera occidental podía atravesarse por dos vados, que ahora se dice son impasables. El agua del Mar Muerto es clara y transparente, pero sobremanera salada y amarga, y de un peso específico que excede el de cualquiera otra agua conocida; un galón de ella pesa 12¼ libras, 2¼ libras más que el agua destilada. Por medio de análisis

EL MAR MUERTO, Y EL CONVENTO DE MAR SABA, EN EL ARROYO CEDRÓN, Á LA MITAD DEL CAMINO DE JERUSALEM.

repetidos, se ha descubierto que contiene ¼ de su peso de substancias minerales, siendo la mitad de estas cloruro de sodio ó sal común: el cloruro de magnesio le da al agua su sabor amargo, y el cloruro de calcio la hace aceitosa al tacto. Otras substancias existen en menores cantidades. Estas cualidades del agua son debidas en parte á la acumulación de materia mineral que afluye á esa especie de estanque enorme, donde no hay ninguna salida, y que no escapa por medio de la evaporación, como sucede con el agua. Esta es tan densa que una persona puede flotar en ella sin peligro de hundirse, y se necesita un esfuerzo para sumergir el cuerpo para nadar. En 1848 los botes del teniente Lynch encontraron un viento bastante fuerte al entrar al mar por el Jordán, y "más parecía que las proas estuvieran en lucha con los pesados martillos de los Titanes, que con las olas resistentes de un mar embravecido." Estas olas turbulentas desaparecen rapidamente cuando calma el viento. En la temporada de las avenidas, la corriente negruzca del Jordán se deja ver hasta milla y media más abajo de su entrada en el lago. Ninguna criatura vi-

ORILLA MERIDIONAL DEL MAR MUERTO.

viente se encuentra en el Mar Muerto; los peces que bajan del Jordán, y aun los del oceano introducidos por vía de experimento, mueren prontamente.

Esa región presenta en general un aspecto de lobreguez, esterilidad y desolación; trozos de leña y de madera, dejados por las aguas, orillan la playa. Entre ellos hay además de otras especies de árboles, grandes troncos de palma ennegrecidos por el tiempo. Entre los oasis de la ribera occidental está Ain-Jidy (En-gedi) que es un llano de cosa de dos millas cuadradas. El alfónsigo, la espina de Cristo, el tamarisco, la adelfa, el lirio, la yerbamora, la malva, la clavellina y el bretón, crecen en esos fértiles lugares; también la mimbrera, la *calatropis prócera*, que produce el fruto llamado "manzana de Sodoma," cuya corteza amarilla y delicada se quiebra bajo la presión, y deja solamente pedazos insignificantes en la mano del que la coge. Los altos cañaverales y las malezas que crecen cerca de los manantiales, sirven de guarida á pájaros y bestias de muchas especies, tales como el chacal, el jabalí y el leopardo; el cuervo común y el marino, la garza, la cigüeña, la codorniz, el tordo, etc. Se han visto patos flotando en el agua. En la ribera del sudeste al este de Sabkah, el terreno se va alzando hacia las montañas de Moab, y es muy fértil por unas cuantas millas. Produce á los Árabes que lo cultivan, granos, índigo, melones y pepinos. Unas cuantas ruinas se en-

cuentran en las riberas, como en Ain Jidy Sebbeh—sitio de Masada, la antigua fortaleza de los Macabeos y de Herodes—así como también en la península. La sólida fortaleza de Machaerus, ahora Mkhaur, y los baños termales de Callirhoe, estaban en el empinado declive de las montañas orientales.

El clima es semi-tropical, debido á lo extraordinariamente bajo del nivel del mar. En la estación de la seca, es excesivamente caliente é insalubre, por los miasmas de los pantanos que lo circuyen. Tristram registra una temperatura en Enero, de 84° en el día, y 62° á la 1 A. M.; Warren la de 110° después de la puesta del sol en Ain Jidy, en Julio. Á causa de la evaporación excesiva se forma una neblina que cobija las aguas del mar.

Referencias de las Escrituras. En Gén. 14:3 el valle de Siddim, "lleno de pozos de betún," vers. 10, es sin duda el Mar Salado. Generalmente se considera este valle como el sitio de las ciudades de Sodoma, etc., que con sus alrededores fructíferos en el "llano," ó círculo "del Jordán, Dios destruyó con fuego del cielo, Gén. 13:10; 19:24-29. Con la identificación del Génesis concuerda la antigua opinión judía, transmitida por Josefo, de que el valle de Siddim se sumergió bajo el Mar Muerto. La porción principal de este lleva señales de una edad mucho mayor que la de las ciudades arruinadas; pero la opinión de muchos eruditos competentes,

400

es que la bahía somera del sur, cuyas peculiaridades han sido notadas ya, cubre ahora la antigua llanura de Sodoma. En los peñascos calizos del valle de Muhawat, al oeste de la extremidad norte de Jebel Usdum, Tristram en 1864 descubrió señales como si una lluvia de azufre, ó una erupción de betún caliente, hubiese caído allí: masas de betún calcinado, impregnadas de azufre, cubren una capa, también de azufre, debajo de la cual hay arena saturada de la misma substancia. Los pilares de sal, desprendidos de Jebel Usdum por las lluvias, traen á la memoria del observador ahora, como en tiempo de Josefo, á la mujer de Lot. El Mar Salado era uno de los límites de Canaán y de las tribus, Núm. 34:3, 12; Deut. 3:17; 4:49; Jos. 15:2, 5; 18:19; 2 Rey. 14:25. Ezequiel, 47:8-10, ejemplifica de una manera muy expresiva el poder medicinal y renovador de la gracia divina, haciendo alusión al cambio operado en las aguas amargas y sin vida de este mar por la corriente que afluía del templo de Dios por el arroyo Cedrón, vers. 1-7. Por otra parte, la región caldeada y árida de sus orillas, abandonada á un calor perpétuo y á la esterilidad de la sal, sirve de monumento y de prevención de lo que pueden la justa indignación y venganza de Dios contra los pecadores no arrepentidos, Deut. 29:23; Mat. 10:15; 11:23, 24; 2 Ped. 2:4-9; Judas 7.

Uno de los exploradores más notables entre los exploradores modernos cuyas investigaciones cuidadosas han disipado las exageradas y supersticiosas ideas anteriormente tenidas con respecto al Mar Muerto, fué el teniente Lynch de la marina de los Estados Unidos, quien en 1848 bajó por el Jordán desde el Lago de Tiberias, con dos barcos metálicos, y empleó tres semanas en una exploración del Mar Muerto. Hanlo seguido á él otros investigadores americanos, ingleses y franceses. Se ha abandonado generalmente la idea de que este lago en un antiguo periodo histórico desaguaba en el Golfo de Akaba, pues se ha adquirido la certeza de que cerca de cuarenta y seis millas al norte de aquel Golfo, el Araba es cruzado ahora por una vertiente de 787 piés sobre el nivel del oceano, y que los arroyos al norte de él desembocan en el Mar Muerto, y los del sur en el Golfo de Akaba.

MAR DE GALILEA, DESDE LA COSTA N. O., CON MAGDALA Y TIBERIAS.

IV. MAR DE GALILEA ó DE TIBERIAS, Mat. 4:18; Juan 6:1, llamado así por la provincia de Galilea ó por la ciudad de Tiberias, que estaba en su margen occidental. Su nombre más antiguo era "el mar de Cinneret" ó "Cinnerot," Núm. 34:11; Jos. 12:3, llamado de un pueblo ó distrito situado en sus orillas, Jos. 19:35; 1 Rey. 15:20; era llamado también "el Lago de Genezaret," Luc. 5:1, nombre tomado del fértil llano de su orilla nordeste, Mat. 14:34. Véase GENEZARET.

Algunas veces se hace referencia á él con el mero nombre de "el mar," Isa. 9:1; Mat. 4:15; 17:27. Su nombre actual es Bahr Tubariyeh. Está como 35 millas al sur del monte Hermón, 27 al este del Mediterráneo, y 64 en linea recta al norte del Mar Muerto. Tiene trece millas de longitud, por 4 á 7 millas de latitud, y cosa de 160 piés de profundidad. El nivel del lago varía en las diferentes estaciones, siendo su nivel por término medio como 682 piés debajo de la superficie del Mediterráneo. Tiene una forma muy semejante á la de una pera con la extremidad ancha hacia el norte, Las colinas escarpadas que lo rodean en ambos lados, son de piedra caliza, basalto y roca volcánica, y tienen de 500 á 1,700 piés de altura. En casi todos los lugares esas colinas se aproximan mucho al agua, dejando solamente una estrecha playa llena de guijarros; al nordoeste forman la retroceder el llano de Genezaret, y al este de la entrada del Jordán, está el llano pantanoso el-Butihah. Algunos creen que el lecho del lago es de origen volcánico. Encuéntranse varios manantiales calientes en sus orillas, y en esa región ocurren terremotos con frecuencia. Lo bajo del nivel ocasiona un calor extremo, y la vegetación semitrópical que embellece sus orillas se tuesta pronto en la primavera.

El Jordán desemboca en el lago por el N. E., y tiñe las aguas de este por espacio de una milla; sale por el S. O., y una fuerte corriente señala su paso. El agua del lago es clara, cristalina y buena para beber. si bien tiene un sabor ligeramente salado. Diversas clases de excelente pescado, incluyendo varias especies de las aguas de la zona tórrida, abundan allí, y á veces se ven en grandes multitudes, Luc. 5:6. El lago está todavía sujeto á tempestades repentinas, como las que experimentaron Cristo y sus discípulos, Mat. 14:22-33; Mar. 4:35-41. En tiempo de Nuestro Señor nueve ciudades considerables, de las cuales las principales eran Bet-saida, Capernaúm, Chorazin, Tiberias y Magdala, adornaban sus orillas, y contenían una población numerosa y trabajadora; muchos barcos comunicaban animación al lago; y Josefo dice que el llano de Genezaret era una maravilla de fertilidad y belleza. De estos pueblos solamente existen todavía Tiberias y Magdala, llamados ahora Tubariyeh y Mejdel; los sitios de los otros son ya indistinguibles ó están señalados por montones de ruinas: comp. Mat. 11:20-24.

En el lago se ven hoy sólo tres ó cuatro barquichuelos de pescar; las colinas que la rodean están comunmente desnudas y despobladas, y el llano el Ghuweir, aunque produce higos excelentes, aceitunas, trigo, etc., está muy descuidado y abunda en espinos. Pero el mar subsiste, consagrado por muchas escenas descritas en los Evangelios. El Salvador de la humanidad á menudo fijó su vista sobre sus tranquilas y bellas aguas, y lo atravesó en sus viajes; apaciguó sus olas con una palabra, y santificó sus orillas con sus milagros y enseñanzas. Allí varios de los apóstoles fueron llamados para que se hiciesen "pescadores de hombres;" en sus aguas Pedro se hundió temblando y exclamó, "Señor, sálvame;" y allí tuvo lugar una de las entrevistas de Cristo con sus discípulos después de su resurrección, Mat. 4:18-22; 13:1-36; 14:13-36; Mar, 5; Juan 21.

Antes de la destrucción de Jerusalem, Vespasiano y Tito triunfaron de los Judíos en una batalla naval librada en el lago después de la toma de Tarichæa por los Romanos.

"Cuán agradables me son tus profundas aguas azules, oh mar de Galilea, porque el Glorioso Señor que vino á salvarnos, ha estado muchas veces de pié junto á tí.

"Oh Salvador, que aunque ascendido á la diestra de Dios, eres con todo el mismo Salvador aún; grabada en tu corazón se halla esta risueña playa, y todas las fragrantes colinas que la rodean." Mc-Cheyne.

V. Mar de Jazer, Jer. 48:32. Véase Jaazer.

VI. El hebreo Yám, como el arábigo *Bahr*, se aplica también á los grandes ríos, como el Nilo, Isa. 19:5; Amós 8:8; Nah. 3:8; y el Eufrates, Isa. 21:1; Jer. 51:36.

VII. El Mar de Bronce ó Fundido, hecho por Salomón para el Templo, como 1005 A. C., era un baño ó gran vasija para lavarse, sostenido por doce bueyes metálicos, en el cuarto sudeste del atrio de los sacerdotes, 1 Rey. 7:23-26, 39, 44, 46; 2 Crón. 4:2-5, 9, 10. Fué hecho del cobre ó bronce tomado por David en las ciudades conquistadas, 1 Crón. 18:8. Véase Metal y Lavaderos. Tenía 7½ piés de altura. 15 piés de diámetro, 45 piés de circunferencia, y contenía 16,000 galones, ó según 2 Crón. 4:5, 24,000 galones; incluyendo quizá esta última cifra 8,000 galones contenidas en la basa, juntamente con las 6,000 galones contenidas en la traza ó cuenca del baño. Se dice que al principio era abastecido de agua por el trabajo de los Gabaonitas, y después por un conducto de los estanques de Salomón, cerca de Betlehem. El agua servía para las ablu-

ciones de los sacerdotes, 2 Crón. 4:6; comp. Exod. 30:18-21. Dicha fuente fué mutilada por el rey Acáz, 739 A. C., 2 Rey. 16:17, y finalmente, después de haber durado más de cuatrocientos años, fué hecha pedazos, y llevada á Babilonia por de Nabucodonosor, 588 A. C., 2 Rey. 25:13, 16.

MARA, *amargura*, I., lugar en el desierto de Sur ó Etam, Núm. 33:8, la quinta estación de los Israelitas, cerca del Mar Rojo, á tres días de camino del punto en donde lo pasaron. Las aguas de su pozo fueron dulcificadas para el uso de los afligidos Hebreos por medio de la milagrosa eficacia comunicada á las ramas de cierto árbol que Moisés le echó adentro, Exod. 15:22-25. No se conoce ahora ninguna planta que posea esa cualidad. El nombre Amarah señala ahora el lecho seco de un torrente de invierno—43 millas al S. E. de los "pozos de Moisés"—un poco al sur del cual está un pozo llamado Howarah, el cual corresponde bien á la descripción hecha del pozo de Mara. Su agua, después de tenerse en la boca unos cuantos segundos, se vuelve nauseabunda. Los Árabes no la beben, pero sus camellos sí.

II. Nombre adoptado por la afligida Noemi, Rut 1:20.

MARANATHA, nombre compuesto de dos palabras siriacas que significan "Nuestro Señor viene." Véase ANATEMA.

EL AS ROMANO.

MARAVEDÍ ó blanca, Griego "lepton," una moneda romana de cobre, muy delgada, que valía menos de dos centavos, Luc. 12:50; 21:2. Véanse MEDIDAS y las tablas del Apéndice. Nadie hay tan pobre que no pueda hacer algo por Cristo; pero los maravedíes dados por un avaro no son una ofrenda aceptable.

MARAVILLA, nombre muy á propósito para denotar los milagros que se registran en las Escrituras, Exod. 15:11; Deut. 6:22; Sal. 136:4; Joel 2:30; Heb. 2:4. Véanse MILAGRO y SEÑAL.

MARCOS, el autor de uno de los cuatro Evangelios. Véase EVANGELIOS. Hay poca duda de que sea exacta la opinión general de los hombres doctos, con respecto á que dicho Evangelista es la misma persona que se menciona bajo el nombre de Juan y Marcos, en Hech. 12:12, 25; 13:5, 13, y como pariente y discípulo de Barnabás, Col. 4:10. Al mencionar al joven que vestido solamente con su túnica se apresuró á seguir á Cristo, refiere probablemente algo que le pasó á él mismo, Mar. 14:51, 52. Fué el compañero de Pablo y Barnabás en el viaje que estos hicieron por Cipro, y hasta llegar á Perga en Pamfilia, punto en el cual los dejó y volvió á Jerusalem para gran disgusto de Pablo, Hech. 13:5, etc.; 15:37-39. Con todo, trabajó fielmente con Barnabás en Cipro, y Pablo le menciona cuando se hallaba en Roma, como uno de los que estaban asociados con él, Col. 4:10, 11; 2 Tim. 4:11; File. 24. También acompañó después á Pedro á Babilonia. Como era el hijo de aquella María en cuya casa en Jerusalem acostumbraban reunirse los apóstoles, es probable por lo tanto que Pedro le diera instrucción especial en las doctrinas del cristianismo, y que con tal motivo le llamara hijo, 1 Ped. 5:13. Compárese 1 Tim. 1:2 y 2 Tim. 1:2. La tradición le atribuye la fundación de la iglesia de Alejandría en Egipto, y asegura que los Venecianos se apoderaron de sus restos por medio de una piadosa estratagema, y los llevaron á Venecia, ciudad que lo tiene como su santo patrono.

MARDOQUEO, *hombre pequeño ó adorador de Marte*, I., hijo de Jair, y biznieto de un Benjamita llamado Cis, que fué llevado cautivo á Babilonia con Joaquin, 599 A. C., Ester 2:5, 6. Fué el primo y guardián de Hadassa, cuya admirable historia se refiere en el libro de Ester, del cual él fué probablemente el autor. Véanse ESTER y AMÁN.

II. Hombre de importancia entre los que volvieron á Judea con Zorobabel, Esd. 2:2; Neh. 7:7.

MARESA, *posesión*, ciudad en la comarca baja de Judá, Jos. 15:44; tal vez el lugar reedificado por Laada, 1 Crón. 4:21. Fué fortificada por Roboam, 2 Crón. 11:8; fué el lugar del nacimiento del profeta Eliezer, 2 Crón. 20:37, y fué amonestada por Miqueas, cap. 1:15. En un valle á inmediaciones de allí, Asa derrotó á Zera que llevaba un inmenso ejército de Etíopes, 2 Crón. 14:9-13. Estaba probablemente en la frontera occidental de Judá, precisamente al S. O. de Eleuterópolis, en un lugar llamado ahora Merásh.

II. Hombre de la tribu de Judá y uno de los que primero se establecieron en Hebrón, 1 Crón. 2:42.

MARFIL DE RUINAS EGIPCIAS.

MARFIL, Hebreo *diente*, ó más bien, *colmillo*, se menciona en el reino de Salomón, y se hace referencia á él en Sal. 45:8, dando á entender que se empleaba para decorar palacios. Salomón que comerciaba con la India, llevó de allí marfil á Judea, 1 Rey. 10:22; 2 Crón. 9:21. Salomón tenía un trono adornado de marfil é incrustado de oro. Cada cual de estos dos materiales hacía resaltar más el lustre y hermosura del otro, 1 Rey. 10:18.

Las "casas de Marfil," 1 Rey. 22:39; Amós 3:15, pueden haber tenido adornos de marfil en tal abundancia, que se les dió el nombre del artículo con que estaban hermoseadas. Hácese también mención de "bancos de marfil." "camas" y toda clase de "vasijas," Ezeq. 27:6, 15; Amós 6:4; Apoc. 18:12.

MARÍA, en Hebreo *Miriam*, I.. hija de Amram y Jocabed, de la tribu de Leví, hermana de Moisés y de Aarón, y probablemente la que siendo como de 12 años de edad, observaba á Moisés cuando fué puesto en la arquilla de juncos, Exod. 2:4, 5; Núm. 26:59. Como profetisa, Miq. 6:4, dirigió á las mujeres de Israel en un cántico de adoración y acción de gracias ren-

didas á Dios, con motivo del ahogamiento de los Egipcios, Exod. 15:20, 21. Sus murmuraciones contra Moisés y su esposa cusita, fueron castigadas con una lepra temporal, Núm. 12; Deut. 24:9, como lo fueron los pecados que Giezi y Ozías cometieren contra siervos especiales de Dios; pero fué perdonada y curada, y cuando ya las peregrinaciones de Israel llevaban á su fin murió en Cades Barnea, Núm. 20:1.

II. "La madre de Jesús," Hech. 1:14. La breve reseña de su carácter amable y simpático, y su historia relacionada con las maravillas que acompañaron el nacimiento de Cristo, se registran en los dos primeros capítulos de Mateo y de Lucas. En Lucas 3 se conserva la genealogía materna del Salvador, del linaje de David y de Abraham, para probar que él nació "en cuanto á la carne," según las antiguas profecías, Luc. 1:27; Rom. 1:3. Después de la vuelta de Egipto á Nazaret, se menciona á María en la Historia Sagrada solamente cinco veces: tres en que al parecer fué reprendida por Cristo, Mat. 12:46-50; Luc. 2:49, 50; Juan 2:4; una cuando Él la encomendó al cuidado de Juan, Juan 19:26; y por último, cuando se dice que estaba con los discípulos en Jerusalem, después de la ascensión del Señor, Hech. 1:14. De entonces en adelante, no se hace en los Hechos de los Apóstoles, ni en las epístolas, ni en el Apocalipsis, ninguna alusión á ella. Ni Pedro, á quien Roma considera como el primer Papa, ni Juan, á cuyo cuidado le recomendo Nuestro Señor, mencionan su nombre. Es evidente que en aquel tiempo el culto de María no había comenzado todavía. Las invenciones de que se ha valido la Iglesia romanista en los siglos posteriores, no tienen absolutamente ningún fundamento en la Escritura, y son contrarias al Evangelio.

Una de estas invenciones destituidas de autoridad es la pretendida Inmaculada Concepción, y la santidad sin mancha de María. Véase Rom. 3:10, 23; Gál. 3:22; 1 Juan 1:8; y compárense también las reprensiones á que ya hemos aludido, y la confesión de María misma con respecto á la necesidad que ella tenía de un Salvador, Luc. 1:47.

Otra invención del mismo género es su pretendida virginidad después del nacimiento de Jesús, Mat. 1:25; Luc. 2:7. Los hermanos, las hermanas y la madre de Cristo, se mencionan juntamente, al parecer como una sola familia, Mat. 13:55, 56; y María fué conocida como la esposa de

José, probablemente por cerca de 30 años, Juan 6:42. Véase HERMANO. Adorarla como "reina de los cielos," y "madre de Dios," es á la luz de la Biblia, idolatría y blasfemia; y orarle como á diosa, ó aun como medianera del hombre ante Dios, es dar á entender que posée el atributo de omnipresencia, y es degradar al único y suficiente Mediador, 1 Tim. 2:5; Heb. 4:16. Fué "bendita" ó señaladamente favorecida "entre las mujeres," como Jael lo fué "sobre las mujeres," Jue. 5:24; Luc. 1:28; pero Cristo mismo declara que mayor bendición recibirán "los que oyen la palabra de Dios y la guardan," Luc. 11:27, 28. Comp. Sant. 5:11.

II. La madre de Marcos el Evangelista, y hermana del menor y de Barnabás, Col. 4:10. Tenía una casa en Jerusalem y allí acostumbraban acudir los discípulos de Jesús. Comp. Hech. 2:46; 20:8. Allí también fué donde Pedro, después de ser libertado de la prisión por el ángel, fué y tocó á la puerta, Hech. 12:12. Muchos lugares de reunión para orar y muchas casas cristianas hospitalarias, semejantes á éstas y que existieron aun en tiempos de persecución, se han conservado siempre en la memoria del pueblo de Dios.

IV. La esposa de Alfeo ó Cléofas, y madre de Santiago el menor y de José, Mat. 27:56, 61; Mar. 15:40; Luc. 24:10; Juan 19:25. Este pasaje deja incierto si ella era hermana de María, la madre de nuestro Señor, ó nó. Algunos creen que allí se nombran cuatro personas distintas: la madre de Cristo, la hermana de ella, María de Cléofas y María Magdalena. Véase MARÍA I. y SANTIAGO III. La María de quien ahora tratamos creyó desde un principio en Jesu-Cristo, y le acompañó en algunos de sus viajes, para servirle; le siguió al Calvario, y estuvo con su madre al pié de la cruz. Estuvo también presente en su entierro, preparó perfumes para embalsamarle, y estuvo temprano en su sepulcro en la mañana de su resurrección, Mat. 28:1; Mar. 15:47; 16:1; Luc. 23:55, 56; 24:22. Véase ALFEO.

V. La hermana de Lázaro, aquel á quien nuestro Señor levantó de entre los muertos. Su carácter presenta un hermoso cuadro é igual en mérito al de su hermana Marta, que era más activa é impetuosa. Contemplativa, confiada y cariñosa, era para María como el cielo sentarse á los piés de su adorado Maestro y Señor, Luc. 10:39-42. Cuando El la mandó llamar, después de la muerte de Lázaro, se apresuró á ir ante su presencia, y cayó á sus piés exclamando, "Señor, si hubieras estado aquí, mi hermano no habría muerto." La diferencia del carácter de las dos hermanas resaltó en la cena que tuvo lugar en Betania, después de la resurrección de Lázaro. Ningún servicio era demasiado humilde para que Marta dejara de prestarlo, ninguna ofrenda demasiado costosa para que María dejara de ofrecerla en honor de su Salvador, Juan 12:1-8. Si María se anticipó á la muerte de Cristo por estar próxima, al ungirle los piés, vers. 7, "para sepultarlo," Mat. 26:12, manifestó la pureza de la fé que ella tenía en las predicciones del Señor, Mat. 27:63, 64. Este suceso no debe confundirse con el descrito en Luc. 7:37-50.

VI. La Magdalena ó natural de Magdala en el Mar de Galilea, Jos. 19:38. Fué la primera de entre las honorables mujeres bien acomodadas que sirvieron á Cristo y sus discípulos. Era particularmente adicta á Cristo por la misericordia que él le manifestó en librarla de siete espíritus malos, Luc. 8:2, 3. Le siguió de Galilea á Jerusalem, presenció su crucifixión, Mat. 27:55, 56, y vió en donde fué sepultado, vers. 61. Estuvo temprano en su sepulcro con especias aromáticas, y quedándose allí cuando los discípulos se retiraron, fué la primera en arrojarse á los piés del resucitado Salvador, Mat. 28:1-10; Mar. 15:47; 16:1-10; Luc. 24:1-12; Juan 20:1, 2, 10-18. No hay evidencia de que hubiera sido una ramera.

"Ella no ofendió á su Maestro dándole un beso traidor. Tampoco le negó con lengua infiel. Cuando los apóstoles huyeron, le hizo frente al peligro, y fué la última que se apartó de la cruz, y la primera que se acercó á su sepulcro."

VII. Judía cristiana llena de benevolencia, saludada en la epístola de Pablo á los Romanos, 16:6.

MARIAM, hijo de Mered y nieto de Faraón, 1 Crón. 4:17.

MARIDO, un hombre desposado, Mat. 1:16, 19, así como también uno ya casado, por tenerse los esponsales como inviolables.

MARIDO MIO, Heb., ISHI, Ose. 2:16, nombre que se le dijo al penitente y fiel Israel que le aplicara á Jehová, en lugar de el de BAALI, mi Señor, que sugería el culto rendido á Baal en otros tiempos, vers. 17.

MÁRMOL, piedra compuesta de carbonato de cal, desde la piedra de cal común de Palestina, hasta el mármol Parian de

405

grano fino, de un blanco puro y pulimentado, Cant. 5:15; Apoc. 18:12, ó de varios colores, usado en las obras de mosaico, Est. 1:6. De las piedras de construcción empleadas por Salomón, parte fueron extraidas de debajo de Jerusalem y de sus inmediaciones, parte fueron llevadas del Líbano, 1 Rey. 5:14-18; 7:10, y parte de Arabia, etc. Herodes empleó un mármol blanco y hermoso, y muchas columnas rotas de este se hallan en Jerusalem.

MARSENA, *noble*, consejero bajo el gobierno de Asuero, Est. 1:14.

MARTA, hermana de Lázaro y de María, en Betania. Aunque de un carácter diferente al de María, era una amiga tan adicta á Cristo, y tan amada de él como su hermana, Juan 11:5. La suave represión que él le hizo, Luc. 10:38-42, no implica que ella careciese de la gracia regenerante. No debe echarse en olvido que animada por el afecto y por sus sentimientos hospitalarios, hizo preparativos para recibir á Jesús. Tampoco debe olvidarse la prontitud con que le salió al encuentro, ni su fé en el poder del Señor, Juan 11:20-28. Ella sirvió en el festín ó convite que hubo en Betania después de la resurección de su hermano, Juan 12:1, 2. Véase MARÍA IV.

MARTILLO, Prov. 25:18; Jer. 51:20, llamado en Ezeq. 9:2 "instrumento para destruir," era propiamente una maza pesada, ó clava de guerra.

MÁRTIR, *testigo*, Mat. 18:16; Luc. 24:48. En la historia eclesiástica significa: "un testigo que, derramando su sangre, daba testimonio de la verdad." Así los mártires se distinguen de los "confesores" propiamente dichos, en que estos padecían grandes penalidades por la confesión que hacían de la verdad, pero sin sufrir la muerte. La palabra mártir está empleada en el Nuevo Testamento solamente tres veces, en Hech. 22:20, simplemente como testigo; y en Apoc. 2:13; 17:6. Desde el tiempo de Esteban, Hech. 7:59; 22:20, millares de mártires han sellado la verdad del Cristianismo con una muerte dolorosa, que voluntariamente sufrieron por la fé, antes que negar á Cristo, deseándola á menudo ansiosamente como un privilegio especial. Es sin duda posible que un hombre sea condenado á muerte como cristiano, sin que tenga un amor verdadero para con Cristo, 1 Cor. 13:3; pero en general, "el noble ejército de mártires" ha demostrado de una manera concluyente cuánto influjo tiene y cuánta valía la

fé en Cristo; y su sangre clama á Dios contra sus enemigos, especialmente contra la iglesia apóstata que "se ha embriagado con la sangre de los mártires de Jesús, Apoc. 17:6.

MAS, nombre de un hijo de Aram, de su posteridad y de su patria, que generalmente se cree situada cerca del Monte Masius, cordillera al norte de Mesopotamia, Gén. 10:23. En 1 Crón. 1:17, se le llama Mosoc.

MASQUIL, es un término empleado como título de 13 Salmos, Salmos 32, 42, 44, 45, 52, 53, 54, 55, 74, 78, 88, 89, 142, y significa uno que instruye ó hace comprender. Algunos intérpretes piensan que denota un instrumento de música, pero es más probable que signifique un canto instructivo, Sal. 47:7.

MASRECA, *viñedo*, el lugar de nacimiento de un rey edomita, Gén. 36:36; 1 Crón. 1:47.

MASSA, *levantamiento*, hijo de Ismael, fundador de una tribu árabe, probablemente en dirección de Babilonia, Gén. 25:14; 1 Crón. 1:30.

MATAN, *don*, I., sacerdote de Baal, muerto judicialmente ante su altar, bajo el gobierno de Joiada, 2 Rey. 11:18; 2 Cró. 23:17.

II. Padre de Sefatías, que pidió junto con otros príncipes al rey Sedecías, la vida del profeta Jeremías, Jer. 38:1, 4.

III. Mat. 1:15, tal vez fué el mismo que Mattat, Luc. 3:24, el abuelo de José, marido de la madre de Jesús.

MATANA, *don*, Gén. 25:6, la 50ª estación de los Israelitas, Núm. 21:18, 19, en la región del Arnón.

MATANÍAS, *don de Jehová*, nombre que originalmente tuvo el último rey de Judá. Véase SEDECÍAS. Se mencionan también seis Levitas de este nombre en 1 Cró. 9:15, 16; 25:4; 2 Cró. 20:14; 29:13; Neh. 12:35; 13:13. Y así mismo cuatro Israelitas del periodo de la cautividad, Esd. 10:26, 27, 30, 37.

MATATÍAS, *don de Jehová*, 1 Cró. 9:31; 25:3, 21; Esd. 10:43; Neh. 8:4; Luc. 3:25, 26.

MATEO, *don de Jehová*, apóstol y evangelista, hijo de Alfeo II., era Galileo en cuanto al lugar de su nacimiento, Judío en cuanto á su religión, y publicano de profesión, Mat. 9:9; 10:3; Luc. 6:15. Los otros evangelistas le llaman solamente Leví, que era su nombre hebreo, Mar. 2:14; Luc. 5:27; pero él siempre se denomina á sí mismo Mateo, que era probablemente su nombre como publicano, ó empleado para la recaudación de impuestos. Él no oculta cual fué su primera profesión, así es que de un modo indirecto ensalza la gracia de Cristo que le elevó al apostolado. Su residencia ordinaria era en Capernaúm, y su oficina probablemente en el camino real cerca del mar de Tiberias. Hallándose allí en medio de sus ocupaciones fué llamado por Jesús para que le siguiera, Mat. 9:9; Mar. 2:14, cosa que ejecutó después de hacer una fiesta en su honor, Luc. 5:29: pero al referirse á ella en su Evangelio, omite modestamente su propio nombre, Mat. 9:9-13. Es probable que cuando todo eso sucedió ya tenía alguna noticia de los milagros y doctrina de Cristo. Estuvo con su Maestro despues de la resurrección, y con los otros apóstoles después de la ascensión, Mat. 28:16; Hech. 1:13.

Relativamente al Evangelio de Mateo, véase EVANGELIO.

MATÍAS, *don de Dios*, discípulo que permaneció con nuestro Señor desde su bautismo hasta su ascensión, Hech. 1:21, 26, y fué después de la ascensión escogido por suerte para asociarse con los once apóstoles. No sabemos nada más acerca de él.

MATRIMONIO, la unión por toda la vida de un hombre y de una mujer, para formar "una carne," fué instituido por el Creador en el paraiso para la perpetuidad y la felicidad de la raza humana, Gén. 1:27, 28; 2:18-24, y es el fundamento en que estriba gran parte de lo que hay de más valioso para la sociedad humana. La narración implica que la unión del hombre y de su esposa es indisoluble, excepto en caso de adulterio; que los cónyuges tienen igualdad social; y que la mujer, habiendo sido criada posteriormente para compañera del hombre, debe estar sujeta á su marido, 1 Cor. 11:8, 9; Efes. 5:22, 23; 1 Tim. 2:13. Esta relación se agravó con la caída, Gén. 3:16; 1 Cor. 14:34; 1 Tim. 2:11-14; 1 Ped. 3:6. Desarrollando el amor fraternal y despertando la conciencia de la responsabilidad, el matrimonio propende de un modo eficaz por la salud y la felicidad de los hijos, y por la esmerada educación de estos en la virtud, la laboriosidad y el honor en las buenas costumbres y las sanas ideas, y en fin, en todo cuanto encarna la palabra HOGAR. Dios no hizo originalmente más que un hombre y una mujer. Los primeros polígamos de que se tiene noticia fueron Lamec y aquellos degenerados "hijos de

Dios," ó adoradores de Jehová, que tomaron como esposas á las hijas de los hombres, escojiendo las que querían, Gén. 4:17; 6:2. Por otra parte, Noé y sus tres hijos tenían sólo una mujer cada uno; y lo mismo parece que sucedió entre todos los antepasados de su mismo linaje, hasta llegar á Adam. Igual cosa hicieron Job, Nacor, Lot, y al principio Abraham. Véase CONCUBINA. En tiempos posteriores, la poligamia llegó á ser más común entre los Hebreos, y las Escrituras nos presentan numerosos ejemplos de sus malos resultados, Gén. 16; 30; Jue. 8:30; 2 Sam. 3:3-5; 1 Rey. 11:1-8; 2 Crón. 11:18-21; 13:21. Mas no se nos dice que ella existiera entre los Judíos en tiempo de Cristo, Mat. 19:5.

Estábales prohibido á los Israelitas el casarse dentro de ciertos grados especificados por la ley, Lev. 18:20; Deut. 27. Estas prohibiciones se basaban en los principios de la moral, y en las leyes que deben regir la sociedad, y tenían además por objeto el distinguir á los Israelitas de las naciones paganas. Esas prohibiciones no existían en los tiempos patriarcales. El matrimonio con los Cananeos y los idólatras les fué desde el principio estrictamente prohibido á los Hebreos, Exod. 34:16, y después les fué vedado además con cualquiera de las naciones paganas que los rodeaban, especialmente con los que no practicaban la circuncisión, Neh. 13. Por la ley llamada Levirata, si un Judío moría en sucesión, su hermano ó pariente más cercano estaba obligado á casarse con la viuda, para que el hijo primogénito que tuviera de este matrimonio, pudiera ser reconocido como hijo y heredero del primer marido, Gén. 38; Deut. 25:5-10; Mat. 22:23-26. Dábase por sentado que todo sacerdote se había de casar, y la dignidad sacerdotal se perpetuaba solamente en los hijos de los sacerdotes, Exod. 28:1, 43. Si se exceptúa esta última providencia, el Nuevo Testamento, según parece, estatuye otro tanto en cuanto á los ministros de Cristo. En ninguna parte se les prohibe casarse, sino se enseña lo contrario. Pedro y otros de los apóstoles y evangelistas tenían esposas, Mat. 8:14; Hech. 21:9; 1 Cor. 7:2; 9:5. "El matrimonio es honroso en todos." Conviene que el obispo sea "marido de una sola mujer," 1 Tim. 3:2, 11, y así mismo los diáconos, 1 Tim. 3:12; Tit. 1:6. Aquila, cuando comenzó á ejercer el ministerio, iba acompañada de Priscila su mujer, Hech. 18:2, 18, 26. El matrimonio fué, en efecto, la práctica general del clero antiguo por muchos siglos, y el celibato clerical no fué plenamente establecido y hecho forzoso en la iglesia de Roma, sino hasta el siglo XI. En las iglesias Rusa y Armena un sacerdote debe ser casado antes de ser ordenado; pero si su esposa muere, no puede voiver á casarse. El Salvador imprimió su sello en el matrimonio como institución divina y permanente, prescindiendo de todas leyes civiles que lo protegen y reglamentan, ó tratan de alterárlo ó anularlo; prohibió el divorcio, excepto por una causa, Mat. 5:32; 19:3-6, 9; y censuró con severidad toda clase de violación de los votos matrimoniales, aunque sea solo de pensamiento, Mat. 5:28. Comp. Heb. 13:4; Apoc. 21:8.

Entre los Judíos, los padres de familia acostumbraban arreglar entre sí el matrimonio de sus respectivos hijos, Gén. 24:3, 4; 38:6; Ex. 2:21; algunas veces en conformidad con la elección que hubiera hecho el hijo y no sin acatar hasta cierto punto el beneplácito de la hija, Gén. 21:21; 24; 34:3-6; Jue. 14:2, 3. Los interesados á menudo contraían esponsales mucho tiempo antes de que el matrimonio se llevara á efecto. Véase Desposorio. El pretendiente hacía un regalo á los padres y hermanos de la novia, ó les prestaba un servicio equivalente, Gén. 29:20; 31:15; 34:12; Ex. 2:21; 1 Sam. 18:25; Ose. 3:2. En los tiempos antiguos las bodas eran muy sencillas, Gén. 24 : 58, 59, 66, 67; 29 : 21–23. Pero más tarde se celebraban á menudo con gran pompa y muchas ceremonias, y con prolongados festejos y regocijos. Era costumbre que el novio nombrase un Paraninfo ó especie de padrino de bodas llamado por nuestro Salvador "el amigo del novio," Juan 3:29. Algunos otros jóvenes le hacían también compañía, como comitiva de honor, durante los días de la boda, así como también algunas jóvenes acompañaban á la novia todo ese tiempo. Á los compañeros del novio se les menciona expresamente, como en la historia de Samsón, Jue. 14:11, 20; Cant. 5:1; 8:13; Mat. 9:15; también á las compañeras de la novia, Sal. 45:9, 14; Cant. 1:5; 2:7; 3:5; 8:4. Las atribuciones del paraninfo se concretaban á dirigir las ceremonias de la boda. Las amigas y compañeras de la novia cantaban el epitalamio ó cántico nupcial, en la puerta de la novia, la víspera de la boda. Los festejos de esta se celebraban con el mayor decoro — los jóvenes de cada sexo en distintos aposentos y á diferentes mesas. Los jóvenes en la boda

de Samsón se divertieron proponiendo enigmas, y el novio asignaba el premio á los que podían adivinarlos, Jue. 14:14.

Los Judíos dicen que antes de que Jerusalem fuese arruinada, el novio y la novia usaban coronas en su matrimonio. Comp. Isa. 61:10; Cant. 3:11. "Salid, oh doncellas de Sión, y ved al rey Salomón con la corona con que le coronó su madre el día de su desposorio y el día del gozo de su corazón." Los Judíos modernos en algunos lugares echan puñados de trigo sobre la pareja recién casada, particularmente sobre la novia, diciendo, "Creced y multiplicaos." En otros lugares mezclan piezas de moneda con el trigo, las cuales se recojen por los pobres. La mera ceremonia del matrimonio era muy sencilla, pues se reducía casí solo á la lectura del contrato de matrimonio, Prov. 2:17; Mal. 2:14, y á la bendición nupcial invocada por los amigos, Gén. 24:60; Rut 4:11, 12.

El festin de la boda duraba por lo común siete días. Por eso Laban dijo á Jacob respecto de Lea, "Cumple la semana de ésta," Gén. 29:27. Las ceremonias de la boda de Samsón continuaron siete días enteros, Jue. 14:17, 18.

La procesión que acompañaba á la novia de la casa de su padre á la del novio era generalmente más ó menos pomposa, según las circunstancias de la pareja que se casaba; y para esto escogían á menudo la noche, como todavía se acostumbra en Siria. Esta costumbre sirve de base á la parabola de las diez vírgenes que salieron á media noche á recibir al novio y á la novia, Mat. 25. "En un casimiento de Hindus, cuya procesión ví," dice el Señor Ward, "el novio venía desde lejos, y la novia vivía en Sirampore, á cuyo lugar el novio tenía que ir por agua. Después de esperar dos ó tres horas, al fin, cerca ya de media noche, se anunció, casi en las mismas palabras de la Escritura, 'He aquí el novio viene; salid á recibirle.' Todas las personas comisionadas para ello, encendieron entonces sus lámparas y corrieron con ellas en las manos, para ir á ocupar sus lugares en la procesión; algunas de ellas habían perdido sus luces, y no estaban preparadas; pero era ya muy tarde para que las buscaran, y la cabalgata marchó hacia la casa de la novia. Llegado que hubo á este lugar, entró la gente á un espacio grande y espléndidamente iluminado, que enfrente de la casa se había preparado cubriéndolo con un toldo. Allí una gran multitud de amigos, ataviados con sus mejores vestidos, se habían reunido y estaban sentados en esteras. Un amigo llevó en sus brazos al novio y lo colocó en un magnífico asiento en medio de la reunión. Después de estar él sentado allí un rato entró en la casa; hecho lo cual cerraron la puerta y pusieron de guardia unos *sepoys* ó soldados hindús. Algunos de nosotros nos empeñamos con los que cuidaban la puerta para que nos dejaran entrar, pero en vano. Nunca me había impresionado tanto como en ese momento la hermosa parábola de nuestro Señor."

El cristianismo confiere á la institución de la familia una santidad especial; hace el verdadero amor su base, y la preferencia que cada uno da á la felicidad del otro, su regla; y aun la compara á la inefable unión que existe entre Cristo y su iglesia, Efes. 5:22-33, "misterio antes oculto, pero ahora revelado." En ninguna parte del mundo es la mujer tan bien mirada, tan feliz y tan útil como en los paises cristianos y en los hogares también cristianos. Á los creyentes se les aconseja que se casen "en el Señor," 1 Cor. 7:39. No hay duda que las restricciones impuestas al antiguo pueblo de Dios contienen una lección para cualquier tiempo, y si se tuviesen en cuenta los malos resultados que produjeron entre los Judíos los casamientos prohibidos, se evitarían los graves males que á menudo surgen de la unión entre un cristiano y una persona mundana. En cuanto á los deberes mútuos del marido y la mujer, véanse Efes. 5:22, 23; 1 Tim. 2:11, 12; 1 Ped. 3:1-7.

En los tiempos bíblicos considerábase una numerosa familia como una bendición y un honor que debían desearse con vehemencia, Gén. 33:5; Sal. 127:3-5; y la práctica demasiado común en nuestro tiempo, de ver los hijos como un mal que es preciso evitar, y esto por razones dictadas por el egoismo y aun valiéndose de medios ilícitos, no puede condenarse con bastante severidad.

El Espíritu Santo describe el matrimonio como "honroso en todos," Heb. 13:4, y deseable, salvo en casos excepcionales, Mat. 19:10-12; 1 Cor. 7:8, 26. La iglesia de Roma lo tiene como práctica deshonrosa, y no solamente aplaude el celibato y la virginidad en los seglares, sino que terminantemente prohibe el matrimonio á todos sus sacerdotes, obispos, etc., y de esa manera se atrae sobre sí el nombre de Anti-cristo, 1 Tim. 4:3. Véanse ADULTERIO, DIVORCIO, VESTIDURAS, etc.

MATUSALEM, *hombre de envio*, Luc. 3:37, hijo de Enoc y padre de Lamec. Vivió 969 años, que es la vida más larga de cuantas se han registrado en la historia, y murió el año anterior al del diluvio, Gén. 5:21, 22, 25-27; 1 Crón. 1:3.

MAYORDOMO, el que ejerce las funciones de superintendente y administrador principal de una casa, en nombre del amo, Gén. 43:16, 19; 44:1, 4. José desempeñó este cargo en la casa de Potifar, Gén. 39:5. En Gén. 15:2, se usa una expresión hebrea diferente para denotar "el hijo de posesión," es decir, "el que ha de ser poseedor," etc., ó sea el heredero presunto, vers. 3. Eliezer, á quien se le designa de este modo, era el mayordomo de Abraham, y se identifica comunmente con "el siervo más viejo de su casa," mencionado en Gén. 24:2. A un criado de tanta importancia, cuya responsabilidad era tan grande y en quien era tan necesaria la fidelidad, es á quien se hacen varias alusiones en las parábolas de nuestro Señor, Mat. 20:8; Luc. 12:42-48. En la parábola del mayordomo malo, Luc. 16:1-9, se recomienda á los "hijos de luz," no la falta de honradez, sino la ingeniosidad, la prudencia y la previsión que él ejerció. Comp. Luc. 12:33. Los ministros, Luc. 12:42; 1 Cor. 4:1, 2; Tit. 1:7, y todos los cristianos, 1 Ped. 4:10, se consideran como mayordomos, por cuanto se les ha confiado por Dios todo lo que tienen, 1 Cor. 4:7, y le son responsables por el uso que de ello hagan. Todos los seres humanos son en este sentido mayordomos de Dios.

MEAH, *ciento*, Neh. 3:1; 12:39, una torre en el muro oriental de Jerusalem, hacia el norte.

MECONAC, *base*, ciudad y sus suburbios en la parte más meridional de Judá, después de la cautividad, Neh. 11:28.

MEDAN, *contienda*, tercer hijo de Abraham y de Cetura, Gén. 25:2. Se supone que se estableció en Arabia, cerca de Madián su hermano.

MEDEBA, *aguas de quietud*, ciudad y llanura de Moab, al este del Jordán, Núm. 21:23-30; Deut. 2:34-36, conquistada por los Ammonitas bajo el mando de Sehon, y después por los Israelitas. Estaba en la frontera meridional de la tribu de Rubén, Jue. 13:9, 16. Cerca de ella el ejército de David ganó una gran victoria sobre los Ammonitas y sus aliados, 1 Crón. 19:7. Largo tiempo después cayó de nuevo en manos de los Moabitas, sus antiguos señores, Isa. 15:2. Sus ruinas, en un cerro redondo 7 millas al S. O. de Hesbán, conservan todavía el nombre de Madaba.

MEDIA, llamada por los Hebreos Madai, y que se supone fué poblada por los descendientes de Madai, hijo de Jafet, Gén. 10:2, se extendía (al oeste y al sur del Mar Caspio), desde Armenia y Asiria al norte y al oeste, hasta Farsistan ó Persia propiamente dicha al sur, é incluía las comarcas llamadas ahora Shirvan, Adzerbijan, Ghilan é Irak Adjemi. Cubría un territorio mayor que el de España, estaba entre los 33 y los 40 grados de latitud norte, y era uno de los más fértiles y más antiguamente cultivados de los reinos de Asia. Tenía dos grandes divisiones, de las cuales la del noroeste era llamada Atropatene ó Media Menor, y la meridional Media Mayor. La primera corresponde á la moderna Adzerbijan, que es ahora como antes era una provincia del imperio persa, región elevada al oeste del Caspio, rodeada por altas montañas de la cordillera Taúrica, excepto hacia el este, en donde el rio Kur ó Ciro vierte sus aguas en el Caspio. La Media Mayor corresponde principalmente á la moderna Irak-Adjemi, ó Irak Persa, juntamente con Kurdistan, Luristan y Ardelan. Media es uno de los reinos independientes más antiguos de que la historia hace mención. Después de varios siglos de conflicto y de semisujeción bajo el poder de Asiria, de lo cual se da cuenta en las planchas asirias que se han desenterrado, confirmando así lo dicho en 2 Rey. 17:6; Isa. 20:1, los Medos se unieron y llegaron á ser poderosos, cultos y ricos, Isa. 13:17, 18; 21:2, 3; bajo el mando de Cyaxares conquistaron la Asiria y continuaron como reino independiente, hasta que bajo el poder de Ciro, 588 A. C., Media se unió con Persia. De esta manera se levantó el reino Medo-Persa, y las leyes de los Medos y Persas y sus crónicas, se mencionan juntas por los escritores sagrados, Ester 1:19; 10:2; Dan. 6:8, 12, etc. Á la verdad, desde ese tiempo en adelante, el carácter, las costumbres, la religión y la civilización de los Medos y Persas fueron amalgamándose cada vez más. Y en general, podemos inferir de los antiguos escritos en idioma zend, que los Medos, Persas y Bactrianos, eran originalmente el mismo pueblo, y tenían una lengua común, la zend, y una religión, el culto de los elementos y de Ormuzud, el ser más elevado, bajo el símbolo del fuego. Á los sacerdotes de esta religión, los Magos, se les confiaba el cultivo de las ciencias, y el desempeño de los ritos sagrados. Entre esos sacerdotes, y según se supone antes del tiempo de Ciro, apareció Zerdust ó Zoroastro, como reformador, ó más bien como restaurador de la antigua pero degenerada religión de la luz, cuyos discípulos existen aún el día de hoy en Persia y en la India, bajo el nombre de Guebros.

Media se menciona primero en la Biblia como la parte de Asiria á la cual fueron transportadas las diez tribus: primero, aquellas de más allá del Jordán, por Teglat-Falasar, 1 Crón. 5:26; y después, por el año 721 A. C., el resto de Israel por Sargón, 2 Rey. 17:6. La historia posterior de Media se refunde en la de Persia. El Imperio unido conquistó á Babilonia según la predicción de Isaías, Isa. 13:17; 21:2; Dan. 5:6; Esd. 1. Ambos países fueron subyugados por Alejandro de Macedonia, 330 A. C., y en el siglo siguiente quedaron de tributarios de los Partos, que se hallaban al oriente y en conexión con los cuales se mencionan en Hech. 2:9. Véase PERSIA.

MEDIADOR ó MEDIANERO, el que media ó interviene entre dos partes ó personas como órgano de comunicación, ó agente de reconciliación. El hombre que tenga en mayor ó menor grado la conciencia de su propia culpabilidad y de la santidad y justicia de Dios, se estremece de cualquiera comunicación directa con un Sér á quien tiene tanta razon de temer. De aquí la tendencia más ó menos prevaleciente en todos tiempos y en todas partes del mundo, de interponer entre el alma y su Juez alguna persona ó cosa bien á propósito para propiciar su favor, como una orden sacerdotal, un árbitro recto y piadoso, ó el humo de los sacrificios y el suave perfume del incienso, Job 9:33. Los Israelitas dieron á conocer ese sentimiento en el monte Sinaí, Deut. 3:23-31; y Dios tuvo á bien constituir á Moisés como mediador entre sí mismo y ellos, para que recibiera y transmitiera los mandatos procedentes del Señor, y los votos de obediencia procedentes del pueblo. Con tal carácter obró en varias otras ocasiones, Exod. 32:30-32; Núm. 14; Sal. 106:23; y fué así agente y tipo de Cristo, Gál. 3:19, 20. El Mesías ha sido en todo tiempo el único y el verdadero Mediador entre Dios y el hombre; y sin él, Dios es inaccesible y fuego que consume, Juan 14:6; Hech. 4:12. Como Ángel del antiguo Pacto, Cristo fué el conducto de todas las comunicaciones entre el Cielo y la tierra en la época del

Antiguo Testamento; y como Mediador del Nuevo Pacto, hace todo lo que se necesita para efectuar una perfecta reconciliación entre Dios y el hombre. Él consulta el honor de Dios apareciendo como Abogado nuestro con la sangre de la expiación; y por medio de su amor pío y de la agencia del Espíritu Santo, nos da la inclinación y nos pone en aptitud de volver á Dios. Al creyente penitente se le aceptan "en el Amado" tanto su persona como sus alabanzas y sus oraciones; y únicamente por el mismo Mediador recibe perdón, gracia y vida eterna. Solo Cristo ocupa esta elevada dignidad, porque solo Él es tanto Dios como hombre, y ha hecho el sacrificio expiatorio que se necesitaba, 1 Tim. 2:5. Asociar con Él en esa obra á María y á los santos, como lo hace la Iglesia romana, es dar á entender que Él solo no es capaz de desempeñar las atribuciones que le son especiales, Heb. 8:6; 9:15; 12:24. Comp. Col. 2:18. Véase INTERCESIÓN.

MÉDICOS. La habilidad curativa de los Egipcios era muy celebrada. Faraón tenía muchos médicos, y entre ellos embalsamadores de profesión, Gén. 50:2. Los Egipcios tenían también parteras, Exod. 1:15, así como los Hebreos. Estos últimos tenían así mismo médicos de profesión, Exod. 21:19; Prov. 17:22; Mat. 9:12; Luc. 4:23; 8:43. Véase LUCAS. Eran poco diestros en anatomía, debido en parte á la contaminación ceremonial que aparejaba el tocamento de un cadáver. Dedicábanse á la curación de las dolencias y enfermedades externas, más bien que á la de las internas, Isa. 1:6; Ezeq. 30:21, aunque también prescribían remedios para los desarreglos internos y mentales, 1 Sam. 16:16; 2 Crón. 16:12. Hacían uso de emplastos, bálsamos, cataplasmas, hisopo, baños de aceite, baños minerales y baños de río, con otros muchos remedios, Jer. 46:11; Ezeq. 47:12; Apoc. 22:2. Muchos de ellos, obrando con perversidad, recurrían á prácticas supersticiosas, á amuletos y encantamientos. Véase ENFERMEDADES.

MEDIDAS. Bajo este encabezamiento presentamos una lista alfabética de términos bíblicos que denotan medidas de peso, de capacidad, para los áridos y los líquidos, de longitud, y de monedas, con sus nombres respectivos en Hebreo ó en Griego, y sus equivalencias aproximadas en el sistema métrico decimal francés que es el que más generalizado está en los países donde se habla el español. Debe tenerse presente que las autoridades difieren algo en cuanto á los resultados que sacan de los escasos é inciertos datos que tienen á su alcance; y que casi todos los cómputos ó correspondencias que damos, deben mirarse como probables y aproximados, más bien que como rigurosamente exactos.

Algunas monedas y medidas comunes de peso y longitud, tales como el siclo, la libra y el codo, tenían sus equivalentes entre todas las naciones que rodeaban á los Judíos, tales como los Caldeos, los Egipcios, los Griegos y los Romanos; con todo tan lejos estaban de serlo con exactitud, que si se aceptase cualquiera de ellas como equivalente preciso se cometerían muchos errores. Las medidas variaban también dentro de los límites de cada nación, de un periodo de su historia á otro, y en diferentes provincias en el mismo periodo. El "siclo del santuario," fué quizá un modelo, de que más tarde se apartó el siclo común. El codo, que era la medida tomada desde el codo hasta el extremo del dedo de en medio, llegaba algunas veces sólo hasta la muñeca de la mano, ó hasta las articulaciones; y algunas autoridades dicen que equivale á 17 pulgadas, en tanto que el cómputo de otras asciende hasta 23 pulgadas, de manera que no podemos estar seguros de cual es su verdadera longitud en algun pasaje dado.

No se sabe con seguridad que los Judíos tuvieran monedas propiamente dichas antes de la cautividad. El tráfico y el comercio se hacían principalmente por medio del trueque ó permuta de géneros; y aunque los metales estaban en uso común desde tiempos más antiguos como medio de cambio, la suma requerida se determinaba al peso. De aquí resulta el que un peso dado, por ejemplo el BEKAH, tuviera distinto valor según fuera en oro ó en plata. Debe recordarse también que el oro y la plata han llegado con el tiempo á ser tan abundantes que el valor que ahora tienen en el mercado como medio para efectuar compras es ahora mucho menor que el que tenían antiguamente. Así en el tiempo de Cristo un penique, 16 centavos, era el salario de un día; aunque á la verdad, los jornaleros en el Oriente han estado siempre mal pagados, y pobremente alimentados y vestidos. Véase la tabla general de pesos, medidas y monedas de la Biblia, p. 412, así como el nombre particular de cada una de ellas, tales como el siclo, el talento, el bato, etc., en las tablas que se dan al fin de esta obra.

411

NOMBRE BIBLICO.	NOMBRE EN HEBREO Ó EN GRIEGO.	PASAJES DE LAS ESCRITURAS.	EQUIVALENCIAS en el sistema métrico decimal frances.
Almud.	Gr. modios.	Mat. 5:15; Mar. 4:21; Luc. 11:33.	Como 9 litros.
Bato.	Heb. bath.	1 Rey. 7:26, 38; 2 Crón. 2:10; Isa. 5:10.	26.50 litros.
Blanca.	Gr. assarion.	Mat. 10:29; Luc. 12:6.	1½ centavos.
Blanca.	Gr. lepton.	Mar. 12:42; Luc. 12:59; 21:2.	Cerca de 2 milésimos.
Braza.	Gr. orguia.	Hech. 27:28.	185 centímetros.
Cabo (árido).	Heb. qab.	2 Rey. 3:25.	165 centílitros.
Camino de un Sábado.	Gr. sabbaton.	Mat. 24:20; Hech. 1:12.	1.207 metros.
Cántaro.	Gr. metretes.	Juan 2:6.	30.28 litros.
Caña.	Heb. ganeh.	Ezeq. 40:3-8; 41:8; 42:16-19.	Como 3 metros.
Caña.	Gr. calamos.	Apoc. 21:15, 16.	Como 3 metros.
Codo.	Heb. ammah.	Gén. 6:15, 16; Ex. 25-27; 36-38.	De 46 á 58 centímetros.
Codo.	Gr. pechus.	Mat. 6:27; Juan 21:8.	De 46 á 58 centímetros.
Codo.	Heb. gomed.	Jue. 3:16.	76 centímetros.
Copa.	Gr. xestes.	Mar. 7:4, 8.	47 centílitros.
Cordel de Medir.	Heb. middah.	Jer. 31:39; Zac. 2:1.	Cerca de 200 metros.
Cornado.	Gr. kodrantes.	Mat. 5:26; Mar. 12:42.	Cerca de 4 milésimos
Coro (líquidos).	Heb. kor.	Ezeq. 45:14.	265 litros.
Coro (áridos).	Gr. coros.	Luc. 16:7.	Cerca de 282 litros.
Coro (áridos).	Heb. seah.	Gén. 18:6; 1 Sam. 25:18; 1 Rey. 18:32.	Cerca de 9 litros.
Cheniz (áridos).	Gr. choinix.	Apoc. 6:6.	Como 7 litros.
Dedo.	Heb. etsba.	Jer. 52:21.	2 centímetros.
Denario.	Gr. denarion.	Mat. 18:28; 20:2-13; Juan 6:7.	15 centavos.
Día de camino ó jornada.	Heb. derek.	Gén. 30:36; Núm. 10:33; 1 Rey. 19:4.	26,590 metros.
Dinero de plata.	Heb. agorah.	1 Sam. 2:36.	Véase siclo.
Dos dracmas.	Gr. didrachmon.	Mat. 17:24.	Como 30 centavos.
Dracma (de oro).	Heb. darkemon.	Esd. 2:69; Neh. 7:70-72.	Como 500 centavos.
Dracma (de oro).	Heb. adarkon.	Esd. 8:27.	Como 500 centavos.
Dracma.	Gr. drachme.	Luc. 15:8, 9.	Véase denario.
Ducados.	Heb. qesitah (oro).	2 Rey. 5:5.	Como 876 centavos.
Efa (áridos).	Heb. ephah.	Ezeq. 45:11.	31 litros.
Efa (líquidos).	Heb. ephah.	Exod. 16:36; Lev. 19:36.	26½ litros.
Estadio.	Gr. stadion.	Luc. 24:13; Juan 6:19; 11:18.	Cerca de 200 metros.
Gomer ú omer.	Heb. omer (áridos).	Exod. 16:16-36.	2¾ litros.
Hin (líquidos).	Heb. hin.	Ex. 30:24; Lev. 19:36; Ezeq. 46:5-14.	Como 2½ litros.
Homer (áridos).	Heb. homer.	Lev. 27:16; Núm. 11:32; Isa. 5:10; Ezeq.	282 litros.
Libra.	Heb. maneh (pesa).	1 Rey. 10:17. [45:11-14.	Más de 867 gramos.
Libra.	Heb. maneh (plata).	Esd. 2:69; Neh. 7:71, 72.	Como 7 libras esterlinas
Libra.	Gr. mna (pesa).	Juan 12:3; 19:39.	Como 500 gramos.
Log.	Heb. log.	Lev. 14:10-24.	38 centílitros.
Mano, anchura de una.	Heb. tephach.	Exod. 25:25; 1 Rey. 7:26; Sal. 39:5.	De 8 á 10 centímetros.
Medida.	Heb. ammah.	Jer. 51:13.	Véase codo.
Medida.	Heb. middah.	Ezeq. 40:10-35; 48:30-33.	44 (?) metros.
Medida (áridos).	Gr. saton.	Mat. 13:33; Luc. 13:21.	Cerca de 1 decálitro.
Medio homer.	Heb. lethek.	Ose. 3:2.	Cerca de 14 decálitros.
Medio siclo.	Heb. bekah.	Exod. 38:26.	28 centavos.
Medio siclo.	Heb. beqa.	Gén. 24:22.	7.1 gramos.
Medio siclo.	Heb. machatsith.	Exod. 30:13, 15; 38:26.	De 25 á 30 centavos.
Milla (romana).	Gr. milion.	Mat. 5:41.	1,450 metros.
Mina.	Gr. litra (de plata).	Luc. 19:13-25.	Como 1,600 centavos.
Moneda de plata.	Heb. qesitah.	Jos. 24:32.	Véase siclo.
Óbolo ó gera.	Heb. gerah.	Exod. 30:13; Núm. 3:47; 18:16.	7 decígramos. 2¾ cents
Palmo.	Heb. zereth.	Exod. 28:16; 1 Sam. 17:4; Ezeq. 43:13.	24 centímetros.
Paso.	Heb. tsa'ad.	2 Sam. 6:13.	2¾ centavos.
Peso de plata.	Heb. keseph.	Gén. 20:16; 37:28; 45:22; Exod. 21:32; Véase siclo.	
Pieza de moneda.	Gr. stater (de plata).	Mat. 17:27. [Zac. 11:12, 13.	61 centavos.
Pieza de plata.	Heb. rats.	Sal. 68:30.	Véase siclo.
Pieza de plata.	Gr. argurion.	Mat. 26:15; 27:3-9; Hech. 19:19.	Véase siclo.
Puño lleno ó puñado.	Heb. kaph.	Lev. 2:2; 9:17..	23 centílitros.
Puño.	Heb. gomets.	Gén. 41:47; Lev. 6:15.	12 centílitros.
Siclo.	Heb. sheqel (pesa).	1 Sam. 17:5. 7; Ezeq. 4:10; 45:12.	Como 15 gramos.
Siclo.	Heb. sheqel (plata).	Gén. 23:15, 16; Exod. 21:32; 30:13.	De 50 á 60 centavos.
Siclo.	Heb. sheqel (oro).	1 Crón. 21:25; 2 Crón. 3:9.	Cerca de 2 libr. esterlin.
Talento	Heb. kikkar (pesa).		Cerca de 43 kilógramos
Talento.	Heb. kikkar.	Exod. 38:27; 1 Rey. 16:24; 20:39.	Como 320 libr. esterlin.
Talento.	Cald. kakkar (plata).	Esd. 7:22.	Como 320 libr. esterlin.
Talento.	Heb. kikkar (oro).	Exod. 25:39; 37:24; 2 Sam. 12:30.	5256 libras esterlinas.
Talento.	Gr. talanton (pesa).	Apoc. 16:21.	Más de 43 kilógramos.
Talento.	Gr. talanton (plata).	Mat. 18:24; 25:15-28.	Como 200 libr. esterlin.

MEDIODÍA, Gén. 43:16, I., emblema de prosperidad, Amós 8:9; Sof. 2:4.

II. El país meridional, ó la tierra del Mediodía, Heb. NEGEB, *seco*. Este es el nombre de una región extensa que se halla al sur de Canaán, (el cual se le aplicaba aun cuando á ella se dirijieran los viajeros de puntos situados más al sur,) y frecuentada por Abraham y por Isaac, Gén. 12:9; 13:1, 3; 20:1; 24:62. Fué atravesada por los espías enviados por Moisés desde Cades, y servía en aquel tiempo de residencia á los Amalecitas, Núm. 13:17, 22, 29. Se menciona entre las grandes comarcas conquistadas por los Israelitas, Jos. 10:40; comp. Núm. 21:1-3, y formaba parte del territorio que tocó en suerte á Judá, y después á Simeón, Jos. 15:21-32; 19:1-8; 1 Crón. 4:24-33. En esa región se establecieron la familia de Caleb el Cineo, y la familia judaita de Jerameelitas, Jue. 1:10-16; 1 Sam. 27:10. En tiempo de David una parte de ella fué poseída por los Filisteos, quienes le dieron á Siclag, 1 Sam. 27:5-7; 30:1, 14-16; comp. 2 Crón. 28:18. Las montañas que se hallan al S. O. del Mar Muerto, formaban la frontera oriental del *Negeb*, que se extendía hacia el O. hasta las cercanías de Gaza y de Gerar. Se componía de una mesa entrecortada por cadenas de montañas, y descendiendo gradualmente hacia el oeste se perdía en la llanura. Por las ciudades que se le asignan desde Rimmón por el norte hasta Cades por el sur, Jos. 15:21-32, se infiere que tenía una longitud de sesenta millas. La parte septentrional de esta región era naturalmente fértil y cultivada, pero la meridional tenía algo de la naturaleza del desierto con la cual confinaba. Sus arroyos llenos de agua por las lluvias del invierno, Sal. 126:4, se secan muy en breve, y está expuesta á los vientos abrasadores que proceden del desierto en la estación correspondiente, Isa. 21:1; comp. Luc. 12:55. Hay muchas ruinas de ciudades antiguas, pero ninguna está habitada en la actualidad, y también las hay de pozos, acueductos, estanques, terrados, etc. Los embajadores que iban de Judá á Egipto tenían que atravesarla, Isa. 30:1-6; comp. 36:6. Jeremías predijo que los Judíos volverían á ocupar aquellas de sus ciudades que habían sufrido parte de los estragos causados en Judá por los Babilonios, Jer. 32:44; 33:13; comp. Abd. 19, 20; Zac. 7:7; y el cumplimiento de esta predicción consta en Neh. 11:25-30. En el reinado de Joaquín, Jeremías aplicó, según parece, el término Negeb ó Mediodía á toda la tierra de Judá, si uno se encaminaba á ella por el norte, Jer. 13:19; comp. vers. 18, 20; 2 Rey. 24:12, y algunos años después hizo lo mismo Ezequiel profetizando en Babilonia, Ezeq. 20:46, 47; 21:1, 2; comp. Ezeq. 1:1-3; 20:1. Daniel cap. 11, aplica este término á Egipto. Algunas veces denota simplemente direcciones relativas, como en Ex. 26:18, "al lado del mediodía."

III. DAROM, en Hebreo, término aplicado á parte del territorio de Neftalí, Deut. 33:23, y usado también como un simple término relativo, Ecles. 1:6; Ezeq. 20:46, 40:24, etc; y en el estilo poético para designar el viento sur, Job 37:17.

IV. Una palabra hebrea empleada con frecuencia para designar el sur ó mediodía, es TEMAN, *la mano derecha*, entendiéndose esto de uno que mira hacia el este, Exod. 26:18; "al mediodía," Jos. 15:1; Isa. 43:6. Se usa también como denominación del viento sur ó austral, Cant. 4:16. En Zac. 6:6, "la tierra del Mediodía" denota Egipto.

V. Otro término que también denota "*la mano derecha*," YAMIN, se usa para designar el sur, en 1 Sam. 23:19, 24; en Sal. 89:12, se hace esto sin duda en el sentido más lato.

VI. En Sal. 107:3, el término original hebreo, que literalmente significa "mar," es el mismo traducido "occidente" en Deut. 33:23; Isa. 49:12, y "mar" en Amós 8:12.

MEDIO SICLO (en Heb., BEKAH) como peso equivalía á doce centígramos; como moneda, á 25 ó 30 centavos. Esta suma la tenía que pagar cada Israelita que pasare de 20 años de edad, como capitación anual para el servicio del templo, Ex. 30:13.

MEETABEL, *bendecida por Dios*, I., esposa de un rey edomita, Gén. 36:39; 1 Crón. 1:50.

II. Padre de Delaías, Neh. 6:10.

MEFAAT, *esplendor*, ciudad levita de Rubén, Jos. 13:18; 21:37; 1 Crón. 6:79, habiendo pertenecido primero á los Amorrheos, Núm. 21:26, y después á Moab, Jer. 48:21. Estaba al norte del Arnón, hacia el este.

MEFIBOSET, *exterminador de la vergüenza*, es decir, de Baal; hijo de Jonatán y nieto de Saúl, 2 Sam. 19:24; llamado también Meribaal, 1 Crón. 8:34. Véase ESBAAL. Mefiboset era muy joven cuando su padre fué muerto en la batalla de Gilboa. 2 Sam 4:4, y su nodriza se consternó tanto con esa noticia, que dejó caer al

413

aiño, y por ese accidente quedó cojo para siempre. Su desgracia le hizo sombría la vida, aunque era sufrido y resignado. Buscó refugio en las montañas de Galaad. Véase MAQUÍR. Cuando David se halló en pacífica posesión del reino, buscó á todos los que quedaban de la casa de Saúl, para hacerles favores en consideración á la amistad que había existido entre él y Jonatán, 1 Sam. 20:15, 42. Le dió á Mefiboset los bienes de su abuelo Saúl. De una parte de ellos, sin embargo, fué 14 años después privado por la traición de su mayordomo Ziba, y según parece por la injusticia y precipitación de David hacia un príncipe infortunado, pero noble y leal, 2 Sam. 9; 16:1–4; 19:24–30. David tuvo cuidado posteriormente de eximirlo del número de los descendientes de Saúl entregados á la venganza de los Gabaonitas, 2 Sam. 21:1–14, si bien otro Mefiboset, hijo de Saúl, fue condenado á muerte, ver. 8.

MEGIDDO, población de Manassés, aunque dentro de los límites de Isacar. Había sido ciudad real de los Cananeos, quienes conservaron largo tiempo cierto derecho á ella, Jos. 12:21; 17:11: Jue. 1:27. Estaba en la frontera S. O. de la llanura de Esdraelón, y al sur del Kishón, que es á lo que probablemente se hizo referencia con la expresión "las aguas de Megiddo," mencionadas en el cántico de Débora y de Barac como el teatro de su victoria, Jue. 5:19, 21. Daba paso de la llanura al norte á las serranías de Samaria, y en el reinado de Salomón era de alguna importancia y estaba fortificada, 1 Rey. 4:12; 9:15. Allí murió el rey Ocozías, y el rey Josías fué derrotado, muerto y profundamente sentido, 2 Rey. 9:27; 23:29; 2 Crón. 35:22–25; Zac. 12:11. Robinson la identifica con un pueblo llamado ahora Leijun, el Legio de los Romanos. Tal vez estaba en un sitio cubierto de ruinas llamado el-Medineh, dos millas al N. O. de Leijun.

MEHIDA, *coyuntura*, persona ó lugar asociado con los Netineos, Esd. 2:52; Neh. 7:54.

MEHOLATITA, 1 Sam. 18:19; 2 Sam. 21:8. Véase ABEL-MEHOLAH.

MEHUJAEL, *herido por Dios*, Gén. 4:18.

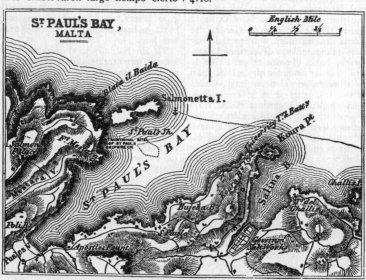

BAHÍA DE SAN PABLO, MALTA.

MELITA, *refugio ó meloso*. Este nombre se aplicaba antiguamente á dos islas; una en el Mar Adriático, en la costa del Ilírico, llamada ahora Meleda; la otra en el Mediterráneo, entre Sicilia y África, ahora llamada Malta. Que la última es aquella en la cual Pablo sufrió naufragio, es evidente si se atiende á la dirección del viento que le arrojó allí (véase EUROCLIDON,) y al hecho de que dejó la isla en un buque de Alejandría, que había invernado allí en su viaje á Italia, y que después de tocar en Siracusa y en Rhegium, desembarcó en Puteoli, siguiendo así en su navigación un curso directo. La otra Melita estaba lejos de la ruta que generalmente se seguía de Alejandría á Italia; y embarcándose en ella para Rhegium, Siracusa también habría estado fuera del curso directo. El hecho de que el buque fuera sacudido toda la noche antes del naufragio en el Mar Adriático, no milita contra esta opinión, porque el nombre Adria se aplicaba á todo el Mar Iónico que estaba entre Sicilia y Grecia. Vé. ADRIATICO. Hech. 27:27; 28:1.

Malta es una isla rocallosa, situada 62 millas al sur de Sicilia, de 17 millas de longitud y 9 de ancho, y que contiene cerca de 100 millas cuadradas y 100,000 habitantes. En un periodo muy remoto se apoderaron de ella los Fenicios; estos fueron desposeidos por los Griegos de Sicilia, 736 A. C.; estos por los Cartagineses, 528; y estos á su vez, 242 A. C., por los Romanos, quienes la poseían en tiempo de Pablo. Después de numerosos cambios, cayó al fin en manos de los Ingleses, los cuales desde 1814 han tenido de ella una posesión que nadie les ha disputado. El nombre de "Bahía de San Pablo" se le da ahora á una pequeña abra que se halla en el costado norte de la isla, la cual se ensancha hacia el este y corresponde bien á la descripción dada en Hech. 27. Allí Pablo fué protegido per la mano de Dios, en medio de los peligros á que estuvo expuesto tanto en la playa como en el mar. Permaneció allí tres meses, "recibiendo muchos honores," y haciendo muchos milagros.

MELONES (los) son comunes en el Oriente, pero no difieren mucho de los nuestros. Los melones de agua (sandías) y los de olor almizcleño crecen con exuberancia en un suelo caliente y arenoso. Son una fruta deliciosa en un clima cálido. Los melones fueron uno de los artículos de alimento por los cuales suspiraban los Hebreos en el desierto, Núm. 11:5. Iban á hallarlos en abundancia en la Tierra Prometida.

MELQUI, *mi rey*, dos antepasados de Cristo, Luc. 3:24, 28.

MELQUISEDEC, *rey de justicia*, rey de Salem, y también sacerdote del Dios Altísimo. Con el carácter de este último bendijo á Abraham, y recibió diezmos de su mano, Gén. 14:18-20. Las Escrituras nada nos dicen de sus padres, de su genealogía, de su nacimiento ó su muerte; se presenta sólo, sin predecesor ó sucesor, como sacerdote real designado por Dios; y así fué tipo de Jesu-Cristo, que es "un sacerdote por siempre según el orden de Melquisedec," y no según el orden de Aarón—cuyo origen, consagración, vida y muerte son conocidas, Sal. 110:4; Heb. 6:20; 7. Véase GENEALOGÍA.

Ha sido asunto de grandes investigaciones entre los comentadores, quien era realmente Melquisedec. Ha habido diversidad de opiniones suponiéndose que era el Espíritu Santo, el Hijo de Dios, un ángel, Enoc y Sem. Pero la opinión más verosímil y probable es la que lo considera como un rey justo y pacífico, adorador y sacerdote de Dios Altísimo en la tierra de Canaán; amigo de Abraham, y como sacerdote, superior en dignidad á él. Esta opinión se apoya en el sentido más obvio de las palabras sagradas en Gén. 14 y Heb, 7, y es la única que puede defenderse en el terreno de las reglas más comunes de interpretación. Véase SALEM.

MELQUI-SUA, *rey de auxilio*, hijo de Saúl y Ahinoam, muerto en Gilboa, 1 Sam. 14:49; 31:2; 1 Cró. 8:33; 9:39; 10:2.

MELSAR, *vigilante*, el título oficial de un mayordomo ó ayo de la corte de Nabucodonosor, Dan. 1:1116.

MEMUCAN, *alto en dignidad*, un consejero astuto de Asuero, Est. 1:14, 16, 21.

MENAN, Luc. 3:31, antepasado de Cristo.

MENE, *él es contado;* TEKEL, *él es pesado;* UPHARSIN, *y ellos están dividiendo;* palabras caldeas trazadas por poder sobrenatural en la pared, en la impía fiesta de Belsasar, y que indicaban la suerte fatal que le esperaba á ese rey, Dan. 5. Los astrólogos no pudieron leerlas. tal vez porque estaban escritas en antiguos caracteres hebreos; ni mucho menos pudieron explicar cosa tan maravillosa aun cuando hubieran intentado hacerlo. A Daniel, sin embargo, le fué comunicada la habilidad para comprender, y el valor para dar á conocer su terrible significado; y esa misma noche fué testigo de su cumplimiento. ¡A cuántos personajes orgullosos, que á mento toman parte en escenas de impiedad y orgía, no les pasará hoy día que la misma mano que escribió la historia de sus pasadas glorias esté preparándose para narrar su ruina.

MENTA: MENTHA SILVESTRIS.

MENTA, verdura ó yerba de huerta del órden Labiatæ, usada antiguamente como ahora; tal vez era "la yerba amarga" de que se hacía salza en la pascua, Exod. 12:8. Los fariseos deseando distinguirse por medio de una observancia escrupulosa y literal de la ley, Deut. 14:22, daban diezmos de la menta. del eneldo y del comino, Mat. 23:23. Nuestro Señor no censuró esa nimia exactitud; pero sí que á la vez que eran tan puntillosos en esos asuntos de poca importancia, descuidasen los mandamientos esenciales de la ley, haciendo su escrupulosidad en cuanto á deberes fáciles y externos, una excusa para tener en poco la obligación en que estaban de amar á Dios sobre todas las cosas, de tener regenerado el corazón, y de ser justos y benéficos en toda su conducta.

MENTIRA. La esencia de una falsedad es el intento de engañar, y el grado de culpabilidad se agrava según el egoismo ó la malevolencia que tal designio envuelva.

La Escritura la condena en todas sus formas y grados, y la atribuye al "padre de la mentira," Satanás, y á sus "hijos," Lev. 19:11; Juan 8:44; Fil. 4:8; Col. 3:9; 1 Tim. 1:9, 10; Apoc. 21:27; 22:15. Satanás sedujo á nuestros primeros padres con la mayor de las falsedades, "Vosotros seguramente no moriréis;" y cualquiera promesa hecha á sus hijos relativamente á bien alguno que del pecado resulte es igualmente falsa y fatal. Dícese también la mentira por medio de miradas y gestos, etc., así como de palabras ó bajo juramento. Toda mentira se opone diametralmente á la naturaleza del "Dios de verdad," y el que se registren muchos ejemplos de falsedad en la Escritura, no implica de ninguna manera que ellos en particular ó la mentira en general sean aprobados.

MERAB ó MEROB, *aumento*, la hija mayor del rey Saúl, fué prometida á David en matrimonio, en recompensa de la victoria que alcanzó contra Goliat; pero fué dada á Adriel, hijo de Barzillai el Meholatita, 1 Sam. 14:49; 17:25; 18:2, 17, 19. Merab tuvo cinco hijos de él, que fueron entregados á los Gabaonitas, y ahorcados delante del Señor, 2 Sam. 21:8, 9. El texto indica que los cinco hombres entregados á los Gabaonitas eran "hijos" de Mical; pero véase ADRIEL.

MERARI, *triste*. Núm. 26:57, el menor de los tres hijos de Leví, nacido en Canaán. y cabeza de una familia de Levitas, Gén. 46:11; Exod. 6:16; Núm. 3:17; 1 Cró. 6:1, 16, 19, 47. En el viaje por el desierto, los miembros de esa familia estaban encargados de las dependencias del tabernáculo para llevarlas del sitio de un campamento al de otro, y armarlas allí, Núm. 4:29-33; 7:8. Tenían cuatro carros y ocho bueyes. Doce ciudades les fueron asignadas más allá del Jordán, en Rubén, Gad y Zabulón, Jos. 21:7, 34-40; 1 Crón. 6:63, 77-81. Tomaron parte en la transportación del arca á Jerusalem, 1 Crón. 15:6, y en el servicio del santuario en varias épocas, 1 Crón. 23:5, 6, 21-23; 26:10, 19; 2 Crón. 29:12, 15; Esd. 8:18, 19.

MERATAIM, *dos rebeliones*, un nombre de Babilonia y que alude á las dos subyugaciones que hizo de Israel. ó bien á rebeliones contra Dios, Jer. 50:17, 21, 23.

MERCADER, Gén. 23:16; 37:25, 28; Mat. 13:45. El cambio ó permuta de las producciones de los distintos paises se efectuaba por comerciantes de varias clases, que iban de lugar en lugar en caravanas ó cuadrillas, Isa. 21:13, y que pasaban d gran feria á otra en épocas, y por rutas determinadas y bien conocidas. La palabra hebrea significa *viajeros*, y esas comerciantes prosperaban yendo de paraje en paraje así como los nuestros lo hacen permaneciendo en un solo lugar. La ley hebrea fijaba reglas relativas al comercio, Lev. 19:35, 36; Deut. 25:13-16; Miq. 6:10, 11. Existen pruebas del ensanche que el tráfico tuvo en tiempos antiguos, Exod. 28:3 7; Núm. 31:50; Jos. 7:21. Salomón lo emprendió en grande escala, 1 Rey. 10:11, 22-29; 2 Crón. 8:17, 18, y Jerusalem tenía su puerto, Joppe, 2 Crón. 2:16; Esd. 3:7; Ose. 12:7; Jon. 1:3. El apóstol Santiago recuerda á los mercaderes que formen sus planes en vista de lo incierto de la vida. y de la necesidad que tienen de la dirección divina, San. 4:13. Algunas de las naciones marítimas como Egipto, y más todavía la Fenicia, hacían un tráfico muy grande por mar, Isa. 23:2; Ezeq. 27:27, 28.

MERCADERES, viageros comerciantes, 2 Crón. 9:14.

MERCURIO, un dios fabuloso de los antiguos paganos, mensajero de los otros dioses, y el numen de la instrucción, la elocuencia y el comercio. Los Griegos le llamaban Hermes, intérprete de la voluntad de los dioses. Probablemente fué por esta razón, y quizá recordando la leyenda que Ovidio refiere, de la visita que Júpiter y Hermes hicieron á sus paisanos Baucis y Filemón, por lo que el pueblo de Listra habiendo oido predicar á Pablo, y habiéndole visto sanar á un cojo, quisieron ofrecerle un sacrificio como á su dios Mercurio, y á Barnabás como á Júpiter, á causa de su aspecto venerable, Hech. 14:11, 12.

MERED, *rebelión*, hijo de Ezra, un judaita, notable por haberse casado con Betia, hija de Faraón, antes del Destierro, 1 Crón. 4:17, 18.

MERES, *digno*, Ester 1:13, 14.

MERIBA, *altercado, contienda*, I., lugar en Refidim, en donde los Israelitas echando menos las aguas de Egipto, altercaron con Moisés y tentaron á Jehová; por lo cual fué también llamado Massah, *tentación*, Exod. 17:1-7; Deut. 6:16; 9:22; 33:8; Sal. 81:7; Heb. 3:8. Véase REFIDIM. En Sal. 95:8, se lee "como en Meriba, como el día de Massa en el desierto."

II. Un lugar cerca de Cades-barnea, en donde 38 años después fué cometido un pecado semejante, Núm. 20:1-13, en el cual tanto Moisés como Aarón tuvieron parte, Nú. 20:24; 27:14; Deut. 32:51; por lo cual también este Meriba fué llamado En-Misfat, *fuente de juicio*. Véase PEREGRINACIONES.

MERODAC, Jer. 50:2, ídolo de Babilonia, identificado con Bel, la principal divinidad de ese reino en la última parte de su historia; también de los Asirios. Véase BABILONIA.

MERODAC-BALADAN. Véase p. 418.

LAGO MEROM, VISTO DESDE EL SUR, CON EL MONTE HERMÓN Á LO LEJOS.

MEROM, *altura*. "Las aguas del Merom," Jos. 11:5, ó Lago de Semecon, es el más septentrional de los tres lagos abastecidos por el río Jordán. Está situado en la parte meridional de un valle formado por las dos cadenas del Monte Hermón. Al lago se le llama ahora á semejanza del valle, el Lago de Húleh, y está 7 piés arriba del Mediterráneo. El lago propiamente dicho tiene quizá 4 millas de largo y 4 de ancho, estrechándose hacia el sur hasta rematar en punta, y de allí el Jordán halla salida por las hendeduras, y corre 10 millas hasta el mar de Galilea. Es poco profundo, y gran parte de él se halla cubierto de plantas acuáticas. Miles de aves acuáticas juguetean en su superficie, y en sus aguas abundan los peces. En el norte se halla el llano Ard el Húleh, que es una planicie no interrumpida por espacio de 8 ó 9 millas. Cerca de la extremidad superior de este, se unen los tres brazos que forman el Jordán. En el lado occidental del Jordán, arriba del lago, se extiende una cienaga hacia el norte, hasta la confluencia de estos brazos, ó quizá más allá, mientras que en el lado oriental la tierra está cultivada casi hasta llegar al lago. Es una llanura espléndida y sumamente fértil. Toda clase de granos crecen en ella con muy poco trabajo, y todavía merece el elogio que le hicieron los espías danitas: "Hemos considerado la región, y hé aquí que es muy buena; lugar es donde no hay falta de cosa alguna que sea en la tierra," Jue. 18:9, 10. Su rico suelo es de aluvión, y parece estar parcialmente inundado en la primavera.

MERODAC-BALADAN, *Bel es su señor*, rey de Babilonia que solicitó una alianza amistosa con Ezequías rey de Judá, Isa. 39:1; 2 Crón. 32:31; llamado Berodac en 2 Rey. 20:12. Se menciona en las inscripciones de Khorsabad, como dos veces derrotado y desterrado por Sennaquerib.

MEROZ, *asilo*, un lugar desconocido de Galilea, maldecido en el cántico de Débora y de Barac, por no haberse unido con ellos contra los enemigos de Israel, Jue. 5:23. Comp. Jue. 21:8–10; 1 Sam. 11:7. Probablemente su proximidad al teatro de conflicto, ó la oportunidad que tenían de prestar algún socorro especial, contribuyó á que su denegación fuese especialmente culpable. Jael, por el contrario, fué bendecida. Los pecados de omisión pueden ser tan grandes y perjudiciales como los de comisión. El sitio de Meroz era tal vez el de la moderna Morussus, 4½ millas al N. O. de Bet-sean.

MES. Los meses hebreos eran meses lunares, esto es, de una nueva luna á otra. Estos meses lunares se computaban de 29½ días cada uno; ó más bien, uno era de 30 días, el siguiente de 29, y así seguían alternándose: al que tenía 30 días se le llamaba mes entero ó completo; y al que tenía sólo 29, se le llamaba incompleto. La luna nueva era siempre el principio del mes, y á este día se le llamaba día del novilunio ó mes nuevo. Podía averiguarse cual era el novilunio, fijándolo en cosa de 40 horas contadas después de la conjunción de la luna con el sol, y al efecto se estacionaban unos observadores que vigilasen su aparición, y la anunciaran autoritativamente, Núm. 10:10; Sal. 81:3. Los Hebreos comunmente designaban los meses, sólo como 1º, 2º, etc.; y los nombres con que se conocen ahora, algunos de los cuales son de origen persa, debieron de ser adoptados por los Judíos durante la cautividad. En el Éxodo de Egipto, que ocurrió en Abril, Dios ordenó que ese mes, el séptimo del año civil, fuese el primero del año sagrado, con arreglo al cual tenían que fijarse las fiestas religiosas; y desde ese tiempo se emplearon ambos modos.

Meses Hebreos.	Meses de nuestro calendario á que corresponden aproximadamente.	Meses del año sagrado	Meses del año civil.	Estaciones.	
Abib ó Nisan, Exod. 12:2, 18; " 13:4. Ester 3:7.	Abril.	1º.	7º.	*Lluvias postreras.*	
Iyar ó Zif, 1 Rey. 6:1.	Mayo.	2º.	8º.		ESTACION SECA.
Siván, Ester 8:9.	Junio.	3º.	9º.		
Tammuz, Ezeq. 8:14.	Julio.	4º.	10º.		
Ab.	Agosto.	5º.	11º.		
Elul, Neh. 6:15.	Septiembre.	6º.	12º.		
Etanim ó Tishri, 1 Rey. 8:2.	Octubre.	7º.	1º.	*Lluvias primeras.*	
Marcheshvan, ó Bul, 1 Rey. 6:38.	Noviembre.	8º.	2º.		ESTACIÓN DE LAS LLUVIAS.
Chisleu, Zac. 7:1.	Diciembre.	9º.	3º.		
Tebet, Ester 2:16.	Enero.	10º.	4º.		
Sebat, Zac. 1:7.	Febrero.	11º.	5º.		
Adar, Ester 3:7.	Marzo.	12º.	6º.		

Como los meses de los Judíos eran regulados de conformidad con las fases de la luna, en tanto que en los nuestros se prescinde de ellas por entero, los dos sistemas no están del todo acordes. Se conviene generalmente sin embargo, en que su mes Nizan corresponde casi á nuestro Abril; Iyar á nuestro Marzo, etc., como se ve en la tabla en p. 418, pero incluyendo á menudo una parte del mes precedente; y así Abib en algunos años comprende parte de nuestro mes de Marzo.

Como los doce meses lunares comprendían solamente 354 días, 8 horas y 48 minutos, el año judío era más corto que el solar casi en 11 dias. Para recobrar el punto equinoccial, del cual esta diferencia entre el año solar y lunar separaría la nueva luna del primer mes, los Judíos intercalaban—siete veces en el curso de diez y nueve años —un décimo-tercio mes llamado Veadar, el segundo Adar. Por este medio su año lunar casi se ajustaba al solar. Véase AÑO.

MESA. Acostumbraban antiguamente los pueblos del Oriente sentarse sobre un tapete y al rededor de un cuero grueso en forma circular, sobre el que se ponían los platos; y á veces era este sustituido por una mesa pequeña y sumamente baja. El triclinio representado en el grabado de la página 144, con los tres canapés ó lechos á sus lados, fué importado de Persia y de Roma. Véanse PAN y COMIDA.

MESA (como nombre propio), en Heb. MESHA, *libramiento*, I., hijo de Caleb, II., y fundador de Zif, en Judá, 1 Crón. 2:42.

II. Rey de Moab, rico en ganados, quien pagaba á Acháb, rey de Israel, un tributo que debió de ser enorme á lo menos una vez; pero se rebeló cuando este murió, 2 Reyes 1:1; 3:4-27. Joram el hijo de Acháb, con el auxilio de Judá y de Edom, le hizo la guerra, casi exterminó su ejército, asoló sus ciudades, y le sitió su capital. No pudiendo abrirse paso á través del ejército sitiador, el rey Mesa imploró entonces el auxilio de sus dioses, sacrificando á su propio hijo á Chemos en el muro de la ciudad; y los sitiadores, horrorizados de un acto tan atroz, huyeron con terror para que no cayese sobre ellos alguna maldición, pero despojaron el país á medida que se alejaban.

En 1868 se halló en Dibón, en Moab, un antiguo trozo de basalto negro, de tres y medio piés de altura, más de dos de ancho, y dos de grueso, en el qué están registradas en letras fenicias, las hazañas de Mesa, que él atribuye á Chemos su dios. Hace él mención de la guerra de Moab con Israel, y de la larga opresión de Moab efectuada por Omri, rey de Israel, y alude á muchos lugares bién conocidos de más allá del Jordán.

MESAC, nombre probablemente derivado de algún ídolo caldeo. Véase ABDENEGO.

MESALEMET, *amiga,* la esposa de Manassés. 2 Rey. 21:19.

MESEC. Sal. 120:5, *el acto de sacar,* ó *posesión,* el sexto hijo de Jafet. Gén. 10:2; establecido cerca de Tubal en el ángulo N. E. del Asia Menor, en Iberia, y el cual se supone por muchos que fué el padre de los belicosos Moschi ó Moscovitas. Mesec comerció con Tiro "con hombres y vasos de metal," Ezeq. 27:13; 32:26; 38:2; 39:1.

MESÍAS, *ungido.* Los Judíos acostumbraban ungir á sus reyes, á sus sumos sacerdotes, y algunas veces á sus profetas, cuando los destinaban para el desempeño de su cargo, Lev. 4:3, 5, 16; 1 Sam. 2:10, 35; y de ahí viene el que la frase ungir para un empleo, significa en ocasiones meramente una designación particular ó elección para desempeñarlo. Ciro, que fundó el imperio de los Persas, y que puso á los Judíos en libertad, es llamado, Isa. 45:1, "el ungido (Reina, *Mesías*) del Señor;" y en Ezeq. 28:14, el epíteto "ungido" (Reina, *grande*) se da al rey de Tiro. Este término se usa muchas veces en el Antiguo Testamento, y se traduce siempre en la Septuaginta CHRISTOS, *ungido.* Véase UNCIÓN.

Pero Mesías es el dictado aplicado por los Hebreos de un modo especial á aquel Salvador y Libertador á quien esperaban, y que les fué prometido por todos los profetas, y anunciado por medio de señales y símbolos con más y más claridad hasta el día de su venida. Como la santa unción fué otorgada á los reyes, sacerdotes, y profetas, con el mero hecho de designarse al prometido Salvador del mundo con el nombre de Cristo, Ungido ó Mesías, se dió bien á entender que en él se refundirían de un modo grandioso las atribuciones de rey, profeta y sumo sacerdote, Sal. 45:7; y habíase predicho que las ejercería no solamente para con los Judíos, sino para con toda la humanidad, y particularmente para con aquellos que le recibiesen como su Salvador. Los Judíos conservaron fielmente las profecías, muchas de las cuales predecían á un Redentor que había de sufrir y morir; pero se muestran todavía remisos en cuanto á comprender cuán admirablemente se han cumplido en Jesús de Galilea todas esas predicciones. Véase CRISTO.

Que Jesu-Cristo fué el verdadero Mesías del Antiguo Testamento, el "Shiloh" de Jacob, el "Redentor" de Job, y el Ángel del Pacto, es claro sobre manera, Sal. 2:2; Luc. 4:16-21; Hech. 9:22; 17:2, 3; 18:5,

28. Se le designa con la palabra hebrea en Juan 1:40; 4:25; pero comunmente con su equivalente en griego, es á saber, el Cristo. La época de su aparición fué predicha en Gén. 49:10; Dan. 9:20, 25; Agg. 2:7; Mal. 3:1. Á la época en que vino el Salvador, y sólo á ella, pueden aplicarse estas predicciones: entonces terminaron las setenta semanas de años, y poco tiempo después fué quitado para siempre el cetro de las manos de Judá, la única tribu que en ese tiempo podía aspirar al predominio de los Judíos, y el templo en que el Mesías tenía que aparecer fué reducido á escombros. Entonces también existían los originales de las listas genealógicas que probaban la descendencia de Cristo del linaje de que se había predicho que nacería. Otras predicciones sueltas muy numerosas con respecto al linaje, edad, nacimiento, carácter, vida, sufrimientos y muerte de Cristo, su resurrección, ascensión y reino, tuvieron en él un exacto cumplimiento. Por lo que toca á las predicciones del Mesías en el Antiguo Testamento, véase PROFECÍA.

MESÓN. Véase la próxima página.

MESOPOTAMIA, *entre los ríos,* el nombre griego del país comprendido entre el Éufrates y el Tigris, Gén. 24:10; Deut. 23:4, llamado en arábigo el-Jezirah, *la isla,* en la Biblia, Padan Aram, Gén. 25:20; 31:18; 33:18, y Aram-naharaim," *Siria de dos ríos,* Sal. 60, título. Véase ARAM, II. y PADAN ARAM. En su sentido más lato, Mesopotamia era la región que se extendía desde el Golfo Pérsico hasta el Monte Taurus, pero generalmente denota sólo la comarca que se halla al norte de Babilonia, llamada ahora Diarbekr, y célebre por su exuberante fertilidad; en tanto que la parte de abajo, llamada ahora Irak-Arabi, es estéril y carece de agua. La Mesopotamia fué anexada sucesivamente al territorios de los imperios Asirio, Babilonio, Persa, Macedonio y Romano, y pertenece ahora al de los Turcos.

Esta región está ligada con la historia más antigua de la raza humana, tanto antes como después del diluvio. El Eden estaba cerca de allí. El Ararat se hallaba en sus inmediaciones al norte, y la tierra de Sinar al sur. El viajero al llegar allí penetra lo que es verdaderamente el Antiguo Mundo, y se ve rodeado de objetos tales que en comparación con ellos las antigüedades de Grecia y de Roma son novedades modernas. Esa fué la residencia de los Patriarcas que precedieron á

Abraham, es decir, de Tare, Heber, Peleg, etc., Gén. 11:26-29; Hech. 7:2. Allí nacieron Abraham y Sara, y las esposas de Isaac y de Jacob, y la mayor parte de los hijos de este, que fueron más tarde los padres de las doce tribus, Gén. 25:20; 28:2; 35:23-26. Menciónase también á la Mesopotamia en las Escrituras como la residencia de Balaam, y de Cusam-rasataim el primer opresor de Israel en la época de los Jueces, Jue. 3:8-10; en la historia de las guerras de David, 2 Sam. 10:16; y como región que proporcionaba una diputación de Judíos, y quizá prosélitos para asistir á la pascua celebrada en Jerusalem, Hech. 2:9.

INTERIOR DE UN MESÓN EN ALEPPO.

MESÓN, *posada ó alojamiento*, en algunos casos eran simplemente parajes en donde las caravanas acostumbraban detenerse por la noche, situados á distancias convenientes para hacer una jornada completa entre dos de ellos. Preferíanse para este objeto sitios que tuvieran agua en sus inmediaciones, pero no siempre tenían edificios, Gén. 42:27; Exod. 4:24; Jos. 4:3. En esos parajes se construían algunas veces *khans* ú hosterías, Jer. 9:2. Estas eran, y son todavía, grandes edificios con cuartos para los viajeros, y establos para las bestias, al rededor de un patio descubierto, en el cual se ponía una fuente si ello era hacedero; pero los caminantes debían llevar consigo sus provisiones. En uno de esos establos fué quizá donde nació nuestro Salvador, si ya no fué en la cueva tradicional, Luc. 2:7. En Luc. 10:34 se hace mención de otra clase de mesón, á cargo de un mesonero, vers. 35, á quien probablemente se le pagaba por los servicios que prestara á los viandantes, así como por las provisiones y pastos que les proporcionara para sí y para sus animales.

MESSA, Gén. 10:30, en la frontera oriental de Joctán, Arabia; probablemente una cordillera de montañas que corre al S. O. desde la parte superior del Golfo Pérsico.

MESULAM, *asociado*, nombre de muchos hombres de Dios en la historia posterior de los Judíos.

METAL. Esta palabra se halla usada muy frecuentemente en la Biblia, desde sus principios, Gén. 4:22; pero hay poca duda de que se emplea, no en un sentido genérico sino específico, y se refiere particularmente al cobre. Comp. Deut. 8:9; Job 28:2. Empleóse el cobre para la construcción de muchos utensilios para el templo, Lev. 6:28; Núm. 16:39; 2 Crón. 4:16, 18; para hacer grillos, Jue. 16:21; 2 Rey. 25:7; para armaduras, 1 Sam. 17:5, 6, 38; para instrumentos musicales, 1 Cró. 15:19; y para monedas, Mat. 10:9. La palabra "metal" se usa para denotar la seguedad, la insensibilidad, la vileza, y la obstinación en el pecado, Lev. 26:19; Deut. 28:23; Isa. 48:4; Jer. 6:28; Ezeq. 22:18. Es también símbolo de fuerza, Dan. 2:39; Zac. 6:1. Véase COBRE.

METALES (los) se hallaban en Palestina, Deut. 8:9, y se trabajaban para algunos

usos desde un período muy antiguo, Job 2:8. Hallamos mención del oro, Gén. 2:11, 12; del cobre y del hierro, Gén. 4:22; de la plata, Gén. 13:2; 1 Crón. 22:14; 29:4; del estaño, Núm. 31:22; del plomo, Exod. 15:10; del bronce (Reina, latón), Apoc. 1:15. Salomón empleó á los Fenicios para ejecutar las obras de metal del templo, 1 Rey. 7:13. El arte de fundir, de vaciar, forjar, soldar, pulir, chapear, y las herramientas necesarias para estos procedimientos, se mencionan también. Véanse ORO, PLATA, HIERRO, METAL, etc.

METEGAMMA, *brida de la madre*, esto es, la ciudad madre, Gat, 2 Sam. 8:1; 1 Crón. 18:1. Véase GAT.

METUSAEL, *hombre procedente de Dios*, padre del Cainita Lamec, Gén. 4:18.

MEUNIM, I., Neh. 7:52. Véase MAONITAS.

II. Plural de Maón, Esd. 2:50; Neh. 7:52.

MEZAAB, *aguas de oro*, rey Idumeo, Gén. 36:39; 1 Crón. 1:50.

MIBHAR, *elección*, 1 Crón. 11:38. Comp. 2 Sam. 23:36.

MIBSÁN, *fragancia*, I., hijo de Ismael, y la tribu descendiente de él, Gén. 25:13; 1 Crón. 1:29.

II. 1 Crón. 4:25.

MIBZAR, *fortaleza*, antiguo jefe Idumeo, Gén. 36:42; 1 Crón. 1:53; ó un lugar, tal vez Petra, Sal. 60:9; 108:10; Jer. 49:16.

MICA, hay varios de este nombre. I., hijo de Mefiboset, 1 Crón. 8:34, 35; 9:40, 41; 2 Sam. 9:12.

II. Sacerdote coatita en tiempo de David, 1 Crón. 23:20; 24:24, 25.

III. Rubenita, 1 Crón. 5:5.

IV. Padre de Abdón, 2 Crón. 34:20; llamado Micaía, padre de Acabor, en 2 Rey. 22:12.

MICAEL, *¿ quién es como Dios ?* Véase ARCANGEL. Nueve hombres de este nombre se mencionan de paso en las Escrituras.

MICAÍA, *¿ quién es como Jehová ?* la reina madre del rey Abías, 2 Crón. 13:2; llamada Maacá en 2 Crón. 11:20.

MICAÍAS, I. Levita de la línea de Asaf, Neh. 12:35.

II. Sacerdote que floreció durante la reedificación de Jerusalem, Neh. 12:41.

MICÁS, *¿ quién es como Jehová ?* I., Efraimita que existió en el tiempo de los Jueces, poco después de Josué, y que robó á su madre 1,100 siclos de plata, pero se los restituyó, y con su consentimiento los empleó en establecer un santuario privado con dos imágenes para usarlas en el culto de Jehová, y con un Levita errante por sacerdote, violando así los explícitos mandamientos de Dios que prohibían el uso de las imágenes en su culto, y prescribían determinado lugar para su altar, y determinado linaje para sus sacerdotes. La Providencia miró con desagrado este culto idolátrico, y una tropa de Danitas le robó su sacerdote, y todos los enseres que tenía para el culto, Jue. 17; 18. Aquella era época de mucha confusión, y de falta de unidad y sistema en los negocios públicos. Se supone que la relación á que hemos aludido fué escrita después de que empezara la monarquía, y cuando el tabernáculo estaba en Silo, Jue. 18:1, 31; 19:1.

II. Levita de la casa de Asaf, 1 Crón. 9:15, más bién Micá, como en Neh. 11:17-22.

MICMAS, *oculto*, ciudad de Benjamín, siete millas al N. E. de Jerusalem, y cuatro al S. E. de Betel, Esd. 2:27; Neh. 7:31; 11:31. Era una posición fuerte y estaba en el lado N. de un profundo valle, Wady el-Suweinit; por esta región tal vez Sennaquerib cuando se encaminaba á Jerusalem, dejó su pesado equipaje allí, Isa. 10:28, 29. En este valle, un poco al oeste de la ciudad, hay dos cerros escarpados, que se supone son á los que se hace referencia en la relación de la proeza de Jonatán en "el paso de Micmas," 1 Sam. 13:23; 14:4-23. El Dr. Robinson halló allí una población llamada Mukhmas, que parecía ser los restos de una ciudad de alguna extensión é importancia.

MICOL, *¿ quién es como Dios ?* hija menor de Saúl y de Ahinoum, enamorada de David. Su padre la dió con repugnancia á este en matrimonio, después de haber roto su promesa de darle á Merab la mayor, 1 Sam. 14:49, 50; 18:20-29. Micol salvó la vida de su marido, de manos de los asesinos enviados por su tirano y poco escrupuloso padre, valiéndose para ello de una estratagema que le dió tiempo para escaparse, 1 Sam. 19:14, 15. Su padre la dió en matrimonio á Palti, 1 Sam. 25:44, de quien David la recobró cosa de 14 años después, 2 Sam. 3:12-21. Cuando David llevó el arca de Dios á Jerusalem, ella concibió y expresó gran disgusto por su piadoso celo, y eso dió lugar á que el afecto del rey para con ella se entibiase hasta su muerte, 2 Sam. 6:16-25. Su disgusto con motivo de un celo extraordinario en religión, fué en ella más fuerte que su amor hacia su marido y hacia Dios. **No** dejó hijos. Véase MERAB, nombre que tal vez es el que debe leerse en lugar de Micol, en 2 Sam. 21:8.

MIDIÁN, *contienda*, el cuarto hijo de Abraham y de Cetura, Gén. 23:2; 1 Crón. 1:33.

MIEL (la) era antiguamente muy abundante en Palestina, "una tierra que corre leche y miel," Exod. 3:17; Lev. 20:24. La miel de abejas silvestres se hallaba á menudo en los huecos de los árboles, y en las rocas, Deut. 32:13; Sal. 81:16. Jonatán se refrigeró con ella, 1 Sam. 14:25–27, y miel de abejas formó parte del alimento de Juan el Bautista, Mat. 3:4. La miel vegetal á la que algunos escritores hacen referencia, y que es una especie de recina que brota del algarrobo que crece en el valle del Jordán, se halla solamente en pequeños glóbulos, y es necesario recogerla cuidadosamente y colarla. La miel era muy apreciada, Sal. 19:10; Prov. 27:7, y se usaba constantemente, 2 Sam. 17:29; Isa. 7:15. La mezcla de miel con leche cuajada ó mantequilla, es todavía manjar delicado entre los Beduinos. La miel, así como la levadura, estaba prohibida para ofrenda del altar, Lev. 2:11. Simbolizaba la lisonja, Prov. 5:3, y un hablar agradable y provechoso, Cant. 4:11. El término "miel" incluye también una tercera substancia, es decir, un jarabe que se preparaba hirviendo el zumo fresco de las uvas ó dátiles, 2 Crón. 31:5. La miel de las uvas, en arábigo *dibs*, se usa mucho por los Árabes como condimento, y se asemeja á la melaza clara. Bien puede ser esta la que Jacob envió á Egipto, Gén. 43:11, y la que los Tirios compraban en Palestina, Ezeq. 27:17. La Palestina abunda todavía en miel; la cría de abejas se practica mucho, y los enjambres de abejas silvestres son numerosos. Véanse ABEJAS, UVAS.

MIGDAL-ED, *torre de Dios*, fuerte de Neftalí, Jos. 19:38, se halla en Mejdel Islem, 12 millas al N. O. del lago Merom.

MIGDAL-GAD, *torre de fortuna*, ciudad en la llanura de Judá, que se supone que es el-Mejdel, dos millas al este de Askelón.

MIGDOL, *torre*, ciudad fronteriza del Egipto septentrional, Jer. 44:1; 46:14. La expresión que debiera traducirse en Ezeq. 29:10; 30:6, "desde Migdol hasta Seveneh" significa los límites septentrional y meridional de Egipto. Los Hebreos al dejar á Egipto, acamparon entre Migdol y el mar, Ex. 14:2; Núm. 33:7. Este puede ser un lugar diferente, ya sea Jebel Ataka, al S. O. de Suez; Bir Suweis, dos millas

al O. de Suez, ó Muktala, 17 millas al N. O.

MIGRÓN, *precipicio*, lugar en Benjamín, en la vecindad de Ai y de Gibea, al N. de Micmas, cuyos vestigios ahora se hallan en unos peñascos, dos millas al N. O. de Micmas, separando á Wady Suweinit de Deir Diwan, 1 Sam. 14:2; Isa. 10:28.

MIJO, género de grano, del cual hay varias especies que se cultivan en Italia, Siria, Egipto é India. Se usa en parte verde como pasto, y en parte en el grano maduro para pan, etc. Ezequiel 4:9, recibió orden del Señor de hacer pan con una mixtura de trigo, cebada, habas, lentejas y mijo. La clase llamada *Panicum miliaceum*, es á la que probablemente se refiere la Biblia, y también el *Sorghum vulgare ó dourrha* de los Árabes, que es una planta parecida á la del maíz, con mazorcas de granos pequeños, de cinco piés de alto, y de la cual Niebuhr dice, "Es una especie de mijo, del cual se hace pan con leche de camella, así como también aceite, mantequilla, etc., y es casi el único alimento que come el pueblo común de la Arabia Feliz. Me pareció tan desagradable, que hubiera preferido el pan ordinario de cebada."

SORGHUM VULGARE Ó DOURRHA.

MILAGRO, llamado también señal, prodigio ó maravilla, Hech. 2:22; 2 Cor. 12:2; 2 Tes. 2:9; nombres que indican que los milagros tenían por objeto comprobar la verdad de la revelación divina en el cumplimiento de las profecías, que en su ejecución Dios ejercía su poder, y que ellos despertaban la admiración de los que los presenciaban. Sobreponiéndose á las leyes ordinarias de la naturaleza por medio de un agente más elevado que ellas, ellos dan á conocer que son el resultado de una intervención especial de parte de Dios. Ha de distinguirse el milagro de las maravillas obradas por hombres astutos que se valen de artificiosos engaños, de ciencias ocultas, ó de leyes de la naturaleza que no son conocidas del vulgo. Los milagros obrados por Cristo, por ejemplo, eran tales, que sólo Dios podía efectuarlos; eran obrados en público ante numerosos testigos no solo de entre los partidarios sino de entre los enemigos del Nazareno; estaban expuestos al escrutinio más minucioso; tenían en mira un fin digno de la aprobación divina; eran presenciados por testigos cuyo carácter y cuya conducta les dan derecho á nuestra confianza; y además algunos de ellos están confirmados por instituciones que existen todavía, que tienen por objeto conmemorarlos, y que existen desde el tiempo en que tuvieron lugar los milagros mismos. Cristo apeló á sus poderosas obras, como pruebas esenciales é innegables de su divinidad y de su carácter de Mesías, Mat. 9:6; 11:4, 5, 23, 24; Juan 10:24-27; 15:24; 20:29, 31. Los engaños de los mágicos en Egipto, y de los falsos profetas en los tiempos antiguos y modernos, Deut. 13:1; Mat. 24:24; 2 Tes. 2:9; Apoc. 13:13, 14, no podrían quedar en pié si se les sometiera á las pruebas que quedan mencionadas. Al emplear á alguno como instrumento para obrar un milagro, Dios daba el más alto testimonio de que las enseñanzas de aquel eran verdaderas y sus mensajes fidedignos, 1 Rey. 18:38, 39. Tal es el sello de Dios; las falsedades no pueden llevarlo; y aún cuando las maravillas mentirosas de Satanás y de sus agentes eran especiosas hasta el grado de engañar, si ello era posible, aún á los elegidos, nadie, sin embargo, que verdaderamente procurase conocer y hacer la voluntad de Dios, podía ser engañado por ellas.

Habiendo sido el principal objeto de los milagros autenticar la revelación que Dios ha hecho de su voluntad, estas obras poderosas cesaron cuando se completó y determinó el canon bíblico, y el cristianismo estaba algún tanto establecido. Después de terminados los los siglos que siguieron a la ascensión de Cristo, se han obrado pocos ó ningunos milagros de autenticidad irrecusable. Aquellos á que se les da el nombre de tales, narrados en los antiguos escritos ecclesiásticos, están mal autenticados, y eran á menudo triviales é indignos. Si habrán de ocurrir alguna vez cincunstancias que exijan la ejecución de nuevos milagros, es cosa que sólo Dios sabe.

La siguiente lista comprende la mayor parte de los milagros consignados en la Biblia, sin incluir aquellas visiones sobrenaturales y revelaciones de sí mismo con que Dios favoreció á sus antiguos siervos, ni las numerosas maravillas de su providencia en que se manifiesta su mano casi tan indisputablemente como en los milagros mismos. Véase también PROFECÍA. Los más de los milagros del Antiguo Testamento, son la manifestación del *poder;* los del Nuevo Testamento la de *la misericordia que sana.*

MILAGROS DEL ANTIGUO TESTAMENTO.

La creación de todas las cosas, Gén. 1,
El Diluvio con muchos milagros comprendidos en él, Gén. 6-8.
La destrucción de Sodoma, etc., Gén. 19.
La confusión de las lenguas, Gén. 11:7-9.
La curación de Abimelec, Gén. 20:17, 18.
La zarza ardiente, Exod. 3:2-4.
La vara de Moisés convertida en serpiente, y vuelta á su estado primitivo, Exod. 4:3, 4; 7:10.
La mano de Moisés atacada de lepra y curada, Exod. 4:6, 7.
El agua convertida en sangre, Exod. 4:9, 30.
El Nilo convertido en sangre, Exod. 7:20.
Las ranas aparecen y luego desaparecen, Exod. 8:6, 13.
Producción de los piojos, Exod. 8:17.
Producción y destrucción de las moscas, Exod. 8:21-31.
Morriña de los animales, Exod. 9:3-6.
Producción de la sarna y apostemas, Exod. 9:10, 11.
Producción y desaparición del granizo, Exod. 9:23, 33.
Producción y desaparición de la langosta, Exod. 10:13, 19.
Producción de las tinieblas, Exod. 10:29.
Destrucción de los primogénitos, Exod. 12:29.
División del mar Rojo, Exod. 14:21, 22.
Los Egipcios cubiertos con sus aguas, Exod. 14:26-28.
Las aguas de Mara se hacen potables, Exod. 15:25.
Se envían codornices y maná, Exod. 16.
Brota agua de una roca de Horeb, Exod. 17:6.
Amalec es vencido, Exod. 17:11-13.
Columna de nube y fuego, Núm. 9:15-23.
Lepra de María, Núm. 12:10.
Destrucción de Coré, etc., Núm. 16:28-35, 46-50.
La vara de Aarón florece, Núm. 17:8.
Brota agua de una roca de Cades, Núm. 20:11.
Curación por medio de la serpiente de bronce, Núm. 21:8, 9.
Vista que tuvo Moisés de todo Canaán, Deut. 34:1-3.
Habla la burra de Balaám, Núm. 22:28.
Plaga en el desierto, Núm. 25:1, 9.
Las aguas del Jordán se dividen, Jos. 3:10-17.
El Jordán vuelto á su curso, Jos. 4:18.
Toma de Jericó, Jos. 6:6-20.
Acán es descubierto, Jos. 7:14-21.
El sol y la luna se detienen, Jos. 10:12-14.
El vellocino de Gedeón se empapa de agua, Jue. 6:36-40.
Los Madianitas son destruidos, Jue. 7:16-22.
Hazañas de Samsón, Jue. 14-16.
La casa de Dagón es destruida, Jue. 16:30.
Dagón cae delante del arca, etc., 1 Sam. 5.
Vuelta del arca, 1 Sam. 6:12.
Truenos y lluvia á tiempo de la siega, 1 Sam. 12:18.
Se le seca la mano á Jeroboam, etc., 1 Rey. 13:4, 6.
El altar se abre, 1 Rey. 13:5.
Sobreviene una sequía, 1 Rey. 17:6.

Elías alimentado por los cuervos, 1 Rey. 17:7.

Abastecimiento de harina y de aceite, 1 Rey. 17:14–16.

El niño vuelto á la vida, 1 Rey. 17:22, 23.

Sacrificio consumido por el fuego, 1 Rey. 18:36, 38.

Se produce lluvia, 1 Rey. 18:41–45.

Unos hombres son destruidos por el fuego, 2 Rey. 1:10–12.

Las aguas del Jordán se dividen, 2 Rey. 2:14.

Las aguas dañosas se purifican, 2 Rey. 2:21, 22.

Unos muchachos son despedazados por los osos, 2 Rey. 2:24.

Se produce abundancia de aguas, 2 Rey. 3:16–20.

Abastecimiento de aceite, 2 Rey. 4:1–7.

El niño es resucitado, 2 Rey. 4:32–35.

Curación de Naamán, 2 Rey. 5:10, 14.

Lepra de Giezi, 2 Rey. 5:27.

Se hace flotar una hacha, 2 Rey. 6:6.

Los Sirios son heridos de ceguera, etc., 2 Rey. 6:18, 20.

Un hombre es resucitado, 2 Rey. 13:21.

Destrucción de los Asirios, 2 Rey. 19:35.

Curación de Ezequías, 2 Rey. 20:7.

Se hace retroceder la sombra, 2 Rey. 20:11.

Peste en Israel, 1 Crón. 21:14.

Jonás preservado por un pez, Jonás 1:17; 2:10.

MILAGROS DEL NUEVO TESTAMENTO.

La virgen María concibe, Mat. 1:18.

La estrella en el Oriente, Mat. 2:2.

El Espíritu Santo en forma de paloma, Mat. 3:16.

Ayuno y tentaciones de Cristo, Mat. 4:1–11.

Muchos milagros de Cristo, Mat. 4:23, 24; 8:16; 14:14, 36; 15:30; Mar. 1:34; Luc. 6:17–19.

Los leprosos son limpiados, Mat. 8:3, 4; Luc. 17:14.

Curación del siervo del Centurión, Mat. 8:5–13.

La suegra de Pedro es curada, Mat. 8:14.

La tempestad se sosiega, Mat. 8:23–26; 14:32.

Los demonios son arrojados, Mat. 8:28–32; 9:32, 33, 15:22–28; 17:14–18.

Curación de los paralíticos, Mat. 9:2–6; Mar. 2:3–12.

Un flujo de sangre es curado, Mat. 9:20–27.

Resurrección de la hija de Jairo, Mat. 9:18, 25.

Vista dada á los ciegos, Mat. 9:27–30; 20:34; Mar. 8:22–25; Juan 9:1–7.

Curación del mudo, Mat. 9:32, 33; 12:22; Mar. 7:33–35.

Milagros hechos por los discípulos, Mat. 10:1, 8.

Se da de cenar á las multitudes, Mat. 14:15–21; 15:35–38.

Cristo anda sobre el mar, Mat. 14:25–27.

Pedro anda sobre el mar, Mat. 14:29.

Transfiguración de Cristo, etc., Mat. 17:1–8.

Tributo tomado de la boca de un pescado, Mat. 17:27.

La higuera se marchita, Mat. 21:19.

Milagros obrados en la crucifixión, Mat. 27:51–53.

La resurrección de Cristo, y maravillas que la acompañan, Mat. 28:1–7; Luc. 24:6.

Pesca abundante, Luc. 5:4–6; Juan 11:6.

Resurrección del hijo de la viuda, Luc. 7:14, 15.

Milagros obrados delante de los mensajeros de Juan, Luc. 7:21, 22.

Milagros hechos por los Setenta, Luc. 10:9, 17.

Una mujer curada de un espíritu de enfermedad, Luc. 13:11–13.

Curación de una hidropesía, Luc. 14:2–4.

Se devuelve la oreja á Malco, Luc. 22:50, 51.

El agua se convierte en vino, Juan 2:6–10.

Curación del hijo del noble, Juan 4:46–53.

Curación de un tullido, Juan 5:5–9.

Inesperado paso del mar, Juan 6:21.

Resurrección de Lázaro, Juan 11:43, 44.

Venida de Cristo á sus discípulos, Juan 20:19, 26.

Ascensión de Cristo, Hech. 1:9.

Maravillas efectuadas el día de Pentecostes, Hech. 2:1–11.

Milagros obrados por los apóstoles, Hech. 2:43; 5:12.

Curación de un cojo, Hech. 3:7.

Muerte de Ananías y de Safira, Hech. 5:5, 10.

Curación de muchos enfermos, Hech. 5:15, 16.

Los apóstoles son librados de la cárcel, Hech. 5:19.

Milagros hechos por Esteban, Hech. 6:8.

Milagros obrados por Felipe, Hech. 8:6, 7, 13.

Curación de Eneas, Hech. 9:34.

Resurrección de Dorcas, Hech. 9:40.

Pedro librado de la prisión, Hech. 12:6–10.

Elimas es herido de ceguera, Hech. 13:11.

Milagros obrados por Pablo y Bernabé, Hech. 14:3.

Curación de un cojo, Hech. 14:10.

Restablecimiento de Pablo después de haber sido apedreado, Hech. 14:20.

Un espíritu inmundo es arrojado de una muchacha, Hech. 16:18.

Pablo y Silas son librados, Hech. 16:25, 26.

Milagros especiales, Hech. 19:11, 12.

Eútico vuelve á la vida, Hech. 20:10–12.

La mordedura de Pablo por una víbora se hace inocua, Hech. 28:5.

Curación del padre de Publio, etc., Hech. 28:8, 9.

MILANO: MILVUS EGIPTIUS.

MILANO, I., especie de halcón, Deut. 14:13, ave inmunda de rapiña.

II. Hebreo, *gritador*, ave de presa, inmunda por la ley mosaica, Lev. 11:14; Deut. 14:13, notable por su ligereza, valor y perspicacia de vista, Job 28:7. El milano colorado, Milvus regalis, es común en Palestina.

MILCA, *reina ó consejo*, I., hija de Harán, esposa de Nacór, madre de Betuel y de otros siete hijos, Gén. 11:29; 22:20, 23; 24:15, 24, 47.

II. Una de las cinco hijas de Zelofehad. Véase.

MILCOM ó MELCOM, *el rey de ellos*, 1 Rey. 11:5. Véase MOLOC.

MILENIO, I., *mil años*, Apoc. 20:1–7, un periodo anterior al día del juicio. y á las completas retribuciones de la eternidad. Respecto á este periodo feliz profetizado en muchos pasajes de la Escritura, han prevalecido en todas las épocas de la Iglesia Cristiana gran variedad de opiniones, según las interpretaciones ora literales ora figuradas que se han dado á dichos pasajes. Una clase de intérpretes lo fijan después de la segunda venida de Cristo, y antes de la resurrección general y el juicio final; otros, antes de estos acontecimientos. Según algunos, la segunda venida de Cristo, ó su presencia, en griego *parousia*, ha empezado ya.

La opinión general de la primera clase de intérpretes parece ser que Cristo vendrá á la tierra de una manera visible y repentina, y tal vez muy pronto, á destruir á los malos, restaurar á Palestina á los Judíos convertidos, hacer resucitar de entre los muertos á los santos y los mártires, y á reinar personalmente en la tierra por 1,000 años ó más; que este será un periodo de paz y felicidad, Isa. 2:4; Ose. 2:18; Zac. 9:10, durante el cual Satanás estará encerrado, y aun las bestias feroces serán domadas, Isa. 11:6–9; 65:25; y que después de este periodo, seguirá la segunda resurrección y el juicio final. Interpretan así y con innumerables variantes, las profecías sagradas, y especialmente pasajes como los siguientes, Mat. 19:28; Luc. 20:35; 22:18; Fil. 3:10; 2 Tim. 2:12.

La mayor parte de los cristianos, por otra parte, consideran en la actualidad el milenio prometido como un periodo de prevalencia espiritual del Cristianismo, anterior á la venida de Cristo; y basan sus interpretaciones, no solamente en las profecías especiales de la Sagrada Escritura, sino también en las parábolas de la levadura, de la semilla de mostaza, del labrador, del crecimiento y sazón del grano, de la luz que despunta y brilla hasta la perfección del día; en lo de la piedra de la visión de Daniel. que llenó toda la tierra; en el don del Espíritu Santo otorgado por Cristo á su grey como cosa mejor que su presencia visible; y en el último mandamiento que el Salvador dió á los que lo seguían, de ir y predicar el evangelio á toda criatura; también en la armonía que esta opinión guarda con el espíritu del Cristianismo tal como está desarrollado en la Biblia y en las obras de la Providencia, según el cual el triunfo del evangelio será debido al empleo de medios morales y al poder del Espíritu Santo; en el anuncio de la resurrección simultánea de los justos y de los injustos el día de la venida de Cristo; y en el hecho de que no habrá sino un día de juicio para todos.

En medio de esta contrariedad de opiniones, deberá el estudiante cristiano recordar que toda profecía se explica especialmente por medio de su cumplimiento; que "las cosas secretas pertenecen á Dios" mientras nuestro deber es "que cumplamos todas las palabras de esta ley," Deut. 29:29; y que "no nos toca á nosotros saber los tiempos ó las sazones," mas ser "testigos" de Cristo "hasta lo último de la tierra," Hech. 1:6–8, y que cualquier celo en el estudio de la profecía, ó cualquier juicio que formemos y que tiendan á disminuir nuestra fidelidad en el cumplimiento de estos deberes, no puede agradar á Cristo.

MILETO, antigua ciudad, en otro tiempo la metrópoli de toda la Ionia, situada en la costa occidental del Asia Menor, al sur de Éfeso, en los confines de Caria, al sur de la boca del río Meander. Fué madre de muchas colonias, y era célebre por un templo y oráculo de Apolo Didymæus, y como lugar de nacimiento de Thales, Anaximander, Demócrito y otros hombres famosos. El apóstol Pablo en su viaje de Macedonia hacia Jerusalem, pasó un día ó dos allí, y tuvo una conmovedora entrevista con los ancianos cristianos de Éfeso, que á petición suya viajaron casi 30 millas desde el norte para encontrarle. Hech. 20:15–38. El apóstol volvió á visitar á Mileto después de su primera prisión en Roma, 2 Tim. 4:20. Hubo cristianos y obispos allí desde el siglo quinto hasta el octavo; pero la ciudad ha estado largo tiempo en ruinas, y el exacto sitio de ella puede apenas determinarse, por estar tan alterada la costa al rededor de la boca del Meander, á causa de haberse retirado el mar diez millas; pero se sabe que está cubierto en parte por el lugar llamado Palatía, con ruinas de un gran teatro y de una iglesia.

MILLA, 1,450 metros. La palabra *milia* en Mat. 5:41, se usa hablando de la milla romana que contenía 8 estadios, 1,000 pasos, esto es, cosa de 1,618 yardas inglesa mientras la milla inglesa contiene 1,760 vardas, ó sea 1,571 metros.

MILLO, *plenitud*, I., probablemente un baluarte de la ciudad de Zión en Jerusalem, mencionado en la historia de David y Salomón, 2 Sam. 5:0; 1 Rey. 9:15, 24; 2 Rey. 12:20; 1 Crón. 11:8; 2 Crón. 32:5.

II. El nombre de una familia ó de una fortaleza de Siquém; en este último caso "la casa de Millo" significaría la guarnición de aquella fortaleza, Jue. 9:6, 20, 46, 49.

MINISTRO, derivado de *minor*, "menor," opuesto ó correlativo de maestro, que se deriva de *magis*, "mayor;" ministro es pues uno que obra subordinado á otro, como empleado civil ó religioso. Esta palabra se aplica á los sacerdotes y Levitas, Isa. 61:6; Luc. 1:23; Heb. 10:11; en Luc. 4:20, al portero ó encargado de la sinagoga; á menudo á los subalternos de los reyes, 1 Rey. 10:5; Sal. 103:21. Dios hace al fuego flamante ministro suyo, Sal. 104:4, y en general, esta palabra denota al que sirve ó asiste á otro, Mat. 20:26, 28. Josué fué el ministro de Moisés, Exod. 24:13; 33:11. Tales personas no se sentían degradadas por la posición que ocupaban, y á debido tiempo sucedían en el cargo á sus amos. De igual manera, Pablo y Barnabás tenían á Juan Marcos en el ministerio, Hech. 13:5. Los ángeles son ministros de Dios y de su pueblo, Dan. 7:10; Heb. 1:14. Este término se aplica igualmente á los magistrados, Rom. 13:4, 6; á los maestros del evangelio, Rom. 15:16; 1 Cor. 3:5; 4:1; y á los maestros del error, 2 Cor. 11:15. Cristo vino á ministrar, no á ser ministrado; y se llama "ministro de la circuncisión," Rom. 15:8, y del "santuario" celestial, Heb. 8:2. La distribución de las limosnas de los cristianos era una ministración, Hech. 6:1; 2 Cor. 9:13. La ley es ministerio de muerte para todos aquellos que no la guardan, y el evangelio es ministerio del Espíritu que da vida á aquellos que lo aceptan, 2 Cor. 3:7-9. A los ministros del evangelio como Pablo, Apolos y Timoteo, 1 Cor. 3:5; 1 Tes. 3:2, se les llama así como siervos que son de Cristo, Fil. 1:1, y de su pueblo por amor á Él, 2 Cor. 4:5. Los ministros deben tener las aptitudes necesarias para defender la verdad, por medio de razones sanas y bíblicas; para resolver cuestiones de conciencia y de experiencia espiritual; para simpatizar con sus rebaños; para aconsejarlos, instruirlos, inspirarlos, refrenarlos y disciplinarlos; para conducir los hombres á Cristo, y edificarlos en Él. Por esto han de ser

en el sentido más elevado "hombres de Dios," "llenos de fé y del Espíritu Santo," "epístolas vivas," y "ejemplos del rebaño." Deben sobresalir en el recto conocimiento de la Palabra de Dios, en sabiduría espiritual, en mansedumbre, humildad, paciencia, dominio sobre sí mismos, fuerza moral, benevolencia, abnegación y todo cuanto los asemeje á Cristo: deben, en fin, ser diligentes en el estudio y en el vigilente cuidado de todas las almas, pues por ellas tendrán que dar cuenta á Dios.

MINNI, reino llamado á tomar parte en una guerra contra Babilonia, juntamente con Ararat y Asquenaz, Jer. 51:27; supónese que denota el distrito Minyas en Armenia, sobre el brazo del Eufrates, y al oeste del monte Ararat.

MINNIT, *distribución*, ciudad de los Ammonitas en el tiempo de Jefté, Jue 11.33, cuatro ó cinco millas al N. de Hesbón. Proporcionaba buen trigo para el mercado de Tiro, Ezeq. 27:17.

MIQUEAS, I. El morastita, esto es, de Morasti-gat, una población cerca de Eleutherópolis, en el oeste de Judá; el sexto de los profetas menores según el orden bíblico. Profetizó durante los reinados de Jotam, Acáz y Ezequías, reyes de Judá, por cosa de 50 años, si es que de acuerdo con algunos comentadores contamos desde cerca del principio del reinado de Jotam, hasta el último año de Ezequías, esto es, de 750 á 698 A. C. Fué casi contemporáneo de Isaías, y tiene en su profecía algunas expresiones que este empleó, comp. Isa. 2:2 con Miq. 4:1, é Isa. 41:15 con Miq. 4:13; también tiene algo en común con Oseas y Amós. Su osadía y fidelidad sirvieron como de escudo al profeta Jeremías un siglo después, Jer. 26:18, 19; Miq. 3:12. Escribió en un estilo elevado y vehemente, con frecuentes transiciones. Saca sus figuras de la vida agrícola más bien que de la pastoral. Puede dividirse su profecía en tres secciones, cada una de las cuales comienza con el llamamiento, "Oid, pueblos todos," cap. 1:2; 3:1; 6:1. Trata de los pecados y juicios de Israel y de Judá, de sus gobernantes y falsos profetas, de la destrucción de Samaria y de Jerusalem, del regreso de los Judíos de la cautividad, y del castigo de sus enemigos. Anuncia la venida del Mesías, "cuyas salidas son desde el principio, desde los días del siglo," como el fundamento de toda esperanza para el glorioso y bendito fruto que describe, y especifica á Betlehem de Judá como el lugar en donde había de nacer de una mujer, Miq. 5:2, 3. La predicción fué entendida así por los Judíos, Mat. 2:5; Juan 7:41, 42. Comp. también Miq. 4:5 y 5:5 con Juan 10:35, 36 y Efes. 2:14.

II. Hijo de Imla, fiel y valeroso profeta de Samaria, consultado por el rey Acháb, á petición de Josafat, en cuanto al éxito de su proyectada campaña en contra de los Sirios. Fué puesto en prisión hasta que se supiese el resultado, el cual coincidió con sus predicciones, y probablemente le valió su libertad, 1 Rey 22:8-38. Los 400 profetas consultados primero, eran partidarios de Acháb á todo trance, vers. 22, 23, que daban culto á sus becerros, símbolos de Jehová, como bien lo sabía Josafat. Josefo dice que este Miqueas fué el profeta que predijo la muerte de su compañero por un león, 1 Rey. 20:35-43, y que reprendió á Acháb por no haber condenado á muerte á Ben-adad, y que fué aprisionado por el rey ofendido. Esta narración, así como otras muchas, demuestra que Dios ponía á los investigadores de buena fé en aptitud de discernir entre los verdaderos profetas y los "espíritus mentirosos," que proporcionan á los hombres malvados los oráculos que quieren. La conducta de Acháb en este asunto revela cuán asombrosa es la necedad de los pecados contra la luz de la verdad, 2 Crón. 18:6-27.

III. Príncipe de Judá que secundó los esfuerzos de Josafat para instruir y reformar al pueblo de Judá, 2 Crón. 17:7-9.

IV. Nieto de Safan, escriba del rey Josías. Miqueas era un joven príncipe de la corte del rey Joaquim, que comunicó á los consejeros del rey las solemnes amonestaciones de Jeremías, y que en vano imploró al rey Sedecías para que no quemara los escritos proféticos, Jer. 36:11-14.

MIRA, *bálsamos*, ciudad de Licia en donde Pablo se embarcó en su camino de Cesarea á Roma, á bordo de un buque de Alejandría, Hech. 27:5. Ahora se la llama por los Turcos. Dembra.

MIRAMIENTO ó ACEPCIÓN DE PERSONAS. Á los jueces de los Hebreos les estaba prevenido dar sentencias estrictamente según la verdad y la justicia, sin miramiento á la comparativa riqueza, influencia, ú otras ventajas de una de las partes contendientes sobre la otra, Lev. 19:15; Deut. 16:17, 19; Prov. 24:23. Así Dios juzga no según la apariencia exterior ó posición, sino según el corazón, Hech. 10:34; Rom. 2:6-11. Así deben los hombres estimar y tratar á sus prójimos; y adular á los ricos para obtener su favor y su influencia, es cosa que se censura severamente en la Escritura, Prov. 28:21; Sant. 2:1-9; Judas 16.

MIRRA, BALSAMODENDRON MYRRHA.

MIRRA, *amargo*, preciosa goma producida por un árbol que era común en Abisinia y Arabia, y el cual tiene de ocho á nueve piés de alto. Su madera es dura y su tronco espinoso.

La mirra era de varias clases y calidades. La mejor se empleaba como ingrediente en la confección del oleo santo, Exod. 30:23. Se empleaba también en los perfumes, Ester 2:12; Sal. 45:8; Cant. 4:6; 5:5, 13; y en los embalsamientos para preservar el cuerpo de la corrupción, Juan 19:39. Los magos que vinieron del Oriente á adorar á Cristo, le ofrecieron mirra, Mat. 2:11.

En Marcos 15:23, se menciona el "vino mezclado con mirra," el cual fué ofrecido á Jesús antes de su crucifixión, con el objeto de mitigar lo agudo de sus padecimientos. Era costumbre entre los Hebreos dar bebidas narcóticas de esta clase á las personas que estaban á punto de sufrir la pena capital, Prov. 31:6. Algunos han creido que el vino con mirra de que habla Marcos no era el mismo brebaje que el "vinagre mezclado con hiel" mencionado en Mat. 27:34. Los que así piensan suponen que el vino con mirra fué dado á Nuestro Señor por compasión para evitarle que sintiera de un modo muy agudo el dolor de su tormento, mientras que el vinagre mezclado con hiel, del cual él no quiso beber, se le dió por crueldad. Pero la otra explicación es la mejor. Véase HIEL.

MIRTO Ó ARRAYÁN, un árbol hermoso, siempre verde, y de fragancia deliciosa,

MIRTO: MIRTUS.

que crece silvestre en la parte meridional de Europa, la septentrional de África, y las regiones templadas del Asia, principalmente en la costa. Las hojas son de un verde hermoso y pulido, las flores blancas, teñidas algunas veces de colorado por la parte de afuera, y sus semillas son del tamaño de un garbanzo pequeño, de color violeta ó blanquizco, algo dulces, y con el olor suave que distingue á toda la planta. Úsanse como especias en el Levante. El mirto suministra un tónico medicinal muy útil, y era entre los Judíos un emblema de la justicia. Se menciona en Neh. 8:15; Isa. 41:19; 55:13; Zac. 1:8, 10, 11.

MISAEL ¿Quién es como Dios? I., hijo de Oziel y primo de Aarón, Exod. 6:22. Prestó sus servicios en el entierro de Nadab. Lev. 10:4, 5. Comp. Núm. 9:6.

MISEAL, súplica, ciudad Levítica en Aser, Jos. 21:30; 19:26, llamada Measal en 1 Crón. 6:74. Identificada con Kh. Muslih, 6 millas al N. E. de Acre.

MISERICORDIA, la bondad divina ejercida hacia los miserables y los culpables, en armonía con la verdad y la justicia, Sal. 85:10. Nos es conocida sólo por la revelación. El plan por el cual Dios está en aptitud de manifestar misericordia salvadora á los hombres, por amor de Cristo, es la obra más acabada de la sabiduría y el amor divinos, Exod. 20:6; 34:6, 7; Sal. 86:15, 16; 103:17; 2 Cor. 4:6. El alma que ha experimentado la misericordia de Dios, es misericordiosa como Él, Luc. 6:36; compasiva con los miserables, Sal. 41:1, 2, é indulgente con todos, Mat. 5:7; 18:33.

MISGAB, altura, lugar en las mesas de Moab, en el camino de los invasores Babi-

lonios, Jer. 48:1; se supone que es á Misgab que se alude en Isa. 25:12, en la frase "la fortaleza de tus altos muros."

MISIA, provincia en el ángulo N. O. del Asia Menor, limitada al norte por el Propontis, al oeste por el Mar Egeo, al sur por Lidia y al este por Bitinia. Pablo pasó por este país en su primer viaje á Europa, Hech. 16:7, 8.

MISMA ó MASMA, oído, I., nombre del quinto hijo de Ismael, y también de su posteridad, una tribu al N. E. de Medina, la Bene-misma, Gén. 25:14; 1 Crón. 1:30. II. 1 Crón. 4:25, 26.

MISPAR, número, Judío que volvió de Babilonia, Esd. 2:2; Misperet en Neh. 7:7.

MISTERIO, significa, en rigor, secreto, y empléase en este sentido cuando se habla de los "misterios" paganos ó ritos secretos, que estaban llenos de abominación. En las Escrituras esta palabra denota á menudo aquellas verdades de religión, que sin una revelación de Dios habrían quedado ignoradas del hombre, Mat. 13:11. Nuestro Salvador dice á sus discípulos, que ellos son particularmente felices porque Dios les ha revelado "los misterios del reino del cielo," Mat. 16:17; 11:25; Luc. 10:21-24. Pablo explica esta palabra en Efes. 3:1-6; y á menudo habla del misterio del evangelio, del misterio de la cruz de Cristo, del misterio de Cristo que era desconocido á los siglos antiguos, del misterio de la encarnación, de la resurrección, etc., Rom. 11:25; 1 Cor. 2:7-10; 4:1-3; 13:2; 15:51; Efes. 3:4-6; Col. 2:2; 1 Tim. 3:9, 16. La unión de Cristo y de su iglesia, simbolizada por el matrimonio, es un misterio, Efes. 5:31, 32. Estas cosas son, en cierto sentido, misterios, no solo porque incluyen algo que sobrepuja á todo pensamiento humano, y algo que nunca habría sido conocido si el Hijo de Dios y su Santo Espíritu no lo hubiesen revelado, sino también porque no se descubrían á todos indistintamente, según el consejo de Cristo á sus apóstoles, "No déis lo santo á los perros, ni echéis vuestras perlas delante de los puercos," Mat. 7:6; 1 Cor. 2:14. En un pasaje, la palabra misterio parece denotar todo el designio del plan secreto de Dios para la administración del evangelio, que se va desenvolviendo gradualmente hasta el fin, Apoc. 10:7; 11:15.

El vocablo "misterio" significa también alegoría, esto es, aquella figura por medio de la cual se comunican algunos conocimientos ó se hace alguna revelación, pero dejando en oculto algo que la persona que desea conocerlo todo, debe esforzarse en penetrar. Así el misterio de las siete estrellas, Apoc. 1:20, es una alegoría que representa las siete iglesias asiáticas bajo el símbolo de siete lámparas ardientes. Así también el misterio de "Babilonia la grande," es una representación alegórica de la Babilonia espiritual, la idolatría, la fornicación espiritual, etc. "Yo te diré el misterio de la mujer," esto es, te explicaré la alegoría de esta figura, Apoc. 17:5, 7. "El misterio de la iniquidad" in 2 Tes. 2:7, 8, es el principio del mal que se desarrollaría más tarde en el Anticristo.

El cristianismo es una revelación, una "manifestación de la verdad," 2 Cor. 4:2, y no tiene "misterios" conocidos sólo á una clase sacerdotal, ni doctrinas secretas que deban sustraerse de la enseñanza pública. Y á la vez que es imposible á las criaturas finitas comprender lo infinito, con todo, gran parte de la verdad espiritual es revelada á los que viven cerca de Dios, y estudian su palabra con devoción.

MITCA, *dulzura*, 27ª estación de los Israelitas en su viaje, desde Gosen, Núm. 33:28, 29, quizá Ain Ghamir, cerca de Jebel Jerafeh.

MITILENE, la antigua capital de la isla de Lesbos, en el mar Egeo; ciudad libre y puerto de mar en el lado oriental de la isla, á siete millas del Asia Menor. Pablo tocó allí estando en camino de Grecia á Jerusalem, Hech. 20:14. Los Turcos llaman ahora la isla Midilli, y las ruinas de la ciudad existen todavía.

MITRA, el turbante sagrado ó gorro del sumo sacerdote judío, hecho de una pieza de lino fino de muchas piés de largo, envuelta al rededor la cabeza, za, y el cual tenía por delante, asegurada con una cinta azul, una lámina de oro puro, en que había

430

esta inscripción, "Santidad á Jehová," Exod. 28:4, 36-38; 39:28-31.

MITRIDATES, *dado por Mitras*, el dios sol. I. Tesorero del rey Ciro que restituyó los utensilios del Templo, Esd. 1:8.

II. Oficial persa de Samaria, que estorbó la reedificación de Jerusalem, Esd. 4:7.

MIZHAR ó MIZAR, *pequeño*, si es un nombre propio, corresponde al parecer á un pico saliente meridional del Monte Hermón, que David en el destierro contrasta con el Monte Sión, Sal. 42:6. Comp. Sal. 68:15, 16; 114:4-6; Isa. 2:2.

MIZPA ó MISPA, *atalaya*, I., un lugar en Galaad, Ose, 5:1; llamado así por el majano levantado por Jacob y Laban, Gén. 31:48-52, de donde fué llamado también Galeëd y Jegar-sahaduta, montón de testimonio. Parece haber estado al norte de Mahanaim.

II. Otro lugar en Galaad más al sur, en donde Jefté residía y reunió su ejército, Jue. 10:17; 11:11, 29, 34. Véase también Jos. 13:26.

III. Valle cerca del Monte Hermón, Jos. 11:3, 8, quizá Mutuleh, en el Ard-el-Húleh, al oeste de Jebel Heish, ó más al norte en el Buka'a.

IV. Ciudad de Benjamín, lugar céntrico de reunión de las tribus en el periodo de los Jueces, Jos. 18:26; Jue. 20:1, 3; 21:1, 5, 8. Se cree por algunos que fué el Mispa de Jefté, quien aunque Galaadita era juez de Israel también al oeste del Jordán. Allí sacrificó Samuel y juzgó, é Israel se arrepintió, y allí Saul fué designado rey, 1 Sam. 7:5-16; 10:17-25. Mizpa fué fortificada por Asa para que sirviera de defensa contra Israel, 1 Rey. 15:22; 2 Crón. 16:6; fué la residencia del gobernador bajo el poder de Nabucodonosor, 2 Rey. 25:23, 25; Jer. 40:6, y fué ocupada de nuevo después de la cautividad, Neh. 3:19. Su nombre indica un sitio elevado, y estaba cerca de Ramah; por esto es que el Dr. Robinson la identifica con el lugar moderno llamado Neby Samwil, cinco millas al N. O. de Jerusalem, que es una altura prominente de 2,935 piés sobre el nivel del mar, desde la cual puede verse un extenso panorama en todas direcciones. Algunos, sin embargo, creen que era Scopus, la prolongación del monte Olivete, que queda en frente de Jerusalem al norte.

V. Población en la llanura de Judá, Jos 15:38, que se supone es el-Hesy, 3 millas al S. E. de Laquis, y 16 al este de Gaza.

VI. Ciudad principal de Moab, en donde

David halló refugio para sus padres, 1 Sam. 22:3; tal vez Kir Moab la capital.

Algún punto elevado en el desierto de Judá, puede también haber sido llamado Mispa, y haber sido traducido atalaya en 2 Crón. 20:24.

MIZRAIM, hijo de Câm, y padre de varias razas africanas, Gén. 10:6, 13, pero particularmente de los Egipcios, á los cuales dió su nombre. Mizraim. el *doble Egipto*, es también la palabra hebrea para designar el Egipto en la Biblia, Gén. 45:20; 46:34; 47:6, 13; Sal. 78:51; 105:23, 38, y ese país se llama todavía Misr en arábigo. Véase Egipto.

MNASÓN, *recordando*, un cristiano Cipro, la tierra de Barnabás, Hech. 4:36; 13:2-5, "un antiguo discípulo," quizá de Cristo en persona, con quién Pablo se alojó en Jerusalem en su última visita, Hech. 21:16; un anciano "hospedador," 1 Tim. 3:2.

MOAB, *procedente del padre*, el hijo de Lot, nacido cerca de Zoar, Gén. 19:30-38; también la raza que de él descendió, y el país que ocupaba, Núm. 22:3, 4; 24:17. Los Moabitas eran, pues, parientes de Israel, Gén. 11:31. El país, tierra ó campo de Moab, estaba al E. y al S. E. del Mar Muerto. y principalmente al sur del río Arnón. Era una mesa de 3,000 piés sobre el nivel del Mediterráneo, de 50 millas de largo y 15 de ancho, cortada por arroyos que se dirigían al Mar Muerto. Hubo un período sin embargo, en que se extendía al norte hasta el Jabboc, y por largo tiempo la región de más allá del Jordán, en frente de Jericó, conservó el nombre de "las llanuras de Moab," Núm. 22:1; Deut. 1:5; 29:1; 34:6; Jos. 13:32. Los Moabitas habían desalojado una raza de gigantes llamada Emim, Deut. 2:11, y ellos á su turno, habían sido expelidos del territorio norte del Arnón, por los Amorreos, Núm. 21:13, 26; Jue. 11:13-18, territorio que fué conquistado por Moisés y asignado á la tribu de Rubén. Al acercarse Israel, en marcha de Egipto, los Moabitas le rehusaron un paso pacífico, y se ligaron con los Madianitas y Balaam en contra de ellos, Núm. 22-24; Deut. 2:8,9; y aunque Dios los puso á salvo de la conquista con la excepción indicada, ellos y su simiente hasta la décima generación fueron excluidos de los privilegios peculiares de su pueblo, Deut. 23:3-6. Eran idólatras groseros que daban culto á Cemos y á Baalpeor con ritos obscenos, Núm. 25, y algunas veces con sacrificios humanos, 2 Rey. 3:27. Véase Moloc. En ocasiones, como en el tiempo de Rut, había paz entre ellos é Israel, pero el estado de hostilidad era mucho más común, como en el tiempo de Eglón, Jue. 3:12-30; de Saúl, 1 Sam. 14:47; de David, 2 Sam. 8:2, 12; de Joram y Jeroboam, 2 Rey. 3; 13:20; 14:25. Véase Mesa. Las mujeres moabitas incitaron á Salomón á pecar, 1 Rey. 11:1, 7, 33. Ellos ayudaron á Nabucodonosor á hacer la guerra contra los Judíos, 2 Rey. 24:2; Ezeq. 25:6-11; y cuando éstos fueron llevados cautivos, los Moabitas, según parece, recobraron sus antiguas posesiones situadas al norte del Arnón, Isa. 15; 16. Los profetas judíos lanzaron muchas amenazas contra estos enemigos hereditarios de Dios y de su pueblo, Núm. 24:17; Sal. 60:8; 83:6; Isa. 15; 16; 25; 26; Jer. 25:9-21; 48; Amós 2:1-3; y todos los viajeros dan testimonio acorde en cuanto al cumplimiento de estas predicciones. La desolación y la lobreguéz tienden su manto sobre las montañas de Moab, y sus fértiles valles se hallan en su mayor parte sin cultivo. Kerak ó el Belka, está bajo el gobierno turco, é infestado por Árabes errantes, Sof. 2:8, 9. Según las descripciones dadas por los viajeros, abunda en ruinas, tales como sepulcros, cisternas, muros, templos, etc. (todo hecho pedazos), que prueban que en un tiempo estaba densamente poblado.

MOHOSO. Jos. 9:5, 12, desmigajado, desmenuzado.

MOCHUELO. Véase Lechuza.

MOISÉS, el ilustre profeta y legislador hebreo que condujo á los Israelitas desde Egipto hasta la Tierra Prometida. Habiendo sido impuesto originalmente por una princesa de Egipto, este nombre es sin duda egipcio en su origen; y según Josefo se deriva de dos palabras egipcias, MO, que significa agua, y USE, salvado. Con esto concuerda la forma Septuaginta Moüses. Los Hebreos por medio de un ligero cambio lo acomodaron á su propia lengua—como lo hicieron también con otras palabras extranjeras—llamándole Moshe, del verbo Masha, sacar. Véase Exod. 2:10. Moisés nació por el año 1571 A. C., y era hijo de Amram y Joquebed, de la rama Coatita de la tribu de Leví, y hermano menor de María y de Aarón. Su historia es demasiado extensa para que se pueda insertar aquí, y en general demasiado bien conocida para que se menester hacerlo. Baste, pues, hacer notar simplemente que se divide en tres periodos, cada uno de cuarenta años, Hech. 7:23, 30, 36.

El primero abarca el tiempo transcurrido desde su infancia, cuando por la fé de sus piadosos padres, Heb. 11:23, fué expuesto en el Nilo, y luego fué hallado y adoptado por la hija de Faraón, hasta su huida á Madián. Durante ese tiempo vivió en la corte egipcia, y "fué enseñado en toda la sabiduría de los Egipcios, y era poderoso en sus dichos y hechos," Hech. 7:22. Este no es un elogio que carezca de valor; la sabiduría de los Egipcios, y especialmente de sus sacerdotes, era entonces la más profunda del mundo. El segundo periodo fué el transcurrido desde su huida, hasta su vuelta á Egipto, Hech. 7:30, y durante todo ese intervalo, parece que residió en Madián, viviendo quizá de un modo muy semejante á la usanza que siguen los Beduinos de la actualidad. Allí se casó con Séfora (véase) hija del sabio y piadoso Jetro, y se familiarizó con la vida del desierto. ¡Qué contraste entre el periodo anterior, pasado en medio del esplendor y la ilustración de la corte, y esa vida nómade y solitaria! Sin embargo, de esa manera fué como el Ángel de Jehová, que se le apareció en la zarza ardiente, lo preparó para que fuera instrumento de la libertad de su pueblo durante el tercer periodo de su vida—desde el Exodo de Egipto, hasta su muerte en el monte Nebo. ¡Cuántas cosas llevó á efecto en ese tiempo en cal idad de agente del Altísimo!

La vida del gran legislador y jefe de Israel y las instituciones que estableció presentan uno de los más bellos asuntos de que pueda ocuparse la pluma del historiador que á más de cristiano sea también un competente anticuario bíblico. Sus instituciones respiran un espíritu de libertad, pureza, inteligencia, justicia y humanidad desconocida en otra parte cualquiera; y sobre todo, de supremo amor, honor y obediencia hacia Dios. Ellas amoldaron el cárácter de los Hebreos y los transformaron de nación de pastores, en un pueblo de residencia fija y dedicado principalmente á la agricultura. Por medio de ese pueblo y de la Biblia, el influjo de dichas instituciones se ha extendido por el mundo, y á menudo en donde no se ha adoptado la letra de ellas, se ha adoptado por lo menos su espíritu. Eso fué lo que pasó con las leyes establecidas por "los padres peregrinos" de la Nueva Inglaterra; y una parte no pequeña de lo que es de mayor valor en las instituciones que ellos fundaron. debe atribuirse á la influencia del legislador hebreo.

El nombre de este siervo de Dios se ha perpetuado en numerosos lugares en el desierto del Sinaí, y un escrito egipcio recientemente descubierto habla de un Mesa que tenía grande influencia con el pueblo extrangero que residía en Egipto. Menciónase dicho nombre repetidas veces en los escritos griegos y latinos, y aun con mayor frecuencia en los de los Árabes y los Judíos rabínicos. Muchas de sus aseveraciones, sin embargo, son ó bien meras leyendas sin fundamento alguno, ó bien interpretaciones torcidas de la narración bíblica. Por los Judíos, Moisés ha sido siempre venerado de un modo especial como el más ilustre personaje en todos sus anales, y como el fundador de todo el sistema que tienen de leyes é instituciones. Muchísimos pasajes tanto del Antiguo como del Nuevo Testamento, manifiestan cuán elevada era la posición que le daban, Sal. 103:7; 105:26; 106:16; Isa. 63:12; Jer. 15:1; Dan. 9:11; Mat. 8:4; Juan 5:45; 7:22; 9:28; Hech. 7:20-38; Rom. 10:5, 19; 2 Tim. 3:8, 9; Heb. 3; 11:23-28; Judas 9.

En todo lo que hizo y enseñó no fué más que el agente del Altísimo. Sin embargo, la revelación que de su propio carácter se nos da es honrosa. Es elogiado como "el hombre de Dios," y en un sentido elevado "el siervo de Dios." Escogió el servicio de Dios deliberadamente, á despecho de las fuertes tentaciones que tuvo de seguir una carrera mundana. Él se consideró desde un principio como Redentor de su pueblo, y al dar muerte al Egipcio lo hizo en su carácter de tal, y así explica Esteban ese hecho, Hech. 7:25. La desconfianza que él manifestó cuando fué llamado á la edad de 80 años á acometer una empresa que él habia creido desesperada cuando tenía cuarenta, le fué perdonada por Dios. Aunque naturalmente propenso á la ira y á la impaciencia, se dominó á sí mismo hasta el grado de merecer que se le llamara el más manso de los hombres, Núm. 12:3; y su fé, humildad é indulgencia, la sabiduría y el vigor de su administración, su inquebrantable celo y fé en Dios, y su desinteresado patriotismo, son cosas dignas de toda imitación, Exod. 32:11-14; Núm. 11:29. No colocó á sus hijos en puestos públicos donde ejerceran poder y recibieran provecho. Muchos rasgos de su carácter y de su vida suministran admirables ejemplificaciones de la obra de Cristo, de Cristo como el libertador, el gobernante y el guía de su pueblo, rechazado por él, pero amándolo siempre, intercediendo por él como mediador, rescatándolo, enseñándolo, y alimentándolo hasta llegar á la Tierra Prometida.

Todas las instituciones religiosas de Moisés dirigían la mente del adorador hacia Cristo; y él mismo en el monte de la Transfiguración, 2,000 años después de su muerte, pagó su homenaje al Profeta que él había predicho, Deut. 18:15-19; contempló "aquel buen monte y el Líbano," Deut. 3:25, y le fué permitido conversar con el Salvador sobre el más glorioso de los temas, la muerte que El había de recibir en Jerusalem, Luc. 9:31.

Llegó á la frontera de la Tierra Prometida cuando tenía 120 años de edad; dió sus consejos de despedida á las doce tribus en las llanuras de Moab, Deut. 1:3, 5, y murió en el monte Pisga, Deut. 34:5-8. Su última palabra y su último acto, como lo hizo Cristo, fueron una bendición, Deut. 33:29; Luc. 24:51.

Moisés fué el autor del Pentateuco, nombre con que se designan los cinco primeros libros de la Biblia. En la composición de ellos fué probablemente auxiliado por Aarón, que llevaba un registro de los negocios públicos, Exod. 17:14; 24:4, 7; 34:27; Núm. 33:1, 2; Deut. 31:24, etc. Algunas cosas fueron agregadas posteriormente por algún otro autor inspirado, como por ejemplo el último capítulo del Deuteronomio. El Salmo 90 se atribuye también á Moisés; y los sublimes y piadosos sentimientos que en él se notan, adquieren una nueva significación si se reciben como escritos por él cuando estaba cerca del término de su peregrinación. Muchos opinan que él fué también el autor del Libro de Job. Sus cánticos triunfales en Ex. 15; Deut. 32 y 33, son un preludio del canto final y eterno de Moisés y el Cordero, Apoc. 15:3. Sus escritos manifiestan la familiaridad del testigo que refiere aquello en que él mismo tomó parte, y los monumentos de Egipto que existen hoy día todavía confirman sus asertos hasta en sus mínimos detalles.

MOJONERA. Según parece, en Judea se usaron muy poco las cercas y los vallados, Mar. 2:23, si bien tal cual jardin tenía cerca. Por lo tanto, los límites antiguos y permanentes de la propiedad individual, en el campo abierto, Rut 2:3; Job 24:2, se señalaban con árboles ó montones de piedras colocadas en los ángulos; y como con solo cambiar estos, era fácil usurpar el terreno del vecino, surgió de ahí un crimen especial, para corregir el cual hubo que imponer penas muy severas, Deut. 19:14; 27:17; Prov. 22:28; 23:10; Ose. 5:10.

MOLADA. Véase la próxima página.

MOLINO. Véase GRANO.

MOLOC, *un rey*, llamado MELCOM en 1 Rey 11:5; 2 Rey. 23:13, y MALCAM ó "el rey de ellos," (traducido así en Reina) en 2 Sam. 12:30; Jer. 49:1, 3; Sof. 1:5. Véase también Isa. 30:33; 57:9. Am. 1:15; 7:13. Es el nombre de una divinidad pagana adorada por los Ammonitas. Los Israelitas también introdujeron el culto de este ídolo, si no durante sus peregrinaciones en el desierto, si después de establecerse en Palestina, 2 Rey. 23:10; Ezeq. 20:26, 31; Am. 5:25, 26. Entre los sacrificios que se hacían á Moloc, contábase el de víctimas humanas, esto es, el de niños que eran arrojados vivos en los brazos (enrojecidos por el fuego) de su estatua hueca de bronce y con cabeza de becerro. Véase HINNOM. Comp. Lev. 18:21; 20:2; Deut. 12:31; Sal. 106:37, 38; Jer. 7:31; 19:2-6; 32:35. Según algunos de estos pasajes es de creerse que Moloc estaba estrechamente ligado con el Camos de los Moabitas, y con Baal, 2 Rey. 3:27; 23:10, 13; y se sabe que los Fenicios, cuyo principal dios era Baal, y los Cartagineses sus colonos, adoraban la imagen de esa deidad con sacrificios horribles semejantes á los ofrecidos á Moloc, y que otro tanto hacían los Romanos con su dios Saturno, 2 Rey. 17:16, 17; 21:5, 6.

MOLADA, *nacimiento*, ciudad en el sur ó sea la parte simeonita de Judá, Josué 15:26; 19:2; 1 Crón. 4:28, vuelta á ocupar después de la cautividad, Neh. 11:25, 26. Estaba situada en la región en donde Abraham moró largo tiempo, 8 millas al S. O. de Arad, y 13 al este de Beer-seba. Ahora es Kh. el-Milh.

MONTE, I,, en el sentido de *bosque*. Varios se mencionan en la Biblia, Jos. 17:15-18; 1 Sam. 22:5; 23:15; 1 Rey. 7:2; 2 Rey. 2:23, 24; 19:23; Zac. 11:2. En el bosque de Efraím, fué muerto Absalom, 2 Sam. 18:6. "Al monte de su Carmelo," 2 Rey. 19:23, parece denotar una especie de jardín que formaban los cedros del Líbano. Los bosques de propiedad de la corona eran cuidadosamente custodiados, Neh. 2:8. Esta palabra simboliza algunas veces el poder real, Isa. 10:18; también un terreno inculto á distinción del cultivado, Isa. 29:17.

II. Empléase en la Biblia esta palabra ó la de "montaña" para designar un cerro, y también una altura, una cordillera ó una comarca montañosa, Exod. 24:4, 12, 13, 18; Núm. 13:29; 14:40, 44, 45; Jos. 15:9. En Deut. 1:7; Jos. 9:1, se hace referencia á la comarca montañosa de la Palestina meridional; en Jos. 15:8, al Monte de los Olivos; en Sal. 3:4; 24:3, al Monte Sión; en 2 Rey. 1:9; 4:27, al Monte Carmelo, 1 Rey. 18:19; 2 Rey. 4:25.

Las montañas se cuentan entre las obras más sublimes y grandiosas del Creador en la tierra, y son los monumentos más nobles y duraderos de los grandes acontecimien-

tos. La mayor parte de las montañas citadas en las Escrituras, existen como testigos de Dios, y cada vez que vemos sus elevadas cimas, ó cada vez que nos trasladamos á ellas con el pesamiento, se nos vienen á la memoria los sagrados hechos y las verdades con ellas relacionadas. Así por ejemplo, el Monte Ararat es un monumento que nos trae á la memoria el diluvio, el pecado del hombre, y la justicia y misericordia de Dios. El Monte Sinaí hace presente lo terrible de la ley divina. El monte Carmelo nos manda, como el profeta Elías de otros tiempos, que no fluctuemos entre dos opiniones, sino que si Jehová es Dios, le amemos y le sirvamos. El Monte de la Transfiguración resplandece aún con la gloria de las verdades enseñadas allí, y los montes Ebal y Gerizim hacen resonar todavía las bendiciones y maldiciones tan solemnemente pronunciadas en otro tiempo desde ellos. Así también los montes Hor, Nebo, Líbano y Gilboa, han sido señalados por notables acontecimientos. Los montes Sión, Moría y Olivete, están cubiertos de preciosos recuerdos, y las montañas que rodean á Jerusalem, y todos los otros "montes eternos," son testigos sagrados del poder y la fidelidad de Dios.

Judea era un país montuoso por excelencia, y los profetas y poetas sagrados sacaban de las montañas que los rodeaban muchas hermosas y sublimes metáforas con que ejemplificaban la verdad divina. Así, por ejemplo, á un reino se le llama monte, Sal. 30:7, especialmente al reino de Cristo, Isa. 2:2; 11:9; Dan. 2:35. Así también una dificultad que se presenta, se denomina "gran monte," Zac. 4:7. Una revolución es el traslado de las montañas al medio del mar, Sal. 46:3. Dios quita fácil y prontamente todos los obstáculos— "los montes se derritieron como cera delante de Jehová," Sal. 97:5. La rectitud de la naturaleza divina es segura y duradera. "Tu justicia es como los grandes montes," Sal. 36:6. La eternidad del amor de Dios se pinta haciendo esta comparación: "Porque los montes se moverán y los collados temblarán, mas mi misericordia no se apartará de tí, ni el pacto de mi paz vacilará, dijo Jehová, el que ha misericordia de tí," Isa. 54:10. Cuando David desea expresar la estabilidad de su reino, dice, "Tú Jehová, por tu benevolencia has asentado mi monte con fortaleza," Sal. 30:7. La seguridad y protección dadas por Dios á su pueblo, se delinean así de un modo muy hermoso: "Jerusalem (tiene) montes al rededor de ella, y Jehová al rededor de su pueblo desde ahora y para siempre," Sal. 125:2. Cuando el profeta quizo expresar cuan pura era su fé en Dios, y cuánta confianza le inspiraba, muy superior á cualquiera que pudiera resultar de una bendición ó defensa terrenal, canta así: "Ciertamente vanidad son los collados, la multitud de los montes. Ciertamente en Jehová nuestro Dios está la salud de Israel," Jer. 3:23.

En el Hebreo se hace referencia á la cabeza de una montaña en Gén. 8:5; á sus orejas en Jos. 19:34; á sus hombros en Deut. 33:12; á su costado en 1 Sam. 23:26; á sus flancos en Jos. 19:12; á su costilla en 2 Sam. 16:13; á su muslo en Jue. 19:1, 18; á su espalda en la palabra Siquém, en la falda del Gerizim.

Los montes y collados de Judea estaban antiguamente cortados hasta la cima en forma de gradería y cubiertos de viñedos, olivos, higueras, etc. De aquí la expresión que alude á la viña del plantío de Dios, "Los montes fueron cubiertos de su sombra," Sal. 80:10; y otras varias por el mismo estilo. Los viajeros dicen que es cosa rara pasar una montaña, aun en las partes agrestes de Judea, que no indique que antiguamente estaba cortada en forma de gradería y había manado aceite y vino, aunque ahora se halle desolada y desnuda. Paxton dice: " Hay muchas comarcas que desgraciadamente están llenas de rocas; con todo, la tierra que hay entre estas es de clase muy superior ; y si las piedras se quebrasen, se amontonasen los pedazos grandes, y se mezclasen los pequeñas con la tierra, podría hacerse ésta muy productiva. Hay de ello pruebas muy notables en algunas comarcas, como en la que rodea á Hebrón, que abunda en rocas, y con todo, está cubierta de los viñedos más productivos. En cuanto á que de un país tan sumamente rocalloso se hablase en términos de tanto encomio en tiempo de los Patriarcas, lo que tengo que decir es que probablemente él era en verdad en aquella época la más hermosa de las tierras, y que las rocas que ahora yacen desnudas, estaban entonces cubiertas de tierra de la más rica."

MONTE DE LOS AMALECITAS, Jue. 12:15; una cordillera que corre al N. E. en el monte Efraím, cerca de Piratón.

MONTE DE LA CONGREGACIÓN, ó REUNIÓN, Isa. 14:13, altura sagrada al norte de Persia, probablemente el-Burj.

MONTE DEL VALLE, ó de Emec, Jos. 13:19, el terreno elevado de Rubén, al este de la estremidad norte de Mar Muerto.

MONTE DE LOS AMORRHEOS, Deut. 1:19, 20, cordillera que corre al N. E. desde el Desierto et-Tih en la península Sinaítica hasta Jebel el Mukrah.

MORADAS, Juan 14:2, habitaciones, lugares de residencia ; hay una abundancia de ellas en el cielo para todas los siervos de Cristo.

MORAL, la palabra hebrea significa *llorando*, é indica algún árbol que destila bálsamo ó goma. La especie particular no se conoce, aunque algunos piensan que es al chopo ó álamo temblón al que se alude, 2 Sam. 5:23, 24; 1 Crón. 14:14, 15.

MORESET-GAT, *posesión de Gat*, ciudad en la comarca baja de Judá, residencia de Miqueás el profeta, Jer. 26:18; Miq. 1:1, 13-15, probablemente cerca de Maresa y Eleutherópolis.

MORÍA, *mostrado por Jehová*, el cerro en el cual fué edificado el templo de Jerusalem, 2 Crón. 3:1. Véase JERUSALEM. Debió de haber sido el mismo lugar donde Abraham estuvo á punto de sacrificar á Isaac, Gén. 22:1, 2, 14, y donde David intercedió por su pueblo junto á la éra de Arauna Jebuseo, 2 Sam. 24:16-25; 1 Crón. 21:15-26.

MORTEROS ó almireces y sus manos, para separar el grano de su hollejo, y para moler semillas, especias, etc., se hacían á menudo de madera así como de metal. Los Hebreos los emplearon para poner el maná en estado de usarlo, Núm. 11:8. Grandes morteros de hierro para moler granos han sido empleados por los Turcos en la ejecución de los criminales ; pero no se sabe que ios Judíos hayan practicado alguna vez ese modo de castigar. Aun hoy día un artículo favorito de alimento en Siria; se prepara moliendocarne por horas enteras en un almirez de hierro, y añadiéndole grano y especias á medida que se majan, Prov. 27:22.

MORTIFICAR, dar la muerte, Rom. 8:13.

MOSA. Benjamita hijo de Saharaím, 1 Crón. 8:8, 9.

MOSA ó AMOSA, *manantial*, Jos. 18:26, ciudad en la frontera de Benjamín, 4½ millas al N. E. de Jerusalem.

MOSCA, género de insectos del cual hay muchas especies. Moisés las declara inmundas, así como á la mayor parte de los otros insectos, Lev. 11:42. Las moscas abundan en Egipto y son fastidiosas y molestas en extremo, pues atacan los párpados, etc. en enjambres y con la mayor tenacidad, y transmiten la oftalmia de una

persona á otra. Cuán intolerable puede ser una plaga de moscas, lo prueba el hecho de que comarcas enteras en el Levante han sido por algún tiempo despobladas por ellas, pues sus habitantes no podían resistir los incesantes ataques de esos insectos, Exod. 8:24.

"Las moscas muertas que dan mal olor al perfume del perfumador," Eccl. 10:1, manifiestan qué escándolo una pequeña tontería, es decir, pecado, puede causar en un hombre virtuoso. La corrupción tiende á difundirse, 1 Cor. 5:6. En Isa. 7:18, el profeta describiendo cada uno de los ejércitos de Egipto y de Arabia, bajo el símbolo de uno de los insectos que prevalecían en aquellos paises, dice: "Y acontecerá que aquel día silbará Jehová á la mosca que está en el fin de los ríos de Egipto, y á la abeja que está en la tierra de Asiria." Se cree por algunos que la mosca de que se habla aquí, es la llamada *zimb* ó mosca etíope, de la cual Mr. Bruce dice, "Es en tamaño muy poco más grande que una abeja, es más gruesa en proporción, y tiene alas más anchas que las de la abeja, como de gasa sin color ni mancha, y colocadas separadamente como las de una mosca común; y tienen la cabeza grande. Tan luego como aparece esta plaga, y se deja oir el zumbido que produce, todos los ganados abandonan su pasturaje, y corren desatinadamente por las llanuras, hasta que mueren de fatiga, susto y hambre. No queda otro remedio que dejar la tierra negra, y apresurarse á pasar á los arenales del desierto, y permanecer allí mientras duran las lluvias, pues este cruel enemigo no se atreve á perseguirlos mas allá." El camello también se ve obligado á huir ante estos insectos; y el elefante, y el rinoceronte se cubren de una gruesa armadura.

436

de lodo. Los filisteos y los Cananeos adoraban á Belzebub, el dios de las moscas, probablemente como patrón que los había de protejer contra estos insectos atormentadores.

MOSQUITO, pequeño insecto de dos alas, Mat 23:24. Colar el vino por temor de tragarse un mosquito y hacerse uno ceremonialmente impuro, Lev. 11:23, se aplica á los que supersticiosamente se muestran ansiosos de evitar la comisión de pequeñas faltas, y no tienen el mismo escrúpulo respecto de los grandes pecados.

MOSTAZA. Una especie de este arbusto annal, *Sinapis nigra*, se halla en Palestina, crece á la altura de 7 á 9 piés, y tiene un tallo de más de una pulgada de grueso. El profesor Hacket al estar examinando un campo en que había estas plantas, vió venir un pájaro por el aire á albergarse en las ramas delante de él, Mat. 13:31, 32; Mar. 4:31, 32. "Un grano de mostaza," era una expresión usada proverbialmente para denotar algo extraordinariamente pequeño, Mat. 17:20.

MOTA, partícula pequeña y seca, Mat. 7:3-5.

MUEBLAJE. *ajuar*, Gén. 31:34. á menudo los vasos del tabernáculo, Exod. 31:7. El mobiliario de una casa en el Oriente es escaso y sencillo aun entre los ricos, 2 Rey. 4:10, 13. Se nos habla sin embargo de pieles y de tapetes para reclinarse, y de divanes muy primorosos, Prov. 7:16, 17; Amós 6:4; de costosas colgaduras, Ester 1:6; de molinos de mano, de artesas, hornos, canastos, lámparas, tazas y vasijas de loza, oro y plata, Gén. 44:2, 5; 1 Rey. 10:21. Véase CASA.

MUERTE, se toma en la Escritura, primero: por la separación del cuerpo y del alma, la primera muerte, Gén. 25:11; segundo: por el acto de alejarse de Dios y exponerse á su ira, 1 Juan 3:14, etc.; tercero: por la segunda muerte que es la eterna condenación. La muerte en los tres sentidos indicados, fué la pena anexa á la trasgresión de Adam. Gén. 2:17; 3:19; y toda su posteridad es de trasgresores como él, y participa de la maldición que á él le fué pronunciada. "Cristo es nuestra vida." Todos los cristianos participan de ella espiritual y eternamente; y aunque el pecado y la muerte temporal les queden todavía para afligirlos, su aguijón les ha sido quitado, y en la resurrección el último enemigo será hollado, Rom. 5:12-21; 1 Cor. 15.

La muerte natural se describe como el

acto de exhalar el último aliento ó el espíritu, esto es *expirar*, Sal. 104:29; como el volver al polvo de que fuimos hechos, Gén. 3:19; Eccl. 12:7; como el acto de despojarse el alma del cuerpo, la vestidura con que se ha cubierto, 2 Cor. 5:3, 4; ó el tabernáculo en que ha habitado, 2 Cor. 5:1: 2 Ped. 1:13, 14. La muerte en ninguna parte significa *aniquilación*. El cuerpo no se aniquila, sino que se cambia en otras formas; y el alma que muere no se aniquila tampoco, sino es consignada á un eterno padecer. La muerte del creyente es una partida, un viaje á su hogar, un sueño en el seno de Jesús, Fil. 1:23; Mat. 26:24; Juan 11:11. Véanse INMORTLIDAD, y SADUCEOS.

El término *muerte* se usa también algunas veces para expresar una gran calamidad, un peligro inminente que amenaza la vida, como la persecución, 2 Cor. 1:10. "Las puertas de la muerte," Job 38:17, significan el mundo invisible ocupado por los espíritus desprendidos del cuerpo. La palabra *muerte* se emplea también figuradamente para denotar la insensibilidad de los cristianos á las tentaciones de un mundo pecador, Col. 3:3.

MUERTOS. Dos palabras hebreas se traducen "los muertos" en la Escritura: una de ellas expresa simplemente el hecho de que éstos han cesado de vivir en la tierra; y la otra, enteramente diversa, denota espíritus separados del cuerpo. Este término es importante por implicar necesariamente la naturaleza inmortal del espíritu humano.

MUJER. Se habla de la mujer en las Escrituras, como de la amada y estimada compañera y esposa del hombre, no como de una sierva de él, Gén. 2:23, 24; creada como complemento necesario del varón, Gén. 2:18-23, si bien subordinada á él, Gén. 3:16; 1 Cor. 11:3, 8, 9; 14:34, 35; 1 Tim. 2:11-14; con todo, muy adaptada á su esfera, y tan necesaria en el lugar que le corresponde como el hombre en el suyo. En hebreo, las palabras que significaban hombre y mujer, *ish* é *ishah*, son la misma, siendo ésta la terminación femenina de aquella. El hombre y la mujer son esencialmente un solo sér, siendo las cualidades naturales del uno el complemento de las del otro, y formando en conjunto la base de una tierna y permanente unión.

La Biblia dió, pues, á la mujer judía un lugar mucho más elevado del que tenía la mujer pagana, y así se ve que el Antiguo Testamento contiene algunas de las mejores delineaciones del carácter femenino. Mayor aún es el contraste entre las mujeres del paganismo y las del cristianismo. Aquellas viven con su mente y alma sin desarrollar, encerradas, degradadas, siendo meros juguetes y esclavas de sus maridos; éstas, educadas, instruidas, ennoblecidas, y siendo la alegría y bendición del mundo. El cristianismo prohibe al hombre tener más de una mujer, ó repudiarla, si no es por una sola causa, Mat. 5:32; 19:3-9; declara que los siervos y los libres, los varones y las hembras, todos son uno en Cristo Jesús, Gál. 3:28; que la esposa debe ser amada y complacida por el marido, Efes. 5:28-33; y que en el cielo ya no son dadas en casamiento, mas son como los ángeles de Dios, Mat. 22:30. Si la mujer fué la primera en la caída, fué honrada, por otra parte con la exclusiva generación humana del Salvador del mundo; y unas mujeres fueron las mejores amigas de Cristo durante el tiempo que él estuvo en la tierra, Mar. 15:40, 41; 16:1, 2; Juan 11. En la expresión "mujer," Juan 2:4; 19:26, empleada por Jesús para designar á su madre, no hay ni reproche, ni falta de respeto. Véase también Juan 20:13, 15. La primera maldición recayó con mayor peso sobre la mujer, pero el número crecido de mujeres en nuestras iglesias indica tal vez que Dios tuvo en mira que la gracia que él concedió al género humano fuese todavía más abundante para aquella que fué la primera en pecar y sufrir. El Nuevo Testamento prevee y anuncia la actividad que la mujer ha venido desplegando en el desempeño de sus deberes religiosos, Luc. 23:55, 56; 24:1; Hech. 16:15; Rom. 16:1-3, 6, 12; Fil. 4:3; 1 Tim. 5:10. En Sal. 68:11, se lee: "El Señor daba palabra; de las evangelizantes había grande ejército."

En el Oriente las mujeres han vivido en un encierro casi absoluto; aun hoy día no se presentan en público sino con tupido velo; no se mezclan en la sociedad, ni ven á los hombres que visitan á sus maridos ó á sus hermanos, y ni siquiera toman sus alimentos con los hombres de su propia familia. Su aislamiento era menos exagerado en las comarcas rurales que en las ciudades; y menos entre los Judíos, que entre la mayor parte de las demás naciones. En efecto las mujeres hebreas se sentaban á la mesa con los hombres, Rut 2:14; 1 Sam. 1:7-9; Job 1:4; Juan 2:3; 12:2. Según se menciona á menudo, tomaban parte en los asuntos nacionales, Jue. 11:34; 21:21; 1 Sam. 2; 18:6, 7; 1 Rey

18:13; 21:25. Algunas veces ocupaban puestos de autoridad, Jue. 4:4; 5; otras, asumían el cargo de profetisas, Exod. 15:20, 21; 2 Rey. 22:14: Neh. 6:14; Luc. 2:36; pero se empleaban principalmente en los quehaceres domésticos, Prov. 31, moliendo harina, haciendo pan, labores de hilo, etc., Gén. 18:6; 2 Sam. 13:8; Hech. 9:39. Las pobres recogían los desperdicios de las cosechas; las hijas de los patriarcas ayudaban á cuidar los rebaños de sus padres, Gén. 29:9; Exod. 2:16; y mujeres de todas clases acostumbraban sacar agua para el uso de la familia, llevándola en jarros de barro en sus hombros, algunas veces á una distancia considerable, Gén. 24:15-20; Juan 4:28.

MULO, un animal mixto, la cría del caballo y de la asna, ó de la yegua y el asno. El mulo es más pequeño que el caballo, y tiene orejas largas, aunque no tanto como las del asno. Es un animal notable por su fortaleza, paciencia, obstinación, y por la firmeza de su andar; vive dos veces más que un caballo, y se alimenta más fácilmente y á menos costo. Los mulos se usan mucho en España y en la América del Sur para transportar géneros al través de las montañas. Así también en los Alpes se usan por los viajeros entre las montañas, en donde un caballo á penas podría pasar con seguridad. No hay probabilidad de que los Judíos criasen mulos, porque les estaba prohibido ayuntar animales de diferentes especies, Lev. 19:19; pero no les estaba prohibido conseguirlos de otras partes y emplearlos, 1 Rey. 10:25; 2 Crón. 9:23, 24; Neh. 7:68; Ezeq. 27:14. Así se observa, especialmente después del tiempo de David, que los mulos, macho y hembra, eran comunes entre los Hebreos; antiguamente se usaban sólo asnos y asnas, 2 Sam. 13:29; 18:9; 1 Rey. 1:33, 38, 44; 10:25; 18:5; Est. 8:10, 14.

En Gén. 36:24 se dice que Ana encontró mulos en el desierto; pero la palabra hebrea significa manantiales de agua caliente. Véase ANA.

Otra palabra hebrea traducida "mulo," en Est. 8:10, 14, se traduce "caballo" en 1 Rey. 4:28, y "dromedario" en Miq. 1:13, y denota probablemente caballos ligeros.

MUNDO, la tierra que habitamos, 1 Sam. 2:8; 2 Sam. 22:16; Luc. 1:70, sus habitantes, Juan 3:16, ó un número considerable de ellos, Juan 12:19; Apoc. 13:3; en algunos pasajes, el universo, 1 Cor. 4:9; Heb. 11:3; Sant. 3:6; en algunos lugares equivale á país, y significa el Imperio Romano,

Hech. 17:6, ó Judea y sus alrededores, Luc. 2:1; 4:5; Hech. 11:28. Es en ciertos casos la traducción de la palabra hebrea OLAM, Isa. 45:17; 64:4; Ecl. 3:11, á la cual corresponde la palabra griega AION, traducida en la Biblia española por siglo en el sentido de periodo ilimitado en el futuro, Heb. 6:5, "siglo venidero," lo mismo Mar. 10:30; Luc. 18:30; 20:35, y también de la dispensación presente ó época actual traducida "los fines de los siglos," 1 Cor. 10:11; "la consumación de los siglos," Heb. 9:26; "este siglo," Mat. 12:32; 13:22, 39, 40, 49; 24:3; 28:20; Luc. 16:8; 20:34; Rom. 12:2; Gál. 1:4; Efes. 1:21; 1 Tim. 6:17; Tit. 2:12; Heb. 1:2; 11:3. Á menudo significa los objetos é intereses del tiempo y los sentidos, Mar. 8:36; Gál. 6:14; y las riquezas, honores, y placeres de esta vida, que el género humano ama en extremo, y cuya solicitación está generalmente tan llena de pecado, que se habla justamente de "el mundo" como de un enemigo de Dios, Mat. 16:26; Juan 7:7; 15:18, 19; Rom. 12:2; 2 Tim. 4:10; Sant. 4:4; 1 Juan 2:15-17; 3:1, 13. Satanás "el príncipe de este mundo," Juan 12:31; 14:30; 2 Cor. 4:4.

MUPPIM, huida ú oscuridad, Gén. 46:21, descendiente de Benjamín, llamado también Sufam, Suppim y Sefufim, Núm. 26:39; 1 Crón. 7:7, 12; 8:5.

MUROS. Los muros de las casas en el Oriente estaban construidos de diversos materiales, desde el barro, ó barro y piedrecitas, hasta la piedra cortada. Véase la última parte del artículo CASA. Los muros al derredor de las ciudades eran á menudo edificados de tierra, ó de adobe hecho de barre mezclado con cañitas ó paja; dichos muros eran muy anchos y muchos de ellos muy altos (véase BABILONIA,) y algunos podían ser destruidos con el fuego, Am. 1:10, 14. Empero muchas ciudades, como Jerusalem, tenían muros de piedra labrada, con torres, baluartes y almenas, Isa. 2:15; 9:10, y hasta se edificaban habitaciones sobre ellos, Jos. 2:15; 1 Sam. 19:12; 2 Cor. 11:33. La ruina causada cuando un muro se caía era á veces grande, Sal. 62:3; Isa. 30:13. Véanse CIUDAD y JERUSALEM. El grabado anterior representa una parte del muro hacia el oeste del area sagrada, Haram-es-Sherif, en Jerusalem. Creen los Judíos, y con buena razón para ellos, que las grandes piedras de la base formaron parte de los cimientos del antiguo templo, y que por consiguiente, al ponerse allí de pié se encuentran lo más cerca posible del Lugar

LUGAR DE LAS LAMENTACIONES DE LOS JUDÍOS.

Santísimo. Con tal motivo se reunen allí los Judíos todos los viernes, y con menos regularidad en otros días, á llorar y á lamentarse con todas las manifestaciones de un dolor profundo, Sal. 79:1, 4, 5, 102:14, y á orar por la venida del Mesías. En años pasados tenían que pagar un precio alto por ese privilegio melancólico. El muro en esta parte tiene 60 piés de altura. Un poco más allá de ese lugar, y hacia el sur, están los fragmentos de un inmenso arco de 41 piés de ancho, uno de los 5 ó 6 que sostenían la calzada elevada desde el monte Sión hasta el area del templo en el pórtico del sur, 1 Rey. 10:5; 1 Crón. 26:16, 18. Algunas de las piedras en esta parte del muro son de 20 á 25 piés de largo. Por las excavaciones hechas en algunas partes, se ha visto que los muros del area del templo llegaban hasta la roca primordial. Partes de los terrados en los costados de las colinas, estaban sostenidas por muros, y se cercaban con ellos viñas y jardines, Núm. 22:24; Cant. 4:12.

MURCIÉLAGO, clasificado entre las aves inmundas, Lev. 11:19; Deut. 14:18, á causa de sus alas y de su vuelo. Estos fastidiosos animales abundan todavía en las cavernas del Oriente, y hallan un escondrijo á propósito en las ruinas de los templos paganos, Isa. 2:20.

MÚSICA. Los antiguos Hebreos eran muy aficionados á la música, la cual usaban en sus cultos religiosos, en sus regocijos públicos y privados, en sus bodas y fiestas, Isa. 5:12; Am. 6:5; Luc. 15:25, y aun en sus duelos, Ex. 32:17, 18; 2 Crón. 35:25; Lam. 2:7. Tenemos en las Escrituras cánticos de regocijo, de acción de gracias, de alabanzas, y de duelo; también tristes elegías ó cánticos como los de David con motivo de la muerte de Saúl y de Abner, y las Lamentaciones de Jeremías acerca de la destrucción de Jerusalem; igualmente cánticos de victoria, triunfo y felicitación, como el que Moisés cantó después de pasar el Mar Rojo; el de Débora y Barac, y otros. El pueblo de Dios subía á Jerusalem tres veces al año regocijándose en el camino con cánticos de alegría, Sal. 84; 122; Isa. 30:29. El libro de los Salmos contiene una admirable variedad de piezas inspiradas á propósito para el canto, y es en todo tiempo un tesoro inagotable para la gente piadosa. La música es quizá la más antigua de las bellas artes, Job 21:12. Jubal, que vivió antes del diluvio, fué el padre de los que tocaban el arpa y el órgano, Gén. 4:21. Labán se queja de que su yerno Jacob lo había dejado sin darle oportunidad de enviarle al seno de su familia con alegría y con cantares, con tamboril y vihuela, Gén. 31:26, 27. Moisés, luego que hubo pasado el Mar Rojo, compuso un cántico y lo cantó con los varones israelitas, en tanto que María su hermana, á la cabeza de las mujeres, respon-

día con acompañamiento de panderos y danzas, Exod. 15:13, 20, 21. El legislador también mandó hacer trompetas de plata para que se tocasen en los sacrificios solemnes, y en las festividades religiosas. David que tenía grande destreza en la música, aliviaba el conturbado espíritu de Saúl tocando el arpa, 1 Sam. 16:16, 23; y cuando él mismo estuvo establecido en el trono, viendo que los Levitas no estaban empleados como antes, en llevar las tablas, velos y vasos del tabernáculo, por tener este ya una residencia fija en Jerusalem, designó á muchos de ellos para que cantasen y tocasen instrumentos en el templo, 1 Crón. 25. David llevó el arca á Jerusalem con música triunfal y alegre, 1 Crón. 13:8; 15:16–28; y de la misma manera Salomón fué proclamado rey, 1 Rey. 1:39, 40. Tanto David como él tenían cantores y cantoras, 2 Sam. 19:35; Ecles. 2:8; y los cánticos de Salomón eran mil y cinco, 1 Reyes 4:32. Los profetas del Antiguo Testamento buscaban también el suave auxilio de la música en sus cultos, 1 Sam. 10:5, 10; 2 Rey. 3:15; 1 Crón. 25:1, 3, 5.

Asaf, Heman y Jedutun eran directores de la música del tabernáculo en el reinado de David, y de la del templo en el de Salomón. Asaf tenía cuatro hijos; Jedutun seis, y Heman catorce. Estos 24 Levitas, hijos de los tres grandes directores de la música del templo, estaban á la cabeza de 24 bandas de músicos que servían en el templo por turnos. Su número era grande en las solemnidades principales, 1 Crón. 23:5. Colocábanse en orden al rededor del altar de los holocaustos. Como toda la ocupación de su vida se reducía á aprender y á practicar la música, es muy de suponerse que la conocieran bién, ya fuese vocal ó instrumental, 2 Crón. 29:25.

Para la música del templo se empleaban mujeres tanto como hombres; aquellas eran generalmente hijas de los Levitas. Esdras, en la enumeración que hace de las personas que trajo de la cautividad, cuenta 200 entre cantores y cantoras, 2 Sam. 6:5; 19:35; Esd. 2:65; Neh. 7:67.

De la naturaleza de esa música podemos formar juicio sólo por conjeturas, porque toda se ha perdido. Probablemente se componía de la unión de varias voces, todas las cuales cantaban juntas la misma melodía, cada una según su fuerza y calidad, sin contrapunto musical, esto es, sin esas diferentes partes y combinaciones que constituyen la armonía de nuestra música. Es también probable que las voces fueran por lo general acompañadas de música instrumental. Si de sus efectos, su magnificencia, su majestad, y los elevados sentimientos contenidos en sus cánticos, se puede inferir algo de cierto con relación á la música de los Hebreos, forzoso es que le concedamos grande excelencia. Se supone que los músicos del templo estaban algunas veces divididos en dos ó más coros separados, los cuales con un coro general cantaban alternativamente una pequeña parte del salmo, respondiéndose el uno al otro. La estructura de los Salmos hebreos se adapta admirablemente á este modo de cantar, y así podían producirse efectos de los más deliciosos y solemnes. Comp. Sal. 24, 136, 148, 150.

Muchísimos instrumentos musicales se mencionan en las Escrituras, pero ha sido imposible aplicar sus nombres con acierto á los diversos instrumentos que ahora están en uso. Comparando, sin embargo, los instrumentos que los Judíos tenían probablemente en común con los Griegos, los Romanos y los Egipcios, se ha obtenido alguna aproximación á la verdad en cuanto á la mayor parte de ellos. Eran de tres clases:

I. *Instrumentos de cuerda—neginoth:*

1. NINNOR, "el arpa," Gén. 4:21; 31:27, mencionada frecuentemente en las Escrituras, y probablemente una especie de lira.

2. NEBEL, "el salterio," 1 Sam. 10:5. Este parece haber sido el nombre de varios instrumentos grandes de la clase del arpa.

3. ASOR, que significa decacordio ó con diez cuerdas. En Sal. 92:3, denota al parecer un instrumento distinto del NEBEL, pero en otras partes parece que es simplemente una especie del Nebel, que tiene diez cuerdas. Véase Sal. 33:2; 144:9.

4. GITTITH. Se halla en los títulos de los Salmos 8, 81, 84, etc. Á juzgar por su nombre, David lo debió de traer de Gat.

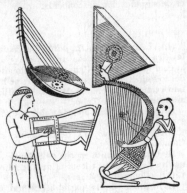

Otros infieren que es nombre genérico de todo instrumento de cuerda.

5. MINNIM, *cuerdas*, Sal. 150:4, probablemente el nombre genérico de los instrumentos de cuerda.

6. SABBECA, "sinfonía," Dan. 3:5, 7, 10, 15. Especie de lira de cuatro ó más cuerdas.

7. PESANTERIN, "salterio." Se halla en Dan. 3:7, y se supone que representaba el Nebel.

8. MAHALATH. Se halla en los títulos de los Salmos 53 y 88; se supone que es un laud ó guitarra. MACHOL, traducido "corros" en Exod. 15:20; "bocina" en Sal. 150:3, y "címbalo" en Sal. 150:5, era probablemente una especie de flauta.

Véanse también las viñetas en la palabra ARPA.

II. *Instrumentos de viento.*

9. KEREN, "cuerno de carnero," Jos. 6:5; 1 Crón. 25:5; traducido adufe el Sal. 150:4.

10. SHOPHAR, "trompeta," Núm. 10:10, usado para dar llamada á las huestes, etc., Exod. 19:13; Núm. 10:10; Jue. 3:27; 7:8; 2 Sam. 6:15, sinónimo de Keren.

11. CHATZOZERAH, "la trompeta derecha," Núm. 10:1-10; Sal. 98:6.

12. JOBEL ó KEREN JOBEL, "cuerno de jubileo," ó bocina de cuerno, Jos. 6:4; probablemente la misma que se describe en los números 9 y 10.

13. CHALIL, "pito" ó "flauta;" esta palabra significa taladrado de parte á parte, 1 Sam. 10:5; 1 Reyes 1:40; Isa 5:12; 30:29; Jer. 48:36.

14. MASHROKITHA, Dan. 3:5, etc.; pro-

bablemente el nombre caldeo para designar la flauta de dos cañas.

15. UGAB, traducido "órgano" en la

Biblia española, Gén. 4:21; Job 21:12; 30:31; Sal. 150:4. Significa un tubo doble, probablemente lo mismo que el tubo de "Pan," ó quizá parecido á la gaita, marcada con el número 16 en el grabado.

III. *Instrumentos que se tocaban chocándolos ó golpeándolos.*

17. TOPH, Gén. 31:27; el tamboríl y todos los instrumentos de la clase del tambor, Ex. 15:20; Job 21:12; Sal. 68:25; Isa 24:8.

18. PAAMON, "campanilla;" Ex. 28:33; 39:25, atadas á la orla de la vestidura del sumo sacerdote.

19. TZELTZELIM, "címbalos" ó platillos,

441

2 Sam. 6:5; 1 Crón. 16:5; Sal. 150:5; palabra que ocurre frecuentemente. Había probablemente dos especies, címbalos de mano, y címbalos de dedos.

20. SHALISHIM, 1 Sam. 18:6. En la Biblia española, "panderos." Muchos escritores lo identifican con el triángulo.

21. MENAANEIM, "címbalos," 2 Sam. 6:5; probablemente el sistro. La palabra hebrea significa *sacudir*. El sistro era generalmente como de 16 ó 18 pulgadas de largo, á veces incrustado de plata, y teniéndolo en una posición vertical, se sacudía, y las varillas se movían de lado á lado en el marco.

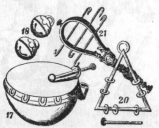

Algunos más detalles relativos á estos instrumentos pueden hallarse bajo los varios nombres que tienen en la Biblia. En Dan. 6:18, en vez de "instrumentos de música," tal vez deberíamos leer "concubinas."

MUSLO. La manera de hacer un juramento á que se alude en Gén. 24:2-9; 47:29-31, significaba la obligación que asumía el que juraba de obedecer ó guardar fidelidad, como bajo el pacto de la circuncisión. El muslo de Jacob fué dislocado por el Ángel, para manifestar al patriarca que su triunfo era debido á su fé y oración, y no á su fuerza física, Gén. 32:25-31. Los Judíos de Inglaterra acostumbran aún extraer el nervio ciático de las piernas traseras de las reses. El darse un golpe en el muslo, era señal de declararse culpable y de que se sentía dolor, Jer. 31:19; Ezeq. 21:12. Los guerreros acostumbraban llevar su espada colgada del lado del muslo izquierdo, excepto cuando eran zurdos, listos para usarla, Jue. 3:15-21; Sal. 45:3; Cant. 3:8; así también pudieron haber llevado sus nombres y títulos, no solamente en sus escudos, sino también en sus espadas ó en el manto ó cota de malla que cubría el muslo, Apoc. 19:16. "Pierna y muslo," Jue. 15:8, parece significar plena é irremisiblemente. En Cant. 7:1, "los cercos de tus muslos," es frase traducida por algunos, "los cíngulos de tus lomos," es decir, los calzones.

MUT-LABBEN, en el título del Salmo 9, es de significación desconocida.

N.

NAALAL ó NAALOL, *pasturaje*, ciudad levítica de Zabulón, Jos. 19:15; 21:35, de la cual no fueron los Cananeos desalojados del todo inmediatamente, Jue. 1:30; se hallan vestigios de ella en Malúd, 8½ millas al oeste del Monte Tabor.

NAAM, *amenidad*, hijo de Caleb, 1 Crón. 4:15.

NAAMA, *ameno*, I., descendiente de Cain, Gén. 4:22.

II. Una Ammonita esposa de Salomón, y madre de Roboam, 1 Rey. 14:21, 31; 2 Cró. 12:13. Comp. 1 Rey. 11:1.

III. Ciudad de la parte occidental de Judá, Jos. 15:41; probablemente Naaneh, 8 millas al este de Yebna.

IV. Una región desconocida de Arabia, la tierra de Sofar, Job 2:11; 11:1; 20:1.

NAAMÁN, *amenidad*, I., nieto de Benjamín, Gén. 46:21; Núm. 26:40, tal vez el mismo que es llamado Oziel en 1 Crón. 7:7.

II. El valiente y muy estimado general de Ben-adad II., rey de la Siria Damasquena, en el tiempo de Joram, rey de Israel. Fué atacado de la lepra, pero milagrosamente curado lavándose siete veces en el Jordán, Lev. 14:7, según la dirección de Eliseo, 2 Rey. 5. Había hallado que todos sus honores y su poder carecían de valor alguno, y que ninguno de los médicos podía curarle; y por eso llegó á prescindir de su orgullo, y á valerse del sencillo remedio que le fué prescrito, y habiéndose aliviado quedó agradecido no sólo al profeta, sino al Dios del profeta. El cedió francamente ante la evidencia que probaba que Jehová era el Dios vivo y verdadero, y llevó á su casa consigo dos mulos cargados de tierra para erigirle un altar al Señor, Exod. 20:24. Con respecto á lo que hiciera al acompañar á Ben-adad cuando éste fuera al templo de Rémmon, el profeta no le dió ninguna regla precisa, pero lo despachó en paz, discerniendo, según es de suponerse, un creciente temor y amor hacia Dios que lo preservaría de rendir homenaje, aun externo, al ídolo. Véase GIEZI. Es una confirmación nó intencional de la autenticidad de la Escritura, el hecho que sólo Lucas "el médico," es el único evangelista que hace referencia á este milagro de curación, Luc. 4:23-27.

Un hospital para los leprosos ocupa en Damasco el sitio que se tiene como el de la casa de Naamán.

NAARA, *muchacha*, esposa de Asur, de la tribu de Judá, 1 Crón. 4:5, 6.

NAARAI, *joven*, oficial distinguido en el ejército de David, 1 Crón. 11:37; llamado Paarai en 2 Sam. 23:35.

NAARÁN, *juvenil*, en Jos. 16:7 Naarata, ciudad de Efraím, hácia el límite oriental, 1 Crón. 7:28. Probablemente Kh. el Aujah, 6 millas al norte de Jericó y dominando el valle del Jordán.

NAAS, *serpiente*, I., rey poderoso y cruel de los Ammonitas que sitió á Jabes de Galaad, y ofreció á sus habitantes términos bárbaros de capitulación, pero fué derrotado por Saúl, que acudió al socorro de aquellos, 1 Sam. 11; 12:12. Él ó su hijo del mismo nombre, trató amistosamente á David, como lo hizo Sobi hijo de Naas, 2 Sam. 10:2; 17:27-29. Véase HANUN.

II. Según parece, el marido de una mujer de quién él tuvo á Abigaíl y á Sarvia, y que fué después la esposa de Isaí, 2 Sam. 17:25; 1 Crón. 2:16.

NAASÓN, *hechicero*. Fué el hijo de Aminadab, y uno de los antepasados de Nuestro Señor. Mat. 1:4; Luc. 3:32; jefe de la tribu de Judá en el desierto, Núm. 1:7; 2:3; 7:12; 10:14, y cuñado de Aarón, Exod. 6:23; Rut 4:18-20; 1 Crón. 2:10-12. Murió en el desierto, Núm. 26:64, 65. Su hijo Salma se casó con Racab.

NABAJOT, *alturas*, el hijo primogénito de Ismael, Gén. 25:13, cuya posteridad ocupó los pasturajes de parte de la Arabia Desierta, Isa. 60:7, y acabó por posesionarse de Edom. Se cree que fueron los Nabateos de la historia profana. Véase IDUMEA.

NABAL, *necio*, descendiente de Caleb, propietario de grandes bienes en tierras y rebaños en Maon y el Cármelo, en el sur de Judá. Debía grandes favores á David por la protección que le daba contra los ladrones del desierto; y con todo, en la hora más á propósito para manifestar una generosidad hija de la gratitud, obró de una manera ruin, y rehusó acceder á la modesta petición que le hizo David, la cual estaba en completa armonía con la ley no escrita de aquellos tiempos, solicitando provisiones para su tropa necesitada. Indignado de tal ingratitud y falta de hospitalidad, David pronto se puso en camino para hacer pasar á cuchillo á él y á su gente. Felizmente la discreta intervención de Abigaíl convenció á David de que la venganza no era propia de él, y evitó esa catástrofe. Diez días después, herido del Señor, rindió la vida, 1 Sam. 25. Véase ABIGAÍL. Esta historia es una de las que nos dan una idea de la vida privada de los Hebreos.

NABOT, *frutos ó eminencia*, un Israelita de Jezreel que rehusó vender la viña de sus antepasados á Acháb, el rey idólatra de Israel, Lev. 25:23, 24; y fué por ese motivo asesinado haciéndosele el cargo falso de blasfemia, lo cual fué maquinado por Jezabel la reina. Acháb tomó inmediatamente la viña codiciada, tal vez por haber sido legalmente confiscada por el gobierno, considerándose la blasfemia como traición, ó quizá porque los herederos, á causa de que sus hijos habían perecido con él, se abstuvieron de hacer valer sus derechos, por temor á los ardides poco escrupulosos de Jezabel. Elías sin embargo tuvo el valor de amenazar al rey y á la reina con la venganza de "Uno más alto que ellos," 1 Rey. 21; 2 Rey. 9:24-26, 36; Ecl. 5:8.

NABUCODONOSOR, *Nebo su protector*, el hijo y sucesor de Nabopolassar, que fué el primero que reinó en la Caldea después de la caida de Asiria. El hijo ascendió al trono de Caldea por el año 604 A. C. Había estado algún tiempo antes asociado con su padre en el gobierno del reino, y fué enviado á recobrar á Cárquemis, que había sido quitada al imperio por Necáo rey de Egipto. Habiendo obtenido buen éxito, marchó contra el gobernador de Fenicia y Joaquim, rey de Judá, tributario de Necáo, rey de Egipto. Se apoderó de Joaquim, y lo encadenó para llevárselo cautivo á Babilonia; pero después lo dejó en Judea, á condición de que le pagara un gran tributo anualmente. Se llevó consigo á varias personas de Jerusalem, entre otras á Daniel, Ananías, Misael y Azarías, todos de la familia real, á quienes hizo educar cuidadosamente en el idioma y ciencia de los Caldeos para que pudiesen ser empleados en la corte, 2 Rey. 24:1; 2 Crón. 36:6; Dan. 1:1.

Habiendo muerto Nabopolassar, Nabucodonosor, que entonces se hallaba en Egipto ó en Judea, se dirigió apresuradamente á Babilonia, dejando á sus generales el cuidado de llevar á Caldea á los cautivos tomados en Siria, Judea, Fenicia y Egipto; porque según Berosus había subyugado todos estos países. Distribuyó á todos los cautivos en varias colonias, y depositó en el templo de Belus los vasos sagrados del templo de Jerusalem y otros ricos despojos. Joaquim, rey de Judá, permaneció tres años sometido á Nabucodonosor, y entonces se rebeló; pero después de tres ó cuatro años fué sitiado y capturado en Jerusalem; diéronle muerte, y su cuerpo fué arrojado á las aves del aire, según la predicción de Jeremías, cap. 22.

Su sucesor Joaquin ó Jeconías, rey de Judá, habiéndose rebelado contra Nabucodonosor, fué sitiado en Jerusalem, obligado á rendirse, y llevado cautivo á Babilonia con sus principales empleados; también lo fueron su madre, sus esposas, y los mejores obreros de Jerusalem, hasta el número de 10,000 hombres. Entre los cautivos se hallaban Cis, el antepasado de Mardoquéo, y Ezequiel el profeta, Ester 2:6. Nabucodonosor tomó también todos los vasos de oro que Salomón hizo para el templo, y el tesoro del rey, y puso en el trono de Judá á Mattanías, tío de Jeconías por parte del padre, á quién dió el nombre de Sedecías. Sedecías permaneció fiel á Nabucodonosor nueve años, al fin de los cuales se rebeló, y se confederó con los príncipes vecinos. El rey de Babilonia fué á Judea, tomó las principales plazas del país, y sitió á Jerusalem; pero habiendo salido Faraon Hofra de Egipto á dar auxilio á Sedecías, Nabucodonosor fué á su encuentro, y lo obligó á retirarse á su propio país, Jer. 37:5, 8; Ezeq. 17:15. Hecho esto, volvió de nuevo al sitio de Jerusalem, el cual continuó más de un año. En el año 11º de Sedecías, 588 A. C., fué tomada la ciudad, y habiendo sido capturado Sedecías, Jer. 39:5, lo condujeron ante Nabucodonosor que se hallaba entonces en Riblah de Hamat. El rey de Babilonia condenó á muerte al de Judea; hizo matar á sus cinco hijos en su presencia, y entonces le sacó los ojos, lo cargó de cadenas y lo envió á Babilonia, 2 Rey. 24; 25; 2 Crón. 36.

Durante el reinado de Nabucodonosor, la ciudad de Babilonia y el reino llegaron á su más alto grado de esplendor. Nabucodonosor conquistó á Fenicia llevando á cabo el largo sitio de Tiro, y asoló á Egipto, Jer. 46:1-26; Ezeq. 29:2-20; 30:6. Construyó grandes estanques, canales y palacios, y fortificó á Babilonia con triples muros. Los ladrillos que ahora se hallan en centenares de lugares por toda aquella región, llevan todos su nombre. Tomó el mayor empeño en adornar á Babilonia, y este fué uno de los grandes objetos de su orgullo. "¿No es esta la gran Babilonia, dijo él," que yo he edificado con la fuerza

de mi poder para casa de mi reino, y para honor de mi magestad?" Pero Dios venció su orgullo con aquella extraña forma de locura llamada zoantropia, bajo el influjo de la cual la víctima se cree cambiada en algún animal, y obra como si lo fuera, Dan. 4:16. Por siete años, según parece, se vió en ese estado, hasta que adquirió sabiduría y recobró su juicio, según las predicciones de Daniel. Véase Dan. 1-4. Una inscripción hallada entre las ruinas de las márgenes del Tigris, y que ahora se ve en la casa ocupada en Londres por la compañía de la India Oriental, da una relación de las varias obras de Nabucodonosor en Babilonia y Borsippa. Se cuenta en dicha relación, interrumpida repentinamente, que el corazón del rey se endureció contra los astrólogos caldeos. "No hizo donaciones para objetos religiosos. Hizo cesar el culto de Merodac, y puso término á los sacrificios de las víctimas. *Procedió así por encantamiento.*" Supónese que Nabucodonosor murió en 562 A. C., después de un reinado de cosa de 43 años. Fué devoto adorador de Bel Merodac, cuya imagen dorada, puesta en el llano de Dura, tenía 60 codos de altura, con su pedestal. Muchas cosas manifiestan la crueldad y violencia de su carácter. Su segunda esposa, la reina Nitocris, mencionada por Heródoto, era una mujer egipcia.

Una de las famosas obras atribuidas á Nabucodonosor, y de la cual no hay duda que él se enorgullecía mucho, era los famosos "jardines colgantes," que se dice construyó para satisfacer los deseos que su primera mujer, la reina Amuhia, tenía de ver bosques elevados, tales como los que había en Media, su país natal. Esto, en un país tan plano como lo era Babilonia, podía efectuarse solamente construyendo una montaña artificial, y en consecuencia el rey mandó hacer una de 400 piés de lado y de 75 de altura. Los terraplenes ó terrados sucesivos eran sostenidos por hileras simétricas de pilares cubiertos de grandes piedras, sobre las cuales estaban colocadas gruesas capas de estera cubiertas de betún, y dos ordenes ó tendidos de piedra cubiertos á su vez con una capa sólida de plomo. Sobre una plataforma de esta clase, se fabricaba otra semejante, pero más pequeña, y así sucesivamente. Los varios terraplenes eran entonces cubiertos de tierra y sembrados de árboles, arbustos y flores. Todo era regado por el Eufrates (que corría por su base) por medio de una maquinaria construida dentro del edificio. Estos jardines ocupaban sólo una pequeña parte de la dilatadísima area del palacio, teniendo el muro que lo cercaba todo, una circunferencia de seis millas. Dentro de éste había otros dos muros y una gran torre, además de los edificios del palacio, los atrios, jardines, etc.

Todas las puertas eran de metal, tal vez bronce, lo cual concuerda con el lenguaje empleado por Isaías al predecir la captura de Babilonia por Ciro, Isa. 45:1, 2. Se cree que las ruinas de los jardines colgantes se hallan entre la vasta mole irregular llamada Kasr, que se halla en el lado oriental del Eufrates y tiene 800 yardas de largo y 600 de ancho en su base. Los ladrillos tomados de allí son de clase fina, y están todos sellados con el nombre de Nabucodonosor.

Otra obra de este monarca fué aquella cuyas ruinas llevan hoy el nombre de Birs-Nimrod y se ven como 8 millas al S. O. de la estructura anterior. Véase BABEL. Las investigaciones hechas por Sir Henry Rawlinson han puesto de manifiesto que esa obra fué construida por Nabucodonosor sobre las ruinas de un edificio de época más antigua. Tenía siete gradas ó terrados. En la cima estaba el santuario y observatorio del templo, que ahora es una masa vitrificada. Cada piso estaba dedicado á un planeta diferente, y teñido con el color atribuido á aquel planeta en el sistema astrológico de esa época. El primer piso, consagrado á Saturno, era negro; el de Júpiter, anaranjado; el de Venus, verde, y el de Mercurio azul. El templo era blanco, probablemente por ser éste el color atribuido á la luna. En los ángulos de las ruinas de ese gran edificio, exploradas recientemente, se hallaron cilindros con inscripciones en forma de zaeta, hechas en nombre de Nabucodonosor, las cuales nos informan que el edificio tenía el nombre de "Los periodos de las siete esferas de Borsippa;" que se había estado desmoronando, y que el rey, movido por Merodac su dios, lo había reconstruído con ladrillos hermoseados con lapiz-lázuli, sin cambiar su sitio ni destruir la plataforma que le servía de cimiento. Hácese constar también que esa restauración tuvo lugar 504 años después de haber sido construído en aquella forma por Teglat Falasar I., 1100 A. C. Si ese edificio no está precisamente en el sitio de la torre de Babel mencionada en la Biblia, y del templo de Belo descrito por Herodoto, parece por lo menos que al erigirlo se siguió en el conjunto el mismo plan. Todos los ladrillos que se han tomado de allí llevan impreso el nombre de Nabucodonosor. Borsippa parece haber sido un suburbio de la antigua Babilonia.

NABUSEZBAZ, *adorador de Nebo*, el Rab-saris ó chambelán en jefe del rey de Babilonia, como Aspenaz, Dan. 1:3; él envió oficiales á sacar á Jeremías de la prisión, Jer. 39:3, 13; comp. 2 Rey. 18:17.

NABUZARADÁN, capitán de la guardia bajo el mando del rey Nabucodonosor, y agente de este rey en el saqueo y destrucción de Jerusalem, 2 Rey. 25:8-21; Jer. 39:8-10. Trató con muchas consideraciones á Jeremías, siguiendo las instrucciones del rey, Jer. 39:11; 40:1-5. Algunos años después se llevó á 745 cautivos más, Jer. 52:12-30.

NACÓN, *preparado*, una éra de Quidón, contigua á la casa de Obed-edom, cerca de la cual fué muerto Oza; lugar llamado por ese motivo Perez-Oza, 2 Sam. 6:6; 1 Crón. 13:9.

NACOR, *resoplido*, I., hijo de Serug y padre de Tare, Gén. 11:22-25; Luc. 3:34. Vivió 148 años.

II. Hijo de Tare y hermano de Abraham y de Haran. Se casó con Milca su sobrina en Ur de los Caldeos, Gén. 11:26, 29, pero mudó su residencia á Haran, Gén. 24:10; 27:43. Tuvo 12 hijos, 8 de su esposa y 4 de su concubina Reuma, y entre los primeros se contaba Betuel el padre de Rebeca, Gén. 22:20-24. Parece haber sido adorador del verdadero Dios, Gén. 24:3, 4; 27:2; 31:53.

NACIÓN, usada en la Biblia en su sentido ordinario, pero que en algunos pasajes implica no solamente el conjunto de los extrangeros á distinción de los Judíos, sino el de los paganos, como en Isa. 9:1; 36:18; 37:12.

El término *nación* denota algunas veces el fundador de un pueblo, Gén. 25:23.

NADAB, *liberal*, I., hijo mayor de Aarón y de Elisabet. Ex. 6:23; Núm. 3:2, ungido para el sacerdocio, Exod. 28:1. Fué escogido con otros para acompañar á Moisés hasta cierta distancia cuando iba á tener su larga entrevista con Jehová en el Sinaí, Exod. 24:1. Él y Abiú usaron fuego no consagrado y prohibido para quemar incienso, Lev. 6:12; 10:1, 2; Núm. 3:4; 26:61, y fueron muertos con motivo de ese atrevimiento. Nadab no dejó hijos, 1 Cró. 24:2. Véase ABIÚ.

II. Hijo de Jeroboam I., rey de Israel. Sucedió á su padre 954 A. C. y reinó menos de dos años. Fué asesinado cuando sitiaba á Gebbetón, que estaba entonces en poder de los Filisteos, por Baasa, de la tribu de Issacar, quien usurpó su reino. Nadab hizo lo malo ante los ojos del Señor, y con él perecieron sus hijos y la raza de Jeroboam, como Dios lo había predicho por conducto de Ahías, 1 Rey. 14:5–11; 15:25–30. Comp. 1 Rey. 16:9-15, en cuanto á la retribución de la posteridad de Baasa en el mismo lugar.

III. Hijo de Sammai, tribu de Judá, 1 Crón. 2:28, 30.

IV. Hijo de Jehuel, Benjamita, fundador de Gabaón, 1 Crón. 8:30; 9:36.

NAFIS, *refrescado*, 11º hijo de Ismael, Gén. 25:15; 1 Crón. 1:31; 5:19-23. Su posteridad formó un pueblo pastoril, en un lugar al S. E. de Hermón.

NAFTUHIM, ó NEPTUIM, Gén. 10:13; 1 Crón. 1:11; es posible que se hallen vestigios de él en los antiguos Memfitas que tenían una divinidad llamada Fita, véase NOF; ó en Nafata, en el gran recodo que el Nilo forma en Meroe, llamado ahora Soudan.

NAGGAI, *brillantéz*, hijo de David y antecesor de Jesús, Luc. 3:25, acaso el hombre llamado Naarías en 1 Crón. 3:22, 23.

NAHALIEL, *torrente de Dios*, 51ª estación de los Israelitas, Núm. 21:19, valle que se junta al Arnón por el norte.

NAHARAI, *ronquido*, 2 Sam. 23:37; 1 Crón. 11:39, escudero de Joab.

NAHAT, *descanso*, I., príncipe idumeo, Gén. 36:13, 17.

II. Levita antepasado de Samuel, 1 Cró. 6:26; llamado Tohu en 1 Sam. 1:1; 1 Cró. 6:34.

III. Levita durante el reinado de Ezequías, 2 Crón. 31:13.

NAHUM, *consuelo*, el séptimo de los doce profetas menores. Los pormenores de la vida de Nahum son desconocidos. Sólo se sabe que fué natural de Elcesía, que probablemente era una población de Galilea. Su profecía se compone de tres capítulos que forman un discurso en el cual predice la destrucción de Nínive de una manera tan vívida y enérgica, que podría parecer que él había presenciado los hechos que describe. La elegancia genial, el fuego y la sublimidad de su estilo, causan universal admiración.

Hay varias opiniones en cuanto al tiempo en que Nahum profetizó. Los mejores intérpretes adoptan la opinión de Jerónimo, de que él profetizó en el tiempo de

Ezequías, después de la guerra de Sennaquerib en Egipto, mencionada por Berosus. Comp. Isa. 20:6, y Nah. 3:8. Nahum habla de la toma de No-amon, de la altivez de Rabsaces y de la derrota de Sennaquerib, como de cosas ya pasadas. Deja entender que la tribu de Judá estaba todavía en su propio país, y que allí celebraba sus festividades. Da noticia también de la cautividad y dispersión de las diez tribus.

Isaías y Miqueas fueron sus contemporáneos. Nínive pereció como 100 años después, 606 A. C., y los restos que de ella se han exhumado concuerdan bien con la descripción que él hizo á ese respecto.

NAIN, *pastos verdes*, en donde Cristo obró uno de sus principales milagros resucitando al unigénito de una viuda, Luc. 7:11-17; era una pequeña población de Galilea, hermosamente situada en la falda N. O. de Jebel el-Duhy, "el cerro Moreh," cuatro millas al S. O. del monte Tabor, y dominando al oeste de la llanura de Esdraelon. Ahora es una pequeña aldea de cosa de 20 habitaciones pobres que se hallan entre extensas ruinas, y tiene el nombre de Nein. Todavía se hallan sepulcros en los suburbios, y el viajero puede determinar aún con alguna aproximación el sendero seguido por Cristo al acercarse á ella.

NAJOT, *habitaciones*, la morada de Samuel y sus discípulos, quienes constituían la "escuela de profetas," 1 Sam. 19:18-24; 20:1. Parece haber sido un suburbio de Ramot, y David habiendo buscado refugio allí con Samuel, fué perseguido por Saúl.

NAMSÍ, *salvo*, abuelo de Jehú, 2 Reyes 9:2, 14, llamado á menudo su padre, por ser quizá más conocido que Josafat, vers. 20; 1 Rey. 19:16; 2 Crón. 22:7.

NARCISO, nombre de una flor, y de un Romano. Á muchos de los de su casa saluda Pablo como á cristianos, Rom. 16:11.

NARDO, (Heb. NERD,) término derivado del Sanscrito, y que denota "dando olor;" aceite ó ungüento oloroso tenido en alta estimación, y del cual se dice en Cant. 1:12 que perfumaba á la esposa; comp. Cant. 4:10, y esparcía su fragancia "mientras el rey estaba sentado á su mesa." En Cant. 4:13, 14, el rey al comparar á la esposa á un jardín, incluye el nardo entre sus preciosas plantas; y ella desea que sus aromas puedan todos exhalarse para agradarle, vers. 16. En armonía con las costumbres orientales, puede considerarse el ungüento de la esposa como don del rey; comp. Est. 2:12; y los agradables olores pueden simbolizar las gracias espirituales de la iglesia emanadas de Dios, y ejercidas bajo la influencia de su Espíritu. Es interesante

EL NARDOSTACHYS JATAMANSI DE UNA SOLA ESPIGA.

notar la correspondencia que existe entre estas referencias al nardo, únicas que se hallan en el Antiguo Testamento, y las únicas noticias que del mismo se dan en el Nuevo. Algunos días antes de la crucifixión de nuestro Señor, María, la hermana de Lázaro, llevó un vaso de alabastro lleno de ungüento de nardo puro, de mucho precio, y quebrando el alabastro, le ungió con dicho ungüento, y la casa se llenó con su fragancia; y por esta manifestación de su reverente amor, ella fué objeto de un alto encomio por parte del Rey de la iglesia, Mar. 14:3-9; Juan 12:1-8; comp. Mat. 26:6-13; Filip. 4:18. La cantidad gastada así ascendía á más de 300 denarios, que equivalen á cerca de 50 pesos. Véanse ALABASTRO, DENARIO, ESPECIAS. Muchos escritores griegos y latinos mencionan el nardo. Es una planta de la India Oriental que tiene muchas espigas vellosas, en griego *stachus*, en lat. *spica*, de la misma raíz, viniéndole de ahí el nombre de *nardostachos* ó *spica nardi*, en español espicanarda ó nardo espique. Los naturales del

Hindostan, le llaman *jatamansi* y *balchur*. Pertenece á la familia Valeriana.

NARIZ. Varias expresiones en que en las Escrituras se halla esta palabra, dimanan del hecho de que la cólera á menudo se manifiesta por el inflamiento de las narices causada por lo fuerte de la respiración, y en los animales por el resoplido, 2 Sam. 22:9; Job 39:20; Sal. 18:8; Jer. 8:16. Sortijas de oro colgadas en el cartílago de la nariz, ó en la ventana izquierda de la misma, eran y lo son todavía adornos favoritos entre las mujeres orientales, Gén. 24:22, 47; Prov. 11:22; Isa. 3:21; Ezeq. 16:12. Se metían argollas en las narices de los animales para guiarlos y domarlos; y según las planchas recientemente descubiertas en Nínive, los cautivos entre los Asirios eran algunas veces tratados del mismo modo, 2 Rey. 19:28; Job 41:3; Ezeq. 38:4. Véase NÍNIVE.

NATACIÓN. El modo de nadar representado en las esculturas egipcias consiste en mover una mano por encima de la otra y golpear el agua fuertemente con ellas, Isa. 25:11.

NATALICIO. El aniversario del nacimiento de alguno era celebrado aun en los tiempos más antiguos, Gén. 40:20; Job 1:4, 13, 18, y á menudo con no pequeña pompa. No se hace mención, sin embargo, de tales celebraciones entre los Judíos, si no es tratándose de Herodes, Mat. 14:6.

NATANAEL, *el don de Dios*, discípulo de Cristo, probablemente el mismo individuo llamado Bartolomé. Véase esta palabra. Era natural de Caná de Galilea, Juan 21:2, y fué uno de los primeros en reconocer al Mesías, quien en la primera entrevista que tuvieron, manifestó un conocimiento perfecto de los secretos del corazón de Natanael y de sus esperanzas respecto del Mesías, Juan 1:45-51. Fué introducido por Felipe á Jesús, quien al verle pronunció aquel notable elogio que ha hecho su nombre casi sinónimo de sinceridad: "He aquí un Israelita, en verdad, en quien no hay engaño." Vió á Cristo en el mar de Tiberias, después de su resurrección, Juan 21:2; presenció la ascensión, y volvió con los otros apóstoles á Jerusalem, Hech. 1:4, 12, 13.

NATÁN, *dado*, I., profeta hebreo, amigo y consejero de David. Ayudó al rey á organizar el culto público y el servicio del templo, 2 Crón. 29:25, y aprobó su proyecto de fabricar un templo al Señor; pero por dirección divina, transfirió á Salomón el privilegio de edificarlo, 2 Sam. 7:1-12

Por medio de una hermosa parábola, diestramente aplicada, convenció á David de su culpa con respecto á Urías y Betsabée, 2 Sam. 12; Sal. 51; y su osadía y fidelidad en ese caso, parecen haber sido apreciadas por David (véase NATÁN II.,) y son dignas de eterno recuerdo. Salomón fué probablemente educado bajo su tutela, 2 Sam. 12:25, y fué eficazmente auxiliado por él en su pacífica sucesión al trono, 1 Reyes 1. Natán escribió algunas memorias perdidas hace largo tiempo, tanto de David como de Salomón, 1 Crón. 29:29. Á juzgar por lo dicho en 2 Crón. 9:29, parece que vivió durante la mayor parte del reinado de Salomón, y si esto es así, debió de ser mucho más joven que David. Dos de sus hijos fueron empleados distinguidos en la corte de Salomón, 1 Rey. 4:5.

II. Hijo de David y de Betsabée, 1 Cró. 3:5; 14:4; Zac. 12:12; antepasado de Cristo, Luc. 3:31. Vease GENEALOGÍA.

III. Siric de Soba, 2 Sam. 23:36.

IV. Descendiente de Judá, 1 Crón. 2:36.

V. Amigo de Esdras, enviado por Levitas y Netineos para el templo restaurado, Esd. 2:43. Tal vez no el hijo de Bani, que se había casado con una mujer extrangera, Esd. 10:39.

NATANEEL, *dado por Dios*, el nombre de 9 ó 10 hombres mencionados en Núm. 1:8; 1 Crón. 2:14; 15:24; 24:6; 26:4; 2 Cró. 17:7; 35:9; Esd. 10:22; Neh. 12:21, 36.

NATURALEZA y NATURAL, indican el origen, el nacimiento, y la índole de una persona ó cosa, Rom. 2:27; Gál. 2:15; 4:8; algunas veces como meramente animal, Rom. 1:26, 27; 1 Cor. 11:14; 2 Ped. 2:12; Judas 10; y otras á distinción de lo espiritual y regenerado, 1 Cor. 2:14; 15:44, 46; Efes. 2:3.

NAVAJA, instrumento común entre los Hebreos, quienes al cumplir el tiempo de un voto, se rasuraban la cabeza, Hechos 21:24. Á un Nazareo que lo era de por vida no se le permitía que se la rasurase, Jue. 13:15; 16:17; 1 Sam. 1:11. La navaja se usaba en la purificación ceremonial de los leprosos, Lev. 14:8, 9, y en las manifestaciones de duelo, Isa. 15:2; Jer. 41:5.

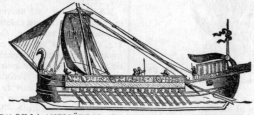

NAVÍO GRANDE DE LA ANTIGÜEDAD: DE UNA PINTURA ENCONTRADA EN POMPEYA.

NAVÍO ó BARCO. Los Hebreos no eran un pueblo marítimo. Los puertos del Mediterráneo y del Mar Rojo estaban generalmente en poder de los paganos, sus vecinos. Cuando Salomón necesitaba madera del Líbano, los barcos de Tiro la conducían á Joppe, 2 Crón. 2:16. Comp. Esd. 3:7; y cuando mandaba emprender viajes por mar á tierras extranjeras se valía también de los Fenicios, 1 Rey. 9:26-28, que disfrutaban de gran celebridad por sus buques y su extenso comercio. Josafat fracasó en sus tentivas para establecer un comercio extranjero, 1 Reyes 22:49. El pueblo que habitaba en la parte septentrional del reino, tal vez adquirió por su contacto con los Fenicios alguna habilidad en el arte naval. Comp. la bendicion profética que Jacob otorgó á Zabulón y á Isacár, Deut. 33:18, 19; también la reconvención que Débora dirigió á Dan y á Aser, Jue. 5:17; y el ofrecimiento que Ocozías hizo de auxiliar á Josafat, 1 Rey. 22:50; 2 Crón. 20:35, 36. Lo que dice Ezeq. 27, puede dar alguna idea de los navíos fenicios con sus mástiles de cedro, sus remos de encina, y sus velas de lienzo egipcio. La descripción que el profeta hace está de acuerdo con las representaciones de las galeras fenicias que se ven en las esculturas asirias. Para leer la relación de un viaje tempestuoso hecho en un antiguo navío mercante, desde el puerto de Joppe, véase JONÁS I. Á estos navíos, Prov. 31:14, que también conducían pasajeros, se hace comunmente referencia en el Antiguo Testamento; pero los siguientes pasajes la hacen á navíos ó buques de guerra, Núm. 24:24; Dan. 11:30, 40, y probablemente Isa. 33:21; Ezeq. 30:9. Los antiguos monumentos egipcios representan los navíos con un mástil central, una gran vela cuadrada, y además muchos remeros. Los navíos de guerra estaban á menudo armados de una proa puntiaguda y saliente, y se usaban como arietes, Los Caldeos tenían, sin duda, navíos en el Golfo Pérsico, Isa. 43:14. Los barcos que surcaban el Mar de Galilea eran botes de pesca impelidos por remos, Mar. 6:48; Juan 21:6, y á veces tenían un mástil y una vela, Luc. 8:23. Pablo hizo muchos viajes por mar, y naufragó varias veces, 2 Cor. 11:25. En su viaje á Roma como prisionero, se embarcó sucesivamente en tres navíos. El primero era tal vez una nave costera de pequeño tamaño, Hech. 27:2, y los otros,

grandes naves alejandrinas empleadas en el transporte de granos, Hech. 27:6; 28:11. En las embarcaciones griegas y romanas, había generalmente varias hileras de remeros, dispuestas una sobre otra, que podían impelerlas con firmeza y velocidad sin necesidad de velas. Sus bajeles mercantes eran de construcción más grande y pesada, muchos de ellos de capacidad suficiente para una carga de quinientas á mil toneladas, y eran de vela; la nave en que Pablo iba cuando naufragó, llevaba á bordo 276 personas, además de un cargamento de

PARTE DE UNA GALERA DE GUERRA: DE UN BAJO-RELIEVE ANTIGUO.

trigo, Hech. 27:37, 38. Además del mástil mayor provisto de una larga verga y de una grande vela cuadrada, usaban también gavias y un trinquete adherido á un mástil más pequeño en la proa, vers. 40. En un temporal, las pesadas drizas del palo mayor eran á veces disminuidas, y se evitaba que expusiesen la embarcación á hacer agua, usándose de "remedios," es decir, uniéndose con cables ó cadenas para apretarla, vers. 17. Los navíos eran gobernados por dos grandes timones que sobresalían de las chamuceras por entre las cuales pasaban, habiendo uno á cada lado de la popa: estos se amarraban cuando se echaba el ancla, y se soltaban cuando de nuevo era menester usarlos, vers. 46. Las anclas se parecían á las de los tiempos modernos, y se echaban con frecuencia por el lado de la popa, vers. 29. El equipo de un barco incluía un esquife ó bote, vers. 16, 17, 30, 32. Muchos de los navíos tenían abundan-

cia de adornos, tanto en la proa como en la popa, las cuales eran de una forma semejante. En muchos casos tenían pintado un ojo en cada lado de la proa. La enseña por la cual era conocida una embarcación era casi siempre la escultura de la imagen de su deidad tutelar, Hechos 28:11. Una embarcación de los tiempos antiguos podía navegar siete millas en una hora. Careciendo de brújula, los antiguos navegantes se guiaban en su ruta por los astros, Hech. 27 20. Hacían puerto en las noches oscuras cuando eso era posible, Hech. 20:13-16; 21:1, y no permanecían voluntariamente en el mar durante el invierno, estación en que el cielo se oscurecía muy á menudo, Hech. 27:9, 12; 28:11. Los Romanos hablaban del mar como "cerrado" de Noviembre á Marzo. En este último mes se declaraba de nuevo "abierto." La fiel descripción que hace Lucas del viaje y del naufragio de Pablo y de sí mismo, Hech. 27; 28, nos suministra muchos pormenores relativos á la navigación antigua, los cuales están confirmados por los informes que á ese respecto hallamos en los autores clásicos, en las esculturas, pinturas y monedas antiguas, y por los resultados obtenidos por el estudio moderno. Véase TARSIS.

NAZARENO, Mat. 2:23; Hech. 24:5, y " de Nazaret" en otras partes, como en Mat. 21:11; Mar. 1:24; 14:67; 16:6; Luc. 4:34; Hech. 2:22. Los profetas predijeron, Sal. 22:7, 8; Isa. 53:2, que el Mesías sería despreciado y rechazado de los hombres, y este epíteto que fué al principio simplemente una designación de su residencia, pero que después llegó á usarse como un término de reproche, prueba la verdad de estas predicciones, Juan 19:19; Hech. 22:28. Se le llama Nétser, la raiz hebrea de Nazaret, en Isa. 11:1 (en el original). Nazaret era una pequeña población en la parte septentrional de Palestina. Véanse GALILEA y NAZARET.

NAZAREO, *separado*, es decir, para Dios, comp. Gén. 49:26; Lev. 22:2; Deut. 33:16; ó *coronado*, Núm. 6:5, 7; 1 Sam. 1:11; Jue. 13:4-14; Lam. 4:7. Bajo la antigua ley hebrea, algunos hombres y mujeres se obligaban por un voto á abstenerse de toda clase de licores embriagantes y del fruto de la vid en cualquiera forma; á dejarse crecer el pelo; á no entrar á ninguna casa contaminada con la presencia de un cadaver, y á no estar presentes en ningún entierro. Si por casualidad alguien moría en su presencia, ellos comenzaban de nuevo todo lo relativo á su consagración al Nazareato. Este voto duraba generalmente ocho días, algunas veces un mes, y otras continuaba toda la vida. Cuando expiraba el tiempo del nazareato, la persona llevaba cierto número de sacrificios y de ofrendas al templo, es decir, un cordero para holocausto, una víctima para hacer expiación, y sacrificios pacíficos, veinte tortas ungidas con aceite, la ofrenda acostumbrada de carne y de libación, Núm. 28, y la voluntaria. El sacerdote entonces le cortaba el pelo, el cual quemaba, después de lo cual el nazareo quedaba libre de su voto, Núm. 6; Amós 2:11, 12. Los nazareos perpetuos eran consagrados como tales por sus padres desde su nacimiento, como lo propuso la madre de Samuel, 1 Sam. 1:11, y continuaban toda su vida en ese estado, sin beber vino ni cortarse el pelo. Tales fueron Samsón y Juan el Bautista, Jue. 13:4, 5; Luc. 1:15; 7:33. El

nazareato era un reconocimiento simbólico de la obligación de conservar el alma y el cuerpo santos para el Señor, Rom. 12:1.

Como el corso de las ofrendas exigidas á la expiración del término del *nazareato*, era muy considerable para los pobres, éstos eran á menudo auxiliados por personas no nazareas, que asumían estos cargos por ellos, animadas por el deseo de hacer un acto de piedad y de caridad. Pablo se valió de esta costumbre para desarmar la ojeriza de los que le acusaban de ser hostil á la fé de sus padres. Tomó cuatro Judíos cristianos cuyo voto de *nazareato* estaba cumplido, asumió el gasto de sus ofrendas, y con ellos practicó en el templo los cultos acostumbrados y las purificaciones, Hech. 21:20-26. Se hace también en Hech. 18:18, una alusión indirecta á un voto semejante hecho por el mismo Pablo, ó quizá por Áquila, probablemente en vista de la salida de algún peligro ó de alguna bendición recibida.

NAZARET, del hebreo Netser, *vástago*, la antigua residencia del Salvador; comp. Isa. 11:1; ciudad de la baja Galilea, como 65 millas al norte de Jerusalem, en el territorio de la tribu de Zabulón. Estaba situada en el costado de un cerro que dominaba por el N. O. un rico y hermoso valle rodeado de cerros, con una angosta salida hacia al sur, la cual conducía á la llanura de Esdraelon. En la boca de esta cañada, los monjes enseñan lo que ellos creen ó fingen creer que es el lugar en donde los hombres de la ciudad estuvieron á punto de arrojar á Jesús por un precipicio, Luc. 4:29. Nazaret está cerca de seis millas al O. N. O. del monte Tabor, y casi á la mitad del camino del Jordán al Mediterráneo. Se la llama la ciudad de Jesús, porque fué su residencia durante los 30 primeros años de su vida, Mat. 2:23; Luc. 1:26; 2:39, 51; 4:16. Él la visitó durante el tiempo en que desempeñaba su ministerio público, pero no obró muchos milagros allí á causa de la incredulidad de la gente, Mat. 13:54-58; Luc. 4:16. No se menciona en el Antiguo Testamento, ni por Josefo, y parece haber sido una pequeña población de no muy alta reputación, Juan 1:46. La ciudad moderna, en-Nasirah, es una población aislada de 5,000 habitantes cristianos, griegos y latinos, y mahometanos. Está á 1,144 piés de elevación sobre el nivel del mar, y es una de las poblaciones más bonitas de Siria. Sus casas son de piedra, de dos pisos, con azoteas planas. Cortiene una mezquita, una sinagoga antigua

LA MODERNA NAZARET VISTA DESDE EL SUR.

del siglo VI., un gran monasterio franciscano en el sitio que ocupaba una iglesia de los cruzados, una iglesia maronita, una griega y otra inglesa, un hospital y un orfanatorio. Al este de la ciudad está una fuente perenne, en donde nuestro Señor debe de haber ido á menudo ó mitigar su sed. Véase POZOS. Una bula de León X. afirma que la casa de José fué trasportada por el aire á Loreto, en el siglo XIII; pero se olvida explicar oómo fué que la piedra de cal clara de Nazaret se cambió en la roja y oscura de la casa de Loreto. El tradicional "Monte de la Precipitación," está á cerca de dos millas de la ciudad, demasiado lejos para el objeto para el cual lo querían ios encolerizados Nazarenos, al paso que había varios precipicios á la mano, en donde la caida es todavía de 30 á 50 piés.

Desde la cumbre del cerro en cuya falda oriental se halla Nazaret, se presenta un panorama verdaderamente magnífico. Hacia el norte la vista alcanza á percibir los innumerables cerros de Galilea, y se detiene en el majestuoso Hermón coronado de nieve. Al este puede distinguirse el valle del Jordán, y más allá las oscuras cimas de la antigua comarca de Basan. Hacia el sur se extiende la ancha y hermosa llanura de Esdraelon, con los bien realzados contornos del monte Tabor, y partes del Pequeño Hermón y Galilea presentándose ante la vista en la frontera oriental. y los cerros de Samaria en el sur,

mientras el Carmelo se levanta en el oeste de la llanura. y sumerge su pié en las azules aguas del Mediterráneo. El **Dr.** Robinson dice en sus "Investigaciones Bíblicas en Palestina:" "Permanece absorto por algunas horas en ese sitio contemplando ese extenso panorama y meditando en los acontecimientos relacionados con los paisajes que lo componían. Abajo en la población, el Salvador del mundo había pasado su infancia; y aun cuando tenemos pocos detalles de su vida durante sus primeros años, con todo, hay ciertas escenas y paisajes que se presentan hoy á nuestra vista tales como en otros tiempos debieron haberse presentado á la del Señor. Él debió de visitar la fuente cerca de la cual habíamos armado nuestra tienda; sus piés debieron de recorrer con frecuencia los cerros adyacentes, y sus ojos debieron de contemplar el espléndido paisaje desde el mismo sitio donde yo estaba. Allí el Príncipe de la paz debió de tender la vista sobre la gran llanura en donde el estrépito de las batallas se había dejado oir tan á menudo, y donde las vestiduras de los guerreros habían sido teñidas con sangre; y desde allí veía también aquel mar sobre el cual buques veloces habrían de llevar las nuevas de su salvación á naciones y continentes que entonces eran aún desconocidos. ¡Cómo ha cambiado el aspecto natural de las cosas! Las batallas y el derramamiento de sangre no han cesado, á la

451

verdad, de desolar ese infortunado país, y densas tinieblas de ignorancia cubren ahora á la gente que lo habita; pero desde esa región salió una luz que ha iluminado el mundo y revelado la existencia de nuevos mundos; y ahora los rayos de esa luz comienzan á reverberar desde las islas distantes y los continentes, para iluminar de nuevo la entenebrecida tierra de donde primero brotó."

NEA, *descenso*, ciudad en Zabulón, Jos. 19:23; llamada ahora Kh. Nejeimiyeh, 11 ó 12 millas al norte del monte Tabor.

NEÁPOLIS, *nueva ciudad*, ciudad marítima de Macedonia, cerca de las fronteras de Tracia, á donde Pablo fué de la isla de Samotracia en su primer viaje á Europa, Hech. 16:11. De Neápolis se dirigió á Filipos. Tocó también dos veces en ese lugar en su segundo viaje, Hech. 20:1, 6. Ahora es el Kavalla turco, en un promontorio, tras el cual se halla el monte Symbolum.

NEARIAS, *siervo de Jehová*, I., 1 Crón. 4:41-43.

II. 1 Crón. 3:22, 23.

NEBALLAT, *necedad secreta*, Neh. 11:34, ciudad en la frontera de Benjamín y Dan, llamada ahora Beit Nebála, tres millas al N. E. de Lidda.

NEBAT, *aspecto*, padre del rey Jeroboam, de la tribu de Efraím, el cual vivía en Zereda, 1 Rey. 11:26; 2 Crón. 9:29.

NEBO, *profeta*, I., ciudad en las cercanías de Betel y de Ai, Esd. 2:29; 10:43; Neh. 7:33.

II. Ciudad de Rubén, Núm. 32:38, tomada por los Moabitas, quienes la poseían en tiempo de Jeremías, Isa. 15:2; Jer. 48:1, 22.

III. Montaña de Moab desde donde Moisés vió á lo lejos la tierra prometida, y en donde murió. Es una de las alturas de la cordillera Abarim, " en frente de Jericó," Deut. 32:49; 34. Jebel Nebbah, tres millas al S. O. de Hesbon, y siete ú ocho millas al E. de la boca del Jordán, es el punto que mejor corresponde á los datos bíblicos, si bien no es una altura de mucha prominencia. Tiene varias cimas redondas á una elevación como de 2.700 piés sobre el nivel del mar. Israel acampó " en frente," es decir, al E. de Nebo, antes de pasar el Jordán.

IV. Ídolo de los Babilonios, Isa. 46:1. En la mitología astrológica de los Babilonios ese ídolo representaba probablemente al dios y planeta Mercurio. Era también adorado por los antiguos Árabes. Que

452

ese culto estaba muy generalizado entre los Caldeos y los Asirios, lo prueban los

NEBO; ASIRIO. MUSEO BRITÁNICO.

muchos nombres propios compuestos que hay en la Escritura, y de los cuales forma parte esta palabra; como Nabucodonosor, Nabuzaradan, Nabusarban, Jer. 39:9, 13; 48:1; y también en los clásicos, como Naboned, Nabonasar, Nabopolasar, etc.

NECESARIAS ó LETRINA, un albañal, lugar excusado ó receptáculo de inmundicias, 2 Rey. 10:27; Mat. 15:17.

NECÁO ó FARAÓN NECÁO, un rey egipcio mencionado no sólo en la Escritura, sino también en las obras de Heródoto, quien dice que fué hijo de Sammética, rey de Egipto, y que habiéndole sucedido en el trono, levantó grandes ejércitos, y envió grandes flotas tanto al Mediterráneo como al Mar Rojo; que gastó una suma muy considerable y muchas miles de vidas en un infructuoso esfuerzo para unir el Nilo al Mar Rojo por medio de un canal, y que fué el primero que envió un buque á todo el rededor del África. Josías rey de Judá, siendo tributario del rey de Babilonia, hizo resistencia á Necáo en su primera expedición contra Nabucodonosor, y le presentó batalla en Megiddo, en donde recibió la herida de que murió, y Necáo siguió adelante sin prolongar más su permanencia en Palestina. A su vuelta del Eufrates, en donde tomó y guarnicionó la ciudad de Carquemis, 610 A. C., hizo alto en Riblah y en Siria, y enviando por Joacás rey de los Judíos, lo depuso del trono, lo cargó de cadenas, y lo envió á Egipto. Después, yendo á Jerusalem, estableció en el reino á Eliacim ó Joaquim, primogénito de Josías, en su lugar, y le exigió el pago de cien talentos de plata y uno de oro. El grabado adjunto, copia de una pintura hallada

en la gran tumba de "los Reyes de Egipto," explorada por Belzoni, se cree que representa cuatro Judíos dados en rehenes, ó cautivos de distinción presentados ante Faraon Necáo. Tal vez con uno de ellos se quizo representar á Joacáz. Estaban pintados de blanco, y con ellos había cuatro rojos, cuatro negros y otros cuatro blancos, que se supone representan á los Babilonios, los Etíopes, etc. Los estaban conduciendo ante el rey (quien estaba sentado en su trono), por una de las figuras de cabeza de halcón tan frecuentes en los monumentos egipcios. Jeremías 46:2, nos dice que Carquemis fué vuelto á tomar por el ejército del rey de Babilonia, en el cuarto año de Joaquim rey de Judá, de manera que Necáo no conservó sus conquistas en Siria más que cuatro años, 2 Rey. 23:29 á 24:7; 2 Crón. 35:20 á 36:6.

NECEB, *la caverna*, ciudad de Neftalí, llamada ahora Kh. Seiyádeh, cuatro millas al S. O. de Tiberías, Jos. 19:33.

NECIO ó INSENSATO. Cualquiera persona que no obra cuerdamente, esto es, que no sigue las amonestaciones y mandatos de Dios, que se fundan en una sabiduría infinita. Por esto es que á un hombre malvado, á un enemigo de Dios ó á uno que le abandona, se le llama necio, Sal. 14:1; Prov. 19:1. "Cuestiones necias," significan conversaciones vanas, vacías é inútiles, 2 Tim. 2:23.

NECODA, *famoso*, I., el jefe de una familia que volvió de Babilonia, Esd. 2:48; Neh. 7:50.

II. Esd. 2:60; Neh. 7:62.

NEFEG, *vástago*, I., hijo de Isaar, Exod. 6:21.

II. Híjo de David, 2 Sam. 5:14, 15; 1 Cró. 3:7; 14:6.

NEFTALÍ, *mi lucha*, el sexto hijo de Jacob y el segundo de Bilha, sierva de Raquel. Su nombre indica el ferviente ruego que su madre hizo por él, Gén. 30:7, 8. Sabemos pocos detalles de la vida de Neftalí. Sus hijos fueron cuatro, Gén. 46:24; Exod. 1:4; 1 Crón. 7:13. El patriarca Jacob le dijo al darle su bendición, "Neftalí, cierva suelta, que dará dichos hermosos," es decir, graciosos y elocuentes, Gén. 49:21. Véase CIERVA.

La tribu de Neftalí, llamada Neftalím ó Mat. 4:15, era muy numerosa en el Éxodo. Era clasificada en cuanto al número de sus miembros entre Dan y Aser, y el lugar que ocupaba en el campamento era también entre esas dos tribus, Núm. 1:43;

2:25-31. Su territorio en la Tierra Santa, llamado el Occidente y el Mediodía, literalmente "el mar y el circúito," Deut. 33:23; Jos. 19:32-39, estaba en una región rica y fértil de la Palestina Septentrional, teniendo á Aser al oeste, el Alto Jordán y una gran parte del mar de Tiberías al este, y se extendía al norte de la cordillera del Líbano. Algunos ramales bajos de ésta, que se prolongan hácia el sur, forman las "montañas de Neftalí," Jos. 19:32-39; 20:7. "Los de la tribu de Neftali," eran los primeros que sufrían con la aproximación hostil de las huestes que invadían á Palestina por el valle del Líbano. Asistieron en masa á la coronación de David, 1 Crón. 12:34, y se mencionan con honra en la guerra de los Jueces, Jue. 1:33; 5:18; 6:35; 7:23; como diezmados por los Sirios, 1 Rey. 15:20, y como entre los primeros cautivos llevados á Asiria, 2 Rey. 15:29; Isa. 9:1. Barac fué su jefe más notable, Jue. 4:6-16. Nuestro Señor pasó mucho tiempo en la parte meridional de esa región, Mat. 4:13-15; Mar. 2:1-12, con lo cual se cumplió en parte lo dicho en Isa. 9:1, 2.

NEFTOA, *abertura*, manantial que corria cerca de la frontera de Judá y Benjamín, Jos. 15:8, 9; 18:14-16; probablemente Lifta, una población y una fuente 2½ millas al N. O. de Jerusalem.

NEGINAH, en el título del Salmo 61, es un nombre general de los instrumentos de cuerda usados por los Hebreos, ó de la música ó canto compuesta para ellos, 1 Sam. 18:6; Sal. 68:25, traducido canción en Job 30:9; Sal. 77:6; Lam. 3:14. Los Salmos 4, 6, 54, 55, 67 y 76, se dirigen al músico principal con Neginot. Véase MÚSICA.

NEGRO, símbolo de aflicción y duelo, Job 30:30; Jer. 14:2.

NEHEMÍAS, *consolado por Jehová*, I., hijo de Hequelías, hermano de Hanani (ó Janani) de la tribu de Judá, Neh. 1:1, 2; 2:3; 3:7, quizá de la familia real. Nació en Babilonia durante la cautividad, y desempeñó el empleo de copero del rey persa Artaxerxes Longimano en Susa. Conmovido por el estado calamitoso de la colonia de Judíos que habían vuelto algún tiempo antes á Jerusalem, presentó sus circunstancias ante Dios en oraciones humildes y constantes, y por último, suplicó al rey de Persia que le permitiera ir á Jerusalem con el fin de ayudar á reedificarla. Fué en consecuencia enviado allá, como gobernador, en el año 20º del reinado de Artaxerxes por el de 444 A. C. Dedicóse principalmente á la grande pero esencial tarea de reedificar los muros de la ciudad. La enemistad de los Samaritanos, á causa de la cual había sufrido ya tanto la colonia, había aumentado por aquel tiempo, y bajo el mando de Sanballat el gobernador del país, les pusieron á los Judíos toda clase de tropiezos, valiéndose para ello de artificios y de infamias. Llegaron hasta el grado de atacar á los operarios en su obra, de suerte que Nehemías tuvo que hacerles trabajar con las armas en la mano; con todo, al cabo de un año completaron su tarea. En esta grande obra y en toda su administración, su religioso celo y desinterés, su valor y liberalidad, su amor por el pueblo y la ciudad de Dios, y su piadosa confianza en el auxilio divino, obtuvieron el mayor éxito. Tuvo la cooperación de amigos fieles, especialmente de Esdras, Neh. 8:1, 9, 13; 12:36, é instituyó muchas y excelentes mejoras civiles. Por allá el año 432 A. C., aunque quizá no por la primera vez, volvió á la corte de Babilonia á ejercer su empleo, Neh. 2:6; 5:14; 13:6, pero después de algunos años le llamaron otra vez á Jerusalem para que reformara ciertos abusos crecientes, tales como el descuido en el servicio del templo, la profanación del Sábado, los matrimonios con los paganos, etc. Exigió á los Judíos que se habían casado con mujeres paganas, que las abandonasen, ó que ellos salieran del país. Este destierro voluntario de cierto número de sacerdotes descontentos, puede haber dado lugar á la edificación de un templo en el Monte Gerizim, y al establecimiento del culto Samaritano. Véase SANBALLAT. Hizo dedicar de nuevo y solemnemente el templo y los muros que se habían reparado, y abolió la usura y las exacciones de que eran víctimas los pobres, proveyó á la manutención de los necesitados, arregló el servicio del templo, y fué en todo un modelo de gobernantes.

EL LIBRO DE NEHEMÍAS contiene la historia de todos esos sucesos escrita por él mismo cerca del fin de su larga vida, 400 A. C. Es una especie de continuación del libro de Esdras, y fué llamado por algunos de los padres, el segundo libro de Esdras. Algunas porciones del libro de Nehemías, tales como los capítulos 8 y 9 y 12:1-26, parecen ser compilaciones de los registros públicos, etc. La mención de Jaddua como sumo sacerdote, y de algunas personas del linaje de David que existieron más tarde, cap. 12:10-22, puede acaso haber sido hecha posteriormente por algún escritor inspirado. El libro contiene muchos informes relativos á la topografía de Jerusalem, á la genealogía de Hebreos distinguidos, y á los oficios y costumbres del pueblo. Con él tërminan los libros históricos del Antiguo Testamento.

II. Hombre qne volvió á Jerusalem con Zorobabel, Esd. 2:2; Neh. 7:7.

III. Hijo de Azbuc, Judaita que ayudó á reedificar á Jerusalem, Neh. 3:16.

NEHIEL, *morada de Dios*, Jos. 19:27, ciudad de Aser hácia la embocadura del Kison; se hallan vestigios de ella en Nahl, 1 millas al E. de Haifa.

NEHILOT, *perforado*, se supone que significa flautas ó instrumentos de viento; se halla únicamente en el título del Salmo 5º que tal vez había de cantarse solo con ese acompañamiento.

NEHUM, *consolado*, Neh. 7:7; más bien Rehum, véase, como en Esd. 2:2.

NEHUSTA, *cobre*, esposa de Joaquin y madre del joven rey Jeconías, con quien probablemente estúvo asociada en el gobierno, como lo está en los reproches de Jeremías, 2 Rey. 24:8; Jer. 13:18; 29:2.

NEHUSTAN, *de bronce ó de cobre*, nombre dado por desprecio á la serpiente de bronce que Moisés había levantado en el desierto, Núm. 21:8, y que había sido conservada por los Israelitas hasta el tiempo del rey Ezequías. Habiendo el pueblo supersticioso convertido en ídolo esa serpiente, dicho rey mandó hacerla pedazos. 2 Rey. 18:4. Las conmemoraciones, las reliquias y otras cosas externas de devoción en que los hombres confian, producen á menudo el efecto contrario de su fin: el emblema visible oculta al Salvador á quien debe revelar, Juan 3:14-16.

NEMUEL, *dia de Dios*, I., hijo de Simeón, Núm. 26:12; 1 Crón. 4:24; llamado Jemuel en Gén. 46:10; Exod. 6:15.

II. Rubenita, hermano de Datán y de Abiram, Núm. 26:9.

NEÓFITO, persona recién convertida y recibida en la Iglesia cristiana. 1 Tim. 3:6.

NER, *luz*, hijo de Jehiel, 1 Crón. 8:29, 30, comparado con 9:35, 36. Tenía también un hermano llamado Cis, 1 Crón. 9:36. Jehiel parece que fué el fundador de Gabaón.

NEREO, cristiano residente en Roma, Rom. 16:15.

NERGAL, *gran héroe*, ídolo prominente de los Babilonios y los Asirios, adorado por los paganos de Cuta que fueron trasladados á Palestina, 2 Rey. 17:30. Dicho ídolo representaba probablemente al pla-

neta Marte, que fué siempre el emblema del derramamiento de sangre. A Marte le llamaban los Zabianos y Árabes, *infortunio*. Se le representaba con una espada desnuda en una mano y una cabeza humana acabada de cortar en la otra; sus vestiduras eran rojas, color de sangre. Es sabido que la luz del planeta es también rojiza.

NERGAL-SAREZER, *Nergal príncipe del fuego*, I., un empleado de importancia bajo el gobierno de Nabucodonosor, Jer. 39:3.

II. El rab-mag ó jefe de los mágicos, que se supone fué Neriglissar, mencionado por Berosus, el cual mató á su cuñado Evil-Merodac rey de Babilonia, 559 A. C., y fué sucedido por su hijo Laborosoarcod, 556 A. C.

NERI, antepasado de Cristo, Luc. 3:27, 28. Véase NERIA.

NERIA, *Jehová mi lámpara*. el padre de Seraías y de Baruc, Jer. 32:12; 36:8, 14, 32; 43:6; 45:1; 51:50.

NERÓN, el infame Cesar romano ante quién compareció Pablo, Hech. 25:11; 28:16, y bajo cuya autoridad sufrió el martirio. No se menciona por su nombre, sino en una nota que se ha puesto como apéndice á 2 Timoteo: pero se hace referencia á él en Fil. 1:12, 13; 4:22. Durante su reinado, Roma fué casi destruida por un incendio que duró más de una semana, y consumió muchos edificios públicos, templos, monumentos, bibliotecas, obras de arte y vidas humanas; y era tal su carácter que generalmente se cree en el cargo que se le hace de que él fué quién causó el incendio con el propósito de hacer reedificar la ciudad en un estilo mejor. Nerón imputo ese crimen á los cristianos, y emprendió una desapiadada persecución contra ellos, 64 A. D. Algunos eran envueltos y cosidos en pieles de animales y arrojados á la arena del circo, para ser despedazados por los perros; otros lo eran en lienzos untados de pez, atados á estacas y encendidos como antorchas. Nerón se suicidó en 68 A. D.

NESIA, *ilustre*, Esd. 2:54; Neh. 7:56, el padre de los Netineos que volvieron de Babilonia.

NESIB, *guarnición*, Jos. 15:43, ciudad de Judá en la región montañosa más baja; llamada ahora Beit Nusib, 8½ millas al N. O. de Hebron.

NETANÍAS. *dado por Jehová*, I., 1 Crón. 25:2, 12.—II. 2 Crón. 17:8.—III. Jer. 36:14. —IV. Jer. 41.

455

NETINEOS, *dados ó consagrados*, término aplicado primero á los Levitas que les eran dados á los sacerdotes para servirles en las cosas santas, Núm. 3 : 9; 8 : 19; pero después del establecimiento del pueblo de Israel en Canaán, se aplicó á los siervos dedicados al servicio del tabernáculo y del templo, para desempeñar los oficios más gravosos, tales como el de llevar leña y agua, Núm. 31:47. Los Gabaonitas fueron destinados á esta clase de servicios, Jos. 9:21-27; después otros Cananeos que se rindieron y á quienes les fué perdonada la vida. Muchos de ellos, según parece, fueron primero asignados á David, Salomón y otros príncipes, y transferidos por ellos al servicio del templo, 1 Rey. 9:20, 21; Esd. 2:58, 70; 8:20; Neh. 11:3. Es probable que se hicieron prosélitos, Ex. 12:48; Deut. 29:11; Neh. 10:28, y que muchos se unieron con toda sinceridad á David para decir, "Escogí antes estar á la puerta de la casa de mi Dios, que habitar en las moradas de maldad," Sal. 84:10. Los Netineos fueron llevados en cautiverio con la tribu de Judá, y muchos de ellos fueron colocados no lejos del Mar Caspio, de donde Esdras condujo 220 de ellos á Judea, Esd. 8:17. Probablemente se alojaron dentro del área del templo, y ayudaron á fortificar á Ofel por su parte meridional, Neh. 3:26, 31; 11:21.

NETUFATI, *goteando*, ciudad de Judá, patria de muchos Levitas cantores, 1 Cró. 9 : 16; 27 : 13, 15; Esd. 2 : 22; Neh. 7 : 26; 12:28. Á los Netufatitas se les llama "hijos" de Salma, que fué probablemente el fundador de la ciudad, 1 Crón. 2:54. Véase 2 Sam. 23:28, 29; 2 Rey. 25:23; Jer. 40:8.

NIBHAZ Ó NEBAHAZ, *labrador*, según los Rabinos, divinidad de Babilonia que tenía la figura toda, ó la cabeza, de un perro, llevada á Samaria por los Hevéos, 2 Rey. 17:31.

NIBSAN, *horno*, Jos. 15:62, ciudad en Judá, hacia Engedi, yendo de Betlehem.

NICANOR, *vencedor*, uno de los primeros siete diáconos que fueron escogidos y nombrados en Jerusalem, poco después del descendimiento del Espíritu Santo que tuvo lugar en el pentecostes, Hech. 6:1-6.

NICODEMO, *conquistador del pueblo*, miembro del Sanhedrín judío; primero fué fariseo y después discípulo de Jesús. Fué convencido desde un principio de que Cristo venía de Dios, pero no se halló en disposición de afiliarse inmediatamente entre sus discípulos. En Juan 3:1-20, se nos presenta primero como tímido investigador de la verdad, aprendiendo las grandes doctrinas de la regeneración y la expiación. En Juan 7:45-52, le vemos defender cautelosamente al Salvador ante el Sanhedrín. Por último, en la escena de prueba de la crucifixión, él se manifestó como creyente, y fué con José de Arimatea á rendir los últimos honores al cuerpo de Cristo. Ellos lo bajaron de la cruz, lo embalsamaron y lo pusieron en el sepulcro, Juan 19 : 39. Se menciona únicamente por Juan, quien conocía al sumo sacerdote. Como "maestro" pertenecía á la clase instruída. El haber ocurrido él á Cristo en la noche puede haber sugerido las palabras de nuestro Señor que se hallan en Juan 3:19-21. Muchos se retraen por el temor del hombre, de acudir jamás al Salvador.

NICOLAITAS, hombres ó maestros heréticos, de que se hace mención en Apoc. 2:6, 15. Comp. 2 Ped. 2:12, 19; Jud. 4, 7, 8, 11, 12. Algunos suponen que fueron partidarios de Nicolás el diácono, pero no hay buena evidencia de que este haya sido hereje alguna vez.

NICOLÁS, *conquistador del pueblo*, prosélito de Antioquía, esto es, convertido del paganismo á la religión de los Judíos. Abrazó después el cristianismo, y se le contaba entre los más celosos de los primeros cristianos, de modo que fué escogido como uno de los siete primeros diáconos de la iglesia de Jerusalem, Hech. 6:5.

NICÓPOLIS, *ciudad de victoria*, ciudad en donde Pablo pasó probablemente el último invierno de su vida, habiendo escrito préviamente á Tito á Creta, para que se reuniese allí con él, Tit. 3:12. Se supone que se refiere á la Nicópolis en Epiro, que estaba cerca de la boca del golfo Ambraciano, enfrente de Accium, y que fué edificada por Agusto, en honor de su victoria decisiva sobre Antonio, 31 A. C. Sus extensas ruinas, en medio de un gran terreno desolado, dan testimonio de su antigua magnificencia.

NIDO, símbolo de seguridad y de consuelo, Job 29:18. Los escritores bíblicos se fijan en la adaptación del espeso follaje del cedro, para los nidos de los pájaros, Ezeq. 31:3-6; en las anchas ramas de las hayas para los de las cigüeñas, Sal. 104:17, y en los huecos de las rocas para los de las palomas azules, que se hallan todavía en las cercanías del Mar Muerto, Jer. 48:28; hablan también de los adictos que son los gorriones y las golondrinas á construirlos en las habitaciones humanas, Sal. 84:3. El nido del águila hecho en elevados pefiascos, Job 39:27, 28, 30, 31; Abdías 4, indicaba una censura que se hacía del orgullo y la ambición, Jer. 49:16; Hab. 2:9. El nido del Cineo estaba "en una peña," Núm, 24:21, 22. Véase SELA. La prohibición de coger un pájaro hembra con sus polluelos, dice Maimónides, tuvo por objeto preservar todo el nido, puesto que no era lícito comerse los huevos ni los pajaritos recien nacidos.

NIEVE, vapor congelado en el aire, y que cae en copos parecidos al algodón, Sal. 147:16. Se alude á ella con frecuencia en las Escrituras, especialmente con referencia á su blancura, Ex. 4:6; Sal. 51:7; Isa. 1:18; Dan. 7:9; Mar. 9:3; Apoc. 1:4. Como todos los demás fenómenos naturales, este se atribuye á la operación de Dios, Job 37:6; Sal. 147:16, quien es glorificado, Sal. 148:8, por el cumplimiento de sus designios, Isa. 55:10, 11. La caída de la nieve en Siria y Palestina, 2 Sam. 23:20; 1 Crón. 11:22; 1 Maccabeos 13:22, varia con las diferentes alturas de los lugares. En Jerusalem, en Enero y Febrero, cae algunas veces hasta formar una capa de un pié de espesor; pero raras veces permanece así por largo tiempo. En las quiebras de los más altos lomos del Líbano, dura hasta muy entrado el verano, y nunca desaparece enteramente; y en la cumbre del Hermón, en la cordillera occidental, siempre reluce la nieve. En Jer. 18:13-16 se contrasta su constancia con el abandono que Israel hace de Jehová. Probablemente en los tiempos antiguos se transportaba la nieve, como ahora, del Líbano á los lugares más bajos; el uso que de ella se hacía en la preparación de bebidas frescas para los cegadores, se menciona en Prov. 25:13; al paso que en Prov. 26:1, una caída de nieve en el verano se compara á los honores que indebidamente se prodigan á un necio. El contraste que los copos blancos forman al descender con el oscuro follaje del umbroso Líbano—compárese Jueces 9:48—simboliza según el Dr. J. A. Alexander, la transición de la guerra á la paz, Sal. 68:14. Los amigos infieles en la adversidad, se comparan á los torrentes formados por las lluvias del invierno y por la nieve derretida en las montañas, y que pronto se secan al calor del sol del verano, cuando más se necesitan, Job 6:15-21. El agua que se obtiene por la nieve derretida, es muy suave y limpia, Job 9:30.

NIGER, *negro*, Hech. 13:1, sobrenombre de Simón, maestro de la iglesia de Antioquía.

NILO, *azul*, célebre río de Egipto. Toma este nombre solamente después de la unión de las dos grandes corrientes de las cuales se compone, el-Bahr el-Abiad, ó Río Blanco, que corre del lago Victoria Nyanza, tres grados al sur del ecuador, del lago Albert Nyanza, 100 millas al oeste, y del lago Tanganyika, todavía más al sur, y corre al N. E., hasta que se le junta el otro brazo, el Bahr el-Azrek, ó Río Azul, que nace en Abisinia, y después de dar una gran vuelta al sudeste y al sudoeste, en la cual pasa por el lago de Dembea, corre hacia el norte á unirse al Río Blanco. El brazo abisinio, el manantial más importante del suelo de aluvión que enriquece al Egipto, ha sido considerado en los tiempos modernos como el Nilo verdadero, aun cuando el Río Blanco es mucho más grande y largo; y era en los tiempos antiguos tenido como el Nilo verdadero. La unión se verifica en Khartoum, la capital del Soudan, como á los 16° de latitud norte. Desde este punto el Nilo corre siempre en una dirección septentrional, con excepción de una gran curva que forma al oeste. Como á 1,300 millas del mar, recibe su último afluente, el Atbara, ó Tacazze, que es un gran río de Abisinia, y después de pasar por Nubia, entra á Egipto en las cataratas cercanas á Syene ó Essuan, que están formadas por una cadena de rocas que se extienden al este y al oeste. Allí hay tres cataratas, después de las cuales el río prosigue su curso en tranquila y silenciosa majestad, por toda la longitud de Egipto, un trayecto de unas 500 millas. Su anchura media es de cosa de 700 yardas. En el Bajo Egipto se divide en varios brazos, y forma el célebre Delta; para lo cual véase la palabra EGIPTO. Véase también una representación del río en el artículo encabezado con la palabra AMÓN. Su longitud total es por lo menos de 2500 millas en línea recta.

En la Biblia al Nilo se le llama el Shihor en hebreo, y se menciona como el límite más occidental de la Tierra Prometida, Jos. 13:3; 1 Crón. 13:5; Jer. 2:18; también "el río" y sus corrientes, Sal. 78:44; Isa. 7:18; 19:6; Ezeq. 29:3; 30:12; como el "río de Egipto," Gén. 15:18, y de Etiopia, en hebreo Cush, Isa. 18:1.

Como la lluvia cae muy raras veces aun en invierno, en el Egipto Meridional, Zac. 14:17, 18, y por lo común solo ligeras y poco frecuentes lloviznas en el Bajo Egipto, puede decirse que toda la existencia física y política de Egipto depende del Nilo, pues sin este río, y aun sin sus regulares inundaciones anuales, toda esa tierra no sería más que un desierto. Dichas inundaciones tan misteriosas á la vista de la ignorancia y de la superstición de otros tiempos, son causadas por las lluvias ordinarias y periódicas que caen en aquellos países más al sur, al derredor de los manantiales del Nilo, en Marzo y más tarde. El río comienza á crecer en Egipto como á mediados de Junio, y continúa aumentando por todo el mes de Julio. En Agosto está rebozando, y llega á su más alto grado de crecimiento el 20 de Septiembre, y entonces se cubre con sus aguas la mayor parte del país, Jer. 46:7, 8; Am. 8:8; 9:5; Nah. 3:8. Á principios de Octubre la inundación continúa todavía, y es solamente hacia el fin de ese mes cuando el río vuelve á encerrarse dentro de sus márgenes naturales. Desde mediados de Agosto hasta fines de Octubre toda la tierra de Egipto parece un gran lago ó mar, en el cual las aldeas ó las ciudades parecen como islas unidas por diques.

La causa de la fertilidad que el Nilo produce, consiste no solamente en que riega la tierra de ese modo, sino tambien en el abundante limo que sus aguas arrastran y depositan en el suelo de Egipto. Es como una capa de rico abono; y si se siembra al punto la semilla sobre ella, sin cavar ó arar, nace rápidamente, crece con exuberancia, y produce cosechas abundantes. Véase EGIPTO.

No debe suponerse sin embargo, que el Nilo se extiende sobre todos los puntos del país, regándole suficientemente sin auxilio artificial. Niebuhr hace observar juiciosamente lo que sigue: "Algunas descripciones que se hacen de Egipto, nos inducirían á pensar que el Nilo, cuando crece y se derrama, cubre aquella región entera con sus aguas; pero eso no es así. Las tierras que se hallan inmediatas á las márgenes del río, quedan á la verdad debajo de sus aguas; pero la natural desigualdad del terreno le impide cubrir el interior del país. Gran parte de las tierras quedarían de consiguiente sin fertilizar si no hubiera canales y depósitos formados para recibir agua del río cuando llega á su mayor altura, y si esta no fuera así conducida á todas partes por los campos, y reservada para regarlos cuando la ocasión lo requiere. Para levantar el agua á los terrenos elevados, desde tiempo inmemorial se han usado máquinas en Egipto. Estas consisten principalmente en ruedas que llevan cubos atados. Una clase de ellas se mueven por bueyes; otra más pequeña, por hombres sentados que empujan los rayos inferiores de la rueda con los piés, y tiran los superiores con las manos, Deut. 11:10-12.

Como las inundaciones del Nilo son de tanta importancia para toda aquella comarca, se han erigido fábricas desde donde puedan observarse el principio y el progreso de su crecimiento. Á estas se les da el nombre de nilómetros, es decir, medidas del Nilo. En la actualidad hay en la pequeña isla que está en frente del Cairo, una que existe desde hace mil años, y está medio arruinada. Bajo la dirección del gobierno, y según las indicaciones del nilómetro, se observaban cuidadosamente, y se proclamaban por la autoridad, el principio y el progreso del crecimiento del Nilo. Si la inundación llegaba á la altura de 22 piés franceses, se esperaba una rica cosecha, porque entonces todos los campos habían recibido el riego necesario. Si no llegaba á esa altura, y según lo que le faltaba, la tierra estaba amenazada de carestía y de hambre, de lo cual se registran algunos casos horribles en la historia egipcia. Si el aumento del agua excedía de 28 piés franceses, se temía de igual manera que sobreviniera el hambre. El crecimiento anual del río varía también extraordinariamente en diferentes partes de su curso, siendo 20 piés mayor en donde el río es angosto, que en el Bajo Egipto. Se cree que el cauce se está llenando de materia sólida gradualmente, y muchas de las antiguas salidas del Delta se secan y casi se borran en el verano. El agotamiento de las aguas de Egipto tendría por resultado la destrucción del país como tierra habitable; y ese hecho se reconoce en las censuras proféticas de aquel notable país. Isa. 11:15; 19:1-10; Ezeq. 29:10; 30:1.

El agua del Nilo, aunque turbia durante gran parte del año, á causa de las lluvias que caen en su parte alta, con todo, suministra cuando se la deja asentar el agua más suave y agradable para beber. Todos los viajeros reconocen su excelencia. Los Egipcios tributan muchos encomios á ese río, y aun lo adoran como divinidad. Los Hebreos daban algunas veces el nombre de mar tanto al Eufrates como al Nilo. Isa. 19:5; Nah. 3:8. En esto tenían el apoyo de los escritores árabes, así como también del vulgo de Egipto, que aun hoy habla generalmente del Nilo como "e mar." El río era antiguamente célebre por sus peces. Comp. Núm. 11:5; Isa. 19:8. En sus aguas se encontraba también el cocodrilo ó Leviatan, y el hipopótamo ó Behemot. Véase EGIPTO y SIHOR.

Al excavar en el valle del Nilo, se encontró un pedazo de loza vidriada, á una profundidad tal, que Bunsen expresó el concepto de que debió haber sido echado allí 11,000 ó 13,000 años antes de Cristo; pero ya es bien sabido que un cálculo semejante no merece ni la menor confianza. Champollión concede que ningún monumento egipcio data de una antigüedad mayor que 2,200 años A. C.

El Nilo es célebre en los anales bíblicos por la historia de los siete años de abundancia y siete de hambre predichos por José, Gén. 41; por la del niño Moisés. Ex. 2; por la de dos de las diez plagas de Egipto, Ex. 7:17, 18; 8:1-3, y por las predicciones de Isa. 11:11-15; 19:4-8. Nuestro Salvador tal vez contempló en su infancia la corriente de sus aguas en Helió-polis.

NIMFAS, cristiano distinguido de Laodicea, á quien Pablo saluda juntamente con la sociedad de creyentes que acostumbraban ir á celebrar cultos religiosos á su casa, Col. 4:15.

NIMRA, Núm. 32:3, plural Nimrim, *aguas dulces*, llamada ahora Nimrin, tres millas al este del Jordán, arriba de Jericó. Véase BET-NIMRA. Hay también una Nimrim en la playa S. E. del Mar Muerto, á la cual se hace referencia, según algunos creen, en Jer. 48:34.

NIMROD, *rebelión, impiedad*, hijo de Cush y nieto de Cam, mencionado frecuentemente desde los tiempos más antiguos, como poderoso cazador y guerrero, Gén. 10:8-10; 1 Crón. 1:10. Infiérese, por lo que de él se sabe, que no les temía ni á Dios ni al hombre, que reunió al rededor suyo una cuadrilla de aventureros, y que extendió sus conquistas desde Etiopia hasta la tierra de Sinar, en donde fundó ó fortificó á Babel, Erec, Accad y Calne. Muchas autoridades traducen á Gén. 10:11, diciendo, "Salido de aquella tierra (de Sinar) fué á Asiria, y edificó á Nínive, á Recobot, á Cale y á Resen;" fundó también á Nínive y el imperio de Asiria, aunque esto generalmente se entiende que fué hecho por Assur, al ser expulsado por Nimrod de la tierra de Sinar, Miq. 5:6. Se supone que Nimrod comenzó la torre de Babel, y su nombre se conserva todavía

NIMROD: DEL PALACIO DE KHORSABAD.

en una vasta mole de ruinas que se halla en el sitio que ocupaba la antigua Babilonia. El Imperio Babilónico se llamó por largo tiempo la tierra de Nimrod. Véase BABEL.

NÍNIVE, *morada de Ninus*, la metrópoli de la antigua Asiria, llamada por los Griegos y Romanos "la gran Ninus," situada en la margen oriental del Tigris, en frente de la moderna Mosul. Su origen se remonta casi hasta la conclusión del diluvio. Véase NIMROD. Por cerca de 15 siglos después no se menciona, aunque proféticamente se nombra á Asiria en Núm. 24:22-24; Sal. 83:8. En los libros de Jonás y Nahum, se describe como una inmensa ciudad, de tres jornadas en circuito, que contenía más de 120,000 niños pequeños, incluyendo tal vez otros igualmente ignorantes, lo cual indica una población de medio millón ó más de habitantes. Contenía la ciudad "muchos animales" y numerosos parques, jardines, bosques, etc. Sus habitantes eran ricos y belicosos, y estaban muy adelantados en civilización. Tenía numerosas fortalezas con puertas y barras, y había multiplicado sus comerciantes "más que las estrellas"; sus príncipes coronados eran numerosos como langostas, y sus capitanes como saltones. Con esta descripción concuerda la del historiador Diodoro Sículo, que dice que Nínive tenía 21 millas de largo, 9 de ancho, y 54 de circunferencia. Añade quizá con alguna exageración, que sus muros tenían cien piés de altura, y eran tan anchos, que sobre ellos podían andar tres carros de frente, y que tenía 1,500 torres, cada una de 200 piés de altura,

LEÓN CON CABEZA HUMANA Y CON ALAS, SACADO DE LAS RUINAS DE NÍNIVE.

Nínive había sido largo tiempo la señora del Oriente; pero á causa de su molicie y de sus maldades, fué enviado el profeta Jonás, más de 800 años antes de Cristo, á amonestar á sus habitantes acerca de su pronta destrucción. Véase también Isa. 14:24, 25. Su oportuno arrepentimiento retardó por algún tiempo la caída de la ciudad; pero por el año 753 A. C., periodo de la fundación de Roma, fué tomada por los Medas bajo el mando de Arbaces; y casi siglo y medio después, de acuerdo con las predicciones de Nahum, cap. 1-3, y de Sofonías 2:13, fué tomada segunda vez por Cyaxares el Medo y Nabopolassar de Babilonia, después de lo cual los historiadores la mencionan rara vez, y eso como lugar de poca importancia. Fué destruida probablemente en el tiempo que medió entre Sofonías y Ezequiel, por el año 606 A. C., en parte por fuego, según refiere la historia, la cual, así como también el testimonio de los exploradores modernos, confirma la predicción de Nahum, 3:13, 15. La última mención que se hace de ella, como ciudad habitada, se halla en Sof. 2:13. Fué tan completa su destrucción, que por muchos siglos el sitio que ocupaba estuvo casi ignorado, y los infieles llegaron hasta á negar que la Nínive de la Biblia hubiera existido jamás. Las moles que eran "la tumba" de sus ruinas, Nah. 1:14, se hallaban tan cubiertas de tierra, que parecían cerros naturales. Pero desde 1843 Layard, Botta, George Smith y otros han estado explorando esos restos, que por tan largo tiempo nadie había tocado. Las moles principalmente exploradas se hallan en tres ángulos de un trapecio de unas 18 millas de largo y 12 de ancho, y cerca de 60 de circunferencia, quedando así confirmadas las antiguas relaciones de su vasta extensión. Directamente en frente de Mosul, hay una línea continua de tierra hacinada, la cual tiene ocho millas de circunferencia y cuarenta piés de altura, é indica el curso de un antiguo muro con elevaciones de trecho en trecho en los puntos que ocupaban las torres y las puertas, y con dos moles grandes y notables, Koyunjik y Nebi Yunus. Koyunjik tiene 1,300 yardas de largo y 500 de ancho en su mayor anchura, y 95 piés de altura en su mayor elevación. Nebi Yunus, en sus inmediaciones, pero más al sur, es más pequeña; Khorsabad se halla 13 millas al nordeste de Koyunjik, Nimrud 18 millas al sur, y Keramles 15 millas al sudeste. Con las

RHORSABAD: VISTA DE LA MOLE.

excavaciones recientes se han descubierto templos y palacios, guardados por enormes toros y leones con alas y cabezas humanas. Las paredes de los aposentos de estos edificios están forradas de lozas cubiertas de esculturas en bajo-relieve, y con inscripciones en caracteres cuneiformes, los cuales han sido en parte descifrados; comp. Ezeq. 4:1; y estas memorias talladas de la historia y las costumbres de los Asirios, juntamente con los varios artículos hechos de vidrio, madera, marfil y varios metales, sacados ahora á luz después de yacer enterrados por siglos, proporcionan un auxiliar inapreciable para la interpretación de las Escrituras, y confirman de un modo muy notable la verdad de ellas. Sentímonos tan maravillados como complacidos al ver la relación dejada por los Asirios de los mismísimos acontecimientos de su historia registrados en los libros de los Reyes y de las Crónicas. No solamente vemos que se hace mención de Jehú, Menahem, Ezequías, Omri, Hazael, etc., y de varias ciudades de Judea y de Siria, sino que descubrimos la relación hecha por Sennaquerib mismo de su invasión de Palestina, y de la suma á que ascendía el tributo que el rey Ezequías estaba obligado á pagarle; hay también pinturas que representan su captura en Laquis, 2 Rey. 18:14, y á sus oficiales, tal vez al mismo burlador Rabsaces, presentándole al rey los Judíos cautivos, etc. Véase el grabado y los detalles dados en la palabra SENNAQUERIB. Dichas planchas murales proporcionan también un comentario gráfico del lenguaje del profeta Ezequiel; y como él estuvo cautivo en la región de Nínive, había sin duda oido hablar de esos mismos aposentos adornados, y quizá vístolos, así como los objetos que ellos representan. Allí vemos reproducidos los hombres y las escenas que él describe en los capítulos 23; 26:7-12; "capitanes y príncipes vestidos con perfección," pintados en la pared con bermellón, "ceñidos de talabartes por sus lomos," "y mitras pintadas en sus cabezas." El bermellón ó color colo-

461

GUERRERO Y CABALLOS, DE LA MOLE DE KHORSABAD, NÍNIVE.

rado es el que más predomina entre los varios colores con que están pintadas esas planchas, Ezeq. 23:14, 15; Nah. 2:3. Allí hay "hombres montados á caballo," príncipes dignos de ver en cuanto á vigor guerrero y á valor, y sus caballos de brío, de nobles formas y actitudes, adornados de vistosos arreos. (Véase el grabado adjunto.) Allí en fin hay ídolos, reyes y guerreros de Nínive, en varias escenas del culto religioso, de la caza y de la guerra; fortalezas atacadas y tomadas; montones de cabezas de los que han sido muertos, 2 Rey. 10:8; prisioneros conducidos en triunfo, empalados, desollados, atormentados de diferentes modos, y hasta asidos por medio de cuerdas atadas á ganchos introducidos en la nariz y en los labios, 2 Rev. 19:28; Isa. 37:29, y en el acto de sacárseles los ojos con la punta de la lanza, 2 Rey. 25:7. Para otros grabados alusivos al mismo asunto véanse las palabras NIS-

ROC, SENNAQUERIB, SALMANASAR y GUERRA. El mundo cristiano tiene mucho que agradecerles á Layard, Botta y Smith por las importantes exploraciones que han hecho, y á Rawlinson y Hincks por sus investigaciones literarias respecto de esas ruinas. Para el que estudia la Biblia estos tesoros sepultados son especialmente del más alto valor, y bien podemos regocijarnos no solamente por esta nueva acumulación de evidencia acerca de la veracidad de la historia y de las profecías de las

Escrituras, sino por la luz adicional que así se arroja sobre su significado. Cuán solemne también es la amonestación que estas reliquias recientemente halladas de una ciudad que en otro tiempo fué tan vasta y tan poderosa, nos hacen en estos días y en tierras entonces desconocidas, para que nos guardemos de la molicie, del orgullo y de la impiedad que fueron la causa de su ruina.

NISAN, *florido*, mes hebreo que corresponde casi á nuestro Abril, pero que varía algo. de año en año, según el curso de la luna. Era el séptimo mes del año civil, pero se le convirtió en el primero del año sagrado en la salida de Egipto, Ex. 12:2. Moisés le llama Abib, Ex. 13:4. El nombre de Nisan se halla sólo después del triunfo de Esdras, y de la vuelta de la cautividad de Babilonia, Neh. 2:1; Est. 3:7. Véase MES.

NISROC, dios de los Asirios, en cuyo templo y cuando estaba rindiendo el culto idólatra, Sennaquerib fué muerto por sus propios hijos, 2 Rey. 19:37. Según su etimología dicho nombre debe significar "la gran águila," y las esculturas asirias más antiguas, recientemente exhumadas en Nínive, tienen muchas representaciones de ídolos en forma humana, pero con la cabeza de águila, como se ve en el grabado. Entre los antiguos Árabes figura también el águila como ídolo. Según algunos, donde dice Nisroc, debiera decir con más propiedad Assarac, lo cual lo identificaría con Assur. El grabado que se ve en seguida, y que representa en un círculo á un hombre con alas armado de un arco, se halla reproducido muchas veces en los muros de

la antigua Nínive, en escenas de culto religioso, y se cree que es un emblema de Assur, ia suprema deidad de los Asirios.

NOA, *conmoción*, hija de Salfaad, Núm. 26:33; Jos. 17:3.

NOADÍAS, *encontrado por Jehová*, I., Levita hijo de Bennui, Esd. 8:33.

II. Profetiza que trató de amedrantar á Nehemías, Neh. 6:14. Comp. Ezeq. 13:17.

NOB, *elevación*, ciudad de sacerdotes, en la comarca de la tribu de Benjamín, en un cerro cercano á Jerusalem. Sus habitantes, incluyendo á 85 sacerdotes, fueron una vez pasados á cuchillo por orden de Saúl, por la hospitalidad que le dieron á David, 1 Sam. 21:1; 22:9-23. El tabernáculo y el arca con el pan de la proposición debieron de estar allí en ese tiempo. Habitáronla de nuevo después de la cautividad. Neh. 11:31-35. Estaba al sur de Gabaa, tal vez en la altura Es-Sumah, desde la cual puede verse en el monte Sión, Isa. 10:28-32.

NOBA, *ladrido*, I., Núm. 32:42, Israelita jefe de la tribu de Manassés, que dirigió la conquista de Kenat y sus poblaciones, al este del Jordán.

II. Jue. 8:11. Kenat, la residencia de Noba I., de la que probablemente se hallan vestigios en Kunawat, ciudad en el Ledjah.

NOCHE 6 TARDE. Los antiguos Hebreos comenzaban su día artificial á la puesta del sol, y lo terminaban á la misma hora del día siguiente, de manera que la noche precedía al día. De esta costumbre los indicios más antiguos que se hallan son los términos empleados para describir la creación, Gén. 1:5, 8, 13, etc. "Y fué la tarde y la mañana del primer día."

Las Hebreos asignaban 12 horas á la noche y 12 al día, pero estas horas no eran iguales, excepto en los equinoxios. En otras épocas, cuando las horas de la noche eran largas, las del día eran cortas, como en el invierno; y cuando las horas de la noche eran cortas, como en la mitad del verano, las horas del día eran largas proporcionalmente. Véase HORA.

A veces acontece en Siria que una noche extremadamente fría se sucede á un día muy caluroso, y los viajeros en los desiertos y entre las montañas cercanas á Palestina, refieren los padecimientos que les ocasionaban estos extremos opuestos, lo cual comprueba la exactitud de las palabras de Jacob que se hallan en Gén. 31:40, "De día me consumía el calor y de noche la helada, y el sueño se huía de mis ojos." El crepúsculo en los países intertropicales es muy corto, Gén. 15:17; Job 24:15; Ezeq. 12:6, 7, 12.

La noche es un tiempo de peligro, Jue. 7:19; Job 24:14; Sal. 91:5; y un símbolo de ignorancia, Miq. 3:6, de adversidad, Isa. 21:12, y de muerte. Juan 9:4. En el cielo no hay ninguno de estos males, Apoc. 22:5. Los que hacen cosas propias de las tinieblas, son hijos de la noche, Prov. 7:9; 1 Tes. 5:5-7. La vida de los cristianos en la tierra es sólo una noche antes del día sin fin, Rom. 13:12.

NOD, *huida ó peregrinación*, la región oriental del Eden á la cual fué desterrado Cain, Gén. 4:16.

NODAB, *nobleza*, gran tribu árabe pastoral, derrotada por los Rubenitas, 1 Crón. 5:19-22.

NOÉ, *descanso, consuelo*, el nombre del célebre patriarca, décimo desde Adam, con su familia, que fué preservado por Jehová, por medio del arca, durante el Diluvio, y así llegó á ser el segundo fundador de la raza humana. La historia de Noé se halla en Gén. caps. 5-9. Fué hijo de Lamec y nieto de Matusalem; nació en el año 1056 de la creación del mundo, y vivió 600 años antes del Diluvio, y 350 después, muriendo dos años antes del nacimiento de Abraham, en todo 950 años, sólo 126 menos que el período entero desde Adam hasta Abraham. Tal vez su nombre le fué dado por sus padres con la esperanza de que fuera la prometida "simiente de la mujer que quebrantaría la cabeza de la serpiente." Era del linaje de los patriarcas que temían á Dios, y fué hombre justo, Ezeq. 14:14, 20, y "predicador de la justicia," 1 Ped. 3:19, 20: 2 Ped. 2:5. Sus esfuerzos para reformar el mundo degenerado, hechos como algunos suponen por 120 años, produjeron poco efecto, Mat. 24:37; el diluvio no halló fé en la tierra. Mas, á despecho de todo, Noé fué un ejemplo de fé verdadera: creyó la amonestación de Dios, fué movido por el temor, y siguió

el curso necesario de acción, Heb. 11:7. Su primer cuidado al salir del arca fué adorar al Señor con sacrificios de todos los animales á propósito para ello, y Dios celebró de nuevo un pacto con él, y con el género humano, poniendo por señal el arco iris, y le dió su bendición. Poco más se refiere respecto de él, si no es que se embriagó, lo cual nos da un triste ejemplo de la vergüenza é infortunio á que puede conducir el vino. Los descendientes de sus tres hijos poblaron el mundo todo. La posteridad de Jafet se estableció principalmente en Europa; la de Sem en Asia, y la de Cám en África.

Numerosos indicios de tradiciones relativas á Noé se han hallado en todas partes del mundo. Una de las tradiciones más exactas es la que se encarna en la leyenda de los Griegos referente á Deucalion y á Pirrho. Podríamos mencionar también las medallas grabadas en Apamea, en Frigia, en la época del emperador romano Pertinax, y que llevan el nombre de Noé, una arca, un hombre y una mujer, un cuervo y una paloma con un ramo de

MONEDA DE APAMEA EN FRIGIA.

olivo en el pico. Este grabado representa otro memorial apameano del Diluvio. Véase ARCA. También se han hallado leyendas relativas al diluvio, entre los Hindús, los Persas, los Chinos, los Polinesios, y los Mexicanos, de ninguna de las cuales pudo haber emanado la historia bíblica, mientras que todas ellas pueden haber tenido su origen en la historia verdadera del Génesis. Cristo puso el sello de su testimonio para hacer constar la verdad de ella, Mat. 24:37; Luc. 17:26. Véase también 2 Ped. 3:3-13.

NOEMI, *mi delicia*, nombre puesto en contraste con MARA, *amarga*, Rut 1:20, 21, esposa de Elimelec de Betlehem, en donde ella era altamente estimada, vers. 19. La familia se transladó á Moab en un tiempo de carestía, y allí murieron su marido y sus dos hijos Mahalon y Quelion, y estos le dejaron á sus dos jóvenes esposas moabitas Orfa y Rut. Al volver á Judá ella, puso á prueba á sus dos nueras, y aunque ambas la amaban, sólo Rut amaba á Dios, y elegió la mejor parte. Véase RUT.

NOF, llamada algunas veces en hebreo Mof, Ose. 9:6, la antigua ciudad de Memfis, en Egipto. Estaba situada en el lado occidental del Nilo, dentro del valle del Alto Egipto, y cerca de la punta del Delta, en donde el Bajo Egipto comienza á ensancharse. El sitio es muy apropósito para una capital. Unos restos exiguos de ella han sido exhumados recientemente como 10 millas al sur del Antiguo Cairo. Se dice que fué fundada por Menes, el Mizraím de Gén. 10:6, como 2,200 B. C., y con excepción de los de Tebas ningunos edificios le excedían en magnificencia. Su templo principal era el de Phthah ó Fta, el Vulcano egipcio.

Memfis fué la residencia de los antiguos reyes de Egipto hasta la época de los Ptolomeos, quienes por lo común residían en Alejandría. Se cree que allí fué donde José estuvo preso y fué gobernador, y donde Moisés se presentó ante Faraón.

Los profetas predijeron las calamidades que Memfis tendría que sufrir á manos de los reyes de Caldea y de Persia; á los Israelitas que se retirasen á Egipto, ó se pusiesen en comunicación con los Egipcios, los amenazaron con que perecerían en aquel país, Isa. 19:13; Jer. 2:16; 44:1; 46:14, 19; Ezeq. 30:13, 16. En esa ciudad alimentaban y adoraban al buey sagrado Apis, que era la encarnación de su falso Dios Osiris, y Ezequiel dijo que el Señor destruiría los ídolos de Memfis, Ezeq. 30:13, 16. La ciudad llegó á ser tributaria de los Babilonios; más tarde lo fué sucesivamente de los Persas, los Macedonios, los Romanos, etc. Conservó mucho de su esplendor hasta que fué conquistada por los Árabes, en el año 18º ó 19º de la Egira, 641 A. D., después de lo cual fué reemplazada en su carácter de Metrópolis de Egipto, por Fostat, ahora Antiguo Cairo, en cuya construcción se emplearon sus materiales. Como á 5 millas de allí, en Gizeh, se hallan la Esfinge y las pirámides. Estas que pasan todavía de 30, fueron construídas por los reyes "para sí mismos;" es á ellas, en opinión de Ewald, que se refiere la expresión "los desiertos," en Job 3:14; pero la magnífica ciudad que se extendía por muchas millas entre ellas y el rio, ha desaparecido casi enteramente.

NOFA, *altura*, Núm. 21:30, ciudad de Moab cerca de Hesbón y Medeba.

NOGA, *relámpago*, hijo de David, 1 Crón. 3:7; 14:6.

NOGAL. Véase Cant. 6:11.

NOHA, *descanso*, hijo de Benjamín, y cabeza de una familia, 1 Crón. 8:2.

NOMBRES. Entre los Hebreos, muchos de ellos tenían algún significado, Gén. 2:19. En algunos casos denotaban un rasgo distintivo de la persona ó de la familia, y otras, las circunstancias que ocurrían en el nacimiento de un niño; y se daban por uno de los padres ó por ambos, ó bien cuando el nacimiento tenía lugar, ó bien en la circuncisión, y en ocasiones según el consejo de los amigos, Rut 4:17; Luc. 1:59. En muchos casos eran sugeridos por Dios con un significado profético, Isa. 7:14; 8:3; Ose. 1:4, 6, 9; Mat. 1:21; Luc. 1:13. 60, 63; ó cambiados más tarde por una causa semejante, como lo fueron los de Abram, Sarai, Jacob y otros muchos: con frecuencia sucedía también que fueran asumidos después para conmemorar algún acontecimiento notable en la historia de los que los llevasen. Compárese lo dicho respecto de Ismael, Esaú y Jacob, Moisés, Icabod, etc., Gén. 16:11; 17:5; 25:25, 26; Exod. 2:10; 1 Sam. 4:21. Los nombres compuestos eran de uso frecuente; y á menudo se empleaba una parte del nombre de Dios, JAH, EL, JEHO, etc., como en Eliezer, Exo. 18:4; Samuel, Josías, Adonías. Algunas veces de una frase entera se formaba un nombre, como Elioenai, *á Jehová van mis ojos*, 1 Crón. 4:36. También se empleaban á menudo los nombres de los ídolos, como el de Baal, para formar parte del nombre del niño. Ni eran raros los ejemplos de que el niño tomara el nombre del padre con el prefijo de *Ben* ó *Bar*, por hijo, ó de *Bath*, que significa hija. Los nombres del Nuevo Testamento son principalmente nombres antiguos y de familia que fueron perpetuados, Luc. 1:61. Los Orientales cambian sus nombres por causas ligeras, y por eso es que se hallan en la Biblia muchas personas que llevan dos ó más nombres, Rut 1:20; 2 Sam. 23:8; Juan 1:42; Hech. 4:36. Los reyes á menudo cambiaban los nombres de aquellos á quienes daban empleos, Dan. 1:6, 7; de ahí viene el que un nombre nuevo denotara la concesión de honores y privilegios, Apoc. 2:17; 3:12. Muchas veces sucede que las diversas inflexiones del mismo nombre hebreo, por poca que sea la diferencia que ellas tengan, le dan un aspecto muy distinto á los ojos de los Americanos ó los Europeos, como *Gessem* y *Gasmu*, Neh. 6:1, 6. Algunos nombres hebreos eran trasladados al griego con muy pequeña alteración; así Elijah se convirtió en Elías. Pero algunas veces se le traducía por la palabra griega del mismo significado, aunque muy diferente en forma. Así Tomas se convirtió en Dídimus, y Tabita en Dorcas.

El "nombre" de Dios ó Jehová, se emplea para designarle á él mismo y sus atributos, Exod. 34:6; Sal. 8:1; 20:1; Juan 17:26. Véase Jehová. Los apóstoles obraron milagros por el poder de Cristo, Hech. 3:6; 4:10; y bautizaron en el nombre de la Trinidad, en una unión viva con el Padre, el Hijo y el Espíritu Santo, Mat. 28:19. Qué es "levantar el nombre del difunto," se explica en Rut 4; al paso que raer el nombre de alguno significa extinguir su familia, Sal. 9:5.

NORTE, Job 37:9; Prov. 25:23, ó la mano izquierda, Gén. 14:15; Job 23:9. Véase Oriente. Los Babilonios y Asirios invadieron á Israel, por el rumbo del norte, para evitar el desierto, Jer. 1:14; 46:6, 24; Sof. 2:13. "De la parte del norte vendrá la serenidad," dice Job 37:22. Esto es tan cierto en Siria y en Arabia hoy día, como lo fué hace 3,000 años.

NOTARIO DEL PUEBLO ó ESCRIBANO, Hech. 19:35. El jefe ejecutivo del gobierno municipal en Éfeso, teniente de la autoridad suprema; dicho empleado es mencionado en la historia, y su efigie se encuentra en cierta moneda de aquella época.

NOVIA ó NOVIO. Véanse Matrimonio y Cantares de Salomón.

NUBE, la columna de, la milagrosa manifestación de la presencia y vigilancia divinas, Exod. 14:24; 16:10; Núm. 12:5, que guió á los Israelitas en el Desierto, y que descansaba sobre el tabernáculo ó se movía majestuosamente encima del arca cuando ésta estaba de camino; servía de protección y quizá de sombra, durante el día, y alumbraba durante la noche, Exod. 13:21, 22; 14:19, 20. Por medio de ella dirigía Dios la marcha de los Israelitas, Núm. 9:15-23; 14:14; Deut. 1:33. Véase la hermosa aplicación que de esta imagen se hace á la iglesia futura en Isa. 4:5.

NUBES, en la estación del verano en Palestina, eran un fenómeno inesperado, 1 Sam. 12:17, 18, y al levantarse del Mediterráneo, anunciaban lluvia, 1 Rey. 18:44; Luc. 12:54. Son emblema de lo transito-

rio, Óse. 6:4, y de todo lo que aparta á los hombres del favor de Dios, Lam. 2:1; 3:44. Son también símbolo de los ejércitos y de las multitudes, probablemente á causa de sus grandes y majestuosos movimientos, Isa. 60:8; Jer. 4:13; Heb. 12:1. Eran una manifestación de la presencia de Jehová, como en el monte Sinaí, Exod. 19:9; 24:12-18; en el templo, Exod. 40:34; 1 Rey. 8:10; en la columna de nube, y en el monte de la transfiguración. Se encuentran también en muchas representaciones de la majestad de Dios, Sal. 18:11, 12; 97:2, y de Cristo, Mat. 24:30; Apoc. 14:14-16.

NUEZ. Véanse Nogal y Piñon.

NÚMEROS, eran designados por los Hebreos por las letras del alfabeto, algunas de las cuales eran muy parecidas, y debido á eso ocurrían errores á menudo; comp. 2 Reyes 24:8, con 2 Crón. 36:9, y 1 Rey. 4:26, con 2 Crón. 9:25; también 2 Sam. 24:13, con 1 Crón. 21:12; 2 Reyes 8:26, con 2 Crón. 22:2; 2 Sam. 24:9, con 1 Crón. 21:5.

Algunos números tenían significaciones especiales. Así 7, el símbolo de la perfección, se emplea muy á menudo, como en los 7 días de la semana; los 7 altares de Balac; las 7 veces de Nabucodonosor; las 7 candilejas y holocaustos, Ex. 25:37; Lev. 13; las alabanzas hechas 7 veces al día, Sal. 119:164; las 7 bienaventuranzas, Mat. 5; los 7 demonios echados fuera de la Magdalena, Luc. 8:2; comp. Mat. 12:45; el dragón de 7 cabezas, Apoc. 12:3; las 7 últimas plagas, Apoc. 15:1; los 7 diáconos, Hech. 6; y los 7 espíritus que estaban ante el trono.

El 3 es símbolo de la Trinidad, Apoc. 1:4; 4:8; se advierte en el trisagio de Isaías, cap. 6:3; en la división acostumbrada de un ejército, Jue. 7:16, 20; 9:43; 1 Sam. 11:11; en las 3 grandes fiestas, Ex. 23:14-17; Deut. 16:16; y la triple bendición, Núm. 6:23-26; 2 Cor. 13:14.

El 10, la base del sistema decimal, sugerido por los 10 dedos, se halla en los 10 mandamientos, en las 10 medidas del tabernáculo, Exod. 26:27; 1 Rey. 6:7, y en el servicio ritual, Exod. 12:3; Lev. 16:29; en los diezmos, Gén. 14:20, y en las 10 plagas de Egipto.

El 12 está empleado en el número de las tribus y de los apóstoles, las 12 joyas del pectoral, y las 12 puertas de la Nueva Jerusalem.

El 40 está usado también frecuentemente, como en los 40 días de lluvia del diluvio, los 40 años que los Israelitas vagaron en el desierto, los 40 años que Moisés permaneció en Madián, los 40 días que estuvo en el monte Sinaí, los 40 azotes, Deut. 25:3, y los 40 días de que se habla en las predicciones de Ezequiel, cap. 4:6, 29:11; Jon. 3:4.

NÚMEROS, EL LIBRO DE LOS, es llamado así, porque los tres primeros capítulos contienen la enumeración de los Hebreos y Levitas que fué practicada separadamente, después de la construcción y consagración del tabernáculo. Véase también cap. 26. Lo restante del libro contiene una relación de la partida de los Israelitas del Sinaí, y de sus posteriores peregrinaciones en el desierto, hasta su llegada á las fronteras de Moab. Fué escrito por Moisés, 1451 A. C., y es el cuarto libro del Pentateuco.

NUN, *pez*, 1 Crón. 7:27, descendiente de Efraím y padre de Josué, Núm. 11.28; 14.6

O.

OBAL, ó HEBAL, *desnudo*, Gén. 10:28, hijo de Joctán, y cabeza de una tribu árabe, llamado Hebal en 1 Crón. 1:22, y que probablemente residía cerca del estrecho de Bab-el Mandeb.

OBED, *siervo*, I., hijo de Booz y Rut, abuelo de David, Rut 4:17; 1 Crón. 2:12. Véanse también las genealogías de Cristo, Mat. 1:5; Luc. 3:32. Otros cuatro llamados así, se mencionan en 1 Crón, 2:37, 38; 11:47; 26:7; 2 Crón. 23:1.

II. Heb. ODED. Padre de Azarías el profeta, en el reinado de Asa, 2 Crón. 15:1-8.

III. Heb. ODED. Profeta del Señor, que estando en Samaria cuando los Israelitas, bajo el rey Peca, volvieron de la guerra contra Judá y llevaron 200,000 cautivos, fué á encontrarlos y les reconvino por su procedimiento, de manera que los principales hombres de Samaria cuidaron de los prisioneros, les dieron vestidos, alimento, y otros auxilios, y llevaron á los más débiles en asnos. De este modo los condujeron otra vez á Jericó, 2 Crón. 28:9, etc.

OBED-EDOM, *siervo de Edom*, I., Levita—llamado Geteo por ser de Gat-Rimmon, Jos. 21·25. Con motivo de la señalada prosperidad de que él gozó mientras fué guardián del arca, después de la terrible muerte de Oza, David se sintió animado á llevar aquella á Jerusalem. Los Coatitas llevaron el arca en los hombros, como la ley lo prescribía, no en carro. Obed-Edom y sus hijos fueron hechos porteros del ta-

bernáculo en Jerusalem, 2 Sam. 6:10-12; 1 Crón. 15:18-24; 16:38; 26:4-8, 15. Feliz la familia que reverencia y protege el arca de Dios, por muchas que fueran las calamidades que atrajo á los Filisteos. Se supone que la casa de Obed-Edom estaba en una mesa de cuatro acres que había en una cordillera 6 millas al sudoeste de Jerusalem. Se la llama actualmente Kuryet es Saideh, "morada del hombre bendito."

II. Otros de este nombre se mencionan en 1 Crón. 16:38; 2 Crón. 25:23, 24.

OBEDIENCIA (la) á Dios es el supremo deber de los hombres, Hech. 4·17; 5:29, como sus criaturas, Sal. 95:6, que dependen de su bondad, Sal. 145; Hech. 14:17, sujetas á su ley, Sal. 119, y redimidas por su sangre, 1 Cor. 6:20. Esto debe hacerse de corazón, 1 Juan 5:2-5, en todas las cosas y en todo tiempo, Rom. 2·7; Gál. 6:9. Ha de rendirse obediencia por los hijos á los padres, Exod. 20:12; Efes. 6:1; Col. 3:20; por los criados á los amos, Efes. 6:5; Col. 3:22; 1 Ped. 2:18; y por los ciudadanos al gobierno, Rom. 13:1-5; Tito 3:1.

OBIL, *cuidador de camellos*, nombre ó título de un Árabe encargado de los camellos de David, 1 Crón. 27:30.

OBISPO, *el que vigila*, el que tiene el cuidado y la dirección de alguna cosa. La acepción más común de la palabra EPÍSCOPUS en el Nuevo Testamento, es la que ocurre en Hech. 20:28; Filip. 1:1, en donde significa el pastor de una iglesia; y es equivalente á PRESBÍTEROS, presbítero ó anciano, 1 Tim. 5:17; 1 Ped. 5:1, 2 Pedro llama á Jesu-Cristo "el pastor y obispo de vuestras almas," 1 Ped. 2:25. Pablo escribe las cualidades requeridas en los obispos, 1 Tim. 3:2; Tito 1:5, 7, etc.; Cristo mismo es su gran ejemplar.

OBOT, *pieles de agua ó desfiladeros*, la estación 43ª de los Israelitas, cerca de Moab, al sudeste del Mar Muerto, Núm. 21:10, 11; 33:43, 44.

OBRAS. Grande importancia se da en las Sagradas Escrituras á las acciones rectas, inspiradas por el supremo amor á Dios y el amor sincero al hombre, Mar. 12 29-31, como pruebas externas y necesarias de un verdadero espíritu de fé y obediencia, Mat. 7:21-23; 21:28-31; 25:31-46; Juan 8·39; 1 Cor. 3:13-15; Efes. 2:10; Sant. 2:14-26; 1 Ped. 1:17. Mas las "buenas obras" de los hombres que no están regenerados, carecen del elemento de santidad, Rom. 3:20-22, y las mejores obras de los hombres convertidos no son la base meritoria para la salvación, sino simple·

mente los frutos y evidencias de la gracia, Tit. 3:5. Por lo que toca á "obras" y "mayores obras," Juan 5:20; 7:3; 15:24, véase MILAGRO.

OCCIDENTE, literalmente, ó bien *el mar*, como en Gén. 12:8; 13:14, etc., esto es, el Mediterráneo al lado occidental de los países de la Biblia, ó bién *puesta del sol*, ó *poniendo* como en Sal. 75:6; 103:12. En Ose. 11:10, el pueblo de la costa mediterránea.

OCIOSA, en Mat. 12:36, significa hueca é infructuosa. La "palabra ociosa" que Cristo condena, es la que es moralmente inútil y mala.

OCOZÍAS, *sostenido por el Señor*, I., hijo y sucesor de Acháb, y 8º rey de Israel, 1 Rey 22:40, 51; 2 Rey. 1, reinó dos años, solo y con su padre que se lo asoció en el gobierno el año antes de su muerte, 896 A. C.

Ocozías imitó la impiedad de Acháb y adoró á Baal y á Astarte, cuyos ritos habían sido introducidos en Israel por Jezabel su madre.

Durante su reinado, los Moabitas se rebelaron. Habiéndose unido al rey Josafat en una empresa comercial, en el Mar Rojo, su impiedad lo hizo fracasar todo, 2 Crón. 20:35-37. Después de una caída desde el corredor de su casa, mandó consultar á un dios de los Filisteos en cuanto á su alivio.

Elías el profeta predijo su cercana muerte, primero ante los mensajeros, y en seguida ante Ocozías mismo, después de que dos compañías de 50 hombres habían sido consumidas por el fuego del cielo.

II. Por otro nombre Joacáz ó Azarías rey de Judá, hijo de Joram y Atalía, y 5º rey de Judá; sucedió á su padre, en 885 A. C., 2 Rey. 8:25; 2 Crón. 22:2. Tenía 22 años de edad cuando ascendió al trono, y reinó solamente un año en Jerusalem. Siguió á la casa de Acháb, á la cual estaba aliado por su madre, é hizo lo malo. Encontró su muerte á manos de Jehú en una visita que hizo á Joram, hijo de Acháb. Las dos relaciones de su muerte no están necesariamente en pugna. Según parece, se escapó primero de Jehú, ocultándose en Samaria, y después fué aprehendido y llevado ante Jehú, herido en su carro en Gur, y expiró en Megiddo.

OCRÁN, *afligido*, de la tribu de Aser, Núm. 1:13; 2:27; 7:72.

ODIA ó JUDÁIA, la *judía*, segunda esposa (véase BITIA) de Mered, cuyos hijos

468

fundaron á Gedor, Sochó, etc., 1 Crón 4:17-19.

ODRES PARA AGUA, HECHOS DE PIEL DE CABRA.

ODRE. El grabado representa la forma de un antiguo odre hecho de piel de cabra, y del cual un aguador saca lo bastante para una bebida y lo ofrece en venta. Después de quitada la piel á la cabra, chibo ó cabrito, y de haberla compuesto y curtido lo necesario, se cierran aquellas partes correspondientes á las cuatro patas del animal, dejando la del pescuezo para introducir y vaciar el agua. Los odres se llevaban con facilidad en los hombros, Gén. 21:14. Véase también Jos. 9:4, 13; Jer. 13:12. Estaban expuestos á dañarse con la acción del calor y del humo, Sal. 119:83, y á perder su contenido á causa de la evaporación bajo los rayos de un sol ardiente en un viaje, y por eso, para res-

GARRAFONES EGIPCIOS, ETC.

guardarlos se les untaba de aceite por fuera. Al introducir el líquido en el odre, este naturalmente se hincha y estira, y especialmente si el licor fuere vino, á causa de la fermentación. De aquí viene la conveniencia de que se ponga vino nuevo en odres nuevos, que teniendo su resistencia primitiva, puedan soportar la expansión ó su contenido, y conservar el vino hasta que llegue á su sazón ; al paso que los odres viejos bién pueden sin peligro contener vino viejo, cuya fermentación ha pasado ya, Mat. 9:17; Luc. 5:38; Job 32:19.

Tales odres ó cueros son todavía de uso general en los viajes que se hacen en el Oriente, así como también entre los aguadores, y en los usos domésticos. Para almacenar vinos en las bodegas, se hacían los odres de pieles de buey y de camello. Pero las botas pequeñas de piel de chibo ó de cabra se usaban ordinariamente tanto para el agua como para el vino. Los antiguos, sin embargo, conocían el arte de fabricar la loza, y tenían grande variedad de botellas elegantes, jarrones y vasos para los usos domésticos y para los adornos de tocador, hechos de cristal, porcelana, alabastro, y también de los metales preciosos, Isa. 30:14; Jer. 19:1, 10, 11; Lam. 4:2. Véanse VASO, VINO, LÁGRIMAS.

OFEL, *loma ó eminencia*, I., barrio de Jerusalem adyacente al templo, y ocupado por tanto por los Netineos, Neh. 3:26, 27 ; 11:21. Según se cree estaba cercado de un muro, y fortificado por una fuerte torre, 2 Crón. 27:3 ; 33:14, y se cree que es el que se denota con la palabra hebrea Ofel, traducida " fortaleza " en Miq. 4:8. Se menciona á menudo por Josefo como Ofla. No puede haber duda de que dicho nombre es el de la eminencia más baja formada por el monte Moría al decrecer al sur del area de la mezquita. Tiene 290 piés de ancho, y se extiende 1550 piés al sur, terminando en una punta áspera de 40 á 50 piés de altura sobre la cisterna de Siloam. Está separado del monte Sión al oeste por el valle llamado Tiropœon, y estaba antiguamente cubierto de casas ; pero ahora está dedicado al cultivo de las olivas, higos y otros frutos. En las recientes excavaciones se han hallado porciones del antiguo muro al este, de 70 piés de altura, las cuales lo unían con el area del templo. Véase JERUSALEM.

II. En la Biblia española esta palabra se traduce por " lugar secreto," y era un punto situado en una altura cerca de Samaria, donde estaba la casa en que Giezi ocultó los presentes que recibió de Naamán, 2 Rey. 5:24.

OFENSA, I. Esta palabra se usa en el sentido ordinario de pecado, falta ó disgusto, como en Ecl. 10:4; Rom. 4 : 25; 5:15-20; 2 Cor. 11:7; Sant. 2:10; 3:2, y en el sentido de tropiezo, escándalo, ó causa de pecado para otros, 2 Cor. 6:3, ó de todo aquello que puede servir de ocasión ó de excusa para el pecado. El mismo sentido tiene el verbo ofender ó hacer caer, Sal. 119:165; Mat. 5:29, 30; 18:6, 8, 9. Ser ofendido, es ser inducido á caer, Mat. 13:21 ; 24:10. Á los cristianos se les exige que no den ocasión ó motivo para el tropiezo de otros, y que para este fin hasta se priven de algunas cosas que de otra manera les son permitidas, Rom. 14:13-21 ; 1 Cor. 8:9-13 ; 10:32; 2 Cor. 6:3. La doctrina de la cruz fué ofensiva á muchos Judíos, como lo es todavía al orgullo humano, y ello les atrajo fatales resultados, Rom. 9:33; Gál. 5:11; y 1 Ped. 2:8. Esto fué predicho, Isa. 8:14, y no debe por lo mismo sorprendernos.

II. Perjuicio causado ó injuria irrogada á alguna persona con mayor ó menor culpabilidad. La ley mosaica exigía de los culpables no solamente que resarciesen á la persona agraviada ó le diesen satisfacción, sino también que presentasen una ofrenda en el altar para reconciliarse con Aquel que gobierna todas las cosas, Lev. 5; 6:1-7; Sal. 51:4. Véase SACRIFICIO. Cristo declara á menudo que para ser perdonados por Dios, necesitamos también perdonarnos mutuamente, Mat. 6:14, 15, y que no debemos dejar que ningún hermano tenga algo contra nosotros, Mat. 5:23, 24.

OFICIO, ejercicio ú ocupación, Hechos 18:3. Después de la cautividad, los muchachos judíos, aun los de familias ricas, tenían que aprender un oficio útil, pues no se consideraba que el trabajo manual era incompatible con el carácter del ciudadano libre. Los rabinos solían decir que el que no daba á su hijo un oficio, le daba el de ladrón. La Biblia nos suministra muchos informes con relación á una gran variedad de oficios que eran comunes en el Oriente. No todos eran, sin embargo, igualmente honrosos, ni tampoco necesariamente hereditarios, aunque Jesús adoptó el de José, Mat. 13:55; Mar. 6:3. Los artesanos que ejercían el mismo oficio se reunían entonces, como lo hacen ahora muchas veces, en la misma parte ó barrio de la población.

OFIR, *fértil ó colorado*, I., hijo de Joctán, que se estableció en la Arabia meridional, Gén. 10:26-29.

II. País con el cual comerciaban los buques de Salomón, y que había sido célebre durante largo tiempo, por la pureza y abundancia de su oro, Job 22:24; 28:16. El "oro de Ofir" era universalmente reconocido como el mejor, Sal. 45:9; Isa. 13:12. Los únicos pasajes que nos dan algún informe en cuanto á la situación de Ofir, son 1 Rey. 9:26-28; 10:11, 22; 22:48, con los pasajes que les corresponden en 2 Crón. 8:18; 9:10, 21; 20:36, 37; por los cuales consta que los llamados "buques de Tarsis," iban á Ofir; que estos buques se hacían á la vela partiendo de Ezión Gaber, puerto del Mar Rojo; que se hacía un viaje una vez cada tres años; que la flota regresaba cargada de oro, pavos reales, monos, especias, marfil, madera preciosa y ébano. Con estos datos, los intérpretes han tratado de determinar la situación de Ofir; pero han llegado á diferentes juicios. Josefo lo sitúa en la península de Malaca. Otros lo han colocado en Sofala, en el África meridional, en donde se han hallado minas de oro y plata, que parece que en otros tiempos han sido trabajadas extensamente. Otros suponen también que estaba en la Arabia meridional Los críticos é intérpretes del día se inclinan á la primera opinión, pues solamente en la India meridional se hallan todos los artículos de comercio de Salomón. Véase UFAZ.

OFNI, *hambre*, ciudad al nordeste de Benjamín, Jos. 18:24, el Gofna de Josefo, ahora Sufna, pobre aldea 2½ millas al nordeste de Betel.

II. Un individuo de este nombre y Finées eran los malvados hijos de Elí el sumo sacerdote, y fueron llamados "hijos de Belial." Descarada y continuamente abusaban de la influencia que les daba su posición y su sagrado cargo; y la codicia, la violencia é el impío libertinaje á que se entregaron á pesar de las débiles amonestaciones de su padre, atrajeron sobre su familia la ruina y la desgracia. Aun cuando habían hecho profesión de ser siervos de Dios, no le conocían, 1 Sam. 2:12; comp. Jer. 22:16; Mat. 7:21-23; Tit. 1:16. El arca que habían llevado al campo de batalla fué tomada, y ellos murieron en el combate, 1 Sam. cap. 2-4. Véase ELÍ. El arca de Dios protege sólo á los que le aman y obedecen. Comp. Jer. 7:4. La tendencia de los hombres en todos los tiempos ha sido á harse de lo que es meramente externo en religión, al paso que su corazón y su vida carecen de rectitud ante Dios; y todos aquellos que así pecan como los hijos de Elí, deben también perecer.

OFRA, *cervato*, I., ciudad de los Benjamitas situada por Eusebio 5 millas al este de Betel, cerca de cuyo sitio hacia el norte está ahora et-Taiyibeh, en un cerro cónico con una torre vieja desde la cual se tiene una espléndida vista del valle del Jordán. el Mar Muerto y las montañas del otro lado, Jos. 18:23; 1 Sam. 13:17. Probablemente el lugar al cual fué Jesucristo después de la resurrección de Lázaro, Juan 11:54. Véase EFRAÍM.

II. "De los Abiezeritas," (véase ABIEZER,) ciudad de Manassés en donde residía Gedeón, y en donde después de su muerte su efod, hecho ó adornado de los despojos de Seba y Salmunna, fué supersticiosamente adorado, Jue. 6:11-24; 9:27, 32; 9:5. Miraba á la llanura de Esdraelon por el S. O.

III. Hijo de Maonati, de la tribu de Judá, ó un lugar fundado por él, 1 Crón. 4:14.

OFRENDA ú OBLACIÓN, cualquiera cosa prescrita por la ley, para ser presentada á Dios con el fin de propiciarle implorando su favor, ó expresándole gratitud, Gén. 4:3-8; 8:20. En el hebreo la ofrenda, *minchah*, se distingue del sacrificio *zebah*, el que es sin sangue. En nuestra versión, sin embargo, la palabra ofrenda se usa á menudo para denotar un sacrificio, designándose bajo ese nombre los holocaustos y "pacíficos," etc. De las ofrendas propiamente dichas, es decir, incruentas ó sin sangue, algunas se presentaban junto con los sacrificios, como las de harina, vino y sal; y otras no estaban relacionadas con sacrificios ningunos. Á semejanza de los sacrificios, algunas ofrendas como las primicias y los diezmos eran obligatorias, otras eran voluntarias y se ofrecían sólo por devoción. Se enumeran varias clases de ofrendas en los libros de Moisés, figurando entre otras, 1o la flor de harina; 2o tortas cocidas en horno; 3o tortas cocidas en cazuela ó sartén de poco fondo; 4o tortas cocidas en una vasija honda, en la cual se freían con aceite; 5o primicias del grano nuevo, ya en su estado natural, ó preparado haciéndolo tostar en la espiga ó desgranado. Las tortas eran amaradas con aceite de olivo, ó fritas en una sartén ó simplemente untadas de aceite después de cocidas. El pan ofrecido para el altar era sin levadura, porque esta nunca se ofrecía en el altar, ni con los sacrificios, Lev. 2:11, 12. Pero se podían hacer presentes de pan común á los sacerdotes y ministros del templo. Nunca se ofrecía miel con los sacrificios, pero podía presenarse sola, como primicias, Lev. 2:11, 12. 6° También se ofrecían animales limpios, Lev. 22:18–23. Los que ofrecían víctimas vivas no estaban excusados de dar harina, vino y sal, juntamente con los sacrificios mayores. Los que ofrecían sólo oblaciones de pan ó de harina, ofrecían también aceite, incienso, sal y vino, que eran de cierto modo el condimento de aquellos. El sacerdote que estaba de servicio recibía las ofrendas de mano de aquel que las llevaba, ponía una parte en el altar, y reservaba el resto para su propia subsistencia como ministro del Señor. Nada se quemaba enteramente, sino era el incienso, del cual el sacerdote nada retenía. Véase Lev. 2:2, 13, etc.; Núm. 15:4, 5.

En algunos casos la ley exigia solamente ofrendas de grano ó pan, como cuando se ofrecían las primicias de la cosecha, ya fuera que se ofreciesen solamente por la nación, ó como un acto de devoción privada. Las ofrendas pacíficas significaban en general, no tanto expiación, que era el significado especial de los sacrificios, como la consagración del que hacía la ofrenda y de todo lo que poseía, á Jehová. Sólo cuando se trataba de un pobre que no podía erogar el gasto de sacrificar un animal, se aceptaba una ofrenda pacífica en su lugar, Lev. 5:11. Véase SACRIFICIOS. Es más fácil hacer ofrendas costosas, que abandonar los pecados que nos halagan, y Dios muchas veces reprendió severamente á los Hebreos por fiarse de sus ofrendas sin la consagración de su corazón y de su vida, Isa. 1:11–17; Jer. 6:20; 7:21–23; Ose. 6:6; Amós 5:22–24; Miq. 6:6–8. Véase también Sal. 50:8–23; Rom. 2:28, 29; Heb. 10:1–14; 13:15, 16.

OG, *largo de cuello*, rey amorreo de Basán, al este del Jordán, derrotado y muerto por los Israelitas al mando de Moisés, en Edreí. Comp. Jos. 24:12. Tenía una estatura de gigante, y era uno de los últimos de los Rafeos que habían poseído aquella región; y su cama de hierro, que medía 14 piés de largo, se conservó después de su muerte como reliquia. Astarot-carnaim y Edrei eran sus ciudades principales; pero había otras muchas ciudades amuralladas, y la tierra abundaba en rebaños y ganados. Fué asignada por Moisés á la media tribu de Manassés, Núm. 21:33; 32:23; Deut. 1:4; 3:1–13; 4:47; 31:4; Jos. 2:10; 12:4; 13:30. Su fama duró por mucho tiempo, Sal. 135:11; 136:20.

OJO. La palabra hebrea que corresponde á ojo, significa también fuente. Es bien sabido que ojo significa á veces manantial. Además de su empleo común para denotar el órgano de la vista, se usa á menudo figuradamente en la Biblia. La mayor parte de estos pasajes son sin embargo tan claros, que no necesitan explicación. A los criminales ó cautivos, se les sacan todavía algunas veces los ojos en el Oriente, lo mismo que se hacía antes, Jue. 16:21; Jer. 52:11. La expresión que se halla en Sal. 123:2, se explica con el hecho de que á muchos criados orientales se les enseña á estar siempre vigilantes, valiéndose para ello generalmente de un movimiento de cabeza, de una guiñada de los ojos, ó de algún otro ligero movimiento de los dedos imperceptible á los extraños. Muchas frases bíblicas aluden á la naturaleza del ojo, asemejándola á la del alma, diciendo que expresa pronta y verdaderamente los sentimientos del corazón: tales son: "el ojo misericordioso," y el "mal ojo," Prov. 22:9; 23:6; "los ojos altivos" y "los ojos descompuestos," Prov. 6:17; Isa. 3:16. "La concupiscencia de los ojos," 1 Juan 2:16, expresa un deseo ardiente por alguna de las alegres vanidades de esta vida. La amenaza contra "el ojo que escarnece á su padre," Prov. 30:17, se explica con la costumbre de las aves de rapiña que atacan los ojos de un enemigo vivo, y devoran prontamente los de los muertos. "El ojo sincero," Mat. 6:22, es

aquel que estando límpio ve todos los objetos tales como son. Se dice que Jezabel, 2 Rey. 9:30, "adornó (Sció, pintó) sus ojos" Esto se hacía algunas veces con exceso

471

Jer. 4:30, y se practicaba por las mujeres perdidas, Prov. 6:25. Para esta operación se mojaba en agua rosada una pequeña brizna de madera, marfil ó plata, y se metía en seguida en un polvo impalpable; después se pasaba por los párpados casi cerrados, y dejaba trazada una lista negra y angosta que tenía por objeto hacer que los ojos parecieran grandes y lustrosos. El polvo que sirve para esto, llamado *kohl*, se deposita como el humo de pez, sobre la llama de una especie de resina aromática; y algunas veces se le vuelve medicinal mezclándole algún colicio á propósito para curar los ojos.

"No sirviendo al ojo," Efes. 6:6, significa no hacer algo con repugnancia y sólo porque se nos vigila.

OJO SINCERO Ó SENCILLO, Mat. 6:22; Luc. 11:34, una visión clara, que percibe las cosas tales como son.

OLIMPAS, cristiano residente en Roma, Rom. 16:15.

OLIVO: OLEA EUROPÆA.

OLIVO Ó OLIVA, I., Isa. 41:19; I Rey. 6:23; Neh. 8:15, se supone que es el Pinus-Pinea, un alto y hermoso árbol de cultivo. II. Hebreo, *agradable* ó *brillante*. Este

es uno de los árboles que primero se mencionan en la Escritura, y ha sido, quizá desde el diluvio, el emblema más universal de la paz, Gén. 8:11. Siempre se clasifica entre los árboles más valiosos de Palestina, la cual se describe como una tierra de aceite y miel, Deut. 6:11; 8:8; Hab. 3:17. Ningún árbol se menciona con más frecuencia por los escritores clásicos griegos y romanos. Por los Griegos estaba dedicada á Minerva, y se le empleaba en coronar á Júpiter, Apolo y Hércules. El olivo nunca es árbol muy grande ó hermoso; rara vez excede de 30 piés de altura. Sus hojas son de un verde oscuro en la superficie superior, y de un tinto plateado en la inferior, y generalmente crecen en pares. Su madera es dura como la del boj, y de textura muy compacta. Fué usada en el templo de Salomón, I Rey. 6:23-33. Empleábanse sus ramas para hacer cabañas para la fiesta de los Tabernáculos, Neh. 8:15. Florece en mucha profusión, y produce fruto cada tercer año. Las flores son al principio amarillas, pero á medida que se extienden se vuelven más blancas, dejando un centro amarillo. Son muy abundantes, pero muchas de ellas caen al soplo de la brisa más ligera, Job 15:33. El fruto se parece á una ciruela en la forma y en el color. Es al principio verde, después de un color pálido, y cuando está maduro es casi negro. Se recoje sacudiendo las ramas ó apaleándolas con varas, Deut. 24:20; Isa. 17:6; 24:13, y algunas veces se coge antes de que madura, se pone en algún líquido que lo preserve, y se exporta. Es principalmente estimable por el aceite que produce, el cual es en el Oriente artículo muy importante de comercio. Se dice que un árbol bien desarrollado produce, en todo el vigor de su fecundidad, 50 libras de aceite, Jue. 9:8, 9; 2 Crón. 2:10.

Parece que le cuadra más un suelo pedregoso, y no es vano hallarlo en las faldas y cimas de cerros rocallosos donde casi no hay tierra, de lo cual dimana la expresión "y aceite de pedernal fuerte," etc., Deut. 32:13; Job 29:6. Crece también sin embargo en un suelo húmedo. Es un árbol siempre verde y de grande longevidad, emblema de una piedad lozana y duradera, Sal. 52:8; Jer. 11:16; Ose. 14:6. Alrededor de un tronco viejo brotan renuevos de la misma raiz, para adornar el árbol paternal cuando tiene vida, y sucederlo cuando se seque ; de ahí la alusión al describir la familia del justo, Sal. 128:3. Es tardío en su crecimiento y no lo es menos en decaer. Muchos creen que los añosos olivos que ahora hay en Getsemaní brotaron de las raices de aquellas que presenciaron la agonía de nuestro Salvador. Tanto el Dr. Martin como Bové piensan que esos olivos pueden tener aun hasta dos mil años de edad. El más grande tiene 6 yardas de circunferencia, y 9 ó 10 de altura. El olivo silvestre es más pequeño que el cultivado, é inferior en todas sus partes y sus productos. El ingerto de un árbol bueno introducido en él produce buen fruto ; mientras que el ingerto del olivo silvestre puesto en un árbol bueno permanece silvestre como antes. Con todo, al contrario de lo que pasa en la naturaleza, al pecador ingertado en Cristo participa de su naturaleza y produce buen fruto, Rom. 11:13-26. Un olivar ó bosque de olivos era tan común en Palestina, como los viñedos ó los sembrados, Exod. 23:11 ; Jos. 24:13 ; 1 Sam. 8:14 ; 2 Rey. 5:26 ; 1 Crón. 27:28 ; Neh. 5:11 ; 9:25.

OLIVOS, MONTE DE LOS, Zac. 14:4 ; Ezeq. 11:23, llamado simplemente EL MONTE en Neh. 8:15 y también la cuesta de las Olivas en 2 Sam. 15:30, y el monte del Olivar, Hech. 1:12 ; ahora Jebel et-Tur. Es una cordillera de dos millas de largo que corre de norte á sur en el lado oriental de Jerusalem. Su cima no esta ni á media milla del muro de la ciudad, del cual está separada por el valle del Cedrón. Se eleva 2,665 piés sobre el Mediterráneo, y sobre el valle del Jordán que se halla á 14 millas de distancia. 3,500 piés. La iglesia de la Ascensión en la altura central, está exactamente al este, á ¼ de milla de la mezquita de Omar, 224 piés más alta que el monte Moria, y 355 sobre el lecho del Cedrón. Se compone de piedra caliza, y por todas partes están descubiertas las rocas. De los olivos que antiguamente le cubrían y le dieron su nombre, no quedan ya sino unos cuantos árboles y troncos derruidos que siglos de desolación no han desarraigado todavía. Hay tres cimas prominentes en la cordillera ; de éstas la más meridional que está 250 piés más baja que las otras dos, es ahora conocida como "El monte de la Ofensa," anteriormente "el monte de Corrupción," por haberlo contaminada Salomón con un altar idolátrico, 1 Rey. 11:5-7 ; 2 Rey. 23:13, 14. Sobre

esta cordillera, entre la cima del norte y la del centro, pasa el camino que va para Betanía, y el más frecuentado para Jericó y el Jordán. Las faldas del monte Olivete hácia el oeste contienen muchas tumbas cavadas en las rocas. La cima central, exactamente al este del area del templo, se levanta 200 piés más sobre Jerusalem, y presenta una hermosa vista de la ciudad, y en verdad de la región entera, incluyendo las montañas de Efraím al norte, el valle del Jordán al este, y una parte del Mar Muerto al sudeste, y más allá á Kerak en los montañas de Moab. Quizá no hay un sitio en la tierra que presente una vista tan hermosa unida á tantos recuerdos de los más solemnes é importantes acontecimientos. David subió á él tristemente huyendo de Absalóm, 2 Sam. 15:23-32. Por ese cerro pasó con frecuencia el Salvador en sus viajes á la ciudad santa, y de regreso de esta. Getsemaní estaba al pié del monte en la falda occidental, y Betania en la oriental casi á una milla de la cumbre, Mat. 21:1 ; 24:3 ; 26:30 ; Mar. 11:1 ; 13:3 ; Juan 8:1. Fué probablemente de cerca de Betania, y no como la tradición dice, de la cima central, de donde nuestro Señor ascendió al cielo, Luc. 24:50 ; Hech. 1:12, aunque la superstición ha edificado "la iglesia de la Ascensión" en el sitio que ha supuesto, y muestra la huella de sus piés en la roca desde donde ascendió! Desde la cumbre, tres dias antes de su muerte, contempló Jesús á Jerusalem y lloró por ella, recordando el largo periodo del cuidado más que paternal que por ella tuvo, y apesarándose por la ruina que se le aproximaba. Hay muy poco en los evangelios que afecte el corazón más que esta natural y conmovedora escena. Nadie puede dudar que fué Dios quien habló allí ; la mirada retrospectiva que le dirige, su predicción, y la compasión que sintió—todo esto lo prueba. Véase Luc. 19:37-44, en conexión con Mat. 23:35-38, en que se expresa lo hablado en el siguiente día. El mismo sitio está asociado con las predicciones de sus futuros juicios en la tierra, Zac. 14:4. Véase la vista de la cumbre central en la palabra GETSEMANI ; también SEPULCRO.

OLMO, hebreo Elah, Ose. 4:13, traducido generalmente alcornoque y que significa el terebinto. El terebinto, terebinthus pistachia, en árabe "butsu," se encuentra en las partes más cálidas de Palestina, muy á menudo enteramente solo en las hondonadas, y llega á una altura de 20 piés ó más. No es un árbol de aquellas cuyas ramas siempre están verdes; sino que sus hojas son verdi-rojizas, y su tronco produce una pequeña cantidad de trementino puro.

OLLAS, Job 41:20, término aplicado en la Escritura á muchas y diversas vasijas domésticas, hechas de barro, de hierro, de latón y de oro, usadas para hacer la comida y servirla, etc., Jue. 6:19; 2 Rey. 4:40; Sal. 58:9; Ecles. 7:6; Heb. 9:4. Clark vió en Caná grandes ollas para agua hechas de piedra, de una capacidad de 20 á 27 galones. Cántaros de ese linaje para vino, llamados ánforas, se hallan frecuentemente en Pompeya. En Sal. 68:13, "bien que fuísteis echados entre los tiestos," la palabra hebrea significa en su origen rediles de ganado. Una palabra hebrea casi igual se traduce "majadas," en Jue. 5:16, y "ganchos" en Ezeq. 40:43, en donde según parece denota las cercas movibles empleadas para encerrar los corderos del sacrificio que se hallaban en el atrio exterior del templo; y en Sal. 81:6, en la frase "sus manos se quitaron de hacer vasijas de barro," se hace referencia á los canastos usados por los Hebreos en el duro servicio que se les exigía en Egipto. Exod. 1:14.

OMAR, *elocuente*, segundo hijo de Elifaz, Gén. 36:11, 15; 1 Crón. 1:36.

OMBLIGO, palabra usada figuradamente en Prov. 3:8. En Cant. 7:2, significa una especie de corsé ó cosa semejante.

OMEGA, *la O grande*, ó *larga*, la última letra del alfabeto griego, así como *Alpha* es la primera. Véase A. Apoc. 1:8, 11; 21:6; 22:13. Comp. Isa. 41:4; 44:6. Cristo lleva á cabo lo que empieza, Filip. 1:6; Heb. 13:8.

OMNICIENCIA, atributo infinito de Dios, en virtud del cual conoce perfectamente todas las cosas y seres, tanto los que son como los que pueden ser, tanto los presentes como los pasados y futuros. Como todos los atributos de Dios, está fuera del alcance de toda comprensión finita, Job 11:7; Isa. 46:9, 10; 1 Juan 3:20.

OMNIPRESENCIA, atributo infinito que existe en Jehová solamente, en virtud del cual Él está presente en todas partes, en todos tiempos, y en la perfección de todos sus otros atributos. Su naturaleza es indivisible, y enteramente distinta de todas las cosas creadas. En todas las circunstancias de la vida debiéramos pensar en la presencia divina, pues ello influiría para guardarnos del pecado, para fortalecernos,

regocijarnos é inspirarnos, Gén. 16:13; 28:16, 17; Sal. 139; Hech. 17:27, 28; Heb. 1:3.

OMRI, *siervo de Jehová*, I., nieto de Benjamín, 1 Crón. 7:8.

II. Hijo de Imri, de la tribu de Judá, 1 Crón. 9:4.

III. Capitán de David, 1 Crón. 27:18.

IV. ó AMRI, fundador de la tercera dinastía de Israel, y anteriormente general del ejército de Ela, rey de Israel; pero estando en el sitio de Gebbetón, y habiendo sabido que su amo Ela había sido asesinado por Zambrí, quien le había usurpado el reino, levantó el sitio, y habiendo sido electo rey por su ejército, marchó contra Zambrí, lo atacó en Tirsa, y lo obligó á que él mismo y toda su familia se quemaran en el palacio en que se habían encerrado. Después de su muerte, la mitad de Israel reconoció á Omri por rey, y la otra mitad se adhirió á Tibni, hijo de Ginet, y esta división duró cuatro años. Cuando Tibni murió, el pueblo se unió reconociendo á Omri como rey de todo Israel, el cual reinó 12 años, 6 en Tirsa y 6 en Samaria, 1 Rey. 16:8–28. Su maldad sobrepujó á la de sus predecesores. Comp. 2 Crón. 22:2–4; Miq. 6:16. Perdió algunas de sus ciudades, que los Sirios las tomaron bajo el mando de Ben-adad I., 1 Rey. 20:34; 22:3. Su hijo y sucesor fué Acháb.

Tirsa había sido antes la residencia principal de los reyes de Israel; pero cuando Omri compró el cerro de Semer, 1 Reyes 16:24, edificó allí una nueva ciudad, á la cual llamó Samaria, por ser el nombre de su anterior dueño Semer ó Shomer, y allí fijó su residencia real. Desde ese tiempo Samaria fué la capital del reino de las diez tribus. En las planchas de piedra exhumadas por Layard de las ruinas de Nínive, aparece con el nombre de Beth-Khumri, *fundada por Omri*.

ONAN, *fuerte*, segundo hijo de Judá, el cual rehusó casarse con la viuda de su difunto hermano y levantar hijos de ella, como la ley exigía, Deut. 25:5–10; Mar. 12:19, y fué castigado de muerte, Gén. 38:4–9; 46:12.

ONESÍFERO, *que trae provecho*, amigo cristiano de Pablo en Éfeso, que fué á Roma cuando el apóstol estaba preso allí por la fé, y en un tiempo en que casi todos lo habían abandonado. Esto se supone que tuvo lugar durante el último encarcelamiento de Pablo, no mucho antes de su muerte. Habiendo hallado á Pablo entre cadenas, después de haberle buscado largo tiempo, le sirvió hasta donde le fué posible, sin hacer caso del peligro, por lo cual el apóstol imploró las más altas bendiciones para él y su familia, 2 Tim. 1:16-18; 4:19.

ONÉSIMO, *provechoso*, esclavo de Filemón de Colosas en Frigia, que se escapó de él y huyó á Roma; pero siendo convertido al cristianismo por la predicación de Pablo, fué eso lo que condujo á este apóstol á escribir la epístola á Filemón. Véase esta. Sirvió con ternura á Pablo en su prisión, y fué recibido por su antiguo amo como "hermano amado," Col. 4:9.

ONIX, *uña*, la undécima piedra en el pectoral del sumo sacerdote, Ex. 28:9-12, 20. El onix moderno tiene alguna semejanza con el ágata; el color del fondo de la piedra es parecido al de la uña humana, y de ahí le viene su nombre. No se sabe con certeza que la palabra hebrea traducida así signifique el onix, pero sí que denotaba alguna piedra valiosa, Ex. 25:7; 35:9; 39:6, 13; Job 28:16. Estas piedras se hallaban en Hevila, Gén. 2:12, (traducido por Reina, CORNERINA) y se usaban por el rey de Tiro, Ezeq. 28:13. El onix es á menudo de un color blanco como la leche, con retas oscuras, y se engasta en anillos, sellos y camafeos. Los Griegos conocían una especie de mármol parecido al onix, y puede haber sido "las piedras oniquinas" almacenadas por David para el templo, 1 Crón. 29:2.

ONO, *fuerte*, ciudad que fué al principio de Dan, más tarde de Benjamín, cerca de Lidda, 1 Crón. 8:12; Esd. 2:33, de la cual se hallan vestigios probablemente en Kefr Ana, cinco millas al nordoeste de Lidda. La llanura de Ono denota una porción de la llanura de Sarón, cerca de Ono, Neh. 6:2; 7:37; 11:35.

ORACIÓN, es el ofrecimiento de las emociones y deseos del alma hecho á Dios, en el nombre y por la mediación de nuestro Señor y Salvador Jesu-Cristo, Juan 16:23-27. Es la comunicación del corazón con Dios mediante el auxilio del Espíritu Santo, Rom. 8:26, 27, y es para el cristiano la verdadera vida del alma. Sin este espíritu filial nadie puede ser cristiano, Job 21:15; Sal. 10:4.

En todo tiempo se ha complacido Dios con las oraciones de los santos. Como quiera que la oración es un acto asociado al sacrificio en la ley mosaica, el deber de hacerla no se prescribe expresamente, sino se da por sentado, excepto en el ofrecimiento de las primicias, en que se ordena, Deut. 26:12-15. Pero en los primeros si-

glos, así como en los posteriores, la oración pública hecha por los sacerdotes y Levitas acompañaba indudablemente el sacrificio público, 1 Crón. 23:30; Neh. 9:5-38; 11:17; Luc. 1:10. Comp. también 1 Rey. 8:22-61, y los Salmos de David para el culto del templo. La oración formaba parte del culto de la sinagoga en Jerusalem y en cualquiera otra parte; y en los lugares en donde se carecía de una sinagoga como lugar de oración, se suplía esta á veces por los Judíos residentes en ellas, con un edificio cualquiera, á menudo sin techo, Hech. 16:13.

Los hombres piadosos estaban acostumbrados á orar tres veces al día, á horas determinadas, Sal. 55:17; Dan. 6:10. Véase HORA. La oración en reunión, la de familia y la secreta, eran practicadas habitualmente entre los santos de la Biblia. También acostumbraban hacer breves jaculatorias en medio de sus ocupaciones ordinarias, Neh. 2:4; 5:19. No se prescribe en la Biblia una postura uniforme en la oración: el mantenerse de pié con las manos extendidas, 1 Rey. 8:22; el tener la cabeza inclinada. Gén. 24:26; el sentarse en el suelo, 2 Sam. 7:18; 1 Crón. 17:16; el arrodillarse, Luc. 22:41, y el postrarse en el suelo, Mat. 26:39, todo esto se practicaba. Debe el hombre ofrecer la <u>oración</u> con fervor y perseverancia, sometiéndose de un todo á la voluntad de Dios, y confiando con seguridad en Él, según ha sido revelado en Cristo; debe ir acompañada de una humilde confesión y de una cordial acción de gracias, así como de ruegos tanto por todos los hombres que existen en general, como por nuestros amigos y personas allegadas en particular. La oración habitual dirigida á Dios, es un deber que nos está impuesto por la sana razón, y por los afectos más legítimos; y el que vive sin ella revela por ese hecho el ateísmo de su corazón. Dios exige que de este modo todos los hombres le adoren, Ezeq. 36:37; Mat. 7:7-11; Filip. 4:6; 1 Tim. 2:1-3; Sant. 1:5; y no puede haber excusa suficiente para descuidar este deber.

Se dice con frecuencia que la oración no puede alterar los inmutables propósitos de Dios; pero el gran plan de su providencia abraza todas las oraciones que se le ofrezcan, así como las concesiones que haga en virtud de ellas. Se objeta que la oración no puede aumentar el conocimiento que el Eterno tiene de nuestras necesidades, ni la voluntad que tiene de proveer á ellas; y que en cualquier caso Él hará lo que más convenga. Pero El juzga más conveniente conceder en respuesta á la oración muchas bendiciones que de otra manera no concedería: "Usará de mucha gracia contigo al oir la voz de tu clamor; cuando Él la escuche te contestará." Las palabras de David serán las de cualquiera que ore de corazón: "Este pobre clamó, y oyóle Jehová, y libróle de todas sus angustias," Sal. 34:6.

El tenor todo de la Biblia certifica que Dios siempre oye las oraciones que se le ofrecen con un espíritu recto, y muchas promesas particulares tomadas literalmente, parecen asegurarnos que cualquiera súplica hecha de ese modo será concedida, Mat. 17:20; 21:21, 22; Juan 14:13, 14; 16:23. Pero la experiencia cristiana así como el sentido común nos enseñan que Dios no puede colocar así la omnipotencia en las manos de ninguna criatura. Sería eso una maldición para el peticionario y para el universo. No puede concebirse nada mejor que el saber cuando le abrimos nuestro corazón á Dios, que la sabiduría, el amor y el poder infinitos, darán la debida contestación. El verdadero designio de estos pasajes es asegurar á los de más debil fé, que Dios oye toda oración verdadera, y concederá lo que se le pide, *si es lo que más conviene.* En caso contrario, no debemos desear que lo conceda, y de consiguiente á cualquiera petición hecha como se debe, es preciso que la acompañe esta adición: "No se haga mi voluntad, sino la tuya." Con todo, Dios indudablemente tiene el poder de despertar en el corazón del creyente el deseo de un favor especial que Él se propone conceder, y darle una seguridad de su propósito. Eso pasó con los milagros obrados por los antiguos profetas y apóstoles, y es lo que pasa sin duda en ocasiones, aunque la necesidad de los milagros ya no exista. Bien podemos regocijarnos cuando Él testifica así de nuevo que escucha la oración; pero debemos ser cautos en no confundir nuestro entusiasmo con el testimonio de su Espíritu.

La religión falsa y de formalismo hace un mérito de sus oraciones, como si "el mucho hablar" y "las vanas repeticiones" pudieran suplir la falta de sinceridad. Los hipócritas también acostumbran orar principalmente para poder ser elogiados por los hombres. Estos pecados son reprendidos por Cristo en Mat. 6:5-15, dando á la vez á sus discípulos la forma de la oración del Señor como un hermoso modelo. En Efes. 6:18; 1 Tes. 5:17; 1 Tim.

2:8, Pablo aconseja á los creyentes que oren en todo tiempo, levantando las manos puras hácia el cielo, y bendiciendo á Dios por todas las cosas—ya sea al comer, al beber, ó al hacer otra cosa cualquiera; y que todo sea hecho para la gloria de Dios, 1 Cor. 10:31. En una palabra, nuestro Señor nos ha recomendado que oremos sin cesar, Luc. 18:1; 21:36; y nos ha dado el ejemplo, Mar. 1:35; Luc. 3:21; 6:12; 9:29; 11:1; 22:44; véase especialmente su admirable oración intercesoria, Juan 17.

ORÁCULO, el cuarto secreto del templo, el lugar santísimo, en donde el arca del pacto estaba colocada, y en donde Dios estaba presente de una manera especial entre los querubines, y daba sus mensajes, 2 Sam. 16:23; 1 Rey. 6:5, 16, 19; 7:49; 8:6, 8; 2 Crón. 3:16; 4:20; 5:7, 9; Sal. 28:2. Véase ARCA DE LA ALIANZA. El modo establecido de inquirir algo de la boca del Señor, era hacerlo por conducto del Sumo Sacerdote, por medio del Urim y Tummim, 1 Sam. 23:9; 30:7, 8. En el Nuevo Testamento "oráculos" quiere decir las divinas manifestaciones, la palabra entera de Dios, Hech. 7:38; Rom. 3:2; Heb. 5:12; 1 Ped. 4:11.

Muy distintos de los verdaderos y vivos oráculos eran los famosos oráculos falsos de numerosos templos paganos condenados á menudo en la Escritura, Jue. 17:1, 5; 2 Rey. 1:2; Ose. 4:12; Hab. 2:19.

Entre los Griegos, los más famosos eran el de Júpiter bajo la encina de Dodona, y el de Apolo en Delfos, en donde la sacerdotiza se sentaba en un trípode colocado sobre una hendedura abierta en una roca por la cual salía un vapor embriagante, y sus transportes se interpretaban por los sacerdotes. Los sacerdotes que pretendían transmitir á los solicitantes las respuestas de sus dioses, daban á menudo una contestación que era susceptible de dos interpretaciones opuestas, cuando ni los informes privados que adquirían ni su propia experiencia ó sagacidad les sugerían la clave de una respuesta segura. Así Pirro, rey de Epiro, fué animado á una guerra con Roma, por un oráculo que después de su derrota se descubrió que predecía tanto la derrota como la victoria: Aio te, Aeacida, Romanos vincere posse.

ORADOR, en Isa. 3:3, significa hábil en palabras, esto es, en encantamiento ó pretendida mágica. Comp. Sal. 58:5. En Hech. 24:1, el abogado romano que se presentó en favor de los Judíos contra Pablo en el tribunal de Roma.

ORDEN, en el sentido de sistema, regularidad y decoro, ya sea en los asuntos públicos de la Iglesia y del Estado, ó en los de la vida doméstica y privada, es, á la vez que agradable, esencial para el buen éxito. Se recomienda por el ejemplo de Dios, Gén. 18:19; Jos. 24:15; Sal. 90:12; 119:133; Ecles. 3:1, 11; 1 Cor. 14:26-40; Fil. 1:27.

ORDENANZA, un decreto, encargo ó ley, Exod. 15:25; Lev. 18:30; 2 Crón. 33:8; Rom. 13:1; Heb. 9:1, 10. El evangelio prescribe la obediencia á toda autoridad legal, 1 Ped. 2:13, especialmente á la de Dios, 1 Cor. 11:2. Las ordenanzas de la Iglesia, llamadas así por apoyarse en la autoridad bíblica, son principalmente el bautismo, la cena del Señor, y el culto público—junto con la lectura y explicación de la palabra de Dios, la predicación del evangelio, los cánticos de alabanza, las oraciones y acciones de gracias.

OREB Y ZEEB, *cuervo y lobo,* dos jefes madianitas capturados después de la victoria de Gedeón, y muertos por la gente de Efraím en los sitios á donde habían huído. Estos fueron después llamados en memoria de ellos "la roca de Oreb," y "el lugar de Zeeb," Jue. 7:25; 8:3. Su castigo anuncia el de todos los enemigos de Dios, Sal. 83. Isa. 10:26. A Oreb se le sitúa por algunos en Ash-el-Ghurah, tres millas al nordeste de Jericó, y el lugar de Zeeb un poco más al norte.

OREM, *fresno,* 1 Crón. 2:25, hijo de Jerameel.

ÓRGANO, Sal. 150:4, instrumento de viento, compuesto, según parece, de varios cañones ó tubos. No es posible, sin embargo, que denote el órgano moderno, que era desconocido á los antiguos, sino que probablemente se refiere al antiguo instrumento llamado *syrinx,* formado de cañones semejantes á los Pandeanos, que son una serie de 7 ó más tubos de desigual longitud y tamaño, cerrados en una de sus extremidades, y abiertos en la otra, por donde se les sopla con la boca, Gén, 4:21; Job 21:12; 30:31. Véase MÚSICA.

ORIENTE, los Hebreos al hablar de los puntos cardinales, siempre suponen que se tiene la cara vuelta hácia el Oriente. De aquí resulta que "ante" ó "delante," significa el Oriente; "detras" es el Occidente; el punto que se halla á la mano derecha, el sur, y el de la izquierda, el norte. Además de los significados ordinarios de la palabra Oriente, Jos. 4:19; Sal. 103:12. los Judíos á menudo la empleaban para denotar una gran región que estaba tanto al nordeste y al sudeste, como al este de Palestina, incluyendo á la Siria y á la parte contigua de la Arabia, y á Babilonia, Asiria, etc., con toda la región desde el mar Caspio hasta el golfo Arábigo, Gén. 10:30, 29:1; Núm. 23:7; Jue. 6:3; 7:12; 8:10. Job fué grande entre los hijos del Oriente, Job 1:3. En Jer. 49:28, 29; Ezeq. 25:4, se designan las tribus de Beduinos de la Arabia septentrional. Los sabios que visitaron al niño Jesús, moraban probablemante más allá del Eufrates, y estando "en el Oriente," vieron la estrella no al Oriente de ellos, sino en la dirección apropósito para guiarlos á Jerusalem, Mat. 2:1, 2. Véase 1 Rey. 4:30.

ORIÓN, *lánguido,* Job 9:9, Heb. chesil, Amós 5:8; en Isa. 13:10, traducido "estrellas," según los mejores intérpretes y las versiones antiguas denota la constelación de Orión que con motivo de su supuesta conexión con las tempestades es llamada por Virgilio "nimbosus Orion." Se halla al sur de la eclíptica, y su zona formada de tres brillantes estrellas está cruzada por el ecuador. En Job 38:31 se le atribuyen ataduras, y esto coincide con la fábula griega del gigante Orión, encadenado en los cielos con motivo de una guerra sin éxito que hizo á los dioses. Los Árabes la llaman "el gigante," con alusión á Nimrod. Algunos intérpretes identifican á Chesil con la estrella Canopus, en arábigo *sohail.*

ORNAMENTOS ó ADORNOS. Los Hebreos y otros pueblos orientales eran muy aficionados á ellos. Los hombres usaban anillos con sello, cadenas de oro, y trajes costosos, Gén. 41:42: las mujeres, vestidos ricamente bordados, y anillos en los dedos, argollas en las orejas, en la nariz y en los tobillos, brazaletes, y adornos en el pelo, Gén. 24:22, 53; 35:4, á menudo con profusión, Exod. 3:22; 11:2; 33:4; Jue. 8:26. Véase Prov. 1:8, 9; Isa. 3:16-24, y especialmente se hacía eso por las novias, Cant. 1:10, 11; Jer. 2:32. Se privaba la gente de ellos cuando estaba de duelo, Exod. 33:4-6; 2 Sam. 1:24; Ezeq. 16:11; 24:17, 22. Pablo y Pedro exhortaban á las mujeres cristianas á que se adornaran principalmente con las virtudes de su sexo, 1 Tim. 2:9, 10; 1 Ped. 3:4. Comp. Prov. 30:10-31.

ORO, conocido y estimado desde los tiempos más remotos. Gén. 2:11, 12; hallado en muchas partes del mundo, y obtenido antiguamente en Ofir, Job 28:16; **Parvaim,** 2 Crón. 3:6; Arabia, 2 Crón. 9:14;

Seba y Raama, Ezeq. 27:22. Job alude al
oro en varias formas, Job 22:24; 28:15-19.
Abraham era rico en ese metal, y se hacían
de él adornos desde hace mucho tiempo,
Gén. 13:2; 24:22, 35. Háblase del oro en
toda la Escritura; y el uso que de él se
hacía entre los antiguos Hebreos en un
estado puro y ligado, y para los mismos
objetos á que se destina en la actualidad,
era muy común, así como también entre
las otras naciones, Ester 1:6; Dan. 3:1;
Nah. 2:9. No fué acuñado entre los Judíos hasta el tiempo de Judas Macabeo,
pero se le pesaba para efectuar los cambios, Gén. 43:21. En la época de David y
de Salomón era abundante, 1 Rey. 10;
2 Crón. 1:15; 9:1, 9, 13-24. El arca de la
alianza estaba cubierta de oro puro; el
propiciatorio, los vasos y utensilios del
tabernáculo y del templo, eran todos de
oro, Exod. 38:24; 1 Crón. 22:14; 29:4, 7;
2 Crón. 3; 4.

ORPA, *gacela*. Moabita esposa de Quelion y nuera de Noemi, la cual permaneció
con su pueblo y con sus dioses cuando
Rut siguió á Noemi y al Señor, Rut 1:4-14.
La una fué llevada y la otra dejada. El
nombre de Orpa desapareció, mientras que
Rut fué antepasada de una larga serie de
reyes y de nuestro Señor mismo. Resultados de importancia y de eterna duración
dependen á menudo de la decisión de una
sola hora.

ORTIGA, planta espinosa bien conocida, crece en los terrenos incultos, Isa.
34:13; Ose. 9:6. Una palabra hebrea diferente traducida así en Prov. 24:31, y Sof.
2:9, indica probablemente una especie más
grande, ó quizá la alhaceña ó mostaza silvestre.

ORUGA Y GUSANILLO: PLUSIA GAMMA.

ORUGA, se usa esta palabra en Joel 1:4;
2:25; Amós 4:9, para denotar un insecto

destructor, tal vez de la especie de la langosta; pero en general es probable que la
palabra traducida así denote una polilla de
gran tamaño, algunas especies de la cual
son muy destructoras, aun antes de llegar
á tener alas. Véase LANGOSTA.

OSEAS, *libramiento*, I., fué probablemente el cuarto de los profetas en el orden
cronológico, habiendo ejercido su cargo
por cosa de 60 años, 784-725 A. C., desde
los principios del largo reinado de Ozías—
periodo que correspondió á los últimos 14
años de Jeroboam II. de Israel, 2 Rey. 14:23;
15:1—hasta alguna época del reinado de
Ezequías. Fué contemporáneo de Isaías,
de Miqueas, y tal vez de Joel y Amós. Aunque en el versículo con que comienza su
profecía se refiere á los reyes de Judá para
fijar el tiempo en que ella fué emitida,
Oseas fué un profeta del reino septentrional, de muchos de cuyos lugares hace mención especial, aunque de paso amonesta y
consuela también á Judá, y predice la
unión de los dos reinos en los últimos días,
caps. 1:11; 3:5. Se divide el libro en dos
partes, caps. 1-3 y 4-14. Se disputa sobre
si las acciones descritas por el profeta en
la primera fueron sucesos que realmente ocurrieron, ó si se presentaron á la imaginación del profeta como una visión; es muy
probable que esta última opinión es la
correcta; pero en uno ú otro caso, las relaciones del idólatra Israel con el Dios
con quien había hecho alianza, se ejemplifican con claridad, y este profeta es muy
idóneo para hablar con fervor y con energía de la culpa de Israel, y de la tolerancia
y amor de Jehová. La segunda parte se
ocupa principalmente de censurar fuertemente á Israel, y especialmente á Samaria,
por el culto que daba á los ídolos, y los
hechos inmorales que juntamente con ese
culto ocurrían. Las descripciones de la
vida social y política de Israel, se refieren
al interregno habido de 781-773, después
de la muerte de Jeroboam, y de los reinados turbulentos de los reyes que le sucedieron. Oseas predice la muerte de Zacarías, hijo de Roboam, cuarto y último del
linaje de Jehú, cap. 1:4; 2 Rey. 15:12. En
una época posterior, Ose. 10:14, se cree
que aludió á la primera incursión de Sal-
manazar contra el rey Oseas, 2 Rey. 17:1,
3; 18:9. Los juicios enviados por Dios
sobre Israel se representan por los nombres de hijos de Gomer, Jezreel, Loruhama y Loammi; y lo profundo de la misericordia y del amor divino se manifiesta
en que Dios hace que el penitente Israel

le llame Ishi, en lugar de Baali. Véanse estos nombres. El cap. 3:4, 5 es una profecía notable del estado de Israel por muchos siglos, y de su final restauración. El carácter de Gomer, caps. 1:2; 3:1, representa la idolatría de la raza del pueblo escogido en Egipto y en Ur, Jos. 24:14, así como despues de su llamamiento fuera de ambos lugares. El "Egipto" de aflicción, caps. 8:13, no es literalmente el país de Egipto, caps. 11:5. Oseas declaró que Asiria, considerada como amiga, destruiría á Israel, cap. 5:13; 7:11; 8:9; 12:1; 14:3; 3:4; 10:6; 11:11; y que su vuelta á Dios es el único remedio de los males que le afligen y amenazan.

Así como Oseas manifiesta conocer las Escrituras Sagradas de Moisés, y otras ya existentes en su tiempo, así los profetas que le sucedieron dan evidencia de estar familiarizados con las profecías de él; comp. Ose. 1:11 con Isa. 11:12, 13; Ose. 4:3 con Sof. 1:3; Ose. 4:6 con Isa. 5:13; Ose. 7:10 con Isa. 9:12, 13; Ose. 10:12 con Jer. 4:3.

Las referencias que en el Nuevo Testamento se hacen á Oseas, son Mat. 9:13; 12:7 á Ose. 6:6; Luc. 23:30; Apoc. 6:16 á Ose. 10:8; Mat. 2:15 á Ose. 11:1; Rom. 9:25, 26; 1 Ped. 2:10 á Ose. 1:10; 2:23; 1 Cor. 15:4 á Ose. 6:2; Heb. 13:15 á Ose. 14:2.

La aplicación que hace Pablo de Ose. 1:10; 2:23 á la conversión de los gentiles, Rom. 9:25, 26, parece indicar que los descendientes diseminados de las diez tribus, absorvidas y y perdidas en el paganismo que los rodeaba, se contaban entre los gentiles atraidos á la iglesia de Cristo.

Las amonestaciones de Oseas están mezcladas de tiernas y patéticas reconvenciones. Su estilo carece de concatenación y de claridad, y es difícil ahora fijar los períodos ó divisiones de sus varias predicciones.

II. El 19º, último y menos malvado rey de Israel. Dió muerte á Peca, 738 A. C.; pero no le sucedió hasta 729 A. C., 2 Rey. 15:30; 17:1, 2. Cuando su tierra fué invadida por Salmanasar, Oseas se hizo tributario de Siria, vers. 3; pero despues formó una alianza secreta con Egipto, al descubrir la cual Salmanasar asoló á Israel y sitió á Samaria; y su sucesor Sargon, más de dos años despues, tomó la ciudad, redujo á Oseas á prisión, y llevó á los Israelitas en cautividad á Asiria y á Media, 721

A. C., en el noveno año de Oseas y el décimo de Ezequías, 2 Rey. 17:4-6; 18:9-12. Oseas el profeta predijo cual sería la suerte de Samaria y de su rey, caps. 10:7; 13:16. Comp. Miq. 1:6.

III, Deut. 32:44, el nombre del sucesor de Moisés, cambiado en Josué, *Jehová salva*, en honor de su fé. Núm. 13:8, 16.

OSEM, *poder*, I., hijo de Isaí, 1 Crón. 2:15.

II. Hijo de Jerameel, 1 Crón. 2:25.

OSO SIRIACO: URSUS SIRIACUS.

OSO. Que los osos eran comunes en Palestina, consta de muchos pasajes del Antiguo Testamento, 1 Sam. 17:34, 36, 37; 2 Sam. 17:8; 2 Rey. 2:24; Dan. 7:5; Amós 5:19. La especie conocida en Siria se parece mucho al oso común de color oscuro, y se encuentra todavia en las soledades del Líbano. A un carácter malévolo y feroz, el oso reune una pujanza extraordinaria, una sagacidad considerable, y la facilidad de treparse á los árboles. La ferocidad de la hembra es proverbial, especialmente para con el que les hace daño á sus cachorros. Véase 2 Sam. 17:8; Prov. 17:12; Isa. 11:7; 59:11; Ose. 13:8.

OTNI, *mi león*, 1 Crón. 26:7.

OTNIEL, *león de Dios*, hijo de Cenes, y primer juez de los Israelitas, á quienes libró de la tiranía del rey de Mesopotamia, y gobernó en paz por espacio de cuarenta años. Su esposa Axa, hija de su tío Caleb, fué la recompensa que le fué dada por su valor en tomar la ciudad de Debir, Jos. 15:17; Jue. 1:13; 3:9, 10. Durante su administración los Hebreos fueron fieles á Dios, y prosperaron, Jos. 15:16-19; Jue. 1:11-15; 3:8-11; 1 Crón. 4:13.

OVEJA. Este animal fué domesticado

479

desde los primeros tiempos, Gén. 4:2, y ofrecido en sacrificio, vers. 4. Gran parte

EL CARNERO SIRIO DE COLA ANCHA.

de la riqueza de los antiguos patriarcas consistía en ovejas, Gén. 12:16; 13:2, 5; 24:35; 26:14; 32:5, 14; Job 1:3; 42:12. Ellas formaban también una parte importante de los bienes de los hijos de Jacob cuando se establecieron en Egipto, Gén. 46:32; 47:1, 3, y de sus descendientes en el Éxodo, Exod. 12:38, y cuando entraron á la tierra de promisión, y después de ese acontecimiento, Núm. 32:1; 1 Sam. 25:2; 2 Sam. 12:2. La Escritura dice que Faraón dió á Abraham ovejas, no caballos; y es digno de notarse que los monumentos contemporáneos egipcios muestran ovejas, pero no caballos, sino hasta después de la invasión de los Hiksos. Las ovejas se cuentan entre los animales que se consideran como limpios y comibles por la ley mosaica, Lev. 11:2, 3; Deut. 12:20, 21; 14:4. Su leche se empleaba como alimento, Deut. 32:14; Isa. 7:21, 22. Comíase á menudo su carne cuando se empleaba un alimento animal, como en ciertas festividades, en el ejercicio de la hospitalidad, y ordinariamente en las mesas de personas de alto rango, 1 Sam. 25:18; 2 Sam. 12:4; 17:29; 1 Rey. 4:22, 23; Neh. 5:18; Isa. 22:13; Amós 6:4. Su lana se hilaba para hacer vestidos, Lev. 13:47; Deut. 22:11; Job 31:20; Prov. 31:13. Las pieles de oveja formaban una de las cubiertas del tabernáculo, Evod. 26:14; 36:19, y eran usadas por los pobres como vestidos, Heb. 11:37. El rey moabita Mesa pagó un tributo en ovejas y lana, 2 Rey. 3:4; y tanto aquellas como esta eran artículos importantes de comercio, como entre Tiro y los Sirios y los Árabes, Ezeq. 27:18, 21. Las ovejas eran ofrecidas como sacrificio en muchas ocasiones, Gén. 15:9; 22:13; Exod. 20:24; la ley mosaica prescribía dos

corderos como holocausto diario, Exod. 29:38, 39, y cuatro para el Sábado, Núm. 28:3-10; y machos de cabrío y corderos se contaban entre los holocaustos señalados para los novilunios, las tres grandes fiestas, y el día de la expiación, Núm. 28:11; 29. Un cordero era la víctima pascual acostumbrada, Exod. 12:3-5; y de las ovejas se empleaban á menudo para los sacrificios de paces, y las ofrendas por el pecado, Lev. 3:6, 7; 4:32; 5:6, 15, 18; 6:6. Véase SACRIFICIO. Cuando se presentaba una oveja, como en sacrificio de paces ó por el pecado, además de las partes internas que se exigía fuesen quemadas en el altar, como cuando la víctima era un buey ó un macho de cabrío, se especificaba la cola entera, Exod. 29:22; Lev. 3:9; 7:3.

El Dr. Russell describe dos especies de ovejas sirias: las designadas bajo el nombre de ovejas beduinas parecidas á nuestras ovejas comunes, y las de cola ancha que forman una clase más numerosa, y cuya cola está compuesta de un sebo delicado parecido al tuétano que se usa á menudo para guisar en lugar de manteca; y cortado en pequeños fragmentos, sirve de ingrediente en muchas viandas. La cola de una oveja ordinaria de las de esta clase, pesa á menudo 15 libras, y la de algunas que exprofesamente se han engordado, llega á pesar tres veces más. Probablemente esta oveja de cola ancha era antiguamente como ahora la de más mérito, y á los Israelitas se les mandaba que consagrasen á Jehová la parte mejor de ella.

Algunas veces se erigían torres fuertes para la defensa del rebaño, Gén. 35:21; Miq. 4:8, como se acostumbra hacerlo todavía en los lugares poco frecuentados. Cuando había que trasquilar las ovejas se las reunía como ahora se hace, en un redil. Sucedía también frecuentemente, que como se hace ahora en el Oriente, no se encerraba á las ovejas en el redil por la noche, Luc. 2:8. Cristo informó á los Judíos que además de su propio rebaño, en el redil de Israel, tenía otras ovejas entre los gentiles que oirían su voz, y á quienes reuniría con los Judíos creyentes en un rebaño, Juan 10:16. Nadie las puede arrebatar de las manos de su Padre, Juan 10:27-29.

OZA, *fuerza,* I., nombre de uno de los hijos de Ehud, de la tribu de Benjamín, 1 Crón. 8:7.

II. Nombre del dueño del lugar en donde Manassés y Amón fueron enterrados Era aquel un jardín, cerca del palacio real. 2 Rey. 21:18, 26; 2 Crón. 33:20

III. Nombre de uno de los padres de los Netineos, Esd. 2:49; Neh. 7:51.

IV. Nombre de un Levita Merarita, 1 Crón. 6:29.

V. Nombre de un Levita, hijo de Abinadab; cayó muerto cuando el arca era conducida de Cariat-jarim á Jerusalem, después de haber permanecido veinte años en la casa de su padre, 2 Sam. 6; 1 Crón. 13. Era el segundo hijo de Abinadab, 1 Sam. 7:1, siendo Eleazar el primero, y Ahio el tercero. Iba andando al lado del arca cuando los bueyes tropezaron, y él la detuvo irreverentemente para que no cayese. Dios castigó en ese individuo la falta de miramiento que se había generalizado, y que se manifestó en la manera poco reverente de llevar el arca en un carro tirado por bueyes que la hacían tambalear, donde estaba descubierta á la vista, y se daba lugar á que se la tocase, comp. 1 Sam. 6:13-19, siendo así que según lo prescrito por la ley, debió haber sido completamente cubierta por los sacerdotes, y conducida con toda reverencia en hombros de los Levitas, por medio de largos palos, á fin de que no fuere vista ni tocada, so pena de la vida, Exod. 25:14; Núm. 4:5, 15, 19, 20. Comp. 1 Crón. 15:2, 13, 15. Aquel lugar tuvo por mucho tiempo el nombre de Peres-Oza, " *quebrantamiento de Oza,* 2 Sam. 6:8, y estaba cerca de la era de Quidón, *desastre,* ó Nacón, *golpe.*

OZE, *mi fuerza,* nombre de seis Hebreos, 1 Crón. 6:5, 6, 51; 7:2; 7:7; 9:8; Neh. 11:22; 12:19.

OZIA, *fuerza de Jehová,* I., nombre de un Levita Coatita, antecesor de Samuel, 1 Crón. 6:24, llamado Azarías en vers. 36.

II. Nombre del padre de uno de los proveedores de David, 1 Crón. 27:25.

III. Nombre del décimo rey del reino de Judá, llamado Ozías en Mat. 1:8, 9. Reinó 52 años, 810–759 A. C. En su reinado tuvo lugar un fuerte terremoto, Amós 1:1; Zac. 14:5. Véase AZARÍAS.

IV. Nombre de uno de los descendientes de Judá que vivió en Jerusalem después de la cautividad, Neh. 11:4.

V. Nombre de un sacerdote fiel en tiempo de Nehemías, Esd. 10:21.

OZÍAS, *fuerza de Jehová,* nombre de uno de los valientes de David, 1 Crón. 11:44.

OZIEL, *fuerza de Dios,* nombre de seis Hebreos, á saber: 1º. Uno de los hijos de Bela, de la tribu de Benjamín, 1 Crón. 7:7. 2º. Un Levita, hijo de Coat, Exod. 6:18, 22; Lev. 10:4; Núm. 3:27; 1 Crón. 23:12, 20; 6:23. 3º. Un músico, hijo de Heman,

1 Crón. 25:4, llamado Azareel en vers. 18. 4º. Un Levita, hijo de Jedutun, 2 Crón. 29:14. 5º. Un capitan belicoso de la tribu de Simeón, que acabó de subyugar á los Amalecitas derrotados por Saúl y por David, 1 Crón. 4:42. 6º. Uno de los que reconstruyeron los muros de Jerusalem, Neh. 3:8.

P.

PABLO ó PAULO, *pequeño,* el distinguido "apóstol de los gentiles," Rom. 11:13, llamado también Saulo, *pedido,* nombre hebreo. Se le llama primero Pablo en Hech. 13:9, y como algunos creen, tomó este nombre romano según una costumbre común de los Judíos en tierras extranjeras, ó en honor de Sergio Paulo, ver. 7, su antiguo amigo y converso. Bien puede haber sucedido, sin embargo, que tuviera ambos nombres en su niñez. Nació en Tarso, en Cilicia, y heredó de su padre los privilegios de ciudadano romano. Sus padres pertenecían á la tribu de Benjamín, y educaron á su hijo como "Hebreo de los Hebreos," Fil. 3:5. Tarso era altamente distinguida por su civilización y cultura, y las oportunidades para el adelanto que allí se hallaban, fueron sin duda aprovechadas diligentemente por Pablo. Al llegar á una edad á propósito fué enviado á Jerusalem á completar su educación en la escuela de Gamaliel, el Rabí más distinguido de aquella época. No consta que haya estado en Jerusalem durante el ministerio de Cristo, y fué quizá después de su vuelta á Tarso cuando aprendió el arte de hacer tiendas, obrando así en conformidad con una práctica general establecida entre los Judíos, y con la máxima de ellos de que "El que no enseña á su hijo un arte útil, le enseña á robar," Hech. 18:3; 20:34; 2 Tes. 3:8. Le hallamos poco después en Jerusalem, como á los 30 años de edad, mereciendo en alto grado la confianza de los principales hombres de la nación. Había aprovechádose de las enseñanzas de Gamaliel, y llegado á ser perito en la ley. Apegándose á la disciplina más estricta de la secta de los fariseos, se había convertido en decidido defensor del Judaismo, y en acérrimo enemigo del Cristianismo, Hech. 8:3; 26:9-11. Después de su milagrosa conversión, de la cual tenemos tres relaciones, Hech. 9; 22; 26, Cristo fué todo en todo para él. Cristo fué quien se reveló á su alma en Damasco, Hech. 26:15; 1 Cor. 15:8; á Cristo consagró todo su corazón y su alma, todo su entendimiento, su poder y su fuerza, y de entonces en adelante, viviendo ó muriendo, fué el siervo de Jesu-Cristo. Dedicó todas las facultades de su espíritu ardiente y enérgico á la defensa y propagación del evangelio de Cristo, más particularmente entre los gentiles. Las ideas que tenía del puro y elevado espíritu del Cristianismo, en su culto y en su influencia práctica, parecen haber sido especialmente claras y firmes: la oposición que por ese motivo se veía en el caso de hacer á los ritos y ceremonias del culto judaico, lo expusieron en todas partes al odio y á la malevolencia de sus paisanos. En virtud de la acusación que le hicieron, fué al fin reducido á prisión por las autoridades romanas, y después de haber sido detenido dos años ó más en Cesarea, fué enviado á Roma para ser juzgado allí, habiendo él mismo apelado al emperador. Hay menos certeza con respecto á las relaciones que los antiguos escritores eclesiásticos hacen de la vida posterior de Pablo. Con todo, había una opinión generalmente recibida en los primeros siglos de que el apóstol fué absuelto y sacado de la cárcel al fin de dos años, y que después volvió á Roma, en donde fué de nuevo aprisionado y condenado á muerte por Nerón.

Pablo poseía, según parece, toda la erudición que entonces era común entre los Judíos, y conocía bien la literatura griega, según consta del hecho de que poseía á fondo ese idioma; de sus frecuentes discusiones con sus filósofos, y de las citas que hace de sus poetas, tales como Áratus, Hech. 17:28; Menandro, 1 Cor. 15:33, y Epiménides, Tit. 1:12. Probablemente, sin embargo, no puede atribuírsele con propiedad una instrucción muy profunda en el saber de los Griegos. Pero el rasgo más notable de su carácter consiste en la idea sublime que tenía del designio universal y la naturaleza espiritual de la religión de Cristo, y de la influencia purificante y ennoblecedora que ejerce en el corazón y el carácter de aquellos que sinceramente lo profesan. Del Salvador mismo había adquirido el fuego de un amor universal, y la idea de la salvación para toda la humanidad, Gál. 1:12. La mayor parte de los otros apóstoles y maestros se apegaban al judaismo, á los ritos, ceremonias y dogmas de la religión en que habían sido criados, y consideraban el cristianismo como un ingerto hecho en el antiguo árbol, el cual tenía que permanecer aún como tronco para sostener las nuevas ramas. Pablo parece haber sido de los primeros que

abandonaron esta opinión tan estrecha, considerando el cristianismo en su verdadera luz, como una religión universal. Mientras que otros estaban por judaizar á todos aquellos que abrazaban la nueva religión, imponiéndoles el yugo de las observancias mosaicas, el esfuerzo de Pablo se dirigió á derribar la pared divisoria que existía entre los Judíos y los gentiles, poniéndoles de manifiesto que todos eran "uno en Cristo." A este fin tendían todos sus trabajos; y ardiente en la prosecución de este grande objeto, no titubeó en censurar al contemporizador Pedro, y en exponer su propia vida resistiendo las preocupaciones de sus paisanos. A la verdad, los cinco años que sufrió de prisión en Jerusalem, Cesarea y Roma, tuvieron su origen principalmente en esta causa.

La siguiente tabla cronológica de los principales acontecimientos de la vida de Pablo puede servir de guía y ayuda en las investigaciones que se hagan en la porción más interesante de la historia. Presentamos aquí, una al lado de otra, las diferentes cronologías de Hug, Lardner, y Conybeare y Howson; y así la tabla, á la vez que enseña el general acuerdo de los cronologistas en cuanto al orden de los acontecimientos, manifiesta también que hasta ahora se ha hallado casi imposible adquirir una certeza plena respecto de sus fechas.

	Hug.	Lard.	C. y H.
La conversión de Pablo, Hech. 9. En el año 21º de Tiberio	36	36	36
Va á Arabia y vuelve á Damasco, Gál. 1:17; y en el tercer año escapa de Damasco y visita á Jerusalem, Hech. 9:23-26, en el año	39	39	38
De Jerusalem va á Tarso, Hech. 9:30, y después de varios años de trabajo en Cilicia y Siria, Gál. 1:21, durante los cuales se supone que tuvieron lugar la mayor parte de los sufrimientos que se mencionan en 2 Cor. 11:24-26, fué con Barnabás á Antioquía en Siria, Hech. 11:25, 28, en donde estos trabajaron durante el año	44	43	44
De Antioquía es enviado con Barnabás á Jerusalem, (y esta fué su segunda visita,) á llevar auxilios para el hambre, y vuelve á Antioquía, Hechos 11:30	45	44	45
Primer gran viaje misionero, con Barnabás, de Antioquía á Cipro, Antioquía en Pisidia, Iconio, Listra y Derbe, y regreso por los mismos lugares y Attalía á Antioquía, Hech. 13; 14, por cosa de dos años, comenzando en		45	4?
Tercera visita á Jerusalem con Barnabás para consultar respecto de u.		45	4?

	Huz.	Laard.	C. y H.
circuncisión, etc., y vuelta á Antioquía, Hech 15:2-30	53	50	50
Segundo viaje misionario desde Antioquía, por Cilicia, Derbe, Listra, Frigia, Galacia, Troas, Neápolis, Filipos, Tesalónica, Berea, Atenas y Corinto, Hech. 15:35 á 18:1, en donde encuentra á Áquila	54	51	52
Después de permanecer 18 meses en Corinto, hace su cuarta visita á Jerusalem, por Cencrea, Éfeso y Cesarea, y vuelve á Antioquía, Hechos 18:11-22, en	56	—	54
Tercer viaje misionario por Galicia y Frigia, llegando á Éfeso, Hechos 19:1, en	57	53	54
Y después de dos años en Éfeso, yendo por Troas y Macedonia á Corinto, Hech. 20:1	59	56	57
Quinta visita á Jerusalem desde Corinto por Filipos, Troas, Mileto, Tiro, Tolemaida y Cesarea, Hechos 20:3 á 21:15	60	58	58
Después de dos años de prisión en Jerusalem y Cesarea, se embarca en Sidón, siguiendo por Mira, Buenos Puertos, etc., á Malta, en donde naufraga; en la primavera prosigue para Roma, Hech. 21:17 á 28:16	63	61	61
Está dos años prisionero en Roma, y es puesto en libertad, Hech. 28:30	65	63	63
Después de trabajar como algunos creen, en España, Rom. 15:24, 28, también en Éfeso, Macedonia, 1 Tim. 1:3; Creta, Tito 1:5; Asia Menor, 2 Tim. 1:15, y Nicópolis, Tito 3:12, es vuelto á poner preso en Roma, en donde gozosamente espera el martirio, aunque casi solo, 2 Tim. 2:9; 4:6-18	—	65	68

Estos viajes de San Pablo, muchos de ellos hechos á pié, deben estudiarse en un mapa, en conexión con la narración inspirada que se halla en los Hechos, y con la descripción patética que él mismo hace de sus propios trabajos, 2 Cor. 11:23-29, no obstante que no hace mención ni de la mitad. Cuando echamos una ojeada á las muchas regiones que él recorrió y evangelizó, á los convertidos que congregó, á las iglesias que fundó, á las penalidades, peligros y pruebas que sufrió, á los milagros que obró, á las revelaciones que recibió, á los discursos, oraciones y cartas en que tan hábilmente defiende y desarrolla el cristianismo, al inconmensurable bien que Dios dispensó por su conducto, á su heroica vida, y á su muerte en el martirio, Pablo se nos presenta como el más extraordinario de los hombres.

El carácter de Pablo se delinea más perfectamente en sus epístolas, por medio de las cuales, como dice Crisóstomo, "vive todavía en las bocas de los hombres por todo el mundo. Por su medio, no solamente sus propios conversos, sino todos los fieles que hasta el presente han existido, más aun, todos los santos que están aún por nacer, hasta que Cristo venga de nuevo, unos y otros han sido y serán benditos. En ella observamos el poder de la gracia que transforma y eleva, en uno que primitivamente era turbulento y exaltado, haciéndole un modelo de excelencia varonil y cristiana: valeroso y firme, y sin embargo, considerado, cortés y afable; magnánimo, patriota y abnegado, y lleno de toda clase de sentimientos y de afectos nobles.

EPÍSTOLAS DE PABLO. Hay 14 epístolas en el Nuevo Testamento que comunmente se atribuyen á Pablo, concluyendo con la dirigida á los Hebreos. La autenticidad de las 13 primeras nunca ha sido disputada; en cuanto á la última, muchos hombres buenos han dudado que Pablo fuera su autor, si bien los más de los críticos del día son de opinión de que sí lo fué. Estas epístolas en que se desarrollan los principios del cristianismo para todas las épocas, caracteres y circunstancias, se cuentan entre los más importantes documentos primitivos de la religión cristiana, aun prescindiendo de su carácter inspirado; y aunque parece que fueron escritas sin especial premeditación, y se refieren principalmente á circunstancias y relaciones temporales, llevan sin embargo en todas partes el sello del grande ingenio del apóstol, tal como se había purificado. elevado y sostenido por las influencias del Espíritu Santo.

El siguiente es el arreglo de las epístolas de Pablo hecho por Lardner, con los lugares en donde fueron escritas, y las fechas:

Epístolas.	Lugares.	Año del Señor.
1 Tesalonicenses	Corinto	52
2 Tesalonicenses	"	52
Gálatas	Corinto ó Éfeso	fines de 52 ó principios de 53
1 Corintios	Éfeso	principios de 56
1 Timoteo	Macedonia	56
Tito	Macedonia ó cerca de allí	cerca del fin de 56
2 Corintios	Macedonia, como por Octubre de	57
Romanos	Corinto, como por Febr. de	58
Efesios	Roma, como por Abril de	61
2 Timoteo	" como por Mayo de	61
Filipenses	" antes de fines de	62
Colosenses	" antes de terminar	62
Filemón	" antes de terminar	61
Hebreos	Italia	primavera de 63

El arreglo hecho por Hugo es algo diferente, y la mayor parte de los críticos colocan la epístola á los Hebreos y las epístolas pastorales dirigidas á Timoteo y á Tito, hacia el fin de la lista; mientras que los que hallan evidencia de que Pablo fué puesto en libertad después de su primera prisión, y vivió hasta la primavera de 68 A. D., les dan cabida en los últimos años de la vida del apóstol. Véase TIMOTEO.

PACIENCIA, como atributo de la divinidad, denota la extraordinaria indulgencia de Dios en virtud de la cual se abstiene de la ira, y sigue ejerciendo la misericordia apesar de las grandes y repetidas provocaciones de parte del hombre, Exod. 34:6, 7; Rom. 2:4; 2 Ped. 3:9. Como gracia cristiana, denota algunas veces el acto de sufrir el mal tranquila y confiadamente, y de perseverar en la fé y en el deber, Luc. 8:15; Rom. 5:3; Sant. 1:3, 12; 2 Ped. 1:6; y otras, indulgencia para con el prójimo, Mat. 18:26, 29; 1 Tes. 5:14; 2 Tim. 2:24. Dios es el origen de esta gracia como de todas las demás, Rom. 15:5; y el cristiano tiene que buscarla en Él, en el estudio de las Escrituras y de Cristo, quien perfectamente la ejemplificó, Rom. 15:1–5; Gál. 5:22; Heb. 6:12, 15; 12:1, 2; Sant. 5:10, 11; 1 Ped. 2:18–23.

PACTO. La palabra *testamentum* se usa con frecuencia en latin, para expresar la hebrea *berith*, que significa pacto; de aquí el que los títulos de Antiguo y Nuevo Testamento se empleen para denotar el antiguo y el nuevo pacto. Véase TESTAMENTO.

Un pacto es, en rigor, un convenio hecho entre dos partes. Entre los antiguos era ratificado por un juramento, se apelaba á Dios como testigo, Gén. 21:31; 31:50, y las partes contratantes comían sal juntas, como lo hicieron Jacob y Labán, Gén. 31:46; Lev. 2:13; Núm. 18:19; dividían los animales en dos porciones y pasaban entre ellas, Gén. 15; Jer. 34:18, 19. Cuando una de las partes contratantes es infinitamente superior á la otra, como sucede entre el pacto celebrado entre Dios y el hombre, el convenio por lo que respecta á Dios asume el carácter de promesa, Isa. 59:21; Jer. 31:33, 34; Gál. 3:15–18; pero esta promesa se halla á menudo limitada por ciertas condiciones que debe llenar el hombre, como la circuncisión, Gén. 17:10, 14; Hech. 7:8; la obediencia á los mandamientos, etc., Ex. 34:27, 28; Lev. 18:5. El primer pacto de Dios con los Hebreos fué hecho cuando el Señor escogió á Abraham y á su

posteridad para que fueran su pueblo; un segundo pacto, ó una solemne renovación del primero, fué celebrado en el Sinaí, comprendiendo á todos los que observaran la ley de Moisés.

"El "nuevo pacto," cuyo Mediador y Autor es Cristo, y el cual fué confirmado por su sangre, comprende á todos los que crean en él, y experimenten el nuevo nacimiento, Gál. 4:24; Heb. 7:22; 8:6–13; 9:15–23; 12:24. Los pactos divinos eran ratificados por el sacrificio de una víctima, para manifestar que sin expiación no podría haber comunicación de bendición ni salvación divina para con el hombre, Gén. 15:1–18; Exod. 24:6–8; Heb. 9:6. Los creyentes eminentes que había entre el pueblo que había pactado con su Hacedor, eran favorecidos con el establecimiento de pactos privados, en que Dios les prometía ciertos favores temporales; pero esos favores eran solamente renovaciones del "pacto eterno," hechas á los individuos, con tipos temporales y prendas del cumplimiento de éste. Así Dios pactó con Noé, Abraham y David, Gén. 9:8, 9; 17:4, 5; Sal. 89:3, 4, etc., y les dió fé en el Salvador que después sería revelado, Rom. 3:25; Heb. 9:15.

En el lenguaje común, usamos generalmente las palabras Antiguo y Nuevo Testamento, ó antiguo y nuevo pacto, para significar el pacto celebrado entre Dios y la posteridad de Abraham, y el que Él ha hecho con los creyentes por conducto de Jesu-Cristo; porque todos los demás no son sino consecuencias, ramas ó explicaciones de estos dos, y están incluidos en ellos. El más solemne y perfecto de los pactos de Dios con los hombres es el que hizo por la mediación de nuestro Redentor, y el cual subsistirá hasta la consumación de los siglos. El Hijo de Dios le sirve de garantía, pues está confirmado con su sangre; su fin y objeto son la vida eterna, y sus constituciones y leyes tienen mayor excelencia que las del pacto antiguo.

Los teólogos emplean la frase "pacto de las obras," para denotar la constitución establecida con el hombre, antes de la caída, y la promesa del cual era la vida eterna, bajo la condición de obediencia, Ose. 6:7; Rom. 3:27; Gál. 2:19. Emplean también la frase "pacto de la gracia y de la redención," para denotar el arreglo hecho en los consejos de la eternidad, en virtud del cual Dios el Padre perdona y salva á los pecadores que fueren redimidos por la muerte del Hijo.

PADAN ARAM, las llanuras de Aram ó Siria, Gén. 25:20; 28:2; 31:18, ó simplemente Padan, Gén. 48:7, la llanura en distinción de las montañas de Aram, Núm. 23:7. Véanse MESOPOTAMIA y SIRIA.

PADRE, es á menudo sinónimo de antepasado, fundador ó causa, como se ve en Gén. 4:20, 21; Juan 8:56; Rom. 4:16. Josué fué como padre para con Faraón, Gén. 45:8, como su consejero y proveedor. Dios es PADRE de los hombres como su Creador, Deut. 32:6; Isa. 63:16; 64:8; Luc. 3:38. Pero como hemos perdido los derechos de hijos por nuestros pecados, es solamente por medio de Jesu-Cristo que podemos dar á Dios el cariñoso nombre de "nuestro Padre," Juan 20:17; Rom. 8:15-17.

En los tiempos patriarcales, un padre era amo y juez en su propia casa, y ejercía una autoridad casi ilimitada sobre su familia. La desobediencia filial ó falta de respeto era una grave ofensa. Bajo la ley ciertos actos de los hijos eran crimenes capitales, Exod. 21:15-17; Lev. 20:9; y al padre se le exigía que llevase á su hijo al tribunal público, Deut. 21:18-21. Uno de los deberes imprescindibles de los padres es inculcar en sus hijos la verdad religiosa y educarlos para el servicio de Dios, Exod. 12:26, 27; Deut. 4:9, 10; 6:6, 7; 11:18, 19; Sal. 78:5-8; Efes. 6:4, y esperar un buen éxito, Prov. 22:6. Véase MADRE.

PAFO, ciudad en el límite occidental de Cipro, cuyo gobernador romano fué convertido en la visita de Pablo y Barnabás, Hech. 13:6-13. La antigua Pafo, denominada ahora Kuklia, que se dice fué fundada por 1184 A. C., estaba á dos millas de la playa, y era el sitio de un famoso templo de Venus. Esta era llamada á menudo la diosa de Pafo, porque la fábula refería que allí había salido del mar. La Nueva Pafo, conocida ahora con el nombre de Baffa, estaba en la costa, como 10 millas al N. O. de la ciudad más antigua. Tenía un regular puerto, que está ahora casi obstruido, y era el asiento del procónsul romano. Véanse ELIMAS y SERGIO PAULO.

PAJA. La paja de trigo y de cebada era usada como pasto para los caballos, ganados y camellos, Gén. 24:25, 32; 1 Rey. 4:28; Job 21:18; Isa. 11:7; 65:25; Jer. 23:28. La paja picada se mezclaba á menudo con cebada y otros granos para alimento de los animales. Su empleo para hacer ladrillos se menciona en Exod. 5:7-18. La palabra traducida "hojarasca," en Exod. 5:12; 15:7; "rastrojo" en Joel 2:5; "estopa" en Abd. 18; Nah. 1:10; "tamo" en

Isa. 47:14, era el residuo que quedaba de los campos después de haberse recogido la mejor parte de la paja.

PALA, un instrumento empleado para  aventar el grano. En el Oriente las palas son de dos clases: una es una especie de bieldo que tiene varios dientes; con este arrojan el grano al viento para que este separe la paja del hollejo: la otra clase de palas tiene por objeto producir viento cuando el aire está en calma, Isa. 30:24. Este procedimiento ejemplifica la completa separación que Cristo el Juez ejecutará entre los justos y los malvados, Jer. 15:7; Mat. 3:12. Véase TRILLA.

PALABRA. Véase VERBO.

PALACIO, en el Antiguo Testamento denota algunas veces todos los edificios, atrios y jardines incluidos por el muro exterior de una residencia real, Dan. 1:4; 4:4; 1 Rey. 16:18; 2 Rey. 15:25. En algunos casos abarcaba también la fortaleza ó ciudadela. En 1 Rey. 7:1-12, se le llama simplemente casa. En el Nuevo Testamento se aplica dicha palabra al edificio en que residían los ricos ó personas de elevada posición, Mat. 26:3; Mar. 14:66; Luc. 11:21. En cuanto al significado de la palabra en Filip. 1:13, véase PRETORIO.

PALESTINA, denota en el Antiguo Testamento, el país de los Filisteos, Filistia, según la traducción que de esta palabra hebrea se hace en otras partes. Era aquella parte de la Tierra Prometida que se extendía á lo largo del Mar Mediterráneo en las variables fronteras occidentales de Símeón, Judá y Dan, Exod. 15:14; Isa. 14:29, 31; Joel 3:4. Palestina tomada posteriormente en un sentido más general, significa el país entero de Canaán, tanto de un lado como de otro del Jordán, aunque frecuentemente se restringe el nombre al país que se halla en la parte occidental del río, de manera que después las palabras Judea y Palestina han venido á ser sinónimas. Hallamos también el nombre de Siria-Palestina dado á la Tierra de Promisión, y aun algunas veces esta provincia se halla comprendida en Cœle-Siria, y la Baja Siria. De los escritores conocidos Herodoto es el más antiguo que habla de

485

Siria-Palestina. La coloca entre Fenicia y Egipto. Véase CANAÁN.

LA PALMA DE DÁTIL: PHŒNIX DACTYLÍFERA.

PALMA ó PALMERA, Ex. 15:27. Este árbol se llama en hebreo *tamar*, porque crece derecho, perpendicular y sin ramas, Jer. 10:5, lo cual le da un aspecto más notable que el de otro árbol cualquiera. Crece en climas cálidos y secos, y en suelo arenoso, haciendo penetrar sus raíces hasta donde están las aguas subterráneas, pero florece mejor cerca de los ríos y manantiales. Su graciosa forma era esculpida en las columnas de casas costosas, así como también lo fué en las puertas del templo, 1 Rey. 6:32; 2 Crón. 3:5; comp. Exeq. 41:18-20. Véase TAMAR.

La palmera es uno de los árboles más hermosos del reino vegetal. Su tronco, de un grueso casi uniforme de arriba abajo, está lleno de nudos ásperos que hacen comparativamente fácil la subida hasta la copa del árbol para cortarle el fruto, Cant. 7:7, 8. Estas prominencias son los vestigios de las hojas caídas; porque el tronco,

como el de todos los árboles que pertenecen á las monocotiledóneas, tiene el centro lleno de médula, al rededor de la cual se forma una corteza correosa, llena de fibras fuertes cuando está tierno el árbol, pero que á medida que este entra en años, se endurece y hace leñosa. Á esta corteza están estrechamente unidas las hojas, las cuales se levantan en el centro, pero después que han sobresalido de la cubierta que las rodea, se extienden mucho por todo el rededor del tallo del árbol, y á medida que las más antiguas se van secando, el tronco crece en altura. Llega á tener 30 ó 40 piés de alto, y en algunos casos 60 á 100; y con su copa siempre verde y graciosa, y su precioso fruto, es una imagen adecuada del alma que crece en gracia, Sal. 92:12, 14. Las hojas, cuando el árbol ha crecido hasta llegar al tamaño en que producen frutos, tienen de 6 á 8 piés de largo y son muy anchas cuando se extienden; se usan para formar techos de casas, abanicos y cosas por el estilo.

El fruto de la palma de dátil crece debajo de las hojas en una docena de racimos ó más, que á veces pasan 15 libras de peso, y es de un sabor dulce y agradable. La palmera comienza á fructificar cuando tiene como 10 años de edad, vive 200 años ó más, y produce con mayor abundancia, del año 30º al 80º. Los dátiles maduros se cogen con la mano, ó sacudiéndolos dentro de una red, y se tienden al aire libre por unos cuantos días; algunos se comen frescos, otros se almacenan para más tarde. Del jugo que se les exprime se hace un excelente jarabe. También se hace de ellos una bebida agradable ablandándolos en agua caliente. Tales son los vinos de dátil del Oriente. Los diligentes naturales, dice Mr. Gibbon, celebran ya en verso ó en prosa, los 360 usos á que el tronco, las hojas, los tallos de estas ó sean las ramas, las fibras y el fruto se aplican hábilmente. Una parte considerable de los habitantes de Egipto, de Arabia y de Persia, subsisten casi enteramente de su fruto. Ellos hacen también alarde de sus virtudes medicinales. Sus camellos se alimentan de los huesos de los dátiles; de las hojas hacen sillones, canastas, sacos, cordeles, esteras y cepillos; de las ramas ó tallos, jaulas para sus aves, y cercas para sus jardines; de las fibras del tronco, hilo, cordeles y jarcia; de la savia se prepara un licor espirituoso, y el cuerpo del árbol proporciona combustibles: aun se dice que de una clase de palmeras, el *Phœnix farini fera*, se ha extraido harina, la cual se encuentra entre las fibras del tronco, y ha sido empleada como alimento.

Según las descripciones de los antiguos, varias partes de la Tierra Santa, no menos que Idumea, que estaba contigua á ella, abundan en palmeras. La Judea se tipifica en varias monedas de Vespasiano, por medio de una mujer desconsolada sentada bajo una palmera, con la inscripción " Judæa Capta." Véase CAUTIVIDAD. Los Hebreos llevaban las hojas en la fiesta de los tabernáculos. Las palmeras florecían en Elim y Elat, en Baal-tamar y Hazezontamar, en Betania, "casa de dátiles," y Fenicia, "tierra de palmeras." En Deut. 34:3, á Jericó se le llama " ciudad de las palmas," y uno de estos árboles se halla todavía en sus cercanías; pero en general, ahora son raras en Palestina. Coronas de palma, y ramas batidas en el aire ó regadas en el camino, son cosas en que se piensa como símbolo de victoria, no sólo por lo que toca á los honores tributados á los antiguos conquistadores en los juegos griegos y en la guerra, sino por lo que respecta á la entrada triunfal del Rey de Sión en Jerusalem, Juan 12:13, y en su triunfo más glorioso con su pueblo en el cielo, Apoc. 7:9.

PALMO, Exod. 28:16; 1 Sam. 17:4; Isa. 40:12; Ezeq. 43:13, la distancia que hay desde el extremo del pulgar hasta el del dedo meñique, cuando se extiende la mano; mide de 9 á 10 pulgadas.

PALOMA MENSAJERA DEL ORIENTE.

PALOMAS, (las) eran límpias según el ritual mosaico, y eran ofrecidas en sacrificio. especialmente por los pobres, Gén. 15:9; Lev. 5:7; 12:6-8; Luc. 2:24. Varias clases de palomas ó pichones frecuentaban la Tierra Santa; y las grandísimas bandadas que de ellas se veían algunas veces, sirvieron de símile en un pasage de Isa. 60:8. Á su veloz y dilatado vuelo y á su hermoso plumaje se hace alusión en Sal. 55:6; 68:13; á sus tiernas miradas y melancólicas notas, etc., en Cant. 1:15; 2:14; Isa. 59:11. La paloma es el símbolo de la sencillez, la inocencia y la fidelidad conyugal, Ose. 7:11; Mat. 10:16. Dicha ave fué el precursor escogido de la renovación del favor de Dios después del diluvio, Gén. 8, y fué honrada como emblema del Espíritu Santo, Mat. 3:16. Véase TÓRTOLA.

PALTI, *á quien Jehová libra*. 1. Uno de los doce espías, jefe en Benjamín, Núm. 13:10.

II. Hijo de Lais de Gallim, á quien Saúl por su propia conveniencia le dió la hija que ya había dado á David. Véase MICOL. Según parece, Palti la amaba entrañablemente, 1 Sam. 25:44; 2 Sam. 3:15, 16.

PAMFILIA, provincia del Asia Menor que tenía á Cilicia al este, á Licia al oeste, á Pisidia al norte, y al Mediterráneo al sur; era una llanura de forma semicírcular, que se extendía al rededor de la costa del mar, Hech. 27:5, y llegaba por el norte hasta los montes Taurus, teniendo como 80 millas de largo y 30 de ancho. El río Cestrus era antiguamente navegable 7 millas, hasta Perga, la capital. Atalía era el principal puerto de mar, Hech. 14:25, 26. Había en Jerusalem extranjeros de Pamfilia el día de Pentecostes, Hech. 2:10; y Pablo la visitó dos veces en su primer viaje misionario, y allí se separó de Juan Marcos, Hech. 13:13; 14:24, 25; 15:38.

PAN, palabra que en las Escrituras se emplea á menudo para denotar alimento en general, Gén. 3:19; 18:5; 28:20; Exod. 2:20; Lev. 11:13. El maná se llama pan del cielo, Exod. 16:4. Pan, en su sentido propio y genuino, significa comunmente tortas hechas de harina de trigo, Gén. 18:6. La sebada se usaba generalmente por los pobres, y para alimentar á los caballos; el trigo era molido diariamente en pequeñas piedras de molino; la harina se amasaba en una artesa de madera, y después se dejaba fermentar si había tiempo para ello, Exod. 12:34; Ose. 7:4; en seguida se hacía tortas, y estas se ponían á cocer en el horno.

Los antiguos Hebreos tenían varios modos de hacer pan: con frecuencia lo cocían debajo de las cenizas y el rescoldo sobre la tierra, Gén. 18:6; sobre platos redondos de hierro ó cobre, ó en cacerolas ó estufas hechas á propósito. Los Árabes y otros pueblos orientales, entre los cuales es escasa la madera, cuecen el pan á menudo entre dos fuegos hechos de boñiga, que arde lentamente. Este pan es bueno si se come en el mismo día; pero la corteza es negra y quemada, y conserva el olor del combustible que se emplea para cocerlo. Esto explica lo que dice Ezeq. 4:5-15. Una torta que no se voltea, se echará á perder por ese descuido, Ose. 7:8.

Los Hebreos, así como otros pueblos orientales, tenían una especie de horno (*tannoor*) semejante á una gran urna, abierto en su parte superior, y en el cual hacían fuego. Cuando estaba bien caliente, mezclaban el harina con agua, y aplicaban esta á la parte exterior del horno. Este pan se cuece muy prontamente, y se despega en pedazos delgados semejantes á nuestras obleas, Lev. 2. El pan se cocía también en cavidades hechas en la tierra, ó en el suelo de las tiendas (pabellones) bien forradas de mezcla ó de argamasa. Se encendía fuego en el piso de este horno, y calentándose los costados suficientemente, se colocaban en ellos con cuidado tortas delgadas, y pronto se cocían. La manufactura del pan doméstico era en todas partes un trabajo propio de las mujeres, 1 Sam. 8:13; Mat. 24:41; pero en las grandes poblaciones había hornos públicos, y comerciantes en pan, que acostumbraban ocupar la misma calle, como todavía se hace en el Oriente y entre nosotros, cuando se trata de gente que tiene el mismo negocio, Jer. 37:21; Ose. 7:4. Faraón tenía su panadero mayor, Gén. 40:2.

Los Hebreos no cortaban el pan, sino lo partían, Lam. 4:4; de aquí viene la expresión tan común en las Escrituras, de "partir el pan," para significar que se toma un refrigerio. En la institución de la "Cena del Señor," nuestro Salvador partió el pan que había consagrado; de donde "partir pan," y la "partición del pan," son frases que se emplean para denotar la celebración de la Cena del Señor. Véase COMIDA.

"Echa tu pan sobre las aguas," Ecl. 11:1, puede ser solamente una exhortación á la práctica de la caridad confiada y generosa, ó puede también contener una alusión á la costumbre de sembrar el arroz ó el grano en un suelo inundado periódicamente por las aguas, como el del valle del Nilo.

PAN ÁCIMO, hecho de masa no fermentada, que los Hebreos, lo mismo que los modernos Beduinos, usaban á menudo, Gén. 19:3; Jue. 6:9; 1 Sam. 28:24; si bien es cierto que conocían la levadura hecha de las heces del vino, ó de harina y agua que se dejaba fermentar, Lev. 7:13; 23:17. Prescribióse el pan ácimo para la fiesta de la Pascua en memoria de la presteza de la salida de Egipto, y durante la celebración de esa fiesta los Judíos excluían escrupulosamente de sus casas toda materia fermentada, Ex. 12:19; 13:7; 1 Cor. 5:7. Véanse LEVADURA y PASCUA.

PAN DE LA PROPOSICIÓN, en hebreo, *pan de presencia*, era el pan que se ofrecía todos los Sábados en la mesa de oro que estaba delante de Dios en el lugar santo, Exod. 25:30; y consistía en doce tortas de pan sin levadura, ofrecidas con sal é incienso, Lev. 2:13; 24:5-9. Las tortas vie-

LA MESA DEL PAN DE LA PROPOSICIÓN.

jas permanecían allí, hasta que eran reemplazadas por las nuevas; de ahí les viene el nombre de "pan continuo," Núm. 4:7; y de "pan sagrado," 1 Sam. 21:4-6. Según la ley nadie podía comer el pan de la proposición, sino sólo los sacerdotes; sin embargo, habiendo recibido David algunos de estos panes del sumo sacerdote Ahimelec, comió de ellos en su necesidad sin escrúpulo alguno, 1 Sam. 21:1-6; y nuestro Salvador citó su ejemplo para justificar á los discípulos que habían estregado en el día Sábado algunas espigas de trigo, y se las estaban comiendo, Mat. 12:1-4. La mesa de la proposición del templo de Herodes parece haber sido copiada fielmente en el Arco de Tito en Roma. Véase CANDELERO.

PANNAG. En Ezeq. 27:17, es la palabra hebrea con que se designa algún producto desconocido de Palestina, que los Judíos vendían á los Tirios. Hay diversas opiniones acerca de su significado: unos creen que quiere decir mijo; otros, dulces, una confección, ó una especie exquisita.

PANIZUELO ó SUDARIO, probablemente una banda de lienzo usada como turbante ó como cinturón, Luc. 19:20; Juan 11:44; 20:7; palabra traducida "pañuelo" en Hech. 19:12.

PARA, *el ratón*, Jos. 18:23, ciudad de Benjamín, situada tal vez donde están las ruinas llamadas ahora Farah, en el punto formado por los arroyos Faran y Suweinit, 6 millas al N. E. de Jerusalem.

PARÁBOLA, griego PARABOLE, *una comparación*, como en Mar. 4:30; Heb. MASHAL, *similitud*, traducida proverbio en Prov. 1:1. En su sentido más lato significa cualquiera clase de enseñanza por medio de analogía ó figura, é incluye las metáforas, Ezeq. 12:22; Mat. 24:32; proverbios ó máximas, 1 Sam. 10:12; 24:13; 2 Crón. 7:20; Luc. 4:23; expresiones proféticas oscuras, Núm. 23:18; Ezeq. 20:49; signos típicos ó simbólicos, Heb. 9:9.

En su sentido más riguroso, como en muchas de las enseñanzas de Cristo, es una corta narración de algún acontecimiento real ó posible que se emplea para aclarar ó acentuar alguna verdad espiritual. Difiere de la fábula, en que esta se vale de animales ó plantas á quienes se atribuye el raciocinio á fin de aprobar ó censurar alguna linea de conducta, Jue. 9:8-15; y de la alegoría, Sal. 80:8-16; Juan 15:1-8, en que su significado es menos claro á primera vista y requiere para su interpretación que se consideren con cuidado el carácter y las circunstancias del que habla y del auditorio.

El lenguaje parabólico y enigmático era muy usado por los sabios orientales, Sal. 49:4; 78:2; y nada era más insoportable que oir á un necio recitar parábolas, Prov. 26:7. Una parábola fué empleada por Natán para reprender á David, 2 Sam. 12:1-4; por otro profeta para censurar á Achâb, 1 Rey. 20:39, 40; y por Isa. 5:1-7. Esta figura fué empleada con frecuencia por los escritores y maestros hebreos que existieron posteriormente, y ha sido siempre muy admirada por el pueblo oriental. Nuestro Salvador habló á menudo al pueblo en parábolas, dando cumplimiento de ese modo á la profecía de Isaias, de que, al darse tanta enseñanza, el pueblo rebelde vería sin conocer, y oiría sin entender, Mat. 13:10-15; Mar. 4:2, 10-13, 33, 34. Este resultado, sin embargo, sólo probaba cuán obstinada era la dureza de su corazón, y la ceguedad de su espíritu; porque de ninguna otra manera podría haberles ofrecido una instrucción más amena, clara ó convincente, que valiéndose de este modo hermoso y familiar; y á todos aquellos que realmente deseaban conocer la verdad, les daba en el acto las explicaciones necesarias.

Al interpretar una parábola, tienen que considerarse principalmente su verdad primaria y su designio principal. Los detalles, aunque á menudo significativos, no han de ser examinados de un modo indebido; y el aspecto particular que presenta de la verdad divina no debe juzgarse de tal manera que se excluyan otros aspectos presentados en otras parábolas, ó en las enseñanzas más directas de la Escritura. Compárense las explicaciones que Cristo mismo hizo de las parábolas del sembrador, y del trigo y la zizaña.

Mateo y Lucas consignan la mayor parte de sus parábolas, mientras que Marcos se fija más en sus hechos, y Juan en sus discursos más extensos.

Las siguientes parábolas de nuestro Señor, son las que han registrado los evangelistas:

Los edificadores prudentes y los insensatos, Mat. 7:24-27.
Los que están en la cámara nupcial, Mat. 9:15.
Paño nuevo en vestido viejo, Mat. 9:16.
Vino nuevo en odres viejos, Mat. 9:17.
Espíritu inmundo, Mat. 12:43-45.
El sembrador, Mat. 13:3, 18; Luc. 8:5, 15.
La zizaña, Mat. 13:24-30, 36-43.
El grano de mostaza, Mat. 13:31, 32; Luc. 13:19.
La levadura, Mat. 13:33.
El tesoro escondido en el campo, Mat. 13:44.
La perla preciosa, Mat. 13:45, 47.
La red echada en la mar, Mat. 14:47-50.
La comida no contamina, Mat. 15:10-20.
El siervo falto de caridad, Mat. 18:23-35.
Los oberos alquilados, Mat. 20:1-16.
Los dos hijos, Mat. 21:28-32.
Los labradores malvados, Mat. 21:33-45.
La fiesta de boda, Mat. 22:2-14.
La higuera brotando hojas, Mat. 24:32-34.
El padre de familia en vela, Mat. 24:43.
Los siervos fieles y los malos, Mat. 24:45-51.
Las diez vírgenes, Mat. 25:1-13.
Los talentos, Mat. 25:14-30.
El reino dividido contra sí mismo, Mar. 3:24.
La casa dividida contra sí misma, Mar. 3:25.
El valiente armado, Mar. 3:27; Luc. 11:21.
La semilla creciendo secretamente, Mar. 4:26-29.
La antorcha encendida, Mar. 4:21; Luc. 11:33-36.
El hombre que emprende un largo viaje, Mar. 13:34-37.
El ciego que guía á otro ciego, Luc. 6:39.
La viga y la arista, Luc. 6:41, 42.
El árbol y su fruto, Luc. 6:43-45.
El acreedor y los deudores, Luc. 7:41-47.
El buen Samaritano, Luc. 10:30-37.
El amigo importuno, Luc. 11:5-9.
El insensato rico, Luc. 12:16-21.

La nube y el viento, Luc. 12:54-57.
La higuera estéril, Luc. 13:6-9.
Los hombres convidados á unas bodas, Luc. 19:7-11.
La gran cena, Luc. 14:15-24.
El que edifica una torre, Luc. 14:28-30, 33.
El rey que va á la guerra, Luc. 14:31-33.
Sabor de la sal, Luc. 14:34, 35.
La oveja perdida, Luc. 15:3-7.
Moneda de plata perdida, Luc. 15:8-10.
El hijo pródigo, Luc. 15:11-32.
El mayordomo injusto, Luc. 16:1-8.
El hombre rico y Lázaro, Luc. 16:19-31.
La viuda importuna, Luc. 18:1-8.
El fariseo y el publicano, Luc. 18:9-14.
Las minas para negociar, Luc. 19;12-27.
El buen pastor, Juan 10:1-6.
La vid y los pámpanos, Juan 15:1-5.

PARÁISO, griego PARADEISOS, palabra de origen persa que corresponde al hebreo GAN, y denota un hermoso parque, jardín ó huerta, Neh. 2:8; Ecl. 2:5; Cant. 4:13. En la Septuaginta este término se aplica al jardín del Eden, Gén. 2:15, conocido comunmente como el "Paráíso terrenal." En la teología judaica designa la morada de los justos en el mundo invisible, el hogar de reposo y alegría más allá del sepulcro. Fué usando esta palabra que nuestro Salvador prometió la felicidad al ladrón arrepentido, Luc. 23:43. Pablo en una visión fué llevado al paraíso, 2 Cor. 12:4. Y en la Apoc. 2:7; 22:14, se emplean las particularidades de la escena en donde se perdieron la inocencia y la bienaventuranza para describir el mundo en donde estos dones fueron restituidos de un modo perfecto y para siempre.

PARÁLISIS, ataca á veces un costado ú otra parte, y otras todo el cuerpo, afectando la locomoción ó la facultad de sentir, ó ambas, 1 Rey. 13:4-6. En algunos casos las partes afectadas se secan, y los músculos se contraen, Mar. 3; 1-5. En algunas de sus formas violentas, las cuales están muy generalizadas en el Oriente, los miembros permanecen fijos como en el principio del ataque, y el sufrimiento es intenso, siguiéndose la muerte pocos días después, Mat. 8:5-13. La parálisis es una de las enfermedades más incurables; pero el Salvador la sanaba con una palabra, Mat. 4:24; 9:2-7; 12:10; Mar. 2:3-12; Hech. 8:7; 9:33, 34. Hay también una parálisis del alma que el Gran Médico puede sanar, y sólo Él.

PARÁN, *hermosura*, región grande y desierta al sur de Canaán. Es una mesa en que abundan las piedras calizas y que está casi rodeada de montañas. Parte de las cortas cordilleras que se hallan en su lado oriental, corren hasta el valle del Arabah, y parte hasta el golfo de Akaba; las que se hallan en el sur pertenecen al gran grupo del Sinaí, y las del oeste lo separan del desierto de Etam y Sur. En el norte iba á perderse en el Negeb ó sea la comarca meridional de los Israelitas, é incluía los desiertos de Cades y Zín, Núm. 13:21, 26; 33:36. Se le describe como región de terreno seco gredoso, cubierto de cascajo ordinario, pedernal negro, y arena movediza, con escasa vegetación. Antiguamente había allí, sin embargo, algunas ciudades, y unos cuantos labrantíos y pasturajes. Los lechos de los ríos de Parán están ahora secos, excepto en la estación de las lluvias. Las tribus beduinas recorren esa región en todas direcciones con sus rebaños. Los caminos que van de Egipto y el monte Sinaí á Canaán la atraviesan. Allí permanecieron los Israelitas 38 años, hecho del cual deriva su nombre moderno de "Badiet et-Tih," *desierto de las peregrinaciones*.

La primera mención de Parán, "la encina de Parán," se hace refiriéndose al término occidental de la persecución que Codor-Laomor hizo á los Horeos, Gén. 14:6. Fué la residencia de Agar é Ismael, Gén. 21:21; los Israelitas entraron allí poco después de partir del Sinaí, Núm. 10:12, 33; 11:3, 34, 35; 12:16; y desde esa región fueron enviados los espías, Núm. 13:3, 26; las estaciones que hizo Israel dentro de sus límites se mencionan en Núm. 33:18-36. David se retiró á él, 1 Sam. 23:1, y Adad lo cruzó para ir á Egipto, 1 Rey. 11:17, 18.

"El monte de Parán," Deut. 35:2; Hab. 3:3, era probablemente el moderno Jebel Magra'h, una cordillera muy notable que corre al este hasta las alturas del Arabah, en la mitad del trayecto entre el Mar Muerto y el Golfo de Akaba.

PARED INTERMEDIA DE SEPARACIÓN, Efes. 2:14, el nombre dado á la que separaba el atrio de los gentiles de los atrios interiores del templo, y que simbolizaba todo lo que distinguía á los paganos del pueblo favorecido de Dios. Esta distinción, así como sus manifestaciones ceremoniales, fué abolida por Dios en la plenitud del tiempo, Juan 4:21-24; Hech. 11:1-18; 14:27; 15:1-29. Véase TEMPLO.

PARENTESCO (ó afinidad) en 1 Rey. 3:1, es la relación por matrimonio, así como la consanguinidad ó la relación por descendencia de un mismo tronco ó raíz. En los tiempos primitivos, los hombres buenos buscaban mujeres entre su parentela que adoraba al verdadero Dios, Gén. 11:29; 24:2-4; 28:2. Los grados dentro de los cuales se prohibía el matrimonio entre los parientes por las leyes levíticas, se especifican en Lev. 18.

PARIENTE, denota á menudo una persona con quien se tiene mero parentesco, Lev. 18:12, 13, 17; Núm. 27:11; Job 19:14; Sal. 38:11, Pero la palabra hebrea GOEL, *redentor*, designaba el pariente varón consanguíneo más cercano, y á quién correspondían ciertos derechos y deberes. Véase REDENTOR.

PARMENAS, *permanencia*, Hech. 6:5, uno de los primeros siete diáconos.

PAROS, *pulga*, Esd. 2:3; 8:3; Neh. 3:25; 7:8; 10:14, Judío cuya familia en número de 2,712 personas volvió á Jerusalem con Zorobabel, además de otros miembros de la misma que volvieron con Esdras.

PARTA, originalmente una provincia de Media, al sudeste del mar Caspio; parece que fué conquistada por Ciro, 550 A. C., y estuvo sujeta á los monarcas persas y á los Seléucidas. Bajo Arsaces, 256 A. C., estableció su independencia, y en los tiempos apostólicos su imperio se extendía desde la India hasta el Tigris. Seleucia y Ctesifon eran sus ciudades principales, y Ecbatana una residencia real de verano. La Parta conservó su poder casi 500 años, y no fué subyugada ni aun por los Romanos; pero en el año 226 A. D., los Persas conquistaron al último de los Arsacidas y restablecieron el imperio persa. Los Partos eran un pueblo de origen Scita. Eran expertos jinetes, armados principalmente de arcos, y disparaban sus flechas con admirable destreza yendo á carrera veloz, y huyendo, como los Indios ó los Cosacos. La Parta propiamente dicho, llamada ahora Atak, está incluida en la moderna Khorassan. El día de Pentecostes, había en Jerusalem Judíos de Parta, y tal vez prosélitos partos del Judaismo, que hablaban la lengua persa, Hech. 2:9.

PARTERAS, Gén. 35:17; 38:28. Las dos que especialmente se mencionan en Exod. 1:15-21. parece que llegaron á ser cabezas de familia entre los Hebreos.

PARTIA ó PATROS, Isa. 11:11; Jer. 44:1, 15; Ezeq. 29:14; 30:14, el Egipto alto ó meridional, una de las principales divisiones de esa tierra; ó como algunos suponen, la comarca patrita en que estaba Tebas, y la cual probablemente derivó su nombre de la ciudad Ha-hator, "la residencia de Hator," la Venus egipcia. Esta región era originalmente independiente de Egipto, y tenía sus reyes propios. Era probablemente idéntica á la Tebaida de los Griegos, y á la Saida de los Árabes. Sus primitivos habitantes, los Patrusim, eran descendientes de Mizraim, Gén. 10:14.

PARVAÍM, 2 Crón. 3:6, región en donde se hallaba oro fino. Esta palabra se traduce por Gesenius, "regiones orientales." Su situación es desconocida.

PASAS, uvas secas, de las cuales á menudo se hacían bollos ó pastelillos, lo mismo que de los dátiles, Núm. 6:3; 1 Sam. 25:18; 30:12; 2 Sam. 16:1; 1 Crón. 12:40.

PASCUA, Hebreo *Pesach*, Griego *Pascha*, nombre dado, 1, á la víctima sacrificada para poner á salvo los primogénitos de los Israelitas en Egipto, cuando el Señor dió muerte al primogénito de cada familia egipcia, pero pasó por sobre los Israelitas para protegerlos, Isa. 31:5, donde quiera que la sangre del cordero había sido rociada sobre la portada; y 2, á la fiesta establecida para conmemorar ese acontecimiento y el libramiento de Israel de la esclavitud, Exod. 12; 13:3-10. Dicha fiesta, distinguida por el sacrificio de la pascua, era una de las tres festividades principales de los Hebreos, y era como un sacramento que les traía á la memoria la gracia que Dios les había hecho en lo pasado, y los obligaba todavía á obedecerle y á confiar en él para asegurar así su continuación. Se la llamaba también "la fiesta del pan sin levadura," Exod. 23:14-18; Deut. 16:2, 6, 16; 2 Crón. 30:1, 13, 15; Esd. 6:22; Luc. 22:1, 7; 1 Cor. 5:7.

El mes del Éxodo, llamado Abib, y posteriormente Nisán, fué hecho el primero del año sagrado, Exod. 12:2; 13:4. Al instituirse la pascua se mandó que el cordero ó cabrito fuese escogido el día décimo de Nisán. Tenía que ser macho del primer año. Cada familia debía tomar un cordero, y si esta era demasiado pequeña, podían unírsele una ó dos más. En el día 14 toda levadura era escrupulosamente quitada de la habitación, como lo acostumbran hacer todavía los Judíos en la actualidad. En la tarde (véase esta palabra), se había de matar la pascua, y parte de su sangre se rociaba en las jambas de la puerta y en el dintel. Tenía que asarse toda la víctima, y que ser comida en la misma noche; era menester que no se le quebraran los huesos, y cualquier residuo que sobrara debía ser quemado antes que llegara la mañana. Se había de comer con ella pan sin levadura y yerbas amargas, y no debía de usarse ninguna levadura sino hasta después del día 21 de ese mes. Era preciso ponerse los arreos, y tener la actitud de un viajero que va de priesa. A cada nueva observancia de esta festividad, el padre tenía que hacerles á sus hijos una declaración de su significado. El primer día entero de la festividad, el 15 de Nisán, y el último, el 21 de Nisán, debían observarse como días santos de reposo y de convocación, Lev. 23:5-8; y se designaban sacrificios especiales para cada día, Núm. 28:16-25. En el día segundo, el 16 de Abib, tenían que ofrecer al Señor las primicias de la cebada, Lev. 23:10, 11, y desde dicho día debían contarse 50 para la "fiesta de las semanas," vers. 15-21. Véase PENTECOSTES. El que tenía impedimento para celebrar la fiesta en debido tiempo, debía hacerlo en el segundo mes; el descuido voluntario de ella era castigado con la muerte, Núm. 9:6-14. Los extranjeros que habían entrado en el pacto hecho con Dios, poniéndose así en relacion con él, eran admitidos á la fiesta, Exod. 12:43-48. El lugar prescrito para sacrificar la víctima de la pascua estaba en el santuario de Dios, Deut. 16:16; Jos. 18:1, que era el templo de Jerusalem cuando éste se edificó, 2 Crón. 30:5, 8. El que la mataba era el jefe de la familia, ó en su defecto, un sacerdote ó Levita. La sangre era rociada en el altar en donde también la manteca exterior era quemada, vers. 15-17. Además de la pascua y de los sacrificios nacionales exigidos para los días siguientes, se hacían ofrendas voluntarias de paces, Hebreo *chagigah*, en las cuales participaban muchas familias, Lev. 3; 2 Crón. 30:21, 22; 35:13. También se había prescrito una ofrenda de dinero, Exod. 23:15; Deut. 16:16, 17. A las mujeres se les permitía, pero no se les mandaba, que tomaran parte en esta celebración, 1 Sam. 1:3, 7; Luc. 2:41.

Las principales relaciones que tenemos de la observancia de la fiesta de la pascua, son las siguientes: la celebrada en Egipto, Exod. 12:28; la celebrada en el desierto del Sinaí, Núm. 9:1-5; la primera que se observó en Canaán, Jos. 5:10, 11; las de Salomón, 2 Crón. 8:13; la de Ezequías el reformador, en el segundo mes, 2 Crón. 30:1-22; la de Josías, 2 Rey. 23:21-23; y una después de la cautividad, Esd. 6:19-22.

Los escritores judíos dicen que la familia ó familias después de haber practicado las purificaciones requeridas, Juan 11:55, y

estando reunidas á la mesa, el dueño de la fiesta tomaba una copa de vino mezclado con agua, y bendecía á Dios por el fruto de la vid, bebiendo entonces todos de él. Después de lavarse las manos, se introducía la víctima de la pascua, con tortas sin levadura, yerbas amargas, y una salsa de vinagre ó fruta, en la cual se metían bocados del alimento, Mat. 26:23; Juan 13:26. El padre de familia entonces bendecia á Dios por los frutos de la tierra, y hacía las explicaciones prescritas, Exod. 12:26, 27. Después de una segunda copa y de otro lavamiento de manos, se partia una torta sin levadura, y se distribuía, y se pronunciaba una bendición sobre el Dador del pan. Cuando todos habían comido de la pascua, se bendecía una tercera copa en acción de gracias, por la emancipación de la servidumbre de Egipto y la proclamación de la ley, y participaban de ella, Mat. 26:27; 1 Cor. 10:16. Esta se llamaba la copa de la bendición.

El festín terminaba generalmente con una cuarta copa y con Salmos de alabanza. Los Salmos 115-118 eran cantados entonces, y antes lo habían sido los Salmos 113 y 114 en la fiesta. Véase HIMNOS. Toda la semana de la fiesta era de regocijo, Deut. 27:7.

Se hace mención de varias pascuas á las cuales asistió Jesús, Luc. 2:42, 43; Juan 2:13. Él la celebró por la última vez, é instituyó la fiesta cristiana que conmemora su propio sacrificio tipificado por todas las demás pascuas, en la noche víspera del día de su crucifixión, Mat. 26:17-30; Mar. 14:12-26; Luc. 22:7-23; Juan 13. Al compararse las cuatro relaciones, es necesario tener presente que el término "pascua" denota algunas veces el sacrificio especial hecho el día 14 de Nisán, y algunas otras, toda la festividad y sus ofrendas, Juan 18:28. Los cálculos astronómicos ponen de manifiesto que en 30 A. D., año de la crucifixión de nuestro Señor, el día 14 de Nisán cayó en jueves; el día 15, viernes, por comenzar á las seis de la tarde, hora en que el día 14 terminó, fué en consecuencia la preparación (véase) para el sábado, día grande, tanto por ocurrir en la semana de la pascua, como por preceder á la presentación de las primicias de la cebada, Mar. 15:42; Luc. 23:54; Juan 18:14, 31, 42.

Los Judíos observan todavía la pascua, aunque solamente como fiesta de pan sin levadura, habiendo cesado todos sus sacrificios con la destrucción del templo en 70 A. D., año en que su última celebración solemne de esa fiesta atrajo multitud de ellos á Jerusalem. Los pocos Samaritanos que hay en Nablus, sin embargo, sacrifican todavía y comen la pascua anualmente en el monte Gerizim. La continuación de la observancia de esta festividad es una prueba permanente de que realmente se verificaron los grandes acontecimientos que en ella se conmemoran. El libramiento de la muerte y de la esclavitud conmemorado así, era un tipo de esa salvación infinitamente mayor—la salvación de la muerte eterna y de la esclavitud del pecado—efectuada por medio del sacrificio del "Cordero de Dios," "Cristo nuestra Pascua," 1 Cor. 5:7; comp. Juan 1:29; 19:36.

La fé en Él es esencial para ser lavados por su sangre, y ser admitidos en la libertad de su servicio: y es necesario que esa fé sea patentizada por medio de la purificación de nuestros corazones y nuestras vidas de la antigua levadura de la malicia y la maldad, y por medio de la obediencia á los mandamientos del Señor con "sinceridad y verdad," 1 Cor. 5:8. Véase CENA DEL SEÑOR.

PASDAMMIM ó PHESDOMMIM, *límite de manantiales*, 1 Crón. 11:13, llamado "término de Dommim" en 1 Sam. 17:1. Estaba cerca de Soco, 16 millas al S. O. de Jerusalem.

PASUR ó PEASUR, *prosperidad*, I., hijo de Immer, sacerdote y empleado de importancia en el templo. En el reinado de Joaquim persiguió á Jeremías por profetizar males á Jerusalem, é incurrió en un castigo terrible, Jer. 20:1-6.

II. Sacerdote, hijo de Malquías, enviado por Sedecías á preguntar á Jeremías el éxito que tendrían las operaciones de Nabucodonosor contra Jerusalem, Jer. 21. Después, cuando los Babilonios se retiraron de la ciudad, Jer. 37:5-11, él pidió la muerte del profeta como traidor, Jer. 38:1-13. Muchos descendientes de Pasur, que eran sacerdotes, volvieron de la cautividad de Babilonia, 1 Cró. 9:12; Esd. 2:38; Neh. 11:12.

PASIÓN, los últimos sufrimientos y la muerte de Cristo, Hech. 1:3. Véase CRUZ. En Sant 5:17, la expresión "sujeto á semejantes pasiones que nosotros," es casi equivalente á "de la misma naturaleza humana."

PASTOR, I. Abel fué pastor de ovejas, Gén. 4:2. Cuando los hombres comenzaron á multiplicarse y á dedicarse á diferentes ocupaciones, Jabal hijo de Lamec fué reconocido como padre (esto es, el prime-

ro) de los pastores y nómades, Gén. 4:20 Una parte considerable de las riquezas de los antiguos patriarcas consistía en rebaños y ganados, el cuidado de los cuales se compartía entre sus hijos, hijas y siervos, Gén. 13:7; 29:9; 37:2. Se empleaban también pastores extraños, pero no eran vistos con gran estimación, Job 30:1. Jacob, según parece, fué apremiado por Laban más de lo permitido por las leyes pastoriles, Gén. 31:39; comp. Exod. 22:13; Am. 3:12. La ley oriental dispone aún que un cuidador de ganados quede exento de culpa ó responsabilidad al llevar á su amo una porción del animal que haya muerto sin su culpa; pero si no puede probar su inocencia ó debida vigilancia, debe sufrir la pérdida. Tanto Moisés como David eran pastores antes de haber sido designados como caudillos de Israel, Exod. 3:1-10; 1 Sam. 16:11-13; Sal. 70:70-72. Los pastores fueron honrados en gran manera al recibir del cielo nuevas del nacimiento de Cristo, Luc. 2:82-0. En tiempo de los reyes de Israel, el puesto del "principal de los pastores" era considerado como de importancia y honor, 1 Sam. 21:7; 1 Crón. 27:29-31. En España los rebaños de ovejas merinas, cuyo número á veces asciende hasta 10,000, están encomendados al cuidado de un pastor principal á quien auxilian en sus labores cosa de 50 ayudantes. Chardin hace mención de una tribu de pastores turcomanos cuyos ganados lanar y cabrío, llegaban á la crecida suma de tres millones de cabezas, sin contar las manadas de camellos, caballos y reses, que ascendían á 400,000. En Palestina y sus alrededores, entre los que á la vez que se ocupaban del cuidado de los rebaños se dedicaban al cultivo de la tierra, había (y aún existen actualmente) multitud de nómades ó pastores errantes que no se sujetaban á estar en determinado domicilio. Estos moradores en tiendas tenían en muchos casos extensísimos pasturajes, y pasaban sus ganados de unos á otros según la ocasión lo requería, Gén. 37:12-17.

En las extensas comarcas que se extienden al E. y al S. de Palestina, hallaban muchos sitios que en el invierno y en la primavera estaban revestidos de verdura, Exod. 3:1; Sal. 65:12, 13. Pero el calor del verano marchitaba estos pastos del desierto, y obligaba á los pastores á salir con sus rebaños en busca de mesas y ríos. Hay en la Biblia muchas indicaciones de la fuerza é independencia de que se consideraban dueños los antiguos patriarcas

493

pastores; de los numerosos miembros que constituían sus casas, y de la consideración con que se les miraba, Gén. 14:14-24; 21:22-32; 26:13-16; 30-43; Job 1:3.

Los Egipcios, sin embargo, veían con desprecio á los pastores, Gén. 46:34, hecho que comprueban los antiguos monumentos en que se representa á los pastores como de una casta inferior, sujetos á la miseria, y en algunos casos, deformes.

Dios algunas veces toma el nombre de Pastor de Israel, Sal. 80:1; Jer. 31:10; y á los reyes, tanto en la Biblia como en otros escritos antiguos, se les distingue con el calificativo de "pastores del pueblo." Los profetas con frecuencia censuran á "los pastores de Israel," esto es, á los reyes que por vivir en la holgaza descuidaban sus rebaños, los oprimían ó llevaban por sendas extraviadas, Jer. 34:10. Por otra parte á Cristo, como el Mesías, se le llama á menudo Pastor, Zac. 13:7, y también Él se aplica á sí mismo el dictado de "el buen Pastor que da su vida por sus ovejas," Juan 10: 11, 14, 15. Pablo le llamó "el gran Pastor de las ovejas," Heb. 13:20. Sus ministros son de un modo semejante los pastores del rebaño, Jer. 3:15; 23:3, 4; Hech. 20:28-30; Efes. 4:11. En muchos pasajes en que ocurre la palabra "apacienta," el término original, que es muy expresivo, significa, "sé un buen pastor de," Sal. 28:9; 1 Ped. 5:2; Apoc. 7:17.

En Juan 10:1-16, 27-29, nuestro Salvador dice que el Buen Pastor da su vida por sus ovejas; que él las conoce y ellas le conocen á él; que oyen su voz y le siguen; que él va delante de ellas; que nadie las arrebatará de su mano, y que él las llama por sus nombres. Sin embargo, siendo tomados todos esos símiles de las costumbres de aquel país, no pueden ser para nosotros tan expresivos como debieron haberlo sido para aquellos que oyeron la voz de nuestro Señor, y que habían presenciado á menudo semejante modo de cuidar y conducir á ese manso animal. Los viajeros modernos en el Oriente hallan muchas gratas confirmaciones de la verdad de las Escrituras, con respecto á estos detalles. Observan entre otras cosas, que el pastor anda delante de sus ovejas, cada una de las cuales corre inmediatamente á él cuando se la llama por su nombre. Los mercenarios ó pastores malos, abandonan las ovejas, y el ladrón entra, no por la puerta del redil, sino trepando por algún otro lugar. Véase OVEJAS. La Biblia emplea muchas de las

virtudes del pastor fiel para ejemplificar el cuidado que el Salvador tiene de su rebaño. El pastor era responsable de cada uno de los animales que formaban el rebaño confiado á su vigilancia. Exod. 22:10-13; Juan 10:28; tenía necesidad de gran valor y resistencia, Gén. 31:40; 1 Sam. 17:34, 35; Juan 10:15; ejercía un cuidado cariñoso hacia las débiles, llevaba á los corderitos en los brazos, Gén. 33:13; Isa. 40:11; Mar. 10:14, 16, y buscaba la oveja perdida, y la traerá de la tierra de sequía y valle de sombra, á lugares de pastos delicados y aguas de reposo, Sal. 23; Luc. 15:4-7.

II. Jer. 2:8; 3:18; 10:21, él que tiene á su cargo el alimentar y cuidar el rebaño de Cristo, Efes. 4:11; 1 Ped. 5:2.

PÁTARA, ciudad marítima en la costa sudoeste de Licia, siete millas al este de la desembocadura del Xantus, y enfrente de Rodas. Era célebre por un oráculo de Apolo, al cual se le tenía como padre de su fundador Patarus. Su puerto era muy frecuentado. Pablo se reembarcó allí para Fenicia en su última visita á Jerusalem, Hech. 21:1, 2. Allí se estableció una iglesia cristiana desde un principio, la cual estuvo representada en el concilio de Nicea. Ruinas de considerable extensión señalan el sitio en donde estaba esa ciudad, y conservan todavía el nombre de Pátara, pero el puerto se halla ahora lleno de arena.

PATIO, espacio cerrado dentro de los límites de una casa oriental, 2 Sam. 17:18. Por lo que hace á los patios ó atrios del TEMPLO, véase esta última palabra. El tabernáculo tenía un patio también. Todas las casas orientales están construidas en forma de un cuadrado al rededor de un patio. Véase CASA.

PATMOS. Véase la prójima página.

PATRIARCA, el jefe paterno de una familia ó tribu, nombre aplicado en el Nuevo Testamento á Abraham, Heb. 7:4, á los hijos de Jacob, Hech. 7:8, 9, y á David, Hech. 2:29. En la Septuaginta se usa algunas veces para traducir la palabra hebrea que denota "cabeza" ó "príncipe" de una tribu, 1 Crón. 27:22. En el uso común se refiere especialmente á los hombres mencionados en las Escrituras y que vivieron antes de Moisés. La forma de gobierno indicada por esta palabra, prevaleció en los primeros siglos de la existencia de los Hebreos. El padre de una familia ejercía autoridad sobre sus descendientes, durante toda su vida; en su muerte esta dignidad recaía en uno de sus hijos, generalmente, aunque no siempre, en el mayor, en virtud de sus derechos de primogénito, (véase esta palabra) Gén. 27:29; 49:8; 1 Crón. 5:1, 2. De entre los jefes y patriarcas de las familias que componían una tribu, se elegía un príncipe, Núm. 1:4–16. Véase ANCIANOS. Después de la destrucción de Jerusalem, los Judíos llamaban patriarcas á los dos jefes del Sanhedrín, y la misma palabra ha llegado á estar en uso en algunas sectas de la iglesia cristiana para designar dignitarios superiores á los arzobispos.

PATMOS: PUERTO DE LA SCALA.

PATMOS, isla rocallosa y estéril en el Mar Egeo, usada por los Romanos como lugar de destierro para los criminales, y á la cual fué desterrado el apóstol Juan por Domiciano, 95 A. D., Apoc. 1:9. Se halla 20 millas al sur de Samos, y á 24 de la costa del Asia Menor; tiene una circunferencia como de 25 millas, y una playa peñascosa y profundamente indentada. El puerto y la ciudad "La Scala" están en el lado oriental. Coronando el alto cerro en que se halla la ciudad, se ve el antiguo monasterio de San Juan. Como á la mitad del camino que sube al cerro, se halla la gruta que la tradición señala como el lugar en donde Juan tuvo y registró sus visiones proféticas. Patmos era llamada Palmosa en la Edad Media, pero ahora se la llama Patino. Es una de las Islas Sporades, y paga un pequeño tributo á los Turcos.

PATROBAS, cristiano de Roma saludado por Pablo, Rom. 16:14. La casa imperial tenía uno ó más individuos de este nombre. Comp. Filip 1:13; 4:22.

PAU, capital de Adar, rey de Edom, Gén. 36:39; 1 Crón. 1:50.

PAVÉS, escudo ó adarga, 1 Rey. 10:16; 2 Crón. 9:15. 14:8. En 1 Sam. 17:6, léase lanza, como en Jos. 8:18. Véase ARMAS.

PAVOS, fueron importados por Salomón, 1 Rey. 10:22; 2 Crón. 9:21, y la palabra hebrea traducida así, se parece mucho

al término moderno tamul ó malabar. Véase TARSIS.

PAZ, I. Las dos ó tres palabras hebreas traducidas así tienen un significado muy

495

lato, y denotan primariamente *entereza*, es decir, salud, bienestar ó toda clase de bienes, Gén. 29 : 6; Exod. 4 : 18; Núm. 6 : 26. Paz se usa también como lo contrario de guerra, Ecl. 3:8; y en el sentido de concordia ó amistad, Sal. 41:9. La palabra griega empleada en el Nuevo Testamento tiene un significado de la misma amplitud que la hebrea, Luc. 1:79; 2:14; 7:50; 12:51; 14:32. "La paz sea con vosotros," era la salutación general en el Oriente. Cristo la convirtió en realidad para sus discípulos en el más alto sentido, Juan 14:27; 20:19, 21, 26, en la reconciliación hecha por medio de su muerte entre Dios y el hombre, y en todas las bendiciones que de ella dimanan, Col. 1:19-23; comp. Sal. 85:5; Isa. 9:6; 53:5.

La gracia cristiana de la paz, es aquella tranquilidad de conciencia, de espíritu y de corazón que Dios confiere al creyente al darle la seguridad de su perdón, Rom. 5:1; 15:13. Puede disfrutarse en medio de grandes adversidades externas, Juan 16:33. A la vez que la predicación del evangelio despierta naturalmente oposición de pensamiento, miras y actos, entre los creyentes y los que rechazan á Cristo, Mat. 10:34, una actitud bondadosa para con los demás, es un fruto imprescindible del Espíritu en todos aquellos que son de Cristo, Gál. 5:22; Col. 3:15, y su manifestación activa es bendecida por Cristo, Mat. 5:9, y prescrita por él y sus apóstoles, Mar. 9:50; 2 Cor. 13:11; Heb. 12:14; 1 Pedro 3:11.

II. En Hech. 9:31, se refiere á la tregua, ó suspensión de la persecución, que gozaron los cristianos en Palestina después de la conversión de Saulo de Tarso, durante los dos últimos años del corto reinado de Calígula, 39 y 40 A. D., época en que los Judíos estuvieron tan hostilizados por las tentativas que hacía el emperador para obligarlos á que lo adorasen como un dios, que cesaron de perseguir á los discípulos de Cristo.

PECADO, cualquiera pensamiento, palabra, deseo, obra ú omisión en contra de la ley de Dios, ó que no llena sus exigencias al compararse con ella, 1 Juan 3:4; 5:17.

El origen del pecado es un misterio indescifrable, y por lo tanto, es mucho más provechoso encaminar nuestras investigaciones á buscar, por conducto de Cristo, el medio de librarnos de las penas que nos acarrea su grave mal, y del poder que él ejerce sobre nosotros en particular, y sobre la humanidad en general. Cómo penetró

en el mundo, cómo inficionó á toda la especie humana, cuál es su naturaleza, cuáles sus formas y efectos, y cómo se ha adueñado de toda alma no regenerada, son asuntos de que se trata muy extensamente en la Biblia, Gén. 3; 6:5; Sal. 51:5; Mat. 15:19; Rom. 5:12; Sant. 1:14, 15.

Por cuanto es contrario á la naturaleza de Dios, y al culto, amor y servicio que á Él se le deben tributar, al pecado se le llama impiedad, Rom. 1:18; por cuanto es una violación de la ley de Dios y de los derechos del hombre, es una transgresión; por cuanto es el acto de desviarse del camino trazado por la rectitud eterna, se le llama iniquidad ó injusticia, Exod. 34:7; por cuanto es la raiz ponzoñosa y amarga de toda transgresión, y la depravación transmitida por nuestros primeros padres á toda su descendencia, se le llama por los teólogos pecado original, ó en la Biblia, "la carne," Rom. 7:18; Gál. 5:16-21. La justa pena ó "paga" del pecado es "la muerte," Rom. 6:23. Esta fué la amenaza hecha á la humanidad respecto del primer pecado, Gén. 2:17, y de todos los subsiguientes: "el alma que pecare, esa morirá," Ezeq. 18:4, 20. Si hay un pecado de que uno no se haya arrepentido y que quede sin perdón, él sólo es suficiente para perder el alma, así como una sola rotura inutiliza un cable que cruza el oceano de playa á playa. El mal del pecado y la culpabilidad que el aparejo tienen que medirse por la santidad, justicia y bondad de la ley que viola, la eternidad de la desgracia que causa, y la grandeza del sacrificio necesario para expiarlo.

El "pecado" algunas veces denota el sacrificio de expiación, ó la víctima ofrecida por el pecado, según se describe en Lev. 4:3, 25, 29. En este sentido se usa en Ose. 4:8, y Rom. 8:3; y en 2 Cor. 5:21, Pablo dice que á Dios le plugo que Jesús, que no conocía pecado, fuese nuestra víctima de expiación, porque "al que no conoció pecado, hizo pecado por nosotros, para que nosotros fuésemos hechos justicia de Dios en él." Así muchos entienden que en Gén. 4:7, la expresión "el pecado está á la puerta," indica que el uso y significación del sacrificio por el pecado ya había sido revelado. Véase SACRIFICIO.

Por lo que hace al pecado contra el Espíritu Santo, véase BLASFEMIA.

PEDRO, Gr., PETROS; Siriaco, CEPHAS, *piedra* ó *roca*, uno de los doce apóstoles, y con Santiago y Juan, uno de los tres más íntimamente asociados con nuestro Señor.

Era probablemente natural de Betsaida, Juan 1:44, é hijo de Jonás ó Juan, pescador, y hermano de Andrés, compañero suyo en el apostolado. Su nombre primitivo era Simón ó Simeón, Mat. 16:17; Hech. 15:14, y el nombre de Cefas le fué proféticamente dado la primera vez que fué presentado á Jesús en Perea por Andrés, Juan 1:28, 35, 40-42. Juntamente con su hermano Andrés y sus socios Santiago y Juan fué llamado para seguir á Cristo y para aprender á ser "pescador de hombres," cuando estaba trabajando en su oficio de pescador en el mar de Galilea, cerca de Capernaum, Mat. 4:18-22; Marc. 1:16-20; Luc. 5:1-11. Él residía por aquel tiempo en Capernaum. con su hermano, su esposa y su suegra, Mat. 8:14; Mar. 1:21, 29-31. Parece que dejó un negocio de consideración y una casa cómoda para seguir á Cristo, Mar. 10:28. Después de permanecer con los discípulos por algún tiempo, fué escogido y comisionado como uno de los doce apóstoles, Mat. 10:1-11; Mar. 3:13-19; Luc. 6:12-16, cuando se le dió de nuevo el nombre de Cefas ó Pedro. Ese nombre fué confirmado, cuando con los otros apóstoles declaró osadamente que Cristo era el Mesías divino, Mat. 16:16-18. El nombre "Petros," y la aseveración de Cristo "sobre esta piedra," petra, etc., fueron expresiones proféticas de la obra especial y de la posición distinguida de Pedro como confesor de Cristo en el periodo más antiguo de la iglesia. Pedro fué el orador de los apóstoles el día de Pentecostes, cuando 3,000 Judíos convertidos fueron agregados á la iglesia, Hech. 2; y fué escogido por Dios para recibir á los gentiles en la iglesia cristiana, cuando se convirtió Cornelio, Hech. 10:11; 15:7; comp. 1 Cor. 3:11; Efes. 2:20-22; Apoc. 21:14. Las facultades eclesiásticas que le fueron conferidas á él, fueron concedidas posteriormente á los discípulos en general, Mat. 18:18. Su natural exaltado, impetuoso, enérgico, y la tendencia que por una parte tenía á alimentar esperanzas, y por otra á estimarse en más de lo que en realidad valía, y á la inconsecuencia y volubilidad, se ponen de manifiesto en muchos incidentes notables consignados en el evangelio: entre los cuales podemos mencionar su error en cuanto al designio de la encarnación de Cristo, por lo cual fué severamente reprendido, Mat. 16:21-23; su entusiasta adhesión al divino Maestro, Juan 6:67-69; su jactanciosa protesta de seguir á su Señor en cualesquiera cincunstancias; la posterior ne-

gación que hizo de Él con juramentos, y su profundo arrepentimiento, Mat. 26:31-35, 69-75; Mar. 14:27-31, 66-72; Luc. 22:31-34, 54-62; Juan 15:36-38; 18:15-18, 25-27. Fué el primero de los apóstoles que vió á Jesús después de su resurrección, Luc. 24:34; 1 Cor. 15:5; fué después solemnemente comisionado por Cristo, después de haberle dado la seguridad de su amor tres veces consecutivas, correspondientes á la triple negación que de él hizo, Juan 21:15-19. La muerte y resurrección de Cristo, y las circunstancias que las acompañaron, obraron un cambio notable en el carácter del apóstol, y de entonces en adelante su conducta fué, casi sin excepción, la de un hombre resuelto y firme, y digno de su nombre. Se distingue por sus palabras y sus hechos en todos los doce primeros capítulos de los Hechos. Después de verse milagrosamente libre de la prisión, por el año 44 A. D., lo perdemos de vista hasta el año 50 A. D., en que aparece en el concilio de Jerusalem; y aunque no lo preside, contribuye al arreglo de la importante cuestión referente á las obligaciones de los cristianos gentiles respecto de la ley mosaica, Hech. 15. Dos años después, Pablo, que al hablar de sí mismo no indica que de manera alguna haya sido inferior á Pedro ó haya estado subordinado á él, Gál. 1:15-18; 2:6-9, lo reprendió por la conducta inconsecuente que observó en Antioquía, Gál. 2:11, etc., y esa represión no disminuyó en nada el afecto que Pedro abrigaba respecto de su "amado hermano Pablo," 2 Ped. 3:15. Pablo vuelve á hacer mención de él, en 57 A. D., y dice que estaba ocupado en trabajos misioneros en compañía de su esposa, 1 Cor. 9:5, quizá entre los Judíos dispersos en el Asia Menor, 1 Ped. 1:1. Según parece, Pedro trabajó en Corinto, 1 Cor. 1:12; 3:22, y en Babilonia, 1 Ped. 5:13. Los escritores romanistas afirman que fué obispo de Roma, y que residió allí 25 años; pero existen pruebas evidentes en contra de esta aserción. Pablo no menciona á Pedro en la epístola dirigida á los Romanos, escrita en 58 A. D., no obstante que envía saludos corteses á los principales cristianos establecidos allí, tanto hombres como mujeres; ni tampoco consta de la narración inspirada que se halla en los Hechos, ni de las numerosas epístolas de Pablo escritas en Roma, en las cuales envía salutaciones de muchos creyentes romanos, que Pedro estuviera en esa ciudad en 61 cuando Pablo llegó allí, ó durante la prisión que éste sufrió de 61 á 63, Hech. 28:14-31; ni que aquel apóstol hubiera estado allí antes con objeto alguno. Sin embargo, el testimonio de los antiguos escritores cristianos es que Pedro sufrió el martirio en Roma juntamente con Pablo, ó por el mismo tiempo, si bien no se dice exactamente en qué fecha. Su muerte ocurrió tal vez en 64, durante la persecución neroniana y después del gran incendio de Roma, ó más bien en 67 ó 68. Se dice que fué crucificado, con lo cual imitó al Señor en el modo de morir, Juan 21:18, 19. Orígenes dice que á petición del mismo apóstol, que tenía conciencia de su propia indignidad, fué crucificado con la cabeza para abajo. No hay nada en la Biblia que compruebe que Pedro tuviera supremacía alguna respecto de los otros apóstoles; compárese Hech. 6:1-6; 8:14; 15:13, 22; 1 Cor. 1:12, 13; 3:21, 22; Gál. 2:1, 2, 6-9, 11, ó que hubiese de tener sucesor en la influencia natural que se le concedió como uno de los más ancianos, activos y fieles de aquellos que habían "visto al Señor."

Pedro llamaba á Marcos "su hijo," 1 Ped. 5:13, y se cree que el Evangelio de éste fué escrito bajo la influencia de aquel. Véase MARCOS.

EPÍSTOLAS DE PEDRO. Hay dos epístolas que toda la iglesia cristiana conviene en atribuir á Pedro. La autenticidad de la primera nunca ha sido puesta en duda; varios padres apostólicos hacen referencia á ella como á obra del apóstol. Fué dirigida á las iglesias cristianas del Asia Menor, la cual se componía al principio de Judíos conversos y de prosélitos, pero incluía á muchas personas convertidas del paganismo, 1 Ped. 4:3. Fué escrita probablemente en Babilonia, ciudad situada sobre el Eufrates, 1 Ped. 5:13. Véase BABILONIA. Algunos, sin embargo, interpretan esto diciendo que se habla de Roma, ó de una pequeña población de Egipto llamada Babilonia, cerca del antiguo Cairo. Las terribles pruebas por las cuales la iglesia estaba pasando entonces, se supone fueron las persecuciones sufridas en los últimos años del reinado de Nerón, que terminaron en 68 A. D. Pedro los exhorta á la fé, á la obediencia, y á la paciencia, en vista de la verdad del evangelio, y de la certeza de la salvación en Cristo.

La segunda epístola fué dirigida á las mismas personas que la primera. Su designio general era confirmar las doctrinas que habían sido expuestas en aquella, y excitar á los conversos cristianos á un gé-

498

nero de conducta que estuviera de acuerdo en todos respectos con sus protestas de adhesión á Cristo. Esta epístola se atribuía por la iglesia antigua, aunque con menos certeza que la primera, al "gran apóstol de la circuncisión."

No hay, sin embargo, fundamento suficiente para poner en duda su autoridad canónica, ó que Pedro fuera su autor, 2 Ped. 1:1, 18; 3:1. Comp. también 1 Ped. 3:20; 2 Ped. 2:5. En muchos pasajes se parece á la epístola de Judas. Ambas epístolas dan testimonio de la armonía que existía entre las doctrinas de Pedro y las de Pablo, y por su espíritu humilde, manso, paciente y afable, manifiestan hasta qué punto poseían los escritores la gracia divina.

"La fé expuesta por Pablo se enciende en esperanza ferviente en las palabras de Pedro, y se ensancha en sublime amor en las de Juan."

PEKA ó FACÉE, *de ojos abiertos*, hijo de Romalías, y general de Pekahía (ó Faceía) rey de Israel. Conspiró contra su amo, y habiéndole dado muerte, 758 A. C., reinó en su lugar 20 años, 2 Rey. 15:26-28. En la última parte de su perverso reinado, formó alianza con los Sirios de Damasco, y en los principios del Acház, Peka y Rezín invadieron á Judea y sitiaron á Jerusalem, cap. 16:1-6. Aunque no pudieron tomar la ciudad santa, Isa. 7; 8:1-10, los aliados mataron á muchos guerreros de Judá, y tomaron muchos prisioneros, 2 Crón. 28:5-8; pero á los Israelitas les ordenó Dios que restituyesen á sus cautivos, vers. 9-15; Lev. 25:39, 42, 43, 46. Habiendo conseguido Acház el auxilio de Asiria, Teglat-falasar derrotó á Siria y á Israel, despojó á Peka del país más allá del Mar de Galilea y llevó cautivos á sus habitantes, 2 Rey. 15:29; 16:7-9; 1 Crón. 5:26; Isa. 17. Poco después Peka fué muerto por Oseas, quien después de un interregno de nueve años, usurpó el trono, 2 Rey. 15:30; 17:1. Peka fué el último de los cuatro reyes de Israel asesinados en los revueltos tiempos del profeta Oseas, Ose. 1:1; 8:4; 10:7, 15. Comp. 2 Rey. 15:8-10, 13, 14, 23-25, 30.

PEKAHIA ó FACEÍA, *cuyos ojos abrió el Señor*, hijo y sucesor de Manahem rey de Israel, fué un príncipe malo, y reinó solamente dos años, 760-758 A. C. Peka, hijo de Romalías, conspiró contra él, y le mató en su propio palacio, 2 Rey. 15:22-25.

PELEG ó FALEG, *división*, Gén. 10:25; 11:16-19; 1 Crón. 1:19-25, hijo de Heber y hermano de Joctan. Su nombre se refiere á una división hecha en su tiempo en la familia de Heber, cuya rama mayor, la de Peleg, permanecía en Mesopotamia, mientras que los hijos del menor, Joctan, emigraron á la Arabia meridional.

PELETEOS y CERETEOS, el cuerpo de guardia de David, 2 Sam. 8:18; 15:18; 20:7, 23; 1 Rey. 1:38, 44. Estos nombres han sido traducidos "ejecutores y correos;" pero muchos suponen que eran mercenarios extranjeros cuyos nombres denotaban su origen y nó sus atribuciones, y que Peleteos es otra palabra para designar á los Filisteos. Véase CERETEOS.

PELÍCANO, I., Heb. SHALAC, *buzo*, ave acuática voraz, como del tamaño del cuervo, y del género del corvejón, Lev. 11:17; Deut. 14:17.

II. Heb. KAATH, Lev. 11:18. Ave acuática, de carne fétida y aceitosa, inmunda por la ley de Moisés. Se junta en bandadas y es migratoria. El pelícano blanco común, que todavía se halla en Egipto y en Palestina, tiene casi seis piés de largo, y se parece al ganso en su figura. Su pico ancho y achatado tiene 15 pulgadas de largo, y una especie de bolsa ó red que le cuelga debajo, casi invisible cuando está vacía, pero capaz de contener dos ó tres galones de agua. Se sirve de ella como de una red para coger peces, de los cuales abarca una cantidad suficiente para alimentar á seis hombres. Sus polluelos se alimentan con el alimento emitido por los padres; y de esta circunstancia le viene á ésta ave su nombre, ayudándose en esa operación con la presión del pico contra el pecho. Su pico termina en un gancho colorado y brillante, y puede haber dado origen á la fábula de que el pelícano alimenta á sus polluelos con su sangre. Vuela, zabulle y

nada bien, y una vez que se ha cargado de pescado, se retira á algún sitio solitario á digerir su alimento, tomando entonces un aspecto lerdo y melancólico, Sal. 102:6. Su voz es áspera. En las profecías de la desolación de Idumea, Isa. 34:11, y de Nínive, Sof. 2:14, se hace mención de la presencia del pelícano. Se encuentra entre los pantanos del Asia Occidental, albergado en los edificios arruinados, y lanza un chillido peculiar y áspero, antes y despué de su vuelo vespertino.

CABEZA ASIRIA.

PELO. Los Egipcios se cortaban el pelo y se afeitaban como ahora, Gén. 41:14; y algunos usaban las pelucas. Los Hebreos llevaban el pelo moderamente corto, y esto se les exigía á los sacerdotes, Lev. 21:5; Ezeq. 44:20; 1 Cor. 11:14. Los ungüentos olorosos eran muy usados, Exod. 30:33; Sal. 23:5; Ecles. 9:8. Cuando estaban de duelo, los hombres se cortaban el pelo, se lo rasuraban ó se lo arrancaban, Esd. 9:3; Amós 8:10, ó se lo dejaban sin aliño, Lev. 10:6; Ezeq. 24:17. En Jer. 7:29, se le habla á Jerusalem como si fuera mujer. Las

CABEZAS GRIEGAS.

mujeres se trenzaban el pelo, se lo perfumaban y adornaban de diversas maneras, Isa. 3:18, 24; 1 Cor. 11:15, tanto que por ello se atrajeron las reprensiones apostólicas, 1 Tim. 2:9; 1 Ped. 3:3. Los Nazareos llevaban el pelo sin cortar, como señal de humillación, y de consagración de sus personas á Dios. Núm. 6:5, 9; Jue. 13:5; 16:17. El pelo de Absalóm pesaba quizá 20 siclos. nó 200, siendo posible que en esto hubo un error del copista en cuanto á números, 2 Sam. 14:26. Los Árabes se cortaban el pelo al rededor de las sienes, en forma cir-

cular, en honor de su dios Orotal, Jer.
9:26; 25:23; 49:32 (en el Hebreo), y cuan-

EMPLEADO EGIPCIO Y SU MUJER.

do estaban de duelo se mutilaban la barba,
Jer. 48:37. Esas prácticas les eran prohibidas á los Israelitas, Lev. 19:27. Los leprosos cuando se limpiaban, y los Levitas en
su consagración, se rasuraban todo el cuerpo, Lev. 13; 14:8, 9; Núm. 8:7. "Cabellos como cabellos de mujeres," Apoc. 9:8,
era una frase que aludía á las huestes semi-
bárbaras, como las de los Sarracenos, de
pelo largo, que tanto mal hicieron á la
Europa cristiana en los siglos séptimo y
octavo.

PELUDOS, FAUNOS ó SATIROS, Isa.
13:21; 34:14. La palabra hebrea significa
velludo, lanoso, y frecuentemente se traduce con bastante propiedad por "macho
cabrío," como en Lev. 4:24. Véase CA-
BRAS. En Lev. 17:7; 2 Crón. 11:15, se
traduce "DEMONIOS" y se refiere á algunos objetos del culto idólatra, tal vez cabras ó imagenes de cabras, á imitación del
culto egipcio que se les daba á estos animales en Mendes. Los monumentos representan un mono cino-céfalo, esto es, con
cara de perro, como objeto de veneración.
En la Septuaginta se lee "demonios" en
los dos pasajes de Isaías, y muchos expositores antiguos y modernos sostienen que
se hace referencia á los malos espíritus
que según el creer de los orientales frecuentaban los lugares desolados; comp.
Apoc. 18:2. La opinión más exacta es
probablemente la de que denotan animales lanudos como las cabras salvajes, ó
tal vez una especie de monos. En todo
caso, la triste condición del sitio que ocupaba Babilonia, Isa. 13:19-22, y Bosra en
Edom, Isa. 34:5-15 se predice así.

En la mitología clásica, los peludos ó
sátiros eran seres imaginarios, mitad hombres y mitad cabras, vestidos con pieles
de fieras, y que se embriagaban en las sel-
vas y los bosques con Baco el dios del vino.

500

PENDENCIERO, individuo turbulento
y revoltoso.

PENUEL, *la casa de Dios*, lugar donde
Jacob luchó con el Ángel-Jehová, "cara á
cara," Gén. 32:24-31; Ose. 12:4. Estaba
al este del Jordán y cerca del Jaboc. Hubo
una ciudad llamada así 50 años después,
cuya torre destruyó Gedeón, Jue. 8:8-17.
Como 250 años más tarde, Penuel fué reedificada ó fortificada por Jeroboam I., 1 Rey.
12:25. El Dr. Merrill opina que su sitio se
hallaba en el costado sur del Jaboc y cerca
de su desembocadura.

PENINNA, la segunda esposa de Elcana, padre de Samuel. Véase ANNA. Su
historia ejemplifica los males de la poligamía, 1 Sam. 1; 2.

PENTATEUCO, *cinco tomos*, nombre
colectivo de los cinco libros de Moisés: el
Génesis, el Éxodo, el Levítico, los Números y el Deuteronomio. Este nombre, así
como los títulos especiales de cada uno de
los cinco libros, son de origen griego, y
probablemente les fueron dados por los
traductores alejandrinos del Antiguo Testamento. Véase SEPTUAGINTA. Por los
Hebreos, el rollo ó volumen sagrado era
llamado TORAH, "la ley." Los nombres
griegos describen el contenido de cada
libro. Los nombres hebreos, tal como
Bereshith, "en el principio" etc., son ó
bien una palabra inicial, ó una palabra importante en el versículo inicial. Al Pentateuco se le llama en la Biblia "la ley,"
Neh. 10:34, 36; Mat. 12:5; Luc. 10:26;
Juan 8:17; (si bien "la ley" incluye algunas veces todas las Escrituras hebreas, Juan
15:25, que estaban también divididas en
"la ley y los profetas," Mat. 22:40; ó "la
ley, los profetas y los salmos," Luc. 24:44;)
"el libro de Moisés," 2 Crón. 25:4; "la ley
de Moisés," 1 Rey. 2:3; Dan. 9:11, 13;
Juan 7:23; Hech. 13:39 con Juan 1:17, 45;
"el libro de la ley," 2 Rey. 22:8, 11; "el
libro de la ley de Moisés," Jos. 8:31; Neh.
8:1; "el libro del pacto," 2 Rey. 23:2, 21;
"el libro de la ley de Jehová," 2 Cró. 17:9;
"la ley de Jehová," 2 Crón. 31:3; y "el
libro de la ley de Jehová dada por Moisés,"
2 Crón. 34:14. El gran tema del Pentateuco es la teocracia hebrea. Describe el
Génesis la preparación para ella; el Éxodo, su fundación; el Levítico, su constitución interna; los Números, su establecimiento en los viajes hechos en el desierto,
y en la conquista de Canaán. El Deuteronomio es una recapitulación de las leyes
relativas á ella, y contiene además una
relación de la ejecución de esas leyes. El

Pentateuco contiene en sí mismo el testimonio de su autenticidad, pues hace mención expresa de Moisés como autor de varias de sus partes, Exod. 17:14; 24:3-7; 34:27; Núm. 33:2; Deut. 31:9-12, 19, 22, 24-26. Sin razones de peso para la opinión contraria, tal como la que existe respecto de la relación de su muerte, Deut. 34, es lógico presumir que él escribió lo restante; y esta presunción se confirma por la unidad de la composición en su conjunto; por el decir de las otras Escrituras del Antiguo Testamento, de Cristo y de sus apóstoles; por la tradición constante de las iglesias judía y cristiana, y por las pruebas internas de la misma obra, la cual revela tener por autor á un hombre dotado precisamente de las cualidades providenciales que distinguieron á Moisés de los demás hombres, y esto con motivo de su educación egipcia, y del carácter de caudillo que tuvo en los viajes por el desierto. Además, son pruebas de la antigüedad del libro su primitiva teología, y el hebreo arcaico en que está escrito. Distínguese en ambos respectos de los libros de la época de David, y más todavía de los de la época posterior al destierro, á la cual algunos críticos modernos lo atribuyen. Á la vez que Moisés parece así haber sido el único autor del Pentateuco, bien pudo suceder que, auxiliado y guiado por el Espíritu de Dios, se valiese de antiguos registros de los acontecimientos anteriores á su tiempo; y esta suposición explicaría las diferencias que, según sostienen algunos, existen en el estilo y en el empleo de los nombres de Dios. En esas diferencias se funda una escuela crítica moderna para negar que Moisés fuera el autor del Pentateuco. El uso de ciertos nombres de lugares antes de la aplicación que de ellos se hizo una vez conquistada Canaán, como Dan, Gén. 14:14; Deut. 34:1, con Jos. 19:47, y Hebrón, Gén. 13:18; 23:2, con Jos. 14:15; Jue. 1:10, puede explicarse suponiendo que Moisés tuvo un conocimiento profético de ese hecho, ó bien que se hizo una sustitución en las ediciones posteriores del Pentateuco, después de que estos nombres se establecieron.

Un pasaje del Pentateuco se leía con regularidad en cada sinagoga judía el Sábado, Hech. 13:15; 15:21. Era y es aún el libro sagrado de los Samaritanos, que no aceptan otra parte de la Biblia.

PENTECOSTES, *Quincuagésima*, Hech. 2:1-41, el nombre griego dado á la segunda de las tres grandes festividades que se le mandó á Israel que guardara en el Santuario Nacional, Ex. 23:14-17. Se celebraba en el día quincuagésimo después del 16 de Nisán, que es el segundo día de la fiesta de la pascua, Lev. 23:15, 16; y caía en el día sexto del tercer mes. En el Antiguo Testamento se le llama "la fiesta de las semanas," Exod. 34:22; "la fiesta de la cosecha," Exod. 23:16, y "el día de las primicias," Núm. 28:26, y fué instituido como un día de acción de gracias á Dios por la cosecha de granos que en Palestina se recogía por lo común durante las siete semanas transcurridas entre la pascua y esta fiesta, y que terminaba con la cosecha de trigo. Las primicias del último se ofrecían en el día señalado, en la forma de dos panes con levadura, cada uno de los cuales contenía dos décimos de flor de harina, Lev. 23:17. Habíanse prescrito también especiales sacrificios sangrientos, Lev. Lev. 23:18-21; Núm. 28:26-31; y ese día tenía que ser de reposo santo y regocijo, de gratitud que impulsaba á una nueva obediencia, y de hospitalidad ofrecida á los menesterosos. De cada participante se exigía una ofrenda voluntaria proporcionada á sus recursos, Deut. 16:9-12. Los Judíos posteriormente, después de la destrucción de Jerusalem y de su consiguiente dispersión, consideraban esta festividad como una conmemoración de la promulgación de la ley en el monte Sinaí, Ex. 20:1-20. Que este acontecimiento casi coincide con el tiempo designado para "la fiesta de las semanas," puede inferirse de Ex. 19:1, 10, 11, 16. Este es el principal significado de la fiesta entre los Judíos modernos.

En el día de Pentecostes, el Espíritu Santo fué derramada en la iglesia cristiana, Hech. 2:1-3. Este don de un Divino Iluminador y Santificador, tenía con la libertad obrada por el sacrificio de Cristo, como la verdadera pascua, una relación semejante á la que la promulgación de la ley tenía con la libertad de Egipto; pero era de una eficacia más gloriosa, y tenía por objeto á todas las naciones y á todo el período de la dispensación evangélica, Hech. 2:17, 38, 39. En este día se le presentaron al Señor, con la conversión de los tres mil, las primicias de una gran cosecha espiritual. Comp. Mat. 9:37, 38; Juan 4:35, 36. Los poderosos efectos entonces producidos prefiguran la obra todavía mayor que el Espíritu llevará á efecto en respuesta á nuestros ruegos.

PEÑA ó ROCA, Exod. 17:6; Núm. 20:8, Jue. 6:21. Las rocas y las cavernas abundan en los cerros de piedra caliza de Palestina, y eran muy frecuentadas por gente que allí buscaba abrigo y protección, Jue. 15:8, 11; 20:47; 1 Sam. 13:6. De aquí viene el que á Dios se le titule la "Roca de su pueblo," Deut. 32:4, 15. 18, 31; 2 Sam. 23:3; Sal. 18:2, 31. Dicho término se aplica á Cristo como el manantial, abierto por Dios, del agua de la vida, 1 Cor. 10:4. A causa del intenso calor y de la reverberación que produce un sol tropical, una roca proporciona protección más eficaz que un árbol, Isa. 32:2. Los nombres Sela y Tiro, significan ambos, *roca*, y de las cinco palabras hebreas traducidas así, estas son las dos que se emplean con mayor frecuencia. Véase SELA.

PEOR ó PEHOR, *hendidura*, el pico de una montaña en Moab, la última de las tres estaciones desde las cuales Balaam contempló y bendijo á Israel, Núm. 13:27 á 24-19, acampado entonces en el valle al este del Jordán, cerca del Mar Muerto, Núm. 22:1; 24:2, 5. Peor, lo mismo que Pisga, Núm. 21:20, daba frente á Jesimón. El profesor Paine de la Sociedad americana de Exploración de Palestina, identificó en 1873 á Pisga con Jebel Siâghah, cuyas tres cimas es probable que fueran los sitios desde donde Balaam presenció esas tres escenas; véanse JESIMÓN y PISGA. En Núm. 25:18; 31:16; Jos. 22:17, Peor es una contracción de Baal-Peor, Núm. 25:3.

PERASIM, *brechas*, Isa. 28:21, un lugar alto, consagrado á la idolatría; llamado en otros pasajes, Baal-Perazim. Véase 2 Sam. 5:18-21; 1 Crón. 14:8-12.

PERDICIÓN. Cristo llama á Judas "el hijo de perdición," Juan 17:12 con Mar. 14:21; Hech. 1:25, y describe así según un modismo muy común entre los Hebreos. su carácter y su destino. Véase HIJO. Denótase la perdición en la Escritura con "el lago de fuego,'. Apoc. 17:8, 11; 19:20, esa espantosa morada final del diablo y de los hombres "no escritos en el libro de vida del Cordero," Apoc. 20:10-15. Nuestro Salvador se refiere á ella, como "el horno de fuego," Mat. 13:50; "el infierno de fuego," "el fuego eterno preparado para el diablo y sus ángeles," Mat. 18:9; 25:41. Véanse INFIERNO III. y HINNOM. La palabra griega traducida así en Apoc. 17:8, 11; 2 Ped. 2, 1, 3, y "muerte" en Rom. 9:22; tiene un sentido general de pérdida, destrucción y ruina, Mat. 26:8; Hech. 8:20, y se usa á menudo en un sentido especial para denotar la pérdida de la

502

vida eterna y de la bendición, Mat. 7:13; Juan 17:12; Heb. 10:39; 2 Ped. 3:7. Que no significa mera pérdida ó aniquilación de los malvados, se prueba por las palabras con que la Biblia pinta la culpabilidad constante, la contaminación, la verguenza y las angustias de los sentenciados, Dan. 12:2; Mat. 13:40, 50; 18:34, 35; 25:30, 41; Mar. 3:29; 9:44-48; Rom. 2:4-9; Apoc. 14:9-11; 21:8. La misma palabra griega se usa por la Septuaginta para traducir la hebrea Abaddon, "destrucción," que según el sentido en que generalmente se toma, se refiere al lugar de tristeza y sufrimiento en el mundo invisible, Job 26:6; 28:22; Sal. 88:11; Prov. 15:11.

El verbo griego de que se deriva el nombre, tiene también un sentido general de pérdida, destrucción y ruina, Mat. 2:13; 8:25; 9:17; Luc. 15:8, 9, 24, 32, y como el nombre, se aplica especialmente al estado de corrupción y de miseria en que está el hombre como pecador, Mat. 18:11; Luc. 19:10; y del cual puede salvarse por la fé en Cristo, Juan 3:16; 10:28; 2 Ped. 3:9. Pero si continuare en Él durante esta vida, 2 Cor. 2:15; 4:3, terminará en esa completa "perdición" en pecado y miseria que, así por el resultado natural de la persistencia en el pecado, la incredulidad y la enemistad con Dios, Juan 8:24; Mat. 12:31, 32; Juan 3:36, como por la sentencia directa del Juez, envuelve á los que se hallan condenados, á seguir la elección que en su vida hicieron, y á separarse de Cristo, Mat. 25:41, 46; 10:28. Por lo dicho en 2 Tes. 2:3, etc., sabemos que otro hijo de perdición tendrá que venir en "los últimos tiempos," "el hombre de pecado;" "y que ese ente malvado" ó sin ley, al parecer la encarnación final de la impiedad—ya sea una persona ó á una colectividad, cosa que no se nos dice—está condenado á ser destruido por Cristo.

PERDÓN, I., gloriosa manifestación de la misericordia que Dios tiene para con los pecadores, Exod. 34:7. El perdón es concedido gratuitamente por amor de lo que Cristo ha hecho y sufrido, á todos los que verdaderamente se arrepienten y aceptan al Salvador como su única esperanza, 2 Crón. 7:14; Job 33:27-30; Sal. 103:3, 12; Hech. 5:31; 10:43; 13:38; 26:18; y nó á otro alguno, Prov. 1:24-31.

Cristo exige imperiosamente que los hombres se perdonen mutuamente, Mat. 5:44, 45; 6:14, 15; 18:21-35, é inculca ese deber con su propio ejemplo, Luc. 23:34; Efes. 4:32. Si no perdonamos al prójimo, no podremos conseguir que Dios nos perdone á nosotros mismos, Mat. 6:14, 15.

Sólo Dios puede conceder el perdón, Exod. 34:6, 7; Mar. 2:7, 10-12, por su amor gratuito y gracia, Isa. 43:25; Rom. 5:8; Efes. 1:6, 7, tratándonos como si no hubieramos incurrido en ofensa, con motivo de la expiación y mediación de Cristo, Rom. 3:23-26; Heb. 9:9-28; quien en persona sufrió el castigo que merecían los pecadores, Isa. 53:4-12; Gál. 3:10-13. El arrepentimiento y la fé en Cristo, son requisitos necesarios para conseguirlo, Isa. 55:7; Juan 3:16, 18; Hech. 10:43; 13:38, 39; 1 Juan 1:6-9. Hase comisionado á los hombres para promulgar el mensaje de Dios, prometiendo el perdón á los pecadores que crean y se arrepientan, pero ningún hombre tiene la facultad de perdonar el pecado, Luc. 24:47. Las Escrituras manifiestan lo completo del perdón de Dios, hablando de él como que cubre el pecado, y no lo imputa, Sal. 32:1, 2, que no quita, Sal. 103:12; Miq. 7:19, que lo borra y no lo recuerda, Sal. 51:1, 9; Heb. 8:12.

PEREGRINACIONES DE LOS ISRAELITAS. Véase Éxodo. Al salir los Israelitas de Egipto para ir á la Tierra Prometida, no pudieron tomar el camino recto al N. E., "el camino de la tierra de los Filisteos," ni "el camino de sur," directamente al este, por razón de la frontera fortificada de los Egipcios y los Amalecitas, Gén. 25:18. Se volvieron hacia el sudeste "el camino del desierto del Mar Bermejo," Exod. 13:17, 18. En esa misma dirección se vieron obligados á volver de Cades dos años después. Habiendo pasado el brazo occidental del Mar Rojo más abajo de Suez, caminaron hacia el sudeste á lo largo de la costa, y entonces volviéndose hacia el oriente, penetraron por entre las montañas sinaíticas, al rededor de Ras Sufsafeh. Allí recibieron la ley y permanecieron más de un año. De allí andando hacia el N. E., y hacia el N., del lado occidental de las montañas, tocando los límites del Araba en el occidente, llegaron 15 meses después á Cades Barnea, de donde doce espías fueron enviados á explorar la tierra de Canaán; y en donde, al recibir su desconsolador informe, los Israelitas rebeldes é incrédulos fueron condenados á andar errantes en el desierto hasta que los guerreros de esa generación muriesen, Núm. 32:11-13; Deut. 2:14-16. La historia toda de su permanencia en el desierto durante 40 años es sumamente interesante é instructiva por cuanto contiene muchos hechos providen-

ciales y maravillosos, y por cuanto cuenta el origen de varias instituciones, y prefigura la peregrinación del cristiano á la Canaán celestial, Neh. 9:10-21; Isa. 63:11-14; Amós 2:10.

El teatro de las peregrinaciones fué Arabia Petræa. De la parte que está incluida dentro de los dos brazos del Mar Rojo, la mitad meridional está ocupada por grandes cordilleras de montañas sinaíticas de piedra caliza, limitadas al norte por los largos peñascos de Jebel et-Tih; y la mitad septentrional está formada por el desierto et-Tih, *el errante.* Al N. está el gran desierto de Parán que se extiende hasta el Mediterráneo, Núm. 13:26, y el desierto de Sin, Núm. 33:36, del lado nordeste, que llega hasta el monte Hor, Cades, y el Negeb ó "país del sur." En los confines de Egipto estaba el desierto de Etam ó Sur, Exod. 13:20; 15:22; y más al sur, entre Sinaí y el Mar Rojo, el desierto de Sin, Exod. 16:1. Toda la región es descrita como "el desierto grande y espantoso," Deut. 8:15. No se encontraba allí lo necesario para el alimento del hombre; y el alimento que les producían á los Israelitas sus rebaños y ganados, y el que obtenían de las tribus vecinas, les fué completado con maná hasta que llegaron salvos á Canaán, Jos. 5:11, 12. Era escaso de aguas perennes, y esta falta fué suplida por el agua que brotó de la roca herida, Exod. 17:6; Núm. 20:8-11; 1 Cor. 10:4. Había algún pasto para el ganado, pues el rebaño de Jetró pacía en los valles situados al rededor del Sinaí.

Un viajero describe á er-Rahah, en el siglo 16, como "un gran llano verde." Había abastecimiento de agua en Cades donde "permanecieron muchos días," Deut. 1:45, 46; éste era algunas veces incluido en el desierto de Parán," Núm. 13:26; y una ciudad llamada Parán existió en el desierto en los primeros tiempos del cristianismo.

Hacia el fin de los 40 años, los Israelitas estuvieron otra vez en Cades, donde María murió, y el descontento pueblo fué abastecido otra vez con agua, Núm. 20:1-13. No habiéndoseles permitido pasar por Edom, visitaron otra vez el monte Hor, y de allí caminaron hacia el sur al brazo oriental del Mar Rojo, atravesando la Arabia y subiendo por el límite oriental de Edom al valle del Jordán. La dirección exacta de su viaje no puede ser determinada con precisión; pero damos la lista de las estaciones ó paraderos mencionados en la

Biblia, y al tratarse de cada nombre se expresa si se puede determinar su situación en la actualidad ó nó. Véanse Succot. Etam, Pi-hahirot, etc.

I. DE EGIPTO Á SINAÍ.

ÉXODO XII.–XIX.
De Rameses, Exod. 12:37.

1. Succot, 12:37.
2. Etam, 13:20.
3. Pihahirot, 14:2.
4. Paso por el Mar Rojo, 14:22, y marcha de 3 días dentro del desierto de Sur, 15:22.
5. Mara, 15:23.
6. Elim, 15:27.
7.
8. Desierto de Sin, 16:1.
9.
10.
11. Refidim, 17:1.
12. Desierto de Sinaí, 19:1.

NÚMEROS 33.
De Rameses, vers. 3.

Succot, vers. 5.
Etam, vers. 6.
Pihahirot, vers. 7.
Paso por el Mar Rojo y marcha 3 días dentro del desierto de Etam, vers. 8.
Mara, vers. 8.
Elim, vers. 9.
Por el Mar Rojo, vers. 10.
Desierto de Sin, vers. 11.
Dofca, vers. 12.
Alus, vers. 13.
Refidim, vers. 14.
Desierto de Sinaí, vers. 15.

II. DE SINAÍ Á CADES, LA SEGUNDA VEZ.

NÚMEROS X.–XX.
Del desierto de Sinaí, 10:12.

13. Tabera, 11:3; Deut. 9:22.
14. Kibrot-Hattaava, Núm. 11:34.
15. Haserot, 11:35.
16.
17. Cades, en el desierto de Parán, Núm. 12:16; 13:26; Deut. 1:2, 19, de aquí se vuelven y andan errantes por 37ó 38 años, Núm. 14:25–36.
18.
19.
20.
21.
22.
23.
24.
25.
26.
27.
28.
29.
30.
31.
32.
33.
34.
35. Regreso á Cades, Núm. 20:1.

NÚMEROS XXXIII.
Del desierto de Sinaí, vers. 16.

Kibrot-Hattaava, vers. 16.
Haserot, vers. 17.
Ritma, vers. 18.

Rimmón-peres, vers. 19.
Libna, vers. 20.
Rissa, vers. 21.
Cealata, vers. 22.
Monte de Sefer, vers. 23.
Harada, vers. 24.
Macelot, vers. 25.
Tahat, vers. 26.
Tare, vers. 27.
Metca, vers. 28.
Hesmona, vers. 29.
Moserot, vers. 30.
Bene-Jaacán, vers. 31.
Gaidgad, vers. 32.
Jotebata, vers. 33.
Hebrona, vers. 34.
Esión-gaber, vers. 35.
Cades, vers. 36.

III. DE CADES AL JORDÁN.

NÚM. XX., XXI.; DEUT. I., II., X.
De Cades, Núm. 20:22.

36. Beeroth-bene-jacaan, Deut. 10:6.
37. Monte Hor, Núm. 20:22, ó Mosera, Deut. 10:6, donde Aarón murió.
38. Gadgada, Deut. 10:7.
39. Jotebata, Deut. 10:7.
40. Camino del Mar Bermejo, Núm. 21:4, por la llanura de Elat y de Esión-gaber, Deut. 2:8.
41.
42.
43. Obot, Núm. 21:10.
44. Ije-Abarim, Núm. 21:11.
45. El arroyo de Zared, Núm. 21:12; Deut. 2:13, 14.
46. El arroyo de Arnón, Núm. 21:13; Deut. 2:24.
47.
48.

NÚMEROS XXXIII,
De Cades, vers. 37.

Monte Hor, vers. 37.

Salmona, vers. 41.
Funón, vers. 42.
Obot, vers. 43.
Ije-Abarim ó Iim, vers. 44, 45.

Dibon-gad, vers. 44, hoy Dhiban.
Almón-diblathaim, vers. 46.

49. Pozo de Beer en el desierto, Núm. 21:16, 18.

50. Matana, Núm. 21:18.

51. Nahaliel, Núm. 21:19.

52. Bamot, Núm. 21:19.

53. Pisga, ó la cordillera de Abarim, de la cual Pisga era parte, Núm. 21:20.

54. Camino de Basán á los campos de Moab, cerca de Jericó, Núm. 21:23; 22:21.

Los montes de Abarim delante de Nebo, vers. 47.

Campos de Moab contiguos al Jordán, cerca de Jericó, vers. 48.

PEREGRINO, el que habita transitoriamente en una tierra extranjera; metafóricamente, el creyente durante el tiempo que se halla ausente de su patria celestial, Gén. 47:9; Sal. 119:54; Heb. 11:13; 1 Ped. 2:11.

PEREZEOS, Gén. 15:20, antiguos habitantes de Palestina, enumerados con frecuencia con otras tribus descendientes de Canaán. Estaban muy diseminados: en tiempo de Abraham, cerca de Betel, Gén. 13:7; en el de Jacob, cerca de Siquém, Gén. 34:30; en el de Josué, en las faldas montañosas del Carmelo, Jos. 17:15; y después en el territorio de Judá, Jue. 1:4, 5. Atendiendo á esta aparente dispersión, al probable significado de esa palabra (*rústicos ó aldeanos*), y á que se hallan asociados varias veces sólo con los Cananeos que parece ocupaban las ciudades, algunos conjeturan que con la palabra Perezeos se denota la población rural, ó aldeanos de esa tierra. Los Perezeos fueron principalmente muertos ó desalojados por los Israelitas, quienes sin embargo cometieron la falta de mezclarse con los que quedaron, Jue. 3:5, 6. Todavía existían algunos en tiempo de Salomón, 1 Rey. 9:20, y quizá después de la cautividad, Esd. 9:1.

PERFECTO, entero, completo, que tiene todas las partes componentes que son necesarias; Lev. 22:21-24; 1 Cor. 13:10. Se llamaban perfectos aquellos hombres que aunque no se hallaban libres de pecado, eran con todo, intachables, comparativamente hablando, y poseían verdaderamente las cualidades exigidas por Dios, como la fé en él, el amor á él, y la inclinación á la obediencia, Gén. 6:9; 1 Rey. 15:14; 2 Rey. 20:3; Job 1:1.

Perfeccionar, "acabar del todo" ó "consumar," es llevar alguna cosa al fin propuesto, 2 Crón. 8:16, como Cristo á su muerte, según se había predicho, Luc. 13:32, con vers. 31, 33, y á una completa idoneidad para su obra mediatoria, Heb. 2:10 con vers. 18 y 5:9; y como el creyente en Cristo llega á la paz de la conciencia, Heb. 10:14 con 7:19; 9:9; 10:1, 2; á la plena recepción de la promesa del Mesías, Heb. 11:39, 40; á la posesión de una santidad inmaculada, á la completa conformidad con Cristo, Fil. 3:12 con vers. 8–10, y á la santidad y felicidad de los espíritus redimidos después de la muerte, Heb. 12:23.

Un hombre perfecto en Cristo, es el que espiritualmente ha llegado al más alto grado en la posesión de la fé, el amor, los conocimentos y la fuerza de acción, en contraste con un niño en Cristo, 1 Cor. 2:6; Heb. 5:14; comp. vers. 12, 13; 6:1. Pablo se clasifica así mismo entre los "perfectos," Fil. 3:15, pero nó como que hubiera alcanzado la perfección, vers. 12.

A los creyentes se les exhorta á que "sean perfectos," 2 Cor. 13:11, que "vayan adelante á la perfección," Heb. 6:1, adquiriendo por la gracia de Dios, Heb. 13:21, un carácter maduro en virilidad cristiana, completo en todas las gracias cristianas, Efes. 4:13 con Sant. 1:4; 2 Ped. 1:1-11. Dios con todos sus atributos imitables, es el modelo puesto ante ellos, Mat. 5:48.

PERFUMES, eran antiguamente, y lo son todavía, muy usados en el Oriente, Prov. 27:9; Isa. 57:9; y se aplicaban á la persona, Juan 12:3, así como á los vestidos, Sal. 45:8, y á las camas, Prov. 7:17, y se quemaban delante de las literas de los príncipes, Cant. 3:6, 7. Moisés habla del arte del perfumista, y dice de que se componían los dos sagrados perfumes usados en el servicio del Tabernáculo, el uno como aceite de unción, y el otro como incienso, Exod. 30:23-33, 34-38. Los perfumes se usaban para embalsamar los cadáveres, Mar. 16:1; Juan 19:39, 40. Véanse EMBALSAMIENTO, INCIENSO, UNCION, y ESPECIAS.

PERGAMINOS, 2 Tim. 4:13. Usábanse antiguamente, para escribir sobre ellas, pieles toscamente preparadas. Los Jonios usaron de ese modo las pieles durante cinco siglos A. C. Bajo Eumenes, rey de Pérgamo, como dos siglos A. C., se descubrió un modo mejor de prepararlas, y se les dió en latín el nombre de "charta pergamena," *papel de Pérgamo*, de donde viene nuestra palabra pergamino. Véanse LIBRO y PÉRGAMO.

PÉRGAMO, ciudad de Misia, **tres millas**

al norte del río Caicus, y á 20 millas del Mar Egeo. Era la residencia de la dinastía ataliana de reyes, quienes la hicieron célebre como asiento de las artes, de la literatura y de la idolatría. Sus estados cayeron en poder de los Romanos, 133 A. C., y fueron convertidos en provincia del Asia propiamente dicha. Eumenes II. fundó una biblioteca, 197-159 A. C., que llegó á tener hasta 200,000 volúmenes; siendo presentada por Antonio á Cleopatra, fué trasladada á Alejandría, y allí fué destruida por el califa Omar, con la famosa biblioteca alejandrina. Al transcribir los manuscritos para ella, se emplearon grandes cantidades de pieles de oveja, y se hicieron grandes adelantos en el adobo de este material para la escritura. Véase PERGAMINOS. Un hermoso bosque contiguo á la ciudad contenía templos de Júpiter, Minerva, Apolo, Venus, Baco y Esculapio. Antiguamente se dió prominencia especial al culto de Venus, y después al de Esculapio, dios de la medicina y de la mágica farmacéutica. El emblema de éste era una serpiente. Algunos interpretan las expresiones que se hallan en el mensaje que Cristo envió á la iglesia establecida allí, Apoc. 1:11; 2:12-17, "el trono de Satanás," etc., como que tienen especial referencia al culto que se daba á este ídolo-serpiente; comp. Apoc. 12:9; otros las aplican á las muchas idolatrías é impurezas de la ciudad, y á su hostilidad contra el cristianismo, ya comenzada allí con la muerte que se le dió á Ántipas. Las ruinas de los antiguos edificios de Pérgamo (la cual se llama ahora Bergama) demuestran cuan grande fué su magnificencia en otros tiempos, pero las casas modernas son pobres. Tiene una población de 20,000 habitantes, principalmente Turcos y Mohametanos, con cosa de 2,000 cristianos griegos y armenios. Una notable altura cónica cercana á la ciudad, y que está ahora coronada de ruinas, fué considerada como sagrada por los paganos desde una remota antigüedad, y hubo un tiempo en que estuvo ocupada por una fortaleza.

PERGES, ciudad de Pamfilia, en el río Cestrus, á 7 millas de su desembocadura. El río está ahora obstruido por una barra, pero antiguamente era navegable hasta Perges, en donde Pablo y Barnabás desembarcaron en su primer viaje misionero con Marcos, el cual los dejó allí, Hech. 13:13. Pablo volvió á visitar á Perges á regreso, Hech. 14:25. Fué la capital primitiva de Pamfilia; y después de la división de esa provincia, siguió siendo la capital de una

parte de ella, y Sidé vino á ser la ciudad principal de la otra. Perges tenía hermosos edificios públicos, y en una altura cercana un hermoso templo de Diana, que dió celebridad á la ciudad. Algunas monedas que se han descubierto allí, tienen la imagen de esa diosa. Quedan aún extensas ruinas, llamadas por los Turcos Eski-Kalessi.

PERLA. Las perlas han sido siempre altamente apreciadas como adornos de la persona, y los antiguos les daban un lugar prominente entre las substancias preciosas, Mat. 7:6; 13:45, 46; Apoc. 21:21. Las perlas son un depósito globuloso de nácar, la substancia que sirve de cubierta exterior á muchas conchas, y se hallan en varios moluscos, cuyo nácar se llama "madre de perla." Las ostras de perla crecen en las aguas profundas, apiñadas en rocas llamadas "bancos de perla," y se hallan en el Golfo Pérsico, en la costa occidental de Ceilón, en las costas de Java, Sumatra, etc., y en pequeñas cantidades en todas partes de ambas hemisferios. Sacan las ostras de perla unos hombres llamados buzos, quienes pueden practicar su peligroso ejercicio sólo durante unas cuantas semanas, ó unos cuantos meses de calma primaveral ó tiempo de verano. Pocas perlas son tan grandes como el hueso de una cereza; sin embargo, algunas han alcanzado el tamaño de una nuez, y una de ellas ha sido avaluada en $350,000. El valor y la

belleza de una piedra semejante, adquirida con tantas fatigas y trabajos, sirven de símil adecuado de la salvación obtenida para nosotros por medio del sacrificio personal de Cristo; y cúmplenos á nosotros como personas sensatas el adquirirla á cualquier costo, Mat. 13:45, 46; Prov. 2:3-9; Apoc. 3:18.

PERROS (los) eran mirados con gran desprecio por los Judíos, pero eran adorados lo mismo que los gatos, por los Egipcios. Entre los Judíos, comparar una per-

sona con ese "inmundo" animal, Lev.
11:26, 27; Isa. 66:3, era la expresión más
degradante posible, 1 Sam. 17:43; 24:14;
2 Sam. 9:8. El estado en que estaban los
perros entre los Judíos, era el mismo en que
ahora por lo general se hallan en el Oriente,
en donde no teniendo dueños, como á menudo sucede, andan vagando en tropel por
las calles, alimentándose de lo que se les
da por caridad ó capricho. ó viviendo de
los desperdicios que recogen. Como con
frecuencia están casi muriéndose de ham-

PERRO PERSA.

bre, devoran los cadaveres, y en la noche
atacan aun á la gente, Sal. 59:6, 14, 15;
1 Rey. 14:11; 21:23. Sin embargo, algunas
veces se tenían perros para cuidar los
rebaños y las casas, Job 30:1; Isa. 56:10;
Mat. 15:26, 27. En varios lugares de las
Escrituras se da el epíteto de "perros" á
cierta clase de hombres, para expresar su
insolente rapacidad, Sal. 22:16; Mat. 7:6;
Fil. 3:2, y sus vicios bestiales, Deut. 23:18;
2 Ped. 2:22; Apoc. 22:15.

PERSECUCIÓN (la) es un crimen, ya
sea que se emprenda por la iglesia ó por
el poder civil. En rigor, la iglesia no tiene
derecho de imponer penas temporales sino
solamente espirituales, y eso á sus propios
miembros: y el poder civil lo tiene de im-
ponerlas, por los actos externos, nada más,
y nó por faltas espirituales. La persecución
se verifica cuando una ú otra de esas autoridades se sale de su respectiva esfera, ya
sea que los que la ejecutan sean hombres
mal intencionados y enemigos de la verdad, ó personas que obran de buena fé,
pero están engañadas; ora sea que los que
la sufren sean mártires fieles que sufren
por Cristo, ó los más contumaces defensores del error. La coacción ejercida sobre
los herejes por medio de diversos castigos,
y aun de la muerte. se ha defendido apoyándose en lo prescrito por las leyes del
Antiguo Testamento; pero no se tiene en
cuenta que bajo el régimen de la ley mo-

saica, época en que Dios era reconocido
como el Jefe legislador, judicial y ejecutivo de la nación, el culto rendido á otro
dios era considerado como traición, y merecía como tal la pena de muerte, Lev.
20:1-5; Deut. 13; así como el quebrantamiento grave de los otros mandamientos
que eran la ley de la nación. Por medio
de severos castigos, Dios enseñó á las antiguas generaciones de la humanidad la
naturaleza fatal del pecado, el cual acarrea
la muerte á los pecadores impenitentes. Á
la verdad, la pena de muerte no era impuesto muy á menudo: éralo sólo en casos
determinados, como en los que se especifican por ejemplo en Lev. 24:11-14; 1 Rey.
18:40; y la idolatría tuvo muchos que la
patronizaran entre los reyes de Israel.
También es cierto que podía apelarse en
todos casos al Supremo Juez, valiéndose
para ello de ciertos medios al efecto señalados, lo cual no puede hacerse en la
actualidad. El régimen mosaico ha quedado abolido, y nada hay en los preceptos
ó en el espíritu del Nuevo Testamento, que
autorice la coacción en asuntos espirituales. El Estado no tiene el derecho de
invadir con sus penas el dominio de la
conciencia, y á su vez el reino de la iglesia,
no siendo de este mundo, carece de armas
terrenales, y únicamente debe apoyarse
en el poder de la verdad, en la conciencia,
y en el Espíritu de Dios, Luc. 9:53-55;
Juan 18:36; 2 Cor. 10:4.

PERSIA, propiamente dicha, que es á la
que probablemente se hace alusión en
Ezeq. 38:5, se extendía desde el Golfo
Pérsico hasta la Media entre Carmania al
este y Elam ó Susiana al oeste. Ese país
y su nombre están representados por la
parte de la Persia moderna llamada Far ó
Farsistán. La parte baja meridional que
se halla sobre el golfo, es arenosa y estéril; pero al norte de ella se halla una región montañosa con valles y llanuras ame-
nas y fértiles, que están por término medio como á 4,000 piés de elevación sobre
el nivel del mar. Las ciudades principales
eran Pasargadas, la antigua capital llamada ahora Murgab, en donde se muestra
una tumba que se considera como de Ciro,
y Persépolis, la capital posterior, fundada
por Dario Histaspis, y quemada por Alejandro Magno un día que se embriagó,
330 A. C.

Otros pasajes de las Escrituras se refieren al Imperio Persa. cuya mayor extensión fué desde el Hindo hasta Tracia, y
desde los mares Negro y Caspio hasta el

Océano Índico, el Golfo Pérsico y Egipto, incluyendo toda el Asia Occidental, y parte de Europa y África.

La Persia propiamente dicha estaba habitada por los Persas, pueblo ariano de la familia de los Medos, después de 880 A. C., cuando se mencionan por primera vez en las inscripciones asirias. Emigraron del este del Mar Caspio, y fueron conducidos á Persia por Achæmenes, 700 A. C. El reino persa se hizo tributario de los Medos como por 630 A. C. En 558 Ciro, hijo de Cambises, rey de Elam, se rebeló; y en 550, habiendo agregado los estados de los Medos á los suyos, comenzó una serie de conquistas que extendió su dominio desde el Hindo hasta el Mar Egeo, fundando así el segundo reino grande del mundo, Dan. 2:32; 7:5; 8:1-4. Conquistó á Babilonia, 538 A. C., y siguiendo su política conciliatoria, expidió un decreto autorizando el regreso de los Judíos cautivos y la reconstrucción del templo, 2 Crón. 6:20-23; Esd. 1:1-4. Su hijo y sucesor Cambises, 529 A. C., el Asuero de Esd. 4:6, conquistó á Egipto, el cual en los reinados posteriores se rebeló repetidas veces. El usurpador, el falso Smerdis, 522 A. C., llamado "Artajerjes," prohibió la reedificación del templo, Esd. 4:7-24. Bajo el mando del que lo depuso y sucedió, Darío Histaspis, 521-485 A. C., el templo fué concluido, Esd. 4:5, 24; 5:1-6; 6:15; Hag. 1:1; Zac. 1:1; 7:1. Durante ese reinado, Susan (véase) fué hecha capital del Imperio persa. Los Persas fueron derrotados por los Griegos en Maratón, 490 A. C. El sucesor de Darío, 485-465 A. C., fué "el cuarto rey" de Dan. 11:2. el Jerjes, que invadió á Grecia 480 A. C., y sufrió una derrota en Salamina, el Asuero de Ester. Sucedióle primero el usurpador Artabano y después su hijo Artajerjes Longimano, 464-424 A. C. Esd. 7:1, 11, 26; Neh. 2:1-8, en cuyo reinado fueron restaurados los muros de Jerusalem, Neh. 2:11 á 6:15. De sus sucesores, al último, Darío Codomano, 335 A. C., es al que probablemente se hace referencia en Neh. 12:22; él fué vencido y muerto por Alejandro el Grande, 330 A. C., y así terminó el Imperio persa, Dan. 8:5-7, 20. Después de la muerte de Alejandro, Persia fué gobernada por los Seléucidas, hasta que, anexada al Imperio Tártaro, 164 A. C., se hizo independiente bajo los Sassanidas, 226 A. D. En 642 A. D., fué conquistada por los Árabes, quienes establecieron el mahometismo. Fué asolada por los Tártaros bajo Jenghis Khan en 1206; por Ta-

merlán en 1380, y por los Turcos en el siglo XVI. La actual dinastía turcomana, cuya capital es Teherán, fué establecida en 1796.

Los antiguos Persas eran ingeniosos, valientes y comparativamente sinceros; pero de genio duro, vanos é inconstantes. Su lengua, como la de los Medos, era de la familia del Sanscrito. La forma más antigua de ella se ve en sus sagrados escritos, el Zendavesta; el persa moderno se deriva de esa lengua, pero tiene una mezcla considerable de árabe. Los Persas adoraban á Ormuzd, el buen espíritu y dador de la vida, y temían á Ahriman, el que infligía todo mal. Reconocían también espíritus inferiores, buenos y malos. No usaban imagenes, y su culto. en sus primeros tiempos, fué sencillo, sin altares, sacrificios ó sacerdotes; pero se corrompieron con el magianismo, la religión de las tribus scitas, de quienes los Persas emigrantes adoptaron el culto de los elementos, especialmente del fuego, el ceremonial magiano, y la adivinación, y el culto especial del sol, Mithra, y de la luna, Homa.

La Persia moderna ó Irán, está limitada al N. por Rusia y el Mar Caspio; al O. por la Turquía Asiática; al S. por el Golfo Pérsico, el estrecho Ormuz y el Golfo de Oman, y al E. por Beluchistán y Afganistán. Tiene una area de 550,000 millas cuadradas, y una población quizá de 10,000,000. El soberano ó Shaa, es jefe de la secta Shea ó heterodoxa de los Mahometanos, que incluye nueve décimos de la población. El resto de ella se compone de cristianos Armenios ó Nestorianos, de Judíos, y como de 5,000 Parsees que representan la antigua religión. El pueblo se describe como hermoso, inteligente, social, falso y cortés: "los franceses del Oriente." En 1833, la Junta Americana de Misiones estableció una misión entre los Nestorianos, cuya antigua iglesia se había sumergido en la superstición y el ritualismo. Hízose traspaso de la misión á la Junta Presbiteriana en el 1871. Ha tenido un éxito bastante lisonjero, y se ha extendido hasta incluir á los Judíos y Armenios, y aun á los Musulmanes, quienes comienzan á ser más accesibles que antes á las influencias cristianas. Los bien administrados socorros europeos y americanos en tiempo de hambre han obrado eficazmente en el sentido de crear una opinión favorable al cristianismo, así como en salvar muchas vidas.

PESAS. Los Hebreos antiguos pesaban cualquiera cantidad de oro ó de plata de que hacían uso en el comercio. El siclo, el medio siclo, el talento, etc., son no sólo nombres de monedas de ciertos valores, de oro y plata, sino en su origen lo fueron tambien de ciertos pesos. "La pesa del santuario" ó pesa del templo, Ex. 30:13, 24; Lev. 5:15; Núm. 3:50; 7:19; 18:16, era probablemente el peso establecido, guardado en algún departamento del templo, y un peso igual al siclo común: pues si bien Moisés mandó que todas las cosas valuadas por su precio en plata, lo fuesen de conformidad con la pesa del santuario, Lev. 27:25, no establece diferencia alguna entre el siclo de 20 gerahs, y el siclo común. Ezequiel 45:12, hablando de las pesas y medidas ordinarias usadas en el tráfico entre los Judíos, dice que el siclo pesaba 20 gerahs, siendo por consiguiente igual á la pesa del templo. Véase MEDIDAS, y las tablas de pesos y medidas que se hallan al fin de la obra. El juicio divino pronunciado sobre Balsasar: "pesado has sido en balanza, y fuiste hallado falto," puede ser aclarado con los monumentos egipcios, donde los muertos están representados al parecer delante de Osiris, y sus hechos, buenos ó malos, pesados en balanzas deciden de su suerte.

PESEBRE, especie de cajón en que se le echa el pasto al ganado en el establo, hecho generalmente de mampostería. "El buey conoció á su dueño, y el asno el pesebre de su señor," Isa. 1:3; y el Dr. Thomson, tendiendo la vista sobre las manadas de ganado y de asnos que al caer la noche bajaban de las lomas para volver á Tiberias, vió que se separaban al entrar á la ciudad, y que cada animal de por sí, atravesando por entre angostas y tortuosas calles, se dirigía á su propia casa y á su pesebre especial.

PESTILENCIA, I., Ex. 5:3; 9:15, ó plaga, Exod. 9:14, en la Biblia expresaba toda clase de achaques y calamidades, representando la primera palabra la expresión hebrea traducida "destrucción" en Ose. 13:14, y "mortandad" en Sal. 78:50. "Plaga" en la Biblia, es la traducción de otras cuatro palabras hebreas y de dos griegas, todas las cuales envuelven la idea de un golpe ó azote que viene de Dios, 2 Sam. 24:16. Comp. (1) Núm. 16:48-50; (2) Lev. 26:21; Núm. 11:33; (3) Exod. 11:1; Lev. 13:2, etc.; (4) Núm. 16:46; (5) Mar. 3:10; (6)Apoc. 9:20; 11:6. En este sentido, se llama con razón á la pestilencia la espada de Jehová, 1 Crón. 21:12, y va asociada con la guerra y el hambre, Lev. 26:25, 26;

2 Sam. 24:13-15. "Un hombre pestilencial," Hech. 24:5, es una plaga corruptora.

No puede descubrirse que se haga referencia alguna en la Biblia á la enfermedad específica, contagiosa y destructora llamada ahora "la plaga," que en los tiempos modernos ha asolado al Egipto y otros países orientales, y la cual se cree que es un tifo virulento acompañado de graves erupciones. En el siglo XIV la "muerte negra" recorrió la Europa, el Asia y el África, y se calcula que como 25,000,000 de personas murieron de ella en tres años.

II. Llamada también *morriña*, mortandad expresaba obrada por agencia milagrosa entre los ganados de los Egipcios, mientras los de los Hebreos, en la misma región, no sufrieron ningún daño, Exod. 9:3-6. La misma palabra hebrea se traduce "muerte" en Ose. 13:14.

PETOR, *interpretación*, residencia de Balaam en Mesopotamia, situada probablemente sobre el Éufrates, Núm. 22:5; Deut. 23:4. Su sitio es desconocido.

PEZ, PESCADOR. Los Hebreos tienen muy pocos nombres de especies particulares de peces. Moisés dice que toda clase de peces de río, lago ó mar que tengan escamas y aletas, pueden servir de alimento; todos los demás eran tenidos por los Hebreos en abominación, Lev. 11:9-12; Deut. 14:9, 10. Así se ve también en la parábola que se halla en Mat. 13:48. El Nilo tuvo en tiempos antiguos una celebridad que conserva todavía, por la abundancia y excelencia de sus peces, y de aquí viene lo significativo de la plaga que hirió al río y á Hapi su dios, Exod. 7:18-21; Núm. 11:5. El Mar de Tiberias abunda todavía en peces, Luc. 5:5; Juan 21:6-11. El pescado era un artículo común de alimento entre los Judíos, Mat. 7:10, y se tomaba del Mediterráneo, Neh. 13:16, y del Jordán. Se cogía con anzuelo, Am. 4:2; harpones, Job 41:7, y redes, Isa. 19:8-10. El culto á los peces les fué prohibido á los Judíos, Deut. 4:18; pero era tributado por los Asirios y los Filisteos. Véase DAGÓN. El gran pez que se tragó á Jonás, Jon. 1:17, puede haber sido de la especie del tiburón, por ser este animal común en el Mediterráneo. La palabra original, tanto en hebreo como en griego, Mat. 12:40, significaba un pez, y no necesariamente una ballena. Véase BALLENA. Á menudo se habla en la Biblia de los pescadores, y gran parte de los doce apóstoles de nuestro Señor lo eran de oficio. Cristo los hizo pescadores de hombres, Mat. 4:18-22.

Los primitivos cristianos acostumbraban grabar, en tiempo de persecución, la forma de un pez en sus medallas, sellos y sepulcros, como confesión tácita de su fé, por ser las cinco letras de la palabra griega ἰχθυς, que significa pez, iniciales de cinco palabras que quieren decir "Jesu-Cristo, el Hijo de Dios, el Salvador." Este símbolo ha llegado así á ser objeto de una supersticiosa consideración.

PIBESET, ciudad importante del Bajo Egipto, en el brazo oriental ó pelusiaco del Nilo, como 30 millas al N. E. de Memfis. La ciudad y la diosa que le dió su nombre eran llamadas Bubastis por los Griegos.

El nombre gerofilífico de la ciudad es Pe-bast, "la casa de Bast," la diosa benéfica del fuego, pintada con la cabeza de una leona ó de un gato, y á quien este último animal le estaba consagrado. Heródoto describió su templo de granito rojo en Bubastes, como el más hermoso que él había visto. El canal que Faraón Necao hizo para comunicar entre el Nilo y el Mar Rojo, comenzaba allí. Maneto habla de un terremoto destructor que tuvo lugar allí durante la segunda dinastía, y también menciona que la 22ª dinastía de los Faraones reinó en ese lugar. Ezequiel 30:17, predice la ruina de la ciudad. Pibeset fué tomada por los Persas, y sus muros destruídos 352 A. C., pero no dejó de existir y llegó á ser lugar de alguna importancia entre los Romanos. Su sitio, marcado por extensas moles y pedazos de alfarería, se llama Tel Basta.

PIÉ. La expresión en Deut. 32:35, "su pié vacilará," y las de Sal. 66:9; 121:3; Jer. 13:16, se refieren á lo peligroso de los caminos ó veredas del Oriente, abiertos sobre rocas, y al lado de precipicios donde el resbalón de un pié menudo conducía á la muerte. Véase también Isa. 8:14; Luc. 2:3. El descalzarse los piés era señal de duelo. Dios dice á Ezequiel, "No hagas luto de mortuorio, y pon tus zapatos en tus piés," Ezeq. 24:17. Era también una señal de respeto. Moisés se quitó los zapatos para aproximarse á la zarza ardiente; y muchos comentadores son de opinión que los sacerdotes ministraban en el tabernáculo con los piés descalzos, como lo hacían después en el templo; se les exigía que se lavasen primero tanto los piés como las manos, Exod. 30:19-21. Los Turcos nunca entran en sus mezquitas sin haberse lavado los piés y las manos, y haberse quitado el abrigo exterior de las piernas. Los cristianos de Etiopía entran á sus iglesias

descalzos, y los indios brahamanes y otros hacen lo mismo al entrar en sus pagodas y templos. Véase Ecles. 5:1. Los conquistadores orientales acostumbraban poner el pié sobre el cuello de los príncipes vencidos, Jos. 10:22-24, hecho representado con frecuencia en las esculturas antiguas, Sal. 8:6; Isa. 49:23; 1 Cor. 15:25; Heb. 2:8. Véase NÍNIVE.

Los orientales tenían la costumbre de lavarles los piés á los extranjeros que venían de un viaje, porque comunmente estaban calzados sólo con sandalias, Gén. 24:32; 43:24. Así Abraham les lavó los piés á los tres ángeles, Gén. 18:4. Este servicio era generalmente practicado por los criados y esclavos; y por eso Abigail contestó á David cuando éste la solicitó en matrimonio, que ella tendría como honor lavarles los piés á los criados del rey. 1 Sam. 25:41. Pablo quería que las viudas á quienes la iglesia auxiliase fuesen aquellas que en el ejercicio de la hospitalidad les hubieran lavado los piés á los santos, 1 Tim. 5:10. Todavía se observa esta costumbre en Palestina. El Dr. Robinson dice hablando de Ramleh, "El joven amo de la casa en que estamos, propuso entonces en el estilo sincero de la antigua hospitalidad oriental, que un criado nos lavase los piés. Esto me cogió de sorpresa, porque ignoraba que esa costumbre existiese allí todavía. Y de hecho no existe entre los extranjeros, aunque es muy común entre los naturales. Aceptamos con gusto la propuesta tanto para refrescarnos como para ver ejemplificado lo dicho á este respecto en la Escritura. Una esclava nubia llevó para el objeto agua que vertió en nuestros piés sobre una grande palangana de cobre estañado y de poco fondo, y se puso de rodillas frente á nosotros, para frotarnos los piés con las manos, y enjugarlos con una toalla. Fué esto uno de los pequeños incidentes más agradables de todo nuestro viaje." Nuestro Señor después de su última cena dió un notable ejemplo de humildad y de disposición para servir, lavándoles los piés á sus discípulos, Juan 13:5, 6, si bien el versículo octavo nos enseña que ese acto tenía también un significado más profundo. En el versículo 10 que dice, "El que está lavado no ha menester sino que lave sus piés," se emplean en griego dos verbos diferentes que como se ve, se traducen aquí por "lavar," pero el primero de ellos significa *bañar*. Después del "lavamiento de regeneración," Tit. 3:5, el alma necesita solamente purificarse de sus contaminaciones diarias, Luc. 11:4. Debemos seguir el ejemplo de Cristo "sirviéndonos con amor los unos á los otros." Véase SANDALIAS; y relativamente á la expresión "regar con el pié," Deut. 11:10, véase Ríos. Hombres de á pié, Exod. 12:37; Núm. 11:21, eran soldados de infantería, cuya ligereza para correr era muy ponderada, 2 Sam. 1:23; 2:18; 1 Crón. 12:8; Jer. 12:5. Otra palabra hebrea traducida así, se aplicaba á los correos ó acompañantes de los príncipes orientales adiestrados para correr delante de sus carros, y de los cuales se habla en 1 Sam. 8:11; 22:17. De ese modo Elías corrió delante de Aháb, 1 Rey. 18:46. La ligereza y resistencia de algunos de estos correos era casi increible.

PIEDAD, I., *debida reverencia y adoración.* Denota aquella disposición del ánimo que da á Dios el supremo lugar en el corazón y en la vida, Gén. 5:22, 24; Sal. 12:1; Miq. 6:8; Mal. 2:15; 1 Tim. 4:7, 8; 6:5; 2 Ped. 1:6. En 1 Tim. 3:16, "el misterio de la piedad" significa la substancia de la religión revelada, el "misterio" revelado en la encarnación y obra de Cristo, que es el objeto de la fé de las personas piadosas, y la vida de su obediencia.

II. 1 Tim. 5:4, afecto y reverencia filial.

PIEDRA. Se menciona en la Escritura como empleada en gran diversidad de objetos. Para la construcción de la mayor parte de los edificios públicos, se hacía uso de piedras labradas, así como para la del templo erigido por Salomón, 1 Rey. 5:17, y para los muros de las ciudades. El tamaño de las piedras empleadas con ese fin, era notable. Véanse HELIÓPOLIS, II., y MUROS. Los Fenicios eran muy diestros en el arte de labrar piedras, 2 Sam. 5:11; 1 Rey. 5:18. Las casas de los ricos se construían también de piedra labrada, Amós 5:11. Los altares, según la ley Mosaica, tenían que ser hechos de piedras sin labrar, Exod. 20:25; Jos. 8:31. Diferentes clases de piedras usadas en las construcciones y decoraciones, se mencionan en 1 Crón. 29:2; comp. 2 Crón. 3:6. Las piedras se usaban igualmente para pisos, 2 Rey. 16:17; comp. Ester 1:6. Piedras de gran tamaño se empleaban para cerrar la entrada de las cuevas, Jos. 10:18; Dan. 6:17; de los sepulcros, Mat. 27:60; Juan 11:38, y de los pozos, Gén. 29:2. Antiguamente se usaban cuchillos de pedernal, Exod. 4:25; Jos. 5:2, 3, y de esta clase eran los de que se servían los embalsamadores egipcios. Las piedras se empleaban

también como arma en las defensas personales y en las acciones de guerras regulares, y eran arrojadas por medio de hondas, 1 Sam. 17:40, 49, y de catapultas, 2 Crón. 26:14, 15. Servían como mojones, Deut. 19:14; comp. Jos. 15:6, y como muelas de molinos, 2 Sam. 11:21. Las pesas hebreas se denominan "piedras" en Lev. 19:36. Se ponían piedras grandes para conmemorar sucesos importantes, Gén. 28:18; 31:45; 35:14; Jos. 4:9; 1 Sam. 7:12; y algunas veces se consagraban ungiéndolas, como lo hizo Jacob en Betel, Gén. 28:18; 35:14. El culto de ídolos y de columnas de piedra, practicado por las naciones cananeas, estaba expresamente prohibido á Israel, Lev. 26:1; Núm. 33:52; comp. Isa. 57:6; Hab. 2:19. Se hacían montones de piedra en conmemoración de un tratado, Gén. 31:46, ó en los sepulcros de los reos de delitos mayores, Jos. 7:26; 8:29; 2 Sam. 19:17. Esta costumbre existe todavía entre los Árabes, echándoles una piedra más cada uno de los que junto á ellos pasan. Se usaba así mismo de piedras en forma de planchas ó tablas para grabar inscripciones, Exod. 24:12; Jos. 8:32; Job 19:24. Como perjudiciales para la labor, se echaban piedras en el terreno de un enemigo, 2 Rey. 3. 19:25, y eran quitadas de la tierra antes de cultivar esta. Isa. 5:2; comp. Ecl. 3:5.

En el estilo matafórico, las piedras denotan dureza ó insensibilidad, 1 Sam. 25:37; Ezeq. 11:19; también firmeza ó fuerza: en Gén. 49:24, "la piedra de Israel," parece una expresión equivalente á la de "el Fuerte de Israel," título aplicado con frecuencia á Dios, 2 Sam. 23:3; Isa. 30:29. En consonancia con la idea que se concibe de la iglesia de Dios como un templo, á los cristianos se les llama "piedras vivas." siendo Cristo mismo "la principal piedra del ángulo" ó angular, "la piedra viva" y la fuente de vida para los que sobre él edifican, Efes. 2:20–22; 1 Ped. 2:4–8. Véase PIEDRA DEL ÁNGULO.

PIEDRA DEL ÁNGULO Ó DE ESQUINA, piedra maciza y pesada, distinta generalmente de las empleadas en los cimientos, Jer. 51:26, y colocada en el ángulo ó esquina del edificio para unir las dos paredes que se juntan en ella. En Baalbec se encontró una piedra de esa clase que tiene 28 piés de largo, 6½ de ancho y 4 de espesor.

Nuestro Señor es comparado en el Nuevo Testamento á una piedra de esquina ó de ángulo. bajo tres puntos de vista diferentes. Primero, así como esta piedra se halla en el cimiento y sirve para sostener y dar fuerza al edificio, así Cristo, ó la doctrina de un Salvador, se dice que es la piedra principal del ángulo, Efes. 2:26, por ser esta doctrina la más importante de la religión cristiana, como sistema de verdades y poder vivificante en el alma de los hombres. Además, por ocupar la piedra principal del ángulo un lugar importante y bien visible, Jesús es comparado á ella, 1 Ped. 2:6, por haberle dado Dios, como á Mediador, una dignidad y distinción superior á todos los demás. Por último, por tropezar los hombres á menudo contra una piedra puesta en la esquina, á Cristo se le llama así, Mat. 21:42, porque su evangelio será causa de agravada condenación para aquellos que le rechazan.

PIEDRAS PRECIOSAS. En la Biblia se hace mención de cosa de veinte nombres diferentes de piedras preciosas, muchas de las cuales es imposible identificar con las que actualmente se conocen. La mineralogía antigua distaba mucho de ser una ciencia exacta; á menudo se aplicaba el mismo término á diferentes substancias que tenían alguna propiedad común indicada por dicho término. Así en el uso griego el término ADAMANTUM, *inconquistable*, se aplica al acero y á varias piedras extremadamente duras; y en el hebreo KERACH denota unas veces "nieve," Job 6:16, otras "cristal," Ezeq. 1:22. Véase ZAFIRO. Sin embargo, desde los tiempos más antiguos las piedras preciosas fueron conocidas y apreciadas, Gén. 2:12. El arte de tallarlas y grabarlas se practicó desde entonces; los sellos grabados hechos de varias clases de piedras preciosas, eran de uso común entre los antiguos Babilonios y Egipcios, y es probable que también entre las naciones circunvecinas; una era llevada por Judá, Gén. 38:18, 25. Véase SELLO. Las piedras de los hombros y las doce del pectoral, que llevaba el sumo sacerdote, estaban grabadas con los nombres de las tribus de Israel, Exod. 28:9–12, 17–21. La identificación de algunas de estas piedras preciosas es todavía asunto de controversia, como puede verse por la diversidad de traducciones que de sus nombres se hacen en las versiones de la Biblia. Algunos críticos quieren excluir del pectoral el diamante, el zafiro, el rubí, la esmeralda y el topacio, dando por sentada la teoría de que el arte de tallar las piedras de la dureza de las mencionadas era ignorado en tiempo de Moisés. Muchas piedras preciosas fueron reunidas por David en el templo, 1 Crón. 29:2. Tiro comerciaba en ellas y las usaba en muchos objetos, Ezeq. 27:16, 22; 28:11–13. Conseguíalas de la Asiria y de la Arabia, y en tiempos más remotos de la India. En el lenguaje figurado, las piedras preciosas denotan un brillo, belleza, valor y durabilidad especiales, Cant. 5:14; Isa. 54:11, 12; Lam. 4:7; Ezeq. 1:22; Apoc. 4:3; 21:10-20.

PIEDRA PRIMERA, Zac. 4:7, la piedra principal ó que corona un edificio.

PIEDRECITA BLANCA, Apoc. 2:17. La palabra griega *psephos*, traducida piedrecita, denota un guijarro redondo, ó piedra fina pulida, y el adjetivo que la califica puede significar *blanca* ó *brillante*. En la alusión que de ella se hace en la promesa de nuestro Señor "al que venciere," puede ser que se haga referencia á un antiguo modo griego de votar con guijarros negros y blancos, al tratarse de la condenación ó absolución de una persona acusada; ó al modo griego de elegir para un cargo por suerte, para lo cual se inscribían los nombres de los candidatos en algo como fichas, y era electa la persona cuyo nombre se sacaba primero; ó á una práctica también griega de dar al vencedor en los juegos públicos una cédula que llevaba su nombre y le confería algún privilegio; ó á una costumbre que los emperadores romanos tenían en los juegos, de arrojar entre el populacho fichas ó contraseñas que tenían escritas las palabras "pan," "ropa," etc., para que cada persona que cogiese alguna, tuviera derecho á lo que en ella estaba escrito. Trench rechaza todas estas explicaciones que se refieren á las costumbres de los paganos, y sugiere que la "piedrecita" puede referirse al Urim y Tummim que se hallaba dentro del pectoral del sumo sacerdote, inscrito con el sagrado nombre de YHVH, Jehová ó Yahveh, y que el "nombre nuevo" es el de Cristo. Más frecuentemente, sin embargo, el "nombre nuevo" se considera que es el del mismo que lo recibe, como testimonio de su adopción en la familia de Dios, y que denota sus nuevas bendiciones y privilegios, los cuales en su adaptación y su plenitud solo son conocidos del alma que goza de ellos. Pero sea cual fuere la alusión particular que se haga, la "piedrecita blanca" es emblema de favor y prosperidad, y simboliza la seguridad que da el Redentor á su inmutable aprobación y amor, y de su eterna bendición. Comp. Isa. 62:2; 1 Cor. 2:12; 1 Juan 5:20.

PIELES, Gén. 3:21, quiza de animales ofrecidos en sacrificio por mandato divino, inmediatamente después de la caída.

PIERNA. La parte del cuerpo comprendida entre la rodilla y el pié, Lev. 4:11; 8:21; 1 Sam. 17:6. Á los crucificados les quebraban á veces las piernas para apresurarles la muerte, Juan 19:31-33.

PIEZA ó MONEDA DE ORO ó PLATA, un siclo al peso, 1 Sam. 2:36; Sal. 68:30. En muchos pasajes del Antiguo Testamento, como por ejemplo en Gén. 20:16 y en 2 Rey. 5:5, el texto hebreo debería leerse "mil de plata," "6,000 de oro." Los traductores de la Biblia á menudo intercalaron la palabra "piezas," "monedas," etc., y algunas veces "siclos," que era el peso común hebreo para los metales preciosos, siendo la moneda acuñada desconocida en Palestina, hasta un periodo posterior, Gén. 45:22; Jue. 17:2-4, 10.

En Luc. 15:8, 9, "dracma" es el nombre de una moneda griega que corresponde al denario romano, moneda que probablemente es la que se denota en Hech. 19:19. Véase DENARIO. En Mat. 26:15; 27:3, 5, 6, 9, se emplea en el original una palabra que denota el material de la moneda, más bien que su valor; probablemente, sin embargo, significa, como en Mat. 17:27, estáteros ó siclos; comp. Zac. 11:12, 13; Ex. 21:32. Véanse DINERO y MEDIDAS.

PÍFANO, instrumento de música de viento, suave y de dulce tono. La palabra pífano se usa solamente en Dan. 3, y se supone que significa un tubo con dos cañas, tal como los que todavía se encuentran en el Oriente. Se sopla por una de sus extremidades. Véanse MÚSICA, FLAUTA.

PIHAHIROT, *boca de caverna ó de libramiento*, el lugar del tercero y último campamento que tuvieron los Israelitas antes de pasar el Mar Rojo, Exod. 14:2, 9; Núm. 33:7, 8. Robinson y Lepsius lo sitúan en Adjrud, que ahora es un abrevadero para los camellos, 12 millas al N. O. de Suez; otras autoridades respetables lo sitúan en Jebel Ataka, cordillera curva que termina en un promontorio llamado Ras Ataka, el cual se interna en el mar como 8 millas al S. de Suez. Véase ÉXODO.

PILATO, PONCIO, bajo cuyo gobierno enseñó nuestro Señor, Luc. 3:1, sufrió y murió, Mat. 27; Mar. 15; Luc. 23; Juan 18:28 á 19:42; fué el quinto procurador romano en la provincia de Judea, después del destierro de Arquelao, 6 A. D. Fué nombrado en 26 A. D., y permaneció en el desempeño de su cargo 10 años. Se hizo odioso tanto á los Judíos como á los Samaritanos por sus ofensas arbitrarias y por la crueldad de su administración. Uno de sus primeros actos fué trasladar los cuarteles de los soldados de Cesarea á Jerusalem, en donde la presencia de los estandartes militares que tenían imagenes del emperador, objetos del culto idólatra para el ejército, encolerizó á los Judíos de tal manera, que acudieron tumultuosamente á Pilato en Cesarea, pidiendo su remoción. Cansado de sus importunidades, hizo que sus soldados los rodearan, y los amenazó con darles al instante la muerte si no se dispersaban; pero cuando ellos declararon que estaban dispuestos á morir más bien que á someterse á la contaminación de la ciudad santa, se atemorizó y tuvo que ceder. La matanza de los Galileos, Luc. 13:1, debe haber ocurrido en alguna fiesta, en el atrio exterior del templo. Su residencia oficial estaba en Cesarea, pero durante las grandes festividades Pilato se quedaba en Jerusalem para conservar el orden, y durante ese tiempo habitaba probablemente en el palacio edificado por Herodes el Grande. Aunque la administración de las rentas era el deber principal de tal gobernante, el procurador de Judea, que estaba subordinado á la provincia de Siria, estaba á la cabeza de toda la administración local, y tenía injerencia no solo en lo militar sino en lo judicial. Por lo tanto, cuando Jesús fué condenado por el sumo sacerdote y el Sanhedrin, lo condujeron ante Pilato, el gobernador, sin cuyo consentimiento no podía ser ejecutado. Pilato vió en Jesús una víctima inocente de la malicia de los Judíos, y quiso salvarle. Aunque torpe ó ignorante en cuanto á la verdad religiosa, tenía una idea vaga de la superioridad del carácter de Cristo, y temía hacerle mal. Todo lo que vió en Cristo más profundo en él ese sentimiento, y de cuantos modos pudo, procuró ablandar el endurecimiento de los Judíos. Pero carecía de firmeza de carácter, de ideas de justicia bien arraigadas, y de la rectitud de conciencia—todo lo cual era necesario para sostenerlo en aquel trance; y después de repetidos esfuerzos, Luc. 23:7, 14-22; Juan 18:31-39; 19:4-6, 9-12, 15, al fin cejó, y resolvió sacrificar á un hombre justo más bien que dar lugar á que se lanzasen quejas contra su administración, ó á que el emperador mandase hacer una investigación. Con el acto de lavarse las manos y con la inscripción que hizo poner sobre la cruz, lo que hizo fué condenarse á sí mismo. Debió indudablemente haber enviado á Tiberio, como lo exigían la ley y la costumbre, una relación detallada de sus procedimientos; y los antiguos defensores del cristianismo, Justino y Tertuliano, públicamente recordaron á las autoridades romanas de estos documentos, y los citaron como que existían en su tiempo. Empero, el libro de los "Hechos de Pilatos," que ahora existe, fué forjado posteriormente. El historiador romano Tácito, hablando de los cristianos, dice, "El autor de este nombre fué Cristo, que fué castigado con la pena capital en el reinado de Tiberio, por Poncio Pilato."

En el año 36 A. D., los Samaritanos, cuyas turbulencias había refrenado Pilato con medidas sangrientas, le acusaron ante Vitelio gobernador de Siria, por quien fué enviado á Roma el procurador para que contestase á los cargos que se le hacían. Antes de su llegada murió Tiberio; y se dice que Pilato fué desterrado por Calígula á Viena, ciudad situada sobre el Ródano, en Galia, y que allí se suicidó; otra leyenda poco fundada liga su nombre á la montaña llamada ahora Pilatus, que se halla al sur del lago Lucerna.

PILDAS, *una llama*, hijo de Nacor y Milca, Gén. 22:22. El lugar donde se estableció es desconocido.

PINO, I., árbol siempre verde, que en forma y en tamaño se parece al ciprés. Su madera es sumamente durable, y parece que se usaba para la construcción de ídolos, Isa. 44:14. Se cree que se hace referencia al pino en algunos pasajes en donde se habla del haya, 2 Sam. 6:5, etc.

II. Es incierto á qué árbol del Líbano se refiere en Isa. 60:13; sin embargo, la palabra hebrea, que indicaba duración ó curvatura, se cree que excluía al pino. El olmo, que también se halla en el monte Líbano, el encino, etc., se ha sugerido que pueden ser el pino. Thompson cree que es el "abeto" de que se habla en la Biblia. El hebreo BEROSH, significa el pino pétreo que abunda en el Líbano. En Neh. 8:15, "ramos de pino" es la traducción de otro término hebreo, que en otros pasajes se traduce "OLIVAS." Véase esta palabra.

PINTURA. Entre los Hebreos, en muchos casos las paredes y las vigas de las casas eran pintadas, Jer. 22:14; los gentiles adornaban así también las imagenes de los ídolos, y los dibujos de ellos en las paredes de los templos, Ezeq. 23:14. Las ruinas asirias y los monumentos egipcios muestran figuras pintadas y objetos de

fantasía. Véase NÍNIVE. La pintura como afeite, era común entre las mujeres asirias y egipcias, y hasta cierto punto entre las hebreas. Véase OJO.

PINTURAS, Núm. 33:52, representaciones idólatras, imagenes separadas, ó bien piedras labradas, esto es, talladas en bajo-relieve, ó grabadas y pintadas de color. Comp. Ezeq. 23:14. "Figuras de plata," Prov. 25:11, se supone que fueron paredes ó cornizas con entalladuras, comp. 1 Rey. 6:32, 35. Las pinturas movibles en el sentido moderno, eran sin duda desconocidas á los Hebreos. En Isa. 2:16, la palabra traducida "pinturas," puede traducirse "objetos," ó quizá banderas de un buque; comp. Ezeq. 27:7.

PIÑÓN, Gén. 43:11, ó más bien PISTACHO, fruto de la *pistacia vera*, árbol que crece á una altura de 20 á 30 piés. El pistacho es parecido á la almendra.

PIOJOS, la tercera plaga de Egipto, Ex. 8:16; Sal. 105:31; molestaba particularmente á los sacerdotes que se veían obligados á razurarse y á lavarse el cuerpo entero cada tercer día, para no exponerse á llevar algunos de esos insectos á los templos. Según algunos intérpretes, se les daba ese nombre á los pequeños mosquitos ponzoñosos que abundaban en Egipto, ó con mayor probabilidad á las garrapatas de los arenales.

PIRATÓN, *regio*, en Efraím, la residencia y lugar de sepultura de Abdón el juez, Jue. 12:15; también de uno de los hombres esforzados de David, 2 Sam. 23:30; 1 Crón. 11:31; 27:14. Robinson y otros identifican su sitio con la ciudad Ferata, en una eminencia entre colinas bajas, 6 millas al O. S. O. de Nablus.

PISGA ó PASGA, *fragmento*, la cima desde la cual vió Moises la tierra prometida, Deut. 34:1-4. Formaba al este de la desembocadura del Jordán parte de la cordillera de Abarim, ligada con Nebo, y dentro de los límites de Rubén, Núm 21:20; 27:12; Deut. 3:27; 4:49; 32:49. Había espacios planos en ella, como el "campo de Sofim," Núm. 23:14. Desde allí se tenía una vista del campamento israelita, formado sobre la margen del río Jordán, y de las alturas de toda la Tierra Santa.

Hasta hace poco la exacta posición de Pisga y de Nebo era desconocida; Robinson y De Saulcy oyeron hablar de un Jebel Neba, en la comarca indicada en la Biblia. En 1864 Tristram visitó, y en 1865 describió, la altura que está como á tres millas al S. O. de Hesbán, y milla y media al O. de Maón, y la cual él creyó que era Pisga. Había una larga sierra desde la cual se tenía una vista magnífica del monte Hor, del Mar Muerto y el valle del Jordán, de Jerusalem, Gerizim, el Carmelo, Tabor, Gilboa. y el nevado Hermón. El profesor Paine de la Sociedad Americana de exploración en Palestina, pretende haber identificado en 1873 la cordillera que incluye á Nebo y á Pisga, y que es la que se eleva en un promontorio que sobresale á las cimas de todos los cerros cercanos, como 5 millas al S. O. de Hesbán; corre hacia el O. en una série de cumbres planas, y desciende bruscamente al valle. La porción oriental y más allá de la cordillera, se llama Jebel Neba, *Monte Nebo.* Su extremidad occidental está compuesta de una agrupación de tres cimas, de las cuales una que se halla al S. O. y tiene el nombre de Jebel Siaghah, él la identifica con el Pisgah de Moisés. Tiene 2,360 piés de elevación sobre el nivel del mar, y presenta una extensa vista de Palestina hacia el este, el norte, el oeste y el sur, tal como se describe en Deut. 34:1. El Duque de Luynes, en una visita que hizo á ese punto en 1864, llegó, sin valerse de los descubrimientos de Paine, á la misma identificación de Nebo y Pisga. El profesor Porter de Belfast se adhiere á esta opinión, y comparando la perspectiva que se presenta desde la montaña, con la descripción del panorama contemplado por Moisés, quedó convencido de su exactitud en todos respectos.

Se dá el nombre de Pisga también, Deut. 3:17; 4:49; Jos. 12:3; 13:20, á un valle ó una ciudad al pié de Pisga, en el territorio de Sehon, asignado á Rubén, cerca de la porción de Gad.

PISIDIA, comarca del Asia Menor, separada del Mediterráneo por Pamfilia. Estaba en el monte Taurus y la mesa elevada que se halla an norte de él, y se extendía entre Frigia y Licaonia hasta llegar á Antioquía, su ciudad principal. Los Pisidios, como la mayor parte de los habitantes de la cordillera del Taurus, eran una raza insubyugable y sin leyes: por los profundos desfiladeros de las montañas, se precipitaban torrentes impetuosos; y Pablo en sus dos viajes al través de Pisidia, Hech. 13:14; 14:24, puede haber estado en peligro por las aguas, así como por los ladrones, 2 Cor. 11:26. Se refiere á la persecución sufrida de Antioquía, Hech. 13:44-50, en una carta que dirige á Timoteo, 2 Tim.

3:11. Varias iglesias cristianas existieron allí por 7 ú 8 siglos.

PISÓN, *corriendo,* uno de los cuatro ríos que regaban el paraiso, Gén. 2:11, 12, y que corría por toda la tierra de Havila, en donde se encontraba oro de excelente calidad. Ha sido por supuesto colocado en tantos lugares cuantos son los que se han asignado al jardín del EDEN, á cuyo artículo, y al del ÉUFRATES, remitimos al lector.

PITOM, *casa de Tum,* (el dios sol de On) ciudad de bastimentos, edificada por los Israelitas para Faraón en Gosen, Ex. 1:11 Ha sido considerada como la misma Patumos mencionada por Heródoto como cercana á Pibeset, sobre el canal que une el Nilo al Mar Rojo. Recientes excavaciones hechas en una mole que se halla en Tel-el-Maschuta, en Wady et-Tumeilat entre Ismailia y Tel el-Kebir, han revelado el sitio de lo que parece haber sido una ciudad de almacenaje, y que contiene un pequeño templo dedicado por Ramesés II á Tum, y es un grande edificio cuadrado de adobes, de 650 piés de lado, con paredes de 8 piés de espesor, y muchos cuartos sin puertas, los cuales al parecer fueron usados como graneros. Este sitio, al cual inscripciones locales llaman ya Pitom, ya Succot, Brugsch y Poole lo identifican con Pitom y con Succot, que fué el primer campamento de los Israelitas, Exod. 12:37.

PITÓN, Hech. 16:16. Este nombre de Apolo, el dios griego de la adivinación, era aplicado también á todos los espíritus de los oráculos, ó á las personas que se suponía estaban inspiradas por ellos.

PLANETAS, 2 Rey. 23:5. La palabra hebrea traducida así significa posadas ó alojamientos, y se usa con referencia al sol para denotar las doce constelaciones del zodiaco, que eran consideradas como casas del sol en su aparente curso anual al rededor de los cielos. De estas constelaciones se habla aquí como de objetos de culto idólatra.

PLATA. Se menciona por primera vez en las Escrituras en la historia de Abraham, Gén. 13:2; 20:16, si bien se habla de hierro, del oro y del plomo antes del diluvio. Empleóse plata en la construcción del tabernáculo, Exod 26:19-25, y del templo y sus dependencias, 1 Crón. 28:14-17; 29:2-7; para trompetas, Núm. 10:2, ornamentos, Gén. 24:53; vasijas de varias clases, Gén. 44:2; Núm. 7:13, y en la cubierta y adornos de los ídolos, Deu. 29:19; Isa. 40:19; Dan. 5:4, 23; Hech. 17:29. Era el principal medio de comercio, y como tal era pesada antiguamente, sin acuñar, Gén. 23:16; Job 28:15; Zac. 11:12. Las monedas de plata eran comunes en los tiempos de que trata el Nuevo Testamento, Luc. 15:8, 9. Véanse SICLO y DINERO. El nombre hebreo dado á la plata, "keseph," denota también dinero en general. Salomón consiguió plata de Arabia, que en su reinado era muy abundante en Israel, 1 Reyes 10:27; 2 Crón. 9:14, y de Tarsis, 1 Rey. 10:22; 2 Crón. 9:21, de donde Tiro también se abastecía, Ezeq. 27:12. Los Madianitas eran nómades; sin embargo, se mencionan el oro y la plata en Núm. 31:22, 50-54; Jue. 8:24-26, como abundantes entre ellos; exposición confirmada por el descubrimiento que hizo el capitán Burton de antiguas minas esplotadas en aquella tierra, y de la abundancia de metales preciosos. Algunas veces la plata se encuentra en masas, casi pura, pero generalmente en veneros ó vetas, entre las rocas, Job 28:1, en combinación con otros metales. Al laboreo de las minas y depuración de la plata se hace referencia en Sal. 12:6; Prov. 25:4; Ezeq. 22:18-22; y á la obra de filigrana en Prov. 25:11. En Mal. 3:3, se hace referencia al fulgor de la plata, al brillo repentino de su superficie al terminar el procedimiento seguido en su fundición, es decir, á tiempo en que la última capa del óxido de plomo desaparece de la masa derretida, y comienza á brillar la plata pura.

El pecho y los brazos de plata que tenía la imagen de la visión de Nabucodonosor, Dan. 2:32, se interpretan comunmente como símbolo que representa al imperio Medo-Persa, vers. 39; comp. Dan. 5:28, 31.

PLATO Ó TAZÓN en Núm. 7:13; Esd. 1:9; Mat. 14:8, significa fuente.

PLAZA, en griego AGORA, en latín FORUM, grande area abierta en muchas ciudades antiguas, especialmente en Grecia y Roma, y que tenía el mercado público solamente en un lado, estando los otros ocupados por templos, teatros, portales, tribunales de justicia, baños y otros edificios públicos. Muchas plazas presentaban en su conjunto un espectáculo magnífico. Allí estaba la bolsa de la ciudad, foco en el cual se unían todas las líneas de la vida pública. En Hech. 17:3, se mencionan los ociosos ó placeros, *agoraioi*; y en Hechos 19:38 "audiencias se hacen," quiere decir literalmente, se "tienen días de tribunal," *agoraioi*. Allí acudían los obreros en busca de trabajo, Mat. 20:3-7, y los mucha-

chos á continuar en sus juegos, Luc. 7:32. Allí se celebraban las reuniones ordinarias del pueblo; allí se congregaban los filósofos y los hombres de Estado á deliberar; allí se promulgaban las leyes y se anunciaban las noticias, y acudían los hombres en general, tanto por gusto como por negocio, Mar. 7:4. Congregándose, pues, en ese lugar, como hemos dicho, los hombres públicos más notables, y en verdad toda clase de ciudadanos. lo que allí se hacía, lo presenciaba por consiguiente casi toda la ciudad. Era por eso que los orgullosos fariseos "amaban las salutaciones en las plazas," Mar. 12:38; y Pablo se dirigió á la plaza en Atenas para verse con los filósofos y convencerlos, Hech. 17:17; y los amos de la muchacha de Filipos, á quien Pablo y Silas le habían exorcisado el espíritu de adivinación, llevaron á estos al foro ó plaza ante los magistrados, Hech. 16:19. En Ezeq. 27 la palabra "mercado" denota cambio ó tráfico, lugar en que esto se practicaba, y la ganancia que por ese medio se adquiría. Véase PUERTA.

PLAZA DE APIO, población ó plaza de mercado fundada por Apio Claudio en la gran vía (llamada Appia) que él construyó de Roma á Capua. Pueden verse tal vez vestigios de ella cerca de la actual Treponti, situada á 43 millas de Roma, en la orilla de los terrenos pantanosos llamados Pontinos, en donde están las ruinas de una antigua ciudad. Tres Tavernas era una población cerca de Cisterna, como 10 millas más próxima á Roma, Hech. 28:15.

PLENITUD DE LA DIVINIDAD, Col. 2:9. Los atributos del único Dios verdadero moran en toda su perfección en Cristo, y Él ha prometido emplearlos para el bien de sus redimidos, Juan 1:16; Efes. 1:22; Col. 1:19. "La plenitud del tiempo," Gál. 4:4, es el periodo fijado en los designios y predicciones de Dios, en que todas las cosas que se hayan necesitado, hayan tenido lugar; Mat. 23:32; comp. Apoc. 12:14; 22:10. Su segunda venida, como la primera, se verificará sin falta alguna en la plenitud de los tiempos, Efes. 1:10, aunque el mundo le haga mofa y se le oponga, según Él mismo lo predijo, Mat. 24:9; Juan 16:4; 2 Ped. 3:3-14. Su pueblo debe participar de su tranquila fé, Juan 16:33; Isa. 28:16.

PLÉYADES, grupo de siete estrellas formado en el cuello de Taurus ó el Toro, uno de los doce signos del Zodiaco. El sol entra ahora en la constelación de Taurus, como á mediados de Mayo; antiguamente lo hacía mucho antes, y la aparición de las pléyades indicaba la vuelta de la primavera, Job 9:9; 38:31; Am. 5:8.

PLOMO. En las Escrituras hay alusiones á este bien conocido metal. Los Egipcios se sumergieron como plomo en el Mar Rojo, Ex. 15:10; Núm. 31:22; Ezeq. 27:12; Zac. 5:7, 8. Job se refiere al uso que de él se hacía para conservar un registro permanente de los acontecimientos, y era que lo fundían y vaciaban en letras hondamente talladas en una roca, Job 19:24. Los antiguos usaban tambien planchas de plomo para tal objeto. Este metal se empleaba antes de que se conociera el uso del azogue para purificar la plata; y el procedimiento por medio del cual se les quita la escoria á estos metales y se depuran, ejemplifica la disciplina de Dios con su pueblo, Jer. 6:29, 30; Ezeq. 23:17-22. Había minas de plomo cerca del monte Sinaí y en las montañas del Egipto.

PLUMA ó PUNZÓN DE ESCRIBIENTE, Jue. 5:14; Sal. 45:1; Jer. 8:8. Para las inscripciones en piedra, Exod. 24:12; Job 19:24, ó en láminas metálicas, Isa. 8:1, —en donde "volumen" es realmente una mesa ó plancha pulida para escribir, Isa. 30:8;—los antiguos usaban un punzón de hierro endurecido, cuya punta estaba á veces hecha de una piedra muy dura, Jer. 17:1. Véase DIAMANTE. Para las tablillas de madera cubiertas de cera, Luc. 1:63, el punzón tenía un extremo ancho y liso para borrar los errores. Para materiales blandos, tales como el papiro, la piel, el género y el pergamino, se usaba un pincel fino de pelo mojado en tinta, como lo hacen todavía los Chinos. En tiempos posteriores se hizo uso de una pluma de caña, al principio con una punta sin dividir, preparada con una especie particular de cuchillo, Jer. 36:18, 23; 3 Juan 13. La pluma de caña es usada todavía por los Sirios, los Turcos, etc. Véanse TINTA, CETRO.

POBRES, Sal. 12:5; 41:1-3. Se tenía especial cuidado de ellos bajo el régimen del Antiguo Testamento. Exod. 23:6; Sal. 112:9; Prov. 14:31, y se ha tenido más todavía bajo el del evangelio, Mat. 25:42-45; Sant. 2:5. Las pequeñas ofrendas que les exigía la ley, eran tan aceptables como las hecatombes de los ricos, Lev. 5:7-13; Mar. 12:41-44. Las rebuscas de los sembrados, los olivares y los viñedos, tenían que dejarse para ellos. Lev. 19:9, 10; Deut. 24:19, 21; Rut 2:2. Cada siete años los productos espontaneos de la tierra eran libres para todos, Lev. 25:6; y en el jubileo, la heredad que habían enajenado volvía á ser posesion de ellos. Comp. también Lev. 25; Deut. 24. Los mendigos debieron de haber sido raros bajo las instituciones hebreas; con todo, aumentaron á medida que el estado fué decayendo, y en el tiempo de Cristo se estacionaban en los lugares públicos, Mar. 10:46; Luc. 16:20; Hech. 3:2. El descuidar y el oprimir á los pobres, fueron hechos severamente censurados por los profetas, Isa. 10:2; Jer. 5:28; Am. 2:6. Los jueces no debían favorecerlos ilegalmente á causa de su pobreza, Lev. 19:15; pero la caridad con los pobres era una virtud cardinal entre los primitivos cristianos, Mat. 6:2-4; Luc. 10:33-35; 19:8; Hech. 9:36-39; 10:2; 11:29, 30, y una evidencia esencial de piedad, 1 Juan 3:17. La palabra "pobres" está empleada en sentido espiritual en Mat. 5:3; Apoc. 3:17. Véase DIEZMOS

POESÍA DE LOS HEBREOS. La poesía combinada con la música, formaba parte de muchas de las escenas de la vida hebrea, tal como se nos pinta en la Biblia. Moisés y Débora celebraron la victoria con cánticos, Exod. 15:1-21; Jue. 5; la muerte era lamentada de un modo semejante, 2 Sam. 1:17-27; las fiestas eran acompañadas de música y de cánticos, Am. 6:5; y el canto de himnos sagrados formaba una parte importante del culto del templo. Bajo la inspiración del Todopoderoso, los Hebreos llevaron la poesía religiosa al más alto grado de perfección. La poesía de ese pueblo era casi enteramente lírica. Ya fuera didáctica, elegíaca, pastoral ó profética, era con todo, lírica. La esencia de la poesía lírica es la fiel expresión de las emociones internas. Es de consiguiente subjetiva, en oposición á la poesía épica, que trata de asuntos externos, y es por lo tanto objetiva. El tema principal de la poesía hebrea era también el patriotismo, el cual bajo la teocracia se hallaba muy estrechamente unido á la religión. El rasgo más obvio y característico de la poesía de los Hebreos, es la sublimidad. Las ideas que actualmente predominan respecto de su naturaleza, fueron primeramente desarrolladas en el siglo pasado por el obispo Lowth, en sus "Conferencias sobre la Poesía de los Hebreos."

La poesía hebrea defiere de la prosa en tres respectos: 1o En la naturaleza particularmente poética del asunto, cuyos rasgos distintivos son la sublimidad, la energía, lo valiente, lo elevado de las metáforas, la personificación, etc.; 2o En las peculiaridades del lenguaje ó dicción poética, que, sin embargo, no eran tan notables como entre los Griegos y los Romanos; 3º En el ritmo, que difiere del metro, por importar este último una medida de sílabas ó piés, y ser el primero un armonioso arreglo de palabras y de miembros. Los que conocen más á fondo este asunto son de opinión que los Hebreos carecían de prosodia, esto es, de medida de sílabas dispuestas en piés poéticos, como dáctilos, troqueos y espondeos. Se cree que la poesía hebrea, mucha de la cual era para cantarse ó piés, se distinguía por cierta fluidez melodiosa y cadenciosa, que ahora se ha perdido, juntamente con la verdadera pronunciación del lenguaje, sin poderse recobrar.

Pero además de esto, el ritmo de la poesia hebrea consiste en lo que se llama su paralelismo, del cual el principio fundamental es que cada verso debe constar por lo menos de dos partes ó miembros correspondientes.

El paralelismo de la poesía hebrea, ocurre ya en el pensamiento, ó solamente en la forma. Del primero hay tres especies, á saber:

1º Sinónimo, en el cual los dos miembros expresan la misma idea en palabras diferentes, pero que íntima, y á menudo literalmente se corresponden entre sí, como por ejemplo:

"¿Qué es el hombre para que tengas de él memoria,
Y el hijo del hombre para que le visites?"
Sal. 8:4.

"¿Porqué se amotinan las gentes,
Y los pueblos piensan vanidad?" Sal. 2:1.

"El que mora en los cielos se reirá;
El Señor se burlará de ellos." Sal. 2:4.

"¿Acaso gime el asno montés junto á la yerba?
¿Muge el buey junto á su pasto?" Job 6:5.

Así es también el canto de Lamech, Gén. 4:23, y de Job 7:1, etc.

2º Antitético, en el cual se expresa una antítesis de pensamiento por miembros correspondientes, como por ejemplo:

"La casa de los impíos será asolada;
Mas florecerá la tienda de los rectos."
Prov. 14:11.

"La blanda respuesta quita la ira;
Mas la palabra áspera hace subir el furor."
Prov. 15:1.

3º Sintético, el cual es una mera juxtaposición; ó más bien, el pensamiento se lleva adelante en el segundo miembro con alguna adición, siendo como antes la correspondencia que entre sí guarden las palabras y la construcción, como por ejemplo:

"La ley de Jehová es perfecta, que vuelve el alma;
El testimonio de Jehová fiel, que hace sabio al pequeño.
"Los mandamentos de Jehová son rectos, que alegran el corazón;
El precepto de Jehová, puro, que alumbra los ojos.
"El temor de Jehová, limpio, que permanece para siempre;
Los juicios de Jehová son verdad, todos juntos."
Sal. 19:7, 8, 9.

Mero paralelismo rítmico es aquel en que no existe analogía ó correspondencia de pensamientos, sino que el pensamiento se divide por medio de la cesura, por decirlo así, en números correspondientes. Esta es la especie más imperfecta de paralelismo, y puede compararse con el exhámetro, dividido por la cesura, como por ejemplo:

"Yo, empero, he puesto mi rey sobre Sión,
Monte de mi santidad.' Sal. 2:6.

"Muchos dicen de mi vida,
No hay para él salud en Dios."
Sal. 3:2.

Esto es muy común en el libro de las Lamentaciones, en donde casi no hay otra especie de paralelismo. Hasta aquí hemos hablado de los paralelismos más sencillos y perfectos de los miembros, tales como se hallan por lo general en los Salmos, Job, etc. Pero en los Profetas y en algunos de los Salmos hallamos un paralelismo menos regular y á veces compuesto. Así el paralelismo es irregular cuando un miembro es más corto que el otro, como Oseas 4:17:

"Efraím es dado á ídolos:
Dejadlo." Ose. 4:17.

De paralelismo compuesto hay varias clases, como cuando el verso tiene tres miembros, ya sean paralelos entre sí, como Job 3:4, ó teniendo dos de ellos opuestos al tercero, como por ejemplo:

"Porque los caminos de Jehová son derechos,
Y los justos andarán por ellos;
Mas los rebeldes en ellos caerán." Ose. 14:9.

Ó cuando la estrofa tiene cuatro miembros, ya sea compuestos de dos simples paralelos, ó correspondiendo la primera linea á la tercera, y la segunda á la cuarta, ó siendo todas cuatro casi paralelas entre sí, como por ejemplo:

"El buey conoce á su dueño,
Y el asno el pesebre de su señor:
Israel no conoció,
Mi pueblo no tuvo entendimiento."
Isa. 1:2.

"Porque como la altura de los cielos sobre la
tierra,
Engrandeció su misericordia sobre los que le
temen;
Cuanto está lejos el oriente del occidente,
Así hizo alejar de nosotros nuestras rebeliones."
Sal. 103: 11, 12.

"Tienen bocas y no hablan;
Tienen ojos y no ven;
Tienen orejas y no oyen,
Tampoco hay espíritu en sus bocas."
Sal. 135: 16, 17.

Podemos citar los Salmos 2 y 15 como
piezas que presentan ejemplos de la mayor
parte de las especies de paralelismo poético.

En los manuscritos comunes y en las
ediciones de la Biblia hebrea, los miembros
del paralelismo en las partes poéticas no
están escritos ó impresos separadamente;
pero los acentos sirven para dividirlos.
En otras ediciones, sin embargo, los miembros están impresos con la debida separación. Es de sentirse que este modo no
haya sido adoptado en la versión española,
puesto que en muchos casos el lector que
no es docto no tiene medios de distinguir
si lo que lee es poesía ó prosa en hebreo.

Los principios precedentes se refieren
sólo al *ritmo* de la poesía hebrea. Además
de esta, hay otras peculiaridades, como por
ejemplo la *estrofa*, como en Sal. 107 y en
Sal. 42 y 43, en donde los versículos 5, 11
y 5 respectivamente, son como un estribillo
de exhortación repetido al fin de cada
estrofa. También los Salmos alfabéticos
y los poemas, (véase LETRAS) y los Salmos
de *gradas*, en que las principales palabras
de cada verso se repiten al principio del
siguiente. Véase CÁNTICO.

En el Hebreo más de una tercera parte
del Antiguo Testamento es poesía, incluyendo la mayor parte de Job, los Salmos,
los libros de Salomón y casi todos los profetas. Sin embargo, técnicamente hablando, en el uso de los Judíos, los tres libros
poéticos del Antiguo Testamento son Job,
los Salmos y los Proverbios, los cuales
tienen un sistema de acentuación que les
es peculiar. Se hallan también fragmentos poéticos aquí y allá en los libros históricos, como en Gén. 4:23, 24; Exod. 32:18;
Núm. 21:14, 15, 18, 27-30; 23:7, 18; 24:3,
15. En el Nuevo Testamento ocurren
también muchos pasajes en que este estilo
hebreo parece trasladado al griego, Mat.
8:20; Luc. 1:46, 47; Rom. 11:33-35; Apoc.
18; 19:1-3.

POLILLA. La polilla común es un insecto que destruye los **géneros de lana.**
El huevo es puesto por una palomilla blanca, y produce un gusanito blando y brillante, que se encierra en un cilindro abierto
en ambas extremidades y hecho en el género. Aliméntase entonces de este de un
modo destructor. Después de esto, por
otra trasformación se convierte en palomilla. Las alusiones á la polilla como insecto
que devora los géneros que formaban la
riqueza de las casas orientales, Sant. 5:2,
y como insecto frágil y débil, son frecuentes en las Escrituras, Job 4:19; 13:28;
27:18; Sal. 39:11; Isa. 50:9; Ose. 5:12;
Mat. 6:19, 20. Véase VESTIDOS.

Los insectos llamados en general polilla,
de los cuales los mencionados forman sólo
una especie, son excesivamente numerosos. El género principal, Lepidoptera,
contiene más de 1,500 especies. La palomilla sale á volar sólo en las tardes y en
las noches, difiriendo en este respecto de
la tribu de mariposas que no vuelan sino
durante el día. Sus larvas ó los gusanos de
que salen, son activos y prontos en sus
movimientos, casi siempre lisos, y comen
con voracidad el alimento adaptado á ellos.
La polilla común destruye los géneros;
otra clase de ella, las pieles; otra, las hojas
de las plantas, etc.

POLVO, Jos. 7:6. El polvo y la ceniza
puestos sobre la cabeza, eran señal de
duelo; y sentarse en el polvo lo era de
aflicción, Lam. 3:29; Isa. 47:1. La palabra "polvo" se usa también para designar
el sepulcro, Gén. 3:19; Job 7:21. Significa
así mismo, una multitud, Gén. 13:16, y un
estado bajo y vil, 1 Sam. 2:8. Lamer ó
besar el polvo expresa una sumisión abyecta, Sal. 72:9. Tenemos dos ejemplos
notables de esparcimiento del polvo consignados en las Escrituras, y ellos sirven
de comprobación de una práctica común
en Asia; los que pedían justicia contra un
criminal, estaban acostumbrados á arrojar
polvo sobre él, significando así que merecía
ser echado al sepulcro. Semei arrojó polvo
sobre David cuando iba este huyendo de
Jerusalem, 2 Sam. 16:13. Los Judíos trataron al apóstol Pablo de un modo semejante en la misma ciudad, Hech. 22:22-24.
Sacudirse el polvo de los piés en frente
de otro, era manifestación de una protesta
terminante, Mat. 10:14; Mar. 6:11;
Hech. 13:51. La amenaza de Dios registrada en Deut. 28:24, "Dará Jehová por
lluvia á tu tierra polvo y ceniza: de los
cielos descenderán sobre tí hasta que pe-
rezcas," significa que en lugar de lluvias
fertilizadoras, nubes de fino polvo levanta-

das del tostado suelo, y llevadas por vientos fieros y abrasadores, llenarían el aire. Véase VIENTO. El polvo de Egipto fué convertido en mosquitos á la palabra de Moisés. Véase PIOJOS.

PONTO, *el mar*, la provincia que se hallaba al N. E. del Asia Menor, limitada al norte por el Mar Euxino; al oeste por Galacia y Paflagonia; al sur por Capadocia, y parte de Armenia, y al este por Colquis. Estaba primitivamente gobernada por reyes, y se vió en su estado más floreciente bajo Mitridates el Grande, que sostuvo una larga y célebre guerra contra los Romanos, pero fué al fin sometido por Pompeyo, 66 A. C., después de lo cual el Ponto llegó á ser una provincia del imperio romano. El geógrafo Strabo nació en Amasia, su capital; y una de sus principales ciudades, Trapezus, florece todavía bajo el nombre de Trebizonda. Muchos Judíos residían allí, y de tiempo en tiempo "subían á Jerusalem á la fiesta," Hechos 2 : 9. El piadoso Áquila era nativo de Ponto, Hech. 18:2; y el evangelio fué establecido allí muy al principio de su divulgación, 1 Ped. 1:1. Fué conquistada por los Turcos, sus señores actuales, 1461 A. D.

PORTEROS, cuidaban las puertas de las casas privadas y de las ciudades, 2 Sam. 18:26; 2 Rey. 7:10; Mar. 13:34; Juan 10:3. Los porteros del templo eran Levitas, llegando en una época al número de cuatro mil, divididos en ordenes, 1 Crón. 16:42; 23:5. Hacían guardia en todas las puertas al desempeñar sus funciones dentro del templo en su orden respectivo, con sus jefes, 1 Crón. 26:1-19; 2 Crón. 8:14; 31:14; 35:15. Durante la noche alegraban las horas silenciosas con cánticos de alabanza, Sal. 134. Leemos en 2 Crón. 23:2-19 los servicios fieles que prestaron protegiendo á Joas y dando muerte á Atalía; y en 1 Crón. 9:17-29, su organización después de la cautividad; comp. Esd. 2:42; Neh. 7:45; 12:44-47.

POSTES, hébreo Mezuzah, á los cuales se aseguraban las puertas con bisagras para que girasen, Exod. 12:7, 22, 23; 21:6; Jue. 16:3; Prov. 8:34. Eran especialmente sagrados entre los Hebreos, no sólo porque la sangre de la pascua fué rociada sobre ellos, sino porque se escribía en ellos el nombre de Dios, y alguna palabra procedente de Él, Deut. 6:4-9; 11:18-21. Con el tiempo, el nombre mezuzah se aplicó á las palabras mismas, y los Judíos piadosos al salir y al entrar, tocaban el nombre divino con el dedo, el cual besaban después, 520

y repetían el Sal. 121:8. Los Musulmanes tampoco consideran una puerta, fuente, puente ó casa nueva como completas, sin escribir en ellas un pasaje del Coran, ó de alguno de sus mejores poetas.

POTENCIA, 2 Crón. 32:9, fuerza ó ejército. Esta palabra se traduce "potestad" en 1 Cor. 11:10, y para el significado que en este pasaje tiene, véase VELO.

POTIFAR ó PUTIFAR, *dedicado á Far*, oficial superior de Faraón, que compró á José á los Madianitas, y lo hizo mayordomo de su casa, pero después lo redujo á prisión, por un cargo falso que le hicieron, Gén. 37:36; 39. Según el profesor Ebers, los monumentos egipcios indican que un capitán de la guardia era comandante de un regimento de 2,000 hombres que servían como cuerpo de guardia del rey; y durante el término de servicio del tal regimento, su capitán era el inspector de los prisioneros de Estado, y el ejecutor principal del castigo corporal. El capitán de la guardia mencionado en Gén. 40:3, puede haber sido un sucesor de Potifar.

POTIFERA, *perteneciente al sol*, el sacerdote de On, ciudad del sol, cuya hija Asenat fué la esposa de José, Gén. 41:45. Este nombre se halla en varias formas en los antiguos monumentos egipcios.

POZOS y FUENTES. Comp. Gén. 16:7-14; 24:13-45; 49:22; Ex. 15:27; Jos. 18:15; 2 Rey. 3:19, 25; Sal. 84:6; Prov. 10:11; Isa. 12:3; Juan 4:14; 2 Ped. 2:17. En otros lugares significa aljibe, 2 Sam. 3:26; 23:15, 16; 1 Crón. 11:17, 18; 2 Crón. 26:10; Neh. 9:25. Los que viven en un clima templado, donde un pozo ó acueducto de agua que pudiera llamarse inagotable abastece la casa, no tienen la más remota idea del sufrimiento tan terrible que causa la sed, ni del placer de satisfacerla bebiendo agua pura—placer que se dice excede á todos los otros en los sentidos mns no proporcionan. Preciso es residir ó viajar en una región que tenga un clima como el de la Siria, para llegar á apreciar la belleza y fuerza de las alusiones de las Sagradas Escrituras: "las aguas de las fuentes de la salvación;" "agua fría para una alma sedienta;" "fuente de agua que salte para vida eterna," y muchas otras. La apertura de un pozo permanente, ó el descubrimiento de un manantial, era un beneficio público, y su posesión asunto de gran importancia. Los parajes donde había pozos ó manantiales venían á ser los lugares donde descansaban de noche las caravanas, los campamentos de los ejércitos, y los sitios donde se edificaban las ciudades, 1 Sam. 29:1; 2 Sam. 2:13; es por esto que Beer, el nombre hebreo de un pozo, forma parte de muchos nombres de lugares, como Beerot, Beer-Seba. Véase también EN. Tan valioso era el abastecimiento de agua,

EL POZO Ó FUENTE DE NAZARET.

que un campo que tenía un manantial era considerado como una dote de príncipe, Jue. 1:13-15, y la posesión de un pozo era asunto de negociaciones ó de pleitos entre diferentes tribus. Así, leemos que Abraham al hacer un tratado con el rey Abimelec, "le reconvino á causa de un pozo de agua que los siervos de este le habían quitado," y la propiedad del pozo quedó asegurada á Abraham por medio de un juramento y pacto especial, Gén. 21:25-31. Un arreglo análogo se verificó durante la vida de Isaac, Gén. 26 14-33. Al negociar los Israelitas con el rey de Edom para obtener permiso de pasar por su territorio, dijeron: "Por el camino seguido iremos; y si bebiésemos tus aguas yo y mis ganados, daré el precio de ellas," Núm. 20:17-19. Aun más fuerte todavía es la expresión en Lam. 5:4, "Nuestra agua bebemos por dinero," es decir, la hemos comprado de gobernadores extranjeros, apesar de que nosotros somos los verdaderos dueños de los pozos que la dan. Existe aún la costumbre en algunas partes del Oriente de hacer pagar á los viajeros el agua que beben, al paso que en otras ciudades hay un lugar donde se ofrece gratuitamente á los extraños—á costa del pueblo ó como un acto de caridad de las personas benévolas—agua fría, y en algunos casos pan, Mar. 9:41. En caso de una invasión hostil, nada molestaba más

eficazmente al ejército enemigo, ó á los sitiadores, que llenar con piedras los pozos que esperaban usar, 2 Rey. 3:25; 2 Crón. 32:3.

Algunas veces encuentra uno en Palestina pozos provistos de noria y de arcaduz, y en algunos de ellos hay escalera para bajar hasta donde está el agua, Gén. 24:15, 16; mas generalmente se saca el agua con cántaros y cordeles, y las piedras redondas de los pozos antiguos, Juan 4:6, 11, 12, tienen las señales del uso que de ellos se hizo por mucho tiempo. Muchos de ellos estaban cubiertos con una piedra grande y lisa comp. 2 Sam. 17:19, para impedir que cayese el arena que levanta el aire, y asegurar su uso para sus dueños, así como también para prevenir que los viajeros cayesen en ellos accidentalmente, desgracia que á menudo sucede en la moderna Siria, y para evitarla la benéfica ley de Moisés contenía ciertas providencias, Exod. 21:33, 34. Quitábase la piedra al ponerse el sol, hora en que las mujeres del vecindario sacaban el agua necesaria para los usos domésticos, y el ganado mayor y los rebaños bebían en pilones como los que aún se encuentran junto á casi todos los pozos. Á esa hora el pozo era un lugar favorito para reunirse, y presentaba una escena de animación y alegría que contrastaba mucho con su soledad usual, Gén.

24:11-28; 29:1-10; Exod. 2:16-19; 1 Sam. 9:11. Sin embargo, los pozos eran algunas veces lugares amagados por los ladrones, Ex. 2:16, 17; Jue. 5:11, y el Dr. Shaw menciona un hermoso manantial en Barbary, cuyo nombre árabe significa "bebe y vete;" mote que podría ser inscrito sobre todas las mejores fuentes de goces humanos. Véase CISTERNAS.

"La fuente de la virgen," se llama así, por razon de ser muy probable que la madre de nuestro Señor Jesu-Cristo acostumbrara sacar agua de allí, como lo acostumbran las mujeres de Nazaret hoy día. Es un manantial abundante á la salida misma del pueblo, y la vereda que á él guía está bien gastada por las pisadas de muchas generaciones. Todos los viajeros en Palestina hacen mención de los grandes grupos de mujeres que van allí con sus cántaros ó sus cueros curados en el hombro ó en la cabeza, y que se detienen á *chimear*, ó regresan en partidas de á dos ó tres. Cada día se presencia allí lo que casi puede ser descrito en las palabras de Gén. 24:11, 15, 16: "É hizo arrodillar los camellos fuera de la ciudad junto á un pozo de agua, á la hora de la tarde, á la hora en que salen las mozas por agua Y aconteció que antes que él acabase de hablar, he aquí Rebeca, que había nacido á Betuel, hijo de Milca, mujer de Nacor, hermano de Abraham, la cual salía con su cántaro en su hombro. Y la moza era de muy hermoso aspecto, virgen, á la que varón no había conocido, la cual descendió á la fuente, y llenó su cántaro y se volvía." Cosa muy rara es ver á "un hombre que lleva un cántaro de agua," Mar. 14:13. El pozo de Jacob en la entrada oriental del hermoso valle de Siquém, existe aún, aunque sin uso, y á menudo está casi seco Está cubierto con un techo de bóveda, y tiene una entrada angosta cerrada con una roca pesada Al derredor hay un atrio, y las ruinas de una iglesia edificada en ese lugar por la emperatriz Elena. Muy cerca está el monte Gerizim que la mujer de Sicar indudablemente vió al decir: "nuestros padres adoraron en este monte." Al lado occidental está el llano ancho y fértil de Mukhna, donde las regiones estaban blancas para la siega. La mujer dijo que el pozo era "hondo." Habiéndolo medido se ha determinado que tiene cerca de 9 piés de diámetro, y que su profundidad actual es de 75 piés. El Dr. Wilson en 1842 hizo bajar por medio de cables á un Judío llamado Jacob, para que explorase el pozo y buscase una

Biblia que el Rev. Sr. Bonar había dejado caer tres años antes. Encontróla, pero casi destruida por los efectos del agua. Al pararse el viajero junto á este pozo venerado, y al pensar en la larga fila de hombres de cien naciones y generaciones que han bebido de sus aguas, que han tenido sed otra vez y han muerto, se siente fuertemente impresionado por la verdad de las palabras de Cristo á la Samaritana, y echa de ver cuán grande es la necesidad que se tiene del agua que brota para la vida eterna, Juan 4:14.

PRADO, Gén. 41:2, 18; en Job 8:11, denota un pasto grueso que crece en las praderas húmedas y en las márgenes de los ríos, probablemente el CYPERUS ESCULENTUS. En Jue. 20:33 significa "llanos abiertos."

PREDICACIÓN, la inculcación pública y oral de las verdades de la religión, especialmente del evangelio de Cristo, Isa. 61:1; Hech. 8:4; 2 Cor. 5:20; Efes. 3:8. No hay duda de que en los primeros siglos se daba instrucción pública sobre religión. Enoc profetizó, Jud. 14, 15; y Noé fué predicador de justicia, 2 Ped. 2:5. Ejemplos frecuentes de discursos religiosos se presentan en la historia de Moisés, de los Jueces y de los Profetas, y dichos discursos se pronunciaron hasta cierto punto en conexión con el ritual judío, Neh. 8. Los Salmos que se cantaban en el templo instruían al pueblo. Después de la cautividad se erigieron numerosas sinagogas, en las cuales la palabra de Dios era leida y explicada de sábado en sábado. Bajo el régimen del evangelio, la predicación de Cristo crucificado, por aquellos á quienes Él llama para que sean sus embajadores, es un servicio de primera importancia, y el medio principal que Dios emplea para la conversión del mundo, Mar. 16:15; 1 Cor. 1:21; 2 Tim. 2:2; 4:2.

PREGONERO, el que hacía anuncios oficiales y públicos, ya fuera en nombre de un rey, ó de los directores de los juegos griegos, Dan. 3:4. Los apóstoles, al predicar el evangelio, son los "predicadores" ó "pregoneros del mensaje del Rey," 1 Tim. 2:7; 2 Tim. 1:11; 2 Ped. 2:5.

PRENDA. I. La ley mosaica protegía á los pobres que estaban obligados á dar prenda por un préstamo que se les hiciera, ó por el cumplimiento de un contrato. Si un hombre empeñaba su capa que era con lo que comunmente se cubría en las noches frías, debia devolvérsele ésta en el mismo día. Exod. 22:26, 27. El acreedor no podía entrar en una casa y tomar la que le agradara ; pues, por ejemplo, el molino de mano, por ser una cosa necesaria para la vida, no podía ser tomado, Deut. 24:6, 10, 11; comp. Job 22:6; 24:3, 7. Estas prohibiciones eran algunas veces desatendidas, Amós 2:6-8. Véase PRÉSTAMOS. Las prendas son necesarias cuando se trata con personas descuidadas y viciosas, en quienes no se puede tener confianza, Prov. 20:16.

II. Promesa ó arras, parte de una deuda, dada como seguridad del pago de toda ella ; ó parte del precio que se da para afianzar un negocio ; se llamaba así también la parte del salario de un criado que se le pagaba al tiempo de recibirlo para ratificar el compromiso que se contraía. Difiere de una "prenda" propiamente dicha, en que era de la misma clase que la cosa prometida, mientras que ésta puede consistir en algo de naturaleza muy distinta. Se describen los dones que Dios concede á su pueblo en esta vida, como seguridad y principio de las bendiciones muy superiores que les concederá en la venidera, 2 Cor. 1:22; 5:5; Efes. 1:13, 14.

PREPARACIÓN, término aplicado al sexto día de la semana, porque en él se hacía la preparación de los manjares, etc., para el Sábado siguiente, el cual comenzaba á la puesta del sol, Mat. 27:62; Mar. 15:42; Luc. 23:54; Juan 19:14, 31, 42. El día en que Cristo fué crucificado, Viernes, el 15 de Nisan, se llama la "preparación de la pascua," Juan 19:14, porque precedió al Sábado que hubo en la semana de la pascua.

PRESA. Los despojos tomados en la guerra tenían que ser divididos por partes iguales entre los que habían combatido y los que guardaban el campo, Núm. 31:27-32. La porción del Señor era primero deducida del total ; y en tiempos posteriores, el rey tomaba una parte grande para sí.

PRESBITERIO, 1 Tim. 4:14, un cuerpo de ancianos, traducido "ancianos" en Luc. 22:66; Hech. 22:5. Véase ANCIANOS.

PRESCIENCIA, 1 Ped. 1:2, es un atributo esencial de Jehová, incomprensible para todo entendimiento finito, y con todo, claramente revelado en la Escritura, como aquel conocimiento que incluye todas las cosas que en lo futuro tienen que acontecer. A este atributo divino se hace referencia en Hech. 2:23; Rom. 8:29; 11:2. No podemos poner en duda su armonía con el libre albedrío en los ángeles y en los hombres, por vanos que sean nuestros esfuerzos para conciliar una cosa con otra.

PRESENTES. En el Oriente se ha acostumbrado en todos tiempos el darlos, de suerte que ningún acontecimiento de importancia pasaba sin ellos. El hebreo tiene quince palabras diferentes para expresar esa idea, de un modo específico, general, etc. ; presentes de un inferior, Jue. 3:15; 1 Rey. 10:25; 2 Crón. 17:11; de un superior, 2 Sam. 19:42; Ester 2:18; cumplimentarios, Gén. 33:11; Jue. 1:15; á un juez, como suborno, Exod. 23:8; á un conquistador, 2 Reyes 16:8; eran á menudo estos últimos un tributo obligatorio, ó un modo de pedir favor, Sal. 68:29; 76:11; Isa. 18:7; 36:16. Á los profetas se les solía dar algo por las consultas que se les hacían, 1 Sam. 9:7; comp. 12:3; 2 Rey. 5:5; 8:9. Se enviaban presentes con motivo de cualquier suceso plausible, Ester 9:19, 22; Hech. 2:33, con Efes. 4:8; y se hacían cambios de ellos en las bodas, Gén. 24:22; 34:12; 1 Rey. 9:16. No ofrecer el presente acostumbrado era un insulto, 1 Sam. 10:27; comp. Prov. 23:26; Rom. 12:1; y rehusar aceptarlo era prueba de supremo desprecio, Mat. 22 : 11. En el Nuevo Testamento la palabra "presentes" denota á veces las ofrendas exigidas por la ley, Mat. 5:23, 24; las bendiciones del evangelio, Hech. 8:20; las gracias cristianas, Efes. 4:8, 11; y también dones milagrosos, 1 Cor. 12-14. Véanse CORBAN, LENGUAS.

PRESIDENTES, Dan. 3:2, 3, en el reino de Babilonia, probablemente empleados que correspondían.á los "muftis," sacerdotes de los Mahometanos en el imperio turco.

PRÉSTAMOS, para objetos de comercio no se mencionan en las antiguas crónicas bíblicas, sino sólo los hechos para auxiliar á los pobres, Neh. 5:1, 3, 13. Jehová, como único propietario de la tierra ocupada por los Israelitas, exigía de ellos, como condición de su uso, que concediesen préstamos liberales á sus hermanos pobres ; y cada siete años, los préstamos que aún no se pagaban, tenían que convertirse en donaciones, y no podían ser reclamados. Si se tomaba una prenda al hacer un préstamo, tenía que hacerse con misericordia y bajo ciertas restricciones benévolas, Exo. 22:25, 27; Deut. 15:1-11; 23:19, 20; 24:6, 10-13, 17. La gran verdad tan prominente en estas y otras providencias semejantes de las leyes mosaicas, debe restituirse á su verdad fundamental en nuestras teorías sobre la propiedad, y ninguno que crea en Dios debe obrar como el propietario. sino como el despensero de lo que posee, todo lo cual tiene que usarlo como se lo exija el gran Dueño. En el mismo espíritu nuestro Salvador nos impone el deber de prestar desinteresadamente, aun á los enemigos, y sin esperanza de recompensa, Luc. 6:34, 35. Véase Usura.

PRETIL, balaustrada hecha al rededor de las azoteas planas de las casas antiguas, de las que se hacía mucho uso para ir á respirar el aire fresco, para diversión ó retiro durante el día, y para dormir en la noche. La ley mosaica exigía que cada casa tuviera un pretil, Deut. 22:8, y el espíritu de este precepto es de una aplicación muy amplia.

PRETORIO, el lugar de residencia de los jefes militares romanos ó de los gobernadores. Se mencionan tres en la Escritura: 1. Mar. 15:16, el edificio en que residía el gobernador romano de Judea cuando estaba en Jerusalem, mencionado también bajo este nombre en Mat. 27:27; Juan 18:28, 33; 19:9. Este era probablemente el magnífico palacio erigido por Herodes el Grande en el cerro occidental de Jerusalem, y que comunicaba con el templo por una calzada empedrada que atravesaba el valle Tyropeon. El extenso espacio rectangular ocupado por este palacio, contenía cuarteles para los soldados. Una fuerza militar guarnecía también la fortaleza Antonia, que es la de que se habla en Hech. 21:34, 37, etc., al norte del templo, y que algunos consideran como el pretorio de Pilato. 2. La residencia oficial en Cesarea del Gobernador Felix, en donde Pablo estuvo preso dos años, Hech. 23:35. Este palacio fué edificado, y antiguamente ocupado por Herodes el Grande. 3. El de Roma, del cual se habla en Fil. 1:13. Algunos creen que éste era el palacio de los Césares en el cerro Palatino, guarnecido por la guardia del emperador llamada pretoriana; y otros lo refieren al campo general de la guardia pretoriana que fué establecido por Tiberio junto á la parte exterior de los muros de Roma, al N. E. de la ciudad.

PRIMICIAS, eran ofrendas hechas á Dios de una parte de los frutos de la cosecha, para expresar la sumisión, dependencia y agradecimiento de los que las presentaban. La porción dada lo era en lugar del todo, en reconocimiento de que todo se le debía á Dios. Eran las primicias ofrecidas en el tabernáculo ó en el templo antes de que la cosecha fuese recogida, también cuando esta había terminado, y antes de

que la gente comenzase á hacer uso de los granos. La primera de estas primicias ofrecida en nombre de la nación, consistía en un manojo de cebada cortada en el día 15 del mes de Nisan, en la tarde, y trillada en uno de los patios del templo. Después de bién limpia, cosa de cuartillo y medio de ella se tostaba y molía en un almiréz. Sobre esta harina se echaba una medida de aceite de olivo, y un puñado de incienso; y el sacerdote, tomando la ofrenda, la ondeaba ante el Señor hacia los cuatro puntos cardinales, echando un puñado en el fuego del altar, y guardando lo demás. Después de este, todos quedaban en libertad de recoger la cosecha. Cuando concluía la siega del trigo, el día de Pentecostes, ofrecían como primicias de otra clase en nombre de la nación, dos panes de cosa de cuartillo y medio de harina cada uno, hechos de masa sin levadura, Lev. 23:10, 17. Además de estas primicias, cada persona en particular estaba obligada á llevar sus primicias al templo, pero la Escritura no prescribe ni el tiempo ni la cantidad, Exod. 22:29; Deut. 26:1-11.

Había además de éstas, otra clase de primicias pagadas á Dios, Núm. 15:19, 21; Neh. 10:37. Cuando se amasaba en la casa el primer pan de la estación, se separaba una porción de él, y se daba al sacerdote ó Levita del lugar; si no había sacerdote ó Levita, se echaba en el horno, y allí se consumía. Dios había ordenado que las primicias de los campos cultivados, viñedos y árboles frutales, así como de la lana, fueran para los sacerdotes y Levitas, Núm. 18:11-13; Deut. 18:4. Véase Fruto.

Llamábanse también primicias aquellas ofrendas que por devoción llevaban los Israelitas al templo para la fiesta de acción de gracias, á la cual invitaban á sus parientes y amigos, y á los Levitas de sus respectivas ciudades. Las primicias y diezmos constituían las rentas más considerables de los sacerdotes y Levitas, y el descuido de estas ofrendas en tiempo de la apostasía, fué á menudo censurado por los profetas, 2 Crón. 31:4, 5, 12; Neh. 10:35-37; Ezeq. 20:40; Mal. 3:8.

Los Cristianos tienen las primicias del Espíritu Santo, Rom. 8:23; esto es, dones más abundantes y excelentes que los de los Judíos; estos fueron también una anticipación de la cosecha completa. "Cristo ha resucitado de los muertos; y es hecho primicias de los que durmieron," 1 Cor. 15:20'

El precursor de todos aquellos que, porque Él vive, vivirán también, Juan 14:19.

PRIMOGÉNITO. Esta palabra no ha de entenderse siempre de un modo literal; algunas veces se toma por la principal, la más excelente y distinguida de las cosas, Exod. 4:22; Sal. 89:27; Rom. 8:29; Heb. ·:4-6. Así Jesu-Cristo es "el primogénito de todas las criaturas," Col. 1:15, por cuanto á que fué el "Unigénito" del Padre antes de que criatura alguna recibiese el ser. Es el "primogénito de los muertos," Col. 1:18; porque es el principio y el autor de la resurrección de todos los que mueren en la fé.

Después de que el ángel exterminador hubo muerto á los primogénitos de los Egipcios, Dios ordenó que todos los primogénitos de los Judíos, tanto de hombres como de animales domésticos, le fuesen consagrados, en reconocimiento del derecho que tenía como Dueño y Señor de todo, Exod. 4:22, 23; 19:6; pero los niños varones solamente estaban sujetos á esta ley, y Él apartó á la tribu de Leví para que le prestase sus servicios en lugar de los primogénitos, Núm. 3:12, 45. Si un hombre tenía varias mujeres, estaba obligado á presentar al Señor al primogénito de cada una de ellas. Todos los hijos primogénitos eran presentados en el templo, y redimidos por cinco siclos. El primogénito de un animal limpio era ofrecido en el templo, no para ser redimido, sino sacrificado al Señor, Deut. 12:6; 15:19-21; un animal inmundo, tal como un caballo, un asno ó un camello, era ó redimido ó cambiado: un asno era cambiado por un cordero ó cinco siclos; si no era redimido, se le hacía morir, Exod. 13:2, 11, etc. Entre los Hebreos, así como entre todas las otras naciones, el hijo primogénito disfrutaba de privilegios y honores especiales. Véase PRIMOGENITURA.

"El primogénito de la muerte," Job 18:13, parece significar la principal de las enfermedades mortales; "los primogénitos de los pobres," Isa. 14:30, los más pobres.

PRIMOGENITURA, el privilegio del hijo primogénito. Entre los Hebreos, y á la verdad entre la mayor parte de las demás naciones, el primogénito disfrutaba de derechos especiales; y en donde quiera que la poligamía era tolerada, se hacía de todo punto necesario el fijar esos derechos, Deut. 21:15-17. Además de recibir la bendición principal del padre, Gén. 27, y de otras varias ventajas de menor importancia, el hijo primogénito era ante todo con-

sagrado especialmente al Señor, Exod. 13:11-16; 22:29; y el hijo primogénito de un sumo sacerdote sucedía á su padre en ese cargo. Entre los hijos de Jacob, Ruben su primogénito perdió el derecho de primogenitura, Gén. 35:22; 49:3, 4, y Dios se lo dió á Leví, Núm. 3:12, 13; 8:18. En segundo lugar, el primogénito tenía derecho á una parte de las bienes de su padre, doble de la que recibía cualquiera de los otros hermanos, Deut. 21:17. Compárese la súplica hecha por Eliseo á Elías al partir este, 2 Rey. 2:9. En tercer lugar, sucedía á su padre en su dignidad oficial y en sus derechos, 2 Crón. 21:3. En algunos de estos privilegios, se hace alusión á Aquel que es "el primogénito entre muchos hermanos," Rom. 8:29; Col. 1:18; Heb. 1:2-6. El dominio universal es suyo, así como un eterno sacerdocio. Véase PRIMOGÉNITO.

PRÍNCIPE, I., en Prov. 19:6, hombre liberal. "Príncipe de la fortaleza," Dan. 8:11, Jehová; en vers. 25, "el Príncipe de los príncipes" parece denotar á Cristo, Jos. 5:14; Apoc. 1:5. En Dan. 11:8, en vez de "príncipes," léase "imagenes fundidas."

II. Luc. 24:20; Hech. 14:5; en el Nuevo Testamento se da este nombre á una persona de alta posición é influencia entre los Judíos, algunas veces de autoridad oficial, y como "príncipe de la sinagoga," Mat. 9:18 con Mar. 5:22, 35-38; Luc. 8:49; 13:14; Hech. 13:15; 18:8, 17; véase SINAGOGA; ó como miembro del Sanhedrin, Luc. 23:13, 35; Hech. 4:5, 8; 13:27; 16:19. En muchos casos es imposible decir qué clase se significa. El joven de quien habla Mateo, 19:16-22; Mar. 10:17-22; y á quien Lucas, 18:18-23, llama príncipe, llevaba credenciales, es decir, tenía cualidades en virtud de las cuales muchas de nuestras iglesias le habrían admitido en su seno sin titubear; pero Cristo insiste en que es indispensable que haya cambio de corazón.

PRISCILA, antigua, Rom. 16:3; Hech. 18:2, 18; 1 Cor. 16:19, diminutivo de Prisca, 2 Tim. 4:19, el nombre de la esposa de Áquila, cuya hospitalidad y enseñanzas bíblicas á Apolo, y sabios consejos al joven pastor Timoteo, demuestran cuan útil puede ser una madre creyente.

PRISIÓN ó CÁRCEL. Los Egipcios tenían prisiones encomendadas al cuidado de oficiales militares, Gén. 39:20; 40:3. Algunas veces se usaban los pozos secos ó las cisternas como lugares de encierro, Gén. 37:24; Jer. 38:6-11. Dos personas fueron puestas en la cárcel durante las peregrinaciones de los Israelitas por el desierto, Lev. 24:12; Núm. 15:34; pero la prisión como castigo no fué prescrita por la ley mosaica, En el tiempo de los Reyes, sin embargo, había una cárcel adjunta al palacio, 1 Rey. 22:27; Jer. 32:2; 37:21; comp. Neh. 3:25. Esto también sucedió en tiempo de los Herodes, Mat. 14:3-11; Hech. 12:4. Por los Romanos la fortaleza Antonia era empleada de ese modo, así como el pretorio de Cesarea, Hech. 23:10, 35. Las autoridades sacerdotales tenían también una carcel en Jerusalem, Hechos 5:18-23; 26:10.

PROBAR. Esta palabra tiene dos significados: verificar ó demostrar, Hech. 25:7, y sujetar á examen ó experiencia para conocer alguna cualidad, Ex. 16:4; 20:20; Luc. 14:19 El sustantivo "prueba" se usa también en ambos sentidos, y "probación" se emplea en algunos casos en el último. Adam fué puesto á prueba y cayó, Gén. 2:15-17; 3:1-6; y todos los hijos de Adam están también á prueba, Sal. 7:9; 11:4, con la oportunidad de volverse á Dios y ser salvos, Job 33:14-30; Prov. 28:13; 1 Juan 1:9. La prueba implica que el que es sometido á ella puede distinguir entre el bien y el mal, y sabe que ha de obedecer la conciencia y que merece castigo por la desobediencia; y por otra parte, implica que hay un periodo de tentación y de auxilios divinos para la santidad, y en el cual se verifica la aceptación final ó el desechamiento continuado de las amonestaciones divinas contra el pecado, y se escuchan ó se desoyen los divinos llamamieutos para que nos volvamos del pecado á la vida. Las Escrituras, lejos de sancionar la idea de que el periodo de prueba continúe en caso alguno más allá de esta vida, se opone abiertamente á ella, Prov. 1:24-31; Mat. 25:10; Rom. 2:12-16; Apoc. 22:11; comp. Ecles. 11:3. No es indispensable un conocimiento claro del camino que guía á la salud eterna para que uno pueda experimentar ese sincero pesar por haber pecado, y esa confianza implícita en Dios, que aseguran la salvación, pues durante los tiempos de que trata el Antiguo Testamento él impartía estas gracias salvadoras á multitudes que no tenían un conocimiento claro de Cristo, y es de esperarse que la imparta á muchos en los países paganos, Hech. 10:35; Rom. 2:12, 13.

PROCÓNSUL, presidente, ó capitán, 1 Rey. 22:47; Est. 8:9; 9:3. La palabra griega traducida por "procónsul" en Hechos 13:7, 8, 12; 18:12; 19:38, es el título que comunmente se daba al gobernador de una provincia romana cuando era nombrado por el senado. El uso que de ese título se hace en los pasajes antes-citados, más bien que de otro, vago ó general, es una de tantas pruebas que, sin haberlo intentado así, se presentan de la veracidad de la narración sagrada.

PRÓCORO, jefe del coro, uno de los primeros siete diáconos, Hech. 6:5, de quien no se sabe nada más.

PROFETA. El término hebreo traducido así, parece significar uno que derrama ó vierte . . . . las comunicaciones recibidas de Dios. Otros dos términos hebreos que significan veedores ó videntes, se aplican á menudo á hombres que han recibido esa comisión, 1 Cró. 29:29. En la Biblia española el significado general de la palabra "profeta," que se ha tomado del griego, es uno que habla en lugar de otro, especialmente uno que expresa la voluntad de Dios. Así á Abraham se le llama profeta, Gén. 20:7, y á Aarón, el profeta de Moisés, Ex. 7:1. El significado especial pero más frecuente de la palabra, es uno que dice los acontecimientos futuros. Los encargados de comunicar la voluntad divina recibían de Dios á menudo la facultad de revelar dichos acontecimientos. La profecía en este sentido, es decir, el anuncio de los acontecimientos futuros en virtud de la inspiración recibida de Dios, es muy diferente de una conjetura sagaz y feliz en cuanto á lo futuro, y de un oráculo vago y equívoco, sin ningún significado positivo. Una verdadera profecía procede solamente de Dios, y es la más alta prueba del divino origen del mensaje de cual es una parte, Isa. 41:21-23; 45:21; 46:9, 10. La verdadera profecía puede ser conocida por estas señales: que se anuncie en un tiempo oportuno, antes del acontecimiento que predice; que resulte tener un acuerdo particular y exacto con ese acontecimiento; que sea tal, que ninguna sagacidad ó previsión humana pueda producirla; y que sea pronunciada por uno que fundamente diga que está bajo la inspiración del Todopoderoso. Muchas de las profecías de las Escrituras predijeron acontecimientos muchos siglos antes de que se verificaran, acontecimientos de los cuales no parecía haber entonces ninguna probabilidad de que tuvieran lugar, y cuyo cumplimiento dependía de innumerables contingencias, por envolver la historia de cosas y las voliciones de personas que aún no existían; y con todo, esas predicciones fueron cumplidas, en el tiempo, en el lugar y de la manera que se profetizó que se cumplirían. Tales fueron las predicciones relativas á la venida y crucifixión del Mesías, y á la dispersión y preservación de los Judíos, etc. Las profecías bíblicas abarcan un campo de vasta extensión. Las más antiguas alcanzan hasta el fin de la historia del mundo. El plan se ha venido desarrollando gradual y armoniosamente, de tiempo en tiempo, y por muchas personas diferentes, algunas de las cuales, no comprendiéndolo bien, investigaban diligentemente lo que el Espíritu de Cristo, que estaba en ellas, podía significar, 1 Ped. 1:11. El conjunto es manifiestamente la obra de Jehová, y maravilloso á nuestros ojos. Cubre los escritos proféticos cierto grado de oscuridad que sólo se puede despejar con un estudio asiduo precedido de la oración, y en cuanto á las profecías que todavía no se han cumplido será preciso esperar la llegada de los acontecimientos que al fin lo han de aclarar todo. En muchas predicciones relativas primariamente á acontecimientos ya cercanos, fueron designadas por Dios para que anunciasen con certeza acontecimientos aun más importantes, que tendrán lugar en un porvenir mucho más remoto; pues acontecimientos muy distantes entre sí son mirados por el profeta como si estuvieran lado á lado, así como lo están los objetos cercanos y distantes en la pintura de un paisaje. Así en Isa. 10 y 11 la libertad que Judá alcanzó de los Asirios, está relacionada con la emancipación que efectuó el Mesías. En Zac. 9, los triunfos de Alejandro el Grande están relacionados con la venida del Mesías. En Joel 2:28-31, la efusión pentecostal del Espíritu está relacionada con el último día, como se expresa también por Pedro, Hech. 2; y en Mat. 24, acontecimientos relacionados con la destrucción de Jerusalem y rasgos distintos del fin del mundo están mezclados en la idea general de la venida de Cristo. Respecto de la frase del Nuevo Testamento, "esto fué hecho para que se cumpliese la profecía," véase CUMPLIDO.

Los profetas del Antiguo Testamento de quienes Moisés era un noble ejemplo, Deut. 18:15, 18, eran varones especiales de Jehová, criados y enviados, cuando la ocasión lo requería, para exhortar á los hombres al deber, convencerlos de pecado, llamarlos al arrepentimiento y á la enmienda; para instruir á los reyes, y anunciar contra las naciones los juicios de Dios, 2 Rey. 17:13. Durante el **periodo de los** Jueces, los sacerdotes y Levitas habían, al parecer, degenerado y corrompídose. Se necesitaba una reforma. Para efectuarla fué traido al mundo Samuel, 1 Sam. 3:20, y desde su tiempo los profetas aparecen como una orden regular é importante en la teocracia hebrea. Saúl, David y Salomón, aunque participantes de los dones proféticos, fueron amonestados por ellos; comp. Hech. 2:29-31. Después de la división del reino, los profetas obraron activamente en Israel, nación de la cual se retiraron los verdaderos sacerdotes del Señor, 2 Cró. 11:13, y en donde aquellos conservaron hasta cierto punto el culto puro de Jehová, 1 Rey. 18; 19:10, 14, 18; 2 Rey. 4:9, 23, 42; 2 Crón. 28:8-15. Los más ilustres de los profetas de Israel fueron Elías y Eliseo, Jonás, Amós y Oseas. En Judá una serie de profetas declararon la voluntad de Dios á varios reyes sucesivos, á los sacerdotes y al pueblo. Algunos profetas fueron también historiadores, 2 Crón. 9:29; 26:22; 32:32. La mayor parte de los profetas cuyos escritos se han conservado, pertenecían al reino meridional. Hubo profetas falsos é idólatras, Jer. 23; 28, y algunos que aunque verdaderos intérpretes de la voluntad de Dios, fueron desobedientes en su conducta, Núm. 22-24; pero casi todos los verdaderos profetas de Dios fueron humildes, fieles, abnegados y hombres sin temor, 2 Rey. 1:8; 5:15, 16, á menudo perseguidos y muertos, Hechos 7:52; Heb. 11:32-38; Sant. 5:10, pero que ejercieron un influjo poderoso como testigos de Dios, y formaron un eslabón entre la dispensación mosaica y la cristiana.

Férvidas y vehementes expresiones brotaban algunas veces de personas que se hallaban bajo la influencia del Espíritu de Dios; discursos semejantes en el modo, aunque enteramente diferentes en el asunto, podrían ser llamados proféticos, cuando emanaban de personas llenas de un espíritu maligno, como Saúl, 1 Sam. 18:10.

"Las escuelas de los profetas" se mencionan por primera vez en tiempo de Samuel, y pueden haber sido fundadas por él. Una fué después establecida en Rama, 1 Sam. 19:19, 20; más tarde las hallamos en Gilgal, Betel, Jericó y en otras partes, 2 Rey. 2:1, 3, 5, 15; 4:38; 6:1, 2. Bajo la superintendencia de un profeta anciano llamado "padre ó maestro," 1 Sam. 10:12; 2 Rey. 2:3, los jovenes eran instruidos en la ley y sus interpretaciones, y en la música y la poesía sagrada, cosas que están asociadas siempre con la profecía, Exod. 15:20, 21;

Jue. 4:4; 5:1; 1 Sam. 10:5; 1 Cró. 25:1-6; 2 Rey. 3:14, 15. Aunque esta educación podría poner á los hombres en aptitud de llegar á ser los instrumentos de Dios, el don profético de la inspiración era algo exterior é independiente de ella, habiendo sido conferido, por ejemplo, á Amós que no había recibido educación profética, Amós 7:14, 15.

Los profetas recibían sus mensajes de Dios, algunas veces en visiones, éxtasis y sueños. Comp. Núm. 24:2-16; Isa. 6; Joel 2:28; Hechos 10:11, 12; Apoc. 1:10-20. Estas revelaciones iban en ocasiones acompañadas de manifestaciones imponentes de la Deidad, y en otras eran simplemente infundidas en la mente por el Espíritu de Dios. Sus mensajes eran comunicados á los reyes, príncipes y sacerdotes á quienes más importaban, ó al pueblo en general, por escrito ó de palabra, en los lugares públicos, á menudo con milagros, ó con acciones simbólicas que llevaban por objeto explicarlos y darles mayor valor, Isa. 20; Jer. 7:2; 19; Ezeq. 3:10.

Además de las expresiones proféticas que se hallan diseminadas en muchas de sus otras páginas, el Antiguo Testamento contiene los escritos inspirados de 16 de los profetas hebreos, cuatro de los cuales, Isaías, Jeremías, Ezequiel y Daniel, son llamados profetas mayores, y los otros doce profetas menores. Véase cada nombre en su lugar respectivo, para más detalles.

La época en que aparecieron los profetas canónicos abarca como 430 años, de 850 á 420 A. C. Véase la TABLA correspondiente en el p. 553.

Algún tiempo después de la conclusión del canon del Antiguo Testamento, los Judíos agruparon sus Escrituras en tres grandes divisiones, dándosele á la segunda el nombre de "los Profetas," Luc. 24:44.

En 1 Macab. 4:46; 9:27; 14:41, y en Eclus. 36:15, se manifiesta que los profetas se habían extinguido. La inspiración profética fué conferida á Zacarías y Simeón, Luc. 1:67-79; 2:25-32. El orden profético fué señaladamente representado de nuevo por Juan el Bautista, Mat. 11:7-18; Mar. 1:2-8; Luc. 3:2. Cristo, de quien todos los profetas dieron testimonio, Luc. 24:27, 44; Hech. 10:43; 1 Ped. 1:10, 11, es eminentemente el Profeta de su iglesia en todos los siglos, Deut. 18:15-19; Hech. 3:22-24, y revela por medio de sus inspirados siervos, de sí mismo, y de su Espíritu, todo lo que sabemos de Dios y de la inmortalidad. Sus apóstoles ejercitaron el don profético como maestros inspirados de Dios, "dando testimonio de Jesús," Apoc. 19:10, y prediciendo los acontecimientos futuros. Fueron particularmente privilegiados sobre todos los profetas del Antiguo Testamento, en haber visto al Mesías, Mat. 13:16, 17. El escritor del Apocalipsis es el trasunto de los profetas del Antiguo Testamento á quienes fueron reveladas visiones de lo futuro. En la iglesia apostólica, los profetas eran una clase de hombres que habían recibido dones sobrenaturales, y ocupaban un lugar inmediato al de los apóstoles, 1 Cor. 12:28; Efes. 4:11. Según parece, hablaron por inmediata inspiración, ya fuera con referencia al futuro, como Ágabo, Hech. 11:28; 21:10,11, ó al presente, como en la misión de Pablo y Barnabás, Hech. 13:1-3, ó para explicar públicamente los oráculos de Dios que habían sido dados como doctrina ó práctica, Hech. 15:27, 28, 32; comp. 1 Cor. 11:4, 5; 12:10, 11; 14:1, 3-6, 22-26, 29-33; Efes. 3:5.

Los Griegos daban á sus profetas el nombre de "profetas" ó "intérpretes de las musas," y en este sentido Pablo aplica ese término al poeta Aratus, Tit. 1:12.

PROFETISA, la esposa de un profeta, Isa. 8:3, ó una mujer que tenía el don de la profecía, como, en el Antiguo Testamento, María, Ex. 15:20; Débora, Jue. 4:4; Hulda, 2 Rey. 22:14, y tal vez Anna, 1 Sam. 2:1; en el Nuevo Testamento, Anna, Luc. 2:36-38; Elisabeth y María temporalmente, Luc. 1:41-55. Las cuatro hijas de Felipe el evangelista profetizaron, Hech. 21:9; comp. Hech. 2:17, 18; 1 Cor. 11:5. Noadías era profetisa falsa, Neh. 6:14.

PRÓJIMO. En tiempo de nuestro Señor, los Fariseos habían circunscrito el significado de la palabra "prójimo," á los individuos de su propia nación, ó á sus propios amigos, creyendo que aborrecer á un enemigo no estaba prohibido por la ley, Mat. 5:43. Pero nuestro Salvador les enseñó que los hombres de todo el mundo eran prójimos, y que no debían hacer á otro lo que no quisieran que les hiciese á ellos mismos, y que esta caridad había de incluir aun á los enemigos. Véase la hermosa parábola del Buen Samaritano, quien fué realmente prójimo del necesitado, Luc. 10:29-37.

PROMESA, palabra usada por Pablo para denotar los dones espirituales de Dios, principalmente el Mesías, el Espíritu Santo, y la plenitud de las bendiciones evangélicas, las cuales se garantizaron á Abraham y á otros santos en favor de ellos mismos y de los creyentes que viniesen después de ellos, Rom. 4:13, 14; Gál. 3:14-29. Los "hijos de la promesa" son, ó bien los descendientes de Isaac y de Jacob, á distinción de los de Ismael y de Esaú, Rom. 9:8-13, ó bien los Judíos convertidos al cristianismo, ó todos los verdaderos creyentes que por la fé participan de la promesa de la salvación en Cristo. En Heb. 11:39, "promesa" significa la cosa prometida, Hech. 1:4. Las "preciosas y grandísimas promesas" de Dios, incluyen todas las cosas buenas para esta vida y la futura, que están infaliblemente aseguradas á su pueblo en Cristo, 2 Cor. 1:20; 1 Tim. 4:8; 2 Ped. 1:4. Mediante los infinitos méritos del Redentor, se les ha prometido á los creyentes, que el amor infinito, la sabiduría ilimitada y la omnipotencia serán empleados para su bien; y habiéndoles dado á su único Hijo, Dios les dará con él gratuitamente cualquiera bendición inferior que Él ve les es conveniente, Rom. 8:32.

PRONOSTICADORES, Isa. 47:13, caldeos que pretendían predecir los acontecimientos futuros observando las fases variantes de la luna, ó de mes en mes.

PROPICIACIÓN, la ofrenda que apacigua la ira de aquel contra quien se ha cometido una ofensa. "Cristo es la propiciación por nuestros pecados," Rom. 3:25, por cuanto ó que su solo sacrificio quita los obstáculos que impedían á la misericordia de Dios salvar á los pecadores, y apacigua la ira justa de la ley, 1 Juan 2:2; 4:10. La misma palabra griega se usa en la Septuaginta para denotar una expiación, Núm. 5:8; un sacrificio por el pecado, Ezeq. 44:27; y la cubierta del arca de la alianza, Lev. 16:14; Heb. 9:5. Véase ARCA DE LA ALIANZA.

PROSÉLITO, *recién venido;* entre los Judíos, un convertido del gentilismo al judaismo. La ley mosaica, y después los profetas, mandaban que se diera un trato bondadoso al extranjero—en la Septuaginta "prosélito"—es decir, á uno que no era Israelita de nacimiento pero que moraba en Israel, Lev. 19:33, 34; Deut. 10:18, 19; Jer. 22:3; Zac. 7:10. Se le exigía que guardase el sábado, Exod. 20:10, y que se abstuviese de la idolatría y de la blasfemia, Lev. 20:2; 24:16; tenía derecho á ser protegido en las ciudades de refugio, Núm. 35:15, y podía celebrar el día de la expiación. Lev. 16:29, la fiesta de las semanas y de los tabernáculos, Deut. 16:11, 14, pero no podía celebrar la pascua sin someterse previamente á la circuncisión, Exod. 12:48; Núm. 9:14, pues era en virtud de esta que se incorporaba de un todo en la congregación de Israel, y que se comprometía á observar su ley en todos sus detalles. La dispersión de los Judíos por muchas tierras en el periodo que medió entre la cautividad y el establecimiento del cristianismo, hizo que su fé fuese conocida entre los Gentiles, muchos de los cuales, especialmente las mujeres, se inclinaban á una adopción más ó menos completa de ella, Hech. 2:10; 16:13; comp. Ester 2:7. Los Judíos en su celo por hacer prosélitos, empleaban algunas veces medios vituperables. Así en el tiempo de los Macabeos, Juan Hircano hizo prosélitos á los Idumeos por la fuerza, 130 A. C. Y nuestro Salvador reprende á los Fariseos por su celo ciego en cuanto á hacer prosélitos al judaismo ceremonial, sin cuidarse de la circuncisión del corazón, Mat. 23:15; Rom. 2:28, 29. Los Rabinos recientes, es decir, los del segundo siglo A. D. para acá clasifican á los prosélitos: 1. "prosélitos (ó extranjeros) dentro de la puerta," Exod. 20:10, quienes sin estar circuncidados ó sin adoptar todo el ritual judío, abrazaban el monoteismo y las esperanzas mesiánicas de los Judíos, y observaban lo que los Rabinos llamaban "los siete preceptos de Noé," contra la idolatría, la blasfemia, el homicidio, el incesto, el robo, la resistencia á los magistrados, y el comer sangre ó animales cuya sangre no hubiera sido derramada. A esta clase pertenecían probablemente el centurión de que trata Luc. 7, los Griegos mencionados en Juan 12:20, Cornelio, Hech. 10, y tal vez otras personas que no eran judías, mencionadas como "devotas y temerosas de Dios." 2. Los "prosélitos de la justicia," esto es, los prosélitos completos ó efectivos, que obligados á la perfecta observancia de la ley mosaica, y de la circuncisión, el bautismo y una ofrenda, obtenían todos los derechos de los Judíos que lo eran de nacimiento, á quienes á menudo excedían en fanatismo, Mat. 23:15; comp. Hech. 13:50. Muchos prosélitos se convirtieron al cristianismo, Hech. 6:5; 13:43; 16:14; 17:4; 18:7.

PROVERBIOS DE SALOMÓN, uno de los libros poéticos del Antiguo Testamento, colección de agudas y sentenciosas máximas morales, fruto de la sagacidad y la experiencia humana, pero sobre todo, de la inspiración de Dios. Salomón, que expresó más de 3,000 proverbios, 1 Rey. 4:32; Ecl. 12:9, fué el principal autor, como por el año 1000 A. C.; pero el libro, que puede haber sido compilado en su presente forma en el reinado de Ezequías, Prov. 25:1, contiene proverbios de fecha posterior y de procedencia diferente de la de los de Salomón. No hay libro del Antiguo Testamento cuya autoridad canónica esté mejor comprobada, y el Nuevo Testamento lo cita á menudo ó hace alusión á él; véase Rom. 12:20; 1 Tes. 5:15; Heb. 12:5, 6; Sant. 4:6; 1 Ped. 4:8; 2 Ped. 2:22. Sus "palabras aladas" son un rico almacén de sabiduría celestial, y pocas cuestiones pueden suscitarse en la vida real, sobre las cuales no puedan ellas arrojar luz. Un misionero en la India dice que ningún libro de la Biblia es tan popular entre los naturales como el de los Proverbios, por cuanto se adapta tan admirablemente á las costumbres y necesidades del pueblo oriental.

Las partes principales son como siguen:

1, Caps. 1 á 9. Una serie de proverbios bien encadenados que recomiendan y describen la verdadera sabiduría que viene de lo alto y comienza en el temor de Dios; contienen á la vez amonestaciones en contra de la necedad.

2. Caps. 10 á 22:17. Una colección de máximas separadas morales y prácticas, con frecuentes referencias al Señor como testigo y remunerador de la conducta humana.

3. Caps. 22:18 á 24:22. Una serie unida que recomienda la justicia y la prudencia.

4. Cap. 24:23-34. Dichos separados de varios sabios.

5. Caps. 25 á 29. Otra colección de proverbios por Salomón, copiados por los empleados de Ezequías.

6. Cap. 30. "Las palabras de Agur el hijo de Jakeh," que ministran ejemplos de los Proverbios enigmáticos tan populares en el Oriente.

7. Cap. 31:1-9. "Las palabras del rey Lemuel," exhortaciones á la templanza y á la justicia.

8. Cap. 31:10-31. Un poema alfabético y acróstico, que enumera las cualidades de la mujer virtuosa, y hace el elogio de ella.

PROVIDENCIA, un cuidado directivo y previsor. La providencia de Dios sostiene y gobierna todo lo creado. Su operación es tan extensa como el universo, y tan incesante como el curso del tiempo. Todos sus atributos toman parte en ella. Provee al cuervo su alimento, y satisface las necesidades de todo ser viviente. La Biblia nos muestra que toda la naturaleza

le dirige su mirada, y depende de él, Job 38:41; Sal. 104; 145:15, 16; 147:8, 9; y constantemente declara que todo acontecimiento, así como todo sér, están enteramente subordinados á él. No hay nada en el universo que pueda llamarse casual: "La suerte se echa en el seno; mas de Jehová es todo su juicio." Prov. 16:33. Ni un gorrión, ni un pelo de la cabeza cae al suelo sin su conocimiento, Isa. 14:26, 27; Mat. 10:29, 30; Hech. 17:24-29. Cualquiera cosa que no fué demasiado pequeña para que Dios la crease, ni demasiado pequeña para que él deje de conservarla y gobernarla. La historia de cada hombre, la organización y la caida de las naciones, y el progreso de la iglesia de Cristo, revelan á cada momento la mano de Aquel que "obra todas las cosas según el consejo de su propia voluntad."

PROVINCIA, I., se usa probablemente en el sentido de "tribu," en 1 Rey. 20:14-19.

II. En otros pasajes denota las divisiones del imperio Caldeo, Dan. 2:49, y del imperio Persa, Esd. 2:1; Ester 1:3, 22, siendo estas secciones más pequeñas de las satrapías, cada una de las cuales tenía su propio gobernador.

III. Hech. 23:34; 25:1. Después de la batalla de Actium, 27 A. C., Augusto dividió las provincias romanas en provincias senatorias é imperiales, asignando al senado las que podían gobernarse fácilmente, y reteniendo las turbulentas para sí mismo. Sobre cada provincia senatoria se nombraba anualmente por el Senado un procónsul con poderes puramente civiles. Una provincia imperial era gobernada por un delegado ó presidente, ó en algunos casos por un procurador nombrado por el emperador. Entre las provincias imperiales se contaba Siria, de la cual Judea era una sub-provincia, gobernada por un procurador, que era auxiliado en sus funciones por un "consejo," Hech. 25:1, 12. Un ciudadano romano tenía el derecho de apelar de un gobernador provincial, al emperador, vers. 11.

PTOLOMEO ó TOLOMEO. El nombre dinástico de los reyes griegos de Egipto.

I. Ptolomeo, I., Soter, 323-285 A. C., el fundador de la dinastía, probablemente hijo de Filipo de Macedonia, fué uno de los generales de Alejandro el Grande. Después de la muerte del conquistador, Ptolomeo se apoderó de Egipto, 323 A. C., y lo defendió contra Pérdicas, 321, Demetrio, 312, y Antígono, 301 A. C. En una expedición contra Siria, probablemente 320 A. C., tomó á Jerusalem en un sábado, y llevó cautivos á muchos Judíos á Egipto, en donde, sin embargo, los trató bondadosamente; y fundó una floreciente colonia de Judíos. Se supone que á él se hace referencia en Dan. 11:5, como "el rey del sur."

II. Ptolomeo II., Filadelfo, 285-247 A. C., hijo del anterior. Fué amante de la instrucción, fundó la biblioteca y el museo de Alejandría, y se dice que mandó hacer la traducción Septuaginta del Antiguo Testamento. Procuró hallar una base en que la religión hebrea y la filosofía griega pudiesen descansar juntas. En una guerra con Antíoco II., de Siria, aseguró la paz 350 A. C., casando á su hija Berenice con el rey de Siria; véase Dan. 11:6.

III. Ptolomeo III., Euérgetes, 247-222 A. C., hijo del anterior, invadió á Siria, como por el año 246 A. C., para vengar el repudio y el asesinato de su hermana Berenice. Extendió sus conquistas á Antioquía y á Babilonia, ofreció sacrificios en el templo de Jerusalem, y devolvió á Egipto los ídolos egipcios que Cambises había llevado á Babilonia, Dan. 11:7-9.

IV. Ptolomeo IV., Filópator, 222-205 A. C., hijo del procedente. Después de la invasión de Egipto por Antíoco el Grande, Ptolomeo ganó una gran victoria sobre el rey de Siria en Rafia, cerca de Gaza, 215 A. C., Dan. 11:10-12; y habiendo ofrecido sacrificios de acción de gracias en el templo de Jerusalem, intentó entrar al santuario, pero fué herido de parálisis repentinamente.

V. Ptolomeo V., Epífanes, 205-181 A. C., tenía sólo 5 años de edad á la muerte de su padre Ptolomeo IV. Durante su minoría Antíoco el Grande tomó á Cele-Siria, Fenicia y Judea, en donde había una fuerte facción Siria entre los Judíos; y muchos de los Judíos que favorecían la dinastía ptolomeana, buscaron refugio en Egipto; por la mediación de Roma, y el casamiento de Cleopatra la hija de Antíoco, con Ptolomeo, 193 A. C., Egipto y Siria se reconciliaron, pero el poder de Egipto decayó rápidamente, Dan. 11:13-17. Ptolomeo fué envenenado cuando preparaba una expedición contra Seleuco, el hijo de Antíoco el Grande.

VI. Ptolomeo VI., Filómeter, 181-146 A. C., tenía 6 años de edad cuando murió su padre. Bajo la regencia de su madre, Egipto disfrutó de paz con Siria; pero después de la muerte de ésta, 173 A. C.,

Antíoco Epífanes invadió á Egipto, ó hizo prisionero á Ptolomeo. Su trono fué entonces ocupado por su hermano menor, Ptolomeo Fiscon, con quien después que recobró su libertad compartió el reino. Otra invasión de Egipto por Antíoco, 168 A. C., fué contrarestada por los Romanos, Dan. 11:25-30. Durante su reinado, el sumo sacerdote Onías buscó refugio en Egipto contra los desórdenes de Jerusalem, y fué edificado el templo judío en Leontópolis, proporcionando un centro religioso á los Judíos que estaban en Egipto.

PUA ó PUVAH, *boca*, hijo de Isacar, Gén. 46:13; Num. 26:23; 1 Crón. 7:1.

PUBLICANO, un empleado de la hacienda pública encargado de la recaudación de contribuciones. Entre los Romanos había dos clases de recaudadores; unos eran empleados superiores y generales, y otros los que aquellos enviaban á cada provincia, y les eran subalternos. Los primeros percibían y reunían las rentas del imperio, y daban cuenta de ellas al emperador. Estos hombres disfrutaban de grandes consideraciones en el gobierno, y Cicerón dice que entre ellos figuraba la flor de los caballeros romanos, la gala de la ciudad, y la fuerza de la nación. Pero los segundos, es decir, los sub-colectores, ó publicanos de más baja categoría, eran mirados como ladrones ó rateros. Habiendo sido preguntado Teócrito cuales eran las más crueles de todas las fieras, contestó: "Entre las bestias del desierto, el oso y el león: entre las bestias de la ciudad, el publicano y el parasito." Entre los Judíos el nombre y la profesión de publicano eran en extremo odiosos. No podían ver sin la mayor repugnancia, que los publicanos cobraran los tributos y contribuciones que les eran impuestas por los "extranjeros," los Romanos. Las Galileos ó herodianos especialmente, se sometían á esto de muy malgrado, y aun lo creían ilegal, Deut. 17:15. A aquellos de su propia nación que aceptaban semejante cargo, se les miraba como paganos, Mat. 18:17. Aun se dice que no les permitían que entraran al templo ó á las sinagogas, que tomaran parte en las oraciones públicas, desempeñaran cargos de judicatura, ó dieran testimonio en un tribunal de justicia.

Había muchos publicanos en Judea en tiempo de nuestro Salvador. Zaqueo probablemente era uno de los recaudadores superiores, puesto que se le llama "el principal entre los publicanos," Luc. 19:2; pero Mateo era un publicano inferior, Luc. 5:27.

Los Judíos reprochaban á Jesús que fuera "amigo de los publicanos y pecadores, y que comiese con ellos," Luc. 7:34; pero Él, conociendo el egoismo, la incredulidad y la hipocresía de sus acusadores, replicó: "Los publicanos y las rameras os van delante al reino de Dios," Mat. 21:31. Compárese también el bello comportamiento del publicano penitente en el templo, y el espíritu del fariseo que se justificaba á sí mismo, Luc. 18:10-14.

PUBLIO, el gobernador de Melita cuando Pablo naufragó en aquella isla, 60 A. D., Hech. 28:7-9.

PUERCO, Prov. 11:22, animal bien conocido, prohibido como alimento á los Hebreos, quienes veían su carne con tal horror, que no querían ni aun pronunciar su nombre, Lev. 11:7; Deut. 14:8. Tiene la pezuña hendida, pero no rumia el alimento, y como el animal vivo tampoco prestaba utilidad alguna, no se practicaba su cría por los Hebreos, ni ahora se practica por los Judíos ó Mahometanos modernos. El hecho de comer carne de puerco se contaba entre las más odiosas de las abominaciones idolátricas que se imputaban á algunos de los Judíos, Isa. 65:4; 66:3, 17. La manada de puercos destruida por los espíritus malignos en el Mar de Genezaret, Mat. 8:32; Mar. 5:13, se supone que pertenecía á Judíos que en contraven-

EL PUERCO MONTÉS.

ción á lo preceptuado por la ley, los vendían á los gentiles que tenían de vecinos. La hermosa y conmovedora parábola del hijo pródigo manifiesta que el empleo de cuidar puercos era uno de los más degradantes, Luc. 15:14-16. Lo incorregible de los hábitos asquerosos de este animal ejemplifica la imposibilidad de la enmienda sin previa regeneración, 2 Ped. 2:22; así como su hábito de hollar en el fango cualquier objeto precioso que no puede comer, ejemplifica el modo como algunos hombres relajados tratan el evangelio, Mat. 7:6. Véase PUERCO MONTÉS.

PUERCO MONTÉS. El puerco montés se considera como el antecesor del cual desciende la familia del puerco común. Es un animal fiero y formidable. Sus colmillos son más grandes y fuertes que los de los animales domesticados. Su color es gris oscuro, tirando á negro. Su trompa es larga, y sus orejas pequeñas. Los puercos monteses se encuentran en el Monte Carmelo, y cerca del Mar de Tiberíades. Á las destructoras correrías de estos animales se hace referencia en Sal. 80:13.

PUERRO, verdura bulbosa parecida á una pequeña cebolla. Los Hebreos se quejaron en el desierto de que el maná se hacía insípido para ellos: y suspiraban por los puerros y las cebollas de Egipto, Núm. 11:5. Hasselquist dice que el karrat ó puerro que conocemos, es una de aquellas legumbres que los Israelitas deseaban, porque ha sido cultivado en Egipto desde tiempo inmemorial. La palabra hebrea se traduce comúnmente "yerba" en la Biblia española.

PUERTA. Las puertas de las ciudades amuralladas del Oriente eran generalmente de dos hojas y de madera, Jue. 16:3, cubiertas á menudo de gruesas láminas de hierro ó de cobre, Sal. 107:16; Isa. 45:2; Hech. 12:10, aseguradas con cerrojos y barras, Deut. 3:5; 1 Rey. 4:13, y tenían torres á los lados, 2 Sam. 18:24, 33. Eran á veces dobles, es decir, había una por fuera y otra por dentro, 2 Sam. 18:24, 33, y sobre ellas se construían atalayas. Las puertas del palacio y del templo estaban muy adornadas, Deut. 6:9; 1 Rey. 6:31-33; 2 Rey. 18:16; Ezeq. 41:23-25. Las puertas grandes tenían llaves de dos piés ó más de largo. Comp. Isa. 22:22. Algunas puertas eran de losas labradas, Isa. 54:12; Apoc. 21:21, y muchas puertas de piedra se hallan en las ruinas del Hauran.

Una ciudad se consideraba generalmente como tomada cuando el enemigo se apode-

PUERTA ANTIGUA.

raba de sus puertas, Deut. 28:52; Jue. 5:8. Por esto es que *puerta* significa algunas

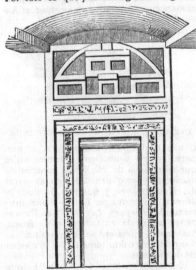

ANTIGUA PUERTA EGIPCIA.

veces poder, dominio. Dios promete á Abraham que su posteridad poseerá las puertas de sus enemigos, es decir, sus ciudades, sus fortalezas, Gén. 22:17. Así también la expresión "las puertas del infierno" significa el poder de la muerte ó del infierno mismo, Mat. 16:18. "La Sublime Puerta" de Constantinopla significa los dignatarios del Gobierno Turco. Comp. Jer. 43:8-11; 1 Rey. 7:7. En las ciudades orientales había siempre un espacio abierto ó lugar adyacente á cada puerta, que servía tanto para el mercado, como para administrar justicia, Gén. 23:10-18; Rut 4:1-12; Deut. 16:18; 21:19; 25:6, 7; 2 Rey. 7:1; Neh. 13:19; Prov. 22:22; Amós 5:10, 12, 15. Véase igualmente Dan. 2:48, 49; Zac. 8:16. Allí se reunía también la gente á pasar sus ratos de ocio, Gén. 19:1; á menudo personas holgazanas y vagabundas que se juntaban con los borrachos, Sal. 69:12. Las aflicciones por que pasaba una ciudad se echaba de ver en el duelo ó soledad que se notaban en esos puntos de reunión, Isa. 14:31; Jer. 14:2. Allí se hacían las proclamas públicas, y se comunicaban al pueblo los mensajes de los profetas, Prov. 1:21; 8:3; Isa. 29:21; Jer. 17:19; 26:10. Cerca de la puerta de la ciudad, pero fuera de ella, tenían lugar las ejecuciones de los reos, 1 Rey. 21:13; Hech. 7:58; Heb. 13:12. Alzar la puerta de una casa más de lo necesario, por orgullo, aumentaba el peligro en que se estaba de ser robado, Prov. 17:19. Abrirla de par en par, era señal de alegría y bienvenida, como cuando el Salvador ascendió al cielo, Sal. 24:7, 9; y las puertas abiertas de la Nueva Jerusalem, en contraste con las de ciudades terrenales cuidadosamente cerradas y defendidas al caer la noche, indican la feliz seguridad de aquel mundo de luz, Apoc. 21:25. Véase JERUSALEM.

PUL, I., rey asirio como por el año 765 A. C., en que Asiria se menciona por primera vez en la Escritura después del tiempo de Nimrod. Invadió á Israel durante el reinado de Menahem, pero fué inducido á retirarse por un presente que se le hizo de 1,000 talentos de plata, equivalente por lo menos á $1.500,000, 2 Rey. 15:19, 20; 1 Crón. 5:26. Se le identifica con Phul-lukh, el de las planchas de Nínive, en donde se dice que invadió á Siria y recibió tributo de Samaria. Véase TEGLAT-FALASAR.

II. Nombre dado en Isa. 66:19, á una región ligada con Tarsis y Lud. Bochart y otros suponen que es la isla Philæ en el Nilo cerca de Etiopía, con el país circunvecino; otros la colocan en alguna región remota de África; por la Septuaginta es identificada con Put, nombrada con Lud en Egipto, en Ezeq. 27:10; 30:5. Véase PUT.

PULGÓN, en la versión de Reina se traduce por esta palabra la hebrea que significa una especie de langosta, quizá en el estado de larva, Joel 1:4; Nah. 3:15, 16.

PUNON, *oscuridad*, estación cerca del término de las peregrinaciones en el desierto, entre Salmona y Obot, Núm. 33:42, 43. Jerónimo la identificó con el Phœno idumeo, entre Petra y Zoar, en donde había minas de cobre trabajadas por los reos convictos. Palmer piensa que tal vez es la misma estación llamada ahora Anezeh, en el camino que siguen los peregrinos de Damasco á la Meca.

PURA, *rama*, criado de Gedeón, Jue. 7:10, 11.

PURIFICACIONES, en el sentido legal y ceremonial, estaban prescritas por la ley mosaica para diferentes ocasiones, y eran efectuadas por el uso del agua aplicada en baños ó rociamientos, combinada en los casos más graves de contaminación ceremonial, con sacrificios ofrecidos en la casa del Señor, Lev. 12 á 15; Núm. 19; Luc. 2:22-24. La verdad espiritual á que así se daba énfasis, era la necesidad en que el hombre estaba de purificarse del pecado, y lo indispensable de un sacrificio expiatorio para efectuarlo, Isa. 1:16; Ezeq. 36:25; Zac. 13:1; Heb. 9:10, 13, 14, 19-23; 10:22. Después de la vuelta de los Judíos de la cautividad, las purificaciones especialmente por los Fariseos se hicieron más numerosas de lo que exigía la ley; y perdiéndose de vista su significación espiritual, eran practicadas como si por sí mismas constituyesen un ritual salvador, Mar. 7:1-8, 18-23. Véase LAVAMIENTO.

PURIM, *suertes*, festividad instituida como por el año 474 A. C., por Ester y Mardoquéo en el reinado de Asuero ó Jérjes, rey de Persia, para conmemorar el libramiento providencial de los Judíos de la matanza premeditada por Amán, Ester 9:20-32. La festividad tomó su nombre del hecho de haberse echado suertes en presencia de Amán, buscando un día propicio para destruir á los Judíos, Ester 3:7. Como el día que se señaló así había de ocurrir once meses después de aquel en que se promulgaron los decretos reales, vers. 8-15, se concedió providencialmente un intervalo suficiente á Mardoquéo para buscar y poner en ejecución medidas que se encaminasen á la preservación de su pueblo, Ester 4:1-8, 14; 9:1-19; así la su-

perstición de Amán fué un instrumento que le atrajó su propia ruina; comp. Prov. 16:33. Esta festividad era observada en el día 14 y 15 de Adar, Ester 9:16-19, y era precedida por un ayuno en el 13, en memoria del ayuno de Ester, Ester 4:16. El libro de Ester era leido públicamente en la sinagoga y la congregación unía su voz para maldecir á Amán y Zeres, y para bendecir á Mardoquéo y Ester. Después de los cultos de la sinagoga en la tarde, y en la mañana del día 14, seguía la fiesta, la cual se celebraba en dicho día y el siguiente con festines privados, regalos mútuos, limosnos, juegos y holganza. Todavía se observa por los Judíos en el mes de Marzo. "El templo puede faltar, pero el Purim jamás," es un proverbio judío. Algunos piensan que se hace alusión al Purim en Juan 5:1, pero es más probable que sea á la pascua.

PÚRPURA. La famosa y costosa púrpura de Tiro, el color regio de los antiguos, se refiere por la fábula que fué descubierto por el dios Melkat, el Hércules tiriano, cuyo perro habiéndose comido por casualidad la concha de un marisco llamado púrpura, y volviéndose á su amo con los labios teñidos del color llamado así, dió lugar al descubrimiento de esta preciosa tintura. Dos clases de púrpura se mencionan en el Antiguo Testamento: 1. AR-

CARACOL TIRIANO: MUREX TRUNCULUS.

GAMÁN, traducida en nuestra versión "púrpura," y que denota una púrpura rojiza que se obtiene de una ó más especies de mariscos de los que se hallan en las costas del Mediterráneo, y que son sin duda el *Murex Trunculus* de Lineo, y probablemente la *Púrpura Lapillus*. 2. TECHETETH, traducida en la versión de Reina, "cárdeno." Esta era una púrpura azulosa ó cerulea, obtenida también de otra especie de marisco.

El color "escarlata" ó "carmín," porque las dos palabras denotan esencialmente el mismo color, era producido por el insecto llamado cochinilla, *Coccus ilicis*. Todos

estos colores eran sagrados entre los Hebreos, y se usaban para teñir las vestidu-

PÚRPURA LAPILLUS.

ras sacerdotales y los muebles del tabernáculo, Exod. 26:1, 14, 31, 36; 28:31; Núm. 4:6-12; 15:38.

La "púrpura" de los antiguos parece haber incluido muchos tintes extraidos primitivamente del marisco y modificados por varios procedimientos en que los Tirios sobresalían. Como cada marisco producía solamente unas cuantas gotas de materia colorante, la púrpura más fina tenía un precio muy alto. Los vestidos de púrpura eran usados por los reyes y primeros magistrados de la antigua Roma, y Nerón prohibió su uso á sus súbditos bajo pena de muerte. Á nuestro Salvador se le vistió con una túnica regia de púrpura para hacer mofa de su título de "Rey de los Judíos," Juan 19:2, 5, Comp. también Jue. 8:26; Ester 8:15; Prov. 31:22; Dan. 5:7; Luc. 16:19. Moisés usó en la obra del tabernáculo y en los ornamentos del sumo sacerdote muchos géneros, especialmente de lana, teñidos de púrpura y de carmin, Exod. 25:4; 26:1, 31, 36; 39:1; 2 Crón. 3:14. Los Babilonios vestían también á sus ídolos de túnicas de color de púrpura y azul, Jer. 9:10; Ezeq. 23:15; 27:7, 16.

PUT ó FUT, *afligido ó un arco*, Gén. 10:6; 1 Crón. 1:8, hijo de Cam; en otras partes se da este nombre á sus descendientes y al país en que residían. En Nah. 3:9; Jer. 46:9, y Ezeq. 30:5, se mencionan como aliados de Egipto; en Ezeq. 27:10, como aliados de Tiro; y en Ezeq. 38:5, como aliados de Gog. En la Biblia española esta palabra se traduce algunas veces "Libia" ó los "Libios." Josefo y muchos eruditos modernos identifican á Put con Libia, al oeste de Egipto, región ocupada ahora por los Moros. Véase LIBIA. Otros con la moderna Nubia, región que se halla entre el Egipto y la Etiopía, llamada en los monumentos egipcios To-pet, la región del aseo.

PUTEOLI, *pozos sulfurosos*, estaba en la orilla septentrional de una pequeña bahía, que corría hacia el norte, al oeste de la bahía mayor de Nápoles. Baiœ estaba

en la orilla occidental. La ciudad daba antiguamente su nombre á toda la bahía, incluyendo á Nápoles. Era un lugar favorito de baños entre los Romanos, que acudían á sus manantiales termales para la curación de varias enfermedades; pero especialmente era el gran puerto de Roma, aunque distaba de ella 141 millas al sudoeste. Los buques alejandrinos que llevaban grano, descargaban allí, y gozaban el privilegio especial de entrar al puerto con todas sus velas izadas. Allí desembarcó Pablo y halló cristianos con quienes pasó una semana, Hech. 28:13, 14. El antiguo nombre griego de este lugar era Dicæarchia. Cicerón tenía una villa cerca de Puteoli, Nerón fraguó allí el asesinato de su madre; Vespasiano concedió á esa ciudad privilegios especiales; Adriano fué sepultado en ella. Pozzuoli, la Puteoli moderna, es una pequeña ciudad 7 millas al oeste de Nápoles. Los restos de la antigua ciudad son un acueducto, algunos depósitos de agua, un anfiteatro, unos baños, un edificio llamado el templo de Serapis, y 13 de los 25 arcos que sostenían el gran muelle en donde desembarcaban los pasajeros y las mercancías.

PUTIEL ó FUTIEL, *afligido de Dios*, suegro de Eleazar el sacerdote, Exod. 6:25.

Q.

QUARANTANIA, *cuarenta*, montaña como 7 millas al N. O. de Jericó. No se menciona en la Biblia, pero la tradición la señala como el lugar en que pasó la escena de la tentación de nuestro Señor, Mat. 4. Es extraordinariamente escabrosa, y de 1,200 á 1,500 piés de altura: sus faldas rocallosas y llenas de precipicios, contienen muchas cuevas, que antes servían de retiro á los hermitaños y á los ladrones. Desde su cumbre, accesible sólo por el lado occidental, se presenta un hermoso panorama. Había un monasterio en la montaña en el tiempo de las cruzadas.

QUEBRANTAHUESO, ó AZOR, en Hebreo, PERES, de PARAS, *quebrantar:* ave inmunda de la familia del águila, Lev. 11:13; Deut. 14:12. Algunos intérpretes piensan que se alude al buitre barbudo; otros opinan que á pájaro del monte parecido al buitre de los Alpes, que quebrant los huesos de las cabras silvestres, cazándolas y dejándolas caer en los precipicios. Tiene de 4 á 5 piés de longitud, y de 8 á de la extremidad de una ala á la de la otra.

QUEBRANTAMIENTO, implica algún daño de hecho, Ezeq. 7:26.

QUEMA, este modo cruel de ejecutar á los reos no era desconocido á los Hebreos. Se habla de este acto en Gén. 38:24; Lev. 20:14; 21:9; Jer. 29:22; Dan. 3:6.

QUERUBINES, un orden de seres celestiales ó de representaciones simbólicas á que á menudo se hace referencia en el Antiguo Testamento y en el Libro del Apocalipsis. Los querubines se representan en ocasiones como criaturas vivas, Gén. 3:24; Ezeq. 1; Apoc. 4; ó como imagenes hechas en tapicería, oro ó madera, Exod. 36:35; 37:7; Ezeq. 41:25; como que tuvieran una, dos ó cuatro caras, Exod. 25:20; Ezeq. 10:14; 41:18, con dos, cuatro ó seis alas, 1 Reyes 6:27; Ezeq. 1:6; Apoc. 4:8; en la forma más sencilla, como en las figuras de oro hechas sobre el arca de la Alianza, ó en la más complexa y sublime, como en las admirables visiones que Ezequiel tuvo de la gloria de Dios, columbrándolo y gobernándolo todo y ejecutando irresistiblemente y con la prontitud del pensamiento todos sus sabios y justos decretos, Ezeq. 1; 10. La más completa de estas descripciones representa el querub como una figura con alas, de la forma del hombre, llena de ojos, y con cuatro cabezas, de las cuales una era de hombre, otra de león, otra de buey y otra de águila, con ruedas que daban vuelta en todas direcciones con la rapidez del relámpago; presentando las formas terrenales más sublimes y los poderes de la creación en unión y armonía perfectas, Ezeq. 1; 10; 41; Apoc. 4. Comunmente también los querubines se encuentran en cierto modo aproximados á Dios; se ocupan en la adoración y el culto más excelso, moviéndose en precisa conformidad con su voluntad, Salm. 18:10; Ezeq. 1:26; 10:20; Apoc. 4. Se ven en el templo inseparablemente asociados con el *propiciatorio*, "los querubines de la gloria," Heb. 9:5, hechos de la misma masa de oro puro, Exod. 25:18, 19, inclinándose reverentemente sobre el lugar en que está presente Dios, Salm. 99:1; donde Él se reunía con su pueblo, Núm. 7:89, aceptaba la sangre de expiación, Lev. 16:14–16, y resplandecía como su Salvador, Salm. 80:1; Isa. 37:16.

QUESO, varias veces se alude á él en las Escrituras, y es todavía un artículo importante de alimento en el Oriente, 1 Sam. 17:18; 2 Sam. 17:29. Es comúnmente blanco y muy salado; suave cuando está fresco, pero pronto se pone duro y seco. Un queso era del tamaño de un plato pequeño, Job 10:10. El valle de los queseros en Jerusalem, Tiropeón, estaba entre los montes Sión y Moría.

QUICIALES ó QUICIOS, espigones, que á veces formaban una pieza con la puerta, y giraban en agujeros hechos en la parte superior é inferior del marco de esta, Prov. 26:14. Los quicios ó espigones de oro de que se habla en 1 Rey. 7:50, eran piezas separadas, á propósito para acomodarlos en el lugar correspondiente de las puertas.

R.

RAAMA, *temblor*, Ezeq. 27:22, pueblo comercial que traficaba con Tiro, probablemente llamado así según Raama un hijo de Cus, Gén. 10:7; 1 Crón. 1:9; cuyos descendientes se supone que se establecieron en la orilla S. O. del Golfo Pérsico, muy cerca de la ciudad de Daden, que representaba la antigua Dedan. La Septuaginta en Gén. 10:7, traduce la palabra Raama por Rhegma, nombre mencionado por Ptolomeo, el geógrafo egipcio, en el segundo siglo, como el de un lugar que se hallaba en el territorio de los Anariti, tribu arábiga de aquella región.

RAB, RABBÍ. La palabra RAB en Hebreo y en Caldeo, significa grande ó jefe; así Nabuzardan es el jefe ó capitán de la guardia, 2 Rey. 25:8, en Hebr. RAB-TABBA-CHIM; y Aspenaz es el RAB, *jefe ó príncipe* de los eunucos, y Daniel de los magos, Dan. 1:3; 5:11. Véase RAB-MAG. En un periodo posterior fué introducido como título solemne de honor en las escuelas judías, y significaba Señor, Maestro, Doctor. Había varias distinciones y grados; el término Rab se tenía como algo menos honroso que el de Rabbí, pues significado este *mi maestro*, indicaba una dignidad más alta. Otra forma de dicha palabra, era Rabban ó Rabbon, de la cual viene también Rabboni, Mar. 10:51, *griego*, Juan 20:16. Este dictado era considerado como el título de honor más alto, y nunca se aplicaba formalmente á más de siete personas, todas las cuales pertenecían á la célebre Escuela de Hillel, y eran en un grado eminente distinguidas por su rango é instrucción. Véase GAMALIEL.

El dictado más común y usual después, fué el de Rabbí, el cual ha continuado entre los Judíos hasta el presente día, Mat. 23:7, 8. Este título era dado á menudo al Salvador, tanto por sus discípulos como por el pueblo, Mar. 9:5; 11:21; Juan 1:38, 49; 4:31; 6:25.

RABBAT ó RABBA, *grandeza*, I., Rabbat de los Ammonitas, Deut. 3:11. Jos. 13:25, la ciudad principal de los Ammonitas, estaba en un pequeño valle como 22 millas al este del Jordán, 14 millas al N. E. de Hesbón, y 19 al S. E. de Ramot Galaad; ahora se llama es-Salt. Un pequeño río, llamado ahora Nahr Amman, tributario del Jabboc, corría por la ciudad. Habiendo suscitado los Ammonitas una guerra con Israel, sitió Joab á Rabbat, y allí fué muerto Urías según el plan urdido por David, 2 Sam. 11:14-17; 12:9. Después de un largo sitio, Joab tomó "la ciudad de las aguas," probablemente la parte más baja de la ciudad, atravesada por el río; mandó llamar entonces á David, quien fué con refuerzos, y capturó la ciudadela que estaba en el cerro al lado del norte, 2 Sam. 12:26-31; 1 Crón. 20:1-3. David recibió después un auxilio oportuno de un ciudadano de Rabba, 2 Sam. 17:27-29. Los Ammonitas volvieron á conseguir su independencia, y en varias ocasiones se usurparon las legítimas posesiones de Israel, se gloriaron de la desolación de ambos reinos, y maltrataron á los que cayeron bajo su poder. Por esto fué que se predijeron juicios severos contra Rabba, Am. 1:13-15; Jer. 49:1-3; Ezeq. 25:1-5; comp. Jer. 40:14. Probablemente Nabucodonosor subyugó á los Ammonitas después de su conquista de Judá, Ezeq. 21:19-21; comp. Jer. 25:8, 9, 15, 21. Rabba fué un lugar de importancia bajo los Ptolomeos, el segundo de los cuales, Filadelfo, 285-247 A. C., la reedificó y volvió á darle su nombre. Los escritores griegos y romanos hablan de ella con el nombre de Filadelfia. Allí se abastecían las caravanas de agua antes de cruzar el desierto de Arabia, y contenía una guarnición para repeler las incursiones de las tribus nómades. Antíoco el Grande la tomó del poder de Ptolomeo Filópator, 218 A. C. Herodes el Grande la tomó del de los Árabes, 30 A. C. En los tiempos del Nuevo Testamento era una ciudad principal de Decápolis, y conservó su importancia hasta el siglo cuarto, en que fué el asiento de una iglesia cristiana. En la conquista musulmana de Siria ya estaba en ruinas, habiendo sufrido mucho con los temblores.

El sitio de Rabba, llamada ahora Amman, está ocupado por ruinas imponentes, diseminadas sobre varios acres en ambos lados del río; la mayor parte de ellas pertenecen al periodo greco-romano; incluyen los restos de un teatro que podría dar cabida á 6,000 personas, baños, templos, iglesias, y otros edificios públicos, así como también casas y una ciudadela antigua. Las monedas de la ciudad llevan la imagen de Astarte, y la inscripción "Heracleion," *de Hércules*, cuyo culto sucedió al de Moloc que era antiguamente el "rey" de Rabba. Amman es el lugar de concurrencia de inmensos rebaños y ganados de los Árabes, que hallan allí agua y donde guarecerse del calor del medio día, cumpliendo así de un modo notable la profecía: "Y pondré á Rabba por habitación de camellos, y á los hijos de Ammón por majada de ovejas," Ezeq. 25:5.

II. Ciudad en el país montañoso de Judá, Jos. 15:60, tal vez Rh. Rubba, al S. de Soco, 12 millas al N. O. de Hebrón.

RABBIT, *multitud*, Jos. 19:20, no se ha identificado.

RABMAG, *mágico principal* ó *sacerdote*, al parecer un título oficial de Nergal-Sarezer, (véase) uno de los príncipes que acompañaron á Nabucodonosor en la toma de Jerusalem, Jer. 39:3, 13.   Véase MAGO.

RABSACES, *repostero* ó *copero mayor*, título de un oficial enviado de Laquis por Sennaquerib, rey de Asiria, para decir á Ezequías que se rindiese, mensaje que él dió de la manera más audaz é insolente, 2 Rey. 18:17, etc.: 2 Crón. 32:9, etc.; Isa. 36.   Véanse NÍNIVE y SENNAQUERIB.

RABSARIS, *jefe de los eunucos*, I., título de un oficial á quién Sennaquerib, rey de Asiría, envió á Ezequías, 2 Rey. 18:17.

II. Título de un oficial de Nabucodonosor, rey de Babilonia, Jer. 39:3, 13. Su nombre propio puede haber sido Sarsequim ó Nebusasban. Por las planchas murales de Nínive se ve que tales oficiales debieron de gozar de alto honor y confianza.   Véase el grabado en la palabra Salmanasar.

RACA, Mat. 5:22, expresión despreciativa en alto grado, derivada del caldeo REKA, que significa vacío, insignificante.

RACCAT, *orilla*, ciudad fortificada de Neftalí, Jos. 19:35, probablemente cerca de Tiberias.

RACCÓN, *flacura*, ciudad de Dan, Jos. 19:46, de la cual hay vestigios en Tel-er-Rekkut, en la costa, 5½ millas al N. de Joppe.

RACIONAL, PÉCTORAL, ó RACIONAL DE JUICIO, Exod. 28:15, 30, pieza de bordado como de diez pulgadas en cuadro, Exod. 28:15-40, de trabajo muy fino, que el sumo sacerdote llevaba en el pecho

Estaba formado de dos piezas de la misma tela espléndidamente bordada, de que se había hecho el efod, y constaba del frente

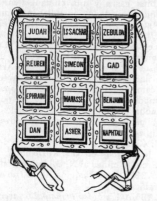

y del forro, los cuales formaban una especie de bolsa ó saco. La tela de afuera estaba adornada de doce piedras preciosas, en cada una de las cuales se veía el nombre de una tribu, y el sumo sacerdote llevaba así " el juicio de los hijos de Israel sobre su corazón, delante de Jehová," en memoria de que estos serían aceptados mediante los sacrificios expiatorios que él ofrecía. Según Josefo y los Setenta estas joyas eran el Urim y el Tummin. Estaban colocadas en cuatro hileras, según el orden que correspondía á las tribus en su campamento en el desierto, Núm. 10:14-27, y divididas entre sí por pequeños cuadros de oro, ó sea los marcos en que estaban engastadas. En cada una de sus puntas tenía un anillo de oro que correspondía á otro del efod; estos cuatro pares de anillos servían para unir el racional al efod, por medio de cuatro cintas azules, una en cada punta. Véanse también ARMAS y ARMADURA.

RAER EL PELO DE LA CABEZA Y DE LA BARBA. Los Egipcios, excepto cuando estaban de duelo, se cortaban el pelo y la barba, como se sabe por los antiguos monumentos y por los relatos de Heródoto. Por esto fué que á José, como siervo de un Egipcio, le cortaron el pelo cuando fué llamado ante Faraón, Gén. 41:14. Los Egipcios, sin embargo, usaban algo artificial con que cubrirse la cabeza, como una peluca ó gorro; no así los sacerdotes, pues en las pinturas ó imágenes que de ellos han quedado se les representa con la cabeza desnuda ó con algún tocado sim-

bólico. Las mujeres egipcias usaban el pelo largo y esmeradamente rizado. Los Asirios, y por lo general los Babilonios, conservaban el pelo de la cabeza, el vello y la barba, pero los sacerdotes babilonios se rasuraban. Los Heteos se afeitaban las cejas, el bigote y la barba ; los Moabitas la parte delantera de la cabeza, y las tribus árabes las sienes ; comp. Jer. 9:26 ; 25:23 ; 49:32, en donde se hace alusión á las costumbres árabes. Se hace también mención de ellas por Heródoto. Por la ley mosaica, á los Hebreos les era prohibido "trasquilarse en derredor los rincones de la cabeza, ó dañarse la punta de la barba," Lev. 19:27 ; y á los sacerdotes se les prohibía especialmente el raparse la cabeza, y raerse la barba en manifestación de duelo ó en cualquiera otra ocasión, Lev. 21:5 ; Ezeq. 44:20. El objeto que con estos reglamentos se tenía en mira era distinguir el pueblo escogido de Dios de los paganos que le rodeaban, Deut. 14:1, 2. Raerse el pelo de la cabeza y la barba. eran sin embargo cosas prescritas para hacer el examen de uno á quien se sospechaba que estuviera atacado de la lepra, y las cuales debían practicarse en la ceremonia de su purificación, Lev. 13:29-34 ; 14:8, 9; comp. Núm. 8:5-7 ; Deut. 21:12. Durante el período del voto de un Nazareo, se dejaba éste crecer el pelo sin hacerle el recorte acostumbrado, y en la terminación del voto se raía la cabeza, Núm. 6:1-9, 18, 19 ; Hechos 18:18 ; 21 : 24. El nazareato de Samsón tenía que durar toda su vida, Jue. 13:5, 7 ; 16:17, 19; comp. 1 Sam. 1:11. Los Hebreos y otras naciones de hombres barbudos, como los orientales de este tiempo, apreciaban en mucho su barba, y resentían cualquier ultraje que se le hiciera, 2 Sam. 10:4, 5. Véase BARBA. El descuidarla era en tiempo de David señal de duelo, 2 Sam. 19:24. Raerse la cabeza y afeitarse ó recortarse la barba eran señales de duelo entre los Árabes y Sirios, Job 1:20 : Isa. 15:2 ; Jer 47:5 ; 48:37; Ezeq. 27:31 ; y esta costumbre, aunque prohibida por Moisés, llegó á generalizarse tanto entre los Israelitas, Jer. 41:5, que los profetas á menudo se refieren á ella como sinónimo de duelo, Isa. 22:12 ; Am. 8:10 ; Miq. 1:16; Jer. 16:6 ; Ezeq. 7:18 ; comp. Ezeq. 9:3. Los Árabes modernos, en las poblaciones, frecuentemente tienen raída la cabeza, según las exigencias musulmanas ; pero los Beduinos y fellahines se dejan crecer tanto el pelo como la barba.

RAFA, tal vez el nombre de alguien,

pero traducido "gigante" en 2 Sam. 21:16-22; 1 Crón. 20:4, 6, 8.

RAFAEL, *el divino senador*, según la tradición judía uno de los cuatro ángeles que con Miguel, Uriel y Gabriel, se suponía están al rededor del trono de Dios. Este nombre no se halla en la Biblia, sino en el libro apócrifo Tobías, 12:15.

RAFAÍM. Algunas veces se ha transferido esta palabra del Hebreo á la Biblia española sin cambio alguno, 2 Sam. 5:18, 22; 23:13, y otras se ha traducido "gigantes," Deut. 3:11; Jos. 15:8; 18:16, y se usa en dos sentidos:

I. En el tiempo de Abraham, Rafaím parece haber sido el nombre de una tribu separada, probablemente de extraordinaria fuerza y estatura, establecida al este del Jordán, en Ashteroth-Karnaim, en donde fué derrotada por Codorlaomer, Gén. 14:5. Sus posesiones fueron prometidas á la simiente de Abraham, Gén. 15:20. Ramas de esta raza fueron echadas de sus tierras situadas al este del Jordán, por los Moabitas y Ammonitas, Deut. 2:9-11, 19-21. Og rey de Basán, sobrevivió á esta raza, Deut. 3:11; Jos. 12:4, y la ocupación de Basán por Israel, Deut. 3:13, fué un cumplimiento en parte de la promesa hecha á Abraham. Ellos tenían también posesiones al oeste del Jordán, en el territorio asignado á Efraím, Jos. 17:15, y á Judá, Jos. 15:8. Algunos que sobrevivieron de esa raza, como por ejemplo la familia de Rafa, pueden haberse hallado entre los Filisteos en la época de David, 1 Sam. 17:4; 1 Crón. 20:4-8. Es posible que el nombre de esta antigua tribu haya sido posteriormente aplicado á otras semejantes á ella en tamaño.

El VALLE DE RAFAÍM ó Gigantes, estaba en la frontera septentrional de Judá, Jos. 15:8; 18:16. David derrotó allí dos veces á los Filisteos, 2 Sam. 5:17-25; 23:13; 1 Crón. 11:15, 16; 14:9-16. Era notable por su fertilidad, Isa. 17:5. Josefo lo describe como "el valle que se extiende de Jerusalem á Betlehem." Desde el siglo XVI. ha sido identificado con la ancha mesa cultivada que corre al S. O. desde Jerusalem hacia el profundo valle el-Werd, *valle de rosas;* está cruzado por el camino que vá de Jerusalem á Betlehem; tiene cuatro ó cinco millas de largo, y se le llama por los Árabes el Buka'a.

II. REFAÍM, los espíritus de los que han muerto en el mundo y que habitan en Sheol ó Hades, palabra traducida generalmente en la Biblia "cosas inanimadas,"

Job 26:5, ó "muertos," Sal. 88:10; Prov. 2:18; 5:5; 7:27; 9:18; 21:16; Isa. 14:9; 26:14, 19. Véase MUERTOS. La aplicación que se hace de la palabra Rafaím puede haberse originado de la idea de que Sheol era la residencia de los espíritus caidos ó de los gigantes sepultados.

RAGAU, el mismo que Reu, Luc. 3:35, hijo de Saruc y padre de Faleg, progenitor del Mesías. Véase Gén. 11:20, 21.

RAGÜEL, Núm. 10:29; Exod. 2:18:21, *amigo de Dios.* Comp. Exod. 3:1; 18:1; Jue. 4:11. Estos pasajes le representan como padre de Hobab y de Séfora, y se supone generalmente que es el mismo Jetro, suegro de Moisés. Algunos sin embargo piensan que fué el padre de Jetro, y que se le llama padre de los otros, por ser él cabeza de la familia. Comp. Gén. 31:43; 2 Rey. 14:3; 16:2.

RAHAB. La palabra española Rahab representa dos palabras hebreas diferentes: I. Rahab, *ancho*, mujer cananea de Jericó, que dió abrigo á los dos espías enviados allí por Josué, y en recompensa fué perdonada con toda su parentela, cuando la ciudad fué tomada y destruída, Jos. 2:1-21; 6:17-25. La fé que manifestó al hacer esto se encomia en Heb. 11:31; Sant. 2:25. Los Judíos y muchos Cristianos se esfuerzan en mostrar que Rahab fué persona honrada; pero es probable que el calificativo de ramera que se le da en la Biblia, sea justo. Aunque es cierto que si había llevado en algún tiempo una vida disoluta, se había sin duda arrepentido; y posteriormente se hizo adoradora de Jehová, pues que fué esposa de Salmón, príncipe de la tribu de Judá, Rut 4:21; y de consiguiente fué progenitora de nuestro Señor, y una de las cuatro mujeres, Tamar, Rahab, Rut y Betsabé, todas extranjeras, mencionadas en la genealogía de Jesús que se registra en Mat. 1:5. El publicano y el pecador penitentes son siempre bien recibidos por Cristo; y muchos de esta clase, en virtud del poder renovador de la gracia, brillarán gloriosamente en el cielo, mientras que el moralista incrédulo perecerá en sus pecados.

II. RAHAB, *órgullo, insolencia*, nombre simbólico de Egipto, Sal. 87:4; 89:10; Isa. 30:7; "fortaleza," Isa. 51:9.

RAHUEL ó RAGÜEL, como se ve en Núm. 10:29, *amigo de Dios*, I., hijo de Esaú y de Basemat, Gén. 36:4, 10, 13, 17; 1 Crón. 1:35, 37. Sus cuatro hijos eran jefes Idumeos.

II. Véase RAGÜEL.

III. Jefe de la tribu de Gad en el Sinaí, llamado también Dehuel, Núm. 1:14; 2:14; 7:42, 47; 10:20.

IV. Benjamita, 1 Crón. 9:8.

RAM, *alto*, I., Judaíta, hijo de Hesrón, 1 Crón. 2:9, 10, llamado Aram en Mat. 1:3, 4; Luc. 3:33.

II. Hijo de Jerameel, 1 Crón. 2:25, 27.

III. Hombre á cuya parentela pertenecía Eliú, Job 32:2; por algunos se idenitfica con Aram, Gén. 22:21.

RAMA. I. Así como la palabra árboles denota en sentido figurado hombres grandes y príncipes, así ramas, vástagos, renuevos, pámpanos. sarmientos, pimpollos, etc., denotan su prole. Á Cristo se le dan indistintamente estos nombres, en pasajes tales como Isa. 11:1; 53:2; Zac. 3:8; 6:12; Jer. 23:5; 33:15, por ser descendiente de la casa real de David. La palabra "pámpanos," usada en Juan 15:5, 6, ejemplifica la unión de los creyentes con Cristo.

II. (Nombre propio.) Plural, RAMOT, *un lugar alto*, y por esto es que muchos lugares en Palestina se llaman Rama, Ramat, Ramot y Ramataim, etc. Algunas veces al mismo lugar se le llama por uno ú otro de estos nombres indistintamente, pues todos significan lo mismo, 2 Rey. 8:28, 29. En ocasiones Rama ó Ramot se junta á otro nombre que determina el lugar de la ciudad ó eminencia de que se trate; y á veces denota simplemente "un lugar alto," y no significa ni ciudad ni aldea, Ezeq. 16:24, 25, 31, 39 (en el original).

III. La principal Rama era una ciudad de Benjamín. cerca de Gaba, y cinco millas al norte de Jerusalem, Jos. 18:25; Jue. 19:13. Después de la división del reino, Rama, siendo una ciudad fronteriza en un sitio naturalmente fuerte, fué fortificada por Baasa, rey de Israel, pero la volvió á tomar Asa rey de Judá, 1 Rey. 15:17, 21, 22. Oseas, 5:8, hace referencia á ella como punto del cual bien podían enviarse noticias sobre la aproximación de un enemigo. Se hace mención de ella en la predicción de Isaías sobre la marcha de Sennaquerib hacia Jerusalem, Isa. 40:1 30. Después de la destrucción de Jerusalem por el ejército de Nabucodonosor, Jeremías fué puesto en libertad en Rama, Jer. 10:1–4. Volvieron á ocuparla después de la cautividad, Esd. 2:26; Neh. 7:30. El Dr. Robinson la identificó con el pueblo er-Ram, en un cerro cónico, un poco al este del camino de Jerusalem á Siquém. Allí hay ruinas, columnas rotas, grandes piezas talladas, y un antiguo depósito. Des-

de ese sitio se tiene una extensa vista, pero la población es insignificante y contiene apenas unas 15 familias.

IV. RAMATAIM DE SOFIM (así solamente una vez), el lugar del nacimiento de Samuel, de su residencia, y de su sepultura, 1 Sam. 1:1, 19; 2:11; 7:17; 8:4; 15:34; 16:13; 19:18,22,23; 25:1; 28:3. Se la describe una vez como "del monte Efraím," región de límites inciertos, y que al parecer llegaba hacia el sur hasta las cercanías de Jerusalem, comp. 2 Crón. 13:4, 19; 15:8; Jue. 4:5. No se sabe con certeza si el lugar, cuyo nombre no se menciona, en donde Saúl fué ungido por Samuel, 1 Sam. 9:4 á 10:2, fué la residencia del profeta, ó alguna otra ciudad visitada por él en su circuito anual como juez. La posición de la Rama de que tratamos es una cuestión muy disputada y difícil de resolver; los siguientes son algunos de los sitios que se le asignan: 1. Neby Samwil, *el profeta Samuel*, cerro alto, con un pueblo, mezquita, y un sepulcro que se tiene como de Samuel, 4 millas al N. O. de Jerusalem. En este sitio, que en opinión de Grove es el verdadero, se sitúa Rama por una tradición que data por lo menos desde 700 A. D., y que es atacada por los Musulmanes, los Judíos y los Cristianos. 2. Er-Ram, Rama I. 3. Soba, 6 millas al oeste de Jerusalem, lugar sugerido por el Dr. Robinson. 4. Ram-Allah, 5 millas al norte de Neby-Samwil. 5. Ramleh, 2 millas al S. O. de Lidda, improbable. 6. Beit Sahúr, 1 milla al este de Betlehem, favorecido por los exploradores Británicos enviados á Palestina.

V. Ciudad fronteriza de Aser, Jos. 19:29. Robinson la colocaba en la población llamada ahora Ramia, 13 millas al S. E. de Tiro.

VI. Ciudad fortificada de Neftalí, Jos. 19:36; quizá representada por el sitio moderno que ocupa Fer'am, 8 millas al norte del Mar de Galilea, y 5 millas al oeste del Jordán.

VII. Ciudad de Galaad, 2 Rey. 8:28, 29. Véase RAMOT-GALAAD.

VIII. Lugar vuelto á ocupar por los Benjamitas después de la cautividad, Neh. 11:33; quiza, Rama III.

RAMAT DEL MEDIODÍA, ciudad al sur de Simeón, Jos. 19:8; 1 Sam. 30:27. Su sitio ha sido situado en Jebel Barabir, cerro 45 millas al S. O. de Beer-seba; en las ruinas de Kurnub, 20 millas al S. O. de Beer-seba; y en Tell el-Lekiyeh, 4 millas al norte de Beer-seba.

RAMAT-LEHI, Jueces 15:17. Véase LEHI.

RAMATITA, 1 Crón. 27:27, natural ó habitante de Rama.

RAMERA, Prov. 29:3; tipo de las naciones y de las ciudades idólatras, Isa. 1:21; Ezeq. 16; Nah. 3:4; Apoc. 17. Entre los Hebreos las prostitutas eran á menudo extranjeras; de donde les viene el nombre de mujeres forasteras. Estaban con frecuencia consagradas á los ídolos del paganismo, y sus abominaciones formaban parte del culto, Núm. 25:1-5; Ose. 4:14; costumbre cuya contaminación estaba expresamente prohibido que la recibiera la casa de Dios, Deut. 23:18.

RAMESES, Exod. 1:11, ciudad de bastimentos edificada por los Israelitas durante su servidumbre en Egipto. Este nombre es idéntico al que tenía una provincia de Egipto, que parece que era la misma que se llamaba Gosen, Gén. 47:11; compárese los vers. 4, 6. y el cap. 45:10, en que los Israelitas se establecieron, y que fué punto de partida en el éxodo, Exod. 12:37; Núm. 33:3. 5. Estaba situada en la extremidad occidental de Wady et-Tumeilát.

Rameses, *hijo del sol*, fué el nombre de varios Faraones antes y después del éxodo, y el opresor de los Israelitas se identifica ahora generalmente con Rameses II., de la 19ª dinastía. Véase FARAÓN y el grabado que se halla en la palabra EGIPTO, relativo á una plancha esculpida en un templo del Alto Egipto.

RAMOT, *altura*, ciudad de Isachár, Jos. 19:21, tal vez la misma levítica Ramot, 1 Crón. 6:73, y Jarmut, nombrada como ciudad levítica, Jos. 21:19, ahora quizá Jelame, 3½ millas al norte de Engannim.

RAMOT EN GALAAD ó RAMOT DE GALAAD, ciudad importante al este del Jordán, en el distrito montañoso de Galaad. Fué conquista á los Amorreos, asignada á Gad y á los Levitas hijos de Merari, y fué designada como ciudad de refugio, Deut. 4:43; Jos. 20:8; 21:38. Durante el reinado de Salomón, fué el lugar de residencia de uno de sus comisarios, 1 Rey. 4:13. Habiendo sido tomada por los Sirios, Acháb rey de Israel emprendió recobrarla con la ayuda de Josafat rey de Judá, pero fué derrotado y mortalmente herido allí, 896 A. C., 1 Rey. 22:3-37; 2 Crón. 18. Como 12 años después, el hijo de Acháb, Joram, hizo otra tentativa para recobrarla, aliado con Ocozías rey de Judá, sobrino suyo y nieto de Josafat. Tomó la ciudad. pero fué herido y volvió á Jezreel.

Jehú, iefe principal de su ejército en Ramot, fué allí ungido por orden de Eliseo, como sucesor de Joram, 2 Rey. 8:28 á 9:15; 2 Crón. 22:5, 6. La ciudad fué llamada también Rama. Ha sido comunmente identificada con Es-Salt, pero sin certeza. Es-Salt está como 25 millas al este del Jordán, y 13 millas al sur del Zerka ó Jabboc. Es la capital y el lugar más poblado del Belka, el distrito que se extiende del Modjeb ó Arnon al Zerka, y es la residencia de un gobernador turco. Su posición, en un cerro cuya cima está coronada por un castillo, es fuerte y pintoresca. Está 2,740 piés sobre el nivel del mar, tiene un clima sano, y una población casi toda agrícola, que se compone de cosa de 400 familias de Árabes mahometanos, y 80 de Griegos cristianos. Hay ruinas del periodo romano, y los cerros muestran muchas huellas de antiguas tumbas cavadas en la roca. Véase RAMOT-MASPE.

RAMOT-MASPE, *altura de la atalaya*, Jos. 13:26, ciudad de Gad, generalmente identificada con Ramot-Galaad, la cual véase, y Mispe II. Parece haber señalado la frontera septentrional de Gad, y el Dr. Merrill opina que se sitúe en Kulat er-Rubad, punto prominente 15 millas al norte del Jabboc, en el valle Ajlun, 10 millas al este del Jordán. Pero si está al sur del Jabboc, tendría naturalmente que estar situada en Jebel Osha, *monte de Oseas*, llamado también Jebel Galaad, que es el pico más elevado de Galaad, teniendo 3,650 piés de elevación sobre el nivel del mar, y el cual se halla 3 millas al N. O. de Es-Salt. En él se notan los vestigios de una muralla sólida, con restos de torres y de ángulos.

RANA, animal anfibio bien conocido, famoso por haber sido la segunda de las plagas de Egipto, Exod. 8:1-14. La palabra original con que en hebreo se designa dicho reptil, es egipcia, y Moisés al emplear esa y otras palabras también egipcias, dejó una prueba de la verdad de su narración. La rana, aunque inmunda para los Hebreos, Lev. 11:9-11, era un animal sagrado; y á Haka, uno de los dioses de Egipto, se le representaba con la cabeza de rana; esta plaga fué así un cumplimiento de la amenaza consignada en Exod. 12:12. Se dice que los mágicos hicieron brotar ranas de la tierra por medio de sus encantos; pero como no pudieron hacerlas desaparecer, es claro que no las produjeron. Las ranas de la plaga penetraron **en todas partes, hallándose en los lechos** de los Egipcios, que estaban poco elevados del suelo, y en los hornos construídos en las cavidades del mismo.   Véase TORTUGA.

RAQUEL, *oveja*, Rut 4:11, la hermana menor de Lea, hija de Labán, y la escogida

TUMBA DE RAQUEL, AL N. DE BETLEHEM.

y más amada esposa de Jacob, aunque Lea fué favorecida con más hijos.   Raquel, aunque era mujer de muchas prendas, estaba algo contagiada de las supersticiones idólatras y de la malicia de su familia.   Fué la madre adoptiva de Dan y Neftalí, y la madre carnal de José y de Benjamín.   Murió poco después del nacimiento de este último.   Véase su historia en Gén. 29 á 35.   Jacob marcó con un pilar el lugar donde fué sepultada, Gén. 35:16, 19, 20; 48:7, el cual servía para señalar el camino aun 600 años después, en tiempo de Samuel y de Saúl, 1 Sam. 10:2. Jeremías, 31:15–17, la representa poeticamente lamentándose de las calamidades de su posteridad, puesto que las tribus de Efraím y Manassés habían sido ya conducidas cautivas por Asiria, y la de Benjamín estaba sufriendo en ese tiempo juntamente en Judá bajo la espada y las cadenas de Babilonia; comp. Jer. 40:11. También la representa el profeta recibiendo una consoladora promesa de su restauración.   Otro cumplimiento de las imagenes del profeta tuvo lugar en la matanza que Herodes mandó hacer de los niños de Betlehem y sus alrededores, Mat. 2:17, 18. Se supone que uno de los muchos lugares que se llamaban Ramah estaba cerca de Betlehem y del sepulcro de Raquel.   El sitio tradicional del lugar en que fué sepultada se muestra todavía, como lo ha sido por muchos siglos, cosa de media milla al norte de Betlehem, y es venerado por los Mahometanos, Judíos y Cristianos, y visitado por los peregrinos. Está señalado con el sepulcro de un *Wely* mahometano, con una bóveda y una cerca

de piedra.   El edificio ha sido reparado varias veces, y fué probablemente erigido en el siglo XV, en el lugar señalado antes por una pirámide de piedras.

RASGARSE las vestiduras era señal de grande aflicción, temor ó contrición, Gén. 37:29, 34; Esd. 9:3; Mat. 26:65; Hechos 14:14.   Joel, 2:13, manda al pueblo que rasgue no sólo sus vestiduras, sino también su corazón.   Véase DUELO.   En Jer. 4:30, véase OJO.

RATÓN.   En las Escrituras se emplea esta palabra principalmente con referencia al ratón del campo, pero probablemente incluye varias especies de estos animales, muchas clases de las cuales se hallan ahora en Palestina.   Moisés, Lev. 19:29, lo declaró inmundo; con todo, algunas veces se comía; é Isaías, 66:17, reprocha á los Judíos esta práctica.   Los Árabes modernos usan algunas veces para comer el jerbóa y el lirón.   Los ratones causaron grandes

RATÓN CAMPESTRE DE LARGA COLA: MUS SYLVATICUS.

perjuicios en los campos de los Filisteos, después que aquel pueblo capturó el arca del Señor, lo cual los indujo á devolverla con ratones y hemorroides de oro, 1 Sam. 5:6, 9, 11; 6:4, 5.   Los ratones del campo son igualmente abundantes en aquellas regiones en la actualidad, y las cosechas de granos de Hamat son á veces casi enteramente destruidas por ellos.

RAYADOS, marcados con rayas circulares de varios colores, Gén. 30:35.

REBA, *cuatro*, rey madianita, Núm. 31:8; Jos. 13:21.

REBECA, *lazo corredizo*, que implicaba probablemente su belleza que cautivaba, Gén. 26:7, era hija de Betuel y hermana de Labán en Mesopotamia.   Llegó á ser la esposa de Isaac, y 20 años después la madre de Jacob y Esaú, Rom. 9:10-12. La manera como fué solicitada y obtenida para esposa de Isaac, presenta una pintura notable de las costumbres orientales. Con motivo de su predilección por Jacob, se vió tentada á servirse de medios ilícitos para asegurarle la herencia, pués ella no tenía la fé suficiente para dejar á Dios el cumplimiento de sus propios designios, Gén. 25:22, 23. Su engaño condujo á resultados desastrosos. Jacob huyó de su casa; y cuando volvió de Mesopotamia 20 años después, se supone que su madre estaba ya sepultada en la cueva de Macpela, Gén. 24:28; 49:31.

RECAB, *ginete*, I., padre ó antecesor de Jonadab, 2 Rey. 10:15, 23; 1 Crón. 2:55; Jer. 35:6-19.

II. Uno de los asesinos de Isboset, 2 Sam. 4:2, 5-12.

III. Padre de Malquías, Neh. 3:14.

RECABITAS, tribu de origen cineo ó madianita, descendientes de Jonadab, y llamados así conforme al nombre del padre ó antepasado de este, Recab, 1 Crón. 2:55; 2 Rey. 10:15; comp. Jue. 1:16; 4:11, 17. Eran adoradores del verdadero Dios, aunque no se identificaron de un todo con Israel. Jonadab ayudó á Jehú á ejecutar la comisión divina de exterminar la casa idólatra de Acháb, y á destruir á los adoradores de Baal, 2 Rey. 10:15-23. Su posteridad, según el precepto que él les impuso, no debía beber vino, ni edificar casas, ni sembrar semillas, ni plantar viñedos, ni poseer tierras, sino que debía de habitar en tiendas, Jer. 35:6, 7. Estas reglas fueron obedecidas por sus descendientes, y su vida nómade y hábitos sencillos pueden haber contribuido á que se librasen de los Asirios que se llevaron cautivos á los Israelitas del reino septentrional en que Jonadab había residido. Cerca de 300 años después del tiempo de Jonadab, los Recabitas se refugiaron en Jerusalem cuando Nabucodonosor invadió á Judea, en el reinado de Joaquim. Dios le mandó á Jeremías, que los invitase á que fueran al templo, y les ofreciese vino para beber, á fin de que su denegación y su obediencia filial sirviesen para reprender á los Judíos por su desobediencia á los mandatos de Dios. Jeremías hizo á los Recabitas, de parte de Dios, la promesa de que continuarían existiendo como familia, Jer. 35:1-19; y esa promesa fué cumplida indudablemente, aunque no sean distinguidos según algunos pretenden hacerlo, entre las tribus de la Arabia central. Es interesante

sin embargo, notar que los viajeros mencionan una tribu al N. E. de Medina, que se identifica á sí misma con los Recabitas, y tiene el Antiguo Testamento en arábigo. Los individuos de ella se dan el nombre de Beni Khaibr, HIJOS DE HEBER, nombre que dan también á su país.

RECEM, *variación*, I., descendiente de Maquir, 1 Crón. 7:16.

II. Rey de Madián muerto con Balaam, Núm. 31:8; Jos. 13:21.

III. Ciudad en Benjamín, Jos. 18:27, de la cual se hallan vestigios en Kh. el-Meraghib, 2½ millas al N. O. de Jerusalem.

IV. Hijo de Hebrón y padre de Sema, 1 Crón. 2:43, 44.

RECONCILIACIÓN, es el efecto de la satisfacción que Cristo ofreció cón su muerte á la justicia divina, por los pecados de la humanidad. Debido á este sacrificio, todos los que con un espíritu de verdadera penitencia creen en Cristo, se reconcilian con Dios, quedan libres de la pena merecida por sus pecados, y adquieren títulos para la vida eterna. La expiación hecha por Jesu-Cristo es el gran tema distintivo del evangelio, y se presenta por medio de gran variedad de términos y ejemplificaciones, tanto en el Antiguo como en el Nuevo Testamento. En su sentido más lato ella incluye además la idea de expiación y sustitución. Véanse EXPIACIÓN, REDENCIÓN, SACRIFICIOS. La palabra hebrea del Antiguo Testamento traducida así (en la versión de Reina, *expiación*) se aplica en general á las cosas que cubren, implicándose de ese modo que por medio de una propiciación divina el pecador queda á cubierto de la justa ira de Dios. Esto se lleva á efecto por medio de la muerte de Cristo, al paso que las ofrendas ceremoniales de la iglesia judía sólo servían para que el culpable se pusiese á cubierto de juicios temporales, y tipificaban la sangre de Cristo que nos limpia de todo pecado. Véase PROPICIACIÓN.

RECONCILIAR, Efes. 2:16, Reconciliación, Rom. 5:11. Estos pasajes se refieren al cambio de relación que existe entre Dios y el hombre, de hostilidad á amistad, efectuado por la mediación del Hijo de Dios, Heb. 2:17 con 1:1-3. Para hacer posible la salvación humana, un Dios justo tiene que estar reconciliado con el pecador, y el pecador rebelde debe estarlo con Dios. Esta reconciliación se efectúa por medio del sacrificio de Cristo, lo cual satisface la justicia de Dios; y por medio de la operación del Espíritu Santo se le descubre á pecador el amor de Dios, y se le hace corresponder con el tributo de su gratitud, de su confianza y de su amor, Rom. 5:10, 11; 2 Cor. 5:18-20. Cuando se presentan estas palabras en el Antiguo Testamento—con excepción de 2 Cró. 29:24—represuntan la palabra hebrea traducida más frecuentemente "expiar" y "hacer expiación," Lev. 6:30; 8,: 15; Ezeq. 45:15, 17; Dan. 9:24. Cristo le manda al hombre que haya procedido mal con su hermano, que haga las paces con él, confesando su falta y remediando el daño causado, antes de presentar su ofrenda en el altar de Dios, Mat. 5:23, 24.

RECTITUD, JUSTICIA, SANTIDAD, atributo esencial del carácter de Dios, Job 36:3; Isa. 51:5-8; Juan 17:25, y de su administración del universo, Gén. 18:25; Rom. 3:21, 22; 10:3. Es maravilla de la gracia el que siendo Él el guardián justo de la ley, pueda absolver al injusto. La justicia de Cristo incluye su inmaculada santidad, su obediencia perfecta á la ley mientras estuvo en la tierra, y el hecho de que sufriera la pena que la misma ley impone, poniéndose en nuestro lugar. Se le llama la justicia de Dios, por estar aceptada por él, Rom. 3:25. "La justicia de la ley" es aquella obediencia perfecta que la ley exige; y la justicia "sin la ley" ó "de fé," es la que se imputa al pecador que cree en Cristo. Siéndole imposible al hombre caído el alcanzar la justicia de la ley, Sal. 143:2, fué provista por Dios una nueva base de justificación, Sal. 24:5, "testificada por la ley y los profetas," Luc. 24:25-27; Rom. 3:21, y es en eso en lo que confiaba el Judío piadoso, así como lo hace el Cristiano de nuestro tiempo, Hab. 2:4; de manera que toda condenación deja de pesar sobre el creyente, y este es "aceptado en el Amado," Rom. 8:1; Efes. 1:6. Con referencia al carácter personal, la palabra justicia se usa en el sentido tanto de la rectitud de un hombre para con su semejante, como en el de verdadera religión, Gén. 18:23; Lev. 19:15; Isa. 60:17; Rom. 14:17; Efes. 5:9.

REDENTOR, nombre dado á Jesu-Cristo, el Salvador del mundo, porque él, muriendo en lugar del género humano y pagando así su rescate, lo redime de la servidumbre de sus pecados, y del castigo por ellos merecido, Mat. 20:28; Gál. 3:13; Efes. 1:7; 1 Tim. 2:6; Tito 2:14; 1 Ped. 1:18, 19; Apoc. 5:9.

El uso que en el Antiguo Testamento se hace de esta palabra nos sirve para enten-

der mejor la significación de la obra de la redención. Un participio del verbo GAAL, *redimir*, á saber, GOEL, *redentor*, denota el pariente varón consanguíneo más cercano de una persona, á quien correspondían ciertos derechos y deberes: 1º Redimir, sin esperar á que llegara el año del jubileo, la propiedad ó persona de alguno que habiendo contraido deudas, no estaba en circunstancias de salir de ellas, Lev. 25:25-28, 47-53; Rut 3:12; 4:1, 10, 14. Á Dios se le representa como el pariente más cercano, el Goel ó Redentor de su pueblo, Ex. 6:6; Job 19:25; 33:27, 28; Sal. 103:4; Isa. 41:14; 43:1, 14; 44:6, 22; 48:17, 20; 49:7. Entre los Hebreos, esto algunas veces incluía el casamiento con la viuda del pariente del difunto. 2º Recibir la reparación que un tercero debía á un pariente difunto á quien había ofendido, Num. 5:6-8. 3º Vengar la muerte de un pariente que había sido asesinado, Num. 35:12, 19, 21, 27; Deut. 19:6, 12, 13. Véase REFUGIO. Así Cristo, habiendo tomado nuestra naturaleza sobre sí, como el más cercano de nuestros parientes, destruye á Satanás nuestro asesino, Juan 8:44; Heb. 2:14, 15.

Otra institución mosaica disponía que un hombre pudiese redimir por un precio dado la vida de otro hombre ó de un animal que fuese reclamado como de Dios; por ejemplo, el primogénito de un animal doméstico, pagando el valor en que el sacerdote lo valuara, y un quinto más, Lev. 27:27. ó un esclavo, Exod. 21:8; Lev. 19:20, ó el primogénito de un Israelita, Exod. 13:13, 15; Núm. 18:15, 16, es decir, de aquellos no cambiados por Levitas, Núm. 3:46, 51. En estos casos, la idea de compra ejemplifica la redención que hizo Cristo de su pueblo, 1 Cor. 6:20; 7:23; Apoc. 14:3, 4. Véase RESCATE.

Otro gran tipo de la obra de Cristo fué el rescate ó emancipación de Israel de la esclavitud de Egipto, y toda la narración bíblica abunda en paralelos, Exod. 15:13; Deut. 7:8; 9:26; Salm. 74:2; 77:15; 130:7, 8; Isa. 48:20; 59:20; 63:9; Jer, 31:11; Rom. 3:24, 25; Gál. 3:13.

REDES. Se hace á menudo referencia á ellas en las Escrituras, Prov. 1:17; Ecles. 7:26; Isa. 19:8, 9; Hab. 1:15, 16, particularmente en conexión con los primeros discípulos de Cristo, Mat. 13:47-50; Luc. 5:1-10. Antes de la invención de las armas de fuego, se usaban mucho las redes en la caza de cuadrúpedos y de aves, y tal vez para atrapar hombres, como ladrones, etc., Job 19:6; Sal. 140:5; Miq. 7:2. Entre los antiguos Romanos había un juego gladiatorio en que un hombre estaba armado con una espada y un escudo, y su antagonista con una red, echando la cual se esforzaba en enredar al otro para poder fácilmente darle muerte con su daga. Las redes barrederas se usaban en la pesca, Isa. 19:8; Hab. 1:14-17; Juan 21:6-11. Los apóstoles tenían que ser pescadores de hombres, Mat. 4:18-22; Luc. 5:6.

REFIDIM. *lugares de descanso*, campamento de los Israelitas entre el desierto de Sin y el Monte Sinaí, en donde el pueblo murmuró, y en donde Moisés hirió la roca de Horeb, de la cual Dios les dió agua. Allí también los atacaron los Amalecitas, y éstos fueron derrotados, Exod. 17. Refidim está situado, según Robinson, Keil, Delitzsch, Porter y otros, en la orilla septentrional del desierto del Sinaí, Exod. 19:2, en la parte ancha del valle llamado ahora Wady es-Sheikh, que se extiende al N. E. del Sinaí, y á doce millas de distancia, jornada que fácilmente puede hacerse en un día, Núm. 33:14, 15. Moisés debió de salir del campamento de Refidim para golpear la roca, solamente con los ancianos; y el agua debió de correr por entre es-Sheikh, dirigiéndose al oeste y al mar, pasando por el valle Feirán. Alush, la estación precedente, era tal vez un punto que ahora lleva casi el mismo nombre, en la extremidad septentrional de es-Sheikh; y los Amalecitas que ocupaban el valle Feirán, después de hostilizar la retaguardia de las huestes Israelitas, Deut. 25:18, les dieron batalla en Refidim. En este valle hay una roca al pié de un cerro muy visible, á la cual los Árabes llaman ahora " el asiento del profeta Moisés."

La mayoría, sin embargo, de los Ingenieros Británicos que exploraron esa región, así como también Stanley, Ritter, Lepsius y otros, prefieren situar á Refidim en una comarca del valle Feirán, en donde la tradición árabe señala una roca como la golpeada por Moisés, y en donde Jebel Tahunah bien puede haber sido el lugar donde estuvieron Moisés, Aaron y Hur durante la batalla. Es ese un valle ancho y cultivado, y sirvió una vez de retirada á los hermitaños; pero su distancia del Sinaí, Jebel Musa, que es de 25 millas, y su copioso abasto de agua, parece que se oponen á que se le considere como Refidim. Véase SINAÍ.

REFINADOR: se hace mención á él en Job 23:10; Sal. 66:10; Prov. 17:3; Isa. 48:10. Al trabajar los metales preciosos, el refinador separaba la escoria del **metal** puro, reduciendo primero todo á un estado fluido por medio del calor, y con el auxilio de solventes tales como el álcali ó el plomo, los cuales amalgamándose con la escoria, permitían la extracción del metal puro. Los instrumentos que para ello se requerían, eran un crisol ó un horno, y un fuelle ó soplador. El refinador de plata se sienta á su trabajo y observa atentamente su desarrollo, el cual queda completado cuando ve su propia imagen reflejada en la masa derretida, Mal. 3:3; comp. Isa. 1:25; Jer. 6:29; Zac. 13:9. Así santifica Cristo á su pueblo, Rom. 8:29; Heb. 12:10.

REFUGIO, CIUDAD DE. Para proveer un albergue seguro á aquellos que sin intención hubiesen cometido homicidio de alguno de los modos especificados en Ex. 21:22, 23; 22:2, 3; Núm. 35:22, 23; Deut. 19:5; 22:8, el Señor mandó á Moisés que señalase seis ciudades de refugio ó asilo, para que los que así derramasen sangre humana, pudieran retirarse allí, y tuvieran tiempo de preparar su defensa ante los jueces del lugar en que hubiera ocurrido el homicidio, Jos. 20:4-6, á fin de que el *goel*, ó pariente más cercano del difunto, no le persiguiese ó matase, Exod. 21:13; Núm. 35:11-34. De esas ciudades había tres en cada lado del Jordán. En el occidental estaban Cades de Neftalí, Siquém y Hebrón; en el oriental, Golán, Ramot de Galaad y Beser, Jos. 20:7, 8. Estas ciudades servían no solamente para los Hebreos, sino para todos los extranjeros que residían en el país, Deut. 19:1-10. El Señor también mandó que cuando los Hebreos se multiplicasen y ensanchasen su territorio, se agregasen otras ciudades de refugio; pero este mandato nunca fué cumplido, á no ser que, como afirmaban los escritores judíos, las ciudades levíticas fueran también ciudades de refugio, Núm. 35:6.

Según parece, la costumbre de vengar la sangre fué introducida desde tiempos muy antiguos, entre las tribus nómades del Oriente. Tan firmemente se hallaba establecida esta práctica entre los Israelitas antes de su entrada á la tierra prometida, y probablemente también antes de su permanencia en Egipto, que Jehová le ordenó á Moisés, nó que la aboliese de un todo, sino solamente que le pusiese trabas y la modificase con la institución de ciudades de refugio. Los escritores judíos de tiempos posteriores dicen que se dictaron varias providencias para facilitar la huida á estas ciudades; los caminos eran buenos, y se pusieron postes para indicar el rumbo que se había de seguir. La costumbre de vengar la sangre de un miembro de una familia ó tribu, en algún miembro de la tribu ó familia del matador, existe aún en toda su fuerza entre los Beduinos modernos. Niebuhr nos informa que los Árabes más bien se vengan, como la ley lo permite, en la familia del asesino, y buscan la oportunidad de matar al jefe ó persona principal de ella, á quién se consideraba como si fuera en realidad el autor del crimen, puesto que este debió haber sido perpetrado á causa de su descuido en vigilar la conducta de los que estaban bajo su gobierno.

Desde el momento en que esa intención se manifiesta, las dos familias están en continua zozobra hasta que se da la muerte á algún miembro de la familia del homicida, después de lo cual no puede haber reconciliación entre una y otra, y suelen suscitarse nuevas querellas. Ha habido ejemplos de disensiones entre esas familias que duraron 40 años. Si en la contienda llegase á suceder que muriese un hombre de la familia del asesinado, no puede haber

paz hasta que otros dos de la familia del asesino hayan sido muertos.

Cuán superior á esto era la institución mosaica de las ciudades de refugio, en donde el homicida que lo había sido involuntariamente podía permanecer en paz hasta la muerte del sumo sacerdote, é irse entonces en libertad, mientras una persona realmente culpable no podía escaparse del castigo, Deut. 19:12. Algunos escritores escépticos pretenden haber hallado razones para creer que las ciudades de refugio no fueron instituidas sino hasta una época posterior á la de Moisés. Pero no es conceptible que los diversos escritores sagrados que en varios intervalos de tiempo las describen, intercalaran, en sus narraciones de sucesos contemporáneos, referencias á una institución que entonces no existía, ó que los Judíos de la supuesta época posterior permitiesen tal interpolación en sus propios anales sagrados y nacionales.

Entre la mayor parte de las naciones de la antigüedad, los templos, y particularmente los altares que estaban dentro de ellos, eran considerados como lugares que ofrecían asilo á los que huían por temor de ser atacados. Entre los Hebreos hallamos indicaciones de la costumbre por parte de los delincuentes de huir al altar del Señor. Pero no era permitido que eso pusiera al culpable al abrigo del castigo que merecía, Exod. 21:14; 1 Rey. 2:28-34.

Hase señalado una ciudad de refugio para los pecadores, esto es, para los que están expuestos á la segunda muerte, y un altar de refugio rociado con sangre expiatoria. Heb. 6:18. Dichosa el alma que huye y se salva en Cristo, antes de ser alcanzada por la ley vengadora de Dios.

REGEM, *amigo*, 1 Crón. 2:47.

REGEM-MELEC, *el amigo del rey*, al parecer el título de un comisionado que los Judíos de la cautividad enviaron con Sareser, para que se informase en el templo sobre lo relativo al ayuno, Zac. 7:2. 517 A. C

REGENERACIÓN, el nuevo nacimiento, obra del Espíritu Santo, en virtud de la cual el alma, que antes estaba muerta en el pecado, es creada de nuevo en Cristo y para la justicia. Se expresa en las Escrituras por medio de las palabras "ser nacido otra vez," "de nuevo," ó "de lo alto," Juan 3:3-7; ser vivificada una nueva criatura, 2 Cor. 5:17; ser vivificado para una vida nueva de santidad, Efes. 2:1; ser renovado en entendimiento, Rom. 12:2; tener á Cristo formado en el corazón, Gál. 4:19; y ser hecho partícipe de la naturaleza divina, 2 Ped. 1:4. El único autor de este cambio es el Espíritu Santo, Juan 1:12, 13; 3:5; Efes. 2:8-10; y lo efectúa ordinariamente por medio de la verdad evangélica, 1 Cor. 4:15; Sant. 1:18; 1 Ped. 1:23. En este cambio se le restablece al alma la imagen moral de Dios, y se le infunde el sentimiento de amor supremo hacia él, y de amor desinteresado hacia nuestro prójimo. La regeneración produce fé, y vá acompañada de la justificación, y de la santidad práctica de la vida, ó sea de la santificación que comienza abajo y se completa cuando el "niño en Cristo" alcanza en el cielo la plenitud de la estatura del hombre perfecto en él. En Tit. 3:5, "el lavamiento de regeneración," denota la obra purificante del Espíritu en el nuevo nacimiento. En Mat. 19:28, la referencia es á la renovación ó restauración de todas las cosas en la gloriosa manifestación externa de Cristo y de su reino. Comp. Hechos 3:21.

REGIO, *fractura*, ciudad en la costa cerca de la extremidad S. O. de Italia, al S. E. de Mesina en Sicilia, de la cual está separada por un estrecho de seis millas de ancho. Pablo se detuvo allí un día en su viaje á Roma, Hech. 28:13. Un viento favorable del sur, que el buque esperaba, había de llevarlo al través del estrecho y á Puteoli, en el término de 24 horas. Era ciudad bastante notable bajo el imperio romano. Calígula se había propuesto hacerla puerto para los buques cargados de grano, procedentes de Alejandría, pero murió sin llevar á cabo su proyecto. Al presente se le llama Reggio, y es una ciudad comercial floreciente, con cerca de 10,000 habitantes.

REGLA, *vara derecha*—de aquí el que se haya dado este nombre á un principio por el cual se puede decidir de la rectitud ó maldad de las opiniones y acciones. En este sentido se usa en Gál. 6:16; Filip. 3:16, y por los padres griegos. Como la autoridad á la cual apelaban en toda clase de cuestiones era la voluntad de Dios manifestada en las Escrituras del Antiguo y del Nuevo Testamento, acabaron, como era natural, por aplicar este término á la colección de dichos escritos, y por hablar de ellos como del *canon ó regla*. Canon es también equivalente á una lista ó catálogo en que se hallan insertos todos los libros que contienen la regla inspirada de la fé y la práctica. Para establecer el canon de las Escrituras, debe demostrarse que todos sus libros son de autoridad divina; que están enteros y sin adulteración; que no tienen adición alguna de origen extraño; y que se hallan en él incluidos todos los libros cuya autoridad divina puede probarse. Véase BIBLIA.

REHABÍA, *á quien Jehová aumenta*, nieto de Moisés, 1 Crón. 23:17; 24:21; 26:25.

REHOB, *anchura ó calle*, I., padre de Hadadezer rey de Soba, 2 Sam. 8:3, 12.

II. Levita que selló el pacto con Nehemías, Neh. 10:11.

III. ó ROHOB, la parte más septentrional á que llegaron los espías enviados por Moisés á explorar á Canaán, Núm. 13:21. Se llama también Betroob, Jue. 18:28; 2 Sam. 10:6, 8, y estaba cerca de Dan. Robinson la sitúa al O. de la fuente del Jordán, en el castillo arruinado de Hunin; pero Thomson sugiere á Banias, al este de Dan, ó á Tell-el-Kady, como su sitio.

IV. ó ROHOB, ciudad de Aser, Jos. 19:30, al parecer hacia Sidón.

V. ó ROHOB, otra ciudad de Aser que tocó en suerte á los Levitas gersonitas, Jos. 21:31; 1 Crón. 6:75.

Los vestigios de una de estas se hallan en Kulat er Rahib, 16 millas al este de las aguas de Merom. De una de ellas tuvieron posesión los Cananeos por mucho tiempo, Jue. 1:31.

REHOBOT, *lugares anchos*, I., ciudad de Asiria, Gén. 10:11, fundada por Nimrod en Assur, ó por Azsur. En opinión de Rawlinson, está situada en Selamiyeh, ciudad que ocupa el sitio de un antiguo cercado hecho sobre la margen occidental del Tigris, tres millas al norte de Nimrúd. Algunos, sin embargo, traducen la frase hebrea en Gén. 10:11, en vez de "la ciudad de Rehobot," "las calles de la ciudad," es decir, de Nínive.

II. "Rehobot del río," la ciudad de Saúl, antiguo rey de los Idumeos, Gén. 36:37; 1 Crón. 1:48. El río se supone que se refiere al Eufrates. El nombre Rahabah lo tienen todavía dos lugares situados sobre

547

ese río, los cuales, según se dice, contienen antiguas ruinas: uno está á pocas millas abajo de la desembocadura del Khabour, y tres millas al oeste del Eufrates; el otro está un poco más abajo, en la margen oriental.

III. El pozo cavado por Isaac después de dejar á Gerar, Gén. 26:22. Á la cabeza de un valle 20 millas al S. O. de Beer-seba, hay un lugar ahora conocido como er-Ruhaibeh, en donde, cerca de algunas ruinas pedregosas, hay un pozo de una circunferencia de 12 piés, cuya maciza mampostería con dos pilas hechas con grandes trozos de piedra, tiene una apariencia de gran antigüedad. Supónese que este es el sitio de Rehobot.

REHUM, *compasivo*, I., el canciller ó gobernador de Samaría bajo el rey de Persia. Por medio de una carta insidiosa dirigida á Artajerjes, (el Falso Smerdis,) 522 A. C., consiguió un edicto para que se suspendiera la reedificación de Jerusalem, Esd. 4:8–24.

II. Otros cuatro de este nombre se mencionan (1) en Esd. 2:2, llamado Nehum en Neh. 7:7; (2) Neh. 3:17; (3) 10:25; (4) 12:3, llamado Harim en vers. 15.

REIHÍ, *amistoso*, oficial de David que rehusó unirse á Adonías en rebelión, 1 Rey. 1:8.

REINA. Bajo el gobierno de los Reyes de Israel, debido á su poligamia, la dignidad y el poder real se disfrutaban, no como ahora en los paises cristianos por una consorte regia, sino más bien por la madre del rey. Comp. las entrevistas de Adonías y Salomón con Bersabé, 1 Reyes 1:13–22. El título de reina, literalmente *poderosa*, *señora*, se da á la madre, ó más bien, á la abuela de Asa, 1 Reyes 15:13, comp. vers. 1, 2; 2 Crón. 11:20–22; y á la madre de Joaquim, 2 Rey. 24:12, 15; Jer. 13:18; 22:26; 29:2. Otras dos palabras hebreas se traducen reina en la Biblia, una MALCHAH, femenino de MELECH, *rey*, aplicándosele á la reina reinante de Seba, 1 Rey. 10, y á la esposa superior del rey, Est. 1:9; 2:22; Cant. 6:8, 9, etc.; y la otra, literalmente *esposa*, á la consorte del rey, Neh. 2:6; comp. Dan. 5:2, 3, "esposas."

REINA DEL CIELO, nombre bajo el cual las idólatras en Judá adoraban la luna, Jer. 7:18; 44:17–27.

REINO DEL CIELO, literalmente "de los cielos," es una expresión usada en el Nuevo Testamento, especialmente por Mateo, para denotar el reino, régimen ó administración de Jesu-Cristo, Mateo 3:2;

4:17; 13:31–47; 2 Tim. 4:18. Se le llama también "el reino de Dios," Mateo 6:33; Mar. 1:14, 15; Luc. 4:43; Juan 3:3, 5, y "de Cristo," Mat. 13:41; Efes. 5:5; Apoc. 1:9. Los antiguos profetas, cuando describían el carácter del Mesías, Dan. 2:44; 7:13, 14; Miq. 4:1–7, y aun al hablar de su humillación y sufrimientos, acostumbraban introducir en sus profecías una que otra ligera indicación de su poder, de su reino y de su divinidad. Los Judíos, desentendiéndose del sentido espiritual de este lenguaje, esperaban que el Mesías apareciera como un rey temporal, ejerciendo poder sobre sus enemigos, restableciendo el trono de David en todo su esplendor, subyugando á las naciones, y recompensando á sus amigos y fieles servidores en conformidad con su fidelidad y sus servicios, Mat. 20:21; Luc. 17:20; 19:11; Hech. 1:6. De ahí venían las disputas entre sus discípulos, antes de que hubieran llegado á conocer bien á Cristo, acerca de la precedencia que tendrían en su reino; y de ahí probablemente dimanó el que los hijos de Zebedeo deseasen los lugares principales en él, ó los más cercanos á su querido Amo y Señor. Después supieron los discípulos que el reino de Cristo no era de este mundo, Juan 18:36, 37; que su origen, miras, medios y fines eran espirituales y celestiales, Rom. 14:17; 2 Cor. 10:3–5. Tiene á la verdad su forma exterior—su iglesia visible, Mat. 13:47; y derrama en el mundo las más valiosas bendiciones temporales; pero su verdadero dominio está en el alma de los hombres. Su reino comprende á todos los que por el Espíritu de Cristo están unidos á él como á su cabeza divina y á su rey, para amarle, servirle y gozar de él eternamente, Mat. 18:3; 19:14, y á ellos solamente, Mat. 1:41, 47–50; 22:11–14; Luc. 13:28, 29; 1 Cor. 6:9, 10; Apoc. 21:27. Su obra en la tierra tuvo por objeto establecer reino, Mat. 3:2. Introdujo á sus discípulos en él, cuando estaba todavía en la tierra; y más completamente después de su resurrección y ascensión, Juan 20:22; Hechos 2:32–36; es "cabeza sobre todas las cosas," para hacerlo victorioso y supremo aun en la tierra, Dan. 7:27; Efes. 1:20–22; Apoc. 11:15. Será perfecto en el cielo, Mat. 8:11, y nunca cesará, Luc. 1:33; aun cuando el reinado del Salvador como Mediador se haya cumplido, 1 Cor. 15:28.

Véanse las predicciones del Antiguo Testamento relativas al Mesías, en la palabra PROFETAS.

REJA, 1 Sam. 13:20, probablemente la punta de hierro del arado.

REMEDIOS, en Hech. 27:17, eran cables que se pasaban por debajo de un buque y á su rededor para darle fuerza.

REMFÁN, Hech. 7:43. Esta cita, hecha por Esteban, de Amós 5:26, contiene casi exactamente las palabras de la versión Septuaginta, sustituyéndose en una y otra la palabra Remfán por la "Chiun," del Hebreo. Pueden estos haber sido nombres dados indistintamente á algún dios secretamente adorado por los Israelitas en Egipto y en el desierto, Jos. 24:14; Ezeq. 20:7, 8, 10-18. Véase CHIUN. En una plancha de Egipto que se halla ahora en el Museo Británico, hay una representación de un grupo de dioses, dos de los cuales tienen el nombre de Renpu y Ken; acaso uno ó ambos de éstos fueron adorados por los Israelitas.

REMISIÓN (la), ó el perdón de los pecados se concede en virtud del sacrificio expiatorio de Cristo, Mat. 26:28. Los apóstoles fueron comisionados para proclamar esta doctrina, Juan 20:23; comp. Hech. 5:31, 32; 10:43; 1 Juan 2:1, 2, y fueron dotados por el Espíritu Santo con una perspicacia sobrenatural que los ponía en aptitud de discernir y declarar si alguno experimentaba el verdadero arrepentimiento y la fé, condiciones indispensables para obtener el perdón de los pecados, Hech. 5:1-11; 8:21.

REPETICIONES, las, de las oraciones, que el Salvador censuró, Mat. 6:7, eran formas cortas ó expresiones particulares que los Judíos acostumbraban repetir cierto número de veces. Así los católicos romanos repiten todavía el "Padre nuestro," el "Ave María," etc., gran número de veces, y piensan que cuanto mayor sea la frecuencia con que repitan la oración, ésta es más meritoria y eficaz. El clamor repetido de una alma sincera es ciertamente bien recibido por Dios, Gén. 18; Mat. 26:44; Luc. 18:1; pero Él se fija en el corazón y nó en los labios; y cuanto mayor sea el número de oraciones que un hombre repita como tarea para adquirir mérito, tanto mayor es su pecado.

RESA. Se ha conjeturado que este no es un nombre propio, sino el título de Zorobabel, correspondiente al RÒSH hebreo, *jefe ó príncipe*, Luc. 3:27.

RESCATE, el precio pagado por la libertad de un cautivo ó esclavo, 1 Cor. 6:19, 20. Bajo la ley levítica se exigía una ofrenda de cada Israelita de 20 ó más años de edad en el tiempo en que se practicaba el censo. A esta ofrenda se le llamaba rescate ó dinero de expiación (lit. cubierta), Exod. 30:12-16. Tenía que hacerse bajo pena de la plaga, y se fijó en medio-siclo, 25 centavos ó poco más, tanto para los ricos como para los pobres, 1 Ped. 1:18, 19. Nuestro Salvador se dió á sí mismo como rescate por la vida de nuestras almas, Mat. 20:28; Mar. 10:45; 2 Tim. 2:6. Véase REDENCIÓN.

RESCOLDO ó CENIZA. En Gén. 18:6, significa las piedras calientes sobre las cuales se ponían los panes hechos de masa, cubriéndose con ceniza caliente, como todavía acostumbran hacerlo los Beduinos. En Sal. 102:3, la palabra que se traduce tizón, significa haz de leña. En Jer. 36:22, 25, la misma se ha traducido "brasero ardiendo." Estos hornos portátiles con carbón encendido, que se colocaban cuando era necesario en la mitad de una pieza, se usan todavía en el Oriente. En Zac. 12:6, "un brasero de fuego," significa una vasija en que se pone fuego.

RESEN, *brida*, como en Isa. 30:28, ciudad asiria muy antigua, entre Nínive y Calah, Gén. 10:12. G. Rawlinson identificando á Assur con Kileh Shergat, y á Calah con Nimrúd, la Larissa de Jenofonte, como 20 millas al sur de Mosul, sitúa á Resen cerca de la ciudad de Selamiyeh, como 3 millas al norte de Nimrúd, en donde hay ruinas asirias. Ferguson identificando á Calah con Kaleh Shérgat, coloca á Resen en Nimrúd.

RESEF, *piedra caliente*, como para cocer algo, ciudad conquistada por los Asirios, 2 Rey. 19:12; Isa. 37:12. Su sitio está tal vez en Rasappa, como 25 millas al oeste del Eufrates, en el camino de Rakkah á Hums.

RESPONDER ó DECIR. Además del uso común de este verbo en el sentido de *replicar*, es muy usado en la Biblia, siguiendo los idiomas Hebreo y Griego, en el de *hablar*, significando simplemente que uno comienza ó reasume su discurso, Zac. 6:4; Mat. 11:25; 12:38; Luc. 7:40. Significa también cantar en coros ó responsos, Exo. 15:20, 21; 1 Sam. 18:7; 29:5, y darse cuenta de sí mismo en juicio, Gén. 30:33; Job 9:3.

RESTITUCIÓN ó RESTAURACIÓN, Job 20:10, 18. La reparación de los daños causados, y la devolución de lo que se hubiera tomado ilegalmente de otro, son cosas mandadas estrictamente en la Escritura, y son una evidencia necesaria del verdadero arrepentimiento, Exod. 22:1-15;

Neh. 5:1-13; Luc. 19:8. La restitución debe ser perfecta y justa, devolviendo hasta donde sea posible todo lo que se ha tomado, con el interés correspondiente, Lev. 6:1-6; 24:21. En Hech. 3:21, "la restauración de todas las cosas," significa el tiempo en que Cristo aparecerá en su gloria y restablecerá su reino según fué predicho en las Escrituras.

RESURRECCIÓN DE CRISTO. Esta es de una importancia fundamental en el Cristianismo, tanto histórica como doctrinalmente. Como hecho indisputablemente probado, fué la demostración final de la verdad de todos los derechos que Cristo pretendió tener, 1 Cor. 15:14-18. Él repetidas veces la había predicho, Mat. 16:21; 20:19; y sus enemigos tuvieron el mayor cuidado en asegurarse de que efectivamente estaba muerto, y de hacer guardar su sepulcro para mayor seguridad; con todo, Él se levantó de entre los muertos el tercero día, y se apareció á numerosos testigos, por lo menos en doce ocasiones que se hallan registradas, y son las siguientes: *a.* Mar. 16:1-8; *b.* Mar. 16:9-11; Juan 20:11-18; *c.* Luc. 24:34; 1 Cor. 15:5; *d.* Marcos 16:12, 13; Luc. 24:13-25; *e.* Mar. 16:14-18; Luc. 24:36, 49; Juan 20:19-23; 1 Cor. 15:5; *f.* Juan 20:24-28; *g.* Juan 21:1-23; *h.* Mat. 28:16-20; 1 Cor. 15:6; *i.* 1 Cor. 15:7; *j.* Mar. 16:19; Luc. 24:50-52; Hech. 1:3-9; *k.* Hechos 9:3-9, 17; *l.* 1 Cor. 9:1; 13:8, convenciendo aun á los que más dudaban, y después de 40 días ascendió al cielo desde el monte de los Olivos. De este hecho tan de suma importancia, los apóstoles dieron testimonio, tanto con el cambio de su conducta como en su predicación, Hech. 1:22; 2:24-32; 4:33; 10:40, 41; 1 Cor. 15:4-8. La resurrección de Jesús está además demostrada con el establecimiento y continuación de la religión cristiana, y el cambio que se hizo del día de descanso, prescribiendo que se celebrase el Domingo en vez del Sábado. En su relación con la doctrina cristiana suministra una prueba más de sus más notables hechos, y nos da pruebas concluyentes de la aceptación que Dios hace del sacrificio expiatorio, y nos hace tener convicciones firmes acerca del carácter y de la misión divina de Cristo, del cumplimiento triunfante de la obra de redención, y de la verdad que Él ha de resucitar las almas y los cuerpos de su pueblo á una vida inmortal. Fué sepultado bajo el enorme peso de nuestras ofensas, pero se levantó de nuevo, todopoderoso, para justificarnos y salvarnos. Su

muerte probó lo grande de su amor; su resurrección manifiesta de nuevo que su amor había logrado su objeto.

RESURRECCIÓN DE LOS MUERTOS. El Nuevo Testamento tiene la gloria especial de que hace una revelación plena de esta gran doctrina—doctrina de la cual los más sabios de los paganos ó bien dudaron, ó bien hicieron burla. En el Antiguo Testamento hallamos también expuesta esta doctrina, aunque con menos frecuencia, como por ejemplo, en Isa. 26:19; Dan. 12:2. Cuando nuestro Señor apareció en Palestina, la doctrina de la resurrección de los muertos era recibida por toda la nación judía, con excepción de los Saduceos, como artículo cardinal de su credo religioso. Estos se apoyaban para negarla en la suposición de que en la muerte el hombre todo, es decir, su alma y su cuerpo, perecía. "Los Saduceos dicen que no hay resurrección, ni ángel, ni espíritu," Hech. 23:8. Por lo tanto, refutar esta suposición antibíblica era destruir por completo la base en que descansaban los argumentos que hacían en contra de la resurrección, porque si el alma puede sobrevivir al cuerpo, es claro que Dios puede darle otro cuerpo. En este sentido nuestro Señor les salió al encuentro, y eficazmente los refutó, Mat. 22:31, 32; Mar. 12:26, 27.

La resurrección de Cristo se presenta en diversos pasajes del Nuevo Testamento, como prueba y promesa de la resurrección de todos los justos que están unidos á él por la fé, 1 Cor. 16:49; 1 Tes. 4:14, en virtud de su unión con él como cabeza suya. Él es "la resurrección y la vida," Juan 11:26; "ellos duermen en Jesús, y serán llevados á la gloria con Él," 1 Tes. 4:13-17; 5:10; "su vida está escondida con Cristo en Dios," Col. 3:3; y "porque él vive, ellos vivirán también, Juan 14:19. "Las primicias" de su gran cosecha aparecerán en el tiempo de su resurrección, cuando los cuerpos de muchos santos se levantarán, Mat. 27:52, 53. Las Escrituras también enseñan que habrá resurrección de los réprobos; pero éstos serán levantados nó para ser glorificados con Cristo, sino para ser juzgados por él, y sentenciados á un castigo eterno, Dan. 12:2; Juan 5:28, 29, comparado con Mat. 25:31-46; Hech. 24:15.

A los sofistas de su tiempo que atacaban esta doctrina, Cristo les replicó: "Vosotros erráis, no conociendo las Escrituras ni el poder de Dios." La obra es milagrosa; y aquél que es omnipotente y omnisicio, no permitirá que nada frustre sus designio

Él no nos ha revelado cual es la naturaleza precisa del cuerpo espiritual, ni en qué consiste su identidad con el cuerpo terrenal, pero será incorruptible á semejanza del cuerpo glorioso de Cristo, Fil. 3:21, y un compañero propio para el alma perfeccionado á semejanza suya.

RETAGUARDIA, el batallón fuerte que cerraba y protegía la parte de atrás de un ejército, Jos. 6:13; Isa. 52:12; 58:8.

RETAMA, se supone que era el enebro, un árbol bajo y raquítico que se halla en el desierto en los lugares pedregosos, y que forma por eso contraste con los árboles que crecen junto á las corrientes de agua, Jer. 17:5-8; 48:6.

RETRIBUCIÓN. Siendo la presente una vida de prueba, la futura es de retribución, y en ella todos los hombres serán premiados ó castigados para siempre " según las obras que hayan hecho en el cuerpo." La bienaventuranza eterna de los redimidos, sin embargo, es "un *don* de Dios," el cual no se alcanza por obras buenas, cualesquiera que ellas sean, sino que gratuitamente se concede por Cristo á los creyentes arrepentidos; al paso que una terrible maldición sin término es "la *paga* del pecado." La iglesia cristiana, en todos los siglos, ha estado sustancialmente acorde en la creencia de que todos los pecadores que no se arrepienten y refugien en la Divina Misericordia, en la presente vida, sufrirán en la futura un castigo eterno, como necesaria y justa retribución de sus pecados. Varias grandes clases de pasajes bíblicos conspiran á enseñar esta verdad. McClintock y Strong los enumeran del modo siguiente:

1. Pasajes que declaran que ciertos pecadores no entrarán al reino del cielo, tales como Mat. 5:20; 7:13, 21-23; 18:3; Mar. 10:23-25; Luc. 13:24-28; Juan 3:3-5; 1 Cor. 6:9, 10; Gál. 5:19-21; Efes. 5:5; Heb. 3:19; 4:1-3.

2. Pasajes que describen el estado final de los hombres buenos y el de los malos, y ponen en contraste los unos con los otros, como Prov. 10:28; Dan. 12:2; Mat. 3:12; 7:13, 14, 21; 8:11, 12; 13:30-43, 47-50; 24:46-51; 25:23-46; Mar. 16:16; Luc. 6:23, 24, 47-49; Juan 5:29; Rom. 6:21-23; Gál. 6:7, 8; Fil. 3:17-21; 2 Tes. 1:5-12; Heb. 6:8, 9; 1 Ped. 4:18.

3. Pasajes que aplican al estado futuro, los términos "perdurable," "eterno," "para siempre," y "por los siglos de los siglos," Dan. 12:2; Mat. 18:8; 25:41-46; Mar. 3:29; 2 Cor. 4:18; 2 Tes. 1:9; 2 Ped.

2:17; Judas 6, 7, 13; Apoc. 14:10:11; 19:3; 20:10.

4. Pasajes que se refieren al castigo futuro, con frases que implican su eterna duración, Mat. 10:28; 12:31, 32; Mar. 3:29; 9:43-48; Luc. 9:25; 14:25; Juan 3:36; 8:21; 17:12; Heb. 6:2; 10:26, 27; Sant. 2:13; 1 Juan 5:16.

5. Pasajes que enseñan que el cambio de corazón y la preparación para el cielo, tienen que verificarse en esta vida; Prov. 1:24-28; Isa. 55:6, 7; Mat. 25:5-13; Luc. 13:24-29; Juan 12:35, 36; 2 Cor. 6:1, 2; Heb. 3:1-10; 12:15-25; Apoc. 22:11.

6. Pasajes que predicen las consecuencias que resultan de rechazar el evangelio: Sal. 2:12; Prov. 29:1; Hech. 13:40-46; 20:26; 28:26, 27; 1 Cor. 1:18; 2 Cor. 2:15, 16; 4:3; 1 Tes. 5:3; 2 Tes. 1:8; 2:10-12; Heb. 2:1-3; 4:1-11; 10:26-31, 38, 39; 12:25-29; 1 Ped. 4:17, 18; 2 Ped. 2:1-21; 3:7. Comp. Hech. 4:12. Véanse PROBAR, SADUCEOS.

REU, *amigo*, Gén. 11:18, 21; 1 Crón. 1:25, llamado Ragau en Luc. 3:35, patriarca antepasado de Abraham.

REUMA, *elevada*, concubina de Nacór hermano de Abraham, Gén. 22:24.

REVELACIÓN. Declaración ó comunicación extraordinaria y sobrenatural hecha por Dios, de las verdades cuyo conocimiento no alcanzan á adquirir por sí solas las facultades naturales del hombre, Rom. 16:25; Gál. 1:12; Efes. 3:3; Apoc. 1:1. Los modos de hacerla han sido varios: por sueños, Gén. 37:5; 40:5; 41; 1 Rey. 3:5; Dan. 7:1; Mat. 1:20; por visiones, Gén. 15:1; 46:2; Ezeq. 1:1; Dan. 8:2; Hech. 9:10; 10:3; comunicación directa, Gén. 6:13; Exod. 3; Luc. 1:11-20, 28-38; 9:35; Juan 12:28; éxtasis ó de algún otro modo, 2 Cor. 12:1-7; comp. Núm. 12:5-8. Sobre la directa y plena revelación de Dios en su palabra, Sal. 119:105; 2 Tim. 3:15-17; Heb. 4:12, 13, y en la persona y obra de su Hijo, Juan 1:18; Heb. 1:1, 2; 2 Ped. 1:19, se halla fundada la religión cristiana. Una revelación menos directa de Dios se ha hecho en las obras de la creación, Sal. 19:1-4; comp. Rom. 1:19, 20; Hech. 14:17; 17:26-28; en la conciencia humana, Rom. 2:14, 15; comp. Juan 1:9; y en la historia, Deut. 29:22-28; Hech. 14:17; 2 Ped. 2:14-19; comp. Juan 1:5, 10. Pero esta triple revelación, por valiosa que sea como un testimonio constante dado á la naturaleza y el gobierno de la Divinidad, y como una guía intelectual y moral, es solamente parcial, y está además expuesta á una mala interpretación por la razón humana, 1 Cor. 1:21. "La revelación de nuestro Señor," 1 Cor. 1:7, es su gloriosa venida por segunda vez, Luc. 17:24-30; 2 Tés. 1:7-10; 1 Ped. 4:13.

Por lo que respecta al libro de la Revelación, véase APOCALIPSIS.

REVIVIR, *vivir de nuevo*, 1 Rey. 17:22; 2 Rey. 13:21; Rom. 14:9.

REY, REYES. En las Escrituras la palabra "rey" no implica siempre ni un alto grado de poder, ni una grande extensión de territorio. Muchas ciudades solas, ó ciudades con sus poblaciones circunvecinas, se dice que han tenido "reyes"; y á muchas personas á quienes en la Biblia se les llama reyes, nosotros les daríamos más bien la denominación de jefes ó de caudillos. Por ejemplo, se dice que Moisés fué rey en Jesurun ó Israel, Deut. 33:5; él fué el jefe, el caudillo, el guía de su pueblo, aunque no rey en el mismo sentido que David ó Salomón. Un país tan pequeño como el de Canaán, contenía 31 reyes que fueron conquistados, Jos. 12:9-24, además de muchos que á no dudarlo escaparon de caer en manos de Josué. Adonizedec, que no era rey muy poderoso, menciona 70 reyes, á quienes había sometido y mutilado. Véase también 1 Rey. 4:21. En muchos casos estos reyes eran, sin duda, semejantes á los Sheikhs de las tribus árabes de la actualidad. En el Nuevo Testamento, el título de rey se aplica también á los emperadores romanos y á los gobernadores, 1 Ped. 2:13, 17; Apoc. 17:10, 12; y á Herodes Antipas el Tetrarca, Mar. 6:22; Luc. 3:19.

Los Israelitas no tuvieron reyes hasta que Saúl fué proclamado como tal. Al principio fueron gobernados por ancianos, como en Egipto; después por gobernantes designados por Dios, como lo fueron Moisés y Josué; en seguida por Jueces como Otniel, Ehud, Gedeón y Samuel; y últimamente por reyes como Saúl, David y Salomón. Siendo como eran el pueblo peculiar de Dios, su forma de gobierno era esencialmente la teocrática. Dios les prescribió un código de leyes, y les designó sus gobernantes, teniendo el pueblo que obedecer estas leyes y estos gobernantes "en el Señor;" y en todos los casos de duda, Él como la cabeza real del gobierno, tenía que ser consultado, en el espíritu de las palabras "el Señor es nuestro Juez, el Señor es nuestro Legislador, el Señor es nuestro Rey," Isa. 33:22; 1 Tim. 1:17. Al pedir que se les diera rey, le hicieron á Él

una ofensa, pués ese fué un acto de incredulidad y de rebelión contra el régimen inmediato de Jehová, 1 Sam. 8:7. Con todo, aun bajo el gobierno monárquico, tenían todavía que considerarle como rey. La idolatría era una traición contra el trono. Su código de leyes era aún su libro santo. Un profeta ó sumo sacerdote de Jehová era quien ungía al rey, y le colocaba la corona en la cabeza y el cetro en la mano, Deut. 17:15, 18-20; 1 Sam. 10:1, 25; 12:12-15; 2 Sam. 1:14, 21; 1 Rey. 1:39; 2 Rey. 9:1-6; 11:12; Sal. 21:3. Por medio de sus ministros, Dios daba con relación á los asuntos públicos, aquellas direcciones que se necesitaban y solicitaban, 1 Sam. 30:7; 2 Sam. 2:1; y estos agentes de Dios en sus instrucciones y amonestaciones desempeñaban un papel de lo más importante en la historia nacional, 1 Rey. 20:22, 38; 2 Rey. 1:15. En tanto que el pueblo y los reyes miraban á Dios como su jefe, prosperaban; y cuando dejaban de hacerlo se arruinaban. De los dos reinos, el de Judá y el de Israel, el último faltó á su fidelidad de una manera más rápida y más completa, 2 Crón. 13:4-12; y de conseguiente fué el primero que pereció. Existió 254 años desde la muerte de Salomón, 975-721 A. C., con 19 reyes de 9 diferentes dinastías. El reino de Judá continuó 387 años después de la separación, 975-588 A. C. Su trono fué ocupado por 19 reyes sucesivos de la línea de David. Véanse ISRAEL y JUDÁ.

La tabla de la página 553, presenta de una ojeada los Reyes de Judá y de Israel, tales como se enumeran en la Biblia, con el año en que cada uno comenzó á reinar, y la duración de su reinado. La Cronología es la de Usher y Winer, quienes convienen entre sí casi en un todo.

Los reyes hebreos eran monarcas absolutos, aunque en muchos casos el respeto á la religión, á las leyes y á las costumbres, el deseo de ser estimados, y el temor á la revolución los hacían ejercer el poder con templanza. Sus personas eran tenidas como sagradas por ser los ungidos del Señor, 2 Sam. 1:14; Lam. 4:20. Tenían numerosos empleados, tales como historiadores ó cronologistas, 1 Rey. 4:3; escribas, 2 Sam. 8:17; despenseros, Isa. 22:15; 36:3; amigos y consejeros, 1 Rey, 4:5; 1 Crón. 27:32; guardarropas, 2 Rey. 5:22; capitanes de la guardia, 2 Sam. 20:23; 1 Rey. 2:25; varios tesoreros, 1 Crón. 27:25-31; y el jefe del ejército, 2 Sam. 11:1; 20:23. Sus rentas provenían de las tierras reales, de los rebaños y ganados, de los diezmos,

No.	NOMBRE.	Duracion de reinado	Fecha de ascension. A. C.	Fecha de ascension. A. C.	Duracion de reinado	NOMBRE.	No.	Dinastía.	PROFETAS CONTEMPORANEOS, REYES Y ACONTECIMIENTOS.
	REYES DE JUDÁ, *todos de una dinastia.*				REYES DE ISRAEL, *de nueve dinastias.*				
1	Roboam,	17	975	975	22	Jeroboam	1	I.	Sesac, Egipto, 975-953.
2	Abías,	3	958	954	2	Nadab,	2	II.	
3	Asa,	41	955	953	24	Basa,	3	II.	Homero, 950.
				930	2	Ela, Zimri,	4, 5	II.III.	
				929	12	Omri,	6	IV.	Licurgo, 923-841.
				918	22	Achàb,	7	IV.	Benadad, 914-885.
4	Josafat,	25	914						
				897	2	Ocozías,	8	IV.	
5	Joram,	8	892	896	12	Joram,	9	IV.	Hazael, 885-845.
6	Ocozías,	1		883	28	Jehú,	10	V.	Fundación de Cartago, 869.
	Atalia, usurpa-	7	885						
7	Joas, [dora	40	878						
				856	17	Joachaz,	11	V.	Salmanasar II., 860-824.
8	Amasías,	29	838	840	16	Joas,	12	V.	
				825	41	Jeroboam II.	13	V.	Jonás, 830-815.
9	Ozías,	52	810						Fundación de Macedonia, 815. Joel, 812-795.
				784	12	Interregno,		V.	Amós, 800-784.
				772	6me	Zacarías,	14	V.	Oseas, 786-736.
				771	1me	Sallum,	15	VI.	Salmanasar III., 783-773.
					10	Manahem,	16	VII.	Pul invade á Israel, 770.
10	Jotam,	16	758	760	2	Pecaía,	17	VII.	Isaías, 766-698.
				758	20	Peca,	18	VIII.	Fundación de Roma, 754. Miqueas, 750-698.
11	Achaz,	16	741	738	8	Interregno,			Nabonasar, 747-731. Teglat-Falaser, 745-727.
				729	9	Oseas,	19	IX.	
12	Ezequías,	29	726	721		Cautividad.			Nahum, 720-698. Numa Pompilio, 715-673.
13	Manassés,	55	697						Sennaquerib, 705-681.
14	Amón,	2	642						Solon, 638-558.
15	Josías,	31	640						Sofonías, 630-620. Jeremías, 628-588.
16	Joachaz,								
17	Joaquim,	11	609						Daniel, 606-538.
18	Joaquín,								Nabucodonosor, 605-562
19	Sedecías,	11	598						
	Cautividad,		588						Ezequiel, 594-576.

impuestos y derechos, algunas veces del comercio, y en gran parte de los "presentes" obligatorios que se les hacían. Empleaban las diferentes insignias de la dignidad real, y tenían palacios, 1 Rey. 7:1-12; cortesanos, tronos. vestiduras reales, y utensilios de oro, 1 Rey. 10:18-21; 22:10; coronas y cetros, 2 Sam. 1:10; 12:30; Sal. 45:6, anillos con sellos, 1 Rey. 21:8; Est. 8:8, y un séquito complaciente, 1 Sam. 24:8.

Los DOS LIBROS DE LOS REYES, que en el original hebreo forman uno solo, contienen la historia de los reyes de Judá y la de los de Israel, entremezcladas, comenzando con Salomón, y terminando con Sedecías; se distingue de los libros de las Crónicas, en que estos se ciñen á la relación de los Reyes de Judá. En la Septuaginta y la Vulgata se llaman también "libros de los Reyes" los dos libros de Samuel. Las diferentes historias que comprenden los dos libros de los Reyes, fueron sin duda la obra de un solo escritor inspirado, y no simplemente una colección. Se cree que dichos libros fueron escritos antes de los libros de las Crónicas, que contienen muchas expresiones caldeas y persas; y la tradición judaica, confirmada por la evidencia interna, señala al profeta Jeremías como autor de ellos, 620 A. C. El escritor probablemente tomó parte de los datos de los registros que de cada reinado formaron los profetas y sacerdotes contemporáneos, 1 Rey. 11:41; 14:29; 15:7, 23; 22:45; 2 Reyes 8:23; 12:19. Véase CRÓNICAS. Continúan la historia referida en los dos libros de Samuel, y pueden dividirse en tres periodos: I. 1 Rey. 1-11, reinado de Salomón. II. 1 Rey. 12 á 2 Rey. 10, desde la división del reino, hasta la cautividad de las diez tribus. III. 2 Rey. 11-25, hasta la cautividad de Judá, y el año 37º de Joaquim, en donde hallamos una promesa de que Dios volvería algún día á mirar con favor el pueblo de su pacto. Esa historia no es meramente un registro de los acontecimientos, sino una exposición de las relaciones que la nación tenía con Jehová, su legítimo rey, y de los actos de Él para con ella en su providencia y por medio de sus sacerdotes, y especialmente de sus profetas, en cumplimiento de su palabra en 2 Sam. 7:12-17. Todos estos anales sagrados son altamente instructivos. Ellos nos ponen de manifiesto el perfecto cumplimiento de las promesas divinas, y de las amonestaciones hechas por conducto de Moisés; y cada página confirma la declaración de que "El temor de Dios es el principio de la sabiduría."

El libro de Isaías debe leerse en conección con la historia de Acház y Ezequías, y el de Jeremías con la de Joaquím y Sedecías.

Los nombres de Omri, Mesa, Jehú, Manahem, Oseas y Ezequías, se hallan en las tablas de piedra de Asiria y Babilonia, que contienen los anales de Teglat-Falasar. Sargón, Sennaquerib y Esar-haddon; y los monumentos egipcios confirman los hechos consignados en 1 Rey. 11:19, 20, 40, y la historia de la conquista que Sisac hizo de Judá, las luchas de Asiria con Egipto, y el predominio de Babilonia sobre ambos paises, en el reinado de Nabucodonosor. Se hallan alusiones del Nuevo Testamento á esa narración, en Mat. 6:29; 12:42; Mar. 1:6; Luc. 4:25-27; 10:4 con 2 Rey. 4:29; Hech. 7:47, 48; Rom. 11:2-4; Heb. 11:35; Sant. 5:17, 18; Apoc. 2:20; 11:6. Véase también Mat. 17:3-12.

REZON, *príncipe*, el fundador de una dinastía en la Siria Damascena, en tiempo de David, y el cual causó grandes molestias á Salomón, 1 Rey. 11:23-25. Había sido oficial á las ordenes de Hadadezer rey de Soba.

RIBLA, *fertilidad*, ciudad en el límite N. E. de Israel, Núm. 34:10, 11. Ha sido identificada generalmente con Ribla hen la tierra de Hamat, el Bukaa, en el gran camino que comunica á Palestina con Babilonia, atravesado naturalmente por los que invadían á Palestina, procedentes del norte y del este. Allí Faraón Necao, estando de camino para Siria, ó á su vuelta de ese país, depuso al rey Joachaz, 610 A. C., 2 Rey. 23:29-33; y allí Nabucodonosor hizo que le sacaran los ojos á Sedecías, y que les diesen muerte á sus hijos, 588 A. C., así como á muchos de los hombres principales de Judá, 2 Rey. 25:6, 7, 18-21; Jer. 39:5-7; 52:9-11. Ribla se identifica con el villorrio moderno llamada Ribleh, en la margen oriental del Orontes, el-Asy, como 35 millas al N. E. de Baalbec, y 20 al S. O. de Hums. Como 10 millas al sur de Ribleh está el gran manantial del Orontes, llamado todavía el-Aín, "la fuente," que se supone está indicada en Núm. 34:11. Ribla está en medio de una llanura grande y fértil, plana como la superficie de un lago, y era evidentemente un lugar de mucha importancia estratégica. Algunos consideran á Ribla como el mismo Diblat, Ezeq. 6:14; pero Conder halla el último en la moderna población de Dibl.

Grove y otros piensan que Ribla, en Hamat, está demasiado lejos al norte para ser el lugar denotado en Núm. 34:10, 11, y la buscan cerca de Banías, del lado del Hermón, en donde sin embargo no ha sido encontrado todavía semejante lugar.

RIFAT, hijo de Gomer, Gén. 10:3; 1 Crón. 1:6. Sus descendientes han sido identificados por algunos con los Rifeanos, los antiguos Paflagonios; otros hallan huellas de este nombre en los montañeses Rifeanos, ó en los Montes Carpacios, ó bien en las alturas septentrionales del Mar Caspio.

RIMMÓN, granada, I., ídolo de los Asirios de Damasco, 2 Rey. 5:18. Véase NAAMAN. Algunos opinan que Rimmón representaba el principio fecundante de la naturaleza, simbolizado á menudo por la granada en las antiguas religiones; otros, que Rimmón es una abreviación de HADAD-RIMMON (véase)—Hadad era el dios-sol de los Sirios, y en combinación con Rimmón, tal vez el dios-sol de la última parte del verano, maduradora de las frutas, pues que madura la granada en Agosto y Septiembre. Gesenio y otros derivan el nombre del ídolo sirio de una raíz hebrea que significa "ser alto," y la traducen "el altísimo."

II. Benjamita de Beerot, padre de los asesinos de Isboset, 2 Sam. 4:2, 5, 9.

III. Ciudad de Judá, Jos. 15:21, 32, después de Simeón, Jos. 19:7; 1 Crón. 4:32; Neh. 11:29; Zac. 14:10, de la cual se cree se hallan vestigios en Umm er-Rumanin, 18 millas al S. O. de Hebrón, y 10 al N. E. de Beer-seba, en donde hay en la cima de un cerro cisternas cavadas en la roca, y cimientos de importantes edificios.

IV. Traducido también rodeando á Nea, un lugar en Zabulón, Jos. 19:13.

RIMMÓN-PERES, granada de la brecha, campamento de los Israelitas en el desierto entre Ritma y Libna, Núm. 33:19, 20. Jebel Ikhrimm, 80 millas al S. O. de Beer-seba, ha sido sugerido como su sitio probable.

RIÑONES, Jer. 12:2. Los Hebreos consideraban los riñones, tanto como el corazón, como el asiento de varias emociones y sentimientos que nosotros vulgarmente atribuimos sólo al corazón. Les atribuían conocimiento, Sal. 16:7; alegría, Prov. 23:16; pesar, Sal. 73:21; deseo, como algunos interpretan, Job 19:27. Por esto es que á Dios se le llama "el Dios justo que prueba los corazones y los riñones," Sal. 7:9; 26:2; Jer. 17:10; Apoc. 2:23.

Con el hecho de que se atribuyeran estas cualidades morales á los riñones, parece que está en consonancia el precepto de la ley mosaica que los exigía para la presentación que se hacía á Dios en el altar de los holocaustos, en los casos en que sólo una parte de la víctima tenía que ser consumida en el altar, como en las ofrendas que se hacía por el pecado y las transgresiones, y en las de paces, Exod. 29:13, 22; Lev. 3:4, 10, 15; 4:9; 7:4. Así parece que al Israelita se le amonestaba á que hiciese que sus deseos y afectos se elevasen á Dios, mientras la sangre derramada del sacrificio hacía expiación por sus pecados, Lev. 17:11.

RÍO. De verdaderas corrientes perennes de tamaño considerable no hay en Palestina sino el Jordán y el Leontes. Las otras corrientes son meros arroyos invernales, que en el verano ó bien se secan ó bien disminuyen considerablemente su caudal, y corren sumergidas en angostos lechos ú ocultas en espesos matorrales. Bajo el nombre general de río se comprenden tres términos hebreos:

1. YEÓR, de una palabra egipcia. Designa siempre ó alude al Nilo, á sus varios brazos, y á los canales en que se distribuye, como en Gén. 41:1-3, 17, 18, y á menudo en el Éxodo. Se traduce también ríos, en Isa. 19:6-8; Jer. 46:7, 8; y río en Isa. 33:21. En Job 28:10, esta palabra está empleada en sentido general, y en Dan. 12:5-7 denota al Hidekel, Dan. 10:4.

2. NAHAR se aplica á los ríos que corren constantemente, Gén. 2:10-14; Exod. 7:19, "ríos;" Deut. 1:7; 2 Rey. 5:12; Isa. 18:1. Cuando se usa con el artículo, generalmente denota el Eufrates, Exod. 23:31; Jos. 24:2, 3; 1 Rey. 4:21; 14:15; pero al parecer el Nilo, en Isa. 19:5; y el Jordán, en Sal. 66:6.

3. NAHAL, un lecho ó cañada torrencial, por el cual corre el agua solo ó principalmente en la estación de las lluvias; se da también este nombre á la corriente misma, Lev. 11:9; Deut. 2:24, 36, 37; 10:7; Jos. 16:8; Jue. 4:7, 13. No tenemos equivalente exacto para esta palabra en español, y para expresar esa idea, hemos tenido que hacer uso simplemente de la palabra arábiga wady (especie de quebrada) que tiene el mismo significado. Nahal por lo mismo, se ha traducido "valle" en Gén. 26:19; y "arroyo" en Gén. 32:23; Núm. 13:24; 1 Rey. 17:3-7; 18:5. Tales corrientes que á menudo burlan las esperanzas del sediento y fatigado viajero, son para

555

los Orientales emblemas notables de inconstancia y falta de fé, Job 6:15-20; Jer. 15:18.

En Ezek. 31:4, la palabra "ríos," corresponde á una palabra hebrea traducida "conducto" en otros pasajes, tales como en 2 Rey. 18:17. En Ezequiel parece que se hace referencia á las pequeñas corrientes á que artificialmente se ha dado dirección para el riego. A tales conductos fácilmente se les daba vuelta amasando la tierra con los piés, y son á los que probablemente se hace referencia en Deut. 11:10; Prov. 21:1.

RÍO DE EGIPTO, Gén. 15:18, en Hebreo *Nahar Mizraim*, probablemente el brazo pelusiaco ó más oriental del Nilo, como el límite occidental de la tierra prometida á la simiente de Abraham, la cual sin embargo nunca extendió sus dominios hasta allá. En los otros siete pasajes en donde ocurre la frase "río de Egipto," el término hebreo *Nahal Mizraim*, y denota los antiguos límites entre Egipto é Israel, ahora la cañada (wady) el-Arish, un ancho valle por el cual en la estación de las lluvias, varias corrientes del desierto central et-Tih tienen su curso, dirigiéndose al Mediterráneo como 40 millas al S. O. de Gaza, Núm. 34:5; Jos. 15:4, 47; 2 Rey. 24:7; 2 Crón. 7:8; Isa. 27:12. A este límite natural se le llamaba algunas veces Sihor, Jos. 13:3; 1 Crón. 13:5, nombre que en otros pasajes se aplica al Nilo, Isa. 23:3; Jer. 2:18.

RISA, es una manifestación de alegría, Sal. 126:2; de burla, Gén. 18:13; de orgullosa seguridad, Job 5:22; del sentimiento que Dios tiene de la necedad y locura del pecar, Sal. 2:4; 59:8; Prov. 1:26.

RISPA, *un carbón encendido*, como en Isa. 6:6, concubina del rey Saúl, tomada después de su muerte por el ambicioso Abner, quien amargamente resintió la censura que le hizo Isboset de su designio en este acto. Sus dos hijos Armoni y Mefiboset, fueron después ahorcados con cinco nietos de Saul, para vengar los males que él había causado á los Gabaonitas. Con el afecto maternal más abnegado, Rispa vigiló sus restos día y noche, según parece, desde Abril hasta Octubre; y David, informado de sus penosas vigilias, reunió los huesos de toda la familia de Saúl, y les dió una honrosa sepultura, 2 Sam. 3:7-11; 21:1-14.

RISSA, *ruina*, 20ª estación de Israel en el desierto, Núm. 33:21, 22. Se halla por algunos en el lugar llamado Rasa Romano, 20 millas al N. O. de Ezion-Gaba; por

556

otros, en Ain el-Jughamileh, 125 millas al S. S. O. de Beer-seba, ó en el-Kusaby, 55 millas al S. O. de este último lugar.

RITMA, *escoba* (la planta llamada retama, un arbusto grande que crece en el desierto), la 17ª estación de Israel, Núm. 33:18, 19. Hay muchas razones para identificar á Ritma con Cades, Núm. 13:26, ó sus inmediatas cercanías. Las autoridades modernas hallan á Cades-Barnea en Ain Cades, 50 millas al sur de Beer-seba. Algunas millas al oeste hay un valle llamado Aboo Retemát.

ROBO. Este delito ha sido siempre uno de los principales empleos de las tribus nómadas del Oriente, desde el tiempo de Ismael, Gén. 16:12, hasta la época presente, en que muchas de las tribus beduinas están formadas de ladrones de oficio. Muchas correrías de pillaje, grandes y pequeñas, se refieren en la Biblia, tales como las incursiones de los Sabeos y Caldeos, Job 1:14-17; el saqueo de Siquém por los hijos de Jacob, Gén. 34:27-29; los frecuentes despojos que sufrieron los Israelitas por parte de sus enemigos, y las represalias que tomaron en el período de los Jueces; y la invasión hecha por Micás, Jue. 18:11-26. En tiempo de los Jueces se cometieron robos en los caminos públicos, Jue. 5:6; 9:25. En tiempos posteriores también se cometieron desórdenes de esa clase los que fueron censurados por los profetas, Ose. 4:2; 6:9; 7:1; Miq. 2:2, 8, y continuaron más ó menos hasta el período romano, durante el cual hubo también falta de seguridad para la vida y la propiedad, como se sabe por las alusiones que á ello se hace de paso en el Nuevo Testamento, Luc. 10:30; Juan 18:40; Hech. 5:36, 37; 21:38; comp. 2 Cor. 11:26. Los ladrones crucificados con Cristo, eran, propiamente hablando, "salteadores," Mat. 27:38. A un lugar en donde los viajeros acostumbran hacer parada y que está un día de camino al norte de Jerusalem, se le llama "la fuente de los ladrones," *ain el Haramiye*.

ROBOAM, *aumentador del pueblo*, sucesor de Salomón, é hijo de él y de Naama, Ammonita, 1 Rey. 12; 14:21-31; 2 Crón. 10-12. Tenía 41 años de edad cuando comenzó á reinar, y reinó 17 años en Jerusalem, 975-958 A. C. Cuando ascendió al trono, todas las tribus con excepción de Judá y Benjamín, se rebelaron, y formaron el reino de Israel bajo Jeroboam, 1 Rey. 11:26-40. Aparte de la envidia que por tanto tiempo abrigó Efraím contra Judá, la causa inmediata de esta separación fué la necia obstinación de Roboam en rechazar los consejos de personas de experiencia y en querer ejercer un poder tiránico, rehusando en Siquém acceder á la súplica del pueblo que le pedía lo aliviase de impuestos tan gravosos como los que sobre él pesaban. Habiendo sido apedreado por el pueblo su principal recaudador de impuestos, Roboam huyó á Jerusalem y en el acto buscó el modo de someter por la fuerza á las tribus rebeldes; pero suspendió sus preparativos, debido á un mensaje de Dios que recibió por conducto del profeta Semaías. Es con todo probable, que no permaneciera mucho tiempo sin empezar las hostilidades de algún modo, lo cual siguió así durante todo su reinado. Apesar de haberse establecido Judá los sacerdotes y Levitas á quienes el comportamiento de Jeroboam había movido á salir de Israel, Judá después de un breve período de fidelidad para con Dios—fidelidad decimos en comparación con Israel—cayó en la idolatría y en inmoralidades paganas semejantes á las que Salomón había introducido. Su pecado fué castigado en el quinto año del reinado de Roboam con la invasión de Sisac rey de Egipto. Véase

RETRATO DE ROBOAM, TOMADO DEL DE EL TEMPLO DE KARNAK, EN EGIPTO.

SISAC. Este tomó las ciudades fortificadas que encontró en el rumbo que siguió en su marcha, y despojó á Jerusalem de los tesoros acumulados por Salomón. Por haberse humillado Roboam ante Dios, consiguió librarse de un castigo más severo. "El hizo el mal porque no fijó su corazón en buscar al Señor." Esta falta de sincera piedad ha de atribuirse en parte á la influencia de su madre pagana, y al ejemplo del culto idolátrico que practicó su padre durante parte de su vida, 1 Rey. 11:4-10; 14:21, 31; 2 Crón. 12:13, 14. Es probable que Salomón, al escribir el Ecles. 2:18-21, tenía presente á Roboam.

ROCÍO. Los rocíos en Palestina y en algunos otros paises orientales son copiosos, y sirven en alto grado para conservar y desarrollar la vegetación en las estaciones en que llovó muy poco ó nada. Maundrell nos refiere que las tiendas ó pabellones de su caravana cuando las armaron en el Tabor y el Hermón, "se mojaron tanto con el rocío como si les hubiese llovido toda la noche," Jue. 6:38; Cant. 5:2. El rocío era con especialidad abundante cerca de las montañas, y muy poco antes ó después de la estación de las lluvias; y no caía en la mitad del verano. Era apreciado como una dádiva preciosa de la Providencia, Gén. 27:28; Deut. 33:28; 1 Rey. 17:1; Job 29:19; Hag. 1:10; Zac. 8:12. El rocío suministra á los sagrados escritores muchos símiles hermosos, Deut. 32:2; 2 Sam. 17:12; Sal. 110:3; Prov. 19:12; Ose. 6:4; 14:5; Miq. 5:7.

RODAS, rosado, isla en el Mediterráneo á 13 millas de la costa S. O. del Asia Menor. Tiene una forma triangular de 46 millas de largo y 18 de ancho, con una area de 420 millas cuadradas. Su suelo es sumamente fértil, su aire muy celebrado por su pureza, y el clima delicioso. La ciudad de Rodas fué fundada por los Dorianos en la extremidad N. E. de la isla, por el año 400 A. C., y llegó á ser notable por su comercio, su literatura y sus artes. Era famosa por su coloso, una de las siete maravillas del mundo. Era este una estatua de bronce de Apolo, de 105 piés de altura, erigida sobre 60 columnas de mármol á la derecha de la entrada del puerto, no con un pié á la derecha y otro á la izquierda de ella, como á menudo se le representa. Fué erigida en 290 A. C., pero fué derribada por un terremoto en 224 A. C. Había Judíos en Rodas durante la época de los Macabeos. Herodes el Grande edificó allí un hermoso templo á Apolo. Pablo tocó en esa isla al volver de su tercer viaje misionero, 58 A. D., Hech. 21:1. Estaba entonces disfrutando una independencia considerable bajo los Romanos, no habiendo sido hecha provincia romana sino hasta el tiempo de Vespasiano.

En la Edad Media, Rodas fué por más de 200 años, desde 1309, la residencia de los Caballeros Hospitalarios de San Juan.

Fué capturada por los Turcos en 1522, y está todavía bajo el poder opresor de ellos. La población actual de la isla es como de 30,000 habitantes, siendo los dos terceras partes Turcos, y el resto Griegos y Judíos. La ciudad moderna tiene un comercio considerable.

RODE, *rosa*, muchacha de la casa de María, madre de Juan Marcos, cuando Pedro fué milagrosamente librado de la prisión, Hech. 12:13-15.

RODILLA y ARRODILLAMIENTO. Las rodillas fuertes indicaban robustez y valor, y las débiles ó trémulas las cualidades opuestas, Sal. 109:24; Isa. 35:3; Dau. 5:6; Heb. 12:12. El acto de arrodillarse era señal de sujeción, Gén. 27:29; 42:6, ó de que se pedía favor, Mat. 17:14; Mar. 1:40; 10:17, y se acostumbraba hacerlo al recibir una bendición. La misma palabra hebrea que significa arrodillarse quiere decir también "bendecir," Gén. 27:4, 7, 10, 19; Lev. 9:22, 23; Núm. 24:1, y "dar gracias," Deut. 8:10; Sal. 16:7. "Doblar la rodilla" significa "adorar," Exod. 20:5; 1 Rey. 19:18; Sal. 95:6; Isa. 66:3; y esta era la postura que se acostumbraba tener en la oración, 2 Crón. 6:13; Esd. 9:5; Dan. 6:10; Luc. 22:41; Hech. 7:60; 9:40; 20:36; 21:5; Efes. 3:14.

ROGEL ó EN-ROGEL, *fuente del batanero*, que se cree por muchos que es "el pozo de Nehemías," llamado ahora Bir-Eyûb, *pozo de Job*, en el valle del Cedrón,

precisamente abajo de su unión con el valle del Hijo de Hinnom, en al ángulo S. E. de Jerusalem, Jos. 15:7; 18:16. Se menciona en la Biblia en relación con la conspiración de Absalóm, 2 Sam. 17:17, y des-

pués con la de Adonías, 1 Rey. 1:9. Este pozo está situado en lo que es actualmente el sitio más bonito y fértil de los alrededores de Jerusalem Tiene 125 piés de profundidad, con 50 piés de agua, y está á veces enteramente lleno; sus paredes están formadas de grandes piedras cuadradas, que en uno de sus lados se levantan y forman un arco; y es al parecer de gran antigüedad. Otros, sin embargo, identifican á Rogel con la "Fuente de la virgen," que es un manantial que está cerca del camino del monte Olivete, arriba del "Jardín del Rey"—al cual regaba—y que todavía es muy frecuentado para lavar por las mujeres de Jerusalem.

ROHOB. Véase REHOB.

ROMA, largo tiempo la señora del mundo pagano entonces conocido, y por muchos siglos la principal capital eclesiástica de lo que se denominaba mundo cristiano, está situada en Italia sobre el río Tiber, como á 15 millas de su desembocadura. Se dice que fué fundada por Rómulo en el Cerro Palatino, como 753 A. C., en cuyo tiempo Jotam era rey de Judá, y Peca de Israel. Las siete colinas que había en la margen izquierda del Tiber, y que formaron el nucleo de la antigua ciudad, fueron circundadas por la muralla serviana, edificada por el sexto rey Servio Tullio, 578-534 A. C., Apoc. 17:9 Roma fué al principio gobernada por reyes. Después de la expulsión de Tarquinio II., el séptimo rey, 509 A. C., el gobierno fué encomendado á dos cónsules que eran elegidos anualmente; con quienes estuvieron después, 493 A. C., asociados dos tribunos. La república establecida así, duró cerca de 500 años, hasta la batalla de Accium. Véase IMPERIO ROMANO. Desde 31 A. C., en que Octavio se posesionó del poder supremo como primer emperador, Roma fué la capital del Imperio Romano hasta 328 A. D., en que Constantino transfirió la residencia del gobierno á Constantinopla. La ciudad fué enriquecida con los despojos de las naciones conquistadas, incluyendo tesoros artísticos de escultura y pintura, y fué notable, especialmente después del tiempo de Nerón, por la magnificencia de sus edificios públicos, y de muchas residencias privadas. Los ídolos de los conquistados fueron admitidos como objetos de culto, y el pueblo estaba lleno de superstición, y excesivamente corrompido. Las amargas quejas que hace Pablo respecto de los pecados del paganismo, Rom. 1:21-32, se confirman plenamente por los escritores romanos.

El interés que el lector del Nuevo Testamento tenga respecto de Roma, se ciñe especialmente al estado en que se encontraba en la época de la cautividad de Pablo allí, entre la restauración de la ciudad por Augusto, que se jactaba de haberla encontrado construida de ladrillos y de haberla dejado de mármol, y la que hizo Nerón después del gran incendio, en 64 A. D. Roma se había extendido más allá de la muralla serviana, y era una vasta masa irregular de edificios que ocupaba una area que medía más de 12 millas en derredor, y no estaba resguardada por ningún muro exterior. Las calles eran en general angostas y torcidas, con casas de alojamiento apiñadas de uno y otro lado. Augusto había limitado á la altura de estas á 70 piés. La mayor parte de las construcciones que ahora llaman la atención, como reliquias de la antigüedad, no se habían levantado todavía; pero el Foro, el Campo de Marte, y el Cerro Palatino, en donde estaban el palacio del emperador, el campamento ó cuartel de su cuerpo de guardia, y los edificios adyacentes, deben haber presentado un aspecto magnífico. Gibbon estima la población de Roma en aquella época, en 1,200,000 habitantes, la mitad de los cuales eran probablemente esclavos que ejercían los oficios y profesiones útiles; gran parte de la otra mitad eran ciudadanos pobres, mantenidos por el público; los restantes, que eran una clase mucho más pequeña, formaban la nobleza rica cuyo lujo y relajación se describen por los escritores de aquel tiempo. Pablo entró á Roma por la vía Apia que penetraba en la ciudad por el S. E. Estuvo detenido allí dos años, 61–63 A. D. Permitiósele que viviera en el edificio que había alquilado, custodiado por soldados á quienes probablemente estaba atado con cadenas, Hech. 28:16, 20, 30; Efes. 6:20; Filip. 1:16. También se le dió permiso para que predicara el evangelio á todos los que iban á visitarle, Hech. 28:30, 31. Se cree que sus epístolas á los Colosenses, Efesios, Filipenses, Filemón, y la 2ª á Timoteo, fueron escritas allí la última de estas poco antes de su muerte, 2 Tim. 4:6. Muchos piensan que fué absuelto cuando apeló al emperador, pero después de algún tiempo de libertad fué de nuevo aprehendido y llevadó á Roma, en donde la tradición afirma que sufrió martirio en el reinado de Nerón, 68 A. D. Véase PABLO, PEDRO, PRETORIO. Muchos Judíos fueron llevados á Roma como cautivos por Pompeyo; un barrio separado estaba asignado á los libertos y emigrantes en la margen derecha del Tiber, y Cesar y Augusto les habían concedido libertad de celebrar cultos y además otros privilegios. Su destierro en el reinado de Claudio debió de ser breve, Hech. 18:2, porque había una multitud de Judíos residiendo en Roma cuando Pablo la visitó, Hech. 28:17. El evangelio fué desde un principio introducido allí, quizá por algunos que habían estado en Jerusalem el día de Pentecostes, Hech. 2:10. Pablo había escrito á los Cristianos de Roma desde 58 A. D., y fué alentado con salutaciones por personas que salieron á encontrarle cuando estaba en camino para esa ciudad, Hech. 28:15. Había creyentes en la casa de Nerón, Filip. 4:22, probablemente entre sus esclavos. Nerón promovió una persecución feroz contra los Cristianos, haciéndoles el cargo de haber prendido fuego á la ciudad, 64 A. D. El teatro de esa persecución fueron los jardines de Nerón, que ahora se hallan dentro del Vaticano. Véase NERÓN. Á Roma como potencia perseguidora, se hace alusión en el Apocalipsis, bajo el nombre de Babilonia, Apoc. 14:8; 16:19; 17:5, 6; 18:2, 21.

Las catacumbas—galerías subterráneas por lo común de 8 á 10 piés de altura, y de 4 á 6 piés de anchura, ampliadas de trecho en trecho, y que se extienden millas enteras bajo el suelo de Roma, especialmente en la región de las antiguas vías Apia y Nomentana, se usaron por los primivos Cristianos como lugares de refugio, de culto y de entierro. Más de 4,000 inscripciones se han hallado en ellas, las cuales se refieren al periodo que medió entre Tiberio y Constantino, teniendo una de las más antiguas la fecha de 71 A. D.

El Coliseo, cuyas ruinas majestuosas impresionan todavía al que las contempla, dándole una idea viva del poder y de la crueldad de la Roma pagana, fué el teatro de muchos conflictos de los martires cristianos con las fieras. Fué erigido por Vespasiano y Tito para espectáculos de gladiadores, y se dice que contenía asientos para 80,000 espectadores. Tenía 620 piés de largo y 513 de ancho, con una arena de 290 piés de largo por 180 de ancho. El círculo más elevado y exterior de las hileras de asientos, se hallaba á una altura de 160 piés del suelo.

Desde el tiempo en que Constantino estableció el Cristianismo como la religión de Estado, 323 A. D., la corrupción de doctrina y de práctica que había comenza-

RUINAS DEL COLISEO EN ROMA.

do á manifestarse en la iglesia, comenzó á extenderse más rápidamente. En breve el obispo de Roma pretendió asumir la autoridad suprema, fundándose principalmente en la pretensión de que era el sucesor de Pedro; y los patriarcas de Antioquía, Alejandría y Constantinopla le reconocieron finalmente como primero en dignidad, pero no como supremo en jnrisdicción, 451–604 A. D. Después del cisma del siglo noveno, que resultó al dividirse la Cristianidad en Iglesia Católica Romana é Iglesia Griega, los Papas ejercieron un poder inmenso sobre la Europa hasta la Reforma del siglo XVI. Desde entonces su poder ha venido declinando gradualmente, aunque es todavía considerable en los países católicos romanos, y sobre los Romanistas en todos los países Protestantes. Roma fué erigida en capital civil del reino unido de Italia bajo el reinado de Victor Manuel en 1871, año en que quedó abolido el poder del Papa como soberano temporal ó político. Su dignidad y su influencia como cabeza de la Iglesia Católica Romana continúan todavía, y su morada es en el palacio Vaticano contiguo á la iglesia de San Pedro, en Roma.

La Roma moderna está en el lado norte de la ciudad antigua. Su parte principal está situada en la margen izquierda del Tiber, y cubre el llano llamado antiguamente el Campo de Marte; la que está en la margen derecha comprende el **barrio** del Vaticano y el terreno bajo que lo **rodea**. Las siete colinas están en su mayor parte ocupadas por aldeas y haciendas. Roma se ha hecho especialmente interesante por las magníficas ruinas que han quedado de sus templos, columnas, acueductos, arcos triunfales y anfiteatros, y que dejan conocer su antigua grandeza. El arco de Tito conmemora la victoria que el emperador de ese nombre obtuvo sobre los Judíos, y el saqueo del Templo. Roma conserva su preeminencia como lugar que encierra los más valiosos tesoros de las bellas artes. Contiene grandes bibliotecas, entre ellas la del Vaticano, numerosas galerías y museos llenos de las más escogidas pinturas y esculturas, además de palacios, quintas, escuelas y hospitales, y más de 360 iglesias, entre ellas la de San Pedro que es la más grande del mundo.

La EPÍSTOLA Á LOS ROMANOS, es decir, á los Cristianos de Roma, fué escrita por Pablo durante los tres meses que permaneció en Corinto, como por el año 58 A. D., antes de ir á Jerusalem á asistir á la fiesta de Pentecostes. Rom. 15:25. Comp. Hech. 20:2, 3, 16; Rom. 16:23; 1 Cor. 1:14; 2 Tim. 4:20. Es la más importante, sistemática y dialéctica de las epístolas de Pablo; es una discusión profunda del estado del hombre como pecador, y del plan de salvación. El motivo inmediato que Pablo tuvo para escribirla parece haber sido la mala inteligencia que existía entre los conversos judíos y los conversos gentiles, no solamente en Roma, sino en todas partes. El Judío se sentía, en cuanto á sus privilegios, superior al Gentil, quien por otra parte no le concedía á aquel esa superioridad, y le causaba disgusto que tratase de afirmarla. Con referencia á esto, el apóstol prueba, en los primeros cinco capítulos, que toda la especie humana es depravada, y está bajo condenación; que ni el Gentil ni el Judío, tienen ningún privilegio de nacimiento ó mérito personal, sino que cada uno recibe todos los beneficios meramente por la soberana gracia de Dios, siendo Cristo únicamente nuestra justificación. En seguida procede presentando á Cristo como nuestra santificación, y contesta las objeciones hechas á la doctrina de justificación gratuita, relativas á que esta tiende á fomentar el pecado, y á que Dios no tiene derecho de tratar al género humano de ese modo. En los caps. 10 y 11, él aplica todo esto á los Judíos. En lo restante de la epístola, que tiene el carácter de exhortación, el apóstol establece muchas reglas de la conducta práctica, las cuales son de la mayor importancia para todos los Cristianos. No hace alusión al hecho de que Pedro estuviera en Roma; y la regla de Pablo fué no edificar en el cimiento de otro hombre, Rom. 15:20; los Gentiles eran su campo, como los Hebreos eran el de Pedro, Gál. 2:7-9; Rom. 1:11, 13.

ROMANO, el natural ó vecino de Roma, Juan 11:48; Hech. 25:16; también el que había adquirido los derechos de la ciudadanía romana, Hech. 16:21, 37, 38; 22:25-29. Véase CIUDADANÍA.

ROMELÍAS, *protegido por Jehová*, padre de Peca, rey de Israel, 2 Rey. 15:25, 27, 30, 32, 37; 16:1, 5; 2 Crón. 28:6. La frecuente mención de su nombre parece implicar que se empleaba como un reproche dirigido á su hijo, Isa. 7:4, 5; 8:6.

ROSA, Cant. 2:1. La palabra hebrea significa *bulbo acre*, y no puede denotar la verdadera rosa, sino probablemente el *Narciso Polyanthus*. Esta planta hermosa y fragante crece en la llanura de Sharón, y se la busca con predilección. Sus flores son vendidas en los bazares. Las rosas silvestres rara vez se encuentran, si no es en la extremidad norte de Palestina. Varias especies cultivadas de la reina de las flores abundan en Siria, y son altamente estimadas, especialmente por el agua rosada y el aceite que con ellas se hacen.

ROSTRO y PRESENCIA, términos que se expresan por la misma palabra hebrea; se usan á menudo para hacer referencia á la persona misma, Gén. 48:11; Ex. 33:14; Isa. 63:9. Ningún hombre ha visto el rostro de Dios, es decir, ha tenido una plena revelación de su gloria, Exod. 33:20; Juan 1:18; 1 Tim. 6:16. Verle "cara á cara," es gozar de su presencia, Gén. 32:30; Núm. 14:14; Deut. 5:4, y tener una clara manifestación de su naturaleza y gracia, 1 Cor. 13:12. Aquellos que rectamente "buscan su rostro," son bendecidos, 1 Crón. 16:11; 2 Crón. 7:14; Sal. 24:3-6. La expresión "cara descubierta," usada en 2 Cor. 3:18, significa en el sentido propio una cara franca ó sin velo. Compárese el vers. 14. Una palabra análoga se usa en el cap. 4:3, en que se dice, "Si nuestro evangelio está encubierto, entre los que se pierden está encubierto."

RUBÉN, Heb. RE-UBEN, *he aquí! un hijo*, el hijo mayor de Jacob y Lea, Gén. 29:32. Á consecuencia de un gran pecado cometido por él, fué privado de los derechos de la primogenitura, los cuales fueron divididos entre Judá y José, Gén. 35:32; 48:3; 49:3, 4, 8-10, 22-26; 1 Cró. 5:1, 2. Aunque de un carácter violento é indómito, dió una prueba evidente de bondad de corazón en el esfuerzo que hizo por salvarle la vida á José en Dotán, Gén. 37:18-30; 42:22, y en su buen propósito con respecto á Benjamín, Gén. 42:37, 38. Tuvo cuatro hijos. Fué "instable como el agua," que cuando se le aplica el calor hierve prontamente, y cuando se le quita vuelve á su estado primitivo.

RUBÉN, TRIBU DE. Esta era la tribu séptima, en cuanto al número de sus miembros, en el exodo de Egipto; pero en el censo practicado en las llanuras de Moab, sus hombres de guerra habían disminuido de 46,500 á 43,730, Núm. 1:1, 18-21; 26:2, 7. Su posición en el campamento era en el lado sur del tabernáculo, con Simeón y Gad, Núm. 2:10-16. Algunos miembros de esa tribu tomaron una parte prominente en una rebelión contra Moisés y Aarón, Núm. 16. Las tribus de Rubén y de Gad, siendo ricas en ganados, obtuvieron terrenos en la región conquistada al este del mar Salado y del Jordán, á condición de que prestaran auxilio para la conquista de Canaán al oeste del Jordán, Núm. 32; Deut. 3:16-20. Después de cumplir esta promesa, Jos. 1:12-18, las tribus orientales se unieron para eregir junto al Jordán un monumento que conmemorase su union con los Israelitas occidentales como pueblo del Señor, Jos. 22. Según Jacob y Moisés predijeron, Gén. 49:3, 4; Deut. 33:6, esa tribu nunca llegó á ser especialmente poderosa ó notable. Los Rubenitas fueron reprendidos por Débora por haberse puesto á discutir acerca de la guerra, junto á sus *arroyos* (en la Biblia, *divisiones*), en medio de sus rebaños, en lugar de tomar parte en ella, Jue. 5:15, 16. Con todo, se hace honrosa mención de ellos por el valor y la fé que mostraron en su conflicto con las huestes agarenas, 1 Crón. 5:1-10, 18-22. Después de la división formaron parte del reino de Israel, y tomaron parte en la predominante idolatría. La posición fronteriza que ocupaban los exponía á muchos ataques del este; tuvieron que sufrir los de las fuerzas de Siria, como por el año 884 A. C., 2 Rey. 10:32, 33, y con Gad y la media tribu de Manassés, fueron los primeros cautivos llevados á Asiria, 740 A. C., 1 Crón. 5:25, 26. Antes de esto, algunas ciudades de su territorio fueron, según parece, ocupadas por los Moabitas, Isa. 15:16; Jer. 48.

RUBÉN, TERRITORIO DE. Este se hallaba entre el Arnon al sur y Gad al norte, y se extendía desde el Mar Salado y el Jordán, hasta el desierto oriental, Núm. 32:37, 38; Jos. 13:15-23. Los Israelitas lo tomaron de Sehon rey de los Amorrheos, quienes lo habían tomado de los Moabitas, Núm. 21:24-26; Deut. 3:8, 16, 17. Incluía una parte del valle bajo del Jordán, las montañas de su borde oriental, y la ondulosa mesa que había más allá; estaba bien regado, abundaba en vegetación y bosques, y descendía gradualmente hasta perderse en las soledades del desierto. A esta comarca se la llamaba el-Mishor, la *llanura*, Deut. 3:10, 4.43, ahora el-Belka, y es estimada por los Árabes como uno de sus mejores terrenos de pastos.

RUBÍ. El rubí oriental es inferior en valor, como joya, sólo al diamante. Y á la verdad, un rubí de esta clase, pasando de cierto tamaño, es más valioso que un diamante del mismo peso. El rubí oriental es una especie de zafiro rojo; su color se halla comunmente entre el de cochinilla vivo y el carmín. El verdadero rubí es el carbúnculo de Isa. 54:12; Ezeq. 27:16.

RUDA, *la Ruta graveolens*, yerba bien conocida, como de dos piés de altura, que tiene un color fuerte y un sabor amargo. Crece silvestre en Palestina, y es también cultivada como medicina y condimento. Los Fariseos eran escrupulosos en pagar diezmos de esta planta, Lev. 27:30, pero

mostrándose inconsecuentes, desacataban algunos de los más importantes preceptos divinos, Luc. 11:42; comp. Mat, 23:23.

RUDIMENTOS ó ELEMENTOS, los primeros y más sencillos principios de una ciencia ó literatura, Gál. 4:3, 9; Col. 2:20.

RUFO, *rojo*, hijo de Simón el Cireneo, que fué obligado á llevar la cruz en que el Salvador iba á ser crucificado, Mar. 15:21. Si Rufo es la misma persona á quien Pablo saludó en Rom. 16:13, como es posible, podemos ver en este ejemplo la bendición divina que permaneció en la casa del que trató amistosamente á Cristo y llevó su cruz.

RUHAMA, *obteniendo misericordia*, nombre simbólico usado por Oseas, 2:1; comp. 1:6. 7.

RUMA, *exaltado*, 2 Rey. 23:36. Algunos suponen que esta ciudad es idéntica con Arumah, 6 millas al S. E. de Siquém, Jue. 9:41; otros con Dumah, 10 millas al S. O. de Hebrón, Jos. 15:52. Conder la identifica con la ciudad arruinada Rumeh, al oeste de Rimmon, 9 millas al N. O. del Monte Tabor.

RUT, Moabita, que habiendo vuelto con su suegra Noemí á Judá, probablemente por el tiempo de Gedeón, se casó poco después con Booz, pariente del marido de Noemí. De este casamiento descendió David, y del linaje de éste, nuestro Señor Jesu-Cristo, Mat. 1:5. Véase ADOPCIÓN.

RUT, EL LIBRO DE, contiene la historia de Rut referida del modo más sencillo y conmovedor. El objeto del escritor fué sin duda delinear la genealogía del rey David. Al comenzar, dice que estos acontecimientos tuvieron lugar cuando los Jueces gobernaban en Israel, lo cual es un indicio de que en el tiempo del escritor habían cesado de gobernar. Al fin del libro se introduce el nombre de David, lo cual muestra que no fué escrito antes del tiempo de este rey, 1060 A. C. Este libro se ha insertado en nuestras Biblias después del libro de los Jueces, como una especie de continuación de este. Muchos de los antiguos Padres formaban un solo libro del de los Jueces y del de Rut. La historia de Rut da á conocer las costumbres francas y sencillas de aquellos tiempos, y la cortesía y caridad de las leyes hebreas; deja entrever la futura extensión del evangelio á los Gentiles, y ejemplifica tanto el cuidado providencial que Dios tiene de las familias, como las bendiciones que dimanan de la piedad filial y de la fé en Dios.

S.

SAALABIN, Jos. 19:42, ó SAALBIN, Jue. 1:35, *lugar de zorros*, ciudad asignada á Dan, pero poseída durante algún tiempo por los Amorreos. La tribu de Efraím ayudó á someter á estos. Era uno de los departamentos de comisaría en que Salomón había dividido el reino, 1 Rey. 4:9; está ligada con Bet-semes y Elón, y es probable que estuviera situada donde actualmente se halla la ciudad de Selbit, tres millas al N. O. de Yalo ó Ajalón.

SAALIM, *chacales*, TIERRA DE, 1 Sam. 9:4, localidad en Efraím, cuya situación no se ha determinado; tal vez la tierra de Sual, 1 Sam. 13:17, en la región de Ofra.

SAANAIM, *mudadas*, el llano de, ó más bien, el "roble" ó el terebinto de Saanaim, árbol ó bosque notable, cerca del cual estaba acampado Heber el Cineo, cuando Sísara, refugiándose en la tienda de éste, fué muerto allí, Jue. 4:11. Estaba cerca de Cades en Neftalí. Los exploradores de Palestina lo han encontrado en el lado occidental del Mar de Galilea, dos millas más arriba de la desembocadura del Jordán. Saanaim, actualmente Bessum, debe estar por consiguiente 6 ó 7 millas al N. O. del monte Tabor.

SAANAN, *lugar de los rebaños*, Miq. 1:11, se supone que es el mismo Senan mencionado en Jos. 15:37, pueblo ubicado en la llanura de Judá, seis millas al N. O. de Gad, donde subsiste aún el nombre bajo la forma de Zeidán.

SAARAIM ó SARAIM, Jos 15:36, *dos puertas en un cercado*, I., villa en la llanura de Judá, 1 Sam. 17:52. Acaso sus ruinas son las que ahora se llaman Kh. es-Siagh, 13 millas al oeste de Jerusalem, y 2½ al este de Bet-semes.

II. Saaraim, la que se halla en la lista de las ciudades de Simeón, 1 Crón. 4:31, es probablemente idéntica con Saruhen, Jos. 19:6, y Silim, Jos. 15:32.

SABACTHANI, *¿ me has abandonado?* palabra siro-caldea, parte de la exclamación proferida por nuestro Señor en la cruz, Mat. 27:46; toda ella se ha tomado del Sal. 22:1, en donde se usa proféticamente.

SÁBADO, *descanso, cesación*. Habiendo Dios creado el mundo en seis días, descansó el séptimo, Gén. 2:2, 3; esto es, cesó de producir nuevos seres en esta creación; y por haber en este sentido descansado en él, lo bendijo ó santificó, y lo señaló de una manera especial para su culto.

Aquí tenemos una relación de la INSTITUCIÓN ORIGINAL del día de descanso. Del mismo modo que el matrimonio, el Sábado fué instituído para provecho de toda la especie humana. Es de creerse que los adoradores de Dios guardaron el Sábado desde un principio; y hay indicios de ello en el breve bosquejo que la Biblia contiene de los siglos que precedieron á la promulgación de la ley en el Sinaí. Noé envió el cuervo y la paloma del arca tres veces, con intervalos de siete días, Gén. 8. La relación del envío del maná en el desierto, deja conocer que el Sábado ya era conocido y santificado, aunque tal vez se descuidó mucho su observancia durante el tiempo de la servidumbre de los Israelitas en Egipto, Exod. 16:5, 22-30. La división del tiempo en semanas había sido establecida en la Mesopotamia y la Arabia, Gén. 29:27; y se han hallado indicios de ella en muchas naciones de la antigüedad, tan remotas entre sí, y de un origen tan diverso, que no puede creerse que la recibieran del Sinaí ó de los Hebreos.

Inscripciones asirias y caldeas de una fecha anterior al tiempo de Moisés, hacen referencia á la semana de siete días, y al séptimo día como día de descanso, en el cual era ilícito para el común de las gentes el trabajar, y lo era para el rey salir en carro ó desempeñar funciones especiales.

Al prescribir de nuevo en el monte Sinaí la observancia del Sábado, y al incorporar ese precepto de la ley moral, tampoco se tuvo en mira sólo á los Israelitas, sino á todos aquellos que recibiesen la palabra de Dios, y finalmente, á toda la humanidad. Cristo y sus apóstoles nunca hablaron del decálogo sino como de una obligación permanente y universal. "El Sábado fué hecho para el hombre." El cuarto mandamiento es tan obligatorio como el tercero y el quinto. Ciertas adiciones que se le hicieron con especificaciones y penas, fueron parte de la ley mosaica civil, y no están vigentes en la actualidad, Exod 31:14; Núm. 15:32-36. En el día Sábado los sacerdotes y Levitas, como ministros del templo, entraban por una semana, y los que habían servido la semana precedente, salían, 2 Rey. 11:5-7. Se colocaban en la mesa de oro nuevos panes de la proposición, y se quitaban los antiguos, Lev. 24.8. También en ese día se ofrecían sacrificios particulares de corderos como holocaustos, con vino y harina, Núm. 28:9, 10. El Sábado era celebrado, como las otras festividades, de noche á noche. El

Sábado era observado como día de descanso, de culto divino, de instrucción religiosa, y de regocijos sagrados y sociales, 2 Rey. 4:23; Neh. 8:9-12; Sal. 92; 118:24; Ose. 2:11. Era una de las señales del pacto que Dios había hecho con Israel, Exod. 31:13-17. Los profetas censuraban á los que lo profanaban, y bendecían á los que lo observaban con fidelidad, Isa. 56:1-7; 58:13, 14; Jer. 17:21-27; Ezeq. 20:12-24. Después de la vuelta del cautiverio, los Judíos ajustaron de nuevo en un pacto para guardarlo, Neh. 10:31. Bajo el gobierno de Antíoco Epífanes, la profanación del Sábado fué una de las señales distintivas de apostasía con tendencias al gentilismo, 1 Mac. 1:11-15, 39-45. En el tiempo de nuestro Señor, el servilismo á la letra de la ley por parte de los Fariseos había hecho oneroso el Sábado á causa de los reglamentos minuciosos y hasta absurdos relativos á su observancia, tales como la prohibición de andar sobre la yerba, por que tal acto sería como ejecutar una especie de trilla. Nuestro Salvador protestó contra semejantes disposiciones humanas, sosteniendo que era lícito practicar obras de necesidad y misericordia en día Sábado; y á la vez observó dicho día en conformidad con el verdadero espíritu de la ley.

La principal obligación que la ley prescribe respecto del Sábado es la de santificarlo, Exod. 20:8; Deut. 5:12: "Acuérdate del día Sábado para santificarlo." Se santifica por medio de obras necesarias de caridad y por el ofrecimiento de oraciones, de alabanzas y de acciones de gracias; por medio del culto público y privado tributado á Dios; por medio del estudio de la palabra divina; con la tranquilidad de espíritu, y por medio de la meditación moral y religiosa en cuanto á los deberes de la vida y la esperanza de la inmortalidad. El otro requisito de la ley es el descanso: "No harás ninguna obra," Exod. 23:12; Lev. 23:3. Los negocios ordinarios de la vida han de hacerse á un lado enteramente, tanto en obsequio de la salud corporal y mental, como (y esto es lo principal) para poder emplear en asuntos religiosos, con sosiego y sin interrupción, las horas sagradas. El espíritu de la ley claramente prohibe el empleo del día para objetos mundanos, tales como diversiones, viajes, etc., haciendo lo cual se deja de guardar el día santamente, ó se impide que otros lo guarden.

EL SÁBADO CRISTIANO, es decir, EL DO-

MINGO ó día del Señor, reemplaza el día original de descanso establecido en el jardín del Edén, y prescrito de nuevo en el Sinaí, sin aquellos requisitos que eran peculiares al régimen establecido por el Antiguo Testamento, pero con toda su fuerza moral original, y con las nuevas sanciones del cristianismo. Conmemora no sólo la creación del mundo, sino un acontecimiento todavía mayor, cual es la consumación de la obra de la expiación, con la resurrección de Cristo, emancipación mayor aun que la que obtuvo Israel del cautiverio de Egipto, Deut. 5:15; y como Cristo resucitó de entre los muertos el día siguiente al del Sábado judío, ese día ha sido guardado por los Cristianos desde entonces. Este cambio parece haber sido hecho al punto, y como se cree generalmente, bajo la dirección del "Señor del Sábado." En el mismo día primero de la semana apareció Jesús entre sus discípulos, que estaban juntos; y el domingo siguiente, estuvo de nuevo con ellos y se reveló á Tomás, Juan 20:19-29. Refiérese tradicionalmente, y con probabilidad según se cree, que el día de Pentecostes fué el primero de la semana, Hech. 2. De lo dicho en 1 Cor. 11:20; 14:23, 40, se prescribe claramente que los discípulos en todas partes estaban acostumbrados á reunirse regularmente en ese día para celebrar su culto y la Cena del Señor. En 1 Cor. 16:2, el apóstol liga con el primer día de la semana un acto que era parte del culto religioso, á saber, la separación periódica para obras de caridad, de una debida proporción de los bienes del Cristiano; y en Hech. 20:6-11, se nos dice como los Cristianos en Troas se habían reunido en el primer día, para participar de la cena, y recibir instrucción religiosa. Juan guardó ese día con especial solemnidad, Apoc. 1:10; y ya por aquel tiempo había recibido el nombre de Domingo ó "día del Señor," que ha conservado desde entonces. Por algún tiempo, algunos de los discípulos que eran Judíos observaban también el Sábado; pero no exigían su observancia, ni la de ninguna otra fiesta de la ley mosaica, á los gentiles conversos, ni tampoco á los demás Judíos, Col. 2:16. Los primitivos Padres cristianos hacen referencia al primer día de la semana como al que había sido señalado para el culto; y al cambio del día de descanso á éste, con motivo de la resurrección del Salvador. Plinio el menor, que fué procónsul del Ponto cerca del fin del primer siglo, en una carta que dirige al emperador Trajano, manifiesta que los cristianos "acostumbraban" reunirse en un día determinado, antes que amaneciera, á repetir un himno á Cristo, como Dios; obligándose por medio de un solemne compromiso, á no cometer maldad ninguna, etc. Ignacio, un discípulo de Juan que escribió por el año 100 A. D., pone en contraste el judaismo con el cristianismo, y como ejemplo de este contraste habla del Sábado judío como abolido, é indica que el primer día de la semana lo había reemplazado. Justino Mártir, en el segundo siglo, observa: "En el día del Señor, todos los Cristianos de la ciudad ó del campo se reunen, porque ese día es el de la resurrección de nuestro Señor; y entonces leemos los escritos de los apóstoles y los profetas: una vez hecho esto, la persona que preside dirige una alocución á los individuos de la congregación, exhortándolos á imitar y á practicar las cosas que han oido; en seguida, nos reunimos en oración. y después de ella celebramos el sacramento. Después los que pueden y quieren, dan lo que estiman conveniente, y lo colectado se pone en manos del funcionario principal, quien lo distribuye entre los huérfanos y las viudas y otros cristianos necesitados, según lo exijan sus necesidades." Véase 1 Cor. 16:2.

Bajo el gobierno de Constantino, el primer emperador cristiano de Roma, el día del Señor ó Domingo, fué civilmente reconocido por primera vez por un edicto expedido el año 321 A. D., exigiéndose cierto grado de abstinencia de trabajo en ese día. El mandamiento relativo á la observancia del día de descanso merece ocupar el lugar que tiene en el decálogo; adáptase á las necesidades de la naturaleza física, intelectual y espiritual del hombre; y su observancia es de importancia fundamental para la sociedad, la cual sin ella caería pronto en la ignorancia, el vicio y la impiedad. Su existencia misma en la tierra por ordenanza de Dios, prueba que existe un Sábado eterno en el cielo, del cual el descanso bendito del día de Dios es prenda segura, dada á aquellos que debidamente lo observan, Heb. 4:9.

"El segundo Sábado después del primero," en griego "segundo Sábado del primero," Luc. 6:1 se explica por algunos como "el primer Sábado después del segundo día de la pascua." Véase PASCUA. Otros lo interpretan como el primer Sábado del segundo año del siglo sabático de siete años. La preparación del Sábado se hacía el viernes anterior, porque como estaba prohibido hacer lumbre, cocer pan ó condimentar manjares en el Sábado, la gente se proveía en el día sexto de todas las cosas necesarias para su manutención en el Sábado, Mat. 27:62; Mar. 15:42; Juan 19:14; 31:42.

El término *Sábado* se aplicaba á otros días y tiempos santificados de un modo semejante, Lev. 19:3, 30; 23:24, 38, 39; 25:4. En el original griego del Nuevo Testamento, esta palabra designa algunas veces, una semana contada de Sábado á Sábado, Mat. 28:1; Mar. 16:2. En Lam. 1:7, por "Sábados," debiera leerse "calamidades" ó "ruinas."

Con respecto á la expresión, "el camino de un Sábado," véanse CAMINO, MEDIDAS.

SABAN, *fragrancia*, ciudad en el distrito pastoral al este del Jordán, Núm. 32:3, probablemente Sibma. Véase esta palabra.

SABANAS, Jue. 14:12, probablemente la ropa interior.

SABEOS. Esta palabra representa dos pueblos distintos, que, en conformidad con el original hebreo, podrían haber sido llamados más propiamente Sebeanos y Shebeanos.

I. El primer nombre denota los habitantes del país llamado Seba. Este parece que fué la gran isla, ó más bien península, de Meroë, en la Etiopía Septentrional ó Nubia, formada entre el Nilo y el Astarobas, ahora Atbara. En esta península se hallaba una ciudad del mismo nombre, cuyo sitio puede ser indicado por ruinas visibles todavía, 20 millas al N. E. de la moderna Shendy. Meroë era ciudad de sacerdotes cuyo origen se pierde en la más remota antigüedad. El monarca era escogido por los sacerdotes, de entre ellos mismos, y el gobierno era enteramente teocrático, siendo manejado por los sacerdotes según el oráculo de Júpiter Ammón. Esta era la Seba de los Hebreos, según Josefo, quien refiere al mismo tiempo que fué conquistada por Cambises, y recibió de él el nombre de Meroë que era el de su hermana. Con esta relación están de acuerdo las noticias que de Seba y sus habitantes se dan en la Escritura. En Gén. 10:7, dice que su fundador fué hijo de Cush, el progenitor de los Etíopes. En Isa. 43:3 y Sal. 72:10, se menciona Seba como un país lejano y rico: en el primer pasaje está relacionada con Egipto y Etiopía, siendo Meroë una de las más importantes ciudades comerciales del interior del **África.**

Heródoto describe estos Sabeos como hombres de un tamaño extrordinario, comp. Isa. 45:14. Una rama de esta familia se cree que se estableció cerca de la parte septentrional del Golfo Pérsico; y los Sabeos mencionados en Job 1:15 eran probablemente Cusitas. Véanse CUSH y RAAMA.

II. Los habitantes del país llamado propiamente Sheba. La Seba de las Escrituras llamada así en lugar de Sheba, en Gén. 10:28; 1 Crón. 1:22, parece que es la Seba de Strabo, situada hacia la parte meridional de la Arabia, á corta distancia del Mar Rojo, cuya capital era Mariaba ó Mareb. Esta región, llamada también Yemen, fué probablemente poblada por Seba el hijo de Joctán, de la raza de Sem, Gén. 10:28; 1 Crón. 1:22. La reina de Seba que visitó á Salomón, 1 Rey. 10; 2 Crón. 9; Mat. 12:42, y le ofreció presentes de oro, marfil y costosas especias, era probablemente la señora de esta región; á la verdad los Sabeos se habían hecho célebres también entre los Griegos por su importante comercio en estos mismos productos. Job 6:19; Isa. 60:6; Jer. 6:20; Ezeq. 27:22; 38:13; Sal. 72:10, 15; Joel 3:8. La tradición de esta visita de la reina de Seba á Salomón se ha conservado entre los Árabes, quienes la llaman Balkis, y afirman que llegó á ser esposa de Salomón.

Además del Seba joctanita, se mencionan otros dos del mismo nombre en la Biblia: (1) Un hijo de Joksán, y nieto de Abraham y de Cetura, Gén. 25:3. (2) Un nieto de Cus, Gén. 10:7. Es posible que los descendientes del Seba Cusita hayan tenido su residencia en África; pero la cuestión relativa á estos dos Sebas es oscura y difícil de resolver. Los reyes de Seba y de Sheba, se mencionan ambos en la misma profecía, Sal. 72:10, diciendo que irían á poner sus presentes á los piés de Cristo. En Ezeq. 23:42, en vez de "Sabeos," sería preferible que se tradujera "beodos."

SABIDURÍA y SABIO en las Sagradas Escrituras, son voces que tienen gran variedad de significados, que el contexto de la locación en que se hallan indica por lo general. Pueden denotar simplemente astucia, como se ve al hablarse de Jonadab y de Joab, 2 Sam. 13 y 14; habilidad práctica, como en Exod. 31:3, 6; sagacidad en los negocios, como en Job 12:2, 12; discernimiento y saber, como el de Salomón, 1 Rey. 3:28; 4:29-34; cuidado prudente respecto de los intereses propios, como en Prov.

14:8; ciencia mágica, como en Gén. 41:8; Dan. 2:2; el saber y la filosofía de los ateos, como en 1 Cor. 1:20; 3:19-21; 2 Cor. 1:12; ó el conocimiento de la verdad, como en Hech. 6:10; Efes. 1:17; Col. 1:9, 28; 2 Tim. 3:15. Mas la verdadera sabiduría principia por dar á Dios el lugar más prominente en la mente, el corazón y la vida, Prov. 9:10; Ecles. 12:11, y aun un niño inexperto que haya aprendido á amar á Dios con todo su corazón, y á su prójimo como á sí mismo, es más sabio en realidad de verdad, que el más sagaz de los hombres no convertidos, Sant. 1:3; 3:13-17.

En el capítulo VIII de los Proverbios, se personifica la sabiduría divina y se describe admirablemente, de manera que muchos de sus pasajes podrían ser fácilmente aplicados á Cristo, "el Creador del mundo," Heb. 1:2, 10, y "la sabiduría de Dios," 1 Cor. 1:24.

El libro apócrifo de "la Sabiduría," ó "la Sabiduría de Salomón," obra de algún Judío helenista de Alejandría, escrita un siglo ó más antes de Cristo, ha llegado hasta nosotros en el original griego y en varias traducciones; mas nunca existió en hebreo, ni formó parte de las Escrituras judías, si bien ha sido adoptado por la Iglesia de Roma. Este libro ensalza la sabiduría divina por sus cualidades intrínsecas y los excelentes frutos que ha producido en el pasado, y contiene muchos pensamientos elevados; pero á la vez se hallan en él muchos pasajes que no están en armonía con el tenor de las Escrituras inspiradas.

SABOR y OLOR, aquellas cualidades de los objetos que se perciben por los sentidos del olfato ó del gusto, Mat. 5:13. Olor se usa también en el sentido de reputación Exod. 5:21. Comp. Gén. 34:30. Los sacrificios de Noé y el de Cristo fueron aceptables ante Dios, como el olor de un delicado incienso los es á un hombre, Gén. 8:21; Efes. 5:2. El olor principal de la enseñanza de los apóstoles era Cristo crucificado; y esta enseñanza era bien recibida por algunos para la vida eterna, y rechazada por otros para más grave condenación, 2 Cor. 2:15, 16.

SABTA y SABTECA, hijos de Cus, Gén. 10:7. No puede decirse si se establecieron en África, en Arabia ó en el S. E. del Asia.

SACERDOTE, título dado al que oficiaba en el culto público de Dios, especialmente en hacer expiación por el pecado. Era "ordenado para provecho de los hombres en cosas pertenecientes á Dios, para ofrecer tanto dones como sacrificios por los pecados." El sacerdocio no vino á ser carrera de una familia determinada sino hasta después de la promulgación de la ley por Moisés. Antes de aquel tiempo el primogénito de cada familia, los padres, los príncipes, los reyes, eran sacerdotes en sus propias ciudades y en sus propias habitaciones. Caín y Abel, Noé, Abraham y Job, Abimelec y Labán, Isaac y Jacob, ofrecían personalmente sus propios sacrificios. En la solemnidad de la alianza hecha por el Señor con su pueblo al pié del monte Sinaí, Moisés desempeñó el cargo de Mediador, y se escogieron jovenes de entre Israel para llenar las funciones de sacerdotes, Exod. 24:5. Pero después de que el Señor escogió la tribu de Leví para que le sirviera en su tabernáculo, y el sacerdocio se anexó á la familia de Aarón, el derecho de ofrecer sacrificios y oblaciones á Dios fué reservado á los sacerdotes de esta familia, Núm. 16:40. El castigo de Ozías. rey de Judá, es bien conocido. Habiendo osado ofrecer incienso al Señor, fué repentinamente herido de lepra, 2 Crón. 26:19. Véase también el caso de Saúl, 1 Sam. 13:7-14. Sin embargo, parece que, en ciertas ocasiones, los profetas hebreos ofrecían sacrificios al Señor, especialmente antes de que se hubiera fijado en Jerusalem un lugar de culto constante. Véase 1 Sam. 7:9, en donde se ve que Samuel, que no era sacerdote, ofreció un cordero como holocausto al Señor. Véase también 1 Sam. 9:13; 16:5; 1 Rey. 18:31, 33. Habiéndose reservado para sí el Señor á los primogénitos de Israel por haberlos librado del ángel destructor en Egipto, por vía de permuta y compensación aceptó la tribu de Leví para el servicio del tabernáculo, Núm. 3:41. Así toda la tribu de Leví fué designada para el ministerio sagrado, pero no todos sus miembros de la misma manera; porque de los tres hijos de Leví, Gerson, Coat y Merari, cabezas de las tres grandes familias, el Señor escogió á la familia de Coat, y de entre ésta, á la casa de Aarón para que ejerciera las funciones del sacerdocio. Todo el resto de la familia de Coat, aun los hijos de Moisés y su descendencia, permanecieron entre los Levitas.

El sumo sacerdote, que heredaba su cargo como hijo mayor, estaba á la cabeza de todos los asuntos religiosos, y era el juez ordinario de todas las dificultades que con relación á ellos se suscitasen; y aun de otras de un carácter distinto y más general, por estar á la cabeza de todos los sacerdotes por quienes la justicia de la nación hebrea era administrada, Deut. 17:8-12; 19:17; 21:5; 33:8, 10; Ezeq. 44:24. Solo él tenía el privilegio de entrar al santuario una vez al año, en el día de expiación solemne, para hacer expiación por los pecados de todo el pueblo, Lev. 16:2, etc. El sacerdote tenía que estar exento de defectos corporales. En general, ningún sacerdote que tuviese tales defectos podía ofrecer sacrificios ó entrar al lugar santo á presentar el pan de la proposición; pero á los tales se les había de mantener con los sacrificios ofrecidos en el tabernáculo, Lev. 21:17-22. Los sacerdotes recibían también un diezmo de los Levitas, Núm. 18:28.

Dios concedía al sumo sacerdote el oráculo de su verdad, de manera que cuando estaba revestido de las vestiduras propias de su cargo, y del Urim y Tummin, Dios contestaba las preguntas que se le hacían, y le descorría el velo de las cosas secretas y futuras. Podía casarse solamente con una virgen de su propio pueblo, Lev. 21:13, 14. No le era permitido contraer matrimonio ni aun con la viuda de un sacerdote. Tampoco le era permitido hacer manifestaciones de duelo con motivo de la muerte de alguno de sus parientes, ni aun de la de su padre ó de su madre, ó entrar á un lugar en donde estuviera tendido un cadáver, para no contraer ó exponerse á contraer contaminación, Lev. 21:10-12. En cuanto al duelo de los sacerdotes subalternos, las reglas eran menos estrictas.

Los sacerdotes servían en persona en el altar. Mataban y aderezaban los sacrificios públicos, ó por lo menos hacían que los Levitas lo ejecutasen bajo su dirección. Los que presentaban ofrendas en lo privado, mataban sus propias víctimas, salvo los casos en que las ofrendas eran tórtolas ó pichones. Lev. 1. Pero todas las ofrendas hechas sobre el altar, incluyendo el rociamiento de sangre, eran exclusivamente de la incumbencia de los sacerdotes. Mantenían un fuego perpetuo en el altar de los holocaustos, y en las lámparas de oro del santuario; amasaban los panes de la proposición, los cocían, los ofrecían en la mesa de oro del lugar santo, y los cambiaban todos los Sábados. Comp. Exod. 28; 29; Lev. 8. Les estaba prohibido beber vino durante el tiempo en que les tocaba ministrar, Lev. 10:9.

En el tiempo de David se hizo una división de los sacerdotes en 24 ordenes, y cada una de ellas servía á su turno durante una semana, 1 Crón. 24:1-19; 2 Crón. 23:18.

Durante la cautividad, este arreglo debió de sufrir algún trastorno, Esd. 2:36-39; Neh. 7:39-42. Cada día, á noche y á mañana, el sacerdote designado por suerte al principio de la semana, llevaba al santuario un incensario de humeante incienso, y lo colocaba en el altar de oro, llamado también el altar del incienso, Luc. 1:9.

La vestidura sagrada del sacerdote consistía en los siguientes artículos: calzones cortos de lino; túnica ajustada, de lino fino, tejida en figuras cuadradas ó de la forma de un diamante, "bordada," que llegara hasta los piés, y provista de mangas; cinturón de lino fino, entretejido de azul, púrpura y escarlata, Ex. 28; 39. También se dice que los sacerdotes usaban éfodos sencillos de lino, 1 Sam. 22:18; y bonetes ó turbantes también, de lino fino, en muchos dobleces. Los sacerdotes oficiaban siempre con los piés descalzos. El sumo sacerdote usaba casi la misma vestidura que los sacerdotes, y cuatro artículos más, á saber: una túnica exterior, llamada la túnica del efod, tejida en una sola pieza, de color azul, con un ribete ornamentado al rededor del cuello, y un fleco en la parte inferior hecho de granadas y campanillas de oro; un efod azul, púrpura, y escarlata, hecho de lino fino con hilos de oro entretejidos, el cual le cubría el cuerpo desde el cuello hasta los muslos, teniendo presillas sujetas á los hombros por medio de broches de oro, en que estaban engastados ónices grabados con los nombres de las doce tribus de Israel; y también un cinturón de lino fino tejido de azul, púrpura, escarlata y oro; un pectoral atado por sus cuatro ángulos al efod, y que así mismo

tenía los nombres de las doce tribus en doce piedras preciosas; y ia mitra, especie de turbante alto y ornamentado, que tenía en el frente una plancha de oro con la inscripción "SANTIDAD AL SEÑOR." Ni él ni los sacerdotes llevaban sus sagradas vestiduras fuera del templo, como se infiere de Ezeq. 42:14; 47:17-19; Hech. 23:5.

El Señor no dió tierras como herencia á la tribu de Leví en la tierra de promisión. Fué su designio que los Levitas se sostuviesen de los diezmos, Núm. 18:26-28; Deut. 14:28; 26:12, de las primicias, de las ofrendas hechas en el santuario, y de la parte que les correspondía de las víctimas ofrecidas en el santuario por el pecado y en acción de gracias, y de las cuales se les destinaban ciertas porciones. En los sacrificios de las paces, les correspondían la espalda y el pecho, Lev. 7:33, 34; de la víctima de expiación quemaban en el altar el sebo que cubre los intestinos, el hígado y los riñones—el resto era para ellos, Lev. 7:6, 10. También eran para ellos las pieles ó vellones de las víctimas. Cuando un Israelita sacrificaba un animal

ANTIGUO SACERDOTE EGIPCIO, CON INCIENSO.

para su propio uso, tenía que darle al sacerdote la espalda, el cuajar y las quijadas, Deut. 18:3. El sacerdote recibía también parte de la lana cuando las ovejas

568

eran trasquiladas, Deut. 18:4. Así, aunque los descendientes de Leví no tenían tierras ó heredades, sus necesidades temporales eran medianamente atendidas. Dios les proveyó de casas y comodidades designándoles 48 ciudades para su residencia, Núm. 35:1–8. En los sitios de estas ciudades, poseían una area que se extendía mil codos fuera de los muros. De estas 48 ciudades, seis estaban señaladas como ciudades de refugio para los que hubieran cometido homicidio casual ó involuntario. Los sacerdotes tenían 13 de estas ciudades; las otras pertenecían á los Levitas, Jos. 21:10–19.

Además de ocuparse de lo relativo á los sacrificios y al servicio del templo, los sacerdotes se ocupaban en dar instrucción al pueblo, y en decidir sobre las controversias; en examinar las varias clases de lepra, las causas de divorcio, las aguas del celo, los votos, las causas relativas á la ley, la contaminación, etc. Ellos también bendecían públicamente al pueblo en nombre del Señor. En tiempo de guerra tenían el deber de llevar el arca de la alianza, de consultar al Señor, de tocar las trompetas santas, y de animar al ejército, Núm. 10:8, 9; Deut. 20:2; 2 Crón. 13:10–12, 14.

Después de la division del reino bajo el gobierno de Jeroboam, 975 A. C., los verdaderos sacerdotes aarónicos y los Levitas dejaron los dominios de Jeroboam, que estableció un sacerdocio idólatra, y se establecieron en el reino de Judá, 1 Reyes 12:26–32; 13:33; 2 Crón. 11:13–15; 13:9. Los príncipes de los sacerdotes mencionados en los Evangelios y los Hechos, eran cabezas de las ordenes, y ex-sumos sacerdotes, pues el sumo sacerdocio no era ya en aquel tiempo dignidad vitalicia—obteníase por nombramiento y estaba sujeto á frecuentes cambios.

El sumo sacerdocio de Cristo es la substancia y la realidad del cual el de los Israelitas no era más que una sombra y figura. Cristo, el eterno sacerdote según el orden de Melquisedec, existe para siempre, como Pablo lo observa; mientras que los sacerdotes según el orden de Aarón eran mortales, y de consiguiente no podían subsistir por largo tiempo, Heb. 7. El Señor, para expresar á los Hebreos cuán grandes favores les conferiría él, les dijo que los haría reyes y sacerdotes, Exod. 19:6; y Pedro repite esta promesa á los cristianos, ó más bien, les dice que ellos son en verdad lo que Moisés prometió á Israel, 1 Ped. 2:5,

9. Véase también Apoc. 1:6. En un sentido importante, todo cristiano se ofrece en sacrificio espiritual, "aceptable á Dios por Jesu-Cristo;" pero en la iglesia cristiana no hay sacerdotes para hacer expiación por el pecado por medio de sacrificio, si no es Cristo solamente; quien "por su propio sangre entró una vez en el santuario, ha biendo obtenido redención eterna" para todos que en Él creyeren, Heb. 9:11–26.

SACO. SACO DE CILICIO. Saco es una palabra netamente hebrea, y se ha extendido á muchas lenguas modernas. Saco de cilicio es una tela basta y oscura, hecha de pelo de camello ó de cabra, Apoc. 6:12. Se usaba para sacos ó costales, Gén. 42:25; y las vestiduras ásperas hechas de dicha tela se llevaban como señal de duelo ó penitencia, algunas veces pegadas al cutis, y otras en lugar de las vestiduras exteriores, Gén. 37:34; 2 Sam. 3:31; 1 Rey. 21:27; 2 Rey. 6:30; Jonás 3:6; Mat. 11:21. Los profetas estaban á menudo vestidos de sacos de silicio, Isa. 20:2; Zac. 13:4; Mat. 3:4; Apoc. 11:3. En tiempos de regocijo ó al recibir buenas noticias, los que llevaban puestos sacos de silicio se los quitaban y volvían á usar sus vestiduras acostumbradas, Sal. 30:11.

SACRIFICIO, ofrecimiento hecho á Dios de algún presente, especialmente de un animal que se mataba, como confesión de culpa y expiación por el pecado, como grato reconocimiento de la autoridad y bondad de Dios, como medio de asegurar su favor, ó prenda de la consagración que de sí mismo hacía el donante al servicio de Dios. Fuera lo que fuese lo que así se ofrecía al Señor, le había sido primero concedido al donante por Él, 1 Crón. 29:14. La prevalencia universal de los sacrificios da testimonio del sentimiento universal que el hombre tenía de su culpa, y de su alejamiento de Dios. Se cree que después de la caída, Jehová mismo designó los sacri-

ficios de animales, de la primera matanza de los cuales hallamos indicaciones en la vestidura de Adam y Eva, Gén. 3:21; comp. 2:17. Al principio los sacrificios se ofrecían por los mismos individuos que los presentaban, como lo hicieron Cain y Abel ·

después del diluvio, por las cabezas de familias ó tribus, como Noé, Melquisedec, Isaac, Jacob y Job. Por ser prerogativa del primogénito el ofrecimiento de los sacrificios, fué este por la ley mosaica el cargo encomendado á Aarón y sus descendientes. El ofrecimiento de sacrificios tenía relación con el pacto que Dios había celebrado con Noé, Gén. 8:20 á 9:17, con Abraham, Gén. 15:9–21, y con Israel en el Sinaí, Exod. 24:4–8, prefigurándose así la ratificación de su pacto de eterna salvación por medio del sacrificio de Cristo, Heb. 9:13–20; 13:20. La idea de la salvación de uno condenado á muerte, por medio de una muerte vicaria, enseñada en la sustitución del carnero por Isaac, Gén. 22:13; y la idea de la necesidad de la expiación del pecado por la sangre para celebrar pacto con Dios, fueron acentuadas con los sacrificios con que se inauguró el período mosaico; con la matanza de las víctimas de la pascua, Exod. 12:3–13, y con los sacrificios de Exod. 24:4–8. La ley dada en el Sinaí, prescribía quienes habían de ofrecer el sacrificio, Exod. 28:1; Lev. 21:16–23; 22:25; el lugar del sacrificio que era el altar designado por Dios, primero en el tabernáculo, y después en el templo, Lev. 17:1 9; Deut. 12:5–18, y el tiempo, métodos,

y clases de sacrificios. En algunas ocasiones especiales, los sacrificios eran ofrecidos con la sanción divina, de un modo distinto al que la ley prescribía, Jue. 2:5; 6:25, 26; 13:19, 20; 1 Sam. 7:17. Las limitaciones divinas del sacrificio daban énfasis á la verdad de que fué Dios mismo quien proveyó el modo de acercarse á Él; y las excepciones que solía hacer ejemplicaban el hecho de que él ejercía soberanía sobre su propia ley y gracia, y enseñaban que no había virtud intrínseca ni en las personas ni en el lugar designados por la ley. Los sacrificios humanos estaban estrictamente prohibidos, Lev. 20:2; Deut. 12:31.

La ley prescribía el ofrecimiento periódico de ciertos sacrificios nacionales, así: diariamente, Núm. 28:2–8; semanariamente, vers. 9, 10; mensualmente, vers. 11–15: y anualmente, vers. 16 á 29:39. Los últimos tenían relación con las tres grandes fiestas, y el gran día de expiación; y también ordenaba qué era necesario hacer para las manifestaciones de penitencia, devoción y alabanza, hechas voluntariamente algunas veces por parte de los individuos. El término general dado al sacrificio, era el de "ofrenda encendida hecha á Jehová," Núm. 15:3, 13.

Los sacrificios prescritos en la ley eran

tanto cruentos como incruentos, tomados de los reinos animal y vegetal, que representaban las más valiosas posesiones del pueblo, su sustento y por lo tanto su vida misma. Los animales ofrecidos tenían que ser sin mancha—para significar la justicia y la santidad perfectas exijidas por Dios, y consistían en animales de ganado vacuno, lanar y cabrío, en tórtolas, pichones, y otras pequeñas aves limpias. Los sacrificios cruentos ó sangrientos eran los holocaustos, los sacrificios de paces, y los sacrificios por el pecado, y de expiación por las culpas. Los sacrificios incruentos ó sin sangre eran la ofrenda de presente; la de libación ó cerradura, de incienso, y las primicias de los frutos en general.

I. El holocausto se llamaba en hebreo OLAH, *lo que sube*, esto es, en llama y humo; y en griego, HOLOCAUSTO, *quemado enteramente*, Heb. 10:8. Esta especie de sacrificio era muy antiguo, Gén. 8:20. Bajo el régimen de la ley mosaica se ofrecía dos veces al día, era doble en el Sábado, y estaba prescrito para otros días ó temporadas sagradas prescritas en el ritual y para numerosos casos eventuales. Los sacrificios nacionales diarios consistían en dos corderos, uno ofrecido á la salida del sol, después de la ofrenda matutina de incienso, Exod. 30:7, 8; y el otro al declinar el día antes de la ofrenda vespertina de incienso, Exod. 29:38-42; Núm. 28:3-8. Estos sacrificios eran quemados á fuego lento para que permanecieran ardiendo el mayor tiempo posible, Lev. 6:8-13. Con cada uno se ofrecía un sacrificio de presente de harina y aceite, y una libación de vino. El holocausto voluntario podía ser un becerro, un cordero, un cabrito, una tórtola, ó un pichón, Lev. 1. Si era becerro ó cordero, el que lo ofrecía lo llevaba al atrio del altar y allí le ponía la mano en la cabeza, para significar que aquella víctima era su sustituto. Luego se le daba muerte; se rociaba su sangre por el sacerdote sobre el altar, se le desollaba dándosele la piel al sacerdote que oficiaba, Lev. 7:8; era dividido en piezas que el sacerdote ponía sobre el altar, lavándosele

previamente las entrañas y las piernas; y todo junto era quemado. Cada ofrenda encendida, ú holocausto, entrañaba un reconocimiento general del pecado nacional ó individual, que era típicamente expiado por su sangre, Lev. 17:11: era un tipo de la completa abnegación de Cristo á favor del pecador. y de lo perfecto de su expiación, Juan 1:29; Efes. 5:2; Heb. 10:4-10. Simbolizaba también la austera sumisión del que lo ofrecía al Señor.

II. El sacrificio de las paces, Exod. 24:5; Lev. 3; 7:11-34, era eucarístico, votivo ó voluntario. Era un macho ó una hembra del ganado vacuno ó del lanar. Su sangre era rociada en el altar en expiación del pecado. El sebo interior, los riñones, el redaño, y la cola, si la víctima era una oveja, se quemaban en el altar. El pecho y la espaldilla derecha se reservaban para los sacerdotes, y estas piezas, juntamente con las que tenían que quemarse, se colocaban en las manos del que lo ofrecía, y sostenido y dirigido por el sacerdote, las ondeaba de lado á lado, ó levantaba en lo alto ante el Señor. El que lo ofrecía y su familia ó sus amigos, si estaban ceremonialmente limpios, se comían el resto de la carne en el mismo día, si la ofrenda se presentaba en acción de gracias; en el primero y segundo día, si era ofrenda votiva ó voluntaria. Lo que quedaba en el tercer día debía ser quemado. Una ligera excepción al requisito de perfección se hacía en la ofrenda voluntaria, Lev. 22:23. La significación especial del sacrificio de las paces era la de amistad con Dios, y santa comunión con Él, sus ministros y su pueblo. Los sacrificios de las paces eran prescritos para ciertas ocasiones, Exod. 29:28; Núm. 6:14; 7:17, una de las cuales era la fiesta nacional de las primicias de los frutos que se celebraba anualmente, Lev. 23:19; Deut. 16:9-11. Fuera de esos casos eran discrecionales.

III. La ofrenda por el pecado y la de expiación por las culpas fueron introducidas por la ley mosaica. Estaban las dos estrechamente relacionadas, y con todo, podían distinguirse con claridad: la ofrenda por el pecado era más general y comprensiva, y más solemne en su ritual. (1.) Las ocasiones ordinarias para las cuales estaba prescrita la ofrenda nacional por el pecado, eran el primer día de cada mes, Núm. 28:11-15; todos los días de la fiesta de la pascua, vers. 22, 24; la fiesta de las primicias, vers. 26-30; de las trompetas, Núm. 29:1, 5; todos los días de la fiesta de los tabernáculos, vers. 12-38; y el día de expiación para el cual se había designado también una ofrenda especial por el pecado, en beneficio del sumo sacerdote, vers. 7, 11; Lev. 16:3-28. La ofrenda por el pecado, así como la de expiación por la culpa, se había prescrito para los casos de ofensas particulares contra la ley, ya moral ó ceremonial, cometidas por " ignorancia " (ó más bien por negligencia ó fragilidad), ó á lo menos no con ánimo presuntuoso; comp. Núm. 15:30, 31; Heb. 10:26-29. Como ofrenda eventual, era de diversos grados: por el sumo sacerdote, por toda la congregación, por un gobernante, por un particular, Lev. 4:1 á 5:13; Núm. 15:22-28. Formaba parte del ritual de varias purificaciones, y cuando se trataba

de la de un leproso se exigía tanto la ofrenda por el pecado como la de expiación por la culpa. La clase y el sexo de la víctima diferían en diferentes ocasiones: según las circunstancias de cada uno, se exigía un toro, un macho cabrío ó un cabrito, una cabra ó un cordero, tórtolas ó pichones, y hasta cosa de tres litros de harina sin aceite ó incienso, si él que lo ofrecía era muy pobre. Comp. Sal. 40:17. El ceremonial era especialmente significativo y solemne con respecto á lo que se disponía acerca de la sangre. En el día de expiación, era preciso rociar alguna en el propiciatorio, en el lugar santísimo; en otras ocasiones, se rociaba alguna siete veces ante el velo del lugar santísimo, y se ponía en los cuernos del altar del incienso; y algunas veces se rociaban los cuernos del altar de los holocaustos. Cuando la víctima era un cuadrúpedo, las piezas quemadas en el altar eran las mismas que en los sacrificios de paces. Cuando se llevaba alguna sangre dentro del santuario, no se comía parte alguna de la víctima sino que lo que quedaba en el altar se quitaba de allí y se quemaba en un lugar limpio fuera del campamento, Lev. 4:11, 12, 21; 6:30; comp. Heb. 13:11, 12. En cuanto á las otras ofrendas por el pecado, los sacerdotes tenían que comer de ellas, Lev. 6:26, 29; 10:17. (2.) La ofrenda de expiación por las culpas era siempre un sacrificio del individuo, y consistía en un carnero, Lev. 5:14 á 6:7. Su sangre era simplemente rociada al rededor del altar de los holocaustos; las partes consumidas en el altar eran las mismas que en la ofrenda por el pecado, y los sacerdotes se comían lo demás, Lev. 7:1-7. La restitución por algún pecado contra el servicio de Dios, ó contra los derechos humanos, se exigía en conexión con la ofrenda de expiación por las culpas; comp. Núm. 5:6-8. Isaías, 53:10, dice que " Cristo pondría su vida en expiación por el pecado," indicando tal vez así la necesidad tanto específica como general, y la eficacia de su sangre. Tanto la ofrenda por el pecado como la hecha para la expiación de las culpas ponía de manifiesto de un modo especial la necesidad de la expiación por el pecado, y el hecho de que la ignorancia y la debilidad no lo excusan de un todo. Las disposiciones relativas á la primera indican que los pecados son de diferentes grados de enormidad. El requisito de restitución respecto de la segunda enseña que ésta ha de hacerse, si es posible, siempre que haya arrepentimiento, confesión y fé. Lo sagrado de la sangre derramada en el sacrificio por el pecado, Lev. 6:27, indica lo infinitamente precioso de la sangre de Jesús, 1 Ped. 1:19, 20, de quien la ofrenda por el pecado era un tipo eminente, Juan 1:29; 2 Cor. 5:21; 1 Juan 2:2.

En el ofrecimiento de todos los sacrificios de animales, la imposición de las manos sobre la víctima era parte esencial, acompañada siempre, según afirman autoridades judías, de la confesión del pecado; y significaba en todos los casos el traslado de la culpa á la víctima inocente, y la entrega de su vida, representada por su sangre, en pago de la pena de muerte que merece el pecado, esto es, en lugar de la vida del que hacía la ofrenda. Siendo la pena típicamente pagada, y aceptada por Dios en el altar, el pecado era típicamente expiado; y el que tributaba el culto, representado ó auxiliado por el sacerdote medianero, podía tomar parte en otros actos de devoción. El fuego del altar que constantemente se conservaba ardiendo, Lev. 6:12. 13, era expresivo de la naturaleza de Dios, Exod. 24:27, y de su aceptación de las ofrendas; comp. Lev. 9:24.

IV. De Presente, Heb. MINCHAH, *don, presente.* Esta ofrenda era concomitante de las de los holocaustos y las de las paces, tanto de las fijadas por la ley como de las eventuales y voluntarias, Exod. 29:40, 41; Lev. 23:37; Números 28; 29; Lev. 2; 6:14-18; 7:9-14; Números 15:1-13. Consistía en flor de harina, comunmente de trigo, ya sin cocer ó ya hecha tortas. Se le echaba sal, y se mezclaba con aceite, y se le ponía también incienso. Cuando se ofrecía por el sumo sacerdote, se quemaba todo el Presente sobre el altar, Lev. 6:22, 23. Fuera de ese caso, se quemaba sólo una porción de dicha ofrenda como memorial, y el resto lo comían los sacerdotes, vers. 14-18. Quemábase todo el incienso. Hacíase con el Presente una libación de vino, Exod. 29:40; Lev. 23:13; Núm. 15:5, 7, 10. Ni la miel ni la levadura se quemaba en el altar, si bien panes con levadura formaban parte de las ofrendas de las primicias que se hacían en la Pascua, y en los sacrificios eucarísticos de paces, Lev. 7:12-14; 23:17. El Presente significaba especialmente el servicio grato y fiel del que tenía que ser incorrupto y puro (simbolizado por una ofrenda salada y sin levadura), santificado por la influencia divina (aceite), ya aceptable mediante la sangre expiatoria de Cristo (incienso).

Con algunos de los sacrificios, como en los del día de expiación, Lev. 16:20-22, y los hechos para la purificación de un leproso, Lev. 14:4-7, 49-53, se hacía además la ceremonia de dar libertad á un macho cabrío vivo ó á una ave. Lo primero significaba el acto vicario de Cristo, en virtud del cual quita nuestros pecados y los lleva sobre sí; el segundo, probablemente el acto de librar de las privaciones ocasionadas por la lepra. Los sacrificios formaban parte importante del ritual de purificación de la impureza canónica, como la que provenía de un parto, Lev. 12, de ciertos flujos, 15; de la lepra, Lev. 14; del contacto con cadáveres, Núm. 19. Todo esto enseñaba lo malo que es el pecado y como contamina todo con su presencia, y lo necesario que es el expiarlo.

Tales eran los sacrificios de los Hebreos, designados por Dios y aceptados y usados por Él para la salvación del que le tributaba culto con espíritu de sincera penitencia y de confianza; con todo, por sí mismos no podían expiar el pecado, no podían librar al ofensor de su culpa ni hacerlo personalmente santo, Heb. 10:1-4. Pablo ha descrito estas y otras ceremonias de la ley como "flacos y necesitados rudimentos," Gál. 4:9; y como un "ayo para llevarnos á Cristo," Gál. 3:24. Eran profecías y figuras temporales y provisionales del verdadero sacrificio, el del Cordero de Dios, y de la obra regeneradora y santificadora del Espíritu Santo. En consecuencia, Jesu-Cristo al haberse ofrecido á sí mismo una vez por todas, reemplazó y abolió todos los otros sacrificios, y salva para siempre á todos aquellos que creen en él; mientras que, sin su sacrificio expiatorio, la justicia divina nunca podría haber dejado de pesar sobre las almas humanas sin exceptuar ni una sola, Isa. 53; Luc. 24:44-47; Rom. 3:21-26; 4:24 á 5:11; 1 Cor. 5:7; Efes. 5:2, 26; Tito 3:5, 6; Heb. 1:2, 3; 2:9, 17; 9; 10; Apoc. 1:5; 5:6.

Á los Israelitas se les hizo comprender cuidadosamente que no debían confiar en los sacrificios como obras meritorias. Enseñábaseles que sin arrepentimiento, fé y enmienda, todos los sacrificios eran una abominación á Dios, Sal. 51:17; Prov. 21:3; Isa. 1:11-17; Jer. 6:20; Joel 2:12-18; Am. 5:21, 22; que Él desea la sumisión sin tardanza, la obediencia y el supremo amor para con Él, y justicia y misericordia para con el prójimo, 1 Sam. 15:22; Prov. 21:3; Miq. 6:6-8; Mat. 5:23,24; 9:15; Mar. 12:33

Por manera que para la salvación por el sacrificio de Cristo se requiere verdadero arrepentimiento y fé, y de estos sentimientos brotarán frutos de amor para con Dios y para con el hombre.

Con alusión al holocausto, al sacrificio de las paces, y al Presente, prescritos en el ritual mosaico, los servicios de los cristianos se llaman algunas veces sacrificios aceptables á Dios mediante el sacrificio expiatorio de Cristo, y la continua intercesión que él hace como sumo sacerdote. Pero dichos sacrificios deben considerarse al mismo tiempo como frutos de la gracia de Dios, Rom. 12:1; Filip. 4:18; Heb. 7:25; 10:10, 12, 14, 18; 12:28; 13:15, 16; 1 Ped. 2:4, 5; Apoc. 8:3, 4.

SACRILEGIO, cualquiera profanación ó abuso de las cosas consagradas especialmente á Dios; tales como robar alguna cosa de la casa de Dios, ó hacerla madriguera de ladrones, Mat. 21:12, 13.

SACRÍLEGOS, Hech. 19:37, ladrones de iglesias, ó más bien dicho, de templos.

SADOC, *justo*, I. El hijo de Aquitob y padre de Ahimaaz, sumo sacerdote, compañero de Abiatar durante los reinados de David y Salomón. Era de la casa de Eleazar, el hijo de Aarón, 1 Crón. 24:3, y era "vidente," además de ser sacerdote, 2 Sam. 15:27. Se cree que este mismo es el Sadoc mencionado en 1 Crón. 12:27, 28, que ofreció su alianza á David después de la muerte de Saúl, y que permaneció fiel á su rey, 1 Crón. 27:17. Huyó de Jerusalem juntamente con David cuando Absalóm se rebeló, pero se le mandó que se volviese, y fué el medio de comunicaciones entre el rey David y Husai, 2 Sam. 15-17. Él y Abiatar salieron á la cabeza de los ancianos á llamar al rey, 2 Sam. 19:11; permaneció fiel á este y á Salomón cuando Abiatar hizo traición; el rey destituyó á Abiatar é hizo á Sadoc único sumo sacerdote, 1 Reyes 1:7, 8, 26, 32-39; 2:27, 35; 4:4; 1 Crón. 29:22.

II. Suegro del rey Ozías, 2 Rey. 15:33; 2 Crón. 27:1.

III. Hijo de otro Aquitob, y sumo sacerdote, 1 Crón. 6:12; 9:11.

IV. Nombre de uno que reparó el muro de Jerusalem y selló el pacto, Neh. 3:4; 10:21.

V. Hijo de Immer, un sacerdote, 1 Crón. 24:14, que volvió del cautiverio, Esd. 2:37, y ayudó á reparar el muro de la ciudad, Neh. 3:29.

VI. Nombre de un sacerdote en Jerusalem, Neh. 11:11.

VII. Nombre de un escriba y tesorero bajo Nehemías, 13:13.

SADUCEOS, secta de los Judíos que estaba generalmente en pugna con la otra secta principal, es decir, con la de los Fariseos, pero que se unió á estos para hacerle oposición á Cristo, y para llevar á cabo su muerte, Mat. 16:1–12; Luc. 20:27. Este término puede ser traducción del hebreo ZADOC, *justo;* pero es más probable que se haya derivado del nombre propio Sadoc, ya sea del que se distinguió en el tercer siglo antes de Cristo, y á quien los Judíos generalmente consideraban como fundador de esa escuela, ó de Sadoc el sumo sacerdote que hubo en los reinados de David y Salomón, 1 Rey. 1:32-45, á cuyos descendientes se hace referencia como á los hijos de Sadoc, Ezeq. 40:46; y puede finalmente haber llegado á ser una especie de aristocracia sacerdotal, de opiniones racionalistas, y en muchos casos elevada en cuanto á posición y á riquezas; comp. Hech. 5:17. Los Saduceos veían con menosprecio todas las tradiciones y leyes no escritas que los Fariseos tenían en tanta estima, y profesaban considerar las Escrituras, especialmente el Pentateuco, como el único origen y regla de la religión judía. Rechazaban la demonología de los Fariseos, negaban la existencia de los ángeles y de los espíritus; sostenían que el alma moría con el cuerpo, y por consiguiente no aceptaban la doctrina de un estado futuro de recompensas y castigos, Mat. 22:23. Mientras que por una parte los Fariseos creían que todos los acontecimientos y acciones eran dirigidas por una providencia ó destino que todo lo disponía, los Saduceos lo consideraban todo como si dependiese de la voluntad y agencia del hombre. Los dogmas de estos filósofos libre-pensadores no eran en general tan aceptables entre el pueblo como los de los Fariseos; sin embargo, muchos del rango más alto los adoptaban. Anás y Caifás y otros muchos miembros del consejo, eran Saduceos, Hech. 23:6-9. La resurrección de Cristo amargó más, como era natural, el odio que les inspiraban las doctrinas y los discípulos del Salvador, Hech. 4:1-7; 5:17. Los Saduceos desaparecen de la historia después del primer siglo de la era cristiana.

Los modernos *aniquilacionistas* adoptan una fase del saduceismo al creer que los malvados que mueren fuera de Cristo son aniquilados tanto en cuerpo como en alma. Colocan este acontecimiento inmediata-

mente después del juicio final. En apoyo
de su opinión alegan que el alma no es
esencialmente inmortal, sino que habiendo venido de la nada, puede volver á la
nada, y lo hará así, á menos que le sea
concedida la inmortalidad por Jesu-Cristo;
que nunca se ha declarado expresamente
que un sufrimiento consciente y sin fin sea
la pena del pecado; que la privación de la
felicidad eterna por medio de la aniquilación es el único castigo eterno, y que esta
destrucción total es el verdadero y solo
significado de la palabra MUERTE. Este
error está suficientemente refutado *prima
facie*, por el hecho de que aunque apela
tan poderosamente á nuestros sentimientos
más tiernos y podría casi parecer una lógica necesidad, desprendida de la bondad
de Dios, ha encontrado sin embargo muy
pocos adeptos, porque la gran mayoría de
los cristianos ó los que estudian la Biblia, cualquiera que sea el siglo en que
hayan vivido ó la secta á que hayan pertenecido, han notado que la palabra de Dios
enseña claramente el sufrimiento eterno
y consciente del impenitente.

Algunos de los argumentos bíblicos contra la aniquilación, son estos: (1) Hay varios grados de castigo futuro, y la aniquilación no admite grados. (2) Para el alma
condenada, llena de vergüenza y de temor
bajo la cólera divina, el aniquilamiento sería un alivio más bien que un castigo, Jud.
7. (3) El castigo de los hombres es el
mismo que el de los ángeles malos que,
"reservados para el juicio del gran día,"
"creen y tiemblan" en lugar de regocijarse. (4) Las otras frases bíblicas que describen esta destrucción, dan á conocer que
"en el final lago de fuego, hay llanto y
gemidos y crujimientos de dientes." (5) La
vida eterna de los justos, relacionada siempre con la muerte de los malvados, no es
mera existencia, sino un estado de santidad y felicidad interminable; y así la
muerte que es su antítesis, es un estado de
pecado y de dolor que no tendrá fin. Véase RETRIBUCIÓN.

SAETA, usada por los Judíos tanto en
la casa como en la guerra; algunas veces
no era más que una caña terminada en
una punta en forma de gancho, en ocasiones con plumas, y aun envenenada, Job
6:4. El carcaj se llevaba en el costado
pendiente del cinturón ó ceñidor, ó en la
espalda, sobresaliendo del hombro izquierdo para que se pudieran sacar las saetas
fácilmente. El arco era de varias formas
materiales, y muchos no podían ser ma-

nejados sino por los hombres más fuertes
Sal. 18:34. Las saetas se usaban para
prender fuego á la casa de un enemigo, ó
á sus vestidos ó persona, y para protegerse
de esta especie de ataque se mojaba el escudo, Sal. 120:4; Efes. 6:16. Empleábanse
también las saetas en la adivinación, Ezeq.
21:21. Esta palabra se aplica simbólicamente á los niños, Sal. 127:4, 5; al relámpago, Sal. 18:14; Hab. 3:11; á las calamidades repentinas, Job 6:4; Sal. 38:2; 91:5;
Ezeq. 5:16, y á las engañosas y amargas
palabras de una mala lengua, Sal. 64:3;
120:4.

SAF, *plato*, 2 Sam. 21:18, gigante filisteo
llamado Sippai en 1 Crón. 20:4.

SAF ó SAFAI. Véase SIPPAI.

SAFÁN, *conejo*, el escriba ó secretario
del rey Josía, enviado con el gobernador
de la ciudad, y el registrador del sumo sacerdote, de quien recibió el rollo de la ley
recientemente descubierto, y lo leyó al rey,
2 Rey. 22:12; 2 Crón. 24:15-23. Fué el
padre de Gemarías, Jer. 36:10, y quizá de
Ahicam y Elasa, 2 Rey. 22:12; Jer. 26:24;
29:3, abuelo de Miqueas, Jer. 36:11, y quizá
de Gedalías y Jaazanías, 2 Reyes 25:22;
Ezeq. 8:11.

SAFAT, *juez*, padre de Eliseo. 1 Reyes
19:16, 19. Otros cuatro de este nombre se
mencionan en Núm. 13:5; 1 Crón. 3:22;
5:12; 27:29.

SAFATÍAS, nombre de ocho hombres á
quienes se alude en los siguientes pasajes:
2 Sam. 3:4; 1 Crón. 12:5; 27:16; 2 Crón.
21:2; Esd. 2:4; vers. 57; Neh. 11:4; Jer.
38:1.

SAFIR, *hermoso*, ciudad mencionada solamente en Miq. 1:11; según Eusebio y
Jerónimo, "en la región montañosa entre
Eleuterópolis y Askelón." Tal vez está
representada por Suwafir el-Ghabiyeh,
nueve millas al nordeste de Askelón, aunque Suwafir está en el llano.

SAFIRA, *hermosa*. Véase ANANÍAS I.

SAFÓN, *norte*, pueblo en Gad, cerca de
Succot, Jos. 13:27; según parece, en el valle
del Jordán, vers. 17:21, y cerca del mar de
Galilea; probablemente Amatus, hoy día
Amateh en Wady Regib.

SAL, I., era de importancia entre los
Israelitas no sólo como antiséptico y condimento, sino también como ingrediente indispensable de los sacrificios y del sagrado
incienso. Abunda en Palestina, en donde
se saca del inmenso promontorio de rocas
salinas que se halla en la extremidad meridional del Mar Muerto, y fórmala también por la evaporación de este mar y del Me-

diterráneo. El promontorio á que acabamos de referirnos se llama por los Árabes
Jebel Usdum, *Monte Sodom.* Tiene siete
millas de largo, de 1½ á 3 de ancho, y algunos centenares de piés de alto, y se
compone principalmente de puras rocas
salinas. Trozos de sal de un pié de espesor se hallan algunas veces en la costa
oriental del Mar Muerto, formados por la
evaporación después de las avenidas anuales. Los Árabes forman también hoyancos
en la playa para que los llene el mar en su
creciente de primavera; la evaporación
deja una costra de sal de una pulgada de
espesor á los lados del hoyanco, la cual
los Árabes recogen para el mercado, Sof.
2:9. Las piedras de la playa están incrustadas de cal ó de yeso, y las varas ó ramas
que caen en el agua se cubren de sal.
Algunos suponen que la mujer de Lot,
Gén. 19:26, fué incrustada de ese modo,
mientras que otros suponen que fué milagrosamente transformada en una columna
sólida de sal.

Como artículo esencial de comida, Job
6:6, la sal es símbolo de subsistencia y de
hospitalidad, y siendo también, como preservativo, emblema de incorrupción y de
perpetuidad, simboliza las mutuas obligaciones á la lealtad que especialmente según las ideas orientales están impuestas al
huésped y al que lo hospeda, y la fidelidad
que los sirvientes deben á sus amos, Esd.
4:14. Por la misma razón se exigía que se
emplease en todos los sacrificios consuma-
dos en el altar de Dios, Lev. 2:13; Esd.
6:9; Ezeq. 43:24; Mar. 9:49; y también
como ingrediente del incienso sagrado,
Exod. 30:35. La sal simbolizaba así mismo la validez y la duración de un pacto,
Núm. 18:19; 2 Crón. 13:5. Los hombres
buenos son "la sal de la tierra," Mat. 5:13,
y la gracia divina ó la verdadera sabiduría
es la sal del carácter y del lenguaje humano, Mar. 9:50; Col. 4:6. Véase también
Ezeq. 16:4. Entre los Árabes la sal es todavía un símbolo de fidelidad; y entre los
Persas y los Indios Orientales, se dice del
que está en servicio de otro que "está comiendo su sal."

El suelo impregnado de sal es estéril,
Deut. 29:23; Job 39:6; Sal. 107:34; Jer.
17:6; Ezeq. 47:11; Sof. 2:9; de aquí el
que la expresión "fué sembrado de sal"
denotase el hecho de haberse condenado
un lugar á la desolación, Jue. 9:45. Fede-
rico Barbaroja, en 1162, derribó las murallas de Milán, y aró y saló el terreno que
ocupaban.

La sal oriental conserva muchas veces
impurezas mineralas, y expuesta al aire
está sujeta á perder el sabor que le es peculiar, y se hace enteramente inservible,
Mat. 5:13; Mar. 9:50; Luc. 14:34, 35.

SAL, CIUDAD DE LA, la quinta de las
seis ciudades de Judá situadas en el desierto, Jos. 15:62; quizá Nahr Maleh, *barranca de sal,* ó Umbaghek, ruina 4 millas
al norte de Jebel Usdum.

SAL, VALLE DE. Sitio de dos victorias sobre los Idumeos: la de David, 2 Sam.
8:13; 1 Crón. 18:12; Sal. 60; comp. 1 Rey.
11:15, 16; y la de Amazías, 2 Rey. 14:7;
2 Crón. 25:11. Comunmente ha sido colocado en el ancho y desolado valle El-
Ghor. Extiéndese al sur del Mar Muerto
cerca de 8 millas hasta los peñascos calizos
llamados antiguamente Akrabbim. Esta
llanura está en partes blanqueada de sal;
contiene cisternas y ríos salobres, y es
limitada al N. O. por la montaña de sal,
Jebel Usdum. La palabra hebrea, sin
embargo, denota una cañada más bien que
un valle, y las circunstancias que acompañaron la victoria de Amazías parecen
indicar una comarca más cercana á Sela,
la cual está 50 millas al sur del Mar Muerto; y se ha sujerido que el nombre hebreo
dado al sitio debe de representar algún
antiguo nombre iduméo que nada tiene
que ver con sal.

SALA, en 1 Crón. 28:11, cuarto interior
cercado, traducido á menudo "cámara."
En 1 Sam. 9:22, un gabinete ó cámara en
el ángulo del atrio. En Jue. 3:20-25, una
cámara alta, fresca y privada, á que el
dueño de la casa se retiraba para dormir
su siesta ó para respirar un aire más puro
y disfrutar de mejor vista.

SALAMINA, ciudad marítima con un
buen puerto en la costa oriental de la isla
de Chipre. Estaba en una llanura al lado
norte del río Pedicus; era antiguamente
la capital de la isla, y bajo la dominación
romana su ciudad comercial más importante. Pablo y Barnabás la visitaron en
su primer viaje misionario, 45 A. D. cuando los Judíos que allí residían eran sin duda numerosos, puesto que sostenían más
de una sinagoga, Hech. 13:5. Los Judíos
hubieron de ser atraídos naturalmente á
Salamina por su floreciente comercio en
los productos de la fértil isla en que estaba
situada, entre las cuales se contaban
frutas, vino, lino y miel. La ciudad fué
parcialmente destruida en la insurrección
judía bajo el gobierno de Trajano y el d
Adriano, y fué arruinada por un terremo-

to en tiempo de Constantino el Grande,
Cuando se reedificó fué llamada Constancia. Sus ruinas, consistentes en cisternas
rotas, columnas y cimientos, se llaman Antigua Famagusta, y están cerca de la población moderna de este nombre. Véase
CHIPRE.

SALATIEL, 1 Crón, 3:17, ó SEALTIEL,
pedido á Dios, padre de Zorobabel, Esd.
3:2; Neh. 12:1; Hag. 1:1, uno de los progenitores de Cristo, á quien se menciona
en las dos genealogías en Mat. 1 y Luc. 3.

SALCÁ, ciudad al este de Basán, conquistada por los Israelitas y asignada á
Manassés, Deut. 3:10; Jos. 12:5; 13:11.
Estaba cerca de la frontera de Gad, 1 Crón,
5:11. Es la moderna Salcat ó Sulkhad,
en la extremidad meridional de Jebel
Hauran, y 56 millas al este del Jordán.
Cerca de ella comienza el gran desierto de
Siria que se extiende hasta el Eufrates.
La ciudad ocupa una posición elevada en
un cerro. En la cima se ve un castillo del
periodo romano, en el cual hay águilas
romanas, y también inscripciones griegas y
arábigas. Hay como 400 casas de piedra,
muchas bien conservadas, pero debido á
la escaséz de agua, hay pocos habitantes.
Desde el cerro se obtiene una extensa vista
que abraza muchas ciudades arruinadas.

SALEM, *paz*, Gén. 14:18; Heb. 7:1, 3,
generalmente se entiende que denota la
ciudad de la cual fué rey Melquisedec, y
que era Jerusalem. Así lo extendía Josefo.
Algunos interpretan esta palabra como
parte del título de Melquisedec. Empléase
como abreviación poética de Jerusalem en
Sal. 76:2. Jerónimo creía que era el mismo
lugar llamado Sichem en Gén. 33:18, y la
situaba á 6 millas de Bet-san.

SALFAAD, *primera rotura*, descendiente de José, por conducto de Manassés, Maquir, Galaad y Hefer, Jos. 17:3, 4: 1 Crón.
7:15, que no tomó parte en la rebelión de
Coré; pero cuya muerte en el desierto,
Núm. 14:35; 27:3, dejando cinco hijas y
ningún hijo, motivó la expedición de una
ley al efecto de que en caso semejante, las
hijas deberían heredar el patrimonio de su
padre; pero no podían casarse fuera de su
tribu, Núm. 26:33; 27:1-11; 36.

SALIM, *pacífico*, Juan 3:23. Eusebio y
Jerónimo la mencionan como situada cerca
del Jordán, ocho millas al sur de Bet-san.
Algunas identifican esta ciudad con Salem.
Robinson propuso que se identificara con
la población de Salim, 3½ millas al este de
Siquém. Condor adopta, según parece,
esta sugestión

SALISA, TIERRA DE, 1 Sam. 9:4, comarca adyacente al Monte Efraím. De la
ciudad de Baal-salisa, 2 Rey. 4:42, hay vestigios según se cree en Tulluza, 6 millas al
este de Samaria: y de la tierra de Salisa,
en la llanura al sur de la ciudad y al este
de Siquém.

SALITRE, *natron*, mineral alcalino compuesto de un carbonato impuro de soda, y
que se usa todavía para lavar, Jer. 2:22.
Combinado con el aceite forma un jabón
duro. Se halla depositado en el fondo, ó
flotando en la superficie, de ciertos lagos
al oeste del Delta de Egipto, y en la playa
del Mar Muerto.

SALLECHET, *cortadura*, 1 Crón. 26:16,
puerta al oeste del templo de Salomón, que
comunicaba con el viaducto á su palacio,
1 Rey. 10:5. Grove es de opinión que estaba en el mismo sitio donde se halla la
puerta que ahora se llama es-Silsileh, que
es la entrada principal al area del haram,
y está á 600 piés de su ángulo sudoeste.

SALMA ó SALMON, *vestidura*, 1 Crón.
2:11, jefe de la tribu de Judá, marido de
Racab y padre de Booz, Rut 4:20; M..
1:4, 5; Luc. 3:32. Se conjetura que fué el
mismo Salma, hijo de Caleb, en el supuesto de que éste lo adoptó.

SALMAN, Ose. 10:14, probablemente no
se identifica con Salmanasar IV., como comunmente se piensa, puesto que la profecía de Oséas fué pronunciada años antes
de las invasiones de ese monarca á Israel.
Salman es considerado por algunos expositores como rey asirio anterior á Pul.
Véase SALMANASAR, II.

SALMANASAR, *adorador del fuego*,
nombre de cuatro reyes asirios, dos de los
cuales están relacionados con la historia
del reino de Israel.

I. Salmanasar I., según las inscripciones
de ladrillos que fueron hallados en Kaleh-Shergat—llamada antes Assur, antigua capital de Asiria—se sabe que reinó por los
años de 1320 á 1300 A. C.

II. Salmanasar II. sucedió á su padre
Assur-natsi-pal, gran guerrero y conquistador, y reinó 35 años, 858-823 A. C. El
dirigió personalmente 23 campañas, además de otras dirigidas por un tartan ó
general. En 854 derrotó las fuerzas unidas de Ben-adad II. rey de Siria, del rey
de Hamat, de Acháb rey de Israel, y de los
reyes de los Heteos y de los Fenicios. En
842 ganó una victoria decisiva sobre el
sucesor de Ben-adad, Hazael, cuyo territorio asoló y entregó al pillaje. Tiro, Sidón y Byblus, y Jehu rey de Israel, intimi-

dados por sus triunfos, le enviaron tributos. Algunos años antes de su muerte, su hijo mayor dirigió una rebelión contra él, pero fué sometido por su hijo segundo Samas-rimmon II., el cual sucedió á Salmanasar. En Calah (Nimrúd), Salmanasar edificó un

palacio cuyas ruinas fueron descubiertas por Layard en 1840, y se conocen con el nombre del "palacio central;" muchos de sus materiales han sido quitados de allí, para emplearlos en otros edificios. Allí fué hallado un obelisco cuadrilátero de má⁴º·

mol negro, como de siete piés de alto, en excelente estado de conservación, el cual contiene en cada uno de sus lados cinco bajo-relieves y registros hechos en escritura cuneiforme. Los bajo-relieves de la segunda hilera representan á los enviados Israelitas, ofreciendo tributos de oro y plata al rey, y el embajador principal se postra ante él humildemente. (Véase el grabado anterior.) La inscripción que la acompaña refiere que dicho tributo fué enviado por Jehú, "hijo," esto es, sucesor de Khumri ú Omri. El obelisco está ahora en el Museo Británico. Parece posible que el Salman, á que se refiere Ose. 10:14, como destructor de Bet-arbel, fuera Salmanasar II., quien durante sus campañas en el Occidente bien puede haber invadido á Israel.

III. Salmanasar III., 781–771 A. C., reinó durante un periodo de declinación del poder de Asiria.

IV. Salmanasar IV., 727–722 A. C., sucedió á Teglat-Falasar II., quien había robustecido y reorganizado el Imperio Persa, había atacado á Israel bajo el gobierno de Peca, y transportado "cautivos israelitas desde ambos lados del Jordán á territorios asirios, 2 Rey. 15:29; 1 Crón. 5:26. Fué probablemente poco después de su advenimiento al trono que Salmanasar reafirmó el dominio sobre Israel, invadiéndolo y obligando á Oséas á pagar tributo, 2 Rey. 17:3. Con motivo de la defección de Oséas y de su alianza con Egipto, Salmanasar volvió, é hizo prisionero á ese rey, vers. 4. Poco después asoló todo el reino y puso sitio á Samaria, que hizo frente á los ejércitos asirios por tres años, vers. 5, 6. Sargón pretende que la captura de la ciudad fué en su primer año, y parece probable que él haya usurpado el trono asirio durante la prolongada ausencia de Salmanasar en estas campañas. La Escritura no menciona á Salmanasar como vencedor de Samaria, vers. 6; 18:10. Véase SARGÓN.

Según Josefo, Salmanasar sometió las ciudades fenicias, pero la insular Tiro se rebeló, y por cinco años sostuvo un sitio cuyo éxito es desconocido. Murió en 722 A. C.

SALMÓN, *umbroso*, I., Sal. 68:14, se supone que es lo mismo que Monte Salmón, cerca de Siquém, Jue. 9:48. La palabra hebrea en los dos pasajes es la misma. Véase SELMÓN.

II. Hech. 27:7, cabo en la costa oriental de Creta. Se identifica comunmente con el Cabo Sidero, un atrevido promontorio en la extremidad N. E. de la isla, pero por algunos, con un promontorio 15 millas más al sur, llamado por los nativos de allí Plaka, pero por los marineros Cabo Salmone. Véase CRETA.

SALMONA, *lugar de sombra*, la estación 41 de los Israelitas en el desierto, á donde llegaron después de dejar el Monte Hor y pasar los límites del sur de Idumea, Núm. 33:41. Tal vez en Wady el-Amrán, seis millas al nordeste de Elat.

SALMOS, EL LIBRO DE LOS. El nombre hebreo de este libro es TEHILLIM, *alabanzas*, aunque una parte del libro es realmente elegíaco. Muchos de los salmos tienen el epígrafe MIZMÓR, *poema*, ó *canto*. Esta palabra se ha traducido en la Septuaginta *Psalmos*, esto es, cánticos entonados con música, poemas líricos. El griego Psalterion significa un instrumento de cuerda; y de aquí procede el que, por una metáfora, el libro de los Salmos se llame Salterio. Con relación á peculiaridades de la poesía de los Salmos, véase POESÍA.

CLASIFICACIÓN.—Algunos escritores han clasificado los Salmos según su carácter poético, en odas, elegías, etc. El método preferible es dividirlos según su asunto. Conforme á éste han sido arreglados en 7 clases.

I. Himnos en alabanza de Jehová; esto es *tehíllim*, propiamente dichos. Estos se dirigen á Jehová como Dios de toda la naturaleza y Creador del Universo, Sal. 8, 104; como protector y patrono de Israel, Sal. 20, 29, 33, ó de los individuos, con acciones de gracias por haberlos librado de males, Sal. 18, 30, 46, 47; ó hacen referencia á los atributos más especiales de Jehová, Sal. 90, 139. Estos Salmos expresan pensamientos de la más alta sublimidad con respecto á Dios, á la providencia, á la redención, etc.

II. Himnos del templo cantados con motivo de la consagración del templo, de la entrada del arca, etc., ó compuestos con el objeto de que sirvieran para el culto del templo, Sal. 24, 132. Pertenecen también á éstos "los cantos del peregrino," cantados por aquellos que subían al culto dado en el templo, etc., como por ejemplo "los cánticos de las gradas," Sal. 120–134. Véase CÁNTICO.

III. Cánticos religiosos y morales de carácter general, que contienen la expresión poética de las emociones y sentimientos del autor, y son por tanto subjetivos; como por ejemplo, la confianza en Dios, Sal. 23,

62, 125; la fidelidad para con Dios, Sal. 16; el ansia por el culto del templo, Sal. 42, 43; oraciones por el perdón del pecado, etc. A ésta clase pertenecen los salmos penitenciales, que son Sal. 6, 25. 32, 38, 51, 130, 143. También los cantos didácticos, la expresión poética de alguna verdad, máxima, etc., Sal. 1, 34, 128; Sal. 15, 32, 50, etc. Esta es una clase numerosa.

IV. Salmos elegíacos, esto es, lamentaciones, salmos de queja, acompañados generalmente de una plegaria en que se pide auxilio.

V. Salmos mesiánicos, esto, es que contienen profecías relativas al Mesías, como el 2, 8, 16, 22, 40, 45, 69, 72, 97, 110, 118.

VI. Salmos históricos, en los cuales la historia antigua de los Israelitas se repite de una manera exhortatoria, Sal. 78, 105, 106, 114.

VII. Salmos imprecatorios, que presentan la justicia de Dios, como prenda de que castigará á los opositores impenitentes de su reino, Sal. 35, 52, 58, 59, 69, 109, 137.

Pero es imposible formar un arreglo perfecto, porque algunos salmos pertenecen en parte á dos ó más clases diferentes. Además de los Salmos propiamente mesiánicos, las predicciones relativas al Mesías se hallan muy esparcidas por todo este libro, y con frecuencia se atrae la atención del lector piadoso á pasajes que predicen su carácter y sus obras. A muchos de éstos se alude en el Nuevo Testamento; y es incuestionable que el lenguaje y estructura de otros muchos no citados tuvieron por objeto dar testimonio del Hijo de Dios. David mismo fué un tipo eminente del Salvador, y muchos acontecimientos de su vida prefiguraron la de su Hijo y Señor. La mención de éstos en los escritos sagrados no se ha hecho sin objeto; las pruebas y las victorias de David que se han registrado hallan en su referencia al Mesías su más alto derecho á ocupar un lugar en los escritos sagrados. Lord Bacon ha hecho notar que muchos pasajes proféticos en el Antiguo Testamento, son "de la naturaleza de su Autor, para quien mil años son como un día;" y por tanto no se han cumplido puntualmente de una vez, sino que tienen un cumplimiento que vá germinando y brotando de una época á otra por muchos siglos, aun cuando su altura ó plenitud pueda referirse á un tiempo determinado."

SALOMÉ, pacífica, I., esposa de Zebedeo, madre de Santiago el mayor y de Juan el evangelista, una de aquellas mujeres de Galilea que acompañaron á nuestro Salvador en sus viajes y le prestaron sus servicios, Mat. 27:56. Ella pidió á Jesús que sus dos hijos, Santiago y Juan, se sentasen el uno á su derecha y el otro á su izquierda en su reino, Mat. 20:20-23. Las ideas que tenía acerca de la verdadera naturaleza del reino de Cristo se cambiaron sin duda con motivo de su crucifixión, que ella presenció "á lo lejos," y de su resurrección, de la cual tuvo noticia desde un principio de boca de los ángeles que estaban en el sepulcro, Mar. 15:40; 16:1. Algunos infieren, comparando á Mat. 27:56 y á Juan 19:25, que era hermana de María, la madre de Jesús.

II. Salomé fué también el nombre de la hija de Herodías, según lo menciona Josefo. Casóse ella con su tío paterno Filipo, tetrarca de Traconitis, y después de la muerte de este con Aristóbulo, rey de Calcis, biznieto de Herodes el Grande.

SALOMÓN, I., hebreo SHELOMO, pacífico, sucesor de David, y uno de los cuatro hijos que tuvo de Bersabé, 2 Sam. 5:14; 1 Crón. 3:5; 14:4. Además de este nombre escogido antes de su nacimiento, 1 Cró. 22:9, y que fué el primero que se le dió, 2 Sam. 12:24, Dios por medio del profeta Natán le llamó Jedidía, "amado del Señor," vers. 25. Se supone que tenía como diez años de edad al tiempo de la rebelión de Absalóm, y que huyó con su padre y todas las personas de su casa á Mahanaím, 2 Sam. 15:13-18, 23, 30; 16:1, 5, 13; 17:22, 24, y volvió con ellos á Jerusalem, 2 Sam. 19:15, 18, 39, 40; 20:3. Salomón fué un hijo obtenido por promesa especial, 2 Sam. 7:12-15, y fué antes de su nacimiento designado por Dios para suceder á David, 1 Crón. 22:9, 10; su sucesión fué desde un principio prometida á Bersabé, 1 Rey. 1:13, 17, propósito que quizá se había adivinado generalmente, aunque no se había anunciado formalmente, vers. 10, 20. Sus perspectivas de la dignidad real y su vida se vieron en peligro con motivo de la usurpación intentada por Adonías, 1 Rey. 1:5-10, 24-27, como lo habían estado antes con motivo de la rebelión de Absalóm, vers. 12, 21; comp. 2 Sam. 19:5. Pero David, á instancias de Natán y de Bersabé, intervino prontamente é hizo que Salomón fuese ungido y colocado en el trono, 1 Rey. 1:32 53. Antes de la muerte de David, Salomón fué de nuevo formal y públicamente proclamado y ungido rey, y su padre le hizo recomendaciones solemnes como á su sucesor, y edificador del templo, cuya obra había David preparado, 1 Cró. 28:1 á 29:25. Comp. 1 Reyes 2:1–9. No tenía más que veinte años de edad cuando la muerte de su padre le hizo gobernante en propiedad, 1 Rey. 2:12; 3:7; 2 Crón. 1:1. Uno de sus primeros actos fué ofrecer en presencia de una numerosa reunión, sacrificios en Gabaón, en donde estaban el tabernáculo mosaico y el altar de bronce; y allí en virtud de la promesa que le hizo Dios de concederle lo que le pidiese, hizo su excelente elección de la sabiduría, don á que Dios agregó honores y riquezas, 1 Reyes 3:4–15; 2 Crón. 1:1–13; comp. Prov. 8:11–16; Mat. 6:33. Habiendo adquirido fama gradualmente por todo el Oriente su incomparable sagacidad y grandes conocimientos, llevaron á su corte representantes de otras naciones, entre los cuales figuraba la reina de Seba, 1 Reyes 4:29–34; 10:1–13; 2 Crón. 9:1–12, 23. Llevó á cabo el propósito de David erigiendo un templo que aunque no muy grande, era magnífico en su construcción y sus adornos. Fué comenzado en el cuarto año de su reinado, acabado en el undécimo, 1 Rey. 6; 2 Crón. 3:4, y dedicado con gran solemnidad, siendo ofrecida la oración dedicatoria por el mismo Salomón, 1 Rey. 8; 2 Crón. 5:1 á 7:10. Véase TEMPLO. Estableció los sacrificios ordinarios y las ofrendas del templo según la ley mosaica, y los repartimientos de los sacerdotes y Levitas, como David lo había dispuesto, 1 Rey. 9:25; 2 Crón. 8:12–15. Entonces erigió un espléndido palacio para sí mismo, y otro para la hija de Faraón, con quien se había casado, quizá por razones de estado, 1 Rey. 7:1–12; 9:24; 2 Cró. 8:1, 11. En la construcción de estos edificios fué auxiliado por Hiram, rey de Tiro, quien en cambio de trigo y aceite de olivo, le proveyó de piedras, maderas, y obreros hábiles, 1 Reyes 5:1–12; 2 Crón. 2:3–16; pero la mayor parte de sus obreros eran sus propios súbditos, tanto Israelitas como "forasteros" ó descendientes de los naturales cananeos que eran prosélitos del judaísmo, pero estaban en servidumbre, 1 Rey. 5:13–18; 9:20, 21; 2 Crón. 2:2, 17, 18; 8:7, 8. Construyó también depósitos de agua y acueductos, Ecles. 2:4–6, y reedificó y fortificó varias ciudades, 1 Rey. 9:15–19; 2 Crón. 8:1–6, en varias partes de su reino, cuyos límites orientales se extendían desde Tifsa, en la margen septentrional del Eufrates, hasta Elat, en el golfo oriental del Mar Rojo, 1 Rey. 4:21, 24; 2 Crón. 9:26. Estableció un comercio lucrativo con Tiro y Egipto, con la colonia fenicia de Tarsis en España, con Arabia, y probablemente con la India, 1 Reyes 9:26–28; 10:22, 28, 29; 2 Crón. 8:17, 18; 9:21, 28; se supone también que estableció el comercio, por medio de caravanas, con Babilonia y los países del Este, siguiendo la vía de Tadmor. Con los frutos de este comercio, y con los tributos de los pueblos avasallados y los presentes de los gobernantes amigos, 1 Reyes 10:14, 15, 23–25, Salomón se enriqueció en gran manera; se enorgulleció mucho de sus magníficos palacios, sus jardines y viñedos, su cuerpo de guardia y sus numerosos sirvientes, su mesa lujosa, su pompa y su serrallo oriental, cosas prohibidas por la Divinidad, Deut. 17:16, 17. Cediendo á las tentaciones acarreadas por tan excesiva prosperidad, el rey, aunque solemnemente amonestado por Dios en una segunda revelación, 1 Rey. 9:1–9; 2 Crón. 7:11–22, se volvió orgulloso, se entregó á los placeres, y se olvidó de Dios, alentó y finalmente auxilió á sus numerosas esposas extranjeras, en sus abominables idolatrías, 1 Rey. 11:1–8; Neh. 13:26; y perdió el favor de Dios, quien le anunció la división de su reino bajo el gobierno de su hijo, 1 Reyes 11:9–13. Se cree sin embargo, que por la gracia divina Salomón se vió después movido á arrepentirse, y que tenemos una prueba de ello en el Eclesiastés. Comp. 2 Sam. 7:12–15.

El reinado de Salomón, que duró 40 años, 1015–975 A. C., fué generalmente pacífico, 1 Rey. 4:24, 25, con excepción de algunos disturbios promovidos por Adad, Rezón y Jeroboam, 1 Rey. 11:14–43. Á la vez que las extensas obras emprendidas en el reino, y el activo comercio que se hacía con el extranjero, condujeron en gran manera á la prosperidad y gloria tanto de la nación como de su monarca, 1 Rey. 4:20, mucha de la gente del pueblo se sentía oprimida por el trabajo á que se la forzaba, y los excesivos impuestos que sobre ella gravitaban; y lo resintió aun más abiertamente en la ascensión al trono de Roboam, 1 Rey. 12:3–20; comp. 5:13, 14; 1 Sam. 8:10–18. Recibían esos individuos un daño mucho mayor por el mal ejemplo que les daba el rey, y la influencia perjudicial que en ellos ejercía. La capacidad intelectual y los conocimientos de Salomón, abarcaron un campo muy extenso; fué un distinguido naturalista, y "disertó sobre los árboles, sobre los animales, las aves, los reptiles y los peces"; "fué un poeta cuyos cantos llegaron á 1,005"; un filósofo y un moralista, que propuso 3,000 parábolas, 1 Rey. 4:32, 33.

Los escritos que llevan su nombre y están incluidos entre las Escrituras inspiradas, son "el Cantar de los Cantares," á que comunmente se le da por fecha el principio ó parte media de su reinado; comp. Cant. 3:11; 6:8; "los Proverbios," y "el Eclesiastés," que probablemente tienen la del término de su vida y que reunen en sí los frutos de su experiencia, y ponen de manifiesto la debilidad de la naturaleza humana, los peligros de la prosperidad, la insuficiencia de todo bien terrenal para satisfacer las necesidades del hombre, y la suma importancia de temer y obedecer á Dios. Además de estos, los Salmos 72 (excepto el vers. 20,) y 127, como consta en el epígrafe que llevan, se atribuyen á Salomón, y en el contenido de ellos se refleja su reinado, á la vez que el primero termina en Cristo, el más grande hijo de David, y en las bendiciones de su dominio universal. El Salmo 45 se atribuye también al tiempo de Salomón; empleando, según parece, imagenes derivadas de los incidentes de su reinado, describe los triunfos del Mesías, su gobierno firme y eterno, y como el Cantar de los Cantares, la relación conyugal entre Él y su pueblo.

Los cronistas bíblicos del reinado de Salomón, tomaron datos de varias historias contemporáneas, tales como "el Libro de los Hechos de Salomón;" 1 Rey. 11:41; "el Libro del profeta Natán," "la profecía de Ahías Silonita, y las visiones del vidente Iddo," etc., 2 Crón. 9:29.

La degeneración de Salomón en sus últimos años no disminuye el valor de sus inspiradas enseñanzas, sino que sirve en sí misma de ejemplificación y de elocuente amonestación en cuanto á la posibilidad de caer en los más graves pecados desde la altura más elevada de los privilegios espirituales.

Salomón fué bajo muchos respectos tipo de Cristo, que fué el divino "hijo de David," Mat. 1:1, "más grande que Salomón," Mat. 12:42; el "Príncipe de Paz," Isa. 9:6, 7; el "Amado del Padre," Mat. 3:17; el "Hijo escogido;" comp. 1 Crón. 28:5; Sal. 45:7; Heb. 1:5, 8, 9; el poseedor de "todos los tesoros de sabiduría y de conocimiento," Luc. 2:40, 52; Col. 2:3; el "Maestro admirable;" comp. 1 Rey. 4:29-31, 34; Luc. 5:1, 15; 19:48; el Intercesor de su pueblo;" comp. 1 Rey. 8:22-53; Juan 17; el "Rey de reyes," Apoc. 17:14; 19:16; Filip.

2:10; el "Esposo de su iglesia;" comp. Cant; Efes. 5:23-32; Apoc. 19:7; 21:2.

SALOMÓN, CANTARES DE, ó el "Cantar de los Cantares," vers. 1, esto es, el más excelente de los cantares, llamado algunas veces "cánticos;" en la vulgata latina "Canticus Canticorum." Este libro siempre ha formado parte de las Escrituras canónicas, hallándose en las antiguas versiones, desde la Septuaginta en adelante, y en los catálogos contando desde el de Melito, por el año 160 A. D., y ha sido altamente estimado por los Judíos y los Cristianos. No hay razón suficiente para poner en duda que dicho libro fuera escrito por el rey Salomón durante la primera parte de su reinado. En cuanto á su asunto y plan, se han emitido muy diversas opiniones, comprendidas en una ú otra de las tres clases siguientes:

1º. *La opinión de que es alegórico.* Casi todos los escritores judíos de la éra cristiana interpretan este hermoso poema como una alegoría, conviniendo generalmente con el Targum, la paráfrasis caldea, que lo explica como una representación alegórica y profética de la historia de Israel desde el Éxodo hasta la venida del Mesías y la edificación del tercer templo. El modo alegórico de interpretación fué adoptado por los más antiguos escritores cristianos, que consideraban los Cantares como presagio de (1) la comunicación amorosa entre Cristo y el alma del individuo creyente; ó (2) la relación entre Cristo y la iglesia; ó (3) ambas cosas; ó (4) la relación entre Jehová y el pueblo de Israel, ó sea la teocracia del Antiguo Testamento; ó (5) la historia de la iglesia, tanto en el periodo del Antiguo Testamento como en el del Nuevo. Esta opinión ha venido siendo en una ú otra forma la de la mayoría de los teólogos cristianos y creyentes hasta el presente día.

2º. *La opinión de que es literal.* Desde una época que se remonta al siglo V., Teodoro de Mopsuestia en Cilicia sostuvo que el sentido de los Cantares era literal, en celebración del amor terrenal y casamiento de Salomón y su prometida—Shelomoh y Shulamith ("la Sulamita"), que se supone era la hija de Faraón. Esta opinión tuvo por largo tiempo poca aceptación; pero en el siglo pasado y en el presente, ha hallado adeptos, especialmente entre los racionalistas alemanes, considerándose la esposa algunas veces como una princesa egipcial, y otras como una pastora israelita de Sunem. Pero es evidente que una vez aceptado el sentido literal y llano, no puede explicarse por qué se le ha dado cabida al libro de los Cantares en las Escrituras inspiradas y en el corazón del pueblo de Dios; y los que así opinan desconocen sin duda tanto el carácter típico de Salomón, como el de muchos pasajes bíblicos en que se ejemplifica con el estado conyugal la relación que existe entre Cristo y su Iglesia.

2º. La opinión de que es típico. Como término medio entre la opinión que atribuye á los Cantares un sentido alegórico, y la que les atribuye uno literal, existe la de los que creen que en su significado primario pintan la amorosa relación que ligaba al rey Salomón y á su esposa; y que en virtud del carácter representativo del rey como vicegerente de Jehová y tipo del Mesías, bosquejan la tierna relación que debía existir entre Jehová y su pueblo escogido, y la comunión más cariñosa aún, que ha de haber entre Cristo y su Iglesia. Entendidos así los Cantares, su sentido está en consonancia con el sistema divino de tipos actuales, históricos y personales de Cristo en sus varios aspectos. El libro de los Cantares ocupa un lugar importante en el desarrollo de la idea del vínculo matrimonial, como figura del que existe entre Dios, y particularmente Cristo, y su pueblo; y por lo tanto ha sido muy á propósito para robustecer la fé, el amor y la fidelidad, tanto de los creyentes del Antiguo Testamento como de los cristianos en tiempos posteriores. Envuelven esta idea algunas expresiones que figuran en los escritos de Moisés, Exod. 34:15; 16; Núm. 15:39; y de Asaf, Sal. 73:27; sobre ella estriba el salmo 45, compuesto por un escritor contemporáneo de Salomón; amplifícase el mismo tema por los profetas en palabras de consuelo y de reconvención, Isa. 54:5; 62:5; Jer. 3; Ezeq. 16; 23; Ose. 1–3; y fué adoptado por Juan el Bautista, Juan 3:29, y por nuestro Señor y sus apóstoles, Mat. 9:15; 2 Cor. 11:2; Efes. 5:23–32; Apoc. 19:7–9; 21:2–9; comp. también Cant. 8:12, é Isa. 5:1; Cant. 2:14, y Sal. 74:19; Cant. 5:2 y Apoc. 3:20.

En cuanto á su forma, los Cantares son un drama ó diálogo lírico, en que figuran como interlocutores Salomón, la esposa, y sus amigas las doncellas de Jerusalem. Véanse SALOMÓN, SULAMITA.

En la exposición de este hermoso poema, debemos recordar que las reglas modernas y las modernas nociones en cuanto al gusto no son la norma á que deben sujetarse su plan, sus imagenes ó su fraseología.

El Dr. Juan Brown de Haddington, en la introducción á su admirable paráfrasis de este libro, dice, "Si se entiende como que trata del matrimonio y la comunión entre Cristo y su pueblo, parecerá de lo más elevado, instructivo y conmovedor. Su estilo majestuoso, la influencia que ejerce en la conciencia de los hombres para promover la santidad y la pureza, la armonía de su lenguaje con el de las parábolas de Cristo y el libro de la Revelación, la ingenuidad de la esposa en reconocer sus faltas, y el recibimiento general que ha tenido por parte de las iglesias judía y cristiana, prueban suficientemente que es inspirado por Dios. Para los que lo leen con ánimo carnal y liviano, tiene "olor de muerte para muerte," por cuanto contamina el ánimo y la conciencia de los que así proceden; pero para los que han tenido íntima comunión con Cristo, y lo leen con ánimo devoto y espiritual. tendrá "olor de vida para vida." Los actores en él son Cristo, los creyentes, y las hijas de Jerusalem," ó los compañeros y amigos de los creyentes.

SALOMÓN, ESTANQUES DE, Ecles. 2:6. Entre estos pueden incluirse las antiguas construcciones llamadas por los Árabes el-Burak, *los estanques*, como tres millas al S. O. de Betlehem, en el camino de Hebrón. Son estos tres grandes depósitos de agua, hechos casi juntos, en el estrecho valle que se llama cañada Urtas, (véase ETAM) de donde, según el Talmúd, se surtía el templo de agua. Estos se hallan en parte cortados en la roca, y en parte hechos de mampostería, cubiertos todos con una capa de argamasa, y formados á distintos niveles; así es que se levantan gradualmente de E. á O., aunque no en línea recta, y tienen canales que conducen el agua del estanque superior al que le sigue en grado inferior, y escalones para cada uno. Están abastecidos principalmente por medio de un acueducto interior practicado desde una fuente subterránea que se halla á alguna distancia al N. O., y que tal vez es á la que se alude en Cant. 4:12; en la estación de lluvias reciben también gran cantidad de agua de los cerros vecinos. Un acueducto que sale del estanque de abajo, surte á Betlehem y los jardines Urtas, y conduce el agua á Jerusalem. El estanque superior y más occidental, tiene 380 piés de largo, 236 de ancho al E., 229 al O.; 29 de profundidad al E., y está á 160 de altura sobre el estan-

ESTANQUES DE SALOMÓN EN LA CAÑADA URTAS.

que de en medio. Este tiene 423 de largo, 250 de ancho al E., 160 al O.; 39 de profundidad, y 248 sobre el de más abajo. Las dimensiones de este último son 582 piés de largo, 207 de ancho al E., 148 al O., y 50 de profundidad. Cuando el Dr. Thomson los vió por primera vez, contenían sólo unos cuantos piés de agua; pero en otra ocasión halló los dos de más arriba llenos y derramándose sobre el inferior. Al norte del estanque occidental, se ve una antigua fortificación cuadrada llamada Kalat el-Burak, *fuerte de los estanques*. El acueducto que sale de los estanques atraviesa el valle de Hinóm, abajo del ángulo S. O. del muro de Jerusalem; ondula al sur al rededor del Monte Sión, y vuelve de nuevo al norte en el valle Tiropæon, entre la ciudad y el valle del Haram. Se cree que un acueducto formado de un nivel más alto, y que sale de un manantial contiguo á Betlehem. á 200 piés sobre la plataforma del templo, conducía el agua al estanque superior de Gihón, y al de Ezequías, en Jerusalem, cerca de la puerta de Joppe.

SALOMÓN, PÓRTICO DE, I., De entre las construcciones hechas por Salomón para su propio uso, dos podrían ser designadas de este modo, á saber, el "pórtico de las columnas," y "el pórtico del trono," ó "pórtico del juicio," 1 Rey. 7:6, 7. Véase SUSÁN.

II. El pórtico exterior oriental, ó peristilo del templo, tal como fué reedificado por Herodes, Juan 10:23; Hech. 3:11; 5:12, se unía exteriormente al atrio de los Gentiles por el lado del este. Su techo interior, construido de cedro, tenía 40 piés de altura sobre el piso, y se apoyaba en una doble hilera de columnas corintias de mármol blanco. Véase TEMPLO.

SALOMÓN, LOS SIERVOS DE, cuyos descendientes volvieron con Zorobabel de la cautividad, Esd. 2:55-58; Neh. 7:57-60, eran probablemente los Cananeos reducidos á la servidumbre por Salomón, 1 Rey. 9:20, 21; 2 Crón. 2:17, 18; 8:7, 8; comp. 1 Crón. 22:2.

SALTERIO. Un instrumento de cuerda, de forma triangular. Véanse MÚSICA y SALMOS.

SALUD, *curación ó sanidad*. "La salud salvadora de Dios," Sal. 67:2, es la misericordiosa curación y salvación del alma que Él efectúa.

SALUTACIÓN. La fórmula usual de salutación entre los Hebreos era SHALOM LEKHÁ, "*Sea la paz contigo*." La misma expresión se usa entre los Árabes hasta el día de hoy. Ellos dicen *Salam lekha*, á lo cual la persona saludada contesta, "Contigo sea la paz," Gén. 29:6; Jue. 18:15. De aquí viene el que se hable de los "salams" árabes y turcos, esto es, salutaciones. Otras frases de salutación se hallan en la Escritura, casi todas las cuales envuelven una bendición, como: "El Señor sea contigo;" "Salve" ó "Alégrate;" "Bendito seas del Señor." Estas y semejantes

frases usan los orientales todavía en todas ocasiones, con la más profusa y escrupulosa cortesía. La carta del Árabe está casi llena de salutaciones; y aun cuando entrará él á avisaros que vuestra casa estaba ardiendo, primero haría y recibiría los cumplimientos de estilo, y en seguida diría tal vez, "Con el favor de Dios todo vá bien; pero vuestra casa es presa de las llamas." Los Árabes acompañan sus salutaciones más cumplidas con varias ceremonias ó gesticulaciones; algunas veces se besan y abrazan al saludarse; algunas un inferior besa la mano ó la barba de un superior, ó hace una profunda inclinación con la mano sobre el pecho, y después la levanta hasta sus labios ó frente; ó, si el superior es un príncipe, se postra hasta tocar con la frente el suelo, para manifestar su obediencia, Gén. 37:7. Véase la salutación de Jacob á Esau, Gén. 33; y compárese Gén. 19:1; 23:7; 42:6; 1 Sam. 25:23; 2 Sam. 1:2; Juan 20:26. La debida y atenta práctica de algunas de estas ceremoniosas cortesías, mayormente cuando se repiten con frecuencia, requiere mucho tiempo; por esto fué que cuando el profeta Eliseo envió á su criado que fuera apresuradamente á poner su bordón sobre el rostro del niño muerto, le prohibió que saludara á nadie, ó contestara á saludo alguno en el camino, 2 Rey. 4:29.

Por la misma razón nuestro Salvador prohibió á los setenta discípulos que saludaran á nadie en el camino, Luc. 10:4, esto es, de ese modo tan fastidioso: pues así tendrían que desperdiciar un tiempo precioso. Mucha de la cortesía oriental era superficial y carecía de sinceridad; pero la bendición de Cristo nacía del corazón y traía consigo lo que era "mejor que la vida." "La paz os dejo; mi paz os doy; nó como el mundo la da, yo os la doy," Juan 14:27. Los Judíos limitaban sus salutaciones á aquellos á quienes consideraban como "hermanos," esto es, á los miembros de una misma comunidad religiosa, Mat. 5:47; de la misma manera los mahometanos no dirigen su salutación de paz á persona alguna que no sea mahometana. Véase CULTO.

SALVACIÓN Ó SALUD, significa en su sentido riguroso, *libramiento ó emancipación,* y se emplea para hablar de una emancipación temporal, de una victoria, en Exod. 14:13; 1 Sam. 14:45. Y por cuanto la emancipación espiritual del dominio del pecado y de la muerte, por el Redentor, Mat. 1:21, es una salvación mucho mayor, esta palabra ha venido á usarse casi únicamente en esta acepción moral y espiritual, é implica, no tan sólo dicha emancipación, sino también sus consecuencias, es á saber, la vida eterna y la felicidad en el reino de nuestro Señor, 2 Cor. 7:10. Efes. 1:13. Se la describe con mucha exactitud como "una gran salvación," Heb. 2:3.

Los Hebreos raras veces usan términos concretos, propiamente dichos. Por lo general emplean términos abstractos. Así es que en lugar de decir, "Dios los salva y los protege," dicen, "Dios es su salvación." De modo que "voz de salvación," "gozo de salvación," "roca de salvación," "escudo de salvación," "cuerno de salvación," "palabra de salvación," etc., son expresiones equivalentes á "voz que anuncia la salvación," al "gozo que uno siente cuando escapa de un gran peligro," á "roca en donde alguno busca refugio y se halla en seguridad," "escudo que resguarda del ataque de un enemigo," "poder que efectúa la salvacion." Así "obrar una gran salvacion en Israel" significa librar á la nación de un inminente peligro ó darle una gran victoria.

"Los vestidos de salud, ó salvación," Isa. 61:10, es una expresión que se refiere á las espléndidas vestiduras llevadas en los días festivos. Dicha frase se usa figuradamente, para denotar la recepción de un señalado favor de Dios, tal como el librarse de un gran peligro.

SALVADOR, término aplicado en el Antiguo Testamento á los hombres especialmente designados por Dios, para dar libertad y prosperidad temporales á su pueblo: como á Josué, cuyo nombre es el hebreo original de Jesús, á los Jueces, Neh. 9:27; á Jeroboam II., 2 Rey. 13:5, y á menudo aplicado al mismo Jehová, Isa. 43:3, 11; 45:21; 60:16, 17, de quien se buscaba una salvación espiritual del pecado, Sal. 39:8; 79:9. Este término se aplica de preferencia á Nuestro Señor Jesu-Cristo, porque como el ángel lo expresó, "vino á salvar á su pueblo de sus pecados," Mat. 1:21. El fué por lo tanto llamado Jesús, que significa SALVADOR, Juan 4:42; Hech. 4:12; 5:31.

SAMAÁN, *esplendor*, Benjamita, 1 Crón. 8:32; 9:38.

SAMARAIM, *vellón doble de lana*, I., antiguo pueblo de Canaán que le tocó á la tribu de Benjamín, Jos. 18:22. Estaba situado en el valle del Jordán en los terrenos inmediatos y más elevados hacia Betel; probablemente es Kh. es-Sumrah. cuatro millas al norte de er-Riha.

II. Eminencia en el Monte Efraím, 2 Cró. 13:4; probablemente Ras-es-Zeimerah, 3½ millas al nordeste de Betel.

SAMAREOS, nombre de los miembros de una tribu descendiente de Cám, semejantes á los Heteos y Amorreos; se les llamó hijos de Canaán, Gén. 10:18; 1 Crón. 1:16. El nombre tal vez se ha preservado en las ruinas llamadas Samra, cerca de la boca del río Eleuterus.

SAMARIA, I., ciudad como seis millas al N. O. de Siquém, y treinta al N. de Jerusalem, construida sobre un cerro oblonga que se levanta 1,542 piés sobre el nivel del mar, cerca del centro de un valle ancho y profundo, rodeado de cerros. Fué edificada por Omri rey de Israel, como 920 años A. C., y se le dió el nombre de Semer, quien antes era dueño de ese cerro, 1 Rey. 16:23, 24. Sucedió á Siquém y á Tirsa como capital del reino de Israel, vers. 28, 29, y conservó ese carácter por 200 años. Fué asiento de idolatría, y á menudo denunciada como tal por los profetas, Oséas 10:5-7; Amós 6:1; Miq. 1:1-7; Isa. 9:9; Jer. 23:13; Ezeq. 16:46-55. Acháb edificó allí un templo de Baal. 1 Rey. 16:32, 33. y una parte de la ciudad fué llamada "la ciudad de la casa de Baal." Este templo fué destruido por Jehú, 2 Rey. 10:18-28. Samaria era un lugar bien protegido como punto militar. Fué dos veces sitiada por los Sirios y rescatada de ellos, en el reinado de Acháb, 901 A. C., 1 Rey. 20:1-21, y en el de Joram, 892 A. C., 2 Rey. 6:24 á 7:20. Durante el último sitio el pueblo sufrió terriblemente por el hambre, y su notable rescate fué predicho por Eliseo. Un acto de generosidad fraternal hacia los cautivos de Judá fué practicado, en obediencia á una orden profética, por los principales ciudadanos de Samaria, durante el reinado de Peca, 2 Crón 28:6-15. Samaria fué sitiada durante tres años por el rey de

Asiria. y fué finalmente tomada por Sargón, 720 A. C., 2 Rey. 17:5, 6; 18:9, 10, y sus habitantes fueron llevados cautivos á Asiria. La ciudad parece haber sido restaurada parcialmente por los colonos cutitas. Fué tomada por Alejandro el Grande, 333 A. C., y colonizada con Siro-Macedonios. Juan Hircano la tomó 129 A. C., y la demolió casi de un todo. Pompeyo colocó de nuevo allí á los Samaritanos que habían sido suplantados por los Siro-Macedonios y los Judíos. El procónsul Gabinio la reedificó, y la llamó Gabinia. Augusto la dió después á Herodes el Grande, quien la ensanchó y adornó, llamándola Sebaste, equivalente griego de Augusta, en honor del emperador. El mismo Herodes estableció en ella una colonia de 6,000 hombres, principalmente veteranos; la rodeaba de un fuerte muro y columnario; y edificó un magnífico templo dedicado á Augusto.

El evangelio fué predicado allí con buen éxito por Felipe y por otros, Hech. 8:5-25, y la iglesia que se formó estuvo representada en el Concilio de Nicea, 325 A. D. La ciudad cayó en poder de los musulmanes en 614 A. D. Los cruzados establecieron en ella un obispado latino, y se hace mención de ese lugar por los viajeros subsecuentes. Ahora es una población sin importancia llamada Sebustiyeh, con unas cuantas casas edificadas de piedras tomadas de las antiguas ruinas.

Los viajeros modernos describen su situación como de extraordinaria belleza, fortaleza y fertilidad. El cerro en cuya ladera se levanta la población, y las colinas algo elevadas que limitan el valle que la rodea, están artificialmente dispuestas en forma de gradería hasta la cima, sembradas de granos y de higueras, olivos y parras. La subida del cerro de Samaria es escarpada, y la estrecha vereda caracolea por entre las ruinas de antiguos edificios. Desde la cumbre se disfruta una vista deliciosa que se extiende hacia el oeste hasta el Mediterráneo, cuyas aguas, á una distancia de 20 millas, se pueden ver claramente. En la cumbre se ve en ruinas la iglesia de Juan el Bautista, edificada por los Cruzados del siglo duodécimo, en el sitio tradicional pero improbable de su sepulcro, la cual se usa ahora como mezquita. Cerca de la cima, y en ambos lados de la colina, se hallan restos de columnatas, probablemente construidas por Herodes. La escena toda ejemplifica de un modo vivo la profecía consignada en Miq. 1:6.

II. SAMARIA EN EL ANTIGUO TESTAMENTO, es algunas veces sinónimo del reino de Israel, 1 Rey. 13:32; 2 Rey. 17:24, 26, 28; Ezeq. 16:53; Ose. 8:5, 6; Am. 3:9. Su tamaño varió mucho en diferentes periodos. Al principio abarcaba todo el territorio de las diez tribus, tanto al este como al oeste del Jordán; pero después se redujo mucho por las conquistas de los reyes asirios Pul y Teglat-Falasar, 771 á 740 A. C. Estos llevaron cautivos á sus habitantes de la porción septentrional, y á los del este del Jordán, 1 Crón. 5:26; 2 Rey. 15:29. Algunos años después el resto de esa región fué privada de la mayor parte de sus habitantes Israelitas, y colonizada por paganos importados de varias partes del imperio asirio, 2 Rey. 17:23-29; Esd. 4:2, 9, 10. Sus límites entonces probablemente correspondían casi con los que se le dan en el número III.

III. SAMARIA EN EL NUEVO TESTAMENTO, es la región que estaba entre Judea al sur, y Galilea al norte, al oeste del Jordán. Sus límites, tales como los describe Josefo, han sido hallados por la Inspección británica de Artillería. En la extremidad norte, estaba En-Gannim, ahora Jenin; en la del sudoeste, Antipatris, ahora Ras el-Ain; cerca del límite meridional, pero en Judea, estaba Silo, ahora Seilun. Josefo dice que Samaria no tenía costa de mar, pues toda la llanura de Sarón pertenecía á Judea. Un camino romano de Galilea á Jerusalem corría á traves del país, al este del Jordán (Perea), con un vado cerca de Jericó; este camino hacía que los peregrinos galileos pudieran evitar el paso por Samaria, si bien la vía directa, que era un camino romano que atravesaba á Samaria, era la que con frecuencia se seguía, Lucas 17:11; Juan 4:4. 5.

SAMARITANO, EL PENTATEUCO. El primer ejemplar de este fué adquirido en 1616, de los Samaritanos de Damasco, por algunos Cristianos adictos al estudio. Sus variantes respecto del texto hebreo son en su mayor parte de poca importancia. Casi todas ellas son debidas al conocimiento imperfecto que los traductores tenían del hebreo; unas cuantas, al propósito de conformar el texto á las ideas samaritanas, especialmente por lo que tocaba á la santidad del Monte Gerizim, como en Deut. 27:4, en donde se lee "Gerizim," en vez de "Ebal;" y otras, por último, al deseo de aclarar los pasajes oscuros. El lenguaje es hebreo; los carácteres son los llamados samaritanos, de forma redonda, y los mismos que usaron los Judíos hasta algún tiempo después de la cautividad, cuando adoptaron la forma cuadrada que ahora emplean. Muchos manuscritos del Pentateuco samaritano, más ó menos completos, se hallan ahora en las bibliotecas europeas; están escritos en vitela ó papel de algodón, y tienen todos la forma de libro, y nó de rollos. No se puede encontrar ninguno anterior al siglo décimo. En la sinagoga samaritana de Nablus, hay un rollo de pergamino muy antiguo, ilegible y remendado en muchos lugares, el cual los Samaritanos afirman que fué escrito por Abisua el biznieto de Aarón. Se exhibia á la congregación una vez al año, en el día de expiación, en que lo besan devotamente. Ordinariamente se hace uso de otro rollo. El Pentateuco fué, desde tiempos muy antiguos, traducido á la lengua samaritana, la cual se compone de hebreo, caldeo, siriaco, etc., y fué reemplazada por el árabe después de la conquista hecha por los Mahometanos. En el siglo 11° esa parte de la Biblia fué traducida en árabe.

SAMARITANOS, habitantes de la ciudad ó de la región de Samaria. En 2 Rey. 17:29, los Israelitas idólatras; comp. vers. 9-12. En el Nuevo Testamento esta palabra denota la raza mixta que se originó de la mezcla del resto de Israel, y de los numerosos gentiles llevados allí de varias partes de Asiria en tiempo de la cautividad, vers. 23, 24. Esta colonización puede haber sido efectuada á intervalos, y los descendientes de los colonos la atribuyen á Esar-haddón, y dicen que se verificó como por el año 687 A. C., Esd. 4:2, 9, 10. Los colonos vivieron al principio en un gentilismo sin mezcla; pero aterrorizados por los estragos causados por los leones, trataron después de propiciar al Dios de esa tierra, haciendo que volviera un sacerdote israelita á Betel, y mezclando con las idolatrías que les eran propias, un culto adulterado de Jehová, 2 Rey. 17:25-33, 41. Esa raza mestiza y esa religión tuvieron por supuesto que ser odiosos á los Judíos, cuando estos se purificaron de sus propias idolatrías; y en consecuencia, á su vuelta de la cautividad, 536 A. C., no accedieron á la súplica que los Samaritanos les hicieron de que les permitieran ayudarles á reconstruir el templo, Esd. 4. Como resultado de esto, los Samaritanos molestaron y calumniaron á los Judíos, estorbando la construcción del templo, hasta 520 A. C., y después la reconstrucción de las mura-

llas de Jerusalem, 445 A. C., Neh. 4:6. Esa enemistad mutua subió de punto á causa de que los Samaritanos erigieron un templo rival en el monte Gerizim, en donde ofrecían sacrificios según la ley mosaica, pretendiendo que en Deut. 27:11-13, se designaba este, "el monte de bendición," como el sitio propio para el templo, aunque según el texto hebreo el altar original fué levantado en el monte Ebal, vers. 4; Jos. 8:30-35. No se sabe con certeza si el templo samaritano fué edificado en tiempo de Nehemías, cuando el hijo del sumo sacerdote fué expulsado por haberse casado con una hija de Sanballat, Neh. 13:28, ó si, como afirma Josefo, lo fué por el año 330 A. C., por permiso de Alejandro el Grande. Los Samaritanos rechazaban todas las Escrituras hebreas, con excepción del Pentateuco. Josefo dice que ora pretendían tener parentesco con los Judíos, ora negaban ese hecho, según convenía á sus circunstancias. Siquém llegó á ser su ciudad principal. Su templo fué destruido por Juan Hircano por el año 129 A. C. pero continuaron venerando la montaña sagrada, y celebrando su culto dirigiéndose á ella. De tiempo en tiempo los Judíos descontentos se les unían, pero el odio nacional y religioso entre los dos pueblos seguía aumentando, Ecl. 50:25, 26. En la época de nuestro Salvador, el nombre "Samaritano" era un término de amargo desprecio, Juan 8:48; y los Judíos procuraban evitar todo trato con ellos, Juan 4:9. Los Samaritanos por su parte molestaban á los Judíos, rehusaban dar hospitalidad á los peregrinos que pasaban por su país, Luc. 9:52, 53, y algunas veces los atacaban. Con todo, pretendían descender por linaje de José, de un progenitor común, Jacob, Juan 4:12, mientras que los Judíos les echaban en cara su origen pagano. Jesús, á la vez que negó la ortodoxía que los Samaritanos se atribuían, vers. 20 22, y que difirió el ministerio de sus discípulos entre ellos, como entre los Gentiles, hasta después de su resurrección, Mat. 10:5; Hech. 1:8, se sobrepuso á las preocupaciones de raza y de secta de ciertos Judíos en la entrevista que tuvo con la mujer samaritana, y en el desempeño de su ministerio entre los habitantes de sus poblaciones, Juan 4; en el encomio que hizo del leproso agradecido á quien curó, Luc. 17:15-19, y en su parábola del Buen Samaritano, Luc. 10:33-37. Su superstición y la falta de espiritualidad de su culto de exterioridades, se dan á conocer en Juan 4:22-24, y en Hechos

8:9-11. La queja que los Samaritanos hicieron contra la severidad usada por Pilato al apaciguar un tumulto entre ellos, motivó la remoción de este funcionario; 11,600 Samaritanos fueron muertos en el Monte Gerizim por haber resistido á Vespasiano cuando subyugaba á Palestina. La predicación del evangelio obtuvo un éxito considerable entre ellos, Hech. 8:4-17; 9:31; pero la mayor parte persistieron en su fanática adhesión á las enseñanzas de Moisés. Uniéronse á los Judios en una rebelión contra Septimio Severo, 193-211 A. D., quien á consecuencia de ella privó á Neápolis (Siquém) de sus prerogativas. En los siglos 4º, 5º y 6º se opusieron encarnizadamente á los cristianos y dieron muerte á muchos de ellos. Benjamín de Tudela, un Rabí español, escribió acerca de ellos en el siglo 12º, y dice que residían en Nablus, Ascalón, Cesarea y Damasco. Una colonia de ellos compuesta como de 150, existe todavía en Nablus, y ha sido visitada á menudo por los viajeros modernos. Son observadores escrupulosos de la ley mosaica, hasta donde es posible; pero no ofrecen sacrificios, pués juzgan que desde la destrucción del templo es ilícito el hacerlo. Observan rígidamente el día de descanso desde la noche del viernes hasta la del sábado, reuniéndose tres veces su su sinagoga, y mirando, al celebrar su culto, hacia Gerizim. Sus funcionarios de carácter religioso son dos, un sacerdote, y un ministrante. Su liturgia, escrita en hebreo, es en gran parte ininteligible para la generalidad de la congregación, porque su lengua común ha sido, desde hace mucho tiempo, el árabe. Observan el novilunio, la pascua y la fiesta del pan sin levadura, el pentecostés, y la fiesta del tabernáculo, y observan un ayuno entero de 25 horas el día de la expiación. Durante sus grandes festividades concurren á un lugar sagrado en la cumbre del monte Gerizim. En la pascua sacrifican allí solemnemente cinco ó seis corderos, los asan y se los comen apresuradamente con yerbas amargas; rocían los rostros de los niños con su sangre, y queman su pata derecha delantera, de suerte que tal ceremonia tiene algo del carácter de un sacrificio. Creen en Jehová como único Dios; en Moisés como único legislador; en el Torah ó ley, como el único libro divino, y en el monte Gerizim como la única casa de Dios. Creen también en un Mesías futuro, "el Restaurador," que ha de ser un gran maestro, y ha de convertir al

mundo á la fé de ellos; en una resurrección general, y en un premio y un castigo futuros y eternos.

En el siglo 5º se edificó una iglesia cristiana en la cumbre del monte Gerizim, y en el sexto fué rodeada de un fuerte muro por Justiniano, á fin de dar protección á los fieles cristianos contra los Samaritanos. Las macizas ruinas, tanto de la iglesia como de la fortaleza, se pueden ver allí todavía.

SAMGAR, *copero*, hijo de Anat, y el tercer juez de Israel, después de Aod y poco antes de Barac, en una época de grande incertidumbre y aflicción, Jueces 3:31; 5:6. Él defendió á Israel, y mató á 600 Filisteos con un aguijón de buey. Véase ARADO.

SAMGAR-NEBO, Jer. 39:3, uno de los generales babilonios que tomaron á Jerusalem.

SAMHUT, *desolación*, 1 Crón. 27:8; tal vez lo mismo que Samot, 1 Crón. 11:27.

SAMIR, *punta aguda*, I., ciudad de las montañas de Judá, probablemente Kh. el-Emireh, doce millas al sur de Hebrón.

II. Ciudad en el Monte Efraím, residencia y lugar de entierro de Tola, juez de Israel, Jue. 10:1, 2; probablemente en Bired-Dowa, en la cañada de Samui, 10 millas al S. E. de Siquém.

SAMMA, *desolación*, I., uno de los tres principales de entre los treinta valientes de David, que compartió con este y con Eleazar el honor de la hazaña consignada en 2 Sam. 23:11, 12; 1 Crón. 11:12-14. Otra proeza en la cual tomó parte, se describe en 2 Sam. 23:13-17.

II. Hermano de David, 1 Sam. 16:9; 17:13; llamado en otros pasajes Simea y Sima, 2 Sam. 13:3, 32; 1 Crón. 2:13; 20:7. Otros de este nombre se mencionan en Gén. 36:13, 17; 2 Sam. 23:25, 33; 1 Crón. 11:27; 27:8.

SAMOS, *altura*, isla elevada en el Mar Egeo, distante algunas millas de la costa occidental del Asia Menor. Fué célebre como el lugar de nacimiento de Pitágoras, y estaba consagrada al culto de Juno. Los fragmentos de su magnífico templo, dos millas al oeste de la ciudad de Samos, existen todavía. Su principal manufactura era una especie de alfarería fina, llamada "loza Samiana," término que fué después de aplicación general, como el de nuestra "loza china." En la época de Simón Macabeo, había Judíos establecidos allí, y se intercedió con el gobernador Samiano en su favor, por los Romanos, 1 Macab. 15:23.

Pablo tocó allí al volver de su tercer viaje misionario, 58 A. D., Hechos 20:15. En frente del puerto, llamado ahora Port Tigani, estaban el cabo y la ciudad Trogyllium. Samos, la capital en tiempo de Pablo, era una " ciudad libre." La isla se llama todavía Samos. Tiene 27 millas de largo y 10 de ancho, una area de 165 millas cuadradas, y una población como de 60,000 habitantes. La residencia del gobernador turco está en Colonna, llamada así por una columna solitaria que queda del templo de Juno. La isla, aunque mal cultivada, es fértil y produce con abundancia naranjas, uvas, y aceitunas, y exporta granos, vino, pasas, aceite y seda.

SAMOTRACIA, isla montañosa de ocho millas de largo y seis de ancho, en la parte nordeste del Mar Egeo, como veinte millas al sur de la costa de Tracia. Á su antiguo nombre de Samos, *altura*, se le añadió el epíteto de Tracia, para distinguirla de la otra Samos. Servía de señal clara á los marinos, porque podía ser vista desde Troas. Su pico tiene una altura de 5,248 piés. La isla era notable por su celebración de los misterios de Ceres y Proserpina, y de las deidades llamadas Los Cabiri; y por eso era tenida como sagrada, acudían á ella los peregrinos, y servía de asilo á los fugitivos. Según lo que refiere Plinio, gozó bajo los Romanos los privilegios de un pequeño estado libre, aunque dependía de la provincia de Macedonia. La ciudad de Samotracia estaba en el lado norte de la isla, y proporcionaba abrigo en la noche contra el viento S. E.; debido al cual Pablo navegó con rapidéz de Troas á Neápolis en el primer viaje misionero que emprendió á Europa, Hech. 16:11. La isla llamada ahora Samothraki ó Samandrichi, pertenece á Turquía, y tiene de 1,000 á 2,000 habitantes, principalmente pescadores. Está en su mayor parte cubierta de bosques, y no tiene más que una aldea.

SAMSÓN, *como el sol*, hijo de Manoa, de la tribu de Dan, y libertador y juez por veinte años de las tribus de los Hebreos establecidas en el S. O. durante la última parte del período de "los 40 años;" y contemporáneo en parte de Elí y de Samuel, Jue. 13:16. Su nacimiento fué milagrosamente predicho; fué nazareo desde su infancia, y el más fuerte de los hombres, y fué igualmente célebre por su intrepidéz y admirables hazañas, por sus debilidades morales, y por su fin trágico. No fué de una estatura gigantesca, como podría creerse en vista de su intrepidéz, y sus proezas fueron llevadas á cabo por especial auxilio de la Divinidad: " El espíritu de Dios comenzó á manifestarse en él," Jue. 13:25; 14:6, 19; 15:14; 16:20, 28. La providencia de Dios se desplegó señaladamente en dirigir, para sacar de ellas el bien, las impetuosas pasiones de Samsón, la cobardía de sus amigos, y la malicia de sus enemigos. Los pecados de Samsón lo condujeron á la desgracia y á la miseria mayor; pero la gracia y la fé triunfaron al fin, Hech. 11:32. Su historia ejemplifica muy expresivamente cuan traicioneros y despiadados son el pecado y los pecadores, y cuán grande es el cuidado que Cristo ejerce sobre su pueblo en todo tiempo. Comp. Jue. 13:22 y Mat. 23:37.

SAMUEL, *oido de Dios*, 1 Sam. 1:20, hijo concedido en respuesta á la oración, y célebre profeta y juez hebreo, Hech. 3:24; 13:20. Fué Levita de nacimiento, 1 Crón. 6:22-28, 33-38, é hijo de Elcana y Anna, nacido en Ramata, en el monte Efraím, al N. O. de Jerusalem. En una edad muy tierna fué llevado á Silo, y criado junto al tabernáculo bajo el cuidado de Elí, el Sumo-sacerdote. Habiendo sido consagrado á Dios desde su nacimiento, y dedicado al nazareato, comenzó desde su niñez á recibir comunicaciones de Dios, 1 Sam. 3; y después de la muerte de Elí, fué hecho juez de Israel. Fué el último y el mejor de los jueces hebreos. No podemos menos de examinar su carácter y administración con especial placer y reverencia. Las doce tribus, cuando él se encargó de ellas, se hallaban en un estado de atrazo, tanto moral como políticamente. Él indujo al pueblo á abandonar la idolatría, la libró del yugo filisteo, administró justicia con energía é imparcialidad, promovió la educación y la verdadera religión, 2 Crón. 35:18, unió las tribus y las elevó en la escala de la civilización. Al pedir los Israelitas un rey, en vista de la avanzada edad de Samuel y del vil carácter de sus hijos, manifestaron gran falta de fé en Dios y de sumisión á su voluntad. Con todo, Él les dió "un rey en su furor," Ose. 13:11. Samuel ungió á Saúl como primer rey de Israel, y después á David. Este había de ocupar en debido tiempo el lugar de Saúl, á quien Dios había ya desechado cuando David fué ungido. Durante toda su vida Samuel ejerció sobre Israel, y aun sobre Saúl mismo, un influjo muy elevado y benéfico. Samuel instituyó las escuelas de los profetas, las cuales subsistieron por mucho tiempo, y fueron de grande utilidad.

Murió á una edad avanzada por el año 1,058 A. C., honrado y lamentado por todos. Aun después de su muerte, el infortunado Saúl, dejado de la mano del Dios á quien él había abandonado, solicitó el consejo del profeta, valiéndose para ello de una pretendida pitonisa. Dios tuvo á bien el hacer que Samuel se apareciese con un mensaje profético para el rey. En Sal. 99:6, Samuel está colocado en la misma categoría que Moisés y que Aarón. Véase también Jer. 15:1; Heb. 11:32. Su nieto Heman fué un cantor distinguido en tiempo de David, 1 Crón. 6:33; 15:17, 19. La tradición judaica registrada en el Talmúd por el año 500 A. D., atribuye á Samuel los libros de los Jueces y de Rut, así como también los libros que llevan su nombre (véase abajo). Una tradición que se remonta hasta el séptimo siglo de la éra cristiana, coloca su tumba en una altura considerable que domina la ciudad de Gabaón, ahora el-Jib, y llamada Neby Samwíl, *profeta Samuel.* Véanse RAMA II. y RAMATAIM-ZOFIM.

Los dos libros de Samuel no pudieron haber sido escritos en un todo por él, porque su muerte se menciona en 1 Sam. 25 como por el año 1060 A. C. Hasta el acaecimiento de esta, no es improbable que él fuera el autor. En cuanto á los capítulos restantes, atribúyense á Gad y á Natan, profetas que florecieron en los reinados de David y Salomón. Véase 1 Crón. 29:29. Es posible, sin embargo, que esa historia sea una compilación inspirada de alguna época posterior, tomada de registros más antiguos. En los manuscritos hebreos, la obra es una, y lleva el nombre de Samuel. La división en dos libros se hizo primeramente en la Septuaginta, y fué imitada luégo en la Vulgata. Llamáronse esos dos libros Primero y Segundo de los Reyes. De ahí proviene el que se les llame así en algunas Biblias españolas. Véase REYES. Los dos libros comprenden la historia de Samuel, Saúl y David, abarcan un período de cosa de 150 años y forman un eslabón entre la éra teocrática y la monárquica. Los acontecimientos allí consignados tuvieron lugar al mismo tiempo que el sitio de Troya, la fundación de Tiro, y la elevación de Nínive como capital de Asiria. El hebreo en que están escritos es muy puro, é indica por lo mismo un autor de fecha muy antigua. En el Nuevo Testamento se citan varios pasajes de Samuel. (Comp. Hech. 13:22; Heb. 1:5; 1 Sam. 13:14; 2 Sam. 7:14.) También hay alusiones al libro en el Antiguo, especialmente en los Salmos.

SANBALLAT, probablemente natural de Horonaim, Moabita, pero residente en Samaria (II.), en donde parece haber desempeñado algún cargo bajo el rey persa Artaxerxes. Aliándose á Tobías el Ammonita, á Gesem el Árabe, y á otros, se opuso acerba y astutamente á Nehemías y á los Judíos, esforzándose de varios modos en impedir la reconstrucción de los muros de Jerusalem, 445 A. C., Neh. 2:10, 19; 4:6. Probablemente durante la ausencia de Nehemías en la corte persa, después de haber gobernado doce años en Jerusalem, Sanballat, poniéndose en connivencia con la facción samaritana en Judá, Neh. 6:17-19; 13:4-7, casó á su hija con un nieto del Sumo-sacerdote Eliasib (véase también TOBIAS). Por esta alianza ilegal Nehemías privó al hijo de Joiada del sacerdocio, vers. 28.

SANDALIA, Mar. 8:9, calzado compuesto de una suela que se ata al pié por medio de correas, que pasan por entre los

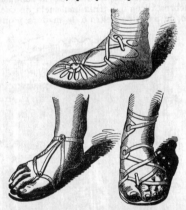

dedos al rededor del talón, y sobre el empeine del pié. Este es probablemente el calzado que comunmente se denota en la Biblia con la palabra zapatos. Zapatos cerrados, parecidos á los de los tiempos modernos, eran usados algunas veces por los Griegos y los Romanos, pero según parece los Egipcios usaban sólo sandalias, y se cree generalmente que esta era la costumbre ordinaria de los Hebreos. Las sandalias egipcias eran hechas de hojas de palma trenzadas, de tallos de papiro, ó de cuero, y eran algunas veces puntiagudas y encorvadas hacia la punta de los dedos. Los Asirios usaban á menudo una especie de medias chinelas que les cubrían el talón y los lados del pié, pero dejaban los dedos desnudos: hacíanse de madera ó de cuero.

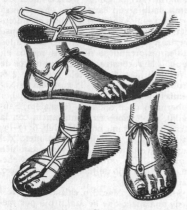

Los Talmudistas, al describir la sandalia hebrea, dicen que tenía una suela de cuero, de paño, de fieltro ó de madera, y que

algunas veces estaba protegida con hierro. "La correa ó ligadura del zapato," y la sandalia misma, eran proverbialmente cosas de poco valor, Gén. 14:23; Amós 2:6; 8:6.

Las sandalias de las señoras se hacían de la piel de algún animal, Ezeq. 16:10, y estaban en muchos casos muy adornadas, Cánt. 7:1, probablemente con correas bordadas; aunque puede haberse usado algo parecido á las modernas chinelas orientales, muchas de las cuales son de tafilete, ó están bordadas de seda, plata ú oro. Véase Tejón.

Los Judíos por lo general no se ponían sandalias en la casa, Lucas 7:38; véase Pié. Solo las usaban para salir á la calle y para viajar, Exod. 12:11; Hech. 12:8; ó para expediciones militares, Isaías 5:27; Efes. 6:15; y se llevaban á menudo un par de reserva, Luc. 10:4; comp. Mat. 10:10; Mar. 6:9; Jos. 9:5, 13. Atar las sandalias, soltarlas, ó llevarlas cuando no estaban en uso, era deber de los criados ó siervos, Mat. 3:11; Mar. 1:7. Los pobres con frecuencia andaban descalzos; pero entre las personas de la clase media y superior, eso era señal de duelo, 2 Sam. 15:30; Isa. 20:2-4; Ezeq. 24:17, 23. La gente se quitaba las sandalias en prueba de reverencia y de impureza moral, Exod. 3:5; Jos. 5:15. Por esto los sacerdotes oficiaban descalzos en el templo. El día de hoy los Mahometanos se quitan los zapatos al entrar á una mezquita, y los Samaritanos al acercarse al sitio de su templo. En Israel en los tiempos antiguos, los traspasos de propiedades ó privilegios se efectuaban por medio de la entrega que el vendedor ó donante hacía de su sandalia al comprador ó donatario, Rut 4:7-11; así como en la Europa en la edad media, se efectuaba con la entrega de un guante. Así el carácter de dueño se simbolizaba con el acto de arrojar la sandalia al suelo, Sal. 60:8; 108:9; ó quizá estos pasajes se refieran al hecho de que el siervo tenía cuidado de las sandalias de su amo. El acto público y legal de desatar la sandalia al hombre que rehusase su obediencia á las leyes mosaicas relativas al matrimonio, Deut. 25:7-10, se refería tal vez al hecho de que los siervos generalmente tenían descalzos los piés. Así, pues, en la parábola del hijo pródigo, "ponédle zapatos en los piés" denota que el padre recibió al penitente como hombre libre é hijo, Luc. 15:22.

Los Turcos, Sirios y Egipcios modernos

usan un calzado delgado parecido á nuestras chinelas, y algunas veces zapatos de madera con tacón alto. Los Beduinos usan solamente sandalias.

SANGRE. Creíase que la vida de los animales estaba especialmente en la sangre, Gén. 9:4; Deut. 12:23, la cual era por esto parte sagrada y esencial de los sacrificios ofrecidos á Dios, Heb. 9:22. Rociábanla solemnemente sobre el altar y el propiciatorio, "porque la sangre es la que hace expiación por el alma," Lev. 17; y se daba la vida de la víctima por la vida del pecador. Estaba de consiguiente vinculada del modo más sagrado con la sangre del Cordero de Dios que "nos limpia de todo pecado," Juan 19:34; Efes. 1:7; 1 Juan 1:7. Esta es la sangre derramada en el Calvario á fin de ratificar y sellar el pacto de Cristo, para la redención de los pecadores, Mat. 26:28; Heb. 13:20. Véase PACTO. He aquí porqué se prohibió estrictamente á los Israelitas el que comiesen sangre, ó carne alguna que contuviera sangre; prohibición que fué renovada en Hech. 15:29. En directa oposición á esto se hallan las costumbres paganas de beber la sangre de los animales y aun de los hombres, de comer carne cruda con la sangre, y aun recien cortada de los animales vivos, 1 Sam. 14:32; Sal. 16:4; Ezeq. 33:25.

Además del significado ordinario de la palabra *sangre*, algunas veces se da á entender con ella el delito de asesinato, 2 Sam. 3:28; Mat. 27:25; y también parentesco ó consanguinidad. "No de sangre," en Juan 1:13, significa *no en virtud de descendencia de Abraham ó de algún piadoso antecesor*. "Carne y sangre" se ponen en contraste con una naturaleza espiritual, Mat. 16:17; con el cuerpo glorificado, 1 Cor. 15:50, y con los espíritus malignos, Efes. 6:12. La causa entre "sangre y sangre," Deut. 1:8, era aquella en que la vida dependía del juicio hecho.

SANGRE DEL ESPARCIMIENTO, Heb. 12:24. Una vez cada año, en el gran día de la expiación, el Sumo Sacerdote iba al Lugar Santísimo, llevando sangre que esparcía en el propiciatorio, para hacer expiación por todos los pecados de los hijos de Israel, Lev. 16:15, 16. Así Cristo, después de hacer el sacrificio de sí mismo, entró ante la presencia de Dios en el cielo, Heb. 9:12, 24, presentando, con el carácter de gran Sumo Sacerdote, su propia sangre, como expiación por el pecado. En virtud de esta sangre del esparcimiento, el peca-

dor que se ha arrepentido y que cree en Cristo, puede acercarse á Dios, y recibir mediante la gracia de su Salvador una cordial bienvenida, pues la sangre de Cristo no pide venganza como la de Abel. Gén. 4:10, 11, sino que habla de perdón, de paz con Dios, y de vida eterna; comp. Heb. 9:13-22; 10:19-22, 29; Exod. 24:6-8; Lev. 8:30; 14:6, 7; Núm. 19:17-19; Isa. 52:15; Apoc. 1:5, 6.

SANGUIJUELA, *la que se adhiere*, es un gusano acuático muy común en Palestina. Generalmente se les mete á los animales en las narices y en la boca cuando están bebiendo, y se les pegan hasta que se repletan de sangre. Es un emblema adecuado de la avaricia y la rapacidad, Prov. 30:15. Sus "dos hijas" son las palabras "Da! Da!"

SANSANA, *ramo de palma*, Jos. 15:31, ciudad al sur de Judá, al parecer la misma que Hasar-Susa, asignada después á Simeón, Jos. 19:5; 1 Crón. 4:31; tal vez el valle es-Suny, diez millas al sur de Gaza.

SANTIFICAR, hacer sagrado, apartar, consagrar. El poder y la dignidad de Dios son santificados, esto es, reverenciados como santos, Gén. 2:3; Exod. 19:23. En el Antiguo Testamento la palabra *santificación* denota frecuentemente la consagración ceremonial ó ritual de alguna persona ó cosa á Dios: así los Hebreos como pueblo eran santos para el Señor, por el pacto con sus ordenanzas y sacrificios, Ex. 31:13; Núm. 3:12, 13; Deut. 7:6, 9-12; comp. Gén. 17:7-14; y el tabernáculo, el altar, los sacerdotes, etc., estaban solemnemente apartados para el servicio divino, Lev. 8:10-12. En un sentido semejante, santificábanse aquellos hombres que se preparaban de una manera especial para la presencia y el culto de Dios, Exod. 19:10, 11, 22; Núm. 11:18; un día era santificado cuando se le designaba y separaba para el ayuno y la oración, Joel 1:14; y el sábado era santificado cuando se le consideraba y guardaba como santo para el Señor, Deut. 5:12. Todas estas santificaciones daban testimonio de la santidad de Dios, y denotaban la necesidad de la santificación moral de parte de los hombres—la dedicación de almas purificadas y obedientes á su amor y servicio, Lev. 11:44; 20:7, 8; 2 Cor. 6:16-18. En cuanto á la manifestación de Cristo con respecto á que él se santificaba á sí mismo, Juan 17:19, se refiere á su dedicación sacerdotal como sacrificio ofrecido á Dios; comp. Heb. 7:27; 9:14. Al pueblo se le exhorta á que se santifique á Dios, Lev. 10:3; Núm. 20:12; Isa. 8:13, es decir, de una manera real y evidente separándole de entre todos los otros seres y de toda clase de consideraciones, y elevándole sobre unos y otras como al objeto mayor de su reverencia y obediencia, y contribuyendo así á la manifestación de su gloria.

En un sentido doctrinal, la santificación es la obra en virtud de la cual se hace verdadera y perfectamente santo lo que antes era inmundo y pecaminoso. Es una obra progresiva que la gracia divina efectúa en el alma justificada por el amor de Cristo. El creyente es purificado gradualmente de la corrupción de su naturaleza, y al fin se presenta "irreprensible ante la presencia de Dios, con alegría excesiva," Jud. 24. El Espíritu Santo ejecuta esta obra en conexión con la providencia y la Palabra de Dios, Juan 14:26; 17:17; 2 Tes. 2:13; 1 Ped. 1:2; y los móviles más altos constriñen á todo cristiano á no resistir al Espíritu de Dios, sino á cooperar con él, procurando ser santo como Dios es santo. La santificación final de todo aquel que cree en Cristo es una misericordia alcanzada en la cruz y pactada allí. El que nos salva de la pena del pecado, también nos salva del poder de éste; y al hacer la promesa de llevar al creyente al cielo, se obliga también á prepararle para el cielo.

SANTO, SANTIDAD, I. El significado primitivo de estas palabras es separación ó apartamiento para vivir para Dios y para servirle á Él. La verdadera santidad caracteriza los actos externos; pero más todavía, el móvil ó la intención del corazón. Es un principio interior; no meramente rectitud ó benevolencia, ó alguna otra excelencia moral, sino la armoniosa y perfecta combinación de todo, así como todos los colores del prisma debidamente mezclados forman la luz pura. Dios es santo de una manera infinitamente perfecta y trascendental, Isa. 1:4; 6:3. Al Mesías se le llama "el Santo," Sal. 16:10; Luc. 4:34; Hech. 3:14; y "Santo" es el epíteto dado comunmente á la tercera Persona de la Trinidad, el Espíritu Santo. Dios es la fuente de la santidad, la inocencia y la santificación. Á los ángeles que conservaron su pureza se les llama santos, Mat. 25:31. La humanidad perdió toda santidad en la caída; pero Dios hace á su pueblo gradualmente "participante de su santidad" aquí, y en el cielo se hallará perfecta y eternamente santificado; y como para dar seguridad de esto, Él

lo considera ya santo y amado con motivo de su unión con Cristo. La Biblia aplica el epíteto de "santo" á todo lo que pertenece especialmente á Dios, es decir, al cielo, á su templo, á las partes de que este consta, á sus utensilios y culto; al día que le está consagrado, á sus ministros, sacerdotes, profetas y apóstoles. Los hijos de Israel eran llamados nación santa, porque estaban separados para Dios, para ser un pueblo religioso y consagrado, Ex. 19:6; Deut. 7:6; y á los Cristianos colectivamente se les llama también santos, porque están de igual modo separados para Cristo, 1 Ped. 2:9. Pero santo en el sentido ordinario cristiano es aquél que manifiesta en su conducta la pureza interior, la benevolencia y la consagración á su Salvador, con las cuales su corazón reboza. La idea de Dios como santo, como perfectamente libre de pecado y opuesto á él, distingue á la religión de la Biblia de todos los sistemas paganos antiguos y modernos, que atribuyen pasiones y pecados humanos á sus deidades imaginarias.

II. SANTO, un individuo separado del mundo para el servicio de Dios, Ex. 19:6; 22:31; Deut. 33:2, 3, 8; Sal. 50:5; 106:16; Dan. 7:21-27; Mat. 6:20; 8:38; Juan 17:11; Hech. 9:13, 32, 41. Deut. 33:8; Mar. 6:20; 8:38; Juan 17:11; y se aplica á los objetos inanimados consagrados á Dios, Ex. 16:23; 29:31; Mat. 4:5. Aplicada á los hombres esta palabra no implica perfecta santidad en esta vida, sino la determinación de luchar por conseguirla; comp. Rom. 1:7; Efes. 1:4; Col. 1:22; 1 Ped. 1:15, 16. Nada es más común en los escritos de Pablo que el nombre de "santos" dado á todos los cristianos, Rom. 8:27; 1 Cor. 14:33; Efes. 1:1; Filip. 1:1; Apoc. 8:3, 4. La costumbre de limitar la aplicación de esta palabra á los apóstoles, evangelistas y otros cristianos eminentes, y de tributarles á ellos señalados honores en su carácter de santos, fué introducida en la iglesia con otras corruptelas como por el siglo cuarto. La Iglesia de Roma se arroga el poder de hacer santos, esto es, de anunciar á ciertos espíritus de individuos que han muerto, como objetos de adoración, y como seres de quienes los fieles pueden solicitar favores. Esta idea es contraria á las Escrituras, y ultraja á Cristo, 1 Tim. 2:5; Heb. 7:25.

SANTUARIO, lugar santo, dedicado á Dios. Algunas veces denota todo el tabernáculo, ó el templo, Jos. 24:26; Sal. 73:17; Heb. 9:1; algunas otras, el "lugar santo" en donde estaban el altar del incienso, el candelero de oro y el pan de la proposición, Núm. 4:12; 2 Crón. 26:18; y otras en fin, el "lugar santísimo," la parte más secreta y retirada, en que estaba el arca de la alianza, y en donde nadie podía entrar sino el sumo sacerdote, y eso solamente una vez al año, el día de la expiación solemne, Lev. 4:6. Denota también el moviliario del tabernáculo, Núm. 10:21; comp. Núm. 4:4:15. Véanse TABERNÁCULO y TEMPLO. El templo ó santuario terrenal es un emblema del cielo, Sal. 102:19; Heb. 9:1, 24; y á Dios mismo se le llama santuario, Isa. 8:14; Ezeq. 11:16, con referencia al uso del templo como lugar de refugio para los fugitivos, por que Él es el único asilo seguro y sagrado para los pecadores perseguidos por la espada de la justicia divina.

SARA, I., esposa de Abraham, é hija del padre de este, pero de otra madre, Gén. 20:12. Sin embargo, la mayor parte de los escritores judíos, y muchos expositores, la identifican con Isca, hermana de Lot y sobrina de Abraham, Gén. 11:29; por significar la palabra "hija," conforme al uso hebreo, alguna descendiente, y "hermana," alguna pariente consanguínea. Cuando Dios hizo un pacto con Abraham, cambió el nombre de Sarai, *mi princesa*, por el de Sarah, *princesa*, y le prometió á Abraham que tendría un hijo de ella, lo que tuvo lugar en debido tiempo. Los puntos más notables de su historia, según se registra en la Biblia, son: su consentimiento en el fingimiento de que, á causa de su falta de fé, se hizo culpable Abraham cuando estuvo cerca de Faraón y Abimelec; su larga esterilidad; el hecho de darle á Abraham su doncella Hagar como concubina; sus mutuos celos, y el haber tenido en su vejez á Isaac "el hijo de la promesa," habiendo así prevalecido su fé sobre su anterior incredulidad, Gén. 12:23. Parece haber sido mujer de una belleza poco común, esposa ejemplar y fiel, y madre amorosa, Gén. 24:67. Su docilidad es elogiada en 1 Ped. 3:6; y su fé en Heb. 11:11. Véase también Isa. 51:2; Gál. 4:22-31. Sara murió en Hebrón á la edad de 127 años, cerca de 37 años después del nacimiento de Isaac, y 28 años antes de la muerte de Abraham. Fué sepultada cerca de Hebrón, en una cueva en el campo de Macpela, que compró Abraham á Efron el Heteo, Gén. 23. Véase MACPELA.

SARAF, *ardiente*, 1 Crón. 4:22, descendiente de Sela, hijo de Judá, probable-

mente por el tiempo de la conquista de Canaán.

SARAR, padre de uno de los valientes de David, 2 Sam. 23:33; llamado Sacar en 1 Crón. 11:35.

SARDIO, Ezeq. 28:13; Apoc. 4:3; 21:20, una de las piedras fundamentales de la Nueva Jerusalem, de la visión de Juan. El ODEM hebreo era llamado Sard ó Sardius, de Sardis en Lydia, y en la actualidad se conoce mejor con el nombre de cornerina. Es una especie superior del ágata, de un color rojo como la sangre ó como la carne, y translúcido. Es muy apropósito para el grabado, y por consiguiente muy buscada por los artistas para este objeto. En Yemen, en Arabia, se encuentra una cornerina muy hermosa, de un rojo oscuro.

SARDIS, ciudad como 50 millas al nordeste de Esmirna, y 30 al nordeste de Filadelfia; fué el asiento de una de las siete iglesias del Asia Menor á que se dirije Juan, Apoc. 3:1-6. Está situada en la falda meridional del Monte Tmolus, sobre un ramal del cual fué construida su ciudadela; el llano espacioso y fértil que tenía delante era regado por varias corrientes, y el río Pactolo con sus "arenas de oro," pasaba por la ciudad. Era un lugar muy antiguo, y la capital del reino de Lidia, cuyo último monarca, Creso, (famoso por sus inmensas riquezas) fué vencido por Ciro, rey de Persia, cerca de 550 A. C. Con motivo de lo fuerte de su ciudadela, fué guarnecida por los Persas. Sirvió de cuartel de invierno al ejército de Jerjes, en su camino para Grecia, 480 A. C., y se rindió á Alejandro el Grande después de su victoria sobre las tropas persas en el Granicus, 334 A. C. Fué tomada y saqueada por Antíoco el Grande, 214 A. C., y poco después cayó bajo el poder romano. Desde remotos tiempos fué famosa por sus manufacturas de lana teñidas, y tuvo un gran comercio; la región que la rodeaba era fértil, y las arenas del Pactolo proporcionaban mucho oro. Se dice que en Sardis fué donde primero se acuñó dinero. Después de la conquista persa, los Lidios se hicieron notables por su lujo y disolución. Sus manufacturas y comercio decayeron después de la época de Alejandro. La iglesia de la corrompida Sardis fué censurada por su decadencia en lo tocante á la religión vital y no fingida, Apoc. 3:1-5.

Las ruinas de Sardis se llaman ahora Sert Kalessi. La elevación en que estribaba la ciudadela está hecha pedazos como si hubiera sido destruida por un terremoto, y solamente quedan algunos fragmentos de su muro. Al norte de la ciudadela hay restos de un teatro y un estadio, y al occidente las ruinas del senado. Más antiguas que éstas, hay dos notables columnas jónicas, de más de seis piés de diámetro, que se cree son los restos de un templo de Cibele, construido 300 años después del Templo de Salomón. Pueden verse los restos de dos iglesias que, según parece, fueron construidas con los restos de este templo. Hay innumerables moles sepulcrales en las cercanías, y el sitio es insalubre y desolado.

SARDÓNICA, parece ser una combinación de sardio y onix, Apoc. 21:20, especie de onix que tiene una capa roja y transparente como el sardio que se extiende sobre otra capa blanca y opaca. También hay sardónicas en que las capas están dispuestas en orden inverso.

SAREPTA, *lugar de fundición*, Abdías 20, puerto fenicio, sobre el Mediterráneo, entre Tiro y Sidón, por lo general bajo el dominio de Tiro. Durante un período de sequía que hubo en Israel, el profeta Elías residió allí con una viuda cuya botija de aceite y tinaja de harina fueron provistas, y su hijo resucitado, milagrosamente. La gran fé de esta mujer en Dios merece ser recordada para siempre, y la generosidad que la hizo olvidarse de sí misma debería ser imitada, 1 Rey. 17:9-24. El lugar era llamado por los griegos Sarepta, Luc. 4:26, y sus ruinas se encuentran á la orilla del mar, á distancia de una milla de Súrafend, villa grande situada en los cerros cercanos.

SARESER, I., *príncipe del fuego*, hijo de Sennaquerib que fué cómplice en el asesinato de su padre, 2 Rey. 19:37; Isa. 37:38.

II. Zac. 7:2, 3, delegado enviado á Jerusalem en 518 A. C., con Regem-melec y otros de entre los Judíos que habían vuelto, á preguntar á los sacerdotes y profetas sí, puesto que la construcción del nuevo templo estaba al teminarse, Esd. 4 : 24; 5:1, 2; 6:14, 15; Hag. 1:14, 15, sería conveniente observar el ayuno lamentando la destrucción del templo que había tenido lugar 70 años antes, 2 Rey. 25:8-10; Jer. 52:12-14. En contestación, el Señor censuró la falta de sinceridad en sus ayunos, pero en su misericordia les aseguró que gozarían de prosperidad y de alegría, Zac. 7:4 á 8:19.

SARGÓN, *rey firme*, Isa. 20:1-4, rey asirio que antiguamente se suponía era Salmanasar IV., Sennaquerib, ó Esar-haddon, pero que ahora se ha averiguado por los registros asirios, que reinó como 17 años, 722-705 A. C., entre Salmanasar, cuyo trono se cree que usurpó durante el largo sitio de Samaria, y Sennaquerib de quien él fué padre. En sus monumentos pretende haber tomado á Samaria en el primer año de su reinado (con lo que concuerda el registro, algo indefinido por cierto, que la Escritura hace acerca de esta captura, 2 Rey. 17:6; 18:9-11) y haber llevado cautivos á 27,280 de sus habitantes. Probablemente dió remate, algunos años después, al destierro de los Israelitas, estableciéndolos en sus propios dominios, y comenzando la colonización de Samaria con extranjeros de las regiones conquistadas, 2 Rey. 17:24. Sus anales, que comprenden más de quince años, atestiguan que fué un gran guerrero, y que cambió la residencia de los que conquistó; peleó con éxito contra Babilonia y Susiana, Media, Armenia, Siria, Palestina, Arabia, y Egipto. En su tercera campaña, en dirección al último de los países que acabamos de mencionar, en su año noveno, 711 A. C., su general ó "tartan" tomó á Asdod, Isa. 20:1. Por este tiempo, según él mismo lo dice, Judá estaba bajo su poder, y en el año siguiente redujo al vasallaje á Merodac Baladan, rey de Babilonia. Una estatua de Sargón que existe ahora en Berlin, fué descubierta en Idalium, en Chipre, isla que también le pagaba tributo.

Sargón fué eminente también como constructor: cuentan sus monumentos que restauró los muros de Nínive (Koyunjik), y el palacio de Cala (Nimrúd), donde, según parece, residió de preferencia. Sin embargo, su mayor obra fué la construcción de un magnífico palacio cerca de Nínive, y una ciudad á la cual le dió su nombre;

llamándola Dur-Sargina; y el sitio donde estaba edificada, cerca de la ciudad de Khorsabad, conservó el nombre de Sargón, aun después de la conquista mahometana. Su reinado se distinguió por el adelanto en varias industrias útiles y de objetos de ornamento, y por el perfeccionamiento del arte de esmaltar ladrillos.

SARÓN ó SARONA, *llano*, I., zona de tierra plana sobre el Mediterráneo, desde el Carmelo hasta Joppe. ó unas sesenta millas más al sur hasta Jamnia. Variaba en anchura de 8 á 15 millas. Era notable como lugar de pastos, 1 Crón. 27:29, y de flores, Cant. 2:1 (Reina, *valles*) y por su fertilidad y belleza, Isa. 35:2. Hácese notar su desolación en tiempo de guerra como una calamidad, y se le promete como una bendición que sería colonizada de nuevo, Isa. 33:9; 65:10. Muchos habitantes de Sarona aceptaron á Cristo, Hech. 9:35. Según algunos, el "Sarón" de que se habla en Jos. 12:18, es el mismo "Sarón." El artículo hebreo siempre acompaña al nombre, excepto en 1 Crón. 5:16. Véase II. Sarón es todavía muy fértil, aunque su cultivo ha disminuido y héchose difícil para los habitantes allí establecidos, á causa de las incursiones de los Beduinos que acampan en el llano, y usan partes de él como pasturajes para sus ganados. Además, la arena lo ha invadido mucho: una línea de collados arenosos, que tienen en algunos lugares tres millas de anchura y 300 piés de alto, recorre la playa. La llanura está regada por varias corrientes que proceden de las montañas por el este, la más grande de las cuales, la Nahr el Aujeh, lleva agua todo el año, se abre paso atrevidamente por entre los cerros arenosos, y desagua en el Mediterráneo al norte de Jaffa. Juncales espesos cubren los bordes de las corrientes, y como resultado del estancamiento de las aguas producido por la arena, se han formado grandes pantanos. Al este de los collados arenosos, la llanura y las faldas de los cerros están en parte cubiertas de bosques de pinos y de encinas, restos de la "gran floresta" de que habló Strabo, 24 A. D. El calor del verano es excesivo, y el clima algo malsano. Los viajeros describen la vista que desde la torre de Ramleh se obtiene de la llanura como de una amenidad y hermosura sobresalientes. Las ceñudas colinas de Judá situadas al este. hacen frente á las bruñidas aguas del Mediterráneo que baña esta llanura hacia el oeste. Hacia el norte y el sur, hasta la línea del horizonte, se extiende la hermosa llanura cubierta en muchas partes de campos de verde ó de dorado grano. Cerca de allí se hallan los extensos olivares de Ramleh y Lidda, y en medio de ellos las pintorescas torres, minaretes y cúpulas de estas poblaciones, mientras que les faldas de los cerros hacia el N. E. están densamente tachonadas de pequeñas aldeas. Las partes no cultivadas de la llanura están cubiertas, en la primavera y al principio del otoño, de flores en abundancia. Véase ROSA.

II. Lugar ocupado por Gad al este del Jordán; tal vez equivalente al "Misor," ó la mesa llamada "la llanura," en Deut. 3:10. Esta región es á propósito para pasturaje, como el Sarón occidental. Esto concordaría bien con el significado de la palabra "ejidos," usada en 1 Crón. 5:16, y aplicada á un pasturaje en los afueras de una población. tal como los que rodeaban las ciudades levíticas.

SARPULLIDO, Exod. 9 8-10. Esta enfermedad y los tumores apostemados fueron causados milagrosamente por las cenizas que Moisés esparció entre los Egipcios. Fué la sexta plaga, y en Deut. 28:27, se le llama "la plaga de Egipto," tal vez la lepra negra. Si estas cenizas provenían de los hornos de ladrillo en donde los Hebreos habían trabajado tanto, las molestias que los Egipcios sufrían les harían recordar, como era natural, á aquellos á quienes habían atormentado.

SARSEQUIM, príncipe de los eunucos, Jer. 39:3, que Gesenius conjetura ser un título equivalente á Rabsaris. Véase este nombre.

SARTANO, Jos. 3:16; ZARTAN, 1 Rey. 4:12; SARTAN, 1 Rey. 7:46, *esplendor*, nombre de un lugar en la parte occidental del valle del Jordán, que se extendia al sur desde Bet-sean. y perteneciente á la tribu de Manassés. Las aguas desbordadas del Jordán llegaron á este lugar cuando los Israelitas pasaron milagrosamente el río, y dieron su nombre á uno de los distritos de comisaría de Salomón. Allí estaban los moldes de barro donde se hacían objetos de bronce fundido para el rey Salomón. En un pasaje sobre el mismo asunto se le da á este lugar el nombre de Seredata, 2 Crón. 4:16, 17, que parece ser el mismo Cerera de Jue. 7:22. El nombre Zahrah pertenece hoy á una parte del valle del Jordán.

SARUHEN, *casa de gracia*, ciudad dada por suerte á Simeón, al sur de la parte que tocó á Judá; al parecer Selim, Jos.

15:32, y Saaraim, 1 Crón. 4:31. Descubrié-ronse vestigios de ella en las ruinas de Tell esh-Sheriah, 12 millas al noroeste de Beer-seba.

SARVIA, *grieta*, la hermana ó media hermana de David, y madre de sus famo-sos generales Joab, Abisai, y Asael, 1 Sam. 26:6; 2 Sam. 2:18. Probablemente Abi-gail y ella eran hijas de Naas y de una mujer que después se casó con Isaí, 2 Sam. 17:25; 1 Crón. 2:13-17.

SATANÁS ó SATÁN significa *adversa-rio, enemigo*, 1 Rey. 11:14; Sal. 109:6. Y de ahí se emplea particularmente esa pala-bra para indicar el gran enemigo de las almas, el diablo, príncipe de los ángeles caídos, el acusador y calumniador de los hombres ante Dios, Job 1:6-12; Zac. 3:1, 2; Apoc. 12:9. 10. Induce á los hombres á pecar, 1 Crón. 21:1; Luc. 22:31; y por consiguiente, es el autor del mal, tanto físi-co como moral, con que se afligida la raza humana, y especialmente de aquellas pro-pensiones viciosas y aquellas malas accio-nes que son la causa de tanta desdicha y aun de la misma muerte, Luc. 13:16; Heb. 2:14. Por esto se representa á Satanás ya incitando á los hombres á pecar, ya como origen ó causa eficiente de los obstáculos de que está sembrado el camino de la reli-gión cristiana, y que tienen por objeto dis-minuir la eficacia de esta para reformar el corazón y la vida de los hombres, é inspi-rarles la esperanza de la futura bienaven-turanza, Mateo 4:10, Juan 13:27; Rom. 16:20; Efes. 2:2.

Sin embargo, la Biblia pone claramente de manifiesto la subordinación de Satanás á Dios, su castigo final, y su privación de todo poder para hacer el mal, Apoc. 20:10. Mientras tanto, Cristo les infunde valor á los creyentes para hacer frente á las astu-cias del adversario con incesante vigilancia y por medio de la oración, asegurándoles que su gracia les dará entonces la victoria, Efes. 6:10-18; 5:8, 9. Véase DIABLO. La "sinagoga de Satanás," Apoc. 2:9; 3:9, probablemente designó á los Judíos incré-dulos, los falsos defensores de la ley de Moisés, quienes al principio eran los más encarnizados perseguidores de los cristia-nos.

En la frase "las profundidades de Sata-nás," Apoc. 2:24, hay probablemente una alusión á los misterios de las primitivas sectas de los Gnósticos, que profesaban poseer un conocimiento profundo de los asuntos espirituales; pero que á menudo combinaban con su pretendida ciencia una inmoralidad desenfrenada; comp. Apoc. 2:14, 15, 20.

Una ocasión Cristo se dirigió á Pedro lla-mándole Satanás, Mat. 16:22, 23, porque el espíritu arrogante y egoista de sus pala-bras era opuesto á Cristo, y estaba en con-formidad con las tentaciones que ya Sata-nás había presentado al Señor; compárese Mat. 4:1-10.

SAUCE. Véase p. 599.

SAÚL, *deseado*, I., hijo de Simón y de una mujer cananea, y padre de los Sauli-tas, Gén. 46:10; Exod. 6:15; Núm. 26:13; 1 Crón. 4:24.

II. Uno de los primeros reyes de los Edomitas, Gén. 36:37, 38; 1 Cor. 1:48, 49.

III. El hijo de Cis, de la tribu de Benja-mín, el primer rey de los Israelitas, ungido por Samuel, 1096 A. C. Después de un reinado de 40 años, en que se verificaron diversos acontecimientos, fué muerto con sus hijos en el monte Gilboa. Le sucedió David, que era su yerno, y á quien él se había empeñado en matar. Su historia se halla en 1 Sam. 9-31. Es una narración triste y que sirve de escarmiento. El prin-cipio de su reinado fué enaltecido con es-peciales favores divinos, tanto providen-ciales como espirituales, 1 Sam. 9:20; 10:1-11, 24, 25. Hermoso é imponente en su aspecto, y bien dotado de aquellas prendas con que se grangea la admiración del pue-blo, era el supremo ideal que tanto desea-ban los Judíos. Pero pronto comenzó á desobedecer á Dios, y fué rechazado como indigno de fundar una sucesión de reyes; sus pecados y desgracias se multiplicaron, y su sol se eclipsó. En su primera guerra con los Ammonitas, Dios estuvo con él; pero á ella se siguieron su presuntuoso sa-crificio en ausencia de Samuel; su mal pen-sado voto en la batalla con los Filisteos; el perdón de Agag y el despojo de los Amale-citas; su espíritu de locura y sus presenti-mientos melancólicos; su envidia y su per-secución de David, contra el cual estaba predispuesto por un calumniador secreto; su bárbara matanza de los sacerdotes y el pueblo en Nob, y la de los Gabaonitas; su consulta á la pitonisa de Endor; la batalla con los Filisteos, en que fué derrotado su ejército y sus hijos fueron muertos, y final-mente su desesperación y suicidio. Des-pués de este sus insignias de soberanía fueron llevadas á David por un Amale-cita.

Habíase empeñado en siete empresas militares. Los habitantes de Jabes-Galaad, agradecidos porque había librado á su ciudad muchos años antes, 1 Sam. 11, rescataron del muro de Bet-san su cuerpo decapitado y los cuerpos de sus hijos, y enterrraron sus huesos en Jabes Galaad, de donde fueron después trasladados por David al sepulcro de los antecesores de Saúl en Sela, 1 Sam. 11; 31; 2 Sam. 1; 2:4-6; 21:12-14; 1 Crón. 10. La conducta culpable y el desastroso fin de este primer rey de los

Hebreos, fueron una significativa censura hecha á estos por el pecado que habían cometido en desear otro rey que Jehová, y muestran también á qué extremo de culpabilidad y miseria puede llegar el que se rebela contra Dios, y se deja dominar por la envidia y la ambición.

III. Saúl ó Saulo era también el nombre hebreo del apóstol Pablo, Hech. 13:9.

SAUCE, árbol muy común, que crece en lugares pantanosos y en las orillas de los rios, Job 40:22; Isa. 44:4; Ezeq. 17.5, cuyas hojas son muy semejantes á las del olivo. Dios mandó á los Hebreos que tomasen ramas de los árboles más hermosos, especialmente de los sauces del arroyuelo, y que las llevasen en la mano delante del Señor, en señal de regocijo, durante las fiestas de las cabañas ó tabernáculos, Lev. 23.40. El "sauce llorón," memorable en conexion con el sufrimiento de los Hebreos cautivos, Sal. 137:2, crece en Babilonia, y es por esto llamado *Salix Babylónica*. Desde el cautiverio ha sido emblema de dolor y sufrimiento. Hay varias clases de sauces en Palestina.

"El torrente de los sauces," Isa. 15:7, en el confín sur de Moab, hoy día el Wady-

el-Aksa, desemboca en el extremo sudeste del Mar Muerto.

SAVE, *llano*, valle abierto en donde se encontraron Abraham y el rey de Sodoma, Gén. 14:17, llamado también "el valle del Rey;" se identifica comunmente con el lugar llamado así en donde Absalóm erigió un monumento, 2 Sam. 18:18. Robinson lo considera como la parte superior de valle Cedrón al norte de Jerusalem, y Stanley lo sitúa al este del Jordán

SAVE-CARIATAIM, llano cerca de la población de Cariataím, en Careyat, como 11 millas al este del Mar Muerto, cinco millas al nordoeste de Diban ó Dibon, Gén. 14.5.

SCEVA, *preparado*, Judío de Éfeso, jefe entre los sacerdotes, tal vez cabeza de uno de los 24 ordenes. Sus siete hijos pretendieron practicar el exorcismo, y osaron, en el nombre de Jesús, mandar á los espíritus malignos que salieran de las personas poseídas. La ignominiosa derrota de dos de ellos por un hombre poseído por un espíritu maligno, promovió la causa del evangelio en Éfeso, Hech. 19:14-16.

SCITAS ó ESCITAS, tribus errantes en las inmensas regiones al N. de los Mares Negro y Caspio. Dice Heródoto que en el siglo séptimo A. C. hicieron una incursión en el Asia Sudoccidental y en Egipto; y tal vez una parte de esta hueste se estableció en Betsean, por lo cual se dió á esa ciudad el nombre clásico de Scitópolis. Se supone que Ezequiel, caps. 38, 39, alude á estos invasores Scitas bajo los nombres de Gog y Magog, como símbolos de la violencia terrenal ensañada contra el pueblo de Dios, pero encontrando una completa destrucción; comp. Apoc. 20:8. Los Scitas eran proverbialmente groseros y salvajes, 2 Mac. 4:47; los más groseros de los bárbaros, Col. 3:11.

SEAR-JASUB, *las reliquias volverán*, Isa. 7:3; 10:21, nombre de uno de los hijos de Isaías, y quien, según se supone, tuvo un significado profético, como Maher-salal-hashbaz. Comp. Isa. 8:18.

SEBA, hijo de Raama, Gén. 10:7; 1 Cró. 1:9. Supónese que su autoridad se estableció en el Golfo Pérsico. Véanse Cus y RAAMA.

II. Hijo de Joctán, de la raza de Sem, Gén. 10:28; 1 Crón. 1:22. Véase SABEANOS, II.

III. Hijo de Jocsán, y nieto de Abraham y de Cetura, Gén. 25:3; 1 Crón. 1:32. Se supone que se estableció en la Arabia Desierta.

SEBA, *siete*, ó *juramento*, I. Benjamita turbulento, que después de la muerte de Abraham hizo un infructuoso esfuerzo para suscitar una rebelión en Israel contra David. Siendo perseguido y sitiado en Abel-bet-maacá, cerca de la parte meridional del Líbano, fué decapitado por la gente de la ciudad, 2 Sam. 20.

II. Jefe Gadita de Basán, 1 Crónicas 5:13.

III. Ciudad en Simeón, Jos. 19:2, identificada por algunos con Shema, asignada primero á Judá. Jos. 15:26. Se halla probablemente en Tell es-Seba, tres millas al este de Beer-seba, en el camino que vá para Molada.

SEBA, SEBAH ó SIBEAH. Sebah es en hebreo la forma femenina de Seba, Gén. 26:33; el cuarto pozo abierto de nuevo

por los siervos de Isaac, Gén. 26:18, 23-32; 21.25-31. Véase BEER-SEBA.

SEBARIM, *roturas*. Jos. 7:5, punto quizá en una barranca escabrosa, á la que los Israelitas huyeron ante la gente de Aí.

SEBAT, Zac. 1:7, el quinto mes del año civil hebreo, y el undécimo del año eclesiástico, contado desde la luna nueva de Febrero hasta la de Marzo. Véase MES. Comenzaban en este mes á contarse los años de los árboles que plantaban, y cuyos frutos eran mirados como impuros hasta el cuarto año.

SEBER, *fractura*, hijo de Caleb y de Maacá, 1 Crón. 2:48.

SEBNA, *vigor juvenil*, I., tesorero ó prefecto del palacio del rey Ezequías, Isa. 22:15, hombre orgulloso y déspota. Al profeta se le encargó que predicase su caída, vers. 16-25, la cual consistiría en ser "echado á rodar como una bola por tierra larga de términos." Véase RUEDA. El general Gordon al cruzar el desierto Korosko en el Soudan, vió muchas bolas formadas de pasto seco, algunas de tres piés de diámetro, empujadas sin cesar sobre las arenas calientes por el viento; las cuales son imagen fiel del alma agitada por su maldad.

II. Escriba ó secretario de Ezequías, 2 Rey. 18:18 á 19:7; Isa. 36:3-22; 37:2-7. Algunos creen que es el mismo que queda mencionado arriba.

SEBO ó GROSURA. El gordo de los animales ofrecidos en sacrificio tenía siempre qué ser consumido, por ser la parte escogida y consagrada especialmente al Señor. La sangre lo era también, por contener la vida del animal. Á los Judíos les estaba prohibido comer lo uno ó lo otro, Lev. 3:16, 17; 7:23-27. Esta prohibición se aplicaba al gordo que podía fácilmente separarse, pero no al que estaba mezclado con la carne, Neh. 8:10. La "grosura del trigo" ó "del poderoso", etc., denota lo escogido. En Sal. 17:10, la palabra "grosura" significa un corazón torpe.

SECACA, *cercado*, una de las seis ciudades de Judá en "el desierto" hacia el Mar Muerto, Jos. 15:61. Tal vez Bir-Sukairiyeh, seis millas al sudeste de Tecoa, y diez al N. E. de Hebrón.

SECTA, de una palabra latina que corresponde á la palabra griega *haeresis*, que en algunas versiones de la Biblia se ha traducido en algunos lugares "secta," en otros "herejía." Según el uso que de ella se hace en el Nuevo Testamento, dicha palabra no implica ni aprobación ni censura de las personas á quienes se aplica, ó de sus opiniones, Hech. 5:17; 15:5. Entre los Judíos, había cinco sectas, que se distinguían entre sí en cuanto á sus prácticas y opiniones, y estaban con todo unidas unas con otras, y con el cuerpo de su nación. Estas eran· los Fariseos, los Saduceos, los Esenios, los Herodianos, y los Zelotes. El cristianismo fué al principio considerado como una nueva secta del Judaismo; he ahí porqué Tertulio, acusando á Pablo ante Felix, dijo que era jefe de la secta sediciosa de los Nazarenos, Hech. 24:5; y los Judíos de Roma dijeron al apóstol cuando llegó á esa ciudad, "De esta secta nos es notorio que en todas partes se habla contra ella," Hech. 28·22. Véase HEREJÍA

SEDA (la) desde una época muy antigua ha sido una de las producciones de la China. De allí era exportada á la India. Puede haber sido conocida de los Hebreos por el comercio extranjero de Salomón y sus sucesores; comp. Isa. 49:12. Véase SINIM. La palabra *shesh* significa "lino fino," según se ha traducido en Gén. 41:42; Exod. 25:4; Prov. 31:22. Ezequiel, 16:10, 13, al describir un rico atavío usa la palabra *seda*, que era probablemente bien conocida en Asiria y Babilonia, mucho antes de la cautividad de Ezequiel, 598 A. C. Plinio dice que la seda en bruto fué llevada de Asiria á Grecia y trabajada por las mujeres griegas. Contábase la seda entre los objetos de lujo de la típica Babilonia, Apoc. 18·12. En el reinado de los emperadores romanos, una vestidura hecha toda de seda se reputaba como demasiado lujosa para un hombre; y una de las extravagancias que se le imputaban al emperador Heliogábalo, 218–222 A. D., era que usaba una vestidura de esa clase.

SEDAD, *lado ó sesgo*, lugar en el límite septentrional de la tierra santa, Núm. 34:8; Ezeq. 47:15. Ha sido identificado por algunos con un pueblo remoto al occidente del extremo norte del Anti-Líbano, como 50 millas al este-nord-este de Baalbec.

SEDECÍAS, *justicia de Jehová*, I. El décimo-nono y último rey de Judá, hijo de Josías y Amutal, hermano carnal de Joacáz, 2 Rey. 23:31; 24:18, y tío de Jeconías ó Joaquim, su predecesor, 2 Rey. 24:17, 19: 1 Crón. 3:15; Jer. 52:1. Cuando Nabucodonosor tomó á Jerusalem, se llevó á Joaquim á Babilonia con sus mujeres, sus hijos, sus empleados, y los mejores artífices de Judá, y puso en su lugar á Matanías su tío, cuyo nombre cambió en Sedecias, ha-

ciéndole prometer, bajo juramento, que le permanecería fiel Tenía 21 años de edad cuando empezó á reinar en Jerusalem, y reinó allí 11 años. Hizo lo malo ante los ojos de Jehová, cometiendo los mismos crimenes que Joaquim, 2 Reyes 24:18-20; 2 Crón. 36:11-13. Comp. Jer. 29:16-19, 34; 38:5; Ezeq. 17·12, 14, 18. En el año noveno de su reinado se rebeló en contra de Nabucodonosor, confiando en la ayuda de Faraón-hofra, rey de Egipto, que resultó ineficaz, y despreciando en su demencia las fieles amonestaciones de Jeremías, Jer. 37:2, 5, 7-10. Á consecuencia de esto, Nabucodonosor hizo marchar su ejército contra Judá, y tomó todos los lugares fortificados, Jer. 34.7. Durante el undécimo año de su reinado—588 A. C.—el día noveno del mes cuarto, (Julio,) Jerusalem fué tomada. Favorecidos por la oscuridad de la noche, el rey y su pueblo trataron de escapar; pero habiéndolos perseguido las tropas caldeas, fueron alcanzados en el llano de Jericó, y Sedecías fué aprehendido y llevado á Ribla, Siria, ante Nabucodonosor, quien le echó en cara su perfidia, hizo matar á sus hijos delante de él, y le sacó los ojos; después, cargándolo de cadenas de cobre, lo hizo llevar á Babilonia, donde fué puesto "en la prisión," es decir, en la casa de las visitaciones, ó castigos, probablemente para trabajar por vía de castigo como Samsón, Jué. 16:21; 2 Rey. 25; Jer. 39, 52; Ezeq. 19. Todos estos acontecimientos dieron asombroso cumplimiento á las predicciones que hicieron Jeremías y Ezequiel en los capítulos ya mencionados. Véanse también otras profecías de Jeremías durante este período, capítulos 21, 24, 27-29, 32-34, y Ezeq. 26:11-21. Comp. también con referencia á la ceguera de Sedecías, Jue. 32:4; 34:3; Ezeq. 12.13.

II. Hombre que como jefe de los falsos profetas, fué consultado en la corte del idólatra Acháb, respecto al buen ó mal éxito que este había de tener en la guerra con Ramot Galaad, 1 Reyes 22; 2 Crón. 18. Comp. 1 Rey. 18, 19, 22, 40. Sus cuernos de búfalo eran el emblema de la tribu de Efraím, Deut. 33:17. En un arrebato de cólera hirió y vituperó á Miqueas el profeta, quien había predicho el resultado de la campaña, y recibió un solemne anuncio de su caída, 1 Rey. 22:25.

III. Hijo de Hananías príncipe de Judá, que estaba presente en el palacio cuando se anunció la lectura ante el pueblo de las predicciones de Jeremías, Jer. 36:12.

IV. Falso profeta en Babilonia, hijo de

Maasías, denunciado por Jeremías por haber entusiasmado al pueblo con esperanzas vanas, Jer. 29:21, 22.

SEDICION, Luc. 23:19, 25, "revuelta," Mar. 15:7. En Gál. 5:20, se usa una palabra griega diferente que significa "divisiones." Véase Rom. 16:17.

SEERA, *consanguinidad*, 1 Crón. 7:24, mujer descendiente de Efraím, fundadora de varias ciudades.

SEFAM, *fructífero*, Núm. 34:10, 11, lugar en la frontera oriental de la tierra prometida á Israel, entre Hazan-enan y Ribla.

SEFAR, "monte á la parte de Oriente," límite de los Joctanitas, Gén. 10:30, identificado generalmente con el antiguo puerto de mar Dhafari ó Zafar, en el Océano Índico, al este del punto medio de la costa meridional de Arabia. Una montaña que hay cerca de la ciudad era célebre por su incienso. El distrito de Isfor está ahora ocupado por una serie de poblaciones con ruinas adyacentes. Véase MESA.

SEFARAD, Abd. 20, lugar del cual los Judíos cautivos tenían que volver á Judá. Las autoridades judías lo interpretan como España, y los Judíos españoles han sido llamados largo tiempo Sefardim, en distinción de la otra sección principal de esa raza, los Askenazim, ó Judíos alemanes. Es de dudarse, no obstante, el que Judíos fueran transportados á España en la fecha de la profecía de Abdías; y algunos consideran á Sefarad como idéntica con Sippara; véase SEFARVAIM; otros, con Sardis en Lidia; comp. Joel 3:6.

SEFARVAIM, lugar de donde se transportaron colonos á Samaria, como sustitutos de los Israelitas cautivos, después de 721 A. C., 2 Rey. 17:24. Se ha identificado con Sippara, situada en ambos lados del Eufrates (por esto su nombre hebreo es dual) como 20 millas al norte de Babilonia. Sennaquerib menciona á Sefarvaim como una ciudad que había sido subyugada por los Asirios antes de su tiempo, 2 Reyes 19:11-13. sin duda por Sargón y Teglat-Falasar II. Sippara era asiento principal del culto dado al Sol, y aparece en varias inscripciones como Tsipar-sha-Shamas, *Sippara del sol*, ó con la diosa Anunit la esposa del sol. Estas dos deidades eran probablemente las que se denotaban con los nombres de "Adrammelec y Anamelec." Los Sefarvitas las adoraban con manifestaciones de crueldad, 2 Rey. 17:31. La relación caldea del diluvio dice que Xisutros (Noé) enterró los registros antidiluvianos en Sippara, y que su posteridad

los recobró de allí. La ciudad moderna Mosaib está cerca del sitio ocupado por la antigua Sippara.

SEFAT, *atalaya*, ciudad cananea, llamada Horma después de su destrucción en la conquista, Núm. 21:3; Jue. 1:17, pero reedificada más tarde, 1 Sam. 30:30; una de las "ciudades de Judá más remotas hacia el S.," asignada después á Simeón, Jos. 12:14; 15:30; 19:4. Robinson dió este nombre al paso largo y quebrado es-Sufá, que vá del borde del Arabah hacia el país montañoso de Judá. Ultimamente, Rowlands, Palmer, Trumbull y otros, han creido haber encontrado el sitio de Sefat en las ruinas extensas llamadas Sebata, casi á medio camino entre Bir-es-Saba y Ain Kadeis. En Sefat fué donde los Israelitas fueron rechazados al tratar de subir desde Cades, Núm. 14:40-45; Deut. 1:44.

SEFATA, *atalaya*, valle cerca de Maresha donde Asa derrotó á Zera el Cusita, 2 Crón. 14:10. Cuatro millas al norte de Maresha existe hoy día un lugar llamado Zeita, en una hondonada, la cual se convierte en un ancho llano que se prolonga hacia el nordoeste hasta Ashdod. Zeita está á 25 millas al sudoeste de Jerusalem.

SEFATÍAS, *gacelas*, hogar desconocido de algunos de los esclavos de Salomón, Esd. 2:57; Neh. 7:59.

SEFER, *brillo*, MONTE, 22ª estación de los Israelitas en el desierto, Núm. 33:23; probablemente Jebel Sheraif, 30 millas al O. S. O. de Ain Kadeis (Cades), y á 60 millas de la boca del valle de Arish en el Mediterráneo. Es un monte cónico muy visible, 75 millas al N. O. de Elat.

SÉFORA, el femenino de ZIPPOR, *gorrión*, nombre de la hija de Jetró, Ex. 2:15-22, esposa de Moisés y madre de Gerson y de Eleazar. Su oposición colérica á la circuncisión de Gerson, motivó su regreso á la casa paterna y su permanencia temporal en ella. Su padre la devolvió después á Moisés, Exod. 4:18, 20, 24-26; 18:1-12.

No se sabe si la mujer etiopisa (ó cusita) de que se quejaron Aarón y María, Núm. 12:1, 2 era esta misma Séfora, ó una segunda mujer. En Hab. 3:7 Cusán y Madian se mencionan juntamente.

SEFUFAN, *serpiente*, 1 Crón. 8:5, nieto de Benjamín, llamado Sufam en Núm. 26:39; Sufim en 1 Crón. 7:12, 15; y Muppim (Reina, Mofim) en Gén. 46:21.

II. Véase SIFRA.

SEGUB, *elevado*, I., Judaíta, hijo de Hesrón, 1 Crón. 2:21, 22.

II. Hijo menor de Hiel, reedificador de

Jericó en tiempo de Acháb, 918-896 A. C., 1 Rey. 16:34.

SEGUNDO, *afortunado*, discípulo de Tesalónica, que acompañó á Pablo en su último viaje á Jerusalem, Hech. 20:4.

SEGURO, *libre de inquietud*, más bien que salvo, Jue. 18:7, 10, 27.

SEHÓN, *destructor, atrevido*. Este rey de los Amorrheos reinaba en Hesbón á la llegada de los Israelitas á sus fronteras; habiendo él ya arrojado á los Moabitas al sur del Arnón. Al rehusar el paso á los Israelitas y atacarlos, fué muerto, y su ejército derrotado, dividiéndose sus dominios entre Ruben y Gad, Núm. 21:21-31, 34; 32:1-5, 33-38; Deut. 2:24-36; Jos. 13:15-28. En varios libros posteriores se hace referencia á su notable ruina, Jué. 11:12-28; Sal. 135:10, 11. Su nombre parece haberse conservado en Shihan y Jebel Shihan, tres ó cuatro millas al sur del Arnón, y las ruinas llamadas Shihan, cuatro millas al sur del Jaboc.

SEIR, *velludo, afelpado*, I.   Jefe de los Horeos, quienes ocuparon primitivamente la región montañosa poseida después por los Idumeos, Gén. 36:20; comp. Gén. 14:6; Deut. 2:12.

II. Monte Seir, Gén. 14:6, ó tierra de Seir, Gén. 32:3; 36:30; la región montañosa que está entre el Mar Muerto por el norte, y el golfo oriental del Mar Rojo por el sur, y entre el valle de Arabah al oeste y el elevado desierto árabe al este, Deut. 2:1-8.   La apariencia escabrosa de esa región, mirada desde la montaña reconocida generalmente por el Monte Hor, justifica su nombre. Véase IDUMEA.   La parte norte del Monte Seir se llama ahora el-Jebal, arábigo por el heb. Gebal, *montaña*, por haber sido Gebala uno de los nombres antiguos de esa región. Al sur de Petra la cordillera toma el nombre de esh-Sherah, que parece ser una corrupción de Seir.

III. Monte Seir en Jos. 15:10, servía de señal divisoria en el límite septentrional de Judá, entre Kirjat-jearim y Bet-semes. Probablemente la cima en la cual hay una población llamada Saris, dos millas al S. O. de Khubbet el-Enab.

IV. 2 Rey. 8:21, lugar donde el ejército de Joram, que atacaba á los Edomitas, fué rodeado, y peleó rompiendo las filas contrarias.   Su sitio es desconocido, si bien algunos pretenden identificarlo con Zoar.

SEIRAT, Jue. 3:26, lugar donde se refugió Ehud, después de haber matado á Eglón; probablemente en la falda meridional del "Monte Efraím," vers. 27, y es posible que sea el mismo Monte Seir II.

SELA, *peticion*, I., hijo menor de Judá, Gén. 38:5, 11, 14, 26; 46:13; Núm. 26:20; 1 Crón. 2:3.

II. Hijo de Arfaxad, 1 Crón. 1:18, 24, llamado Sala en Gén. 10:24.

VISTA DE PARTE DEL VALLE PRINCIPAL DE PETRA.

III. Ciudad de los Idumeos tomada por Amazías rey de Judá, como por 826 A. C., y llamada por él Jokteel, *subyugada por Dios*, 2 Rey. 14:7. Cosa de un siglo después, se menciona por su antiguo nombre, y como si perteneciese á los Moabitas, Isa. 16:1; comp. Isa. 15. Puede notarse en otros pasajes por la palabra SELA, traducida "piedra," en la Biblia, como en Isa. 42:11; Jue. 1:36, y "peñasco" en 2 Crón. 25:17, y "peña," Abd. 3; pero estas referencias son más ó menos inciertas. Bajo el nombre griego Petra, que también significa *roca*, la ciudad es mencionada por los escritores paganos griegos y romanos, y por Josefo, Eusebio y Gerónimo A fines del siglo cuarto A. C., era la capital de los Nabateos. quienes sucedieron á los Idumeos en Edom propiamente dicho, ó monte Seir, y quienes en Petra resistieron con éxito los ataques de Antígono, uno de los sucesores de Alejandro, 310 A. C La ciudad fué con el tiempo un sitio importante de comercio entre el Oriente y Roma, y muchos Romanos se establecieron allí Por el año de 70 A. C., se menciona como la capital de Arabia Petrea, y como residencia de la série de reyes llamados Aretas. La primera mujer de Herodes Antipas era hija de uno de estos reyes; y se divorció de ella para darle su lugar á Herodías, Luc. 3:19. Petra fué sujetada á Roma por Trajano, como por 105 A. D El cristianismo se arraigó allí pronto, y Petra suministró miembros para varios concilios eclesiásticos. En unos cuantos siglos, sin embargo, el comercio y el poder de la ciudad decayeron, y no se menciona en la historia después de 536 A. D. Burckhardt, en 1812, fué el primer viajero moderno que la visitó y la describió. Algunos viajeros posteriores, especialmente Laborde en una obra publicada en 1830, han dado descripciones detalladas y gráficas de esta ciudad maravillosa, con dibujos de las ruinas principales que atestiguan su antiguo esplendor.

Petra está situada á la mitad del camino que conduce del Mar Muerto al Golfo de Acaba, y como á 110 millas de Jerusalem. Se halla en un valle elevado de Jebel esh-Sherah (véase SEIR, MONTE) llamado por los Árabes cañada Mousa, de acuerdo con la tradición que dice que allí está la peña de que Moisés hizo brotar agua. El monte Hor, el lugar que se supone fué el teatro de la muerte de Aarón, se eleva sobre Petra al oeste. El valle está á 2,200 piés sobre el Áraba, y tiene cerca de ¾ de milla de norte á sur, y de 250 á 500 varas

de ancho, con numerosas barrancas pequeñas en sus lados. Está rodeado de precipicios rocallosos de piedra arenisca. Los del oeste son los más escabrosos y elevados Es accesible por entre las barrancas por el norte y el sur; pero el paso principal está por el este, al través de es-Sík, *la hendedura*, y comienza entre peñascos de cuarenta piés de altura, y á cincuenta yardas unos de otros, que pronto se hacen más al-

GARGANTA EN PETRA, CON UNA PARTE DE EL-KHAZNET.

tos, más cercanos, y llenos de tumbas excavadas. Todavía hay de trecho en trecho restos del piso del antiguo camino de este desfiladero. Es-Sik tiene cerca de milla y media de longitud. Un pequeño arroyo orillado de adelfas corre por él, cruza la ciudad, y pasa al oeste por una prolongación de es-Sik. Cerca de la entrada de Petra, sus límites no distan entre sí más que 12 piés, y tienen una altura de 250. Tallada en el peñasco que da frente á esta estrecha y elevada entrada, se halla la más hermosa construcción de Petra, que es un templo ó mausoleo llamado por los Árabes el-Khaznet Fir'aun, *la Tesorería de Faraón;* la fachada, de 85 piés de alto, está adornada de pilares y primorosas esculturas, la mayor parte en un excelente estado de conservación. La cámara principal tiene 12 yardas cuadradas, y 25 piés de altura; sus paredes y las de las tres cámaras laterales son sencillas. Desde allí también el Sik se ensancha hacia el noroeste. En un recodo á la izquierda, como á 200 yardas del Khaznet, hay un magnífico teatro también tallado en la roca: tiene 33 hileras de asientos, un diámetro de 39 yardas, y podía dar cabida á 3.000 ó 4,000 espectadores. Como 100 yardas más al norte, se abre el gran valle de la ciudad principal. Está

EL TEMPLO DE ROCA EL-KHAZNET, EN PETRA.

regado de ruinas de templos y otros edificios públicos, incluyendo una iglesia y algunos puentes.

Las grandes ruinas en la parte occidental, llamadas Kasr Fir'aun, *Castillo de Faraón,* son la única construcción con paredes que subsiste todavía, salvo las que han sido excavadas de la montaña. Al este de ella se eleva un arco triunfal. A otro monumento notable llamado ed-Deir, *el convento,* se llega por una barranca escabrosa, estrecha y tortuosa, que corre por el ángulo noroeste del valle. Está tallado en la roca sólida; su frente tiene 152 piés de longitud y de altura, y en su interior hay simples paredes de roca desnudas con un solo nicho. Las tumbas excavadas en los peñascos, que rodean el valle y sus gargantas laterales, son innumerables, elevándose hilera sobre hilera, y están en muchos casos primorosamente adornadas. Se llega á muchas por escalones tallados en las rocas, mientras que otras son inaccesibles, estando á una altura de unos 400 piés. El orden arquitectónico de los diversos monumentos muestra una mezcla de gusto griego y romano con el oriental, y á veces con el egipcio. La belleza de las piedras de que han sido trabajados, da á toda la escena un encanto singular, aumentado por los austeros alrededores de la ciudad. La roca es una fina y blanda piedra arenosa, jaspeada de rojo, púrpura, negro, blanco, azul, y amarillo, el carmesí más oscuro y el más suave color de rosa, mientras que arriba los peñascos se elevan en su natural rudeza y majestad. Aunque las ruinas existentes pertenecen al período nabateano y romano, no obstante, la actual desolación de Sela está demostrando el cumplimiento de las amenazas proféticas contra sus antiguos habitantes idumeos, Isa. 34:5-15; Jer. 49:7-22; Ezeq. 35; Joel 3:19; Amós 1:11, 12; Abd. 3–16. Véanse Hor é Idumea. A Sela, traducido "peña" en Núm. 20:8-11; y "piedra" en Jue. 1:36, Rowlands, Trumbull y otros, la identifican con una atrevida roca en Ain Kadeis, Kades-barnea, de cuya base mana todavía una corriente copiosa de agua pura y dulce, como cuando fué herida por la mano de Moisés, abasteciendo varios pozos y lagos, y formando un oasis en el desierto.

IV. Término musical que se repite 71 veces en los Salmos, y se halla también en Hab. 3:3, 9, 13. Generalmente está puesta al fin de un período ó estrofa; pero algunas veces solamente al fin de una cláusula. Esta palabra es difícil de entenderse, pero ahora se cree por lo común que era la señal que se daba para una pausa en el canto de los salmos, durante la cual tal vez había un intermedio instrumental.

V. Nombre de un pueblo en el sur de la tribu de Benjamín, Jos. 18:28; donde estaba la tumba de la familia de Sis, 2 Sam. 21:14, y donde fueron depositados los restos de Saúl, Jonatán y otros, vers. 13. Probablemente el mismo Zelzah.

SELAH, ESTANQUE DE, Neh. 3:15, propiamente el estanque de Shelac, esto es, el dardo, corrupción probablemente de la forma más antigua Shiloac, derivada de Shelac, enviar, cambiada en Siloe en Isa. 8:6. Se cree que el estanque estaba incluido dentro del antiguo muro de Jerusalem, en el ángulo S. E. Las aguas de Siloé, fertilizando suavemente los jardines adyacentes, y simbolizando las bendiciones de Jehová, único en quien Judá debería haber confiado, Isa. 8:6-8, forman contras-

te con la inundación desoladora del crecido Eufrates, que simboliza el reino de Asiria, cuya alianza obtuvo el rey Acház para su ruina, 2 Rey. 16:5-7; 2 Cró. 28:16-21; y cuyas fuerzas desde entonces se emplearon en asolar el reino de Israel, 2 Rey. 15:29; 17:3-6, y en hacer incursiones vandálicas en el de Judá, 2 Rey. 18:13-17; 19:32-36. Véase Siloé.

SELAITAS, descendientes de Sela el hijo de Judá, Gén. 46:12; Núm. 26:20.

SELEC, griela, nombre de un individuo de la guardia de David, Ammonita, 2 Sam. 23:37; 1 Crón. 11:39.

SELEF, sacado, el segundo hijo de Joctán, Gen. 10:26; 1 Crón. 1:20. Los escritores arábigos hacen mención de una tribu y de una comarca del sur de Arabia, cuyo nombre Sulaf se deriva de Selef.

SELEUCIA, ciudad fortificada de Siria, en el Mediterráneo, 5 millas al norte de la boca del Orontes, y 16 al este de Antioquía, de la cual se embarcaron allí en su primer viaje misionero, Hech. 13:4, y probablemente saltaron á tierra allí mismo á su regreso, Hech. 14:26. La parte principal de la ciudad estaba en la falda del Monte Coriphœus, que era la extremidad meridional del Monte Pierius (el cual era rama del monte Amanus), y era llamada Seleucia Pieria, y á veces Seleucia junto al mar, para distinguirla de varias otras ciudades llamadas así en honor de su fundador, Seleuco Nicator, uno de los sucesores de Alejandro el Grande. Seleuco murió en el año 280 A. C., y fué enterrado allí. La ciudad fué tomada por Ptolemeo Euérgetes, 246 A. C., pero fué rocobrada 70 años más tarde por Antíoco Epífanes. Conservó su importancia bajo los Romanos, y en tiempo de Pablo era una ciudad libre. Seleucia tenía un buen puerto, con una bahía exterior, y un fondeadero interior que cubría cerca de 47 acres. El puerto está ahora lleno de arena y barro; pero sus obras de mampostería, que están bien conservadas, incluyen dos muelles antiguos llamados Pablo y Bernabé. Una parte del muro de la ciudad existe aún, con una entrada en el ángulo sudeste, por la cual debió de pasar Pablo. Las ruinas, llamadas ahora Selukeyeh, están completamente despobladas; pero una pequeña villa llamada Kalusi, se halla cerca de la ciudad antigua.

SELEUCO, nombre de seis de los reyes griegos de Siria, desde la muerte de Alejandro el Grande, hasta que Siria fué convertida en provincia romana, 65 A. C. Seleuco I. llamado Nicator, esto es, *conquistador*, reinó de 312 á 280 A. C., fundó á Antioquía y otras ciudades, y fué el más poderoso de los Seléucidas. Le sucedió su hijo Antíoco Soter, 280–261 A. C. La dinastía está incluída entre los "cuatro cuernos" "del macho cabrío," Dan. 8:8, 22, y se designa á varios de sus reyes con el nombre de "el Rey del Norte," como término opuesto al de "Rey del Sur," es decir, de Egipto, en el cap. 11. El vers. 6 se refiere al tercer rey Seléucida, Antíoco (II.) Theos, 261–246 A. C., vers. 7–9, á su hijo y sucesor Seleuco (II.) Callinico 246–226 A. D., ver. 10, á sus dos hijos, Seleuco (III.) Cerauno, 226–223 A. C., y á Antíoco (III.) el Grande, 223–187 A. C., cuya carrera se predijo en vers. 11–19. Desde su reinado data la sujeción de los Judíos á los Seléucidas. El vers. 20 se refiere á Seleuco (IV.) Filopator, 187–175 A. C., titulado "rey de Asia" en 2 Mac. 3:3, y en Dan. 11:20—"supresidor de exacciones." Sucedióle su hermano menor Antíoco (IV.) Epífanes, 175–164 A. C., quien oprimió terriblemente á los Judíos, según lo había predicho Daniel, 11:21–30. Los Seléucidas restantes tuvieron reinados cortos y turbulentos. En tiempo de Simón Macabeo, 143 A. C., los Judíos adquirieron, por algún tiempo, cierto grado de independencia, y esta llegó á ser más completa bajo el mando de su hijo Juan Hircano.

La ERA SELÉUCIDA data desde la victoria obtenida por Seleuco I. sobre Antígono, en Babilonia, 312 A. C. Esta éra prevaleció largo tiempo en el Asia central y occidental. Los Judíos se vieron forzados á adoptarla para las fechas de sus contratos civiles, etc., después que pasaron del dominio de los reyes griegos de Egipto al de Antíoco el Grande y sus sucesores, 200 A. C., y continuaron usándola hasta la clausura final de sus escuelas en el Eufrates, 1040 A. D., tiempo desde el cual han computado su éra desde la creación.

SELMÓN, *que da sombra*. I., Ahohita, heroe de David, 2 Sam. 23:28, llamado Ilai Ahohita en 1 Crón. 11:29.

II. Colina arbolada en Samaria, 3 ó 4 millas al sudoeste de Siquém. De allí sacó leña Abimelec para quemar la fortaleza donde estaban los Siquemitas, haciéndolos salir de ella, Jue. 9:48. En Sal. 68:14, su aspecto, cuando los copos de nieve flotan sobre su colina en todas direcciones, parece simbolizar la facilidad con que Dios obliga á sus enemigos á dispersarse.

SELOMIT, *pacífico*, Lev. 24:11, mujer de la tribu de Dan, cuyo marido era un egipcio, y cuyo hijo fué lapidado por blasfemo.

SELSAH, *sombra*, 1 Sam. 10:2, lugar en la frontera meridional de la tribu de Benjamín, y que se conjetura ser el que ahora se llama Beit-Jala, media milla al occidente de la tumba de Raquel, al norte de Betlehem.

SELUMIEL ó SALAMIEL, *amigo de Dios*, Núm. 1:6; 2:12, príncipe Simeonita en la época del Éxodo.

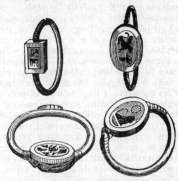

SELLO. El uso de los sellos, no solo como adornos sino como artículos de utilidad, ha sido general en el Oriente, puesto que pueden emplearse convenientemente en lugar de la firma. Algunos eran de oro, de plata, ó de bronce, otros de piedras preciosas ó comunes, engastadas en metal, y otros de barro cocido ó loza. Los pequeños se ponían en los anillos; los grandes eran de varias formas. Muchos de estos eran cilindros de dos ó tres pulgadas de largo, que se usaban á manera de rodillos y se suspendían del pecho, Cant. 8:6, ó se llevaban atados á la muñeca como los llevan hoy día muchos Árabes, Gén. 38:18, 25. El hebreo "HOTHAM," *sello ó anillo*, era también un nombre propio, 1 Crón. 7:32; 11:44. El arte de grabar sellos es muy antiguo, Exod. 28:11, etc. El sello llevaba el nombre del dueño y el título ó alguna divisa escogida á drede, y generalmente tenía grabados en varios lados; y si estaba engastado, podía girar en un eje, como los cilindros. Entre los Babilonios, según se ve por las pinturas y otras representaciones que de ellos han quedado, casi todos los hombres llevaban sellos y éstos eran por lo común de un carácter religioso, y muchos anillos de Egipto llevan en sus sellos los nombres é imágines de los dioses de aquella nación. Todavía existen los anillos de Totmes III. y de Aménofis III., reyes de la 18ª dinastía (1400 A. C.); el cilindro de sello de Ilgi, rey caldeo de Ur, como 2,000 A. C.; uno de feldspato verde, encontrado en las ruinas del palacio de Sennaquerib, en Koyunjik, y que se cree era sello real, y otro del rey persa Dario Hystaspis. Los documentos públicos y privados eran legalizados con la impresión del sello. Algunas veces se untaba éste con una tinta espesa, y se estampaba en el documento; y otras, como entre los Caldeos y Asirios, se estampaba en barro fresco, que luego era cocido, y en muchos casos se ataba al documento con cuerdos. En los climas calientes los sellos de barro eran preferibles á los de cera. Véase So. La impresión del sello real le daba á cualquier documento la fuerza de ley ó decreto, 1 Rey. 21:8; y el acto de investir á una persona, ya fuese temporal ó permanentemente, con el carácter de agente del rey, era confirmado con el traspaso del sello real, Gén. 41:42; Ester 3:10, 12; 8:2, 8, 10; comp. Tobías 1:22. Un pedazo de barro sellado aseguraba las cuerdas que se ponían al rededor de las cajas, sacos, y rollos de los libros, Isa. 8:1c, Apoc. 5:1; empleábase también un medio semejante para sellar las puertas y otras cosas que podían abrirse, Cant. 4:12; Dan. 6:17; Mat. 27:66; Apoc. 20:3. En los tiempos modernos, los que han viajado por el Oriente han notado la misma costumbre. Se hace referencia al uso del barro para sellar, en Job 38:14. Siendo el sello por lo general un artículo hermoso y de mucho valor, era altamente apreciado y cuidadosamente guardado por su dueño, Cant. 8:6; Jer. 22:24; Hag, 2:23. Poníanse sellos á las escrituras que se hacían para hacer constar el traslado de alguna propiedad. La costumbre hebrea exigía que se pusiese el sello del comprador como prueba de un derecho, y que se hiciesen dos documentos, uno perfectamente sellado, y el otro abierto, Jer. 32:8-15, 44. Se ha averiguado que las planchas ó tablas de loza, de una á cinco pulgadas de largo—encontradas entre los restos exhumados que se asignan á la primera monarquía caldea, antes de 1300 A. C.—son escrituras y contratos. Dichos documentos están escritos por ambos lados, en renglones muy juntos y con caracteres cuneiformes, excepto en la parte aplanada y sellada con el cilindro. Después de escrita y sellada la plancha, se co-

cinaba, y en seguida se la envolvía en una capa delgada de barro blando, sobre la cual se inscribía el título del documento, y todo junto se ponía de nuevo en el fuego. Recientemente se han descubierto en Babilonia los archivos de una rica compañía bancaria, los cuales incluyen documentos de negocios que se hicieron en el tiempo transcurrido desde el reinado de Nabucodonosor hasta el de Dario Hystaspis. Entre esos documentos había algunos guardados en grandes jarros. Los contratos y convenios eran sellados por ambas partes contratantes, Neh. 9:38; 10:1. Los Griegos y los Romanos tenían sus sellos puestos por lo general en anillos, 1 Mac. 6:15, y los imprimían en barro ó en cera.

En el estilo figurado, sellar significa autenticar una cosa ó dar fé de ella, Dan. 9:24; Juan 3:33; 6:27; Rom. 4:11; 1 Crón. 9:2; 2 Tim. 2:19; dar ó comunicar seguridad, Deut. 32:34; Job 14:17; Cant. 4:12; Ezeq. 28:12; Rom. 15:28; mantener sigilo, Isa. 29:11; Dan. 12:4, 9. Un hombre sella lo que tiene por suyo para que sea guardado con seguridad: así se dice que Dios sella á sus servidores, Apoc. 7:2, 3; 14:1; comp. Ezeq. 9:4, 6. Él sella á los creyentes comunicándoles su Espíritu, y los hace así hijos suyos, y da fé de que son tales, 2 Cor. 1:22; Efes. 1:13, 14; 4:30.

SELLUM, I., *retribución*, asesino de Zacarías, rey de Israel, y usurpador de su trono, 772 A. C. Reinó solamente un mes, y fué muerto en Samaria por Manahem, 2 Rey. 15:10-15. Véase ZACARÍAS.

II. Véase JOACAZ, II.

III. Marido de Hulda la profetiza, en la época de Josías, 623 A. C., 2 Rey. 22:14. A otros de este nombre se alude en 1 Crón. 2:40; 7:13; 9:17, 19, 31; Esd. 2:42; 7:2; 10:24, 42; Neh. 3:12; 7:45; pero poco se sabe de ellos.

SEM, *nombre*, uno de los hijos de Noé, Gén. 5:32; 6:10, nombrado siempre antes de Cam y de Jafet, como hijo mayor, ó como el progenitor de los Hebreos. En Gén. 10:21, la expresión "hermano mayor" puede aplicarse á Sem en vez de á Jafet. Sem tenía 98 años de edad en la época del diluvio, Gén. 7:13; comp. 11:10; y su hijo Arfaxad nació dos años después de ese acontecimiento. Los Hebreos descendieron de Heber, nieto de Arfaxad, por la progenie de su hijo Peleg, Gén. 11:12-16, 18-26; y muchas tribus árabes descendieron también de Heber, por la de su hijo Joctán, Gén. 10:25-30; y Elam, Assur, Lud y Aram, hijos también de Sem, vers. 2-

fueron progenitores de otras naciones. Sem murió á la edad de 600 años, Gén. 11:10, 11. Según lo que se ve en la cronología registrada en el texto hebreo, Sem en el primer siglo de su edad, fué contemporáneo de Matusalem, quien en los primeros 243 años de la suya lo fué de Adam; y cuando Sem murió, Abraham tenía ya 148 años de edad. Sem recibió de su padre una bendición, Gén. 9:26, en forma de doxología dirigida á "Jehová," que más tarde habría de revelarse especialmente como "el Dios de Sem." Del linaje de este eran los patriarcas escogidos, é Israel, y finalmente el Mesías, Luc. 3:23-36. Muchos sabios Judíos y Cristianos consideran que parte del versículo 27 del cap. 9 del Génesis debe incluirse en la bendición de Sem, y á la verdad Reina vertió dicho versículo de acuerdo con esa opinión: "Ensanche Dios á Jafet, y habite" (Dios, no Jafet) "en las tiendas de Sem." Comp. Ex. 25:8; Núm. 5:3. Otros, sin embargo, creen que Jafet es el sujeto del verbo habite, y hallan esta profecía cumplida espiritualmente en el hecho de haber sido los gentiles admitidos á la gloria de Dios, Efes. 2:13, 14; 3:6. La servidumbre á que Sem tendría que sujetar á Canaán. Gén. 9:26, fué cumplida en parte por la subyugación de los Cananeos á manos de Israel, Jos. 23:4; 2 Crón. 8:4, 7, 8; comp. 10:15-18; 15:18-21. Las regiones pobladas por los descendientes de Sem, entrecortan porciones de Jafet y de Cam. Hay una familia de lenguas que se denomina Semítica porque pertenece á naciones descendientes de Sem; en esta están comprendidas el hebreo, el caldeo, el siriaco, el arábigo, el etíope, etc.; pero en esta clase general están incluidas varias lenguas que se hablan por los descendientes de Cam.

SEMA, *fama*, Jos. 15:26, ciudad en el territorio asignado primero á Judá. Véase SEBA III. Probablemente se halla en Tel Jemne, 9 millas al S. O. de Gaza.

SEMANAS, ó periodos sucesivos de siete días cada uno, los cuales coinciden parcialmente con los cuatro cambios de la luna, eran conocidas desde los primeros tiempos entre naciones que estaban remotas entre sí en Europa, Asia y África, Gén. 8:10; 29:27; 50:10. Véase SÁBADO. Los Hebreos tenían solamente nombres numerales para los días de la semana. Con excepción del Sábado, los nombres usados entre nosotros fueron tomados de la mitología latina, menos el Domingo. Los Judíos llamaban el domingo, "uno (ó primero) del Sá-

bado," es decir, el primer día de la semana, Lunes era "duo (ó segundo) del sábado." Una semana profética, y una semana de años, eran iguales, pues cada una tenía siete años; y una semana de años sabáticos, ó cuarenta y nueve años, completaba el término para el año del jubileo. En Juan 20:26, se dice que los discípulos se reunieron después de "ocho días," evidentemente después de una semana, ó el octavo día después de la resurrección de nuestro Señor. Véase TRES.

SEMEBER, *remontándose á lo alto*, rey de Zeboim en tiempo de Abraham, Gén. 14:2-10.

SEMEI, Luc. 3:26, individuo que se menciona en la genealogía de Cristo, y era tal vez Semaías, 1 Crón. 3:22.

SEMEÍAS, *Jehová oye*, nombre de muchos Hebreos, de entre quienes pueden especificarse I., uno de los Levitas principales que ayudó á David á transportar el arca de la casa de Obed-edom á Jerusalem, 1 Crón. 15:8, 11, 12; como por el año 1042 A. C.

II. Levita que hizo para David un registro de las 24 clases sacerdotales, 1 Crón. 24:6, como por el año 1015 A. C.

III. Profeta por cuyo conducto prohibió Dios á Roboam llevar á cabo su intento de recobrar por medio de las armas las diez tribus rebeladas, 1 Rey. 12.21-24; y que algunos años después, con motivo de la invasión de Sisac, exhortó á Roboam y á su corte al arrepentimiento, 2 Crón. 12:5-8. Era un cronista del reinado de Roboam, vers. 15.

IV. Falso profeta entre los Judíos desterrados en Babilonia, que resistió al profeta Jeremías, é hizo que el castigo divino recayera sobre sí mismo y sobre su familia, Jer. 29:24-32.

V. Falso profeta sobornado por Sanballat y Tobías, que trató de atemorizar á Nehemías para hacerlo retirar cobardemente dentro del templo, Neh. 6:10-14.

SEMER, *heces de vino*, el primer propietario del cerro en que Omri edificó á Samaria, 1 Rey. 16:24.

SEMPITERNO, *eterno;* el término hebreo OLAM, *mundo*, y el griego AYON, *edad ó época*, en sus varias formas, denotan una duración continua, generalmente sin fin determinado, Dan. 4:3, 34; Heb. 9:14 Cuando se habla de ciertas cosas cuya duración es limitada, pero extraordinaria, suele en la Biblia española hacerse uso de la palabra *eterno*, como en Gén. 49:26; *perpétuo*, como en Gén. 17:13. Al tratarde Dios y de sus atributos, las palabras originales se traducen por "desde el siglo hasta el siglo," Sal. 90:2; "de todos los siglos," Sal. 145:13; "del siglo," Isa. 40:28; "siglos de los siglos," Heb. 1:8, y expresan de un modo absoluto la duración sin fin. Las expresiones "por los siglos de los siglos" y por "siempre jamas"—que en el original son una misma—se usan 20 veces en el Nuevo Testamento: en 16 casos hablando de Dios mismo; en una, de la futura bienaventuranza de los redimidos; y en dos del castigo que se espera á los impíos. Las decisiones del día del juicio son finales tanto con respecto á aquellos como con respecto á estos, Mat. 25:46; 1 Juan 3:15; 5:11.

SEN, *diente*, 1 Sam. 7:12, probablemente un peñasco agudo, notable, semejante al "Seneh," 1 Sam. 14:4.

SENAA, *espinoso*, lugar cuyos habitantes volvieron con Zorobabel, 536 A. C., Esd. 2:35; Neh. 7:38; y según Neh. 3:3, donde se antepone el artículo hebreo (has-Senaa,) construyeron la puerta de los pescados 445s A. C. Se hallan señales de dicho lugar en Magdala-Senna, mencionada por Eusebio y Gerónimo, ahora Kh. el-Aujah, siete millas al norte de Jericó.

SENAN, *pnntiagudo ó terreno de pasto*, nombre de un pueblo en el sudoeste de la tribu de Judá, Jos. 15:37, situada en Kh. Zeidán, cuatro millas al sur de Laquis.

SENCILLO y SENCILLEZ, ó SIMPLE y SIMPLICIDAD, son palabras que á veces se usan en la Biblia en un buen sentido, denotando sinceridad, candor, ignorancia ingénua del mal, 2 Sam. 15:11; Rom. 16:19; 2 Cor. 1:12; 11:3; otras en sentido malo, denotando una sencillez atolondrada tanto mental como moral, Prov. 1:22; 9:4; 14:15; 22:3; y otras por último, en el sentido de mera ignorancia ó falta de experiencia, Prov. 1:4; 21:11.

SENE, *mata de espino*, el más meridional de los dos "peñascos agudos" que hay entre Gabaa al sur y Micmás al norte, 1 Sam. 14:4, 5. Entre *Jeba* y *Mukmas* que distan entre sí cosa de una milla, está el profundo valle Suweinit, cruzado por "el paso de Micmás," 1 Sam. 13:23; Isa. 10:28, 29. Las "rocas" pueden denotar sus costados escabrosos, ó tal vez los collados que obstruyen su lecho.

SENIR, *pico nevado*, nombre amorreo dado al monte Hermón, Deut. 3:9; Ezeq. 27:5; ó quizá á sólo una parte de este, 1 Crón. 5:23; Cant. 4:8. El historiador y geógrafo árabe Abulfeda, 1,200 A. C., dice

que la parte del Anti-Líbano situada al norte de Damasco, y que se llama ahora Jebel esh-Shurky, esto es, *montaña oriental*, es el Senir. Véanse HERMÓN y SIRIÓN.

SENNAQUERIB, en los monumentos Sin-Akhi-erba. *Sin* (el dios luna) *aumenta los hermanos*, rey de Asiria, hijo y sucesor de Sargón, 705-681 A. C. Las inscripciones contemporáneas á él hechas en cilindros, los toros esculpidos, y las losas de piedra—cosas que después de haber estado enterradas por mucho tiempo, se han exhumado recientemente—confirman y completan de un modo notable las alusiones que la Biblia hace á Sennaquerib. En el segundo año de su reinado, sufocó una rebelión en Babilonia, donde Merodac-baladan, destronado algunos años antes por Sargón, se había restablecido como rey. Nombrando un virey asirio en Babilonia, Sennaquerib hizo la guerra, con buen éxito, contra las tribus errantes en el Tigris y el Eufrates, contra los habitantes de las montañas de Zagros al este de Asiria, y contra una comarca, que hasta entonces había estado independiente, de la Media. En 701 A. C. dirigió una campaña contra las ciudades fenicias, filisteas y judaitas, todas las cuales habían sido tributarias de Asiria, y se habían sublevado, comp. 2 Rey. 16:7-9; 18:7. Subyugó á la Fenicia y á la Filistia, derrotando un ejército egipcio enviado para auxiliar á Ekrón, y volvió sus armas contra Ezequías, quien había instigado la rebelión de los ekronitas. Sennaquerib atacó las ciudades fortificadas de Judá, 2 Reyes 18:13; 2 Crón. 32:1, de las cuales pretendió haber capturado 46, con las fortalezas y aldeas que había en sus cercanías, y con sus despojos; también dijo que había aprehendido á más de 200,000 Judaitas, y que se había preparado para sitiar á Jerusalem, construyendo torres á su alrededor, y trincheras en frente de sus puertas. Si estas crónicas son exactas, Isaías tal vez se refirió á esa desolación y cautividad de Judá en el cap. 24:1-12; y en el cap. 22:1-13, á ese sitio de Jerusalem, para cuya defensa Ezequías se preparó reforzando las murallas y desviando las aguas que corrían á extramuros de la ciudad, 2 Crón. 32:2-8. Ezequías envió embajadores á Sennaquerib á Laquis, con un mensaje de sumisión, y pagó un tributo de 30 talentos de oro, y 300 talentos de plata, 2 Reyes 18:14. La suma de oro es la misma en la inscripción asiria; pero la de plata allí apuntada es de 800 talentos. Tal vez

Sennaquerib exigió los 500 talentos más al descubrir que los recursos de Ezequías le permitían pagarlos, vers. 15. La crónica asiria agrega que muchas de las ciudades de Ezequías, fueron dadas á los reyes de Asdod, Askelón, Ekrón y Gaza. En 700 A. C. Sennaquerib sufocó otra revuelta en Babilonia, é hizo virey á su hijo mayor. Se cree que después de esto, 2 Crón. 32:9, Ezequías, contando con el auxilio de Egipto, se sublevó otra vez contra Asiria, y efectivamente así se trasluce de la narración de la Biblia, Isa. 30:1-7; 31:1; 36:6; que Sennaquerib invadió de nuevo á Judá, y allí sufrió aquel tremendo revés del que naturalmente sus propios monumentos nada dicen, pero al cual, según parece, se hace referencia en una historia egipcia. Puede haber habido un año ó dos de íntervalo entre esas dos invasiones. Desde Laquis, Sennaquerib envió embajadores y tropas á Jerusalem para exigir con insultos que Ezequías se rindiese á discreción, 2 Reyes 18:17-37; también los envió de Libna, desafiando á Jehová, 2 Rey. 19:8-13. Ezequías puso ante el Señor las amenazas y blasfemias de Sennaquerib, por conducto de Isaías y recibió la promesa de que tendría la protección divina. Esa promesa se cumplió muy en breve: 185,000 Asirios fueron vencidos milagrosamente "aquella noche," vers. 1-7, 14-35; Isa. 31:4-9; 37:29, 33-36. Esto debió de ocurrir en Libna ó en algún punto más cerca de Egipto, hacia el cual debió de marchar Sennaquerib para salir al encuentro del ejército etíope, 2 Rey. 19:9. Una historia egipcia referida por Herodoto, dice que á Sennaquerib se le hizo resistencia en Pelusium por una fuerza inferior al mando de un rey egipcio llamado Setos, quien invocó el auxilio de sus dioses; y que en la noche los ratones campestres royeron las cuerdas de los arcos de los Asirios, quienes huyeron en la mañana siguiente. Sennaquerib volvió á Nínive, vers. 36, y, según se cree, no volvió á molestar desde entonces ni á Palestina ni á Egipto. Siguió haciendo guerra con buen éxito en Armenia y Media contra los Babilonios, que se habían rebelado nuevamente, y contra sus aliados los Susianos, á quienes asaltó por el Golfo Pérsico con una fuerza naval fenicia. En los últimos ocho años de su reinado, Babilonia debió de estar independiente; pero se sometió á su sucesor Essar-haddon. Por los años 681 A. C., Sennaquerib fué asesinado por dos hijos suyos, en tanto que oraba en un templo, 2 Rey. 19:37; comp.

vers. 7. Le sucedió su hijo menor y favorito.

La pintura que hace Isaías del orgullo

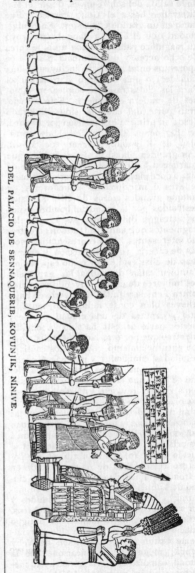

DEL PALACIO DE SENNAQUERIB, KOYUNJIK, NÍNIVE.

de Sennaquerib (este rey, sin embargo, era un instrumento de Dios), Isa. 10:12-27, se confirma por el tono jactancioso de sus inscripciones: se llama á sí mismo "el subyugador de reyes desde el mar superior de la puesta del sol hasta el mar inferior de la salida del sol," esto es, desde el Mediterráneo hasta el Golfo Pérsico. Fué también un grande edificador. En Nínive, ciudad que él hizo su capital, construyó un magnífico palacio de una area de cerca de ocho acres, y que contenía más de 60 aposentos en el piso bajo, incluyendo una sala de 180 piés de largo y 40 de ancho. Para los cielos rasos se emplearon tablones de madera extranjera. Este palacio, gran parte del cual ha sido explorado desde su primera exhumación por Layard, en 1847, ocupa el ángulo S. O. del terraplen de Koyunjik, enfrente de Mosul. Las grandes planchas de alabastro que guarnecen los cuartos hasta la altura de diez ó doce piés, estaban cubiertas de bajorelieves é inscripciones cuneiformes; y aunque grandes trozos de ellas han sido destruidos por la mano del hombre y por los estragos del tiempo, las lozas y los fragmentos que han quedado son en extremo interesantes. Hay representadas escenas de cacería y de construcción, y en muchas de ellas está el rey como espectador. También están dibujadas las expediciones militares de este, incluyendo su guerra contra Fenicia y Judá. Una serie de bajorelieves bien conservados representa el sitio y captura de una ciudad grande y fuerte; parte de esta ha sido ya tomada, mientras por otro lado la batalla sigue con encarnecimiento. Vense los cautivos desollados, empalados y pasados á cuchillo. Desde una de las puertas de la ciudad se lleva una larga procesión de prisioneros ante el rey, que está sentado en su trono afuera de la ciudad. Dos eunucos están de pié detrás de él, teniendo en las manos abanicos y toallas. El visir, acompañado de oficiales del ejército, presenta á los prisioneros. La incripción se ha traducido asi: "Yo, Sennaquerib, el rey poderoso, rey del país de Asiria, sentado en el trono de la justicia en la puerta de la ciudad de Laquis; doy permiso para la matanza." Los cautivos están desnudos y por su aspecto se conoce que son Hebreos. Sennaquerib restauró también un antiguo palacio en Nínive, el cual ha sido parcialmente exhumado del terraplen de Neby Yunus; mejoró las fortificaciones de la ciudad, canalizó el Tigris, construyó acueductos, y edificó un templo á Nergal.

Poco debió de prever Sennaquerib la destrucción de su soberbia metrópoli, y menos aún que las ruinas de su palacio conservarían hasta este remoto tiempo las planchas que contenían su propia historia, y la imagen de su dios Nisroc, que tan incapaz fué de defenderlo, para dar testimonio en pró del Dios de quien blasfemó y á quien desafió. Véanse NÍNIVE, NISROC, SARGÓN, y SO.

SENO. Los Orientales usaban vestidos largos, anchos y sueltos, y cuando tenían que llevar algo que no les cabía en las manos, solían servirse del pliegue que tenían en el seno del vestido, arriba del cinturón, Luc. 6:38. Véanse CINTURÓN y VESTIDURAS, La expresión "llevar en el seno," llegó á generalizarse, aun cuando el objeto fuese demasiado grande para poder ser llevado asi. Por eso vemos que en Isa. 65:6, 7, se dice: "Yo les mediré su obra en su seno." Se dice que nuestro Salvador lleva sus corderos en su seno, lo que de un modo muy hermoso representa el tierno cuidado y vigilancia que por ellos tiene, Isa. 40:11. Véanse ABRAHAM (SENO DE) y COMIDA.

En Prov. 19:24; 26:15, se halla también mal traducida por "seno" la palabra hebrea que en 2 Reyes 21:13 se traduce por "escudilla," y en 2 Crón. 35:13, se traduce por "olla."

SEÑAL, manifestación, prenda ó prueba, Gén. 9:12, 13; 17:11; Ex. 3:12; Isa. 8:18. También un portento sobrenatural, Lucas 21:11, 25, y un milagro considerado como manifestación del poder divino, Ex. 4:7-9; Mar. 8:11. Las "señales" del Antiguo Testamento no fueron distribuidas con igualdad, pues se sabe que fueron más numerosas que de costumbre en tres épocas críticas: en la emancipación de Israel de Egipto y su establecimiento en Palestina; en el periodo de su apostasía en tiempo de Elías y de Eliseo, y durante su cautividad en tiempo de Daniel. Los milagros de Cristo fueron predichos, Isa. 42:7; Mat. 8:17. Compárese la pregunta hecha por los discípulos de Juan, y los milagros que Cristo obró en respuesta, Luc. 7:19-23; también Mateo 12:23; Juan 7:31. Los consignados por los evangelistas fueron sólo muestras de otros muchos, Mat. 4:23; 8:16; Luc. 6:17-19; Juan 2:23. Las "señales del cielo," eran los movimientos y aspectos de cuerpos celestes, de los cuales pretendían los astrónomos paganos obtener revelaciones, Isa. 44:25; Jer. 10:2. Véase Navío.

SEÑOR. Este nombre pertenece á Dios por preeminencia, y en este sentido nunca debe darse á ninguna criatura. Á Jesu-Cristo como el Mesías, el Hijo de Dios, é igual con el Padre, se le llama á menudo Señor en las Escrituras, especialmente en los escritos de Pablo. Véase JEHOVÁ.

SEPULCRO. Lugar donde se enterraba; una sepultura ó tumba. El primero que se menciona en la Biblia, que es el de Abraham, era una cueva en el campo de Macpela, cerca de Hebrón, Gén. 23. Véase HEBRÓN. Entre los Hebreos las sepulturas de familia eran comunes y muy estimadas, Gén. 49:29-32; 50:13; Jue. 8:32; 16:31; 2 Sam. 2:32; 21:14; comp. 2 Sam. 19:37, y 1 Rey. 13:22. Ellos tenían también cementerios públicos, 2 Rey. 23:6; Jer. 26:23; Mat. 27:7. Sus sepulcros eran algunas veces subterráneos, Gén. 35:8; 1 Sam. 31:13; Ezeq. 39:15; Luc. 11:44; pero muchos de ellos estaban en la falda

TUMBAS TALLADAS EN LA ROCA, PETRA.

de algún cerro, 2 Rey. 23:16. En los cerros de Palestina abundan las cavernas naturales, y estas se usaban á menudo como sepulturas. Para ese objeto se ensanchaban ó se les hacían otras alteraciones necesarias, Gén. 50:5, 13. Tallábanse también las sepulturas en la roca sólida, á gran costa, Isa. 22:16; Mat. 27:57-60. Comp. Isa. 53:9. Sepulturas de esta clase, primorosamente adornados, son numerosas en Petra. Véanse los grabados y la palabra SELA. Cuevas que sirven de cementerio á lo largo de las bases de los cerros, son comunes en todas partes de Siria; como, por ejemplo, en el costado sur de Hermón, en el occidental de Naín, en la garganta del Bárada, y en los peñascos marítimos al norte de Acre. Los cementerios se hallaban comunmente á extramuros de los ciudades,

como sucede en la actualidad en Siria, Mar. 5:1-5; Luc. 7:11-14; y parece que se

OTRAS SEPULTURAS, ETC., EN PETRA.

hace notar como caso excepcional, que los reyes de Judá eran sepultados en Jerusalem, en el monte Sión, 1 Rey. 2:10; 11:43; 15:24; 2 Rey. 9:28; 2 Crón. 16:14; 32:33; 35:24; Neh. 3:16; comp. Hech. 2:29. El buen sumo-sacerdote Joiada participó de este honor regio, 2 Crón. 24:16; del cual fueron privados algunos reyes, 2 Crón. 21:6-20; 26:23; 28:27. El profeta Samuel fué enterrado "en su casa en Rama,"

"TUMBA DE ABSALÓM," TUMBAS DE PIEDRA Y SEPULTURAS EN EL VALLE CEDRÓN.

1 Sam. 25:1, tal vez en el jardín, comp. 2 Rey. 21:18, con 2 Crón. 33:20, ó en una casa sepulcral, Job 30:23; Ecles. 12:5.

Véase también Josué 24:30; 1 Reyes 2:34. Los reyes de Israel eran sepultados en Samaria, después de establecida su capital allí, 1 Rey. 16:28; 22:37. Parece que las inscripciones sepulcrales eran raras entre los Hebreos; pero algunas veces se les ponían columnas á las sepulturas en señal de honor, Gén. 35:20; otras, se les ponían montones de piedras en señal de deshonra; Jos. 7:26; 8:29; 2 Sam. 18:17. La palabra hebrea traducida "título" en 2 Rey. 23:17, se traduce "mojón" ó "señal" en Ezeq. 39:15. Según la ley mosaica, el contacto con los sepulcros producía contaminación, Núm. 19:16; comp. Isa. 65:4. En el tiempo de Cristo, era costumbre de los Judíos todas las primaveras blanquear la parte exterior de las sepulturas, para preservarse de la contaminación, y Cristo compara á los Fariseos hipócritas con semejantes sepulcros, Mat. 23:27, 28; también á los sepulcros que no lo parecen, por no sugerir á los que los observan con admiración ninguna idea de su corrupción interior, Luc. 11:44. Los Fariseos considerabar como un acto de piedad el preservar y adornar los sepulcros de los profetas; con todo, estaban tan lejos como lo habían estado sus padres—quienes habían dado muerte á los profetas—de honrar los principios de los siervos de Dios. Dieron á conocer esto oponiéndose y dando muerte al Profeta divino y á sus discípulos, Mat. 23:29–36; Luc. 11:47–51. En el Oriente así como en otras partes, la veneración supersticiosa hacia los sepulcros y los huesos de hombres reputados como santos, vá todavía acompañada de la violación habitual de muchas de las leyes de Dios.

El Mishna, por el año 200 A. D., describe una tumba judaica de roca, diciendo que consiste de an atrio en la entrada bastante grande para que en él quepan uu ataud y los que lo llevan, etc.; y que por una abertura tapada con una grande piedra, que puede quitarse haciéndose rodar, Mat. 27:59–66; Mar. 15:46; 16:1–8; Luc. 24:1–12; Juan 11:38–44; 19:38–42, se penetra en una cámara de tres yardas cuadradas ó más, cuyos otros tres costados contienen nichos, cada uno para un cadáver. En algunos casos esa entrada daba paso por diferentes lados á varias cámaras análogas. Los nichos habían sido tallados en

EL SEPULCRO DE RAQUEL, CERCA DE BETLEHEM.

la roca, y tenían una extensión horizontal de seis piés ó más, y como dos piés de ancho y tres de altura; el cadáver era colocado en uno de ellos, sin cajón, con los piés hacia afuera, y entonces se tapaba la entrada ó abertura con una piedra. Algunas veces había 2 ó 3 hileras de nichos con un borde en frente, en el cual descansaban las piedras que servían para cerrarlos. Los sepulcros hebreos de los tiempos primitivos debieron de ser más sencillos, como lo han sido los de la gente pobre en todo tiempo, y no siempre impedían que los muertos se tocaran mutuamente, 2 Rey. 13:21. Después de la introducción de las costumbres griegas y romanas, usáronse también nichos poco profundos paralelos al costado de la cámara, no en ángulos rectos con ella; y varios de esta clase se hallan en algunos de los panteones cercanos á Jerusalem, y tal debió de ser el sepulcro de Cristo, pues se nos dice que un ángel estaba sentado á la cabecera y otro á los piés del nicho, Juan 20:12.

Los sepulcros más notables de Palestina son la cueva de Macpela, bajo la mezquita de Hebrón; el sepulcro de José cerca de Siquém, Jos. 24:32; el sepulcro tradicional de David y de su dinastía, en el monte Sión, en el lado exterior del muro de la ciudad, y bajo un edificio que en un tiempo fué iglesia cristiana, y ahora es una mezquita; el sepulcro tradicional de Cristo, bajo la "Iglesia del Santo Sepulcro," dentro de Jerusalem; los denominados "Sepulcros de los Reyes," como media milla al norte de Jerusalem; "de los Jueces," como una milla al norte de la ciudad; y "de los Profetas," en la falda occidental del monte de los Olivos. Este último puede considerarse como muestra de un sepulcro puramente Judaico, que era en su

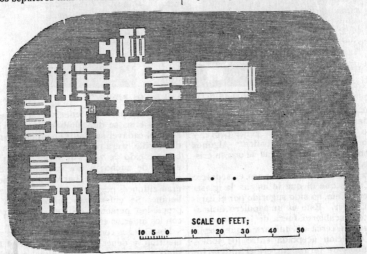

SEPULCROS DE LOS PROFETAS EN EL MONTE OLIVETE.

origen una cueva natural, que tenía solamente nichos profundos, y carecía de molduras arquitectónicas tales como las que indican el origen posterior de muchos de los sepulcros que rodean á Jerusalem. "Los Sepulcros de los Jueces" se hallan en un lugar que contiene tres cámaras, con cosa de 60 nichos profundos arreglados en tres hileras. Muchos suponen que el extenso y costoso panteón llamado "Sepulcros de los Reyes," fué obra de Elena, reina de Adiabene, pequeño reino al este del Tigris. Esta soberana fué prosélita del judaismo, y una bienhechora de los pobres de Jerusalem, en el hambre predicha por Ágabo, Hech. 11:28. Se llega á ese panteón pasando por una puerta baja en forma de arco (cerrada por una pesada piedra rodadiza), que da paso á un atrio abierto, excavado en la roca, y de una extensión de 92 piés de largo por 87 de ancho. Al oeste de dicho panteón hay un vestíbulo de 39 piés de ancho, con un friso ricamente esculturado. En el costado sur del vestíbulo se halla la bajada al sepulcro, que consiste en una especie de antesala como de 20 piés cuadrados, con tres cámaras cuadradas que se comunican con ella, dos de las cuales están en un nivel más bajo, y se comunican con la superior por medio de unos escalones. Una de estas cámaras más bajas da entrada por su lado norte á una cuarta cámara. En los costados de todas éstas, hay muchos nichos embutidos

615

para recibir los cadáveres. La cámara más interior contenía antiguamente dos sarcófagos de piedra ricamente ornamen-

tados. Los sepulcros que se hallan en el declive meridional del valle de Hinnóm, llamado valle er-Rababi, sirvieron de her-

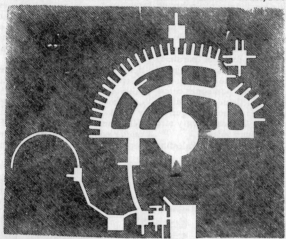

PLAN DE LAS "TUMBAS DE LOS REYES."

mitas en los primeros siglos de la iglesia cristiana, y fueron posteriormente usados como habitaciones por la gente pobre, y como abrigo para los rebaños. Algunos tienen inscripciones griegas de origen cristiano.

Un sitio más probable para el sepulcro de Cristo, que el que le asigna la iglesia de Jerusalem, ha sido sugerido por el capitan Conder. Este es un sepulcro últimamente descubierto, fuera de los muros de Jerusalem, cerca de un paraje que, según una tradición aceptada entre los Judíos españoles de Jerusalem, era el antiguo lugar de ejecución, lo cual concuerda con la descripción hecha de "la casa de apedreamiento," por los escritores judíos del segundo siglo. El sepulcro tiene la forma de los nichos poco profundos de que antes hablamos, Juan 19:17-20, 41; 20:12.

Los Egipcios excavaron grandes panteones en las montañas que limitan el valle del Nilo, Exod. 14:11. Sus pirámides fueron erigidas como tumbas de sus reyes. Véase EMBALSAMAMIENTO.

En la parte bajo de la Caldea los panteones, Gén. 11:28, según aparece de las excavaciones practicadas en las vastas y numerosas moles sepulcrales de las ciudades antiguas, como por ejemplo en Mugheir y Warka (probablemente Ur y Erech), eran algunas veces bóvedas de ladrillos, bastan-

te grandes para contener varios cuerpos que en ellas se depositaban sin cajón; ó si nó, el cadáver se tendía en un pavimento de ladrillo, y era rodeado por una cerca de barro cocido de 7 piés de largo, y 2 ó 3 de alto y de ancho; ó era colocado en dos grandes jarrones de barro, cuyas bocas eran entonces pegadas la una á la otra con betún. Se enterraban varios objetos de propiedad personal, de uso y de adorno, con los muertos en Egipto y en Caldea.

Los Griegos comunmente quemaban sus muertos, y depositaban los huesos y las cenizas en urnas para sepultarlos en los cementerios públicos fuera de las ciudades. Entre los Romanos, que al principio enterraban los muertos, la práctica de quemarlos, adoptada de los Griegos, se hizo general hacia el fin de la República. La ceremonia se celebraba fuera de las ciudades.

En Isa. 65:4, los "sepulcros" son tal vez cuevas á donde los sacerdotes se retiraban para tener sueños nigrománticos.

SEPULTURA. Los Hebreos fueron en todos tiempos muy cuidadosos de la sepultura de sus muertos, Gén. 25:9; 35:29. Ser privado de entierro ó sepultura, se creía que era una de las mayores señales de deshonra ó uno de los más poderosos motivos de infortunio, Ecles. 6:3; Jer. 22:18, 19. La sepultura no le era negada á nadie, ni á los enemigos, Deut. 21:23; 1 Rey. 11:13. Los hombres piadosos consideraban como un deber sagrado el enterrar á los muertos. Cuán horrorosa á la verdad debió haber sido la vista de los cadáveres insepultos á los ojos de los Judíos, cuando creían que su tierra se manchaba si los muertos quedaban de algún modo expuestas á las miradas de persona alguna, 2 Sam. 21:14; y cuando el simple contacto con un muerto, ó con algo que hubiera tocado el cadáver, se tenía como contaminación, y hacía necesario el que se practicase una ablución ceremonial, Núm. 19:11-22.

Solamente tres casos de *cremación* ó incineración de cadáveres ocurren en la Escritura: el de los miembros de la familia de Achán, después de que fueron muertos á pedradas, Jos. 7:24, 25; el de los mutilados restos de Saúl y de sus hijos, 1 Sam. 31:12, y tal vez el de las víctimas de alguna epidemia, Amós 6:10. Acostumbrábase que los parientes más cercanos les cerrasen los ojos á los moribundos, y les diesen el beso de despedida, hecho lo cual se daba principio á los lamentos por el muerto, Gén. 46:4; 50:1. En estos lamentos, que continuaban á intervalos hasta después del entierro, eran acompañados por los parientes y amigos, Juan 11:19. A una de estas escenas es á la que se hace referencia en Mar. 5:38. Acostumbrábase también, y esta costumbre ha durado en el Oriente hasta nuestros días, el alquilar mujeres plañideras, Jer. 9:17; Amós 5:16, que elogiaban al difunto, Hech. 9:39, y por medio de dolientes gemidos y de frenéticos gestos, ayudadas á veces por melancólicos sonidos de música, Mat. 9:23, se esforzaban en expresar el más profundo dolor, Ezequías 24:17, 18.

Inmediatamente después de la muerte, el cuerpo era lavado y tendido en un cuarto conveniente, Hech. 9:37-39, y algunas veces ungido, Mat 26:12. Luego se le envolvía en un lienzo de muchos dobleces, con especias, y se le ataba la cabeza con una toalla, Mat. 27:59; y cada miembro y dedo se envolvía separadamente, Juan 11:44, como lo fueron las momias de Egipto, según se ha descubierto. A menos que el cuerpo tuviera que ser embalsamado, el entierro se verificaba muy en breve, tanto con motivo del calor del clima, como de la impureza ceremonial en que se incurría. Por rareza transcurrían 24 horas entre la muerte y el entierro, Hech. 5:6. 10; y actualmente en Jerusalem el entierro, por regla general, no puede dilatarse más de 3 ó 4 horas. El cuerpo, después de haber sido amortajado, era colocado en una tabla ó cama portátil, para ser conducido por hombres al sepulcro, 2 Sam. 3:31; Luc. 7:14. Algunas veces se usaba un ataud ó litera de más costo, 2 Crón. 16:14; y los cuerpos de los reyes y de algunos otros hombres poderosos solían colocarse en ataudes de madera ó en sarcófagos de piedra, Gén. 50:26; 2 Rey. 13:21. Los parientes acompañaban el ataud hasta el sepulcro. Este generalmente estaba fuera de la ciudad. A menudo se quemaban en el entierro especias y maderas aromáticas, 2 Crón. 16:14, 15. A veces se celebraba un banquete después de los funerales, Jer. 16:7, 8; y durante los días siguientes los dolientes acostumbraban ir al sepulcro de tiempo en tiempo á llorar, y á adornar el lugar con flores frescas, Juan 11:31. Esto se hace aun en la actualidad. Véanse EMBALSAMAMIENTO, DUELO, SEPULCRO.

SEQUÍA, era un mal á que Palestina estaba sujeta naturalmente, puesto que no caía lluvia desde Mayo hasta Septiembre. Durante estos meses de verano, el terreno se tostaba y llenaba de grietas, las corrientes y los manantiales se agotaban, y la vegetación era preservada de su extinción total por el rocío de la noche y el riego artificial. Si la lluvia no caía abundantemente en la estación que era propia, la miseria era general y espantosa. Una sequía, por lo tanto, sirve de amenaza como uno de los juicios más temibles de Dios, Job 24:19; Jer. 50:38; Joel 1:10-20; Hag. 1:11; y en la Escritura hay muchas alusiones á los horrores que resultaban de la falta de lluvia, Deut. 28:23; Salmo 32:4; 102:4.

SERA, *abundancia*, hija de Aser, nombrada tres veces entre los que emigraron á Egipto, Gén. 46:17; Núm. 26:46; 1 Crón. 7:30. El porqué fué distinguida de ese modo, es cosa que se ignora, pero los rabies tienen muchas leyendas á ese respecto.

SERAFINES, *ardientes*, seres vistos por Isaías cuando contempló á Dios en visión entronizado en el templo, Isa. 6:1-7. Represéntalos con figura humana, pero con la añadidura de seis alas. Dos pares de estas les cubren la cara y los piés, é indican la más profunda humildad y reverencia. Usan el otro par para volar, esto es, para ejecutar prontamente la voluntad del Eterno. Los serafines rodean el tronc de Dios y le alaban con cánticos alternativos. Sintiéndose el profeta oprimido po

617

la conciencia de su propia culpa y la de la nación, un serafín toma del altar y le ministra aquello que se había señalado para la expiación, Heb. 1:14. Los serafines, según parece, son diferentes de los querubines, seres celestiales á que se alude en la visión de Ezequiel, Ezeq. 1:5-25; 10; si bien los últimos, según lo que se dice en Ezeq. 1:13, 14, brillan como el fuego, que es lo que se cree denota la palabra serafín; comp. Heb. 1:7. Gesenio deriva esta palabra, no de la hebrea *saraph*, " arder," sino de la raíz de una palabra árabe que significa "alto, exaltado."

SERAÍAS ó SERAÍA, *guerrero de Jehová*, I., Judaìta, 1 Crón. 4:13, 14; comp. Jos. 15:17.

II. Escriba de David, 2 Sam. 8:17, llamado también Seba, 2 Sam. 20:25; Sisa, 1 Rey. 4:3; y Sausa, 1 Crón. 18:16.

III. Simeonita, 1 Crón. 4:35; comp. vers. 38-41.

IV. Uno de los hombres á quienes Joaquim encargó que prendiesen á Jeremías y á Baruc, por 606 A. C., Jer. 36:26.

V. Hermano de Baruc el secretario de Jeremías, Jer. 51:59-64; comp. Jer. 32:12. El rey Sedecías lo envió á Babilonia con una embajada, 595 A. C., Jer. 51:59, y Jeremías lo comisionó para que practicase allí un acto simbólico de la destrucción de la ciudad. Se le llama en este pasaje, el principal camarero, y puede haber dirigido la caravana y las paradas que ella hizo en su camino á Babilonia.

VI. El sumo sacerdote que había cuando Jerusalem fué tomada por los Caldeos, 588 A. C., y que fué condenado á muerte por Nabucodonosor en Ribla, 2 Rey. 25:18-21; 1 Crón. 6:14; Jer. 52:24-27; antepasado de Esdras, Esd. 7:1.

VII. Uno de los jefes militares judíos que aceptaron á Gedalías como gobernador, 2 Rey. 25:23; Jer. 40:8.

VIII. Sacerdote que volvió con Zorobabel, 536 A. C., Esd. 2:2; Neh. 12:1, 12; llamado Azarías en Neh. 7:7.

IX. Sacerdote que selló la alianza en tiempo de Esdras y Nehemías, 445 A. C., tal vez el mismo que se menciona como "príncipe de la casa de Dios," Neh. 11:11.

SEREBÍAS, *calor de Jehová*, Levita fiel y de confianza en el regreso de la cautividad, Neh. 8:7; 9:4, 5; 10:12; 12:8, 24.

SEREDA, *la fortaleza*, pueblo en el monte Efraím, donde nació Jeroboam, 1 Rey. 11:26; probablemente situado 2½ millas al nordeste de Beitin ó Betel.

SEREDAT, lugar de la fundición de

cobre de Salomón, 2 Crón. 4:17, ó Sartan. 1 Rey. 7:46.

SERGIO PAULO, el gobernante romano de Chipre, convertido bajo el ministerio de Pablo, Hech. 13:6-12, 45 A. D. Llámasele procónsul en la Biblia española. Era un hombre inteligente y franco. Chipre, que después de la cesión hecha por Augusto, 27 A. C., fué por un tiempo provincia imperial, y gobernada por un pretor; fué puesta por el emperador á cargo del senado, y desde entonces fué gobernada por un "procónsul." El empleo que hace Lucas del mismísimo título griego, es un ejemplo de su exactitud aun en los más pequeños detalles. En las monedas de Chipre acuñadas en tiempo del emperador Claudio, 41-54 A. D., se da el mismo título al gobernador de esa isla.

SERMÓN DEL MONTE, nombre que generalmente se da al más largo de los discursos que se consignan de Jesús, Mat. 5-7. El discurso contenido en Luc. 6:20-49 es probablemente una transmisión más breve del mismo sermón. En cuanto á las variantes, son tan solo tales cuales es natural que haya entre las relaciones de dos escritores distintos. Nuestro Señor pronunció su sermón en el monte cerca de Capernaúm, á principios del segundo año de su ministerio en 28 A. D., y como Mateo dice, en un monte, ó según Lucas, en un lugar llano, habiendo, sin duda, descendido Jesús de la region más alta y apartada— á donde se había retirado con el fin de orar, y de escoger á los doce apóstoles—á la falda del monte, en donde había un lugar plano capaz de contener á un auditorio numeroso compuesto de sus discípulos y de la multitud. En él nuestro Señor ejemplifica de muchas maneras la naturaleza divina y espiritual de la verdadera religión, que hace su trono en el corazón y gobierna eficazmente la vida, en contraste con una religión moral, puramente heredada, ceremonial y externa.

SERPIENTE DE METAL, imagen de metal, preparada por Moisés, que se asemejaba á las serpientes ardientes que tan destructoras fueron para Israel en el desierto. Moisés la levantó en medio del campo y á la vista de todos, para que cualquiera que con espíritu de penitencia, fé y obediencia la mirase, viviera, Núm. 21:6-9.

Nuestro Salvador nos ha mostrado que esto le era típico á él y á la salvación por medio de él—salvación gratuita, libre para todos, bajo las fáciles condiciones de la fe y la obediencia, Juan 3:14. La escena de esta gran salvación tuvo lugar un poco al sur del Monte Hor, hacia el lado oeste, Núm. 21:4; 33:38-41. Muy laborioso ha sido el esfuerzo hecho para descubrir por qué razon la serpiente—símbolo de la sabiduría, y también del mal—se presentó como tipo de Cristo; pero la serpiente de metal aparece elegida simplemente como semejanza de las serpientes ardientes; y se "levantó" á la vista de todos, del mismo modo como Cristo se ofreció en la cruz libremente á toda la humanidad. La serpiente de metal se conservó por largo tiempo en conmemoración del benévolo milagro que se efectuó relacionado con ella; pero como se le mirase como un objeto de veneración, fué, como NEHUSHTAN, *pedazo de metal*, hecho pedazos por el rey Ezequías, 2 Rey. 18:4.

LA COBRA DI CAPELLO.

SERPIENTES. Estos reptiles, que la ley mosaica declaró inmundos, Lev. 11:10, 41, 42, son muy abundantes y ponzoñosos en los climas tropicales. Se dividen en dos grandes clases: la primera incluye las que tienen en cada lado de la mandíbula superior un colmillo ponzoñoso movible y en forma de tubo, el cual se comunica con una bolsa de veneno situada en la raíz. Esta clase constituye casi una quinta parte de las especies conocidas por los naturalistas. Las especies restantes, aunque destituidas de estos colmillos movibles, contienen varies clases que son también ponzoñosas. Las serpientes ponzoñosas abundaban, y abundan todavía en el norte del África, en Arabia y Siria, y á menudo se hace referencia á ellas en la Biblia; pero los varios términos que las Escrituras emplean no son siempre tan definidos que podamos aplicarlos con certeza á las especies que ahora existen. Véanse CERASTA, ASPID, BASILISCO, VÍBORA. El término hebreo más común para designar las serpientes, es *nachash*, derivado probablemente de su silbido. Se hace alusión á la sutileza de la serpiente en Gén. 3:1; á su ataque solapado, en Gén. 49:17; á su ferocidad y ponzoña en Sal. 58:4; Prov. 25:32; á sus guaridas en los setos y paredes, en Ecles. 10:8; Am. 5:19; á su lengua aguzada, en Sal. 140:3; á su manera de andar, en Prov. 30:19, ayudándose para ello de sus escamas y sus numerosas costillas sujetas solamente á las vértebras espinales; y por último á la naturaleza ovípara de la mayor parte de sus especies, en Isa. 59:5. La forma de una serpiente fué empleada por Satanás para tentar á Eva, Gén. 3:1-13; por esta razón y por la astuta malignidad que le caracteriza, se le dá á ese espíritu el nombre de la "serpiente" y "la antigua serpiente," 2 Cor. 11:3; Apoc. 12:9, 14, 15, sobre la cual Cristo tiene que ser completamente victorioso, Gén. 3:15; Apoc. 20:1-3, 7-10; comp. Rom. 16:20. No es probable que la forma y modo de moverse de la serpiente hayan sido alguna vez distintos de lo que ahora son; pero después de la parte que ese reptil tuvo en la caída del hombre, se le ha considerado como emblema de la vileza y la corrupción del pecado y de la condenación divina que sobre él pesa, Gén. 3:14. Véase ARCO-IRIS. La serpiente simboliza la maldad, Mat. 23:33. Entre la mayor parte de las naciones paganas, ha sido un emblema del mal, probablemente por haber recibido alguna tradición de la caída. Las planchas asirias que tratan de la creación dan á entender que una serpiente tuvo algo que ver con el primer pecado del hombre. El Zoroastrianismo enseñaba que el espíritu maligno Ahriman echó á perder la hermosa región preparada al principio por el buen espíritu Ormuzd, enviando á ella una serpiente ponzoñosa; y también que Ahriman, bajo el disfraz de una serpiente, fué quien primero enseñó al hombre á pecar. Con todo, la serpiente era adorada en Egipto, y era mirada entre los Fenicios, Griegos y Romanos, como emblema de un poder benéfico. En los monumentos egipcios, la llamada cobra se representa como el emblema de la inmortalidad y del dios benéfico Kneph; y así el primer milagro obrado ante Faraón por Moisés y Aarón, tenía una relación directa con la idolatría de Egipto, Exod. 7:8-12; comp. 4:1-5, 17, 20, 28-30. El encantamiento de la serpiente se ha practicado desde tiempo inmemorial en el Oriente, y á él se hace alusión en la

Biblia. La serpiente empleada comunmente por los encantadores egipcios es la cobra egipcia, ó *haje*, que es una culebra que mide de 3 á 6 piés de largo, semejante á la NAJA SALTADORA, *naja danzante*, ó *cobra di capello* de la India, con que los juglares indios celebran sus fiestas. Estas dos serpientes cuando se excitan, ensanchan algunas de sus costillas anteriores, é inflan la parte delantera del cuerpo de manera que se asemeja algún tanto á una caperuza ó toca de mujer. Se dice que los modernos encantadores egipcios pueden poner la *haje* perfectamente rígida, apretándole de un modo peculiar el cuello, de manera que puede lograrse que tenga una posición horizontal y parezca una vara; y esto ha sido sugerido como hecho con que pueden explicarse las operaciones de los mágicos de Faraón. Es más probable, sin embargo, que el poder de Dios haya obrado en ellos hasta cierto grado, para llevar adelante sus propios designios, y manifestar su gloria; comp. Exod. 7:22; 8:7, 18; 1 Sam. 28:11-14. Á la cerasta ó víbora cornuda, también la encantan en Egipto. Las serpientes no tienen orificio exterior en las orejas, y parece que hallan placer en los sonidos agudos ó chillantes; por esto es que los encantadores silban ó tocan en una flauta, y entonando una especie de canto mágico, atraen á las serpientes silvestres de sus escondrijos, y las cazan. Las serpientes que se exhiben en público se mueven hacia adelante y hacia atrás al influjo de la música, y dejan que el encantador les pase la mano por encima con toda confianza, aun cuando todavía se hallen en plena posesión de los colmillos y bolsas venenosas—colmillos de que hacen uso inmediatamente después para herir á otros animales. Eusebio, 270-340 A. D., habla de los encantadores de serpientes, y dice que abundaban en Palestina, y que empleaban un encanto vocal, Sal. 58:4, 5; Ecl. 10:11; Jer. 8:17; Sant. 3:7. Véase ENCANTADOR.

Las "serpientes ardientes" por las cuales muchos de los Israelitas rebeldes fueron mordidos y muertos en el desierto al norte del Sinaí, Núm. 21:4-6; Deut. 8:15, pueden haber sido llamadas así, por el insoportable calor que causaban con su mordedura. En nuestro tiempo se han visto casos en que las personas mordidas de serpientes ponzoñosas han muerto en dos ó tres minutos. La "serpiente de metal," Núm. 21:7-9, no tenía virtud curativa en sí misma, sino que era un medio

de poner á prueba la contrición, la fé y la obediencia del pueblo. El verdadero sanador era Dios, Isa. 45:22. El libro apócrifo de la Sabiduría, escrito per el año 100 A. C., dice en el capítulo 16:6, 7, hablando de este signo de salvación, "El que se volvía á él, no era salvado por la cosa que veía, sino por Tí que eres el Salvador de todos." Cristo mismo enseña que la serpiente de metal era un tipo de él, cuyo deseo vehemente era la salvación del alma inficionada por el veneno fatal del pecado, Juan 3:14, 15; comp. Rom. 8:3; 2 Cor. 5:21; Gál. 3:13. Habiendo el pueblo convertido la serpiente de metal en un objeto de culto idólatra, Ezequías la destruyó, 2 Rey. 18:4. Véase NEHUSTAN.

Isaías 30:6 menciona la serpiente de fuego voladora como natural de Egipto, ó del desierto entre Judá y Egipto; y en el capítulo 14:29, aplica el mismo término figuradamente á un opresor de los Filisteos, tal vez Ezequías, 2 Rey. 18:8; comp. 2 Crón. 26:1, 6, 7, ó Sennaquerib. (Véase.) Esta designación puede referirse al efecto abrasador de la mordedura de la serpiente, y á la rapidez de su ataque. En Egipto, la serpiente era un símbolo usual de un rey poderoso. En Isaías 27:1 se simboliza con ella algún poder que oprimía al pueblo de Dios.

La "serpiente rolliza" mencionada en Job 26:13, se cree que es la constelación llamada el Dragón, tanto en los tiempos antiguos como en los modernos, la cual pasa entre la Osa Mayor y la Osa Menor.

Cristo, al amonestar á sus discípulos que no se atraigan sobre sí una persecución innecesaria, alude á la sagacidad manifestada por la serpiente para evitar el peligro, Mat. 10:16; comp. vers. 23. Hechos 8:1. Cristo prometió á sus primeros discípulos la invulnerabilidad respecto de las serpientes, Mar. 16:18; Luc. 10:19, y esa promesa se cumplió en Pablo. Hech. 28:3-6; comp. Sal. 91:13. En la primitiva iglesia cristiana, la serpiente simbolizaba la victoria de Cristo sobre el diablo, la virtud de la prudencia ó la sabiduría, y también la cruz de Cristo, Juan 3:14.

SERUG, *rama*, descendiente de Sem y antepasado de Abraham, Gén. 11:20-26; Luc. 3:35. La tradición judía dice que fué el primero de su linaje que cayó en la idolatría, Jos. 24:2.

SESAC, nombre poético ó simbólico dado á Babilonia, Jer. 25:26; 51:41. Esta palabra puede designar á Babilonia como la ciudad de puertas de bronce, ó quizá se deriva del persa y significa, *la casa ael príncipe;* ó bien contiene el nombre de una de las divinidades adoradas por los Babilonios.

SESBASSAR, Esdras 1:8, 11; 5:14, 16. comp. Esd. 2:1. 2; 3:8-10; Zac. 4:9; el nombre caldeo ó persa de Zorobabel.

SETAR, *estrella,* uno de los siete príncipes más notables de Persia y Media en el reinado del rey Assuero ó Jerjes, 483 A.C., Ester 1:14; comp. 7:14.

SETENTA SEMANAS, Dan. 9:24-27. Contando "día por año," Ezeq. 4:6, este es un período de 490 años, el último período de prueba para la nación judía. Se juzga que comienza con el mandato, Dan. 9:25, de Artajerjes Longimano de que se reedificara á Jerusalem, el cual fué publicado en dicha ciudad en Julio, 457 A. C., por Esdras, cap. 7; y que termina con el comienzo en forma dispuesto por la Divinidad, del anuncio del evangelio á los gentiles, representados por Cornelio y sus parientes, Hech. 10:1-11, 18, cuya conversión tendría que ponerse, según este cálculo, en 32 A. D. Júzgase que la semana septuagésima de años comenzó el día que Cristo inauguró su ministerio público con su bautismo, en el otoño de 25 A. D.; él, durante una semana, esto es. siete años, primero personalmente, y después de su ascensión por medio de sus apóstoles, "confirmó la alianza con muchos;" compárense las relaciones de las numerosas conversiones entre los Judíos anteriores al martirio de Estéban, y el envío de Pedro á Cornelio, Hech. 2:41, 47; 5:14-16; 6:7. En medio de la semana, es decir, después de un ministerio de 3 años y medio, Cristo derogó los sacrificios del ritual mosaico, Dan. 9:26, 27, cumpliendo su mira y eficacia típicas y suministrando la razon para darles término, con el sacrificio de sí mismo en la cruz, en la primavera de 29 A. D. La destrucción de Jerusalem por el príncipe romano Tito, 70 años A. D., se predice en los vers. 26, 27; comp. Mat. 24:15-22; Luc. 21:20.

SET, *nombrado,* I., el primer hijo que tuvo Adam después de la muerte de Abel, Gén. 4:25, 26; 5:3, 6, 8, y progenitor de la serie de piadosos patriarcas que creyeron en las promesas, y conservaron con firmeza la verdad que fué transmitida por medio de ellos desde Adam.

II. Núm. 24:17; esta palabra en el versículo citado, no es probablemente un nombre propio; en lugar de hijos de Set, la expresión significa y debiera traducirse, "hijos de tumulto," haciendo alusión á los guerreros tumultuosos, hijos de Moab. Comp. Jer. 48:45.

SETAR BOZNAI, *estrella de esplendor,* empleado persa en Palestina. subordinado á Tatnai, en el reinado de Darío Hystaspis, 520 A. C., Esd. 5:3, 6; 6:6, 13. Véase TATNAI.

SÉTUR, *oculto,* Núm. 13:13, príncipe de la tribu de Aser, uno de los doce espías enviados por Moisés para explorar á Canaán.

SEVENÉ, *abertura ó llave,* ciudad en la frontera meridional de Egipto, hacia Etiopia, entre Tebas y las cataratas del Nilo. y llamada ahora Essuan ó Aswán. Plinio dice que estaba en una península de la margen oriental del Nilo, que medía una milla de circunferencia, y tenía una guarnición romana. La expresión "desde Migdol," *la torre,*" hasta Sevené, denota toda la longitud de Egipto de norte á sur, Ezeq. 29:10; 30:6. Pocos restos de la ciudad antigua subsisten actualmente. El nombre hebreo es muy apropiado á su posición, que es exactamente al pié de la primera catarata, en donde el Nilo, rompiendo por entre las montañas, vá á dar al llano abierto de Egipto. Su nombre egipcio era Sun. La ciudad moderna se halla al norte de la antigua. En sus cercanías hay canteras del granito egipcio llamado *syenita,* que fué el material que se empleó en la construcción de muchos obeliscos y estatuas colosales.

SHALEM. *paz.* En vez de Salem, Gén. 33:18, la mayor parte de los expositores leen aquí: "Y vino Jacob sano á la ciudad de Siquém;" comp. Gén. 28:21; 33:19; Jos. 24:32; Juan 4:5. No obstante, si Salem es un nombre propio, puede identificarse esa ciudad con Salim, población 3½ millas al este de Nablus ó Siquém. El código Samaritano, y al parecer Josefo, favorecen el primer modo de leer el pasaje; la Septuaginta y la Vulgata, el último.

SHECHINAH ó SHEKINAH, *habitación,* palabra que no se halla en la Biblia. pero que se usa en el Targum judío, y por los escritores cristianos, para denotar la visible y majestuosa presencia de Jehová, como en la nube que ocultaba y á la vez revelaba su gloria, Núm. 16:42, la cual guió á los Israelitas, cobijó Sinaí, Exod. 13:21, 22; 19:9, 16, 18, bajó al tabernáculo en su dedicación, descansó sobre él durante su permanencia en el desierto, Exod. 40:34-38, y penetrando dentro de él, posó sobre el propiciatorio, Lev. 16:2; 2 Sam. 6:2. Descendió también sobre el

621

templo de Salomón en su dedicación, 1 Reyes 8:10, 11, y habitó allí en el propiciatorio, 2 Rey. 19:15; Sal. 80:1, tal vez retirándose á intervalos, hasta la destrucción del templo, Sal. 91:1; 99:1, estando ausente, según los Judíos pretenden, del templo reedificado. Los Judíos basaban su esperanza de que volviera la Shechinah, en la época del Mesías, en pasajes proféticos tales como Ezeq. 43:7, 9; Hag. 1:8; Zac. 2:10; comp. Isa. 4:5. En el Nuevo Testamento se hace alusión á esta "gloria del Señor," Hech. 7:2; Rom. 9:4; Heb. 9:5. Manifestaciones semejantes tuvieron lugar en el nacimiento y la transfiguración de Cristo, Luc. 2:9; Mat. 17:5; 2 Ped. 1:17, 18. Como tipo, la Shechinah anunciaba la encarnación del Hijo de Dios, Juan 1:14; Heb. 1:3.

SHEFELAH, El, *tierra baja*, nombre hebreo dado á la porción meridional de aquella región de Canaán que se hallaba entre los cerros centrales y el Mediterráneo. La parte meridional se llamaba Sharon. El nombre Shefelah se encuentra á menudo en la Biblia Hebraica y sigue con esta significación particular; continuó usándose así, hasta el siglo V., y tanto Eusebio como Jerónimo la mencionan. Debió haberse conservado en la Biblia española, pero no fué así, sino que se tradujo "el llano," "el valle," "los valles," "la llanura," "las campiñas," y otros nombres por el estilo, en pasajes tales como Deut. 1:7; Jos. 10:40; 1 Rey. 10:27; 2 Crón. 1:15; Jer. 33:13; Jos. 9:1; 11:2, 16; 12:8; 15:33; Jue. 1:9; Jer. 17:26; 32:44; Abd. 19; Zac. 7:7; 1 Crón. 27:28; 2 Crón. 9:27; 26:10; 28:18. En 1 Mac. 12:38, está escrito Sepela. Josué 15:33-47, contiene una lista de 43 ciudades incluidas en dicho lugar, lo cual demuestra que comprendía no sólo la llanura marítima que se extendía desde Ecron hasta el río de Egipto al S. O. de Gaza, sino también las colinas más bajas que conducían á "las montañas de Judá," Formaba una de las tres divisiones principales de dicho reino. Eran las otras "las Montañas," y el "Negeb," nombre traducido por el "mediodía." Jue. 1:9; Jer. 32:44. Esa región era á propósito para la producción y cultura de los olivos é higuerales ó cabra-higos, 1 Crón. 27:28; 2 Crón. 9:27, y para la cría de ganado, 2 Crón. 26:10. Aunque este territorio perteneció á Judá, los Filisteos conservaron largo tiempo en su poder la llanura marítima que producía granos, con sus ciudades, 2 Rey. 8:1-3; Abd. 19. Véase FILISTIA.

622

El Shefelah se eleva de 100 á 500 piés sobre el nivel del mar, y es todavía sumamente fértil; el llano occidental más bajo, y los anchos valles que existen entre los cerros, producen cosechas abundantes de granos, y en los cerros abundan aún los olivares. La comarca montañosa contiene muchas aldeas, con casas de piedra y de barro, y también muchas ruinas de antiguas poblaciones. Hay así mismo pozos de otros tiempos, y algunos hermosos manantiales. Los cerros son de piedra caliza blanca y suave, con fajas de cuarzo oscuro entre las distintas capas.

En Jos. 11:16, donde está traducido "sus valles," Shefelah se refiere evidentemente á la hondonada contigua al monte Efraím— "la montaña de Israel"—esto es, á la prolongación septentrional del Shefelah, conocido en otros pasajes con el nombre de Sharon.

SHEOL, palabra hebrea traducida en muchos pasajes de los 65 en que se encuentra, por *infierno, sepulcro ó abismo*. No denota la morada final de los réprobos, ni el lugar en que se depositan los cadáveres, sino el reino de los espíritus que se han separado de sus cuerpos, tanto los de los justos, Gén. 37:35; Ssl. 16:10, como los de los malvados, Sal. 9:17. Véanse INFIERNO, ALMA.

SHIBBOLETH, *espiga de grano*, Gén. 41:5; *rama ó vara*, Zac. 4:12; una corriente ó avenida de aguas, Sal. 69:2, 15. Los Efraimitas, envidiosos de la victoria que los Galaaditas alcanzaron sobre los Ammonitas, suscitaron guerra contra los Galaaditas acaudillados por Jefté, y fueron derrotados. Cuando algún Efraimita de los que habían escapado trataba de pasar el Jordán negando que fuese Efraimita, los Galaaditas que guardaban los vados le hacían decir *shibboleth;* pero al tratar de pronunciar dicha palabra aquél decía *sibboleth*, con lo cual se dejaba conocer, y los Galaaditas le daban la muerte. En esa guerra perecieron 42,000 Efraimitas, Jue. 12:1-6; comp. el cap. 11. Este incidente demuestra que había diversidad de dialectos entre las tribus de la misma nación y que hablaban la misma lengua. No es de extrañarse, de consiguiente, que la misma palabra se halle escrita de diversas maneras, según la pronunciación de las diferentes tribus. Así en el tiempo de Cristo, las peculiaridades del dialecto de Pedro sirvieron para dar á conocer que él había salido de Galilea, Mat. 26:73.

SIBA, *estatua*, siervo ó esclavo de Saúl

que llegó á ser su mayordomo y tuvo 15 hijos y 20 siervos, y á quien David dió el mismo empleo en casa de Mefiboset, hijo de Jonatán, 2 Sam. 9; 19:17, 24-30. Debido á una calumnia de éste, David fué inducido á trasferirle los terrenos que había dado á Mefiboset; pero después los dividió entre ambos, pues al paso que estaba persuadido de que Siba había obrado por lo menos con ligereza al acusar á Mefiboset, no podía decidir con certeza quien de los dos era más digno de sus favores, 2 Sam. 16:1-4; 19:24-30.

SIBMA, *bálsamo*, I., ó SABAN, Núm. 32:3, ciudad más allá del Jordán, reedificada ó fortificada por la tribu de Rubén, vers. 38; Jos. 13:15, 19. Los Israelitas conquistaron esta región cuando estaba en poder de los Amorreos, como éstos últimos lo habían hecho á su vez cuando pertenecía á los Moabitas, Núm. 21:25-31. Después que las tribus transjordánicas de Israel fueron llevadas cautivas por los Asirios, los Moabitas volvieron á ocupar sus antiguas posesiones, 2 Rey. 15:29; 1 Crón. 5:26. Sibma era famosa por sus uvas, Isa. 16:6-11; Jer. 48:32. Jerónimo dice que estaba ápenas á 500 pasos de Hesbón, y pueden hallarse algunos vestigios de ella en la ciudad arruinada llamada es-Sameh, cuatro millas al N. E. de Hesbán.

II. Ciudad en Rubén al este del Jordán, Núm. 32:38.

SIBRAIM, *doble cerro*, señal divisoria en el límite septentrional de Israel, entre Damasco y Hamat, en la porción asignada á Dan en la visión que tuvo Ezequiel de la restauración de las diez tribus de Israel, Ezeq. 47:16. Comp. vers. 13-17; 40:1-4; 48:1.

SICÁR, *falsedad*, ó *beodo*, Juan 4:5, 6, ó SIQUÉM, Hech. 7:16. Véase SIQUÉM. La población de Sicár puede haber estado más cerca del pozo de Jacob que la antigua Siquém y la moderna Nablús; y el Teniente Conder y otros apoyan la opinión de que la actual población de Áscar ocupa el sitio que aquella tenía sobre la falda del monte Ebal, á más de una milla de Nablús. Estében afirmó, según parece, que en Siquém fueron sepultados otros patriarcas además de Jacob, Hech. 7:15, 16.

SICELEG, *que serpentea*, nombre de una de las ciudades de la tribu de Simeón, asignada primeramente á Judá, Jos. 15:31; 19:5, cerca de los límites de Filistia, y que de vez en cuando estuvo en poder de los Filisteos. El rey Aquis de Gat la regaló

á David, quién la ocupó un año y cuatro meses. Allí se refugiaron muchos otros de Judá, y así pudo David ayudar á Aquis, y castigar á los Amalecitas que habían saqueado á Siceleg durante su ausencia 1 Sam. 27:1-7; 30. Después de la muerte de Saúl, 2 Sam. 1:1; 4:10, David se mudó á Hebrón, 2 Sam. 2:1. Siceleg fué poblada de nuevo después de la cautividad, Neh. 11:28. Los ingenieros ingleses la sitúan en las ruinas llamadas Kh. Zuheilikah, en tres pequeñas colinas que se levantan en medio de un llano once millas al S. E. de Gaza.

SICLAG. Véase SICELEG.

SICLO, *peso*. El siclo no era primitivamente más que cierto peso, y como tal, una unidad común para medir y valuar muchos artículos, como las especias, Exod. 30:23, 24; el pelo, 2 Sam. 14:26; el metal ó bronce y el hierro, Gén. 24:22; Exod. 38:24, 25, 29; Jos. 7:21; 1 Sam. 17:5, 7. Era equivalente á cosa de 2½ decigramos. La plata sin acuñar en la forma de lingotes, anillos, etc., era pesada por siclos en pago como dinero, según lo hizo Abraham para pagarle á Efrón, Gén. 23:15, 16, y Jeremías para pagarle á Hanameel, Jer. 32:9, 10. A distinción del siclo común, el siclo del Santuario, igual á 20 óbolos, denota probablemente un siclo entero y completo, según la unidad de peso conservada en la casa de Dios, Exod. 30:13; Ezeq. 45:12. Comp. Lev. 19:36; Esd. 8:29, 33. Con éste tenían que pesarse todos los impuestos, multas y contribuciones para objetos sagrados, Exó. 38:24-26; Lev. 5:15; 27:2-7, 25; Núm. 3:45-50; 18:14-16. Si un siclo de "peso real" difería de éste, no se sabe; pero en 2 Sam. 14:26, se sospecha que hubo un error del copista al poner 200 siclos en lugar de 20. En plata pesada por siclos se pagaban los impuestos civiles, 2 Rey. 15:20; Neh. 5:15, y las deudas en general, 2 Sam. 24:24. En un tiempo de hambre en Samaria, media pinta ó cuartillo de alimento ordinariamente despreciado, valía cinco siclos ó piezas de plata, 2 Rey. 6:25; pero poco después una medida hebrea llamada *Seah*, de flor de harina, se vendía por un siclo, 2 Rey. 7:1, 16, 18. Era época de escasez cuando se vendía un cheniz ó 1½ píntas de trigo por un denario ó cerca de ¼ de siclo, Apoc. 6:6. Los comerciantes de mala fé engañaban á sus parroquianos empleando una medida pequeña, y pesando la plata que recibían de ellos con siclos pesados, Amós 8:5; comp. Miq. 6:10, 11. Véase EFAH. Cuando se hace mención de monedas ó piezas, se omite á menudo en el hebreo una palabra, como en Gén. 20:16; 38:27; Cant. 8:11; en estos pasajes, en lugar de *pesos* ó *piezas* la palabra que se debe intercalar ha de ser siempre "siclos," como sucede en algunos casos, Jue. 17:2, 8; 1 Rey. 10:29. La mitad, la tercera parte y la cuarta de un siclo de plata, se mencionan en Exod. 30:13, 15; 1 Sam. 9:8; Neh. 10:32. Los Judíos vieron moneda acuñada en las tierras de su cautiverio, y después de su vuelta Esdras y Nehemías mencionan la moneda persa de oro llamada "daric" ó dracma, Esd. 2:69; Neh. 7:70-72; pero la práctica de pesar la plata continuó todavía, Zac. 11:12, 13. Por el año 139 A. C., Simón Macabeo, entonces sumo sacerdote y gobernador de los Judíos, recibió permiso del rey Sirio Antióco VII., para acuñar moneda con su propio sello, 1 Mac. 15:6; y hay todavía siclos y medios siclos de plata que se le atribuyen á él. El anverso de estos siclos, primera acuñación judía, tiene grabado un vaso que representa, quizá, la vasija del maná, y una inscripción que significa "El siclo

de Israel;" el reverso tiene una vara con tres botones, que indica tal vez la vara de almendro de Aarón, y una inscripción que significa "Jerusalem la Santa." Las letras son casi idénticas á las que ahora se conocen como samaritanas. Véanse PENTATEUCO y SAMARITANO. Böch estima el peso original de este siclo en cosa de 274 granos parisienses. Equivalía á unos 60 centavos en moneda de los Estados Unidos. El tributo, dos dracmas griegos, pedido á Cristo en Capernaúm, Mat. 17:24-27, era el impuesto de medio siclo que según el decir de Josefo los Judíos pagaban anualmente en su tiempo para el tesoro del templo. Comp. Exod. 30:13; 2 Rev. 12:4, 5; 2 Crón. 24:6-9. La moneda hallada en la boca del pez, llamada en griego *stater*, igual á cuatro dracmas ó un siclo, era precisamente la suma que se exigía á dos personas. Las treinta piezas de plata pagadas á Judas por su entrega de Cristo, Mat. 26:15; comp. Zac. 11:12, eran el precio en

que se valuaba la vida de un esclavo, Exo. 21:32.

SICÓMORO, ó SUCAMINA, Luc. 17:6, el *Morus nigra* ó morera negra, llamado todavía *sicaminia* en Grecia, es un árbol corpulento que produce una fruta muy apreciada y una sombra agradable. Tanto la morera negra como la blanca, son ahora comunes en Palestina.

SICÓMORO, propiamente dicho, la *morera-higuera*, la que se parece á la higuera en el fruto y á la morera en la hoja. Fué á un sicómoro al que Zaqueo subió para ver pasar á nuestro Salvador por Jericó, Luc. 19:4. Tristram halló árboles muy viejos de esta clase cerca del término de la cañada Kelt y del sitio que ocupaba la antigua Jericó. El sicómoro es de la altura de una haya ó de un nogal, con un tronco grande del cual se desprenden ramas vigorosas á no muchos piés del suelo. Sus hojas tienen la forma de un corazón, con peluza por el lado de abajo, y son fragantes. Produce el fruto gran parte del año y en pequeños pimpollos que nacen derechamente del tronco y de las ramas. Se parece en la figura y en el olor á los higos propiamente dichos, pero es inferior á ellos en sabor, Am. 7:14; es amarillento por fuera, y más oscuro y con manchas amarillas por dentro. En Egipto se usa mucho como alimento. De 1 Rey. 10:27; 1 Crón. 27:28; 2 Crón. 1:15; 9:27; Sal. 78:47, se infiere claramente que este árbol era común en Palestina, y que en los tiempos antiguos era tenido en tanta estimación como ahora. Su madera, aunque porosa, es en extremo durable, y se usa en la construcción de edificios, Isa. 9:10. Las cajas hechas de ellas que se han encontrado con momias en su interior, en los sepulcros egipcios, se han conservado intactas después de tres mil años.

SICRON, *borrachera*, una señal divisoria en el límite septentrional de Judá, Jos

15:11. Se cree que estaba en Kh. Sukerei, 5 millas al N. E. de Asdod.

SIDDIM, EL VALLE DE, teatro de la batalla entre Codorlaomer y sus aliados, y los reyes de Sodoma, Gomorra, etc., Gén. 14:3, 8-10; abundaba en pozos de betún, vers. 10. La palabra hebrea traducida aquí "valle," es la misma usada en la expresión traducida "el valle de Jezreel," aplicada á una larga hondonada, é indica probablemente parte del Arabah, un poco más baja que el resto de esa región. Se cree generalmente que fué el sitio de las ciudades destruidas después. En Gén. 14:3, parece que se identifica con el Mar Salado. Respecto de la opinión que sitúa el valle de Siddim en parte ó en su totalidad, en la parte meridional menos profunda del Mar Muerto, véase MAR III. Algunos investigadores sostienen ahora que las ciudades estaban en el sitio septentrional del Mar Muerto, y de aquí el que busquen el valle de Siddim allí también. El Dr. Merill sugiere que se identifique con la llanura de Sittim, en la cual pretende haber encontrado muchos pozos de betún. Véase SITTIM.

SIDDIM, *los declives*, Jos. 19:35, pueblo fortificado de la tribu de Neftalí, que por conjetura se sitúa en Jir es-Sidd, una milla más ó menos al S. O. de la salida del Jordán del Mar de Galilea.

SAIDA. LA ANTIGUA SIDÓN, VISTA DESDE EL NORTE.

SIDÓN, la forma griega del nombre que debería más bien ser Zidón (en heb. Tsidon, *ciudad de peces*): célebre ciudad fenicia en la costa oriental del Mediterráneo, 20 millas al norte de Tiro, 40 al sur de Beirut y 120 al norte de Jerusalem, en la falda septentrional de un promontorio que se levanta en un llano estrecho entre la cordillera del Líbano y el Mar. Sidón, llamada ahora Saida, fué una de las ciudades más antiguas del mundo, pues hay razones para creer que su fundador fué un biznieto de Noé, Gén. 10:15, 19; 49:13. En la división que se hizo de Canaán, la gran Sidón tocó en suerte á Aser, Jos. 11:8; 19:28; pero nunca fué sometida por los Hebreos, Jue. 1:31; 3:3; 10:12. En el tiempo de los Jueces era todavía la ciudad principal de los Fenicios. Jue. 18:7, 28, quienes eran generalmente llamados Sidonios por los Hebreos. Sus principales deidades eran Baal y Astoret, en el culto de las cuales se indujo á los Israelitas por distintas veces á tomar parte, Jue. 10:6; 1 Rey. 11:1, 5, 33; 16:31; 2 Reyes 23:13. Los Sidonios se contaron entre los opresores de Israel en la época de los Jueces, Jue. 10:12. David y los reyes subsiguientes tuvieron con ellos relaciones amistosas, 2 Sam. 24:2, 6. La gente de Sidón era célebre por sus artes y sus manufacturas, su comercio y su marina, Isa. 23:2; Ezeq. 27:8. Ellos cooperaron en la construcción del templo de Salomón, 1 Rey. 5:6; 1 Cró. 22:4, y también en su reedificación bajo el gobierno de Zorobabel, Esd. 3:7. Muchas de sus provisiones de boca las obtenían de Palestina, 1 Reyes 5:9, 11; Ezeq. 27:17;

Hech. 12:20. Sarepta, teatro de uno de los milagros de Elías, estaba en su territorio, 1 Reyes 17:9; Luc. 4:26. Sidón continuó bajo el gobierno de sus propios reyes; pero después del tiempo de David estuvo generalmente sujeta á Tiro, Isa. 23; Ezeq. 28. Tomó parte con Tiro en la venta de habitantes de Judá como esclavos, y fué amenazada por los profetas, aunque con menos severidad que Tiro, Isa. 23:4; Jer. 25:22; 27:3; 47:4; Ezeq. 28:20-23; 32:30; Joel 3:4-8. Comp. Am. 1:9.

Homero celebra la habilidad de los obreros sidonios, y menciona la presencia de buques sidonios en el sitio de Troya. En los siglos 9⁰, 8⁰ y 7⁰ antes de Cristo, Sidón fué tributaria de Asiria. Fué destruida por Esar-hadón por el año 680 A. C., pero más tarde fué reedificada. Estuvo en seguida sujeta á los Babilonios, Jer. 27:2-7. Bajo la dominación persa, Sidón recobró su preeminencia sobre Tiro. Según Heródoto, los buques y marineros sidonios eran los mejores de la flota que Jerjes condujo contra Grecia, 480 A. C., y el rey de Sidón se sentaba junto á Jerjes en el consejo. Rebelóse en el reinado de Artajerjes (III) Ocus, pero fué entregada á los Persas por su rey, y 40,000 individuos perecieron en las llamas de la ciudad incendiada por ellos mismos, 351 A. C. Después de la batalla del Issus, Sidón, que había recobrado gradualmente su prosperidad, se sometió voluntariamente á Alejandro el Grande, 333 A. C , y su flota le ayudó á someter á Tiro. Después de la muerte de Alejandro, estuvo sujeta á Egipto, y luego á los Seléucidas, pero cayó bajo el poder romano, 65 A. C., y llegó á ser una ciudad rica y floreciente. Gente de Tiro y de Sidón, ó de la región adyacente, acudía á escuchar las enseñanzas de Cristo, Mar. 3:7, 8; Luc. 6:17. Comp. Mat. 11:20-22; Luc. 10:13, 14. Las cercanías de esa ciudad, y es posible que ella misma, que está como 40 millas al N. O. del mar de Galilea, fueron visitadas por Jesús, Mat. 15:21; Mar. 7:24, 31. El evangelio fué predicado á los Judíos en Sidón después del martirio de Estéban, Hech. 11:19; y Pablo visitó á los amigos cristianos de allí, en su camino para Roma, Hech. 27:3. Véase también Hech. 12:20.

Un pastor de Sidón asistió al Concilio de Nicea, 325 A. D. Sidón se rindió á los Musulmanes después que estos conquistaron á Siria, 636 A. D. Sufrió mucho durante las Cruzadas, siendo repetidas veces tomada en el periodo que medió entre su toma

por Balduino I., en 1,111, y su recobro final efectuado por los Musulmanes en 1291, en que fué destruida de nuevo. Gradualmente fué mejorada, y hasta 1791 fue la principal ciudad de la costa siria, rango en que ha sido sucedida por Beirut. Saida está hermosamente situada en un promontorio, con una isla en frente de ella; el puerto que tiene al sur está abandonado, y el que tiene al norte está tan obstruido con arena y piedras, que es inaccesible á las embarcaciones, á no ser las muy pequeñas. La ciudad está rodeada de muros, y tiene muchas casas grandes y hermosas. La población se calcula en 10,000 habitantes, 7,000 de los cuales son mahometanos, y el resto católicos, griegos maronitas, griegos ortodoxos, y judíos. Saida es la residencia de una floreciente misión protestante establecida bajo la dirección de la Junta Presbiteriana de los Estados Unidos. Hay restos de muelles construidos de grandes piedras talladas, fragmentos de columnas de granito y de mármol, de pavimentos de mosaico, de alfarería, etc., y en la isla, ruinas de un castillo feudal. En los alrededores crecen con exhuberancia los naranjos, limoneros, toronjos, plátanos, etc. Existen numerosas cuevas sepulcrales al pié de las montañas al este de la ciudad, y en ellas han sido encontrados sarcófagos de varias formas y materiales, de los cuales uno de synita negra, con el nombre de Ashmanezer, rey de los Sidonios, y hallado en 1855, está ahora en Paris. Es probable que data desde la época de la dominación persa.

SIDONIOS, los pobladores de Sidón, incluyéndose en este nombre algunas veces todos los otros Fenicios, Deut. 3:9; Jos. 13:4, 6; Jue. 3:3; 18:7; 1 Rey. 5:6; 11:1; 2 Rey. 23:13; Esd. 3:7; Ezeq. 32:30. Véase SIDÓN.

SIDRAC, *regio*, nombre caldeo dado á Ananía en la corte de Nabucodonosor, 604 A. C., Dan. 1:7. Véase ABDENEGO. Á Sidrac y á sus dos compañeros en el horno, cap. 3, se hace alusión entre los ejemplos de fé, Heb. 11:34. Durante la persecución de los Judíos, bajo el mando de Antíoco Epífanes, Mattatías, padre de Judas Macabeo, animó á sus hijos aludiendo á la emancipación que aquellos jovenes alcanzaron, 1 Macab. 2 59.

SIEGA Ó COSECHA. Esta comenzaba en Palestina con el corte de la cebada, cuyas primicias se presentaban en el templo en la semana de pascua, esto es: á mediados del mes de Abib, Lev. 23:9-14; 2 Sam. 21:9, 10; después seguía la cosecha de trigo; sus primicias se ofrecían en el Pentecostés, Lev. 23:15-20; Rut 2:3; el trigo y la cebada se cortaban con la hoz ó segadera, Joel 3:13; se recogía con la mano, se ataba en gavillas, Sal. 129:7, y luego se llevaba, algunas veces en carretas, Am. 2:13, á la era ó granero. El fin del mundo se describe bajo la figura de una siega, Mat. 13:30, 39. Por la "Fiesta de la Siega," véase PENTECOSTÉS.

Aunque la siega en Palestina se hacía ordinariamente con la hoz, Deut. 16:9; 23:25; Jer. 50:16; Joel 3:13; Apoc. 14, en algunos casos sin embargo, para aumentar la provisión de forraje, se arrancaba la planta de raíz; lo cual explica lo dicho en Sal. 129:6, en donde al hablarse de la yerba que se seca antes de que se arranque (no antes de que salga, como traduce Reina), se ofrece un emblema de la rápida decadencia y de la esterilidad de los malvados.

SIERRA, Isa. 10:15. Este utensilio fué desde tiempos muy remotos conocido por los Egipcios, como lo atestiguan sus monumentos. Los dientes de las sierras antiguas, como los de las orientales modernas, eran encorvados generalmente hacia el mango, en vez de estarlo en sentido contrario como los de las nuestras. Las sierras egipcias parece que eran de un solo mango, pero en Nimrud se encontró una de hierro de doble mango. Los Hebreos tenían sierras para cortar piedras, 1 Reyes 7:9. Á veces se atormentaba á los hombres y se les daba la muerte con la sierra, 2 Sam. 12:31; 1 Crón. 20:3. Esta especie de castigo se empleaba también entre los Egipcios, Persas y Romanos. Conforme á una antigua tradición judía, así se hizo morir á Isaías. Comp. Heb. 11:37.

SIERVO ó SIRVIENTE. Esta palabra es la traducción bíblica de varias palabras hebreas y griegas, y más frecuentemente de la hebrea EBED, derivada de un verbo que significa *atar*. Ambas voces podrían en un gran número de casos traducirse "esclavo," denotando á uno que se halla respecto de otro en un estado de servidumbre forzado, Gén. 41:12; comp. 39:1; Exod. 12:44; 1 Cor. 7:21, 22. Tal era el estado de los Israelitas en Egipto, Ex. 1.13, 14; 20:2; Deut. 5:15. Algunas veces esta palabra denota á uno que voluntariamente se consagra al servicio de otro: así Josué era el siervo de Moisés, Exod. 33:11. La palabra empleada en este pasaje se traduce "ministro" en Ex. 24:13. Los siervos de Faraón, de Saúl, y de David, eran sus

súbditos en general, y los empleados de sus respectivas cortes y consejeros en particular. Los Sirios y otras naciones eran siervos de David, esto es, le obedecían y pagaban tributo. 2 Sam. 8. Los siervos de Dios son los están consagrados á su servicio y obedecen su santa palabra. Á Israel se le llama siervo de Dios, Lev. 25:42, 55; Isa. 41:8; y este término se aplica preeminentemente al Mesías, Isa. 52:13; Hechos 4:27, 30; comp. Filip. 2:7. Á uno designado por Dios para desempeñar alguna obra especial, se le llama siervo, como á Nabucodonosor, Jer. 25:9. Los apóstoles eran de un modo especial siervos de Jesu-Cristo, Rom. 1:1, y este título se da también á todos los cristianos, 1 Cor. 7:22. Por naturaleza, el hombre obedece habitualmente los impulsos de su maligno corazón y las sugestiones del tentador, y así es el "esclavo del pecado;" de esta esclavitud Dios libra á aquellos que le reciben como su Salvador y Rey, Juan 8:31-47; Rom. 6:16-23.

Las casas de algunos de los primitivos patriarcas contenían muchos siervos, los cuales eran, según parece, tratados con bondad y justicia; á veces les eran encomendados asuntos de grandísima importancia, y podían heredar los bienes de sus amos, Gén. 14:11-16; 15:2-4; 24:1-10; Job 31:13-18. Participaban de los privilegios de la casa, Gén. 17:9-13, 27; 18:19, y probablemente no eran transferidos á otros amos.

Cuando se estableció la república hebrea, la servidumbre forzada prevalecía en todas partes; y por lo que hace á su existencia entre los Hebreos, Moisés trató de ponerla bajo las restricciones exigidas por la religión y la humanidad. La forma más suave de esclavitud era la de un Hebreo en la casa de otro Hebreo. Podía verse obligado á entrar en el servicio por varias razones, principalmente por la pobreza, Ex. 21:2-11; Lev. 25:39-47; para saldar una deuda que no podía pagar de otra manera, 2 Rey. 4:1; para hacer restitución de algo que había hurtado, Ex. 23:3; ó para pagar entre los paganos el precio de su rescate del cautiverio. Entre los Hebreos la servidumbre, ó esclavitud, si así se la quiere llamar, no podía continuar más de 6 ó 7 años, á menos que cuando llegara el séptimo año, el siervo prefiriese quedarse permanentemente ó hasta el año de Jubileo con su amo, en prenda de lo cual tenía que sujetarse á que se le agujereAse la oreja delante de testigos, Exod. 21:2, 6; Lev.

25:40. Al siervo hebreo no debía hacérsele servir con rigor, ni había de pasársele á una esclavitud más dura: tenía el derecho de apelar á los tribunales; el de participar de todos los privilegios religiosos; el de exigir que se le pusiera en libertad al dar su equivalente pecuniario, y el de recibir una donación de su amo al tiempo de su manumisión, Lev. 25:47-55; Deut. 15:12-18. La ley también describía el modo como se había de dar libertad á un Hebreo que fuese esclavo de un extranjero residente en Israel, Lev. 25:47-54. Pero que los reglamentos mosaicos con respecto al trato que debía darse á los esclavos hebreos eran á veces violados, consta de lo que se dice en Jer. 34:8-23; comp. 2 Crón. 28:8-15. Á su regreso de la cautividad, los Judíos poseían 7,337 siervos ó esclavos, Esd. 2:65, los cuales, según es de suponerse, no eran Hebreos. La tentativa de restablecer la práctica de tomar Hebreos como esclavos, fué en breve prohibida por Nehemías, capítulo 5:1-13. Gran número de Hebreos fueron en diferentes épocas esclavizados como cautivos de guerra por los Filisteos y los Fenicios, Joel 3:1-6; Am. 1:6; por los reyes de Egipto y de Siria, y por los Romanos.

De los paganos que los rodeaban y vivían entre ellos, especialmente de sus enemigos cautivos, y de los restos de los Cananeos, los Hebreos obtuvieron muchos esclavos. Estos eran protegidos por la ley, Deut. 1:16, 17; 27:19, y podían hacerse prosélitos, asistir á las festividades, y disfrutar de la instrucción y de los privilegios religiosos, Ex. 12:44; Deut. 12:18; 29:10-13; 31:10-13.

El siervo que era mutilado por su amo, tenía que ser puesto en libertad, Ex. 21:26, 27; el refugiado de una opresión extranjera tenía que ser bien recibido, Deut. 23:15, 16; y el hurto ó robo de hombres era prohibido bajo pena de muerte, Exod. 21:16; Deut. 24:7; 1 Tim. 1:10. Véanse NETINEOS y SIERVOS DE SALOMÓN. La costumbre de tener esclavos que no eran Hebreos duró hasta á la vuelta de la cautividad, pero se oponían á ella los Fariseos.

Los Hebreos también empleaban siervos alquilados, algunos de los cuales eran gentiles, Exod. 12:45; Lev. 25:6; Isa. 16:14; Mar. 1:20.

Los Romanos tenían en esclavitud á cautivos tomados en la guerra, y además compraban esclavos. La esclavitud entre ellos era perpétua, y el amo tenía un dominio indisputable sobre la persona y la vida de sus esclavos. Con todo, gran número de ellos eran manumitidos, y en muchos casos los libertos romanos se elevaban á las mayores dignidades. Un esclavo favorito de un centurión romano fué sanado por Cristo, Luc. 7:2-10. Muchos de los primitivos cristianos eran esclavos, 1 Cor. 7:21; tal fué Onésimo, esclavo de Filemón.

Las alusiones que hace la Biblia á la servidumbre forzada implican que esta es un mal y un estado nada deseable de la vida; con todo, al esclavo que no puede obtener su libertad, se le exhorta á la conformidad, 1 Cor. 7:20-24. La Biblia da á la vez direcciones en cuanto á los mutuos deberes de los amos y los siervos, Efes. 6:5-9; Col. 3:22 á 4:1; Tit. 2:9, 10; Filemón; 1 Ped. 2:18; y proclama las grandes verdades del origen común de todos los hombres, de la inmortalidad de toda alma humana, y del derecho que tiene á la Biblia y á todos los medios necesarios para conocer y servir al Salvador; la aplicación de las cuales en todas las relaciones que existen entre el amo y el siervo, el superior y el inferior, el que emplea y el empleado, evitaría toda especie de opresión, pues la opresión es aborrecible ante los ojos de Dios, Deut. 24:14; Sal. 103:6; Isa. 10:1-3; Am. 4:1; Mal. 3:5; Sant. 5:4. Los principios proclamados en la Biblia han cooperado á la mitigación y gradual abolición de la esclavitud en los paises cristianos.

SIETE. Como desde un principio este fué el número de días de la semana, en las Escrituras tiene á menudo cierta importancia, y se usa muy generalmente como número cabal ó perfecto. Los animales limpios fueron llevados al arca por septenas, Gén. 7. Los años de la abundancia y del hambre en Egipto eran siete, Gén. 41. Según la ley mosaica no solamente había un día séptimo, Sábado, sino que el séptimo mes era particularmente distinguido; cada séptimo año era un sábado, y después de cada 7 veces 7 años venía un jubileo. Las grandes festividades del pan sin levadura y de los tabernáculos se observaban por 7 días; y el número de animales en muchos de los sacrificios se limitaba á 7. El candelero de oro tenía 7 brazos. Siete sacerdotes con 7 trompetas anduvieron al rededor de las murallas de Jericó 7 días, y 7 veces en el 7º día. En el Apocalipsis se mencionan 7 iglesias, 7 candeleros, 7 espíritus, 7 estrellas, 7 sellos, 7 trompetas, 7 truenos, 7 redomas, 7 plagas y 7 ángeles que las derraman.

El 7 se pone á menudo por un número

cabal ó completo, así como nosotros empleamos "diez" ó una "docena;" según se ve en Mat. 12:45; 1 Sam. 2:5; Job 5:19; Prov. 26:16, 25; Isa. 4:1; Jer. 15:9. De igual manera, 7 veces ó el séptuplo significa con frecuencia, abundantemente, Gén. 4:15, 24; Lev. 26:24; Sal. 12:6; 79:12; Mat. 18:21. Y setenta veces 7, es un superlativo aún más grande, Mat. 18:22.

No eran solos los Hebreos quienes daban importancia al número 7; también se la daban los Persas, Ester 1:10, 14, el antiguo pueblo de la India, los Griegos y los Romanos.

Con excepción del *seis, siete* es la única palabra numeral que las lenguas semíticas tienen en común con las Indo-Europeas. El vocablo hebreo "sheba", *siete*, es esencialmente el mismo que en griego, latín, sanscrito, persa, gótico, ingles, etc. La noción del "siete" se encarna también en la palabra hebrea que significa "jurar," literalmente "hacer siete veces;" comp. Gén. 21:29-31. Véase Seba. La mitad de 7, 3½, se cree que denota algo que está incompleto; y secundariamente, alguna calamidad ó desastre; vése en el término profético "un tiempo, y tiempos, y la mitad de un tiempo," Dan. 7:25; 12:7, y otras expresiones equivalentes, Apoc. 11:3; 12:6; 13:5.

SIFMITA ó SAFONITA, 1 Crón. 27:27, probablemente un natural de Sefam.

SIFMOT ó SEFAMOT, *campos fértiles,* 1 Sam. 30:28, lugar á donde se retiró David cuando buscaba refugio contra Saúl. Se halla probablemente 12 millas al S. E. de Hebrón.

SIFRA (ó SEFORA) y FUA, parteras de Egipto, quienes por temor á Dios rehusaron dar muerte á los hijos recién-nacidos de los Hebreos, contraviniendo así á las ordenes del rey. Dios les recompensó esta bondad para con su pueblo, aunque condenando sin duda la falta de veracidad de las excusas que presentaron á Faraón. Dios les hizo casas, esto es, le dió probablemente á cada una de ellas una numerosa familia, Exod. 1:15-21.

SIGLO, vocablo empleado en la Biblia española para traducir la palabra griega Aion, tanto en el significado de período ilimitado del futuro, Heb. 6:5; Mar. 10:30; Luc. 18:30; 20:35, como en el de época actual, nuestra edad, éra, etc., Mat. 12:32; 13:22, 39, 40, 49; 24:3; 28:20; Luc. 16:8; 20:34; Rom. 12:2; 1 Cor. 10:11, Gál. 1:4; Efes. 1:21; 1 Tim. 6:17; Tit. 2:12; Heb. 1:2; 11:3. Véase Mundo.

SIGNOS. Esta palabra en 2 Rey. 23:5, denota probablemente los signos del Zodiaco: "¿Sacarás tú á su tiempo los signos de los cielos, ó guiarás el Arcturo con sus hijos?" Job 38:32.

SIHOR, propiamente SHIHOR, *negro, turbio.* En Jos. 13:3: Isa. 23:3; Jer. 2:18, esta palabra se ha traducido "Nilo;" en 1 Crón. 13:5, se ha conservado original, y se refiere probablemente al "río de Egipto" de que se habla en Núm. 34:5; 1 Rey. 8:65; que es el torrente invernal del desierto llamado ahora el torrente el-Arish, y qne servía de límite entre Canaán y el Egipto, y corría hacia el N. O. hasta desembocar en el Mediterráneo, como 45 millas al S. O. de Gaza.

SIHOR-LIBNAT, *blanco-negro,* un punto en la frontera de Aser, Jos. 19:26, el Nahr Namein, corriente que desagua en la bahía de Acre, un poco al S. E. de esa ciudad.

SILAS, contracción de SILVANO, *guarda-bosque,* uno de los principales hombres de la primitiva iglesia de Jerusalem, comisionado con Judas Barsabás para acompañar á Pablo y á Bernabé á Antioquía, para llevar el decreto del concilio de Jerusalem, acerca de las obligaciones que tenían los Gentiles convertidos con respecto á la ley mosaica, Hech. 15:22-30; comp. vers. 1-21. Silas mismo, "profeta" (véase esta palabra), pasó algún tiempo predicando en Antioquía, vers. 32, 33. Después de la separación de Pablo y Bernabé, Silas acompañó al primero, 51 A. D., en su segundo viaje misionario por las provincias del Asia Occidental, Hech. 15:36 á 16:10, y su primera visita á Europa; estuvo preso con Pablo en Filipos, y, según parece, fué ciudadano romano, 16:11-40. Después de haber permanecido durante algún tiempo en Tesalónica, se separó de Pablo en Berea, Hech. 17:1-15, pero volvió á reunírsele en Corintio, Hech. 18:5, y tal vez llevaba los donativos á que se hace referencia en 2 Cor. 11:9; Fil. 4:15. No es improbable que volviera con Pablo á Siria, Hech. 18:18-22. Durante los 18 meses que permaneció Pablo en Corintio, vers. 11, envió dos epístolas á los Tesalonicenses, 52-53 A. D., en el comienzo de las cuales se halla inserto el nombre de Silvano, 1 Tes. 1:1; 2 Tes. 1:1, y en una epístola á los Corintios, 57 A. D., hace mención de los trabajos de Silvano entre ellos, 2 Cor. 1:19. Supónese que este coadjutor de Pablo es el mismo á quien Pedro recomienda como "un fiel hermano," y por cuyo conducto envió una epístola á los Judíos cristianos del Asia Menor, 1 Ped. 5:12.

SILBO, una expresión de desprecio, Job 27:23, 1 Rey. 9:8; Jer. 19:8; Ezeq. 27:36; Miq. 6:16. También un modo de llamar á los criados, todavía común en el Oriente, Isa. 5:26; 7:18; Zac. 10:8.

SILIM, *fuentes*, Jos. 15:32, ciudad en el sur de Judá.

SILITAI, *sombrío*, I., de la tribu de Benjamín, 1 Crón. 8:20.

II. Nombre de uno de los capitanos de la tribu de Manassés, 1 Crón. 12:20.

SILLA, 2 Rey. 12:20, lugar cerca del cual fué muerto el rey Joás, tal vez en el valle situado al sur de Jerusalem.

SILLA ó TRONO, el asiento de que se habla en varios pasajes de las Escrituras. Diósele el primero de estos nombres al proporcionado por la mujer rica y piadosa de Sunam para el cuarto del profeta Eliseo, 2 Rey. 4:10. La palabra hebrea KISSE, traducida silla en este pasaje, ha sido traducida por el mismo término en Gén. 41:40, en que se habla, como puede verse, del trono de Faraón; y en otros varios pasajes en que se mencionan personas de alto rango, como el rey Eglón, Jue. 3:20; el

sumo sacerdote Elí, 1 Sam. 1:9; 4:13, 18; la madre del rey Salomón, 1 Rey. 2:19, y Amón, Est. 3:1. Y se ha traducido "trono," hablando del que el rey Salomón mandó hacer para asiento suyo en su palacio, 1 Reyes 10:18; 2 Crón. 9:17, 18; y del que ocupaba el Señor en la visión de Isaías, Isa. 6:1. En el Oriente, tanto en la antigüedad como ahora, un asiento alto y separado era un honor reservado para muy pocas personas; pues la mayor parte se sentaban en el suelo, en tapetes ó en divanes; comp. Judit 12:15, en donde se habla de "blandas pieles" destinadas para ese uso. De estos hechos y de la gratitud que manifestó Eliseo por las atenciones solícitas que se le prodigaron, 2 Reyes 4:13, se saca en claro que esta palabra no siempre denota un asiento ordinario, como lo dan á entender algunas versiones; así como la palabra candelero de que se habla en el vers. 10, no da una idea exacta del porta-lámpara oriental en que se quemaba el aceite. Comp. Exod. 39:37. Véase ASIENTO.

SILLUM, Gén. 46:24; Núm. 26:49, llamada Sellum en 1 Crón. 7:13, *recompensa,* hijo de Neftalí.

SEILÚN, ANTIGUAMENTE SILO.

SILO, *paz, descanso,* ciudad de Efraím, 19 millas al norte de Jerusalem, 11 al sur de Siquém, y como 2 al este del camino real que hay entre ambas, llamado camino de Betel, Jue. 21:19. Allí se reunieron los

Israelitas cuando fué conquistada la Tierra Prometida, y colocaron el arca y el tabernáculo, que anteriormente se hallaban en Gilgal; allí distribuyó Josué por suerte aquellas partes de las siete tribus

que no tenían lugar señalado todavía, Jos.
18; 19; á Eleazer y á Josué, y á los ancianos residentes en Silo ocurrieron los Levitas pidiéndoles las ciudades que se les
habían ofrecido, Jos. 21. De Silo despachó
Josué solemnemente á las diez tribus cuyas posesiones quedaban al este del Jordán, Jos. 22:1-9, y de allí también se les
envió una diputación con motivo de haber
corrido el rumor de su idolatría, versículos
10-34. El tabernáculo y el arca, centro
del culto de Jehová, permanecieron en Silo
durante todo el período de los Jueces, Jue.
18-31. Allí, en una fiesta anual del Señor,
los restos que habían quedado de los Benjamitas se apoderaron de las doncellas de
Silo para hacerlas sus esposas, Jue. 21:19-
23. Comp. Exod. 15:20; Sal. 68:25. En
Silo fué hecho y cumplido el voto de Anna, 1 Sam. 1:8 á 2:11, y allí creció Samuel
y recibió su vocación para ser profeta del
Señor, 1 Sam. 2:18-21, 26; 3; 4:1. El arca
llevada por Saúl al campo de batalla, y
tomada por los Filisteos en tiempo de Elí,
1 Sam. 4:2-22, no fué devuelta á Silo, cap.
5:1 á 7:2; 2 Sam. 6:2, 11, 12; y el tabernáculo fué trasladado á Gabaón, 1 Rey. 3:4;
1 Crón. 16:39. Esta catástrofe fué una
prueba muy elocuente de que ni los objetos sagrados, ni las formas poseen ninguna
virtud talismánica, sino que por el contrario, tienen que ser inútiles para los que confían en esas cosas más bien que en Dios.
Asaf alude al envilecimiento de Silo, Sal.
78:58-60, motivado por las iniquidades de
Israel, 1 Sam. 2:12-17, 22-25; Jeremías lo
cita como un tipo de la venganza de Dios
sobre Jerusalem y el templo, Jer. 7:12-14;
26:6, 9. El profeta Ahías tenía su residencia en Silo, 1 Rey. 11:29; 12:15; 14:2-4.
Véase también Jer. 41:5. En el tiempo de
Jerónimo, 340-420 A. D., Silo estaba en
ruinas. Silo ha sido identificada con Seilún, lugar en que se ven en una colina baja,
rodeada por otras más altas, las ruinas de
una ciudad relativamente moderna, con
piedras talladas y cimientos de una fecha
mucho más antigua. En un pequeño valle,
media milla al N. E., se hallan un manantial y una cisterna que suministran abundancia de agua, paraje que fué probablemente el teatro del baile y captura de las
"hijas de Silo;" y cerca de allí existen
tumbas talladas en la roca, entre las cuales
la tradición judía coloca las de Elí y sus
hijos. Hay en las colinas vestigios de cortes hechos para la labranza, los cuales prueban un cultivo antiguo del terreno. La
posición de Silo era á la vez central y retirada del bullicio del tráfico, etc., y muy
á propósito para el santuario nacional de
Israel.

SILOÉ, EL ESTANQUE DE, al cual
envió Cristo al ciego, Juan 9:7, 11, es sin
duda el mismo que el de SELA. (Véase
esta palabra.) Josefo lo sitúa en la entrada del "valle Tyropeon," y Jerónimo en
el del "hijo de Hinnom." Existe todavía
en el lugar donde estos valles se unen, al
pié del monte Ofel, que es la prolongación
meridional del monte del templo, y cerca
de 1,900 piés del muro Haram. Aunque
es el más pequeño de los antiguos estanques de Jerusalem, es el único que conserva su viejo nombre, bajo la forma arábiga

ESTANQUE DE SILOÉ.

"Birket Silwán." Es un depósito artificial
como de 52 piés de largo, 18 de ancho, y 19
de profundidad, con escalones que conducen al fondo. El agua no pasa de 3 á 4
piés de profundidad, pero sale por una
abertura practicada en la extremidad S.
E. del depósito, en una sola corriente, subdividida después, para regar las huertas
de verduras y de árboles frutales en el
valle de abajo. El depósito está en parte
tallado en la roca, y en parte hecho de
mampostería, y se halla en ruinas; hay
columnas rotas en derredor de él, que se
elevan desde el fondo hasta el borde, las
cuales tal vez sirvieron de sostén á un edificio que, según el decir de los viajeros en
la edad media, fué edificado sobre el estanque. Suministra el agua un depósito
mucho más pequeño llamado "Fuente de
la Virgen," *Ain Sitti Maryam*—ó "Fuente
de la madre de los escalones," *Ain Um ed-
Deraj*—como 1,200 piés al norte de Siloé,
en el lado oriental del monte Ofel; los dos

depósitos están unidos por medio de un canal subterráneo en forma de zig-zag,

ESTANQUE DE ARRIBA Ó FUENTE DE LA VIRGEN.

cavado por entre las rocas, y de una longitud de 1,708 piés. Este conducto, cuya altura varía desde 16 piés á su salida de Siloé, hasta 16 pulgadas en algunos lugares, fué recorrido por el Dr. Robinson, y más recientemente por Barclay, Warren y Sayce. Varios canales laterales fueron descubiertos, los cuales están obstruidos ahora con escombros, y que se supone llevaban á este conducto en otro tiempo el agua procedente de los estanques de la ciudad ó de los pozos del templo. El agua fluye y refluye á intervalos, según la estación, en la "Madre de los escalones"—llamada así por las dos carreras de escalones que conducen á su fondo—pero de una manera menos perceptible en Siloé. En la fuente de arriba, el Dr. Robinson vió que el agua se levantaba á la altura de un pié, y se bajaba luego en el transcurso de diez minutos. El agua tiene un sabor peculiar, ligeramente salobre, especialmente en la estación seca, debido en parte probablemente al uso que de ambos depósitos hacen las lavanderas y los curtidores. En 1880 fué descubierta una inscripción en el cortado oriental de este conducto, en una plancha fija en la pared á 19 piés de la extremidad de Siloé: tenía seis lineas del hebreo puro de la biblia, probablemente del tiempo del rey Ezequías, conmemorando la habilidad de los excavadores que comenzaron á trabajar en ambos extremos á la vez, y se encontraron á la mitad del trayecto. El expresado conducto penetra en una cámara tallada en la roca, de una anchura de 5 á 6 piés, en el

ángulo S. O. de Siloé, en la base del peñasco que está arriba del estanque. Antiguamente, según parece, al salir de Siloé la corriente pasaba á otro despósito antes de regar los jardines; este segundo depósito, quizá cinco veces más grande que el de Siloé, está ahora abandonado y enteramente cubierto de árboles; puede haber sido "el estanque del rey" de que se habla en Neh. 2:14; ahora se le llama "Birket el Hamra," *el estanque colorado.* Según los Rabinos, era del estanque de Siloé de donde un Levita sacaba agua el último ó gran día de la fiesta de los tabernáculos, para derramarla sobre la víctima del sacrificio, en memoria del agua sacada de la roca de Refidim, Exod. 17:1-6. costumbre á la cual se cree que nuestro Señor Jesu-Cristo hizo alusión, Juan 7:37, 38; y de Siloé se tomaba el agua que se mezclaba con las cenizas de una becerra colorada para la purificación. Los jardines que se hallan abajo de Siloé, Isa. 8:6, son los sitios más verdes de los contornos de Jerusalem.

SILOÉ, LA TORRE DE, Luc. 13:4, 5, edificada en un punto del muro de la ciudad que se cree cercaba entonces á Siloé, Neh. 3:15, 26. Cristo nos enseña en el pasaje citado atrás que las calamidades temporales no son siempre pruebas de culpa especial, si bien los mayores padecimientos que se sufren son mucho menores de lo que merecen los pecados cometidos por los mejores hombres, Lam. 3:39.

Al este del valle del Cedrón, cerca del pié de la altura meridional del monte Olivete, y en frente de la áspera falda que se extiende entre la "Fuente de la Virgen" y el estanque de Siloé, se halla el "kefr" ó población de Silwán, irregular y desaseada, en el sitio de una antigua cantera, y probablemente cerca del punto en donde Salomón erigió altares á Camos y otros ídolos, 1 Rey. 11:7; 2 Rey. 23:13.

SILOH, Gén. 49:10. Este término, empleado en la bendición profética otorgada á Judá, ha sido aplicado por algunos comentadores á la ciudad de Siloh, "hasta que Judá venga á Siloh;" pero esta ciudad no existía entonces, ni fué allí destronado Judá.

La idea general, apoyada por las antiguas versiones judías y cristianas (tales como la Septuaginta judía, los targums de Onkelos y de Jerusalem, la versión arábiga, las versiones cristiana, siriaca y latina, y el pentateuco samaritano), es que dicha palabra se refiere al Mesías. Empero no están acordes todos los intérpretes en cuanto á la significación literal de "Shiloh:" algunos traducen, "hasta que venga aquél á quien él (es decir, el cetro), pertenece," compárese Ezeq. 21:27; otros "el Pacificador;" otros por último, "el Deseado." El significado más probable es "el Pacífico" de quien Salomón, *pacífico*, fué un tipo. En Isa. 9:6 se llama al Mesías "el Príncipe de la paz;" comp. Juan 14:27. La última cláusula de dicho versículo (Gén. 49:10) debe traducirse del modo siguiente: "y para él será la obediencia de los pueblos," incluyendo las naciones paganas. Comp. Mat. 11:28-30; 23:37, y la descripción que hace Isaías de la paz del Mesías unida al poder, Isa. 42:1-3. De este modo la profecía concuerda con los anuncios que Dios había hecho antes á Abraham, Isaac y Jacob, relativamente á una simiente en quién serían benditas todas las naciones, Gén. 12:3; 22:18; 26:4; 28:14; comp. Juan 8:56; Gál. 3:16, á la vez que dicha profecía es más explícita que esos anuncios, por cuanto nombra de entre los doce hijos de Jacob á aquel de quien descendería la Simiente, "el Legislador de entre sus piés." Compárense Núm. 24:17; Zac. 9:9, 10; Apoc. 5:5. Esa profecía se explaya más en pasajes tales como Sal. 2, 72 y 110. El rey David y su descendencia empuñaron por largo tiempo el cetro de Judá, 1 Crón. 5:2, é Isaías predijo el nacimiento de un "renuevo" poderoso, soberano y perpetuo, originado de la raíz de Isaí, Isa. 11:1-12.

El principio del cumplimiento de la profecía relativa al reinado del Mesías fué anunciado á María por Gabriel, Luc. 1:32, 33. Después de la caída del reino de Judá, propiamente dicho, el nombre sobrevive como el de un pueblo. El término *Yehudim*, ó Judíos, incluye á representantes de las otras tribus, Neh. 1:2; Ester 2:5; 3:6. Juan 5:1; Hech. 26:3-7. La desaparición definitiva del poder civil de manos de Judá, hecho iniciado con el empadronamiento que se mandó hacer al tiempo del nacimiento de Cristo, y completado con la destrucción de Jerusalem, fué cosa que no tuvo lugar sino hasta que Siloh hubo venido á asumir un cetro espiritual. Y ese cetro no está en peligro de ser jamás destruido.

SILONITA, calificativo dado á Ahías como natural ó residente de Silo, 1 Rey. 11:29. Comp. cap. 14:2, 4.

SIMAAT, *fama*, Ammonita, madre de Zebad ó Josacar, uno de los dos asesinos del rey Joás, 2 Rey. 12:21; 2 Crón. 24:26.

SIMMA, *rumor*, I., hermano de David, 1 Sam. 16:9; 2 Sam. 13:3; 21:21; 1 Crón. 2:13; 20:7.

II. Levita descendiente de Merari, 1 Cró. 6:30.

III. Levita descendiente de Gersón, 1 Crón. 6:39.

SIMMAA, hijo de David y de Bat-sua, 1 Crón. 3:5, ó Bath-sheba; llamado también Sammua en 2 Sam. 5:14; y Samua en 1 Crón. 14:4.

SIMEI, *famoso*, nombre de 14 ó más Hebreos, de entre los cuales pueden especificarse los siguientes:

I. Hijo de Gersón el hijo de Leví, Núm. 3:18; 1 Crón. 6:17, 42; 23:7, 9, 10, llamado Semei en Ex. 6:17. Es á sus descendientes probablemente, á quienes se hace referencia en Zac. 12:13. Comp. Núm. 3:21.

II. Ó SEMEI. Hijo de Gera, Benjamita y pariente de Saúl, que insultó al rey David cuando este iba huyendo de Absalom, y se humilló á la vuelta de este rey. En ambas ocasiones David le perdonó; pero próximo á morir, aconsejó á Salomón que tomara sus precauciones contra un hombre que no conocía otro freno que el del temor. Simei dió su palabra de no salir nunca á Jerusalem, pero la quebrantó al salir en persecución de sus siervos fugitivos hasta Gat, y fué condenado á muerte á su regreso, 2 Sam. 16:5-14; 19:16-23; 1 Reyes 2:8, 9, 36-46.

III. Un empleado en el reinado de David, y tal vez en el de Salomón, 1 Rey. 1:8; 4:18.

SIMEÓN, *oído*, I., segundo hijo de Jacob y Lea, Gén. 29:33, uno de los doce patriarcas ó padres de las tribus de Israel, Hech. 7:8. Su carácter era vengativo y violento. Él y Leví tomaron una venganza cruel de Siquém y su pueblo por el ultraje inferido á su hermana Dina, y merecieron por esto el reproche de su padre, Gén. 34. No hay noticia de que Simeón se arrepintiera, como lo hicieron Rubén y Judá, con respecto á los proyectos fratricidas que él y sus hermanos concibieron contra José, Gén. 37:18-33. Bien puede haber sucedido que José lo detuviera después en rehenes como al más culpable en ese asunto, ya voluntariamente, ó ya por omisión, Gén. 42:21-24, 33, 36. Fué devuelto á sus hermanos en la segunda visita que estos hicieron á Egipto, Gén. 43:23, y después se estableció en ese país con sus seis hijos, Gén. 46:10; Exod. 1:1, 2. Jacob, al dar á sus hijos el postrer adios, censuró el pecado que Simeón y Leví habían cometido contra los Siquemitas, y predijo que las consecuencias de ese crimen recaerían sobre sus descendientes, Gén. 49:5-7; comp. Exod. 20:5. Véase SIMEÓN, TRIBU DE.

II. Un hombre de Jerusalem eminentemente piadoso, que recibió una influencia especial del Espíritu Santo, Luc. 2:21-35. Él estaba esperando el "consuelo de Israel," comp. Isa. 40:1, y el Espíritu Santo le había revelado que viviría lo bastante para ver al Mesías que hacía tanto tiempo había sido prometido. Por lo tanto fué conducido al templo exactamente á tiempo que José y María, en obediencia á la ley, presentaban allí á Jesús; comp. Ex. 13:12, 13; 22:29; Núm. 18:15, 16; Lev. 12:1-8. Él tomó al niño en sus brazos, dió gracias á Dios, y bendijo á José y á María pronunciando una notable predicción sobre los efectos de la venida del Salvador. Comp. Isa. 42:6; 45:17-25; 49:6.

III. Simeón el Niger, *el Negro*, Hechos 13:1, uno de los profetas y maestros de la iglesia cristiana en Antioquía. Algunos sin fundamento lo identifican con Simón el Cireneo.

IV. Nombre que se halla en la genealogía de José, Luc. 3:30.

SIMEÓN, TRIBU DE. En el primer censo formado en el desierto del Sinaí, esta tribu tenía 59,300 hombres, Núm. 1:1-3, 22, 23. Excedíanla solamente la de Judá y la de Dan. Treinta y ocho años después, en las llanuras de Moab, la tribu de Simeón era la más pequeña de todas, pues no contaba sino 22,200 hombres, Núm. 26:1-4, 14. Tal vez dicha tribu sufrió más severamente que las otras en castigo de pecados particulares, si es que la flagrante y obstinada maldad de Zimri, uno de sus príncipes, indica de algún modo su carácter, Núm. 25:6-9, 14. Simeón pertenecía al campo de Rubén, quien se situaba al S. del tabernáculo, y seguía al campo de Judá en el orden de marcha, Núm. 2:10-16; 10:18-20. Simeón hizo su paradero en Garizim, el monte de bendición, en la solemne ceremonia verificada en Siquém, Deut. 27:12; comp. Jos. 8:33. En conformidad con la predicción de Jacob, de que Simeón sería dispersado y dividido en Israel, Gén. 49:7, los límites territoriales de la tribu parecen haber estado al principio vagamente definidos, y haber variado algo en tiempos posteriores. La parte que se le dió bajo el gobierno de Josué era solamente una comarca tomada del territorio asignado previamente á Judá, Jos. 19:1-9, y que incluía 18 ciudades con sus aldeas

en el sur de Judá; comp. Jos. 15:26-32. En esta región, que los Judaitas ayudaron á los Simeonitas á conquistar, Jue. 1:3, 17, estos últimos habitaban en tiempo de David, 1 Crón. 4:24-33, y sus guerreros ayudaron á establecer á este rey sobre todo Israel, 1 Crón. 12:23-25, 38; 2 Sam. 5:1-3. En la división del reino, 975 A. C., los Simeonitas se adhirieron, según parece, á las tribus separatistas del norte, pues son mencionados entre los extranjeros independientes de Judá y Benjamín, que fueron comprendidos en la reforma de Asa, 941 A. C., 2 Crón. 15:9-13; y de nuevo en la reforma de Josías, 630-624 A. C., 2 Crón. 34:6-9, que abarcó los restos de Israel que habían quedado después de la cautividad asiria. Las ciudades de Simeón se hallan también clasificadas entre las de Manassés, Efraím y Neftalí, como para dar á entender que una parte de esa tribu había sido esparcida en el reino septentrional. En la primera parte del reinado de Ezequías, 726-697 A. C., dos expediciones de Simeonitas habían conquistado territorio al S. y al E. de su territorio primitivo, 1 Crón 4:34-43. El nombre de Simeón se omite en las bendiciones de Moisés, Deut. 33, pero se menciona en la visión que tuvo Ezequiel de la restauración de Israel, en la cual se coloca á esa tribu entre Benjamín é Issacar, Ezeq. 48:24, 33; y en la visión de Juan, Apoc. 7:7.

SIMEONITAS, miembros de la tribu de Simeón, Núm. 25:14; 26:14. Judit, la heroína del libro apócrifo que lleva este nombre, se reputa como Simeonita, Judit 8:1; 9:2, así como su marido Manassés, 8:2, y Osías, gobernador de Betulia, cerca de la llanura de Jezreel, 6:14, 15.

SIMIENTE ó SEMILLA, Gén. 1:11, palabra usada á menudo en un sentido metafórico ó figurado, Gén. 3:15; 4:25; 22:17, 18; Jer. 31:37; Gál. 3:16; 1 Ped. 1:23; 1 Juan 3:9. La ley mosaica prohibía sembrar un campo con "mixtura de semillas," es decir, con dos ó más clases de simiente, Lev. 19:19. La "preciosa simiente" es á menudo depositada en el terreno con muchos temores; pero la cosecha, á lo menos en las cosas espirituales, será una temporada de regocijo, Sal. 126:5, 6.

SIMIO ó MONO. Animal semejante, aunque groseramente, á la raza humana. La especie á que pertenece puede dividirse en monos, micos y cinocéfalos, siendo propiamente llamados monos, ó simios, los cuadrumanos que no tienen cola. Salomón los importó de Ofir, 1 Reyes 10:22;

2 Crón. 9:21. Fueron en un tiempo adorados en Egipto, y todavía lo son en algu-

nas partes de la India. Un viajero describe un magnífico templo que hay en ese país, dedicado á dicho animal. Acaso se hace alusión á grandes simios ó cinocéfalos, literalmente "peludos," en Lev. 17:7; Isa. 13:21; 34:14. Véase SÁTIROS.

SIMÓN, contracción de Simeón, ó acaso fué nombre tomado de los Griegos por los Judíos, después de su cautividad.

I. Uno de los doce apóstoles, Mat. 4:18. Véase PEDRO.

II. Otro de los apóstoles, distinguido como el "Cananeo," Mat. 10:4, ó el "Celador," Luc. 6:15; Hech. 1:13. El término empleado en griego por Lucas, es equivalente al caldeo usado por Mateo, y por Marcos 3:18, el cual no hace referencia á Canaán ó Caná, sino que se deriva del hebreo KANA, celo, y designa á Simón como miembro de la facción de los celotes, ardientes defensores de la ley mosaica y de su ritual.

III. Uno de los hermanos de Jesús, Mat. 13:55; Mar. 6:3. Algunos han supuesto que este es el mismo que Simón el Celador, ó que el Simón que sucedió á Santiago en el pastorado de Jerusalem, 62 A. D., y sufrió martirio en el reinado de Trajano, á la edad de 120 años. Ambas identificaciones son probablemente erróneas.

IV. Fariseo de Galilea en cuya casa fué ungido Jesús por una pecadora arrepentida, Luc. 7:36-50.

V. Un leproso que probablemente fué curado por Jesús. En la casa que este tenía en Betania, Jesús fué ungido por María, hermana de Lázaro, Mat. 26:6-13; Mar. 14:3-9. Comp. Juan 12:1-8.

VI. Hombre de Cirene que fué obligado á llevar la cruz de Jesús cuando al Salvador se le agotaron las fuerzas, Mat. 27:32; Mar. 15:21, Luc. 23:26; comp. Juan 19:17, ministerio ignominioso, que sin embargo resultó ser de bendición. Marcos, que escribió para los cristianos romanos, le llama "padre de Alejandro y Rufo," siendo este último quizá el Rufo que residía en Roma, y á quien, así como á la madre, envió Pablo un saludo cordial, Rom. 16:13.

VII. Simón Iscariote, el padre de Judas Iscariote, Juan 6:71; 13:2, 26.

VIII. Curtidor en cuya casa de Joppe se alojó Pedro, Hech. 9:43; 10:6, 17, 32.

IX. Mago samaritano, llamado á menudo Simón Mago. Por medio de la práctica de las artes mágicas, este impostor adquirió cierto influjo sobre el pueblo de Samaria que parecía mirarle como divino. Debido á la predicación de Felipe, muchos de los conciudadanos de Simón se hicieron cristianos, y aun este mismo hizo profesión de fé y fué bautizado; y la gente que por mucho tiempo se había "embelesado" con sus falsos milagros, lo fué después verdaderamente al ver los milagros verdaderos obrados por Felipe, Hech. 8:4-13. Á la llegada de Pedro y de Juan, procuró comprarles el don divino de impartir el Espíritu Santo. Pedro le echó en cara su hipocresía, lo cual le produjo mucha alarma, pero no un arrepentimiento verdadero Hech. 8:14-24; comp. Exod. 8:8. Pedro, que sin duda no pretendía tener la facultad de perdonar los pecados, le mandó que pidiera perdón á Dios. Hay tradiciones de dudosa autenticidad acerca de la vida posterior de Simón. El pecado de comprar y vender cargos y privilegios espirituales ó promociones eclesiásticas, llamado "simonía," con alusión á Simón el Mago, era severamente censurado y castigado en la antigüedad tanto por la ley eclesiástica como por la civil. Sin embargo, llegó á ser muy común en la iglesia corrompida de Roma. Fué mucho más odioso para Pedro que para muchos que han pretendido ser sus especiales discípulos y sucesores.

SIMRIT, vigilante, Moabita, madre de Jozabad, que fué uno de los asesinos del rey Joás, 2 Crón. 24:26, y á quien en 2 Rey. 12:21, se le llama hijo de Somer.

SIMRÓN ó SIMRÓM, *vigilia*, I., hijo de Issacár, Gén. 46:13; Núm. 26:24; 1 Crón. 7:1.

II. Antigua ciudad de Canaán, cuyo rey, al mando de Jabin, resistió á Josué y fué derrotado, Jos. 11:1. Comp, vers, 5-12; probablemente es la misma que Simron-merón, cuyo rey fué uno de los 31 aliados derrotados por Josué, Jos. 12:20. Simrón tocó en suerte á Zabulón, Jos. 19:15. Se le da por sitio á Semúniyeh, 14 millas al S. E. de Haifa, y 11 millas al O. del monte Tabor.

SIN, *cieno*, ciudad fortificada en la frontera N. E. de Egipto, y expuesta á la invasión predicha acerca de esta nación, por Nabucodonosor, y probablemente también á las invasiones posteriores, Ezeq. 30:15, 16. Se identifica con el Pelusium, *cenagoso*, de los autores griegos y latinos, á dos millas del mar, en medio de terrenos pantanosos, en la extremidad oriental ó desembocadura pelusiaca del Nilo, la cual está seca en la actualidad. Fué testigo de muchas y muy grandes batallas. No se ha determinado con exactitud su sitio: algunos creen que era donde se hallan las moles de el-Farma, á una milla de la bahía de Tineh, la supuesta boca pelusiana del Nilo, y 14 millas al E. del canal de Suez; otros donde esta el terraplén Abu-khiyar, entre el-Farma y Tel Defenneh ó Tehafneh es que está 13 millas al O. del expresado canal. A estos terraplenes no puede llegarse ahora sino en botes, excepto durante la parte más seca del verano.

SIN, DESIERTO DE, entre Elim y Refidim, Exod. 16:1; 17:1; Núm. 33:11,12, Allí, al mes de haber salido de Egipto, recibieron los Israelitas su primera provisión milagrosa de codornices y de maná, y allí fué instituida de nuevo la guarda del sábado, Exod. 16:2-34. Se cree que es la llanura desierta llamada ahora el Markha, que se extiende por la playa oriental del golfo de Suez 25 millas, desde la cañada Taiyibeh, hasta la de Feiran. Es una región triste y tiene poca vegetación. Los viajeros refieren que han visto allí muchas codornices.

SINAGOGA, *junta ó reunión*, nombre aplicado, como la palabra "iglesia," á los edificios en que se verificaban las reuniones ordinarias de los Judíos para celebrar el culto de Dios. En vista del silencio que guarda el Antiguo Testamento con respecto á estos lugares de culto, muchos son de opinión que no estuvieron en uso sino hasta después de la cautividad de Babilonia, y que antes de esa época los Judíos tenían sus reuniones para el culto religioso, Isa. 1:13, ya al aire libre, ya en las casas de los profetas; véase 2 Rey. 4:23; Sal. 107:32; Ezeq. 33:31. En Sal. 74:8, es muy dudoso que la palabra hebrea traducida sinagoga, se refiera á los edificios que llevaban ese nombre, tales como éstos existieron después de la cautividad. En los libros posteriores hebreos se alude con más frecuencia á las juntas establecidas para el culto, Esd. 8:15, 21; 10:1-9; Neh. 8:1-3; 9:1-3; 13:1-3; Zac. 7:5; y en tiempo de nuestro Señor eran numerosas, Hechos 15:21. Benjamín de Tudela, viajero de la edad media, pretende haber visto las sinagogas edificadas por Moisés, David, Abdías, Nahum y Esdras. Las sinagogas sólo podían ser erigidas en aquellos lugares donde había para concurrir á ellas por lo menos diez hombres de edad, instruidos y piadosos, y de ciertos recursos pecuniarios. Las ciudades grandes tenían varias sinagogas, y éstas se convirtieron en iglesias parroquiales de la nación judía. Su número parece haber sido muy considerable; y cuando la construcción de una sinagoga se consideraba como prueba de religiosidad, Luc. 7:5, ó como una especie de pasaporte para el cielo, no debe sorprendernos saber que su número había crecido mucho más de lo necesario, de tal suerte que se dice que en solo Jerusalem no bajaban de 460 á 480. Se construían en lo general en los puntos más elevados del terreno, y constaban de dos partes. La occidental contenía el arca ó cofre en que se depositaban el libro de la ley y los de los profetas, con las vestiduras sacerdotales de los funcionarios eclesiásticos, y se le daba el nombre de templo, por vía de distinción. La otra, en que la congregación se reunía, era conocida como el cuerpo de la sinagoga. La gente en general se sentaba con la cara vuelta hacia el templo; compárese 1 Rey. 8:29; Sal. 28:2, y los ancianos en un tablado ó plano más alto, cuyo frente daba al lugar ocupado por la congregación, con el púlpito ó tribuna en su parte delantera. Menciónanse á menudo sus asientos con el nombre de "las primeras sillas en las sinagogas," Mat. 23:6; Mar. 12:39; Luc. 11:43; Sant. 2:2, 3. Las mujeres se sentaban aparte, al principio cubiertas por un tabique de 5 á 6 piés de altura, y después en una especie de galería separada de lo demás por un enrejado. Aquella estaba alumbrada por una lámpara que ardía constantemente. Los funcionarios de cada sinagoga formaban seis clases distintas: la primera se componía de los *archisinagogos ó prepósitos*, que arreglaban todo lo que á ella concernía, y concedían permiso para dirigir la palabra á la congregación, Hech. 18:8. De éstos había tres en cada una. El Dr. Lightfoot cree que poseían cierto poder civil, que constituían el tribunal de grado secundario, conocido comunmente como "el consejo de los tres," y que con tal carácter era de su incumbencia juzgar las faltas poco graves cometidas contra la religión, así como decidir las disputas que se suscitaban entre cualquiera de los miembros de la sinagoga, en cuanto á asuntos de dinero, hurtos, pérdidas, etc. Es quizá á estos funcionarios á quienes se hace alusión en 1 Cor. 6:5. Véase también Juicio. A la segunda clase de funcionarios pertenecía "el ángel de la sinagoga" ó ministro de la congregación, Luc. 4:20, el cual hacía las oraciones y predicaba. En alusión á éstos, á los pastores de las iglesias asiáticas se les llama "ángeles," Apoc. 2:3. Los otros funcionarios eran: los encargados de distribuir las limosnas, á los cuales se les llamaba limosneros; un delegado ó jefe; un intérprete, encargado de traducir las Escrituras hebreas en lengua vulgar; y los diez hombres de reserva, entre los cuales se incluían quizá los que se acaban de mencionar, investidos con el cargo de garantir el establecimiento de una sinagoga, y de formar una congregación en forma.

El culto de la sinagoga era celebrado como sigue: estando los congregantes sentados, el ángel de la sinagoga subía al púlpito y ofrecía las oraciones públicas, durante las cuales se levantaban aquellos de sus asientos, y permanecían en pié, en una actitud de profunda devoción, Mat. 6:5; Mar. 11:25; Luc. 18:11, 13.

Las oraciones eran en número de 19, y terminaban con la lectura de la execración. En seguida se repetía lo inscrito en sus filacterias ó fajas que contenían algunos textos bíblicos, y después de ese acto se procedía á la lectura de la ley y los profetas. La primera estaba dividida en 54 secciones, á las cuales estaban unidas partes correspondientes de los profetas; véase Hech. 13:15, 27; 15:21, y éstas tenían que leerse de la primera á la última en el curso del año. Después del regreso de los Judíos de la cautividad, fué empleado un intérprete en la lectura de la ley y los profetas, Neh. 8:2-8, y éste hacía la traducción al dialecto siro-caldeo, que era el que entonces hablaba el pueblo. La última parte del culto consistía en la exposición de las Escrituras y en la predicación sobre algunos textos de ellas. Esto se hacía ya por alguno de los funcionarios eclesiásticos, ó por alguna persona distinguida que por acaso se hallase presente. El Salvador á menudo se aprovechaba de la oportunidad que así se le presentaba, para dirigir la palabra á sus paisanos, Luc. 4:16-20, y se registran varios casos en que él mismo y sus discípulos enseñaron en las sinagogas. Véase Mat. 13:54; Mar. 6:2; Juan 18:20; Hech. 13:5, 15, 44; 14:1; 17:2-4, 10, 17; 18:4, 26; 19:8. Todo el culto terminaba con una corta oración ó bendición.

Se hacía uso de las sinagogas judías, no sólo para lo relativo al culto divino, sino también para tribunales judiciales cuando se ventilaban asuntos de que por su naturaleza, le incumbía conocer al *Consejo de los Tres* de que hemos hablado ya. En tales ocasiones la sentencia pronunciada contra el delincuente, según la costumbre que todavía subsiste en el Oriente de aplicar el castigo prontamente, era llevada á efecto algunas veces en el lugar mismo en donde el consejo estaba reunido. De ahí viene que se diga que ciertas personas fueron golpeadas y azotadas en la sinagoga, Mat. 10:17; 23:34; Mar. 13:9; Luc. 21:12; Hech. 22:19; 23:11; 2 Cor. 11:24. Ser expulsado de la sinagoga ó excomulgado de la iglesia judía, y privado de los privilegios nacionales, era un castigo muy temido, Juan 9:22; 12:42; 16:2. El nombre de sinagoga se conservó mucho tiempo como el de un lugar de culto, Sant. 2:2; Apoc. 2:9. En nuestros días, los Judíos erigen sinagogas en donde quiera que son suficientemente numerosos, y se reunen el sábado para celebrar el culto. Durante este, leen pasajes del Antiguo Testamento, cantan salmos y recitan oraciones, todo en hebreo, no obstante de que es ahora lengua muerta que muy pocos de ellos hablan. Entre las sinagogas de Jerusalem, que ahora llegan á 8 ó 10, algunas son para los Judíos de origen español, y otras para las de origen alemán, etc., como en el tiempo de Pablo, en que las había separadamente para los Libertinos, Cireneos, Alejandrinos, etc., Hech. 6:9.

SINAÍ, *zarza*, monte de la Arabia Petrea desde el cual proclamó Dios los diez mandamientos al pueblo congregado de Israel, al tercer mes de su salida de Egipto, Exod. 19:1-20; 20; Deut. 4:10-13, 33, 36; 5:1-22; y al cual se retiró Moisés en

637

diversas ocasiones á recibir de Dios varios reglamentos para su pueblo, Exod. 20:21; 24:1; Lev. 27:34; Deut. 5:23-31. Allí permaneció Moisés por dos periodos de 40 días, conservado milagrosamente sin alimento. Al fin del primer periodo recibió las dos tablas de piedra que contenían los diez mandamientos escritos por el dedo de Dios, Exod. 24:12; 31:18; 32:15, 16, 19; allí tuvo una visión de la gloria divina, y continuó su intercesión por Israel, después de haber adorado éste el becerro de oro, Exod. 34:5-9; comp. Exod. 33:18-23; y allí al terminar el segundo periodo de los ya mencionados recibió las tablas de piedra en reemplazo de las que él había quebrado, Exod. 34:1-4, 28, 29; comp. Deut.

9:9-19, 25 á 10:5. En esa misma región, Moisés había visto, un año ó dos antes, la zarza ardiendo, y había sido comisionado por Dios para librar á Israel, Exod. 3:1 á 4:17; Hech. 7:30, 38. Allí también, seis siglos después, Dios se reveló á Elías, que había huido de la ira de Jezabel, 1 Rey. 19:1-18. Á la manifiesta presencia de Dios, y á su majestuosa y sublime promulgación de la ley en el monte Sinaí, se hace referencia en Jue. 5:5; Neh. 9:13; Sal. 68:8, 17. En el Nuevo Testamento se pone en contraste el sistema proclamado desde el monte Sinaí, con el evangelio de la gracia de Dios, Gál. 4:24, 25; Heb. 12:18-29.

El empleo que en la Biblia se hace de los

LLANURA ER-RAHAH, Y CONVENTO DE SANTA CATALINA.

nombres Sinaí y Horeb es tal, que es bien de creerse que Horeb, *seco*, haya sido el nombre general del grupo de montañas, y Sinaí el de la cumbre especial á donde Jehová descendió en medio de fuego, y habló con Israel, Exod. 19:16, 18; Deut. 5:4; 33:2.

Según el uso moderno, aplícase el nombre Sinaí á toda la península cuyas costas están bañadas por los dos golfos del Mar Rojo, así como al grupo central de montañas, y á un solo pico de aquel grupo.

La península del Sinaí es un triángulo cuya base se extiende desde la cabeza del golfo de Suez hasta el de Acaba, cosa de 150 millas; su lado occidental, sobre el golfo de Suez, tiene como 190 millas de largo, y su lado oriental, sobre el de Acaba, tiene 130. Contiene cerca de 11,500

millas cuadradas, una décima parte más que el Estado del Vermont (Estados Unidos de América). En su frontera septentrional hay una ancha zona arenosa contigua á la desnuda cordillera de piedra caliza que forma la frontera meridional del desierto et-Tih. Una llanura cascajosa de una anchura variable se extiende sobre el golfo de Suez; pero la costa del de Acaba es angosta, por tener muy cerca las montañas. Una escabrosa mole de montañas de granito ocupa la parte principal de la península. Las cordilleras oriental y occidental se encuentran y forman un ángulo en la parte sur. Unas cañadas profundas se dirigen desde la extremidad de sus faldas hasta las alturas centrales. Las montañas son de granito y *gneiss*, con protuberancias aquí y allí de piedra caliza. En el N. y en el O. tiene estribos de piedra arenosa colorada. Las más altas cumbres tienen más de 8,000 piés sobre el nivel del mar. Los peñascos presentan algunas veces vistosos tintes de un color rojo, púrpura y verde; pero el aspecto general de esa región, aunque grandioso, es árido y sombrío. La península contiene hierro, cobre y turquesas. Los Egipcios establecieron allí colonias desde tiempos muy antiguos, y á veces emprendían el laboreo de minas, principalmente en Maghara, 15 millas al este del golfo de Suez, en donde inscripciones geroglíficas presentan los nombres de los Faraones desde la dinastía cuarta hasta la décima nona, es decir, desde la edificación de la gran pirámide de Gizeh, hasta el éxodo hebreo. En ese tiempo la península estaba habitada por los Amalecítas y los Madianitas, y posteriormente por los Árabes Nabateos, cuya capital era Petra en Idumea. Véase SELA. Con el resto de la Arabia Petrea, la península fué anexada al imperio romano, 105 A. D. El cristianismo fué desde un principio establecido allí, y coexistió con el sabeismo ó culto de los cuerpos celestes, que era la

niano los autorizó para fabricar una iglesia rodeada por un convento fortificado, que fué el original del que actualmente lleva el nombre de Santa Catalina.

Los Mahometanos establecieron su dominio sobre la península en el siglo 7º. En muchas partes de ella, pero principalmente en la cañada Mukatteb, *escrito*, que desemboca en la de Feirán por el N. E., hay en las rocas nativas muchas inscripciones cortas y groseramente labradas, que abundan en nombres propios que no son ni cristianos ni judíos, precedidos de palabras tales como "paz," "bendito," "en memoria de," mezclados con imperfectas representaciones de hombres y animales, estrellas, cruces, naves, etc. Según el concepto del professor Palmer, miembro del cuerpo de ingenieros ingleses, la lengua es arameana, los carácteres nabateanos, y las inscripciones obra de algunos ociosos. Parece que fueron escritas durante varios siglos desde el segundo A. C., hasta el cuarto A. D., y las hay también en griego, copto y árabe. Las cumbres más elevadas de la península sinaítica, son Jebel Serbal, en el N. O., de 6,734 piés; Jebel Musa, de 7,363 piés; Jebel umm-Shaumer, de 8,449; Jebel Catalina, de 8,536; Jebel Zebir, de 8,551. La comarca que circunda á Jebel Musa, que está en el centro de la cordillera, tiene, exceptuando el oasis que se halla en la cañada Feirán, y las cercanías de Tur en el golfo de Suez, el mejor abasto de agua y de pastos de la península, y á ella ocurren los Beduinos cuando los manantiales y los pozos se secan en los demás lugares.

Se ha discutido mucho acerca de cuál montaña fué el teatro de la promulgación de la ley de Dios—las preferidas son Serbal, Musa y Ras Sufsafeh. Los datos que suministra la Biblia son los siguientes: 1º La cima ha de ser visible desde un espacio plano de una extensión suficiente para poder dar cabida á 2,000,000 de individuos por

CAÑADA Ó WADY MUKATTEB.

religión de los naturales. Los cristianos que buscaban refugio contra la persecución que se les hacía en Egipto, huían á ese lugar, y se formaron muchas hermandades de monjes en el monte Serbal y la cañada de Feirán. Sufrieron mucho por los ataques de los bárbaros, y en 527 A. D., Justi-

lo menos, Éxodo 19:11; 20:18. 2º El monte ha de levantarse de una manera abrupta en la llanura, Exod. 19:12; Deut. 4:11; Heb. 12:18. 3º Ha de hallarse en las cercanías abasto suficiente de agua y de pastos — requisito que llenan todas tres montañas. Jebel Serbal, dos millas al sur de la cañada Feirán, por entre la escarpada cañada Aleiyat, no llena los requisitos 1º y 2o. Es cierto que se levanta más de 4,000 piés sobre los valles que se extienden á su base, pero su cumbre, que es un lomo de tres millas de largo, está interrumpida por muchos picos puntiagudos, y los valles circunvecinos son un desierto cubierto de guijarros y lechos de torrentes. Además apenas puede verse uno que otro punto de la montaña desde la cañada Feirán.

Como 20 millas al S. E. de Jebel Serbal, se halla un lomo ó espinazo aislado de dos millas de largo, de N. O. á S. E., y de casi una milla de ancho. Su pico más elevado se halla en la extremidad meridional, y

ahora lleva el nombre de Jebel Musa, *Montaña de Moisés*, habiendo sido identificada por la tradición monástica, desde el tiempo de Justiniano, con la cumbre sagrada; pero la cañada Sebaiyeh, ó *el valle del curador*, llamada así con referencia á Exod. 3:1, es demasiado estrecha y áspera para haber proporcionado á las huestes hebreas terreno á propósito en que poder acampar. El pico septentrional del mismo lomo, Ras es-Sufsafeh, *pico del sauce*, nombre que le viene de un árbol de esta clase que hay en su costado, llena todos los requisitos. Se levanta de un modo abrupto desde la cañada er-Rahah, y sobresale á todas las otras montañas que hay cerca y á

la vista, y se halla tan separada de ellas por llanuras, y por profundas y escarpadas barrancas, que muy bien pudieron establecerse límites á su rededor. Exactamente á su base se extiende la cañada er-Rahah, *descanso*, que encierra una llanura de dos millas de largo, de S. E. á N. O. y de media milla de ancho, y contiene algo más de

dos millones de varas cuadradas inglesas, á propósito para acampar, y este espacio se dobla si se incluyen los valles que van á dar á ella por el este.

La cumbre de Ras Sufsafeh, de cerca de 2,000 piés de elevación sobre la llanura, es accesible desde er-Rahah por una cañada agreste, al descender la cual por entre dos peñascos, bien pudo Moisés haber oido las exclamaciones de los idólatras que adoraban el becerro de oro, antes de que estos le viesen, Exod. 32:17, 19. Por la misma cañada se abre paso un torrente invernal para bajar á er-Rahah; y hay varios manantiales y corrientes perennes en las cercanías, Deut. 9:21.

El Dr. Robinson que ascendió á Ras Sufsafeh en 1838, fué el primero que propuso su identificación con el monte sagrado. "La suma dificultad," dice dicho escritor, "y el peligro del ascenso, quedaron bien recompensados con la perspectiva que se presentó á nuestra vista. Todo el llano er-Rahah yacía á nuestros piés, á la vez que la cañada esh-Sheikh á la derecha, y un recoveco ó rincón á la izquierda, unidos ambos lugares por medio de er-Rahah, presentaban una area equivalente casi al

MONTE SINAÍ, DE LA LLANURA ER-RAHAH.

doble de la llanura. Se robusteció nuestra convicción de que allí, ó en alguno de los peñascos adyacentes, fué el sitio á donde el Señor descendió en medio de fuego y proclamó la ley. Allí se extendía la llanura donde toda la congregación pudo haberse reunido; allí estaba el monte al cual uno podía llegarse hasta tocarlo, y allí la ceja de la montaña, el único punto donde pudieron haberse visto los relámpagos y la densa nube, y donde pudieron haberse oido los truenos y la voz de la trompeta cuando el Señor descendió á la vista de todo el pueblo sobre el monte Sinai. Nosotros nos abandonamos á las impresiones de tan majestuosa escena, y con sensaciones que nunca olvidaremos leímos en el original, tal como lo escribió el gran legislador de los Hebreos, la sublime relación de los acontecimientos que allí se verificaron y los mandamientos que allí se proclamaron," Exod. 19:1 á 20:21.

Los miembros de la Comisión inglesa de Ingenieros, después del cuidadoso examen que hicieron de esa región en 1868 y 1869, convinieron unánimemente en identificar á Ras Sufsafeh con el monte sagrado.

Separadas por cañadas de la cordillera Sufsafeh-Musa, hay dos cordilleras paralelas. El monte Catalina, tres millas al S. O. de Jebel Musa, es el pico meridional de la cordillera occidental. En la cañada ed Deir, entre Sufsafeh y la cordillera oriental, está el convento ó deir de Santa Catalina, fundado por Justiniano en 527 A. D., en donde residen en la actualidad como 50 monjes. Su biblioteca contiene cosa de 1,500 libros impresos y 700 manuscritos, entre los cuales Tischendorf en 1859 descubrió el Codex Sinaiticus, un valiosísimo manuscrito griego de la Septuaginta y el Nuevo Testamento, probablemente del siglo 4o. Al N. de er-Rahah está una montaña llamada Jebel Seneh, que sugiere el antiguo nombre Sinaí, pero mucho menos imponente que Ras Sufsafeh.

Se cree que las huestes israelitas, al dirigirse en su peregrinación desde el desierto de Sin hacia el E. del Mar Rojo, llegaron al lugar en que acamparon cerca del monte Sinaí siguiendo una serie de cañadas que serpentean entre las montañas, principalmente la de Feirán y la de Sheikh, en una de las cuales estaba Refidim. La de Feirán comienza cerca del Mar Rojo, y volteando hacia el N. E. vá á dar á la de Wady esh-Sheikh, la cual haciendo un circuito al N. de Jebel Seneh, se inclina hacia el S. y se pierde en la llanura er-Rahah en su extremidad oriental. Un camino más corto pero mucho más difícil, se sigue á veces por los viajeros á través del escabroso y sublime Nugb Hawa, *paso del viento*, que deja á esh-Sheikh al O. de Jebel Seneh, y entra á er-Rahah en su extremidad N. O. Disfrútase desde él una grandiosa vista de la llanura, del convento fortificado de Santa Catalina, y de la majestuosa altura del Monte Sinaí.

SINAÍ, DESIERTO DE, región que se halla entre dos de las estaciones de los Israelitas, Refidim y Kibrot-Hattaava, Núm. 33:15, 16, á la cual llegaron los Israelitas al tercer mes de haber salido de Egipto, Exod. 19:1, 2; comp. Ex. 18:5, y en donde permanecieron cerca de un año, Números 10:11, 12, 33. Durante este tiempo se les dieron jueces, Exod. 18:13-26; se les comunicó la ley por conducto de Moisés; el tabernáculo fué construido y aderezado, Ex. 39:42 á 40:35; Aarón y sus hijos fueron consagrados al sacerdocio; Nadab y Abiú perecieron, Lev. 8-10; Núm. 3:4; fueron consagrados los Levitas, Núm. 3:5-16. 8; ... fué celebrado el primer aniversario de la pascua, Núm. 9:1-5, y practicado el primer censo, Núm. 1:1-19. Este campamento que duró un año, ocupaba la llana y espaciosa mesa que se halla al N. del Monte Sinaí, llamada ahora la er-Rahah, y también la cañada adyacente esh-Sheikh, y otras menores en esas cercanías. Esta región se halla bien provista de manantiales, ríos y pastos. Véase SINAÍ, MONTE.

SINAR, LA TIERRA DE, contenía las ciudades Babel, Arac, Calanne y Acad, Gén. 10:10. En esta región occurrió la confusión de lenguas, Gén. 11:2-9. Uno de sus reyes, al retirarse con sus aliados de una incursión que hizo con buen éxito en Canaán, fué perseguido y derrotado por Abraham, Gén. 14:1-17. Sus fábricas textiles eran bien conocidas y estimadas desde

tiempos muy antiguos, Jos. 7:21, (en hebreo, "vestiduras de Sinar.") La tierra de Sinar se menciona en Dan. 1:2 y Zac. 5:11. Puede probablemente identificarse con la de Sumer ó Shumer de las inscripciones cuneiformes, por ser este un nombre que en ellas denota, al parecer, la región meridional de la tierra de los Caldeos," esto es, "Babilonia" ó "Mesopotamia," en su sentido más lato, Hech. 7:2. Los nombres de Sumer y Acad se encuentran frecuentemente en las inscripciones, y designan todo el rico y populoso llano aluvial que se extiende á lo largo del Eufrates y el Tigris, desde el Golfo Pérsico (que antiguamente se extendía hacia el norte más allá de la actual juntura de los dos ríos), hasta un punto un poco al norte de la moderna Bagdad por más de 200 millas. Un pueblo muy culto, no semítico, debió de ser dueño al principio de esta región, comp. Gén. 10:8-10, antes de que los Caldeos semíticos la subyugasen. Estos adoptaron la civilización y conservaron el dialecto de la raza conquistada.

SINEOS, pueblo muy distante de la Tierra Santa, cuya conversión al Dios de Israel fué predicha, Isa. 49:12. Ahora se identifican generalmente con los Chinos, llamados Sinœ ó Thinœ por el geógrafo griego Ptolomeo, 140 A. D., y conocidos antes por los Árabes como *Sin*, y por los Sirios como Tsini. Tsin es también el nombre rabínico de China. Desde tiempos muy antiguos el este del Asia estaba unido con el oeste por medio de caminos comerciales, y por ellos se conducían algunas de las producciones y manufacturas de la China, tales como la seda en bruto y la tejida. Véase SEDA.

Los Nestorianos predicaron el evangelio en China desde un principio. En 1625 un Jesuita misionero descubrió en Si-gan-foo, la antigua capital de China, y ahora de la provincia de Shin-se en el N. O., una losa del año de 781, que refiere en Chino y en Siriaco como se estableció en la ciudad con el consentimiento imperial, el "King Kiao," ó religión ilustre, y contiene una larga lista de clérigos nestorianos. En los siglos 12° y 13°, las conquistas de Jenghis Khan y sus sucesores, las cuales abarcaron la mayor parte del Asia y de la Europa Oriental, abrieron de nuevo la vía de comunicación con China, conocida entonces como Khitai ó Cathay, nombre tomado del de Khitan, que era el de la dinastía reinante de los siglos 9° y 10°. Varios viajeros, entre ellos el famoso Veneciano Marco lo, varios comerciantes y algunos misioneros franciscanos visitaron en esa época á Cathay. Muchos de los habitantes se convirtieron al romanismo, y se estableció un arzobispado en Cambaluc, la ciudad que ahora se denomina Pekin. Después de la caida de la dinastía Jenghis, 1368, cerróse de nuevo Cathay á los Europeos, y desapareció todo vestigio del cristianismo. En el siglo 16° los Portugueses y los oficiales de la marina españ ila la descubrieron otra vez con el nombre de China, y se enviaron allí de Roma misioneros jesuitas y dominicanos. Las misiones de estos florecieron ;or cerca de siglo y medio; pero como ellos contemporizaron con la idolatría nacional y rehusaron la Biblia á los conversos, poco fué lo que se hizo por la difusión de la verdadera religión, moralidad y cultura. Andando el tiempo, las clases superiores del imperio empezaron á recelarse del influjo papal, y en 1722 se publicó un edicto que abolía el cristianismo: 300 iglesias fueron destruidas ó suprimidas, y 300,000 conversos quedaron expuestos á la persecución, sometiéndose muchos al sufrimiento y á la muerte con admirable entereza. En 1842 se abrieron al comercio extranjero las puertas de Canton, Amoy, Foochow, Ningpo y Shanghai: en 1845 se garantizó la tolerancia á los cristia-

nos conversos, por medio de un edicto; y en 1858 se concedió libertad á todas las sectas del cristianismo por toda la extensión del Imperio. El fundador de las misiones protestantes en China fué el Rev. Robert Morrison, 1807 á 1834, el cual hizo la primera traducción de la Biblia en Chino, y trabajó por la extensión del evangelio en lo privado, por estar entonces prohibida la pública enseñanza de la religión cristiana. Después de la abertura de los cinco puertos, las misiones protestantes comenzaron con todo empeño, y sus abundantes frutos, especialmente en estos últimos años, dan fé de la fidelidad de la promesa divina.

II. Tribu cananea, Gén. 10:17; 1 Cró. 1:15, probablemente cerca del monte Líbano.

SINFONÍA, Dan. 3:5, 10, un instrumento de música que los rabinos describen como una especie de gaita, compuesto de dos tubos ó cañones unidos con un saco de cuero, y que dan un sonido áspero y penetrante.

SINTIQUE. Véase pág. 645.

SIÓN, I., uno de los nombres del monte Hermón, Deut. 4:48. Comp. Deut. 3:9, y véase HERMÓN.

II. La forma griega del hebreo Zión, Mat. 21:5.

III. *Ruinas*, Jos. 19:19, ciudad de Isacar de la que se hallan vestigios en Ayun-esh Shain, tres millas al N. O. del monte Tabor

EL MONTE SIÓN VISTO DESDE EL SUDESTE; CON LA MEZQUITA DE DAVID, CON PARTE DEL MURO MERIDIONAL DE LA CIUDAD, Y CON EL VALLE DE HINNÓM.

IV. En hebreo TZION, *que le da el sol*, la montaña más alta y grande de Jerusalem, la cual se eleva 2,593 piés sobre el nivel del Mediterráneo, y 100 piés sobre la cumore del monte Moría. Formaba la parte S. O. de la ciudad, y tenía una superficie plana como de 500 yardas de largo por 250 de latitud, que descendía al principio de un modo casi imperceptible y luego casi perpendicularmente, á los valles que la rodeaban. El del lado N. está casi arrasado; en el oriente está el valle Tyropœon; en el sur el de Hinnóm, y en el occidente el de Gihón. Estos eran mucho más profundos en tiempos remotos que en los actuales, por haberse llenado en parte por las ruinas causadas por muchas guerras y trastornos; pero Sión está aún á 300 piés de altura sobre el nivel del valle en el S. O., y 590 piés más alto que en Rogel. La posición de dicho monte se prestaba mucho á la defensa militar, y los Jebuseos que la poseyeron durante el tiempo de la conquista, y mucho después, altaneramente provocaban al ataque. Fué tomado al fin por David, y desde entonces llamado "la ciudad de David," 2 Sam. 5:5-9; 1 Rey. 8:1; 2 Crón. 5:2. Parece que este rey se com-

placía mucho en la fortaleza y la belleza de Sión, y que la amaba como tipo de la iglesia del Mesías, pues dijo: "De hermosa situación, el gozo de la tierra es el monte Sión, á los lados del aquilón, la ciudad del gran Rey." "Rodead á Sión, y cercadla; contad sus torres. Poned vuestro corazón á su antemuro, mirad sus palacios, para que lo contéis á la generación venidera," Sal. 48:2, 12, 13. Una mezquita cerca del extremo sur cubre actualmente "la tumba de David," donde ese rey y catorce de sus sucesores fueron sepultados. Ese lugar es vigilado con mucho cuidado por los Mahometanos, 1 Rey. 2:10; 11:43; 22:50. Este monte, juntamente con los de Moría y Ofel, llamados "los montes de la santidad," Sal. 87:1, 2, estaba rodeado por el primer muro, y fortificado con ciudadelas, 1 Crón. 11:5. En su cumbre fueron edificados los magníficos palacios de Salomón, y mucho después los de Herodes. Fué llamado por Josefo "la ciudad más alta," y en su extremo norte había tres grandes torres: Hippicus, Phasaelus y Mariamne, las cuales se levantaban dentro de un muro que se extendía desde la puerta Joppe hacia el oriente, pasando por el palacio real y el Xystus, hasta el area del templo; y estaba esta tan bien fortificada cuando los Romanos la tomaron, que el emperador exclamó, "Ciertamente Dios non ha ayudado en esta guerra; ¿porque qué podrían haber hecho las fuerzas ó las máquinas humanas en contra de estas torres?" Grandes cambios se han efectuado en la superficie de Sión, y gran parte se halla fuera del lado sur del muro moderno, y está ocupada por cementerios, ó "arada como campo," según la predicción de Jeremías,

644

26:18; Miq. 3:12. Se dice que al aproximarse á Jerusalem dos rabinos, vieron una zorra corriendo en el monte Sión. Uno de ellos, llamado Josué, lloró; mas el otro, llamado Eleazar, se rió. "¿Por qué te ríes tú," dijo el que lloraba; "y por qué lloras tú," dijo el que se reía. "Lloro," contestó el primero, "por que veo cumplido lo que está escrito en el libro de las Lamentaciones, pues el monte Sión está desolado y las zorras corren en él." "Pues esa es la causa porque yo me río," contestó el rabino Eleazar, "pues cuando veo por mis propios ojos que Dios ha cumplido sus *amenazas* al pié de la letra, tengo la seguridad de que ninguna de sus *promesas* dejará de cumplirse, pues está siempre más dispuesto á manifestar misericordia que á manifestar severidad."

Sión é "hija de Sión," son expresiones empleadas algunas veces para denotar toda la ciudad, incluyendo especialmente á Moría y al templo, Sal. 2:6; 9:11; 48:2; 74:2; Isa. 1:8; 8:18; 10:24; 30:19; Joel 2:23; y algunas otras, en sentido figurado, para denotar el lugar de la verdadera iglesia en la tierra y en el cielo, Jer. 8:19; Heb. 12:22; Apoc. 14:1. Véase JERUSALEM.

SÍNTIQUE, *con fortuna,* y EUODÍAS, *buen viaje,* Filip. 4:2, 3, mujeres eminentes por su virtud y buenas obras, tal vez diaconisas en la iglesia de Filipos. Pablo las exhorta á obrar de consuno y en concordia en sus trabajos cristianos, como deben hacerlo todos los que están "en el Señor."

SIOR, *pequeñez,* Jos. 15:54, actualmente Sair, á 4 ó 5 millas al N. E. de Hebrón.

SIPPAI, ó SAFAI, *umbral,* gigante filisteo, 1 Crón. 20:4; llamado Saf en 2 Sam. 21:18.

SIQUÉM, *hombro,* I., príncipe heveo, que sedujo á Dina la hija de Jacob, y el cual juntamente con su padre Hamor y otros muchos Siquemitas fué traidoramente muerto por Simeón y Leví, Gén. 34.

II. Descendiente de Manassés, Núm. 26:31; Jos. 17:2.

III. Otro de la posteridad del mismo Manassés, 1 Crón. 7:19.

IV. Ciudad del Canaán Central en el valle situado entre los montes Garizim y Ebal. Abraham erigió allí el primer altar que puso en Canaán, Gén. 12:6, 7. Jacob, al volver de Padan-aram, acampó cerca de Siquém, que era entonces una ciudad de los Heveos, compró una tierra que después legó como herencia especial á José, y erigió un altar, Gén. 33:18-20; 48:22; Juan 4:5.

En venganza de una ofensa, sus hijos tomaron la ciudad y la despojaron, Gén. 34. Debajo de una encina, cerca de Siquém, Jacob, antes de partir, enterró los amuletos y terafim de su casa, Gén. 35:1-4. Sus hijos volvieron con sus rebaños á esta fértil región, y allí los buscó José, que había venido de Hebrón, 50 millas al sur, Gén. 37:12-17. Después de la conquista, los huesos de José fueron sepultados en su heredad cerca de Siquém, Jos. 24:32; Hech. 7:16. La ciudad estaba en el territorio de Efraím, y fué asignada á los Levitas hijos de Coat, y convertida en ciudad de refugio, Jos. 20:7; 21:20, 21. Por su posición central y lo sagrado de los objetos á que se la había destinado, llegó á ser una ciudad de reunión de las tribus. Cerca de su sitio tuvo lugar la solemne lectura de la ley con acompañamiento de bendiciones y maldiciones, en un paraje donde los montes Ebal y Garizim se acercan más entre sí, y las personas que se hallan en los lados opuestos, pueden conversar facilmente, Deut. 11:29; 27; 28; Jos. 8:30-35. Allí hizo Josué que las tribus contrajeran un solemne compromiso de servir á Jehová, en conmemoración de lo cual levantó una gran piedra debajo de la encina ó alcornoque que Abraham y Jacob habían consagrado mucho tiempo antes, Jos. 24:1-28. Junto á este mismo monumento probablemente Abimelec el hijo de Gedeon fué hecho rey, Jue. 9:6, y desde el monte Garizim, á cuyo pié estaba situada la ciudad, Jotam profetizó males contra el pueblo y el rey, Jue. 9:7-26, predicción que se cumplió tres años después en su destrucción, vers. 22-57. Siquém fué reedificada después. David alude á ella diciendo que representaba la tierra prometida al oeste del Jordán, Sal. 60:6. Roboam fué allí para ser coronado, pero en el mismo lugar dió motivo á las diez tribus para que se rebelaran, 1 Reyes 12:1-18. Bajo el gobierno de Jeroboam la ciudad llegó á ser la primera capital del reino Septentrional, vers. 25; pero la residencia del gobierno fué poco después traslsdada á Tirsa, 1 Rey. 14:17; 15:21, 33. Después de la conquista asiria y de la cautividad, 721 A. C., Siquém recibió sin duda parte de los colonos paganos, 2 Rey. 17:6, 24-41. Después de la conquista que de Judá hizo á su vez Babilonia, 588 A. C., los Siquemitas fueron del número de los muertos en Mispa por Ismael, Jer. 41:5-7; y "los tesoros en el campo" por los cuales se les perdonó la vida á diez hombres, eran probablemente provisiones entre hoyos cubiertos tales como los que se usan todavía para el mismo objeto en las faldas secas de los cerros de Palestina. Siquém llegó á ser la ciudad principal de los Samaritanos, por estar cerca de su templo nacional, el cual estaba edificado en el monte Garizim, y así continuó siéndolo, por lo menos hasta que Juan Hercano capturó la ciudad y destruyó el templo 129 A. C. Véanse GERIZIM y SAMARITANOS. Cerca de Siquém estaba el pozo de Jacob, junto al cual platicó Cristo con la mujer Samaritana, Juan 4. Más tarde, en el tiempo de Josefo, la ciudad que sin duda sufrió en la guerra Judía, fué reedificada por los Romanos y llamada Flavia Neápolis, *ciudad nueva de Flavio*, en honor de Flavio Vespasiano, general y emperador romano. Muchas monedas de la ciudad, en las cuales se le da este nombre, existen aún; y se conserva todavía en la forma arábiga Nablús ó Náblus. Es cuestión que se disputa si la ciudad de "Sicar" mencionada en Juan 4 : 5, era idéntico con Siquém,

VISTA DE NABLÚS Y DEL MONTE GARIZIM DESDE EL NOROESTE.

nombre cuya forma griega fué la que usó Estéban, Hech. 7:16. Véase SICAR. Siquém fué sin duda visitada por los apóstoles y discípulos en sus viajes de evangelización por Samaria, Hechos 8:25; 9:31; 15:3. Justino el filósofo y mártir cristiano, pagano de nacimiento, vió la luz en Neápolis hacia 100 A. D. Se mencionan pastores de Neápolis que asistían á los Concilios eclesiásticos hasta 536 A. D. La ciudad fué tomada por los Musulmanes en el siglo VII. Se sometió á los cruzados después de la toma de Jerusalem, 1099 A. D., pero fué vuelta a tomar por los Musulmanes, 1242 A. D., en cuyo poder ha permanecido desde entonces.

El valle en que está situada Nablús se extiende 8 ó 9 millas hacia el noroeste; está 2,360 piés sobre el nivel del mar, y el Monte Garizim en el sur y el Ebal en el norte se elevan unos 600 y 800 piés más

respectivamente. Al este el valle se abre en el extremo septentrional de la fértil llanura de el-Mukhna, que tiene milla y media de ancho, y diez millas de largo, de norte á sur. Por esta llanura pasa el camino que conduce á Jerusalem, como 30 millas al sur de Nablús; el camino toma un rumbo nordeste hasta Tubas ó Thebes, á 10 millas de Nablús, y desde allí continúa por cerca de 30 millas hasta el límite meridional del Mar de Galilea. Sebustiyeh, ó Samaria, está 5½ al noroeste de Nablús, en un cerro que se eleva al extremo del valle. Nazaret está situada como 30 millas al norte de Nablús. Al pié del Monte Garizim, donde el valle de Nablús se pierde en la llanura, y cerca del camino que conduce á Jerusalem, está el pozo de Jacob, al cual se le da todavía el nombre de Bir-Yakub, sitio reconocido como verdadero por los Judíos, los Samaritanos, los Cristianos, y los Mahometanos. Allí Jesús, "cansado del camino," se sentó á la hora de sexta, esto es, al mediodía, probablemente en el mes de Chisleu ó Diciembre, en tanto que sus discípulos se habían ido á la ciudad "á comprar qué comer;" también allí le reveló á la Samaritana que él era el Mesías, y recibió á los compatriotas de aquella. En Sicar, Jesús pasó dos días segando la miés de almas de que había hablado á sus discípulos, Juan 4:5-8, 25-42. El pozo se halla rodeado de las ruinas de una iglesia cristiana que fué edificada en el siglo 4º y destruída antes del tiempo de las cruzadas. Su profundidad en 1838 era de 105 piés, pero las piedras que se han arrojado al fondo la han disminuido, de suerte que ahora es solo de unos 75 piés. Como á cosa de un cuarto de milla del pozo está el sitio tradicional de la tumba de José, el cual está ahora encerrado entre cuatro paredes altas y blanqueadas, y es actualmente la tumba de un "Wely," ó santo mahometano. Los Mahometanos aseveran que los huesos de José fueron trasladados de ahí á la cueva de Macpela. Un cuarto de milla más adelante, al pié del Monte Ebal, está la aldea de Ascar, identificada por algunos con Sicar. Véase SICAR. Hay tumbas antiguas al rededor de la base de la montaña. Nablús está milla y media al noroeste del pozo de Jacob, pero tal vez en tiempos antiguos estaba situada más al este que ahora. El camino pasa por un vallecito muy bello, que tiene más de milla y media de ancho en su desembocadura en el Mukhna, pero más arriba se estrecha, luego se ensancha otra vez, y por último vuelve á estrecharse, de suerte que en Nablús es más angosto que en ningún otro sitio. Como á la mitad del camino entre el pozo y la ciudad están las vertientes que median entre el Jordán y el Mediterráneo. Las fuentes que brotan de ambos lados de este punto, y corren hacia el oriente las unas, y hacia el occidente las otras, estaban en poder de los Cananeos cuando Jacob, de acuerdo con la tradición citada por la Samaritana, cavó el pozo á que después se dió su nombre. Como á tres cuartos de milla del pozo, en un rincón formado en la base septentrional del Monte Garizim, está un lugar llamado ahora el-Amud—esto es, *el pilar*—que los Samaritanos dicen que es el sitio del alcornoque de More, Gén. 12:6; 35:4, y de la piedra de Josué, Jos. 24:26. El valle está regado por varias corrientes, es fértil y está bien cultivado; cerca de la ciudad

tiene bastantes árboles, entre los cuales abundan más los olivos. La población está rodeada de huertas lozanas y de verjeles de higos, moreras, uvas, almendras, naranjas, albaricoques y otras frutas. La calle principal empieza en la puerta oriental y termina en la occidental, y en ella están situados la mayor parte de los bazares. Las calles laterales son angostas, embovedadas y oscuras. Las casas son altas, construidas de piedra, y tienen cúpulas y almenas en las azoteas. Hay cinco mezquitas, tres de las cuales fueron originalmente iglesias de los cruzados. Los Samaritanos viven en el barrio sudoeste, cerca de su sinagoga, y desde la puerta occidental de la ciudad hay un camino que conduce á su lugar sagrado, en la cumbre del Monte Garizim. Unos calculan que tiene 9,000 habitantes, otros que tiene hasta 13,000. Todos estos son Mahometanos, con excepción de 140 Samaritanos, unos pocos Judíos, y como 650 Cristianos. Los últimos son principalmente de la Iglesia Griega Ortodoja. Los habitantes se ocupan con actividad de las manufacturas y del comercio; como 20 fábricas hacen jabón del aceite de olivo, y hacinan los deshechos en los arrabales de la ciudad. También se fabrican telas de lana y en algodón. Todos los artefactos se producen en suficiente cantidad para abastecer el vecindario y para enviar en caravanas á lugares lejanos.

He aquí algunos extractos de la descripción que hace el Dr. Clark del lugar de que tratamos: "Nada hay más bello en la Tierra Santa que la vista que se obtiene de Nablús desde los altos que la circuyen. Al descender el viajero hacia ella desde las colinas, parece anidada en medio de frondosos y fragantes cenadores, pues está medio tapada por los lozanos jardines y por los majestuosos árboles que forman bosquecillos en derredor del lindísimo y pintoresco valle en que está situada . . . . En la mañana del día siguiente al de nuestra llegada, encontramos caravanas procedentes de Cairo, y observamos otras que descansaban á la sombra de los olivares, cerca de las puertas de la ciudad.

"En las colinas circunvecinas pacían, como en los tiempos antiguos, los rebaños de ganado mayor y menor; no había en el traje sencillo de los pastores de Samaria cosa alguna incompatible con las ideas que uno se forma del aspecto de los hijos de Jacob.

"Tal vez ningún cristiano docto ha leído

jamás el capítulo cuarto del Evangelio de Juan, sin admirarse de las muchas pruebas internas que de su verdad se presentan á la mente al leerlo. Prescindiendo de su importancia como documento teológico.... podría llenarse un volúmen para poner de manifiesto cómo se roza con la historia de los Judíos y la geografía de su país. Todo cuanto puede sacarse de las obras de Josefo parece un comentario para aclarar este capítulo. El viaje de nuestro Señor de Judea á Galilea, el motivo para hacerlo, su tránsito por el territorio de Samaria, su aproximación á la metrópoli de este último país, el nombre de ésta, su llegada al campo amorita con que termina el estrecho valle de Siquém, la costumbre antigua de detenerse junto á un pozo, la ocupación mujeril de sacar agua, el envío de los discípulos para que consiguiesen qué comer, lo cual demuestra que el pozo estaba en los afueras de la ciudad, la pregunta de la mujer respecto de las preocupaciones que entonces separaban á los Judíos de los Samaritanos, la profundidad del pozo, la alusiór oriental que entraña la expresión 'agua viva,' la historia del pozo y las costumbres que ejemplifica el culto sobre el Monte Garizim—todo esto se encuentra en el espacio de veinte versículos."

SIRA, *retirado*, POZO DE, 2 Sam. 3:26, lugar á que Abner había llegado yendo de Hebrón, cuando fué vuelto á llamar por Joab. Hay hoy día un manantial y un depósito llamado Ain Sara, en el lado O. del camino, como una milla al N. de Hebrón.

SIRACUSA, ciudad grande y célebre que ocupaba una península y la playa adyacente, en la costa oriental de Sicilia, con un puerto espacioso y excelente. Fué fundada por los Corintios, 734 A. C., llegó á ser opulenta y poderosa, y estaba dividida en cuatro ó cinco barrios ó distritos, cada uno de los cuales formaba de por sí una ciudad separada. La circunferencia de la ciudad entera tenía, según refiere Strabo, cosa de 22 millas. Siracusa es célebre por haber sido el lugar del nacimiento y residencia de Arquímedes, cuyas ingeniosas invenciones mecánicas durante el sitio de esa ciudad por los Romanos, 215 A. C., retardaron largo tiempo su expugnación. Después de su destrucción por Marcelo, 212 A. C., Augusto reedificó la ciudad en parte, y esta recobró mucho de su antigua grandeza y poderío. En tiempos posteriores fué conquistada por los Sarracenos, 675 A. D., y tomada de

nuevo por Rugerio duque de Apulia, 1090 A. D. La que era entonces península, ahora es una isla llamada Ortigia. Pablo pasó allí tres días, en su camino de Melita á Roma, en la primavera de 63 A. D., esperando un viento favorable, Hech. 28:12-14. La población, que llegó á contar hasta 200,000 habitantes, ahora no pasa de 11,000.

SIRIA, nombre griego derivado tal vez del hebreo Tsur ó Tiro, en hebreo Aram, Núm. 23:7; Jue. 10:6, región extensa del Asia. Siria en su acepción más lata era el nombre de todo el territorio que se extendía entre el Mediterráneo, el monte Taurus y el río Tigris, é incluía por lo tanto la Mesopotamia ó Siria *de los dos ríos*. Tenía como 240 millas de largo, y de 120 á 150 de ancho, y contenía cinco ó seis divisiones principales: 1. Aram-Dammesek, ó Siria de Damasco; 2. Aram-Maacah; 3. Aram-Bet-rehob, 1 Rey. 10:29; 2 Reyes 7:6; 4. Aram-Zobah; 5. Aram-naharaím, Siria de los dos ríos, ó Padan-aram, comunmente llamada Mesopotamia en la Biblia. Véase ARAM II. De estas porciones de la Siria, variaban á menudo los respectivos límites. Siria de Damasco fué la más notable en la historia hebrea. Véanse las ciudades antes mencionadas, y también ANTIOQUÍA, HELIÓPOLIS II, GEBAL, HAMAT y TADMOR.

La Siria de que trata el Nuevo Testamento puede considerarse como limitada al O. y N. O. por el Mediterráneo y por el monte Taurus, que la separan de Cilicia y Catania en el Asia Menor; al E. por el Eufrates, y al S. por la Arabia Desierta y por Judea, incluyendo la parte septentrional de Palestina, Mat. 4:24; Luc. 2:2. Comp. 2 Rey. 5:20; Hech. 15:41; comp. Gál. 1:21; Hech. 18:18; 20:3.

Los siguientes son los rasgos distintivos de la geografía física de Siria. 1. Una zona estrecha de tierra baja que se extiende á lo largo del Mediterráneo, con una que otra prominencia que se avanza en el mar; 2. La cordillera del Líbano en el sur; la de Bargilus en la parte media, de una altura de 4.000 piés, que termina en el monte Casius (cerca de la desembocadura del Orontes) el cual tiene una elevación de 5,700 piés; y el monte Amanus al norte, que se halla á la de 6,000; 3. El valle de Cœle Siria, entre las cordilleras del Líbano y del Anti-Líbano, y el valle del Orontes al norte—territorio que tiene una longitud de 230 millas; 4. La cordillera del Anti-Líbano y su prolongación hácia el norte; 5. El desierto formado por la mesa que se extiende hasta el Eufrates, en que se halla el notable oasis de Palmira. Véase TADMOR. El valle de Cœle-Siria tiene como 100 millas de largo, y de 6 á 20 de ancho, y es casi tan á nivel como el mar.

Siria fué en tiempos remotos un poderoso reino Heteo, que es el Khatti de los monumentos asirios. Josué le disputó su dominio en la Palestina Septentrional, Jos. 11:2-18. David se creyó con derecho á la posesión del país hasta el Eufrates, Gén. 15:18, derrotó al rey de Soba en una gran batalla, 2 Sam. 8:3, 4, 12; 10:6-19, y á los Sirios de Damasco, 2 Sam. 8:5, 6; y Salomón imperó en casi toda la Siria hasta el fin de su vida, 1 Rey. 4:21; 11:23. Siria tuvo frecuentes luchas con Judá é Israel, 1 Rey. 15:18-20; 20; 2 Rey. 10:33; 13:22; 14:25, 28, y fué al fin subyugada por Teglat-Falasar, y gobernada por los Babilonios y los Persas. Alejandro el Grande la conquistó, 333 A. C., y después de su muerte, Seleuco Nicator formó de la Mesopotamia y la Siria un poderoso reino, el cual fué gobernado por una serie de 16 príncipes llamados Seléucidas. Posteriormente cayó en poder de los Partos al mando de Tigranes, y en 64 A. C., en poder de los Romanos al mando de Pompeyo. El cristianismo fué establecido en Siria desde un principio, tanto por Pablo, Gál. 1:21, como por los que perseguidos por los Judíos se vieron obligados á buscar allí refugio, Hech. 11:19. Las iglesias de Siria llegaron á ser grandes y florecientes, Hech. 13:1; 15:23, 35, 41. En 634 A. D., los Mahometanos conquistaron el país, y lo han poseido desde entonces, si se exceptúan los dos siglos de las cruzadas. En 1517 fué subyugada por los Turcos al mando de Selim I., y en los tiempos modernos, durante un corto periodo, por los Egipcios al mando de Ibrahim. Ahora se halla comprendida en tres departamentos gobernados por bajáes, que son Aleppo, Damasco y Sidón. Las mejores comarcas de Siria han estado densamente pobladas desde una época muy antigua, y los viajeros hallan vestigios de muchísimas ciudades que no se mencionan en la historia. Su población actual no llega á dos millones de habitantes. Más de las tres cuartas partes de éstos son Mahometanos, y el resto se compone de Cristianos—Griegos, Latinos, y Maronitas—Drusas, Yezideos y Judíos. No obstante la protección nominal de la Gran Bretaña, la población no mahometana se halla cruelmente oprimida. La lengua predominante es la arábiga. Hay 70 ú 80 misiones cristianas establecidas en Siria; Beirút es el principal centro misionero. Los comulgantes en las iglesias protestantes llegan á 700, y hay 175 escuelas.

SIRIÓN, *armadura del pecho*, el nombre sidonio del monte Hermón, Deut. 3 : 9; Sal. 29:6. Véase HERMÓN.

SIROFENICIA, el nombre de Fenicia propiamente dicha durante el periodo que estuvo bajo el poder de Siria; proviniendo de ahí el nombre dado en Mar. 7:26 á la mujer á quien también se llama "griega" es decir, gentil, y "cananea," Mat. 15:22, por haber sido fundado ese país por Sidón el hijo mayor de Canaán, Gén. 10:15. Véase FENICIA.

SIRTE, Hech. 27:17, nombre dado á dos golfos arenosos de la costa septentrional de África, cuyos peligrosos bajíos é inciertas corrientes los hacían temibles á los antiguos navegantes. Estos golfos eran llamados la Sirte Mayor y la Menor. Estando el buque de Pablo cerca de la costa meridional de Creta, el viento norte debía naturalmente haberlo llevado á la Sirte Mayor al S. O. de Creta, llamada ahora golfo de Sidra, al norte de Trípoli. La Sirte Menor es ahora el golfo de Cabes en la orilla oriental de Tunis, al S. O. de Malta.

SIS, *proyección*, el paso por donde los Moabitas, Ammonitas y Maonitas subieron desde la orilla del Mar Muerto, habiendo seguido la costa S. O. hasta dicho punto, y dirigídose después hacia el N. O. hasta Tecoa, en contra de Josafat, 2 Crón. 20:16. Comp. vers. 20. Es indudablemente el paso llamado hoy día Ain Jidy, que aunque muy empinado, lo atraviesan todavía los ladrones árabes. Una llanura, "el desierto de Jeruel" y de Tecoa, se halla entre ese paso y Tekúa. Véase EN-GEDI, y mapa en la pág. 398.

SISAC, rey de Egipto que proporcionó refugio á Jeroboam cuando iba huyendo del rey Salomón, 1 Rey. 11:40. Azuzado tal vez por Jeroboam cuando éste se hizo rey de Israel, Sisac con un ejército numeroso de súbditos y aliados. invadió el reino de Judá en el año quinto de Roboam, por el año 969 A. C.; tomó sus ciudades fortificadas, se presentó ante Jerusalem, y obligó á Roboam á ceder'e los tesoros del templo y del palacio real, incluyendo los escudos de oro hechos por Salomón, 1 Rey. 14:25, 26; 2 Crón. 12.2-9. Comp. 11:5-10.

Identifícase Sisac con el Sesonchis de que habla Maneto, el historiador y sacerdote egipcio, 300 A. C. Sisac es el Sheshonk I. de los monumentos, primer rey de la dinastía vigésima segunda. Este derrocó la dinastía rival de Tanis (á la cual pertenecía probablemente la mujer de Salomón), y la de Tebes. y estableció su corte en Bubastis, tomando como lema de su bandera la siguiente frase: "El que alcanza la dignidad real uniendo las dos regiones," es decir, el alto y el bajo Egipto. Sisac ha dejado una crónica de sus conquistas, incluyendo la de Judá, en un muro del gran templo de Karnak en Tebes. Está representado en un bajo-relieve muy grande en el acto de ir á infligir la muerte, en presencia de Amun, el principal dios Tebano, á un grupo de cautivos. Cada nación ó ciudad conquistada está personificada, y tiene su nombre escrito en un escudo ovalado que está pegado á la figura

que la representa. Una de estas figuras, que tiene facciones hebreas, lleva en su escudo los caracteres equivalentes á Joudh-Malek, seguidos del que se empleaba para denotar *tierra;* todo junto significa: "Reino de Judá." Véase ROBOAM. Otros muchos símbolos se cree que denotan ciudades fortificadas de Judá, y ciudades levíticas de Israel que se conjetura puede haberlas entregado Jeroboam á Sisac, para castigarlas por haberse adherido á Roboam y dejado á Israel, 2 Crón. 11:13, 14. Sisac reinó por lo menos 21 años, y fué sucedido por su hijo Osorton ó Usarken, que es acaso

650

el Zera del reinado de Asa. Véanse FARAÓN y ZERA.

SÍSARA, *orden de batalla,* I., el general de Jabín, rey de Asor. Oprimió á Israel en tiempo de los Jueces; fué derrotado por el ejército hebreo al mando de Débora y Barac, y muerto ignominiosamente por Jael, 1 Sam. 12:9; Sal. 83:9. Véanse JAEL y CISÓN.

II. Antepasado de unos Netineos que volvieron con Zorobabel de la cautividad, Esd. 2:53; Neh. 7:35.

SITIM Ó ABEL SITIM, *las acacias,* el lugar en que los Moabitas y los Madianitas, por consejo de Balaam, indujeron á Israel á pecar, por lo cual se infligió un terrible castigo á los Israelitas, Núm. 25, y más tarde á los Madianitas, Núm. 31. Sitim ó Abel Sitim fué el último campamento de los Israelitas antes de pasar el Jordán para entrar á Canaán, Núm. 33:49; Jos. 2:1; 3:1. Es la llanura regada que se extiende desde el pié de las montañas de Moab hasta el Jordán, y recibió ese nombre por la gran cantidad de acacias que allí crecían. Ahora se le llama Ghor es-Seisaban, y se le describe por Tristram como "el mayor y más rico oasis de todo el Ghor" ú hoya jordánica. En la extremidad meridional está Suweimeh, identificado por el Dr. Merrill y otros con Betjesimot; y en la margen septentrional se halla Tell Kefrain, cuya "verdura pantanosa," según Tristram, lo identifica con Abel Sitim, *prado de las acacias.*

SITIM, MADERA DE, Exodo 25:5. (Reina, *cedro.*) Empleóse mucho la madera de este árbol en la construcción del tabernáculo y sus paramentos: las tablas, barras y columnas del edificio, el arca, la mesa del pan de la proposición y el altar del incienso con sus barras, eran cosas todas hechas de madera de Sitim cubierta de oro; el altar de los holocaustos y sus varas ó barras eran de la misma madera cubierta de metal, Exod. 25; 26; 27; 30; 36; 37; 38. La madera de Sitim se identifica con la de la acacia, de la cual hay muchas especies que crecen en Egipto, Arabia y Palestina. La acacia llamada *seyal* es el único arbol de tamaño considerable que crece en los desiertos de la Arabia; se halla diseminada por toda la península sinaítica, y en la costa occidental del Mar Muerto, en donde da su nombre á la cañada Seyal, al sur de Ain Jidy ó En-gedi. Véase SITIM. El seyal se parece desde léjos al manzano. Su madera es de una fibra compacta, dura y de color oscuro, y es á la vez hermosa y sumamente durable. Sus hojas están divididas como las del pino; sus flores de color amarillo forman racimos fibrosos que presentan el aspecto de bolas, y el fruto se parece á una vaina de algarrobo. La cor-

teza es amarilla y lisa, y las ramas tienen muchísimas espinas largas y agudas. De las cortadas ó incisiones que se hacen en el seyal y algunas otras acacias, destila la bien conocida goma arábiga que los Árabes recogen, y la venden, ó bien la usan algunas veces como alimento. Hacen también mucho carbón de esa madera. El tronco llega á tener hasta tres ó cuatro piés de diámetro.

SITIM, VALLE DE, ó torrente invernal, Joel 3:18, probablemente alguna cañada al oeste del Jordán, identificada por algunos con la garganta por la cual corre el Cedrón al Mar Muerto en las estaciones lluviosas. Comp. Ezeq. 47:1, 8.

SITNA, *lucha,* el segundo pozo que cavó Isaac en el valle de Gerar, y á la posesión del cual pretendían tener derecho los pastores de Ahimelec, Gén. 26:21.

SIVAN, el tercer mes eclesiástico de los Hebreos, y el noveno del año civil, que empezaba con la luna nueva de lo que correspondía á nuestro mes de Junio, Ester 8:9. Este nombre es probablemente de origen persa. Véase MES.

SMIRNA ó ESMIRNA, *mirra,* antigua é importante ciudad en la costa occidental del Asia Menor, asiento de una de las siete iglesias á las cuales se dirigió Cristo en la Revelación de Juan, Apoc. 1:11; 2:8-11. Estaba en la frontera de Eolis y de Ionia, en la cabeza del golfo Hermeano ó Esmirneano, sobre el lado N. E.; y á 40 millas al norte de Éfeso. Fué tomada y destruida por Aliattis, rey de Lidia, 628 A. C., y sus habitantes, habiendo sido dispersados, se refugiaron en diversas aldeas. Antígono, 320 A. C., fundó una nueva Esmirna en el lado S. E. del golfo, á dos y media millas del sitio primitivo, y edificó parte de la ciudad en la falda de una colina, pero principalmente en el llano al pié de esta, y en dirección del golfo. Fué ensanchada y embellecida por Lisímaco, y en breve llegó á ser la más hermosa ciudad del Asia Menor, así como una de las más ricas y comerciales. Entre sus templos había uno dedicado al Zeus Olímpico, en cuyo honor se celebraban juegos cada cuatro años. El cristianismo fué desde un principio establecido allí. Durante la persecución general que tuvo lugar bajo el gobierno de Marco Aurelio, los Cristianos de Esmirna tuvieron mucho que sufrir, Apoc. 2:10. El más distinguido de los que entonces fueron fieles hasta la muerte, fué Policarpo, el anciano obispo de aquella iglesia, discípulo del apóstol Juan, y acaso el "ángel" á quien se dirige éste, por mandato del Espíritu, en Apoc. 2:8. Murió en la hoguera por el año 166 A. D.

Una carta de aquella época, escrita por la iglesia esmirneana á los cristianos de otras partes, dice que los Judíos se habían unido á los paganos para acusar á Policarpo como enemigo de la religión del Estado, Apoc. 2:9. Todavía se señala su sepulcro tradicional en un cerro. Dicha iglesia estuvo representada en el concilio de Nicea, 325 A. C. Esmirna fué destruida casi de un todo por unos terremotos en 178 y 180, y desde entonces ha tenido que sufrir mucho por la misma causa, así como por sitios é incendios. Fué tomada por los Turcos en 1313 A. D.

La moderna Esmirna tiene una población de cosa de 190,000 habitantes, gran parte de los cuales son Griegos, Armenios, Judíos y Europeos de varias nacionalidades; por esto es que los Turcos la llaman Giaour Izmir, *Esmirna infiel.* Contiene varias iglesias, griegas, católico-romanas, y protestantes. Es todavía una ciudad floreciente, visitada por muchos navíos extranjeros, y por numerosas caravanas de camellos precedentes del interior; su antigua fama á causa de sus higos y sus pasas, subsiste aún. Su puerto es profundo y amplio, y, á excepción de la banda occidental, está bien protegido por los cerros que cercan la ciudad por tres lados.

Las ruinas de la segunda Esmirna son de mucho interés. Al pié del monte Pagus, al sur de la ciudad, se halla el sitio del teatro, ocupado ahora por un cemente-

PUERTO Y CASTILLO DE ESMIRNA.

rio judío, habiéndose convertido los asientos de mármol en lápidas sepulcrales. Ruinas del templo de Zeus y de una atalaya se ven en el costado de la colina, y restos de extensas fortificaciones coronan la cima. El sitio del estadio en donde, según se dice Policarpo sufrió el martirio, se señala al pié de la colina que se levanta al oeste del monte Pagus.

Hanse descubierto vestigios de la Esmirna primitiva en una colina escarpada que se eleva en el lado septentrional del golfo. Entre dichos vestigios hay algunas tumbas notables edificadas de grandes piedras, y un acrópolis en un terreno más elevado, rodeada de un muro de un trabajo propio de cíclopes.

SÓ, el rey de Egipto con quien se unió Oseas, el último rey de Israel, en su rebelión contra Asiria. Á consecuencia de esta rebelión, Oseas fué reducido á prisión por el rey Asirio, Samaria fué sitiada y tomada, 721 A. C., y los Israelitas fueron deportados á Asiria, 2 Rey. 17:4-6. Véanse SALMANASAR IV. y SARGÓN. Los diferentes escritores identifican á So de diverso modo. Unos creen que era Sabac I., y otros, con ménos probabilidad que era Sabatuc, el segundo rey de la dinastía vigésima quinta, que fué una serie etíope de tres reyes. Dícese que Sabac I., que era el Sabacón de que trata Maneto, conquistó é hizo dar muerte á Bocchoris, el único rey de la dinastía vigésima cuarta, y que reinó ocho ó doce años; su nombre se halla en las ruinas de Luxor y Carnac. Sabac II., llamado por Maneto Sebichos ó Sevechos, era hijo del rey anterior, y fué predecesor de Tirhacah, el último de la dinastía. Se le atribuye un reinado de doce á catorce años. Sargón, en una inscripción hallada en su palacio exhumado en Khorsabad, expone que después de haber tomado á Samaria, 721 A. C., derrotó á "Sebec," probablemente Sabac I., sultán de Egipto, y á Hanon rey de Gaza, en Rafia. En un cuarto que parecía ser un salón de archivos, en las ruinas del palacio de Sennaquerib, en Koyunjik, se halló entre otros sellos una pieza de barro fino que tenía impresos dos sellos: el de Sabac, probablemente Sabac II., rey de Egipto, y el del rey Asirio. El sello parece haber sido impreso en el documento de un tra tado entre los dos reyes. En una inscripción cilíndrica, Sennaquerib pretende haber derrotado en su cuarta compaña, 701 A. C., un ejército egipcio al mando de sus príncipes nacionales, y un rey etíope cuyo nombre no menciona, en Altaku (Eltecé, Jos. 19:44), de donde los Egipcios habían avanzado á dar auxilio á la ciudad filistea de Ecrón. Algunos investigadores identifican al monarca etíope con Sabac II., y un tratado de paz pudo naturalmente haberse seguido á acontecimiento semejante. Véanse SENNAQUERIB y SELLO.

SOBA, *paradero*, 2 Sam. 10:6-8; 23:36, un reino sirio poderoso, coetáneo de los primeros monarcas Hebreos, situado al oriente del Líbano. Comprendía un llano árido en el cual se levantaban varias sierras, y muchos valles fértiles y bien regados que se dilataban hacia el Eufrates, 1 Crón. 18:3, 9; 19:6, y tal vez hacia el occidente en el valle del Líbano, puesto que á Hamat se la llama algunas veces Hamat Soba, 2 Crón. 8:3. Sus reyes sufrieron en las guerras con Saúl, 1 Sam. 14:47. Su rey Hadadeser era un hombre poderoso, 2 Sam. 8:10, pero fué derrotado por David, 2 Sam. 10:16-19; 1 Crón. 18:3-8; 19:16-19. Soba, sin embargo, causó á Israel muchas molestias en épocas posteriores, 1 Rey. 11:23-25; 2 Crón. 8:3. Las inscripciones asirias hechas después, dicen que era un país subyugado que mandaba tributos, y que estaba situada en la ruta de sus ejércitos, camino de Hamat.

SOBAC, general de Hadadeser, rey de los Sirios. Fué derrotado y muerto en una batalla contra David, 2 Sam. 10:15-18. Se le llama Sofac en 1 Crón. 19:16-18.

SOBI, *haciendo cautivos*,, jefe Ammonita que auxilió á David cuando éste huía de Absalóm, 2 Sam. 17:27-29, hijo de un rey anterior, Naas, amigo también de David, 2 Sam. 10:1, 2. Comp. Prov. 17:17; 27:10.

SOBOCÁI, *bosque*, 2 Sam. 21:18; 1 Crón. 11:29; 20:4; 27:11, husatita, uno de los valientes de David, llamado Mebunnai en 2 Sam. 23:27.

SOCÓ, *ramas*, I., población en la tierra baja de Judá, Jos. 15:35. Véase SEFELA. Cerca de ella acamparon los Filisteos antes del conflicto de David con Goliat, 1 Sam. 17:1. Se menciona en la noticia que se da de una de las provincias de Salomón, 1 Rey. 4:10; fué fortificada por Roboam, pero los Filisteos la tomaron en el reinado de Acház, 2 Crón. 11:7; 28:18. El Dr. Robinson, siguiendo la opinión de Eusebio y Jerónimo, la halla en las ruinas esh-Shuweikeh, en la

péndiente meridional de la cañada es-Sumt, el valle de Elah, siete millas al N. E. de Beit Jibrin, y diez y seis al S. O. de Jerusalem.

II. Ciudad en las montañas de Judá, Jos. 15:48, identificada con esh-Shuweikeh, en la cañada el-Khalil, tres millas al norte de Jattir, y diez millas al S. O. de Hebrón.

SODOMA, *quemante?* Una de "las ciudades de la llanura," Gén. 13:12, destruidas por Dios con fuego del cielo por su excesiva maldad. Estaba en la parte meridional de la región ocupada por los Cananeos, Gén. 10:19, y era gobernada por su propio rey, así como cada una de las cuatro ciudades asociadas con ella, y á las cuales, según parece, sobrepujó en importancia, Gén. 14:2. En el tiempo de Abraham estas ciudades estaban sujetas á cuatro reyes confederados, que gobernaban países limítrofes con el Eufrates y el Tigris, mas al fin se rebelaron contra ellos. Estos reyes después de devastar las regiones que se hallan al este del Jordán y del Mar Muerto, y al S. y al S. O. de este último, descendieron al mar por el paso de Engedi, y después de derrotar á los Amorreos establecidos allí, tuvieron un encuentro con los reyes de Sodoma, etc., en el valle de Siddim, los derrotaron y saquearon sus ciudades, Gén. 14:4-11. Sodoma estaba situada en la fértil llanura ó "círculo" del Jordán en que Lot había preferido habitar después de haberla visto con Abraham desde una montaña al este de Betel, Gén. 13:10, 11. No obstante la mala conducta de sus habitantes, Lot acampó cerca de Sodoma, vers. 12, y finalmente se estableció dentro de sus muros. Fué él uno de los cautivos hechos por Codorlaomer, y rescatado por Abraham, Gén. 14:12-16. Lot volvió á Sodoma, Gén. 19:9, aunque disgustado de su inmoralidad, 2 Ped. 2:7, 8, la cual llegó á tal grado que no pudieron encontrarse diez en ella justos, Gén. 18:16-33. Habiendo dos ángeles instádole que escapase, salió de la ciudad antes de que fuese destruida, Gén. 19:1-23, 26. Véase LOT. Fué an terrible la ruina de Sodoma y de las otras ciudades, y tan completa y perpétua la desolación de la región, antes fértil en que habían estado, situadas, Gén. 19:24, 25, que á esa catástrofe se alude á menudo en la Escritura, para que las naciones y los hombres malos escarmienten recordando cuán infalible es la venganza de Dios, Deut. 29:23; Sal. 107:34; Isa. 1:9; 13:19; Jer. 49:18; 50:40; Lam. 4:6; Sof. 2:9; Luc. 17:28-30; 2 Ped.

653

2:6-9; Judas 4-7. El nombre de Sodoma se usa como sinónimo de maldades escandalosas, y se aplica á la idólatra y corrompida Judá, á Jerusalem, Isa. 1:10; 3:9; Jer. 23:14, y á la capital del Anti-Cristo, Apoc. 11:8. Ciertamente Judá y Jerusalem, al menospreciar las repetidas y graciosas intervenciones de Jehová, se han declarado ser más culpables que Sodoma, Ezeq. 16:46-52; comp. Lam. 4:6; y el Salvador nos enseña que los que le rechacen á la luz del Evangelio recibirán mayor castigo el día del juicio, Mat. 10:14, 15; 11:23, 24.

Hasta hace poco se creía generalmente que Sodoma y las ciudades asociadas con ella se hallaban en la ribera meridional del Mar Muerto, tomando por base el lecho que entonces ocupaba; pues se suponía que el valle de Siddim que las contenía ó les estaba contiguo, ocupaba el terreno que ahora se halla cubierto por la bahía meridional del mar, habiendo sido sumergido, todo ó en parte, por el cataclismo que acompañó la destrucción de las ciudades. Esta opinión ha sido patrocinada por el Dr. Robinson, y continúan admitiéndola varios eruditos eminentes, que alegan en su favor la tradición que se remonta hasta Jerónimo y Josefo; los vestigios de los nombres de Sodoma y Gomorra que se hallan en la orilla oriental de la cordillera salada Jebel Usdum, y en la cañada Amrah; la presencia de criaderos de betún, Gén. 14:10, en el fondo de la bahía, de lo cual sirven de prueba los témpanos de esa sustancia que flotan en la superficie del agua, ó se ven depositados en su playa; y el hecho de que Abraham desde las cercanías de Hebrón vió el humo que subía de la tierra, Gén. 19:27, 28.

El sitio del norte ha sido patrocinado por De Saulcy, Tristram, Merrill y otros, fundado en las siguientes razones: que la llanura del Jordán vista y escogida por Lot, debe haber estado en la extremidad septentrional del Mar Salado, porque la meridional no es visible desde ninguna altura inmediata á Betel, estando interceptada por el promontorio de Ain Feshkah; que Abraham, cerca de Hebrón, pudo haber visto con tanta facilidad el humo que se levantase de la extremidad septentrional del lago, como el que se levantase de su extremidad meridional; y que por último, el sitio del norte está más de acuerdo con los detalles del ataque dado por Codorlaomer, y la persecución que le hizo Abraham. La llanura ó "círculo" del Jordán, puede

sin embargó haber incluido toda la hondonada ó *ghor* en ambas extremidades y en ambos lados del Mar Muerto, y no se dice que Zoar misma pudiera verse desde la altura oriental de Betel, Gén. 12:8; 13:3, 10. En cuanto á la *sumersión* de esta región, es cierto que las referencias á Sodoma y Gomorra, etc., en ambos Testamentos, parecen indicar que la región en que habían estado era una playa abrasada por el sol, incrustada de sal, cubierta de azufre y desolada, más bien que una región cubierta de agua. Los libros apócrifos hablan de Sodoma y Gomorra, cuya tierra se halla esparcida de trozos de betún y montones de ceniza, 2 Esdras 2:9; y Josefo, después de describir el Mar Muerto, habla de los Sodomitas ó la tierra de Sodoma, y dice que está linda con el mar, que está toda quemada, y que conserva todavía los vestigios del fuego divino que la había destruido, "Guerra" IV., 8, 4; aunque por otra parte, es evidente que él considera el valle de Siddim, del cual habla como inmediato á Sodoma, como si hubiera sido sumergido en la destrucción de la ciudad, y formado en su tiempo parte del mar, "Ant." 1:9; comp. Gén. 14:3. Véanse GOMORRA, MAR III., SIDDIM, SITIM, ZOAR.

SODOMA, VID DE, Deut. 32:32. Esta expresión puede haber sido usada metafóricamente sin denotar ninguna planta en particular. Josefo, sin embargo, habla de ciertas frutas que crecían en la región en donde Sodoma estaba situada antiguamente, las cuales "tienen un color como si fueran buenas para comer, pero al ser arrancadas se disuelven en humo y ceniza." Entre las plantas que se sugieren como las denotadas por las "manzanas de Sodoma," figura el *osher* de los Árabes, que es el *Calótropis procera* de los botánicos, parecido á una grande lechetrezna, de 10 á 12 piés de alto, que despide de las incisiones del tronco un flúido acre y lechoso, y produce una fruta amarilla del tamaño de una naranja, con una pequeña vaina que la atraviesa, cuyas delgadas y anchas semillas están rodeadas de filamentos finos como de seda. Cuando se la aprieta ó golpea, revienta con estrépito dejando sólo fragmentos en la mano. Esta planta, sin embargo, no es vid, y por eso muchos consideran la vid de Sodoma como la coloquíntida, especie de calabaza, cuyas hojas y tijeretas se parecen algo á las de la vid; su fruto, del tamaño de una naranja, con una corteza dura y amarilla, veteada de verde y blanco, es de mal olor y venenosa; cuando está seca contiene sólo semillas y un polvo seco, y revienta cuando se le aprieta. Se halla cerca de Gilgal, 2 Rey. 4:38, 39, y al rededor del Mar Muerto.

SODOMÍTICOS, Deut. 23 : 17, término bíblico aplicado á las personas que en consonancia con una costumbre pagana muy generalizada, practicaban como rito religioso en el culto de Astoret, etc., el crimen á que los hombres de Sodoma eran muy adictos, Gén. 19:4, 5. El término hebreo KADESH, significa "consagración;" y su equivalente femenino KADESA, es traducido "ramera" en Gén. 38:21, 22 ; Deut. 23:17; Os. 4:14. Algunos de los Israelitas adoptaron esta repugnante "consagración" con otras prácticas idólatras, aun cuando estaba expresamente prohibida, 1 Rey. 14:22-24. Entre las reformas instituidas por Asa, Josafat y Josías, trató de abolirse esta práctica, 1 Rey. 15. 12; 22:46; 2 Rey. 23:7. Com. Rom. 1:22-27.

SOFAN, desnudéz, Núm. 32:35, nombre probablemente unido con el de Atrot que le precede, para distinguir esta del Atarot de que se habla en el vers. 34, ambas en Gad, al E. del Jordán.

SOFAR, gorrión, uno de los tres amigos de Job, natural de Naamá. Tomó parte en el diálogo solamente dos veces, una vez menos que sus compañeros. Él tenía en general los mismos sentimientos que sus amigos, pero el juicio que de Job se había formado era tal vez más severo, Job 2:11; 11:20; 42:9.

SOFIM, veladores, meseta en la altura de Pisga, desde donde Balaam vió por segunda vez las huestes de Israel, Núm. 23:14. Habiéndose descubierto que el monte Nebo ú Jebel Neba, cerca de Hesbán, Jebel Siagah, que es una altura que se halla un poco hacia el O., puede muy bien corresponder á Sofim.

SOFONÍAS, escondido por Jehová, I., Levita descendiente de Coat, en la séptima generación de Leví, antecesor de Samuel y de Hemán, 1 Crón. 6:36; llamado Uriel en el vers. 24.

II. Uno de los hijos de Cusí, y el noveno de los doce profetas menores, y biznieto de Ezequías, Sof. 1:1. Empezó á profetizar como por el año 630 A. C., durante la primera parte del reinado de Josías, antes de que las reformas hechas por ese buen rey quedasen concluidas, 2 Cr. 34:3; Sof. 1:4, 5. La destrucción de Nínive predicha por Sofonías, 2:13-15, ocurrió probablemente como por el año 606 A. C., y las amenazas contra

los Baalitas, Camorreos, etc., Sof. 1:4-6, fueron cumplidas por Josías, 2 Rey. 23:4, 5. Su profecía contiene, en tres capítulos dos oráculos, dirigidos contra los idólatras de Judá, contra las naciones vecinas—Moab, Ammón, Etiopía y Nínive—y contra los gobernadores, los sacerdotes y los profetas corrompidos. En el capítulo 2:1-3, exhorta á la nación al arrepentimiento. En el capítulo 3:1-7, amonesta á Jerusalem respecto de los juicios venideros, pero concluye con promesas consoladoras respecto de las bendiciones del evangelio. Su estilo es como el de Jeremías, de quien fué contemporáneo durante los primeros años que floreció este profeta. Su historia posterior nos es desconocida.

SOL, "la gran lumbrera" de Gén. 1:14-16, el gran luminar del día que proporciona tantos símiles así á los poetas hebreos como á los de todas las demás naciones, Jue. 5:31; Sal. 84 : 11; Prov. 4 : 18; Luc. 1:78, 79; Juan 8:12. Era tenido no sólo como medio para determinar las estaciones, los días y los años, sino también como el de producir ciertas señales, tales como los eclipses, que eran manifestaciones del poder y la sabiduría de la Divinidad, Joel 2:31; Mat. 24:29; Apoc. 6:12; 8:12, y eran considerados por los paganos con supersticioso temor, Jer. 10:2. El sol "regía" el día, produciendo luz y calor é influencias vivificadoras. Era á la vez el medio empleado para medir las diversas partes, habiendo entre la salida y la puesta de este astro tres puntos principales: las 9 A. M., en que el sol se hacía caluroso, 1 Sam. 11:9; Neh. 7:3; el medio día, ó "el mayor calor del día," Gén. 43:16; 2 Sam. 4:5; y el "aire ó fresco del día," en los momentos que precedían á la puesta del sol, Gén. 3:8. El sol en su nacimiento marcaba el este, y en su ocaso el oeste, puntos que también se denotaban con las palabras "delante" y "detras;" así como los del norte y del sur con las palabras "mano izquierda" y "mano derecha." Comp. Job 23:8, 9. Las Escrituras hablan del movimiento aparente del sol, como lo hace toda la gente en el lenguage común, es decir como si fuera una realidad, Jos. 10:13, 27; 2 Reyes 20:11; Sal. 19:5, 6; 50:1; Ecles. 1:5; Hab. 3:11. Con la expresión "alas" del sol se denotaba la velocidad de los rayos solares, Sal. 139:9; Mal. 4 : 2. Se dice que en las planchas asirias se mencionaron las manchas del sol, lo cual indica que en aquellos remotos tiempos ya se usaban los telescopios; y Layard encontró

una lente de cristal en las ruinas de Nínive. Parece que hubo un tiempo en que
los Asirios adoraban al sol directamente,
sin valerse de ídolo intermedio, Job 31:26,
27. Los Egipcios, Fenicios, Persas, Ammonitas, Asirios y otras naciones antiguas
tenían ídolos del sol, y los Hebreos siguieron á menudo su ejemplo, 2 Rey. 21:3, 5;
23:5, 11, 12; Jer. 19:13; Ezeq. 8:16, 17; Sof.
1:5. Véanse BAAL, MOLOC y HELIÓPOLIS I.
La ley de Dios es como el sol, Sal. 19:4-7;
y Cristo es "el sol de justicia," Mal. 4:2;
Apoc. 1:16.

SOMBRA, algunas veces denota una in-
tensa oscuridad y lobreguez, Sal. 23:4, y
otras un lugar fresco de retiro, Isa. 32:2, ó
una protección perfecta, Sal. 17:8; Isa. 49:2.
Á las grandes sombras proyectadas por el
sol al declinar se alude en Job 7:2; Jer.
6:4. El rápido é incesante movimiento de
una sombra es un emblema de la vida
humana, 1 Crón. 29:15; Sal. 102:11. Este
término se emplea también en ocasiones
para expresar la relación que existe entre
los tipos del ritual mosaico y las realidades
del régimen cristiano, Col. 2:17; Heb. 8:5;
10:1.

SOMER, pariente, quizá padre, de Jozabad, 2 Rey. 12:21; comp. 2 Crón. 24:26.

SOMORMUJO, ó GAVIOTA, Lev. 11:17;
Deut. 14:17, pájaro parecido al corvejón, el
cual es una ave acuática como del tamaño
de un ganso. Se alimenta de peces que
coge con gran destreza, y es tan glotón y
voraz que su nombre ha llegado á ser una
especie de proverbio familiar. La palabra
hebrea que en Sof. 2:14 se traduce por
"onocrótalo," debería traducirse más bien
por "pelícano," como en Isa. 34:11, y en
otros varios pasajes.

SOPATER, libertador de un padre, cristiano de Berea, que acompañó á Pablo de
Grecia ó Macedonia al Asia, en su regreso
de su tercer viaje misionero, 58 A. D. Era
hijo de Pirro, Hech. 20:4. Com. Hechos
17:10-12. Algunos quieren identificarlo
con Sosipater.

SORA, avispón, Neh. 11:29, una de las
ciudades de los Danitas dentro de los límites de Judá, Jos. 19:41, llamada Sorea en
Jos. 15:33. Era el lugar de la residencia
de Manoa y de Samsón, Jueces 13:2, 25;
16:31, y el lugar de donde salió para Laís la
expedición danita, Jue. 18:2, 8, 11. Fué
fortificada por Roboam, 2 Crón. 11:10, y
ocupada después de la cautividad, Neh.
11:29. Sus habitantes eran llamados So-
raitas ó Saraitas, 1 Crón. 2:54; 4:2. El
lugar que ocupaba se identifica hoy día

con el de una población que existe en una
montaña aislada llamada Sur-ah, contigua
á los cerros que se hallan dos millas al N.
de Bet-semes, y que dominan el valle de
Sorec, quince millas al O. de Jerusalem.
La región era famosa por sus vinos, el uso
de los cuales le estaba prohibido á Samsón.
El camino que Samsón siguió al ir á Timnat pasa por entre cañadas pedregosas, á
donde muy probablemente concurrieron
las bestias feroces. Allí fué en donde él
mató al león sin el auxilio de arma ninguna, Jos. 14:5-7.

SOREC, vid escogida, valle en que vivía
Dalila, Jue. 16:4, cerca de Sora, lugar del
nacimiento de Samuel, Jue. 13:2. Se hallan actualmente vestigios de Sorec en
Sura, catorce millas al O. de Jerusalem,
en un cerro, en el lado septentrional de la
cañada Surar, parte de la cual fué probablemente llamada valle de Sorec. Es un
valle ancho y fértil flanqueado por bajas
colinas de blancas piedras calizas, á propósito para el cultivo de la vid; el lecho
de su torrente invernal, Jue. 16:4, blanco
y cascajoso en la estación de las secas,
pasa por enmedio del valle. En su lado
meridional, cerca de dos millas de Sura,
se halla Ain Shems, llamado antiguamente
Bet-semes; y como dos millas al S. O. de
Ain Shems, está Tibneh, llamada anteriormente Timnat, residencia de la doncella filistea con quién se casó Samsón,
Jue. 14:1. Como dos millas al N. E. de
Sura, está Eshua, que se supone es la antigua Estaol, Jue. 13:25; 16:31. Desde Su-
rah el valle sigue un curso N. O. por la
línea divisoria entre Judá y Dan, hasta el
Mediterráneo, pasando tres millas al S. de
Akir, la antigua Ecrón, y bien puede haber
sido el camino que siguieron las vacas de
los Filisteos cuando llevaron el arca de
Dios de Ecrón á Bet-semes, 1 Sam. 5:10 á
6:13.

La palabra Sorec se traduce "vid," ó "vid
escogida," en Gén. 49:11; Isa. 5:2; Jer. 2:21,
y este valle puede haber derivado su nombre del cultivo de tales vides en sus lade-
ras. Los viñedos de Timnat se mencionan en Jue. 14:5. En el arábigo moderno
dicha palabra denota una clase altamente
apreciada de uva siria, que es pequeña,
dulce y de un color purpurino, con pequeñas semillas, y de la cual se hace un vino
rojo.

SORTÍLEGOS ó PITONES, llamados
ahora nigromantes, eran los que pretendían descubrir los acontecimientos desconocidos y futuros, haciendo aparecer á los

muertos, é interrogándoles, Deut. 18:10,11; 2 Rey. 21:6; 2 Crón. 33:6, crimen que se castigaba con la muerte á pedradas, Lev. 19:31; 20:17. Véase HECHICERA. No puede darse ninguna buena razón para creer que las pretendidas comunicaciones con los espíritus de los muertos son menos ofensivas á Dios ahora que en el tiempo de Moisés, Isa. 8:19; 29:4.

SOSANNIM, *lirios*, título de los Salmos 45 y 69; SOSANNIM-EDUTH, *lirios, un testimonio*, título del Salmo 80; SUSAN-EDUTH, *lirio, un testimonio*, título del Salmo 60. Todas estas expresiones están dirigidas al músico principal (Reina, vencedor) é indican tal vez la melodía ó música con la cual debía cantarse el Salmo. Algunos sin embargo creen que indican más bien el asunto de que se trata en el Salmo; y otros consideran la palabra "shushan," de la cual "susannim" es el plural, como nombre de un instrumento musical que tiene la forma de un lirio; ó de un címbalo, una trompeta, ó un instrumento de seis cuerdas.

SOSIPATER, *salvador de un padre*, pariente de Pablo, que estaba con él en Corinto cuando escribió la epístola á los Romanos, 58 A. D., Rom. 16:21. Véase SOPATER.

SÓSTENES, *preservador de la nación*, jefe de la sinagoga de Corinto después de la conversión de Crispo, y probablemente el que acaudilló á los Judíos cuando trataron de dar muerte á Pablo. Cuando Gallión rehusó conocer de la queja de los Judíos contra Pablo, 53 A. D., Sóstenes fué públicamente herido por los Griegos, Hech. 18:17; es posible que la compasión que Pablo le manifestó lo convirtiera al cristianismo; de manera que bien puede ser idéntico as "Sóstenes el hermano" que estaba con Pablo en Éfeso, y se le unió en la epístola escrita á los Corintios, 57 A. D., 1 Cor. 1:1; 16:8.

STAQUIS, *espiga de grano*, cristiano amigo de Pablo en Roma, Rom. 16:9. Este nombre es griego.

SUA, *depresión*, I., hijo de Abraham y de Cetura, Gén. 25:2; 1 Crón. 7:32, quizá el progenitor de Bildad el Suhita, Job 2:11.

II. *Prosperidad*, descendiente de Caleb, hijo de Hur, 1 Crón. 4:11.

III. Véase So.

SUAL, *chacal ó zorra*, LA TIERRA DE, región hacia la cual fué una de las bandas merodeadoras de Filisteos, procedente de Micmas, 1 Sam. 13:17; probablemente la cordillera que se halla al S. E. de Siquém,

en la frontera oriental de Efraím, **mirando** al valle del Jordán. Véanse SAALIM y ZEBOIM.

SUAR, *pequeñez*, nombre de uno de los descendientes de Isacar durante la época del éxodo, Números 1:8; 2:5; 7:18, 23: 10:15.

SUBIDA, 1 Crón. 26:16, 18, se supone que era el camino pendiente, 2 Crón. 9:4, por el cual la gente iba de Sión al lado occidental del area del templo. Fué primero hecho de madera, "gradas," 2 Crón. 9:11. pero la última construcción que se hizo fué de piedra. Véase PAREDES.

SUCCOT, *barracas ó enramadas*, I., sitio en el valle del Jordán y cerca del Jaboc, entre Penuel al este del Jordán y Siquém al oeste, en donde Jacob erigió una casa para sí mismo. y enramadas para sus ganados, preparándose de ese modo para permanecer allí largo tiempo á su regreso de Mesopotamia, Gén. 33:17. Josué asignó la ciudad construída en ese lugar en tiempos posteriores, á la tribu de Gad, Josué 13:27. A 77 hombres de los principales de Succot Gedeón les desgarró las carnes con espinos y zarzas, por haber rehusado con altanería darle auxilio cuando perseguía á los Madianitas, Jue. 8:5-16. Según parece estaba en la margen oriental del Jordán, á tres millas del río, en la latitud de Siquém pero es también posible que estuviera situada en la margen occidental, en el lugar llamado ahora 'Ain es-Sákut, diez milla al S. E. de Bet-sean. Comp. 1 Rey. 7:46 Sal. 60:6.

II. El primer campamento de los Israelitas, después de su salida de Egipto, Exod 12:37; 13:20; Núm. 33:5, 6. El punto de partida de éstos, Rameses, se hallaba en la extremidad occidental de la cañada et Tumeilát, y Succot ha sido identificad últimamente de un modo fidedigno, con las ruinas que se hallan veinte millas al este en la misma cañada, llamadas también Pi tom, palabra que puede verse.

SUCCOT-BENOT, *tiendas de las hija.* 2 Rey. 17:30, un objeto de culto idolátrico entre los Babilonios; tal vez el nombre de un ídolo, como Nergal y Asima que se ve en el mismo versículo, ó quizá alusivo á las barracas en que mujeres Babilonias se prostituían en honor de Militta, la Venu asiria.

SUDOR, Gén. 3:19; Ezeq. 44:18, indici de una vida de trabajo. El sudor de sangre que vertió Cristo en el huerto de Getsemaní, Luc. 22:44, fué una prueba evidente de la terrible agonía que sufrió

42

Este fenómeno es sumamente raro, pero se sabe que ha ocurrido varias veces.

SUEÑO. Los Orientales daban mucha importancia á los sueños, y recurrían para que se los explicaran, á los que pretendían tener la facultad de hacerlo. Déjase conocer que esta costumbre era antigua, por lo que está escrito en Job 4:13-15; 7:14; 33:15-17, y en la historia del copero y del panadero de Faraón, y de Faraón mismo, Gén. 40; 41. Dios expresamente prohibió á su pueblo que se preocupase de los sueños, y que consultase á los paganos que los explicaban. Condenó á muerte á todos los que falsamente pretendían tener sueños proféticos, aun cuando lo que predijesen sucediera, si tenían alguna tendencia á promover la idolatría, Deut. 13:1-3. Pero á los Judíos no les estaba prohibido cuando creían haber tenido un sueño significativo, dirigirse á los Profetas del Señor, ó al Sumo-Sacerdote vestido de su efod, para que se los explicaran. El Señor con frecuencia hacía conocer su voluntad por medio de sueños, y daba á algunas personas la facultad de explicarlos, como en los casos de Abimelec, Jacob y Labán, Gén. 20:3-7; 28:12-15; 31:24; del Madianita, Jue. 7:13; de Nabucodonosor, Dan. 2 y 4; de José; de los Magos; de la esposa de Pilato, y de Pablo, Mat. 1:20; 2:12; 27:19; Hech. 27:23. Los sueños sobrenaturales se distinguen de las visiones, en que los primeros ocurrían cuando la persona estaba dormida, y las últimas cuando estaba despierta. Dios le habló á Abimelec en un sueño, pero á Abraham en una visión. En ambos casos dejaba en el ánimo una convicción de lo verdadero de cualquiera cosa que quería revelar. Tanto los sueños como las visiones son ahora innecesarios, pues la Biblia los ha reemplazado; ella basta para conducirnos con seguridad de la tierra al cielo.

SUERTES, se echaban á menudo por los Judíos, así como por las otras naciones antiguas, con la esperanza de que, cuando apelaban á Dios, él los guiase de tal manera que acertasen en los casos dudosos, con el partido que habían de tomar, Jue. 20:9; 1 Sam. 10:20, 21; 1 Crón. 26:14; Sal. 22:18; Prov. 16:33; 18:18. Á menudo se hacía uso de ellos por mandato divino. Las partes de tierra de las doce tribus fueron asignadas de ese modo; y por esto la parte correspondiente á cada una de ellas se le llamaba " la suerte de su heredad," Núm. 26:55, 56; Sal. 125:3; Hech. 8:21. El chivo emisario tenía que ser escogido á

la suerte, y del mismo modo se determinaba el orden de servicio de los sacerdotes, Lev. 16:8; 1 Crón. 24:5; 25:8. Á la suerte fueron descubiertos Achán, Jonatán, y Jonás, Jos. 7:14; 1 Sam. 14:41, 42; Jonás 1:7. A la suerte fueron repartidas las vestiduras de Cristo, Mat. 27:35, y por el mismo medio fué designado por el Salvador para ser apóstol en lugar de Judas, Hech. 1:26. El modo mas común de echar suertes era empleando piedrecitas. Marcábase una ó más de ellas, y luego se sacudían todas juntas en uno de los dobleces de un vestido, en una urna, ó en un yelmo, antes de proceder al sorteo, Prov. 16:33; Juan 19:24. Como el uso de suertes por uno que cree en la providencia particular de Dios envuelve una solemne apelación al Dispensador de todos los acontecimientos, nunca deben emplearse en ocasiones triviales; y en la actualidad apenas ocurrirá algún caso en que sea justificable tal apelación. Véase PURIM.

SUF, panal de miel, ó humedad, I., nombre de un antecesor de Samuel, 1 Crón. 6:35; un Efraimita, y no Efrateo como en 1 Sam. 1:1.

II. Nombre de una comarca que se hallaba en la parte meridional del territorio ocupado por la tribu de Benjamín, y en una de cuyas poblaciones cerca de Betlehem encontró Saúl á Samuel, 1 Sam. 9:5-10; 10:2. Este nombre aparece entre los antecesores de Samuel; en el lugar nativo de este, Ramataim-Sofim; en Mizpah, Sefata, etc. Es quizá la región que se halla al sur de Betlehem.

SUHAM, hijo de Dan, Núm. 26:42, llamado Husim en Gén. 46:23.

SUKIENOS, moradores en barracas, aliados de Sisac en su invasión de Judá, 2 Crón. 12:3, procedentes probablemente de las regiones que se hallan al S. E. de Egipto.

SULAMITA, el título que se da á la esposa en los Cantares de Salomón, 6:13, literalmente, la mujer Sulamita, en hebreo Hash-Shulammitt, término que algunos interpretan como equivalente á la Sunamita ó mujer de Sunem, usado quizá para poner en contraste el origen campestre de la esposa con el de las hijas de Jerusalem, Cant. 1:5, 6, etc. Otros lo consideran como un nombre propio figurativo, derivado de la misma raíz que el nombre Salomón, en hebreo Shelomoh, pacífico, al cual corresponde como forma femenina, así como Julia corresponde á Julio. Otros, por último, lo tienen como un simple apelativo que gnifica "la pacífica." Véanse SUNAMITA Y SUNEM.

SUMO-SACERDOTE, jefe del sacerdocio de Israel, Lev. 21:10, que se distinguía de los otros sacerdotes por el modo cómo era consagrado, y por las funciones y la vestidura que le eran peculiares. Aarón fué escogido por Dios de entre la tribu de Leví como primer Sumo-Sacerdote, Exod. 6:20; 28:1. Su cargo pasó á su tercer hijo Eleazar, Núm. 3:32; 20:28; Deut. 10:6, en cuya familia continuó, Jue. 20:28, hasta que pasó á Elí, descendiente de Itamar el hijo menor de Aarón, 1 Sam. 1:9; 14:3; 21:1; 22:20; 23:6, 9; 1 Crón. 24:3, 6. Salomón lo transfirió de Abiatar á la familia de Eleazar, en la persona de Sadoc; 1 Rey. 2:35, porque Abiatar fué desleal, 1 Rey. 1:7, 25; y así se cumplió la profecía relativa á la casa de Elí, 1 Sam. 2:27-36; 3:11-14. Parece que Abiatar y Sadoc habían sido anteriormente colegas en dignidad, 2 Sam. 15:24-29; 1 Crón. 15:11. Una lista incompleta de los Sumo-Sacerdotes que sucedieron á Sadoc hasta la cautividad, en 1 Crón. 6:8-15, tiene como suplemento las noticias consignadas en Reyes y Crónicas respecto de varios de ellos que funcionaron entre Amarías y Sallum, 2 Rey. 11; 12; 2 Crón. 22-24; 26:17; 2 Rey. 16:10; 2 Crón. 31:10, terminando en Sarías, 2 Rey. 25:18. Su nieto Jesuá, Esd. 3:2, fué Sumo-Sacerdote después de la cautividad; y sus sucesores aparecen en Neh. 12:10, 11. Según Josefo, Jaddua con su vestidura sacerdotal se grangeó la veneración de Alejandro el Grande, 332 A. C. Después de terminado el canon del Antiguo Testamento, en la época del Sumo-Sacerdote Simón el Justo, 300-291 A. C., el sumo-sacerdocio se convirtió á menudo en instrumento que los gobernantes civiles empleaban para la ejecución de sus designios. Algunos de los que asumieron ese cargo en tiempo de los reyes siro-griegos, fueron hombres indignos, infieles á su religión. Luego pasó á los ilustres Asmoneos ó familia de los Macabeos, descendientes de Joiarib, 1 Crón. 24:7, 153 A. C., y estuvo generalmente unido á la dignidad y al título real, de 105 á 63 A. C., en que Jerusalem fué tomada por Pompeyo; pero los Asmoneos conservaron el poder real y sacerdotal hasta que Herodes se hizo rey, 37 A. C. Este hizo asesinar á Aristóbulo, 35 A. C., el último de esa familia, á quien él había nombrado; y alternativamente elevó y depuso á otros cuatro sacerdotes. Bajo el gobierno de Arquelao y de los Romanos

este cargo fué degradado con frecuentes cambios, habiéndolo desempeñado no menos de 28 personas en el tiempo que medió entre el advenimiento de Herodes y la destrucción de Jerusalem, 70 A. D. Varios de ellos eran coetáneos. Compárese Juan 11:51. El último Sumo-Sacerdote fué un rústico ignorante, Fannías, á quien los Judíos Zelotes escogieron á la suerte. dando fin á una serie de setenta y seis que continuó por espacio de catorce siglos.

En 2 Rey. 25:18 se menciona un segundo sacerdote, el *sagan* ó vicario, nombrado á menudo para oficiar cuando el verdadero Sumo-Sacerdote estaba imposibilitado. La consagración del Sumo-Sacerdote se distinguía de la de los demás, por una unción especial que se le hacía derramándole el oleo sagrado sobre la cabeza, Exod. 29:7; 30:22-33; Lev. 8:12; 21:10, 12; Sal. 133:2, además de lavarle y rociarle con aceite, etc., cosa que se les hacía también á todos los sacerdotes, Exod. 29:4, 20, 21; Lev. 8:6, 23, 24, 30. Así Cristo, nuestro Gran Sumo-Sacerdote, fué ungido con el Espíritu Santo, Dan. 9:24; Hech. 10:38; Juan 3:34. Á los sumos sacerdotes se les ponían vestiduras especiales, Exod. 29:5, 6, 29, 30; Lev. 8:7-9, y se ofrecían sacrificios durante los siete días de su consagración, Exod. 29:1-37; Lev. 8:14-36. Los vestidos de los Sumo-Sacerdotes—además de los calzones, la túnica de lino y el cinturón de que se componían los de los otros sacerdotes—constaban de cuatro piezas, Exod. 28:4, 39-43; Lev. 8:7-9; el manto del efod, Exo. 28:31-35; el efod con el artificio de su cinta, Exod. 28:6-12; el racional con el Urim y Tummim, vers. 15-30, y la mitra. vers. 36, 39. Véanse los títulos respectivos, Los sacerdotes se ponían estas vestiduras solamente cuando oficiaban en el santuario, Ezeq. 42:14; 44:17-19; Hech. 23:5. En el día de expiación su vestidura era de lino blanco sencillo, Lev. 16:4, 23, 24.

La atribución especial y más solemne del Sumo-Sacerdote era entrar al lugar santísimo una vez al año, en el Día de Expiación, para hacer expiación por los pecados de la nación, Lev. 16. Véase EXPIACIÓN. Por medio del Urim y el Tummim, Dios le revelaba las cosas secretas y futuras, Exod. 28:30; Núm. 27:21; Deut. 33:8. La Escritura no dice nada acerca de este después del tiempo de David, 1 Sam. 23:6-9; 30:7, 8; comp. Esd. 2:63. Los profetas hicieron las veces de Sumo-Sacerdotes como *medios* ó conductos de las revelaciones divinas, 2 Crón. 15:1-8; 18;

20:14-17; 2 Rey. 19:2; 22:12-14; Jer. 21:1, 2. En la ley relativa al homicida, se concedían á este ciertas exenciones á la muerte del sumo-sacerdote, Núm. 35:25, 28. Al principio, como jefe de los sacerdotes, estaba á la cabeza de todos los asuntos religiosos en Israel, y aun de la administración de justicia, Deut. 17:8-12; 19:17; 21:5; 35:8, 10; comp. 2 Crón. 19:8-11; Ezeq. 44:24. Pero después del establecimiento de la monarquía, los reyes generalmente dirigían los principales asuntos religiosos: como lo hicieron David, 1 Crón. 24; 25; Salomón, 2 Crón. 6; 7; Josafat, 2 Crón. 17:7-9; 19:4-11; Joás, 2 Crón. 24:4-6; Ezequías, cap. 29-31; Josías, cap. 34. Cuando el rey emprendía algo malo. algunas veces el Sumo-Sacerdote se le oponía, como lo hizo Joiada respecto de la reina Atalía, 2 Crón. 22:10 á 23:20, y Azarías á Ozías, 2 Crón. 26:16-20; pero algunas veces cedía, como lo hizo Urías con Acház, 2 Rey. 16:10-16. En el tiempo en que nuestro Señor estuvo en la tierra, el Sumo-Sacerdote era el presidente del Sanhedrin, Mat. 26:62.

El Sumo Sacerdote tenía que ser un hombre sin tacha personal; había de casarse con una virgen de su propio pueblo, y no podía observar el duelo á la muerte de sus parientes; la ley le prohibía estrictamente el que se expusiese á incurrir en impureza ceremonial, Lev. 21:10-24. Sosteníase de los diezmos y las ofrendas. Véase SACERDOTES.

Cristo es nuestro Sumo Sacerdote, misericordioso y fiel, de un orden mejor que el de Aarón. porque su sacerdocio no es transmisible; siendo santo, no necesita ofrecer sacrificio por sí mismo, pero hizo una vez por todas propiciación por nuestros pecados con su propia sangre, después de lo cual pasó por los cielos á la presencia de Dios, donde vive para siempre para hacer intercesión por nosotros. Él bendice á su pueblo y le hace arrepentir de sus iniquidades, Núm. 6:23-26; Hech. 3:26; Él ha abierto un camino para llegar á Dios por medio de sí mismo; y procediendo del lugar santísimo aparecerá por segunda vez para la completa salvación tanto corporal coma espiritual, de aquellos que creen en Él, y les dará á estos la bienvenida en la morada que les ha preparado y en que ha entrado como Precursor, 1 Tes. :13-18; Hebreos. Á fin de que podamos sacar provecho de su obra, es menester que lo aceptemos, que confiemos en él, y que le obedezcamos, Heb. 10:19-39.

660

SUNAMITA, mujer de Sunem, término aplicado á Abisag, 1 Rey. 1:3, 15; 2:17, 21, 22; y á la que dió hospedaje á Eliseo, 2 Rey. 4:12, 25, 36. Comp. vers. 8. Véase SUNEM.

SUNEM, *doble lugar de descanso*, ciudad en Isacar, Jos. 19:18. Allí fué donde hicieron su primer campamento los Israelitas antes de la batalla de Gilboa, 1 Sam. 28:4. Abisag, la sirviente del rey David, era de Sunem, 1 Rey. 1:3; también la mujer que tuvo como huésped á Eliseo, y á cuyo hijo resucitó este profeta, 2 Rey. 4:8-37. Sunem está ahora representada por la población de Sulem, en la falda S. O. de Jebel Duhy, "el cerro de Moreh," seis millas al S. de Tabor y al N. de Gilboa, y tres y media millas al N. de Jezreel. Es una pobre aldehuela con una fuente y una pila, rodeada de hermosos sembrados y huertos. Desde ella, mirando hacia el O. al través de la llanura de Esdraelón, se ve el monte Carmelo. Sus habitantes son rudos y poco tratables, y á los muchachos del lugar se les ve todavía jugar en los sembrados, con la cabeza descubierta, bajo los rayos de un sol abrasador.

SUPERSTICIOSOS, Hech. 17:22 (en la versión de Scío. Reina traduce bien este vocablo) es palabra que aquí no debe tomarse en mal sentido. Pablo echó de ver que los Atenienses se dedicaban mucho á la devoción tal como esta era entendida entre ellos. Tal vez "inclinados á las prácticas religiosas," expresaría mejor el sentido del original. Los Hebreos estaban libres, por el conocimiento que tenían del verdadero Dios, Hacedor y Regulador de todas las cosas, de muchas de las supersticiones que predominaban entonces entre sus vecinos, como predominan entre los paganos en la actualidad.

SUR, *muro ó fuerte*, lugar al oeste de la frontera nordeste de Egipto. Agar, al huir de Sara, seguía "en el camino del sur," cuando fué hallada por el ángel, Gén. 16:7. Comp. vers. 17. Abraham habitó entre Cades y Sur, Gén. 20:1. Se le menciona como uno de los límites de los Ismaelitas, Gén. 25:18, y como un antiguo límite de los Amalecitas, los Gessureos y los Gerseos, 1 Sam. 15:7; 27:8; comp. Jos. 13:2, 3. Los Israelitas después de pasar el Mar Rojo, penetraron en el desierto de Sur, Éxodo 15:22, 23, llamado también el desierto de Etam, Núm. 33:8. La región indicada se extendía á lo largo de la frontera N. E. de Egipto, incluyendo la comarca llamada ahora el-Jiffar, cuyo suelo está cubierto de arena blanca suelta, con algunos sitios fértiles. E. H. Palmer deriva el nombre Sur de la larga cordillera que en forma de muralla se extiende al E. de Suez, dirigiéndose hacia el N. al Mediterráneo, y la cual, en opinión del Doctor Trumbull, fué fortificada así y resguardada, para evitar que los Israelitas intentasen seguir la ruta N. y directa desde Egipto, y obligarlos á dirigirse al S. por la vía de Suez, Éxodo 13:17, 18.

SURIEL, *mi roca es Dios*, Núm. 3:35, jefe de los Levitas de la familia de Merari, durante el tiempo del Éxodo.

SURISADDAI, *mi roca es el Todopoderoso*, nombre de un Simeonita durante el Éxodo, Núm. 1:6; 2:12; 7:36, 41; 10:19.

SUSÁN, *lirio*, capital de Elam y ciudad muy antigua. Se menciona en las inscripciones de Assur-bani-pal como tomada por él, por el año 650 A. C., y se da un piano de la ciudad. Pasó á manos de los Babilonios en la división que se hizo del imperio asirio entre Nabopolassar de Babilonia y Ciaxares de Media. En el tercer año de Balsasar, Daniel estaba en Susán en negocios del rey, cuando tuvo la visión del carnero y del chivo, Dan. 8:1, 2, 27. Á consecuencia de la conquista de Babilonia por Ciro, Susán fué traspasada á los Persas, y fué hecha capital y residencia principal de los reyes Aquemenianos, por ser de una temperatura más fresca que Babilonia y por ser más central que Ecbátana y Persépolis, lugares en donde residían en el verano. Darío Histaspis fundó en Susán el gran palacio á que se hace referencia en Ester, como el que ocupaba su hijo y sucesor Jerjes, Est. 1:2, 5. Nehemías estaba en Susán cuando recibió de Jerusalem las noticias que lo indujeron á solicitar permiso de Artajerjes para reedificar los muros de la ciudad santa, Neh. 1:1-28. Los autores clásicos llaman á Susán Susa, y á menudo la mencionan con ese nombre como la capital persa, y llaman la provincia de Elam Susis ó Susiana, y también Cissia. La ciudad conservó su predominio hasta la conquista de Macedonia, cuando Alejandro encontró allí un tesoro que ascendía á 12,000,000 de libras esterlinas. Después de este periodo, Susa declinó y Babilonia progresó. Fué tomada por Antígono en 315 A. C. Los Musulmanes ganaron á Susiana en 640 A. D.

El sitio que ocupaba Susán ha sido identificado con las ruinas de Sus ó Shus, á los 32° 10' de latitud N., y á los 48° 26' de longitud E., sobre la margen oriental del río Shapur, 275 millas al E. de Babilonia, y 175 al N. del Golfo Pérsico. Véase ULAI. Los restos consisten en cuatro moles principales en un circuito de tres millas, con moles menores hacia el E., estando todas en una circunferencia como de siete millas. De las cuatro moles principales la más occidental, formada de tierra, cascajos y ladrillos secados al sol, mide cosa de 2580 piés al rededor de su cima, y su punta más alta tiene 119 piés de elevación sobre el río. Sus costados son escarpados, y se cree que en otro tiempo fué una ciudadela. Al O. de ella está la tumba tradicional de Daniel. Al E. de dicha mole de la ciudadela está la gran plataforma ó terraplen central que cubre más de 60 acres, y tiene de cuarenta á setenta piés de altura. En la mole cuadrada que está al N. pueden verse los restos de un vasto palacio: el salón central como de 200 piés cuadrados tenía 36 columnas, probablemente de una altura como de 60 piés. Contiguos por la parte del N., del E. y del O., había tres pórticos, cada uno con doce columnas, y de una extensión de 200 piés de anchura y de 65 de profundidad. En uno de estos tuvo lugar probablemente la gran fiesta de Assuero. "La puerta del rey" en donde Mardoqueo estaba sentado Est. 2:19, 21, puede haber sido el salón de cien piés en cuadro, distante 150 piés ó más del pórtico septentrional; y este aposento intermedio, "el patio de adentro" en donde Ester imploró el favor del rey cap. 5:1, 2. La "casa real," cap. 1:9; y "las casas de las mujeres," cap. 2:9, 11, deben haber estado al sur del gran salón central, entre él y la ciudadela. Shus abunda ahora en fieras, como leones, lobos, javalíes, etc., Ezeq. 33:24. El calor en el verano es intenso, pero algunas veces es mitigado por el viento fresco que sopla al de la cordillera de montañas que se halla 25 millas al E. La primavera en esta región es deliciosa, y después de las lluvias del invierno, el país se reviste de verdura y el aire se impregna del suave perfume de las flores.

SUSANA, *lirio*, Luc. 8:3, una de las mujeres que sirvieron á Cristo con sus recursos pecuniarios.

T.

TABAOT, *ruedas ó manchas*, Esd. 2:43; Neh. 7:46.

TABBAT, ó TEBAT, *celebrada*, lugar hasta donde Gedeón arrolló á las huestes Madianitas, Jue. 7:22. Se ha encontrado en Tubukhat-Fahil, *terrado de Fahil*, que es un terraplen de 600 piés de altura que domina el Jordán por el lado del E. en la latitud de Bet-sean.

TABEAL ó TABEEL, *Dios es bueno*, I., Sirio cuyo hijo (no se conoce el nombre de este), fué propuesto por Rezin rey de Siria, y Peca rey de Israel, y con el auxilio de una facción de Jerusalem, para substituir á Acház en el reino de Judá, Isa. 7:6; 8:6, 9, 12.

II. Oficial persa en Samaria, bajo el reinado de Artajerjes, Esd. 4:7, 519 A. C.

TABER, expresión que significa **tocar el** tamboril. Esta palabra es la misma que se emplea en el libro de Nahum 2:7, con referencia á los golpes de pecho que se daban las mujeres en manifestación de duelo.

TABERAH, *encendimiento*, lugar llamado así con motivo del fuego que allí cayó sobre los Israelitas en castigo de sus murmuraciones, Núm. 11:1-3; Deut. 9:22. Se conjetura que está situado en la cañada es-Saal, 25 ó 30 millas al N. E. de Sinaí, cerca de Erweis el-Ebeirig.

TABERNÁCULO. Tienda de campaña, barraca, pabellón ó habitación temporal, Exod. 33:7-11. Por lo que hace á su significado general y á sus usos, véase la palabra TIENDA DE CAMPAÑA. La palabra "tabernáculo" se emplea en las Escrituras para denotar principalmente el lugar en que practicaban su culto religioso los Hebreos, antes de la edificación del templo. En español se le han aplicado varios otros nombres correspondientes á diversos otros en hebreo, es á saber: MISHKAN, que quiere decir, la habitación interior, Exod. 25:9; 26; 38; 40: Núm. 1; 3; 9. OHEL, la tienda exterior, Ex. 33; KODESH ó MIKDASH, santuario, Ex. 25:8; Lev. 4:6; Num. 4:12, y HEYKAL, templo ó palacio, I Sam. 1:19; 3:3. El Tabernáculo llamado así *por excelencia*, fué erigido por Moisés, Beseleel y Aolïab en el desierto, y bajo la dirección divina, el primer día del segun-

do año después de la salida de Egipto, A. C. 1490.

Dicho tabernáculo era de forma oblonga y rectangular, de treinta codos de longitud, diez de latitud y diez de altura, Exod. 26:15-30; 36:20-30; es decir, como de 55 piés de largo, 18 de ancho y 18 de alto. Dos de sus lados y su extremo occidental estaban hechos de tablas de madera preciosa de sitim (Reina, cedro) cubiertas de planchas delgadas de oro, estando sostenida cada una de ellas por dos espigas que encajaban en basas de pura plata. En la parte superior estaban aseguradas por medio de barras de la misma madera cubiertas de oro, y que pasaban por anillos hechos también de este precioso metal, fijos en las tablas. Por el lado oriental, en donde estaba la entrada, no había tablas, sino solamente cinco columnas de madera de *Sittim,* cuyos capiteles y molduras tenían una cubierta de oro. Sus ganchos eran también de ese metal, y estaban fijos en cinco basas de cobre. Se cerraba por medio de una cortina lujosamente bordada, y la cual estaba suspendida de dichas columnas, Ex. 27:16. Parece que el tabernáculo construido de este modo, estaba encerrado en un pabellón de lados inclinados; y que era cubierto de cuatro clases diferentes de colgaduras ó cortinas. La primera cortina, ó sea la más interior, era de lino muy fino, bordada de un modo primoroso con figuras de querubines de color azul, púrpura y carmesí; esta formaba el cielo del tabernáculo. La segunda estaba tejida de pelo fino de cabra; la tercera era de pieles de carnero ó de tafilete teñido de rojo, y de pieles de tejones, Exod. 26:1–30. Véase TEJÓN.

Tal era el aspecto exterior del pabellón sagrado, el cual estaba dividido en dos partes por medio de cuatro columnas de madera de *Sitim* cubiertas de oro como las ya descritas, y colocadas á distancia de dos codos y medio una de otra, con la sola diferencia de que descansaban en huecos ó basas de plata y nó de cobre, Exod. 26:32; 36:26. De estas columnas pendía un velo hecho de los mismos materiales que el colocado en el extremo oriental, Exod. 26:31–33; 36:35; Heb. 9:3. De esta manera, pues, el interior del tabernáculo estaba dividido, según generalmente se supone, en departamentos que guardaban entre sí la misma proporción que los del templo que fué más tarde construido tomando aquél por modelo. Las dos terceras partes del tabernáculo formaban el primer departamento, ó sea el Lugar Santo, y la otra tercera, el segundo departamento, que era el Lugar Santísimo. Según esto, el primero debió haber sido de veinte codos de longitud, diez de latitud y diez de altura; y el segundo de diez codos en todas tres dimensiones. Debe observarse que ni el Lugar Santo ni el Santísimo tenía ventana alguna. De ahí la necesidad del candelero en uno de ellos (el santo) para el culto que allí se celebra. El lugar santísimo estaba alumbrado únicamente por la *Shechinah*.

Armábase el expresado tabernáculo en un atrio oblongo de cien codos de longitud y cincuenta de anchura, dispuesto de manera que su dirección fuese de oriente á poniente, Exod. 27:18. Este atrio, que no tenía techo, estaba formado por sesenta columnas de metal con capiteles de plata, y colocadas á distancia de cinco codos una

de otra. Había veinte de cada lado y diez en cada uno de los extremos. Las basas

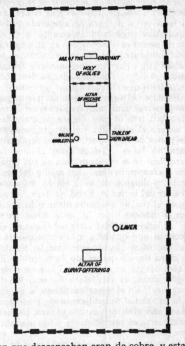

en que descansaban eran de cobre, y estaban aseguradas en el suelo con clavos del mismo metal, Exod. 38:10, 17, 20. Su altura era probablemente de cinco codos, pues tal era la longitud de las cortinas que de ellas colgaban, Exod. 38:18. Estas cortinas formaban una especie de barrera alrededor del atrio, y eran de lino blanco torcido, Exod. 27:9; 38:9, 16, con excepción de la que colgaba en la cabecera oriental, y que era de lino fino torcido, de color azul, púrpura, carmesí y blanco, con cordones para recogerla, ya hacia arriba, ó ya hacia los lados, cuando los sacerdotes tenían que entrar al atrio, Exod. 27:16; 38:18. En este atrio se hallaban el altar destinado á los sacrificios, y la fuente para las abluciones sobre su base. El altar estaba colocado en linea entre la puerta del atrio y la del tabernáculo, pero más cercano á la primera, Exod. 40:6, 29; entre el altar de los sacrificios y la puerta del tabernáculo estaba la fuente, Exod. 38:8. En el atrio era en donde los Israelitas ofrecían sus sacrificios, votos y oraciones.

Si bien el tabernáculo estaba rodeado por el atrio, no hay razón alguna para suponer que se encontrara en medio ó en el centro de él. Lo más probable es que el area en el lado oriental fuera de cincuenta codos cuadrados, pues indudablemente un espacio de menores dimensiones apenas habría sido suficiente para las ceremonias que se hacían allí, y para las personas que debían asistir al culto. Pasemos ahora á describir los objetos que el tabernáculo contenía.

Había en el lugar santísimo al que no podía penetrar nadie más que los sacerdotes, Heb. 9:6, tres objetos dignos de atención, á saber: el altar del incienso, la mesa de los panes de la proposición, y el candelero para las luces. Todos estos objetos se describen en la presente obra en sus lugares correspondientes. En medio del santuario y delante del velo, estaba colocado el altar del incienso, Exod. 30:6-10; 40:26, 27, en el cual se quemaba dicha substancia por la mañana y por la tarde, Exod. 30:7, 8. Al lado norte del altar del incienso, es decir, al que quedaba á la mano derecha del sacerdote cuando éste entraba, estaba la mesa de los panes de la proposición, Exod. 26:35; 40:22, 23; y al lado sur del lugar santo, el candelero de oro, Exod. 25:31-39. En el lugar santísimo, á donde sólo entraba el Sumo-Sacerdote, y eso una vez al año, Heb. 9:7, estaba el arca, y sobre su cubierta el propiciatorio y los querubines.

Se calcula que el valor del oro y de la plata empleados en decorar el tabernáculo, ascendía á nada menos de un millón de pesos. El pabellón tan costoso y de forma tan especial que hemos descrito fué hecho en el desierto del Sinaí el primer día del primer mes del segundo año después que los Israelitas salieron de Egipto, Exod. 40:17, y cuando quedó concluido fué ungido con oleo santo (y otro tanto se hizo con todos sus enseres, vers. 9-11) y santificado con sangre, Exod. 24:6-8; Heb. 9:21. El altar de los holocaustos fué santificado con sacrificios especiales durante siete días, Exod. 29:37; y los príncipes de las tribus presentaron valiosos donativos para el culto del santuario, Núm. 7.

No debemos omitir el hecho de que el tabernáculo había sido construido con las tablas de tal manera dispuestas, que fácilmente podía armarse y desarmarse según las circunstancias lo exigiesen. Como había sido hecho para que los Israelitas lo llevasen consigo durante sus viajes en el desierto, esto era indispensable. Sobre él

se movía y posaba la columna simbólica de fuego ó de nubes. Siempre que los Israelitas tenían que levantar el campo, los sacerdotes desarmaban el tabernáculo y lo cubrían cuidadosamente, y los Levitas lo transportaban con el mayor orden, Núm. 2:4. Cuando acampaban de nuevo en algún lugar, lo armaban en medio de sus tiendas, y disponían estas en forma de cuadrángulo, bajo sus respectivos estandartes, á una distancia de dos mil codos del tabernáculo. Moisés y Aaron, juntamente con los sacerdotes, acampaban entre el tabernáculo y las demás tiendas.

Era el tabernáculo una manifestación de la gran verdad de que Dios siempre vive, siempre está presente, y habita con su pueblo á fin de protegerlo, gobernarlo, juzgarlo, guiarlo y bendecirlo. Era en efecto, la casa visible del Señor, Exod. 25:5; 29:45. Allí era el lugar desde donde Él revelaba su voluntad á su pueblo, Núm. 11:24, 25, 12:4-10; 16:19, 42; 20:6; 27:2-5; Deut. 31:14, 15. La división entre el atrio exterior y el interior, denotaba la separación del mundo inconverso respecto de Dios y de su pueblo. El altar de los holocaustos colocado en el atrio, fuera del santuario, indicaba la necesidad que el hombre tiene de hacer propiciación antes de acercarse á Dios. El altar del incienso estaba en el lugar santo, y el humo del incienso en que se elevaban la adoración y la gratitud, perfumaba la sangre propiciatoria que el Sumo-sacerdote introducía al lugar santísimo, en donde el propiciatorio, colocado sobre el arca del pacto, era testigo de una oblación perfecta y aceptada allí, como lo fué el gran sacrificio de nuestro Redentor al ser presentado por Él mismo en el cielo, Heb. 9:10, 11, 24.

Ignoramos cuanto tiempo existiera el tabernáculo. Durante la conquista permaneció en Gilgal, Jos. 4:19; 10:43. Después de la conquista estuvo por muchos años en Silo, Jos. 18:1; 19:51; 22:12; 1 Sam. 1:9, 24; 3:3, 15. Algo perdió de su gloria cuando el arca fué tomada por los Filisteos, y después rescatada milagrosamente y depositada en Cariat-Jarim en la casa de Obed-edom, 1 Crón. 13:6, 14; 2 Sam. 6:11, 12. En ese tiempo el tabernáculo con el altar de los holocaustos, fué colocado en Gabaón, 1 Crón. 16:39, 40; 21:29, y allí permaneció hasta la época de Salomón, quien ofreció en él sacrificios, 2 Crón. 1:3, 13.

David preparó en Jerusalem otro tabernáculo para el arca, 2 Sam. 6:17; 1 Crón

15:1, y según parece éste fué llevado de Sión, 2 Crón. 1:4; 5:2, al templo, 1 Rey. 8:1-4; 2 Crón. 5:5. Véanse ARCA, QUE-RUBIN.

Muchos comentadores creen que el "tabernáculo de la congregación," Exod, 33:7-11, traducido "tabernáculo del testimonio," en Núm. 1:1, etc., era un pabellón secular destinado á ciertos fines, y distinto del tabernáculo sagrado que según parece, fué construido después, Exod. 55:40. En Amós 5:26; el texto en hebreo quiere decir *pabellones para ídolos*.

TABERNÁCULOS, FIESTA DE LOS. Esta fiesta deriva su nombre de las barratas en que habitaba el pueblo durante dicha solemnidad, y las cuales eran construidas con ramas y hojas de árboles en los techos de las casas, en los patios, en el atrio del templo, y aun en las calles. Nehemías describe el acto de recoger ramos de palma, olivo, etc., en el monte de los Olivos, para la expresada festividad. Era esta una de las tres grandes fiestas del año, á las cuales se exigía que todos los Israelitas concurriesen en Jerusalem, Deut. 16:13-16. Duraba la celebración ocho días: comenzaba el día 15 del mes de Tishri, es decir, 15 días después de la luna nueva de Octubre, y el primer día y el último eran solemnidad especial, Neh. 8:14-18. Dicha fiesta fné instituida en conmemoración de los cuarenta años que los Israelitas anduvieron errantes por el desierto, Lev. 23:42, 43, y también como un acto de gratitud y acción de gracias por la cosecha de los frutos que en ese tiempo se hacía. De esto último le viene el nombre que se le da de "la Fiesta de la Siega," Exod. 23:16; 34:22. Era la fiesta ocasión de grandes regocijos. Ofrecíanse en los sacrificios públicos dos carneros y catorce corderos, en cada uno de los siete primeros días, juntamente con trece novillos el primero, doce el segundo, once el tercero, diez el cuarto, nueve el quinto, ocho el sexto, y siete el séptimo. El octavo día se ofrecían un novillo, un carnero, y siete corderos, con sus presentes y libaciones correspondientes, Números 15:2-11; 28:12-14; 29:12-39. Cada séptimo año se leía la ley de Moisés públicamente á todo el pueblo, Deut. 31:10-13; Neh. 8:18. A esta ceremonia añadieron los Judíos posteriormente una libación de agua mezclada con vino, la cual se derramaba sobre el sacrificio matutino y cuotidiano. Los sacerdotes, después de llenar una vasija con agua de la fuente de Siloé, la llevaban al templo por la Puerta del Agua, y al sonido de la trompeta y la bocina la derramaban en el sacrificio preparado sobre el altar. Esta ceremonia tenía por objeto conmemorar probablemente la abundancia de agua que Dios había concedido á los Israelitas mientras anduvieron errantes por el desierto, y quizá aludía también á la purificación del pecado, 1 Sam. 7:6. Acompañábase esta ceremonia con el cántico de Isaías 12:3: "Sacaréis aguas con gozo, de las fuentes de la salud," y debe haber sugerido muy naturalmente las palabras que nuestro Señor profirió al asistir á esta fiesta, diciendo: "Se alguno tiene sed, venga á mí y beba," Juan 7:2, 37, 38. Durante los días primero y octavo de la fiesta, que eran sábados, había una convocación santa, quedando prohibido todo trabajo innecesario, Lev. 23:39; Núm. 29:12, 35; y como el día octavo era además el último de la fiesta, se consideraba por esta razón especialmente sagrado y de importancia.

TÁBITA. Véase DORCAS. Comp. Job 31:19, 20; Prov. 31:18, 20.

TABLA. En Prov. 3:3; Isa. 30:8; Hab. 2:3; 2 Cor. 3:3, "tabla" quiere decir tablilla para escribir. (Véase Luc. 1:63.) Era esta algunas veces una tabla con una capa de cera, y á menudo una piedra lisa semejante á aquellas en que el dedo de Dios escribió la ley, Exod. 24:12; 31:18; 34:1, 4; Deut. 9:9, 15-17.

TABLILLA, Luc. 1:63, una tabla pequeña con una capa de cera, en la cual se escribía con un instrumento llamado estilo.

TABOR, *altura ó colina*, I., una montaña aislada de Galilea en el extremo nordeste del llano de Esdraelón, un lado del cual se extiende más allá de la montaña y en la misma dirección. Es de piedra caliza y de forma cónica, y tiene mucha madera, especialmente del lado norte, en donde se encuentran hermosos robles y otros árboles, así como también plantas aromáticas. El terreno es fértil, el pasto bueno, y la caza, á menudo de varias clases, muy abundante. Elévase sobre el plano de su base á una altura de 1,353 piés, ó sea á 400 sobre el Mediterráneo, y el viajero, siguiendo una vereda que serpentéa en el lado noroeste, puede ascender á caballo hasta la cumbre, en una hora. Hay en la cima una superficie plana y oblonga rodeada por una faja menos regular, y cuyo perímetro es de una milla ó algo más. La perspectiva que se domina desde el monte Tabor es dilatada y bella. El Doctor Robinson y otros muchos opinan que es una de las

665

EL MONTE TABOR VISTO DESDE EL LLANO DE ESDRAELÓN.

más pintorescas que pueden disfrutarse en Palestina, y el Lord Nugent dice que es la más espléndida que él haya visto desde altura alguna. Véase Jer. 46:18. Sus peculiaridades generales se asemejan á las de la perspectiva que se divisa desde las alturas de Nazaret, cinco millas al oeste. Véase NAZARET. Vislúmbrase el Medite-

rráneo por sobre el terreno elevado que media entre él y el Tabor. El nacimiento del río Kishon ó Cison se encuentra en el llano que se ve al lado meridional de la montaña, así como también las poblaciones de Endor y Naín, célebres en la historia bíblica. Comprende la perspectiva—además del llano de Esdraelón, y en los límites de éste, los montes Carmelo, Gilboa, etc.—parte del mar de Galilea once millas al noroeste, y hacia el norte las montañas de Galilea con el pueblo de Safed en la cumbre de la más alta, trayendo á la memoria aquellas palabras que se dice fueron sugeridas al verla: "La ciudad asentada en un monte no puede esconderse." Más hacia el norte y el este, el pico nevado del Hermón domina las cincuenta millas que se interponen, Sal. 89:12.

Antiguamente había en la cumbre del Tabor, y probablemente con el mismo nombre, una ciudad fortificada, 1 Crón. 6:77, tal vez en la época de Josué en que quedó dentro de ios límites de la tribu de Isacar, Jos. 19:22. Fué construida de nuevo en el tiempo de Josefo, y guarnecida por los Romanos en el de Cristo, lo cual contradice la tradición de que el Tabor fué el monte de la transfiguración. Véase esta palabra. El area de la cumbre contiene ruinas de paredes, y en diversos lugares se encuentran restos de fortificaciones y de casas, algunas de las cuales datan de los tiempos de las cruzadas, y otras son más antiguas. El Tabor se hallaba en los confines de Isacar y Zabulón, Jos. 19:12, 22. Las huestes de Barac acamparon en él antes de la batalla con Sisara, Jue. 4:6, 12, 14, 15. Allí fué donde Zeba y Salmana mataron á los hermanos de Gedeón, Jue. 8:18, 19. En tiempos posteriores, según parece, fué profanado por la idolatría, Ose. 5:1. Los cristianos latinos celebran misa en la cumbre una vez al año, y los griegos tienen una capilla para diversos oficios. En la parte nordeste de la cima hay también un convento.

II. Una población, 1 Crón. 6:77, tai vez Queselet-tabor, Jos. 19:12, ó Aznot-tabor, en la montaña. Véase TABOR I.

III. "Llano (ó campaña) de Tabor," 1 Sam. 10:3, más bién el "roble del Tabor," lugar que Saúl después de ser ungido visitó, y que se hallaba entre el sepulcro de Raquel y Zelza, ó entre Betlehem y Betel.

TABRIMÓN, *bueno es Rimmon*, 1 Reyes 15:18, padre de Ben-adad I. rey de Siria.

TACMONITA, 2 Sam. 23:8, ó HACMONITA, 1 Crón. 11:11; 27:32; Jasobam, hijo de Hacamoni.

TADEO, *pecho*, sobrenombre ó apellido del apóstol Judas, Mar. 3:18. Algunos de los manuscritos más antiguos tienen "Taddæus," y uno de ellos "Lebbæus," encontrándose por último, en otro "Lebbæus

cuyo sobrenombre es Taddæus." **Lucas** lo llama Judas, en las dos listas de nombres que consigna, Luc. 6:16; Hech. 1:13. Véase JUDAS III.

TADMOR ó TAMAR, *palma*, 1 Reyes 9:18, ciudad fundada por Salomón en el desierto de Siria, y en los confines de la Arabia Desierta, hacia el Eufrates, 2 Crón. 8:4. Lejos de toda habitación humana, era un oasis en medio de un desierto árido; y muy probablemente Salomón la edificó en la frontera, tanto para proteger como para facilitar el tráfico con el este por medio de caravanas, puesto que proporcionaba agua, cosa de la mayor importancia en los desiertos árabes. Estaba como 120 millas al nordeste de Damasco, más de la distancia que hay de allí al Eufrates. Se conservó el nombre original hasta la época de Alejandro, quien extendió sus conquistas hasta dicha ciudad, y le cambió el nombre de Tadmor por el de Palmira, *ciudad de palmas*. La actividad del comercio de la India y de la Persia, con la Siria, la Arabia y el Egipto, hizo de Palmira, por donde pasaban los traficantes, una ciudad famosa por su lujo y su riqueza. Habiéndose sometido á los Romanos allá por el año de 130, continuó aliada á ellos durante un periodo de 150 años, y el emperador Adriano la hermoseó. Durante el siglo tercero, la famosa Zenobia reinó tanto allí como en los paises circunvecinos de Egipto—Siria, el Asia Menor y la Mesopotamia, hasta el año de 272 de la Era cristiana, cuando Aurelio la venció y llevó cautiva á Roma. Cuando los Sarracenos triunfaron en

667

Oriente y se apoderaron de dicha ciudad, ie restablecieron su antiguo nombre de Tadmor, que conserva hasta esta fecha. Si bien no hay noticia auténtica de la fecha en que fué destruida, hay buenas razones para creer que dicho acontecimiento ocurrió durante el periodo de su ocupación por los Sarracenos. La aldea actual consiste en un grupo de chozas habitadas por jornaleros árabes, levantadas entre los escombros del gran templo del sol. De este edificio quedan aún veinte columnas en un atrio que en otro tiempo estuvo circunvalado por una hilera doble de 390 columnas, sesenta de las cuales existen todavía. Todo el edificio estaba rodeado de un muro alto. Las ruinas ocupan una area considerable, á una altura mayor que la del desierto, y son muy imponentes. En las eminencias se yerguen muchas torres solitarias de forma cuadrada.

Para llegar al templo se atravesaba el llano por una avenida á cuyos lados había centenares de columnas de mármol blanco y de orden corintio, algunas de las cuales permanecen aún en su iugar. En el cementerio, situado en el llano que se extiende al N. O. del templo, hay torres monumentales de varios pisos. Volney hace observar lo siguiente: "Á cualquier lado á donde uno dirija la vista, ve la tierra cubierta de grandes piedras medio enterradas, entablamentos quebrados, pisos rotos, relieves desfigurados, esculturas mutiladas, tumbas profanadas y altares empolvados." Muchos de los edificios cuyas ruinas acabamos de describir, datan de los tres primeros siglos del cristianismo; al paso que montones informes de escombros, cubiertos de tierra y de yerbas, son los únicos vestigios que quedan del Tadmor de Salomón. La ciudad estaba situada al pié del lado oriental de una cordillera de cerros desnudos, y tenía sus otros lados separados del desierto tan solo por una muralla.

En su origen debió haber sido de una circunferencia de diez millas; pero son tales los estragos que en ella ha causado el tiempo, que difícilmente se podrían descubrir ó determinar ahora los límites de la ciudad.

TAFAT, *gota*, hija de Salomón, 1 Reyes 4:11.

TAFNES, Jer. 2:16; 43:7, 9; Ezeq. 30:18, nombre de una ciudad de Egipto que los setenta llamaron Tafne, y los historiadores griegos Dafne. Estaba situada al S. O. de Pelusium, en el lado occidental del brazo

pelusiaco del Nilo. Era una **ciudad principal** de Egipto, Ezeq. 30:18, y se menciona juntamente con Memfis, Jer. 2:16; 46:14. Á esa ciudad fué á donde se retiraron Johanan y muchos de los Judíos, después de la destrucción de Jerusalem, llevándose consigo á Jeremías, y á las hijas del rey Sedecías, Jer. 43. Ha sido identificada con Tell Defenneh, terraplén que se halla 30 millas al S. S. O. del puerto de Said, y del cual han sido últimamente exhumadas las ruinas de la "casa de Faraón," llamadas hasta hoy Kasr el-Bint el Yahudi (*castillo de la hija del rey*) así como también el area embaldosada de en frente de la casa, sobre la cual armó Nabucodonosor su pabellón. Según la opinión de algunos, Hanes en Isa. 30:4 es una abreviatura del nombre de esa misma ciudad.

TAHAT, *debajo*, I., nombre de la vigésima quinta estación que hicieron los Israelitas después de su salida de Egipto, Núm. 33:26, 27.

II. Levita descendiente de Coat, llamado también Thahat, 1 Crón. 6:24, 37.

III. Hijo de Bered y nieto de Efraím, 1 Crón. 7:20.

IV. ó TAHPENES, nombre de la esposa del Faraón que hospedó á Adad el Idumeo, y le dió á su cuñada en matrimonio, 1 Rey. 18:18–20, probablemente de la familia Tanítica, la más poderosa de las que en aquel tiempo dominaban en Egipto.

TAHTIM-HODSHI, [Reina, (tierra) *baja de Hodsi*], 2 Sam. 24:6, probablemente parte de la porción superior del valle del Jordán, el Ard el Huleh, que Joab visitó al hacer el empadronamiento. Á juzgar por los monumentos asirios, parece que se puede identificar con una población llamada Kadesh, que fué una de las principales ciudades del reino de los Hittitas.

TALENTO, hebreo KIKKAR, *círculo*, el peso mayor entre los Judíos, Griegos, Romanos y Babilonios, usado en las Escrituras para indicar el peso del oro, 1 Reyes 9:14; 10:10; de la plata, 2 Rey. 5:22; del plomo, Zac. 5:7; del bronce, Exod. 38:29, y del hierro, 1 Crón. 29:7. Se hace mención de la corona de un rey que pesaba un talento de oro, 2 Sam. 12:30. El paraje de una ciudad fué comprado por dos talentos, 1 Rey. 16:24. Empleáronse muchos talentos de oro y de plata para hacer los utensilios de la casa de Dios, Exod. 25:39; 38:24, 25, 27; 1 Rey. 9:14, y solían darse grandes cantidades de ambas clases de talentos para grangearse la buena voluntad de las naciones extranjeras, 2 Rey. 15:19; 18:14;

23:33. Calcúlase que el talento ático ordinario era equivalente á 82 libras inglesas, *avoirdupois*. El talento que se menciona en el Nuevo Testamento era estimado por su peso, el cual variaba en diferentes países según los pesos ó pesas que en ellos se usaban. A juzgar por lo dicho en Exod. 38:25, 26, el talento judío era igual á 3,000 siclos; y como quiera que el valor aproximativo de un siclo es de 50 centavos, resulta que el precio de un talento debe haber sido de 1,500 pesos americanos. El talento ático se valúa por lo general en 225 libras esterlinas ó $1,000 aproximativamente, aunque algunos creen que sólo valía $860. El talento mencionado en el Nuevo Testamento es probablemente el judaico, y se emplea para expresar una cantidad grande, pero indefinida, Mat. 18:24. En la parábola, Mat. 25:14-30, el talento representa cualquier don que Dios nos da—tal como el tiempo, ó la habilidad, ó la posición, ó el influjo, ó las oportunidades, ó los recursos pecuniarios, etc.—cosas todas que deben usarse para gloria de nuestro Padre celestial y para los mejores fines. El buen uso de nuestros talentos tiende á promover su crecimiento, y á hacer fructuosa su aplicación. Véase MEDIDA.

La Biblia refiere el hecho de que Ezequías pagó á Sennaquerib treinta talentos de oro y tres cientos de plata; pero en los registros asirios se ve que la última cantidad fué ochocientos en vez de trescientos. En esto, sin embargo, no hay discrepancia, puesto que tres talentos del occidente equivalían á ocho del oriente.

TALITHA CUMI, *joven, levántate*, dos palabras aramaicas que nuestro Señor dirigió á la hija de Jairo, Mar. 5:11.

TALMAI, ó TOLMAI, *atrevido ó surcado*, I., uno de los tres gigantes hijos de Anac que habitaban en Hebrón, Núm. 13:22, y que fueron desterrados por Caleb. Jos. 15:14, y muertos por individuos de la tribu de Judá, Jue. 1:10. La imagen de un hombre poderoso en un monumento egipcio tiene un nombre semejante.

II. El rey de Gessur en los confines de Palestina y Siria, padre de Maaca, una de las esposas de David, la cual fué madre de Tamar y Absalóm. Este último vengó el agravio inferido á su hermana Tamar, matando á Amnón, y luego se refugió en la corte de su abuelo, en donde permaneció tres años, 2 Sam. 3:3; 13 y 14; 1 Cró. 3:2.

TALMON, *oprimido*, jefe de una familia de porteros del templo, 1 Crón. 9:17; Neh.

11:19, algunos de los cuales volvieron del cautiverio, Esd. 2:42; Neh. 7:45; 12:25.

TAMAH ó THAMAH, *risa*, Esd. 2:53; Neh. 7:55.

TAMAR, *palma*, I., nombre de un lugar en la parte sudeste de Judá, Ezeq. 47:19; 48:28, probablemente situado en la extremidad sudoeste del Mar Muerto.

II. Nombre de la esposa de Er y después de Onan, hijos de Judá. La muerte de aquellos, por castigo de Dios, fué causa de que Judá vacilase en su intento de casarla con su tercer hijo Sela, según lo establecido por las costumbres hebreas, Deut. 25:5; Mat. 22:24. Esta se creyó justificada por dicho motivo para tentar á Judá á cometer con ella un incesto que dió por resultado el nacimiento de los gemelos, Fares y Zara, Gén. 38, y evitó el que se extinguiese la familia real de la cual nació David, Rut 4:12, 22.

III. La hermosa y desgraciada hija de David y de Maaca. Véase TALMAI.

IV. Hija de Absalóm, 2 Sam. 14:27, madre de Maaca y abuela del rey Abdías, 2 Crón. 11:20-22.

TAMBORIL, instrumento de música mencionado de tiempo atrás y frecuentemente en las Escrituras, Gén. 31:27; Job 21:12. Los Hebreos lo llamaban *toph*, ó *topheth*, y comprendían bajo ese nombre toda clase de tambores, tamboriles ó tamborines. No lo usaban en la guerra, sino solamente en días de regocijo público ó de festividad, Isa. 5:12; 24:8; Jer. 31:4; Comúnmente lo tocaban las mujeres, 1 Sam. 18:6; Sal. 68:25, pero en el tiempo de Samuel era usado por los profetas jovenes, 1 Sam. 10:5; 1 Crón. 13:8; comp. Sal. 81:2; 149:3. Consistía y consiste todavía, en un aro de madera, sobre el cual se estira una

669

piel. También se le suelen poner campanillas. Úsase el tamboril como acompañamiento de música alegre, y tócase sacudiéndo con una mano en tanto que se le golpea al compas con los nudillos de la otra. Después del paso del Mar Rojo, María la hermana de Moisés tomó el tamboril y empezó á tocar y á bailar con las mujeres, Exod. 15:20. La hija de Jefté salió á recibir á su padre con tamboriles y otros instrumentos musicales, Jue. 11:34. Véase MÚSICA.

TAMMUZ, *derretimiento ó germinación*, nombre de un ídolo sirio que Ezequiel dijo habérsele presentado como en Jerusalem, en una visión durante el cautiverio, Ezeq. 8:14. Dicho profeta representa á las mujeres llorando por dicho ídolo, en lugar de emplear sus finos sentimientos en el servicio de Dios. Comp. Juan 20:11-16. San Jerónimo lo identifica con Adonis, el sol-dios de los Fenicios. La muerte y la restauración de Adonis, de que trata la fábula, y que, según se cree, simbolizaban la puesta y la salida del sol, eran celebradas durante siete días en el solsticio del verano, primero con lamentaciones, y después con regocijos y festividades obscenas.

II. Tammuz ó Thammuz era el nombre del cuarto mes sagrado, ó décimo civil. La mayor parte de sus días ocurrían algunas veces antes del día primero de nuestro mes de Julio, pero por lo general ocurrían después. El día catorce del mes Tammuz, y durante las festividades obscenas que quedan mencionadas, tuvo lugar la toma, "sin batalla," de la ciudad de Babilonia, según la crónica de Ciro recientemente descubierta, la cual ha confirmado de una manera sorprendente el relato de las Sagradas Escrituras, Dan. 5:1-3, 23, 30, 31.

TANAC Ó TENAC, *arenosa ó fortificada*, ciudad real cananea, de las treinta y una que conquistó Josué, Jos. 12:21, en el territorio de Isacar, pero cedida á Manassés, Jos. 17:11; 21:25; 1 Cró. 7:29. Durante la guerra entre los Cananeos al mando de Sísara, y los Israelitas, fué una ciudad fuerte de los primeros, Jue. 5:19, muchos de los cuales permanecieron allí bajo la condición de pagar tributo, Jos. 17:11-18; Jue. 1:27. Era uno de los distritos que proveían de bastimentos al rey Salomón, 1 Reyes 4:12. La población moderna de Tannuk se halla entre ruinas y sobre una colina en el extremo S. O. del llano de Esdraelón, seis millas al S. O. de Megiddo.

TANEHUMET, *consuelo*, 2 Rey. 25:23;

Jer. 40:8, Netofatita en la época de Godolías, 588 A. C.

TANNAT-SILO, *la venida de ó á Silo*, Jos. 16:6, actualmente se llama Tana, lugar situado siete millas al S. E. de Nablus, y donde hay grandes aljibes.

TAPICES, género para cortinas y sobrecamas, bordado con labores de aguja, Prov. 7:16; 31:22.

TAPPUA, *manzanu*, I., ciudad de la tribu de Judá, situada en el declive que conduce á la tierra baja, entre En-gannim y Enam, Jos. 15:34. Conjetúrase que ocupó el lugar de la que en la actualidad tiene el nombre de Kh. Bir-el-Leimun, 17 millas al S. O. de Jerusalem.

II. En-Tappua. nombre de otra ciudad en los términos de Efraím y de Manassés, llamada la tierra de Tappua en Jos. 16:8; 17:8. Es quiza la que ahora se conoce con el nombre de Atuf, once millas al N. O. de Nablús.

III. Hijo de Hebrón, de la familia de Caleb, 1 Crón. 2:43.

TARA, *tardanza*, vigésima sexta estación de los Israelitas, Núm. 33:27, probablemente en la cañada ó Wady el Terafeh, al O. del Arabah, lugar en donde actualmente residen los Árabes Tawarah.

TARACA. Véase TIRACA, p 685.

TARALA, *tambaleándose*, Jos. 18:27, una de las ciudades situadas en la parte occidental del territorio ocupado por la tribu de Benjamín.

TARDE. Los Hebreos reconocían dos tardes en cada día, como se ve en la frase "entre las dos tardes," Exod. 12:6; Núm. 9:3; 28:4. Era por la tarde cuando se tenía que inmolar el cordero pascual y que ofrecer el diario sacrificio vespertino, Ex. 29:39-41. Según los Caraitas, este es el intervalo que media entre la puesta del sol y la completa oscuridad, esto es, el crepusculo vespertino. Comp. Deut. 16:6; Sal. 59:6. En opinion de los Fariseos y de los Rabinos, la primera tarde tenía principio cuando el sol comenzaba á descender más rápidamente, es decir, á la hora de nona (tres de la tarde), al paso de la segunda tarde propiamente dicha comenzaba á la puesta del sol. Véase DÍA.

TARE. Véase TERA.

TARPELITAS Ó TEFARLEOS, colonos de Asiria que se establecieron en Samaria, Esd. 4:9.

TARSIS Ó THARSIS, *subyugado*, I., uno de los hijos de Javán, Gén. 10:4; 1 Crón. 1:17; tal vez el fundador de Tartessus.

II. Nieto de Benjamín, 1 Crón. 7:10.

III. Uno de los príncipes del rey Assuero, Est. 1:14. Es un nombre persa, sinónimo de Teres y Tirsata, *riguroso*, Neh. 8:9; Est. 2:21; 6:2.

IV. Sal. 48:7. Probablemente Tartessus, ciudad antigua del sur de España, situada en el delta del Guadalquivir. Era una ciudad fenicia y el emporio más célebre del occidente, á donde acudían á traficar los Fenicios y los Hebreos. De Gén. 10:4, se deduce que Tarsis estaba situada en el occidente, pues allí se menciona á su fundador juntamente con Elisa, Cetim y Dodanim. Véase también Sal. 72:10. Según Ezequiel era un lugar importante de comercio, Ezeq. 38:13, y de allí se exportaban, 27:11, 12, 25, plata, hierro, estaño y plomo para los mercados tirios. En Jer. 10:9, se habla también de la exportación del primer metal. Embarcábanse para este lugar en Joppe, Jonás 1:3; 4:2. En Isa. 23:1, 6, 10, se habla de esta ciudad como de una colonia fenicia de importancia. Se la menciona también, entre otros lugares distantes, en Isa. 66:19; y en Sal. 72:10 se la nombra con "las islas del mar." Una mina que recientemente ha sido abierta de nuevo cerca de Huelva, España, lleva el nombre de Tarsis, y en sus cercanías se encuentran señales de que esa comarca fué ocupada en tiempos antiguos por los Fenicios. Todos estos detalles concuerdan con lo que se sabe de Tartesso. En Exod. 28:20; 39:13; Cant. 5:14; Ezeq. 1:16; 10:9; 28:13; Dan. 10:6, al "berilo" ó topacio, se le llama en hebreo TARSHISH.

V. En algunos de los pasajes bíblicos, sin embargo, se emplea á Tarsis como para designar de un modo general las costas distantes de Europa; y es probable que de ahí surgiera la costumbre de llamar "naves de Tarsis" á cualesquiera embarcaciones grandes y mercantes que se hacían á la vela para emprender largos viajes. El término inglés "Indiaman," (buque de las Indias), se usa de una manera análoga. No puede determinarse con certeza se las embarcaciones armadas por Salomón en Ezion-gaber, en el Mar Rojo, dieron vuelta por el África y se dirigieron á Tarsis en España, ó si más bien fueron á algún lugar de la India ó de la Etiopía que designaron de ese modo, así como los descubridores de las Américas llamaron á estas Indias, y á sus habitantes Indios. Comp. I Reyes 10:22; 22:48, 49; 2 Crón. 9:21; 20:36; Isa. 23:1, 14; 60:9.

TARSO, *alado*, nombre de una ciudad célebre, metrópoli de Cilicia, en la parte sudeste del Asia Menor, situada cerca del Mediterráneo, en una fértil llanura á la orilla del río Cidno. Este en su curso divide la llanura en dos partes. En la época de Jenofonte era una gran ciudad. Habiéndose bañado Alejandro el Grande en las aguas del Cidno que descendían de las frías alturas del Tauro, cordillera que se levantaba detras de la ciudad, contrajo una fiebre de que estuvo á punto de perecer. Tarso se distinguió de tal suerte por el cultivo de la literatura y de la filosofía griega, que llegó en una época á rivalizar á Atenas y á Alejandría con sus escuelas y el número de sus hombres sabios. En recompensa de sus esfuerzos y sacrificios durante las guerras civiles de Roma, Augusto la hizo ciudad libre. Las ciudades libres eran gobernadas por leyes y magistrados propios, y no estaban sujetas al tributo, ni tampoco á la jurisdicción de un gobernador romano ó al poder de una guardia extranjera, si bien por otra parte reconocían la supremacía del pueblo romano y estaban obligadas á auxiliarlo en contra de sus enemigos. La libertad que Tarso disputaba no le otorgaba sin embargo los derechos propios de una ciudad romana. Infiérese esto claramente del hecho de que el tribuno, apesar de saber que Pablo era ciudadano de Tarso, Hechos 21:39, ordenó que le azotase, 22:24, pero desistió de su propósito tan pronto como supo que era además ciudadano romano, 22:27. Es probable por consiguiente, que los antecesores de Pablo obtuvieran por medios especiales la ciudadanía romana, Hech. 9:1, 30; 11:25; 22:3. Actualmente se llama Tarsus, y aunque está muy abandonada y llena de ruinas, se calcula que durante el verano tiene siete mil habitantes, y en invierno treinta mil, compuesta principalmente de Turcos. Hoy día dista doce millas del mar, pues la desembocadura del río ha sido prolongada y obstruida por bancos de arena. Durante el calor extremoso del verano se retiran sus habitantes á las tierras altas del interior.

TARTAK ó THARTHAC, *heroe de las tinieblas*, ídolo introducido en Samaria por los Heveos, 2 Rey. 17:31, y que, según los Rabinos, era adorado en la forma de un jumento. Se cree que es idéntico con el ídolo acadiano llamado Turtak, protector del Tigris.

TARTAN, *en forma de estrella*, era probablemente, no el nombre, sino el título oficial del general asirio que Sennaquerib

671

mandó á Ezequías, juntamente con el jefe de los eunucos ó coperos, 2 Rey. 18:17; y también el nombre de otro mandado por Sargón en contra de Asdod, Isa. 20:1.

TATNAI, *don*, nombre de un bajá persa que fué sucesor de Rehum como gobernador de Samaria en tiempo de Darío Histaspis y de Zorobabel. Su administración fué caracterizada por la gran equidad y moderación con que trató á los Judíos. Á fin de investigar personalmente los hechos, visitó á Jerusalem, reconoció la autoridad del rey judío, y dió orden para que sus decretos fuesen ejecutados, Esd. 5 y 6, 519 A. C. Honra á todo bienhechor del pueblo de Dios.

TEATRO ANTIGUO DE ÉFESO.

TEATRO, nombre del edificio usado para representaciones dramáticas, Hechos 19:29, ó de la escena ó "espectáculo" que allí se representaban, 1 Cor. 4:9. El teatro de Cesarea, usado para grandes reuniones populares, fué el lugar en donde la muerte hirió á Herodes Agripa, Hech. 12:21-23, y el teatro de Éfeso fué en donde la multitud se amotinó en contra de Pablo, Hechos 19:29. Existen las paredes de este último edificio, si bien sus asientos de mármol han desaparecido. Es una obra de notable magnificencia. Puede obtenerse una vista de ella desde el templo de Diana. Véanse ÉFESO y ROMA. Los teatros antiguos eran por lo general de forma semicircular, abiertos al aire libre, salvo cuando se cubrían transitoriamente con un toldo; y como los asientos estaban dispuestos en hileras concéntricas semicirculares que se elevaban unas tras otras, los últimos asientos quedaban á veces á una altura muy considerable. Dábanse á menudo " espectáculos teatrales," en que se obligaba á los criminales ó á los esclavos á luchar con las fieras, y hacerse así objeto de la diversión de cincuenta mil ó más espectadores, Heb. 10:33. En Heb. 12:1, " la nube de testigos " significa ó se refiere á los que están presenciando la carrera del cristiano, á semejanza de aquellas multitudes de espectadores que presenciaban los juegos de los Griegos.

TEBES, *esplendor,* uno de los pueblos fundados por Efraím. Durante su sitio, en el tiempo turbulento de los Jueces, fué muerto Abimelec, Jue. 9:50-55. David hizo recuerdo de dicho acontecimiento como cosa bien sabida, 2 Sam. 11:21. El lugar de Tebes se halla hoy ocupado por la población moderna de Tubas, nueve millas hacia el N. O. de Nablús, en el camino que de allí conduce á Bet-san, en el costado de una colina que se levanta al N. de un llano que hay entre los cerros.

TEBET, *invierno,* Est. 2:16, el décimo mes del año sagrado de los Hebreos. Comienza con la luna nueva á principios de Enero ó á fines de Diciembre. Los días 8, 9 y 10 de dicho mes eran de ayuno.

TEBNI, *edificante,* nombre de un individuo que durante tres años después de la muerte de Ela y del suicidio de Zambri, compitió con el general Omri, aunque sin éxito, para ascender al trono de Israel, 1 Rey. 16:18-23.

TECHUMBRE. Los antiguos tenían especial esmero en adornar los cielos rasos de sus mejores habitaciones: algunas veces los hacían de una especie de entabladura de figuras en cuadro ó combinadas de diversas maneras; y otras de estuco con hermosas molduras de colores, adornadas de dorados, espejos pequeños, etc., 1 Rey. 6:15; 2 Crón. 3:5; Jer. 22:14. Esto da origen á la expresión "casas dobladas," Agg. 1:4. Según dice Layard, usábanse cielos rasos de esa especie en los palacios y templos de Nínive, y actualmente se hallan en las casas de Damasco.

TEFARLIOS. Véase TARPELITAS.

TEGLAT-FALASAR. Véase TIGLAT-PILESER.

TEHINNA, *súplica,* miembro de la tribu de Judá, probablemente pariente de David, y fundador de " la ciudad de Naas," 1 Crón. 4:12,

TEJA ó LADRILLO, ladrillo ancho y delgado, fabricado por lo general de barro fino y endurecido al fuego. Esta clase de ladrillos era muy común en las regiones del Eufrates y el Tigris (véase BABILONIA), y ofreció al profeta desterrado Ezequiel el medio más obvio y natural para pintar el sitio de Jerusalem, Ezeq. 4:1. En los ladrillos recientemente desenterrados de entre las ruinas asirias y babilonias se ven muchísimos bosquejos de lugares, de hombres y de animales, entremezclados con las inscripciones cuneiformes, de las que generalmente está lleno un lado entero de los ladrillos. Layard encontró en Nínive un aposento grande lleno de tejas con inscripciones, las que parecían formar una colección de archivos históricos, Esdras 6:1. Comunmente las tejas son de un pié cuadrado y de tres pulgadas de espesor. Las inscripciones deben de haber sido hechas con un estilo puntiagudo mientras el barro estaba blando y en el molde. Hecho esto, se cocía el ladrillo en el horno, y á veces se le vidriaba. Además de los ladrillos, se han hallado depositados en los rincones de las casas reales muchos cilindros de barro con inscripciones semejantes, que han podido leerse después de dos ó tres mil años.

TEJADO, Luc. 5:19, literalmente "tejas" de barro; se designaba así probablemente el alero construido en la orilla del patio que se hallaba en el centro de las casas. Podíase llegar á él por la escalera exterior, ó por la casa contigua. Véase CASA.

TEJER. Este arte fué conocido desde las primeras épocas en todas las naciones. Vense bosquejos de su ejercicio en los antiguos de Egipto, Gén. 41:42, y fué practicado por los Israelitas en el desierto, Exod. 26:1, 7; 28:4, 39; Lev. 13:47. 48. Véase LINO. Las mujeres eran quienes, por lo común, ejercían el oficio de tejer, 2 Rey. 23:7; Prov. 31:13, 19. En la Biblia se hace mención de la estaca, del enjullo, de la lanzadera, y del uso del tejedor, Jue. 16:14; 1 Sam. 17:7; 2 Sam. 21:19; Job 7:6; Prov. 31:19; Isa. 38:12. Los Judíos dicen que la túnica del Sumo-Sacerdote estaba hecha sin costura alguna, siendo tejida toda de una pieza. Así también era la que vestía Cristo, nuestro Sumo - Sacerdote, Juan 19:23.

TEJÓN, pequeño animal inofensivo de la familia del oso, que vive aletargado todo el invierno. Habita en los paises fríos, y no se halla en Palestina. Por esto es que muchos creen que los cueros de

42.

673

tejón mencionados en Exod. 25:5; 26:14; Ezeq. 16:10, y en otros pasajes, y que se dice eran usados para cubrir el tabernáculo, y para hacer calzado, eran los cueros no de este animal, sino de una especie de foca que se halla en el Mar Rojo, y se llama oso marino. Burckhardt dice que él "vió parte de la piel de un gran pez que habían muerto en la costa, la cual tenía una pulgada de espesor, y era de la misma clase que emplean los Árabes en lugar de cuero para sandalias." Otros hacen la objeción de que las focas son inmundas según la ley ceremonial, Lev. 11:10-12, y sostienen que el animal de que tratamos era de la especie de las gacelas, cuyas pieles habían obtenido los Israelitas en Egipto.

TEKEL, *pesado en la balanza*, Dan. 5:25. Véase MENE.

TELAIM, *corderos*, 1 Sam. 15:4, nombre del lugar en donde Saúl reunió sus fuerzas en orden de batalla antes de su campaña contra Amalec.

TELABIB ó THELABIB, *cerro de pasto*, lugar sobre el río Cobar, en el centro de Mesopotamia, donde se estableció una colonia de Judíos cautivos, Ezeq. 3:15.

TELASAR ó THALASAR, *cerro asirio?* 2 Rey. 19:12; Isa. 37:12, nombre de un lugar que los Asirios quitaron á los "hijos del Edén:" comp. Ezeq. 27:53. Se hallaba en la región montañosa al lado norte de Mesopotamia.

TELÉN, *opresión*, nombre de una aldea situada en la frontera meridional de Judá, hacia Edom, Jos. 15:24—tal vez Telaím.

TELHARSA ó THELARSA, Esd. 2:59; Neh. 7:61; *collado del bosque*, y TELMELAH, *montaña de sal*, nombres de dos pueblos babilónicos de donde regresaron los Judíos del cautiverio. Estaban situados probablemente en la región baja y salitrosa que se halla cerca del Golfo Pérsico.

TELLEM. Portero del templo, Esdras 10:24.

TEMA ó THEMA, *desierto*, I., nombre del noveno hijo de Ismael, Gén. 25:15; 1 Crón. 1:30.

II. Nombre de los descendientes del anterior y del lugar en donde residían, en el norte de la Arabia, famoso por sus caravanas, Job 6:19, asociado con Dedan, Isa. 21:13, 14; Jer. 25:23. Ocupa éste actualmente la moderna población de Teimá que se halla en el "camino de Haj," *ruta de los peregrinos*, al sur de Damasco.

TEMA, *risa*, nombre de uno de los Netineos cuyos hijos regresaron de Babilonia, Esd. 2:53, llamado Tama en Neh. 7:55.

TEMÁN, *el derecho ó el sur*, I., nombre del primer hijo de Elifaz y nieto de Esaú, Gén. 36:11. Era duque de Edom.

II. Nombre de la región poblada por la posteridad de Temán, Gén. 36:34. En esa provincia el poder idumeo, que era grande, Ezeq. 25:13, hizo alianza con Bosra, Amós 1:12. Estaba situada en el sur ó sudeste de Edom. al norte ó nordeste del Golfo de Acaba. Los Temanitas eran atrevidos y circunspectos, Job 2:11; 22:1; Jer. 49:7, 20; Abd. 8, 9.

TEMNATA ó TIMNATA, nombre de un pueblo de la tribu de Dan, mencionado por Jos. 19:43. Es el Tibneh actual, situado 17 ó 18 millas al S. O. de Nablús.

TEMOR, Gén. 31:42, 53, el Ser que es temido, es decir, adorado.

TEMOR DE DIOS. Lo hay de dos especies: I. en los hombres no convertidos y en los demonios, Hech. 24:25; Sant. 2:19, es la conciencia segura del pecado, y no conduce ni al arrepentimiento ni á la fé. Los colonos paganos de Samaria "temían al Señor," y le rendían algo como culto, pero servían á sus propios dioses y á sus pecados también, 2 Rey. 17:25, 33. Este temor se mezcla algunas veces con los sentimientos de los verdaderos cristianos, Rom. 8:15; 1 Juan 4:18, pero debemos despojarnos de él. II. El otro, el verdadero temor filial, ha sido infundido por Dios mismo, Sal. 86:11; Jer. 32:40; éste retrae del pecado, Sal. 4:4; 2 Cor. 7:1; se asocia con el amor, Deut. 10:12; la confianza, Prov. 14:26, y la obediencia, y se habla con frecuencia de él como sinónimo de la verdadera religiosidad, Gén. 22:12; Sal. 25:14; 112:1. Cristo mismo fué modelo de ese temor, Isa. 11:2; Heb. 5:7, y los que así temen á Dios no tienen nada más que temer, Isa. 51:7, 12, 13; Lucas 12:4-7.

Los pecadores deben temblar á la verdad, ante un Dios santo y justo, Gén. 3:10; Mat. 10:28, y temer la inevitable suerte que les espera, Sof. 1:12; Mal. 4:1; Apoc. 6:15-17; pero ese pavor es remordimiento y desesperación, y puede ser el principio de la sabiduría sólo cuando se transforma por la penitencia, el amor y la confianza en la misericordia de Dios, mediante la obra del Redentor, Juan 3:16, 18, para poder servirle con la reverencia y el temor piadoso de un hijo, Efes. 5:1; Heb. 12:28, 29.

TEMPLADO. En Tito 2:2, templado, discreto; en otros pasajes, moderado, que se domina á sí mismo. Hech. 24:25; 1 Co.

7:9; 9:25; Gál. 5:23; Tito 1:8; 2 Ped. 1:6. En sentido bíblico, el hombre templado tiene todos sus apetitos y pasiones bajo la sujeción de su conciencia y de la Palabra de Dios; de manera que puede negarse, y en efecto se niega á sí mismo cualquiera deleite pecaminoso. Esta virtud es de divina enseñanza, Prov. 23:1–3; Luc. 21:34; Fil. 4:5, promueve la salud tanto del cuerpo como del alma, y sirve á la vez de defensa con relación á las tentaciones exteriores.

TEMPLO. Edificio santificado por la presencia especial de Dios, y dedicado y consagrado á su culto. En hebreo llamábase "el palacio de Jehová," "el Santuario," y "la casa de Dios." En griego, *ieron* es el término ó frase general que incluye todos los terrenos sagrados, Juan 10:23; Hech. 5:20; al paso que *naos* significa el santuario mismo rodeado de otros edificios sagrados, Mat. 23:35; Luc. 11:51. Lo que caracteriza á un templo en contraposición con otros edificios, es la idea de que allí habita la Divinidad; así es que todos los templos paganos tenían sus ídolos, mientras que solo el Dios viviente habitaba "entre los querubines" en el lugar santísimo del templo de Jerusalem. En tal virtud, cuando se habla metafóricamente, templo significa la Iglesia de Cristo, 2 Tes. 2:4; Apoc. 3:12; el cielo, Sal. 11:4; Apoc. 7:15, y el alma del creyente en la cual habita el Espíritu Santo, 1 Cor. 3:16, 17; 6:19; 2 Cor. 6:16.

Después que los Israelitas se establecieron en la tierra prometida, y que el Señor manifestó á David que Jerusalem era la ciudad que Él había escogido para fijar su habitación, aquel piadoso príncipe empezó á poner en práctica sus deseos de preparar un templo para el Señor, que fuese en algo digno de su Divina Majestad. Pero este honor le estaba reservado á Salomón su hijo y sucesor, que había de ser un príncipe pacífico y diferente de David que había derramado mucha sangre en las guerras, 2 Sam. 7:1–13; 1 Crón. 17:1:12; 28:2–10; 29:1–9. David sin embargo hizo grandes esfuerzos para reunir considerables cantidades de oro, plata, cobre, hierro y otros materiales para su construcción, 1 Rey. 5; 1 Cron. 22; 29. El valor del oro y de la plata reunidos, ascendía á la enorme suma de $2,000,000,000. La construcción del templo se comenzó cuatro años después de la muerte del poeta-rey, 1 Rey. 6:1. El sitio escogido para levantar este magnífico edificio fué el monte Moría. Gén. 22:2, 14, en el lugar que ocupaba la era de Arauna el Jebuseo, 2 Sam. 24:18-25; 1 Crón. 21:18-30; 22:1; 2 Crón. 3:1. Este punto estaba en un lugar céntrico en la línea que dividía la tribu de Judá de la de Benjamín, que respectivamente representaban las del norte y las del sur. La cumbre estaba naturalmente desnivelada, y sus costados eran muy desiguales; pero los Judíos se propusieron por medio de un tenaz trabajo nivelarla y ampliarla. El plan y todo el modelo de ese edificio fueron ideados por el mismo arquitecto divino que dió el plano para el tabernáculo, es decir, por Dios mismo, 1 Crón. 28:11, 12, 19; y fué hecho casi de la misma figura que éste, pero de mayores dimensiones. Los utensilios para el servicio divino eran también los mismos que se usaban en el tabernáculo, si bien algunos eran más grandes, en proporción al espacioso edificio á que pertenecían. Los cimientos del suntuoso edificio fueron puestos por Salomón el año de 1011 A. C., como 480 años después del éxodo, y de la edificación del Tabernáculo, y quedó concluido en 1104 A. C., habiendo durado la obra de construirlo siete años y seis meses. Además de los treinta mil operarios hebreos, Salomón contractó ciento cincuenta y tres mil hombres del Líbano, súbditos de Hiram, rey de Tiro, que llevaron inmensas cantidades de madera y piedra labrada, 1 Rey. 5; 6; 7, y recibieron en recompensa abundantes provisiones de trigo y una cesión de territorio. Véase CABUL. Fué dedicado con señalada solemnidad al culto de Jehová, quién condescendió en hacer de él el lugar particular de la manifestación de su gloria, 2 Crón. 5–7. El frente ó la entrada del templo miraba hacia el oriente y por consiguiente hacia el monte de los Olivos, desde el cual se disfrutaba una hermosa perspectiva del edificio, Mat. 21:1. El templo propiamente dicho—que comprendía el Pórtico, el Santuario, y el Lugar Santísimo—formaba solamente una parte pequeña del lugar sagrado, pues estaba rodeado de espaciosos atrios, cámaras y viviendas que ocupaban una extensión mucho mayor que la del templo mismo. Estas "muchas mansiones," explican el significado de las palabras del Salvador, refiriéndose al cielo, Juan 14:2. Es de notarse el hecho de que con frecuencia la palabra "*templo*" no significa el edificio central, sino algunos de los atrios exteriores que lo rodeaban.

La siguiente descripción dará tal vez una idea general del edificio.

El **templo** propiamente dicho tenía se-**tenta codos** de longitud, así: el pórtico **tenía diez codos**, 1 Rey. 6:3. el lugar santo **cuarenta**, vers. 17, y el lugar santísimo **veinte**, 2 Crón. 3:8. El ancho del expre-**sado** pórtico, del lugar santo y del lugar **santísimo**, era de veinte codos, 2 Cron. 3:3, y la altura de estos dos últimos lugares éra de treinta codos, 1 Rey. 6:2, pero la del pórtico era mucho mayor, pues era nada menos que ciento veinte codos. 2 Crón. 3:4, ó cuatro veces más que la de las otras partes del edificio, á no ser que se cometiera algún error al transcribir estos datos. El oráculo ó lugar santísimo, separado del santuario por medio de un velo impenetrable, habría quedado siempre en completa oscuridad, 1 Rey. 8:12, si no hubiera sido por la gloria del Señor que lo alumbraba. Contenía solamente el Arca del Pacto. Hacia los lados norte y sur, y hacia el poniente del lugar santo y del lugar santísimo, ó al rededor de todo el edificio, desde un lado de la parte posterior del pórtico hasta el otro, había unidos entre sí ciertos edificios. Llamábanse éstos cámaras laterales, y se componían de tres pisos, cada uno de los cuales tenía cinco codos de altura, 1 Rey. 6:10, y estaba pegado al muro exterior del templo. El material de construcción era piedra blanca; lo de madera era de cedro cubierto de planchas de oro; el piso era de esta misma madera, y de haya, 1 Rey. 6:15.

Según parece, el templo de Salomón estaba rodeado de dos atrios principales: el atrio interior, llamado "de los sacerdotes," 1 Rey. 6:36; 2 Crón. 4:9, y el atrio ó patio exterior, llamado "de Israel." Estos estaban separados uno de otro por una pared doble, con aposento para los sacerdotes y Levitas, y cuartos para guardar madera, aceite, etc., 1 Crón. 28:12.

La descripción que sigue es, no de los atrios del templo de Salomón, sino de los del templo en tiempo de nuestro Señor.

La superficie sobre que descansaba el templo, estaba formada desde una profundidad considerable por medio de paredes, estribos y terraplenes, que constituían un gran piso nivelado al rededor de una roca natural que se levantaba en el centro. Al rededor de este piso había paredes de un gran espesor, como de novecientos piés de largo, y seiscientos de oriente á poniente. El lecho del torrente Cedrón quedaba entonces cuarenta piés más abajo de lo que está en la actualidad, y mucho más cercano por consiguiente á los muros del templo.

676

Desde las almenas del templo que se erguían sobre dichos muros en el fondo del valle, el descenso debe haber sido de 250 piés.

Llamábase uno de los atrios "de los Gentiles," porque se permitía penetrar en él á personas de todas las nacionalidades. La entrada principal á dicho atrio estaba por el lado del este, y era la puerta llamada Shushan, que también lo era del templo. El atrio de que venimos tratando era el exterior, y tenía mayores dimensiones que todos los demás del templo, pues ocupaba nada menos que catorce acres. Rodeaba por completo no sólo el templo, sino también los otros atrios, y al pasar hacia el templo desde la puerta exterior ó del este, se tenía que pasar primero dicho atrio, después el de las mujeres, en seguida el de Israel, y finalmente el de los sacerdotes. Tenía el atrio ó patio de los Gentiles un hermosísimo piso hecho de mármol de varias clases, y en sus cuatro lados, claustros ó pórticos dobles de quince codos de anchura, con columnas de mármol del orden corintio, que medían de diámetro cerca de seis piés, y sostenían una galería. Los pórticos del oriente, occidente y norte eran de las mismas dimensiones. El del oriente era llamado "el Pórtico de Salomón," Juan 10:23; Hech. 3:11; el del lado sur, "el Pórtico Real." Este era triple, teniendo el portal del centro cuarenta y cinco piés de ancho, y treinta cada uno de los laterales.

Del atrio de los Gentiles fué de donde nuestro Salvador echó á los mercaderes que habían establecido allí su comercio de ganado á fin de suministrar víctimas para los sacrificios á los que llegaban de lugares lejanos, Mat. 21:12, 13. Separábale del atrio interior, el "de las mujeres," una reja que tenía tres codos de altura. En las columnas de esa reja había inscripciones, en que bajo pena de muerte se prohibía á los Gentiles y á las personas inmundas, que pasaran de ella. Extendíase solamente por el lado oriental del atrio interior que le seguía, ó sea, "el atrio de Israel," que se llama en las Sagradas Escrituras "el patio nuevo," 2 Crón. 20:5, y "el patio de afuera," Ezeq. 46:21. Al atrio de las mujeres se le daba ese nombre, porque era el lugar señalado para ellas; y no se les permitía pasar de allí á no ser que llevasen sacrificio, en cuyo caso se les permitía penetrar hasta "el patio de Israel." La puerta que daba entrada del atrio de los Gentiles á este, era la llamada "puerta

Hermosa") del templo, mencionada en Hech. 3:2, 10, y á la cual se había dado tal nombre, porque tenía las hojas, el dintel, y los postes, cubiertos de bronce corintio. Los fieles ascendían á dicha puerta por unos escalones bastante anchos. En este mismo "patio de las mujeres," llamado también "el tesoro," fué en donde nuestro Salvador dirigió á los Judíos su notable discurso mencionado en Juan 8:1-20. Es también el lugar á donde el fariseo y el publicano fueron á orar, Luc. 18:10-13, y donde el cojo siguió á Pedro y á Juan después de haber sido curado, siendo aquella la localidad destinada para los que iban á celebrar culto, pero que no llevaban sacrificio, Hechos 3:8. El cojo mencionado, después de orar, se volvió de ese atrio siguiendo á los dos apóstoles, y pasó con ellos la "puerta hermosa del templo," junto á la cual había estado sentado en el suelo; y pasó la reja sagrada, al patio de los Gentiles, en donde Pedro, situándose en el portal del lado del este, ó sea el Pórtico de Salomón, predicó sobre el tema de Cristo crucificado. También fué en el atrio de las mujeres donde los Judíos aprehendieron á Pablo, haciéndole el cargo de que había profanado el templo con el hecho de haber llevado consigo á Gentiles dentro del enrejado sagrado, Hech. 21:26-29.

El atrio de Israel estaba separado del atrio de las mujeres por un muro que en el lado exterior tenía 32½ codos de altura, y en el interior solamente 25, siendo la razón de esta diferencia, que la roca que servía de base al templo se elevaba más y más hacia el occidente, lo cual naturalmente era causa de que los diferentes patios quedasen en diverso nivel. El ascenso al atrio de Israel por el lado oriental se hacía por medio de una escalera que tenía quince escalones en forma semi-circular, y pasaba por la magnífica puerta conocida con el nombre de "Puerta Nicanor." Los Levitas acostumbraban detenerse en estos escalones para entonar los quince "cánticos de las gradas," Sal. 120-134. La longitud total del atrio de oriente á poniente, era de ciento ochenta y siete codos, y su anchura de norte á sur era de ciento treinta y cinco. En este patio y el pórtico que lo rodeaba, permanecían los Israelitas en solemne y respetuoso silencio, mientras se quemaban los sacrificios en el atrio interior y se celebraban los cultos del santuario, Luc. 1:8-11, 21, 22.

Dentro de este atrio y rodeado por él,

hallábase como hemos dicho, el atrio "de los sacerdotes," el cual era de una extensión de ciento sesenta y cinco codos de longitud, y ciento diez y nueve de anchura, y tenía dos y medio codos más de alto que el anterior, del cual estaba separado por pilastras y una balaustrada. Dentro de este último atrio estaba el altar de bronce para la consumación de los sacrificios, la fuente de metal fundido en que los sacerdotes hacían sus abluciones, y las diez vasijas para lavar las víctimas; también se hallaban en él los varios utensilios é instrumentos usados en los sacrificios, de los cuales se da una lista en 2 Crón. 4. Es preciso hacer observar aquí que si bien el patio de los sacerdotes no era accesible á todos los Israelitas, como el patio de Israel lo era á los sacerdotes, á aquellos, sin embargo, les era permitida la entrada á él para tres fines: para poner las manos sobre las víctimas que ofrecían; para matarlas, ó para separar una parte de ellas.

Del atrio de los sacerdotes se subía al al templo por una escalera de doce gradas de un codo de altura cada una, las cuales conducían al pórtico sagrado. Ya hemos hablado de las dimensiones de este, así como de las del lugar santísimo. Era dentro del pórtico, pero á la vista de las personas que se encontrasen en los atrios inmediatos, donde estaban las dos columnas llamadas Jaquín y Boaz, 2 Crón. 3:17; Ezeq. 40:49.

El magnífico templo de Salomón conservó su pristino esplendor solamente por treinta y tres años, pues al cabo de ese tiempo fué saqueado por Sisac, rey de Egipto, 1 Reyes 14:25, 26; 2 Crón. 12:9. Después de ese suceso, sufrió también varias otras profanaciones y saqueos á manos de Hazael, Teglat-Falasar, Sennaquerib y otros, 2 Rey. 12; 14; 16; 18; 24. y fué destruido completamente por Nabucodonosor rey de Babilonia el año de 588 A. C., habiendo subsistido, según Usher, 424 años, 3 meses y 8 días, 2 Rey. 25:9-17.

Después de 52 años de haber estado en ruinas, Zorobabel y los Judíos, aprovechándose del privilegio que Ciro les concedió, volvieron á Jerusalem y echaron las bases para un segundo templo, Esd. 1:1-4; 2:1; 3:8-10. Los Judíos sufrieron varias demoras en su trabajo, á causa de la mala fé de los Samaritanos, que consiguieron de Babilonia un decreto prohibiendo la continuación de la obra. Empero, reasumida esta el año de 520 A. C., fué el templo concluido y dedicado 21 años después de haberse comenzado su reedificación, el año de 515 A. C., Esd. 6:15, 16. En altura y latitud eran las dimensiones de este templo dobles de las del de Salomón. Por lo tanto, el llanto del pueblo al echar las bases, Esd. 3:12, 13, y la manera despreciativa con

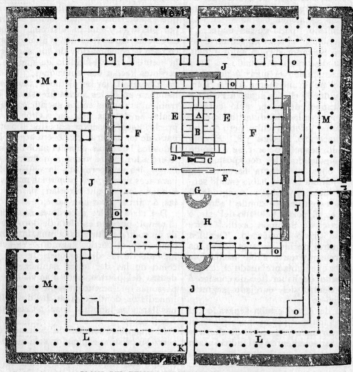

PLANO DEL TEMPLO EN TIEMPO DE JESU-CRISTO.

A. El lugar santísimo.
B. El lugar santo.
C. Altar de los sacrificios.
D. Mar de Bronce.
E. Atrio de los Sacerdotes.
F. Atrio de Israel.
G. Puerta Nicanor.
H. Atrio de las Mujeres.

I. Puerta Hermosa.
J. Atrio de los Gentiles.
K. Puerta del Este ó de Shushan.
L. Pórtico de Solomón.
M. Pórtico Real.
N. Muro exterior.
O. Departamentos para usos diversos.

que de él se expresaba al compararlo con el primero, tuvieron por causa su inferioridad respecto de este, no precisamente en magnitud, sino en gloria, Aggeo 2:3. Le faltaban en efecto las cinco cosas principales que podían darle esa gloria, á saber: el arca del pacto y el propiciatorio, la divina presencia ó gloria visible, el fuego sagrado en el altar, el Urim y el Tummim, y el espíritu de profecía. Este templo fué á su vez saqueado y profanado por Antíoco Epífanes el año de 168 A. C., quien mandó

suspender el sacrificio cuotidiano, ofreció carne de puerco sobre el altar, y prohibió el culto de Jehová, 1 Macab. 1:46, 47, etc. En ese estado permaneció durante tres años, hasta que fué renovado y purificado por Judas Macabeo, el cual restableció el culto divino y lo dedicó de nuevo. Más tarde Pompeio tomó también el templo por asalto, y penetró hasta el lugar santísimo.

Habiendo dado muerte Herodes á todos los miembros del Sanhedrin con excepción de dos, el primer año de su reinado, año de 37 A. C., y teniendo gusto por la arquitectura, trató de ganarse la buena voluntad de los Judíos reedificándoles y hermoseándoles su templo. Inclinábanle también á ello, por una parte, la paz de que entonces se disfrutaba, y por otra, el estado de deterioro en que se hallaba el templo. Después de haberse acopiado materiales durante dos años, el templo de Zorobabel fué derribado, año de 20 A. C., 46 años antes de la primera pascua del ministerio de Jesu-Cristo. Si bien este templo quedó listo para el servicio divino á los nueve años y medio, también es cierto que durante todo el tiempo que nuestro Señor habitó sobre la tierra, todavía se empleaban muchísimos operarios en construir los edificios á él anexos. Con la presencia del Señor se cumplieron las profecías consignadas en Agg. 2:9, y Mal. 3:1. El templo de Herodes

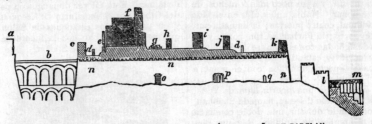

VISTA LATERAL DEL TEMPLO, EN PARTE SEGÚN EL DISEÑO DE BARCLAY.

En esta vista lateral del templo y sus edificios, tomada desde el sur, *n*, *n*, representan el muro exterior meridional del area del templo; *a*, parte de los edificios reales construidos en el monte Sión; *b*, el puente Tiropœon que unía á Sión con el pórtico meridional del templo; *o* y *p*, las puertas que daban entrada por debajo del piso superior; *q*, la entrada ó la parte de la construcción hecha debajo; *l*, la torre Ofel, y *m* el puente llamado de la *ternera colorada*, el cual servía para pasar el arroyo Cedrón.

Interiormente y hacia el norte, se ve una parte del area del templo: *c* representa el portal del lado que mira hacia el occidente; *d*, la cerca sagrada; *e*, el muro alto en la parte posterior del templo; *f*, la mansión santa; *g*, el altar de los sacrificios; *h*, un portal techado en el patio de los sacerdotes; *i*, la puerta Nicanor frente al patio de Israel; *j*, la puerta Hermosa frente al atrio de las Mujeres, y *k*, el portal del lado que ve al oriente, ó pórtico de Salomón.

era considerablemente más grande que el de Zorobabel, como este á su vez fué más grande que el de Salomón; pues si bien el segundo templo tenía 70 codos de largo, 60 de ancho y 60 de altura, el último tenía 100 codos de largo, 70 de ancho y 100 de altura. Levantóse el pórtico á una altura de 100 codos, y se prolongó de manera que de cada lado era quince codos más largo que el edificio. Los historiadores Judíos prodigan grandes alabanzas á este templo, á causa de su belleza y de lo costoso de su fábrica. Fué edificado de mármol blanco, muy bien tallado, y de otras piedras de grandes dimensiones, algunas de las cuales tenían 25 codos de largo, 8 de alto y 12 de espesor. Á estas indudablemente se hace alusión en Luc. 21:5; Mar. 13:1: "Y saliendo del templo le dice uno de sus discípulos: Maestro, mira qué piedras y qué edificios." Lucas dice: "piedras hermosas." Véase la descripción de los adornos de una de las puertas, en el artículo VID.

Este suntuoso edificio que se levantaba como una montaña de oro ó de nieve, y que fué en un tiempo la envidia y admiración del mundo entero, ha desaparecido por fin para siempre. De acuerdo con la profecía de nuestro bendito Salvador, de que no quedaría piedra sobre piedra, Mar. 13:2, todo el edificio que no era subterráneo fué completamente destruido por los soldados romanos que atacaron á Jerusalem, al mando de Tito, el año de 60 A. D. Para hacer ostentación de su victoria en su entrada triunfal á Roma, fueron llevados á esa ciudad muchos prisioneros, juntamente con varios de los utensilios sagrados, entre los cuales eran de notarse la mesa de oro para los panes de la proposición, el candelero sagrado, y el libro de la ley, objetos todos que pueden verse grabados en bajo relieve en el arco de Tito que existe aún en esa antigua ciudad. El emperador Juliano trató de reedificar el templo el año de 363 A. D., pero se nos dice que unas explosiones terribles, acompañadas de llamas, le impidieron llevar á cabo su intento. Ocupan actualmente el area del templo dos mezquitas turcas, á las que hasta hace poco tiempo no se permitía la entrada á ningún cristiano ni judío. La mezquita de Omar ocupa probablemente el lugar de la casa santa, y se cree que su

679

grande roca tan venerada fué la que en otro tiempo sirvió de base al altar de los sacrificios. Ahora se les permite á los viajeros entrar al patio del Haram, pero se les vigila cuidadosamente. Incluye éste el antiguo sitio que ocupaba el Castillo de Antonia. Este abarcaba todo el extremo del lado septentrional, y tenía una torre en cada uno de sus cuatro ángulos. Su area tiene hoy 922 piés por el lado que mira al sur, y 1540 poco más ó menos, de norte á sur. Había antes allí, en el lado occidental, cuatro puertas ; la llamada sur, 2 Rey. 11:6; la Parbar, 1 Crón. 26:18, y las dos designadas con el nombre de Asuppim, 1 Crón. 26:17, estando entre estas últimas la casa conocida también con el nombre de "Asuppim." Por el lado del norte, había así mismo. una puerta llamada Yedi ; otra por el lado del este, llamada Shushan, y por el lado del sur, una doble conocida con el nombre de Huldah. Algunas piedras grandes que se hallan en el cimiento del muro que se levanta en el lado occidental, y á una distancia de 39 piés de la esquina sudoeste del muro, indican la base de un arco de 45 piés de ancho, el cual era uno de los siete arcos ó estribos que antiguamente sostenían un acueducto en el valle Tyropœon. Dicho acueducto partía de la primera puerta del área del templo y llegaba al palacio del rey en Sión. Este fué edificado primeramente por Salomón, 1 Rey. 10:5 ; 2 Crón. 9:4. Un poco hacia el norte está el célebre lugar de las lamentaciones de los Judíos. Véase MURO.

En la actualidad, el muro que se levanta en el extremo sudoeste, tiene 77 piés de altura. Las excavaciones hechas recientemente en el lado de afuera han descubierto la roca natural que está á una profundidad de 80 piés respecto de la superficie, así como también las piedras antiguas de los cimientos, las cuales están tan bien cortadas y labrabas como las que ahora se ven fuera de las excavaciones. Por medio de exploraciones semejantes verificadas á una distancia de 90 piés al este de la esquina sudoeste, se ha descubierto el empedrado de una antigua calle, á una profundidad de doce piés ; y á la de ochenta, un acueducto de cuatro piés de altura que se extiende hácia el sur, y el cual con toda probabilidad era anteriormente el lecho del Tyropœon. Entre los descubrimientos recientes de gran interés, figura una losa encontrada por Ganneau, que parece haber sido parte de la balaustrada que existía

entre el atrio de los Gentiles y el de los Israelitas, pues hay en ella grabada una inscripción que prohibe el paso á los extranjeros, Hech. 21 : 28, 29 ; Efes. 2 : 14. Existen también bajo la inmensa area de el-Haram, muchos vestigios de arcos y bóvedas de épocas desconocidas; é igualmente los de un pozo grande y profundo, y otros indicios de que el templo tenía, constantemente y con abundancia, abasto de aguas. Esta tal vez dimanaba en parte del Gihon por el acueducto de Ezequías, y en parte de los estanques de Salomón que se comunicaban con la fuente de la Vírgen y el estanque de Siloam.

RESTOS DEL ARCO TYROPŒON.

Cierto número de Levitas estaba siempre de guardia en el templo durante la época de los Reyes, 1 Crón. 26 ; 2 Crón. 23:19. Durante el dominio de los Romanos, existía constantemente una guarnición en el fuerte de la torre Antonia, el cual se comunicaba con el templo por pasillos tanto exteriores como subterráneos, Juan 18:12; Hech- 4:1 ; 5:26 ; 21:31-40.

Los Judíos piadosos tenían por su templo el más profundo amor y veneración, Sal. 84. Todo el pueblo además, impulsado por diversos motivos, y á veces por el fanatismo y la idolatría, se gloriaba en general del templo. De ahí el que la acusación de haber blasfemado en contra del templo, fuera el medio más eficaz para despertar la rabia del pueblo en contra de Jesu-Cristo y de los que lo seguían, Mat. 26:61 ; 27:40; Juan 2:19, 20 ; Hech. 6:13 ; 21:27-30.

TENTAR. Esta expresión significa algunas veces *probar ó poner á prueba*, Hech. 20:19 ; 1 Cor. 10:13 ; Heb. 3:9 ; 2 Ped. 2:9, como cuando Dios probó á Abraham, Gén

22:1, para poner de manifiesto el poder de su **fé,** y como cuando probó á los hijos de **Israel,** Exod. 16:4. De este modo también la reina de Seba probó la sabiduría de Salomón, 1 Rey. 10:1; 2 Crón. 9:1. En otros pasajes tiene el significado más general de inducir al pecado. Satanás es el gran tentador que busca la manera más eficaz para perder las almas de los hombres, 1 Crón. 21:1; Job 1 y 2; Mat. 4:1, 3; 1 Cor. 7:5; 1 Tes. 3:5, y por esto se le llama " la antigua serpiente." La tentación que puso ante nuestros primeros padres es el tipo de sus ataques posteriores, Gén. 3:1–15; Juan 8:44; 2 Cor. 11:3; 1 Juan 3:8; Apoc. 12:9. El tentó á Ananías y á Safira, Hech. 5:3. También inducen á los hombres al pecado sus malas inclinaciones, y los demás hombres, Sant. 1:14, 15. Dios, siendo como es, santo y amante de la santidad, no tienta á los hombres de esta manera, Sant. 1:13; pero los tienta para probar, ejercitar y confirmar sus virtudes, Gén. 22:1; Sant. 1:2, 3. Jesu-Cristo está dispuesto á sostener á los fieles siempre que sufran alguna tentación, 1 Cor. 10:13; Heb. 2:18; 4:15; 2 Ped. 2:19. No deben éstos, sin embargo, lanzarse imprudentemente á la tentación, Luc. 11:4. Los hombres tientan á Dios cuando temerariamente ponen á prueba su providencia y su gracia, ó desconfían de él, Exod. 17:2, 7; Núm. 14:22. Sal. 78:18, 41, 56; Isa. 7:12; Mat. 4:7; Luc. 10:25; Hech. 5:9; 15:10. Los Judíos tentaron al Señor con la esperanza de cogerlo en algún error ó pecado, Mat. 16:1; 19:3; 22:18. A las graves aflicciones se las llama á veces pruebas ó tentaciones, por ocasionar á menudo el pecado, Deut. 4:34; Mat. 6:13; Luc. 8:13; 22:28; Sant. 1:12; 1 Ped. 1:6. 7.

Jesu-Cristo, al principiar su ministerio, fué atacado fuertemente por el tentador, quien desplegó al hacerlo todo su atrevimiento y ceguedad, abrigando tal vez la esperanza de que el alma humana del Redentor sería abandonada por su divinidad, Mat. 4; Mar. 1:12, 13. Esas tentaciones, deben mirarse como acontecimientos reales y nó como visiones. La primera tuvo por blanco el hambre, necesidad natural y apremiante de la humanidad. El Señor en contestación citó las palabras de Moisés consignadas en Deut. 8:3, dándonos así la enseñanza de que debemos recordar que dependemos de Dios para todo, y que hemos de obedecerle y dejarle á él la disposición de los resultados. Encontrábase Jesu-Cristo, durante la segunda tentación, en la orilla de la elevada columnata que había en la esquina sudeste del **muro** del templo, la cual dominaba el profundo **valle** del Cedrón. Excitóle el Adversario á que probara su divinidad obligando presuntuosamente á Dios á obrar un **milagro,** y Jesús contestó citando las palabras consignadas en Deut. 6:16. Durante la tercera tentación encontrábase en la cumbre de una alta montaña, desde la cual tenía ante sus ojos una gran perspectiva—cambiada tal vez por fenómenos ópticos—que presentaba á la vista de su espíritu, la gloria del mundo, ofreciéndosele una manera fácil de evitar ó vencer la oposición que éste pudiera hacerle, á fin de conseguir el dominio sobre el género humano. Su respuesta fué que Jehová es el único á quien debe adorarse. Burlado el tentador, lo dejó por algún tiempo; y después, siempre que volvió á tentarle tuvo una derrota semejante, Luc. 4:1–13; 22:53; Juan 14:30. El Salvador triunfó, y el Paraíso fué conquistado de nuevo.

TEÓFILO, *amigo de Dios,* personaje ilustre á quien el evangelista Lucas dirigió su evangelio y los Hechos de los Apóstoles, Luc. 1:3; Hech. 1:1. Probablemente se convirtió del paganismo, debido á la predicación de Pablo en Roma; y el título de " Excelentísimo " ó " Muy bueno," que se le da, sugiere que era hombre en dignidad como magistrado ú oficial de elevada categoría. Compárese Hech. 23:26; 24:3; 26:25.

TERA ó TARE, *estación,* nombre del hijo de Nacór, y padre de Haran, Nacór y Abraham, Gén. 11:24-32, y antecesor de los Israelitas, Moabitas y Ammonitas. A la edad de 130 años engendró á Abraham en Ur de los Caldeos. Cuando Abraham recibió el primer llamamiento para irse á la tierra de promisión, Tare y toda su familia se fueron con él hasta la tierra de Haran en la Mesopotamia, por el año de 1918 A. C., Gén. 11:31, 32, donde murió el mismo año á la edad de 205 años. La Escritura añade á esta corta relación del Génesis, que Tare sirvió á dioses agenos, ó al menos, hubo un tiempo en que mezcló prácticas idolátricas con el culto del verdadero Dios, Jos. 24:2, 14. Comp. Gén. 31:30, y algunos creen que Abraham cayó al principio en el mismo error, pero que más tarde Dios, habiéndole mostrado su misericordia, lo convenció de lo inútil de aquel culto, debido á lo cual Abraham desengañó á su padre Tare.

TERAFIM, *nutridores,* Jue. 17:5; 18:14-20, traducido " **ídolos** " en Gén. 31: 5.

y Sam. 15:23; Ezeq. 21:21; "imagenes" en Zac. 10:2; "estatua" en 1 Sam. 19:13-16; y según parece, "dioses agenos" que Jacob enterró bajo un rolle en Siquém, Gén. 35:2-4. Parece que las imagenes pertenecientes á Raquel y á Mica eran pequeñas divinidades ó talismanes tutelares. En la casa de David se encontró una que tenía la forma y las dimensiones del cuerpo humano, 1 Sam. 19:14-16; y en Ose. 3:4, 5, se habla de los Terafim como algo accesorio del culto de Dios, de un modo semejante al Urim y Tummim. Demuestra esto la gran dificultad que hay de que entre idólatras se conserve un culto puro y espiritual.

TERCIO, tercero, nombre de un cristiano á quien Pablo ocupó como amanuense cuando escribió desde Corintio su epístola á los Romanos, Rom. 16:22. Él envía saludos de su parte, de donde se infiere que era Romano, vers. 23.

TERES, nombre de uno de los dos eunucos porteros del rey Assuero. Su plan para asesinar á este rey fué descubierto por Mardoqueo, y los conspiradores fueron ahorcados, Est. 2:21; 6:2.

TÉRMINOS. Esta expresión se usa á menudo en la Biblia para indicar los confines de un país, Jue. 11:20; Mat. 8:34.

TERREMOTO. Las Escrituras hablan de varios terremotos, Núm. 16; 1 Reyes 19:11, 12. Uno ocurrió en el año vigésimo séptimo del reinado de Ozías, y se menciona en Amós 1:1; Zac. 14:5; y Josefo dice que fué consecuencia de los crímenes de ese rey, 2 Crón. 26:16-20, y alude á un sacudimiento que derribó una parte del monte de los Olivos en ese tiempo; comp. Jer. 51:25. Un terremoto muy memorable fué el que ocurrió en la muerte de nuestro Salvador, Mat. 27:51, y el cual algunos suponen que se hizo sentir por todo el mundo. La Palestina ha sido con frecuencia visitada por terremotos. Ultimamente, en 1837, se hizo sentir en las cercanías del Mar de Galilea uno que destruyó como una tercera parte de la población de Tiberias, y en el cual perecieron miles de personas. La sumersión de la extremidad sur de la playa del Mar Muerto fué probablemente consecuencia de un terremoto. Los terremotos fueron una de las calamidades que se predijeron tendrían lugar en conexión con la destrucción de Jerusalem, Mat. 24:7, y la historia comprueba la exactitud de esa predicción.

Empléase además la palabra "terremoto" en un sentido metafórico para denotar

el poder y la ira de Dios, como en Sal. 18:7; 46:2; 104:32, etc., y como emblema de una gran catástrofe civil ó nacional, Mat. 24:7, 29; Rev. 16:18, 19.

TÉRTULO, tercero, nombre de un orador ó abogado romano, á quién el sumo sacerdote y el Sanhedrin emplearon para presentar la acusación contra Pablo ante el procurador romano en Cesarea, probablemente porque ellos no conocían el Latín ni la manera de proceder en los tribunales romanos, Hech. 24:1, 2. Al tomar la palabra, Tértulo comenzó con adulaciones y mentiras, y es probable que sólo se nos haya transmitido una parte de su discurso.

TESALÓNICA, conquista de Thesalia, nombre de una ciudad y puerto de Macedonia, situada sobre el golfo Thermaico, al cual se dió esta denominación por ser Therma el nombre antiguo de la ciudad, y también por los manantiales de agua caliente que había en las cercanías. Estaba á 27 millas de Pella, y á 67 de Anfípolis, Hech. 17:1; tenía un buen puerto, y estaba bien situada para el comercio, pues se hallaba en la Vía Egnatia que unía á Roma con toda la región septentrional del Mar Egeo, y era por consiguiente un lugar muy á propósito para que desde allí pudiera difundirse el evangelio, ya transitando por tierra, ya por mar. Tomó gran parte en la conversión de los Búlgaros y de los Eslavos. El año de 315 A. C., fué reedificada por Cassandro, hijo de Antípatro, quién le dió el nombre de Tesalónica, en honor de su mujer, hermana de Alejandro el Grande, que se llamaba así. Cuando Emilio Paulo después de la conquista de Macedonia, dividió el país en cuatro departamentos, la ciudad de que tratamos fué hecha capital del segundo de ellos, y era la residencia de un gobernador romano y un magistrado. Habitaban en ella Griegos, Romanos y Judíos, de entre los cuales Pablo organizó una numerosa iglesia. Los Judíos que residían en esa ciudad en número considerable tenían una sinagoga. Pablo, después de haber sido expulsado de Filipos en su segundo viaje misionero, les predicó en ella tres domingos consecutivos. Algunos de los Judíos y muchos de los Gentiles aceptaron el evangelio; pero la mayor parte de los Israelitas decidieron perseguir al apóstol, y al efecto pusieron cerco á la casa en que creían estaba posado. Los hermanos conversos, sin embargo, condujeron secretamente á Pablo y á Silas fuera de la ciudad, y los pusieron en camino hacia Berea, ciudad situada 45 millas al occidente, y así escaparon de sus enemigos, Hech. 17. La narración bíblica de este suceso ha sido confirmada de una manera muy especial por ciertas coincidencias casuales con hechos de que se ha tenido conocimiento posteriormente por otros medios. Los magistrados mencionados en Hech. 17:6, son llamados *politarcas*, nombre poco usado en la literatura antigua, pero que se ha encontrado en un monumento local, que tiene inscrito así mismo los nombres de Sosípater, Segundo y Gayo. La asamblea libre del pueblo ante la cual fueron presentados Pablo y Silas, era un distintivo de las ciudades libres. Allí estuvo Pablo otras veces. Detúvose en ella al emprender su tercer viaje misionero y á su regreso de él, Hech. 20:1-4, y probablemente también después de su primera prisión en Roma, 1 Tim. 1:3; 2 Tim. 4:13; Tit. 3:12. Contábanse entre los primeros cristianos, Jasón, Demas y Gayo, Hechos 19:29; 27:2; Col. 4:10; Filem. 24, y también Segundo y Aristarco, á quienes Pablo llevó consigo, Hech. 20:4. La ciudad fué tomada por los Sarracenos el año de 904 A. D.; por los Siciliano-Normandos en 1185, y por los Turcos en 1430. Según parece, durante todos estos cambios vivieron allí muchos Judíos. La Saloniki moderna está llena de columnas rotas y de fragmentos de esculturas, y aunque es una población miserable, cuenta con setenta mil habitantes, la tercera parte de los cuales son Judíos. Muchas de sus mezquitas eran anteriormente iglesias cristianas.

Cuando Pablo salió de Macedonia para Atenas y Corinto, dejó á Timoteo y á Silas en Tesalónica para que confirmasen en la fé á todos aquellos que se habían convertido bajo su ministerio. Escribió después dos epístolas á la iglesia de Tesalónica. Véase PABLO.

TESALONICENSES, EPÍSTOLAS Á LOS, I y II. Las epístolas á los Tesalonicenses fueron las primeras del apóstol Pablo, quien las escribió desde Corinto, los años de 52 y 53 A. D. Las líneas inscritas al fin por vía de aditamento no pueden considerarse como parte de ellas, y son incorrectas. Estas son las únicas epístolas que existen de las que Pablo escribió durante el segundo viaje misionero que efectuó en compañía de Silas y Timoteo. Véase TESALÓNICA. Después de haber sido expulsado de Tesalónica, fué á Berea, á Atenas y á Corinto, Hech. 17:1 á 18:18, y varias circunstancias indican el hecho de que pasaron algunos años antes de su re-

greso á Jerusalem y á Antioquía, 1 Tes. 2:9; 3:1-7; 4:13-18; 5:14; Filip. 4:16. Tenía grandes deseos de volver á visitar á los Tesalonicenses, pero no pudiendo hacerlo, mandó á Timoteo en su lugar á saber como estaban. El informe respecto de la firmeza de fé de los Tesalonicenses, que Timoteo dió al apóstol en Corinto, causó á este muchísimo gozo, y en su primera epístola se lo manifiesta así á ellos, y los fortalece para sobrellevar las persecuciones y tentaciones á que se verían expuestos, hablándoles sobre el testimonio milagroso que Dios había concedido á la verdad del evangelio, 1:5-10; sobre el carácter de sus predicadores, 2:1 á 3:13; sobre la santidad de sus preceptos, 4:1-12; y sobre la resurrección de Cristo y de su pueblo, 4:13 á 5:11. El resto de la epístola se reduce á exhortaciones prácticas sobre su necesidad de ser constantes. En esa epístola Pablo manifiesta de un modo claro y terminante el tierno y amistoso cuidado que tenía por cada uno de los conversos en aquella iglesia, cap. 1:3; 2:7-11; 3:6-10, y amonesta á estos á la vez, á que no descuiden los deberes que tengan en esta vida, por ocuparse de esperanzas ilusorias respecto de la segunda venida del Mesías, cap. 4:11; comp. 2 Tes. 3:10-12; y por último, concluye enviando saludos y una bendición.

En su segunda epístola escrita unos seis meses después de la primera, alaba á los Tesalonicenses por su fé y su paciencia en la tribulación, cap. 1:1-12, y corrige ciertos errores en que habían caido, especialmente respecto de la segunda venida de Cristo. Manifiesta en seguida que este acontecimiento ha de ser precedido de una grande apostasía, y por la carrera del "hombre de pecado," "el hijo de perdición," "cuyo advenimiento será según la operación de Satanás, con grande potencia y señales y milagros mentirosos," y el cual usurpará para sí la autoridad divina sobre la iglesia, "oponiéndose y levantándose contra todo lo que se llama Dios." Probablemente estas profecías no han tenido aún su pleno cumplimiento; pero el admirable desenvolvimiento que hasta ahora han venido teniendo en la iglesia de Roma, tan contrario á lo que el hombre pudiera haber previsto á ese respecto desde un principio, es un hecho que prueba que el apóstol escribió bajo la inspiración divina. En el cap. 2:1, 2, hace alusión á cierta carta que falsamente le atribuían á él, y en la cual se enseñaba una doctrina opuesta á la suya, pervirtiéndose sus palabras; y á las bendiciones con que concluye, añade su firma al manuscrito de su amanuense.

TESBITA, calificativo usual con que se designaba al profeta Elías, 1 Reyes 21:17, 28; 2 Rey. 1:3, 8; 9:36, probablemente con referencia al lugar de su nacimiento, Tesbe, pueblo de Neftalí, 12 millas al N. O. del Mar de Galilea. Tesbe actualmente tiene el nombre de Teitaba. Elías debió de tener su residencia en Galaad, 1 Reyes 17:1.

TESOROS. Era costumbre de los reyes guardar sus tesoros, y hacer cuidar por una guardia lo que más apreciaban, en ciudades fortificadas, á las cuales por esta razón se le daba el nombre de ciudades del tesoro ó del bastimento, Exod. 1:11; 1 Crón. 27:25; Esd. 5:17. Los "tesoros en el campo," Jer. 41:8, eran provisiones de boca, etc., almacenadas en subterráneos como aún lo acostumbran en muchos países. En los alrededores de Bet-san, se encuentran muchos graneros de esta clase, pero en ruinas. Los primeros colonizadores de la Nueva Inglaterra encontraron grandes montones de maiz que los Indios habían enterrado en el campo. Á causa de la falta de seguridad que hay para la propiedad en el Oriente, parece que se ha tenido la costumbre, desde los primeros tiempos, de esconder debajo de tierra el oro y las joyas; y como los dueños muchas veces han sido asesinados ó desterrados, ó se han olvidado del lugar en donde tenían escondido su tesoro, ha resultado de ahí que esas riquezas han permanecido ignoradas salvo unas cuantas que la casualidad ó la investigación han venido descubriendo.

Los Árabes de nuestros días buscan esos tesoros con el mayor empeño, y creen que este mismo es el objeto que lleva los viajeros del oeste al explorar las ruinas antiguas, Job 3:21; Prov. 2:4; Mat. 13:44. Hace pocos años que unos operarios, en tanto que hacían excavaciones en un jardin de Sidón, descubrieron varias vasijas de cobre llenas de monedas de oro que habían sido acuñadas en la casa de moneda de Filipo de Macedonia y de su hijo Alejandro el Grande; y entre ellas no había monedas de una fecha posterior. Indudablemente ese tesoro perdido y que valía muchos miles de pesos, había permanecido oculto más de dos mil años.

TESTAMENTO, en lenguaje familiar significa la declaración que hace una persona de su última voluntad; pero en la expresión el "Nuevo Testamento," la pa-

labra *testamento*, en griego *diatheke*, **equi**valente á la hebrea *berith*, significa PACTO, Ex. 2:24; Heb. 7:22; 9:15-20; Apoc. 11:19. Á menudo se le antepone el adjetivo "Nuevo," Mat. 26:28, para distinguirlo del antiguo celebrado con Abraham y su descendencia fiel, Gál. 4:24; Gén. 15:1-18; 17:1-19; Luc. 1:72, 73; Hech. 3:25; 7:8, y renovado bajo el gobierno de Moisés, Exod. 24:3-12; Heb. 9:4, 15; Apoc. 11:19, con Heb. 8:5. El Nuevo Testamento es la alianza del evangelio, sellada con la sangre de Jesu-Cristo, Mar. 14:24; Luc. 22:20; 1 Cor. 11:25; 2 Cor. 3:6; Heb. 8:8, y en la versión de Valera se traduce á veces "concierto," como en Heb. 8:6-10; 10:16, 29; 12:24; 13:20. En Heb. 9:15-17, parece que este término incluye la idea de la manifestación de la última voluntad del testador y de su muerte; pero si en dicho pasaje se conserva la significación simple y bíblica de la palabra "pacto," entonces lo que quiere decir es que la muerte de la "víctima *testificadora*" es el sello acostumbrado y necesario de ese pacto. Todavía se conservan los títulos de "Nuevo Testamento" y "Antiguo Testamento" aplicados á las dos partes en que se divide la Biblia. Véanse BIBLIA y PACTO.

TESTIGO, el que da testimonio de cualquier hecho, apoyándose en el conocimiento personal que de él tiene. Según la ley mosaica, para condenar á una persona acusada de un crimen capital, era preciso tener las declaraciones acordes y juramentadas de dos testigos, Núm. 35:30; Juan 8:17; 1 Tim. 5:19, y si el criminal era apedreado, los testigos estaban obligados á arrojarle las primeras piedras, Deut. 17:6, 7; Hech. 7:58. La palabra griega traducida testigo es *martur*, MÁRTIR. Véase esta palabra. Los apóstoles llenaron las funciones de testigos, al proclamar ante el mundo los hechos del evangelio, Hech. 1:8, 22; 2:32; 2 Ped. 1:12, 16-18; y Cristo es testigo fiel al dar ante los hombres testimonio de las cosas celestiales, Juan 3:12; Apoc. 1:5. En Heb. 12:1, la expresión "tan grande nube de testigos," es decir, espectadores, es una alusión á los juegos griegos, y á las grandes multitudes que los presenciaban.

Ejecutábanse actos simbólicos como testigos de sucesos importantes, Deut. 24:1, 3; 25:9, 10; Rut 4:7, 8; Isa. 8:16; Jer. 32:10-16; y se levantaban también con ese fin monumentos duraderos, Deut. 19:14, como lo hicieron Jacob y Labán, Gén. 21:30; 31:47, 52; y Josué y las dos tribus de más allá del Jordán, Jos. 22:10, 26, 34; 24:26, 27; Isa. 19:19, 20.

TESTIMONIO, la revelación completa de Dios que enseña al hombre lo que debe creer. hacer y esperar, incluyendo la ley y el evangelio, Sal. 19:7; 119:88, 99; 1 Cor. 5:6; Apoc. 1:2. Las dos tablas de la ley eran un "Testimonio" visible del pacto de Dios hecho con su pueblo, y este es el motivo por el cual el arca del pacto era llamada algunas veces el "arca del testimonio," ó simplemente "el testimonio," Exod. 25:16, 22; 34:29. Véase ARCA.

TETRARCA, gobernador de la cuarta parte de una provincia ó estado. Este título fué creado después de la división de Tesalia en cuatro partes. En el Nuevo Testamento se aplica generalmente á los que gobernaban una parte cualquiera de un reino ó provincia, sin reconocer otra autoridad superior que la del emperador romano. Así Herodes el Grande y su hermano fueron investidos por Marco Antonio desde jovenes, con la autoridad de Tetrarcas de Judea. El Tetrarca Herodes dejó al morir la mitad de su reino á Arquelao, y le confirió á este el título de Etnarca. Dividió la otra mitad entre dos de sus hijos, Herodes Antipas y Filipo, y confirióles el título de Tetrarcas, correspondiendo al primero Galilea y Perea, y al segundo, Iturea y Traconita, Lucas 3:1. Véase HERODES IV. y V. De un modo semejante se dice que Lisanias fué Tetrarca de Abilenia, Luc. 3:1. Á Herodes Ántipas se le da el nombre de Tetrarca en Mat. 14:1; Luc. 3:1, 19; 9:7; Hech. 13:1. Como quiera que la autoridad de un tetrarca era semejante á la de un rey, se aplica este título á Herodes en Mat. 14:9; Mar. 6:14-28.

TEUDAS, *alabanza*, ó *dado por Dios*, nombre de un Judío insurrecto, mencionado por Gamaliel, 29 A. D., como miembro de la generación anterior, Hech. 5:36, 37. Por lo tanto, no se le debe confundir con el Teudas mencionado por Josefo, 40 A. D. El periodo subsiguiente á la muerte de Herodes fué de sublevaciones. Teudas era también un nombre equivalente al hebreo Matias, bajo el cual Josefo menciona á un reformador que no tuvo éxito y fué quemado en la última parte del reinado de Herodes.

TIRACA ó TARACA, rey de Etiopia ó de Cus, quien, según parece, recibía tributo de Egipto, pues recorrió aquel país con un **gran** ejército—compuesto probablemente **como** los de Sisac, Zerah y Faraón-Necáo,

de Libios y Sukienos y otras tribus del sur y del oeste de Egipto, 2 Crón. 12:3; 16:8; Jer. 46:9—para ir á proteger al rey Ezequías, cuando éste. estando de camino para Egipto. fué atacado por Sennaquerib, 2 Rey. 19:9; pero el ejército asirio fué destruido antes que Tiraca llegara, por lo que este rey no hizo más que recoger los despojos. vers. 35; Isa. 37:9, 712 A. C. Tiraca era indudablemente el Taraco de que habla Maneto, y el Tearcon de Strabo, es decir, el tercero y último rey de la vigésima quinta dinastía de Etiopia. Se supone que este es el Faraón mencionado en Isa. 30:2; y que en Isa. 19 se describe la anarquía que se siguió á su reinado. Fué un monarca poderoso, que reinó sobre el Alto y el Bajo Egipto, y que extendió sus conquistas hasta muy al interior del Asia, y hacia las columnas de Hércules en el oeste. Su nombre así como sus victo-

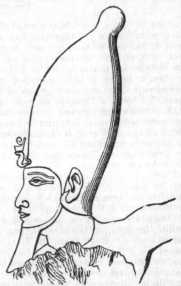

rías están grabados en un antiguo templo que se halla en Medinet Abou, en el Alto Egipto. De ahí copió Rosselini el grabado de su cabeza.

TIATIRA, nombre de una ciudad de Lidia en el Asia Menor, y colonia macedonia fundada por Seleuco Nicanor después de la muerte de Alejandro el Grande. Antiguamente se la llamaba Pelopia y Euoipia, y ahora se la conoce con el nombre de Akhissar. Estaba situada en los

confines de la Lidia y Misia, sobre el río Lico, entre Sardis y Pérgamo. Era el lugar de una de "las siete iglesias," Apoc. 1:11; 2:18, 24. En Tiatara se practicaba con especialidad el arte de teñir de púrpura, como se infiere de una inscripción recientemente descubierta allí; y aun en la actualidad envía á Esmirna, 60 millas al S. O., grandes cantidades de género escarlata, perpetuando así la industria de Lidia, Hech. 16:14. Ak-hissar, *el castillo blanco*, es un pueblo floreciente de 17.000 habitantes, principalmente Turcos, que tiene á su alrededor extensas ruinas.

TIBAT, *extensión*, nombre de una ciudad de Adarezer, rey de Soba, 1 Crón. 18:8, llamada Beta en 2 Sam. 8:8; situada probablemente al N. E. del Anti-Líbano.

TIBERIAS, nombre de una ciudad de Galilea, fundada por Herodes Ántipas, y llamada así por él en honor de Tiberio. Cuando llegó á ser la capital de Galilea, muchos Griegos y Romanos fijaron allí su residencia, y Herodes edificó un estadio y un palacio. Según parece, anteriormente floreció cerca de allí una ciudad más antigua y de mayores dimensiones—tal vez Ceneret ó Reccat, Jos. 19:35—y quedó después reducida á ruinas muy cerca del mismo lugar hacia el sur. Tiberias estaba situada en el lado occidental del lago de Genesaret, como á dos horas de camino en coche, ó 5½ millas, del lugar donde el Jordán sale del lago. Había en los suburbios de ese sitio y hacia el sur, manantiales de aguas termales que tenían mucha

fama. Algunas veces se le da también al lago el nombre de Tiberias, Juan 6:1, 23; 21:1. Véase MAR, IV. Es de notarse que sólo el último de los evangelistas lo llama así, pues Mateo, Marcos y Lucas escribieron antes de que dicho nombre hubiese sido generalmente adoptado. Después de la destrucción de Jerusalem, Tiberias se hizo célebre como residencia de una floreciente escuela judía, en donde se compiló el Mishna y tambien el Masorah, ó sea la colección de las tradiciones referentes al texto del Antiguo Testamento, 190 A. D. Era la cuarta ciudad de entre las sagradas, siendo en este respecto inferior sólo á Jerusalem, á Hebron y á Safed. Los cruzados la tomaron varias veces, y edificaron allí una iglesia que los Árabes han usado hasta hoy día para encerrar el ganado vacuno. Ha estado en el poder de los Persas, los Árabes y los Turcos, sucesivamente. La moderna Tubariyeh está situada en una llanura angosta y ondulosa de dos millas de largo y un cuarto de milla de ancho, entre una alta mesa y el mar. En 1837 un temblor la destruyó casi del todo, y en la actualidad cuenta con una población de 3,000 habitantes, la mitad de los cuales son Judíos. Sus muros no son más que montones de escombros, su castillo está en ruinas, y todo el lugar presenta el aspecto de una extrema miseria y desaseo. En el lenguaje de los Árabes, "La reina de las pulgas reune su corte en Tubariyeh." Al sur de la aldea se encuentran muchas ruinas de la ciudad ó ciuda-

des antiguas, que se extienden á una distancia de milla y media, casi hasta los manantiales de agua termal. Estas aguas son salitrosas, provocan nauseas, y son demasiado calientes para usarlas de pronto, pues tienen de 136 á 144 grados de temperatura; pero los baños son muy frecuentados por los que padecen de enfermedades reumáticas. No se hace mención de que nuestro Señor hiciera visita alguna á ese lugar. Tal vez lo evitó por ser en él en donde tenía una de sus residencias favoritas el astuto y poco escrupuloso Herodes, quien sólo vió al Redentor poco antes de su crucifixión. Luc. 13:32; 23:8.

TIBERIO, Claudio Nerón, segundo emperador de Roma, fué hijo de Claudio Nerón y de Livia, é hijastro de Augusto. Habiendo sido adoptado por este último emperador, le sucedió en el trono en el año de 14 A. D., después de haber participado del poder con él durante dos años. Al principio fué moderado y justo; pero poco tiempo después se hizo infame con motivo de sus vicios y sus crímenes. Murió en 37 A. D., después de un cruel reinado de 22½ años. En el año décimo quinto de su reinado fué cuando comenzó su predicación Juan el Bautista, Luc. 3:1, y la crucifixión de Jesús tuvo lugar tres ó cuatro años después. Tácito el historiador romano relata este acontecimiento como contemporáneo con el reinado de Tiberio y la procuraduría de Poncio Pilato. Á Tiberio se le menciona incidentalmente, y bajo el título de César, en Mat. 22:17; Luc. 20:22-25; 23:2; Juan 19:12. Sus súbditos estaban obligados á tributar culto divino á sus imagenes.

TIDAL, *reverencia*, rey de varias tribus aliadas, que según parece, estaban cerca del Eufrates. Con ellas se unió á Codorlaomor para invadir el valle de Siddim, el monte Seir, etc., y fué derrotado por Abraham, Gén. 14:1-16.

TIEMPO. En la Biblia, esta palabra además de usarse en su sentido ordinario se emplea algunas veces para denotar un año, como en Dán. 4:16, ó un año profético compuesto de 360 años naturales, tomándose un día por un año. Así es que en Daniel 7:25; 12:7, la frase "tiempo y tiempos y el medio de un tiempo," se supone que significa tres y medio años proféticos ó 1,260 años naturales. Es análoga á esta expresión la de "cuarenta y dos meses," Apoc. 11:2, 3; 12:6, 14; 13:5, en que cada mes denota treinta años. Véanse Día, Hora, Mes, Semana, Año. En Efes. 5:16, Col. 4:5, la expresión "redimiendo" (ó rescatando), "el tiempo," quiere decir "aprovechando la oportunidad," como se halla traducida en Gál. 6:10; Heb. 11:15.

TIENDA. Se llamaba así á veces el p

bellón usado por los reyes ó generales en tiempo de guerra, 1 Rey. 20:12, 16. David describe poéticamente al Señor en el acto de dispersar á los enemigos de sus siervos desde en medio de un pabellón de oscuras

aguas y gruesas nubes de los cielos, Sal. 18:6-14; comp. Jos. 10:10, 11. Él sirve de seguro abrigo á aquellos que confian en él, Sal. 31:20; 83:3. Morarán en la sombra del Omnipotente, Sal. 91:1.

ÁRABES ARMANDO UNA TIENDA.

TIENDA DE CAMPAÑA. Era cosa muy común en los tiempos antiguos y en las naciones orientales, habitar en tiendas ó pabellones, Gén. 4:20, por ser pastoril la vida de aquellos habitantes, y serles necesario para encontrar buenos pastos, el trasladarse de un lugar á otro, lo cual no habrían podido hacer sin dichas tiendas, que eran las habitaciones á propósito para ese género de vida, Gén. 26:12; Isa. 38:12. Los patriarcas Abraham, Isaac y Jacob habitaron en tiendas de campaña, Gén. 18:1; Heb. 11:9, y lo mismo hicieron los Israelitas desde su salida de Egipto durante todo el tiempo de su peregrinación por el desierto, hasta que se posesionaron de la tierra de promisión; y aun después adoptaron hasta cierto punto el mismo modo de vivir, Exod. 16:6; Jos. 7:24; 22:8. De ahí viene la expresión "cada uno á su estancia (tienda), oh Israel," etc., Jue. 7:8; 2 Sam. 20:1, 22; 1 Rey. 12:16. Á la verdad, en el Oriente todos—hombres, mujeres y niños—vivían generalmente en campo raso, como se infiere de las narraciones del Nuevo Testamento. Pablo y Áquila eran fabricantes de tiendas, Hech. 18:3. En la actualidad sucede también que los descendientes de los Madianitas, Filisteos, Sirios, Agarenos, etc., y los de Cam y Cus, habitan en tiendas, cabalmente de la misma suerte

que las Sagradas Escrituras dicen que lo hacían en la antigüedad. Pero el pueblo más notable por la peculiaridad de la vida errante que lleva, es el de los Árabes: desde el tiempo de Ismael hasta la presente época, han tenido la costumbre de habitar en tiendas. En medio de las revoluciones que han hecho pasar los reinos de un dueño á otro, estas tribus errantes han continuado habitando del mismo modo, sin someterse, y llevando una vida tan salvaje como su fundador. Pero, como ya lo hemos dicho, no son sólo los Árabes quienes usan esta clase de habitaciones, sino con más ó menos generalidad todas las naciones que moran en el continente asiático. Es preciso no confundir las tiendas ó pabellones con las cabañas y las chozas, Gén. 33:17; Job 29:18; Isa. 1:8; 24:20. Véanse CABAÑA y HAZERIM. La palabra tienda viene del latín *tendere*, que significa "extender." Estas se fabrican por lo general de lona ó tela de pelo de camello, ó de pieles de chivo. Las tiendas se estiran por medio de cordeles atados á estacas clavadas en el suelo, Isa. 54:2; Jer. 10:20. "La estaca de la tienda" con que Jael le atravesó la cabeza á Sisara, era una de estas, Jue. 4:21. Véase también Isa. 33:20; 40:22. En las Sagradas Escrituras se habla de la casa de Dios y del cielo, como de la tienda ó tabernáculo de Jehová, Sal. 15:1; 61:4; 84:1; Isa. 40:22; Heb. 8:2; 9:11; y del cuerpo se habla como del tabernáculo del alma, que dejamos al morir, 2 Cor. 5:1; 2 Ped. 1:13, 14. Lord Lindsay dice: "Hay algo de melancólico en nuestras partidas por la mañana. Arráncanse del suelo las estacas de la tienda, y pocos minutos después son las únicas señales que quedan de lo que por algún tiempo nos ha servido de habitación, son unos doce agujeros, uno ó dos montones de ceniza, y los rastros que con las rodillas han hecho los camellos al echarse en la arena." Véase Isa. 38:12. "Á menudo," escribe M'Cheney, "nos encontramos sin techo antes de acabar de vestirnos. ¡Qué imagen tan exacta del templo de nuestro cuerpo! ¡Ay! y con cuánta frecuencia es derribado antes de que el alma esté lista para recibir la herencia de los santos!" La palabra tienda se emplea también algunas veces para denotar los que en ella moran, Hab. 3:7; Zac. 12:7.

Las tiendas son de varios colores: negras, como lo eran las tiendas de Cedar, Sal. 120:5; Cant. 1:5; rojas como de grana; amarillas como de oro muy reluciente; blancas como de lona. Las hay también de diversas formas: algunas son circulares, y otras de figura oblonga semejantes al casco de un navío vuelto lo de abajo para arriba. En Siria las tiendas son actualmente y por lo general de tela de pelo de cabra, que las mujeres tejen, Ex. 35:26. Las de los Árabes son de pelo negro de cabrito. Algunas otras naciones han adoptado este material, aunque no con mucha generalidad. Los sheiks ó jefes árabes tienen por lo regular varias tiendas: una para sí mismo, otra para su familia, otra para sus criados, otra para sus huéspedes, así como Jacob en los tiempos patriarcales tenía tiendas aparte para sí mismo, para Lea, para Raquel, y para sus criados, Gén. 24:67; 31:33; Jue. 4:17. Sin embargo, por lo general una sola tienda de campaña basta para toda una familia, pues se divide en varios aposentos por medio de cortinas. Á la parte señalada para las mujeres, se le llama el harem. Hay tiendas extendidas y arregladas de tal modo que sirven para la noche.

TIERRA. Tanto en hebreo como en griego, se usa la misma palabra para denotar la tierra como un todo, es decir, el mundo, Gén. 1:1, y una tierra ó sitio particular, Gén. 21:32; 23:15; 33:3. El contexto decide en cual de estos sentidos debe tomarse en un pasaje dado. Así en Luc. 23:44; Mar. 15:33, "hubo sobre toda la tierra," podría haberse cido: "hubo tinieblas sobre todo e do." La expresion "toda la tierra, usa algunas veces hiperbólicamente pa denotar una parte grande de ella, Esd. 1:2. Esta palabra se usa hablándose de todo el mundo, ó de su superficie, á distinción de los cielos, de la gente que lo habita, etc. En Job 26:7, parece que se implica la idea de que la tierra está suspendida sin apoyo en el espacio. Pero en su lenguaje común los Hebreos hablaban de ella como de una vasta superficie convexa, de extensión desconocida, con columnas y cimientos, Job 9:6; 38:4, 6; Sal. 75:3; 104:5; con un abismo debajo de todo, Gén. 49:25; Sal. 24:2; 136:6; y encima un firmamento embovedado en que las estrellas estaban colocadas, y á través de cuyas ventanas venían las lluvias. Véanse ABISMO y CIELO.

Una palabra hebrea, *adamah*, denota el barro, polvo ó tierra cultivable del mundo, Gén. 9:20, y de allí vino el nombre de Adam Gén. 2:7; Ecles. 12:7. De esta materia tenía que ser formados los altares, Exod. 20:24; 2 Rey. 5:17.

En un sentido moral, lo terrenal es lo opuesto á lo celestial, espiritual y santo Juan 3:31; 1 Cor. 15:47; Col. 3:2; Sant. 3:15. La expresión "lo más bajo de la tierra," quiere decir el mundo invisible de los muertos, Sal. 63:9; Isa. 44:23; Efes. 4:9.

TIERRA DE ARARAT ó ARMENIA país grande del Asia, que tenía á Media a este, á Capadocia al oeste, á Colquis y á Iberia al norte, á la Mesopotamia al sur, y al Eufrates y á Siria al sudoeste. Es una elevada mesa de un clima frío, pero sano Hallándose entre las cordilleras del Caúca so y del Tauro, y teniendo el monte Arara que se levanta en su provincia central, all tienen su origen tres ríos notables: el Eu frates, el Tigris y el Araxes. En las Escri turas sólo se le menciona como el lugar d refugio de dos parricidas asirios, 2 Reye 19:37. La Iglesia armenia moderna e muy semejante á la Iglesia griega, y s halla en un triste estado de corrupción de envilecimiento. Véanse ARARAT, MIN NI, TOGARMA.

TIESTO, vasija de barro, ó uno de su fragmentos, Isa. 30:14; Ezeq. 23:34.

TIFSA ó TAFSA, *vado*, I., la antigu Tápsaco, ciudad importante situada en margen occidental del río Eufrates, y qu era el límite nordeste de los dominios d

món, 1 Rey. 4:24. El vado que se ha-
ba en este lugar, era el último que ha-
a en el Eufrates hacia el sur, y su posesión era importante á Salomón para su
propósito de atraer á Palestina el comercio
del este; esto explica porqué se edificó á
Tadmor en el camino del desierto. Era
también un lugar de depósito para el traslado de efectos entre las caravanas y las
naves que subían ó bajaban el río. El vado más bajo que hay actualmente en el
Eufrates, se encuentra en Suriyeh, punto
en donde el río cambia su dirección del sur
hacia el este, y tiene 800 yardas de ancho.
Cuando subían las aguas se hacía uso de
un puente formado de barcos.

II. Algunos escritores creen que el lugar
ya mencionado es el mismo (Tapsam) de
que se dice en 2 Reyes 15:16 que fué destruido por Manahem, rey de Israel, quien
después fué perseguido por los ejércitos
asirios. Otros lo identifican con el llamado
en la actualidad Tapsah, antiguamente
En-tappuah, seis millas al sudoeste de
Siquém.

TIGRE. Véase LEOPARDO.

TIGLAT-PILESER II ó TEGLAT-FA-
LASAR, 1 Crón. 5:26; 2 Crón. 28:20, rey
de Asiria en tiempo del rey Acház, 747-729
A. C., pues Tiglat-Pileser I. á quien no se
menciona en las Escrituras, comenzó á
reinar por el año 1130 A. C. El rey mencionado emprendió al principio de su reinado, 741 A. C., una campaña en contra de
Peca rey de Israel, invadió toda la parte
septentrional de su reino, se llevó cautivos
á los habitantes de muchas de sus ciudades
y los estableció en varias partes de Asiria,
2 Rey. 15:29. Algunos años más tarde, habiendo los reyes aliados de Israel y Siria,
Peca y Resín, declarado la guerra á Judá
y amenazado dar el trono al hijo de Tabeal,
2 Rey. 15:37; 16:5; 2 Crón. 28:6-15, el rey
Acház cometió la imprudencia de pedir
auxilio á Tiglat-Pileser. Habiendo el
ejército asirio atacado y tomado á Damasco, lo arrasó, según consta de sus monumentos, y dió muerte á Resín, 2 Rey. 16:9.
Saqueó después á Israel, especialmente en
el lado oriental del Jordán, y se llevó á
muchos cautivos, cumpliendo así sin saberlo las profecías de Isaías, 7:18; 8:4;
pero á la vez exigió á Acház un fuerte tributo y lo vejó de diversas maneras, 1 Cró.
5:26; 2 Crón. 28:16, 21; Isa. 9:1. Como
quiera que en los registros consignados en
us monumentos, no se hace mención de
us antepasados, se supone que usurpó el
rono. Su reinado duró probablemente 19

años, siendo sucesor suyo su hijo Salmanasar IV. Las planchas grabadas de Níni-
hacen mención de la toma de Damasco,
Samaria y Tiro, y del tributo exigido al
rey Yahukhazi, que sin duda era Acház.
Algunas autoridades modernas confunden
á Tiglat-Pileser con Pul.

TILDE, partícula muy pequeña, en
griego "un cuernecito," nombre dado al
rasgo ó punta diminuta de algunas letras
hebraicas, Mat. 5:18. En la copia de las
Escrituras hebreas, los Judíos exigían la
más escrupulosa exactitud. Cada página
y cada línea debían contener exactamente
un número determinado de palabras ó de
letras, y el defecto más insignificante echaba á perder el rollo entero, y el escribiente
estaba obligado á empezar de nuevo su
trabajo. Sin embargo, este sumo cuidado
de la integridad de la palabra de Dios, no
es sino una débil ejemplificación del cuidado que el Salvador, autor de la misma
Palabra, tiene de que cada verdad, cada
promesa y cada amenaza, vayan acompañadas de la más perfecta garantía. "Empero más fácil cosa es pasar el cielo y la
tierra, que caer una tilde de la ley," Luc.
16:17.

TIMNA, refrenamiento ó sujeción, I.,
nombre de la segunda esposa de Elifaz
hijo de Esaú, hermana de Lotán el hijo
del Horeo Sobal, y madre de Amalec, Gén.
36:12-22; 1 Crón. 1:39.

II. Hijo de Elifaz y duque de Edom,
Gén. 36:40; 1 Crón. 1:36, 51.

III. Nombre de un pueblo situado en la
región montañosa de Judá, y asociado con
Maon, Zif y Carmel, Jos. 15:57, tal vez el-
Amod de nuestros días, que se halla en una
colina al oeste del camino que hay entre
Zif y el Carmelo, al sur de Hebrón.

IV. Nombre de una ciudad que existía
entre Bet-semes, límite N. O. de Judá, y
Ecrón, Jos. 15:10. Por mucho tiempo estuvo bajo el dominio de los Filisteos, y la
mujer de Samsón era Temnanita, Jueces
14:1-5; 2 Crón. 28:18. En tiempos posteriores fué un lugar de bastante importancia; ahora es un villorrio desierto llamado
Tibneh, dos millas al O. de Aín-Shems ó
Bet-semes.

TIMNAT-SERA, parte de Sera ó abundancia, según los Judíos, nombre cambiado en Timnat-Heres, porción del sol, en
memoria del milagro obrado por Josué,
Jos. 10:12-14. Era un pueblo situado en
el monte Efraím, en el lado septentrional
del cerro Gahash, y en donde el caudillo
hebreo encontró hogar, bienes y sepultura,

Jos. 19:50; 24:30; Jue. 2:9. Se cree que es el-Kefr Haris, situado nueve millas al S. O. de Nablús, si bien el Dr. Eli Smith sugiere que puede ser Tibneh, que se halla ocho ó nueve millas más allá en la misma dirección. Véase la palabra TEMNATA.

TIMÓN, *honrar*, Hech. 6:5, nombre de uno de los siete primeros diáconos.

TIMOTEO, *honrando á Dios*, nombre del discípulo y compañero de Pablo. Era natural de Listra, ó quizá de Derbe, ciudades ambas de Licaonia: su padre era griego y tenido como gentil, y su madre judía, Hech. 16:1. La instrucción que recibió de su piadosa madre y de su abuela Loida, las oraciones de una y otra, 2 Tim. 1:5; 3:15, y la predicación de Pablo en su primera visita á Listra, 48 A. D., Hech. 14:6, dieron por resultado la conversión de Timoteo y su entrada al ministerio que tanto honró con sus virtudes. Habiendo sido testigo de los sufrimientos de Pablo, lo amó como á su padre en Cristo, 1 Tim. 1:2; 2 Tim. 3:10, 11. Cuando el apóstol regresó á Listra, como por el año de 51 A. D., los hermanos le hablaron en términos muy satisfactorios de los méritos y buen carácter de Timoteo, y en vista de ello Pablo resolvió llevarlo consigo, y lo circuncidó para tal fin en Listra, Hechos 16:3, con el objeto de evitar las murmuraciones de los Judíos. Hecho esto fué separado para el ministerio por medio de la imposición de manos que recibió de los ancianos, 1 Tim. 4:14; 2 Tim. 1:6; 4:5, probablemente en Iconio. Timoteo se dedicó á la obra evangélica, y prestó á Pablo servicios muy importantes durante todo el tiempo de su predicación. Pablo le llama no solamente muy amado hijo, sino también hermano, compañero de sus trabajos y hombre de Dios, y observa que ninguno estaba tan acorde con él en corazón y en sentimientos como Timoteo, Rom. 16:21; 1 Cor. 4:17; 2 Cor. 1:1; 1 Tim. 1:2, 18. Habiendo sido escogido por Pablo para ser su compañero predilecto en sus viajes, lo acompañó en el que hizo á Macedonia, trabajó con el mayor celo en Filipos, Hech. 16:12; Filip. 2:22, y tal vez fué el portador de las limosnas remitidas al apóstol, Filip. 4:15. Estuvo con Pablo en Berea, permaneció allí él solo por algún tiempo, y se le reunió otra vez en Atenas, Hech. 17:14, 15; 1 Tes. 3:2. De allí partió para Tesalónica y Corinto, Hech. 18:1, 5, como se infiere de las epístolas que Pablo escribió desde ese lugar, 1 Tes. 1:1; 2 Tes. 1:1. Fué el precursor de Pablo en el tercer viaje de este por Ga-

lacia, Frigia y Éfeso, y después de permanecer en este punto dos años, se dirigió á Macedonia y á Corinto, Hech. 19:22; 1 Cor. 4:17. Estuvo con el apóstol también en Filipos cuando este hizo su quinta y última visita á Jerusalem, Hechos 20:3-6. Fué partícipe por algún tiempo de la prisión de Pablo en Roma, Filip. 1:1; 2:19; Filem. 1; Heb. 13:23, y trabajó mucho en Éfeso, 1 Tim. 1:3; 3:14. La última mención que de él tenemos es en la súplica que le hizo Pablo cuando estuvo preso por segunda vez en Roma, de que fuera allí á verlo, 2 Tim. 4:9, 13, 21. Gozó en alto grado, según parece, de la confianza y cariño de Pablo, quien á menudo lo menciona con el mayor aprecio. Los consejos y estímulo de que fué objeto este fervoroso y amado discípulo, deberían ser maduramente considerados por todos los jovenes ministros. Debe notarse, y es digno de imitacion, el hecho de que se abstuvo de beber vino, no obstante ser la bebida acostumbrada en aquel tiempo, pues solamente usaba "un poquito," cuando se lo recetaba como medicamento un apóstol inspirado, 1 Tim. 5:23.

TIMOTEO, EPÍSTOLAS Á. Pablo debió de escribir la primera de éstas después de su primera prisión en Roma, cuando estaba en Macedonia, y había dejado á Timoteo en Éfeso, 1 Tim. 1:3, 64 A. D. La segunda se dirigió á Timoteo, á la parte noroeste del Asia Menor, durante la segunda prisión del apóstol en Roma, y cuando ya empezaba á prever su martirio, 67 A. D. Uno no puede menos que leer con la más profunda emoción el encargo postrero que el fiel apóstol hizo á su amado hijo en Cristo, y que fué la última manifestación de su amor hacia la Iglesia y hacia él. Ambas epístolas son documentos muy valiosos é instructivos para todo cristiano, y más especialmente para las autoridades de la iglesia y los ministros del evangelio. Juntamente con la epístola dirigida á Tito forman las tres "cartas pastorales."

TINAJUELAS, Juan 2:6, medida griega equivalente á la hebrea *bath*, y que contenía como ocho galones ó treinta y dos cuartillos. La cantidad de vino producida por el milagro obrado en Caná fué grande pero la concurrencia era numerosa, el festín duró tal vez una semana entera, Juec 14:12, y además mucha gente debió de acudir allí al oir hablar de ese milagro.

TINIEBLAS, es la oscuridad, la carencia de la luz natural, Gén. 1:4. Empléase metaforicamente esta palabra, para deno

tar un estado de miseria é infortunio, Job
18:6; Sal. 107:10; Isa. 8:22; 9:1, de ignorancia é incredulidad, Juan 1:5; 3:19, y de
muerte, Job 10:21, 22; también de la ausencia del sol y de las estrellas, la caida de
hombres distinguidos, y los sacudimientos
nacionales, Isa. 13:10; Hech. 2:20. "Obras
de las tinieblas" son los misterios impuros
practicados en el culto pagano, Efes. 5:11;
Ezeq. 8:12. "Las tinieblas de afuera," es
expresión que da á entender la oscuridad
que ha de envolver á aquellos á quienes
les están cerradas las puertas del cielo,
Mat. 8:12. Las tinieblas en Egipto fueron
milagrosas, Exod. 10:21-23; también las
que cubrieron toda la tierra de Judea, en
señal de duelo, en la crucifixión de Cristo,
Luc. 23:43. Estas no pudieron ser producidas por un eclipse del sol, porque en la
pascua la luna estaba llena, y se hallaba
al lado opuesto de la tierra respecto de
aquel astro. Hácense alusiones á eclipses
en Joel 2:10, 31; 3:15; Amós 8:9; Miq.
3:6; Zac. 14:6; y ocurrieron eclipses tota-
les de sol en tiempo de Amós, 784 A. C., y
de Miqueas, 716 A. C.

TINTA, Jer. 36:18. La tinta de los antiguos era mucho más espesa que la nuestra. Se componía de carbón pulverizado
ó humo de pez, ó marfil quemado, mezclado con goma y agua, y algunas veces con
un ácido para hacerla firme. Usábase
también el líquido negro contenido en él
pez jibia. Generalmente podía borrarse

con agua, Núm. 5:23. El cuerno que sería de tintero era y es todavía una peque-
a vasija adherida al largo estuche en que
e guardaban las plumas de caña, y que,
uando no se usaba, se llevaba metido en

el cinturón, ó se suspendía de él, Ezeq. 9:2.
Véase CINTURÓN y ESCRITURA.

TIÑA, Lev. 13:30, erupción ó sarpullido.

TIPO, *imagen, sello ó molde*, en griego
tupos, término que significa *semejanza*, y
se ha traducido *figura* en Rom. 5:14;
1 Cor. 10:6; *ejemplo*, en Fil. 3:17; 1 Tes.
1:7; *dechado*, en 2 Tes. 3:9; Heb. 8:5; *en
suma*, en Hech. 23:25; y *forma*, en Rom.
6:17; Hech. 7:44. Representábanse á
menudo las verdades espirituales por símbolos materiales, objetos, hechos ó instituciones. Hablando en el sentido más lato
de la palabra, un tipo bíblico es un símbolo profético, "la sombra de los bienes
verdaderos," Heb. 10:1; pero el cuerpo es
Cristo, Col. 2:17. El carácter típico de las
instituciones y ceremonias antiguas es la
cualidad que más las distingue. Por ejemplo el Cordero Pascual y todas las víctimas
que se sacrificaban en conformidad con la
ley, eran tipos del Cordero de Dios, pues
prefiguraban el gran sacrificio; y por medio de ellos se enseñaba que la culpa
merece la muerte, y sólo puede ser lavada
por la sangre de un sacrificio aceptable.
Eran de consiguiente tipos á propósito
para anunciar la venida de su gran Antitipo.

Los tipos del Antiguo Testamento incluyen personas, funcionarios, objetos, acontecimientos, ritos, lugares é instituciones,
cosas todas que además de ser figurativas
eran significativas y adecuadas. Por ejemplo: Adam y Melquísedec; el cargo profético y sacerdotal; el maná y la serpiente
de bronce; la roca herida, y el paso del
Jordán; la pascua, y el día de la expiación;
Canaán y las ciudades de refugio—todos
son tipos bíblicos de Cristo.

Por más notables que sean los puntos
de semejanza que haya entre un acontecimiento ú objeto del Antiguo Testamento y
un acontecimiento ú objeto del Nuevo, los
primeros no podrán tenerse propiamente
como tipos de los segundos, á no ser que
Dios los haya señalado como tales, y tengan por consiguiente algo del carácter
profético. Es preciso por lo mismo tener
mucho cuidado para hacer la debida distinción entre un ejemplo aclaratorio y un
tipo.

TÍQUICO, *casual ó afortunado*, natural
del Asia Menor, probablemente de Éfeso,
colaborador de Pablo, y del cual se hace
mención por primera vez diciendo que estaba en compañía del apóstol cuando este
regresó de su tercer viaje misionero, Hech.
20:4. Probablemente permaneció en Mi-

leto ó Éfeso en el tiempo en que Trófimo se dirigió á Jerusalem, Hech. 20:15, 38; 21:29. Estuvo con Pablo durante la primera prisión que éste sufrió en Roma, y fué el portador de sus epístolas á los Colosenses y á los Efesios, Col. 4:7, 8; Efes. 6:21, 22. Probablemente lo mandaron á reemplazar á Tito en Creta, ó á acompañarle á Nicópolis, Tito 3:12, y estuvo con Pablo por algún tiempo en la época de su segunda prisión. En seguida fué enviado con alguna misión á Éfeso, 2 Tim. 4:12. El apóstol le llama su querido hermano, fiel ministro del Señor.

TIRACA. Véase p. 685.

TIRANNO, *gobernador*, nombre de un hombre que residía en Éfeso, y en cuyo salón de audiencias Pablo presentó y defendió durante dos años las doctrinas del evangelio, Hech. 19:9. Algunos creen que era un sofista griego, maestro de retórica y filosofía, amigo tal vez de la libre discusión, y que muy probablemente se convirtió al fin al Cristianismo.

TIRAS, Gén. 10:2, el hijo menor de Jafet. Supónese que fué el progenitor de los antiguos Tracios, primeros habitantes de la parte septentrional y central del Asia Menor.

TIRO, *roca*. Esta ciudad era el emporio más célebre de Fenicia, y lugar de grandes riquezas y poder. Estaba situada en la costa occidental del Mediterráneo, dentro de los límites del territorio que ocupaba la tribu de Aser, según la repartición que hizo Josué, Jos. 19:29, si bien nunca fué subyugada, Jue. 1:31, 32. Se consideraba como "hija de Sidón," ciudad situada 20 millas al sur, pero muy en breve adquirió mayor importancia que ésta y que todas las demás ciudades de Fenicia, importancia que conservó con pocas excepciones hasta lo último. No la mencionan ni Homero ni Moisés. Durante el tiempo de los Jueces se llamaba Sidonios á los Fenicios, Jos. 13:6; Jue. 18:7, y Virgilio dá el mismo nombre á los Fenicios que fundaron á Cartago; pero desde el tiempo de David en adelante se hace referencia á Tiro con frecuencia en los libros del Antiguo Testamento. Aunque era ciudad comercial, su gobierno era monárquico y nó republicano, Jer. 25:22; 27:3. Según parece, muchos Israelitas residieron allí, 2 Sam. 24:7. Existió una firme alianza entre David é Hiram el rey de Tiro, la cual continuó después con Salomón. Con el auxilio de los operarios y artífices de Tiro, y de sus materiales, fué edificada la casa de David, y des-

pués el templo de Salomón, 2 Sam. 5:11; 1 Rey. 5; 1 Crón. 14; 2 Crón. 2:3; 9:10. El matrimonio de Acháb, rey de Israel con Jezabel, princesa fenicia, fué causa de que las diez tribus se inficionaran de maldad y sufrieran muchas desgracias, porque los Tirios eran idólatras torpes, adoradores de Baal y de Astoret, y estaban entregados á todos los vicios del paganismo. La Biblia nos hace descripciones gráficas de las inmensas importaciones y exportaciones de Tiro, de sus metales preciosos, su cobre, sus esclavos, sus caballos y sus mulas, su ébano y su marfil, su trigo, aceite, miel, vino, lana y especias; de su frecuentes ferias y sus negocios con muchos paises, desde Inglaterra hasta la India. La historia profana nos enseña que Tiro imperaba en los mares y obtenía riquezas y poder por medio de numerosas colonias que tenía establecidas á orillas del Atlántico y del Mediterráneo. Los habitantes de Tiro, según el Antiguo Testamento, estaban poseídos de orgullo, entregados á la molicie y á todos los pecados que eran consecuencia natural de la prosperidad y de las inmensas riquezas de que disfrutaban; y á causa de esto y en castigo de su idolatría y su maldad, los profetas les predijeron grandes calamidades. Tiro se regocijó de que Jerusalem hubiese sido tomado por Nabucodonosor, Ezeq. 26:2, pues la miraban como rival en el comercio y como la ciudad de Jehová, comp. 2 Rey. 23:19, 20; y fué amenazada por el profeta Joel, 3:4-8, por haber vendido á los hijos de Judá como esclavos á los Griegos; y por Amós, 1:9, 10, por haberlos entregado cautivos á Edom, olvidándose del "pacto fraternal" celebrado con David. Fenicia fué invadida por Salmanasar no mucho después de la época á que nos referimos, es decir, de 723 A. C. Tiro fué entonces sitiada por él y por Sargón, probablemente lo hicieron tributario por algún tiempo. La destrucción de Tiro por Nabucodonosor fué predicha, y pocos años después se llevó á efecto, Isa. 23:1, 13; Ezeq. 26:7-21; 27; 28:1-19; 29:18-20, si bien parece que este conquistador sacó menos del que deseaba, y para desquitarse hizo una incursión á Egipto, Ezeq. 29:18-20. Tiro estaba dividida de de tiempos muy antiguos en dos partes, una de ellas se hallaba en tierra firme y tenía siete millas de largo, y la otra en una isla de menos de una milla de longitud, y distante media milla de la playa. El sitio dirigido por Nabucodonosor duró trece años, y cuando ya estaba al terminarse, los habitantes debieron de retirarse á la parte de la ciudad situada en la isla, la cual creció así, fué fortificada, y llegó á ser opulenta y poderosa. Tenía dos puertos, de los cuales el del lado norte estaba formado por una bahía natural, y el del lado sur por un costoso dique. Permaneció algún tiempo bajo el dominio persa, y contribuyó con materiales para la construccion del templo de Zorobabel, Esd. 3:7. Su fortaleza y los recursos con que contaba la pusieron en aptitud de resistir por siete meses los denodados esfuerzos que hizo para tomarla el conquistador Alejandro el Grande. Al fin fué tomada por el año 332 A. C., habiendo sido unida previamente á la tierra firme por medio de un istmo artificial formado con las ruinas de la ciudad antigua, que fué completamente arrasada: muchos miles de Tirios fueron muertos, y se dice que 30,000 fueron vendidos como esclavos. Después de la muerte de Alejandro, Tiro fué gobernado por los Seléucidas, habiendo sufrido, durante catorce meses, un sitio dirigido por Antígono. Por último pasó al dominio de los Romanos, y continuó gozando de cierto grado de prosperidad comercial, si bien el deterioro de su puerto, y la elevación de Alejandría y de otras ciudades marítimas, la han hecho decaer más y más. Nuestro Salvador llegó una vez hasta la región de Tiro y de Sidón, Mat. 15:21, y tal vez visitó aquella ciudad, pués solamente distaba cuarenta millas de Nazaret. Se estableció allí una iglesia cristiana antes de 58 A. D., año en que Pablo estuvo en ese lugar una semana, Hech. 21:3-7. Comp. Mat. 11:21, 22. Esa iglesia prosperó por algunos siglos. Celebráronse en Tiro varios concilios, uno de los cuales condenó á Atanasio, 335 A. D. La ciudad cayó bajo el poder de los Mahometanos, 633-638 A. D., acaudillados por el califa Omar. Entonces era aún una fortaleza famosa, y continuó siéndolo hasta la época de los cruzados, quienes no lograron tomarla sino hasta el año de 1124 A. D., es decir, 25 años después de haberse apoderado de Jerusalem. Desde que los Turcos la reconquistaron, 1291 A. D., ha continuado en ruinas, y muy á menudo casi sin habitantes. En la actualidad es un pueblo pobre, llamado Sur, debilmente defendido por una muralla, y con una población de 5,000 habitantes. Ocupa el lado occidental del paraje que antiguamente formaba la isla, tiene una milla de largo, y dista media milla de la playa, incluyendo así los dos puertos, según los llaman, que quedaron separados por la calzada que hizo Alejandro, y que ahora forma un istmo ancho. El único puerto propiameate dicho se halla del lado norte; pero aun éste es demasiado bajo, y sólo las embarcaciones muy pequeñas pueden entrar en él. Está lleno, así como la costa del lado norte, de columnas de piedra, cuyas grandes dimensiones y crecido número son la prueba evidente de la magnificencia pasada de esa famosa ciudad. Su gloria, sin embargo, ha pasado para siempre, y unos cuantos pescadores echan sus redes en medio de aquellas ruinas, ocupando el lugar en que estuvieron los opulentos comerciantes de otros tiempos, Ezeq. 26:5, 14.

TIRSATA, *el austero ó augusto*, título de honor asumido por Zorobabel y Nehemías en su carácter de gobernadores de Judea bajo el dominio persa, Esd. 2:63; Neh. 7:65, 70; 8:9; 10:1. En Neh. 12:26, á Nehemías le llama "el capitan" ó "gobernador."

TIRZAH ó TERSA, *deleite*, I., nombre de uno de las cinco hijas de SALFAAD. Véase SALFAAD.

II. Ciudad de los Cananeos, Jos. 12:24, y después de la tribu de Manassés, y lugar de residencia de los reyes de Israel desde Jeroboam hasta Omri, quien edificó la ciudad de Samaria que á su vez fué la capital del reino, 1 Rey. 15:21, 33; 16:6, 8, 9, 15, 23, 24, 29. Reaparece en la historia como el lugar en donde Manahem conspiró contra Sallum, 2 Rey. 15:14, 16. Era famosa por su belleza, Cant. 6:4, y actualmente está representada por Teiásir, como doce millas al noroeste de Siquém, lugar que debe haber sido de importancia, á juzgar por sus ruinas.

TISRI, nombre del primer mes del año civil judío, y séptimo del eclesiástico, llamado Etanim en 1 Rey. 8:2 (véase ETANIM). Corresponde casi de un todo á nuestro mes de Octubre. El primer día de Tisri tenía lugar la fiesta de las trompetas, Lev. 23:24; Núm. 29:1, 2; el día 10, el gran día de expiación, Lev. 23:27; Núm. 29:7, y el día 15 empezaba la fiesta de los Tabernáculos, Lev. 23:34.

TITO, ministro cristiano y distinguido, de origen griego, Gál. 2:3, convertido por medio de la predicación de Pablo, Tit. 1:4. Fué compañero y colaborador de éste. 2 Cor. 8:23. Acompañó á Pablo y á Barnabás en la misión que llevaron de Antioquía á Jerusalem, sin someterse á la circuncisión como Timoteo, Hech. 16:3, puesto que ninguno de sus padres era judío, Hech. 15:1, 2; Gál. 2:1-5, y más tarde habiendo sido enviado á Corinto, trabajó con buen éxito, 2 Cor. 8:6; 12:18. No se reunió con el apóstol en Troas como había esperado, sino eu Filipos, 2 Cor. 2:12, 13; 7:6, 7, 13-15, y poco después reasumió sus trabajos en Corinto secundando el esfuerzo general que se hizo para ayudar á los Judíos pobres residentes en Judea, y llevando consigo la segunda epístola de Pablo, 2 Cor. 8:6, 16, 17. Ocho ó diez años después el apóstol lo dejó en Creta para establecer y dirigir las iglesias de esa isla, Tito 1:5. Allí recibió la epístola que Pablo le dirigió desde Éfeso, y en la cual lo invitaba á pasar á Nicópolis, Tito 3:12, de donde pasó á la vecina Dalmacia antes de que Pablo fuera encarcelado por última vez en Roma, 2 Tim. 4:10. Según la tradición, trabajó muchos años en Creta, y murió allí á una edad avanzada. Una iglesia en ruinas que se halla en el sitio conocido con el nombre de Gortyna, en Creta, lleva el nombre de Tito, y este sirvió de consigna de los Cretenses cuando fueron invadidos por los Venecianos. Tito se distinguió por su integridad, su discreción y su ardiente celo. Mereció la confianza y el amor de Pablo. La epístola que éste le dirigió se asemeja en su asunto á la primera á Timoteo, y probablemente se la escribió poco tiempo después de esa última, cuando el apóstol estaba en camino para Nicópolis, 66 A. D. Bien puede haber sido Tito el cristiano con quien Pablo se hospedó en Corinto, Hech. 18:7.

TÍTULO, 2 Rey. 23:17, columna puesta como monumento sepulcral. La palabra hebrea traducida así se ha traducido también "señal de camino," en Jer. 31:21, y "mojón," en Ezeq. 39:15. En Juan 19:19, 20, significa una inscripción hecha en una plancha.

TOB, *bueno*, nombre de una región situada al nordeste de Galaad, en donde Jefte se refugió al ser desterrado por sus parientes, y reunió una partida de guerreros, Jue. 11:3. 5. Los hombres de Tob, en hebreo Ish-tob, dieron auxilio á los Ammonitas en contra de David, 2 Sam. 10:6, 8. Hay en la actualidad un lugar arruinado que tiene un nombre semejante, al sur del Lejah.

TOBÍAS, hebreo TOBIYAH, *bondad de Jehová*, I., nombre con que se designaba una familia que volvió del cautiverio con Zorobabel, pero que había perdido los comprobantes de que era de descendencia israelita, Esd. 2:59, 60; Neh. 7:62.

II. Nombre de un Levita llamado en hebreo Tobiyahu, comisionado por Josafat para enseñar la ley en las ciudades de Judá, 2 Crón. 17:8.

III. Ammonita de nacimiento oscuro ("siervo ó esclavo") aliado con Sanballat y los Samaritanos en contra de los piadosos Judíos que se ocupaban de la reedificación del templo, Neh. 2:10; 4:3, 442 A. C. Sus amenazas y traición fueron en vano. Durante la ausencia de Nehemías, unos parientes suyos que eran personas principales de Judá lo instalaron en un hermoso aposento del nuevo templo, pero fué ignominiosamente expulsado de allí al regreso del gobernador, Neh. 6:17-19; 13:1-9.

IV. Judío cautivo de alguna celebridad enviado en comisión y como representante para ceñir una corona simbólica al Sumosacerdote Josué, Zac. 6:9-15, como tipo del Mesías, Rey y Sacerdote, Efes. 2:13-17.

TOCA, TOCADO, ó traje para cubrir la cabeza. Entre los Hebreos era este un adorno que pocas veces se usaba, pues casi siempre llevaban la cabeza descubierta. Cubríansela en los duelos, 2 Sam. 15:30; Jer. 14:3, 4, generalmente con un manto, 1 Rey. 19:13. Una de las palabras hebreas empleada para designar los tocados de adorno se refiere especialmente á una especie de turbante que usaban los hombres distinguidos y los reyes, Job 29:14; Isa. 62:3, pasaje en que se ha traducido "diadema;" y las señoras, Isa. 3:23, en que se ha traducido "tocado." Al tocado que usaba el Sumo-sacerdote, se le daba el nombre de "mitra," Zac. 3:5. Compárese Exod. 28:39. A los sacerdotes comunes los "chapeos" les servían "para honra y hermosura," Exod. 28:40. Otro término hebreo que significa *ornamento*, denota otro tocado que llevaban los sacerdotes, Exod. 39:28, chapeos; las señoras, Isa. 3:20, "escofieta;" y "los novios," Isa. 61:10, "manto." Comp. 2 Sam. 13:19; Ezeq. 24:17, 23, pasaje en que se tradujo "bonete."

TODO. Esta expresión se usa algunas veces, como el contexto lo indica, en un sentido general, y no literalmente universal, Exod. 9:6; Mat. 3:5; 10:22.

TODOPODEROSO, Apoc. 19:6, en hebreo SHADDAI, nombre de Dios que denota su poder infinito. Nosotros entendemos este atributo solamente en parte. por la asombrosa obra de la creación, y por la conservación y gobierno del universo, Gén. 17:1; Exod. 15:11, 12; Deut. 2:24; Sal. 62:11; 65:5-13; Mat. 19:26; Efes. 3:20. Es el nombre dado á Dios en el libro de Job, Job 5:17; 6:4: 32:8; 40:2, y el Señor mismo lo asume para consuelo de su pueblo y terror de sus enemigos, Gén. 35:11; Exod. 6:3; Sal. 91:1; 2 Cor. 6:18; Apoc. 19:15.

Este nombre que el Señor mismo se dió en sus revelaciones á los patriarcas hebreos, fué usado por éstos, Gén. 17:1; 28:3; 35:11; 43:14, antes de que el de Jehová les fuese revelado en su plena significación, Exod. 6:3. Fué empleado por Balaam, Núm. 24:4, 16, y continuó siéndolo de vez en cuando en Israel, como por Noemí, Rut 1:20, 21; David, Sal. 68:14. Véase también Sal. 91:1; Isa. 13:6; Ezeq. 1:24; 10:5; Joel 1:15. Uno de sus equivalentes en griego, *Pantokrator*, se emplea así mismo en el Nuevo Testamento como uno de los títulos de Dios, 2 Cor. 6:18; Apoc. 1:8; 4:8, etc.

TOFEL, *cal*, Deut. 1:1, nombre de un pueblo por el que pasaron los Israelitas en su camino, y que se hallaba al este del Arabah. Actualmente creen haberlo descubierto en Tufileh, que es una población grande situada en un fértil valle que tiene bastante agua, 17 millas al sudeste del Mar Muerto.

TOFET, 2 Rey. 23:10; Isa. 30:33; Jer. 7:31, 32; 19:6, 11-14, tal vez derivado de Tof, *tamboril*, y que significa *gruta de la música*, si bien es un término que puede interpretarse también por *ardiendo ó inmundicia*. El lugar llamado así está situado en el extremo S. E. del valle Hinnom, junto á "los Jardines del rey." Véase Hinnom.

TOGARMA, 1 Crón. 1:6, uno de los descendientes de Jafet, Gén. 10:3, quien se supone dió su nombre á la región del Asia llamada después Armenia, Ezeq. 38:15, 16. Esta era célebre por sus caballos y sus mulas. Los habitantes de Togarma, lo mismo que los Armenios modernos, eran industriosos, pacíficos y buenos comerciantes, Ezeq. 27:14.

TOI y TOU, *errando*, rey de Hamat—ciudad situada sobre el Orontes. en Siria—al cual mandó por conducto de su hijo muchos regalos á David, cuando supo que éste había derrotado á Adarezer rey de Soba, 2 Sam. 8:9-11; 1 Crón. 18:9, 10.

TOLA ó THOLA, *gusano*, I., nombre del hijo mayor de Isacar. cabeza de la familia que proporcionó 22,600 soldados á David, Gén. 46:13; Núm. 26:23; 1 Crón. 7:2.

II. Juez de Israel, de la tribu de Isacar, en Samir, lugar situado en el monte de Efraím. Desempeñó este cargo por cosa de 23 años, después de la muerte de Abimelec, Jue. 10:1, 2.

TOLAD, *paternidad*, 1 Crón. 4:29, ó ELTOLAD, Jos. 15:30; 19:4, nombre de un pueblo de la tribu de Simeón en el Negeb ó Sur, tal vez en la cañada ó wady el-Thoula, 40 millas al sur de Beerseba.

TOLMAI. Véase TALMAI.

TOMÁS, nombre de uno de los apóstoles, Mat. 10:3, en griego DIDUMOS, términos ambos que significan "gemelo," Juan 20:24. Era probablemente galileo como los demás apóstoles; pero el lugar de su nacimiento y las circunstancias de su llamamiento al apostolado, son cosas que ignoramos, Luc. 6:13-15. Según parece, era hombre que se dejaba llevar de sus violentos arranques, pero que no obstante no era en manera alguna de un temperamento sanguineo. Teníale mucho amor á Cristo, Juan 11:16; 14:5, 6; hallábase siempre listo para obrar según sus convicciones; pero según se echa de ver por la duda que al principio manifestó acerca de la resurrección de Nuestro Señor, no se dejaba convencer facilmente, Juan 20:19-29. Algunos de los Padres dicen que predicó en las Indias, y otros que en Partia.

TOPACIO. Nombre de una piedra preciosa de color amarillo vinoso, con sombras algunas veces de verde ó rojo. Era la segunda de las doce joyas que adornaban el racional del Sumo-sacerdote, Exod. 28:17; 39:10, y la novena piedra de las que formaban el cimiento de la Nueva Jerusalem, Apoc. 21:20. El rey de Tiro la llevaba. Ezeq. 28:13; y Job 28:19 la menciona como un artículo de Cus estimado en gran precio. Smith considera el topacio bíblico como el moderno crisólito, que es una piedra menos dura que el topacio y de un tinte verdoso.

TOPO. Este término en Lev. 11:30 probablemente se aplica á una especie de lagartija ó camaleón. En vers. 29, "la comadrya," y en Isa. 2:20, "los topos," son expresiones con que tal vez se denota el *Sphalax tiphlus*, que es un roedor grande, sin orejas exteriores ni cola, que abunda en Palestina.

TORBELLINO, I. Esta palabra, en Sal. 83:13, denota en el original una planta, y en Isa. 17:13 se ha traducido "cardo." En concepto del Sr. Thompson, que fué por muchos años misionero en Siria, es quizá la Alcachofa silvestre. De esta planta, en efecto, se desprenden numerosos tallos ó ramas de igual tamaño en todas direcciones, las cuales forman una bola como de un pié de diámetro. Las tales bolas se ponen en el otoño tiesas y livianas como plumas, y miles de ellas, convertidas en juquete de los vientos, van rodando y saltando por la llanura. Este "cardo" ó alcachofa suministra materia á los Árabes modernos para un refrán y una maldición.

II. Pero la palabra "torbellino" se emplea en la Biblia española generalmente para traducir voces hebreas que denotan vientos violentos ó huracanes, y no necesariamente remolinos que giran sobre su eje, y mucho menos las plantas ya citadas, 2 Rey. 2:1, 11; Job 38:1; Isa. 40:24; 41:16; Juan 23:19; 25:32; 30:23; Ezeq. 1:4; Dan. 11:40; Zac. 9:14. Sin embargo, los remolinos de viento eran frecuentes en los desiertos de la Arabia, y en el extremo sur de Palestina. La mayor parte de ellos son leves; pero de vez en cuando se presenta alguno repentinamente, veloz y terrible por los estragos que causa en su curso: los edificios y los árboles no le sirven de obstáculo en el trayecto que recorre, y el viajero queda muchas veces sepultado vivo bajo las pirámides de arena que levanta y arrastra consigo con la impetuosidad de una bomba marina, Job 1:19; Isa. 21:1. Los juicios repentinos é irresistibles de Dios se comparan con propiedad con los torbellinos, Sal. 58:9; Prov. 1:27; Isa. 66:15. Véase VIENTOS.

TOROS DE BASÁN. Como estos animales pacían en una región fértil y con pocos cuidadores, se hacían fuertes y feroces, y podían "rodear" á un intruso y hollarlo bajo sus piés. Son símbolo de enemigos poderosos, fieros y numerosos, Sal. 22:12; 68:30; Isa. 34:7. Véase BUEY.

TORRES. Eran estas edificadas en los muros exteriores de las ciudades, especialmente en los ángulos que formaban, y sobre las puertas, 2 Cró. 26:9, 15; 32:5; Neh. 3:11; 12:38; Jer. 31:38, y se ponían en ellas atalayas ó centinelas para hacer la guardia, 2 Reyes 9:17. En ciertos lugares elevados dentro de la ciudad también se edificaban torres y fortalezas, Jue. 9:47-49, así como también en las alturas culminantes de las fronteras de un país, desde donde pudieran descubrirse á gran distancia las avanzadas de los enemigos, Isa. 21:6-9; Ezeq. 33:2-6. Estas torres servían de re-

fugio á los habitantes de los lugares circunvecinos en tiempos de invasión; y mu-

chas veces después de conquistada una ciudad, la fortaleza ó torre permanecía inexpugnable. Á semejanza de la torre, Dios es un protector fuerte y seguro de un pueblo, Sal. 18:2; 61:3; Prov. 18:10. En las Escrituras se mencionan muchas torres aisladas, como "la torre de Edar," ó "Migdal-eder," *la torre del rebaño*, Gén. 35:21; Miq. 4:8, ocho millas al S. O. de Betlehem; la torre de David y del Líbano, Cant. 4:4; 7:4; la de Siloé, Luc. 13:4; y la de Ofel, Neh. 3:26. Llamábanse así también los edificios que servían de albergue á los celadores de viñedos, ó á los pastores de rebaños. Construíanse algunas veces muy á la ligera, pero á menudo también de piedra y suficientemente grandes para albergar á toda una familia durante el tiempo de la vendimia, 2 Crón. 26:10; 27:4; Isa. 5:2; Mat. 21:33; y aún en la actualidad los que viajan en Palestina los hallan habitados. También edificaban torres los ejércitos enemigos cuando emprendían el sitio de alguna ciudad, Ezeq. 21:22. En Ezeq. 29:10; 30:6, en lugar de "Torre de Sevené," algunos intérpretes leen, "desde Migdol hasta Sevené." Véase MIGDOL.

TORTA, I. La palabra correspondiente á esta en hebreo, denota *un círculo*, Exod. 29:23; Jue. 8:5; 1 Sam. 10:3; se daba este nombre á una especie de bollo plano y redondo, forma que comunmente tenía el pan de la antigüedad, 1 Crón. 16:3; Mat. 14:17. Véase PAN.

II. La palabra hebrea traducida "torta" en 2 Sam. 6:19; 1 Crón. 16:3, significa una pasta hecha de uvas secas, ó pasas, aprensadas en una forma particular. Se hace mención de ellas como de cosa delicada con que las personas débiles y cansadas recobraban el vigor.   Ofrécianse también á los ídolos, Os. 3:1.   Diferían de los racimos de uvas secas, que no se aprensaban en ninguna forma particular, 1 Sam. 25:18, y también de los "panes de higos." Podemos referirnos como aclaración al modo con que entre nosotros se aprensan los quesos dándoseles diversas formas, como la de una bola, un cubo, etc., y también al de preparar los dátiles que los Árabes usan en la actualidad.   Véase HIGOS.

TÓRTOLA: COLUMBA TURTUR.

TÓRTOLA ó PALOMA, la *Columba Turtur,* paloma algo más pequeña y diferente de la paloma ó pichón común, que tiene un canto suave y dolorido, Sal. 74:19; Isa. 59:11; Ezeq. 7:16, y ojos tiernos, Cant. 1:15; 4:1; 5:12.   Su fidelidad é inocencia, Mat. 10:16, la hacían especialmente muy propia para servir de ofrenda á Jehová, y simbolizar al Espíritu Santo, Mat. 3:16. Hay tres clases de tórtolas en Palestina: la *Turtur visorius* ó paloma con collar; la *Turtur aegyptiacus* ó tórtola de la palma, de un color castaño, de cola más larga y sin collar; y la *Turtur auritus*, la más abundante de todas.   La paloma es ave pasajera, Jer. 8:7. Deja á Palestina y hace un viaje corto al sur, regresando al principiar la primavera, Cant. 2:12.   Es tímida y amante de la soledad, y se entristece en el cautiverio, Sal. 11:1.   La ley permitía que fuese presentada como holocausto por el pecado, por personas pobres, Lev. 1:14; 6:1; Mat. 21:12; y en varias ocasiones de purificación, etc., Lev. 12:6-8; 14:22; Núm. 6:10.   El hecho de que María y José presentaron tórtolas es prueba de su pobreza, Lev. 2:24.   Aun antes de que la ley fuese dada, Abraham ofreció aves, que eran una tórtola y un palomino, y partió las otras víctimas dejando intactas las aves, Gén. 15:9.

TORTUGA, (Reina, *rana;* Scio y Torres Amat, *crocodilo.*)   Reptil inmundo según el código mosaico, Lev. 11:29.   Varias clases de tortugas de tierra y de agua se encuentran en Palestina y sus alrededores. La palabra hebrea correspondiente á *tortuga* se ha traducido "carros cubiertos," en Núm. 7:3, y "literas" en Isa. 66:20, quizá por la semejanza que unos y otras tienen en la forma, con la concha que cubre á un animal.   Algunos, sin embargo, creen que la palabra hebrea se usa para designar el *dhab* ó lagartija árabe, animal muy común, que á veces mide hasta dos piés de largo y tiene una cola formidable cubierta de escamas ó espinas.

TRACONITE, *región escabrosa,* antigua Argob; en tiempo de Cristo era una provincia que se hallaba al N. E. de Palestina, y estaba asociada á Batanea, Auranitis y Gaulonitis, Luc. 3:1.   Estaba situada entre Damasco al norte y Bostra al sur; con Gaulonitis, actualmente Jaulán, al oeste, y la cordillera Jebel Hauran al este, incluyendo la moderna Lejah.   Era una región de forma oval, que comprendía una llanura áspera, á una altura de treinta piés sobre la región adyacente, compuesta de basalto negro tan duro como el pedernal, y lleno de poros y cavidades.   Aún en la actualidad buscan en esta región refugio los foragidos, como en los tiempos antiguos, 2 Sam. 13:37, 38.   Véase ARGOB.   Herodes el Grande puso á raya á los salteadores que pululaban allí.   Después de su muerte fué gobernada por su hijo Filipo, y después por Herodes Agripa.   En uno de sus pueblos llamado Feno, había una iglesia cristiana que envió representantes ó delegados á los concilios de Calcedonia y Éfeso.

TRADICIÓN.   Doctrina, opinión ó costumbre, que no se encuentra en la Biblia, sino que ha sido transmitida oralmente de generación en generación, y que se cree que tuvo su origen en alguna autoridad inspirada.   Durante los tiempos patriarcales fueron preservadas de ese modo muchas cosas valiosas y obligatorias.   La tradición, sin embargo, hace mucho tiempo que ha sido reemplazada con las sucesivas y plenas revelaciones de la voluntad de Dios.   Estas forman las Escrituras inspiradas, que son la única norma suficiente y perfecta que tenemos para arreglar nuestra moral.   Con la Biblia, por lo tanto, tenían que confrontarse todas las tradiciones,

aun antes de la venida del Salvador, Isa.
8:20, y rechazábanse como de ningún valor
las que estaban en pugna con ella, ó las
que le añadían ó le quitaban algo. Comp.
Hech. 17:11; 2 Tim. 3:15-17; Tito 1:14;
Apoc. 22:19. Los Judíos tenían numerosas
tradiciones no escritas, que según ellos lo
afirmaban Moisés había recibido en el
Monte Sinaí, y luego las había transmitido
á Josué, y este las había transmitido á los
Jueces y ellos á los profetas. Después de
sus guerras con los Romanos, en la época
en que Adriano y Severo ocuparon sucesivamente el trono imperial, en vista de que
aumentaba su dispersión sobre la tierra,
resolvieron los Judíos perpetuar sus tradiciones, que hasta entonces habían sido orales, por medio de la escritura. En consecuencia, el Rabí Judá, "el Santo," compuso el Mishna ó *segunda ley*, que es la compilación más antigua de tradiciones hebreas, como por los años de 190 á 220 A.
D. Á este texto le fueron añadidos posteriormente dos comentarios: el Gemara de
Jerusalem, probablemente por el año 370
A. D., y el Gemara de Babilonia, como por
el de 500 A. D. Estos formaban respectivamente, con el Mishna, el Talmud de Jerusalem y el de Babilonia. El contenido
de estas obras voluminosas es el que muy
pequeña es la recompensa que ofrece al
investigador que emprenda la tarea laboriosa de estudiarles. Nuestro Salvador censuró severamente en su tiempo á los defensores de esas leyendas ridículas, y les
reprochó que prefirieran las tradiciones de
los ancianos á la ley misma de Dios, y
que se adhirieran supersticiosamente á
ciertas vanas observancias, á la vez que
descuidaban el cumplimiento de sus deberes más importantes, Mat. 15:1-20; Mar.
7:1-3. Las tradiciones de la Iglesia Romana, que tienen aún menos razón de ser
que las que los Judíos antiguos conservaban antes de que hubiese sido escrito el
Nuevo Testamento, se hallan más en pugna que estas con la Palabra de Dios, y
por lo mismo, hay mayor razón para que
el Salvador las condene. La doctrina de
esa Iglesia, según la expresión de uno de
sus prelados, aprobada por el Papa Pio IX.,
es que "Debemos creer sin vacilación las
Escrituras y la tradición, por ser ambas
igualmente la Palabra de Dios." Los apóstoles apelaron á la Palabra de Dios como
autoridad, nó á la tradición, Hechos 15:2,
15-17; 17:11; 24:14; 1 Cor. 15:3, 4.

En 1 Cor. 11:2 (original); 2 Tes. 2:15;
3:6, la palabra "tradición" se refiere á las
enseñanzas inspiradas que salieron de los
labios de los apóstoles, quienes las recibieron de Dios juntamente con la autorización
de enseñarlas en su nombre; y en efecto,
en el primero de estos pasajes se traduce
"instrucciones." Estas instrucciones eran
obligatorias solamente á los que las recibían directamente de los apóstoles como
inspiradas. Si algunas de ellas hubiesen
llegado hasta nuestros días, el único modo
de probar su validez sería mostrando su
conformidad con la Palabra de Dios, puesto que la inspiración y los milagros han
cesado ya.

TRANSFIGURACIÓN, Mateo 17:1-9;
Juan 1:14; 2 Ped. 1:16-18. Tan notable
acontecimiento de la vida de Cristo acaeció probablemente por la noche, Luc. 9:37,
y en el monte Hermón ó alguna otra montaña no lejos de Cesarea de Filipos, pues
la tradición que designa el monte Tabor
como el lugar de dicho suceso, no tiene
fundamento. Véase TABOR. Una gloria
sobrenatural hizo resplandecer tanto la
persona como la vestidura del Salvador.
La ley y los profetas, representados por
Moisés y Elías, rindieron homenaje al
evangelio. Comp. Exod. 33:18. Al conversar estos con Cristo sobre el tema de
mayor importancia para el género humano, cual es el de la muerte expiatoria del
Redentor, pusieron de manifiesto la armonía que existe entre el antiguo régimen y
el nuevo, y los vínculos de simpatía que
unen al cielo con la tierra; al mismo tiempo que la voz del cielo que se dejó escuchar, dió al Salvador honor y autoridad
sobre todos. Este suceso además de su
grandioso fin de dar testimonio en cuanto
al carácter del Mesías y á la divinidad que
correspondía á Cristo, sirvió para demostrar la supervivencia, en un mundo invisible, de los espíritus desprendidos del cuerpo. Además proporcionó en la persona
del Salvador un emblema de la humanidad
glorificada, y ayudó á prepararlos, á él y á
sus discípulos, para las pruebas que iban á
sufrir, Mar. 9:2-13; Luc. 9:28-36. Los
testigos de la transfiguración fueron Pedro,
Santiago y Juan. Véase SANTIAGO.

TRAPOS, pedazos de vestidos viejos, Jer.
38:11; "vestidos viejos" eran los ya muy
usados y remendados, Jos. 9:5.

TRES. Véase NÚMEROS. La frase "tres
días y tres noches," Mat. 12:40, era equivalente en hebreo á la expresión española
"tres días," pues los Judíos empleaban la
de "un día y una noche," para denotar
nuestro día de 24 horas. Por lo mismo

expresión "tres días," que se halla en 1 Sam. 30:13, y que literalmente significa "este tercer dia," no denota necesariamente un lapso de tres días completos, sino parte de ellos, es decir, un período continuado de un día completo de 24 horas, y una parte del anterior y del siguiente. Comp. Gén. 7:12, 17; 1 Sam. 30:12, 13; 2 Crón. 10:5, 12.

TRES TAVERNAS, Hech. 28:15, lugar de la famosa vía Apia, por el que Pablo pasó al ir de Puteoli á Roma, y que está situado cerca de la población moderna de Cisterna, á 32 millas de aquella capital.

TRIBU. Teniendo Jacob doce hijos, jefes de otras tantas familias, que reunidas formaron una gran nación, á cada una de esas agrupaciones se la llamaba *tribu*. En Gén. 49, se enumeran en el orden cronológico de su nacimiento, como sigue: Rubén, Simeón, Leví, Judá, Zabulón, Isacar, Dan, Gad, Aser, Neftalí, José y Benjamín. El patriarca adoptó en su lecho de muerte á Efraím y á Manassés, los dos hijos de José, deseando que ellos constituyeran otras dos tribus de Israel, Gén. 48:5. En lugar de doce tribus, hubo entonces trece, por ser dos las que correspondían á José; pero en la distribución de las tierras que hizo Josué por orden de Dios, solamente se tuvieron en cuenta doce tribus y se formaron doce lotes ó heredades, pues la tribu de Leví, por haber sido escogida para el servicio divino, no tuvo parte en esa distribución, sino que recibió ciertas ciudades para su residencia, juntamente con el derecho á las primicias, los diezmos y las ofrendas del pueblo. Cada tribu tenía sus jefes y tribunales propios, y las doce unidas formaban, en su organización primitiva, una república federativa semejante á la de los Estados Unidos. En la división que hizo Josué de la tierra de Canaán, á Rubén, Gad y la mitad de Manassés les tocó su heredad al este, más allá del Jordán; y á todas las demás tribus y la otra parte de Manassés, se les designó la suya al oeste, del lado de acá del mismo río.

Las doce tribus permanecieron unidas formando un solo Estado, un pueblo y una monarquía, hasta después de la muerte de Salomón, cuando diez de ellas se rebelaron en contra de la casa de David, y dieron origen al reino de Israel. Véase HEBREOS.

TRIBUTO. Se daba este nombre á una compañía de hombres que estaban obligados á prestar sus servicios para la ejecución de las obras públicas, 1 Rey. 5:13, 14;

9:15. Los tiranos del Oriente han tenido siempre la costumbre de imponer este trabajo forzado, aun con gran sacrificio de las vidas de los operarios.

TRIBUTOS. Todos los Hebreos al llegar á la edad de veinte años estaban obligados á pagar un tributo anual ó capitación de medio siclo, equivalente á 25 centavos, en reconocimiento de la soberanía de Dios y para el sostenimiento del culto del templo, Exod. 30:12, 15. Refiriéndose á este tributo, Cristo dijo en substancia lo que sigue: "Si este tributo es cobrado en nombre DEL PADRE, entonces yo, que soy EL HIJO, estoy libre de pagarlo," Mat. 17:25, 26. En otros pasajes del Nuevo Testamento, tributo significa la contribución impuesta por los Romanos. Véase CONTRIBUCIÓN. A la pregunta que se le hizo al mismo Jesu-Cristo con referencia al pago de tributos á extranjeros ó idólatras, Mat. 22:16–22, respondió en términos tales que ningún partido habría podido señalarlo como rebelde ó falto de patriotismo y de religión. Tanto un partido como otro al usar las monedas del César, reconocían el poder supremo de éste. Jesu-Cristo, en tal virtud, amonesta al pueblo á que dé á los hombres lo que les es debido, y á la vez le enseña á respetar sobre todo los derechos de Aquel cuyo sello se encuentra en todas las cosas, 1 Cor. 10:31; 1 Ped. 2:9, 13.

TRIFENA y TRIFOSA, nombres de dos discípulos del apóstol Pablo en Roma, probablemente hermanas, y que fueron muy útiles en el trabajo de la evangelización, Rom. 16:12.

TRIGO. Este es el grano de mayor valor y utilidad para el hombre, y se produce en casi todas partes del mundo, Mat. 13:25; 1 Cor. 15:37. Egipto era una nación famosa por su trigo, lo mismo que la Mesopotamia, Gén. 30:14, Minnit, Ezeq. 27:17, y la Palestina misma, Deut. 8:8; Jue. 6:11; Sal. 81:16; 147:14. En el trigo común de Palestina se hallan á veces cien granos en una espiga, según se refiere en la parábola de Cristo consignada en Mat. 13:8. Comp. Gén. 26:12. El trigo se sembraba casi á fines del año: regábanlo en la tierra, y luego lo hacían pisar del ganado vacuno, Isa. 32:20. Sembrábanlo también en hileras, Isa. 28:25. Maduraba en Mayo generalmente, pero á veces un poco antes ó después según la calidad del terreno. Nacía y maduraba después que la cebada. Se hace á menudo mención de "grano (es decir, trigo) tostado," Lev. 23:14; Jos.

3:11; Rut 2:14; 1 Sam. 17:17; 25:18; 2 Sam. 17:28, y los Árabes frecuentemente

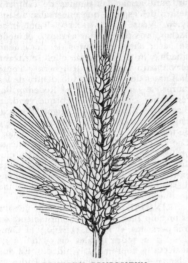

TRITICUM COMPOSITUM.

lo preparan para alimento en nuestros días poniendo varios manojos ó tostar en un fuego de chamarasca, hasta que la paja se

quema y los granos quedan algo carbonizados. Hecho esto, los echan en un lienzo, los zarandean en el viento, y los comen cuando aún están calientes. El trigo egipcio, *Triticum compositum*, tiene seis ó siete espigas en un tallo, de manera que tenía su forma usual en el sueño de Faraón, Gén. 41:5-7, 22. En las ofrendas de harina que se hacían en el culto mosaico, era ésta siempre de trigo.

TRILLAR. Se acostumbraba algunas veces desmenuzar los manojos de trigo para separar el grano de la paja, y aun en la actualidad se hace eso en el Oriente, por medio de un instrumento llamado *mayal*, Rut 2:17; Isa. 28:27, y otras trillándolo con bueyes sin bozal, Deut. 25:4; pero más generalmente se efectuaba esa operación con yuntas que tiraban de una especie de rastra haciéndola pasar sobre los manojos. Véase GRANO. El instrumento usado para ello actualmente en Palestina está formado de dos tablas gruesas y cortas unidas por sus lados, y de una figura curva en la parte anterior ó delantera, como la de los trineos, y con pedernales ó puntas de hierro por debajo, Isa. 28:27; 41:15; Amós 1:3. El modo de trillar de los Egipcios se describe por Niebuhr de la manera siguiente: " Usan bueyes como los antiguos para desgranar los manojos de

trigo, pisando sobre ellos, y tirando de una pesada máquina. No es ésta como la que se usa en Arabia, es decir, un cilindro de piedra, ni como la empleada en Siria que es una tabla gruesa con piedras filosas, sino una especie de rastra compuesta de tres cilindros ó rodillos asegurados con hierro, y que giran sobre sus ejes. Los labradores escogen un lugar plano en su campo, y hacen llevar allí su trigo hecho manojos, en burros ó dromedarios. Un jornalero se sienta sobre la rastra y hace andar en todas direcciones, sobre los manojos, á los bueyes que la tiran. De tiempo en tiempo se remudan los bueyes." De esta manera la paja queda hecha pedazos y el trigo desgranado. Al estarse practicando esta operación, se revuelven los manojos repetidas veces por medio de horquillas de madera de tres ó más dientes; y á su debido tiempo se amontonan la paja y el grano en el centro de la era. Esto mismo se ejecuta todavía en la actualidad en muchas haciendas de México. La máquina de que estamos hablando se llama *noreg*, y es equivalente á la que los Hebreos conocían con el uombre de *morag*, y de la cual se hace mención en 2 Sam. 24:22; 1 Crón. 21:23.

Cuando el grano está ya separado de la paja, se avienta en sentido contrario de la dirección del viento. Este se lleva el tamo y el trigo queda formando por sí solo un montón en la era, 2 Rey. 13:7. El procedimiento se repite si fuere necesario. Las eras están al aire libre, Jue. 6:37, y muy á menudo en las eminencias, como la de Arauna en el Monte Moría, 2 Sam. 24:18, para que así el aire ayude más eficazmente á limpiar el grano, Jer. 4:11, 12. Este se cierne algunas veces en un cedazo para limpiarlo más. Para hacer la era, se iguala el terreno lo mejor posible, y después se aprieta por medio de pisones. Booz acostumbraba dormir en su era, quizá para proteger sus semillas de los ladrones, Rut 3:3, 7. Al mismo tiempo que el trigo era recogido en las trojes, la paja se almacenaba también para emplearla en hacer fuego. De ahí el expresivo símil con referencia á los acontecimientos del día del juicio final, Mat. 3:12.

TRILLO, 2 Sam. 12:31: probablemente una máquina cortante y desmenuzadora, puesto que no hay motivo para creer que haya sido conocido por los Hebreos algo semejante á nuestros trillos ó rastras. Después de arar la tierra y antes de sembrarla en la moderna Palestina, tienen que desmenuzarse todavía los terrones por medio de pisadas de bueyes, ó arrastrando sobre ellos un gran manojo de arbustos espinosos, Job 39:10; Isa. 28:24; Ose. 10:11.

TRINCHERA ó FOSO, en 1 Rey. 18:32-38, significa una zanja circular; en 1 Sam. 26:5-7; 2 Sam. 20:15, un muro ó parapeto que á menudo se formaba arreglando los vehículos, camellos y cosas estorbosas de la caravana ó equipajes, en figura circular, para armar las tiendas de campaña dentro del espacio que encerraba, 1 Sam. 17:20. Véase CAMPAMENTO. También se hacían fosos para evitar asaltos ó el modo de pasar hasta los muros de una ciudad sitiada, y la tierra que de ellos se sacaba servía para formar la trinchera. Pocos días antes de ser crucificado dentro de los muros de Jerusalem, dijo el Redentor llorando por esa ciudad: "Porque vendrán días sobre tí, que tus enemigos te cercarán con trinchera; y te pondrán cerco, y de todas partes te pondrán en estrecho," Luc. 19:43. Los Romanos cumplieron esta profecía encerrando por completo la ciudad de Jerusalem con una trinchera hecha en tres días, á fin de que los Judíos no pudiesen ni escapar, ni recibir auxilio alguno de afuera.

TRINIDAD, la doctrina de que Jehová es un solo Dios, que existe eternamente en tres personas, el Padre, el Hijo y el Espíritu Santo, todas iguales en cuanto á su perfecta y suprema Divinidad. En sus relaciones con la humanidad, el Padre se presenta como el Creador, Preservador y Gobernador del Universo; el Hijo, como el revelador de la Divinidad y Redentor; el Espíriu Santo, como el que habita interiormente y santifica; y sin embargo, cada divina Persona aparece en armoniosa unión con las otras en sus funciones respectivas. Es una doctrina de pura revelación, principalmente en el Nuevo Testamento, si bien se encuentran indicios de ella también en el Antiguo, probablemente en varios de los nombres hebreos de Dios, que tienen una forma plural, como en Gén. 1:26: "Hagamos al hombre á nuestra imagen y semejanza;" en pasajes que hablan del Hijo, Sal. 2:7-12; del Espíritu Santo, Isa. 48:16, ó de las tres Personas á la vez, como en Núm. 6:24-27; Sal. 33:6; Isa. 6:3; 63:8-10.

Hay muchos pasajes en el Nuevo Testamento en que las tres Personas son nombradas juntamente, como en la bendición apostólica, 2 Cor. 13:14; comp. Efes. 4:4-6; en el rito ó sacramento iniciativo de la Iglesia cristiana, Mat. 28:18-20; en el descendimiento del Espíritu Santo cuando se verificó el bautismo de Cristo, Mat. 3:16, 17; en la promesa que el Salvador hizo de mandar al Consolador, Juan 14:26; y en el pasaje preliminar de la primera epístola de Pedro.

Deben agregarse á éstos todos los pasajes que atribuyen la naturaleza divina á cada una de las tres distintas Personas:

I. Al Padre: incluyendo todos los que encarnan la existencia y divinidad de Dios.

II. Al Hijo: (a) los que le dan los *nombres* de Dios, como en Juan 1:1, 2; 10:28-30; 20:28; Fil. 2:6, juntamente con Juan 5:18; Tito 2:13, y muchos otros pasajes donde se le llama Hijo de Dios: (b) los que le ascriben atributos divinos, como la eternidad, Juan 1:1; 8:58; 17:5; Colos. 1:17; el poder creador, Juan 1:1-3, 10; Colos. 1:16; Heb. 1:10; 2:10; la omnipotencia, Fil. 3:21; omnisciencia, Mat. 11:27; 1 Cor. 4:5, y honor divino, Juan 5:23; Hech. 1:24; 7:59; 2 Cor. 12:8; Heb. 1:6, juntamente con Sal. 97:7; Rom. 14:11, é Isa. 45:3; 2 Cor. 5:8-11; Fil. 2:10; 2 Tim. 4:17, 18.

III. Al Espíritu Santo. Véase.

TRIUNFO. Todas las naciones se han complacido en honrar á sus caudillos victoriosos, y el modo más usual de expresar su regocijo en tales actos, ha sido el de llevar en cortijos suntuosos á las huestes vencedoras, ciñéndoles á los jefes coronas de laurel, y haciendo ostentación de las banderas tomadas al enemigo, de los trofeos y despojos, y de los prisioneros hechos esclavos, pasándolo todo bajo arcos triunfales con músicas marciales y en medio de los vítores y aclamaciones del pueblo. Se hacen varias alusiones en las Sagradas Escrituras á escenas de esta clase, como en los cantos de María y Débora, Exod. 15:1-21; Jue. 5. Comp. Sal. 24:7-10; 110:1; Isa. 60:14. Los vencedores eran encomiados con cantos, 1 Sam. 18:6-8; 2 Crón. 20:21-28, y los muertos eran objeto de duelo, 2 Sam. 1:17-27; 2 Cró. 35:25. Estas pompas del triunfo suministraban figuras para indicar los triunfos futuros del Príncipe de la Paz, Isa. 52:7-10; Efes. 4:8; Col. 2:15, bosquejados de una manera significativa en su entrada triunfal á Jerusalem, Mat. 21:1-11.

TROAS. Ciudad marítima de Misia, en la parte N. O. del Asia Menor, situada en la costa del mar Egeo, á corta distancia al sur del lugar donde se supone estuvo la antigua Troya, cuyas ruinas ha explorado recientemente Schlieman en Hissarlick. Hallábase frente á la isla de Tenedos, y se podía ver desde el monte Ida, del cual quedaba al este. La región circunvecina, incluyendo toda la costa al sur del Helesponto, se llama también Troas ó el Troad. Era la ciudad una colonia macedónica y romana que prometía mucho, y se la llamaba Alejandría Troas. Tenía un buen puerto, y, debido á eso, Julio César, Augusto, y especialmente Constantino, trataron seriamente de establecer allí la capital del imperio. Los Turcos la llaman Eski Stamboul, la *Antigua Constantinopla*. Sus ruinas, que se ven en el centro de un bosque de encinos, son todavía grandes é imponentes. El apóstol Pablo estuvo por primera vez en Troas en 52 A. D., y de allí se embarcó para Macedonia, Hech. 16:8-11. Durante la segunda visita que le hizo, el año de 57 A. D., trabajó con buen éxito, 2 Cor. 2:12, 13. En la tercera de las visitas de que tenemos noticia, solamente pasó allí una semana, al fin de la cual obró el milagro de resucitar á Eutico, Hech. 20:5-14, 58 A. D. En 2 Tim. 4:13, parece que se da á entender que hizo el apóstol otra visita á Troas después de su prisión en Roma.

TRÓFIMO, *alimentado*, discípulo de Pablo, gentil y efesio de nacimiento, Hechos 21:29, que fué á Corinto con el apóstol, y lo acompaño en todo su viaje á Jerusalem, y el cual llevó probablemente la colecta hecha para los pobres de Judea el año 58 A. D., Hech. 20:4. Cuando el apóstol estuvo en el templo, los Judíos arremetieron contra él, gritando, "Ha metido gentiles en el templo y ha contaminado este lugar santo;" haciendo esto porque habiéndolo visto en la ciudad acompañado de Trófimo, se figuraron que él lo había introducido al atrio interior del templo, Hechos 21:27-30. Algunos años después Pablo escribió que lo había dejado enfermo en Mileto, 2 Tim 4:20. Esto no aconteció en la primera visita á dicho lugar, puesto que Trófimo lo acompañó hasta Jerusalem, ni en el viaje á Roma, durante el cual no se acercaron á Mileto. Es esta, por consiguiente, una de las circunstancias que prueban el hecho de que Pablo, una vez puesto en libertad, volvió á visitar el Asia Menor, Creta, Macedonia y tal vez España, antes de su segunda encarcelación y de su muerte. No se sabe nada más de Trófimo.

TROGILIO, nombre de un pueblo y un promontorio de Jonia en el Asia Menor entre Éfeso y la desembocadura del Meander, frente á Samos, del cual dista menos de una milla. La navegación á ese punto es intrincada, y Pablo durante su última viaje á Jerusalem pasó en una noche, á causa de no haber luna, Hech. 20:15. El promontorio es una altura que se despren de del monte Mycab.

TROMPETA. El Señor mandó á Moisés que hiciera dos trompetas de plata labrada á martillo, para convocar al pueblo cuando tuviera que levantar el campo, Núm. 10:2; para anunciar el comienzo del año civil, el del año sabático, Lev. 23:24; Núm. 29:1, y el del Jubileo, Lev. 25:9, 10. Véase Música.

La Fiesta de las Trompetas era una festividad de año nuevo, observada el primer día del séptimo mes del año sagrado, el cual correspondía al primero del año civil, llamado Tishri. Anunciábase el principio del año con el sonido de la trompeta, Lev. 23:24; Núm. 29:1, y observábase el día solemnemente, prohibiéndose en él toda clase de trabajo. Además de los sacrificios diarios y mensuales, Núm. 28:11-15, ofrecíase en nombre de toda la nación un solemne holocausto de un novillo, un carnero, un cabrito, y siete corderos nacidos el mismo año, con ofrendas de harina y vino según era costumbre cuando se ofrecían estos sacrificios en las ocasiones ordinarias. Los sacrificios que de ordinario se hacían el novilunio, eran anunciados también con la trompeta, pero esos días no eran de descanso ni de culto especial. En la Fiesta de las Trompetas, además de la trompeta recta se hacía uso de la corneta. Dicha fiesta servía de preparación para el Día de la Expiación—que era el décimo del mes de Tishri, Joel 2:15,—y en él se conmemoraba, según los Rabinos, la obra acabada de la creación. Por eso, en concepto de ellos, "se regocijaban todos los hijos de Dios," Job 38:7. El sonido de la bocina "prolongado y fuerte," indicaba el descendimiento de Jehová al Monte Sinaí, Exod. 19:16-19, y su palabra transmitida por medio de los Profetas, Ose. 8:1; Sof. 1:16; Apoc. 1:10; y servirá para anunciar la segunda venida de Cristo, Mat. 24:31; Cor. 15:52; 1 Tes. 4:16.

TRONCO, el pié de un árbol, la parte de él que queda fija en la tierra después de haber sido cortado, Isa. 11:1; comp. Job 14:8, 9.

TRONO. Emblema reconocido de la dignidad y autoridad reales, que los soberanos usaban en días solemnes, 1 Reyes 2:19; 22:10; Est. 5:1; Prov. 20:8. El mismo nombre se da también al asiento destinado á los príncipes y jueces, 1 Sam. 1:9; Sal. 122:5; Jer. 1:15. El trono de Salomón era de marfil con chapas de oro, tenía brazos, un respaldo semi-circular, y sus gradas anchas para ascender á él, en los extremos de cada una de las cuales había como de guardia dos leones dorados, 1 Reyes 10:18-20. Al cielo se le llama "el trono de Dios," y á la tierra "el estrado de sus piés," Isa. 66:1. Á su trono "alto y elevado," se le describe también como sempiterno y asentado sobre la justicia y la equidad, Sal. 45:6; 97:2. Véase Isa. 6:2-4; Ezeq. 1:26. Cristo está en el trono para siempre como Rey del Cielo, Sal. 110:1; Heb. 1:8; Apoc. 3:21; y sus fieles discípulos participarán de su gloria real, Luc. 22:30; Apoc. 4:4; 5:10. Él prohibió á los hombres el jurar con ligereza por el cielo ó por su trono, porque esto es un acto de irreverencia hacia Dios, Mat. 5:34; 23:22. En Neh. 3:7, "trono" (ó silla) significa el palacio del Gobernador; y en Col. 1:16, la palabra "tronos" se refiere á un orden de seres celestiales.

TROPIEZO ó PIEDRA DE TROPIEZO, es alguna cosa contra la cual está uno expuesto á tropezar, Lev. 19:14; 1 Juan 2:10; y se aplica así mismo ese término á un ídolo como tentación que induce á la idolatría, Sof. 1:3-5. Algunas veces se ponían estorbos por los ladrones en los caminos estrechos, para desconcertar y detener á los viajeros, y facilitar el modo de robarlos. Comp. Jer. 6:21; Ezeq. 3:20; Apoc. 2:14. La doctrina de la Cruz—de que somos pecadores que en justicia debemos perecer, y de que no podemos ser salvos sino por la gracia expiatoria de Cristo—es para el corazón no regenerado un escándalo ó piedra de tropiezo, Rom. 9:32,33; 1 Cor. 1:23; 1 Ped. 2:6-8. Véase Ofensa.

TRUENO y RELÁMPAGO son manifestaciones elocuentes del poder de Dios, y emblemas de su presencia y de un enojo excitado por nuestros pecados. Estos fenómenos se verificaron sobrenaturalmente al darse la ley, Exod. 19:16; 1 Sam. 2:10; 2 Sam. 22:14; Job 28:26; Sal. 18:13; 81:7. Al trueno se le llama poéticamente "la voz del Señor," en la sublime descripción que se hace de una tempestad llena de relámpagos, en el Salmo 29.

"Voz de Jehová sobre las aguas:
  Hizo tronar el Dios de gloria:
  Jehová sobre las muchas aguas.
Voz de Jehová con potencia;
Voz de Jehová con gloria;
Voz de Jehová que quebranta los cedros;
  Y quebrantó Jehová los cedros del Líbano,
  etc."

Véase también 1 Sam. 7:10; Job 37:1-5; 40:9; Jer. 10:13; y las sublimes visiones de Juan, Apoc. 4:5; 11:19; 16:18; 19:6; 20:9. Como ejemplificación de lo consignado en el Sal. 29:9. dice Moffat al describir una tempestad acompañada de truenos y relámpagos en el sur del África, que los antélopes huyen consternados, y que él ha observado el hecho de que los Bechuanos salen muy temprano en la mañana después de una tempestad, en busca de antélopes nacidos prematuramente. En el Sal. 78:48, "al fuego," es una expresión que significa "rayos." Los truenos y los rayos escasean mucho en Palestina durante todos los meses del verano, Prov. 26:1, y el acontecimiento mencionado en 1 Sam. 12:17, 18, fué milagroso de un modo muy patente. En Job 26:14, el sentido de la expresión "¡mas cuán poco es lo que hemos oido de él!" está en sublime contraste con el de la de "el estruendo de sus fortalezas ¿quién lo entenderá?" La solemne voz de cielo que dió testimonio de la misión de Cristo, Juan 12:28, 29, fué llamada "trueno" por algunos de los que allí estaban. Los que mejor entienden las revelaciones divinas, son aquellos que las escuchan con el corazón, Hech. 22:9. Véase Boanerges.

TUBAL, nombre de uno de los hijos de Jafet, mencionado juntamente con Mosoc y Javán, Gén. 10:2; 1 Crón. 1:5, como fundador de una nación del norte, Isa. 66:19; Ezeq. 32:26; 38:2, 3, 15; 39:1, 2, que se supone fué la de los Tybarenos que ocupaban la parte N. E. del Asia Menor. Estos eran un pueblo guerrero, y llevaban esclavos y utensilios de cobre al mercado de Tiro, Ezeq. 27:13. En las inscripciones asirias se enumeran 24 reyes de esa raza.

TUBAL-CAÍN. hijo del cainita Lamec y de Zilla, é inventor del arte de forjar metales, Gén. 4:22. Según el decir de Josefo fué célebre por su fuerza prodigiosa y por el buen éxito que tuvo en la guerra.

TURNO, el orden en que los sacerdotes tenían que desempeñar sus funciones en el templo. Véase Abía.

TURRONES. Llamábanse así una especie de tortas duras, quebradizas y agujereadas, 1 Rey. 14:3.

U.

UCAL, *pesaroso*, Prov. 30:1, é ITIEL, *Dios es*, probablemente dos discípulos de Agur, aunque tal vez estos nombres sean simbólicos de dos clases de pueblo á quienes se dirigía el hombre sabio.

UFARSIN. Véase Upharsin.

UFAZ, nombre de una región donde se encontraba oro fino, Jer. 10:9; Dan. 10:5. Este nombre en hebreo se diferencia del de Ofir en una sola letra, y muchos por lo mismo creen que denota la misma región que este último.

ULAI, *agua pura*, el Eulæus clásico, río de Persia, en cuya orilla cercana á la ciudad de Susán, tuvo Daniel aquella visión del carnero y el macho cabrío, Dan. 8:16. Este río, llamado comunmente el Coaspés, se dividía en dos brazos á unas veinte millas al N. de Susán: uno de ellos, conocido con el nombre de Eulæus, bajaba por el lado occidental de Susán, y desaguaba en el Kurún ó Pasitigris que vá á dar al Golfo Pérsico; y el otro llamado por lo general el Coaspés, y que actualmente tiene el nombre de el Kerkhah, después de pasar también al O. de Susán, corría hacia el Tigris. El lecho del Eulæus, que tiene 900 piés de ancho, se halla seco en la actualidad.

ULLA, *yugo*, nombre de un valiente príncipe de la tribu de Aser, 1 Crón. 7:39.

UMMA, *unión*, nombre de una ciudad situada en los límites septentrionales de la tribu de Aser, Jos. 19:30. Actualmente se llama Abna esh-Shaub, y se halla seis millas al N. O. de Achzib.

UNCIÓN, I. El ungimiento era costumbre establecida entre los Hebreos y otras naciones orientales, y su omisión era señal de duelo, Isa. 61:3. Se ungían con aceite ó ungüento el pelo, la cabeza y la barba, Sal. 104:15; 133:2. En sus fiestas y regocijos se untaban todo el cuerpo; pero algunas veces sólo la cabeza ó los piés, Sal. 23:5; Mat. 6:17; Juan 12:3. Era también una manifestación de respeto hacia los huéspedes, Luc. 7:38, 46, y un símbolo de prosperidad, Sal. 92:10; Ecles. 9:8. Se creía que el untarse la cutis de aceite era saludable.

Empleábase pués la unción en aquel tiempo, y se emplea todavía, como medicina, Mar. 6:13; Sant. 5:14; pero las *curaciones* milagrosas que los apóstoles efectuaban por medio de ella, no presentan fundamento alguno en que pueda apoyarse la ceremonia que practican los católicos-romanos poco antes de la *muerte*, y que llaman "extrema unción." De esta ceremonia nada se oyó decir en la Iglesia sino hasta el siglo 12º. Practicábase también la unción de los cadáveres para preservar los de la corrupción, Mar. 15:8; 16:1; Luc. 23:56. Los reyes y los sumo-sacerdotes eran ungidos en su inauguración, y algunas veces los profetas, Ex. 29:7, 29; Lev. 4:3; Jue. 9:8; 1 Sam. 9:16; 1 Rey. 19:15, 16, así como también los vasos sagrados del tabernáculo y del templo, Exod. 30:26.

705

Al rey Saúl se le llama "el ungido del Señor," así como á David y Sedecías, 1 Sam. 24:6; 2 Sam. 23:1; Lam. 4:20, y á Ciro que fué exaltado por convenir así á los designios de Dios, aunque no fué ungido con aceite. Por igual razón, al sumo-sacerdote se le llama "el ungido sacerdote." Esta unción de las personas y cosas sagradas significaba que habían sido separadas para el servicio de Dios, y dedicadas á él, y la costosa y fragante mixtura destinada á este objeto era prohibida para los demás, Ex. 30:23-33; Ezeq. 23:41. Véanse CRISTO y MESÍAS. Los cristianos son especialmente ungidos por el Espíritu Santo para el conocimiento y la santidad, 2 Cor. 1:21; 1 Juan 2:20, 27.

II. 1 Juan 2:20, 27. Se da también el nombre de UNCIÓN, *ungimiento*, á la comunicación especial que Cristo hace de la influencia del Espíritu Santo á los creyentes, guiándolos á la posesión de toda verdad y santidad. Actualmente se usa á menudo el mismo término para significar el auxilio divino que se recibe en la predicación, implicando algo mucho más elevado que la simple energía y el entusiasmo.

UNGÜENTOS, hechos de varios ingredientes mezclados y hervidos, Job 41:31, eran muy usados por los antiguos Hebreos, nó principalmente como medicamento, según se acostumbra entre nosotros, sino por gusto ó regalo, Rut 3:3; Sal. 104:15; Cant. 1:3; Mat. 6:17; Luc. 7:46. Usábase también en los funerales, Mat. 26:12; Juan 12:3, 7; 19:40. El perfume del ungüento se mezclaba comunmente con aceite de olivo, y nó con extractos volátiles y esencias. El ungüento sagrado se describe en Exod. 22:33. Este se usaba para ungir el tabernáculo, la mesa, los vasos, el candelero, el altar del incienso, el de los holocaustos y sus vasos, el lavadero y los sacerdotes, Ex. 29:7; 37:29; 40:9, 15; Sal. 133:2. Los ungüentos de los ricos eran hechos de ingredientes muy costosos, y su fragancia era altamente elogiada, Isa. 39:2; Amós 6:6; Mat. 26:7-9; Juan 12:5. Véase UNCIÓN.

UNICORNIO, *de un cuerno*, en griego MONOKEROS, palabra que ha servido de traducción á la hebrea REEM en la versión de los Setenta. El término hebreo significa *derecho*, y no alude de manera alguna al número de cuernos. El REEM, en las Escrituras, se menciona por lo general juntamente con los ganados, Isa. 34:6, 7, y

se cree ahora que era un animal grande de la familia del bisonte ó del búfalo, el

Bos primigenius ó *aurocks*, ya extinto, de inmensa fuerza y ferocidad, semejante al toro silvestre representado tan frecuentemente en los monumentos asirios, y tan formidable adversario de los cazadores como el león.

UNIGÉNITO ó único hijo, Lev. 7:12, título bíblico de Cristo, que sugiere una misteriosa relación entre él y el Padre, que no hay palabras humanas que puedan expresar debidamente, ni entendimiento finito que pueda comprender, Juan 1:14.

UÑA OLOROSA, ingrediente del incienso sagrado cuya fragancia perfumaba el santuario, Exod. 30:34. Se conjetura que significa el Blatta Bizantina de las tiendas, que se compone de la concha de una especie de almeja, y cuando se quema despide un olor de almizcle. La mejor uña olorosa se halla en el Mar Rojo, y es blanca y grande.

UPHARSIN ó UFARSIN, *están dividiendo*, palabra caldea en forma plural, de significación activa, y con una conjunción prefija, de un modo contrario á PERES, que, aunque viene de la misma raíz, es un participio de significación pasiva, y quiere decir *quebrado ó roto*, Dan. 5:25, 28.

UR, *luz*, I., la capital de los Caldeos, residencia de Taré, y lugar donde nació Abraham, Gén. 11:28, 31; 15:7; Neh. 9:7; Hech. 7:2-4. Hace mucho tiempo que fué identificada con la ciudad de Orfa, que se halla en la parte N. O. de la Mesopotamia, y que tiene una población de 40.900 habitantes compuesta de Turcos, Árabes, Kurdos, Judíos, y Cristianos armenios. Tanto los Judíos como los Musulmanes la honran como la primera patria que tuvo Abraham.

706

ESTANQUE DE ABRAHAM EN ORFA.

Hay un estanque cerca de allí que lleva el nombre del patriarca, y una cueva en que se dice que habitó, la cual se halla cubierta por una mezquita especialmente venerada. Otras autoridades han situado á Ur en Warka, en la Mesopotamia meridional, 120 millas al S. E. de Babilonia. Véase EREC. Algunos geógrafos más modernos se inclinan á situarla en Mugheir, cerca de la orilla occidental del Eufrates, un poco más arriba del punto en donde este río se une con el Tigris, á 125 millas del Golfo Pérsico. Esta región de la Babilonia meridional parece haber sido la antigua Caldea, así como la situada al N. era Mesopotamia, Job 1:17; Isa. 13:19; 43:14. Las ruinas de Mugheir cubren un espacio de 1,000 yardas de largo por 800 de ancho, y consisten en un gran número de terraplenes pequeños rodeados de innumerables tumbas, y de los restos de un templo muy antiguo edificado en varios periodos. En cada uno de los ángulos interiores de este, se han encontrado cilindros y planchas con el registro de una serie de reyes, desde Urukh por el año 2230 A. C., hasta Nabonnedus por el de 540 A. C. Este fué el último de los reyes babilónicos, y se asoció en el gobierno á su hijo mayor, Baltasar. Véase BALTASAR. La región que se extiende al rededor de Mugheir, es ahora un pantano inhabitable.

II. Nombre del padre de uno de los guerreros de David, 1 Crón. 11:35.

URBANO, *perteneciente á una ciudad* Rom. 16:9, Romano discípulo de Pablo compañero suyo en la ejecución de sus trabajos cristianos.

URI, *igneo*, I., hijo de Ur y padre de Bezaleel de la tribu de Judá, Exod. 31:2; 35:30; 38:22; 1 Crón. 2:20; 2 Crón. 1:5.

II. Nombre de uno de los proveedores que Salomón tenía en Galaad, 1 Rey. 4:19

III. Nombre de uno de los porteros del templo después de su restauración, Esdras 10:24.

URÍAS, Mat. 1:6, *la luz de Jehová*, I. Heteo que se contaba entre los 37 guerreros principales ó valientes de David, 2 Sam 23:39; 1 Crón. 11:41, marido de la hermosa Bersabé á quien amaba entrañablemente, 2 Sam. 12:3. Tenía su casa en Jerusalem, cerca del palacio real, 2 Sam. 11:2, y era un patriota noble é hidalgo que rehusó pasar la noche en su casa por ser tiempo de guerra, cuando David le instaba á que lo hiciera, esperando ocultar por ese medio el crimen que había cometido, vers. 9-13 Después, en una batalla librada contra los Ammonitas, fué expuesto villanamente á una muerte segura, por orden de David quién de esa manera se apoderó de Bersabé, vers. 16-27; 12:9-15.

II. Nombre de un sumo-sacerdote durante el reinado de Acház, y el cual se supone sucedió á Azarías en el reinado de Ozías, y tuvo á su vez por sucesor á otro Azarías en el reinado de Ezequías. Isaías le llama "testigo fiel," Isa. 8:2; pero cometió una falta al construir, á petición del rey, Exod. 27:1-8; 38:1-7, un altar según el modelo del que el monarca había visto en Damasco, el cual era diferente del prescrito por la ley, y en dar á ese altar un lugar de honor en el santo templo, 2 Reyes 16:10-16; comp. 23:12; 2 Crón. 28:23-25.

III. Nombre de un sacerdote que existió después de la cautividad, Esd. 8:33; Neh. 3:4, 21.

IV. Nombre del hijo de Semeí, profeta fiel de Cariat-jearim, perteneciente á la tribu de Judá, en tiempo del rey Joaquim, Jer. 26:20. Confirmó las predicciones de Jeremías en contra de Judá, y habiendo huido á Egipto en busca de refugio contra la cólera del rey, fué de allí enviado de nuevo á Jerusalem por Faraón-necao á quien se le pidió su extradición. Á su regreso fué asesinado de una manera infame, y sepultado sin honores ningunos, Jer. 26:20-23. Comp. 2 Rey. 24:4.

V. Nombre de uno de los sacerdotes que ayudaron á Esdras cuando leyó al pueblo el libro de la ley, Neh. 8:4.

URIEL, *fuego de Dios*, I., nombre del padre de Ozías. Era Levita de la familia de Coat, 1 Crón. 6:24.

II. Uno de los jefes de los Coatitas en tiempo de David, y el cual se distinguió en la translación del arca de la casa de Obed-edom á Jerusalem, 1 Crón. 15:5, 11.

III. Nombre del padre de la esposa favorita de Roboam, nieta de Absalóm, 2 Cró. 11:20, y madre de Abías, 2 Crón. 13:2.

URIM y TUMMIM, *las luces y perfecciones*, ó *la luz* y *la verdad*, nombre del medio establecido por la Divinidad para dirigirle preguntas, y que por su significado deja comprender que las revelaciones eran verdaderas. Debió de ser conocido de los Judíos en un periodo anterior al en que se menciona por primera vez en las Escrituras, Exod. 28:15-30. Se colocaba dentro ó encima del pectoral del sumo-sacerdote, Lev. 8:8, y es probable que este lo tenía puesto siempre que llevaba el efod, puesto que se usaba fuera de este último, Núm. 27:21; 1 Sam. 14:3; 23:9, 11; 30:7, 8; 2 Sam. 2:1; y siempre que el sumo-sacerdote pedía la dirección de Dios, Jue. 1:1;

20:18, 28; 1 Sam. 14:18, 19. Fuéle otorgado como una prerogativa especial á la tribu "santa" ó consagrada de Leví en la sucesión de sus sumo-sacerdotes, Deut. 33:8, 9; pero no se menciona más después de la época de Abiatar, 1 Sam. 23:6-12; 28:6; 2 Sam. 21:1, y estuvo perdido por algún tiempo durante la cautividad, Esd. 2:63; Neh. 7:65. Comp. Juan 11:51. El rey Saúl trató de adquirir informes por medio de él, pero no obtuvo contestación, 1 Sam. 28:6. Parece que el Terafim reemplazó, aunque sin la debida autorización, al Urim, Ezeq. 21:21; Zac. 10:2. No se sabe de qué materia ó de qué forma eran el Urim y el Tummim, ni de qué manera revelaba el Señor su voluntad por medio de ellos. Según Josefo y los Rabinos, las doce piedras del pectoral formaban ese oráculo divino; y algunos conjeturan que revelaban la voluntad de Dios emitiendo un brillo extraordinario. En opinión de otros, las palabras Urim y Tummim, ó más bien el sagrado nombre de Jehová grabado en una lámina de oro, ó en una ó dos piedras preciosas, comp. Apoc. 2:17, y colocadas dentro del racional, formaban el oráculo. Cuando había que usar el Urim y Tummim para consultar al Señor, si esto pasaba en Jerusalem, el sumo-sacerdote se ponía sus vestiduras, y dirigiéndose al lugar santo, se ponía de pié frente á la cortina que separaba á este del lugar santísimo, y entonces volviéndose hacia el arca y el propiciatorio donde se manifestaba la presencia de la Divinidad, proponía el asunto sobre el cual deseaba adquirir "luz y verdad." Véase RACIONAL.

USURA ó LOGRO es una palabra que en sentido bíblico quiere decir solamente rédito ó interés, pues que antes no se le daba el mal significado que ahora tiene, Luc. 19:23. Los Judíos estaban en libertad de exigir cierto interés á los extranjeros, Deut. 39:19, 20, pero les estaba prohibido el cobrarlo entre sí, Exod. 22:25, pues se les habían dado instrucciones respecto de que prestaran dinero, etc., sólo animados por un sentimiento de fraternidad, "no esperando de ello nada," Deut. 15:7-11; Luc. 6:33-35. La exacción de la usura propiamente dicha, hebreo *devorar*, es á menudo censurada, Neh. 5:7, 10; Sal. 15:5; Prov. 28:8; Jer. 15:10; Ezeq. 22:12, 14. Algunas veces se tomaban los terrenos en hipoteca con un interés excesivo, Lev. 25:36, 37; Ezeq. 18:8, 13, 17. Este abuso fué improbado por Nehemías 5:3-13, y por nuestro Señor, Luc. 6:30-35; pero no eran censurados los préstamos de dinero con un interés moderato, Mat. 25:27. El código mosaico se adaptaba á un pueblo que no era comerciante; con todo, sus principios de equidad y caridad son de obligación perpetua y universal.

UVAS, el fruto de la vid. Las uvas de Palestina eran muy hermosas, de gran tamaño y de muy buen sabor, Núm. 13:24. Sucede en la actualidad en ese país, y probablemente siempre ha pasado lo mismo, que en el vino que se fabrica se emplea sólo una pequeña parte del producto anual de los viñedos. El Dr. Robinson dice: "Ningún vino se hace de los viñedos tan extensos de Hebrón, excepto un poco que fabrican los Judíos." Cuando las uvas están todavía verdes se preparan de varias maneras para usarlas como alimento; y se secan al sol, ó se conserva su jugo en botellas para tener todo el año una bebida ácida y vegetal, Núm. 6:4. Las uvas maduras pueden conseguirse en Siria por cuatro ó cinco meses, Lev. 26:5; y cuando la estación termina, se cuelgan muchas en racimos convenientemente protegidos, y permanecen sin secarse durante todo el invierno. Las uvas son sumamente baratas, y forman una parte no pequeña del alimento común. Las uvas maduras se ponen también á secar hasta convertirlas en pasas; y se hace uso de estas cuando se acaban las uvas colgadas, hasta que haya otra cosecha. El jugo exprimido se hace hervir para formar un jarabe llamado *dibs*, que todas las clases del pueblo usan mucho como condimento.

Además de la ley que protegía el crecimiento de las parras por tres años, (véase PRIMICIAS), había otra que exigía á los Judíos que dejasen á los pobres la rebusca de sus viñedos, Lev. 19:10, 23. La ley permitía también al que pasaba por un viñedo cortar algunas uvas para comérselas allí mismo, pero nó que se llevara algunas, Deut. 23:24. En todas partes encontramos pruebas de la admirable benignidad que caracterizaba la legislación mosaica.

Un viñedo despojado de casi todos los racimos que formaban su tesoro, era una imagen que se empleaba mucho para denotar la desolación, Isa. 17:6; 24:13; Abd. 5. Véase VID.

"Uvas silvestres" eran el fruto de una vid silvestre, probablemente el *Vitis labrusca* de Lineo. Su fruto se llama *oenanthes* ó vino corriente. Nunca se madura, y sirve sólo para hacer agraz con su jugo. En Isa. 5:2, 4, Dios se queja de que habiendo plantado á su pueblo como una vid escogida, una excelente planta, y del cual por lo mismo tenía derecho á exigir buen fruto, ese pueblo produjese sólo uvas silvestres, fruto de mal olor y de mal gusto.

UZAI, *fuerte*, Neh. 3:25.

UZAL, *saliendo*, nombre del sexto hijo de Joctán, Gén. 10:27; 1 Crón. 1:21. El lugar en donde vivía ha sido identificado por algunos escritores judíos, con Sana en Yemen, Arabia Feliz, distante 150 millas de Aden, y 100 del Mar Rojo, y la cual es una ciudad grande situada en un lugar imponente, con fortificaciones, hermosas casas, minaretes, etc., y con una población de 15,000 Judíos mezclados con Árabes.

UZZA, UZZI, UZZÍA, UZZIAS. Véanse OZA, OZI, etc.

V.

VALLADO ó SETO. En el Oriente se ven todavía con frecuencia hileras de arbustos espinosos sobre paredes hechas de tierra seca ó de piedra, Sal. 80:12, 13; Isa. 5:5; Miq. 7:4; y son una formidable barrera en el camino del perezoso, Prov. 15:19. En una de sus parábolas nuestro Señor pone en contraste las angostas veredas que hay entre los setos de espinas, Núm. 22:24, con los caminos reales, Luc. 14:23.

VALLADOS. Para la protección de los viñedos y jardines, se hacían muchas de ellos de piedras ó de grandes témpanos de tierra, secados al sol, y á algunas se les ponían encima setos de zarzas, Sal. 80:12; Miq. 7:4. Servían de guardia á las serpientes y á las langostas, Ecles. 19:8; Nah. 3:17.

VALLE. Nada menos que cinco palabras hebreas se emplean para designar diversas especies de terrenos bajos situados entre las montañas y alturas de Palestina. Véase CANAÁN. Una de ellas, BIGAH denota por lo general una llanura plana y ancha, rodeada de terrenos más elevados y á menudo se traduce "campo," como en Gén. 11:2: "valle" como en Isa. 40:4, y "barra" como en Amós 1:5. Esta palabra se emplea al hacerse referencia al campo de Ono, Neh. 6:2; al de Coelo-Siria, Josué 11:17; 12:7, y al que se halla en la parte más baja del Jordán, Deut. 34:3.

El segundo vocablo, EMEG, significa un valle largo y ancho rodeado de cerros, como el de Ajalón, Jos. 10:12; el de Hebrón y el de Josafat, Joel 3:2, 12.

El tercero, GAI, denota un valle profundo á manera de cañada, como el de Hinnom, Jos. 15:8. Aplícase al valle de la Sal, 2 Sam. 8:13; á la cañada donde fué enterrado Moisés, Deut. 34:6; y se usa en la expresión traducida "el valle de la sombra de la muerte," Sal. 23:4, empleada para describir un estado sumamente peligroso y triste del alma. Véase el grabado correspondiente á la palabra SELA.

La cuarta palabra, NACHAL, corresponde á la moderna "wady" ó cañada, que es un valle angosto por donde corre agua, y que está más ó menos lleno por una corriente rápida durante el tiempo de las lluvias, pero seco la mayor parte del año. En Palestina son muy abundantes los "wadys," y por lo mismo la palabra hebrea correspondiente á esta ocurre muy á menudo, y se traduce, según el sentido que le corresponda, "riachuelo," "llano," "río," ó "valle." Se aplica así mismo á los arroyos ó torrentes Gerar, Escol, Querit, Cedrón, etc.

Por último, la quinta palabra, SHEFELA, se aplica al extremo llano que baja desde las montañas de Judá hasta el Mediterráneo, y se le llama á menudo "el llano," como en Deut. 1:7; Jos. 11:40; 11:2, 16; 15:33. En 1 Rey. 10:27, se ha traducido "campos," lo mismo que 2 Crón. 1:15 y Jer. 33:13; "campiñas" en 1 Crón. 27:28; Jer. 32:44; Zac. 7:7, y "campañas" en 2 Crón. 9:27. Véase SHEFELAH.

Hay además otra palabra hebrea, ARABAH, de aplicación especial, que se encuentra en Núm. 22:1; 35:1; Jos. 3:16; 2 Sam. 2:29, etc., y denota el gran valle que se halla al sur del Mar Muerto, así como su prolongación hacia el norte por la orilla de ese mismo mar y del Bajo Jordán. Véase ARABAH.

VALLE DE LA SAL. El sitio de dos victorias alcanzadas sobre los Idumeos: la de David, 2 Sam. 8:13; 1 Crón. 18:12; Sal. 60; comp. 1 Rey. 11:15, 16; y la de Amasías, 2 Rey. 14:7; 2 Crón. 25:11. Comunmente ha sido identificado con el extenso y desolado valle El-Ghor, que se dilata al sur del Mar Muerto, cerca de ocho millas, hasta los peñascos calizos llamados antiguamente Akrabbim. Esta llanura está en partes blanqueada de sal; contiene pantanos y ríos salobres, y se halla limitada al N. O. por la montaña de sal Jebel Usdum. La palabra hebrea, sin embargo, denota una barranca más bien que un valle, y las circunstancias que ocurrieron en conexión con la victoria de Amazías, parecen indi-

710

car una localidad más cercana á Sela, 50 millas al sur del Mar Muerto; y se ha sugerido en tal virtud, que el nombre hebreo dado á ese sitio puede referirse á algún antiguo nombre idumeo que no se aplica á la sal.

VALLE DE SITIM ó torrente invernal, Joel 3:18, probablemente una cañada al oeste del Jordán; identificado por algunos con la garganta por la cual corre el Cedrón al Mar Muerto en las estaciones lluviosas. Comp. Ezeq. 47:1, 8.

VANIDAD. Esta palabra en la Biblia no denota por lo general amor propio ú orgullo, 2 Ped. 2:18, sino á veces vacío y esterilidad, Job 7:3; Sal. 144:4; Ecles. 1; otras, maldad, especialmente la mentira, Deut. 32:21; Sal. 4:2; 12:2; 24:4; 26:4; 41:6; 119:37; 144:8, y en ocasiones también se designan así los ídolos y la idolatría; 2 Rey. 17:15; Jer. 2:5; 18:15; Jonás 2:8. Compárese la siguiente expresión de Pablo: "los cuales mudaron la verdad de Dios en mentira," Rom. 1:25. "En vano," en el tercer mandamiento, Exo. 20:7, quiere decir "sin necesidad" é "irreverentemente." "Hombres vanos," 2 Crón. 13:17, son los de costumbres relajadas, y de malas inclinaciones.

VARA, vástago ó rama de árbol, Gén. 30:37; Isa. 11:1; usada como báculo para andar, Gén. 32:10; 38:18, 25, y que por lo mismo es símbolo de apoyo, Lev. 26:26; Ezeq. 4:16. Era también empleada por los pastores para guiar, sujetar y defender sus rebaños, Exod. 4:2; comp. 3:1; Lev. 27:32; Miq. 7:14, y por los superiores para corregir á un subordinado, Exod. 21:20, y en ese concepto era también un símbolo de la Providencia de Dios que guía, defiende y castiga, 2 Sam. 7:14; Job 9:34; 21:9; Sal. 23:4; Miq. 6:9. Los gobernantes la llevaban como insignia de autoridad, Gén. 49:10; Núm. 17:2, 3, 6; Sal. 2:9; 125:3; Ezeq. 19:11, 12, 14; Apoc. 19:15. Usábanla también los labradores para apalear ciertas semillas, Isa. 28:27; los agoreros, Oseas 4:12; Apoc. 11:1. La frase, "vara de la heredad de Dios," Sal. 74:2; Jer. 10:16, podría traducirse la tribu ó él pueblo; comp. Deut. 4:20. Las dos palabras que allí se emplean significan renuevos, ó bien cetros de gobernantes, y se usan á menudo también por "tribus," como en Gén. 49:16, 28; Exod. 31:2; comp. Mat. 24:30. Acaso en el pasaje de que tratamos se refieran á Israel en virtud de estar bajo la vara especial ó gobierno de Dios, ó á la medida y repartición de la tierra hecha por medio de una vara, Ezeq. 40:3. Por una metáfora la palabra "vara" puede denotar la tierra medida así. Compárese Deut. 32:9, en donde la palabra "cordel" es realmente la cuerda ó instrumento que de costumbre usaba el encargado de medir los terrenos. Comp. Sal. 78:55; Amós 7:17; Zac. 2:1. Las ovejas pasaban bajo la vara para que se contasen cuando entraban al redil ó salían de él; y al diezmar los corderos, se señalaba cada décimo carnero con el extremo de una vara que previamente se había sumergido en pintura colorada, Lev. 27:32; Jer. 33:13. Puede haber una alusión á esta costumbre en Ezeq. 20:37, significando el acto de volver Israel á ser propiedad del Señor. En Isa. 10:26, la referencia es á las manifestaciones del poder de Dios por medio de la vara de Moisés.

VASOS REDONDOS ó BOLAS, como en 1 Rey. 7:41, adornos esféricos puestos en los chapiteles de las columnas, 2 Crón. 4:12, 13.

VASTI, *bella*, nombre de la reina de Persia á quien repudió Assuero su marido, por haberse negado á presentarse sin velo delante de los concurrentes á una orgía, Ester 1, ofendida sin duda de la humillación de ser tratada como bailarina.

VAGA ó VAMOS, Reina, *Dadacia*, que es traducción literal del hebreo; exhortación ó modo de llamar la atención, Gén. 11:3, 4.

VELA. Cierta división de las horas de la noche. Para el efecto de la disciplina militar, los Hebreos, según parece, habían dividido las horas entre la puesta y la salida del sol, en tres velas: la primera hasta las 10 P. M., y la segunda hasta los dos A. M., Jue. 7:19; Exod. 14:24; 1 Sam. 11:11. Después de la dominación de los Griegos y de los Romanos, las horas de la noche fueron divididas en cuatro velas, Mat. 14:25; Mar. 13:35; Luc. 12:38. De los cuatro cuaterniones que custodiaban á Pedro, cada uno estaba de guardia tres horas en el día y tres en la noche, Hech. 12:4.

VELADOR. Dan. 4:13, 17, 23, designación figurada de los seres celestiales, que tal vez eran ángeles, según los vió Nabucodonosor en su sueño. En Jer. 4:16, se les llama GUARDAS.

VELETE, velo rico y gracioso para la cabeza, Ezeq. 13:18, 21.

VELO. Artículo indispensable del traje de calle de las señoras orientales, las cuales viven así sustraidas de las miradas de los hombres, con excepción de sus mari-

dos y de sus parientes más cercanos, Gén. 24:65. Si alguien sorprende á una señora egipcia con el velo levantado, inmediatamente se lo baja sobre el rostro, lanzando una exclamación poco más ó menos en estas palabras: "¡Ay, qué desgracia!" El levantar ó quitar el velo á una mujer equivale á insultarla ó degradarla, Cant. 5:7 1 Cor. 11:5, 10. La costumbre de usar velos, sin embargo, no ha prevalecido en todos los tiempos. En las esculturas asirias y egipcias no se encuentran. El Mahometanismo ha influido mucho en la introducción de esta costumbre. Sara, la esposa de Abraham, Rebeca y sus campañeras al lado del pozo, no los usaron, según parece Gén. 12:14, 15; 24:16, 65; 29:10; 1 Sam. 1:12. Compárese también Gén. 38 14, 15, Prov. 7:13. Moisés se puso un velo sobre el rostro cuando concluyó de hablar al pueblo, Exod. 34:33. Véase ABIMELEC.

Los velos eran de diferentes clases. Los que actualmente se usan en Siria y en Egipto, pueden dividirse en dos clases: los grandes y algunas veces gruesos, y otros pequeños y delgados. El velo para andar dentro de la casa, es por lo general de muselina delgada; se prende del peinado, y cae sobre la espalda, algunas veces hasta los piés. Para salir á la calle se ponen delante del peinado un velo semejante, el cual cubre en parte el rostro y llega hasta bien abajo. Otra clase de velo para salir, consiste en un manto ó pieza grande de seda negra, de lino, ó de algún género ordinario. Es bastante grande para cubrir todo el cuerpo, dejando descubierto solamente uno de los ojos, Cant. 4:9. Tal es el velo que llevaba Rut, cap. 3:15, ó el mantoncillo de que se habla en Isa. 3:22. Este es el único velo que usan muchas mujeres

La palabra griega traducida "potestad" en 1 Cor. 11:10, significa probablemente un velo como señal de la autoridad que por derecho corresponde al marido, y de la sujeción en que debe estar la mujer. Debía ser usado en las reuniones religiosas "por causa de los ángeles," es decir, por razón de la presencia de los ministros ú otros de la iglesia, que por no estar acostumbrados á ver descubierta la cara de las mujeres, pudieran distraerse al estar desempeñando las funciones propias de su ministerio. Para el "velo del Templo," véanse TABERNÁCULO y TEMPLO.

VENGADOR DE SANGRE. Lo sagrado de la vida humana y la justicia de castigar el asesinato con pena de muerte, se fundan en el hecho de que el hombre fué formado á la imagen de Dios, Gén. 9:6. En las sociedades nuevas ó atrasadas el desagravio ó venganza personal es el modo más popular de castigar el crimen, y tanto en la antigüedad como ahora ha predominado en el Oriente. Compárese Gén. 34. La ley mosaica, por medio de justas y humanitarias prescripciones, reglamentó y restringió esa institución, que era tan antigua y estaba tan profundamente arraigada, Deut. 24:16. Comp; 2 Sam. 14:6-11. Véase REFUGIO. Al mismo tiempo el espíritu y la tendencia de la ley, así como el mandamiento directo del evangelio, se oponen á todo sentimiento ó acto de venganza, Exod. 23:5; Lev. 19:17, 18; Prov. 20:22; 24:29; Mat. 5:39; Rom. 12:19, 20; 1 Ped. 3:9.

Entre los Árabes. el pariente más cercano de una persona asesinada tenía que perseguir al agresor hasta que lograba darle muerte. La ley de Moisés prohibía expresamente que se aceptara rescate alguno por la vida que la justicia debía quitar al asesino, Núm. 35:31; pero intervenía entre una persona acusada y su perseguidor, proveyendo un sagrado en el altar de Dios y en las seis ciudades de refugio, en donde el acusado podía estar á salvo hasta que se hubiese probado si había cometido ese acto voluntaria ó accidentalmente, Jos. 20:6, 9. En el primer caso tenía que ser entregado inmediatamente á su perseguidor para que se le diera la muerte, Exod. 21:14; 1 Rey. 2:29, 34. En el segundo, podía vivir con seguridad en la ciudad de refugio; pero si se iba á alguna otra parte antes de la muerte del sumo sacerdote, quedaba expuesto á que lo matase el vengador de la sangre, Núm. 35:25-28. Véase REFUGIO.

712

VENGANZA, en Deut. 32:35; Rom. 12:19; Jud. 7; Heb. 10:30, quiere decir vindicta ó justicia vengadora, que es una prerogativa de Dios que estorban los que ilícitamente tratan de vengarse por sí mismos. Véase IRA. En Hech. 28:4, muchos suponen que los habitantes de la isla se refieren á la diosa de la justicia, Dikè, á quien los Griegos y los Romanos consideraban como hija de Júpiter, y la miraban como á una deidad independiente, justa é implacable.

VENTANA, Gén. 6:16; 1 Rey. 6:4; 7:4, 5, se llamaba así una abertura practicada en la pared, protegida antiguamente por persianas en lugar de vidrios, Ecles. 12:3. Por lo general las ventanas daban al patio interior de la casa, pero muy á menudo una ó dos caían á la calle, y desde ellas se podía ver á cualquiera persona que se aproximara, Jue. 5:28; 2 Sam. 6:16; Prov. 7:6; Cant. 2:9. Cuando se abría la reja de la ventana, había riesgo de caer, 2 Rey. 1:2; Hech. 20:9. Los espías que estaban en Jericó, y Pablo en Damasco, se escaparon saliéndose por las ventanas de los cuartos en que estaban, Jos. 2:15; 2 Cór. 11:33. Véase CASA.

VER. Por un modismo hebreo, este término se usa á menudo para expresar una percepción adquirida por un medio distinto del de los ojos, Exod. 20:18, y es algunas veces equivalente á "gozar," Job 7:7; Sal. 27:13. Ver la cara del rey, implica un privilegio especial de acercarse al rey, como el que se otorga á un favorito ó cortesano principal. El ceremonial de la corte persa era especialmente severo. Comp. Mat. 18:10; 1 Cor. 13:12; Apoc. 22:4. Véase ROSTRO.

VERBO Ó PALABRA, en Griego LOGOS, uno de los nombres de la segunda Persona de la Santísima Trinidad, el cual indica que Dios se revela por sus hechos y enseñanzas, de la misma manera que el pensamiento se revela por medio de la palabra, 1 Juan 1:1; 5:7; Apoc. 19:13. "La palabra del Señor," era una expresión usual en el Antiguo Testamento, para denotar alguna revelación de Jehová, Gén. 15:1,4; 1 Sam. 3:1; 1 Rey. 6:11; 16:1, 7, 12, 34; 18:1, 31; 1 Crón. 17:3; Jer. 1:2, etc.; Dan. 9:2. En el relato que se hace de la creación, la acción de Jehová se expresa por medio de la frase: "Y dijo Dios," Gén. 1:3, y esta misma obra se atribuye en otros pasajes á su "palabra," Sal. 33:6, 9. Véase también Sal. 107:20; 147:15, 18; Isa. 55:11; Heb. 4:12, 13.

Mucho antes de la venida del Mesías

los que parafraseaban la Biblia usaban la expresión "la palabra del Señor," en donde quiera que el término "Jehová" ocurria en el original; y el aclarar su verdadero sentido y aplicarla á nuestro Salvador, fué tarea de la mayor importancia para Juan, el último escritor inspirado, pues durante los últimos años de la vida de este habían comenzado á introducirse en la iglesia cristiana, respecto de la persona de Cristo, ciertos errores tomados de la filosofía oriental. Este evangelista describe al "Verbo" como un sér personal y divino, existente por Sí mismo y co-existente desde la eternidad con el Padre, distinguiéndose sin embargo de Él en su calidad de Hijo; Creador de todas las cosas, manantial de toda vida y luz de los hombres, y el cual, llegada la plenitud del tiempo, se hizo carne en medio de los hombres, Juan 1:1-3, 14. El Evangelio de Juan trata muy á fondo y con mucha claridad de la divinidad de Jesu-Cristo, Juan 20:31.

VERSIÓN GRIEGA del Antiguo Testamento, ó SEPTUAGINTA, *setenta*, primera versión griega del santo libro. Su nombre, denotado á menudo con los numerales romanos LXX., dimana de que según una tradición generalmente admitida, los traductores eran de 70 ó 72 en número. Según Josefo fueron enviados á Alejandría seis ancianos de cada tribu, con un ejemplar de la ley, á petición de Ptolomeo Filadelfo, y la tradujeron en 72 días. Las relaciones hechas acerca del origen de la traducción varían en algunos puntos, pero concuerdan en establecer que fué ejecutada en Alejandría, que fué comenzada bajo el gobierno de los más antiguos Ptolomeos, por el año 285 A. C., y que el Pentateuco fué traducido primero. Todo el Antiguo Testamento parece haber sido completado en griego en tiempo de Ptolomeo (VII) Physcon, hacia 130 A. C. Véase ALEJANDRÍA. La evidencia interna indica que fué hecha por diferentes personas en distintas épocas, sirviéndose para ellos de manuscritos hebreos y egipcios, y que esas personas eran Judíos alejandrinos cuyo conocimiento del hebreo era más ó menos imperfecto. Los libros de Moisés son los mejor traducidos. La versión es en su conjunto sustancialmente fiel; pero contiene muchos errores. Su cronología difiere notablemente de la del texto hebreo—añade, por ejemplo, 606 años entre la creación y el diluvio. La versión es de gran valor en la interpretación del Antiguo Testamento, y en algunos pasajes se cree que representa un texto hebreo más exacto y antiguo que el de los manuscritos hebreos que ahora existen. Se cita con frecuencia por los escritores del Nuevo Testamento, cuyo griego se funda en el de la Septuaginta. Era altamente estimada por los Judíos en la época de la venida de Cristo. Según Filo, se celebraba anualmente una festividad en Alejandría para conmemorar su conclusión. Por medio de su difusión por donde quiera que se hallaban establecidos los Judíos que hablaban el griego, preparó para el Evangelio el ánimo de los investigadores paganos que los rodeaban: y cuando al cabo Cristo fué predicado, los Griegos y los Judíos helenistas pudieron cerciorarse con facilidad de la verdad de sus asertos con respecto á sí mismo, comparándolos con las profecías del Antiguo Testamento en la Septuaginta, Hech. 17:11. Véase CITAS. Esta fué traducida al latin, por los últimos años del segundo siglo; y más tarde, á los dialectos egipcio y etíope, y á otras lenguas. Era tan constantemente citado por los maestros y escritores cristianos, que los Judíos, apremiados en la controversia por las referencias que á esa versión se hacían, comenzaron á negar su fidelidad al original hebreo, y en el segundo siglo adoptaron en su lugar otra versión griega más literal hecha por Áquila, un Judío prosélito de Pontus. La Septuaginta es aún la autoridad reconocida en la Iglesia griega. Los libros apócrifos fueron desde un principio agregados gradualmente á la Septuaginta. Véase APÓCRIFOS. Los más antiguos manuscritos que se conocen de la Septuaginta, son tres, que se supone fueron escritos en el siglo 4o, y ahora se hallan en San Petersburgo, Londres, y Roma. No se sabe que exista ningún manuscrito hebreo del Antiguo Testamento de una época anterior al siglo décimo.

VESTIDOS. Los principales vestidos de los Hebreos consistian en la túnica ó vestidura interior, y en el manto ó vestidura exterior. Las dos juntas formaban, según parece, "una muda de vestido," Jue. 14:13, 19; Hech. 9:39. La túnica era de lino, se llevaba sobre la cútis, y caia holgadamente sobre el cuerpo. Tenía cajeros para los brazos, y algunas veces mangas anchas y abiertas, y llegaba hasta abajo de las rodillas. La que las mujeres usaban les bajaba hasta los tobillos. La túnica se ataba al cuerpo con un ceñidor, y algunas veces era tejida sin costura alguna, como la de Jesús, Juan 19:23. La vestidura de encima, ó sea el manto, era una pieza de tela más gruesa, de dos ó

tres varas, casi cuadrada, con la cual se arropaba el cuerpo, y se ataba sobre los hombros, ó se dejaba suelta. Fácilmente podía quitársela el que deseaba tener libres los brazos, Mat. 24:18; Hech. 7:58; 22:23. A veces cuando un hombre no llevaba puesta esa pieza de ropa, se decía que estaba "desnudo," Isa. 20:2-4; Juan 21:7. Podía arreglarse de manera que fuese fácil llevar algunas cosas en el seno. De

aoche, los pobres podían usar el manto para cobijarse en la cama, Exod. 22:26, 27; Job 22:6. Véanse SENO, CAMA, CINTO.

Entre las dos piezas ya descritas, los Hebreos algunas veces usaban otra cuyo nombre *me-il* se ha traducido igualmente

714

con la palabra manto. Era una especie de túnica ancha y larga de algodón ó lino, y sin mangas. Hácese mención de ella en 1 Sam. 2:19; 24:4; 28:14; Job 1:20; 2:12; pero no denota siempre una pieza de ropa usada entre las dos principales; á veces significa cualquiera pieza que iba sobre la túnica.

La cabeza se llevaba generalmente descubierta. A veces, para resguardarla del sol quemante ó de la lluvia, se tapaba con un doblez del manto exterior, 2 Sam. 15:30; 1 Rey. 19:13; Ester 6:12. Los sacerdotes, empero, usaban una mitra, bonete ó turbante sagrado; y despés de la cautividad, los Judíos adoptaron hasta cierto punto el turbante tan generalizado ahora

en el Oriente. Las mujeres usaban diversas clases de abrigo de cabeza, sencillos ó adornados. Los velos eran también un artículo de atavío mujeril, Isa. 3:23. Estos eran de varias especies, y se usaban tanto por las mujeres casadas como por las solteras, generalmente por modestia, ó como prenda de sujeción á la autoridad del marido, Gén. 24:65; 1 Cor. 11:3-10; pero á veces con la intención de ocultar el rostro, Gén. 38:14. Véase VELO.

Como los Hebreos no cambiaban la moda de sus vestidos según nosotros lo hacemos, era común que almacenaran muchos con anticipación, según se lo permitieran sus riquezas, Isa. 3:6. A esto hace alusión Cristo cuando habla de tesoros que la polilla devora, Mat. 6:19; Sant. 5:1, 2. Pero aunque de siglo en siglo hubo uniformidad general en el modo de vestirse, no hay duda de que se verificaron varios cambios en el largo transcurso de la historia bíblica, y en todos tiempos hubo una variedad grande y creciente entre las diferentes clases del pueblo, especialmente en género y en adornos. En los tiempos primitivos y en donde la sociedad era aún agreste y ruda, se hacían vestidos de pieles de animales, Gén. 3:21; Heb. 11:37. Las artes de hilar, de tejer y de coser, pronto comenzaron á practicarse, Exod. 35:25; Jue. 5:30. Se hacía una tela tosca de pieles de chivo y de camello, y otras más finas de lana, de lino y quizá de algodón. La manufactura de estas telas era un ramo de la industria doméstica, Prov. 31:13-24. La seda no fué conocida sino en los últimos tiempos de la Biblia, Apoc. 18:12.

Los grandes y los ricos tenían gusto en usar vestidos blancos: de aquí el que eso fuera también señal de opulencia y prosperidad, Ecles. 9:8. Descríbese el vestido de los ángeles como de un blanco puro y resplandeciente, y tal fué también el aspecto de la vestidura de nuestro Señor durante su transfiguración, Mat. 17:2. En cuanto á los santos, de ellos también se dice que visten túnicas blancas, Apoc. 7:9, 13, 14; la justicia de Cristo de que están revestidos, es más gloriosa que la de los ángeles.

El vestido de luto entre los Hebreos era un saco de cilicio, de un color oscuro ó negro, Isa. 50:3; Apoc. 6:12. Como los profetas eran penitentes de profesión, su traje común era de luto. Las viudas también se vestían por lo general de la misma manera.

Los Hebreos, siguiendo la costumbre de sus vecinos, usaban géneros de varios colores en sus vestidos de gala y más costosos, Jue. 5:30. Así se deduce de Gén. 37:3, 23; 2 Sam. 13:18, aunque en estos pasajes algunos creen que se habla de una túnica de largas mangas y nó de diversos colores. El azul, el escarlata y la púrpura son los colores á que más á menudo se hace referencia, siendo además el primero un color sagrado. Exod. 35:23, 25, 35; 38:18; Ester 8:15. Los bordados y las obras fines de aguja, eran muy estimadas entre ellos, Jue. 5:30; Sal. 45:14.

Los trajes de las mujeres diferían de los de los hombres menos de lo que ahora se acostumbra entre nosotros. Con todo, había entre unos y otros cierta distinción, y Moisés expresamente prohibió el cambio de traje entre los dos sexos, Deut. 22:5, por ir acompañada esta costumbre de la inmodestia y del culto dado á ciertos ídolos. No se ve con claridad qué razón había para que los vestidos hechos de una mezcla de lana y de lino fuesen prohibidos, Deut. 22:11, pero probablemente eso era debido á algún uso supersticioso que de

ellos hacía el paganismo. En Isa. 3:16-23 se hace mención de los adornos generalizados entre las mujeres hebreas de aquel tiempo; y entre ellos se enumeran atavíos de calzado, redecillas, lunetas, collares, joyeles y braceletes; ropas de remuda,

manteletas, oscofietas, atavíos de piernas, partidores del pelo, pomitos de olor y zarcillos; anillos, joyeles de los narices, espejos, pañuelos, gasas, etc. En Hech. 19:12, se hace mención de pañuelos y sudarios.

También se usaban los calzones ó pañetes de lino, Exod. 28:42; pero quizá no generalmente. Véanse FLECOS, CINTURÓN, ANILLOS, SANDALIAS.

En los libros históricos de la Sagrada Escritura se hace alusión con frecuencia á los presentes que de vestidos se hacían. José dió á cada uno de sus hermanos una muda de vestidos, y á Benjamín cinco, Gén. 45:22. Naamán dió á Giezi dos mudas de vestidos; y aun Salomón recibía vestidos como presentes, 2 Crón. 9:24. Esta costumbre todavía se conserva en el Oriente, y se hace mención de ella por la mayor parte de los viajeros.

En Turquía, con el nombramiento para algún cargo importante, se le da al agraciado, como presente, un traje propio de su dignidad y empleo. En la parábola del vestido de boda, el rey esperaba hallar á todos sus convidados ataviados con el ropaje de honor que él les había suministrado, Mat. 22:11. El tender los mantos en el camino para honrar á alguno que fuera cabalgando, era una costumbre antigua y frecuente en el Oriente, Mat. 21:8.

ORIENTAL VÍBORA.

VÍBORA. Bajo este nombre se designa una clase de culebras notables por lo intenso de su veneno, y las cuales, se dice, son de las más peligrosas del reino animal. La víbora es por esta razón el tipo de todo aquello que es malo y destructor, Job 20:16; Isa. 30:6; 59:5. Este fué el término aplicado por Cristo y Juan á cierta clase de Judíos, Mat. 3:7; 12:34; 23:33; Luc. 3:7. El hecho de haber escapado Pablo de las consecuencias de la mordedura de una víbora en Malta, indujo al pueblo á creer que era un dios en forma humana, Hech. 28:3. Un género de víboras que hay en el norte del África y el sudeste del Asia, que tienen manchas amarillas y de color de café con puntos negruzcos, y que miden dos

piés de largo y son tan gruesas como el brazo de un hombre, se reputan, como las más terribles de aquellas regiones. Hasselquist habla de una víbora de Cyprus ó Chipre, cuya mordedura produce la gangrena y causa en pocas horas la muerte. Véase SERPIENTES.

VID. Hay varias clases de esta planta valiosa y bien conocida, producto natural de las regiones templadas, donde ha sido cultivada desde los tiempos más antiguos. Por esto es que su fruto se menciona en la Escritura desde un principio y con mucha frecuencia, Gén. 9:20; 14:18; 19:32; Job 1:18. La vid ó parra crecía con mucha abundancia en Palestina, Deut. 6:11; 8:8, y era excelente, con especialidad en algunas de sus comarcas. Las Escrituras encomian las vides de Sibma y Escol, y los autores profanos hablan de la superior calidad de los vinos de Gaza, Sarepta, Líbano, Sarón, Ascalón y Tiro. Como las uvas de Egipto eran pequeñas, Gén. 40:9-11, no es de extrañar que los Israelitas se sorprendieran al ver los racimos de uvas de gran tamaño que los espías llevaron del valle de Ascalón al campamento, Núm. 13:23, 24. La historia referida por Moisés está confirmada además por el testimonio de varios viajeros; y aun en Inglaterra misma se ha visto un racimo de uvas siriacas que pesaba 19 libras, y medía 23 pulgadas de largo, y 19½ de diámetro en la parte más gruesa. En la actualidad, si bien la religión mahometana no favorece el cultivo de la uva, no faltan viñas en Palestina. Además de las grandes cantidades de uvas y pasas que diariamente se mandan á los mercados de Jerusalem y otros lugares cercanos, Hebrón sola enviaba anualmente á Egipto durante la primera mitad del siglo XVIII., 300 camellos cargados de jugo de uva ó miel de pasas, el cual pesaba 300,000 libras. Los agasajos que se hacen en una reunión, se componen principalmente de pasas, y éstas se usan en varias formas para la manutención del pueblo. Véase Uvas. Para demostrar la abundancia de viñas que debería tocar á Judá en la repartición de la tierra prometida, Jacob en su bendición profética, dice de esta tribu:

"Atando á la vid su pollino
Y á la cepa el hijo de su asna,
Lavó en vino su vestido
Y en la sangre de las uvas su manto."
Gén. 47:11.

Las vides se plantan por lo general en hileras, de manera que entre cepa y cepa, en todas direcciones, quede un espacio de 8 ó 10 piés; y pónense estacas de trecho en trecho, de seis á ocho piés de altura, entre las cuales se entretejen las vides. En muchos lugares donde el terreno es sinuoso, ó en las faldas de los cerros, se extienden sin más sostén sobre el suelo ó en las rocas. A menudo también se las hace subir por enverjados sobre los muros, pórticos y muros exteriores de las casas, y á veces aun en el interior, en las paredes que rodean el patio central, y al crecer así, son un emblema bellísimo del amor doméstico, de paz y de abundancia, 1 Rey 4:25; Sal. 128:3; Miq. 4:4. Era de poco valor como madera, Ezeq. 15:2-6.

La ley mandaba que el que plantase una viña no comiera de su fruto antes del quinto año, Lev. 19:23-25. Los Hebreos no recogían sus uvas el año del jubileo ni el sabático, pues éstas eran cedidas á los pobres, los huérfanos y los extranjeros, Exod. 23:11; Lev. 25:4, 5, 11, así como las rebuscas de cada año, Lev. 19:10; Deut. 24:21. Los viajeros podían á cualquier hora recoger y comer uvas en la viña por donde pasaran, pero no podían llevárselas, Deut. 23:24. Otra prescripción generosa del código mosaico eximía de la obligación de prestar servicios en la guerra á todo hombre que después de cuatro años de trabajo y paciencia estaba próximo á recoger los primeros frutos de su viña, Deut. 20:6.

Josefo hace la descripción de una vid magnífica y costosa, de oro puro, en la cual se figuraban las uvas con piedras preciosas, y que Herodes mandó hacer para adornar la elegante puerta oriental del Lugar Santo. Tal vez en vista de ella dijo el Salvador, "Yo soy la vid verdadera," ejemplificando así la verdad preciosa de su unión con su pueblo, Juan 15:1-8.

VIDA, en la Biblia, es natural, Gén.

3:17; espiritual, la del alma renovada, Rom. 8:6; ó eterna, una santa y bendita inmortalidad, Juan 3:36; Rom. 6:23. Jehová es el "Dios vivo," tanto por ser distinto de los ídolos, como porque es el Creador de todas las cosas, existiendo Él por sí mismo, Jer. 10:10; Juan 5:26; Hech. 14:15; 1 Tim. 6:16. En el mismo sentido, Cristo es "la vida," Juan 1:4; 1 Juan 1:1,2. Cristo es el gran autor de la vida natural, Col. 1:16; y también de la vida espiritual y eterna, Juan 14:6; 6:47. Él las ha comprado sacrificando la suya propia, y las da gratuitamente á su pueblo, Juan 10:11, 28. Él es el manantial de toda la vida espiritual que éste tiene en la tierra, Gál. 2:20; lo levantará en el último día, y lo hará partícipe por siempre de su propia vida, Juan 11:25; 14:19; 17:2, 3.

VIDENTE, traducción bíblica de dos palabras hebreas con que se designaba á las personas iluminadas sobrenaturalmente para ver las cosas que sólo Dios puede revelar, y aplicada á ciertos profetas hebreos, 1 Sam. 9:9; 2 Cró. 29:30; 33:18, 19; Isa. 29:10; 30:10. Comp. Núm. 24:3, 4. Véase Profeta.

VIDRIO, les era bien conocido á los antiguos, y sin duda á los Judíos; y el arte de soplarlo, darle color, pulirlo y cortarlo, era practicado por los antiguos Egipcios. En efecto se han hallado en Egipto imagenes y copas hechas de vidrio de una época contemporánea á la del Éxodo, y la muestra más antigua que se conoce de vidrio transparente es una botella que se halló allí y que lleva grabado el nombre de Sargón, 700 A. C., siendo muchos siglos más antiguos los artefactos de vidrio opaco. No consta que se usara el vidrio en aquellos tiempos para espejos ni para ventanas, sino para copas, botellas, vasos, ornamentos, emblemas sagrados, etc. En el Nuevo Testamento el vidrio es el emblema de la lisura y la brillantez, y el cristal de la transparencia, Apoc. 4:6; 15:2. El oro de la Nueva Jerusalem tiene una brillantez semejante á la del vidrio trasluciente, Apoc. 21:18, 21. Véase Espejos.

VIENTOS. "Los cuatro vientos" ó cuatro partes de la tierra representan todo el mundo, Jer. 49:36; Ezeq. 37:9; Dan. 8:8; Mat. 24:31. El viento norte atraía frío, Job 37:9; Cant. 4:16; el oeste y nordoeste, á causa de proceder del mar, eran frescos y atraían lluvia, 1 Rey. 18:44, 45; Luc. 12:54. Los vientos que reinan en Palestina durante la estación calurosa son los del occidente. En el Mar de Galilea, lo mismo que en otros lugares que se encuentran entre alturas, se hacen sentir á menudo ráfagas de viento que proceden repentinamente del norte, Mar. 4:37; Luc. 8:23. Respecto del viento euraquilo que sobrecogió á Pablo, véase EUROCLIDÓN.

Un viento mencionado con más frecuencia en la Biblia, es el "solano," del cual se dice que marchita y seca los frutos, Gén. 41:6, 23; Ezeq. 17:10; 19:12, y también que sopla con gran fuerza, Job 27:21; Sal. 48:7; Isa. 27:8; Ezeq. 27:26; Jon. 4:8. Se le designa igualmente como "el viento de los torbellinos," en Sal. 11:6. Es un viento sofocante y pesado, que sopla del sudeste, y se hace sentir solamente en los meses secos y calurosos del verano. Como dimana del gran desierto de Arabia y carece de toda humedad, aumenta el calor y sequedad de la estación, y produce por lo mismo languidez y debilidad general. El Doctor Eli Smith lo describe en Beirut como de las mismas cualidades del siroco que él había sentido en Malta, y que visita también á Sicilia é Italia, con la sola diferencia de que el siroco al pasar por el mar absorve mucha humedad. Este "viento del lado desierto," Job 1:19; 27:21; Jer. 13:24, lo llaman los Árabes el simoun; los Turcos el samiel, y las Egipcios el khamsin. Es sofocante, caliente y seco; evapora con rapidez el agua en las botas ú odres de cuero, y á los viajeros les suspende el sudor, les seca el paladar y los conductos respiratorios, causándoles lasitud y malestar. Algunas veces se carga el cielo de nubes, y cruzan el espacio pálidos relámpagos, pero no hay lluvia, truenos ni viento. El calor se hace intolerable; los viajeros buscan un lugar en donde refugiarse; las aves se ocultan en las espesuras de los bosques, ó se guarecen medio sofocadas y con el pico abierto junto á los muros de las poblaciones, y á ningún ser viviente se le ve moverse. Á veces llega el viento mugiendo y con violencia terrible, formando polvaredas, en términos que se oscurece la atmósfera y parece que se pone en un estado de combustión; los rayos del sol desaparecen, y este astro presenta el aspecto de un globo opaco de fuego que sofoca. Siendo el polvo tan molesto á los hombres como á los animales, buscan todos un albergue cualquiera en qué estar á salvo. Los camellos vuelven las ancas y meten la cabeza en la tierra. Á menudo el viento va acompañado de torbellinos locales. Estos forman elevadas columnas de arena y tierra suelta, que se mueven con 718 grande velocidad sobre las llanuras. Las tempestades de esta clase dan una idea de las predicciones proféticas relativas á lo que acontecerá el día en que se ponga de manifiesto el gran poder de Dios: "Se verán prodigios en el cielo y en la tierra, sangre y fuego, y columnas de humo; el sol se tornará en tinieblas y la luna en sangre," Joel 2:30, 31; Hech. 2:19, 20.

El viento es un símbolo bíblico de la ignorancia pretenciosa, Job 15:2; Ose. 12:1; de la velocidad, Sal. 104:4; de las cosas transitorias, Job 7:7; Sal. 78:39. El Espíritu Santo sopló sobre los hombres, como si hubiera sido viento, Juan 3:8; 20:22; Hech. 2:2.

VIHUELA ó SALTERIO, Isa. 5:12; Am. 5:23; 6:5, instrumento de cuerda, traducido por lo común "salterio." Véanse MÚSICA y ARPA. Usábase en el culto que se tributaba á Jehová, 1 Rey. 10:12; 1 Crón. 15:16; 25:1; 2 Crón. 20:28; y á los ídolos, Dan. 3:5, 7; y así mismo en los banquetes y festividades, 2 Crón. 20:28; Isa. 5:12.

VILLA ó ALDEA, conjunto de casas menos grandes y regulares que las de un pueblo ó ciudad, 1 Sam. 6:18; Neh. 6:2; Luc. 8:1, ó campamento pastoril y temporal, formado de tiendas de campaña ó cabañas rodeadas de una cerca, con su puerta, Jos. 13:23, 28; 15:32. Se daba á menudo también este nombre á los suburbios de una ciudad, cercados por muros, Lev. 25:31, 34; Mar. 6:56; 8:27.

VINAGRE, producto de la segunda fermentación de los licores vinosos. Esta palabra se aplica también á veces á un vino agrio y delgado muy usado por los operarios y soldados romanos, Núm. 6:3; Rut 2:14; 2 Cró. 2:10. Le dieron á nuestro Salvador en la cruz, Mat. 27:48; Mar. 15:36; Juan 19:29, 30, y le fué ofrecido previamente mezclado con ingredientes amargos para adormecer su dolor, pero él lo rehusó, Mat. 27:34; Mar. 15:23; comp. Sal. 69:21. Véase HIEL. En otros pasajes significa el vinagre agrio común, que sirvió al hombre sabio para hacer dos comparaciones significativas, Prov. 10:26; 25:20.

VINO. Siendo la vid una planta que crecía silvestre en Canaán y sus alrededores, era el vino usado como bebida, especialmente en las festividades, Est. 1:7; 5:6; Dan. 5:1-4; Juan 2:3. La circunstancia de ser por lo mismo uno de los principales productos de la Tierra Santa, hacía que se usase para ofrendas de libaciones en el culto celebrado en el templo, Exod. 29:40; Lev. 23:13; Núm. 15:4-10. Se exigían diezmos y primicias del vino, Deut. 12:17, 18; 18:4, y se usaba en la celebración de la pascua, y después en la cena del Señor, Mat. 26:27-29. "Trigo y mosto," Gén. 27:28, 37; Deut. 33:28; Sal. 4:7, y "grano, vino y aceite," ó los productos del campo, de la viña y del olivar, Deut. 11 14; 12:17; 28:51; 2 Crón. 31:5, representan todos los frutos de la tierra. Háblase del vino como de una bendición, Gén. 49:11, 12; Deut. 14:24-26; 32:14. Jue. 9:13; Sal. 104:15; Prov. 31:6; Ecles. 9:7; Ose. 2:8; Joel 2:19, 24; Am. 4:19, y es un símbolo de bendición espiritual, Isa. 55:1. Nuestro Salvador lo usó, Luc. 7:33, 34, y una vez lo hizo milagrosamente, Juan 2:1-10.

En la Biblia el vocablo "vino" es la traducción nada menos que de diez palabras hebreas diferentes y de dos griegas, la mayor parte de las cuales se presentan en pocas ocasiones. Las dos que se usan con más frecuencia, YAYÍN y su equivalente griego, OINOS, son términos generales, que se aplican á toda clase de vinos, Neh. 5:18, por lo común fermentados, pero casi siempre con muy poco alcohol. Otra palabra hebrea, TIROSH, que está empleada con frecuencia, y se traduce "vino" y "vino nuevo," significa, según creen algunos, el fruto de la vid en general, incluyendo por lo mismo no sólo el vino nuevo, sino también la miel de uva, y las uvas frescas, secas, aprensadas, etc., Isa. 62:8, 9; Joel 1:10; Miq. 6:15. De lo que se dice en Os. 4:11; Hech. 2:13—"cuando el *mosto* tenía ocho meses,"—se infiere que en algunos casos el "tirosh" era embriagante. Aunque carecemos de pormenores completos sobre el asunto, haremos observar que con la palabra "vino" se hace referencia en la Biblia á las siguientes substancias:

1. Generalmente al jugo puro de la uva, fermentado, y de consiguiente más ó menos embriagante, pero sin mezcla de drogas de ninguna clase, y sin aumentar su fermentación con licores destilados.

2. Al *mosto*, que era el jugo nuevo de la uva, sin fermentar, ó en estado de fermentación.

3. Á la *miel de vino*, la cual se hacía hirviendo el *mosto* hasta reducirlo á su cuarta parte. Esto es lo que se denota generalmente en el Antiguo Testamento con el término hebreo DEBHASH, "miel," y su equivalente DIBS en árabe moderno, ayudándonos sólo el contexto á determinar si se trata, como hemos dicho, de miel de uvas ó de otra fruta, Núm. 18:12; Prov. 9:2, 5. Véase MIEL.

4. Al vino hecho más fuerte y apetitoso por medio de la mezcla de ciertas especias y otras drogas, Prov. 23:30.

5. Á una bebida embriagante llamada en hebreo SECHAR, palabra que á veces significa un vino fuerte y puro, como en Núm. 28:7, ó vino mezclado con drogas, como en Sal. 75:8; Isa. 5:22; pero más comunmente un vino hecho de dátiles, miel, granadas, etc., Cant. 8:2, y por lo general más embriagante, por tener mezcladas algunas drogas. Véanse también TORTA II, MIRRA, VINAGRE.

El vino de Helbón era fabricado en los alrededores de Damasco, y enviado de esa ciudad á Tiro, Ezeq. 27:18. Se asemejaba al vino del Líbano, famoso por su excelente calidad y su fragancia, Ose. 14:7. Véase HELBÓN.

Se han hecho grandes esfuerzos para distinguir, entre los vinos que se mencionan en la Biblia, los inocentes de los que embriagan, y esto con el objeto de demostrar que en los escritos inspirados se ha aprobado en todo caso el uso de los primeros, y condenado directa ó indirectamente el de los últimos. Sin embargo, es hasta excusado hacerlo, puesto que es evidente que el uso del vino hasta la embriaguez se halla á todas luces condenado por la Palabra de Dios. El pecado y la vergüenza se presentan junto con el vino la primera vez que este se menciona en la Biblia y en muchos casos subsiguientes, Gen. 9:21; 19:31-36; 1 Sam. 25:36, 37; 2 Sam. 13:28; 1 Rey. 20:12-21; Est. 1:10, 11; Dan. 5:23; Apoc. 17:2. Caracterízasele de burlador mentiroso, Prov. 20:1; de engendrador de miserias, Prov. 23:29-35; de ayes, Isa. 5:22; de errores, Isa. 28:1-7, y de vanidades impías, Isa. 5:11, 12; 56:12; Ose. 4:11; 7:5. En algunos casos se prohibe el uso del vino terminantemente, Lev. 10:9; Núm. 6:3, y en otros se alude á él como cosa característica de los malos, Joel 3:3; Am. 6:6. Se hacen muchas amonestaciones para que nos precavamos de él, 1 Sam. 1:14; Prov. 23:31; 31:4-6; 1 Tim. 3:3; y el haber inducido á otros á tomarlo fué, según se refiere en un pasaje, motivo de una tremenda maldición, Hab. 2:15, 16 Sea cual fuere la aprobación que el uso moderado del vino haya tenido en Palestina, no puede tenerla en un país en donde el vino que se importa ó fabrica no contiene una sola gota del zumo de la uva, ó que aunque realmente sea de uva y no tenga mezclada droga alguna, se halla por lo menos fermentado con alcohol. Todo lo relativo al vino ha sufrido en nuestros días una grande modificación, con motivo del descubrimiento que se ha hecho de la destilación del alcohol, y por los repetidos casos que se palpan de las terribles consecuencias que trae consigo el uso tan generalizado de licores embriagantes. Daniel y los Recabitas tuvieron sobrada razón para abstenerse por completo del uso del vino, Jer. 35:14; Dan. 1:8; y la opinión de Pablo acerca de un asunto que se relaciona con los principios permanentes del cristianismo ha sido recomendada por autoridad divina para su adopción por todo el mundo, Rom. 14:21; 1 Cor. 8:13. Véase TIMOTEO. Los Rabinos dicen que el vino que se usaba en la pascua era mezclado con agua; y en la celebración de la cena del Señor, "el fruto de la vid" no fermentado parece que debería ser preferido al llamado *vino.*

VIÑA. Los Judíos á menudo plantaban sus viñas al lado de un monte ó cerro con sus costados cortados en forma de escalones, Jer. 31:5 (véase MONTE,) del cual sacaban todas las piedras, y en seguida rodeaban el espacio sembrado con una cerca de espinos ó con muros, Isa. 5:1-6; Sal. 80:13; Cant. 2:15; Mat. 21:33. Las viñas eran arrendadas algunas veces por una parte de lo que producían, Mat. 21:33, 34; y de otros pasajes podemos inferir que probablemente una buena viña consistía en mil vides, que producía una renta de mil siclos de plata, Isa. 7:23; y que se necesitaban dos cientos más para pagar á los que "guardaban su fruto," Cant. 8:11, 12. Los trabajadores se ocupaban en estas viñas en plantar, cavar, clavar estacas ó limpiar las vides, Juan 15:2; en recoger las uvas y hacer el vino. La torre construida en la viña era á menudo de suficiente capacidad para alojarlos á todos, y ellos tenían que cuidar esta no solamente de los ladrones, sino también de los javalíes, pájaros y angostas. Los que á esto se dedicaban formaban entre los agricultores una clase diferente, y á veces su trabajo era laborioso y se consideraba como servil, 2 Reyes 25:12. 2 Crón. 26:10; Cant. 1:6; Isa. 61:5. Las Escrituras hacen alusión á la fragancia de las vides en cierne, Cant. 2:13, y se valen de la viña para muchas comparaciones y parábolas, Jue. 9:12; Mat. 20:1; 21:28. La viña de Nabot es un emblema perpetuo de todo aquello que es con violencia arrebatado del pobre por los ricos y poderosos. La torre ó cabaña desierta en que el velador hacía guardia durante la estación de la vendimia, Sal. 80:13, 13; Cant. 2:15, se convierte después de recogido todo el fruto, en una imagen fiel de la desolación, Isa. 1:8. En una bella alegoría del Salmo 80, se representa á la Iglesia como una viña plantada, protegida, cultivada y regada por Dios.

La VENDIMIA se verificaba después de recogida la cosecha del trigo y de verificada la trilla, Lev. 26:5; Am. 9:13. Las primeras uvas maduras se recogían en Junio, ó un poco más tarde si estaban en terreno elevado, Núm. 13:20; y se continuaban recogiendo durante los cuatro meses subsiguientes. Empero, la vendimia general tenía lugar en Septiembre, que era el tiempo en que se cortaban los racimos de uvas con una hoz, se ponían en cestos, Jer. 6:9, se llevaban al lagar y se echaban en él. Allí se hacían primero pisotear por hombres, y después se aprensaban, Apoc. 14:18-20. Aunque era esta una tarea laboriosa, se hacía menos pesada por los cantos, ademanes y gritos de alegría de los operarios, Jer. 25:30; 48:33. Se menciona como una señal de la gran obra y del poder del Mesías, el hecho de que él, metafóricamente hablando, había pisado sólo las uvas en el gran lagar, pues del pueblo ninguno estaba con él, Isa. 63:1-3; Apoc. 19:15. La vendimia era una estación de gran regocijo, Isa. 16:9, 10, y muy á menudo de excesos ó idolatría, Jue. 9:27, así como el estado triste y decadente de la viña era símbolo de aflicción general, Isa. 24:7; Hab. 3:17; Mal. 3:11. Del zumo que se exprimía de las uvas, se hacían vino y vinagre. Véase LAGAR.

También se ponían á secar las uvas para convertirlas en pasas. Parte del regalo que Abigail hizo á David, consistía en cien racimos de pasas, 1 Sam. 25:18, y cuando Ziba salió al encuentro de David, el presente que le ofreció contenía la misma cantidad, 2 Sam. 16:1; 1 Sam. 30:12; 1 Crón. 12:40. Respecto de los otros usos que se hacían de los frutos de la vid, véanse las palabras UVAS, MIEL, VINAGRE y VINO.

VIRGEN. Así se llamaba por lo general á la mujer antes de que se casara, Gén. 24:16; Exod. 22:15-17; Lev. 21:3, 14; Deut. 22:23; Jueces 21:12; pero en 1 Cor. 7:105] Apoc. 14:4, se designa con ese término á un jóven soltero. Á ciudades fortificadas y puestas al cuidado de una guardia, se les personifica y se les llama virgenes, como á Tiro y Babilonia, Isa. 23:12;

47:1. También se da esta denominación á Egipto, Jer. 46:11, y al pueblo escogido, Jer. 14:17; 18:13; 31:4; Lam. 1:15; Amós 5:2.

VIRTUD, Mar. 5:30; Luc. 6:19; 8:46. En estos pasajes significa *poder sanativo*. En Fil. 4:8; 2 Ped. 1:3, 5, el carácter digno de un cristiano. En su significación general, la verdadera virtud con respecto á los hombres es inseparable de la piedad con respecto á Dios: y las dos juntas describen el carácter y la vida del que ama á Dios sobre todas las cosas y á su prójimo como á sí mismo. La palabra "virtuoso" en Rut 3:11; Prov. 12:4; 32:10, quiere decir *capaz y digno*.

VISIÓN, Núm. 24:15, 16; 1 Sam. 3:1, cierta manifestación por medio de la cual Dios revelaba á menudo á los hombres—por lo general á sus siervos—tanto su propio ser como su voluntad; lo cual hacía especialmente en aquellos tiempos en que su palabra escrita estaba aún incompleta. Tenían los hombres dichas visiones cuando dormían, Job 4:13; Dan. 2:19; 4:10; 7:2, 7, y cuando estaban en éxtasis, Dan. 10:5-9; Hech. 11:5; y los que las recibían sabían con toda certeza que eran de origen divino. Este mismo término se aplica frecuentemente á las revelaciones que el Espíritu Santo hacía á los profetas.

VIUDA. Prevaleció durante los tiempos patriarcales la costumbre, Gén. 38, confirmada después por la ley mosaica, Deut. 25:5-10, de que la viuda que no había tenido prole, se casase con un hermano de su difunto esposo á fin de preservar el nombre de la familia y la heredad que le correspondía, ó en defecto de éste, con su pariente más cercano, Rut 3:12, 13; 4:1-11; Mat. 22:23-30. Al Sumo-sacerdote le estaba prohibido casarse con viuda, Lev. 21:14. La benignidad y la justicia de la verdadera religión se patentizan en la Biblia en el hecho de que Dios y sus siervos fieles se compadecen de los sufrimientos de la viuda, le alivian sus necesidades y le defienden sus derechos, Exod. 22:22, 24; Deut. 14:29; 16:11; 24:17, 19; Sal. 68:5; Isa. 1:17; 10:2; Jer. 22:3; Mat. 23:14. La iglesia apostólica no olvidó proteger á las viudas, Hech. 6:1-3; 1 Tim. 5:16; y según Santiago este deber forma parte esencial de la verdadera piedad, Sant. 2:27. El paganismo por el contrario, á las que fueron esclavas de los caprichos de sus maridos durante la vida de éstos, los convierten cuando enviudan, en víctimas sacrificadas en la pira funeraria, ó bien en

triste objeto de la miseria y el desprecio En 1 Tim. 5:3-16, se mencionan alguno de los deberes de los cristianos para co las viudas.

VOCACIÓN. Llámase así un llama miento que Dios dirige al hombre, ya se para el desempeño de alguna misión especial, Exod. 31:2; Isa. 22:20, ya para que se aparte del pecado y del dominio de Satanás y se vuelva á la santidad y al Señor Efes. 4:1; 2 Tes. 2:14. Véase Hech. 13:2 Rom. 8:26-30; 1 Cor. 1:26; 2 Tim. 1:9.

VOTO. Así se denomina la dedicación especial y voluntaria de una persona propiedad á fines sagrados; un ofreci miento que el hombre hace á Dios espon táneamente, ó la promesa de practicar al guna buena obra, ó de abstenerse de algu goce lícito, y esto animado ora por un sen timiento de fidelidad hacia Él, de gratitu por su bondad, de temor de un peligro in minente ó de males venideros; ora por e deseo de alcanzar bendiciones en el por venir. El cumplir un voto que envolvía l comisión de un pecado, era añadir un falta á otra; pero ninguna otra considera ción de inconveniencia ó pérdida que p diera reportarse, era motivo suficiente par eximir al que hacía un voto de su obliga ción de cumplirlo, Sal. 15:4; Mal. 1:14. Ja cob, al irse para Mesopotamia, hizo voto d dar la décima parte de lo que tenía, pr metiendo presentarlo en Betel en honor d Dios, Gén. 28:20-22; 31:13; 35:1-3. Mo sés dió algunas leyes para reglamentar l práctica de los votos: "Más cuando t abstuvieres de prometer, no habrá en pecado. Guardarás lo que tus labios pr nuncien, y harás como prometiste á Jeho vá tu Dios, lo que de tu voluntad hablas por tu boca," Deut. 23:21, 23; Jue. 11:3 Ecles. 5:4, 5. Los votos de los menore de edad, etc., no eran obligatorios sin consentimiento de la cabeza de la famili Núm. 30. Un hombre podía dedicarse á mismo, ó dedicar á sus hijos al servici del Señor, Núm. 6:2. Jefté dedicó á s hija, Jue. 11:30-40, y Samuel fué dedicad con voto al servicio de Dios, 1 Sam. 1:1 27, 28. Si algún hombre ó alguna muje hacía voto de dedicarse al servicio d Señor, tenía obligación de cumplirlo estri tamente; pero las personas y cosas co sagradas de esa manera podían ser red midas mediante el cumplimiento de ciert condiciones prescritas, Lev. 27. Estas obl gaciones que los hombres se imponían á mismos, estaban más de acuerdo con régimen del Antiguo Testamento, en

:al se daban más importancia que bajo
as ilustradas doctrinas del cristianismo á
os sacrificios y á la observancia de prácti-
as externas. Véanse CORBÁN, NAZAREOS,
RECABITAS.

VULGATA, nombre de la versión latina
e las Sagradas Escrituras usada por la
:lesia de Roma. Es madre de todas las
ersiones de la Biblia hechas por esa igle-
a, y casi la única que se ha usado duran-
- muchos siglos en la Europa Central y
ccidental. El Antiguo Testamento fué
a un principio traducido de la versión
riega de los Setenta, y nó directamente
el hebreo. Esta versión juntamente con
, griega y la siriaca, y el Nuevo Testa-
iento latino *Itala*, fueron las otras de que
: valió Jerónimo, 383-404 A. D., quien
mbién volvió á traducir el Antiguo Tes-
mento del hebreo. En 1592 se hizo la
tima revisión de la Vulgata.

Y.

YERBA, algunas veces significa cual-
uiera planta pequeña y verde, Isa. 15:6,
otras pasto, el alimento usual del gana-
o, Sal. 104:14. La presteza con que cre-
- la yerba, lo tierno de su tallo y de sus
ojas, y lo rápido de su combustión cuan-
o está seca, han proporcionado á los es-
ritores sagrados algunos de sus símiles
ás expresivos, Sal. 90:5, 6. 92:7; 103:15,
; Isa. 40:6-8; Sant. 1:10; 1 Ped.
24. En la Siria, con motivo de la esca-
z de la leña, se emplean todavía como
mbustible yerbas de todas clases y pe-
ueños arbustos, Mat. 6:28-30. En ese
aís los viajeros ven á menudo la yerba
eciendo en las azoteas de las casas, lo
ual se explica cuando se tiene presente
ue dichas azoteas son planas y cubiertas
tierra fuertemente pisada. La tal yer-
a se seca prontamente cuando pasa la
tación de las lluvias, Sal. 129:6, 7, donde
antes que salga" debiera traducirse:
antes de que se arranque," Isa. 37:27.

YUGO, símbolo de sujeción y servidum-
re en general, 1 Rey. 12:4; así como
ugo de hierro lo es de una fuerte opre-
ón, Deut. 18:48. La ley ceremonial era
n yugo, una restricción pesada, Hech.
:10; Gál. 5:1. El quitar ó el romper un
ugo significaba la emancipación tempo-
al ó absoluta de la servidumbre, Isa. 58:6;
r. 2:20; y á veces rebelión contra la au-
ridad legítima, Jer. 5:5. Nadie sino
ios puede quitarnos el ferreo yugo de
uestros pecados, Lam. 1:14; más el yugo

722

del servicio de Cristo es suave y ligero,
Mat. 11:29, 30.

YUNTA. Esta palabra denotaba, lo mismo que ahora, un par de bueyes, 1 Reyes
19:19, 21; Job 1:3; Luc. 14:19. Véase
1 Sam. 14:14.

Z.

ZAAVÁN Ó ZAVÁN, *inquietado*, nombre
de un jefe horeo, nieto de Esaú, Gén
36:27; 1 Crón. 1:42.

ZABAD, *un don*, I., nombre de uno de
los guerreros de David, 1 Crón. 2:36, 37;
11:41.

II. Nombre de uno de los Efraimitas,
1 Crón. 7:21.

III. El hijo de una Ammonita, quién
acompañado de Jozabad, hijo de una Moabita, asesinó al rey Joás en su lecho, 2 Cró.
24:25, 26; en 2 Rey. 12:21 se le llama Josacar. Los asesinos fueron ejecutados por
orden de Amasías, 2 Rey. 14:5, 6; 2 Crón.
25:3, 4, más sus hijos fueron perdonados.
Comp. Deut. 24:16.

IV. Nombre de tres Hebreos que repudiaron á sus esposas extranjeras en tiempo
de Esdras, Esd. 10:27, 33, 43.

ZABDI, *mi don*. Menciónanse cuatro
personas de este nombre en Jos. 7:1, 17,
18; 1 Crón. 8:19; 27:27; Neh. 11:17.

ZABDIEL, *don de Dios*, I., el padre de
Jasobam, capitán de una de las huestes de
David, 1 Crón. 27:2.

II. Sacerdote distinguido, en la época
de Nehemías, Neh. 11:14.

ZABUD, *dado*, nombre de un funcionario importante, hijo del profeta Natán,
amigo, confidente y consejero de Salomón,
de quien probablemente fué condiscípulo,
pues ambos recibieron las enseñanzas del
venerable profeta, 1 Rey. 4:5. Esa posición en una corte oriental implica muy á
menudo el goce de una influencia mayor
para con el rey, que la que pueden tener
los consejeros oficiales. Comp. HUSAI.

ZABULÓN, *habitación*, I., nombre del
décimo hijo de Jacob, y sexto y último de
Lea, nacido en Mesopotamia, Gén. 30:20;
49:13, y padre de tres hijos que fueron las
cabezas de esa tribu, Gén. 46:14.

II. La tribu de Zabulón que contaba
57,400 miembros en el Sinaí, y 60,500 en el
censo siguiente, Núm. 1:30, 31; 26:26, 27,
estableció su campamento al lado oriental
del tabernáculo, y marchaba con Issacar
bajo la bandera de Judá, Núm. 2:7, 8;
10:14-16. Estaba en el monte Ebal cuando fueron pronunciadas las bendiciones y

maldiciones, Deut. 27:13. La parte que le tocó en la Tierra Santa fué de acuerdo con la predicción de Jacob, Gén. 49:13. Extendíase desde el Mar Mediterráneo, en la base del Monte Carmelo, hasta el lago de Genezaret, entre los confines de Issacar por el lado sur, y los de Neftalí y Aser por el norte y noroeste, Jos. 19:10–16. La tribu ocupaba una de las regiones más ricas de la Palestina Occidental, y ofrecía los "sacrificios de santidad," tomándolos de entre sus numerosos rebaños; se regocijaba en "la salida" de su tierra hacia el mar en Acre, por darle este ocasión de absorver la abundancia de él en la bahía de Haifa, así como los "tesoros escondidos en las arenas," expresión con la cual probablemente se alude al vidrio que primeramente se hizo en aquella costa. La posteridad de Zabulón se menciona á menudo juntamente con la de Issacar, su hermano más cercano, Deut. 33:18, 19. Los Zabulonitas se vieron enmarañados en dificultades con los Fenicios en el occidente, y no expulsaron por completo á los Cananeos, si bien los mantuvieron en sujeción, Jue. 1:30. Con el transcurso del tiempo, adoptaron muchas de las costumbres y lenguas de los extranjeros, y aun su religión, 2 Crón. 30:10, 11, 18, y eran por eso vistos con desprecio por la tribu de Judá, Isa. 9:1; Mat. 4:16; 26:73. Empero en un período anterior habían tomado parte con Barac y Gedeón en la defensa del país en contra de los opresores, Jue. 4:6,10; 5:14, 18; 6:35. Elón, uno de los jueces de Israel, era Zabulonita, Jue. 12:11, 12, lo mismo que el profeta Jonás. Cincuenta mil de ellos se unieron á sus hermanos de las otras tribus para hacer rey á David, 1 Crón. 12:33, 40; y sus príncipes se mencionan con honor en Sal. 68:27. Escucharon arrepentidos el llamamiento de Ezequías, y se contaron en el número de los que abandonaron la idolatría y celebraron la Pascua con nuevo celo, 2 Crón. 30:10, 11, 18; más volvieron á caer en la idolatría, y fueron llevados cautivos, 2 Rey. 7:13. Zabulón y Neftalí fueron especialmente incluidos por Isaías en la predicción que hizo relativa á que el Mesías iluminaría las tinieblas de la nación, Isa. 9:1, 2, y Mat. 4:12–16 consigna su cumplimiento parcial. Los habitantes de esta región en tiempo de Cristo fueron altamente favorecidos con las enseñanzas del Salvador. Dentro de sus límites estaban Nazaret y Caná, Capernaum. **Mágdala** y Tiberias. Véase Apoc. 7:8.

III. Ciudad situada en el límite meridional de Aser, pero que probablemente pertenecía á Zabulón, Jos. 19:27.

ZACARÍAS, *de quien Jehová se acuerda* I., nombre del décimo cuarto rey de Israel y último de la dinastía de Jehú. Sucedió á su padre Jeroboam II., 773 A. C., y reinó seis meses. Hizo lo malo á los ojos de Jehová, y Sallum hijo de Jabes conspiró contra él, lo mató públicamente, y reinó en su lugar. De esta manera se cumplió lo que el Señor había dicho de antemano á Jehú, respecto de que sus hijos se sentarían en el trono de Israel hasta la cuarta generación, 2 Rey. 14:29; 15:8–11.

II. Mártir del Antiguo Testamento, muerto en el atrio del templo, entre el altar y el lugar santo, Mat. 23:35; Luc. 11:51; hijo probablemente del sumo-sacerdote Joiada, que fué apedreado por orden del rey Joás, 2 Crón. 24:20–22. Nuestro Señor llama mártir á quien aquí se hace referencia "hijo de Baraquías;" pero *hijo* bien puede significar nieto ó descendiente. Algunos suponen que este acontecimiento se refiere al profeta Zacarías, pero la historia no nos da cuenta de la muerte de este.

III. Sacerdote que pertenecía á la octava clase ó grado, llamado Abbías en 1 Crón. 24:10, esposo de Elizabeth ó Izabel, y padre de Juan el Bautista. El lugar de su residencia, cuando no estaba desempeñando las funciones de su ministerio, era en los cerros que quedaban al sur de Jerusalem. Cada clase administraba por turno una semana en el templo, y el derecho de ofrecer incienso era un gran honor concedido sólo una vez á cada sacerdote. De Zacarías sabemos que su vida fué piadosa é irreprochable; que tuvo una visión de Gabriel en el templo, quién le anunció que le nacería un hijo en su ancianidad; que vaciló en creer, y eso dió motivo para que estuviera mudo por cierto tiempo; que recobró el habla milagrosamente cuando su hijo fué circuncidado; y que entonó un sublime y profético cántico de alabanza, Luc. 1:5–25, 57–79.

IV. Hijo de Baraquías y nieto de Iddo el sacerdote, llamado hijo de Iddo en Esd. 5:1; 6:14, y sucesor suyo en el sacerdocio, Neh. 12:4, 16, quizá con motivo de la muerte de Baraquías. Zacarías es el undécimo de los profetas menores. Nacido en Babilonia, regresó con Zorobabel y Josué el sumo-sacerdote, y empezó á profetizar desde muy joven, Zac. 2:4, el segundo año ó reinado de Darío Hystapis, 520 A. C., mes octavo del año sagrado, y dos meses

723

espués de Aggeo. Estos dos profetas,
unidos por su celo, animaron al pueblo á
reasumir el trabajo del templo que se había suspendido por algunos años, Esd. 5:1.
Habíanse construido sus cimientos en
tiempo de Ciro, pero durante los reinados
de Cambises y del pseudo-Smerdis se
había interrumpido el trabajo con motivo
de la hostilidad de los Samaritanos. El
favor que Darío les mostró, les dió ánimo
para reasumir la obra, y la continuaron
con actividad, Esd. 6:14, hasta fines del
año 16, á contar del regreso de la primera
partida de los Israelitas del destierro.

Las profecías de Zacarías relativas al
Mesías son más particulares y expresan
más que las de la mayor parte de los otros
profetas, (véase Zac. 3:8; 6:12; 9:9; 11:12;
12:10; 13:1, 6, 7,) y muchas de ellas, lo
mismo que las de Daniel, están expresadas
por símbolos. El libro principia con una
amonestación corta en forma de introducción, después de la cual, en seis capítulos,
se da cabida á una serie de visiones en
que se manifiesta lo propicio de aquel
tiempo para la restauración prometida de
Israel; la destrucción de los enemigos de
Dios; la conversión de las naciones paganas; la venida del Mesías, el "Renuevo;"
la efusión y las influencias benditas del
Espíritu Santo, y la importancia y conveniencia de adherirse fielmente al servicio
de Dios de su pacto. Dos años después,
capítulos 7 y 8, fué al templo una diputación de Judíos á preguntar si los días de
ayuno que habían guardado durante el
cautiverio, tenían que ser observados aún
después del regreso; y en respuesta se les
manifestó que Dios se complace de la misericordia y la verdad más que del ayuno y el cilicio, y que por lo mismo sus
días de duelo deberían convertirse en días
de regocijo. En los capítulos 9 á 11, se
predice la prosperidad de que disfrutaría
Judá durante el tiempo de los Macabeos,
juntamente con la destrucción de Damasco, de la costa de Palestina y de las regiones adyacentes. En los últimos tres capítulos se describe en un estilo propio de la
grandeza de su asunto, el porvenir de los
Judíos, el sitio de Jerusalem, los triunfos
del Mesías y las glorias del día postrero
en que todas las cosas tendrán sobre sí la inscripción "Santidad del Señor."

V. Consejero sabio y fiel del rey Ozías durante la primera parte de su reinado, cuya
muerte fué el principio de las calamidades
que sobrevinieron á Judá, 2 Crón. 26:5, 16.
Era sabio porque tenía "inteligencia en

las visiones" ó "el temor del Señor."
Comp. Dan. 1:17. Tal vez fué el suegro
de Acház, 2 Crón. 28:27; 29:1.

VI. Uno de los hijos de Jebaraquías, á
quien Isaías menciona juntamente con
Urías el sumo-sacerdote, como "testigos
fieles," Isa. 8:1, 2; 2 Crón. 29:13.

VII. Uno de los hijos del sumo-sacerdote Joiada durante el reinado de Joás, 2 Cró.
24:20. Habiendo probablemente sucedido
á su padre en su dignidad, fué muerto á
pedradas en la misma casa de Dios, vers.
21, por haber censurado rudamente al rey,
á la corte, y al pueblo, á causa de su idolatría siempre creciente y de su corrupción.
Este crimen infame agravado por la circunstancia de que Zacarías era no solamente un hombre justo delante de Dios,
sino también primo hermano del rey,
2 Crón. 22:11, se recordó por mucho tiempo, y se supone que á él se refieren las
palabras consignadas en Mat. 23:35; Luc.
11:51: "Zacarías, el hijo de Baraquías, al
cual matásteis entre el templo y el altar,"
siendo este llamado así por alguna razón
desconocida. El grito que al morir lanzó
Zacarías, fué muy diferente del de Esteban, Hech. 7:60.

En 1 y 2 Crónicas, Esdras y Nehemías,
se mencionan otros hombres del mismo
nombre, mas lo que de ellos se dice es de
poco interés.

ZACCAI, *puro*, Esd. 2:9; Neh. 7:14, el
antecesor de 760 Hebreos que regresaron
del cautiverio.

ZACCUR, *cuidadoso*, nombre de siete
Israelitas mencionados en Núm. 13:4;
1 Crón. 4:26; 24:27; 25:2, 10; Neh. 3:2;
10:12; 13:13.

ZAFENAT-PANEA, *preservador del siglo*, nombre egipcio que Faraón dió á José en conmemoración de la salvación de
Egipto obtenida por medio de él, Gén.
41:45.

ZAFIRO, según parece, una piedra azul,
Exod. 24:10, muy preciosa, Job 28:6, 16;
Cant. 5:14, puesta en el racional del sumo-
sacerdote, y grabada con el nombre de la
tribu de Isacar, Exod. 28:18, 21; 39:11, 14.
Se hallaba entre los adornos del rey de
Tiro, Ezeq. 28:13, y era semejante en color al estrado del trono de Dios y al trono
mismo tal como los contemplaron en visión
Moisés, los ancianos de Israel, y Ezequiel,
Exod. 24:10; Ezeq. 1:26; 10:1. Era también una de las piedras que formaban los
cimientos de la Nueva Jerusalem en la visión de Juan, Apoc. 21:19. Comp. Isa.
54:11. Ha sido identificada generalmente

con el lapis-lázuli moderno, piedra opaca de color azul oscuro, con varias sombras ligeras; y á menudo salpicada con vetas color de oro (de piritas de hierro;) se encuentra en trozos de un tamaño considerable, y se le puede dar un bello pulimento, Lam. 4:7. La descripción que Plinio hace del zafiro concuerda exactamente con el aspecto del lapis-lázuli de nuestros días. Esta piedra, sin embargo, no es muy apropósito para el grabado, y por esta razón, sosteniendo algunos sabios que las noticias que da la Biblia acerca del zafiro indican una piedra transparente bien propia para el grabado, juzgan que este era el mismo zafiro que ahora conocemos, el corindon azul, que pertenece á una clase de piedras preciosas poco inferiores al diamante por su dureza y valor, y que incluye también al rubí oriental, al topacio y la esmeralda. Su color varía desde el azul índigo oscuro, pasando por las sombras más ligeras, hasta desvanecerse enteramente. Los mejores se encuentran en Pegu y Ceylan, y raras veces son de gran tamaño.

ZALMUNNA, *sin protección.* Véase ZEBA.

ZAMBRI, ZAMRI, ó ZIMRI, *celebrado,* I., nombre de un nieto de Judá, 1 Crón. 2:6.

II. Nombre de un príncipe de la tribu de Simeón, muerto por Finées á causa del crimen que públicamente cometió, tentando á Dios, en las llanuras de Moab, con la princesa Madianita Cozbi, Núm. 25:6–8, 14, 15. La palabra hebrea traducida "tienda" en el vers. 8, indica que esta no era de las que comunmente se usaban.

III. Nombre de uno de los descendientes del rey Saúl, 1 Crón. 8:36; 9:42.

IV. Quinto rey de Israel, 930 A. C. Era el general bajo cuyo mando estaba la mitad de los cuerpos de caballería, en el reinado de Ela; pero rebelóse contra su señor, le dió muerte en una orgía en la capital, Tirsa, y usurpó el trono. Hizo perecer á toda la familia de Ela. sin perdonar ni aun á sus parientes y amigos íntimos, cumpliéndose así la palabra del Señor anunciada á Baasa, padre de Ela, por el profeta Jehú. Zambri reinó solamente siete días, porque el ejército de Israel, que estaba sitiando á Gebbetón, ciudad de los Filisteos, proclamó rey á su general Amri, y fué á poner sitio á Zambri en la ciudad de Tirsa. Viendo este que dicha capital iba á ser tomada, puso fuego al palacio y pereció en las llamas con todas sus riquezas, 1 Rey. 16:1–20; 2 Rey. 9:31.

V. Nombre de un pueblo oriental mencionado en Jer. 25:25, juntamente con otros naturales del Oriente.

ZANOA, *pantano,* I., nombre de un pueblo situado en el Sefela ó tierra baja de Judá, cerca de Zora y Jarmut, Jos. 15:34. Después del cautiverio, sus habitantes ayudaron á reparar el muro de Jerusalem, Neh. 3:13. Se cree que su sitio se halla en Zanua, al norte del Yarmuk, y 13 millas al oeste de Betlehem.

II. Pueblo que se hallaba en los cerros de Judá, clasificado con Maón, Carmelo y Zif, Jos. 15:56, cinco millas al S. O. de Hebrón. Ahora es Ganaim.

ZAPATOS. Véase SANDALIAS. En Egipto y Siria el quitarse uno la sandalia y golpear á otro con ella, ó arrojársela, todavía, como antes, una manifestación usual de renuncia, como la que se hace á un hijo ingrato, y quizá por broma, de una hija que deja á sus padres al casarse; en lugar de esto los Árabes modernos exclaman á veces, "¡Mi zapato á tí!" Compárese Rut 4:7, 8; Sal. 60:8; 108:9, y el trato dado al hermano refractario para la ley mosaica, Deut. 25:5–9. Un misionero en Alejandría refiere que los musulmanes renuncian así á sus parientes convertidos al cristianismo.

ZAQUEO, *puro,* forma griega del hebreo ZACCAI, Luc. 19:1–10. Á pesar de ser Judío era un recaudador rico de los que cobraban las contribuciones en Jericó. Para poder ver á Cristo se subió á un sicómoro cerca del cual tenía que pasar el Salvador. Al acercarse el Señor, conociendo el corazón de Zaqueo, le dijo que bajase, pues intentaba detenerse por algunos momentos en su casa. El hecho de que tuviese un empleo en que servía á los Romanos era causa de que los Judíos le llamasen "pecador." Manifestó sincero arrepentimiento y verdadera fé en el Salvador, quien en recompensa le permitió la salvación como á "un hijo de Abraham," tanto por la fé, Gál. 3:7, como por su nacimiento. La verdadera conversión se manifiesta haciendo todas las reparaciones posibles por los daños que se hayan podido ocasionar. Existe alguna dificultad con respecto á la relación que pueda haber entre esta entrevista y la curación de los ciegos. Tal vez la casa de Zaqueo estaba al O. de Jericó, y dicha curación se verificó entre esa casa y Jericó por haber los ciegos atravesado el pueblo en seguimiento de Jesús. "La casa de Zaqueo" que hoy se enseña al viajero en el llano de Jericó, es probablemente

queda de una fortaleza edificada allí
el siglo décimo, ó quizá después

ZARED, *exuberancia*, arroyo que co-
ía entre Edom y Moab, y desaguaba por
extremo S. E. en el Mar Muerto. Se le
enciona como término de la peregrina-
ón de los Israelitas en el desierto, Núm.
:12; Deut. 2:13, 14; y es tal vez el "arro-
de los sauces," citado por Isa. 15:7, y el
arroyo del desierto " de que habla Amós
14. Generalmente se le identifica con
Wady-el-Ashy.

ZARET-SAHAR ó SERATAR, *resplan-
r del crepúsculo*, pueblo de la tribu de
uben en un lugar elevado que domina el
rdán ó el valle del Mar Muerto, Jos.
:19. Señalan su sitio las ruinas llamadas
ara, cerca de la boca del Wady Zerka
aín.

ZARHITA, nombre de un descendiente
Zarhi, hijo de Judá, Núm. 26:20; Jos.
17; 1 Crón. 27:11, 13.

ZARZAS. Véase CARDOS.

ZEBA, *sacrificio*, nombre de dos reyes
adianitas que oprimieron á Israel, y los
ales, cuando Gedeón levantó un ejército
los derrotó, se escaparon pasando el
rdán por un vado cerca de Bet-sean. Ge-
ón los persiguió y los hizo prisioneros
Karkor, y después de conducirlos á la
sa de él en Ofra, les hizo dar muerte
ra vengar el asesinato de sus hermanos,
e. 8:18-21; comp. Sal. 83:11, 12.

ZEBADÍAS, *don de Jehová*, nombre de
eve Israelitas, 1 Crón. 8:15, 17; 12:7;
:2; 27:7; 2 Crón. 17:8; 19:11; Esd. 8:8;
:20.

ZEBEDEO, *don de Jehová*, marido de
lomé y padre de los apóstoles Santiago
uan. Era un pescador que poseía algu-
s bienes de fortuna, que era dueño de
bote y tenía á estos pescadores á su ser-
io, Mar. 1:19, 20. Residía en Betsaida ó
rca de ese lugar, en la orilla occidental
1 Mar de Galilea. Dejó ir sin demora á
s dos hijos cuando el Salvador los lla-
ó, Mat. 4:21. Su esposa también sirvió
Señor y lo obsequió con sus haberes,
at. 27:55, 56; Mar. 15:40; 16:1. Véase
LOMÉ. Su hijo Juan era conocido del
mo-sacerdote, y recibió del Salvador
ribundo el encargo de cuidar de su
adre María, Juan 18:15, 16; 19:26, 27.

ZEBOIM, en Gén. 14:2, 8 y Deut. 29:23,
celas, I., una de las cuatro ciudades del
no formado en la hoya del Jordán y la
aya del Mar Muerto, ó "valle de Sid-
m" que ocupa ahora el Mar Salado, Gén.
:19; 14:2, 8, y las cuales fueron destrui-

das por el fuego del cielo. Su rey se llamaba Semeber. Se la nombra siempre
juntamente con Adma, Deut. 29:23; Ose.
11:8. No se sabe con certeza si ocupaba
el extremo norte ó el extremo sur de dicho
mar.

II. Valle y tal vez un pueblo que con él
lindaba, Neh. 11:34; de la tribu de Benjamín, 1 Sam. 13:18. La garganta agreste
formada por varias montañas desde Jericó
hasta Micmas, se llama Shuk-ed-Dubba,
nombre que significa lo mismo que este
ZEBOIM, es á saber, *barranca de las hie-
nas*.

ZEBUDA, *dada*, mujer del rey Josías y
madre de Joaquim, 2 Rey. 23:36.

ZEBUL, *habitación*, nombre del gobernador de la ciudad de Siquém. Él trabajó sagazmente á fin de preservar esta
para Abimelec su amo, hijo de Gedeón,
Jue. 9:28-41.

ZEEB, *lobo*, Jueces 7:19-25; 8:3; Sal.
83:11, príncipe madianita á quien Gedeón
derrotó y mató en un valle del Jordán, al
cual dió su nombre. Véase OREB.

ZEFRONA, *fragancia*, lugar en el límite septentrional de Neftalí, Núm. 34:9, probablemente en el valle del Líbano.

ZENAS, *dado por Júpiter*, abogado piadoso, y según parece, predicador también,
amigo de Pablo, el cual al escribir desde
Nicópolis durante el último año de su vida, lo recomienda lo mismo que á Apolos,
quien á la sazón se hallaba en Creta, á la
hospitalidad de Tito, Tit. 3:13. Como
quiera que su nombre es griego, tal vez
Zenas fué perito en las leyes civiles griegas ó romanas, más bien que en las judaicas.

ZERA, *levantamiento*, I., nombre de un
príncipe idumeo, hijo de Reuel y nieto de
Esaú, Gén. 36:13, 17, 33; 1 Crón. 1:37, 44.

II. Hermano gemelo de Fares, hijo de
Judá y de Tamar, Gén. 38:30; 1 Crón. 2:4.
6; llamado Zara en Mat. 1:3. Su posteridad fué conocida bajo la denominación de
Zaraitas, Núm. 26:20; Jos. 7:17.

III. Nombre de uno de los hijos de Simeón, y padre de una familia designada
también con el nombre de Zaraitas, Núm.
26:13; 1 Crón. 4:24. En Gén. 46:10, se le
llama Zohar.

IV. Levita, hijo de Gersón, 1 Crón. 6:21,
41.

V. Rey Cusita que invadió á Judá en el
reinado de Asa, con un ejército numeroso
que contaba 1,000,000 de hombres de Cus
y de Lubim, y 300 carros de guerra. Siendo derrotado por especial auxilio del Se-

flor, se retiró siguiendo la vía de Gerar, 2 Crón. 14:9-13. La solemne apelación hecha á Dios por Asa, se ha transmitido para fortalecer nuestra esperanza en Aquel que siempre está dispuesto á escuchar nuestra oración. Maresa estaba situada en el límite de la parte montañosa de la tribu de Judá, en el camino de Egipto á Jerusalem. Véase SEFATA. Zera ha sido generalmente identificada con Usarken ú Osorchon I, hijo de Sisac, ó con Usarken II; pero parece más bien que fué un Etíope que pudo obtener la concesión de pasar por Egipto.

ZERES, *oro*, esposa de Amán el Agageo, soberbia y vengativa como él, y destinada, según ella misma lo había presentido, á ver perecer ahorcados tanto á su marido como á sus diez hijos, en el cadalso que ella había dispuesto para Mardoqueo el siervo de Dios, Est. 5:10-14; 6:13; 7:10; 9:13. Comp. Isa. 54:17.

ZETAR, *estrella*, nombre de uno de los siete eunucos de Asuero, Est. 1:10.

ZIBEÓN, *teñido*, nombre del abuelo de Aholibama la mujer de Esaú, Gén. 36:2, que era Heveo, pero fué contado como Horeo en Gén. 36:20, 24, 29; 1 Crón. 1:38, 40.

ZICRI, *memorable*, 2 Crón. 28:7, valiente príncipe efraimita, que figuró entre los generales de los Israelitas, en la guerra con Acház. Quizá es el hombre llamado "hijo de Tabeal," Isa. 7:6, á quién Rezin y Peca intentaban hacer rey de Judá. Otros once individuos del mismo nombre se mencionan en Exod. 6:21; 1 Crón. 8:19, 23, 27; 9:15; 26:25; 27:16; 2 Crón. 17:16; 23:1; Neh. 11:9; 12:17.

ZILPA, *destilación*, joven siriaca que Labán dió como sierva á su hija Lea, Gén. 29:24, quién á su vez la dió á Jacob como mujer secundaria, llegando así á ser la madre de Gad y de Aser, Gén. 35:26; 37:2; 46:18.

ZILLA, ó SELLA, *sombra*, nombre de una de las mujeres cainitas de Lamec, á quienes se les dirige la alocución poética consignada en Gén. 4:19, 22, 23. Fué madre de Tubal-Caín y de Naama. Véase LAMEC.

ZIMMA, *fin*, I., nombre de un Levita Gersonita, 1 Crón. 6:20, 42.

II. Antecesor de otro Gersonita, 2 Crón. 29:12.

ZIMRI. Véase ZAMBRI.

ZIN, ó SIN, *palmera baja ó frescura, desierto* en el límite meridional de Canaán, Jos. 15:1-3, y en los confines occidentales de Edom, Núm. 34:1-4. En él estal Cades-Barnea, lugar memorable por muerte de María, el envío de los doce e pías que entraron á Canaán, la murmur ción de los Israelitas, la roca de la cu manó agua, y el injusto enfado de Moisé Núm. 13:21; 20:1-13; 27:14; Deut. 32:5 El límite meridional de Canaán, exte diéndose con dirección á ese rumbo desd el Mar Muerto, é inclinándose despu hacia el S. O. y siguiendo los contorn marcados por las faldas de los mont Acrabbim, pasaba por en medio del Wad el Tikreh y del Wady el Musrah, has Ain Cadeis, ó Cades, y de allí, tornan hacia el N. O., pasaba por el Wady Arish, ó "el río de Egipto," etc., hasta Mediterráneo. El desierto de Zin que e la parte N. O. del desierto de Parán, est ba formado por una región montañosa lóbrega que descendía al Ghor.

ZIF, *capullo ó almena*, I., antiguo no bre del segundo mes hebreo, Iyar, del a sagrado, equivalente casi á nuestro mes Mayo, 1 Rey. 6:1, 37.

II. Judaita, 1 Crón. 4:16.

III. Pueblo de la tribu de Simeón, Jos 15:24, tal vez asociado con el paso es-Su Véase SEFAT.

IV. Nombre de un pueblo en el sur Judá, cerca de Carmelo y de Jutta, notab por haber sido el lugar donde David cor tantos peligros en la persecución que hizo Saúl, 1 Sam. 23:14, 15, 24; 26:2. sus habitantes se les llama "los de Zi en 1 Sam. 23:19; 26:1. Fué fundado p Mesha, hijo de Caleb, 1 Crón. 2:42, y for ficado por Roboam, 2 Crón. 11:8. Se l llan señales de él en Tel-es-Zif, cuat millas al S. E. de Hebrón, donde hay u gran mole redonda cubierta de ruin media milla al E. de Tel-es-Zif.

ZIPPOR, *gorrión*, nombre del padr Balac rey de Moab, mencionado siem con este, Núm. 22:2, 4, 10, 16; 23:18; J 24:9; Jue. 11:25. Tal vez es el rey á qui se hace referencia en Núm. 21:26.

ZITRI, ó SETRI, en hebreo SITRI, *p tección de Jehová*, nombre de uno de nietos de Coat, Exod. 6:22.

ZIZA, *abundancia ó relumbrante*, nombre de uno de los hijos de Roboam Maaca, 2 Crón. 11:20.

II. Jefe de la tribu de Simeón, en tiem de Ezequías, que dirigió un levantamien en contra de los habitantes pacíficos Gedor, 1 Crón. 4:37-41.

ZIZAÑA, nombre de una planta noci que se supone es el "*infelix lolium*"

Virgilio; el *zizanion* de los Griegos, y la llamada Siwan ó Zowan por los Árabes.

En toda la Palestina crece entre el trigo, y tiene tanta semejanza con este durante su crecimiento, que antes de que broten los granos es casi imposible distinguir la una del otro. Los granos se encuentran en grupos de dos ó tres, en una docena de espinitas diseminadas en una espiga algo larga. Los Árabes no separan el trigo de la zizaña si no es por medio de un aventador ó de un harnero, después de que se ha trillado el trigo, Mat. 13:25-30. Si se mezcla con el pan, le causa al que lo come desvanecimiento, y le produce los efectos de un emético.

ZOAN, *lugar de la partida.* ciudad muy antigua del Bajo Egipto ó del norte, cerca de su límite oriental, fundada poco después de Hebrón, Núm. 13:22, al este del brazo Tanítico del Nilo, y llamada por los Griegos Tanis. Ahora se le da el nombre de San. Era una ciudad real, y la dinastía de los Tanitas fué tanto la vigésima primera como la vigésima tercera, que terminó con estos. Comp. Isa. 19:11, 13. Dió su nombre á la región plana que la rodeaba, "el campo de Zoan," la cual se extendía unas treinta millas al oriente hasta el Pelusium. En ese lugar se verificaron las primeras maravillas que Dios obró por conducto de Moisés, Sal. 78:12, 43. Allí los embajadores de Judá tuvieron una entrevista con los dignatarios egipcios y solicitaron una alianza con ellos, Isa. 30:4. Zoan fué tomada y quemada por orden de Nabucodo-

nosor, según se había predicho, Ezeq. 30:10-14. En la época de Cristo era todavía una ciudad grande, mas hoy se halla en ruinas, hostilizada por la fiebre, y plagada de fieras y reptiles. Sirve de residencia á unos cuantos pescadores. Además la región oriental que tiene al este, que en un tiempo fué tan fértil, se halla en la actualidad en un estado de desolación y casi despoblada, pues está en parte inundada por el lago Menzaleh. Grandes montones de ruinas dejan conocer algo de la antigua grandeza de la ciudad. Recientemente se han descubierto entre ellas muchos monumentos interesantes, dos hermosas y colosales estatuas de Manesha, de la décima tercera dinastía, y muchos recuerdos de Rameses II. que fué quien embelleció el gran templo de Set, el Baal egipcio, cuya area mide 500 yardas de longitud y 400 de anchura.

ZOAR, *pequeñez*, ciudad situada en el valle del Jordán y el Mar Muerto, llamada Bela en la época de Abraham, y asociada con las ciudades del llano del Jordán—Sodoma, Gomorra, Adma y Zeboim—en la guerra con las tribus asirias invasoras, en la cual fué capturado Lot, Gén. 13:10; 14:28. Diósele el nombre de Zoar, cuando por intercesión de Lot fué perdonada para servir de refugio en la destrucción que amenazaba tanto á ella como á sus vecinas, Sodoma, Gomorra, etc., Gén. 19:17-25. Fué sin duda cerca de Sodoma, y según parece, al pié de las montañas de Moab, comp. Isa. 15:5; Jer. 48:33, 34, en donde Lot habitó después, Gén. 19:30. Moisés vió desde la cumbre del monte Pisga el valle que se extendía entre Jericó y Zoar, Deut. 34:3. Se cree que esta estaba situada en el Wady Kerak, que es el paso que conduce del sur del Mar Muerto á los terrenos altos del oriente. Saulcy, sin embargo, la situa en el Wady Zuweira que sube desde el Mar Muerto hasta Hebrón, y otros en el llano que se halla en el extremo N. del mar, ó en sus cercanías.

ZOHAR ó SEOR nombre de un Heteo, Gén. 23:8; de uno de los hijos de Simeón, Gén. 38:30, y de un descendiente de Judá, 1 Crón. 4:7.

ZOHELET, *arrastrando*, nombre con que se designó una peña en el valle de Josafat, cerca del cual hizo matar Adonías carneros, bueyes y vacas gordas para ofrecer sacrificios en la fiesta de su coronación, 1 Rey. 1:9. Hanla encontrado en ez-Zehweile, que es un terreno pedregoso que se halla en las orillas del pueblo de Silwân

Salomón fué coronado en el valle de Gihon.

ZOROBABEL, *engendrado en Babilonia*, hijo de Salatiel, miembro de la real familia de David. Se le llama por un nombre caldeo, SESBASSAR, *príncipe de Judá*, en Esd. 1:8; é "hijo de Padaía" el hermano de Salatiel. en 1 Crón. 3:17-19, quizá por ser su heredero legítimo. Zorobabel tuvo un empleo público en Babilonia, y fué el jefe de la primera colonia de Judíos que volvió del cautiverio de Babilonia el año 536 A. C. Habiendo Ciro puesto bajo su cuidado los vasos sagrados del templo, los llevó al regresar á Jerusalem, juntamente con valiosos presentes de oro y plata, de efectos de varias clases y animales. Acompañábanlo Josué el Sumo-sacerdote, otros muchos sacerdotes y Levitas, Netineos y príncipes. y tal vez los profetas Aggeo y Zacarías, Esd, 1:11. Iba también provisto de una orden del rey para conseguir la madera y las piedras que se necesitaran para la reedificación del templo. Siempre se le nombra como el primero y el jefe entre los Judíos que regresaron á su país natal, Esd. 2:2; 3:8; 5:2; Aggeo 1:1; 2:1-9, 21-23. Echó los cimientos del templo, Esd. 3:8, 9; Zac. 4:9, y restableció el culto del Señor y los sacrificios acostumbrados. Cuando los Samaritanos ofrecieron sus servicios para ayudar en la reedificacion del templo, Zorobabel y los principales varones de Judá no les concedieron ese honor, porque Ciro había dado el permiso solamente á los Judíos, Esd. 4:2, 3. Los enemigos de éstos recibieron una orden de la Corte Persa para que se suspendiesen los trabajos. Llevada esta á efecto, quedó interrumpida la obra por 16 años, hasta el segundo del reinado de Darío el hijo de Histaspes, 621 A. C., en que al fin se pudo reasumir. Bien pudo suceder que la oposición desalentara á Zorobabel, y lo inclinase á dedicarse como los demás á asuntos particulares, Aggeo 1:2-11; pero volvió sobre sí y cobró aliento debido á las enérgicas exhortaciones de los profetas Aggeo 1:15, 14; 2:4-9, 21-23; y Zacarías 4:6-10; 8:3-9, 18-23. Así fué que cuatro años después concluyó el templo, Esd. 5:2; restableció las ordenes y la manutención de los sacerdotes y Levitas, Esdras 6:18; Neh. 12:47, formó un registro de los Judíos que habían vuelto, Neh. 7:5, y arregló la observancia de la Pascua, Esd. 6:22. Su nombre se encuentra tanto en la genealogía de José como en la de María, Mat. 1:13; Luc. 3:27.

ZORRAS. Este bien conocido animal se halla todavía en Palestina, así como el chacal que es al que probablemente se hace referencia en varios pasajes donde se emplea la palabra *zorra*. Ambos animales son astutos, voraces y dañinos, Ezeq. 13:4; Luc. 13:32, aficionados á las uvas, y muy nocivos á los viñedos, Cant. 2:15. La fábula de la zorra y de las uvas verdes es bien conocida.

Tanto la zorra coma el chacal tienen sus madrigueras en las excavaciones que hacen en el suelo, ó entre las ruinas, Luc. 9:58. Pero la zorra suele ir sola, al paso que los chacales van á caza de su presa en grandes manadas, y gañen y aullan por la noche con gran disgusto de todos los que los oyen. Andan en pos de las caravanas y de los ejércitos, y devoran los cuerpos de los muertos, y aun los desentierran de sus sepulcros, Sal. 63:10; Lam. 5:18. Comp. 2 Sam. 18:17. El incidente referido en la vida de Samsón, en donde probablemente se alude á los chacales, Jue. 15:4, 5, tiene un paralelo en la antigua fiesta romana de Ceres, diosa de los granos, en que se ataban antorchas encendidas á un número considerable de zorras, y se hacía correr á éstas al rededor del circo, hasta que el fuego las consumía. Esto se hacía en venganza por haber quemado las zorras una vez algunos sembrados de grano. En

Cant. 2:15, las zorras encarnan, según parece, una referencia á los sutiles pecados del corazon, contra los cuales estamos menos prevenidos que contra las tentaciones que nos impelen á los actos externos, no obstante que destruyen los frutos del Espíritu. Se puede también considerar como zorras á ciertos maestros que hay en la iglesia, los cuales enseñan doctrinas halagadoras pero falsas.

ZUR o SUR, *roca*, en hebreo TZUR, nombre de Tiro. I. El padre de Cozbi la princesa madianita á quien Finées dió muerte juntamente con Zambri. Núm. 25:6-8, 14, 15, 18. Sur y otros cuatro reyes de Madián perecieron después con Balaam en una batalla con los Israelitas, Núm. 31:8. Su nombre está asociado con el de Sehon rey de los Amorreos, Jos. 13:21.

II. Nombre de uno de los hijos de Jehiel y de Maaca, 1 Crón. 8:29; 30; 9:36.

ZURRÓN, un saco ó alforja de cuero, en el que los pastores ó viajeros llevaban su alimento ú otros pequeños artículos que les eran necesarios. Se acostumbraba llevarlo pendiente del hombro, 1 Sam. 17:40. Véase también 2 Rey. 4:42. Era distinto de la bolsa, Mat. 10:9, 10; Luc. 10:4; 22:35, 36.

ZUZITAS ó ZUZIM. Llamábase así una raza de gigantes que habitaban al este del Jordán, probablemente cerca de Rabbat Ammón, derrotada por Codorlaomer. Gén. 14:5, y exterminada por los Ammonitas, los cuales estuvieron en posesión de su territorio hasta que á su vez fueron subyugados por Israel, Deut. 2:20, 21. Véase AMMONITAS.

APÉNDICE.

CUADRO CRONOLÓGICO DE LOS PATRIARCAS ----------------------Pág. 732

ÍNDICE CRONOLÓGICO DE LA BIBLIA------------------------------- 733

SINOPSIS DE LOS CUATRO EVANGELIOS------------------------------- 760

TABLAS DE PESOS, MEDIDAS, Y MONEDAS ------------------------- 766

CARÁCTERES FÍSICOS DE PALESTINA-------------------------------- 768

LA CRONOLOGÍA DE LOS PATRIARCAS.

CUADRO CRONOLÓGICO DE LOS PATRIARCAS, DESDE ADAM HASTA MOISÉS, 2500 AÑOS.

Esta tabla presenta á la vista los años del nacimiento y de la muerte de los patriarcas; la duración comparativa de sus vidas; quiénes de ellos vivieron en la misma época; y la rápida disminución de la duración de la vida después del diluvio. Por ejemplo, Lamec, padre de Noé, nació en 874 A. M., y murió en 1651 A. M.; fué contemporário de Adam 56 años, y murió cuando sólo faltaban cinco años para el diluvio. Sem nació cerca de cien años antes del diluvio, y vivió muchos años después de haber nacido Abraham é Isaac.

AÑOS DESPUÉS DE LA CREACIÓN. (escala: 100 · 200 · 300 · 400 · 500 · 600 · 700 · 800 · 900 · 1000 · 1100 · 1200 · 1300 · 1400 · 1500 · 1600 · 1700 · 1800 · 1900 · 2000 · 2100 · 2200 · 2300 · 2400 · 2500)

Patriarca	Nacimiento (A. M.)	Muerte (A. M.)
Adam	1	930
Set	130	1042
Enós	235	1140
Cainán	325	1235
Malaleel	395	1290
Jaret	460	1422
Enoc	622	987
Matusalém	687	1656
Lamec	874	1651
Noé	1056	2006
Sem	1558	2158
Arfaxad	1658	2096
Sale	1693	2126
Heber	1723	2187
Peleg	1757	1906
Reú	1787	2026
Sarug	1819	2049
Nachor	1849	1997
Taré	1878	2083
Abraham	2008	2183
Isaac	2108	2288
Jacob	2168	2255
Leví	2288	2371
Cahat	2367	2433
Amram	2421	2504
Moisés	2433	2553

Diluvio 1656 A. M. — Diluvio 2848 antes de J.C.

AÑOS ANTES DE CRISTO. (escala: 4000 · 3900 · 3800 · 3700 · 3600 · 3500 · 3400 · 3300 · 3200 · 3100 · 3000 · 2900 · 2800 · 2700 · 2600 · 2500 · 2400 · 2300 · 2200 · 2100 · 2000 · 1900 · 1800 · 1700 · 1600)

Índice Cronologico de la Biblia.

COMPILADO POR JOSÉ ANGUS, DR. EN TEOLOGÍA.

PERÍODO I.

DESDE LA CREACIÓN, 4004 A. C., HASTA LA MUERTE DE NOÉ, 2006 AÑOS

FECHA Y LUGAR.	SUCESO Ó EXPRESIÓN.	REFERENCIA.
A. C. 4004.	La Creación	Gén. 1; 2:4-7.
	Institución del Sábado	Gén. 2:1-3.
	Creación de Adam y de Eva, brevemente descrita en el cap. 1, recapitulada en	Gén. 2:8-25.
4004.	La caída del hombre	Gén. 3:1-13.
Eden.	Conexión del primer pecado con el estado subsecuente del hombre	Rom. 5:14; 1 Cor. 15.
Eden.	Primera promesa de un Salvador; expulsión del Eden	Gén. 3:14-24.
4003-2,	Nacimiento de Cain y Abel	Gén. 4:1, 2.
Cerca del Eden.	Primer sacrificio mencionado; aceptación del de Abel	Gén. 4:3-7.
3875.		
3875.	Crimen de Cain y su maldición	Gén. 4:8-15.
3875-3504,	Cain edifica la ciudad de Henoch; sus descendientes; alocución de Lamech, etc.	Gén. 4:16-24.
Nod, 3874.	Nacimiento de Seth y de Enos; distinción entre el mundo y la iglesia	Gén. 4: 25, 26.
Cerca del Eden.	Genealogía desde Adan hasta Noé; la linea del Mesías	Gén. 5.
3769.		
3074.	Muere Adam de edad de 930 años	Gén. 5:5.
2468.	Depravación del mundo; Dios determina destruirle después de un plazo de 120 años; Noé predica (2 Ped. 2:5)	Gén. 6.
2468.	Pacto renovado con él; él construye una arca, según Dios le mandó	Gén. 6:18.
2348.	Noé entra en el arca; el Diluvio, 1656 A. M.	Gén. 7.
2347.	Las aguas bajan; Noé sale del arca	Gén. 8.
Armenia ó *Ararat*, Gén. 8:4.	Pacto de Dios renovado con Noé	Gén. 9:1-17.
Togarmah, Ezeq. 27:14.	Noé y sus hijos; su predicción relativa á ellos	Gén. 9:18-27.
2247, 1757, A. M.	Babel; confusión de lenguas; dispersión	Gén. 11:1-9.
2233, A. C.	Genealogías de los hijos de Noé; Nimrod funda el imperio Babilónico ó Asirio	Gén. 10.
Shinar ó *Irak Arabi*.	Genealogía desde Sem hasta Taré; la linea del Mesías	Gén. 11:10-28.
1998.	Muerte de Noé	Gén. 9:28, 29.

ÍNDICE CRONÓLOGICO DE LA BIBLIA.

PERIODO II.

DESDE LA MUERTE DE NOÉ HASTA EL NACIMIENTO DE MOISÉS, 417 AÑOS.

FECHA Y LUGAR.	SUCESO Ó EXPRESIÓN.	REFERENCIA.
A. C. Uz en la Idumea oriental.	**I. JOB.** Se ignora la fecha exacta de Job. Hay buenas razones, sin embargo, para colocar su historia antes de la de Abraham. Los cap. 19:23-27; 32:23-28, son referencias directas á la obra del Mesías.	Job 1-42.
	II. ABRAHAM.	
1996,	Nacimiento de Abram; se casa con Sarai; deja á Ur y á su idólatra parentela (Jos. 24:2)	Gén. 11:27-32.
Ur, *Orfa.*	Taré, Lot y Sarai; muerte de Taré	Hech. 7:2-4.
1922, Haran, *Charroe,*		
Harran, 1921,	Deja á Haran por mandato de Dios, con Saraí y Lot	Gén. 12:1-9.
Canaán.		Gén. 12:1-9; **V.**
1921.	Grandes bendiciones que se le prometieron	{ Hec. 3:25; **Ro.**
		4; Gál. 3:16.
1920.	Visita á Egipto; disimula	Gén. 12:10-20.
1918.	Vuelve á Canaán; Lot en Sodoma	Gén. 13:1-13.
1917, Hebrón.	Renovación de promesas; va á Mamre	Gén. 13:14-18.
1913, Siddim, *El Ghor.*	Chedorlaomor; Lot capturado y rescatado	Gén. 14.
	Melchísedec bendice á Abram	Gén. 14.
1912, Hebrón.	Pacto de Dios con Abram	Gén. 15.
1910.	Agar; nacimiento de Ismael	Gén. 16.
1897.	Renovación de pacto; cambio de nombres; circuncisión	Gén. 17.
	Abraham hospeda á tres ángeles, uno de los cuales	Gén. 18; 19:1-
	es el Ángel del pacto; Sodoma; la mujer de Lot;	36; 19:4-11,
	el incesto de Lot	30-36.
1896, Gerar.	Abraham deja á Hebrón; disimula con Abimelec, en Gerar	Gén. 20.
Tierra de Moab.	Nacimiento de Moab y de Ben-ammí	Gén. 19:39, 38.
	Nacimiento de Isaac; Ismael es despedido; pacto con Abimelec	Gén. 21:1-34.
1872, Moría, sitio del Templo.	Prueba á que se sujetó la fé de Abraham	Gén. 22:1-19.
Macpela, cerca de Hebrón.	Muerte y sepultura de Sara	Gén. 23.
Hebrón.	Relación de la familia de Nachor	Gén. 22:20-24.
1856, Beerseba,	Abraham envía á su criado á Haran; Laban le recibe; casamiento de Isaac	Gén. 24.
1850.	Abraham se casa con Cetura; hijos que tiene de ella	Gén. 25:1-6.
1836, Lahai-roi.	Nacimiento de Esaú y de Jacob; su carácter	Gén. 25:19-28.
1821, Beerseba.	Muerte de Abraham; Isaac é Ismael le sepultan en la cueva de Macpela	Gén. 25:7-11.
	III. ISAAC Y JACOB.	
1804, Lahai-roi.	Esau vende á Jacob su primogenitura; Isaac deja á Canaán	Gén. 25:29-35.
1804.	Pacto confirmado á Isaac en Gerar	Gén. 26:1-5.
1804, Beerseba.	Isaac disimula; pacto con Abimelec	Gén. 26:6-33.
1796.	Esaú se casa con dos mujeres heteas	Gén. 26:34, 35.
1773.	Muerte de Ismael; descendientes	Gén. 25:12-18.
1760, Beerseba.	Jacob obtiene la bendición de su padre, y huye de Esaú	Gén. 27; 28:1-5
1760, Padan-aram.	La visión de Jacob en Luz; las promesas continuan hechas á él; su permanencia con Laban su tio	{ Gén. 28:10-22; 29:1-14.
1760, Arabia.	Esaú se casa con una hija de Ismael	Gén. 28:6-9.

PERIODO II.—CONTINUACIÓN.

FECHA Y LUGAR.	ACONTECIMIENTO Ó EXPRESIÓN.	REFERENCIA.
A. C.		
1753.	Jacob se casa con Lea y con Raquél	Gén. 29:18-30.
1752-1745. Padan-aram, *Al Jezirah.*	Hijos de Jacob y de Lea: Rubén, Simeón, Leví y Judá; de Jacob y de Bilha, sierva de Raquél, Dan y Neftalí; del mismo y de Zilpa, sierva de Lea, Gad y Aser; más del mismo y de Lea, Issacár, Zabulón y Dina; y de Raquél, José	Gén. 29:31-35; 30:1-24.
1745.	Convenio de Jacob con Laban; se hace rico	Gén. 30:25-43.
1739, Galaad.	Jacob al volver á Canaán, es perseguido por Laban; su pacto	Gén. 31.
1739, Succot. V. Jos. 13:27.	Visión de Jacob en Mahanaim; lucha con el Ángel en Penuel; se reconcilia con Esaú; se establece en Succot	Gén. 32; 33:1-17
1736, Siquém.	Jacob se muda á Salem, Gén. 33:18-20; nacimiento de los hijos de Judá	Gén. 38:1-5.
1732.	Violación de Dina por Siquém; matanza de Siquemitas por Simeón y Leví	Gén. 34.
Betel, Luz, *Beit-in.*	Jacob se muda; purga su casa de ídolos; le son renovadas las promesas; se le cambia su nombre en Israel	Gén. 35:1-15.
	Muere Raquél al dar á luz á Benjamín	Gén. 35:16-20.
1729, Hebrón.	Pecado de Rubén; Jacob habita con Isaac	Gén. 25:21-27.
1729.	Descendientes de Esaú	Gén. 36.

IV. JOSÉ, ETC.

1728, Dotan.	Los dos sueños de José; envidia de sus hermanos; es vendido á los Ismaelitas y á Potifar en Egipto	Gén. 37
1726, Timnat.	Er y Onan muertos por Dios; incesto de Judá y Tamar; nace Fares un progenitor del Mesías	Gén. 38:6-30.
1719, Egipto.	José promovido, tentado, acusado falsamente y reducido á prisión	Gén. 39.
1718.	Prisión del copero y del panadero de Faraón; José les interpreta sus sueños	Gén. 40.
1716.	Muerte de Isaac en Mamre	Gén. 35:28, 29.
1715.	José interpreta los sueños de Faraón; su elevación	Gén. 41:1-49.
1712, 1711.	Nacimiento de los dos hijos de José, Manassés y Efraím	Gén. 41:50-52.
1708.	Principio de los siete años de hambre	Gén. 41:53-57.
1707.	Los hermanos de José, menos Benjamín, van á comprar trigo; Simeón se queda en rehenes	Gén. 42.
1706.	Vuelven de nuevo á comprar trigo; José se hace conocido á sus hermanos; envía por su padre	Gén. 43-45.
1706.	Llegan Jacob y su familia; se establecen en Gosen; es presentado Jacob á Faraón	Gén. 49:8-25; 47:1-12.
1704-1701.	José, vendiendo trigo á los Egipcios, aumenta las riquezas del rey	Gén. 47:13-26.
1689, Egipto.	Jacob bendice á Efraím y á Manassés	Gén. 47:27-31 48.
1689.	Predicciones de Jacob relativas á sus hijos y á Judá; su muerte	Gén. 49.
Macpela.	José y sus hermanos sepultan á su padre	Gén. 50:1-13.
1689.	José se muestra bondadoso con sus hermanos	Gén. 50:24-21.
1635, Egipto.	José predice la vuelta á Canaán; les encarga lleven sus restos allá; su muerte	Gén. 50:22-26.
1577, Egipto.	Los Israelitas se multiplican; un nuevo rey los oprime	Exod. 1:1-21; 15-21.
1573.	Faraón ordena que los hijos varones de los Israelitas sean echados al río	Exod. 1:22.

PERIODO III.

DESDE EL NACIMIENTO DE MOISÉS, 1571 A. C., HASTA SU MUERTE, 120 AÑOS.

FECHA Y LUGAR.	SUCESO Ó EXPRESIÓN.	REFERENCIA.
A. C.	**I. HASTA EL ÉXODO.**	
1571–1532.	Nacimiento, exposición, rescate y primeros años de la vida de Moisés	Exod. 2:1-10.
1531, Madián.	Moisés huye después de haber matado á un Egipcio; se casa con Séfora hija de Jetro; nacimiento de Gersom	Exod. 2:11-22.
1531, Egipto. Rameses II.	Los Israelitas gimen bajo el peso de su esclavitud	Exod. 2:23-25; Sal. 88.
1491, Horeb. (Hech. 7:31).	Dios se le aparece á Moisés en una zarza ardiente; les designa á él y á Aaron para que saquen á los Israelitas de Egipto	Exod. 3; 4:1-17.
1491, Egipto, (Hech. 7:31). Menefta III.	Moisés y Aarón solicitan la libertad de los Israelitas; Faraón la rehusa	Exod. 5.
	Moisés deja á Madián; se reune á Aarón; exponen al rey su misión	Exod. 4:18-31.
1491.	Dios renueva su promesa bajo su nombre de Jehová.	Exod. 6:1-13.
1491.	Descendientes de Rubén y Simeón, y de Leví, de quien procedieron Moisés y Aarón	Exod. 6:14-27.
1491.	Moisés y Aarón enviados de nuevo; confirman su misión con un milagro; los mágicos los imitan	Exod. 6:28-30; 7:1-13.
1491.	Faraón rehusa dejar que Israel se vaya; ocho plagas	Exod. 7:14-25; 8; 9; 10:1-20.
1491.	Institución de la Pascua	Exod. 12:1-20.
1491.	La novena plaga, tres días de tinieblas	Exod. 10:21-27.
1491.	Se manda á los Israelitas que pidan oro á los Egipcios; se amenaza á Faraón con la muerte de los primogénitos	Exod. 11:1-8; 10:28, 29; 11:9, 10.
1491.	Se come la pascua el mismo día del mismo mes en que Cristo, nuestro Pascua, fué sacrificado por nosotros; son muertos los primogénitos	Exod. 12:21-30.
1491, Rameses.	El éxodo de Israel de Egipto, 2513 A. M.	Exod. 12:31-36, y 40 á 42.
	II. JORNADAS DE LOS ISRAELITAS.	
1491, Succot. Año 1, Ecles.	Jornada primera. Se da más fuerza al precepto de la pascua. Se manda que los primogénitos sean separados. Se mudan los restos de José	Exod. 12:37-39, 43-51; 13:1-19; Núm. 33:1-5.
1 mes, 1 día. Etan.	Jornada segunda. Israel es guiado por una columna de nube y fuego	Exod. 13:20-22; Núm. 33:6.
1491, Pihahirot, esto es, boca de paso.	Jornada tercera. Persecución de Faraón	Exod. 14:1-9; Núm. 33:7.
Mara.	Jornada cuarta. Paso del Mar Rojo. Véase 1 Cor. 10:1, 2. Destrucción del ejército de Faraón. Cántico de Moisés. El agua amarga se hace potable.	Exod. 14:10; 15:26; Núm. 33:8.
Elim, cañada Ghurundel.	Jornada quinta	Exod. 17:2-7; Núm. 33:9.
Mar Rojo.	Jornada sexta	Núm. 33:10.
2 mes, 15 días. Desierto de Sin.	Jornada séptima. El pueblo murmura por falta de pan. Las codornices y el maná. Instrucciones sobre el maná. Véase Juan 6:31; Apoc. 2:17	Exod. 16:1-36; Núm. 33:11.
Dofca.	Jornada octava	Núm. 33:12.
Alus.	Jornada novena	Núm. 33:13.
Refidim. 3 meses, 15 días.	Jornada décima. Se da agua de una roca en Horeb (1 Cor. 10:4). Josué derrota á Amalec mientras Moisés ora	Exod. 17:1-16; Núm. 33:14.
Sinaí.	Jornada undécima. Preparativos para la promulgación de la ley	Exod. 19:1-25; Núm. 33:15.

PERIODO III.—CONTINUACIÓN.

FECHA Y LUGAR.	ACONTECIMIENTO Ó EXPRESIÓN.	REFERENCIA.
A. C. 1491, 3 meses, 15 días, Sinaí.	Promulgación de la ley moral. Se preceptúan diversas leyes, principalmente judiciales; el Ángel prometido como guía á los Israelitas	Exod. 20-23.
	El pueblo promete obediencia; se le rocía con la sangre del pacto. Moisés y otros tienen una visión de la gloria de Dios. Moisés permanece cuarenta dias y cuarenta noches en el monte	Exod. 24.
	Promulgación de la ley ceremonial. El tabernáculo y sus accesorios, los sacerdotes y sus vestiduras, etc. Se preceptúa de nuevo la guarda del Sábado; sacrificio diario é incienso, Rom. 8:3; Apoc. 6:3, 4. Tablas de la ley dadas á Moisés	Exod. 25-31.
	Idolatría del becerro; rotura de las tablas; el pueblo es castigado; se muda el tabernáculo del campo. Moisés intercede por el pueblo, y pide ver la gloria de Dios	Exod. 32; 33.
Año Ecles. 1. 6 meses, Sinaí.	Reposición de las tablas; proclamación del nombre del Señor; Dios hace un pacto con Israel. Moisés permanece en el monte cuarenta días y cuarenta noches; su rostro resplandece	Exod. 34.
1491.	Ofrendas del pueblo para el tabernáculo. Bezaleel y otros preparan el tabernáculo y sus accesorios	Exod. 35-39.
1490. Año Ecles. 2. 1 mes, 1 día.	Se le manda á Moisés que alce el tabernáculo y que lo unja, y que santifique á Aarón y á sus hijos	Exod. 40:1-16; (Juan 1:14; 2:19-31; Col. 2:9).
1490. Año Ecles. 2. 1 mes, 1 dia.	Se alza el tabernáculo. La gloria de Dios le llena. Los israelitas son guiados por la nube	Exod. 40:17-38.
	Leyes relativas á varios sacrificios y ofrendas	Lev. 1-7.
	Consagración de Aaron y de sus hijos como sacerdotes	Lev. 8.
1 mes, 8 días.	Las ofrendas de Aaron. El fuego consume el sacrificio	Lev. 9.
	Aceptación de las ofrendas de los príncipes	Núm. 7.
	Muerte de Nadab y Abiú	Lev. 10.
	Del gran día de expiación, y del macho cabrío que se envía libre al desierto	Lev. 16; véase Heb. 9; 5:1.
1 mes, 14 días.	Celebración de la segunda pascua. Á algunos se les permite su observancia en el segundo mes	Núm. 9:1-14.
	Leyes relativas á comidas y purificaciones	Lev. 11-15.
	Leyes diversas—morales, ceremoniales y judiciales	
	El hijo de Selomit apedreado por blasfemo	Lev. 17-22; 24.
	Leyes relativas á festividades, etc.	Lev. 23; 24.
	Promesas y amenazas proféticas	Lev. 26.
	Leyes sobre votos, devociones y diezmos	Lev. 27.
2 meses, 1 día.	Se cuentan las tribus; su orden respectivo	Núm. 1; 2.
	Se designan los Levitas para el servicio del tabernáculo en lugar de los primgénitos; sus deberes	Núm. 3; 4.
	Institución de varias ceremonias. La ley de los Nazaréos. Formula de bendición	Núm. 5; 6.
	Consagración de los Levitas; su edad y periodo de servicio	Núm. 8.
	Uso de las trompetas de plata	Núm. 10:1-10.
	Modo con que la nube guiaba al pueblo	Núm. 9:15-23.
	Llegada de Jetro con la mujer de Moisés y sus hijos; aconseja á Moisés nombre jueces que lo auxilien	Exod. 18:1-26.
1490. 2 meses, 20 días.	Duodécima jornada. Orden de la marcha	Num. 10:11. 12 (33:16), 28.
Desierto de Paran, El Tih.	Moisés ruega á Hobab que acompañe á Israel; Jetro vuelve á Madián	Núm. 10:29-32; Exod. 18:27.
	Fórmula de bendición al mudar y descansar el arca	Núm. 10:33-36.

PERIODO III.—CONTINUACIÓN.

FECHA Y LUGAR.	SUCESO Ó EXPOSICIÓN.	REFERENCIA.
A. C. 1490.	El incendio en Taberah. El pueblo murmura por falta de carne; Moisés se queja de su cargo; se nombre un consejo de 70 ancianos para que le auxilien. Dios en su cólera envía codornices	Núm. 11:1-34.
Haserot.	Jornada décima tercera. María herida de lepra en castigo de su sedición	Núm. 11:35; (33:17), 12:15.
5 á 7 meses, Cades Barnea, ó En Mishpat.	Jornada décima cuarta. Se envían espías á inspeccionar la tierra; diez de ellos traen informes desfavorables; Caleb y Josué permanecen fieles	Núm. 13; (33:18)
1490. Año Ecles. 2. 7 meses, 6 días.	Israel murmura al oir la relación de los espías; Dios amenaza; Moisés intercede; se condena al pueblo á peregrinar por 40 años	Núm. 14:1-39; Sal. 90.
	El pueblo subiendo al monte contra la voluntad de Dios, es derrotado	Núm. 14:40-45.
	Leyes sobre ofrendas. El que quebrantó el sábado, es apedreado	Núm. 15.
	La rebelión de Coré, etc.; castigo de temblor, fuego y peste; aprobación de Aarón como sumo sacerdote manifestada por el florecimiento de su vara	Núm. 16; 17.
	El cargo y porción de los sacerdotes y Levitas	Núm. 18.
	Agua de la purificación; como debía hacerse y usarse	Núm. 19.
1490-1452. Años Ecles. 2-40.	Las diez y siete jornadas siguientes (de la 15ª á la 31ª) de los Israelitas, formaron sus peregrinaciones en el desierto, por cerca de 38 años	Núm. 33:19-35.
1452.	Jornada trigésima segunda. Muerte de María	Núm. 20:1; 33:36.
Año Ecles. 40. 1 mes.	El pueblo murmura por falta de agua; Moisés y Aarón por haber flaqueado en su fé, no entran á Canaán	Núm. 20:2-13.
1452, Cades. Monte Hor.	Edom rehusa el paso á los Israelitas	Núm. 20:14-21.
	Jornada trigésima tercera; muere Aarón; Arad ataca á Israel y es derrotado	Núm. 20:22 á 21:3; 33:37-40.
Salmona.	Jornada trigésima cuarta; el pueblo murmura; se envían serpientes de fuego; se alza la serpiente de bronce	(V. Juan 3:14); Núm. 21:4-9; 33:41.
Punon, Obot, Ije-Abarim.	Jornadas trigésima quinta, trigésima sexta y trigésima séptima	Núm. 21:10, 11; 33:42-44.
Dibon-gad.	Jornada trigésima octava	Núm. 33:45.
	Los Israelitas se detienen en Zared, Arnón y Beer	Núm. 21:12-18.
	Sehón el Amorréo se opone á su paso; es derrotado y su tierra ocupada	Núm. 21:21-32.
	Og de Basan los ataca; es derrotado	Núm. 21:33-35.
Almon-dibla-taim.	Jornada trigésima nona	Núm. 33:46.
Abarim.	Jornada cuadragésima	Núm. 21:18-20; 33:47.
Llanuras de Moab contiguas al Jordán.	Jornada cuadragésima primera; relación de lo que pasa con Balaam y Balac	(Luc. 1:78; Apoc. 22:16; 1 Cor. 15:25); Núm. 22:1-41; (33 : 48); 23; 24.
	Jornada cuadragésima segunda; idolatría de Baal-peor; celo de Finees	Núm. 25 : 1-18; (33:49).
	Tercer censo formado del pueblo	Núm. 26.
	Las hijas de Salfaad; leyes sobre herencias	Núm. 27 : 1-11.
	Ley sobre ofrendas, votos, etc.	36.
1451. Año Ecles. 40.	Exterminio de Madián; muerte de Balaam	Núm. 28-3(.
	Territorios dados á Rubén, Gad, y á la media tribu de Manassés, al este del Jordán	Núm. 3; Núm. 22

PERIODO III.—CONTINUACIÓN.

FECHA Y LUGAR.	ACONTECIMIENTO Ó EXPOSICIÓN.	REFERENCIA.
A. C.		
1451.	Instrucciones dadas á los Israelitas para su entrada á Canaán; descripción de los límites de esa tierra; se destinan á los Levitas 48 ciudades, de las cuales 6 tienen que ser de refugio; leyes sobre el homicidio	Núm. 33:50-56; 34; 35.
	III. REVISTA Y ENCARGO ÚLTIMO DE MOISÉS.	
Año Ecles. 40.	Moisés recorre la historia de los Israelitas, introduciendo algunos nuevos detalles	Deut. 1:4.
11 mes, 1 día.	Se repite y encarece la ley moral	Deut. 5:9; 10:1-5, 10-22; 11.
	Se repite la ley ceremonial con preceptos contra la idolatría, etc.	Deut. 12:16; 17:1.
Llanuras de Moab contiguas al Jordán.	Se repite y explica la ley judicial. Se predice á Cristo como el Profeta á quien el pueblo tiene que atender	Deut. 17:2-20; 18-26.
	Moisés ordena á Israel que después de entrar á Canaán, escriba la ley en piedras, y recite sus bendiciones y maldiciones sobre el Monte Gerizim y el Monte Ebal	Deut. 27.
	Promesas y maldiciones proféticas	Deut. 28.
	Exhortación final á los Israelitas	Deut. 29; 30.
	IV. NOMBRAMIENTO DE JOSUÉ—MUERTE DE MOISÉS.	
Año Ecles. 40.	Josué es designado para suceder á Moisés	Núm. 27:12-23.
11 meses.	Moisés anima al pueblo y á Josué; encarga á los sacerdotes que lean la ley públicamente cada siete años	Deut. 31:1-13.
	Cargo que Dios da á Josué; Moisés escribe un cántico de testimonio; completa la escritura de la ley, y la entrega á los Levitas con una predicción de la desobediencia de Israel	Deut. 31:14-29.
	Moisés recita su cántico, y exhorta á Israel á que fije su corazón en él	Deut. 31:30; 32:1-47.
	Moisés sube al Monte Nebo para ver la Tierra de Canaán y morir	Deut. 32:48-52.
	Moisés bendice proféticamente á las tribus	Deut. 33.
1451.	Moisés ve la Tierra prometida; su muerte y sepultura, y su carácter	Deut. 34.

PERÍODO IV.

DESDE LA ENTRADA Á CANAÁN HASTA LA MUERTE DE SALOMÓN, 475 AÑOS.

FECHA Y LUGAR.	SUCESO Ó EXPOSICIÓN.	REFERENCIA.
	I. CONQUISTA DE CANAÁN, 7 AÑOS.	
A. C.	**(HASTA LOS JUECES. 25 AÑOS.)**	
1451.	Cargo que Dios da á Josué	Jos. 1:1-9.
Año Ecles. 41.	Espías enviados á Jericó; Rahab los recibe	Jos. 2.
1 mes, 1 día.	Josué recuerda á Rubén, etc., su compromiso (Núm. 22); eilos prometen obediencia. Los Israelitas reciben instrucciones relativas al paso del Jordán. Dios anima á Josué	Jos. 1:10-18; 3:1-13.

PERIODO IV.—CONTINUACIÓN.

FECHA Y LUGAR.	ACONTECIMIENTO Ó EXPOSICIÓN.	REFERENCIA.
A. C. 1451. 1 mes, 10 días.	Paso del Jordán (2553 A. M.); se erige un memorial; los Cananeos se alarman	Jos. 3:14-17; 4; 5:1.
1451, Gilgal.	Se renueva la circuncisión; la Pascua; cesa el maná	Jos. 5:2-12.
	El Príncipe del ejército de Jehová se aparece á Josué; captura milagrosa de Jericó; se pronuncia una maldición sobre el que la reedifique	Jos. 5:13-15; 6:1-27.
	Los Israelitas son derrotados en castigo del pecado de Achán; se hace morir á éste	Jos. 7.
Gilgal.	Captura de Hai por medio de una estratagema	Jos. 8:1-29.
	Los Gabaonitas consiguen hacer alianza con Josué	Jos. 9.
	Conquista de varios reyes sucesivamente	Jos. 10.
1450-1445.	El resto de las conquistas	Jos. 11.
1444, Ebal y Gerizim.	Se escribe la ley sobre un altar de piedras (Deut. 27,) y se proclama á todo el pueblo	Jos. 8:30-35.
	Ruben, etc., vuelven á la tierra que les correspondía al lado oriental del Jordán; erigen un altar como memorial; Israel se muestra ofendido; se le da una explicación	Jos. 22.

II. DIVISIÓN GENERAL DE LA TIERRA.

1444.	Enumeración de las conquistas	Jos. 12.
	Tierra no conquistada aún	Jos. 13:1-6.
	Josué divide la tierra; las nueve tribus y media reciben sus respectivas porciones por suerte; los Levitas no reciben tierra	Jos. 13:7-14; 14:1-5.
	Heredad de Ruben, etc., en el lado oriental del Jordán	Jos. 13:15-33.
Hebrón, Chiriat Arba,	Heredad de Caleb	Jos. 14:6-15; 15:13-19.
Jos. 21:11.	Suerte de Judá	Jos. 15:1-12, 20-63.
	Suerte de Efraím y de la media tribu de Manassés	Jos. 16; 17.
1444, Silo.	Se asienta el tabernáculo	Jos. 18:1.
	Suertes de las otras tribus; heredad de Josué	Jos. 18:2-28; 19.
	Designación de ciudades de refugio	Jos. 20.
	Ciudades levíticas	Jos. 21.

III. ÚLTIMOS ACTOS DE JOSUÉ, ETC.

1427, Siquém, Sichar, N. T.	Cargo que impone Josué á los ancianos de Israel	Jue. 23.
	Josué habla á las tribus y renueva el pacto	Jos. 24:1-28.
1426, Siquém.	Muerte y sepultura de Josué	Jos. 24:29-31.
	Sepultura de los restos de José, etc.	Jos. 24:32, 33.

IV. INTERREGNO Y GOBIERNO DE LOS JUECES, 330 AÑOS.

	Conquistas después de la muerte de Josué	Jue. 1:1-26.
	Naciones no subyugadas por Israel	Jue. 1:27-36.
1425, Bochim.	El Ángel de Jehová reprende á los Israelitas por no echar de su tierra á los Cananeos	Jue. 2:1-5.
	Principio de la idolatría en Israel	Jue. 2:6-13.
1413.	Relato á cerca de Michás y su imagen	Jue. 17.
	Una partida de Danitas, habiendo robado á Michás su imagen, se establecieron en Lais (después Dan,) y se entregaron á la idolatría	Jue. 18.
1406, Gabaa, *Jeba.*	Historia de un Levita y su concubina; matanza de los Benjamitas, etc.	Jue. 19; 20; 21.
	Las cautividades de Israel á causa de su idolatría, y su liberación por los Jueces	Jue. 2:14-23; 3:1-4.

PERIODO IV.—CONTINUACIÓN.

FECHA Y LUGAR.	ACONTECIMIENTO Ó EXPOSICIÓN.	REFERENCIA.
A. C.		
1402–1394.	Cautividad de los Israelitas orientales, por ocho años, bajo Mesopotamia; Otoniel juez	Jue. 3:5–11.
1354–1336.	Cautividad de los Israelitas orientales, por diez y ocho años bajo Moab; Aod juez	Jue. 3:12–30.
	Cautividad de los Israelitas occidentales bajo los Filisteos; Samgar juez	Jue. 3:31.
1316–1296.	Cautividad de los Israelitas del norte, bajo los Cananeos; Débora juez; cántico de Débora y Barac	Jue. 4; 5.
1256.	Cautividad de los Israelitas del oriente y del norte, por siete años, bajo Madián	Jue. 6:1–6.
Betlehem.	La historia de Rut, antepasada del rey David y del Mesías	Rut 1–4.
1249, Siquém.	Gedeón juez; es visitado por el Ángel del pacto, y libra á Israel de Madián; rehusa ser hecho rey	Jue. 6:7–40; 7; 8.
1235–1232.	Usurpación de Abimelec; fábula de Joatam	Jue. 9.
1232–1188.	Tola y Jair jueces	Jue. 10:1–5.
1206–1188.	Los Filisteos y Ammonitas oprimen á Israel por diez y ocho años; Jefté; su voto	Jue. 10:6–18; 11.
1187.	Matanza de Efraím por los Galaaditas	Jue. 12:1–6.
1182–1157.	Ibzan, Elon y Abdon jueces	Jue. 12:7–15.
1156–1116.	Los Filisteos oprimen á Israel cuarenta años	Jue. 13:1.
1156.	Nacimiento de Samsón	Jue. 13:2–25.
	Nacimiento de Samuel; cántico de Anna	1 Sam. 1; 2:1–11.
1155, Silo.	La maldad de los hijos de Elí	1 Sam. 2:12–21.
1143.	Llamamiento de Samuel	1 Sam. 3.
1136–1117.	Casamiento de Samsón; sus hazañas	{ Jue. 14; 15:1–19; 16:1–3.
	Juicio sobre la casa de Elí	1 Sam. 2:22–36.
1116, Gaza.	Captura y muerte de Samsón	Jue. 16:4–31.
116, Ebenezer.	Israel es derrotado dos veces por los Filisteos; el arca tomada, y los hijos de Elí muertos; muerte de Elí	1 Sam. 4:19–22.
Asdod, Azotus, Hech. 8:40; Esdud.	El arca se coloca en la casa de Dagón; es mudada á Ecrón (Akir); después á Bet-semes, (Ain Shems,) de allí á Cariat-jearim, en donde permanece hasta que es mudada por David	1 Sam. 5; 6; 7:1, 2.
1112, Mispa.	Samuel juez; mueve á los Israelitas á arrepentimiento; los Filisteos son derrotados	1 Sam. 7:3–17.
1095, Rama, in Efraím.	Samuel nombra jueces á sus hijos; corrupción del gobierno de estos; los Israelitas piden un rey; Dios manda á Samuel que los atienda	1 Sam. 8.

V. EL REINADO DE SAÚL, 40 AÑOS.

FECHA Y LUGAR.	ACONTECIMIENTO Ó EXPOSICIÓN.	REFERENCIA.
1096, Rama.	Samuel unge privadamente á Saúl como rey, y le da tres señas	1 Sam. 9; 10:1–16.
Mispa.	Saúl es escogido y proclamado rey	1 Sam. 10:17–27.
Gilgal al S. de Jericó.	Saúl rescata á Jabes de Galaad; es inaugurado como rey; alocución de Samuel á Israel	1 Sam. 11; 12.
1094.	Saúl reune un ejército contra los Filisteos; desobedece á Samuel y se le amonesta sobre su privación del reino	1 Sam. 13:1–15.
	Los Filisteos son derrotados; juramento temerario de Saúl que pone en peligro á Jonatán; el pueblo le rescata; victoria de Saúl; su familia	1 Sam. 13:16–23; 14.
1080.	Saúl derrota á los Amalecitas; perdona á Agag y lo mejor de los despojos; se le amenaza por Samuel	1 Sam. 15.
1064, Betlehem.	Samuel unge secretamente á David en Betlehem como futuro rey	1 Sam. 16:1–13.

741

PERIODO IV.—CONTINUACIÓN.

FECHA Y LUGAR.	ACONTECIMIENTO Ó EXPOSICIÓN.	REFERENCIA.
A. C.		
	Victoria de David sobre Goliat, Jonatán ama á David	1 Sam. 17:1-54; 18:1-4. Sal. 9.
1063.	Victoria de David; melancolía de Saúl; intenta matar á David	1 Sam. 18:5-9; 16:14-23; 18:10-16.
1062, Gabaa, Najoth.	David se casa con la hija de Saúl; Saúl hace varias tentativas para matarle; David huye á Samuel; Saúl envía en su persecución	1 Sam. 18:17-30; 19:1-3; Sal. 11; 1 Sam. 19:4-24; Sal. 59.
1062.	Pacto de David con Jonatán	1 Sam. 20.
1061, Nob y Gat.	David huye á Ahimelec (costando la ficción de que se valió, la vida de los sacerdotes de la casa de Elí); en seguida, á Achis; finge locura	1 Sam. 21; Sal. 56; 34.
1062, Adullam.	David huye de nuevo; se le reunen varios partidarios	1 Sam. 22:1; Sal. 142; 2 Sam. 22:1, 2; 1 Crón. 12:8-18; 2 Sam. 23:13-17; 1 Crón. 11:15-19.
Nob.	David huye á Mispa, y después á Haret; matanza de los sacerdotes por Saúl	1 Sam. 22:3-19. Sal. 17, 35, 52, 64, 109, 140.
Keila.	Abiatar se reune á David; David derrota á los Filisteos	1 Sam. 22:20-23; 23. Sal. 31.
1060, Zif.	Saúl persigue á David; una invasión le obliga á volverse	1 Sam. 23:13-23; Sal. 54;
1059, Engedi, Hazezon Tamar, 1058, Zif.	Saúl persigue á David; David perdona la vida á Saúl; Saúl confiesa su falta	1 Sam. 23:24-28. 1 Sam. 23:29; 24. Sal. 57, 58, 63.
1058, Zif.	Muerte de Samuel; David y Nabal	1 Sam. 25.
	David perdona de nuevo la vida á Saúl	1 Sam. 26.
1057.	David huye á Achís, 1 Sam. 27:1-7; Sal. 141; varios se reunen con él	1 Crón. 12:1-7.
	David hace una excursión sobre los Amalecitas, y se dirige á Gat con los despojos	1 Sam. 27:8-12.
1056.	Los Filisteos se preparan para la guerra, y avanzan hasta Sunem; David las acompaña; Saúl consulta á la pythonisa de Endor	1 Sam. 28.
	David es despedido del ejército de los Filisteos; en su camino de regreso á Siclag, se le reunen varios	1 Sam. 29. 1 Crón. 12:19-22
	Á su regreso en Siclag, se encuentra con que había sido saqueado por los Amalecitas, y con que su familia había sido capturada; persigue á los Amalecitas y los derrota	1 Sam. 30.
Gilboa, Jebal Gilbo.	Derrotado Saúl en una batalla y muertos sus hijos, se suicida	1 Sam. 31; 1 Crón. 10:1-14.
Siclag.	Un Amalecita pretende haber matado á Saúl, y se le hace dar muerte por David	2 Sam. 1:1-16.
	David lamenta la muerte de Saúl y Jonatán	2 Sam. 1:17 27.
	VI. EL REINADO DE DAVID, 40 AÑOS.	
1056, Hebrón. Hech. 13:21.	David es reconocido como rey de Judá	2 Sam. 2:1-7.
	Isboset, el hijo de Saúl, es proclamado rey de Israel por Abner	2 Sam. 2:8-11.
1054.	Se suscita una guerra civil; David se hace más fuerte; Abner é Isboset son traidoramente asesinados	2 Sam. 12:32; 3; 4

FECHA Y LUGAR.	ACONTECIMIENTO Ó EXPOSICIÓN.	REFERENCIA.
A. C.		2 Sam. 5:1-3; 23:8-12, 18-3
1049, Hebron. Jerusalem.	David hecho rey sobre todo Israel; sus tropas; desaloja á los Jebuseos de la fortaleza de Sión, y la hace su morada -----	5:4, 5, 6-10; 1 Crón. 11:1-3; 12:23-40; 11:10-14, 20, 26-47, 4-9.
1848.	Hiram, rey de Tiro, felicita á David; familia de David; derrota dos veces á los Filisteos -----	2 Sam. 5:11-25, 13-17; 1 Crón. 14:1-17
1046, de Chiriat-jearim á la casa de Obed-edom, de allí á Sión, Sal. 132.	David muda el arca; Uzza, por no ser Levita, fué herido al tocar el arca. Véase Núm. 4:15 -----	2 Sam. 6:1-11; 12-23; Sal. 68, 132, 10; 96, 106; 1 Crón. 13:1-4, 5:14; 15:1 á 16:43.
	Se prohibe á David que edifique el templo; se le prometen grandes bendiciones; su oración y acción de gracias -----	2 Sam. 7; 1 Crón. 17; Sal. 2, 45, 22, 1 118, 110.
1041.	Victorias sobre Filistia, Moab, Siria y Edom -----	2 Sam. 8; 1 Crón. 18; Sal. 60, 108.
	Bondad de David para con Mefiboset -----	2 Sam. 9.
1038-1037, Medeba.	David derrota á Ammón y á Siria -----	2 Sam. 10; 1 Crón. 19; Sal. 20, 21.
1036 á 1034, Jerusalem.	Sitio de Rabba; adulterio y asesinato cometido por David -----	2 Sam. 11:1; 11:2-27. 1 Crón. 20:1, 3. Sal. 51, 32, 33, 103.
1033.	Nacimiento de Salomón; Amnón, el hijo mayor de David, forza á su hermana Tamar, hija de David; David deja de castigar ese ultraje -----	2 Sam. 12:24, 25 13:1-22.
1031.	Absalóm mata á Amnón y huye -----	2 Sam. 13:23-3
1028.	Se hace volver á Absalóm y comparecer ante la presencia de su padre -----	2 Sam. 14.
1025.	Absalóm se levanta en rebelión contra David -----	2 Sam. 15:1-12.
1024.	David y sus partidarios huyen; Sadoc y Abiatar vuelven á la ciudad con el arca; á Usai le recomienda David se reuna á Absalóm para hacer fracasar los consejos de Achitofel -----	2 Sam. 15:13-27 Sal. 3.
1024, Bahurim. Jerusalem.	Siba traiciona á Mefiboset; Semei maldice á David	2 Sam. 16:1-14; Sal. 7.
	Usai hace fracasar los consejos de Achitofel; este se ahorca -----	2 Sam. 16:15-23 17:1-26.
Mahanaim, 65 millas al N. E. de Efraím.	Se abastece á David de provisiones, principalmente por Barzillai -----	2 Sam. 17:27-29 Sal. 4, 5, 42, 4 55, 62, 70, 7 143, 144.
	Absalóm es derrotado y muerto por Joab -----	2 Sam. 18.
Jerusalem.	David regresa; Semei es perdonado; Mefiboset espone la traición de Siba; gratitud de David á Barzillai -----	2 Sam. 19; 20:
1023.	Rebelión de Seba (en Abel) -----	2 Sam. 20:1, 4-26.
1021.	Los tres años de hambre -----	2 Sam. 21:1-14.

PERIODO IV.—CONTINUACIÓN.

FECHA Y LUGAR.	ACONTECIMIENTO Ó EXPOSICIÓN.	REFERENCIA.
A. C.		
1019.	Ultimas guerras con los Filisteos; alabanzas de David por sus victorias; sus enemigos quedan vencidos	2 Sam. 21:15-22; 22:2-51. 1 Crón. 20:4-8; Sal. 18.
1018.	David enorgullecido cuenta á Israel; la peste	2 Sam. 24:1-9, 10-25. 1 Crón. 21:1-5; 27:3, 24; 21:6, 7, 8-30.
1016. Jerusalem.	David prepara materiales, y da instrucciones á Salomón para la edificación del templo	1 Crón. 22.
	Rebelión de Adonías; Salomón es ungido y proclamado sucesor de David; Adonías se somete	1 Rey. 1:1-4.
	David arregla los ordenes de los sacerdotes	1 Crón. 23-26.
	Arreglo de los empleados ó funcionarios de Estado	1 Crón. 27:1-22, 25-34.
	David convoca una junta solemne, y exhorta tanto á ella como á Salomón á la obra del templo; las ofrendas de los príncipes y del pueblo; acción de gracias de David; Salomón es reconocido como rey	1 Crón. 28:11-21; 29:1-15; Sal. 72, 91, 145.
	Encargo final que David hace á Salomón; manda que á Joab y á Semei se condenen á muerte; últimas palabras de David; su muerte	1 Rey. 2:1-9; 2 Sam. 23:1-7; 1 Crón. 29:26-30; 1 Rey. 2:10, 11.
	Salmos de David cuya fecha y motivo no se conocen	Sal. 6, 8, 12, 19, 22, 24, 28, 29, 38-41, 61, 65, 69, 78, 86, 95, 101, 104, 120-122, 124, 131, 133, 139.
	VII. EL REINADO DE SALOMÓN, 40 AÑOS.	
1016, Gabaón, ib, 17 millas al N. O. de Gilgal.	Holocausto ofrecido por Salomón; Dios le ofrece concederle lo que escoja, y él pide la sabiduría; le son añadidos honores y riquezas	1 Rey. 2:12; 3:4-15; 2 Cr. 1:1-5, 6-12.
1015. Jerusalem.	Juicio sabio de Salomón	1 Rey. 3:16-28.
	Se hace dar muerte á Adonías y á Joab; Abiatar es depuesto; se previene á Semei no deje á Jerusalem	1 Rey. 2:13-38.
Tiro, *Tsur*.	Salomón consigue materiales y obreros para la construcción del templo	1 Rey. 5:1-18; 2 Crón. 2:1-18.
1012.	Semei es condenado á muerte por haber ido á Gat	1 Rey. 2:39-46.
Jerusalem.	Salomón se casa con la hija de Faraón	1 Rey. 3:1-3.
1012-1005, 1 Rey. 6:1-37.	La edificación del templo	1 Rey. 6:1-8; 16-36; 7:13-50; 6:9-14, 37, 38; 7:51; 2 Crón. 3:1 á 4:22; 3:1.
1005, Jerusalem.	La dedicación del templo	1 Reyes 8:1-11, 62-64, 12-61, 65, 66; 2 Crón. 5:2-14; 7:4-7; 6; 7:3, 8, 10; Sal. 47; 97-100, 135, 136.

FECHA Y LUGAR.	ACONTECIMIENTO Ó EXPOSICIÓN.	REFERENCIA.
A. C. 1002.	Otros edificios de Salomón; Dios hace un pacto con él	I Reyes 7:1-12 9:1-9; 2 Crón. 7:11-22
	Adquisiciones de Salomón; él lleva adelante los arreglos hechos por David para los cultos del templo	I Reyes 9:10-14, 15, 25; 2 Crón. 8:1-10 12-16.
1001, Jerusalem.	Salomón lleva á la hija de Faraón á su nuevo palacio	I Rey. 9:24; 2 Crón. 8:11.
	Cántico de Salomón	Cant. 1-8.
	La grandeza de Salomón	I Reyes 4:1-28 10:26; 9:26 28; 10:14-2, 27-29; 2 Crón. 9:26, 25 1:14; 8:17, 18 9:13-21, 24 1:15-17; 9:27, 28.
	La sabiduría de Salomón	I Rey. 4:29-33; 2 Crón. 9:22; Prov. 1-31.
993, Jerusalem.	Fama de Salomón; visita de la reina de Seba	I Reyes 4:34; 10:1-13; 2 Cró. 9:23, 1-12
980-977.	Las mujeres de Salomón le inducen á la idolatría; Adad y Rezón traman conspiraciones contra él	I Rey. 11:1-25.
977.	Ahías predice á Jeroboam la división del reino; Salomón trata de matar á Jeroboam, el cual huye á Egipto	I Rey. 11:26-40
	Salomón escribe el Eclesiastés ó el Predicador, probablemente como una expresión de arrepentimiento	Ecles. 1-12.
976, Jerusalem.	Muerte de Salomón; Roboam su hijo le sucede	I Rey. 11:41-43 2 Crón. 9:29-31
	VIII. DIVISIÓN DEL REINO.	
976, Siquém.	En la ascensión de Roboam, el pueblo, acaudillado por Jeroboam, pide una diminución en los impuestos	I Rey. 12:1-5; 2 Crón. 10:1-5.
	Obrando por el consejo de los jóvenes, en vez de hacerlo por el de los ancianos, Roboam desoye la petición del pueblo	I Rey. 12:6-15; 2 Crón. 10:6-15.
	Las diez tribus se rebelan; Judá y Benjamín se adhieren á Roboam, y forman el reino de Judá	I Rey. 12:16-19 2 Crón. 10:16-19
	Las diez tribus hacen á Jeroboam su rey, y forman el reino de Israel	I Rey. 12-20.

ÍNDICE CRONOLÓGICO DE LA BIBLIA.

PERIODO V.

DESDE LA MUERTE DE SALOMÓN HASTA EL FIN DEL CANON DEL ANTIGUO TESTAMENTO.

I. HISTORIA DE LOS DOS REINOS.

JUDÁ.	A. C.	ISRAEL.
ROBOAM reina diez y siete años, 1 Rey. 14:21. *Judá*, 2 Crón. 12:13.	976	*JEROBOAM* reina ventidos años; se establece en Siquém, 1 Rey. 12:25.
Estando Roboam preparándose para atacar las diez tribus, se le prohibe que lo haga por Semeías, 1 Reyes 12:21-24; 2 Crón. 11:1-4.		
Roboam fortifica su reino; los sacerdotes y Levitas de Israel van á reunirse á él; familia de Roboam, 2 Crón. 11:5-23.	974	Jeroboam habiendo levantado becerros de oro en Dan y Betel, es reprendido por un profeta, 1 Rey. 12:26-33; 13:1-10.
		Seducido el rey por un antiguo profeta de Betel, este desobedece la palabra del Señor, y es muerto por un león, 1 Rey. 13:11-32.
Idolatría de Roboam y de Judá, 1 Reyes 14:22-24; 2 Crón. 12:1.	973	Estos becerros fueron hechos siguiendo la costumbre de Egipto en donde Jeroboam había residido.
Sisac saquea á Jersusalem, 1 Rey. 14:25-28; 2 Crón. 12:2-12.	972	Amonestado Jeroboam dos veces por el hombre de Dios y por Abías, persiste sin embargo en su idolatría.
Carácter y muerte de Roboam, 1 Reyes 14:21, 29-31; 2 Crón. 12:13-16.		El paso dado por él parecía político. Simulaba una forma de culto que algo se parecía á la establecida en Jerusalem, y atraía á las tribus, pero que al fin tendría que ocasionar la ruina del reino.
ABÍAS ó ABÍAM reina tres años, 1 Rey. 15:1, 2, 6; 2 Crón. 13:1, 2.	958	
Abías derrota á Jeroboam en la guerra, 2 Crón. 13:3-21.		
Su corazón no era perfecto.		
	957	Abías amenaza á Jeroboam, 1 Reyes 13:33, 34; 14:1-18.
Carácter y muerte de Abías. ASA reina 41 años, 1 Rey. 15:3-10; 2 Crón. 13:22; 14:1.	956	
	955	Muerte de Jeroboam. NADAB reina dos años, 1 Rey. 14:19, 20; 15:25, 26.
	953	Nadab es muerto en Gibbetón. *BAASA* reina 24 años, 1 Rey. 15:27-34.
Asa destruye la idolatría y fortifica su reino, 1 Rey. 15:11-15; 2 Crón. 14:2-8; 15:16-18.	951	
Victoria de Asa sobre los Etiopes, 2 Cró. 14:9-15.	944	
Movido por Azarías, Asa hace un solemne pacto con Dios, 2 Crón. 15:1-15, 19.	942	
Asa cohecha á Ben-adad rey de Siria para que ataque á Baasa, 1 Rey. 15:16-22.	941	Baasa, al intentar edificar á Rama, es atacado por el rey de Siria, 2 Crón. 16:1-6.
Asa, reprendido por Hanani por haber ocurrido á Ben-adad, pone á este profeta en prisión, 2 Crón. 16:9-10.		
Su alianza idolátrica con Siria, y el haber puesto en prisión al profeta, no obstante todas sus reformas, ocasionan su ruina.	931	Baasa es amenazado por Jehú; su muerte. ELA reina dos años, 1 Rey. 16:1-8.
	930	Ela es muerto. ZIMRI reina siete días, extermina la casa de Baasa. Omri es

* Los nombres de los reyes nuevos están escritos en letras mayúsculas; las nuevas dinastías se señalan por letras cursivas.

JUDÁ.	A. C.	ISRAEL.
		electo rey. Zimri se da la muerte á sí mismo, 1 Rey. 16:9-20.
	926	*OMRI* reina doce años, incluyendo seis años de guerra civil con Tibni. Edificación de Samaria, 1 Rey. 16:21-26.
	917	Muere Omri. ACHÁB reina 22 años.
Muerte de Asa. JOSAFAT reina 25 años; su piedad y prosperidad, 1 Rey. 15:23, 24; 22:41-47; 2 Crón. 16:11-14; 17:1; 20:31-33; 17:2-19; comp. vers. 6 y 20:33.	914	Jericó es reedificada por Hiel, sobre quien recae la maldición de Josué 1 Rey. 16:27-34.
		1 Rey. 16:25. Comp. Miq. 6:26; 1 Rey. 16:34; Jos. 6:26.
Su grande error consistió en una alianza con Acháb, cuya hija Atalía se casa con su hijo Joram. De ahí vino su expedición á Ramot que estuvo á punto de costarle la vida.	910 á 906	Elías profetiza una hambre; resucita el hijo de la viuda; se prueba con los profetas de Baal. Eliseo profeta, 1 Rey. 17-19.
	902 y 901	Ben-adad sitia á Samaria. Los Sirios son derrotados dos veces. Acháb es amenazado, 1 Rey. 20.
	900	Acháb se apodera de la viña de Nabot. Elías le amenaza, 1 Rey. 21.
Josafat visita á Acháb, y se une con él en la guerra contra los Sirios, 2 Crón. 18.	898	Acháb hace la guerra contra Siria, y es muerto como Elías había predicho. OCOZÍAS le sucede, 1 Rey. 22:1-35, 36-40, 51-53.
		Ver. 39. Véase Amós 3:15.
Josafat es reprendido por haberse unido con Acháb. Visita á su reino y exhorta á los jueces, etc., á ser fieles, 2 Cró. 19; Sal. 82.		El Sal. 82 se coloca aquí por una evidencia interna. (Townsend.)
Derrota de Moab, etc. Joram regente, 2 Crón. 20:1-30; Sal. 115, 46.	897	Sal. 115 y 46. En las escuelas de los profetas (Naiot,) 1 Sam. 10:10; 19:20; 2 Rey. 2:1, parece que por este tiempo se educaron un gran número de maestros religiosos.
Josafat se une con Ocozías. Habiendo sido reprendido, y habiendo naufragado sus briques, rehusa unírsele en una expedición subsecuente, 1 Rey. 23:48, 49; 2 Crón. 20:35, 37.		
Despues se une con Joram contra Moab, y es salvado solo por un milagro, 2 Rey. 3.		Habiendo Ocozías caido enfermo, y enviado á Baal-zebub, es amenazado por Elías. JORAM su hermano reina 12 años, 2 Rey. 1; 3:1-3.
Juntamente con 2 Crón. 20:13, véase Joel 2:16.		Elías es trasladado. Eliseo es reconocido como su sucesor; sus milagros, 2 Rey. 2.
	894	Joram, en unión de Josafat y del rey de Edom, derrota á Moab, 2 Rey. 3:4-27.
		Eliseo multiplica el aceite de la viuda; promete un hijo á la Sunamita, 2 Rey. 4:1-17.
2 Rey. 9:12, 13. Léase de consiguiente en 1 Rey. 19:16, *nieto*; y por la expresión de que Elías ungió á Jehú, entiéndase que ordenó á Eliseo que lo hiciera. Jehú fué ungido para exterminar la casa de Acháb.	893	Naaman es curado, 2 Rey. 5.
	892	Eliseo hace que un hierro sobrenade; descubre las intenciones del rey sirio, y hiere á su ejército de ceguera, 2 Rey. 6:1-23.
Joram comienza á reinar en concierto con Josafat, 2 Rey. 8:16.	891	Ben-adad sitia á Samaria; hambre terrible que eso causa; se recobra la abundancia por la repentina herida de los Sirios, 2 Rey. 6:24-33; 7.
2 Crón. 21:5. Se dan tres fechas como principio del reinado de Joram: 897 A C., en que fué regente durante la ausencia de su padre, 2 Rey. 1:17; 3:1; 891, 2 Rey. 8:16; y 889.	890	Eliseo resucita al hijo de la viuda; otros milagros, 2 Rey. 4:18-44; 8:1, 2.
Muerte de Josafat. JORAM reina ocho años; su perverso y turbulento reinado. Carta de Elías escrita antes de su traslación, que le es llevada, 1 Reyes 22:45, 50; 2 Reyes 8:17-22; 2 Crón. 20:34; 21:1-18.	889 á 887	2 Rey. 4:34. Este es el duodécimo milagro de Eliseo, habiendo Elías obrado seis. Townsend coloca á 4:18 inmediatamente después de 4:17; pero se infiere claramente que hay un intervalo de cosa de dos años entre uno y otro.

ÍNDICE CRONOLÓGICO DE LA BIBLIA.

PERIODO V.—CONTINUACIÓN.

JUDÁ.	A. C.	ISRAEL.
Ocozías comienza á reinar como virey de su padre, 2 Rey. 9:29.	886	
Muerte de Joram. OCOZÍAS reina un año; su mal reinado, 2 Rey. 8:23-27; 2 Crón. 21:19, 20; 22:1-4.	885	Vuelta de la Sunamita. Hazael mata á Ben-adad, y se hace, como Elías había predicho, rey de Siria, 3 Rey. 8:3-15.
Ocozías se une con Joram contra Hazael, y después le visita en Jezreel, 2 Reyes 8:28, 29.	884	Joram, herido en una batalla por los Sirios, se retira á Jezreel, 2 Cró. 22:5, 6.
Ocozías es muerto por Jehú, 2 Cr. 22:7-9. ATALÍA usurpa el trono 6 años; Joas el hijo de Ocozías es rescatado, 2 Reyes 11:1-3; 2 Crón. 22:10-12.	883	JEHU es ungido, 2 Rey. 9:1-13. Joram es muerto por Jehú, 2 Rey.9:14-28. Jehú reina 28 años; mata á Jezabel, á los hijos de Acháb, á los hermanos de Ocozías, y á los adoradores de Baal, 2 Rey. 9:30-37; 10:1-31.
JOÁS reina 40 años. Atalía es muerta, 2 Rey. 11:4-12; 2 Cró. 23:1-21; 24:1, 2.	877	
	860	Hazael oprime á Israel, 2 Rey. 10:32, 33.
Joás repara el templo, 2 Rey. 12:4-16; 2 Crón. 24:4-14.	855	Muerte de Jehú. JOACÁZ reina 17 años, 2 Rey. 10:34-36; 13:1, 2.
Muerte de Joiada, 2 Crón. 24:15, 16.	850	Historia de Jonás, Jonás 1-4.
	849	Israel abandonado por Dios á Hazael y á Ben-adad, y librado, 2 Rey. 13:1-7.
	848	
	841	Joas comienza á reinar en concierto con Joacaz, 2 Rey. 13:10.
Joas y el pueblo caen en la idolatría; Zacarías por reprenderlos, es muerto en el atrio del templo, (Comp. Mat. 23:35). Los Sirios invaden á Judá, 2 Crón. 24:17-24; 2 Rey. 12:17, 18.	840	
Joas es muerto por sus siervos. AMASÍAS reina 27 años, 2 Rey. 12:19-21; 14:1-6; 2 Crón. 24:25-27; 25:1-4.	838	Muerte de Joacáz. JOAS reina 16 años. Este visita á Eliseo quien le promete tres victorias. Hazael muere, 2 Reyes 13:8, 9, 11, 14-19, 22-24.
	838	Eliseo muere. Resucita un cadaver echado dentro del sepulcro de este profeta, 2 Rey. 13:20, 21.
	836	Joas bate tres veces á los Sirios, 2 Rey. 13:25.
Amasías contrata un ejército de Israelitas para que le auxilien contra Edom, pero al mandato de un profeta los despide, 2 Crón. 25:5-10.	827	Los Israelitas que habían sido despedidos por Amasías, saquean las ciudades de Judá al regresar, 2 Crón. 25:13.
Amasías derrota á los Idumeos y adora á sus dioses, 2 Crón. 25:11; 2 Reyes 14:7; 2 Crón. 25:12, 14-16.		
Amasías provoca al rey de Israel á la guerra, y es hecho prisionero por él, 2 Rey. 14:8-14.	826	Joas derrota al rey de Judá y saquea el templo, 2 Crón. 25:17-24.
	823	Muerte de Joas. JEROBOAM II. reina 41 años; gobierna con perversidad, 2 Rey. 15:12, 13; 14:15, 16, 23, 24.
	822	Jeroboam restablece los límites de Israel según la palabra de Jonás, 2 Reyes 14:25-27.
Amasías es muerto. UZZÍAS ó AZARÍAS reina 52 años. Durante la vida de Zacarías reina bien, 2 Rey. 14:17-22; 15:1-4; 2 Crón. 25:25; 26:15.	808 á 800	
	801	Oseas se dirige por la primera vez á las diez tribus. Oseas 1:3.

ÍNDICE CRONOLÓGICO DE LA BIBLIA.

PERIODO V.—CONTINUACIÓN.

JUDÁ.	A. C.	ISRAEL.
Á Amós 7:10-19, Lightfoot y otros le colocan después de 2 Rey. 14:28.	793	Amós anuncia un juicio contra las nacio nes circunvecinas y contra Israel y Ju dá, Am. 1-9.
Al aumentar el ejército de Uzzías, Joel predice la ruina de Judá, Joel 1-3.	787	Amós 1:3, véase 2 Reyes 16:9; vers. 6, véase 2 Rey. 18:8; vers. 8, véase 2 Crón. 26:6; ver 11, véase Núm. 20:14; Am. 5:27, véase 2 Rey 10:32; 17:6.
	783	Muerte de Jeroboam, 2 Rey. 14:28, 29.
		Un interregno de 11 años.
		Estado de Israel durante el interregno Oseas anuncia un juicio, Ose. 4.
Los tres niños tienen nombres que se les han dado para indicar el lugar de la perversidad de la casa de Acháb (vers. 4; véase 1 Reyes 21:1); su castigo. *no hallando ellos piedad en sus desastres;* y su repulsa, *no siendo por mas tiempo* el pueblo de Dios. Tienen, sin embargo, que ser reunidos de nuevo bajo el Mesías su única Cabeza, vers. 11; vers. 7, véase 2 Rey. 19:35.	771	ZACARÍAS, cuarto rey desde Jehú, rein 6 meses. Sallum le mata, 2 Reye 15:8-12.
	770	*SALLUM* reina un mes. Manahem l mata, 2 Rey. 15:13-15.
		MANAHEM reina 10 años, 2 Reye 15:16-18.
	769	Pul rey de Asiria al ir contra Isaael, e cohechado para regresar, 2 Reye 15:19, 20.
Uzzías herido de lepra por haber invadi- do las funciones sacerdotales. Jotam regente, 2 Rey. 15:5; 2 Crón. 26:16-20, 21.	765	
	761	Muerte de Manahem. PEKAÍA reina años, 2 Rey. 15:21-24.
	759	Pekaía es muerto por Peka. *PEKA* rei
Isaías es designado en una visión para el cargo profético. Profetiza acerca del reino de Cristo, y del juicio del pueblo por sus pecados, Isa. 1:1; 6:2-6.	757	na 20 años, 2 Rey. 15:25-28. Isa. 1:1. Comp. Isa. 7:1 con 2 Rey. 16:5. Isa 1:7, 8, comp. 2 Crón. 28:6-9. Isa. 6:1, véase Juan 12:41.
Muerte de Uzzías. JOTAM reina 16 años; su prosperidad, 2 Rey. 15:6, 7, 32-35; 2 Crón. 26:22, 23; 27:1-6.	756	Isa. 6:13, véase 2 Rey. 25:12. Isa. 2:19, véase Apoc. 6:15. 2 Crón. 27:2, véase cap. 26:19. Isa. 7:8, véase 2 Rey. 17:24.
Michas reprende la perversidad de Judá, Mich. 1, 2. *Fundación de Roma.*	753	Isa. 7:16, véase 2 Rey. 15:19. Isa. 8:1, "en estilo de hombre," esto es, e escritura común. Véase Apoc. 13:18; 21:12 Miq. 1:5, véase 1 Rey. 16:32. Miq. 1:13, véase, Jer. 34:7.
Judá comienza á ser aflijido por Siria y por Israel. Muerte de Jotam, 2 Reyes 15:36-38; 2 Crón. 27:7-9.	742	
ACHÁZ reina 16 años, 2 Reyes 16:1-4; 2 Crón. 28:1-4.		
Invasión de Peka y de Resin. Isaías profetiza con ese motivo, denunciando la proyectada alianza de Acház con Asi- ria, 2 Rey. 16:5; Isa. 7-9; 10:1-4.		
Isaías profetiza la ruina de Damasco y de las diez tribus, Isa. 17.		Isa. 17, véase 2 Rey. 16:9; 18:11.
Judá es devastado por Siria y por Israel; este último devuelve sus cautivos por consejo de Oded, 2 Crón. 28:5-15.	740	
Acház, acosado por sus enemigos, con- trata á Tiglat-Pileser, rey de Asiria, contra ellos. Véanse Abdías é Isaías, 2 Rey. 16:6-9; 2 Crón. 28:16, 21, 17-20; Abdías; Isa. 1:2-31, 28.	740	Tiglat-Pileser devasta á Galaad, Galile y Neftalí, y se lleva cautivos sus habi tantes á Asiria, 2 Rey. 15:29. Isa. 5:21, véase 2 Sam. 5:20.
Sacrilegio é idolatría de Achaz, 2 Crón. 28:22-25; 2 Rey. 16:10-18; Oseas 5, 6.	738	Peka es muerto por Oseas, 2 Rey. 15:30 17:1.
	730	*Anarquia por 9 años.* *OSEAS* reina 9 años. Salmanasar re

PERIODO V.—CONTINUACIÓN.

JUDÁ.	A. C.	ISRAEL.
Muerte de Achaz, 2 Rey. 16:19, 20; 2 Cró. 28:26, 27; Isa. 14:28–32.	726	de Asiria, invade su territorio y lo hace su tríbutario, 2 Rey 17:1–3.
EZEQUÍAS reina 29 años, 2 Rey. 18:1, 2; 2 Crón. 29:1.		Isa. 14:28–32, contra Filistia, véase 2 Crón. 26:6. Acháb que los sometió fué muerto; pero un basilisco salido de aquel nido, Ezequías, tenía todavía que morderlos, 2 Reyes 18:8.
Reformación efectuada por Ezequías, 2 Rey. 18:3–6; 2 Crón. 29:2–36; 30, 31.		
Moab es amenazado, Isa. 15; 16.		Isa. 15. Se predice la destrucción de Moab por Salmanazar. Se les exhorta á que renueven su tributo, Isa. 16:1. Véase 2 Rey. 3:4.
Miqueas apoya la reformación de Ezequías, Miq. 3–7.		
Véase Jer. 26:18; Miq. 3:9.		
	723	Oseas es atacado y reducido á prisión por Salmanazar, por no haber dado el tributo. Oseas el profeta predice la cautividad de las diez tribus y las exhorta al arrepentimiento, 2 Rey. 17:4; Oseas 7–14.
Prosperidad de Ezequías, 2 Rey. 18:7, 8.	723	Salmanazar sitia á Samaria, 2 Rey. 17:5; 18:9.
	721	Las diez tribus son llevadas en cautividad bajo Asiria, 2 Rey. 17:6–23; 18:10–12.
Profecía acerca de la restauración de las diez tribus, del castigo de Egipto, y de la conversión de Egipto y de Asiria, Isa. 18; 19.		

II. HISTORIA DE JUDÁ HASTA LA CAUTIVIDAD, 114 AÑOS.

FECHA Y LUGAR.	ACONTECIMIENTO Ó EXPOSICIÓN.	REFERENCIA.
A. C. 715.	Tiro es amenazado, Isa. 23. Profecía relativa á la invasión de Asiria	Isa. 10:5; 14:27.
714.	Se predice la desolación y el recobramiento de Judea, etc.	Isa. 24; 26:17, 18; 27.
713, Judea.	Isaías predice la invasión por Asiria y la destrucción de Babilonia. Sennaquerib sube contra Judea, pero siendo apaciguado por un tributo, se retira. Isaías amenaza á Egipto y amonesta á Jerusalem	Isa. 22:1–14; 21; 2 Rey. 18:13–16; 2 Crón. 32:1–8; Isa. 36:1; 20; 29–31.
Jerusalem.	Enfermedad de Ezequías; su cántico de acción de gracias. Isaías predice las bendiciones del reino de Cristo, y los juicios de los enemigos de Sión	2 Reyes 20: Isa. 38; 2 Crón. 32:24; Isa. 32–25.
712.	Nínive es amenazada por Nahum	Nah. 1–3.
712, Jerusalem.	Por enseñar Ezequías enorgullecido sus tesoros á los embajadores de Babilonia, Isaías predice la cautividad por Babilonia	2 Rey. 20:12–19; Isa. 39; 2 Crón. 32:25, 26.
711, Judea.	Segunda invasión de Sennaquerib; destrucción de su ejército	2 Rey. 18:17–37; 26–28; 19:1–37; Sal. 44, 73, 75, 76; Isa. 36:2, 11–22; 37:1 38; 2 Crón. 32:9–23.
710–699.	Varias profecías de Isaías	Is. 40–66; 57:3–9.
697, Jerusalem.	Riqueza de Ezequías; su muerte. MANASSÉS reina 55 años; su terrible impiedad; juicio anunciado por los profetas de Dios	2 Rey. 20:20, 21; 21:1–16; 2 Cró. 32:27–33; 33:1–1x

PERIODO V.—CONTINUACIÓN.

FECHA Y LUGAR.	ACONTECIMIENTO Ó EXPOSICIÓN.	REFERENCIA.
A. C.		
678, Samaria.	Isaías predice la cautividad de Sebna	Isa. 22:15-25.
	Las naciones paganas que habían sido trasplantadas á Samaria en lugar de los Israelitas, viéndose plagadas de leones, hacen una mixtura de religiones	2 Rey. 17:24-41
677, Babilonia.	Manassés hecho cautivo por el rey de Asiria ; su conversión y restauración ; destrue la idolatría	2 Crón. 33:11-17
642, Jerusalem.	Muerte de Manassés. AMÓN reina dos años ; su impiedad	2 Rey. 21:17-22 2 Crón. 33:18-2;
640.	Amón es muerto por sus siervos. JOSÍAS reina 31 años	2 Rey. 21:23-26 22:1, 2; 2 Cron. 33:24, 25 34:1, 2.
634.	Josías destruye vigorosamente la idolatría	2 Crón. 34:3-7.
628.	Llamamiento de Jeremías ; hace acriminaciones á los Judíos con motivo de los pecados de éstos	Jer. 1:2 ; 3:1-5.
623, Jerusalem.	Josías provee lo necesario para la reparación del templo. Habiendo sido hallado el libro de la ley, Josías consulta á Hulda ; hace que sea leido públicamente y renueva el pacto	2 Rey. 22:3-20 ; 23:1-3, 4-20 ; 2 Crón. 34:8, 28 33.
623.	Sofonías exhorta al arrepentimiento	Sof. 1 ; 2 ; 3.
622, Jerusalem.	Celebración solemnísima de la pascua por Josías	2 Rey. 23:21-27 2 Cró. 35:1-19.
612.	Jeremías reprende la apostasía del pueblo, y lamenta la futura cautividad	Jer. 3:6-11, 12 25 ; 4 á 6.
612.	Habacuc predice un juicio	Hab. 1-3.
611.	Jeremías exhorta al pueblo al arrepentimiento, y deplora las calamidades que le amenazan	Jer. 7-10.
610.	Jeremías recuerda al pueblo el pacto de Josías	Jer. 11:15, 12.
609, Megiddo y Jerusalem.	Josías es muerto en una batalla con el rey de Egipto. Jeremías y el pueblo lo lloran. JOACÁZ reina tres meses	2 Rey. 23:29, 30 28, 30 ; l. p. 31 32 ; 2 Cró. 35:20-27 36:1, 2.
Ribla.	Joacáz es depuesto y hecho prisionero por Faraón Necáo, y subsecuentemente llevado á Egipto. JOAQUIM reina once años	2 Rey. 23:33-37 2 Crón. 36:3-5.
	Jeremías hace varias predicciones, y apela á los Judíos respecto de la cautividad y destrucción de Jerusalem	Jer. 13-19.
608.	Jeremías predice la suerte de Pasur, Jer. 20; y de Sallum, este es, de Joacáz y de Joakim	Jer. 22:1-23.
	Aprensión y emplazamiento de Jeremías por el pueblo	Jer. 26.
606.	Jeremías predice la destrucción del ejército de Faraón Necáo, rey de Egipto, por Nabucodonosor	Jer. 46:1-12.
	La obediencia de los Recabitas á sus padres, puesta en contraste con la disobediencia de los Judíos	Jer. 35.
	Jeremías predice la cautividad de los Judíos por 70 años, y el juicio subsecuente sobre Babilonia	Jer. 25.
Jerusalem.	Jeremías pide á Baruc que escriba sus profecías en un rollo, y que lo lea públicamente en el templo	Jer. 36:1-8 ; 45.
606.	Nabucodonosor toma á Jerusalem, y carga de cadenas á Joaqnim, con el intento de llevarlo á Babilonia ; pero después dejándole libre, le hace tributario y despoja el templo	2 Rey. 24:1. 2 Crón. 36:6, 7; Dan. 1:1, 2.
606.	Nabucodonosor manda al príncipe de sus eunucos que escoja y envíe á Babilonia á algunos Israelitas de linaje real y de la nobleza, para que estén en el	

PERIODO V.—continuación.

CHA Y LUGAR.	ACONTECIMIENTO Ó EXPOSICIÓN.	REFERENCIA.
A. C.	palacio del rey. Son con tal fin llevados allá Daniel. Ananías, Misael y Azarías, quienes recibieron respectivamente los nombres de Belsasar, Sadrac, Mesac y Abdenego	Dan. 1; 3; 4; 6; 7.

DESDE LA PRIMERA CAPTURA DE JERUSALEM 606 A. C., HASTA EL DECRETO DE CIRO PARA EL RESTABLECIMIENTO DE LOS JUDIOS, 536-70 AÑOS A.C.

CHA Y LUGAR.	ACONTECIMIENTO Ó EXPOSICIÓN.	REFERENCIA.
A. C.	SUCESOS ACAECIDOS EN JERUSALEM, CON LOS QUE LES FUERON CONTEMPORANEOS EN BABILONIA.	
Babilonia.	Daniel es tratado bondadosamente	Dan. 1:5, 8-17.
605.	Baruc lee de nuevo el libro profético; Joaquim lo quema	Jer. 36:9-32.
603.	Joaquim se rebela contra Nabucodonosor	2 Rey. 24:1.
Babilonia.	Daniel ante Nabucodonosor	Dan. 1:18-21.
	Interpreta el sueño de Nabucodonosor, Dan. 2; describiendo los imperios Babilonico, 32, Medo-Persa, 32-39, Macedo-Griego, 32-39, y Romano, 33, 40-43, con el reino del Mesías, 34, 35, 44, 45.	
599.	Muerte de Joaquim. JOAQUÍN ó JECONÍAS reina tres meses	1 Rey. 24:5-9; 2 Crón. 36:8, 9; Jer. 22:24-30; 23
599.	Segunda captura de Jerusalem por Nabucodonosor. Joacín es trasportado á Babilonia con muchos de sus súbditos. SEDECÍAS ó MATANÍAS reina once años	2 Rey. 24:10-19; 2 Crón. 36:10-12; Jer.51:1, 2. 24-30.
597.	Predicciones sobre la duración de la cautividad	Jer. 29:1-14, 16-20.
	Sobre la restauración de los Judíos	Jer. 39; 31.
595.	Predicciones contra las naciones circunvecinas. Ananías el falso profeta es denunciado	Jer. 27; 28; 48; 49.
	Profecías contra Babilonia	Jer. 50; 51.
Babilonia.	Visión de Ezequiel en Babilonia; su comisión, Ezeq. 1:1 á 3:21. Profetiza sobre las miserias de Jerusalem	Ezek. 3:22-27; 4-7.
594.	Visiones de las idolatrías que ocasionaron la cautividad	Ezek. 8; 10; 11.
Babilonia.	Varias predicciones contra los falsos profetas, Jerusalem, y la nación judía	Ezek. 12-19; 16; 18:5-18.
593.	Profecías dirigidas á los ancianos de los Judíos	Ezek. 21-23.
Jerusalem.	Rebelión y perversidad de Sedecías	Jer. 37:1, 2; 2 Rey. 24:20; 2 Crón. 36:13; Jer. 52:3.
	La perversidad de los sacerdotes y del pueblo (causa de la cautividad, 2 Crón. 36:15, 16), con una exposición sumaria de los juicios subsecuentes	2 Crón. 36:14-21
590.	Nabucodonosor pone sitio á Jerusalem por la tercera vez	2 Rey. 25:1; Jer. 39:1; 52:4; 37:3, 4.
Babilonia.	Ezequiel predice la destrucción de Jerusalem	Ezeq. 24.
Jerusalem.	Se predice la captura de la ciudad. El pueblo, atendiendo á la palabra de Jeremías, pone en libertad á sus siervos hebreos	Jer. 34:1-10.

ÍNDICE CRONOLÓGICO DE LA BIBLIA.

PERIODO V.—CONTINUACIÓN.

FECHA Y LUGAR.	ACONTECIMIENTO Ó EXPOSICIÓN.	REFERENCIA.
A. C. 589.	Jeremías es encerrado en una prisión; sus predicciones allí	Jer. 32; 33.
Babilonia.	Ezequiel en Babilonia profetiza contra Egipto, Ezeq. 29:1-16, y contra Tiro	Ezeq. 26. Véase Isa. 23.
Jerusalem.	Los Caldeos levantan el sitio para marchar contra el ejército Egipcio que se aproximaba. Jeremías predice la destrucción de los Filisteos	Jer. 37:5; 47.
	Una vez partido el ejército Caldeo, el pueblo vuelve á sujetar á sus siervos, por lo cual Jeremías lo amenaza, y predice la pronta vuelta de los Caldeos	Jer. 34:11-22; 37:6-10.
588.	Jeremías es puesto de nuevo en prisión; contiuúa amenazando á Sedecías; es encerrado en la mazmorra de Malchías	Jer. 37:11-21; 38; 39:15-18
	Ezequiel, en Babilonia, profetiza de nuevo contra Egipto y Nínive	Ezeq. 30:20-2 31.
	Jerusalem es tomada finalmente. Sedecías llevado á Babilonia. Jeremías pnesto en libertad	2 Rey. 25:2, 4 Jer. 52:5-7; 39:2-7, 11-1 2 Rey. 25:8-21
	Nabuzardan quema el templo y se lleva al pueblo dejando unas cuantas personas pobres para que labren la tierra	Jer. 52:12-30; 39:8-10; Sal. 74; 79; 8 94.
	Jeremías lamenta la desolación de su país	Lam. 1-5.
	Gedalías es nombrado gobernador. Jeremías y otros muchos se le adhieren	2 Rey. 25:22- Jer. 40:1-16.
	Ismael mata á Gedalías é intentá llevarse consigo al pueblo á la tierra de los Ammonitas; Johanan se lo impide; el pueblo por temor á los Caldeos huye á Egipto en contra del mandato de Dios	2 Rey. 25:25, Jer. 41-43; 44 7.
	Jeremías profetiza contra Egipto y los Judíos idólatras	Jer. 43:8-13; 46:13-28; 4
	Breve sumario de las cautividades por Nabucodonosor	Jer. 52:28-30.
	RESTO DE LA HISTORIA DE LOS JUDÍOS EN LA CAUTIVIDAD—BABILONIA.	
Babilonia. 587.	Ezequiel predice la completa destrucción de Judea	Ezeq. 33:21-3
	Predicciones contra Ammón, Moab, Edom, Filistia, Tiro y Egipto	Ezeq. 25; 27; 32.
	Ezequiel apela á los cautivos	Ezeq. 33:1-20
	Se amenaza á los males gobernantes; promesa del restablecimiento de los Judíos; predicciones del reino del Mesías	Ezeq. 34-37.
	Profecías sobre la Iglesia y sus enemigos, y sobre la conversión de los Judíos	Ezeq. 38; 39.
573.	Visión de Ezequiel del templo futuro	Ezeq. 40-48.
572.	Ultima predicción contra Egipto	Ezeq. 29:17-2 30:1-19.
570.	Nabucodonosor se hace erigir una estatua	Dan. 3.
569.	Daniel interpreta el segundo sueño de Nabucodonosor	Dan. 4:1-27.
568-563.	El cumplimiento del sueño de Nabucodonosor, en su locura y subsecuente alivio	Dan. 4:28-37
561.	Evil-merodoc, rey de Babinonia, pone en libertad á Joaquín	2 Rey. 25:27- Jer. 52:31-34.
558.	Primera visión que Daniel tiene de unas criaturas vivientes	Dan. 7.

PERIODO V.—CONTINUACIÓN.

FECHA Y LUGAR.	ACONTECIMIENTO Ó EXPOSICIÓN.	REFERENCIA.
A. C.		
556.	Fiesta del Belsasar. Toma de Babilonia	Dan. 5.
	Visión que Daniel tiene de un carnero y de un macho cabrío	Dan. 8.
538.	Oración de Daniel por el restablecimiento de Jerusalem. Profecía de las setenta semanas	Dan. 9; Sal. 102.
537.	Daniel echado en el foso de los leones	Dan. 6.
536.	Decreto de Ciro para la reedificación del templo y la restitución de los Judíos á su propio país	2 Crón. 36:22, 23; Esd. 1:1-4; Sal. 126; 85.
Jerusalem y Babilonia.	Salmos que se conjetura fueron escritos durante las calamidades y aflicciones de la Iglesia, principalmente en la cautividad Babilónica	Sal. 10 : 13-15, 25-27, 36, 37, 49, 50, 53, 67, 77, 80, 89. 92, 93,123, 130, 137.

IV. DESDE EL DECRETO DE CIRO 536 A. C., HASTA LA PROFECÍA FINAL DEL ANTIGUO TESTAMENTO, 397 A. C., COMO 139 AÑOS.

FECHA Y LUGAR.	ACONTECIMIENTO Ó EXPOSICIÓN.	REFERENCIA.
A. C.	**DESDE LA VUELTA DE LOS JUDÍOS HASTA LA DEDICACIÓN DEL SEGUNDO TEMPLO.**	
536, Jerusalem.	Regreso de los Judíos. Ciro restituye los vasos del Templo. Se erige un altar	Esd. 1:5-11; 2; 3:1-7; Sal. 87, 107, 111- 114, 116. 117, 125, 127, 128, 134.
535, Jerusalem.	Fundación del segundo Templo bajo la dirección de Zorobabel	Esd. 3:8-13. Sal. 129.
534.	La fabricación del Templo es estorbada por los Samaritanos	Esd. 4:1-5, 24; Sal. 129.
Babilonia.	La última visión de Daniel	Dan. 10-12.
520, Jerusalem.	Se prosigue la fabricación del Templo. Haggeo y Zacarías estimulan al pueblo á la obra, y lo exhortan al arrepentimiento	Esd. 4:24; 5:1; Hag. 1:1-11; Esd. 5:2; Hag. 1:12-15; 2:1-9; Zac. 1:1-6; Hag. 2:10-23; Zac. 1:7-21; 2; 6; 2:5.
519.	La fabricación del Templo se interrumpe de nuevo y se vuelve á emprender	Esd. 5:3-17; 6:1-13; Sal. 138; Zac. 7; 8.
516.	Dedicación del segundo Templo	Esd. 6:14-22; Sal. 48, 81, 148- 150.
	DESDE LA OPOSICIÓN HECHA Á LOS JUDÍOS EN EL REINADO DE JERJES, HASTA LA MUERTE DE AMAN.	
486.	Oposición que se les hace en el reinado de Jerjes	Esd. 4:6.
464.	Oposición en el reinado de Artajerjes Longimano	Esd. 4:7-23.
462, Susa.	Artajerjes ó Asuero repudia á la reina Vasti	Est. 1.

PERIODO V.—CONTINUACIÓN.

FECHA Y LUGAR.	ACONTECIMIENTO Ó EXPOSICIÓN.	REFERENCIA.
A. C. 458.	Se comisiona á Esdras para visitar á Jerusalem	Esd. 7:2–14.
457.	Artajerjes hace reina á Ester	Est. 2:1–20.
Jerusalem.	Esdras va á Jerusalem. Hace que el pueblo se separa de sus mujeres paganas	Esd. 8–10.
457.	Últimas profecías de Zacarías	Zac. 9–14.
Susa.	Mardoquéo descubre una conspiración contra Assuero	Est. 2:21–23.
453, 452.	Complot de Aman para destruir á los Judíos; su derrota. La fiesta del Purim	Est 3–10.
	DESDE LA PRIMERA COMISIÓN DE NEHE- MÍAS HASTA LA CONCLUSIÓN DEL CANON DEL ANTIGUO TESTAMENTO.	
445, Susa.	Nehemías recibe una comisión de Artajerjes para visitar á Jerusalem y reedificar los muros	Neh. 1; 2:1–8.
Jerusalem.	Nehemías llega á Jerusalem. Sanballat se esfuerza en impedir la obra; los constructores trabajan sobre las armas	Neh. 2:9–20; 3; 4.
	Nehemías favorece á los Judíos oprimidos por la usura; su propia generosidad	Neh. 5.
	Conclusión y dedicación de los muros por los Judíos	Neh. 6; 12:27–43
Susa.	Nehemías vuelve á Persia	Neh. 7:1–4.
Jerusalem.	Segunda comisión de Nehemías y reformas hechas por el mismo	Neh. 7:6–73; 8; 9; 10; 11 12:1–9, 44–47 13:1–3; Sal. 1; 119.
433.	Malaquías profetiza contra las corrupciones introducidas durante la segunda ausencia de Nehemías	Mal. 1; 2; 3:1– 15.
428.	Ulteriores reformas hechas por Nehemías	Neh. 13:4–31.
397.	Profecía final del Antiguo Testamento	Mal. 3:16–18;
	Genealogias aisladas, etc., insertadas probablemente á la terminación del Canon	1 Crón. 1–9; Neh. 12:10–26.

RELACIÓN ENTRE EL ANTIGUO Y EL NUEVO TESTAMENTO.

PALESTINA.

A.C.	
413	Joiada, sumo sacerdote.
373	Johanan, sumo sacerdote.
351	Ochus rey de Persia establece á unos Judíos cerca del Caspio.
341	Jaddua, sumo sacerdote.
332	Alejandro habiendo destruido á Tiro visita á Jerusalem; establece á unos Judíos en Alejandría.
324	Muere Alejandro; su reino es dividido.
324	Onías, sumo sacerdote.
320	Ptolomeo Lago captura á Jerusalem; establece á unos Judíos en Alejandría y en Cirene.
312	Seleuco se hace de Siria. Era de los Seleucidas.
306	Los estados de Alejandro se dividieron en cuatro reinos según se predijo por Daniel.
300	Simón el Justo, sumo sacerdote.
292	Eleazar, sumo sacerdote.
285	Versión de los Setenta comenzada en Alejandría.
251	Onías II., sumo sacerdote.
246	Ptolom. Euérgetes ofrece sacrificio en Jerusalem.
216	Ptolomeo Filópator, á quien se le impidió entrar al lugar santísimo, intenta destruir á los Judíos en Alejandría, pero se le impide milagrosamente que lo haga.
203	Antioco el Grande se hace de Palestina.
200	Fundación de la secta de los Saduceos.
199	Scopo, general egipcio, recobra á Judea por el rey de Egipto.
198	Antioco gana de nuevo á Judea.
195	Onías III., sumo sacerdote.
176	Al intentar Eleodoro saquear el templo, se le impide hacerlo por un ángel.
170	Antioco Epifanes toma á Jerusalem, mata á 40,000 personas y profana el templo.
167	Antioco persigue á los Judíos.

PERSIA, SIRIA Y EGIPTO.

A.C.	
405	Artajerjes Mnemon, Persia.
401	Muerte de Ciro el joven.
381	Artajerjes Ochus, Persia.
350	Egipto recobrado por los Persas.
335	Darío Codomano, Persia.
331	Alejandro derrota á Persia en el Granico, 334; en Isso, 333; en Arbela termina el Imperio Persa.
324	Ptolomeo Lago, Egipto.
312	Seleuco I, Nicator, Siria.
312	Imperio de Seleuco desde Antioquía hasta la India.
291	Seleuco, ciudad en el Tigris, edificada.
285	Dionisio (Alej.) determina el año solar.

SIRIA.

B.B.	
280	Antioco I., Soter.
261	Antioco II., Theos.
246	Seleuco II., Callin.
226	Sel. III., Keraunu.
223	Ant. III., el Grande
187	Sel. IV., Filópator.
175	Ant. IV., Epifanes.
164	Ant. V., Eupator.
162	Demetrio Soter. Derrotado y muerto por
150	Alejandro Balas.

EGIPTO.

A.C.	
285	P. Filadelfo.
247	P. Euérgetes
222	P. Filópator.
205	P. Epifanes.
190	Primer ejército en Asia.
181	P. Filometor.

EUROPA.

A.C.	
404	Euclides.
401	Retirada de los diez mil.
397	Seuxis.
389	Platón.
363	Mantinea; muerte de Epaminondas.
356	Nacimiento de Alejandro.
345	Aristóteles.
338	Demóstenes.
334	Apeles.
295	Epicuro.
281	Teócrito.
280	Pirro, rey de Epiro, entra á Italia.
268	(Beroso, y
261	Maneto, Egipcios.)
264	Primera guerra púnica.
258	Régulo prisionero.
236	Arquímedes.
220	Plauto.
224	El coloso de Rodas es derribado.
220	Annibal.
218	Segunda guerra púnica.
216	Batalla de Cannes.
210	Zenon.
202	Annibal derrotado en África por Scipión el Africano.
190	Scipión el Asiático.

INDICE CRONOLÓGICO DE LA BIBLIA.

Año	Judea	Egipto	Siria	Roma
165	Judas Macabeo purifica el templo é instituye la fiesta de dedicación.			
161	Judas Macabeo es muerto; le sucede su hermano Jonatán.			
149	Onías edifica en Egipto un templo como el de Jerusalem.			Tercera guerra púnica, dura tres años.
148				Destrucción de Cartago. Destrucción de Corinto.
146		P. Fiscón.	Demetrio Nicator.	
144	Jonatán, asesinado por Tryfón, es sucedido por Simón su hermano, á quien Demetrio hace gobernador.	P. Fiscón.	Antioco VI. Theos.	
143			Tryfón.	
141	Se confirman por los Judios la soberanía y el sacerdocio en Simón y su posteridad.			
139			Ant. VII. Sidetes.	
136				Scipión Nasica.
135	Los Fariseos. Simón es asesinado; Juan Hyrcano, su hijo, le sucede.			
133				Tiberio Grace.
130	Juan Hyrcano sacude el yugo sirio y se hace independiente. Destruye el templo del monte Gorizim.		Demetrio Nic. II.	
127			Alejandro.	
123			Ant. VIII. Grypo.	
116		P. Latyrus.		
111			Antioco IX.	Guerra Jugurtina (cinco años).
110	Los Esenianos.			
108			Ant. VIII. y IX.	
107	Aristóbulo sucede á su padre Hyrcano, y asume el título de rey.			
106	Alejandro Janneo sucede á su hermano Aristóbulo, y reina veintisiete años.			
100				Nacimiento de Julio César.
93			Filipo y Ant. X.	
92			Demetrio Euc.	
88		P. Alejandro.		Guerra civil. Mario y Sylla.
83			Tigranes de Armenia.	
81		P. Auletes.		Primera oración de Cicerón.
79	Janneo muere. Alejandra su esposa le sucede, y hace á su hijo Hyrcano sumo sacerdote, y favorece á los Fariseos.			
71				Espartaco.
70	Alejandra muere. Hyrcano le sucede, pero se ve forzado á ceder la corona á su hermano menor Aristóbulo.			
69			Ant. IX.	Lúculo derrota á Mitridates y á Tigranes.
65	Pompeyo el Grande reduce á Siria á provincia romana. Hyrcano se esfuerza por ganar de nuevo la corona.		Pompeyo lo hace provincia romana.	
63	Pompeyo, á quien apelaron Hyrcano y Aristóbulo, decide por el primero; toma á Jerusalem y hace á Judea tributaria de Roma.			Conspiración de Catilina.
60				Primer triunvirat: Pompeyo, César, Crasso. Cátulo.
57	Aristóbulo y su hijo Alejandro promueven disturbios, y son vencidos por Gabinio el gobernador romano de Siria.			Salustio.
55		P. Auletes. *Gobernadores romanos.* Gabinio.		
54	Crasso saquea el templo.			
51		Cleopatra.	*Gobernadores romanos.* Bíbulo.	
50			Q. Metelo Scipión.	Cornelio Nepote. Varrón.
49				Batalla de Farsalia.
47	Antipatro, nombrado por Julio Cesar procurador de Judea, hace á su hijo Herodes gobernador de Galilea, y á Fasael de Jerusalem.		S. Cesar.	
46				César reforma el calendario.
44				César es muerto. Diod. Sículo.
43			Casio.	
42				Batalla de Filipos.
28			Ventidio.	

Se modifica[n] los ... de Jerusalem.

PERIODO VI.—CONTINUACIÓN.

PALESTINA.	EGIPTO Y SIRIA.		EUROPA.
A.C.	EGIPTO. A.C.	SIRIA. A.C.	A.C.
43 Envenenamiento de Antípatro; Herodes y Fasael vengan su muerte.			44 Segundo triunvirato: Octavio, Antonio, Lépido.
40 Los Parthos habiendo tomado á Jerusalem, matan á Fasael, y colocan en el trono á Antígono hijo de Aristóbulo. Herodes huye á Roma y es nombrado rey de Judea.		39 Los Partos invaden la Siria, y son bravamente rechazados por Ventidio.	
37 Herodes toma á Jerusalem; decapita á Antígono, y es establecido como rey de Judea; reina treinta y cuatro años.			36 Lépido es echado del triunv. 33 Guerra entre Octavio y Ant. 31 Batalla de Actium. 27 Octavio emperador con el título de César Augusto.
35 Herodes hace sumo sacerdote á Aristóbulo, hermano de su esposa Mariamne, pero después le asesina.	30 Es hecha provincia romana por Octavio.	34 Planco. 27 Messala C.	31 Mecenas. 29 Horacio. 27 Propercio. 25 Lívio.
25 Herodes reedifica á Samaria, y la llama Sebaste. 22 Herodes comienza á edificar á Cesarea. Traconitis, Auranitis, y Batanea se agregan á sus estados.		22 Agripa.	21 Tíbulo. 20 Ovidio.
17 Herodes después de una preparación de dos años, comienza á reedificar y á ensanchar el templo. 6 Zacarías recibe el anuncio respecto del nacimiento de Juan el Bautista. 4 Natividad de Jesu-Cristo. Herodes va á Jericó y muere allí.	7 Aretas rey de la Arabia Petrea.	13 S. Saturnino y T. Volumnio. 6 Comenzó el censo bajo el gobierno de Saturnino.	5 Dionisio Halicarnaso.

INDICE CRONOLÓGICO DE LA BIBLIA.

PERIODO VII.

DESDE EL NACIMIENTO DE JEEU-CRISTO HASTA EL FIN DEL PRIMER SIGLO.

FECHA Y LUGAR.	ACONTECIMIENTO Ó EXPOSICIÓN.	REFERENCIA.
A. C.	Natividad de Jesu-Cristo (cuatro años antes de la éra común. Muerte de Herodes	Luc. 2:1–16.
8.	Jesús visita á Jerusalem á la edad de doce años	Luc. 2:41–52.
14.	Augusto César es seguido por Tiberio.	
26.	Pilato enviado de Roma como gobernador de Judea	Luc. 3:1.
26.	Juan el Bautista comienza su ministerio	Mat. 3:1.
27.	Jesús es bautizado por Juan	Mat. 3:1.
30.	Jesu-Cristo fué crucificado y resucitó de entre los muertos	Mat. 27; 28.
31.	Ananías y Safira sufren una muerte repentina	Hech. 5.
35.	Esteban es apedreado y la iglesia perseguida	Hech. 6; 7.
36.	Conversión de Saulo	Hech. 9; 13:9.
37.	Muere Tiberio y es seguido por Calígula.	
38.	Conversión de los Gentiles	Hech. 10.
41.	Cayo Calígula es sucedido por Claudio.	
42.	Herodes Agripa es hecho rey de Judea.	
44.	Santiago es decapitado por Herodes; Pedro es librado por un ángel	Hech. 12:1–19.
44.	Herodes Agripa muere en Cesarea.	
45.	Primer viaje misionero de Pablo, con Barnabas	Hech. 13; 14.
48.	Pablo y Barnabas asisten al Concilio de Jerusalem	Hech. 15:2–30.
51.	Segundo viaje misionero de Pablo, con Silas	Hec. 15:38 á 18:
54.	Claudio César es sucedido por Nerón en Roma.	
54.	Tercer viaje misionero de Pablo	Hech. 19:1.
58.	Quinta visita de Pablo á Jerusalem	Hec. 20:3 á 21:1
61.	Pablo llega á Roma como prisionero	Hech. 21:17 á 28:16.
65.	Comienza la guerra judía.	
67.	El general romano levanta el sitio de Jerusalem, lo cual da á los cristianos la oportunidad de retirarse á Pella, más allá del Jordán, según el consejo de Cristo	Mat. 24:16–20.
68.	Pablo sufre martirio en Roma por orden de Nerón	2 Tim. 4:6, 7.
69.	Vespasiano es hecho emperador por su ejército.	
70.	Jerusalem sitiada y tomada por Tito Vespasiano, según las predicciones de Cristo, pereciendo entonces un millón de Judíos por la espada, el fuego, y la crucifixión, además de 97,000 que fueron vendidos como esclavos, y grandes multitudes que perecieron en otras partes de Judea	Luc. 19:41–44.
71.	Jerusalem y su templo arrasados hasta sus cimientos	Mat. 24:2.
79.	Muere Vespasiano y le sucede Tito. Herculanea y Pompeya son destruidas por una erupción del Vesuvio.	
81.	Muere Tito y le sucede Domiciano.	
95.	Juan es desterrado á la isla de Patmos por Domiciano	Rev. 1:9.
96.	Juan escribe el Apocalipsis.	
96.	Á Domiciano le sucede Nerva.	
97.	Juan es librado del destierro. Termina el canon del Nuevo Testamento.	
98.	Muere Nerva y le sucede Trajano.	
100.	Juan, el último superviviente de los apóstoles, muere de cerca de cien años de edad.	

SINOPSIS

DE LA

ARMONÍSTICA DEL DOCTOR E. ROBINSON.

ACONTECIMIENTOS RELACIONADOS CON EL NACIMIENTO Y LA INFANCIA DE NUESTRO SEÑOR.

TIEMPO, CERCA DE TRECE AÑOS Y MEDIO.

	MATEO.	MARCOS.	LUCAS.	JUAN.
Prefacio del Evangelio de Lucas			1:1-4	
Un ángel se aparece á Zacarías. *Jerusalem*			?:5-25	
Un ángel se aparece á María. *Nazaret*			1.26-38	
María visita á Elisabet. *Juttah*			1:39-56	
Nacimiento de Juan el Bautista. *Juttah*			1:57-80	
Un ángel se aparece á José. *Nazaret*	1:18-25			
El nacimiento de Jesús. *Betlehem*			2:1-7	
Un ángel se aparece á unos pastores. *Cerca de Betlehem*			2:8-20	
La circuncisión de Jesús, y su presentación en el templo. *Betlehem. Jerusalem*			2:21-38.	
Los magos. *Jerusalem. Betlehem*	2:1-12			
La huída á Egipto. La crueldad de Herodes. La vuelta. *Betlehem. Nazaret*	2:13-23		2:39, 40	
A la edad de doce años Jesús va á la Pascua. *Jerusalem*			2:41-52	
Las genealogías	1:1-17		3:23-38	

ANUNCIO Y COMIENZO DEL MINISTERIO PÚBLICO DE NUESTRO SEÑOR.

TIEMPO, CERCA DE UN AÑO.

	MATEO.	MARCOS.	LUCAS.	JUAN.
El ministerio de Juan el Bautista. *El desierto. El Jordan*	3:1-12	1:1-8	3:1-18	
El bautismo de Jesús. *El Jordan*	3:13-17	1:9-11	3:21-23	
La tentación. *El desierto de Judea*	4:1-11	1:12, 13	4:1-13	
Prefacio del evangelio de Juan				1:1-18
Testimonio de Juan el Bautista tocante á Jesús. *Betabara mas allá del Jordan*				1:19-34
Jesús se granjea discípulos. *El Jordan. Galilea?*				1:35-51
El matrimonio á Caná de Galilea				2:1-12

LA PRIMERA PASCUA DE NUESTRO SEÑOR Y LOS SUCESOS SUBSIGUIENTES HASTA LA SEGUNDA.

TIEMPO, UN AÑO.

	MATEO.	MARCOS.	LUCAS.	JUAN.
En la Pascua Jesús arroja del templo á los traficantes. *Jerusalem*				2:13-25
El coloquio de nuestro Señor con Nicodemo. *Jerusalem*				3:1-21
Jesús permanece en Judea, y bautiza. Más testimonio de parte de Juan el Bautista				3:22-36
El aprisionamiento de Juan	14:3-5	6:17-20	3:19, 20	
La partida de Jesús para Galilea	4:12	1:14	4:14	4:1-3
El coloquio de nuestro Señor con la Samaritana. Muchos de los Samaritanos creen en él. *Siquem ó Neapoli*				4:4-12
Jesús enseña públicamente en *Galilea*	4:17	1:14, 15	4:14, 15	1:43-45
Jesús va otra vez á Caná, y durante su permanencia allí sana al hijo de un cortesano, que yacía enfermo en Capernaúm. *Cana de Galilea*				4:46-54

	MATEO.	MARCOS.	LUCAS.	JUAN.
Jesús en Nazaret. Deséchanle allí, y fija su morada en Capernaúm	4:13-16	----------	4:10-31	
La vocación de Simón Pedro y de Andrés, y de Santiago y Juan. Pesca milagrosa. *Cerca de Capernaum*	4:18-22	1:16-20	5:1-11	
La curación del endemoniado, en la sinagoga. *Capernaum*	----------	1:21-28	4:31-37	
La curación de la madre de la esposa de Pedro. Muchas otras curaciones. *Capernaum*	8:14-17	1:29-34	4:38-41	
Jesús, con todos sus discípulos, recorre la Galilea desde Capernaúm	4:23-25	1:35-39	4:42-44	
La curación de un leproso. *Galilea*	8:1-4	1:40-45	5:12-16	
La curación de un paralítico. *Capernaum*	9:2-8	2:1-12	5:17-26	
La vocación de Mateo. *Capernaum*	9:9	2:13, 14	5:27, 28	

LA SEGUNDA PASCUA DE NUESTRO SEÑOR Y LOS SUCESOS SUBSIGUIENTES HASTA LA TERCERA.

TIEMPO, UN AÑO.

	MATEO.	MARCOS.	LUCAS.	JUAN.
El Estanque de Betesda; la curación del enfermo; y el discurso que en seguida pronunció nuestro Señor. *Jerusalem*	----------	----------	----------	5:1-47
Los discípulos cogen espigas en día Sábado. *En el camino para Galilea?*	12:1-8	2:23-28	6:1-5	
La curación de la mano seca en el día Sábado. *Galilea*	12:9-14	3:1-6	6:6-11	
Jesús llega al mar de Tibérias, y las muchedumbres le siguen. *Lago de Galilea*	12:15-21	3:7-12		
Jesús se retira en la montaña y elige los doce; las muchedumbres le siguen. *Cerca de Capernaum*	10:1-4	3:13-19	6:12-19	
El sermón en el monte. *Cerca de Capernaum*	5:1 á 8:1	----------	6:20-49	
La curación del siervo del centurión. *Capernaum*	8:5-13	----------	7:1-10	
La resurrección del hijo de la viuda. *Nain*	----------	----------	7:11-17	
Juan el Bautista envía desde su prisión unos discípulos á Jesús. *Galilea. Capernaum?*	11:2-19	----------	7:18-35	
Conceptos de Jesús al remitirse á sus poderosas obras. *Capernaum*	11:20-30			
Estando á la mesa con un Fariseo, Jesús es ungido por una mujer que había sido pecadora. *Capernaum?*	----------		7:36-50	
Jesús, con los Doce, hace una segunda correría en Galilea	----------		8:1-3	
La curación del endemoniado. Los escribas y los Fariseos blasfeman. *Galilea*	12:22-37	3:19-30	11:14, 15, 17-23	
Los escribas y los Fariseos piden una señal. Las observaciones de nuestro Señor. *Galilea*	12:38-45	----------	11:16, 24-36	
Los verdaderos discípulos de Jesu-Cristo son sus parientes más cercanos. *Galilea*	12:46-50	3:31-35	8:19-21	
Á la mesa de un Fariseo Jesús pronuncia "ayes" contra los Fariseos y otros. *Galilea*	----------		11:37-54	
Jesús habla á sus discípulos y á la muchedumbre. *Galilea*	----------		12:1-59	
La muerte violenta de ciertos Galileos. La parábola de la higuera estéril. *Galilea*	----------	----------	13:1-9	
La parábola del sembrador. *Lago de Galilea.*	13:1-23	4:1-25	8:4-18	
La parábola de la zizaña. Otras parábolas. *Cerca de Capernaum?*	13:24-53.	4:26-34		
Jesús da órdenes para que se atraviese el lago. Sucesos. Cálmase la tempestad. *Lago de Galilea*	8:18-27.	4:35-41	8:22-25, 9:57-62	
Los endemoniados de Gadara. *Orilla sudeste del lago de Galilea*	8:28-34, 9:1	5:1-21	8:26-40	
La fiesta de Leví. *Capernaum*	9:10-17	2:15-22	5:29-39	
La resurrección de la hija de Jairo. La mujer que tenía un flujo de sangre. *Capernaum*	9:18-26	5:22-43	8:41-56	
Dos ciegos curados, y un espíritu mudo es echado fuera. *Capernaum*	9:27-34			
Jesus va otra vez á Nazaret y es otra vez desechado	13:54-58	6:1-6		
Tercera excursión por Galilea. Los Doce son aleccionados y enviados. *Galilea*	9:35-38, 10:1-42, 11:1	6:6-13	9:1-6	
Herodes conceptúa que Jesús es Juan el Bautista, á quien él acababa de degollar. *Galilea? Perea*	14:1-12	6:14-16, 21-29	9:7-9	

	MATEO.	MARCOS.	LUCAS.	JUAN.
Vuelven los Doce, y Jesús se retira con ellos al otro lado del lago. Dase de comer á cinco mil. _Capernaum. Orilla noroeste del lago de Galilea_	14:13-21	6:30-44	9:10-17	6:1-14
Jesús camina sobre el agua. _Lago de Galilea. Genesaret_	14:22-36	6:45-56	----------	6:15-21
El discurso que nuestro Señor dirigió á la muchedumbre en la sinagoga de Capernaúm. Muchos discípulos se vuelven á sus casas. La profesión de fé de Pedro. _Capernaum_	--------	--------	--------	6:22-71 7:1

DESDE LA TERCERA PASCUA DE NUESTRO SEÑOR HASTA SU ÚLTIMA PARTIDA DE GALILEA CON MOTIVO DE LA FIESTA DE LOS TABERNÁCULOS.

TIEMPO, SEIS MESES.

	MATEO.	MARCOS.	LUCAS.	JUAN.
Nuestro Señor justifica á sus discípulos por comer sin lavarse las manos. Tradiciones de los Fariseos. _Capernaum_	15:1-20	7:1-23		
La hija de una mujer Sirofenisa es sanada. _Comarca de Tiro y de Sidon_	15:21-28	7:24-30		
Un sordo-mudo es curado; también muchos otros. Dase de comer á cuatro mil. _Decapolis_	15:29-39	7:31-37 8:1-9		
Los Fariseos y los Saduceos piden nuevamente una señal. _Cerca de Magdala_	15:39 16:1-4	8:10-12		
Se previene á los discípulos con respecto á la levadura de los Fariseos, &c. _Orilla noroeste del lago de Galilea_	16:5-12	8:13-21		
Un ciego es sanado. _Betsaida (Julias)_	----------	8:22-26		
Pedro y los demás profesan otra vez su fé en Cristo. _Comarca de Cesarea de Filipos_	16:13-20	8:27-30	9:18-21	
Nuestro Señor predice su muerte y resurrección, y los padecimientos de sus discípulos. _Comarca de Cesarea de Filipos_	16:21-28	8:31-38 9:1	9:22-27	
La transfiguración, y el coloquio que en seguida tuvo nuestro Señor con sus discípulos. _Comarca de Cesarea de Filipos_	17:1-13	9:2-13	9:28-36	
La curación de un endemoniado á quien los discípulos no habían podido sanar. _Comarca de Cesarea de Filipos_	17:14-21	9:14-29	9:37-43	
Jesús predice otra vez su muerte y resurrección. _Galilea_	17:22, 23	9:30-32	9:43-45	
El dinero del tributo es provisto de una manera milagrosa. _Capernaum_	17:24-27	9:33		
Los discípulos disputan en cuanto á quién sería el más grande. Jesús los exhorta á la humildad, la tolerancia y el amor fraternal. _Capernaum_	18:1-35	9:33-50	9:46-50	
Los Setenta son aleccionados y enviados. _Capernaum_	----------	----------	10:1-16	
Jesús va á la fiesta de los tabernáculos. Su última partida de Galilea. Acaecimientos en Samaria	----------	----------	9:51-56	7:2-10
Diez leprosos son sanados. _Samaria_	----------	----------	17:11-19	

LA FIESTA DE LOS TABERNÁCULOS Y LOS SUCESOS SUBSIGUIENTES HASTA LA LLEGADA DE NUESTRO SEÑOR Á BETANIA, SEIS DÍAS ANTES DE LA CUARTA PASCUA.

TIEMPO, SEIS MESES, MENOS SEIS DÍAS.

	MATEO.	MARCOS.	LUCAS.	JUAN.
Jesús en la fiesta de los tabernáculos. Sus enseñanzas públicas. _Jerusalem_	----------	----------	----------	7:11-53 8:1
La mujer descubierta en adulterio. _Jerusalem_	----------	----------	----------	8:2-11
Más enseñanzas públicas de nuestro Señor. Reprende á los Judíos incrédulos y se escapa de entre sus manos. _Jerusalem_	----------	----------	----------	8:12-59
Lecciones inculcadas á un doctor de la ley. Definición del amor para con el prójimo. Parábola del buen Samaritano. _Cerca de Jerusalem_	----------	----------	10:25-37	
Jesús en la casa de Marta y de María. _Betania_	----------	----------	10:38-42	
Jesús enseña nuevamente á orar á sus discípulos. _Cerca de Jerusalem_	----------	----------	11:1-13	
Regreso de los Setenta. _Jerusalem_	----------	----------	10:17-24	

	MATEO	MARCOS	LUCAS	JUAN
Un ciego de nacimiento es sanado el Sábado. Los discursos posteriores de nuestro Señor. *Jerusalem*				{ 9:1-41 10:1-21
Jesús en Jerusalem durante la fiesta de la dedicación. Retírase al otro lado del Jordán. *Jerusalem. Betabara ael otro lado del Jordan.*				10:22-42
La resurrección de Lázaro. *Betania*				11:1-46
El Consejo de Caifás tocante á Jesús. Jesús se retira de Jerusalem. *Jerusalem. Efraim*				11:47-54
Jesús, estando del otro lado del Jordán es seguido por las muchedumbres. La curación en día Sábado de la mujer enferma. *Valle del Jordan. Perea*	19:1, 2	10:1	13:10-21	
Nuestro Señor va hacia Jerusalem viajando y enseñando. Le previenen con respecto á Herodes. *Perea*			13:22-35	
Nuestro Señor come con un Fariseo principal en día de Sábado. Otros sucesos. *Perea*			14:1-24	
Qué se exige de los verdaderos discípulos. *Perea*			14:25-35	
Parábola de la oveja perdida, &c. Parábola del hijo pródigo. *Perea*			15:1-32	
Parábola del mayordomo injusto. *Perea*			16:1-13	
El Fariseo censurado. Parábola del rico y Lázaro. *Perea*			16:14-31	
Jesús inculca la tolerancia, la fé, y la humildad. *Perea*			17:1-10	
La venida de Cristo será repentina. *Perea*			17:20-37	
Parábolas: la viuda porfiada; el Fariseo y el publicano. *Perea*			18:1-14	
Preceptos con respecto al divorcio. *Perea*	19:3-12	10:2-12		
Jesús recibe á los niños y los bendice. *Perea*	19:13-15	10:13-16	18:15-17	
El joven rico. Parábola de los trabajadores de la viña. *Perea*	{ 19:16-30 20.1-16	} 10:17-31	18:18-30	
Jesús predice por tercera vez su muerte y su resurrección. *Perea*	20:17-19	10:32-34	18:31-34	
Santiago y Juan presentan su ambiciosa súplica. *Perea*	20:20-28	10:35-45		
La curación de dos ciegos cerca de Jericó	20:29-34	10:46-52	{18:35-43 19:1	
La visita á Zaqueo. Parábola de las diez minas. *Jerico*			19:2-28	
Jesús llega á Betania seis días antes de la Pascua. *Betania*				{ 11:55-57 12:1, 9-11

LA ENTRADA PÚBLICA DE NUESTRO SEÑOR EN JERUSALEM, Y LOS SUCESOS SIGUIENTES HASTA LA CUARTA PASCUA.

TIEMPO, CUATRO DÍAS.

	MATEO.	MARCOS.	LUCAS.	JUAN.
La entrada pública de nuestro Señor en Jerusalem. *Betania. Jerusalem*	21:1-11, 14-17	11:1-11	19·29-44	12:12-19
La higuera estéril. La purificación del templo. *Betania. Jerusalem*	21:12, 13 18, 19	11:12-19	{ 19:45-48 21:37, 38	
La higuera estéril se marchita. *Entre Betania y Jerusalem*	21:20-22	11:20-26		
Pónese en duda la autoridad de Cristo. Parábola de los dos hijos. *Jerusalem*	21:23-32	11:27-33	20:1-8	
Los labradores malos. *Jerusalem*	21:33-46	12:1-12	20:9-19	
Parábola de la boda del hijo del rey. *Jerusalem*	22:1-14			
Pregunta capciosa de los Fariseos: tributo á César. *Jerusalem*	22:15-22	12:13-17	20:20-28	
Pregunta capciosa de los Saduceos: la resurrección. *Jerusalem*	22:23-33	12:18-27	20:27-40	
Un doctor de la ley le hace preguntas á Jesús. Los dos grandes mandamientos. *Jerusalem*	22:34-40	12:28-34		
Como es Cristo el hijo de David? *Jerusalem*	22:41-46	12:35-37	20:41-44	
Advertencias tocante al mal ejemplo de los escribas y los Fariseos. *Jerusalem*	23:1-12	12:38, 39	20:45, 46	
" Ayes " dirigidos á los escribas y los Fariseos. Lamentación por Jerusalem. *Jerusalem*	23:13-39	12:40	20:47	
El maravedí de la viuda. *Jerusalem*		12:41-44	21:1-4	
Ciertos Griegos desean ver á Jesús. *Jerusalem*				12:20-36
Observaciones acerca de la incredulidad de los judíos. *Jerusalem*				12:37-50

	MATEO.	MARCOS.	LUCAS.	JUAN.
Jesús, al dejar para siempre el templo, predice su destrucción y la persecución de sus discípulos. *Jerusalem. Monte del Olivar*	24:1-14	13:1-13	21:5-19	
Las señales de la venida de Jesu-Cristo á destruir á Jerusalem y á acabar con el régimen judaico. *Monte del Olivar*	24:15-42	13:14-37	21:20-36	
Transición á la postrera venida de Jesu-Cristo el día del juicio. Exhortación á la práctica de la vigilancia. Parábolas: las diez vírgenes; los cinco talentos. *Monte del Olivar*	{ 24:43-51 25:1-30			
Escenas del día del juicio. *Monte del Olivar*	25:31-46			
Los gobernantes conspiran. La cena en Betania. Traición de Judas. *Jerusalem. Betania*	26:1-16	14:1-11	22:1-6	12:2, 3
Preparativos para la Pascua. *Betania. Jerusalem*	26:17-19	14:12-16	22:7-13	

LA CUARTA PASCUA, LA PASIÓN DE NUESTRO SEÑOR Y LOS ACONTECIMIENTOS CON ELLA RELACIONADOS, HASTA EL FIN DEL SÁBADO JUDAICO.

TIEMPO, DOS DÍAS.

	MATEO.	MARCOS.	LUCAS.	JUAN.
La comida de la Pascua. Disputa entre los Doce. *Jerusalem*	26:20	14:17	{ 22:14-18 24-30	
Jesús lava los piés á sus discípulos. *Jerusalem*				13:1-20
Jesús indica quién es su traidor. Judas se retira. *Jerusalem*	26:21-25	14:18-21	22:21-23	13:21-35
Jesús predice la caída de Pedro, y la dispersión de los Doce. *Jerusalem*	26:31-35	14:27-31	22 31-38	13:36-38
La Cena del Señor. *Jerusalem*	26:26-29	14:22-25	22:19, 20	{ 1 Cor. 11:23-26
Jesús consuela á sus discípulos. Promételes el Espíritu Santo. *Jerusalem*				14:1-31
Jesu-Cristo es la verdadera vid. Sus discípulos serían aborrecidos por el mundo. *Jerusalem*				15:1-27
Jesús predice la persecución, y promete otra vez el Espíritu Santo. Oración en el nombre de Jesu-Cristo. *Jerusalem*				16:1-33
La última oración de Jesu-Cristo con sus discípulos. *Jerusalem*				17:1-26
La agonía en el jardín de Getsemaní. *Monte de Olivar*	{ 26:30, 36-46	14:26, 32-42	22:39-46	18:1
Jesús es traicionado y aprehendido. *Monte de Olivar*	26:47-56	14:43-52	22:47-53	18:2-12
Jesús ante Caifás. Pedro le niega tres veces. *Jerusalem*	{ 26:57, 58, 69-75	14:53, 54, 66-72	22:54-62	{ 18:13-18 25-27
Jesús ante Caifás y ante el Sanhedrim. Declara que él es el Cristo; es condenado y befado. *Jerusalem*	26:59-68	11:56-65	22:63-71	18:19-24
El Sanhedrim conduce á Jesús ante Pilato. *Jerusalem*	27:1, 2	15:1-5	23:1-5	18:28-38
Jesús ante el gobernador. *Jerusalem*	27:11-14			
Jesús ante Herodes. *Jerusalem*			23:6-12	
Pilato procura poner en libertad á Jesús. Los Judíos piden á Barrabás. *Jerusalem*	27:15-26	15:6-15	23:13-25	18:39, 40
Pilato sentencia á muerte á Jesús. Jesús es azotado y escarnecido. *Jerusalem*	27:26-30	15:15-19		19:1-3
Pilato procura otra vez poner en libertad á Jesús. *Jerusalem*				19:4-16
Judas siente remordimiento y se ahorca. *Jerusalem*	27:3-10			{ Actos 1:18, 19
Conducen á Jesús para crucificarle. *Jerusalem*	27:31-34	15:20-23	23:26-33	19:16, 17
La crucifixión. *Jerusalem*	27:35-38	15:24-28	23:33, 34	19:18-24
Estando Jesús en la cruz los Judíos hacen escarnio de él. El recomienda á su madre á Juan. *Jerusalem*	27:39-44	15:29-32	{ 23:35, 37, 39-43	19:25-27
Reinan las tinieblas. Cristo expira en la cruz. *Jerusalem*	27:45-50	15:33-37	23:44-46	19:28-30
Rásgase el velo del templo, y ábrense los sepulcros. Dictámen del centurión. Las mujeres ante la cruz. *Jerusalem*	27:51-56	15:38-41	{ 23:45, 47-49	
El descendimiento. El entierro. *Jerusalem*	27:57-61	15:42-47	23:50-56	19:31-42
La custodia del sepulcro. *Jerusalem*	27:62-66			

LA RESURRECCIÓN DE NUESTRO SEÑOR, SUS APARICIONES Á ELLA POSTERIORES, Y SU ASCENSIÓN.

TIEMPO, CUARENTA DÍAS.

	MATEO.	MARCOS.	LUCAS.	JUAN.
La mañana de la resurrección. *Jerusalem*	28:2–4	16:1		
Las mujeres van al sepulcro. María Magdalena regresa. *Jerusalem*	28:1	16:2–4	24:1–3	20:1, 2
Visión de los ángeles en el sepulcro. *Jerusalem*	28:5–7	16:5–7	24:4–8	
Las mujeres regresan á la ciudad. Jesús se encuentra con ellas. *Jerusalem*	28:8–10	16:8	24:9–11	
Pedro y Juan corren al sepulcro. *Jerusalem*	··········	··········	24:12	20:3–10
María Magdalena ve á nuestro Señor cerca del sepulcro. *Jerusalem*	··········	16:9–11	··········	20:11–18
Informe de la guarda. *Jerusalem*	28:11–15			
Nuestro Señor es visto por Pedro. En seguida por dos discípulos en vía para Emmaús. *Jerusalem. Emmaus*	··········	16:12, 13	24:13–35	1 Cor. 15:5
Jesús aparece en medio de los apóstoles, estando ausente Tomás. *Jerusalem*	··········	16:14–18	24:36–49	20:19–23
Jesús aparece en medio de los apóstoles, estando presente Tomás. *Jerusalem*	··········	··········	··········	20:24–29
Los apóstoles van á Galilea. Jesús se muestra á siete de ellos en el mar de Tibérias. *Galilea*	28:16	··········	··········	21:1–24
Jesús se vé con los apóstoles, y con más de quinientos hermanos en una montaña de Galilea. *Galilea*	28:16–20	··········	··········	1 Cor.15:6
Santiago, y en seguida todos los apóstoles, ven á nuestro Señor. *Jerusalem*	··········			1 Cor.15:7 / Act.1:3–8
La ascensión. *Betania*		16:19, 20	24:50–53	
Conclusión del evangelio de Juan	··········	··········	··········	20:30, 31; 21:25

TABLAS

DE

LOS PESOS, MEDIDAS Y MONEDAS,

DE QUE SE HACE MENCIÓN EN LA BIBLIA,

CON SUS EQUIVALENCIAS SEGÚN EL SISTEMA MÉTRICO DECIMAL FRANCÉS.

NOTA PRELIMINAR.

Al usar estas tablas es menester tener presente que, á causa de lo exiguo y dudoso de los datos que hay á la mano, las autoridades sobre la materia difieren mucho entre sí en cuanto á los resultados de sus investigaciones, y que por lo tanto han de considerarse casi todas las equivalencias siguientes como aproximativas y no como rigurosamente exactas.

Algunos pesos, monedas y medidas de longitud que eran de uso común—por ejemplo, la libra, el siclo y el codo—tenían sus equivalencias entre otros pueblos, tales como los Caldeos, los Egipcios, los Griegos y los Romanos; sin embargo, cometeríanse muchos yerros si se aceptaran esas equivalencias como estrictamente cabales.

Las medidas variaban también dentro de los límites de cada nación, no solo en las diferentes épocas de su historia, sino en la misma época en las diversas provincias. El "siclo del santuario" fué quizá la norma ó modelo de que más tarde se apartó el siclo común. El codo, que era la medida tomada desde el codo hasta el extremo del dedo de en medio, llegaba á veces solo hasta la muñeca ó hasta las articulaciones de los dedos; y algunas autoridades dicen que equivale á 17 pulgadas, en tanto que el cómputo de otras asciende hasta 23 pulgadas; de suerte que no sabemos con seguridad cuál sea la exacta longitud de esa medida en un pasaje dado.

No se sabe con certeza que los Judíos tuvieran monedas propiamente dichas antes de la cautividad de Babilonia. El tráfico se hacía principalmente por medio de permuta de géneros; y aunque desde las épocas más antiguas se habían empleado los metales generalmente para efectuar las transacciones comerciales, era al peso como se determinaba la cantidad necesaria. De aquí proviene el que un peso dado tenga distinto valor—por ejemplo el siclo—según fuera en plata ó en oro.

1. PESOS JUDAICOS.

			Miriagr.	Kilogr.	Hectogr.	Decag.	Gramos.	Decigr.
1 óbolo (gerah)			0	0	0	0	0	7.1
10 = 1 medio siclo (bekah)			0	0	0	0	7	1.2
20 =	2 =	1 siclo	0	0	0	1	4	2.5
1,200 =	120 =	60 = 1 mina (maneh)	0	0	8	5	5	3.1
60,000 =	6,000 = 3,000 = 50 = 1 talento		4	3	7	6	3	5.0

---

2. MEDIDAS LINEALES.

	Metros.
1 dedo	0.02
4 = 1 palma ó palma menor	0.08
12 = 3 = 1 palma mayor	0.23
24 = 6 = 2 = 1 codo	0.46
96 = 24 = 8 = 4 = 1 braza	1.85
144 = 36 = 12 = 6 = 1.5 = 1 caña	2.77
192 = 48 = 16 = 8 = 2 = 1⅓ = 1 vara arábiga	3.84
1920 = 480 = 160 = 80 = 20 = 13⅓ = 10 = 1 cordel de medir	38.40

766

3. MEDIDAS ITINERARIAS.

				Metros.
1 codo				0.46
400 =	1 estadio			184.94
2,400 =	6 =	1 jornada del Sábado		1,109.62
3,200 =	8 =	1 =	1 milla oriental	1,479.50
64,000 =	160 =	20 =	1 jornada	29,590.00

———◆———

4. MEDIDAS DE CAPACIDAD PARA LOS LÍQUIDOS.

Según los Rabinos

			Litros.
1 log			0.32
12 =	1 hin		3.83
72 =	6 =	1 bato, epha ó cántaro	22.97
720 =	60 =	10 = 1 coro	229.7

———◆———

5. MEDIDAS DE CAPACIDAD PARA LOS ÁRIDOS.

Según los Rabinos

					Litros.
1 cabo					1.27
1.8 =	1 gomor ú omer				2.30
6 =	3⅓ =	1 sato			7.65
18 =	10 =	3 =	1 epha		22.97
90 =	50 =	15 =	5 = 1 letech		114.84
180 =	100 =	30 =	10 =	2 = 1 coro ú homer	229.68

———◆———

6. DINERO JUDÍO Y SU EQUIVALENTE EN MONEDA DE LOS ESTADOS UNIDOS DE AMERICA.

				Moneda de oro.	Moneda de plata
1 gerah				$0.438	$0.0275
10 =	1 bekah			4.38	0.275
20 =	2 =	1 siclo		8.76	0.55
2,000 =	200 =	100 =	1 mina (maneh	876.00	54.42
60,000 =	6,000 =	3,000 = 30 = 1 talento		26,280.00	1,632.81

———◆———

7. MONEDAS DEL NUEVO TESTAMENTO.

							Cts.	Milesimos.
1 blanca, *lepton* (de cobre)							00	1.9
2 =	1 maravedí, *kodrantes* (de cobre)						00	3.8
8 =	4 =	1 as, ó cuarto (Valera, *blanca*) (de cobre)					1	5.4
80 =	40 =	10 =	1 denario (de plata)				15	4.7
160 =	80 =	20 =	2 = 1 didrachma (de plata)				30	9.4
320 =	160 =	40 =	4 =	2 = 1 siclo, stater, ó pieza de dinero			61	8⅜
8,000 =	4,000 =	1,000 =	100 =	50 =	25 = 1 mina		$15 47	3.8
480,000 =	240,000 =	80,000 =	6,000 =	3,000 =	1,500 =	60 = 1 talento	$928 42	8.0

CARÁCTERES FÍSICOS DE PALESTINA.

CUADRO QUE INDICA LA SUCESIÓN DE LAS ESTACIONES, LOS VIENTOS REINANTES, Y EL TIEMPO DE CADA MES DEL AÑO.

	SUCESIÓN DE LAS ESTACIONES.	VIENTO.	TIEMPO.
Enero.	Los campos reverdecen de tiernas mieses, los bosques y los prados están adornados de flores en abundancia. Las naranjas empiezan á madurar.	N. O., N., N. E.	Lluvias copiosas; tronadas. De cuando en cuando nieve y hielo delgado; la tierra nunca se hiela.
Febrero.	El almendro y el melocotón están en flor; y en las partes más bajas y más cálidas, los naranjos están cargados de fruta.	N. O., N., N. E.	Lluvias copiosas, &c., en Enero y Febrero, llamadas por los Árabes "padres de las lluvias."
Marzo.	Todos los árboles están cubiertos de hojas y muchos están en flor. En las tierras bajas los naranjos y los limones están cargados de fruta. Las palmas echan flor; la cebada madura.	O.	Lluvia, huracanes y de vez en cuando nieve; los ríos tienen grandes crecientes.
Abril.	La fruta del acebuche y la de la morera maduran. Cosecha de la cebada. Empieza la cosecha del trigo.	S.	Lluvia de cuando en cuando; algunas veces siroco del sudeste.
Mayo.	MES PRINCIPAL DE LAS COSECHAS, especialmente de la de trigo. Los albaricoques y las manzanas maduran. (En el valle del Jordán la vegetación se marchita y se seca.)	S.	Hay lluvia muy raras veces: y más tarde ninguna hasta Septiembre.
Junio.	Las almendras están maduras. (La miel de abejas de Beyrouk, del valle del Jordán, se recoge en Mayo, Junio y Julio.) Las uvas empiezan á madurar.	E.	Frecuentes vientos calientes (Simums); el aire sin movimiento.
Julio.	Varias frutas: manzanas, peras, ciruelas, &c. Las uvas están completamente maduras. Calabazas. Cosecha de maíz en las montañas más elevadas.	E.	Hace por lo general el calor más intenso; el cielo está sereno.
Agosto.	MES PRINCIPAL DE LAS FRUTAS. Uvas, higos, &c.; en las llanuras, nueces y olivas.	E.	El rocío empieza á caer; á veces aparecen nubes grandes y densas (nubes del Nilo).
Septiem.	PRINCIPIO DE LA VENDIMIA. Cosecha del dourra (especie de mijo) y del maíz. El algodón y la granada empiezan á estar en sazón.	N. E.	Muchos relámpagos sin truenos; lluvia raras veces.
Octubre.	FIN DE LA VENDIMIA. Cosecha del algodón. Empieza la arada y la siembra. La fruta del pistacho madura.	N. E.	El rocío muy copioso: empiezan las lluvias del otoño.
Noviem.	MES DE LA ARADA Y LA SIEMBRA. Cosecha del arroz. Higueras cargadas de frutas. Los naranjos y cidros están en flor.	N. O., N., N. E.	Mes de lluvia. Tronadas. Lluvias del oeste ó del sudoeste.
Diciem.	Los árboles pierden sus hojas. Los llanos y desiertos antes yermos y de color rojizo se convierten en verdes pasturajes.	N. O., N., N. E.	Lluvia. &c. En Diciembre, Enero y Febrero cae la mayor cantidad de lluvia.